CÓDIGO DE PROCESSO CIVIL
INTERPRETADO

O GEN | Grupo Editorial Nacional — maior plataforma editorial brasileira no segmento científico, técnico e profissional — publica conteúdos nas áreas de concursos, ciências jurídicas, humanas, exatas, da saúde e sociais aplicadas, além de prover serviços direcionados a educação continuada.

As editoras que integram o GEN, das mais respeitadas no mercado editorial, construíram catálogos inigualáveis, com obras decisivas na formação acadêmica e no aprimoramento de várias gerações de profissionais e de estudantes, tendo se tornado sinônimo de qualidade e seriedade.

A missão e os desafios que as aproximam e que as compõem - prover a melhor informação científica, técnica e profissional, a preços justos, gerando benefícios e servindo a autores, docentes, livreiros, colaboradores e acionistas.

Nosso comportamento ético incondicional e nossa responsabilidade social e ambiental são reforçados pela natureza educacional de nossa atividade e dão sustentabilidade ao crescimento contínuo e à rentabilidade do grupo.

O GEN | Grupo Editorial Nacional – maior plataforma editorial brasileira no segmento científico, técnico e profissional – publica conteúdos nas áreas de concursos, ciências jurídicas, humanas, exatas, da saúde e sociais aplicadas, além de prover serviços direcionados à educação continuada.

As editoras que integram o GEN, das mais respeitadas no mercado editorial, construíram catálogos inigualáveis, com obras decisivas para a formação acadêmica e o aperfeiçoamento de várias gerações de profissionais e estudantes, tendo se tornado sinônimo de qualidade e seriedade.

A missão do GEN e dos núcleos de conteúdo que o compõem é prover a melhor informação científica e distribuí-la de maneira flexível e conveniente, a preços justos, gerando benefícios e servindo a autores, docentes, livreiros, funcionários, colaboradores e acionistas.

Nosso comportamento ético incondicional e nossa responsabilidade social e ambiental são reforçados pela natureza educacional de nossa atividade e dão sustentabilidade ao crescimento contínuo e à rentabilidade do grupo.

ANTONIO CARLOS MARCATO

COORDENADOR

CÓDIGO DE PROCESSO CIVIL INTERPRETADO

■ O autor deste livro e a editora empenharam seus melhores esforços para assegurar que as informações e os procedimentos apresentados no texto estejam em acordo com os padrões aceitos à época da publicação, e todos os dados foram atualizados pelo autor até a data de fechamento do livro. Entretanto, tendo em conta a evolução das ciências, as atualizações legislativas, as mudanças regulamentares governamentais e o constante fluxo de novas informações sobre os temas que constam do livro, recomendamos enfaticamente que os leitores consultem sempre outras fontes fidedignas, de modo a se certificarem de que as informações contidas no texto estão corretas e de que não houve alterações nas recomendações ou na legislação regulamentadora.

■ Fechamento desta edição: *14.12.2021*

■ O Autor e a editora se empenharam para citar adequadamente e dar o devido crédito a todos os detentores de direitos autorais de qualquer material utilizado neste livro, dispondo-se a possíveis acertos posteriores caso, inadvertida e involuntariamente, a identificação de algum deles tenha sido omitida.

■ **Atendimento ao cliente:** (11) 5080-0751 | faleconosco@grupogen.com.br

■ Direitos exclusivos para a língua portuguesa
Copyright © 2022 by
Editora Atlas Ltda.
Uma editora integrante do GEN | Grupo Editorial Nacional
Al. Arapoema, 659, sala 05, Tamboré
Barueri – SP – 06460-0800
www.grupogen.com.br

■ Reservados todos os direitos. É proibida a duplicação ou reprodução deste volume, no todo ou em parte, em quaisquer formas ou por quaisquer meios (eletrônico, mecânico, gravação, fotocópia, distribuição pela Internet ou outros), sem permissão, por escrito, da Editora Atlas Ltda.

■ Capa: Joyce Matos

■ **CIP – BRASIL. CATALOGAÇÃO NA FONTE.**
SINDICATO NACIONAL DOS EDITORES DE LIVROS, RJ.

C61

Código de processo civil interpretado / coordenação Antonio Carlos Marcato. – 1. ed. – São Paulo: Atlas, 2022.

Inclui bibliografia
ISBN 978-85-970-2666-5

1. Brasil. [Código de Processo Civil (2015)]. 2. Direito processual civil – Brasil. I. Marcato, Antonio Carlos. II. Título.

20-67752 CDU: 347.9(81)

Meri Gleice Rodrigues de Souza – Bibliotecária – CRB-7/6439

SOBRE OS AUTORES

ANTONIO CARLOS MARCATO (Coordenador) – Arts. 236 a 247; 312 a 317; 335 a 343; 539 a 770; 1.071 e 1.072, II

Mestre, doutor e livre-docente pela Faculdade de Direito da Universidade de Direito de São Paulo, onde leciona, na qualidade de professor-associado, nos cursos de graduação e pós-graduação. É sócio do escritório Marcato Advogados, membro do Conselho Jurídico da Federação das Indústrias do Estado de São Paulo – CONJUR e árbitro da Câmara de Mediação e Arbitragem de São Paulo da mesma entidade. Também é membro do Instituto Brasileiro de Direito Processual, do Instituto Ibero-americano de Direito Processual, da International Association of Law, da Academia Paulista de Direito, da Academia Paulista de Magistrados e da Associação dos Advogados de São Paulo – AASP. Foi Promotor de Justiça e Procurador de Justiça do Ministério Público do Estado de São Paulo, Juiz do Segundo Tribunal de Alçada Civil de São Paulo. Desembargador aposentado do Tribunal de Justiça de São Paulo.

ANA CÂNDIDA MENEZES MARCATO – Arts. 165 a 175; 334 e 1.061

Advogada, sócia de Marcato Advogados, Mestre em Processo Civil pela Faculdade de Direito da Universidade de São Paulo, Especialista em Arbitragem pela FGV e Educação Continuada em Mediação pela Harvard University.

ANDRÉ RAMOS TAVARES – Arts. 926 a 928

Professor Titular da Faculdade de Direito da USP, Professor da PUC/SP e Conselheiro da Comissão de Ética da Presidência da República do Brasil.

CARLOS ALBERTO CARMONA – Arts. 1º a 15; 771 a 796

Bacharel em Direito pela Faculdade de Direito da Universidade de São Paulo. Especialista em Direito Processual pela *Facoltà di Giurisprudenza dell'Università di Napoli*, Itália. Doutor em Direito pela Faculdade de Direito da Universidade de São Paulo. Professor de Direito Processual da Faculdade de Direito da Universidade de São Paulo. Advogado.

FABIO TABOSA – Arts. 369 a 484; 1.047

Doutor em Processo Civil pela USP, Bacharel em Jornalismo pela Faculdade de Comunicação Social Cásper Líbero, Professor Universitário, Desembargador do Tribunal de Justiça de São Paulo.

FERNANDO DA FONSECA GAJARDONI – Arts. 139 a 143; 294 a 311; 344 a 368; 1.058 e 1.059

Doutor e Mestre em Direito Processual pela USP-FD. Professor Doutor de Direito Processual Civil e Coletivo da USP-FDRP e do G7 Jurídico. Diretor Regional (São Paulo) do Instituto Brasileiro de Direito Processual (IBDP). Membro do Centro Brasileiro de Estudos e Pesquisas Judiciais (CEBEPEJ), do Centro de Estudos Avançados de Processo (CEAPRO), do Comitê Brasileiro de Arbitragem (CBAr) e da Associação Brasiliense de Direito Processual Civil (ABDP). Juiz de Direito no Estado de São Paulo, atualmente atuando como Juiz Auxiliar do Superior Tribunal de Justiça.

FLÁVIO CHEIM JORGE – Arts. 994 a 1.026; 1.064 a 1.067; 1.070

Advogado. Mestre e Doutor em Direito pela PUC-SP. Professor Titular da Universidade Federal do Espírito Santo (UFES), ministrando aulas na graduação e mestrado. Membro do Instituto Brasileiro de Direito Processual Civil (IBDP). Foi Juiz Eleitoral Efetivo – Classe dos Juristas – do Tribunal Regional Eleitoral do Espírito Santo (TRE-ES).

HEITOR VITOR MENDONÇA SICA – Arts. 948 a 950; 960 a 965

Professor-associado de Direito Processual Civil da Faculdade de Direito da Universidade de São Paulo. Livre-docente, Doutor e Mestre em Direito Processual Civil pela Faculdade de Direito da Universidade de São Paulo. Vice-Diretor do Instituto Brasileiro de Direito Processual. Membro do Instituto Iberoamericano de Direito Processual, da *Associazione italiana fra gli studiosi del processo civile* e da *International Association of Procedural Law*.

HELENA NAJJAR ABDO – Arts. 188 a 192; 318 a 332

Bacharel em Direito pela Faculdade de Direito do Largo de São Francisco, Universidade de São Paulo (USP), 1997. Doutora e Mestre em Direito Processual pela Universidade de São Paulo (USP), 2002 e 2006. Especialista em Direito Processual Civil italiano e da União Europeia pela Università degli Studi di Firenze (Florença, Itália, 2001). Professora universitária e palestrante em Direito do Consumidor e Direito Processual Civil. Autora dos livros *O abuso do processo* (Revista dos Tribunais, 2007) e *Mídia e processo* (Saraiva, 2011), bem como coautora de diversas obras de Direito Processual e Direito do Consumidor.

JOSÉ CARLOS BAPTISTA PUOLI – Arts. 248 a 275; 831 a 910; 966 a 975

Professor Doutor de Direito Processual Civil da Faculdade de Direito da Universidade de São Paulo – USP. Mestre e Doutor em Direito Processual Civil pela USP. Advogado. Sócio do Escritório Duarte Garcia, Serra Netto e Terra. Membro do Instituto dos Advogados de São Paulo – IASP, do Instituto Brasileiro de Direito Processual – IBDP, do Instituto Brasileiro de Direito Imobiliário – IBRADIM e do Conselho Jurídico do Sinduscon-SP.

JOSÉ HORÁCIO CINTRA GONÇALVES PEREIRA – Arts. 144 a 164; 951 a 959; 1.048 e 1.049; 1.072, III

Advogado, Desembargador aposentado, Vice-Presidente e Presidente do 2º Tribunal de Alçada Civil de São Paulo, Professor Emérito da Universidade Presbiteriana Mackenzie.

LUIZ DELLORE – Arts. 193 a 235; 1.045 e 1.046

Doutor e mestre em Direito Processual pela USP. Mestre em Direito Constitucional pela PUC/SP. *Visiting Scholar* na Syracuse University e Cornell University (EUA). Professor de Direito Processual do Mackenzie, da Escola Paulista do Direito e do Saraiva Aprova. Advogado da Caixa Econômica Federal. Parecerista. Ex-assessor de ministro do STJ. Membro do IBDP – Instituto Brasileiro de Direito Processual e do CEAPRO – Centro de Estudos Avançados de Processo.

MARCELO ABELHA RODRIGUES – Arts. 797 a 830; 911 a 913; 1.052; 1.056; 1.072, V

Mestre e Doutor PUC-SP. Pós-Doutorando Universidade de Lisboa. Professor Mestrado e Graduação da UFES. Advogado e Consultor Jurídico.

MIRNA CIANCI – Arts. 176 a 187; 1.050 e 1.051; 1.069; 1.072, I e VI

Procuradora do Estado Aposentada, Advogada no escritório Cianci Quartieri Advogados Associados, Mestre em Direito Processual Civil pela PUCSP, Ex-Professora e Coordenadora da Escola Superior da Procuradoria Geral do Estado, Membro do Conselho Curador da Associação dos Procuradores do Estado de São Paulo.

NELTON AGNALDO MORAES DOS SANTOS – Arts. 133 a 138; 485 a 508; 1.053 e 1.054; 1.057; 1.062 e 1.063; 1.068

Membro do Tribunal Regional Federal da 3ª Região. Membro efetivo do Tribunal Regional Eleitoral de São Paulo (biênio 2019-2021). Mestre em direito processual pela Universidade de São Paulo. Ex-juiz de direito em Mato Grosso do Sul. Ex-Promotor de justiça no Paraná. Ex-integrante do Conselho Superior da Escola Nacional de Formação e Aperfeiçoamento de Magistrados – ENFAM.

PAULO HENRIQUE DOS SANTOS LUCON – Arts. 16 a 132; 914 a 925; 929 a 947; 976 a 993; 1.027 a 1.044; 1.060; 1.072, IV

Livre-Docente, Doutor e Mestre pela Faculdade de Direito do Largo de São Francisco (USP – Universidade de São Paulo), instituição na qual também se graduou (www.direito.usp.br). Professor-Associado nos Cursos de Graduação e Pós-Graduação na Faculdade de Direito do Largo de São Francisco (USP – Universidade de São Paulo) (www.direito.usp.br). Presidente do Instituto Brasileiro de Direito Processual – IBDP (www.direitoprocessual.org. br). Vice-Presidente do Instituto Ibero-americano de Direito Processual (www.iidp.org). Membro da Associação Internacional de Direito Processual (International Association of Procedural Law: www.iaplaw.org). Membro da Associação Italiana de Estudiosos de Processo (Associazione italiana fra gli studiosi del processo civile – AISPC). Presidente da Câmara de Mediação e Arbitragem Ítalo-Brasileira – CAMITAL. Presidente da Comissão de Ética Pública da Presidência da República (www.etica.planalto.gov.br). Conselheiro do Instituto dos Advogados de São Paulo – IASP (www.iasp.org.br), instituição da qual foi Vice-Presidente. Integrou a Comissão Especial da Câmara dos Deputados para a elaboração do Código de Processo Civil de 2015. Foi Juiz Eleitoral no Tribunal Regional Eleitoral de São Paulo de 2004 a 2011 (www.tre-sp.jus.br), tendo pelo TRE-SP lhe sido outorgado o Colar do Mérito Eleitoral Paulista. Especializou-se em Direito Processual Civil na Faculdade de Direito da Universidade Estatal de Milão.

RICARDO DE CARVALHO APRIGLIANO – Arts. 276 a 293; 509 a 538

Bacharel, mestre e doutor em Direito Processual pela Faculdade de Direito da USP. Vice-secretário geral do Instituto Brasileiro de Direito Processual – IBDP. Advogado e professor.

ÍNDICE GERAL

– ÍNDICE SISTEMÁTICO XI

– CÓDIGO DE PROCESSO CIVIL 1

– BIBLIOGRAFIA 1653

ÍNDICE GERAL

– ÍNDICE SISTEMÁTICO XI
– CÓDIGO DE PROCESSO CIVIL 1
– BIBLIOGRAFIA 1653

ÍNDICE SISTEMÁTICO DO CÓDIGO DE PROCESSO CIVIL

LEI Nº 13.105, DE 16 DE MARÇO DE 2015

PARTE GERAL

• CARLOS ALBERTO CARMONA •

LIVRO I – DAS NORMAS PROCESSUAIS CIVIS *(Arts. 1º a 15)* 1

Título Único – Das normas fundamentais e da aplicação das normas processuais *(Arts. 1º a 15)* 1

Capítulo I – Das normas fundamentais do processo civil *(Arts. 1º a 12)* 1

Capítulo II – Da aplicação das normas processuais *(Arts. 13 a 15)* 24

• PAULO HENRIQUE DOS SANTOS LUCON •

LIVRO II – DA FUNÇÃO JURISDICIONAL *(Arts. 16 a 69)* 27

Título I – Da jurisdição e da ação *(Arts. 16 a 20)* 27

Título II – Dos limites da jurisdição nacional e da cooperação internacional *(Arts. 21 a 41)* 38

Capítulo I – Dos limites da jurisdição nacional *(Arts. 21 a 25)* 38

Capítulo II – Da cooperação internacional *(Arts. 26 a 41)* 48

Seção I – Disposições gerais *(Arts. 26 e 27)* 48

Seção II – Do auxílio direto *(Arts. 28 a 34)* 51

Seção III – Da carta rogatória *(Arts. 35 e 36)* 60

Seção IV – Disposições comuns às seções anteriores *(Arts. 37 a 41)* 61

Título III – Da competência interna *(Arts. 42 a 69)* 63

Capítulo I – Da competência *(Arts. 42 a 66)* 63

Seção I – Disposições gerais *(Arts. 42 a 53)* 63

Seção II – Da modificação da competência *(Arts. 54 a 63)* 80

CÓDIGO DE PROCESSO CIVIL INTERPRETADO

Seção III – Da incompetência *(Arts. 64 a 66)*.................................... 90

Capítulo II – Da cooperação nacional *(Arts. 67 a 69)*......................... 92

LIVRO III – DOS SUJEITOS DO PROCESSO *(Arts. 70 a 187)*................ 95

Título I – Das partes e dos procuradores *(Arts. 70 a 102)*................ 95

Capítulo I – Da capacidade processual *(Arts. 70 a 76)*...................... 95

Capítulo II – Dos deveres das partes e de seus procuradores *(Arts. 77 e 76)*.............. 102

Seção I – Dos deveres *(Arts. 77 e 78)*.. 102

Seção II – Da responsabilidade das partes por dano processual *(Arts. 79 a 81)*.... 108

Seção III – Das despesas, dos honorários advocatícios e das multas *(Arts. 82 a 97)*........ 112

Seção IV – Da gratuidade da justiça *(Arts. 98 a 102)*....................... 136

Capítulo III – Dos procuradores *(Arts. 103 a 107)*........................... 141

Capítulo IV – Da sucessão das partes e dos procuradores *(Arts. 108 a 112)*............. 146

Título II – Do litisconsórcio *(Arts. 113 a 118)*............................. 149

Título III – Da intervenção de terceiros *(Arts. 119 a 138)*.............. 155

Capítulo I – Da assistência *(Arts. 119 a 124)*................................ 155

Seção I – Disposições comuns *(Arts. 119 a 120)*............................ 155

Seção II – Da assistência simples *(Arts. 121 a 123)*........................ 156

Seção III – Da assistência litisconsorcial *(Art. 124)*........................ 158

Capítulo II – Da denunciação da lide *(Arts. 125 a 129)*..................... 158

Capítulo III – Do chamamento ao processo *(Arts. 130 a 132)*.............. 162

• NELTON AGNALDO MORAES DOS SANTOS •

Capítulo IV – Do incidente de desconsideração da personalidade jurídica *(Arts. 133 a 137)*........ 167

Capítulo V – Do *amicus curiae* *(Art. 138)*.................................... 175

• FERNANDO DA FONSECA GAJARDONI •

Título IV – Do juiz e dos auxiliares da justiça *(Arts. 139 a 175)*....... 178

Capítulo I – Dos poderes, dos deveres e da responsabilidade do juiz *(Arts. 139 a 143)*...... 178

• JOSÉ HORÁCIO CINTRA GONÇALVES PEREIRA •

Capítulo II – Dos impedimentos e da suspeição *(Arts. 144 a 148)*........ 194

Capítulo III – Dos auxiliares da justiça *(Arts. 149 a 175)*.................. 197

Seção I – Do escrivão, do chefe de secretaria e do oficial de justiça *(Arts. 150 a 155)*....... 198

Seção II – Do perito *(Arts. 156 a 158)*.. 200

Seção III – Do depositário e do administrador *(Arts. 159 a 161)*.......... 202

Seção IV – Do intérprete e do tradutor *(Arts. 162 a 164)*.................. 202

• ANA CÂNDIDA MENEZES MARCATO •

Seção V – Dos conciliadores e mediadores judiciais *(Arts. 165 a 175)*.... 203

• Mirna Cianci •

Título V – Do Ministério Público *(Arts. 176 a 181)* 223

Título VI – Da Advocacia Pública *(Arts. 182 a 184)* 230

Título VII – Da Defensoria Pública *(Arts. 185 a 187)* 236

• Helena Najjar Abdo •

LIVRO IV – DOS ATOS PROCESSUAIS *(Arts. 188 a 293)* 240

Título I – Da forma, do tempo e do lugar dos atos processuais *(Arts. 188 a 235)* ... 240

    Capítulo I – Da forma dos atos processuais *(Arts. 188 a 211)* 240

      Seção I – Dos atos em geral *(Arts. 188 a 192)* 240

• Luiz Dellore •

      Seção II – Da prática eletrônica de atos processuais *(Arts. 193 a 199)* 263

      Seção III – Dos atos das partes *(Arts. 200 a 202)* 272

      Seção IV – Dos pronunciamentos do juiz *(Arts. 203 a 205)* 276

      Seção V – Dos atos do escrivão ou do chefe de secretaria *(Arts. 206 a 211)* 283

    Capítulo II – Do tempo e do lugar dos atos processuais *(Arts. 212 a 217)* 287

      Seção I – Do tempo *(Arts. 212 a 216)* 287

      Seção II – Do lugar *(Arts. 217 e 218)* 295

    Capítulo III – Dos prazos *(Arts. 218 a 235)* 296

      Seção I – Disposições gerais *(Arts. 218 a 232)* 296

      Seção II – Da verificação dos prazos e das penalidades *(Arts. 233 a 235)* 332

• Antonio Carlos Marcato •

Título II – Da comunicação dos atos processuais *(Arts. 236 a 275)* 337

    Capítulo I – Disposições gerais *(Arts. 236 e 237)* 337

    Capítulo II – Da citação *(Arts. 238 a 247)* 340

• José Carlos Baptista Puoli •

    Capítulo II – Da citação *(Arts. 248 a 259)* 364

    Capítulo III – Das cartas *(Arts. 260 a 268)* 370

    Capítulo IV – Das intimações *(Arts. 269 a 275)* 372

• Ricardo de Carvalho Aprigliano •

Título III – Das nulidades *(Arts. 276 a 283)* 375

Título IV – Da distribuição e do registro *(Arts. 284 a 290)* 392

Título V – Do valor da causa *(Arts. 291 a 293)* 399

• Fernando da Fonseca Gajardoni •

LIVRO V – DA TUTELA PROVISÓRIA *(Arts. 294 a 311)* 409

Título I – Disposições gerais *(Arts. 294 a 299)* 409

Título II – Da tutela de urgência *(Arts. 300 a 310)* 421

Capítulo I – Disposições gerais *(Arts. 300 a 302)* 421

Capítulo II – Do procedimento da tutela antecipada requerida em caráter antecedente *(Arts. 303 e 304)* 430

Capítulo III – Do procedimento da tutela cautelar requerida em caráter antecedente *(Arts. 305 a 310)* 442

Título III – Da tutela da evidência *(Art. 311)* 453

• ANTONIO CARLOS MARCATO •

LIVRO VI – DA FORMAÇÃO, DA SUSPENSÃO E DA EXTINÇÃO DO PROCESSO *(Arts. 312 a 317)* 458

Título I – Da formação do processo *(Art. 312)* 458

Título II – Da suspensão do processo *(Arts. 313 a 315)* 463

Título III – Da extinção do processo *(Arts. 316 a 317)* 472

PARTE ESPECIAL

• HELENA NAJJAR ABDO •

LIVRO I – DO PROCESSO DE CONHECIMENTO E DO CUMPRIMENTO DE SENTENÇA *(Arts. 318 a 770)* 475

Título I – Do procedimento comum *(Arts. 318 a 512)* 475

Capítulo I – Disposições gerais *(Art. 318)* 475

Capítulo II – Da petição inicial *(Arts. 319 a 331)* 477

Seção I – Dos requisitos da petição inicial *(Arts. 319 a 321)* 477

Seção II – Do pedido *(Arts. 322 a 329)* 490

Seção III – Do indeferimento da petição inicial *(Arts. 330 e 331)* 518

Capítulo III – Da improcedência liminar do pedido *(Art. 332)* 527

Capítulo IV – Da conversão da ação individual em ação coletiva *(Art. 333)* 532

• ANA CÂNDIDA MENEZES MARCATO •

Capítulo V – Da audiência de conciliação ou de mediação *(Art. 334)* 532

• ANTONIO CARLOS MARCATO •

Capítulo VI – Da contestação *(Arts. 335 a 342)* 542

Capítulo VII – Da reconvenção *(Art. 343)* 555

• FERNANDO DA FONSECA GAJARDONI •

Capítulo VIII – Da revelia *(Arts. 344 a 346)* 559

Capítulo IX – Das providências preliminares e do saneamento *(Arts. 347 a 353)* 564

Seção I – Da não incidência dos efeitos da revelia *(Arts. 348 e 349)* 565

Seção II – Do fato impeditivo, modificativo ou extintivo do direito do autor *(Art. 350)* 566

Seção III – Das alegações do réu *(Arts. 351 a 353)* 567

Capítulo X – Do julgamento conforme o estado do processo *(Arts. 354 a 357)* 569

Seção I – Da extinção do processo *(Art. 354)* 569

Seção II – Do julgamento antecipado do mérito *(Art. 355)* 570

Seção III – Do julgamento antecipado parcial do mérito *(Art. 356)* 572

Seção IV – Do saneamento e da organização do processo *(Art. 357)* 576

Capítulo XI – Da audiência de instrução e julgamento *(Arts. 358 a 368)* 585

• FABIO TABOSA •

Capítulo XII – Das provas *(Arts. 369 a 484)* 597

Seção I – Das disposições gerais *(Arts. 369 a 380)* 597

Seção II – Da produção antecipada da prova *(Arts. 381 a 383)* 651

Seção III – Da ata notarial *(Art. 384)* 665

Seção IV – Do depoimento pessoal *(Arts. 385 a 388)* 668

Seção V – Da confissão *(Arts. 389 a 395)* 682

Seção VI – Da exibição de documento ou coisa *(Arts. 396 a 404)* 702

Seção VII – Da prova documental *(Arts. 405 a 438)* 730

Subseção I – Da força probante dos documentos *(Arts. 405 a 429)* 730

Subseção II – Da arguição de falsidade *(Arts. 430 a 433)* 788

Subseção III – Da produção da prova documental *(Arts. 434 a 438)* 800

Seção VIII – Dos documentos eletrônicos *(Arts. 439 a 441)* 817

Seção IX – Da prova testemunhal *(Arts. 442 a 463)* 820

Subseção I – Da admissibilidade e do valor da prova testemunhal *(Arts. 442 a 449)* 820

Subseção II – Da Produção da Prova Testemunhal *(Arts. 450 a 463)* 842

Seção X – Da prova pericial *(Arts. 464 a 480)* 876

Seção XI – Da inspeção judicial *(Arts. 481 a 484)* 942

• NELTON AGNALDO MORAES DOS SANTOS •

Capítulo XIII – Da sentença e da coisa julgada *(Arts. 485 a 508)* 950

Seção I – Disposições gerais *(Arts. 485 a 488)* 950

Seção II – Dos elementos e dos efeitos da sentença *(Arts. 489 a 495)* 973

Seção III – Da remessa necessária *(Art. 496)* 998

Seção IV – Do julgamento das ações relativas às prestações de fazer, de não fazer e de entregar coisa *(Arts. 497 a 501)* 1002

Seção V – Da coisa julgada *(Arts. 502 a 508)* 1012

• RICARDO DE CARVALHO APRIGLIANO •

Capítulo XIV – Da liquidação de sentença *(Arts. 509 a 512)* 1029

Título II – Do cumprimento da sentença *(Arts. 513 a 538)* 1041

Capítulo I – Disposições gerais *(Arts. 513 a 519)* 1041

Capítulo II – Do cumprimento provisório da sentença que reconhece a exigibilidade de obrigação de pagar quantia certa *(Arts. 520 a 522)* 1059

Capítulo III – Do cumprimento definitivo da sentença que reconhece a exigibilidade de obrigação de pagar quantia certa *(Arts. 523 a 527)* 1066

CÓDIGO DE PROCESSO CIVIL INTERPRETADO

XVI

Capítulo IV – Do cumprimento de sentença que reconheça a exigibilidade de obrigação de prestar alimentos *(Arts. 528 a 533)*...... 1080

Capítulo V – Do cumprimento de sentença que reconheça a exigibilidade de obrigação de pagar quantia certa pela fazenda pública *(Arts. 534 a 535)*...... 1089

Capítulo VI – Do cumprimento de sentença que reconheça a exigibilidade de obrigação de fazer, de não fazer ou de entregar coisa *(Arts. 536 a 538)*...... 1093

Seção I – Do cumprimento de sentença que reconheça a exigibilidade de obrigação de fazer ou de não fazer *(Arts. 536 a 537)*...... 1093

Seção II – Do cumprimento de sentença que reconheça a exigibilidade de obrigação de entregar coisa *(Art. 538)*...... 1101

• Antonio Carlos Marcato •

Título III – Dos procedimentos especiais *(Arts. 539 a 770)*...... 1102

Capítulo I – Da ação de consignação em pagamento *(Arts. 539 a 549)*...... 1102

Capítulo II – Ação de exigir contas *(Arts. 550 a 553)*...... 1116

Capítulo III – Das ações possessórias *(Arts. 554 a 568)*...... 1120

Seção I – Disposições gerais *(Arts. 554 a 559)*...... 1120

Seção II – Da manutenção e da reintegração de posse *(Arts. 560 a 566)*...... 1128

Seção III – Do interdito proibitório *(Arts. 567 a 568)*...... 1134

Capítulo IV – Da ação de divisão e da demarcação de terras particulares *(Arts. 569 a 598)*...... 1135

Seção I – Disposições gerais *(Arts. 569 a 573)*...... 1135

Seção II – Da demarcação *(Arts. 574 a 587)*...... 1140

Seção III – Da divisão *(Arts. 588 a 598)*...... 1144

Capítulo V – Da ação de dissolução parcial de sociedade *(Arts. 599 a 609)*...... 1152

Capítulo VI – Do inventário e partilha *(Arts. 610 a 673)*...... 1161

Seção I – Disposições gerais *(Arts. 610 a 614)*...... 1161

Seção II – Da legitimidade para requerer o inventário *(Arts. 615 e 616)*...... 1165

Seção III – Do inventariante e das primeiras declarações *(Arts. 617 a 625)*...... 1167

Seção IV – Das citações e das impugnações *(Arts. 626 a 629)*...... 1172

Seção V – Da avaliação e do cálculo do imposto *(Arts. 630 a 638)*...... 1174

Seção VI – Das colações *(Arts. 639 a 641)*...... 1176

Seção VII – Do pagamento das dívidas *(Arts. 642 a 646)*...... 1178

Seção VIII – Da partilha *(Arts. 647 a 658)*...... 1180

Seção IX – Do arrolamento *(Arts. 659 a 667)*...... 1188

Seção X – Disposições comuns a todas as seções *(Arts. 668 a 673)*...... 1192

Capítulo VII – Dos embargos de terceiro *(Arts. 674 a 681)*...... 1195

Capítulo VIII – Da oposição *(Arts. 682 a 686)*...... 1203

Capítulo IX – Da habilitação *(Arts. 687 a 692)*...... 1209

Capítulo X – Das ações de família *(Arts. 693 a 699)*...... 1213

Capítulo XI – Da ação monitória *(Arts. 700 a 702)*...... 1217

Capítulo XII – Da homologação do penhor legal *(Arts. 703 a 706)*...... 1229

Capítulo XIII – Da regulação de avaria grossa *(Arts. 707 a 711)*...... 1232

Capítulo XIV – Restauração de autos *(Arts. 712 a 718)*...... 1235

Capítulo XV – Dos procedimentos de jurisdição voluntária *(Arts. 719 a 770)*...... 1240

Seção I – Disposições gerais *(Arts. 719 a 725)*...... 1240

Seção II – Da notificação e da interpelação *(Arts. 726 a 729)*...... 1250

Seção III – Da alienação judicial *(Art. 730)*...... 1252

Seção IV – Do divórcio e da separação consensuais, da extinção consensual de união estável e da alteração do regime de bens do matrimônio *(Arts. 731 a 734)* 1256

Seção V – Dos testamentos e dos codicilos *(Arts. 735 a 737)* 1273

Seção VI – Da herança jacente *(Arts. 738 a 743)* 1278

Seção VII – Dos bens dos ausentes *(Arts. 744 a 745)* 1284

Seção VIII – Das coisas vagas *(Art. 746)* 1288

Seção IX – Da interdição *(Arts. 747 a 758)* 1291

Seção X – Disposições comuns à tutela e à curatela *(Arts. 759 a 763)* 1304

Seção XI – Da organização e da fiscalização das fundações *(Arts. 764 a 765)* 1307

Seção XII – Da ratificação dos protestos marítimos e dos processos testemunháveis formados a bordo *(Arts. 766 a 770)* 1310

• CARLOS ALBERTO CARMONA •

LIVRO II – DO PROCESSO DE EXECUÇÃO *(Arts. 771 a 925)* 1312

Título I – Da execução em geral *(Arts. 771 a 792)* 1312

Capítulo I – Disposições gerais *(Arts. 771 a 777)* 1312

Capítulo II – Das partes *(Arts. 778 a 780)* 1323

Capítulo III – Da competência *(Arts. 781 a 782)* 1330

Capítulo IV – Dos requisitos necessários para realizar qualquer execução *(Arts. 783 a 788)* 1334

Seção I – Do título executivo *(Arts. 783 a 785)* 1334

Seção II – Da exigibilidade da obrigação *(Arts. 786 a 788)* 1352

Capítulo V – Da responsabilidade patrimonial *(Arts. 789 a 796)* 1356

• MARCELO ABELHA RODRIGUES •

Título II – Das diversas espécies de execução *(Arts. 797 a 913)* 1368

Capítulo I – Disposições gerais *(Arts. 797 a 805)* 1368

Capítulo II – Da execução para a entrega de coisa *(Arts. 806 a 813)* 1389

Seção I – Da entrega de coisa certa *(Arts. 806 a 810)* 1389

Seção II – Da entrega de coisa incerta *(Arts. 811 a 813)* 1394

Capítulo III – Da execução das obrigações de fazer ou de não fazer *(Arts. 814 a 823)* 1395

Seção I – Disposições comuns *(Art. 814)* 1395

Seção II – Da obrigação de fazer *(Arts. 815 a 821)* 1396

Seção III – Da obrigação de não fazer *(Arts. 822 a 823)* 1402

Capítulo IV – Da execução por quantia certa *(Arts. 824 a 909)* 1406

Seção I – Disposições gerais *(Arts. 824 a 826)* 1406

Seção II – Da citação do devedor e do arresto *(Arts. 827 a 830)* 1412

• JOSÉ CARLOS BAPTISTA PUOLI •

Seção III – Da penhora, do depósito e da avaliação *(Arts. 831 a 875)* 1423

Subseção I – Do objeto da penhora *(Arts. 831 a 836)* 1423

Subseção II – Da documentação da penhora, de seu registro e do depósito *(Arts. 837 a 844)* 1429

Subseção III – Do lugar de realização da penhora *(Arts. 845 a 846)*............... 1434

Subseção IV – Das modificações da penhora *(Arts. 847 a 853)*....................... 1435

Subseção V – Da penhora de dinheiro em depósito ou em aplicação financeira *(Art. 854)*.. 1439

Subseção VI – Da penhora de créditos *(Arts. 855 a 860)* 1440

Subseção VII – Da penhora das quotas ou das ações de sociedades personificadas *(Art. 861)*.. 1442

Subseção VIII – Da penhora de empresa, de outros estabelecimentos e de semoventes *(Arts. 862 a 865)*.. 1443

Subseção IX – Da penhora de percentual de faturamento de empresa *(Arts. 866)* 1444

Subseção X – Da penhora de frutos e rendimentos de coisa móvel ou imóvel *(Arts. 867 a 869)*.. 1445

Subseção XI – Da avaliação *(Arts. 870 a 875)*... 1446

Seção IV – Da expropriação de bens *(Arts. 876 a 903)* 1449

Subseção I – Da adjudicação *(Arts. 876 a 878)*... 1449

Subseção II – Da alienação *(Arts. 879 a 903)*... 1451

Seção V – Da satisfação do crédito *(Arts. 904 a 909)*...................................... 1462

Capítulo V – Da execução contra a fazenda pública *(Art. 910)*......................... 1463

• Marcelo Abelha Rodrigues •

Capítulo VI – Da execução de alimentos *(Arts. 911 a 913)*.............................. 1464

• Paulo Henrique dos Santos Lucon •

Título III – Dos embargos à execução *(Arts. 914 a 920)* 1469

Título IV – Da suspensão e da extinção do processo de execução *(Arts. 921 a 925)*.. 1476

Capítulo I – Da suspensão do processo de execução *(Arts. 921 a 923)*............. 1476

Capítulo II – Da extinção do processo de execução *(Arts. 924 a 925)*.............. 1480

• André Ramos Tavares •

LIVRO III – DOS PROCESSOS NOS TRIBUNAIS E DOS MEIOS DE IMPUGNAÇÃO DAS DECISÕES JUDICIAIS *(Arts. 926 a 928)* 1482

Título I – Da ordem dos processos e dos processos de competência originária dos tribunais *(Arts. 926 a 928)*... 1482

Capítulo I – Disposições gerais *(Arts. 926 a 928)*... 1482

• Paulo Henrique dos Santos Lucon •

LIVRO III – DOS PROCESSOS NOS TRIBUNAIS E DOS MEIOS DE IMPUGNAÇÃO DAS DECISÕES JUDICIAIS *(Arts. 929 a 1.044)*.. 1488

Título I – Da ordem dos processos e dos processos de competência originária dos tribunais *(Arts. 929 a 993)*... 1488

Capítulo II – Da ordem dos processos no tribunal *(Arts. 929 a 946)*................ 1488

Capítulo III – Do incidente de assunção de competência *(Art. 947)*................. 1506

• HEITOR VITOR MENDONÇA SICA •

Capítulo IV – Do incidente de arguição de inconstitucionalidade *(Arts. 948 a 950)*... 1507

• JOSÉ HORÁCIO CINTRA GONÇALVES PEREIRA •

Capítulo V – Do conflito de competência *(Arts. 951 a 959)*... 1511

• HEITOR VITOR MENDONÇA SICA •

Capítulo VI – Da homologação de decisão estrangeira e da concessão do *exequatur* à carta rogatória *(Arts. 960 a 965)*... 1513

• JOSÉ CARLOS BAPTISTA PUOLI •

Capítulo VII – Da ação rescisória *(Arts. 966 a 975)*.. 1523

• PAULO HENRIQUE DOS SANTOS LUCON •

Capítulo VIII – Do incidente de resolução de demandas repetitivas *(Arts. 976 a 987)*.. 1531
Capítulo IX – Da reclamação *(Arts. 988 a 993)*... 1542

• FLÁVIO CHEIM JORGE •

Título II – Dos recursos *(Arts. 994 a 1.044)* 1546
Capítulo I – Disposições gerais *(Arts. 994 a 1.008)* 1546
Capítulo II – Da apelação *(Arts. 1.009 a 1.015)*.. 1559
Capítulo III – Do agravo de instrumento *(Arts. 1.015 a 1.020)*................................... 1576
Capítulo IV – Do agravo interno *(Art. 1.021)* 1588
Capítulo V – Dos embargos de declaração *(Arts. 1.022 a 1.026)* 1592

• PAULO HENRIQUE DOS SANTOS LUCON •

Capítulo VI – Dos recursos para o supremo tribunal federal e para o superior tribunal de justiça *(Arts. 1.027 a 1.044)*... 1607
Seção I – Do recurso ordinário *(Arts. 1.027 a 1.028)*... 1607
Seção II – Do recurso extraordinário e do recurso especial *(Arts. 1.029 a 1.041)* 1608
Subseção I – Disposições gerais *(Arts. 1.029 a 1.035)* 1608
Subseção II – Do julgamento dos recursos extraordinário e especial repetitivos *(Arts. 1.036 a 1.041)* 1616
Seção III – Do agravo em recurso especial e em recurso extraordinário *(Art. 1.042)*.. 1620
Seção IV – Dos embargos de divergência *(Arts. 1.043 e 1.044)*............................. 1621

LIVRO COMPLEMENTAR – DISPOSIÇÕES FINAIS E TRANSITÓRIAS *(Arts. 1.045 a 1.072)*.. 1623
Arts. 1.045 e 1.046 • LUIZ DELLORE 1623
Art. 1.047 • FABIO TABOSA 1630
Arts. 1.048 e 1.049 • JOSÉ HORÁCIO CINTRA GONÇALVES PEREIRA............................. 1633

CÓDIGO DE PROCESSO CIVIL INTERPRETADO

Arts. 1.050 e 1.051 • MIRNA CIANCI 1635

Art. 1.052 • MARCELO ABELHA RODRIGUES 1636

Arts. 1.053 e 1.054 • NELTON AGNALDO MORAES DOS SANTOS 1636

Art. 1.055 • *Vetado* 1637

Art.1.056 • MARCELO ABELHA RODRIGUES 1637

Art. 1.057 • NELTON AGNALDO MORAES DOS SANTOS 1637

Arts. 1.058 e 1.059 • FERNANDO DA FONSECA GAJARDONI 1640

Art. 1.060 • PAULO HENRIQUE DOS SANTOS LUCON 1641

Art. 1.061 • ANA CÂNDIDA MENEZES MARCATO 1641

Arts. 1.062 e 1.063 • NELTON AGNALDO MORAES DOS SANTOS 1643

Arts. 1.064 a 1.067 • FLÁVIO CHEIM JORGE 1644

Art. 1.068 • NELTON AGNALDO MORAES DOS SANTOS 1646

Art. 1.069 • MIRNA CIANCI 1646

Art. 1.070 • FLÁVIO CHEIM JORGE 1647

Art. 1.071 • ANTONIO CARLOS MARCATO 1648

Art. 1.072 (incisos I e VI) • MIRNA CIANCI 1650

Art. 1.072 (inciso II) • ANTONIO CARLOS MARCATO 1651

Art. 1.072 (inciso III) • JOSÉ HORÁCIO CINTRA GONÇALVES PEREIRA 1651

Art. 1.072 (inciso IV) • PAULO HENRIQUE DOS SANTOS LUCON 1651

Art. 1.072 (inciso V) • MARCELO ABELHA RODRIGUES 1652

LEI Nº 13.105, DE 16 DE MARÇO DE 2015

Código de Processo Civil.

A PRESIDENTA DA REPÚBLICA

Faço saber que o Congresso Nacional decreta e eu sanciono a seguinte Lei:

PARTE GERAL

LIVRO I
DAS NORMAS
PROCESSUAIS CIVIS

TÍTULO ÚNICO
DAS NORMAS FUNDAMENTAIS
E DA APLICAÇÃO
DAS NORMAS PROCESSUAIS

CAPÍTULO I
DAS NORMAS FUNDAMENTAIS
DO PROCESSO CIVIL

> **Art. 1º** O processo civil será ordenado, disciplinado e interpretado conforme os valores e as normas fundamentais estabelecidos na Constituição da República Federativa do Brasil, observando-se as disposições deste Código.

▶ *Sem correspondência no CPC/1973*

1. Mudança de rumo?

Diferentemente da técnica adotada pelos dois códigos de processo anteriores (de 1939 e de 1973), o legislador de 2015 abre a lei que passa a regular o processo em todo o território nacional alardeando seu compromisso com os valores fundamentais da República, como se uma lei ordinária pudesse de alguma forma ignorá-los. Para alguns, esta norma de abertura deixa claro o compromisso do legislador com a Constituição e, mais que isso, com a teoria do direito processual constitucional; para mim, trata-se de pleonasmo dispensável que pode servir – como se perceberá pela leitura dos dispositivos seguintes – de acesso aos tribunais superiores sempre que se alegar violação de lei (que repete a constituição), o que apenas aumenta a possibilidade de eternizar o processo pelas vias recursais. Em outros termos: o que era reservado ao Supremo Tribunal Federal, por via excepcional (violação direta de dispositivos constitucionais), acabará sendo levado, por via oblíqua, ao Superior Tribunal de Justiça (e, eventualmente, a outros tribunais superiores, quando for caso, nas justiças especializadas).

Não se pode negar a vantagem de uma "parte geral" na lei processual, o que faltava ao código anterior. Mas esta parte geral não precisava repetir – didaticamente – regras constitucionais do processo que obviamente não poderiam ser ignoradas pelo legislador ou pelos operadores. A repetição inútil de dispositivos constitucionais não acrescenta garantia alguma ao processo que já não estivesse expressa no texto constitucional; da mesma forma, não se espera que um código de processo – lei técnica, dirigida a técnicos – tenha o mesmo papel de um diploma legislativo de orientação popular (como o Código de Defesa do Consumidor, cujo texto está exibido em todo e qualquer estabelecimento comercial para nortear o comportamento dos cidadãos). O Código de Processo Civil destina-se aos operadores, que – sendo técnicos – conhecem a Constituição da República e não precisam ser lembrados de seus dizeres. Temo, portanto, que o "lembrete" do legislador, no sentido de que o processo civil é ordenado, disciplinado e interpretado segundo os valores constitucionais, sirva apenas para dar base a desnecessários recursos especiais (já que houve "ordinarização" de matéria constitucional).

Em síntese, ao contrário do que parece transparecer do texto do primeiro artigo do Código, não houve novidade alguma na postura do legislador. Ainda que a Constituição da República não tivesse sido invocada, é evidente que toda a estrutura do processo continuaria a estar vinculada – como sempre esteve – aos ditames constitucionais. Como ensinam os fautores da Teoria Geral do Processo (cito, por todos, Ada Pellegrini Grinover, Cândido R. Dinamarco e Antonio Carlos de Araújo Cintra, que escreveram sob a égide do código anterior), "[T]odo o direito processual, como ramo do direito público, tem suas linhas fundamentais traçadas pelo direito constitucional, o qual fixa a estrutura dos órgãos jurisdicionais, garante a distribuição da justiça e efetividade do direito objetivo, estabelece alguns princípios processuais (...)" (*Teoria Geral do Processo*, p. 103). Um código de processo não precisa lembrar tais valores, que são a premissa da própria lei. Precisa, isso sim, refletir e concretizar tais valores!

2. Os valores ressaltados pelo Código

A menção à Constituição Federal talvez tenha sido o pretexto do legislador ordinário para deixar claros os valores que quis ressaltar e que programou desenvolver e concretizar.

Está evidenciado que o legislador apostou pesadamente em um sistema multiportas de solução de litígios; também está patente que quer reduzir o tempo de duração das demandas, usando métodos (discutíveis) de "molecularização"

(coletivização dos processos) e de desestímulo de recursos; o legislador foi igualmente claro quanto à exigência de comportamento ético das partes, prometendo punição a todos quantos agirem de forma desairosa; há manifesta promessa de tratamento igualitário das partes e de equilíbrio dos contendentes; declarou o legislador compromisso (até exagerado) com o princípio do contraditório e ameaçou com pena de nulidade as decisões não fundamentadas (quem viver, verá!); decretou um dever geral (e nebuloso) de cooperação entre todos os participantes do processo e, finalmente, prometeu uma certa ordem no julgamento das causas.

Todas estas *garantias* – de algum modo já expressas na Constituição – foram repetidas e reiteradas no texto legal, com a desvantagem de, em alguns temas, ter o legislador cedido a pressões (legítimas, como parte do jogo republicano) de grupos interessados em defender determinados interesses de classe, o que resultou em relaxamento ou aniquilamento de promessas (basta pensar, só para citar um exemplo, no efeito nefasto do advérbio *preferencialmente* inserido no art. 12, que comentarei mais adiante).

Os operadores mais experimentados, ao lerem a proposta programática formulada no primeiro artigo do Código perguntam-se, portanto, se não teria sido melhor reforçar a estrutura administrativa do Estado, dando ao juiz os meios (materiais e humanos) necessários para o bom exercício de sua função em vez de formular promessas que certamente não serão cumpridas.

Estas palavras amargas, logo no início destes comentários, não devem desanimar os operadores. Servem apenas para trazer à terra espíritos que pareceram flutuar (*leveza insustentável*, infelizmente!) ao tomar o primeiro contato com o novo texto legislativo, imaginando que palavras e dispositivos legais seriam capazes de superar idiossincrasias e comportamentos históricos. A lei não trará felicidade ao povo brasileiro; somente um novo comportamento dos operadores (de todos eles, advogados, defensores, promotores, juízes, servidores) poderá colocar o país na rota da modernidade.

Estes apontamentos que esbocei, portanto, objetivam aferir se os compromissos que o legislador assumiu poderão ser efetivamente cumpridos com o arcabouço que montou nos primeiros 12 artigos do Código, enfeixados sob o auspicioso epíteto de "normas fundamentais".

> **Art. 2º** O processo começa por iniciativa da parte e se desenvolve por impulso oficial, salvo as exceções previstas em lei.

▶ *Referência: CPC/1973 – Arts. 2º e 262.*

1. Princípio da ação

Ne procedat iudex ex officio: o velho adágio latino alerta para a necessidade de provocação da jurisdição, não estando o juiz autorizado a dar início ao processo sem que o interessado pleiteie a tutela estatal.

Deste princípio decorrem relevantes consequências, que limitam a atividade jurisdicional ao que foi pleiteado pela parte, não podendo o juiz conceder coisa diversa ou em quantidade diversa daquela pretendida por quem provocar a intervenção estatal.

O limite desta afirmação precisa ser testado: se o autor pretender uma obrigação de fazer (reparar um defeito em determinada máquina) e o juiz constatar que tal defeito não pode ser reparado, seria admissível pensar numa sentença que condenasse o réu a entregar máquina nova (ou outra máquina)? Minha resposta é peremptória no sentido negativo. Na impossibilidade de cumprimento específico da obrigação pretendida pelo autor, converte-se o pleito em perdas e danos, não estando o juiz autorizado a conceder coisa diversa daquela pedida, valendo lembrar que toda obrigação específica (dar, entregar, fazer) que se tornar de impossível cumprimento converte-se em obrigação genérica de pagar (impossibilidade material de conceder tutela específica). Dito de outro modo, a almejada instrumentalidade do processo e a preocupação do legislador em instituir um processo de resultados não poderá superar a garantia do princípio da ação, que em última análise protege as partes contra surpresas, quais sejam, sentenças que desviem dos pedidos formulados pelo contendentes.

2. Iniciativa de parte e limitação da cognição

A atividade do juiz é limitada pelo pedido do autor no sentido de que deve haver necessária correlação entre o que o autor pede e o que o Estado pode conceder, seja com relação ao pedido imediato (tipo de tutela pretendida), seja quanto ao pedido mediato (bem da vida pretendido). O *objeto do processo*, portanto, mostra uma baliza intransponível para o juiz (já veremos as exceções), que não pode surpreender as partes julgando o que não foi pedido; mas o *objeto do conhecimento* não guarda relação com o princípio da ação. Explico: durante o processo serão discutidos temas e serão levantadas questões (pelas partes ou pelo próprio juiz) que não ampliam o objeto do processo e não alteram o pedido, mas são instrumentais para que seja ao fim e ao cabo proferida a sentença. Trata-se de questões de ordem processual (competência, nulidade de atos processuais, organização da prova) ou material (pagamento, prescrição, decadência), que condicionarão o modo de ser do processo ou a decisão do litígio e que deverão ser dirimidas pelo juiz sem que haja comprometimento da correlação necessária entre pedido e sentença.

Lembre-se, por oportuno, que o próprio juiz pode impor às partes a discussão de temas que nenhuma delas propôs (condições da ação, pressupostos processuais, defesas indiretas de mérito), sem que isso afete a premissa do dispositivo no sentido de que o processo começa por *iniciativa* de parte (com as consequências limitantes apontadas).

3. Princípio do impulso oficial

Instaurada a relação jurídica processual, cabe ao juiz mover o procedimento em direção ao seu final, exaurindo a função jurisdicional. Embora a jurisdição seja inerte, uma vez provocada deve o processo necessariamente fluir, ainda que as partes não tenham interesse em praticar os atos adequados que lhes caibam. Afinal de contas, o interesse primordial do Estado é o de que os litígios sejam solucionados de forma rápida e eficiente (e que, sendo isso possível, o mérito seja decidido).

O princípio em questão não garante, porém, que a causa caminhe para uma decisão de mérito, muito menos para uma decisão de mérito de qualidade. O caminho crítico do processo (ou, mais adequadamente, do procedimento), funciona à base de *eclusas*: praticado um ato processual, fecha-se uma comporta e passa-se à fase seguinte; não praticado o ato processual no momento adequado, a comporta fecha-se da mesma forma, de modo que o processo caminha em direção ao seu natural desaguadouro, qual seja, a sentença (seja definitiva, seja terminativa). O motor desta fórmula simples e eficiente é a *preclusão*, perda de uma faculdade, direito ou poder processual. Praticado o ato, não se pode praticá-lo novamente (preclusão consumativa); não praticado no momento oportuno, não poderá ser realizado fora do tempo (preclusão temporal); e formalizado um ato incompatível com aquele que se pretenderia praticar, este último não poderá mais ser desenvolvido (preclusão lógica).

Ainda que o andamento do procedimento dependa de algum ato da parte (o pagamento de custas, o depósito de diligências, a antecipação de honorários de perito) a situação não muda, já que a parte será instada a praticar o ato sob pena de prosseguimento do feito que, eventualmente, poderá terminar ali mesmo, bastando pensar na ausência do pagamento de custas ou de providência de que dependa a citação do réu. Em síntese, de um modo ou de outro, o processo *caminha* (aliás, a frase é pleonástica, já que *pro cedere* significa exatamente isso, ir para a frente).

4. Exceções previstas em lei

O legislador tomou o cuidado de explicitar as exceções ao princípio da ação, ou seja, situações em que o juiz pode dar início à atividade jurisdicional sem iniciativa da parte. Lembro alguns exemplos, que não são novos e que também podiam ser apontados sob o regime processual anterior (CPC/73): a restauração de autos (em versão física ou eletrônica), prevista no art. 712 do CPC, hipótese em que o juiz está autorizado a determinar, de ofício, que as partes (ou o Ministério Público, se for o caso) promovam sua restauração; a arrecadação de bens em caso de herança jacente (art. 738 do CPC); e a conversão de pedido de concordata ou de recuperação judicial em falência.

O CPC suprimiu uma das hipóteses de tutela *ex officio* contempladas na lei anterior, que permitia ao juiz iniciar o inventário se nenhum dos legitimados o fizesse no prazo legal (art. 989 do CPC/73). Era de fato hipótese de raríssima utilização e que não precisava mesmo figurar no novo código. Em compensação, criou outra bem mais interessante ao extinguir a declaratória incidental: segundo o art. 503, § 1º, do CPC, a questão prejudicial decidida incidentalmente no processo (ainda que não haja pedido a tal respeito) será recoberta com os efeitos da coisa julgada. Em termos práticos, haverá ampliação do objeto do processo (não apenas do objeto do conhecimento do juiz), de forma que, mesmo sem pedido declaratório expresso, poderá o

magistrado – preenchidos os pressupostos do art. 503, § 1º, já citado – decidir sobre pedido não formulado (exceção, portanto, ao princípio da ação). Esta técnica – é bom deixar desde logo consignado – só sé aplica ao regime do código, no âmbito do *processo judicial*, de modo que em sede de *processo arbitral* continua a vigorar de modo rigoroso o princípio da ação (se alguma das partes objetivar decisão com força de sentença sobre questão prejudicial, terá que formular requerimento expresso, nos limites e na forma da convenção de arbitragem, sem o que os árbitros estarão impedidos de julgar o pedido).

> **Art. 3º** Não se excluirá da apreciação jurisdicional ameaça ou lesão a direito.
>
> **§ 1º** É permitida a arbitragem, na forma da lei.
>
> **§ 2º** O Estado promoverá, sempre que possível, a solução consensual dos conflitos.
>
> **§ 3º** A conciliação, a mediação e outros métodos de solução consensual de conflitos deverão ser estimulados por juízes, advogados, defensores públicos e membros do Ministério Público, inclusive no curso do processo judicial.

▶ *Sem correspondência no CPC/1973*

1. Mais uma vez, a Constituição Federal

O *caput* do artigo sob exame praticamente transcreve o texto do art. 5º, inc. XXXV, da Constituição Federal: "a lei não excluirá da apreciação do Poder Judiciário lesão ou ameaça a direito". A diferença sutil de redação entre o texto constitucional e o texto legal, porém, chama a atenção do estudioso, pois na Constituição dá-se a garantia de acesso *ao Poder Judiciário*, enquanto no Código contenta-se o legislador em permitir *a apreciação jurisdicional* (que não será realizada necessariamente pelo Poder Judiciário). A distinção tem relação com a arbitragem, que também é exercício de jurisdição, embora desempenhada (por determinação expressa dos litigantes) por particulares, investidos do poder jurisdicional para decidir controvérsia determinada (ou para controvérsias determináveis).

É importante ressaltar que a Constituição da República nunca proibiu a solução de litígios fora do Poder Judiciário. Na verdade a garantia hoje encampada no art. 5º, inc. XXXV, já estava presente no texto constitucional de 1946 (que revigorava as garantias democráticas da nação depois do longo inverno representado pelo Estado Novo), sendo repetida na Constituição de 1967 e na "Constituição de 1969" (a Emenda Constitucional nº 1 à Constituição de 1967 foi tão contundente que não hesito em reconhecer uma nova constituição a partir de sua edição).

O § 4º do art. 141 da Constituição de 18 de setembro de 1946 determinava que a lei não poderia excluir da apreciação do Poder Judiciário "qualquer lesão de direito individual", o que consolidava comando protetivo contra o Estado, proibindo-o de excluir da apreciação dos tribunais determinadas matérias sob qualquer pretexto (interesse do Estado, interesse administrativo). A bem da verdade, embora a Constituição de 1891 fosse omissa, o princípio que hoje encontra-se positivado era intrínseco à sistemática constitucional, o mesmo podendo-se dizer da Constituição de 1934. Foi a Constituição de 1937 que deixou sem amparo judicial direitos individuais, permitindo que a lei os largasse sem remédios processuais. Somente com a Constituição de 1946 é que se "cortou qualquer tendência dos legisladores eleitos depois de 1945 para se substituírem aos legisladores encomendados de 1937-1946" (Pontes de Miranda, *Comentários à Constituição de 1946*, p. 229). Tratava-se, em síntese, de garantir a proteção do cidadão contra o arbítrio do legislador, que não poderia obstar o acesso ao Poder Judiciário. Assim, seria inconstitucional a partir de então uma lei que instituísse a arbitragem obrigatória (como existe em alguns países, como Portugal) para a solução de determinados conflitos (marítimos, societários, securitários). Nada impediria então (como não impede hoje) que os próprios contendentes afastem o Poder Judiciário para a solução de determinada (ou determinável) controvérsia, submetendo-a a solução arbitral, à mediação, à conciliação ou a um foro estrangeiro (Poder Judiciário de outro país que não o nosso). Mas ninguém pode ser forçado, por determinação estatal, a resolver seu litígio fora dos tribunais. Esta garantia foi repetida na Constituição de 1967, cujo art. 150, § 4º, determinava que "[A] lei não poderá excluir da apreciação do Poder Judiciário qualquer lesão de direito individual" e foi mantida na Emenda Constitucional nº 1, de 17 de outubro de 1969 (art. 153, § 4º), sofrendo modificação ampliativa no atual texto (de 1988) para acrescentar também a ameaça a direito (e não apenas a lesão consumada) como objeto de proteção.

2. Arbitragem

Ainda na linha do pleonasmo, o legislador brinda os operadores com esta platitude: "é permitida a arbitragem, na forma da lei". Não cabe a um Código de Processo Civil autorizar ou não a existência da arbitragem. Tal permissão decorre da Constituição Federal, não da lei, de modo que o parágrafo seria perfeitamente dispensável, até porque, mesmo antes da "autorização" outorgada pelo CPC, já estava em vigor a Lei nº 9.307/96 (atualizada pela Lei nº 13.129/2015), que disciplina a arbitragem no Brasil.

O parágrafo comentado (*rectius*, criticado) serve apenas para ressaltar – como se isso fosse necessário – que os contratantes (ou os litigantes) podem optar pela solução de um litígio eventual e futuro (ou de um litígio atual e concreto) fora do Poder Judiciário, por meio de juízes privados que exercerão – mercê da investidura conferida pelos litigantes – a jurisdição, concretizando o comando legal no caso específico. No caso de litígio atual e concreto, a outorga do poder jurisdicional será efetivada por meio do compromisso arbitral; no caso de litígio eventual e futuro tal outorga ocorrerá com o concurso da cláusula compromissória. A convenção de arbitragem (cláusula ou compromisso, conforme o caso) será o instrumento que abrirá as portas para a solução do litígio fora da estrutura do Poder Judiciário; ao mesmo tempo, o instrumento funcionará como fator de exclusão da jurisdição do Estado para o caso concreto, tudo em respeito ao princípio da autonomia da vontade das partes que podem, versando o litígio sobre direito disponível, construir forma *adequada* (não *alternativa*!) de solução de controvérsias.

Em termos de linguagem, insisto que tratar de arbitragem significa ingressar no mundo dos *meios adequados* de solução de litígios, que abarca um grande número de métodos de solução de controvérsias diferentes daquele ordinário oferecido pelo Estado (o processo tal como regulado pelo Código de Processo Civil). Assim, fazem parte deste mundo de diversidade (o denominado *sistema multiportas de solução de litígios*) métodos autocompositivos (negociação, mediação, conciliação, opinião neutra de terceiro, *dispute boards*) e heterocompositivos (processo estatal comum, processo diferenciado dos diversos juizados especiais, arbitragem). São meios *adequados* (não *alternativos*, como ainda preferem alguns), pois cada um destes métodos é apropriado a uma determinada situação de contenda e conflito. A bem pensar, o meio efetivamente alternativo de solução de litígios é aquele oferecido pelo Estado (ou seja, o processo judicial), já que ninguém, em sã consciência, recorre ao Poder Judiciário para resolver sua contenda sem antes tentar solucionar o conflito com a utilização de outros meios menos agressivos (a negociação, por exemplo). Se é assim, os meios naturais e normais de resolução de litígios são todos aqueles que não usam a estrutura do Estado; a *alternativa*, se aqueles métodos não funcionarem ou não puderem ser tentados, será recorrer aos juízes estatais!

3. Solução consensual de litígios

O Legislador de 2015 investiu pesadamente nos meios autocompositivos de solução de controvérsias, procurando favorecer especialmente a mediação e a conciliação. O alerta do § 2º do artigo enfocado é amplo e procura envolver o Estado na implantação de um sistema multiportas de solução de litígios, de modo que são instigadas políticas públicas de resolução de controvérsias que não passem pelo Poder Judiciário. Desta forma, espera-se que a negociação seja estimulada por programas educativos, com incentivos para aqueles que solucionarem suas pendências sem a necessidade do serviço estatal (o que inclui as controvérsias que envolvem as próprias pessoas de direito público interno); a participação do Ministério Público e das Defensorias em tais iniciativas será sempre bem-vinda e o dispositivo legal reforça as regras corporativas no sentido de envolvimento institucional com a solução de disputas sem a participação do Estado-Juiz.

No corpo do próprio Código o legislador tratou de dimensionar a moldura da mediação e da conciliação endoprocessuais, disciplinando – nos parâmetros da Resolução 125 do CNJ – o preparo e a formação dos profissionais que deverão colaborar nesta atividade de pacificação social. Cuidou o legislador de determinar uma nova rotação para o processo, de modo que o réu não seja citado para contestar, mas sim para participar de atividade autocompositiva do litígio, ainda que contra sua própria vontade: digo isso por conta do mecanismo do art. 334 do CPC, que determina a realização da audiência preliminar ainda que uma das partes não esteja disposta a fazer qualquer tipo de concessão. Com efeito, agiu certo o legislador ao obrigar as partes (a não ser que *todas* não queiram!) ao procedimento

de mediação ou de conciliação (o que não é o mesmo que forçar a mão para fazer com que os litigantes se componham). O procedimento de mediação e de conciliação é educativo e ainda que uma das partes seja resistente pode ser que o profissional encarregado, mercê das técnicas que conhece, consiga superar as barreiras e abrir caminho para uma solução consensual da lide.

Pode ser que a esperança no desenvolvimento dos meios autocompositivos tenha sido excessiva. Sabe-se que a boa moldura esboçada nos arts. 165 a 175 do CPC depende de estrutura física (funcionários, salas adequadas, mediadores e conciliadores preparados e devidamente remunerados), que ainda não está disponível na maior parte das comarcas. Os CEJUSCs ainda lutam com as carências de sempre e muitas vezes vivem de migalhas, já que o Poder Judiciário tem outras carências igualmente graves e prementes. Há mesmo uma certa exasperação na ânsia de conciliar (ou mediar), de que dá conta, por exemplo, o art. 695, § 1º, do CPC, que, nas ações de família, determina que a petição inicial não seja enviada ao réu juntamente com o mandado de citação (com o claro objetivo de evitar que a descrição dos fatos pelo autor, normalmente contendo acusações ou afirmações pouco lisonjeiras ao réu, dificulte eventual solução consensual do litígio, mormente com a intervenção de um mediador). A experiência angariada nestes primeiros tempos de vigência do Código, de qualquer modo, mostrou que a realidade suplantou a esperança e a falta de tempo e de meios acabou desestimulando muitos juízes que, impacientes, mandam citar os réus para apresentarem defesa, alegando que a audiência de conciliação ou mediação fica prejudicada pela falta de profissionais disponíveis na respectiva comarca. Se o Estado não cuidar de disponibilizar a estrutura recomendada na Resolução 125 do CNJ certamente o país perderá uma oportunidade de ouro de implantar definitivamente em nossa terra um eficiente sistema multiportas de solução de litígios.

4. Colaboração de juízes, advogados, promotores, procuradores e defensores

O CPC praticamente ingressa na esfera administrativa ao determinar que os operadores do processo participem da cruzada em prol dos meios adequados de solução de litígios: juízes, promotores, defensores e advogados são chamados a prestar sua colaboração no desenvolvimento dos respectivos mecanismos durante todo o arco do processo (mas também fora e independentemente dele, como se percebe pelo vocábulo *inclusive* utilizado no § 3º do art. 3º)

O dispositivo reforça algumas regras corporativas que já se preocuparam com o tema antes da edição do novo Código.

O Código de Ética e Disciplina da OAB (aprovado pela Resolução 02/2015 do Conselho Federal, que regula os deveres do advogado para com a comunidade, o cliente e os demais profissionais), estabelece, no art. 2º, parágrafo único, inc. VI, como dever do advogado, estimular – a qualquer tempo – a conciliação e a mediação entre os litigantes, prevenindo, quando possível, a instauração do litígio.

A Lei Complementar nº 80/94, que organiza a Defensoria Pública da União, também tem dispositivo similar, arrolando – entre as funções institucionais da Defensoria Pública – a promoção prioritária de solução extrajudicial de litígios, por meio da mediação, conciliação, arbitragem e demais técnicas de administração e composição de conflitos (art. 4º, inc. II, com a redação dada pela Lei Complementar nº 132/2009).

Os membros do Ministério Público também são instigados a promover a solução de litígios fora da rede judiciária estatal, valendo lembrar a Resolução 118/2014 do Conselho Nacional do Ministério Público (CNMP), que dispõe sobre a Política Nacional de Incentivo à Autocomposição no âmbito do Ministério Público, recomendando ao *parquet* brasileiro a implementação e adoção de mecanismos de autocomposição, prestando atendimento e orientação ao cidadão sobre tais técnicas.

Os juízes, por sua vez, não ficam dispensados de participar da política de incentivo aos meios adequados de solução de litígios, não só tentando promover diretamente a solução consensual do conflito (convocando as partes a qualquer tempo para tentativa de autocomposição, com ou sem a ajuda de mediadores e conciliadores, como determina o art. 139, V, ou tentando pacificar as partes no início da audiência de conciliação, como impõe o art. 359), como ainda recomendando às partes que se submetam a outros métodos mais adequados de solução de litígios. Assim, poderá o magistrado convocar as partes para propor que se submetam a uma arbitragem ou a um procedimento institucional de mediação ou conciliação: no primeiro caso,

se a sugestão for aceita, o processo será extinto; no segundo caso, poderá haver suspensão consensual do processo (e consequente extinção se a mediação ou a conciliação, administrada por uma câmara ou um centro especializado, for exitosa). Enfatizo, porém, que o juiz tem o dever de *sugerir* (propor, lembrar, aventar, recomendar, aconselhar) métodos adequados de solução de controvérsia, não podendo, em hipótese alguma, *impor* que as partes se submetam a eles (o que caracterizaria verdadeira denegação de justiça).

> **Art. 4º** As partes têm o direito de obter em prazo razoável a solução integral do mérito, incluída a atividade satisfativa.

▶ *Sem correspondência no CPC/1973*

1. Ufanismo e ilusão

A Emenda Constitucional nº 45, de 2004, acrescentou o inciso LXXVIII ao art. 5º da CF, assegurando a todos, no âmbito judicial e administrativo, "a razoável duração do processo e os meios que garantam a celeridade de sua tramitação". O compromisso ambicioso, vago e impreciso nunca foi cumprido, continuando o legislador a busca do Santo Graal, que lhe permita implementar, ainda que de forma mínima, a promessa que a cada dia mostra-se mais distante da realidade.

O legislador ordinário, em momento de ufanismo, investiu ainda mais na fantasiosa garantia constitucional (inadimplida) para afirmar que as partes têm o *direito* de obter, em prazo razoável, não só a solução de suas disputas (com a prolação de decisão em processo de conhecimento), mas também a implementação do comando legal concretizado, de modo que a garantia estende-se também ao cumprimento da decisão. O efeito obtido pelo legislador foi apenas o da multiplicação das garantias descumpridas, pois agora já se sabe que se eternizarão tanto o processo de conhecimento como o processo de execução (ou da fase de cumprimento de sentença). Ambos se tornaram miragens estampadas na lei, para escárnio e consternação dos jurisdicionados.

Rui Barbosa resumiu uma preocupação que é universal em frase lapidar, que os juristas gostam de repetir: "a justiça atrasada não é justiça, senão injustiça qualificada e manifesta" (Oração aos Moços, 1921). É natural, portanto, que a

Ciência do Processo, inspirada pelos princípios da instrumentalidade, efetividade, celeridade e economia, procure implementar fórmulas que mitiguem o sofrimento (e os consequentes sacrifícios) a que ficam expostos aqueles que participam do drama processual.

Todos reconhecem que quem tem razão fica sempre sujeito a um *dano marginal* causado pela demora provocada pelo processo, que nunca permite solução imediata dos litígios. Ainda que o processo não seja longo, dano sempre haverá. O que os processualistas procuram é exatamente minimizar tais danos, oferecendo técnicas que – sem prejuízo da qualidade da decisão – diminuam os tempos processuais. É nessa seara que se encaixam mecanismos como a reunião de processos para julgamento simultâneo (conexão), a simplificação das formas de citação e intimação, a obrigatoriedade da mediação e da conciliação, a redução de recursos, a reconvenção, o cumprimento de sentença (que substituiu o antigo sistema da execução de sentença), a tutela de evidência, a tutela monitória, a facilitação da penhora, entre tantas outras técnicas. Mas nada disso garante que as partes tenham acesso a um processo rápido e eficiente: trata-se de tentativas, propostas, experiências de que o legislador lança mão na ânsia de diminuir a corrosão causada pelo tempo. O novo Código está repleto destas tentativas, algumas delas bem ambiciosas (como o negócio jurídico processual). O tempo – sempre ele! – dirá quais destas técnicas aceleratórias funcionarão, e quais serão destinadas ao cesto de lixo da história.

2. Duração razoável do processo

Os processualistas evitam dar um parâmetro claro do que seja um processo com duração razoável. Cingem-se sempre a dar conceitos vagos, invocando a instrumentalidade do processo, a necessidade de tutela efetiva, proporcionando o acesso à ordem jurídica justa. Tentar definir o "tempo razoável" de duração do processo é algo tão difícil como definir o devido processo legal.

O que se consegue, porém, é apontar as hipóteses em que um processo dura tempo demasiado. Embora seja difícil anotar um padrão de duração apropriada das demandas (especialmente nos centros mais movimentados, onde há não só quantidade excessiva de processos, mas também outras dificuldades típicas das grandes metrópoles (de locomoção, que atrasa e dificulta

as audiências, de local para realização dos atos do processo, sejam audiências, sejam sessões de mediação e conciliação, agendamento de diligências de peritos e cumprimento de diligências por oficiais de justiça, que percorrem grandes distâncias sem que haja transporte eficiente), é possível detectar a existência de injustificáveis tempos mortos no processo que destroem a expectativa de uma decisão em tempo aceitável. Assim, os meses de espera para a prolação de simples decisões de impulso do processo, a demora na publicação de decisões, as inexplicáveis "conclusões de autos" que duram semanas, a designação de audiências com antecedência de muitos meses, a espera de julgamento das apelações (são anos de espera, por exemplo, no Estado de São Paulo, seja no Tribunal de Justiça local, seja no Tribunal Regional Federal que encampa o território do Estado). Estes tempos inexplicavelmente perdidos caracterizam um processo de duração extraordinária, intolerável e irracional, o que viola a obrigação assumida pelo Estado de dar justiça em tempo equitativo.

Mas estes exemplos só podem ser caracterizadores do descumprimento da garantia constitucional (e, agora, legal) quando os tempos mortos não forem causados por ato de alguma (ou de todas) as partes do processo. Se uma intimação não pode ser feita por culpa da parte, que não paga as despesas ou não fornece endereços, ou se um recurso não é julgado por conta de sucessivos pedidos de vista do recorrente ou do recorrido, não é possível imputar ao Estado a culpa pelo atraso na prestação jurisdicional.

Em síntese, a expressão vaga e indefinida usada pelo legislador – duração razoável do processo – que não comporta uma parametrização rígida, significa que o juiz não pode se permitir atrasos por inobservância injustificada dos prazos estabelecidos pela lei. Mais que isso, o julgador deve impedir que as partes dilatem indevidamente o processo, de modo que se exige do gestor do processo não só o controle de seus próprios prazos, mas também o controle dos prazos (e a exigência de comportamento diligente) de todos os demais operadores, estejam eles sob seu mando direto (servidores) ou não (advogados, defensores, promotores).

Hoje não se consegue vislumbrar – pelo menos nos grandes centros – um comportamento dos juízes que se coadune com o que sintetizei acima. Mas a esperança há de triunfar sobre a experiência!

3. Direito e obrigação

Se as partes têm o *direito* de obter *em tempo razoável* a solução integral do mérito (e a atividade satisfativa), parece que o Estado tem a *obrigação* de fornecer os meios para que a garantia seja implementada. Se não o fizer, como pode a parte prejudicada exercer tal direito?

A pergunta, ingênua, tem razão de ser, já que é preciso encontrar alguma perspectiva prática para um artigo que não só repete, mas de certa forma estende uma garantia que já está na Constituição da República.

O legislador dá poucos meios efetivos de implementação da garantia oferecida, devendo a parte ofendida pela demora injustificada recorrer às Corregedorias ou, em casos extremos, ao Conselho Nacional de Justiça, quando a demora injustificada da prática de atos decorrer de malemolência, indisposição ou pachorra do julgador.

É bem verdade que o legislador manteve (e aprimorou) o antigo art. 133 do CPC/73 (que pouca gente se atreveu a invocar) que responsabilizava o juiz pelas perdas e danos que causasse com o retardamento – sem justo motivo – de providencias que lhe competissem. Isto estimulou muitos magistrados a justificarem imensos atrasos para a prática de providências simples alegando "excesso de trabalho", "falta de estrutura cartorária", "cumulação de funções" e outros desastres administrativos decorrente da caótica gestão judiciária. O dispositivo migrou para o art. 143 do CPC, mas creio que terá a mesma pouca sorte de seu predecessor.

Da mesma forma, foi melhorado e ampliado o disposto no art. 198 do antigo Código (agora art. 235 do CPC): permite o dispositivo legal que, havendo injustificada demora, represente-se à corregedoria, de modo que, persistindo a inércia, os autos sejam encaminhados ao substituto legal para que, em 10 (dez) dias, dê-se prosseguimento ao processo.

Os italianos – igualmente afetados, como os brasileiros, por uma justiça morosa e pouco eficiente – tentam pressionar o Estado recorrendo à Corte Europeia, seja para conseguirem a conclusão de algum processo, seja para alcançar indenização pela demora exagerada na obtenção da tutela judicial. No Brasil ainda são raras, muito raras, as demandas que tendem a exigir do Estado o cumprimento da garantia constitucional de razoável duração do processo.

> **Art. 5º** Aquele que de qualquer forma participa do processo deve comportar-se de acordo com a boa-fé.

▶ *Referência: CPC/1973 – Art. 14, II.*

1. Boa-fé

Espera o legislador que todos os atores do processo ajam dentro dos princípios de probidade, ou seja, sem ofensa à lei, sem intenção dolosa, de forma honesta, leal, franca e sem intenção de prejudicar ninguém. Trata-se de um limite ético que deve nortear os guerreiros dentro do campo de batalha (ninguém se iluda: o processo é isso mesmo, um grande campo de batalha, onde todos querem vencer e ninguém quer ser minimamente prejudicado).

Não creio que o legislador precisasse externar o óbvio, em dispositivo explícito do Código de Processo Civil, para afirmar que em toda e qualquer atividade processual deve prevalecer a boa-fé. Trata-se de regra que permeia tudo na vida, de modo que não poderia ser diferente no âmbito da atividade processual. O enunciado, de qualquer modo – que em substância exige que todos os participantes do processo se conduzam de forma proba – diz pouco sobre comportamentos desejados e sobre comportamentos proibidos. Assim, convém explorar melhor o conteúdo do dispositivo aberto, para entender a exigência legislativa, que não pode ser tomada como regra demagógica e romântica.

O rol do art. 77 do CPC pode ser um bom indicativo do que o legislador entende como boa-fé. De fato, relaciona o legislador em tal dispositivo uma série de condutas exigíveis daqueles que participam do processo (partes ou não). Estas condutas – expor os fatos conforme a verdade, não formular pretensões ou defesas sabidamente infundadas, não produzir provas desnecessárias, cumprir as decisões judiciais, informar endereço atual, não praticar ato de inovação ilegal no estado de bem litigioso, informar e manter atualizados seus dados cadastrais perante os órgãos do Poder Judiciário e, no caso do § 6º do art. 246 do CPC, da Administração Tributária, para recebimento de citações e intimações – formam o núcleo do princípio da lealdade processual, que está à base do art. 5º que ora analiso. Evita-se assim o abuso do direito no processo (ou por meio do processo), garantindo-se a idoneidade deste instrumento de realização do direito (e impedindo que se transforme num meio de prejudicar alguém ou de atingir objetivo antissocial).

Da mesma forma – e agora concentrando-se o legislador no comportamento ético das partes – preocupa-se o CPC (art. 80, que praticamente reproduz o que dizia o art. 17 do Código antigo) em descrever atitudes que claramente violam o dever de comportarem-se com lisura todos os atores do processo. Impede o legislador que se instaure litígio ou que se deduza pretensão ou defesa contrária a texto expresso de lei (ou que contrarie fato incontroverso), proíbe que se altere a verdade dos fatos, obsta que se utilize do processo para conseguir objetivo ilegal, veda que se crie resistência injustificada ao normal andamento do feito, reprime quem proceda de modo temerário, censura aquele que provoque incidente infundado ou recorra de forma procrastinatória.

Como se vê, embora o conceito de boa-fé seja um tanto vago, flexível e dinâmico – já que sofre naturais influxos sociais, culturais e jurídicos – é possível identificar com alguma concretude condutas banidas pela lei e que caracterizariam a violação do dever de decência e honradez, atributos exigidos pela lei em relação aos atos praticados por todos os participantes do processo.

2. Destinatários do comando legal

O legislador determina que *todos* os que participem do processo devem comportar-se de acordo com o princípio da boa-fé. O comando atinge não só as partes, mas também testemunhas, peritos, assistentes técnicos, servidores e o próprio juiz.

Os advogados também são destinatários do comando legal e estão obrigados a agir segundo os influxos do princípio da boa-fé. Entretanto, a ressalva constante do § 6º do art. 77 do CPC (que repete o antigo parágrafo único do art. 14 do Código revogado), estabelecendo que os advogados estão imunizados contra penalidade no âmbito do processo se incidirem no *contempt of court*, respondendo por seus malfeitos apenas ao órgão de classe, enfraqueceu desnecessariamente a eficácia do princípio da lealdade processual.

Ainda que o Código tenha dado verdadeira – e inadequada – salvaguarda aos advogados (e aos membros da Defensoria e do Ministério Público), tal proteção não parece impedir de modo absoluto que o magistrado, reconhecendo a violação do dever previsto no inciso IV do art. 77 (que encontra contrapartida no comportamento malicioso previsto nos incisos IV e VI do art. 80) aplique diretamente ao advogado a penalidade decorrente da litigância de má-fé (o que valeria também para o membro do Ministério Público ou da Defensoria).

Com efeito, no âmbito da Justiça do Trabalho (na esfera de competência dos Tribunais Regionais do Trabalho), não foram poucas as decisões que afirmaram que o ato de *contempt of court* é muitas vezes de responsabilidade direta (para não dizer exclusiva) do procurador da parte, o que exigiria sua exemplar punição (solidariamente com seu cliente). Nos Tribunais de Justiça dos Estados, embora em menor proporção, a tese da expansão da punição aos advogados (objetivando fixar a responsabilidade solidária do advogado e de seu cliente nas hipóteses de comportamento malicioso no processo) teve menor vigor, tendo sido aplicada com moderação e com base no Estatuto dos Advogados, que estipula a responsabilidade do profissional pelo danos causados no exercício da profissão. A jurisprudência dos tribunais superiores repeliu sistematicamente as decisões das instâncias inferiores, fixando a regra de que a responsabilização do advogado nas hipóteses de lide temerária somente poderá ocorrer após averiguação em sede própria, não sendo possível estender o castigo previsto no CPC para os que se comportam de forma desidiosa aos patronos das partes. Creio que a leitura do acórdão proferido no Agravo em Recurso Especial nº 301.346-MG (2013/0047059-3), relatado pelo Ministro Luis Felipe Salomão, julg. em 11 de abril de 2013, dá o exato estado da arte na matéria, apontando julgados de tribunais estaduais que se posicionaram no sentido de permitir a condenação solidária do advogado nas penas decorrentes do desvio de conduta processual. Ada Pellegrini Grinover tem razão ao entoar um réquiem por conta do antigo parágrafo único do art. 14 do CPC revogado (hoje § 6º do art. 77), que deixa imunes os advogados que violam o dever de agir com boa-fé à multa processual sancionadora de comportamentos desleais ("Paixão e morte do *contempt of court* brasileiro" *in* O Processo Estudos e Pareceres, Ed. Perfil Ltda., São Paulo, 2006, p. 158-166).

3. Punição

O descumprimento do dever de comportar-se de acordo com a boa-fé acarretará punições concretas.

Cabe ao juiz, reconhecendo conduta maliciosa de qualquer um que participe do processo, aplicar multa de até 20% do valor da causa, sem prejuízo de sanções civis, criminais e administrativas, além de outros gravames processuais que couberem (art. 77, § 2º, do CPC).

Quanto às partes, a violação do dever de probidade acarretará a condenação nas verbas previstas no art. 81 do CPC, cabendo ao juiz aplicar multa (calculada sobre o valor da causa corrigido) ou – se o valor da causa for irrisório – fixará o magistrado o valor da indenização (não sendo descartada a hipótese de liquidação do valor).

Observo, apenas para fechamento de minhas considerações, que o Poder Judiciário ainda é bastante moderado no que se refere à aplicação de penalidades a todos os que infringem o dever de agir com boa-fé. A multiplicação dos processos no foro (especialmente nos grandes centros) e a utilização cada vez mais frequente de táticas guerrilheiras por agentes pouco escrupulosos não tem encontrado reação proporcional dos julgadores, ainda muito tímidos na implementação desta diretriz do processo, qual seja, o dever de probidade, que precisa ser cobrado de maneira assertiva de todos os que participam do processo (em especial dos advogados, defensores e membros do Ministério Público).

> **Art. 6º** Todos os sujeitos do processo devem cooperar entre si para que se obtenha, em tempo razoável, decisão de mérito justa e efetiva.

▶ *Sem correspondência no CPC/1973*

1. O dever de cooperação: os destinatários da norma

O modelo cooperativo adotado pelo novo Código impõe a todos os participantes do processo o dever de colaborar com a administração da justiça. Não se trata apenas de repetir o velho refrão – que obriga a todos ajudar o Estado para que este possa cumprir sua missão de julgar – mas sim uma tentativa de convencer os cidadãos (tanto os operadores diretos do sistema judiciário como todos os que dele devem de alguma forma participar) que o Estado exige muito mais do que a mera submissão às obrigações legais de participação nos atos judiciais. Trata-se, portanto, de tentativa importante de estimular uma participação comprometida com resultados, e não uma participação para cumprimento formal de dever legal.

Para que o resultado possa ser atingido, portanto, o dever de cooperar envolve as partes, advogados, juízes, membros do Ministério Público e Defensoria, testemunhas, servidores e todos os que tomam parte do foro extrajudicial (ou seja, que colaboram com a administração da justiça ainda que não pertençam à estrutura do Poder Judiciário).

O legislador não imagina que esteja criando uma fórmula de administração da justiça semelhante àquela que existe nos sistemas de *common law*, onde os advogados que atuam em determinado litígio estão vinculados a uma quantidade considerável de deveres processuais que impõem comportamentos predeterminados e esperados na condução da causa, por vezes antes mesmo da instauração da demanda propriamente dita. Vê-se isso na preparação da prova (em fase pré-processual), com a colheita de testemunhos sem a intervenção do magistrado (os próprios advogados conduzem a produção da prova); o mesmo pode ser dito com relação à guarda e produção de documentos (por advogados ou seus clientes), com o método de *discovery* e com a amplitude dada por alguns sistemas anglo-saxões ao dever de informação dos advogado em relação aos fatos da causa (deveres que ligam os advogados entre si, independentemente da intervenção do magistrado). O novo Código pretende bem menos do que a estrutura severa dos regimes de *common law* (cultural e tecnicamente adequada a sistemas processuais adversariais): espera criar um comportamento – dentro das quadras do sistema inquisitivo (predominante nos regimes de *civil law*) – que estimule (*rectius*, obrigue) os participantes do processo a interagir para um fim comum, qual seja, o da obtenção de uma decisão rápida e de boa qualidade.

Embora o dever de cooperação abranja todos os que participam do processo, é natural que o foco do dispositivo centralize a figura do magistrado. O Código atual mostra assim sua clara intenção de superar o modelo tipicamente "presidencialista" do processo (em que o magistrado adota posição de comando), passando a adotar um modelo presidencial-cooperativista, em que abre mão do controle quase que exclusivo da relação processual e da tomada de decisões, em prol de um papel menos centralizador, "(...) como órgão colaborativo, cooperador, a trabalhar em conjunto com as partes para que se alcance o melhor resultado" (Fernando da Fonseca Gajardoni, "O modelo presidencial cooperativista e os poderes e deveres do juiz no novo CPC", *in O Novo Código de Processo Civil*, p. 138).

2. Dever de colaboração do juiz

O legislador deixou claro que o juiz, protagonista do processo no sistema inquisitivo – tem compromisso com uma decisão de mérito de qualidade. Explico: o Código deixa claro que não espera que os magistrados extingam os processos sem julgamento do mérito, circunstância excepcional que só ocorrerá se não houver modo de salvar a atividade judicial diante de alguma irregularidade particularmente grave, que torne inútil o processo. Esta premissa é relevante, na medida em que todos os dispositivos do CPC (em especial aqueles que conduzem o processo ao abismo, como as preliminares de contestação de caráter peremptório, para fixar exemplo) devem ser interpretados de modo a preservar, sempre que possível, a atividade judicial, para que chegue a seu fim (a sentença de mérito). A instrumentalidade do processo, como se vê, é um dos mais importantes valores do novo Código: enquanto o estatuto de 1973 *pregava* a instrumentalidade, que era implementada pelos juízes a duras penas, o Código de 2015 *exige* do magistrado iniciativa e criatividade para que os atos do processo sejam sempre que possível aproveitados.

Nada mais natural, portanto, do que atribuir ao juiz o dever de prevenir nulidades e de advertir as partes sobre a forma de corrigir eventuais desvios. Daí a exigência de que o juiz, se notar vício na petição inicial (art. 321), deve determinar ao autor a correção do erro, informando o que deve ser corrigido. Da mesma forma – e dentro da política altamente instrumentalista adotada pelo legislador – não se espera que o juiz, ao analisar uma preliminar de contestação em que o réu indique inépcia da inicial (art. 337, IV), extinga o processo, sem pensar na possibilidade de corrigir o erro do autor, mesmo depois da citação do réu (e desde que não haja prejuízo para a defesa). Basta pensar numa petição obscura, que pode comportar explicação ou em cumulação de pedidos incompatíveis (o que pode ser sanado com a escolha pelo autor de um ou outro destes pedidos).

Na mesma linha, o dever de colaboração dota o magistrado de poderes suficientes para que possa determinar à parte o esclarecimento das questões (de fato e de direito) que sejam relevantes para o deslinde da causa. Um juiz proativo, portanto, poderá – mercê de tais poderes – não só harmonizar melhor eventual desequilíbrio das partes, como ainda angariar as informações necessárias para o bom julgamento da causa (informações que a parte não soube fornecer ou quis omitir).

A doutrina tem sistematizado o modelo de cooperação adotado pelo Código em 4 (quatro) deveres de que o juiz – espera-se – deverá desincumbir-se satisfatoriamente: dever de esclarecimento (buscar junto às partes as informações necessárias para compreender corretamente argumentos e pedidos); dever de prevenção (mostrar eventuais defeitos na condução do processo e na formulação de argumentos, apontando o modo de corrigi-los); dever de consulta (permitir o debate pleno e suficiente das questões ligadas ao processo); e dever de auxílio (mitigar as dificuldades das partes no cumprimento de seus deveres processuais).

> **Art. 7º** É assegurada às partes paridade de tratamento em relação ao exercício de direitos e faculdades processuais, aos meios de defesa, aos ônus, aos deveres e à aplicação de sanções processuais, competindo ao juiz zelar pelo efetivo contraditório.

▶ *Sem correspondência no CPC/1973*

1. Igualdade formal e substancial das partes

Todos são iguais perante a lei, de modo que não deve haver tratamento discriminatório entre os litigantes. Trata-se, sabem todos, de meia-verdade, já que as partes são quase sempre ontologicamente desiguais, de modo que um tratamento formalmente igualitário estratificaria a desigualdade. Os séculos XVIII e XIX mostraram uma clara evolução dos estados no sentido de dar aos seus cidadãos crescente independência e liberdade; os princípios individualistas – vitoriosos na revolução francesa – limitaram efetivamente os poderes do estado, mas – como lembra Ada Pellegrini Grinover – "a absoluta igualdade jurídica gerou a desigualdade econômica; e do primitivo conceito de igualdade, formal e negativo, clamou-se pela passagem para a igualdade real, em seu aspecto positivo" (Os Princípios Constitucionais e o Código de Processo Civil, pag. 27). Hoje, o que se espera do legislador é que implante *mecanismos de compensação* para nivelar – no limite do possível – as desigualdades sociais, culturais e econômicas que naturalmente se refletem no processo. Trata-se, portanto, de concretizar a *igualdade proporcional*, realista, que procura levar em conta a natural diferença entre aqueles que participam do processo.

Dentro desta premissa, é razoável que haja prazo maior para a Fazenda Pública, que tem sempre dificuldade de organizar-se para o processo (mormente quanto é demandada); de igual modo, é razoável que o juiz possa distribuir o ônus da prova levando em conta a capacidade (e maior facilidade) de um ou outro contendente provar determinado fato (ônus dinâmico da prova). Na mesma linha, é perfeitamente adequada a concessão do benefício de gratuidade ou o diferimento do pagamento de custas quando a parte se mostrar economicamente hipossuficiente. E idêntico raciocínio revela que não podem ser tratados de maneira exatamente igual as partes na execução, já que existe presunção de que o portador de título executivo, em princípio, seja credor, de modo que o executado estará submetido aos atos de expropriação: a posição de sujeição deste último está perfeitamente justificada pela existência da presunção da existência de um crédito, representada pelo título executivo.

Estes tratamentos desiguais, paradoxalmente, cumprem o ditame constitucional da igualdade (encastelado no *caput* do art. 5º da Constituição Federal) e concretizam o comando estabelecido no art. 7º do CPC. É preciso, desde logo, deixar claro que não se trata de distribuir *privilégios*, mas sim de fixar *prerrogativas*. Privilégios são vantagens, apanágios e regalias, que combinam mal com a dicção constitucional de igualdade; prerrogativas são benefícios criados para satisfazer o interesse público, nivelando aqueles que apresentam diferenças. Conceder prazo dobrado para a Fazenda se manifestar (art. 183 do CPC) é prerrogativa; conceder prazo quadriplicado (exagerado, portanto) seria privilégio insuportável.

Falar em igualdade das partes naturalmente traz à mente a *paridade de armas*, expressão que tanto agradava Giuseppe Tarzia: como dar a litigantes ontologicamente diferentes possibilidades iguais no processo? Certamente quem tem capacidade econômica maior terá vantagens dificilmente superáveis. Basta pensar na própria escolha da representação técnica (contratação de advogado): a parte de maior fôlego terá certamente acesso a profissional mais capacitado, com melhor estrutura de apoio, com equipe mais preparada. O mesmo pode ser dito com relação à produção de prova técnica (e ao pagamento de assistente técnico mais qualificado). Com isso, estabelecem-se alguns marcos que limitam naturalmente a atividade do magistrado na busca da almejada paridade: juiz não é assistente social e não fará o milagre de tornar iguais aqueles que são ontologicamente desiguais.

2. Concretização dos mecanismos de compensação

Como procederá o magistrado quando o demandante a quem incumbir o ônus probatório tiver que produzir prova pericial que não pode custear? Como deverá agir quando a parte hipossuficiente arrolar testemunha sem que possa reembolsar as despesas que este teve para o comparecimento à audiência (art. 462 do CPC)?

As normas fundamentais previstas no primeiro livro do Código não podem enunciar conceitos vagos de difícil implementação. É preciso concretizar a promessa do legislador de assegurar a paridade dos litigantes, constante do artigo que comento, de modo a evitar – mais uma vez – demagogia barata.

O teste tem que ser feito com base na realidade diuturna dos litígios forenses. Daí minhas duas perguntas retóricas, que procuro responder, mostrando que, desta vez, o Estado está implementando estrutura que permitirá dar vazão às promessas que refez. Note-se: o novo texto não trouxe grande alteração em relação ao que já havia no Código anterior em matéria de equilíbrio das partes. A mudança decorre da melhoria estrutural do que já existia, de modo a permitir que o julgador de fato atue no equilíbrio de forças dentro do processo. Assim, no caso da perícia, mostra-se certo avanço, na medida em que o Estado está promovendo políticas públicas que permitem que instituições estaduais ou federais (e privadas, mediante convênio) prestem serviços até mesmo gratuitamente àqueles que não podem custear perícias. É o que se vê no campo de perícias médicas e laboratoriais (pense-se nos exames de sangue e de DNA). Mas é natural que o Estado não disponha de instituições (ou de convênios) para toda a sorte de perícias. Nestas hipóteses, caberá ainda assim a ele, Estado, o custeio da perícia, com reserva orçamentária destinada a tal propósito. Da mesma forma que o Estado – antes da ativação das Defensorias – valia-se de convênios e acordos para dar a quem não podia pagar um advogado que o defendesse, deverá agora custear a produção da prova pericial àquele que não pode arcar com os respectivos dispêndios. E quando o convênio for impossível (os meandros da burocracia são infinitos e muitas vezes invencíveis) cabe ao juiz agir com engenho e arte e conseguir a nomeação de perito que faça o trabalho *pro bono* ou mediante pagamento ao final do processo. Este mecanismo não é exótico nem estranho, especialmente nos grandes centros, onde os magistrados nomeiam certo grupo de peritos para casos de monta (que rendem aos técnicos honorários bem razoáveis) e – em contrapartida – nomeiam os mesmos *experts* aqui ou acolá para trabalhar sem remuneração (ou mediante paga parca). Se isso não é ideal, pelo menos promove o comando legal que assegura a paridade de tratamento.

A concessão do benefício de gratuidade não isentará o favorecido, se for derrotado, de arcar com as obrigações decorrentes da sucumbência. A condenação, porém, ficará sujeita a condição suspensiva de exigibilidade (o credor deverá demonstrar, nos cinco anos subsequentes, que o devedor já não se encontra em situação de hipossuficiência). Passado o prazo quinquenal, extinguem-se as obrigações do beneficiário (art. 98, § 3º, do CPC).

3. Efetivo contraditório e excesso de contraditório

O legislador foi bastante incisivo neste Código do terceiro milênio quanto à necessidade de garantir o pleno e efetivo contraditório como base do devido processo legal. Temo que alguns confundirão o contraditório *efetivo* com o contraditório *excessivo*: o primeiro é útil e necessário; o segundo é praga que deve ser exterminada do processo, fruto normalmente da preguiça (do julgador) e da malícia (do advogado).

Incentivar o contraditório não é conceder abusivamente vista de tudo o que acontece no processo – e de todas as manifestações, ainda que repetidas – provenientes de litigante que pretende eternizar o processo. Quem já não viveu a situação caótica de juízes e tribunais

que retiram o caso de pauta, cedendo à tática (bem-sucedida) de parte maliciosa que apresenta manifestação às véspera da sessão de julgamento para "sintetizar seus argumentos" ou para "reforçar determinado ponto", ou ainda para apresentar um desnecessário parecer de última hora, tudo com o clamoroso intuito de retardar o julgamento?

Conceder vista à parte contrária para tratar de argumentos que já estão desenvolvidos é exacerbação desnecessária do contraditório, que em nada colabora com a qualidade do julgamento. O devido processo legal não admite o *diga-diga* leviano, que só faz retardar a prestação jurisdicional.

Em síntese, não parece razoável retirar de pauta o julgamento por conta de juntada tardia de um parecer jurídico ou de uma petição que repete argumentos já desenvolvidos durante o processo. Cabe ao magistrado, com bom senso, verificar quando e em que circunstância deve incentivar o debate. Mais: evitar o contraditório inútil é dever do julgador, não fazendo o menor sentido a prática de alguns juízes de mandar a parte contrária manifestar-se acerca de dada petição quando já sabe que o argumento deverá ser rejeitado.

Não custa, portanto, advertir o operador que a conjunção dos arts. 7º, 9º e 10 do CPC não pode, em hipótese alguma, servir de amparo ao julgador entorpecido e descansado, que permite que o debate torne o processo uma verdadeira e melancólica história do sem-fim.

> **Art. 8º** Ao aplicar o ordenamento jurídico, o juiz atenderá aos fins sociais e às exigências do bem comum, resguardando e promovendo a dignidade da pessoa humana e observando a proporcionalidade, a razoabilidade, a legalidade, a publicidade e a eficiência.

▶ *Sem correspondência no CPC/1973*

1. Balbúrdia conceitual

À primeira vista, o artigo em comento reflete pouca ligação com a seara processual. Estando-se, entretanto, no âmbito das *normas fundamentais do processo civil*, a profusão principiológica e teleológica do enunciado consubstancia um importante indicativo no sentido de que o Processo não pode ser compreendido como um fim em si mesmo. Pelo contrário, e *ça va sans dire*, o

Processo deve ser compreendido enquanto *instrumento* que se volta à pacificação de conflitos e à promoção da Justiça. Entretanto, o legislador, ao sutilmente indicar balizas ao exercício da atividade interpretativa, *qualifica* o escopo pacificador do processo: não é *qualquer* atividade jurisdicional que cumpre os desígnios do Processo (ou escopos do processo), mas apenas aquela que observa determinadas finalidades e certos parâmetros que devem imbuir o magistrado na aplicação das normas jurídicas. Tem-se aqui, sobretudo, uma norma preceptiva de valores que carrega uma diretriz hermenêutica à atividade jurisdicional exercida por meio do Processo.

A despeito da *inegável* boa intenção do legislador, houve um também *inegável* emprego atabalhoado de termos – com *inegável* força simbólica – tudo desacompanhado do devido cuidado acerca de sua acepção técnica, provocando um atravancamento de expressões que, no conjunto, tornam-se de difícil compreensão. O descuido técnico – que no mais se constata pela utilização de termos com vasta polissemia sem qualquer indicação de significado – permite extrair do texto da norma uma inteligência que vai além do real escopo do enunciado normativo. Nesse sentido, se o legislador pretendia apenas apontar que a aplicação do ordenamento jurídico deve ter por premissa uma série de valores ligados à promoção da Justiça, abriu espaço para uma atividade hermenêutica que pode, eventualmente, suplantar o direito positivado.

2. Fins sociais e exigências do bem comum

Ressalto, de início, que ao determinar que *"o juiz atenderá aos fins sociais e às exigências do bem comum"*, o legislador na prática reproduz o que já estava claro e explicitado no art. 5º do Decreto-Lei nº 4.657/42 (Lei de Introdução às Normas do Direito Brasileiro). Tem-se aqui preceito teleológico que, acrescido da necessidade de resguardar e promover a dignidade da pessoa humana, em verdade nada diz de esclarecedor acerca do direcionamento da atividade exegética. São *conceitos guarda-chuva*, normas de textura aberta que se prestam apenas a fundamentar (e ainda assim de forma muito remota) determinada interpretação e que, em verdade, comportam uma infinidade de decisões conflitantes entre si, tantas quantas possam ser as concepções de *"fins sociais"*, *"bem comum"* e de promoção da *"dignidade da pessoa humana"*. Reforça-se, aqui, um intuito simbólico do legislador que, entre-

tanto, diferentemente da intenção que se extrai do enunciado normativo, não direciona efetivamente o exercício da atividade jurisdicional, embora permita que decisões distintas possam ser justificadas sob o mesmo manto valorativo.

3. Proporcionalidade, razoabilidade e legalidade

Mais problemáticas parecem-me as alusões à *proporcionalidade*, à *razoabilidade* e à *legalidade*. Conquanto os princípios teleológicos anteriormente mencionados não sejam claros no tocante a seu conteúdo, traduzem um indicativo hermenêutico no tocante aos limites possíveis da aplicação do ordenamento jurídico, e, no mais, apontam uma diretriz acerca dos escopos a serem alcançados pela jurisdição. Ao falar em proporcionalidade, razoabilidade e legalidade, entretanto, muito menos que premissas valorativas, o legislador – consciente ou inconscientemente – reporta-se a regras de interpretação que nem sempre caminham juntas.

Interpretação pautada em proporcionalidade e em razoabilidade alude a parâmetros hermenêuticos mais fortemente ligados ao âmbito constitucional. Escapa ao objetivo deste comentário discorrer acerca do debate doutrinário relativamente à diferenciação entre esses conceitos. Não obstante, são termos cuja aplicação *pode* permitir um desprestígio do direito posto, seja porque viabiliza uma ponderação entre princípios jurídicos eventualmente em conflito – no caso da proporcionalidade – em prejuízo da norma positivada, seja porque legitima um juízo de razoabilidade entre os efeitos legais de determinada norma e as consequências fáticas no caso concreto, abrindo-se espaço, igualmente, a que se ignore a regra posta pelo legislador. São conceitos que, se não empregados com cautela e quando se mostrem efetivamente pertinentes, viabilizam uma desmedida atividade legiferante do magistrado (*giudice legislatore*), a exemplo de ondas neoconstitucionalistas (muito em voga entre nós) e de direito alternativo (que já viveu tempos melhores). Nesse sentido, determinar que o juiz deve sempre aplicar o ordenamento respeitada a proporcionalidade e a razoabilidade abre espaço a um Direito cada vez mais casuístico e que não fica necessariamente vinculado às normas postas (mas sim aos juízos de ponderação e de razoabilidade de cada magistrado), o que, por seu turno, exacerba um ambiente de insegurança jurídica.

O fato de quedar elencada igualmente a legalidade no rol do art. 8º, contudo, parece indicar que a proporcionalidade e a razoabilidade devem ser empregadas *cum grano salis*. Mais uma vez, faltou técnica jurídica no emprego da expressão, haja vista que não há indicativo do real sentido que o legislador pretendeu atribuir à expressão. Quer se esteja falando em princípio constitucional da legalidade (art. 5º, II, da CF), quer se esteja diante de um conceito genérico no sentido de "respeito à lei posta", fato é que há ali um limitador à plena atividade criativa do magistrado. Assim sendo, e conquanto deva promover determinados valores e restar atento à proporcionalidade e à razoabilidade na aplicação do ordenamento jurídico, o juízo deverá, sempre que isso não se mostre absolutamente destoante desses valores, permanecer ancorado no direito positivado.

Um exemplo do possível conflito decorrente do cotejo entre as regras da proporcionalidade e da razoabilidade com o princípio da legalidade pode ser entrevisto nas hipóteses – não marcadas expressamente na lei – de suspensão de direitos para garantir o cumprimento de decisões judiciais. Os contornos e os limites dos direitos dos portadores de um passaporte e de uma carteira nacional de habilitação, por exemplo, são previstos em normas próprias, e contam com hipóteses normativas – legais ou regulamentares – expressas de perda dos respectivos direitos. A título de exemplo, o Código Penal, em seu art. 47, III, autoriza a suspensão de habilitação para dirigir veículo como pena de interdição temporária de direitos. Não há nada explícito nesse sentido no CPC, embora haja um autorizativo genérico de que o magistrado pode tomar as medidas aptas a garantir a execução específica de uma obrigação (o art. 536 do CPC afirma que o juiz poderá, até mesmo de ofício, determinar as *medidas necessárias* à satisfação do exequente). Há uma leva de decisões, entretanto, que vêm criando hipóteses judiciais de suspensão desses direitos, com o objetivo de forçar o devedor ao cumprimento de sua obrigação, sem que haja previsão normativa explícita nesse sentido. Trata-se, certamente, de um juízo de ponderação e de razoabilidade e de sua aplicação no contexto de um poder geral que é conferido ao magistrado, sendo questionável se há, aqui, estrito respeito ao conceito de "legalidade" indicado pelo legislador.

4. Publicidade e eficiência

A publicidade e a eficiência, rigorosamente falando, mostram-se alienígenas ao contexto do art. 8º, haja vista não tratarem de mecanismos que se voltam propriamente à atividade exegética, mas sim a características do *procedimento* e da *organização judiciária*. O primeiro liga-se, sobretudo, a garantir o acesso a todos, como regra geral, ao conteúdo do exercício da atividade jurisdicional, o que se presta tanto como forma de controle quanto de conhecimento acerca dos contornos do nosso Direito; o segundo alude ao já comentado art. 4º do CPC, buscando garantir aos jurisdicionados a satisfação de seus direitos dentro de um prazo razoável.

Trata-se, em poucas palavras, de dispositivo hiperpleonástico: não bastasse a transposição de determinações constitucionais (publicidade, art. 93, IX, CF; duração do processo, art. 5º, LXXVIII, CF), o legislador repete-se, já que aborda a exigência de publicidade dos atos processuais no art. 189 do CPC e a necessidade de satisfação em tempo razoável no art. 4º do mesmo Código.

> **Art. 9º** Não se proferirá decisão contra uma das partes sem que ela seja previamente ouvida.
>
> Parágrafo único. O disposto no *caput* não se aplica:
>
> I – à tutela provisória de urgência;
>
> II – às hipóteses de tutela da evidência previstas no art. 311, incisos II e III;
>
> III – à decisão prevista no art. 701.

▶ *Sem correspondência no CPC/1973*

1. Contraditório prévio

O legislador esmerou-se no sentido de fortalecer, de modo inequívoco, o princípio do contraditório, sob os mais variados matizes. É bem verdade que a Constituição da República trata da garantia do contraditório – que em última análise é o fator determinante da real participação das partes no mecanismo decisório – no seu art. 5º, LV, o que dispensaria tratamento infraconstitucional do tema. Ainda assim, o dispositivo legal serve para lembrar (mesmo que isso não seja necessário, já que o Código é destinado aos operadores do processo) que não é possível imaginar qualquer decisão sem que se dê oportunidade de manifestação às partes.

O princípio do contraditório tem duas vertentes que interessa aqui explorar: a primeira diz respeito à garantia de participação que deve ser dada às partes; a segunda é a efetividade da comunicação dos atos processuais, que permitirá a reação do interessado.

A participação das partes deve ser predisposta de tal forma que os litigantes tenham oportunidade adequada de influir na decisão do juiz. Desde o momento inicial, com a redação da petição inicial, até as alegações finais, que põem fim à instrução processual, as partes estão em constante diálogo, que deve ser administrado pelo juiz para que seja útil e pertinente, concedendo-se aos contendentes oportunidades válidas de alegar, pedir e provar.

O mecanismo de participação só funciona se os litigantes forem informados de todos os atos processuais, o que os habilitará a apresentar sua colaboração para a formação do provimento final. Em suma, trata-se de repisar aqui a importância do binômio informação e possibilidade de reação, sem o que não há devido processo legal.

2. Contraditório diferido

Não há processo sem contraditório: a afirmação é peremptória, comportando ressalva apenas o *contraditório inútil*, que é dispensado porque o juiz já está convencido da razão da parte (que, portanto, não precisa se manifestar). Assim, não há violação do contraditório quando o juiz julga liminarmente improcedente o pedido, já que a oitiva do réu se torna desnecessária na medida em que o julgador proferirá decisão a seu favor.

Mas é possível que, diante de urgência ou de evidência, o contraditório seja diferido (não eliminado). É por isso mesmo que o legislador faz referência a três hipóteses em que o julgador fica autorizado a decidir primeiro e conferir depois.

A primeira hipótese de contraditório diferido diz respeito às tutelas de urgência, que exatamente por falta de debate prévio, permitem decisão provisória. Assim, seja a medida cautelar ou antecipatória, se for tomada *inaudita altera parte*, comportará – depois de discussão pelo adversário – cassação, modificação ou manutenção.

A tutela de evidência, como técnica aceleratória, também admite o contraditório diferido, mas aí a justificativa para a postergação do contraditório está ligada ao interesse do Estado de proteger com maior rapidez a parte que parece ter razão. Dito de outro modo, diante da aparência do bom direito do autor, inverte-se o ônus decorrente do dano marginal do processo (demora natural do processo, normalmente debitada ao autor, que tem o ônus de esperar a solução do litígio). Do mesmo modo, concedida a tutela (provisória), terá o réu a oportunidade de se manifestar, podendo o juiz reverter a medida diante da apresentação de alegação ou prova relevante pelo demandado.

Por fim, ressalva o legislador a ação monitória, na medida em que, sendo evidente o direito do autor, deve o juiz deferir a expedição do mandado de pagamento, de entrega da coisa ou de execução da obrigação de fazer ou não fazer, podendo o réu impedir a constituição de pleno direito do título executivo judicial se opuser embargos (CPC, art. 702).

> **Art. 10.** O juiz não pode decidir, em grau algum de jurisdição, com base em fundamento a respeito do qual não se tenha dado às partes oportunidade de se manifestar, ainda que se trate de matéria sobre a qual deva decidir de ofício.

▶ *Sem correspondência no CPC/1973*

1. O Código de Processo Civil francês: imitação perigosa

Tenho a nítida impressão que o legislador, querendo sofisticar o que denominou de "normas fundamentais", foi buscar um modelo para expressar o princípio da não-surpresa e do contraditório substancial: aportou no *Code de Procédure Civile* francês, e incorporou no art. 10 do CPC (que ora comento) uma tradução aproximada de um dos parágrafos do art. 16 daquele *Code*. Em tradução livre, diz o § 3º do art. 16 que o juiz "não pode basear sua decisão em fundamentos de direito que levantar de ofício sem que previamente convide as partes a apresentar suas observações". Ao transpor a norma francesa, que remonta aos anos 1980, para o novo código de processo brasileiro, o legislador não usou a expressão adjetivada francesa ("moyens de droit", que pode ser traduzida como "fundamentos jurídicos") e disse apenas que o juiz não pode decidir com base em fundamentos, *tout court*, que as partes não tenham debatido.

O adjetivo faz falta: segundo a lei brasileira, o juiz não pode decidir com base em qualquer fundamento (fático, jurídico ou legal) que as partes não tenham discutido. Quanto a *fundamento fático*, entendo que a norma é louvável e atinge em cheio o escopo de garantir um processo sem surpresas; quanto a *fundamento jurídico*, o legislador ameniza (embora não suprima) o princípio *iura novit curia*; quanto a *fundamento legal*, porém, cria-se a aparente necessidade (exagerada e inútil) de que o juiz, se pretender empregar uma lei ou um dispositivo diverso daquele debatido pelas partes, faça-as debaterem-no.

2. Fundamento fático

Processo e surpresa não combinam. Um processo eficaz, evoluído e adequado deve ser antes de mais nada garantístico, ou seja, deve permitir que as partes discutam de modo pleno os argumentos que dão base aos pedidos e às defesas. Isso não significa que o juiz – especialmente nos sistemas de *civil law*, de modelo inquisitivo – deva aguardar que as partes tragam a ele todos os fatos relevantes para o julgamento da causa. Embora impere entre nós o ônus de alegar e o ônus de provar (carreados primordialmente às partes), nada impede que o juiz tenha atividade complementar de capturar fatos importantes ao processo que as partes não alegaram ou determinar a produção (sempre suplementar) de provas. Assim, ainda que o réu não alegue prescrição ou decadência (fatos jurídicos), pode o juiz, conhecendo o tema de ofício, decidir o mérito da causa entendendo que o direito de ação já não pode ser exercido ou que o próprio direito desapareceu; da mesma forma, a compensação e o pagamento (outras causas de extinção do direito) não dependem de alegação das partes para que o juiz conheça tais fatos. A lista é grande, e também atinge fatos impeditivos (incapacidade) ou modificativos (novação), todos eles podendo ser conhecidos pelo juiz independentemente de alegação pelos contendentes.

Antes do advento do novo Código (e da inserção do artigo sob foco), o julgador poderia conhecer de diversas *matérias de ofício*, proferindo desde logo sentença extintiva do processo com o julgamento do mérito (produzindo-se, portanto, coisa julgada), sem que a parte que seria prejudicada com a decisão pudesse se manifestar. A surpresa e a violação do direito de defesa eram patentes, com grave desprestígio do devido processo legal. Agora resta claro que embora aquelas matérias fáticas possam ser conhecidas de ofício pelo juiz, o tema tem que ser submetido ao debate, sem o que o juiz não deverá proferir julgamento.

Mas não só as defesas de mérito (exceções substanciais) estão sujeitas ao contraditório, já que o mesmo pode ser dito com relação às ques-

tões processuais. Ninguém nega que o julgador pode conhecer de ofício a falta de uma condição da ação ou a falta de um pressuposto processual peremptório (que possa levar à extinção do processo sem julgamento de mérito). Se a questão processual não for levantada pela parte interessada, deve o juiz lançar o tema à discussão, sem o que não deve proferir decisão.

3. Fundamento jurídico

Fundamento jurídico é a qualificação de um determinado fato numa categoria do direito: o autor alega que foi obrigado, mediante grave ameaça, a firmar um contrato, de modo que – havendo vício de vontade (coação) – a relação jurídica estaria viciada, o que justificaria o pleito de anulação.

O legislador brasileiro não se preocupou sobremaneira com o fundamento jurídico (embora exija, por exemplo, que o autor decline na petição inicial o fundamento jurídico do pedido, art. 319, III do CPC), já que se pautou no princípio da substanciação, que exige a descrição do fato, sem que sua qualificação seja vinculante o para o julgador. Como consequência, no exemplo acima, se o demandante descrevesse o fato (grave ameaça) – que o levou a firmar um contrato que quer anular – como erro, tal equívoco não impedira o magistrado de atender o pedido. Em síntese, o desacerto na fundamentação jurídica não produziria nenhum dano.

Resta saber se algo mudou depois da edição do art. 10 do novo Estatuto.

Em princípio, acredito que o legislador disse mais do que queria, pois a requalificação pelo julgador do fato jurídico ostentado pelo autor como causa de seu pedido não viola em nada o contraditório, nem produz surpresa que possa invalidar o devido processo legal. Não parece razoável, portanto, que o juiz tenha que ouvir as partes se eventualmente elas discutem o fato constitutivo do direito do autor com uma qualificação diferente daquela que ele, juiz, entende mais adequada.

A lei é, entretanto, diabolicamente clara: se o juiz pretender requalificar o fato discutido pelas partes, deverá instá-las a discutir o tema, sob pena de violar o preceito. Não creio, porém, que os tribunais concordem em aplicar o dispositivo de forma ampla, geral e irrestrita. É muito provável (assim espero!) que a jurisprudência afaste interpretação desnecessariamente exagerada (e malsã) da norma em apreço.

4. Fundamento legal

Em relação ao fundamento legal, creio que o dispositivo comentado atinge o seu ponto menos relevante, na medida em que – segundo a dicção da lei – se o juiz pretender invocar em sua decisão algum fundamento legal (razão de decidir calcada em lei no sentido amplo do termo) não discutido pelas partes, deverá provocar o debate, sob pena de quebrar de alguma forma o direito ao amplo contraditório.

Repito mais uma vez: tendo o legislador usado uma fórmula vaga no art. 10, referindo--se a *fundamento* de modo genérico, estaria também abrangido o mero fundamento legal, que francamente não precisa ser discutido. Vale lembrar que tanto na petição inicial quanto na contestação, pode acontecer que as partes não se refiram a um único preceito de lei (ou se refiram a algum dispositivo que não seja aplicável ao caso concreto). Não parece razoável que o juiz perca tempo provocando o debate sobre leis, decretos e portarias sem o que não as poderia aplicar.

Observo que o STJ, em recente decisão, encampa exatamente esta tese: em caso envolvendo a fixação de prazo prescricional em ação que discutia ilícito contratual, aplicou-se o art. 205 do Código Civil (prescrição decenal) e não o art. 206, § 3º, V (prescrição trienal). As partes não discutiam sobre o prazo trienal, mas apenas divergiam sobre o *dies a quo* de tal prazo; os julgadores, porém, adotaram fundamento legal não levantado pelas partes (art. 205 do Código Civil), entendendo a relatora (Min. Isabel Galotti) que o fundamento jurídico da decisão foi a prescrição (amplamente discutido), e que a questão do prazo diz respeito ao fundamento legal, que não demanda discussão prévia. O voto condutor do acórdão (REsp 1280825, de junho de 2017) afirma que "os fatos da causa devem ser submetidos ao contraditório, não o ordenamento jurídico, o qual é de conhecimento presumido não só do juiz *(iura novit curia)*, mas de todos os sujeitos ao império da lei, conforme presunção *jure et de jure* (art. 3º da LINDB)".

5. Consequência da violação do contraditório

O que sucede se o juiz, violando a determinação legal de submeter ao contraditório fundamento não levantado pelas partes, conhece de ofício do tema e, ato contínuo, decide? Imagine-se isto: o juiz, percebendo que o direito de ação do autor está prescrito – e constatando que o réu nada disse a respeito em sede de contestação – desde logo reconhece a prescrição e profere sentença de improcedência do pedido. A pergunta natural é se a apelação do autor pode levar o tribunal *ad quem* apenas e tão somente a anular a decisão por violação ao art. 10 ou se, verificando que a questão está pronta para julgamento, pode reconhecer a violação do dever de não surpreender e ainda assim confirmar o que ficou decidido.

Se a questão não foi discutida no momento oportuno (em primeiro grau), a apelação naturalmente permitirá às partes, querendo, que a discutam. E se isso ocorrer, não haverá prejuízo para qualquer das partes por ausência de contraditório, de modo que não tenho dúvida em reconhecer, em tal hipótese, que o tribunal estará autorizado a confirmar a decisão de primeiro grau, ainda que reconheça a violação do contraditório. Quando muito, poderia ser apontada uma falha do juiz, que – quem sabe? – o levaria a responder funcionalmente em sede correicional. Mas não faria sentido reconhecer a violação do art. 10 para devolver a causa à instância inferior para nova decisão. Os §§ 3º e 4º do art. 1.013 do CPC, se não erro, mostram que, estando pronta a causa para decisão, mesmo a violação do art. 10 não recomendaria sua devolução à instância inferior.

Como se vê, é preciso relativizar a importância atribuída ao dispositivo comentado. Se a previsão legal é boa no que se refere aos fundamentos factuais, evitando surpresas, não parece tão relevante quanto aos fundamentos jurídicos e menos ainda em relação aos fundamentos legais. De qualquer modo, erra quem imagina que a consequência da inobservância da norma será *sempre* a nulidade da decisão, pois pode ser que, mesmo violadora da norma fundamental em questão, a decisão sobreviva. Afinal, não custa lembrar: *pas de nullité sans grief*.

Art. 11. Todos os julgamentos dos órgãos do Poder Judiciário serão públicos, e fundamentadas todas as decisões, sob pena de nulidade.

Parágrafo único. Nos casos de segredo de justiça, pode ser autorizada a presença somente das partes, de seus advogados, de defensores públicos ou do Ministério Público.

▶ *Sem correspondência no CPC/1973*

1. Princípio da publicidade

Mais uma vez, espelhando norma constitucional (art. 93, IX, da CF), o legislador ordinário insere no Código de Processo dispositivo garantístico reafirmando o compromisso com a publicidade dos julgamentos.

Embora o dispositivo constitucional não esteja inserido no rol dos direitos e garantias fundamentais (a Constituição da República trata da publicidade nas disposições gerais acerca do Poder Judiciário), a topologia não descaracteriza o tratamento da publicidade como verdadeira garantia processual, o que está reafirmado pela inserção do dispositivo (agora de natureza ordinária) entre os preceitos estruturais do processo civil (normas fundamentais).

Trata-se, em poucas palavras, de permitir o controle – pela população em geral – dos atos do Poder Judiciário, garantindo-se que os magistrados prestem contas de sua atividade, o que cristaliza uma conquista de natureza política liberal. Esta exposição dos juízes ao controle do povo serve, em síntese, para concretizar dois valores: o primeiro é a independência e imparcialidade dos juízes que, sabendo-se vigiados, agem com cautela no exercício de sua função; o segundo tem gosto pedagógico, na medida em que a divulgação das decisões cumpre o escopo de orientar a sociedade sobre o modo de comportar-se, permitindo-se que o cidadão anteveja como as cortes interpretarão tal ou qual conduta.

O dispositivo legal em apreço garante que todos possam presenciar os julgamentos e, portanto, gravar as sessões e tudo o que ali se passa. Os advogados não precisam solicitar permissão para gravar as audiências. O limite das gravações será objeto de disciplina pelos juízes apenas no que diz respeito à utilização das gravações para fins do próprio processo (correção de atas escritas, eventual retificação de certidões), mas a publicidade dos atos garante que os interessados acompanhem o desenrolar dos atos (sem criar incômodos), fazendo os registros que quiserem.

O desenvolvimento dos métodos de reprodução e divulgação de imagens e sons pode propiciar, porém, algum abuso na divulgação de tudo o que ocorre no processo. Transmissão de julgamentos pelas emissoras de televisão, por exemplo, transformam o processo em espetáculo, o que não parece adequado. A transmissão em tempo real de informações sobre a audiência (*twitter*, *whatsapp* e outras formas de mídia),

por seu turno, pode causar tumulto e prejuízo para o bom desenvolvimento do processo: basta pensar no que ocorreria se alguém, valendo-se do direito de assistir uma audiência de instrução, transmitisse em tempo real o conteúdo de depoimentos de testemunhas, o que poderia ser captado por outras testemunhas que ainda não tivessem prestado seus respectivos depoimentos. O mesmo pode ser dito sobre o depoimento do autor, quando o réu ainda não tiver prestado seu depoimento. Estes perigos de subversão da ordem e da utilidade dos atos processuais poderá gerar a intervenção do magistrado que, a bem do resultado útil do processo, limitará a publicização (pelo menos imediata) dos atos do processo, sem que isso signifique quebra da garantia constitucional (e, agora, legal) da publicidade.

2. Publicidade absoluta e publicidade restrita

A regra de caráter geral garante a publicidade irrestrita, denominada absoluta (ou externa), o que permite ao público em geral que presencie a realização dos atos processuais. Mas a regra cede passo às situações em que é preciso proteger as partes da curiosidade alheia, preservando a intimidade dos contendentes ou protegendo a confidencialidade (que é característica de determinadas situações empresariais). Nestes casos, impõe-se – como diz o legislador, usando fórmula antiquada – o *segredo de justiça* (*rectius*, impõe-se o regime de publicidade restrita).

Esta exceção ao acesso público de todos os atos do processo, por conta de interesse privado, do direito à intimidade ou da preservação de confidencialidade, permitirá a abordagem dos atos do processo apenas às partes, seus representantes e ao membro do Ministério Público que estiver atuando no caso. Espera-se com esta restrição evitar que as partes tenham que enfrentar o constrangimento da curiosidade pública, o que seria fator de desestímulo à busca da tutela judicial, na medida em que a publicidade do litígio causaria um dano tão grande que a parte interessada talvez preferisse sacrificar o próprio direito para evitar a exposição pública.

3. Publicidade restrita por acordo das partes ou por determinação judicial fora dos casos legais

Cinge-se o legislador a afirmar que nos casos de segredo de justiça – que seriam aqueles relacionados no art. 189 do CPC – a publicidade será restrita. Dá a entender o legislador que só poderia ser relativizada a publicidade, portanto, nas hipóteses legais, não podendo o juiz determinar a limitação se entender (fora das hipóteses legais) que a publicidade irrestrita é capaz de criar constrangimento desproporcional; da mesma forma, não fica claro se as próprias partes podem estipular que o processo fique sujeito ao regime da publicidade restrita.

Não há dúvida que a publicidade, como já ficou claro acima, cumpre o escopo educativo do processo, o que interessa a toda a sociedade. Da mesma forma, o controle da atividade dos juízes transcende o interesse das partes, na medida em que fortalece a confiança na atividade do Estado. Mas o processo é acima de tudo instrumento para solucionar litígios, de modo que, sem prejuízo de reconhecer-se seu caráter público, o legislador do terceiro milênio está atento à necessidade de permitir que os litigantes estabeleçam os parâmetros mais apropriados para o seu caso concreto. É dentro desta baliza que deve atuar a autonomia da vontade das partes, capitaneada pelo art. 190 do CPC, que disciplina o negócio jurídico processual. De outra banda, o juiz recebeu poderes ampliados (embora menores do que deveria) para melhor gerenciar o processo, adequando-o ao caso concreto.

A conclusão que extraio é no sentido de que a publicidade restrita pode ser decretada pelo juiz mesmo fora das hipóteses previstas em lei, seja por conta de situações que, se levadas ao conhecimento do público, podem submeter os litigantes a desnecessário vexame ou constrangimento, seja por conta de acordo entre as partes (desde que não haja perigo de violação a direito ou interesse de terceiro). Invoco, portanto, de um lado os poderes de gestão processual outorgados ao magistrado pelo art. 139 do CPC, que lhe permite flexibilizar o procedimento, adequando-o ao caso concreto e, de outro, os poderes de disposição concedidos às partes, deixando claro o legislador que abandonou definitivamente o cômodo (mas superado) estilo *prêt-a-porter* em favor do modelo *built to suit*, mais consentâneo com as necessidades da sociedade moderna.

Para deixar claro meu ponto de vista, evoco um exemplo marcante, que – como advogado recém-formado – presenciei no início dos anos 1980: numa determinada reclamação trabalhista, o demandante, depois de expor seus pleitos tipicamente laborais, revelou que mantinha com o empregador (conhecido médico paulistano, casado e pai de família) uma "relação de caráter íntimo". O demandado, temendo que durante o processo esta particularidade, que transcendia a relação estritamente jurídica das partes, viesse a ser explorada (inclusive durante a instrução probatória) pelo demandante, pleiteou a instauração do regime de publicidade restrita, o que lhe foi negado, sob a afirmação de que só se poderia decretar o segredo de justiça nos casos legais. O demandado, diante de tal decisão (que o submetia aos olhares do público) rapidamente submeteu-se a um indesejado acordo, preferindo o mal menor, já que a publicidade (garantia constitucional) poderia afetar sua família e (no abafado ambiente sociocultural dos anos 80!) sua reputação.

4. Motivação

Apesar da determinação constitucional (art. 93, IX) de que todas as decisões – judiciais ou administrativas – devem ser fundamentadas, os operadores acostumaram-se a assistir a um sistemático e diuturno descumprimento da ordem constitucional: muitos magistrados sentem-se confortáveis ao proferir decisões do tipo "indefiro por falta de amparo legal", "indefiro por estarem ausentes os pressupostos legais", "processe-se sem liminar", "defiro por seus próprios fundamentos" etc. Estas frases soltas, que nada dizem, correspondem a uma clara e direta violação ao dever de motivar toda e qualquer decisão judicial, dever esse que o legislador procura ressuscitar ao inserir no Código o artigo sob foco. Estranho país este nosso Brasil: a Constituição da República é sistematicamente desrespeitada e o legislador ordinário tenta fazer cumprir o comando da Lei Maior por meio de uma simples lei ordinária!

Seja como for, a importância de obedecer o comando constitucional e legal de motivar as decisões (interlocutórias ou finais) é evidente e tem duas vertentes distintas: de um lado, o vetor público, mostrando o interesse popular no controle da atividade dos magistrados; de outro lado, o vetor privado, mostrando que a motivação serve para que a parte vencida possa impugnar a decisão, na medida em que os argumentos pinçados pelo juiz para decidir podem mostrar o equívoco de suas escolhas.

Interessa ao público, com efeito, saber como pensam seus juízes, controlando eventuais excessos e desvios. Lembro dois exemplos emblemáticos, que podem mostrar a importância do tema. Há alguns anos recebeu ampla divulgação uma decisão de magistrado paulista que, ao julgar pleito indenizatório de um jogador de futebol, externou de forma preconceituosa sua visão acerca do comportamento social do demandante. A divulgação desta sentença causou amplo mal-estar, provocando inclusive medidas administrativas em relação ao magistrado. Nos anos 90, provocou muita discussão uma decisão de um juiz do Rio Grande do Sul (adepto da corrente do "direito alternativo") que julgou improcedente uma demanda de despejo com base em interpretação curiosa do que entendia a respeito do uso social da propriedade. A decisão foi amplamente noticiada, causando ácida discussão sobre o direito alternativo, que preconizava um ativismo judiciário defendido por alguns e criticado por outros. Não é incomum que juízes deixem escapar, na *motivação* de suas sentenças, o real *motivo* da decisão, que por vezes está calcada em preconceitos inadmissíveis ou em concepções sociopolíticas particulares (*rectius*, peculiares). Proferir decisões motivadas, portanto, permite fiscalizar a atividade desenvolvida pelos magistrados na interpretação e aplicação da norma jurídica e de sua adequação com os valores sociais vigentes. Em última análise, legitima-se o exercício do poder judicial (e jurisdicional).

Mas não é só: no âmbito de um sistema que – como o nosso – passou a apostar na formação de precedentes e em jurisprudência tão uniformizada quanto possível nos tribunais superiores, avulta a importância da motivação das decisões, pois é exatamente no âmbito da motivação – ou seja, nas razões de decidir, na forma de resolver as questões que conduzem à decisão – que estará o núcleo que permitirá agregar decisões para que se possa verdadeiramente falar em precedentes e em entendimentos uniformes. Da mesma forma, é na motivação que os operadores vão encontrar a válvula de escape para a aplicação automática e irrestrita de súmulas e precedentes.

Por fim, no que se refere ao vetor endoprocessual, diz-se que a motivação seria também fator de pacificação e convencimento da parte vencida. O magistrado zeloso tentará mostrar que apreciou todas as alegações e provas produzidas pelas partes, deixando claras as suas escolhas para estabelecer a verossimilhança dos fatos relevantes para a decisão da causa.

Não custa lembrar, por fim, que o destinatário principal da decisão é a parte, de modo que é de pouca serventia a sentença rebuscada, erudita e excessivamente técnica, repleta de citações doutrinárias despiciendas. Decisões vazadas em estilo gongórico não cumprem a função de convencer!

Art. 12. Os juízes e os tribunais atenderão, preferencialmente, à ordem cronológica de conclusão para proferir sentença ou acórdão. (Redação dada pela Lei nº 13.256, de 2016)

§ 1º A lista de processos aptos a julgamento deverá estar permanentemente à disposição para consulta pública em cartório e na rede mundial de computadores.

§ 2º Estão excluídos da regra do *caput*:

I – as sentenças proferidas em audiência, homologatórias de acordo ou de improcedência liminar do pedido;

II – o julgamento de processos em bloco para aplicação de tese jurídica firmada em julgamento de casos repetitivos;

III – o julgamento de recursos repetitivos ou de incidente de resolução de demandas repetitivas;

IV – as decisões proferidas com base nos arts. 485 e 932;

V – o julgamento de embargos de declaração;

VI – o julgamento de agravo interno;

VII – as preferências legais e as metas estabelecidas pelo Conselho Nacional de Justiça;

VIII – os processos criminais, nos órgãos jurisdicionais que tenham competência penal;

IX – a causa que exija urgência no julgamento, assim reconhecida por decisão fundamentada.

§ 3º Após elaboração de lista própria, respeitar-se-á a ordem cronológica das conclusões entre as preferências legais.

§ 4º Após a inclusão do processo na lista de que trata o § 1º, o requerimento formulado pela parte não altera a ordem cronológica para a decisão, exceto quando implicar a reabertura da instrução ou a conversão do julgamento em diligência.

§ 5º Decidido o requerimento previsto no § 4º, o processo retornará à mesma posição em que anteriormente se encontrava na lista.

§ 6º Ocupará o primeiro lugar na lista prevista no § 1º ou, conforme o caso, no § 3º, o processo que:

> **I** – tiver sua sentença ou acórdão anulado, salvo quando houver necessidade de realização de diligência ou de complementação da instrução;
>
> **II** – se enquadrar na hipótese do art. 1.040, inciso II.

▶ *Sem correspondência no CPC/1973*

1. Um advérbio que fez toda a diferença

Os juízes – que comandam seus respectivos juízos – têm certa liberdade para organizar os trabalhos de seus cartórios e gabinetes. Entre os vários itens organizacionais, está a sequência de julgamento das causas sob sua tutela. Para alguns, é razoável o julgamento segundo a ordem de conclusão dos autos; para outros, é natural agregar uma certa quantidade de casos segundo o tema discutido, de modo que o estudo de certa questão jurídica sirva para dirimir várias causas; outros preferem deixar os casos mais complicados para decidir em casa, fora dos gabinetes, e levam os autos para suas residências, de modo que decidirão na medida em que tenham tempo (e vontade) de estudar assuntos mais complexos.

Esta diversidade de métodos de trabalho, comum entre nossos magistrados, foi paulatinamente incomodando os operadores de modo geral, seja porque não ofereciam a menor previsibilidade quanto ao momento em que haveria decisão (os autos eram chamados à conclusão e lá permaneciam por meses ou até mesmo anos, como ocorre com lamentável frequência em São Paulo), seja porque permitiam uma certa dose de manipulação, já que o juiz poderia escolher (sem informar os critérios) que causas iria julgar, gerando por vezes a impressão de que o pedido deste ou daquele advogado – dependendo da proximidade maior ou menor que tivesse em relação ao julgador – poderia estimular maior (ou menor) rapidez dos julgamentos.

Inegável, portanto, que a determinação do legislador, no sentido de estabelecer uma ordem previsível e transparente para o julgamento das causas era medida moralizadora que se impunha para evitar suspeitas (fundadas ou não) de favorecimento de partes ou de advogados.

A proposta legislativa, convertida em lei, determinava que os juízes e tribunais atendessem à ordem cronológica de conclusão: o comando peremptório, objeto de discussão nas duas casas legislativas, não dava azo a dúvida, de modo que os juízes não poderiam mais, a seu bel prazer, pinçar – segundo os critérios insondáveis adotados em juízos ou tribunais – os processos que quisessem encerrar, estabelecendo ordem errática de julgamentos.

Se a ideia era boa na sua vertente moralizadora, não se poderia dizer o mesmo no que tange à racionalização do trabalho dos juízes, que ficaria bastante prejudicado, já que o julgador eventualmente teria que modificar a *linha de produção* a fim de preparar sua equipe para lidar todos os dias com uma fieira de casos de diferentes matizes, quebrando, talvez, um método de trabalho que funcionasse a contento. Dito de outro modo, ainda que o magistrado quisesse liquidar de uma vez só algumas dezenas de processos em que se discutiria dano moral por conta de equívoco de instituição financeira no manejo da conta do demandante, o estudo que elaborasse para um caso acabaria não sendo aproveitado para os outros tantos da mesma espécie, pois – dentro da ordem de conclusão – o próximo da linha seria um despejo, seguido de uma demanda societária e assim por diante. O engessamento do magistrado, que num momento pareceria uma boa ideia, certamente atrasaria todo o trabalho forense, impondo ao julgador fórmula que destruiria a sinergia dos estudos e o ritmo de produção das decisões.

Os magistrados, maiores prejudicados com a imposição do método uniformizado, protestaram. E obtiveram sucesso: alguns meses após a publicação do texto do novo Código, e ainda dentro do prazo de *vacatio legis*, o dispositivo peremptório foi alterado (Lei nº 13.256/2016) para que se lhe encartasse um advérbio (*preferencialmente*) que modificou o sentido da norma. *Preferência* indica predileção, propensão, opção, escolha. Na prática, o que era *obrigatório* passou a ser *facultativo*, de modo que a ordem cronológica dos processos será *preferencialmente* observada (isto é, se o juiz quiser).

Trata-se, portanto, de norma que perdeu sua utilidade prática, na medida em que tudo volta a ser como dantes: cada juiz sistematizará seu trabalho da forma que entender mais apropriada. Se preferir, pode organizar os julgamentos segundo a ordem cronológica da conclusão; se não preferir, fará diferente. O dispositivo legal não pede contas ou explicações aos magistrados que adotarem (ou que não adotarem) o regime cronológico.

2. O método sugerido pela norma

Não havendo mais obrigação de seguir a fórmula cuidadosamente descrita no artigo sob estudo, resta apenas uma *sugestão* (que provavelmente não será seguida por ninguém, já que não se espera que o julgador crie para si mesmo amarras que o impeçam de administrar livremente seu juízo).

Ainda assim, se algum magistrado quiser implantar a metodologia recomendada pelo legislador, fixando regime de ordem cronológica, deverá apresentar ao público, para consulta, a lista dos processos que estão prontos para julgamento, respeitando a sequência estabelecida sem descurar das preferências legais (idosos, por exemplo). Não estarão incluídas na lista as hipóteses relacionadas no § 2º do art. 12.

Regra importante foi explicitada no § 4º do artigo em questão: incluído determinado processo na lista, ainda que qualquer das partes formule requerimentos (que não importem na reabertura da instrução processual), por exemplo, solicitação de cópias, juntada de substabelecimento, pedido de certidão, não haverá alteração da cronologia. Digo que a regra é importante porque litigantes mal-intencionados tem o mal vezo de formular requerimentos sem importância com o único fito de retirar o processo da pauta de julgamento (nos tribunais) ou atrasar a prolação da sentença (obrigando o juiz a baixar os autos em cartório com posterior nova conclusão). Esta estratégia melíflua é afastada pelo legislador (quando o juiz usar o método sugerido).

Anoto, apenas para não perder a oportunidade – e ainda a propósito do § 4º que referi acima – que mesmo não empregando o método da cronologia preconizado no descaracterizado art. 12 do novo Código, deve o juiz evitar que a *atividade guerrilheira* da parte para atrasar o julgamento possa vingar. Portanto, mesmo o juiz (ou o tribunal) que não aplicar na íntegra o sistema de listas e cronologia deverá estar atento para que requerimentos (mormente os fúteis) não retirem os processos das pautas de julgamento (ou da ordem planejada em cada juízo), não hesitando o magistrado em aplicar à parte maliciosa as penas decorrentes da litigância de má-fé quando perceber o emprego da estratégia dolosa de retardamento do julgamento.

CAPÍTULO II
DA APLICAÇÃO DAS NORMAS PROCESSUAIS

> **Art. 13.** A jurisdição civil será regida pelas normas processuais brasileiras, ressalvadas as disposições específicas previstas em tratados, convenções ou acordos internacionais de que o Brasil seja parte.

▶ *Sem correspondência no CPC/1973*

1. *Lex fori*

Os juízes brasileiros devem aplicar as normas processuais brasileiras, pouco importando qual será o direito material a reger a relação jurídica litigiosa. Incide, portanto, a regra de que o juiz aplica sempre o seu próprio direito processual.

A regra, desnecessário lembrar, serve apenas para o processo judicial, não para todo e qualquer processo. Em outros termos, o processo arbitral (embora esteja englobado na expressão "jurisdição civil") não fica ligado à norma em questão, podendo as partes convencionar a aplicação de sistema processual estrangeiro; se preferirem, podem aplicar o regulamento de algum órgão arbitral institucional; se não quiserem, podem criar um procedimento especial para o caso concreto; se não estiverem confortáveis com nenhuma das escolhas anteriores, simplesmente delegarão a forma do procedimento à decisão dos árbitros, que criarão as regras para o caso concreto (sem necessidade de reportarem-se às normas previstas no Código). É preciso deixar claro, de qualquer modo, que não incide o Código de Processo Civil na arbitragem, sendo certo que o processo arbitral – embora trabalhe também no âmbito da jurisdição civil – está vinculado a outro sistema, em que incidem os *princípios* do processo (mas não a *lei* processual). A afirmação é relevante e fundamental: haverá sempre quem pretenda ver alguma nulidade no processo arbitral por violação, por exemplo, às regras relativas à produção de provas (celeiro fértil de regramentos e minúcias procedimentais, úteis para o processo estatal mas daninhos para o processo arbitral), o que é completamente descabido. A forma do processo arbitral, repito à exaustão, é não só consensual, mas – acima de tudo – muito mais flexível do que o modelo estatal, de sorte que obrigar o árbitro a respeitar o Código de Processo Civil significaria a destruição da arbitragem.

2. Ressalvas

O legislador fez três ressalvas à incidência das normas processuais brasileiras, mencionando tratados, convenções e acordos internacionais. Não tratou, porém, de outra exceção, esta prevista no âmbito do próprio Código, a saber, o negócio jurídico processual.

De fato, o art. 190 do CPC permite que as partes convencionem a aplicação de metodologia de solução de controvérsias que não está contemplada no Código, seja com relação à produção da prova, seja com relação à condução das audiências ou à apresentação de razões finais, para citar apenas alguns poucos exemplos. Assim, convém lembrar que as partes podem modificar as regras processuais, adotando métodos diferentes para a produção de provas, estabelecendo, por exemplo, a admissibilidade de um sistema como o do *discovery* anglo-saxão, ou preconizando a possibilidade de apresentação de depoimentos escritos (*written statements*), seja das partes, seja das testemunhas, bem como convencionando uma fórmula diferente para a produção de prova pericial, com a apresentação de laudos pelas partes, sem nomeação de perito do juízo, ou admitindo a produção de testemunhos técnicos (*expert witnesses*).

Para além do critério convencional, o próprio legislador lembra que é possível afastar a aplicação das normas processuais quando o Brasil firmar pacto internacional contemplando tal previsão. Não se trata aqui de enveredar pelos meandros de longa discussão a respeito da hierarquia entre a lei ordinária e os pactos internacionais (tratados, convenções ou acordos): o STF parece ter pacificado o tema (que merece diferencial apenas quando estiver em pauta o tratamento de direitos humanos), de sorte que havendo conflito entre norma nacional e pacto internacional resolve-se a questão nos termos do art. 2º, § 2º, da Lei de Introdução às Normas do Direito Brasileiro (Decreto-Lei nº 4.657/1942), ou seja, aplicam-se os critérios de especialidade e antiguidade. O tema versado no artigo sob comento, porém, não é esse: o legislador fixou apenas a possibilidade de que pacto estrangeiro permita a utilização, em processo nacional, de norma processual estrangeira. Tais tratados poderão estabelecer – e é comum que o façam

– critérios mais rápidos (e desburocratizados) de comunicação de atos processuais entre partes residentes nos estados contratantes, ou podem facilitar o trâmite das respectivas sentenças (dispensando a prática de determinados atos ou o cumprimento de certos requisitos previstos na lei brasileira para a homologação de decisão forasteira). São ainda normas incipientes, mas de qualquer modo o legislador deixa aberto o espaço necessário para o crescimento do processo transnacional, que um dia virá.

> **Art. 14.** A norma processual não retroagirá e será aplicável imediatamente aos processos em curso, respeitados os atos processuais praticados e as situações jurídicas consolidadas sob a vigência da norma revogada.

▶ *Referência: CPC/1973 – Art. 1.211*

1. Irretroatividade da norma processual

A segurança jurídica é a tônica do Estado de Direito, valor fundamental para qualquer país democrático, pois todos precisam saber – previamente – as consequências dos atos que praticam (e dos fatos jurídicos que interferem em suas vidas). Se o destinatário da norma sabe – prévia e exatamente – a consequência de suas condutas, pode programar seu comportamento e suas expectativas. Esta previsibilidade, portanto, garante acima de tudo a harmonia social, de modo que o legislador tranquiliza os operadores deixando claro que não fará retroagir a norma processual, aplicando-a aos processos em curso.

O enunciado é claro, mas a sua aplicação nem tanto.

O legislador tinha à sua disposição três sistemas ao editar norma que disciplina a incidência do CPC em relação aos processos em curso: continuar a aplicar o antigo código às causas que já estavam em tramitação (sistema da unidade processual); aplicar o novo Código apenas ao inaugurar uma nova fase do processo, de modo que as fases em curso continuariam a fluir segundo o regime antigo (sistema das fases processuais); ou então aplicar imediatamente a nova lei, inclusive a processos pendentes, mas respeitando os atos praticados sob a égide da lei revogada, mantidos os efeitos dos atos até então praticados (sistema do isolamento dos atos processuais). Os três sistemas podem provocar dificuldades: o primeiro faria com que coexistissem dois regimes processuais no país, causando natural confusão e dificuldade operacional; o segundo padeceria do mesmo mal, na medida em que faria coexistir dois sistemas diferentes no mesmo processo, não sendo nítidas nem estáticas (na prática) as fases processuais, o que geraria uma miríade de interpretações, pondo a perder a tão ansiada previsibilidade; o último sistema, por fim, não é isento de problemas, na medida em que o novo Código por vezes altera de modo tão consistente o procedimento objeto de regramento anterior (e revogado) que se torna difícil (senão impossível) respeitar o efeito de atos já praticados que serão em alguma medida incompatíveis com o restante do procedimento (a ser regido pela nova lei).

Cumpre observar que a regra da irretroatividade é pétrea, para o bem ou para o mal. Explico: ainda que a nova legislação tenha trazido situação mais benéfica para a parte que já praticou o ato, não pode tentar valer-se da nova disciplina afirmando que teria melhores oportunidades de apresentar a causa ou defender seu direito se o ato fosse praticado segundo novos critérios. Assim, se a prova foi produzida segundo os ditames da lei vigente à época, ainda que a causa não tenha sido sentenciada não teria sentido voltar a praticar o ato para permitir à parte valer-se de métodos probatórios mais completos, mais ágeis, mais flexíveis ou mais modernos. Está, portanto, impedido o juiz de reabrir a instrução probatória, por exemplo, sob a afirmação de que a prova pericial poderia produzir melhor resultado se as partes escolhessem o perito de comum acordo; da mesma forma, não teria cabimento mandar repetir a prova oral sob a afirmação de que a utilização de nova tecnologia (como, por exemplo, a oitiva de testemunha fora da terra por meio eletrônico) poderia dar ao julgador melhor visão sobre os fatos controvertidos.

2. Aplicação imediata do CPC

O legislador, ao adotar o sistema da aplicação imediata da nova lei, procurou regular as situações mais agudas causadas pela escolha política que fez. Daí algumas disposições transitórias, que tendem a facilitar o período inicial de aplicação do novo Código (arts. 1.046 e 1.047, por exemplo).

Como regra geral, para os atos processuais a serem realizados deve-se observar a lei nova. Mas a afirmação poderia gerar certa balbúrdia,

bastando pensar no procedimento probatório, que inicia com o requerimento pela parte, passa pelo deferimento pelo juiz, desenvolve-se com a produção e finaliza com a valoração (na sentença). Seria indesejável que incidissem sobre o procedimento probatório normas distintas, o que geraria desarmonia (ou imprevisibilidade sobre os direitos, ônus e faculdades de cada parte). Daí a previsão do art. 1.047 do CPC, que pretendeu resolver o problema dispondo que apenas as provas requeridas pela parte sob a égide do Código atual (ou aquelas determinadas de ofício após a entrada em vigor da nova lei) é que se processarão segundo os novos cânones. A solução alvitrada pelo legislador não foi boa, já que o autor normalmente indica ("requer") as provas que pretende produzir de forma genérica em sua inicial, o que não é suficiente para vinculá-lo ao método de instrução mais rígido do CPC/1973.

> **Art. 15.** Na ausência de normas que regulem processos eleitorais, trabalhistas ou administrativos, as disposições deste Código lhes serão aplicadas supletiva e subsidiariamente.

▶ *Sem correspondência no CPC/1973. Ver, porém, art. 769 da CLT.*

1. Aplicação supletiva do CPC no processo trabalhista

A aplicação supletiva das regras do Código sempre gerou dúvidas e inconvenientes. O tema é tradicionalmente mais candente quanto toca o campo do Direito do Trabalho.

Com efeito, as sucessivas reformas do CPC/73 criaram quantidade razoável de polêmicas, na medida em que algumas das inovações foram tidas como incompatíveis com o processo trabalhista regulado pela velha Consolidação das Leis do Trabalho. A edição do CPC reproduziu a mesma reação, repetindo os juslaboralistas a antiga ladainha, no sentido de preservar as disposições especiais de direito processual constantes no estatuto do trabalho. A separação cada vez mais profunda entre o processo do trabalho e o processo civil não favorece o fortalecimento da teoria geral do processo, multiplicando (talvez desnecessariamente) a dificuldade dos profissionais que atuam nas duas áreas. Perde o país, sofrem os jurisdicionados, desaparece a segurança jurídica.

Seja como for, o Tribunal Superior do Trabalho, considerando a necessidade de compatibilizar as normas do atual Código e da CLT, editou, por meio da Resolução nº 203, de 15 de março de 2016, a Instrução Normativa nº 39/2016, que dispõe sobre as normas do novo código aplicáveis e inaplicáveis ao processo do trabalho, de forma não exaustiva. Entre os dispositivos que não serão aplicados no âmbito trabalhista destaco o negócio jurídico processual (art. 190), a contagem de prazo em dias úteis (art. 219), a audiência de conciliação (art. 334), e a distribuição diversa do ônus da prova (art. 373, §§ 3º e 4º); entre os que serão aplicados, ressalto o *amicus curiae* (art. 138), o valor pretendido na ação indenizatória, inclusive a fundada em dano moral (art. 292, V), a tutela provisória (art. 294 a 311), a fundamentação da sentença (art. 489), além de diversos dispositivos relativos ao cumprimento de sentença.

O TST, ao editar a Instrução Normativa, preocupou-se particularmente com os arts. 9º e 10 do CPC, que vedam a decisão surpresa. Neste ponto, tomando como referência uma decisão proferida no Tribunal das Relações de Portugal em 2004 (não especificada no texto da Instrução ou na sua exposição de motivos), estabeleceu-se que a "decisão surpresa" que se pretende evitar seria apenas aquela que, no julgamento final do mérito da causa, aplicar fundamento jurídico ou embasar-se em fato não submetido à discussão das partes. Isso deixaria fora do raio de ação dos dois artigos citados as questões ligadas às condições da ação, aos pressupostos de admissibilidade de recursos e aos pressupostos processuais (salvo disposição legal expressa em contrário).

Em síntese – como resumiu o Min. João Oreste Dalazen (que coordenou a comissão dos Ministros do TST que produziram a Instrução Normativa citada) – "a tônica central e fio condutor da Instrução Normativa é somente permitir a invocação subsidiária ou supletiva do NCPC caso haja omissão e também compatibilidade com as normas e princípios do Direito Processual do Trabalho." E conclui: "a norma do art. 15 do NCPC não constitui sinal verde para a transposição de qualquer instituto do processo civil para o processo do trabalho, ante a mera constatação de omissão, sob pena de desfigurar-se todo o especial arcabouço principiológico e axiológico que norteia e fundamenta o Direito Processual do Trabalho" (Exposição de Motivos da Instrução Normativa nº 39/2016).

LIVRO II
DA FUNÇÃO JURISDICIONAL

TÍTULO I
DA JURISDIÇÃO E DA AÇÃO

> **Art. 16.** A jurisdição civil é exercida pelos juízes e pelos tribunais em todo o território nacional, conforme as disposições deste Código.

▶ *Referência: CPC/1973 – Art. 1º*

1. Jurisdição

A atividade jurisdicional, contenciosa ou voluntária, exercida pelos juízes em todo o território nacional, enquanto forma de expressão do poder estatal, contém objetivos que lhe são próprios e que a diferenciam das outras funções estatais. O caráter prevalentemente publicista do processo situa a jurisdição no centro do sistema fazendo gravitar ao seu redor outros institutos de igual relevância; ação, exceção e processo (Paulo Henrique dos Santos Lucon, "Novas tendências na estrutura fundamental do processo civil", p. 59).

A jurisdição é poder, função e atividade. Para Celso Neves, "a jurisdição pode ser considerada, como poder, no plano da soberania estatal; como função, nos lindes das atribuições que caracterizam o sistema orgânico do Estado; como atividade, no âmbito do processo" (*Estrutura fundamental do processo civil*, p. 28). Como poder, a jurisdição é forma de manifestação do poder estatal, que, por sua vez, revela a capacidade que os órgãos jurisdicionais têm de decidir e impor imperativamente suas decisões. Essa capacidade é atributo apenas dos órgãos jurisdicionais estatais. Na arbitragem, embora a jurisdição esteja presente, o árbitro não é capaz de impor imperativamente suas decisões, tendo de obrigatoriamente se valer dos órgãos jurisdicionais estatais para aplicá-las. Como função, a jurisdição consiste no encargo que têm esses órgãos jurisdicionais de solucionar os conflitos inter e metaindividuais com aplicação correta do direito material por meio do processo. Mas essa não é a única função que o juiz exerce no processo, já que existem outras atividades igualmente relevantes como a definição de teses jurídicas a serem aplicadas em outros casos, o tratamento molecular de demandas repetitivas (p. ex. incidente de resolução de demandas repetitivas, recursos extraordinário e especial repetitivos), a atuação das decisões (execução em sentido amplo) e a proteção provisória dos direitos discutidos no processo por meio da concessão de tutela antecipada, da tutela cautelar e da tutela da evidência. A função jurisdicional é uma decorrência do dever estatal de tutelar os diretos, que é a essência do Estado contemporâneo. Como atividade, a jurisdição compreende o conjunto de atos do julgador no processo, exercendo legitimamente o poder e cumprindo a função que a lei lhe outorga (Antonio Carlos de Araújo Cintra; Ada Pellegrini Grinover; Cândido Rangel Dinamarco, *Teoria Geral do Processo*, nº 60).

A jurisdição, ademais, possui escopos sociais, políticos e jurídicos que lhe são próprios. Nesses objetivos inserem-se as ondas renovatórias do processo civil moderno: o movimento de acesso à justiça, a tutela jurisdicional dos interesses transindividuais e a efetividade do processo. A realidade demonstra que a tutela jurisdicional estatal não tem o condão de pacificar o conflito e esse não tem sido o seu principal intento, mas, sim, tentar, na medida do possível e dentro dos ditames do ordenamento jurídico (que tem como premissa a Constituição Federal), satisfazer pretensões justas. A pacificação abrange um estado de espírito, que depende de questões mais complexas, sociais, morais e até mesmo psicológicas. Mais ainda: é preciso reconhecer que, a partir da Constituição Federal de 1988, com uma manifesta e crescente tendência de abertura de acesso (ingresso) aos órgãos jurisdicionais, há hoje uma descompensação funcional da Justiça com o excesso de processos. Na verdade, com o exercício da jurisdição estatal, busca-se a definitiva solução dos conflitos por meio dos órgãos estatais; daí a inegável importância da coisa julgada no sistema processual. A jurisdição, como toda manifestação de poder, deve garantir um processo justo e équo em tempo razoável e cumprir os resultados esperados pelo direito material. Seus atributos principais são a imperatividade e a inevitabilidade, características essas ausentes nos demais meios de solução dos conflitos. Certo é que com o exercício da atividade jurisdicional, em um dado momento, a decisão se torna imune a ataques; a esse fenômeno, correspondente a imutabilidade do conteúdo da decisão (Barbosa Moreira) ou de seus efeitos (Liebman) dá-se o nome de coisa julgada. Na verdade, é essa imunização que garante o fim do conflito, podendo ou não haver pacificação. Daí a importância de os órgãos jurisdicionais estatais abrirem a possibilidade de atuação de técnicas modernas de conciliação e mediação, por profissionais conhecedores das particularidades dos conflitos que estão em jogo. A autocomposição deve ser inserida no âmbito de uma política de Estado e não como um mecanismo relegado apenas aos protagonistas do conflito (Paulo Henrique dos Santos Lucon, "Novas tendências na estrutura fundamental do processo civil", p. 59).

> **Art. 17.** Para postular em juízo é necessário ter interesse e legitimidade.

▸ *Referência: CPC/1973 – Art. 3º*

1. Ação

A ação é o poder de exigir do Estado um determinado provimento jurisdicional. Do ponto de vista constitucional, a ação é uma garantia constante do art. 5º, inc. XXXV, da Constituição Federal, segundo o qual "a lei não excluirá da apreciação do Poder Judiciário qualquer lesão ou ameaça a direito". A ação é, portanto, um instituto ligado ao direito processual constitucional, método particular de exame do processo a partir dos princípios, garantias e regras constantes da Constituição Federal. Por esse prisma constitucional, a ação pode ser vista, a princípio, como uma garantia de acesso aos órgãos jurisdicionais. Nessa linha, porém, a ação aproxima-se do acesso à justiça pelo aspecto formal, de ingresso junto aos órgãos jurisdicionais. Difícil, no entanto, não é garantir, nos órgãos jurisdicionais estatais, a porta de entrada, mas sim a porta de saída, com uma solução justa e célere ao jurisdicionado. Por isso é que a ação por esse enfoque reduzido seria vista apenas como o direito incondicional, genérico e abstrato que todos têm de acesso aos órgãos jurisdicionais e assim, a ação representaria apenas o poder de demandar. Hoje, a ação deve ser vista, contudo, como o direito de exigir um provimento jurisdicional justo e célere. Por essa linha, a ação aproxima-se do acesso efetivo à justiça ou acesso à ordem jurídica justa e procura coadunar dois postulados relevantes e aparentemente incompatíveis: celeridade e segurança jurídica (a expressão "acesso à ordem jurídica e justa" deve ser atribuída a Kazuo Watanabe,

"Assistência Judiciária e o Juizado Especial de Pequenas Causas", p. 161 e ss.).

O acesso à ordem jurídica justa é a abertura de caminhos com vista à obtenção de soluções justas para os conflitos pela correta interpretação e aplicação das normas de direito material. A ação somente se efetiva com um processo célere e a fiel observância do direito material interpretado em consonância com os atuais padrões éticos e sociais de toda a nação (ver, a respeito Vincenzo Vigoriti, "Costo e durata del processo civile. Spunti per una riflessione", p. 319; José Rogério Cruz e Tucci, "Garantia da prestação jurisdicional sem dilações indevidas como corolário do devido processo legal", p. 99 et seq.; *Tempo e processo*, p. 63-88; Vicente Gimeno Sendra, *Constitución y proceso*, p. 137-139). É importante que o direito constitucional de ação suplante aspectos processuais, admitindo-se, por exemplo, que o juiz incompetente conceda medidas urgentes: o objetivo é tutelar o jurisdicionado e não priorizar aspectos processuais que podem ser relevados sem a ofensa de princípios e garantias superiores (Paulo Henrique dos Santos Lucon, "Novas tendências na estrutura fundamental do processo civil", p. 59). Por isso, o Código de Processo Civil bem sintetizou em seu art. 4º que as partes têm o direito de obter em tempo razoável a solução integral do mérito, incluída a atividade satisfativa.

2. Teorias: civilista, concretista, abstrata e eclética

Com o reconhecimento da autonomia científica do direito processual a partir da obra de Oskar Von Bülow (*La teoría de las excepciones procesales y los presupuestos procesales*, Buenos Aires, EJEA, 1964, trad. de Angel Rosas Lichtschein), que distinguiu a relação jurídica processual da relação jurídica de direito material, as atenções da doutrina processual voltaram-se para a delimitação do conteúdo do direito de ação. Até então, os adeptos da teoria civilista ou imanentista defendiam a tese de que o direito de ação surgiria somente após a lesão a um direito subjetivo já existente. O art. 75 do Código Civil de 1916, segundo o qual "a todo o direito corresponde uma ação, que o assegura", expressava claramente essa visão. A essa orientação opôs-se, contudo, Adolf Wach, para quem o direito de ação existiria independentemente de prévia violação ao direito material. Sem essa noção da autonomia do direito de ação em relação ao

direito material, não seria possível compreender, por exemplo, a possibilidade de ajuizamento das ações declaratórias negativas. A declaração de inexistência da relação jurídica e consequentemente do direito que dela exsurgiria, alcançada com o exercício do direito de ação, implicaria, contraditoriamente, o reconhecimento da inexistência do próprio direito de ação. Embora não seja extraída do direito material, a existência do direito de ação, para os adeptos da teoria concretista, entre os quais se inclui, além de Adolf Wach, Giuseppe Chiovenda (*Instituições de direito processual civil*, anotações de Enrico Tullio Liebman, Campinas, Bookseller, 1998), ainda guarda certa relação com o direito material, na medida em que ela só restaria configurada se o pronunciamento judicial final fosse favorável ao autor. Para os adeptos dessa teoria, portanto, caso o pedido do autor não seja acolhido não terá ele exercido o direito de ação, mas sim o simples direito de ingressar em juízo. Já de acordo com a teoria abstrata, o direito de ação não guardaria qualquer espécie de vinculação com o direito material. A ação seria assim um direito subjetivo público que confere ao seu titular o direito de obter um provimento judicial de qualquer natureza, seja-lhe favorável ou não. A ação cautelar é um arquétipo para essa teoria: não busca ela atuar uma norma do direito material, mas, sim, garantir, tão somente, a eficácia do processo principal (conhecimento ou executivo). A teoria eclética do direito de ação, que teve em Enrico Tullio Liebman seu principal idealizador (*Manual de direito processual civil*, 3. ed., Rio de Janeiro, Forense, 1985), encampou alguns dos elementos dessas duas teorias: preservou, por um lado, o caráter abstrato do direito de ação, ao afirmar que a existência desse direito não estaria vinculada à emissão de um pronunciamento judicial favorável ao autor; e, por outro, ao ressaltar o caráter instrumental do direito de ação, cuja finalidade é a atuação do direito material, reconheceu a necessária ligação entre esses dois planos do ordenamento jurídico, que se estabeleceriam pelas chamadas condições da ação, as quais, ao menos remotamente, indicariam a plausibilidade ou não da existência do direito material pleiteado pelo autor. Ao condicionar o exercício do direito de ação à observância dessas condições, a teoria eclética procurou assegurar que o processo tenha real possibilidade de satisfazer o direito material, preservando, com isso, o uso racional da atividade jurisdicional e evitando uma intromissão na esfera jurídica do demandado que desde logo se mostra infundada. Para a teoria eclética, o direito de ação consistiria, portanto, em um direito a uma sentença de mérito, ou seja, a uma sentença que se manifeste efetivamente sobre a relação de direito material trazida a juízo. Sob o prisma constitucional, contudo, o direito de ação não pode ser concebido apenas como o direito à sentença de mérito, mas sim como o direito de exigir do Estado o acesso à ordem jurídica justa, que compreende, em linhas gerais, a prestação célere da tutela jurisdicional e a efetiva satisfação do direito material.

3. Condições da ação

Para o exercício efetivo da ação devem estar presentes os *pressupostos de admissibilidade do julgamento de mérito*, que são as condições da ação e os pressupostos de constituição e de desenvolvimento do processo (expressão que deve ser atribuída a Alfredo Buzaid, *Do agravo de petição*, p. 111). O Código de Processo Civil adota a teoria eclética da ação de Enrico Tullio Liebman. Segundo essa teoria, a ação estaria sujeita a certas condições, sem as quais há a extinção do processo sem resolução do mérito (CPC, art. 485, inc. VI). Interesse processual e legitimidade *ad causam* são as condições da ação que integram, em conjunto com os pressupostos processuais, os pressupostos de admissibilidade do julgamento do mérito. Sem qualquer uma delas, o demandante será considerado carecedor da ação.

O Código de Processo Civil de 2015, reconhecendo a prescindibilidade da impossibilidade jurídica ligada ao pedido, à causa de pedir e às partes, como condição da ação, não mais a inclui nessa categoria. O reconhecimento da impossibilidade jurídica constitui técnica processual destinada a permitir o julgamento imediato do mérito, uma vez que desde logo se constata a ausência de correspondência entre a pretensão do autor e o ordenamento jurídico.

O exercício do direito de ação, portanto, é condicionado à observância das chamadas condições da ação, que servem para verificar se o processo realmente é apto à solução daquela específica questão de direito material. Ao condicionar o exercício do direito de ação à observância desses requisitos, o que se pretende nada mais é do que assegurar o uso racional da atividade jurisdicional. Essa é a razão pela qual, aliás, esta

matéria, sendo de ordem pública, não é sujeita a preclusão, podendo ser conhecida em qualquer tempo e grau de jurisdição (CPC, art. 485, § 3º).

4. Teorias

Nesse particular, merecem destaque três teorias que procuram explicar o fenômeno das condições da ação. A primeira sustenta a sua presença no ordenamento jurídico tal como preconizado inicialmente por seu idealizador, Enrico Tullio Liebman (*Manual de direito processual civil*, 3. ed. São Paulo: Malheiros, 2005). Nessa visão, as condições da ação podem ser aferidas a qualquer tempo no processo e se ausentes impedem efetivamente o exame do mérito da causa, viabilizando a repropositura da demanda. Essa teoria potencializa as condições da ação, quando se sabe que hoje elas procuram ser cada vez mais relativizadas. Há ainda os adeptos da denominada teoria da afirmação, segundo a qual as condições da ação devem ser aferidas *in status assertionis*. Segundo essa particular visão, as condições da ação somente podem ser aferidas a partir das afirmações (asserções) feitas pelo demandante. Se, a partir dos elementos constantes da petição inicial, o juiz constatar a ausência de uma das condições da ação, deverá extinguir o processo sem resolução do mérito (CPC, art. 485, inc. VI). Depois de implementado o contraditório e a partir das razões apresentadas pelo demandado, se presentes os demais pressupostos de admissibilidade ao julgamento do mérito, o juiz poderá apenas extinguir o processo com resolução do mérito (CPC, art. 487). Assim é que as condições da ação se transformariam no próprio mérito da causa. Esse particular enfoque do fenômeno deixa sem explicação adequada aquelas situações de carência de ação superveniente (p. ex., muitos casos de perda de interesse processual). Kazuo Watanabe denomina a teoria assertista de abstratista: "o importante é deixar bem ressaltado que a aceitação das condições da ação pelos abstratistas somente será possível nos termos expostos, vale dizer, *in statu assertionis*" (*Da cognição no processo civil*, p. 88). Por fim, outra visão do fenômeno liga, corretamente, as condições da ação às questões de mérito que devem ser lógicas, necessárias e previamente analisadas a fim de permitir que o pedido deduzido pelo demandante possa ser apreciado. Nessa linha, as condições da ação aproximam-se do mérito, mas não o integram. "Ao se entender as condições da ação como categoria puramente processual, nega-se a própria essência do instituto que é sempre buscada na relação jurídica de direito material. Além disso, a sentença de carência de ação constitui, por decorrência lógica, sentença terminativa que não aprecia a pretensão do autor e não pacifica definitivamente as relações sociais. Por outro lado, a conclusão de que as condições da ação são questões de mérito é mais benéfica em dois aspectos. Primeiramente, corresponde à verdadeira natureza jurídica da categoria, ou seja, questões buscadas na relação jurídica de direito material. Em segundo lugar, transforma a sentença de carência em sentença de mérito, que aprecia a pretensão do autor, resolvendo o litígio..." (Susana Costa, *Condições da ação*, p. 143).

A ausência de qualquer uma das condições da ação provoca a extinção do processo e o provimento emanado tem, na maior parte das situações, repercussões externas ao processo. Por isso, as condições da ação, embora não se refiram propriamente ao mérito, que é o objeto do processo e está ligado à pretensão de direito material, inserem-se em uma ideia maior de técnica processual, na medida em que propiciam uma solução racional e célere para o conflito, e prestigiam a integração do fenômeno direito material e processo. Interesse de agir e legitimidade *ad causam* são, portanto, requisitos de ordem pública, sem os quais o processo pode instaurar--se, mas não chegará jamais ao provimento postulado (que, no processo de conhecimento, é a sentença de mérito). Ausentes quaisquer desses requisitos, conhecidos por condições da ação, o juiz declara o demandante carecedor de ação. Isso significa que, para o caso concreto, não tinha o autor poder de exigir o provimento de mérito, no processo de conhecimento, ou o provimento satisfativo, na execução. Tinha, como todos têm, o poder de acionar os órgãos da jurisdição para receber aquela declaração. Esse poder é o "direito de petição", "direito de demandar incondicionado", ou "direito à administração da justiça", ou, ainda, "ação" em sentido impróprio, que não se sujeita à condição alguma e está garantida pela Constituição Federal (art. 5º, XXXV). O não preenchimento de tais condições determina a carência da ação e acarreta a extinção anormal do processo, sem resolução do mérito (CPC, art. 485, VI).

Evidentemente, o processo não se extinguirá se o juiz "indeferir em parte" a petição inicial. Isso ocorre em situações bem delineadas, quando os motivos de indeferimento disserem respeito: i) a algum dos sujeitos da relação jurídica processual (na realidade, há exclusão de parte e não "indeferimento parcial"); ii) à parte dos fundamentos da demanda, ou; iii) à parcela do pedido. Em todas essas situações, parte da demanda permanece íntegra, de modo ser possível identificar os elementos da ação (partes, causa de pedir e pedido). As causas extintivas de natureza processual não foram suficientes para extinguir o processo, que pode prosseguir. É evidente que esse ato tem conteúdo decisório, mas a sua natureza não é de sentença e sim de decisão interlocutória. O momento da apreciação dessas condições e a eficácia dessas decisões são subordinados à disciplina do processo de conhecimento: a inicial pode ser rejeitada (indeferimento), o processo pode ser extinto na fase ordinatória, antes ou depois da realização de audiência etc. Todavia, importa destacar que as condições da ação não são resultantes da mera alegação do demandante, mas da situação substancial trazida a julgamento. Apesar dessa observação, pelo sistema descrito no Código de Processo Civil e sob um enfoque puramente legalista, a decisão é sobre o processo e não de mérito, na medida em que faltam pressupostos para a resolução deste. Nessa linha, com a extinção do processo sem resolução de mérito, o autor não está impedido de repropor a demanda, já que a coisa julgada material não se operou – mas é claro que um processo não será idêntico ao outro; se isso acontecer, a causa determinante para extinção terminativa do processo será idêntica àquela do processo anterior. A repropositura de demanda fica então condicionada ao preenchimento da condição ausente. Como dito, as condições da ação integram os pressupostos de admissibilidade do julgamento do mérito. Como projeção da garantia constitucional do devido processo legal, significa que o Estado somente concederá a tutela jurisdicional caso o processo se desenvolva com segurança para todos os envolvidos (processo justo e équo).

5. Interesse processual

O interesse processual ou interesse de agir se refere sempre à utilidade que o provimento jurisdicional pode trazer ao demandante. Como observou Liebman, o interesse processual é "a relação de utilidade entre a afirmada lesão de um direito e o provimento de tutela jurisdicional pedido" (*Manual de direito processual civil*, p. 155).

Para a comprovação do interesse processual, primeiramente, é preciso a demonstração de que sem o exercício da jurisdição, por meio do processo, a pretensão não pode ser satisfeita. Daí surge a necessidade concreta da tutela jurisdicional e o interesse em obtê-la (interesse-necessidade). A necessidade pode surgir por força da resistência do obrigado no cumprimento espontâneo do que foi pactuado ou ainda por força da indispensabilidade do exercício da jurisdição para a obtenção de determinado resultado. Tal ocorre nas chamadas ações constitutivas necessárias nas quais o exercício da jurisdição para a obtenção do resultado pretendido é indispensável. Não se pode anular um matrimônio, por exemplo, sem a propositura de demanda judicial direcionada à obtenção do resultado pretendido.

O interesse processual pressupõe, além da correta descrição da alegada lesão ao direito material, a aptidão do provimento solicitado para protegê-lo e satisfazê-lo. Portanto, cabe ao demandante escolher o procedimento e o provimento adequados à situação fática deduzida (interesse-adequação). O requisito da adequação pode em alguns casos ser flexibilizado já que a ideia central é proporcionar a efetiva tutela jurisdicional a quem tenha direito sem que sejam impostos óbices ilegítimos. No campo recursal, por exemplo, tem também o interesse processual sua aplicação. Embargos de declaração, por exemplo, podem ser recebidos como agravo interno se veicular pretensão à modificação da decisão (CPC, art. 1.024, § 3º), o que demonstra a fungibilidade recursal *ope legis* e consagra a flexibilização do interesse-adequação no campo recursal.

Constatada a ausência de interesse processual o processo será extinto sem resolução de mérito. No entanto, se o órgão jurisdicional estiver em condições de apreciar o mérito, não obstante a ausência de interesse processual-necessidade, deve haver a apreciação do mérito a fim de que se resolva definitivamente a controvérsia, até por conta da prevalência das decisões de mérito consagrada no novo Código de Processo (*ex vi*, art. 6º).

6. Legitimidade

A legitimidade *ad causam*, que supõe a capacidade, é a idoneidade do sujeito, como atributo do sistema jurídico, "para a prática de determinado ato ou para suportar seus efeitos, emergente em regra da titularidade de uma relação jurídica ou de uma situação de fato com efeitos jurígenos, asseguradora da plena eficácia desse mesmo ato, e, pois, da responsabilidade pelos seus efeitos, relativamente àqueles atingidos por estes" (Donaldo Armelin, *Legitimidade para agir no direito processual civil brasileiro*, p. 13). Em resumo, "a legitimidade é uma qualidade do sujeito aferida em função do ato jurídico, realizado ou a ser praticado" (Donaldo Armelin, *Legitimidade para agir no direito processual civil brasileiro*, p. 11). Tanto no processo de conhecimento quanto na execução, parte legítima é aquela que está autorizada por uma determinada situação legitimante estabelecida no direito material ou no próprio direito processual. A legitimidade *ad causam* é a relação de pertinência subjetiva ou objetiva (decorrente de lei) com a causa de pedir apresentada pelo demandante. Não se confunde a legitimação passiva com a legitimação para contestar uma ação. Legitimado passivo é aquele sobre o qual o provimento pedido pelo autor, se acolhido, produzirá os seus efeitos. A legitimação para contestar, por outro lado, "pertence ao réu pelo simples fato de ter sido chamado a juízo". O réu, inclusive, pode alegar não possuir legitimidade passiva para a causa. (Enrico Tullio Liebman, *Manual de direito processual civil*, pp. 210-211). O art. 17 do Código de Processo Civil de 2015 aprimora a redação do art. 3º do Código de Processo Civil de 1973 ("Art. 3º Para propor ou contestar ação é necessário ter interesse e legitimidade"), ao reconhecer que a legitimidade e o interesse, enquanto condições da ação, devem estar presentes em todo e qualquer ato processual, não se restringindo, portanto, aos atos de propositura e contestação de uma demanda.

Jurisprudência

"O locador-alienante tem legitimidade para cobrar os aluguéis vencidos anteriormente à alienação do imóvel, somente cabendo ao adquirente direito sobre tais parcelas caso o alienante assim disponha em contrato. A alienação não altera a relação obrigacional entre o locatário e o locador no período anterior à venda do imóvel. O locatário se tornará obrigado perante o novo proprietário, por força de sub-rogação legal, somente após o negócio jurídico, nos termos do art. 8º, § 2º, da Lei 8.245/91" (STJ, REsp 1228266/RS, 4ª Turma, Rel. Ministra Maria Isabel Gallotti, j. 10.03.2015, *DJe* 23.03.2015).

> **Art. 18.** Ninguém poderá pleitear direito alheio em nome próprio, salvo quando autorizado pelo ordenamento jurídico.
>
> **Parágrafo único.** Havendo substituição processual, o substituído poderá intervir como assistente litisconsorcial.

▶ *Referência: CPC/1973 – Art. 6º*

1. Legitimação ordinária

A parte legítima para a propositura da ação é, na grande maioria dos casos, aquela que está autorizada por uma determinada situação legitimante estabelecida no direito material. Em outras palavras: em regra, apenas o titular ativo do direito material é que pode pleiteá-lo em juízo. Essa regra é acertada, pois "o titular de um direito é que melhor sabe se lhe convém reclamá-lo e o momento em que deve fazê-lo" (Celso Agrícola Barbi, *Comentários ao Código de Processo Civil*, p. 71). Em contraposição, o titular passivo de um direito é quem melhor sabe o que aduzir para se defender.

2. Legitimação extraordinária. Substituição processual

Em hipóteses excepcionais, confere-se, contudo, legitimidade a quem não é o titular do direito material deduzido em juízo. Ocorre, então, o chamado fenômeno da substituição processual. O substituto processual, portanto, é aquele que atua em nome próprio na defesa de direito alheio. Segundo Antônio Carlos de Araújo Cintra "ocorre a substituição processual quando alguém é legitimado a pleitear em juízo, em nome próprio, na defesa de interesse alheio, de que o seu seja dependente. Não se confunde, pois, a substituição processual com a representação, uma vez que nesta o representante age em nome do representado". Prossegue ainda referido autor, distinguindo a substituição processual da sucessão no processo: "Em primeiro lugar, note-se, a substituição processual pode se verificar na própria formação do processo, não havendo, nestes casos, como se falar que o substituto tenha sucedido ao substituído no processo, porque o substituído nem sequer, chegou a participar da relação processual. Quando, entretanto, acontece que a substituição se faça no curso do processo, isto é, quando temos hipótese de substituição sucessiva, ocorre, realmente, sucessão no processo;

mas uma sucessão essa que, em vez de, como em geral acontece, o sucessor entrar no processo para atuar em nome próprio por um interesse que lhe é próprio, o sucessor assume a causa para, em nome próprio, pleitear por um interesse alheio. Desta forma, conclui-se que a substituição processual pode-se dar com ou sem sucessão no processo; e, quando é com sucessão, apresenta características próprias" ("Estudo sobre a substituição processual no direito brasileiro", pp. 743-756). Com a expressão "agir em nome próprio", reconhece-se o substituto processual como parte, com todos os poderes, direitos, deveres e ônus que lhe são inerentes. O substituto processual ainda que defenda interesse alheio não tem sua conduta pautada por esse sujeito. O substituto processual, em outras palavras, atua com total independência no processo. Daí o porquê de o substituto poder atuar em juízo independentemente da vontade do substituto. De se destacar que o privilégio concedido pelo Código de Processo Civil e pela lei em geral à autonomia da vontade não autoriza às partes a celebrarem convenções processuais visando ao estabelecimento de substituição processual voluntária. O art. 18, *caput* do Código de Processo Civil é expresso no sentido de que a substituição apenas pode se dar nos casos em que houver autorização do ordenamento jurídico para tanto. Nos casos em que ocorrer a substituição, segundo o art. 18, parágrafo único, o substituído poderá intervir como assistente litisconsorcial nos termos do art. 124 do Código ("Art. 124. Considera-se litisconsorte da parte principal o assistente sempre que a sentença influir na relação jurídica entre ele e o adversário do assistido").

3. Legitimação na tutela dos direitos transindividuais

Como se sabe, as ações civis se prestam à busca da satisfação de qualquer direito de natureza não penal. São direitos que decorrem, essencialmente, de relações jurídicas estabelecidas entre dois ou mais sujeitos, facilmente identificáveis, e que têm como objeto uma prestação que lhes é particular (v.g., relação credor-devedor, empregado-empregador). Mas não só. Cresceu em importância, especialmente a partir da Constituição Federal de 1988, a necessidade de proteção aos chamados direitos coletivos, que em sentido amplo, compreendem os direitos difusos, coletivos (*stricto sensu*), e individuais homogêneos (CDC, art. 81).

No sistema brasileiro de processo coletivo a legitimidade é atribuída a órgãos e entidades públicas e privadas. Excepcionalmente, também ao cidadão é atribuída legitimidade para a propositura de ação coletiva, a ação popular. Sendo a legitimação concedida a vários entes será ela concorrente e disjuntiva, uma vez que qualquer legitimado pode vir a juízo sem a presença de outro legalmente habilitado.

A tutela dos interesses ou direitos individuais homogêneos não constitui, em verdade, legítima tutela de direitos coletivos, mas sim a tutela coletiva de direitos individuais, os quais por ter origem comum merecem um tratamento homogêneo. A tutela coletiva desses direitos além de se prestar a assegurar a economia processual, proporciona o acesso à justiça jurisdicionados que individualmente não teriam interesse ou condições financeiras de pleiteá-los. Nesse caso, verifica-se também o fenômeno da substituição processual, no quais os legitimados por expressa disposição legal pleiteiam em juízo direito alheio, fazendo-o em nome próprio. A categoria jurídica dos direitos ou interesses individuais homogêneos foi positivada no direito brasileiro no Código de Defesa do Consumidor no art. 81, parágrafo único, inc. III e tem por objetivo viabilizar a defesa coletiva de direitos individuais; os sujeitos são determináveis e o objeto divisível (Paulo Henrique dos Santos Lucon, Relação entre demandas, nº 52, p. 162).

Nos direitos coletivos em sentido estrito a determinabilidade de seus sujeitos e a coesão como grupo, categoria ou classe decorrente de vínculo associativo anterior à lesão gera a possibilidade de identificação do interesse de tal grupo, categoria ou classe. O fortalecimento de grupos intermediários e do associativismo constitui pressuposto, em muitos casos, de acesso ao direito, uma vez que o Estado sabidamente não tem condições de prover a manutenção do efetivo equilíbrio nas relações jurídicas privadas. Por isso a articulação dos sujeitos em associações com a união de escopos de objetivo comum constitui relevante mecanismo apto a compensar os desequilíbrios existentes nas relações sociais e conceder ao indivíduo integrante de grupo, categoria ou classe a força necessária para, em *paridade de armas* em relação a seus adversários, defender seus direitos em igualdade de condições. Na verdade, a relação jurídica base existe previamente entre os membros do grupo em razão de *affectio societatis* ou ainda por vínculo existente com a parte contrária. Eventuais demandantes de processos individuais não serão prejudicados desde que optem pela suspensão destes enquanto tem curso a ação coletiva ou poderão ainda excluir-se dos efeitos da decisão a ser proferida pelo direito de retirar-se ("right to opt out"), com a continuidade de suas ações individuais (CDC, art. 104). A legitimidade coletiva pode ser ativa ou passiva, a depender de a entidade de índole coletivo-associativo ocupar o polo ativo ou passivo da relação jurídica de direito processual (Paulo Henrique dos Santos Lucon, Relação entre demandas, nº 52, pp. 159-162).

Por fim, os direitos difusos são aqueles "transindividuais de natureza indivisível, de que sejam titulares pessoas indeterminadas e ligadas por circunstâncias de fato" (CDC, art. 81, parágrafo único, inc. I). Há, na verdade, um conjunto ou feixe de direitos ou interesses individuais de objeto indivisível cujos titulares são pessoas indetermináveis que se encontram unidas por liames fáticos, o que faz com que a legitimidade para a sua tutela dependa de entes legitimados por força de lei.

Jurisprudência

"A pessoa jurídica não tem legitimidade para interpor recurso no interesse do sócio. Recurso especial desprovido. Acórdão submetido ao regime do art. 543-C do CPC e da Resolução STJ nº 8/08" (STJ, REsp 1347627/SP, 1ª Seção, Rel. Min. Ari Pargendler, j. 09.10.2013, *DJe* 21.10.2013).

"Demanda indenizatória proposta em nome próprio pelo sócio-gerente pleiteando a reparação dos danos sofridos por sociedade limitada decorrentes de ato ilícito imputada ao réu. Impugnação pelo réu, desde a contestação, da ilegitimidade ativa do sócio. Inocorrência de violação ao princípio da unirrecorribilidade, pois para cada decisão houve a interposição de um único recurso. Ninguém pode pleitear em nome próprio a defesa de direito alheio, salvo quando autorizado por lei (art. 6º do CPC). A Primeira Seção do STJ, em julgamento submetido ao rito do art. 543-C do CPC, firmou a tese de que a pessoa jurídica não tem legitimidade para interpor recurso no interesse do sócio (REsp 1347627/SP, Rel. Min. Ari Pargendler, 1ª Seção, julgado em 09.10.2013, *DJe* 21.10.2013). 'Contrario sensu', o sócio não tem legitimidade para propor ação, em nome próprio, em defesa de direito da sociedade. Acolhida a pretensão recursal, fica afastada a multa fixada com base no artigo 538 do CPC" (STJ, REsp 1317111/SC, 3ª Turma, Rel. Min. Paulo de Tarso Sanseverino, j. 09.12.2014, *DJe* 17.12.2014).

> **Art. 19.** O interesse do autor pode limitar-se à declaração:
>
> **I** – da existência, da inexistência ou do modo de ser de uma relação jurídica;
>
> **II** – da autenticidade ou da falsidade de documento.

▶ *Referência: CPC/1973 – Art. 4º*

1. Tutela declaratória

As ações meramente declaratórias devem ser utilizadas quando o demandante almeja a solução de uma crise de certeza. A eliminação desse estado de incerteza afasta a insegurança jurídica. A propositura da ação declaratória está condicionada ao interesse processual na declaração imperativa da existência ou inexistência de uma relação jurídica ou da autenticidade ou falsidade de um documento. O interesse processual decorre da dúvida objetiva emergente de uma relação jurídica concreta, com fatos bem delineados, precisos e determinados. Estão fora da tutela jurisdicional declaratória meras conjecturas e suposições, típicas de uma dúvida subjetiva.

2. Eficácia

No que se refere ao momento da eficácia, em geral a sentença meramente declaratória é *ex tunc*: seus efeitos são produzidos retroativamente. Pense-se, por exemplo, numa sentença declaratória de paternidade: o réu não se torna pai somente com a formação da coisa julgada, mas é pai desde o momento da concepção (Paulo Henrique dos Santos Lucon, *Eficácia das decisões e execução provisória*. São Paulo: RT, 2000).

3. Questões de direito e questões de fato

Diz-se que a decisão judicial não pode versar apenas sobre uma questão de direito ou apenas sobre uma questão de fato, pois ambas não são merecedoras de tutela de acordo com o ordenamento jurídico. Nesse sentido, "não pode o autor, por exemplo, pedir simplesmente a interpretação de lei ou de decreto, nem a solução de questão jurídica formulada abstratamente" (João Batista

Lopes, *Ação declaratória*, pp. 89-90), bem como não pode ser atribuída qualquer forma de eficácia vinculante, nos processos futuros, ao acertamento de fatos históricos contidos na motivação e utilizados pelo juiz para se pronunciar sobre a situação de vantagem deduzida em juízo (Andrea Proto Pisani, *Lezioni di diritto processuale civile*, pp. 138-140). Desse modo "não pode o autor pedir a declaração de mero fato: v.g., de que a mercadoria entregue apresenta defeito; de que o serviço contratado foi integralmente executado; de que os danos registrados no imóvel decorreram de obra vizinha" (João Batista Lopes, *Ação declaratória*, pp. 89-90). Essa vedação deve-se à necessidade de ser tutelado o direito de defesa do réu. Conforme lembra Carlos Alberto Alvaro de Oliveira "em tais hipóteses, não se verifica incidência concreta da norma jurídica sobre o suporte fático, o que compromete a garantia de ampla defesa do demandado, seja porque um mesmo fato pode ser relevante para inúmeros e diversos efeitos jurídicos, seja porque a norma geral e abstrata pode ser aplicada numa série indefinida de situações concretas. A norma de princípio da segurança impede, portanto, a declaração de um mero fato ou de norma jurídica abstrata, que ainda não tenha incidido sobre o suporte fático" (*Teoria e prática da tutela jurisdicional,* Rio de Janeiro: Forense, 2008, p. 157). Pelo enfoque da utilidade e da realização dos objetivos da jurisdição, não faz muito sentido a declaração a respeito de fatos, uma vez que a possibilidade de alteração das circunstâncias pode facilmente ocorrer. A declaração de fatos pode ser, portanto, igualmente vista pelo prisma da inutilidade do exercício da atividade jurisdicional.

4. Efeitos jurídicos

Uma questão de fato não se confunde com os efeitos jurídicos dela decorrentes, que podem constituir objeto da ação declaratória. "Assim, por exemplo, posso discutir se o depósito bancário efetuado pelo devedor se mostrou idôneo a extinguir a dívida; se a inexecução do contrato tem as consequências jurídicas pretendidas pelo adversário; se a posse (mero fato) tem as consequências jurídicas pretendidas pelo autor (v.g., percepção dos frutos)" (João Batista Lopes, *Ação declaratória*, pp. 89-90).

5. Interpretação de cláusula contratual

De acordo com a Súmula nº 181 do Superior Tribunal de Justiça "é admissível ação declaratória, visando a obter certeza quanto

Art. 20

à exata interpretação de cláusula contratual". Isso se justifica "porque a declaração judicial poderá tornar-se necessária à fixação da exata latitude do contrato" (João Batista Lopes, *Ação declaratória*, pp. 89-90). Nesse contexto é preciso lembrar o enunciado da Súmula nº 5 do Superior Tribunal de Justiça segundo o qual "a simples interpretação de cláusula contratual não enseja recurso especial". Ou seja, o Superior Tribunal de Justiça, apesar de admitir tutela declaratória para interpretação de cláusula contratual, não fará declaração a respeito dessa matéria que é estranha às funções dessa corte até porque a Súmula nº 7 do mesmo tribunal superior não permite o reexame de provas.

Não obstante, o Superior Tribunal de Justiça vem admitindo a possibilidade de revisão de cláusulas contratuais quando estas, por exemplo, violarem o ordenamento jurídico, *v.g.* violação ao art. 51 do Código de Defesa do Consumidor (STJ, REsp 645.756/RJ, 4ª Turma, Rel. Min. Aldir Passarinho Junior, j. 07.12.2010, *DJe* 14.12.2010).

A ação declaratória é também admitida para "obtenção da certeza jurídica sobre a existência, inexistência ou modo de existir de uma relação jurídica. É cabível para a interpretação de cláusula contratual, a cujo respeito divergem em concreto os contratantes, buscando definir se a parte autora está ou não sujeita aos efeitos jurídicos pretendidos pelo outro contratante. Não se cuida, assim, de mera consulta ao judiciário, mas de pedido de composição de uma lide atual" (STJ, REsp 2964/RJ, 4ª Turma, Rel. Min. Athos Carneiro, j. 12.08.1991, *DJ* 09.09.1991, p. 12204).

É vedada a consulta ao Poder Judiciário pela ação meramente declaratória, mas esta pode ser utilizada em determinadas hipóteses a fim de evitar futuros conflitos já potencialmente latentes. Aqui não se trata de mera consulta não permitida, mas da necessidade de cumprir um dos objetivos da jurisdição de evitar possíveis conflitos que claramente estão a emergir de relações jurídicas. Com isso o Poder Judiciário promove também a segurança jurídica e a pacificação social. No âmbito da Justiça Eleitoral, admite-se, por exemplo, a formulação de consultas que visam justamente a esclarecer situações futuras a respeito dos pleitos. O potencial concreto de existência de demandas futuras justifica a propositura da ação meramente declaratória. Lembre-se também que o atual Código de Processo Civil consagra a assunção de competência (v. art. 947) que visa a resolver relevante questão de direito, com grande repercussão social sem repetição em múltiplos processos. No âmbito deste incidente ocorre, portanto, atuação preventiva do Poder Judiciário.

6. Autenticidade ou falsidade de documento

É admissível a propositura de ação que vise a obter uma declaração a respeito da autenticidade ou falsidade de um documento. Nesse caso "a função da ação declaratória é, pois, apenas de declarar se o autor do documento é, ou não, a pessoa nele indicada como tal, ficando fora do seu âmbito – na parte do exame do puro fato – a declaração de ter havido erro, dolo, fraude, coação, simulação etc., os quais podem ser objeto de ação diversa. Mesmo tendo sido obtido com erro, dolo, ou qualquer outro meio viciador da vontade, o documento não deixa de ser autêntico, se provier da pessoa nele indicada como autor" (Celso Agrícola Barbi, *Comentários ao Código de Processo Civil*, p. 43). Investiga-se, portanto, apenas falsidade a material do documento e não eventual falsidade ideológica. Possível, ademais, a declaração de falsidade de assinatura o que pode irradiar efeitos para diferentes relações jurídicas que possam emergir do documento no qual foi ela firmada.

Jurisprudência

"Agravo interno. Agravo em recurso especial. Processual civil. Ação declaratória. Declaração não sobre a existência ou validade do acordo, mas sobre a possibilidade de produzir os efeitos cogitados pela parte. Ausência de interesse de agir. 1. O interesse de agir pode se limitar à declaração da existência, inexistência ou modo de ser da relação jurídica, bem como à autenticidade ou falsidade de documento (art. 19 do Código de Processo Civil). O Judiciário, todavia, não é órgão de consulta, não cabendo a ele se pronunciar sobre a possibilidade de o acordo produzir os efeitos pretendidos pela parte. 2. Agravo interno a que se nega provimento" (AgInt no Agravo em Recurso Especial nº 1.351.102 – SP, 4ª Turma, Rel. Min. Maria Isabel Gallotti, j. 16.5.2019, *DJe* 21.5.2019).

> **Art. 20.** É admissível a ação meramente declaratória, ainda que tenha ocorrido a violação do direito.

▶ *Referência: CPC/1973 – Art. 4º, parágrafo único*

1. Interesse processual na tutela declaratória nos casos de violação a direito

Todas as sentenças de mérito no processo de conhecimento possuem um conteúdo declaratório, pois o reconhecimento do direito é a elas intrínseco. Disso não decorre a inadmissibilidade da ação declaratória nos casos em que é admissível a ação condenatória. Nesse sentido é o teor do artigo 20 do Código de Processo Civil ao dispor que pode ser proposta ação declaratória inclusive após a violação do direito. "Não há razão para se compelir o autor a propor ação condenatória se ele demonstra ter interesse na simples tutela declaratória. A questão fica no poder dispositivo do autor, não podendo o juiz obrigá-lo a pedir mais se ele se satisfaz com menos" (João Batista Lopes, *Ação declaratória*, pp. 144-145; Adroaldo Furtado Fabrício, *Ação declaratória incidental*, pp. 35-36). A declaração nesses casos tem importante função de evitar litígios futuros ou mesmo a continuidade do processo na medida em que com a definição do direito poderá haver o cumprimento espontâneo por parte do obrigado, evitando atividades executivas.

2. Litispendência condenação e declaração

Como ressalta Carlos Alberto Alvaro de Oliveira "o exercício primeiro da demanda declaratória não obsta ao exercício das outras, porque aí haverá um *plus* em relação à primeira. Se já exercida, contudo, demanda condenatória, mandamental ou executiva, ao aforamento da declaratória pode opor-se exceção de litispendência, visto que a declaração está automaticamente embutida nas primeiras" (*Teoria e prática da tutela jurisdicional*, p. 160).

3. Declaração e execução

Nos casos em que a tutela declaratória concedida contiver manifestação a respeito de todos os elementos constitutivos de uma obrigação exigível, tem-se que tal decisão consiste em título hábil a ensejar a satisfaço do direito reconhecido pelas vias executivas. Nesse sentido, a propósito, o art. 515, inc. I do Código de Processo Civil reconhece como título executivo "as decisões proferidas no processo civil que reconheçam a exigibilidade de obrigação de pagar quantia, de fazer, de não fazer ou de entregar coisa".

A respeito desse tema, o Superior Tribunal em um *leading case* já se manifestou a respeito; "no atual estágio do sistema do processo civil brasileiro não há como insistir no dogma de que as sentenças declaratórias jamais têm eficácia executiva. O art. 4º, parágrafo único, do CPC considera 'admissível a ação declaratória ainda que tenha ocorrido a violação do direito', modificando, assim, o padrão clássico da tutela puramente declaratória, que a tinha como tipicamente preventiva. Atualmente, portanto, o Código dá ensejo a que a sentença declaratória possa fazer juízo completo a respeito da existência e do modo de ser da relação jurídica concreta. Tem eficácia executiva a sentença declaratória que traz definição integral da norma jurídica individualizada. Não há razão alguma, lógica ou jurídica, para submetê-la, antes da execução, a um segundo juízo de certificação, até porque a nova sentença não poderia chegar a resultado diferente do da anterior, sob pena de comprometimento da garantia da coisa julgada, assegurada constitucionalmente. E instaurar um processo de cognição sem oferecer às partes e ao juiz outra alternativa de resultado que não um, já prefixado, representaria atividade meramente burocrática e desnecessária, que poderia receber qualquer outro qualificativo, menos o de jurisdicional. A sentença declaratória que, para fins de compensação tributária, certifica o direito de crédito do contribuinte que recolheu indevidamente o tributo, contém juízo de certeza e de definição exaustiva a respeito de todos os elementos da relação jurídica questionada e, como tal, é título executivo para a ação visando à satisfação, em dinheiro, do valor devido. Precedente da 1ª Seção: ERESP 502.618/RS, Min. João Otávio de Noronha, *DJ* de 01.07.2005. Embargos de divergência a que se dá provimento" (STJ, EREsp 609.266/RS, 1ª Seção, Rel. Min. Teori Albino Zavascki, j. 23.08.2006, *DJ* 11.09.2006, p. 223). O mesmo entendimento foi confirmado no REsp nº 1.460.474, ementado da seguinte maneira: "Recurso especial. Ação declaratória de inexistência de relações comerciais c/c pedido de indenização por danos materiais e compensação por dano moral. Prescrição da pretensão ressarcitória. Teoria da *actio nata*. Tutela declaratória. Interesse de agir. Utilidade. Julgamento: CPC/73. I. Ação declaratória de inexistência de relações comerciais c/c pedido de indenização por danos materiais e compensação por dano moral ajuizada em 13.03.2008, de que foi extraído o presente recurso especial, interposto em 25.11.2013 e atribuído ao gabinete em 25.08.2016. II. O propósito recursal é decidir sobre a prescrição da pretensão indenizatória e sobre o interesse de agir da recorrente, quanto à pretensão declaratória de inexistência de relação jurídica. 3. O STJ possui entendimento sedimentado na teoria da *actio nata* acerca da contagem do prazo prescricional, segundo a qual a pretensão nasce quando o titular do direito subjetivo violado obtém plena ciência da lesão e de toda a sua extensão, bem como do responsável pelo ilícito, inexistindo, ainda, qualquer condição que o impeça de exercer o correlato direito de ação. 4. O interesse-utilidade evidencia-se quando a análise, em tese, da pretensão deduzida na exordial revelar que o processo é apto a resultar em algum proveito para a parte demandante, propiciando-lhe uma situação melhor do que aquela em que se encontrava antes de litigar. 5. A violação do direito, por si só, não retira do demandante o interesse em eventual tutela declaratória (parágrafo único do art. 4º do CPC/73). 6. No particular, a tutela declaratória pleiteada pela recorrente se justifica e se lhe mostra útil porque a violação do seu direito trouxe em si, a par da pretensão ressarcitória, a pretensão de obter a certeza jurídica quanto à inexistência de relação comercial com a recorrida. 7. O interesse-utilidade dessa declaração, em caráter principal, não é fulminado pela prescrição da pretensão ressarcitória, sobretudo diante de outros possíveis reflexos apontados pela recorrente, além dos patrimoniais, como os contábeis e os tributários. 8. Recurso especial conhecido e provido em parte."

Jurisprudência

"Por força do disposto no art. 4º, I e parágrafo único, do CPC, é possível ao autor deduzir pedido meramente declaratória da existência ou da inexistência de relação jurídica, ainda que ocorrida a violação do direito. Diante disso, é equivocada a extinção do processo, sem resolução do mérito, sob o argumento de que os recorrentes não possuíam interesse processual em ver declarado o direito à reparação dos alegados prejuízos sofridos com a safra de trigo de 1987, ante a suposta ausência de pedido condenatório. Recurso especial provido, para determinar o prosseguimento da ação, sem prejuízo da reavaliação, pelo magistrado de primeiro grau, das condições da ação e demais pressupostos processuais" (STJ, REsp 961.951/PR, 2ª Turma, Rel. Ministra Eliana Calmon, j. 09.12.2008, *DJe* 27.02.2009).

TÍTULO II
DOS LIMITES DA JURISDIÇÃO NACIONAL E DA COOPERAÇÃO INTERNACIONAL

CAPÍTULO I
DOS LIMITES DA JURISDIÇÃO NACIONAL

Art. 21. Compete à autoridade judiciária brasileira processar e julgar as ações em que:

I – o réu, qualquer que seja a sua nacionalidade, estiver domiciliado no Brasil;

II – no Brasil tiver de ser cumprida a obrigação;

III – o fundamento seja fato ocorrido ou ato praticado no Brasil.

Parágrafo único. Para o fim do disposto no inciso I, considera-se domiciliada no Brasil a pessoa jurídica estrangeira que nele tiver agência, filial ou sucursal.

▸ *Referência: CPC/1973 – Art. 88*

1. Jurisdição e "competência internacional concorrente"

Pelo enfoque do Estado, a jurisdição, una e indivisível, é manifestação de poder a que se atribui a todos os órgãos do Poder Judiciário o encargo de promover a pacificação de conflitos inter e plurindividuais pela realização do direito justo por meio do processo. Contudo, por uma questão de conveniência e praticidade, diante da grande variedade de causas em curso, um conjunto de regras, presentes principalmente na Constituição Federal e em leis ordinárias, atribui uma divisão lógica e racional de trabalho aos órgãos jurisdicionais. Essa divisão faz com que os órgãos do Poder Judiciário exerçam a função jurisdicional a partir de categorias ou grupos de causas que lhes são apresentadas.

Nessa linha, a competência consiste na atribuição do exame de certa categoria de causas a determinado órgão da jurisdição, excluindo todos os demais para que somente aquele possa exercer a função jurisdicional em concreto. Assim, enquanto a jurisdição é a própria manifestação do poder e da soberania estatal, a competência diz respeito às atribuições específicas de cada órgão jurisdicional.

A competência do órgão jurisdicional é fixada no momento em que a ação é proposta (CPC, art. 43), o que, de acordo com o Código de Processo Civil, ocorre no instante em que a petição inicial é protocolada (CPC, art. 312). Modificações ulteriores, quer seja do estado de fato, quer seja de direito, não tem o condão de alterar a competência já fixada, exceto se elas suprimirem órgão judiciário ou alterarem a competência absoluta (CPC, art. 43). Essa é a regra da denominada *perpetuatio jurisdictionis*.

O art. 21 do Código de Processo Civil estabelece um conjunto de causas que pode ser analisado tanto pela jurisdição brasileira quanto por órgãos jurisdicionais estrangeiros. Trata-se do denominado fenômeno da "competência internacional concorrente", embora nesses casos não se esteja a tratar propriamente de competência, mas sim de limites da jurisdição de cada país. Nesses casos, demandas idênticas podem tramitar em jurisdições distintas – não se verifica, então, o fenômeno da litispendência (CPC, art. 24) –, tornando-se eficaz perante o ordenamento jurídico brasileiro aquela que primeiro transitar em julgado, o que na hipótese de sentença estrangeira ocorre com sua homologação pelo Superior Tribunal de Justiça.

2. Órgãos da jurisdição e competência

Para determinação da competência é preciso, inicialmente, ter em mente a estrutura do Poder Judiciário brasileiro. Ele é composto, como se sabe, por: a) dois órgãos de cúpula; o Supremo Tribunal Federal e o Superior Tribunal de Justiça; b) Justiças especializadas (Eleitoral, Militar, Trabalhista) com órgãos superiores e inferiores; c) Justiça comum (Federal e Estadual), com órgãos superiores e inferiores (CF, art. 92).

O conhecimento dessa estrutura e dos elementos identificadores da demanda permite a passagem do plano abstrato da jurisdição à atribuição do seu exercício a um juiz determinado.

O Código de Processo Civil, ao definir os elementos identificadores da demanda, adotou para a distribuição da competência o critério da tríplice identidade, segundo o qual, a ação é composta pelas partes, pela causa de pedir e pelo pedido.

As partes são os sujeitos do contraditório instituído perante o julgador. Conhecendo algumas de suas características, pode-se identificar a *competência originária* dos tribunais superiores (*v.g.* ao Supremo Tribunal Federal compete ori-

ginariamente processar e julgar o Presidente da República nos crimes comuns ou as voltadas ao controle concentrado de constitucionalidade); a *competência de justiça* (*v.g.* a Justiça Federal é competente para as causas em que a União, entidade autárquica ou empresa pública federal forem interessadas na condição de autoras, rés, assistentes ou oponentes, exceto as de falência, as de acidentes de trabalho e as sujeitas à Justiça Eleitoral e à Justiça do Trabalho); a *competência de foro* (*v.g.* nas discussões a respeito das relações de consumo o foro competente poderá ser o do domicílio do consumidor; o Estatuto do Idoso determina a propositura das ações no foro do domicílio do idoso, ressalvadas as competências da Justiça Federal e a competência originária dos Tribunais Superiores; nas controvérsias que surgirem entre representante e representado é competente o foro do domicílio do representante; é competente o foro da residência do alimentando, para a ação em que se discutem alimentos; serão propostas, em regra, no foro do domicílio do réu, as ações fundadas em direito pessoal e as ações fundadas em direito real sobre bens móveis).

Os *fatos* e os *fundamentos jurídicos* do pedido, por sua vez, conformam a *causa petendi*. Da análise dos *fatos* pode-se identificar a *competência de foro* (*v.g.* no processo penal a competência será determinada pelo lugar em que se consumou a infração; no processo do trabalho a competência é determinada pela localidade onde o empregado, reclamante ou reclamado prestar serviços ao empregador, ainda que tenha sido contratado em outro local). Da análise dos *fundamentos jurídicos* pode-se identificar, ademais, a *competência de justiça*. A competência também poderá ser definida de acordo com o direito material no qual se fundamenta a pretensão do autor. Assim, por exemplo, causas atinentes à matéria eleitoral e à trabalhista competem a justiças especializadas distintas.

Da causa de pedir o autor extrai um pedido, no qual consta a tutela jurídica almejada pelo autor (declaratória, condenatória, constitutiva), o chamado *pedido imediato*, e o bem da vida por ele pretendido, também chamado de *pedido mediato*. Como todo juiz nacional está autorizado a prestar todas as espécies de tutela, para a determinação da competência são úteis apenas as características do bem da vida pleiteado pelo autor. Assim, da análise do pedido imediato pode se identificar a *competência de foro* (*v.g.* nas ações fundadas em direito real e pessoal sobre bens imóveis relacionadas no art. 47, *caput* e §§ 1º e 2º é competente o foro da situação da coisa), e a *competência de juízo* (*v.g.*, as causas cujo valor não exceda a quarenta vezes o salário mínimo são da competência dos juizados especiais cíveis).

3. Competência concorrente

O art. 20 do Código de Processo Civil relaciona as espécies de causas que poderão ser julgadas concorrentemente por tribunais estrangeiros e nacionais; são as causas em que o réu, independentemente de sua nacionalidade, estiver domiciliado no Brasil; as causas em que no Brasil tiver de ser cumprida a obrigação (irrelevante, portanto, o local onde constituída a obrigação); e as causas, cujo fundamento de fato tenha se dado no Brasil. Para fins de aplicação do art. 20, inc. I, o parágrafo único desse mesmo dispositivo estabelece que se considera domiciliada no Brasil a pessoa jurídica estrangeira que nele tiver agência, filial ou sucursal. Segundo o art. 70 do Código Civil, ademais, "o domicílio da pessoa natural é o lugar onde ela estabelece a sua residência com ânimo definitivo".

Tratando-se de competência concorrente, o art. 20 do Código não impede que referidas causas também sejam processadas no exterior. Não ocorre nesses casos o fenômeno da litispendência (CPC, art. 24). Se a mesma causa for objeto de apreciação do juiz brasileiro e do juiz estrangeiro, prevalecerá no Brasil a decisão que primeiro adquirir a autoridade de coisa julgada, não havendo aí qualquer regra de precedência, "devendo-se creditar à celeridade da justiça, seja brasileira ou alienígena, a definição de qual das ações prevalecerá" (Nádia de Araujo, "O novo Código de Processo Civil e a arbitragem internacional", in *Revista de Arbitragem e Mediação*, ano 12, nº 46, pp. 277-286). Para a sentença brasileira, isso se dá, a partir do momento em que a decisão não estiver mais sujeita a recurso, e para a sentença estrangeira, a partir do momento em que ela for homologada pelo Superior Tribunal de Justiça (CF, art. 105, inc. I, "i"). Não sendo exclusiva da jurisdição brasileira a competência para o processamento e julgamento dessas causas, é possível, portanto, a previsão de cláusula de eleição de foro para excluir a jurisdição brasileira, por exemplo.

4. Homologação de sentença arbitral estrangeira

De acordo com o art. 35 da Lei 9.307/96 "para ser reconhecida ou executada no Brasil, a sentença arbitral estrangeira está sujeita, unicamente, à homologação do Superior Tribunal de Justiça". A homologação será requerida pela parte interessada, devendo a petição inicial ser instruída com o original da sentença arbitral ou uma cópia certificada pelo consulado brasileiro acompanhada de tradução oficial e com o original da convenção de arbitragem ou cópia certificada, acompanhada de tradução oficial (Lei nº 9.307/96, art. 37). O Superior Tribunal de Justiça apenas poderá recusar a homologação quando o réu demonstrar que: i) as partes que celebraram a convenção eram incapazes; ii) a convenção de arbitragem não era válida de acordo com a lei à qual as partes a submeteram, ou, na falta de indicação, em virtude da lei do país onde a sentença arbitral foi proferida; iii) não foi notificado da designação do árbitro ou do procedimento arbitral, ou que tenha sido violado o contraditório; iv) a sentença arbitral foi proferida fora dos limites da convenção; v) a instituição da arbitragem não está de acordo com o compromisso arbitral ou com a cláusula compromissória; vi) a sentença arbitral não tenha, ainda, tornando-se obrigatória para as partes, tenha sido anulada, ou, ainda, suspensa por órgão judicial do país onde foi prolatada. Além disso, também será negada a homologação se o Superior Tribunal de Justiça constatar que segundo a lei brasileira, o objeto do litígio não é suscetível de ser resolvido por arbitragem, ou se a sentença arbitral estrangeira ofender a ordem pública nacional (Lei nº 9.307/96, art. 39). Nesse sentido, não se considera ofensa à ordem pública nacional a citação realizada nos moldes da convenção de arbitragem ou da lei processual do país onde se realizou a arbitragem desde que se assegure à parte brasileira tempo hábil para o exercício do direito de defesa. O Superior Tribunal de Justiça, a propósito, a respeito desse tema já se manifestou no sentido de que não configura ofensa à ordem pública o fato de a sentença arbitral estabelecer o valor da condenação em moeda estrangeira, devendo-se realizar, tão somente, a devida conversão à moeda nacional para a realização do pagamento no Brasil (STJ, SEC 11.969/EX, Corte Especial, Rel. Min. Raul Araújo, julgado em 16.12.2015, *DJe* 02.02.2016). Se a homologação da sentença arbitral estrangeira for recusada em virtude de vícios formais, a parte interessada poderá renovar o pedido quando o vício em questão for sanado (Lei nº 9.307/96, art. 40).

Jurisprudência

"Trata-se de pedido de homologação de sentença americana que afastou a responsabilidade da empresa requerente de indenizar os familiares das vítimas de acidente de helicóptero de sua fabricação. O procedimento de homologação de sentença estrangeira encontra-se disciplinado na Resolução nº 9/2005 deste eg. Superior Tribunal de Justiça. No caso, foram atendidos todos os requisitos relacionados nos artigos 5º e 6º, não havendo óbice à homologação. A existência de ação idêntica proposta perante a Justiça brasileira não obsta o procedimento de homologação, por se tratar de competência concorrente, conforme a inteligência dos arts. 88 e 90 do CPC. Ademais, constata-se que os próprios requeridos optaram, inicialmente, pelo foro americano, e, posteriormente, ajuizaram idêntica ação perante a Justiça brasileira. Não podem, portanto, alegar, nesse momento, que a ora requerente pretenderia fraudar a lei brasileira, diante da aplicação da lei americana. Homologação deferida" (STJ, SEC 10.093/EX, Corte Especial, Rel. Min. Felix Fischer, j. 17.12.2014, *DJe* 02.02.2015).

"Nos termos dos artigos 15 e 17 da Lei de Introdução às Normas do Direito Brasileiro e artigos 216-C, 216-D e 216-F do Regimento Interno do Superior Tribunal de Justiça, que, atualmente, disciplinam o procedimento de homologação de sentença estrangeira, constitui requisito indispensável haver sido a sentença proferida por autoridade competente. Contrato de frete entre portos brasileiros, negociado e executado no Brasil, não assinado pela parte requerida. Não observância da forma escrita para a cláusula compromissória, exigida pela lei brasileira (art. 4º, § 1º, da Lei 9.307/96), aplicável em primeiro lugar para a verificação da validade da cláusula de lei e foro (art. 9º, § 1º, da LINDB). Não há nos autos, ademais, elementos que comprovem a aceitação do juízo arbitral por parte da requerida. Não demonstrada a competência do juízo arbitral que proferiu a sentença estrangeira, resta inviabilizada sua homologação, nos termos do art. 15, 'a', da LINDB. Homologação indeferida" (STJ, SEC 11.593/EX, Corte Especial Rel. Min. Benedito Gonçalves, j. 16.12.2015, *DJe* 18.12.2015).

"É devida a homologação da sentença arbitral estrangeira quando forem atendidos os requisitos previstos nos arts. 34 a 40 da Lei 9.307/96, no art. 15 da Lei de Introdução às Normas do Direito Brasileiro e nos arts. 216-A a 216-N do RISTJ, bem como constatada a ausência de ofensa à soberania nacional, à ordem pública e à dignidade da pessoa humana (Lei 9.307/96, art. 39; LINDB, art. 17; RISTJ, art. 216-F). Não caracteriza ofensa à ordem pública o fato de a sentença arbitral alienígena prever condenação em moeda estrangeira, devendo apenas ser observado que, no momento da execução da respectiva sentença homologada no Brasil, o pagamento há de ser efetuado após a devida conversão em moeda nacional. No juízo de delibação próprio do processo de homologação de sentença estrangeira, não é cabível debate acerca de questões de mérito, tampouco averiguação de eventual injustiça do *decisum*, conforme aqui pretendido pelas requeridas que visam a rediscutir a responsabilidade solidária da cedente e da cessionária pelo contrato cedido e a data inicial de incidência dos juros moratórios contratuais. Sentença estrangeira homologada" (STJ, SEC 11.969/EX, Corte Especial, Rel. Min. Raul Araújo, j. 16.12.2015, *DJe* 02.02.2016).

"Cuida-se de pedido de homologação de sentença arbitral, proferida no estrangeiro, que versa sobre inadimplemento de contrato comercial firmado entre associação esportiva estrangeira e jogador de futebol brasileiro. A sentença estrangeira de que se cuida preenche adequadamente os requisitos estabelecidos nos arts. 3º, 4º, 5º e 6º da Resolução nº 9/2005, desta Corte Superior de Justiça, bem como no art. 15 da Lei de Introdução às Normas do Direito Brasileiro (LINDB) e disposições pertinentes da Lei de Arbitragem (arts. 34, 37, 38 e 39). Verifica-se que a sentença arbitral estrangeira, embora se trate de provimento não judicial, apresenta natureza de título executivo judicial, sendo passível de homologação (art. 4º, § 1º, da Resolução nº 9/2005, do STJ). A regularidade formal encontra-se atendida, uma vez que presente nos autos a documentação exigida pelas normas de regência. O requerido, em sua contestação, insurge-se, ainda, contra suposta ausência de citação e falta de 'trânsito em julgado' da sentença arbitral que se pretende homologar. Sem razão, no entanto. É fato incontroverso que, em 2011, o requerido atuava no Fluminense e que as notificações se deram no órgão empregador, constando informação comprovada quanto à sua recusa a receber a notificação. As informações dos autos denotam que não houve violação do contraditório ou ampla defesa, pois o requerido tomou conhe-

Art. 22

cimento do procedimento arbitral no Tribunal do CAS. Precedente. O ato que materializa o 'trânsito em julgado', no caso do procedimento arbitral estrangeiro sub examinem, consta dos autos. Não houve violação da ordem pública, na medida em que: i) pacificou-se no STJ o entendimento de que são legítimos os contratos celebrados em moeda estrangeira, desde que o pagamento se efetive pela conversão em moeda nacional; e ii) embora a matéria de fundo trate de direito individual trabalhista, foram discutidas, no procedimento de arbitragem, questões meramente patrimoniais que decorreram da rescisão antecipada do contrato de trabalho pelo requerido, o que resultou na aplicação da multa rescisória. Em outras palavras, não houve abdicação a direito laboral (indisponível), mas apenas aplicação de multa rescisória, constante de cláusula prevista no contrato, o que autorizou a utilização da arbitragem. Não houve, também, ofensa à previsão constante da Lei nº 9.605/98, pois não se apreciou matéria referente à disciplina e competição desportiva" (STJ, SEC 11.529/EX, Corte Especial, Rel. Min. Og Fernandes, j. 17.12.2014, DJe 02.02.2015).

"Cuida-se de pedido de homologação de sentença arbitral proferida no estrangeiro, no qual se debateu indenização em razão de disputas comerciais derivadas da rescisão de contratos de representação comercial. São trazidos dois óbices formais à homologação, consistentes na ausência da tradução juramentada do sexto contrato, bem como o fato de que as partes requeridas não teriam podido participar do procedimento arbitral, porquanto não conseguiram constituir advogado no estrangeiro, bem como se insurgem contra a injustiça da situação. Não prospera a alegação relacionada à ausência de juntada da tradução juramentada do sexto contrato. Os contratos, em princípio, não são o objeto precípuo da homologação, apesar de serem parte importante da instrução do feito de deliberação e, logo, mostra-se não somente possível e razoável sua posterior juntada (fls. 183-190) em homenagem à instrumentalidade do processo. Não configura óbice à homologação a ausência de possibilidade de constituição de advogado no estrangeiro, uma vez que houve ciência inequívoca sobre o processo, em razão de citação havida por meio postal, não se denotando violação ao art. 39 da Lei nº 9.307/96. Precedente: SEC 874/CH, Rel. Ministro Francisco Falcão, Corte Especial, DJ 15.5.2006, p. 142. As alegações genéricas de

prejuízo em razão dos conflitos havidos pelo fim da relação comercial não configuram violação à soberania, tampouco à ordem jurídica pátria e aos costumes. Não é cabível a imersão no mérito dos títulos estrangeiros no juízo de delibação, motivo pelo qual é vedado o debate de mérito. Precedente: SEC 4.516/EX, Rel. Ministro Sidnei Beneti, Corte Especial, DJe 30.10.2013. Tendo sido atendidos os ditames do art. 5º, bem como não tendo havido incursão em alguma das vedações previstas no art. 6º da Resolução STJ nº 09/2005, além de observada a Lei nº 9.037/96 e ao art. 17 da LINDB, é de deferir o pedido de homologação da sentença arbitral estrangeira. Pedido de homologação deferido" (STJ, SEC 10.643/EX, Corte Especial, Rel. Min. Humberto Martins, j. 19.11.2014, DJe 11.12.2014).

> **Art. 22.** Compete, ainda, à autoridade judiciária brasileira processar e julgar as ações:
>
> I – de alimentos, quando:
>
> **a)** o credor tiver domicílio ou residência no Brasil;
>
> **b)** o réu mantiver vínculos no Brasil, tais como posse ou propriedade de bens, recebimento de renda ou obtenção de benefícios econômicos;
>
> II – decorrentes de relações de consumo, quando o consumidor tiver domicílio ou residência no Brasil;
>
> III – em que as partes, expressa ou tacitamente, se submeterem à jurisdição nacional.

► *Referência: CPC/1973 – Art. 88*

1. Competência concorrente

O art. 22 trata de hipóteses em que se verifica a denominada competência concorrente. Ao dispor sobre casos em que não se exclui a atuação do juízo estrangeiro, pode a demanda ser instaurada tanto perante juízo brasileiro quanto diante de juízo estrangeiro. Sendo concorrente, a competência pode ser alterada pela vontade das partes, permitindo-se a eleição de foro (v., em sentido semelhante, sobre o art. 88 do CPC/73, STJ, RO 114/DF, 4ª Turma, Rel. Min. Raul Araújo, j. 02.06.2015, DJe 25.06.2015). No dispositivo em tela, em particular, estão previstas normas que fixam a competência de órgãos do Poder Judiciário brasileiro a partir de condições particulares da matéria debatida e dos sujeitos envolvidos na causa.

2. Ações de alimentos

Segundo o art. 22, inc. I do Código de Processo Civil, os juízes brasileiros poderão processar e julgar demandas de alimentos, se o credor tiver domicílio ou residência no Brasil (alínea "a"), ou se o réu mantiver alguma espécie de vínculo com o país (alínea "b"). As espécies de vínculos indicadas no art. 22, inc. I, "b" são meramente exemplificativas (posse ou propriedade, recebimento de renda ou benefício econômico). Outras hipóteses de ligação do réu com o país que não de natureza econômica podem autorizar a jurisdição brasileira a processar a ação de alimentos. Pense-se, por exemplo, na hipótese de o devedor de alimentos ser locatário de um imóvel situado no Brasil. Não se trata de posse nem de propriedade, mas a ação de alimentos poderá ter curso no Brasil dada a prevalência dos interesses do alimentando. Visa esse dispositivo, portanto, a tutelar o alimentando, que, como se sabe, encontra-se em uma situação de vulnerabilidade e necessita, portanto, ter facilitado o seu acesso às vias jurisdicionais.

3. Relações de consumo

De acordo com o art. 22, inc. II do Código de Processo Civil, podem ser processadas e julgadas perante a autoridade brasileira demandas decorrentes de relações de consumo, desde que o consumidor tenha domicílio ou residência no Brasil. Tal dispositivo está, portanto, em consonância com a orientação político-jurídica do Código de Defesa do Consumidor de facilitar o acesso e a defesa do consumidor em juízo (CDC, art. 6º). Além disso, tal dispositivo complementa o disposto no art. 101, inc. I do CDC que estabelece o domicílio do consumidor como o competente para o processamento de demandas fundadas em relações de consumo. Enquanto o art. 101, inc. I, do CDC aplica-se às questões internas de competência, o art. 22, inc. II do CPC atribui poder à jurisdição brasileira para processar as causas derivadas de relação de consumo internacional se o consumidor tiver domicílio ou residência no Brasil. Consumidor, como se sabe, é toda pessoa física ou jurídica que adquire ou utiliza determinado produto ou serviço como destinatário final (CDC, art. 2º). Segundo Cláudia Lima Marques consumidor é aquele que "retira o bem do mercado ao adquirir ou simplesmente utilizá-lo (destinatário final fático), aquele que coloca um fim na cadeia de produção (destinatário final econômico), e não aquele que utiliza o bem para continuar a produzir, pois ele não é o consumidor-final, ele está transformando o bem, utilizando o bem para oferecê-lo por sua vez ao cliente, seu consumidor" (*Contratos no Código de Defesa do Consumidor: o novo regime das relações contratuais,* p. 338). Fica assegurado, portanto, com esse dispositivo, o acesso à tutela jurisdicional ao consumidor domiciliado ou residente no Brasil que celebra todo tipo de contrato de consumo internacional.

4. Eleição de foro

De acordo com o art. 22, inc. III, do Código de Processo Civil as partes, expressa ou tacitamente, podem submeter a resolução de seus litígios à jurisdição nacional. Por ser a jurisdição uma forma de manifestação do poder e da soberania estatal, a princípio, poderia ela se manifestar a respeito de qualquer causa. No entanto, a prestação jurisdicional, por ensejar a movimentação de toda a máquina estatal, só se justifica na medida em que o seu pronunciamento possa ser efetivamente concretizado pelo ordenamento jurídico nacional (princípio da efetividade). Assim, não há interesse jurídico do Estado: "a) nas causas cuja decisão demande a aplicação de direito nacional, mas cuja sentença só possa ser utilmente executada no exterior, em território de Estado que, em geral ou no caso particular, não reconheça eficácia à sentença estrangeira, b) nas causas cuja decisão demande a aplicação de direito estrangeiro e cuja sentença não tenha que produzir efeitos dentro do território nacional e c) nas execuções de sentença ou título executivo extrajudicial que devam versar sobre bens situados, ou pessoas domiciliadas fora do território nacional, bem como as execuções de título executivo extrajudicial que não indicar o Brasil como local de cumprimento da obrigação" (José Ignácio Botelho de Mesquita. *Teses, Estudos e Pareceres de Processo Civil,* v. 2, São Paulo, RT, 2005, pp. 65). Em outras palavras, "sabido que em tese a jurisdição não teria limites, cabe ao Estado definir o alcance de sua justiça baseado em considerações de ordem prática, tendo em mente que o seu poder de julgar precisa se conformar à sua capacidade de tornar efetiva a decisão proferida" (Nádia de Araujo, "O novo Código de Processo Civil e a arbitragem internacional, in *Revista de Arbitragem e Mediação*, ano 12, nº 46, pp. 277-286).

Art. 23

CÓDIGO DE PROCESSO CIVIL INTERPRETADO

Jurisprudência

"As regras de competência internacional, que delimitam a competência da autoridade judiciária brasileira com relação à competência de órgãos judiciários estrangeiros e internacionais, estão disciplinadas nos arts. 88 a 90 do Código de Processo Civil – CPC. Esses dispositivos processuais não cuidam da lei aplicável, mas sim da competência jurisdicional (concorrente ou exclusiva) do Judiciário brasileiro na apreciação das causas que indicam. O art. 88 trata da denominada competência concorrente, dispondo sobre casos em que não se exclui a atuação do juízo estrangeiro, podendo a ação ser instaurada tanto perante juízo brasileiro quanto diante de juízo estrangeiro. Sendo concorrente, a competência pode ser alterada pela vontade das partes, permitindo-se a eleição de foro. O art. 89 trata de ações em que o Poder Judiciário brasileiro é o único competente para conhecer e julgar a causa, com exclusão de qualquer outro. É a denominada competência exclusiva, hipótese em que a escolha do foro estrangeiro será ineficaz, ainda que resulte de expressa manifestação da vontade das partes. O art. 90, por sua vez, afirma a possibilidade de atuação da autoridade judiciária brasileira mesmo no caso de existir ação intentada perante órgão jurisdicional estrangeiro. A situação retratada nestes autos – ação cautelar inominada preparatória de ação para resolução de contrato cumulada com ressarcimento de perdas e danos, ajuizada por sociedade empresária brasileira em face de Estado estrangeiro – enquadra-se nas hipóteses dos incisos II e III do art. 88 do CPC (cumprimento da obrigação no Brasil e ação originada de fato ocorrido no Brasil), sendo caso de competência internacional concorrente, portanto, relativa, admitindo-se a cláusula contratual de eleição de foro alienígena. Apesar de válida a cláusula de eleição de foro estrangeiro para a causa originada do contrato, isso, por si só, não exclui a jurisdição brasileira concorrente para o conhecimento e julgamento de ação aqui aforada. De acordo com a Súmula 33/STJ, 'a incompetência relativa não pode ser declarada de ofício', tendo sido, portanto, precipitada a imediata extinção do processo, decretada *ex officio* pelo juízo singular, em razão do foro de eleição alienígena, antes mesmo da citação do Estado estrangeiro réu. Recurso ordinário provido" (STJ, RO 114/DF, 4ª Turma, Rel. Min. Raul Araújo, j. 02.06.2015, *DJe* 25.06.2015).

> **Art. 23.** Compete à autoridade judiciária brasileira, com exclusão de qualquer outra:
>
> **I –** conhecer de ações relativas a imóveis situados no Brasil;
>
> **II –** em matéria de sucessão hereditária, proceder à confirmação de testamento particular e ao inventário e à partilha de bens situados no Brasil, ainda que o autor da herança seja de nacionalidade estrangeira ou tenha domicílio fora do território nacional;
>
> **III –** em divórcio, separação judicial ou dissolução de união estável, proceder à partilha de bens situados no Brasil, ainda que o titular seja de nacionalidade estrangeira ou tenha domicílio fora do território nacional.

▶ *Referência: CPC/1973 – Art. 89*

1. Competência exclusiva da jurisdição nacional

O art. 23 do Código de Processo Civil, que guarda relação de correspondência com o art. 89 do Código de Processo Civil de 1973, vale-se da expressão "competência" para denominar o conjunto de regras que designa as causas que serão apreciadas exclusivamente pela jurisdição nacional. Tais regras definem, pois, os limites de extensão da jurisdição nacional em face da jurisdição de outros estados, não permitindo que jurisdições estrangeiras se manifestem sobre as causas indicadas neste artigo. Em decorrência disso, ainda que estas causas sejam apreciadas por alguma jurisdição estrangeira, as decisões que as julgarem não serão passíveis de homologação. Essas causas, apenas poderão ser reputadas válidas e eficazes perante o ordenamento jurídico brasileiro, portanto, se processadas e julgadas por um órgão do Poder Judiciário nacional.

2. Situações concretas de competência exclusiva

Em outras palavras, o art. 23 do Código de Processo Civil estabelece as hipóteses de causas que o direito brasileiro admite julgamento apenas pela jurisdição nacional. Trata-se das ações relativas (i) a imóveis situados no Brasil (inclusive ações de despejo, possessórias etc.), (ii) à sucessão hereditária, (iii) à confirmação de testamento particular e (iv) ao inventário e partilha de bens situados no Brasil, ainda que o autor da herança seja de nacionalidade estrangeira ou tenha domicílio fora do território nacional. Além disso, nos casos de (v) divórcio, (vi) separação judicial ou (vii) dissolução de união estável, a partilha de bens situados no Brasil apenas em nosso país poderá ser processada, ainda que o titular seja de nacionalidade estrangeira ou tenha domicílio fora do país. Não podem as partes, portanto, celebrar negócio jurídico processual que vise a alterar o disposto neste artigo.

A sentença estrangeira que tratar dessas matérias não poderá ser homologada no Brasil, logo, não produzirá efeitos no território nacional. O Superior Tribunal de Justiça, no entanto, autoriza homologação de sentença estrangeira que, decretando o divórcio, convalida acordo celebrado quanto à partilha de imóveis situados no Brasil (STJ, Corte Especial, SEC 8.106/EX, Rel. Min. Raul Araújo, j. 03.06.2015, *DJe* 04.08.2015). Em igual sentido, "não ofende a soberania nacional e a ordem pública o título judicial estrangeiro que dispõe acerca de bem localizado no Brasil, o qual apenas tenha ratificado o acordo celebrado entre as partes e que não viole as regras de direito interno brasileiro" (STJ, SEC 6.894/EX, Corte Especial, Rel. Min. Castro Meira, j. 20.02.2013, *DJe* 04.03.2013).

Jurisprudência

"Homologação de sentença estrangeira. Confirmação de testamento particular. Artigo 17 da Lei de Introdução às Normas do Direito Brasileiro. Art. 23, II, do CPC/2015. Jurisdição brasileira exclusiva. Soberania nacional. 1. Caso em que a sentença estrangeira confirmou testamento particular em que o de cujus dispôs de todo o seu patrimônio, o qual incluía bens situados no Brasil. Ao lado disso, as partes interessadas não manifestaram concordância. 2. Nos termos do artigo 17 da Lei de Introdução às Normas do Direito Brasileiro, constitui requisito indispensável ao deferimento da homologação que o ato jurisdicional homologando não ofenda a 'soberania nacional'. 3. Hipótese em que o art. 23, II, do Código de Processo Civil de 2015 não admite jurisdição estrangeira. 4. Pedido de homologação indeferido". (STJ, SEC 15.924/EX, Corte Especial, Rel. Min. Benedito Gonçalves, j. 18.10.2017, *DJe* 27.10.2017).

"A partilha de bens imóveis situados no território brasileiro é da competência exclusiva da Justiça pátria, nos termos do art. 12, § 1º, da Lei de Introdução às Normas do Direito Brasileiro (antiga Lei de Introdução ao Código Civil) e do art. 89 do CPC. Não é possível a homologação de sentença estrangeira que dispõe sobre partilha de bens na hipótese em que não há acordo na divisão de bem imóvel localizado no Brasil, mas sim determinação da justiça estrangeira da forma como o bem seria partilhado. Precedentes" (STJ, SEC 9.531/EX, Corte Especial, Rel. Min. Mauro Campbell Marques, j. 19.11.2014, *DJe* 11.12.2014).

"A sentença estrangeira ao decretar o divórcio, dispôs sobre o dever de prestar alimentos e sobre a partilha de bens dos ex-cônjuges, inclusive de imóveis situados no Brasil. Requisitos dos arts. 5º e 6º da Res. nº 09/2005 do STJ preenchidos. A jurisprudência desta Corte considera viável a homologação de sentença estrangeira que fixa dever de prestar alimentos, obrigação que pode ser alterada pela via revisional. Regular citação no processo de divórcio, conforme prova, esvaziando-se a alegada revelia. É válida a disposição quanto à partilha de bens imóveis situados no Brasil na sentença estrangeira de divórcio, quando as partes dispõem sobre a divisão. Sem o acordo prévio considera a jurisprudência desta Corte inviável a homologação" (STJ, SEC 5.822/EX, Corte Especial, Rel. Min. Eliana Calmon, j. 20.02.2013, *DJe* 28.02.2013).

> **Art. 24.** A ação proposta perante tribunal estrangeiro não induz litispendência e não obsta a que a autoridade judiciária brasileira conheça da mesma causa e das que lhe são conexas, ressalvadas as disposições em contrário de tratados internacionais e acordos bilaterais em vigor no Brasil.
>
> **Parágrafo único.** A pendência de causa perante a jurisdição brasileira não impede a homologação de sentença judicial estrangeira quando exigida para produzir efeitos no Brasil.

▶ *Referência: CPC/1973 – Art. 90*

1. Litispendência internacional

A pendência de uma demanda em jurisdição outra que não a brasileira não impede que perante o ordenamento jurídico brasileiro seja proposta demanda com os mesmos elementos identificadores, ou com elementos conexos à demanda estrangeira, exceção feita aos tratados internacionais em que o Brasil figura como signatário. Não fosse assim, verificar-se-ia uma limitação à soberania estatal, já que o exercício de um poder estatal acabaria limitado por uma jurisdição estrangeira. Por óbvio, tal dispositivo apenas deve ser considerado nos casos das demandas previstas nos arts. 21 e 22 do Código de Processo Civil que estabelecem as hipóteses de competência concorrente entre a jurisdição nacional e jurisdições estrangeiras. Dada a possibilidade dessa tramitação simultânea de demandas idênticas em jurisdições distintas, será considerada apta à produção de todos seus efeitos a decisão que primeiro transitar em julgado perante o ordenamento jurídico brasileiro.

2. Homologação de sentença estrangeira

A Emenda Constitucional 45/2004 incluiu a alínea "i" ao art. 105, inc. I, da Constituição Federal a fim de atribuir ao Superior Tribunal de Justiça competência para processar os pedidos de homologação de sentença estrangeira e conceder *exequatur* às cartas rogatórias. O Superior Tribunal de Justiça editou, então, no âmbito de seu poder regulamentar, a Resolução nº 9/2005 para disciplinar processos dessa natureza. De acordo com o art. 2º de referida Resolução, é atribuição do Presidente do Superior Tribunal de Justiça homologar as sentenças estrangeiras. O pedido de homologação deverá observar os requisitos do art. 319 do Código de Processo Civil e a petição inicial, além disso, deve ser instruída com a certidão ou cópia autêntica do texto integral da sentença estrangeira e com outros documentos que forem considerados indispensáveis, devidamente traduzidos e autenticados (Res. nº 9/2005, art. 3º).

Ainda de acordo com referida Resolução, constituem requisitos indispensáveis à homologação: i) haver sido a decisão proferida por autoridade competente; ii) terem as partes sido citadas ou haver-se legalmente verificado o fenômeno da revelia; iii) ter a decisão que se quer homologar transitado em julgado e ter sido autenticada pelo cônsul brasileiro e acompanhada de tradução oficial; iv) além disso, não será homologada decisão que ofenda a soberania ou a ordem pública nacional (Res. nº 9/2005, arts. 5º e 6º). Para o regular processamento do pedido de homologação, a parte interessada será citada para contestar esse pedido no prazo de quinze dias (Res. nº 9/2005, art. 8º). Nesse caso, a *causa excipiendi* versará apenas sobre a autenticidade dos documentos, a inteligência da decisão que se quer homologar e a observância dos requisitos estabelecidos pela Resolução do STJ. Com a impugnação, o pedido de homologação será distribuído para julgamento pela Corte Especial do Superior Tribunal de Justiça (Res. nº 9/2005, art. 8º). A sentença estrangeira uma vez homologada será, por fim, executada por carta de sentença no Juízo Federal competente (Res. nº 9/2005, art. 12). Outrossim, os trâmites específicos concernentes à expedição de carta sentença para cumprimento de decisão estrangeira homologatória restam disciplinados pela IN STJ 11/2019.

Tendo em vista o disposto no art. 23 do Código de Processo Civil, que estabelece as causas a serem processadas apenas pela jurisdição nacional, se referidas matérias se fizerem presentes na sentença estrangeira está não poderá ser homologada. Com a homologação da sentença estrangeira, impõe-se a extinção sem resolução do mérito de eventual demanda idêntica ajuizada ulteriormente.

O parágrafo único do art. 24 do CPC de 2015 consagra, portanto, o entendimento de que a pendência de uma ação no Brasil não impede o pedido de homologação de uma decisão estrangeira a respeito de uma causa idêntica. Inviável, logo, qualquer pedido de suspensão por prejudicialidade externa nos casos em que tramitarem em conjunto um pedido de homologação de decisão estrangeira e uma demanda idêntica perante a jurisdição brasileira, porque isso significaria privilegiar uma jurisdição em detrimento da outra (Nádia de Araujo, "O novo Código de Processo Civil e a arbitragem internacional, in *Revista de Arbitragem e Mediação*, ano 12, nº 46, pp. 277-286).

Jurisprudência

"Divórcio no exterior e no Brasil com decisões transitadas em julgado nos dois países. Pedido de homologação da sentença estrangeira indeferido. Não se homologa sentença estrangeira, se existir sentença brasileira com mesmo objeto já transitada em julgado, sob pena de ofensa à soberania nacional" (STJ, AgRg na SE 9.698/EX, Corte Especial, Rel. Min. Francisco Falcão, j. 17.12.2014, *DJe* 18.02.2015).

"Segundo o sistema processual adotado em nosso País em tema de competência internacional (CPC, arts. 88 a 90), não é exclusiva, mas concorrente com a estrangeira, a competência da Justiça brasileira para, entre outras, a ação de divórcio, de alimentos ou de regime de guarda de filhos, e mesmo a partilha de bens que não sejam bens situados no Brasil. Isso significa que 'a ação intentada perante tribunal estrangeiro não induz litispendência, nem obsta que a autoridade judiciária brasileira conheça da mesma causa e das que lhe são conexas' (CPC, art. 90) e vice-versa. Por isso mesmo, em casos tais, o ajuizamento de demanda no Brasil não constitui, por si só, empecilho à homologação de sentença estrangeira (SEC 393, Min. Hamilton Carvalhido, *DJe* de 05.02.09; SEC 1.043, Min. Arnaldo Esteves Lima, *DJe* de 25.02.09; SEC (Emb. Decl.) 4.789, Min. Félix Fischer, *DJe* de 11.11.10; e SEC 493, Min. Maria Thereza de Assis Moura, *DJe* de 06.10.11), sendo que a eventual concorrência entre sentença proferida pelo Judiciário brasileiro e decisão do STJ homologando sentença estrangeira, sobre a mesma questão, se resolve pela prevalência da que transitar em julgado em primeiro lugar. É firme a jurisprudência da Corte Especial no sentido de que, inobstante sujeitas à revisão em caso de modificação do estado de fato, são homologáveis as sentenças estrangeiras que dispõem sobre guarda de menor ou de alimentos, mesmo que penda, na Justiça brasileira, ação com idêntico objeto. Precedentes: SEC 3.668/US, Min. Laurita Vaz, *DJe* de 16.02.11; SEC 5.736/US, de minha relatoria, *DJe* de 19.12.2011). A sentença estrangeira é homologada nos termos e nos limites em que foi proferida, a significar que, quanto à partilha dos bens, sua eficácia fica limitada aos bens estrangeiros nela partilhados, não a outros" (STJ, SEC 4.127/EX, Corte Especial, Rel. Min. Nancy Andrighi, Rel. p/ Acórdão Ministro Teori Albino Zavascki, j. 29.08.2012, *DJe* 27.09.2012).

> **Art. 25.** Não compete à autoridade judiciária brasileira o processamento e o julgamento da ação quando houver cláusula de eleição de foro exclusivo estrangeiro em contrato internacional, arguida pelo réu na contestação.
>
> **§ 1º** Não se aplica o disposto no *caput* às hipóteses de competência internacional exclusiva previstas neste Capítulo.
>
> **§ 2º** Aplica-se à hipótese do *caput* o art. 63, §§ 1º a 4º.

▶ *Sem correspondência no CPC/1973*

1. Eleição de foro em contratos internacionais

Segundo o art. 64, *caput*, do Código de Processo Civil, a incompetência absoluta ou relativa será alegada pelo réu como preliminar de contestação. Em complementação, o artigo seguinte estatui que será prorrogada a competência relativa se o réu não alegar a incompetência nessa ocasião.

Em consonância com essa nova sistemática, o art. 25 do Código determina que eventual cláusula de eleição de foro presente em contrato internacional que atribua à jurisdição estrangeira o processamento da causa deve ser alegada em preliminar de contestação. Caso isso não ocorra, verificar-se-á o fenômeno da prorrogação da competência e a jurisdição brasileira tornar-se-á competente para o processamento da causa.

A prorrogação é o fenômeno pelo qual um juiz relativamente incompetente torna-se competente. Não sendo alegada a cláusula de eleição de foro em preliminar de contestação, o magistrado brasileiro se tornará competente para processar e julgar a demanda em questão. Isso não impede, contudo, que a mesma demanda seja proposta no exterior. Neste caso, aplicar-se-á o disposto no art. 24 do Código de Processo Civil. Não havendo litispendência entre essas demandas, será considerada apta à produção de todos os seus efeitos a demanda que primeiro transitar em julgado perante o ordenamento jurídico brasileiro.

2. Casos de competência exclusiva da jurisdição brasileira

Nos casos de competência exclusiva da jurisdição brasileira (art. 23), eventual cláusula de eleição de foro será ineficaz perante a jurisdição nacional, já que não se admite a derrogação de competência nesses casos e a sentença estrangeira que versar sobre essas matérias não atenderá aos requisitos de homologação do Superior Tribunal de Justiça.

3. Observância do art. 63 do Código de Processo Civil

Cláusulas de eleição de foro em contratos internacionais, ademais, devem observar o disposto no art. 63 do Código, ou seja, referida cláusula deverá constar de instrumento escrito e se referir expressamente a determinado negócio jurídico; o foro escolhido vinculará os herdeiros e os sucessores das partes; o juiz poderá conhecer de ofício a ineficácia da cláusula, se abusiva, antes da citação do réu; e, uma vez citado, como visto, incumbe ao réu alegar a existência dessa cláusula em preliminar de contestação, sob pena de preclusão. O indeferimento da petição inicial, em virtude de uma cláusula de eleição de foro estrangeiro, portanto, apenas poderá ocorrer nos casos em que se constatar a abusividade de referida cláusula. Em hipótese diversa, deverá se proceder à citação do réu.

A possibilidade de derrogação da jurisdição brasileira se dá, como visto, em contratos internacionais, em que há um elemento de conexão com outro ordenamento jurídico, e promove, com isso, estabilidade nas relações negociais. O art. 22, inc. III e o art. 25 do CPC de 2015 estabelecem, assim sendo, um sistema que permite às partes a eleição da jurisdição de sua preferência. Com a possibilidade dessa eleição, quer-se evitar a busca pelo denominado *forum shopping*: "quando o litígio surge, há uma corrida para os diversos foros competentes, porque as partes procuram utilizar o tribunal que lhes pareça ser mais conveniente, com base nos aspectos processuais da questão, na lei aplicável, nos custos para a contratação de advogados, entre outros (...) a incerteza gerada por essas múltiplas possibilidades para o local da ação acarreta situações de *forum shopping*, o que afeta diretamente o custo da contratação, seus termos e mesmo sua existência, desencorajando certos negócios em razão da insegurança e imprevisibilidade quanto ao julgamento de eventuais disputas" (Nádia de Araujo, "O novo Código de Processo Civil e a arbitragem internacional", in *Revista de Arbitragem e Mediação*, ano 12, nº 46, pp. 277-286).

Jurisprudência

"Inocorrência de negativa de prestação jurisdicional ou mesmo nulidade da decisão quando as alegadas omissões inexistem, seja porque devidamente esgotadas as questões submetidas ao Estado-jurisdição, seja porque mostram-se irrelevantes para o desate da controvérsia à luz dos fundamentos que conduziram à extinção da demanda. Em sendo paritária e, assim, simétrica a relação negocial estabelecida entre conhecido jogador de futebol e empresa multinacional do ramo dos artigos esportivos, contrato cujo objeto, ademais, relaciona-se à cessão dos direi-

tos de uso de imagem do atleta, não é possível qualificá-la como relação de consumo para efeito de incidência das normas do Código de Defesa do Consumidor. Regulada pelo disposto no art. 88 do CPC/73, a competência internacional na espécie evidencia-se como concorrente, revelando-se possível a eleição, mediante cláusula prevista no negócio jurídico qualificado pelas partes como 'contrato de futebol' (contrato de patrocínio e cessão de uso de imagem), do foro alienígena como competente para a solução das controvérsias advindas do acordo. Precedente da Colenda 4ª Turma. Caso concreto em que a obrigação principal contraída no acordo não deveria ser cumprida exclusivamente no Brasil. Suscitada a incompetência da Justiça brasileira pela parte demandada em momento oportuno, correta a decisão de extinção do feito, sem resolução de mérito, diante da derrogação, pelas partes, com base em sua autonomia privada, da competência da Justiça brasileira e da eleição da Justiça holandesa para dirimir eventuais controvérsias" (STJ, REsp 1518604/SP, 3ª Turma, Rel. Min. Paulo de Tarso Sanseverino, j. 15.03.2016, *DJe* 29.03.2016).

CAPÍTULO II
DA COOPERAÇÃO INTERNACIONAL

Seção I
Disposições gerais

Art. 26. A cooperação jurídica internacional será regida por tratado de que o Brasil faz parte e observará:

I – o respeito às garantias do devido processo legal no Estado requerente;

II – a igualdade de tratamento entre nacionais e estrangeiros, residentes ou não no Brasil, em relação ao acesso à justiça e à tramitação dos processos, assegurando-se assistência judiciária aos necessitados;

III – a publicidade processual, exceto nas hipóteses de sigilo previstas na legislação brasileira ou na do Estado requerente;

IV – a existência de autoridade central para recepção e transmissão dos pedidos de cooperação;

> **V** – a espontaneidade na transmissão de informações a autoridades estrangeiras.
>
> **§ 1º** Na ausência de tratado, a cooperação jurídica internacional poderá realizar-se com base em reciprocidade, manifestada por via diplomática.
>
> **§ 2º** Não se exigirá a reciprocidade referida no § 1º para homologação de sentença estrangeira.
>
> **§ 3º** Na cooperação jurídica internacional não será admitida a prática de atos que contrariem ou que produzam resultados incompatíveis com as normas fundamentais que regem o Estado brasileiro.
>
> **§ 4º** O Ministério da Justiça exercerá as funções de autoridade central na ausência de designação específica.

▶ *Sem correspondência no CPC/1973*

1. Cooperação jurídica internacional

O Brasil pode firmar tratados internacionais a fim de facilitar a cooperação jurídica com outros os países. A importância dessas relações interestatais no âmbito jurisdicional não carece de maiores digressões ante o permanente e cada vez mais crescente estado de intercomunicabilidade decorrente da globalização em todas as formas de manifestação das relações sociais. A efetividade da jurisdição passa a depender, portanto, nos casos de litígios transnacionais, da atuação coordenada de Estados. Daí o porquê da relevância da cooperação internacional em matéria jurisdicional, que na lição de Irineu Strenger "consiste exatamente em as autoridades e tribunais de um país auxiliarem as autoridades e tribunais de outro país, fazendo as notificações ou praticando as diligências que se tornem necessárias ao exercício ou à defesa dos direitos dos indivíduos" (*Direito processual internacional*, p. 86). Se não houver tratados a respeito, a cooperação entre países pode se dar com base na reciprocidade a orientar as relações internacionais. A reciprocidade, contudo, não será exigida para a homologação de sentenças estrangeiras. O Brasil, em outras palavras, pode homologar sentença proferida por Estado que não homologue as sentenças brasileiras. A cooperação internacional pode ser ativa, nos casos em que o Brasil formular um pedido de cooperação a um Estado estrangeiro, ou passiva, nas hipóteses em que

um Estado estrangeiro formular um pedido de auxílio ao Brasil. A introdução de um capítulo no Código de Processo Civil para disciplinar a cooperação internacional entre jurisdições decorre de influência do Projeto de Código Modelo de Cooperação Interjurisdicional para Ibero-América idealizado pelo Instituto Ibero--americano de Direito Processual.

2. Normas fundamentais

O art. 26 do Código de Processo Civil estabelece as normas a orientarem a relação entre os Estados em matéria de cooperação judicial. Em comum, tem-se que, de acordo com esse artigo, o Brasil cooperará com outros países se houver respeito aos dispositivos que conformam o devido processo legal tal como está ele estabelecido no ordenamento jurídico brasileiro. O Brasil, assim, não dará qualquer cumprimento à medida solicitada por Estado estrangeiro que não se coadune com o devido processo legal. Nesse sentido, o art. 26, § 3º do Código é expresso ao prever que não se praticarão atos a pedido de outros Estados que contrariem ou produzam resultados contrários aos dispositivos que conformam o Estado de Direito brasileiro. Por exemplo, não se atenderá a pedido de cooperação em matéria probatória, se um Estado estrangeiro requerer a produção de uma determinada prova reputada ilícita pelo ordenamento jurídico brasileiro. Também deverá ser levado em consideração nos casos de cooperação jurídica internacional o fato de o Estado estrangeiro requerente respeitar as garantias mínimas do devido processo legal. Este é o teor do art. 26, inc. I, do Código de Processo Civil, segundo o qual a cooperação internacional observará o respeito às garantias do devido processo legal no Estado requerente. O Estado brasileiro, portanto, a título de ilustração, não adotará medidas que constranjam um réu em uma demanda estrangeira, se neste país não são respeitadas garantias mínimas do direito de defesa. A previsão do art. 26, inc. V, de que em atos de cooperação internacional deve ser observada a espontaneidade na transmissão das informações significa que após iniciados os atos de cooperação, os Estados informarão uns aos outros todas as decorrências do pedido de cooperação, independentemente de provocação. Trata-se de medida que visa a conferir maior celeridade a todo esse processo.

3. Igualdade e publicidade

De acordo com o art. 26, incs. II e III, do CPC de 2015, atos de cooperação internacional deverão observar a igualdade de tratamento entre nacionais e estrangeiros, residentes ou não no Brasil, e a publicidade processual, exceto nas hipóteses de sigilo previstas na legislação de cada país. Apesar de tais garantias estarem compreendidas na noção mais ampla de devido processo legal, o CPC de 2015 as explicitou como normas fundamentais a regular as relações entre os países em matéria de cooperação jurisdicional com o importante destaque de que cada país deve observar as legítimas restrições à publicidade processual estabelecida pelo país. Inviabilizaria a cooperação internacional, dada a falta de interesse envolvido, se o país a que se requereu determinado auxílio desse publicidade a um processo que em seu país de origem tramita em segredo de justiça.

4. Autoridade central

A existência de autoridade central, tal como delineada pelo art. 26, inc. IV, do Código de Processo Civil, para recepção e transmissão dos pedidos de cooperação, é exigência fundamental para que os atos de cooperação entre jurisdições se realize em bons termos. Caberá a esta autoridade centralizar todos os pedidos de cooperação, ativos ou passivos, e adotar as medidas necessárias para que eles sejam efetivados. Na falta de designação específica, atuará como autoridade central o Ministério da Justiça brasileiro.

> **Art. 27.** A cooperação jurídica internacional terá por objeto:
>
> I – citação, intimação e notificação judicial e extrajudicial;
>
> II – colheita de provas e obtenção de informações;
>
> III – homologação e cumprimento de decisão;
>
> IV – concessão de medida judicial de urgência;
>
> V – assistência jurídica internacional;
>
> VI – qualquer outra medida judicial ou extrajudicial não proibida pela lei brasileira.

▶ *Sem correspondência no CPC/1973*

1. Objeto da cooperação internacional

O art. 27 do Código de Processo Civil estatui rol não taxativo de medidas passíveis de serem adotadas em sede de cooperação internacional. São realizáveis tanto atos de comunicação processual (citação, intimação e notificação) quanto de instrução (colheita de provas e obtenção de informações) e efetivação do processo (homologação e cumprimento de decisão e concessão de medida de urgência). No tocante à citação, o Brasil é signatário da Convenção de Haia, tendo promulgado, em 2019, o Decreto nº 9.734, que dispõe a respeito da citação, intimação e notificação no estrangeiro de documentos judiciais e extrajudiciais em matéria civil e comercial. No tocante à atividade probatória, o art. 13 da Lei de Introdução às Normas do Direito Brasileiro estabelece que "a prova dos fatos ocorridos em país estrangeiro rege-se pela lei que nele vigorar, quanto ao ônus e aos meios de produzir-se, não admitindo os tribunais brasileiros provas que a lei brasileira desconheça". Já no que diz respeito à homologação de decisões proferidas em outras jurisdições, impõe-se a observância dos princípios que conformam a chamada ordem pública. Se forem eles de alguma forma ameaçados, não se concederá o *exequatur*: "seria, com efeito, inadmissível que a execução atribuída a um julgamento estrangeiro pudesse causar qualquer perturbação no seio do Estado que outorga essa execução. O julgamento submetido ao *exequatur* não deve apresentar nada que contrarie a ordem pública ou os princípios do direito público onde ele deva ser executado" (Irineu Strenger, *Direito processual internacional*, p. 100 e ss.).

2. Segue: medidas de urgência

A par da previsão contida no art. 27, inc. IV, do Código de Processo Civil, que generaliza a possibilidade de concessão de medida jurisdicional de urgência em sede de cooperação jurídica internacional, o Superior Tribunal de Justiça já admitia a concessão de medidas dessa natureza em processos de homologação de sentença estrangeira: "admite-se a concessão de tutela de urgência nos procedimentos de homologação de sentença estrangeira (art. 4º, § 3º, da Resolução nº 09 de 2005, do Superior Tribunal de Justiça). A alienação de bens que põe em risco a solvência do devedor configura o fundado receio de dano que, demais disso, se confirma pela notícia, nos autos da ação principal de homologação de sentença estrangeira, de que a empresa do devedor encontra-se em processo de liquidação judicial instaurado perante a Suprema Corte do Caribe Oriental (SEC nº 5.692, US). A sentença estrangeira, ainda que pendente de homologação, constitui prova literal de dívida líquida e certa (CPC, art. 814). Agravo regimental não provido" (STJ, AgRg na MC 17.411/DF, Corte Especial, Rel. Min. Ari Pargendler, j. 20.08.2014, *DJe* 01.09.2014).

3. Assistência jurídica internacional

A cooperação jurídica internacional abrange também a assistência jurídica, que deverá ser concedida no Brasil nos termos da legislação em vigor.

4. Rol exemplificativo

A previsão contida no art. 27, inc. VI, do Código de Processo Civil consiste em uma norma de encerramento que visa a permitir a prática de qualquer ato de cooperação internacional, desde que a medida judicial ou extrajudicial requerida não seja proibida pela lei brasileira.

Seção II
Do auxílio direto

> **Art. 28.** Cabe auxílio direto quando a medida não decorrer diretamente de decisão de autoridade jurisdicional estrangeira a ser submetida a juízo de delibação no Brasil.

▶ *Sem correspondência no CPC/1973*

1. Auxílio direto

Duas são as formas por meio das quais se podem realizar atos de cooperação jurídica internacional; por meio da expedição de cartas rogatórias ou pela via dos pedidos de auxílio direto. O que diferencia tais formas é a natureza do ato a ser praticado e a consequente necessidade ou não de homologação pelo Superior Tribunal de Justiça. O auxílio direto é espécie de cooperação jurídica internacional que não envolve o cumprimento de decisões jurisdicionais estrangeiras, as quais demandariam, portanto, a realização de um juízo de delibação pelo Superior Tribunal de Justiça para produzirem efeitos perante a jurisdição nacional. Só é possível o auxílio direto, portanto, nos casos em que não se formula pedido de execução de decisão judicial estrangeira. Nesses casos, a via adequada para a cooperação internacional é a das cartas roga-

tórias. Não fosse assim, ou seja, caso se fizesse necessária a manifestação do Superior Tribunal de Justiça para a realização de todos os atos de cooperação internacional, estes, por certo, não se realizariam dado o volume expressivo de feitos. O pedido de auxílio direto será ativo nos casos em que o Brasil requerer tal modo de cooperação internacional ou passivo nas hipóteses em que um Estado estrangeiro requerer ao Brasil auxílio dessa natureza. A cooperação internacional pela via do auxílio direto compreende uma fase de comunicação entre os Estados e uma fase interna de cumprimento e efetivação das medidas requeridas. O auxílio direto, portanto, não compreende uma comunicação sem intermediários entre um juiz estrangeiro e um juiz nacional, mas sim a ausência de um juízo de delibação pelo Superior Tribunal de Justiça, já que não se está a executar uma decisão proferida por uma jurisdição estrangeira.

2. Objeto do auxílio direto

Entre os arts. 29 a 34 do Código de Processo Civil está regulado, portanto, o procedimento a ser observado para que esse tipo de cooperação internacional se realize. Podem ser requeridas por esta via, por exemplo, informações a respeito do ordenamento jurídico de um país ou sobre processos administrativos ou jurisdicionais findos ou em curso. A via do auxílio direto se presta em outras palavras para atender pretensões de natureza processual de uma entidade estrangeira. As questões veiculadas nos pedidos de auxílio direto são instrumentais a interesses discutidos em outra jurisdição.

3. Insolvência transnacional

A aprovação da Lei nº 14.112/2020 trouxe à tona o tema da insolvência transnacional. Antes da referida Lei, que alterou profundamente dispositivos da Lei de Recuperação (Lei nº 11.101/2005), o Brasil não possuía mecanismos legais que permitissem o tratamento desse tipo de insolvência. A Lei nº 11.101/2005, com as modificações recentemente introduzidas, impactará profundamente o regime jurídico das recuperações judiciais do País.

Vale analisar o auxílio direto a partir da Lei nº 14.112/2020 e a Lei Modelo da Uncitral, de modo a verificar se, com a referida alteração legislativa, procurou-se sanar as lacunas existentes no ordenamento pátrio sobre o tema.

De plano, necessário ressaltar que a anterior Lei nº 11.101/2005 não possui qualquer regulamento no que tange à insolvência internacional. Mesmo tendo sido publicada quase uma década depois da elaboração da Lei Modelo da Uncitral, referido diploma legal ignorou sumariamente a existência de empresas multinacionais ou de comércio internacional.

Para a Lei nº 11.101/2005, é competente para homologar o plano de recuperação extrajudicial, deferir a recuperação judicial ou decretar a falência o juízo do local do principal estabelecimento do devedor ou da filial de empresa que tenha sede fora do Brasil (art. 3º). Estabelecimento, por sua vez, é todo complexo de bens organizado, para exercício da empresa, por empresário ou por sociedade empresária (CC, art. 1.142).

O critério adotado pela sistemática anterior, somado à ausência de mecanismos para tratamento de insolvência transnacional, traz uma série de dificuldades às empresas com dificuldades financeiras que tenham relações com outros países. Da mesma maneira, tal critério direcionava-se de encontro ao art. 13 do Regulamento nº 1.346/2000 da EU.

Como bem lembra Matheus Bassani, tal regulamento determina que: "o (...) centro dos interesses principais do devedor deve corresponder ao local onde o devedor exerce habitualmente a administração dos seus interesses, pelo que é determinável por terceiros. Referido artigo serviu como base para o mandamento mais claro do art. 3º, 1, do Regulamento 848/2015, assim disposto: 1. Os órgãos jurisdicionais do Estado-Membro em cujo território está situado o centro dos interesses principais do devedor são competentes para abrir o processo de insolvência (processo principal de insolvência). O centro dos interesses principais é o local em que o devedor exerce habitualmente a administração dos seus interesses de forma habitual e cognoscível por terceiros. Além dos centros dos principais interesses do devedor, as legislações costumam indicar estabelecimentos comerciais secundários deste para firmar a competência internacional de suas autoridades judiciárias ou equivalentes" (BASSANI, Matheus Linck. A necessária e aguardada cooperação na hipótese de insolvência internacional. *Revista de Direito Constitucional e Internacional*, vol. 108, p. 295-322, jul.-ago. 2018). Da mesma maneira, a Lei nº 11.101/2005 encontrava-se em claro descompasso com as normas e necessidades da comunidade internacional.

Explica Marcelo Pinto que "a falta de previsão normativa sobre o instituto da recuperação judicial envolvendo empresas fora dos limites nacionais não impossibilita, necessariamente, que elas participem do processo de recuperação. (...) Isso porque as lacunas legislativas são decididas de acordo com a analogia, os costumes e os princípios gerais do Direito, conforme prevê a Lei de Introdução às Normas do Direito Brasileiro (artigo 4º)" (PINTO, Marcelo. Recuperação judicial do OGX incluirá empresas estrangeiras. *Conjur*, 20 de fevereiro de 2014. Disponível em: https://www.conjur.com.br/2014-fev-20/recuperacao-judicial-grupo-ogx-incluira-empresas-estrangeiras-decide-tj-rj. Acesso em: 31 ago. 2020).

Daí a importância da aprovação da Lei nº 14.112/2020. O referido diploma tem clara inspiração na Lei Modelo da Uncitral. Resta evidente que foram adotadas as mesmas premissas da lei internacional. Isso se mostra extremamente positivo para fins de preservação de empresas, até mesmo se se considerar que a mesma Lei Modelo foi adotada, por exemplo, pelos Estados Unidos da América. Em outras palavras, quanto mais compatíveis entre si os mecanismos para tratamento de insolvência transfronteiriça, maior a chance de sucesso de procedimentos recuperacionais, bem como a possibilidade de que os credores vejam os seus créditos saldados.

O PL nº 6.229/2005, que gerou a Lei nº 14.112/2020, consistiu, na realidade, em subemenda substitutiva global de Plenário, e envolve os PL nᵒˢ 7.604/2006, 4.130/2008, 4.359/2008, 4.586/2009, 5.089/2009, 5.704/2009, 6.367/2009, 7.976/2014, 140/2015, 2.212/2015, 3.110/2015, 4.593/2016, 5.781/2016, 6.150/2016, 6.862/2017, 7.044/2017, 7.209/2017, 8.252/2017, 8.924/2017, 9.722/2018, 10.220/2018, 10.858/2018, 10.859/2018, 11.000/2018, 3.164/2019, 4.270/2019, 5.631/2019, 5.760/2019, 5.823/2019, 5.839/2019, 5.916/2019 e 6.235/2019, para além do próprio PL nº 6.229/2005. Na sua origem, porém, cinco eram os princípios que justificaram o novo diploma, que provocou profundas alterações na Lei nº 11.101/2005:

"i) preservação da empresa: em razão de sua função social, a atividade economicamente viável deve ser preservada sempre que possível, pois gera riqueza, cria emprego e renda e contribui para o desenvolvimento econômico. Este princípio, entretanto, não deve ser confundido com a preservação – a qualquer custo – do patrimônio do empresário ou da empresa ineficiente;

ii) fomento ao crédito: o sistema legal dos países da América Latina – Brasil inclusive – apresenta um histórico de pouca proteção ao credor, o que gera uma baixa expectativa de recuperação de crédito, impactando negativamente esse mercado por meio da elevação do custo de capital. A correlação entre a melhoria do direito dos credores e o aumento do crédito é demonstrada na literatura empírica sobre o tema. Uma consequência prática desse princípio é que o credor não deve ficar, na recuperação judicial, em situação pior do que estaria no regime de falência. Garantir *ex ante* boas condições de oferta de crédito amplia a oferta de financiamentos e reduz seu custo;

iii) incentivo à aplicação produtiva dos recursos econômicos, ao empreendedorismo e ao rápido recomeço (*fresh start*): célere liquidação dos ativos da empresa ineficiente, permitindo a aplicação mais produtiva dos recursos, aposta na reabilitação de empresas viáveis, remoção de barreiras legais para que empresários falidos – que não tenham cometido crimes – possam retornar ao mercado após o encerramento da falência;

iv) instituição de mecanismos legais que evitem um indesejável comportamento estratégico dos participantes da recuperação judicial/ extrajudicial/falência que redundem em prejuízo social, tais como: proposição pelos devedores de plano de recuperação judicial deslocados da realidade da empresa (em detrimento dos credores), prolongamento da recuperação judicial apenas com fins de postergar pagamento de tributos ou dilapidar patrimônio da empresa etc.;

v) melhoria do arcabouço institucional incluindo a supressão de procedimentos desnecessários, o uso intensivo dos meios eletrônicos de comunicação, a maior profissionalização do administrador judicial e a especialização dos juízes de direito encarregados dos processos" (REIS, Adacir. A atualização da Lei de Recuperação de Empresas e Falências. *Conjur*, 11 de fevereiro de 2020. Disponível em: https://www.conjur. com.br/2020-fev-11/adacir-reis-atualizacao-lei- -recuperacao-empresas-falencias. Acesso em: 31 ago. 2020).

Da forma como aprovado na Câmara dos Deputados, o PL nº 6.229/2005 acrescenta à redação original da Lei nº 11.101/2005 o Capítulo VI-A, que passa a abordar de forma específica a insolvência transnacional. O capítulo em questão conta com 25 artigos (167-A a 167-Y), dispostos em 5 seções.

De início, são esclarecidos os propósitos do capítulo em questão. No art. 167-A dispõe- -se de forma expressa que o Capítulo VI-A tem como objetivo proporcionar mecanismos efetivos para: "I – cooperação entre juízes e outras autoridades competentes do Brasil e de outros países em casos de insolvência transnacional; II – aumento de segurança jurídica para a atividade econômica e para o investimento; III – administração justa e eficiente de processos de insolvência transnacional de modo a proteger os interesses de todos os credores e dos demais interessados, inclusive do devedor; IV – proteção e maximização do valor dos ativos do devedor; V – promoção da recuperação de empresas em crise econômico-financeira, com a proteção de investimentos e preservação de empregos; e VI – promoção da liquidação dos ativos da empresa em crise, com a preservação e otimização da utilização produtiva dos bens, ativos recursos produtivos, inclusive os intangíveis, da empresa". Da mesma maneira, a Lei nº 14.112/2020 estabelece que, na interpretação das disposições de tal Capítulo VI-A, deverão ser levados em consideração o seu objetivo de cooperação internacional, a necessidade de uniformidade de sua aplicação e a observância da boa-fé (art. 167-A, § 1º).

Vale ressaltar, porém, que as medidas de assistência aos processos estrangeiros mencionadas no art. 167-A consistem em rol meramente exemplificativo, de modo que outras medidas, ainda que previstas em outras leis, solicitadas pelo representante estrangeiro ou pela autoridade estrangeira ou pelo juízo brasileiro, poderão ser deferidas pelo juiz competente ou promovidas diretamente pelo administrador judicial, com imediata comunicação nos autos (art. 167- A, § 2º). Necessário esclarecer, ademais, que é possível que o juiz deixe de aplicar as disposições do capítulo em questão se, no caso concreto, a sua aplicação configurar manifesta ofensa à ordem pública (art. 167-A, § 4º). Outrossim, é necessário que o Ministério Público intervenha nos casos de insolvência transnacional (art. 167-A, § 5º).

Para os efeitos de aplicação das disposições constantes deste capítulo: I – processo estrangeiro é qualquer processo judicial ou administrativo, de cunho coletivo, inclusive de natureza cautelar, aberto em outro país de acordo com disposições relativas à insolvência nele vigentes, em que os bens e atividades de um devedor estejam sujeitos a uma autoridade estrangeira, para fins de reorganização ou liquidação; II – processo estrangeiro principal é qualquer processo estrangeiro aberto no País em que o devedor tenha o seu centro de interesses principais; III – processo estrangeiro não principal é qualquer processo estrangeiro que não seja um processo estrangeiro principal, aberto em um país em que o devedor tenha um estabelecimento ou bens; IV – representante estrangeiro é uma pessoa ou órgão, inclusive o nomeado em caráter transitório, que esteja autorizado, no processo estrangeiro, a administrar os bens ou atividades do devedor, ou a atuar como representante do processo estrangeiro; V – autoridade estrangeira é o juiz ou autoridade administrativa que dirige ou supervisiona um processo estrangeiro; e VI – estabelecimento é qualquer local de operações em que o devedor desenvolva uma atividade econômica não transitória com o emprego de recursos humanos e bens ou serviços (art. 167-B).

As disposições deste Capítulo IV-A aplicam-se aos casos em que: I – uma autoridade estrangeira ou um representante estrangeiro solicita assistência no Brasil para um processo estrangeiro; II – é pleiteada assistência em um país estrangeiro relacionada a um processo disciplinado pela Lei nº 11.101/2005; III – um processo estrangeiro e um processo disciplinado pela Lei nº 11.101/2005, relativos ao mesmo devedor, estão em curso simultaneamente; ou IV – credores ou outras partes interessadas, de outro país, têm interesse em requerer a abertura de um processo disciplinado pela Lei nº 11.101/2005, ou dele participar (art. 167-C). A competência para reconhecimento do processo e para cooperação com autoridade estrangeira é do juízo do local do principal estabelecimento do devedor no Brasil (art. 167-D).

No que tange ao acesso à jurisdição brasileira – disciplinado na seção II do Capítulo IV-A –, tem-se que o representante estrangeiro poderá postular diretamente o juiz brasileiro (art. 167-F), bem como que os credores estrangeiros e nacionais possuem os mesmos direitos (art. 167-G).

Já com relação ao reconhecimento de processos estrangeiros, é possível que o representante estrangeiro da devedora ajuíze pedido de reconhecimento de processo internacional no qual atua (art. 167-H). O juiz reconhecerá o processo estrangeiro quando: I – o processo estrangeiro cujo reconhecimento se requer se enquadrar na definição constante do art. 167-B, I; II – o representante estrangeiro que tiver requerido o reconhecimento de tal processo se enquadrar na definição constante do art. 167-B, IV; III – o pedido cumprir os requisitos estabelecidos no art. 167-H e respectivos parágrafos; e IV – o pedido tiver sido endereçado ao juiz, conforme o disposto no art. 167-D (art. 167-J).

Com o reconhecimento de um processo principal, decorrem automaticamente: a suspensão do curso de quaisquer processos de execução, ou de quaisquer outras medidas individualmente tomadas por credores, relativas ao patrimônio do devedor, respeitadas as demais disposições da Lei nº 11.101/2005; a suspensão do curso da prescrição de quaisquer execuções judiciais contra o devedor, respeitadas as demais disposições da Lei nº 11.101/2005; e a ineficácia de transferência, oneração ou qualquer forma de disposição de bens do ativo não circulante do devedor, realizada sem prévia autorização judicial (art. 167-M).

Com relação à cooperação com autoridades e representantes estrangeiros, determina o art. 167-P que o juiz deverá cooperar diretamente ou por meio do administrador judicial, na máxima extensão possível, com a autoridade estrangeira ou representantes estrangeiros, na persecução dos objetivos estabelecidos no art. 167-A. A cooperação a que se refere o art. 167-P poderá ser implementada por quaisquer meios, inclusive pela: I – nomeação de uma pessoa, natural ou jurídica, para agir sob a supervisão do juiz; II – comunicação de informações por quaisquer meios considerados apropriados pelo juiz; III – coordenação da administração e da supervisão dos bens e das atividades do devedor; IV – aprovação ou implementação, pelo juiz, de acordos ou de protocolos de cooperação para a coordenação dos processos judiciais; e V – coordenação de processos concorrentes relativos ao mesmo devedor.

Por fim, a seção V traz a disciplina dos processos concorrentes. Dispõe o art. 167-R que, após o reconhecimento de um processo estrangeiro principal, só se iniciará no Brasil um processo de falência, de recuperação judicial ou de recuperação extrajudicial se o devedor possuir bens ou estabelecimento no país. Outrossim, de acordo com o art. 167-S, sempre que um processo estrangeiro e um processo de falência, de recuperação judicial ou de recuperação extrajudicial relativos ao mesmo devedor estiverem em curso simultaneamente, o juiz deverá buscar a cooperação e a coordenação entre eles, respeitadas as seguintes disposições: I – se o processo no Brasil já estiver em curso quando o pedido de reconhecimento do processo estrangeiro tiver sido ajuizado, qualquer medida de assistência determinada pelo juiz, nos termos dos arts. 167-L ou 167-N, deve ser compatível com o processo brasileiro e o previsto no art. 167-M não será aplicável se o processo estrangeiro for reconhecido como principal; II – se o processo no Brasil for ajuizado após o reconhecimento do processo estrangeiro, ou após o ajuizamento do pedido de seu reconhecimento, todas as medidas de assistência concedidas nos termos dos arts. 167-L ou 167-N deverão ser revistas pelo juiz e modificadas ou revogadas se forem incompatíveis com o processo no Brasil, sendo que os efeitos referidos nos incisos I a III do art. 167-M serão modificados ou cessados, nos termos do § 1º do art. 167-M, se incompatíveis com os demais dispositivos, quando o processo estrangeiro for reconhecido como principal; III – qualquer medida de assistência a um processo estrangeiro auxiliar deverá restringir-se a bens e estabelecimento que, de acordo com o ordenamento jurídico brasileiro, devam ser submetidos à disciplina aplicável ao processo auxiliar, ou a informações nele exigidas.

Na hipótese de haver mais de um processo estrangeiro relativamente ao mesmo devedor, o juiz deverá buscar a cooperação e a coordenação de acordo com as disposições dos arts. 167-P e 167-Q desta Lei (art. 167-T). Por outro lado, na ausência de prova em contrário, presume-se a insolvência do devedor cujo processo principal tenha sido reconhecido no Brasil (art. 167-U).

Especificamente com relação ao processo falimentar transnacional principal ou auxiliar, nenhum ativo, bem ou recurso remanescente da liquidação será entregue ao falido se ainda houver passivo não satisfeito em qualquer outro processo falimentar transnacional (art. 167-W). Além disso, o processo de falência transnacional principal somente pode ser encerrado após o encerramento dos processos não principais ou da constatação de que, nesses últimos, não haja ativo líquido remanescente (art. 167-X).

Conforme consta no anexo acostado ao próprio modelo disponibilizado pela Uncitral, a Lei Modelo sobre insolvência transnacional, elaborada em 1997, foi cunhada com o objetivo de ajudar os Estados a equiparem suas leis de insolvência com um quadro moderno, harmonizado e justo, para lidar de forma mais eficaz com processos transfronteiriços. O termo "insolvência transfronteiriça" abrange tanto casos em que o devedor tem ativos em mais de um Estado, quanto aqueles em que alguns dos credores do devedor não sejam do Estado onde foi ajuizado o processo de insolvência.

A princípio, espera-se que o Estado em que o devedor possui o seu centro de interesses principal seja o responsável por gerir o procedimento de insolvência, independentemente do número de Estados em que o devedor tenha bens e credores. Não obstante, a Uncitral reconhece como possível (e, a meu ver, necessário) que múltiplos Estados coordenem procedimentos para acomodarem necessidades locais relativas à insolvência de um mesmo devedor.

A Lei Modelo respeita as diferenças entre as leis processuais nacionais e não tenta uma unificação substantiva da lei de insolvência. Em vez disso, fornece uma estrutura para cooperação entre jurisdições, oferecendo soluções que ajudam de várias maneiras modestas, mas significativas, e facilitam a promoção de uma abordagem uniforme da insolvência transfronteiriça.

De acordo com a Uncitral, a Lei Modelo é referência essencial para que seja desenvolvido um sistema efetivo de cooperação transnacional nos casos de insolvência, seja para os países que já lidam com um número expressivo de casos com essas características, ou apenas para aqueles que desejam estar bem preparados para a possibilidade de incremento na quantidade de tais casos.

A Lei Modelo tem origem no aumento da incidência de insolvências transfronteiriças, bem como nos seus reflexos no comércio e investimento internacionais. A despeito, contudo, de referido aumento nos casos transnacionais, a Uncitral identificou uma tendência das legislações locais de ignorar esse fenômeno, o que resultou em um tratamento inadequado das empresas cujas falências ou recuperações judiciais traspassassem os limites de cada Estado-Nacional. Além disso, a ausência de previsibilidade na condução de insolvências transnacionais pode impedir o fluxo de capital, bem como consistir em um desincentivo ao investimento internacional.

Para além desses elementos, contudo, a existência de uma Lei Modelo, aplicável de maneira mais ou menos uniforme a todos os países, também pode impedir as fraudes de devedores insolventes. Nesse sentido, portanto, a Lei Modelo da Uncitral mostra-se paradigma extremamente positivo, que deveria ser adotado por todos os países.

Superadas as questões constantes do anexo ao modelo de lei da Uncitral, é necessário analisar a proposta legislativa em si. Assim como ocorre no PL nº 6.229/2005, a *Model Law On Cross-Border Insolvency* da Uncitral – ou, em tradução livre, Lei Modelo da Insolvência Transfronteiriça – enumera, logo de início, o propósito a que tal diploma legal se destina. Do preâmbulo da Lei Modelo se extrai que o seu objetivo é promover mecanismos efetivos para que os países lidem com casos de insolvência transfronteiriça. Além disso, também são elencados como objetivos da referida lei: I – a cooperação entre os Tribunais e outras autoridades competentes do Estado que tenha adotado tal modelo, bem como de Estados estrangeiros envolvidos nos casos de insolvência transnacional; II – incrementar a segurança jurídica para o comércio e investimento; III – promover administração justa e eficiente de casos de insolvência transnacional, que protejam os interesses de todos os credores e de outros interessados, incluindo o próprio devedor; IV – proteger e maximizar o valor dos bens do devedor; e V – facilitar a reestruturação de empresas devedoras, protegendo investimentos e gerando empregos.

Ato contínuo, a Lei Modelo passa a se dedicar às disposições gerais. O art. 1º da Lei modelo determina que tal diploma legal será aplicado em localidades em que estado ou pessoa estrangeira requeiram assistência, bem como quando credores ou pessoas interessadas de um estado estrangeiro tenham interesse no processo. É possível identificar, ademais, grande preocupação no que tange ao acesso de credores estrangeiros ao procedimento recuperacional, sendo-lhes assegurados direitos iguais aos dos credores nacionais (art. 13), especificamente no que tange à comunicação de atos processuais (art. 14).

A Lei Modelo da Uncitral também se dedica a moldar uma disciplina relativa ao reconhecimento de procedimentos estrangeiros por determinado Estado. É dizer, o modelo sob exame traz uma via de mão dupla no que se refere à insolvência transnacional. Isso porque, nele, não se busca proteger apenas os direitos de estrangeiros sobre eventuais processos de insolvência sediados em determinado país, mas também possibilitar que eventuais procedimentos de recuperação judicial e falência que sejam ajuizados no exterior venham a ser reconhecidos no país (art. 15).

O reconhecimento de procedimento internacional tem como consequências: I – a suspensão de eventuais processos de conhecimento relativos a bens, direitos, obrigações ou responsabilidades do devedor; II – a suspensão de eventuais execuções contra os bens do devedor; e III – a possibilidade de o devedor transferir, onerar ou dispor de quaisquer ativos (art. 20, § 1º). É preciso ressaltar, contudo, que a suspensão dos processos de conhecimento mencionada não afeta o direito de propositura de demandas necessárias para preservar direitos dos credores (art. 20, § 3º). Aqui, entendo que a Lei Modelo da Uncitral, se aplicada ao ordenamento pátrio, haveria de referir-se não apenas às tutelas provisórias, mas também ao procedimento de interrupção da prescrição.

Outra passagem digna de nota constante da Lei Modelo da Uncitral consiste no art. 31, que trata da possibilidade de presunção de insolvência baseada no reconhecimento de processo de insolvência ajuizado no exterior. Diz o artigo que, na ausência de prova do contrário, o reconhecimento do processo de insolvência de determinado devedor ajuizado no exterior consistirá em prova de que o devedor é insolvente, para fins de ajuizamento de demanda.

Finalmente, o art. 32 da Lei Modelo determina que credores já pagos em processos ajuizados no exterior não podem exigir novo pagamento do débito no país que vier adotar a lei em questão enquanto o pagamento de outros credores da mesma classe for proporcionalmente menor do que aquele já percebido pelo credor em questão.

Interessante notar que diversas disposições da Lei Modelo se referem à coordenação de procedimentos concorrentes, têm como objetivo a obtenção de decisões e de provimentos jurisdicionais que atendessem, simultaneamente, aos melhores interesses de cada procedimento. Há de se ressaltar, contudo, que o reconhecimento de procedimentos estrangeiros não obsta a propositura de procedimentos locais, assim como o início de procedimentos locais não obsta o reconhecimento já acordado de procedimentos estrangeiros, ou impede que estes sejam reconhecidos.

Tais preceitos são expressos pela própria Uncitral na parte II da Lei Modelo. Trata-se, evidentemente, de um reforço à ideia de soberania nacional-cooperativa. É dizer, não há, de um lado, preponderância de uma jurisdição sobre a outra. De outro lado, porém, são criados mecanismos necessários para que a prestação jurisdicional se torne efetiva e beneficie todos os envolvidos. Essa é a ideia que foi incorporada à Lei nº 11.101/2005, com as modificações advindas com a Lei nº 14.112/2020.

Como visto, com o advento da Lei nº 14.112/2020, as empresas multinacionais que desempenham atividades no Brasil passaram a contar com mecanismos legais no ordenamento pátrio que as permitam pedir recuperação judicial no estrangeiro e ter o procedimento reconhecido no âmbito nacional. De outro lado, a sistemática anterior desestimulava tais empresas a pedirem recuperação judicial no País.

Nesse sentido, a Lei nº 14.112/2020 mostra-se extremamente benéfica para o contexto nacional, uma vez que implementa uma série de medidas que decerto contribuirão para que as recuperações judiciais sejam processadas de forma efetiva, preservando empresas, empregos e interesses de devedores e credores.

Especificamente com relação às disposições sobre insolvência transnacional, a Lei nº 14.112/2020 é de fundamental importância, sobretudo porque está em consonância com a Lei Modelo da Uncitral e permitirá o processamento cooperativo e integrado de procedimentos recuperacionais entre o Brasil e outros países.

1. Agentes interessados

O art. 29 do Código de Processo Civil estabelece que o pedido de auxílio direto será formulado pelo órgão estrangeiro interessado perante a autoridade central de seu país que o encaminhará a autoridade central brasileira, que pode ser o Ministério da Justiça ou outra entidade específica, como o Ministério Público por exemplo. Nesse sentido, o art. 7º, parágrafo único, da Resolução nº 9 do Superior Tribunal de Justiça estabelece que "os pedidos de cooperação jurídica internacional que tiverem por objeto atos que não ensejem juízo de delibação pelo Superior Tribunal de Justiça, ainda que denominados como carta rogatória, serão encaminhados ou devolvidos ao Ministério da Justiça para as providências necessárias ao cumprimento por auxílio direto".

O art. 26, § 4º, do Código de Processo Civil atribui ao Ministério da Justiça a função de autoridade central na ausência de designação específica para receber e dar cumprimento aos pedidos de auxílio direto. O Ministério Público, por exemplo, quando desempenhar o papel de autoridade central adotará as medidas requeridas pelos órgãos estrangeiros.

2. Autenticidade e clareza do pedido

Como incumbe, à luz do dispositivo em tela, ao Estado requerente assegurar a autenticidade e a clareza do pedido de auxílio direto, o Estado requerido poderá requisitar ao Estado requerente as complementações necessárias para que o pedido de auxílio direto possa ser atendido. Não se trata aí de analisar o mérito do pedido de auxílio direto, mas sim seus requisitos formais. Cabe à autoridade central de cada país, portanto, verificar a regularidade formal do pedido de auxílio direto formulado.

Havendo tratado específico, observar-se-á o nele disposto a respeito do procedimento a ser seguido para a formulação e cumprimento do pedido de auxílio direto.

Art. 29. A solicitação de auxílio direto será encaminhada pelo órgão estrangeiro interessado à autoridade central, cabendo ao Estado requerente assegurar a autenticidade e a clareza do pedido.

▶ *Sem correspondência no CPC/1973*

Art. 30. Além dos casos previstos em tratados de que o Brasil faz parte, o auxílio direto terá os seguintes objetos:

I – obtenção e prestação de informações sobre o ordenamento jurídico e sobre processos administrativos ou jurisdicionais findos ou em curso;

II – colheita de provas, salvo se a medida for adotada em processo, em curso no estrangeiro, de competência exclusiva de autoridade judiciária brasileira;

III – qualquer outra medida judicial ou extrajudicial não proibida pela lei brasileira.

▸ *Sem correspondência no CPC/1973*

1. Objeto do auxílio direto

O art. 30 do Código de Processo Civil de 2015 estabelece a matéria que poderá ser versada em pedido de auxílio direto. Trata-se de rol não exaustivo como revelam o *caput* desse dispositivo, que prevê a possibilidade de tratados internacionais disciplinarem essa matéria.

2. Constitucionalidade do auxílio direto

Cumpre ressaltar, em primeiro lugar, a constitucionalidade do auxílio direto, porque, embora a Constituição Federal atribua ao Superior Tribunal de Justiça competência para homologação de decisões estrangeiras, essa competência não exclui a possibilidade de serem praticados outros atos de cooperação por outras vias.

3. Informações sobre ordenamento jurídico estrangeiro ou processos

Podem ser veiculadas em pedido de auxílio direto, por exemplo, informações sobre o ordenamento jurídico e a respeito de processos administrativos ou judiciais, findos ou em andamento. Incluem-se, aí, portanto, informações sobre a legislação vigente, sobre as manifestações doutrinárias e sobre as orientações jurisprudenciais aplicáveis. Por se tratar de medidas de natureza meramente administrativa, dúvida não surge quanto à viabilidade e à adequação desses pedidos. Desse modo, um cidadão brasileiro interessado na obtenção de uma informação a respeito de um processo em outro Estado, em vez de ter de contratar um advogado correspondente neste país, pode se valer da via do auxílio direto, o que, por certo, lhe será menos oneroso.

4. Provas

Podem, também, ser formulados pela via do auxílio direto, segundo o art. 30, inc. II, do Código de Processo Civil, pedidos de colheita de provas, contanto que essas provas não digam respeito a processos de competência exclusiva da jurisdição brasileira. Seria um contrassenso o Estado brasileiro produzir provas a pedido de outro Estado, se eventual decisão a respeito da matéria em questão apenas puder ser proferida pelo Estado brasileiro. Pode-se, no entanto, pela via do auxílio direto requerer-se a produção de uma prova para eventual ajuizamento de processo perante a própria jurisdição brasileira. Nesse caso, possível, pois, a colheita de provas a respeito de uma das causas previstas no art. 23 do CPC de 2015, se forem as provas colhidas visando ao ajuizamento de demanda no Brasil.

Com relação à colheita de provas pela via do auxílio direto, tem-se que elas apenas podem ser requeridas quando ainda não instaurado processo jurisdicional em outro Estado. Se um processo dessa natureza já estiver em curso, dever-se-á observar, então, o regime das cartas rogatórias. O pedido de colheita de provas oriundo de um órgão jurisdicional deve se submeter ao juízo de delibação do Superior Tribunal de Justiça. Em sentido contrário, pedido de produção de provas oriundo, por exemplo, de um juízo administrativo pode ser processado pela via do auxílio direto. Nos casos de pedido de auxílio direto de colheita de provas, ou seja, quando o pedido não for proveniente de um órgão jurisdicional, caberá a Advocacia-Geral da União, *ex vi*, art. 33, requerer ao Poder Judiciário brasileiro a produção de tal prova para que assim se possa aferir a sua compatibilidade com o ordenamento jurídico brasileiro.

5. Qualquer medida judicial ou extrajudicial

O inc. III contém uma cláusula de encerramento, segundo a qual qualquer medida judicial ou extrajudicial não proibida pela lei brasileira poderá ser requerida pela via do auxílio direto.

Art. 31. A autoridade central brasileira comunicar-se-á diretamente com suas congêneres e, se necessário, com outros órgãos estrangeiros responsáveis pela tramitação e pela execução de pedidos de cooperação enviados e recebidos pelo Estado brasileiro, respeitadas disposições específicas constantes de tratado.

▸ *Sem correspondência no CPC/1973*

1. Comunicação direta

O art. 31 do Código de Processo Civil autoriza a autoridade central brasileira, o Ministério da Justiça ou outra entidade específica, a se comunicar diretamente com seus congêneres estrangeiros a fim de dar cumprimento ao pedido de auxílio direto, respeitadas eventuais disposições específicas constantes de tratado. Isso significa, portanto, ser desnecessária a intervenção de qualquer intermediário, como o Poder Judiciário, por exemplo, entre as autoridades centrais de cada país para que seja cumprido o pedido de auxílio direto. Além disso, dada a espontaneidade na transmissão de informações a autoridades estrangeiras (CPC, art. 26, inc. V), esse diálogo não necessita de constante provocação, devendo ser contínuo enquanto permanecer o interesse em sua realização.

> **Art. 32.** No caso de auxílio direto para a prática de atos que, segundo a lei brasileira, não necessitem de prestação jurisdicional, a autoridade central adotará as providências necessárias para seu cumprimento.

▶ *Sem correspondência no CPC/1973*

1. Atuação direta da autoridade central

Caso o pedido de auxílio direto independa de qualquer atividade jurisdicional, como seria o caso, por exemplo, da colheita de uma prova, incumbe à autoridade central brasileira atuar diretamente a fim de dar cumprimento ao pedido formulado em auxílio direto. Esse dispositivo, portanto, volta-se para os pedidos de auxílio direto de natureza administrativa, como a obtenção de informações a respeito de um processo já findo ou em curso, por exemplo.

> **Art. 33.** Recebido o pedido de auxílio direto passivo, a autoridade central o encaminhará à Advocacia-Geral da União, que requererá em juízo a medida solicitada.
> **Parágrafo único.** O Ministério Público requererá em juízo a medida solicitada quando for autoridade central.

▶ *Sem correspondência no CPC/1973*

1. Legitimidade para requerer em juízo as medidas solicitadas

Diferentemente do artigo anterior que trata das providencias de natureza administrativa que podem ser adotadas diretamente pela autoridade central para dar cumprimento ao pedido de auxílio direto, o dispositivo em questão trata dos pedidos de auxílio direto que envolvam provimento de natureza jurisdicional. Assim, caso a medida solicitada em pedido de auxílio direto envolva provimento de natureza jurisdicional, a autoridade central encaminhará o pedido à Advocacia-Geral da União que dispõe de legitimidade para pleitear em juízo a efetivação dessa medida.

O art. 33 do Código de Processo Civil, portanto, atribui legitimidade à Advocacia-Geral da União para que esta adote em juízo as medidas necessárias ao cumprimento do pedido de auxílio direto. Caso o pedido de auxílio direto tenha como autoridade central o Ministério Público, este tomará em seu próprio nome as medidas cabíveis judicialmente.

2. Substituição processual

Em vez de se exigir de um cidadão estrangeiro, que se valha de um advogado brasileiro para obtenção de uma determinada medida judicial que lhe interessa, pela via do auxílio direto ele pode obter a medida de que necessita por meio da atuação em juízo da Advocacia-Geral da União ou do Ministério Público quando for o caso. Assim, por exemplo, para a colheita de uma prova pela via do auxílio direto, a Advocacia-Geral da União ou o Ministério Público a requererão em juízo. Esse seria um caso, portanto, de legitimidade extraordinária em que a Advocacia-Geral da União ou o Ministério Público atuaria em nome próprio representando interesses alheios (daquele que formulou o pedido de auxílio direto).

> **Art. 34.** Compete ao juízo federal do lugar em que deva ser executada a medida apreciar pedido de auxílio direto passivo que demande prestação de atividade jurisdicional.

▶ *Sem correspondência no CPC/1973*

1. Competência

A competência para o processamento das medidas jurisdicionais requeridas em auxílio direto é do juízo federal do lugar em que deva ser executada a medida. Trata-se de competência absoluta em função da matéria. Cabe destacar que há autores que sustentam a inconstitucionalidade desse dispositivo, já que não há previsão expressa neste sentido no art. 109 da Constituição Federal (Ricardo Perlingeiro, Anotações sobre o Anteprojeto de

Lei de Cooperação Jurídica Internacional, RP 129/133). A constitucionalidade desse dispositivo, no entanto, resta assegurada, na medida em que a atribuição de legitimidade à União Federal (art. 33) para atuar como substituto processual atrai a aplicação do art. 109, inc. I, da Constituição Federal e nos casos de pedido de auxílio direto fundado em tratado internacional, justificável a aplicação do art. 109, inc. III, da Constituição Federal.

Seção III
Da carta rogatória

> **Art. 35. (VETADO).**
>
> **Art. 36.** O procedimento da carta rogatória perante o Superior Tribunal de Justiça é de jurisdição contenciosa e deve assegurar às partes as garantias do devido processo legal.
>
> **§ 1º** A defesa restringir-se-á à discussão quanto ao atendimento dos requisitos para que o pronunciamento judicial estrangeiro produza efeitos no Brasil.
>
> **§ 2º** Em qualquer hipótese, é vedada a revisão do mérito do pronunciamento judicial estrangeiro pela autoridade judiciária brasileira.

▶ *Sem correspondência do CPC/1973*

1. Carta rogatória

Por questão de respeito à soberania nacional, o cumprimento de decisões proferidas por órgãos jurisdicionais estrangeiros precisa ser homologado pelo Superior Tribunal de Justiça para ter eficácia no Brasil. Fala-se que a competência é do Superior Tribunal de Justiça, porquanto a Emenda Constitucional nº 45/2004 alterou o regime anterior, que previa a instauração do procedimento perante o Supremo Tribunal Federal (art. 105, I, "i", da CF).

A Resolução nº 9 do Superior Tribunal de Justiça, em complementação ao art. 105, inc. I, "i", da Constituição Federal, estabelece o procedimento para o processamento de cartas rogatórias no âmbito desse Tribunal.

Carta rogatória, como se sabe, designa o instrumento por meio do qual uma autoridade estrangeira solicita à autoridade de outro país o cumprimento de uma determinada providência processual (Teori Albino Zavascki, Cooperação jurídica internacional e a concessão de *exequa-*

tur, in *Revista de Processo*, v. 183/2010, p. 9-24, mai. 2010). Assim, de acordo com o art. 2º dessa Resolução é atribuição do Presidente do Tribunal conceder *exequatur* às cartas rogatórias. O art. 6º dessa Resolução, por seu turno, estabelece que não se concederá o *exequatur* – a autorização para que se cumpra a solicitação estrangeira – se se verificar ofensa à soberania ou à ordem pública nacional.

Em atenção ao princípio do contraditório, o art. 8º da Resolução concede à parte interessada o prazo de quinze dias para impugnar o cumprimento da carta rogatória. A oitiva prévia da parte interessada apenas não ocorrerá, se isso comprometer a eficácia da cooperação internacional (Res. 9/STJ, art. 8º, parágrafo único). Além disso, tem-se que devem ser intimadas todas as partes do processo originário que tiverem domicílio no Brasil para que possam se manifestar a respeito do cumprimento da rogatória. Como matéria de impugnação se poderá alegar o não atendimento dos requisitos necessários para a concessão do *exequatur*, não competindo ao Poder Judiciário brasileiro, portanto, qualquer pronunciamento a respeito do mérito da solicitação requerida pela autoridade estrangeira.

É possível a concessão de *exequatur* para cartas rogatórias que visem a dar cumprimento à tutela provisória concedida sem a manifestação da parte. Nesse caso, deverá o Superior Tribunal de Justiça para a concessão do *exequatur* averiguar a possibilidade de efetivação do contraditório diferido no Estado requerente. Se isso não ocorrer, o *exequatur* não deve ser concedido, pois tal como dispõe o art. 26 do CPC de 2015 a cooperação internacional deve também observar o respeito às garantias do devido processo legal no Estado requerente.

Com a concessão do *exequatur* a carta rogatória será remetida para cumprimento pelo juízo federal competente (Res. 9/STJ, art. 13). Não sendo o caso de concessão do *exequatur*, deverá o Superior Tribunal de Justiça providenciar a devolução da carta ao Estado requerente sem dar a ela o cumprimento solicitado.

2. Requisitos para a concessão de *exequatur*

Os requisitos para a concessão de *exequatur* às cartas rogatórias estão previstos nos arts. 962 e 963 do Código de Processo Civil. Assim, constituem requisitos indispensáveis à homologação da decisão que se quer cumprir pela via da carta rogatória: i) ter sido ela proferida por autoridade competente; ii) ter havido a citação regular, ainda que verificada à revelia; iii) ser a decisão eficaz no país em que proferida; iv) não ofender a decisão a coisa julgada brasileira; v) estar acompanhada de tradução, salvo se de modo diverso estiver estabelecido em tratado de que o Brasil seja signatário; vi) e não haver manifesta ofensa à ordem pública nacional.

Além disso, não se pode deixar de mencionar que a parte interessada pode impugnar também a adequação da carta rogatória como veículo da cooperação internacional. Sendo o caso, por exemplo, de auxílio direto, desnecessária e inútil passa a ser a atuação do Poder Judiciário, justificando-se, pois, a extinção do feito perante o Superior Tribunal de Justiça.

Seção IV
Disposições comuns às seções anteriores

Art. 37. O pedido de cooperação jurídica internacional oriundo de autoridade brasileira competente será encaminhado à autoridade central para posterior envio ao Estado requerido para lhe dar andamento.

▶ *Sem correspondência no CPC/1973*

1. Pedido de cooperação ativa

O pedido de cooperação internacional pretendido por uma autoridade brasileira deverá ser encaminhado à autoridade central, ao Ministério da Justiça ou outra autoridade específica, o Ministério Público por exemplo, que ficará responsável por dar prosseguimento ao seu processamento pelo envio ao Estado requerido para que este cumpra as medidas solicitadas.

2. Irregularidade sanável

Caso a autoridade central constate alguma irregularidade sanável no pedido de auxílio direto a ela formulado, poderá então requerer ao sujeito interessado que proceda desde logo à correção deste vício para que os atos de cooperação ao final não se mostrem inúteis. Desempenha, pois, a autoridade central um papel de fiscalização da regularidade formal dos pedidos de auxílio direto a ela endereçados.

Art. 38. O pedido de cooperação oriundo de autoridade brasileira competente e os documentos anexos que o instruem serão encaminhados à autoridade central, acompanhados de tradução para a língua oficial do Estado requerido.

▶ *Sem correspondência no CPC/1973*

1. Tradução

Todos os pedidos de cooperação internacional, bem como os documentos que os instruem, ao serem encaminhados à autoridade central brasileira para encaminhamento ao Estado requerido, deverão ser acompanhados de devida tradução juramentada para o idioma do país de destino. Ao receber pedido de auxílio direto sem estes elementos incumbe à autoridade central notificar o interessado para que providencie a correção dessa irregularidade. Trata-se de uma atuação preventiva da autoridade central brasileira, já que a autoridade estrangeira pode requerer essa mesma medida, o que acabaria por comprometer a eficácia do pedido. Havendo, no entanto, acordo entre os países, poderá ser estabelecido um idioma comum para os atos de cooperação, como o inglês, por exemplo.

Art. 39. O pedido passivo de cooperação jurídica internacional será recusado se configurar manifesta ofensa à ordem pública.

▶ *Sem correspondência no CPC/1973*

1. Respeito à ordem pública

Constitui requisito para o cumprimento de qualquer pedido de cooperação jurídica formulada por autoridade estrangeira o respeito à ordem pública nacional. Assim, por exemplo, não se atenderá um pedido de produção de provas que à luz do direito brasileiro configura uma prova ilícita, em violação, portanto, ao art. 5, inc. LVI da Constituição Federal. Por ofensa à ordem pública, entende-se, portanto, toda violação a algum dos dispositivos que conformam o devido processo constitucional brasileiro. Nesses casos está justificado o não atendimento ao pedido de cooperação internacional.

O art. 39 do Código de Processo Civil, portanto, reproduz o teor do art. 26, § 3º, do Código, no sentido de que "na cooperação jurídica internacional não será admitida a prática de atos que contrariem ou que produzam resultados incompatíveis com as normas fundamentais que regem o Estado Brasileiro". Não cabe ao Poder Judiciário brasileiro, nos casos de ofensa à ordem pública, qualquer revisão de conteúdo da decisão, mas sim proceder a simples recusa da decisão que se pretendeu efetivar no ordenamento jurídico brasileiro.

Nos casos de pedido de auxílio direto que envolvam medidas de natureza administrativa, caberá à própria autoridade competente por dar cumprimento à medida a realização de um juízo de adequação da providência solicitada pela autoridade estrangeira para com a ordem pública nacional.

> **Art. 40.** A cooperação jurídica internacional para execução de decisão estrangeira dar-se-á por meio de carta rogatória ou de ação de homologação de sentença estrangeira, de acordo com o art. 960.

▸ *Sem correspondência no CPC/1973*

1. Execução de decisão estrangeira

A cooperação internacional entre as jurisdições pode se dar pela via do auxílio direto, quando não é necessário o juízo de delibação pelo Superior Tribunal de Justiça, ou pela via da carta rogatória ou da homologação de decisão estrangeira quando se pretende executar no ordenamento jurídico brasileiro um determinado provimento jurisdicional estrangeiro. A execução de uma decisão estrangeira, portanto, dar-se-á por meio de carta rogatória ou de ação de homologação de sentença estrangeira, estando esta disciplinada pelos art. 960 e seguintes do Código de Processo Civil.

O que as diferencia, por certo, é a natureza da decisão estrangeira que se quer executar. A homologação de sentença estrangeira apenas terá lugar quando a decisão proferida por outro Estado não estiver mais sujeita a qualquer impugnação. Nesses casos, não se trata, portanto, de dar cumprimento a um ato de um processo em curso (hipótese de carta rogatória), mas sim de avaliar a adequação de uma decisão definitiva produzida em outra jurisdição produzir efeitos no ordenamento jurídico brasileiro. O art. 963 do Código de Processo Civil estabelece, nesse sentido, os requisitos indispensáveis à homologação da decisão que se quer executar em território brasileiro.

Em respeito à soberania nacional, a sentença proferida por tribunal estrangeiro precisa ser homologada pelo Superior Tribunal de Justiça para ter eficácia no Brasil. Tal competência do Superior Tribunal de Justiça foi instituída pela Emenda Constitucional nº 45/2004.

2. Natureza constitutiva da homologação

A decisão que acolhe o pedido de homologação tem natureza constitutiva, uma vez que declara a validade do julgado e lhe atribui uma nova eficácia, distinta da inicial, que viabiliza a produção de efeitos no Estado brasileiro. Nos casos de jurisdição concorrente, homologada sentença estrangeira, esta é a que produzirá efeitos perante o ordenamento brasileiro, independentemente da tramitação de demanda idêntica perante os órgãos jurisdicionais nacionais.

> **Art. 41.** Considera-se autêntico o documento que instruir pedido de cooperação jurídica internacional, inclusive tradução para a língua portuguesa, quando encaminhado ao Estado brasileiro por meio de autoridade central ou por via diplomática, dispensando-se ajuramentação, autenticação ou qualquer procedimento de legalização.
>
> **Parágrafo único.** O disposto no *caput* não impede, quando necessária, a aplicação pelo Estado brasileiro do princípio da reciprocidade de tratamento.

▸ *Sem correspondência no CPC/1973*

1. Autenticidade dos documentos

Consideram-se autênticos os documentos encaminhados à autoridade central brasileira para instruir o pedido de cooperação internacional, inclusive as traduções para a língua portuguesa, dispensando-se qualquer procedimento de legalização. Simplifica-se e torna-se, assim, mais ágil todo o procedimento de cooperação.

A Lei de Recuperação Judicial e Falência (Lei nº 11.101/2005) procurou, na mesma linha, simplificar a necessidade de tradução de documentos. Mas aqui a hipótese é diversa, porque se trata de reconhecimento de processo estrangeiro no Brasil, e não de auxílio direto solicitado por juiz brasileiro à autoridade jurisdicional estrangeira. De acordo com o *caput* do art. 167-H, introduzido pela Lei nº 14.112/2020, "o representante estrangeiro pode ajuizar, perante o juiz, pedido de reconhecimento do processo estrangeiro em que atua". E o § 3º, avindo também pela Lei nº 14.112/2020, "os documentos redigidos em língua estrangeira devem estar acompanhados de tradução oficial para a língua portuguesa, salvo quando, sem prejuízo aos credores, for expressamente dispensada pelo juiz e substituída por tradução simples para a língua portuguesa, declarada fiel e autêntica pelo próprio advogado, sob sua responsabilidade pessoal". Interessante é a possibilidade de dispensa de tradução por parte do juiz quando não trouxer prejuízo aos credores e for substituída por tradução simples, declarada fiel e autêntica pelo próprio advogado, sob sua responsabilidade pessoal.

2. Reciprocidade

Se, por outro lado, algum Estado exigir essas formalidades, em atenção ao princípio da reciprocidade o Brasil poderá requerer o mesmo.

Jurisprudência

"Carta rogatória. Agravo regimental. Deficiência na instrução. Inexistência. documentação suficiente à compreensão da controvérsia. Alegada necessidade de tradução juramentada dos documentos. Comissão que tramitou pela autoridade central. I – Para a concessão do *exequatur*, não é preciso que a comissão seja acompanhada de todos os documentos mencionados na petição inicial, bastando aqueles necessários à compreensão da controvérsia, como se verifica *in casu*. II – O ofício de encaminhamento de documentos pela autoridade central brasileira ou pela via diplomática garante a autenticidade dos documentos, bem como da tradução enviada pela Justiça rogante, dispensando, assim, legalização, autenticação e outras formalidades. Agravo regimental desprovido" (STJ, AgRg na Carta Rogatória nº 8.553/CH, Corte Especial, Rel. Ministro Francisco Falcão, j. 18.03.2015, *DJe* 29.04.2015).

TÍTULO III
DA COMPETÊNCIA INTERNA

CAPÍTULO I
DA COMPETÊNCIA

Seção I
Disposições gerais

> **Art. 42.** As causas cíveis serão processadas e decididas pelo juiz nos limites de sua compe-

tência, ressalvado às partes o direito de instituir juízo arbitral, na forma da lei.

▶ *Referência: CPC/1973 – Art. 86*

1. Juiz natural

A garantia do juiz natural, corolário do devido processo legal, e requisito necessário para se assegurar a imparcialidade do julgador, veda a criação de tribunais *ad hoc*, o que exige sejam previamente definidas as regras que atribuem a competência para cada órgão do Poder Judiciário. Normas atributivas de competência estão previstas, pois, na Constituição Federal, no Código de Processo Civil, na legislação extravagante e em normas de organização judiciária locais.

2. Imparcialidade

Se a garantia de participação na construção da decisão judicial assegura aos litigantes a possibilidade de influenciar a formação do convencimento judicial, por certo, o primeiro aspecto que será objeto de fiscalização pelas partes será a imparcialidade do julgador.

Ao presentar o Estado perante às partes que a ele acorrem na busca pela solução de seus litígios, o juiz deve ser imparcial, ou seja, não deve tomar qualquer partido na disputa em litígio, para que assim possam ser atingidos os objetivos perseguidos pela jurisdição. A imparcialidade, portanto, é um dos princípios estruturantes do Estado Democrático de Direito, já que a obtenção de um processo justo, que represente instrumento técnico e ético, só será possível quando o juiz for imparcial; daí, portanto, o porquê da necessidade de se atentar para a correta atribuição de cada causa ao juízo estabelecido pela lei como competente. Desvios na distribuição de causas podem resultar na atribuição de uma causa para julgamento a um magistrado que já tenha comprometido o seu convencimento (Paulo Henrique dos Santos Lucon, "Imparcialidade do árbitro e do juiz na Teoria Geral do Processo" in *40 anos da Teoria Geral do Processo no Brasil, passado, presente e futuro* (coords. Camilo Zufelato e Flávio Luiz Yarshell), São Paulo: Malheiros, 2013, pp. 647-677).

3. Aplicação

Do disposto no art. 42 do Código de Processo Civil podem ser extraídas duas normas. A primeira delas impõe ao juiz o dever de julgar as

Art. 42

causas em atenção aos limites da competência que lhe é atribuída ("as causas cíveis serão processadas e decididas pelo juiz nos limites de sua competência"). A não observância desses limites enseja a invalidade da decisão e até mesmo a rescindibilidade da sentença (CPC, art. 966, inc. II). A segunda norma reconhece o direito das partes se valerem do juízo arbitral, na forma estabelecida pela lei. Previsão semelhante está presente no art. 3º, § 1º, do CPC de 2015. Em virtude desse direito, havendo resistência para a instauração do processo arbitral a parte interessada pode se valer do Poder Judiciário para tanto (Lei nº 9.307/96, art. 7º) e o juiz, por sua vez, não resolverá o mérito do processo que foi a ele submetido quando acolher a alegação de existência de convenção de arbitragem ou quando o juízo arbitral reconhecer sua competência (CPC, art. 485, inc. VII).

4. Competência

A competência de um órgão jurisdicional é submetida a dois regimes jurídicos diferentes, cada qual conformado por interesses diversos. Exatamente por isso, os poderes, as faculdades e os deveres dos sujeitos do processo, no que atine à disciplina da competência, serão distintos. Também qualificados como espécies de competência, os dois regimes jurídicos são da competência absoluta e da competência relativa.

5. Competência absoluta

As normas que compõem o regime da competência absoluta são informadas por interesses de ordem pública. Por essa razão, o sistema processual não autoriza as partes a modificar os critérios que a determinam. Em matéria de competência absoluta, aliás, o interesse público revela-se na grande maioria das situações. Verifica-se na distribuição da competência entre Justiças distintas (competência de jurisdição) e na competência hierárquica, por exemplo, seja ela originária ou recursal, em relação a órgãos jurisdicionais superiores ou inferiores.

Iniciado o processo perante juiz absolutamente incompetente, este *reconhecerá* sua incompetência a qualquer tempo e independentemente da alegação das partes, encaminhando os autos ao juiz competente. Desse modo, desrespeitadas as normas que fixam a competência absoluta, violado estará o princípio do juiz natural. Eventual sentença proferida por juiz absolutamente

incompetente é portadora de grave nulidade e, portanto, passível de ser reconhecida a qualquer tempo no processo.

De acordo com o art. 966, inc. II, do Código de Processo Civil, a incompetência absoluta é fundamento para a propositura de ação rescisória. Essa decisão, no entanto, não deve ser tida como inexistente, porque ela está presente no mundo dos fatos e é apta a produzir efeitos. Ao contrário do direito material, no processo a decisão portadora de invalidade produz efeitos até que seja reconhecida a nulidade e aplicada a sanção de ineficácia. Os demais atos do processo se mantêm eficazes.

6. Competência relativa

O interesse das partes, de modo geral, prevalece quando se está diante de casos de competência relativa, seja em razão do valor ou do território. Essa afirmação, no entanto, comporta exceções, pois, mesmo no processo civil, verificam-se, por exemplo, hipóteses em que a competência territorial é absoluta. Tal ocorre no processo coletivo que deve ter curso no local onde o dano ocorreu ou tomou maior proporção (LACP, art. 2º), ou então, nas ações fundadas em direito real sobre imóveis dispostas no CPC que não admitem cláusula de eleição de foro.

No que tange ao reconhecimento da incompetência, contrariamente ao disposto a respeito da competência absoluta, cabe ao réu, em preliminar de contestação, alegar a incompetência relativa, sob pena de preclusão.

7. Aproveitamento dos atos de juiz incompetente

A fim de assegurar um maior aproveitamento dos atos processuais, de acordo com o § 4º do art. 64 do Código de Processo Civil, "salvo decisão judicial em sentido contrário, conservar-se-ão os efeitos das decisões proferidas pelo juízo incompetente, até que outra seja proferida, se for o caso, pelo juízo competente". A competência constitui, portanto, um pressuposto de validade dos atos decisórios.

8. Arbitragem

Entre as formas de heterocomposição, inclui-se a arbitragem, que constitui um processo com vista ao julgamento de um litígio, concernente a direitos disponíveis, por terceira pessoa, o árbitro, que é escolhido consensualmente pelas partes.

A rigidez da ordem procedimental não se coaduna com os princípios informadores do processo arbitral. Por essa razão, podem as partes, consoante o disposto no art. 21 da Lei de Arbitragem, estabelecer o procedimento que entendam mais adequado para o deslinde da causa, desde que, sejam sempre respeitados os "princípios do contraditório, da igualdade das partes, da imparcialidade do árbitro e de seu livre convencimento" (§ 2º). A lei privilegia, como se vê, o princípio da autonomia da vontade das partes, reconhecendo que se deve dar às partes a possibilidade de determinar o modo pelo qual determinado litígio será resolvido, dispensando-as, assim, da necessidade de recorrer ao Poder Judiciário.

9. Instituição da Arbitragem

A submissão dos litígios ao juízo arbitral dá-se por meio da denominada convenção de arbitragem ou cláusula compromissória. Destaque-se que nos contratos de adesão, a convenção de arbitragem, em virtude da reconhecida hipossuficiência do aderente, só terá eficácia se esse "tomar a iniciativa de instituir a arbitragem ou concordar, expressamente, com a sua instituição, desde que por escrito em documento anexo ou em negrito, com a assinatura ou visto especialmente para essa cláusula" (Lei nº 9.307/96, art. 4º, § 2º). Além disso, merece destaque também recente alteração da Lei nº 9.307/96 que permitiu a instauração da arbitragem pela administração pública direta e indireta para dirimir conflitos relativos a direitos patrimoniais disponíveis (Lei nº 13.129/15, art. 1º, § 1º).

Sublinhe-se, ainda, em reforço ao instituto da arbitragem, o caráter autônomo conferido à convenção de arbitragem, que a imuniza de uma eventual decretação de nulidade do contrato no qual ela esteja inserida (Lei nº 9.307/96, art. 8º).

10. Seleção dos árbitros

Consoante o art. 13 da Lei da Arbitragem, poderá ser árbitro qualquer pessoa capaz e que tenha a confiança das partes. O árbitro, portanto, não, necessariamente, deve possuir formação acadêmica na área jurídica. As partes podem escolher como julgadores as pessoas que entenderem mais capacitadas para a análise da causa. Essa é uma das principais vantagens da arbitragem em comparação ao processo judicial,

uma vez que a matéria *sub judice* será apreciada diretamente por um especialista da área, ao passo que, no processo estatal, nas questões técnicas, o juiz está sempre a depender do trabalho do perito judicial.

O árbitro deverá atuar com imparcialidade e independência, razão pela qual "estão impedidos de funcionar como árbitros as pessoas que tenham, com as partes ou com o litígio que lhes for submetido, algumas das relações que caracterizam os casos de impedimento ou suspeição de juízes" (Lei nº 9.307/96, art. 14). Deverá o árbitro atuar, também, com competência, diligência e discrição (Lei nº 9.307/96, art. 13, § 6º). A discrição é outra das vantagens destacadas do processo arbitral, na medida em que às partes, muitas vezes, pode não interessar a publicidade do processo judicial. Às partes é facultado, ainda, determinar as regras de direito que serão aplicáveis na arbitragem, ou então, convencionar que ela se realize com base nos princípios gerais de direito, nos usos e costumes e nas regras internacionais de comércio (Lei nº 9.307/96, arts. 2º, § 2º).

11. Jurisdição e arbitragem

A primeira parte do *caput* do art. 31 da Lei de Arbitragem estabelece que "a sentença arbitral produz, entre as partes e seus sucessores, os mesmos efeitos da sentença proferida pelos órgãos do Poder Judiciário", não sendo necessário, consoante o disposto no art. 18 da mesma lei, ulterior homologação do Poder Judiciário para o reconhecimento de sua validade.

O art. 3º, § 1º do Código de Processo Civil, em atenção a Lei nº 9.307/96, é expresso ao reconhecer a arbitragem como um dos mecanismos jurisdicionais de resolução de controvérsias e o artigo em questão o complementa ao reconhecer o direito das partes de instituir o processo arbitral em detrimento do processo jurisdicional estatal.

> **Art. 43.** Determina-se a competência no momento do registro ou da distribuição da petição inicial, sendo irrelevantes as modificações do estado de fato ou de direito ocorridas posteriormente, salvo quando suprimirem órgão judiciário ou alterarem a competência absoluta.

▶ *Referência: CPC/1973 – Art. 87*

Art. 44

1. *Perpetuatio jurisdictionis*

De acordo com o art. 5º, inc. LIII, da Constituição Federal "ninguém será processado nem sentenciado senão pela autoridade competente". Essa garantia é uma forma de manifestação do direito ao juiz natural. Referida garantia, a propósito, seria esvaziada se qualquer evento ulterior ao ajuizamento da demanda ensejasse a modificação da competência do órgão julgador. Daí o porquê da regra da *perpetuatio jurisdictionis*, segundo a qual são irrelevantes para fins de modificação da competência eventual alteração do estado de fato ou de direito, exceto se essas modificações suprimirem órgão judiciário ou alterarem a competência absoluta.

Assim como o objeto do processo deve se tornar estável após certo momento, também a competência do julgador não deve ser alterada para que o julgamento do litígio alcance um fim. Desse modo, não cabe alegar, por exemplo, incompetência em razão de mudança de domicílio ou aumento do valor da causa em razão de multa e juros. Para exata compreensão desse dispositivo, portanto, necessária a identificação do momento de fixação da competência e das hipóteses que excepcionam a regra da *perpetuatio jurisdictionis*.

2. Fixação de competência

Uma vez ocorrido o registro ou a distribuição, não mais se pode alterar a competência já atribuída em concreto a um juízo. Assim, segundo o CPC de 2015, a competência do órgão jurisdicional é fixada no momento do registro (nas comarcas em que há uma única vara) ou da distribuição (nas comarcas onde há mais de uma vara) da petição inicial.

Portanto, diferentemente do CPC de 1973, a fixação da competência não se dará mais com o despacho do juiz da petição inicial, mas sim com o simples registro da petição ou com sua distribuição nas comarcas onde houver mais de uma vara.

3. Exceções à regra da *perpetuatio jurisdictionis*

De acordo com o art. 43 do CPC de 2015, excepcionam a regra da *perpetuatio jurisdictionis* eventual extinção de órgão judiciário ou modificação ulterior dos critérios para definição da competência absoluta. O direito

ao juiz natural, ao impor a existência do órgão jurisdicional competente antes do fato gerador do processo, exige, também, implicitamente, que os critérios para a determinação da competência desse órgão devam ser previamente fixados. É por isso que modificações supervenientes, quer seja do estado de fato, quer seja de direito, não tem o condão de alterar a sua competência, exceto se elas suprimirem o órgão judiciário ou alterarem as normas de competência absoluta.

Assim, por exemplo, com a extinção de uma determinada vara, o juiz que a presidia não será mais competente para o julgamento das causas a ele até então submetidas. Do mesmo modo, a criação de varas especializadas (hipótese de competência absoluta em função da matéria) acaba por excepcionar a regra da *perpetuatio jurisdictionis*, já que as causas antes processadas por uma vara comum deverão ser remetidas à vara especializada.

4. Súmulas do Superior Tribunal de Justiça

A *perpetuatio jurisdictionis* é também mencionada em dois enunciados do Superior Tribunal de Justiça. De acordo com o teor da Súmula 58 "proposta a execução fiscal, a posterior mudança de domicílio do executado não desloca a competência já fixada". Já segundo a Súmula 10, "instalada a junta de conciliação e julgamento, cessa a competência do juiz de direito em matéria trabalhista, inclusive para a execução das sentenças por ele proferidas".

> **Art. 44.** Obedecidos os limites estabelecidos pela Constituição Federal, a competência é determinada pelas normas previstas neste Código ou em legislação especial, pelas normas de organização judiciária e, ainda, no que couber, pelas constituições dos Estados.

▸ *Referência: CPC/1973 – Art. 93*

1. Fontes das normas que determinam a competência

As normas que determinam a competência dos órgãos jurisdicionais estão previstas na Constituição Federal, como se dá com a atribuição de competência aos órgãos da Justiça Federal; no Código de Processo Civil, no qual estão previstas normas que fixam, por exemplo, a competência em função do território; em leis especiais, como o Código de Defesa do Consumidor, ou o Estatuto do Idoso; e em normas de organização judiciária e, no que couber, nas constituições de cada Estado da Federação (o art. 74 da Constituição do Estado de São Paulo prevê, por exemplo, hipóteses de competência originária do Tribunal de Justiça de seu Estado).

2. Sistema de normas de competência

Como se percebe há um sistema normativo a respeito da competência que dá ensejo a uma interpretação hierárquico teleológica das diversas regras que compõem tal sistema. As regras relativas à competência integram, antes de tudo, o conteúdo do princípio do juiz natural. Todavia, embora o dispositivo apenas mencione as fontes normativas, é imperativo que o intérprete observe, primeiramente, o disposto na Constituição Federal, para depois examinar as regras de direito infraconstitucional e por último as normas de organização judiciárias internas de cada órgão jurisdicional. Esta ordem, embora não seja estabelecida pelo dispositivo legal em exame, não pode ser afastada em decorrência da teoria geral do direito, não podendo uma norma inferior contrariar o prescrito em norma superior, sob pena de destruir o sistema de competências. Lembre-se ainda que de acordo com o art. 125, § 1º da Constituição Federal a competência de cada tribunal será definida pela Constituição de seu respectivo Estado, sendo a lei de organização judiciária de iniciativa de cada tribunal.

3. Jurisprudência e a determinação de competência

Embora o art. 44 do Código de Processo Civil não faça menção à força expansiva da jurisprudência, não se pode desconsiderar que a força interpretativa e criativa dos Tribunais Superiores é capaz de criar normas aptas a definir ou modificar critérios para definição da competência. Assim, por exemplo, no julgamento do Recurso Especial nº 1291924/RJ (Rel. Min. Nancy Andrighi, 3ª Turma, j. 28.05.2013, *DJe* 07.06.2013), o Superior Tribunal de Justiça reconheceu que a competência para as ações de reconhecimento e dissolução de união estável homoafetiva é das varas de família e não das varas cíveis comuns, como até então se vinha decidindo. Essa mudança de interpretação, à luz da reconhecida igualdade entre uniões estáveis hetero e homoafetivas, acabou por resultar em:

i) deslocamento das ações de reconhecimento e dissolução de união estável que tramitavam perante as varas comuns para as varas de família; ii) e determinação de que novas causas sejam distribuídas a essas varas. Caso não o sejam, nas comarcas onde há varas especializadas, deve o juiz da vara cível comum reconhecer de ofício sua incompetência e remeter a causa para a vara de família.

> **Art. 45.** Tramitando o processo perante outro juízo, os autos serão remetidos ao juízo federal competente se nele intervier a União, suas empresas públicas, entidades autárquicas e fundações, ou conselho de fiscalização de atividade profissional, na qualidade de parte ou de terceiro interveniente, exceto as ações:
>
> I – de recuperação judicial, falência, insolvência civil e acidente de trabalho;
>
> II – sujeitas à justiça eleitoral e à justiça do trabalho.
>
> § 1º Os autos não serão remetidos se houver pedido cuja apreciação seja de competência do juízo perante o qual foi proposta a ação.
>
> § 2º Na hipótese do § 1º, o juiz, ao não admitir a cumulação de pedidos em razão da incompetência para apreciar qualquer deles, não examinará o mérito daquele em que exista interesse da União, de suas entidades autárquicas ou de suas empresas públicas.
>
> § 3º O juízo federal restituirá os autos ao juízo estadual sem suscitar conflito se o ente federal cuja presença ensejou a remessa for excluído do processo.

▶ *Referência: CPC/1973 – Art. 99*

1. Intervenção da União e modificação de competência

O art. 109, inc. I da Constituição Federal estabelece a competência da Justiça Federal para processar e julgar as causas em que a União, ou qualquer entidade a ela relacionada, figurar como parte ou terceiro interveniente. O art. 45 do CPC de 2015, portanto, em atenção a essa norma de competência absoluta, estabelece que nas hipóteses em que o processo tramitar perante outro juízo, os autos serão remetidos ao juízo federal competente se nele intervier a União, suas empresas públicas, entidades autárquicas e fundações, ou conselho de fiscalização de atividade profissional na qualidade de parte ou de terceiro interveniente.

Assim, por exemplo, nos casos de intervenção *a posteriori* da União em uma demanda que inicialmente tramitava perante a Justiça Comum Estadual, proceder-se-á à remessa dessa demanda ao juízo federal competente. A competência absoluta da Justiça Federal acaba por atrair a competência para essa Justiça das demandas em que figure como parte ou terceiro interveniente algum daqueles entes, o que ensejará, portanto, a formação de um litisconsórcio ativo ou passivo ulterior.

2. Ministério Público Federal e competência da Justiça Federal

Importante destacar que a atuação do Ministério Público Federal enseja o reconhecimento da competência da Justiça Federal para o processamento da causa, por representar ele um interesse da União Federal (em sentido contrário: Fredie Didier Jr., "Ministério Público Federal e Competência da Justiça Federal" in *Revista de Processo*, v. 196/2011, p. 463-467, jun. 2011). A respeito disto, o Superior Tribunal de Justiça já havia se manifestado no sentido de reconhecer a competência da Justiça Federal para processamento de ação civil pública proposta pelo Ministério Público Federal: "A ação civil pública, como as demais, submete-se, quanto à competência, à regra estabelecida no art. 109, I, da Constituição, segundo a qual cabe aos juízes federais processar e julgar 'as causas em que a União, entidade autárquica ou empresa pública federal forem interessadas na condição de autoras, rés, assistentes ou oponentes, exceto as de falência, as de acidente de trabalho e as sujeitas à Justiça Eleitoral e a Justiça do Trabalho'. Assim, figurando como autor da ação o Ministério Público Federal, que é órgão da União, a competência para a causa é da Justiça Federal. Não se confunde competência com legitimidade das partes. A questão competencial é logicamente antecedente e, eventualmente, prejudicial à da legitimidade. Fixada a competência, cumpre ao juiz apreciar a legitimação ativa do Ministério Público Federal para promover a demanda, consideradas as suas características, as suas finalidades e os bens jurídicos envolvidos. À luz do sistema e dos princípios constitucionais, nomeadamente o princípio federativo, é atribuição do Ministério Público da União promover as ações civis públicas de interesse federal e ao Ministério Público Estadual as demais. Considera-se que há interesse federal nas ações civis públicas que (a) envolvam matéria de competência da Justiça Especializada da União (Justiça do Trabalho e Eleitoral); (b) devam ser legitimamente promovidas perante os órgãos Judiciários da União (Tribunais Superiores) e da Justiça Federal (Tribunais Regionais Federais e Juízes Federais); (c) sejam da competência federal em razão da matéria – as fundadas em tratado ou contrato da União com Estado estrangeiro ou organismo internacional (CF, art. 109, III) e as que envolvam disputa sobre direitos indígenas (CF, art. 109, XI); (d) sejam da competência federal em razão da pessoa – as que devam ser propostas contra a União, suas entidades autárquicas e empresas públicas federais, ou em que uma dessas entidades figure entre os substituídos processuais no polo ativo (CF, art. 109, I); e (e) as demais causas que envolvam interesses federais em razão da natureza dos bens e dos valores jurídicos que se visa tutelar. No caso dos autos, a causa é da competência da Justiça Federal, porque nela figura como autor o Ministério Público Federal, órgão da União, que está legitimado a promovê-la, porque visa a tutelar bens e interesses nitidamente federais, e não estaduais, a saber: o meio ambiente em área de manguezal, situada em terrenos de marinha e seus acrescidos, que são bens da União (CF, art. 20, VII), sujeitos ao poder de polícia de autarquia federal, o IBAMA (Leis 6.938/81, art. 18, e 7.735/89, art. 4º)" (STJ, REsp 440.002/SE, 1ª Turma, Rel. Min. Teori Albino Zavascki, j. 18.11.2004, *DJ* 06.12.2004, p. 195).

3. *Amicus curiae*

Excepciona a regra de modificação da competência prevista neste artigo eventual intervenção da União Federal ou de qualquer entidade a ela relacionada na qualidade de *amicus curiae*. O art. 138, § 1º, do Código de Processo Civil é expresso no sentido de que a intervenção de *amicus curiae* não implica alteração de competência. Dada a função do *amicus curiae* de fornecer elementos para melhor formação do convencimento judicial em controvérsias com grande repercussão social e não a de postular a satisfação de um interesse próprio, justificado o não deslocamento da competência para a Justiça Federal nesses casos.

4. Outras hipóteses em que não há modificação da competência

Referida regra de modificação da competência, ademais, apenas não se aplica em processos de recuperação judicial, falência, insolvência civil e acidente de trabalho. Nesses casos, não haverá modificação de competência. Com relação à competência para os processos de recuperação e falência, tem-se que "constitui razão histórica da formação e desenvolvimento da falência como instituto jurídico a necessidade de se assegurar, por um único juízo, o conhecimento de todas as ações, dos diversos credores, que se relacionem com aquele devedor insolvente por meio da sentença declaratória da falência. Como corolário natural da necessidade de garantir tratamento igualitário aos credores, perante um mesmo órgão jurisdicional, a que devem todos acorrer para obter a satisfação dos seus direitos, o legislador instituiu a universalidade e indivisibilidade do juízo falimentar" (Ronaldo Vasconcelos, Direito processual falimentar, São Paulo: Quartier Latin, 2008, p. 142). Do mesmo modo, as demandas sujeitas à Justiça do Trabalho e à Justiça Eleitoral não podem ser transpostas a outros juízos, dada a especialidade das funções desempenhadas por essas justiças.

5. Competência da Justiça do Trabalho

Com relação à competência da Justiça do Trabalho, segundo o art. 114 da Constituição Federal, com redação atribuída pela Emenda Constitucional 45 de 2014, compete a esta justiça processar e julgar as ações oriundas da relação de trabalho; as ações que envolvam o exercício do direito de greve; as ações sobre representação sindical; mandados de segurança, *habeas corpus* e *habeas data* sobre matéria da sua jurisdição; conflitos de competência entre órgãos com jurisdição trabalhista; ações de indenização decorrentes de relação de trabalho; ações relativas às penalidades administrativas impostas aos empregadores; execuções de contribuições sociais e outras controvérsias decorrentes da relação de trabalho (incs. I a IX).

Como esclarece Estêvão Mallet ("Apontamentos sobre a competência da Justiça do Trabalho após a Emenda Constitucional 45/2004", in *Revista de Processo*, v. 126/2005, p. 40-58, ago./2005) "relação de trabalho é conceito mais amplo do que relação de emprego (...) abrange todas as relações jurídicas em que há a prestação de trabalho por pessoa natural a outra pessoa, natural ou jurídica, tanto no âmbito de contrato de trabalho (...) como, ainda, no de contrato de prestação de serviços (...) e mesmo no de outros contratos, como os de transporte, mandato, em-

preitada etc.", com isso, prossegue o autor, "deixa a Justiça do Trabalho de ter como principal competência, à vista da mudança em análise, o exame dos litígios relacionados com o contrato de trabalho, para julgar os processos associados ao trabalho de pessoa natural em geral".

Com relação ao exercício do direito de greve, esclarece o autor, que a expressão "ações que envolvam exercício de direito de greve" atribui à Justiça do Trabalho competência para julgamento de implicações civis da paralisação e ações de responsabilização propostas por terceiros em face de dirigentes sindicais em virtude de prejuízos causados pela paralisação. Além disso, prossegue o autor, "não há dúvida de que litígios emergentes de incidentes surgidos no curso da greve, relacionados com práticas antissindicais do empregador ou de terceiros, bem como com excessos cometidos pelos grevistas, em caso de ocupação do estabelecimento ou de impedimento de acesso de empregados ou de terceiros ao local de trabalho, também serão resolvidos pela Justiça do Trabalho".

No que diz respeito às ações relativas à representação sindical, após a Emenda Constitucional 45/2004, "compete à Justiça do Trabalho julgar ações em que discutida, como questão incidental ou principal, a representação de entidades sindicais, tanto quando diretamente em confronto os sindicatos como, igualmente, em caso de consignação em pagamento ajuizada por empregador, em caso de dúvida sobre a entidade legitimada ao recebimento de parcelas devidas por integrantes da categoria". Além disso, "também compete à Justiça do Trabalho resolver os conflitos sobre eleições sindicais, como questionamento de inscrições de candidatos, provimentos urgentes requeridos no curso do processo eleitoral ou impugnação de resultados, além de outros. Mais ainda, a alusão ampla a 'representação sindical' (...) permite afirmar que a impugnação judicial de atos da direção do sindicato ou da assembleia da entidade – que envolvem a representação da categoria –, alegadamente contrários à lei ou aos estatutos, deve ser resolvida pela Justiça do Trabalho" (Estêvão Mallet, "Apontamentos sobre a competência da Justiça do Trabalho após a Emenda Constitucional 45/2004", in *Revista de Processo*, v. 126/2005, p. 40-58, ago./2005).

A respeito das ações de indenização por dano moral ou patrimonial, Estêvão Mallet destaca que o disposto no art. 114, inc. VI da Constituição Federal "torna mais clara a com-

Art. 45

petência da Justiça do Trabalho para julgamento do pedido de reparação civil do dano decorrente de acidente de trabalho ou doença profissional". Ademais, prossegue o autor, "a ampliação da competência imposta pela regra do art. 114, I, da CF/1988 faz com que à Justiça do Trabalho caiba o exame das ações de indenização, em caso de acidente de trabalho, de doença profissional ou outros, não apenas quando ajuizadas por empregados como, ainda, quando propostas por outros trabalhadores" ("Apontamentos sobre a competência da Justiça do Trabalho após a Emenda Constitucional 45/2004", in *Revista de Processo*, v. 126/2005, p. 40-58, ago./2005).

O Superior Tribunal de Justiça, registre-se, por fim, consolidou o entendimento de que "a orientação de que a discussão acerca dos critérios de contratação de trabalhadores antecede o contrato de trabalho, atraindo, assim, a competência da Justiça Comum e não da Justiça Trabalhista" (STJ, AgRg nos EDcl no REsp 1026027/ES, 1ª Turma, Rel. Min. Napoleão Nunes Maia Filho, j. 01.03.2016, *DJe* 11.03.2016)

6. Competência da Justiça Eleitoral

O art. 22 do Código Eleitoral (Lei nº 4.737/65) estabelece a competência do Tribunal Superior Eleitoral. O inc. I de tal dispositivo estatui as hipóteses de competência originária deste Tribunal e o inciso II sua competência hierárquica para julgar os recursos interpostos contra as decisões dos Tribunais Regionais Eleitorais previstas no art. 276 do Código Eleitoral. De acordo com esse dispositivo, cabe recurso especial eleitoral das decisões proferidas pelos Tribunais Regionais que contrariarem expressa disposição de lei ou quando houver divergência na interpretação de lei entre dois ou mais tribunais eleitorais (inc. I). Por sua vez, será cabível o recurso ordinário para o TSE da decisão que versar sobre expedição de diploma nas eleições federais e estaduais ou que denegarem habeas corpus ou mandado de segurança (inc. II). O art. 23 do Código Eleitoral, por seu turno, estabelece competências administrativas do Tribunal Superior Eleitoral.

Os Tribunais Regionais Eleitorais, por sua vez, órgãos de segunda instância da justiça eleitoral, têm sua competência disciplinada pelo art. 29 do Código Eleitoral. O inc. I de tal dispositivo legal estabelece, por exemplo, a competência originária desses tribunais e o inc. II as hipóteses de competência hierárquica para julgar os recursos interpostos das decisões proferidas pelos juízes e juntas eleitorais (inc. I) e das decisões dos juízes eleitorais que concederem ou denegarem habeas corpus ou mandado de segurança (inc. II). Competências administrativas dos Tribunais Regionais Eleitorais, por seu turno, estão previstas no art. 30 do Código Eleitoral.

Os juízes eleitorais de primeira instância, membros da justiça estadual, têm sua competência disciplinada pelo art. 35 do Código Eleitoral e a competência das juntas eleitorais, instituídas sessenta dias antes da eleição, está prevista no art. 40 do Código. A função precípua das Juntas é realizar a contagem dos votos e sua totalização em cada zona eleitoral (Paulo Henrique dos Santos Lucon, José Marcelo Menezes Vigliar, *Código Eleitoral Interpretado*, 3. ed., São Paulo: Atlas, 2013, p. 59).

7. Pendência de pedido cuja apreciação seja de competência do juízo que recebeu a demanda

O art. 46, §§ 1º e 2º do Código de Processo Civil disciplina a distribuição da competência nas causas em que há cumulação de pedidos e apenas um deles interessar à União ou à entidade a ela relacionada. Nessas hipóteses, os autos não serão encaminhados enquanto pender de apreciação pedido cuja apreciação seja de competência do juízo perante o qual foi originalmente proposta a ação, devendo o juiz não examinar, portanto, o mérito do pedido em que se veicule interesse da União ou de entidades a ela relacionadas. Mesmo havendo intensa relação de conexidade entre os pedidos, a competência absoluta da Justiça Federal impõe a modificação da competência nesses casos, sendo inviável, portanto, o julgamento conjunto: "a competência por conexão não derroga a competência absoluta. A partir dessa linha de raciocínio traçada por Calamandrei, é possível extrair consequências de extrema validade prática para o sistema brasileiro. Se existente relação de conexão ou de continência entre demandas em curso perante juízos diversos, não haverá prorrogação se a competência for absoluta" (Paulo Henrique dos Santos Lucon, Relação entre demandas, pp. 106 e ss.).

8. Exclusão de ente federal

De acordo como o entendimento sumulado do Superior Tribunal de Justiça, a decisão do juiz federal sobre a existência ou não de interesse da União em um determinado processo prevalece sobre o mesmo exame feito pelo juiz estadual e vincula a atuação deste, de modo a respeitar a decisão de julgador do mesmo grau hierárquico. Sobre o tema, três súmulas devem ser lembradas: Súmula 150, pela qual "compete à Justiça Federal decidir sobre a existência de interesse jurídico que justifique a presença, no processo, da União, suas autarquias ou empresas públicas"; Súmula 224, de acordo com a qual "excluído do feito o ente federal, cuja presença levara o Juiz Estadual a declinar da competência, deve o Juiz Federal restituir os autos e não suscitar conflito" e; Súmula 254, pela qual "a decisão do Juízo Federal que exclui da relação processual ente federal não pode ser reexaminada no Juízo Estadual". No sentido da aludida Súmula 224, o Código de Processo Civil de 2015 estabelece no art. 45, § 3º, que "o juízo federal restituirá os autos ao juízo estadual sem suscitar conflito se o ente federal cuja presença ensejou a remessa for excluído do processo".

Uma vez excluído da demanda o ente federal, portanto, o Juízo Federal restituirá os autos à justiça estadual sem suscitar conflito de competência. Tal regra destina-se a agilizar o processo, uma vez que a tramitação do conflito de competência se dá em claro prejuízo da celeridade processual. Caso o juiz federal não reconheça sua competência e não considere adequada a modificação de que trata esse artigo, remeterá ele, então, os autos à Justiça Estadual, sendo que eventual conflito negativo de competência apenas se instaurará, se o juiz estadual também se declarar incompetente.

Jurisprudência

"Excluído do feito o ente federal, cuja presença levara o Juiz Estadual a declinar da competência, deve o Juiz Federal restituir os autos e não suscitar conflito" (STJ, Súmula 224, Corte Especial, j. 02.08.1999, *DJ* 25.08.1999, p. 31).

> **Art. 46.** A ação fundada em direito pessoal ou em direito real sobre bens móveis será proposta, em regra, no foro de domicílio do réu.
>
> **§ 1º** Tendo mais de um domicílio, o réu será demandado no foro de qualquer deles.

> **§ 2º** Sendo incerto ou desconhecido o domicílio do réu, ele poderá ser demandado onde for encontrado ou no foro de domicílio do autor.
>
> **§ 3º** Quando o réu não tiver domicílio ou residência no Brasil, a ação será proposta no foro de domicílio do autor, e, se este também residir fora do Brasil, a ação será proposta em qualquer foro.
>
> **§ 4º** Havendo 2 (dois) ou mais réus com diferentes domicílios, serão demandados no foro de qualquer deles, à escolha do autor.
>
> **§ 5º** A execução fiscal será proposta no foro de domicílio do réu, no de sua residência ou no do lugar onde for encontrado.

▶ *Referência: CPC/1973 – Art. 94*

1. Competência territorial

As normas que disciplinam a competência territorial distribuem as causas a partir de duas diretivas principais: i) permitir que o processo se desenvolva diante do juiz que, por sua sede, possa exercitar sua função de maneira mais eficiente e; ii) facilitar e tornar mais cômoda a defesa do réu. Afinal, é o autor quem interfere na esfera jurídica do réu, provocando-o a agir em juízo e, portanto, em compensação, deve ter o réu a vantagem de não ter de se deslocar até o domicílio do autor para se defender (Enrico Tullio Liebman, *Manuale di diritto processuale civile*, v. I, Milano: Giuffrè, 1992, pp. 58-59; Crisanto Mandrioli, *Diritto processuale civile*, v. I, 19. ed., Torino: G. Giappichelli, 2007, pp. 245-252).

2. Domicílio e residência

A regra geral estabelece a competência territorial do foro do domicílio do demandado. Como máxima, portanto, extraível do art. 46, *caput* do CPC de 2015, demandas fundadas em direito pessoal ou real sobre bens móveis serão propostas no foro do domicílio do réu. Domicílio da pessoa natural é o lugar onde ela estabelece a sua residência com ânimo definitivo (CC, art. 70). Se o réu tiver mais de um domicílio, poderá ser demandado em qualquer um deles, não havendo, portanto, qualquer relação de preferência. Se, porém, a pessoa natural tiver diversas residências, onde, alternadamente, viva, considerar-se-á domicílio seu qualquer delas (CC, art. 71). É também domicílio da pessoa natural, quantos às

Art. 46

relações concernentes à profissão, o lugar onde está é exercida (CC, art. 72, *caput*).

Se a pessoa exercitar profissão em diversos lugares, cada um deles constituirá domicílio para as relações que lhe corresponderem (CC, art. 72, parágrafo único). Portanto, domicílio e residência podem coincidir, mas são institutos jurídicos distintos e não se confundem. A residência é o lugar no qual alguém habita com intenção de ali permanecer, mesmo que dele se ausente por algum tempo. Não se confunde com moradia ou habitação, que é o local onde o indivíduo permanece, por certo lapso temporal, sem o intuito de ficar (p.ex., um hotel ou residência alugada para o desfrute de férias). Tendo mais de um domicílio, o réu será demandado no foro de qualquer deles. O § 2º do dispositivo em tela estabelece que sendo incerto ou desconhecido o domicílio do réu, ele poderá ser demandado onde for encontrado ou no foro de domicílio do autor, não havendo aí, portanto, qualquer relação de preferência, tratando-se, pois, de competência territorial concorrente relativa.

3. Réu sem domicílio ou residência no Brasil

Por sua vez, quando o réu não tiver domicílio ou residência no Brasil, a ação será proposta no foro de domicílio do autor, e, se este também residir fora do Brasil, a ação será proposta em qualquer foro (§ 3o). No entanto, "no litisconsórcio passivo, se uma das rés tem sede no exterior e as outras no Brasil, a ação deve ser proposta no foro do domicílio destas, e não no da autora, pois a disposição do § 3º do art. 94 do CPC apenas se aplica se não existem outras litisconsortes com sede no Brasil" (STJ, REsp nº 223.742/PR, 4ª Turma, Rel. Min. Ruy Rosado de Aguiar, j. 25.10.1999, *DJ* 13.03.2000, p. 185).

4. Litisconsórcio

No caso de pluralidade de réus (litisconsórcio passivo), isto é, havendo 2 (dois) ou mais réus com domicílios em foros diversos, serão demandados no foro de qualquer deles, à escolha do autor (§ 4º).

5. Pessoa jurídica

Para a pessoa jurídica, o domicílio é a sede onde ela se presume presente para efeitos jurídicos ou onde exerce ou pratica habitualmente seus atos e negócios jurídicos. A respeito do tema, o

art. 75 do Código Civil disciplina que "quanto às pessoas jurídicas, o domicílio é: I – da União, o Distrito Federal; II – dos Estados e Territórios, as respectivas capitais; III – do Município, o lugar onde funcione a administração municipal; IV – das demais pessoas jurídicas, o lugar onde funcionarem as respectivas diretorias e administrações, ou onde elegerem domicílio especial no seu estatuto ou atos constitutivos" (CC, art. 75).

6. Ação sobre bens móveis (domicílio do réu)

O art. 46 do Código de Processo Civil estabelece que a ação, cujo objeto seja um bem móvel, independentemente da natureza do direito invocado pelo autor, deve ser proposta, em regra, no domicílio do réu. Se ela não o for, o réu poderá alegar em preliminar de contestação a incompetência territorial, uma vez que a incompetência relativa não pode ser declarada de ofício. Se o réu não alegar a incompetência nessa sede a competência será prorrogada, ou seja, o juiz que inicialmente era incompetente passará a ser competente para o processamento e para a decisão da causa.

7. Ação sobre bens móveis (domicílio do autor)

A ação sobre bem móvel pode ser proposta no domicílio do autor se o réu possuir domicílio incerto ou desconhecido, ou então, quando o réu não tiver domicílio nem residência no Brasil. Outra hipótese que excepciona a regra geral de competência do foro do domicílio do réu é a que está prevista no art. 101, inc. I do Código de Defesa do Consumidor, segundo o qual na ação de responsabilidade civil do fornecedor de produtos e serviços, a ação pode ser proposta no domicílio do autor. Trata-se de medida consentânea com a orientação político-jurídica de facilitar o acesso dos consumidores aos órgãos jurisdicionais e de regra de competência absoluta, devendo o juízo declarar sua incompetência para julgar a causa.

8. Competência da Justiça Eleitoral

No processo eleitoral, sabe-se que existem feitos de natureza civil e de natureza penal. Sendo penal, o foro comum é o da consumação do delito, com a aplicação subsidiária das normas que regem o processo penal (Art. 70 do CPP). Sendo civil, o foro comum é o do domicílio do demandado, pela aplicação subsidiária das normas que disciplinam o processo civil. Importante destacar que o conceito de domicílio para o Direito Eleitoral é mais amplo, pois designa o local em que um cidadão deve votar nas eleições. Para ser candidato, o cidadão deve ter domicílio eleitoral na circunscrição pelo prazo mínimo de um ano antes do pleito (Lei das Eleições – Lei nº 9.504/97, art. 9º).

O conceito de domicílio eleitoral é mais amplo e flexível comparativamente ao domicílio civil. Sobre o tema, o Tribunal Superior Eleitoral considerou haver domicílio eleitoral em situações que demonstram claramente a amplitude do conceito: i) onde seja proprietário rural (TSE, Respe nº 21.826/SE – *DJ* 1.10.2004, p. 150); ii) onde tenha domicílio efetivo, social ou comunitário (TSE, AgR-AI nº 7.286/PB, *DJe*, t. 5, 14.3.2013); iii) onde exerça atividade econômica ou patrimonial (TSE, Respe nº 13.459/SE, *DJ* 12.11.1993, p. 24.103); iv) onde tenha vínculo familiar – domicílio de parente (TSE, AAg. nº 4.788/MG-*DJ* 15.10.2004).

9. Execução fiscal – Fixação da competência

As execuções fiscais, nos termos do art. 46, § 5º, do Código de Processo Civil podem ser propostas no foro do domicílio do executado, no de sua residência ou no do lugar onde for encontrado. Em nenhuma hipótese, portanto, admite-se o ajuizamento de execução fiscal no foro do domicílio do exequente. De acordo com o enunciado da Súmula 58 do Superior Tribunal de Justiça "proposta a execução fiscal, a posterior mudança de domicílio do executado não desloca a competência já fixada" (STJ, Súmula 58, 1ª Seção, j. 29.09.1992, *DJ* 06.10.1992, p. 17215).

Desse modo, a fixação da competência se dá no momento de ajuizamento da execução fiscal, sendo irrelevantes eventuais transferências anteriores ou ulteriores a tal ato. Assim, eventual mudança de domicílio entre o lançamento do crédito e a propositura da execução não tem o condão de deslocar o foro competente para tal ajuizamento. (STJ, Recurso Especial nº 818.435 – RS, Relator Min. Luiz Fux, 1ª Turma, j. 09.09.2008, *DJe* 30.09.2008).

10. Ações relativas à validade de contrato

O contrato, lei entre as partes, mantém-se hígido e eficaz até a prolação de sentença que declare sua invalidade. Caso contrário, realizar-se-ia um juízo prévio a respeito da sua validade, afastando, destarte, a vontade e autonomia das partes que convencionaram, inequivocamente, pela via contratual. Esse juízo não pode ser realizado, pois a simples alegação de invalidade não tem o condão de afastar o foro de escolha das partes, vez que representaria inevitavelmente um prejulgamento da causa.

Nesse sentido, veja-se a jurisprudência do STJ sobre o tema: "Processual Civil. Embargos de divergência em recurso especial. Validade da cláusula de eleição de foro. Ação em que se discute a invalidade do negócio jurídico. É válida a cláusula de eleição de foro mesmo para possível discussão relativa à invalidade do negócio jurídico" (STJ, Embargos de Divergência em REsp 305.950/PR, 2ª Seção, rel. Min. Nancy Andrighi, j. 09.03.2005, *DJ* 24.10.2005 p. 326). Tal entendimento foi mais recentemente ratificado no AgRg no Agravo de Instrumento nº 1.304.551/RJ, de relatoria do Min. Luis Felipe Salomão, j. 02.08.2011, *DJe* 09.08.2011.

11. Competência para o julgamento das ações de improbidade administrativa

De acordo com a jurisprudência do Superior Tribunal de Justiça "a ação de improbidade administrativa deve ser processada e julgada nas instâncias ordinárias, ainda que proposta contra agente político que tenha foro privilegiado no âmbito penal e nos crimes de responsabilidade" (STJ, AgRg na Rcl 12.514/MT, Corte Especial, Rel. Min. Ari Pargendler, j. 16.09.2013, *DJe* 26.09.2013). Tal orientação, contudo, merece uma reflexão mais detida, já que as sanções previstas na Lei de Improbidade Administrativa se equiparam às sanções penais, já que restritivas de direitos, razão pela qual se justificaria a observância de eventual prerrogativa de foro. Na verdade, a ação de improbidade administrativa insere-se no direito processual sancionador, o que exige um exame mais detido dos fatos comparativamente às causas cíveis em geral, mas essa característica não tem como fazer prevalecer a regra do foro privilegiado.

> **Art. 47.** Para as ações fundadas em direito real sobre imóveis é competente o foro de situação da coisa.
>
> **§ 1º** O autor pode optar pelo foro de domicílio do réu ou pelo foro de eleição se o litígio não recair sobre direito de propriedade, vizinhança,

> servidão, divisão e demarcação de terras e de nunciação de obra nova.
>
> **§ 2º** A ação possessória imobiliária será proposta no foro de situação da coisa, cujo juízo tem competência absoluta.

▶ *Referência: CPC/1973 – Art. 95*

1. Ação sobre imóveis (real ou pessoal)

O art. 47 do Código de Processo Civil de 2015 prescreve a regra geral para fixação de competência quando as ações forem fundadas em direito real sobre imóveis, trata-se do foro de situação da coisa. Nada obstante, tal regra possui uma relativização, consubstanciada na redação pouco clara do parágrafo primeiro deste artigo, ou seja, caso a ação não recaia "*sobre direito de propriedade, vizinhança, servidão, divisão e demarcação de terras e de nunciação de obra nova*", caberá ao autor escolher entre o foro de domicílio do réu ou de eleição, ou seguir a regra geral.

Outro ponto relevante a respeito desse artigo, é referente à posse, pois trata-se de um fato jurídico, cujas ações a ela relativas possuem natureza pessoal. Apesar de tal esclarecimento, as discussões relativas à posse, mesmo que não versem sobre direito real, ainda assim, devem ser propostas no foro da situação da coisa (§ 2º), em virtude da competência absoluta do juízo.

2. Direitos reais mencionados e possessórios: competência absoluta

A ação fundada nos direitos mencionados nos parágrafos do dispositivo em tela que tenha por objeto um bem imóvel deve ser proposta não no domicílio do réu, mas no foro da situação da coisa. A nunciação de obra nova, procedimento especial previsto no CPC de 1973 (arts. 934 e ss.), não está prevista no CPC de 2015. Sua referência consta apenas do § 1º do art. 47 do CPC de 2015. Não obstante a ausência de procedimento especial próprio, a nunciação de obra nova destina-se a tutelar o autor em função da violação pelo réu de um direito de vizinhança ou mesmo de leis e posturas municipais que disciplinem alguma limitação ao direito de construir. Daí a determinação legal de que a ação que discuta esses direitos seja ajuizada no foro da situação da coisa.

A ação pode ser processada no foro do domicílio do réu ou no foro de eleição, desde que não seja ela fundada sobre o direito de propriedade, vizinhança, servidão, divisão e demarcação de terras e nunciação de obra nova. Esses são casos de competência territorial absoluta. Competente, portanto, nesses casos, é apenas o juiz do foro onde se encontra o bem imóvel. Ou seja, o dispositivo relaciona precisamente quais são os direitos reais que determinam a competência do foro da situação da coisa (§ 1º). O rol é taxativo e não sujeito a interpretações extensivas em relação a outros direitos reais.

A ação possessória imobiliária, do mesmo modo, deve ser proposta no foro da situação da coisa (§ 2º). Tem-se que ponderar, portanto, a máxima de que a competência, quando fixada a partir do critério territorial, é sempre passível de modificação. Isso não ocorre, como mencionado, nos casos acima que tratam de competência territorial absoluta. Inviável, portanto, a celebração de qualquer convenção processual que vise a modificar esse critério de determinação de competência.

Jurisprudência

"Na hipótese de o litígio versar sobre direito de propriedade, vizinhança, servidão, posse, divisão e demarcação de terras e nunciação de obra nova, a ação correspondente deverá necessariamente ser proposta na comarca em que situado o bem imóvel, porque a competência é absoluta. Por outro lado, a ação, ainda que se refira a um direito real sobre imóvel, poderá ser ajuizada pelo autor no foro do domicílio do réu ou, se o caso, no foro eleito pelas partes, se não disser respeito a nenhum daqueles direitos especificados na segunda parte do art. 95 do CPC, haja vista se tratar de competência relativa. Na hipótese, a ação versa sobre a desconstituição parcial das hipotecas incidentes sobre os imóveis de propriedade do recorrente. Conclui-se que não há competência absoluta do foro da situação dos imóveis para o seu julgamento – a competência deste é relativa e passível, portanto, de modificação" (STJ, REsp 1051652/TO, 3ª **Turma,** rel. Min. Nancy Andrighi, j. 27.09.2011, *DJe* 03.10.2011).

"As ações fundadas em direito real sobre imóveis, como a presente, em que se busca a posse com base no domínio (*ius possidendi*), devem ser dirimidas no foro em que se encontra a coisa, de acordo com o artigo 95 do Código de Processo Civil" (STJ, CC 100.610/SP, 2ª Seção, Rel. Min. Sidnei Beneti, j. 09.09.2009, *DJe* 25.09.2009).

> **Art. 48.** O foro de domicílio do autor da herança, no Brasil, é o competente para o inventário, a partilha, a arrecadação, o cumprimento de disposições de última vontade, a impugnação ou anulação de partilha extrajudicial e para todas as ações em que o espólio for réu, ainda que o óbito tenha ocorrido no estrangeiro.
>
> **Parágrafo único.** Se o autor da herança não possuía domicílio certo, é competente:
>
> **I** – o foro de situação dos bens imóveis;
>
> **II** – havendo bens imóveis em foros diferentes, qualquer destes;
>
> **III** – não havendo bens imóveis, o foro do local de qualquer dos bens do espólio.

▶ *Referência: CPC/1973 – Art. 96*

1. Foro do domicílio do autor da herança

O inventário, a partilha, a arrecadação, o cumprimento de disposições de última vontade e todas as ações em que o espólio for réu serão propostas no foro do último domicílio do autor da herança, ainda que o óbito tenha ocorrido no estrangeiro.

2. Outros foros subsidiariamente competentes

Se o autor da herança não possuir domicílio certo, as ações serão propostas no foro de situação dos bens imóveis; havendo bens imóveis em foros distintos, as ações poderão ser propostas em qualquer um destes; se o autor da herança não possuir domicílio certo e não havendo bens imóveis, as ações poderão ser propostas no foro do local de qualquer dos bens do espólio. A competência desses foros, portanto, é concorrente. O local do óbito, logo, é irrelevante para fins de determinação da competência para o processamento de demandas sucessórias. Contudo, é possível detectar uma lacuna legislativa, pois caso o *de cujus* não possuísse domicílio certo, nem bens de qualquer tipo, não há regra para a fixação da competência, motivo pelo qual se pode adotar o local de falecimento como regramento de determinação de competência em tais situações. Como se observa, o dispositivo em tela estabelece foros subsidiariamente competentes.

3. Espólio como autor

Conforme se depreende da leitura do art. 48, *caput* do Código de Processo Civil de 2015,

esse dispositivo se aplica para todas as ações em que o espólio for réu. Em sentido contrário, portanto, para as ações em que o espólio figura como autor será aplicável a regra geral prevista no art. 46 do Código de Processo Civil.

Jurisprudência

"Agravo interno em conflito positivo de competência. Direito de família. Sucessão. Inventário. Domicílio do autor da herança. Situação dos bens. Arts. 96 do CPC/1973 e 48 do CPC/2015. 1. Conflito de competência suscitado sob a égide do Código de Processo Civil de 1973. 2. A competência para o inventário é definida em razão do domicílio do autor da herança, e, subsidiariamente, da situação dos bens, caso não possua domicílio certo. 3. Na hipótese, as declarações de renda do falecido, o contrato de locação firmado antes de sua morte, a origem de sua carteira de habilitação e o fato de a quase totalidade de bens do autor da herança encontrarem-se localizados no Rio de Janeiro comprovam a referida cidade como seu último domicílio. 4. Agravo interno não provido." (STJ, AgInt no Conflito de Competência nº 147.082/RJ, 2ª Seção, Rel. Min. Ricardo Villas Bôas Cueva, j. 25.10.2017, *DJe* 31.10.2017).

> **Art. 49.** A ação em que o ausente for réu será proposta no foro de seu último domicílio, também competente para a arrecadação, o inventário, a partilha e o cumprimento de disposições testamentárias.

▶ *Referência: CPC/1973 – Art. 97*

1. Ações em que o ausente for réu

As ações em que o réu for ausente devem ser propostas no foro do seu último domicílio. De acordo com o art. 22 do Código Civil é o juiz quem, a requerimento de qualquer interessado ou do Ministério Público, declarará a ausência de uma pessoa que desapareceu do seu domicílio sem deixar representante. Além disso, segundo o art. 23 do Código Civil, também será declarada ausência quando o ausente deixar mandatário que não queira ou não possa exercer o mandato ou se os seus poderes forem insuficientes. O foro do último domicílio do ausente será competente na arrecadação, no inventário, na partilha e no cumprimento de disposições testamentárias. Assim, portanto, a

Art. 50

sucessão provisória ou definitiva, disciplinada nos arts. 26 e seguintes do Código Civil, serão processadas no foro do último domicílio do ausente.

2. Último domicílio incerto

O Código é omisso no que concerne à determinação de competência no caso de o ausente não possuir domicílio certo à época da ausência. Contudo, em leitura integrada com o art. 46, § 2º, o ausente poderá ser demandado no local em que for encontrado ou no foro de domicílio do autor. Nesse sentido, a propósito, já se manifestou o Superior Tribunal de Justiça: "as ações em que o ausente figurar como réu serão processadas perante o juízo do seu último domicílio, nos termos do art. 97 do CPC. Sendo este, entretanto, incerto, aplica-se o disposto no art. 94, § 2º, do CPC, que prevê seja o ausente demandado no local em que se encontrar ou no foro do domicílio do autor" (STJ, CC 139.482/MG, 2ª Seção, Rel. Min. Moura Ribeiro, j. 27.05.2015, *DJe* 02.06.2015).

> **Art. 50.** A ação em que o incapaz for réu será proposta no foro de domicílio de seu representante ou assistente.

▸ *Referência: CPC/1973 – Art. 98*

1. Ação em que o incapaz for réu

O domicílio do incapaz é o de seu representante ou assistente. Trata-se de domicílio necessário, tal como estatui o art. 76 do Código Civil. Com essa regra de fixação de competência quer-se evidentemente facilitar o acesso à justiça de uma parte que se encontra em uma situação de inferioridade se comparada à outra. A garantia do tratamento paritário das partes exige justamente que em determinadas hipóteses seja conferido um tratamento mais favorável a uma das partes que apresenta alguma espécie de hipossuficiência. No mesmo sentido é o teor do art. 147, inc. I do Estatuto da Criança e do Adolescente, segundo o qual "a competência será determinada pelo domicílio dos pais ou responsável". A grande inovação deste dispositivo, em comparação com o dispositivo análogo do Código de Processo Civil de 1973, foi a expressa inclusão dos relativamente incapazes, dado que o dispositivo inclui também o foro de domicílio do assistente como

competente para ação em que o relativamente incapaz for réu.

2. Prevalência do foro do representante ou assistente do incapaz

É importante salientar que, entre os sujeitos que demandam especial proteção jurisdicional, os mais necessitados são os incapazes. Motivo pelo qual, em eventual conflito de competência, deve prevalecer o mais protetivo ao incapaz, conforme já decidiu o Superior Tribunal de Justiça: "no confronto entre as normas protetivas invocadas pelas partes, entre o foro da residência da mulher e o do domicílio do representante do incapaz, deve preponderar a regra que privilegia o incapaz, pela maior fragilidade de quem atua representado, necessitando de facilitação de meios, especialmente numa relação processual formada em ação de divórcio, em que o delicado direito material a ser discutido pode envolver íntimos sentimentos e relevantes aspectos patrimoniais" (STJ, REsp 875.612/MG, 4ª Turma, Rel. Min. Raul Araújo, j. 04.09.2014, *DJe* 17.11.2014). Ressalve-se do exemplo o fim do foro privilegiado da mulher casada, findo com o Código de Processo Civil de 2015. Ademais, de acordo com o enunciado da Súmula 383 do Superior Tribunal de Justiça "a competência para processar e julgar as ações conexas de interesse de menor é, em princípio, do foro do domicílio do detentor de sua guarda" (STJ, Súmula 383, 2ª Seção, j. 27.05.2009, *DJe* 08.06.2009).

> **Art. 51.** É competente o foro de domicílio do réu para as causas em que seja autora a União.
>
> **Parágrafo único.** Se a União for a demandada, a ação poderá ser proposta no foro de domicílio do autor, no de ocorrência do ato ou fato que originou a demanda, no de situação da coisa ou no Distrito Federal.

▸ *Referência: CPC/1973 – Art. 99*

1. União como demandante

O art. 51 do Código de Processo Civil está em consonância com o art. 109, § 1º da Constituição Federal, segundo o qual "as causas em que a União for autora serão aforadas na seção judiciária onde tiver domicílio a outra parte". Por "seção judiciária" deve-se compreender "foro federal", que indica o território no qual um órgão jurisdicional federal exerce suas funções em consonância com a competência que a Constituição Federal atribui à Justiça Federal. Logo, figurando a União como autora, a demanda por ela proposta deverá ser ajuizada no foro do domicílio federal onde estiver domiciliado o réu. Trata-se de hipótese de competência absoluta, que não é passível de modificação, portanto. Se o réu possuir mais de um domicílio, verificar-se-á, então, hipótese de competência absoluta concorrente, ou seja, a União poderá demandar o réu em qualquer um de seus domicílios. Do mesmo modo, havendo uma pluralidade de réus com domicílios distintos, a União poderá demandá-los em qualquer um de seus domicílios.

2. União como demandada

Por outro lado, se a União for demandada, a ação poderá ser proposta no foro do domicílio do autor, no de ocorrência do ato ou fato que originou a demanda, no da situação da coisa ou no Distrito Federal. São, portanto, foros concorrentes. O dispositivo em tela trata de uma espécie de competência absoluta concorrente.

3. Competência absoluta da Justiça Federal

Ainda de acordo com a Constituição Federal, compete aos juízes federais processar e julgar "as causas em que a União, entidade autárquica ou empresa pública federal forem interessadas na condição de autoras, rés, assistentes ou oponentes, exceto as de falência, as de acidentes de trabalho e as sujeitas à Justiça Eleitoral e à Justiça do Trabalho" (art. 109, inc. I). Esse dispositivo, por certo, aplica-se não só à União, mas também às entidades que estiverem a ela vinculadas. A garantia do tratamento paritário, dada a posição privilegiada de uma das partes, visa a facilitar o acesso à justiça da parte que em face deles litigar por meio dessas normas de fixação de competência. Presume-se que a União Federal esteja bem aparelhada e preparada para litigar em qualquer local do território nacional onde exista uma unidade jurisdicional competente. Por outro lado, é medida que tutela o acesso à justiça permitir que o administrado litigue no seu domicílio, no qual possui condições melhores de postular, como demandante ou como demandado, em igualdade de armas contra a União Federal, entidades autárquicas ou empresa pública federal.

Jurisprudência

"É possível aos demandantes escolher o foro do domicílio de qualquer deles para se inten-tar ação contra a União quando houver litisconsórcio ativo facultativo. Segundo entendimento do STF: 'Os litisconsortes, nas ações contra a União, podem optar pela propositura da ação no domicílio de qualquer deles. Precedentes à luz da Constituição Federal de 1988' (RE 484235, Rel. Min. Ellen Gracie, j. 25.8.2009, *DJe* 18.9.2009)" (STJ, AgRg no Ag 1251166/SP, Rel. Min. Eliana Calmon, j. 01.06.2010, *DJe* 17.06.2010).

> **Art. 52.** É competente o foro de domicílio do réu para as causas em que seja autor Estado ou o Distrito Federal.
>
> **Parágrafo único.** Se Estado ou o Distrito Federal for o demandado, a ação poderá ser proposta no foro de domicílio do autor, no de ocorrência do ato ou fato que originou a demanda, no de situação da coisa ou na capital do respectivo ente federado.

▶ *Sem correspondência no CPC/1973*

1. Estado ou Distrito Federal como demandantes

De acordo com o art. 52 do Código de Processo Civil, as causas em que Estado ou Distrito Federal são autores deverão ser propostas no foro do domicílio do réu.

2. Estado ou Distrito Federal como demandados

Nos casos em que um Estado ou o Distrito Federal for o demandado, a ação poderá ser proposta no foro do domicílio do autor, no de ocorrência do ato ou fato que originou a demanda, no da situação da coisa ou na capital do respectivo ente federado. Aplica-se, aqui, portanto, a mesma lógica do artigo anterior. A garantia do tratamento paritário, dada a posição privilegiada de uma das partes, no caso os Estados ou o Distrito Federal, visa a facilitar o acesso à justiça da parte que em face deles litigar por meio dessas normas de fixação de competência. Presume-se que tais entes estejam bem aparelhados e preparados para litigar em qualquer local dos seus respectivos territórios. Por outro lado, é medida que tutela o acesso à justiça permitir que o administrado litigue no seu domicílio, no qual possui condições melhores de postular, como demandante ou como demandado, em igualdade de armas contra os Estados ou o Distrito Federal e respectivas entidades

Art. 53

autárquicas. Como se verifica, as justificativas aqui apresentadas são as mesmas do dispositivo anterior, ou seja, *ubi eadem ratio ibi eadem legis dispositivo* (onde se encontra a mesma razão, deve ser aplicada a mesma norma).

Art. 53. É competente o foro:

I – para a ação de divórcio, separação, anulação de casamento e reconhecimento ou dissolução de união estável:

a) de domicílio do guardião de filho incapaz;

b) do último domicílio do casal, caso não haja filho incapaz;

c) de domicílio do réu, se nenhuma das partes residir no antigo domicílio do casal;

d) de domicílio da vítima de violência doméstica e familiar, nos termos da Lei nº 11.340, de 7 de agosto de 2006 (Lei Maria da Penha);

II – de domicílio ou residência do alimentando, para a ação em que se pedem alimentos;

III – do lugar:

a) onde está a sede, para a ação em que for ré pessoa jurídica;

b) onde se acha agência ou sucursal, quanto às obrigações que a pessoa jurídica contraiu;

c) onde exerce suas atividades, para a ação em que for ré sociedade ou associação sem personalidade jurídica;

d) onde a obrigação deve ser satisfeita, para a ação em que se lhe exigir o cumprimento;

e) de residência do idoso, para a causa que verse sobre direito previsto no respectivo estatuto;

f) da sede da serventia notarial ou de registro, para a ação de reparação de dano por ato praticado em razão do ofício;

IV – do lugar do ato ou fato para a ação:

a) de reparação de dano;

b) em que for réu administrador ou gestor de negócios alheios;

V – de domicílio do autor ou do local do fato, para a ação de reparação de dano sofrido em razão de delito ou acidente de veículos, inclusive aeronaves.

▶ *Referência: CPC/1973 – Art. 100*

1. Ações de família

De acordo com o art. 53, inc. I do Código de Processo Civil, as ações de divórcio, separa-

ção, anulação de casamento e reconhecimento ou dissolução de união estável serão propostas, nesta ordem, no foro do domicílio do guardião de filho incapaz; no foro do domicílio do casal, caso não haja filho incapaz; ou no foro do domicílio do réu, se nenhuma das partes residir no antigo domicílio do casal. Ademais, em virtude de inclusão feita pela Lei nº 13.894/2019, quando tais ações forem promovidas por vítima de violência doméstica, a competência será do seu domicílio.

2. Equiparação material das famílias

De se registrar que o Superior Tribunal de Justiça já se manifestou a respeito da competência das varas de família para o processamento de demandas que digam respeito a outras formas de manifestação de relações familiares que não a entre casais heterossexuais, em sintonia com as recentes decisões do Supremo Tribunal Federal sobre o tema: "Se a prerrogativa de vara privativa é outorgada ao extrato heterossexual da população brasileira, para a solução de determinadas lides, também o será à fração homossexual, assexual ou transexual, e todos os demais grupos representativos de minorias de qualquer natureza que tenham similar demanda. Havendo vara privativa para julgamento de processos de família, esta é competente para apreciar e julgar pedido de reconhecimento e dissolução de união estável homoafetiva, independentemente das limitações inseridas no Código de Organização e Divisão Judiciária local". (STJ, REsp 1291924/RJ, 3ª Turma, Rel. Min. Nancy Andrighi, j. 28.05.2013, *DJe* 07.06.2013).

3. Acertos e desacertos: inclusão de união estável e separação

Ainda na esteira do inciso I do presente artigo, importante notar que o Código de Processo Civil de 2015 tutelou de forma explícita as ações relativas à união estável, o que era necessário, dada a equiparação dessas uniões às famílias instituídas pelo matrimônio. Por outro lado, ao arrepio da Emenda Constitucional nº 66, de 2010, responsável por excluir a separação do ordenamento constitucional, a ação de separação judicial continua prevista no Código de Processo Civil. No entanto, há quem entenda estar preservada a separação judicial. Nessa linha, o diploma processual de 2015 teria ratificado o instituto. A questão ainda não foi definida pela jurisprudência e certamente haverá grande debate sobre o tema.

4. Fim do foro privilegiado da mulher casada

Contrariamente ao disposto no CPC/73, a legislação atual não prevê o foro privilegiado da mulher casada; tal disposição, destaque-se, é decorrência direta da ordem constitucional e da equiparação absoluta entre os diferentes gêneros. Trata-se do fim da proteção formal aos direitos da mulher, no que tange à competência. Nada obstante, o CPC/2015 não possui o condão de revogar a legislação especial, *in casu*, a Lei Maria da Penha, que assim prevê: "Art. 15. É competente, por opção da ofendida, para os processos cíveis regidos por esta Lei, o Juizado: I – do seu domicílio ou de sua residência; II – do lugar do fato em que se baseou a demanda; III – do domicílio do agressor". Portanto, embora a regra geral seja pelo fim da regra protetora das mulheres, segue hígida a regra especial de tutela de situações de patente vulnerabilidade.

5. Foro do domicílio ou da residência do alimentando

A ação de alimentos deve ser proposta no foro do domicílio ou da residência do alimentando. Isto é, parte-se da presunção de hipossuficiência do alimentando para determinar competência mais favorável ao autor, inclusive facultando a propositura da demanda no foro de sua residência – situação de fato. É certo que a interpretação deste dispositivo deve ser ampliada para todas as ações que versem sobre alimentos, aqui incluídas as revisionais, mesmo sendo réu o alimentando.

Também se deve registrar que de acordo com o enunciado da Súmula 1 do Superior Tribunal de Justiça "o foro do domicílio ou da residência do alimentando é o competente para a ação de investigação de paternidade, quando cumulada com a de alimentos".

6. Foro do lugar

A leitura do disposto é autoexplicativa. De acordo com o art. 53 do Código de Processo Civil é competente o foro do lugar "a) onde está a sede, para a ação em que for ré pessoa jurídica; b) onde se acha agência ou sucursal, quanto às obrigações que a pessoa jurídica contraiu; c) onde exerce suas atividades, para a ação em que for

ré sociedade ou associação sem personalidade jurídica; d) onde a obrigação deve ser satisfeita, para a ação em que se lhe exigir o cumprimento; e) de residência do idoso, para a causa que verse sobre direito previsto no respectivo estatuto; f) da sede da serventia notarial ou de registro, para a ação de reparação de dano por ato praticado em razão do ofício".

Assim, deve ser proposta no local onde se encontra a agência ou a sucursal da pessoa jurídica a ação que versar sobre as obrigações contraídas por aquelas. Por outro lado, como se sabe, as pessoas que reciprocamente se obrigam a contribuir, com bens ou serviços, para o exercício conjunto de atividade econômica e a partilha, entre si, dos resultados, celebram contrato de sociedade (CC, art. 981), que somente adquire personalidade jurídica com a inscrição, no registro próprio e na forma da lei, dos seus atos constitutivos (CC, art. 985). A ação em que for ré a sociedade sem personalidade jurídica deve ser proposta no lugar onde ela exerce a sua atividade principal. A ação proposta com a intenção de exigir o cumprimento de uma obrigação deve ser processada no lugar onde a obrigação deve ser satisfeita. De acordo com o art. 327 do Código Civil esse lugar, em regra, é o domicílio do devedor, "salvo se as partes convencionarem diversamente, ou se o contrário resultar da lei, da natureza da obrigação ou das circunstâncias".

Importa salientar também o destaque concedido em especial ao Estatuto do Idoso, pois em virtude da alínea f, as ações sobre direitos versados no referido diploma, terão a competência fixada na residência do idoso.

7. Ação de reparação do dano

A ação de reparação do dano deve ser processada no lugar do ato ou do fato que o ocasionou. Esta norma é importante, pois as ações reparatórias têm, ordinariamente, forte vinculação com o suporte fático. Com isso, a atração da competência para o foro no qual ocorreu o dano é um fator de eficiência tutelado pela ordem processual. Norma que, ademais, é específica em relação às demais e, portanto, deve prevalecer. Confira-se, a propósito, decisão do Superior Tribunal de Justiça, que embora se refira ao Código de Processo Civil de 1973, é plenamente aplicável ao dispositivo em análise: "a regra do art. 100, V, *a*, do CPC/73, é norma específica em relação às dos arts. 94 e 100, IV,

Art. 54

a, do mesmo diploma, e sobre estas deve prevalecer. Enquanto as duas últimas definem o foro em razão da pessoa do réu, determinando que a ação seja em regra proposta no seu domicílio, ou, sendo pessoa jurídica, no lugar onde está a sua sede, já o disposto no art. 100, V, *a*, considera a natureza do direito que origina a ação, e estabelece que a ação de reparação de dano – não importa contra quem venha a ser promovida (pessoa física ou pessoa jurídica com domicílio ou sede em outro lugar) – tem por foro o lugar onde ocorreu o fato. (REsp 89.642, Rel. Min. Ruy Rosado de Aguiar, *DJ* 26.8.96)" (STJ, AgRg nos EDcl no REsp 1247952/SC, 3ª Turma, rel. Min. Sidnei Beneti, j. 16.08.2011, *DJe* 06.09.2011).

9. Administrador ou gestor de negócios alheios

A ação em que for réu o administrador ou gestor de negócios alheios deve ser proposta no lugar onde ele praticou os atos de gestão, pelo mesmo motivo das ações reparatórias. Deve-se lembrar que na administração do negócio o gestor envidará toda sua diligência, sendo obrigado a ressarcir ao dono os prejuízos resultantes de qualquer culpa na gestão (CC, art. 866).

10. Ação de reparação do dano (delito ou acidente de veículos)

A ação de reparação do dano sofrido especificamente em razão de delito ou de acidente de veículo automotor – inclusas as aeronaves – pode ser proposta no foro do domicílio do autor ou no foro do local do fato. Importante destacar, como já decidiu o Superior Tribunal de Justiça, que "a norma do parágrafo único do artigo 100 do Código de Processo Civil, ao referir-se a delitos, não se restringe aos que se verifiquem com a utilização de automóveis" (STJ, 3ª Turma, REsp 14731/RJ, rel. Min. Eduardo Ribeiro, j. 09.12.1991, *DJ* 04.05.1992 p. 5885); e que essa mesma norma, ao usar o termo 'delito', acaba por abarcar tanto os ilícitos penais como os ilícitos civis (STJ, 2ª Turma, AgRg no REsp 1033651/RJ, rel. Min. Mauro Campbell Marques, j. 14.10.2008, *DJe* 24.11.2008). O autor também pode ajuizar a ação no domicílio do réu, que só poderá recusá-lo se demonstrar possuir um efetivo interesse em que a ação seja processada no foro do local do fato. O que pode ocorrer, por exemplo, em função da maior facilidade para a produção de provas (STJ, 3ª Turma, REsp 14731/

RJ, rel. Min. Eduardo Ribeiro, j. 09.12.1991, *DJ* 04.05.1992 p. 5885).

Jurisprudência

"Agravo interno no recurso especial. Ação de indenização. Acidente de helicóptero. Competência. Interpretação da expressão veículo. Aplicação do artigo 100, parágrafo único, do CPC/1973. 1. Nas ações de reparação de dano em razão de acidente de veículo, conforme prevê a atual legislação processual civil, será competente o foro do domicílio do autor ou do local do fato, sem prejuízo da regra geral, devendo a expressão "veículo" ser interpretada de maneira mais ampla, incluindo aeronaves, e não somente veículos de via terrestre. 2. Agravo interno a que se nega provimento." (STJ, AgInt no Recurso Especial nº 1.512.184/RS, Rel. Min. Maria Isabel Gallotti, j. 2.10.2018, *DJe* 15.10.2018).

"Ante a ausência de eleição de foro pelas partes, é competente para processar e julgar a ação de arbitramento de honorários, em processo de conhecimento, o foro do lugar em que a obrigação deve, ou devesse ser satisfeita" (STJ, REsp 1072318/SP, 3ª Turma, rel. Min. Nancy Andrighi, j. 07.04.2011, *DJe* 15.04.2011).

*Seção II
Da modificação da
competência*

> **Art. 54.** A competência relativa poderá modificar-se pela conexão ou pela continência, observado o disposto nesta Seção.

▶ *Referência: CPC/1973 – Art. 102*

1. Competência relativa e prorrogação

Enquanto o regime da competência absoluta estabelece normas em atenção ao interesse público, o regime da competência relativa o faz, em respeito ao interesse exclusivo das partes no processo, as quais, conforme lhes convêm, poderão modificar os critérios que fixam a competência em razão do valor ou do território.

A prorrogação é o fenômeno pelo qual um juiz relativamente incompetente torna-se competente. A prorrogação poderá ser voluntária ou legal. A prorrogação voluntária decorre da manifestação de vontade das partes por força de uma cláusula de eleição de foro ou pela não alegação de incompetência em preliminar de contestação. A prorrogação legal decorre de expressa previsão da lei, a qual, ao vislumbrar semelhanças entre as causas, determina que elas sejam julgadas por um único órgão, ainda que não seja este originalmente competente para o julgamento de uma delas. Privilegia-se assim a economia processual e se evita o risco de o Poder Judiciário emitir decisões conflitantes, que atingem em cheio a sua legitimidade.

2. Conexão e Continência

As figuras da conexão e da continência são hipóteses de prorrogação legal. A conexão se dá entre duas ou mais demandas quando lhes for comum o pedido ou a causa de pedir. A continência, por sua vez, dá-se entre duas ou mais demandas, sempre que, além de haver identidade quanto às partes e à causa de pedir, o objeto de uma delas, por ser mais amplo, abrange o das outras. A conexão é instituto voltado a evitar decisões contraditórias ou conflitantes. O pedido de tutela constitutiva, por exemplo, por já conter uma declaração a respeito da existência ou inexistência de uma relação jurídica, abrange um eventual pedido de tutela declaratória. Depreende-se, portanto, que a conexão é o gênero do qual a continência é uma espécie.

Ao analisar a existência de identidade, mesmo que parcial, entre as demandas, a jurisprudência tende a flexibilizar o rigor dos requisitos legais, entendendo que o objetivo precípuo do Código de Processo Civil é evitar decisões contraditórias, por isso a indagação sobre o objeto ou a causa de pedir, que o artigo quer que seja comum, deve ser entendida em termos, não se exigindo a perfeita identidade, senão que haja um liame que os faça passíveis de decisão unificada (STJ, REsp 3.511, Rel. Min. Eduardo Ribeiro, DJ 11.03.1991, p. 2391).

Como resultado dessa concepção, de acordo com o art. 55, § 3º do Código de Processo Civil "serão reunidos para julgamento conjunto os processos que possam gerar risco de prolação de decisões conflitantes ou contraditórias caso decididos separadamente, mesmo sem conexão entre eles". Verificada uma das hipóteses de prorrogação legal, o juiz, de ofício ou a requerimento das partes, poderá ordenar a reunião das ações propostas em separado, para que sejam decididas simultaneamente, se, tendo em vista os fins a que se destina, quais sejam, a economia processual e a uniformidade das decisões, considerá-la conveniente. A prevenção é o que determina em qual juízo serão reunidas as causas conexas, sendo que o registro ou a distribuição da petição inicial torna prevento o juízo.

Jurisprudência

A causa de pedir da arrematação dos direitos de servidão sobre bem imóvel que corre perante a Justiça do Trabalho não tem relação com os fundamentos pelos quais é requerido o reconhecimento da extinção da servidão perpétua sobre o mesmo bem imóvel em trâmite na Justiça Comum. Os fundamentos das duas causas não se identificam, em que pese possa ser alegada a conexão, pois há que se reconhecer a existência de um vínculo substancial entre as duas demandas. Por outro lado, a reunião dos feitos para julgamento conjunto não é possível, pois a competência material para o processamento das ações é absoluta, distinta e improrrogável, *a contrario sensu* do art. 54 do CPC/15, devendo se reconhecer a existência de uma relação de prejudicialidade externa heterogênea entre as demandas. Em hipóteses semelhantes, o STJ, ao apreciar conflitos de competência em que não era possível a reunião dos processos, já se pronunciou pela suspensão de um deles. "Agravo regimental no conflito de competência. Justiça estadual e federal. Possibilidade de decisões conflitantes. Interpretação extensiva do art. 115 do CPC. Ação rescisória na qual se pleiteia o reconhecimento da aquisição da propriedade do imóvel mediante usucapião e ação de imissão na posse decorrente da arrematação do mesmo imóvel em leilão extrajudicial. Conexão. Prejudicialidade. Suspensão. Precedente da Segunda Seção em caso análogo (AGRG no CC 112.956/MS, Min. Nancy Andrighi, *DJe* de 02.05.2012). Conflito conhecido para, mantendo a competência dos juízos suscitados para o processamento e julgamento das respectivas demandas, determinar a suspensão da ação de imissão na posse em trâmite no juízo de direito da vara cível do foro regional de tristeza – Porto Alegre – RS. Agravo regimental a que se nega provimento." (AgRg no CC nº 129.502/RS, 2ª Seção, *DJe* 21.11.2013). (STJ, AgInt no Conflito de Competência nº 156808/AL, 2ª Seção, Rel. Min. Nancy Andrighi, j. 18.6.2019).

Art. 55. Reputam-se conexas 2 (duas) ou mais ações quando lhes for comum o pedido ou a causa de pedir.

§ 1º Os processos de ações conexas serão reunidos para decisão conjunta, salvo se um deles já houver sido sentenciado.

§ 2º Aplica-se o disposto no *caput*:

I – à execução de título extrajudicial e à ação de conhecimento relativa ao mesmo ato jurídico;

II – às execuções fundadas no mesmo título executivo.

§ 3º Serão reunidos para julgamento conjunto os processos que possam gerar risco de prolação de decisões conflitantes ou contraditórias caso decididos separadamente, mesmo sem conexão entre eles.

▶ *Referência: CPC/1973 – Art. 103*

1. Relação entre demandas

As demandas podem se relacionar entre si por uma relação de *identidade, diversidade* ou *analogia*. Na primeira hipótese, verifica-se o fenômeno da litispendência a ensejar a extinção de uma das causas; no segundo caso, quando as demandas possuírem elementos constitutivos distintos, tramitarão elas cada qual em seu curso independentemente uma da outra; já a terceira situação – relação entre demandas por analogia –, por sua vez, é a que requer maior atenção, pois aqui se verifica que alguns elementos, ou parte deles, de uma demanda são idênticos aos de outra, o que impõe ao magistrado o dever de analisar qual o resultado para o processo da tramitação isolada e independente de cada uma dessas demandas (Paulo Henrique dos Santos Lucon, Relação entre demandas. Tese apresentada para Concurso de Livre-Docência de Direito Processual Civil na Faculdade de Direito da Universidade de São Paulo, 2015 (no prelo), § 1, nº 1, pp. 5 e ss.).

O fenômeno da relação entre demandas, assim, tem de ser analisado pelo prisma das finalidades que ele visa a tutelar no ordenamento jurídico. A partir de uma visão finalística, eventuais medidas a serem tomadas pelo magistrado por conta da constatação de existirem demandas que guardam entre si alguma relação de semelhança deve levar em consideração as consequências que o processamento autônomo de cada uma dessas demandas pode implicar

para o sistema jurídico. Não basta ao magistrado analisar apenas os elementos identificadores da demanda de maneira abstrata e isolada visando à reunião ou o tratamento conjunto de demandas conexas; tem ele de ir além e se preocupar principalmente com os efeitos que o tratamento isolado dessas demandas pode acarretar para o sistema jurídico e para as partes – insegurança jurídica e decisões contraditórias.

Em outras palavras, o magistrado que tem notícia da tramitação em separado de demandas que guardam entre si alguma relação de semelhança por conta da comunhão de algum elemento constitutivo tem o dever de voltar seu foco de atenção para as consequências que a tramitação em separado de cada uma delas produzirá para o ordenamento jurídico. Após a materialização dos efeitos concretos é que terá o magistrado condições de analisar qual das medidas processuais previstas pelo ordenamento jurídico é adequada para o caso (Paulo Henrique dos Santos Lucon, Relação entre demandas. Tese apresentada para Concurso de Livre-Docência de Direito Processual Civil na Faculdade de Direito da Universidade de São Paulo, 2015, no prelo, § 1, nº 2, pp. 10 e ss.). O magistrado que não age assim e analisa apenas cada demanda de maneira isolada, não atine ao fato de que um sistema jurídico coeso e coerente como o que se quer construir não pode ser alcançado a partir de uma visão microscópica dos fenômenos jurídicos. Ao se atentar para os efeitos que a tramitação em separado de demandas que guardam entre si alguma relação de semelhança, o magistrado zela pela *economia processual* e pela *harmonia ou uniformidade de decisões*. Quer-se permitir, em síntese, que o magistrado forme uma *convicção única* para julgar, seja por meio da reunião de todas as demandas em um único julgador, seja pela suspensão temporária de processo subordinado ao resultado de outro.

As diretrizes gerais do estudo do fenômeno da relação entre demandas, portanto, são mais abrangentes do que aquelas relativas à mera conexão, pois residem no prestígio à segurança jurídica, na medida em que procuram evitar, nas demandas que guardam entre si alguma relação de semelhança, provimentos conflitantes ou contraditórios, caso as causas sejam decididas separadamente ou mesmo não analisadas de uma forma holística. A segurança jurídica deve ser compreendida, portanto, como um "ideal normativo" consistente em uma norma-princípio com poder suficiente para requerer a adoção de comportamentos que ajudem a criar um "estado de confiabilidade e de calculabilidade jurídica", comportamentos esses que serão controlados pelos Poderes Legislativo, Executivo e Judiciário, de maneira a garantir ao indivíduo o respeito e a capacidade de planejar-se estando "juridicamente informado de seu futuro" (Humberto Bergmann Ávila, *Teoria da segurança jurídica*, 3. ed., São Paulo: Malheiros, 2014, pp. 681-713).

É possível extrair-se, pois, do conceito de segurança jurídica seu papel fundamental para a manutenção do bom funcionamento do direito na medida em que ela resguarda as expectativas dos cidadãos quanto ao resultado de suas condutas e, porque não, quanto a um resultado consistente das condutas dos órgãos jurisdicionais. A proteção da confiança no sistema, portanto, torna-se tão essencial quanto à consistência do próprio sistema. Sob a ótica processual, da segurança jurídica se espera não somente evitar provimentos conflitantes ou contraditórios, mas também previsibilidade na aplicação do direito. O estudo da relação entre demandas sob esta ótica finalística proporciona, pois, para o sistema a segurança jurídica na medida em que procura afastar os aludidos provimentos conflitantes ou contraditórios, evitando também atividades inúteis (Paulo Henrique dos Santos Lucon, *Relação entre demandas*. Tese apresentada para Concurso de Livre-Docência de Direito Processual Civil na Faculdade de Direito da Universidade de São Paulo, 2015, no prelo, p. 20 e ss.).

2. Reunião de demandas – evitar provimentos contraditórios

O Código de Processo Civil de 2015, atento à complexidade do fenômeno da relação entre demandas, estabelece no art. 55, § 3º que "serão reunidos para julgamento conjunto os processos que possam gerar risco de prolação de decisões conflitantes ou contraditórias caso decididos separadamente, mesmo sem conexão entre eles". Além disso, de acordo com o § 1º, inc. I desse mesmo artigo, reputar-se-ão conexas a execução de título extrajudicial e a ação de conhecimento relativa ao mesmo ato jurídico. Apesar da presença de pedidos absolutamente distintos, um de natureza executiva e outro cognitiva, se os fatos (causa de pedir remota) forem total ou parcialmente idênticos e se houver risco de decisões contraditórias ou conflitantes, deverá haver a

reunião das causas para julgamento conjunto. O Tribunal de Justiça do Estado de São Paulo possui, nesse sentido, Súmula que reconhece a existência de conexão entre processo de conhecimento e de execução fundados no mesmo título. Trata-se da Súmula nº 72, cujo enunciado possui o seguinte teor: "*há conexão entre ação declaratória e executiva fundadas no mesmo título*". Percebe-se aí que os efeitos práticos de ambos os processos podem ser inconciliáveis (satisfação da pretensão executiva e declaração de nulidade do mesmo título), o que justifica, pois, a reunião dessas demandas.

O oposto de processar e decidir separadamente demandas com elementos comuns, não é necessariamente a reunião de processos, porque em muitos casos isso pode criar embaraços processuais de diferentes ordens, mas sim o encaminhamento de atividades destinadas a evitar decisões contraditórias ou conflitantes (Paulo Henrique dos Santos Lucon, *Relação entre demandas*. Tese apresentada para Concurso de Livre-Docência de Direito Processual Civil na Faculdade de Direito da Universidade de São Paulo, 2015, no prelo, § 2, nº 6, pp. 26 e ss.). São tantas as fórmulas encontradas pelo sistema processual moderno – distribuição por dependência, suspensão pela prejudicialidade –, que a reunião em processo simultâneo pode ou não ocorrer a depender das especificidades da discussão jurídica presente em cada caso concreto. O que realmente consiste em dever judicial é o encaminhamento de atividades destinadas a evitar decisões contraditórias ou conflitantes, que pode ou não passar pela reunião de processos. O magistrado que ciente da existência de demandas comuns não toma nenhuma medida que vise a evitar decisões contraditórias e os prejuízos que delas decorrem viola deveres que a ele são impostos diretamente pela própria Constituição Federal, como o dever de promoção da segurança jurídica, por exemplo.

3. Prejudicialidade

Como se sabe, não é possível a reunião de demandas quando uma delas já tiver sido julgada. Esse o teor da Súmula nº 235 do Superior Tribunal de Justiça. Ao se verificar, contudo, uma relação de prejudicialidade entre demandas em graus distintos de jurisdição com potencial de gerar provimentos conflitantes ou contraditórias, embora não seja viável a reunião de processos, é possível figurar como hipótese a suspensão

Art. 56

da demanda prejudicada para julgamento da demanda prejudicial com fundamento no art. 313, inc. V, *a*, do Código de Processo Civil.

4. Momento de alegação

De acordo com o art. 337, inc. VIII, do Código de Processo Civil, incumbe ao réu em preliminar de contestação alegar a ocorrência de conexão. Em virtude, contudo, dos interesses públicos já destacados subjacentes a esse fenômeno, possível que, em momento ulterior, o juiz, ao constatar a existência de relação entre as demandas em jogo, adote medidas visando ao seu tratamento conjunto.

Jurisprudência

"A jurisprudência desta Corte é assente no sentido de que a reunião de ações conexas para julgamento conjunto constitui faculdade do magistrado, pois cabe a ele gerenciar a marcha processual, deliberando pela conveniência, ou não, do processamento e julgamento simultâneo" (STJ, AgRg no REsp 1204934/RJ, 1ª Turma, Rel. Min. Benedito Gonçalves, j. 14.04.2015, *DJe* 23.04.2015).

"A moderna teoria materialista da conexão ultrapassa os limites estreitos da teoria tradicional e procura caracterizar o fenômeno pela identificação de fatos comuns, causais ou finalísticos entre diferentes ações, superando a simples identidade parcial dos elementos constitutivos das ações. É possível a conexão entre um processo de conhecimento e um de execução, quando se observar entre eles uma mesma origem, ou seja, que as causas se fundamentam em fatos comuns ou nas mesmas relações jurídicas, sujeitando-as a uma análise conjunta. O efeito jurídico maior da conexão é a modificação de competência, com reunião das causas em um mesmo juízo. A modificação apenas não acontecerá nos casos de competência absoluta, quando se providenciará a suspensão do andamento processual de uma das ações, até que a conexa seja, enfim, resolvida" (STJ, REsp 1221941/RJ, 4ª Turma, Rel. Min. Luis Felipe Salomão, j. 24.02.2015, *DJe* 14.04.2015).

"Ação de regulamentação de visitas ajuizada em 24.05.2011. Recurso especial concluso ao Gabinete em 08.08.2013. Discussão relativa à possibilidade de reunião dos processos de regulamentação de visitas propostos por pai e avó paterna de menor, para julgamento conjunto, em razão da conexão (...) A conexão (art. 103 do CPC), constitui uma regra de modificação da competência, fazendo com que as causas conexas sejam reunidas para obter julgamento conjunto, com o escopo de evitar decisões conflitantes. O instituto pressupõe a existência de causas que, embora não sejam iguais, guardem entre si algum vínculo, uma relação de afinidade, o que denota que o alcance da regra de conexão tem sido alargado, de modo a se interpretar 'o vocábulo 'comum', contido no texto legal, como uma indicação do legislador de que, para caracterizar a conexão, seria desnecessária a identidade total dos elementos da ação, bastando tão somente uma identidade parcial. Embora, na hipótese, não haja perfeita identidade das causas de pedir, ambas guardam íntima relação com o componente do afeto, da convivência familiar, da importância do estabelecimento de uma relação entre a criança e família paterna. E os fatos que dão suporte aos pedidos, em ambas as ações são os mesmos, ou seja, as alegadas dificuldades, criadas pela mãe da criança, para impedir que ela tenha convívio direto com a família paterna. O reconhecimento da conexão e o julgamento conjunto evitará a realização de dois procedimentos instrutórios distintos, com eventual estudo psicológico e social para verificação das alegações dos autores de que a mãe da criança vem dificultando o seu convívio com a família paterna. Poderá ser proferida uma única decisão válida para todos, que considerará todos os aspectos e condições familiares para que haja a visitação, evitando que haja conflito entre os dias e horários de visitas do pai e da avó. Fica reconhecida a existência de um liame causal que torna os processos passíveis de uma decisão unificada em observância, outrossim, do melhor interesse da criança" (STJ, REsp 1413016/RJ, 3ª Turma, Rel. Min. Nancy Andrighi, j. 04.02.2014, *DJe* 17.02.2014).

> **Art. 56.** Dá-se a continência entre 2 (duas) ou mais ações quando houver identidade quanto às partes e à causa de pedir, mas o pedido de uma, por ser mais amplo, abrange o das demais.

▶ *Referência: CPC/1973 – Art. 104*

1. Continência

A conexão se dá entre duas ou mais ações que possuam o mesmo pedido e a mesma causa de pedir. A continência ocorre, por sua vez, entre duas ou mais ações, sempre que o objeto de uma delas, por ser mais amplo, abrange o das outras. O pedido de tutela condenatória, por exemplo, por já conter uma declaração a respeito da existência ou inexistência de uma relação jurídica, abrange um eventual pedido de tutela declaratória. Para o direito processual, a continência representa, então, o fenômeno de acordo com o qual um processo está integralmente contido no outro, o que impõe a sua reunião para evitar provimentos conflitantes. A continência, pois, revela uma relação entre demandas mais intensa. O fenômeno da continência se dá pelo conteúdo; todos os elementos presentes na demanda menor estão também presentes na demanda maior.

Na continência a união dos processos é medida que se impõe para se evitar decisões conflitantes ou contraditórias, mas nem sempre isso ocorre, pois a demanda ulterior pode estar contida na anterior, o que recomenda a extinção da demanda ulterior sem resolução do mérito. Assim é que sabiamente o art. 57 do Código de Processo Civil estabelece que "quando houver continência e a ação continente tiver sido proposta anteriormente, no processo relativo à ação contida será proferida sentença sem resolução do mérito, caso contrário, as ações serão necessariamente reunidas". Também com muita propriedade, a parte final do mencionado dispositivo reafirma a necessidade de que sendo a causa ulterior continente à anterior deverá necessariamente haver a reunião (Paulo Henrique dos Santos Lucon, Relação entre demandas. Tese apresentada para Concurso de Livre-Docência de Direito Processual Civil na Faculdade de Direito da Universidade de São Paulo, 2015, no prelo, § 10, nº 26). Havendo continência, a reunião das ações não se dá com base no critério da prevenção, competente será o juiz da causa com o objeto mais amplo.

A reunião para julgamento conjunto nos casos de continência só poderá ocorrer se respeitadas as normas de competência absoluta. A utilidade e praticidade do julgamento conjunto não pode infirmar o interesse público que perfaz as regras que determinam a competência absoluta.

Jurisprudência

"No caso em que duas ações coletivas tenham sido propostas perante juízos de competência territorial distinta contra o mesmo réu e com a mesma causa de pedir e, além disso, o objeto de uma, por ser mais amplo, abranja o da outra, competirá ao juízo da ação de objeto mais amplo o processamento e julgamento das duas demandas, ainda que ambas tenham sido propostas por entidades associativas distintas. Se, na situação descrita, o polo ativo da ação de objeto mais amplo abrange os indivíduos representados na ação de objeto mais restrito, caracteriza-se a identidade entre as partes necessária à caracterização da continência (art. 104 do CPC), uma vez que os substituídos é que suportarão os efeitos da decisão. Nesse contexto, inclusive, deve-se ressaltar que o aspecto subjetivo da litispendência nas ações coletivas deve ser visto sob a ótica dos beneficiários atingidos pelos efeitos da decisão, e não pelo simples exame das partes que figuram no polo ativo da demanda. Dessa maneira, considerando, além da identidade entre as partes – por se tratar de legitimados concorrentes –, a existência de idênticas causas de pedir e a abrangência de um pedido pelo outro, tem-se por configurada a continência, o que implica reunião das ações, para que se evitem decisões contraditórias. Além disso, nesse contexto, analisar a existência de continência demanda o revolvimento da matéria fática, o que é vedado pela Súmula 7 do STJ" (STJ, Informativo de jurisprudência nº 520; precedente citado: AgRg no REsp 1.186.059-RS, 1ª Turma, j. 12.3.2013, REsp 1.318.917-BA, Rel. Min. Antonio Carlos Ferreira, *DJe* 22.2.2011).

> **Art. 57.** Quando houver continência e a ação continente tiver sido proposta anteriormente, no processo relativo à ação contida será proferida sentença sem resolução de mérito, caso contrário, as ações serão necessariamente reunidas.

▶ *Referência: CPC/1973 – Art. 105*

1. Efeitos da continência

A regra contida no art. 57 do Código de Processo Civil determina que em virtude da pendência da ação continente, a ação contida proposta ulteriormente deverá ser extinta sem resolução de mérito, já que seu objeto está contido naquela. Tem-se, então, um caso de litispendência parcial. Evita-se, com isso, desde logo, a tramitação de uma nova demanda com potencial de gerar decisões conflitantes, já que seu objeto também será matéria de análise da demanda continente.

Se o contrário acontecer, ou seja, se a ação continente for proposta ulteriormente, ela será necessariamente reunida para julgamento conjunto com a ação contida já em trâmite. A reunião de ações em *simultaneus processus* visa à economia processual, mas tem por escopo também a harmonia das decisões judiciais ou a convicção única do julgador (Enrico Redenti, *Diritto processuale civile*, 4. ed., Milão, Giuffrè, 1997, atualização de Mario Vellani, nº 85-89, pp. 94-110). A reunião das demandas ocorrerá, então, perante o foro competente para o julgamento da demanda continente e consiste em um dever imposto ao julgador.

O art. 57 do Código de Processo Civil de 2015 conduz o intérprete ao equivocado entendimento de que haveria um poder do juiz de determinar a reunião de processos. Isso leva a crer que haveria uma faculdade para o juiz. Mas não é isso que ocorre. Uma vez constatada a conexão e sendo aconselhável a reunião em *simultaneus processus* em decorrência das particularidades da relação jurídica de direito material, é ela obrigatória. Não se trata de um poder do juiz, mas de um dever de determinar a reunião a fim de que prevaleça o interesse público de evitar provimentos contraditórios e garantir uma instrução de forma mais econômica. Há, na verdade, um interesse público decorrente de uma conveniência de ordem prática para que sejam as demandas julgadas conjuntamente. A *vis attractiva* é exercida pela causa antecedente para que se cumpra o objetivo de primordial de propiciar o julgamento em processos simultâneos. A regra contida no art. 57 do Código de Processo Civil não é norma cogente e dá a falsa impressão de que a reunião dos processos seria uma mera faculdade do juiz a quem a lei deixa a livre discrição na apreciação (Paulo Henrique dos Santos Lucon, Relação entre demandas. Tese apresentada para Concurso de Livre-Docência de Direito Processual Civil na Faculdade de Direito da Universidade de São Paulo, 2015, no prelo, § 11, p. 93).

Jurisprudência

"Na hipótese de o litígio versar sobre direito de propriedade, vizinhança, servidão, posse, divisão e demarcação de terras e nunciação de obra nova, a ação correspondente deverá ne-

cessariamente ser proposta na comarca em que situado o bem imóvel, porque a competência é absoluta. Por outro lado, a ação, ainda que se refira a um direito real sobre imóvel, poderá ser ajuizada pelo autor no foro do domicílio do réu ou, se o caso, no foro eleito pelas partes, se não disser respeito a nenhum daqueles direitos especificados na segunda parte do art. 95 do CPC, haja vista se tratar de competência relativa. Na hipótese, a ação versa sobre a desconstituição parcial das hipotecas incidentes sobre os imóveis de propriedade do recorrente. Conclui-se que não há competência absoluta do foro da situação dos imóveis para o seu julgamento – a competência deste é relativa e passível, portanto, de modificação. Para que haja uma relação de continência entre demandas, é necessário, nos termos do art. 104 do CPC, que o objeto de uma delas, por ser mais amplo, abranja o da outra, além da verificação da identidade das partes e da causa de pedir. Se reconhecida a continência entre as ações, realmente não se pode adotar o critério da prevenção para determinar a reunião dos processos. O juízo em que tramite a causa continente é que deverá julgar a causa contida. Considerando que as demandas relacionadas se tratam, respectivamente, de execução de cédula de crédito rural com garantia hipotecária e de ação visando à desoneração parcial da hipoteca, não se vislumbra como o objeto da primeira pode conter o objeto da segunda ou vice-versa. Vislumbra-se apenas uma evidente relação de conexão entre elas. E, em se tratando de conexão, o critério a ser utilizado para a determinação do juiz competente, é o da prevenção" (STJ, REsp 1051652/TO, 3ª Turma, Rel. Min. Nancy Andrighi, j. 27.09.2011, *DJe* 03.10.2011).

> **Art. 58.** A reunião das ações propostas em separado far-se-á no juízo prevento, onde serão decididas simultaneamente.

▶ *Referência: CPC/1973 – Art. 106*

1. Prevenção

A prevenção determina em qual juízo serão reunidas as causas que guardam entre si alguma relação de semelhança. A prevenção, em outras palavras, concentra a competência em um só foro entre todos os foros competentes concorrentes. Ela exerce, portanto, a *vis attractiva* perante os demais processos. Tal como dispõe o art. 59 do Código de

Processo Civil, a prevenção se dará onde ocorrer o registro (nas comarcas em que há uma única vara) ou a distribuição (nas comarcas em que há mais de uma vara) da petição inicial em primeiro lugar. A partir de então, eventuais demandas serão distribuídas por dependência ao juízo prevento.

2. Distribuição por dependência

O art. 286 do Código de Processo Civil estabelece as hipóteses em que a distribuição dos processos se dará por dependência. A distribuição se dará, então, a juízes certos, que já se tornaram competentes para o julgamento da demanda ou do recurso em função de distribuição anterior. O art. 286, inc. I, do Código de Processo Civil, por exemplo, determina que a distribuição será por dependência quando a demanda se relacionar com outra já ajuizada por conexão ou continência. Os incisos II e III deste mesmo artigo visam a coibir a má-fé processual e a evitar que o princípio do juiz natural seja inobservado. Assim, caso a parte autora tenha seu processo extinto sem julgamento de mérito ou desista da ação, ao renová-la, terá que se submeter ao mesmo juízo que apreciou a ação primitiva. A primeira distribuição define a vinculação ao juiz natural, fazendo-a prevalecer mesmo se o demandante retornar, na nova demanda, em litisconsórcio com outros interessados. Quanto ao inciso III do art. 286, trata ele da necessidade de reunião dos processos cuja tramitação em separado pode causar decisões contraditórias ou conflitantes à luz do art. 55, § 3º, do Código de Processo Civil.

> **Art. 59.** O registro ou a distribuição da petição inicial torna prevento o juízo.

▶ *Referência: CPC/1973 – Art. 219*

1. Prevenção pelo registro ou distribuição

De acordo com o art. 59 do Código de Processo Civil o que torna prevento um juízo, apto, portanto, a julgar em *simultaneus processus*, é o registro ou a distribuição da petição inicial. A partir de então, eventuais demandas semelhantes, a serem reunidas serão distribuídas por dependência ao juízo prevento.

Outras regras de prevenção estão previstas em dispositivos do Código de Processo Civil. Assim, por exemplo, a ação que visa a rever, reformar ou invalidar a tutela antecipada estabilizada nos termos do art. 304 deverá ser proposta perante o juízo em que a tutela antecipada foi concedida. Em segunda instância, por seu turno, aplicam-se outras regras de prevenção. De acordo com o art. 930, parágrafo único, do Código de Processo Civil o primeiro recurso protocolado no tribunal tornará prevento o relator para eventual recurso subsequente interposto no mesmo processo ou em processo conexo. A ideia é evitar decisões contraditórias ou conflitantes e prestigiar a segurança jurídica.

> **Art. 60.** Se o imóvel se achar situado em mais de um Estado, comarca, seção ou subseção judiciária, a competência territorial do juízo prevento estender-se-á sobre a totalidade do imóvel.

▶ *Referência: CPC/1973 – Art. 107*

1. Imóvel situado em mais de um Estado

Se o imóvel, sobre o qual versa o processo, estiver situado em mais de um Estado, comarca, seção ou subseção judiciária, a competência do juízo prevento se estenderá sobre toda a totalidade ocupada pelo imóvel. Evita-se, com isso, o ajuizamento de tantas demandas quantos forem os espaços territoriais por onde se estende o imóvel objeto do litígio e do mesmo modo torna-se despicienda a expedição de cartas precatórias para cumprimento de medidas jurisdicionais na localidade vizinha.

Jurisprudência

"Se a área controvertida pertence a uma região limítrofe entre os Estados da Bahia e Goiás, objeto de Ação Cível Originária que tramita no Eg. Supremo Tribunal Federal, ainda sem julgamento definitivo, a competência para processar e julgar ações possessórias versando sobre imóvel localizado nesta região é definida pela regra da prevenção (CPC, art. 107). Conflito conhecido para declarar-se a competência do Juízo de Direito de Posse/GO" (STJ, CC 39.766/BA, 2ª Seção, Rel. Min. Antônio de Pádua Ribeiro, j. 25.08.2004, *DJ* 06.10.2004, p. 171).

> **Art. 61.** A ação acessória será proposta no juízo competente para a ação principal.

▶ *Referência: CPC/1973 – Art. 108*

Art. 62

1. Ação acessória

A ação acessória deve ser proposta perante o juiz competente para o processamento e julgamento da ação principal. Assim, por exemplo, o pedido de tutela provisória antecedente será formulado perante o juízo competente para conhecer do pedido principal (art. 299). Afora os casos de ações conexas que devem ser reunidas para julgamento conjunto ou de demandas que guardem relação de prejudicialidade de modo a impor a suspensão da demanda subordinada, há hipóteses de demandas e processos nos quais ditas relações de comunhão ou influência podem ser facilmente antevistas pelo legislador, que determina então normas, como a do dispositivo em questão, que visa a reunir no mesmo juízo demandas que guardam entre si uma relação tão intensa que a existência de uma (a ação acessória) só tem razão de ser em virtude de outra (a ação principal) segundo a máxima de que o acessório segue o principal.

Jurisprudência

"Preliminarmente, por se tratarem de duas ações idênticas com as mesmas partes e mesma causa de pedir, em que alterada apenas a posição de autor e réu nas demandas, inevitável o reconhecimento da conexão e a necessidade de reunião dos processos para julgamento simultâneo pelo mesmo Juízo. A ação de partilha posterior ao divórcio está prevista no art. 731, parágrafo único, c/c 647 a 658 do CPC/15. 'Art. 731. Parágrafo único: Se os cônjuges não acordarem sobre a partilha de bens, far-se-á esta depois de homologado o divórcio, na forma estabelecida nos arts. 647 a 658.' Por sua vez, os artigos 647 a 658 do CPC/15 remetem à partilha de bens no inventário, a qual é feita nos próprios autos do inventário, conforme artigo 2.015 do CC/02. Assim, sob uma interpretação sistemática, havendo partilha posterior ao divórcio, surge um critério de competência funcional do juízo que decretou a dissolução da sociedade conjugal, em razão da acessoriedade entre as duas ações (art. 61 do CPC/15). Ou seja, entre as duas demandas há uma interligação decorrente da unidade do conflito de interesses, pois a partilha é decorrência lógica do divórcio. Se o legislador permitiu a partilha posterior, não quer dizer que a ação autônoma de partilha não deva ser julgada pelo mesmo Juízo". (STJ, Conflito de Competência nº 160.329 – MG, 2ª Seção, Rel. Min. Nancy Andrighi, j. 27.2.2019, *DJe* 6.3.2019.

> **Art. 62.** A competência determinada em razão da matéria, da pessoa ou da função é inderrogável por convenção das partes.

▶ *Referência: CPC/1973 – Art. 111*

1. Competência absoluta

A competência do órgão jurisdicional pode ser regida por dois regimes jurídicos distintos; pelo da competência absoluta ou pelo da competência relativa. Por serem esses regimes conformados por interesses distintos, os poderes, as faculdades e os deveres do juiz e das partes que cada um deles estabelece também o são. As normas que compõem o regime da competência absoluta são informadas por interesses de ordem pública. Por essa razão, o sistema processual não autoriza as partes modificar os critérios que a determinam. Em matéria de competência, aliás, o interesse público, revela-se na grande maioria das situações. Verifica-se na distribuição da competência entre Justiças distintas (competência de jurisdição) e na competência hierárquica, por exemplo, seja ela originária ou recursal. Essa, portanto, a principiologia que informa o art. 62 do Código de Processo Civil, ao estabelecer que não poderá ser objeto de convenção das partes a competência fixada em razão da matéria, da pessoa ou da função. Esse, logo, é um exemplo de negócio jurídico processual que não pode ser celebrado pelas partes. Cumpre anotar, contudo, que há algumas hipóteses de competência territorial absoluta, tal como se dá nas hipóteses do art. 47, § 1º, do Código, segundo o qual "o autor pode optar pelo foro de domicílio do réu ou pelo foro de eleição se o litígio não recair sobre direito de propriedade, vizinhança, servidão, divisão e demarcação de terras e de nunciação de obra nova". No caso de incompetência absoluta, a prevenção pode não ser o critério para fixação do juízo competente, mas a prevalência de um juízo sobre outro por razões de ordem pública. Em especiais controvérsias em que figuram o ente público federal como parte, razões superiores, previstas até na Constituição Federal determinam a competência do órgão jurisdicional para julgamento de todas as causas conexas. Por exemplo, se uma ação civil pública conexa corre na Justiça Federal em razão de a União figurar como parte e outra, anteriormente proposta, corre na Justiça Estadual, prevalecerá a competência da Justiça

Federal, porque o elemento identificador parte faz com que a demanda em que a União Federal participa prevaleça sobre as outras causas, ainda que propostas anteriormente (Paulo Henrique dos Santos Lucon, Relação entre demandas. Tese apresentada para Concurso de Livre-Docência de Direito Processual Civil na Faculdade de Direito da Universidade de São Paulo, 2015, no prelo, p. 107 e ss.).

Jurisprudência

"Reconhecida a continência, devem ser reunidas na Justiça Federal as ações civis públicas propostas nesta e na Justiça estadual" (STJ, Súmula 489, Corte Especial, j. 28.06.2012, *DJe* 01.08.2012).

> **Art. 63.** As partes podem modificar a competência em razão do valor e do território, elegendo foro onde será proposta ação oriunda de direitos e obrigações.
>
> **§ 1º** A eleição de foro só produz efeito quando constar de instrumento escrito e aludir expressamente a determinado negócio jurídico.
>
> **§ 2º** O foro contratual obriga os herdeiros e sucessores das partes.
>
> **§ 3º** Antes da citação, a cláusula de eleição de foro, se abusiva, pode ser reputada ineficaz de ofício pelo juiz, que determinará a remessa dos autos ao juízo do foro de domicílio do réu.
>
> **§ 4º** Citado, incumbe ao réu alegar a abusividade da cláusula de eleição de foro na contestação, sob pena de preclusão.

▶ *Referência: CPC/1973 – Art. 111*

1. Competência relativa

O interesse das partes, de modo geral, prevalece, quando se está diante da distribuição da competência em razão do valor ou do território. Faculta-se a elas, nesses casos, estabelecer, de comum acordo, outro local, que não aquele previsto em lei, para o processamento e julgamento da causa. Esse acordo, que obrigará herdeiros e sucessores das partes, deve constar de um contrato escrito e aludir expressamente a determinado negócio jurídico.

2. Cláusula de eleição do foro abusiva

Antes da citação poderá o juiz reconhecer a abusividade de uma cláusula de eleição de foro e determinar a remessa dos autos ao juízo do foro do domicílio do réu. A este, por sua vez, uma vez citado, incumbe o ônus de alegar em preliminar de contestação a abusividade da cláusula, sob pena de preclusão. A afirmação de que a competência estabelecida em função do território e do valor é relativa comporta exceções. Mesmo no processo civil, verificam-se, por exemplo, hipóteses em que a competência territorial pode ser absoluta. Tal ocorre no processo coletivo que deve ter curso no local onde o dano ocorreu ou tomou maior proporção, ou então, nas ações fundadas em direito real sobre imóveis que não admitem cláusula de eleição de foro.

3. Ação de invalidade de negócio jurídico

Mesmo na ação em que se alegue vício de validade do negócio jurídico, deve o juízo observar a vigência da cláusula de eleição de foro. Tal entendimento privilegia, acertadamente, a autonomia da vontade, que não pode ser simplesmente derrogada em virtude da mera alegação da parte descontente com o foro contratual.

Jurisprudência

"A mera desigualdade de porte econômico entre as partes – o advogado e seu ex-constituinte, réu em ação de cobrança de honorários advocatícios – não caracteriza hipossuficiência econômica ensejadora do afastamento do dispositivo contratual de eleição de foro. Não se tratando de contrato de adesão e nem de contrato regido pelo Código de Defesa do Consumidor, não havendo circunstância alguma de fato da qual se pudesse inferir a hipossuficiência intelectual ou econômica das recorridas, deve ser observado o foro de eleição estabelecido no contrato, na forma do art. 111 do CPC e da Súmula 335 do STF ('É válida a cláusula de eleição do foro para os processos oriundos de contrato.')" (STJ, REsp 1263387/PR, 4ª Turma, Rel. Min. Maria Isabel Gallotti, j. 04.06.2013, *DJe* 18.06.2013).

"É válida a cláusula de eleição de foro avençada entre pessoas jurídicas, quando essa não inviabiliza a defesa no Juízo contratualmente eleito. Precedentes. A cláusula que estipula eleição de foro em contrato de adesão é, em princípio, válida, desde que sejam verificadas a necessária liberdade para contratar (ausência de hipossuficiência) e a não inviabilização de acesso ao Poder Judiciário. Precedentes" (STJ, REsp 1006824/MT, 3ª Turma, Rel. Min. Nancy Andrighi, j. 02.09.2010, *DJe* 15.09.2010).

Art. 64

Seção III
Da incompetência

> **Art. 64.** A incompetência, absoluta ou relativa, será alegada como questão preliminar de contestação.
>
> **§ 1º** A incompetência absoluta pode ser alegada em qualquer tempo e grau de jurisdição e deve ser declarada de ofício.
>
> **§ 2º** Após manifestação da parte contrária, o juiz decidirá imediatamente a alegação de incompetência.
>
> **§ 3º** Caso a alegação de incompetência seja acolhida, os autos serão remetidos ao juízo competente.
>
> **§ 4º** Salvo decisão judicial em sentido contrário, conservar-se-ão os efeitos de decisão proferida pelo juízo incompetente até que outra seja proferida, se for o caso, pelo juízo competente.

▶ *Referência: CPC/1973 – Arts. 112 e 113*

1. Preliminar de contestação

O momento oportuno para se arguir a incompetência do órgão julgador é em preliminar de contestação. O Código de Processo Civil de 2015 extinguiu, portanto, a exceção de incompetência, prevista no Código de Processo Civil de 1973.

Em atenção ao princípio da cooperação (art. 6º) e à vedação à decisão-surpresa (art. 10), qualquer pronunciamento judicial a respeito da competência ou incompetência do juízo deverá ser precedido de prévia manifestação das partes.

2. Incompetência absoluta

A competência do órgão jurisdicional pode ser regida por dois regimes jurídicos; pelo da competência absoluta ou pelo da competência relativa. Por serem esses regimes conformados por interesses distintos, os poderes, as faculdades e os deveres do juiz e das partes que cada um deles estabelece também o são. Iniciado o processo perante juiz absolutamente incompetente este reconhecerá sua incompetência a qualquer tempo e independentemente da alegação das partes, encaminhará os autos ao juiz competente, sendo, inclusive, desnecessária a formulação de pedido para a remessa dos autos a este juízo.

Não obstante o dever do juiz de declarar de ofício sua incompetência absoluta, por não ser este um vício sujeito à preclusão, a parte poderá alegá-lo em qualquer tempo e grau de jurisdição. O mesmo não ocorre, contudo, com os casos de incompetência relativa. Se não suscitado esse vício em preliminar de contestação, verificar-se-á então o fenômeno da prorrogação, ou seja, o juiz que inicialmente não era competente para o processamento do feito passará a sê-lo.

3. Nulidade dos atos decisórios

Desrespeitadas as normas que fixam a competência absoluta, violado está o princípio do juiz natural. Eventual sentença proferida por juiz absolutamente incompetente é portadora de grave nulidade, e, portanto, é insusceptível de convalidação. Essa decisão, no entanto, não deve ser tida como inexistente, porque ela está presente no mundo dos fatos e é apta a produzir efeitos. Ao contrário do direito material, no processo, seja ele civil em sentido amplo e penal, a decisão portadora de invalidade produz efeitos até que seja reconhecida a nulidade e aplicada a sanção de ineficácia. Caso esse reconhecimento não ocorra antes do trânsito em julgado da sentença de mérito, ela poderá ser objeto de ação rescisória. Os demais atos do processo se mantêm eficazes, desde que sejam aproveitados pelo juiz competente. A competência constitui, portanto, um pressuposto de validade dos atos decisórios.

Jurisprudência

"O § 2º do art. 113 do CPC é claro ao dispor que, 'declarada a incompetência absoluta, somente os atos decisórios serão nulos, remetendo-se os autos ao juiz competente'. Logo, ressoa evidente que o dispositivo em comento assegura o direito de remeter os autos ao Juízo competente, na hipótese de ter sido reconhecida a incompetência absoluta, sendo despiciendo formular pedido para a efetivação da providência em comento" (STJ, AgRg na AR 4670/RJ, 1ª Seção, Rel. Min. Benedito Goncalves, j. 09.11.2011, *DJe* 09.12.2011).

"O dispositivo não trata, e também não impede, a possibilidade de o juiz, ainda que absolutamente incompetente, deferir medidas de urgência. A norma em destaque, por força dos princípios da economia processual, da instrumentalidade das formas e do aproveitamento dos atos processuais, somente determina que, reconhecendo-se a incompetência do juízo, os atos decisórios serão nulos, devendo ser aproveitado todo e qualquer ato de conteúdo não decisório, evitando-se com isso a necessidade de repetição" (STJ, AgRg no REsp 1022375/PR, 2ª Turma, Rel. Min. Castro Meira, j. 28.06.2011, *DJe* 01.07.2011).

> **Art. 65.** Prorrogar-se-á a competência relativa se o réu não alegar a incompetência em preliminar de contestação.
>
> **Parágrafo único.** A incompetência relativa pode ser alegada pelo Ministério Público nas causas em que atuar.

▶ *Referência: CPC/1973 – Art. 114*

1. Prorrogação

A prorrogação é o fenômeno que torna competente o juiz que inicialmente não o era. Obviamente, trata-se aqui de incompetência relativa. O juiz absolutamente incompetente jamais poderá se tornar competente. O juiz relativamente incompetente será considerado competente para processar e julgar a causa se a incompetência não for alegada em preliminar de contestação. A prorrogação também poderá ocorrer em função da conexão ou da continência. Nesses casos, o juiz prevento se torna competente para processar e julgar também a outra causa que inicialmente lhe era estranha. O Superior Tribunal de Justiça, a propósito, ainda sob a vigência do CPC de 1973 admitia a alegação de incompetência relativa em preliminar de contestação em atenção à instrumentalidade das formas e se constatada ausência de prejuízo da parte contrária.

2. Ministério Público

O art. 65, parágrafo único, do Código de Processo Civil confere ao Ministério Público a possibilidade de alegar a incompetência relativa do juízo nas causas em que atuar como *custos legis*. Embora o dispositivo não faça menção expressa a respeito, dado que o regime da incompetência relativa não pode comprometer a estabilidade do processo, tem-se que o Ministério Público em sua primeira manifestação nos autos, sob pena de preclusão, deve suscitar eventual vicio de competência relativa existente no processo.

Jurisprudência

"Agravo interno. Conflito negativo de competência. Ação de alienação parental c/c guarda e regulamentação de visitas. alteração de domicílio

da criança e daqueles que detém sua guarda. estatuto da criança e do adolescente. princípio da *perpetuatio jurisdictiones x* juiz imediato. Prevalência deste último na hipótese concreta. 1. Conforme estabelece o art. 87 do CPC, a competência determina-se no momento da propositura da ação e, em se tratando de hipótese de competência relativa, não é possível de ser modificada *ex officio*. Esse mencionado preceito de lei institui, com a finalidade de proteger a parte, a regra da estabilização da competência (*perpetuatio jurisdictionis*). 2. O princípio do juiz imediato vem estabelecido no art. 147, I e II, do ECA, segundo o qual o foro competente para apreciar e julgar as medidas, ações e procedimentos que tutelam interesses, direitos e garantias positivados no ECA, é determinado pelo lugar onde a criança ou o adolescente exerce, com regularidade, seu direito à convivência familiar e comunitária. 3. Embora seja compreendido como regra de competência territorial, o art. 147, I e II, do ECA apresenta natureza de competência absoluta, nomeadamente porque expressa norma cogente que, em certa medida, não admite prorrogação. 4. A jurisprudência do STJ, ao ser chamada a graduar a aplicação subsidiária do art. 87 do CPC frente à incidência do art. 147, I e II, do ECA, manifestou-se no sentido de que deve prevalecer a regra especial em face da geral, sempre guardadas as peculiaridades de cada processo. 5. Agravo Interno não provido." (STJ, AgInt nos EDcl no Conflito de Competência nº 160.102/SC, 2ª Seção, Rel. Min. Nancy Andrighi, j. 14.5.2019).

> **Art. 66.** Há conflito de competência quando:
>
> **I** – 2 (dois) ou mais juízes se declaram competentes;
>
> **II** – 2 (dois) ou mais juízes se consideram incompetentes, atribuindo um ao outro a competência;
>
> **III** – entre 2 (dois) ou mais juízes surge controvérsia acerca da reunião ou separação de processos.
>
> **Parágrafo único.** O juiz que não acolher a competência declinada deverá suscitar o conflito, salvo se a atribuir a outro juízo.

▶ *Referência: CPC/1973 – Art. 115*

1. Conflito de competência

Todo juiz tem competência para decidir sobre a sua própria competência para conhecer e julgar determinado processo. Trata-se da regra da *kompetenz-kompetenz* que é decorrência imediata da cláusula geral de que o juiz tem o poder de verificar os pressupostos para a concessão da tutela jurisdicional do direito. Como a competência é um desses requisitos, naturalmente o juiz do processo tem o poder de decidir, em primeiro exame, a respeito de sua competência. A decisão a respeito desse tema, contudo, não vincula outro órgão jurisdicional que é livre para acolher ou não essa decisão se o processo lhe for encaminhado, ou mesmo para se considerar competente, mesmo que haja o acolhimento da competência para julgar o processo pelo primeiro julgador. Nesses casos, tem lugar conflito de competência tal como previsto no art. 66 do Código de Processo Civil (Paulo Henrique dos Santos Lucon, Relação entre demandas. Tese apresentada para Concurso de Livre-Docência de Direito Processual Civil na Faculdade de Direito da Universidade de São Paulo, 2015, no prelo, p. 108 e ss.).

Segundo tal dispositivo, haverá conflito de competência quando: dois ou mais juízes se declaram competentes – conflito positivo (inc. I); dois ou mais juízes se consideram incompetentes atribuindo um ao outro a competência – conflito negativo (inc. II) e; entre dois ou mais juízes surge controvérsia a respeito da reunião ou separação de processos (inc. III). Conforme aduz Celso Agrícola Barbi "em um mesmo pleito podem ser chamados a funcionar diversos órgãos sucessivamente; não, porém, simultaneamente. A atuação sucessiva é para julgar recurso. Mas, entre os órgãos que pretendem funcionar simultaneamente a competência de um para determinada causa exclui a competência de outro (...) uma determinada ação que deva ser julgada pela Justiça brasileira terá sempre um juiz competente e somente um" (Comentários ao Código de Processo Civil, v. I., pp. 491-493). No caso de conflito negativo, registre-se, o conflito de competência apenas se instaurará nas hipóteses em que houver recíproca atribuição de uma causa de um juiz para o outro. Conforme dispõe o art. 66, parágrafo único, o juiz que não reconhecer a competência que lhe é atribuída deve suscitar o conflito, exceto se atribuir a competência a outro juízo.

Não se há de falar, ademais, em conflito de competência entre órgãos de jurisdição distintos. Nestes casos, em virtude da estrutura hierárquico-organizacional do Poder Judiciário há sempre de prevalecer os comandos dos tribunais superiores. No caso de usurpação de competência de um tribunal, portanto, cabível a reclamação nos termos do art. 988 do Código de Processo Civil.

A hipótese de conflito de competência prevista no inciso III do art. 66 pode ocorrer com maior frequência, dadas as possibilidades mais amplas de reunião de processos previstas no Código, particularmente em seu art. 55, § 3º Podendo as demandas ser reunidas mesmo não havendo conexão entre elas por conta do risco que sua tramitação em separado pode resultar para o ordenamento jurídico, mais fluídos os elementos que justificam eventual reunião de demandas e maior o potencial de surgirem divergências entre os magistrados a respeito.

Ao se instaurar incidente para resolução do conflito de competência não se pode ter outro objetivo que não o de determinar o juiz competente para o processamento e julgamento da causa. Esse é o limite material do conflito de competência.

Jurisprudência

"A teor do disposto no art. 66, I e III, do CPC/2015, a caracterização do conflito de competência pressupõe a manifestação de dois juízes, declarando-se competentes, ou, ainda, a existência de controvérsia entre eles acerca da reunião ou da separação de processos. Não se olvida a jurisprudência desta Corte de Justiça que, conferindo interpretação extensiva ao art. 115 do CPC/1973 (correspondente ao art. 66 do CPC/2015), reconhece a existência de prejudicialidade heterogênea entre demandas que tramitam em Juízos diversos, quando possuírem questões fáticas e objetos semelhantes com chances concretas de existirem decisões conflitantes, e admite, nesses casos, o sobrestamento de um dos processos" (STJ, AgInt no Conflito de Competência nº 165.138/MG, 1ª Seção, Rel. Min. Gurgel de Faria, j. 18.6.2019).

CAPÍTULO II
DA COOPERAÇÃO NACIONAL

> **Art. 67.** Aos órgãos do Poder Judiciário, estadual ou federal, especializado ou comum, em todas as instâncias e graus de jurisdição, inclusive aos tribunais superiores, incumbe o dever de recíproca cooperação, por meio de seus magistrados e servidores.

▶ *Sem correspondência no CPC/1973*

1. Unidade do Poder Judiciário

Em que pesem as divisões presentes na estrutura do Poder Judiciário brasileiro, todos os órgãos do Poder Judiciário, independentemente de instância ou competência, devem atuar conjunta e cooperativamente de modo a realizar a consecução de seu fim precípuo, isto é, a realização mais completa possível da jurisdição.

2. Cooperação entre os órgãos nacionais

O art. 67 do Código de Processo Civil estabelece um dever recíproco de cooperação entre todos os órgãos do Poder Judiciário brasileiro para que assim a tutela jurisdicional possa ser prestada de maneira célere e efetiva. Está-se a falar aqui da colaboração entre órgãos do Poder Judiciário a envolver entre outros atos a troca de informações, o cumprimento de decisões, e não do princípio da cooperação, consagrado no art. 6º do Código de Processo Civil, a regular a relação juiz-parte ao longo de todas as fases do procedimento.

3. Aplicação subsidiária e supletiva

Em leitura conjunta com o art. 15, o dever de cooperação interna dos órgãos do Poder Judiciário deve se aplicar aos procedimentos administrativos, bem como aos penais e eleitorais, inclusive entre diferentes esferas processuais, em benefício da celeridade e da efetividade do processo, inclusive nos casos de prova emprestada, efeitos civis da sentença penal e outros procedimentos administrativos.

4. Arbitragem

Exemplo de colaboração entre os órgãos do Poder Judiciário se dá por meio do cumprimento de cartas. As cartas são instrumentos de intercâmbio entre os juízes. A carta de ordem é expedida quando o ato processual que deva ser praticado é requisitado de órgão judiciário superior para órgão inferior (José Frederico Marques. *Instituições de Direito Processual Civil*, v. II, 4. ed., Rio de Janeiro: Forense, 1971, p. 328). A carta rogatória instrumentaliza a cooperação entre a Jurisdição brasileira e outra situada em determinado país estrangeiro. É utilizada para que o juiz nacional possa solicitar à autoridade judiciária estrangeira a prática de algum ato processual. A carta precatória, por fim, é utilizada entre juízes de mesma categoria ou instância, mas situados em comarcas ou seções judiciárias distintas, caso determinado ato processual deva ser praticado em limites geográficos distintos daqueles em que o magistrado deprecante possui competência. Logo, as relações jurisdicionais dependem do uso de cartas, como instrumentos de cooperação entre os órgãos jurisdicionais. Nesse sentido, tem-se que a cooperação também deverá se dar entre a jurisdição arbitral e a estatal, para tanto o Código de Processo Civil de 2015 institui uma nova espécie de carta, a carta arbitral, para cooperação entre a Jurisdição estatal e a Jurisdição arbitral. Para a formação da carta arbitral deverão ser observados os requisitos previstos no art. 260 do Código de Processo Civil e deverá ser ela instruída com a convenção de arbitragem e com as provas da nomeação do árbitro e de sua aceitação da função (art. 260, § 3º).

> **Art. 68.** Os juízos poderão formular entre si pedido de cooperação para prática de qualquer ato processual.

▶ *Sem correspondência no CPC/1973*

1. Amplitude da possibilidade de pedidos

A ausência de delimitação específica demonstra tratar-se de previsão bastante ampla, o que fornece aos magistrados e servidores larguíssima gama de possibilidades cooperativas com o fito de prover eficiência e celeridade à tutela jurisdicional.

2. Objeto de cooperação

Poderá consistir, como objeto de cooperação entre os órgãos jurisdicionais nacionais, o pedido para realização de qualquer ato processual. Por exemplo, atos de comunicação processual, produção probatória e efetivação das decisões judiciais.

3. Meio do pedido de cooperação

O pedido de cooperação deve dar-se por carta de ordem ou precatória. Contudo, o Código de Processo Civil prescreve, de forma bastante ampla, quais são os meios de trâmite de tais cartas, como pode-se abstrair do art. 264, que possibilitou o meio eletrônico, mas também telefone e telegrama. De acordo com o art. 263 as cartas deverão preferencialmente ser expedidas por meio eletrônico. A Lei 11.419/2006, que instituiu o processo eletrônico, permitiu a expedição das cartas de ordem, precatória e rogatória por meio eletrônico, desde que assinadas digitalmente pelo juiz. As cartas eletrônicas também se submetem aos requisitos exigidos pelo Código de Processo Civil.

> **Art. 69.** O pedido de cooperação jurisdicional deve ser prontamente atendido, prescinde de forma específica e pode ser executado como:
>
> I – auxílio direto;
>
> II – reunião ou apensamento de processos;
>
> III – prestação de informações;
>
> IV – atos concertados entre os juízes cooperantes.
>
> § 1º As cartas de ordem, precatória e arbitral seguirão o regime previsto neste Código.
>
> § 2º Os atos concertados entre os juízes cooperantes poderão consistir, além de outros, no estabelecimento de procedimento para:
>
> I – a prática de citação, intimação ou notificação de ato;
>
> II – a obtenção e apresentação de provas e a coleta de depoimentos;
>
> III – a efetivação de tutela provisória;
>
> IV – a efetivação de medidas e providências para recuperação e preservação de empresas;
>
> V – a facilitação de habilitação de créditos na falência e na recuperação judicial;
>
> VI – a centralização de processos repetitivos;
>
> VII – a execução de decisão jurisdicional.
>
> § 3º O pedido de cooperação judiciária pode ser realizado entre órgãos jurisdicionais de diferentes ramos do Poder Judiciário.

► *Sem correspondência no CPC/1973*

1. Aspectos formais

De acordo com o art. 69 do Código de Processo Civil, qualquer pedido de cooperação deve ser prontamente atendido e prescinde de forma específica – o que não significa ausência absoluta de forma –, exceção feita às cartas de ordem, precatória e arbitral (§ 1º), embora as cartas de ordem e precatória, por exemplo, possuam amplíssimo rol de formas admitidas no art. 264, que inclusive prescreve a aceitação de qualquer outro meio, desde que atendidos os requisitos do art. 250.

Importante notar também a inclusão do mecanismo de auxílio direto, logo no primeiro inciso do dispositivo em análise. Trata-se de uma forma de aproximar os juízes em nome da efetividade do processo, dispensando procedimentos intermediários, como as cartas precatórias. Tal previsão está em plena concordância com o disposto no *caput* que prevê o pronto atendimento dos pedidos de cooperação, em clara homenagem ao princípio constitucional da celeridade processual.

2. Objetos em espécie

A cooperação pode se dar mediante auxílio direto, reunião ou apensamento de processos, prestação de informações e atos concertados entre os juízes cooperantes. Segundo o art. 69, § 2º, do Código de Processo Civil, trata-se de rol meramente exemplificativo, haja vista a abrangência normativa contida nos artigos anteriores, do Código.

A determinação de reunião ou apensamento de processos está intrinsecamente ligada ao instituto de modificação de competência (arts. 54 e ss.), constituindo importante objeto de cooperação entre os juízos. Já a prestação de informação pode tratar da situação de processos em trâmite em determinado juízo, eventuais recursos pendentes, entre outros, e servem, principalmente, para evitar a emissão de desnecessárias certidões, dando maior vazão e fluidez ao trâmite processual.

Os atos concertados entre os juízos, por seu turno, poderão consistir na prática de citação, intimação ou notificação de um ato; obtenção de provas; efetivação de tutela provisória; medidas para recuperação e preservação de empresas; facilitação de habilitação de créditos na falência e na recuperação judicial; centralização de processos repetitivos (conexão) e execução de decisões jurisdicionais. Esta talvez seja uma das principais formas de cooperação entre os juízos, pois a prática destes atos pode tornar-se extremamente custosa para um juízo, enquanto é de simplicidade patente para outro, inclusive barateando os custos processuais.

3. Colaboração entre ramos distintos do Judiciário

A cooperação entre os órgãos do Poder Judiciário não se limita aos ramos de uma mesma Justiça. Possível, por exemplo, os atos de cooperação entre órgãos da Justiça Federal ou estadual ou entre órgãos de uma determinada justiça especializada e órgãos da justiça comum, sempre com o fito de conferir celeridade e efetividade à tutela jurisdicional.

LIVRO III
DOS SUJEITOS DO PROCESSO

TÍTULO I
DAS PARTES E DOS PROCURADORES

CAPÍTULO I
DA CAPACIDADE PROCESSUAL

> **Art. 70.** Toda pessoa que se encontre no exercício de seus direitos tem capacidade para estar em juízo.

▶ *Referência: CPC/1973 – Art. 7º*

1. Capacidade processual

Com o termo "capacidade processual" se faz referência a dois fenômenos distintos. De um lado se indica a aptidão dos sujeitos a serem destinatários dos efeitos dos atos processuais ("capacidade de ser parte"). Essa concepção é ligada àquela de "capacidade jurídica" de que trata o Código Civil. Por outro lado, o termo "capacidade processual" indica também a aptidão dos sujeitos à prática de atos processuais. Essa concepção, como se pode presumir, está relacionada, àquela de "capacidade de agir", disciplinada também pelo Código Civil (CC, arts. 3º e 4º). Todas as pessoas que, de acordo com as regras estabelecidas pelo Código Civil possuem capacidade de agir, podem praticar atos processuais, ou seja, tem capacidade para estar em juízo (Francesco p. Luiso, Diritto processuale civile, pp. 204-209).

De se destacar, ademais, que o Código Civil tutela os direitos do nascituro (art. 2º) e a Lei nº 13.146/2016 (Estatuto da Pessoa com Deficiência) estatui que "a pessoa com deficiência tem assegurado o direito ao exercício de sua capacidade legal em igualdade de condições com as demais pessoas" (art. 84), sendo, logo, a pessoa com deficiência submetida à curatela apenas quando necessário (art. 84, § 1º). A curatela, portanto, deverá constituir medida extraordinária, proporcional às circunstâncias do caso e deverá durar o menor tempo possível (art. 84, § 3º). Em algumas hipóteses, ademais, a lei exclui a capacidade de algumas pessoas para estar em juízo. É o que ocorre, por exemplo,

nos Juizados Especiais. De acordo com o art. 8º da Lei nº 9.099/95 "não poderão ser partes, no processo instituído por esta Lei, o incapaz, o preso, as pessoas jurídicas de direito público, as empresas públicas da União, a massa falida e o insolvente civil". A alguns entes, a propósito, atribui-se capacidade para estar em juízo, mesmo não possuindo eles personalidade jurídica. É o que se dá com a massa falida, com o condomínio e com o espólio, por exemplo.

Não se pode confundir as noções de capacidade processual com a de capacidade postulatória que pertence exclusivamente aos advogados inscritos na Ordem dos Advogados do Brasil. Dada a função essencial da advocacia para a administração da justiça, apenas em hipóteses excepcionais será dispensada a atuação do advogado, tal como ocorre com a impetração de *habeas corpus*. Este o teor do art. 1º, § 1º, da Lei nº 8.906/94: "§ 1º Não se inclui na atividade privativa de advocacia a impetração de habeas corpus em qualquer instância ou tribunal".

Não se há de confundir, do mesmo modo, capacidade com legitimidade processual. Esta, enquanto condição da ação, indica tão somente a viabilidade de um determinado processo a partir de uma relação de pertinência da causa de pedir apresentada pelo demandante com o direito material que se quer fazer valer em juízo.

Jurisprudência

"A Câmara de Vereadores não possui personalidade jurídica, apenas personalidade judiciária, somente podendo demandar em juízo para defender os seus direitos institucionais" (STJ, Súmula 525, 1ª Seção, j. 22.04.2015, *DJe* 27.04.2015).

> **Art. 71.** O incapaz será representado ou assistido por seus pais, por tutor ou por curador, na forma da lei.

▶ *Referência: CPC/1973 – Art. 8º*

1. Representação processual

Um sujeito com capacidade jurídica (capacidade de ser parte), mas sem a capacidade de agir (capacidade de estar em juízo) pode ser destinatário dos efeitos dos atos processuais,

Art. 72

mas não pode praticar esses atos. Por exemplo: o menor proprietário de um bem não pode praticar atos em um processo que tenha por objeto esse bem, mas pode, perfeitamente, ser destinatário dos efeitos dos atos praticados nesse processo. Uma coisa é praticar atos processuais, outra, bem diferente é ser destinatário dos efeitos dos atos praticados. Por essa razão o art. 71 do Código de Processo Civil estabelece que aqueles que não possuem capacidade de estar em juízo devem ser representados ou assistidos por seus pais, tutores ou curadores na forma da lei civil (Francesco p. Luiso, *Diritto processuale civile*, v. I., 4. ed., Milano: Giuffrè, 2007, pp. 204-209)

Jurisprudência

"Civil. Processual civil. Ação de alimentos. Indignidade da alimentada. Reexame de fatos e provas. Súmula 7/STJ. Pagamento de 13ª parcela de alimentos. Ausência de decisão e de prequestionamento. Súmula 211/STJ. Fundamentação recursal deficiente. Súmula 284/ STF. Mecanismo de integração posterior do polo passivo pelos coobrigados a prestar alimentos previsto no art. 1.698 do Código Civil. Legitimados a provocar. Exclusividade do autor com plena capacidade processual. Concordância tácita com os alimentos a serem prestados pelo coobrigado réu. Possibilidade, todavia, de provocação do réu ou do Ministério Público quando se tratar de autor incapaz, sobretudo se processualmente representado por um dos coobrigados ou se existente risco aos interesses do incapaz. Natureza jurídica do mecanismo. Litisconsórcio facultativo ulterior simples, com a peculiaridade de ser formado não apenas pelo autor, mas também pelo réu ou pelo ministério público. momento processual adequado. fase postulatória, respeitado a estabilização objetiva e subjetiva da lide após o saneamento e organização do processo. (...) 7- Quando se tratar de credor de alimentos que reúna plena capacidade processual, cabe a ele, exclusivamente, provocar a integração posterior do polo passivo, devendo a sua inércia ser interpretada como concordância tácita com os alimentos que puderem ser prestados pelo réu por ele indicado na petição inicial, sem prejuízo de eventual e futuro ajuizamento de ação autônoma de alimentos em face dos demais coobrigados" (STJ, REsp 1.715.438, 3ª Turma, Rel. Min. Nancy Andrighi, j. 13.11.2018, *DJe* 21.11.2018).

> **Art. 72.** O juiz nomeará curador especial ao:
>
> **I** – incapaz, se não tiver representante legal ou se os interesses deste colidirem com os daquele, enquanto durar a incapacidade;
>
> **II** – réu preso revel, bem como ao réu revel citado por edital ou com hora certa, enquanto não for constituído advogado.
>
> **Parágrafo único.** A curatela especial será exercida pela Defensoria Pública, nos termos da lei.

▸ *Referência: CPC/1973 – Art. 9º*

1. Curador especial

Pode acontecer que a pessoa incapaz de estar em juízo não possua um representante legal, ou que os interesses deste colidam com os daquele. Nestes casos, o juiz nomeará um curador especial para representar em juízo o incapaz naquele específico processo. Haverá potencial conflito de interesse, por exemplo, a justificar a nomeação de curador especial, nos casos em que eventual concessão de tutela jurisdicional ao assistido representar um prejuízo para seu representante. Também ao réu preso e ao revel citado por edital ou com hora certa deve ser indicado um curador especial. Há aí do mesmo modo uma necessidade de resguardo do contraditório por meio da nomeação de curador para o caso. Citações fictas em que há presunção de conhecimento pelo réu exigem a indicação de um curador especial para efetiva tutela do contraditório.

A indicação de curador especial pode ser requerida pela própria parte que deve ser representada, ainda que incapaz, pelos parentes próximos, pelo representante em conflito de interesse, pelo Ministério Público, ou por qualquer outra pessoa que tenha interesse na causa. Ao curador especial, no exercício da função protetiva que desenvolve, é permitido formular defesa genérica, já que não se lhe aplica o ônus da impugnação específica, nos termos do art. 341, parágrafo único, do Código de Processo Civil. Defesa genérica, contudo, não se confunde com defesa infundada. Ao curador especial também se aplica o dever de não apresentar defesa destituída de fundamento, *ex. vi* art. 77, inc. II, do Código de Processo Civil.

Essa curatela especial será exercida preferencialmente pela Defensoria Pública, tal como dispõe o art. 72, parágrafo único, do

Código de Processo Civil e o art. 4º, inc. XVI, da Lei Complementar nº 80 de 1994. A necessidade de nomeação de curador especial também se faz presente no processo de execução, a teor da Súmula 196 do Superior Tribunal de Justiça: "ao executado que, citado por edital ou por hora certa, permanecer revel, será nomeado curador especial, com legitimidade para apresentação de embargos" (STJ, Súmula 196, Corte Especial, j. 01.10.1997, *DJ* 09.10.1997, p. 50799).

Jurisprudência

"Agravo interno. Recurso especial. Processual civil. Réu revel. Curador especial. Legitimidade para ajuizamento de reconvenção. 1. O curador especial tem legitimidade para propor reconvenção em favor de réu revel citado por edital (art. 9º, II, do CPC/1973), poder que se encontra inserido no amplo conceito de defesa. Precedentes. 2. Agravo interno a que se nega provimento" (STJ, AgInt no REsp nº 1.212.824, 4ª Turma, Rel. Min. Maria Isabel Gallotti, j. 24.9.2019, *DJe* 2.10.2019).

"A nomeação de uma das advogadas constituídas da parte autora, como curadora da parte ré, por si só, evidencia um desvirtuamento do real propósito do instituto da curatela, porquanto patente o conflito de interesses" (STJ, REsp 1006833/RJ, 6. Turma, rel. Min. Maria Thereza de Assis Moura, j. 22.08.2011, *DJe* 05.09.2011).

"A nomeação de curador especial, ao réu revel citado por hora certa, nos termos do art. 9º, inciso II, do CPC, é medida que se impõe quando não comparece o réu aos autos (...) Não há falar em nomeação de curador especial ao revel, mesmo que ficta tenha sido sua citação, quando o mesmo comparece aos autos, regularizando sua representação processual, e apresenta contestação intempestiva ou deixa de fazê-lo sponte própria. Aplica-se à espécie a máxima *dormientibus non sucurrit jus*" (STJ, REsp 1229361/SP, 3ª Turma, Rel. Min. Vasco Della Giustina, j. 12.04.2011, *DJe* 25.04.2011).

> **Art. 73.** O cônjuge necessitará do consentimento do outro para propor ação que verse sobre direito real imobiliário, salvo quando casados sob o regime de separação absoluta de bens.

> **§ 1º** Ambos os cônjuges serão necessariamente citados para a ação:
>
> **I** – que verse sobre direito real imobiliário, salvo quando casados sob o regime de separação absoluta de bens;
>
> **II** – resultante de fato que diga respeito a ambos os cônjuges ou de ato praticado por eles;
>
> **III** – fundada em dívida contraída por um dos cônjuges a bem da família;
>
> **IV** – que tenha por objeto o reconhecimento, a constituição ou a extinção de ônus sobre imóvel de um ou de ambos os cônjuges.
>
> **§ 2º** Nas ações possessórias, a participação do cônjuge do autor ou do réu somente é indispensável nas hipóteses de composse ou de ato por ambos praticado.
>
> **§ 3º** Aplica-se o disposto neste artigo à união estável comprovada nos autos.

▶ *Referência: CPC/1973 – Art. 10*

1. Ações sobre direitos reais imobiliários

Para a propositura de ações que versem sobre direitos reais imobiliários, o cônjuge necessitará da autorização do outro. Por óbvio, essa autorização só é necessária se as ações se referirem a bens comuns do casal e não se aplica para as ações de direito pessoal e para as ações que versem a respeito de direito real que recaia sobre bem móvel. Dado o reconhecimento pelos Tribunais Superiores da equiparação entre casais independentemente da orientação sexual, esse dispositivo também se aplica a casais do mesmo sexo. De acordo com a Resolução nº 175, de 2013 do Conselho Nacional de Justiça, "é vedada às autoridades competentes a recusa de habilitação, celebração de casamento civil ou de conversão de união estável em casamento entre pessoas de mesmo sexo" (art. 1º).

A autorização é um fenômeno diverso que não se confunde com os conceitos de capacidade processual. A autorização não é um requisito para a aquisição da qualidade de parte, mas é um requisito para a regular constituição em juízo e para o regular cumprimento dos atos processuais. O cônjuge tem, assim, o ônus de se apresentar em juízo com respectiva autorização do outro, para o regular procedimento da ação (Francesco p. Luiso, *Diritto processuale civile*, v. I., 4. ed., Milano Giuffrè, 2007, pp. 204-209). Nesse sentido, para a prova do consentimento

Art. 74

do cônjuge, deve-se recorrer ao art. 220 do Código Civil, segundo o qual "a anuência ou a autorização de outrem, necessária à validade de um ato, provar-se-á do mesmo modo que este, e constará, sempre que se possa, do próprio instrumento". Indispensável, portanto, que o autor apresente já na petição inicial o consentimento de seu cônjuge para o processamento da demanda em questão.

2. Litisconsórcio passivo necessário

Os cônjuges ocuparão necessariamente o polo passivo das ações i) que versem sobre direitos reais imobiliários; ii) resultantes de fatos que digam respeito a ambos os cônjuges ou de atos praticados por eles; iii) fundadas em dívidas contraídas pelo marido a bem da família, mas cuja execução tenha de recair sobre o produto do trabalho da mulher ou os seus bens reservados; iv) que tenham por objeto o reconhecimento, a constituição ou a extinção de ônus sobre imóveis de um ou de ambos os cônjuges. Os cônjuges também serão litisconsortes necessários nas ações possessórias de compasse ou de ato por ambos praticados.

3. União estável

De acordo com o art. 73, § 3º, do Código de Processo Civil, as exigências previstas neste artigo também se aplicam às hipóteses de união estável, hetero ou homoafetiva, comprovada nos autos, dada a equiparação desta para com o casamento.

4. Vício

A ausência de integração da capacidade processual pelo cônjuge resulta em vício da relação processual que, se não sanado, enseja a extinção do processo sem resolução de mérito, nos termos do art. 76 e 485, inc. VI, do Código de Processo Civil.

Jurisprudência

"Recurso especial. Processual civil. Direito de família. Execução. Penhora sobre imóvel. Intimação do ex-cônjuge. Desnecessidade. Art. 1.647 do Código Civil de 2002. Regime de bens. Separação convencional. Art. 73 do Código de Processo Civil de 2015. 1. A pessoa casada sob o regime da separação convencional de bens pode alienar bem imóvel sem a outorga conjugal (art. 1.647, *caput*, e I, do CC/2002 e 73 do CPC/2015).

2. É dispensável a intimação do ex-cônjuge casado sob o regime de separação convencional de bens da penhora sobre bem imóvel de propriedade particular, sobre o qual não tem direito de meação. 3. Na hipótese, não subsiste interesse jurídico do ex-cônjuge em defender o patrimônio a que não faz jus, devendo ser afastado eventual litisconsórcio passivo. 4. Recurso especial não provido." (STJ, REsp 1.367.343, 3ª Turma, Rel. Min. Ricardo Villas Bôas Cueva, j. 13.12.2016, *DJe* 19.12.2016).

> **Art. 74.** O consentimento previsto no art. 73 pode ser suprido judicialmente quando for negado por um dos cônjuges sem justo motivo, ou quando lhe seja impossível concedê-lo.
> **Parágrafo único.** A falta de consentimento, quando necessário e não suprido pelo juiz, invalida o processo.

▶ *Referência: CPC/1973 – Art. 11*

1. Autorização (recusa)

Se o cônjuge ou o companheiro se recusar a conceder ao outro a autorização necessária para o processamento das ações sobre direitos reais imobiliários sem um justo motivo ou se for impossível tal concessão, o cônjuge ou companheiro prejudicado poderá requerer ao juiz que supra esse consentimento faltante. A falta de consentimento invalida o processo. Exemplo de justo motivo que autorizaria o não consentimento do cônjuge ou companheiro seria a demonstração por parte deste que a demanda a ser proposta por seu parceiro poderia comprometer toda a renda ou a estrutura familiar.

> **Art. 75.** Serão representados em juízo, ativa e passivamente:
> **I** – a União, pela Advocacia-Geral da União, diretamente ou mediante órgão vinculado;
> **II** – o Estado e o Distrito Federal, por seus procuradores;
> **III** – o Município, por seu prefeito ou procurador;
> **IV** – a autarquia e a fundação de direito público, por quem a lei do ente federado designar;
> **V** – a massa falida, pelo administrador judicial;
> **VI** – a herança jacente ou vacante, por seu curador;

VII – o espólio, pelo inventariante;

VIII – a pessoa jurídica, por quem os respectivos atos constitutivos designarem ou, não havendo essa designação, por seus diretores;

IX – a sociedade e a associação irregulares e outros entes organizados sem personalidade jurídica, pela pessoa a quem couber a administração de seus bens;

X – a pessoa jurídica estrangeira, pelo gerente, representante ou administrador de sua filial, agência ou sucursal aberta ou instalada no Brasil;

XI – o condomínio, pelo administrador ou síndico.

§ 1º Quando o inventariante for dativo, os sucessores do falecido serão intimados no processo no qual o espólio seja parte.

§ 2º A sociedade ou associação sem personalidade jurídica não poderá opor a irregularidade de sua constituição quando demandada.

§ 3º O gerente de filial ou agência presume-se autorizado pela pessoa jurídica estrangeira a receber citação para qualquer processo.

§ 4º Os Estados e o Distrito Federal poderão ajustar compromisso recíproco para prática de ato processual por seus procuradores em favor de outro ente federado, mediante convênio firmado pelas respectivas procuradorias.

► *Referência: CPC/1973 – Art. 12*

1. Representação processual

A representação processual é um fenômeno particular. Os atos do representante são, em realidade, atos do próprio ente representado (por isso alguns também denominam esse fenômeno de "presentação") (Francesco p. Luiso, *Diritto processuale civile*, v. I. 4. ed., Milano Giuffrè, 2007, pp. 204-209). Em cada um dos incisos do art. 75 estão indicadas modalidades de representação. A representação dos entes indicados neste artigo é um pressuposto de ordem pública, de modo que eventual vício pode ser conhecido de ofício pelo magistrado. Antes de extinguir o processo, contudo, deve o magistrado intimar as partes para que elas tenham a oportunidade de corrigir o vício.

Este artigo, em outras palavras, disciplina a capacidade processual das pessoas jurídicas de direito público ou privado. De acordo com o art. 41 do Código Civil são pessoas jurídicas de direito público interno a União; os Estados, o Distrito Federal e os Territórios; os Municípios; as autarquias, inclusive as associações públicas; as demais entidades de caráter público criadas por lei. Já, segundo o art. 44 do Código Civil, são pessoas jurídicas de direito privado as associações; as sociedades; as fundações; as organizações religiosas; os partidos políticos e as empresas individuais de responsabilidade limitada. A existência legal das pessoas jurídicas de direito privado começa com a inscrição de seu ato constitutivo no respectivo registro (CC, art. 45).

2. Pessoas jurídicas de direito público

Nos incisos I a IV do art. 75 do Código de Processo Civil está prevista a forma de representação das pessoas jurídicas de direito público. De acordo com o art. 131 da Constituição Federal a Advocacia-Geral da União é a instituição que representa a União tanto judicial quanto extrajudicialmente, cabendo-lhe as atividades de consultoria e assessoramento jurídico do Poder Executivo. O Advogado-Geral da União será nomeado pelo Presidente da República entre os cidadãos maiores de trinta e cinco anos, de notável saber jurídico e reputação ilibada (CF, art. 131, § 1º). Com relação às atividades do Advogado-Geral do IBDP, cumpre registrar, por exemplo, que de acordo com o art. 1º da Lei nº 9.469/97 ele, em conjunto com o dirigente estatutário da área afeta ao assunto, poderá autorizar a realização de acordos ou transações para prevenir ou encerrar litígios, inclusive os judiciais.

Os Estados e o Distrito Federal, por seu turno, serão representados por seus procuradores e o Município, por seu prefeito ou procurador. O prefeito e o procurador, portanto, possuem capacidade concorrente para representação do Município. As autarquias e as fundações de direito público, por sua vez, serão representadas por quem a lei do ente federado designar.

No que diz respeito às Câmaras Municipais, de acordo com o enunciado da Súmula 525 do Superior Tribunal de Justiça: "A Câmara de Vereadores não possui personalidade jurídica, apenas personalidade judiciária, somente podendo demandar em juízo para defender os seus direitos institucionais" (STJ, Súmula 525, Primeira Seção, j. 22.04.2015, *DJe* 27.04.2015). Assim, por exemplo, a Câmara Municipal poderá atuar para a defesa de interesses relacionados ao seu funcionamento, a sua autonomia e independência, não se enquadrando, nesse rol, portanto, o interesse meramente patrimonial do ente municipal (STJ, REsp 1429322/AL, 2ª Turma, Rel. Min. Mauro Campbell Marques, j. 20.02.2014, *DJe* 28.02.2014).

De acordo com o art. 75, § 4º, do Código de Processo Civil, os Estados e o Distrito Federal poderão mediante convênio ajustar compromisso recíproco para prática de ato processual por seus procuradores em favor de outro ente federado.

Conforme entendimento consolidado da jurisprudência do Superior Tribunal de Justiça "Os procuradores dos órgãos públicos investidos na condição de servidores estão desobrigados de provar sua capacidade postulatória, pois seu mandato presume-se conhecido a partir da nomeação para o cargo" (STJ, AgRg no REsp 1540799/SP, 2ª Turma, Rel. Min. Diva Malerbi (Desembargadora Convocada do TRF 3ª Região), j. 08.03.2016, *DJe* 14.03.2016).

3. Massa falida

A representação da massa falida compete ao administrador judicial. Tal opção se justifica, na medida em que "o papel do administrador judicial na administração da falência é de grande relevância, pois cabe a ele informar e esclarecer o juiz sobre os fatos em que se baseiam as pretensões, quer dos credores, quer de qualquer interessado, além da investigação completa acerca do falido, principalmente em relação ao seu procedimento antes e depois da sentença declaratória. Por outro lado, não menos importante é a sua atuação na liquidação da falência, quer na realização do ativo, quer no pagamento do passivo. Daí a célebre sentença proferida por Carvalho de Mendonça: 'procurai saber quem administra a massa e conhecereis imediatamente o bom ou mau êxito provável da liquidação'" (Ronaldo Vasconcelos, *Direito processual falimentar*, São Paulo: Quartier Latin, 2008, p. 164). Desse modo, o falido não tem legitimidade para representar a massa falida, conforme orientação do Superior Tribunal de Justiça: "A atuação da sociedade falida é regida pela Lei de Falências que estabelece a intervenção como assistente, nos processos em que a massa falida seja parte ou interessada, podendo, nessas circunstâncias, pleitear providências necessárias à conservação dos seus direitos e interpor os recursos cabíveis, não legitimando o falido a agir em juízo em nome próprio como autor ou réu em defesa dos interesses da sociedade" (STJ, REsp

1330167/SP, 3ª Turma, Rel. Min. Sidnei Beneti, j. 05.02.2013, *DJe* 22.02.2013).

4. Herança jacente ou vacante

De acordo com o art. 1.819 do Código Civil, falecendo alguém sem deixar testamento nem herdeiro legítimo notoriamente conhecido, os bens da herança, depois de arrecadados, ficarão sob a guarda e administração de um curador. A este incumbe, segundo o art. 739 do Código de Processo Civil: "representar a herança em juízo ou fora dele, com intervenção do Ministério Público"; "ter em boa guarda e conservação os bens arrecadados e promover a arrecadação de outros porventura existentes"; "executar as medidas conservatórias dos direitos da herança"; "apresentar mensalmente ao juiz balancete da receita e da despesa" e "prestar contas ao final de sua gestão".

5. Espólio

O espólio será representado pelo inventariante. A ordem de preferência dos legitimados à inventariança está prevista no art. 617 do Código de Processo Civil. De acordo com o § 1º do art. 75, quando o inventariante for dativo, os sucessores do falecido deverão ser intimados no processo em que o espólio figurar como parte, pois "no caso de inventariante dativo, o legislador entendeu que não haveria legitimidade para representação plena do espólio, razão pela qual todos os herdeiros e sucessores são chamados a compor a lide" (STJ, REsp 1053806/MG, 2ª Turma, Rel. Min. Herman Benjamin, j. 14.04.2009, *DJe* 06.05.2009). Já no caso de o *de cujus* ser devedor alimentício, já decidiu o Superior Tribunal de Justiça que tal obrigação não pode ser transferida ao espólio (http://www.stj.jus.br/sites/portalp/Paginas/Comunicacao/Noticias-antigas/2019/2019-01-30_06-52_Obrigacao-de-pagar-alimentos-nao-pode-ser-transferida-ao-espolio.aspx, acesso em 11 de fevereiro de 2020).

6. Pessoas jurídicas

De acordo com o art. 75, inc. VIII, do Código de Processo Civil, a pessoa jurídica será representada por quem os respectivos atos constitutivos designarem ou, não havendo essa designação, por seus diretores. Conforme dispõe o art. 45 do Código de Processo Civil, a existência legal das pessoas jurídicas de direito privado começa com a inscrição de seu ato constitutivo no respectivo registro, sendo o registro declarará o nome e a individualização dos fundadores ou instituidores, e dos diretores (CC, art. 46, inc. II).

7. Sociedades sem personalidade jurídica

As sociedades sem personalidade jurídica serão representadas pela pessoa a quem couber a administração de seus bens. De acordo com o § 2º deste mesmo artigo, a sociedade sem personalidade jurídica não poderá opor a irregularidade de sua constituição quando demandada, pois isso configuraria um *venire contra factum proprio*.

8. Pessoa jurídica estrangeira

A pessoa jurídica estrangeira será representada pelo gerente, representante ou administrador de sua filial, agência ou sucursal aberta ou instalada no Brasil. De acordo com o § 3º do art. 75 do Código de Processo Civil "o gerente de filial ou agência presume-se autorizado pela pessoa jurídica estrangeira a receber citação para qualquer processo". A respeito desse tema, de acordo com a jurisprudência do Superior Tribunal de Justiça "é ineficaz a citação dirigida a pessoa jurídica estrangeira mas realizada na sede de sociedade brasileira, ainda que ao recebimento do mandado não se oponha funcionário desta última. Ainda que a ré, sociedade estrangeira, detenha maior parte do capital de sociedade brasileira, não vale como citação a intimação recebida por empregado desta última mas destinada àquela primeira.

Jurisprudência

"Considerando-se os valores em conflito, de um lado a citação por meio de pessoa física ou jurídica formalmente estabelecida pela pessoa jurídica estrangeira como apta para receber citação em seu nome no Brasil, com o fim de garantir efetiva ciência do processo e efetiva possibilidade de oferecer defesa e, de outro, a possibilidade de que aquele que litiga com pessoa jurídica estrangeira tenha condições de efetuar sua citação em prazo razoável sem o exercício desnecessário de atividades processuais, tenho que a previsão legal constante do art. 75, X (combinado, se necessário, com a do art. 75, VIII) do CPC não há de ser feita estritamente" (STJ, Homologação de Decisão Estrangeira nº 410-EX, Corte Especial, Rel. Min. Benedito Gonçalves, j. 20.11.2019, *DJe* 26.11.2019).

9. Condomínio

O condomínio, nos termos do art. 75, inc. XI, do Código de Processo Civil será representado por seu administrador ou síndico. A legitimidade do síndico para representação do condomínio tem como fonte o art. 1.348, inc. II, do Código Civil, segundo o qual compete ao síndico "representar, ativa e passivamente, o condomínio, praticando, em juízo ou fora dele, os atos necessários à defesa dos interesses comuns". Ademais, de acordo com o § 2º deste mesmo artigo "o síndico pode transferir a outrem, total ou parcialmente, os poderes de representação ou as funções administrativas, mediante aprovação da assembleia, salvo disposição em contrário da convenção". Conforme entendimento do Superior Tribunal de Justiça "o condomínio, representado pelo síndico, possui legitimidade para promover em juízo a defesa dos interesses comuns" (STJ, AgRg no AREsp 674.394/RJ, 3ª Turma, Rel. Min. Marco Aurélio Bellizze, j. 19.05.2015, *DJe* 28.05.2015).

Jurisprudência

"O espólio – universalidade de bens deixada pelo *de cujus* – assume, por expressa determinação legal, a legitimidade ad causam para demandar e ser demandado em todas as ações em que o *de cujus* integraria o polo ativo ou passivo se vivo fosse. Assim, enquanto não há partilha, é a herança que responde por eventual obrigação deixada pelo de cujus e é do espólio a legitimidade passiva ad causam para integrar a lide" (STJ, REsp 1424475/MT, 3ª Turma, Rel. Min. João Otávio de Noronha, j. 03.03.2015, *DJe* 11.03.2015).

Art. 76. Verificada a incapacidade processual ou a irregularidade da representação da parte, o juiz suspenderá o processo e designará prazo razoável para que seja sanado o vício.

§ 1º Descumprida a determinação, caso o processo esteja na instância originária:

I – o processo será extinto, se a providência couber ao autor;

II – o réu será considerado revel, se a providência lhe couber;

III – o terceiro será considerado revel ou excluído do processo, dependendo do polo em que se encontre.

§ 2º Descumprida a determinação em fase recursal perante tribunal de justiça, tribunal regional federal ou tribunal superior, o relator:

I – não conhecerá do recurso, se a providência couber ao recorrente;

II – determinará o desentranhamento das contrarrazões, se a providência couber ao recorrido.

► *Referência: CPC/1973 – Art. 13*

1. Suspensão do processo

Ao constatar qualquer irregularidade relativa à capacidade processual ou à representação das partes, o juiz deve suspender o processo, indicar precisamente às partes qual é o defeito existente no processo, em respeito ao princípio da colaboração (art. 6º), e marcar um prazo razoável para que ele possa ser sanado.

2. Incapacidade processual

O vício relativo à capacidade processual a que se faz referência neste artigo só pode se referir à capacidade da parte de estar em juízo, pois é esse o único vício que pode ser sanado. Nenhum ato é capaz de suprir a falta de capacidade de ser parte daquele que atua em juízo (Celso Agrícola Barbi, *Comentários ao Código de Processo Civil*, v. I, 14. ed., Rio de Janeiro: Forense, 2010, nº 148, p. 116).

3. Representação das partes

Sempre que houver alguma irregularidade relativa à representação das partes em juízo, deve ser concedido um prazo a elas para que o vício seja sanado. Assim, por exemplo, se um menor estiver atuando em juízo, deverá ele, no prazo indicado pelo juiz, ser substituído por seu representante legal.

4. Conhecimento de ofício

Em razão da gravidade desses vícios, que comprometem a regularidade do procedimento, o juiz pode conhecê-los de ofício, independentemente de pedido da parte interessada (Celso Agrícola Barbi, *Comentários ao Código de Processo Civil*, v. I, 14. ed., Rio de Janeiro: Forense, 2010, nº 151, p. 117).

5. Não correção do vício (consequências)

Se o defeito indicado pelo juiz não for sanado no prazo estabelecido, três são as possíveis consequências: se o defeito disser respeito ao autor, i) o juiz extinguirá o processo; se disser respeito ao réu, ii) este será reputado revel; e se disser respeito ao terceiro, iii) este será excluído

do processo ou será considerado revel a depender da posição que ocupa no processo. Durante a fase recursal, não se conhecerá do recurso se a providência couber ao recorrente, ou, desentranhar-se-á as contrarrazões se a providência couber ao recorrido.

6. Vício relativo à capacidade postulatória

O disposto neste artigo também pode ser aplicado nos casos em que haja algum vício relativo à capacidade postulatória.

7. Revogação da Súmula 115 do Superior Tribunal de Justiça

O art. 76 do Código de Processo Civil de 2015 revogou a Súmula 115 do Superior Tribunal de Justiça, cujo enunciado estabelecia que "na instância especial é inexistente recurso interposto por advogado sem procuração nos autos". Com efeito, o art. 76, § 2º, do Código autoriza o relator, quer seja de tribunal de justiça, de tribunal regional federal ou de tribunal superior a conceder prazo para regularização de vício relativo à capacidade ou à representação processual. Caso o vício não seja sanado, deverá, então, o relator não conhecer do recurso, se a providência couber ao recorrente, ou desentranhar as contrarrazões, se a providência couber ao recorrido.

CAPÍTULO II
DOS DEVERES DAS PARTES E DE
SEUS PROCURADORES

Seção I
Dos deveres

Art. 77. Além de outros previstos neste Código, são deveres das partes, de seus procuradores e de todos aqueles que de qualquer forma participem do processo:

I – expor os fatos em juízo conforme a verdade;

II – não formular pretensão ou de apresentar defesa quando cientes de que são destituídas de fundamento;

III – não produzir provas e não praticar atos inúteis ou desnecessários à declaração ou à defesa do direito;

IV – cumprir com exatidão as decisões jurisdicionais, de natureza provisória ou final, e não criar embaraços à sua efetivação;

V – declinar, no primeiro momento que lhes couber falar nos autos, o endereço residencial ou profissional onde receberão intimações, atualizando essa informação sempre que ocorrer qualquer modificação temporária ou definitiva;

VI – não praticar inovação ilegal no estado de fato de bem ou direito litigioso;

VII – informar e manter atualizados seus dados cadastrais perante os órgãos do Poder Judiciário e, no caso do § 6º do art. 246 deste Código, da Administração Tributária, para recebimento de citações e intimações. (Incluído pela Lei nº 14.195, de 2021)

§ 1º Nas hipóteses dos incisos IV e VI, o juiz advertirá qualquer das pessoas mencionadas no *caput* de que sua conduta poderá ser punida como ato atentatório à dignidade da justiça.

§ 2º A violação ao disposto nos incisos IV e VI constitui ato atentatório à dignidade da justiça, devendo o juiz, sem prejuízo das sanções criminais, civis e processuais cabíveis, aplicar ao responsável multa de até vinte por cento do valor da causa, de acordo com a gravidade da conduta.

§ 3º Não sendo paga no prazo a ser fixado pelo juiz, a multa prevista no § 2º será inscrita como dívida ativa da União ou do Estado após o trânsito em julgado da decisão que a fixou, e sua execução observará o procedimento da execução fiscal, revertendo-se aos fundos previstos no art. 97.

§ 4º A multa estabelecida no § 2º poderá ser fixada independentemente da incidência das previstas nos arts. 523, § 1º, e 536, § 1º.

§ 5º Quando o valor da causa for irrisório ou inestimável, a multa prevista no § 2º poderá ser fixada em até 10 (dez) vezes o valor do salário mínimo.

§ 6º Aos advogados públicos ou privados e aos membros da Defensoria Pública e do Ministério Público não se aplica o disposto nos §§ 2º a 5º, devendo eventual responsabilidade disciplinar ser apurada pelo respectivo órgão de classe ou corregedoria, ao qual o juiz oficiará.

§ 7º Reconhecida violação ao disposto no inciso VI, o juiz determinará o restabelecimento do estado anterior, podendo, ainda, proibir a parte de falar nos autos até a purgação do atentado, sem prejuízo da aplicação do § 2º

§ 8º O representante judicial da parte não pode ser compelido a cumprir decisão em seu lugar.

▶ *Referência: CPC/1973 – Art. 14*

1. Deveres processuais

Todos aqueles que de alguma forma participam do processo devem observar a sua tramitação de acordo com os fins para que ele foi criado (Fernando Luso Soares, A responsabilidade processual civil, nº 53, p. 165). O desrespeito a esse dever configura um abuso processual, que no entendimento de Humberto Theodoro Júnior, consiste em "atos de má-fé praticados por quem tenha uma faculdade de agir no curso de processo, mas que dela se utiliza não para seus fins normais, mas para protelar a solução do litígio ou para desviá-la da correta apreciação judicial, embaraçando, assim, o resultado justo da prestação jurisdicional" ("Abuso de direito processual no ordenamento jurídico brasileiro", p. 113). Nesse sentido, Chiovenda observa que o litigante tem o dever de agir de boa-fé, que compreende: "1) a obrigação de não sustentar teses de que, por sua manifesta inconsistência, é inadmissível que o litigante esteja convencido; 2) a obrigação de não afirmar conscientemente coisas contrárias à verdade; 3) a obrigação de comportar-se em relação ao juiz e ao adversário com lealdade e correção" (Instituições de direito processual civil, v. III, nº 271, p. 370. Ver, ainda, *Principii di diritto processuale*, § 48, p. 745-746).

O art. 77 do Código de Processo Civil reflete essa orientação ao estabelecer que as partes e todos aqueles que de alguma forma participam do processo devem: i) "expor os fatos em juízo conforme a verdade"; ii) "não formular pretensão ou de apresentar defesa quando cientes de que são destituídas de fundamento"; iii) "não produzir provas e não praticar atos inúteis ou desnecessários à declaração ou à defesa do direito"; iv) "cumprir com exatidão as decisões jurisdicionais, de natureza provisória ou final, e não criar embaraços à sua efetivação"; v) "declinar, no primeiro momento que lhes couber falar nos autos, o endereço residencial ou profissional onde receberão intimações, atualizando essa informação sempre que ocorrer qualquer modificação temporária ou definitiva"; vi) "não praticar inovação ilegal no estado de fato de bem ou direito litigioso". Trata-se de um rol meramente exemplificativo, havendo em outros dispositivos do Código a descrição de comportamentos que também devem ser seguidos pelas partes (Cassio Scarpinella Bueno, *Curso Sistematizado de Direito Processual Civil*, v. 1, 2. ed., São Paulo: Saraiva, 2008, p. 504 e ss.).

Deve-se destacar que alguns desses deveres de retidão convivem em uma linha tênue com direitos processuais fundamentais, como, o direito à prova ou o direito de deduzir as pretensões em juízo. Nesse sentido, os incisos II e III do artigo em questão devem ser interpretados com *granus salis*. Viola os deveres de lealdade processual apenas o litigante que de modo consciente e voluntário age contra os escopos e os princípios que informam a jurisdição. O litigante de má-fé é aquele que age de modo consciente e voluntário e com isso provoca um ato injusto e lesivo à parte. O juízo quanto a desnecessidade de uma prova, por exemplo, a caracterizar eventual violação ao art. 77, inc. III, não pode ser contaminado por eventual valoração prévia do julgador. De maneira semelhante, a mera circunstância de uma demanda questionar entendimento consolidado pela jurisprudência não deve ser considerada como demonstração inequívoca de litigância de má-fé. Não se pode considerar destituída de fundamento, portanto, eventual alegação contrária a um determinado entendimento jurisprudencial quando a parte demonstra a distinção de seu caso em relação ao paradigma ou fornece razões para modificação do entendimento jurisprudencial. Essas questões são ainda mais relevantes, dada a valorização dos precedentes judiciais pelo novo Código de Processo Civil.

Observar o teor de um precedente significa argumentar a partir de uma decisão judicial anterior que pode ser análoga ou não ao caso a decidir. A aplicação mecânica de precedentes tende a produzir decisões injustas, seja porque aplicados a casos indevidos, seja porque retira das partes a possibilidade de se manifestar a respeito. Questões controvertidas e novas teses surgem na doutrina e na jurisprudência e é preciso respeitá-las, sob pena de transformar o processo em verdadeiro instrumento destinado a satisfazer déspotas pouco ou nada esclarecidos. A livre manifestação de pensamento é garantia fundamental do Estado democrático de direito e o processo deve observá-la. Todavia, não há como negar que existem certas teses jurídicas um tanto mirabolantes, que não podem ser propostas a não ser que o litigante esteja imbuído no espírito máximo da chicana e da má-fé processual. A resposta objetiva reside, portanto, na viabilidade das razões apresentadas pelo recorrente, segundo o que se sustenta na doutrina e na jurisprudência, independentemente de o posicionamento ser majoritário ou não.

A ausência de fundamentação ou motivação deficiente não configura, *prima facie*, o abuso de um direito processual. No entanto, não há dúvida de que as razões de qualquer peça processual devem ser adequadas à consecução de um fim. Mas a ausência de razões suficientes não é causa para aplicação de uma sanção processual. É preciso que o julgador verifique, com clareza, a intenção deliberada do litigante de prejudicar a parte contrária, procrastinando o processo. Configurado, por exemplo, parece estar o abuso do processo, quando a parte interpõe recurso especial ou extraordinário sem haver qualquer fundamentação acerca de matéria federal ou constitucional. No entanto, a tentativa de provocar um simples reexame das questões fáticas, sem a mínima menção à matéria jurídica, deve ser vista de dois diferentes modos, que devem ser levados em consideração: falta de técnica do advogado; intenção de lesar a outra parte (Paulo Henrique dos Santos Lucon, "Abuso do exercício do direito de recorrer", in *Aspectos Polêmicos e Atuais dos Recursos* (org. Nelson Nery Jr. e Teresa Arruda Alvim Wambier). São Paulo: Revista dos Tribunais, 2001, v. 4).

Como destaca Helena Abdo "para compreender a teoria do abuso do processo, é necessário ter em mente que (...) o abuso do processo refere-se ao uso anormal ou incorreto das situações subjetivas (faculdades, poderes deveres e ônus) conferidas pelo ordenamento ao sujeito processual (...) em geral, o abuso se manifesta quando o ato é praticado com desvio de finalidade, em desrespeito à instrumentalidade e aos escopos do processo e dos meios processuais" (O abuso do processo, São Paulo: RT, 2007, p. 102). A imposição de sanções pela não observância de deveres de probidade independe do resultado do processo. Vencedor e vencido podem igualmente ser sancionados se não observarem os deveres impostos pela lei.

2. Exposição dos fatos conforme a verdade

Nos termos do art. 77, inc. I, do Código de Processo Civil é dever das partes, de seus procuradores e de todos aqueles que de qualquer forma participem do processo expor os fatos em juízo conforme a verdade. Não obstante tal dispositivo, como aduz Couture, esse dever teria de ser observado mesmo na ausência de previsão legal nesse sentido: "el proceso tiene cierta nota necesaria, cierta inherencia de verdad, porque el proceso es la realización de la justicia y ninguna justicia se puede apoyar en la mentira" (Eduardo J. Couture, Estudios de derecho procesal civil, v. 3., Montevideo: La Ley Uruguay, p. 181). Esse dever de dizer a verdade não significa que a parte tenha de revelar fatos cujo ônus de demonstrar incumba ao seu adversário. O que se quer evitar é que a parte deixe de revelar ou revele determinados fatos que ele saiba não serem conformes à realidade. Em outras palavras, "a parte deve declarar somente a verdade, ou quando menos deixar de declarar o que saiba não ser verdade" (Barbosa Moreira, "Responsabilidade das partes por dano processual" in *Revista de Processo*, v.10/1978, p. 15-31, abr.-jun. 1978). Como ressaltado por Barbosa Moreira, "visto ao ângulo dos litigantes e de seus interesses, o processo é sem dúvida um prélio, e como tal não pode excluir o recurso à habilidade na escolha e na realização das táticas julgadas mais eficazes para a obtenção de resultado vantajoso; a isso, contudo, sobrepairam as exigências éticas e sociais inerentes à significação do processo como instrumento de função essencial do Estado" ("Responsabilidade das partes por dano processual" in *Revista de Processo*, v. 10/1978, p. 15-31, abr.-jun. 1978). A infração a esse dispositivo, portanto, pode ocorrer com a intencional afirmação de um fato inexistente, a negação de um fato sabidamente existente ou a descrição de um fato em desacordo com a realidade (Barbosa Moreira, "Responsabilidade das partes por dano processual" in *Revista de Processo*, v. 10/1978, p. 15-31, abr.-jun. 1978).

Como o dever de exposição dos fatos conforme a verdade pertence a todos aqueles que de alguma forma atuam no processo, este dispositivo não alcança terceiros, conforme já decidiu o Superior Tribunal de Justiça: "O dever de colaboração com o Judiciário, previsto no art. 339 do CPC, alcança a todos que participem a qualquer título do processo, ou seja, aos que, de alguma maneira, estejam vinculados a fatos relacionados ao descobrimento da verdade no processo específico, chamados aos autos com o intuito de influenciar na decisão judicial. Embora não abranja apenas as partes, autor e réu, mas todo aquele que participe do processo, incluindo-se o assistente, o opoente, ou seja, partes em sentido lato, bem como testemunhas, peritos, intérpretes e advogados, não pode alcançar terceiros completamente estranhos à lide. Numa democracia, a imposição legal restritiva de liberdade não pode ser ilimitada, genérica, a ponto de afetar, reduzindo ou esvaziando, o próprio conteúdo da garantia constitucional. *In casu*, o causídico que o recorrente objetiva seja intimado para, compulsoriamente, fornecer o endereço de seu cliente para fins de citação não participa dos autos sob nenhuma forma. Nem sequer é advogado dos recorridos na demanda, não obstante figure como seu procurador em outras duas ações diversas. É terceiro, portanto, alheio aos autos, não estando abrangido no dever processual de colaboração" (STJ, REsp 818.727/SP, 4ª Turma, Rel. Min. Raul Araújo, j. 02.10.2014, *DJe* 05.03.2015).

3. Pretensão destituída de fundamento

O art. 77, inc. II, do Código de Processo Civil de 2015, que estabelece como dever de todos aqueles que de qualquer forma participem do processo não formular pretensa ou apresentar defesa quando cientes de que são destituídas de fundamento, aprimora redação do antigo art. 17, inc. I, do Código de Processo Civil de 1973, segundo o qual configuraria litigância de má-fé a dedução de pretensão ou defesa contra texto expresso de lei. A redação do CPC de 1973 nesse aspecto não era capaz de abranger toda a probidade necessária ao desenvolvimento da relação processual. É contrária à boa-fé, com efeito, tanto a alegação sem qualquer fundamento legal, quanto à alegação que ignora injustificadamente a jurisprudência. Do mesmo modo que os magistrados tem o dever de justificar a aplicação ou não de uma norma jurisprudencial (CPC, art. 489, § 1º, incs. V e VI), também os litigantes probos devem deduzir suas pretensões justificando o porquê da aplicação ou não de uma determinada norma jurisprudencial ao seu caso concreto.

4. Provas inúteis ou desnecessárias

É dever de todo aquele que participa do processo não produzir provas e não praticar atos inúteis ou desnecessários à declaração ou à defesa do direito (CPC, art. 77, inc. III). Conduta dessa natureza atenta contra à dignidade da justiça e os interesses públicos que informam o exercício da tutela jurisdicional. Esse dispositivo, contudo, deve ser interpretado com *granus salis* por tratar de corolários do direito de ação e da própria garantia de inafastabilidade da tutela jurisdicional. O juízo quanto à utilidade de uma prova, por exemplo, não pode ser contaminado por eventual pré-compreensão do magistrado quanto ao resultado do julgamento. Além disso, também não se pode considerar inútil prova destinada à demonstração de fato revelado por outra prova de distinta natureza. Provas diversas para demonstração de um mesmo fato permitem uma formação mais ampla do convencimento judicial, contribuem para a valoração racional da prova e por consequência para a justiça das decisões. Em sentido semelhante, ademais, não pode ser considerada inútil ou desnecessária, portanto ímproba, a prática de um ato previsto em lei. Nesse sentido, de acordo com a jurisprudência do Superior Tribunal de Justiça "não há que se falar em litigância de má-fé, decorrente da interposição de recurso meramente protelatório ou infundado (...) quando a parte apenas se vale do recurso cabível – *in casu*, agravo regimental – para, fundamentadamente, formular sua irresignação e requerer a reforma da decisão monocrática" (STJ, AgRg no AREsp 473.924/RS, 3ª Turma, Rel. Min. Paulo de Tarso Sanseverino, j. 10.03.2015, *DJe* 16.03.2015).

5. Cumprir com exatidão as decisões judiciais

Deixar de cumprir uma decisão judicial é um ato de rebeldia que contraria a imperatividade da jurisdição. Como destaca Ada Pellegrini Grinover, "A origem do *contempt of court* está associada à ideia de que é inerente à própria existência do Poder Judiciário a utilização dos meios capazes de tornar eficazes as decisões emanadas. É inconcebível que o Poder Judiciário, destinado à solução de litígios, não tenha o condão de fazer valer os seus julgados. Nenhuma utilidade teriam as decisões, sem cumprimento ou efetividade. Negar instrumentos de força ao Judiciário é o mesmo que negar sua existência. Atualmente, todos os atos tendentes a obstruir o cumprimento das funções de um juízo, envolvendo uma afronta, podem constituir desacato. Inclui-se no conceito atual o abuso do processo" ("Ética, abuso do processo e resistência às ordens judiciárias: o *contempt of court*" in *Revista de Processo*, v. 102/2001, p. 219-227, abr.-jun. 2001). Conforme dispõe o § 8º do artigo em questão, o representante judicial da parte não pode ser compelido a cumprir decisão em seu lugar. A atividade de representação, com efeito, não pode resultar na imposição ao representante de um dever que a ele não pertence, mas sim ao representado.

6. Informação de dados pessoais

Todos aqueles que de alguma forma participam do processo têm o dever de declinar no primeiro momento em que lhes couber falar nos autos seus dados onde receberão os atos de comunicação processual. Trata-se de medida que visa a resguardar o contraditório e a promover a celeridade processual. A parte que não indica esses dados revela que não tem a intenção de colaborar com o Poder Judiciário, já que se não forem realizados os atos de comunicação, a relação processual não poderá se desenvolver validamente. Em caso de mudança de endereço, temporária ou definitiva, a parte, do mesmo modo, tem o dever de informar o juízo.

O inciso VII do art. 77 foi introduzido pela Lei nº 14.195/2021, que contempla inúmeros e variados assuntos, dentre os quais alterações de dispositivos do Código de Processo Civil. Há sérias dúvidas quanto à sua constitucionalidade, por conta de vícios graves no processo legislativo, uma vez que o texto foi incorporado por medida provisória.

O inciso VII estabelece o dever das partes, de seus procuradores e de todos aqueles que participem do processo de informar e manter atualizados seus dados cadastrais perante os órgãos do Poder Judiciário. Ao Conselho Nacional de Justiça compete disciplinar quais são os dados cadastrais informados e mantidos atualizados e, mais ainda, como se dá tal cadastramento e como os órgãos do Poder Judiciário poderão acessar referidos dados. Pelo teor do disposto no *caput* do art. 246, a referência é clara ao endereço eletrônico constante do banco de dados do Poder Judiciário, conforme regulamento do Conselho Nacional de Justiça.

É preciso lembrar também que, consoante o art. 194 deste Código, "os sistemas de automação processual respeitarão a publicidade dos atos, o acesso e a participação das partes e de seus procuradores, inclusive nas audiências e sessões de julgamento, observadas as garantias da disponibilidade, independência da plataforma computacional, acessibilidade e interoperabilidade dos sistemas, serviços, dados e informações que o Poder Judiciário administre no exercício de suas funções". Isso significa que os dados cadastrais perante os órgãos do Poder Judiciário serão aqueles que sejam por eles administrados nos exercícios de suas funções constitucionais e legais.

Mais ainda: ao fazer referência ao § 6º do art. 246, também alterado pela Lei nº 14.195/2021, o inc. VII do art. 77 deixa claro que se trata do "endereço eletrônico cadastrado no sistema integrado da Rede Nacional para a Simplificação do Registro e da Legalização de Empresas e Negócios (Redesim)", pois o § 6º do art. 246 menciona o § 5º do mesmo dispositivo. Trata-se, portanto, do "endereço eletrônico cadastrado no sistema integrado da Rede Nacional para a Simplificação do Registro e da Legalização de Empresas e Negócios (Redesim)", "nos termos da legislação aplicável ao sigilo fiscal e ao tratamento de dados pessoais", disciplinado pela Lei Geral de Proteção de Dados (Lei nº 13.709, de 14 de agosto de 2018).

De acordo com o dispositivo legal em análise, somado àqueles aqui referidos, citações e intimações da Administração Tributária devem ser feitas por correio eletrônico.

7. Inovação ilegal

É vedado a qualquer litigante, sob pena de se caracterizar litigância de má-fé, a prática de qualquer inovação ilegal no estado de fato de bem ou no direito litigioso. Trata-se da figura do atentado. Como já decidiu o Superior Tribunal de Justiça "ocorre atentado quando a parte promove alteração no estado de fato de elementos de prova que serão utilizados no julgamento do processo principal" (STJ, REsp 173.394/MG, 3ª Turma, Rel. Min. Eduardo Ribeiro, j. 25.05.1999, *DJ* 23.08.1999, p. 122). Constatada inovação ilegal, o juiz deverá determinar o restabelecimento do estado anterior, podendo, inclusive, proibir a parte de falar nos autos até a purgação do atentado (art. 77, § 7º).

8. Sanções

O não cumprimento das decisões judiciais e os atos de inovação ilegal no processo podem ser punidos como atos atentatórios à dignidade da justiça (art. 77, § 1º). Sem prejuízo de outras sanções, poderá o magistrado aplicar ao responsável multa de até vinte por cento do valor da causa, a depender da gravidade da conduta (art. 77, § 2º). Se o valor da causa for irrisório ou inestimável, a multa poderá ser fixada em até dez vezes o valor do salário mínimo (art. 77, § 5º). Essas sanções não se aplicam aos advogados, aos membros da Defensoria Pública e do Ministério Público que terão sua responsabilidade apurada por eventual violação aos deveres éticos do processo pelo respectivo órgão de classe ou corregedoria (art. 77, § 6º).

Jurisprudência

"O Código de Processo Civil (artigo 14, inciso II) impõe aos litigantes um comportamento regido pela lealdade e pela boa-fé, o que se traduz na obediência a um padrão de conduta que razoavelmente se espera de qualquer pessoa em uma relação jurídica impedindo a conduta abusiva e contrária à equidade (...)" (STJ, AgRg no REsp 709372/RJ, 3ª Turma, Rel. Min. Paulo de Tarso Sanseverino, j. 24.05.2011, *DJe* 03.06.2011).

"A violação ao dever de 'expor os fatos em juízo conforme a verdade' (art. 14, inciso I, do Código de Processo Civil) caracteriza litigância de má-fé, ensejando rejeição do recurso e aplicação de multa processual. (...)" (STJ, EDcl nos EDcl no AgRg no Ag 1264836/SC, 3ª Turma, Rel. Min. Paulo de Tarso Sanseverino, j. 08.02.2011, *DJe* 11.02.2011).

"O rol do art. 14, II, do CPC é meramente exemplificativo, devendo-se vincular o princípio da lealdade ao princípio do contraditório, entendido em seu sentido amplo, de colaboração, considerando, sobretudo, a existência de interesse comum a todos os sujeitos processuais, de que a questão pendente de apreciação pelo Poder Judiciário seja resolvida da maneira mais célere e adequada possível. (...)" (STJ, REsp 1062994/MG, 3ª Turma, Rel. Min. Nancy Andrighi, j. 19.08.2010, j. 26.08.2010).

> **Art. 78.** É vedado às partes, a seus procuradores, aos juízes, aos membros do Ministério Público e da Defensoria Pública e a qualquer pessoa que participe do processo empregar expressões ofensivas nos escritos apresentados.
>
> **§ 1º** Quando expressões ou condutas ofensivas forem manifestadas oral ou presencialmente, o juiz advertirá o ofensor de que não as deve usar ou repetir, sob pena de lhe ser cassada a palavra.
>
> **§ 2º** De ofício ou a requerimento do ofendido, o juiz determinará que as expressões ofensivas sejam riscadas e, a requerimento do ofendido, determinará a expedição de certidão com inteiro teor das expressões ofensivas e a colocará à disposição da parte interessada.

▶ *Referência: CPC/1973 – Art. 15*

1. Uso de expressões injuriosas

Deve ser riscada dos escritos apresentados no processo toda e qualquer expressão

Art. 79

injuriosa, entendendo-se que 'expressões injuriosas' não tem o sentido empregado no Código Penal, referindo-se à dignidade e ao decoro. Ao contrário, visa a abranger palavras escritas ou orais incompatíveis com a linguagem de estilo forense, a que estão vinculados o juiz, o Ministério Público e o advogado, em homenagem a seriedade do processo. A veemência da postulação precisa cingir-se aos limites da polidez" (REsp 33654/RS, 6ª Turma, Rel. Min. Luiz Vicente Cernicchiaro, j. 10.05.1993, *DJ* 14.06.1993, p. 11794).

2. Irrecorribilidade da decisão

Por se tratar de um despacho, é irrecorrível a decisão do juiz que manda riscar as expressões injuriosas.

3. Cassação do uso da palavra

O juiz, responsável que é pela condução regular do processo, poderá cassar a palavra do advogado que em defesa oral fizer uso de expressões injuriosas. O juiz deve sempre exercer esse poder com moderação. É sabido que o exercício da advocacia reclama muitas vezes do advogado uma expressão mais veemente das suas razões.

Jurisprudência

"Cinge-se a controvérsia ao exame da recorribilidade do despacho que nega pedido de riscadura de expressões contidas nos autos consideradas injuriosas por um dos litigantes (...) A apreciação do potencial ofensivo da expressão utilizada caberá sempre ao juiz. Verifica-se, no entanto, que a decisão que entender pela ofensa, ou não, em nada influenciará no deslinde da causa, não resolve qualquer questão processual incidente, configurando-se apenas como um despacho sem conteúdo decisório, que visa manter a compostura das partes, no exercício do poder de polícia, dentro da sistemática processual. E, como tal, nega-se a possibilidade de sua impugnação pela via do agravo de instrumento (...) Assim, entendendo-se pela irrecorribilidade do despacho que manda riscar expressões, similarmente quanto ao que rejeita tal pedido. Desse modo, não se vislumbra qualquer ofensa ao disposto no art. 522 do CPC. (...)" (STJ, REsp 489.431/RS, 3ª Turma, Rel. Ministra Nancy Andrighi, j. 10.06.2003, *DJ* 30.06.2003, p. 247).

Seção II
Da responsabilidade das partes por dano processual

> **Art. 79.** Responde por perdas e danos aquele que litigar de má-fé como autor, réu ou interveniente.

▶ *Referência: CPC/1973 – Art. 16*

1. Responsabilidade das partes por dano processual

O autor, o réu ou o interveniente que pleitear de má-fé, violando, assim, os deveres de lealdade e boa-fé processual previstos no Código de Processo Civil, será responsabilizado pelas eventuais perdas e danos que causar. Esse artigo se aplica apenas aqueles que atuaram como parte no processo. Eventual responsabilidade do advogado deve ser apurada em uma ação autônoma.

2. Possibilidade de cumulação

Tendo natureza processual essa indenização por perdas e danos não se confunde com eventuais multas e penalidades estabelecidas em contrato, podendo, portanto, ser com elas cumuladas.

3. Impossibilidade de cumulação

Situação diversa da apontada no item anterior ocorre nas hipóteses em que há violação a uma específica conduta processual devida (v.g., interposição de agravo regimental manifestamente inadmissível ou infundado). Como possuem a mesma natureza jurídica as sanções não podem aí ser cumuladas.

Jurisprudência

"(...) A indenização por litigância de má-fé tem natureza jurídica processual, não nasce por meio de negócio jurídico nem pode ser objeto de transação pelas partes, pois é prevista em norma de ordem pública e protege, em um primeiro momento, as partes litigantes, e em um segundo, a própria coletividade, pois resguarda e recomenda um dever geral de lealdade e boa-fé processuais, com respeito tanto ao Estado como à parte contrária (...) Impossibilidade de utilização da indenização por litigância de má-fé como sucedâneo da multa convencional, pois as penalidades são decorrentes da violação de normas distintas, que visam à proteção e à eficácia de objetos diferentes, que dizem respeito a relações jurídicas diversas, uma contratual e outra processual, razão pela qual não há nem mesmo que se falar em dupla penalidade. (...)" (STJ, REsp 1127721/RS, 3ª Turma, Rel. Ministra Nancy Andrighi, j. 03.12.2009, *DJe* 18.12.2009).

"É pacífica a orientação desta Corte de que uma vez reconhecida a litigância de má-fé, deve ser imposta a multa e a indenização (perdas e danos), desnecessária a prova do prejuízo sofrido pela parte adversa" (STJ, EDcl no Recurso Especial nº 816.512/PI, Primeira Seção, Rel. Min. Napoleão Nunes Maia Filho, j. 28.9.2011, *DJe* 16.11.2011).

> **Art. 80.** Considera-se litigante de má-fé aquele que:
>
> **I** – deduzir pretensão ou defesa contra texto expresso de lei ou fato incontroverso;
>
> **II** – alterar a verdade dos fatos;
>
> **III** – usar do processo para conseguir objetivo ilegal;
>
> **IV** – opuser resistência injustificada ao andamento do processo;
>
> **V** – proceder de modo temerário em qualquer incidente ou ato do processo;
>
> **VI** – provocar incidente manifestamente infundado;
>
> **VII** – interpuser recurso com intuito manifestamente protelatório.

▶ *Referência: CPC/1973 – Art. 17*

1. Litigância de má-fé. Interesses tutelados

Se praticar qualquer uma das condutas previstas no art. 80 do Código de Processo Civil a parte será considerada litigante de má-fé. A vedação a prática dessas condutas pretende tutelar o i) princípio do contraditório e o ii) regular exercício da jurisdição. O processo civil é refratário a uma rigorosa disciplina moralística do comportamento das partes. Não se pode exigir de uma parte, por exemplo, que ela forneça argumentos favoráveis ao seu adversário. No processo, como se sabe, desenvolve-se uma luta em que cada uma das partes se vale das armas de que dispõe para fazer valer as suas razões. Contudo, a atuação das partes encontra um limi-

te na obrigação de respeitar as "regras do jogo". Essas regras exigem que as partes se respeitem reciprocamente. Isso significa que as partes, por exemplo, não podem fazer uso de manobras ou de artifícios que impeçam a outra parte de fazer valer em juízo as suas razões. Em outras palavras, não devem as partes praticar atos que turbem a plena e regular aplicação do princípio do contraditório. (Enrico Tullio Liebman, *Manuale di diritto processuale civile, principii*, 5. ed., Milano: Giuffrè, 1992, pp. 114-115).

É por isso que as partes não podem deduzir pretensão ou defesa contra texto expresso de lei ou fato incontroverso; tampouco, alterar a verdade dos fatos. A parte que age dessa maneira impede o regular exercício do direito de ação/defesa da parte contrária. Também age de má-fé o litigante que prática atos contrários ao regular exercício da jurisdição. Por isso, é considerado litigante de má-fé todo aquele que: i) usar do processo para conseguir objetivo ilegal, iii) opuser resistência injustificada ao andamento do processo; iv) proceder de modo temerário em qualquer incidente ou ato do processo; v) provocar incidentes manifestamente infundados; vi) interpuser recurso com intuito manifestamente protelatório. Levando em consideração esses interesses é possível afirmar que todas as condutas previstas nos incisos do art. 80 do Código de Processo Civil dizem respeito exclusivamente a atos praticados pela parte no interior de processo em curso, pouco importando os atos praticados fora dele.

2. Deduzir pretensão contra texto expresso de lei ou fato incontroverso

De acordo com o inc. I do art. 80 do Código de Processo Civil será considerado litigante de má-fé aquele que "deduzir pretensão ou defesa contra texto expresso de lei ou fato incontroverso". A expressão "lei", nesse caso, não pode ser compreendida no seu sentido mais estrito. Se ela for assim entendida, aquele que postular a declaração de inconstitucionalidade de uma lei será considerado litigante de má-fé! Em um Estado Constitucional, é sempre possível deduzir pretensão contra texto expresso de lei, se esta for incompatível com a Constituição Federal. Além disso, deve-se ter em mente que em hipóteses excepcionais é possível postular em juízo a superação de uma regra que *a priori* seria aplicável ao caso concreto, e isso não constitui um ato de má-fé. Basta que os seguintes requisitos sejam

Art. 80

atendidos: i) existência de uma justificativa que demonstre a incompatibilidade entre a hipótese da regra e a sua finalidade subjacente; ii) não criação de excessiva insegurança jurídica (Humberto Ávila, *Teoria dos Princípios, da definição à aplicação dos princípios jurídicos*, 10. ed., São Paulo: Malheiros, 2009, p. 120).

3. Alterar a verdade dos fatos

Considera-se litigante de má-fé todo aquele que deduzir fatos em juízo que sabidamente não correspondam à realidade. Diversas são as teorias relativas à noção de verdade. A depender do método de resolução de litígios variará a verdade que se almeja para a seleção das premissas fáticas de uma decisão. Nos mecanismos em que predomina a autonomia da vontade a verdade consensual é a que prevalece. No âmbito do processo jurisdicional, contudo, dado os objetivos da jurisdição, a verdade que se deve perseguir é aquela em que as premissas fáticas da decisão correspondam ao que ocorreu na realidade. Por isso, será considerado litigante de má-fé aquele que não contribui para esse objetivo e apresenta alegações em juízo sabidamente contrárias à realidade.

4. Usar do processo para conseguir objetivo ilegal

Todo aquele que atua no processo com o propósito de conseguir objetivo ilegal é considerado litigante de má-fé. Como indica Barbosa Moreira, "objetivo ilegal" não é aquele contrário ao direito positivo (hipótese do inc. I): "O 'objetivo ilegal' de que trata o nº IV há de ser outro, não diretamente ligado ao *petitum* – por exemplo: expor a parte contrária à desonra pública, abalar-lhe o crédito, exercer sobre ela pressão psicológica ou econômica para obter favores ou vantagens indevidas etc." ("Responsabilidade das partes por dano processual" in *Revista de Processo*, v. 10/1978, p. 15-31, abr.-jun. 1978).

5. Proceder de modo temerário

Considera-se litigante de má-fé aquele que atua no processo de modo temerário. Segundo Barbosa Moreira, "É 'temerário' o procedimento inconsiderado, afoito, imprudente, precipitado, como o da parte que procura frustrar o normal desenvolvimento do contraditório, impedindo ou cerceando a manifestação do adversário; promove o cumprimento ou a execução de providência a seu favor antes do momento oportuno, ou *in gene-*

re sem a cabal satisfação dos pressupostos legais; escolhe o meio mais vexatório e danoso para o outro litigante, a despeito de poder atingir por forma diversa o mesmo resultado" ("Responsabilidade das partes por dano processual" in *Revista de Processo*, v. 10/1978, p. 15-31, abr.-jun. 1978).

6. Provocar incidente manifestamente infundado

A litigância de má-fé também se caracteriza quando instaurado incidente manifestamente infundado. Trata-se de "incidente suscitado necessariamente sem razão, ou, em termos mais exatos, com manifesta falta dela, isto é, sem o mínimo de elementos objetivos que possam ao menos fazer supor no litigante a convicção sincera, conquanto errônea, de ter razão. Não basta, pois, que o incidente venha a ser resolvido de modo desfavorável ao suscitante: é preciso que, logo à primeira vista, ressalte a inexistência de qualquer argumento sério, ponderável, digno de meditação" ("Responsabilidade das partes por dano processual" in *Revista de Processo*, v. 10/1978, p. 15-31, abr.-jun. 1978).

7. Recurso protelatório

Não há de se falar em litigância de má-fé quando a parte se vale de um recurso legalmente previsto para a impugnação de uma decisão a ela desfavorável.

Jurisprudência

"A reiterada interposição de recurso incabível e a oposição de embargos em que não se aponta omissão, contradição ou obscuridade caracterizam o manifesto propósito protelatório e a resistência injustificada da parte ao andamento do processo". (STJ, AgRg nos EDcl no AgRg nos EREsp 511372/MG, Corte Especial, Rel. Min. Hamilton Carvalhido, j. 07.10.2009, *DJe* 29.10.2009).

"Ao apresentar sucessivos embargos com a mesma linha de argumentação, desvinculada da orientação traçada no CPC, está o embargante procedendo de modo temerário e provocando incidentes manifestamente infundados, com o que poderá ser caracterizada sua litigância de má-fé, nos moldes dos arts. 17, V e VI e 18 do CPC". (STJ, EDcl nos EDcl nos EDcl no AgRg na ExSusp 87/GO, 2ª Seção, Rel. Min. Raul Araújo, j. 25.08.2010, *DJe* 17.09.2010).

"Para os efeitos do artigo 543-C, do Código de Processo Civil, foi definida a seguinte tese: 'Caracterizam-se como protelatórios os embargos de declaração que visam rediscutir matéria já apreciada e decidida pela Corte de origem em conformidade com súmula do STJ ou STF ou, ainda, precedente julgado pelo rito dos artigos 543-C e 543-B, do CPC'." (STJ, REsp nº 1.410.839-SC, 2ª Seção, Rel. Ministro Sidnei Beneti, j. 14.5.2014, *DJe* 22.5.2014).

> **Art. 81.** De ofício ou a requerimento, o juiz condenará o litigante de má-fé a pagar multa, que deverá ser superior a um por cento e inferior a dez por cento do valor corrigido da causa, a indenizar a parte contrária pelos prejuízos que esta sofreu e a arcar com os honorários advocatícios e com todas as despesas que efetuou.
>
> **§ 1º** Quando forem 2 (dois) ou mais os litigantes de má-fé, o juiz condenará cada um na proporção de seu respectivo interesse na causa ou solidariamente aqueles que se coligaram para lesar a parte contrária.
>
> **§ 2º** Quando o valor da causa for irrisório ou inestimável, a multa poderá ser fixada em até 10 (dez) vezes o valor do salário mínimo.
>
> **§ 3º** O valor da indenização será fixado pelo juiz ou, caso não seja possível mensurá-lo, liquidado por arbitramento ou pelo procedimento comum, nos próprios autos.

▶ *Referência: CPC.1973 – Art. 18*

1. Multa por litigância de má-fé

Aquele que atuar de má-fé no processo será condenado a pagar uma multa que deverá ser superior a um por cento e inferior a dez por cento do valor atualizado da causa. Além de ter de pagar uma multa, o litigante de má-fé pode ser condenado também a indenizar a parte contrária pelos prejuízos que ela sofreu seja a título de danos emergentes ou de lucros cessantes (CC, arts. 402 e 403). Incumbe à parte prejudicada, sendo ela a titular do direito à reparação, demonstrar as perdas que ela sofreu em decorrência dos atos do litigante de má-fé (Celso Agrícola Barbi, *Comentários ao Código de Processo Civil*, 14. ed., Rio de Janeiro: Forense, 2010, nº 167, p. 129). Ausente a demonstração do prejuízo, inexistente é o dever de indenizar. Em razão de serem as condutas que caracterizam a litigância de má-fé atos considerados atentatórios à própria admi-

nistração da justiça, a sanção mencionada pode ser aplicada não somente por requerimento da parte interessada, mas também de ofício.

Como é natural, o interesse de um processo sem atos de improbidade é do próprio Estado. A obrigação de indenizar persiste ainda que o juiz atribua ao litigante de má-fé o direito controvertido, "do contrário, ficaria sempre impune a má-conduta daquele que tem, efetivamente, razão no direito que pleiteia. E isto não é possível, porque mesmo quem tem o direito a seu favor deve agir corretamente em juízo para a sua defesa" (Celso Agrícola Barbi, Comentários ao código de processo civil, 14. ed., Rio de Janeiro: Forense, 2010, nº 168, p. 130). Além disso, ainda que venha a ser considerado vitorioso ao fim do processo, além da condenação às perdas e danos, o litigante de má-fé será condenado ao pagamento dos honorários advocatícios e as despesas suportadas pelo lesado (Paulo Henrique dos Santos Lucon, "Abuso do exercício do direito de recorrer", in *Aspectos Polêmicos e Atuais dos Recursos* (org. Nelson Nery Jr. e Teresa Arruda Alvim Wambier). São Paulo: Revista dos Tribunais, 2001, v. 4).

2. Pluralidade de litigantes

Havendo uma pluralidade de litigantes de má-fé, o juiz condenará cada um proporcionalmente de acordo com seu interesse na causa. Caso os litigantes ímprobos tenham se coligado para lesar a parte contrária, serão eles condenados solidariamente.

3. Fixação da multa

De acordo com o art. 81, *caput*, o litigante de má-fé será condenado a pagar uma multa superior a um por cento e inferior a dez por cento do valor corrigido da causa. Ocorre que se o valor da causa for irrisório, para fixação da multa o juiz poderá condenar o litigante de má-fé em até dez vezes o valor do salário mínimo. Se o juiz não puder mensurar o valor da multa, será ela liquidada por arbitramento ou pelo procedimento comum nos próprios autos.

Jurisprudência

"No que concerne à indenização devida à parte prejudicada pelo comportamento processual malicioso, indenização esta prevista no artigo 18, *caput*, segunda parte e § 2º, do Código de Processo Civil, cumpre assinalar que essa sanção, considerada a sua natureza reparatória,

Art. 82

não pode ser cominada sem a respectiva comprovação do prejuízo, de modo que deve essa verba ser eliminada da condenação" (STJ, REsp 1133262/ES, 3ª Turma, Rel. Ministro Sidnei Beneti, j. 15.12.2011, *DJe* 07.02.2012).

"Agravo interno no agravo em recurso especial. Propriedade industrial. Contrafação. 1. Concessão de justiça gratuita. Indeferimento pela corte local no acórdão recorrido. Ausência de impugnação nas razões do recurso especial. Mero requerimento formulado. Deserção configurada. 2. Tentativa de alterar a verdade dos fatos. Litigância de má-fé. Arts. 80, II, e 81, § 2º, do CPC/2015. 3. Agravo desprovido, com aplicação de multa. 1. Quando o pedido de concessão do benefício da justiça gratuita for apreciado no acórdão recorrido, deve o recorrente, nas razões do especial, impugnar os fundamentos do Tribunal de origem, e não apenas formular novo pedido, como no caso, sob pena de deserção. 2. Constatando-se que o agravante deliberadamente tentou alterar a verdade dos fatos, impõe-se o reconhecimento da litigância de má-fé, com aplicação de multa de 2 (dois) salários mínimos, considerando ser o valor da causa irrisório, nos termos dos arts. 80, II, e 81, § 2º, do CPC/2015. 3. Agravo desprovido, com aplicação de multa" (STJ, AgInt no Agravo em Recurso Especial nº 788.359/RS, 3ª Turma, Rel. Ministro Marco Aurélio Belizze, j. 7.3.2017, *DJe* 21.3.2017).

Seção III
Das despesas, dos honorários advocatícios e das multas

> **Art. 82.** Salvo as disposições concernentes à gratuidade da justiça, incumbe às partes prover as despesas dos atos que realizarem ou requererem no processo, antecipando-lhes o pagamento, desde o início até a sentença final ou, na execução, até a plena satisfação do direito reconhecido no título.
>
> **§ 1º** Incumbe ao autor adiantar as despesas relativas a ato cuja realização o juiz determinar de ofício ou a requerimento do Ministério Público, quando sua intervenção ocorrer como fiscal da ordem jurídica.
>
> **§ 2º** A sentença condenará o vencido a pagar ao vencedor as despesas que antecipou.

▶ *Referência: CPC/1973 – Art. 19*

1. Economia do processo

O acesso à justiça é garantia fundamental dos cidadãos. A Constituição Federal estabelece que lei alguma excluirá da apreciação do Poder Judiciário lesão ou ameaça à direito. Isso não significa, contudo, que a prestação da tutela jurisdicional, enquanto serviço público prestado pelo Estado, dê-se livre de quaisquer encargos financeiros às partes que dela pretendem se valer. O ônus de pagar custas é a contrapartida para a prática de atos judiciais e promove a responsabilidade das partes no processo. Ademais, a previsão de ônus financeiros cria riscos que devem ser levados em consideração pelas partes em sua atuação processual, tornando-a mais racional. Desestimula-se, portanto, a prática de atos inúteis, porque custosos. Por certo, a ausência, por parcela da população, de condições financeiras para arcar com esses gastos processuais não é estranha ao legislador que concede aos mais carentes os benefícios da justiça gratuita.

2. Defensoria Pública e acesso à justiça

O acesso à justiça, nos termos da Constituição Federal, constitui direito fundamental de todos os cidadãos (CF, art. 5º, inc. XXXV). No dizer de Mauro Cappelletti e Bryant Garth "o acesso à justiça pode (...) ser encarado como o requisito fundamental – o mais básico dos direitos humanos – de um sistema jurídico moderno e igualitário que pretenda garantir, e não apenas proclamar os direitos de todos" (*Acesso à Justiça*, p. 12). A efetiva satisfação desse direito, contudo, está a depender da superação de uma série de obstáculos: pobreza, desinformação, burocracia e custo e duração do processo, bem como desídia e falta de compromisso dos envolvidos com o sistema de distribuição de justiça, são alguns dos entraves mais frequentes.

A necessidade de despender grandes quantias em dinheiro para o pagamento de custas judiciais é um dos obstáculos que afastam o leigo da Justiça. Como bem apontam referidos autores "qualquer tentativa realística de enfrentar os problemas de acesso (à justiça) deve começar por reconhecer esta situação: os advogados e seus serviços são muito caros" (*Acesso à Justiça*, p. 18). Desse modo, para a camada da população desprovida desses recursos, a garantia constitucional do acesso à justiça de nada adiantaria. Por essa razão, a Constituição Federal impõe ao Estado o dever de prestar, por meio das defensorias públicas, "assistência jurídica integral e gratuita aos que comprovarem insuficiência de recursos" (CF, art. 5º, inc. LXXIV; art. 134). De acordo com o art. 1º da Lei Complementar 80, de 1994 "a Defensoria Pública é instituição permanente, essencial à função jurisdicional do Estado, incumbindo-lhe, como expressão e instrumento do regime democrático, fundamentalmente, a orientação jurídica, a promoção dos direitos humanos e a defesa, em todos os graus, judicial e extrajudicial, dos direitos individuais e coletivos, de forma integral e gratuita, aos necessitados, assim considerados na forma do inciso LXXIV do art. 5º da Constituição Federal". Referida lei, regulamentando o texto constitucional, organiza a Defensoria Pública da União, do Distrito Federal e dos Territórios e prescreve normas gerais para a organização das defensorias nos Estados. Dela constam, por exemplo, os objetivos e funções institucionais da defensoria pública, as principais características relacionadas com a carreira dos seus membros, bem como suas garantias, prerrogativas, deveres, proibições, impedimentos e responsabilidades. Não obstante, o Estado brasileiro não dispõe de recursos suficientes e ainda tem muito a caminhar para garantir uma assistência judiciária integral. Pelo enfoque de quem necessita da justiça e de sua distribuição, devem ser cogitadas outras fórmulas, como parcerias e convênios com entidades organizadas da sociedade civil.

3. Benefícios da justiça gratuita. Aspectos gerais

O Código de Processo Civil de 2015 disciplina entre seus arts. 98 e 102 a matéria referente aos benefícios da justiça gratuita. Assim, por exemplo, no art. 98, § 1º do Código estão previstos quais os benefícios concedidos àqueles que fazem jus à gratuidade da justiça. O art. 99 do Código, a seu turno, estabelece o procedimento para a requisição desses benefícios. Segundo o teor de tal dispositivo o pedido de gratuidade da justiça pode ser formulado na petição inicial, na contestação, na petição para ingresso de terceiro ou em recurso, ou então, por meio de petição simples, se o pedido for superveniente à primeira manifestação da parte nos autos. O art. 100, em contrapartida, estatui a respeito do modo como se deve proceder nos casos de impugnação aos pedidos de justiça gratuita. De acordo com tal dispositivo, a parte contrária poderá impugnar o pedido de justiça gratuita na contestação, na réplica, nas contrarrazões de recurso ou por meio de petição simples, a ser apresentada no prazo de quinze dias, nos casos de pedido superveniente.

4. Ônus de adiantamento das despesas

Incumbe às partes o ônus de adiantar as despesas relativas aos atos que intentam praticar no processo. Enquanto tais ônus não forem atendidos não surge para o Estado o dever de se pronunciar a respeito do pleiteado pelas partes. A não observância de referidos ônus, ademais, pode implicar, inclusive, a perda de uma determinada situação jurídica. O recorrente, por exemplo, que deixa de fazer acompanhar suas razões recursais do respectivo preparo não terá seu recurso conhecido. Ao autor da demanda, não bastasse isso, incumbe adiantar as despesas relativas aos atos cuja determinação tenha partido do magistrado. Tal dispositivo, por óbvio, não se aplica aos honorários advocatícios de sucumbência que apenas são devidos após sua constituição em sentença.

5. Obrigação do vencido restituir as despesas pagas pelo vencedor. Honorários contratuais

Constitui dispositivo estruturante do direito processual, a obrigação imposta ao vencido de restituir ao vencedor todas as despesas que este efetuou durante a tramitação do processo. Ao fim do processo, a parte que assiste razão não pode sofrer um decréscimo patrimonial por conta de um agir indevido da parte vencida. Com base nessa orientação, o Superior Tribunal de Justiça já reconheceu o dever imposto à parte vencida de reembolsar ao vencedor inclusive os honorários que está despendeu para a contratação de seu advogado. A atenção dos estudiosos do processo em geral e daqueles que militam no foro em particular no que diz respeito ao tema dos honorários advocatícios sempre esteve voltada para as questões relativas aos honorários sucumbenciais, suas hipóteses de condenação e a sua respectiva quantificação, matéria agora disciplinada pelo art. 85 do Código de Processo Civil. Pouca atenção costumava-se destinar, contudo, ao tema dos honorários contratuais, justamente em virtude da sua natureza convencional. Recentemente, no entanto, os honorários contratuais passaram a ter atenção por parte da doutrina e da jurisprudência. Por ser profissão de meio e não fim, a advocacia não sobreviveria com apenas os honorários sucumbenciais, que dependem do resultado vitorioso obtido no processo. Em decisão do Superior Tribunal de Justiça, no julgamento do REsp 1.134.725/MG, a Min. Nancy Andrighi, relatora do caso, reconheceu que os honorários contratuais integram a indenização devida a título de perdas e danos. Embora essa não seja a primeira decisão do Superior Tribunal de Justiça nesse sentido, por conta da fundamentação do acórdão em questão, esse caso tende a se tornar um *leading case*. Como os honorários sucumbenciais constituem um crédito autônomo do advogado, segundo o art. 23 da Lei nº 8.906/1994, para que haja reparação integral do dano provocado, decidiu o Superior Tribunal de Justiça que a parte sucumbente deve pagar a outra também tudo o que esta despendeu para a contratação de um advogado. Dessa forma, a parte que sucumbiu terá não só de reparar os danos que efetivamente causou como também terá de ressarcir a outra parte pelos gastos despendidos com a contratação de advogado, além de, por óbvio, ter de pagar os honorários sucumbenciais fixados em sentença ao advogado da parte vencedora. Por certo, e isso a decisão mencionada fez questão de ressaltar, a fim de evitar abusos e condutas fraudulentas, o juiz, analisando as circunstâncias do caso concreto, deverá arbitrar outro valor devido a título de indenização, se o valor dos honorários contratuais apresentado for considerado exorbitante ou incompatível com as características da causa e dos serviços realizados. Se assim não fosse, aliás, não seria difícil imaginar possíveis fraudes que poderiam ser praticadas, como por exemplo, a apresentação de contrato de honorários pela parte vitoriosa a fim de demonstrar os gastos realizados cujo valor da prestação seja muito superior ao bem da vida controvertido, o que configuraria, no caso, indiscutível hipótese de enriquecimento sem causa. A orientação apresentada é um exemplo típico da função prospectiva de interpretação da legislação infraconstitucional feita pelo Superior Tribunal de Justiça (Luiz Guilherme Marinoni, *O STJ enquanto corte de precedentes*; Daniel Mitidiero, *Cortes superiores e cortes supremas*). A estrutura vertical do Poder Judiciário brasileiro foi organizada de modo a destinar às Cortes Superiores uma função que lhes é própria: dar uniformidade à aplicação do direito federal independentemente da tutela do direito subjetivo das partes. Não consistem essas Cortes, portanto, em terceira instância de revisão e tampouco as partes têm o direito subjetivo de obter a reapreciação da sua causa por elas (Michele Taruffo, *Il vertice ambiguo*). É por isso que o Superior Tribunal de Justiça pode e deve emitir pronunciamentos como o mencionado, voltados não só à resolução de um determinado caso, mas também preordenados à fixação de parâmetros para julgamentos futuros a serem enfrentados pelos magistrados das instâncias ordinárias.

Jurisprudência

"Consoante decidiu a Terceira Turma, ao julgar o REsp 142.188/SP (Rel. Min. Carlos Alberto Menezes Direito, *DJ* de 26.10.1998, p. 114), 'o art. 20 do Código de Processo Civil cuida, expressamente, dos honorários de advogado, prevendo que a sentença os fixará e, ainda que o vencedor receberá as despesas que antecipou. Não há qualquer razão para impor adiantamento de honorários. A regra do art. 19, § 2º, manda o autor antecipar as despesas 'relativas a atos, cuja realização o juiz determinar de ofício ou a requerimento do Ministério Público' Evidentemente, honorários de advogado não se enquadram nessa categoria" (STJ, REsp 1225453/PR, 2ª Turma, Rel. Min. Mauro Campbell Marques, j. 02.06.2011, *DJe* 23.09.2011).

> **Art. 83.** O autor, brasileiro ou estrangeiro, que residir fora do Brasil ou deixar de residir no país ao longo da tramitação de processo prestará caução suficiente ao pagamento das custas e dos honorários de advogado da parte contrária nas ações que propuser, se não tiver no Brasil bens imóveis que lhes assegurem o pagamento.
>
> **§ 1º** Não se exigirá a caução de que trata o *caput*:
>
> **I** – quando houver dispensa prevista em acordo ou tratado internacional de que o Brasil faz parte;
>
> **II** – na execução fundada em título extrajudicial e no cumprimento de sentença;
>
> **III** – na reconvenção.
>
> **§ 2º** Verificando-se no trâmite do processo que se desfalcou a garantia, poderá o interessado exigir reforço da caução, justificando seu pedido com a indicação da depreciação do bem dado em garantia e a importância do reforço que pretende obter.

▶ *Referência: CPC/1973 – Art. 835*

1. Caução para o pagamento de custas e honorários

O art. 83 do Código de Processo Civil de 2015, nada mais é do que um desdobramento do artigo anterior (82, § 2º) que impõe ao vencido a obrigação de pagar ao vencedor as despesas que antecipou com o propósito assim de evitar que este sofra uma injustificada diminuição em seu patrimônio. Para assegurar a eficácia desse dispositivo, o art. 83 do Código impõe ao autor, seja ele brasileiro ou não, que residir fora do Brasil ou que deixar de residir no país durante a tramitação do processo, o ônus de prestar caução suficiente ao pagamento das custas e dos honorários de advogado da parte contrária, se não possuir no Brasil bens imóveis que possam assegurar o pagamento dessas despesas. O § 1º de referido artigo, em complementação a essa norma, não exige o oferecimento de caução nos casos em que houver acordo ou tratado internacional a respeito dessa matéria de que o Brasil seja signatário, nas execuções fundadas em título extrajudicial, no cumprimento de sentença e na reconvenção.

Ao interpretar o art. 835 do CPC/73, o Superior Tribunal de Justiça estabeleceu alguns parâmetros de interpretação que permanecerão aplicáveis à nova legislação processual. Assim, deve-se levar em consideração que o Superior Tribunal de Justiça já reconheceu, a par dos critérios objetivos estabelecidos pela lei, a possibilidade de se dispensar a caução, se ficar demonstrado que diante das peculiaridades do caso concreto sua exigência representaria um efetivo obstáculo ao acesso à jurisdição (STJ, 3ª Turma, REsp 1479051/RJ, Rel. Min. Ricardo Villas Bôas Cueva, j. 26.05.2015, *DJe* 05.06.2015). Além disso, também já se manifestou o Superior Tribunal de Justiça no sentido de que sendo a caução referida pelo art. 83 atinente ao pagamento de custas e honorários advocatícios, o valor exigível não pode ser equivalente ao valor do bem em disputa (STJ, 4ª Turma, REsp 443.445/SP, Rel. Min. Ruy Rosado De Aguiar, j. 15.10.2002, *DJ* 02.12.2002, p. 320). O § 2º do art. 83 do Código disciplina os casos em que se verifica depreciação da caução oferecida. Caso a caução no decorrer do processo não se mostre apta a garantir o pagamento dos valores envolvidos, poderá o interessado exigir o seu reforço com a indicação da depreciação do bem e a importância do reforço requerido.

Jurisprudência

"O sistema processual brasileiro, por cautela, exige a prestação de caução para a empresa estrangeira litigar no Brasil, se não dispuser de bens suficientes para suportar os ônus de eventual sucumbência (art. 835 do CPC). Na verdade, é uma espécie de fiança processual para 'não tornar melhor a sorte dos que demandam no Brasil, residindo fora, ou dele retirando-se, pendente a lide', pois, se tal não se estabelecesse, o autor, nessas condições, perdendo a ação, estaria incólume aos prejuízos causados ao demandado" (STJ, 4ª, REsp 999.799/DF, Rel. Min. Luis Felipe Salomão, j. 25.09.2012, *DJe* 19.10.2012). Referido acórdão baseia-se na lição doutrinária de Pontes de Miranda (Comentários ao Código de Processo Civil (1973), v. XII, pp. 208-209) e Galeno Lacerda e Carlos Alberto Alvaro de Oliveira (*Comentários ao Código de Processo Civil*, v. VIII, Tomo II, 8. ed. Rio de Janeiro: Forense, 2007, p. 183).

> **Art. 84.** As despesas abrangem às custas dos atos do processo, a indenização de viagem, a remuneração do assistente técnico e a diária de testemunha.

▶ *Referência: CPC/1973 – Art. 20*

1. Despesas processuais

De acordo com o art. 84 do Código de Processo Civil, as despesas que deverão ser adiantadas pelas partes e ao fim do processo reembolsadas ao vencedor pela parte sucumbente compreendem: as custas dos atos do processo, a indenização de viagem, a remuneração do assistente técnico e a diária de testemunha. Trata-se de rol meramente exemplificativo ao qual, por certo, poderão ser acrescidas outras espécies de despesas. O dever de manifestação judicial sobre o pagamento dessas despesas independe de pedido expresso das partes a respeito. Nos casos de omissão judicial são cabíveis embargos de declaração com o propósito de provocar o juiz a sanar tal vício e nos casos em que se verificar o trânsito em julgado de decisão omissa no tocante ao pagamento das despesas, adequada é a propositura de demanda autônoma a fim de que a parte que se sagrou vencedora no processa obtenha o ressarcimento das despesas que teve de efetuar durante o desenvolvimento do processo. Os honorários contratuais, como visto nos comentários ao artigo anterior, podem ser objeto de ressarcimento à parte que se sagrou vencedora e portanto, podem integrar pedido condenatório em demanda autônoma.

Art. 85. A sentença condenará o vencido a pagar honorários ao advogado do vencedor.

§ 1º São devidos honorários advocatícios na reconvenção, no cumprimento de sentença, provisório ou definitivo, na execução, resistida ou não, e nos recursos interpostos, cumulativamente.

§ 2º Os honorários serão fixados entre o mínimo de dez e o máximo de vinte por cento sobre o valor da condenação, do proveito econômico obtido ou, não sendo possível mensurá-lo, sobre o valor atualizado da causa, atendidos:

I – o grau de zelo do profissional;

II – o lugar de prestação do serviço;

III – a natureza e a importância da causa;

IV – o trabalho realizado pelo advogado e o tempo exigido para o seu serviço.

§ 3º Nas causas em que a Fazenda Pública for parte, a fixação dos honorários observará os critérios estabelecidos nos incisos I a IV do § 2º e os seguintes percentuais:

I – mínimo de dez e máximo de vinte por cento sobre o valor da condenação ou do proveito econômico obtido até 200 (duzentos) salários mínimos;

II – mínimo de oito e máximo de dez por cento sobre o valor da condenação ou do proveito econômico obtido acima de 200 (duzentos) salários mínimos até 2.000 (dois mil) salários mínimos;

III – mínimo de cinco e máximo de oito por cento sobre o valor da condenação ou do proveito econômico obtido acima de 2.000 (dois mil) salários mínimos até 20.000 (vinte mil) salários mínimos;

IV – mínimo de três e máximo de cinco por cento sobre o valor da condenação ou do proveito econômico obtido acima de 20.000 (vinte mil) salários mínimos até 100.000 (cem mil) salários mínimos;

V – mínimo de um e máximo de três por cento sobre o valor da condenação ou do proveito econômico obtido acima de 100.000 (cem mil) salários mínimos.

§ 4º Em qualquer das hipóteses do § 3º:

I – os percentuais previstos nos incisos I a V devem ser aplicados desde logo, quando for líquida a sentença;

II – não sendo líquida a sentença, a definição do percentual, nos termos previstos nos incisos I a V, somente ocorrerá quando liquidado o julgado;

III – não havendo condenação principal ou não sendo possível mensurar o proveito econômico obtido, a condenação em honorários dar-se-á sobre o valor atualizado da causa;

IV – será considerado o salário mínimo vigente quando prolatada sentença líquida ou o que estiver em vigor na data da decisão de liquidação.

§ 5º Quando, conforme o caso, a condenação contra a Fazenda Pública ou o benefício econômico obtido pelo vencedor ou o valor da causa for superior ao valor previsto no inciso I do § 3º, a fixação do percentual de honorários deve observar a faixa inicial e, naquilo que a exceder, a faixa subsequente, e assim sucessivamente.

§ 6º Os limites e critérios previstos nos §§ 2º e 3º aplicam-se independentemente de qual seja o conteúdo da decisão, inclusive aos casos de improcedência ou de sentença sem resolução de mérito.

§ 7º Não serão devidos honorários no cumprimento de sentença contra a Fazenda Pública que enseje expedição de precatório, desde que não tenha sido impugnada.

§ 8º Nas causas em que for inestimável ou irrisório o proveito econômico ou, ainda, quando o valor da causa for muito baixo, o juiz fixará o valor dos honorários por apreciação equitativa, observando o disposto nos incisos do § 2º

§ 9º Na ação de indenização por ato ilícito contra pessoa, o percentual de honorários incidirá sobre a soma das prestações vencidas acrescida de 12 (doze) prestações vincendas.

§ 10. Nos casos de perda do objeto, os honorários serão devidos por quem deu causa ao processo.

§ 11. O tribunal, ao julgar recurso, majorará os honorários fixados anteriormente levando em conta o trabalho adicional realizado em grau recursal, observando, conforme o caso, o disposto nos §§ 2º a 6º, sendo vedado ao tribunal, no cômputo geral da fixação de honorários devidos ao advogado do vencedor, ultrapassar os respectivos limites estabelecidos nos §§ 2º e 3. para a fase de conhecimento.

§ 12. Os honorários referidos no § 11 são cumuláveis com multas e outras sanções processuais, inclusive as previstas no art. 77.

§ 13. As verbas de sucumbência arbitradas em embargos à execução rejeitados ou julgados improcedentes e em fase de cumprimento de sentença serão acrescidas no valor do débito principal, para todos os efeitos legais.

§ 14. Os honorários constituem direito do advogado e têm natureza alimentar, com os mesmos privilégios dos créditos oriundos da legislação do trabalho, sendo vedada a compensação em caso de sucumbência parcial.

§ 15. O advogado pode requerer que o pagamento dos honorários que lhe caibam seja efetuado em favor da sociedade de advogados que integra na qualidade de sócio, aplicando-se à hipótese o disposto no § 14.

§ 16. Quando os honorários forem fixados em quantia certa, os juros moratórios incidirão a partir da data do trânsito em julgado da decisão.

§ 17. Os honorários serão devidos quando o advogado atuar em causa própria.

§ 18. Caso a decisão transitada em julgado seja omissa quanto ao direito aos honorários ou ao seu valor, é cabível ação autônoma para sua definição e cobrança.

§ 19. Os advogados públicos perceberão honorários de sucumbência, nos termos da lei.

▶ *Referência: CPC/1973 – Art. 20*

1. Honorários advocatícios no Código de Processo Civil de 2015. Noções gerais

A disciplina legal atribuída pelo Código de Processo Civil de 2015 aos honorários advocatícios procura prestigiar a um só tempo não só a advocacia enquanto função essencial à administração da justiça – vide, por exemplo, a previsão de um tabelamento, variável de acordo com o valor da condenação, para fixação de honorários nas causas em que for parte a Fazenda Pública, evitando-se com isso o aviltamento dos honorários, e a atribuição de honorários de sucumbência aos advogados públicos – como contribui também para o melhor funcionamento do Poder Judiciário – exemplo disso são os honorários de sucumbência impostos na fase recursal que tendem a limitar a litigância infundada. Algumas das inovações introduzidas pelo art.

85 são tão significativas, que acabam por retirar o substrato normativo de algumas súmulas do Superior Tribunal de Justiça a respeito dos honorários advocatícios (Paulo Henrique dos Santos, "Honorários no Novo Código de Processo Civil e as Súmulas do Superior Tribunal de Justiça", pp. 235-246). Nesse dispositivo há previsão, por exemplo, das hipóteses em que serão devidos os honorários, os seus respectivos critérios de fixação e suas possíveis formas de cobrança.

2. Premissa teórica: natureza alimentar dos honorários advocatícios

Os honorários advocatícios, sucumbenciais ou contratuais, possuem natureza alimentar e devem, portanto, receber o mesmo tratamento que o ordenamento jurídico confere às outras verbas que possuem essa mesma natureza (v.g. impenhorabilidade, preferência para o pagamento de precatórios etc.). Tal disposição agora está expressa no art. 85, § 14, do Código de Processo Civil de 2015. Essa natureza alimentar não é infirmada nem mesmo nos casos em que o pagamento de honorários é realizado em nome da sociedade de advogados que o titular ao direito aos honorários integra na qualidade de sócio, conforme dispõe o art. 85, § 15, do Código. Nesse sentido, o art. 85, *caput*, do Código de Processo Civil de 2015 está de acordo com essa concepção na medida em que atribui ao advogado da parte que se sagrou vencedora no processo a titularidade do direito ao recebimento dos honorários sucumbenciais. Este dispositivo está em consonância também com o disposto no art. 23 do Estatuto da Advocacia (Lei nº 8.906/94), que não só reconhece o direito do advogado do vencedor ao recebimento dos honorários, como também lhe atribui legitimidade para executar o capítulo da sentença referente à condenação ao pagamento de honorários.

3. Princípio da causalidade

O juiz ao proferir a sentença condenará o vencido a pagar ao vencedor as despesas que este antecipou e os honorários advocatícios que este despendeu. Preserva-se, com isso, um princípio fundamental do processo: a atuação em juízo para fazer valer um alegado direito não deve causar dano à parte que tem razão. Não é justo que a parte vencedora sofra um dano patrimonial decorrente da participação em processo ao qual não deu causa. A parte que tem o seu direito reconhecido na sentença deve ficar na mesma situação em que estaria se o processo não houvesse sido instaurado. Durante todo o curso do processo as partes podem fazer uso de todos os meios legais para fazer valer as próprias razões. Isso não significa, contudo, que com a conclusão do processo, quando se determinará quem efetivamente tem razão, a parte que injustamente deu causa ao processo não responda pelos prejuízos que provocou a outra parte que de fato tinha razão. O princípio da causalidade, assim, é compreendido a partir de uma relação de causa e efeito: as despesas ficam a cargo da parte que, sem razão, levou a outra a agir em juízo para fazer valer o seu direito (Bruno Sassani. *Lineamenti del processo civile italiano*, pp. 399-406; Francesco p. Luiso, Diritto Processuale Civile, v. I, pp. 415-422; Giuseppe Chiovenda, *La condanna nelle spese giudiziali*). As despesas que devem ser reembolsadas pela parte que deu, sem justificativa plausível, causa ao litígio incluem não só as custas dos atos do processo, mas também a indenização por gastos de viagem, diária de testemunha e remuneração do assistente técnico.

4. Hipóteses em que serão devidos os honorários advocatícios: reconvenção, cumprimento de sentença e execução

O art. 85, § 1º, do Código de Processo Civil de 2015 estabelece que "são devidos honorários advocatícios na reconvenção, no cumprimento de sentença, provisório ou definitivo, na execução, resistida ou não, e nos recursos interpostos, cumulativamente". Tais hipóteses que ensejam a condenação ao pagamento de honorários se coadunam com o consagrado princípio da causalidade, segundo o qual deve arcar com as despesas do processo a parte que a ele deu causa. Nesse sentido, a manifestação mais evidente da causalidade é a própria sucumbência. Em regra, a parte que sucumbiu é quem deu causa ao processo. Afinal, não fosse o comportamento reputado reprovável da parte sucumbente pela decisão judicial, a parte vitoriosa não teria de se valer do Poder Judiciário para fazer valer seu direito (Francesco Carnelutti, "Causalità e soccombenza in tema di condanna alle spese". Há situações excepcionais em que a parte provoca os órgãos jurisdicionais sem interesse processual (necessidade) em razão da ausência de resistência da parte contrária. Em tais hipóteses, a melhor solução é aquela mais útil para o direito, ou

seja, é a que reconhece o direito da parte, mas a condena ao pagamento das despesas processuais e honorários advocatícios, já que deu causa sem razão ao processo tendo em vista, justamente, a falta de interesse processual).

A reconvenção, nesse contexto, tem a mesma natureza de uma demanda autônoma, sendo seu julgamento indicativo do responsável por sua instauração (Luis Guilherme Aidar Bondioli, *Reconvenção no processo civil*, p. 257). Dada a autonomia existente entre demanda principal e reconvenção, a fixação de honorários em uma delas não pode influenciar a fixação de honorários na outra (STJ, REsp 851.893/DF, Rel. Min. Raul Araújo, 4ª Turma, j. 07.08.2012, *DJe* 24.06.2013). Assim, por exemplo, julgada procedente a demanda principal, será o réu condenado ao pagamento de honorários a ser fixado entre os patamares legais de dez e vinte por cento do benefício econômico auferido. A margem de dez a vinte por cento possibilita ao julgador verificar as circunstâncias relevantes da causa e fixar os honorários nesse espectro ditado pelo legislador. Por outro lado, julgada procedente a reconvenção, será o autor da demanda inicial, da mesma forma, condenado ao pagamento de honorários, entre os mesmos patamares, levando em conta o conteúdo econômico dos pedidos deduzidos na demanda reconvencional. Ocorre que nos casos de dupla sucumbência para uma das partes, ou seja, nos casos em que a demanda principal é julgada procedente e a reconvenção improcedente, ou então, nos casos em que a demanda principal é julgada improcedente e a reconvenção procedente, tendem os magistrados a levar isso em consideração na fixação dos honorários devidos. Para evitar que a parte que sofreu dupla sucumbência tenha de arcar com excessiva condenação em honorários, costumam os juízes a não estipular os honorários em patamares elevados em cada uma das demandas, mesmo havendo elementos para tanto. Trata-se, como se percebe, de uma atecnia decorrente de um sentimento particular de justiça do magistrado que acaba por influenciar o resultado do julgamento em sentido contrário ao estipulado pela lei. O respeito ao percentual mínimo de 10% (dez) por cento para cada uma das demandas (principal e reconvencional) é decorrência do respeito ao que o Código de Processo Civil dispõe.

Nos casos de cumprimento de sentença/execução, também parece não haver dúvida quanto à imputação de responsabilidade ao devedor/executado que dá ensejo à necessidade de o titular do direito dar impulso a nova fase/processo para obter satisfação de seu direito. Nesse sentido, aliás, é o teor do enunciado da Súmula nº 517, do Superior Tribunal de Justiça, segundo o qual "são devidos honorários advocatícios no cumprimento de sentença, haja ou não impugnação, depois de escoado o prazo para pagamento voluntário, que se inicia após a intimação do advogado da parte executada" (Súmula 517, Corte Especial, j. 26.02.2015, *DJe* 02.03.2015). Por conta do princípio da causalidade, aliás, é que não são considerados devidos honorários advocatícios, caso eventual impugnação ao cumprimento de sentença seja julgada improcedente. Julgamento dessa natureza não modifica status já fixado que impõe serem devidos honorários nessa fase do processo pelo devedor/executado. Assim, decidiu o Superior Tribunal de Justiça, ao consagrar esse entendimento por meio do enunciado da Súmula nº 519, segundo o qual "na hipótese de rejeição da impugnação ao cumprimento de sentença, não são cabíveis honorários advocatícios" (Súmula 519, Corte Especial, j. 26.02.2015, *DJe* 09.03.2015, *DJe* 02.03.2015). Ao reverso, se a impugnação for julgada procedente, serão devidos honorários advocatícios levando em conta o conteúdo econômico dos pedidos deduzidos no percentual de 10 (dez) a 20% (vinte por cento).

Nenhuma objeção se pode suscitar, ademais, quanto à possibilidade de serem devidos honorários advocatícios nos processos que tomam por base para satisfação título executivo não definitivo. Nesses casos, se a decisão for revertida, proceder-se-á à devolução da quantia recebida a título de honorários. Destaque-se que os honorários fixados no início da execução são provisórios, pois só se conhecerá a sucumbência final quando do julgamento dos embargos. Ao receber a execução, o juiz arbitra os honorários apenas provisoriamente para a hipótese de o executado pagar o débito no prazo de 3 (três) dias previsto no art. 829 do Código de Processo Civil. O prosseguimento do processo, por qualquer que seja o motivo, implica a possibilidade de revisão da verba honorária, que poderá ser majorada, reduzida, invertida ou suprimida. Evidente que eventual acordo antes do julgamento dos embargos (que redundará em confirmação ou nova fixação dos honorários previamente fixados *ab initio* na execução) exigirá a fixação de novos honorários que deverá levar em conta os serviços prestados e quem deu causa à controvérsia, a não ser que o advogado abra mão de seus honorários de sucumbência a que teria direito pelo princípio da causalidade. Tal fixação pode, inclusive, ser objeto de ação cognitiva autônoma.

5. Sucumbência recursal: um desestímulo à litigância infundada

O Código de Processo Civil de 2015 inova ao estabelecer como devidos honorários advocatícios na fase recursal. Trata-se da chamada "sucumbência recursal". Tal inovação tem um propósito específico: limitar, por meio da imposição de um ônus financeiro, a litigância infundada, promovida por aqueles que se valem dos recursos apenas com o propósito de postergar a duração do processo. Como se sabe, as mais severas críticas, formuladas pelos mais diversos setores da sociedade civil, ao funcionamento do Poder Judiciário brasileiro são direcionadas ao intrincado sistema recursal. Imputa-se a ele, entre outras e não sem uma grande parcela de razão, a responsabilidade pela não entrega da tutela jurisdicional em prazo considerado razoável pelos jurisdicionados. A maior causa de desconfiança do cidadão em relação ao Poder Judiciário pode ser atribuída por certo à longa espera para a obtenção de uma resposta definitiva. Essa, pelo menos, é a deficiência do Poder Judiciário mais facilmente auferível. Essa angustiante espera que é imposta nos dias de hoje a quem se submete ao Poder Judiciário em busca da solução de um determinado litígio é muito superior a qualquer intervalo de tempo que possa ser considerado razoável para a formação do convencimento judicial.

A respeito disso, na tentativa de oferecer uma resposta a essa legítima demanda social, o Código de Processo Civil de 2015 contém alguns dispositivos que se destinam a atuar em mais de uma frente e que são de fato aptos a combater, ainda que de forma modesta, esse problema da lentidão do Poder Judiciário, concretizando assim o direito constitucional à razoável duração do processo. Às partes o novo Código impõe, como já destacado, a chamada "sucumbência recursal". Segundo o art. 85, § 1º, do atual Código "são devidos honorários advocatícios na reconvenção, no cumprimento de sentença, provisório ou definitivo, na execução, resistida ou não, e nos recursos interpostos, cumulativamente". O grande problema do sistema recursal brasileiro, considerado por muitos como um "vilão" para a

Art. 85

efetividade do processo, não é o suposto número excessivo de recursos previstos, mas sim a sua utilização desarrazoada e o correspondente efeito suspensivo a eles atribuído pela lei ou por decisão judicial hierarquicamente superior. Há de se ter sempre em mente, contudo, que a Constituição Federal assegura a todos os litigantes, em processo judicial ou administrativo, o contraditório e ampla defesa, com os meios e recursos a ela inerentes (CF, art. 5º, LV). Desse modo, qualquer tentativa de simplificação do sistema recursal que propugne a simples supressão de recursos do sistema tende a ser marcada por um vício de constitucionalidade e, por consequência, tende a ensejar o maior emprego do mandado de segurança contra as decisões judiciais, o que é de todo indesejado.

Na prática, contudo, o que se verifica em demasia é que muitos dos recursos que chegam aos nossos Tribunais são desprovidos de fundamentação adequada e configuram em essência mero inconformismo da parte sucumbente. Considera-se não fundamentado o recurso que, a par da decisão judicial que visa a combater, limita-se a se insurgir contra literal disposição de lei ou orientação jurisprudencial consolidada, ainda que não sumulada, sem demonstrar os motivos que justifiquem a superação desse entendimento. Por certo tal abuso já poderia ser repelido com a aplicação de sanção por litigância de má-fé, mas este é um fenômeno que pouco se verificou na prática. Contrariar decisões reiteradas também é mecanismo de clara má-fé utilizado por quem não tem razão e quer empurrar a efetividade do processo para um futuro distante. Com esse novo encargo financeiro decorrente da instituição da sucumbência recursal, espera-se que o ato de recorrer decorra de uma escolha racional das partes e não seja mais uma tática para postergar a duração do processo.

Dispõe, assim, o art. 85, § 11, do atual Código que "o tribunal, ao julgar recurso, majorará os honorários fixados anteriormente levando em conta o trabalho adicional realizado em grau recursal, observando, conforme o caso, o disposto nos §§ 2º a 6º, sendo vedado ao tribunal, no cômputo geral da fixação de honorários devidos ao advogado do vencedor, ultrapassar os respectivos limites estabelecidos nos §§ 2º e 3º para a fase de conhecimento". A majoração dos honorários na fase recursal, desse modo, alcançará o objetivo inicialmente pretendido de limitar a insurgência infundada. Basta imaginar as hipóteses em que os honorá-

rios sucumbenciais estabelecidos na sentença tenham sido fixados no patamar de 10% (dez por cento). Nessa situação, portanto, a parte sucumbente que resolver se insurgir contra essa decisão deve ter ciência de que se não dispuser de bons fundamentos para reverter a decisão que lhe foi desfavorável pode ter de arcar com novos honorários que podem ser elevados até o patamar máximo de 20% (vinte por cento).

Com relação aos critérios a serem levados em consideração para a fixação de honorários nessa fase recursal, são eles os mesmos indicados para a fixação de honorários em primeiro grau de jurisdição: grau de zelo do profissional, lugar de prestação do serviço, natureza e importância da causa, trabalho realizado pelo advogado e o tempo exigido para seu serviço (art. 85, § 2º). Ocorre que as atividades desempenhadas pelo advogado em segundo grau de jurisdição são bastante diversas daquelas desempenhadas enquanto da pendência do processo em primeiro grau. Desse modo, deve o Tribunal, ao fixar esses novos honorários levar em consideração o trabalho dos advogados em segunda instância que compreende não só a elaboração de razões recursais, como também a preparação de memoriais, que auxiliam os magistrados em seus julgamentos, e a realização de sustentação oral, instrumento importante para o bom exercício do direito de defesa e que permite ao advogado levar ao conhecimento de todo o tribunal elementos fundamentais do caso que até então mereceram atenção apenas do relator do processo. Outro fator passível de justificar a fixação de honorários em patamar mais elevado diz respeito à aplicação da técnica da ampliação da colegialidade a se verificar nas hipóteses de julgamento não unânime nos tribunais de segunda instância (art. 942). A ampliação da colegialidade quando houver divergência de entendimento nos julgamentos levados a cabo pelos tribunais de segunda instância visa a garantir maior discussão em torno do litígio, permitindo, assim, um debate maior a respeito dos elementos que informam a controvérsia. Isso, por certo, demandará um trabalho adicional dos advogados, especialmente quando a continuação do julgamento ocorrer em outra sessão que não aquela em que se manifestou a divergência. Tudo isso não pode ser ignorado quando da fixação dos honorários na fase recursal. Somente assim, com a fixação desses novos honorários em fase recursal, é que será dado o devido reconhecimento ao trabalho desenvolvido pelos advogados nesta fase, que, aliás, são tão ou mais complexos que as atividades exigidas durante a tramitação do processo em primeira instância.

Com a previsão desse novo encargo financeiro decorrente da instituição da sucumbência recursal, espera-se que o ato de recorrer decorra de uma escolha racional das partes e não seja mais uma simples tática para postergar a duração do processo. O direito de recorrer, para não implicar novos encargos financeiros, deve estar condicionado à presença de bons fundamentos a informar as impugnações. A possibilidade de serem majorados os honorários advocatícios na fase recursal, tendo em vista o trabalho adicional realizado pelo advogado nessa fase, não impede, contudo, que sejam cumulados ao pagamento desses honorários a imposição de multas e outras sanções processuais. É isso o que dispõe o art. 85, § 12, do atual Código: "os honorários referidos no § 11 são cumuláveis com multas e outras sanções processuais, inclusive as previstas no art. 77". São, claramente, fenômenos distintos, o que justifica a possibilidade aventada de que sejam cumuladas tais condenações. A imposição de multas e outras sanções processuais diz respeito à necessidade de serem observados preceitos éticos no processo. Deve ser imposta tal penalidade, nesse sentido, à parte que interpôs recurso com nítido caráter protelatório. Já a majoração de honorários advocatícios na fase recursal decorre da constatação de que essa nova fase do processo, a que deu causa a parte ao fim sucumbente, e que implicou a necessidade de novas atividades por parte dos advogados, foi instaurada sem que a parte que não tem razão dispusesse de fundamentos para tanto. É importante deixar claro que a sucumbência recursal é instituto ligado não a quem recorreu, mas a quem participou como recorrente ou recorrido da fase recursal e não tinha razão. O recurso provido demonstra a idoneidade do meio de impugnação e sua indispensabilidade para o resultado pretendido e obtido. Também nesses casos, deverá haver sucumbência recursal. A parte que não tem razão não a tem desde antes da instauração do processo. Reconhecido isso apenas na fase recursal, por conta da demora do processo, deve haver a fixação de honorários que considere o trabalho desenvolvido ao longo de todo o arco procedimental e também, como não poderia deixar de ser diferente, no procedimento recursal que teve curso no tribunal.

6. Honorários advocatícios. Critérios de fixação

Os honorários advocatícios constituem sanção de cunho indenizatório voltada ao "pagamento de quantia para remunerar o trabalho do advogado da parte adversa àquela que deu causa ao processo" (Bruno Vasconcelos Carrilho Lopes, *Honorários advocatícios no processo civil*, p. 19). O valor dos honorários advocatícios, a ser pago pela parte sucumbente, será fixado pelo juiz entre o mínimo de dez por cento e o máximo de vinte por cento sobre o valor da condenação. Para tanto, o juiz deve observar: a) o grau de zelo do profissional; b) o lugar de prestação do serviço; c) a natureza e importância da causa, o trabalho realizado pelo advogado e o tempo exigido para o seu serviço. Esse é um momento de grande responsabilidade para o juiz. A fixação de valores ínfimos avilta a profissão de advogado, reconhecida pela Constituição Federal, como atividade essencial à administração da Justiça.

7. Motivação das decisões e os critérios para fixação de honorários

No atual Estado Constitucional brasileiro, não se pode conceber a figura de um juiz que resolva os conflitos jurídicos que lhe são submetidos sem explicitar de maneira adequada os motivos determinantes que o levaram a agir dessa maneira. Por conta disso, não deve ser considerada motivada decisão que de alguma maneira impossibilite a insurgência da parte que sucumbiu porque dela foi suprimida informação relevante do convencimento judicial. Por isso o novo Código caminhou muito bem ao estabelecer hipóteses em que não serão consideradas motivadas as decisões judiciais. Se todas as hipóteses do § 1º do art. 489 pudessem ser agrupadas sob um só lema, poderíamos afirmar que não será considerada motivada decisão que não se atenta às peculiaridades do caso concreto, porque isso implica violação ao contraditório. Como não poderia deixar de ser esse mesmo dispositivo também se aplica ao capítulo da decisão destinado à condenação ao pagamento de honorários. Ao fixar o valor devido a título de honorários tem o magistrado o dever de indicar de maneira precisa os fatores determinantes para tanto. Deve ele em outras palavras indicar, por exemplo: i) os fatos que efetivamente demonstram o grau de zelo do profissional na condução da causa; ii) as características do lugar de prestação do serviço que justificam a fixação dos honorários; iii) as circunstâncias objetivas que determinam a importância da causa e o trabalho exigido do advogado na condução do processo. Do mesmo modo, nos casos em que a fixação de honorários se der por equidade ("Art. 85, § 8º Nas causas em que for inestimável ou irrisório o proveito econômico ou, ainda, quando o valor da causa for muito baixo, o juiz fixará o valor dos honorários por apreciação equitativa, observando o disposto nos incisos do § 2º") tem o magistrado de justificar de maneira adequada a aplicação ao caso desse termo jurídico indeterminado. Desse modo, terá a parte que foi condenada ao pagamento de honorários efetiva possibilidade de aferir o acerto dessa condenação e de eventualmente se insurgir contra ela se considerá-la injusta.

8. Fixação de honorários sucumbenciais nas causas em que for parte a Fazenda Pública

De acordo com o art. 20, § 4º, do CPC/1973, nas causas em que for vencida a Fazenda Pública os honorários seriam fixados pelo juiz por equidade a partir de parâmetros como o grau de zelo do profissional, o lugar de prestação do serviço, a natureza e importância da causa, o trabalho realizado pelo advogado e o tempo exigido para a prestação do serviço. Era possível, portanto, de acordo com o Código de Processo Civil de 1973, a fixação de honorários sucumbenciais nas causas contra a Fazenda Pública em patamar inferior àquele previsto no § 3º desse mesmo artigo. De há muito, aliás, por conta disso, sustentava-se a inconstitucionalidade desse dispositivo, por considerar que ele representava uma violação à garantia do tratamento igualitário das partes no processo (Paulo Henrique dos Santos Lucon, "Constituição e processo civil. Garantia do tratamento paritário das partes". p. 91-131). Se por um lado, enquanto da vigência do Código de Processo Civil de 1973, não existia um patamar mínimo legal para os honorários sucumbenciais fixados nas causas em que for vencida a Fazenda Pública, por outro lado, sagrando-se vencedora, a Fazenda Pública teria a sucumbência fixada entre o mínimo de dez por cento e o máximo de vinte por cento sobre o valor da condenação, consoante o disposto no art. 20, § 3º, do CPC de 1973. O legislador tratou, portanto, de impor um tratamento desigual a situações em que não há um grau de desigualdade justificável, qual seja, a

qualidade da parte, no caso, uma pessoa jurídica de direito público. A fixação de honorários nos casos em que for vencida a Fazenda Pública deve ser equânime, por isso a sucumbência nesses casos não pode ser fixada segundo uma apreciação desigualitária, que impossibilite o completo ressarcimento da pessoa lesada pela Administração Pública, obrigada por ato omissivo ou comissivo desta a contratar os serviços profissionais de um advogado. Como observado por Chiovenda, a atuação da vontade concreta da lei não deve representar uma diminuição patrimonial para a parte a cujo valor se efetiva (Istituzioni di diritto processuale civile. Napoli: Jovene, 1936, nº 381, p. 515). Caso contrário beneficia-se apenas um dos sujeitos parciais do processo e consagra-se um intolerável tratamento especial à Fazenda Pública (Celso Agrícola Barbi, *Comentários ao Código de Processo Civil*, p. 115-116). Não obstante as críticas no mesmo sentido desenvolvidas por grande parcela da doutrina quanto à inconstitucionalidade da não aplicação do patamar mínimo de 10% (dez por cento) nas causas em que for vencida a Fazenda Pública (Bruno Vasconcelos Carrilho Lopes, *Honorários advocatícios no processo civil*, p. 161-162), fato é que na prática muitos juízes se valiam dessa atribuição que lhes foi conferida para fixar quantias irrisórias a título de honorários se comparadas aos valores das condenações.

Em atenção a essa prática, portanto, o art. 85, § 3º do atual Código estabeleceu em seus incisos limites máximos e mínimos que deverão ser observados pelo juiz quando da fixação dos honorários sucumbenciais nas causas em que for parte (e não apenas vencida) a Fazenda Pública. Assim, por exemplo, os honorários serão fixados entre o mínimo de dez e o máximo de vinte por cento sobre o valor da condenação se este for de até duzentos salários mínimos. Já se o valor da condenação corresponder a quantia superior a duzentos salários mínimos e inferior a dois mil salários mínimos os honorários serão fixados entre o mínimo de oito e o máximo de dez por cento sobre o valor da condenação. Esses percentuais serão aplicados desde logo, se líquida a sentença. Caso contrário, sendo a ilíquida a sentença, a definição do percentual aplicado somente ocorrerá quando liquidado o julgado em fase específica destinada à apuração do quanto devido. Se não houver condenação principal ou se não for possível mensurar o proveito econômico obtido, a condenação em honorários levará em consideração o valor atualizado da causa. Quando o valor da condenação for superior ao limite previsto em uma determinada faixa, a fixação dos honorários deve observar a faixa inicial e naquilo que a exceder a faixa subsequente. Essa nova disciplina conferida às causas em que figura como parte a Fazenda Pública inegavelmente consiste em uma inovação bem-vinda que prestigia a advocacia enquanto função essencial à administração da justiça, assegurando ao advogado remuneração justa, pois evita a fixação de honorários em valores ou patamares irrisórios se comparado aos valores da condenação e ao trabalho que exigem as causas em que é parte a Fazenda Pública por conta da utilização de muitos recursos.

9. Decisão omissa quanto ao direito aos honorários (revogação da Súmula 453 do STJ)

De acordo com o enunciado da Súmula 453 do STJ editada no ano de 2010 "os honorários sucumbenciais, quando omitidos em decisão transitada em julgado, não podem ser cobrados em execução ou em ação própria". Da análise que se faz das decisões que resultaram na edição dessa Súmula, como, aliás, sempre se deve proceder quando se recorrer à aplicação/interpretação desses enunciados normativos persuasivos, pode-se constatar que o Superior Tribunal de Justiça se valeu do seguinte raciocínio: considerando que a condenação da parte sucumbente a pagar à parte vencedora honorários sucumbenciais decorre de um pedido implícito, caso não tenham sido opostos embargos de declaração contra decisão omissa a respeito dos honorários sucumbenciais, referido capítulo da decisão transitaria em julgado. Essa interpretação que acabou se consolidando no âmbito do Superior Tribunal de Justiça, merece ser questionada, contudo, em particular, por duas incongruências teóricas com significativo impacto na prática forense. Em primeiro lugar, não há espaço para a expressão "pedido implícito" em sistemas como o ordenamento jurídico brasileiro que consagram a inércia da jurisdição como princípio fundamental do processo civil. As hipóteses apontadas pela doutrina, como exemplos de pedidos implícitos, nada mais consistem do que na imposição ao juiz de um dever de se manifestar sobre determinada matéria. Não se há de falar, portanto, em pedido implícito quando desde o início do processo referido pedido era já dispensável. Apenas a partir dessa noção, por exemplo, é possível compreender a condenação do autor ao pagamento de honorários sucumbenciais quando do julgamento de improcedência do pedido. Para que se possa considerar que a condenação ao pagamento de honorários decorre de um pedido implícito, em respeito à coerência, ter-se-á de admitir que o réu na contestação ao pugnar pela improcedência do pedido com a dedução de fatos modificativos, impeditivos ou extintivos do direito do autor, formularia também um pedido condenatório em face dele. A segunda incongruência que se pode apontar na interpretação do Superior Tribunal de Justiça a respeito dessa matéria decorre da admissão da hipótese de que a autoridade da coisa julgada recairia também sobre pedido formulado pelo autor, mas a respeito do qual o juiz não se pronunciou em claro e vedado *non liquet*. Em caso de omissão judicial é de se negar qualquer impedimento decorrente da coisa julgada a propositura de nova demanda visando a obter manifestação judicial antes não proferida e, portanto, inexistente (Sergio Menchini. I limiti oggettivi del giudicato civile, p. 14 e ss.). Para melhor compreensão dessa afirmativa basta recordar-se que o objetivo precípuo de se considerar imutável determinada decisão é evitar a sua rediscussão em um futuro processo, promovendo-se, com isso, a segurança jurídica sob a ótica da estabilidade. Logo não há razão para se considerar imutável o que decidido não foi. Daí o equívoco dessa orientação do Superior Tribunal de Justiça de considerar insuscetível de apreciação pelo Poder Judiciário em uma nova demanda, capítulo relativo aos honorários sucumbenciais a respeito do qual o juiz anterior que tinha o dever de se manifestar a respeito não o fez.

Por isso, andou bem o novo Código de Processo Civil, ao estabelecer em seu art. 85, § 18, que "caso a decisão transitada em julgado seja omissa quanto ao direito aos honorários ou ao seu valor, é cabível ação autônoma para sua definição e cobrança". Outro, aliás, não era o entendimento de Yussef Said Cahali a respeito desse tema: "no pressuposto de que a verba advocatícia da sucumbência não tenha sido questionada ou apreciada em sede própria na ação em que eventualmente seria devida, ausente portanto a coisa julgada a seu respeito, seria de admitir-se posterior ação ordinária da parte vitoriosa para a sua cobrança". Em seguida destaca o autor a legitimidade do advogado para a propositura dessa demanda autônoma, tal como se dará com a entrada em vigor do novo Código: "a ação de cobrança qualifica-se como autônoma, podendo ser exercida pelo próprio advogado em função do seu direito autônomo aos honorários da sucumbência" (Honorários advocatícios, pp. 114 e 115). Por consequência, com a entrada em vigor do novo Código referida Súmula do Superior Tribunal de Justiça não encontrará mais substrato legal para sua aplicação. Esse é um exemplo interessante e cada vez mais frequente nos dias de hoje de diálogo institucional entre o Poder Legislativo e o Poder Judiciário. Ainda que se reconheça cada vez mais o caráter normativo das decisões judiciais, seja por meio da valorização dos precedentes judiciais ou do estímulo à edição de súmulas, estão essas fontes sempre a reboque das decisões tomadas pelo legislador. Eventual interpretação que venha a ser atribuída pelo Poder Judiciário a um determinado dispositivo legal está sempre sujeita ao controle do Poder Legislativo, que pode modificar a legislação vigente para afastar o sentido "indesejado" a ela atribuído pela decisão judicial, embora o que mais costumeiramente tenha ocorrido, nos dias de hoje, seja justamente o contrário, ou seja, o legislador é quem tem procurado pautar sua atuação de acordo com as orientações pretorianas (Rodolfo de Camargo Mancuso. *Divergência jurisprudencial e súmula vinculante*, p. 63). Esse, portanto, é mais um exemplo de valorização da advocacia capitaneada pela disciplina dos honorários advocatícios no novo Código. Segundo a sistemática anterior, o direito dos advogados ao recebimento dos honorários ficava condicionado ao cumprimento pelo juiz de seu dever de decidir.

10. Compensação de honorários e a revogação da Súmula 306 do STJ

De acordo com o enunciado da Súmula 306 do Superior Tribunal de Justiça, editada no ano de 2004, "os honorários advocatícios devem ser compensados quando houver sucumbência recíproca, assegurado o direito autônomo do advogado à execução do saldo sem excluir a legitimidade da própria parte". Tal enunciado tem como referencial normativo o art. 21 do Código de Processo Civil de 1973, segundo o qual "se cada litigante for em parte vencedor e vencido, serão recíproca e proporcionalmente distribuídos e compensados entre eles os honorários e as despesas", conjugado com o art. 23 da Lei nº 8.906/94, de acordo com o qual "os honorários incluídos na condenação,

por arbitramento ou sucumbência, pertencem ao advogado, tendo este direito autônomo para executar a sentença nesta parte, podendo requerer que o precatório, quando necessário, seja expedido em seu favor".

Das decisões que deram origem a tal súmula, merece análise o julgamento do REsp nº 290.141/RS levado a cabo pela Corte Especial do Superior Tribunal de Justiça (REsp 290.141/RS, Rel. Min. Carlos Alberto Menezes Direito, Rel. p/ Acórdão Ministro Antônio De Pádua Ribeiro, Corte Especial, j. 21.11.2001, *DJ* 31.03.2003, p. 137). De tal acórdão colhe-se como principal fundamento a sustentar a possibilidade de se compensarem os honorários em casos de sucumbência recíproca a aplicação do art. 23 do Estatuto da Advocacia apenas após a fixação dos honorários. Senão vejamos, como se manifestaram os ministros do Superior Tribunal de Justiça nessa ocasião: (i) "o aludido direito autônomo do advogado aos honorários advocatícios, na forma preconizada no art. 23 da Lei nº 8.906/94, somente se estabelece no mundo jurídico após a fixação da sucumbência pela sentença. Não antes." (trecho do voto do Min. Antonio de Pádua Ribeiro); (ii) "no que tange à impossibilidade de compensação (...) primeiramente feita a compensação, o direito do advogado diz respeito ao que sobeja a essa compensação." (trecho do voto do Min. Fontes de Alencar). Em sentido contrário foi o voto do Min. Carlos Alberto Menezes Direito para quem "se há direito autônomo, a compensação é impossível porque não se pode compensar direitos que a partes diferentes pertencem. Cada advogado é credor da parte contrária, daí a absoluta inviabilidade da compensação pretendida".

A prevalência da primeira linha de interpretação no âmbito do Superior Tribunal de Justiça, segundo a qual o direito autônomo dos advogados aos honorários advocatícios apenas se estabeleceria após a fixação da sucumbência pela sentença, revela a adoção de uma concepção unitária do ordenamento jurídico, de acordo com a qual o direito subjetivo é o que nasce apenas no processo e mais precisamente no ato decisório. O direito subjetivo, nesse caso, não residiria no ordenamento jurídico, mas seria gerado apenas pelo processo. Esse modo de conceber o direito, contudo, não se atenta para a realidade, pois o direito subjetivo – como o direito dos advogados aos honorários de sucumbência – existe independentemente do processo, desde que a lei assim o instituiu, ficando, portanto, seu reconhecimento condicionado à atividade prestada e à identificação de quem deu causa ao processo. Ademais, há de se ter sempre em mente como premissa a inspirar a análise de qualquer temática relativa aos honorários sucumbenciais que tais verbas possuem natureza alimentar e devem, portanto, receber o mesmo tratamento privilegiado que o ordenamento jurídico confere às outras quantias que possuem essa mesma natureza. O art. 85, § 14, do CPC de 2015, adota, nessa linha, orientação em sentido diametralmente oposta a então vigente sob a égide do CPC de 1973, ao vedar a compensação de honorários em caso de sucumbência parcial e ao mesmo tempo reconhecer sua natureza alimentar: "os honorários constituem direito do advogado e têm natureza alimentar, com os mesmos privilégios dos créditos oriundos da legislação do trabalho, sendo vedada a compensação em caso de sucumbência parcial". A compensação, como se sabe, é um modo de extinção do vínculo obrigacional que tem lugar, nos termos do art. 368 do Código Civil, apenas "se duas pessoas forem ao mesmo tempo credor e devedor uma da outra", nesse caso, "as duas obrigações extinguem-se, até onde se compensarem". A aplicação desse instituto para fins de quantificação dos valores devidos a título de honorários sucumbenciais nas hipóteses de sucumbência parcial, no entanto, não só é tecnicamente equivocada, como também é socialmente injusta. De acordo com o art. 23 da Lei nº 8.906/94 – e agora também reforçado com o art. 85, § 14, do CPC de 2015 – os honorários de sucumbência pertencem ao advogado da parte vencedora, logo, nos casos de sucumbência parcial, não haverá aquela necessária reunião exigida pela lei em uma mesma pessoa das figuras do credor e do devedor que justifique a extinção das obrigações correspectivas. O autor, por exemplo, que foi em parte vencido deve honorários para o advogado do réu, mas ele não é parte legítima (apenas o seu advogado que o é) para exigir do réu o pagamento dos honorários devidos. Em outras palavras, na prática, a aplicação do art. 21 do Código de Processo Civil de 1973 nada mais representava do que uma indevida autorização legal para a disposição de direito alheio. Por isso, andou bem o Código de Processo Civil de 2015 ao revogá-lo, e por consequência ao retirar o substrato legal para a aplicação da Súmula 306 do STJ.

11. Revisão de honorários e a Súmula nº 7 do Superior Tribunal de Justiça

Uma das mais notáveis inovações do Código de Processo Civil de 2015 foi sua diretiva no sentido de fortalecimento dos precedentes judiciais. Fortalecer os precedentes significa, em apertada síntese, tornar obrigatória, por decisão adequadamente fundamentada, sua aplicação aos casos que com eles guardam uma relação de semelhança fático-jurídica. Espera-se, com isso, pôr um fim a discussões repetitivas a partir de uma visão amadurecida das teses jurídicas fixadas pelos tribunais superiores, promovendo-se, assim, a segurança jurídica, encarada aqui sob a óptica da previsibilidade; a isonomia, já que o mesmo tratamento é dispensado aos sujeitos que se apresentam perante o Poder Judiciário em semelhantes soluções; e a economia processual, uma vez que se evita com isso a prática de atos inúteis, pois contrários ao entendimento dos tribunais responsáveis por ditar a última palavra no tocante a aplicação judicial do direito.

Tais objetivos, contudo, para serem alcançados exigem que seja modificada concepção corrente a respeito das funções desempenhadas pelos tribunais que ocupam posição mais elevada na estrutura hierárquico-organizacional do Poder Judiciário brasileiro (Luiz Guilherme Marinoni, *O STJ enquanto corte de precedentes*; Daniel Mitidiero, *Cortes superiores e cortes supremas*). A par das funções típicas das cortes de cassação e de revisão que desempenham, os tribunais brasileiros, para assumirem função de verdadeiras cortes de precedentes, terão também de se atentar para novas exigências como a de justificar suas decisões com base em argumentos universalizáveis e a de evitar a realização de distinções inconsistentes a fim de manter sua jurisprudência estável. No entanto, os tribunais brasileiros só terão condições de atuar como verdadeiras cortes de precedentes, se os recursos submetidos ao seu conhecimento forem quantitativamente menores e qualitativamente melhores. Não se pode figurar nem mesmo como hipótese acadêmica uma corte de precedentes que tenha de julgar centenas de milhares de casos a cada ano, como sói ocorrer com os tribunais brasileiros. Do mesmo modo, não se pode esperar a fixação de teses jurídicas aptas a serem replicadas em processos futuros, se casos maduros não forem submetidos ao conhecimento dessas cortes. Utiliza-se aqui a expressão "casos maduros" para se referir àqueles casos a respeito dos quais muito se discutiu sobre seus elementos fundamentais nas instâncias ordinárias, a ponto de constar das decisões judiciais, unânimes ou não, argumentação sólida e consistente a respeito das principais questões suscitadas pelas partes.

No que atine à sistemática dos honorários advocatícios, contudo, terá o Superior Tribunal de Justiça de zelar pela correta aplicação dos dispositivos inseridos pelo Código de Processo Civil de 2015. Ao Superior Tribunal de Justiça, por conta de sua posição/função na estrutura hierárquico organizacional do Poder Judiciário brasileiro, não é afeto o reexame de aspectos fáticos das controvérsias que lhes são submetidas à apreciação. Daí o enunciado da Súmula 7 do STJ, segundo o qual "a pretensão de simples reexame de prova não enseja recurso especial". Em virtude da aplicação dessa Súmula, o Superior Tribunal de Justiça entende que a revisão do valor devido a título de honorários apenas se justifica quando irrisórios ou exorbitantes, dada a violação que isso implica aos princípios da razoabilidade e da proporcionalidade. Contudo, por conta do estabelecimento pelo Código de Processo Civil de 2015 de novos critérios legais específicos para a fixação do valor devido a título de honorários, maior tende a ser o juízo positivo de admissibilidade a ser realizado pelo Tribunal para que sejam reformadas as decisões que fixem o valor dos honorários em desacordo com essa nova disciplina. Casos que podem ensejar maior revisão pelo Superior Tribunal de Justiça, por exemplo, são os de fixação de honorários nas causas em que for parte a Fazenda Pública e nos casos de fixação de honorários na fase recursal. Como visto, o art. 85, § 3º, do atual Código de Processo Civil estabeleceu em seus incisos limites máximos e mínimos que deverão ser observados pelo juiz quando da fixação dos honorários sucumbenciais nas causas em que for parte a Fazenda Pública. O importante, acima de tudo, é que referidos critérios são, por essência, exclusivamente técnico-jurídicos, o que possibilitará, portanto, o controle de sua aplicação pelo Superior Tribunal de Justiça. Não poderá o STJ, em síntese, rever os requisitos fáticos – grau de zelo do profissional, lugar de prestação do serviço, natureza e importância da causa, trabalho realizado pelo advogado e o tempo exigido para a prestação do serviço –, que levaram o juiz a estabelecer o valor devido a título de honorários dentro da faixa estabelecida de acordo com o valor da condenação, mas sempre poderá ele rever a decisão que desrespeitar esses limites legais máximos e mínimos. Ao fazer isso estará o Superior Tribunal de Justiça assegurando o direito dos advogados de receber os honorários que lhes são devidos. O mesmo também passará a ocorrer com os chamados honorários sucumbenciais recursais. Ao Superior Tribunal de Justiça, sem adentrar nos aspectos fáticos da causa, por certo, caberá, nesses casos, fiscalizar não só eventual desrespeito aos limites estabelecidos para fixação de honorários na fase recursal, mas, em especial, assegurar que a majoração de honorários tenha sido efetivamente imposta pelos tribunais inferiores, sob pena de violação ao art. 85, § 1º, do Código de Processo Civil de 2015. Essa é uma exigência da lei que não pode ser ignorada pelos Tribunais. Tem eles o dever de zelar pela aplicação do art. 85, § 1º, do Código de Processo Civil, pois somente assim, será dado o devido reconhecimento ao trabalho desenvolvido pelos advogados durante a fase recursal e ao mesmo tempo se evitará que o ato de recorrer se resuma a um mero ato de inconformismo.

12. Direito dos advogados públicos aos honorários de sucumbência

No mesmo contexto de valorização da advocacia enquanto função essencial à administração da justiça, foi inserida a inovação contida no art. 85, § 19, do Código de Processo Civil de 2015 que atribui aos advogados públicos o direito de também receberem os honorários de sucumbência (*in verbis*: "os advogados públicos perceberão honorários de sucumbência, nos termos da lei"). Elimina-se, com isso, outro ranço de tratamento desigualitário não justificável ainda presente no sistema judiciário brasileiro.

Jurisprudência

"Agravo interno no agravo em recurso especial. Processual civil. Execução. Honorários advocatícios. Caráter alimentar. Proventos. Penhora. Possibilidade. Art. 833, § 2º, do CPC/2015. Percentual. Redução. Reexame do contexto fático-probatório. Súmula nº 7/STJ. 1. Recurso especial interposto contra acórdão publicado na vigência do Código de Processo Civil de 2015 (Enunciados Administrativos nos 2 e 3/STJ). 2. Os honorários advocatícios possuem natureza alimentar, admitindo-se a penhora sobre percentual do salário para a satisfação do direito do credor. Precedentes. 3. Rever os fundamentos adotados no acórdão recorrido para manter a constrição em 30% (trinta por cento) dos proventos do devedor importaria, necessariamente, o reexame do contexto fático-probatório dos autos, procedimento inviável nesta fase recursal, diante do teor da Súmula nº 7/STJ. 4. Agravo interno não provido" (STJ, AgInt no Agravo em Recurso Especial nº 1.473.266/SP, 3ª Turma, Rel. Ministro Ricardo Villas Bôas Cueva, j. 10.12.2019, *DJe* 13.12.2019).

> **Art. 86.** Se cada litigante for, em parte, vencedor e vencido, serão proporcionalmente distribuídas entre eles as despesas.
>
> **Parágrafo único.** Se um litigante sucumbir em parte mínima do pedido, o outro responderá, por inteiro, pelas despesas e pelos honorários.

▸ *Referência: CPC/1973 – Art. 21*

1. Sucumbência recíproca

O art. 86 do Código de Processo Civil, que guarda relação de correspondência com o art. 21 do Código anterior, disciplina os casos em que apenas parcela do pedido formulado pelo autor é acolhida pelo juiz. Tem-se, nesse caso, hipótese de sucumbência recíproca: "a norma legal é simples e parte do princípio de que, quando o autor vencer apenas em parte, estará automaticamente vencido em parte, o mesmo se dando com o réu. Nestes casos, cada um pagará despesas judiciais e honorários tendo em vista a parte em que foi vencido. Assim, se o autor que pede 100 é vencedor em 70, e perdedor em 30, deve pagar apenas 30% das despesas e dos honorários do advogado do réu. E este pagará 70% das despesas e de honorários de advogado do autor" (Celso Agrícola Barbi, *Comentários ao Código de Processo Civil*, v. I, p. 149).

2. Sucumbência e cumulação de pedidos

As despesas e os honorários advocatícios serão proporcionalmente distribuídos, se cada litigante for em parte vencedor e vencido, sendo que; "no concernente à questão da verba honorária, é de se ter claro que, para fins de distribuição dos ônus sucumbenciais, considera-se o número de pedidos formulados na inicial e o número total de pedidos efetivamente concedidos ao final da demanda" (STJ, 4ª Turma, AgRg no REsp 480460/RS, Rel. Min. Jorge Scartezzini, j. 28.11.2006, *DJ* 05.02.2007). Assim, nos casos, por exemplo,

em que o autor cumula pedidos em uma única demanda, caso o juiz não acolha um deles, caracterizada estará a sucumbência parcial. Situação diversa ocorre nos casos de cumulação de pedidos em ordem sucessiva. A jurisprudência do Superior Tribunal de Justiça diverge sobre a natureza da tutela jurisdicional conferida ao autor com o acolhimento do pedido subsidiário. De acordo com um entendimento, haveria aí prestação de tutela jurisdicional plena ao autor, razão pelo qual os ônus sucumbenciais deveriam ser suportados integralmente pelo réu; já por outra ótica, o não acolhimento do pedido principal, configuraria uma derrota para o autor, que deveria, portanto, arcar também com os ônus sucumbenciais. Tem razão o entendimento de acordo com o qual, para fins de sucumbência, o autor se sagrou inteiramente vencedor em relação ao réu mesmo quando julgado apenas procedente pedido subsidiário, o que impõe a condenação ao pagamento das despesas processuais e dos honorários advocatícios apenas pelo réu.

3. Sucumbência em parte mínima

O parágrafo único do art. 86 estabelece uma exceção à regra prevista no *caput* desse artigo que determina sejam vencedor e vencido proporcionalmente responsáveis pelas despesas nos casos de sucumbência recíproca. Caso a perda de uma das partes seja pouco significativa se comparada com a vitória que obteve não terá esta o dever de indenizar a parte contrária. Yussef Said Cahali bem pontua ser "difícil determinar a priori qual seja essa parte mínima do pedido a que se refere o legislador" (Honorários advocatícios, p. 481). Nelson Nery Junior e Rosa Maria de Andrade Nery, ao interpretarem referido dispositivo, afirmam que o juiz "deverá levar em consideração o valor da causa, o bem da vida pretendido e o efetivamente conseguido pela parte" (Código de processo civil comentado e legislação extravagante, p. 298). Não se há de confundir, no entanto, sucumbência em parte mínima com a sucumbência na parte menor da demanda. Neste caso a parte que sucumbiu em parte menor não deixará de ser responsabilizada pelas despesas da parte contrária.

Jurisprudência

"Agravo interno no recurso especial. Seguro DPVAT. Correção monetária da indenização desde a data do evento danoso. Recurso especial provido para inverter os ônus da sucumbência.

Sucumbência mínima da parte autora. Decisão agravada mantida. Agravo interno não provido. 1. 'A jurisprudência do STJ está pacificada no sentido de adotar, como critério norteador para a distribuição das verbas de sucumbência, o número de pedidos formulados e atendidos.' (EDcl no REsp 953.460/MG, Rel. Ministra Nancy Andrighi, Terceira Turma, julgado em 09.08.2011, *DJe* 19.08.2011). 2. Verificada a sucumbência mínima, caberá à parte adversa arcar, por inteiro, com os ônus da sucumbência. 3. No caso, o pedido inicial foi julgado parcialmente procedente para reconhecer a necessidade de correção monetária da indenização no período compreendido entre a data do acidente e a data do recebimento administrativo da indenização, período inferior ao originalmente pleiteado. Sem que haja necessidade de incursionar no conjunto fático-probatório dos autos, constata-se que a parte autora decaiu de parte mínima do pedido formulado originalmente, de modo que deve a seguradora responder por inteiro pelos ônus sucumbenciais, nos termos do art. 21 do CPC/1973 (art. 86, parágrafo único, do CPC/2015). 4. Agravo interno a que se nega provimento." (STJ, AgInt no Recurso Especial nº 1.770.908/PR, 4ª Turma, Rel. Ministro Raul Araújo, j. 5.11.2019, *DJe* 27.11.2019).

Na ação de indenização por dano moral, a condenação em montante inferior ao postulado na inicial não implica sucumbência recíproca. (STJ, Súmula 326).

Art. 87. Concorrendo diversos autores ou diversos réus, os vencidos respondem proporcionalmente pelas despesas e pelos honorários.

§ 1º A sentença deverá distribuir entre os litisconsortes, de forma expressa, a responsabilidade proporcional pelo pagamento das verbas previstas no *caput*.

§ 2º Se a distribuição de que trata o § 1º não for feita, os vencidos responderão solidariamente pelas despesas e pelos honorários.

▶ *Referência: CPC/1973 – Art. 23*

1. Litisconsórcio e sucumbência

De acordo com o art. 87, *caput* do Código de Processo Civil, havendo litisconsortes no polo da relação jurídica que deu causa ao processo, deverão eles arcar proporcionalmente com as despesas

e com os honorários advocatícios despendidos pela parte vitoriosa. A responsabilidade pelos honorários advocatícios e despesas processuais deve ser medida pelo interesse de cada litisconsorte na controvérsia, ou seja, a atribuição da responsabilidade patrimonial pela sucumbência de cada litisconsorte é medida por aquilo que o processo lhe proporcionaria se houvesse se sagrado vencedor. Os parágrafos que complementam esse artigo são inovações introduzidas pelo novo Código para a disciplina da responsabilidade entre os sucumbentes. Durante a vigência do Código de Processo Civil de 1973, consagrou-se o entendimento de que a responsabilidade proporcional entre os sucumbentes no tocante às despesas processuais apenas seria excepcionada, se a responsabilidade solidária fosse expressamente consignada na sentença. O art. 87, § 1º, do Código atual, em contrapartida, impõe ao juiz o dever de distribuir expressamente entre os litisconsortes a responsabilidade de cada um ao pagamento das despesas. Esse, portanto, é um capítulo obrigatório das sentenças. Nos casos de omissão são cabíveis embargos de declaração a fim de se provocar a manifestação judicial a respeito. O interesse jurídico na oposição desses embargos pertence tanto à parte vencedora quanto aos sucumbentes. Se não há diferença entre o interesse jurídico de ambas as partes para a oposição desses embargos, pode-se afirmar que o interesse prático dos sucumbentes é maior, uma vez que, caso persista a omissão judicial, de acordo com o art. 87, § 2º do Código, os vencidos responderão solidariamente pelas despesas e pelos honorários advocatícios. Trata-se, portanto, de uma hipótese de responsabilidade solidária legal, tal como autoriza o art. 265 do Código Civil.

2. Litisconsórcio entre os vencedores

Um contraponto a ser feito ao comentário anterior diz respeito aos casos em que se verifica a presença de litisconsortes entre os vencedores. Tal hipótese não pode agravar a responsabilidade do(s) vencido(s), tal como pontua Yussef Said Cahali: "a existência de pluralidade de vencedores não pode de modo algum funcionar como causa de agravamento da responsabilidade advocatícia dos vencidos, de modo a instituir-se uma condenação dupla em razão da multiplicidade de vitoriosos. Assim, 'a circunstância de terem os réus, vencedores no pleito, advogados diferentes, não traz como consequência a condenação do vencido em verba individuada para cada advogado no máximo da praxe arbitrável. Os honorários devem ser fixados no seu todo como quantum a que responde o vencido, rateada essa soma entre os diferentes advogados das partes vencedoras, quando defendem iguais interesses e sob o mesmo fundamento" (*Honorários advocatícios*, p. 186. Em sentido semelhante, ver: "Havendo pluralidade de vencedores, os honorários da sucumbência deverão ser partilhados entre eles, na proporção das respectivas pretensões" (STJ, 6ª Turma, AgRg no Ag 1241668/RS, Rel. Min. Og Fernandes, j. 17.03.2011, *DJe* 11.05.2011).

"Para o fim preconizado no art. 1.039 do CPC/2015, firma-se a seguinte tese: 'O art. 85, § 7º, do CPC/2015 não afasta a aplicação do entendimento consolidado na Súmula 345 do STJ, de modo que são devidos honorários advocatícios nos procedimentos individuais de cumprimento de sentença decorrente de ação coletiva, ainda que não impugnados e promovidos em litisconsórcio." (STJ, Recurso Especial nº 1.648.498/RS, Corte Especial, Rel. Ministro Gurgel de Faria, j. 20.6.2018, *DJe* 27.6.2018).

"Administrativo e processual civil. Agravo interno no recurso especial. Honorários advocatícios sucumbenciais. Marco temporal para aplicação do CPC/2015. Data da sentença. Limite de 10% a 20% do valor atualizado da causa. Apreciação equitativa. Impossibilidade. 1. 'Ressalvadas as exceções previstas nos §§ 3º e 8º do art. 85 do CPC/2015, na vigência da nova legislação processual o valor da verba honorária sucumbencial não pode ser arbitrado por apreciação equitativa ou fora dos limites percentuais fixados pelo § 2º do referido dispositivo legal.' (REsp 1.731.617/SP, Rel. Min. Antonio Carlos Ferreira, Quarta Turma, j. 17.4.2018, *DJe* 15.5.2018). 2. Nos casos em que a aplicação do direito à espécie exige a incursão no substrato fático-probatório dos autos, é imperioso o retorno do feito à instância ordinária, para que a causa seja julgada conforme os parâmetros estabelecidos por este STJ. Precedentes. 3. Agravo interno parcialmente provido". (STJ, AgInt nos EDcl no REsp nº 1.754.743/DF, 1ª Turma, Rel. Ministro Sérgio Kukina, j. 10.12.2019, *DJe* 12.12.2019).

> **Art. 88.** Nos procedimentos de jurisdição voluntária, as despesas serão adiantadas pelo requerente e rateadas entre os interessados.

▶ *Referência: CPC/1973 – Art. 24*

1. Jurisdição voluntária

Como nos procedimentos de jurisdição voluntária não há um litígio entre as partes, não há uma parte vencida e uma parte vencedora, por isso todas as despesas serão adiantadas pelo requerente e divididas entre os interessados. Ademais, nos processos de jurisdição voluntária não é necessária a observância do critério da legalidade estrita, podendo o juiz adotar, casuisticamente, a solução que reputar como mais adequada.

Jurisprudência

"Agravo interno. Recurso em mandado de segurança. Processo de interdição. Remarcação do interrogatório após a perícia. Legalidade. Perícia médica por equipe multidisciplinar. Faculdade do magistrado. 1. O processo de interdição é de jurisdição voluntária, o que autoriza o juízo, a teor do disposto no parágrafo único do artigo 723 do Código de Processo Civil, a não observar critério de legalidade estrita, podendo adotar em cada caso a solução que reputar mais conveniente ou oportuna. 2. A postergação do interrogatório para após a perícia médica, bem como a negativa de designação de equipe multidisciplinar para a perícia, não caracteriza, por só, ilegalidade que macule o procedimento e autorize a impetração de mandado de segurança, ainda mais quando os direitos do interditando estão preservados segundo o convencimento do Ministério Público e do juízo processante. 3. A revisão do convencimento das instâncias ordinárias acerca da suficiência da designação do perito médico psiquiatra e do momento mais apropriado para a entrevista com a interditanda dependeria de interpretação das provas e diligências já ocorridas nos autos, matéria de fato complexa, insusceptível de reexame na via do mandado de segurança. 4. Agravo interno a que se nega provimento." (STJ, AgInt no Recurso em Mandado de Segurança nº 57.544 – DF, 4ª Turma, Rel. Ministra Maria Isabel Gallotti, j. 19.11.2019, *DJe* 6.12.2019).

"Recurso especial. Retificação de registro imobiliário. Artigo 213, inciso I, alíneas 'd' e 'e', da Lei nº 6.015/1973. Súmula nº 284/STF. Incidência. Jurisdição voluntária. Ausência de litigiosidade. Honorários advocatícios. Não cabimento. 1. Cuida-se, na origem, de ação de retificação de matrícula de imóvel (jurisdição voluntária), objetivando a correta delimitação do bem registrado, em que foi equivocadamente indicada pessoa para ser citada como suposta

Art. 89

proprietária de área confrontante. 2. Inviável o acolhimento do pleito exordial, em recurso especial, pois o dispositivo legal invocado (art. 216, I, alíneas 'd' e 'e', da Lei nº 6.015/1973) não garante automaticamente a retificação do registro, nem infirma o fundamento adotado no acórdão recorrido para rejeitar a pretensão inicial, qual seja, a insuficiência de prova da propriedade da área reclamada. Incidência da Súmula nº 284/STF. 2. Em procedimento de jurisdição voluntária, a existência de litigiosidade excepciona a regra de não cabimento de condenação em honorários advocatícios. Precedentes. 3. No caso, a mera alegação de ilegitimidade de parte citada como confrontante não torna litigiosa a demanda, não lhe cabendo, portanto, honorários sucumbenciais. 4. Recurso especial parcialmente provido." (STJ, Recurso Especial nº 1.524.634/RS, 3ª Turma, Rel. Ministro Ricardo Villas Bôas Cueva, j. 27.10.2015, *DJe* 3.11.2015).

"De início, cabe registrar que esta eg. Corte Superior já proclamou que em procedimento de jurisdição voluntária, a existência de litigiosidade excepciona a regra de não cabimento de condenação em honorários advocatícios" (Recurso Especial nº 1.431.036/SP, 3ª Turma, Rel. Min. Moura Ribeiro, j. 17.4.2018, *DJe* 24.4.2018).

> **Art. 89.** Nos juízos divisórios, não havendo litígio, os interessados pagarão as despesas proporcionalmente a seus quinhões.

▶ *Referência: CPC/1973 – Art. 25*

1. Juízos divisórios

O art. 89 do Código de Processo Civil estatui que nos juízos divisórios em que não se materializam litígios, nos quais não há uma parte vencida e uma parte vencedora, as despesas serão divididas proporcionalmente entre os interessados. Havendo litígio, aplica-se o dispositivo geral previsto no art. 85, do Código.

> **Art. 90.** Proferida sentença com fundamento em desistência, em renúncia ou em reconhecimento do pedido, as despesas e os honorários serão pagos pela parte que desistiu, renunciou ou reconheceu.
>
> **§ 1º** Sendo parcial a desistência, a renúncia ou o reconhecimento, a responsabilidade pelas despesas e pelos honorários será proporcional à parcela reconhecida, à qual se renunciou ou da qual se desistiu.
>
> **§ 2º** Havendo transação e nada tendo as partes disposto quanto às despesas, estas serão divididas igualmente.
>
> **§ 3º** Se a transação ocorrer antes da sentença, as partes ficam dispensadas do pagamento das custas processuais remanescentes, se houver.
>
> **§ 4º** Se o réu reconhecer a procedência do pedido e, simultaneamente, cumprir integralmente a prestação reconhecida, os honorários serão reduzidos pela metade.

▶ *Referência: CPC/1973 – Art. 26*

1. Desistência da ação, renúncia e reconhecimento do pedido

Se o autor desistir da ação (*rectius*: desistir do processo) ou renunciar e assim der causa a extinção do processo, deverá ser ele o responsável a arcar com as despesas e os honorários advocatícios despendidos pelo réu. O mesmo ocorrerá com o réu que reconhecer a procedência do pedido do autor. Terá ele então o dever de ressarcir os gastos do autor com o processo.

Esse dispositivo nada mais é, em realidade, do que uma decorrência do princípio da causalidade, o qual, como visto, visa a assegurar que a parte vencedora não sofra um dano patrimonial decorrente de sua participação em um processo, ao qual ela não deu causa, ou seja, ao qual ela não foi responsável. O ato de desistência, renúncia ou de reconhecimento jurídico do pedido representa uma declaração de responsabilidade pela instauração do processo que deve resultar, portanto, no dever de indenizar a parte contrária.

Se for parcial a desistência, a renúncia ou o reconhecimento jurídico do pedido, a responsabilidade será proporcional à parcela reconhecida, renunciada ou desistida. Isso significa que o restante da controvérsia se desenvolverá normalmente e ao fim do processo para a resolução desse litígio serão as despesas imputadas à parte sucumbente de acordo com a regra geral prevista no art. 85 do Código. Cumpre ressaltar, no entanto, que nos casos em que o autor desistir da ação (*rectius*: desistir do processo) ou renunciar ao seu direito antes de o réu ser citado e oferecer contestação não terá o autor então de pagar honorários advocatícios, o que se justifica, pois, sem ter conhecimento da demanda aquele que figuraria como réu não teve de realizar qualquer despesa visando a exercer seu direito de defesa.

2. Transação

Nos casos de transação, em que a solução do conflito é obtida mediante concessões recíprocas, as despesas serão divididas igualmente entre as partes, se não dispuserem elas de modo diverso. Se a transação ocorrer antes da sentença, as partes ficam dispensadas do pagamento das custas processuais remanescentes, se houver. Esse dispositivo visa, portanto, a estimular a autocomposição por meio desse incentivo financeiro.

3. Reconhecimento do pedido e cumprimento da prestação

Nos casos em que o réu reconhece a procedência do pedido do autor, o processo será extinto com resolução de mérito nos termos do art. 487, inc. III, "a", do Código de Processo Civil. Diz-se, em realidade, que nessa hipótese ocorre um julgamento de mérito por equiparação já que o juiz não se manifesta propriamente sobre a pretensão do autor, mas tão somente homologa o que foi disposto pelas partes a respeito do direito material. Fato é que sob o ponto de vista das finalidades do processo, esse final do litígio é preferível a qualquer solução imposta por um terceiro. Diante disso, o art. 90, § 4º, do Código visa a criar um estímulo ao réu que reconhecer a procedência do pedido do autor. Caso ele reconheça a procedência do pedido e ato contínuo cumpra a prestação os honorários serão reduzidos pela metade.

4. Desistência e sucumbência recursal

Como visto, de acordo com o art. 85 do Código de Processo Civil serão devidos honorários também na fase recursal. Com isso, surge a questão se são devidos honorários advocatícios caso o recorrente desista do recurso interposto. A interpretação que mais se coaduna com o espírito do novo Código, que nessa matéria visa a limitar a litigância infundada e a reconhecer o trabalho do advogado nas instâncias recursais, é aquela que entende como devidos os honorários advocatícios se a desistência se der após a apresentação de contrarrazões.

Jurisprudência

"Não podem as partes dispor sobre direito que não pertence a sua esfera jurídica, p. ex.,

honorários advocatícios: 'Este Tribunal Superior consagrou o entendimento de que o art. 26, § 2º, do CPC, o qual prevê a divisão igualitária das despesas processuais em caso de transação entre as partes, não se aplica aos honorários advocatícios, os quais pertencem ao advogado (arts. 23 e 24 da Lei 8.906/94), não podendo tal verba, por isso mesmo, ser objeto de pactuação entre os litigantes sem o seu consentimento". (STJ, AgRg no REsp nº 883084/RS, 6ª Turma, Rel. Min. Vasco Della Giustina, j. 14.06.2011, *DJe* 28.06.2011).

"Extinção sem o julgamento do mérito de ação de busca e apreensão em razão de desistência formulada pela instituição financeira autora após o pagamento, pelo réu, das prestações em atraso do contrato de financiamento. Se, em que pese a desistência da parte autora, ficar evidenciada que a instauração do processo decorreu do comportamento do réu (inadimplemento da obrigação), é inviável a condenação da autora ao pagamento das custas e dos honorários de sucumbência. Inteligência da regra do art. 26 do CPC a ser interpretada em conformidade com o princípio da causalidade. Recurso especial não provido" (STJ, REsp 1347368/MG, 3ª Turma, Rel. Min. Paulo de Tarso Sanseverino, j. 27.11.2012, *DJe* 05.12.2012).

> **Art. 91.** As despesas dos atos processuais praticados a requerimento da Fazenda Pública, do Ministério Público ou da Defensoria Pública serão pagas ao final pelo vencido.
>
> **§ 1º** As perícias requeridas pela Fazenda Pública, pelo Ministério Público ou pela Defensoria Pública poderão ser realizadas por entidade pública ou, havendo previsão orçamentária, ter os valores adiantados por aquele que requerer a prova.
>
> **§ 2º** Não havendo previsão orçamentária no exercício financeiro para adiantamento dos honorários periciais, eles serão pagos no exercício seguinte ou ao final, pelo vencido, caso o processo se encerre antes do adiantamento a ser feito pelo ente público.

▶ *Referência: CPC/1973 – Art. 27*

1. Atos praticados a requerimento da Fazenda Pública, do Ministério Público ou da Defensoria Pública

Ao Ministério Público, à Fazenda Pública e à Defensoria Pública não se aplica a regra que prevê a necessidade de antecipação das despesas para a prática dos atos processuais. As despesas dos atos processuais por eles praticados serão pagas ao fim pelo vencido.

2. Honorários periciais

A dispensa do adiantamento dos honorários periciais criava quando da vigência do Código de Processo Civil de 1973 embaraços à realização da prova pericial requerida pela Fazenda Pública, pelo Ministério Público ou pela Defensoria Pública. Registre-se, contudo, que, ainda sob a vigência do CPC/73, criou-se, contudo, exceção a essa regra, impondo-se, por exemplo, a Fazenda Pública, quando parte no processo, a exigência do depósito prévio dos honorários do perito. Esse o teor do enunciado da Súmula nº 232 do Superior Tribunal de Justiça. A fim de evitar maiores embaraços à instrução probatória por conta de questões financeiras, o Código de Processo Civil de 2015 prevê a possibilidade de as perícias requeridas por esses entes serem realizadas por entidades públicas, ou então, se houver previsão orçamentária para tanto, os honorários periciais poderão ser adiantados pela entidade que requereu a produção dessa prova. Se não houver previsão orçamentária para adiantamento dessa despesa, os honorários serão pagos no exercício seguinte ou ao fim do processo pelo vencido conforme estabelecido pela regra geral do art. 91, *caput*.

Jurisprudência

"Trata-se de recurso especial em que se discute a necessidade de adiantamento, pelo Ministério Público, de honorários devidos a perito em Ação Civil Pública. O art. 18 da Lei nº 7.347/85, ao contrário do que afirma o art. 19 do CPC, explica que na ação civil pública não haverá qualquer adiantamento de despesas, tratando como regra geral o que o CPC cuida como exceção. Constitui regramento próprio, que impede que o autor da ação civil pública arque com os ônus periciais e sucumbenciais, ficando afastada, portanto, as regras específicas do Código de Processo Civil. Não é possível se exigir do Ministério Público o adiantamento de honorários periciais em ações civis públicas. Ocorre que a referida isenção conferida ao Ministério Público em relação ao adiantamento dos honorários periciais não pode obrigar que o perito exerça seu ofício gratuitamente, tampouco transferir ao réu o encargo de financiar ações contra ele movidas. Dessa forma, considera-se aplicável, por analogia, a Súmula nº 232 desta Corte Superior ('A Fazenda Pública, quando parte no processo, fica sujeita à exigência do depósito prévio dos honorários do perito'), a determinar que a Fazenda Pública ao qual se acha vinculado o *Parquet* arque com tais despesas. Precedentes: EREsp 981949/RS, Rel. Ministro Herman Benjamin, Primeira Seção, julgado em 24.02.2010, *DJe* 15.08.2011; REsp 1188803/RN, Rel. Ministra Eliana Calmon, Segunda Turma, julgado em 11.05.2010, *DJe* 21.05.2010; AgRg no REsp 1083170/MA, Rel. Ministro Mauro Campbell Marques, Segunda Turma, julgado em 13.04.2010, *DJe* 29.04.2010; REsp 928397/SP, Rel. Ministro Castro Meira, Segunda Turma, julgado em 11.09.2007, *DJ* 25.09.2007 p. 225; REsp 846.529/MS, Rel. Ministro Teori Albino Zavascki, Primeira Turma, julgado em 19.04.2007, *DJ* 07.05.2007, p. 288.4. Recurso especial parcialmente provido. Acórdão submetido ao regime do art. 543-C do CPC e da Resolução STJ nº 8/08" (STJ, REsp 1253844/SC, 1ª Seção, Rel. Min. Mauro Campbell Marques, j. 13.03.2013, *DJe* 17.10.2013).

"Cuida-se de ação de investigação de paternidade proposta pelo Ministério Público estadual, como substituto processual de menor, contra suposto pai que se encontra em local incerto, o que ensejou a necessidade da citação editalícia. O Ministério Público não se sujeita ao adiantamento de despesas processuais quando atua em prol da sociedade, inclusive como substituto processual, pois milita, em última análise, com fulcro no interesse público primário, cuja atuação não pode ser cerceada, devendo suportar o ônus de eventuais diligências ao final do processo, caso seja, eventualmente, vencido (art. 27 do CPC). Incide, por analogia, o teor do artigo 18 da Lei da Ação Civil Pública (Lei nº 7.347/1985), norma especial, que é expresso ao estatuir, como regra, tal dispensa. Esta Corte já assentou, em sede de recurso especial julgado sob o rito repetitivo, que 'descabe o adiantamento dos honorários periciais pelo autor da ação civil pública, conforme disciplina o art. 18 da Lei 7.347/1985, sendo que o encargo financeiro para a realização da prova pericial deve recair sobre a Fazenda Pública a que o Ministério Público estiver vinculado, por meio da aplicação analógica da Súmula 232/

STJ' (grifou-se). Não se aplica o artigo 232, § 2º, do CPC, ao caso concreto, o qual prevê que a citação por edital no caso de beneficiários da justiça gratuita deve se restringir ao órgão oficial por versar disposição restritiva e, portanto, aplicável exclusivamente apenas à previsão específica. Restringir a publicação de editais de citação ao órgão oficial resulta em limitação das chances da citação por edital lograr êxito. Recurso especial provido" (STJ, REsp 1377675/ SC, 3ª Turma, Rel. Min. Ricardo Villas Bôas Cueva, j. 10.03.2015, *DJe* 16.03.2015).

Art. 92. Quando, a requerimento do réu, o juiz proferir sentença sem resolver o mérito, o autor não poderá propor novamente a ação sem pagar ou depositar em cartório as despesas e os honorários a que foi condenado.

► *Referência: CPC/1973 – Art. 28*

1. Extinção do processo sem resolução do mérito e propositura de nova demanda

A extinção do processo sem resolução do mérito, nos termos do art. 485 do Código de Processo Civil, por não atrair a autoridade da coisa julgada material não impede a propositura de outra demanda que veicule a pretensão não apreciada na demanda extinta, desde que o vício então constatado seja sanado (art. 486, § 1º) e desde que o autor pague ou deposite em cartório as despesas e honorários a que foi condenado na primeira demanda. Enquanto não efetuar esses pagamentos o autor não poderá apresentar sua pretensão novamente em juízo. Para essa segunda demanda o pagamento dessas despesas consiste, portanto, em um pressuposto processual que condiciona o seu processamento. Dispõe, com efeito, o art. 486, § 2º, do Código de Processo Civil que a petição inicial da nova demanda não será despachada sem a prova do pagamento ou do depósito das custas e dos honorários de advogado. Se não constatado o pagamento necessário ao processamento da nova demanda, em atenção ao princípio da cooperação, conforme dispõe o art. 321 do Código, o juiz concederá ao autor o prazo de quinze dias para que realize o pagamento devido e só então, se não for este realizado, proceder-se-á, então, ao indeferimento da petição inicial.

Jurisprudência

"Discute-se a interpretação do art. 28 do CPC em relação à Fazenda Pública. Enquanto a Corte de origem considerou suficiente a expedição de precatório para satisfazer os honorários advocatícios, o recorrente argumenta que a propositura de nova execução fiscal estaria condicionada ao depósito em espécie dessa verba, a qual decorre da extinção sem resolução do mérito da primeira ação executiva (...) No que respeita ao pagamento de débitos em decorrência de decisão judicial, é sabido por todos que a Fazenda Pública submete-se ao regime de precatórios, consoante o art. 100 da Constituição Federal (...) Mesmo que o legislador infraconstitucional não tenha estabelecido ressalvas ou exceções, é induvidoso que as regras gerais do direito processual que disponham sobre o assunto devem ser interpretadas de forma a se harmonizarem com as peculiaridades inerentes à sistemática dos precatórios, sob pena de, em última análise, haver afronta aos preceitos constitucionais que regem a matéria (...) No caso vertente, já foi expedido precatório destinado a pagar os honorários advocatícios relativos à primeira execução, circunstância que se revela mais que suficiente a atender ao requisito instituído pelo art. 28 do CPC na hipótese em que a ação é de autoria da Fazenda Pública (...) Ademais, a finalidade do dispositivo em questão é coibir casos em que, após acionar a máquina judiciária e chamar aos autos o réu contra o qual agita determinada pretensão – com todos os gastos inerentes a essas atividades –, o autor negligente abandona a demanda sem justificativa legítima Para tanto, o legislador condicionou a repropositura da ação ao pagamento das custas e honorários advocatícios da demanda original, não somente pelo evidente efeito pedagógico que essa restrição carrega, mas também para impedir que novas despesas sejam efetuadas pelo Poder Judiciário e pelo réu sem que as anteriores tenham sido satisfeitas pelo autor que deu causa à lide e também a sua extinção sem resolução do mérito. No caso vertente, a expedição do precatório presta-se a atender esse preceito, de forma que o espírito do art. 28 do CPC também é preservado, não havendo que se cogitar de sua vulneração (...)" (STJ, REsp 1151050/RS, 2ª Turma, Rel. Min. Castro Meira, j. 05.08.2010, *DJe* 17.08.2010).

Art. 93. As despesas de atos adiados ou cuja repetição for necessária ficarão a cargo da parte, do auxiliar da justiça, do órgão do Ministério Público ou da Defensoria Pública ou do juiz

Art. 94

que, sem justo motivo, houver dado causa ao adiamento ou à repetição.

▶ *Referência: CPC/1973 – Art. 29*

1. Adiamento ou repetição de ato processual

Aquele que der causa, sem justo motivo, ao adiamento de um ato processual, ou a necessidade de repeti-lo, deve arcar com as despesas do novo ato. A isenção desse pagamento fica, portanto, condicionada à demonstração do justo motivo para a repetição do ato. Conforme pontua Celso Agrícola Barbi o justo motivo "acontecerá, com frequência, nos casos de adiamento. Mas será mais raro no caso de repetição de ato, porque este geralmente decorre de defeito na sua prática. E se o defeito for causado pelo despreparo do serventuário, não se deve considerar justificado o motivo" (Comentários ao código de processo civil, v. I, p. 162).

Jurisprudência

"O espírito condutor das alterações impostas pela Lei nº 11.232/05, em especial a multa de 10% prevista no art. 475-J do CPC, é impulsionar o devedor a cumprir voluntariamente o título executivo judicial. A redação do referido dispositivo legal é clara, privilegiando o pagamento espontâneo, nada dispondo acerca da respectiva comprovação no processo. Eventual omissão em trazer aos autos o demonstrativo do depósito judicial ou do pagamento feito ao credor dentro do prazo legal, não impõe ao devedor o ônus do art. 475-J do CPC. A quitação voluntária do débito, por si só, afasta a incidência da penalidade. Isso não significa que tal inércia não seja passível de punição; apenas não sujeita o devedor à multa do art. 475-J do CPC. Contudo, conforme o caso, pode o devedor ser condenado a arcar com as despesas decorrentes de eventual movimentação desnecessária da máquina do Judiciário, conforme prevê o art. 29 do CPC; ou até mesmo ser considerado litigante de má-fé, por opor resistência injustificada ao andamento do processo, nos termos do art. 17, IV, do CPC" (REsp 1047510/RS, 3ª Turma, rel. Min. Nancy Andrighi, j. 17.11.2009, *DJe* 02.12.2009).

> **Art. 94.** Se o assistido for vencido, o assistente será condenado ao pagamento das custas em proporção à atividade que houver exercido no processo.

▶ *Referência: CPC/1973 – Art. 32*

1. Assistência

De acordo com o art. 119 do Código de Processo Civil, o terceiro com interesse jurídico na resolução do processo poderá intervir na causa para assistir uma das partes. O interesse, repita-se, deve ser jurídico. Não se admite a intervenção por mero interesse econômico, por exemplo. Uma vez admitida a intervenção, o terceiro, o assistente, atuará como auxiliar da parte principal, exercerá os mesmos poderes e se sujeitará aos mesmos ônus processuais que o assistido. Disso decorre a regra prevista no art. 94 do Código. Se o assistido ficar vencido, o terceiro (assistente) será condenado nas custas de acordo com a atividade que houver exercido no processo. Assim deve ser, não só por uma questão de justiça para com o assistido que, afinal, não requereu a intervenção do terceiro ("Quando esta for derrotada e, portanto, condenada a pagar as despesas judiciais e honorários de advogado é natural que não se lhe atribuam também os gastos causados pela presença do assistente, porque ela não pediu sua participação, nem podia impedi-la. Além disto, o assistente, ainda que auxiliando o assistido, ingressa na causa para defender interesse próprio" (Barbi, Celso Agrícola. Comentários ao código de processo civil, v. I, p. 166), mas também por uma questão de autorresponsabilidade do assistente que deve ter consciência de que sua atuação no processo não está livre de riscos.

Jurisprudência

"Processual civil. Execução. Título executivo extrajudicial. Ausência de pagamento de uma anuidade. Interesse econômico. Pedido de assistência simples. Art. 119 do CPC/2015. Interesse jurídico não demonstrado. Indeferimento. Agravo interno não provido. 1. Necessário consignar que o presente recurso atrai a incidência do Enunciado Administrativo 3/STJ: 'Aos recursos interpostos com fundamento no CPC/2015 (relativos a decisões publicadas a partir de 18 de março de 2016) serão exigidos os requisitos de admissibilidade recursal na forma do novo CPC'. 2. No caso, a pretensão do agravante tem como real objetivo atuar na defesa da OAB/MS porquanto referida decisão poderá impedir essa instituição de promover a execução judicial de dívidas referentes a anuidades inferiores a 4 (quatro) vezes o valor cobrado anualmente, o que caracteriza nítido interesse institucional e econômico na lide, e não demonstram o interesse jurídico nos termos preconizados pelo

Estatuto Processual Civil. 3. A jurisprudência desta Corte Superior de Justiça é no sentido de que para o ingresso de terceiro nos autos como assistente simples é necessária a presença de interesse jurídico, ou seja, a demonstração da existência de relação jurídica integrada pelo assistente que será diretamente atingida pelo provimento jurisdicional, não bastando o mero interesse econômico, moral ou corporativo. 4. Agravo interno não provido." (STJ, AgInt na PET no Agravo em Recurso Especial nº 1.382.501/ MS, 2ª Turma, Rel. Ministro Mauro Campbell Marques, j. 12.3.2019, *DJe* 15.3.2019)

Art. 95. Cada parte adiantará a remuneração do assistente técnico que houver indicado, sendo a do perito adiantada pela parte que houver requerido a perícia ou rateada quando a perícia for determinada de ofício ou requerida por ambas as partes.

§ 1º O juiz poderá determinar que a parte responsável pelo pagamento dos honorários do perito deposite em juízo o valor correspondente.

§ 2º A quantia recolhida em depósito bancário à ordem do juízo será corrigida monetariamente e paga de acordo com o art. 465, § 4º

§ 3º Quando o pagamento da perícia for de responsabilidade de beneficiário de gratuidade da justiça, ela poderá ser:

I – custeada com recursos alocados no orçamento do ente público e realizada por servidor do Poder Judiciário ou por órgão público conveniado;

II – paga com recursos alocados no orçamento da União, do Estado ou do Distrito Federal, no caso de ser realizada por particular, hipótese em que o valor será fixado conforme tabela do tribunal respectivo ou, em caso de sua omissão, do Conselho Nacional de Justiça.

§ 4º Na hipótese do § 3º, o juiz, após o trânsito em julgado da decisão final, oficiará a Fazenda Pública para que promova, contra quem tiver sido condenado ao pagamento das despesas processuais, a execução dos valores gastos com a perícia particular ou com a utilização de servidor público ou da estrutura de órgão público, observando-se, caso o responsável pelo pagamento das despesas seja beneficiário de gratuidade da justiça, o disposto no art. 98, § 2º

§ 5º Para fins de aplicação do § 3º, é vedada a utilização de recursos do fundo de custeio da Defensoria Pública.

▶ *Referência: CPC/1973 – Art. 33*

1. Remuneração do perito e do assistente técnico

A parte que indicar assistente técnico é responsável pela remuneração dele. De acordo com o art. 156 do Código de Processo Civil o juiz será assistido por perito quando a prova depender de conhecimento técnico ou científico. A remuneração do perito, então, será paga pela parte que requereu a produção dessa prova, ou então, se ambas as partes a requererem, ou se a prova for determinada de ofício pelo juiz, as despesas relativas aos honorários do perito serão rateadas pelas partes. De acordo com o art. 95, § 1º, do Código, o juiz poderá determinar que a parte responsável deposite em juízo o valor correspondente ao pagamento dos honorários do perito. O art. 471 do Código autoriza as partes a de comum acordo escolher o perito responsável para o caso. Esse é mais um exemplo de negócio jurídico processual previsto no Código. Quando isso ocorrer podem as partes deliberar também a respeito da remuneração do perito.

2. Justiça gratuita

De acordo com o art. 95, § 3º do Código, se o pagamento da perícia for de responsabilidade do beneficiário da justiça gratuita, o pagamento poderá ser custeado com recursos alocados no orçamento do ente público e realizada por servidor do Judiciário ou por órgão público conveniado, ou então, poderá a perícia ser paga com recursos alocados no orçamento da União, do Estado ou do Distrito Federal, no caso de ser realizada por particular. O beneficiário da justiça gratuita, por conta de sua especial condição, não pode, com efeito, ficar impossibilitado de se valer da prova pericial, sendo ela indispensável à demonstração de suas alegações. Após o trânsito em julgado da decisão, o juiz oficiará a Fazenda Pública para que promova a execução dos valores gastos com a perícia particular ou com a utilização de servidor público ou da estrutura do órgão público. Esta execução, por óbvio, será promovida em face de quem tiver sido condenado ao pagamento das despesas processuais. Caso o condenado seja beneficiário da justiça gratuita, de rigor a aplicação do art. 98, § 2º, do Código, segundo o qual "a concessão de gratuidade não afasta a responsabilidade do beneficiário pelas despesas processuais e pelos honorários advocatícios decorrentes de sua sucumbência". O art. 98, § 3º, ademais, dispõe que as obrigações sucumbenciais do beneficiário vencido ficarão sob

Art. 96

condição suspensiva de exigibilidade e somente serão exigíveis se, nos cinco anos seguintes ao trânsito em julgado, o credor demonstrar que deixou de existir a situação de insuficiência de recursos que justificou a concessão da gratuidade. Após esse prazo de cinco anos, as obrigações sucumbenciais do beneficiário se extinguirão.

3. Dinamização do ônus da prova

De acordo com o art. 373 do Código de Processo Civil o ônus da prova incumbe i) "ao autor, quanto ao fato constitutivo de seu direito", ii) "ao réu, quanto a existência de fato impeditivo, modificativo ou extintivo do direito do autor". De acordo com o § 1º desse artigo, contudo, estabelece que diante de peculiaridades da causa poderá o juiz atribuir o ônus da prova de modo diverso. Trata-se da técnica de dinamização do ônus probatório. O que importa deixar registrado neste espaço é que eventual alteração do ônus probatória não implica alteração da regra sobre o pagamento das custas relativas à produção da prova.

Jurisprudência

"O dever de adiantar os honorários periciais, consoante previsão do art. 33, do CPC, derivado do 'Princípio da Personalidade das Despesas' está ligado ao interesse processual, a utilidade que o requerente obterá com a produção da prova técnica para fins de demonstração de seu direito, e não se confunde com o dever de o vencido reembolsar o vencedor daquelas despesas adiantadas, porquanto, neste caso, é a sucumbência o critério utilizado para atribuição de referida obrigação, nos termos do *caput* do art. 20, do CPC" (STJ, REsp 1124166/PR, 1ª Turma, Rel. Min. Luiz Fux, j. 03.09.2009, *DJe* 10.03.2009).

"Para fins do art. 543-C do CPC: 'Na liquidação por cálculos do credor, descabe transferir do exequente para o executado o ônus do pagamento de honorários devidos ao perito que elabora a memória de cálculos'. 'Se o credor for beneficiário da gratuidade da justiça, pode-se determinar a elaboração dos cálculos pela contadoria judicial'. 'Na fase autônoma de liquidação de sentença (por arbitramento ou por artigos), incumbe ao devedor a antecipação dos honorários periciais'" (STJ, REsp 1274466/SC, 2ª Seção, Rel. Min. Paulo de Tarso Sanseverino, j. 14.05.2014, *DJe* 21.05.2014).

Art. 96. O valor das sanções impostas ao litigante de má-fé reverterá em benefício da parte contrária, e o valor das sanções impostas aos serventuários pertencerá ao Estado ou à União.

▶ *Referência: CPC/1973 – Art. 35*

1. Sanções (beneficiários)

As sanções impostas à parte que agiu no processo de má-fé serão contadas como custas, e serão revertidas em benefício da parte contraria. As sanções impostas aos serventuários, por sua vez, beneficiarão o Estado ou a União.

Art. 97. A União e os Estados podem criar fundos de modernização do Poder Judiciário, aos quais serão revertidos os valores das sanções pecuniárias processuais destinadas à União e aos Estados, e outras verbas previstas em lei.

▶ *Sem correspondência no CPC/1973*

1. Fundos de modernização do Poder Judiciário

O art. 97 do Código de Processo Civil consiste em um desdobramento do artigo anterior que estabelece a União e os Estados como beneficiários das sanções impostas aos serventuários. De acordo com o art. 97, as sanções pecuniárias destinadas à União e aos Estados, e outras verbas previstas em lei, poderão ser destinadas à criação de fundos de modernização do Poder Judiciário. Trata-se de medida benfazeja que pode resultar no aprimoramento da estrutura do Judiciário e da formação dos magistrados.

Seção IV
Da gratuidade da justiça

Art. 98. A pessoa natural ou jurídica, brasileira ou estrangeira, com insuficiência de recursos para pagar as custas, as despesas processuais e os honorários advocatícios tem direito à gratuidade da justiça, na forma da lei.

§ 1º A gratuidade da justiça compreende:

I – as taxas ou as custas judiciais;

II – os selos postais;

III – as despesas com publicação na imprensa oficial, dispensando-se a publicação em outros meios;

IV – a indenização devida à testemunha que, quando empregada, receberá do empregador salário integral, como se em serviço estivesse;

V – as despesas com a realização de exame de código genético – DNA e de outros exames considerados essenciais;

VI – os honorários do advogado e do perito e a remuneração do intérprete ou do tradutor nomeado para apresentação de versão em português de documento redigido em língua estrangeira;

VII – o custo com a elaboração de memória de cálculo, quando exigida para instauração da execução;

VIII – os depósitos previstos em lei para interposição de recurso, para propositura de ação e para a prática de outros atos processuais inerentes ao exercício da ampla defesa e do contraditório;

IX – os emolumentos devidos a notários ou registradores em decorrência da prática de registro, averbação ou qualquer outro ato notarial necessário à efetivação de decisão judicial ou à continuidade de processo judicial no qual o benefício tenha sido concedido.

§ 2º A concessão de gratuidade não afasta a responsabilidade do beneficiário pelas despesas processuais e pelos honorários advocatícios decorrentes de sua sucumbência.

§ 3º Vencido o beneficiário, as obrigações decorrentes de sua sucumbência ficarão sob condição suspensiva de exigibilidade e somente poderão ser executadas se, nos 5 (cinco) anos subsequentes ao trânsito em julgado da decisão que as certificou, o credor demonstrar que deixou de existir a situação de insuficiência de recursos que justificou a concessão de gratuidade, extinguindo-se, passado esse prazo, tais obrigações do beneficiário.

§ 4º A concessão de gratuidade não afasta o dever de o beneficiário pagar, ao final, as multas processuais que lhe sejam impostas.

§ 5º A gratuidade poderá ser concedida em relação a algum ou a todos os atos processuais, ou consistir na redução percentual de despesas processuais que o beneficiário tiver de adiantar no curso do procedimento.

§ 6º Conforme o caso, o juiz poderá conceder direito ao parcelamento de despesas processuais que o beneficiário tiver de adiantar no curso do procedimento.

§ 7º Aplica-se o disposto no art. 95, §§ 3º a 5º, ao custeio dos emolumentos previstos no § 1º, inciso IX, do presente artigo, observada a tabela e as condições da lei estadual ou distrital respectiva.

§ 8º Na hipótese do § 1º, inciso IX, havendo dúvida fundada quanto ao preenchimento atual dos pressupostos para a concessão de gratuidade, o notário ou registrador, após praticar o ato, pode requerer, ao juízo competente para decidir questões notariais ou registrais, a revogação total ou parcial do benefício ou a sua substituição pelo parcelamento de que trata o § 6º deste artigo, caso em que o beneficiário será citado para, em 15 (quinze) dias, manifestar-se sobre esse requerimento.

▶ *Sem correspondência no CPC/1973*

1. Justiça gratuita

O art. 98 e os que o seguem disciplinam uma das formas de se assegurar o direito de acesso à justiça, previsto na Constituição Federal, consistente na concessão da gratuidade de justiça àqueles que não dispõem de rendimentos para arcar com as despesas do processo jurisdicional estatal. Com a concessão do benefício da justiça gratuita, ou seja, com a dispensa da exigência de pagamento de determinados atos processuais, quer se assegurar o acesso à justiça àqueles que não dispõem de recursos financeiros para tanto. Um Estado de Direito não pode ser considerado democrático, se parcela de sua população não consegue acessar o Poder Judiciário para a justa resolução de seus litígios. Não fossem dispositivos como este, poder-se-ia afirmar, logo, que a garantia da inafastabilidade da tutela jurisdicional não representaria mais do que uma petição de princípios para uma grande parcela da população.

2. Revogação parcial da Lei 1.060/50

Até a entrada em vigor do CPC de 2015, o benefício da justiça gratuita era disciplinado pela Lei 1.060/1950. O art. 1.072, inc. III do CPC de 2015 revoga, contudo, vários dispositivos desta Lei (arts. 2º, 3º, 4º, 6º, 7º, 11, 12 e 17), tornando o Código de Processo Civil a principal fonte a regular a concessão desse benefício.

Art. 98

3. Extensão objetiva da justiça gratuita

A justiça gratuita compreende, objetivamente, todas as taxas ou as custas judiciais; os selos postais e demais despesas de postagens; as despesas com publicação na imprensa oficial, dispensando-se a publicação em outros meios; a indenização devida à testemunha que, quando empregada, receberá do empregador salário integral, como se em serviço estivesse; as despesas com a realização de exame de código genético – DNA e de outros exames considerados essenciais; os honorários do advogado e do perito e a remuneração do intérprete ou do tradutor nomeado para apresentação de versão em português de documento redigido em língua estrangeira; o custo com a elaboração de memória de cálculo, quando exigida para instauração da execução; os depósitos previstos em lei, seja para interposição de recurso, seja para propositura de ação ou para a prática de outros atos processuais inerentes ao exercício da ampla defesa e do contraditório; os emolumentos devidos a notários ou registradores em decorrência da prática de registro, averbação ou qualquer outro ato notarial necessário à efetivação de decisão judicial ou à continuidade de processo judicial no qual o benefício tenha sido concedido (§ 1º).

Como se nota, é um rol bastante amplo de direitos garantidos, não obstante, o artigo prevê, em seus parágrafos, algumas excludentes. Em primeiro lugar, a gratuidade de justiça não afasta o débito de honorários decorrentes da sucumbência (§ 2º), em segundo, a concessão do direito à gratuidade não isenta o beneficiário de arcar com as multas que lhe forem impostas, ao final do processo (§ 4º).

Ademais, a concessão de assistência judiciária não impede a cobrança posterior dos seus encargos, somente suspende as obrigações decorrentes da sucumbência pelo prazo de 5 (cinco) anos. Para cobrar o assistido, deverá o credor demonstrar que deixou de existir a situação de insuficiência de recursos que ensejou a sua concessão. Após esse prazo, extinguem-se as obrigações do beneficiário. Trata-se de importante dispositivo que coaduna com a ordem processual no sentido de não sobrecarregar ainda mais aqueles que, por reconhecimento judicial, possuem situação de hipossuficiência (§ 3º).

A concessão da assistência legal pode-se dar, também, parcialmente. É o caso da concessão de parcelamento de despesas processuais que o requerente do benefício for submetido no curso do processo (§ 6º).

Aliás, caso o notário possua dúvidas fundadas acerca do preenchimento dos pressupostos para a concessão de gratuidade, não será lícito negar-se a realizar o ato em questão. Caberá, outrossim, requerimento, após a consumação do ato, ao juiz competente para fins de decisão acerca das questões notariais ou registrais, se há, ou não, os pressupostos para revogação, total ou parcial, do benefício concedido, ou pela sua substituição por outra modalidade, como o parcelamento, sendo o beneficiário citado para responder, em 15 (quinze) dias esse requerimento (§ 8º).

4. Extensão subjetiva da justiça gratuita: Beneficiários

De acordo com o art. 98, *caput* do Código de Processo Civil podem ser beneficiários da justiça gratuita qualquer pessoa natural ou jurídica, brasileira ou estrangeira, com insuficiência de recursos para arcar com as despesas do processo.

Importa notar a inovação legislativa no sentido de incluir, já no *caput* do referido artigo, a possibilidade de concessão da benesse da justiça gratuita também às pessoas jurídicas, o que gerava grande controvérsia nos Tribunais. Ademais, a interpretação adequada ao termo "insuficiência de recursos" deve seguir a lógica hermenêutica do artigo, de modo a afastar a chamada presunção de suficiência de recursos.

Embora não se desconheça a possibilidade de concessão de benefícios da gratuidade da justiça às pessoas jurídicas, tal como dispõe o art. 98 do Código de Processo Civil de 2015 e a Súmula 481 do Superior Tribunal de Justiça, a não obtenção de renda em um determinado exercício financeiro, por exemplo, não é razão suficiente para se autorizar o recolhimento das custas iniciais apenas ao final do processo. Do fato de que em um determinado ano a pessoa jurídica não obteve lucro no exercício de sua atividade econômica não se pode extrair a conclusão de que ela não dispõe de recursos para arcar com os custos de um processo judicial.

Conforme orientação do Superior Tribunal de Justiça "o deferimento do pedido de assistência judiciária gratuita depende da demonstração pela pessoa jurídica, com ou sem fins lucrativos, de sua impossibilidade de arcar com as custas do processo (Súmula 481/STJ). Não basta a simples afirmação da carência de meios, devendo ficar demonstrada a hipossuficiência" (STJ, AgRg no AREsp 590.984/RS, 1ª Turma, Rel. Min. Olindo Menezes (Desembargador convocado do TRF 1ª Região), j. 18.02.2016, *DJe* 25.02.2016). Para a formação de seu convencimento a respeito da concessão ou não do benefício da justiça gratuita, o magistrado deve, portanto, atentar-se ao fato de que, se por um lado, a concessão desse benefício promove o acesso à justiça àqueles que não dispõe de condições financeiras para tanto, por outro lado, a concessão indiscriminada desse benefício pode resultar em um estímulo à litigância infundada. Trata-se, portanto, de uma decisão que não pode se fundar apenas em uma alegação genérica do autor. Para fazer jus ao benefício da justiça gratuita, incumbe ao autor demonstrar que as despesas decorrentes do processo comprometem a subsistência de suas atividades.

A gratuidade de justiça pode ser concedida em relação a algum ou a todos os atos do processo ou consistir na redução percentual das despesas que o beneficiário tiver de realizar no curso do processo (§ 5º). Assim, de acordo o *caput* e o § 1º desse dispositivo, qualquer pessoa com insuficiência de recursos pode requerer isenção do pagamento dos custos descritos no item anterior (extensão objetiva).

O fato de ser concedido algum desses benefícios não retira da parte que eventualmente vir a sucumbir ter de pagar os honorários sucumbenciais e as despesas da parte vencedora. As obrigações decorrentes da sucumbência do beneficiário da justiça gratuita ficarão sob condição suspensiva e somente serão executadas, se nos cinco anos subsequentes ao trânsito em julgado da decisão, o credor demonstrar que deixaram de existir as condições que justificaram a concessão do benefício. Após esse período as obrigações do beneficiário decorrentes de sua sucumbência se extinguirão.

Registre-se, ademais, que o beneficiário da justiça gratuita que litiga de maneira ímproba não é isento das penalidades que dessa conduta resultar. Não fosse isso, aliás, criar-se-ia uma situação teratológica em que o beneficiário da justiça gratuita receberia um salvo conduto para litigar sem qualquer respeito aos deveres decorrentes da lealdade processual que informam a relação jurídica processual.

> **Art. 99.** O pedido de gratuidade da justiça pode ser formulado na petição inicial, na contestação, na petição para ingresso de terceiro no processo ou em recurso.
>
> **§ 1º** Se superveniente à primeira manifestação da parte na instância, o pedido poderá ser formulado por petição simples, nos autos do próprio processo, e não suspenderá seu curso.
>
> **§ 2º** O juiz somente poderá indeferir o pedido se houver nos autos elementos que evidenciem a falta dos pressupostos legais para a concessão de gratuidade, devendo, antes de indeferir o pedido, determinar à parte a comprovação do preenchimento dos referidos pressupostos.
>
> **§ 3º** Presume-se verdadeira a alegação de insuficiência deduzida exclusivamente por pessoa natural.
>
> **§ 4º** A assistência do requerente por advogado particular não impede a concessão de gratuidade da justiça.
>
> **§ 5º** Na hipótese do § 4º, o recurso que verse exclusivamente sobre valor de honorários de sucumbência fixados em favor do advogado de beneficiário estará sujeito a preparo, salvo se o próprio advogado demonstrar que tem direito à gratuidade.
>
> **§ 6º** O direito à gratuidade da justiça é pessoal, não se estendendo a litisconsorte ou a sucessor do beneficiário, salvo requerimento e deferimento expressos.
>
> **§ 7º** Requerida a concessão de gratuidade da justiça em recurso, o recorrente estará dispensado de comprovar o recolhimento do preparo, incumbindo ao relator, neste caso, apreciar o requerimento e, se indeferi-lo, fixar prazo para realização do recolhimento.

▶ *Sem correspondência no CPC/1973*

1. Momento e forma do pedido de justiça gratuita

O pedido de concessão dos benefícios decorrentes da justiça gratuita pode ser formulado na petição inicial, caso seja, o beneficiário, autor da demanda; na contestação, se o pretenso beneficiário for réu; na petição para ingresso de terceiro no processo; ou em eventual recurso. Caso o pedido seja formulado em momento posterior a primeira manifestação da parte, poderá ser ele requerido por meio de simples petição e isso não acarretará a suspensão do processo. Se requerido o

Art. 100

CÓDIGO DE PROCESSO CIVIL INTERPRETADO

pedido de gratuidade da justiça em sede recursal, ficará o recorrente dispensado de demonstrar o recolhimento do preparo, se indeferido, contudo, o pedido, deve-se conceder ao recorrente prazo para que se proceda ao devido recolhimento, antes de se reconhecer a deserção do recurso.

2. Motivos eficientes para o indeferimento

O juiz indeferirá o pedido de justiça gratuita, se ausentes os pressupostos legais para tanto, isto é, se houver nos autos motivos que evidenciem a falta de tais pressupostos. Ademais, caso o juízo verifique tal ausência, deverá intimar o beneficiário a comprovar a sua situação de pobreza (§ 2º). A lei, por fim, positiva uma presunção de veracidade do pedido de justiça exclusivamente para as pessoas naturais, o que obriga, por consentâneo lógico, as pessoas jurídicas a comprovarem, previamente, a sua situação de incapacidade de arcar com as custas e despesas processuais. O direito aos benefícios da justiça gratuita é personalíssimo, não se estendendo, portanto, a eventual litisconsorte ou ao sucessor do beneficiário (§ 6º).

O fato de a parte ser representada por advogado particular não lhe retira o direito à concessão de benefício se atendidos os requisitos legais para tanto. Nesses casos, eventual recurso interposto exclusivamente sobre o valor dos honorários de sucumbência fixados em favor do advogado do beneficiário da justiça gratuita estará sujeito ao recolhimento do preparo, exceto se também este advogado fizer jus ao benefício da justiça gratuita.

> **Art. 100.** Deferido o pedido, a parte contrária poderá oferecer impugnação na contestação, na réplica, nas contrarrazões de recurso ou, nos casos de pedido superveniente ou formulado por terceiro, por meio de petição simples, a ser apresentada no prazo de 15 (quinze) dias, nos autos do próprio processo, sem suspensão de seu curso.
> **Parágrafo único.** Revogado o benefício, a parte arcará com as despesas processuais que tiver deixado de adiantar e pagará, em caso de má-fé, até o décuplo de seu valor a título de multa, que será revertida em benefício da Fazenda Pública estadual ou federal e poderá ser inscrita em dívida ativa.

▶ *Sem correspondência no CPC/1973*

1. Impugnação ao pedido de justiça gratuita

Com o deferimento do pedido de justiça gratuita, como decorrência do contraditório, conceder-se-á à parte contrária oportunidade de impugná-lo. Isso poderá ocorrer, a depender do momento em que formulado o pedido, na contestação, na réplica, nas contrarrazões de recurso ou por meio de simples petição no prazo de quinze dias após o requerimento formulado desse mesmo modo. Se revogado o benefício da justiça gratuita, aquele que desfrutou de suas vantagens terá de arcar com as despesas que deixou de pagar e eventualmente poderá ser condenado a pagar até o décuplo desse valor, se ficar demonstrado ter agido ele de má-fé.

> **Art. 101.** Contra a decisão que indeferir a gratuidade ou a que acolher pedido de sua revogação caberá agravo de instrumento, exceto quando a questão for resolvida na sentença, contra a qual caberá apelação.
> **§ 1º** O recorrente estará dispensado do recolhimento de custas até decisão do relator sobre a questão, preliminarmente ao julgamento do recurso.
> **§ 2º** Confirmada a denegação ou a revogação da gratuidade, o relator ou o órgão colegiado determinará ao recorrente o recolhimento das custas processuais, no prazo de 5 (cinco) dias, sob pena de não conhecimento do recurso.

▶ *Sem correspondência no CPC/1973*

1. Recurso cabível

Contra a decisão proferida a respeito do pedido de justiça gratuita é cabível o recurso de agravo de instrumento, exceto se essa questão for resolvida na sentença, hipótese em que será impugnável pela via do recurso de apelação. O recorrente não necessitará recolher as custas do recurso até decisão do relator a respeito. Confirmada a revogação do benefício, terá o recorrente o prazo de cinco dias para recolher as custas devidas sob pena de não conhecimento do recurso.

> **Art. 102.** Sobrevindo o trânsito em julgado de decisão que revoga a gratuidade, a parte deverá efetuar o recolhimento de todas as despesas de cujo adiantamento foi dispensada, inclusive as relativas ao recurso interposto, se

houver, no prazo fixado pelo juiz, sem prejuízo de aplicação das sanções previstas em lei.

Parágrafo único. Não efetuado o recolhimento, o processo será extinto sem resolução de mérito, tratando-se do autor, e, nos demais casos, não poderá ser deferida a realização de nenhum ato ou diligência requerida pela parte enquanto não efetuado o depósito.

▶ *Sem correspondência no CPC/1973*

1. Efeitos da revogação do benefício da justiça gratuita

Com o trânsito em julgado da decisão que revogar os benefícios da justiça gratuita o então beneficiário deverá realizar o pagamento de todas as despesas que deixou de adiantar. Caso não o faça, o processo será extinto sem resolução de mérito, nos casos em que o beneficiário for o autor da demanda, ou então, se o beneficiário for o réu do processo, não se praticará nenhum ato por ele requerido.

CAPÍTULO III
DOS PROCURADORES

Art. 103. A parte será representada em juízo por advogado regularmente inscrito na Ordem dos Advogados do Brasil.

Parágrafo único. É lícito à parte postular em causa própria quando tiver habilitação legal.

▶ *Referência: CPC/1973 – Art. 36*

1. Defesa técnica

As partes não possuem o conhecimento técnico-jurídico necessário para expor as suas razões de modo eficaz. Além do que, sem a intermediação de um terceiro, a parte tende a atuar em juízo de maneira passional, o que certamente prejudica o regular desenvolvimento do processo. Por tudo isso, a tarefa de atuar efetivamente no processo é conferida a um terceiro, profissional legalmente habilitado, o advogado.

De acordo com o art. 8º da Lei nº 8.906/94, para a inscrição como advogado é necessário: "I – capacidade civil"; "II – diploma ou certidão de graduação em direito, obtido em instituição de ensino oficialmente autorizada e credenciada"; "III – título de eleitor e quitação do serviço mili-

tar, se brasileiro"; "IV – aprovação em Exame de Ordem"; "V – não exercer atividade incompatível com a advocacia"; "VI – idoneidade moral"; "VII – prestar compromisso perante o conselho". O juiz, se verificar alguma irregularidade na representação das partes, deve suspender o processo, e marcar prazo razoável para ser sanado o defeito. Correção esta que pode ser feita, inclusive, nas instâncias extraordinárias à luz do art. 76 do Código de Processo Civil que revogou a Súmula 115 do Superior Tribunal de Justiça.

2. Litigância em causa própria

Excepcionalmente, é lícito a parte postular em causa própria se possuir habilitação legal, ou então, se não houver advogado apto a representá-la.

Jurisprudência

"Em juízo, só é admitida a manifestação das partes por meio de advogado legalmente habilitado, conforme se extrai das disposições do art. 36 do CPC (v.g.: AgRg no MS 14.154/MG, Rel. Ministra Denise Arruda, Primeira Seção, julgado em 25.3.2009, *DJe* 4.5.2009)" (STJ, RMS 31270/AC, 1ª Turma, Rel. Min. Benedito Gonçalves, j. 18.05.2010, *DJe* 27.05.2010).

"Ainda que o advogado subscritor da petição de agravo de instrumento e de recurso especial seja o sócio majoritário e controlador da sociedade empresária, não há nenhuma autorização legal para que atue em juízo sem procuração nos autos. A litigância em causa própria fica caracterizada quando há perfeita identidade entre a parte e o advogado (CPC, arts. 36, 37 e 254). Não é, no entanto, o que ocorre no caso em exame, em que o advogado pretende estar representando em juízo não a si próprio, mas à sociedade empresária, pessoa jurídica" (STJ, AgRg no Ag 1350918/RJ, 4ª Turma, rel. Min. Raul Araújo, j. 01.09.2011, *DJe* 23.09.2011).

Art. 104. O advogado não será admitido a postular em juízo sem procuração, salvo para evitar preclusão, decadência ou prescrição, ou para praticar ato considerado urgente.

§ 1º Nas hipóteses previstas no *caput*, o advogado deverá, independentemente de caução, exibir a procuração no prazo de 15 (quinze) dias, prorrogável por igual período por despacho do juiz.

Art. 105

> **§ 2º** O ato não ratificado será considerado ineficaz relativamente àquele em cujo nome foi praticado, respondendo o advogado pelas despesas e por perdas e danos.

▶ *Referência: CPC/1973 – Art. 37*

1. Instrumento de mandato

Para atuar o advogado precisa estar munido de regular instrumento de mandato a ele conferido pela parte. Nesse sentido, aliás, dispõe o art. 5º do Estatuto da OAB (Lei nº 8.906/94): "o advogado postula, em juízo ou fora dele, fazendo prova do mandato". Essa prova é feita por meio da juntada de procuração ao processo (CC art. 653). A falta de procuração é um vício sanável. Assim, por exemplo, se a petição inicial for apresentada sem procuração, esta poderá ser juntada posteriormente.

2. Atos urgentes

A dinâmica do processo, muitas vezes, exige a prática de atos não previsíveis, que se não realizados causam grande prejuízo à parte. Por essa razão, autoriza-se o advogado a praticá-los mesmo sem procuração. Nesses casos, o advogado deve alegar ser necessário a prática do referido ato e se comprometer a juntar a procuração no prazo de quinze dias, prorrogável até outros quinze dias, por despacho do juiz, sob pena de os atos praticados serem considerados ineficazes relativamente àquele em cujo nome for praticado. Nesse mesmo sentido, dispõe o art. 5º, § 1º do Estatuto da OAB (Lei nº 8.906/94): "o advogado, afirmando urgência, pode atuar sem procuração, obrigando-se a apresentá-la no prazo de quinze dias, prorrogável por igual período" (Lei nº 8.906/94, art. 5º).

Jurisprudência

"Agravo interno no agravo em recurso especial. Irregularidade na representação processual. Instrumento procuratório com assinatura digitalizada ou escaneada. Inadmissibilidade. Vício não sanado após intimação. Inviabilidade. Precedentes. Agravo não provido. 1. A jurisprudência do STJ é firme no sentido ser inadmissível assinatura digitalizada ou escaneada no instrumento procuratório, por se tratar de mera inserção de imagem em documento, ensejando o não conhecimento do recurso assinado pelo advogado por ausência de poderes de representação nos autos, como ocorre no presente caso. 2. Diante da inércia da parte agravante em regularizar a sua representação processual, tem-se que o recurso firmado por advogado sem procuração nos autos é considerado ineficaz, por força da norma do art. 104, § 2º, do CPC/2015, não merecendo ser conhecido (art. 76, § 2º, I, do CPC/2015). 3. Agravo interno não provido." (STJ, AgInt no Agravo em Recurso Especial nº 1372728/PE, 4ª Turma, Rel Min. Luis Felipe Salomão, j. 21.10.2019)

"Processual civil. Embargos de divergência em recurso especial. Agravo de instrumento. Peça obrigatória. Procuração. Protesto para juntada posterior. Prazo de quinze dias. Admissibilidade. Código de Processo Civil de 1973, Arts. 37 e 525, inciso I. Precedentes. 1. O art. 37 do CPC/73, na mesma linha do art. 104 do CPC/2015, autorizava o advogado a 'em nome da parte, intentar ação, a fim de evitar decadência ou prescrição, bem como intervir, no processo, para praticar atos reputados urgentes', hipótese em que 'advogado se obrigará, independentemente de caução, a exibir o instrumento de mandato no prazo de 15 (quinze) dias, prorrogável por até outros 15 (quinze) dias, por despacho do juiz'. 2. A interposição de agravo de instrumento visando à reforma de decisão que indeferiu o pedido liminar é ato praticado no curso do processo no qual corre o prazo para a juntada de procuração, embora dirigido à instância superior. 3. A ausência de juntada do instrumento de mandato no momento do protocolo do agravo, quando em curso o prazo do art. 37 do CPC/73 (art. 104, §1º do CPC/2015), não representa defeito do traslado (no qual inserida certidão comprobatória do protesto por prazo para apresentação da procuração), pois não seria possível trasladar peça inexistente nos autos de origem. A regularização da representação processual do autor/agravante se dará com o posterior traslado do instrumento de procuração a ser juntado na origem no prazo assinado em lei. Precedentes. 4. Embargos de divergência acolhidos para conhecer em parte e, nessa extensão, prover o recurso especial, determinando a apreciação do agravo de instrumento na origem." (STJ, Embargos de Divergência em REsp nº 1.265.639/SC, 2ª Seção, Rel. Ministra Maria Isabel Gallotti, j. 12.12.2018, *DJe* 18.12.2018)

> **Art. 105.** A procuração geral para o foro, outorgada por instrumento público ou particular assinado pela parte, habilita o advogado a praticar todos os atos do processo, exceto

receber citação, confessar, reconhecer a procedência do pedido, transigir, desistir, renunciar ao direito sobre o qual se funda a ação, receber, dar quitação, firmar compromisso e assinar declaração de hipossuficiência econômica, que devem constar de cláusula específica.

§ 1º A procuração pode ser assinada digitalmente, na forma da lei.

§ 2º A procuração deverá conter o nome do advogado, seu número de inscrição na Ordem dos Advogados do Brasil e endereço completo.

§ 3º Se o outorgado integrar sociedade de advogados, a procuração também deverá conter o nome dessa, seu número de registro na Ordem dos Advogados do Brasil e endereço completo.

§ 4º Salvo disposição expressa em sentido contrário constante do próprio instrumento, a procuração outorgada na fase de conhecimento é eficaz para todas as fases do processo, inclusive para o cumprimento de sentença.

► *Referência: CPC/1973 – Art. 38*

1. Procuração geral para o foro

Se o advogado receber uma procuração geral para o foro, ou seja, sem restrições, o advogado pode praticar todos os atos do processo, exceto os que exigirem poderes especiais (Lei nº 8.906/94, art. 5º, § 2º), tais como receber citação, confessar, reconhecer a procedência do pedido, transigir, desistir, renunciar ao direito sobre o qual se funda a ação, receber, dar quitação, firmar compromisso e assinar declaração de hipossuficiência econômica. Para a prática de tais atos a procuração conferida ao advogado deverá conter cláusula específica. Ao se analisar o conteúdo de uma procuração não se deve, contudo, limitar-se ao título que a ela é atribuído, é preciso averiguar o seu inteiro teor. Em atenção à informatização do processo, o art. 105, § 1º autoriza a assinatura digital das procurações. Entre os requisitos mínimos de toda procuração, inclui-se o nome do advogado, seu número de inscrição na Ordem dos Advogados do Brasil e seu endereço completo. Caso o advogado integre uma sociedade dos advogados, o nome dessa sociedade, seu número de registro na OAB e seu endereço completo também deverão constar da procuração. Como regra, a procuração outorgada na fase de conhecimento é eficaz para todas as fases seguintes do processo.

Jurisprudência

"A circunstância de constar no instrumento de mandato apenas a designação de 'procuração ad judicia', não lhe retira a validade de poderes especiais constantes expressamente do corpo do instrumento (art. 38 do CPC)". (STJ, REsp 825425/MT, 3ª Turma, Rel. Min. Sidnei Beneti, j. 18.05.2010, *DJe* 08.06.2010).

Art. 106. Quando postular em causa própria, incumbe ao advogado:

I – declarar, na petição inicial ou na contestação, o endereço, seu número de inscrição na Ordem dos Advogados do Brasil e o nome da sociedade de advogados da qual participa, para o recebimento de intimações;

II – comunicar ao juízo qualquer mudança de endereço.

§ 1º Se o advogado descumprir o disposto no inciso I, o juiz ordenará que se supra a omissão, no prazo de 5 (cinco) dias, antes de determinar a citação do réu, sob pena de indeferimento da petição.

§ 2º Se o advogado infringir o previsto no inciso II, serão consideradas válidas as intimações enviadas por carta registrada ou meio eletrônico ao endereço constante dos autos.

► *Referência: CPC/1973 – Art. 39*

1. Litigância em causa própria

A parte que litigar em causa própria deve declarar, na petição inicial ou na contestação, o endereço em que receberá as intimações, seu número de inscrição na OAB e o nome da sociedade de advogados da qual participa. Se não o fizer, antes de determinar a citação do réu, o juiz dará ao autor o prazo de cinco dias para sanar o vício. Se durante o curso do processo, a parte alterar o endereço em que recebe as intimações, deve comunicar a mudança ao escrivão do processo. Se não o fizer, serão consideradas válidas as intimações enviadas por carta registrada ou meio eletrônico ao endereço constante dos autos.

Jurisprudência

"Não se verifica a nulidade da intimação do executado, advogado em causa própria, realizada por publicação no portal eletrônico do Tribunal de Justiça, tendo em vista que a intimação

Art. 107

pessoal não foi possível por sua própria desídia, ao deixar de informar nos autos seu endereço atualizado, em comportamento que foi tido como de evidente deslealdade processual." (STJ, HC 518.627/RJ, 4ª Turma, Min. Relator Raul Araújo, j. 29.10.2019, *DJe* 8.11.2019).

"Não se desconhece a jurisprudência desta Corte que se orienta no sentido de que é dever da parte e do advogado peticionar comunicando ao juízo qualquer alteração na representação processual ou na capacidade postulatória. À luz disso, a jurisprudência desta Corte firmou-se no sentido de que, na ausência de comunicação ao juízo acerca da incompatibilidade para o exercício da advocacia (artigos 27 a 30 da Lei nº 8.906/1994), é válida a intimação feita em seu nome." (STJ, REsp nº 1.773.826-DF, 3ª Turma, Rel. Min. Ricardo Villas Bôas Cueva, j. 26.3.209, *DJe* 31.5.2019).

> **Art. 107.** O advogado tem direito a:
>
> **I** – examinar, em cartório de fórum e secretaria de tribunal, mesmo sem procuração, autos de qualquer processo, independentemente da fase de tramitação, assegurados a obtenção de cópias e o registro de anotações, salvo na hipótese de segredo de justiça, nas quais apenas o advogado constituído terá acesso aos autos;
>
> **II** – requerer, como procurador, vista dos autos de qualquer processo, pelo prazo de 5 (cinco) dias;
>
> **III** – retirar os autos do cartório ou da secretaria, pelo prazo legal, sempre que neles lhe couber falar por determinação do juiz, nos casos previstos em lei.
>
> **§ 1º** Ao receber os autos, o advogado assinará carga em livro ou documento próprio.
>
> **§ 2º** Sendo o prazo comum às partes, os procuradores poderão retirar os autos somente em conjunto ou mediante prévio ajuste, por petição nos autos.
>
> **§ 3º** Na hipótese do § 2º, é lícito ao procurador retirar os autos para obtenção de cópias, pelo prazo de 2 (duas) a 6 (seis) horas, independentemente de ajuste e sem prejuízo da continuidade do prazo.
>
> **§ 4º** O procurador perderá no mesmo processo o direito a que se refere o § 3º se não devolver os autos tempestivamente, salvo se o prazo for prorrogado pelo juiz.

> **§ 5º** O disposto no inciso I do *caput* deste artigo aplica-se integralmente a processos eletrônicos. (Incluído pela Lei nº 13.793, de 2019)

▶ *Referência: CPC/1973 – Art. 40*

1. Advogado (prerrogativas)

Para o regular exercício da sua profissão o advogado tem o direito de examinar, em cartório de justiça e secretaria de tribunal, autos de qualquer processo; requerer, como procurador, vista dos autos de qualquer processo; retirar os autos do cartório ou secretaria, pelo prazo legal, sempre que lhe competir falar neles por determinação do juiz, nos casos previstos em lei. Essas prerrogativas também podem ser usufruídas pelos estagiários de direito regularmente inscritos na Ordem dos Advogados do Brasil (Lei nº 8.906/94, art. 9º). Além das prerrogativas conferidas pelo Código de Processo Civil, o Estatuto da Ordem dos Advogados do Brasil estabelece que são direitos do advogados: "I – exercer, com liberdade, a profissão em todo o território nacional"; "II – a inviolabilidade de seu escritório ou local de trabalho, bem como de seus instrumentos de trabalho, de sua correspondência escrita, eletrônica, telefônica e telemática, desde que relativas ao exercício da advocacia"; "III – comunicar-se com seus clientes, pessoal e reservadamente, mesmo sem procuração, quando estes se acharem presos, detidos ou recolhidos em estabelecimentos civis ou militares, ainda que considerados incomunicáveis"; "IV – ter a presença de representante da OAB, quando preso em flagrante, por motivo ligado ao exercício da advocacia, para lavratura do auto respectivo, sob pena de nulidade e, nos demais casos, a comunicação expressa à seccional da OAB"; "V – não ser recolhido preso, antes de sentença transitada em julgado, senão em sala de Estado Maior, com instalações e comodidades condignas, e, na sua falta, em prisão domiciliar (Vide ADIN 1.127-8)"; "VI – ingressar livremente: a) nas salas de sessões dos tribunais, mesmo além dos cancelos que separam a parte reservada aos magistrados; b) nas salas e dependências de audiências, secretarias, cartórios, ofícios de justiça, serviços notariais e de registro, e, no caso de delegacias e prisões, mesmo fora da hora de expediente e independentemente da presença de seus titulares; c) em qualquer edifício ou recinto em que funcione repartição judicial ou outro serviço público onde o advogado deva praticar ato ou colher prova ou informação útil ao exercício da atividade profissional, dentro do expediente ou fora dele, e ser atendido, desde que se ache presente qualquer servidor ou empregado; d) em qualquer assembleia ou reunião de que participe ou possa participar o seu cliente, ou perante a qual este deva comparecer, desde que munido de poderes especiais"; "VII – permanecer sentado ou em pé e retirar-se de quaisquer locais indicados no inciso anterior, independentemente de licença"; "VIII – dirigir-se diretamente aos magistrados nas salas e gabinetes de trabalho, independentemente de horário previamente marcado ou outra condição, observando-se a ordem de chegada"; "X – usar da palavra, pela ordem, em qualquer juízo ou tribunal, mediante intervenção sumária, para esclarecer equívoco ou dúvida surgida em relação a fatos, documentos ou afirmações que influam no julgamento, bem como para replicar acusação ou censura que lhe forem feitas"; "XI – reclamar, verbalmente ou por escrito, perante qualquer juízo, tribunal ou autoridade, contra a inobservância de preceito de lei, regulamento ou regimento"; "XII – falar, sentado ou em pé, em juízo, tribunal ou órgão de deliberação coletiva da Administração Pública ou do Poder Legislativo"; "XIII – examinar, em qualquer órgão dos Poderes Judiciário e Legislativo, ou da Administração Pública em geral, autos de processos findos ou em andamento, mesmo sem procuração, quando não estiverem sujeitos a sigilo ou segredo de justiça, assegurada a obtenção de cópias, com possibilidade de tomar apontamentos" (redação alterada pela Lei 13.793/2019); "XIV – examinar em qualquer repartição policial, mesmo sem procuração, autos de flagrante e de inquérito, findos ou em andamento, ainda que conclusos à autoridade, podendo copiar peças e tomar apontamentos"; "XV – ter vista dos processos judiciais ou administrativos de qualquer natureza, em cartório ou na repartição competente, ou retirá-los pelos prazos legais"; "XVI – retirar autos de processos findos, mesmo sem procuração, pelo prazo de dez dias"; "XVII – ser publicamente desagravado, quando ofendido no exercício da profissão ou em razão dela"; "XVIII – usar os símbolos privativos da profissão de advogado"; "XIX – recusar-se a depor como testemunha em processo no qual funcionou ou deva funcionar, ou sobre fato relacionado com pessoa de quem seja ou foi advogado, mesmo quando autorizado ou solicitado pelo constituinte, bem como sobre fato que constitua sigilo profissional"; "XX – retirar-se do recinto onde se encontre aguardando pregão para ato judicial, após trinta minutos do horário designado e ao qual ainda não tenha comparecido a autoridade que deva presidir a ele, mediante comunicação protocolizada em juízo" (Lei nº 8.906/94, art. 7º). Além disso, de acordo o § 2º desse mesmo artigo, "[o] advogado tem imunidade profissional, não constituindo injúria, difamação puníveis qualquer manifestação de sua parte, no exercício de sua atividade, em juízo ou fora dele, sem prejuízo das sanções disciplinares perante a OAB, pelos excessos que cometer. (Vide ADIN 1.127-8)"; e de acordo com o § 3º, "[o] advogado somente poderá ser preso em flagrante, por motivo de exercício da profissão, em caso de crime inafiançável (...)".

2. Retirada dos autos (prazo comum)

Sendo comum às partes o prazo, a fim de evitar prejuízo a qualquer uma delas, os procuradores somente poderão retirar os autos em conjunto ou mediante um prévio ajuste.

3. Carga rápida

Os procuradores podem retirar os autos de cartório pelo prazo de duas a até seis horas, sem prévio ajuste, para a obtenção de cópias.

Jurisprudência

"Há cerceamento de defesa quando a Turma julga o recurso sem apreciação do pedido de vista anteriormente formulado pelo advogado, nos termos do art. 40, II, do CPC, o que implica nulidade do acórdão. Precedentes do STJ." (STJ, EDcl no AgRg no REsp 611294/PR, 1ª Turma, Rel. Min. Herman Benjamin, j. 25.08.2009, *DJe* 31.08.2009, p. 20501).

"A simples retirada dos autos do processo durante a fluência de prazo recursal comum, fora de uma das exceções previstas no art. 40, § 2º, do CPC, caracteriza o obstáculo criado pela parte, descrito no art. 180 do CPC, apto a suspender o curso do prazo em favor da parte prejudicada. A devolução do prazo recursal prescinde de petição prévia, podendo ser deduzida nas próprias razões recursais" (STJ, REsp 1191059/MA, 3ª Turma, rel. Min. Nancy Andrighi, j. 01.09.2011, *DJe* 09.09.2011).

Art. 108

CAPÍTULO IV
DA SUCESSÃO DAS PARTES E DOS PROCURADORES

> **Art. 108.** No curso do processo, somente é lícita a sucessão voluntária das partes nos casos expressos em lei.

▶ *Referência: CPC/1973 – Art. 41*

1. Princípio da estabilização subjetiva do processo

Com a citação, o réu é chamado a ingressar em juízo para se defender. Nesse momento ocorre a estabilização subjetiva do processo, ou seja, a partir de então, os polos da relação processual não mais podem ser alterados, exceto nos casos previstos em lei.

Jurisprudência

"Conforme consta da decisão ora agravada, discute-se a possibilidade de, após a citação – quando estabelecidas as partes da relação processual – e a instrução do feito, o juiz da causa determinar, no despacho saneador – de ofício –, a substituição do polo passivo da lide. Ocorre que, após a estabilização subjetiva do processo, não é possível ao magistrado, de ofício, alterar os partícipes da demanda, incluindo pessoa contra a qual os autores não formularam pretensão." (STJ, AgInt no Recurso Especial nº 1.723.225 – GO, 4ª Turma, Rel. Min. Antonio Carlos Ferreira, j. 15.4.2019).

> **Art. 109.** A alienação da coisa ou do direito litigioso por ato entre vivos, a título particular, não altera a legitimidade das partes.
>
> **§ 1º** O adquirente ou cessionário não poderá ingressar em juízo, sucedendo o alienante ou cedente, sem que o consinta a parte contrária.
>
> **§ 2º** O adquirente ou cessionário poderá intervir no processo como assistente litisconsorcial do alienante ou cedente.
>
> **§ 3º** Estendem-se os efeitos da sentença proferida entre as partes originárias ao adquirente ou cessionário.

▶ *Referência: CPC/1973 – Art. 42*

1. Alienação da coisa ou do direito litigioso

A alienação da coisa ou do direito litigioso não altera a legitimidade das partes. Iniciado o processo, dele não é possível se retirar unilateralmente dispondo simplesmente do objeto do processo. Se houver a alienação do objeto do processo, ele, ainda assim, prossegue entre as partes que lhe deram causa. Por isso, afirma-se que referido dispositivo confirma a autonomia do direito processual relativamente ao direito material, uma vez que as alterações ocorridas no direito material não interferem no teor da relação jurídica processual, (2ª Seção, CC 107769/AL, rel. Min. Nancy Andrighi, j. 25.08.2010, *DJe* 10.09.2010). A função dessa norma é justamente tutelar a parte que não alienou. Imagine-se, por exemplo, que, se assim não fosse, o autor deveria abandonar o processo que promovia contra o réu-alienante e promover nova ação contra o sucessor do réu, para, só então, obter a satisfação do seu direito (Andrea Proto Pisani, *Lezioni di Diritto Processuale Civile*, 5. ed., Napoli: Jovene, 2006, pp. 391-400; Bruno Sassani, *Lineamenti del Processo Civile Italiano*, 2. ed., Milano: Giuffrè, 2010, pp. 339-352).

2. Sucessão voluntária

Se a parte que não alienou consentir, o alienante, que apenas permanecia na relação processual para não a prejudicar, pode se retirar, dando lugar, assim, ao adquirente da coisa ou do direito litigioso, este sim, verdadeiro destinatário direto dos efeitos da sentença (Andrea Proto Pisani, *Lezioni di Diritto Processuale Civile*, 5ª ed., Napoli: Jovene, 2006, pp. 391-400; Bruno Sassani, *Lineamenti del Processo Civile Italiano*, 2. ed., Milano: Giuffrè, 2010, pp. 339-352).

3. Intervenção do sucessor

Nos casos de alienação da coisa ou do direito litigioso, embora o processo se desenvolva regularmente sem a participação do sucessor, é ele autorizado a intervir no processo como assistente litisconsorcial, já que a sentença haverá de influir na relação jurídica entre ele e o adversário do assistido.

4. Extensão dos efeitos da sentença ao sucessor

O ato de alienação do objeto litigioso do processo é um ato válido, porém ineficaz. O sucessor não pode opô-lo à parte que foi prejudicada pelo ato de alienação. Tome-se o seguinte exemplo, a título de ilustração: o réu de uma ação reivindicatória, afirmando ter adquirido a propriedade por usucapião, transfere o suposto direito de propriedade a um terceiro. Em sequência, a sentença rejeita o pedido do autor, e declara possuir o réu o direito de propriedade em função da usucapião. Nesse caso o direito de propriedade permanecerá com o terceiro que o adquiriu regularmente. Porém, se a sentença acolher o pedido do autor, o terceiro deverá restituir a ele o bem, sem poder opor nenhuma resistência. (exemplo retirado de, Bruno Sassani, *Lineamenti del Processo Civile Italiano*, 2ª ed., Milano: Giuffrè, 2010, pp. 347)

Jurisprudência

"A regra do art. 42, § 3º, do CPC, que estende ao terceiro adquirente os efeitos da coisa julgada, somente deve ser mitigada quando for evidenciado que a conduta daquele tendeu à efetiva apuração da eventual litigiosidade da coisa adquirida. Há uma presunção relativa de ciência do terceiro adquirente acerca da litispendência, cumprindo a ele demonstrar que adotou todos os cuidados que dele se esperavam para a concretização do negócio, notadamente a verificação de que, sobre a coisa, não pendiam ônus judiciais ou extrajudiciais capazes de invalidar a alienação. Na alienação de imóveis litigiosos, ainda que não haja averbação dessa circunstância na matrícula, subsiste a presunção relativa de ciência do terceiro adquirente acerca da litispendência, pois é impossível ignorar a publicidade do processo, gerada pelo seu registro e pela distribuição da petição inicial, nos termos dos arts. 251 e 263 do CPC. Diante dessa publicidade, o adquirente de qualquer imóvel deve acautelar-se, obtendo certidões dos cartórios distribuidores judiciais que lhe permitam verificar a existência de processos envolvendo o comprador, dos quais possam decorrer ônus (ainda que potenciais) sobre o imóvel negociado. Cabe ao adquirente provar que desconhece a existência de ação envolvendo o imóvel, não apenas porque o art. 1º, da Lei nº 7.433/85, exige a apresentação das certidões dos feitos ajuizados em nome do vendedor para lavratura da escritura pública de alienação, mas, sobretudo, porque só se pode considerar, objetivamente, de boa-fé o comprador que toma mínimas cautelas para a segurança jurídica da sua aquisição." (STJ, RMS 27358/RJ, 3ª Turma, rel. Min. Nancy Andrighi, j. 05.10.2010, *DJe* 25.10.2010).

"Segundo o princípio da estabilidade de instância, adotado pelo CPC, a alienação do direito litigioso não altera a legitimidade processual das partes. A substituição voluntárias das partes pode ocorrer apenas nas hipóteses legais, sem prejuízo de que o supervenientemente legitimado como parte ingresse no feito pela via da assistência litisconsorcial" (STJ, AgRg no REsp 1097813/RJ, 3ª Turma, Rel. Min. Paulo de Tarso Sanseverino, j. 28.06.2011, *DJe* 01.07.2011).

"A alienação do direito pela parte, no curso do processo, não altera a legitimidade ad causam, sendo permitida a intervenção voluntária do cessionário como assistente do cedente (CPC, art. 42). Precedentes." (STJ, EDcl no REsp 707158/SP, 4ª Turma, Rel. Min. Maria Isabel Gallotti, j. 18.10.2011, *DJe* 28.10.2011).

> **Art. 110.** Ocorrendo a morte de qualquer das partes, dar-se-á a sucessão pelo seu espólio ou pelos seus sucessores, observado o disposto no art. 313, §§ 1º e 2º

> ▸ *Referência: CPC/1973 – Art. 43*

1. Sucessão obrigatória

Com o falecimento de qualquer das partes, suspende-se o processo para que ocorra a substituição pelo seu espólio ou pelos seus sucessores. Evita-se, com isso, um indesejado encerramento precoce do processo, sem a resolução da questão de direito material controvertida, o que, certamente, não deve interessar a parte remanescente. Por isso, espera-se a recomposição da relação processual, com o ingresso do espolio ou dos sucessores, para se prosseguir no julgamento da causa.

Jurisprudência

"Determina o art. 43 do CPC que 'ocorrendo a morte de qualquer das partes, dar-se-á a substituição pelo seu espólio ou pelos seus sucessores'. Proposta pelo servidor público ação que busca a nulidade de sua demissão e ocorrendo o falecimento do requerente, os herdeiros podem prosseguir no feito pois, não obstante a reintegração no cargo público ser ato personalíssimo, os efeitos jurídicos da nulidade da demissão refletem na esfera jurídica de seus dependentes, por exemplo, com relação à obtenção do benefício de pensão por morte. A viúva do servidor tem legitimidade para apelar da sentença que extinguiu o feito sem julgamento do mérito, em razão da morte do servidor público, na qualidade de terceira interessada, ainda que os demais herdeiros não tenham recorrido, pois há nexo de interdependência entre o seu interesse de intervir e a relação jurídica submetida à apreciação judicial, conforme dispõe o art. 499 do CPC." (STJ, REsp 1239267.PE, 2ª Turma, Rel. Min. Humberto Martins, j. 21.06.2011, *DJe* 29.06.2011).

> **Art. 111.** A parte que revogar o mandato outorgado a seu advogado constituirá, no mesmo ato, outro que assuma o patrocínio da causa.
> **Parágrafo único.** Não sendo constituído novo procurador no prazo de 15 (quinze) dias, observar-se-á o disposto no art. 76.

▶ *Referência: CPC/1973 – Art. 44*

1. Revogação do mandato

De acordo com o art. 682, inc. I, do Código Civil o mandato cessa pela revogação ou pela renúncia. Ao revogar o mandato outorgado ao seu advogado, a parte no mesmo ato constituirá outro que assuma o patrocínio da causa.

Jurisprudência

"O art. 44 do CPC impõe que a parte constitua novo advogado para assumir o patrocínio da causa, no mesmo ato em que revogar o mandato anterior, não constituindo, portanto, a revogação da procuração, causa de suspensão do processo, ainda que a parte fique sem representação processual" (REsp 883658/MG, 4ª Turma, Rel. Min. Luis Felipe Salomão, j. 22.02.2011, *DJe* 28.02.2011).

> **Art. 112.** O advogado poderá renunciar ao mandato a qualquer tempo, provando, na forma prevista neste Código, que comunicou a renúncia ao mandante, a fim de que este nomeie sucessor.
> **§ 1º** Durante os 10 (dez) dias seguintes, o advogado continuará a representar o mandante, desde que necessário para lhe evitar prejuízo.
> **§ 2º** Dispensa-se a comunicação referida no *caput* quando a procuração tiver sido

> outorgada a vários advogados e a parte continuar representada por outro, apesar da renúncia.

▶ *Referência: CPC/1973 – Art. 45*

1. Renúncia ao mandato

O advogado pode, a qualquer tempo, renunciar ao mandato a ele conferido. Para tanto, ele tem o ônus de cientificar o mandante a fim de que este nomeie um substituto. Durante os dez dias seguintes à notificação, se não for substituído, o advogado, para evitar prejuízo ao mandante, continuará representando-o salvo se for a parte (Lei 8.906/94, art. 5º, § 3º).

2. Revogação e renúncia do mandato (honorários: prescrição)

A ação de cobrança de honorários de advogado prescreve em cinco anos, contado o prazo da renúncia ou revogação do mandato (Lei nº 8.906/94, art. 25, V).

Jurisprudência

"Processual civil. Agravo interno no agravo em recurso especial. Acórdão recorrido em consonância com jurisprudência desta corte. Súmula n. 83 do STJ. Decisão mantida. 1. 'O prazo prescricional para exercício da pretensão de arbitramento e cobrança de honorários advocatícios é de 5 (cinco) anos, contados do encerramento da prestação do serviço (trânsito em julgado da decisão final, último ato praticado no processo, ou revogação do mandato)' (REsp nº 1748404/SP, Relator Ministro Moura Ribeiro, Terceira Turma, julgado em 11.12.2018, *DJe* 19.12.2018). 2. Inadmissível o recurso especial quando o entendimento adotado pelo Tribunal de origem coincide com a jurisprudência do STJ (Súmula nº 83/STJ). 3. Agravo interno a que se nega provimento." (STJ, AgInt no Agravo em Recurso Especial nº 1502317 – SP, 4ª Turma, Rel. Min. Antonio Carlos Ferreira, j. 16.12.2019)

"Nos contratos em que estipulado o êxito como condição remuneratória dos serviços advocatícios prestados, a renúncia do patrono originário, antes do julgamento definitivo da causa, não lhe confere o direito imediato ao arbitramento de verba honorária proporcional ao trabalho realizado, revelando-se necessário aguardar o desfecho processual positivo para a apuração da quantia devida." (STJ, informativo de jurisprudência nº 601, 10.5.2017)

"Não é possível a estipulação de multa no contrato de honorários para as hipóteses de renúncia ou revogação unilateral do mandato do advogado, independentemente de motivação, respeitado o direito de recebimento dos honorários proporcionais ao serviço prestado." (STJ, informativo de jurisprudência nº 593, 9 a 24.11.2016)

TÍTULO II
DO LITISCONSÓRCIO

> **Art. 113.** Duas ou mais pessoas podem litigar, no mesmo processo, em conjunto, ativa ou passivamente, quando:
>
> I – entre elas houver comunhão de direitos ou de obrigações relativamente à lide;
>
> II – entre as causas houver conexão pelo pedido ou pela causa de pedir;
>
> III – ocorrer afinidade de questões por ponto comum de fato ou de direito.
>
> § 1º O juiz poderá limitar o litisconsórcio facultativo quanto ao número de litigantes na fase de conhecimento, na liquidação de sentença ou na execução, quando este comprometer a rápida solução do litígio ou dificultar a defesa ou o cumprimento da sentença.
>
> § 2º O requerimento de limitação interrompe o prazo para manifestação ou resposta, que recomeçará da intimação da decisão que o solucionar.

▶ *Referência: CPC/1973 – Art. 46*

1. Litisconsórcio (conceito)

Fugindo ao esquema básico do processo, no qual cada um dos polos da relação jurídica processual é integrado por apenas um sujeito interessado na relação jurídica (uma parte), há casos em que em um dos polos ou em ambos existe uma pluralidade de partes. Nestes casos haverá o que se chama de litisconsórcio em que mais de uma parte participa do polo ativo ou passivo da demanda. A figura do litisconsórcio (cumulação subjetiva), pois, não se confunde com a do concurso de ações (cumulação objetiva). Como leciona Chiovenda "há concurso de ações quando duas ou mais

ações correm entre pessoas diversas, mas tendem ao mesmo resultado (como nas obrigações solidárias); ou correm entre as mesmas pessoas, e tendem ao mesmo resultado, mas têm diversas causas (ação possessória e petitória); ou correm entre as mesmas pessoas e tendem a diversos resultados, mas coordenados a um só objetivo econômico" (*Instituições de direito processual civil.* Notas sobre o direito brasileiro de Enrico Tullio Liebman. 2. ed. São Paulo: Saraiva, 1965, p. 366). Se é certo que o concurso de ações pode ensejar a formação de polos complexos, certo também é que uma pluralidade de sujeitos também pode litigar em torno de um único objeto litigioso. Em outras palavras, mais de um sujeito podem pleitear a satisfação de uma única pretensão, o que leva a necessidade de não se confundir o instituto do litisconsórcio com a figura da cumulação de ações.

2. Litisconsórcio (escopos)

O respeito às regras que disciplinam o litisconsórcio, relaciona-se com o escopo maior de evitar julgados conflitantes, assegurando a racionalidade da tutela jurisdicional. Nesses casos, o legislador impõe a coligação litisconsorcial de seus titulares com vista a preservar a harmonia de decisões judiciais.

3. Litisconsórcio inicial ou ulterior

Com relação ao momento de formação do litisconsórcio, ele pode ser inicial, quando desde o início da relação processual há mais de uma parte em um dos polos da demanda ou em ambos, ou ulterior, nas hipóteses em que a integração em um dos polos ocorre quando o processo já está instaurado. Com relação à formação de litisconsórcio ativo ulterior, tem-se de evitar violação ao princípio do juiz natural, conforme determinação do Superior Tribunal de Justiça: "Não é admissível a formação de litisconsórcio ativo facultativo após o ajuizamento da ação, sob pena de violação ao princípio do juiz natural, em face de propiciar ao jurisdicionado a escolha do juiz. A admissão de litisconsortes ativos facultativos deve ser requerida no momento adequado, sob pena de preclusão.

4. Litisconsórcio facultativo e necessário

Com relação à obrigatoriedade de formação do litisconsórcio, pode ele ser necessário ou facultativo, hipótese disciplinada pelo art. 113 do Código de Processo Civil. De acordo com esse artigo, duas ou mais pessoas podem litigar no mesmo

Art. 113

processo se: "I – entre elas houver comunhão de direitos ou de obrigações relativamente à lide; "II – os direitos ou as obrigações derivarem do mesmo fundamento de fato ou de direito"; "III – entre as causas houver conexão pelo objeto ou pela causa de pedir"; "IV – ocorrer afinidade de questões por um ponto comum de fato ou de direito".

Nesses casos, a cumulação de partes em um dos polos da relação processual é possível, mas não é necessária: a decisão proferida pelo juiz será válida ainda que esteja ausente um dos litisconsortes. Tem-se um processo formalmente único, em que convivem controvérsias autônomas, que podem, inclusive, ser decididas em sentidos diversos: "ainda quando a decisão da causa só dependa da solução que se der à questão suscitada sobre o ponto comum (de fato ou de direito), por certo, do ponto de vista lógico, impõe-se que tal questão seja resolvida do mesmo modo para todos os litisconsortes; mas como inexiste vinculação prática entre as várias posições jurídicas individuais, não se torna impossível a atuação simultânea de regras concretas divergentes acaso formuladas para cada um dos coautores ou corréus. O ordenamento prefere tolerar essa ofensa à lógica, vista aí como um mal menor." (Jose Carlos Barbosa Moreira, Litisconsórcio Unitário, p. 145).

Nos casos de litisconsórcio necessário, por imposição legal ou em virtude da incindibilidade da relação jurídica material, não há campo para disposição, a ausência de um litisconsorte torna viciada a relação jurídica processual. O reconhecimento deste vício pode se dar de ofício, mas nas instâncias extraordinárias não dispensa o requisito do prequestionamento: "A ausência de prequestionamento da tese acerca do litisconsórcio passivo necessário atrai a incidência da Súmula 211/STJ" (STJ, AgRg no AREsp 373.865/PI, 1ª Turma, Rel. Min. Benedito Gonçalves, j. 14.10.2014, *DJe* 21.10.2014).

5. Litisconsórcio facultativo (hipóteses)

O art. 113 do Código de Processo Civil estabelece as hipóteses em que possível, mas não obrigatória, a formação do litisconsórcio. De acordo com o inc. I deste artigo, é possível que duas ou mais pessoas litiguem em juízo, se entre elas houver comunhão de direitos ou obrigações relativas à mesma lide. Como exemplifica Celso Agrícola Barbi "comunhão de obrigações existirá quando os vários devedores o sejam em

conjunto, quer solidariamente, quer em partes definidas. Temos o exemplo de várias pessoas que adquiriram uma coisa a prazo, responsabilizando-se cada uma por uma parte do preço, ou mesmo assumindo a posição de devedores solidários. Existe aí uma obrigação comum, que pode ser exigida pelo credor. Se não houver solidariedade, o credor poderá cobrar de cada um a sua parte, em ações distintas; mas pode preferir cobrar de todos, reunindo suas diversas ações em só processo. Da mesma forma, se houver solidariedade naquela dívida, tanto poderá o credor acionar cada um separadamente, como propor suas várias ações contra todos, ou alguns, em um só processo" (*Comentários ao Código de Processo Civil*, v. I, p. 201). Coproprietários, por exemplo, do mesmo modo, podem litigar isoladamente ou em conjunto para a tutela de seu bem.

De acordo com o inciso II do art. 113, o litisconsórcio poderá se formar, se entre as causas houver conexão pelo pedido ou pela causa de pedir. Leva-se em consideração aqui os elementos objetivos da demanda (pedido mediato e causa de pedir remota). Esse dispositivo deve ser interpretado em consonância com o art. 55, § 3º do Código de Processo Civil que autoriza a reunião de demandas mesmo quando não houver conexão em sentido estrito entre elas, mas sim risco de decisões conflitantes ou contraditórias. Nestes casos, portanto, também passa a dever ser autorizada a formação do litisconsórcio. O inciso III do art. 113, por sua vez, permite a formação do litisconsórcio nas hipóteses em que "ocorrer afinidade de questões por ponto comum de fato ou de direito". Trata-se de figura genérica e abrangente, já que nos casos de afinidade a relação entre as demandas é tênue, bastando, portanto, para a formação do litisconsórcio com base neste inciso mera identidade entre litisconsortes com relação a um ponto de fato ou de direito.

6. Litisconsórcio multitudinário

Se a formação do litisconsórcio, em regra, contribui para a celeridade do processo, na medida em que contribui para a resolução única de uma questão que poderia ensejar a propositura de diversas demandas, em certas ocasiões o grande número de partes envolvidas pode resultar em situação contrária. Quanto maior o número de litigantes maior o número de atividades a serem desenvolvidas o que acabará por postergar a solução do litígio. Por esta razão, com acerto, o art. 113, § 1º do Código de Processo Civil autoriza o juiz a limitar o litisconsórcio facultativo quanto ao número de litigantes "quando este comprometer a rápida solução do litígio ou dificultar a defesa ou o cumprimento de sentença". Formulado o requerimento de limitação do litisconsórcio, interrompe-se o prazo para manifestação ou resposta das partes, que apenas recomeçará a fluir da intimação da decisão que o solucionar. Além disso, cumpre destacar que eventual dissolução do litisconsórcio multitudinário formado é considerada ato meramente procedimental, não ensejando a retomada do prazo prescricional da pretensão. Nesse sentido, já decidiu o Superior Tribunal de Justiça que: "o desmembramento para limitação de litisconsórcio multitudinário não importa em propositura de nova ação, mas mero procedimento, razão pela qual não há que se falar em prescrição" (STJ, AgInt nos Embargos à Execução em Mandado de Segurança nº 6.019/DF, 3ª Seção, Rel. Ministro Nefi Cordeiro, j. 27.11.2019, *DJe* 3.12.2019).

7. Insurgência contra a formação do litisconsórcio

Eventual insurgência contra a formação do litisconsórcio deverá se dar por meio da interposição do recurso de agravo de instrumento. De acordo com o art. 1.015, inc. VII, do Código de Processo Civil, é cabível referido recurso contra decisões interlocutórias que versarem sobre exclusão de litisconsorte. Referida tese já foi consolidada pelo Superior Tribunal de Justiça, no julgamento do REsp 1.772.839. A tal dispositivo, contudo, deve ser atribuída uma interpretação ampla para que também se tenha como cabível o recurso de agravo contra as decisões que admitem a intervenção de litisconsorte. Se não for admitido o agravo para essa hipótese, correr-se-á o risco de em sede de apelação constatar-se que a presença de um litisconsorte até aquela fase processual era inútil. Por outro lado, necessário pontuar que o Superior Tribunal de Justiça já se posicionou no sentido de que: "Não cabe agravo de instrumento contra decisão de indeferimento do pedido de exclusão de litisconsorte." (STJ, informativo de jurisprudência nº 644, 12.4.2019).

Jurisprudência

"Não há falar em formação de litisconsórcio passivo necessário entre eventuais réus e as pessoas participantes ou beneficiárias das supostas fraudes e irregularidades nas ações civis públicas movidas para o fim de apurar e punir atos de improbidade administrativa, pois não há, na Lei de Improbidade, previsão legal de formação de litisconsórcio entre o suposto autor do ato de improbidade e eventuais beneficiários, tampouco havendo relação jurídica entre as partes a obrigar o magistrado a decidir de modo uniforme a demanda" (STJ, AgRg no REsp 1421144/PB, 1ª Turma, Rel. Min. Benedito Gonçalves, j. 26.05.2015, *DJe* 10.06.2015).

"Em ação civil pública, a formação de litisconsórcio ativo facultativo entre o Ministério Público Estadual e o Federal depende da demonstração de alguma razão específica que justifique a presença de ambos na lide." (STJ, informativo de jurisprudência nº 585, 11 a 30.6.2016). "Acionistas e companhia podem litigar em litisconsórcio facultativo ativo em ação de responsabilidade civil contra o administrador pelos prejuízos causados ao patrimônio da sociedade anônima (art. 159 da Lei 6.404/1976), quando não proposta a ação pela companhia no prazo de três meses após a deliberação da assembleia-geral (§ 3º)." (STJ, Informativo de Jurisprudência nº 563, 29.5.2015 a 14.6.2015).

> **Art. 114.** O litisconsórcio será necessário por disposição de lei ou quando, pela natureza da relação jurídica controvertida, a eficácia da sentença depender da citação de todos que devam ser litisconsortes.

▶ *Referência: CPC/1973 – Art. 47*

1. Litisconsórcio necessário

Litisconsórcio necessário e litisconsórcio unitário são fenômenos distintos. É necessário o litisconsórcio se, em virtude da lei ou da natureza da relação jurídica de direito material, para a efetiva observação do contraditório, não pode a ação deixar de ser proposta por mais de uma pessoa (litisconsórcio necessário ativo) ou contra mais de uma pessoa (litisconsórcio necessário passivo). A necessariedade do litisconsórcio, assim, está relacionada à *legitimatio ad causam*: nas hipóteses em que é obrigatória a formação do litisconsórcio ela pertence em conjunto a mais de uma pessoa. No processo, portanto, devem estar todos os destinatários dos efeitos da sentença. Na falta de um deles o juiz não pode se pronunciar sobre o mérito da controvérsia (José Carlos Barbosa Moreira, Litisconsórcio Unitário, Forense: Rio de Janeiro, 1972, pp. 11-12; Nicola Picardi, *Manuale di diritto processuale civile*, 2. ed., Milano: Giuffrè, 2010, pp. 197-198).

Casos de litisconsórcio necessário ativo devem ser interpretados de maneira restritiva, já que em última análise sua admissão significa a imposição a um sujeito que pretendia se manter inerte do dever de litigar no polo ativo de uma demanda, o que poderia resultar, portanto, em uma violação ao princípio dispositivo. Exemplo de litisconsórcio necessário passivo pode ser encontrado no seguinte julgamento do Superior Tribunal de Justiça: "nas demandas movidas pelo Ministério Público, onde se objetiva a anulação de um contrato administrativo, pela incindibilidade da relação jurídica objeto da demanda, é necessário que todos os integrantes da relação contratual figurem no processo, caracterizando hipótese de litisconsórcio passivo necessário." (STJ, AgRg no AgRg no AgRg no Recurso Especial nº 1.003.278/SP, 1ª Turma, Rel. Ministro Napoleão Nunes Maia Filho, j. 15.12.2015, *DJe* 4.2.2016).

Demandas constitutivas são propícias à formação de litisconsórcio necessário, já que a modificação de um *status jurídico* para ser legítima deverá contar com a participação de todos os envolvidos. Assim ocorre com os casos de impugnação a concursos públicos em que a decisão a respeito de um candidato tem influência na esfera jurídica de outros, conforme decidido pelo Superior Tribunal de Justiça: "no caso concreto, deve ser acolhida a preliminar de nulidade em razão de ser imperativa a citação dos candidatos em melhor classificação para formar litisconsórcio passivo necessário, uma vez que a alteração do resultado pode repercutir em sua esfera jurídica individual" (STJ, RMS 44.566/MG, 2ª Turma, Rel. Min. Humberto Martins, j. 01.12.2015, *DJe* 16.12.2015).

O litisconsórcio necessário diz respeito, portanto, à obrigatoriedade da participação de mais de um litigante em um polo da demanda e não propriamente ao resultado uniforme da decisão (litisconsórcio unitário), razão pela qual pode se considerar que o art. 114 do Código de Processo Civil aprimora a redação do art. 47 do CPC/73 ao dissociar o regime do litisconsórcio necessário do litisconsórcio unitário. Como se

constata da parte final do *caput* deste artigo será necessário o litisconsórcio quando a eficácia da sentença depender da citação de todos que devam ser litisconsortes e não quando o juiz tiver de decidir a lide de modo uniforme para todas as partes. Exemplo de litisconsórcio necessário, mas não unitário são os casos de responsabilidade avoenga. Conforme jurisprudência do Superior Tribunal de Justiça "à luz do Novo Código Civil, há litisconsórcio necessário entre os avós paternos e maternos na ação de alimentos complementares" (STJ, REsp 958.513/SP, 4ª Turma, Rel. Min. Aldir Passarinho Junior, j. 22.02.2011, *DJe* 01.03.2011), mas isso não significa que a decisão será uniforme para eles.

> **Art. 115.** A sentença de mérito, quando proferida sem a integração do contraditório, será:
>
> **I –** nula, se a decisão deveria ser uniforme em relação a todos que deveriam ter integrado o processo;
>
> **II –** ineficaz, nos outros casos, apenas para os que não foram citados.
>
> **Parágrafo único.** Nos casos de litisconsórcio passivo necessário, o juiz determinará ao autor que requeira a citação de todos que devam ser litisconsortes, dentro do prazo que assinar, sob pena de extinção do processo.

▶ *Sem correspondência no CPC/1973*

1. Litisconsórcio e efeitos da decisão

Caso o autor não atente a obrigatoriedade de formação do litisconsórcio, o juiz ordenará a ele a qualquer tempo que promova a citação de todos os litisconsortes necessários, a fim de evitar que o processo seja extinto sem resolução do mérito dada à ausência de uma condição da ação. O litisconsorte necessário ausente pode ingressar no processo a qualquer momento enquanto não for concluída a fase de conhecimento.

O art. 115 do Código de Processo Civil estabelece que a sentença, se não observado o contraditório, será nula, se decisão deveria ser uniforme em relação a todos que deveriam ter integrado o processo e ineficaz, nos outros casos, apenas para os que não foram citados. Esse dispositivo, contudo, deve ser interpretado em consonância com o art. 506 do Código de Processo Civil, segundo o qual "a sentença faz coisa julgada às partes entre as quais é dada, não prejudicando terceiros". Possível, portanto, a extensão de efeitos benéficos de uma decisão a um litisconsorte que não integrou a relação processual conforme deveria.

Jurisprudência

"Civil. Processual civil. Ação de cobrança e reparação de danos. alegação de ilegitimidade passiva. Conceito de "decisão interlocutória que versa sobre exclusão de litisconsorte" para fins de recorribilidade imediata com base no art. 1.015, VII, do CPC/15. Abrangência. Regra de cabimento do agravo de instrumento que se limita às hipóteses em que a decisão interlocutória acolhe o requerimento de exclusão do litisconsorte, tendo em vista o risco de invalidade da sentença proferida sem a integração do polo passivo. Rejeição do requerimento que, por sua vez, deve ser impugnado apenas em apelação ou contrarrazões. 1- Ação proposta em 03.11.2014. Recurso especial interposto em 26.06.2017 e atribuído à Relatora em 23.04.2018. 2- O propósito recursal é definir se o conceito de 'decisões interlocutórias que versarem sobre exclusão de litisconsorte', previsto no art. 1.015, VII, do CPC/15, abrange somente a decisão que determina a exclusão do litisconsorte ou se abrange também a decisão que indefere o pedido de exclusão. 3- Considerando que, nos termos do art. 115, I e II, do CPC/15, a sentença de mérito proferida sem a presença de um litisconsorte necessário é, respectivamente, nula ou ineficaz, acarretando a sua invalidação e a necessidade de refazimento de atos processuais com a presença do litisconsorte excluído, admite--se a recorribilidade desde logo, por agravo de instrumento, da decisão interlocutória que excluir o litisconsorte, na forma do art. 1.015, VII, do CPC/15, permitindo-se o reexame imediato da questão pelo Tribunal. 4- A decisão interlocutória que rejeita excluir o litisconsorte, mantendo no processo a parte alegadamente ilegítima, todavia, não é capaz de tornar nula ou ineficaz a sentença de mérito, podendo a questão ser reexaminada, sem grande prejuízo, por ocasião do julgamento do recurso de apelação. 5- Por mais que o conceito de 'versar sobre' previsto no art. 1.015, *caput*, do CPC/15 seja abrangente, não se pode incluir no cabimento do agravo de instrumento uma hipótese ontologicamente distinta daquela expressamente prevista pelo legislador, especialmente quando a distinção está teoricamente justificada pelas diferentes consequências jurídicas causadas pela decisão que exclui o litisconsorte e pela decisão que rejeita excluir o litisconsorte. 6- A questão relacionada ao dissenso jurisprudencial fica prejudicada diante da fundamentação que rejeita as razões de decidir adotadas pelos paradigmas. 7- Recurso especial conhecido e desprovido." (STJ, REsp nº 1.724.453/SP, 3ª Turma, j. 19.3.2019, *DJe* 22.3.2019).

> **Art. 116.** O litisconsórcio será unitário quando, pela natureza da relação jurídica, o juiz tiver de decidir o mérito de modo uniforme para todos os litisconsortes.

▶ *Referência: CPC/1973 – Art. 47*

1. Litisconsórcio unitário

Se o litisconsórcio necessário está ligado a *legitimatio ad causam*, o litisconsórcio unitário se refere a identidade dos efeitos da sentença em relação aos litisconsortes: "para verificar se deve ser forçosamente uniforme o tratamento dos litisconsortes na sentença definitiva, tem-se pois de atentar na estrutura da situação jurídica substancial e no efeito que sobre ela se visa a produzir por meio do processo. Se as diversas posições individuais dos colitigantes se inserem homogeneamente – ao menos sob certos aspectos – sobre algum ponto em que a inserção é homogênea, a decisão de mérito só pode ter o mesmo teor para todos eles, e unitário é o litisconsórcio (...) daí se pode tirar o critério utilizável para reconhecer-se, processualmente, a ocorrência da unitariedade. O eixo de referência é sempre o resultado prático a que tende o processo, à vista do pedido e da causa de petendi. Se esse resultado for tal que haja de incidir sobre ponto de inserção homogênea dos vários coautores ou corréus na situação jurídica substancial, o litisconsórcio será ativa ou passivamente unitário" (José Carlos Barbosa Moreira, Litisconsórcio Unitário, Forense: Rio de Janeiro, 1972, p. 145-146).

Litisconsórcio unitário está relacionado, pois, com os efeitos da decisão e não se confunde com o litisconsórcio necessário. O litisconsórcio poderá ser unitário mesmo nos casos de litisconsórcio facultativo (exemplo: anulação de deliberação assemblear). Nas hipóteses em que a decisão poderá não ser a mesma para todos os litisconsortes, está-se diante do denominado litisconsórcio simples. Essa distinção é importante, em particular, para fins de aplicação do art. 117 do Código de Processo Civil.

Art. 117

> **Art. 117.** Os litisconsortes serão considerados, em suas relações com a parte adversa, como litigantes distintos, exceto no litisconsórcio unitário, caso em que os atos e as omissões de um não prejudicarão os outros, mas os poderão beneficiar.

▶ *Referência: CPC/1973 – Art. 48*

1. Regime de autonomia dos litisconsortes

Os litisconsortes são considerados como litigantes distintos em suas relações com a parte adversa. Por essa razão, os atos e as omissões de um litisconsorte não prejudicam nem beneficiam o(s) outro(s). Somente nos litisconsórcios facultativos ou necessários não unitários é que haverá essa independência de cada litisconsorte. Os casos de litisconsórcio necessário e unitário devem ser analisado a partir de um duplo prisma: a garantia do contraditório e a eficácia da decisão prolatada sem a devida integração da pluralidade de partes. As relações de direito material únicas, embora plurissubjetivas ou complexas (i.e., formadas por uma pluralidade de sujeitos em um ou em ambos os polos, sem que isto desfigure a sua natureza linear), dão lugar a lides também únicas, estruturadas sobre a base do litisconsórcio. Isso impõe a prolação de uma sentença que disponha necessariamente de maneira uniforme para todos os litisconsortes, cuja citação é condição essencial para a eficácia mesma do processo (Paulo Henrique dos Santos Lucon – Guilherme Recena Costa, "O processo de perda do mandato eletivo em razão da desfiliação sem justa causa: a infidelidade partidária à luz da Res. nº 22.610/TSE", in *Temas atuais de direito eleitoral* – estudos em homenagem ao Min. José Delgado (coord. Daniel Castro Gomes da Costa), São Paulo: Pillares, 2009, nº 6.1, p. 92-95; cf., ainda, Paulo Henrique dos Santos Lucon, "Litisconsórcio necessário e eficácia da sentença na Lei de Improbidade Administrativa", in *Improbidade administrativa* (coord. Cassio Scarpinella Bueno – Pedro p. de Porto Filho), 2. ed., São Paulo: Malheiros, 2003, esp. pp. 348-350 e 360-369, art. 47, *caput* e parágrafo único, CPC).

O litisconsórcio necessário e unitário impõe, por isso, um regime especial de tratamento – contraposto ao regime dito "comum" –, que visa a compatibilizar a necessária incindibilidade da relação com os eventuais comportamentos contraditórios das partes situadas no mesmo polo da demanda. Harmonizando essas preocupações com o princípio do contraditório, a regra do regime especial é a seguinte: enquanto os atos benéficos promovidos por um aproveitarão aos demais, os atos prejudiciais praticados por um litisconsorte produzirão efeitos apenas e tão somente se a ele aderirem todos (Cândido Dinamarco, Instituições de direito processual civil, 6. ed., São Paulo: Malheiros, 2009, v. 2, nº 572, p. 356-360). Portanto, como visto, somente nos litisconsórcios facultativos ou necessários não unitários é que haverá independência de cada litisconsorte. Em caso contrário, ou seja, "se o litisconsórcio for unitário, o regime inverte-se e a confissão, assim como a transação e a desistência de um ou alguns dos litisconsortes sequer terá validade, assim como não produzirá efeitos a eventual revelia em que se mantenha algum deles" (Ovídio A. Baptista da Silva, *Comentários ao Código de Processo Civil*, 2. ed., São Paulo: RT, 2005, p. 253).

Jurisprudência

"Segundo esse princípio, os réus ou autores em litisconsórcio simples devem ser tratados como partes distintas em suas relações com a parte adversa, de modo que, no curso do processo, podem apresentar situações jurídico-processuais diferentes." (STJ, AgInt na Petição nº 12.096/SC, 1ª Turma, Rel. Min. Regina Helena Costa, j. 26.2.2019, *DJe* 1.3.2019).

"Os referidos arts. 114 e 117 do CPC não se aplicam à ação que versa sobre improbidade administrativa, que conta com regras próprias acerca da legitimação concorrente e do litisconsórcio." (STJ, AgInt no Agravo em Recurso Especial nº 1.409.151/SP, 2ª Turma, Rel. Ministro Francisco Falcão, j. 24.9.2019, *DJe* 26.9.2019).

> **Art. 118.** Cada litisconsorte tem o direito de promover o andamento do processo, e todos devem ser intimados dos respectivos atos.

▶ *Referência: CPC/1973 – Art. 49*

1. Comunicação dos atos processuais

Cada um dos litisconsortes pode promover o andamento do processo, observado o regime de atuação que o liga ao outro litisconsorte. A falta de intimação de um dos litisconsortes implica a nulidade do respectivo ato.

Jurisprudência

"Recurso especial. Processual civil. Ação de alimentos. Alimentos provisórios. Liminar inaudita altera parte. Litisconsórcio passivo. Agravo de instrumento. Prazo em dobro. Artigo 191 do CPC/1973. Aplicabilidade. 1. Recurso especial interposto contra acórdão publicado na vigência do Código de Processo Civil de 1973 (Enunciados Administrativos nos 2 e 3/STJ). 2. A regra benéfica do prazo em dobro independe do comparecimento aos autos do outro litisconsorte para apresentar contestação ou recorrer (no caso de liminar inaudita altera parte), bastando que apresente sua peça separadamente com advogado exclusivo. Precedentes. 3. O direito da parte que já integra o processo de ver contado o prazo em dobro – em demanda na qual há litisconsórcio no polo passivo – não pode depender da conduta futura do outro litisconsorte. 4. Recurso especial provido." (STJ, Recurso Especial nº 1.593.161/SP, 3ª Turma, Rel. Ministro Ricardo Villas Bôas Cueva, j. 26.6.2018, *DJe* 6.9.2018).

TÍTULO III
DA INTERVENÇÃO DE TERCEIROS

CAPÍTULO I
DA ASSISTÊNCIA

Seção I
Disposições comuns

> **Art. 119.** Pendendo causa entre 2 (duas) ou mais pessoas, o terceiro juridicamente interessado em que a sentença seja favorável a uma delas poderá intervir no processo para assisti-la.
>
> **Parágrafo único.** A assistência será admitida em qualquer procedimento e em todos os graus de jurisdição, recebendo o assistente o processo no estado em que se encontre.

▶ *Referência: CPC/1973 – Art. 50*

1. Assistência simples (interesse jurídico)

O titular de uma relação jurídica de direito material conexa àquela que está sendo discutida em um processo, poderá nele ingressar, com o intento de auxiliar uma das partes, se demonstrar possuir interesse jurídico em que a sentença lhe seja favorável. "Interesse jurídico é a relação jurídica de direito material que vincula o assistente ao assistido e, às vezes, também ao seu adversário, e que pode de algum modo ser afetada pela decisão da causa na qual o assistente não é parte" (Leonardo Greco, Instituições de Processo Civil, v. I, Rio de Janeiro: Forense, 2009, pp. 498/499). Requisito para intervenção de um terceiro no processo como assistente, portanto, é o interesse jurídico decorrente do reflexo que a decisão da causa poderá produzir em sua esfera jurídica. Ao avaliar a admissibilidade da assistência, o magistrado deve analisar, além do interesse jurídico, se o assistente é capaz e se está devidamente representado. O Código de Processo Civil de 2015 corrigiu a sistemática do Código anterior ao incluir a assistência no capítulo destinado à disciplina da intervenção de terceiros. O assistente, pode-se afirmar, é um terceiro, por excelência, já que não deduz pretensão própria e não amplia o objeto litigioso do processo. O assistente é aquele que colabora com uma das partes, porque possui interesse no resultado do julgamento a ela atribuído seja para assegurar uma vantagem ou evitar um prejuízo em sua esfera jurídica. O insucesso do assistido, em outras palavras, resultará em um prejuízo jurídico ao assistente, daí o porquê do interesse em sua intervenção.

2. Cabimento

Exceção feita ao procedimento nos juizados especiais, em que não se admite qualquer forma de intervenção de terceiros (Lei nº 9.099/95, art. 10), a assistência pode tem lugar em qualquer tipo de procedimento e em qualquer grau de jurisdição inclusive nas instâncias extraordinárias, devendo-se respeitar contudo os atos processuais já praticados. Requisito temporal para a intervenção é que o processo esteja pendente, independentemente de sua fase. No âmbito do processo de execução, a intervenção do assistente pode ser útil, por exemplo, para que seja suscitada uma questão capaz de ensejar a extinção da pretensão executiva.

3. O assistente recebe o processo no estado em que se encontra

Ao intervir no processo o assistente o receberá no estado em que ele se encontrar. Vale dizer: os atos já praticados não poderão ser revistos. Assim, mesmo dispõe de poderes para a prática de atos processuais, o assistente

Art. 120

deverá respeitar aqueles que já se realizaram em momento anterior a sua intervenção.

Jurisprudência

"Com efeito, conforme relatado, o Conselho Federal da Ordem dos Advogados do Brasil postula seu ingresso no feito na qualidade de assistente simples ou, alternativamente, como *amicus curiae*, em favor dos interesses da OAB/PE. Contudo, cabe registrar que o assistente simples recebe o processo no estado em que se encontra, a teor do disposto no art. 119, parágrafo único, do CPC/2015. Na espécie, consoante dá conta a certidão de fl. 251, transcorreu *in albis* o prazo para interposição de recurso contra o acórdão que decidiu o apelo nobre da OAB/PE (fls. 240/245), virtual assistida, de modo que, com o trânsito em julgado de tal decisum, encerrou-se a jurisdição do Superior Tribunal de Justiça no âmbito do recurso especial. Dessarte, deve ser reconhecida a superveniente perda do interesse recursal para o julgamento do presente agravo interno, tal como interposto pelo Conselho Federal da Ordem dos Advogados do Brasil." (STJ, AgInt na PET no Recurso Especial nº 1.625.458/PB, 1ª Turma, Rel. Ministro Sérgio Kukina, j. 16.5.2019, *DJe* 21.5.2019).

> **Art. 120.** Não havendo impugnação no prazo de 15 (quinze) dias, o pedido do assistente será deferido, salvo se for caso de rejeição liminar.
>
> **Parágrafo único.** Se qualquer parte alegar que falta ao requerente interesse jurídico para intervir, o juiz decidirá o incidente, sem suspensão do processo.

▶ *Referência: CPC/1973 – Art. 51*

1. Impugnação à intervenção do assistente

O pedido de um terceiro de figurar no processo como assistente pode ser, dentro de quinze dias, impugnado por qualquer das partes, que deverão demonstrar carecer ele do necessário interesse jurídico para intervir no processo. Se não houver impugnação, o pedido do assistente será deferido, salvo se for o caso de rejeição liminar, ou seja, se o juiz constar *in limine* a ausência de interesse jurídico do assistente.

2. Atuação do juiz

Impugnado por qualquer das partes o pedido de intervenção por falta de interesse

jurídico do terceiro para figurar no processo como assistente, para a formação da convicção do juiz será admitida a produção de provas. Não obstante a possibilidade de impugnação, por qualquer das partes, do pedido do terceiro de intervenção no processo como assistente, pode o juiz, se ficar evidenciado, desde logo, a falta de interesse jurídico, rejeitá-lo liminarmente. Não havendo impugnação, e não sendo clara a falta de interesse jurídico, de rigor o deferimento do pedido de intervenção do terceiro como assistente simples no processo. O julgamento do incidente se dará sem a suspensão do processo. A decisão a respeito do pedido de intervenção do terceiro juridicamente interessado em figurar no processo como assistente simples, que deverá ocorrer nos próprios autos, é impugnável por meio do recurso do agravo de instrumento, nos termos do art. 1.015, inc. IX, do Código.

Jurisprudência

"O assistente recebe o processo no estado em que se encontra (CPC, art. 50, parágrafo único), mas seu ingresso no processo está sujeito à impugnação quando lhe faltar interesse jurídico (CPC, art. 51). (...)" (STJ, AgRg na PET nos EDcl no AgRg no Ag 1159688/BA, Corte Especial, Rel. Ministro Ari Pargendler, j. 16.06.2010, *DJe* 05.08.2010).

Seção II
Da assistência simples

> **Art. 121.** O assistente simples atuará como auxiliar da parte principal, exercerá os mesmos poderes e sujeitar-se-á aos mesmos ônus processuais que o assistido.
>
> **Parágrafo único.** Sendo revel ou, de qualquer outro modo, omisso o assistido, o assistente será considerado seu substituto processual.

▶ *Referência: CPC/1973 – Art. 52*

1. Assistente como auxiliar da parte principal

A atuação do assistente no processo se limita ao auxílio a uma das partes. Vale dizer: o assistente não está autorizado a formular um novo pedido, ampliando, assim, o objeto litigioso do processo.

2. Atuação do assistente

Ao atuar em auxílio ao assistido, o assistente a ele se equipara, suportando os mesmos ônus e exercendo os mesmos poderes. Pode o assistente, desse modo, "apresentar provas, impugnar atos da parte contrária, recorrer, promover o andamento do processo" (Celso Agrícola Barbi, *Comentários ao Código de Processo Civil*, v. I, 10. ed., Rio de Janeiro: Forense, p. 218). Dado, contudo, o caráter subsidiário da atuação do assistente, está ela subordinada à concordância do assistido. Caso o assistido seja revel, o assistente atuará como seu substituto processual.

Jurisprudência

"Processual civil. Agravo interno no agravo em recurso especial. Ausência de requerimento de admissão no feito na condição de assistente e decisão de admissão. Agravo não conhecido. 1. A assistência simples, regulada pelos arts. 121, 122 e 123, do CPC/2015, exige requerimento e a existência, de fato, de interesse jurídico na demanda, podendo ser requerida e admitida a qualquer tempo e em qualquer grau de jurisdição. 2. Há, nos autos, uma simples petição do ora recorrente prestando informações, sem qualquer pretensão de ingresso na demanda, na condição de assistente. Por conseguinte, não há registro, nos autos, de decisão admitindo-o nessa condição. 3. Assim, não há alternativa, senão reconhecer a ausência de legitimidade *ad causam*. 4. Agravo interno não conhecido." (STJ, AgInt no Agravo em Recurso Especial nº 844.055/SP, 2ª Turma, Rel. Ministro Og Fernandes, j. 16.5.2017, *DJe* 19.5.2017).

> **Art. 122.** A assistência simples não obsta a que a parte principal reconheça a procedência do pedido, desista da ação, renuncie ao direito sobre o que se funda a ação ou transija sobre direitos controvertidos.

▶ *Referência: CPC/1973 – Art. 53*

1. Liberdade de atuação do assistido

A atribuição ao assistente dos mesmos poderes de que dispõe o assistido não lhe retira a condição de coadjuvante na relação processual, em que apenas assiste uma das partes. Desse modo, dado o caráter subsidiário da atuação do assistente, está ela subordinada à atuação do assistente que, livremente, poderá reconhecer a procedência do pedido, desistir da ação ou transigir sobre direitos controvertidos, sem que a tanto possa se opor o assistente.

Jurisprudência

"O Superior Tribunal de Justiça possui entendimento no sentido de que não se configura a legitimidade recursal do assistente simples para interpor recurso especial, quando a parte assistida desiste ou não interpõe o referido recurso. Isso, porque, nos termos dos arts. 50 e 53 do Código de Processo Civil, a assistência simples possui caráter de acessoriedade, de maneira que cessa a intervenção do assistente, caso o assistido não recorra ou desista do recurso interposto. (...)" (STJ, AgRg no REsp 1068391/PR, 1ª Turma, Rel. Ministro Denise Arruda, j. 05.11.2009, *DJe* 27.11.2009).

> **Art. 123.** Transitada em julgado a sentença no processo em que interveio o assistente, este não poderá, em processo posterior, discutir a justiça da decisão, salvo se alegar e provar que:
>
> **I** – pelo estado em que recebeu o processo ou pelas declarações e pelos atos do assistido, foi impedido de produzir provas suscetíveis de influir na sentença;
>
> **II** – desconhecia a existência de alegações ou de provas das quais o assistido, por dolo ou culpa, não se valeu.

▶ *Referência: CPC/1973 – Art. 55*

1. Justiça da decisão

Com o trânsito em julgado, o assistente não poderá rediscutir a justiça da decisão emitida no processo em que interveio. Vale dizer, "a sentença proferida na causa de que o assistente participou, embora não produza efeito de coisa julgada contra ele, mesmo assim o alcança, tornando indiscutíveis", em eventual demanda posterior, "os fatos e os fundamentos jurídicos com base nos quais o juiz tenha decidido a demanda contra o assistido" (Ovídio A. Baptista da Silva, *Curso de Processo Civil*, v. 1, 7. ed., Forense: Rio de Janeiro, 2002, p. 267). Esse dispositivo, de acordo com o entendimento de Leonardo Greco, não é "compatível com as garantias fundamentais do processo moderno, tais como a do contraditório e da ampla defesa".

Pois, "se o assistente simples não é parte, se o objeto litigioso não é o seu direito, se ele tem a sua atuação limitada pela do próprio assistido, do qual é um mero auxiliar", "ele não pode ficar impedido de rediscutir a justiça da decisão, seja do ponto de vista fático ou jurídico, na causa em que estiver em jogo o seu próprio direito. Caso contrário, ele seria prejudicado na defesa do seu direito em razão da decisão proferida num processo em que não foi parte, em que ele interveio somente para colaborar". "Mesmo o assistente litisconsorcial somente poderá ser atingido pelos efeitos da sentença transitada em julgado se tiver intervindo num momento em que fosse possível exercer plenamente a sua defesa, ou caso não tenha sido prejudicado pelo comportamento do assistido, pois se isso tiver ocorrido, deverá ser reputado um assistente simples". (Instituições de Processo Civil, v. I, Forense: Rio de Janeiro, 2009, p. 503). Propõe ele, então, a seguinte interpretação: "parece-me, pois, que o verdadeiro alcance do artigo 55 do Código de Processo Civil não pode ultrapassar àquilo que Liebman denominou de 'eficácia natural da sentença', isto é, que o assistente, em qualquer das duas modalidades de assistência, não poderá mais discutir que o direito entre as partes, o direito entre o assistido e o seu adversário, é o declarado na sentença, ressalvada a possibilidade de rediscutir os seus fundamentos na medida em que afetam o seu próprio direito material ou que, de algum modo, tenha sido prejudicado na sua defesa." (Leonardo Greco, *Instituições de Processo Civil*, v. I, Forense: Rio de Janeiro, 2009, p. 503).

2. *Exceptio male gesti processus*

Fica o assistente autorizado a rediscutir a justiça da decisão emitida no processo em que interveio se alegar e provar que i) pelo estado em que recebera o processo ou pelas declarações e atos do assistido, fora impedido de produzir provas suscetíveis de influir na sentença, ou que ii) desconhecia a existência de alegações ou de provas de que o assistido, por dolo ou culpa, não se valeu.

Seção III
Da assistência litisconsorcial

Art. 124. Considera-se litisconsorte da parte principal o assistente sempre que a sentença

influir na relação jurídica entre ele e o adversário do assistido.

▶ *Referência: CPC/1973 – Art. 54*

1. Assistência litisconsorcial

O assistente litisconsorcial deve ser tomado como verdadeira parte: "o assistente litisconsorcial é aquele que mantém relação jurídica própria com o adversário da parte assistida e que assim poderia desde o início da causa figurar como litisconsorte facultativo. Seu ingresso posterior, como assistente, assegura-lhe, assim, o status processual de litisconsorte" (Humberto Theodoro Júnior, *Curso de Direito Processual Civil*, v. I, 51. ed., Rio de Janeiro: Forense, 2010, p. 152). Sendo litisconsorte, dispõe o assistente de todos os poderes atribuídos às partes em uma relação processual. Não há aí então, diversamente do que ocorre nos casos de assistência simples, nenhuma relação de subordinação entre o assistente e o assistido. O pedido de intervenção do assistente litisconsorcial pode ser impugnado de modo semelhante ao do assistente simples.

Jurisprudência

"A jurisprudência do Superior Tribunal de Justiça firmou-se no sentido de que a assistência simples ocorre quando a lide não abrange direito próprio do terceiro assistente, tendo esse, todavia, interesse em colaborar com algum dos litigantes. A assistência litisconsorcial, por outro lado, se dá quando o interveniente é cotitular do direito discutido, no sentido de ter relação jurídica com o adversário do assistido, ou seja, quando será diretamente atingido pelo provimento jurisdicional (AgInt no REsp 1.454.399/PR, Rel. Min. Mauro Campbell Marques, *DJe* 23.5.2017; REsp 802.342/PR, Rel. Min. Fernando Gonçalves, *DJe* 2.2.2009)." (STJ, AgInt no Recurso Especial nº 1552975/SE, 1ª Turma, Rel. Min. Napoleão Nunes Maia Filho, j. 30.9.2019).

CAPÍTULO II
DA DENUNCIAÇÃO DA LIDE

Art. 125. É admissível a denunciação da lide, promovida por qualquer das partes:
I – ao alienante imediato, no processo relativo à coisa cujo domínio foi transferido ao denun-

ciante, a fim de que possa exercer os direitos que da evicção lhe resultam;

II – àquele que estiver obrigado, por lei ou pelo contrato, a indenizar, em ação regressiva, o prejuízo de quem for vencido no processo.

§ 1º O direito regressivo será exercido por ação autônoma quando a denunciação da lide for indeferida, deixar de ser promovida ou não for permitida.

§ 2º Admite-se uma única denunciação sucessiva, promovida pelo denunciado, contra seu antecessor imediato na cadeia dominial ou quem seja responsável por indenizá-lo, não podendo o denunciado sucessivo promover nova denunciação, hipótese em que eventual direito de regresso será exercido por ação autônoma.

▶ *Referência: CPC/1973 – Art. 70*

1. Denunciação da lide

Essa modalidade de intervenção de terceiros é caracterizada pelo interesse do denunciante em obter pronunciamento judicial sobre a relação de garantia estabelecida por ele com um terceiro, o denunciado. A denunciação da lide não se presta, pois, a correção do polo passivo. Se o denunciante for parte ilegítima, a denunciação por ele realizada não poderá ser admitida.

Com o ingresso do terceiro (garante) e a integração de nova parte ao processo, a existência dessa relação de garantia é analisada no mesmo processo em que o denunciante é parte. Evita-se, com isso, a instauração de um sucessivo processo. A denunciação da lide, portanto, consiste em uma demanda incidente que promove a ampliação objetiva e subjetiva do objeto litigioso do processo. A denunciação da lide, pois, é modalidade de intervenção de terceiros provocada – já que o terceiro é forçado a ingressar no processo –, em que o denunciante pede a condenação do terceiro que ele afirma ter a obrigação de indenizá-lo na hipótese de sofrer prejuízo decorrente do resultado da demanda principal.

O denunciante, em outras palavras, formula pedido em face de terceiro que espera seja condenado se ele também o for na demanda principal. Trata-se, portanto, de demanda proposta de forma eventual. As demandas são conexas e podem ser reunidas para julgamento conjunto. O juiz terá, então, uma nova pretensão a ser apreciada, consistente na condenação do terceiro denunciado (Paulo Henrique dos Santos Lucon, Relação entre demandas. Tese apresentada para Concurso de Livre-Docência de Direito Processual Civil na Faculdade de Direito da Universidade de São Paulo, 2015 (no prelo), § 40). A denunciação da lide, de acordo com o art. 125 do Código de Processo Civil, deixa, portanto, de ser obrigatório, já que admitido o exercício do direito de regresso em demanda autônoma. Por se tratar de autêntica demanda, o magistrado deverá analisar se todos os pressupostos relativos ao julgamento do mérito estão presentes na denunciação. Dada a autonomia dessa demanda secundária, o resultado da demanda principal não influenciará seu julgamento.

2. Denunciação da lide. Admissibilidade

No caso da denunciação da lide, o direito regressivo poderá ser exercido por meio de ação autônoma quando a denunciação for indeferida, deixar de ser promovida ou não for permitida (CPC, art. 125, § 1º), lembrando que se admite apenas uma única denunciação sucessiva, promovida pelo denunciado, contra seu antecessor imediato na cadeia dominial ou quem seja responsável por indenizá-lo, não podendo o denunciado sucessivo promover nova denunciação, hipótese em que eventual direito de regresso será exercido por ação autônoma (CPC, art. 125, § 2º). Trata-se de legítima limitação de demandas incidentes a fim de que objeto litigioso do processo não seja excessivamente ampliado. (Paulo Henrique dos Santos Lucon, Relação entre demandas. Tese apresentada para Concurso de Livre-Docência de Direito Processual Civil na Faculdade de Direito da Universidade de São Paulo, 2015 (no prelo), § 40).

A denunciação será admissível ao alienante imediato, no processo relativo à coisa cujo domínio foi transferido ao denunciante, a fim de que possa exercer os direitos decorrentes da evicção (inc. I); e àquele que estiver obrigado, por lei ou contrato, a indenizar em ação regressiva, o prejuízo de quem for vencido no processo (inc. II).

3. Denunciação da lide (cabimento)

"A denunciação da lide visa a privilegiar os princípios da celeridade e economia processuais, servindo à finalidade de resolver o máximo possível de conflitos dentro da mesma relação

Art. 126

processual. Se, contudo, a admissão dessa modalidade de intervenção de terceiros prejudicar tais princípios, descumprindo seu objetivo precípuo, não será cabível a denunciação." (STJ, AgInt no Agravo em Recurso Especial nº 1212690/AM, 1ª Turma, Rel. Min. Napoleão Nunes Maia Filho, j. 15.4.2019). Ademais, "a jurisprudência do STJ é no sentido de ser incabível a denunciação da lide com amparo no 125, II, do CPC/2015, em situações que não se vislumbra o direito de regresso, mas sim o objetivo do denunciante de ver reconhecida a culpa de terceiro" (STJ, AgInt no Agravo em Recurso Especial nº 1.368.021/MG, 4ª Turma, Rel. Ministro Luis Felipe Salomão, j. 30.5.2019, *DJe* 4.6.2019).

4. Denunciação da lide nas relações de consumo

O comerciante que indenizar o consumidor pelos prejuízos sofridos pelo fato do produto pode exercer o direito de regresso contra os demais responsáveis (fabricante, construtor, produtor, importador). Essa ação de regresso, contudo, deve ser ajuizada em um processo autônomo. Não é autorizada nesses casos a denunciação da lide (CDC, art. 12, c/c., art. 13, c/c, art. 88). Essa vedação, contudo, não se aplica nos casos de defeito no serviço. Segundo Kazuo Watanabe, "a denunciação da lide foi vedada para o direito de regresso de que trata o art. 13, parágrafo único, do Código, para evitar que a tutela jurídica processual dos consumidores pudesse ser retardada e também porque, em regra, a dedução dessa lide incidental será feita com a invocação de uma causa de pedir distinta. Com isso, entretanto, não ficará prejudicado o comerciante, que poderá em seguida ao pagamento da indenização, propor ação autônoma de regresso nos mesmos autos da ação originária" (*Código Brasileiro de Defesa do Consumidor*, comentado pelos Autores do Anteprojeto, 10. ed., Rio de Janeiro: Forense, 2011, p. 123).

Jurisprudência

"Nas ações de indenização fundadas na responsabilidade civil objetiva do Estado (CF/88, art. 37, § 6º), não é obrigatória a denunciação à lide do agente supostamente responsável pelo ato lesivo (CPC, art. 70, III). A denunciação à lide do servidor público nos casos de indenização fundada na responsabilidade objetiva do Estado não deve ser considerada como obrigatória, pois

impõe ao autor manifesto prejuízo à celeridade na prestação jurisdicional. Haveria em um mesmo processo, além da discussão sobre a responsabilidade objetiva referente à lide originária, a necessidade da verificação da responsabilidade subjetiva entre o ente público e o agente causador do dano, a qual é desnecessária e irrelevante para o eventual ressarcimento do particular. Ademais, o direito de regresso do ente público em relação ao servidor, nos casos de dolo ou culpa, é assegurado no art. 37, § 6º, da Constituição Federal, o qual permanece inalterado ainda que inadmitida a denunciação da lide" (STJ, REsp 1089955/RJ, 1ª Turma, rel. Min. Denise Arruda, j. 03.11.2009, *DJe* 24.11.2009).

"Agravo interno no recurso especial – Ação condenatória – Decisão monocrática que deu parcial provimento ao apelo nobre. Insurgência da demandada. 1. O Superior Tribunal de Justiça entende que a vedação à denunciação da lide estabelecida no artigo 88 do CDC não se limita à responsabilidade por fato do produto (art. 13 do CDC), sendo aplicável também nas demais hipóteses de responsabilidade por acidentes de consumo (arts. 12 e 14 do CDC). Precedentes. 2. Agravo interno desprovido" (STJ, AgInt no Recurso Especial nº 1422640/CE, 4ª Turma, Rel. Ministro Marco Buzzi, j. 25.11.2019).

> **Art. 126.** A citação do denunciado será requerida na petição inicial, se o denunciante for autor, ou na contestação, se o denunciante for réu, devendo ser realizada na forma e nos prazos previstos no art. 131.

▶ *Referência: CPC/1973 – Art. 71*

1. Citação do denunciado

Se o denunciante for o autor, ele deverá requerer a citação do denunciado juntamente com a do réu na petição inicial, salvo a ocorrência de fato superveniente e relevante. Se, por outro lado, o denunciante for o réu, a citação do denunciado deve ser requerida com a contestação, devendo a citação, então, ser promovida no prazo de trinta dias, nos termos do art. 131 do Código, sob pena de ficar sem efeito a denunciação.

Jurisprudência

"Quando o réu adianta a contestação, ele abre mão do restante do prazo legal de apresentação de resposta, de maneira que eventual tentativa de aditar a contestação será freada pelo óbice da preclusão consumativa. Havendo o oferecimento antecipado da contestação, a denunciação da lide pelo réu só poderá ser oferecida se: (1) ainda não tiver escoado o prazo legal da contestação e, cumulativamente, (2) não houver ainda sido determinada a prática de qualquer outro ato processual" (STJ, REsp 1099439/RS, 3ª Turma Rel. Min. Massami Uyeda, j. 19.03.2009, *DJe* 04.08.2009).

"Civil e processual civil. Ação anulatória e reivindicatória de bem imóvel. Citação do cônjuge de corréu. Ausência. Alegação de terceiros que não se prejudicariam com eventual nulidade. Ausência de interesse e de legitimidade. Denunciação da lide pelo autor. Responsabilidade para com o réu. Inexistência. Embargos declaratórios. Multa. Afastamento. 1. O réu não possui legitimidade e interesse para arguir a ausência de citação de cônjuge de corréu a ele litisconsorciado, se da ausência da citação não resultou qualquer prejuízo. 2. O litisdenunciado do autor, se for o caso, somente responde pelos danos experimentados pelo denunciante (o autor), na hipótese de improcedência do pedido, não remanescendo qualquer responsabilidade regressiva para com o réu, sucumbente na ação, em caso de procedência. 3. O acórdão recorrido chegou à conclusão acerca da propriedade das terras em litígio com suporte nas provas dos autos, cuja análise soberana cabe às instâncias ordinárias exclusivamente, nos termos da Súmula 7/STJ. 4. 'Embargos de declaração manifestados com notório propósito de prequestionamento não têm caráter protelatório' (Súmula 98/STJ). 5. Recurso especial conhecido e parcialmente provido." (STJ, Recurso Especial nº 567.273/RO, 4ª Turma, Rel. Ministro Luis Felipe Salomão, j. 17.3.2011, *DJe* 13.4.2011)

> **Art. 127.** Feita a denunciação pelo autor, o denunciado poderá assumir a posição de litisconsorte do denunciante e acrescentar novos argumentos à petição inicial, procedendo-se em seguida à citação do réu.

▶ *Referência: CPC/1973 – Art. 74*

1. Posição do denunciado em relação ao autor

Se o autor denunciar a lide, o denunciado que comparecer ao processo se tornará seu litisconsorte. Esse é um caso, portanto, de litisconsórcio ativo facultativo ulterior. Como litisconsorte o denunciado é autorizado, inclusive, a aditar a petição inicial, procedendo-se em seguida à citação do réu. Assumindo o status de parte o denunciado responde também pelos ônus da sucumbência (STJ, REsp 115894/DF, 4ª Turma, Rel. Ministro Barros Monteiro, j. 23.10.2001, *DJ* 25.03.2002, p. 287).

> **Art. 128.** Feita a denunciação pelo réu:
>
> **I** – se o denunciado contestar o pedido formulado pelo autor, o processo prosseguirá tendo, na ação principal, em litisconsórcio, denunciante e denunciado;
>
> **II** – se o denunciado for revel, o denunciante pode deixar de prosseguir com sua defesa, eventualmente oferecida, e abster-se de recorrer, restringindo sua atuação à ação regressiva;
>
> **III** – se o denunciado confessar os fatos alegados pelo autor na ação principal, o denunciante poderá prosseguir com sua defesa ou, aderindo a tal reconhecimento, pedir apenas a procedência da ação de regresso.
>
> **Parágrafo único.** Procedente o pedido da ação principal, pode o autor, se for o caso, requerer o cumprimento da sentença também contra o denunciado, nos limites da condenação deste na ação regressiva.

▶ *Referência: CPC/1973: Art. 75*

1. Posição do denunciado em relação ao réu

O denunciado que comparecer ao processo devido a denunciação promovida pelo réu e contestar o pedido do autor se torna litisconsorte do réu. Esse é um caso, portanto, de litisconsórcio passivo facultativo ulterior. Se, por acaso, o denunciante (réu originário) for excluído, o processo pode seguir contra o denunciado. Nesse sentido: "A alegação feita pela empresa recorrente coaduna-se com o entendimento tradicional, mais formalista, de que, extinta por qualquer fundamento a ação principal, restaria prejudicada a ação de denunciação da lide por se tratar de modalidade de ação de regresso. A jurisprudência do STJ, porém, tem flexibilizado essa orientação, atenta aos princípios da instrumentalidade do processo e da efetividade da prestação jurisdicional. Esta Terceira Turma

Art. 129

já teve oportunidade de examinar demanda em que fora excluído o denunciante, entendendo não se extinguir a ação principal e admitindo o prosseguimento do processo diretamente contra o denunciado, inclusive com sua condenação como litisconsorte passivo". (STJ, Recurso Especial nº 949.226/ES, 3ª Turma, Rel. Ministro Paulo de Tarso Sanseverino, j. 10.5.2011, *DJe* 3.6.2011).

Se o denunciado não comparecer, o réu-denunciante pode deixar de prosseguir com sua defesa e restringir sua atuação à ação regressiva em face do denunciado. Na hipótese de o denunciado confessar os fatos alegados pelo autor, o réu poderá prosseguir com sua defesa, ou então, se aderir a tal reconhecimento, pedir apenas a procedência da ação de regresso veiculada em face do denunciado. Sendo julgado procedente o pedido formulado pelo autor na demanda principal, poderá ele requerer o cumprimento da sentença também em face do denunciado, nos limites da responsabilidade deste na ação regressiva.

> **Art. 129.** Se o denunciante for vencido na ação principal, o juiz passará ao julgamento da denunciação da lide.
>
> **Parágrafo único.** Se o denunciante for vencedor, a ação de denunciação não terá o seu pedido examinado, sem prejuízo da condenação do denunciante ao pagamento das verbas de sucumbência em favor do denunciado.

▶ *Referência: CPC/1973 – Art. 76*

1. Conteúdo da sentença

A sentença que condenar o denunciante conterá também um capítulo em que será analisada a relação de garantia estabelecida entre o denunciante e o denunciado. Por isso, se o denunciante for vencido na ação principal, o juiz passará ao julgamento da denunciação. Trata-se de uma decorrência lógica do primeiro julgamento. Se for apurada a responsabilidade do denunciado, a sentença valerá como título executivo, podendo, portanto, o denunciante fazer uso dela para obter a satisfação do seu direito de regresso. Se o denunciante, por seu turno, sagrar-se vencedor, a denunciação não terá seu pedido examinado, sem que isso prejudique, contudo, a condenação do denunciante ao pagamento das verbas de sucumbência em favor do denunciado, afinal,

diante da falta de interesse do denunciante em obter um ressarcimento do denunciado, revela-se que o denunciante deu causa sem justo motivo para a intervenção do denunciado no processo, razão pela qual deve indenizá-lo, dada a aplicação do princípio da causalidade.

CAPÍTULO III
DO CHAMAMENTO AO PROCESSO

> **Art. 130.** É admissível o chamamento ao processo, requerido pelo réu:
>
> **I** – do afiançado, na ação em que o fiador for réu;
>
> **II** – dos demais fiadores, na ação proposta contra um ou alguns deles;
>
> **III** – dos demais devedores solidários, quando o credor exigir de um ou de alguns o pagamento da dívida comum.

▶ *Referência: CPC/1973 – Art. 77*

1. Chamamento ao processo (integração do polo passivo)

O credor, ao propor uma ação de cobrança, pode não a ter direcionada em face de todos os possíveis devedores. Com o chamamento ao processo, procura-se integrar à relação processual todos os possíveis devedores, para que o juiz declare assim na sentença a responsabilidade dos obrigados. Podem ser chamados ao processo: i) o afiançado, na ação em que o fiador for réu; ii) os outros fiadores, quando para a ação for citado apenas um deles; iii) os devedores solidários, quando o credor exigir de um ou de alguns deles, parcial ou totalmente, a dívida comum. Procura-se, então, formar um título executivo amplo que compreenda todos os coobrigados.

Jurisprudência

"O art. 77 do CPC estabelece hipóteses em que o demandado pode promover o 'chamamento ao processo' de outro obrigado pela prestação objeto do pedido, a fim de formar, com ele, um litisconsórcio passivo. Assim, o fiador demandado tem a faculdade de chamar ao processo o 'devedor' (inciso I) ou os 'outros fiadores' (inciso II); e o devedor pode chamar 'todos os devedores solidários' (inciso III). Como se percebe, são situações típicas e próprias de obrigação de pagar quantia, não se mostrando adequadas ou compatíveis com obrigações em que a prestação seja entrega de coisa certa, cuja satisfação efetiva não comporta divisão. É de se reconhecer, ademais, que se trata de formação de litisconsórcio passivo facultativo de caráter excepcional, eis que promovida pelo demandado. Com efeito, cumpre ao autor, em regra, a faculdade de escolher contra quem vai promover sua demanda. Ora, hipóteses excepcionais não comportam interpretação extensiva" (STJ, REsp 1125537/SC, 1ª Turma, Rel. Min. Teori Albino Zavascki, j. 16.03.2010, *DJe* 24.03.2010).

"A solidariedade obrigacional não importa em exigibilidade da obrigação em litisconsórcio necessário (art. 47 do CPC), mas antes na eleição do devedor pelo credor, cabendo àquele, facultativamente, o chamamento ao processo (art. 77, do CPC)" (STJ, REsp 1145146/RS, 1ª Seção, Rel. Min. Luiz Fux, j. 09.12.2009, *DJe* 01.02.2010).

> **Art. 131.** A citação daqueles que devam figurar em litisconsórcio passivo será requerida pelo réu na contestação e deve ser promovida no prazo de 30 (trinta) dias, sob pena de ficar sem efeito o chamamento.
>
> **Parágrafo único.** Se o chamado residir em outra comarca, seção ou subseção judiciárias, ou em lugar incerto, o prazo será de 2 (dois) meses.

▸ *Referência: CPC/1973 – Art. 78*

1. Citação

O requerimento formulado pelo réu para que sejam integrados à relação processual os demais obrigados deve ser apresentado dentro do prazo que ele dispõe para oferecer a contestação, e a citação deverá ser promovida no prazo de trinta dias, sob pena de ficar sem efeito o chamamento.

Jurisprudência

"O chamamento ao processo, nos termos do art. 78 do CPC, deve ser promovido quando da contestação, sendo descabida sua arguição em sede de recurso especial, ante proibição de inovação da lide" (STJ, REsp 254427/SE, 4ª Turma, Rel. Min. Luis Felipe Salomão, j. 10.02.2009, *DJe* 16.03.2009).

> **Art. 132.** A sentença de procedência valerá como título executivo em favor do réu que satisfizer a dívida, a fim de que possa exigi-la, por inteiro, do devedor principal, ou, de cada um dos codevedores, a sua quota, na proporção que lhes tocar.

▸ *Referência: CPC/1973 – Art. 80*

1. Título executivo

O coobrigado que primeiro satisfizer o direito do credor reconhecido pela sentença, poderá dela se valer para exigir dos demais coobrigados a restituição da parte da dívida que a eles incumbia adimplir.

CAPÍTULO IV
DO INCIDENTE DE DESCONSIDERAÇÃO DA PERSONALIDADE JURÍDICA

> **Art. 133.** O incidente de desconsideração da personalidade jurídica será instaurado a pedido da parte ou do Ministério Público, quando lhe couber intervir no processo.
>
> **§ 1º** O pedido de desconsideração da personalidade jurídica observará os pressupostos previstos em lei.
>
> **§ 2º** Aplica-se o disposto neste Capítulo à hipótese de desconsideração inversa da personalidade jurídica.

▸ *Sem correspondência no CPC/1973*

1. A desconsideração da personalidade jurídica no direito material

Como regra, a personalidade jurídica não se confunde com a de seus integrantes: *universitas distat a singulis*. Não raramente, porém, sócios e administradores abusam da personalidade jurídica, causando prejuízos a terceiros. Por isso, há cerca de um século o art. 10 do Decreto nº 3.708/1919 dispôs, em relação às sociedades "por quotas de responsabilidade limitada", que "os sócios gerentes ou que derem nome à firma não respondem pessoalmente pelas obrigações contraídas em nome da sociedade, mas respondem para com esta e para com terceiros solidária e ilimitadamente pelo excesso de mandato e pelos atos praticados com violação do contrato ou da lei". Também o Código Tributário Nacional prevê, nos arts. 134 e 135, diversas regras de responsabilização tributária de terceiros, inclusive de sócios e administradores de pessoas jurídicas.

A doutrina conhecida como *disregard of legal entity*, propriamente dita, restou acolhida pelo legislador brasileiro por meio do Código de Defesa do Consumidor (Lei nº 8.078/1990), cujo art. 28 estabelece que "o juiz poderá desconsiderar a personalidade jurídica da sociedade quando, em detrimento do consumidor, houver abuso de direito, excesso de poder, infração da lei, fato ou ato ilícito ou violação dos estatutos ou contrato social"; e que "a desconsideração também será efetivada quando houver falência, estado de insolvência, encerramento ou inatividade da pessoa jurídica provocados por má administração".

Também o art. 4º da Lei nº 9.605/1998, que trata da responsabilização civil, penal e administrativa decorrente de atividades lesivas ao meio ambiente, estabelece que "poderá ser desconsiderada a pessoa jurídica sempre que sua personalidade for obstáculo ao ressarcimento de prejuízos causados à qualidade do meio ambiente".

O Código Civil de 2002, no art. 50, dispõe que, "em caso de abuso de personalidade jurídica, caracterizado pelo desvio de finalidade, ou pela confusão patrimonial, pode o juiz, a requerimento da parte, ou do Ministério Público quando lhe couber intervir no processo, desconsiderá-la para que os efeitos de certas e determinadas relações de obrigações sejam estendidos aos bens particulares de administradores ou sócios da pessoa jurídica beneficiados direta ou indiretamente pelo abuso".

Ainda, o art. 34 da Lei nº 12.259/2011, que estrutura o Sistema Brasileiro de Defesa da Concorrência e dispõe sobre a prevenção e repressão às infrações contra a ordem econômica, estabelece que "a personalidade jurídica do responsável por infração da ordem econômica poderá ser desconsiderada quando houver da parte deste abuso de direito, excesso de poder, infração da lei, fato ou ato ilícito ou violação dos estatutos ou contrato social"; e que "a desconsideração também será efetivada quando houver falência, estado de insolvência, encerramento ou inatividade da pessoa jurídica provocados por má administração".

Na desconsideração da personalidade jurídica, dá-se a responsabilização patrimonial, isto é, o patrimônio particular dos sócios ou administradores é alcançado para a solução de débitos da pessoa jurídica (Nelson Nery Junior, *Comentários ao Código de Processo Civil*, p. 570; também Teresa Arruda Alvim Wambier *et alii*, *Primeiros comentários ao novo Código de Processo Civil: artigo por artigo*, p. 252).

2. O "incidente" de desconsideração da personalidade jurídica

Inserido no Título III do Livro III da Parte Geral do CPC, que cuida das modalidades de intervenção de terceiros, o incidente de desconsideração da personalidade jurídica supre lacuna até então existente na legislação processual e porta a especial virtude de consagrar os princípios do contraditório e da ampla defesa, contemplando, expressamente, os direitos de resposta, de produção de provas e de acesso ao duplo grau de jurisdição.

Conquanto denominado de "incidente", a figura prevista entre os arts. 133 e 137 do CPC possui várias características que autorizam a interpretação segundo a qual se tem, aí, não um mero incidente processual, mas uma "ação incidental".

Com efeito, por meio desse "incidente" o requerente busca a emissão de um pronunciamento judicial de natureza declaratória que dê pela ineficácia de determinados atos de alienação ou oneração de bens, havidos em fraude de execução (ver art. 137). Referido pronunciamento, com claro conteúdo de mérito, evidentemente terá aptidão de formar coisa julgada material (nesse sentido é a lição de Cassio Scarpinella Bueno, *Manual de direito processual civil*, p. 159-160).

A circunstância de o "incidente" poder ser resolvido nos próprios autos e por decisão interlocutória não é importante para a identificação de sua natureza. A uma, porque as ações incidentais não pressupõem autos em apartado. A duas, porque o CPC admite, expressamente, que o julgamento de mérito se dê por decisão interlocutória.

A par disso, ressalte-se que a instauração do "incidente" pressupõe provocação, não podendo ser instaurado *ex officio*. A legitimidade ativa recai, segundo o artigo em análise, sobre a parte ou o Ministério Público, quando lhe couber intervir no processo.

O § 1º do artigo em exame impõe que o pedido de desconsideração da personalidade jurídica observe os pressupostos previstos em lei, ou seja, da lei material aplicável. Dúvida não há de que, tratando a lei material de desconsideração da personalidade jurídica, propriamente dita, a instauração do incidente será de rigor. Não se pode afirmar o mesmo em relação às hipóteses de responsabilização tributária, previstas nos arts. 134 e 135 do CTN. Distinguindo responsabilização tributária de responsabilização patrimonial, autorizada doutrina exclui aquelas hipóteses do âmbito do incidente (Maria Rita Ferragut, Incidente de desconsideração da personalidade jurídica e os grupos econômicos, in *O novo CPC e seu impacto no direito tributário*, p. 13 e ss.; no mesmo sentido, Luis Claudio Ferreira Cantanhede, O redirecionamento da execução fiscal em virtude do encerramento irregular da sociedade executada e o incidente de desconsideração da personalidade jurídica, in *O novo CPC e seu impacto no direito tributário*, p. 43 e ss.). Existem julgados nessa direção, mas também os há em sentido diverso (ver jurisprudência *infra*).

Por fim, destaque-se que o § 2º do art. 133 do CPC estabelece, expressamente, que o disposto no capítulo aplica-se também à hipótese de desconsideração inversa da personalidade jurídica, que consiste na responsabilização patrimonial da empresa pelas dívidas de seus sócios ou administradores, em casos como o de desvio fraudulento ou abusivo de bens da pessoa natural para a pessoa jurídica (ver jurisprudência *infra*).

Jurisprudência

"Tributário. Execução fiscal. Redirecionamento. Grupo econômico. Incidente de desconsideração da personalidade da pessoa jurídica. Necessidade. 1. Aos recursos interpostos com fundamento no CPC/2015 (relativos a decisões publicadas a partir de 18 de março de 2016) serão exigidos os requisitos de admissibilidade recursal na forma nele prevista (Enunciado n. 3 do Plenário do STJ). 2. O redirecionamento de execução fiscal à pessoa jurídica que integra o mesmo grupo econômico da sociedade empresária originalmente executada, mas que não foi identificada no ato de lançamento (nome na CDA) ou que não se enquadra nas hipóteses dos arts. 134 e 135 do CTN, depende da comprovação do abuso de personalidade, caracterizado pelo desvio de finalidade ou confusão patrimonial, tal como consta do art. 50 do Código Civil, daí por que, nesse caso, é necessária a instauração do incidente de desconsideração da personalidade da pessoa jurídica devedora. Precedentes da Primeira Turma do STJ. 3. Hipótese em que o Tribunal de origem, em desconformidade com a orientação jurisprudencial deste Superior Tribunal de Justiça, manteve o redirecionamento da execução fiscal à pessoa jurídica integrante do mesmo grupo econômico da pessoa jurídica executada, sem a instauração do incidente de desconsideração da personalidade jurídica, ao fundamento de que há responsabilidade solidária em razão de terem interesse comum na situação caracterizadora do fato gerador (art. 124, inciso I, do CTN). 4. Agravo interno desprovido." (STJ, AgInt no REsp 1706614/RS, Rel. Min. Gurgel de Faria, 1ª Turma, j. 21.09.2020, *DJe* 06.10.2020)

"Redirecionamento da execução fiscal. Sucessão de empresas. Grupo econômico de fato. Confusão patrimonial. Instauração de incidente de desconsideração da personalidade jurídica. Desnecessidade. Violação do art. 1.022, do CPC/2015. Inexistência. I – Impõe-se o afastamento de alegada violação do art. 1.022 do CPC/2015, quando a questão apontada como omitida pelo recorrente foi examinada no acórdão recorrido, caracterizando o intuito revisional dos embargos de declaração. II – Na origem, foi interposto agravo de instrumento contra decisão, em via de execução fiscal, em que foram reconhecidos fortes indícios de formação de grupo econômico, constituído por pessoas físicas e jurídicas, e sucessão tributária ocorrida em relação ao Jornal do Brasil S.A. e demais empresas do 'Grupo JB', determinando, assim, o redirecionamento do feito executivo. III – Verificada, com base no conteúdo probatório dos autos, a existência de grupo econômico de fato com confusão patrimonial, apresenta-se inviável o reexame de tais elementos no âmbito do recurso especial, atraindo o óbice da Súmula nº 7/STJ. IV – A previsão constante no art. 134, *caput*, do CPC/2015, sobre o cabimento do incidente de desconsideração da personalidade jurídica, na execução fundada em título executivo extrajudicial, não implica a ocorrência do incidente na execução fiscal regida pela Lei nº 6.830/1980, verificando-se verdadeira incompatibilidade entre o regime geral do Código de Processo Civil e a Lei de Execuções que, diversamente da lei geral, não comporta a apresentação de defesa sem prévia garantia do juízo, nem a automática suspensão do processo, conforme a previsão do art. 134, § 3º, do CPC/2015. Na execução fiscal 'a aplicação do CPC é subsidiária, ou seja, fica reservada para as situações em que as referidas leis são silentes e no que com elas compatível' (REsp nº 1.431.155/PB, Rel. Ministro Mauro Campbell Marques, Segunda Turma, *DJe* 2/6/2014). V – Evidenciadas as situações previstas nos arts. 124 e 133, do CTN, não se apresenta impositiva a instauração do incidente de desconsideração da personalidade jurídica, podendo o julgador determinar diretamente o redirecionamento da execução fiscal para responsabilizar a sociedade na sucessão empresarial. Seria contraditório afastar a instauração do incidente para atingir os sócios-administradores (art. 135, III, do CTN), mas exigi-la para mirar pessoas jurídicas que constituem grupos econômicos para blindar o patrimônio em comum, sendo que nas duas hipóteses há responsabilidade por atuação irregular, em descumprimento das obrigações tributárias, não havendo que se falar em desconsideração da personalidade jurídica, mas sim de imputação de responsabilidade tributária pessoal e direta pelo ilícito. Precedente: REsp nº 1.786.311/PR, Rel. Ministro Francisco Falcão, *DJe* 14/5/2019. VI – Agravo conhecido para conhecer parcialmente do recurso especial e, nessa parte, negar provimento." (STJ, AREsp 1455240/RJ, Rel. Min. Francisco Falcão, 2ª Turma, j. 15.08.2019, *DJe* 23.08.2019)

"Execução fiscal. Violação do art. 1.022 do CPC/2015. Inexistência. Débito de FGTS. indícios de dissolução irregular. Redirecionamento da execução contra o sócio. Cabimento. Instauração de incidente de desconsideração da personalidade jurídica. Desnecessidade. I – Impõe-se o afastamento de alegada violação do art. 1.022 do CPC/2015, quando a questão apontada como omitida pelo recorrente foi examinada no acórdão recorrido, caracterizando o intuito revisional dos embargos de declaração. II – No caso, o Tribunal de origem manteve a decisão recorrida, no sentido de que existem, no caso, indícios de dissolução irregular da sociedade devedora que possibilitaram o redirecionamento da execução contra os sócios, por dívidas do FGTS, considerando que, conforme certificado pelo Oficial de Justiça, não foi possível a localização de bens suficientes para garantir a execução em nome da parte executada, tendo, ademais, encerrado suas atividades sem a respectiva comunicação ao órgão competente. III – No que tange ao procedimento que instrumentaliza o redirecionamento da execução contra os sócios, para cobrança de crédito de FGTS, a despeito da sua natureza não

tributária, não se exige a instauração do incidente de desconsideração da personalidade jurídica. IV – Agravo conhecido para negar provimento ao recurso especial." (STJ, AREsp 1286512/RS, Rel. Min. Francisco Falcão, 2ª Turma, j. 19.03.2019, *DJe* 26.03.2019)

"Processual civil e tributário. Execução fiscal. Redirecionamento. Grupo econômico. Incidente de desconsideração da personalidade da pessoa jurídica. Fundamento invocado para atribuição da responsabilidade e à natureza e à origem do débito cobrado. Exame. Necessidade. Acórdão. Cassação. 1. 'O agravo poderá ser julgado, conforme o caso, conjuntamente com o recurso especial ou extraordinário, assegurada, neste caso, sustentação oral, observando-se, ainda, o disposto no regimento interno do tribunal respectivo' (art. 1.042, § 5º, do CPC/2015). 2. A atribuição, por lei, de responsabilidade tributária pessoal a terceiros, como no caso dos sócios-gerentes, autoriza o pedido de redirecionamento de execução fiscal ajuizada contra a sociedade empresária inadimplente, sendo desnecessário o incidente de desconsideração da personalidade jurídica estabelecido pelo art. 134 do CPC/2015. 3. Hipótese em que o TRF da 4ª Região decidiu pela desnecessidade do incidente de desconsideração, com menção aos arts. 134 e 135 do CTN, inaplicáveis ao caso, e sem aferir a atribuição de responsabilidade pela legislação invocada pela Fazenda Nacional, que requereu a desconsideração da personalidade da pessoa jurídica para alcançar outra, integrante do mesmo grupo econômico. 4. Necessidade de cassação do acórdão recorrido para que o Tribunal Regional Federal julgue novamente o agravo de instrumento, com atenção aos argumentos invocados pela Fazenda Nacional e à natureza e à origem do débito cobrado. 5. Agravo conhecido. Recurso especial provido." (STJ, AREsp 1173201/SC, Rel. Min. Gurgel de Faria, 1ª Turma, j. 21.02.2019, *DJe* 01.03.2019)

"Agravo interno no recurso especial. Pessoa jurídica. Desconsideração da Personalidade. Relação civil-empresarial. Art. 50 do Código Civil. Teoria maior. Atos ilícitos. Comprovação específica. Desvio de finalidade ou confusão patrimonial. Bens não localizados. Hipótese não configurada. Provimento. Agravo interno não provido. – A mera não localização de bens não permite a desconsideração da personalidade da pessoa jurídica e acesso ao patrimônio dos sócios. Precedentes do STJ." (STJ, AgInt no REsp

1585391/SP, Rel. Min. Luis Felipe Salomão, 4ª Turma, j. 07.11.2017, *DJe* 14.11.2017)

"Agravo interno no agravo em recurso especial. Agravo de instrumento. Desconsideração da personalidade jurídica. Ausência de bens penhoráveis. Dissolução irregular da empresa. Fundamentos que, por si sós, são insuficientes à aplicação da medida. Ilegitimidade do sócio para figurar como parte passiva na execução. Extinção do processo. Art. 485, VI, do CPC/2015. Manutenção da deliberação monocrática. Pretensão de aplicação da Súmula 7/STJ AFASTADA. – A jurisprudência mais recente desta Casa assevera que 'a mera demonstração de inexistência de patrimônio da pessoa jurídica ou de dissolução irregular da empresa sem a devida baixa na junta comercial, por si sós, não ensejam a desconsideração da personalidade jurídica' (AgRg no AREsp 347.476/DF, Rel. Ministro Raul Araújo, Quarta Turma, julgado em 5.5.2016, *DJe* 17.5.2016)." (STJ, AgInt no AREsp 1006296/SP, Rel. Min. Marco Aurélio Bellizze, 4ª Turma, j. 16.02.2017, *DJe* 24.02.2017)

"Civil e processual civil. Recurso especial. Ação monitória. Conversão. Cumprimento de sentença. Cobrança. Honorários advocatícios contratuais. Terceiros. Comprovação da existência da sociedade. Meio de prova. Desconsideração inversa da personalidade jurídica. Ocultação do patrimônio do sócio. Indícios do abuso da personalidade jurídica. Existência. Incidente processual. Processamento. Provimento. 1. O propósito recursal é determinar se: a) há provas suficientes da sociedade de fato supostamente existente entre os recorridos; e b) existem elementos aptos a ensejar a instauração de incidente de desconsideração inversa da personalidade jurídica. 2. A existência da sociedade pode ser demonstrada por terceiros por qualquer meio de prova, inclusive indícios e presunções, nos termos do art. 987 do CC/02. 3. A personalidade jurídica e a separação patrimonial dela decorrente são véus que devem proteger o patrimônio dos sócios ou da sociedade, reciprocamente, na justa medida da finalidade para a qual a sociedade se propõe a existir. 4. Com a desconsideração inversa da personalidade jurídica, busca-se impedir a prática de transferência de bens pelo sócio para a pessoa jurídica sobre a qual detém controle, afastando-se momentaneamente o manto fictício que separa o sócio da sociedade para buscar o patrimônio que, embora conste

no nome da sociedade, na realidade, pertence ao sócio fraudador. 5. No atual CPC, o exame do juiz a respeito da presença dos pressupostos que autorizariam a medida de desconsideração, demonstrados no requerimento inicial, permite a instauração de incidente e a suspensão do processo em que formulado, devendo a decisão de desconsideração ser precedida do efetivo contraditório. 6. Na hipótese em exame, a recorrente conseguiu demonstrar indícios de que o recorrido seria sócio e de que teria transferido seu patrimônio para a sociedade de modo a ocultar seus bens do alcance de seus credores, o que possibilita o recebimento do incidente de desconsideração inversa da personalidade jurídica, que, pelo princípio do *tempus regit actum*, deve seguir o rito estabelecido no CPC/15. 7. Recurso especial conhecido e provido." (STJ, REsp 1647362/SP, Rel. Min. Nancy Andrighi, 3ª Turma, j. 03.08.2017, *DJe* 10.08.2017)

"Direito civil e processual civil. Desconsideração inversa da personalidade jurídica. Cabimento. Utilização abusiva. Comprovação dos requisitos. – A jurisprudência do STJ admite a aplicação da desconsideração da personalidade jurídica de forma inversa, a fim de possibilitar a responsabilização patrimonial da pessoa jurídica por dívidas próprias dos sócios, quando demonstrada a utilização abusiva da personalidade jurídica. (STJ, AgRg no AREsp 792.920/MT, Rel. Min. Marco Aurélio Bellizze, 3ª Turma, j. 04.02.2016, *DJe* 11.02.2016)

"Direito civil. Recurso especial. Ação de dissolução de união estável. Desconsideração inversa da personalidade jurídica. Possibilidade. Reexame de fatos e provas. Inadmissibilidade. Legitimidade Ativa. Companheiro lesado pela conduta do sócio. Artigo analisado: 50 do CC/02. – Discute-se se a regra contida no art. 50 do CC/02 autoriza a desconsideração inversa da personalidade jurídica e se o sócio da sociedade empresária pode requerer a desconsideração da personalidade jurídica desta. – A desconsideração inversa da personalidade jurídica caracteriza-se pelo afastamento da autonomia patrimonial da sociedade para, contrariamente do que ocorre na desconsideração da personalidade propriamente dita, atingir o ente coletivo e seu patrimônio social, de modo a responsabilizar a pessoa jurídica por obrigações do sócio controlador. – É possível a desconsideração inversa da personalidade jurídica sempre que o cônjuge ou companheiro empresário valer-se de pessoa jurídi-

Art. 133

ca por ele controlada, ou de interposta pessoa física, a fim de subtrair do outro cônjuge ou companheiro direitos oriundos da sociedade afetiva." (STJ, REsp 1236916/RS, Rel. Min. Nancy Andrighi, 3ª Turma, j. 22.10.2013, *DJe* 28.10.2013)

"Processual civil e tributário. Execução fiscal. Teoria da desconsideração da pessoa jurídica. Art. 50 do novo Código Civil. Aferição da presença dos elementos autorizadores da medida. Reexame de matéria de fato. Impossibilidade. Súmula 7/STJ. 1. A teoria da desconsideração da personalidade jurídica, medida excepcional prevista no art. 50 do Código Civil de 2002, pressupõe a ocorrência de abusos da sociedade, advindos do desvio de finalidade ou da demonstração de confusão patrimonial. 2. O Tribunal de origem, com base no contexto fático-probatório dos autos, afastou os elementos fáticos autorizadores da medida. Desse modo, infirmar as conclusões a que chegou o acórdão recorrido – investigação acerca da ocorrência de abusos da personificação jurídica advindos do desvio de finalidade ou da demonstração de confusão patrimonial – demandaria a incursão na seara fático-probatória dos autos, tarefa essa soberana às instâncias ordinárias, o que impede o reexame na via especial (Súmula 7 deste Superior Tribunal)." (STJ, AgRg no AREsp 441.231/RJ, Rel. Min. Og Fernandes, 2ª Turma, j. 06.02.2014, *DJe* 20.02.2014)

"Processual civil. Execução fiscal. Responsabilidade de sócio. incidente de desconsideração da personalidade jurídica – Art. 133, NCPC. Inaplicabilidade. 1. Responsabilidade tributária de sócios por débitos de contribuições previdenciárias, inscritos em dívida ativa e cobrados através de execução fiscal, que se submete a regras próprias e não se equipara a hipótese de desconsideração da personalidade jurídica. 2. Inexigibilidade de instauração do procedimento previsto no art. 133 do NCPC. Precedentes." (TRF 3ª Região, AI 594893 – 0002057-73.2017.4.03.0000, Rel. Des. Fed. Peixoto Junior, 2ª Turma, j. 07.11.2017, *e-DJF3 Judicial 1* 22.01.2018)

"Processual civil. Direito tributário. Incidente de desconsideração de personalidade jurídica. Execução fiscal. Inaplicabilidade. Procedimento especial. Agravo de instrumento provido. 1. O procedimento reservado pela lei processual à desconsideração da personalidade jurídica não se aplica à execução fiscal. 2. A Lei nº 6.830/1980 prevê como sujeito passivo o responsável tributário (art. 4º, V), reconhecendo-

-lhe imediatamente legitimidade e dispensando a formação de título executivo específico, que constitui um dos efeitos do incidente de despersonalização. 3. Desde que estejam presentes indícios de excesso de poder ou de infração à lei, contrato social ou estatuto (art. 135 do CTN), o redirecionamento é deferido, para que os devedores solidários paguem ou nomeiem bens à penhora. Eles não recebem citação para exercer o contraditório, que se processa posteriormente, através de exceção de executividade ou de embargos. 4. O próprio Código de Processo Civil acolhe essa singularidade da cobrança judicial de Dívida Ativa: diferentemente do sócio declarado devedor no incidente, o art. 779, VI, relaciona como sujeito passivo imediato da execução extrajudicial o responsável tributário, descartando a composição de título específico, exigível no primeiro caso (art. 790, VII). 5. Pode-se dizer que o procedimento de desconsideração decorre de norma geral superveniente, que não acarreta a revogação de regra especial (art. 2º, § 2º, do Decreto-Lei nº 4.657/1942). A Lei nº 6.830/1980 já trazia uma metodologia própria para o redirecionamento, que não correspondia a uma etapa especial de cognição. 6. Agravo de instrumento a que se dá provimento." (TRF 3ª Região, AI 594269 – 0001108-49.2017.4.03.0000, 3ª Turma, Rel. Des. Fed. Antonio Cedenho, j. 06.12.2017, *e-DJF3 Judicial 1* 15.12.2017)

"Agravo de instrumento – Execução fiscal – Incidente de desconsideração da personalidade jurídica – Grupo econômico – Reconhecimento – Prescrição intercorrente para o redirecionamento – Art. 174, CTN – Despacho citatório – Pedido de inclusão no polo passivo – Ausência de participação no processo administrativo – Inclusão no processo executivo – Art. 135, CTN – Art. 50, CC – Aplicação – Recurso improvido. – No tocante à preliminar alegada, cumpre ressaltar que a decisão que determinou a inclusão da agravante no polo passivo da execução fiscal foi proferida ainda sob a vigência do antigo códex processual (Lei nº 5.869/73), em 30.9.2014 (fl. 696), prescindindo, portanto, da instauração do incidente de desconsideração da personalidade jurídica, descrito no art. 133, CPC/15. – Não tem cabimento a instauração do incidente, quando o coexecutado já se encontra incluindo na lide, não tendo, assim, a aplicação retroativa da lei processual. – No caso, foi reconhecida a existência de grupo econômico, não havendo, desta forma, que se falar em desconsideração da personalidade jurídica. – Quanto à aplicação do art. 50, CC, a jurisprudência é pacífica no sentido de admitir sua aplicação, na execução fiscal de débito tributário, quando configurada a constituição – ainda que de fato – de grupo econômico. – Presentes indícios da existência de grupo econômico a justificar a inclusão da recorrente no polo passivo da execução fiscal de origem, sendo certo que a agravante não logrou êxito em afastá-los em sede de exceção de pré-executividade." (TRF 3ª Região, AI 588161 – 0017142-36.2016.4.03.0000, Rel. Des. Fed. Nery Junior, 3ª Turma, j. 23.08.2017, *e-DJF3 Judicial 1* 01.09.2017)

"Não cabe instauração de incidente de desconsideração da personalidade jurídica nas hipóteses de redirecionamento da execução fiscal desde que fundada, exclusivamente, em responsabilidade tributária nas hipóteses dos artigos 132, 133, I e II e 134 do CTN, sendo o IDPJ indispensável para a comprovação de responsabilidade em decorrência de confusão patrimonial, dissolução irregular, formação de grupo econômico, abuso de direito, excesso de poderes ou infração à lei, ao contrato ou ao estatuto social (CTN, art. 135, incisos I, II e III), e para a inclusão das pessoas que tenham interesse comum na situação que constitua o fato gerador da obrigação principal, desde que não incluídos na CDA, tudo sem prejuízo do regular andamento da Execução Fiscal em face dos demais coobrigados." (TRF3, IRDR 0017610-97.2016.4.03.0000, Rel. p/ acórdão Des. Fed. Wilson Zauhy Filho, Órgão Especial, j. 10.02.2021)

> **Art. 134.** O incidente de desconsideração é cabível em todas as fases do processo de conhecimento, no cumprimento de sentença e na execução fundada em título executivo extrajudicial.
>
> **§ 1º** A instauração do incidente será imediatamente comunicada ao distribuidor para as anotações devidas.
>
> **§ 2º** Dispensa-se a instauração do incidente se a desconsideração da personalidade jurídica for requerida na petição inicial, hipótese em que será citado o sócio ou a pessoa jurídica.
>
> **§ 3º** A instauração do incidente suspenderá o processo, salvo na hipótese do § 2º.
>
> **§ 4º** O requerimento deve demonstrar o preenchimento dos pressupostos legais específicos para desconsideração da personalidade jurídica.

▶ *Sem correspondência no CPC/1973*

1. A instauração do incidente

O CPC não estabelece forma rígida ou momento específico para a arguição do incidente de desconsideração da personalidade jurídica. O pedido pode ser deduzido no bojo da petição inicial ou no curso do processo, em petição avulsa. A única exigência – que, de rigor, nem precisaria ser explicitada na lei – é a de que o requerimento deve demonstrar o preenchimento dos pressupostos legais específicos para desconsideração da personalidade jurídica (§ 4º do art. 134). O descumprimento a essa exigência conduz ao indeferimento liminar do pedido.

Admite-se o incidente em qualquer fase do processo – de conhecimento ou de cumprimento da sentença – e também na execução fundada em título extrajudicial. Nada impede, outrossim, que ele seja instaurado em fase recursal; não, contudo, no estreito âmbito dos recursos excepcionais, como adverte a doutrina (Teresa Arruda Alvim Wambier *et alii, Primeiros comentários ao novo Código de Processo Civil: artigo por artigo*, p. 253). Além disso, o art. 1.062 do CPC estabelece que o incidente tem lugar também no processo de competência dos juizados especiais.

O CPC distingue duas situações, conforme o pedido de desconsideração da personalidade jurídica seja feito na própria petição inicial ou posteriormente, no curso do processo. Na conformidade dos parágrafos do art. 134, dispensa-se a instauração do incidente e não se suspende o processo se a desconsideração da personalidade jurídica for requerida na petição inicial, "hipótese em que será citado o sócio ou a pessoa jurídica". Colhe-se, também, do texto legal que o incidente deverá ser instaurado e o processo será suspenso quando o pedido de desconsideração não for formulado na petição inicial; e, ainda, que a instauração do incidente será imediatamente comunicada ao distribuidor para as anotações devidas.

Essas disposições legais merecem alguma reflexão, o que se fará na sequência destes breves comentários.

2. Considerações sobre o procedimento

Dispondo sobre o pedido de desconsideração da personalidade jurídica formulado na petição inicial, o § 2º do art. 134 alude à citação do sócio "ou" da pessoa jurídica. O uso da conjunção alternativa, no texto legal, justifica-

Art. 135

-se somente porque, em relação ao pedido de desconsideração, será citado o sócio ou a pessoa jurídica, conforme se trate de desconsideração comum ou de desconsideração inversa. Dúvida não há, todavia, de que, em relação ao pedido principal, ambos deverão ser citados.

Sob outro aspecto, ao dispensar a instauração do incidente e afastar a suspensão do processo quando o pedido de desconsideração da personalidade jurídica for formulado na petição inicial, o legislador teve, nitidamente, o propósito de evitar a prática de atos desnecessários, a paralisação injustificada do feito e a adoção de formalidades inúteis, o que sem dúvida comprometeria a celeridade do processo. Percebe-se, claramente, que foi admitida a possibilidade de o pedido principal e o pedido de desconsideração tramitarem e serem decididos simultaneamente, nos mesmos autos, com grande economia processual.

Essa sistemática – de tramitação simultânea e nos mesmos autos do pedido principal e do pedido de desconsideração da personalidade jurídica – parece adequar-se bem às demandas de conhecimento. Cuidando-se, porém, de execução fundada em título extrajudicial, não se afigura apropriado dispensar-se a instauração do incidente (e sua autuação em separado), mesmo quando pedida a desconsideração no nascedouro do processo. É que, em vez de facilitar, a tramitação, nos mesmos autos, da execução e do pedido de desconsideração pode gerar tumulto processual, já que aquela tende à prática de atos de expropriação patrimonial e este tende a uma decisão, com amplas oportunidades de debate e de produção probatória. Ademais, em tal situação não há sequer cogitação em torno de julgamentos simultâneos, de modo que, desaparecida a razão justificadora da regra estabelecida no § 2º do art. 134, não subsistirá motivo para aplicá-la.

Quanto à suspensão do processo, revela-se evidente que sua previsão, no § 3º do art. 134, não se prende propriamente à instauração ou não do incidente, mas à conveniência de aguardar-se a solução do pedido de desconsideração da personalidade jurídica para, somente ao depois, julgar-se o pedido principal.

Cuidando-se de execução fundada em título extrajudicial, a conveniência inverte-se: nada recomenda a paralisação da execução em relação ao devedor; o feito pode tramitar paralelamente ao incidente de desconsideração da personalidade jurídica, instaurado em face daquele cujo patrimônio se deseja alcançar. Desse modo, se a execução restar bem-sucedida antes que se ultime a tramitação do incidente, ficará evidenciada a desnecessidade da desconsideração da personalidade jurídica; e se malograr a execução porque o devedor não possui patrimônio bastante, isso poderá ser relevante para o julgamento do incidente.

Por fim, uma breve observação também em relação ao § 1º deste artigo, que determina que a instauração do incidente seja imediatamente comunicada ao distribuidor, para as anotações devidas. Essa formalidade destina-se principalmente a tornar acessível a todos a informação sobre a existência do pedido de desconsideração, fato cujo conhecimento pode interessar, por exemplo, a outros credores. Não há relação entre a formalidade e a oportunidade em que formulado o pedido de desconsideração, tampouco com a circunstância de haver ou não sido formalmente instaurado o incidente. Sendo assim, tudo recomenda – e, de resto, nada impede – que sejam feitas tais anotações também quando o pedido de desconsideração da personalidade jurídica for deduzido na petição inicial e sempre que não for liminarmente indeferido.

> **Art. 135.** Instaurado o incidente, o sócio ou a pessoa jurídica será citado para manifestar-se e requerer as provas cabíveis no prazo de 15 (quinze) dias.

▶ *Sem correspondência no CPC/1973*

1. Os princípios do contraditório e da ampla defesa

Conforme já assinalado, o incidente de desconsideração da personalidade jurídica consagra os princípios do contraditório e da ampla defesa. Assim, o sócio ou a pessoa jurídica – conforme se trate de desconsideração comum ou inversa – será citado para defender-se amplamente, podendo apresentar resposta, propor e produzir provas e interpor eventuais recursos.

O caso é, mesmo, de citação, porquanto se trata do chamamento inicial à relação processual.

O feito seguirá pelo rito comum, não havendo óbice a que se busque o deferimento de tutela provisória, fundada em urgência ou evidência (CPC, arts. 294 e ss.). Tal providência, aliás, muitas vezes se revelará até mesmo imprescindível, sob pena de comprometer-se a utilidade da decisão final.

2. O incidente na execução fiscal

O *caput* do art. 134 é expresso ao admitir o cabimento do incidente de desconsideração da personalidade jurídica na execução fundada em título extrajudicial. A certidão de dívida ativa, que embasa a execução fiscal, é título extrajudicial (CPC, art. 784, IX). A aparente clareza da lei não afasta controvérsia que pesa sobre a admissibilidade do incidente no âmbito da execução fiscal.

Para parte da jurisprudência, o incidente não é compatível com o regime jurídico estabelecido pela Lei nº 6.830/1980, seja porque nela não se admite a apresentação de defesa sem prévia garantia do juízo, seja porque os embargos à execução fiscal não contam com efeito suspensivo automático (ver jurisprudência *infra*).

Para outra parte, admite-se o incidente nas execuções fiscais, ainda que em caráter excepcional. De acordo com essa corrente de pensamento, a disposição constante do *caput* do art. 134 acomoda-se na relação de complementariedade que há entre a Lei nº 6.830/1980 e o CPC (ver jurisprudência *infra*).

A execução é regida por lei especial, mas o CPC é aplicável subsidiariamente (Lei 6.830/1980, art. 1º). Para que se dê tal aplicação, é preciso mais do que a lacuna na lei especial e a previsão na lei geral; é imperioso que a disposição geral seja compatível com a lei especial como um todo.

Assim, a resolução da questão não se alcança com a mera afirmação de que a Lei nº 6.830/1980, que rege a execução fiscal, silencia quanto à aplicação do incidente de desconsideração da personalidade jurídica; e tampouco com a assertiva de que a lacuna da lei especial conduz, *ipso factu*, à aplicação do CPC. Cumpre, pois, perquirir se o incidente é, de fato, incompatível com o regime estabelecido pela Lei nº 6.830/1980.

O primeiro argumento invocado por aqueles que veem tal incompatibilidade é o de que, na execução fiscal, não se admite defesa sem a prévia segurança do juízo.

A essa objeção cabe redarguir, contudo, que a exigência de segurança do juízo, como

requisito de admissibilidade dos embargos à execução fiscal, só se sustenta com relação às pessoas que constam como devedoras na certidão de dívida ativa. A presunção de liquidez e certeza da obrigação advém do título executivo e dá-se nos limites deste. Portanto, se o terceiro não tem seu nome estampado na certidão de dívida ativa, não há como negar-lhe o direito de defender-se sem apresentar garantia.

O segundo argumento é o de que, na execução fiscal, não há efeito suspensivo automático, o que conflitaria com a regra posta no § 3º do art. 134 do CPC.

Ocorre que, mesmo no regime do CPC, os embargos à execução não contam com efeito suspensivo automático. A regra, aliás, é a de que eles não o têm (CPC, art. 919, *caput*). Assim, se o incidente cabe no âmbito da execução regida pelo CPC, aquele argumento não serve para excluí-lo do regime da execução fiscal.

A par disso, importa lembrar que a instauração do incidente não necessariamente suspende a execução como um todo, mas apenas com relação àquele cuja responsabilização patrimonial se busca. Em outras palavras, a execução só não pode prosseguir no tocante ao terceiro, demandado no incidente.

Nos processos em que a questão é discutida, normalmente o Fisco alega que, conferido efeito suspensivo, o terceiro poderia, durante a tramitação do incidente, desfazer-se de seu patrimônio, frustrando a execução. O problema pode, porém, ser resolvido mediante o uso – quando for o caso – da tutela de urgência, apta a produzir atos de constrição patrimonial em qualquer fase da tramitação do incidente.

Em síntese, não havendo óbice intransponível ao reconhecimento da compatibilidade entre o incidente e a execução fiscal, afigura-se melhor a solução que assegure o contraditório e a ampla defesa.

Jurisprudência

"Tributário. Processual civil. Incidente de desconsideração da personalidade jurídica – IDPJ. Arts. 133 a 137 do CPC/2015. Execução fiscal. Cabimento. Necessidade de observância das normas do Código Tributário Nacional. I – Consoante o decidido pelo Plenário desta Corte na sessão realizada em 09.03.2016, o regime recursal será determinado pela data da publicação do provimento jurisdicional impugnado.

Art. 135

Aplica-se, *in casu*, o Código de Processo Civil de 2015. II – A instauração do incidente de desconsideração da personalidade jurídica – IDPJ, em sede de execução fiscal, para a cobrança de crédito tributário, revela-se excepcionalmente cabível diante da: (i) relação de complementariedade entre a LEF e o CPC/2015, e não de especialidade excludente; e (ii) previsão expressa do art. 134 do CPC quanto ao cabimento do incidente nas execuções fundadas em títulos executivos extrajudiciais. III – O IDPJ mostra-se viável quando uma das partes na ação executiva pretende que o crédito seja cobrado de quem não figure na CDA e não exista demonstração efetiva da responsabilidade tributária em sentido estrito, assim entendida aquela fundada nos arts. 134 e 135 do CTN. Precedentes. IV – Equivocado o entendimento fixado no acórdão recorrido, que reconheceu a incompatibilidade total do IDPJ com a execução fiscal. V – Recurso Especial conhecido e parcialmente provido para determinar o retorno dos autos ao tribunal *a quo* para o reexame do agravo de instrumento com base na fundamentação ora adotada." (STJ, REsp 1804913/RJ, Rel. Min. Regina Helena Costa, 1ª Turma, j. 01.09.2020, *DJe* 02.10.2020)

"Tributário e processual civil. Agravo interno no recurso especial. Execução fiscal. Grupo econômico de fato. Incidente de desconsideração da personalidade jurídica. Inaplicabilidade. Redirecionamento da execução fiscal fundado nos arts. 50 do CC/2002, 30, IX, da Lei 8.212/91 e 124, I, do CTN. Agravo interno improvido. I. Agravo interno aviado contra decisão que julgara Recurso Especial interposto contra acórdão publicado na vigência do CPC/2015. II. Na origem, trata-se de Agravo de Instrumento, interposto pela Fazenda Nacional, contra decisão mediante a qual o Juízo singular, em sede de Execução Fiscal, determinara a instauração de incidente de desconsideração da personalidade jurídica, em decorrência de pedido de redirecionamento da Execução Fiscal, fundado nos arts. 50 do CC/2002, 30, IX, da Lei 8.212/91 e 124, I, do CTN, contra empresas que constituem grupo econômico com a executada, falida e sem patrimônio para solver os débitos em cobrança. O Tribunal Regional Federal da 3ª Região, reformando a decisão, deu provimento ao Agravo de Instrumento, para afastar a instauração do incidente. Nas razões do Recurso Especial, a parte recorrente aponta, além do dissídio, violação aos arts. 133 e 134 do CPC/2015, alegando, em suma,

que 'o artigo 133 e seguintes do CPC são aplicáveis às execuções fiscais, na medida em que a instauração deste incidente processual corrobora com as disposições legais do próprio Código Tributário Nacional, que exige peremptoriamente que a Fazenda Pública, antes de redirecionar o executivo fiscal, prove que o responsável cometeu infração à lei, contrato social ou estatuto, ou que a sociedade foi dissolvida irregularmente'. III. Consoante entendimento pacífico desta Segunda Turma, independentemente do fundamento legal do pedido de redirecionamento da Execução Fiscal, 'há verdadeira incompatibilidade entre a instauração do incidente de desconsideração da personalidade jurídica e o regime jurídico da execução fiscal, considerando que deve ser afastada a aplicação da lei geral – Código de Processo Civil –, considerando que o regime jurídico da lei especial – Lei de Execução Fiscal –, não comporta a apresentação de defesa sem prévia garantia do juízo, nem a automática suspensão do processo, conforme a previsão do art. 134, § 3º, do CPC/2015' (STJ, AgInt no REsp 1.759.512/RS, Rel. Ministro Francisco Falcão, Segunda Turma, *DJe* de 18/10/2019). Ademais, 'na execução fiscal a aplicação do CPC é subsidiária, ou seja, fica reservada para as situações em que as referidas leis são silentes e no que com elas compatível (REsp n. 1.431.155/PB, Rel. Ministro Mauro Campbell Marques, Segunda Turma, julgado em 27/5/2014). Evidenciadas as situações previstas nos arts. 124 e 133, do CTN, não se apresenta impositiva a instauração do incidente de desconsideração da personalidade jurídica, podendo o julgador determinar diretamente o redirecionamento da execução fiscal para responsabilizar a sociedade na sucessão empresarial. Seria contraditório afastar a instauração do incidente para atingir os sócios-administradores (art. 135, III, do CTN), mas exigi-la para mirar pessoas jurídicas que constituem grupos econômicos para blindar o patrimônio em comum, sendo que nas duas hipóteses há responsabilidade por atuação irregular, em descumprimento das obrigações tributárias, não havendo que se falar em desconsideração da personalidade jurídica, mas sim de imputação de responsabilidade tributária pessoal e direta pelo ilícito' (STJ, REsp 1.786.311/PR, Rel. Ministro Francisco Falcão, Segunda Turma, *DJe* de 14/05/2019). No mesmo sentido: STJ, AgInt no REsp 1.866.901/SC, Rel. Ministro Mauro Campbell Marques, Segunda Turma, *DJe* de 27/08/2020; AREsp 1.455.240/RJ,

Rel. Ministro Francisco Falcão, Segunda Turma, *DJe* de 23/08/2019. IV. Agravo interno improvido." (STJ, AgInt no REsp 1742004/SP, Rel. Min. Assusete Magalhães, 2ª Turma, j. 07.12.2020, *DJe* 11.12.2020)

"Agravo interno nos embargos de declaração no recurso especial. Processual civil. Locação. Ação revisional de aluguel. Execução de sentença. Desconsideração da personalidade jurídica. Sócio. Falta de citação. Nulidade. Ausência. Participação na administração da empresa. Ato fraudulento. Reexame de matéria fática. Impossibilidade. Súmula nº 7/STJ. Confusão patrimonial. Prescrição. Prequestionamento. Ausência. Súmula nº 282/ STF. 1. Recurso especial interposto contra acórdão publicado na vigência do Código de Processo Civil de 1973 (Enunciados Administrativos nos 2 e 3/STJ). 2. A falta de citação do sócio, por si só, na hipótese de desconsideração da personalidade jurídica da sociedade, não induz nulidade, que somente deve ser reconhecida nos casos de efetivo prejuízo ao exercício da ampla defesa, o que não ocorreu no caso em apreço. Inaplicabilidade do art. 135 do Código de Processo Civil de 2015 à luz do princípio *tempus regit actum*. 3. Hipótese em que a retirada do sócio ocorreu quando já havia ação judicial em curso, relativa a débitos locatícios contemporâneos à época em que ainda integrava a sociedade. 4. Impossibilidade de conhecimento do recurso quanto à alegação do agravante de não haver participado da administração da empresa executada e de inexistir indicação de ato fraudulento atribuído à sua conduta, haja vista o óbice da Súmula nº 7/STJ. 5. Presente a hipótese de abuso da personalidade jurídica da sociedade executada, caracterizado pela confusão patrimonial, é viável a desconsideração da personalidade jurídica de modo a recair a execução sobre o patrimônio pessoal dos sócios. 6. Não incidem as disposições contidas nos arts. 1.003 e 1.032 do Código Civil na hipótese de desconsideração da personalidade jurídica, que tem como fundamento o abuso de direito por parte do sócio quando ele ainda fazia parte do quadro societário da pessoa jurídica. Precedentes. 7. A ausência de prequestionamento da matéria suscitada no recurso especial impede o conhecimento do apelo nobre (Súmula nº 282/ STF). 8. As questões de ordem pública, embora passíveis de conhecimento de ofício nas instâncias ordinárias, não prescindem, no estreito âmbito do recurso especial, do requisito do prequestionamento. 9. Agravo interno não provido." (STJ, AgInt nos EDcl no REsp 1422020/SP, Rel. Min. Ricardo Villas Bôas Cueva, 3ª Turma, j. 24.04.2018, *DJe* 30.04.2018)

> **Art. 136.** Concluída a instrução, se necessária, o incidente será resolvido por decisão interlocutória.
>
> **Parágrafo único.** Se a decisão for proferida pelo relator, cabe agravo interno.

▶ *Sem correspondência no CPC/1973*

1. Instrução e decisão

O art. 136 deixa claro que o incidente de desconsideração da personalidade jurídica admite dilação probatória. Não há restrição quanto à produção desse ou daquele meio de prova. O deferimento dos pedidos de produção de provas dar-se-á conforme as regras gerais pertinentes ao tema (CPC, arts. 369 e ss.).

Também resta claro que a fase instrutória terá lugar "se necessária", ou seja, poderá ocorrer, se for o caso, o julgamento antecipado do mérito (CPC, art. 355).

Como regra, o incidente será julgado por meio de decisão interlocutória. Se, todavia, ele for decidido simultaneamente com o pedido principal, poderá o juiz proferir sentença única. Da decisão interlocutória relativa ao incidente caberá recurso de agravo de instrumento (CPC, art. 1.015, inc. IV). Da sentença que julgar ambos os pedidos caberá recurso de apelação (CPC, art. 1.009, *caput*).

Independentemente de ser julgado o incidente por meio de decisão interlocutória ou de sentença, ter-se-á, aí, pronunciamento judicial de mérito, produtor de coisa julgada material. Essa observação é importante na medida em que a imutabilidade e a indiscutibilidade do quanto decidido transbordará dos limites do feito em que proferida a decisão ou sentença, evitando-se a repetição e a multiplicidade de pedidos com igual finalidade.

Cuidando-se, como visto, de decisão de mérito, o juiz disporá sobre a imposição dos ônus decorrentes da sucumbência.

Por fim, se o incidente tiver lugar em segundo grau de jurisdição, incumbe ao relator decidi-lo monocraticamente, cabendo agravo interno ao colegiado (CPC, arts. 932, inc. VI, e 1.021 e ss.).

Art. 137

Jurisprudência

"Processual civil. Recurso especial. Ação redibitória c/c indenizatória. Cumprimento de sentença. Incidente de desconsideração da personalidade jurídica. Improcedência. Resolução. Decisão interlocutória. Art. 136 do CPC/15. Honorários advocatícios. Art. 338, parágrafo único, do CPC/15. Sucessão de processos. Inocorrência. Desprovimento. 1. Cuida-se de incidente de desconsideração da personalidade jurídica cujo pedido foi julgado improcedente, com a fixação, pelo Tribunal de origem, de honorários advocatícios em favor dos patronos dos sócios não incluídos no processo, em valor arbitrado por equidade. 2. Recurso especial interposto em: 06/07/2018; conclusos ao gabinete em: 19/03/2019; aplicação do CPC/15. 3. O propósito recursal consiste em determinar se, na presente hipótese, de improcedência do pedido de desconsideração da personalidade jurídica, os honorários deveriam ter sido fixados segundo a previsão do art. 338, parágrafo único, do CPC/15, entre 3 e 5% do valor da causa. 4. Segundo a orientação mais recente desta e. Terceira Turma – com a ressalva de meu entendimento pessoal –, caso um dado ato judicial não possua natureza de sentença nem se encontre previsto expressamente no elenco do art. 85, § 1º, do CPC/15, o pedido de condenação em honorários advocatícios será juridicamente impossível. Precedentes. 5. A incidência da previsão do art. 338 do CPC/15 é exclusiva da hipótese em que há a extinção do processo em relação ao réu originário, com a inauguração de um novo processo, por iniciativa do autor, em relação a um novo réu, de modo que, ausentes essas circunstâncias específicas, descabe cogitar da fixação de honorários mencionada no parágrafo único do art. 338 do CPC/15. 9. Na hipótese concreta, foi acolhida a impugnação ao incidente de desconsideração da personalidade jurídica, tendo sido julgado improcedente o pedido por equívoco na indicação da pessoa jurídica cujo patrimônio seria alcançado pela execução. 10. A despeito da impossibilidade jurídica de fixação de honorários advocatícios na decisão interlocutória que resolve o incidente de desconsideração, como os recorridos não se insurgiram contra o acórdão da Corte de origem, não cabe sua modificação, por aplicação do princípio da vedação da *reformatio in pejus*. 11. Recurso especial desprovido." (STJ, REsp 1800330/SP, Rel. Min. Nancy Andrighi, 3ª Turma, j. 01.12.2020, *DJe* 04.12.2020)

"Agravo interno no recurso especial. Agravo de instrumento. Incidente de desconsideração da personalidade jurídica. Verba honorária. Descabimento. Agravo não provido. 1. Conforme entendimento da Corte Especial do STJ, em razão da ausência de previsão normativa, não é cabível a condenação em honorários advocatícios em incidente processual, ressalvados os casos excepcionais. Precedentes. 2. Agravo interno a que se nega provimento." (STJ, AgInt no REsp 1834210/SP, Rel. Min. Raul Araújo, 4ª Turma, j. 12.11.2019, *DJe* 06.12.2019)

> **Art. 137.** Acolhido o pedido de desconsideração, a alienação ou a oneração de bens, havida em fraude de execução, será ineficaz em relação ao requerente.

▶ *Sem correspondência no CPC/1973*

1. Acolhimento do pedido: ineficácia dos atos de alienação ou de oneração de bens

O dispositivo legal em análise é claro e fala por si: julgado procedente o pedido de desconsideração da personalidade jurídica, a alienação ou a oneração de bens, havida em fraude de execução, será ineficaz em relação ao requerente. Note-se que a lei alude à ineficácia, em relação ao requerente, dos atos de alienação ou de oneração de bens. Portanto, ditos atos não são anulados ou de qualquer outro modo desconstituídos; eles apenas não produzem efeitos, isto é, não podem ser opostos ao requerente. Assim, os bens estarão sujeitos à expropriação para solução da dívida.

Anote-se, ainda, que a fraude à execução verifica-se a partir da citação da parte cuja personalidade se pretende desconsiderar (CPC, art. 792, § 3º).

Jurisprudência

"Direito processual civil. Recurso especial. Embargos de terceiro. Alienação de imóvel por sócio da pessoa jurídica antes do redirecionamento da execução. Desconsideração da personalidade jurídica. Fraude à execução não configurada. 1. Cinge-se a controvérsia em determinar se a venda de imóvel realizada por sócio de empresa executada, após a citação desta em ação de execução, mas antes da desconsideração da personalidade jurídica da empresa, configura fraude à execução. 2.

A fraude à execução só poderá ser reconhecida se o ato de disposição do bem for posterior à citação válida do sócio devedor, quando redirecionada a execução que fora originariamente proposta em face da pessoa jurídica. 3. Na hipótese dos autos, ao tempo da alienação do imóvel corria demanda executiva apenas contra a empresa da qual os alienantes eram sócios, tendo a desconsideração da personalidade jurídica ocorrido mais de três anos após a venda do bem. Inviável, portanto, o reconhecimento de fraude à execução." (STJ, REsp 1391830/SP, Rel. Min. Nancy Andrighi, 3ª Turma, j. 22.11.2016, *DJe* 01.12.2016)

CAPÍTULO V
DO *AMICUS CURIAE*

> **Art. 138.** O juiz ou o relator, considerando a relevância da matéria, a especificidade do tema objeto da demanda ou a repercussão social da controvérsia, poderá, por decisão irrecorrível, de ofício ou a requerimento das partes ou de quem pretenda manifestar-se, solicitar ou admitir a participação de pessoa natural ou jurídica, órgão ou entidade especializada, com representatividade adequada, no prazo de 15 (quinze) dias de sua intimação.
>
> **§ 1º** A intervenção de que trata o *caput* não implica alteração de competência nem autoriza a interposição de recursos, ressalvadas a oposição de embargos de declaração e a hipótese do § 3º.
>
> **§ 2º** Caberá ao juiz ou ao relator, na decisão que solicitar ou admitir a intervenção, definir os poderes do *amicus curiae*.
>
> **§ 3º** O *amicus curiae* pode recorrer da decisão que julgar o incidente de resolução de demandas repetitivas.

▶ *Sem correspondência no CPC/1973*

1. O *amicus curiae*

Segundo abalizada doutrina, o art. 138 do CPC trata "da possibilidade de terceiro intervir no processo por iniciativa própria, por provocação de uma das partes ou, até mesmo, por determinação do magistrado com vistas a fornecer elementos que permitam o proferimento de uma decisão que leve em consideração interesses dispersos na sociedade civil e no próprio Estado. Interesses que, de alguma forma, serão afetados pelo que vier a ser decidido no processo em que se dá a intervenção" (Cassio Scarpinella Bueno, *Manual de direito processual civil*, p. 160).

Conquanto não houvesse, no CPC/1973, disciplina acerca da intervenção de *amicus curiae*, a figura, em si, não é nova em nosso direito. Com efeito, há intervenções de *amicus curiae* previstas no art. 7º, § 2º, da Lei nº 9.868/1999, que dispõe sobre o processo e julgamento da ação direta de inconstitucionalidade e da ação declaratória de constitucionalidade perante o STF; no art. 6º, § 1º, da Lei nº 9.882/1999, que dispõe sobre o processo e julgamento da arguição de descumprimento de preceito fundamental; no art. 3º, § 2º, da Lei nº 11.417/2006, que disciplina a edição, a revisão e o cancelamento de enunciado de súmula vinculante pelo STF. Mesmo o CPC/1973, que, como dito, não disciplinava essa modalidade de intervenção, admitia-a no § 6º do art. 543-A, acrescido pela Lei nº 11.418/2006, precisamente na análise, pelo STF, da repercussão geral no recurso extraordinário.

Como se vê, anteriormente ao CPC, a intervenção do *amicus curiae* era possível no âmbito do STF e, ainda assim, em determinados feitos de sua competência. A jurisprudência do STF vê no *amicus curiae* um "colaborador da Justiça" e entende que sua presença no processo se dá não na defesa de interesse próprio, mas "em benefício da jurisdição" (ver jurisprudência *infra*).

O art. 138 do CPC estende essa modalidade de intervenção para as demais instâncias do Poder Judiciário e, mais do que isso, não aponta, com precisão e taxativamente, as causas ou os processos em que se admitirá a intervenção do *amicus curiae*. O que o dispositivo faz, sim, é estabelecer critérios para a admissão da intervenção: a relevância da matéria, a especificidade do tema objeto da demanda ou a repercussão social da controvérsia. De qualquer sorte, há, no próprio CPC algumas previsões de atuação do *amicus curiae*, a saber: no incidente de arguição de inconstitucionalidade (art. 950, § 3º); no incidente de resolução de demandas repetitivas (art. 983, *caput*); na análise da repercussão geral nos recursos extraordinários (art. 1.035, § 4º); e no âmbito dos recursos repetitivos (art. 1.038, inc. II).

É importante destacar que o *amicus curiae* deverá possuir "representatividade adequada", isto é, deverá mostrar "satisfatoriamente a razão de sua intervenção e de que maneira seu 'interes-

Art. 138

se institucional – que é o traço distintivo dessa modalidade interventiva, que não se confunde com o 'interesse jurídico' das demais modalidades interventivas – relaciona-se com o processo" (Cassio Scarpinella Bueno, *Manual de direito processual civil*, p. 161).

2. Competência, poderes e recursos

Não houvesse a regra da primeira parte do § 1º do art. 138, certamente haveria discussão acerca da modificação ou não da competência como decorrência da intervenção do *amicus curiae*. É que, de regra, a intervenção de terceiro no processo pode alterar a competência, como se dá quando a União, por exemplo, é litisdenunciada (CPC, art. 125 e ss.), caso em que o feito deve ser remetido à Justiça Federal.

Posta, porém, regra expressa, não há dúvida: a competência não sofre alteração em tal hipótese. Justifica-se plenamente a opção do legislador, dadas a finalidade dessa intervenção e a natureza do interesse defendido pelo *amicus curiae*.

No que concerne à atuação do terceiro interveniente, o CPC reza que caberá ao juiz ou ao relator, na decisão que solicitar ou admitir a intervenção, definir os poderes do *amicus curiae*. Assim o fazendo e atentando às peculiaridades do caso concreto, o juiz evitará discussões sobre o papel do interveniente no feito.

Quanto à possibilidade ou não de o *amicus curiae* interpor recursos, a jurisprudência do STF é bastante restritiva (ver jurisprudência *infra*). Destoando, em parte, dessa linha interpretativa do STF, o CPC admite, expressamente, a oposição de embargos de declaração pelo *amicus curiae*, bem assim o manejo de recurso contra a decisão que julgar o incidente de resolução de demandas repetitivas (CPC, art. 976 e ss.).

Jurisprudência

"Agravo regimental. inquérito. Partido político. Inclusão como assistente de acusação. Entidade que não figura como sujeito passivo dos fatos em apuração. Inviabilidade. Admissão como *amicus curiae*. Inexistência. Recorribilidade restrita. Ilegitimidade recursal. Insurgência não conhecida. – A disciplina do *amicus curiae* prevista no novo Código de Processo Civil veda ao interveniente a interposição de recursos, excepcionando apenas os embargos de declaração e a insurgência contra decisão que julga incidente

de resolução de demandas repetitivas (art. 138, §§ 1º e 3º, do CPC), hipóteses que não se amoldam ao caso em análise. – Ainda que houvesse decisão admitindo o ora agravante como *amicus curiae* nestes autos – o que, frise-se, não existe –, a legislação de regência não lhe garantiria legitimidade recursal ampla e irrestrita, em razão das limitações legais já citadas, circunstância que impediria, de qualquer forma, o conhecimento da presente insurgência. (STF, Inq 4383 AgR, Rel. Min. Edson Fachin, 2ª Turma, j. 27.10.2017, *DJe-272* divulg. 28.11.2017, public. 29.11.2017)

"Agravo regimental em recurso extraordinário. Pedido de ingresso como *amicus curiae*. Indeferido. Inviabilidade de admissão após o julgamento do mérito da demanda. Equiparação ao assistente processual. Impossibilidade. Excepcionalidade do caso. Não configurada. 1. Não é devido o ingresso em feito, na qualidade de terceiro interveniente, após a ocorrência do julgamento do mérito do recurso extraordinário, sob a sistemática da repercussão geral. Ademais, a existência de embargos declaratórios com pleito de atribuição de efeitos infringentes e de modulação de efeitos não gera excepcionalidade à jurisprudência do STF. 2. Não há direito subjetivo à figuração em feito na qualidade de *amicus curiae*, sendo o crivo do Relator caracterizado por um juízo não só de pertinência e representatividade, mas também de oportunidade e utilidade processual. 3. Após julgado o mérito de repercussão geral e fixada súmula de julgamento com eficácia no sistema de precedentes obrigatórios, mostra-se pouco eficaz os subsídios instrutórios e técnicos a serem apresentados pela parte Agravante. 4. O advento do novo CPC não possui aptidão para alterar a jurisprudência do STF quanto à negativa de participação depois do julgamento de mérito, pois é inviável equiparar a figura do *amicus curiae* à do assistente, pois somente a este é possível a admissão em qualquer procedimento e em todos os graus de jurisdição, recebendo o processo no estado em que se encontre. Arts. 119, parágrafo único, e 138 do CPC. 5. Agravo regimental a que se nega provimento." (STF, RE 593849 AgR, Rel. Min. Edson Fachin, Tribunal Pleno, j. 22.09.2017, *DJe-225* divulg. 02.10.2017, public. 03.10.2017)

"Agravo regimental em embargos de declaração em recurso extraordinário. 1. Agravo regimental de *amicus curiae*. Ausência de legitimidade. Manifesta inadmissibilidade. Precedentes. 2. Agravo regimental não conhecido com determinação de baixa imediata dos autos." (STF, RE 592317 ED-AgR, Rel. Min. Gilmar Mendes, Tribunal Pleno, j. 07.05.2015, *DJe-100*, divulg. 27.05.2015, public. 28.05.2015)

"Direito processual civil. Agravo regimental. Descabimento contra decisão que admite *amicus curiae*. 1. Há dois entendimentos possíveis sobre o cabimento de recurso contra decisão que aprecia pedido de ingresso como *amicus curiae*: i) o primeiro, no sentido da irrecorribilidade de tal decisão, em razão do teor literal do art. 7º, § 2º, da Lei 9.868/1999 e do art. 21, XVIII, do RI/STF; ii) o segundo, na linha capitaneada pelo Ministro Celso de Mello, admitindo a interposição de recurso contra a decisão que indefere o ingresso como o *amicus curiae*, pelo próprio requerente que teve o pedido rejeitado (cf. RE 597.165 AgR, rel. Min. Celso de Mello). 2. O caso em exame não se enquadra em qualquer de tais hipóteses. 3. Agravo a que se nega seguimento." (STF, RE 590415 AgR-segundo, Rel. Min. Roberto Barroso, Tribunal Pleno, j. 30.04.2015, *DJe-101*, divulg. 28.05.2015, public. 29.05.2015)

"Constitucional e processual civil. Embargos de declaração em face de decisão cautelar deferida em arguição de descumprimento de preceito fundamental (ADPF). Oposição por *amicus curiae*. Ausência de legitimação. Embargos declaratórios não conhecidos. 1. Segundo jurisprudência consolidada no Supremo Tribunal Federal, colaboradores admitidos em processos objetivos e causas com repercussão geral na condição de *amicus curiae* não detém legitimidade para recorrer de decisões de mérito, ainda que tenham participado do julgamento mediante a oferta de elementos de informação. 2. Embargos de declaração não conhecidos." (STF, ADPF 77 MC-ED-segundos, Rel. Min. Teori Zavascki, Tribunal Pleno, j. 16.04.2015, *DJe-085*, divulg. 07.05.2015, public. 08.05.2015)

"Constitucional e processual civil. *Amicus curiae*. Pedido de habilitação não apreciado antes do julgamento. Ausência de nulidade no acórdão recorrido. Natureza instrutória da participação de *amicus curiae*, cuja eventual dispensa não acarreta prejuízo ao postulante, nem lhe dá direito a recurso. 1. O *amicus curiae* é um colaborador da Justiça que, embora possa deter algum interesse no desfecho da demanda, não se vincula processualmente ao resultado do seu julgamento. É que sua participação no processo ocorre e se justifica, não como defensor de interesses próprios, mas como agente habilitado a agregar subsídios que possam contribuir para a qualificação da decisão a ser tomada pelo Tribunal. A presença de *amicus curiae* no processo se dá, portanto, em benefício da jurisdição, não configurando, consequentemente, um direito subjetivo processual do interessado. 2. A participação do *amicus curiae* em ações diretas de inconstitucionalidade no Supremo Tribunal Federal possui, nos termos da disciplina legal e regimental hoje vigentes, natureza predominantemente instrutória, a ser deferida segundo juízo do Relator. A decisão que recusa pedido de habilitação de *amicus curiae* não compromete qualquer direito subjetivo, nem acarreta qualquer espécie de prejuízo ou de sucumbência ao requerente, circunstância por si só suficiente para justificar a jurisprudência do Tribunal, que nega legitimidade recursal ao preterido. 3. Embargos de declaração não conhecidos." (STF, ADI 3460 ED, Rel. Min. Teori Zavascki, Tribunal Pleno, j. 12.02.2015, *DJe-047*, divulg. 11.03.2015, public. 12.03.2015)

"Agravo interno na petição no recurso especial. Pedido de ingresso como *amicus curiae*. Indeferimento pelo relator. pleito formulado a destempo. Recurso especial já julgado. Interposição de recurso. Descabimento. 1. Consoante o art. 138, *caput*, do CPC/2015, a decisão do relator que dispõe a respeito da intervenção do *amicus curiae* no processo é irrecorrível. 2. Agravo interno não conhecido." (STJ, AgInt na PET no REsp 1367212/RR, Rel. Min. Ricardo Villas Bôas Cueva, 3ª Turma, j. 06.02.2018, *DJe* 14.02.2018)

"Processual civil. Agravo interno na ação rescisória. Mandado de segurança. URP/89 (26,05%). Concessão por ato administrativo de reitor, anulado por ato de ministro da educação. requerimento para admissão de *amicus curiae*. Relevância da matéria, especificidade do tema ou repercussão social da controvérsia. 1. A participação do *amicus curiae* tem por escopo a prestação de elementos informativos à lide, a fim de melhor respaldar a decisão judicial que irá dirimir a controvérsia posta nos autos. 2. No caso em foco, o Sindicato agravante representa interesses de pessoas possivelmente afetadas pelo resultado da demanda. Contudo, não há especificidade no tema objeto da demanda, nem especial relevância da matéria para além dos interesses daqueles envolvidos na causa ou, ainda, repercussão social bastante que justifique o ingresso do Sindicato postulante a *amicus curiae*. 3. Agravo interno não provido." (STJ, AgInt na AR 747/DF, Rel. Min. Benedito Gonçalves, 1ª Seção, j. 13.12.2017, *DJe* 19.12.2017)

TÍTULO IV
DO JUIZ E DOS AUXILIARES DA JUSTIÇA

CAPÍTULO I
DOS PODERES, DOS DEVERES E DA RESPONSABILIDADE DO JUIZ

Art. 139. O juiz dirigirá o processo conforme as disposições deste Código, incumbindo-lhe:

I – assegurar às partes igualdade de tratamento;

II – velar pela duração razoável do processo;

III – prevenir ou reprimir qualquer ato contrário à dignidade da justiça e indeferir postulações meramente protelatórias;

IV – determinar todas as medidas indutivas, coercitivas, mandamentais ou sub-rogatórias necessárias para assegurar o cumprimento de ordem judicial, inclusive nas ações que tenham por objeto prestação pecuniária;

V – promover, a qualquer tempo, a autocomposição, preferencialmente com auxílio de conciliadores e mediadores judiciais;

VI – dilatar os prazos processuais e alterar a ordem de produção dos meios de prova, adequando-os às necessidades do conflito de modo a conferir maior efetividade à tutela do direito;

VII – exercer o poder de polícia, requisitando, quando necessário, força policial, além da segurança interna dos fóruns e tribunais;

VIII – determinar, a qualquer tempo, o comparecimento pessoal das partes, para inquiri-las sobre os fatos da causa, hipótese em que não incidirá a pena de confesso;

IX – determinar o suprimento de pressupostos processuais e o saneamento de outros vícios processuais;

X – quando se deparar com diversas demandas individuais repetitivas, oficiar o Ministério Público, a Defensoria Pública e, na medida do possível, outros legitimados a que se referem o art. 5º da Lei nº 7.347, de 24 de julho de 1985, e o art. 82 da Lei nº 8.078, de 11 de setembro de 1990, para, se for o caso, promover a propositura da ação coletiva respectiva.

Parágrafo único. A dilação de prazos prevista no inciso VI somente pode ser determinada antes de encerrado o prazo regular.

▶ *Referência: CPC/1973 – Art. 125*

1. Presidência do processo (art. 139, *caput*, CPC)

O dispositivo, ao indicar que compete ao juiz dirigir o processo, mantém a regra do art. 125 do CPC/73, no sentido de que o magistrado é o presidente do processo. Algo absolutamente natural, vez que apesar da mitigação do publicismo processual por alguns dispositivos do CPC (v.g. art. 190), o processo ainda permanece como instrumento estatal, público, de solução dos conflitos.

A presidência do processo pelo juiz, contudo, não o torna a figura principal do processo, tampouco lhe dá ascendência hierárquica sobre advogados, defensores, membros do MP ou partes. Mas também não significa – como impropriamente apontam alguns – que há igualdade entre eles. Cada uma cumpre o seu papel no processo, e nessa medida não se pode dizer que os atores processuais sejam iguais.

Todos devem se tratar com respeito e urbanidade. Mas isso não retira da autoridade judicial o dever/poder de controlar a relação processual, fazendo-a se desenvolver de modo ético, válido e regular, por meio da edição de comandos de natureza cogente (pronunciamentos judiciais) que devem ser suportados pelos demais atores do processo. O art. 139 do CPC, da mesma forma que fazia o art. 125 do CPC/1973, traça diretrizes para que o juiz presida o processo.

2. Modelo presidencial cooperativista (arts. 6º e 139, CPC)

Na medida em que o princípio da cooperação passa a ser expressamente adotado no ordenamento jurídico processual brasileiro, expande-se o papel presidencial (diretivo) do juiz. Antes, exclusivamente no controle da relação processual e na tomada de decisões. Agora, como órgão colaborativo, cooperador, a trabalhar em conjunto com as partes para que se alcance o melhor resultado. Bom exemplo do que se imagina de um modelo cooperativista de processo civil é encontrado no saneamento compartilhado, previsto no art. 357 e §§ do CPC.

O modelo presidencialista cooperativista, catalisado pelo contraditório (arts. 9º e 10 do CPC), impõe ao magistrado outros 04 (quatro) deveres além do decidir (praticamente todos anunciados nos incisos do art. 139 do CPC): a) dever de esclarecimento: o julgador deve esclarecer-se junto às partes acerca das dúvidas que tenha em relação às alegações, pedidos e fatos, de modo a evitar que a decisão se dê com base nas regras sobre ônus da prova (vide art. 139, VIII, do CPC); b) dever de consulta: deve ser assegurado aos litigantes o direito de influenciar o julgador na solução da controvérsia, ainda que lhe seja lícito conhecer da questão oficiosamente; não se admite, em regra, a prolação de "*decisões surpresa*", sem que as partes a tenham previamente debatido (vide art. 10 do CPC); c) dever de prevenção: consiste no dever de o juiz apontar as deficiências das postulações das partes, a fim de que possam vir a ser supridas (vide art. 139, IX, do CPC); e d) dever de auxílio: consiste no dever de o magistrado auxiliar as partes na remoção de dificuldades ao exercício dos seus direitos ou no cumprimento de ônus ou deveres processuais, inclusive sugerindo alterações nas condutas processuais eleitas (*v.g.* em decisão que ordena a emenda da inicial na forma art. 321 do CPC, o juiz deve não só apontar expressamente o que deve ser corrigido, como também sugerir a readequação da via nos casos em que houve uma medida processual mais adequada ou útil para a tutela do direito material em debate).

3. Assegurar às partes igualdade de tratamento (art. 139, I, do CPC)

O art. 139, I, do CPC está em conformidade com o art. 5º, *caput*, da CF, e com o art. 7º do CPC. Assim, o modelo presidencial cooperativista do art. 139, *caput*, do CPC, encontra limites na necessidade de o magistrado tratar, com igualdade, os sujeitos processuais. Isto não impede, por evidente, que atue ativamente em colaboração com as partes. Mas impede que atue em colaboração, apenas, com uma das partes. Vale destacar, contudo, que o tratamento igualitário prometido pela norma é material (e não meramente formal). Melhor dizendo, o magistrado pode tratar as partes de modo desigual, na exata medida de suas desigualdades, por exemplo, ampliando o prazo para resposta de parte pobre e assistida

pela Defensoria Pública, e não o fazendo para a parte abastada e assistida por especializada banca de advocacia privada.

4. Velar pela razoável duração do processo (arts. 4º e 139, II, do CPC)

Não há mais dúvidas na atualidade de que a tempestividade da tutela jurisdicional, além de compreendida entre os denominados direitos humanos, encontra suporte, explícita (art. 5º, LXXVIII, da CF) ou implicitamente (art. 5º, XXXV, da CF), dentro de um amplo conceito constitucional de acesso à justiça.

De fato, tutela jurisdicional a destempo, ineficaz portanto, implica denegação da própria jurisdição, a qual constitui direito fundamental do homem, corolário do próprio Estado Democrático de Direito.

Processo com duração razoável, contudo, não é sinônimo de processo célere. O CPC, não sem que se lhe possa fazer alguma crítica, fez clara opção por renunciar à celeridade em prol da tentativa de se alcançar uma decisão judicial mais democrática e de melhor qualidade.

Ainda que haja disposições que têm por escopo acelerar o curso da marcha processual (arts. 332, 932, 1.015 etc.), outras disposições do CPC, definitivamente, buscam tutelar valores diversos e, muitas vezes, incompatíveis com a prestação de uma tutela jurisdicional rápida (arts. 10, 219, 932, parágrafo único etc.).

5. Prevenir ou reprimir qualquer ato contrário à dignidade da justiça e indeferir postulações meramente protelatórias (art. 139, III, do CPC)

É dever de o juiz prevenir ou reprimir qualquer ato contrário ao dever de boa-fé (art. 5º do CPC) e probidade processual, tal como disposto nos arts. 77, 78 e 80 do CPC.

E ainda lhe compete, na presidência do processo, indeferir postulações meramente protelatórias

De fato, o art. 77, III, do CPC, estabelece que não devem as partes produzir provas ou praticar atos inúteis ou desnecessários ao processo, de modo que compete ao juiz, nos termos do art. 139, III, do CPC, não deixar que este ato se concretize.

Nesta toada, o art. 370, parágrafo único, do CPC, é expresso no sentido de que deve o juiz indeferir as diligências (provas) inúteis ou meramente protelatórias. Trata-se de um poder geral de cautela do juiz, preventivo por assim dizer, contra a tentativa de produção de provas inúteis ou a prática de atos desnecessários à declaração ou defesa do direito.

Contudo, a simples tentativa de, por meio destes expedientes, retardar ou dificultar o andamento ou o julgamento do processo, já é o bastante para ter por violado esse dever e, consequentemente, fazer incidir as disposições sancionadoras do art. 77, 80 e 81 do CPC (que funcionam como instrumentos predispostos para que o magistrado cumpra o dever do art. 139, III, do CPC).

Exemplificativamente, viola a regra do art. 77, III, do CPC, aquele que interpõe recurso contra precedente na forma do art. 926 CPC, sem apontar distinção ou superação; quem recorre sem motivação adequada (repetindo os mesmos argumentos dos arrazoados iniciais sem atacar a decisão recorrida); que requer oitiva de testemunhas inexistentes; que indica endereço errado de testemunhas existentes; que se oculta para dificultar a citação; que apresenta diversas petições desnecessárias a fim de não permitir que o processo seja levado à conclusão etc.

Sumarizando: o direito de praticar atos processuais (exceções, contraditas, recursos) e produzir prova não é absoluto. Toda a vez que utilizado para fins escusos, a conduta deve ser obstada (não conhecimento do recurso, indeferimento do pleito de produção de provas, indeferimento liminar dos embargos à execução etc.) e, eventualmente, punida na forma do art. 81 do CPC (litigância de má-fé).

6. Princípio da efetivação (art. 139, IV, CPC)

O dispositivo, novidade em relação ao CPC/73 (embora não doutrina), disciplina o *dever de efetivação*.

Com efeito, a atividade jurisdicional nem sempre se completa com a mera declaração do direito. Da mesma forma, o dever de probidade processual das partes e terceiros (principalmente do vencido) não se esgota com o simples participar do processo na fase cognitiva. Sejam de que natureza for (declaratórias, constitutivas, condenatórias, mandamentais, executivas), é necessário que as decisões jurisdicionais (inclusive as arbitrais), provisórias ou finais, sejam cumpridas, isto é, efetivadas. Efetivação essa que, quando depender de comportamento de uma das partes, deve ser dar sem embaraços, isto é, sem o emprego de expedientes que retardem ou dificultem o cumprimento da decisão (art. 77, IV, do CPC).

Diante do risco de violação do dever processual de efetivação (art. 77, IV, do CPC), o juiz, sendo possível, deverá advertir a parte ou o terceiro de que seu comportamento poderá ser considerado ato atentatório à dignidade da Justiça (art. 77, § 1º, do CPC). Após, sendo constatada a violação, deverá o juiz: a) aplicar as sanções criminais (desobediência ou prevaricação) e civis (perdas e danos) ao litigante ímprobo (art. 77, § 2º, do CPC); b) aplicar ao responsável multa de até vinte por cento do valor da causa, de acordo com a gravidade da conduta (art. 77, § 2º, do CPC); e c) tomar as medidas indutivas, coercitivas, mandamentais ou sub-rogatórias necessárias para assegurar o cumprimento da ordem judicial, inclusive nas ações que tenha por objeto prestação pecuniária (*astreintes*; bloqueio de bens móveis, imóveis, de direitos e de ativos financeiros; restrição de direitos; prolação de decisões substitutivas da declaração de vontade etc.) (art. 139, IV, do CPC).

7. Atipicidade das medidas executivas, inclusive para a efetivação das obrigações de pagar reconhecidas judicialmente

O processo legislativo que culminou com o advento da Lei nº 13.105/2015, lamentavelmente, passou ao largo de temas fundamentais relacionados à execução, os quais, ao menos em tese, poderiam levar a um processo executivo mais efetivo. Por exemplo, não se levou adiante o intento, já corrente na academia, de se extrajudicializar alguns atos executivos ou, pelo menos, descentralizá-los da figura do juiz; de prever juros progressivos com a prolongação do estado de inadimplemento; de criar um cadastro nacional de bens imóveis, que auxiliasse na pesquisa por bens penhoráveis do executado; de implementar um cadastro nacional de processos judiciais, que tornasse possível exigir do adquirente, sob pena de responder por fraude à execução, que o pesquisasse antes de qualquer transação; de ampliar a desvantagem do Poder Público no processo de execução por quantia, quando não cumprisse o precatório no prazo regulamentar.

Silenciosamente, contudo, sem que grande parte da doutrina tenha percebido – algo justificado, talvez, pelo fato de a regra não estar propriamente incrustrada nos capítulos e livro atinentes ao cumprimento de sentença e ao processo de execução –, o art. 139, IV, do CPC, parece ter trazido ao País algo bastante novo, cuja aplicação, a depender do comportamento do Judiciário, pode implicar verdadeira revolução (positiva ou negativa) na sistemática executiva até então vigente, percepção que já tive oportunidade de externar outrora.

Como é voz corrente na academia, o CPC/1973, no tocante às execuções de obrigação de fazer, não fazer e entregar, trabalhava com o modelo da atipicidade das medidas executivas, modelo mantido no CPC vigente (art. 536, § 1º). Em outros termos, significava que o magistrado, com arrimo nos arts. 461, § 5º, e 461-A, § 3º, do CPC/1973, tinha a possibilidade de, além das usuais medidas executivas de fixação de astreintes (obrigação de fazer e não fazer) e busca e apreensão (obrigação de entrega), determinar as medidas necessárias a bem da efetivação da tutela específica ou a obtenção do resultado prático equivalente, tais como a remoção de pessoas e coisas, o desfazimento de obras, o impedimento de atividade nociva, entre tantas outras (restrições de direitos, proibição da prática de determinados atos etc.).

As obrigações de pagar, todavia, não eram abarcadas por este modelo de atipicidade das medidas executivas. A sua execução, quando fundada em título judicial, estava circunscrita à incidência da multa do art. 475-J do CPC/1973 (atual art. 523, § 1º, do CPC) – que exsurge do próprio texto normativo (ope legis), não de decisão judicial (*ope judicis*) –, e ao vetusto ato executivo de penhora de bens, com manifesta preferência por dinheiro (art. 655, I, do CPC/1973) (art. 840 do CPC).

Diante da tipicidade do modelo executivo nas obrigações de pagar, era vedada, ao menos para a doutrina e a jurisprudência dominantes no CPC/1973, a fixação indiscriminada de medidas coercitivas e indutivas de execução indireta a bem do cumprimento da ordem de pagamento (restrições de direitos, fixação de astreintes pelo período de inadimplemento etc.), salvo nos raros casos em que havia expressa previsão legal (como é o caso da execução de alimentos, cf. art. 528, § 3º, do CPC).

A novidade que foi trazida pelo CPC é que o art. 139, IV, inserido no capítulo que trata dos poderes, deveres e responsabilidade do juiz,

positiva genericamente (atipicamente) o dever de efetivação. Estabelece que compete ao juiz, na qualidade de presidente do processo, determinar todas as medidas indutivas, coercitivas, mandamentais ou sub-rogatórias necessárias para assegurar o cumprimento de ordem judicial, inclusive nas ações que tenham por objeto prestação pecuniária.

Admitida a possibilidade do manejo da atipicidade das medidas executivas no cumprimento de sentença e no processo de execução de pagar quantia (como indicam os Enunciados nº 48 da ENFAM e nº 12 do FPPC), a potencialidade da aplicação do novo regramento é evidente. Exemplificativamente, superados os expedientes tradicionais de adimplemento (penhora de bens, busca a apreensão etc.), não efetuado o pagamento de dívida oriunda de multas de trânsito, ou mesmo não indicado o paradeiro da coisa nas ações de busca e apreensão de bem alienado fiduciariamente (DL nº 911/1969), seria lícito o estabelecimento da medida coercitiva/indutiva de suspensão do direito a conduzir veículo automotor (inclusive em sede de execução fiscal) até o pagamento do débito ou a revelação do paradeiro da coisa (inclusive com apreensão da CNH do devedor); não efetuado pagamento de verbas salariais devidas a funcionários da empresa, possível o estabelecimento de vedação à contratação de novos funcionários até que seja saldada a dívida; não efetuado o pagamento de financiamento bancário na forma e no prazo avençados, possível, até que se tenha a quitação, que se obstem novos financiamentos na mesma instituição, ou mesmo a participação do devedor pessoa jurídica em licitações (como de ordinário já acontece com pessoas jurídicas em débito tributário com o Poder Público); não efetuado o pagamento de multas ambientais ou tomadas medidas para minoração do dano ambiental, parece razoável a medida extrema de apreensão do passaporte do devedor que cumpre inúmeros compromissos pessoais fora do país, especialmente em caso que seu comportamento anterior revele que está é a única medida com capacidade de coagir ao pagamento (vide STF, RHC 173.332, Rel. Min. Rosa Weber, *DJe* 28.10.2019); etc.

Teríamos então no Brasil, por assim dizer, a adoção do padrão da atipicidade das medidas executivas também para as obrigações de pagar, vistas estas como ordens do Estado/Juiz para que haja prestação de pagamento em pecúnia.

8. Limites ao manejo de medidas executivas atípicas (art. 139, IV, do CPC/2015)

A capacidade de a interpretação potencializada do dispositivo (vide item *supra*) trazer resultados positivos para a causa da efetividade da execução é igualmente proporcional à possibilidade de que sejam excedidos os limites do razoável, com a prática de verdadeiros abusos judiciais contra inadimplentes.

Por isso – a prevalecer a interpretação potencializada do art. 139, IV, do CPC/2015 –, o emprego de tais medidas coercitivas/indutivas, especialmente nas obrigações de pagar, encontrará limite certo em algumas regras que já estão sendo adequadamente tratadas por parcela da doutrina e jurisprudência (STJ, RHC 97.876-SP, Rel. Min. Luis Felipe Salomão, j. 05.06.2018; REsp 1788950/MT, Relatora Ministra Nancy Andrighi, 3ª Turma, j. 23.04.2019) e que, doravante, são esboçadas (no total de 05).

Primeiro, só se admite, como regra, o manejo das medidas atípicas após o esgotamento das medidas típicas previstas em lei, isto é, aquelas já predispostas expressamente no sistema para induzir ou efetivar o pagamento, pois que isso prestigia o princípio da menor onerosidade do devedor (art. 805 do CPC). Assim, primeiro o credor deve aguardar a incidência da multa nas obrigações fundadas em título judicial (art. 523, § 1º), para depois realizar eventual protesto da sentença (art. 517) e/ou a averbação da sentença/execução nos registros públicos de bens (arts. 495 e 828), além de tentar a penhora de dinheiro, imóveis, móveis, veículos etc. Só após frustradas estas medidas – isto é, mesmo com a imposição delas não se induziu ao pagamento ou se localizaram bens penhoráveis que possam ser convertidos em dinheiro – é que seria razoável admitir-se outras medidas indutivas, coercitivas ou mandamentais a bem do cumprimento da obrigação. Somente em casos raros, em que a medida atípica seja menos gravosa ao devedor, é que se pode tolerar a adoção de referidas medidas antes do esgotamento das medidas tipicamente previstas.

Segundo, deve ser respeitado o contraditório prévio, na forma do art. 9º do CPC, com oitiva do executado a respeito do eventual manejo de medidas atípicas; com o recebimento de explicações do porquê do não pagamento ou da impossibilidade de serem impostas medidas atípicas. Eventual oitiva prévia do devedor não abre brecha para a dissipação ou ocultação do patrimônio penhorável, pois, em tese, isto já aconteceu em vista da frustração das medidas típicas, tal como narrado no item precedente. Por outro lado, a providência evita equívocos e permite a calibração exata da medida atípica aplicável, exemplificativamente, possibilitando-se ao executado a quem se pretende infligir a suspensão da CNH ou a apreensão do passaporte, a oportunidade de demonstrar que a medida lhe é demasiadamente gravosa, já que atualmente trabalha como motorista ou depende do deslocamento internacional para manutenção do emprego.

Terceiro, deve ser observado pelo julgador o princípio (ou a regra) da proporcionalidade, inclusive em vista do padrão da menor onerosidade adotado expressamente pelo CPC (art. 805). A medida atípica só pode ser aplicada na medida que tenha capacidade de compelir ao cumprimento da obrigação ou a indicação de onde se encontram os bens penhoráveis/aprendíveis. E não pode ser aplicada quando atinja a esfera de terceiros, ainda que, eventualmente, com relação com o devedor. Não parece razoável, assim, aplicar indistintamente, inúmeras medidas atípicas concomitantemente, antes de testar se apenas uma delas não é capaz de induzir ao cumprimento; ou mesmo intervir na esfera privada ou de terceiros para forçar o cumprimento da obrigação, obstando, v.g., que o devedor mantenha seus filhos estudando em colégio particular, bloqueando seus cartões de créditos etc. O móvel do art. 139, IV, do CPC é fazer com que os bens e valores do devedor apareçam para saldar a dívida, de modo que, não havendo indícios da existência de patrimônio que possa ser revelado pelos emprego dos mecanismos indiretos, não podem ser ele empregados, sob pena de a medida executiva atípica se tornar odiável sanção (algo incompatível com o caráter patrimonial da execução).

Quarto, a decisão que deferir a medida atípica deve ser provida de fundamentação idônea, na forma do art. 489, § 1º, do CPC, especialmente em vista da enorme ampliação dos poderes do juiz na seara executiva. Ademais, a fundamentação permite a demonstração e o cumprimento dos condicionamentos aqui postos, bem como o controle do ato pelas instâncias superiores.

E quinto, a medida atípica eleita não pode avançar sobre direitos e garantias assegurados na Constituição Federal, não parecendo possível, por isso, que se determine o pagamento sob pena de prisão ou de vedação ao exercício da profissão, ou sob pena de medidas corporais outras ou que submetam o devedor a constrangimento público, expondo sua vida privada.

Importante destacar, por fim, que o eventual uso de medidas indutivas/coercitivas para assegurar o cumprimento de ordem judicial que reconheça e imponha o cumprimento ou a execução de obrigação de qualquer natureza, estará sujeito a controle por agravo de instrumento, na forma do art. 1.015, parágrafo único, do CPC, o que permite a imediata corrigenda de eventuais desvios na aplicação do importantíssimo dispositivo.

9. Princípio infraconstitucional da tentativa de conciliação das partes a qualquer tempo (art. 139, V, CPC)

A determinação para que o magistrado tente a conciliação das partes a qualquer tempo, preferencialmente se valendo de conciliadores e mediadores, possui uma carga político-ideológica tão grande que parece elevar a regra do art. 139, V, do CPC, ao status de princípio infraconstitucional do processo.

Principalmente agora que a disposição é repetida – com ares de norma fundamental do processo civil –, no art. 3º, § 2º (*O Estado promoverá, sempre que possível, a solução consensual dos conflitos*) e § 3º (*A conciliação, a mediação e outros métodos de solução consensual de conflitos deverão ser estimulados por juízes, advogados, defensores públicos e membros do Ministério Público, inclusive no curso do processo judicial*) do CPC.

Consequência é que, além da estrita observância aos princípios fundamentais do processo civil, sob o ângulo constitucional, deve a jurisdição civil, em sentido amplo, obediência, também ao princípio genérico infraconstitucional da obrigatória tentativa de conciliação das partes, a qualquer tempo. Onde quer que haja processo com feição jurisdicional (arbitragem, por exemplo), havendo contato entre as partes, indispensável que se tente a autocomposição, antes do julgamento.

O CPC leva tão a sério a promessa de tentativa de conciliação a qualquer tempo, que torna (praticamente) obrigatória a realização de audiência inaugural de conciliação no rito comum (art. 334 e §§ do CPC) – apenando, inclusive com multa, aquele que não comparecer ao ato –, bem como disciplina, longamente, a

figura do mediador e do conciliador judicial (art. 165 e ss. do CPC), inserindo na estrutura do Poder Judiciário mais estes auxiliares da Justiça (sem maiores preocupações com a existência de recursos para isso).

O art. 139, V, CPC, recomenda que o magistrado se valha de conciliadores e mediadores para se desincumbir do dever de tentar conciliar as partes. A disposição é razoável, considerando que o magistrado, ao atuar concomitantemente como conciliador/mediador e julgador, pode vir a constranger as partes nas tratativas em prol da autocomposição (seja fazendo com que elas não revelem sua real pretensão pelo fato de estarem perante o julgador; seja forçando o acordo a bem da rápida solução do litígio).

Pondere-se, todavia, que embora não seja recomendável, a realização de conciliação/mediação pelo magistrado, ela não é vedada, entendendo-se, inclusive, que tal atividade é decorrência do presidencialismo cooperativo que exerce no processo. Não há, por conseguinte, suspeição ou impedimento do juiz que preside a conciliação/mediação para julgar o processo.

10. Flexibilização legal do procedimento (art. 139, VI, do CPC)

O art. 139, VI, do CPC, introduz no direito brasileiro, ainda que de forma bastante tênue, aquilo que nominei outrora como flexibilização do procedimento (Gajardoni, Fernando da Fonseca. *Flexibilização procedimental: um novo enfoque para o estudo do procedimento em matéria processual*. São Paulo: Atlas, 2007), também conhecida em outros países como princípio da adequação formal (Portugal) ou da elasticidade processual (Itália).

As formas processuais correspondem a uma necessidade de ordem, certeza e eficiência. Sua observância representa uma garantia de andamento regular e legal do processo e de respeito aos direitos das partes, sendo, pois, o formalismo indispensável ao processo.

Só que, é necessário evitar, tanto quanto o possível, que as formas sejam um embaraço e um obstáculo à plena consecução do escopo do processo, impedindo que a cega observância da forma sufoque a substância do direito.

Por isto, o legislador, ao regular as formas (que em grande parte são o resultado de uma experiência que se acumulou durante séculos), preocupa-se em adaptá-las às necessidades e costumes do seu tempo, eliminando o excessivo e o inútil. A adaptação do processo ao seu objeto e sujeitos, assim, dá-se, em princípio, no plano legislativo, mediante elaboração de procedimentos e previsão de formas adequadas às necessidades locais e temporais. A previsão de procedimentos especiais comprova a regra enunciada.

Mas é recomendável que ocorra também no próprio âmbito do processo, com a concessão de poderes ao juiz para, dentro de determinados limites, realizar a adequação de forma concreta. Com efeito, a moderna ênfase que se dá ao aspecto eficacial do processo (no seu aspecto material e temporal), sugestiona que se deve conferir ao procedimento o ritmo necessário à efetiva atuação jurisdicional. Se não se obtém isto por força de modelos legais aptos à tutela adequada e tempestiva do direito material, há de se conferir ao juiz condições de acelerar procedimentos, ou de freá-los, de acordo com a necessidade concreta, respeitadas as garantias do processo constitucional.

Fala-se em princípio da adequação para designar a imposição sistemática dirigida ao legislador, para que construa modelos procedimentais aptos para a tutela especial de certas partes ou do direito material; e princípio da adaptabilidade (da flexibilização ou da elasticidade processual) para designar a atividade do juiz de flexibilizar o procedimento inadequado ou de reduzida utilidade para melhor atendimento das peculiaridades da causa (mesmo à míngua de previsão legal específica).

Conforme sistematização proposta em 2007 (Gajardoni, Fernando da Fonseca. *Flexibilização procedimental: um novo enfoque para o estudo do procedimento em matéria processual.* São Paulo: Atlas, 2007), 04 (quatro) são os modelos existentes de flexibilização do procedimento.

Os dois primeiros modelos derivam da lei. Disposição legal pode autorizar o juiz a proceder a adaptação do procedimento à causa. Esta autorização pode ser: a) incondicionada, como o fez o legislador português nos arts. 6º e 547 do vigente CPC luso, caso em que a norma deixa, a critério do julgador, a variação procedimental adaptadora, sem indicá-la expressamente (*flexibilização legal genérica*); ou b) condicionada, com o legislador prevendo tramitações alternativas para a causa, casos em que o juiz, conforme as opções previamente postas na legislação, elege a que pareça ser mais adequada para a tutela do caso em concreto, não podendo, todavia, escolher outra fora do rol legal (*flexibilização legal alternativa*). Tem-se, portanto, dois modelos de flexibilização a partir da autorização legal.

Um terceiro modelo é o da *flexibilização procedimental judicial.* Ainda que não haja previsão legal alguma a respeito, competiria ao juiz, com base nas variantes do caso em concreto (objetivas e subjetivas), e com fundamento no princípio constitucional do devido processo legal (que impõe que o procedimento se adapte às garantias constitucionais do processo), modelar o procedimento para a obtenção de adequada tutela, elegendo quais os atos processuais que se praticarão na série, bem como sua forma e o modo. Trata-se de modelo muito próximo ao da liberdade das formas, diferenciando-se dele, todavia, pelo caráter subsidiário de incidência. Neste regime, a flexibilização judicial só se daria em caráter excepcional e mediante uma série de condicionamentos, restando, pois, preservado o regime da legalidade das formas como regra. No regime da liberdade das formas a regra é que o juiz, em todos os procedimentos, delibere sobre o iter.

O quarto sistema seria o da *flexibilização voluntária das regras de procedimento* (como ocorre na primeira parte do art. 21 da Lei de 9.307/96). Competiria às partes eleger o procedimento ou alguns atos processuais da série (negócio jurídico processual).

O CPC, no art. 139, VI, adota o padrão da flexibilização legal genérica do procedimento, porém de modo mitigado. Assim, limitou-se, tal como previsto aprovado art. 139, VI, do CPC, a flexibilização legal genérica do procedimento a duas hipóteses: o aumento de prazos (não é permitida a diminuição de prazos) e a inversão da produção dos meios de prova (esta última, inclusive, sem sentido algum, já que o art. 361 do CPC já estabelece ser a ordem de produção de provas em audiência preferencial, não absoluta).

Mas o CPC foi um pouco mais além. Estabeleceu, no art. 190, o modelo da *flexibilização voluntária do procedimento* (cláusula geral de negócio jurídico processual), autorizando às partes plenamente capazes, nas causas sobre direitos que admitam autocomposição: a) estipular mudanças no procedimento para ajustá-lo às especificidades da causa; e b) convencionar sobre os seus ônus, poderes, faculdades e deveres processuais, antes ou durante o processo. Permitiu, inclusive, que as parte, junto ao juiz (negócio jurídico plurilateral), fixassem calendário processual (art. 191 do CPC).

Trabalha o CPC, portanto, concomitantemente com os 04 (quatro) modelos de flexibilização procedimental. A regra geral continua a ser a da *flexibilização legal alternativa* (tramitações processuais alternativas). Mas se autorizou, ainda que mitigadamente, a *flexibilização legal genérica* do procedimento, permitindo que o juiz amplie prazo e inverta a ordem de produção de provas (apenas), independentemente de autorização legal específica e expressa. Além disso, avançou-se profundamente no tocante à *flexibilização legal voluntária*, autorizando as partes maiores e capazes a, genericamente, alterar os procedimentos (e até seus poderes, deveres, ônus e obrigações) nas causas que admitem autocomposição. Por fim, como não podia deixar mesmo sê-lo, o modelo do CPC (tanto quanto o do CPC/1973), mesmo à míngua de previsão legal expressa, admite a *flexibilização judicial do procedimento* (Cf. Guilherme Peres de Oliveira. *Adaptabilidade judicial do procedimento pelo juiz no processo civil*. São Paulo: Saraiva, 2013, fls. 99 e ss.).

11. Limites à flexibilização legal genérica mitigada (ampliação de prazos e ordem de produção de provas) e flexibilização judicial do procedimento

Obviamente, algum critério, ainda que mínimo, deve haver para que possa ser implementada a variação ritual, sob pena de tornarmos nosso sistema imprevisível e inseguro, com as partes e o juiz não sabendo para onde o processo vai e nem quando ele vai acabar.

Primeiramente, a regra da flexibilização é utilizada apenas em caráter subsidiário. Não havendo nuance a justificar a implementação de alguma variação procedimental, o processo deverá necessariamente seguir o rito e o prazo fixado em lei, mantendo, assim, a previsibilidade e a segurança que se espera do procedimento processual.

Depois, deve haver uma finalidade/razão para a flexibilização, geralmente ligada à tutela adequada do direito material em debate, à higidez/utilidade do procedimento estabelecido em lei; ou à condição especial da parte do processo.

Deve, ainda, ser observado o princípio do contraditório. De fato, o contraditório não se esgota na ciência bilateral dos atos do processo e na possibilidade de influir nas decisões judiciais, mas faz também depender da participação das partes a própria formação dos procedimentos e dos provimentos judiciais, seja por meio de manifestação prévia, seja pela possibilidade de recorrer das decisões que alteram o procedimento (algo amputado pelo art. 1.015 do CPC). Logo, se não se pode tomar as partes de surpresa sob pena de ofensa ao princípio do contraditório, eventual alteração procedimental não prevista no iter estabelecido legalmente depende da plena participação delas (preventiva ou repressivamente), até para que as etapas do procedimento sejam previsíveis. E isto só será possível se o julgador propiciar às partes efetiva oportunidade para se manifestarem sobre a inovação, pois, ainda que não estejam de acordo com a flexibilização do procedimento, a participação efetiva dos litigantes na formação desta decisão é o bastante para se precaverem processualmente. Portanto, no âmbito da flexibilização dos procedimentos, toda vez que for adequada a inversão da ordem, inserção ou exclusão de atos processuais abstratamente previstos, a ampliação dos prazos rigidamente fixados, ou outra medida que escape do padrão legal, indispensável a realização de contraditório, preferencialmente preventivo, desde que útil aos fins colimados pela variação ritual, garantindo-se sempre aos litigantes o pleno exercício do feixe de garantias advindas do devido processo constitucional (contraditório, ampla defesa etc.).

Por fim, indispensável a fundamentação da decisão que altera o iter legal ou inverta a ordem de produção de provas, condição esta que não diverge, por força de disposição constitucional (art. 93, IX, da CF) e processual (art. 489, § 1º, do CPC), da sistemática adotada para toda e qualquer decisão judicial. Trata-se de imposição de ordem política e afeta muito mais ao controle dos desvios e excessos cometidos pelos órgãos jurisdicionais inferiores na condução do processo do que propriamente à previsibilidade ou a segurança do sistema. É na análise da fundamentação que se afere em concreto a imparcialidade do juiz, a correção e justiça dos próprios procedimentos e decisões nele proferidas.

12. Termo final para ampliação de prazo pelo juiz (art. 139, parágrafo único, CPC)

Conforme art. 139, parágrafo único, do CPC, o juiz pode ampliar os prazos estabelecidos no CPC até o término do prazo regular. Se fosse possível a ampliação após o término do prazo, estaria aberto espaço para fraudes processuais, afastando-se a preclusão de questões já superadas pelo tempo, fazendo com que o processo retrocedesse sua marcha (o que é contraproducente).

13. Ampliação de prazo de ofício ou a requerimento da parte (arts. 139, VI e 437, § 2º, CPC)

Embora a impressão inicial leve à conclusão de que o juiz ampliará o prazo oficiosamente, nada impede que a parte requeira a ampliação no curso do seu prazo (mas antes de seu término). A comprovar a tese, tem-se o disposto no art. 437, § 2º, do CPC: "*Poderá o juiz, a requerimento da parte, dilatar o prazo para manifestação sobre a prova documental produzida, levando em consideração a quantidade e a complexidade da documentação*".

O legislador, contudo, deixou de se posicionar sobre questão importantíssima e que levará a enormes problemas práticos. Sendo possível à parte requerer a ampliação de seu prazo antes do término dele, tal requerimento tem o condão de suspender/interromper o prazo em curso?

Em vista dos princípios da razoabilidade temporal e da boa-fé (arts. 4º e 5º do CPC), e a fim de evitar fraudes (com a parte postulando ampliação, apenas, para ter mais prazo até que o magistrado aprecie o pedido de ampliação), a resposta só pode ser negativa.

14. Poder de polícia (art. 139, VII, do CPC)

Como presidente do processo, compete ao juiz exercer o poder de polícia, requisitando, quando necessário, força policial, além da segurança interna dos fóruns e tribunais.

Autoridade estatal que é, o juiz deve zelar pela segurança de todos os atores processuais (inclusive a própria), requisitando, na medida do necessário, auxílio da força pública para preservar a ordem durante a prática dos atos processuais.

O art. 360 do CPC estabelece que no exercício do poder de polícia, incumbe ao juiz: a) manter a ordem e o decoro na audiência; b) ordenar que se retirem da sala de audiência os que se comportarem inconvenientemente; c) requisitar, quando necessário, a força policial pública (além da segurança interna dos fóruns e tribunais); d) tratar com urbanidade as partes,

os advogados, os membros do Ministério Público e da Defensoria Pública e qualquer pessoa que participe do processo; e e) registrar em ata, com exatidão, todos os requerimentos apresentados em audiência.

O juiz ainda pode, como decorrência do poder de polícia, mandar riscar expressões injuriosas e cassar a palavra (inclusive dos advogados, defensores públicos e membros do MP) daquele que pratique ofensas verbais (inclusive contra si). Nestes casos, pode ser necessário o cancelamento e a redesignação da audiência ou da sessão de julgamento (caso em que as despesas disto serão carreadas ao causador do adiamento).

Por fim, ainda no exercício do poder de polícia, compete ao magistrado encaminhar ao MP documentos relacionados a condutas processuais consideradas criminosas (art. 40 do CPP), bem como, aos órgãos de fiscalização profissional (OAB, Corregedorias etc.), os referentes a infrações ético/funcionais.

14. Interrogatório judicial (art. 139, VIII, do CPC)

O art. 342 do CPC/73, previa ser possível ao juiz determinar o comparecimento das partes a fim de inquiri-las sobre os fatos da causa.

Doutrina fazia distinção entre este ato, nominado de interrogatório judicial, com o depoimento pessoal (art. 343 CPC/1973 e art. 385 CPC). O interrogatório era ordenado de ofício e objetivava esclarecer o juiz, não consistindo meio de prova e, consequentemente, não implicando confissão o não comparecimento da parte (embora o juiz considerasse isso na aplicação das regras de ônus da prova). Já o depoimento pessoal só se ordenava a requerimento da parte, era meio de prova e, caso a parte intimada não comparecesse, havia presunção de veracidade dos fatos alegados pela outra parte.

O CPC não acaba com o interrogatório judicial. Mas, corretamente, o insere entre os poderes diretivos do juiz na condução do processo. A qualquer tempo, o juiz pode determinar o comparecimento pessoal das partes para inquiri-las sobre os fatos da causa (hipótese em que não incidirá a pena de confesso).

Trata-se de dever/poder intimamente relacionado com o princípio da cooperação, servindo para o magistrado se esclarecer sobre fatos da causa a fim de propiciar um julgamento mais justo, sem o uso das regras do ônus da prova (dever de esclarecimento).

Absolutamente nada impede que o magistrado, em vez de determinar o comparecimento das partes, peça os esclarecimentos por escrito, medida que em unidades com grande volume de audiência, potencializa a celeridade processual.

16. Determinar o suprimento de pressupostos processuais e o saneamento de outros vícios processuais (art. 139, IX, do CPC)

O art. 139, XI, do CPC também tem íntima relação com o princípio da cooperação (art. 6º do CPC), pois disciplina o dever de prevenção.

Por ele, compete ao juiz determinar o suprimento e correção dos vícios processuais (pressupostos processuais, nulidades etc.), preservando, quanto o mais possível, condições para que o processo alcance decisão de mérito (*i.e.* decisão que solucione o conflito).

Há, definitivamente, um princípio do interesse jurisdicional no conhecimento do mérito, no direito processual civil brasileiro.

A preocupação com a sanatória geral do processo é tamanha, que o arts. 282 e 283 do CPC, tanto quanto já faziam o arts. 249 e 250 do CPC/73, estabelecem que: a) ao pronunciar a nulidade, juiz declarará que atos são atingidos e *ordenará as providências necessárias a fim de que sejam repetidos ou retificados*; b) o ato não se repetirá nem sua falta será suprida quando não prejudicar a parte; c) quando puder decidir o mérito a favor da parte a quem aproveite a decretação da nulidade, o juiz não a pronunciará nem mandará repetir o ato ou suprir-lhe a falta; d) o erro de forma do processo acarreta unicamente a anulação dos atos que não possam ser aproveitados, *devendo ser praticados os que forem necessários a fim de se observarem as prescrições legais*; e e) dar-se-á o aproveitamento dos atos praticados desde que não resulte prejuízo à defesa de qualquer parte.

17. Dever de comunicação para o ajuizamento de ação coletiva (art. 139, X, do CPC)

O dispositivo estabelece que quando o juiz se deparar com diversas demandas individuais repetitivas, deverá oficiar ao Ministério Público, à Defensoria Pública e, na medida do possível, aos outros legitimados a que se referem os arts. 5º da Lei n. 7.347, de 24 de julho de 1985, e 82 da Lei n. 8.078, de 11 de setembro de 1990, para, se for o caso, promover a propositura da ação coletiva respectiva.

Nenhuma novidade na disposição (a não ser a menção a outros legitimados coletivos), que repete o disposto no art. 7º da Lei 7.347/85 (*"Se, no exercício de suas funções, os juízes e tribunais tiverem conhecimento de fatos que possam ensejar a propositura da ação civil, remeterão peças ao Ministério Público para as providências cabíveis"*).

18. Rol exemplificativo

Os deveres/poderes do juiz como presidente do processo não se esgotam no art. 139 do CPC. Diversos outros dispositivos esparsos no CPC estabelecem deveres/poderes dos juízes. Exemplificativamente, o art. 370 do CPC, estabelece cabe o juiz, de ofício ou a requerimento da parte, determinar as provas necessárias ao julgamento do mérito, indeferindo, em decisão fundamentada, as diligências inúteis ou meramente protelatórias (poderes instrutórios do juiz); o art. 142 do CPC, diz que se convencendo, pelas circunstâncias da causa, de que autor e réu se serviram do processo para praticar ato simulado ou conseguir fim vedado por lei, o juiz proferirá sentença que impeça os objetivos das partes, aplicando, de ofício, as penalidades da litigância de má-fé.

Jurisprudência

Iniciativa probatória oficial e violação da isonomia: "O processo civil moderno tende a investir o juiz do poder-dever de tomar iniciativa probatória, consubstanciando-se, pois, em um equilíbrio entre o modelo dispositivo e o inquisitivo. Contudo, a atividade probatória exercida pelo magistrado deve se opera em conjunto com os litigantes e não em substituição a eles. No caso concreto, o Tribunal a quo, embora ausente pedido específico das partes, de ofício, anulou a sentença e determinou o retorno dos autos ao juízo singular para que este reabrisse a fase instrutória e oportunizasse, a ambas as partes, a inquirição de testemunhas, para fins de comprovação da atividade rural. *In casu*, não tendo a parte autora, tanto na fase instrutória, quanto nas razões de apelação, postulado pela produção de prova testemunhal, caso restasse prevalente o entendimento do tribunal a quo, o equilíbrio na relação processual estaria prejudicado e, consequentemente, desrespeitado o

Art. 140

princípio isonômico, face a violação ao art. 125, I, do CPC" (STJ, REsp 894443/SC, 6ª Turma, Rel. Maria Tereza de Assis Moura, j. 17.06.2010).

"2. O propósito recursal é definir se a suspensão da carteira nacional de habilitação e a retenção do passaporte do devedor de obrigação de pagar quantia são medidas viáveis de serem adotadas pelo juiz condutor do processo executivo (...) 4. O Código de Processo Civil de 2015, a fim de garantir maior celeridade e efetividade ao processo, positivou regra segundo a qual incumbe ao juiz determinar todas as medidas indutivas, coercitivas, mandamentais ou sub-rogatórias necessárias para assegurar o cumprimento de ordem judicial, inclusive nas ações que tenham por objeto prestação pecuniária (art. 139, IV). 5. A interpretação sistemática do ordenamento jurídico revela, todavia, que tal previsão legal não autoriza a adoção indiscriminada de qualquer medida executiva, independentemente de balizas ou meios de controle efetivos. 6. De acordo com o entendimento do STJ, as modernas regras de processo, ainda respaldadas pela busca da efetividade jurisdicional, em nenhuma circunstância poderão se distanciar dos ditames constitucionais, apenas sendo possível a implementação de comandos não discricionários ou que restrinjam direitos individuais de forma razoável. 7. A adoção de meios executivos atípicos é cabível desde que, verificando-se a existência de indícios de que o devedor possua patrimônio expropriável, tais medidas sejam adotadas de modo subsidiário, por meio de decisão que contenha fundamentação adequada às especificidades da hipótese concreta, com observância do contraditório substancial e do postulado da proporcionalidade" (STJ, REsp 1788950/MT, Rel. Ministra Nancy Andrighi, 3ª Turma, j. 23.04.2019).

> **Art. 140.** O juiz não se exime de decidir sob a alegação de lacuna ou obscuridade do ordenamento jurídico.
>
> **Parágrafo único.** O juiz só decidirá por equidade nos casos previstos em lei.

▶ *Referência: CPC/1973 – Arts. 126 e 127*

1. Princípio da indeclinabilidade da jurisdição e integração do direito

O art. 140 do CPC – que dá concretude ao princípio constitucional do acesso à justiça (art. 5º, XXXV, da CF) –, estabelece não ser lícito ao juiz deixar de julgar sob o argumento de que há lacuna ou obscuridade no ordenamento jurídico.

Pode haver lacuna e obscuridade na lei. Mas não no Direito, motivo pelo qual o sistema jurídico aponta mecanismos de integração destas lacunas e obscuridades.

O art. 4º da Lei de Introdução às Normas de Direito Brasileiro (Decreto-Lei 4.657/1942) estabelece que quando a lei for omissa, o juiz decidirá o caso de acordo com a analogia, os costumes e os princípios gerais de direito. O art. 126 do CPC/1973 previa expressamente o emprego destes mecanismos de integração em caso de lacuna ou obscuridade da lei. O art. 140 do CPC, corretamente, suprimiu tal referência do dispositivo, vez que não se trata de assunto a ser tratado no CPC. Evidentemente, a regra de integração continua aplicável ao direito processual civil brasileiro por conta do art. 4º da LINDB.

Há uma ordem legal e lógica de aplicação dos mecanismos de integração do Direito pelo juiz. Inicialmente, ele deverá buscar, com base no próprio ordenamento jurídico, a analogia (aplicação de outra norma legal para situação jurídica semelhante). Não sendo possível emprego da analogia, e desde que eles não sejam contrários à lei, aplicará os costumes (conjunto de regras não escritas, mas ordinariamente respeitadas em dado local e época). Por fim, também não sendo possível o uso dos costumes, integrará o ordenamento jurídico por meio da aplicação dos princípios gerais do direito (regras universais sobre as quais foram construídos os sistemas jurídicos, tal como a boa-fé, a presunção de inocência, a vedação ao enriquecimento sem causa etc.).

2. Julgamento por equidade (art. 140, parágrafo único, do CPC)

O art. 140, parágrafo único, do CPC, tal como ocorria no CPC/1973 (art. 127), consagra o princípio processual da legalidade estrita. De acordo com ele, o juiz julga com base na lei, sendo-lhe vedado proferir decisões com base na equidade (justiça do caso concreto, inclusive com correção da injustiça legal). Natural que seja assim, pois, do contrário, o juiz faria o papel do legislador, dando azo ao arbítrio.

A regra, entretanto, comporta exceções, isto é, hipóteses em que o sistema autoriza o magistrado a julgar com base na equidade, afastando dos critérios de legalidade estrita, e tomando no caso a decisão que lhe parecer mais justa. É o que parece ocorrer no Juizado Especial Cível (art. 6º, Lei nº 9.099/95) e nos processos de jurisdição voluntária (art. 723, parágrafo único, CPC), em que, excepcionalmente, autoriza-se o julgamento fora dos padrões estritamente legais.

Alerte-se, todavia, que não se pode confundir julgamento por equidade e julgamento com equidade.

No julgamento por equidade o juiz está autorizado, expressamente, a afastar-se de critérios de legalidade estrita e tomar a decisão que mais lhe parecer mais conveniente e oportuna (discricionariedade judicial). Por força do art. 140, parágrafo único, do CPC, trata-se de situação absolutamente excepcional no direito brasileiro.

Julgamento com equidade, por sua vez, se dá quando, na aplicação da lei, o juiz atende aos fins sociais a que ela se dirige e às exigências do bem comum. Por imperativo legal (art. 5º da Lei de Introdução às Normas de Direito Brasileiro), é a regra geral de julgamento no Brasil.

Jurisprudência

Aplicação analógica do art. 153 da Lei 11.101/2005 para autorizar o levantamento de valores por empresas em concordata preventiva. "O DL 7.661/45 não regulamentou a destinação das quantias depositadas em favor dos credores que não foram localizados. Assim, se o texto expresso da lei não contempla a situação jurídica apresentada nestes autos, resta ao Poder Judiciário o poder-dever de suprir a lacuna legislativa, utilizando-se dos critérios oferecidos pelos arts. 4º da LICC e 126 do CPC. É possível a utilização analógica dos dispositivos contidos na Lei 11.101/05 para a solução da controvérsia, porque ambas as normas contêm os mesmos princípios gerais e regulam as mesmas situações fáticas. O art. 153 da Lei 11.101/05 outorga à empresa falida ou em recuperação judicial a possibilidade de levantar o saldo eventualmente existente em seu favor, se for verificado o pagamento de todos os credores e houver transcorrido o prazo concedido pelo Juiz para resgate dos valores não reclamados. Se é certo que o procedimento da concordata preventiva possui prazos legais e cogentes para a satisfação dos créditos quirografários, de modo a garantir o efetivo recebimento dos valores que lhe são devidos, é igualmente correto afirmar que não se pode impor à empresa solvente que aguarde por tempo indeterminado a liberação do numerário que depositou judicialmente, mesmo diante da inércia de seus credores" (STJ, REsp 1172387/RS, 3ª Turma, Rel. Min. Nancy Andrighi, j. 13.02.2011).

Definição do conceito de área útil com base no costume: "As instâncias ordinárias apuraram que, anteriormente à edição de norma técnica da ABNT (2004) estabelecendo o conceito de 'área útil', o que prevalecia, conforme os costumes locais, confundia-se com o de 'área privativa', descartada a possibilidade de má-fé por parte da compromissária vendedora. Desse modo, como não havia conceito seguro acerca do que consiste a '*área útil*', o caso, nos termos dos arts. 126 do Código de Processo Civil/73 e 4º da Lei de Introdução às Normas do Direito Brasileiro, deve ser solucionado de acordo com a analogia, os costumes e os princípios gerais de Direito" (STJ, REsp 1015379/ES, 4ª Turma, Rel. Min. Luis Felipe Salomão, j. 16.02.2012).

> **Art. 141.** O juiz decidirá o mérito nos limites propostos pelas partes, sendo-lhe vedado conhecer de questões não suscitadas a cujo respeito a lei exige iniciativa da parte.

▶ *Referência: CPC/1973 – Art. 128.*

1. A regra da correlação (art. 2º, 141 e 492 CPC)

Regra geral, não haverá tutela jurisdicional sem prévia provocação do interessado. Afinal, salvo as exceções legais, o processo começa por iniciativa da parte, embora se desenvolva por impulso oficial (art. 2º do CPC). Consequentemente, a lide só pode ser decidida pelo juiz nos limites em que proposta, não sendo lícito ao julgador proferir decisão não pedida ou que extravase os limites estabelecidos no pedido e na causa de pedir (art. 492 do CPC).

2. Correlação e vícios na decisão judicial

Os arts. 141 e 492 do CPC, tanto quanto os arts. 128 e 460 do CPC/1973, rezam que o juiz proferirá a sentença nos limites propostos pelas partes, acolhendo ou rejeitando, no todo ou em parte, o pedido formulado. É defeso (proibido), assim, proferir decisão de natureza diversa da pedida, bem como condenar o réu em quantidade superior ou em objeto diverso do que lhe foi demandado.

Art. 141

Basicamente, o que a regra da congruência impõe é que o juiz, ao julgar o processo, se atenha ao pedido e a causa de pedir da inicial. Estes são os limites da atuação do órgão jurisdicional do Estado, de modo que, descumprida a regra da congruência, a decisão proferida é tida por viciada, devendo ser atacada por recursos e, em último caso, até pela ação rescisória após o trânsito em julgado (art. 966, V, CPC).

Decisão *extra petita* é aquela em que o julgador defere à parte coisa diversa da pedida, como no caso de se ter postulado uma sentença declaratória e ter-se obtido uma condenatória, ou de ter-se requerido a devolução da coisa e o juiz ter determinado o pagamento em dinheiro. Apresentado recurso contra a decisão viciada, o Tribunal deverá anulá-la para que o grau inferior torne a apreciar a lide nos exatos limites do pedido da parte.

Decisão *ultra petita* se dá quando o julgador defere à parte mais do que esta lhe pediu. É o que ocorre quando há pedido de condenação do requerido a pagar R$ 1.000,00 e o juiz o condena a pagar R$ 2.000,00. Ou quando se pede indenização por danos materiais e o pedido é acolhido para deferir danos morais e materiais. Nestes casos, havendo recurso, o Tribunal simplesmente lhe dará provimento para reduzir o valor da condenação, sem necessidade de anulação da decisão anterior.

Finalmente, a decisão pode ser *infra petita* ou *citra petita*, tida esta sendo a que o órgão jurisdicional deixa de apreciar todos os pedidos formulados pela parte. É o que ocorre quando são feitos pedidos cumulados (art. 327, CPC) de danos materiais e morais, mas o órgão só aprecia um deles, sem fazer referência alguma ao outro. Nestes casos, o recurso cabível contra a decisão são os de embargos de declaração, isso a fim de provocar o próprio órgão jurisdicional omisso a completar a prestação jurisdicional (art. 1.022, II, CPC).

Não é viciada a sentença que dá à parte menos do que ela pediu, desde que haja apreciação de todos os pedidos e alguns deles sejam fundamentadamente negados.

3. Questões cognoscíveis de ofício

A regra é que o juiz não pode conhecer de questões não suscitadas pelas partes, a cujo respeito a lei exige iniciativa delas. Há, entretanto, diversas questões que, por expressa disposição legal, pode o juiz conhecer sem ser provocado, não havendo, por conseguinte, violação da regra da correlação. Alguns exemplos:

a) fatos supervenientes: o art. 493 do CPC estabelece que se, depois da propositura da ação, algum fato constitutivo, modificativo ou extintivo do direito influir no julgamento do mérito, caberá ao juiz tomá-lo em consideração, de ofício ou a requerimento da parte, no momento de proferir a decisão;

b) questões de ordem pública: o art. 485, § 3º, do CPC, estabelece que até o trânsito em julgado, o juiz pode conhecer, de ofício, dos pressupostos processuais e das condições da ação;

c) nulidades absolutas: o art. 278, parágrafo único, dispõe que o juiz deve pronunciar-se de ofício sobre as nulidades absolutas; etc.

Atente-se, contudo, que mesmo nas hipóteses que é lícito, ao juiz, conhecer oficiosamente de questões não suscitadas pelas partes, recomenda-se prévia oitiva delas a respeito, atento ao que dispõe o art. 10 do CPC.

Jurisprudência

Condenação oficiosa ao pagamento de dano social. "Na presente reclamação a decisão impugnada condena, de ofício, em ação individual, a parte reclamante ao pagamento de danos sociais em favor de terceiro estranho à lide e, nesse aspecto, extrapola os limites objetivos e subjetivos da demanda, na medida em que confere provimento jurisdicional diverso daqueles delineados pela autora da ação na exordial, bem como atinge e beneficia terceiro alheio à relação jurídica processual levada a juízo, configurando hipótese de julgamento extra petita, com violação aos arts. 128 e 460 do CPC/73. Por isso, para fins de aplicação do art. 543-C do CPC/73, adota-se a seguinte tese: '*É nula, por configurar julgamento extra petita*, a decisão que condena a parte ré, de ofício, em ação individual, ao pagamento de indenização a título de danos sociais em favor de terceiro estranho à lide'" (STJ, Rcl 12062/GO, 2ª Seção, Rel. Min. Raul Araújo, j. 12.11.2014).

O pedido da ação é o que se pretende com a instauração da demanda, e não o que consta de um item específico da inicial: "Entende-se por decisão extra petita aquela em que o julgador, ao apreciar o pedido ou a causa de pedir, decide de forma diferente do proposto pelo autor na peça inicial. O pedido da ação não é apenas o que foi requerido em um capítulo específico ao final da petição inicial, mas, sim, o que se pretende com a instauração da demanda. A pretensão deve ser extraída da interpretação lógico-sistemática da inicial como um todo. Aplicável ao caso o princípio do *jura novit curia*, segundo o qual, dados os fatos da causa, cabe ao juiz dizer o direito. Não ocorre julgamento extra petita quando o juiz aplica o direito ao caso com fundamentos diversos aos apresentados pela parte. Não há falar, assim, em violação dos arts. 128 e 460 do CPC" (STJ, AgRg no REsp 1470591/SC, 2ª Turma, Rel. Min. Humberto Martins, j. 06.11.2014). E ainda: "Não há julgamento *extra petita* quando o julgador interpreta o pedido formulado na petição inicial de forma lógico-sistemática, a partir da análise de todo o conteúdo da peça inaugural" (STJ, Resp. AgRg no REsp 1439300/RS, 3ª Turma, Rel. Min. Nancy Andrighi, j. 21.08.2014).

> **Art. 142.** Convencendo-se, pelas circunstâncias, de que autor e réu se serviram do processo para praticar ato simulado ou conseguir fim vedado por lei, o juiz proferirá decisão que impeça os objetivos das partes, aplicando, de ofício, as penalidades da litigância de má-fé.

▶ *Referência: CPC/1973 – Art. 129*

1. Processo simulado ou com fins ilícitos

O dever de boa-fé, previsto no art. 5º do CPC/15, deve servir de parâmetro para todo e qualquer comportamento processual. Exatamente por isso, a utilização do processo para conseguir objetivo ilegal viola o dever de lealdade, de boa-fé. Afinal, o processo é instrumento estatal e público de manifesto conteúdo ético, por conseguinte, não se prestando para fins escusos e contrários à lei.

Pese a redação do dispositivo (que só fala em "autor e réu"), a conduta ora tratada pode ser unilateral ou bilateral. Na primeira, não há concurso da parte adversa com a conduta ímproba, como no caso da parte que, valendo-se da regra de competência do art. 4º da Lei 9.099/95, ajuíza ação sem fundamento algum em foro absolutamente distante da empresa demandada, contando com a sua revelia pelo não comparecimento (art. 20 da Lei 9.099/95); ou daquele que distribui mais de uma ação em foros concorrentes, para violar o princípio do juiz natural do art. 5º, XXXVII e LIII da CF (processo fraudulento). Na segunda, as partes

estão em conluio na busca do objetivo ilegal (processo simulado), como no caso de simulação de dívida para fins de blindagem patrimonial do autor da ação (réu em diversas ações de cobrança/indenização), geralmente acompanhada de reconhecimento jurídico do pedido ou revelia da parte demandada no processo.

Mesmo que o processo simulado não tenha a finalidade de prejudicar, isso não é permitido em nosso sistema, posto que desvia o processo de sua finalidade institucional (Nery e Nery. *Código de Processo Civil comentado*. 7. ed.; São Paulo: RT, 2003, p. 529).

Constatado pelo juiz a fraude (conluio ou simulação para conseguir objetivo ilegal), deverá proferir sentença que impeça o(s) objetivo(s) da(s) parte(s), aplicando, de ofício, as penalidades pela litigância de má-fé (art. 80, III, do CPC).

Caso já tenha havido o trânsito em julgado da sentença no processo, pode o MP propor ação rescisória (art. 966, III e 967, III, "b", do CPC).

Tudo sem prejuízo das consequências criminais pela conduta ímproba (art. 171 ou 347 do CP).

Jurisprudência

Não homologação de acordo judicial com objetivos ilícitos (violação da ordem cronológica do art. 100 da CF): "Incumbe ao juiz, nos termos do art. 129 do CPC/73, recusar-se a homologar acordo que entende, pelas circunstâncias do fato, ter objeto ilícito ou de licitude duvidosa; violar os princípios gerais que informam o ordenamento jurídico brasileiro (entre os quais os princípios da moralidade, da impessoalidade, da isonomia e da boa-fé objetiva); ou atentar contra a dignidade da justiça. No ordenamento brasileiro, a ordem cronológica dos precatórios é valor formal absoluto, incompatível com qualquer ato ou procedimento que, aberta ou veladamente, ponha em risco os princípios e garantias da impessoalidade, da equidade, da transparência e da boa-fé objetiva, que a informam. É ilegal e, portanto, insuscetível de homologação judicial, a transação entre a Administração e o particular que viola a sequência dos precatórios, mesmo se o credor renuncia à parte (*in casu*, parte ínfima) do crédito, vedação essa que incide tanto se já há precatório, como em momento anterior à sua expedição. Descabe à Fazenda Pública realizar composição que envolva quantia certa em processo judicial de execução de sentença, nos moldes do art. 730 do Código de Processo Civil, cujo rito culmina com a expedição de precatório. Admitir esse tipo de transação seria, por via transversa, violar a ordem cronológica de pagamento de precatórios. É absurdo pretender que, quando o credor abre mão de parte ínfima de seu crédito, a Fazenda Pública saia favorecida. Trata-se de tese que, na essência, nega a aplicabilidade da isonomia e da impessoalidade ao universo de credores, já que alguns destes, se oferecido o mesmo benefício, em vez de aguardarem, respeitosa e pacientemente, sua vez na ordem cronológica, por certo prefeririam composição nas mesmas condições (...) Pareceres de juristas e da própria Procuradoria Geral do órgão público não têm o condão de transformar o que é ilícito, irregular ou viciado em ato administrativo legal, nem dispensam, extirpam, reduzem ou compensam a responsabilidade dos administradores no sentido de zelar pelo patrimônio público e pelos princípios que regem a Administração" (STJ, AgRg no REsp 1090695/MS, Rel. Min. Herman Benjamin, 2ª Turma, j. 08.09.2009).

> **Art. 143.** O juiz responderá, civil e regressivamente, por perdas e danos quando:
>
> **I** – no exercício de suas funções, proceder com dolo ou fraude;
>
> **II** – recusar, omitir ou retardar, sem justo motivo, providência que deva ordenar de ofício ou a requerimento da parte.
>
> **Parágrafo único.** As hipóteses previstas no inciso II somente serão verificadas depois que a parte requerer ao juiz que determine a providência e o requerimento não for apreciado no prazo de 10 (dez) dias.

▶ *Referência: CPC/1973 – Art. 133*

1. Responsabilidade civil do juiz

Praticado pelo juiz ato ilícito, além da responsabilidade penal e administrativa, exsurge sua responsabilidade civil pelas perdas e danos causados às partes e ao Estado.

O dispositivo ora comentado – que não tem natureza processual, mas sim civil (norma heterotópica) – disciplina esta questão. Estabelece que a responsabilização do juiz se dará regressivamente, apenas: a) quando proceder dolo ou fraude, e b) nos casos de inércia jurisdicional (recusar, omitir ou retardar, sem justo

motivo, providência que deva ordenar de ofício ou requerimento).

O rol do art. 143 é taxativo. Mesmo nas hipóteses em que a lei civil responsabiliza o juiz pela inércia ou pela prática do ato (*v.g.* art. 1.744 do CC) deve ser aplicado o dispositivo. Só há responsabilidade civil e pessoal do magistrado se houver dolo (fraude) ou inércia.

2. Responsabilização regressiva

Seguindo a tendência jurisprudencial formada a partir da interpretação dantes existente do art. 133 do CPC/1973, e do art. 49 e incisos da Lei Orgânica da Magistratura Nacional (LC 35/1979) (STF, RE 228.977-2/SP, Rel. Min. Néri da Silveira, 2ª Turma, j. 05.03.2002, *DJ* 12.04.2002), o art. 143 do CPC explicita que a responsabilização civil do magistrado se dá, apenas, de modo regressivo, algo que acabou sendo corroborado, posteriormente, por conta da interpretação dada pelo STF à extensão do direito de regresso previsto no art. 39, § 6º da CF, fixando o entendimento, em repercussão geral, no sentido de que "a teor do disposto no art. 37, § 6º, da Constituição Federal, a ação por danos causados por agente público deve ser ajuizada contra o Estado ou a pessoa jurídica de direito privado prestadora de serviço público, sendo parte ilegítima para a ação o autor do ato, assegurado o direito de regresso contra o responsável nos casos de dolo ou culpa" (tema 940, j. 14.08.2019).

Trata-se de interpretação que objetiva, à luz das garantias constitucionais da magistratura (art. 95 da CF), proteger os juízes contra investidas temerárias das partes e advogados, eventualmente prejudicados por decisões proferidas. Exigindo-se que, primeiramente, a ação civil de responsabilização seja dirigida contra a União (magistrados federais e do DF) e Estados (magistrados estaduais), na forma do art. 37, § 6º, da CF/88, tem-se um filtro que possibilita aos juízes julgarem com independência, cientes de que só serão responsabilizados civilmente acaso o Poder Público tenha condições de afirmar que a conduta se enquadra nas 02 (duas) situações do art. 143 do CPC. Note-se, assim, que o art. 1.744 do CC (que responsabiliza o juiz, direta e pessoalmente, quando não houver nomeado tutor), está superado.

3. Dolo ou fraude

O ato jurisdicional danoso, praticado com culpa (negligência, imprudência ou imperícia), não acarreta a responsabilização civil e regressiva do magistrado, já que o art. 143 do CPC (tanto quanto o art. 133 do CPC/1973) exige o dolo ou a fraude (que é espécie de conduta dolosa) como elemento subjetivo da conduta. Entende-se que os casos de culpa grave, em que a negligência, a imprudência ou imperícia for explícita e inaceitável, pode ser equiparada ao dolo, gerando responsabilização civil e regressiva do magistrado.

Isso não significa, contudo, que o prejudicado não possa ser reparado pelas condutas regularmente culposas praticadas pelos juízes (erro judiciário civil). A responsabilidade da indenização, nestes casos, será do Poder Público, na forma do art. 37, § 6º, da CF/1988, que demandado, não poderá agir regressivamente contra o magistrado.

Atente-se para o fato de que o magistrado, agindo com culpa regular (leve ou média) não pode ser civilmente responsabilizado. Mas pode ser administrativamente responsabilizado.

4. Inércia jurisdicional

Responde civilmente, de modo regressivo, o magistrado que recusar, omitir ou retardar, sem justo motivo, providência que deva ordenar de ofício ou requerimento.

Recusar é se negar, expressamente, a praticar o ato.

Omitir é deixar de praticar o ato sem qualquer satisfação.

Retardar é procrastinar a prática do ato.

Duas são as condicionantes para incidência da responsabilização civil do Estado e do magistrado na hipótese de inércia:

a) que não haja justo motivo que impeça a prática do ato (Ex. magistrado licenciado por doença familiar); e

b) se a parte requerer ao juiz que determine a providência e o requerimento não for apreciado no prazo de dez dias (art. 143, parágrafo único, CPC).

Havendo justo motivo, ou não tendo havido o requerimento da parte, não há responsabilização.

Rememore-se que qualquer parte, o Ministério Público ou a Defensoria Pública poderá representar ao corregedor do tribunal ou ao Conselho Nacional de Justiça contra juiz ou relator que injustificadamente exceder os prazos previstos em lei, regulamento ou regimento interno.

Distribuída a representação ao órgão competente e ouvido previamente o juiz, não sendo caso de arquivamento liminar, será instaurado procedimento para apuração da responsabilidade, com intimação do representado por meio eletrônico para, querendo, apresentar justificativa no prazo de quinze dias (art. 235, § 1º, do CPC). Sem prejuízo das sanções administrativas cabíveis, dentro de quarenta e oito horas seguintes à apresentação ou não da justificativa de que trata o § 1º, se for o caso, o corregedor do Tribunal ou relator no Conselho Nacional de Justiça determinará a intimação do representado por meio eletrônico para que, em dez dias, pratique o ato. Mantida a inércia, os autos serão remetidos ao substituto legal do juiz ou relator contra o qual se representou para decisão em dez dias (art. 235, § 2º, do CPC).

5. Necessidade de prejuízo e nexo de causalidade

Mesmo havendo dolo ou inércia jurisdicional, somente haverá responsabilização civil do Estado – e, regressivamente, do magistrado – se houver prejuízo (material ou moral) e relação de causalidade entre ele e a conduta praticada pelo juiz. A conduta ímproba do julgador não gera, automaticamente, a responsabilização civil.

6. Responsabilização em demanda autônoma

Não há autorização legal para que a apuração dos danos pela conduta ímproba do magistrado ocorra nos mesmos autos da ação onde ela for praticada. Indispensável, portanto, o ajuizamento de ação de indenização contra o Estado (art. 37, § 6º, da CF).

Jurisprudência

Ilegitimidade da autoridade judiciária para responder diretamente pelo dano (responsabilidade regressiva da autoridade judiciária): "A autoridade judiciária não tem responsabilidade civil pelos atos jurisdicionais praticados. Os magistrados enquadram-se na espécie agente público, investidos para o exercício de atribuições constitucionais, sendo dotados de plena liberdade funcional no desempenho de suas funções, com prerrogativas próprias e legislação específica. Ação que deveria ter sido ajuizada

Art. 144

contra a Fazenda Estadual – responsável eventual pelos alegados danos causados pela autoridade judicial, ao exercer suas atribuições –, ao qual, posteriormente, terá assegurado o direito de regresso contra o magistrado responsável, nas hipóteses de dolo ou culpa. Legitimidade passiva reservada ao Estado. Ausência de responsabilidade concorrente em face dos eventuais prejuízos causados a terceiros pela autoridade julgadora no exercício de suas funções, a teor do art.37, § 6º, da CF/88." (STF, RE 228.977-2/SP, 2ª Turma, Rel. Min. Néri da Silveira, *DJ* 12.04.2002, p. 12977)

Necessidade de prévia provocação para responsabilização civil por inércia jurisdicional: "Fundada a ação no art. 133, II, do Código de Processo Civil, a petição inicial deveria ter atribuído ao juiz a recusa, omissão ou retardamento, sem justo motivo, de providência que deveria ter ordenado; ao revés, relata que o juiz indeferiu o pedido, a significar que praticou o ato judicial." (STJ, AgRg no Ag 277244/RJ, 3ª Turma, Rel. Min. Ari Pargendler, j. 20.08.2001)

CAPÍTULO II
DOS IMPEDIMENTOS E DA SUSPEIÇÃO

Art. 144. Há impedimento do juiz, sendo-lhe vedado exercer suas funções no processo:

I – em que interveio como mandatário da parte, oficiou como perito, funcionou como membro do Ministério Público ou prestou depoimento como testemunha;

II – de que conheceu em outro grau de jurisdição, tendo proferido decisão;

III – quando nele estiver postulando, como defensor público, advogado ou membro do Ministério Público, seu cônjuge ou companheiro, ou qualquer parente, consanguíneo ou afim, em linha reta ou colateral, até o terceiro grau, inclusive;

IV – quando for parte no processo ele próprio, seu cônjuge ou companheiro, ou parente, consanguíneo ou afim, em linha reta ou colateral, até o terceiro grau, inclusive;

V – quando for sócio ou membro de direção ou de administração de pessoa jurídica parte no processo;

VI – quando for herdeiro presuntivo, donatário ou empregador de qualquer das partes;

VII – em que figure como parte instituição de ensino com a qual tenha relação de emprego ou decorrente de contrato de prestação de serviços;

VIII – em que figure como parte cliente do escritório de advocacia de seu cônjuge, companheiro ou parente, consanguíneo ou afim, em linha reta ou colateral, até o terceiro grau, inclusive, mesmo que patrocinado por advogado de outro escritório;

IX – quando promover ação contra a parte ou seu advogado.

§ 1º Na hipótese do inciso III, o impedimento só se verifica quando o defensor público, o advogado ou o membro do Ministério Público já integrava o processo antes do início da atividade judicante do juiz.

§ 2º É vedada a criação de fato superveniente a fim de caracterizar impedimento do juiz.

§ 3º O impedimento previsto no inciso III também se verifica no caso de mandato conferido a membro de escritório de advocacia que tenha em seus quadros advogado que individualmente ostente a condição nele prevista, mesmo que não intervenha diretamente no processo.

▶ *Referência: CPC/1973 – Art. 134*

1. Impedimento do juiz

A disciplina do impedimento do magistrado, conforme lição de Scarpinella Bueno (p. 140), expressamente referido, é mais ampla, mais realista, mais moderna e também mais rígida que a constante do art. 134 do CPC/1973. Além de garantia do princípio do juiz natural, isto é, "somente é juiz, conforme Arruda Alvim (Manual, n.52, p.162), aquele integrado no Poder Judiciário, na conformidade do que esteve escrito em leis anteriores ao caso que seja por ele decidido", e, mais, o juiz dirigir o processo e no exercício dessa função, deve agir com impessoalidade e imparcialidade, não pode ele ter interesse na causa, nem ligações pessoais com os demais sujeitos do processo. Por conta disso, é enumerada uma série de situações em que se considera haver algum tipo de parcialidade que macula a participação do magistrado no processo.

Por tais motivos, variados fatos vedam ao juiz o exercício de suas funções no processo, trata-se de impedimento, isto é, causas de natureza objetiva, caracterizando presunção *iuris et de iure*, absoluta, de parcialidade do magistrado, inclusive possibilitando a propositura de ação rescisória (art. 966, II).

As precisas e claras hipóteses de impedimento afastam a necessidade de outras considerações, sendo suficiente sua atenta leitura. Convém, no entanto, destacar duas hipóteses legais: a) inciso VI refere-se ao fato do juiz ser herdeiro presuntivo, donatário ou empregador de qualquer das partes, que antes era causa de suspeição no CPC/1973, agora, com mais sentido, arrolada como causa de impedimento, uma vez que sua eventual comprovação terá sempre caráter objetivo. De outra parte, o inciso III e § 3º, bem como o inciso VIII, cuidam, todos eles, na opinião de Freitas Câmara (O novo processo civil brasileiro, p. 112) de uma exagerada situação de impedimento, consoante preleciona, exemplificando situações que revelam impossibilidade de constatação dessa situação de impedimento? Destacando-se: *como poderá o juiz saber quem são todos os clientes do escritório dos seus parentes? Terá ele de exigir de todos os seus parentes advogados uma relação completa dos clientes de seus escritórios? Haverá um dever dos advogados de manter atualizadas essas relações entregues aos seus parentes juízes?*

> **Art. 145.** Há suspeição do juiz:
>
> **I** – amigo íntimo ou inimigo de qualquer das partes ou de seus advogados;
>
> **II** – que receber presentes de pessoas que tiverem interesse na causa antes ou depois de iniciado o processo, que aconselhar alguma das partes acerca do objeto da causa ou que subministrar meios para atender às despesas do litígio;
>
> **III** – quando qualquer das partes for sua credora ou devedora, de seu cônjuge ou companheiro ou de parentes destes, em linha reta até o terceiro grau, inclusive;
>
> **IV** – interessado no julgamento do processo em favor de qualquer das partes.
>
> **§ 1º** Poderá o juiz declarar-se suspeito por motivo de foro íntimo, sem necessidade de declarar suas razões.
>
> **§ 2º** Será ilegítima a alegação de suspeição quando:
>
> **I** – houver sido provocada por quem a alega;
>
> **II** – a parte que a alega houver praticado ato que signifique manifesta aceitação do arguido.

▶ *Referência: CPC/1973 – Art. 135*

1. Suspeição

A suspeição também põe em risco a imparcialidade do juiz e, em nosso sentir, um vício com a mesma gravidade do impedimento. Qual seria a diferença, no tocante a avaliação da imparcialidade, do juiz que julga uma causa em que é parte, por exemplo, seu cônjuge e a do juiz que julga causa em que seja inimigo da parte, aflorando esse seu sentimento menor. O que diferencia as duas hipóteses (o impedimento e a suspeição) é a constatação (a eventual comprovação), no impedimento por razões objetivas, admitirá, quase sempre, prova documental, enquanto que nos casos de suspeição decorrente de razões subjetivas, difícil, muitas das vezes, a sua demonstração, em face de provas orais, por exemplo, ter interesse no julgamento do processo em favor de qualquer das partes.

2. Hipóteses de suspeição

Também as hipóteses de suspeição, com redação clara e precisa, exigem apenas atenta leitura, todavia, comporta consideração *a possibilidade do juiz declarar-se suspeito por motivo de foro íntimo, sem necessidade de declarar suas razões* (§ 1º), por evidente, nos próprios autos do processo, todavia, deve informar, de forma sigilosa, ao órgão de controle de sua atividade funcional (no Estado de São Paulo, o Poder Judiciário, em seu Regimento Interno, estabelece, para essa situação, a competência do Conselho Superior da Magistratura, art. 16, III).

> **Art. 146.** No prazo de 15 (quinze) dias, a contar do conhecimento do fato, a parte alegará o impedimento ou a suspeição, em petição específica dirigida ao juiz do processo, na qual indicará o fundamento da recusa, podendo instruí-la com documentos em que se fundar a alegação e com rol de testemunhas.
>
> **§ 1º** Se reconhecer o impedimento ou a suspeição ao receber a petição, o juiz ordenará imediatamente a remessa dos autos a seu substituto legal, caso contrário, determinará a autuação em apartado da petição e, no prazo de 15 (quinze) dias, apresentará suas razões, acompanhadas de documentos e de rol de testemunhas, se houver, ordenando a remessa do incidente ao tribunal.
>
> **§ 2º** Distribuído o incidente, o relator deverá declarar os seus efeitos, sendo que, se o incidente for recebido:

Art. 146

CÓDIGO DE PROCESSO CIVIL INTERPRETADO

196

I – sem efeito suspensivo, o processo voltará a correr;

II – com efeito suspensivo, o processo permanecerá suspenso até o julgamento do incidente.

§ 3º Enquanto não for declarado o efeito em que é recebido o incidente ou quando este for recebido com efeito suspensivo, a tutela de urgência será requerida ao substituto legal.

§ 4º Verificando que a alegação de impedimento ou de suspeição é improcedente, o tribunal rejeitá-la-á.

§ 5º Acolhida a alegação, tratando-se de impedimento ou de manifesta suspeição, o tribunal condenará o juiz nas custas e remeterá os autos ao seu substituto legal, podendo o juiz recorrer da decisão.

§ 6º Reconhecido o impedimento ou a suspeição, o tribunal fixará o momento a partir do qual o juiz não poderia ter atuado.

§ 7º O tribunal decretará a nulidade dos atos do juiz, se praticados quando já presente o motivo de impedimento ou de suspeição.

▶ *Referência: CPC/1973 – Arts. 304, 306, 312, 313 e 314*

1. Procedimento perante o juiz

O impedimento ou a suspeição do juiz podem (*rectius*, devem) ser declarados de ofício pelo magistrado que, por sua vez, remeterá os autos do processo ao seu substituto legal. É permitido também, e por evidente, que as partes possam alegar o vício de impedimento ou suspeição do juiz. A arguição deve ser formulada no prazo de 15 (quinze) dias a contar do conhecimento dos fatos, em petição específica dirigida ao próprio juiz, tido por impedido ou suspeito, instruída com documentos e indicando testemunhas.

Recebida a petição, o juiz poderá adotar uma das seguintes alternativas: reconhece seu impedimento ou suspeição e remete, imediatamente, os autos ao seu substituto legal (as normas de organização judiciária informam quem seja o substituto), ou, caso contrário, determinará a atuação em apartado da petição e, no prazo de 15 (quinze) dias, apresentará suas razões, acompanhadas de documentos e de rol de testemunhas, ordenando a remessa do incidente ao tribunal. Em nenhuma circunstância, no entanto, poderá o juiz rejeitar a arguição de seu impedimento ou

suspeição, por mais descabidas que possam ser os fundamentos da petição.

2. Procedimento perante o tribunal

O incidente de impedimento ou suspeição será, no tribunal, distribuído a um relator, que deverá declarar se atribui ou não efeito suspensivo ao incidente. Sem efeito suspensivo, o processo voltará a correr. Caso contrário, ficará suspenso até o julgamento do incidente. Enquanto não houver, a esse respeito, manifestação do relator ou sendo o incidente recebido com efeito suspensivo, eventual requerimento de tutela de urgência será apreciada pelo substituto legal. Constatando que a alegação de impedimento ou suspensão é improcedente, o tribunal rejeitá-la-á, o que se revela inafastável obviedade. Acolhendo alegação de impedimento ou de manifesta suspeição, o tribunal remeterá os autos ao substituto legal, impondo a condenação das custas ao juiz que poderá recorrer (atendida a capacidade postulatória) da decisão. Queremos crer, embora o estatuto processual não traga norma expressa, que constatado o impedimento e a manifestação suspeição, o juiz, além da multa, deverá se submeter a procedimento administrativo, perante o Conselho Superior da Magistratura, caso o seu recurso seja desprovido.

Finalmente, reconhecido o impedimento ou suspeição, o tribunal fixará o momento a partir do qual o juiz não poderia ter atuado e, em consequência, decretará a nulidade dos atos do juiz, se praticados quando já presente o motivo de sua parcialidade.

É oportuno esclarecer que se o fato causador do impedimento ou da suspeição só vier à luz depois de prolatada a sentença, o caminho adequado será a interposição de recurso, suscitando a sua nulidade por ter sido proferida por juiz parcial. Transitada em julgado, a hipótese é de rescisória, apenas, e tão somente, no caso de impedimento (art. 966, II). Por sua vez, os motivos de suspeição são de presunção relativa (*iuris tantum*) de parcialidade, portanto, não arguida a suspeição, o juiz se torna imparcial e pode julgar a causa.

Os dispositivos relacionados com o procedimento do impedimento ou suspeição nada falam sobre a oitiva da parte contrária ou de eventuais terceiros. Eles podem participar do incidente? Para tanto, nos valemos da solução preconizada por Scarpinella Bueno (Manual, p. 169/170): *a resposta só pode ser positiva, não só na perspectiva constitucional do contraditório, mas também na do modelo de "processo cooperativo" imposto pelo art. 6º.*

> **Art. 147.** Quando 2 (dois) ou mais juízes forem parentes, consanguíneos ou afins, em linha reta ou colateral, até o terceiro grau, inclusive, o primeiro que conhecer do processo impede que o outro nele atue, caso em que o segundo se escusará, remetendo os autos ao seu substituto legal.

▶ *Referência: CPC/1973 – Art. 136*

1. Impedimento especial

No âmbito dos Tribunais nos deparamos com impedimento de juízes, dois ou mais, que forem parentes, consanguíneos ou afins, em linha reta ou colateral até o terceiro grau, o primeiro que conhecer do processo impede que o outro nele atue, cabendo ao segundo escusar-se de atuar no caso, remetendo os autos ao seu substituto legal.

> **Art. 148.** Aplicam-se os motivos de impedimento e de suspeição:
>
> **I** – ao membro do Ministério Público;
>
> **II** – aos auxiliares da justiça;
>
> **III** – aos demais sujeitos imparciais do processo.
>
> **§ 1º** A parte interessada deverá arguir o impedimento ou a suspeição, em petição fundamentada e devidamente instruída, na primeira oportunidade em que lhe couber falar nos autos.
>
> **§ 2º** O juiz mandará processar o incidente em separado e sem suspensão do processo, ouvindo o arguido no prazo de 15 (quinze) dias e facultando a produção de prova, quando necessária.
>
> **§ 3º** Nos tribunais, a arguição a que se refere o § 1º será disciplinada pelo regimento interno.
>
> **§ 4º** O disposto nos §§ 1º e 2º não se aplica à arguição de impedimento ou de suspeição de testemunha.

▶ *Referência: CPC/1973 – Art. 138*

1. Extensão dos motivos de impedimento e suspeição

Os motivos de impedimento e de suspeição aplicam-se também ao membro do Ministério Público, aos auxiliares da justiça e aos demais sujeitos imparciais do processo. Entre os sujeitos imparciais do processo temos, como exemplo, as testemunhas cuja arguição de sua imparcialidade é chamada de "*contradita*", com disciplina própria, como ressalva o § 4º do dispositivo, que se encontra no § 1º do art. 457.

2. Procedimento

A parte interessada deverá arguir o impedimento ou suspeição, em petição fundamentada e devidamente instruída, na primeira oportunidade em que lhe couber falar nos autos (§ 1º), observando-se, nos Tribunais, o que dispuser o respectivo regimento interno (§ 3º). O incidente, por determinação do juiz, será processado em separado e sem suspensão do processo, ouvindo-se o arguido no prazo de 15 dias, com eventual produção de provas necessárias (§ 2º), seguindo-se a decisão. Embora não haja previsão expressa no tocante a intervenção da parte contrária e eventuais terceiros intervenientes, nos valemos, novamente, da solução preconizada por Scarpinella Bueno (Manual, p. 169/170): *a resposta só pode ser positiva, não só na perspectiva constitucional do contraditório, mas também na do modelo de "processo cooperativo" imposto pelo art. 6º.*

CAPÍTULO III
DOS AUXILIARES DA JUSTIÇA

> **Art. 149.** São auxiliares da Justiça, além de outros cujas atribuições sejam determinadas pelas normas de organização judiciária, o escrivão, o chefe de secretaria, o oficial de justiça, o perito, o depositário, o administrador, o intérprete, o tradutor, o mediador, o conciliador judicial, o partidor, o distribuidor, o contabilista e o regulador de avarias.

▶ *Referência: CPC/1973 – Art. 139*

1. Auxiliares da justiça

Em face da multiplicidade de atos necessários para o pleno exercício da função jurisdicional que não poderiam ser praticados apenas pelo juiz, este necessita, em todos os graus de jurisdição, da colaboração dos chamados auxiliares da justiça que podem ser auxiliares permanentes (servidores ou funcionários do

Art. 150

CÓDIGO DE PROCESSO CIVIL INTERPRETADO

Poder Judiciário: escrivão, oficial de justiça, por exemplo) ou auxiliares eventuais (p.ex., perito, intérprete, entre outros).

No rol previsto não há preocupação com a distinção entre auxiliares permanentes e auxiliares eventuais, cuidando o dispositivo da referência, em caráter exemplificativo, desses auxiliares, cujas atividades, em especial, constam dos artigos subsequentes.

Os auxiliares da justiça responsabilizam-se civil e criminalmente pelos atos que praticarem, todavia, os auxiliares permanentes, porque servidores públicos, respondem também na esfera administrativa.

Seção I
Do escrivão, do chefe de secretaria e do oficial de justiça

Art. 150. Em cada juízo haverá um ou mais ofícios de justiça, cujas atribuições serão determinadas pelas normas de organização judiciária.

▸ *Referência: CPC/1973 – Art. 140*

1. Ofícios de justiça

Limita-se a reproduzir a previsão do art. 140 do CPC/1973, ao tratar dos ofícios de justiça que devem integrar cada juízo, ressalvando, no entanto, que suas atribuições serão determinadas pelas normas de organização judiciária. Na verdade, são os "cartórios" que, por seus servidores, dão todo apoio à atividade jurisdicional, cumprindo as determinações judiciais e praticando atos para o regular andamento dos processos.

Art. 151. Em cada comarca, seção ou subseção judiciária haverá, no mínimo, tantos oficiais de justiça quantos sejam os juízos.

▸ *Sem correspondência no CPC/1973*

2. Oficiais de justiça

Cuida o dispositivo de uma novidade, ou seja, a exigência para que, cada comarca, seção ou subseção judiciária, tenha, no mínimo, tantos oficiais de justiça quantos sejam os juízos, todavia, as dificuldades, sobejamente sabidas, decorrentes de severa restrição orçamentária, torna inócua a determinação, principalmente,

ante a ausência de sanção. Ademais, na hipótese de cumprimento do mínimo legal, o número de oficiais de justiça, um para cada juízo, revela-se totalmente insuficiente para o cumprimento das inúmeras e diversas atividades impostas ao oficial de justiça.

Art. 152. Incumbe ao escrivão ou ao chefe de secretaria:

I – redigir, na forma legal, os ofícios, os mandados, as cartas precatórias e os demais atos que pertençam ao seu ofício;

II – efetivar as ordens judiciais, realizar citações e intimações, bem como praticar todos os demais atos que lhe forem atribuídos pelas normas de organização judiciária;

III – comparecer às audiências ou, não podendo fazê-lo, designar servidor para substituí-lo;

IV – manter sob sua guarda e responsabilidade os autos, não permitindo que saiam do cartório, exceto:

a) quando tenham de seguir à conclusão do juiz;

b) com vista a procurador, à Defensoria Pública, ao Ministério Público ou à Fazenda Pública;

c) quando devam ser remetidos ao contabilista ou ao partidor;

d) quando forem remetidos a outro juízo em razão da modificação da competência;

V – fornecer certidão de qualquer ato ou termo do processo, independentemente de despacho, observadas as disposições referentes ao segredo de justiça;

VI – praticar, de ofício, os atos meramente ordinatórios.

§ 1º O juiz titular editará ato a fim de regulamentar a atribuição prevista no inciso VI.

§ 2º No impedimento do escrivão ou chefe de secretaria, o juiz convocará substituto e, não o havendo, nomeará pessoa idônea para o ato.

▸ *Referência: CPC/1973 – Arts. 141, 142 e 162, parcial*

1. Incumbências dos escrivães ou dos chefes das secretarias

Além das incumbências determinadas, eventualmente, pelas normas de organização judiciária, o estatuto processual cuidou do elenco, de forma específica, das atribuições impostas ao escrivão ou ao chefe da secretaria. Merecendo destacar a previsão do inciso VI, regulamentada pelo § 1º, ao determinar que os atos ordinatórios – sem conteúdo decisório e de mero impulso processual – devem ser objeto de indicação em ato a ser indicado pelo magistrado. A curiosidade fica por conta da expressão "juiz titular", ante a possibilidade de o juízo contar, também, com juízes substitutos ou auxiliares. No mais, a clareza do dispositivo dispensa comentários quanto as incumbências impostas ao escrivão. Salientando, no entanto, da necessidade, por evidente, de ajustes aos processos eletrônicos no tocante às formas dos atos atribuídos ao escrivão ou ao chefe da secretaria, mantidos o conteúdo e os objetivos desses atos.

> **Art. 153.** O escrivão ou chefe de secretaria atenderá, preferencialmente, à ordem cronológica de recebimento para publicação e efetivação dos pronunciamentos judiciais. (Redação dada pela Lei nº 13.256, de 2016).
>
> **§ 1º** A lista de processos recebidos deverá ser disponibilizada, de forma permanente, para consulta pública.
>
> **§ 2º** Estão excluídos da regra do *caput*:
>
> **I** – os atos urgentes, assim reconhecidos pelo juiz no pronunciamento judicial a ser efetivado;
>
> **II** – as preferências legais.
>
> **§ 3º** Após elaboração de lista própria, respeitar-se-ão a ordem cronológica de recebimento entre os atos urgentes e as preferências legais.
>
> **§ 4º** A parte que se considerar preterida na ordem cronológica poderá reclamar, nos próprios autos, ao juiz do processo, que requisitará informações ao servidor, a serem prestadas no prazo de 2 (dois) dias.
>
> **§ 5º** Constatada a preterição, o juiz determinará o imediato cumprimento do ato e a instauração de processo administrativo disciplinar contra o servidor.

▶ *Sem correspondência no CPC/1973*

1. Ordem cronológica

O cumprimento, preferencialmente, da ordem cronológica de conclusão impostas aos juízes e tribunais para proferir sentença ou acórdão (art. 12) se impõe, por evidente, também ao escrivão ou chefe de secretaria que deverá respeitar a ordem cronológica de recebimento para publicação e efetivação dos pronunciamentos judiciais. Cumprindo destacar que, por força da Lei nº 13.256, de 4 de fevereiro de 2016, vários dispositivos do CPC sofreram nova redação e, no que nos interessa, isto é, em face do art. 153 a expressão "*deverá obedecer*" foi substituída pela palavra "*atenderá*" e incluído, na sua nova redação, o advérbio "*preferencialmente*", o que traz, sem dúvida, um certo abrandamento no cumprimento da ordem cronológica.

A ordem cronológica de recebimento autoriza a elaboração de duas listas, uma para os processos em geral e outra para os processos que tratem de atos urgentes, assim reconhecidos, em pronunciamento judicial ou processos submetidos às preferências legais.

Para consulta pública e eventual reclamação pela parte interessada, a lista de processos recebidos deverá ser disponibilizada de forma permanente. Verificada a preterição da ordem cronológica, a parte prejudicada formulará reclamação, nos próprios autos, ao juiz do processo que requisitará informações do servidor que deverá prestá-la no prazo de 2 (dois) dias. Verificada a preterição, o juiz determinará o imediato cumprimento do ato e a instauração de procedimento disciplinar (autos apartados) contra o servidor.

Cumpre ressaltar que a "*ordem cronológica dos processos*" decorre de norma fundamental do processo civil, portanto, descumprimento da aludida ordem cronológica deve ser corrigida pelo próprio juiz e pode ser reclamada, em face de interesse público, também pelo Ministério Público (art. 178, I).

> **Art. 154.** Incumbe ao oficial de justiça:
>
> **I** – fazer pessoalmente citações, prisões, penhoras, arrestos e demais diligências próprias do seu ofício, sempre que possível na presença de 2 (duas) testemunhas, certificando no mandado o ocorrido, com menção ao lugar, ao dia e à hora;
>
> **II** – executar as ordens do juiz a que estiver subordinado;
>
> **III** – entregar o mandado em cartório após seu cumprimento;
>
> **IV** – auxiliar o juiz na manutenção da ordem;
>
> **V** – efetuar avaliações, quando for o caso;
>
> **VI** – certificar, em mandado, proposta de autocomposição apresentada por qualquer das partes, na ocasião de realização de ato de comunicação que lhe couber.

Art. 155

CÓDIGO DE PROCESSO CIVIL INTERPRETADO

Parágrafo único. Certificada a proposta de autocomposição prevista no inciso VI, o juiz ordenará a intimação da parte contrária para manifestar-se, no prazo de 5 (cinco) dias, sem prejuízo do andamento regular do processo, entendendo-se o silêncio como recusa.

▶ *Referência: CPC/1973 – Art. 143*

1. Incumbências dos oficiais de justiça

O art. 154, incisos I a V, cuida dos atos que incumbem ao oficial de justiça de forma idêntica aqueles (atos) retratados pelo art. 143, incisos I ao V, do CPC/1973. Cumpre mencionar que a função de avaliar, nas execuções civis, os bens penhorados, compete, via de regra, ao oficial de justiça a não ser que ele não tenha condições técnicas para essa incumbência (art. 870, parágrafo único).

O que impõe consideração, pela novidade, é o disposto no inciso VI e parágrafo único do art. 154, ou seja, a determinação para que o oficial de justiça certifique em mandado a proposta de autocomposição por qualquer das partes. Com efeito, cuidando o estatuto processual para que a conciliação seja amplamente estimulada (art. 3º, § 3º), aconselhável que o oficial de justiça certifique, quando da realização de ato de comunicação, contudo, sem a interrupção ou sem a suspensão da prática desse ato, a proposta de autocomposição. Nesse caso, o juiz determinará manifestação da parte contrária, no prazo de 5 (cinco) dias, sem prejuízo regular do processo, seu silêncio deve ser entendido como recusa. Esclarecendo que a proposta de autocomposição não ficaria restrita à parte, podendo seu advogado, com poderes para transigir, fazê-la igualmente.

Convém esclarecer que não se está permitindo que o oficial de justiça haja como conciliador ou mediador, mas, apenas, de certificar a proposta de autocomposição lançada, voluntariamente, por uma das partes para conhecimento da parte contrária, sem prejuízo do andamento do processo.

Art. 155. O escrivão, o chefe de secretaria e o oficial de justiça são responsáveis, civil e regressivamente, quando:

I – sem justo motivo, se recusarem a cumprir no prazo os atos impostos pela lei ou pelo juiz a que estão subordinados;

II – praticarem ato nulo com dolo ou culpa.

▶ *Referência: CPC/1973 – Art. 144*

1. Responsabilidade civil

O art. 155, incisos I e II, com redação aprimorada, prescrevem casos de responsabilidade civil, regressivamente, do escrivão, do chefe de secretaria e do oficial de justiça sem novidades quando comparado com o art. 144 do CPC/1973. Cumpre salientar que, por ser regressiva a responsabilidade do escrivão, do chefe de secretaria e do oficial de justiça, o prejudicado deverá demandar a reparação do dano em face da União ou do Estado (processo tramitando perante a Justiça Federal ou Estadual), e a Fazenda Pública terá direito de regresso contra o servidor que tenha causado o dano.

Seção II
Do perito

Art. 156. O juiz será assistido por perito quando a prova do fato depender de conhecimento técnico ou científico.

§ 1º Os peritos serão nomeados entre os profissionais legalmente habilitados e os órgãos técnicos ou científicos devidamente inscritos em cadastro mantido pelo tribunal ao qual o juiz está vinculado.

§ 2º Para formação do cadastro, os tribunais devem realizar consulta pública, por meio de divulgação na rede mundial de computadores ou em jornais de grande circulação, além de consulta direta a universidades, a conselhos de classe, ao Ministério Público, à Defensoria Pública e à Ordem dos Advogados do Brasil, para a indicação de profissionais ou de órgãos técnicos interessados.

§ 3º Os tribunais realizarão avaliações e reavaliações periódicas para manutenção do cadastro, considerando a formação profissional, a atualização do conhecimento e a experiência dos peritos interessados.

§ 4º Para verificação de eventual impedimento ou motivo de suspeição, nos termos dos arts. 148 e 467, o órgão técnico ou científico nomeado para realização da perícia informará ao juiz os nomes e os dados de qualificação dos profissionais que participarão da atividade.

§ 5º Na localidade onde não houver inscrito no cadastro disponibilizado pelo tribunal, a nomeação do perito é de livre escolha pelo juiz e deverá recair sobre profissional ou órgão técnico ou científico comprovadamente detentor do conhecimento necessário à realização da perícia.

▶ *Referência: CPC/1973 – Art. 145*

1. Perito

O dispositivo cuida da função a ser desempenhada pelo perito (quando a prova do fato depender de conhecimento técnico e científico) e daqueles que podem ser nomeados para exercer aquele múnus, ou seja, profissionais legalmente habilitados e os órgãos técnicos ou científicos, desde que (inovação em face do CPC/1973) devidamente inscritos em cadastro mantido pelo tribunal ao qual o juiz está vinculado. Dessa forma, caso haja necessidade de nomeação de perito, este deverá constar, obrigatoriamente, do aludido cadastro. Na atualidade, a nomeação de livre escolha do juiz somente será permitida se, na localidade, não houver inscrito no cadastro disponibilizado pelo tribunal, exigindo-se que o nomeado seja detentor de conhecimento necessário à realização da perícia.

A responsabilidade para a formação do cadastro de peritos é dos tribunais que, inclusive, deverão realizar avaliações e reavaliações periódicas para manutenção do cadastro, o que exige, por parte do perito, sua atualização e comprovada experiência.

Quando a nomeação recair em órgão técnico ou científico este informará ao juiz os nomes e os dados de qualificação dos profissionais que, efetivamente, realizarão a necessária perícia, tudo para verificação de eventual impedimento ou suspeição.

> **Art. 157.** O perito tem o dever de cumprir o ofício no prazo que lhe designar o juiz, empregando toda sua diligência, podendo escusar-se do encargo alegando motivo legítimo.
>
> **§ 1º** A escusa será apresentada no prazo de 15 (quinze) dias, contado da intimação, da suspeição ou do impedimento supervenientes, sob pena de renúncia ao direito a alegá-la.
>
> **§ 2º** Será organizada lista de peritos na vara ou na secretaria, com disponibilização dos documentos exigidos para habilitação à consulta

de interessados, para que a nomeação seja distribuída de modo equitativo, observadas a capacidade técnica e a área de conhecimento.

▶ *Referência: CPC/1973 – Art. 146*

1. Deveres do perito

O perito nomeado que deverá cumprir o ofício no prazo designado pelo juiz, poderá, sem dúvida, recusar o encargo alegando motivo legítimo, no prazo de 15 dias. Comporta indagar, neste ponto, o que seria motivo legítimo? Impedimento ou suspeição? Ou qualquer outro motivo, desde que legítimo, para o perito? Em qualquer caso, poderia o juiz rejeitar o alegado motivo para recusa? Questionamentos importantes que exigirão manifestações doutrinárias e jurisprudenciais para melhor solução. Com efeito, não nos parece razoável que o juiz possa avaliar a "legitimidade do motivo da recusa", porque uma de duas: ou os motivos são justos e a recusa deve ser acolhida ou os motivos não são justos e, nesse caso, a nomeação não deve ser mantida porque ante o teor dos infundados motivos, o perito não reuniria condições para a realização da perícia.

2. Lista de peritos

A organização da lista de peritos na vara ou na secretaria conflita com a exigência de cadastro mantido pelo tribunal. Dessa forma, seria correto afirmar que as lista de peritos é extraída do cadastro mantido pelo tribunal ou que a lista de peritos na vara ou na secretaria decorre do fato de não haver inscrito no cadastro disponibilizado pelo tribunal (§ 2º do art. 157).

O que importa, seja por força de cadastro no tribunal seja por força da lista na vara ou na secretaria, é que, em ambos os casos, haja ampla publicidade não só com os nomes dos peritos como também com os documentos que informam sua habilitação.

> **Art. 158.** O perito que, por dolo ou culpa, prestar informações inverídicas responderá pelos prejuízos que causar à parte e ficará inabilitado para atuar em outras perícias no prazo de 2 (dois) a 5 (cinco) anos, independentemente das demais sanções previstas em lei, devendo o juiz comunicar o fato ao respectivo

Art. 159

órgão de classe para adoção das medidas que entender cabíveis.

▶ *Referência: CPC/1973 – Art. 147*

1. Responsabilidade dos peritos

O dispositivo cuida da responsabilidade do perito e traz como novidade, em confronto com o art. 147 do CPC/1973, a ampliação do prazo de inabilitação em até 5 anos, bem como a expressa previsão de o magistrado comunicar o fato ao órgão de classe para adoção de medidas que entender cabíveis. Ao prestar informações inverídicas (falsa perícia) incide a pena de inabilitação, independentemente da ocorrência de perdas e danos para que, eventualmente, acarrete ao vistor o dever de indenizar o prejudicado.

Seção III
Do depositário
e do administrador

Art. 159. A guarda e a conservação de bens penhorados, arrestados, sequestrados ou arrecadados serão confiadas a depositário ou a administrador, não dispondo a lei de outro modo.

▶ *Referência: CPC/1973 – Art. 148*

1. Conservação de bens – depositário ou administrador

A redação do artigo é reprodução daquela contida no art. 148 do CPC/1973, isto é, a guarda e conservação de bens apreendidos judicialmente (penhorados, sequestrados, arrestados ou arrecadados) cabem ao depositário ou administrador, salvo quando a lei dispuser de modo diverso. Esclarecendo que o depositário tem função preponderante de guarda e conservação, devendo atuar, no entanto, com alguma diligência, em relação à coisa depositada. O administrador, por seu turno, exerce atividades mais abrangentes para a manutenção da atividade e da produção do estabelecimento.

Art. 160. Por seu trabalho o depositário ou o administrador perceberá remuneração que o juiz fixará levando em conta a situação dos bens, ao tempo do serviço e às dificuldades de sua execução.

Parágrafo único. O juiz poderá nomear um ou mais prepostos por indicação do depositário ou do administrador.

▶ *Referência: CPC/1973 – Art. 149*

1. Remuneração

A remuneração do depositário e do administrador será fixada pelo juiz e que deverá levar em conta a situação dos bens, o tempo do serviço e as dificuldades para sua execução. Embora caiba ao juiz a nomeação de prepostos, estes ficam sob a responsabilidade e com remuneração a cargo do depositário ou do administrador.

Art. 161. O depositário ou o administrador responde pelos prejuízos que, por dolo ou culpa, causar à parte, perdendo a remuneração que lhe foi arbitrada, mas tem o direito a haver o que legitimamente despendeu no exercício do encargo.

Parágrafo único. O depositário infiel responde civilmente pelos prejuízos causados, sem prejuízo de sua responsabilidade penal e da imposição de sanção por ato atentatório à dignidade da justiça.

▶ *Referência: CPC/1973 – Art. 150*

1. Responsabilidade civil

Devem indenizar os prejuízos que causarem às partes pelo desempenho da função, quer tenham agido com dolo, quer com culpa, inclusive com a perda da remuneração. Tem, no entanto, direito de haver o valor do que legitimamente tenham despendido no exercício do encargo. Na hipótese de depositário infiel, além da responsabilidade pelos prejuízos causados, está também sujeito a sanção penal que se revele adequada e a sanção por ato atentatório à dignidade da justiça. Não mais se admite a prisão, conforme Súmula Vinculante nº 25 do STF: é ilícita a prisão civil de depositário infiel, qualquer que seja a modalidade do depósito.

Seção IV
Do intérprete e do tradutor

Art. 162. O juiz nomeará intérprete ou tradutor quando necessário para:

I – traduzir documento redigido em língua estrangeira;

II – verter para o português as declarações das partes e das testemunhas que não conhecerem o idioma nacional;

III – realizar a interpretação simultânea dos depoimentos das partes e testemunhas com deficiência auditiva que se comuniquem por meio da Língua Brasileira de Sinais, ou equivalente, quando assim for solicitado.

▸ *Referência: CPC/1973 – Art. 151*

1. Intérprete ou tradutor: nomeação

Será nomeado intérprete ou tradutor para traduzir documento redigido em língua estrangeira; verter para o português as declarações das partes e das testemunhas que não saibam se expressar no idioma nacional; realizar a interpretação simultânea dos depoimentos das partes e testemunhas com deficiência auditiva que se comuniquem pela Língua Brasileira de Sinais (Libras) ou equivalente. Poderá o juiz, conforme preleciona Barbosa Moreira (p. 58-59), entender desnecessária a nomeação de intérprete quando saiba, ele próprio, expressar-se em idioma conhecido do depoente e compreenda o que este utilize; nesse caso, porém, ainda em atenção à regra do art. 162, deve formular as perguntas, primeiro, em português, e traduzir as respostas, agindo como intérprete. E mais, o juiz deverá comprovar sua qualificação para se expressar em idioma conhecido de depoente? Sua aptidão pode ser questionada pelas partes? A atividade do intérprete ou tradutor consiste, sem dúvida, numa variação da perícia já que eles detêm conhecimento técnico de que se valerá o juiz para compreender com exatidão uma declaração de vontade. Daí por que o art. 164 dispõe sobre aplicação dos arts. 157 e 158.

> **Art. 163.** Não pode ser intérprete ou tradutor quem:
>
> I – não tiver a livre administração de seus bens;
>
> II – for arrolado como testemunha ou atuar como perito no processo;
>
> III – estiver inabilitado para o exercício da profissão por sentença penal condenatória, enquanto durarem seus efeitos.

▸ *Referência: CPC/1973 – Art. 152*

1. Intérprete ou tradutor – impedimento

Há impedimento para o exercício da função de intérprete ou tradutor por quem não tiver a livre administração de seus bens, isto é, na hipótese da menoridade, da interdição, contudo, no caso de falência (art. 103, Lei nº 11.101/05), com perda de administrar seus bens ou deles dispor, o falido poderá oficiar como intérprete. Com o objetivo de não comprometer a prova, fica vedado ou tradutor, como de resto aos demais sujeitos do processo, a cumulação de funções, no mesmo processo, de testemunha e perito. Não poderá, igualmente, exercer a função de intérprete ou tradutor quando estiver inabilitado da atividade profissional por sentença penal condenatória, enquanto durarem seus efeitos.

> **Art. 164.** O intérprete ou tradutor, oficial ou não, é obrigado a desempenhar seu ofício, aplicando-se-lhe o disposto nos arts. 157 e 158.

▸ *Referência: CPC/1973 – Art. 153*

1. Dever e listas de intérpretes ou tradutores

O intérprete ou tradutor, seja ele oficial ou não, é, a exemplo do perito, obrigado a desempenhar seu ofício quando instado a tanto pelo magistrado. As varas e secretarias terão listas de intérpretes e tradutores análogas às que manterão para os peritos e a eles se aplicam as disposições acerca da responsabilidade destes. Em suma, aplica-se o regime jurídico dos peritos (arts. 156 a 159), podendo ser arguido, porque auxiliar da justiça, como impedido ou suspeito (art. 148, II).

Seção V
Dos conciliadores e mediadores
judiciais

> **Art. 165.** Os tribunais criarão centros judiciários de solução consensual de conflitos, responsáveis pela realização de sessões e audiências de conciliação e mediação e pelo desenvolvimento de programas destinados a auxiliar, orientar e estimular a autocomposição.
>
> **§ 1º** A composição e a organização dos centros serão definidas pelo respectivo tribunal, observadas as normas do Conselho Nacional de Justiça.

§ 2º O conciliador, que atuará preferencialmente nos casos em que não houver vínculo anterior entre as partes, poderá sugerir soluções para o litígio, sendo vedada a utilização de qualquer tipo de constrangimento ou intimidação para que as partes conciliem.

§ 3º O mediador, que atuará preferencialmente nos casos em que houver vínculo anterior entre as partes, auxiliará aos interessados a compreender as questões e os interesses em conflito, de modo que eles possam, pelo restabelecimento da comunicação, identificar, por si próprios, soluções consensuais que gerem benefícios mútuos.

▶ *Sem correspondência no CPC/1973*

1. O CPC e o estímulo ao sistema multiportas de resolução de conflitos (*caput*)

A visão mais moderna e atualizada no estudo do direito processual, transita não só pelo afastamento da hegemonia do Poder Judiciário Estatal para a resolução dos conflitos, como pela necessária abordagem que conduza à garantia de efetiva Justiça ao maior número possível de pessoas, em tempo razoável, pela via adequada e com qualidade suficiente.

Não é de hoje que essa nova postura vem sendo construída, desenvolvendo-se numa escalada de importância desde a terceira onda renovatória de Mauro Cappelletti e Bryant Garth, a focada no acesso à Justiça, passando pela edição da Resolução 125/2010, do Conselho Nacional de Justiça, criadora da política judiciária nacional de solução consensual de conflitos, e culminando com a promulgação do CPC/2015 e da Lei de Mediação.

Nessa linha, o atual CPC, desde a exposição de motivos do então Anteprojeto, ainda lá em 2010, lança a promessa de estímulo à solução multiportas de conflitos; e essa promessa vem concretizada por meio da expansão do tratamento das questões relacionadas à arbitragem e da solidificação do uso dos meios consensuais de resolução de disputas. Realmente, basta o cotejo do CPC/73 com o CPC/2015, para constatar que a atual legislação intensificou e aprofundou a utilização da conciliação – muito mais tímida no CPC/73 –, além de implementar regramento próprio para a mediação, até então inexistente.

Essa multiplicação de acesso à meios de proteção dos direitos é conhecida como o modelo de processo multiportas, cuja faceta voltada aos meios de autocomposição encontra regramento específico no atual CPC.

O incentivo à autocomposição está presente logo nos artigos iniciais do diploma processual, ao fixar como norma fundamental do processo civil a promoção, pelo Estado, e sempre que possível, da solução consensual dos conflitos; esse pleito pelo estímulo à solução consensual vem reproduzido, também, nos arts. 139, V e 359.

Denota-se, portanto, a importância do regramento contido nos arts. 165 a 175 do CPC, que em grande parte reproduzem os comandos da Resolução 125/2010, do CNJ, prevendo justamente a atuação dos auxiliares da Justiça responsáveis pela operacionalização das sessões consensuais de conciliação e mediação.

2. Os Centros Judiciários de Solução Consensual de Conflitos (*caput* e § 1º)

Muito embora o *caput* do artigo determine a criação, pelos tribunais, dos centros judiciários de solução consensual de conflitos, a verdade é que a criação desses centros remonta à Resolução 125/2010, do CNJ.

De fato, o art. 7º da Resolução disciplina a criação dos Nupemecs (Núcleos de Métodos Consensuais de Solução de Conflitos), a serem compostos por magistrados ativos ou aposentados, com a finalidade de desenvolvimento da Política de Tratamento Adequado de Conflitos.

Nesse sentido, uma das políticas a serem implementadas pelos Nupemecs era justamente a criação, em 60 dias, dos Cejuscs (Centros Judiciários de Solução de Conflitos e Cidadania, antiga denominação dos atuais Centros Judiciários de Solução Consensual de Conflitos), nas Comarcas em que houvesse pelo menos dois Juízos, Juizados ou Varas (art. 7º, IV e art. 8º, §§ 1º e 2º, da Resolução 125/2010, CNJ).

Desde então, estima-se que já foram instalados mais de 905 (novecentos e cinco) Cejuscs na Justiça Estadual, tendo o Estado de São Paulo o maior número de Centros instalados e em funcionamento (cerca de 191 unidades, de acordo com os dados da pesquisa do CNJ, Justiça em Números 2017, ano-base 2016).

Diante da dimensão do País, esse número de Cejuscs ainda é extremamente insuficiente, especialmente dada sua importante tarefa de desenvolvimento dos programas destinados a auxiliar, orientar e estimular a autocomposição e, ainda, sua responsabilidade pela realização das sessões e audiências de conciliação e mediação.

De fato, os novidadeiros arts. 334 e 695, do atual CPC, carreiam enorme responsabilidade aos Cejuscs, vez que determinam a designação praticamente obrigatória de audiências iniciais de conciliação e mediação nos feitos de rito ordinário e nas ações de família, a serem lá realizadas (a esse respeito, vide meus comentários ao art. 334). Assim, a possibilidade de absorção de todas as audiências a serem designadas e, por consequência, a atenção à duração razoável do processo, estão diretamente correlacionados à disponibilidade e à quantidade de Cejuscs instalados em cada uma das comarcas em todos os Estados da Federação.

Por fim, vale notar que a implantação dos Cejuscs não é apenas uma tendência e uma necessidade sentida pelos Tribunais Estaduais, já que o Supremo Tribunal Federal instituiu, por meio de Resolução, a criação de uma espécie de Cejusc próprio. Trata-se da Resolução nº 697, de 06.08.2020, dispondo sobre a criação do Centro de Mediação e Conciliação (CMC), responsável pela busca e implementação de soluções consensuais junto ao STF, inspirado justamente na norma expressa do art. 3º do Código de Processo Civil, buscando consolidar o incentivo aos mecanismos consensuais.

O CMC objetiva a realização de acordos em processos de competência originária ou recursal em trâmite perante o Supremo Tribunal Federal, atuando tanto na solução de conflitos pré-processuais, quanto em conflitos já judicializados no STF.

3. Composição e organização dos Cejuscs (§ 1º)

A composição e organização dos Cejuscs ficará a cargo dos tribunais, observadas as normas do Conselho Nacional de Justiça (regra idêntica à contida no parágrafo único, do art. 24, Lei de Mediação).

Assim, muito embora a Resolução 125/2010, do CNJ, já contenha estipulação bastante extensa a respeito da composição e organização desses centros, é salutar que os tribunais locais mantenham sua independência, a fim de que possam eventualmente adaptar o regramento à realidade local e à eventuais lacunas da Resolução 125.

Seja como for, os principais pontos já regulamentados nos arts. 8º a 11 da Resolução são os seguintes:

i) cada unidade dos Centros deverá, obrigatoriamente, abranger setor de solução de conflitos pré-processual, de solução de conflitos processual e de cidadania (art. 10);

ii) os Centros contarão com um juiz coordenador e, se necessário, com um adjunto, aos quais caberão a sua administração e a homologação de acordos (nos casos pré-processuais), bem como a supervisão do serviço de conciliadores e mediadores; tais juízes serão designados pelo Presidente de cada tribunal entre aqueles que realizaram treinamento nos moldes estabelecidos pelo CNJ (art. 9º);

iii) os tribunais deverão assegurar que nos Centros atue ao menos um servidor com dedicação exclusiva, capacitado em métodos consensuais de solução de conflitos, para a triagem e encaminhamento adequado de casos (art. 9º, § 2º);

iv) as sessões de conciliação e mediação pré-processuais deverão ser realizadas nos Centros, podendo, as sessões de conciliação e mediação judiciais, excepcionalmente, serem realizadas nos próprios Juízos, Juizados ou Varas designadas, desde que o sejam por conciliadores e mediadores cadastrados pelo tribunal e supervisionados pelo Juiz Coordenador do Centro (art. 8º, § 1º);

v) os tribunais poderão, enquanto não instalados os Centros em todas as localidades, implantar o procedimento de conciliação e mediação itinerantes, utilizando-se de facilitadores cadastrados (art. 8º, § 3º);

vi) o coordenador do Centro poderá solicitar feitos de outras unidades judiciais com o intuito de organizar pautas concentradas ou mutirões, podendo, para tanto, fixar prazo (art. 8º, § 7º);

vii) para efeito da estatística referida no art. 167, § 4º, do CPC, os tribunais disponibilizarão às partes a opção de avaliar câmaras, conciliadores e mediadores, segundo parâmetros estabelecidos pelo Comitê Gestor da Conciliação (art. 8º, § 9º);

viii) o cadastro nacional de mediadores e conciliadores conterá informações referentes à avaliação prevista no parágrafo anterior para facilitar a escolha dos facilitadores, nos termos do art. 168, *caput*, do CPC (art. 8º, § 10);

ix) nos Centros poderão atuar membros do Ministério Público, defensores públicos, procuradores e/ou advogados.

4. Casos adequados à resolução por meio de conciliação (§ 2º)

Atento às diferenciações defendidas por parte da doutrina a respeito dos métodos consensuais de resolução de conflitos, o legislador do atual CPC disciplinou as hipóteses de utilização de conciliação e mediação, diferenciando-as a partir de alguns critérios: existência, ou não, de vínculo anterior entre as partes e grau de interferência do terceiro imparcial.

Tal diferenciação é salutar e permite a correta utilização dos dois mecanismos consensuais, aproveitando-se de suas particulares características técnicas e objetivos centrais.

Dito isso, o § 2º defende a utilização da conciliação para a resolução de conflitos mais pontuais, não interligados a relações continuadas, nos quais o interesse das partes é a resolução objetiva daquela demanda fático-jurídica, sem qualquer pretensão de implementação, manutenção ou extinção de laços anteriormente existentes.

Trata-se, portanto, de situação em que será natural explorar muito mais os elementos objetivos do conflito, em detrimento dos subjetivos; e até por isso, haverá abertura para que o terceiro imparcial ajude a identificar os pontos fracos e fortes das pretensões debatidas e, inclusive, sugira alternativas visando pacificar a controvérsia.

Exemplos clássicos de conflitos para os quais a conciliação é a forma adequada de resolução são os seguintes: sinistros envolvendo veículos; questões consumeristas relacionadas a defeitos de produto ou serviço; conflitos envolvendo questões de crédito e inscrição em cadastros de inadimplentes etc.

5. Casos adequados à resolução por meio de mediação (§ 3º)

A mediação, por outro lado, é técnica de resolução de conflitos mais adequada a casos complexos e relações duradouras, nas quais haja laços anteriormente existentes que se deseje preservar, melhorar ou extinguir (§ 3º).

São situações onde os elementos subjetivos podem predominar, com circunstâncias e características que apenas as próprias partes tenham condições de identificar e desenvolver raciocínio crítico a respeito.

Justamente por isso, fica destacado o protagonismo das partes durante todo o curso do procedimento e, especialmente, no processo de construção de soluções mutuamente benéficas. A atuação do terceiro imparcial ocorre de forma a facilitar o diálogo entre as partes e, por meio da aplicação das técnicas específicas, auxiliar a criatividade delas próprias no oferecimento de soluções adequadas aos conflitos.

Em virtude dessas características, a mediação pode ser a escolha adequada para conflitos interdisciplinares, em que se sobreponham muitas questões subjetivas às objetivas: relações familiares; de vizinhança; sobre questões empresariais etc.

6. Quem é responsável pela triagem dos casos para encaminhamento à conciliação ou à mediação? (§§ 2º e 3º)

Sendo diferentes os procedimentos consensuais, impõe-se uma análise acerca das características do conflito, possibilitando o correto direcionamento do feito por ocasião da designação das audiências iniciais de conciliação ou mediação (arts. 334 e 695, CPC).

Há necessidade, então, de identificar quem será responsável por essa verdadeira triagem dos casos.

A responsabilidade primeira recai sobre a própria parte autora, pois ao elaborar a sua petição inicial tem o dever de indicar a opção pela realização, ou não, de audiência de conciliação ou mediação (art. 319, VII, CPC). Portanto, há necessidade de o operador do direito atentar-se para esse fato durante a elaboração da petição inicial e debater tal particularidade com seu cliente, a fim de proceder à indicação correta.

Ausente essa indicação na petição inicial, caberá ao tribunal fazer essa triagem, não especificando o atual CPC a cargo de quem fica essa responsabilidade. Assim, há duas possibilidades.

O juiz da causa poderá fazer essa triagem, valendo-se de seu poder gerencial sobre o processo (art. 139, CPC), e, analisando não só as particularidades do caso, mas também das partes e dos próprios métodos à sua disposição, indicará qual o procedimento correto para a resolução daquele conflito específico.

Por fim, também poderá fazê-lo o funcionário do Cejusc capacitado em métodos consensuais de solução de conflitos, nos termos do art. 9º, § 2º, da Resolução 125/2010, do CNJ. Nesse caso específico, designada a audiência, os autos serão encaminhados ao Cejusc local, sendo recebidos por esse funcionário responsável pela triagem e encaminhados para a efetivação do método autocompositivo mais adequado, seja a conciliação ou a mediação, de acordo com suas particularidades concretas.

Seja como for, encaminhados os autos para a realização de um dos procedimentos específicos, nada impede que o facilitador, ao analisar o caso, entenda que se trata de caso mais adequado ao outro procedimento. Nessa hipótese, e consultando as partes, não há óbice, por exemplo, a que o conciliador entenda que se trate de caso adequado à mediação e encaminhe os autos para redistribuição e apreciação por um mediador.

> **Art. 166.** A conciliação e a mediação são informadas pelos princípios da independência, da imparcialidade, da autonomia da vontade, da confidencialidade, da oralidade, da informalidade e da decisão informada.
>
> **§ 1º** A confidencialidade estende-se a todas as informações produzidas no curso do procedimento, cujo teor não poderá ser utilizado para fim diverso daquele previsto por expressa deliberação das partes.
>
> **§ 2º** Em razão do dever de sigilo, inerente às suas funções, o conciliador e o mediador, assim como os membros de suas equipes, não poderão divulgar ou depor acerca de fatos ou elementos oriundos da conciliação ou da mediação.
>
> **§ 3º** Admite-se a aplicação de técnicas negociais, com o objetivo de proporcionar ambiente favorável à autocomposição.
>
> **§ 4º** A mediação e a conciliação serão regidas conforme a livre autonomia dos interessados, inclusive no que diz respeito à definição das regras procedimentais.

▶ *Sem correspondência no CPC/1973*

1. Base principiológica dos métodos consensuais (*caput*)

A base principiológica que rege o curso do procedimento e a atuação dos facilitadores durante a conciliação ou a mediação se confunde com seu código de ética.

Tais princípios vêm enunciados em três regramentos – na Resolução 125/2010, CNJ, no atual CPC e na Lei de Mediação –, com muita sobreposição e poucas variações entre eles.

De fato, o CPC/2015 prevê que a conciliação e a mediação serão informadas pelos princípios da independência, imparcialidade, autonomia da vontade, confidencialidade, oralidade, informalidade e decisão informada.

Agregam-se a esses, à luz da Lei de Mediação, os princípios da isonomia entre as partes, da busca do consenso e da boa-fé (art. 2º, LM); já a Resolução 125/2010, CNJ, agrega os princípios da competência, respeito à ordem pública e às leis vigentes, empoderamento e validação (art. 1º, Anexo III, Código de Ética).

Seja como for, o núcleo duro da base principiológica proposta por esses três regramentos é o mesmo.

2. Princípio da independência (*caput*)

O princípio da independência de um lado garante aos facilitadores, e de outro lhes impõe o dever, de atuar com liberdade e autonomia durante todo o curso do procedimento consensual, não se permitindo sofrer qualquer pressão interna ou externa, podendo, inclusive, recusar, suspender ou interromper a sessão consensual se ausentes as condições necessárias para seu bom desenvolvimento.

Possui, ainda, interface com outro princípio enunciado na Resolução 125, o do respeito à ordem pública e às leis vigentes, vez que garante ao facilitador o direito de não se vincular à redação de acordos ilegais ou inexequíveis.

3. Princípio da imparcialidade (*caput*)

A atuação com imparcialidade é essencial ao regular desenvolvimento de qualquer atividade voltada à resolução de conflitos, gozando da mesma importância durante a atuação dos facilitadores em procedimentos consensuais. Portanto, é essencial que a atividade do facilitador se desenvolva de maneira livre e sem comprometimento.

Nos termos da Resolução 125/2010, do CNJ, a imparcialidade representa o dever de agir com ausência de favoritismo, preferência ou preconceito, assegurando que valores e conceitos pessoais não interfiram no resultado do trabalho, compreendendo a realidade dos envolvidos no

Art. 166

conflito e jamais aceitando qualquer espécie de favor ou presente (art. 1º, IV, Anexo III).

Em decorrência do dever de observância da imparcialidade, aplicam-se aos conciliadores e mediadores as regras de impedimento e suspeição do CPC (arts. 148 e 140).

4. Princípio da autonomia da vontade (*caput* e § 4º)

O respeito à autonomia da vontade na atuação de partes capazes é a chave do sucesso dos métodos adequados de resolução de conflitos em geral. Possui especial destaque nos métodos autocompositivos, diante do maior protagonismo exercitado pelas partes para a efetiva resolução do conflito, em comparação com sua atuação nos métodos heterocompositivos.

Autonomia da vontade nada mais é, portanto, do que liberdade: liberdade para expor diferentes pontos de vista, liberdade para atingir uma decisão voluntária e não coercitiva, liberdade para tomar as próprias decisões durante ou ao final do procedimento e, inclusive, liberdade para interrompê-lo a qualquer momento (Resolução 125/2010, art. 2º, II, Anexo III).

O § 4º do art. 166 reconhece a amplitude dessa liberdade das partes e expressamente prevê que a autonomia da vontade se espraia, inclusive, para a definição das regras procedimentais. Significa dizer que, dentro dos limites da legalidade, as partes possuem total liberdade de atuação, do início ao fim do procedimento consensual: liberdade para comparecimento e permanência nas sessões (vide comentários ao art. 334); liberdade para determinação do tempo e do custo das sessões (vide comentários ao art. 169, item 1); liberdade para a escolha de sessões públicas ou privadas; liberdade para convidar eventual terceiro a participar das sessões, caso possa auxiliar de qualquer forma o desenvolvimento do procedimento; liberdade para a escolha de um ou mais facilitadores; liberdade para optar pela participação, ou não, de advogados nas sessões consensuais etc. (vide comentários ao art. 334, § 9º).

Nesse cenário, cabe ao facilitador compreender e respeitar todo esse espectro de liberdade, a fim de que os procedimentos consensuais possam se desenvolver da melhor maneira possível.

Por outro lado, causa estranhamento que um sistema de resolução consensual que con-fira esse tipo de protagonismo à autonomia da vontade tenha que conviver com determinados dispositivos no atual CPC e na Lei de Mediação que caminham em sentido oposto.

Nesse sentido, é incompreensível o comando do § 8º, do art. 334, CPC, que determina a aplicação de multa ao não comparecimento injustificado de uma das partes à sessão consensual, bastando que a outra deseje comparecer. Entendo que não se coaduna com um sistema consensual de autocomposição, calcado na autonomia da vontade, a criação de regra que imponha a participação obrigatória da parte – ou mesmo apenas o comparecimento, para aqueles que entendem que simples comparecimento não fere a voluntariedade.

Não se sustenta, igualmente, a determinação da Lei de Mediação obrigando as partes a serem assistidas por advogados ou defensores públicos, a despeito do essencial assessoramento jurídico por eles prestado (art. 26). Sendo ambas as partes maiores e capazes, em igualdade de condições, não há motivos para que ambas não possam abrir mão desse assessoramento jurídico e, portanto, da representação por advogado durante as sessões consensuais (sobre as particularidades da atuação do advogado em mediações judiciais, vide meus comentários ao art. 334, § 9º).

5. Princípio da confidencialidade (*caput* e §§ 1º e 2º)

O respeito à confidencialidade é essencial para a definição do grau de compartilhamento que ocorrerá na sessão consensual, uma vez que o sentimento de proteção e liberdade experimentado pelas partes, resguardadas que estão pela confidencialidade, é diretamente proporcional à abertura e transparência que terão ao se expressarem. Assim, é essencial que as partes saibam que nada do que compartilharem na sessão consensual será utilizado para outras finalidades, cabendo aos facilitadores, inclusive, alertá-las a respeito das regras de confidencialidade aplicáveis ao procedimento (art. 14, LM).

O § 1º do art. 166 cuida da extensão objetiva da confidencialidade, aplicando-se a toda e qualquer informação relativa aos procedimentos de conciliação e mediação: incluídos documentos preparados para fins do procedimento; incluídas informações obtidas em sessões privadas; aquelas referentes à declaração e aceitação de propostas; as de reconhecimento de fatos etc. (vide art. 30, LM). Diante dessa extensão da confidencialidade, não há que se falar em utilização de informações ou documentos obtidos na sessão consensual para qualquer finalidade diversa da prevista por expressa deliberação das partes.

Assim, sendo infrutífera a sessão consensual, fica vedada, por exemplo, a utilização das informações e documentos lá obtidos em processos judiciais ou arbitrais (art. 30, § 2º, LM); justamente por isso, em contratos com cláusulas escalonadas (MED-ARB), não há lugar para atuação de advogados e partes mal-intencionados, que compareçam à sessão consensual com finalidade escusa, transformando a sessão em verdadeira *fishing expedition* de informações e provas documentais.

Eventuais informações ou provas colhidas na sessão consensual, e indevidamente utilizadas em outro procedimento, em violação à confidencialidade, estarão eivadas de nulidade, em virtude da ilicitude decorrente da violação ao ordenamento e aos princípios a ele aplicáveis.

A extensão subjetiva da confidencialidade vem prevista no § 2º do art. 166, NCPC, e no art. 30, § 1º, da LM, aplicando-se a conciliadores, mediadores, membros de suas equipes e terceiros auxiliares (prepostos, advogados, assessores técnicos e qualquer pessoa que tenha participado, direta ou indiretamente, do procedimento). Por isso, tais indivíduos não poderão divulgar ou depor acerca de fatos ou elementos oriundos do procedimento consensual (vide, ainda, art. 1º, I, Anexo III, Resolução 125/2010, CNJ).

O CPC/2015 não dispõe sobre as exceções à confidencialidade, havendo previsão na Resolução 125/2010 e na LM: i) autorização expressa das partes; ii) violação à ordem pública ou às leis vigentes, inclusive quando as informações forem relativas à ocorrência de crime de ação pública; iii) divulgação exigida por lei ou necessária ao cumprimento do acordo obtido na sessão consensual; e iv) quando houver dever dos envolvidos, a fim de prestarem informações à administração tributária após o término do procedimento, aplicando-se aos servidores da administração a obrigação de manter sigilo (art. 30, LM e art. 1º, I, Anexo III da Resolução).

6. Princípio da oralidade (*caput*)

O princípio da oralidade vem implementado pelo protagonismo das partes nas sessões consensuais, tornando-as mais dinâmicas e com caráter dialético.

Não é produtivo, portanto, que as sessões sejam permeadas por procedimentos que visem documentar, por escrito, o desenvolvimento do debate entre as partes; é salutar ao bom andamento das sessões que os debates e as trocas de ideia sejam feitos de forma oral, permitindo a fluidez do procedimento.

A exceção será, certamente, o momento derradeiro da sessão consensual, lavrando-se um termo final do procedimento.

7. Princípio da informalidade (*caput*)

Em decorrência lógica da atuação dos princípios da autonomia da vontade, da confidencialidade e da oralidade, desenvolve-se o princípio da informalidade.

Afinal, um ambiente de sessão consensual no qual prevaleça a liberdade das partes, inclusive nas questões procedimentais, e a atuação preponderantemente oral, com transparência, certamente é um ambiente que favorece a informalidade.

Inexiste, portanto, um procedimento preestabelecido em termos de desenvolvimento das sessões consensuais, havendo liberdade das partes e dos facilitadores de moldarem o procedimento de forma a atender às necessidades específicas do caso. De fato, não há que se falar na obrigatoriedade de atenção a requisitos formais e burocráticos engessados, prevalecendo a flexibilidade das partes e dos facilitadores, proporcionando um ambiente de informalidade, propício ao protagonismo e ao empoderamento das partes.

Quanto mais informal e seguro o ambiente da sessão consensual se revelar, maiores as chances de que as partes se sintam livres a compartilhar, desenvolvendo-se um procedimento adequado e frutífero.

8. Princípio da decisão informada (*caput*)

As partes gozam da garantia de estarem plenamente informadas quanto a seus direitos e ao contexto fático em que estão inseridas (art. 1º, II, Anexo III, da Resolução 125/2010, CNJ).

Assim, pelo princípio da decisão informada, cabe a conciliadores e mediadores informar as partes a respeito das características dos métodos autocompositivos – inclusive esclarecendo as diferenças entre conciliação e mediação –, da forma de funcionamento do procedimento e de seus direitos e deveres.

Por outro lado, a importância da participação do advogado nas sessões consensuais fica destacada diante da necessidade de atender ao princípio da decisão informada, vez que será ele o profissional capacitado para instruir estrategicamente a parte antes e durante a sessão, informar a ela os pontos fortes e fracos da negociação de seu direito e os benefícios e eventuais prejuízos de determinada composição específica.

Partes bem informadas terão condições de tomar decisões informadas, seja acerca da intenção de se submeter, ou não, à sessão consensual, seja sobre seus direitos para firmarem, ou não, eventual acordo.

9. Demais princípios da Lei de Mediação e da Resolução 125/2010 do CNJ

Aos princípios acima enunciados, a lei de mediação agrega os seguintes: i) isonomia, tratando da obrigatoriedade de tratamento igualitário entre as partes; ii) busca pelo consenso, que traduz o objetivo primordial dos métodos consensuais, o atingimento de soluções mutuamente benéficas, por meio da participação de ambas as partes; iii) boa-fé, enunciando a necessidade de atuação honrosa, permeada por padrões éticos, de honestidade e lealdade (art. 2º, LM).

Já a Resolução 125/2010 do CNJ, agrega alguns princípios de ordem mais prática e outros mais subjetivos: i) da competência, devendo os facilitadores possuir qualificação que os habilitem à atuação judicial, com capacitação feita nos termos da Resolução 125; ii) do respeito à ordem pública e às leis vigentes, velando os facilitadores para que eventual acordo entre as partes não viole a ordem pública ou contrarie leis vigentes (a esse respeito, vale notar que se trata de princípio de difícil atendimento para mediadores que não possuam formação jurídica); iii) do empoderamento, prevendo o dever de estimular as partes a aprenderem a melhor resolverem seus conflitos futuros, em função da experiência de justiça vivenciada na autocomposição; e da iv) validação, estimulando as partes a perceberem-se reciprocamente como seres humanos merecedores de atenção e respeito (art. 1º, Anexo III, Código de Ética).

10. Aplicação de técnicas negociais (§ 3º)

Por fim, o § 3º do art. 166 admite a aplicação de técnicas negociais, com o objetivo de proporcionar ambiente favorável à autocomposição.

Em outras palavras, durante o desempenho de suas funções, e nunca se afastando da imparcialidade, os facilitadores poderão se valer de quaisquer técnicas negociais pertinentes que possam implementar as chances de diálogo entre as partes e conduzir a sessões consensuais proveitosas.

A escola de negociação de Harvard, por exemplo, é pioneira no estudo de diferenciadas técnicas de negociação.

Os estudiosos do tema reconhecem duas formas mais globais de se abordar e se contrapor as técnicas de negociação: os métodos *Adversarial* e *Problem-solving* (método adversarial e método de solução de problemas). No método adversarial, presume-se que o foco é pontual e limitado – por exemplo, questões pecuniárias –, negociando-se se e quando haverá o pagamento de uma parte pela outra; trata-se, portanto, de técnica "ganha-perde", enquanto uma das partes ganha, a outra deve perder.

Já o método de solução de problemas, por oposição, busca trazer à superfície os interesses subjacentes das partes, ou seja, as reais necessidades que motivam suas posições, buscando resultados voltados ao ganho mútuo (Leonard L. Riskin, *Understanding Mediator's Orientations, Strategies and Techniques: a grid for the perplexed*, p. 13/14).

Dentro do método *Problem-solving*, a técnica mais popular é a desenvolvida por Roger Fisher, William Ury e Bruce Patton, que estipula quatro condutas básicas para o que eles chamam de "negociação principiológica": i) Separar as pessoas dos problemas, evitando "levar para o lado pessoal" e elevar o nível geral de estresse; ii) Focar em interesses e não em posições, objetivando debater sobre desejos reais das partes, nem sempre coincidentes com a postura externada durante a negociação; iii) Inventar opções de ganho mútuo, estimulando a criatividade das partes, em busca da obtenção da melhor alternativa para um acordo negociado (BATNA); e iv) Insistência em critérios objetivos, que elevem a eficiência da negociação (*Como chegar ao sim: Como negociar acordos sem fazer concessões*, p. 39 e ss.).

> **Art. 167.** Os conciliadores, os mediadores e as câmaras privadas de conciliação e mediação serão inscritos em cadastro nacional e em cadastro de tribunal de justiça ou de tribunal regional federal, que manterá registro de pro-

fissionais habilitados, com indicação de sua área profissional.

§ 1º Preenchendo o requisito da capacitação mínima, por meio de curso realizado por entidade credenciada, conforme parâmetro curricular definido pelo Conselho Nacional de Justiça em conjunto com o Ministério da Justiça, o conciliador ou o mediador, com o respectivo certificado, poderá requerer sua inscrição no cadastro nacional e no cadastro de tribunal de justiça ou de tribunal regional federal.

§ 2º Efetivado o registro, que poderá ser precedido de concurso público, o tribunal remeterá ao diretor do foro da comarca, seção ou subseção judiciária onde atuará o conciliador ou o mediador os dados necessários para que seu nome passe a constar da respectiva lista, a ser observada na distribuição alternada e aleatória, respeitado o princípio da igualdade dentro da mesma área de atuação profissional.

§ 3º Do credenciamento das câmaras e do cadastro de conciliadores e mediadores constarão todos os dados relevantes para a sua atuação, tais como o número de processos de que participou, o sucesso ou insucesso da atividade, a matéria sobre a qual versou a controvérsia, bem como outros dados que o tribunal julgar relevantes.

§ 4º Os dados colhidos na forma do § 3º serão classificados sistematicamente pelo tribunal, que os publicará, ao menos anualmente, para conhecimento da população e para fins estatísticos e de avaliação da conciliação, da mediação, das câmaras privadas de conciliação e de mediação, dos conciliadores e dos mediadores.

§ 5º Os conciliadores e mediadores judiciais cadastrados na forma do *caput*, se advogados, estarão impedidos de exercer a advocacia nos juízos em que desempenhem suas funções.

§ 6º O tribunal poderá optar pela criação de quadro próprio de conciliadores e mediadores, a ser preenchido por concurso público de provas e títulos, observadas as disposições deste Capítulo.

▶ *Sem correspondência no CPC/1973*

1. Inserção de conciliadores, mediadores e câmaras privadas em cadastros nacionais e dos tribunais (*caput*)

Conciliadores e mediadores podem atuar de forma privada, atendendo em seus próprios escritórios (atuação *ad hoc*) ou vinculados a estruturas de câmaras de conciliação e mediação (atuação institucional).

Se desejarem atuar junto ao Poder Judiciário, em conciliações e mediações judiciais, que ocorrerão no curso de processos judiciais instaurados, ou junto aos Cejuscs pré-processuais, deverão se submeter aos regramentos compatíveis.

Nesse caso específico, tratando-se de atividade voltada à iniciativa pública, é necessário que facilitadores e câmaras promovam seu registro em cadastros nacional e regional, dos tribunais estaduais ou federais correspondentes.

Assim, desejando um mediador cadastrar-se para atuação no Tribunal de Justiça do Estado de São Paulo, por exemplo, não bastará cadastrar-se junto a esse tribunal, sendo necessário o duplo registro, também junto ao cadastro nacional, centralizando-se as informações sobre os facilitadores disponíveis para atuação.

Tal registro mantido pelos tribunais, contará com profissionais habilitados – e, portanto, aptos ao exercício da função, posto serem capacitados de acordo com as regras do CNJ e do Ministério da Justiça –, e indicação da área profissional de atuação de cada facilitador, diante da diversidade possível.

Tendo em vista a possibilidade de que os facilitadores sejam oriundos de inúmeras formações profissionais diferentes, e levando em conta que essa informação é importante para a escolha do facilitador específico para cada tipo de conflito determinado, a listagem do tribunal contará também com essa informação. Diante dessa listagem, e existindo profissionais da área específica cadastrados, será possível às partes indicarem se desejam que suas sessões consensuais sejam promovidas por um facilitador com formação jurídica, em psicologia, em recursos humanos etc. (vide art. 168, CPC).

2. Requisitos para capacitação mínima dos conciliadores e mediadores (§ 1º)

A inscrição nos cadastros nacionais e dos tribunais acima mencionados, pressupõe que os facilitadores possuam certificado comprovando o preenchimento de requisitos da capacitação mínima, a ser obtida por meio de curso realizado por entidade credenciada, conforme parâmetros curriculares definidos pelo Conselho Nacional de Justiça e pelo Ministério da Justiça.

Essa capacitação mínima será oferecida, então, por instituições de formação de conciliadores e mediadores reconhecidas pelos tribunais ou pela Escola Nacional de Aperfeiçoamento de Magistrados (ENFAM).

Já as diretrizes curriculares para essa capacitação vêm disciplinadas no Anexo I da Resolução 125/2010 do CNJ, já com a redação dada pela Emenda nº 2, prevendo que o curso de capacitação básica dos terceiros facilitadores objetiva transmitir informações teóricas gerais sobre a conciliação e a mediação, bem como vivência prática para aquisição do mínimo de conhecimento que torne o corpo discente apto ao exercício da conciliação e da mediação judicial.

O curso é dividido em módulos teóricos e prático, tendo como etapa essencial os exercícios simulados e o estágio supervisionado de 60 (sessenta) e 100 (cem) horas.

3. Composição da lista dos tribunais (§ 2º)

O § 2º do art. 167 dispõe que, efetivado o registro, que poderá ser precedido de concurso público, o tribunal remeterá ao diretor do foro da comarca, seção ou subseção judiciária onde atuará o conciliador ou o mediador os dados necessários para que seu nome passe a constar da respectiva lista, a ser observada na distribuição alternada e aleatória, respeitado o princípio da igualdade dentro da mesma área de atuação profissional.

Em outras palavras, os tribunais podem criar um requisito extra a ser cumprido para o exercício da função de conciliador ou mediador, qual seja, a aprovação em concurso público; assim, a capacitação e a inscrição nos cadastros não garantem em todos os casos a possibilidade imediata de atuação dos facilitadores, uma vez que determinado tribunal local pode ainda exigir que o registro em sua listagem específica seja precedido de aprovação em concurso público.

Passadas essas etapas, e efetuado o registro do facilitador no tribunal específico, aí sim o seu nome será remetido ao diretor do local específico onde ele atuará, passando a constar da listagem e, portanto, estando apto a receber a distribuição de processos, de forma alternada e aleatória, para a sua atuação.

Tendo em vista que o cadastro contará com a indicação da área profissional do facilitador (*caput* do art. 167), essa distribuição alternada e aleatória deverá também respeitar a igualdade de oportunidade para a atuação, dentro da mesma área, em igual quantidade de processos.

4. Dados constantes do cadastramento de câmaras, conciliadores e mediadores (§ 3º)

Do credenciamento das câmaras e do cadastro de conciliadores e mediadores constarão todos os dados relevantes para a sua atuação, tais como o número de processos de que participou, o sucesso ou insucesso da atividade, a matéria sobre a qual versou a controvérsia, bem como outros dados que o tribunal julgar relevantes.

O atual CPC reputou relevante para o controle da atuação dos facilitadores e das câmaras obter informações sobre:

i) o número de processos de que participou, certamente para aferir experiência dos facilitadores no exercício de suas funções; ii) a matéria sobre a qual versou a controvérsia, seja para estabelecer controle percentual de quais as matérias são mais procuradas para resolução consensual, seja para apurar a aptidão dos facilitadores em determinadas matérias, circunstância que não pode ser utilizada como baliza para aferição da capacidade técnica desses, vez que bons profissionais serão capazes de aplicar técnicas consensuais para quaisquer tipos de conflitos; iii) sucesso ou insucesso da atividade, critério que será muito difícil de aferir nos casos de mediação, demandando especial atenção e cuidado por parte dos receptores dos dados. Nos casos de conciliação, cujo foco é a resolução de conflitos mais pontuais e objetivos, inclusive por meio de propostas do conciliador, é possível imaginar um critério de sucesso ou insucesso da atividade baseado no percentual de acordos fechados. O mesmo raciocínio não se aplica à mediação, procedimento que envolve o trato de questões muito mais complexas e subjetivas, para as quais o sucesso pode se consubstanciar em diferentes resultados: desfazimento de uma relação; incremento de relação comercial por meio da alteração de bases negociais; efetivação de um pedido de desculpas; pagamento de quantia pecuniária etc. Algumas dessas situações de sucesso poderão acarretar sessões consensuais encerradas com determinado tipo de acordo formalizado; outras, mesmo alterando e melhorando a vida dos mediados, e, portanto, sendo resultados bem-sucedidos, poderão não resultar em acordo formalizado.

Dito isso, é salutar que os dados colhidos sejam avaliados com muita parcimônia.

5. Classificação dos dados cadastrais (§ 4º)

Esses dados colhidos serão classificados sistematicamente pelo tribunal, que os publicará, ao menos anualmente, para conhecimento da população e para fins estatísticos e de avaliação da conciliação, da mediação, das câmaras privadas e dos facilitadores.

Trata-se de medida que visa propiciar transparência e controle externo a respeito das práticas consensuais judiciais, inclusive aferindo as condições dos próprios tribunais para a manutenção atualizada de tais cadastros.

A despeito de serem louváveis medidas que incentivam a transparência da atuação do Poder Judiciário, tratando-se de métodos consensuais há que se tomar certos cuidados, a fim de não transformar a atuação dos facilitadores e das câmaras em simples escala numérica. As técnicas de autocomposição não se consubstanciam em ciência cartesiana, razão pela qual o escopo das sessões consensuais ultrapassa a simples busca por um acordo e por uma classificação numérica e percentual.

6. Impedimento de atuação do conciliador ou mediador que seja advogado (§ 5º)

O § 5º do art. 167 prevê impedimento de atuação de conciliadores e mediadores cadastrados nos tribunais, se advogados, de exercerem a advocacia nos juízos em que desempenham suas funções.

O objetivo desse dispositivo parece relacionar-se com eventuais preocupações acerca da imparcialidade dos facilitadores, evitando a impressão de que sua atuação junto ao juízo possa gerar qualquer tipo de favorecimento indevido ou a possibilidade de captação de clientela. Confunde-se, portanto, a atuação do profissional em sua condição de advogado e em sua condição de auxiliar da Justiça, que representam esferas diferenciadas.

Trata-se de lógica perversa, vez que aplicada apenas aos auxiliares da Justiça que atuam como conciliadores ou mediadores, mas não aos advogados que atuam como peritos judiciais, por exemplo. Destaque-se que em sua atuação como perito, o advogado funcionará como auxiliar da Justiça de confiança do juízo, indicado pelo próprio Juiz e, portanto, a ele

muito mais próximo; já na atuação na qualidade de conciliador e mediador, em regra sequer haverá contato com o juízo da causa, vez que esses facilitadores estarão vinculados ao juízo coordenador dos Cejuscs e serão escolhidos por indicação em comum das partes ou por livre distribuição (art. 168, CPC). Por isso, não faz qualquer sentido prever impedimento ao auxiliar da Justiça que não atua junto ao juízo da causa, nada dispondo a respeito daquele que atua por sua indicação de confiança.

A aplicação irrestrita dessa regra poderá acarretar péssimas consequências, fazendo com que os tribunais percam excelentes advogados que também atuariam como conciliadores e mediadores, mas que não se sujeitarão a participar da lista dos tribunais, sob pena de ficarem impedidos para a atuação em suas causas como advogados.

Especificamente no Tribunal de Justiça do Estado de São Paulo, o Nupemec já noticiou, por exemplo, que até 12 de abril de 2017, cerca de 456 advogados de diversas comarcas solicitaram o seu desligamento dos respectivos Cejuscs, temendo que sua atuação como conciliadores e/ou mediadores judiciais prejudique seu ofício na advocacia.

Pior ainda é o cenário das comarcas pequenas, com poucas varas, nas quais essa regra logo acabará por inviabilizar a atuação do advogado que atue como conciliador/mediador, pois rapidamente ficará impedido de advogar nos únicos juízos de tal comarca.

Infelizmente, é gritante a ironia do sistema, tal como posto atualmente, por exemplo, no Estado de São Paulo: a atividade dos conciliadores e mediadores, por enquanto, não conta com possibilidade efetiva de remuneração (já que não há orçamento disponível no Judiciário – vide comentários ao art. 169), portanto, eles devem se capacitar, despender tempo e dinheiro treinando e se qualificando, promover a inscrição nos cadastros nacionais e dos tribunais para, finalmente, terem a honra de trabalhar de graça e, se advogados, de não poderem exercer a advocacia no mesmo juízo em que já atuaram em causas como facilitadores.

Uma possível solução a essa absurda determinação do atual CPC foi desenhada em uma das reuniões do Fonamec – Fórum Nacional de Mediação e Conciliação, em 22 de outubro de 2015, na qual foi elaborado o Enunciado nº 47,

Art. 168

afirmando o seguinte: "Não se aplica aos advogados que atuam como conciliadores ou mediadores, vinculados aos CEJUSCS, o impedimento do art. 167, § 5º, do CPC". Em sua justificativa, fica claro que "a atividade jurisdicional stricto sensu volta-se à solução dos litígios dentro do processo, pela manifestação da vontade estatal, apreciando o mérito da ação. Os CEJUSCS são órgãos de natureza diversa, tendo por função precípua fomentar e homologar os acordos a que as partes chegaram, atividade puramente formal sem caráter de jurisdição stricto sensu. Nos termos do art. *7º, IV, da Resolução 125 do Conselho Nacional de Justiça, a atividade da conciliação e da mediação é concentrada nos CEJUSCS. Por isso, estando o conciliador ou o mediador subordinado ao Juiz Coordenador dos CEJUSCS, não há qualquer vinculação do conciliador ou mediador operante nos CEJUSCS ao juízo do processo, razão porque não se aplica aos advogados atuantes nas comarcas em que há CEJUSCS instalados o impedimento do art. 167, § 5º, do Código de Processo Civil".*

Vale, ainda, o alerta de que no Estado de São Paulo já houve, inclusive, manifestação do Tribunal de Ética da Ordem dos Advogados do Brasil, seccional SP, respondendo a consulta de advogados (Procedimentos E-4614/2016 de 13/6/16 e E-4724/2016 de 17/11/2016). As conclusões foram as seguintes: i) nas conciliações ou mediações levadas a efeito perante uma Vara Judicial, os advogados facilitadores estão impedidos de atuar na Vara onde exercem a conciliação ou a mediação e, cumulativamente, estão impedidos de advogar para as partes que atenderam na sessão consensual (art. 172, CPC). Ficam liberados para atuar, no entanto, nas demais Varas onde não exerçam essa função de facilitadores; ii) na hipótese de haver estrutura de Cejusc que não seja independente, isto é, que não disponha de juízo específico para atuar, e este último sirva a todas as Varas de uma Comarca, o impedimento do advogado que ali atua como facilitador é automático e extensivo a todas as Varas da Comarca; iii) nas Comarcas onde o Cejusc está instalado, dispondo de juízo específico, nas sessões consensuais pré-processuais ou nas judiciais, distribuídos para determinado juízo e já contestados, aqui chamados de "judicializados", os advogados facilitadores estão impedidos de advogar apenas para as partes que atenderem (nos termos do art. 172, CPC).

Por fim, Fernanda Tartuce desenvolve interessante raciocínio a respeito do vício que macula essa proibição direcionada aos facilitadores advogados, uma vez que existe reserva de lei sobre a matéria. De fato, as temáticas da liberdade profissional, incompatibilidades, impedimentos e violações éticas de advogados são matérias disciplinadas no Estatuto de Ética da Advocacia, não encontrando "*locus* apropriado no CPC, cuja vocação é trabalhar apenas parâmetros para a atuação dos sujeitos processuais em Juízo. Assim, para vigorar legitimamente a restritiva quarentena proposta no dispositivo será necessária sua previsão em regramento específico, já que à OAB foi reconhecida a prerrogativa de autorregulação" (*Mediação nos Conflitos Civis*, p. 291).

7. Concurso público para conciliadores e mediadores (§ 6º)

O atual CPC traz uma alternativa à criação de listas compostas por conciliadores e mediadores privados cadastrados nos tribunais. O § 6º do art. 167 dispõe sobre a possibilidade de criação de quadro próprio de conciliadores e mediadores, a ser preenchido por concurso público de provas e títulos, observadas as disposições referentes à formação desses terceiros facilitadores.

Por meio dessa opção, os tribunais estariam empregando conciliadores e mediadores na categoria do funcionalismo público, com vínculo empregatício e direitos e deveres daí decorrentes.

Também seriam alteradas as circunstâncias da remuneração, visto que conciliadores e mediadores que sejam funcionários públicos perceberão remuneração fixa e mensal pelo desempenho de suas funções, diferentemente do que a lei projeta hoje para os conciliadores e mediadores privados cadastrados nos tribunais (registro no cadastro de acordo com a faixa remuneratória desejada, dentro dos critérios determinados pelo CNJ – vide comentários ao art. 169).

Art. 168. As partes podem escolher, de comum acordo, o conciliador e o mediador ou a câmara privada de conciliação e de mediação.

§ 1º. O conciliador ou mediador escolhido pelas partes poderá ou não estar cadastrado no tribunal.

§ 2º. Inexistindo acordo quanto à escolha do mediador ou conciliador, haverá distribuição

> entre aqueles cadastrados no registro do tribunal, observada a respectiva formação.
>
> **§ 3º.** Sempre que recomendável, haverá a designação de mais de um mediador ou conciliador.

▶ *Sem correspondência no CPC/1973*

1. Escolha conjunta do conciliador, mediador ou câmara privada (*caput*)

O atual regime de resolução de disputas implementado pelo CPC compreende a realização, em regra, de audiências inaugurais de conciliação ou mediação, nas ações de rito comum ou de família, nos termos dos arts. 334 e 695. Tais audiências devem ser conduzidas por conciliadores ou mediadores capacitados a tanto, circunstância que traz à baila a temática da escolha desses auxiliares da Justiça (a esse respeito, vide comentários ao art. 334 e seu § 1º).

Diante dessa nova característica do sistema, que reafirma, uma vez mais, a prevalência do princípio da autonomia da vontade nas questões relacionadas à autocomposição (art. 166, CPC), é dada às partes, por meio de seus advogados, a oportunidade de exercitarem uma postura ativa na escolha desses profissionais, implementando, desde já, um estreitamento no diálogo e na cooperação que será posteriormente imprescindível ao bom andamento do procedimento de autocomposição.

Assim, por ocasião das manifestações das partes sobre o interesse na designação dessa audiência (art. 334, § 5º), é possível que se componham e escolham, em conjunto, um nome comum para atuar como seu conciliador ou mediador (possibilidade reproduzida no comando do art. 4º, LM). Havendo a escolha conjunta, este profissional é que será o responsável pela condução da audiência de conciliação ou mediação judicial.

Contudo, não havendo Cejusc na Comarca específica de realização da audiência – ou optando as partes pela realização dessa audiência numa câmara privada –, essa escolha comum poderá igualmente recair sobre a câmara privada que receberá e processará esse procedimento de autocomposição.

2. Desnecessidade de cadastro no tribunal ou no cadastro nacional (§ 1º)

Sendo frutífera a comunicação entre as partes, e escolhido o nome em comum do conciliador ou mediador, não há necessidade de que esse profissional esteja cadastrado na listagem do respectivo tribunal de justiça.

O § 1º do artigo nada menciona, no entanto, a respeito de eventual exigência de que o profissional esteja registrado no cadastro nacional de conciliadores e mediadores.

Muito embora haja quem sustente a necessidade do registro nesse cadastro nacional, a fim de comprovar capacitação para o exercício da função, entendo que a resposta é facilmente encontrada com a análise da *ratio* desse dispositivo. Se o objetivo é privilegiar a autonomia da vontade e permitir que as partes escolham um profissional que atenda a seus critérios de confiança, respeitabilidade, capacidade técnica etc., não há qualquer sentido em limitar as possibilidades para tal escolha, impondo que o candidato deva estar registrado nesse cadastro nacional.

3. Distribuição entre os conciliadores ou mediadores cadastrados no tribunal (§ 2º)

Não havendo escolha conjunta das partes para o conciliador ou mediador, essa escolha recairá nos nomes existentes na listagem do respectivo tribunal. Em outras palavras, observada a formação do profissional, a escolha se dará por meio de distribuição alternada e aleatória, respeitado o princípio da igualdade dentro da mesma área de atuação profissional (art. 167, § 2º).

Há claro destaque para a questão da formação profissional pois, como visto, os auxiliares da Justiça procederão ao seu cadastro indicando suas respectivas áreas de formação, que podem ser variadas; e a escolha dentro da listagem, justamente por ser alternada e aleatória, respeitará a igualdade de oportunidade para a atuação, dentro da mesma área, em igual quantidade de processos.

Vale ressaltar, por fim, que a despeito de eventual insucesso das partes na escolha de nome comum, elas terão a chance de exercitar a sua autonomia da vontade ao menos na escolha da área de atuação do profissional. Assim, por ocasião das manifestações das partes sobre o interesse na designação dessa audiência (art. 334, § 5º), poderão pelo menos indicar qual a área de atuação profissional que entendem ser a mais adequada.

E, caso seja designada a audiência com um conciliador/mediador com formação profissional que entendam não ser a mais adequada, poderão manifestar-se em conjunto e indicar qual seria a área de formação de sua predileção, a fim de que o processo seja redistribuído a outro profissional com formação mais consentânea para a apreciação daquele conflito específico.

4. Designação de mais de um conciliador ou mediador (§ 3º)

A utilização de meios de autocomposição dá vazão a pensamento sistêmico, percebendo o conflito como "um sistema complexo e multifatorial, composto por elementos interdependentes que afetam uns aos outros" (Ana Rosenblatt e André Martins, "Mediação e transdisciplinaridade", in *Mediação de Conflitos*, p. 142).

Essas complexidade e interdisciplinaridade podem gerar circunstâncias em que seja recomendável a condução do procedimento de autocomposição por mais de um profissional.

Muito embora o § 3º desse artigo não disponha sobre os critérios para essa recomendação, a lei de mediação traça um norte em seu art. 15, ao afirmar que essa recomendação de múltipla atuação profissional possa ocorrer em razão da natureza e da complexidade do conflito.

Assim, há determinados conflitos que exigem o trabalho de equipes multidisciplinares, situação em que será recomendável a atuação de mais de um profissional da conciliação ou da mediação, nesse caso, em "comediação".

Portanto, a depender das características do conflito, as partes podem claramente se beneficiar da atuação de mais de um profissional, permitindo maior abrangência na compreensão das questões conflituosas, além da facilitação da cooperação e comunicação entre os envolvidos e a exploração de diferentes potenciais soluções.

A escolha pelo procedimento em "comediação" pode tanto partir das próprias partes, como ser feita a requerimento do mediador, com anuência dessas (art. 15 da LM), valendo o mesmo raciocínio para eventuais conciliações que necessitem da participação de mais de um profissional.

O campo da família é fértil em exemplos geradores da necessidade de atuação conjunta de mais de um profissional – do direito e da psicologia, por exemplo –, já que a dissolução da entidade familiar afeta não apenas os aspectos

legais, como "*as questões mais íntimas e subjetivas que geralmente representam o verdadeiro motivo do conflito*" (Dierle Nunes e outros, "Novo CPC, Lei de Mediação e os Meios Integrados de Solução dos Conflitos Familiares – Por um Modelo Multiportas", in *Justiça Multiportas*, p. 690).

> **Art. 169.** Ressalvada a hipótese do art. 167, § 6º, o conciliador e o mediador receberão pelo seu trabalho remuneração prevista em tabela fixada pelo tribunal, conforme parâmetros estabelecidos pelo Conselho Nacional de Justiça.
>
> **§ 1º.** A mediação e a conciliação podem ser realizadas como trabalho voluntário, observada a legislação pertinente e a regulamentação do tribunal.
>
> **§ 2º.** Os tribunais determinarão o percentual de audiências não remuneradas que deverão ser suportadas pelas câmaras privadas de conciliação e mediação, com o fim de atender aos processos em que deferida gratuidade da justiça, como contrapartida de seu credenciamento.

▶ *Sem correspondência no CPC/1973*

1. Critérios de fixação da remuneração de conciliadores e mediadores (*caput*)

A atuação de conciliadores e mediadores na esfera judicial exige deles dispêndio de custo e tempo com formação, capacitação, registro nos cadastros nacionais e locais; portanto, nada mais justo que sua atividade seja remunerada.

Assim, esse artigo prevê que, excepcionados os casos em que os tribunais criem quadros próprios de conciliadores e mediadores, por meio de concurso público, a atuação dos demais será remunerada conforme tal previsão.

O *caput* dispõe que essa remuneração será prevista em tabela fixada pelo tribunal de justiça, conforme parâmetros estabelecidos pelo CNJ (art. 6º, XI, da Resolução 125/2010 do CNJ e art. 13 da LM). Dentro da estrutura dos tribunais de justiça, a regulamentação dessa tabela de remuneração ficará a cargo dos Núcleos Permanentes de Métodos Consensuais de Solução de Conflitos (Nupemec), nos termos do art. 7º, VIII, da Resolução 125/2010, CNJ.

A esse respeito, a comissão permanente de acesso à Justiça e cidadania do CNJ editou a Resolução nº 271, de 11.12.2018[1], fixando parâmetros para a remuneração a ser paga aos conciliadores e mediadores judiciais, nos termos do art. 169 do CPC e do art. 13 da Lei de Mediação.

Essa Resolução prevê cinco níveis remuneratórios. Nesse sentido, caberá ao próprio facilitador indicar em qual das faixas deseja atuar, por ocasião de seu cadastro nacional: o primeiro patamar prevê atuação voluntária; seguem-se a esse quatro níveis de remuneração: o básico, o intermediário, o avançado e o extraordinário. Nesses três primeiros, serão aplicados valores previstos em tabela própria, também já prevista nesta Resolução, sendo obrigatória a atuação a título não oneroso em 10% (dez por cento) dos casos encaminhados ao Judiciário.

Já no patamar extraordinário, caberá ao próprio facilitador negociar sua remuneração diretamente com as partes.

A Tabela de Remuneração prevista na resolução dispõe o seguinte: i) Patamar Básico, Nível de Remuneração 1: de R$ 60,00 a R$ 700,00 a hora trabalhada de acordo com o valor da causa; ii) Patamar Intermediário, Nível de Remuneração 2: de R$ 1.800,00 a R$ 1.000,00 a hora trabalhada de acordo com o valor da causa; iii) Patamar Avançado, Nível de Remuneração 3: de R$ 350,00 a R$ 1.250,00 a hora trabalhada de acordo com o valor da causa; iv) Patamar Extraordinário: valor da hora negociado diretamente com o mediador, independentemente do valor da causa.

Tais valores serão reajustados a cada início de ano judiciário, considerando a inflação do ano anterior, pelo IPCA/IBGE (art. 8º da Resolução).

O custeio desses parâmetros será de responsabilidade das partes, podendo os tribunais locais aumentar ou reduzir os valores para atender à realidade local (art. 13 da Lei de Mediação).

Nesse sentido, vale pontuar o exemplo do Tribunal de Justiça do Estado de São Paulo que, por meio da Resolução nº 809/2019, aderiu aos termos da Resolução 271/CNJ, adotando a mesma tabela de custas fixada pelo CNJ e os mesmos parâmetros de atuação, como um todo, contidos nesta Resolução.

2. Responsabilidade pelo pagamento dessa remuneração

Os procedimentos de autocomposição pressupõem atuação das partes com autonomia da vontade e participação ativa, em cooperação. Diante disso, a interpretação desejável ao art. 13 da LM é no sentido de que o pagamento da remuneração dos facilitadores seja custeado por ambas as partes, de preferência, em frações iguais.

Com isso, as partes sentem-se igualmente protagonistas do procedimento, aportando a mesma importância ao seu envolvimento nas atividades lá desenvolvidas.

É também essa a diretriz do art. 2º, §§ 4º e 5º, da Resolução 271/CNJ, dispondo que a remuneração será recolhida pelas partes, preferencialmente em frações iguais, de acordo com a tabela existente na mesma Resolução, sendo o pagamento feito de forma antecipada, segundo estimativa apresentada na primeira sessão de mediação. Esta primeira sessão não será cobrada e deverá conter, além da previsão de horas de trabalho, as informações sobre o procedimento e orientações acerca da confidencialidade (§ 6º).

A Resolução normatiza, ainda, a questão do pagamento de horas mínimas: i) em demandas com valor inferior a R$ 500.000,00 (quinhentos mil reais), o mediador terá direito ao pagamento de cinco horas mínimas de trabalho, desde que haja anuência das partes em seguir com o procedimento de autocomposição após a primeira reunião; ii) em casos acima de R$ 500.000,00 (quinhentos mil reais), ficará garantido o pagamento de vinte horas mínimas de atuação, sujeitas a complementação (art. 3º, § 2º).

Em todos os casos, o mediador só fará jus às horas mínimas se houver uma sessão de autocomposição após a apresentação do procedimento (§ 4º).

Com relação aos pagamentos, esses serão preferencialmente feitos ao longo do procedimento, em adiantamento das horas, conforme a previsão dos arts. 3º e 6º da Resolução.

O mediador deverá encaminhar ao Cejusc ao qual estiver vinculado, no final de cada mês, relatório das horas trabalhadas (art. 5º).

Caso não se verifique o cenário ideal de pagamento da remuneração pelas partes, em fração igual e ao longo do procedimento, podemos nos valer do auxílio interpretativo fixado nas premissas existentes no CPC a esse respeito.

---

1   Vide íntegra da Resolução em: http://www.cnj. jus.br/atos-normativos?documento=2780.

O art. 82 do Código de Processo Civil dispõe que incumbe às partes prover as despesas dos atos que realizarem ou requererem, antecipando-lhes o pagamento, sendo do autor o ônus de adiantar as despesas cuja determinação para realização se dê de ofício pelo juiz, condenando-se o vencido, ao final, ao reembolso das despesas que o vencedor antecipou.

Assim, é possível imaginar vários cenários de pagamento diante da designação da audiência do art. 334, CPC: i) se ambas as partes requererem sua designação, as despesas deverão ser divididas em frações iguais; ii) se apenas uma das partes requerer, o pagamento ficará a cargo de quem requereu; iii) em ambas as hipóteses, não havendo acordo, ao final o vencido será condenado a reembolsar o vencedor; iv) por fim, havendo acordo, e nada tendo as partes disposto sobre o pagamento das despesas, estas serão divididas igualmente (art. 90, § 2º, CPC).

3. Conciliação e mediação voluntárias (§ 1º)

O CPC/73 continha poucas disposições sobre a conciliação e nenhuma sobre a mediação; de fato, o regramento dos meios autocompositivos era muito tímido, inclusive, sem qualquer previsão a respeito da remuneração desses auxiliares da Justiça. Assim, na época, o trabalho dos conciliadores era feito de forma voluntária.

A despeito do sistema mais complexo implementado pelo CPC/2015, a possibilidade de atuação voluntária se repete nesse § 1º, prevendo-se a necessidade de observância da legislação pertinente e da regulamentação do tribunal.

O regramento produzido pelo CNJ para os meios consensuais contém previsão possibilitando a atuação voluntária, seja no art. 7º, § 5º, da Resolução 125/2010, seja na Resolução 271/CNJ, art. 2º, ao prever que a primeira categoria de remuneração dos facilitadores poderá ser a voluntária.

Nessa mesma Resolução (art. 2º, § 8º), discute-se a possibilidade dos conciliadores e mediadores, em contrapartida às suas inscrições no cadastro nacional, atuarem, a título não oneroso, em pelo menos 10% (dez por cento) dos casos encaminhados pelo Poder Judiciário, com a finalidade de atender aos processos em que foi deferida a gratuidade, cabendo ao Cejusc ou ao Nupemec a indicação dos casos que serão atendidos nessa modalidade (circunstância que

seria análoga à hipótese do § 2º do art. 169, que veremos a seguir).

Não bastasse isso, no âmbito do Tribunal de Justiça do Estado de São Paulo há regramento específico nos Provimentos nos 50/1989 e 30/2013, da Corregedoria Geral da Justiça, que se revestem nas Normas de Serviço desse tribunal. Mais especificamente, seu art. 605, essa norma prevê que "*os conciliadores e mediadores prestarão seus serviços sem nenhum vínculo com o Estado e o pagamento de sua remuneração, quando cabível, far-se-á de acordo com a Resolução TJSP nº 809/2019.*"

4. Atuação não remunerada das câmaras privadas (§ 2º)

A atuação de câmaras privadas de conciliação e mediação poderá se dar na esfera judicial se essas estiverem devidamente registradas nos cadastros nacionais e dos tribunais (art. 167, CPC). Estando cadastradas, as partes podem escolher que seu procedimento consensual seja recepcionado e instrumentalizado em uma câmara privada, sendo ou não provida de Cejusc a Comarca específica em que tramita a ação.

A contrapartida a essa autorização para cadastramento das câmaras – e, portanto, recepção de receita com as conciliações e mediações judiciais para lá encaminhadas –, é o atendimento de um percentual não remunerado de sessões de conciliação e mediação, a fim de suportar os casos dos jurisdicionados beneficiários da gratuidade da justiça.

O percentual de audiências gratuitas a serem recepcionadas pelas câmaras será fixado pelos tribunais; no entanto, ultrapassada essa cota, uma alternativa seria se valer dos serviços dos conciliadores e mediadores que se cadastrarem para atuar de forma voluntária nas listagens dos tribunais (conforme a primeira categoria de remuneração prevista pela Resolução 271/CNJ).

Assim, havendo necessidade de realização de uma audiência gratuita – e não havendo câmaras cadastradas naquele tribunal específico, ou já excedido o percentual de audiências gratuitas – as audiências poderão ser designadas por meio de distribuição alternada e aleatória (art. 167, § 2º, CPC), mas somente àqueles facilitadores que se cadastrarem na primeira faixa de remuneração prevista na Resolução 271/CNJ, a voluntária.

Art. 170. No caso de impedimento, o conciliador ou mediador o comunicará imediatamente, de preferência por meio eletrônico, e devolverá os autos ao juiz do processo ou ao coordenador do centro judiciário de solução de conflitos, devendo este realizar nova distribuição.

Parágrafo único. Se a causa de impedimento for apurada quando já iniciado o procedimento, a atividade será interrompida, lavrando-se ata com relatório do ocorrido e solicitação de distribuição para novo conciliador ou mediador.

▶ *Sem correspondência no CPC/1973*

1. Reconhecimento de plano do impedimento (*caput*)

Os conciliadores e mediadores não apenas devem agir com imparcialidade e independência (CPC, art. 166), como possuem o *status* de auxiliares da Justiça, razão pela qual aplicam-se a eles os mesmos motivos de impedimento e suspeição aplicáveis ao juiz (CPC, arts. 144, 148, II e 149; Resolução 125/2010 do CNJ, Anexo III, art. 5º; e LM, art. 5º).

Assim, identificados de plano quaisquer motivos que possam prejudicar a imparcialidade e independência, entre as hipóteses previstas pelo CPC como impedimento do exercício das funções dos conciliadores e mediadores no processo, caberá aos próprios comunicarem imediatamente ao juiz da causa ou ao coordenador do Cejusc, sob pena de responderem a processo administrativo, nos termos do art. 173, II, CPC.

Tal comunicação deve ser feita, preferencialmente, por meio eletrônico – resguardando a celeridade e atendendo à necessidade de duração razoável do processo –, e terá como consequência a redistribuição dos autos a novo conciliador ou mediador, de forma alternada e aleatória, nos termos do art. 167, § 2º, CPC.

2. Reconhecimento do impedimento durante o procedimento e a interrupção de seu curso (parágrafo único)

Há hipóteses de impedimento que podem não ser identificáveis de plano pelos próprios conciliadores ou mediadores, apurando-se apenas durante o curso do procedimento, por eles, pelas partes ou por seus advogados; exemplo

dessa situação pode se revelar no novel caso de impedimento incluído pelo CPC, em seu art. 144, VIII.

Suponhamos que a existência de uma parte que seja cliente do escritório de advocacia da esposa do conciliador/mediador só se revele no curso do procedimento; nesse caso, apontado o impedimento pelo próprio auxiliar, pelas partes ou seus advogados, competirá ao conciliador/mediador interromper o procedimento de mediação, lavrar uma ata com o relatório do ocorrido e solicitar a distribuição dos autos para novo conciliador/mediador.

A respeito da redistribuição dos autos vale um alerta. Entendo que o princípio da autonomia da vontade permeia inclusive esse momento de redistribuição, o que significa dizer que, identificado o impedimento no curso do procedimento, quando as partes já estão dele participando, caberá consultá-las a esse respeito. Seja para que se manifestem sobre eventual permanência do conciliador ou mediador impedido, expressando se tal razão de impedimento representa, ou não, necessidade de afastamento deste terceiro do procedimento; seja para que possam, querendo, escolher de comum acordo seu novo conciliador ou mediador, evitando a distribuição alternada e aleatória (CPC, art. 168).

Art. 171. No caso de impossibilidade temporária do exercício da função, o conciliador ou mediador informará o fato ao centro, preferencialmente por meio eletrônico, para que, durante o período em que perdurar a impossibilidade, não haja novas distribuições.

▶ *Sem correspondência no CPC/1973*

1. Impossibilidade temporária para o exercício da função (*caput*)

Esse artigo reproduz o comando do art. 6º do Código de Ética dos Conciliadores e Mediadores Judiciais, contido no Anexo III da Resolução 125/2010 do CNJ, dispondo sobre a chance que os conciliadores e mediadores têm de, mediante motivo justificado, requererem que temporariamente não lhes sejam mais distribuídos feitos para a sua atuação.

Em outras palavras, existindo motivos que impossibilitem temporariamente o exercício de sua função, não seria produtivo que a distribuição de feitos continuasse sendo feita a tais auxiliares da Justiça, uma vez que os mesmos teriam que ser redistribuídos, em prejuízo à celeridade e à razoável duração do processo.

Em nosso sentir, tal impossibilidade temporária pode relacionar-se a qualquer motivo justificável pelos auxiliares, por exemplo: férias; questões de saúde; ausência do país por determinado período de tempo; indisponibilidade de tempo para atuar nos procedimentos em virtude de alguma situação pontual de sua vida; inabilidade para atuação em procedimentos que envolvam determinada área ou assunto complexos etc.

O meio eletrônico é uma vez mais eleito como o preferencial para essa comunicação, sempre com o intuito de respeitar a celeridade e não causar atrasos desnecessários ao curso do procedimento.

> **Art. 172.** O conciliador e o mediador ficam impedidos, pelo prazo de 1 (um) ano, contado do término da última audiência em que atuaram, de assessorar, representar ou patrocinar qualquer das partes.

▶ *Sem correspondência no CPC/1973*

1. Proibição de atuação, assessoramento, representação ou patrocínio (*caput*)

Em primeiro lugar, vale esclarecer que, muito embora o artigo utilize o vocábulo impedimento, não se trata propriamente de hipótese de vício de independência (como nos arts. 144 e 170, CPC), mas, sim, de proibição imposta pelo Código de Ética dos Conciliadores e Mediadores Judiciais, no art. 7º do Anexo III da Resolução 125/2010 do CNJ (vedação também presente no art. 6º da LM).

Tais preceitos éticos objetivam a proteção da confidencialidade das informações e dos documentos obtidos durante a sessão de conciliação/ mediação, buscando resguardar eventual tentativa de utilização do procedimento com finalidade escusa de obtenção dessas informações para fins não adequados. Sustenta-se, ainda, que objetivam igualmente resguardar a imparcialidade dos auxiliares da Justiça, impedindo que possam se valer de sua atuação como conciliadores ou mediadores com o intuito de recebimento de benefícios ou geração de quaisquer tipos de negócios.

Mais especificamente no que tange aos conciliadores e mediadores que sejam advogados, a preocupação é com a possível utilização dos procedimentos de conciliação e mediação como forma de captação de clientela.

Quaisquer dessas circunstâncias devem ser tratadas como excepcionais, uma vez que a presunção é de atuação de conciliadores e mediadores com boa-fé, nunca com má-fé.

Seja como for, buscando evitar ou mitigar eventuais situações excepcionais como as narradas, esse dispositivo desenvolve uma limitação temporal, de um ano, para a atuação posterior dos auxiliares junto às mesmas partes, propositadamente bastante ampla – já que utiliza verbos bem abertos, como atuar, assessorar, representar e patrocinar – criando verdadeira hipótese de "quarentena".

2. Vício dessa proibição nos casos de conciliadores e mediadores advogados

Fernanda Tartuce desenvolve interessante raciocínio a respeito do vício que macula essa proibição quando direcionada a conciliadores e mediadores que sejam advogados, uma vez que existe reserva de lei sobre a matéria. De fato, as temáticas da liberdade profissional, incompatibilidades, impedimentos e violações éticas de advogados são matérias disciplinadas no Estatuto de Ética da Advocacia, não encontrando "*locus* apropriado no CPC, cuja vocação é trabalhar apenas parâmetros para a atuação dos sujeitos processuais em Juízo. Assim, para vigorar legitimamente a restritiva quarentena proposta no dispositivo será necessária sua previsão em regramento específico, já que à OAB foi reconhecida a prerrogativa de autorregulação" (*Mediação nos Conflitos Civis*, p. 291).

> **Art. 173.** Será excluído do cadastro de conciliadores e mediadores aquele que:
>
> I – agir com dolo ou culpa na condução da conciliação ou da mediação sob sua responsabilidade ou violar qualquer dos deveres decorrentes do art. 166, §§ 1º e 2º;
>
> II – atuar em procedimento de mediação ou conciliação, apesar de impedido ou suspeito;
>
> § 1º Os casos previstos neste artigo serão apurados em processo administrativo.
>
> § 2º O juiz do processo ou o juiz coordenador do centro de conciliação e mediação, se

> houver, verificando atuação inadequada do mediador ou conciliador, poderá afastá-lo de suas atividades por até 180 (cento e oitenta) dias, por decisão fundamentada, informando o fato imediatamente ao tribunal para instauração do respectivo processo administrativo.

► *Sem correspondência no CPC/1973*

1. Esclarecimentos gerais sobre a exclusão do cadastro (*caput*)

A atividade dos conciliadores e mediadores é fundamentalmente baseada na confiança e na boa-fé, razão pela qual é imprescindível a atuação desses profissionais de acordo com os requisitos éticos.

A importância é proporcional à severidade da punição pelo descumprimento, já que este poderá acarretar, após devido processo administrativo, a exclusão dos mesmos do cadastro de conciliadores e mediadores.

O cadastro a que se refere o *caput* do artigo é o cadastro nacional (não o regional de cada tribunal), o que significa dizer que os auxiliares ficarão impedidos de atuar em todo e qualquer órgão do Poder Judiciário. E nem poderia ser diferente, tendo em vista que o código de ética é de aplicação nacional e, portanto, infração perpetrada em qualquer tribunal da federação deve ser tratada com a mesma seriedade em todos os demais.

A exclusão do cadastro nacional pode resultar, ainda, de condenação definitiva em processo criminal, nos exatos termos do art. 8º do Anexo III da Resolução 125/2010, do CNJ. Inclusive, é este mesmo artigo, em seu parágrafo único, que estipula que qualquer pessoa que venha a ter conhecimento sobre a conduta inadequada de conciliadores e mediadores poderá representar ao juiz coordenador a fim de que sejam adotadas as providências cabíveis.

Por fim, vale pontuar o seguinte: a despeito desses auxiliares da Justiça, conciliadores e mediadores, terem função precipuamente facilitadora – e, portanto, influírem pouco ou nada na regularidade formal do procedimento e na análise de mérito do caso –, estranhamente são destinatários de punições mais rigorosas pelo descumprimento de seu Código de Ética, se comparados com os peritos judiciais (circunstância também alertada por Fernanda Tartuce, *Breves Comentários ao Novo Código de Processo Civil*, p. 541).

Enquanto a eles cabe a exclusão do cadastro nacional, aos peritos judiciais a mesma infração ética acarreta apenas a inabilitação para atuar em outras perícias pelo prazo de dois a cinco anos (art. 158, CPC).

2. Exclusão do cadastro por dolo, culpa ou violação ao Código de Ética (*caput* e inc. I)

Agindo de maneira intencionalmente prejudicial às partes (dolo) durante a sessão de conciliação ou mediação, ou atuando sem o dever de cuidado, com negligência, imprudência e imperícia (culpa), os conciliadores ou mediadores poderão ser excluídos do cadastro nacional.

Poderão igualmente sofrer essa sanção se violarem quaisquer dos preceitos contidos no Código de Ética de conciliadores e mediadores, previstos tanto no art. 166 do NCPC, quanto no Anexo III da Resolução 125/2010 do CNJ.

Assim, para garantir a lisura e a adequação dos procedimentos de autocomposição, conciliadores e mediadores devem atender aos cânones da independência, imparcialidade, autonomia da vontade, confidencialidade, oralidade, informalidade e da decisão informada.

Qualquer procedimento que não respeite esses corolários poderá dar razão à representação de conciliadores e mediadores, gerando a instauração de processo administrativo e podendo culminar com sua exclusão do cadastro nacional.

3. Exclusão do cadastro pela atuação em hipóteses de impedimento e suspeição (*caput* e inc. II)

Conforme previsão dos arts. 144, 145 e 170, CPC, a atuação de conciliadores ou mediadores em desrespeito à imparcialidade e independência dá azo às causas de impedimento e suspeição.

Na eventualidade de estarem cientes de tal circunstância e não a declararem de plano, prosseguindo com sua atuação no curso do procedimento, em clara condição de impedimento e suspeição, conciliadores e mediadores poderão ser excluídos do cadastro nacional.

4. Apuração em processo administrativo (§ 1º)

Em virtude da seriedade dessa punição, e da obrigatoriedade de atenção às garantias constitucionais, essa deverá ser precedida de apuração das eventuais irregularidades por meio da instauração de processo administrativo, concedendo chance aos conciliadores e mediadores de serem ouvidos, exercitarem suas garantias de ampla defesa e contraditório e, inclusive, de produção de provas.

5. Afastamento do conciliador ou mediador de suas atividades (§ 2º)

A previsão contida no § 2º parece estar topicamente equivocada, uma vez que faria muito mais sentido o artigo tratar primeiro da possibilidade de afastamento de conciliadores e mediadores de sua atividade, e depois da potencial consequência desse afastamento, ou seja, a posterior instauração de processo administrativo para exclusão do cadastro nacional.

Seja como for, esse parágrafo prevê a possibilidade de o próprio juiz da causa ou o juiz coordenador do Cejusc, verificando atuação inadequada do conciliador ou mediador, fazer cessar imediatamente essa atuação, obstando desde já a prática de novos atos potencialmente prejudiciais às partes, afastando esses profissionais de suas atividades por até 180 (cento e oitenta) dias.

A decisão deve ser fundamentada – seguindo regramento geral do CPC para toda e qualquer decisão, nos termos do art. 10 – e acarretará a cientificação do tribunal para que instaure o correspondente processo administrativo.

> **Art. 174.** A União, os Estados, o Distrito Federal e os Municípios criarão câmaras de mediação e conciliação, com atribuições relacionadas à solução consensual de conflitos no âmbito administrativo, tais como:
>
> I – dirimir conflitos envolvendo órgãos e entidades da administração pública;
>
> II – avaliar a admissibilidade dos pedidos de resolução de conflitos, por meio de conciliação, no âmbito da administração pública;
>
> III – promover, quando couber, a celebração de termo de ajustamento de conduta.

▶ *Sem correspondência no CPC/1973*

1. Autocomposição extrajudicial em conflitos envolvendo a Administração Pública (*caput* e incs. I a III)

A inclusão desse artigo atende a uma tendência já antiga na busca por melhores opções de regramento das formas de resolução de conflito que afetam a Administração Pública.

De fato, ano a ano as pesquisas do Conselho Nacional de Justiça sobre o comportamento dos litigantes em juízo, denominada "Justiça em Números", demonstram que o Poder Público continua sendo o maior litigante do País, circunstância que justifica amplamente a necessidade de criação de opções mais efetivas de resolução de conflitos.

Por isso, com esse artigo resta reforçada a possibilidade de participação dos entes da Administração Pública em formas alternativas e adequadas de resolução de conflito, que suprimam a hegemonia do Judiciário Estatal, tais quais a conciliação e a mediação.

Afasta-se, portanto, o dogma de que a participação da Administração Pública não seria possível, em virtude da indisponibilidade de seu direito, permitindo-se o trato de direitos indisponíveis, mas transacionáveis. Inclusive, essa é uma tendência também demonstrada pelas alterações na lei de arbitragem, permitindo expressamente a participação dos entes públicos (Lei 13.129/2015, art. 1º, §§ 1º e 2º).

2. Câmaras de conciliação e mediação em âmbito administrativo (*caput* e incs. I a III)

O artigo determina que os entes da Administração Pública criem câmaras de mediação e conciliação para a resolução de conflitos no âmbito administrativo. Não se trata propriamente de uma novidade, vez que a Lei 9.469/1997 já autorizava a AGU a entabular acordos envolvendo entes públicos, incentivando a criação de câmaras especializadas para propositura de acordos e transações, circunstância que, anos depois, possibilitou a edição da Portaria 1.281/2007, com a criação da Câmara de Conciliação e Arbitragem da Administração Federal, a CCAF.

Tal determinação é, no entanto, bastante vaga, não estabelecendo critérios e parâmetros para a criação dessas câmaras administrativas.

De certa maneira, essa lacuna foi suprida pelos dispositivos contidos nos arts. 32 a 40 da Lei de Mediação, os quais conferem segurança jurídica ao regramento dessas câmaras, pois disciplinam a criação de órgãos específicos para a mediação, os efeitos processuais, as hipóteses de cabimento, os aspectos procedimentais, a regulamentação pelos respectivos entes federados etc.

Por fim, vale destacar que muito embora os incisos disciplinem apenas três hipóteses pontuais em que essa câmara poderia ser utilizada para a resolução de conflitos, Fernando Gajardoni sustenta que se trata de rol exemplificativo, *"sendo possível que as câmaras administrativas atuem em qualquer assunto de interesse da administração (v.g. conflitos pessoais entre servidores públicos no ambiente de trabalho"* (*Teoria Geral do Processo*, pp. 556/557).

> **Art. 175.** As disposições desta Seção não excluem outras formas de conciliação e mediação extrajudiciais vinculadas a órgãos institucionais ou realizadas por intermédio de profissionais independentes, que poderão ser regulamentadas por lei específica.
>
> **Parágrafo único.** Os dispositivos desta Seção aplicam-se, no que couber, às câmaras privadas de conciliação e mediação.

▶ *Sem correspondência no CPC/1973*

1. Conciliação e mediação privadas (*caput*)

Tratando-se de diploma processual, é pertinente que os arts. 165 a 173 do CPC disciplinem as particularidades da conciliação e da mediação judiciais, as que ocorrem durante o processamento de uma ação ajuizada perante o Judiciário Estatal ou nos Cejuscs pré-processuais.

Neste último artigo da Seção, no entanto, há o reconhecimento de que a conciliação e a mediação judiciais não são as únicas formas de autocomposição, havendo espaço para outro tipo de regramento incidente nas conciliações e mediações extrajudiciais, privadas, sejam elas institucionais ou não.

Assim, o *caput* do artigo reconhece a existência de procedimentos de conciliação e mediação realizáveis tanto dentro da estrutura de uma câmara privada de mediação – e, em geral, o que ocorre é que as câmaras de arbitragem passaram a também contemplar em seu regramento a possibilidade de instituição e regulamentação da mediação –, quanto em escritórios ou estruturas físicas de profissionais particulares e independentes.

Tais procedimentos de autocomposição não serão regidos pelo regramento do atual CPC, mas, sim, regulamentados por lei específica. Dito isso, o regramento de conciliações e mediações poderá se basear, cumulativamente, no seguinte: nos dispositivos da Resolução 125/2010 do CNJ, nas disposições contidas no Regulamento das Câmaras, quando o procedimento for institucional, e nos preceitos da lei específica, que é a Lei de Mediação, nº 13.140/2015.

2. Câmaras privadas de conciliação e mediação (parágrafo único)

Nos termos do art. 167 do CPC, há a possibilidade de inclusão de câmaras privadas de conciliação e mediação nos cadastros dos tribunais.

Assim, o que dispõe o parágrafo único desse artigo é que, para a atuação dessas câmaras privadas em procedimentos judiciais, serão observadas não apenas as regras internas das câmaras, contidas em seus regulamentos, mas, ainda, no que couber, os dispositivos desta Seção do CPC.

Significa dizer, portanto, que as câmaras terão que observar, em sua atuação no curso de procedimentos judiciais, o regramento do CPC pertinente, por exemplo, a cadastro e credenciamento dos conciliadores e mediadores.

TÍTULO V
DO MINISTÉRIO PÚBLICO

> **Art. 176.** O Ministério Público atuará na defesa da ordem jurídica, do regime democrático e dos interesses e direitos sociais e individuais indisponíveis

▶ *Sem correspondência no CPC/1973*

Ministério Público – Regramento

O Ministério Público atua sob princípios institucionais, assim reconhecidos como a unidade, de acordo com o qual os promotores integram um órgão único, dentro de sua estrutura. Releva notar que, mesmo integrando o órgão, basicamente, o Ministério Público Federal e o dos Estados (CF, art. 128), a atuação está limitada dentro da esfera de atribuições (Ministério Público do Trabalho; Militar; Federal e do Distrito Federal), devendo atuar dentro dessa divisão, mas sempre mantendo a unidade.

Outro princípio, o da indivisibilidade, impede que seja cindido o Ministério Público, podendo atuar um promotor pelo outro, fazendo-se por meio da *presentação*, já que não representa, mas é o órgão e todas as suas manifestações são não dele, mas do Ministério Público, o que torna, inclusive, viável a delegação de funções pelo Procurador-Geral da República para o Subprocurador Geral (LC 75/1993, art. 48, II, parágrafo único).

O Ministério Público, como instituição, não tem personalidade jurídica, embora tenha legitimidade para a propositura de medidas administrativas e judiciais.

> **Art. 177.** O Ministério Público exercerá o direito de ação em conformidade com suas atribuições constitucionais

▶ *Referência: CPC/1973 – Art. 81*

Os arts. 176 e 177 regram a atuação do Ministério Público como parte no processo civil. Esse conteúdo revela, desde logo, o molde constitucional do tema, atribuindo ao Ministério Público esfera de atuação coincidente com os limites do art. 127/CF, que dispõe: "O Ministério Público é instituição permanente, essencial à função jurisdicional do Estado, incumbindo-lhe a defesa da ordem jurídica, do regime democrático e dos interesses sociais e individuais indisponíveis."

Assim colocado, todas as hipóteses legais de atuação ministerial devem estar adstritas a causas onde se esteja litigando direito indisponível, conquanto venha a jurisprudência admitindo a elasticidade desse conceito na abrangência de casos de evidente relevância social.

A Constituição Federal confere legitimidade ao Ministério Público para promover o respeito dos entes estatais aos direitos constitucionalmente assegurados (CF, art. 129); a iniciativa da ação direta de inconstitucionalidade ou representação para fins interventivos (art. 129, IV, da CF); e a promover a proteção às populações indígenas (art. 129, V), tratando-se de mero esboço das inúmeras atribuições a cargo do *Parquet*, sendo meramente exemplificativo o rol constitucional, ao estabelecer o inciso IX do art. 129 a incumbência de outras funções que lhe forem conferidas, desde que compatíveis com sua finalidade.[2]

A atuação do Ministério Público a que se refere o art. 178 do CPC, como *custos legis* (não fiscal da lei, mas agora da ordem jurídica, na letra do CPC) diz respeito às situações traduzidas nos incisos que seguem o *caput*, sendo certo que será então obrigatória a intervenção ministerial nos casos que envolvam interesse público ou social, e, segundo a doutrina, desempenha o papel de sujeito especial do processo, atuando em nome próprio da defesa de direito alheio, figurando como legitimado extraordinário.[3]

> **Art. 178.** O Ministério Público será intimado para, no prazo de 30 (trinta) dias, intervir como fiscal da ordem jurídica nas hipóteses previstas em lei ou na Constituição Federal e nos processos que envolvam:
>
> **I** – interesse público ou social;
>
> **II** – interesse de incapaz;
>
> **III** – litígios coletivos pela posse de terra rural ou urbana.
>
> **Parágrafo único.** A participação da Fazenda Pública não configura, por si só, hipótese de intervenção do Ministério Público.

▶ *Referência: CPC/1973 – Art. 82*

O inciso I discrimina, de modo genérico, a atuação do Ministério Público nas ações que envolvam interesse público ou social. Há na doutrina, secundada pela jurisprudência, séria tendência a delimitar a noção de interesse público para essa finalidade, impondo uma distinção jusfilosófica entre o interesse público primário e o interesse da administração, cognominado "interesse público secundário", para uma divisão entre as situações onde o Estado atenda primariamente ao interesse público e as que tenham por objetivo perseguir perdas patrimoniais, considerando-se que nesta última a atuação do *Parquet* seria dispensável, porque conferida à advocacia pública a defesa dos interesses fazendários.

O Ministério Público atua ainda nas causas que envolvam interesse de incapazes (inciso II), durante o tempo em que perdurar essa condição. Sua figuração como fiscal da ordem jurídica não pode conflitar com a defesa do incapaz. Em ocorrendo o conflito, deve ser nomeado

---

2   Nesse sentido: DINAMARCO, Cândido Rangel. *Instituições de Direito Processual Civil*, p. 685

3   THEODORO Jr., Humberto. *Curso de Direito Processual Civil*, p. 162

curador de incapazes. Do relatório do CPC constou expressamente que "Quanto ao § 2º, a desnecessidade de nomeação de curador especial nessas hipóteses está no fato de que o Ministério Público é parte no processo é já possui atribuição constitucional para tutela de direitos do incapaz. A nomeação de curador especial seria desnecessária e inútil. A lacuna legislativa sobre essa questão vem afetando inúmeros processos, com nítidos prejuízos para a tutela de crianças e adolescentes, tendo havido edição de enunciados jurisprudenciais pelos Tribunais de Justiça dos Estados do Rio Grande do Sul e do Rio de Janeiro, estando a matéria sob apreciação do Superior Tribunal de Justiça, com decisões majoritárias no sentido da proposta ora formulada."

Atente-se para o fato de não ter sido mantida a menção ao "estado das pessoas", agora vigorante a intervenção nas "ações de família" de que trata o art. 698 do CPC, ao dispor que "nas ações de família, o Ministério Público somente intervirá quando houver interesse de incapaz."

O inciso III do art. 178 do CPC, que prevê a intervenção do Ministério Público nas áreas de conflito pela posse de terra rural ou urbana, destaque-se o disposto no art. 565 do CPC, § 2º, segundo o qual, em casos como o da espécie, o Ministério Público será intimado para comparecer à audiência, e a Defensoria Pública será intimada sempre que houver parte beneficiária de gratuidade da justiça, sendo nulo o processo que tenha mitigado essa exigência. Ainda, o art. 554 do CPC, § 1º, dispõe: "No caso de ação possessória em que figure no polo passivo grande número de pessoas, serão feitas a citação pessoal dos ocupantes que forem encontrados no local e a citação por edital dos demais, determinando-se, ainda, a intimação do Ministério Público e, se envolver pessoas em situação de hipossuficiência econômica, da Defensoria Pública."

No texto do CPC, ainda constam várias situações em que expressamente deve figurar o Ministério Público nessa qualidade interventiva. Os arts. 66 e 951 do CPC preveem que deverá ser ouvido nos conflitos de competência; o art. 133 do CPC, que deve atuar no incidente de desconsideração da personalidade jurídica, quando lhe coube intervir no processo; o art. 616, inciso VII do CPC prevê essa intervenção no inventário, quando houver interesse de menores, incapazes ou ausentes; o art. 734, § 1º, do CPC, da mesma forma invoca a atuação do *Parquet* nas causas de alteração de regime de bens no casamento;

nos casos de testamento, será também ouvido o Ministério Público, consoante art. 735 § 2º do CPC, bem como na herança jacente (CPC, art. 739, § 1º, I), assim como nos casos de arrecadação (CPC, art. 745, § 4º), assim como na interdição (CPC, art. 752, § 1º). O art. 764, I, do CPC prevê a oitiva no Ministério Público na ação de aprovação de estatutos das fundações.

Em sede de controle de constitucionalidade difuso, será também ouvido o Ministério Público, consoante art. 948 do CPC. No incidente de resolução de demandas repetitivas, se não for o requerente, o Ministério Público intervirá obrigatoriamente e poderá assumir sua titularidade em caso de desistência ou de abandono (§ 2º do art. 976 do CPC). Ainda, nos termos do art. 1.038, III, do CPC "o relator poderá requisitar informações aos tribunais inferiores a respeito da controvérsia; cumprida a diligência, intimará o Ministério Público para manifestar-se."

> **Art. 179.** Nos casos de intervenção como fiscal da ordem jurídica, o Ministério Público:
>
> **I** – terá vista dos autos depois das partes, sendo intimado de todos os atos do processo;
>
> **II** – poderá produzir provas, requerer as medidas processuais pertinentes e recorrer.

▶ *Referência: CPC/1973 – Art. 83*

O art. 179 do CPC detalha a atuação do Ministério Público ao mencionar o direito à vista dos autos, intimação dos atos e oportunidade de produção de provas e de medidas processuais.

Merece leitura conjunta com o art. 279 do CPC onde: "É nulo o processo quando o membro do Ministério Público não for intimado a acompanhar o feito em que deva intervir." No § 1º dispõe ainda que "Se o processo tiver tramitado sem conhecimento do membro do Ministério Público, o juiz invalidará os atos praticados a partir do momento em que ele deveria ter sido intimado", para finalmente excepcionar, no § 2º, ao dispor que "A nulidade só pode ser decretada após a intimação do Ministério Público, que se manifestará sobre a existência ou a inexistência de prejuízo".

Assim, na esteira de remansosa jurisprudência, consagra o dispositivo o princípio da proteção ou da finalidade, que de resto norteia todo o processo civil brasileiro, acobertando o princípio da instrumentalidade das formas.

Na mesma linha, sendo o Ministério Público Federal o autor da ação civil pública, sua intervenção como fiscal da ordem jurídica não é obrigatória, além do que a ausência de remessa dos autos à Procuradoria Regional da República, para fins de intimação pessoal, não enseja, por si só, a decretação de nulidade do processo, sendo necessária, para este efeito, a demonstração de efetivo prejuízo processual.

Ainda a respeito, o art. 65, prevê que: Prorrogar-se-á a competência relativa se o réu não alegar a incompetência em preliminar de contestação. Parágrafo único. A incompetência relativa pode ser alegada pelo Ministério Público nas causas em que atuar.

Convém aqui mencionar que, mesmo sendo parte o Ministério Público, ocorre a prorrogação a que se refere o *caput*, no caso de omissão na alegação de incompetência relativa, no corpo da defesa.

Finalmente, será ainda responsável pela instauração do procedimento de jurisdição voluntária, conforme o art. 720 do CPC, onde "O procedimento terá início por provocação do interessado, do Ministério Público ou da Defensoria Pública, cabendo-lhes formular o pedido devidamente instruído com os documentos necessários e com a indicação da providência judicial." E também pela instauração do Incidente de resolução de demandas repetitivas, o IRDR, nos termos do art. 977 do CPC, onde: "O pedido de instauração do incidente será dirigido ao presidente de tribunal: (...) III – pelo Ministério Público ou pela Defensoria Pública, por petição."

> **Art. 180.** O Ministério Público gozará de prazo em dobro para manifestar-se nos autos, que terá início a partir de sua intimação pessoal, nos termos do art. 183, § 1º.
>
> **§ 1º** Findo o prazo para manifestação do Ministério Público sem o oferecimento de parecer, o juiz requisitará os autos e dará andamento ao processo.
>
> **§ 2º** Não se aplica o benefício da contagem em dobro quando a lei estabelecer, de forma expressa, prazo próprio para o Ministério Público.

▶ *Referência: CPC/1973 – Arts. 188 e 236*

O art. 180 do CPC prevê a contagem do prazo em dobro para o Ministério Público, aplicando-se a respeito o disposto no art. 234 do CPC, segundo o qual "os advogados públicos ou privados, o defensor público e o membro do Ministério Público devem restituir os autos no prazo do ato a ser praticado", findo o qual, sem o oferecimento de parecer, o juiz requisitará os autos e lhe dará andamento (§ 1º do art. 180, CPC).

Ainda a respeito, nos termos do art. 270 do CPC, "as intimações realizam-se, sempre que possível, por meio eletrônico, na forma da lei." E, conforme o § único, "aplica-se ao Ministério Público, à Defensoria Pública e à Advocacia Pública o disposto no § 1º do art. 246", certo que este dispõe que a citação será feita, preferencialmente, por meio eletrônico, conforme regulado em lei (*caput*) e que, nos termos do § 1º, "as empresas públicas e privadas são obrigadas a manter cadastro nos sistemas de processo em autos eletrônicos, para efeito de recebimento de citações e intimações, as quais serão efetuadas preferencialmente por esse meio."

O art. 231 do CPC regula o termo inicial da contagem dos prazos e, nesses casos, aplica-se o disposto no inciso III, segundo o qual considera-se dia do começo do prazo "a data de ocorrência da citação ou da intimação, quando ela se der por ato do escrivão ou do chefe de secretaria", e também o inciso IX, em que considera "o quinto dia útil seguinte à confirmação, na forma prevista na mensagem de citação, do recebimento da citação realizada por meio eletrônico", conforme incluído pela Lei nº 14.195/2021, sendo, de todo modo, conveniente registrar que "(...) quando a intimação se der por meio da retirada dos autos, em carga, do cartório ou da secretaria", conta-se o prazo do dia da carga, de sorte que, mesmo não tendo sido intimado, se o Procurador ordenar a retirada dos autos mediante carga, a partir daí terá curso o prazo (inciso VIII).

E o art. 272, § 6º do CPC expressamente dispõe que "a retirada dos autos do cartório ou da secretaria em carga pelo advogado, por pessoa credenciada a pedido do advogado ou da sociedade de advogados, pela Advocacia Pública, pela Defensoria Pública ou pelo Ministério Público implicará intimação de qualquer decisão contida no processo retirado, ainda que pendente de publicação".

A propósito, decidiu o STJ que "a intimação pessoal pode ocorrer de vários modos: com a cientificação do intimado pelo próprio escrivão ou chefe de secretaria; mediante encaminhamento da ata da publicação dos acórdãos; com a entrega dos autos ao intimado ou a sua remessa à repartição a que pertence"[4] O mesmo Tribunal considerou também, com base em precedentes, que "a fluência do prazo recursal para o Ministério Público e a Defensoria Pública, ambos beneficiados com intimação pessoal, tem início com a remessa dos autos com vista ou com a entrada destes na instituição, e não com oposição de ciência pelo seu representante".[5] Ou ainda, "(...) se o procurador federal foi devidamente intimado da audiência na qual foi proferida a sentença, desnecessária sua intimação pessoal".[6]

Nesse sentido, dispõe o art. 1.003 do CPC que "O prazo para interposição de recurso conta-se da data em que os advogados, a sociedade de advogados, a Advocacia Pública, a Defensoria Pública ou o Ministério Público são intimados da decisão" E o § 1º "Os sujeitos previstos no *caput* considerar-se-ão intimados em audiência quando nesta for proferida a decisão."

> **Art. 181.** O membro do Ministério Público será civil e regressivamente responsável quando agir com dolo ou fraude no exercício de suas funções.

▶ *Referência: CPC/1973 – Art. 85*

O art. 181 do CPC prevê a responsabilidade civil do representante do Ministério Público, quando agir com dolo ou fraude, merecendo destaque a leitura sistemática com o art. 77 do CPC, que exclui expressamente das penalidades por exercício atentatório à dignidade da jurisdição, entre outros, os membros do Ministério Público, porque sujeitos à apuração perante o órgão competente respectivo, ao qual o juiz oficiará (§ 6º)

Não se trata de responsabilidade *objetiva*, mas sim dependente de atividade dolosa ou fraudulenta, podendo ser ainda culposa, nas modalidades de negligência, imperícia e imprudência (CC, art. 186), sendo, portanto, subjetiva, por tratar-se de obrigação de meio, na conta de que o advogado não responde pelo insucesso da

---

4   AgRg no REsp 1334687/MG, Rel. Min. Arnaldo Esteves Lima, 1ª Turma, j. 19.03.2013, *DJe* 25.03.2013.

5   AgRg no REsp 1298945/MA, Rel. Min. Laurita Vaz, 5ª Turma, j. 05.02.2013, *DJe* 15.02.2013.

6   AgRg no AREsp 147.276/GO, Rel. Min. Ari Pargendler, 1ª Turma, j. 12.03.2013, *DJe* 18.03.2013.

demanda, sendo certo que somente se configura em caso de provado *dolo* ou *erro grave e inescusável* no exercício do *munus* público.

Com efeito, conquanto não tenha o dispositivo em exame mencionado expressamente, aplica-se ainda que por força do disposto no art. 37, § 6º, da Constituição Federal essa hipótese.

Há ainda outra hipótese de responsabilidade, desta feita independentemente de dolo ou fraude, mas por mera culpa, quando, nos termos do art. 234 do CPC, descumprirem os advogados públicos ou privados, o defensor público e o membro do Ministério Público, o prazo de restituição dos autos, que deve dar-se no prazo do ato a ser praticado, situação que, nos termos do § 2º, impõe multa correspondente à metade do salário mínimo e, conforme § 4º, "se a situação envolver membro do Ministério Público, da Defensoria Pública ou da Advocacia Pública, a multa, se for o caso, será aplicada ao agente público responsável pelo ato", sendo comunicado o órgão competente responsável pela instauração de procedimento disciplinar contra o membro que atuou no feito.

Jurisprudência

Ementas de Acórdãos – STJ

"Procedimento de interdição. Ministério Público. Curador especial. Nomeação. Conflito de interesses. Ausência. Interesses do interditando. Garantia. Representação. Função Institucional do Ministério Público. Decisão singular do relator (CPC, art. 557) Nulidade. Julgamento do colegiado. Inexistência. 1. Eventual ofensa ao art. 557 do CPC fica superada pelo julgamento colegiado do agravo regimental interposto contra a decisão singular do Relator. Precedentes. 2. A designação de curador especial tem por pressuposto a presença do conflito de interesses entre o incapaz e seu representante legal. 3. No procedimento de interdição não requerido pelo Ministério Público, quem age em defesa do suposto incapaz é o órgão ministerial e, portanto, resguardados os interesses interditando, não se justifica a nomeação de curador especial. 4. A atuação do Ministério Público como defensor do interditando, nos casos em que não é o autor da ação, decorre da lei (CPC, art. 1.182, § 1º, e CC/2002, art. 1770) e se dá em defesa de direitos individuais indisponíveis, função compatível com as suas funções institucionais. 5. Recurso especial não provido." (REsp 1099458/PR,

Rel. Min. Maria Isabel Gallotti, 4ª Turma, j. 02.12.2014, *DJe* 10.12.2014)

"Agravo regimental. Agravo em recurso especial. Ação de exoneração de alimentos. Julgamento monocrático. Possibilidade. Ministério Público. Intervenção. Desnecessidade. Constituição de nova união estável. Reexame fático-probatório. Impossibilidade. Súmula 7/STJ. Decisão agravada mantida. Improvimento. 1.– A opção pelo julgamento singular não resulta em prejuízo ao recorrente, pois, no julgamento do Agravo interno, as questões levantadas no recurso de Apelação são apreciadas pelo órgão Colegiado, o que supera eventual violação do artigo 557 do Código de Processo Civil, de acordo com a jurisprudência pacífica desta Corte. 2.– A intervenção do parquet, quando fundamentada na qualidade de partes dotadas de capacidade civil, deve envolver direitos indisponíveis ou de tamanha relevância social que evidenciem a existência de interesse público no feito (CPC, art. 82, III). 3.– Em âmbito de Recurso Especial não há campo para se revisar entendimento do colegiado estadual, que concluiu pela necessidade de manutenção da pensão, incidindo a Súmula 7 desta Corte. 4.– A Agravante não trouxe nenhum argumento capaz de modificar a conclusão do julgado, a qual se mantém por seus próprios fundamentos. 5.– Agravo Regimental improvido." (AgRg nos EDcl no AREsp 60.354/RJ, Rel. Min. Sidnei Beneti, 3ª Turma, j. 16.02.2012, *DJe* 12.03.2012)

"Recurso especial. Administrativo e processo civil. Ação civil pública. Benefício previdenciário. Ministério Público. Legitimidade. Alteração da jurisprudência da Sexta Turma acerca do tema, em consonância com recente precedente da quinta turma. 1. É cabível o ajuizamento de ação civil pública, pelo Parquet, para a defesa de interesses ou direitos individuais homogêneos, ainda que não envolvam relação de consumo e não sejam indisponíveis, desde que demonstrada a presença de interesse social relevante. 2. O Ministério Público tem legitimidade para propor ação civil pública que veicule pretensões relativas a benefícios previdenciários, no caso relacionadas ao recebimento, ou à revisão, de benefícios de pensão por morte concedidos nos termos da Lei nº 9.528/97 quando os óbitos tenham ocorrido anteriormente à sua vigência. Precedente da Quinta Turma. 3. Recurso especial

improvido." (REsp 946.533/PR, Rel. Min. Maria Thereza de Assis Moura, 6ª Turma, j. 10.05.2011, *DJe* 13.06.2011)

"Processual civil. Administrativo. Ação civil pública. Legitimidade ativa do Ministério Público. Arts. 81 e 82 do Código de Defesa do Consumidor. Art. 129, III, da CF. Lei Complementar nº 75/93. Direito consumerista. Cobrança unificada da contribuição de iluminação pública com a tarifa de energia elétrica. Coerção para o pagamento conjunto. Legalidade da cobrança da contribuição para custeio da iluminação pública na fatura de consumo de energia elétrica. Acórdão recorrido que decidiu a controvérsia à luz de interpretação constitucional. Competência do colendo Supremo Tribunal Federal. Litisconsórcio passivo necessário. Súmula 07/STJ. 1. O Ministério Público ostenta legitimidade para a propositura de Ação Civil Pública em defesa de direitos transindividuais, como sói ser a pretensão de emissão de faturas de consumo de energia elétrica, com dois códigos de leitura ótica, informando de forma clara e ostensiva os valores correspondentes à contribuição de iluminação pública e à tarifa de energia elétrica, ante a *ratio essendi* do art. 129, III, da Constituição Federal, arts. 81 e 82, do Código de Defesa do Consumidor e art. 1º, da Lei 7.347/85. Precedentes do STF (AGR no RE 424.048/SC, *DJ* de 25.11.2005) e S.T.J (RESP 435.465/MT, Primeira Turma, julgado em 18.08.2009; REsp 806304/RS, Primeira Turma, *DJ* de 17.12.2008; REsp 520548/MT, Primeira Turma, *DJ* 11.05.2006; REsp 799.669/RJ, Primeira Turma, *DJ* 18.02.2008; REsp 684712/DF, Primeira Turma, *DJ* 23.11.2006 e AgRg no REsp 633.470/CE, Terceira Turma, *DJ* de 19.12.2005). 2. *In casu*, o pedido veiculado na ação coletiva *ab origine* não revela pretensão de índole tributária, ao revés, objetiva a condenação da empresa concessionária de energia elétrica à emissão de faturas de consumo de energia elétrica, com dois códigos de leitura ótica, informando de forma clara e ostensiva os valores correspondentes a contribuição de iluminação pública e à tarifa de energia elétrica, fato que, evidentemente, afasta a vedação encarta no art. 1º, parágrafo único, da Lei 7.347/95 (Lei da Ação Civil Pública). 3. A nova ordem constitucional erigiu um autêntico 'concurso de ações' entre os instrumentos de tutela dos interesses transindividuais e, a fortiori, legitimou o Ministério Público para o manejo dos mesmos. 4. O novel art. 129, III, da Constituição Federal habilitou o Ministério Público à promoção de qualquer espécie de ação na defesa de direitos difusos e coletivos não se limitando à ação de reparação de danos. 5. O *Parquet* sob o enfoque pós-positivista legitima-se a toda e qualquer demanda que vise à defesa dos interesses difusos, coletivos e sociais sob o ângulo material ou imaterial. 6. As ações que versam interesses individuais homogêneos participam da ideologia das ações difusas, como sói ser a ação civil pública. A despersonalização desses interesses está na medida em que o Ministério Público não veicula pretensão pertencente a quem quer que seja individualmente, mas pretensão de natureza genérica, que, por via de prejudicialidade, resta por influir nas esferas individuais. 7. A ação em si não se dirige a interesses individuais, mercê de a coisa julgada *in utilibus* poder ser aproveitada pelo titular do direito individual homogêneo se não tiver promovido ação própria. 8. A ação civil pública, na sua essência, versa interesses individuais homogêneos e não pode ser caracterizada como uma ação gravitante em torno de direitos disponíveis. O simples fato de o interesse ser supraindividual, por si só já o torna indisponível, o que basta para legitimar o Ministério Público para a propositura dessas ações. 9. Fundando-se o Acórdão recorrido em interpretação de matéria eminentemente constitucional, descabe a esta Corte examinar a questão, porquanto reverter o julgado significaria usurpar competência que, por expressa determinação da Carta Maior, pertence ao Colendo STF, e a competência traçada para este Eg. STJ restringe-se unicamente à uniformização da legislação infraconstitucional. 12. *In casu*, a questão relativa à legalidade da cobrança da contribuição para custeio da iluminação pública na fatura de consumo de energia elétrica foi solucionado pelo Tribunal local à luz da exegese do art. 149-A, parágrafo único, da Constituição Federal, *verbis*: É bom salientar que após a publicação da EC nº 39/2002, ficou facultado ao Município cobrar a contribuição para custeio da iluminação pública na fatura de consumo de energia elétrica. Entretanto, entendo que a cobrança casada, agora constitucionalmente prevista, deve ser feita de tal forma que possa o contribuinte optar pelo pagamento unificado ou, ainda, pelo individual dos montantes. Daí por que se demonstra relevante a Resolução nº 456/00, da autoria da Aneel, na qual, a par de possibilitar a inclusão na conta da concessionária de energia, de pagamentos

advindos de outros serviços, determina que, para tanto, sejam os consumidores consultados, para, livremente, caso queiram, optarem pelo pagamento conjunto e unificado. Nesse rumo, tem-se que não se discute no caso dos autos a consignação da cobrança da Taxa de Iluminação Pública, ou ainda, Contribuição para o custeio de tal serviço, com a cobrança da tarifa de consumo de energia elétrica, que inclusive foi autorizado pela Constituição Federal, o que se veda é tão somente compelir o contribuinte a pagar, em conjunto, todo o montante da fatura, sob pena de corte no fornecimento de energia elétrica de sua residência, previsto em caso de inadimplemento da tarifa. O que se denota, portanto, é que a forma que a apelada vem emitindo a fatura de cobrança de energia elétrica afigura-se ilegal e abusiva, pelo só fato de impossibilitar os consumidores de optarem pelo pagamento da Contribuição de Iluminação Pública ou da tarifa de energia elétrica, sem que sejam compelidos a pagar, em conjunto, todo o montante. 10. O Recurso Especial não é servil ao exame de questões que demandam o revolvimento do contexto fático-probatório dos autos, em face do óbice erigido pela Súmula 07/STJ, sendo certo que, *in casu*, a questão relativa à necessidade de citação dos municípios para integrarem a lide, na qualidade de litisconsorte passivos, foi decidida pelo Tribunal local à luz do contexto fático-probatório encartado nos autos, mormente as disposições constantes dos convênios celebrados pelos municípios e pela empresa concessionária de energia elétrica, ora Recorrente, consoante se infere do excerto do voto condutor do acórdão hostilizado: '(...) No mesmo rumo, é de se rejeitar a preliminar de ilegitimidade passiva da Cia. Força & Luz Cataguases Leopoldina, já que, nos termos do convênio firmado com os Municípios, é ela quem procede à cobrança conjunta ora questionada, devendo, por certo, responder pela querela 'sub judice', razão por que também afasto tal preliminar (...)' fl. 352 11. Deveras, concluir sobre a documentação formal a ser exibida pela concessionária não interfere na relação jurídica que a mesma trava com os municípios, restando intocável o art. 47, parágrafo único do CPC. 12. Recurso Especial parcialmente conhecido e, nesta parte, desprovido." (REsp 1010130/MG, Rel. Min. Luiz Fux, 1ª Turma, j. 09.11.2010, *DJe* 24.11.2010)

"Administrativo. Processual civil. Agravo regimental no recurso especial. Ação civil pública. Fornecimento de medicação. Direito individual indisponível. Legitimidade ativa do ministério público na defesa de interesses ou direitos individuais homogêneos. Configuração. Precedente do STJ. Agravo regimental não provido. 1. 'O Ministério Público possui legitimidade para defesa dos direitos individuais indisponíveis, mesmo quando a ação vise à tutela de pessoa individualmente considerada' (EREsp 819.010/SP, Rel. Min. Eliana Calmon, Rel. p/ acórdão Min. Teori Albino Zavascki, Primeira Seção, *DJe* 29.9.08). 2. Agravo regimental não provido." (AgRg no REsp 1328270/MG, Rel. Min. Arnaldo Esteves Lima, 1ª Turma, j. 28.08.2012, *DJe* 05.09.2012)

"Administrativo – Ação civil pública – Interesse de menor – Remoção de lixo – Legitimidade do ministério público. 1. Primeira Turma deste Tribunal entende que o Ministério Público tem legitimidade para defesa dos direitos individuais indisponíveis, mesmo quando a ação vise à tutela de pessoa individualmente considerada. 2. A legitimidade ativa, portanto, se afirma, não por se tratar de tutela de direitos individuais homogêneos, mas por se tratar de interesse individual indisponível. 3. A Segunda Turma, na assentada de 28.8.2008, por unanimidade, ratificou o entendimento acima esposado, ao julgar o REsp 993.431/MG. Agravo regimental improvido." (AgRg no Ag 1156930/RJ, Rel. Min. Humberto Martins, 2ª Turma, j. 10.11.2009, *DJe* 20.11.2009)

"Agravo regimental no recurso especial. Direito processual civil. Ação civil pública. Legitimidade ativa *ad causam* do Ministério Público. Inocorrência em se tratando de direitos disponíveis. Precedentes da Terceira Seção desta Corte. 1. Na forma do entendimento consolidado pela Terceira Seção desta Corte, o Ministério Público não detém legitimidade ativa ad causam para propor ação civil pública que tenha por objetivo a concessão de benefícios previdenciários, porquanto, uma vez passíveis de renúncia pelo interessado, não se subsumem ao conceito de direito indisponível. Precedentes. 2. Agravo regimental a que se nega provimento." (AgRg no REsp 1136455/RS, Rel. Min. Og Fernandes, 6ª Turma, j. 06.04.2010, *DJe* 02.08.2010)

"Processual civil. Ministério Público. Legitimidade ativa. Ação de execução. Título extrajudicial. Certidão de débito expedida por Tribunal de Contas Estadual. 1. O Ministério Público possui legitimidade para a propositura de ação de execução de título extrajudicial oriundo de Tribunal de Contas Estadual. REsp 996031/MG, Primeira Turma, *DJ* de 28.04.2008 e REsp 678969/PB, Primeira Turma, *DJ* 13.02.2006. 2. É que a decisão de Tribunal de Contas Estadual, que, impõe débito ou multa, possui eficácia de título executivo, a teor do que dispõe o art. 71, § 3º, da Constituição Federal de 1988. 3. *In casu*, o Tribunal de Contas do Estado de Minas Gerais, em sede de Processo Administrativo nº 18.654, constatando irregularidades na remuneração dos agentes públicos do Município de Contagem, durante os exercícios de 1993; 1994 e 1995 (meses de janeiro a novembro), determinou a restituição dos mencionados valores à municipalidade *in foco*. 4. A Constituição Federal de 1988 conferiu ao Ministério Público o status de instituição permanente, essencial à função jurisdicional do Estado, incumbindo-lhe a defesa da ordem jurídica, do regime democrático e dos interesses sociais e individuais indisponíveis (artigo 129, *caput*). 5. Destarte, a Lei 8.429/92 estabelece as sanções aplicáveis aos agentes públicos que pratiquem atos de improbidade administrativa, prevendo que a Fazenda Pública, quando for o caso, promoverá as ações necessárias à complementação do ressarcimento do patrimônio público (artigo 17, § 4º), permitindo ao Ministério Público ingressar em juízo, de ofício, para responsabilizar os gestores do dinheiro público condenados por tribunais e conselhos de contas (artigo 25, VIII, da Lei 8.625/93). 6. Os arts. 129, III, da Constituição Federal de 1988, 6º, VII, 'b', da LC 75/93, e 25, IV, 'a' e 'b', da Lei 8.625/93, admitem a defesa do patrimônio público pelo Ministério Público, em ação civil pública. 7. Recurso Especial provido para reconhecer a legitimidade do Ministério Público do Estado de Minas Gerais, para a propositura de execução de título originário de Tribunal de Contas Estadual, restando prejudicado o exame das demais questões veiculadas no recurso sub examine." (REsp 922.702/MG, Rel. Min. Luiz Fux, 1ª Turma, j. 28.04.2009, *DJe* 27.05.2009)

TÍTULO VI
DA ADVOCACIA PÚBLICA

Art. 182. Incumbe à Advocacia Pública, na forma da lei, defender e promover os interesses públicos da União, dos Estados, do Distrito Federal e dos Municípios, por meio da representação judicial, em todos os âmbitos federativos, das pessoas jurídicas de direito público que integram a administração direta e indireta.

▶ *Sem correspondência no CPC/1973*

A Advocacia Pública, tal qual o Ministério Público e a Defensoria Pública, retrata uma das funções essenciais à justiça (Cap. IV do Título IV da CF).

Segundo a doutrina, a definição de *interesse público* tem direta relação com a ordem jurídica e com os princípios constitucionais direcionados à Administração Pública. Ou seja, deve ser resguardado o interesse público albergado pela lei.[7] Nesse sentido a existência de prerrogativas em favor da Fazenda Pública, como a dilatação de prazos; a remessa necessária, enfim, situações que levam em conta o objeto albergado pela defesa estatal.

Art. 183. A União, os Estados, o Distrito Federal, os Municípios e suas respectivas autarquias e fundações de direito público gozarão de prazo em dobro para todas as suas manifestações processuais, cuja contagem terá início a partir da intimação pessoal.

§ 1º A intimação pessoal far-se-á por carga, remessa ou meio eletrônico.

§ 2º Não se aplica o benefício da contagem em dobro quando a lei estabelecer, de forma expressa, prazo próprio para o ente público.

▶ *Referência: CPC/1973 – Art. 188*

Tocante aos prazos – e aqui o comentário abrange o Ministério Público, a Advocacia Pública e a Defensoria Público, porque sob o mesmo regime, consoante o art. 183 do CPC –, gozarão os entes públicos de prazo em dobro para todas as suas manifestações processuais, cuja contagem terá início a partir da intimação pessoal, que far-se-á por carga, remessa ou meio eletrônico.

Assim, resulta basicamente alterada a sistemática processual, passando a ser dobrado o prazo para todas as manifestações processuais, e não mais apenas os prazos diferenciados para determinadas movimentações, como a contestação e os recursos.

Além disso, será pessoal a intimação e não mais pela imprensa, correndo a partir daí o prazo processual.

A regra excepciona, ao mencionar que não se aplica o benefício da contagem em dobro, quando a lei estabelecer, de forma expressa, prazo próprio para a Fazenda Pública, o Ministério Público ou a Defensoria Pública.

Será feita por carga ou remessa, em regra e, tratando-se de processo eletrônico, pelo meio legalmente previsto. Decidiu o STJ que "(...) o § 2º do art. 4º da Lei 11.419/2006, que versa sobre a informatização do processo judicial, estabelece que a publicação em Diário de Justiça Eletrônico substitui qualquer outro meio e publicação oficial, para quaisquer efeitos legais, à exceção dos casos que, por lei, exigem intimação ou vista pessoal. Portanto, o instrumento da intimação eletrônica não afasta a obrigatoriedade de intimação pessoal ou de vista dos autos, nas hipóteses legais previstas".[8]

Ainda a respeito, nos termos do art. 270 do CPC, "as intimações realizam-se, sempre que possível, por meio eletrônico, na forma da lei". E, conforme o § único, "aplica-se ao Ministério Público, à Defensoria Pública e à Advocacia Pública o disposto no § 1º do art. 246", certo que este dispõe que a citação será feita, preferencialmente, por meio eletrônico, conforme regulado em lei (*caput*) e que, nos termos do § 1º, "as empresas públicas e privadas são obrigadas a manter cadastro nos sistemas de processo em autos eletrônicos, para efeito de recebimento de citações e intimações, as quais serão efetuadas preferencialmente por esse meio".

O art. 231 do CPC regula o termo inicial da contagem dos prazos e, nesses casos, aplica-se o disposto no inciso III, segundo o qual considera-se dia do começo do prazo "a data de ocorrência da citação ou da intimação, quando ela se der por ato do escrivão ou do chefe de secretaria", sendo, de todo modo, conveniente registrar que "(...)

---

7   AYMONE, Rafael Farinatti. Advocacia Pública: advocacia de que interesse público? In *Livro de Teses do XXX Congresso Nacional de Procuradores do Estado*, p. 27

8   REsp 1330190/SP, Rel. Min. Herman Benjamin, 2ª Turma, j. 11.12.2012, *DJe* 19.12.2012

Art. 184

quando a intimação se der por meio da retirada dos autos, em carga, do cartório ou da secretaria", conta-se o prazo do dia da carga, de sorte que, mesmo não tendo sido intimado, se o Procurador ordenar a retirada dos autos mediante carga, a partir daí terá curso o prazo (inciso VIII), e também o inciso IX, em que considera "o quinto dia útil seguinte à confirmação, na forma prevista na mensagem de citação, do recebimento da citação realizada por meio eletrônico", conforme incluído pela Lei nº 14.195/2021.

E o art. 272, § 6º, do CPC expressamente dispõe que "a retirada dos autos do cartório ou da secretaria em carga pelo advogado, por pessoa credenciada a pedido do advogado ou da sociedade de advogados, pela Advocacia Pública, pela Defensoria Pública ou pelo Ministério Público implicará intimação de qualquer decisão contida no processo retirado, ainda que pendente de publicação".

A propósito, decidiu o STJ que "a intimação pessoal pode ocorrer de vários modos: com a cientificação do intimado pelo próprio escrivão ou chefe de secretaria; mediante encaminhamento da ata da publicação dos acórdãos; com a entrega dos autos ao intimado ou a sua remessa à repartição a que pertence".[9] O mesmo Tribunal considerou também, com base em precedentes, que "a fluência do prazo recursal para o Ministério Público e a Defensoria Pública, ambos beneficiados com intimação pessoal, tem início com a remessa dos autos com vista ou com a entrada destes na instituição, e não com oposição de ciência pelo seu representante".[10] Ou ainda, "(...) se o procurador federal foi devidamente intimado da audiência na qual foi proferida a sentença, desnecessária sua intimação pessoal".[11]

Nesse sentido, dispõe o art. 1.003 do CPC que "O prazo para interposição de recurso conta-se da data em que os advogados, a sociedade de advogados, a Advocacia Pública, a Defensoria Pública ou o Ministério Público são intimados da decisão" E o § 1º "Os sujeitos previstos no

caput considerar-se-ão intimados em audiência quando nesta for proferida a decisão."

A falta de intimação pessoal, especialmente quando verificado o prejuízo, resulta em nulidade insanável, inclusive em segundo grau de jurisdição.

De todo modo, a intimação pessoal do advogado público não dispensa a da parte, nos casos em que seja exigível, como por exemplo para o recolhimento de multa cominatória, consoante o Enunciado 410/STJ.

> **Art. 184.** O membro da Advocacia Pública será civil e regressivamente responsável quando agir com dolo ou fraude no exercício de suas funções.

▶ *Sem correspondência no CPC/1973*

No que se refere à responsabilidade civil do representante da Advocacia Pública quando, no exercício de suas funções, agir com dolo ou fraude (art. 184 do CPC). Dolo e fraude não são situações em confronto, pois sempre que houver fraude, haverá dolo, conquanto possa haver dolo, sem que seja caso de fraude.

Em qualquer das hipóteses não se trata de responsabilidade *objetiva*, mas sim dependente de atividade dolosa ou fraudulenta, podendo ser ainda culposa, nas modalidades de negligência, imperícia e imprudência (CC, art. 186), sendo, portanto, subjetiva, por tratar-se de obrigação de meio, na conta de que o advogado não responde pelo insucesso da demanda, sendo certo que somente se configura em caso de provado *dolo* ou *erro grave e inescusável* no exercício do *múnus* público.

Com efeito, conquanto não tenha o dispositivo em exame mencionado expressamente, aplica-se ainda que por força do disposto no art. 37, § 6º, da CF essa hipótese.

Há ainda outra hipótese de responsabilidade, desta feita independentemente de dolo ou fraude, mas por mera culpa, quando, nos termos do art. 234 do CPC, descumprirem os advogados públicos ou privados, o defensor público e o membro do Ministério Público, o prazo de restituição dos autos, que deve dar-se no prazo do ato a ser praticado, situação que, nos termos do § 2º, impõe multa correspondente à metade do salário mínimo e, conforme § 4º, "se a situação envolver membro do Ministério

---

9   AgRg no REsp 1334687/MG, Rel. Min. Arnaldo Esteves Lima, 1ª Turma, j. 19.03.2013, *DJe* 25.03.2013.

10 AgRg no REsp 1298945/MA, Rel. Min. Laurita Vaz, 5ª Turma, j. 05.02.2013, *DJe* 15.02.2013.

11 AgRg no AREsp 147.276/GO, Rel. Min. Ari Pargendler, 1ª Turma, j. 12.03.2013, *DJe* 18.03.2013.

Público, da Defensoria Pública ou da Advocacia Pública, a multa, se for o caso, será aplicada ao agente público responsável pelo ato", sendo comunicado o órgão competente responsável pela instauração de procedimento disciplinar contra o membro que atuou no feito.

O CPC prevê também, em seu art. 77, os deveres das partes e seus procuradores, descrito nos incisos I a VIII. Em seu § 1º, dispõe que "Nas hipóteses dos incisos IV e VI, o juiz advertirá qualquer das pessoas mencionadas no *caput* de que sua conduta poderá ser punida como ato atentatório à dignidade da justiça", situação que se aplica aos advogados públicos.

Já os eventos previstos nos §§ 2º ao 5º do mesmo dispositivo, que acrescentam aos atores do fato descrito no § 1º as sanções criminais, civis e processuais cabíveis, além de multa a ser inscrita como dívida ativa, não têm aplicação contra o advogado público, por expressa previsão legal do § 6º do art. 77 do CPC, "devendo eventual responsabilidade disciplinar ser apurada pelo respectivo órgão de classe ou corregedoria, ao qual o juiz oficiará".

Reconhecida violação ao disposto no inciso VI, o juiz determinará o restabelecimento do estado anterior, podendo, ainda, proibir a parte de falar nos autos até a purgação do atentado, o que aplica-se igualmente ao advogado público, no caso, todavia, com prejuízo da aplicação do § 2º, por conta da mesma exclusão legal.

Da mesma forma e nos termos do § 8º do mesmo dispositivo, "o representante judicial da parte não pode ser compelido a cumprir decisão em sua substituição".

Ao mencionar que a responsabilidade será *regressiva*, todavia, não significa que a ação civil não possa ser movida diretamente contra o responsável ou mesmo, que este não possa figurar ao lado do ente público, como litisconsorte, ou se estaria restringindo o alcance do art. 37, § 6º, da CF, que não contém tal limitação.

De todo modo, prevista a regressividade exigida pelo art. 125, II, do CPC, caso será de denunciação da lide que, todavia, não tem caráter obrigatório, sendo certo que o § 1º expressamente prevê que "o direito regressivo será exercido por ação autônoma, quando a denunciação da lide for indeferida, deixar de ser promovida ou não for permitida".

Bom asseverar que a denunciação da lide pode ser exercitada quando a causa de pedir na origem tiver por fundamento a responsabilidade subjetiva, ou seja, sempre que tiver sido invocada, na inicial, o dolo, culpa ou fraude do servidor, pois, do contrário, será considerada como intromissão de fundamento novo à demanda, insuportável no bojo dessa intervenção de terceiro.

Na doutrina, Athos Gusmão Carneiro[12] menciona que descabida será a intervenção quando o seu desenvolvimento importar na necessidade de invocar fato novo ou substancial distinto do que foi veiculado na demanda principal. O Autor anota, todavia, que o "fundamento" da denunciação nunca será o mesmo "fundamento" da ação: destarte, melhor seria referência a "matéria nova", não vinculada diretamente ao *thema decidendum* objeto da cognição. Ada Pellegrini Grinover[13] em interessante opinião a respeito, todavia, considera que, "quanto à vedação da denunciação da lide nos casos fundados em responsabilidade objetiva, é de se ter em mente que a discussão sobre o real e direto causador do dano vem romper o nexo de causalidade, elemento sem o qual não se pode impor qualquer responsabilidade. A quebra do nexo causal exclui a responsabilidade do indigitado causador, mesmo que, para sua aferição, seja dispensado o elemento subjetivo (caracterização de dolo ou culpa do agente)".

Ocorre que, quando denunciante a Fazenda Pública a propósito de ato culposo praticado por agente público, há que ser antes de mais nada destacado que, ao contrário do que se afirma reiteradamente na doutrina e na jurisprudência, não é, em regra, objetiva a responsabilidade do Estado, de modo a afastar a indagação de culpa.

Apenas nas situações em que a Fazenda Pública seja demandada por conta do risco da atividade pública, terá esse caráter objetivo o comprometimento estatal. Sempre que a ação for proposta na conta da atividade culposa ou dolosa do agente público, será *subjetiva* a responsabilidade estatal e, portanto, sempre será admitida a intervenção em garantia, ou, como no dizer de Menegale, "a responsabilidade do funcionário público é o *substratum* da responsabilidade do

---

12 CARNEIRO, Athos Gusmão, *Intervenção de Terceiros*, p. 112.

13 CARNEIRO, Athos Gusmão. *Revista de Processo*, v. 124, p. 17.

Estado; onde de fato não houve responsabilidade direta do funcionário, não pode haver responsabilidade indireta do Estado.[14]

Resulta claro que os limites da lide fixarão a espécie de teoria aplicável ao caso em exame e, mesmo alegada objetiva a responsabilidade em relação à pessoa, a descrição de culpa do agente conduz, necessariamente, ao afastamento do aspecto do risco.

A responsabilidade civil do Estado, prevista no art. 37, § 6º, da CF,[15] tanto pode ser apurada em razão do risco da atividade pública, como em decorrência da culpa verificada no desempenho dessa atividade, por seus agentes. No primeiro caso, descabe a denunciação, porque o agente responde apenas nas hipóteses de culpa, inexistindo regresso; no segundo caso, cabe o exercício do direito de regresso, porque prevista em lei.

Na verdade, tal qual o direito comum, a teoria do risco administrativo, que é aquela decorrente da atividade extracontratual do Estado por atos de gestão, rende ensejo à responsabilidade independentemente da averiguação de culpa, porque de risco exclusivamente se trata, quando o ato *lícito* praticado pela Administração Pública tenha efeitos danosos sobre o indivíduo, de caráter genérico e anormal, sendo inexigível da parte o sacrifício a ela imposto, em benefício da coletividade.

Portanto, sendo a demanda fundadas na atividade *ilícita* do agente público e, portanto, na *culpa*, não há se falar na intromissão de fundamento novo à demanda, cabível a denunciação da lide ao funcionário responsável pelo evento (CPC, art. 125, II), ainda que a inicial mencione (e assim o faça por equívoco), tratar-se de responsabilidade *objetiva*, descrevendo todavia situação que indique a responsabilidade *subjetiva*.

Jurisprudência

Ementa de Acórdãos – STJ

"Responsabilidade civil. Sentença publicada erroneamente. Condenação do Estado

14 MENEGALE, J. Guimarães, *Direito Administrativo e Ciência da Administração*, p. 360.

15 Art. 37, § 6º, da CF – As pessoas jurídicas de direito público e as de direito privado prestadoras de serviços públicos responderão pelos danos que seus agentes, nessa qualidade, causarem a terceiros, assegurado o direito de regresso contra o responsável, nos casos de dolo ou culpa.

a multa por litigância de má-fé. Informação equivocada. Ação indenizatória ajuizada em face da serventuária. Legitimidade passiva. Dano moral. Procurador do Estado. Inexistência. Mero dissabor. Aplicação, ademais, do princípio do *duty to mitigate the loss*. Boa-fé objetiva. Dever de mitigar o próprio dano. 1. O art. 37, § 6º, da CF/1988 prevê uma garantia para o administrado de buscar a recomposição dos danos sofridos diretamente da pessoa jurídica que, em princípio, é mais solvente que o servidor, independentemente de demonstração de culpa do agente público. Vale dizer, a Constituição, nesse particular, simplesmente impõe ônus maior ao Estado decorrente do risco administrativo; não prevê, porém, uma demanda de curso forçado em face da Administração Pública quando o particular livremente dispõe do bônus contraposto. Tampouco confere ao agente público imunidade de não ser demandado diretamente por seus atos, o qual, aliás, se ficar comprovado dolo ou culpa, responderá de outra forma, em regresso, perante a Administração. 2. Assim, há de se franquear ao particular a possibilidade de ajuizar a ação diretamente contra o servidor, suposto causador do dano, contra o Estado ou contra ambos, se assim desejar. A avaliação quanto ao ajuizamento da ação contra o servidor público ou contra o Estado deve ser decisão do suposto lesado. Se, por um lado, o particular abre mão do sistema de responsabilidade objetiva do Estado, por outro também não se sujeita ao regime de precatórios. Doutrina e precedentes do STF e do STJ. 3. A publicação de certidão equivocada de ter sido o Estado condenado a multa por litigância de má-fé gera, quando muito, mero aborrecimento ao Procurador que atuou no feito, mesmo porque é situação absolutamente corriqueira no âmbito forense incorreções na comunicação de atos processuais, notadamente em razão do volume de processos que tramitam no Judiciário. Ademais, não é exatamente um fato excepcional que, verdadeiramente, o Estado tem sido amiúde condenado por demandas temerárias ou por recalcitrância injustificada, circunstância que, na consciência coletiva dos partícipes do cenário forense, torna desconexa a causa de aplicação da multa a uma concreta conduta maliciosa do Procurador. 4. Não fosse por isso, é incontroverso nos autos que o recorrente, depois da publicação equivocada, manejou embargos contra a sentença sem nada mencionar quanto ao erro, não fez também nenhuma menção na apelação que se seguiu e não requereu administrativamente a correção da publicação. Assim, aplica-se magistério de doutrina de vanguarda e a jurisprudência que têm reconhecido como decorrência da boa-fé objetiva o princípio do *Duty to mitigate the loss*, um dever de mitigar o próprio dano, segundo o qual a parte que invoca violações a um dever legal ou contratual deve proceder a medidas possíveis e razoáveis para limitar seu prejuízo. É consectário direto dos deveres conexos à boa-fé o encargo de que a parte a quem a perda aproveita não se mantenha inerte diante da possibilidade de agravamento desnecessário do próprio dano, na esperança de se ressarcir posteriormente com uma ação indenizatória, comportamento esse que afronta, a toda evidência, os deveres de cooperação e de eticidade. 5. Recurso especial não provido." (REsp 1325862/PR, Rel. Min. Luis Felipe Salomão, 4ª Turma, j. 05.09.2013, *DJe* 10.12.2013)

"Recurso Especial. Administrativo. Responsabilidade civil objetiva do Estado. Morte decorrente de erro médico. Denunciação à lide. Não obrigatoriedade. Recurso desprovido. 1. Nas ações de indenização fundadas na responsabilidade civil objetiva do Estado (CF/88, art. 37, § 6º), não é obrigatória a denunciação à lide do agente supostamente responsável pelo ato lesivo (CPC, art. 70, III). 2. A denunciação à lide do servidor público nos casos de indenização fundada na responsabilidade objetiva do Estado não deve ser considerada como obrigatória, pois impõe ao autor manifesto prejuízo à celeridade na prestação jurisdicional. Haveria em um mesmo processo, além da discussão sobre a responsabilidade objetiva referente à lide originária, a necessidade da verificação da responsabilidade subjetiva entre o ente público e o agente causador do dano, a qual é desnecessária e irrelevante para o eventual ressarcimento do particular. Ademais, o direito de regresso do ente público em relação ao servidor, nos casos de dolo ou culpa, é assegurado no art. 37, § 6º, da Constituição Federal, o qual permanece inalterado ainda que inadmitida a denunciação da lide. 3. Recurso especial desprovido." (REsp 1089955/RJ, Rel. Min. Denise Arruda, 1ª Turma, j. 03.11.2009, *DJe* 24.11.2009)

"Administrativo. Responsabilidade civil do Estado. Prescrição. Existência de processo penal. 1. (...) 2. Inexiste a vedação legal ao litisconsórcio entre o ente estatal e os agentes públicos causadores do dano em ação de indenização por responsabilidade civil do Estado. Precedentes. 3. Recurso especial não provido." (REsp 997.761/MG, Rel. Min. Castro Meira, 2ª Turma, j. 10.06.2008, *DJe* 23.06.2008)

"Agravo regimental em recurso especial. Previdenciário e processual civil. Defensoria pública. Intimação pessoal. Arts. 5º, § 5º, da Lei nº 1.060/50, e 128, inc. I, da LC nº 80/94. Necesidade. 1. Os arts. 5º, § 5º, da Lei nº 1.060/50, e 128, inc. I, da LC nº 80/94, estabelecem que o defensor público possui a prerrogativa de ser intimado pessoalmente de todos atos do processo, em qualquer grau de jurisdição. 2. No presente caso, após compulsar os autos, verifica-se que a Defensoria Pública, patrocinadora da agravante, não foi intimada pessoalmente do v. acórdão proferido pelo eg. Tribunal Regional Federal da 2ª Região no recurso de apelação do INSS (fl. 116), ao qual foi dado parcial provimento, como também não foi intimada pessoalmente da interposição dos recursos especial e extraordinário pela autarquia previdenciária (fl. 131). 3. Agravo regimental provido para declarar a nulidade de todos os atos processuais praticados após o julgamento do recurso de apelação, devendo os autos retornar ao eg. Tribunal de origem para que este proceda à intimação pessoal da ora agravante." (AgRg no REsp 499.647/RJ, Rel. Min. Alderita Ramos de Oliveira (Desembargadora Convocada do TJ/PE), 6ª Turma, j. 05.03.2013, *DJe* 15.03.2013)

"Processual civil. Recurso especial. Execução fiscal e embargos do devedor. Intimação pessoal do representante da fazenda pública municipal. Prerrogativa que também é assegurada no segundo grau de jurisdição. 1. O representante da Fazenda Pública Municipal (caso dos autos), em sede de execução fiscal e respectivos embargos, possui a prerrogativa de ser intimado pessoalmente, em virtude do disposto no art. 25 da Lei 6.830/80, sendo que tal prerrogativa também é assegurada no segundo grau de jurisdição, razão pela qual não é válida, nessa situação, a intimação efetuada, exclusivamente, por meio da imprensa oficial ou carta registrada. 2. Recurso especial provido. Acórdão sujeito ao regime previsto no art. 543-C do CPC, c/c a Resolução 8/2008 – Presidência/STJ." (REsp 1268324/PA, Rel. Min. Mauro Campbell Marques, Corte Especial, j. 17.10.2012, *DJe* 21.11.2012)

TÍTULO VII
DA DEFENSORIA PÚBLICA

> **Art. 185.** A Defensoria Pública exercerá a orientação jurídica, a promoção dos direitos humanos e a defesa dos direitos individuais e coletivos dos necessitados, em todos os graus, de forma integral e gratuita.

▶ *Sem correspondência no CPC/1973*

A Defensoria Pública tem legitimidade para orientação jurídica e, concorrentemente com demais legitimados, a promoção dos direitos humanos e a defesa dos direitos individuais e coletivos dos necessitados, em todos os graus, de forma integral e gratuita.

A legitimidade ativa da Defensoria Pública em ações coletivas está adstrita à defesa dos hipossuficientes, na forma do art. 5º, LXXIV e do art. 134 da CF. O processo coletivo brasileiro contempla quadro de legitimados hábeis à defesa dos interesses coletivos, difusos e individuais homogêneos, bem como no controle de constitucionalidade, a propósito dos quais vigora presunção de aptidão para esse mister.

Ausente restrição legal, a princípio, seria razoável afastar a possibilidade de controle dessa atuação, sob qualquer prisma, de sorte que, presente no elenco, ao demandante seria viável desafiar o Judiciário na composição da lide.[16]

A suposição, todavia, tem aparador no requisito da pertinência temática, que compõe tópico de particular importância para o direito processual coletivo, na medida de sua busca pela adequada utilização do instituto, teleologicamente idealizado com o objetivo de evitar seja desvirtuado em sua finalidade essencial.

Assim, conquanto alguns doutrinadores indicassem a inconstitucionalidade da exigência dessa condição, em especial no controle de constitucionalidade,[17] o Supremo Tribunal Federal assentou entendimento que a consagra,[18] fulcrado na possibilidade de abuso que se verifica na utilização de medidas judiciais que não coincidam com os interesses dos entes a que se refere o legitimado.

Mas não apenas como forma de fiscalização dessa atuação revela-se a importância do instituto, na prevenção de fraudes e afins, mas também como instrumento de verificação da adequação que, à margem do ardil, possam resultar de equivocada exegese dessa abrangência.

Com isso, após o ingresso do *representante adequado* em juízo, o que se verifica será a coincidência entre o demandante e o rol de legitimados, além da *pertinência temática* entre o mesmo legitimado e os limites da esfera de atuação prevista no ato constitutivo ou na lei.

Na verdade, verifica-se amiúde a conduta da Suprema Corte no exame da legitimidade em cotejo direto com a existência institucional do legitimado, evitando com isso a atuação fora desse limite, sem extrapolar para a verificação *ope iudicis*, própria do sistema de *common law*.[19]

---

16 Elton Venturi menciona que "incide em favor dos entes legalmente habilitados uma relativa presunção de adequada representatividade em relação a todos os titulares das pretensões metaindividuais e individuais homogêneas deduzidas por via das demandas coletivas – motivo pelo qual, em princípio, não haveria espaço para averiguação *ope iudicis*, no caso concreto, a respeito de tal condicionamento para sua admissibilidade, à exceção da hipótese expressamente prevista quanto ao controle do tempo de preconstituição das associações civis (menos de 1 ano), dispensável acaso o magistrado se convença acerca do interesse da causa, pela relevância do objeto tutelado ou pela gravidade da lesão tratada (arts. 5º, § 4º, da LACP, e 82, § 1º, do CDC). (*Processo Civil Coletivo*. São Paulo: Malheiros, 2007, p. 218).

---

17 Cf. Gilmar Ferreira Mendes. *Jurisdição Constitucional*. São Paulo: Saraiva 1999, p. 145.

18 O STF, na ADIn 2415-9/SP, decidiu que "já se firmou nesta Corte o entendimento de que as entidades de classe de âmbito nacional para legitimação para propor ação direta de inconstitucionalidade, têm de preencher o requisito objetivo da relação de pertinência entre o interesse específico da classe, para cuja defesa essas entidades são constituídas, e o ato normativo que é arguido como instituição.

19 ADI 1633, Rel. Min. Cármen Lúcia, Tribunal Pleno, j. 17.05.2007, *DJe*-152 divulg 29-11-2007 public 30-11-2007 *DJ* 30-11-2007 pp-00025 ement vol-02301-01 pp-00035.

É bem verdade – e não há como afastar essa premissa –, que o direito processual pátrio foi desenhado sob o caráter prevalentemente individual. Todavia, justamente por conta desse quadro histórico veio o sistema coletivo a adotar regras próprias, em especial relativas à coisa julgada e ao rol de legitimados.

Nessa mesma linha, molda com perfeição o tema, de defesa de interesses pela Defensoria, não podendo esta albergar a representação daqueles que, não obstante igualmente alvejados, não ostentem a condição de pobreza a que está adstrita a atuação do órgão. E, nesse caso, a representatividade não seria adequada, não por falta de titularidade sobre o objeto da demanda, mas por falta de legitimidade quanto a alguns dos pretensos beneficiários da medida judicial (ou todos). E em nenhuma dessas hipóteses será possível a análise do direito material, revelando-se a prejudicialidade.

Esse entendimento jurisprudencial resultou da ADIN 558-8/MC, constando do relatório do Conselheiro Nacional do Ministério Público a inadequação dessa atuação nas mais diversas áreas, mas, especificamente na área penal, considera o *Parquet* que fica patente a invasão de atribuições próprias do Ministério Público, onde pode-se aferir casos em que requisita a instauração de inquérito policial, ajuíza ação penal subsidiária da pública, enfim, revela-se "um superadvogado de defesa" valendo-se do entendimento do STF", situação que muito pouco difere da presente medida.

Nesse mesmo relatório merece destaque a orientação do Ministro Gilmar Mendes, ora transcrita:

"(...) A Defensoria não apenas recebeu a missão de defender os necessitados em todos os graus de jurisdição, como também lhe foi assinada a tarefa de orientar essa mesma população nos seus problemas jurídicos, mesmo que não estejam vertidos em uma causa deduzida em juízo (...). Não é dado à legislação estender as atribuições da Defensoria Pública para alcançar sujeitos que não sejam hipossuficientes. O STF já teve ocasião de declarar a inconstitucionalidade de dispositivo de Constituição Estadual, que atribuía à Defensoria Pública a defesa de todo servidor público estadual que viesse a ser processado civil ou criminalmente em razão do regular exercício do cargo. O Tribunal afirmou que isso "extrapola o modelo da Constituição Federal (art. 134), o qual restringe as atribuições

da Defensoria Pública à assistência jurídica a que se refere o art. 5º, LXXIV".

Ainda a respeito da atuação da Defensoria Pública, temos que, ao lado do Ministério Público, mas restrita a atuação em favor do hipossuficiente, está previsto no art. 554 do CPC que "A propositura de uma ação possessória em vez de outra não obstará a que o juiz conheça do pedido e outorgue a proteção legal correspondente àquela cujos pressupostos estejam provados. § 1º No caso de ação possessória em que figure no polo passivo grande número de pessoas, serão feitas a citação pessoal dos ocupantes que forem encontrados no local e a citação por edital dos demais, determinando-se, ainda, a intimação do Ministério Público e, se envolver pessoas em situação de hipossuficiência econômica, da Defensoria Pública."

Será ainda responsável pela instauração do procedimento de jurisdição voluntária, conforme o art. 720 do CPC, onde "O procedimento terá início por provocação do interessado, do Ministério Público ou da Defensoria Pública, cabendo-lhes formular o pedido devidamente instruído com os documentos necessários e com a indicação da providência judicial." E também pela instauração do Incidente de resolução de demandas repetitivas, o IRDR, nos termos do art. 977 do CPC, onde: "O pedido de instauração do incidente será dirigido ao presidente de tribunal: (...) III – pelo Ministério Público ou pela Defensoria Pública, por petição."

Ainda, nos termos do art. 72 do CPC, parágrafo único, "A curatela especial será exercida pela Defensoria Pública, nos termos da lei".

Art. 186. A Defensoria Pública gozará de prazo em dobro para todas as suas manifestações processuais.

§ 1º O prazo tem início com a intimação pessoal do defensor público, nos termos do art. 183, § 1º.

§ 2º A requerimento da Defensoria Pública, o juiz determinará a intimação pessoal da parte patrocinada quando o ato processual depender de providência ou informação que somente por ela possa ser realizada ou prestada.

§ 3º O disposto no *caput* aplica-se aos escritórios de prática jurídica das faculdades de Direito reconhecidas na forma da lei e às entidades que prestam assistência jurídica gratuita em razão de convênios firmados com a Defensoria Pública.

> **§ 4º** Não se aplica o benefício da contagem em dobro quando a lei estabelecer, de forma expressa, prazo próprio para a Defensoria Pública.

▶ *Sem correspondência no CPC/1973*

A Defensoria Pública, no que se refere aos prazos, vinha tendo sua atuação regida pelas respectivas Leis Orgânicas. Haveria oportunidade de alegação de descompasso entre essa previsão e a constante da LONDP, arts. 4º, I, 89, I e 128, I, que preveem que a intimação se dará por carga ou remessa, todavia, referida Lei foi editada antes da institucionalização do processo eletrônico e o CPC, norma de igual quilate, sucede a norma nesse particular.[20]

Assim entendido, – e também aqui o comentário abrange o Ministério Público, a Advocacia Pública e a Defensoria Público, porque sob o mesmo regime, consoante o art. 183 do CPC –, gozarão os entes públicos de prazo em dobro para todas as suas manifestações processuais, cuja contagem terá início a partir da intimação pessoal, que far-se-á por carga, remessa ou meio eletrônico.

Assim, resulta basicamente alterada a sistemática processual, passando a ser dobrado o prazo para todas as manifestações processuais, e não mais apenas os prazos diferenciados para

determinadas movimentações, como a contestação e os recursos.

Além disso, será pessoal a intimação e não mais pela imprensa, correndo a partir daí o prazo processual.

A regra excepciona, ao mencionar que não se aplica o benefício da contagem em dobro, quando a lei estabelecer, de forma expressa, prazo próprio para a Fazenda Pública, o Ministério Público ou a Defensoria Pública.

Será feita por carga ou remessa, em regra e, tratando-se de processo eletrônico, pelo meio legalmente previsto. Decidiu o STJ que "(...) o § 2º do art. 4º da Lei 11.419/2006, que versa sobre a informatização do processo judicial, estabelece que a publicação em Diário de Justiça Eletrônico substitui qualquer outro meio e publicação oficial, para quaisquer efeitos legais, à exceção dos casos que, por lei, exigem intimação ou vista pessoal. Portanto, o instrumento da intimação eletrônica não afasta a obrigatoriedade de intimação pessoal ou de vista dos autos, nas hipóteses legais previstas."[21]

Ainda a respeito, nos termos do art. 270 do CPC, "as intimações realizam-se, sempre que possível, por meio eletrônico, na forma da lei." E, conforme o § único, "aplica-se ao Ministério Público, à Defensoria Pública e à Advocacia Pública o disposto no § 1º do art. 246.", certo que este dispõe que a citação será feita, preferencialmente, por meio eletrônico, conforme regulado em lei (*caput*) e que, nos termos do § 1º, "as empresas públicas e privadas são obrigadas a manter cadastro nos sistemas de processo em autos eletrônicos, para efeito de recebimento de citações e intimações, as quais serão efetuadas preferencialmente por esse meio".

O art. 231 do CPC regula o termo inicial da contagem dos prazos e, nesses casos, aplica-se o disposto no inciso III, segundo o qual considera-se dia do começo do prazo "a data de ocorrência da citação ou da intimação, quando ela se der por ato do escrivão ou do chefe de secretaria", sendo, de todo modo, conveniente registrar que "(...) quando a intimação se der por meio da retirada dos autos, em carga, do cartório ou da secretaria", conta-se o prazo do dia da carga, de sorte que, mesmo não tendo sido intimado, se o Procurador

---

20 Felippe Borring Rocha destaca a respeito que "(...) a conclusão que se chega é que a equiparação da intimação eletrônica à intimação pessoal, apesar de criticável, não é inconstitucional e, portanto, não pode ser afastada. De fato, como a Lei do Processo Eletrônico e o Novo CPC estabeleceram um novo regime processual, voltado a reger o processo eletrônico, não parece razoável sustentar que teria ocorrido uma invasão da esfera de competência legislativa constitucional para regular a atuação da Defensoria Pública que integra como protagonista esse universo.". Prossegue concluindo que "Ademais, as regras sobre intimação têm natureza procedimental e, portanto, ainda que toquem temas relacionados às matérias com reserva legislativa diferenciada (lei complementar), podem detalhar seu funcionamento de maneira direcionada, desde que não contrariem os escopos especiais de regulação". (Coleção Repercussões do Novo CPC – Defensoria Pública, os. 269-282).

21 REsp 1330190/SP, Rel. Min. Herman Benjamin, 2ª Turma, j. 11.12.2012, *DJe* 19.12.2012.

ordenar a retirada dos autos mediante carga, a partir daí terá curso o prazo (inciso VIII), e também o inciso IX, em que considera "o quinto dia útil seguinte à confirmação, na forma prevista na mensagem de citação, do recebimento da citação realizada por meio eletrônico", conforme incluído pela Lei nº 14.195/2021.

E o art. 272, § 6º, do CPC expressamente dispõe que "a retirada dos autos do cartório ou da secretaria em carga pelo advogado, por pessoa credenciada a pedido do advogado ou da sociedade de advogados, pela Advocacia Pública, pela Defensoria Pública ou pelo Ministério Público implicará intimação de qualquer decisão contida no processo retirado, ainda que pendente de publicação".

A propósito, decidiu o STJ que "a intimação pessoal pode ocorrer de vários modos: com a cientificação do intimado pelo próprio escrivão ou chefe de secretaria; mediante encaminhamento da ata da publicação dos acórdãos; com a entrega dos autos ao intimado ou a sua remessa à repartição a que pertence".[22] O mesmo Tribunal considerou também, com base em precedentes, que "a fluência do prazo recursal para o Ministério Público e a Defensoria Pública, ambos beneficiados com intimação pessoal, tem início com a remessa dos autos com vista ou com a entrada destes na instituição, e não com oposição de ciência pelo seu representante".[23] Ou ainda, "(...) se o procurador federal foi devidamente intimado da audiência na qual foi proferida a sentença, desnecessária sua intimação pessoal."[24]

Nesse sentido, dispõe o art. 1.003 do CPC que "O prazo para interposição de recurso conta-se da data em que os advogados, a sociedade de advogados, a Advocacia Pública, a Defensoria Pública ou o Ministério Público são intimados da decisão" E o § 1º "Os sujeitos previstos no *caput* considerar-se-ão intimados em audiência quando nesta for proferida a decisão."

A falta de intimação pessoal, especialmente quando verificado o prejuízo, resulta em nulidade insanável, inclusive em segundo grau de jurisdição.

De todo modo, a intimação pessoal do advogado público não dispensa a da parte, nos casos em que seja exigível, como por exemplo para o recolhimento de multa cominatória, consoante o Enunciado 410/STJ.

À Defensoria acresce apenas que, a seu requerimento, o juiz determinará a intimação pessoal *da parte* patrocinada quando o ato processual depender de providência ou informação que somente por ela possa ser realizada ou prestada, o que decorre, no mais das vezes, de dificuldades de contato com a parte assistida, evitando prejuízo.

Ainda, e não sem tempo, o CPC estendeu aos escritórios de prática jurídica das faculdades de Direito reconhecidas na forma da lei e às entidades que prestam assistência jurídica gratuita em razão de convênios firmados com a Defensoria Pública, o mesmo benefício, já que atuam supletivamente e em convênio com o órgão público.

> **Art. 187.** O membro da Defensoria Pública será civil e regressivamente responsável quando agir com dolo ou fraude no exercício de suas funções.

▶ *Sem correspondência no CPC/1973*

A Defensoria Pública, tal qual o Ministério Público e a Advocacia Pública, não tem a responsabilidade civil aferida sob a ótica *objetiva,* mas sim *subjetiva,* porque dependente de atividade dolosa ou fraudulenta, podendo ser ainda culposa, nas modalidades de negligência, imperícia e imprudência (CC, art. 186), por tratar-se de obrigação de meio, na conta de que o advogado não responde pelo insucesso da demanda, sendo certo que somente se configura em caso de provado *dolo* ou *erro grave e inescusável* no exercício do *múnus* público.

Com efeito, conquanto não tenha o dispositivo em exame mencionado expressamente, aplica-se ainda que por força do disposto no art. 37, § 6º, da CF essa hipótese.

Há ainda outra hipótese de responsabilidade, desta feita independentemente de dolo ou fraude, mas por mera culpa, quando, nos termos do art. 234 do CPC, descumprirem os advogados públicos ou privados, o defensor público e o membro do Ministério Público, o prazo de restituição dos autos, que deve dar-se no prazo do ato a ser praticado, situação que, nos termos do § 2º, impõe multa correspondente à metade do salário mínimo e, conforme § 4º, "se a situação envolver membro do Ministério

---

22 AgRg no REsp 1334687/MG, Rel. Min. Arnaldo Esteves Lima, 1ª Turma, j. 19.03.2013, *DJe* 25.03.2013.

23 AgRg no REsp 1298945/MA, Rel. Min. Laurita Vaz, 5ª Turma, j. 05.02.2013, *DJe* 15.02.2013.

24 AgRg no AREsp 147.276/GO, Rel. Min. Ari Pargendler, 1ª Turma, j. 12.03.2013, *DJe* 18.03.2013.

Art. 188

Público, da Defensoria Pública ou da Advocacia Pública, a multa, se for o caso, será aplicada ao agente público responsável pelo ato", sendo comunicado o órgão competente responsável pela instauração de procedimento disciplinar contra o membro que atuou no feito.

Jurisprudência

Ementas de Acórdãos – STJ

"Constitucional e processual civil. Ação civil pública. Defesa dos interesses dos consumidores de energia elétrica. Ilegitimidade ativa da Defensoria Pública. Código de Defesa do Consumidor. Inaplicabilidade. Nulidade do acórdão recorrido. Inocorrência. Embargos de declaração. Omissão. Contradição. Inexistência. (...) II – Não há que se falar em omissão nem contradição no julgado vergastado, eis que o Pretório Excelso, por meio da ADIn nº 558-8/MC, não determinou que caberia à Defensoria Pública a promoção de ações coletivas, em nome próprio, na defesa dos interesses dos consumidores, tão somente manteve a constitucionalidade do dispositivo estadual que permitia àquele órgão a tutela dos direitos coletivos dos necessitados. III – Ademais, a aplicabilidade dos ditames do Código de Defesa do Consumidor à Lei de Ação Civil Pública, a teor do art. 21 desta última norma, somente ocorre quando for cabível, o que não se vislumbra *in casu*, mormente a Defensoria Pública não estar presente no rol taxativo do 5º da Lei nº 7.347/85 e, ainda, não ter sido especificamente destinada à tutela dos interesses consumeristas, conforme prevê o art. 82, inciso III, do CDC. IV – Embargos de declaração rejeitados." (EDcl no REsp 734.176/RJ, Rel. Min. Francisco Falcão, 1ª Turma, j. 17.08.2006, *DJ* 28.09.2006, p. 203).

LIVRO IV
DOS ATOS PROCESSUAIS

TÍTULO I
DA FORMA, DO TEMPO E DO LUGAR DOS ATOS PROCESSUAIS

CAPÍTULO I
DA FORMA DOS ATOS PROCESSUAIS

Seção I
Dos atos em geral

Art. 188. Os atos e os termos processuais independem de forma determinada, salvo quando a lei expressamente a exigir, considerando-se válidos os que, realizados de outro modo, lhe preencham a finalidade essencial.

▶ *Referência: CPC/1973 – Art. 154*

1. Legalidade x liberdade das formas

Apesar da redação aparentemente liberal do art. 188 – que repete aquela do CPC/1973 – os atos processuais no Brasil estão sujeitos muito mais ao sistema da *legalidade* das formas do que ao sistema da liberdade das formas. Isso quer dizer que a *lei* impõe determinadas exigências para a prática dos atos processuais, sem as quais fica comprometida a sua validade. Tais exigências referem-se ao *modo*, ao *lugar* e ao *tempo* para a realização do ato processual.

Vale destacar que a forma do ato jurídico é o meio pelo qual o agente exterioriza a sua vontade. Por esse motivo, a regra ora examinada também encontra paradigma em outros diplomas legais, tais como o art. 107 do CC, segundo o qual a validade da declaração de vontade não depende de forma especial, senão quando a lei o exigir.

Daí se dizer que, em termos de forma, o ato processual mostra-se típico, ou seja, a sua forma e demais elementos (inclusive tempo, lugar e agente) obedecem ao modelo consentido, autorizado ou predeterminado na lei (Assis, Araken de. *Processo Civil Brasileiro*, volume II: parte geral: institutos fundamentais: Tomo 1, p. 1287).

Tome-se, por exemplo, o ato processual *citação*. Conforme dicção do artigo 247 do CPC, a citação por meio eletrônico ou pelo correio é vedada nas chamadas *ações de estado*, tais como tutela, curatela, ações relativas a casamento, divórcio, interdição, declaração de ausência *etc*. Verifica-se, pois, que existe uma limitação legal para a forma do ato processual citação nas demandas em questão, cuja inobservância poderá, eventualmente, gerar nulidade.

Tendo em vista que o procedimento consiste em uma série concatenada de atos processuais, de sorte que cada ato é consequência do antecedente e pressuposto do seguinte, a finalidade desse sistema é justamente a de garantir a segurança das partes litigantes e a legitimação do próprio processo e do provimento final. Assim, todo cuidado deve ser tomado para que o ato seja praticado de forma escorreita, a fim de que um ato maculado não invalide todo o procedimento (CPC, art. 281).

2. Instrumentalidade e finalidade

Conquanto garanta segurança, a rigidez absoluta da forma também não atenderia aos objetivos do processo. Por tal motivo, o atual CPC, tal como já havia feito o CPC/1973, previu que serão considerados válidos os atos que, realizados de outro modo, lhes preencham a finalidade essencial.

Trata-se da aplicação da regra da *instrumentalidade das formas* (CPC, art. 277), segundo a qual quando atingido o objetivo de determinado ato processual, ainda que por forma diversa daquela prevista em lei, e sem prejuízo a qualquer dos litigantes ou à própria jurisdição, o ato deve ser considerado válido, já que alcançados os resultados almejados.

Na mesma linha estão os arts. 282, § 1º, e 283 do CPC, os quais consagram o princípio da instrumentalidade das formas, conclamando o aproveitamento dos atos processuais praticados ainda que haja inobservância à forma, desde que sem prejuízo para quaisquer das partes.

Jurisprudência

"Direito Processual Civil. Agravo Regimental no Agravo em Recurso Especial. Intimação realizada em nome de outro advogado constituído nos autos, desatendendo a requerimento expresso. Nulidade relativa. Necessidade de alegação na primeira oportunidade, sob pena de preclusão. Precedentes. Prática de atos processuais pela parte intimada, a comprovar que o ato de comunicação cumpriu a sua finalidade. Art. 154 do CPC. Precedentes. A declaração de nulidade ou a anulação dos atos processuais dependem da demonstração do prejuízo advindo da inobservância da formalidade. Ausência de prejuízo à composição do material probatório. Conclusão das instâncias ordinárias quanto à suficiência das provas. Impossibilidade de modificação em Recurso Especial. Enunciado n. 7 da Súmula do STJ. Ausência de argumentos aptos a infirmar os fundamentos da decisão agravada. Agravo regimental improvido. 1. Segundo a jurisprudência pacífica desta Casa, para a declaração da nulidade, o princípio da instrumentalidade das formas exige que o prejuízo decorrente da inobservância da formalidade seja demonstrado concreta e especificamente.

Precedente. 2. Nos casos em que a sucumbência não decorreu da inobservância da formalidade alegada, esse fato não constitui prejuízo que autorize a declaração da nulidade. 3. Nas hipóteses em que o agravante não traz argumentos aptos a infirmar os fundamentos da decisão agravada, deve-se negar provimento ao agravo regimental. 4. Agravo regimental a que se nega provimento." (STJ, AgRg no AREsp 627.145/SP, Rel. Min. Marco Aurélio Bellizze, 3ª Turma, j. 26.05.2015, *DJe* 12.06.2015)

"Administrativo e Processual Civil. Recurso Especial. Ação Rescisória. Improbidade administrativa. Ausência de pedido de citação, pela parte autora, do Ministério Público. Irregularidade sanada de ofício pelo magistrado. Participação do membro do *Parquet* em todas as fases processuais. Ausência de prejuízo à parte requerida na demanda. Inviabilidade de declaração de nulidade do processo. Recurso Especial a que se nega provimento. 1. À luz do Princípio da Instrumentalidade das formas e dos atos processuais, norteador do Sistema de Nulidades do Código de Processo Civil, ainda que haja expressa inobservância da forma do ato exigido por lei, não se decretará a nulidade do ato quando a inobservância da forma não resultar prejuízo para a parte (art. 249, § 1º. do CPC). 2. In casu, a nulidade atinente à inépcia da petição inicial – consubstanciada na ausência de pedido expresso de citação do Ministério Público para compor a lide – foi suprida, de ofício, pelo Magistrado, o que possibilitou ao membro do *Parquet* participar ativamente de todos os atos processuais, sem que reste evidenciado, na presente demanda, prejuízo hábil a justificar a declaração de nulidade de todos os atos processuais. 3. Recurso Especial desprovido." (STJ, REsp 766.506/RS, Rel. Min. Sérgio Kukina, Rel. p/ Acórdão Min. Napoleão Nunes Maia Filho, 1ª Turma, j. 10.09.2013, *DJe* 14.04.2014)

"Processo Civil – Agravo de Instrumento – Inventário – Restabelecimento das primeiras declarações – Ausência de citação válida – Aplicação do princípio da instrumentalidade das formas – Impossibilidade – Recurso improvido. 1.– Em se tratando de nulidade absoluta, não tem aplicação o princípio da finalidade do ato processual. Artigos 154 e 244 do CPC. Ofensa não caracterizada. 2.– Não tendo a parte apresentado argumentos novos capazes de alterar o julgamento anterior, deve-se manter a decisão recorrida.

Art. 188

3.– Agravo Regimental improvido." (STJ, AgRg no AREsp 5.936/MG, Rel. Min. Sidnei Beneti, 3ª Turma, j. 17.04.2012, *DJe* 04.05.2012)

"Processual civil. Execução de sentença. Ajuizamento em nome da parte que falecera durante o processo de conhecimento. Fato desconhecido pelo advogado. Boa-fé. Convalidação dos atos processuais. Anulação do feito executivo. Desnecessidade. Ausência de prejuízo. Prescrição. Não ocorrência. 1. O Plenário do STJ decidiu que 'aos recursos interpostos com fundamento no CPC/1973 (relativos a decisões publicadas até 17 de março de 2016) devem ser exigidos os requisitos de admissibilidade na forma nele prevista, com as interpretações dadas até então pela jurisprudência do Superior Tribunal de Justiça' (Enunciado Administrativo nº 2). 2. Recurso especial que desafia acórdão que anulou execução de sentença, porquanto ajuizada em nome da parte autora que falecera durante o processo de conhecimento, e declarou de ofício a prescrição do crédito estampado no título judicial. 3. Esta Corte, com base nos arts. 1.321 do Código de 1916 e 689 do Código Civil de 2002, possui o entendimento de que são válidos os atos praticados pelo mandatário após a morte do mandante, na hipótese de desconhecimento do fato e, notadamente, quando ausente a má-fé. 4. Devem ser considerados válidos os atos processuais praticados por causídico amparado em procuração acostada aos autos que estabelece amplos poderes para a propositura da demanda, inclusive com o fim de 'receber valores e dar quitação', revelando que a sua contratação também se deu para funcionar no processo de execução, que, no presente caso, nada mais é do que consequência lógica do resultado obtido no processo de conhecimento. 5. Hipótese em que a parte devedora, em suas contrarrazões, não cogitou de má-fé do mandatário, não sendo razoável presumir a sua ocorrência, não havendo sequer alegação pelas partes interessadas de prejuízo capaz de eivar de nulidade os atos praticados pelo procurador após a morte da cliente. 6. O eventual reconhecimento da nulidade em questão acarretaria um maior prejuízo, com a anulação de todo um procedimento judicial realizado com observância do devido processo legal, quando a questão pode ser resolvida com a habilitação dos sucessores – o que já ocorreu nos autos da execução. Aplicável, portanto, o princípio *pas de nullité sans grief*. 7. A morte de uma das partes é causa de imediata suspensão do processo (art.

265, I, do CPC/1973), não havendo previsão legal de prazo prescricional para a habilitação de seus sucessores, de modo que, aplicando esse entendimento no caso concreto, constata-se que o processo deveria ter ficado suspenso desde o momento do passamento da autora, ocorrido ainda na fase de conhecimento, não podendo ser contado, a partir desse evento, nenhum lapso prescricional em prejuízo aos herdeiros, seja para a habilitação deles, seja para a propositura da ação de execução. 8. Recurso especial provido." (REsp 1707423/RS, Rel. Min. Gurgel de Faria, 1ª Turma, j. 30.11.2017, *DJe* 22.02.2018)

"Civil e processual civil. Recurso especial. Recurso manejado sob a égide do NCPC. Ação de cobrança. Distribuição de lucro. Sociedade empresária limitada. Ilegitimidade passiva do sócio não configurada. Citação da sociedade desnecessária. Doutrina e jurisprudência desta Corte. Princípio processual da instrumentalidade das formas. *Pas de nullité sans grief*. Ausência de prejuízo concreto. Recurso especial não provido. 1. Recurso especial interposto contra acórdão publicado na vigência do novo Código de Processo Civil, razão pela qual devem ser exigidos os requisitos de admissibilidade recursal na forma nele prevista, nos termos do Enunciado Administrativo nº 3, aprovado pelo Plenário do STJ na sessão de 9/3/2016: Aos recursos interpostos com fundamento no CPC/2015 (relativos a decisões publicadas a partir de 18 de março de 2016) serão exigidos os requisitos de admissibilidade recursal na forma do novo CPC. 2. Nos termos do art. 601, parágrafo único, do NCPC, na ação de dissolução parcial de sociedade limitada, é desnecessária a citação da sociedade empresária se todos os que participam do quadro social integram a lide. 3. Por isso, não há motivo para reconhecer o litisconsórcio passivo na hipótese de simples cobrança de valores quando todos os sócios foram citados, como ocorre no caso. 4. Na linha dos precedentes desta Corte, o princípio processual da instrumentalidade das formas, sintetizado pelo brocardo *pas de nullité sans grief* e positivado nos arts. 282 e 283, ambos do NCPC, impede a anulação de atos inquinados de invalidade quando deles não tenham decorrido prejuízos concretos. 5. Recurso especial desprovido." (STJ, REsp 1731464/SP, Rel. Min. Moura Ribeiro, 3ª turma, j. 25.09.2018, *DJe* 01.10.2018)

Art. 189. Os atos processuais são públicos, todavia tramitam em segredo de justiça os processos:

I – em que o exija o interesse público ou social;

II – que versem sobre casamento, separação de corpos, divórcio, separação, união estável, filiação, alimentos e guarda de crianças e adolescentes;

III – em que constem dados protegidos pelo direito constitucional à intimidade;

IV – que versem sobre arbitragem, inclusive sobre cumprimento de carta arbitral, desde que a confidencialidade estipulada na arbitragem seja comprovada perante o juízo.

§ 1º O direito de consultar os autos de processo que tramite em segredo de justiça e de pedir certidões de seus atos é restrito às partes e aos seus procuradores.

§ 2º O terceiro que demonstrar interesse jurídico pode requerer ao juiz certidão do dispositivo da sentença, bem como de inventário e de partilha resultantes de divórcio ou separação.

▶ *Referência: CPC/1973 – Art. 155*

1. Garantia constitucional da publicidade dos atos processuais

A CF garante a publicidade dos atos processuais em dois dispositivos diversos, a saber: o art. 5º, inc. LX (*"a lei só poderá restringir a publicidade dos atos processuais quando a defesa da intimidade ou o interesse social o exigirem"*) e o art. 93, IX (*"todos os julgamentos dos órgãos do Poder Judiciário serão públicos, e fundamentadas todas as decisões, sob pena de nulidade, podendo a lei limitar a presença, em determinados atos, às próprias partes e a seus advogados, ou somente a estes, em casos nos quais a preservação do direito à intimidade do interessado no sigilo não prejudique o interesse público à informação"*).

Trata-se de garantia constitucional – repetida por diversos diplomas da legislação infraconstitucional (CPC, CLT, CPP) – e cuja inobservância pode gerar *nulidade*.

Na realidade, a garantia da publicidade do processo é desdobramento do princípio da publicidade que deve reger todos os atos da administração pública, também previsto constitucionalmente (CF, art. 37, *caput*). O Poder Judiciário é, como se sabe, um dos poderes do Estado, de sorte que a função que exerce – a jurisdição – deve observar as normas aplicáveis ao Estado como um todo, sobretudo a publicidade dos respectivos atos.

Historicamente, a publicidade veio sendo implantada em Cartas Constitucionais e diplomas processuais do mundo todo, sempre com uma dupla finalidade, que se mantém até os dias de hoje: (i) proteger as partes litigantes contra julgamentos secretos, arbitrários e parciais, que o julgador poderia esconder por detrás de um processo integralmente sigiloso e (ii) permitir aos próprios jurisdicionados o controle, a fiscalização do exercício da função jurisdicional, como expressão do poder estatal.

Justamente por conta dessas importantes missões que desempenha, hoje se entende que a garantia da publicidade integra a cláusula do *devido processo legal*, de modo que um processo no qual se desrespeite a publicidade será considerado também um processo injusto, por inobservância do devido processo legal.

2. Publicidade em relação às partes e a terceiros

Podem-se divisar diversas classificações da publicidade. Uma delas diz respeito ao seu destinatário: se as próprias partes do processo judicial (publicidade interna) ou eventuais terceiros interessados ou, ainda, desinteressados no referido processo (publicidade externa).

Com relação às partes, não há dúvidas de que a publicidade do processo deve ser a mais ampla possível, até mesmo por decorrência da aplicação da garantia do contraditório (CPC, arts. 7º e 10, entre outros). Mesmo quando se trata de situações em que se exige a publicidade restrita, essa jamais poderá ser restringida para as próprias partes litigantes, como se observa, por exemplo, da redação do parágrafo único do artigo 11 do CPC. Não se poderia realizar o contraditório pleno sem o conhecimento, ou seja, a informação, acerca do ato processual praticado ou a praticar. Por isso que o conceito clássico de contraditório repousa sobre o binômio *informação*-possibilidade de reação.

Já a publicidade externa do processo está ligada, por sua vez, à possibilidade de acesso aos atos processuais por *terceiros*, assim entendidos como todos aqueles que não ocupam a posição de *sujeitos* da relação jurídica processual.

Evidentemente, portanto, que eventuais restrições à publicidade do processo – como aquelas a seguir examinadas, constantes dos incisos I a IV do art. 189 do CPC – aplicam-se exclusivamente a terceiros e jamais às partes ou a seus procuradores, os quais, por conta do contraditório, têm de ter a mais ampla informação sobre o conteúdo do processo e de todos os respectivos atos (justificam-se, porém, algumas pontuais restrições por exemplo, o sigilo parcial na formação e efetivação de ato de execução ou de cumprimento de medida liminar, para que a diligência não se frustre).

3. Publicidade mediata e publicidade imediata

Costuma-se também diferenciar entre a chamada *publicidade imediata* (aquela por meio da qual o interessado toma contato diretamente com o ato processual, pela presença a uma audiência ou exame dos autos do processo) e a chamada *publicidade mediata* (aquela realizada por algum modo intermediário, tal como um informe ou certidão nos autos ou, ainda, por divulgação do ato processual pelos meios de comunicação social).

Como já tive oportunidade de sustentar em outras ocasiões, entendo que a publicidade mediata, em especial aquela realizada pelos meios de comunicação social, integra a garantia da publicidade dos atos processuais (Abdo, Helena. *Mídia e Processo*, pp. 81 e ss.). E isso decorre da circunstância de que existe grande afinidade entre as funções dos meios de comunicação social e aquelas desempenhadas pela garantia da publicidade. Mais que isso, a divulgação de atos processuais pela mídia, desde que de forma regrada, correta e, sobretudo, objetiva, atende a diversos escopos, dentre os quais os de dar a conhecer a forma de aplicação das leis, aproximar o público do Poder Judiciário e auxiliar no controle da atividade jurisdicional.

Todavia, os exageros e a publicidade exacerbada também não são aceitáveis. Com efeito, a exacerbação da publicidade mediata dos atos processuais, em vez de contribuir para a consecução dos escopos acima mencionados, faz justamente o contrário e não se coaduna com os corolários do devido processo legal. Por tal motivo, a publicidade, quando realizada pelos *mass media*, deve sempre observar a chamada *regra da objetividade*, de sorte que a divulgação se dê da forma mais fiel possível, sem qualquer traço de subjetivismo, preferências, sentimentos,

opiniões, interesses ou preconceitos. Para tanto, algumas medidas são necessárias, tais como a seleção do que será objeto de publicidade exclusivamente com base no interesse público, a redação imparcial, a ausência de qualificativos exagerados, a explícita diferenciação entre informação e opinião, a ausência de manifestação opinativa em matéria técnico-jurídica quando não se tenha qualificação para tanto, a observância do contraditório com a apresentação dos diversos ângulos, teses e lados opostos, entre outras.

4. Rol exemplificativo ou taxativo?

Mesmo sob a égide do CPC/1973, doutrina e jurisprudência já controvertiam sobre o caráter exemplificativo ou taxativo das hipóteses que compõem o rol das situações aptas a ensejar a decretação de segredo de justiça.

O CPC/1973 previa a possibilidade de segredo de justiça em seu art. 155, unicamente em casos em que o interesse público o exigisse (inciso I) ou nas chamadas ações de família, com vistas a preservar a intimidade dos envolvidos (inciso II). O CPC vigente trouxe inovações e, ao lado do interesse público, previu no inciso I do art. 189 a figura do interesse *social*. Também acresceu as situações de *separação de corpos*, *divórcio* e *união estável* ao inciso II do referido dispositivo. Adicionou, ainda, os processos em que constem dados protegidos pelo direito constitucional à *intimidade* (inciso III) e que versem sobre *arbitragem*, desde que haja estipulação de confidencialidade na convenção arbitral (inciso IV).

Como se vê, as hipóteses são bem amplas e abarcam situações as mais variadas. Ao que tudo indica, o Código parece sinalizar no sentido de que as hipóteses do art. 189 são *taxativas* e não meramente exemplificativas. A interpretação mais adequada do dispositivo é aquela segundo a qual a publicidade é a regra (*caput*) e o sigilo a exceção (incisos). Tendo em vista que os incisos importam exceções, estas devem ser interpretadas restritivamente.

Alguns julgados que sustentam o caráter não taxativo do rol o fazem por deixar de abarcar, por exemplo, situações de segredos comerciais ou industriais, em que a decretação de sigilo seria de rigor. Fato é, contudo, que tais situações podem perfeitamente encaixar-se na hipótese do inciso I, pois é evidente que existe interesse público e social a que se preservem valores como os dos segredos industriais e comerciais, que têm, inclusive, proteção legal.

5. Interesse público ou social

Como já adiantado, a primeira hipótese apta a ensejar a restrição da publicidade do processo e a decretação de segredo de justiça é aquela justificada pelo *interesse público ou social*. Trata-se de expressão extremamente ampla, vaga e genérica. Quer-se crer, todavia, que a intenção da lei seja justamente essa, de forma a amoldar a interpretação do conteúdo do inciso I aos variados casos concretos que a vida forense pode gerar.

Nesse sentido, além dos casos acima mencionados, versando sobre segredos industriais e comerciais, divisam-se situações que envolvam discussão de inventos, propriedade intelectual, segurança nacional, entre outros.

De qualquer sorte, vale sempre lembrar que interesse público (expressão mais ampla, que até mesmo abarca o conceito de interesse social) não se confunde com os interesses exclusivos do Estado, da Fazenda Pública (estes seriam equivalentes ao interesse público *secundário*). Na realidade, o interesse público apto a ensejar a decretação do sigilo sempre será aquele de caráter transindividual, o que reflete valores de toda a sociedade, relativos ao bem comum.

Não existe critério predefinido para identificar quais as situações abarcadas pelo inciso I do art. 189 do CPC. Apenas o caso concreto fornecerá parâmetros para que o julgador decida. Nesse sentido, deve o juiz sopesar, de um lado, os escopos da garantia publicidade (item 1, *supra*), e confrontá-los com eventuais consequências nefastas para o interesse público e social que dela adviriam no caso concreto. Assim, por meio da aplicação de critérios de proporcionalidade e ponderação, terá condições de verificar se o interesse público subjacente reside na publicidade ou, ao contrário, no sigilo do processo.

Em qualquer caso – e sempre, até mesmo por exigência constitucional e legal (CF, art. 93, IX e CPC, art. 489, § 1º) –, a decisão que decreta ou indefere o segredo de justiça deverá ser devidamente fundamentada, com a justificativa e os critérios adotados no caso concreto para a tomada de referida decisão. Isso se mostra ainda mais necessário no caso de segredo decretado com base na hipótese do inciso I do art. 189 do CPC, dado o caráter propositalmente aberto

e genérico do dispositivo, de cuja integração caberá ao magistrado.

6. Ações de família

Nas demandas relacionadas a conflitos de direito de família, pela própria natureza do litígio, partiu o legislador da premissa de que a publicidade seria prejudicial às partes envolvidas, em especial à sua intimidade. Portanto, sempre que se tratar de demanda versando sobre casamento, separação de corpos, divórcio, separação, união estável, filiação, alimentos, e guarda de menores, o segredo é imperativo.

Como já mencionado, as novidades em relação ao CPC/1973 são a inclusão das expressões "união estável", "separação de corpos" e "divórcio" na redação do dispositivo, sendo que esta última ingressou em substituição à previsão de conversão da separação judicial em divórcio. Ao tratar de união estável, o CPC refere-se a todas as demandas cuja causa de pedir baseie-se nos dispositivos da Lei 9.278/1996.

7. Dados protegidos pelo direito constitucional à intimidade

Para todas as demais situações em que se reclame a proteção da intimidade não abarcadas no inciso II do art. 189 do CPC (por exemplo, as ações de estado, tais como tutela, curatela, interdição etc. ou situações de exposição de dados bancários, correspondências, sigilo fiscal), aplica-se o disposto no respectivo inciso III.

A CF é generosa na proteção da intimidade das pessoas – físicas e jurídicas – prevendo diversas situações em que tal garantia deverá ser preservada. Para todos esses casos (*vide*, exemplificativamente, art. 5º, incs. X, XI e XII), incide o quanto disposto no inciso ora em comento.

Trata-se de cláusula propositalmente aberta, que funciona como espécie de regra complementar ou de fechamento em relação ao inciso precedente, de forma a abarcar um grande número de situações passíveis de expor a intimidade das pessoas, a exemplo da cláusula aberta a que se fez referência no item 5, *supra*.

8. Demandas que versem sobre arbitragem

Diferentemente do que ocorre com as ações de família, a arbitragem não pressupõe, por si só, qualquer confidencialidade. Com efeito, a LA (Lei 9.307/1996), que regulou a arbitragem

Art. 189

no ordenamento brasileiro, não traz em qualquer dos seus dispositivos o sigilo como condição obrigatória do processo arbitral.

Todavia, trata-se de uma das principais características e – por que não admitir – uma das grandes vantagens do procedimento arbitral. Por tal motivo é que a maioria das Câmaras Arbitrais contêm em seus regulamentos cláusulas sobre a confidencialidade dos procedimentos que administram. Igualmente, é absolutamente comum que as convenções de arbitragem e os próprios termos de arbitragem (documentos convencionais subscritos pelas partes e pelos árbitros pelos quais se dá propriamente início ao processo arbitral) prevejam o sigilo.

Havendo, portanto, estipulação de confidencialidade durante o processo arbitral, tal estipulação estender-se-á, a pedido da parte, ao processo judicial que verse sobre a demanda arbitral. Pode ser o caso, por exemplo, da tramitação sigilosa de uma carta arbitral (CPC, arts. 237, IV, e 260, § 3º) ou das demandas previstas em lei sobre questões relacionadas à arbitragem, como os pedidos de natureza cautelar ou de urgência anteriores à instauração do painel arbitral (LA, art. 22-A), a homologação de decisão arbitral estrangeira (CPC, art. 960, § 3º), as ações que buscam a nulidade da sentença arbitral (LA, arts. 32 e 33), entre outras.

9. Consulta aos autos e pedido de certidões

Antes que haja qualquer equívoco interpretativo, é relevante que se esclareça que os §§ 1º e 2º do art. 189 do CPC referem-se exclusivamente aos casos sujeitos a segredo de justiça. Não faria qualquer sentido enunciar no *caput* a ampla publicidade dos atos processuais se fosse para o Código restringir, posteriormente, às partes e aos advogados a consulta aos autos e o pedido de certidões, confiando ao terceiro apenas a possibilidade de, ao demonstrar interesse jurídico, requerer certidão do dispositivo de sentença ou de partilha resultante de inventário ou divórcio.

Em todos os casos em que a publicidade é irrestrita, é livre o acesso aos autos e o pedido de certidões por qualquer pessoa, havendo previsão expressa de tal direito ao advogado no art. 107, I, do CPC.

Nos casos em que o segredo tiver sido decretado, todavia, prevalecem as restrições dispostas nos §§ 1º e 2º do art. 189 do CPC.

Jurisprudência

"Recurso em mandado de segurança. Superior Tribunal Militar. Cópia de processos e dos áudios de sessões. Fonte histórica para obra literária. Âmbito de proteção do direito à informação (Art. 5º, XIV, da Constituição Federal). 1. Não se cogita da violação de direitos previstos no Estatuto da Ordem dos Advogados do Brasil (art. 7º, XIII, XIV e XV da L. 8.906/96), uma vez que os impetrantes não requisitaram acesso às fontes documentais e fonográficas no exercício da função advocatícia, mas como pesquisadores. 2. A publicidade e o direito à informação não podem ser restringidos com base em atos de natureza discricionária, salvo quando justificados, em casos excepcionais, para a defesa da honra, da imagem e da intimidade de terceiros ou quando a medida for essencial para a proteção do interesse público. 3. A coleta de dados históricos a partir de documentos públicos e registros fonográficos, mesmo que para fins particulares, constitui-se em motivação legítima a garantir o acesso a tais informações. 4. No caso, tratava-se da busca por fontes a subsidiar elaboração de livro (em homenagem a advogados defensores de acusados de crimes políticos durante determinada época) a partir dos registros documentais e fonográficos de sessões de julgamento público. 5. Não configuração de situação excepcional a limitar a incidência da publicidade dos documentos públicos (arts. 23 e 24 da L. 8.159/91) e do direito à informação. Recurso ordinário provido." (STF, RMS 23036, Rel.: Min. Maurício Corrêa, Rel. p/ Acórdão Min. Nelson Jobim, 2ª Turma, j. 28.03.2006, *DJ* 25.08.2006 pp-00067 ement vol-02244-02 pp-00246 RTJ vol-00199-01 pp-00225 LEXSTF v. 28, n. 333, 2006, p. 159-195)

"Processual civil. Agravo interno no agravo em recurso especial. Execução fiscal. Decretação de segredo de justiça. Descabimento. Tribunal de origem que consignou ausência de qualquer documento sigiloso. Impossibilidade de revolvimento fático. *Amicus curiae*. Deferimento da participação pelo relator. Decisão irrecorrível. Agravo interno das empresas a que se nega provimento. 1. O Tribunal de origem consignou que enquanto não houver nos autos, ou em pasta separada documentação contendo informações fiscais, ou sigilosas, deve ser mantida a decisão agravada, quanto à revogação do segredo de justiça, tendo em conta o princípio da publicidade, e o alcance social, econômico e de interesse público existentes no caso (fls. 391). Assim, alterar o julgado, conduz ao revolvimento fático dos autos. 2. Quanto ao ingresso do *amicus curiae*, o ingresso no processo como *amicus curiae* deve ser avaliado pelo julgador, o qual, em decisão irrecorrível, apreciará a necessidade e utilidade da participação do requerente na demanda, tendo como elementos de formação da convicção a relevância da matéria, especificidade do tema ou repercussão social da controvérsia. Precedente: AgInt na PET no AREsp. 1.139.158/MG, Rel. Min. Sérgio Kukina, *DJe* 19.6.2018. 3. Agravo Interno das Empresas a que se nega provimento." (AgInt no AREsp 805.287/PR, Rel. Min. Napoleão Nunes Maia Filho, 1ª Turma, j. 09.12.2019, *DJe* 12.12.2019)

"Processual civil. Tributário. Recurso representativo da controvérsia. Art. 543-C, do CPC. Ausência de violação ao art. 535, CPC. Execução fiscal. Resposta a requisição de informação de caráter sigiloso. Discussão a respeito da necessidade de arquivamento em 'pasta própria' fora dos autos ou decretação de segredo de justiça. Art. 155, I, do CPC. 1. Preliminarmente, quanto à ponderação de desafetação do recurso feita pela Fazenda Nacional observo que pouco importa ao julgamento do feito a caracterização das informações como sujeitas ao sigilo fiscal (declaração de rendimentos e bens do executado) ou ao sigilo bancário (informações sigilosas prestadas via Bacenjud), pois o que se examina verdadeiramente é a correta ou incorreta aplicação do art. 155, I, do CPC, que não discrimina o tipo de sigilo que pretende tutelar. O objeto do recurso especial é a violação ao direito objetivo, à letra da lei, e não a questão de fato. Em verdade, sob o manto do sigilo fiscal podem estar albergadas informações a respeito da situação financeira da pessoa (inclusive informações bancárias) e sob o manto do sigilo bancário podem estar albergadas informações também contidas na declaração de bens. Basta ver que as informações requisitadas pela Secretaria da Receita Federal junto às instituições financeiras deixam de estar protegidas pelo sigilo bancário (arts. 5º e 6º da LC n. 105/2001) e passam à proteção do sigilo fiscal (art. 198, do CTN). Sendo assim, o fato é que a mesma informação pode ser protegida por um ou outro sigilo, conforme o órgão ou entidade que a manuseia. 2. Não viola o art. 535, do CPC, o acórdão que decide de forma suficientemente fundamentada, não estando obrigada a Corte de Origem

a emitir juízo de valor expresso a respeito de todas as teses e dispositivos legais invocados pelas partes. 3. Não há no código de processo civil nenhuma previsão para que se crie "pasta própria" fora dos autos da execução fiscal para o arquivamento de documentos submetidos a sigilo. Antes, nos casos em que o interesse público justificar, cabe ao magistrado limitar às partes o acesso aos autos passando o feito a tramitar em segredo de justiça, na forma do art. 155, I, do CPC. 4. As informações sigilosas das partes devem ser juntadas aos autos do processo que correrá em segredo de justiça, não sendo admitido o arquivamento em apartado. Precedentes: AgRg na APn 573 / MS, Corte Especial, Rel. Min. Nancy Andrighi, julgado em 29.06.2010; REsp. n. 1.245.744 / SP, Segunda Turma, Rel. Min. Mauro Campbell Marques, julgado em 28.06.2011; REsp 819455/RS, Primeira Turma, Rel. Min. Teori Albino Zavascki, julgado em 17.02.2009. 5. Recurso especial parcialmente provido. Acórdão submetido ao regime do art. 543-C, do CPC, e da Resolução STJ nº 8/2008." (STJ, REsp 1349363/SP, Rel. Min. Mauro Campbell Marques, 1ª Seção, j. 22.05.2013, *DJe* 31.05.2013)

"Recurso especial. Processual civil. Ação de cobrança de honorários advocatícios. Juntada de contrato de cessão de créditos bancários com cláusula de confidencialidade. Pedido de decretação de segredo de justiça. Princípio da publicidade dos atos processuais (CPC, art. 155). Restrição. Possibilidade. Ausência de relevante interesse público. Recurso provido. 1. O art. 155 do Código de Processo Civil, em sintonia com a Constituição Federal, impõe, como regra, a publicidade dos atos processuais, admitindo, no entanto, hipóteses em que o feito se processará mediante segredo de justiça. Essas hipóteses constituem rol exemplificativo, não exaustivo, sendo autorizado o segredo de justiça em outras situações também merecedoras de tutela jurisdicional, por envolverem a preservação de outras garantias, valores e interesses fundamentais, como o direito à intimidade da parte (CF, art. 5º, X), ao sigilo de dados (CF, art. 5º, XII), o resguardo de informações necessário ao exercício profissional (CF, art. 5º, XIV) ou para atender a interesse público, relacionado à segurança da sociedade e do Estado (CF, art. 5º, XXXIII). 2. Na espécie, os motivos apresentados pelos recorrentes referem-se à necessidade inerente ao exercício profissional, atividade bancária, e justificam o pretendido processamento do feito sob segredo de justiça, pois aquela atividade é normalmente exercida sob sigilo bancário amparado em leis complementares, nos termos do art. 192 da Constituição Federal. 3. A pretensão de juntada aos autos, da ação de cobrança de honorários, do contrato de cessão de créditos firmado entre a instituição bancária e a sociedade empresária securitizadora, dotado de cláusula de confidencialidade, enseja a decretação do segredo de justiça por tratar de informações e dados de natureza privada prevalente, afetando a intimidade e a segurança negocial das pessoas envolvidas nos créditos cedidos, além de técnicas de expertise e *know-how* desenvolvidas pelas partes contratantes, afetando suas condições de competitividade no mercado financeiro, não constituindo mero inconveniente a ser suportado pelos litigantes e terceiros. O caso, portanto, também configura proteção de segredo comercial, a exemplo do que preconiza a regra do art. 206 da Lei 9.279/96. 4. Recurso especial provido." (STJ, REsp 1082951/PR, Rel. Min. Raul Araújo, 4ª Turma, j. 06.08.2015, *DJe* 17.08.2015)

"Processual civil. Recurso ordinário em mandado de segurança. Acesso aos autos por advogado sem poderes constituídos. Ação cautelar de arrolamento de bens. Sigilo. Art. 155, II, do CPC. Ausência de direito líquido e certo. Recurso não provido. 1. Advogado não constituído por nenhuma das partes não tem direito de vista e consulta aos autos de processo a que se impõe sigilo processual. 2. A medida cautelar de arrolamento de bens, a despeito de não prevista expressamente no art. 155, II, do CPC, deve tramitar em segredo de justiça como medida de preservação do direito à intimidade das partes. 3. Recurso ordinário em mandado de segurança não provido." (STJ, RMS 46.416/RJ, Rel. Min. Moura Ribeiro, 3ª Turma, j. 19.05.2015, *DJe* 26.05.2015)

"Processo civil. Falência. Falida. Isenção de custas. Art. 208 do DL nº 7.661/45. Não incidência. Assistência judiciária. Incidência automática. Inexistência. Segredo de justiça. Aplicação à parte. Possibilidade. Dispositivos legais analisados: Arts. 36 e 208 do DL 7.661/45; 155, 815, 823 e 841 do CPC; e 7º, XV, da Lei nº 8.906/94. 1. Agravo de instrumento interposto em 12.08.2011. Recurso especial concluso ao gabinete da Relatora em 09.04.2014. 2. Recurso especial em que se discute se o segredo de justiça imposto a incidente de investigação de bens pode alcançar a própria falida. Incidentalmente, discute-se os requisitos para a falida se beneficiar do direito ao não recolhimento das custas processuais. 3. O art. 208 do DL nº 7.661/45 se aplica exclusivamente à massa, não se estendendo à pessoa da falida. 4. O art. 208 do DL nº 7.661/45 só se aplica ao processo principal da falência, excluída a sua incidência em relação às ações autônomas de que a massa seja parte. Precedentes. 5. Constitui erro grosseiro o pedido de assistência judiciária gratuita formulado na própria petição recursal. Enquanto não apreciado o pedido de justiça gratuita, não fica o recorrente exonerado do recolhimento das custas processuais, considerando-se deserto o recurso interposto sem que haja o respectivo pagamento. Precedentes. 6. Embora a regra seja de que o segredo de justiça não alcança as partes, poderá o Juiz, com fulcro nos arts. 155, I, 815, 823 e 841 do CPC, diante das peculiaridades do caso e com base no seu poder geral de cautela, estender o sigilo também para um dos litigantes, sobretudo nas hipóteses em que verificar risco de prejuízo ao trâmite do processo. 7. Hipótese em que, diante da existência de indícios de desvio de bens do ativo por ex-administradores, justifica-se a imposição de segredo de justiça ao incidente de investigação de bens, a se estender inclusive à pessoa da falida e seus advogados. 8. Recurso especial a que se nega provimento." (STJ, REsp 1446201/SP, Rel. Min. Nancy Andrighi, 3ª Turma, j. 07.08.2014, *DJe* 09.09.2014)

"Recurso especial. Direito civil-constitucional. Liberdade de imprensa *vs.* direitos da personalidade. Litígio de solução transversal. Competência do Superior Tribunal de Justiça. Documentário exibido em rede nacional. Linha direta-justiça. sequência de homicídios conhecida como chacina da candelária. Reportagem que reacende o tema treze anos depois do fato. Veiculação inconsentida de nome e imagem de indiciado nos crimes. Absolvição posterior por negativa de autoria. Direito ao esquecimento dos condenados que cumpriram pena e dos absolvidos. Acolhimento. Decorrência da proteção legal e constitucional da dignidade da pessoa humana e das limitações positivadas à atividade informativa. Presunção legal e constitucional de ressocialização da pessoa. Ponderação de valores. Precedentes de direito comparado. 1. Avulta a responsabilidade do Superior Tribunal de Justiça em demandas cuja solução é transversal, interdisciplinar, e que abrange, necessariamente, uma controvérsia constitucional oblíqua, antecedente, ou inerente apenas à fundamentação do acolhimento ou rejeição de ponto situado no âmbito do contencioso infraconstitucional, questões essas que, em princípio, não são apreciadas pelo Supremo Tribunal Federal. 2. Nos presentes autos, o cerne da controvérsia passa pela ausência de contemporaneidade da notícia de fatos passados, que reabriu antigas feridas já superadas pelo autor e reacendeu a desconfiança da sociedade quanto à sua índole. O autor busca a proclamação do seu direito ao esquecimento, um direito de não ser lembrado contra sua vontade, especificamente no tocante a fatos desabonadores, de natureza criminal, nos quais se envolveu, mas que, posteriormente, fora inocentado. 3. No caso, o julgamento restringe-se a analisar a adequação do direito ao esquecimento ao ordenamento jurídico brasileiro, especificamente para o caso de publicações na mídia televisiva, porquanto o mesmo debate ganha contornos bem diferenciados quando transposto para internet, que desafia soluções de índole técnica, com atenção, por exemplo, para a possibilidade de compartilhamento de informações e circulação internacional do conteúdo, o que pode tangenciar temas sensíveis, como a soberania dos Estados-nações. 4. Um dos danos colaterais da 'modernidade líquida' tem sido a progressiva eliminação da 'divisão, antes sacrossanta, entre as esferas do 'privado' e do 'público' no que se refere à 'vida humana', de modo que, na atual sociedade da hiperinformação, parecem evidentes os 'riscos terminais à privacidade e à autonomia individual, emanados da ampla abertura da arena pública aos interesses privados [e também o inverso], e sua gradual mas incessante transformação numa espécie de teatro de variedades dedicado à diversão ligeira' (BAUMAN, Zygmunt. Danos colaterais: desigualdades sociais numa era global. Tradução de Carlos Alberto Medeiros. Rio de Janeiro: Zahar, 2013, pp. 111-113). Diante dessas preocupantes constatações, o momento é de novas e necessárias reflexões, das quais podem mesmo advir novos direitos ou novas perspectivas sobre velhos direitos revisitados. 5. Há um estreito e indissolúvel vínculo entre a liberdade de imprensa e todo e qualquer Estado de Direito que pretenda se autoafirmar como Democrático. Uma imprensa livre galvaniza contínua e diariamente os pilares da democracia, que, em boa verdade, é projeto para sempre inacabado e que nunca atingirá um ápice de otimização a partir do qual nada se terá a agregar. Esse processo interminável, do qual não se pode descurar – nem o povo, nem as instituições democráticas –, encontra na imprensa livre um vital combustível para sua sobrevivência, e bem por isso que a mínima cogitação em torno de alguma limitação da imprensa traz naturalmente consigo reminiscências de um passado sombrio de descontinuidade democrática. 6. Não obstante o cenário de perseguição e tolhimento pelo qual passou a imprensa brasileira em décadas pretéritas, e a par de sua inegável virtude histórica, a mídia do século XXI deve fincar a legitimação de sua liberdade em valores atuais, próprios e decorrentes diretamente da importância e nobreza da atividade. Os antigos fantasmas da liberdade de imprensa, embora deles não se possa esquecer jamais, atualmente, não autorizam a atuação informativa desprendida de regras e princípios a todos impostos. 7. Assim, a liberdade de imprensa há de ser analisada a partir de dois paradigmas jurídicos bem distantes um do outro. O primeiro, de completo menosprezo tanto da dignidade da pessoa humana quanto da liberdade de imprensa; e o segundo, o atual, de dupla tutela constitucional de ambos os valores. 8. Nesse passo, a explícita contenção constitucional à liberdade de informação, fundada na inviolabilidade da vida privada, intimidade, honra, imagem e, de resto, nos valores da pessoa e da família, prevista no art. 220, § 1º, art. 221 e no § 3º do art. 222 da Carta de 1988, parece sinalizar que, no conflito aparente entre esses bens jurídicos de especialíssima grandeza, há, de regra, uma inclinação ou predileção constitucional para soluções protetivas da pessoa humana, embora o melhor equacionamento deva sempre observar as particularidades do caso concreto. Essa constatação se mostra consentânea com o fato de que, a despeito de a informação livre de censura ter sido inserida no seleto grupo dos direitos fundamentais (art. 5º, inciso IX), a Constituição Federal mostrou sua vocação antropocêntrica no momento em que gravou, já na porta de entrada (art. 1º, inciso III), a dignidade da pessoa humana como – mais que um direito – um fundamento da República, uma lente pela qual devem ser interpretados os demais direitos posteriormente reconhecidos. Exegese dos arts. 11, 20 e 21 do Código Civil de 2002. Aplicação da filosofia kantiana, base da teoria da dignidade da pessoa humana, segundo a qual o ser humano tem um valor em si que supera o das 'coisas humanas'. 9. Não há dúvida de que a história da sociedade é patrimônio imaterial do povo e nela se inserem os mais variados acontecimentos e personagens capazes de revelar, para o futuro, os traços políticos, sociais ou culturais de determinada época. Todavia, a historicidade da notícia jornalística, em se tratando de jornalismo policial, há de ser vista com cautela. Há, de fato, crimes históricos e criminosos famosos; mas também há crimes e criminosos que se tornaram artificialmente históricos e famosos, obra da exploração midiática exacerbada e de um populismo penal satisfativo dos prazeres primários das multidões, que simplifica o fenômeno criminal às estigmatizadas figuras do 'bandido' vs. 'cidadão de bem'. 10. É que a historicidade de determinados crimes por vezes é edificada à custa de vários desvios de legalidade, por isso não deve constituir óbice em si intransponível ao reconhecimento de direitos como o vindicado nos presentes autos. Na verdade, a permissão ampla e irrestrita a que um crime e as pessoas nele envolvidas sejam retratados indefinidamente no tempo – a pretexto da historicidade do fato – pode significar permissão de um segundo abuso à dignidade humana, simplesmente porque o primeiro já fora cometido no passado. Por isso, nesses casos, o reconhecimento do "direito ao esquecimento" pode significar um corretivo – tardio, mas possível – das vicissitudes do passado, seja de inquéritos policiais ou processos judiciais pirotécnicos e injustos, seja da exploração populista da mídia. 11. É evidente o legítimo interesse público em que seja dada publicidade da resposta estatal ao fenômeno criminal. Não obstante, é imperioso também ressaltar que o interesse público – além de ser conceito de significação fluida – não coincide com o interesse do público, que é guiado, no mais das vezes, por sentimento de execração pública, praceamento da pessoa humana, condenação sumária e vingança continuada. 12. Assim como é acolhido no direito estrangeiro, é imperiosa a aplicabilidade do direito ao esquecimento no cenário interno, com base não só na principiologia decorrente dos direitos fundamentais e da dignidade da pessoa humana, mas também diretamente do direito positivo infraconstitucional. A assertiva de que uma notícia lícita não se transforma em ilícita com o simples passar do tempo não tem nenhuma base jurídica. O ordenamento é repleto de previsões em que a significação conferida pelo Direito à passagem do tempo é exatamente o esquecimento e a estabilização do passado, mostrando-se ilícito sim reagitar o que a lei pretende sepultar. Precedentes de direito comparado. 13. Nesse passo, o Direito estabiliza o passado e confere previsibilidade ao futuro por institutos bem conhecidos de todos: prescrição, decadência, perdão, anistia, irretroatividade da lei, respeito ao direito adquirido, ato jurídico perfeito, coisa julgada, prazo máximo para que o nome de inadimplentes figure em cadastros restritivos de crédito, reabilitação penal e o direito ao sigilo quanto à folha de antecedentes daqueles que já cumpriram pena (art. 93 do Código Penal, art. 748 do Código de Processo Penal e art. 202 da Lei de Execuções Penais). Doutrina e precedentes. 14. Se os condenados que já cumpriram a pena têm direito ao sigilo da folha de antecedentes, assim também a exclusão dos registros da condenação no Instituto de Identificação, por maiores e melhores razões aqueles que foram absolvidos não podem permanecer com esse estigma, conferindo-lhes a lei o mesmo direito de serem esquecidos. 15. Ao crime, por si só, subjaz um natural interesse público, caso contrário nem seria crime, e eventuais violações de direito resolver-se-iam nos domínios da responsabilidade civil. E esse interesse público, que é, em alguma medida, satisfeito pela publicidade do processo penal, finca raízes essencialmente na fiscalização social da resposta estatal que será dada ao fato. Se é assim, o interesse público que orbita o fenômeno criminal tende a desaparecer na medida em que também se esgota a resposta penal conferida ao fato criminoso, a qual, certamente, encontra seu último suspiro, com a extinção da pena ou com a absolvição, ambas consumadas irreversivelmente. E é nesse interregno temporal que se perfaz também a vida útil da informação criminal, ou seja, enquanto durar a causa que a legitimava. Após essa vida útil da informação seu uso só pode ambicionar, ou um interesse histórico, ou uma pretensão subalterna, estigmatizante, tendente a perpetuar no tempo as misérias humanas. 16. Com efeito, o reconhecimento do direito ao esquecimento dos condenados que cumpriram integralmente a pena e, sobretudo, dos que foram absolvidos em processo criminal, além de sinalizar uma evolução cultural da sociedade, confere concretude a um ordenamento jurídico que, entre a memória – que é a conexão do presente com o passado – e a esperança – que é o vínculo do futuro com o presente –, fez clara opção pela segunda. E é por essa ótica que o direito ao esquecimento revela sua maior nobreza, pois afirma-se, na verdade, como um direito à esperança, em absoluta sintonia com a presunção legal e constitucional de regenerabilidade da pessoa humana. 17. Ressalvam-se do direito ao esquecimento os fatos genuinamente históricos – historicidade essa que deve ser analisada em concreto –, cujo interesse público e social deve sobreviver à passagem do tempo, desde que a narrativa desvinculada dos envolvidos se fizer impraticável. 18. No caso concreto, a despeito de a Chacina da Candelária ter se tornado – com muita razão – um fato histórico, que expôs as chagas do País ao mundo, tornando-se símbolo da precária proteção estatal conferida aos direitos humanos da criança e do adolescente em situação de risco, o certo é que a fatídica história seria bem contada e de forma fidedigna sem que para isso a imagem e o nome do autor precisassem ser expostos em rede nacional. Nem a liberdade de imprensa seria tolhida, nem a honra do autor seria maculada, caso se ocultassem o nome e a fisionomia do recorrido, ponderação de valores que, no caso, seria a melhor solução ao conflito. 19. Muito embora tenham as instâncias ordinárias reconhecido que a reportagem se mostrou fidedigna com a realidade, a receptividade do homem médio brasileiro a noticiários desse jaez é apta a reacender a desconfiança geral acerca da índole do autor, o qual, certamente, não teve reforçada sua imagem de inocentado, mas sim a de indiciado. No caso, permitir nova veiculação do fato, com a indicação precisa do nome e imagem do autor, significaria a permissão de uma segunda ofensa à sua dignidade, só porque a primeira já ocorrera no passado, uma vez que, como bem reconheceu o acórdão recorrido, além do crime em si, o inquérito policial consubstanciou uma reconhecida "vergonha" nacional à parte. 20. Condenação mantida em R$ 50.000,00 (cinquenta mil reais), por não se mostrar exorbitante. 21. Recurso especial não provido." (STJ, REsp 1334097/RJ, Rel. Min. Luis Felipe Salomão, 4ª Turma, j. 28.05.2013, *DJe* 10.09.2013)

> **Art. 190.** Versando o processo sobre direitos que admitam autocomposição, é lícito às partes plenamente capazes estipular mudanças no procedimento para ajustá-lo às especificidades da causa e convencionar sobre os seus ônus, poderes, faculdades e deveres processuais, antes ou durante o processo.
>
> **Parágrafo único.** De ofício ou a requerimento, o juiz controlará a validade das convenções previstas neste artigo, recusando-lhes aplicação somente nos casos de nulidade ou de inserção abusiva em contrato de adesão ou em que alguma parte se encontre em manifesta situação de vulnerabilidade.

▸ *Sem correspondência no CPC/1973*

1. Direitos que admitem autocomposição

O art. 190 do Código de Processo Civil trouxe novidade pouco explorada e até então negada por parte da doutrina processual (Dinamarco chegou a afirmar que, embora fossem possíveis alterações de certos comandos por atos voluntários das partes, não existiriam propriamente negócios jurídicos processuais. Dinamarco, Cândido Rangel, *Instituições de direito processual civil*, v. II, p. 484).

O novo dispositivo estabeleceu que as partes – juntamente com o juiz – podem convencionar sobre o procedimento nos casos em que o processo verse sobre *direitos que admitam autocomposição*.

Esse limite imposto pela lei poderia parecer excessivo, pois o negócio que se está a celebrar não tem por alvo o próprio objeto litigioso do processo, mas sim o procedimento ou as situações jurídicas processuais de titularidade das partes (poderes, deveres, ônus e faculdades). Porém, a convenção sobre esses elementos pode, perfeitamente, refletir efeitos sobre a resolução do mérito. Tome-se, por exemplo, a restrição a determinados meios de prova: isso pode reduzir as chances de sucesso de uma das partes. É por tal motivo que se optou por limitar a aplicação do dispositivo às situações em que se admita a autocomposição.

Todavia, *direitos que admitem autocomposição* não significa *direitos disponíveis* pura e simplesmente. Eventual indisponibilidade do direito material não impede a autocomposição, como ocorre, por exemplo, no caso das demandas que versam sobre alimentos ou direitos transindividuais. Se existe possibilidade de autocomposição, em qualquer nível, sobre o direito objeto do litígio, então é permitido o negócio jurídico processual, ainda que a parte seja o Ministério Público ou a Fazenda Pública.

Como não poderia deixar de ser, os demais requisitos aplicáveis à validade de todo e qualquer negócio jurídico também aqui são necessários. O Código Civil exige agente capaz, objeto lícito e forma prescrita ou não vedada em lei (CC, arts. 104 e 166)

Apesar de a lei civil permitir que incapazes sejam representados ou assistidos para que, com isso, também possam contratar, isso restou vedado pelo art. 190 do CPC em matéria de negócio jurídico processual. Apenas partes plenamente capazes podem celebrar convenções processuais de acordo com a redação do art. 190. Todavia, essa questão precisa ser amadurecida para que, quiçá, haja uma interpretação menos restritiva do dispositivo: se a parte representada ou assistida pode transigir sobre o direito material, não haveria por que não poder transigir sobre o direito processual.

Além de condições de validade geral, é necessário que se preserve a autonomia da vontade dos participantes do negócio jurídico processual. Isso quer dizer que as convenções celebradas com vícios de vontade (CC, art. 171) restarão invalidadas.

Também é nulo o negócio jurídico processual simulado ou aquele celebrado em fraude à lei (CC, arts. 166, VI, 167 e CPC, art. 142).

2. Negócios jurídicos processuais típicos e atípicos

Apesar da inexistência de correspondente para o atual art. 190 do CPC na legislação anterior, o fato é que o CPC/1973 não ignorava a categoria dos negócios jurídicos processuais.

Com efeito, ainda que de maneira tímida e pouco utilizada na prática, aquele diploma já previa uma série de negócios jurídicos bilaterais *típicos* pelas partes. Era o caso da convenção sobre o ônus da prova (CPC/1973, art. 333, parágrafo único), da suspensão voluntária do processo por acordo entre as partes (CPC/1973, art. 265, II), da eleição de foro (CPC/1973, art. 111), do adiamento da audiência por convenção entre as partes (CPC/1973, art. 453, I), entre outros.

Também o CPC vigente cuida de alguns negócios jurídicos processuais típicos, tais como: a calendarização processual (art. 191), a delimitação de questões de fato e de direito para a atividade probatória pelas partes (art. 357, § 2º), a escolha conjunta e consensual do perito pelas partes (art. 471), o adiamento consensual da audiência (art. 362, inc. I), as convenções sobre ônus da prova (art. 373, §§ 3º e 4º) etc.

A grande novidade, contudo, é a possibilidade de flexibilização procedimental e autorregulação de situações jurídicas processuais (poderes, deveres, ônus e faculdades) pelas partes de forma geral, *atípica*. É isso que possibilita a regra do art. 190 do CPC.

A regra ora inserida permite a celebração de negócios jurídicos processuais, de natureza bilateral, acerca do procedimento ou da própria relação jurídica processual, de forma ampliada e atípica, sem que a lei preveja de antemão os *efeitos* da manifestação de vontade ou da omissão das partes.

A relativa liberdade concedida às partes em matéria de convenções processuais no CPC/1973 não chegou a florescer ou frutificar: pouco se viu, no dia a dia, a utilização prática de normas como a permissão para convenção sobre ônus da prova prevista no art. 333, parágrafo único, daquele diploma legal. Espera-se que, com a autorização concedida pelo atual CPC para a celebração de negócios jurídicos processuais bilaterais, essa situação se reverta, a bem da evolução e da efetividade do processo civil brasileiro.

Ainda é cedo para colher exemplos da praxe forense, mas a doutrina tem sido bastante criativa ao sugerir exemplos de negócios jurídicos bilaterais a serem celebrados com fulcro no art. 190 do CPC. Eis alguns deles: (i) ampliação ou redução de prazos processuais para resposta, recursos e manifestações em geral; (ii) estabelecimento de uma fase extraprocessual, prévia ou concomitante à demanda judicial, para tentativa de conciliação ou mediação; (iii) exclusão de atos processuais (como a audiência do art. 334 do CPC); (iv) previsão de uma instância única; (v) convenção sobre impenhorabilidades; (vi) afastamento de execução provisória; (vii) estipulação prévia ou exclusão de honorários sucumbenciais; (viii) estabelecimento de novas regras de comunicação processual (citação, intimação, etc.); (ix) substituição de debates orais por memoriais escritos ou vice-versa; (x) pacto de não denunciação à lide ou chamamento ao processo; (xi) dispensa consensual mútua de assistentes técnicos; (xii) acordo para substituição de bem penhorado etc. (Gajardoni, Fernando da

Fonseca. *Teoria Geral do Processo*: comentários ao CPC de 2015 – parte geral, pp. 625 e 630; Didier Jr., Fredie. *Curso de Direito Processual Civil*, vol. 1, p. 381, Cabral, Antonio do Passo. *Convenções Processuais*, pp. 180-182).

3. Momento da celebração dos negócios jurídicos processuais

Apesar do nome (negócio jurídico ou convenção *processual*), não existe necessidade de que haja um processo efetivamente em curso para que seja celebrada a avença. A redação do *caput* do art. 190 é clara no sentido de que a convenção pode ocorrer "*antes ou durante o processo*".

A ideia subjacente é a mesma que existe em relação à convenção de arbitragem: é muito mais fácil que as partes consigam se compor quanto ao procedimento e situações processuais relativas a um litígio, antes que tal litígio se instaure. Depois de instaurado o conflito, com os ânimos acirrados, fica mais difícil – embora ainda possível e recomendável – a composição em relação a questões processuais.

Um exemplo comum na doutrina de negócio jurídico pré-processual é o de cláusula de mediação obrigatória, por meio da qual as partes estabelecem que, antes de dar início ao processo judicial, devem submeter o conflito a uma câmara de mediação. Nada impede, também, que, em uma negociação de compra e venda de ativos, as partes estabeleçam que, em caso de controvérsia sobre o objeto do contrato, antes de dirigir a questão ao Poder Judiciário, deverão submeter-se a procedimentos de auditoria que podem especificar e detalhar no próprio contrato.

Por outro lado, enquanto houver processo, haverá oportunidade para celebração de negócio jurídico processual. Pode ser no início do procedimento, no saneamento (oportunidade bastante propícia, aliás – CPC, art. 357, § 3º), por ocasião da pendência de julgamento do último recurso cabível em última instância ou, ainda, em fase de cumprimento de sentença.

4. Controle e limites

O parágrafo único do art. 190 foi bastante sucinto ao dispor que o juiz controlará a validade das convenções processuais, recusando-lhes aplicação *somente* nos casos de nulidade ou de inserção abusiva em contrato de adesão ou em que alguma parte se encontre em manifesta situação de vulnerabilidade.

A utilização do vocábulo *somente* leva à interpretação de que a lei quis prestigiar ao máximo a autonomia da vontade das partes, de sorte a limitar ao máximo as possibilidades de controle e limitação dos negócios jurídicos processuais atípicos.

Trata-se da aplicação do princípio *in dubio pro libertate* (Schlosser), segundo o qual, na dúvida, deve prevalecer a liberdade de autorregramento das partes. Em outras palavras, o ordenamento brasileiro estabelece um princípio de validade apriorística dos acordos processuais, pressionando pela sua eficácia (Cabral, Antonio do Passo. *Convenções Processuais*, p. 145).

Todavia, além das hipóteses textualmente presentes no parágrafo único do art. 190, a doutrina costuma apontar uma série de outros limites não expressos no dispositivo também aplicáveis às convenções processuais (Cabral, *idem*, pp. 249 e ss.). Seria o caso da impossibilidade de limitação de poderes do Estado-juiz (ex: limitação de seus poderes instrutórios, proibindo-se a realização de determinado meio de prova), situações de reserva legal (ex: convenção para criar recurso não previsto em lei); transferência de externalidades (custos e impactos econômicos da litigância) ao Estado ou a terceiros (ex: estipulação de formação de órgão jurisdicional colegiado formado por cem integrantes); violações ao núcleo essencial de direitos fundamentais (ex: renúncia total ao contraditório ou à imparcialidade do juiz), dentre outros.

Jurisprudência

"Recurso especial. Processual civil. Adiamento da audiência de instrução e julgamento por acordo das partes. Negócio jurídico processual. Prescindibilidade da homologação judicial. Controle de existência e de validade pelo poder judiciário. Necessidade. Peculiaridades do caso que afastam a nulidade. Parte que não comparece ao ato judicial. Dispensa da produção de provas. Possibilidade. Recurso especial desprovido. 1. A audiência pode ser adiada por convenção das partes, o que configura um autêntico negócio jurídico processual e consagra um direito subjetivo dos litigantes, sendo prescindível a homologação judicial para sua eficácia. 2. Contudo, é dever do Magistrado controlar a validade do negócio jurídico processual, de ofício ou a requerimento da parte ou de interessado, analisando os pressupostos estatuídos pelo direito material. 3. A jurisprudência do STJ é no sentido de que o adiamento da audiência de julgamento é uma faculdade atribuída ao Magistrado, cujo indeferimento não configura cerceamento de defesa. 4. As particularidades do caso vertente afastam a alegada nulidade. O Juízo *a quo* exerceu o controle da validade do negócio jurídico processual e, ao assim proceder, constatou a inexistência de um dos pressupostos de validade, qual seja, a manifestação de vontade não viciada das partes. 4.1. A despeito de ter a recorrente formulado, em 3/10/2011, pedido de adiamento da audiência de instrução e julgamento em petição assinada pelos patronos de ambas as partes, a recorrida protocolou petição no dia seguinte, em 4/10/2011, opondo-se ao pedido e revogando a procuração do seu antigo advogado. Ademais, no dia subsequente, isto é, em 5/10/2011, o Magistrado de primeiro grau indeferiu o pleito de adiamento e manteve o ato processual para o dia anteriormente designado, ou seja, para 6/10/2011. 4.2. Caberia à parte requerente diligenciar perante a Secretaria da Vara e acompanhar a análise do seu pedido, notadamente porque a audiência estava na iminência de ser realizada, e tanto a parte contrária como o Magistrado se manifestaram tempestivamente nos autos acerca do não adiamento. 5. Constatada a ausência injustificada da parte na audiência de instrução e julgamento, é possível a dispensa da produção de provas requeridas pela faltante, nos termos do art. 453, § 2º, do CPC/1973 (art. 362, § 2º, do CPC/2015). 6. Recurso especial desprovido." (STJ, REsp 1.524.130/PR, Rel. Min. Marco Aurélio Belizze, 3ª Turma, j. 03.12.2019, *DJe* 06.12.2019)

"Civil. Processual civil. Ação de inventário. Celebração de negócio jurídico processual atípico. Cláusula geral do art. 190 do novo CPC. Aumento do protagonismo das partes, equilibrando-se as vertentes do contratualismo e do publicismo processual, sem despir o juiz de poderes essenciais à obtenção da tutela jurisdicional efetiva, célere e justa. Controle dos negócios jurídicos processuais quanto ao objeto e abrangência. Possibilidade. Dever de extirpar as questões não convencionadas e que não podem ser subtraídas do Poder Judiciário. Negócio jurídico entre herdeiros que pactuaram sobre retirada mensal para custeio de despesas, a ser antecipada com os frutos e rendimentos dos bens. Ausência de consenso sobre o valor exato a ser recebido por um herdeiro. Arbitramento judicial. Superveniência de pedido de majoração do valor pelo herdeiro. Possibilidade de exame pelo Poder Judiciário. Questão não abrangida

pela convenção que versa também sobre o direito material controvertido. Inexistência de vinculação do juiz ao decidido, especialmente quando houver alegação de superveniente modificação do substrato fático. Negócio jurídico processual atípico que apenas pode ser bilateral, limitados aos sujeitos processuais parciais. Juiz que não pode ser sujeito de negócio jurídico processual. Interpretação restritiva do objeto e da abrangência do negócio. Não subtração do exame do Poder Judiciário de questões que desbordem o objeto convencionado. Violação ao princípio do acesso à justiça. Revisão do valor que pode ser também decidida à luz do microssistema de tutelas provisórias. Art. 647, parágrafo único, do novo CPC. Suposta novidade. Tutela provisória em inventário admitida, na modalidade urgência e evidência, desde a reforma processual de 1994, complementada pela reforma de 2002. Concretude aos princípios constitucionais da inafastabilidade da jurisdição e da razoável duração do processo. Hipótese específica de tutela provisória da evidência que obviamente não exclui da apreciação do poder judiciário pedido de tutela de urgência. Requisitos processuais distintos. Exame, pelo acórdão recorrido, apenas da tutela da evidência. Acordo realizado entre os herdeiros com feições particulares que o assemelham a pensão alimentícia convencional e provisória. Alegada modificação do substrato fático. Questão não examinada pelo acórdão recorrido. Rejulgamento do recurso à luz dos pressupostos da tutela de urgência. 1- Recurso especial interposto em 19/12/2016 e atribuído à Relatora em 25/01/2018. 2- Os propósitos recursais consistem em definir: (i) se a fixação de determinado valor a ser recebido mensalmente pelo herdeiro a título de adiantamento de herança configura negócio jurídico processual atípico na forma do art. 190, *caput*, do novo CPC; (ii) se a antecipação de uso e de fruição da herança prevista no art. 647, parágrafo único, do novo CPC, é hipótese de tutela da evidência distinta daquela genericamente prevista no art. 311 do novo CPC. 3- Embora existissem negócios jurídicos processuais típicos no CPC/73, é correto afirmar que inova o CPC/15 ao prever uma cláusula geral de negociação por meio da qual se concedem às partes mais poderes para convencionar sobre matéria processual, modificando substancialmente a disciplina legal sobre o tema, especialmente porque se passa a admitir a celebração de negócios processuais não especificados na legislação, isto é, atípicos. 4- O novo CPC, pois, pretende melhor equilibrar a constante e histórica tensão entre os antagônicos fenômenos do contratualismo e do publicismo processual, de modo a permitir uma maior participação e contribuição das partes para a obtenção da tutela jurisdicional efetiva, célere e justa, sem despir o juiz, todavia, de uma gama suficientemente ampla de poderes essenciais para que se atinja esse resultado, o que inclui, evidentemente, a possibilidade do controle de validade dos referidos acordos pelo Poder Judiciário, que poderá negar a sua aplicação, por exemplo, se houver nulidade. 5- Dentre os poderes atribuídos ao juiz para o controle dos negócios jurídicos processuais celebrados entre as partes está o de delimitar precisamente o seu objeto e abrangência, cabendo-lhe decotar, quando necessário, as questões que não foram expressamente pactuadas pelas partes e que, por isso mesmo, não podem ser subtraídas do exame do Poder Judiciário. 6- Na hipótese, convencionaram os herdeiros que todos eles fariam jus a uma retirada mensal para custear as suas despesas ordinárias, a ser antecipada com os frutos e os rendimentos dos bens pertencentes ao espólio, até que fosse ultimada a partilha, não tendo havido consenso, contudo, quanto ao exato valor da retirada mensal de um dos herdeiros, de modo que coube ao magistrado arbitrá-lo. 7- A superveniente pretensão do herdeiro, que busca a majoração do valor que havia sido arbitrado judicialmente em momento anterior, fundada na possibilidade de aumento sem prejuízo ao espólio e na necessidade de fixação de um novo valor em razão de modificação de suas condições, evidentemente não está abrangida pela convenção anteriormente firmada. 8- Admitir que o referido acordo, que sequer se pode conceituar como um negócio processual puro, pois o seu objeto é o próprio direito material que se discute e que se pretende obter na ação de inventário, impediria novo exame do valor a ser destinado ao herdeiro pelo Poder Judiciário, resultaria na conclusão de que o juiz teria se tornado igualmente sujeito do negócio avençado entre as partes e, como é cediço, o juiz nunca foi, não é e nem tampouco poderá ser sujeito de negócio jurídico material ou processual que lhe seja dado conhecer no exercício da judicatura, especialmente porque os negócios jurídicos processuais atípicos autorizados pelo novo CPC são apenas os bilaterais, isto é, àqueles celebrados

entre os sujeitos processuais parciais. 9- A interpretação acerca do objeto e da abrangência do negócio deve ser restritiva, de modo a não subtrair do Poder Judiciário o exame de questões relacionadas ao direito material ou processual que obviamente desbordem do objeto convencionado entre os litigantes, sob pena de ferir de morte o art. 5º, XXXV, da Constituição Federal e do art. 3º, *caput*, do novo CPC. 10- A possibilidade de revisão do valor que se poderá antecipar ao herdeiro também é admissível sob a lente das tutelas provisórias, sendo relevante destacar, nesse particular, que embora se diga que o art. 647, parágrafo único, do novo CPC seja uma completa inovação no ordenamento jurídico processual brasileiro, a tutela provisória já era admitida, inclusive em ações de inventário, desde a reforma processual de 1994, que passou a admitir genericamente a concessão de tutela antecipatória, em qualquer espécie de procedimento, fundada em urgência (art. 273, I, do CPC/73) ou na evidência (art. 273, II, do CPC/73), complementada pela reforma de 2002, que introduziu a concessão da tutela fundada em incontrovérsia (art. 273, § 6º, do CPC/73), microssistema que deu concretude aos princípios constitucionais da inafastabilidade da tutela jurisdicional e da razoável duração do processo. 11- O fato de o art. 647, parágrafo único, do novo CPC, prever uma hipótese específica de tutela provisória da evidência evidentemente não exclui da apreciação do Poder Judiciário a pretensão antecipatória, inclusive formulada em ação de inventário, que se funde em urgência, ante a sua matriz essencialmente constitucional. 12- A antecipação da fruição e do uso de bens que compõem a herança é admissível: (i) por tutela provisória da evidência, se não houver controvérsia ou oposição dos demais herdeiros quanto ao uso, fruição e provável destino do referido bem a quem pleiteia a antecipação; (ii) por tutela provisória de urgência, independentemente de eventual controvérsia ou oposição dos demais herdeiros, se presentes os pressupostos legais. 13- Na hipótese, o acordo celebrado entre as partes é bastante singular, pois não versa sobre bens específicos, mas sobre rendimentos e frutos dos bens que compõem a herança ao espólio, bem como porque fora estipulado com o propósito específico de que cada herdeiro reunisse condições de custear as suas despesas do cotidiano, assemelhando-se, sobremaneira, a uma espécie de pensão alimentícia convencional a ser paga pelo espólio enquanto perdurar a ação de inventário e partilha. 14- Tendo o acórdão recorrido se afastado dessas premissas, impõe-se o rejulgamento do recurso em 2º grau de jurisdição, a fim de que a questão relacionada à modificação do valor que havia sido arbitrado judicialmente seja decidida à luz da possibilidade de majoração sem prejuízo ao espólio e da necessidade demonstrada pelo herdeiro, o que não se pode fazer desde logo nesta Corte em virtude da necessidade de profunda incursão no acervo fático-probatório. 15- Recurso especial conhecido e provido, para cassar o acórdão recorrido e determinar que o agravo de instrumento seja rejulgado à luz dos pressupostos da tutela provisória de urgência, observando-se, por fim, que eventual majoração deverá respeitar o limite correspondente ao quinhão hereditário que couber à parte insurgente." (STJ, REsp 1738656/RJ, Rel. Min. Nancy Andrighi, 3ª Turma, j. 03.12.2019, *DJe* 05.12.2019)

"Civil. Processual civil. Ação de inventário. Celebração de negócio jurídico processual atípico. Cláusula geral do art. 190 do novo CPC. Aumento do protagonismo das partes, equilibrando-se as vertentes do contratualismo e do publicismo processual, sem despir o juiz de poderes essenciais à obtenção da tutela jurisdicional efetiva, célere e justa. Controle dos negócios jurídicos processuais quanto ao objeto e abrangência. Possibilidade. Dever de extirpar as questões não convencionadas e que não podem ser subtraídas do Poder Judiciário. Negócio jurídico entre herdeiros que pactuaram sobre retirada mensal para custeio de despesas, a ser antecipada com os frutos e rendimentos dos bens. Ausência de consenso sobre o valor exato a ser recebido por um herdeiro. Arbitramento judicial. Superveniência de pedido de majoração do valor pelo herdeiro. Possibilidade de exame pelo poder judiciário. Questão não abrangida pela convenção que versa também sobre o direito material controvertido. Inexistência de vinculação do juiz ao decidido, especialmente quando houver alegação de superveniente modificação do substrato fático. Negócio jurídico processual atípico que apenas pode ser bilateral, limitados aos sujeitos processuais parciais. Juiz que não pode ser sujeito de negócio jurídico processual. Interpretação estritiva do objeto e da abrangência do negócio. Não substração do exame do Poder Judiciário de questões que desbordem o objeto convencionado. Violação ao princípio do acesso à justiça. Revisão do valor que pode ser também decidida à luz do mi-

crossistema de tutelas provisórias. Art. 647, parágrafo único, do novo CPC. Suposta novidade. Tutela provisória em inventário admitida, na modalidade urgência e evidência, desde a reforma processual de 1994, complementada pela reforma de 2002. Concretude aos princípios constitucionais da inafastabilidade da jurisdição e da razoável duração do processo. Hipótese específica de tutela provisória da evidência que obviamente não exclui da apreciação do poder judiciário pedido de tutela de urgência. requisitos processuais distintos. exame, pelo acórdão recorrido, apenas da tutela da evidência. Acordo realizado entre os herdeiros com feições particulares que o assemelham a pensão alimentícia convencional e provisória. Alegada modificação do substrato fático. Questão não examinada pelo acórdão recorrido. Rejulgamento do recurso à luz dos pressupostos da tutela de urgência. 1- Recurso especial interposto em 19/12/2016 e atribuído à Relatora em 25/01/2018. 2- Os propósitos recursais consistem em definir: (i) se a fixação de determinado valor a ser recebido mensalmente pelo herdeiro a título de adiantamento de herança configura negócio jurídico processual atípico na forma do art. 190, *caput*, do novo CPC; (ii) se a antecipação de uso e de fruição da herança prevista no art. 647, parágrafo único, do novo CPC, é hipótese de tutela da evidência distinta daquela genericamente prevista no art. 311 do novo CPC. 3- Embora existissem negócios jurídicos processuais típicos no CPC/73, é correto afirmar que inova o CPC/15 ao prever uma cláusula geral de negociação por meio da qual se concedem às partes mais poderes para convencionar sobre matéria processual, modificando substancialmente a disciplina legal sobre o tema, especialmente porque se passa a admitir a celebração de negócios processuais não especificados na legislação, isto é, atípicos. 4- O novo CPC, pois, pretende melhor equilibrar a constante e histórica tensão entre os antagônicos fenômenos do contratualismo e do publicismo processual, de modo a permitir uma maior participação e contribuição das partes para a obtenção da tutela jurisdicional efetiva, célere e justa, sem despir o juiz, todavia, de uma gama suficientemente ampla de poderes essenciais para que se atinja esse resultado, o que inclui, evidentemente, a possibilidade do controle de validade dos referidos acordos pelo Poder Judiciário, que poderá negar a sua aplicação, por exemplo, se houver nulidade. 5- Dentre os poderes atribuídos ao juiz para o controle dos negócios jurídicos processuais celebrados entre as partes está o de delimitar precisamente o seu objeto e abrangência, cabendo-lhe decotar, quando necessário, as questões que não foram expressamente pactuadas pelas partes e que, por isso mesmo, não podem ser subtraídas do exame do Poder Judiciário. 6- Na hipótese, convencionaram os herdeiros que todos eles fariam jus a uma retirada mensal para custear as suas despesas ordinárias, a ser antecipada com os frutos e os rendimentos dos bens pertencentes ao espólio, até que fosse ultimada a partilha, não tendo havido consenso, contudo, quanto ao exato valor da retirada mensal de um dos herdeiros, de modo que coube ao magistrado arbitrá-lo. 7- A superveniente pretensão do herdeiro, que busca a majoração do valor que havia sido arbitrado judicialmente em momento anterior, fundada na possibilidade de aumento sem prejuízo ao espólio e na necessidade de fixação de um novo valor em razão de modificação de suas condições, evidentemente não está abrangida pela convenção anteriormente firmada. 8- Admitir que o referido acordo, que sequer se pode conceituar como um negócio processual puro, pois o seu objeto é o próprio direito material que se discute e que se pretende obter na ação de inventário, impediria novo exame do valor a ser destinado ao herdeiro pelo Poder Judiciário, resultaria na conclusão de que o juiz teria se tornado igualmente sujeito do negócio avençado entre as partes e, como é cediço, o juiz nunca foi, não é e nem tampouco poderá ser sujeito de negócio jurídico material ou processual que lhe seja dado conhecer no exercício da judicatura, especialmente porque os negócios jurídicos processuais atípicos autorizados pelo novo CPC são apenas os bilaterais, isto é, àqueles celebrados entre os sujeitos processuais parciais. 9- A interpretação acerca do objeto e da abrangência do negócio deve ser restritiva, de modo a não subtrair do Poder Judiciário o exame de questões relacionadas ao direito material ou processual que obviamente desbordem do objeto convencionado entre os litigantes, sob pena de ferir de morte o art. 5º, XXXV, da Constituição Federal e do art. 3º, *caput*, do novo CPC. 10- A possibilidade de revisão do valor que se poderá antecipar ao herdeiro também é admissível sob a lente das tutelas provisórias, sendo relevante destacar, nesse particular, que embora se diga que o art. 647, parágrafo único, do novo CPC seja uma completa inovação no ordenamento jurídico processual brasileiro, a tutela provisória já era admitida, inclusive em ações de inventário, desde a reforma processual de 1994, que passou a admitir genericamente a concessão de tutela antecipatória,

em qualquer espécie de procedimento, fundada em urgência (art. 273, I, do CPC/73) ou na evidência (art. 273, II, do CPC/73), complementada pela reforma de 2002, que introduziu a concessão da tutela fundada em incontrovérsia (art. 273, §6º, do CPC/73), microssistema que deu concretude aos princípios constitucionais da inafastabilidade da tutela jurisdicional e da razoável duração do processo. 11- O fato de o art. 647, parágrafo único, do novo CPC, prever uma hipótese específica de tutela provisória da evidência evidentemente não exclui da apreciação do Poder Judiciário a pretensão antecipatória, inclusive formulada em ação de inventário, que se funde em urgência, ante a sua matriz essencialmente constitucional. 12- A antecipação da fruição e do uso de bens que compõem a herança é admissível: (i) por tutela provisória da evidência, se não houver controvérsia ou oposição dos demais herdeiros quanto ao uso, fruição e provável destino do referido bem a quem pleiteia a antecipação; (ii) por tutela provisória de urgência, independentemente de eventual controvérsia ou oposição dos demais herdeiros, se presentes os pressupostos legais. 13- Na hipótese, o acordo celebrado entre as partes é bastante singular, pois não versa sobre bens específicos, mas sobre rendimentos e frutos dos bens que compõem a herança ao espólio, bem como porque fora estipulado com o propósito específico de que cada herdeiro reunisse condições de custear as suas despesas do cotidiano, assemelhando-se, sobremaneira, a uma espécie de pensão alimentícia convencional a ser paga pelo espólio enquanto perdurar a ação de inventário e partilha. 14- Tendo o acórdão recorrido se afastado dessas premissas, impõe-se o rejulgamento do recurso em 2º grau de jurisdição, a fim de que a questão relacionada à modificação do valor que havia sido arbitrado judicialmente seja decidida à luz da possibilidade de majoração sem prejuízo ao espólio e da necessidade demonstrada pelo herdeiro, o que não se pode fazer desde logo nesta Corte em virtude da necessidade de profunda incursão no acervo fático-probatório. 15- Recurso especial conhecido e provido, para cassar o acórdão recorrido e determinar que o agravo de instrumento seja rejulgado à luz dos pressupostos da tutela provisória de urgência, observando-se, por fim, que eventual majoração deverá respeitar o limite correspondente ao quinhão hereditário que couber à parte insurgente." (REsp 1738656/RJ, Rel. Min. Nancy Andrighi, 3ª Turma, j. 03.12.2019, *DJe* 05.12.2019)

"Agravo de instrumento – Ação monitória – Homologação de acordo extrajudicial

Art. 190

– Cumprimento de sentença – Intimação para os fins do artigo 475-J do CPC/1973 – Ré executada sem advogado constituído nos autos – Intimação pessoal – Desnecessário – Partes que estipularam mudança no procedimento para ajustá-lo a especificidade da demanda – Negócio jurídico processual previsto no CPC/2015 – Cabimento – Intimações a serem realizadas no endereço declinado, ficando autorizado o recebimento de intimação por quaisquer terceiros que nele se encontrem. Autocomposição e capacidade plena das partes. disponibilidade dos interesses a permitir o negócio jurídico processual – Inteligência do art. 190, do CPC/2015. Decisão agravada reforma. agravo provido." (TJ-SP Agravo de Instrumento nº 2045753-87.2016.8.26.0000. Des. Rel. Luis Fernando Nishi, *DJ* 22.09.2016)

"Apelação cível. Direito privado não especificado. Acordo para tentativa de conciliação, com realização de nova audiência, a partir da qual correria o prazo para contestar. Negócio jurídico processual válido. Art. 190 do CPC. Não obstante, juízo de origem conduziu o processo ao arrepio do acordado pelas partes, em inequívoco prejuízo à ré S&K, cujo prazo contestacional foi tolhido. *Error in procedendo*. Cerceamento de defesa. Ocorrência. Deram provimento ao apelo da ré S & K Produtos Para Saúde Ltda., restando prejudicado o recurso da parte autora. Unânime." (TJ-RS – Apelação Cível nº 0313361-11.2017.8.21.7000. Des. Rel. Paulo Sergio Scarparo. *DJ* 06.12.2017).

"Processual civil. Ofensa ao art. 535, do CPC. Inocorrência. Princípios do contraditório e ampla defesa. Competência do colendo Supremo Tribunal Federal. Contrato. Ausência de apreciação de pedido de suspensão do feito. Adiamento do julgamento sem posterior publicação de nova pauta. Omissão. 1. Inexiste ofensa ao art. 535 do CPC, quando o Tribunal de origem, embora sucintamente, pronuncia-se de forma clara e suficiente sobre a questão posta nos autos. Ademais, o magistrado não está obrigado a rebater, um a um, os argumentos trazidos pela parte, desde que os fundamentos utilizados tenham sido suficientes para embasar a decisão. 2. Fundando-se o acórdão recorrido em interpretação de matéria eminentemente constitucional – princípios do contraditório e da ampla (CF, art. 5º, incs. LIV e LV) – descabe a esta Corte examinar a questão, porquanto reverter o julgado significaria usurpar

competência que, por expressa determinação da Carta Maior, pertence ao Colendo STF, e a competência traçada para este Eg. STJ restringe-se unicamente à uniformização da legislação infraconstitucional. Precedentes jurisprudenciais. 3. A suspensão convencional do processo, em regra, não pode ser obstada pelo juiz. A suspensão do processo, por obra das partes, obedece ao prazo máximo de 6 (seis) meses, por isso que, superado este, retoma-se o curso do prazo processual. Efetuado o julgamento do recurso 8 (oito) meses após a suspensão, revelou-se atendido o pedido convencional, passando daí por diante a reger o processo as normas cogentes do CPC, dentre as quais, a que dispõe que o processo começa por iniciativa das partes mas se desenvolve por impulso oficial. (arts. 262 c/c 265 do CPC). 4. Deveras, por força da própria lei, o requerimento, em petição conjunta, de sobrestamento do processo até o cumprimento do acordo celebrado entre as partes, enseja a suspensão pelo prazo máximo previsto no § 3º do art. 265, CPC. 5. Consectariamente, esgotado esse, o processo retoma o seu curso, conforme o conceito unívoco de 'suspensão do processo'. 6. Formulado o pedido de sustação da marcha processual quando o feito já se encontrava incluído em pauta para julgamento pela jurisdição superior, a cessação da suspensão autoriza o seu imediato julgamento sem a necessidade de nova reinclusão, o que encerraria *bis in idem*. 7. Destarte, se a suspensão é derivada de negócio jurídico processual lavrado pelas próprias partes, compete-lhes acompanhar o andamento do processo cessada a suspensão convencional, por força do impulso oficial que norteia o processo civil brasileiro. 8. Recurso especial improvido." (STJ, REsp 617.722/MG, Rel. Min. Luiz Fux, 1ª Turma, j. 19.08.2004, *DJ* 29.11.2004, p. 247)

"Processual civil e civil. Juízo arbitral. Escolha. Tribunal situado em São Paulo. Contrato. Eleição do foro. Comarca distinta. Caso peculiar. Sentença arbitral em fase de cumprimento. Ação anulatória. Competência para processar o cumprimento da sentença definida em outro feito. Trânsito em julgado. Conexão. Não prevalência de cláusula de eleição do foro. Recurso especial provido. Definida por decisão transitada em julgado a competência para execução de sentença arbitral, a ação de anulação dessa sentença, por força do instituto da conexão e do respeito à coisa julgada, deve ser proposta no mesmo local, não prevalecendo eventual cláusula de eleição de foro. Recurso especial provido." (STJ, REsp 1130870/PR, Rel. Min. Nancy Andrighi, Rel. p/ Acórdão Min. João Otávio de Noronha, 3ª Turma, j. 17.12.2013, *DJe* 26.05.2014)

"Processo civil. Suspensão do processo. Convenção das partes. Limite temporal. Artigo 265 do CPC. 1. Embora a lei confira o direito de as partes convencionarem a suspensão do processo, este é limitado pela disposição do §3º do artigo 265 do CPC e tal limite funda-se na necessidade de que as pendências judiciais não se perpetuem, sobretudo diante da garantia constitucional dirigida a todos (não exclusivamente às partes processuais) da razoável duração do processo e dos meios que garantam a celeridade de sua tramitação. 2. Encerrado o prazo de seis meses, imediatamente os autos devem ir conclusos para o magistrado para que este restabeleça o curso do procedimento. 3. Agravo regimental não provido." (STJ, AgRg no REsp 1231891/PR, Rel. Min. Mauro Campbell Marques, 2ª Turma, j. 07.02.2013, *DJe* 18.02.2013)

> **Art. 191.** De comum acordo, o juiz e as partes podem fixar calendário para a prática dos atos processuais, quando for o caso.
>
> **§ 1º** O calendário vincula as partes e o juiz, e os prazos nele previstos somente serão modificados em casos excepcionais, devidamente justificados.
>
> **§ 2º** Dispensa-se a intimação das partes para a prática de ato processual ou a realização de audiência cujas datas tiverem sido designadas no calendário.

▶ *Referência: CPC/1973 – Art. 181*

1. Calendarização dos atos processuais

O Código de Processo Civil também inovou ao trazer a possibilidade de *calendarização* de atos processuais. Embora o art. 181 do CPC/1973 previsse a possibilidade de redução ou prorrogação de prazos dilatórios pelas partes, com participação do juiz, a situação prevista no dispositivo ora em comento é muito mais rica e muito mais ampla.

O art. 191 previu a possibilidade de as partes e o magistrado, de comum acordo, estabelecerem verdadeiro calendário para a prática de todos os atos processuais, com caráter vincu-

lante e excepcionais possiblidades de mudanças ou revisões.

Tem-se entendido que a calendarização do processo é negócio jurídico processual típico, tanto que estava prevista como parte integrante do art. 190 do CPC, mas foi desmembrada na derradeira etapa de ajustes redacionais do processo legislativo.

2. Momento da celebração do calendário

A exemplo do que ocorre no procedimento arbitral, o momento propício para estabelecimento do calendário é a primeira audiência entre as partes (a qual, no procedimento arbitral, corresponde àquela em que se celebra o *termo de arbitragem)*. Portanto, no procedimento comum, após a audiência de conciliação ou mediação (CPC, art. 334), poderão os sujeitos processuais (aí incluído o órgão jurisdicional), negociar e definir o calendário, se assim entenderem pertinente. Pode, ainda, ser convocada audiência especialmente para essa finalidade.

O calendário não precisa aplicar-se a todas as fases do procedimento. Pode, por exemplo, destinar-se apenas à fase postulatória ou à produção de prova pericial (datas para indicação de assistentes técnicos, formulação de quesitos, entrega do laudo, manifestações, eventual oitiva de perito em audiência etc.).

3. Dispensa de intimações

Uma das vantagens da calendarização dos atos processuais é, além da expectativa de duração de determinada fase ou do processo como um todo, a dispensa das intimações das partes para a prática dos atos que lhe competem, conforme previsto no § 2º do art. 191 do CPC.

Elimina-se, com isso, todo o tempo e dinheiro despendidos com a preparação e promoção de intimações às partes, pois cada uma já saberá, de antemão, a data limite em que deverá praticar determinado ato a seu cargo.

4. Descumprimento e revisão do calendário

A lei estabelece que tanto as partes quanto o órgão jurisdicional encontram-se vinculados ao calendário estabelecido. Assim, se houver substituição do magistrado por remoção, promoção ou, ainda, sucessão da parte, os sucessores permanecerão vinculados ao calendário.

Art. 192

Todavia, pode-se justificar o descumprimento e a consequente necessidade de revisão do calendário em casos excepcionais e graves, como o de doenças incapacitantes que acometem a parte ou o advogado, a morte da parte ou do advogado, a renúncia ao mandato, a licença-saúde do magistrado sem designação de outro para assunção do cargo etc.

Nessas situações, o calendário fica sem efeito – a menos que se decida o contrário – retomando-se o padrão legal de intimações e prática de atos processuais, devendo haver, se for o caso, negociação de novo calendário.

Fora dessas hipóteses, contudo, se as partes descumprirem os prazos convencionados no calendário, sofrerão as mesmas consequências estabelecidas no rito legal, tais como a preclusão (CPC, art. 223). Se o prazo for descumprido pelo juiz, não haverá propriamente sanção processual, mas poderá haver consequências de natureza correicional.

Jurisprudência

"Agravo de instrumento. Decisão que deferiu a liminar de busca e apreensão, determinando a observância de tramitação do processo com fixação de calendário, nos moldes do art. 191 do CPC/2015. Requerimento não aportado na inicial. Decisão reformada, para determinar a observância da tramitação regular da ação de busca e apreensão. Agravo provido." (TJSP, Agravo de Instrumento 2239054-91.2019.8.26.0000, Rel. Carlos Dias Motta, 29ª Câmara de Direito Privado, Foro de Bauru – 5ª Vara Cível, j. 27/11/2019, data de registro 27.11.2019)

"Processo civil – Prazo: dilação. 1. Os prazos judiciais podem ser alongados, com consulta prévia à parte contrária, quando se tratar de prazo comum (art. 181 do CPC). 2. A inexistência de consulta à parte contrária e a inflexibilidade do prazo judicial, diante de uma complexa análise da perícia, constitui-se em cerceamento de defesa. 3. Recurso provido." (STJ, REsp 164.453/SP, Rel. Min. Eliana Calmon, 2ª Turma, j. 20.03.2001, *DJ* 09.04.2001, p. 339)

"Agravo de instrumento. Ação revisional de contrato. Laudo pericial elaborado por perito judicial. Prorrogação de prazo. Impossibilidade. Pedido unilateral. Art. 181 do CPC. Agravo de Instrumento desprovido." (TJ-RS,

AI: 70053190047 RS, Rel. de Castro Boller, 13ª Câmara Cível, j. 24.03.2014, *DJ* 25.03.2014)

> **Art. 192.** Em todos os atos e termos do processo é obrigatório o uso da língua portuguesa.
>
> **Parágrafo único.** O documento redigido em língua estrangeira somente poderá ser juntado aos autos quando acompanhado de versão para a língua portuguesa tramitada por via diplomática ou pela autoridade central, ou firmada por tradutor juramentado.

▶ *Referência: CPC/1973 – Arts. 156 e 157*

1. Uso da língua portuguesa

Dispõe o art. 13 da CF que a língua portuguesa é o idioma oficial do país. O Código de Processo Civil vigente repetiu a norma do CPC/1973, de forma a explicitar a obrigatoriedade do uso da língua portuguesa nos atos e termos do processo (a única alteração com relação ao CPC/73 é a de que o diploma anterior falava em "vernáculo" em seu art. 156).

Apesar do caráter direto do comando, não está proibido o uso de expressões estrangeiras na comunicação processual. Há situações em que diversas palavras de origem estrangeira se incorporaram ao vocabulário jurídico, como é o caso de *Parquet* (para designar o órgão do Ministério Público), *leasing* (para tratar de alienação fiduciária), *common law* (para designar as famílias jurídicas de tradição anglo-saxônica), além, é claro, de palavras estrangeiras que se incorporaram ao vocabulário nacional geral: *notebook, standard, e-mail, upgrade, software, topmodel, stress, delivery, sundae, self-service, surf, fast-food, WC, CD, DVD, kit, rush, spray*, dentre tantas outras.

O mesmo se diga para expressões latinas, cujo emprego é muito comum e deve continuar a ser permitido, sem que, com isso, se entenda por violado o art. 192. Há situações em que a expressão latina é mais conveniente até do que a versão correspondente no vernáculo ou, até mesmo, situações em que não existe qualquer correspondência exata no idioma nacional (e.g., *data venia,* coisa julgada *secundum eventum litis, erga omnes, a contrario sensu, ad hoc, affectio societatis, amicus curiae, quantum debeatur, de cujus, ex tunc, ex nunc, periculum in mora, fumus boni iuris, habeas corpus* etc.).

Não obstante a conveniência de se utilizar palavras estrangeiras ou expressões latinas, isso deve ser feito com razoabilidade e moderação, de forma a não prejudicar a compreensão e a clareza no processo e – mais que isso – de modo a não tornar a comunicação (oral ou escrita) desagradável, comprometendo o estilo e correndo o risco de parecer arrogante ou grotesco.

2. Documento em língua estrangeira

O art. 192 ampliou as hipóteses de tradução do documento redigido em língua estrangeira. O diploma anterior apenas permitia que o documento viesse aos autos se traduzido por tradutor juramentado (CPC/1973, art. 157), mas o atual CPC prevê que a tradução também possa advir da via diplomática ou de autoridade central (tal como o Ministério da Justiça na previsão do art. 26, § 4º).

Pela redação do dispositivo, verifica-se que a juntada do documento só é admissível se acompanhada da respectiva tradução nas condições acima especificadas. Trata-se, pois, de requisito de *admissibilidade* desse tipo de prova documental.

Vale notar que o dispositivo faz referência ao documento *redigido em língua estrangeira*. Isso quer dizer que a norma não alcança o documento estrangeiro redigido em língua portuguesa, mas se aplica plenamente ao documento nacional redigido em idioma estrangeiro. No mesmo sentido, é a norma do art. 224 do CC.

A tradução pública, também denominada de tradução juramentada no Brasil, é a tradução realizada por um Tradutor Público e Intérprete Comercial (tradutor juramentado). Nos termos da legislação brasileira (Lei nº 14.195/2021), as Juntas Comerciais dos estados são as entidades responsáveis pela habilitação de Tradutores Públicos e Intérpretes Comerciais, os quais são habilitados em um ou mais idiomas estrangeiros (além do português), e matriculados na junta comercial do seu estado de residência após aprovação em concurso público.

3. Registro do documento estrangeiro no Brasil

Para que produza efeitos no Brasil em relação a terceiros, em repartições da União, dos Estados, do Distrito Federal e dos Municípios, em especial em juízo, qualquer documento estrangeiro, acompanhado de sua tradução, precisa ser submetido a registro no Registro de Títulos e Documentos (LRP, art. 129, § 6º). Trata-se de norma aplicável ao documento de procedência estrangeira, ou seja, o documento não produzido em território nacional.

Todavia, existe súmula do STF (n. 259), segundo a qual *"Para produzir efeito em juízo, não é necessária a inscrição, no registro público, de documentos de procedência estrangeira, autenticados por via consular"*. Atente-se, porém, para o fato de que o enunciado apenas refere-se a documentos autenticados por via consular, sendo que todos os demais submetem-se ao requisito do registro para a respectiva produção de efeitos em relação a terceiros.

Jurisprudência

Súmula 259 STF: "Para produzir efeito em juízo não é necessária a inscrição, no registro público, de documentos de procedência estrangeira, autenticados por via consular."

"*Habeas corpus* – Impetração redigida em língua espanhola – Extradição – Formulação de pedido de clemência ao Presidente da República – Ausência de indicação de ato configurador de ilegalidade ou abuso de poder – HC não conhecido – É inquestionável o direito de súditos estrangeiros ajuizarem, em causa própria, a ação de *habeas corpus*, eis que esse remédio constitucional – Por qualificar-se como verdadeira ação popular – Pode ser utilizado por qualquer pessoa, independentemente da condição jurídica resultante de sua origem nacional. – A petição com que impetrado o *habeas corpus* deve ser redigida em português, sob pena de não conhecimento do *writ* constitucional (CPC, art. 156, c/c CPP, art. 3º), eis que o conteúdo dessa peça processual deve ser acessível a todos, sendo irrelevante, para esse efeito, que o juiz da causa conheça, eventualmente, o idioma estrangeiro utilizado pelo impetrante. A imprescindibilidade do uso do idioma nacional nos atos processuais, além de corresponder a uma exigência que decorre de razões vinculadas à própria soberania nacional, constitui projeção concretizadora da norma inscrita no art. 13, *caput*, da Carta Federal, que proclama ser a língua portuguesa 'o idioma oficial da República Federativa do Brasil'. – Não há como admitir o processamento da ação de habeas corpus se o impetrante deixa de atribuir a autoridade apontada como coatora a prática de ato concreto que evidencie a ocorrência de um específico comportamento abusivo ou revesti-

Art. 192

do de ilegalidade. – O exercício da clemência soberana do Estado não se estende, em nosso direito positivo, aos processos de extradição, eis que o objeto da *indulgentia principis* restringe--se, exclusivamente, ao plano dos ilícitos penais sujeitos a competência jurisdicional do Estado Brasileiro. O Presidente da República – que constitui, nas situações referidas no art. 89 do estatuto do estrangeiro, o único árbitro da conveniência e oportunidade da entrega do extraditando ao Estado requerente – não pode ser constrangido a abster-se do exercício dessa prerrogativa institucional que se acha sujeita ao domínio específico de suas funções como Chefe de Estado." (STF, HC 72391 QO, Rel. Min. Celso de Mello, Tribunal Pleno, j. 08.03.1995, *DJ* 17-03-1995 pp-05791 ement vol-01779-02 pp-00331)

"Carta rogatória. Decisão que negou provimento aos embargos previstos no art. 216-V, § 2º, do RISTJ. Ausência de litispendência internacional. Competência concorrente. Tradução de documentos emanados de país lusófono, redigidos no vernáculo. Desnecessidade. Tramitação pela autoridade central. Autenticidade dos documentos e das traduções. Requisitos do art. 202 do CPC. Inaplicabilidade às cartas rogatórias passivas. Matérias a serem articuladas perante o juízo rogante. Agravos regimentais improvidos. I – O art. 90 do Código de Processo Civil estabelece que a ação intentada perante tribunal estrangeiro não induz litispendência nem obsta que a autoridade judiciária brasileira conheça da mesma causa e das que lhe são conexas, mormente por se tratar de hipótese de competência concorrente. II – Descabida a irresignação quanto à falta de tradução oficial ou juramentada dos documentos que instruíram a carta rogatória, mormente por serem emanados de um país lusófono e terem sido redigidos no vernáculo. III – Consoante jurisprudência desta Corte, não são aplicáveis às cartas rogatórias passivas os requisitos do art. 202 do CPC, e a sua tramitação pela autoridade central confere autenticidade aos documentos que a instruem. IV – As demais questões suscitadas constituem matérias a serem articuladas perante o Juízo rogante, se for o caso. Agravos regimentais improvidos." (STJ, AgRg na CR 8.948/EX, Rel. Min. Francisco Falcão, Corte Especial, j. 18.11.2015, *DJe* 18.12.2015)

"Processo civil. Documento redigido em língua estrangeira. Versão em vernáculo firmada por tradutor juramentado. dispensabilidade a ser avaliada em concreto. Art. 157 C/C arts. 154, 244 e 250, p. único, CPC. Tradução. Imprescindibilidade demonstrada. Emenda à inicial. Necessidade de oportunização específica. Arts. 284 C/C 327, CPC. PRECEDENTES. 1. A dispensabilidade da tradução juramentada de documento redigido em língua estrangeira (art. 157, CPC) deve ser avaliada à luz da conjuntura concreta dos autos e com vistas ao alcance da finalidade essencial do ato e à ausência de prejuízo para as partes e(ou) para o processo (arts. 154, 244 e 250, CPC). 2. O indeferimento da petição inicial, quer por força do não preenchimento dos requisitos exigidos nos arts. 282 e 283 do CPC, quer pela verificação de defeitos e irregularidades capazes de dificultar o julgamento de mérito, reclama a concessão de prévia oportunidade de emenda pelo autor (art. 284, CPC). Precedentes. 3. 'A exigência de apresentação de tradução de documento estrangeiro, consubstanciada no art. 157 do CPC, deve ser, na medida do possível, conjugada com a regra do art. 284 da mesma lei adjetiva, de sorte que se ainda na fase instrutória da ação ordinária é detectada a falta, deve ser oportunizada à parte a sanação do vício, ao invés de simplesmente extinguir-se o processo, obrigando à sua repetição' (REsp 434.908/AM, Rel. Min. Aldir Passarinho Junior, 4ª Turma, *DJ* 25/08/2003). 4. Recurso especial conhecido em parte e, nesta parte, provido." (STJ, REsp 1231152/PR, Rel. Min. Nancy Andrighi, 3ª Turma, j. 20.08.2013, *DJe* 18.10.2013)

"Processual civil. Documento redigido em língua estrangeira, desacompanhado da respectiva tradução juramentada (art. 157, CPC). Admissibilidade. Dissídio jurisprudencial não comprovado. 1. Em se tratando de documento redigido em língua estrangeira, cuja validade não se contesta e cuja tradução não é indispensável para a sua compreensão, não é razoável negar-lhe eficácia de prova. O art. 157 do CPC, como toda regra instrumental, deve ser interpretado sistematicamente, levando em consideração, inclusive, os princípios que regem as nulidades, nomeadamente o de que nenhum ato será declarado nulo, se da nulidade não resultar prejuízo para acusação ou para a defesa (*pas de nulitté sans grief*). Não havendo prejuízo, não se pode dizer que a falta de tradução, no caso, tenha importado violação ao art. 157 do CPC. 2. Recurso especial a que se nega provimento." (STJ, REsp 616.103/SC, Rel. Min. Teori Albino Zavascki, 1ª Turma, j. 14.09.2004, *DJ* 27.09.2004, p. 255)

"Processual Civil. Recurso ordinário em mandado de segurança. Tributário. ICMS. Prova fundamental da impetração: contratos redigidos em língua estrangeira. Inobservância do disposto no art. 157 do CPC. Ausência de prova preconstituída. 1. Confrontando-se o pedido inicial com os documentos contidos nos autos, verifica-se que a 'prova fundamental' da impetração são os contratos firmados entre a impetrante e os destinatários dos grãos (soja e milho), como bem observou o Ministério Público Federal. No entanto, a juntada de tais contratos não observou o disposto no art. 157 do CPC, *in verbis*: 'Só poderá ser junto aos autos documento redigido em língua estrangeira, quando acompanhado de versão em vernáculo, firmada por tradutor juramentado'. Nesse contexto, não há prova preconstituída apta a comprovar que, no caso concreto, é ilegal a exigência do ICMS em relação às mercadorias (grãos) transferidas de Mato Grosso do Sul para o Estado do Paraná. A alegação de que tais mercadorias seriam destinadas ao exterior não restou devidamente comprovada. 2. Tratando-se de mandado de segurança, cuja finalidade é a proteção de direito líquido e certo, não se admite dilação probatória, porquanto não comporta a fase instrutória, sendo necessária a juntada de prova preconstituída apta a demonstrar, de plano, o direito alegado. 3. Recurso ordinário não provido." (STJ, RMS 28.895/MS, Rel. Min. Mauro Campbell Marques, 2ª Turma, j. 03.05.2011, *DJe* 09.05.2011)

Seção II
Da prática eletrônica de atos processuais

> **Art. 193.** Os atos processuais podem ser total ou parcialmente digitais, de forma a permitir que sejam produzidos, comunicados, armazenados e validados por meio eletrônico, na forma da lei.
>
> **Parágrafo único.** O disposto nesta Seção aplica-se, no que for cabível, à prática de atos notariais e de registro.

▶ *Sem correspondência no CPC/1973*

1. O "processo eletrônico" (processo em meio eletrônico)

Algo praticamente inexistente até o início deste século, hoje o processo em meio eletrônico é uma realidade em todo o País. Desde a vigência do Código, em 2016, muito já avançou nesse particular. Além disso, com a pandemia de Covid, muitos processos físicos foram digitalizados. Assim, em alguns anos, é possível dizer que o processo físico acabará.

Do ponto de vista técnico-processual (no sentido de solucionar os conflitos), o processo físico ou eletrônico não tem finalidades distintas, mas há apenas uma diferença quanto ao seu suporte (papel *x* meio eletrônico). Logo, não existe uma "teoria geral do processo físico" distinta da "teoria geral do processo eletrônico". Mas, por certo, autos eletrônicos têm condições de fazer com que a tramitação seja mais célere.

Até o momento, o marco legislativo mais relevante em relação ao processo eletrônico é a L. 11.419/2006, que "dispõe sobre a informatização do processo judicial".

O CPC poderia ter avançado muito no tema, mas a nova legislação ainda tem como paradigma os autos em papel, apesar de trazer algumas inovações. Assim, como se verifica destes artigos que compõem a Seção "Da Prática Eletrônica de Atos Processuais", a regulação do tema foi tímida, ainda prevalecendo a regulamentação em lei especial. Nesse sentido, o Código mais regula o passado que o presente ou o futuro. Em síntese: perdeu-se a oportunidade de avançar.

Entre os problemas do processo eletrônico, há a profusão de sistemas no país (PJe, e-SAJ, e-Proc, Projudi) – e de dificuldades no uso, como falhas de acesso, incompatibilidades de programas para acessar o sistema, demora para peticionar e necessidade de diminuir o tamanho dos arquivos.

O assunto é tratado na Resolução 185/2013 do CNJ (posteriormente alterada pela Resolução 245/2016 e pela Resolução 281/2019), mas ainda insuficiente para resolver os problemas. E, repita-se, esses temas não são enfrentados pelo CPC/2015.

2. Atos processuais digitais

O art. 193 trata especificamente da realização, total ou parcial, de atos processuais por meio digital. Assim, os atos (petições, audiências e decisões, por exemplo), poderão ser "produzidos, comunicados, armazenados e validados" apenas por meio eletrônico, nos termos da L. 11.419/2006.

Portanto, uma petição pode ser enviada e assinada por meio eletrônico, sem necessidade de apresentação de petição escrita.

Além disso, considerando o momento de transição que vivemos, é possível que haja a realização híbrida de atos. Nesse sentido, mesmo em processos físicos é possível que a assinatura do magistrado seja lançada de forma eletrônica (isso é o que ocorre, por exemplo, no âmbito do Tribunal Regional Federal da 3ª Região).

Por sua vez, a assinatura digitalizada de advogado em petição física (assinatura escaneada e inserida na petição, que já é impressa com a assinatura) não é admitida pela jurisprudência. Mas é desnecessário indicar o nome do advogado na petição eletrônica que é assinada e enviada por meio de certificado digital – basta a identificação por meio do certificado digital.

Segundo enunciado aprovado na I Jornada de Direito Processual do Conselho da Justiça Federal, as audiências podem ser realizadas por meio eletrônico – resta, contudo, que exista nos fóruns a tecnologia para tanto (Enunciado 25 do CJF: "As audiências de conciliação ou mediação, inclusive dos juizados especiais, poderão ser realizadas por videoconferência, áudio, sistemas de troca de mensagens, conversa *on-line*, conversa escrita, eletrônica, telefônica e telemática ou outros mecanismos que estejam à disposição dos profissionais da autocomposição para estabelecer a comunicação entre as partes").

3. Atos notarias e de registro (parágrafo único)

Tratando de tema que não é efetivamente processual, o parágrafo único refere-se à possibilidade de que os atos notariais sejam também realizados por meio eletrônico. Assim, as previsões constantes dos artigos que tratam dos atos eletrônicos aplicam-se também a atos cartoriais.

Independentemente dessa nova previsão legislativa constante do parágrafo único, diversos cartórios, em várias unidades da Federação, já realizavam atos por meio eletrônico. Por exemplo, há diversos cartórios de imóveis em que as matrículas não mais estão em meio físico, mas somente eletrônico e, assim, são rapidamente enviadas, por correio eletrônico, para os inte-

ressados. Da mesma forma, a ata notarial (agora incorporada ao direito positivo – vide art. 384) também pode trazer, no seu bojo, imagem ou som gravados em meio eletrônico (art. 384, parágrafo único).

Jurisprudência

"Embargos de declaração no agravo em recurso especial. Recebimento como agravo regimental. Agravo em recurso especial. Ausência de assinatura original no recurso especial. Cópia digitalizada regularização do feito. Não cabimento. Art. 13 do CPC. (...) 2. Considera-se sem assinatura o recurso no qual há inserção de assinatura escaneada em determinado documento, obtida a partir de outro documento original, porquanto não confere garantia quanto à sua autenticidade em relação ao signatário. 3. Agravo regimental não provido." (EDcl no AREsp 648.211/PE, Rel. Min. Moura Ribeiro, 3ª Turma, j.28.04.2015, *DJe* 12.05.2015)

"Agravo regimental em recurso especial. Advogado titular do certificado digital sem procuração nos autos. descumprimento da Lei 11.419/2006 e da Resolução nº 1/2010, da presidência do STJ. Irrelevância, no entanto, da ausência de menção do nome do signatário digital na petição remetida eletronicamente. Recurso não provido. 1. A prática eletrônica de ato judicial, na forma da Lei nº 11.419/2006, reclama que o titular do certificado digital utilizado possua procuração nos autos, sendo irrelevante que na petição esteja ou não grafado o seu nome. 2. A assinatura digital destina-se à identificação inequívoca do signatário do documento, o qual passa a ostentar o nome do detentor do certificado digital utilizado, o número de série do certificado, bem como a data e a hora do lançamento da firma digital. Dessa sorte, o atendimento da regra contida na alínea a do inciso III do parágrafo 2º do artigo 1º da Lei nº 11.419/2006 depende tão somente de o signatário digital possuir procuração nos autos. Precedente da 3ª Turma: EDcl no AgRg nos EDcl no AgRg no Ag 1.234.470/SP, Rel. Ministro Paulo de Tarso Sanseverino, Terceira Turma, julgado em 10.04.2012, *DJe* de 19.04.2012. 3. Ademais, o parágrafo 2º do art. 18 da Res. 1/2010, da Presidência do STJ preconiza que 'o envio da petição por meio eletrônico e com assinatura digital dispensa a apresentação posterior dos originais ou de fotocópias autenticadas'. 4. Na espécie, porém, o titular do certificado digital utilizado para a assinatura digital da petição do agravo regimental não possui procuração nos autos, conforme atestado pela Coordenadoria da Quarta Turma. 5. Agravo regimental não provido." (AgRg no REsp 1347278/RS, Rel. Min. Luis Felipe Salomão, Corte Especial, j.19.06.2013, *DJe* 01.08.2013).

Art. 194. Os sistemas de automação processual respeitarão a publicidade dos atos, o acesso e a participação das partes e de seus procuradores, inclusive nas audiências e sessões de julgamento, observadas as garantias da disponibilidade, independência da plataforma computacional, acessibilidade e interoperabilidade dos sistemas, serviços, dados e informações que o Poder Judiciário administre no exercício de suas funções.

▸ *Sem correspondência no CPC/1973*

1. Requisitos para o sistema de processo eletrônico

Como exposto no artigo anterior, não existe um único sistema para o processo eletrônico. Este artigo, ao se referir a "sistemas de automação processual", no plural, reconhece essa característica. E traz alguns requisitos mínimos para que sejam observados pelos diversos sistemas.

Assim, ainda que não haja unidade entre sistemas, ao menos deverão existir caracteres mínimos comuns. Trata-se mais de um comando ético, um "dever-ser", do que efetivamente uma previsão que, se não observada, acarretará a nulidade do processo ou a necessidade de volta ao processo físico (que, em muitos locais, simplesmente deixou de existir).

2. Publicidade

O processo eletrônico, tal qual o processo físico, em regra deve ser público (CF, art. 93, IX) – salvo nos casos de segredo de justiça (art. 189).

É inegável que o processo eletrônico, acessível por meio da internet, tem um potencial de divulgação e publicidade muito maior que o processo físico. Mas, buscou o legislador garantir que *partes e procuradores* tenham amplo acesso aos autos eletrônicos – inclusive em relação a audiência e sessão de julgamentos.

Contudo, e em relação a terceiros? Deve haver total acesso ou isso violaria a intimidade das partes – igualmente constitucionalmente protegida (CF, art. 5º, X)? Em relação aos casos

de segredo de justiça, dúvida não há que deve haver acesso apenas para as partes. No tocante aos demais processos, prossegue o debate, especialmente se (i) o acesso deve ser totalmente aberto a qualquer um ou (ii) acessível apenas para advogados e/ou após prévio cadastro. O CPC apenas afirma que o processo deve ser público, não descendo a tais minúcias. Mas, em regra, mediante um cadastro perante o próprio tribunal, o advogado poderá acessar quaisquer autos eletrônicos (a respeito, vide art. 107, § 5º).

3. Disponibilidade

A disponibilidade busca garantir que o sistema estará disponível quando as partes e patronos quiserem e necessitarem. Em síntese, o sistema precisa *funcionar*. Mas, como já dito, a realidade mostra que, por vezes, o sistema fica "fora do ar" exatamente no momento em que um prazo deve ser cumprido – o que não deve prejudicar a parte (trata-se de situação de justa causa – vide art. 197, parágrafo único).

4. Independência da plataforma computacional

O tema está ligado ao acesso à justiça. Para acessar o processo eletrônico, não deve ser possível que somente um sistema operacional (ou determinada versão), *hardware* (computador) ou determinado *software* (programa) permitam o acesso aos autos eletrônicos.

Ou seja, Windows, Mac ou Linux (em diversas versões) e várias máquinas deveriam permitir o acesso, independentemente de se ter determinados programas instalados.

Contudo, apesar de se tratar de previsão, a realidade é bem distinta: máquinas mais antigas, com versões antigas de sistemas operacionais não permitem o acesso ao sistema – e, da mesma forma, alguns programas, atualizados, são fundamentais para o peticionamento eletrônico (como exemplo, o programa Java atualizado para usar o sistema da Justiça Estadual de São Paulo, depois substituído pelo programa Shodo, em virtude de problemas para seu acesso). Ademais, por vezes um determinado programa é fundamental para acessar o sistema de um tribunal, mas aquele programa impede o acesso a outro tribunal.

Assim, tem-se aqui uma previsão legal que é absolutamente deixada em segundo plano em virtude de questões tecnológicas. O fato é que a falta de uniformidade quanto ao sistema de acesso ao processo eletrônico no país atrapalha e muito a atuação dos profissionais. E, por óbvio, a realidade não é alterada simplesmente por um comando do legislador, como este artigo.

5. Acessibilidade

A acessibilidade pode ser interpretada de duas formas.

De um lado, facilitar o acesso de qualquer um ao sistema, que deve o mais simples e amigável possível (o desenvolvimento do sistema deve ter isso em mente).

Além disso – e mais usualmente mencionado pela doutrina – a acessibilidade também se refere à questão relativa a garantir a portadores de necessidades especiais a utilização do processo eletrônico (a respeito, vide art. 199). Assim, por exemplo, deve existir compatibilidade entre o processo eletrônico e programas que permitem a deficientes visuais o uso de computadores.

6. Interoperabilidade

Em algum grau ligado à independência de plataforma (que permite mais de um sistema operacional acessar o processo eletrônico) a interoperabilidade permite que haja a possibilidade de que computadores com diferentes sistemas atuem ao mesmo tempo – ou seja, interoperem.

Assim, mesmo que a máquina do autor seja Windows, a do réu Macintosh e a do Judiciário Linux, o processo deve tramitar normalmente e não deve haver qualquer intercorrência (ou sequer percepção) por causa dessas distinções.

Considerando o cotidiano forense, possivelmente esta é a característica mais observada, no que se refere aos diversos sistemas de processos eletrônicos, visto que muitas vezes de um celular se acessa os autos eletrônicos, com um sistema operacional distinto do computador de mesa no notebook.

> **Art. 195.** O registro de ato processual eletrônico deverá ser feito em padrões abertos, que atenderão aos requisitos de autenticidade, integridade, temporalidade, não repúdio, conservação e, nos casos que tramitem em segredo de justiça, confidencialidade, observada a infraestrutura de chaves públicas unificada nacionalmente, nos termos da lei.

▶ *Sem correspondência no CPC/1973*

1. Registro do ato processual eletrônico

O artigo anterior traz requisitos para o *sistema* do ato processual eletrônico. Este artigo, por seu turno, traz requisitos para o *registro do ato processual* eletrônico no sistema. Como se percebe, são previsões distintos.

A respeito do tema, vide arts. 2º e 12, § 1º, da L. 11.419/2006.

2. Padrão aberto

O registro do ato processual deve ser realizado em *padrão aberto*. Isto significa dizer que o programa que o realiza deve ser aberto, ou seja, deve ser gratuito e sem restrição de uso. Assim, aqueles que atuam com tecnologia de informação poderão trabalhar e desenvolver outros programas ou aplicativos a partir do programa em padrão aberto.

3. Requisitos para o registro do ato processual

O ato processual deve ser registrado com uma série de características:

(i) autenticidade: o sistema deve registrar *quem* realizou o ato processual;

(ii) integridade: o sistema deve garantir que *não haverá alteração* das informações enviadas para os autos eletrônicos;

(iii) temporalidade: o sistema deve registrar o *dia e horário exato* em que o ato processual foi realizado, sendo isso fundamental para aferir a tempestividade do ato realizado;

(iv) não repúdio: considerando as características anteriores, aquele que realizou o ato *não poderá negar que o praticou ou o recebeu* – assim, é possível se falar de não repúdio de origem, de envio ou de recebimento;

(v) conservação: o sistema deve garantir que o ato processual seja *integralmente conservado*, não sendo alterado ou corrompido, pelo tempo que necessário for;

(vi) confidencialidade: apenas nas demandas que tramitem em segredo de justiça, as *informações deverão ser sigilosas*, com acesso exclusivo às informações do processo às partes e seus procuradores (vide item 2 do art. 194).

4. Infraestrutura de chaves públicas

Para que todos os requisitos acima mencionados possam ser observados, é necessário que a transmissão dos atos processuais se dê mediante certificação digital.

E, no Brasil, a certificação digital dos atos é regulada pela MP 2.200/2001, que "institui a Infraestrutura de Chaves Públicas Brasileira – ICP-Brasil e dá outras providências". Por seu turno, o objetivo da ICP-Brasil é "garantir a autenticidade, a integridade e a validade jurídica de documentos em forma eletrônica, das aplicações de suporte e das aplicações habilitadas que utilizem certificados digitais, bem como a realização de transações eletrônicas seguras" (art. 1º).

Jurisprudência

"Processual civil. Mandado de segurança contra ato que determinou a imediata modificação do conteúdo do acórdão existente no sítio eletrônico do tribunal. Equívoco sanado em tempo hábil. Inexistência de prejuízo ao recorrente. Ausência de direito líquido e certo. 1. Trata-se na origem de Mandado de Segurança contra ato de desembargador que determinou a retificação de minuta de julgamento no site do Tribunal de Justiça do Estado do Rio de Janeiro. 2. Da análise dos autos verifica-se que houve um equívoco no lançamento da minuta do acórdão no sítio eletrônico do Tribunal de Justiça do Estado do Rio de Janeiro. Ao perceber que o conteúdo da referida minuta não correspondia ao teor do julgamento proferido pelo Colegiado da 15ª Câmara Cível, houve a retificação do equívoco em menos de 24 (vinte e quatro) horas, sendo que a aludida minuta sequer chegou a ser publicada no Diário Oficial. 3. Conforme bem observado no parecer do Parquet, o presente caso não cuida de modificação substantiva de uma decisão do órgão Colegiado, mas, tão somente, de uma retificação de erro material ocorrido no registro e lançamento da certidão do julgamento do acórdão. Portanto, o recorrente não possui direito líquido e certo ao objeto da impetração, até porque, em nenhum momento o Colegiado decidiu pelo provimento da Apelação, mas o contrário: o resultado anunciado sempre foi no sentido do não provimento do apelo interposto pelo recorrente. 4. Recurso Ordinário não provido." (RMS 54.695/RJ, Rel. Min. Herman Benjamin, 2ª Turma, j.19.09.2017, *DJe* 09.10.2017)

> **Art. 196.** Compete ao Conselho Nacional de Justiça e, supletivamente, aos tribunais, regulamentar a prática e a comunicação oficial de atos processuais por meio eletrônico e velar pela compatibilidade dos sistemas, disciplinando a incorporação progressiva de novos avanços tecnológicos e editando, para esse fim, os atos que forem necessários, respeitadas as normas fundamentais deste Código.

▶ *Sem correspondência no CPC/1973*

1. Competência do CNJ quanto à regulamentação do processo eletrônico

O CNJ é órgão do Poder Judiciário que não realiza atividade jurisdicional, mas exclusivamente administrativa e correcional.

No âmbito da atividade administrativa exercida pelo CNJ, aponta o CPC ser esse Conselho competente para regulamentar o processo eletrônico e buscar a compatibilidade entre os diversos sistemas. Em síntese, seria o órgão a centralizar, gerir e pensar o processo eletrônico como um todo, do ponto de vista macro.

Como já dito, o ideal seria um único sistema de processo eletrônico em todo o país, e que funcionasse bem. Mas, tendo em vistas as realidades locais, o desenvolvimento em momentos distintos e o tamanho do Brasil, existem inúmeras dificuldades nesse sentido, além da resistência de alguns tribunais em aderirem ao sistema proposto pelo CNJ.

Conforme mencionado, por meio da Resolução nº 185/2013 (e posteriores alterações), o CNJ tenta – sem muito êxito, até o momento – buscar um padrão entre os diversos sistemas (essa resolução "Institui o Sistema Processo Judicial Eletrônico – PJe como sistema de processamento de informações e prática de atos processuais e estabelece os parâmetros para sua implementação e funcionamento").

Por seu turno, em relação ao Diário Oficial por meio eletrônico, o assunto é enfrentado na Resolução 234/2016 do CNJ (que "Institui o Diário de Justiça Eletrônico Nacional (DJEN), a Plataforma de Comunicações Processuais (Domicílio Eletrônico) e a Plataforma de Editais do Poder Judiciário, para os efeitos da Lei

Art. 197

13.105, de 16 de março de 2015 e dá outras providências").

2. Competência supletiva: Tribunais locais

Naquilo que não houver regulamentação do CNJ, competirá a cada Tribunal, localmente, regular o seu próprio sistema local.

> **Art. 197.** Os tribunais divulgarão as informações constantes de seu sistema de automação em página própria na rede mundial de computadores, gozando a divulgação de presunção de veracidade e confiabilidade.
>
> **Parágrafo único.** Nos casos de problema técnico do sistema e de erro ou omissão do auxiliar da justiça responsável pelo registro dos andamentos, poderá ser configurada a justa causa prevista no art. 223, *caput* e § 1º.

► *Sem correspondência no CPC/1973*

1. Confiabilidade das informações constantes do sistema

As informações constantes dos *sites* dos Tribunais na internet, inclusive e especialmente no que se referem ao andamento dos processos, presumem-se verdadeiras e confiáveis.

Assim, as partes não podem ser prejudicadas com informações errôneas, que porventura sejam lançadas nos autos. Como exemplo, uma informação no *site* a respeito da data de juntada de mandado de citação, sendo esse o termo inicial para a contestação, não pode prejudicar a parte com uma intempestividade.

Ainda no âmbito do CPC/1973, a jurisprudência do STJ firmou-se no sentido de que as informações dos sites dos Tribunais deveriam ser levadas em conta, superando entendimento anterior que apontava que tais informações, quando existentes, eram "meramente informativas". Trata-se de uma natural e esperada evolução em um momento de transição entre autos físicos e eletrônicos – e que, felizmente, foi sedimentada com a edição do CPC.

2. Sistema fora do ar ou erro de informação: justa causa (parágrafo único)

Se houver alguma informação errada e isso causar prejuízo à parte, configura-se justa causa, no sentido de devolução de prazo. Como

há regra geral a respeito disso (art. 223), a rigor não haveria necessidade desta regra específica. Contudo, considerando muitas vezes a resistência jurisprudencial em se reconhecer as falhas nos sistemas (como exposto no item acima), a regra é conveniente.

Além da previsão para os erros, o dispositivo traz ainda uma outra situação que acarreta a justa causa e devolução do prazo: o fato de o sistema apresentar falhas ou ficar "fora do ar". Trata-se de repetição do que consta do art. 10, § 2º, da L. 11.419/2006. Se o próprio Tribunal divulga que o sistema esteve com problemas e já devolve o prazo, não há maiores dificuldades. Contudo, se o Tribunal não reconhece que houve alguma instabilidade, compete à parte fazer prova disso, para que pleiteie, no caso concreto, a devolução do prazo. O mais adequado, para evitar prejuízo e risco de perda de prazo, é a realização do ato logo após o sistema voltar a funcionar – e não apenas o requerimento de devolução de prazo.

Jurisprudência

"Administrativo. Processual civil. Agravo em recurso especial interposto sob a égide do CPC/2015. Intempestividade. Feriado local. Ausência de comprovação documental no ato da interposição do agravo em recurso especial. Art. 197 do CPC/15. Veracidade das informações oficiais veiculadas na página eletrônica dos tribunais. Presunção relativa. 1. O pleito para destrancamento do especial foi interposto sob a égide do CPC/15, cujo § 6º do art. 1.003 prevê que "o recorrente comprovará a ocorrência de feriado local no ato de interposição do recurso", razão pela qual a decisão presidencial hostilizada, no que assentou a intempestividade do agravo em recurso especial do Estado, mostra-se incensurável. 2. O art. 197 do CPC/15, ao mencionar que as informações divulgadas pelos tribunais, em página própria na rede mundial de computadores, gozam de presunção de veracidade e confiabilidade, não está a disciplinar hipótese de presunção *iuris et de iure*, mas, antes, de presunção apenas relativa (iuris tantum). Inviável, por isso mesmo, imaginar que o órgão judicial destinatário do recurso deva emprestar contornos de definitividade à certidão ou informação que, embora emanada de servidor de seus quadros, indique dado notoriamente incorreto acerca do início e/ou termo final de prazo recursal qualquer. 3. Agravo interno não provido." (AgInt no AREsp

1346330/TO, Rel. Min. Sérgio Kukina, 1ª Turma, j.19.03.2019, *DJe* 22.03.2019)

"Processual civil. Recurso especial. (...) Informações prestadas via internet. Natureza meramente informativa. Reabertura de prazo. Desnecessidade. Justa causa. Dúvida razoável. Dever de boa-fé e cooperação de todos os sujeitos do processo. 1. A jurisprudência do STJ é firme no entendimento de que as informações prestadas via internet têm natureza meramente informativa, não possuindo, portanto, caráter oficial. Assim, eventual erro ocorrido na divulgação de informações não configura justa causa para efeito de reabertura de prazo. 2. Não se desconhece que há entendimento da Corte Especial do STJ minimizando referida jurisprudência quando estiver configurada justa causa para o descumprimento do prazo recursal pelo litigante (artigo 183, *caput*, do CPC) (REsp 1.324.432/SC, Rel. Ministro Herman Benjamin, Corte Especial, *DJe* 10/5/2013). 3. Segundo a norma, 'nos casos de problema técnico do sistema e de erro ou omissão do auxiliar da justiça responsável pelo registro dos andamentos, poderá ser configurada a justa causa prevista no artigo 223, *caput* e § 1°' (CPC, artigo 197, parágrafo único). 4. As informações divulgadas pelos sistemas de automação dos tribunais gozam de presunção de veracidade e confiabilidade, haja vista a legítima expectativa criada no advogado, devendo-se preservar a sua boa-fé e confiança na informação que foi divulgada. É de se ter, por outro lado, que, para fins de justa causa, a dúvida deve ser razoável. 5. (...) 6. Realmente, apesar do prazo final estar realmente equivocado pelo site do Tribunal de origem, não é crível que o advogado, *in casu*, não soubesse do termo *ad quem* para interposição de seu recurso, inclusive porque, espera-se que o advogado tenha um mínimo de diligência no seu mister, cabendo 'ao procurador da parte diligenciar pela observância do prazo legal estabelecido na legislação vigente' (STJ, AgRg no Ag 1136085/RJ, Rel. Ministro Sidnei Beneti, Terceira Turma, julgado em 16/06/2009, *DJe* 24/06/2009). 7. Agravo interno não provido." (STJ, REsp 1694174, Rel. Min. Luis Felipe Salomão, 4ª Turma, j. 04.09.2018)

"Processual civil. Recurso especial. Tempestividade. processo eletrônico regido pela Lei 11.419/2006. Intimação do acórdão recorrido realizada em duplicidade, via *DJe* e específica dirigida ao causídico. Ato prevalecente para fins de contagem do prazo recursal. Alínea 'C'. Não demonstração da divergência. Falta de indicação do dispositivo legal objeto de interpretação divergente. Deficiência na fundamentação. Súmula nº 284/STF. 1. Cinge-se a controvérsia a definir o ato de intimação considerado válido para fins de interposição Recurso Especial quando, no processo regido pela Lei nº 11.419/2006, há intimação eletrônica específica dirigida ao causídico acompanhada publicação via *DJe*. 2. A jurisprudência do STJ tem entendimento pela prevalência da intimação eletrônica sobre a realizada via *DJe*, na hipótese de duplicidade de intimações. Precedente: AgInt no AREsp 903.091/RJ, Rel. Ministro Paulo de Tarso Sanseverino, Terceira Turma; Julg. 16.3.2017; *DJe* 27.3.2017. (...). 4. Se não há discussão quanto à licitude da intimação ocorrida no diário de justiça eletrônico, não faz sentido considerar, para fins de contagem do prazo recursal, a intimação eletrônica posterior, porque com a publicação no *DJe* todas as partes já se deram por intimadas. Vale dizer, não há renovação de prazo. (...) 6. Agravo interno a que se dá provimento. Agravo em Recurso Especial não conhecido por intempestividade." (STJ; AgInt-AREsp 1.040.421/RJ; 2ª Turma; Rel. Min. Og Fernandes; *DJe* 17.10.2017).

"Processual civil. CPC/2015. Agravo interno no agravo em recurso especial. Indisponibilidade do sistema de peticionamento eletrônico. Comprovação. Inocorrência. Distinção com a hipótese de feriado local. 1. Conforme dispõe o art. 224, § 1º, do CPC/2015: 'Os dias do começo e do vencimento do prazo serão protraídos para o primeiro dia útil seguinte, se coincidirem com dia em que o expediente forense for encerrado antes ou iniciado depois da hora normal ou houver indisponibilidade da comunicação eletrônica' (sem grifos no original). 3. Prorrogação automática do prazo, mediante a comprovação por documento idôneo, ainda que posteriormente à interposição do recurso. 4. Distinção com a hipótese de feriado local, em que se exige, após a vigência do CPC/2015, comprovação no ato da interposição do recurso. 5. Caso concreto em que a indisponibilidade não foi comprovada por meio de documento idôneo. 6. Agravo interno desprovido." (STJ, AgInt no AREsp 1054786/RJ, 3ª Turma; Rel. Min. Paulo de Tarso Sanseverino, j. 19.09.2017, *DJe* 25.09.2017)

> **Art. 198.** As unidades do Poder Judiciário deverão manter gratuitamente, à disposição dos

> interessados, equipamentos necessários à prática de atos processuais e à consulta e ao acesso ao sistema e aos documentos dele constantes.
> **Parágrafo único.** Será admitida a prática de atos por meio não eletrônico no local onde não estiverem disponibilizados os equipamentos previstos no *caput*.

▶ *Sem correspondência no CPC/1973*

1. Acesso à justiça e equipamentos para acesso ao processo eletrônico

Considerando o princípio do acesso à justiça (CF, art. 5º, XXXV e CPC, art. 3º), a ausência de equipamentos necessários ao acesso e atuação no processo eletrônico não deve obstar a postulação em juízo. Trata-se de um comando que amplia o previsto no art. 10, § 3º da L. 11.419/2006 (previsão de que Judiciário deve "manter equipamentos de digitalização e de acesso à rede mundial de computadores à disposição dos interessados para *distribuição de peças processuais*").

Sendo assim, este artigo prevê que o Judiciário deva manter, em seus diversos fóruns, equipamentos aptos a permitir o acesso aos autos eletrônicos e o peticionamento. Contudo, a realidade, ao menos neste momento inicial de transição, em grande parte do país é bastante diversa do previsto pelo Código.

Em muitos locais existe apenas um terminal para a consulta do andamento do processo, mas sem possibilidade de efetiva consulta aos autos, elaboração e envio de petições. Em alguns casos, as salas da OAB nos fóruns dispõem de computadores em que é possível aos advogados consultarem os autores e peticionarem – mas essas máquinas não se destinam às partes, o que é especialmente relevante e necessário tratando-se de Juizados Especiais, em que possível a postulação sem advogado.

Em síntese, há um longo caminho a ser percorrido até que se chegue à efetivação do comando legislativo. E tudo isso pode ser deixado de lado a partir da pandemia, que, como se sabe, transformou o foco no atendimento remoto.

2. Inexistência de equipamentos: possibilidade de peticionamento físico

O disposto no *caput* é regra que busca, como visto, efetivar o acesso à justiça. Mas, caso não haja equipamento eletrônico disponível (ou se, existente, estiver momentaneamente em manutenção), o parágrafo único traz uma solução concreta para garantir o princípio da inafastabilidade da jurisdição: será permitido a realização do ato processual por meio físico.

Em síntese, se no fórum não houver equipamento para acessar e peticionar no processo eletrônico, será possível a apresentação de petição por meio físico – cuja transformação para meio eletrônico será realizada pelo Poder Judiciário.

Apesar de ser uma boa solução, o problema é apenas parcialmente resolvido: afinal, se não for possível acessar os autos, como se saberá qual será a petição a ser elaborada? Nesse caso de impossibilidade de consulta, a solução passa pela justa causa e devolução de prazo (vide art. 197, parágrafo único).

3. Resistência do Poder Judiciário ao peticionamento em meio físico

Situações anteriores a esta previsão do CPC, em que haveria a possibilidade de atos por meio físico em processo eletrônico, em regra encontraram resistência por parte do Poder Judiciário.

Como exemplo, a previsão do art. 11, § 5º da L. 11419/2006 (Os documentos cuja digitalização seja tecnicamente inviável devido ao grande volume ou por motivo de ilegibilidade deverão ser apresentados ao cartório ou secretaria no prazo de 10 (dez) dias contados do envio de petição eletrônica comunicando o fato, os quais serão devolvidos à parte após o trânsito em julgado). Pela previsão legal, no caso de grande volume de documentos (e consequente dificuldade de envio pelo meio eletrônico) seria possível a apresentação física, em cartório. De uma forma geral, contudo, cartórios e juízes resistem a esse comando legislativo, insistindo para que as partes protocolem os documentos pela via eletrônica.

O mesmo se verifica em relação a esta inovação do CPC, com resistência do Poder Judiciário. Se o caso, o advogado terá de recorrer para fazer valer a previsão legislativa.

> **Art. 199.** As unidades do Poder Judiciário assegurarão às pessoas com deficiência acessibilidade aos seus sítios na rede mundial de

> computadores, ao meio eletrônico de prática de atos judiciais, à comunicação eletrônica dos atos processuais e à assinatura eletrônica.

▶ *Sem correspondência no CPC/1973*

1. Acessibilidade a deficientes ao processo eletrônico

Como já visto no art. 194, o sistema do processo eletrônico deve ser acessível, o que significa que deve permitir que os deficientes físicos consigam acessar e peticionar nos autos eletrônicos. Além disso, como visto no art. 198, o Poder Judiciário deve manter equipamentos necessários à consulta e prática de atos processuais. Este art. 199 traz a fusão entre os dois artigos anteriores.

Assim, deve o Poder Judiciário garantir que os deficientes tenham plenas condições de consultar e acessar os autos eletrônicos, não podendo existir embaraços à atuação do profissional que tenha alguma deficiência.

O artigo faz menção a (i) prática de atos judiciais (peticionamento), (ii) comunicação eletrônica (intimação) e (iii) assinatura eletrônica. Mas, por certo, trata-se de um rol meramente exemplificativo.

Sendo assim, como exemplo, a um deficiente visual deve ser garantido o acesso aos autos eletrônicos – seja mediante a compatibilidade entre o processo eletrônico e programas que façam a conversão de texto em áudio, seja por outro meio.

2. Inexistência de acessibilidade: possibilidade de realização do ato por meio físico

Ainda que não haja previsão expressa nesse sentido, caso não exista plataforma que permita ao deficiente a atuação no processo eletrônico, o ato processual poderá ser realizado por meio físico, considerando o previsto no art. 198, parágrafo único, sem dúvida aplicável a esta situação.

Nesse sentido, emblemática decisão do STF em relação a advogada com deficiência visual, em caso cujo julgamento ainda não foi concluído (vide decisão monocrática reproduzida na jurisprudência).

Jurisprudência

"(...) Ora, a partir do momento em que o Poder Judiciário apenas admite o peticionamento por meio dos sistemas eletrônicos, deve assegurar o seu integral funcionamento, sobretudo, no tocante à acessibilidade. Ocorre que isso não vem ocorrendo na espécie. Conforme narrado na inicial deste writ, o processo judicial eletrônico é totalmente inacessível às pessoas com deficiência visual, pois não foi elaborado com base nas normas internacionais de acessibilidade web. Dessa forma, continuar a exigir das pessoas portadoras de necessidades especiais que busquem auxílio de terceiros para continuar a exercer a profissão de advogado afronta, à primeira vista, um dos principais fundamentos da Constituição de 1988, qual seja, a dignidade da pessoa humana (art. 1º, III, da CF). Além disso, tal postura viola o valor que permeia todo o texto constitucional que é a proteção e promoção das pessoas portadoras de necessidades especiais. (...). Não por outra razão, o Brasil é signatário da Convenção Internacional sobre os Direitos das Pessoas com Deficiência, promulgada pelo Decreto 6.949, de 25 de agosto de 2009. Especificamente quanto ao tema da acessibilidade aos sistemas eletrônicos, dispõe a referida Convenção: "1. A fim de possibilitar às pessoas com deficiência viver de forma independente e participar plenamente de todos os aspectos da vida, os Estados-Partes tomarão as medidas apropriadas para assegurar às pessoas com deficiência o acesso, em igualdade de oportunidades com as demais pessoas, ao meio físico, ao transporte, à informação e comunicação, inclusive aos sistemas e tecnologias da informação e comunicação, bem como a outros serviços e instalações abertos ao público ou de uso público, tanto na zona urbana como na rural. Essas medidas, que incluirão a identificação e a eliminação de obstáculos e barreiras à acessibilidade, serão aplicadas, entre outros, a: 2. Os Estados-Partes também tomarão medidas apropriadas para: (...) g) Promover o acesso de pessoas com deficiência a novos sistemas e tecnologias da informação e comunicação, inclusive à Internet'" (grifei). Assim, é de se ter em conta a obrigação de o Estado adotar medidas que visem a promover o acesso das pessoas portadoras de necessidades especiais aos sistemas e tecnologias da informação e comunicação, sobretudo de forma livre e independente, a fim de que possam exercer autonomamente sua atividade profissional. Entendo, portanto, presentes a plausibilidade das alegações contidas na inicial e, também, o *periculum in mora*. Isso porque a exigibilidade de peticionamento eletrônico como única forma de acesso ao Poder Judiciário, sem que os sistemas tenham sido elaborados com base nas normas internacionais de acessibilidade web, impede o livre exercício profissional da impetrante. Isso posto, defiro o pedido liminar a fim de determinar ao CNJ que assegure à impetrante o direito de peticionar fisicamente em todos os órgãos do Poder Judiciário, a exemplo do que ocorre com os habeas corpus, até que o processo judicial eletrônico seja desenvolvido de acordo com os padrões internacionais de acessibilidade, sem prejuízo de melhor exame da questão pelo Relator sorteado. Comunique-se, solicitando-se informações. Dê-se ciência à Advocacia-Geral da União para que, querendo, ingresse no feito (art. 7º, II, da Lei 12.016/2009). Após, ouça-se a Procuradoria-Geral da República. Publique-se. Brasília, 31 de janeiro de 2014. Ministro Ricardo Lewandowski Vice-Presidente no exercício da Presidência" (MS 32751 MC, Rel. Min. Celso de Mello, Decisão Proferida pelo(a) Ministro(a) Ricardo Lewandowski (Vice-Presidente), j. 31.01.2014, publicado em processo eletrônico *DJe*-027 divulg 07.02.2014 public 10.02.2014).

Seção III
Dos atos das partes

> **Art. 200.** Os atos das partes consistentes em declarações unilaterais ou bilaterais de vontade produzem imediatamente a constituição, modificação ou extinção de direitos processuais.
>
> **Parágrafo único.** A desistência da ação só produzirá efeitos após homologação judicial.

▸ *Referência: CPC/1973 – Art. 158*

1. Atos processuais das partes

As partes, quando se manifestam nos autos, em regra por meio de seus advogados, realizam atos processuais (apresentados nos autos por meio de petições).

Os atos podem ser unilaterais, ou seja, realizados somente por uma das partes – como exemplo, a juntada de um documento, a informação de que ciente quanto a algum ato do processo ou mesmo a desistência do processo ou renúncia à pretensão formulada na petição inicial.

Mas é possível também que existam atos bilaterais, pois realizados pelo autor e réu – como exemplo típico, a transição, e como exemplo

trazido pelo CPC, o negócio jurídico processual (vide art. 190).

Por fim, ainda que não mencionados no artigo, existem também os denominados atos jurídicos *plurilaterais*, nos quais participam não só as partes. Como exemplo, um plano de recuperação judicial, em que empresa em recuperação judicial e diversos credores estipulam como será a tentativa de saída da empresa da situação financeira complicada.

2. Efeitos imediatos dos atos processuais das partes

Os requisitos para os atos processuais das partes estão no art. 188 do CPC. Já este art. 200 trata da eficácia dos atos das partes.

Os atos processuais, em regra, surtem efeitos imediatos. Assim, tão logo realizado o ato, ocorre a constituição, modificação ou extinção de direitos processuais. Portanto, usualmente não há necessidade de que o ato seja homologado para que surta seus efeitos.

Portanto, como regra geral – e inclusive considerando o princípio da boa-fé (art. 5º) – o ato processual realizado pela(s) parte(s) é irretratável. Assim, uma vez realizado o ato, haverá a preclusão (em sentido inverso, vide parágrafo único).

Contudo, isso não significa que não haverá qualquer controle por parte do Poder Judiciário em relação ao ato. Como exemplo, se houver a apresentação de uma transação (ato processual bilateral), mas não houver procuração do advogado nos autos, o juiz determinará a correção dessa falha.

3. Exceção: desistência da ação (parágrafo único)

O art. 200, parágrafo único, em repetição ao sistema anterior, traz uma exceção: a desistência do processo, diferentemente dos demais atos processuais, depende de homologação. Isso se justifica pelo fato de que, eventualmente, haverá a necessidade de concordância da parte ré para com a desistência (art. 485, § 4º). Sendo assim, enquanto não for homologada a desistência, é possível à parte mudar de ideia, retificando o ato e pleitear o prosseguimento do feito.

Tratando-se de exceção, a regra de necessidade de homologação deve ser interpretada de forma restritiva. Sendo assim, como exemplo:

(i) a desistência de recurso independe de concordância da parte recorrida (art. 988

– com a ressalva, contudo, caso se trata de recurso repetitivo, conforme parágrafo único desse artigo);

(ii) o negócio jurídico processual não necessita de homologação prévia; porém, cabe ao juiz controlar sua validade (art. 190, parágrafo único).

Entende a jurisprudência que, no caso de mandado de segurança, possível a desistência mesmo após a sentença – entendimento específico para o MS (vide art. 485, § 5º).

4. Efeitos imediatos dos atos processuais e preclusão consumativa

Pela interpretação deste artigo, seria possível se falar em preclusão consumativa, considerando que os autos processuais surtem efeitos imediatamente. Contudo, com a redação do art. 223, existe um debate acerca do tema. O assunto será enfrentado nos comentários ao art. 223.

Jurisprudência

"Processual civil. Mandado de segurança. Desistência da ação após decisão de mérito. Possibilidade. 1. A atual redação dos §§ 4º e 5º do art. 485 do CPC/2015 (Art. 485. O juiz não resolverá o mérito quando: '(...) § 4º Oferecida a contestação, o autor não poderá, sem o consentimento do réu, desistir da ação. § 5º A desistência da ação pode ser apresentada até a sentença) manteve o que previa o § 4º do art. 267 do CPC/1973, no sentido de exigir o consentimento do réu para a desistência da ação após decorrido o prazo para a resposta'. 2. Ocorre que o STF, sob a égide do CPC/1973, editou o Tema 530 da sua jurisprudência para permitir, a qualquer tempo, a desistência independentemente da anuência prévia da autoridade coatora: 'É lícito ao impetrante desistir da ação de mandado de segurança, independentemente de aquiescência da autoridade apontada como coatora ou da entidade estatal interessada ou, ainda, quando for o caso, dos litisconsortes passivos necessários (MS 26.890-AgR/DF, Pleno, Ministro Celso de Mello, *DJe* de 23.10.2009), a qualquer momento antes do término do julgamento (MS 24.584-AgR/DF, Pleno, Ministro Ricardo Lewandowski, *DJe* de 20.6.2008), mesmo após eventual sentença concessiva do *writ* constitucional, (&) não se aplicando, em tal hipótese, a norma inscrita no art. 267, § 4º, do CPC (RE 255.837-AgR/PR, 2ª Turma, Ministro Celso de Mello, *DJe* de 27.11.2009). Jurisprudência desta Suprema Corte reiterada

em repercussão geral (Tema 530 – Desistência em mandado de segurança, sem aquiescência da parte contrária, após prolação de sentença de mérito, ainda que favorável ao impetrante)' (RE 669.367/RJ, Tribunal Pleno, Repercussão Geral, Rel. Min. Luiz Fux, *DJ* 30.10.2014). 3. O STJ, seguindo o precedente da Suprema Corte, tem entendido que "é lícito ao impetrante desistir da ação de mandado de segurança, independentemente de aquiescência da autoridade apontada como coatora e a qualquer tempo, mesmo após sentença de mérito, ainda que lhe seja desfavorável' (Recurso Extraordinário 669.367, publicado do *DJe* de 30.10.2014). A propósito: REsp 1.679.311/RS, Rel. Ministro Herman Benjamin, Segunda Turma, j.26.9.2017, *DJe* 11.10.2017; e AgInt no REsp 1.475.948/SC, Rel. Min. Regina Helena Costa, Primeira Turma, j. 2.8.2016, *DJe* 17.8.2016) 4. Pedido de desistência do Mandado de Segurança homologado." (DESIS no MS 23.188/DF, Rel. Min. Herman Benjamin, 1ª Seção, j. 27.03.2019, *DJe* 01.07.2019)

"Processual civil. Administrativo. Agravo interno no mandado de segurança. Desistência de ações anteriores. Homologação judicial posterior à impetração do presente mandado de segurança. Efeitos. Litispendência reconhecida. decisão monocrática mantida. 1. O Superior Tribunal de Justiça já decidiu que 'diversamente de outras declarações unilaterais expendidas pelas partes no curso do processo, o pedido de desistência da ação somente produz efeitos a partir da correlata homologação judicial, nos termos do parágrafo único do artigo 158 do Código de Processo Civil' (AgRg no REsp 1.401.725/MS, Rel. Min. Marco Aurélio Bellizze, Terceira Turma, j. 04.08.2015, *DJe* 17.08.2015). 2. Corroborando o referido entendimento, o art. 200, parágrafo único, do Código de Processo Civil vigente expressamente estabelece a necessidade da homologação judicial para que o pedido de desistência produza seus efeitos. 3. Impetrado o presente mandado de segurança em 23.01.2017, data anterior à homologação do pedido de desistência da ação anterior, em 21.03.2017, configurada está a litispendência, fazendo incidir sobre a espécie a vedação contida no art. 485, inciso V, do CPC: 'O juiz não resolverá o mérito quando [...] reconhecer a existência de perempção, de litispendência ou de coisa julgada'. 4. Agravo interno a que se nega provimento." (AgInt no MS 23.170/DF, Rel. Min. Sérgio Kukina, 1ª Seção, j. 22.02.2018, *DJe* 02.03.2018)

"Contratual. Pedido de tutela de urgência indeferido. Autora que pretende ser reintegrada na posse de uma escavadeira hidráulica. Formalização de acordo no processo de origem, no qual a recorrente reconheceu a devolução do bem. Veículo entregue em permuta a terceira pessoa. Ajuste que, conquanto ainda não tenha sido homologado, produz efeitos imediatos, nos termos do art. 200 do CPC. Recurso prejudicado." (TJSC; AI 0031535-45.2016.8.24.0000, Balneário Camboriú, 1ª Câmara de Direito Civil, Rel. Des. Jorge Luis Costa Beber, DJSC 30.05.2017, p. 88)

> **Art. 201.** As partes poderão exigir recibo de petições, arrazoados, papéis e documentos que entregarem em cartório.

▶ *Referência: CPC/1973 – Art. 160*

1. Protocolo de qualquer petição apresentada para o Poder Judiciário

Apresentada uma manifestação perante o Poder Judiciário, a parte tem o direito de receber um "protocolo", ou seja, o recibo de que aquela petição foi devidamente entregue, com data e horário.

O mais usual é a entrega da petição física no setor de protocolo do Poder Judiciário. Assim, a petição é elaborada em duas vias, sendo que na entrega da petição original, a cópia recebe o protocolo.

Esse protocolo é especialmente relevante no caso de ocorrer o extravio da petição no próprio Judiciário. Se isso ocorrer, basta que a parte apresente sua cópia protocolada para afastar qualquer risco de perda de prazo.

2. Processo eletrônico

O artigo não faz menção específica ao processo eletrônico. De qualquer forma, sendo essa a hipótese, o próprio sistema gera um protocolo automaticamente (a respeito, vide a menção a temporalidade no art. 195, bem como o art. 10 da L. 11.419/2006: "A distribuição da petição inicial e a juntada da contestação, dos recursos e das petições em geral, todos em formato digital, nos autos de processo eletrônico, podem ser feitas diretamente pelos advogados públicos e privados, sem necessidade da intervenção do cartório ou secretaria judicial, situação em que a autuação deverá se dar de forma automática, fornecendo-se recibo eletrônico de protocolo").

3. Petição por fax (fac-símile)

Lei específica ainda permite o envio de petições por fax (L. 9.800/1999). Nesse caso, o protocolo inicial é o do próprio aparelho que enviou a petição. E, em 5 dias do término do prazo (ou em 5 dias do envio do fax, se não houver prazo), deverá ser juntado o original da petição nos autos (art. 2º da referida lei).

Assim, o comprovante da petição enviada por fax é bipartido: inicialmente o recibo da peça enviada por fax; depois, o protocolo dessa mesma peça apresentada em juízo.

Jurisprudência

"Processual civil. Agravo regimental no recurso especial. Agravo de instrumento dirigido à origem. regularidade formal. Princípio da confiança e da não surpresa. Instrumentalidade das formas. 1. Hipótese em que a Corte de origem não conheceu de agravo de instrumento por irregularidade formal, uma vez que protocolado fisicamente em execução fiscal ajuizada e processada pelo sistema eletrônico. 2. Entretanto, nos termos do parecer ministerial, não seria plausível esperar do agravante que também apresentasse o recurso sob a forma eletrônica se a petição física foi recebida e providenciada a digitalização pelo próprio Poder Judiciário. 3. Pelo princípio da confiança e da não surpresa, busca-se proteger a atuação do jurisdicionado perante a Justiça, e assim conferir a máxima eficácia à tutela jurisdicional. 4. 'Não é razoável exigir que o advogado presuma que o protocolo da petição em papel foi equivocado quando o próprio serventuário a recebeu, dando a entender que foram atendidas as exigências da lei [...]. Aplica-se a regra da instrumentalidade das formas quando se constata que o protocolo do recurso em papel no prazo legal alcançou o objetivo almejado, devendo ser reputado válido' (AgRg no AREsp 607.748/SP, Rel. Ministro João Otávio de Noronha, Terceira Turma, *DJe* 9.6.2015). 5. Agravo regimental a que se nega provimento." (AgRg no REsp 1512120/GO, Rel. Min. Og Fernandes, 2ª Turma, j. 06.10.2015, *DJe* 22.10.2015)

"Processual civil. Agravo regimental em agravo em recurso especial. Interposição de recurso, por meio de fac-símile, além do prazo legal. Arts. 258 do RISTJ e 545 do CPC. Intempestividade. Agravo Regimental não conhecido. I. O art. 2º da Lei 9.800/99 permite, às partes, a interposição de recurso por meio de fac-símile, desde que a petição original seja entregue em cinco dias, após o término do prazo recursal. II. Na forma da jurisprudência do STJ, 'segundo a inteligência da Lei 9.800/99, notadamente dos artigos 1º, 2º e 4º, as petições e recursos podem ser apresentados via fax, dentro do prazo legal, cabendo ainda a juntada dos documentos originais no prazo de 5 dias, sendo de inteira responsabilidade de quem fizer uso desse sistema de transmissão a qualidade e a fidelidade dos documentos' (STJ, AgRg nos EAREsp 339.145/MG, Rel. Ministro Herman Benjamin, Corte Especial, *DJe* de 20.08.2014). III. A decisão ora agravada foi disponibilizada, no *DJe*, em 10.06.2015 (quarta-feira), e considerada publicada em 11.06.2015 (quinta-feira), encerrando-se o prazo em 16.06.2015 (terça-feira). Contudo, o recorrente interpôs o presente Agravo Regimental, via fac-símile, somente em 22.06.2015, quando já transcorrido o quinquídio legal para a interposição do recurso (arts. 258 do RISTJ e 545 do CPC). VI. Agravo Regimental não conhecido." (AgRg no AREsp 704.103/RS, Rel. Min. Assusete Magalhães, 2ª Turma, j. 01.10.2015, *DJe* 13.10.2015)

> **Art. 202.** É vedado lançar nos autos cotas marginais ou interlineares, as quais o juiz mandará riscar, impondo a quem as escrever multa correspondente à metade do salário mínimo.

▶ *Referência: CPC/1973 – Art. 161*

1. Cotas marginais e interlineares (paradigma em papel)

Repetindo o CPC/1973, prevê o CPC atual ser vedado às partes realizar nos autos cotas "marginais ou interlineares".

Cotas são as informações lançadas nos autos, sendo as marginais aquelas que são lançadas nas margens das petições (nas extremidades), ao passo que as interlineares são aquelas realizadas entre as linhas. O objetivo é garantir que não haja alteração no ato processual já constante nos autos.

A vedação, por óbvio, leva em consideração os autos em papel, não havendo sentido em se falar nessa vedação quando de autos eletrônicos (em que nova petição seria enviada, e não ocorreria a retirada da anterior – exatamente considerando os requisitos do art. 194).

De qualquer forma, a previsão legislativa não significa a vedação de realização de cotas manuais nos autos físicos (manifestação manuscrita nos autos), algo até mesmo comum no cotidiano forense, especialmente para retificar alguma informação errônea em petição impressa (como número do processo ou da vara) ou mesmo uma breve manifestação nos próprios autos, como o requerimento para expedição de uma guia de levantamento.

2. Cota indevida riscada e multa (litigância de má-fé?)

Se alguma cota indevida for lançada nos autos, o artigo prevê as consequências: (i) a cota deverá ser riscada e (ii) será aplicada multa à parte.

Não há previsão específica, no art. 96 do CPC, de quem é o destinatário dessa multa. Partindo da premissa de que essa penalidade se assemelha a ato de má-fé (art. 80), a multa deve reverter à parte contrária. Por essa razão, para evitar *bis in idem*, não seria o caso de aplicar esta multa cumulada com a litigância de má-fé. Independentemente disso, considerando que, como exposto, com os autos eletrônicos cada vez há menos incidência de cotas, a discussão é muito mais teórica do que prática.

Jurisprudência

"Recurso especial. (...) Sanção processual. Art. 161 do Código de Processo civil. Afastamento. (...). 8. Da redação do art. 161 do Código de Processo Civil, deflui que a inserção de cotas marginais ou interlineares é um ilícito processual sancionado com multa. Todavia, é certo que esta somente pode ser imposta 'a quem as escrever'. 9. Na espécie, não há qualquer menção a quem tenha sido, de fato, o autor das inserções, decorrendo a sanção processual de verdadeira presunção de culpa em desfavor dos causídicos. Destarte, deve ser afastada a multa imposta, solidária e indistintamente, aos procuradores dos recorrentes. 10. Recurso especial conhecido em parte e, nesta extensão, provido." (REsp 663.327/SC, Rel. Min. Fernando Gonçalves, 4ª Turma, j. 19.11.2009, *DJe* 30.11.2009)

"Execução Fiscal. Atos processuais das partes. Cota lançada nos autos quando da intimação em cartório de despacho anterior. Cotas marginais e interlineares. Hipótese distinta. Violação ao art. 202 do novo CPC não configurada.

Art. 203

CÓDIGO DE PROCESSO CIVIL INTERPRETADO

1. A norma proibitiva de que trata o art. 202 do novo CPC, segundo a qual é defeso lançar, nos autos, cotas marginais ou interlineares, não veda aos advogados das partes a possibilidade de se pronunciarem diretamente nos autos quando lhes for aberta vista. 2. A hipótese legal refere-se a anotações e comentários de qualquer extensão ou natureza introduzidos nos autos fora do lugar ou da oportunidade admissível. 3. Caso em que a exequente, valendo-se da oportunidade que lhe foi aberta para manifestar-se acerca do despacho exarado, formulou pedido manuscrito, não se amoldando este proceder à hipótese prevista no art. 202 do CPC/2015." (TRF 4ª R., AG 5024614-73.2016.404.0000, 1ª Turma, Rel. Des. Fed. Jorge Antonio Maurique; j. 17.08.2016, *DEJF* 19.08.2016)

Seção IV
Dos pronunciamentos do juiz

> **Art. 203.** Os pronunciamentos do juiz consistirão em sentenças, decisões interlocutórias e despachos.
>
> **§ 1º** Ressalvadas as disposições expressas dos procedimentos especiais, sentença é o pronunciamento por meio do qual o juiz, com fundamento nos arts. 485 e 487, põe fim à fase cognitiva do procedimento comum, bem como extingue a execução.
>
> **§ 2º** Decisão interlocutória é todo pronunciamento judicial de natureza decisória que não se enquadre no § 1º.
>
> **§ 3º** São despachos todos os demais pronunciamentos do juiz praticados no processo, de ofício ou a requerimento da parte.
>
> **§ 4º** Os atos meramente ordinatórios, como a juntada e a vista obrigatória, independem de despacho, devendo ser praticados de ofício pelo servidor e revistos pelo juiz quando necessário.

▶ *Referência: CPC/1973 – Art. 162*

1. Pronunciamentos ou atos do juiz

O CPC/1973 tratava dos atos processuais em geral, atos das partes e atos do juiz. Quanto aos atos em geral e atos da parte, a nomenclatura seguiu a mesma (vide artigos anteriores). Contudo, quanto ao juiz, houve modificação terminológica: de atos para pronunciamentos.

De um ponto de vista de uniformidade na nomenclatura, o termo "ato" seria adequado; sob o ponto de vista daquilo que o juiz realiza no processo, o termo "pronunciamentos" (ou "provimentos") é mais técnico.

Contudo, é certo que as características do ato processual em geral (arts. 188 a 192) aplicam-se tanto aos atos das partes (arts. 200 a 202) como aos pronunciamentos do juiz (arts. 203 a 205).

2. Rol taxativo?

Repetindo o Código anterior, o atual CPC divide os pronunciamentos do juiz em três: sentença, interlocutória e despacho. Esses são os atos decisórios realizados em primeiro grau.

Mas, além disso, existem outros atos do juiz que não se enquadram exatamente nesse rol acima. Como exemplos, a tentativa de conciliação e a inspeção judicial.

Por sua vez, no âmbito dos tribunais, os pronunciamentos dos magistrados são o acórdão (decisões colegiadas – art. 204) e as decisões monocráticas (decisões unipessoais, apenas do relator – art. 932, III, IV e V).

3. Sentença (§ 1º)

O critério original do CPC/1973 era dos mais didáticos e simples: sentença era o ato do juiz que extinguia o processo em 1º grau de jurisdição.

Porém, pelo fato de parte da doutrina criticar esse conceito (afirmando que seria incompleto) e pelo surgimento da fase de cumprimento de sentença (L. 11.232/2005), houve alteração no conceito de sentença.

Isso porque não mais haveria o término do processo de conhecimento para o início do processo de execução – mas, no mesmo processo, haveria a realização da fase executiva, com o cumprimento de sentença (sincretismo processual). Para tanto, a definição de sentença passou a se referir a outros dispositivos (decisão com ou sem julgamento de mérito), referindo-se apenas ao conteúdo do ato decisório. Mas esse conceito também se mostrou insuficiente.

Assim, com o CPC vigente, surge nova tentativa de definir sentença, mesclando os dois critérios anteriores: (i) término do procedimento e (ii) conteúdo.

Portanto, no novo sistema sentença é o pronunciamento (ato decisório) do juiz que (i) põe fim ao procedimento comum em 1º grau de jurisdição (processo de conhecimento) ou extingue o processo de execução, (ii) com fundamento em algumas das hipóteses dos arts. 485 (decisão sem mérito) e 487 (decisão com mérito), no que se refere ao processo de conhecimento, ou art. 924, quanto ao processo de execução.

Tem-se, portanto, um duplo critério: fim do procedimento em 1º grau aliado ao conteúdo previsto em lei (arts. 485, 487 ou 924 – apesar de, curiosamente, o art. 203, § 1º não fazer referência aos artigos 924 ou 925, que se referem à extinção da execução).

Com base no novo conceito, situações que traziam alguma dúvida classificatória no sistema anterior ora são resolvidas. Como exemplo típico, o reconhecimento de ilegitimidade – ativa ou passiva – de um dos litisconsortes. Ou seja, há extinção em relação a uma das partes, mas o processo prossegue em relação às demais partes. Não se trata de uma sentença, considerando exatamente o fato de não haver o fim do procedimento em 1º grau.

Por sua vez, também com base nesse critério, a decisão antecipada parcial de mérito (inserida no sistema pelo art. 356 do CPC), em que existe apreciação de um pedido, mas não de todos, tampouco acarreta o fim do procedimento em 1º grau. Logo, é interlocutória e não sentença.

Nesses dois casos, para evitar dúvidas quanto ao recurso cabível, há até mesmo expressa previsão de cabimento de agravo de instrumento (arts. 1.015, VII e 356, § 5º, respectivamente).

Cabe destacar que, do ponto de vista prático, o problema não é com o conceito de sentença em si, mas sim com os reflexos desse tema no tocante ao recurso cabível (a respeito, vide item 6 abaixo).

3.1. Procedimentos especiais (ressalva do § 1º)

Há uma inovação adicional constante do conceito de sentença. O próprio CPC faz uma ressalva, no início do § 1º ("Ressalvadas as disposições expressas dos procedimentos especiais"). Assim, admite-se que, em algum procedimento especial, será possível haver menção a outro conceito de sentença.

Como exemplo, igualmente já existente no sistema anterior e repetido no CPC, a ação de prestação de contas, que tem duas fases (no CPC, ação de exigir contas, art. 550 e ss.).

Da mesma forma, a aprovação de plano de recuperação judicial, ainda que encerre fase cognitiva da recuperação judicial, será interlocutória e impugnável por agravo de instrumento (art. 59, § 2º da L. 11.101/2005).

Portanto, o conceito de sentença trazido pelo CPC já se reconhece como insuficiente para resolver todas as situações, permitindo que outros critérios surjam, a partir de previsões distintas em procedimentos especiais – ou seja, de forma casuística.

3.2. Classificação das sentenças

Não se deve confundir a *classificação do pronunciamento do juiz* (sentença, interlocutória e despacho) com a *classificação das sentenças*.

As sentenças podem ser classificadas quanto ao seu conteúdo e quanto aos seus efeitos (nesse sentido, SANTOS, Nelton dos, in MARCATO, Antonio Carlos (org.). *Código de Processo Civil Interpretado*. São Paulo: Forense, 2008, 3. ed., p. 450-451).

Quanto ao *conteúdo*, as sentenças podem ser terminativas (sem mérito – art. 485) ou definitivas (com mérito – art. 487), sendo que apenas as últimas podem ser cobertas pela coisa julgada (art. 502).

Quanto aos *efeitos*, as sentenças podem ser condenatórias, declaratórias e constitutivas (classificação trinária, mais tradicional), sendo que uma classificação mais moderna (quinária), ainda acrescenta a sentença mandamental e executiva *lato sensu*, que seriam variações da sentença condenatória.

Em breve explanação, a distinção é a seguinte:

(i) sentença condenatória é aquela que condena o réu a uma obrigação de pagar, fazer, entregar, dando origem a título executivo (ex.: sentença que condena ao pagamento de alimentos);

(ii) sentença declaratória é aquela que, nos termos do art. 19 do CPC, reconhece a existência, inexistência ou modo de ser de relação jurídica ou autenticidade ou falsidade de um documento; ex.: sentença que reconhece que o réu é pai do autor);

(iii) sentença constitutiva é aquela que cria, modifica ou extingue uma relação jurídica (ex.: divórcio, pois extingue o casamento);

(iv) sentença mandamental é aquela que há uma emissão de ordem, pelo juiz, para ser cumprida por um agente, sendo que nesse caso não é possível que haja atos de sub-rogação por parte do Poder Judiciário (ex.: mandado de segurança com ordem para que um candidato realize uma prova em concurso público);

(v) sentença executiva *lato sensu* é aquela que independe de novo procedimento para sua execução, podendo existir a sub-rogação pelo Estado-juiz; assim, a sentença condenatória demandaria novo procedimento para sua efetivação, ao passo que a executiva *lato sensu*, não (ex.: ação possessória, no tocante à posse, em que o oficial de justiça poderá ir ao imóvel invadido, se necessário com auxílio policial, para cumprir a reintegração).

Considerando que, no CPC, é possível uma decisão de mérito antes do final do procedimento em 1º grau (exemplo de julgamento antecipado parcial de mérito), estas classificações ora expostas não mais se restringem às sentenças, mas também são aplicáveis às decisões interlocutórias que apreciem o pedido formulado pelo autor na inicial ou pelo réu na reconvenção.

4. Decisão interlocutória (§ 2º)

Do ponto de vista etimológico, a palavra "interlocutório" se refere à decisão proferida entre (*inter*) as manifestações das partes (*locutio*). Assim, no CPC/1973, decisão interlocutória era o ato do juiz que decidia questão incidente – ou seja, antes da sentença.

O conceito anterior de interlocutória não era ruim e poderia ter sido mantido.

Contudo, considerando o conceito de sentença existente no CPC e exposto no tópico acima (duplo critério), optou o legislador por definir interlocutória por exclusão: o que não for sentença e não for despacho (previsto no § 3º), será decisão interlocutória.

Ou seja, o pronunciamento judicial que tiver carga decisória e não for sentença, será classificado como interlocutória.

Entre os inúmeros exemplos de interlocutória, merecem destaque qualquer pronunciamento relativo à tutela de urgência (deferimento ou indeferimento), produção de prova (deferimento ou indeferimento) ou competência. Em síntese, todas essas são questões incidentes.

Novamente, o mais relevante no tocante ao conceito de interlocutória não é a definição em si, mas o recurso cabível. No sistema anterior, toda interlocutória era agravável – de retido ou

instrumento. No atual CPC, algumas decisões são agraváveis de instrumento (art. 1.015) e outras, devem ser impugnadas em preliminar de apelação (art. 1.009, § 1º) – além da situação da chamada "taxatividade mitigada" (vide art. 1.015). A respeito, conferir item 6 abaixo.

5. Despachos (§ 3º) e atos ordinatórios (§ 4º)

O conceito de despacho é repetido em relação ao sistema anterior – mas poderia ter havido evolução. Isso porque, agora, tem-se que tanto interlocutória quanto despacho são definidos por exclusão.

O despacho pode ser entendido como o ato ou pronunciamento do juiz que dá andamento ao processo sem, contudo, efetivamente existir decisão. Ou seja, não há a escolha entre dois ou mais caminhos que o juiz poderia adotar.

Por vezes existe alguma dúvida em diferenciar um despacho de interlocutória. O critério seguro é verificar se o pronunciamento do juiz tem carga decisória: se tiver, será interlocutória; se não tiver, será despacho. Por sua vez, o critério de verificar se houve *prejuízo* à parte é relevante para aferir o interesse recursal, mas não a natureza do pronunciamento. Isso porque, se autor e réu requerem uma prova pericial e ela for deferida pelo juiz, não haverá prejuízo a qualquer dos litigantes. Contudo, estaremos diante de uma decisão interlocutória e não despacho, pois há carga decisória e o juiz poderia ter indeferido a prova.

Assim, a perfeita compreensão de despacho não passa apenas pelo texto legal.

Como exemplos de despachos, a abertura de vista para a parte se manifestar a respeito de documento juntado, a remessa dos autos ao MP, a retificação de alguma qualificação da parte.

No mais, o despacho é sempre firmado pelo juiz. Poderia ter o CPC avançado no assunto, e delegado mais situações para os servidores.

Mas, nesse particular, apenas houve reprodução do CPC/1973. Assim, os chamados atos ordinatórios (§ 4º) são ainda mais simples e independem de despacho do juiz, podendo ser realizados pelos servidores do cartório. Como exemplo, a juntada de petição e a vista obrigatória (como a da réplica, após a juntada da contestação).

6. Relevância da classificação ou natureza do pronunciamento judicial

O CPC, neste artigo, traz três pronunciamentos (decisões, em sentido amplo) do magistrado.

Uma das principais relevâncias dessa classificação se refere ao recurso cabível.

Assim, de forma geral:

(i) da sentença cabe apelação (art. 1.009);

(ii) da decisão interlocutória, desde que presente no rol previsto em lei, cabe agravo de instrumento (art. 1.015, em especial a discussão referida à "taxatividade mitigada"); para os demais casos, a impugnação será realizada em preliminar de apelação (art. 1.009, § 1º);

(iii) o despacho, por sua vez, é irrecorrível (art. 1.001).

Além disso, de decisão recorrível (portanto, apelação e interlocutória), oponíveis ainda embargos de declaração (art. 1.022).

Jurisprudência

"Recurso especial. Processo civil. Decisão interlocutória que afasta a prescrição. Decisão de mérito que desafia o recurso de agravo de instrumento. Art. 487, II, c/c art. 1.015, II, do CPC/15. 1. Segundo o CPC/2015, nas interlocutórias em que haja algum provimento de mérito, caberá o recurso de agravo de instrumento para impugná-las (art. 1.015, II). 2. No atual sistema processual, nem toda decisão de mérito deve ser tida por sentença, já que nem sempre os provimentos com o conteúdo dos arts. 485 e 487 do CPC terão como consequência o fim do processo (extinção da fase cognitiva do procedimento comum ou da execução). 3. As decisões interlocutórias que versem sobre o mérito da causa não podem ser tidas como sentenças, pois, à luz do novel diploma, só haverá sentença quando se constatar, cumulativamente: I) o conteúdo previsto nos arts. 485 e 487 do CPC; e II) o fim da fase de cognição do procedimento comum ou da execução (CPC, art. 203, § 1º). 4. O novo Código considerou como de mérito o provimento que decide sobre a prescrição ou a decadência (art. 487, II, do CPC), tornando a decisão definitiva e revestida do manto da coisa julgada. 5. Caso a prescrição seja decidida por interlocutória, como ocorre na espécie, o provimento deverá ser impugnado via agravo de instrumento. Já se a questão for definida apenas no âmbito da sentença, pondo fim ao processo ou a capítulo da sentença, caberá apelação nos termos do art. 1.009 do CPC. 6. Recurso especial não provido." (REsp 1778237/RS, Rel. Min. Luis Felipe Salomão, 4ª Turma, j. 19.02.2019, DJe 28.03.2019)

"Processual civil. Agravo interno nos embargos de declaração na execução em mandado de segurança. Enunciado administrativo 3/STJ. Descabimento. Interposição contra despacho. Processamento do cumprimento de acórdão e intimação do devedor. Minuta de agravo interno. Fato modificativo ou extintivo da pretensão executória. Inexequibilidade do título. Impossibilidade. Previsão de meios processuais adequados para a recusa ao cumprimento de obrigação constante de coisa julgada. 1. Não cabe, tendo em vista o disposto nos arts. 203, § 3.º, 1.001 e 1.021, 'caput', do CPC/2015, o recurso de agravo interno contra despacho que determina o processamento de petição de cumprimento de acórdão concessivo de mandado de segurança e, com fundamento nos arts. 523, 'caput', 525, 'caput', e 536, § 4.º, todos do CPC/2015, também determina a intimação da União para o cumprimento voluntário da obrigação ou a apresentação de impugnação. 2. Cabe referir ainda que a defesa relacionada a fato modificativo ou extintivo da obrigação, ou à inexequibilidade ou inexigibilidade do título, autoriza a apresentação de impugnação conforme previsto no art. 525, § 1.º, incisos III e VII, do CPC/2015. 3. Agravo interno não conhecido." (AgRg nos EDcl na ExeMS 21.284/DF, Rel. Min. Mauro Campbell Marques, 1ª Seção, j. 22.08.2018, DJe 18.09.2018)

"Agravo interno no agravo em recurso especial. Cumprimento de sentença. Processual civil. Decisão interlocutória. Recurso cabível. Agravo de instrumento. Aplicação do princípio da fungibilidade recursal. Impossibilidade. Agravo improvido. 1. O provimento jurisdicional que determina o simples arquivamento do feito, sem pôr termo à fase de cumprimento de sentença, reveste-se de natureza jurídica de decisão interlocutória, passível, portanto, de ser impugnada por agravo de instrumento. 2. A aplicação do princípio da fungibilidade recursal requer a observância do prazo do recurso considerado correto e a existência de dúvida objetiva acerca da impugnação cabível, que afaste o mero erro grosseiro. 3. Agravo interno improvido." (AgInt no AREsp 776.901/MT, Rel. Min. Marco Aurélio Bellizze, 3ª Turma, j. 20.09.2016, DJe 03.10.2016)

"Processual civil. Intimação para integrar o polo passivo da execução. Natureza jurídica do provimento judicial. Despacho. Inteligência do art. 162, § 3º, do CPC/73 e art. 203, § 3º, do CPC/2015. Violação do Art. 535, II, do CPC/73.

Inocorrência. Dissenso jurisprudencial defeituoso. Ausência de cotejo analítico. (...) III – O provimento judicial que determina a intimação de aludida sucessora da RFFSA na execução para integrar o feito no polo passivo não importa em resolução de questão incidente, nem ostenta natureza decisória. Assim, por exceção prevista, tanto no art. 162, §3º, do CPC/1973, quanto no art. 203, §3º, do CPC/2015, o ato judicial referido caracteriza despacho, não comportando impugnação na via do agravo de instrumento. IV – O alegado equívoco no chamamento ao processo é impugnável na via da exceção de pré-executividade ou de embargos à execução. Precedentes: AgRg no AREsp 548.094/RN, Rel. Min. OG Fernandes, segunda turma; Julg. 9.9.2014; *DJe* 23.9.2014 e REsp 460.214/SP, Rel. Min. João Otávio de Noronha, *DJ* 2.8.2006, p. 243. V – Recurso especial improvido." (STJ, REsp 1624376/SP, 2ª Turma, Rel. Min. Francisco Falcão, j. 07.03.2017, *DJe* 10.03.2017)

"Processual civil. Agravo regimental no agravo em recurso especial. Ação indenizatória. Despacho que determinou a análise de preliminar de ilegitimidade passiva para o momento da prolação da sentença. ausência de conteúdo decisório. Irrecorribilidade. Súmula 83/STJ. Agravo improvido. 1. Despacho que apenas transferiu a análise da preliminar de ilegitimidade passiva pela recorrente para um momento futuro, sem determinar qualquer outra providência, não pode ser objeto de recurso. 2. Conforme o disposto no art. 504 do Código de Processo Civil, dos despachos não cabe recurso. No presente caso é nítida a ausência de conteúdo decisório no referido despacho, tratando-se, tão somente, de ato judicial destinado a dar andamento ao processo, na forma estabelecida pelo art. 162, § 3º, do CPC. Precedentes. 3. Agravo regimental a que se nega provimento." (AgRg no AREsp 667.752/MG, Rel. Min. Marco Aurélio Bellizze, 3ª Turma, j. 28.04.2015, *DJe* 01.06.2015)

"Civil. Processual civil. Ação de exigir contas. Negativa de prestação jurisdicional e omissão. Inocorrência. Pronunciamento jurisdicional que julga a primeira fase da ação de exigir contas. Natureza jurídica no CPC/15. Dúvida acerca da natureza de sentença, impugnável por apelação, ou da natureza de decisão interlocutória, impugnável por agravo de instrumento. Modificação substancial, pelo CPC/15, dos conceitos de sentença, definida a partir de critério finalístico e substancial, e de decisão interlocutória, definida a partir de critério residual. Ato judicial que encerra a primeira fase. Necessidade de observância do conteúdo. Procedência do pedido que resulta em decisão parcial de mérito recorrível por agravo. Improcedência do pedido ou extinção sem resolução do mérito que resultam em sentença recorrível por apelação. Controvérsia doutrinária e jurisprudencial. Dúvida objetiva. Inexistência de erro grosseiro. Aplicação do princípio da fungibilidade recursal. (...) 4- Se, na vigência do CPC/73, o pronunciamento jurisdicional que julgava a primeira fase da ação de prestação de contas era a sentença, suscetível de impugnação pelo recurso de apelação, é certo que, após a entrada em vigor do CPC/15, instalou-se profunda controvérsia doutrinária e jurisprudencial acerca da natureza jurídica do ato judicial que encerra a primeira fase da ação agora chamada de exigir contas, se sentença suscetível de apelação ou se decisão interlocutória suscetível de agravo de instrumento. 5- O CPC/15 modificou substancialmente os conceitos de sentença e de decisão interlocutória, caracterizando-se a sentença pela cumulação dos critérios finalístico ('põe fim à fase cognitiva do procedimento comum') e substancial ('fundamento nos arts. 485 e 487') e caracterizando-se a decisão interlocutória pelo critério residual ('todo pronunciamento judicial de natureza decisória que não seja sentença'). 6- Fixadas essas premissas e considerando que a ação de exigir contas poderá se desenvolver em duas fases procedimentais distintas, condicionando-se o ingresso à segunda fase ao teor do ato judicial que encerra a primeira fase; e que o conceito de sentença previsto no art. 203, § 1º, do CPC/15, aplica-se como regra ao procedimento comum e, aos procedimentos especiais, apenas na ausência de regra específica, o ato judicial que encerra a primeira fase da ação de exigir contas possuirá, a depender de seu conteúdo, diferentes naturezas jurídicas: se julgada procedente a primeira fase da ação de exigir contas, o ato judicial será decisão interlocutória com conteúdo de decisão parcial de mérito, impugnável por agravo de instrumento; se julgada improcedente a primeira fase da ação de exigir contas ou se extinto o processo sem a resolução de seu mérito, o ato judicial será sentença, impugnável por apelação. 7- Havendo dúvida objetiva acerca do cabimento do agravo de instrumento ou da apelação, consubstanciada em sólida divergência doutrinária e em reiterado dissídio jurisprudencial no âmbito do 2º grau de jurisdição, deve ser afastada a existência de erro grosseiro, a fim de que se aplique o princípio da fungibilidade recursal. (...)." (REsp 1746337/ RS, Rel. Min. Nancy Andrighi, 3ª Turma, j. 09.04.2019, *DJe* 12.04.2019)

Art. 204. Acórdão é o julgamento colegiado proferido pelos tribunais.

▶ *Referência: CPC/1973 – Art. 163*

1. Acórdão

Enquanto o art. 203 trata de *todos* os possíveis pronunciamentos proferidos pelo juiz em 1º grau, o art. 204 *apenas* trata do julgamento colegiado no âmbito dos tribunais. É surpreendente que este artigo ou o seguinte não tratem da decisão monocrática, que somente é regulada bem mais adiante no Código, no art. 932, III, IV e V.

O melhor, para a compreensão do sistema decisório, teria sido a simetria entre o art. 203 (com as decisões de 1º grau) e o art. 204 (com as decisões proferidas nos tribunais).

Denomina-se acórdão a decisão colegiada proferida nos tribunais, seja de 2º grau (TJs e TRFs), seja Superior (STF e STJ). Também a decisão colegiada proferida nos Colégios Recursos dos Juizados recebe o nome de acórdão. A origem do nome decorre de o fato de os magistrados "estarem de acordo".

Em regra, o julgamento colegiado em 2º grau é proferido por 3 desembargadores, ao passo que nos Tribunais Superiores usualmente há a votação de 5 ministros (mas é possível haver quóruns distintos, maiores, conforme as especificidades do caso concreto ou regimento do Tribunal).

Os acórdãos podem ter origem no julgamento de recurso ou de ação de competência originária dos tribunais. Qualquer que seja a hipótese, isso não muda sua natureza.

2. Natureza da decisão e recurso cabível

Como visto no item 6 do artigo anterior, conforme a natureza da decisão de 1º grau, será cabível um determinado recurso.

No tocante ao acórdão, isso não se verifica. De acórdão, conforme as características da deci-

são, serão cabíveis os seguintes recursos: recurso especial (art. 1.029), recurso extraordinário (art. 1.029), recurso ordinário (art. 1.027) e embargos de divergência (art. 1.043).

Cabe destacar, além disso, que caso haja voto vencido, haverá novo julgamento – sem que haja a interposição de recurso, por meio do denominado "julgamento estendido" (art. 942).

Por seu turno, no caso de decisão monocrática, igualmente conforme as características dessa decisão, é possível a utilização de agravo interno (art. 1.021) ou agravo em recurso especial ou recurso extraordinário (art. 1.042).

Além disso, de acórdão e monocrática oponíveis ainda embargos de declaração (art. 1.022).

Art. 205. Os despachos, as decisões, as sentenças e os acórdãos serão redigidos, datados e assinados pelos juízes.

§ 1º Quando os pronunciamentos previstos no *caput* forem proferidos oralmente, o servidor os documentará, submetendo-os aos juízes para revisão e assinatura.

§ 2º A assinatura dos juízes, em todos os graus de jurisdição, pode ser feita eletronicamente, na forma da lei.

§ 3º Os despachos, as decisões interlocutórias, o dispositivo das sentenças e a ementa dos acórdãos serão publicados no Diário de Justiça Eletrônico.

▶ *Referência: CPC/1973 – Art. 164*

1. Requisitos dos pronunciamentos judiciais

Fechando a seção relativa aos atos do juiz, o art. 205 traz alguns requisitos para todos os pronunciamentos, que devem ser: (i) datados e (ii) assinados pelos magistrados. Se o ato judicial não estiver assinado pelo juiz, em regra deve ser considerado inexistente – sendo possível, contudo, sanar o vício, lançando a assinatura no documento.

O artigo traz ainda menção a atos "redigidos" pelos juízes. Mas, por óbvio, se o juiz assina um pronunciamento, subtende-se que redigido ou conferido pelo magistrado – sendo certo que, no cotidiano forense, muitas vezes o cartório ou assessoria auxilia o magistrado na redação das decisões judiciais.

2. Quais pronunciamentos estão incluídos no artigo?

O *caput* do artigo faz menção expressa a "despachos, decisões, sentenças e acórdãos". Em síntese, são todos os pronunciamentos judiciais, com qualquer decisória ou não (caso dos despachos, como já visto no art. 203).

Contudo, melhor teria sido, para evitar quaisquer dúvidas, a menção específica – e separada – a decisão interlocutória e decisão monocrática. Assim, a interpretação do vocábulo "decisões" deve passar tanto pela decisão interlocutória quanto pela decisão monocrática.

Vale destacar que o artigo, portanto, não se refere apenas aos juízes (magistrados de 1º grau), como poderia se interpretar do *caput*. A previsão legislativa aplica-se a juízes, desembargadores (2º grau) e ministros (grau superior). Sendo assim, o uso do termo "juízes", no *caput*, não foi o mais adequado.

3. Pronunciamentos orais (§ 1º)

Quando o pronunciamento do magistrado for oral – algo que é muito comum no âmbito dos Tribunais, em julgamentos colegiados – o ato verbal será reduzido a termo por algum servidor, que posteriormente os encaminhará ao magistrado, para conferência e assinatura.

Isso é o que usualmente se denomina de "notas taquigráficas", nas quais servidores do Judiciário documentam tudo o que é falado durante uma sessão de julgamento. Seja por meio de gravação ou, ainda, por métodos mais rudimentares (como estenotipia ou mesmo de forma datilografada).

4. Assinatura eletrônica (§ 2º)

Em linha com o art. 4º da L. 11.419/2006 e com o art. 195 do CPC, será possível a assinatura das decisões, em todos os graus de jurisdição, por meio eletrônico. Inclusive em autos físicos. Trata-se de uma prática bastante disseminada em grande parte do país.

5. Publicação dos pronunciamentos judiciais (§ 3º)

Todos os pronunciamentos judiciais deverão ser publicados na imprensa oficial (Diário de Justiça Eletrônico), para que as partes e terceiros eventualmente interessados, tenham ciência do que se decidiu. Trata-se de decorrência do princípio da publicidade.

Os despachos, decisões interlocutórias e monocráticas deverão ser publicadas na íntegra. Tratando-se de sentença, basta o dispositivo; no caso de acórdão, é suficiente a ementa (que é a síntese do acórdão). Mas nada obsta que a sentença na íntegra e o voto condutor sejam publicados.

Se não houver a publicação adequada que causa prejuízo a alguma das partes, haverá nulidade e necessidade de nova publicação.

Jurisprudência

"Agravo regimental no recurso especial. Administrativo. Servidor público. Substituição. Pagamento da diferença de vencimentos. Omissão não configurada. Art. 164 do CPC. Inexistência da assinatura de todos os magistrados. Prescindibilidade. 1. Inexiste a alegada violação aos artigos 458 e 535 do CPC, uma vez que o Tribunal de origem que decidiu de modo integral e com fundamentação suficiente a matéria devolvida à sua apreciação. 2. A inexistência da assinatura de um dos magistrados participantes do julgamento não é suficiente para anular o julgado. 3. Agravo regimental a que se nega provimento." (AgRg no REsp 494.354/RR, Rel. Min. Alderita Ramos de Oliveira (Desembargadora Convocada do TJ/PE), 6ª Turma, j. 07.05.2013, *DJe* 14.05.2013)

"Tributário. Processual civil. Sentença apócrifa. Irregularidade que não ensejou prejuízo ao princípio da segurança jurídica. Parcelamento. Suspensão da execução fiscal. Precedentes. 1. A assinatura indica não só a veracidade e a autenticidade do ato, mas também demonstra o comprometimento do órgão julgador, que, ao apor a sua assinatura, deve necessariamente analisar e revisar o ato, comprometendo-se com o seu conteúdo e responsabilizando-se por eventuais omissões e erros. 2. Tal entendimento, contudo, dada as particularidades do caso e do intuito da norma pertinente, há que ser mitigado na presente hipótese. Há dois princípios que se contrapõem no caso em tela, quais sejam, o da segurança jurídica e o da celeridade processual. Para dirimir a questão, deve-se levar em conta sobretudo a finalidade da norma processual. 3. O Tribunal recorrido declarou inexistir nulidade da aludida sentença, eis que as circunstâncias do processo permitiriam chegar à conclusão de que o ato judicial seria verdadeiro e válido, tendo o mesmo órgão julgador já prolatado diversas decisões com idêntico conteúdo, tal como permite o respectivo regimento interno do tribunal 4. Vislumbra-se que, considerando as circunstâncias do caso concreto, não houve abalo ao princípio da segurança jurídica, pois o recorrente não suscitou dúvidas acerca da idoneidade da sentença apócrifa, limitando-se a pleitear pura e simplesmente a sua nulidade, diante da ausência de assinatura. Ademais, não houve comprovação da existência de prejuízo à parte recorrente. 5. Por outro lado, insta salientar que a intenção do artigo 164 do CPC é garantir um mínimo de segurança jurídica ao processo, determinando ao órgão julgador obediência a certos requisitos formais para se garantir a idoneidade da decisão judicial. O intuito dessa norma não é proteger a parte que objetiva pura e simplesmente a nulidade do processo, adiando assim o quanto possível o deslinde e a resolução da questão submetida à análise jurisdicional. 6. Prevalece no caso, portanto, o princípio da celeridade processual, haja vista que o processo não constitui um fim em si mesmo, mas um meio para a consecução do direito material. O recorrente, desse modo, não pode se valer da norma tão somente com o mero intuito de postergar a entrega efetiva do direito material, sob pena de violação aos princípios da celeridade processual e do efetivo acesso à jurisdição. 7. Quanto ao mérito, o acórdão recorrido não violou os dispositivos ora suscitados, porquanto é cediço o entendimento nesta Corte de que o parcelamento de dívida enseja a suspensão da execução fiscal, e não a sua extinção. 8. Recurso especial não provido." (REsp 1033509/SP, Rel. Min. Mauro Campbell Marques, 2ª Turma, j. 04.06.2009, *DJe* 23.06.2009)

"Processo civil – Confecção do acórdão – Assinaturas dos desembargadores – Art. 164 do CPC – Não violação – Normas de regimento interno de tribunal de justiça que não têm a natureza de 'lei federal' – Questão não conhecida. 1. Assim dita o art. 164 do CPC: 'os despachos, decisões, sentenças e acórdãos serão redigidos e assinados pelos juízes.' 2. O fato de o acórdão estar assinado pelo Presidente da Turma Julgadora e pelo Desembargador-Relator basta para o cumprimento do art. 164 do CPC, não se exigindo, para a existência do próprio acórdão, a assinatura do terceiro componente da Turma, cuja participação já consta na certidão confeccionada por quem tem fé pública. 3. Normas de regimento interno de Tribunal de Justiça não podem ser analisadas em sede de recurso especial, por não

perfazerem a natureza de 'lei federal', máxime quando a parte pretende contrastá-las com artigos da Constituição Federal, o que faz com que a matéria se torne eminentemente constitucional. Agravo regimental improvido." (AgRg nos EDcl no REsp 759.571/RR, Rel. Min. Humberto Martins, 2ª Turma, j. 17.04.2008, *DJe* 05.05.2008)

Seção V
Dos atos do escrivão ou do chefe de secretaria

> **Art. 206.** Ao receber a petição inicial de processo, o escrivão ou o chefe de secretaria a autuará, mencionando o juízo, a natureza do processo, o número de seu registro, os nomes das partes e a data de seu início, e procederá do mesmo modo em relação aos volumes em formação.

▶ *Referência: CPC/1973 – Art. 166*

1. Atos dos serventuários

Após tratar dos atos da parte e atos do juiz, o Código regula os atos dos serventuários, nos arts.s 206 a 211.

É feita menção específica à chefia dos servidores que atuam em cartório, a saber: escrivão (nomenclatura utilizada na Justiça Estadual) e chefe de secretaria (nomenclatura utilizada na Justiça Federal). De qualquer forma, isso não significa que apenas esses servidores é que poderão realizar os atos indicados nestes artigos, sendo possível a realização pelos escreventes ou técnicos (respectivamente, uma vez mais, a nomenclatura da Justiça Estadual e Federal).

2. Autuação, registro e volumes suplementares

Quando uma petição inicial chega a um cartório, há necessidade de algum trabalho burocrático para transformá-la em autos de processo. É exatamente isso que prevê o art. 206, em um contexto ainda em que prevalece o meio físico, autos em papel.

Assim, o servidor colocará a capa na petição, que trará todos os dados relativos ao processo que passa a tramitar (vara, qual processo e procedimento, número do processo, nome das

Art. 207

partes, dos patronos das partes e data): trata-se da autuação e registro.

Além disso, quando necessário – quando estiverem presentes muitas folhas (peças, documentos, decisões, certidões etc.) – o servidor abrirá novos volumes dos autos do processo, sempre lançando essa informação da capa dos autos. Em regra, a cada 200 folhas abre-se um novo volume. E sempre o ato mais recente é realizado no último volume dos autos.

3. Autos eletrônicos

Como já mencionado, o artigo refere-se basicamente ao processo físico, nada regulando a respeito de autos eletrônicos.

Logo, tratando-se de processo eletrônico, o trâmite é distinto. Nos termos do art. 10 da L. 11.419/06, o próprio advogado é quem protocola a petição e o sistema já irá autuar essa peça.

Além disso, há regras procedimentais na Resolução 185/13 do CNJ.

> **Art. 207.** O escrivão ou o chefe de secretaria numerará e rubricará todas as folhas dos autos.
>
> **Parágrafo único.** À parte, ao procurador, ao membro do Ministério Público, ao defensor público e aos auxiliares da justiça é facultado rubricar as folhas correspondentes aos atos em que intervierem.

▶ *Referência: CPC/1973 – Art. 167*

1. Rubricas em processo físico

Uma vez mais, este artigo refere-se exclusivamente ao processo físico, não existindo qualquer relação com o processo eletrônico.

Isso porque somente em petições físicas é possível que a parte faça sua rubrica.

No processo eletrônico, considerando os requisitos da autenticidade e não repúdio (vide art. 195), não há dúvida em relação a quem enviou a peça, de modo que não há necessidade de se rubricar – além de isso ser impraticável, em autos eletrônicos.

2. Numeração e rubrica das folhas pelo servidor (*caput*)

O servidor, diante dos autos físicos autuados, deverá numerar todas as folhas. Se houver falha, deverá lançar nos autos uma certidão

informando quando e em quais folhas realizou a correção.

Além da numeração, deverá o servidor rubricar as folhas dos autos. A finalidade é garantir que apenas estejam nos autos petições, documentos e certidões que foram juntadas pelo servidor (segurança e integridade dos autos).

3. Rubrica das folhas por quem realizou o ato processual (parágrafo único)

De modo a garantir que determinada manifestação, na sua íntegra, foi realizada por quem a assina na última lauda, o Código permite que haja a rubrica das folhas anteriores.

Essa atitude – rubricar todas as folhas, para comprovar quem a elaborou – é muito comum no cotidiano forense, em relação a autos físicos.

Isso é permitido às partes, seus advogados, MP, defensor e até mesmo os auxiliares da justiça – como oficial de justiça, leiloeiro, perito etc.).

Mas isso não é obrigatório. Portanto, se faltar rubrica em alguma lauda de uma petição, a peça deverá ser normalmente apreciada pelo Poder Judiciário. O problema existe em relação à peça não assinada (vide art. 209) ou se o advogado assina e rubrica, mas não consta, na petição, seu nome (a respeito desses problemas, vide art. 76, com solução nova em relação à jurisprudência formada à luz do CPC/1973).

Jurisprudência

"Processual civil. Agravo regimental no recurso especial. Nome do advogado subscritor das razões de recurso. Inexistência. Impossibilidade de se aferir se o advogado possui procuração nos autos. 1. A ausência de identificação do advogado importa na inexistência do recurso especial, pois inviabiliza a aferição se ele possui procuração nos autos. 2. Ausência de argumentos suficientes para afastar as conclusões da decisão agravada. 3. Agravo regimental a que se nega provimento. (AgRg no REsp 1136530/PR, Rel. Min. Paulo de Tarso Sanseverino, 3ª Turma, j. 21.06.2011, *DJe* 27.06.2011)

> **Art. 208.** Os termos de juntada, vista, conclusão e outros semelhantes constarão de notas datadas e rubricadas pelo escrivão ou pelo chefe de secretaria.

▶ *Referência: CPC/1973 – Art. 168*

1. Previsão destinada ao processo físico

Como já mencionado no tocante aos artigos anteriores, esta previsão é específica para o processo físico. Nos autos eletrônicos, a informação de autoria já vem pela própria entrada no sistema (*log in*).

2. Termos nos autos: certificados e assinados pelo servidor

O servidor cartorial em processo físico tem entre suas atribuições juntar petições, encaminhar e receber autos para o juiz, abrir vista para as partes ou MP.

A cada momento que isso for realizado, deverá ser lançado um termo nos autos. Algo nesse sentido: "certifico e dou fé que juntei a contestação ofertada pelo réu" ou "certifico e dou fé que recebi os autos do juiz, com sentença".

Nelton dos Santos aponta a existência dos seguintes termos, em um processo judicial: (i) termo de juntada, (ii) termos de vista, (iii) termo de conclusão, (iv) termos de remessa e recebimento e (v) termo de data (SANTOS, Nelton dos, in MARCATO, Antonio Carlos (org.). *Código de Processo Civil Interpretado*. São Paulo: Forense, 2008, 3. ed., p. 464-465).

Cada um desses termos deverá ser devidamente certificado nos autos pelo servidor, com assinatura, rubrica e data. Em síntese, é este o comando legislativo previsto neste artigo. Se houver a ausência de alguma dessas informações, haverá nulidade do ato cartorial.

O artigo fala do servidor chefe (escrivão ou chefe de secretaria). Porém, é certo que isso poderá ser delegado para outros servidores (a respeito de ato realizado por estagiário, vide jurisprudência).

Jurisprudência

"Processual civil. Citação por oficial. Mandado. Informação defasada constante do sistema de informática. Contagem do lapso temporal do ato concreto certificado nos autos. Dever de fiscalização *in loco* da parte, diretamente nos autos do processo. Juntada do mandado, todavia, por estagiária do cartório. Ato processual de escrivão. Inexistência. Art. 168 do CPC. Matéria prequestionada e levantada em contrarrazões. Justa causa verificada. Tempestividade da contestação. Revelia insubsistente. (...) a juntada de mandado citatório efetuada por estagiária, em violação ao art. 168 do CPC, fato inconteste dirimido pelo aresto estadual arguido em contrarrazões, é tida como inexistente, e não gera o efeito de deflagrar o início do prazo para contestar. Revelia não configurada. III. Recurso especial não conhecido. (REsp 1020729/ES, Rel. Min. Aldir Passarinho Junior, 4ª Turma, j. 18.03.2008, *DJe* 19.05.2008)

> **Art. 209.** Os atos e os termos do processo serão assinados pelas pessoas que neles intervierem, todavia, quando essas não puderem ou não quiserem firmá-los, o escrivão ou o chefe de secretaria certificará a ocorrência.
>
> **§ 1º** Quando se tratar de processo total ou parcialmente documentado em autos eletrônicos, os atos processuais praticados na presença do juiz poderão ser produzidos e armazenados de modo integralmente digital em arquivo eletrônico inviolável, na forma da lei, mediante registro em termo, que será assinado digitalmente pelo juiz e pelo escrivão ou chefe de secretaria, bem como pelos advogados das partes.
>
> **§ 2º** Na hipótese do § 1º, eventuais contradições na transcrição deverão ser suscitadas oralmente no momento de realização do ato, sob pena de preclusão, devendo o juiz decidir de plano e ordenar o registro, no termo, da alegação e da decisão.

▶ *Referência: CPC/1973 – Art. 169*

1. Assinatura dos atos do processo

A cada ato processual (seja da parte, juiz, auxiliar do juízo, terceiro, servidor), quem o elaborou ou interveio deverá assinar a manifestação. O objetivo, por óbvio, é deixar claro quem participou da elaboração da respectiva peça ou documento.

Se isso não for possível (por exemplo, uma pessoa acidentada) ou houver recusa, isso será certificado nos autos, pelo servidor (escrivão, chefe de secretaria ou quem for por eles designado).

Por exemplo, o escrivão poderá certificar que o laudo pericial foi depositado em cartório, sem assinatura, mas que foi entregue pelo próprio perito.

A ausência de assinatura é mais grave que a ausência de rubrica (vide arts. 207 e 208). Mas será possível a regularização, conforme as características da situação concreta.

Art. 210

2. Previsão quanto ao processo eletrônico (§§ 1º e 2º)

Depois de absoluto silêncio, nos artigos anteriores, em relação ao processo eletrônico, neste momento há alguma menção, supletivamente, aos autos eletrônicos. Mais uma vez, é de se lamentar que o paradigma do Código seja o papel, considerando que atualmente a maioria dos processos já está em meio eletrônico – o que ainda foi acelerado com a pandemia.

Sendo essa a hipótese, os atos processuais praticados perante o magistrado poderão ser realizados e arquivados apenas por meio digital, em arquivo eletrônico inviolável. Como exemplo, a gravação em vídeo de uma audiência.

Nesse caso, o arquivo do vídeo da audiência será a única informação do referido ato – além de um termo assinado pelo juiz, servidor e advogados das partes, informando que a audiência ocorreu e que está arquivada. Esse termo será, também, preferencialmente digital e assinado eletronicamente (vide L. 11.419/2006, art. 1º).

Se houver alguma transcrição do que aconteceu no ato para o termo de audiência (e, portanto, não estivermos diante de uma situação em que ocorreu a gravação do ato), deverá ser imediatamente suscitada, oralmente, eventual divergência na transcrição, sob pena de preclusão. Como exemplo, alguma resposta de testemunha em que a transcrição não se deu da forma como efetivamente a testemunha narrou determinado ato. Se algum dos advogados entendeu que isso se passou, deverá indicar imediatamente ao magistrado, para que se proceda à retificação.

Se algum dos advogados proceder a essa impugnação daquilo que constou no termo de audiência, caberá ao juiz decidir de plano a questão. E tudo isso constará do próprio termo de audiência – inclusive a decisão do juiz acerca da questão.

Jurisprudência

"Processo civil. Recurso especial. Preparo devido pela interposição de recurso de apelação, recolhido em cartório. Ausência de juntada da guia comprobatória no momento da interposição do recurso. Impugnação do ato pelo recorrido, que alega deserção. Inércia do recorrente. Juntada de uma guia informal de recolhimento apenas muito tempo depois, sem qualquer ato formal que indique como ela veio a ser acostada ao processo. Reconhecimento da deserção. (...).

– Deve ser reconhecida a deserção do recurso na hipótese que o recorrido denuncia a falta de preparo e, muito tempo depois, sem qualquer manifestação da recorrente, uma guia informal, subscrita por funcionário do cartório, é acostada aos autos sem qualquer formalidade que a preceda, como despacho judicial ou carimbo da serventia. Significativo também o fato de que, em tal recibo informal, o valor recolhido não equivale ao valor do preparo. Recurso especial provido." (REsp 814.512/PI, Rel. Min. Nancy Andrighi, 3ª Turma, j. 10.03.2009, *DJe* 04.08.2009)

> **Art. 210.** É lícito o uso da taquigrafia, da estenotipia ou de outro método idôneo em qualquer juízo ou tribunal.

▶ *Referência: CPC/1973 – Art. 170*

1. Outros métodos de registro de atos processuais

Como visto nos artigos anteriores, é possível que o ato processual do servidor seja realizado por meio de termos ou certidões (físicas ou eletrônicas) ou então gravado.

Mas, além disso, o CPC atual repete artigo do CPC/1973 e permite, ainda, a taquigrafia, estenotipia ou outro método.

A taquigrafia e a estenotipia são técnicas, já antigas, que buscam captar o que se fala em alguma sessão de julgamento judicial. Não se trata da transcrição integral do que se falou, mas de sinais específicos dessas técnicas, para que seja algo mais célere para captar o que se fala.

É certo que essas técnicas estão absolutamente superadas pela gravação em áudio ou vídeo, principalmente em meio eletrônico (que se inseririam no "outro método idôneo"); apesar disso, continuam sendo utilizadas em diversos ramos do Judiciário, especialmente no âmbito dos tribunais. Portanto, poderia o CPC ter evoluído e simplesmente deixado de falar do assunto, mas não o fez (como não deixou de falar de radiograma e telegrama – vide art. 413). Assim, percebe-se como o Código, em certos pontos, segue no passado.

A respeito da gravação da audiência, conferir art. 367, §§ 5º e 6º.

> **Art. 211.** Não se admitem nos atos e termos processuais espaços em branco, salvo os que

forem inutilizados, assim como entrelinhas, emendas ou rasuras, exceto quando expressamente ressalvadas.

▶ *Referência: CPC/1973 – Art. 171.*

1. Espaços em brancos, emendas e rasuras: vedação

As partes, como já visto, não podem realizar atos processuais com "cotas marginais ou interlineares" (art. 202). Em simetria com as partes, há esta vedação do art. 211 quanto aos servidores.

Sendo assim, nos atos processuais dos servidores não poderá haver:

(i) espaços em branco (salvo se forem inutilizados – por exemplo, com um carimbo "em branco"; isso de modo a evitar que haja alguma inclusão de texto ao que já foi antes escrito);

(ii) lançamento de informação nas entrelinhas, emendas ou rasuras em atos processuais (salvo quando houver, no próprio documento, ressalva apontando o que se está a corrigir; a finalidade é evitar que haja alteração posterior, creditada ao próprio servidor que elaborou o ato).

Em síntese, o objetivo do legislador, com a vedação ora em análise, é evitar adulteração dos autos e garantir a segurança dos autos físicos – sim, pois isto tudo se refere a questões típicas de autos físicos.

2. Processo eletrônico: inaplicável a previsão legal

Como também já dito em relação ao art. 202 (ato das partes), esta previsão legislativa perde relevo com o processo eletrônico, também em relação ao ato do servidor.

Isso porque o artigo, como é fácil concluir, leva em consideração os autos em papel, não havendo sentido em se falar nessa vedação quando de autos eletrônicos (em que novo ato seria elaborado, e não ocorreria a retirada do anterior – exatamente considerando os requisitos do art. 194).

Jurisprudência

"Processual civil. Recurso especial. Execução. Embargos do devedor. Prazo. Certidão rasurada. Falsificação da data verificada em perícia. Ausência de prova do autor do ilícito. Presunção. Descabimento. Guarda dos autos. Responsabilidade do escrivão. Nulidade da certidão. – A responsabilidade pela incolumidade dos autos do processo que não deixou o cartório em nenhuma das hipóteses previstas no art. 141, IV, do CPC é do escrivão. – Hipótese em que foi constatada por perícia a adulteração da data da certidão de juntada aos autos do mandado de citação e penhora e que não foi possível identificar o autor do fato. – Não pode se concluir, por total ausência de prova nesse sentido, que porque a certidão falsa é de interesse de uma das partes, esta é a responsável pela fraude processual. – Cessa a fé do documento público quando lhe for declarada judicialmente a falsidade. Recurso especial conhecido e provido." (REsp 724.462/SP, Rel. Min. Nancy Andrighi, 3ª Turma, j. 14.06.2007, *DJ* 27.08.2007, p. 224)

"Reexame necessário e apelação cível. Ação cominatória. Direito à saúde. Impossibilidade de rasura quanto ao valor da causa sem qualquer ressalva. Ação ajuizada na vigência da Lei Federal nº 12.153/09 e da resolução nº 700/2012 do TJMG. Valor da causa inferior a 40 salários mínimos não alterado de ofício ou impugnado. Competência absoluta do juizado especial da fazenda pública. 1- Não se admitem nos atos e termos processuais espaços em branco, salvo os que forem inutilizados, assim como entrelinhas, emendas ou rasuras, exceto quando expressamente ressalvadas, a teor do que determina o art. 211, do CPC/2015; (...). (TJMG, AC-RN 1.0024.14.055794-3/002, Rel. Des. Renato Dresch, j. 27.04.2017, DJEMG 04.05.2017)

CAPÍTULO II
DO TEMPO E DO LUGAR DOS ATOS PROCESSUAIS

Seção I
Do tempo

Art. 212. Os atos processuais serão realizados em dias úteis, das 6 (seis) às 20 (vinte) horas.

§ 1º Serão concluídos após as 20 (vinte) horas os atos iniciados antes, quando o adiamento prejudicar a diligência ou causar grave dano.

§ 2º Independentemente de autorização judicial, as citações, intimações e penhoras

> poderão realizar-se no período de férias fo-renses, onde as houver, e nos feriados ou dias úteis fora do horário estabelecido neste artigo, observado o disposto no art. 5º, inciso XI, da Constituição Federal.
>
> **§ 3º** Quando o ato tiver de ser praticado por meio de petição em autos não eletrônicos, essa deverá ser protocolada no horário de funcionamento do fórum ou tribunal, conforme o disposto na lei de organização judiciária local.

▶ *Referência: CPC/1973 – Art. 172*

1. Dias e horários em que podem ser realizados atos processuais

Este dispositivo trata dos dias e horários em que os atos processuais podem ser realizados; ou seja, os dias e horários úteis.

Os dias úteis são os previstos, a *contrario sensu*, no art. 216, considerando que esse artigo traz os dias não úteis (sábados, domingos e feriados).

Os horários úteis, por opção legislativa, são das 6h da manhã às 20h da noite. Perceba-se que o critério não é a "luz do sol", até porque o Brasil e um país extenso, com muitas variações do horário do nascer e pôr do sol, mesmo durante o ano. Além disso, o horário de realização dos atos não coincide com o horário de funcionando do fórum (§ 3º).

2. Prosseguimento de atos processuais fora dos dias e horários úteis (§ 1º)

Em regra, os atos serão realizados nos dias e horários úteis. Contudo, há exceções.

Se um ato processual começa a ser realizado antes das 20h, será possível seu prosseguimento após esse horário, sem qualquer problema. Assim, se uma diligência de oficial de justiça de reintegração de posse tem início 13h, e até às 20h não se encerrou, deverá *prosseguir*, ainda que ultrapasse esse horário. O que é absolutamente lógico, considerando a efetividade processual e a celeridade.

3. Início de atos processuais fora dos dias e horários úteis (§ 2º)

Mas é possível *iniciar* um ato processual fora dos dias e horários úteis?

Nesse ponto, há sensível distinção entre o CPC/1973 e o CPC/2015. No Código anterior,

apenas se houvesse autorização expressa do juiz seria possível o início de atos fora dos dias e horários úteis. E isso era muito requerido por advogados, em petições, mesmo quando desnecessário – eram os "benefícios, ao oficial de justiça, do art. 172, § 2º do CPC/1973".

O CPC, em boa inovação, afasta essa regra. Será possível a realização de atos processuais fora da sede do juízo – especialmente pensando nas diligências realizadas por oficial de justiça (citação, intimação, penhora, arresto etc.) – independentemente de autorização judicial, quando esses horários e dias não úteis forem mais convenientes para a realização da diligência. Isso se justifica especialmente em grandes cidades, em que as pessoas estão em trabalho ou estudo nos dias e horários úteis, o que dificulta a realização de atos processuais. Assim, é uma inovação adequada à atual realidade da sociedade.

A única ressalva do Código, como não poderia deixar de ser, é à inviolabilidade do domicílio, à noite, não se podendo ingressar no local sem consentimento do morador (CF, art. 5º, XI). A rigor, não haveria necessidade de mencionar isso no CPC, tendo em vista tratar-se de norma constitucional.

4. Horário de funcionamento do fórum e protocolo de petições físicas (§ 3º)

Como já mencionado, não se deve confundir o horário de realização dos atos processuais com o horário de funcionamento do fórum.

Conforme a realidade de cada local (e com consideráveis distinções de Estado para Estado), haverá um determinado período em que o prédio do Poder Judiciário (fórum) estará aberto, para consulta de autos físicos, realização de audiências, obtenção de certidões, conversas com o magistrado – e, também, apresentação de petições físicas, para protocolo.

Assim, para a realização de atos processuais (como citação), não há necessidade de se observar o horário do fórum. Porém, para o protocolo de petições em processos físicos, existe a necessidade de fazê-lo enquanto o fórum estiver aberto.

Alguns tribunais, por sua vez, mantêm horários diferenciados de protocolo, sendo que à tarde seria apenas para "situações de urgência". Se for esse o caso, a peça interposta fora do horário padrão seria intempestiva (vide jurisprudência). Assim, deve-se ter esse cuidado adicional e verificar, em cada tribunal, como funciona o horário regular do protocolo.

5. Processo eletrônico: inexistência de restrição de horários (art. 213)

Tratando-se de processo eletrônico, não há qualquer restrição de horários, no tocante a consulta dos autos eletrônicos ou peticionamento.

Assim, poderá o advogado acessar os autos e peticionar a qualquer dia e horário – porém, é claro, deverá observar o termo final do prazo (último momento do último dia do prazo), para evitar intempestividade.

6. Horário bancário encerrado antes do expediente forense

À luz do CPC/1973 formou-se entendimento jurisprudencial (Súmula 484/STJ) no sentido de que, caso o horário bancário seja menor que o horário forense (o que em regra acontece), seria possível efetivar o pagamento das custas eventualmente devidas no dia útil seguinte.

Assim, se o último dia do prazo recursal é uma 5ª feira, com o protocolo físico se encerrando às 19h (ou eletrônico até meia-noite), tendo em vista o encerramento do expediente bancário às 16h, será possível recorrer na 5ª, mas juntar o comprovante bancário das custas apenas na 6ª.

Não havia previsão legal nesse sentido no CPC/1973 e não há no CPC/2015. Sendo assim, resta verificar se esse entendimento será mantido pelos tribunais no âmbito do CPC atual, especialmente considerando que, no novo sistema, se não houver preparo recursal, é possível o pagamento, em dobro, inexistindo de plano a deserção (CPC, art. 1.007, § 4º) – regra essa que inexistia no sistema anterior.

De qualquer forma, até que haja o efetivo cancelamento da súmula, o entendimento deve ser aplicado, sob pena de causar prejuízo à parte.

Jurisprudência

Súmula 484/STJ: Admite-se que o preparo seja efetuado no primeiro dia útil subsequente, quando a interposição do recurso ocorrer após o encerramento do expediente bancário.

"Processual civil. Agravo regimental no agravo em recurso especial. Preparo. Recurso interposto após o expediente bancário. Recolhi-

mento do preparo no primeiro dia útil seguinte. Possibilidade. Súmula nº 484/STJ. Decisão mantida. 1. "Admite-se que o preparo seja efetuado no primeiro dia útil subsequente, quando a interposição do recurso ocorrer após o encerramento do expediente bancário." (Súmula nº 484 do STJ) 2. No caso dos autos, o agravo de instrumento foi interposto na origem após o encerramento do expediente bancário. No dia seguinte, a agravada apresentou o comprovante de recolhimento do preparo recursal. Assim, não há falar em deserção do referido recurso. 3. Agravo regimental desprovido." (AgRg no AREsp 776.005/RS, Rel. Min. Antonio Carlos Ferreira, 4ª Turma, j. 03.03.2016, *DJe* 11.03.2016)

"Recurso especial. Processual civil. Ação de compensação por danos morais. Tempo dos atos processuais. Autos físicos. Peticionamento. Protocolo. Expediente forense. Flexibilização. Impossibilidade. Intempestividade da contestação. Reconhecida. 1. Ação ajuizada em 8/10/10. Recurso especial interposto em 26/4/16. Autos conclusos ao gabinete em 21/9/16. Julgamento: CPC/15. 2. O propósito recursal consiste em definir se é intempestiva a contestação, cujo protocolo, em peça física, ocorreu no último dia do prazo, às 19h04min – exegese do art. 212, § 3º, do CPC/15. 3. Em se tratando de autos não eletrônicos, a lei é expressa ao fixar que a petição deverá ser protocolada no horário de funcionamento do fórum ou tribunal, conforme o disposto na lei de organização judiciária local. É impositiva a observância do expediente forense para certificar a tempestividade do ato processual praticado. 4. Flexibilizar o horário previsto na lei de organização judiciária local ante o 'recebimento sem ressalvas pelo setor responsável' ou por uma suposta 'presunção de tempestividade' acaba por deslocar a lógica de igualdade formal dispensada indistintamente a todas as partes por uma política de balcão ao alvitre de cada unidade judiciária. 5. Aceitar o argumento de que o protocolo foi realizado 'só poucos minutos após o horário previsto' abre margem a uma zona de penumbra e indeterminação passível de ser solucionada apenas por compreensões subjetivas e arbitrárias sobre qual tempo viria a ser razoável para admitir o ato processual praticado. 6. Na hipótese, escusar a parte que não logrou protocolar sua petição física no horário do expediente forense não significa valorizar a instrumentalidade das formas, antes disso, representa indesejado tra-

Art. 213

tamento diferenciado em situações de certeza justificada na instituição da regra jurídica. 7. Recurso especial conhecido e provido." (STJ, REsp 1628506/SC, Rel. Min. Nancy Andrighi, 3ª Turma, j. 24.09.2019)

"Processual civil. Agravo interno em apelação cível. Recurso apresentado no último dia do prazo e após o horário do expediente forense que fora antecipado. Tempestividade do apelo reconhecida e declarada de ofício. Agravo provido para possibilitar o julgamento da apelação. Decisão por maioria. Vencido o relator que entendeu intempestivo o apelo face o não conhecimento do agravo de instrumento aviado com o objetivo de demonstrar a tempestividade da apelação. 1. O juiz não recebeu a apelação por entender que ela estava intempestiva. Segundo o magistrado, conquanto o apelo tenha sido apresentado no último dia do prazo legal, foi protocolizado após o final do horário de funcionamento do fórum (13 horas), residindo aí, portanto, a intempestividade recursal. 2. A tempestividade da apelação é clara. O fato de o recurso ter sido protocolizado depois do encerramento do expediente forense em nada afeta o seu conhecimento posto que o prazo recursal é da Lei, conforme disposto no artigo 212 do CPC que diz que os atos processuais realizar-se-ão em dias úteis, das 06 às 20 horas e não pode ser alterado por decisão administrativa. 3. Segundo a jurisprudência pátria, a tempestividade constitui requisito de admissibilidade de ordem pública, cognoscível de ofício, não se sujeitando à preclusão. 4. Agravo interno ao qual se dá provimento para destrancar o recurso de apelação, possibilitando, assim, o seu julgamento." (TJPE; Rec. 0000161-12.2005.8.17.0640; Terceira Câmara Cível; Rel. Desig. Des. Jovaldo Nunes Gomes; Julg. 26.01.2017; DJEPE 22.03.2017). No mesmo sentido, TJPE, AI 0005588-81.2016.8.17.0000, 1ª Câmara Cível, Rel. Des. Francisco Eduardo Gonçalves Sertório Canto, j. 01.09.2016, *DJEPE* 21.09.2016.

> **Art. 213.** A prática eletrônica de ato processual pode ocorrer em qualquer horário até as 24 (vinte e quatro) horas do último dia do prazo.
>
> **Parágrafo único.** O horário vigente no juízo perante o qual o ato deve ser praticado será considerado para fins de atendimento do prazo.

▶ *Sem correspondência no CPC/1973*

1. Horário para atos processuais no processo eletrônico

Como visto no artigo anterior, há previsão específica para a apresentação de petições físicas (horário de funcionamento do fórum), o que não ocorre em relação ao processo eletrônico. Isso decorre da interpretação do artigo anterior e é expressamente previsto neste artigo – que não tinha correspondente no CPC/1973, mas que já constava da L. 11.419/2006 (art. 3º, parágrafo único e art. 10, § 1º).

Assim, a petição será tempestiva se enviada pelo sistema eletrônico até o último segundo do último dia do prazo.

É curioso que CPC e L. 11.419/2006 mencionem "até as 24 (vinte e quaro) horas", sendo que o dia termina às 23:59:59h. Assim, para evitar qualquer risco de perda de prazo, a petição deve ser enviada *antes* da meia-noite, e não *até* a meia-noite.

Vale destacar que o envio de petição por fax (L. 9.800/1999) não se equipara ao envio de petição por meio eletrônico. Assim, uma petição por fax (que demanda o recebimento por parte de um servidor) deve seguir o horário de funcionamento do fórum (vide jurisprudência).

2. Horário vigente no juízo onde tramita o processo (parágrafo único)

Considerando que no Brasil há fuso horário (e até recentemente houve horário de verão), pode surgir alguma dúvida quanto ao critério para envio da petição eletrônica. Para evitar qualquer problema, o CPC regula o tema: o critério a se considerar é o "juízo perante o qual o ato deve ser praticado".

Assim, não importa o horário de onde se elabora e envia a petição (local de origem), mas sim de onde se recebe a petição (local de destino). Portanto, não se leva em conta o fuso de Brasília (que é o oficial do Brasil), mas sim o fuso de onde o processo tramita.

Jurisprudência

"Processual civil. Agravo regimental no agravo em recurso especial. Servidor público federal. Pensão por morte. Agravo regimental interposto por fac-símile após o encerramento do expediente forense. Intempestividade. Juntada extemporânea do original. Art. 2º da

Lei 9.800/1999. Agravo regimental não conhecido. 1. Não se conhece do agravo regimental interposto após o decurso do prazo quinquenal previsto no art. 557, § 1º, do CPC, c/c o art. 258 do RISTJ. 2. É intempestivo o recurso enviado via fac-símile no último dia do prazo após o horário do expediente forense. Precedentes. 3. Não se conhece do agravo regimental interposto por fac-símile quando o original do recurso não é apresentado no prazo previsto no art. 2º da Lei 9.800/1999. Precedentes. 4. Agravo regimental não conhecido." (AgRg no REsp 1500856/PB, Rel. Min. Mauro Campbell Marques, 2ª Turma, j. 28.04.2015, *DJe* 07.05.2015)

> **Art. 214.** Durante as férias forenses e nos feriados, não se praticarão atos processuais, excetuando-se:
>
> I – os atos previstos no art. 212, § 2º;
>
> II – a tutela de urgência.

▶ *Referência: CPC/1973 – Art. 173*

1. Férias forenses

Com a Emenda Constitucional 45/2004 (a "reforma do Judiciário"), as férias forenses coletivas foram vedadas – salvo nos tribunais superiores.

Assim, nos meses de julho e janeiro, o STF e o STJ estarão em férias coletivas (Lei Orgânica da Magistratura Nacional – LOMAN, LC 35/1979, art. 66, § 1º), somente funcionando o plantão.

Contudo, em relação aos tribunais intermediários e varas de 1º grau, não existem mais férias forenses. Dessa forma, este art. 214 acaba tendo aplicação bastante limitada no tocante às férias forenses.

Não se deve confundir férias forense com *recesso de final de ano* (que são feriados – vide art. 216) ou *recesso de janeiro* (vide art. 220).

2. Feriados forenses

Os feriados forenses estão previstos no art. 216. Considerando o exposto no item anterior, em 1º e 2º graus somente se verificam os feriados, e não as férias forenses.

3. Atos processuais nas férias e feriados

A finalidade primordial do artigo é disciplinar quais atos processuais podem ou não podem ser realizados nas férias e feriados.

Em regra, não poderão ser realizados atos processuais (o mesmo se diga em relação ao recesso de final de ano).

Como exceção, é possível que nesse período ocorram atos processuais *urgentes*, assim considerados: (i) atos relativos a diligências para o prosseguimento do processo, mesmo sem autorização judicial (como citação e penhora – vide art. 212, § 2º) e, principalmente, (ii) atos relativos à tutela de urgência (ou seja, em que há perigo da demora – art. 300).

Além disso, aquilo que tramita durante as férias forenses também é regulado pelo artigo seguinte.

A respeito dos atos processuais no recesso de janeiro, vide art. 220.

Jurisprudência

"Agravo regimental – Recurso especial – Ausência de expediente forense no STJ – Suspensão do prazo para interposição do recurso especial – Inexistência – Intempestividade – Configuração – Agravo improvido. 1. As férias dos Ministros do STJ somente acarretam a suspensão dos prazos relativos aos recursos interpostos diretamente nesta Corte, situação não aplicável ao recurso especial. 2. Agravo improvido." (AgRg no Ag 798.181/SP, Rel. Min. Massami Uyeda, 4ª Turma, j. 26.06.2007, *DJ* 06.08.2007, p. 505)

> **Art. 215.** Processam-se durante as férias forenses, onde as houver, e não se suspendem pela superveniência delas:
>
> I – os procedimentos de jurisdição voluntária e os necessários à conservação de direitos, quando puderem ser prejudicados pelo adiamento;
>
> II – a ação de alimentos e os processos de nomeação ou remoção de tutor e curador;
>
> III – os processos que a lei determinar.

▶ *Referência: CPC/1973 – Art. 174*

1. Tramitação de causas mesmo durante as férias forenses (desuso)

Surpreende que tenha havido a repetição, sem maiores alterações, deste artigo no CPC.

Isso porque, como já explicado no artigo anterior, permanecem existindo apenas férias forenses coletivas no âmbito dos Tribunais Su-

Art. 215

periores, e não mais nos tribunais intermediários e 1º grau.

Sendo assim, desde 2004, com a vedação das férias forenses (EC 45/2004) perdeu o sentido falar, por exemplo, que ação de alimentos tenha de tramitar durante as férias – salvo se se tratar de um recurso ou homologação de sentença estrangeira que envolva alimentos, o que é algo bastante restrito.

Porém, no recesso forense em tribunais superiores, não há qualquer trâmite nos processos – salvo situações de urgência, em que o ministro plantonista é que as apreciará (ou seja, não há tramitação de recurso, mesmo que se trate de ação de alimentos), mas isso já está previsto no art. 214.

Assim, o artigo que estava em desuso nos últimos tempos do CPC/1973 prossegue em desuso no âmbito do atual CPC.

2. Causas englobadas na tramitação durante as férias

Ainda que de aplicação restrita, vejamos quais são as causas que tramitam durante as férias:

(i) os procedimentos de jurisdição voluntária (vide arts. 719 e segs.), e os atos necessários à conservação de direitos (ou seja, atos de urgência – já englobados pelo plantão);

(ii) as ações de alimentos (vide comentário acima) e processos de nomeação ou remoção de tutor e curador – e, igualmente como já dito acima, em regra os recursos dessas causas não tramitam durante as férias forenses dos tribunais superiores;

(iii) outras situações previstas em legislação extravagante, como nas demandas de despejo e outras locatícias (L. 8.245/1991, art. 58, I) – com a mesma ressalva já acima feita.

3. Aumento de abrangência do artigo: aplicação subsidiária no recesso forense

Uma forma de dar mais relevância a este artigo é entender que sua previsão se aplica não só às férias, mas também ao recesso forense (vide arts. 216 e 220). E já existem julgados nesse sentido, conforme se verá abaixo, na jurisprudência.

Jurisprudência

"Recurso especial. Direito de família. Ação revisional de alimentos. Pensão alimentícia. Ex-cônjuge. Binômio necessidade e possibilidade. Alteração. Não demonstração. Reexame de provas. Inviabilidade. Súmula nº 7/STJ. Ação de alimentos. Prazos processuais. Suspensão. Recesso forense. Contestação. Tempestividade. Art. 215, inciso II, do CPC/2015. Art. 220, *caput*, do CPC/2015. Audiência de conciliação. Réu. Não comparecimento. Representante legal. Art. 334, § 8º, do CPC/2015. Multa. Não incidência. (...) 3. A suspensão dos prazos processuais durante o recesso forense (20 de dezembro a 20 de janeiro), conforme previsto no artigo 220, *caput*, do Código de Processo Civil de 2015, compreende a ação de alimentos e os demais processos mencionados nos incisos I a III do artigo 215 do mesmo diploma legal. 4. O não comparecimento injustificado da parte ou de seu representante legal à audiência de conciliação é considerado ato atentatório à dignidade da justiça e será sancionado com a multa de que trata o artigo 334, § 8º, do Código de Processo Civil de 2015." (REsp 1824214/DF, Rel. Min. Ricardo Villas Bôas Cueva, 3ª Turma, j. 10.09.2019, *DJe* 13.09.2019)

"Processual civil. Embargos de divergência. Biênio de ingresso para ação rescisória. Término no curso de férias forenses. Prorrogação do prazo para o 1º dia útil. Funcionamento regular do protocolo do tribunal. Irrelevância. Inexistência de previsão nos artigos 174 e 275 do CPC. Precedentes. Divergência reconhecida no sentido do acórdão paradigma. Provimento do pedido para o fim de prorrogar o prazo de ajuizamento da ação rescisória para o primeiro dia útil seguinte. Autos enviados ao juízo de primeiro grau, Para o regular julgamento do feito. 1. Cuida-se de embargos de divergência interpostos com o propósito de ver acolhida a tese segundo a qual, recaindo o último dia do prazo bienal para o ajuizamento de ação rescisória durante férias forenses, prorroga-se, até o primeiro dia útil, esse lapso temporal. Como registrado nos autos, o acórdão embargado ratificou o julgado recorrido e negou provimento ao recurso especial sob o entendimento de que, estando o Tribunal em funcionamento regular, não havia motivo de direito para a pretendida prorrogação do prazo de ajuizamento da ação rescisória. O acórdão indicado como paradigma, por seu turno, assentou que, expirando-se o biênio de ingresso de ação rescisória durante as férias forenses, prorroga-se o prazo de ajuizamento para o primeiro dia útil seguinte ao daquele período. 2. Com razão a parte embargante. A ação rescisória não está contemplada, de forma expressa ou tácita, como sendo ação que tenha curso regular no período de férias forenses. Assim, não é possível se ampliar a regra processual que está configurada nos artigos 174 e 275 do CPC, que veda a suspensão/prorrogação dos prazos forenses nas hipóteses em que especifica. 3. Não é relevante para a situação o fato de se tratar, na espécie, de férias forenses ou de recesso, uma vez que tanto em uma como em outra hipótese, os Tribunais mantêm em funcionamento regular os serviços de protocolo, o que se dá, inclusive, no âmbito desta Corte Superior. Também não repercute no desate do litígio a natureza prescricional ou decadencial conferida ao prazo. 4. Em verdade, ao se prorrogar o prazo para o primeiro dia útil, em razão de o lapso temporal se expirar no curso de férias forenses, está-se possibilitando à parte a opção de utilizar ou não esse favor legal. Contudo, não se mostra de direito o inverso, ou seja, retirar da parte o direito à prorrogação do prazo. 5. É nesse sentido, aliás, a jurisprudência reiterada desta Corte Superior, não havendo razão, ao menos no caso em exame, para se aplicar entendimento diverso, como demonstrado: Processual civil. Ação rescisória. Decadência. Término do prazo em dia não útil. Prorrogação. – Ainda que decadencial, o prazo para ajuizamento da ação rescisória prorroga-se para o primeiro dia útil. (AgRg no REsp 747.308/DF, *DJ* 19.03.2007, Rel. Min. Humberto Gomes de Barros) 6. No mesmo sentido: REsp 167.413/SP, *DJ* 24.08.1998, Rel. Min. Garcia Vieira; REsp 84.217/MG, *DJ* 03.02.1997, Rel. Min. Demócrito Reinaldo; REsp 51.968/SP, *DJ* 10.10.1994, Rel. Min. Cesar Asfor Rocha; Enunciado n° 100 do TST: – [...] IX – Prorroga-se até o primeiro dia útil, imediatamente subsequente, o prazo decadencial para ajuizamento de ação rescisória quando expira em férias forenses, feriados, finais de semana ou em dia em que não houver expediente forense. Aplicação do art. 775 da CLT. (ex-OJ n° 13 da SBDI-2 – inserida em 20.09.00). 7. Embargos providos para o fim de que, reconhecida a divergência, seja empregada na hipótese em exame a solução adotada pelo acórdão embargado, prorrogando-se o prazo de ajuizamento da ação rescisória para o primeiro dia útil seguinte, porquanto a expiração do biênio autorizativo do pleito rescisório ocorreu no curso das férias forenses. Em decorrência, sejam os autos enviados ao juízo de primeiro grau, para o regular julgamento do feito." (EREsp 667.672/SP, Rel. Min. José Delgado, Corte Especial, j. 21.05.2008, *DJe* 26.06.2008).

"Apelação Cível. Ação de busca e apreensão com pedido liminar. Sentença que julgou procedente o pedido inicial. Recurso da parte ré. Alegação de pagamento da integralidade da dívida dentro do quinquídio legal em razão da suspensão dos prazos pelo recesso forense. Não verificação. Prazo de cinco dias para pagamento da integralidade da dívida pelo devedor fiduciário que não se suspende. Prazo decadencial que não se sujeita à suspensão. Atos necessários para a preservação de direitos que se processam mesmo durante as férias forenses. Art. 215 do CPC/2015. Expressa determinação legal de realização de atos durante o plantão judiciário. Art. 3° do Decreto-Lei n° 911/69. Sentença mantida. Recurso de apelação cível conhecido e não provido." (TJPR, ApCiv 1468857-8, Rio Branco do Sul, Décima 3ª Câmara Cível, Rel. Des. Rosana Andriguetto de Carvalho, j. 29.06.2016, DJPR 12.07.2016, p. 277)

> **Art. 216.** Além dos declarados em lei, são feriados, para efeito forense, os sábados, os domingos e os dias em que não haja expediente forense.

▶ *Referência: CPC/1973 – Art. 175*

1. Feriados

São feriados, para o CPC: (i) sábados, (ii) domingos e (iii) dias sem expediente forense – seja porque são feriados nacionais, estaduais, municipais ou porque há fechamento do Poder Judiciário por outra razão – como datas comemorativas exclusivas do Judiciário, tais quais o dia 11 de agosto (aniversário dos cursos jurídicos) e 8 de dezembro (dia da Justiça).

Em relação ao CPC/1973, houve uma modificação: a inclusão dos sábados entre os feriados. Mas, como os fóruns sempre estiveram fechados aos sábados e tendo em vista que agora é possível a realização de diligências (como citação e penhora – art. 212, § 2°) em feriados, mesmo sem autorização judicial, na verdade não há efeito prático nessa alteração.

Cabe destacar que, no CPC, existindo feriado durante a fluência de algum prazo, esse dia não é levado em consideração (art. 219).

No âmbito da Justiça Federal, há lei específica que faz menção a feriados (L. 5.010/1966, art. 62).

2. Recesso de final de ano

Apesar de não ter base no CPC (e também não existia previsão no Código anterior), é praxe, no final de ano, o Poder Judiciário fechar por alguns dias.

Nesse período, não há atos processuais, audiências ou sequer expediente forense, funcionando o Judiciário apenas na forma de plantão, para as situações de urgência.

No âmbito da Justiça Federal, há esse recesso entre 20 de dezembro e 6 de janeiro (L. 5.010/1966, art. 62, I).

No tocante à Justiça Estadual, cada Tribunal edita atos a respeito de qual será o período sem expediente forense – se não houver lei local regulando o assunto. Em regra, repete-se na Estadual o mesmo período da Justiça Federal, ou seja, sem expediente (apenas plantão) de 20 de dezembro a 6 de janeiro.

Vale destacar que o CNJ editou a Resolução nº 244/2016, que acabou por padronizar que o recesso de final de ano será nesse período de 20/12 a 06/01.

Esse recesso de final de ano não se configura em *férias forenses* e também é distinto do *recesso de janeiro*, ainda que em parte as datas sejam as mesmas (a respeito do recesso de janeiro, que vai de 20/12 a 20/01, vide art. 220). Há quem denomine esse de "recesso forense" somente os dias do final de ano, mas há outros que denominam de "recesso forense" o mês todo.

Assim, em síntese, os dias 20/12 a 6/01 são dias sem expediente forense, o que os caracteriza como *feriados* – exatamente por isso o assunto é analisado quando se trata dos feriados no Código.

No sistema do CPC/1973, havia discussão quanto à contagem de prazo nesse período. Mas, como no atual CPC somente se contam prazos em dias úteis (art. 219), tais dias não são considerados úteis, de modo que não há contagem de prazo.

3. Quarta-feira de cinzas

Uma data que sempre causou problemas é a 4ª feira de cinzas, no final do carnaval. Nesse dia, em alguns tribunais no Brasil, há expediente forense *parcial*, com as atividades iniciando-se após o almoço. Assim, onde isso ocorrer, estamos diante de um dia útil.

Por essa razão, no CPC/1973, era um dia em que se contavam os prazos, o que acarretava, muitas vezes, a apresentação de peças intempestivas (vide jurisprudência).

Contudo, no tocante à contagem de prazos, o CPC altera o panorama, pois o art. 224, § 1º prevê a prorrogação do prazo se o expediente forense tiver *horário reduzido* no dia do *começo ou do vencimento*. Assim, a partir do CPC de 2015, não mais se conta prazo na quarta-feira de cinzas, para fins de começo ou vencimento do prazo – a não ser em tribunais nos quais usualmente o expediente forense se inicie após o meio-dia, sendo que o feriado de 4ª de cinzas só vai até o meio-dia. Mas, por sua vez, se o prazo começou antes do carnaval e não termina na quarta-feira de cinzas, é um dia útil de contagem de prazo.

Ou seja, considerando todas essas variações, o melhor é verificar bem qual é a regra de prazo de cada tribunal nessa data, para evitar surpresas quanto a prazo.

4. Comprovação do feriado local para fins de tempestividade recursal

A respeito do problema decorrente da *comprovação* de tempestividade do recurso, quando houver feriado local, vide art. 1.003, § 6º.

Jurisprudência

"Processual civil. Recurso especial. Prazo. Horário do expediente forense. Redução. Início ou término do termo. Coincidência. Ausência. Prorrogação. Inocorrência. 1. Aos recursos interpostos com fundamento no CPC/2015 (relativos a decisões publicadas a partir de 18 de março de 2016) serão exigidos os requisitos de admissibilidade recursal na forma do novo CPC (Enunciado Administrativo nº 3). 2. É intempestivo o recurso especial interposto fora do prazo de 15 (quinze) dias úteis previsto no art. 1.003, § 5º, c/c o art. 219, do CPC/2015. 3. Nos termos do art. 241, § 1º, do CPC/2015, o expediente forense encerrado antecipadamente ou iniciado depois da hora normal que não coincide com o início ou o término do prazo para a interposição do recurso não tem o condão de ensejar a sua prorrogação e, por conseguinte, afastar a intempestividade recursal. 4. Hipótese em que, não obstante tenha o Tribunal de origem estabelecido horário diferenciado de trabalho na quarta-feira de Cinzas, é certo que houve expediente forense (ainda que reduzido), sendo considerado, portanto, como dia útil para fins de contagem de prazo processual, que não se encerrou em tal data. 5. Agravo interno desprovido." (AgInt no AREsp 1541479/SP, Rel. Min. Gurgel de Faria, 1ª Turma, j. 11.11.2019, *DJe* 02.12.2019)

"Processual civil. Recurso especial. Código de Processo civil de 2015. Aplicabilidade. Contagem de Prazos. Dias úteis. Arts. 216, 219 e 221 do Código de Processo Civil. Exclusão de feriados. Suspensão. Possibilidade de devolução de dias. Acréscimo no prazo total. Recurso especial improvido. I – Consoante o decidido pelo Plenário desta Corte Superior, na sessão realizada em 09.03.2016, o regime recursal será determinado pela data da publicação do provimento jurisdicional impugnado. *In casu*, aplica-se o Código de Processo Civil de 2015. II – O art. 219 do Código de Processo Civil de 2015 dispõe que, na contagem dos prazos processuais em dias, computar-se-ão tão somente os dias úteis. Já no *caput* do art. 216, equipara-se a feriados, para efeitos forenses, os sábados, os domingos e os dias sem expediente forense, bem como, no art. 221, ressalva-se a hipótese de suspensão do prazo processual caso constatado entrave criado em detrimento da parte, devolvendo o saldo do prazo não utilizado quando se afastar o obstáculo que a prejudicou. III – Os dias em que ocorrer a suspensão dos prazos processuais, não apenas no seu início ou termo final, quando se aplicará a regra do art. 224, § 1º, do CPC, não deverão ser considerados úteis, acrescentando-se ao prazo total o número de dias em que ocorreram as paralisações. IV – Recurso Especial improvido." (REsp 1739262/RJ, Rel. Min. Regina Helena Costa, 1ª Turma, j. 12.02.2019, *DJe* 15.02.2019)

"PROCESSUAL CIVIL. AGRAVO REGIMENTAL NO AGRAVO EM RECURSO ESPECIAL. INTEMPESTIVIDADE. NÃO CONHECIMENTO. (...) 2. Em regra, a quarta-feira de cinzas é considerada dia útil para fins de contagem de prazo recursal, apesar da limitação do expediente forense ao turno vespertino. 3. No caso concreto, o regimental foi interposto após o transcurso do prazo legal, portanto, é intempestivo. 4. Agravo regimental não conhecido." (AgRg no AREsp 305.170/PE, Rel. Min. ANTONIO CARLOS FERREIRA, 4ª TURMA, j. 01.03.2016, *DJe* 04.03.2016)

"Agravo regimental em agravo (art. 544 do CPC) – Ação de indenização – Aresto estadual declarando a intempestividade do recurso de apelação cível – Decisão monocrática conhecendo do agravo e, de pronto, provendo em parte o apelo extremo. Irresignação da autora. 1. Violação do artigo 535 do CPC não configurada. Acórdão hostilizado que enfrentou, de modo fundamentado, todos os aspectos essenciais à resolução da lide. 2. Aresto Estadual que incluiu na contagem do lapso destinado à interposição de recurso dia legalmente previsto como feriado nacional, por estar compreendido entre o término do recesso e o início das férias forenses. Evidente afronta ao artigo 179 do CPC. 3. O prazo recursal, suspenso pela superveniência de recesso forense, somente retoma o seu curso no primeiro dia útil que se seguir, não podendo ser considerado como tal o dia 1º de janeiro, feriado nacional. Tempestividade da apelação cível, porquanto interposta no último dia do prazo quinquenal. Precedentes da Corte e do Supremo Tribunal Federal. 4. 'O dia 1º de janeiro, feriado, não incluído no período de recesso de 21 a 31 de dezembro, segundo provimento local, nem nas férias coletivas do Tribunal, que vão de 2 a 31 de janeiro, não é contado no prazo do recurso.' (REsp 219.538, Rel. Min. Ruy Rosado de Aguiar, Quarta Turma) 5. Agravo regimental desprovido." (AgRg no AREsp 97.715/SP, Rel. Min. Marco Buzzi, 4ª Turma, j. 02.08.2012, *DJe* 10.08.2012)

Seção II
Do lugar

Art. 217. Os atos processuais realizar-se-ão ordinariamente na sede do juízo, ou, excepcionalmente, em outro lugar em razão de deferência, de interesse da justiça, da natureza do ato ou de obstáculo arguido pelo interessado e acolhido pelo juiz.

▶ *Referência: CPC/1973 – Art. 176*

1. Lugar onde se realizam os atos processuais

Em regra, os atos processuais devem se realizar na "sede do juízo", ou seja, no fórum. Assim, protocolo de petições, audiências, encontro com o magistrado, guarda dos autos físicos em cartório, obtenção de cópias, elaboração de mandados, retirada de mandados pelos oficiais de justiça, elaboração de certidões, tudo isso deve ser realizado no fórum. Trata-se, por certo, de um artigo que apenas pensa no processo físico.

Porém, o próprio dispositivo traz a possibilidade de exceções, nos seguintes casos:

Art. 218

– respeito a determinadas autoridades, que serão ouvidas não no juízo, mas onde indicarem (art. 454);

– no interesse da justiça, como na situação em que o juiz sai do gabinete e vai até o local dos fatos (como na inspeção judicial – art. 481);

– considerando a natureza do ato (como as diligências de citação ou penhora realizadas do oficial de justiça);

– no caso de obstáculo apontado pelas partes e acolhido pelo juiz (como a oitiva de uma testemunha internada no próprio hospital – art. 449, parágrafo único).

2. Processo eletrônico

Como mencionado, o legislador apenas pensou no processo físico ao reproduzir, no CPC atual, dispositivo que existia no CPC/1973.

É certo que os limites espaciais perdem suas fronteiras com o processo eletrônico.

O advogado pode estar no exterior e cumprir o seu prazo via internet – inexistindo a necessidade de apresentação física da peça, no fórum.

Além disso, o depoimento pessoal e a oitiva de testemunhas podem ser realizados mesmo sem a presença física das partes nas audiências, mas por videoconferência (arts. 385, § 3º e 453, § 1º, respectivamente). O mesmo se diga da sustentação oral (art. 937, § 4º). Porém, ainda que exista a previsão legal, muitas varas e tribunais ainda não estão preparados para isso.

De qualquer forma, é de se perceber que o presente artigo está defasado e deve ser interpretado de forma restritiva, apenas em relação ao processo físico.

Jurisprudência

"Agravo de instrumento. Erro médico. Perícia determinada fora da sede do Juízo. Inadmissibilidade. Impossibilidade de deslocamento do periciando. Dificuldades financeiras e de locomoção. Direito constitucional de amplo acesso à Justiça. Artigo 217 do Código de Processo Civil. Precedentes desta E. Corte. Recurso provido." (TJSP, AI 2169526-72.2016.8.26.0000, Ac. 10064668, Santos, 8ª Câmara de Direito Público, Rel. Des. Cristina Cotrofe, j. 14.12.2016, *DJESP* 24.01.2017)

"Agravo interno em recurso de apelação. Intempestividade do recurso de apelação. protocolo realizado em desconformidade com as disposições da resolução nº 642/2010. desprovimento do agravo. O serviço de protocolo postal, criado no intuito de facilitar a prática de atos processuais que, em regra, devem ser desempenhados na sede do Juízo (art. 217, do CPC/15), restringe-se às agências dos Correios do Estado de Minas Gerais (art. 5º da Resolução nº 642/2010). Evidenciado o descumprimento das disposições da Resolução nº 642/2010, considera-se como data do protocolo do recurso a data que este aportou ao Tribunal e não a data de postagem. O recurso intempestivo não deve ser conhecido. Agravo interno desprovido." (TJMG, AgInt 1.0283.12.000916-4/002, Rel. Des. Ana Paula Caixeta, j. 26.10.2017, *DJEMG* 31.10.2017)

CAPÍTULO III
DOS PRAZOS

Seção I
Disposições gerais

Art. 218. Os atos processuais serão realizados nos prazos prescritos em lei.

§ 1º Quando a lei for omissa, o juiz determinará os prazos em consideração à complexidade do ato.

§ 2º Quando a lei ou o juiz não determinar prazo, as intimações somente obrigarão a comparecimento após decorridas 48 (quarenta e oito) horas.

§ 3º Inexistindo preceito legal ou prazo determinado pelo juiz, será de 5 (cinco) dias o prazo para a prática de ato processual a cargo da parte.

§ 4º Será considerado tempestivo o ato praticado antes do termo inicial do prazo.

▶ *Referência: CPC/1973 – Arts. 171, 185 e 192*

1. Conceito de prazo processual

O objetivo do processo é a solução do conflito. Sendo assim, o processo judicial não pode se perpetuar no tempo, de modo que é necessário fixar o momento para que sejam realizados os atos processuais. É nesse contexto que se fala em prazos.

Prazo pode ser definido como "o espaço de tempo em que os sujeitos da relação processual podem praticar o ato processual ou em que devem abster-se de fazê-lo" (SANTOS, Nelton dos, in MARCATO, Antonio Carlos (org.). *Código de Processo Civil Interpretado*. São Paulo: Forense, 2008, 3. ed., p. 482).

Se com os prazos e os princípios da razoável duração e economia processual os processos já são lentos no país, a situação seria ainda pior acaso não houvesse o prazo para a realização dos atos processuais.

Usualmente se indica o início do prazo como termo *a quo*, ao passo que o término do prazo é denominado de termo *ad quem* (a respeito da contagem de prazo, vide art. 224).

2. Classificação dos prazos processuais

É possível classificar os prazos sob diversos critérios. Serão apresentados, aqui, os critérios mais relevantes.

2.1. Quanto à fonte ou origem

Sob esse critério, os prazos podem ser classificados da seguinte forma:

(i) legais, pois fixados em lei (ex.: prazos recursais – art. 1.003, § 5º);

(ii) judiciais, pois fixados pelo juiz (ex.: parte requer prazo para juntada de um determinado documento – juiz fixará conforme art. 218, § 1º);

(iii) convencionais, pois ajustados de comum acordo entre as partes (ex.: suspensão do processo por acordo entre as partes – art. 313, II e § 4º).

2.2. Quanto ao alcance subjetivo de seu curso

Sob esse critério, os prazos podem ser classificados como:

(iv) particulares, são os destinados a apenas um dos sujeitos do processo (ex.: prazo para apresentar contrarrazões, destinado apenas ao recorrido);

(v) comuns, são os destinados a mais de um dos sujeitos do processo, fluindo ao mesmo tempo para todos (ex.: prazo para apelar, quando há uma sentença de parcial procedência).

2.3. Quanto ao destinatário e consequências de seu descumprimento

Sob esse critério, os prazos podem ser classificados como:

(vi) próprios, são aqueles destinados às partes e terceiros, sendo que seu descumprimento acarreta a preclusão (art. 223), ou seja, a perda da faculdade processual (ex.: prazo para contestar ou recorrer);

(vii) impróprios, são aqueles destinados ao juiz e seus auxiliares, cuja não observância não acarreta a preclusão (ex.: prazo para o juiz proferir as decisões judiciais – art. 226). Eventualmente, em casos extremos, o descumprimento de prazo impróprio poderá trazer consequências de ordem administrativa-funcional para o servidor ou magistrado (vide art. 235).

Em relação ao MP, os prazos são *próprios*, seja como parte (ainda que com prazo em dobro – art. 180), seja como fiscal da ordem jurídica (pois se não for apresentado o parecer, o processo prosseguirá sem essa manifestação – art. 180, § 1º).

2.4. Quanto à possibilidade de dilação

Sob esse critério, os prazos podem ser classificados da seguinte maneira:

(viii) dilatórios, aqueles que podem ser modificados por vontade das partes (ex.: negócio jurídico processual – art. 190);

(ix) peremptórios, aqueles que não podem ser prorrogados pelas partes ou mesmo pelo juiz (ex.: um prazo judicial, determinado pelo magistrado)

No CPC/1973, diversos eram os prazos peremptórios, como por exemplo qualquer prazo de resposta ou recurso. Contudo, há uma mitigação no tocante aos prazos peremptórios; quando se estiver diante de um negócio jurídico processual (NJP, previsto no art. 190 deste Código), a liberdade das partes é bem maior e, portanto, é possível que haja a modificação mesmo de prazos legais – que, no sistema anterior, eram peremptórios. Além disso, o juiz poderá dilatar os prazos, conforme as especificidades do caso concreto (art. 139, VI) – mas não os reduzir (art. 222, § 1º).

Ademais, é possível que partes e juiz estipulem os prazos para a prática dos atos processuais, na chamada "calendarização" (art. 191).

Assim, ainda que seja possível prosseguir se falando na distinção entre prazos dilatórios e peremptórios, é certo que ela é enfraquecida no atual CPC.

3. Prazos judiciais e legais (§§ 1º e 3º)

Usualmente, o prazo processual para a realização de um ato é previsto na lei processual (ex.: contestação em 15 dias – art. 335).

Art. 218

Contudo, se a lei for omissa e, portanto, não fixar o prazo, caberá ao juiz fixar o prazo, para isso levando em consideração a complexidade do ato a ser realizado. Assim, a rigor, deveria o magistrado fixar prazos menores para atos mais simples, ao passo que prazos maiores para atos mais complexos. Apesar dessa regra lógica repetida no Código, a prática forense demonstra que, muitas vezes, o juiz sempre fixa um mesmo prazo.

Mas, se parar determinado ato processual não houver a previsão legal nem a fixação judicial do prazo, a lei traz um critério supletivo: 5 dias (§ 3º). Assim, na omissão legal e do juiz para um determinado ato, o prazo é de 5 dias.

4. Prazo mínimo para comparecimento em juízo (§ 2º)

Se não houve previsão legal nem o juiz fixar prazo, as intimações somente obrigarão o comparecimento da parte depois de 48 horas do ato da intimação (no CPC/1973, esse prazo era a metade, 24 horas).

A ideia é que haja um prazo mínimo de preparação para que alguém compareça em juízo, por exemplo para prestar algum esclarecimento em audiência.

Mas, reitere-se: se a lei processual ou o juiz, no caso concreto, entenderem que o comparecimento deve ser em prazo inferior, isso será possível – existindo expressamente essa ressalva no início do § 2º.

5. Tempestividade do ato processual realizado antes do prazo (§ 4º)

Em exemplo típico daquilo que é denominado de "jurisprudência defensiva" – a rigidez excessiva na análise da admissibilidade recursal, com o nefasto objetivo de reduzir a quantidade de recursos –, o STJ firmou entendimento de que o recurso interposto antes do prazo, se não houvesse posterior ratificação, seria intempestivo (antiga Súmula 418/STJ, hoje revogada e substituída pela Súmula 579/STJ).

Ou seja, quem interpusesse recurso antes da efetiva disponibilização e intimação da decisão, via diário oficial, estaria ingressando com recurso intempestivo. É surreal conceber que um recurso interposto antes do início do prazo fosse reconhecido como fora do prazo.

Para acabar com esse lastimável entendimento, o § 4º deixou claro que o ato prematuro,

"praticado antes do termo inicial do prazo", é tempestivo.

Em verdade, a rigor técnico, se a parte apresentou o ato, é porque já está ciente da decisão. Assim, por óbvio, a parte está se dando por intimada, de modo que o prazo tem seu início no mesmo dia em que há a apresentação do recurso. De qualquer forma, muito mais relevante do que saber se teve início ou não o prazo, é o CPC deixar claro que não há intempestividade.

Jurisprudência

Súmula 579/STJ: Não é necessário ratificar o recurso especial interposto na pendência do julgamento dos embargos de declaração quando inalterado o julgamento anterior.

"Administrativo e processual civil. Ambiental. Agravo interno no agravo em recurso especial. Ação anulatória de ato administrativo. Construção em *app*. Interposição de recurso especial antes do julgamento dos aclaratórios, que foram providos, com alteração de julgamento. Aplicação da Súmula 418/STJ pela corte regional, denegando a tramitação da apelo raro. Recurso interno que aponta a viabilidade recursal ante a redação do art. 218, § 4º do CPC/2015. Recurso especial interposto sob a égide do CPC/1973, cujas normas e jurisprudência devem prevalecer na espécie. Agravo interno do particular a que se nega provimento. 1. Para os Recursos Especiais regidos pelo CPC/1973 prevalece a aplicação da Súmula 418/STJ a obstar seu conhecimento, quando os Aclaratórios, na origem, foram providos. 2. Tendo sido o acórdão local publicado em data muito anterior a 18.3.2016, deverá ser aplicável ao presente Apelo Raro a sistemática do CPC/1973. 3. Agravo Interno do particular a que se nega provimento." (AgInt no AREsp 510.607/PR, Rel. Min. Napoleão Nunes Maia Filho, 1ª Turma, j. 14.08.2018, *DJe* 23.08.2018)

"Agravo regimental nos embargos de declaração no agravo em recurso especial. Prazo. Autos inacessíveis. Justa causa. Pedido de devolução do prazo. realização fora do quinquídeo legal. Preclusão. Precedentes. 1. A comprovação da justa causa deve ser realizada durante a vigência do prazo recursal ou até 5 (cinco) dias após cessado o impedimento (art. 185 do CPC), sob pena de preclusão. 2. Agravo regimental não provido." (AgRg nos EDcl no AREsp 300.722/GO, Rel. Min. Ricardo

Villas Bôas Cueva, 3ª Turma, j. 05.12.2013, DJe 14.02.2014)

"Agravo de instrumento. Insurgência contra a r. Decisão que concedeu prazo suplementar ao Banco. Manifestação acerca da planilha de cálculos elaborada pelo credor. Ato processual que não se reveste de complexidade. Ausência de justificativa para a dilação do prazo. Inteligência do parágrafo 1º, do artigo 218 do Novo Código de Processo Civil. Decisão reformada. Recurso provido." (TJSP, AI 2195770-38.2016.8.26.0000, Ac. 10004618, Caconde, 18ª Câmara de Direito Privado, Rel. Des. Carlos Alberto Giarusso Lopes Santos; j. 22.11.2016j DJESP 30.11.2016).

> **Art. 219.** Na contagem de prazo em dias, estabelecido por lei ou pelo juiz, computar-se-ão somente os dias úteis.
>
> **Parágrafo único.** O disposto neste artigo aplica-se somente aos prazos processuais.

▶ *Referência: CPC/1973 – Art. 178*

1. Forma de contagem de prazos: apenas dias úteis

Em importante – e que traz algumas complexidades – alteração, o CPC/2015 modifica a forma de contagem de prazos no sistema processual brasileiro.

No Código anterior, a contagem, uma vez iniciada, era contínua; portanto, prosseguia mesmo com feriados e finais de semana, ainda que terminasse apenas em dias úteis.

Ao argumento de permitir que o advogado "tenha final de semana", houve modificação no CPC: a partir deste Código, nos prazos fixados em dias (sejam prazos legais ou judiciais) somente serão computados os *dias úteis* – portanto, excluídos os finais de semana e feriados, sejam os nacionais, estaduais, municipais ou do Judiciário (vide art. 216).

Em relação a dias com expediente forense reduzido (como no feriado de quarta de cinzas em que em regra se inicia mais tarde [vide art. 216, item 3] ou quando o fórum é fechado mais cedo, por causa de uma situação de força maior), *haverá* contagem de prazo, já que houve expediente forense e o dia foi útil. Porém, nessa situação esse dia não poderá ser considerado como *termo inicial ou final* do prazo (art. 224, § 1º).

2. Abrangência da regra: apenas prazos processuais (parágrafo único)

No sistema do CPC/1973, todos os prazos, de direito processual ou material, eram contados da mesma forma. Com a modificação da contagem de prazo, imediatamente surge a dúvida a respeito de como seria a contagem nos demais processos e no direito material.

A resposta do CPC vem no parágrafo único, mas apenas resolve parcialmente as dúvidas que surgem: aplica-se a contagem em dias úteis apenas aos "prazos processuais"; portanto, a contagem de prazos de *direito material* segue sendo feita de forma *contínua*.

Portanto, não se aplica prazo em dias úteis, mas sim em dias corridos:

(i) para prescrição e decadência (tanto são prazos de direito material que são previstos no CC – os prazos de prescrição, por exemplo, estão no art. 206);

(ii) de 120 dias para impetração de mandado de segurança, por se tratar de prazo decadencial (Súmula 632/STF) – sendo que há polêmica doutrinária a respeito do tema (em sentido inverso, defendendo que a contagem do prazo é em dias úteis: MACHADO, Marcelo Pacheco. Ainda sobre prazos no Novo CPC: mandado de segurança e prazos para o juiz, em http://genjuridico.com.br/2015/09/14/novo-cpc-mandado-de-seguranca/, acesso em 30.12.2019). Mas, por óbvio, há outras situações de dúvidas.

2.1. Pagamento, no cumprimento de sentença (art. 523) e no processo de execução (art. 829)

Uma das principais situações de divergência se refere ao prazo de pagamento, na fase de cumprimento de sentença (art. 523 – 15 dias) ou na execução (art. 829 – 3 dias).

Esse seria um prazo de direito processual ou de direito material?

É possível defender as duas teses.

Considerando tratar-se de um prazo previsto na lei processual e que tem uma série de consequências de ordem processual (como a realização de penhora e, principalmente, reflexos quanto à defesa do executado), entendo tratar-se de um *prazo processual* – ainda que, sem dúvidas, tenha reflexos fora do processo, no âmbito

Art. 219

do direito material. Se, no meu entender, é um prazo processual, a contagem para pagamento deve ser feita em *dias úteis*.

Contudo, repise-se, é possível entender tratar-se de um prazo de direito material, portanto contado em dias corridos (nesse sentido, OLIVEIRA, Guilherme Peres de, in CABRAL, Antonio do Passo e CRAMER, Ronaldo (org.). *Comentários ao Novo Código de Processo Civil.* Rio de Janeiro: Forense; 2015, p. 371).

O fato é que até uma efetiva fixação da jurisprudência pelo STJ, o assunto será objeto de divergência. Mas é possível destacar que o STJ vem sinalizando – ainda não se tratando de súmula ou recurso repetitivo, frise-se – no sentido de ser um prazo de direito *processual* e, portanto, contado em dias úteis (vide jurisprudência).

3. Processo penal. Há a contagem em dias úteis no processo penal?

A resposta é negativa. Isso porque o tema é especificamente tratado no CPP, art. 798: "Todos os prazos correrão em cartório e serão contínuos e peremptórios, não se interrompendo por férias, domingo ou dia feriado".

Portanto, se há regra específica na legislação processual penal, a contagem de prazos no processo penal segue sendo em dias corridos.

Isso faz com que a contagem de prazos, em varas únicas e gabinetes de tribunais que tratam de matérias cível e penal, seja feita de duas formas – o que seguramente não é adequado, pois poderá trazer dúvidas nos servidores e confusão no acompanhamento de prazos.

4. Processo do trabalho

Quando do início da vigência do CPC atual, havia regra específica de contagem do prazo na CLT, no sentido de contagem contínua dos prazos.

Porém, o cenário alterou-se com a reforma da CLT (Lei nº 13.467/2017), que deu nova redação ao art. 775 da Consolidação: "Os prazos estabelecidos neste Título serão contados em dias úteis, com exclusão do dia do começo e inclusão do dia do vencimento".

Assim, atualmente no processo do trabalho há a mesma foram de contagem dos prazos que no CPC.

5. Juizados Especiais

Atualmente, no Brasil, existem três Juizados: Juizado Especial Cível (JEC, Lei 9.099/1995), Juizado Especial Federal (JEF, Lei 10.259/2001) e Juizado Especial da Fazenda Pública (JEFP, Lei 12.153/2009).

Por expressa previsão legal, esses Juizados formam um *sistema*: L. 12.153/2009, art. 1º, parágrafo único. "O sistema dos Juizados Especiais dos Estados e do Distrito Federal é formado pelos Juizados Especiais Cíveis, Juizados Especiais Criminais e Juizados Especiais da Fazenda Pública".

E, nesse sistema dos Juizados, aplica-se de forma subsidiária o CPC (e, seguramente, não o CPP ou a CLT). Nesse sentido, o art. 27 da L. 12.153/2009: "Aplica-se subsidiariamente o disposto nas Leis nos 5.869, de 11 de janeiro de 1973 – Código de Processo Civil, 9.099, de 26 de setembro de 1995, e 10.259, de 12 de julho de 2001".

Portanto, considerando que não há regra especial de contagem de prazos processuais nos Juizados e a aplicação subsidiária do CPC aos Juizados, seria simples concluir que os prazos processuais, nos Juizados, deveriam ser contados em dias úteis, tendo em vista o CPC (e, antes, aplicava-se o CPC/1973, com prazos em dias corridos).

Porém, apesar da singeleza do tema, houve grande polêmica quanto ao assunto. Muitos magistrados de Juizados Especiais sustentavam que, com base no princípio da celeridade, a contagem de prazos deveria ser em dias corridos (com a devida vênia a quem assim entendia, conforme acima exposto, esse entendimento não encontra respaldo na lei processual).

Houve verdadeira "guerra de enunciados" acerca dessa questão. Entre outros, tivemos a edição dos seguintes:

(i) no âmbito do Fórum Nacional dos Juizados Especiais (FONAJE), foi aprovado o enunciado 165: "Nos Juizados Especiais Cíveis, todos os prazos serão contados de forma contínua";

(ii) na I Jornada de Direito Processual do CJF (Conselho da Justiça Federal) foi aprovado o Enunciado 19: "O prazo em dias úteis previsto no art. 219 do CPC aplica-se também aos procedimentos regidos pelas Leis nº 9.099/1995, 10.259/2001 e 12.153/2009".

Diante de enunciados em sentido inverso, a insegurança era grande, com muita divergência no entendimento entre os Juizados em todo o Brasil, mas possivelmente com uma prevalência de contagem em dias corridos.

Mas isso, felizmente, é passado: diante da absoluta incapacidade de solução do assunto no âmbito do próprio Judiciário, foi alterada a Lei dos Juizados para deixar claro que a contagem de prazos deve ser feita em dias *úteis*.

Trata-se de alteração decorrente da Lei nº 13.728/2018, que inseriu o art. 12-A na Lei nº 9.099/1995: "Na contagem de prazo em dias, estabelecido por lei ou pelo juiz, para a prática de qualquer ato processual, inclusive para a interposição de recursos, computar-se-ão somente os dias úteis".

Com isso, a questão está superada, felizmente.

6. ECA

Por força de lei específica, posterior ao CPC, estipulou-se que, nas ações envolvendo infância e juventude com aplicação do Estatuto da Criança e Adolescente (L. 8.069/1990).

É o que decorre do art. 152, § 2º do ECA, com a redação dada pela L. 13.509/2017: "Os prazos estabelecidos nesta Lei e aplicáveis aos seus procedimentos são contados em dias corridos, excluído o dia do começo e incluído o dia do vencimento, vedado o prazo em dobro para a Fazenda Pública e o Ministério Público".

Por mais que sejam relevantes os direitos envolvidos nessa lei, é de se lamentar a previsão legal. A uma, pois todos os direitos debatidos em juízo são relevantes, e questões envolvendo saúde de qualquer pessoa não podem ser consideradas menos relevantes que questões envolvendo menores. A duas, pois isso cria uma quebra no sistema envolvendo algo muito relevante que é a contagem de prazo, e a respeito do qual uma confusão de qualquer dos envolvidos no processo pode trazer graves prejuízos. Assim, o ideal seria que todos os prazos fossem contados da mesma forma: ou em dias úteis, ou em dias corridos.

7. Recuperação judicial e falência

A Lei de Recuperação Judicial e Falência (Lei nº 11.101/2005) apresenta um procedimento especial bastante específico (a respeito do tema, de minha coautoria, conferir: https://www.migalhas.com.br/InsolvenciaemFoco/121,MI268587,91041-O+passo+a+passo+de+um+processo+de+recuperacao+judicial, acesso em 02/01/2020), sem paralelo com o procedimento comum do CPC.

Contudo, é certo que as regras do CPC/2015 se aplicam de forma subsidiária ao procedimento previsto na Lei nº 11.101/2005. Diante disso, surgiu a dúvida: os prazos previstos na LRF devem ser contados em dias úteis ou corridos?

Inicialmente, o entendimento foi pela contagem em dias *úteis*. Contudo, quando a questão chegou ao STJ, decidiu-se que, pelas especificidades da LRF, mais conveniente seria a contagem em *dias corridos* (essa posição prevaleceu no STJ).

Contudo, o tema ganhou mais um capítulo, com a edição da Lei nº 14.112/2020, que alterou a Lei nº 11.101/2005. Mas, infelizmente, a questão não foi solucionada; ao contrário, ficou mais complexa.

O assunto veio regulado da seguinte forma:

"Art. 189. Aplica-se, no que couber, aos procedimentos previstos nesta Lei, o disposto na Lei nº 13.105, de 16 de março de 2015 (Código de Processo Civil), desde que não seja incompatível com os princípios desta Lei.

§ 1º Para os fins do disposto nesta Lei:

I – todos os prazos nela previstos ou que dela decorram serão contados em dias corridos".

A redação, com a devida vênia, é confusa.

Será que a contagem de prazos do CPC (em dias úteis) é incompatível com os "princípios" da lei recuperacional? Será que os recursos interpostos das decisões proferidas com base na Lei nº 11.101/2005 "dela decorrem" (contagem em dias corridos)?

Em síntese, é possível interpretar a questão de diversas formas (a respeito, conferir, de minha coautoria, https://www.migalhas.com.br/coluna/insolvencia-em-foco/341808/a-armadilha-dos-prazos-processuais-na-recuperacao-judicial-e-falencia, acesso em 20/03/2021). Vejamos as principais correntes:

(i) todos os prazos são contados em dias corridos, pois, pela "principiologia de celeridade" da lei especial e considerando que todas as decisões proferidas no âmbito de uma RJ e falência "decorrem da própria Lei 11.101", há um microssistema especial que afasta, por completo, a aplicação do CPC;

Art. 219

(ii) os prazos de direito material, previstos na Lei nº 11.101, seriam contados em dias corridos, ao passo que os prazos processuais seriam contados em dias úteis, com base no CPC – exatamente como a jurisprudência do STJ havia se fixado.

Parece-nos correta a corrente (ii), mas não será surpreendente se prevalecer na jurisprudência a posição (i). Até definição do STJ, recomenda-se verificar se o juiz, no caso concreto, especificou a forma de contagem de prazo (o que é recomendável, considerando o princípio da cooperação previsto no art. 6º do CPC) ou ser conservador.

Jurisprudência

Súmula 632/STF: É constitucional lei que fixa o prazo de decadência para a impetração de mandado de segurança.

"Agravo interno no recurso especial. Recuperação judicial. Advento do CPC/2015. Aplicação subsidiária. Forma de contagem de prazos no microssistema da Lei de 11.101/2005. Cômputo em dias corridos. Sistemática e logicidade do regime especial de recuperação judicial e falência. 1. A aplicação do CPC/2015, no âmbito do microssistema recuperacional e falimentar, deve ter cunho eminentemente excepcional, incidindo tão somente de forma subsidiária e supletiva, desde que se constate evidente compatibilidade com a natureza e o espírito do procedimento especial, dando-se sempre prevalência às regras e aos princípios específicos da Lei de Recuperação e Falência e com vistas a atender o desígnio da norma-princípio disposta no art. 47. 2. A forma de contagem do prazo – de 180 dias de suspensão das ações executivas e de 60 dias para a apresentação do plano de recuperação judicial – em dias corridos é a que melhor preserva a unidade lógica da recuperação judicial: alcançar, de forma célere, econômica e efetiva, o regime de crise empresarial, seja pelo soerguimento econômico do devedor e alívio dos sacrifícios do credor, na recuperação, seja pela liquidação dos ativos e satisfação dos credores, na falência. 3. O microssistema recuperacional e falimentar foi pensado em espectro lógico e sistemático peculiar, com previsão de uma sucessão de atos, em que a celeridade e a efetividade se impõem, com prazos próprios e específicos, que, via de regra, devem ser breves, peremptórios, inadiáveis e, por conseguinte, contínuos, sob pena de vulnerar a

racionalidade e a unidade do sistema. 4. A adoção da forma de contagem prevista no Novo Código de Processo Civil, em dias úteis, para o âmbito da Lei 11.101/05, com base na distinção entre prazos processuais e materiais, revelar-se-á árdua e complexa, não existindo entendimento teórico satisfatório, com critério seguro e científico para tais discriminações. Além disso, acabaria por trazer perplexidades ao regime especial, com riscos a harmonia sistêmica da LRF, notadamente quando se pensar na velocidade exigida para a prática de alguns atos e na morosidade de outros, inclusive colocando em xeque a isonomia dos seus participantes, haja vista a dualidade de tratamento. 5. Na hipótese, diante do exame sistemático dos mecanismos engendrados pela Lei de Recuperação e Falência, os prazos de 180 dias de suspensão das ações executivas em face do devedor (art. 6º, § 4º) e de 60 dias para a apresentação do plano de recuperação judicial (art. 53, *caput*) deverão ser contados de forma contínua. 6. Agravo interno não provido." (AgInt no REsp 1774998/MG, Rel. Min. Luis Felipe Salomão, 4ª Turma, j. 19.09.2019, *DJe* 24.09.2019)

"Recurso especial. Recuperação judicial. Discussão quanto à forma de contagem do prazo previsto no art. 6º, § 4º, da Lei nº 11.101/2005 (*stay period*), se contínua ou se em dias úteis, em razão do advento do Código de Processo Civil de 2015. Aplicação subsidiária da Lei adjetiva civil à LRF apenas naquilo que for compatível com as sua particularidades, no caso, com a sua unidade lógico-temporal. Prazo material. Reconhecimento. Recurso especial provido. 1. A partir da vigência do Código de Processo Civil de 2015, que inovou a forma de contagem dos prazos processuais em dias úteis, adveio intenso debate no âmbito acadêmico e doutrinário, seguido da prolação de decisões díspares nas instâncias ordinárias, quanto à forma de contagem dos prazos previstos na Lei de Recuperações e Falência destacadamente acerca do lapso de 180 (cento e oitenta) dias de suspensão das ações executivas e de cobrança contra a recuperanda, previsto no art. 6º, § 4º, da Lei nº 11.101/2005. 2. Dos regramentos legais (arts. 219 CPC/2015, c/c 1.046, § 2º, e 189 da Lei nº 11.101/2005), ressai claro que o Código de Processo Civil, notadamente quanto à forma de contagem em dias úteis, somente se aplicará aos prazos previstos na Lei nº 11.101/2005 que se revistam da qualidade de processual. 2.1 Sem olvidar a dificuldade, de ordem prática, de se identificar a natureza de determinado prazo, se material ou processual, cuja determinação não se despoja, ao menos integralmente, de algum grau de subjetivismo, este é o critério legal imposto ao intérprete do qual ele não se pode apartar. 2.2 A aplicação do CPC/2015, no que se insere a forma de contagem em dias úteis dos prazos processuais previstos em leis especiais, somente se afigura possível "no que couber"; naquilo que não refugir de suas particularidades inerentes. Em outras palavras, a aplicação subsidiária do CPC/2015, quanto à forma de contagem em dias úteis dos prazos processuais previstos na Lei nº 11.101/2005, apenas se mostra admissível se não contrariar a lógica temporal estabelecida na lei especial em comento. 2.3 Em resumo, constituem requisitos necessários à aplicação subsidiária do CPC/2015, no que tange à forma de contagem em dias úteis nos prazos estabelecidos na LRF, simultaneamente: primeiro, se tratar de prazo processual; e segundo, não contrariar a lógica temporal estabelecida na Lei nº 11.101/2005. 3. A Lei nº 11.101/2005, ao erigir o microssistema recuperacional e falimentar, estabeleceu, a par dos institutos e das finalidades que lhe são próprios, o modo e o ritmo pelo qual se desenvolvem os atos destinados à liquidação dos ativos do devedor, no caso da falência, e ao soerguimento econômico da empresa em crise financeira, na recuperação. 4. O sistema de prazos adotado pelo legislador especial guarda, em si, uma lógica temporal a qual se encontram submetidos todos os atos a serem praticados e desenvolvidos no bojo do processo recuperacional ou falimentar, bem como os efeitos que deles dimanam que, não raras às vezes, repercutem inclusive fora do processo e na esfera jurídica de quem sequer é parte. 4.1 Essa lógica adotada pelo legislador especial pode ser claramente percebida na fixação do prazo sob comento o *stay period*, previsto no art. 6º, § 4º da Lei nº 11.101/2005, em relação a qual gravitam praticamente todos os demais atos subsequentes a serem realizados na recuperação judicial, assumindo, pois, papel estruturante, indiscutivelmente. Revela, de modo inequívoco, a necessidade de se impor celeridade e efetividade ao processo de recuperação judicial, notadamente pelo cenário de incertezas quanto à solvibilidade e à recuperabilidade da empresa devedora e pelo sacrifício imposto aos credores, com o propósito de minorar prejuízos já concretizados. 5. Nesse período de blindagem legal, devedor e credores realizam, no âmbito do pro-cesso recuperacional, uma série de atos voltados à consecução da assembleia geral de credores, a fim de propiciar a votação e aprovação do plano de recuperação apresentado pelo devedor, com posterior homologação judicial. Esses atos, em específico, ainda que desenvolvidos no bojo do processo recuperacional, referem-se diretamente à relação material de liquidação, constituindo verdadeiro exercício de direitos (atrelados à relação creditícia subjacente), destinado a equacionar os interesses contrapostos decorrente do inadimplemento das obrigações estabelecidas, individualmente, entre a devedora e cada um de seus credores. 5.1 Ainda que a presente controvérsia se restrinja ao *stay period*, por se tratar de prazo estrutural ao processo recuperacional, de suma relevância consignar que os prazos diretamente a ele adstritos devem seguir a mesma forma de contagem, seja porque ostentam a natureza material, seja porque se afigura impositivo alinhar o curso do processo recuperacional, que se almeja ser célere e efetivo, com o período de blindagem legal, segundo a lógica temporal impressa na Lei nº 11.101/2005. 5.2 Tem-se, assim, que os correlatos prazos possuem, em verdade, natureza material, o que se revela suficiente, por si, para afastar a incidência do CPC/2015, no tocante à forma de contagem em dias úteis. 6. Não se pode conceber, assim, que o prazo do *stay period*, previsto no art. no art. 6º, § 4º da Lei nº 11.101/2005, seja alterado, por interpretação extensiva, em virtude da superveniência de lei geral adjetiva civil, no caso, o CPC/2015, que passou a contar os prazos processuais em dias úteis, primeiro porque a modificação legislativa passa completamente ao largo da necessidade de se observar a unidade lógico-temporal estabelecida na lei especial; e, segundo (e não menos importante), porque de prazo processual não se trata com a vênia de autorizadas vozes que compreendem de modo diverso. 7. Recurso especial provido." (REsp 1698283.GO, Rel. Min. Marco Aurélio Bellizze, 3ª Turma, j. 21.05.2019, *DJe* 24.05.2019)

"Recurso especial. Cumprimento de sentença. Intimação do devedor para pagamento voluntário do débito. art. 523, *caput*, do Código de Processo Civil de 2015. Prazo de natureza processual. Contagem em dias úteis, na forma do art. 219 do CPC/2015. Reforma do acórdão recorrido. Recurso provido. 1. Cinge-se a controvérsia a definir se o prazo para o cumprimento voluntário da obrigação, previsto no art. 523,

Art. 219

caput, do Código de Processo Civil de 2015, possui natureza processual ou material, a fim de estabelecer se a sua contagem se dará, respectivamente, em dias úteis ou corridos, a teor do que dispõe o art. 219, *caput* e parágrafo único, do CPC/2015. 2. O art. 523 do CPC/2015 estabelece que, "no caso de condenação em quantia certa, ou já fixada em liquidação, e no caso de decisão sobre parcela incontroversa, o cumprimento definitivo da sentença far-se-á a requerimento do exequente, sendo o executado intimado para pagar o débito, no prazo de 15 (quinze) dias, acrescido de custas, se houver". 3. Conquanto o pagamento seja ato a ser praticado pela parte, a intimação para o cumprimento voluntário da sentença ocorre, como regra, na pessoa do advogado constituído nos autos (CPC/2015, art. 513, § 2º, I), fato que, inevitavelmente, acarreta um ônus ao causídico, o qual deverá comunicar ao seu cliente não só o resultado desfavorável da demanda, como também as próprias consequências jurídicas da ausência de cumprimento da sentença no respectivo prazo legal. 3.1. Ademais, nos termos do art. 525 do CPC/2015, "transcorrido o prazo previsto no art. 523 sem o pagamento voluntário, inicia-se o prazo de 15 (quinze) dias para que o executado, independentemente de penhora ou nova intimação, apresente, nos próprios autos, sua impugnação". Assim, não seria razoável fazer a contagem dos primeiros 15 (quinze) dias para o pagamento voluntário do débito em dias corridos, se considerar o prazo de natureza material, e, após o transcurso desse prazo, contar os 15 (quinze) dias subsequentes, para a apresentação da impugnação, em dias úteis, por se tratar de prazo processual. 3.2. Não se pode ignorar, ainda, que a intimação para o cumprimento de sentença, independentemente de quem seja o destinatário, tem como finalidade a prática de um ato processual, pois, além de estar previsto na própria legislação processual (CPC), também traz consequências para o processo, caso não seja adimplido o débito no prazo legal, tais como a incidência de multa, fixação de honorários advocatícios, possibilidade de penhora de bens e valores, início do prazo para impugnação ao cumprimento de sentença, dentre outras. E, sendo um ato processual, o respectivo prazo, por decorrência lógica, terá a mesma natureza jurídica, o que faz incidir a norma do art. 219 do CPC/2015, que determina a contagem em dias úteis. 4. Em análise do tema, a I Jornada de Direito Processual Civil do Conselho da Justiça Federal – CJF aprovou o Enunciado nº 89, de seguinte teor: 'Conta-se em dias úteis o prazo do *caput* do art. 523 do CPC'. 5. Recurso especial provido." (REsp 1708348/RJ, Rel. Min. Marco Aurélio Bellizze, 3ª Turma, j. 25.06.2019, *DJe* 01.08.2019)

"Agravo interno. Mandado de segurança. Prazo para impetração. Art. 23 da Lei nº 12.016/09. Natureza decadencial. Súmula nº 632 do excelso Supremo Tribunal Federal. Contagem em dias corridos. Não aplicabilidade do art. 219 do Código de Processo Civil de 2.015. O Excelso Supremo Tribunal Federal, quando da edição da Súmula nº 632, considerou constitucional o prazo estabelecido pelo art. 23 da Lei nº 12.016/09, ocasião em que reconheceu, expressamente, o seu caráter decadencial. Sendo decadencial o prazo para a impetração do mandado de segurança, a sua contagem é realizada em dias corridos, não havendo razão para que seja aplicada a regra do art. 219 do Código de Processo Civil de 2.015, mesmo porque o parágrafo único do referido dispositivo registra que apenas os prazos processuais deverão ser contados em dias úteis. (TJMG; AgInt 1.0000.17.001723-0/001; Relª Desª Ana Paula Caixeta; Julg. 30.11.2017; DJEMG 05.12.2017); Mandado de segurança. Decadência. Ação ajuizada depois de transcorrido o prazo de 120 dias, previsto no art. 23 da Lei nº 12.016/09. Prazo decadencial, contado em dias corridos, que não se suspende nem se interrompe. Extinção do processo sem julgamento de mérito, falta de interesse processual por inadequação da via eleita. Sentença denegatória confirmada. Recurso de apelação desprovido, com observação. (TJSP; APL 1014387-59.2017.8.26.0114; Ac. 10920670; São Paulo; Décima Segunda Câmara de Direito Público; Rel. Des. J.M. Ribeiro de Paula; Julg. 25.10.2017; DJESP 24.11.2017; Pág. 2671). No mesmo sentido, TRF 4ª R.; AG 5002995-53.2017.404.0000; 3ª Turma; Relª Desª Fed. Marga Inge Barth Tessler; Julg. 16.05.2017; DEJF 18.05.2017. Contudo, apontando a natureza processual do prazo para a impetração do mandado de segurança, o que poderia levar à conclusão (não expressa no precedente) de contagem somente nos dias úteis: Processual civil. Recurso ordinário em mandado de segurança. ICMS. Valor adicionado. Apuração dos índices percentuais dos municípios. Publicação do ato pelo estado. Impugnação administrativa. Termo inicial do prazo para a impetração. 1. O ato de publicação dos índices do valor adicionado pelo Estado não pode ser considerado, isoladamente, para determinar o termo inicial do prazo legal para a impetração do mandado de segurança, porquanto a decisão da impugnação administrativa, mesmo sem efeito suspensivo, reabre à municipalidade a oportunidade de discutir os índices no âmbito judicial, caso lhe seja contrária, e até mesmo porque, para fins de valor adicionado, o repasse financeiro correlato só ocorrerá a partir do primeiro dia do ano imediatamente seguinte, momento em que, efetivamente, poderá haver, em tese, violação ao direito do ente municipal. 2. O prazo legal para a impetração do *mandamus* tem natureza processual, razão pela qual se lhe aplica a norma do Código de Processo Civil que posterga o início do lapso para o primeiro dia útil seguinte ao da ciência do ato impugnado (art. 184 do CPC/1973 ou art. 224 do CPC/2015). 3. Na hipótese dos autos, considerando-se o dia 23.12.2009, posterior ao dia da postagem da carta de resposta, como a data de ciência da decisão administrativa pelo município, o prazo para a impetração teve início em 24.12.2009, de tal sorte que é tempestivo o writ protocolizado aos 22.04.2010. 4. Recurso ordinário provido." (STJ; RMS 36.054; MG; 1ª Turma; Rel. Min. Gurgel de Faria; J. 10.05.2016; *DJe* 02.06.2016)

> **Art. 220.** Suspende-se o curso do prazo processual nos dias compreendidos entre 20 de dezembro e 20 de janeiro, inclusive.
>
> **§ 1º** Ressalvadas as férias individuais e os feriados instituídos por lei, os juízes, os membros do Ministério Público, da Defensoria Pública e da Advocacia Pública e os auxiliares da Justiça exercerão suas atribuições durante o período previsto no *caput*.
>
> **§ 2º** Durante a suspensão do prazo, não se realizarão audiências nem sessões de julgamento.

▶ *Sem correspondência no CPC/1973*

1. O "recesso de janeiro": suspensão de prazos e fóruns abertos

Novidade trazida pelo CPC/2015, agora existe um suposto período para férias dos advogados: a suspensão dos prazos processuais no período de 20 de dezembro a 20 de janeiro.

Não se trata de férias forenses, de feriado nem do recesso de final de ano (a respeito das férias forenses, vide art. 214; a respeito dos feriados, vide art. 216 e a respeito do recesso de final de ano, vide art. 216, item 2).

Assim, na falta de nome específico, opta-se por denominar de "recesso de janeiro" – ainda que tenha alguns dias em dezembro.

Há que denomine de "recesso forense" o período do final de ano (20/12 a 06/01) e há quem chame de "recesso forense" este período de 20/12 a 20/01. Como a lei só prevê um deles, a nomenclatura vai depender de cada um. Assim, para evitar confusões, não usaremos aqui a expressão "recesso forense", mas sim os termos "recesso de final de ano" e "recesso de janeiro".

Apesar de não se confundir com o recesso de final de ano), existe parcial coincidência entre os dias do recesso de final de ano e os dias do recesso de janeiro. Todo o período do recesso de final de ano (20/12 a 06/01, em regra) está englobado no recesso de janeiro (20/12 a 20/01). Mas, como se percebe, nem todo período de recesso de janeiro coincidirá com o recesso de final de ano.

A diferença central entre ambos é que *não haverá expediente* forense no recesso de final de ano, ao passo que *deverá haver expediente* forense no recesso de janeiro.

A sobreposição parcial de datas e a existência de regras distintas entre recesso forense e recesso de janeiro sem dúvidas, configuram um problema que não deveria existir. Mas, como já mencionado no art. 216, isso não decorre da lei, pois o recesso de final de ano não tem base legal.

O fato é que, durante o recesso de janeiro, haverá a *suspensão dos prazos*. Assim, prazos processuais que tenham se iniciado antes do dia 20 de dezembro terão sua *contagem paralisada*, votando a ser contados *apenas após o dia 20 de janeiro*.

2. Breve histórico para compreensão da inovação legislativa

Até a EC 45/2004 (reforma do Judiciário), havia férias forenses (vide art. 214). A referida emenda constitucional mudou esse panorama, pois o art. 93, XII da CF vedou as férias coletivas, salvo para tribunais superiores.

Porém, parte da advocacia não apreciou o resultado. Isso porque as férias do Judiciário, que antes existiam, permitiam o descanso do advogado. E isso deixou de ocorrer. Diante desse quadro, parcela da advocacia passou a pleitear que fossem decretados "feriados" ou "suspensão de prazos" durante período do final do ano. E, aos poucos, alguns Tribunais passaram a deferir o pleito da advocacia. A questão é polêmica: como compatibilizar períodos de recesso com o comando constitucional?

No contexto desse debate, tramitava o projeto de Novo CPC no Congresso Nacional. E o tema foi enfrentado. Não se poderia falar em volta das férias forenses, pois isso seria inconstitucional, considerando o art. 93, XII. Então, a solução proposta foi intermediária, no sentido de *suspender* os prazos, mas sem prever o *fechamento* dos fóruns.

E, para regular o fechamento durante as festas de final de ano, sem base legal (salvo na Justiça Federal), passaram os tribunais locais a estipular, por meio de ordem administrativa interna, o fechamento por alguns dias (o recesso de final de ano). É certo que o melhor teria sido a definição tanto do recesso de final de ano quanto do recesso de janeiro no âmbito do próprio CPC, com a correta indicação dos dias fechados e dos dias com prazos suspensos. Talvez numa próxima reforma processual isso ocorra; por ora, resta ao intérprete compreender o que está na lei (recesso de janeiro, regulado por este art. 220) e o recesso de final de ano (não previsto no CPC).

3. Atividades dos profissionais do Direito durante o recesso de janeiro (§ 1º)

Considerando o acima exposto, durante o recesso de janeiro (*salvo* os dias do recesso de fim de ano), os fóruns estarão abertos.

Sendo assim, o recesso de janeiro não é um período de férias coletivas (que, como visto no art. 214, estão vedadas, salvo nos Tribunais Superiores).

Logo, os profissionais do Direito *devem seguir exercendo suas atribuições* durante o período de suspensão – mas os *prazos estarão suspensos*, para as partes.

Porém, com prazos judiciais suspensos, é certo que a atividade do MP, Defensoria, e advogados públicos será mais tranquila nesse período.

4. Não realização de audiências ou sessões de julgamento (§ 2º)

Para tentar garantir o período de descanso dos advogados, além de os prazos estarem suspensos (*caput*), não deverão ser realizadas audiências ou sessões de julgamento, nesse período.

Vez ou outra são designadas audiências nesse período, o que não seria possível (salvo para situações de urgência). Quando isso ocorre, recurso ou mesmo representações junto à Corregedoria (local ou CNJ) costumam ser efetivos para afastar a realização de audiências.

5. Trabalho do Judiciário no recesso de janeiro

Considerando a suspensão de prazos, mas os fóruns abertos e com juízes e servidores trabalhando, qual será a atividade do Poder Judiciário, no recesso de janeiro?

Poderia o Judiciário:

– seguir despachando e sentenciando, normalmente;

– determinar a publicação de decisões – cujos prazos estarão suspensos até o dia 20/01 (alguns regimentos internos de tribunais vedam a publicação de decisões durante o recesso, mas não há nada nesse sentido do CPC/2015);

– realizar penhora online e outros atos constritivos;

– oficial de justiça realizar diligencias para citar e penhorar.

6. Realização de atos de urgência?

Se com o recesso forense (e fóruns fechados) já são realizados atos de urgência (vide art. 216), é certo que no recesso de janeiro, se houver situação de urgência, poderá o juiz designar atos processuais envolvendo as partes, tais como audiências.

7. Recesso de janeiro nos Juizados?

Considerando a ausência de expressa menção na lei, é se se indagar: aplica-se ao sistema dos Juizados o recesso de janeiro?

Tendo em vista a finalidade da norma (descanso do advogado), é de se concluir que a suspensão de prazos também se aplica aos Juizados.

8. Recesso de janeiro no processo penal.

Como não há previsão deste recesso no CPP, esta suspensão de prazo não é aplicada no processo penal (vide jurisprudência).

9. Análise crítica da inovação

Em síntese, por força do novo dispositivo tem-se o seguinte:

(i) prazos suspensos pelo período de 1 mês, incluindo as festas de final de ano;

(ii) nesse período, não devem ocorrer quaisquer audiências (nem a audiência do art. 334) ou sessões de julgamento nos tribunais;

(iii) não há, porém, férias coletivas, de modo que aqueles que não estiverem de férias (especialmente juízes e servidores) devem "exercer suas atribuições".

Ora, se não é possível realizar audiências (salvo nos casos de urgência) nem sessões de julgamento, é claro que a atuação dos magistrados é parcial. Assim, há dúvidas quanto à constitucionalidade da previsão, considerando os arts. 5º, LXXVIII, e 93, XII, da CF. Mas, na prática, o recesso tem sido amplamente aplicado no país – sendo que, na percepção de muitos, o Judiciário atua, no período, de maneira menos produtiva que nos demais meses do ano, mesmo em relação a atos que não demanda publicação ou audiência.

Mas, se surgir uma situação de urgência e for deferida uma tutela provisória, tampouco será possível se falar em não cumprimento da decisão nesse período. Daí a *necessidade de atuação em casos de urgência*, por parte não só de magistrados e servidores, mas também dos advogados.

Jurisprudência

"O art. 220 do CPC apenas suspende o curso dos prazos processuais no período de 20/12 a 20/1, mas não suspende a prática dos atos, que poderá ser realizada em qualquer dia útil, nos termos do art. 212 c/c art. 216 do CPC, não havendo assim, impedimento para a realização da intimação (STJ, AgInt nos EDcl no AREsp 1563799/PR, Segunda Turma, Rel. Min. Francisco Falcão, julgado em 10.08.2020) ou publicação." (STJ, AgInt nos EDcl no AREsp 1604573/SE, Rel. Min. Moura Ribeiro, 3ª Turma, j. 31.08.2020).

"O curso do prazo processual fica suspenso durante os dias compreendidos entre 20 de dezembro e 20 de janeiro, inclusive. Portanto, nas hipóteses em que a ciência da decisão judicial se dá durante o recesso forense, o termo *a quo* para a contagem do prazo recursal é o primeiro dia útil subsequente a 20 de janeiro. Inteligência do art. 220 do Código de Processo Civil." (STJ, AgInt nos EDcl no AREsp 1495885/SP, Rel. Sérgio Kukina, 1ª Turma, j. 14.09.2020)

"Agravo regimental no recurso especial. Processo penal. Prazo processual. Suspensão. art. 220 do Código de Processo Civil. Inaplicável aos feitos de competência da justiça criminal. Princípio da especialidade. Intempestividade mantida. 1. Segundo entendimento pacífico nesta Corte Superior, iniciado o prazo recursal penal, o seu curso não se interrompe nem se suspende por força de feriado ou de suspensão do expediente forense, a não ser quando coincidente com o termo final, caso em que deve ser prorrogado para o primeiro dia útil seguinte. Precedentes. 2. A regra disposta no art. 220 do Código de Processo Civil, regulamentada pela Resolução CNJ nº 244, de 19 de setembro de 2016, não incide para os processos de competência da justiça criminal, haja vista a especialidade das disposições contidas no art. 798, *caput* e § 3º, do Código de Processo Penal. Por essa razão, não há como se cogitar a suspensão dos prazos recursais, em matéria penal, no período marcado entre os dias 20 de dezembro e 20 de janeiro. Precedentes. 3. No caso concreto, a parte recorrente foi intimada do acórdão relativo ao julgamento das apelações criminais na data de 17.12.2018, porém somente interpôs o recurso especial no dia 1º.2.2019. Dessa forma, ressai evidente a intempestividade do recurso, haja vista que manejado fora do prazo de 15 (quinze) dias corridos, consoante dispõe o art. 994, VI, c/c o art. 1.003, § 5º, ambos do Código de Processo Civil, assim como o art. 798 do Código de Processo Penal. 4. Agravo regimental ao qual se nega provimento." (AgRg no REsp 1821157/RJ, Rel. Min. Jorge Mussi, 5ª Turma, j. 17.09.2019, *DJe* 30.09.2019)

"Recurso especial. Direito de família. Ação revisional de alimentos. Pensão alimentícia. Ex--cônjuge. Binômio necessidade e possibilidade. Alteração. Não demonstração. Reexame de provas. Inviabilidade. Súmula nº 7/STJ. Ação de alimentos. Prazos processuais. Suspensão. Recesso forense. Contestação. Tempestividade. Art. 215, inciso II, do CPC/2015. Art. 220, *caput*, do CPC/2015. Audiência de conciliação. Réu. Não comparecimento. Representante legal. art. 334, § 8º, do CPC/2015. Multa. Não incidência. 1. Recurso especial interposto contra acórdão publicado na vigência do Código de Processo Civil de 2015 (Enunciados Administrativos nos 2 e 3/STJ). 2. Tendo ambas as instâncias de cognição plena concluído, à luz da prova dos autos, pela ausência de evidências do aumento das despesas da autora ou do incremento da capacidade financeira do réu

Art. 221

que autorizasse a majoração do valor da obrigação alimentar, inviável a inversão do julgado por força da Súmula nº 7/STJ. 3. A suspensão dos prazos processuais durante o recesso forense (20 de dezembro a 20 de janeiro), conforme previsto no artigo 220, *caput*, do Código de Processo Civil de 2015, compreende a ação de alimentos e os demais processos mencionados nos incisos I a III do artigo 215 do mesmo diploma legal. 4. O não comparecimento injustificado da parte ou de seu representante legal à audiência de conciliação é considerado ato atentatório à dignidade da justiça e será sancionado com a multa de que trata o artigo 334, § 8º, do Código de Processo Civil de 2015." (REsp 1824214/DF, Rel. Min. Ricardo Villas Bôas Cueva, 3ª Turma, j. 10.09.2019, *DJe* 13.09.2019)

"Agravo interno no agravo em recurso especial. Processual civil. Intempestividade. Art. 220 do Código de Processo Civil de 2015. Agravo desprovido. 1. São intempestivos o recurso especial e o agravo em recurso especial interpostos após o prazo de 15 (quinze) dias previsto nos arts. 219, 220 e 1.003, § 5º, do Código de Processo Civil de 2015. 2. Nos termos do 220 do CPC/2015, para fins de aferição de tempestividade, suspende-se o curso do prazo processual no período de 20 de dezembro a 20 de janeiro, inclusive, o que não impede que publicações sejam realizadas. 3. Agravo interno desprovido." (AgInt no AREsp 1468810/GO, Rel. Min. Marco Aurélio Bellizze, 3ª Turma, j. 02.09.2019, *DJe* 10.09.2019)

"Agravo de instrumento. Cumprimento de sentença contra a fazenda pública. Reinclusão no FUSEX. Declaração provisória de beneficiária. Astreintes. Inocorrência. Art. 220 do NCPC. O artigo 220 do NCPC (Suspende-se o curso do prazo processual nos dias compreendidos entre 20 de dezembro e 20 de janeiro, inclusive) aplica-se aos prazos processuais, inclusive ao relativo à intimação da parte para o cumprimento de obrigação de fazer, sob pena de multa diária, fixada em decisão judicial. A entrega de declaração provisória de beneficiária do FUSEX consubstancia o efetivo cumprimento da obrigação de reinclusão no plano de saúde do Exército, não havendo se falar em descumprimento de ordem judicial neste caso." (TRF 4ª R., AG 5009845-26.2017.404.0000, 4ª Turma, Rel. Des. Fed. Sérgio Renato Tejada Garcia, j. 13.09.2017, *DEJF* 19.09.2017)

"Mandado de segurança. Concurso público. Agente de segurança prisional do Estado de Goiás.

Decadência. Prazo de 120 dias corridos. Recesso forense. Não suspende prazo. 1. Impetrado mandado de segurança quando já decorridos 120 (cento e vinte dias) dias da ciência do ato objeto da impetração, resta configurada a decadência. 2. Tratando-se de prazo decadencial, não se sujeita à suspensão em razão do recesso forense. Segurança denegada." (TJGO, MS 0059661-25.2016.8.09.0000, Goiânia; 1ª Câmara Cível, Rel. Des. Orloff Neves Rocha, *DJGO* 15.04.2016, p. 86)

> **Art. 221.** Suspende-se o curso do prazo por obstáculo criado em detrimento da parte ou ocorrendo qualquer das hipóteses do art. 313, devendo o prazo ser restituído por tempo igual ao que faltava para sua complementação.
>
> **Parágrafo único.** Suspendem-se os prazos durante a execução de programa instituído pelo Poder Judiciário para promover a autocomposição, incumbindo aos tribunais especificar, com antecedência, a duração dos trabalhos.

▶ *Referência: CPC/1973 – Art. 180*

1. Suspensão do prazo por obstáculo criado em detrimento da parte

Além das suspensões por força de datas comemorativas (feriados, férias forenses, recesso de final de ano e recesso de janeiro), é possível também a suspensão por força de situações que impeçam a adequada realização de algum ato processual.

Assim, suspende-se o prazo em virtude de dificuldade criada à realização de algum ato processual. Como exemplo típico, a retirada em carga dos autos físicos, quando o prazo a ser cumprido era comum ou da outra parte. Se isso ocorrer, suspende-se o prazo.

2. Suspensão com base no art. 313

Além da suspensão por força de obstáculo, o artigo prevê também a suspensão do prazo quando se estiver diante de qualquer das situações que tratem da suspensão do processo (art. 313), como por exemplo a convenção das partes existência de prejudicialidade externa.

3. Suspensão do prazo em virtude da semana de conciliação (parágrafo único)

Inova o CPC ao prever mais uma hipótese de suspensão de prazo (além do art. 313 e deste art. 221): "durante a execução de programa instituído pelo Judiciário para promover a autocomposição" (ou seja, nos "dias" ou "semanas nacionais de conciliação", que têm sido bastante frequentes nos últimos anos).

Há essa previsão para permitir que o advogado participe das diversas audiências na "semana de conciliação", sem receio de que perderá prazos.

4. Distinção entre suspensão e interrupção

São duas figuras distintas, ambas ligadas a prazo.

Na suspensão, prossegue a contagem de prazo de onde parou.

Na interrupção, o prazo é zerado e volta a ser contado do início.

Jurisprudência

Súmula 173/STF: Em caso de obstáculo judicial admite-se a purga da mora, pelo locatário, além do prazo legal.

"Processual civil. Recurso especial. Código de Processo Civil de 2015. Aplicabilidade. Contagem de prazos. Dias úteis. Arts. 216, 219 e 221 do Código de Processo Civil. Exclusão de feriados. Suspensão. Possibilidade de devolução de dias. Acréscimo no prazo total. Recurso especial improvido. I – Consoante o decidido pelo Plenário desta Corte Superior, na sessão realizada em 09.03.2016, o regime recursal será determinado pela data da publicação do provimento jurisdicional impugnado. *In casu*, aplica-se o Código de Processo Civil de 2015. II – O art. 219 do Código de Processo Civil de 2015 dispõe que, na contagem dos prazos processuais em dias, computar-se-ão tão somente os dias úteis. Já no *caput* do art. 216, equipara-se a feriados, para efeitos forenses, os sábados, os domingos e os dias sem expediente forense, bem como, no art. 221, ressalva-se a hipótese de suspensão do prazo processual caso constatado entrave criado em detrimento da parte, devolvendo o saldo do prazo não utilizado quando se afastar o obstáculo que a prejudicou. III – Os dias em que ocorrer a suspensão dos prazos processuais, não apenas no seu início ou termo final, quando se aplicará a regra do art. 224, § 1º, do CPC, não deverão ser considerados úteis, acrescentando-se ao prazo total o número de dias em que ocorreram as paralisações. IV –

Recurso Especial improvido." (REsp 1739262/RJ, Rel. Min. Regina Helena Costa, 1ª Turma, j. 12.02.2019, *DJe* 15.02.2019)

"Processual civil. Agravo interno no recurso especial. Código de Processo Civil de 2015. Aplicabilidade. Suspensão dos prazos processuais. Curso de formação de conciliadores e mediadores do Tribunal de Justiça do Estado do Tocantins. Não configurada causa de suspensão prevista no art. 221, parágrafo único, do Código de Processo Civil de 2015. Argumentos insuficientes para desconstituir a decisão atacada. Aplicação de multa. Art. 1.021, § 4º, do Código de Processo Civil de 2015. Descabimento. I – Consoante o decidido pelo Plenário desta Corte na sessão realizada em 09.03.2016, o regime recursal será determinado pela data da publicação do provimento jurisdicional impugnado. *In casu*, aplica-se o Código de Processo Civil de 2015. II – Promoção de curso de formação de conciliadores e mediadores pelo Tribunal de Justiça do Estado do Tocantins não configura causa de suspensão dos prazos processuais, nesta Corte Superior, nos termos ao art. 221, parágrafo único, do Código de Processo Civil de 2015. (...) V – Agravo Interno improvido." (AgInt na PET no REsp 1693040/SP, Rel. Min. Regina Helena Costa, 1ª Turma, j. 25.11.2019, *DJe* 27.11.2019)

"Processo civil. Agravo regimental no recurso especial. Conclusão no último dia do prazo da apelação. Direito de recorrer. Cerceamento. Restituição do dia restante. Decisão mantida. 1. "A conclusão dos autos ao juiz, durante o transcurso do prazo hábil à interposição do apelo, constitui obstáculo judicial, que impede o exercício do direito de recorrer" (AgRg no REsp nº 1.119.410/RS, Relator Ministro Marco Buzzi, Quarta Turma, julgado em 28.2.2012, *DJe* 7.3.2012). 2. No caso, o processo foi concluso ao juiz no último dia do prazo para interpor a apelação, o que impediu o exercício do direito de recorrer da agravada. Em tal circunstância, o prazo deve ser restituído por tempo igual ao que faltava para sua complementação. 3. Agravo regimental desprovido." (AgRg no REsp 1356627/SP, Rel. Min. Antonio Carlos Ferreira, 4ª Turma, j. 02.02.2016, *DJe* 10.02.2016)

"Processual civil. Recurso especial. Embargos de declaração. Omissão. Suspensão do prazo recursal comum. Obstáculo judicial. Retirada dos autos do cartório. 1. A simples retirada dos

Art. 222

autos do processo durante a fluência de prazo recursal comum, fora de uma das exceções previstas no art. 40, § 2º, do CPC, caracteriza o obstáculo criado pela parte, descrito no art. 180 do CPC, apto a suspender o curso do prazo em favor da parte prejudicada. 2. A devolução do prazo recursal prescinde de petição prévia, podendo ser deduzida nas próprias razões recursais. 3. Recurso não provido." (REsp 1191059/MA, Rel. Min. Nancy Andrighi, 3ª Turma, j. 01.09.2011, *DJe* 09.09.2011)

> **Art. 222.** Na comarca, seção ou subseção judiciária onde for difícil o transporte, o juiz poderá prorrogar os prazos por até 2 (dois) meses.
>
> **§ 1º** Ao juiz é vedado reduzir prazos peremptórios sem anuência das partes.
>
> **§ 2º** Havendo calamidade pública, o limite previsto no *caput* para prorrogação de prazos poderá ser excedido.

▶ *Referência: CPC/1973 – Art. 182.*

1. Prorrogação dos prazos

Como já mencionado acima, os prazos podem ser fixados pela lei, juiz ou partes (prazos legais, judiciais ou convencionais – art. 218).

Este dispositivo legal, em conjunto com o próximo, traz situações em que é possível se alongar o cumprimento do prazo, por situações excepcionais.

Este artigo trata da prorrogação *antes* do término do prazo. Já o art. 223 trata das situações em que é possível a prorrogação *após* o término do prazo (justa causa).

Cabe a prorrogação antes do término nas hipóteses a seguir indicadas.

1.1. Transporte difícil (*caput*)

Considerando o Brasil ser um país continental, o dispositivo tem finalidade para as demandas que tramitem em comarcas de difícil acesso. Em alguns locais no país, apenas é possível chegar de barco ou, em determinados períodos do ano, o acesso por via terrestre fica impraticável. Por óbvio, isso somente se aplica quando houver necessidade de comparecimento presencial ao fórum. Se estivermos diante de atos realizados eletronicamente (inclusive audiências), a previsão não se aplica.

Nessas condições, os prazos fixados no Código – ainda que em dias úteis – podem ser insuficientes para a prática de atos processuais.

Não há previsão legal a respeito do que seja "difícil transporte" para fins de prorrogação do prazo. Mas, considerando a realidade local, seguramente trata-se de fato notório entre os litigantes (art. 374, I).

1.2. Calamidade pública (§ 2º)

O § 2º trata de outra situação, não relacionada a difícil acesso.

Se houver uma situação de calamidade pública, que afaste a normalidade do cotidiano e impeça a atividade do fórum, haverá a prorrogação do prazo, pelo período que for necessário.

Como exemplos, enchentes, abertura de uma cratera próxima ao fórum, incêndio, vendaval, ameaça de bomba, protestos, queda de energia etc.

Mas não é qualquer dessas situações que acarretará a prorrogação do prazo, mas especialmente aquela que impeça o acesso ao fórum – e isso se não for possível o peticionamento eletrônico.

Conforme a situação, é possível se falar até mesmo em força maior, com a *suspensão* do processo como um todo (art. 313, VI), e não somente a prorrogação de determinado prazo.

2. Prazo de prorrogação

O *caput* aponta que o prazo de prorrogação será de até 2 meses. Mas, tratando-se de calamidade, esse prazo pode ser estendido, o que é absolutamente lógico, tendo em vista que o problema decorrente da calamidade pode durar mais do que 2 meses.

Considerando as especificidades da região, é possível dilatar o prazo além do período de 2 meses, para isso valendo-se da situação de justa causa (art. 223, a seguir).

3. Redução de prazo (§ 1º)

Em local que não é o mais adequado (em um artigo que trata de prorrogação de prazo, e entre o *caput* e § 2º que tratam desse tema), prevê o Código não ser possível ao juiz a redução de prazos.

Vale destacar ser possível ao juiz dilatar prazos (art. 139, VI). Porém, seja o prazo judicial ou prazo legal, não é possível ao juiz reduzir prazos para a realização dos atos processuais.

O artigo apenas faz menção à impossibilidade de redução dos prazos *peremptórios* (a respeito dessa classificação, vide art. 218). Contudo, considerando a segurança jurídica e o devido processo legal, deve-se interpretar que não é possível a redução de *qualquer* prazo – salvo quando houver consenso entre as partes, especialmente na situação de calendarização (vide art. 1.919).

Jurisprudência

"Processual civil. Pedido de reconsideração. Enchentes em Santa Catarina. Justo motivo reconhecido, para afastar a intempestividade dos embargos de declaração, mas rejeitá-los. 1. Apesar de autuado nesta Corte como agravo regimental, deve ser conhecido o pleito da parte, nominado como pedido de reconsideração dirigido ao próprio Colegiado, suscitando a existência de justo motivo suficiente, em tese, para afastar a intempestividade dos embargos de declaração. 2. É fato público e notório que no final de 2008 o Estado de Santa Catarina foi atingido por severas enchentes, o que levou a Corte Especial do STJ a deferir a suspensão dos prazos processuais em relação aos processos oriundos daquela Unidade Federativa, no período de 24 de novembro a 1º de dezembro de 2008. 3. Possibilidade de extensão dessa medida aos processos que, embora sejam oriundos do Estado do Paraná, são patrocinados por advogados cujo escritório se encontra localizado em Santa Catarina, conforme comprovado nos autos. 4. Intempestividade dos embargos de declaração que merece ser afastada, por estar caracterizado o justo motivo a que se refere o art. 182 do CPC. 5. Ausente a omissão apontada pela embargante, que na verdade constitui mera rediscussão acerca do juízo de admissibilidade do recurso especial, devem ser rejeitados os embargos de declaração. 6. Pedido de reconsideração acolhido, para afastar a intempestividade dos embargos de declaração, mas rejeitá-los no mérito." (AgRg nos EDcl no REsp 950.386/PR, Rel. Min. Eliana Calmon, 2ª Turma, j. 16.06.2009, *DJe* 29.06.2009)

> **Art. 223.** Decorrido o prazo, extingue-se o direito de praticar ou de emendar o ato processual, independentemente de declaração

judicial, ficando assegurado, porém, à parte provar que não o realizou por justa causa.

§ 1º Considera-se justa causa o evento alheio à vontade da parte e que a impediu de praticar o ato por si ou por mandatário.

§ 2º Verificada a justa causa, o juiz permitirá à parte a prática do ato no prazo que lhe assinar.

▶ *Referência: CPC/1973 – Art. 183*

1. Conceito e modalidades de preclusão

Por preclusão pode-se entender a perda de uma faculdade processual. Ou seja, é um evento interno ao processo que gera efeitos dentro (endoprocessual) e não fora do processo. A parte poderia ter exercido uma determinada posição processual mas, por alguma razão, isso deixou de ser possível.

A doutrina usualmente aponta a existência de três modalidades de preclusão:

(i) temporal: é ultrapassado o prazo, sem que haja a apresentação de uma determinada peça processual (ex.: esgota-se o prazo para contestação, sem que a parte apresente tal peça);

(ii) lógica: um ato processual é incompatível com outro (ex.: a parte celebra o acordo e depois recorre);

(iii) consumativa: a realização de um ato processual (mesmo antes do final do prazo) impede que haja sua complementação posterior.

O artigo trata especificamente da preclusão temporal, ao apontar, no *caput*, o "decorrido o prazo" (vide, ainda, item 1.2 abaixo).

1.1. Inovações quanto à preclusão

Não estão previstas neste artigo, mas há inovações relativas à preclusão no CPC. Como exemplos:

a) o fim do agravo retido e a preclusão da interlocutória não agravável de instrumento somente na apelação (art. 1.009, § 1º) – o que vem sendo denominado, por alguns, de *preclusão elástica* (OLIVEIRA JUNIOR, Zulmar Duarte de. Preclusão elástica no Novo CPC. *Revista de Informação Legislativa (Senado Federal)*, ano 48, nº 190, abr./jun. 2011, tomo 2, p. 313 e ss.);

b) há regra geral que permite a correção de falha ou complemento no tocante aos recursos, mitigando a preclusão consumativa (art. 932, parágrafo único).

1.2. Fim da preclusão consumativa?

Já havia, na doutrina escrita à luz do CPC/1973, quem defendesse não existir preclusão consumativa, aproximando-a das demais espécies (SICA, Heitor Vitor Mendonça. *Preclusão processual civil*. São Paulo: Atlas, 2006, p. 153). Essa corrente ganha algum reforço a partir do atual CPC, exatamente por força de modificação de redação neste art. 223.

A questão merece reflexão, especialmente por ser possível apontar um conflito entre os artigos 200 e 223 do CPC.

O primeiro artigo aponta que *o ato da parte* produz imediatamente a extinção de direito processuais. Nesse sentido, pode-se afirmar que o sistema mantém a lógica do CPC/1973 quanto à preclusão consumativa. Ou seja, realizado o ato processual, não é possível depois alterá-lo ou emendá-lo (nesse sentido: ROQUE, Andre, *Teoria Geral do Processo*. Comentários ao CPC/2015. 3. ed. São Paulo, Método, 2019, p. 722).

Contudo, este art.223 pode levar a outra interpretação, considerando o *caput* – e sua modificação em relação ao CPC/1973. Isso porque a atual redação afirma que decorrido o prazo extingue-se o direito de "praticar ou *emendar* o ato", sendo que, no Código anterior, havia menção apenas a "praticar o ato" (CPC/1973, art. 183). Assim, seria possível sustentar que somente *após o término do prazo* – e não mais, como antes, *após a realização do ato* – haveria a impossibilidade de praticar o ato. Se assim se entender, a preclusão consumativa deixaria de ter relevo, sendo apenas pertinente se cogitar das demais modalidades de preclusão.

A questão é polêmica. De minha parte, não parece possível concluir pelo fim da preclusão consumativa. A uma, pois essa modalidade de preclusão segue sendo expressamente prevista em alguns casos no CPC, como no art. 494. A duas, porque há de se interpretar o art. 223 de forma sistemática com o art. 200. Assim, onde houver previsão de emenda após a apresentação do ato processual (como no caso de recurso, vide acima item 1.1 "b"), afasta-se a preclusão consumativa; onde não houver essa previsão específica, segue existindo a preclusão consumativa. De qualquer forma, resta verificar qual será a posição a prevalecer no STJ – sendo que os julgados dessa Corte *seguem* entendendo pela existência da preclusão consumativa.

1.3. Preclusão para o juiz?

A respeito da existência de preclusão para o juiz, vide comentários ao art. 226, especialmente item 5.

2. Justa causa para afastar a preclusão (§ 1º)

Em alguns casos, será possível a realização do ato processual mesmo após o fim do prazo. Quando houver prorrogação *antes* do término do prazo, aplica-se o art. 222. Já este art. 223 trata das situações em que é possível mais dias para praticar o ato *após* o término do prazo – quando se verificar a justa causa.

Assim, nos casos de justa causa, na verdade o ato será praticado *já com o prazo esgotado*, mas a parte alegará que houve alguma situação extraordinária.

A justa causa é evento alheio à vontade da parte, que a impediu de praticar o ato. Não há menção, no CPC, a evento "imprevisível" (havia no CPC/1973). E é correta a alteração, pois o evento alheio pode não ser imprevisível. Como exemplo, uma passeata previamente agendada (assim, previsível), mas que impede que se chegue ao fórum no horário da audiência, em virtude do fechamento da via onde se situa o fórum – evento alheio à vontade da parte que a impede de estar presente.

No momento em que alegar justa causa, a parte já deverá, na mesma petição (i) provar a ocorrência de justa causa e (ii) sendo possível, já praticar o ato (contestar ou recorrer, por exemplo). Se o ato estiver pronto e houve um problema de transmissão, por certo já deverá ser realizado.

Descabe alegar a justa causa apenas após apresentar a manifestação intempestiva.

Sendo o motivo da justa causa fato notório (como protesto popular impedindo o acesso ao fórum, enchente ou incêndio), a rigor não há necessidade de se provar isso – mas, por segurança, deve o advogado fazer alguma prova (como notícia de jornal ou internet e, se existir, comunicado do próprio tribunal).

Sendo processo eletrônico e sistema fora do ar, a justa causa será demonstrada pelo próprio tribunal, em informação no site (art. 197).

Sendo a justa causa questão pessoal das partes ou patrono (por exemplo, óbito em família ou problema de saúde), tão logo realizado o ato, o advogado deverá juntar algum comprovante (como atestado médico ou certidão de óbito).

3. Justa causa reconhecida: aceitação do ato praticado ou fixação de prazo (§ 2º)

Se o juiz entender que houve a justa causa, aceitará o ato. Mas, considerando o princípio do contraditório, a parte contrária deve, antes, ser intimada a se manifestar (arts. 9º e 10).

Se o juiz entender que não verificada a justa causa, reconhecerá a intempestividade do ato praticado. E, nesse caso, se a decisão for de plano, não há necessidade de contraditório.

Cabe aduzir que, pelo § 2º, o juiz irá fixar novo prazo para realização do ato. Mas essa previsão deve ser lida com cautela. Afinal, em situações que a justa causa for apenas a dificuldade de acesso (seja física ao fórum ou virtual ao processo eletrônico), deverá o advogado desde logo praticar o ato.

Ao contrário, se o único advogado da causa, por exemplo, sofreu infarto durante a fluência do prazo de contestação, nesse caso, logo após ter condições, poderá peticionar apontando o ocorrido e requerendo a fixação de prazo. E o juiz deverá, reconhecendo a justa causa, fixar prazo para a apresentação da peça.

4. Casuísmo jurisprudencial para reconhecer a justa causa

Há farta jurisprudência a respeito da ocorrência (ou não) de justa causa, existindo um considerável casuísmo em relação ao que se admite como justa causa para permitir (basta verificar a variação relativa à greve, por exemplo).

Nesse sentido, é sempre conveniente acompanhar a jurisprudência para tentar identificar quais situações podem ser configuradas como de justa causa.

Como exemplo, depois de muito entendendo que a informação processual errônea na internet não era motivo de justa causa, a jurisprudência (felizmente) modificou-se. Assim, se o advogado está acompanhando, pelo sistema, a data de juntada do mandado, para fins de contagem do prazo para contestar, e a informação na internet foi lançada de forma errônea, a jurisprudência entende tratar-se de justa causa.

Outro exemplo: não é toda doença de advogado que acarreta a justa causa. Deve ser uma doença que "impossibilite o trabalho" e, em regra, entende-se que deve ser o único advogado com procuração nos autos. Isso foi debatido em inúmeros processos em virtude da pandemia de Covid, por exemplo – com decisões nem sempre reconhecendo a justa causa (cf., por exemplo, as decisões monocráticas proferidas no AREsp 1541258, no STJ e também jurisprudência a seguir).

Jurisprudência

"Processual civil e tributário. Agravo interno em agravo em recurso especial. Intempestividade do ARESP. Boa-fé processual. Afastamento da extemporaneidade. (...) 1. Cuida-se de Agravo Interno que discute a decisão da Presidência do STJ, que considerou intempestivo o Agravo em Recurso Especial aviado pela parte ora agravante. 2. No caso em disceptação, a parte recorrente foi intimada do acórdão recorrido em 13.3.2018. O prazo recursal é de 30 dias úteis. O Recurso Especial foi interposto somente no dia 26.4.2018. 3. Em se tratando da ocorrência de feriado local para efeito de tempestividade do recurso, a comprovação dar-se-á no ato da interposição, mediante documento idôneo, sendo inaplicável a essa situação específica a regra da possibilidade de regularização posterior. 4. Todavia, da análise detida dos autos, extrai-se que, no mesmo ato ordinatório, evento 35 (fl. 200, e-STJ), o sistema eletrônico efetuou a intimação e calculou o prazo de 30 dias úteis para a interposição de recurso, fixando a data final para 27.4.2018. 5. "A divulgação do andamento processual pelos Tribunais por meio da internet passou a representar a principal fonte de informação dos advogados em relação aos trâmites do feito. A jurisprudência deve acompanhar a realidade em que se insere, sendo impensável punir a parte que confiou nos dados assim fornecidos pelo próprio Judiciário" (REsp 1.324.432/SC, Rel. Min. Herman Benjamin, Corte Especial, *DJe* 10.5.2013). 6. Agravo Interno provido para afastar a intempestividade do AREsp. (...)" (AgInt no AREsp 1365669/TO, Rel. Min. Herman Benjamin, 2ª Turma, j. 28.03.2019, *DJe* 22.04.2019)

"Processual civil. Recurso especial. Matéria constitucional. Inadmissibilidade. Informações prestadas via internet. Natureza meramente informativa. Reabertura de prazo. Desnecessidade. Justa causa. Dúvida razoável. Dever de boa-fé e cooperação de todos os sujeitos do processo. 1. A jurisprudência do STJ é firme no entendimento de que as informações prestadas via internet têm natureza meramente informativa, não possuindo, portanto, caráter oficial. Assim, eventual erro ocorrido na divulgação de informações não configura justa causa para efeito de reabertura de prazo. 2. Não se desconhece que há entendimento da Corte Especial do STJ minimizando referida jurisprudência quando estiver configurada justa causa para o descumprimento do prazo recursal pelo litigante (art. 183, *caput*, do CPC) (REsp 1.324.432/SC, Rel. Ministro Herman Benjamin, Corte Especial, *DJe* 10.5.2013). 3. Segundo a norma, "nos casos de problema técnico do sistema e de erro ou omissão do auxiliar da justiça responsável pelo registro dos andamentos, poderá ser configurada a justa causa prevista no art. 223, *caput* e § 1o" (CPC, art. 197, parágrafo único). 4. As informações divulgadas pelos sistemas de automação dos tribunais gozam de presunção de veracidade e confiabilidade, haja vista a legítima expectativa criada no advogado, devendo-se preservar a sua boa-fé e confiança na informação que foi divulgada. É de se ter, por outro lado, que, para fins de justa causa, a dúvida deve ser razoável. 5. Na hipótese, penso que não houve dúvida razoável apta a ludibriar o entendimento do advogado, tendo em conta a informação disponibilizada quanto ao termo *a quo* – 13.12.2016 – e o prazo de 15 dias do recurso especial (disposto pela norma e destacado na mensagem do site). Dessarte, não poderia o causídico simplesmente se omitir quanto aos outros dados informados pelo site do Tribunal, violando a boa-fé objetiva e o dever de cooperação (CPC, arts. 5o e 6o) para, simplesmente, protocolar o recurso depois de quase dois meses do início de seu prazo, tendo como desculpa a informação errônea em relação ao prazo final. 6. Realmente, apesar do prazo final estar realmente equivocado pelo site do Tribunal de origem, não é crível que o advogado, *in casu*, não soubesse do termo ad quem para interposição de seu recurso, inclusive porque, espera-se que o advogado tenha um mínimo de diligência no seu mister, cabendo "ao procurador da parte diligenciar pela observância do prazo legal estabelecido na legislação vigente" (AgRg no Ag 1136085/RJ, Rel. Ministro Sidnei Beneti, 3ª Turma, julgado em 16.06.2009, *DJe* 24.06.2009). 7. Agravo interno não provido." (AgInt no REsp 1694174/TO, Rel. Min. Luis Felipe Salomão, 4ª Turma, j. 04.09.2018, *DJe* 11.09.2018)

"Recurso interposto na vigência do CPC/2015. Enunciado administrativo no 3. Agravo interno em recurso especial. Processual civil. Preclusão consumativa. art. 223, do CPC/2015. 1. Dos autos consta às e-STJ fls. 3065/3066 certidão onde a CONTRIBUINTE foi intimada do acórdão proferido pela Corte de Origem nos aclaratórios em 12.09.2016. Ocorre que, ao invés de interpor o competente recurso especial, a parte optou por protocolar em 13.09.2019 petição onde arguiu nulidade no julgamento dos embargos de declaração (e-STJ fls. 3067/3069). O recurso especial somente o foi interposto em 03.10.2016 (e-STJ fls. 3093). Desse modo, a situação é de evidente preclusão consumativa para a interposição do recurso especial. Aplicação do art. 223, do CPC/2015. Precedentes: AgRg nos EREsp 1525676 / SP, Corte Especial, Rel. Min. Maria Thereza de Assis Moura; Julg. 02.12.2015; AgRg no RE nos EDcl nos EAREsp 470134 / DF, Corte Especial, Rel. Min. Laurita Vaz; Julg. 18.11.2015. 2. Agravo interno não provido." (STJ, AgInt nos EDcl no REsp 1640561/PE, 2ª Turma, Rel. Min. Mauro Campbell Marques, j. 05.09.2017, *DJe* 14.09.2017).

"Agravo interno nos embargos de declaração no agravo interno. Ausência de novos fundamentos capazes de modificar a decisão impugnada. Inexistência de justa causa para conhecimento de recurso intempestivo. Inconformismo com resultado da lide. Agravo improvido. 1. Nos termos do artigo 183 do CPC/1973 c/c artigo 223 do CPC/2015, decorrido o prazo para a interposição do recurso, extingue-se o direito de praticar o ato, exceto se a parte comprovar a ocorrência de justa causa. 2. Segundo consolidada jurisprudência, a tempestividade é matéria de ordem pública, podendo ser reconhecida, a qualquer tempo, pelo julgador. A justa causa, porém, justificante da interposição do recurso extemporâneo, deve ser comprovada na vigência do prazo ou até 5 (cinco) dias após a cessação do impedimento. 3. Sendo intempestivo o recurso interposto pela ora agravante, por não ter sido protocolado dentro do prazo legal, apresenta-se descabido o argumento da existência de força maior, pois a recorrente apenas apresentou seus motivos sobre a alegada justa causa dias após a interposição do agravo interno extemporâneo. 4. O mero inconformismo com o resultado da lide não pode servir de fundamento para interposição reiterada de recursos, fato que pode ensejar a aplicação de multa pelo abuso no direito de recorrer. Precedentes da Corte Especial. 5. Agravo improvido." (AgInt nos EDcl no AgInt nos EAREsp 247.327/PR, Rel. Min. Jorge Mussi, Corte Especial, j. 16.11.2016, *DJe* 25.11.2016)

"Processual civil. Segundos embargos de declaração. Omissão. Existência. Vício sanado. Prequestionamento para fins de interposição de recurso extraordinário. Inviabilidade. 1. A jurisprudência do STJ é firme no sentido de que os segundos Embargos de Declaração devem limitar-se a apontar os vícios porventura constatados no acórdão que julgou os primeiros Embargos, sendo inadmissíveis quando se contrapõem aos argumentos delineados no aresto anteriormente impugnado. Precedentes do STJ. 2. Com efeito, o acórdão embargado omitiu-se em apreciar à alegada existência de "FATO IMPEDITIVO/ FORÇA MAIOR que impossibilitou a chegada da peça recursal original ao Tribunal a quo no prazo legal". Assim, para evitar novos questionamentos, acolhem-se os Embargos Declaratórios, no ponto, para sanar a omissão apontada, sem contudo emprestar-lhe efeitos infringentes. (...) 4. O STJ é assente no sentido de que a greve ou a falha dos serviços da ECT não constitui força maior ou justa causa apta a ensejar a apreciação do apelo interposto fora do prazo legal. (...)." (EDcl nos EDcl no AgRg no AREsp 429.692/ RJ, Rel. Min. Herman Benjamin, 2ª Turma, j. 28.04.2015, *DJe* 01.07.2015)

"Agravo Regimental no agravo em recurso especial. Greve bancária. Preparo. Prorrogação do prazo para o primeiro dia útil após o término do movimento paredista. Falta de recolhimento. Deserção. agravo regimental desprovido. 1. A greve dos bancários constitui justa causa para a prorrogação do prazo para comprovação do recolhimento do preparo. 2. Quando não cumprida a Portaria do Tribunal de origem prorrogando a comprovação do preparo para o primeiro dia útil após o encerramento do movimento paredista é correta a aplicação da pena de deserção. 2. Agravo regimental desprovido." (AgRg no AREsp 174.815/RJ, Rel. Min. Paulo de Tarso Sanseverino, 3ª Turma, j. 17.12.2013, *DJe* 03.02.2014)

"Administrativo e processual civil. Embargos de declaração no agravo regimental no recurso especial. Omissão suprida. Feriado nacional. Agravo regimental tempestivo. Greve dos servidores da Advocacia-Geral da União. Justa causa para a suspensão do prazo processual. Não configuração. 1. Cumpre suprir a omissão, nos termos do disposto no art. 535, inc. II, do Código de Processo Civil, para considerar a ocorrência de feriado nacional (carnaval) no último dia do prazo recursal, de modo a ensejar a tempestiva-

de do agravo regimental. 2. O Superior Tribunal de Justiça firmou o entendimento de que a greve dos servidores técnicos da Advocacia-Geral da União não caracteriza justa causa para efeito de devolução de prazo processual, nos termos do art. 183, § 1º, do CPC. 3. Embargos de declaração acolhidos para suprir omissão e, nessa extensão, conhecer do agravo regimental, ao qual se dá provimento." (EDcl no AgRg no REsp 892.465/RS, Rel. Min. Og Fernandes, 6ª Turma, j. 02.05.2013, *DJe* 14.05.2013)

"Processual civil. Andamento processual disponibilizado pela internet. Contagem de prazo. Boa-fé. Art. 183, §§ 1º e 2º, do CPC. Aplicação. 1. Hipótese em que não houve a veiculação, no *print* de acompanhamento processual, da publicação da decisão dos Embargos de Declaração, impossibilitando a interposição do recurso de apelação. 2. Com efeito, a disponibilização do andamento processual pelos Tribunais por meio da internet passou a representar a principal fonte de informação dos advogados em relação aos trâmites do processo. 3. A jurisprudência, coerentemente, deve acompanhar a realidade em que se insere, sendo impensável punir a parte que confiou nos dados assim fornecidos pelo próprio Judiciário. 4. Ainda que não se afirme que o prazo correto é aquele erroneamente disponibilizado pela internet, não é razoável frustrar a boa-fé que deve orientar a relação entre os litigantes e o Judiciário. Por essa razão o art. 183, §§ 1º e 2º, do CPC determina o afastamento do rigorismo na contagem dos prazos processuais quando o descumprimento decorre de fato que não dependeu da vontade da parte. 5. No caso em discussão, é bom relembrar, o descumprimento não é alheio à vontade da parte, mas decorreu diretamente do aparente erro cometido pelo Judiciário. 6. A Corte Especial do Superior Tribunal de Justiça no REsp 1.324.432/SC (Rel. Ministro Herman Benjamin, Corte Especial, *DJe* 10.5.2013) revendo posicionamento anterior, decidiu que, constatado erro ou omissão nas informações disponibilizadas no sistema eletrônico, prejudicando a parte, caracteriza-se sua boa-fé, atraindo a incidência do disposto no art. 183, §§ 1º e 2º, do CPC. 7. Agravo Regimental não provido." (AgRg no AgRg no AREsp 704.072/PE, Rel. Min. Herman Benjamin, 2ª Turma, j. 27.10.2015, *DJe* 18.11.2015)

"Embargos de declaração no agravo regimental em agravo em recurso especial. Tempestividade do recurso especial. Doença do

Art. 224

advogado. Justa causa. Restituição de prazo. Art. 183, § 1º do CPC. (...) 1. A doença do advogado pode constituir justa causa para os efeitos do art. 183, § 1º do CPC, levando em conta quando ele for o único procurador constituído nos autos. (...) 6. Embargos de declaração acolhidos para reconhecer a tempestividade do recurso especial. Todavia, pelas razões aduzidas no voto nego provimento ao agravo em recurso especial." (EDcl no AgRg nos EDcl no AREsp 609.426/MS, Rel. Min. Luis Felipe Salomão, 4ª Turma, j. 20.08.2015, *DJe* 31.08.2015)

"Processual civil. Agravo regimental no recurso especial. Pedido de devolução de prazo. Atestado médico. Justa causa. Força maior. Não comprovação. Agravo regimental desprovido. 1. Consoante a jurisprudência desta Corte, a doença que acomete o advogado somente se caracteriza como justa causa, a ensejar a devolução do prazo, quando o impossibilita totalmente de exercer a profissão ou de substabelecer o mandato. 2. No caso, não restou comprovada a existência de justa causa a ensejar a devolução de prazo processual, nos termos do art. 183 do Código de Processo Civil. 3. Agravo regimental desprovido." (AgRg no REsp 968.273/CE, Rel. Min. Gilson Dipp, 5ª Turma, j. 09.09.2014, *DJe* 15.09.2014)

> **Art. 224.** Salvo disposição em contrário, os prazos serão contados excluindo o dia do começo e incluindo o dia do vencimento.
>
> **§ 1º** Os dias do começo e do vencimento do prazo serão protraídos para o primeiro dia útil seguinte, se coincidirem com dia em que o expediente forense for encerrado antes ou iniciado depois da hora normal ou houver indisponibilidade da comunicação eletrônica.
>
> **§ 2º** Considera-se como data de publicação o primeiro dia útil seguinte ao da disponibilização da informação no Diário da Justiça eletrônico.
>
> **§ 3º** A contagem do prazo terá início no primeiro dia útil que seguir ao da publicação.

▶ *Referência: CPC/1973 – Art. 184*

1. Forma de contagem de prazos em dias

Os prazos processuais usualmente são fixados em dias.

No tocante à forma de contagem dos prazos em dias, as regras são as seguintes:

(i) exclusão do dia do início;

(ii) inclusão do dia do término (conforme o seguinte brocardo: *dies a quo non computatur in termino, dies ad quem computatur in termino*);

(iii) somente são considerados, para a contagem do prazo, os dias úteis (art. 219) – mesmo que o expediente forense seja reduzido;

(iv) tratando de Diário da Justiça eletrônico (atualmente, a regra no Brasil), no dia em que a decisão judicial constar do jornal será a *disponibilização*, ao passo que o primeiro dia útil seguinte será o dia da *publicação* (dia do início, que se exclui da contagem, como visto no item i), de modo que a efetiva *contagem* do prazo tem início no dia útil seguinte (trata-se da repetição da regra prevista na L. 11.419/2006, art. 4º, §§ 3º e 4º).

1.1 Especificidades quanto ao início e término do prazo (§ 1º)

Em relação ao dia do início e do término do prazo, haverá prorrogação para o próximo dia útil se (a) o expediente forense *iniciar* mais tarde ou *encerrar* mais cedo que o usual (vide item 1.2. abaixo) ou (b) houver indisponibilidade da comunicação eletrônica.

A indisponibilidade da comunicação eletrônica é uma situação de justa causa (art. 223), que inviabiliza a consulta aos autos ou peticionamento eletrônico, e isso – seja no dia do início ou término do prazo – irá prorrogar o prazo (o art. 10, § 2º da Lei 11.419/2006 apenas fazia menção ao término do prazo; vide também art. 221).

1.2. Quarta-feira de cinzas

Uma data que sempre causou problemas é a 4ª feira de cinzas. Nesse dia, em regra há expediente forense (se parcial ou total, vai depender do horário usual de cada tribunal), iniciando-se após o almoço. Assim, é um dia útil (vide art. 216, item 3 e jurisprudência).

Se o tribunal em regra tem horário de funcionando após o meio-dia (como é o caso do TJSC), é um dia útil com horário regular, portanto sem qualquer especificidade.

Se o tribunal em regra abre de manhã (como é o caso do TJSP), será um dia útil, com horário reduzido. Assim, ainda que seja dia útil, não será possível ao prazo *iniciar ou terminar* nesse dia.

2. Prazos com termo inicial no futuro

Em regra, o termo inicial dos prazos ocorre no presente, sendo que o termo final será no futuro.

Porém, por vezes, o CPC prevê um prazo em sentido inverso – ou seja, prazo contados de forma regressiva, em que o termo inicial está no futuro, e o prazo será contado, a partir de um evento futuro, para trás.

Sendo essa a hipótese – como ocorre na audiência de conciliação ou mediação do art. 334 – há um *exclusão* do dia indicado como a data relevante (o dia da audiência, por exemplo) e o prazo é contado a partir do primeiro dia útil *anterior* até o dia final, que é *incluído* na contagem, e que também deverá ser um dia útil.

3. Forma de contagem de prazos que não estão em dias

O CPC apenas prevê a forma de contagem de prazos em dias.

Sendo assim, em prazos que estejam em outra medida temporal, haverá a aplicação do Código Civil.

Prevê o CC, art. 132, §§ 3º e 4º que:

– prazos em meses ou anos se encerram exatamente no mesmo dia no mês ou ano seguinte, salvo se não houver dia correspondente;

– prazos em horas ou minutos contam-se de minuto a minuto.

Jurisprudência

Súmula 310/STF: Quando a intimação tiver lugar na sexta-feira, ou a publicação com efeito de intimação for feita nesse dia, o prazo judicial terá início na segunda-feira imediata, salvo se não houver expediente, caso em que começará no primeiro dia útil que se seguir.

"Agravo interno no agravo em recurso especial – Autos de agravo de instrumento na origem – Decisão monocrática da presidência desta Corte que não conheceu do reclamo. Insurgência recursal do agravante. 1. De acordo com o art. 224, § 1º, do CPC/15, o encerramento antecipado do expediente forense somente prorroga para o dia útil seguinte os prazos que se iniciem ou encerrem naquela data. Recurso especial intempestivo. Precedentes. 2. Agravo interno desprovido." (AgInt no AREsp 1466871/SP, Rel. Min. Marco Buzzi, 4ª Turma, j. 26.08.2019, *DJe* 30.08.2019)

"Embargos de declaração no agravo interno no agravo em recurso especial – Ação de reintegração de posse c/c anulação de contrato – Acórdão deste órgão fracionário que não conheceu do reclamo. Insurgência recursal dos requerentes. 1. Embargos de declaração acolhidos, para reconhecer a tempestividade do agravo interno. Vencimento do prazo recursal em dia de expediente forense reduzido (quarta-feira de cinzas), prorrogado para o primeiro dia útil seguinte, nos termos do artigo 224, § 1º, do CPC/15. 2. A revisão da decisão proferida pela Corte de origem, que entendeu aplicável a teoria do adimplemento substancial, na forma pretendida, demandaria o reexame do contexto fático probatório dos autos, bem como das cláusulas contratuais, providências vedadas nesta instância especial. Incidência das Súmulas 5 e 7/STJ. 3. Embargos de declaração acolhidos, com efeitos infringentes, para conhecer e negar provimento ao agravo interno." (EDcl no AgInt no AREsp 930.819/SP, Rel. Min. Marco Buzzi, 4ª Turma, j. 19.08.2019, *DJe* 22.08.2019)

"Agravo interno no recurso especial. Processual civil. Intempestividade da apelação. Prorrogação do prazo recursal para o primeiro dia útil seguinte apenas quando a indisponibilidade da comunicação eletrônica ocorre nos dias do começo e do vencimento. Inteligência do art. 224, § 1º, do Código de Processo Civil de 2015. Recurso não provido. 1. Nos termos do art. 224, § 1º, do Código de Processo Civil de 2015, o prazo recursal somente é prorrogado para o primeiro dia útil seguinte quando o encerramento antecipado do expediente forense ou a indisponibilidade da comunicação eletrônica ocorrer no dia do início ou do término do prazo para a interposição do recurso cabível, o que não foi o caso dos autos, em que a indisponibilidade do sistema ocorreu durante o transcurso do prazo recursal. 2. "A falha do sistema eletrônico que não coincide com o início ou o término do prazo recursal não é apta a ensejar sua prorrogação e, por consequência, afastar a intempestividade recursal" (AgInt nos EDcl no AREsp 1.246.697/SP, Rel. Min. Moura Ribeiro, Terceira Turma, *DJe* 13.08.2018). 3. Agravo interno a que se nega provimento." (AgInt no REsp 1796816/PR, Rel. Min. Raul Araújo, 4ª Turma, j. 15.08.2019, *DJe* 04.09.2019)

"Processual civil. Ação rescisória. Impugnação ao valor da causa. Acolhimento. Valor correspondente ao do proveito econômico imediata-

Art. 225

CÓDIGO DE PROCESSO CIVIL INTERPRETADO

mente aferível. Pretensão rescisória. Decadência. Ajuizamento após o decurso do prazo de dois anos a contar do trânsito em julgado da decisão rescindenda. I – Se for possível identificar o proveito econômico almejado pelo autor com o ajuizamento da ação rescisória, deverá prevalecer referido valor, e não o originalmente atribuído à causa. No caso, o efeito imediato da rescisão pretendida corresponderá ao restabelecimento da aposentadoria do autor e à cassação da multa civil de R$ 10.000,00 (dez mil reais). Assim, identificado como efeito econômico prontamente aferível com a procedência do pedido rescisório o restabelecimento da aposentadoria, obrigação por prazo indeterminado, e o afastamento da multa civil, o valor da causa deve corresponder a uma prestação anual somado à multa civil. Impugnação ao valor da causa acolhida, fixando-a em R$ 514.000,00 (quinhentos e quatorze mil reais). II – Os prazos em anos expiram no dia de igual número do de início (CC, art. 132, § 3º). Ademais, na contagem dos prazos, exclui-se o dia do começo e inclui-se o do vencimento (CC, art. 132, *caput*; CPC, art. 224). Logo, datando o trânsito em julgado da decisão rescindenda de 17.03.2015, o ajuizamento da ação rescisória deveria ocorrer até o dia 17.03.2017, mas se deu apenas em 18.03.2017. Decadência reconhecida." (AR 6.000/CE, Rel. Min. Francisco Falcão, Corte Especial, j. 15.05.2019, *DJe* 23.05.2019)

"Processual civil. Recurso ordinário em mandado de segurança. ICMS. Valor adicionado. Apuração dos índices percentuais dos municípios. Publicação do ato pelo estado. Impugnação administrativa. Termo inicial do prazo para a impetração. (...) 2. O prazo legal para a impetração do *mandamus* tem natureza processual, razão pela qual se lhe aplica a norma do Código de Processo Civil que posterga o início do lapso para o primeiro dia útil seguinte ao da ciência do ato impugnado (art. 184 do CPC/1973 ou art. 224 do CPC/2015). 3. Na hipótese dos autos, considerando-se o dia 23.12.2009, posterior ao dia da postagem da carta de resposta, como a data de ciência da decisão administrativa pelo município, o prazo para a impetração teve início em 24.12.2009, de tal sorte que é tempestivo o writ protocolizado aos 22.04.2010. 4. Recurso ordinário provido." (STJ, RMS 36.054/MG, 1ª Turma, Rel. Min. Gurgel de Faria, j. 10.05.2016, *DJe* 02.06.2016)

"Processual civil. CPC/2015. Embargos de declaração. Agravo interno. Agravo em re-

curso especial. Indisponibilidade do sistema de peticionamento eletrônico. Comprovação posterior. Cabimento. Exegese do art. 224, § 1º, do CPC/2015. Hipótese de intempestividade sanável. Distinção com a hipótese de feriado local. 1. Controvérsia acerca da possibilidade de se comprovar a indisponibilidade do sistema de peticionamento eletrônico em momento posterior ao da interposição do recurso. 2. Conforme dispõe o art. 224, § 1º, do CPC/2015: "Os dias do começo e do vencimento do prazo serão protraídos para o primeiro dia útil seguinte, se coincidirem com dia em que o expediente forense for encerrado antes ou iniciado depois da hora normal ou houver indisponibilidade da comunicação eletrônica" (sem grifos no original). 3. Prorrogação automática do prazo, não se exigindo comprovação da indisponibilidade no ato de interposição do recurso. Doutrina sobre o tema. 4. Distinção com a hipótese de feriado local, em que se exige, após a vigência do CPC/2015, comprovação no ato da interposição do recurso. 5. Caso concreto em que a indisponibilidade foi comprovada por meio dos presentes embargos de declaração, impondo-se a modificação do acórdão embargado para afastar a intempestividade. 6. Embargos de declaração acolhidos, com efeitos infringentes." (EDcl-AgInt-AREsp 730.114; 3ª Turma; Rel. Min. Paulo de Tarso Sanseverino; *DJe* 26.06.2017)

"Processual civil. Agravo regimental no agravo em recurso especial. Intempestividade. não conhecimento. (...) 2. Em regra, a quarta-feira de cinzas é considerada dia útil para fins de contagem de prazo recursal, apesar da limitação do expediente forense ao turno vespertino. 3. No caso concreto, o regimental foi interposto após o transcurso do prazo legal, portanto, é intempestivo. 4. Agravo regimental não conhecido." (AgRg no AREsp 305.170/PE, Rel. Min. Antonio carlos ferreira, 4ª Turma, j. 01.03.2016, *DJe* 04.03.2016)

> **Art. 225.** A parte poderá renunciar ao prazo estabelecido exclusivamente em seu favor, desde que o faça de maneira expressa.

▶ *Referência: CPC/1973 – Art. 186*

1. Renúncia a prazo

Tendo em vista o princípio da inércia (art. 2º), a parte é quem decide se ingressa em juízo ou não.

Uma vez tramitando o processo, por consequência, a parte pode abrir de um prazo que seja estabelecido a seu favor. Trata-se da *renúncia* a prazo.

Por certo, só cabe a renúncia ao prazo em favor do renunciante. Não pode o renunciante renunciar a prazo de outrem – seja parte contrária, seja litisconsorte. No caso do litisconsórcio, há de atentar para a distinção entre os litisconsortes, se simples ou unitário. No litisconsórcio simples, cada um dos litisconsortes poderá renunciar a seu prazo individualmente; no litisconsórcio unitário, a renúncia depende de todos os litisconsortes (art. 117).

2. Renúncia tácita ou expressa

Nos termos do artigo, a renúncia deve ser *expressa*, ou seja, a parte deve peticionar informando que renuncia ao prazo – por exemplo, para arrolar testemunhas (art. 357, § 4º) ou recorrer (art. 999).

Porém, é certo que se a parte não exercer o seu direito processual no prazo (legal ou judicial), haverá preclusão temporal e, consequentemente, o ato não mais poderá ser realizado.

Assim, como não é possível se falar em renúncia tácita ao prazo, antes de seu término (mas sim em preclusão temporal), pertinente a previsão legislativa limitar a renúncia a uma maneira expressa.

3. Consequências da renúncia

Diante da renúncia, o ato processual que teve o prazo objeto de renúncia, não mais poderá ser realizado. Assim, haverá a preclusão. E, caso o prazo fosse recursal, haverá o trânsito em julgado da decisão.

4. Capacidade postulatória para renunciar

Tendo em vista que a parte, em regra, não é dotada de capacidade postulatória (art. 103), não é possível à parte renunciar a prazo diretamente nos autos, sem intervenção de seu patrono.

Jurisprudência

PROCESSO CIVIL. RENÚNCIA A RECURSO. CAPACIDADE POSTULATORIA. RENÚNCIA A "RECURSO MANIFESTADA PELA PARTE PESSOALMENTE. IMPOSSIBILIDADE. TRATA-SE DE ATO ESTRITAMENTE PROCESSUAL, CUJA PRÁTICA EXIGE CAPACIDADE POSTULATORIA. RECURSO CONHECIDO E PROVIDO." (REsp 63.501/SP, Rel. Min. WALDEMAR ZVEITER, Rel. p/ Acórdão MIN. COSTA LEITE, 3ª TURMA, j. 05.03.1996, *DJ* 10.03.1997, p. 5964)

> **Art. 226.** O juiz proferirá:
>
> I – os despachos no prazo de 5 (cinco) dias;
>
> II – as decisões interlocutórias no prazo de 10 (dez) dias;
>
> III – as sentenças no prazo de 30 (trinta) dias.

▶ *Referência: CPC/1973 – Art. 189*

1. Prazos para o juiz proferir pronunciamentos

O artigo traz prazos que o juiz de 1º grau deve observar para proferir despachos, interlocutórias e sentenças (a respeito dessa distinção, vide art. 203).

Não há, neste artigo, a expressa fixação de prazo para que sejam proferidas das decisões no âmbito dos tribunais, seja acórdãos (art. 204) ou monocráticas (art. 932).

2. Contagem de prazos (art. 219)

Tratando-se de prazo processual, esse prazo deve ser contado em dias úteis, não corridos.

3. Ineficácia prática da previsão legal (prazo impróprio)

O artigo traz prazos para o juiz que, portanto, são impróprios (a respeito dessa classificação, vide art. 218, item 2.3). Além disso, e possível exceder esse prazo se houver "motivo justificado" (art. 227).

Assim, se não for observado esse prazo, em regra *não* haverá qualquer consequência de ordem processual, como por exemplo a nulidade da decisão proferida pelo juiz após o prazo.

Eventualmente, poderá haverá consequências de ordem administrativa-funcional em relação ao juiz (a respeito, vide art. 235) e, no caso de "inobservância injustificada" do prazo, a redistribuição do processo a substituto do juiz (art. 235, § 3º).

Por essa razão, melhor teria sido simplesmente a exclusão desse artigo no CPC/2015 – que existia no CPC/1973 e igualmente não era observado.

Art. 226

4. Ordem cronológica de julgamentos, para sentença e acórdão

A necessidade de prolação de decisões em prazo previsto em lei deve, ainda, ser compatibilizada com a ordem cronológica do art. 12 do CPC, que prevê como critério a conclusão, tratando-se de sentença ou acórdão.

De qualquer forma, com a alteração legislativa promovida pela L. 13.256/2016, a ordem cronológica deixou de ser obrigatória, para ser *preferencialmente* aplicada (vide comentários ao referido artigo).

Isso apenas reforça a ineficácia das previsões de julgamento em determinado prazo.

5. Há preclusão para o juiz?

Uma vez proferida alguma decisão pelo juiz, existe preclusão para o magistrado? (alguns denominam o fenômeno de preclusão *pro judicato*, mas em regra a expressão é criticada pelos processualistas, apesar de utilizada na jurisprudência).

De uma forma geral, reconhece-se que o juiz pode modificar sua decisão anterior, especialmente sendo interlocutória. Contudo, proferida uma sentença, as hipóteses de alteração pelo próprio magistrado são bem mais restritas (vide art. 494).

Contudo, isso não pode significar que o magistrado indefira a produção de provas pleiteada pelo autor e, depois, em julgamento antecipado do mérito, julgue o pedido improcedente por falta de provas.

Jurisprudência

"Recurso Especial. Processual Civil. Ação de cobrança. Julgamento monocrático. Violação do art. 557 do CPC. Não ocorrência. Art. 471 do CPC. Preclusão *pro judicato*. Cerceamento de defesa. Configuração. 1. O julgamento monocrático da causa pelo relator, utilizando os poderes processuais do artigo 557 do CPC, não ofende o princípio do devido processo legal se o recurso se manifestar inadmissível ou improcedente, prejudicado ou em confronto com súmula ou com jurisprudência dominante do respectivo tribunal, do Supremo Tribunal Federal ou de Tribunal Superior, sendo certo, ainda, que eventual mácula fica superada com o julgamento colegiado do recurso pelo órgão competente. 2. O fenômeno da preclusão pro

judicato impede o órgão julgador de realizar novo julgamento no mesmo processo de questão incidental já enfrentada e solucionada por meio de decisão interlocutória, ressalvadas as exceções legais. 3. No caso dos autos, tendo o juízo singular determinado a realização da prova pericial contábil-tributária e de engenharia, não poderia em momento posterior reanalisar a questão sob a justificativa de que a execução de uma estaria condicionada à efetivação da outra. 4. Segundo a jurisprudência desta Corte, há cerceamento do direito de defesa quando a parte é impedida de produzir a prova postulada com o fito de comprovar as suas alegações e a sua pretensão é negada com fundamento na falta de provas. Precedentes. 5. Recurso especial provido." (REsp 1524120/RJ, Rel. Min. Ricardo Villas Bôas Cueva, 3ª Turma, j. 23.02.2016, *DJe* 03.03.2016)

"Administrativo e processual civil. Agravo regimental no agravo de instrumento. Ofensa ao art. 535 do CPC Não demonstrada. Indeferimento de prova anteriormente deferida. Inexistência de preclusão *pro judicato* em matéria probatória. Precedentes. produção de prova pericial. Indeferimento fundamentado. Análise do suposto cerceamento de defesa. Reexame de matéria fática. Impossibilidade. Súmula 7/STJ. 1. De acordo com a norma prevista no art. 535 do CPC, são cabíveis embargos de declaração nas hipóteses de obscuridade, contradição ou omissão da decisão recorrida. Na espécie, não se verifica a existência de quaisquer das deficiências em questão, pois o acórdão integrativo cumpriu seu ofício ao analisar, expressamente, as razões recursais e concluir que não havia omissão nem contradição a serem sanadas. 2. "O fato de a juíza sentenciante ter julgado a lide, entendendo desnecessária a produção de nova prova pericial anteriormente deferida, não implica preclusão 'pro judicato', pois, em questões probatórias, não há preclusão para o magistrado" (AgRg no REsp 1.212.492/MG, Quarta Turma, Rel. Ministra Maria Isabel Gallotti, *DJe* de 2.5.2014). 3. Esta Corte Superior possui entendimento assente de que é o magistrado o destinatário final das provas, podendo, com base em seu livre convencimento, indeferir ou deferir aquelas que considere dispensável ou não à solução da lide. Nesse contexto, em julgamento de recurso especial, inviável rever se determinada prova era de fato necessária, porquanto tal procedimento é vedado pela Súmula 7/STJ. 4. Agravo regimental a que se nega provimento." (AgRg no Ag 1402168/RS, Rel. Min. Sérgio Kukina, 1ª Turma, j. 17.11.2015, *DJe* 11.12.2015)

"Agravo regimental nos embargos de declaração no agravo de instrumento – Revisão de astreintes – Valor excessivo – Possibilidade – Ausência de preclusão ou ofensa à coisa julgada – Precedentes – Decisão monocrática que negou provimento ao reclamo. Inconformismo do agravado. 1. É uníssona a jurisprudência desta Eg. Corte superior no sentido de que o valor da multa cominatória prevista no art. 461 do CPC, quando irrisório ou exorbitante, pode ser alterado pelo magistrado a qualquer tempo, não se revestindo da imutabilidade da coisa julgada, sendo insuscetível de preclusão, inclusive *pro judicato*. 3. Agravo regimental desprovido." (AgRg nos EDcl no Ag 1348521/MS, Rel. Min. Marco Buzzi, 4ª Turma, j. 03.11.2015, *DJe* 06.11.2015)

> **Art. 227.** Em qualquer grau de jurisdição, havendo motivo justificado, pode o juiz exceder, por igual tempo, os prazos a que está submetido.

▶ *Referência: CPC/1973 – Art. 187*

1. Prazo adicional para o magistrado

Corroborando a tese de que, em verdade, os prazos para o juiz não são dotados de qualquer efetividade, este artigo aponta que o prazo – impróprio – previsto em lei pode ser excedido, desde que haja "motivo justificado".

A legislação não prevê o que seja isso, mas a simples afirmação de "excesso de demandas", à luz do sistema do CPC/1973, era suficiente para se reconhecer o motivo justificado.

Além, é claro, das situações de força maior já antes mencionadas (vide arts. 221 e 222, como situação de calamidade pública).

2. Consequências para o descumprimento do prazo

Caso não haja a inobservância do prazo, só em casos excepcionais haverá consequências (vide art. 226, item 2 e art. 235).

3. Preclusão para o juiz

A respeito do tema, vide comentários ao art. 226, item 5.

Jurisprudência

"Processual civil e administrativo – Agravo regimental – Recurso especial – Precatório complementar – Impugnação de cálculos – Perda de prazo – Recurso improvido. 1. A apresentação intempestiva de impugnação de cálculo em execução torna preclusa a matéria objeto do decisório. Natureza peremptória do prazo, que não foi dilatado pelo juiz. 2. O juiz não determinou prazo diverso do legal. Valor excessivo de crédito não se confunde com 'complexidade da causa'. Deve-se afastar o art. 177. 3. Não ocorreram situações de 'calamidade pública', ao exemplo do art. 182 do CPC, capazes de permitir a dilação de prazo. 4. O art. 187 do CPC dirige-se ao magistrado ('pode o juiz exceder, por igual tempo, os prazos que este Código lhe assina'), e não à parte. Agravo regimental improvido." (AgRg no REsp 871.211/CE, Rel. Min. Humberto Martins, 2ª Turma, j. 25.11.2008, *DJe* 16.12.2008)

> **Art. 228.** Incumbirá ao serventuário remeter os autos conclusos no prazo de 1 (um) dia e executar os atos processuais no prazo de 5 (cinco) dias, contado da data em que:
>
> **I** – houver concluído o ato processual anterior, se lhe foi imposto pela lei;
>
> **II** – tiver ciência da ordem, quando determinada pelo juiz.
>
> **§ 1º** Ao receber os autos, o serventuário certificará o dia e a hora em que teve ciência da ordem referida no inciso II.
>
> **§ 2º** Nos processos em autos eletrônicos, a juntada de petições ou de manifestações em geral ocorrerá de forma automática, independentemente de ato de serventuário da justiça.

▶ *Referência: CPC/1973 – Art. 190*

1. Prazos para o serventuário

Tal qual artigo anterior tratou de prazos para o magistrado (art. 226), este dispositivo traz os prazos para o serventuário realizar suas atribuições – especificamente remeter os autos à conclusão e executar os diversos atos processuais que lhe competem.

Os prazos para o serventuário são os seguintes (i) 1 dia para encaminhar os autos à conclusão e (ii) 5 dias para executar os atos processuais, contados da data em que concluiu

Art. 229

o ato anterior ou que tiver conhecimento da determinação do juiz.

Vale adicionar que o serventuário, tal qual o juiz, deve preferencialmente observar a ordem cronológica dos processos na realização dos atos (cf. arts. 12 e 153).

Sendo prazos processuais, devem ser contados em dias úteis (art. 219).

1.1. Certificação de prazo pelo servidor (§ 1º)

Ao receber os autos, o servidor deverá certificar o dia e horário da ordem determinada pelo juiz. Trata-se de mais um dispositivo que toma por base o paradigma em papel. Isso porque, tratando-se de processo eletrônico, isso já é certificado pelo próprio sistema.

2. Consequências da inobservância do prazo (prazo impróprio)

Tal qual os prazos para o juiz, os prazos para os servidores são impróprios. Assim, se não for observado o prazo indicado no artigo – e, muitas vezes, isso não é, especialmente considerando o grande volume de processos que tramitam nos cartórios – não haverá consequência processual para isso (nem preclusão ou troca de servidor para realizar o ato). Ademais, a parte não poderá ser prejudicada com eventual demora do servidor – por exemplo, no caso de demora do cartório para efetivar a citação do réu.

Contudo, eventualmente, poderá haver consequência funcional-administrativa (conferir arts. 153 e 233). Por seu turno, havendo "motivo legítimo" – que pode ser, como já dito, a grande quantidade de processos –, os prazos do servidor poderão ser dilatados (vide art. 233).

3. Juntada em processo eletrônico (§ 2º)

No caso de processo eletrônico, além de ser desnecessário o previsto no § 1º, não haverá necessidade de atuação do servidor para a juntada de quaisquer petições aos autos.

Isso, por certo, agiliza a tramitação do processo.

Contudo, resta verificar se todos os sistemas eletrônicos estão preparados para que a juntada aconteça de forma automática.

> **Art. 229.** Os litisconsortes que tiverem diferentes procuradores, de escritórios de advocacia

distintos, terão prazos contados em dobro para todas as suas manifestações, em qualquer juízo ou tribunal, independentemente de requerimento.

§ 1º Cessa a contagem do prazo em dobro se, havendo apenas 2 (dois) réus, é oferecida defesa por apenas um deles.

§ 2º Não se aplica o disposto no *caput* aos processos em autos eletrônicos.

▶ *Referência: CPC/1973 – Art. 191*

1. Prazo em dobro para litisconsortes com advogados distintos

A previsão é repetição do que já existia no CPC/1973. No sistema anterior, o artigo era objeto de diversos debates, e a jurisprudência acabava por diminuir a aplicação do dispositivo no cotidiano forense. De qualquer forma, as divergências diminuíram sensivelmente com as novidades trazidas pelo CPC/2015.

A premissa é que os litisconsortes, quando tiverem advogados distintos, têm mais dificuldades para atuar em juízo, especialmente pela necessidade de dividir o acesso aos autos com outra parte.

Por essa razão, existindo litisconsórcio com patronos distintos, haverá *prazo em dobro* para *todas as suas manifestações*.

2. Processo eletrônico: inaplicabilidade do prazo em dobro (§ 2º)

Considerando a premissa acima exposta (de maior dificuldade de acesso aos autos), é de se cogitar que, no caso de processo eletrônico, em que todos conseguem acessar ao mesmo tempo, não haveria tal prejuízo à parte.

Por isso, inovando no sistema processual, o CPC/2015 é expresso ao afirmar que, no caso de processo eletrônico, *não haverá* prazo em dobro.

Assim, com o passar do tempo e aumento do uso do processo eletrônico, a regra do prazo em dobro deste artigo será cada vez menor. É isso que se vem verificando na prática, e com o predomínio do processo eletrônico, esta regra está caindo em desuso. Quando todos os processos forem eletrônicos, o artigo simplesmente deixará de ser aplicado.

3. Necessidade de advogados distintos, de escritórios de advocacia distintos (*caput*)

Afirma o CPC que somente haverá o prazo em dobro se os advogados diferentes forem, também, de escritórios diversos.

Ou seja, quer-se afastar a prática – verificada no âmbito do CPC/1973 – de um mesmo escritório patrocinar a causa de dois réus, mas cada parte com advogados distintos na procuração, de modo a obter o prazo em dobro – o que era deferido pela jurisprudência (a conduta viola os princípios da boa-fé e cooperação).

Assim, mais esse ponto superado pela escolha da legislação.

4. Desnecessidade de requerimento ou deferimento do prazo em dobro (*caput*)

Sendo litisconsortes com advogados distintos, de escritórios diferentes não há necessidade de requerimento – ou deferimento – para que haja o direito ao prazo em dobro.

5. Fim do prazo em dobro durante a tramitação do processo (§ 1º)

Existindo litisconsórcio passivo, mas apenas um dos réus apresentando defesa, ainda assim haverá prazo em dobro para contestar?

A respeito deve ser positiva, considerando o exposto no item 4 anterior. Se assim não fosse, a parte seria surpreendida com a intempestividade, apenas reconhecida posteriormente.

Contudo, após o prazo de contestação, os demais prazos – diante da revelia a ausência de participação do corréu – passarão a ser contados de forma simples, e não mais em dobro.

Porém, acaso o réu posteriormente ingresse nos autos, com advogado, a partir de então voltarão a ser contados em dobro os prazos. Essa postura do réu revel é expressamente admitida no CPC (art. 346, parágrafo único).

Pela mesma razão prevista no § 1º, se na sentença houver a improcedência ou extinção em relação a um dos litisconsortes, o prazo será contado de forma *simples* para a apelação do réu que sucumbiu (cf. Súmula 641/STF). Apesar da súmula apenas se referir à apelação, a lógica aplica-se a qualquer decisão, que cause prejuízo apenas a algum dos litisconsortes.

A crítica que se pode fazer a esse entendimento – o que não foi enfrentado pelo CPC – é que, em relação à primeira decisão, talvez exista interesse recursal ou, no mínimo, interesse em se ter acesso aos autos, para verificar a decisão, ainda que favorável, e eventual interesse em embargos de declaração. Assim, melhor seria que apenas após o trânsito em julgado da decisão que

desfez o litisconsórcio é que se cessasse o prazo em dobro. Porém, a lei não regulou isso.

6. Inaplicabilidade do prazo em dobro

Não há possibilidade de aplicação *dobrada* do prazo em dobro.

Assim, se são 3 litisconsortes com advogados distintos, ainda assim o prazo será em dobro, e não em triplo.

Da mesma forma, se há litisconsórcio entre União e Estado (art. 186), isso não significa que o prazo será em quádruplo.

Além disso, por vezes a lei expressamente afasta a aplicação deste art. 229, de modo que, em tais casos, não haverá prazo em dobro. Como exemplo, não há prazo em dobro, ainda que sejam executados com advogados distintos, para embargar a execução (art. 915, § 3º) – sendo curioso destacar que há prazo em dobro no caso de impugnação ao cumprimento de sentença (art. 525, § 3º).

Jurisprudência

Súmula 641/STF: Não se conta em dobro o prazo para recorrer, quando só um dos litisconsortes haja sucumbido.

"Agravo interno no agravo em recurso especial. Processual civil. 1. Intempestividade do apelo especial. Exegese dos arts. 932, parágrafo único, 1.003, § 5º do CPC/2015. 2. Alegação de litisconsórcio. prazo em dobro. Processo eletrônico. Inaplicabilidade. 3. Agravo interno improvido. 1. O recurso especial foi protocolado na vigência do CPC/2015, atraindo a aplicabilidade do art. 1.003, § 5º, do NCPC. É intempestivo o recurso especial interposto fora do prazo recursal de 15 (quinze) dias úteis, a contar da publicação da decisão proferida na origem. 2. O processo passou a ser eletrônico no âmbito do Tribunal de origem, não havendo que se falar em prazo recursal em dobro, nos termos do art. 229, § 2º, do CPC/2015. 3. Agravo interno improvido." (AgInt no AREsp 1515626/GO, Rel. Min. Marco Aurélio Bellizze, 3ª Turma, j. 11.11.2019, *DJe* 21.11.2019)

"Recurso especial. Processual civil. Ação de compensação por danos morais. Tempo dos atos processuais. Autos físicos. Peticionamento. Protocolo. Expediente forense. Flexibilização. Impossibilidade. Intempestividade da contestação. Reconhecida. 1. Ação ajuizada em 8.10.10.

Recurso especial interposto em 26.4.16. Autos conclusos ao gabinete em 21.9.16. Julgamento: CPC/15. 2. O propósito recursal consiste em definir se é intempestiva a contestação, cujo protocolo, em peça física, ocorreu no último dia do prazo, às 19h04min – exegese do art. 212, § 3º, do CPC/15. 3. Em se tratando de autos não eletrônicos, a lei é expressa ao fixar que a petição deverá ser protocolada no horário de funcionamento do fórum ou tribunal, conforme o disposto na lei de organização judiciária local. É impositiva a observância do expediente forense para certificar a tempestividade do ato processual praticado. 4. Flexibilizar o horário previsto na lei de organização judiciária local ante o "recebimento sem ressalvas pelo setor responsável" ou por uma suposta "presunção de tempestividade" acaba por deslocar a lógica de igualdade formal dispensada indistintamente a todas as partes por uma política de balcão ao alvitre de cada unidade judiciária. 5. Aceitar o argumento de que o protocolo foi realizado "só poucos minutos após o horário previsto" abre margem a uma zona de penumbra e indeterminação passível de ser solucionada apenas por compreensões subjetivas e arbitrárias sobre qual tempo viria a ser razoável para admitir o ato processual praticado. 6. Na hipótese, escusar a parte que não logrou protocolar sua petição física no horário do expediente forense não significa valorizar a instrumentalidade das formas, antes disso, representa indesejado tratamento diferenciado em situações de certeza justificada na instituição da regra jurídica. 7. Recurso especial conhecido e provido." (REsp 1628506/SC, Rel. Ministra Nancy Andrighi, 3ª Turma, j. 24.09.2019, *DJe* 26.09.2019)

"Processual civil. recurso manejado sob a égide do CPC/2015. Intempestividade do agravo em recurso especial. Litisconsortes diferentes. Prazo em dobro. Inaplicabilidade. 1. O STJ possui entendimento de que o prazo em dobro previsto no art. 229 do CPC/2015, correspondente ao art. 191 do CPC/1973, não se aplica para o agravo interposto contra a decisão que nega seguimento a Recurso Especial, mesmo que haja litisconsortes com procuradores diversos, porquanto somente o autor dessa 2017. Irresignação possuirá interesse e legitimidade para recorrer. 2. Assim, tendo sido os agravantes intimados da decisão agravada em 5.7.2016 e o agravo em Recurso Especial interposto em 28.7.2016, mostra-se intempestivo o apelo recursal, uma

vez que interposto fora do prazo de 15 (quinze) dias úteis, nos termos do art. 994, VIII, c/c os arts. 1.003, § 5.º, 1.042, *caput*, e 219, *caput*, do CPC/2015. 3. Agravo interno não provido." (STJ, AgInt-AREsp 1.081.447, Proc. 2017/0077463-0/GO, 2ª Turma, Rel. Min. Herman Benjamin; *DJE* 19.12.2017).

"Processual civil. Embargos de declaração no agravo interno no agravo em recurso especial. Recurso manejado sob a égide do NCPC. Tempestividade do agravo em recurso especial manejado em autos físicos na vigência do NCPC. Litisconsortes diferentes. Prazo em dobro. Aplicabilidade. Integrativo acolhido. Efeitos infringentes. Conversão do agravo em recurso especial. 1. Vale pontuar que o presente recurso integrativo foi interposto contra acórdão publicado na vigência do NCPC, razão pela qual devem ser exigidos os requisitos de admissibilidade recursal na forma nele prevista, nos termos do Enunciado nº 3 aprovado pelo Plenário do STJ na sessão de 9.3.2016: Aos recursos interpostos com fundamento no CPC/2015 (relativos a decisões publicadas a partir de 18 de março de 2016) serão exigidos os requisitos de admissibilidade recursal na forma do novo CPC. 2. Esta egrégia Corte Superior já proclamou que os embargos de declaração constituem a via adequada para sanar omissões, contradições, obscuridades ou erros materiais do decisório embargado, admitida a atribuição de efeitos infringentes apenas quando esses vícios sejam de tal monta que a sua correção necessariamente infirme as premissas do julgado (EDcl no AgRg no EREsp nº 747.702/PR, Rel. Min. Massami Uyeda, Corte Especial; *DJe* de 20.9.2012). É o caso. 3. Na hipótese, após análise mais acurada dos autos, verificou-se que o agravo em Recurso Especial, interposto em autos físicos, na vigência do novo diploma processual civil, encontra-se tempestivo, em observância aos arts. 994, VIII, c/c. Os arts. 1.003, § 5. º, 219, *caput*, e 229, *caput*, todos do NCPC. 4. O prazo dobrado previsto no art. 229 do NCPC aplica-se para o agravo interposto na vigência do novo diploma processual civil, em autos físicos, contra a decisão que nega seguimento a Recurso Especial, porque, nos termos do *caput* do citado dispositivo, os litisconsortes que tiverem diferentes procuradores, de escritórios de advocacia distintos, terão prazos contados em dobro para todas as suas manifestações, em qualquer juízo ou tribunal, independentemente de requerimento. 5. Embargos de declaração acolhidos, com efeitos infringentes, para determinar a conversão do agravo em recurso especial." (STJ; EDcl-AgInt-AREsp 1.005.522; Proc. 2016/0281454-0; SP; 3ª Turma; Rel. Min. Moura Ribeiro; *DJe* 05.09.2017).

"Recurso especial. Cumprimento de sentença. Prazo para pagamento voluntário. Cômputo em dobro em caso de litisconsortes com procuradores distintos. 1. O artigo 229 do CPC de 2015, aprimorando a norma disposta no artigo 191 do código revogado, determina que, apenas nos processos físicos, os litisconsortes que tiverem diferentes procuradores, de escritórios de advocacia distintos, terão prazos contados em dobro para todas as suas manifestações, em qualquer juízo ou tribunal, independentemente de requerimento. 2. A impossibilidade de acesso simultâneo aos autos físicos constitui a *ratio essendi* do prazo diferenciado para litisconsortes com procuradores distintos, tratando-se de norma processual que consagra o direito fundamental do acesso à justiça. 3. Tal regra de cômputo em dobro deve incidir, inclusive, no prazo de quinze dias úteis para o cumprimento voluntário da sentença, previsto no artigo 523 do CPC de 2015, cuja natureza é dúplice: cuida--se de ato a ser praticado pela própria parte, mas a fluência do lapso para pagamento inicia-se com a intimação do advogado pela imprensa oficial (inciso I do § 2º do artigo 513 do atual Codex), o que impõe ônus ao patrono, qual seja o dever de comunicar o devedor do desfecho desfavorável da demanda, alertando-o das consequências jurídicas da ausência do cumprimento voluntário. 4. Assim, uma vez constatada a hipótese de incidência da norma disposta no artigo 229 do Novo CPC (litisconsortes com procuradores diferentes), o prazo comum para pagamento espontâneo deverá ser computado em dobro, ou seja, trinta dias úteis. 5. No caso dos autos, o cumprimento de sentença tramita em autos físicos, revelando-se incontroverso que as sociedades empresárias executadas são representadas por patronos de escritórios de advocacia diversos, razão pela qual deveria ter sido computado em dobro o prazo para o cumprimento voluntário da obrigação pecuniária certificada na sentença transitada em julgado. 6. Ocorrido o pagamento tempestivo, porém parcial, da dívida executada, incide, à espécie, o § 2º do artigo 523 do CPC de 2015, devendo incidir a multa de dez por cento e os honorários advocatícios (no mesmo percentual) tão somente sobre o valor remanescente a ser pago por qualquer dos litisconsortes. 7. Recurso especial provido para, considerando tempestivo o depósito judicial realizado a menor por um dos litisconsortes passivos, determinar que a multa de dez por cento e os honorários advocatícios incidam apenas sobre o valor remanescente a ser pago." (STJ; REsp 1693784; DF; 4ª Turma; Rel. Min. Luis Felipe Salomão; J. 28.11.2017, *DJe* 05.02.2018)

"Processual civil. Agravo interno nos embargos de declaração no agravo interno no agravo em recurso especial. Agravo interno contra acórdão de turma do STJ. Erro grosseiro. Litisconsortes com diferentes procuradores. Prazo em dobro. art. 229, § 1º do CPC/15. Recurso manifestamente incabível. Multa. Certificação do trânsito em julgado. Baixa imediata dos autos. 1. Petição classificada pelo recorrente como agravo interno, cujo teor revela impugnação ao acórdão proferido pela 3ª Turma do STJ no julgamento de anterior agravo interno. 2. É incabível o agravo interno interposto contra decisão proferida por órgão colegiado, constituindo erro grosseiro. 3. O manejo de recurso manifestamente incabível não interrompe a fluência do prazo recursal. 4. A regra que anuncia o prazo em dobro para litisconsortes com diferentes procuradores, previsto do artigo 229 do CPC/15, deixa de incidir quando apenas um dos litisconsortes apresenta recurso. 5. Agravo interno nos embargos de declaração no agravo interno no agravo em Recurso Especial não conhecido, com certificação do trânsito em julgado, determinação de baixa imediata dos autos e aplicação de multa." (STJ, AgInt-EDcl--AgInt-AREsp 951.341, Proc. 2016/0184315-7/RJ, 3ª Turma, Rel. Min. Nancy Andrighi, *DJe* 04.10.2017)

> **Art. 230.** O prazo para a parte, o procurador, a Advocacia Pública, a Defensoria Pública e o Ministério Público será contado da citação, da intimação ou da notificação.

▶ *Referência: CPC/1973 – Art. 240*

1. Termo inicial do prazo: comunicação do ato processual

O prazo terá seu *início* a partir da comunicação dos atos processuais, o que ocorre com a citação (art. 238) ou intimação (art. 270).

A menção à notificação no artigo é impertinente, pois esta não é forma de comunicação de ato processual, como o são a citação e a intimação (a notificação é um procedimento especial de jurisdição voluntária, conforme se vê do art. 726 e seguintes do Código). De qualquer forma, em alguns procedimentos especiais notificação é sinônimo de citação no CPC, como por exemplo no mandado de segurança (art. 7º da L. 12.016/2009).

Assim, a interpretação do dispositivo deve ser feita exclusivamente sob a perspectiva de comunicação de ato processual.

Tratando-se de fazendo pública, MP ou defensoria, a intimação é feita mediante vista dos autos (arts. 180, 183, § 1º e 186, § 1º).

2. Contagem do prazo

Não se deve confundir *termo inicial* do prazo com *contagem* do prazo. A respeito da contagem de prazo, vide arts. 224 e 231 do CPC.

3. Intimação realizada em dia sem expediente forense

Em dia se expediente forense (férias forenses, feriados e recessos – vide arts. 214 a 216), a rigor não se realizam atos processuais – e, portanto, não devem ser realizadas intimações. Porém, eventualmente pode ocorrer uma intimação ou citação nesse dia (vide arts. 212 e 214).

No CPC/1973, o art. 240, parágrafo único (não reproduzido no CPC/2015), afirmava que as intimações seriam consideradas como realizadas no primeiro dia útil seguinte. No CPC atual, não há a reprodução desse artigo. Mas, se houver alguma intimação em feriado, no tocante à contagem de prazo deve ser considerada como ocorrida no dia útil seguinte, aplicando-se o art. 224, § 1º por analogia (dispositivo que prorroga o dia do começo do prazo quando houver "horário reduzido").

Jurisprudência

"Agravo interno no recurso especial. Direito civil e processual civil. Execução. Fixação dos honorários de advogado. Início da contagem do prazo para a interposição de agravo de instrumento. Reconhecimento pelo acórdão recorrido da inequívoca ciência dos recorrentes. *Dies a quo*. Manutenção. Negativa de prestação jurisdicional. Inocorrência. 1. Hipótese dos autos

que se distingue daquela julgada sob o rito dos recursos repetitivos (REsp nº 1.632.497/SP) 2. A ciência inequívoca pelo advogado da parte acerca do teor da decisão agravada, antes da publicação oficial, faz deflagrado o prazo para a interposição do competente recurso. Precedentes. 3. Agravo interno desprovido." (AgInt no REsp 1631733/MT, Rel. Min. Paulo de Tarso Sanseverino, 3ª Turma, j. 25.03.2019, *DJe* 27.03.2019)

Art. 231. Salvo disposição em sentido diverso, considera-se dia do começo do prazo:

I – a data de juntada aos autos do aviso de recebimento, quando a citação ou a intimação for pelo correio;

II – a data de juntada aos autos do mandado cumprido, quando a citação ou a intimação for por oficial de justiça;

III – a data de ocorrência da citação ou da intimação, quando ela se der por ato do escrivão ou do chefe de secretaria;

IV – o dia útil seguinte ao fim da dilação assinada pelo juiz, quando a citação ou a intimação for por edital;

V – o dia útil seguinte à consulta ao teor da citação ou da intimação ou ao término do prazo para que a consulta se dê, quando a citação ou a intimação for eletrônica;

VI – a data de juntada do comunicado de que trata o art. 232 ou, não havendo esse, a data de juntada da carta aos autos de origem devidamente cumprida, quando a citação ou a intimação se realizar em cumprimento de carta;

VII – a data de publicação, quando a intimação se der pelo Diário da Justiça impresso ou eletrônico;

VIII – o dia da carga, quando a intimação se der por meio da retirada dos autos, em carga, do cartório ou da secretaria;

IX – o quinto dia útil seguinte à confirmação, na forma prevista na mensagem de citação, do recebimento da citação realizada por meio eletrônico. (Incluído pela Lei nº 14.195, de 2021)

§ 1º Quando houver mais de um réu, o dia do começo do prazo para contestar corresponderá à última das datas a que se referem os incisos I a VI do *caput*.

§ 2º Havendo mais de um intimado, o prazo para cada um é contado individualmente.

§ 3º Quando o ato tiver de ser praticado diretamente pela parte ou por quem, de qualquer

> forma, participe do processo, sem a intermediação de representante judicial, o dia do começo do prazo para cumprimento da determinação judicial corresponderá à data em que se der a comunicação.
>
> **§ 4º** Aplica-se o disposto no inciso II do *caput* à citação com hora certa.

▶ *Referência: CPC/1973 – Art. 241*

1. Termo inicial do prazo

Este artigo trata do *termo inicial* dos prazos, regulando diversas hipóteses.

Vale destacar que este art. 231 trata do *dia do começo* do prazo, que *não é* computado na contagem dos prazos, como já exposto no art. 224.

Ou seja, há a *fluência* do prazo a partir do termo inicial, mas a efetiva *contagem* do prazo apenas ocorre a partir do próximo dia útil seguinte. Fluência e contagem, portanto, são termos distintos.

2. Diversas hipóteses para o dia do começo do prazo

Considerando que a comunicação do ato processual (citação ou intimação) pode ocorrer das mais diversas formas, o Código regula o termo inicial do prazo de diversas maneiras.

2.1. Citação ou intimação pelo correio (inciso I)

No caso de citação ou intimação por correio, o dia do começo do prazo será a *data de juntada aos autos do aviso de recebimento*, contando-se o prazo a partir do próximo dia útil.

A citação por correio é regulada nos arts. 247 e 248.

2.2. Citação ou intimação por oficial de justiça (inciso II e § 4º)

No caso de citação ou intimação por oficial de justiça, o dia do começo do prazo será a *data de juntada aos autos do mandado* cumprido, contando-se o prazo a partir do próximo dia útil.

A citação por oficial de justiça (ou por mandado, são sinônimos) é regulada nos arts. 249 a 251.

Este é o mesmo critério para a citação por hora certa – o que está correto, pois a citação por hora certa é, exatamente, realizada pelo oficial de justiça (regulada pelos arts. 252 a 254). Ainda que o § 4º apenas fale em citação por hora certa, deve-se entender o mesmo critério no caso de uma *intimação* por hora certa.

2.3. Citação ou intimação em cartório (inciso III e VIII)

A parte, sabendo que há um processo judicial contra si, pode comparecer em cartório (Justiça Estadual) ou secretaria (Justiça Federal) e se dar por citada. Ainda que não seja muito frequente, é possível e ocorre no cotidiano forense.

Muito mais frequente é a parte (por seu advogado) comparecer em cartório e se dar por intimada de uma decisão judicial já proferida.

Nesse caso, o termo inicial será a *data da ciência em cartório*, sendo que o prazo será contado a partir do dia seguinte.

Uma das formas de intimação em cartório pode ser, exatamente, a retirada dos autos físicos em carga. Mas o CPC traz um inciso específico para afirmar isso (inciso VIII), sendo que, nessa hipótese, o *termo inicial do prazo* será a data da carga, ao passo que o *início da contagem do prazo* será o dia útil seguinte.

Assim, como se trata de uma regra geral que não traz exceções, fica superado o entendimento jurisprudencial firmado no CPC/1973, no sentido de que somente haveria intimação (e, assim, termo inicial de prazo) se o advogado que fez a carta tivesse *poderes para receber intimação*. Portanto, a partir do CPC atual, independentemente dos poderes de quem fez a carga ou dos poderes outorgados ao advogado, uma vez realizada a carga dos autos físicos, haverá a intimação – o que se justifica no sistema do CPC/2015, especialmente considerando os princípios da boa-fé e cooperação (arts. 5º e 6º).

2.4. Citação ou intimação por edital (inciso IV)

No caso de citação ou intimação por edital, deverá o juiz fixar prazo de dilação (prazo de resposta). Após esse prazo de dilação, será a parte considerada citada ou intimada.

A citação por edital está regulada nos arts. 256 a 259.

O termo inicial do prazo será o *dia útil seguinte à dilação fixada pelo juiz*, sendo que o prazo será contado a partir do dia útil seguinte.

Assim, em relação aos incisos anteriores (e em relação ao CPC/1973) há uma distinção: há um dia a mais (vide item 3). Isso porque o *termo inicial do prazo* é o dia útil seguinte ao término da dilação (fluência do prazo), ao passo que o *termo inicial da contagem* (efetiva contagem do prazo) é o dia útil seguinte ao termo inicial do prazo.

2.5. Citação ou intimação por meio eletrônico (inciso V)

No caso de citação ou intimação por meio eletrônico, há duas possibilidades quanto ao termo inicial do prazo: (i) dia útil seguinte à consulta do sistema ou (ii) dia útil seguinte ao término do prazo para consulta.

A questão, aqui, demanda análise adicional. No tocante à citação e intimações eletrônicas, o CPC (arts. 246, V e 270, respectivamente) afirma que o tema será tratado por lei especial, a saber, a L. 11.419/2006. Prevê esse diploma que a comunicação é realizada (i) na data da consulta, pelo advogado, à decisão no sistema do processo eletrônico (L. 11.419/2006, art. 5º, § 1º) ou (ii) caso o advogado não consulte o sistema, em 10 dias *corridos* da disponibilização da comunicação nesse sistema (aqui não são 10 dias úteis, por expressa previsão de lei especial – L. 11.419/2006, art. 5º, § 3º), hipótese em que haverá citação ou intimação tácitas.

Assim, o *dia do começo do prazo* será o dia útil seguinte a uma dessas hipóteses (consulta ou ciência tácita), sendo que o *termo inicial da contagem do prazo* será o dia útil seguinte ao começo do prazo. Tal qual em relação ao inciso IV, há um dia a mais (vide item 3).

Destaque-se que esta citação não demanda qualquer necessidade de resposta por parte do citando, para ser considerada válida.

Mas vale atentar que esta hipótese de comunicação *não se refere* à comunicação realizada por meio do *Diário Oficial eletrônico*, situação regulada no inciso VII (vide item 2.7). E também *não se refere* à citação realizada por meio eletrônico prevista no inciso IX, com base no art. 246 do CPC (vide item 2.8).

2.6. Citação ou intimação por carta precatória, rogatória ou de ordem (inciso VI)

No caso de citação ou intimação por alguma das cartas (precatória, rogatória ou de ordem – art. 237), o *dia do começo do prazo* será

(i) a data da juntada da comunicação de cumprimento da carta (a respeito, vide art. 232) ou, somente se não houver essa comunicação (ii) da efetiva juntada da carta, devidamente cumprida, nos autos de origem.

Já o *termo inicial da contagem do prazo* será o dia útil seguinte de uma das situações acima.

2.7. Intimação pelo Diário da Justiça (inciso VII)

No caso de intimação pela imprensa oficial (diário oficial), o *termo inicial do prazo* é a publicação, sendo que a *contagem do prazo* tem início no dia útil seguinte.

Tratando-se de diário eletrônico – sendo que hoje isso é praticamente apenas o que existe – deve ser observado o art. 224, §§ 2º e 3º (que, como já dito nos comentários a tal artigo, é exatamente a forma de contagem de prazo prevista no art. 4º, §§ 3º e 4º da L. 11.419/2006).

Assim, o dia que a intimação constar do Diário da Justiça é o dia da *disponibilização*, sendo que o dia útil seguinte é o dia da *publicação* (termo inicial do prazo), ao que que o dia útil seguinte é o *início da contagem do prazo*.

Vale destacar que não se deve confundir a comunicação do ato via Diário de Justiça eletrônico com a comunicação do ato realizada no âmbito do sistema eletrônico (inciso V – vide item 2.5). E, com a edição da Lei nº 14.195/2021, há um dificultador adicional (inciso IX – vide item 2.8 a seguir).

2.8. Citação eletrônica (inciso IX)

Em agosto de 2021 foi publicada, com vigência imediata, a Lei nº 14.195/2021, que trouxe como regra a citação por meio eletrônico (*vide* comentários ao art. 246 do CPC). Além das discussões quanto à constitucionalidade formal desse ato normativo, essa lei trouxe uma série de dificuldades práticas. Mas, neste momento, o foco não é debater a citação eletrônica, mas sim o termo inicial do prazo, quando isso ocorrer. E mesmo nesse ponto, infelizmente, há margem para debates.

O fato é que, agora, há de se considerar três situações distintas: (i) *citação ou intimação* eletrônica (inciso V), realizada nos termos da Lei nº 11.419/2006; (ii) *intimação* pelo diário oficial eletrônico (inciso VII), somente para o caso de intimações, no âmbito do diário de justiça eletrônico, e (iii) citação eletrônica realizada com base no art.

246 (ou seja, não com base na Lei nº 11.419/2006), considerando a inovação da Lei nº 14.195/2021.

Portanto, se a citação for realizada pela forma já usual do processo eletrônico, aplica-se o inciso V (*vide* item 2.5).

Este inciso somente será aplicável caso a citação se dê por meio eletrônico, mas não pela forma prevista pela Lei nº 11.419/2006 – que não depende de qualquer confirmação por parte do citando. Ou seja, via oficial de justiça ou cartório enviando o correio eletrônico (ou outro aplicativo) e com a confirmação do recebimento da citação, conforme previsto no art. 246, §§ 1º-A e 1º-B.

Sendo esse o caso, quando do envio da confirmação, pelo citando, o prazo terá início no quinto dia útil seguindo a esse ato.

Portanto, em síntese:

a) realizada a citação nos termos do art. 246 do CPC, será enviada a ordem de citação por meio eletrônico para o citando;

b) se o citando responder à citação, confirmando que foi citado (CPC, art. 246, §§ 1º-A e 1º-B), a citação será válida;

c) o prazo do citando (para contestar ou pagar, conforme o caso) terá início somente após o quinto dia útil seguinte à confirmação;

d) assim, em um mês sem feriados, se o réu receber a citação por meio eletrônico numa quarta-feira, ele tem até segunda-feira para informar que recebeu a citação e, fazendo isso na segunda, no dia útil seguinte (terça-feira), tem início o prazo de cinco dias (que vai, portanto, até segunda-feira), de modo que seu prazo se inicia na terça-feira seguinte.

Essa parece ser a melhor interpretação para o dispositivo. Vejamos se a jurisprudência se firma nesse sentido.

3. Mudança (mais um dia) na contagem do prazo por edital e meio eletrônico?

Em relação à forma de contagem de prazo, o art. 231 traz um ponto adicional para reflexão: partindo do que se tinha no sistema anterior, prevê o Código um dia adicional, no tocante à comunicação por edital ou meio eletrônico?

Parte da doutrina entende que sim, ao passo que parte da doutrina não se manifesta expressamente acerca da questão. E, até o momento, a jurisprudência não definiu a questão.

O primeiro autor que escreveu acerca do tema foi ANDRE ROQUE, no seguinte sentido, ao se referir à comunicação por edital: "O dia útil seguinte à dilação será tido como dia do começo do prazo processual para a prática do ato, a ser computado a partir do dia útil seguinte ao dia do começo. Note-se, então, que se verificou aí pequena alteração no CPC/2015: entre a contagem do prazo de dilação e a contagem do prazo processual para a prática do ato, há um dia a mais, que não é computado em nenhum dos dois prazos e vem a ser precisamente o dia do começo. Por definição, dia do começo é o dia útil seguinte ao fim do prazo da dilação do edital (art.231, IV) e também o dia excluído da contagem do prazo processual que lhe sucede (art.224, *caput*). Não se somam, portanto, os prazos de dilação e processual propriamente dito, existindo pelo menos um dia útil de intervalo entre eles, que corresponde ao dia do começo previsto no art.231, IV (*Teoria Geral do Processo*. Comentários ao CPC/2015. 3. ed. São Paulo, Método, 2019, p. 742).

E o mesmo autor, ao tratar da comunicação por meio eletrônico, assim expõe: "O dia do começo, para os fins do art.231, será o dia útil seguinte à consulta ou à configuração da comunicação tácita, que não será incluído na contagem do prazo processual, o qual terá início no dia útil seguinte. Aqui também, portanto, à semelhança da hipótese da comunicação por edital, houve pequena mudança no CPC/2015: entre a data da consulta ou o último dia para a comunicação tácita e o prazo processual propriamente dito, haverá pelo menos um dia útil (dia do começo), que não se contabiliza nem como prazo para citação ou intimação tácita, nem na contagem do prazo processual que lhe suceder" (ROQUE, Andre, op. cit., p. 743).

Como já exposto nos comentários (itens 2.4 e 2.5 acima), também assim entendemos. Contudo, como se trata de inovação no sistema, conveniente destacar, especialmente porque ainda não há jurisprudência do STJ a respeito. E, novamente, alerta-se para o fato de comunicação por meio eletrônico não se confundir com comunicação por meio do Diário de Justiça eletrônico (comunicação pela imprensa oficial), cuja forma de contagem está prevista no inciso VII (vide item 2.7 acima).

4. Litisconsórcio e prazo para contestar: contagem comum (§ 1º)

Quanto ao prazo para contestar, se houver litisconsórcio, o *termo inicial do prazo* será última data de citação do último réu, sendo *contado o prazo* a partir do primeiro dia útil seguinte.

Ou seja, na hipótese de prazo para contestar contado a partir da juntada aos autos do mandado de citação, apenas quando juntado o último mandado é que terá início o prazo (a respeito da existência de prazo em dobro para litisconsortes com advogados distintos, vide art. 229).

5. Mais de um intimado: contagem individual (§ 2º)

Leva-se em conta os litisconsortes quando se está diante de prazo de contestação (§ 1º).

Não sendo esse caso, nas demais situações, mesmo que haja a intimação de diversas partes, o prazo será considerando individualmente.

Assim, uma mesma decisão – por exemplo, para especificar provas – poderá ter prazo distinto para os litisconsortes. Basta imaginar que uma das partes tomou ciência em cartório (inciso III), ao passo que outra foi intimada pela imprensa oficial (inciso VII).

6. Intimação para quem não tem advogado nos autos ou para ato a ser praticado pela parte (§ 3º)

Inova o CPC ao prever a intimação de quem não seja parte nem tenha advogado constituído nos autos. Como exemplo, terceiros que são intimados para cumprir determinada ordem (para visualizar, pensemos nas seguintes situações: BACEN intimado em relação a bloqueios; bancos intimados em relação a depósitos judiciais; empresas intimadas para prestar determinadas informações).

Nesse caso, o *termo inicial do prazo* será a data em que efetivada a comunicação – não havendo se falar em juntada, de modo que não se aplica, nesse caso, qualquer dos incisos.

A parte inicial do dispositivo traz uma menção que poderá gerar polemica: "quando o ato tiver de ser praticado *pela parte*"; ora, uma ordem judicial sempre deve ser praticada pela parte, e não por seu patrono. Isso significa que, para o *cumprimento da ordem*, deve ser considerada a efetiva intimação (como a retirada do devedor de cadastro restritivo).

Mas e qual será o termo inicial para impugnar essa decisão? Segue-se o previsto nos incisos ou leva-se em conta a efetiva intimação para cumprimento da decisão?

Ora, o prazo para cumprimento da decisão judicial não se confunde com o prazo para contestar ou recorrer dessa decisão.

No sistema do CPC/1973, o STJ fixou entendimento exatamente nesse sentido (o prazo para recorrer ou contestar era contado da juntada). Não parece haver motivo para alterar o entendimento – ainda que alguém possa sustentar isso a partir da interpretação do § 3º, o que não nos parece correto.

Jurisprudência

"Os efeitos da citação não podem ser confundidos com o início do prazo para a defesa dos litisconsortes. Não se aplica, para a constituição em mora, regra processual disciplinadora do termo inicial do prazo para contestar (CPC/2015, art. 231, § 1º), em detrimento da regra geral de direito material pertinente (Código Civil, art. 280)." (STJ, REsp 1868855/RS, Rel. Min. Nancy Andrighi, 3ª Turma, j. 22.09.2020)

"Processual civil. Recurso especial. Intimação eletrônica. Começo do prazo. Primeiro dia útil seguinte da data da intimação. Intempestividade. Agravo interno não provido. 1. Dispõe o *decisum* agravado: 'Mediante análise dos autos, verifica-se que a parte recorrente foi intimada do v. acórdão recorrido em 09.05.2016, sendo o recurso especial somente interposto em 01.06.2016. Dessa forma, inadmissível, porquanto intempestivo, eis que interposto fora do prazo de 15 (quinze) dias úteis, nos termos do art. 994, VI, c/c os arts. 1.003, § 5º, 1.029, e 219, *caput*, todos do Código de Processo Civil.' (fl. 549). 2. Esclareça-se que, nos termos dos artigos 231, inciso V, do CPC/2015 e 5º, § 1º, da Lei 11.4192006, a 'intimação eletrônica considera-se realizada no dia em que o intimado efetivar a consulta eletrônica ao teor da intimação' (EDcl no AgRg no AREsp 355.670/RJ, Rel. Min. Reynaldo Soares da Fonseca, Quinta Turma, *DJe* 29.6.2016) e que o dia do começo do prazo, é o dia útil seguinte à consulta da intimação. 3. Verifica-se que a intimação do agravante ocorreu em 9.5.2016, assim o prazo começou a ser contado do primeiro dia útil, portanto, a partir de 10.5.2016. 4. Como o prazo se iniciou em 10.5.2016 e terminou no dia 31.5.2016, é intempestivo o Recurso Especial interposto no dia 1º.6.2016. 5. No mais, cabe esclarecer que, de acordo com o art. 5º da Lei 11.419/2006, as intimações serão feitas por meio eletrônico em portal próprio aos que se cadastrarem na forma do art. 2º desta Lei, dispensando-se a publicação no órgão oficial, inclusive eletrônico. 6. Considerar-se-á realizada a intimação no dia em que o intimando efetivar a consulta eletrônica ao teor da intimação, certificando-se nos autos a sua realização. Nos casos em que a consulta se dê em dia não útil, a intimação será considerada como realizada no primeiro dia útil seguinte. A consulta deverá ser feita em até 10 (dez) dias corridos, contados da data do envio da intimação, sob pena de considerar a intimação automaticamente realizada na data do término desse prazo. 7. Verifica-se que a Certidão à fl. 442, que afirma que o prazo tem início no dia 11 de maio de 2016, se refere apenas à hipótese de inércia do interessado durante o prazo de 10 (dez) dias. 8. Esclareça-se ainda, que, conforme reconhecido pelo próprio agravante, este optou por se dar por intimado no dia 9 de maio de 2016, portanto, o prazo recursal começou no dia 10 de maio de 2016. 9. Por fim, não há discrepância entre a legislação processual e o sistema utilizado pelo Tribunal de origem, que não induziu o recorrente a erro. 10. Agravo Interno não provido." (AgInt no REsp 1614653/RS, Rel. Min. Herman Benjamin, 2ª Turma, j. 19.10.2017, *DJe* 19.12.2017)

"Processual civil. Recurso especial repetitivo (art. 543-C do CPC/1973 e art. 1.036 do CPC/2015). Intimação por oficial de justiça, carta rogatória, precatória, ou de ordem. A data da juntada aos autos do mandado ou da carta assinala o termo inicial da fluência do prazo recursal. Recurso especial provido, conforme parecer do MPF. 1. O art. 241, II do CPC/1973 (art. 231, II do Código Fux, CPC/2015) preceitua que começa a correr o prazo quando a citação ou intimação for por oficial de justiça, da data da juntada aos autos do mandado cumprido 2. No caso presente, o acórdão recorrido (fls. 137/143) teria entendido que o prazo recursal teve início na data do cumprimento do mandado 19.1.2009 (fls. 124) e não da sua juntada ao processo 22.1.2009 (fls. 122), o que ocasionou o reconhecimento da intempestividade dos Declaratórios opostos no dia 30.1.2009. 3. Contudo, considerando que a parte recorrente tem prazo em dobro para a interposição de recursos, e o prazo recursal se inicia da juntada do mandado e não do seu cumprimento, os Embargos de Declaração, opostos no dia 30.1.2009, seriam tempestivos. 4. O Parecer do douto Ministério Público Federal é pelo provimento do Recurso Especial. 5. Recurso Especial provido para determinar o retorno dos autos ao Tribunal Regional Federal da 3a. Região para que aprecie os Embargos de Declaração de fls. 126/135. 6. Acórdão submetido ao regime do art. 543-C do CPC/1973 (art. 1.036 do Código Fux, CPC/2015), fixando-se a tese: nos casos de intimação/citação realizadas por Correio, Oficial de Justiça, ou por Carta de Ordem, Precatória ou Rogatória, o prazo recursal inicia-se com a juntada aos autos do aviso de recebimento, do mandado cumprido, ou da juntada da carta." (REsp 1632777/SP, Corte Especial, Rel. Min. Napoleão Nunes Maia Filho, j. 17.05.2017; *DJe* 26.05.2017)

"Civil e processual civil. Agravo regimental no agravo em recurso especial. Medida cautelar de sequestro. Citação. Carta precatória. Início. Contagem. Prazo. Pluralidade. Réus. Juntada do último mandado cumprido. Observância. Art. 241, III, do CPC. Agravo improvido. 1. "O art. 241 do CPC estipula, em seus vários incisos, diversas regras para a definição do termo inicial dos prazos processuais, traçando, dentre elas, uma específica, contida em seu inciso III, para as situações em que, havendo 'vários réus', o prazo deverá correr a partir da juntada aos autos do último aviso de recebimento ou mandado citatório cumprido" (REsp nº 1095514/RS, Rel. Ministra Nancy Andrighi, 3ª Turma, julgado em 1º.10.2009, *DJe* 14.10.2009). 2. Agravo regimental a que se nega provimento." (AgRg no AREsp 588.645/SP, Rel. Min. Marco Aurélio Bellizze, 3ª Turma, j. 23.06.2015, *DJe* 30.06.2015)

"Processo civil. Intimação. Quando a intimação é realizada por oficial de justiça, o marco inicial para a contagem do prazo é a juntada aos autos do mandado de intimação. Embargos de divergência conhecidos e providos." (EREsp 908.045.RS, Rel. Min. Ari Pargendler, Corte Especial, j. 05.02.2014, *DJe* 24.02.2014)

"Administrativo e processual civil. Improbidade administrativa. Supostas irregularidades na celebração de convênios. Ilegitimidade ativa do Ministério Público. Ilegitimidade passiva. Ausência de prequestionamento. Súmulas 282 e 356 do STF. Matéria de ordem pública. Necessidade de prequestionamento. Notificação para defesa prévia. Inexistência de nulidade a ser decretada. (...)" 5. *In casu*, constata-se que a recorrente foi devidamente notificada para apresentação de defesa preliminar, não se vislumbrando qualquer prejuízo ou nulidade a ser decretada. 6. No tocante ao art. 241, III do CPC, vislumbra-se que tal regra somente se aplica às

Art. 232

hipóteses de citação. Os prazos de notificação para defesa preliminar, no procedimento da ação de improbidade, são contados para cada um dos réus individualmente. 7. Recurso a que se nega provimento." (AgRg no REsp 1151010/RJ, Rel. Min. Napoleão Nunes Maia Filho, 1ª Turma, j. 06.08.2013, *DJe* 30.08.2013)

Art. 232. Nos atos de comunicação por carta precatória, rogatória ou de ordem, a realização da citação ou da intimação será imediatamente informada, por meio eletrônico, pelo juiz deprecado ao juiz deprecante.

▶ *Sem correspondência no CPC/1973*

1. Informação do cumprimento de cartas

Buscando a celeridade em questões burocráticas, o CPC traz este artigo, a respeito de uma questão simples.

Tratando-se de citação ou intimação por carta (precatória, rogatória ou de ordem), no sistema anterior havia necessidade de envio da carta – física – ao juízo de origem. E somente a partir daí haveria o início do prazo.

No CPC/2015, *seja carta física ou eletrônica*, uma vez realizado o ato (citação ou intimação), deverá o juízo de destino informar ao juízo de origem o cumprimento da carta, por *meio eletrônico*.

Assim, não há necessidade de devolução física da carta ao juízo de origem, bastando a comunicação por meio eletrônico de que o ato foi cumprido – e isso para que haja o início da contagem de prazo (cf. art. 231, VI).

Contudo, eventualmente, por problemas técnicos e impossibilidade de envio de comunicação eletrônica, ou mesmo em relação a cartas que foram devolvidas, então o prazo será contado a partir da efetiva juntada (solução igualmente prevista no art. 231, VI).

Seção II
Da verificação dos prazos e das penalidades

Art. 233. Incumbe ao juiz verificar se o serventuário excedeu, sem motivo legítimo, os prazos estabelecidos em lei.

§ 1º Constatada a falta, o juiz ordenará a instauração de processo administrativo, na forma da lei.

§ 2º Qualquer das partes, o Ministério Público ou a Defensoria Pública poderá representar ao juiz contra o serventuário que injustificadamente exceder os prazos previstos em lei.

▶ *Referência: CPC/1973 – Arts. 193 e 194*

1. Verificação de prazo excedido pelo serventuário

Como já visto, há prazo fixado em lei para que serventuários realizem suas atribuições, no processo (art. 228). Contudo, como igualmente já visto nos comentários a esse artigo, trata-se de prazo impróprio, cuja inobservância em regra não trará consequências para o processo. Assim, do ponto de vista processual, a previsão é inócua (vide, em relação ao magistrado, os comentários aos artigos. 226 e 227).

Além disso, se houver "motivo legítimo", será lícito ao servidor exceder os prazos previstos em lei.

A lei é omissa acerca do que seja esse motivo legítimo, mas é certo que a existência de muitos processos e o acúmulo de serviço seriam exemplos típicos de justificativas para que o prazo seja excedido. Além de situações de calamidade, como as previstas no art. 222.

A respeito da verificação de prazo excedido pelo magistrado, vide art. 235.

2. Processo administrativo disciplinar (PAD – § 1º)

Se não houver observância de prazo pelo serventuário e não se estiver diante de uma situação de "motivo legítimo", deverá ser instaurado, pelo juiz, processo administrativo disciplinar para apuração de falta.

Não se trata de verificação que ocorrerá nos autos do processo judicial em que houve a suposta falta, mas sim em procedimento próprio para isso – com cópias dos autos onde houve a suposta inobservância de prazo. Ou seja, não se trata de medida de cunho jurisdicional, mas sim administrativa.

Se o juiz perceber, na sua atuação como magistrado na vara, que há o excesso de prazo, deverá instaurar o procedimento de ofício. Contudo, também é possível que haja provocação dos interessados.

3. Representação ao juiz para apuração de excesso de prazo

Se qualquer dos partícipes do processo perceber que há uma demora fora do usual em relação a algum servidor, poderá representar ao juiz nesse sentido.

Assim, as partes, MP e Defensoria têm, de forma concorrente, legitimidade para reclamar de eventual demora excessiva no cumprimento dos prazos, mediante representação ao juiz da vara.

Ainda assim, não se estará diante de medida jurisdicional, mas sim de procedimento administrativo, que ocorrerá em autos próprios, sem qualquer relação com o processo judicial.

> **Art. 234.** Os advogados públicos ou privados, o defensor público e o membro do Ministério Público devem restituir os autos no prazo do ato a ser praticado.
>
> **§ 1º** É lícito a qualquer interessado exigir os autos do advogado que exceder prazo legal.
>
> **§ 2º** Se, intimado, o advogado não devolver os autos no prazo de 3 (três) dias, perderá o direito à vista fora de cartório e incorrerá em multa correspondente à metade do salário mínimo.
>
> **§ 3º** Verificada a falta, o juiz comunicará o fato à seção local da Ordem dos Advogados do Brasil para procedimento disciplinar e imposição de multa.
>
> **§ 4º** Se a situação envolver membro do Ministério Público, da Defensoria Pública ou da Advocacia Pública, a multa, se for o caso, será aplicada ao agente público responsável pelo ato.
>
> **§ 5º** Verificada a falta, o juiz comunicará o fato ao órgão competente responsável pela instauração de procedimento disciplinar contra o membro que atuou no feito.

▶ *Referência: CPC/1973 – Arts. 196 e 197*

1. Destinatário da norma

O art. 233 se refere aos serventuários; o art. 235 se refere aos magistrados e este art. 234 se dirige (i) aos advogados (públicos ou privados), (ii) membros do MP e (iii) defensores públicos.

2. Dever dos postulantes: restituição dos autos físicos

Em relação a servidores e magistrados, o dever imposto nesta Seção se refere a realizar os atos processuais no prazo.

No tocante aos postulantes, o único dever que se tem é o de restituição dos autos físicos no prazo, sendo a retenção indevida penalizada.

Trata-se, por certo, de um dever apenas existente em relação a *autos físicos*.

Mas, por óbvio, há outros deveres para as partes – que, não observados, acarretam a litigância por má-fé (art. 79 e ss.).

Há o direito de retirar os autos físicos (art. 107, III), mas há o dever de devolver os autos. Descumprido esse dever, há consequências.

3. Legitimidade para requerer a devolução dos autos (§ 1º)

O juiz pode determinar, de ofício, a restituição dos autos físicos. Da mesma forma, qualquer interessado (parte contrária, terceiro, perito ou outro auxiliar do juízo ou MP) pode requerer ao juiz que determine a devolução dos autos.

Como os autos não está em cartório, não há como neles peticionar. Mas a parte interessada deverá apresentar uma petição – endereçada ao processo – informando o ocorrido. Contudo, não haverá como se juntar essa petição até que os autos retornem.

4. Penalidade ao advogado privado: perda de vista, multa e comunicação à OAB (§§ 2º e 3º)

Se o advogado estiver indevidamente com os autos, o juiz determinará sua intimação, para que devolva, no prazo de 3 dias úteis (por se tratar de prazo processual).

Como se percebe da leitura do dispositivo, não há previsão legal a respeito de essa intimação ter de ser pessoal ou pela imprensa. Em linha com a jurisprudência antes firmada, o STJ vem entendendo pela necessidade de intimação pessoal do advogado, e não apenas pela imprensa (*vide* jurisprudência).

Se não houver a devolução, haverá as seguintes penalidades:

(i) perda da vista dos autos fora de cartório;

(ii) multa de meio salário mínimo;

(iii) o juiz oficiará a OAB, para que instaure procedimento disciplinar e aplique multa.

Frise-se que tais sanções somente ocorrerão se não houver a devolução dos autos, após a intimação.

Além disso, é certo que a penalidade somente pode ser imposta a *quem realizou a carga e indevida retenção*, e não a todos os profissionais que estão na procuração – sob pena de se penalizar indevidamente terceiros.

Por fim, vale destacar que a retenção abusiva pode, em tese, também configurar infração penal (CP, art. 356).

4.1. Dupla aplicação de multa?

Pela redação do CPC, que aponta a existência de multa no § 2º e multa no § 3º, poder-se-ia cogitar de aplicação das duas multas, pelo juiz? A resposta há de ser negativa.

A uma, por se tratar de *bis in idem*. A duas, pois compete ao órgão profissional (OAB), com base na lei própria (L. 8.906/1994) sancionar o advogado – sendo que a multa tem caráter administrativo disciplinar.

Assim, apenas a sanção processual (perda do direito de realizar vista fora do cartório) e a multa do § 2º é que poderão ser aplicadas pelo juiz.

5. Penalidade ao advogado público, MP e defensor público: multa e comunicação ao órgão (§§ 4º e 5º)

No caso de retenção indevida não por advogado privado, mas por postulante ligado a órgão público, as penalidades seguem a mesma lógica, mas observadas algumas peculiaridades.

De início, é certo que haverá a necessidade de intimação para devolução dos autos, em 3 dias úteis.

Não há previsão de perder-se a vista aos autos, exatamente porque a intimação desses entes em regra se dará pela carga dos autos (arts. 180, 183, § 1º e 186, § 1º).

Mas a multa é aplicável, no mesmo valor de meio salário mínimo, ao agente público responsável pela indevida retenção.

Tal qual mencionado em relação ao advogado privado, tratando-se de penalidade funcional, não cabe ao juiz aplicá-la. Assim, o magistrado oficiará ao respectivo órgão (MP, Defensoria ou procuradoria) para que haja instauração de procedimento disciplinar contra o profissional – para aplicação da multa e de outras penalidades eventualmente previstas nos respectivos regulamentos.

6. Consequências do peticionamento no prazo e da devolução dos autos fora do prazo

No art. 195 do CPC/1973 havia outra previsão no caso de devolução fora dos autos: em dispositivo que não era aplicado, havia determinação de que fossem *desentranhadas* as petições eventualmente apresentadas.

Isso não é previsto no CPC, de modo que (i) não cabe o desentranhamento de qualquer petição ou (ii) descabe se falar em intempestividade de petição apresentada tempestivamente, ainda que os autos não tenham sido devolvidos no prazo.

Assim se conclui, pois, uma penalidade não pode ser presumida. Portanto, as únicas penalidades previstas para quem não restitui tempestivamente os autos são a multa e a perda de vista dos autos.

Jurisprudência

"Recurso especial. Direito processual civil. Retenção dos autos. Advogado. Intimação pessoal. Necessidade. Art. 234, § 2º, do CPC/2015. Sanções. Aplicação. Impossibilidade. 1. Recurso especial interposto contra acórdão publicado na vigência do Código de Processo Civil de 2015 (Enunciados Administrativos nos 2 e 3/STJ). 2. Cinge-se a controvérsia a definir se é necessária a intimação pessoal do advogado para que lhe sejam aplicadas as sanções previstas no § 2º do art. 234 do CPC/2015, decorrentes da retenção indevida dos autos. 3. Na vigência do Código de Processo Civil de 1973, a jurisprudência desta Corte Superior firmou o entendimento no sentido de que a aplicação das penalidades por retenção indevida dos autos depende da prévia intimação pessoal do advogado, não sendo possível substituí-la por publicação em órgão da imprensa oficial. Precedentes. 4. A partir da entrada em vigor do CPC/2015, para aplicar as sanções por retenção dos autos (art. 234, § 2º), exige-se também a intimação pessoal do advogado para devolvê-los. 5. Se o advogado for intimado pessoalmente e não devolver os autos no prazo de 3 (três) dias, perderá o direito à vista fora de cartório e incorrerá em multa correspondente à metade do salário mínimo. 6. Na hipótese, a intimação do advogado ocorreu por meio do diário de justiça, motivo pelo qual devem ser afastadas as sanções previstas no art. 234, § 2º, do CPC/2015. 7. Recurso especial provido." (REsp 1712172/DF, Rel. Min. Ricardo Villas Bôas Cueva, 3ª Turma, j. 21.08.2018, *DJe* 24.08.2018)

"Processo civil. Recurso especial. Advogado com poderes tão somente para obtenção de carga dos autos. Intimação para devolução dos autos realizada em nome do patrono que os retirou. Art. 196, do CPC. Imposição de penalidade apenas após o decurso do prazo sem o retorno dos autos. 1. É direito do procurador retirar os autos do cartório mediante assinatura no livro de carga (art. 40, III, do CPC c/c art. 7º, XV, da Lei nº 8.906/1994), cabendo-lhe, em contrapartida, devolvê-los no prazo legal, sob pena de perda do direito à vista fora do cartório e de imposição de multa (art. 196 do Código de Processo Civil c/c art. 7º, § 1º, 3, da Lei nº 8.906/1994), se não o fizer no prazo de 24 horas após sua intimação pessoal. Além disso, é possível o desentranhamento das alegações e documentos que houver apresentado (art. 195 do mesmo Codex) e comunicação à Ordem dos Advogados para eventual procedimento disciplinar (art. 196, parágrafo único). 2. A intimação deve ser efetuada por mandado, na pessoa do advogado que retirou os autos e cujo nome consta do livro de carga, somente podendo ser aplicadas as referidas penalidades após ultrapassado o prazo legal, sem a devida restituição. 3. No caso concreto, o processo foi retirado por advogada a quem conferiu-se substabelecimento com poderes restritos, sendo certa sua restituição no prazo de 24 horas (fl. 157). Não obstante, foi aplicada sanção de vedação a futuras cargas, bem como foi estendida a penalidade a todos os advogados e estagiários representantes da parte (fl. 141), ainda que não intimados, denotando a irregularidade da sanção imposta. 4. Recurso especial provido." (REsp 1089181/DF, Rel. Min. Luis Felipe Salomão, 4ª Turma, j. 04.06.2013, *DJe* 17.06.2013)

"Tributário – Processual civil – Desembaraço aduaneiro – Tempestividade do recurso especial – Inteligência do art. 195 do CPC – Ausência de prequestionamento – Acórdão paradigma do mesmo tribunal – Falta de cotejo analítico. 1. Protocolizado o recurso dentro do prazo, irrelevante a data em que foram os autos devolvidos em cartório. Em casos tais, inaplicável o art. 195 do CPC. (...)"

(REsp 852.701/SP, Rel. Min. Humberto Martins, 2ª Turma, j. 28.11.2006, *DJ* 11.12.2006, p. 348)

> **Art. 235.** Qualquer parte, o Ministério Público ou a Defensoria Pública poderá representar ao corregedor do tribunal ou ao Conselho Nacional de Justiça contra juiz ou relator que injustificadamente exceder os prazos previstos em lei, regulamento ou regimento interno.
>
> **§ 1º** Distribuída a representação ao órgão competente e ouvido previamente o juiz, não sendo caso de arquivamento liminar, será instaurado procedimento para apuração da responsabilidade, com intimação do representado por meio eletrônico para, querendo, apresentar justificativa no prazo de 15 (quinze) dias.
>
> **§ 2º** Sem prejuízo das sanções administrativas cabíveis, em até 48 (quarenta e oito) horas após a apresentação ou não da justificativa de que trata o § 1º, se for o caso, o corregedor do tribunal ou o relator no Conselho Nacional de Justiça determinará a intimação do representado por meio eletrônico para que, em 10 (dez) dias, pratique o ato.
>
> **§ 3º** Mantida a inércia, os autos serão remetidos ao substituto legal do juiz ou do relator contra o qual se representou para decisão em 10 (dez) dias.

▶ *Referência: CPC/1973 – Art. 198*

1. Verificação de prazo excedido pelo magistrado

Como já visto, há prazo fixado em lei para que os magistrados elaborem seus pronunciamentos. (art. 226). Além disso, devem os magistrados também observar os prazos previstos em regulamento próprio ou regimento interno do tribunal (os magistrados a eles se submetem conforme art. 35, II da LC 35/1979 – Loman).

Contudo, como igualmente já visto nos comentários a esse artigo, trata-se de prazo impróprio, cuja inobservância em regra não trará consequências para o processo.

Além disso, se houver "motivo justificado", será lícito ao magistrado exceder os prazos previstos em lei (art. 227).

Como já dito, a lei é omissa acerca do que seja esse motivo legítimo, mas é certo que a existência de muitos processos seria exemplo típico de justificativa para que o prazo seja ex-

Art. 235

cedido. Além de situações de calamidade, como as previstas no art. 222.

A respeito da verificação de prazo excedido pelos servidores, vide art. 233.

2. Competência para a representação por excesso de prazo

A competência para processar a representação por excesso de prazo do juiz será da Corregedoria local ou do CNJ.

Após intensos debates, decidiu o STF que o CNJ tem competência concorrente com a Corregedoria local e que, portanto, sua competência não é apenas subsidiária. Logo, possível a apresentação de uma representação tanto na corregedoria local como perante o CNJ.

3. Legitimidade para a representação

Na hipótese de alegação de excesso de prazo, qualquer parte (inclusive terceiros, mas com alguma relação com o litígio, como denunciado ou *amicus curiae*), MP ou Defensoria poderão apresentar a representação.

A respeito da possibilidade de instauração de ofício de representação, seja pela Corregedoria local ou pelo CNJ, de uma forma geral é de se entender que é *possível*, considerando as atribuições desses órgãos. No tocante ao CNJ, há previsão expressa nesse sentido (art. 78 do Regimento Interno do CNJ).

4. Procedimento (§ 1º)

Distribuída a representação, haverá oitiva prévia do juiz – momento em que ainda não há efetivamente qualquer procedimento. Após a manifestação do juiz (que possivelmente alegará e demonstrará a existência de excesso de volume), poderá haver arquivamento liminar da representação.

Se não houver arquivamento liminar, então haverá o efetivo início da representação, e o magistrado representado será intimado para apresentar *justificativa* (defesa), no prazo de 15 dias.

Essa intimação deverá ser realizada por meio eletrônico.

Não se trata de um procedimento jurisdicional, mas funcional-administrativo. Exatamente por isso, a ausência de manifestação por parte do juiz acarretará preclusão.

Ademais, não se tratando de prazo judicial, a contagem de prazos não segue o art. 219 do CPC, mas sim o que for estipulado pelo CNJ ou pelas Corregedorias.

Poderá haverá, por óbvio, produção de provas, de modo a se assegurar o contraditório e ampla defesa.

5. Possível consequência processual: afastamento do magistrado (§§ 2º e 3º)

Ainda que prevista no CPC/1973 a possibilidade de designação de outro juiz no caso de excesso de prazo, tratava-se de situação que pouco se verificou no cotidiano forense, à luz do antigo Código.

No CPC, o legislador altera um pouco a consequência para o prazo excedido – mas somente se não houver o arquivamento liminar da representação.

Assim, caso se determine o processamento da representação, do ponto de vista *processual*, poderá ocorrer o seguinte:

(i) após o prazo de 15 dias de defesa do juiz (§ 1º), o corregedor (na Corregedoria local) ou o relator (no CNJ) determinará que o magistrado pratique o ato atrasado em 10 dias – caso, por óbvio, o ato ainda não tenha sido realizado;

(ii) se ainda persistir a inércia, haverá a remessa dos autos ao substituto legal do magistrado, para que o novo juiz profira a decisão em até 10 dias (no caso, prazos em dias úteis).

Isso sem prejuízo de eventuais sanções administrativas que puderem ser imputadas ao magistrado. Assim, mesmo que o ato seja realizado pelo juiz após a representação ter início (o mais provável), ainda assim prosseguirá o procedimento para apurar a responsabilidade pela demora.

Jurisprudência

"Mandado de segurança. Recurso. Remédio utilizado para obter despacho em petição posta em juízo. Descabimento. Não se presta o mandado de segurança para compelir o magistrado a despachar petição, ainda mais sem prova conclusiva da omissão. Também não é sucedâneo de recursos previstos nas leis processuais e nem cabe para atacar decisão com trânsito em julgado." (RMS 3.316/MA, Rel. Min. Hélio Mosimann, 2ª Turma, j. 02.05.1994, *DJ* 23.05.1994, p. 12585)

TÍTULO II
DA COMUNICAÇÃO DOS ATOS PROCESSUAIS

CAPÍTULO I
DISPOSIÇÕES GERAIS

Art. 236. Os atos processuais serão cumpridos por ordem judicial.

§ 1º Será expedida carta para a prática de atos fora dos limites territoriais do tribunal, da comarca, da seção ou da subseção judiciárias, ressalvadas as hipóteses previstas em lei.

§ 2º O tribunal poderá expedir carta para juízo a ele vinculado, se o ato houver de se realizar fora dos limites territoriais do local de sua sede.

§ 3º Admite-se a prática de atos processuais por meio de videoconferência ou outro recurso tecnológico de transmissão de sons e imagens em tempo real.

▶ *Referência: CPC/1973 – Art. 200*

1. Introdução

O Código de Processo Civil dedica Capítulo específico à *cooperação jurídica internacional*, estabelecendo critérios e requisitos para a prática e o cumprimento de atos e decisões, judiciais e extrajudiciais, via carta rogatória, em conformidade com tratados internacionais dos quais o Brasil seja signatário, ou com base em reciprocidade manifestada pelos meios diplomáticos, salvo, neste caso, quando se tratar de homologação de sentença estrangeira, a exigir o *exequatur* do Superior Tribunal de Justiça (CF, art. 105, I, *i*). Essa cooperação jurídica poderá ser ativa e passiva, consistente, respectivamente, na formulação de pedido por autoridade brasileira a Estado estrangeiro, ou vice-versa (arts. 26 e 27).

Outra inovação importante é o *auxílio direto* entre autoridades brasileiras e estrangeiras, tendo por objeto medidas judiciais ou extrajudiciais que independam, para sua realização, de juízo de delibação pelo Superior Tribunal de Justiça, competindo ao Ministério da Justiça, na ausência de designação específica de outro órgão brasileiro, exercer as funções de autoridade central (arts. 28 a 34).

Os arts. 37 a 41 estabelecem o procedimento a ser adotado para a cooperação jurídica internacional e o auxílio direto.

Ainda nessa linha de inovação, o atual diploma processual civil prevê o *dever de cooperação recíproca* entre os órgãos do Poder Judiciário, estadual ou federal, qualquer que seja o juízo ou o grau de jurisdição (arts. 67 a 69), mediante auxílio direto entre os respectivos magistrados e servidores, reunião ou apensamento de processos, prestação de informações e atos concertados entre os magistrados cooperantes, valendo-se para tanto, quando for o caso, da expedição e cumprimento de cartas de ordem ou precatória. Havendo necessidade da prática ou de determinação de cumprimento de ato de juízo arbitral, este encaminhará carta arbitral à autoridade judiciária territorialmente competente, para que adote as medidas necessárias.

2. A comunicação dos atos processuais

Apesar de os atos processuais serem normalmente cumpridos no próprio foro (comarca estadual ou seção ou subseção judiciária federal) onde tramita o processo, alguns exigem, para sua prática, a colaboração direta de outras autoridades judiciárias, seja por limitações impostas à jurisdição brasileira (v.g., necessidade da prática de ato em outro país, por meio de *carta rogatória*), seja em razão da distribuição da competência hierárquica entre os integrantes do Poder Judiciário (v.g., cumprimento, por autoridade judiciária de grau inferior, de *carta de ordem* emanada de tribunal), seja, finalmente, pela própria limitação da competência territorial de cada juízo, a demandar a expedição de *carta precatória* de um (deprecante) a outro (deprecado), autorizada, quando necessária, útil ou tecnologicamente viável, a prática desses atos por transmissão de sons e imagens em tempo real (v.g., coleta de provas orais).

Jurisprudência

"Processual civil. Execução fiscal. Mandado de penhora e avaliação de executado domiciliado em município que não é sede da justiça federal. Comarca contígua. Carta precatória. Possibilidade. 1. O art. 255 do CPC instituiu a possibilidade de prática, pelo Oficial de Justiça, de determinados atos processuais (entre os quais a penhora e a avaliação) nas comarcas contíguas: 'Art. 255. Nas comarcas contíguas de fácil comunicação e nas que se situem na mesma região metropolitana, o oficial de justiça poderá efetuar, em qualquer delas, citações, intimações, notificações, penhoras e quaisquer outros atos executivos'. 2. A norma acima prevê uma faculdade, sem entretanto revogar ou instituir proibição para que o juízo federal depreque ao estadual a realização de atos processuais. Nesse sentido, aliás, a interpretação sistemática demonstra que a expedição de cartas precatórias dirigidas à Justiça Estadual, para realização de atos processuais em demandas que tramitam na Justiça Federal, encontra expressa previsão no art. 237, parágrafo único, do CPC: 'Art. 237. (...) Parágrafo único. Se o ato relativo a processo em curso na justiça federal ou em tribunal superior houver de ser praticado em local onde não haja vara federal, a carta poderá ser dirigida ao juízo estadual da respectiva comarca'. 3. Atualmente, portanto, aplicando-se a disciplina legal ao caso dos autos, tem-se que a penhora e avaliação em Execução Fiscal que tramita na Justiça Federal, promovida contra réu domiciliado em comarca da Justiça Estadual: a) em regra, é promovida mediante expedição de Carta Precatória; b) na hipótese específica de o domicílio estar localizado em comarca contígua, poderá ser realizada pelo próprio Oficial de Justiça do juízo federal. 4. Reitere-se que o caráter facultativo, e não impositivo, do art. 255 do CPC decorre da utilização da expressão 'poderá efetuar', e não 'efetuará', relacionada ao ato do Oficial de Justiça. 5. Recurso Especial não provido." (REsp 1793516/SC, Rel. Min. Herman Benjamin, 2ª Turma, j. 19.03.2019, *DJe* 22.04.2019)

"Processual civil. Execução fiscal. Violação do art. 1.022 do CPC. Deficiência na fundamentação. Citação de executado domiciliado em município que não é sede da justiça federal. Comarca contígua. carta precatória. possibilidade. 1. Não se conhece do Recurso Especial em relação à ofensa ao art. 1.022 do CPC quando a defesa da tese de omissão está amparada em fundamentação completamente estranha à matéria apreciada no acórdão impugnado. Aplicação, por analogia, da Súmula 284/STF. 2. O art. 255 do CPC instituiu a possibilidade de prática, pelo Oficial de Justiça, de determinados atos processuais (entre os quais a citação) nas comarcas contíguas: 'Art. 255. Nas comarcas contíguas de fácil comunicação e nas que se situem na mesma região metropolitana, o oficial de justiça poderá efetuar, em qualquer delas, citações, intimações, notificações, penhoras e quaisquer outros atos executivos'. 3. A norma acima prevê uma faculdade, sem entretanto revogar ou instituir proibição para que o juízo federal depreque ao estadual a realização de atos processuais. Nesse sentido, aliás, a interpretação sistemática demonstra que a expedição de car-

tas precatórias dirigidas à Justiça Estadual, para realização de atos processuais em demandas que tramitam na Justiça Federal, encontra expressa previsão no art. 237, parágrafo único, do CPC: 'Art. 237. (...) Parágrafo único. Se o ato relativo a processo em curso na justiça federal ou em tribunal superior houver de ser praticado em local onde não haja vara federal, a carta poderá ser dirigida ao juízo estadual da respectiva comarca'. 4. Atualmente, portanto, a citação em Execução Fiscal que tramita na Justiça Federal, promovida contra réu domiciliado em comarca da Justiça Estadual: a) regra geral, é promovida mediante expedição de Carta Precatória; b) na hipótese específica de o domicílio estar localizado em comarca contígua, poderá ser realizada pelo próprio Oficial de Justiça do juízo federal. 5. Reitere-se que o caráter facultativo, e não impositivo, do art. 255 do CPC decorre da utilização da expressão 'poderá efetuar', e não 'efetuará', relacionada ao ato do Oficial de Justiça. 6. Para a solução da lide, o acórdão hostilizado se reportou à legislação interna, relativa à norma de procedimento, que dispensa os oficiais de justiça de cumprirem mandados fora da sede da subseção judiciária (art. 238, § 2º, da Consolidação Normativa da Corregedoria Regional da 4ª Região, constante do Provimento 17/2013). 7. Recurso Especial parcialmente conhecido e, nessa parte, não provido." (STJ, REsp 1669878-SC, 2ª Turma, Rel. Min. Herman Benjamin, j. 16.11.2017, *DJe* 19.12.2017).

"Audiência de instrução e julgamento. depoimento pessoal. réus residentes fora da comarca. pena de confissão. presunção relativa. A parte, intimada a prestar depoimento pessoal, não está obrigada a comparecer perante o Juízo diverso daquele em que reside. A pena de confissão não gera presunção absoluta, de forma a excluir a apreciação do Juiz acerca de outros elementos probatórios. Prematura, assim, a decisão do Magistrado que, declarada encerrada desde logo a instrução, dispensa a oitiva das testemunhas arroladas. Recurso especial não conhecido." (REsp 161.438/SP, Rel. Min. Barros Monteiro, 4ª Turma, j. 6.10.2005, *DJ* 20.2.2006, p. 341).

> **Art. 237.** Será expedida carta:
>
> I – de ordem, pelo tribunal, na hipótese do § 2º do art. 236;
>
> II – rogatória, para que órgão jurisdicional estrangeiro pratique ato de cooperação jurídica

internacional, relativo a processo em curso perante órgão jurisdicional brasileiro;

III – precatória, para que órgão jurisdicional brasileiro pratique ou determine o cumprimento, na área de sua competência territorial, de ato relativo a pedido de cooperação judiciária formulado por órgão jurisdicional de competência territorial diversa;

IV – arbitral, para que órgão do Poder Judiciário pratique ou determine o cumprimento, na área de sua competência territorial, de ato objeto de pedido de cooperação judiciária formulado por juízo arbitral, inclusive os que importem efetivação de tutela provisória.

Parágrafo único. Se o ato relativo a processo em curso na justiça federal ou em tribunal superior houver de ser praticado em local onde não haja vara federal, a carta poderá ser dirigida ao juízo estadual da respectiva comarca.

▶ *Referência: CPC/1973 – Art. 201*

1. As modalidades de cartas: rogatória, de ordem, precatória e arbitral

Havendo necessidade da prática ou de cumprimento de ato de autoridade judiciária brasileira fora dos limites da jurisdição nacional – a depender, portanto, da cooperação jurídica de outro Estado –, será expedida *carta rogatória* (*rectius*: roga-se a cooperação), pelas vias próprias, da autoridade central brasileira ao órgão estrangeiro incumbido de sua concretização.

Para o cumprimento de decisões fora dos limites territoriais de sua sede, o tribunal expedirá *carta de ordem* (*rectius*: determina a cooperação) aos órgãos judiciários de grau inferior, tanto àqueles subordinados territorialmente a outro tribunal (v.g., carta expedida por determinado tribunal para cumprimento por juiz vinculado a outro), quanto àqueles que lhe estejam vinculados; dentro dos limites territoriais de sua sede, a ordem será cumprida por servidores do próprio tribunal.

A cooperação interna entre juízes dar-se-á mediante a expedição e cumprimento de *carta precatória* (*rectius*: requisita a cooperação), sendo bem vinda a explicitação, contida no parágrafo único do art. 237 – e em consonância com o art. 109, § 3º, da CF –, de que as cartas precatórias, ou de ordem, tendo por objeto atos relacionados a processo em trâmite na justiça federal, ou em tribunal superior, e que devam ser praticados em

local onde inexista vara federal, poderão ser dirigidas a juízo estadual da comarca. Como se trata de verdadeira delegação de competência federal ao juízo estadual, recurso de eventual decisão deste deverá ser direcionado ao Tribunal Regional Federal da respectiva sede territorial (§ 4º).

Por fim, ato de órgão arbitral que dependa, para sua prática ou cumprimento, do exercício do poder jurisdicional estatal (v.g., condução coercitiva de testemunha, adoção de medidas provisórias ou executivas), deverá ser solicitado, por meio de *carta arbitral* (*rectius*: solicita a cooperação), a juízo da respectiva área territorial.

Apesar de não previstos no atual Código de Processo Civil, as cartas deverão preencher, no que couber, os requisitos estabelecidos pelo art. 202 do CPC/1973, sob pena de inviabilizar seu cumprimento pela autoridade à qual são dirigidas. Sendo o caso, poderão ter caráter itinerante (art. 204), em atenção à duração razoável do processo e para evitar despesas desnecessárias. Seu cumprimento poderá ser motivadamente sustado pelo órgão deprecado, nas situações enunciadas no art. 209, sem qualquer afronta ao princípio da inafastabilidade do controle jurisdicional, pois ao dever de cooperação sobrepõe-se, nesses casos, o de preservação da legitimidade e consequente validade do ato a ser praticado ou cumprido; portanto, em situações como as enunciadas no aludido artigo, deve a autoridade deprecada solicitar informações, complementações ou documentos necessários ao fiel cumprimento da carta e, em caso de omissão ou recusa do órgão deprecante, informar o fato ao tribunal competente, a fim de que adote as medidas adequadas à resolução do problema. Por derradeiro, se o julgamento do mérito da causa, pelo órgão deprecante, depender da prévia verificação de determinado fato ou da produção de determinada prova requisitada ao juízo deprecado, o processo será suspenso pelo prazo máximo de um ano (art. 313, inc. V, *b* e § 4º).

Jurisprudência

"Processual civil. Sentença estrangeira contestada. Divórcio. Citação editalícia no exterior. Réu que comprovadamente regressou ao Brasil, com a ciência da autora, antes do ajuizamento da ação nos Estados Unidos da América. Ausência de carta rogatória. Nulidade da citação no país de origem. Não homologação da sentença estrangeira. 1- O propósito da presente ação é obter a homologação de sentença proferida

Art. 238

pelo Poder Judiciário dos Estados Unidos da América que decretou o divórcio dos litigantes. 2- O regresso do réu ao Brasil antes do ajuizamento da ação em território estrangeiro, com a ciência da ex-cônjuge e autora da ação de divórcio, invalida a citação editalícia realizada no exterior, porque indispensável a citação da parte em território nacional, por carta rogatória, sob pena de vulneração à garantia fundamental ao contraditório. Precedentes. 3- Hipótese em que o réu retornou ao Brasil em definitivo no ano de 2012 e, posteriormente, teve contra si ajuizada uma ação de divórcio perante a justiça estadunidense, na qual a autora expressamente requereu a citação por edital do réu que sabia não mais estar em solo americano. Violação ao art. 963, II, do CPC/15, art. 15, alínea 'b', da Lei de Introdução às Normas do Direito Brasileiro e art. 216-D, II, do RISTJ. 4- Pedido de homologação de sentença estrangeira julgado improcedente." (STJ, SEC 14849, Corte Especial, Min. Nancy Andrighi, j. 7.3.2018, *DJe* 23.3.2018).

"Agravo interno na carta rogatória. *Exequatur*. Ofensa à ordem pública e à soberania nacional. Inexistência. Competência relativa. Agravo interno desprovido. 1. A simples notificação da parte Interessada acerca de ação em curso na Justiça rogante não constitui ofensa à ordem pública ou à soberania nacional, pois se trata de mero ato de comunicação processual. 2. A hipótese dos autos trata de matéria de competência relativa, ou seja, de conhecimento concorrente entre a Jurisdição brasileira e a estrangeira. 3. Agravo interno desprovido." (STJ, AgInt na CR 11891, Corte Especial, Rel. Min. Laurita Vaz, j. 21.2.2018, *DJe* 1.3.2018)

"Agravo interno na carta rogatória. Tese de deficiência na instrução. Documentação suficiente para compreensão da controvérsia. A concessão de *exequatur* à carta rogatória não importa em violação da garantia da ordem pública. Agravo interno desprovido. 1. A carta rogatória para a concessão do *exequatur* não precisa estar acompanhada de todos os documentos existentes na petição inicial e de detalhes do processo em curso, mas de peças suficientes para a compreensão da controvérsia. 2. A comissão tem por finalidade a intimação da parte Interessada para a exibição de documento, diligência que não traduz violação da ordem pública, de modo que não se observa óbice ao seu cumprimento. 3. Agravo interno desprovido." (STJ, AgInt na CR 10604, Corte Especial, Min. Laurita Vaz, j. 29.11.2017, *DJe* 5.12.2017).

CAPÍTULO II
DA CITAÇÃO

> **Art. 238.** Citação é o ato pelo qual são convocados o réu, o executado ou o interessado para integrar a relação processual.
>
> **Parágrafo único.** A citação será efetivada em até 45 (quarenta e cinco) dias a partir da propositura da ação. (Incluído pela Lei nº 14.195, de 2021)

▶ *Referência: CPC/1973 – Art. 213*

1. Conceito de citação

Ao estabelecer, em seu art. 213, que a citação é ato pelo qual o *réu* ou *interessado* era chamado a *defender-se*, o CPC/1973 omitia, de um lado, a figura do *executado* e limitava, de outro, as finalidades desse ato de comunicação processual. Correta, portanto, a dicção do art. 238, ao dispor que a citação é o ato pelo qual se convoca o réu, o *executado* ou o interessado para *integrar a relação processual*. Portanto, serão citados o réu, no processo de conhecimento ou para sua fase cognitiva (quando o processo tiver aptidão para gerar título executivo judicial), o executado, no processo de execução fundado em título executivo extrajudicial e o interessado, nos procedimentos de jurisdição voluntária (v.g., arts. 721 e 761, parágrafo único). Há, ainda, a possibilidade de vir a ser necessária a citação de terceiro estranho ao processo, como no caso daquele que tenha a posse ou o documento a ser exibido em juízo (art. 401).

Finalmente, nem sempre o citando será chamado a defender-se, na dicção do art. 213 do CPC revogado, mas, sim, para exercer outro direito ou faculdade, como na execução de alimentos fundada em título executivo extrajudicial, em que o executado é citado para, no prazo de 3 (três) dias, efetuar o pagamento das prestações já vencidas antes do início da execução e as que vierem a vencer no curso dela, provar que já as quitou ou, então, justificar a impossibilidade de quitá-las (v. CPC, art. 911, *caput* – CPC/1973, art. 733 e parágrafos).

2. O prazo de citação

Introduzido pela Lei nº 14.195/2021 com o evidente objetivo de acelerar a marcha processual, o parágrafo único do art. 238 estabelece prazo para a concretização da citação, qual seja, até 45 (quarenta e cinco) dias a partir da propositura da ação.

Esse *dies a quo* (data da propositura da ação) não encontra correspondência no rol do art. 231 do Código de Processo Civil e deve, portanto, ser entendido como nova hipótese autorizada pelo seu *caput*.

Já a interpretação do parágrafo único suscita dúvidas, dentre elas, se o legislador pretendeu, com a inserção da preposição temporal "até", simplesmente estabelecer o termo final para a realização do ato citatório, ou condicionar a eficácia da citação à observância desse prazo, que então seria preclusivo (v. art. 240). A nosso sentir, qualquer que seja a interpretação a ser adotada, soa correta a conclusão de que, embora não haja indicação da consequência que resultaria da extrapolação desse prazo, nenhum prejuízo poderá resultar ao autor, diante de tal ocorrência, se a ela não deu causa – mormente quando a demora for imputável exclusivamente ao serviço judiciário (CPC, art. 240, § 3º).

Derradeiras considerações: essa Lei nº 14.195/2021, fruto da conversão da Medida Provisória nº 1.040, de 29.03.2021, contempla, em seu Capítulo X, dedicado à racionalização processual, normas de direito processual civil, em claro desrespeito ao devido processo legislativo e à vedação estabelecida no art. 62, § 1º, I, *b*, da Constituição Federal. Vale dizer, no que se refere ao art. 44 dessa novel legislação, que as normas processuais por ele reguladas suscitam fundada dúvida quanto à sua constitucionalidade – caso dos arts. 77, 231, 238, 246, 247, 397 e 921 do Código de Processo Civil.

Jurisprudência

Súmula 631 do STF: "Extingue-se o processo de mandado de segurança se o impetrante não promove, no prazo assinado, a citação do litisconsorte passivo necessário."

"Agravo regimental em recurso extraordinário com agravo. Citação. Nulidade. Ofensa ao princípio do devido processo legal. Não ocorrência. Ofensa reflexa. Ausência de repercussão geral. Recurso não provido. 1. Não há repercussão geral quando a alegada ofensa aos princípios do devido processo legal, da ampla defesa e do contraditório é debatida sob a ótica

infraconstitucional. 2. Agravo regimental a que se nega provimento." (STF, AgR no ARE 895581-DF, 1º Turma, Min. Edson Fachin, j. 1.3.2016, *DJe* 16.3.2016).

"Agravo regimental no agravo em recurso especial. Contrato de prestação de serviços educacionais. Execução proposta contra o genitor do aluno. Pedido de intimação da genitora para compor a relação processual. Falta de interesse de agir. Fundamento do aresto recorrido não impugnado. Incidência das Súmulas 283 e 284/STF. Agravo desprovido. 1. Citação é o ato por meio do qual o réu é chamado para integrar a relação processual. Ausente requerimento de citação da mãe do menor em favor de quem se firmou contrato de prestação de serviços educacionais, não há que se dirigir contra ela a demanda executiva. 2. A falta de impugnação objetiva e direta dos fundamentos do acórdão recorrido denota a deficiência da fundamentação recursal, que se apegou a considerações secundárias que não constituíram objeto da decisão pelo Tribunal de origem, a fazer incidir, no particular, as Súmulas 283 e 284 do STF. 3. Agravo regimental a que se nega provimento." (STJ, AgRg no AREsp, 4ª Turma, Rel. Min. Raul Araújo, j. 17.3.2015, *DJe* 14.4.2015).

> **Art. 239.** Para a validade do processo é indispensável a citação do réu ou do executado, ressalvadas as hipóteses de indeferimento da petição inicial ou de improcedência liminar do pedido.
>
> **§ 1º** O comparecimento espontâneo do réu ou do executado supre a falta ou a nulidade da citação, fluindo a partir desta data o prazo para apresentação de contestação ou de embargos à execução.
>
> **§ 2º** Rejeitada a alegação de nulidade, tratando-se de processo de:
>
> I – conhecimento, o réu será considerado revel;
>
> II – execução, o feito terá seguimento.

▶ *Referência: CPC/1973 – Art. 214*

1. A citação como pressuposto de desenvolvimento válido e regular do processo

Reproduzindo, com variações, o disposto no art. 214 do CPC/1973, o art. 239 igualmente proclama a importância e a necessidade da citação como ato de integração de uma relação processual válida, ou seja, formada à luz das garantias constitucionais, com destaque às da ampla defesa e contraditório (CF, art. 5º, LV). Aliás, a indispensabilidade da citação do sujeito passivo funda-se na necessidade de a ele assegurar-se, mediante a observância de um procedimento previsto em lei, o pleno exercício dessas duas garantias; consequentemente, a falta ou nulidade de citação desfalcará o processo de outra garantia constitucional, a do devido processo legal (idem, inc. LIV).

Por conta dessas exigências constitucionais é que, ressalvadas as hipóteses indicadas na parte final do *caput* 239, os atos praticados no processo serão reputados nulos, se e quando o sujeito passivo não for regularmente citado, ou deixar de nele comparecer espontaneamente. Daí, a possibilidade de alegação, pelo réu, de inexistência ou de nulidade da citação em sede de contestação (art. 337, I), ou pelo executado, em sua impugnação ou embargos (arts. 525, § 1º, I, 535, I, e 803, II), embora caiba à autoridade judiciária reconhecer qualquer dessas objeções processuais, inclusive de ofício (arts. 337, § 5º e 803, parágrafo único).

A citação é dispensada quando o juiz indefere a petição inicial (CPC, art. 330) ou rejeita liminarmente o pedido do autor (art. 332), pois essas decisões, prolatadas *inaudita altera parte*, nenhum prejuízo acarretam ao réu, nem ofendem as garantias constitucionais aludidas.

2. Momento da citação

Nos termos do art. 312, considera-se proposta a ação no momento em que a petição inicial for protocolada, operando-se, então, para o autor e para o Estado-juiz, os efeitos resultantes do ajuizamento (v.g., prevenção da competência do juízo – art. 59); todavia, o sujeito passivo somente estará sujeito a esses efeitos depois de validamente citado (v. art. 240) – ou ingressando espontaneamente no processo –, daí a necessidade de sua pronta citação.

Há situações, no entanto, que justificam a prática antecedente de atos judiciais deferidos *inaudita altera parte*, como se dá, por exemplo, na concessão de tutela de urgência (art. 300, § 2º, primeira parte), com a posterior citação do réu (art. 303, § 1º, II) ou no imediato deferimento e expedição do mandado monitório, quando evidenciado o direito do autor (art. 701).

3. Comparecimento espontâneo do sujeito passivo

É evidente que o comparecimento espontâneo e tempestivo do réu ou do executado suprirá a falta da citação, ou expungirá a nulidade que dessa falta resultaria; no entanto, se já decorrido o prazo para a apresentação de contestação, para a oposição dos embargos ou para a oferta de impugnação, ainda assim qualquer deles poderá ingressar em juízo e alegar essa falta ou nulidade, sendo-lhes assegurada a oportunidade para, tempestivamente, agora valer-se daquela peça de defesa, opor os embargos ou apresentar impugnação (se já instaurada a fase de cumprimento da sentença); assumem o risco, porém, um e outro, de sendo rejeitada a alegação de nulidade da citação, o processo de conhecimento correr à revelia do contestante e a execução – ou a fase de cumprimento de sentença – ter curso regular, com a prática dos atos executivos correspondentes.

4. A citação como ato de integração litisconsorcial

Figurando como réu, nas ações elencadas nos incisos do § 1º do art. 73 do CPC, qualquer dos cônjuges ou companheiro, o outro deverá ser necessariamente citado para integrar a relação jurídica processual, na qualidade de litisconsorte passivo necessário.

Registra-se, em primeiro lugar, a dispensabilidade da citação do cônjuge se o regime matrimonial de bens for o de separação total, ou, ainda, quando se tratar de ação possessória que não envolva composse, nem tenha como causa ato praticado por ambos os cônjuges (CPC, art. 73, § 2º); depois, que em atenção à proteção legal conferida à união estável, confere-se ao companheiro a mesma qualidade processual ostentada por pessoa casada, de modo que tanto ele, quanto esta, deverão ser citados para figurar como litisconsortes nas ações referidas no § 1º do art. 73 (v. § 3º).

A exigência dessa citação resulta da natureza da relação de direito material controvertida, pois dela dependerá a eficácia da sentença a ser oportunamente prolatada (CPC, art. 114).

Já nas situações concretas em que o litisconsórcio também seja unitário (v.g., ação reivindicatória tendo por objeto imóvel integrante do patrimônio comum do casal), a ausência da citação acarretará a nulidade da sentença que venha a ser prolatada; sendo o litisconsórcio não unitário, esse ato decisório será ineficaz em relação ao cônjuge ou companheiro não citado oportunamente (art. 115, I e II). Aliás, justamente para impedir essa nulidade ou ineficácia da sentença, o juiz determinará ao autor que requeira a citação do cônjuge ou companheiro, sob pena de extinção do processo, sem resolução do mérito (arts. 115, parágrafo único e 485, IV).

Jurisprudência

"Direito internacional privado. Processual civil. Sentença estrangeira contestada. Divórcio decretado pela justiça de Portugal. Arts. 15 e 17 da Lei de Introdução às Normas do Direito Brasileiro. Art. 960 e seguintes do CPC/2015. Arts. 216-C, 216-D e 216-F do RISTJ. Requisitos atendidos. Pedido de homologação de sentença estrangeira deferido. 1. A homologação de decisões estrangeiras pelo Poder Judiciário possui previsão na Constituição Federal de 1988 e, desde 2004, está outorgada ao Superior Tribunal de Justiça, que a realiza com atenção aos ditames dos arts. 15 e 17 do Decreto-Lei n. 4.657/1942 (LINDB), do Código de Processo Civil de 2015 (art. 960 e seguintes) e do art. 216-A e seguintes do RISTJ. 2. Nos termos dos arts. 15 e 17 da Lei de Introdução às Normas do Direito Brasileiro; 963 do Código de Processo Civil/2015; e 216-C, 216-D e 216-F do Regimento Interno do Superior Tribunal de Justiça, que, atualmente, disciplinam o procedimento de homologação de sentença estrangeira, constituem requisitos indispensáveis ao deferimento da homologação os seguintes: (i) instrução da petição inicial com o original ou cópia autenticada da decisão homologanda e de outros documentos indispensáveis, devidamente traduzidos por tradutor oficial ou juramentado no Brasil e chancelados pela autoridade consular brasileira; (ii) haver sido a sentença proferida por autoridade competente; (iii) terem as partes sido regularmente citadas ou haver-se legalmente verificado a revelia; (iv) ter a sentença transitado em julgado; (v) não ofender a soberania, a dignidade da pessoa humana e/ou ordem pública. 3. No que tange à preliminar de 'nulidade da citação', penso, nos moldes do parecer do MPF, que a demandada, ao comparecer espontaneamente aos autos para arguir a nulidade da citação no processo de homologação, supriu a deficiência contida no mandado citatório, nos termos do art. 239, § 1º, do CPC/2015, fluindo a partir desta data o prazo para apresentação de contestação. 4. Tal fato é suficiente para considerar perfectibilizado o contraditório, eis que atendida a finalidade da citação, que é possibilitar o conhecimento da parte da existência de um processo contra si. A sentença homologanda, a propósito, foi proferida em Portugal, país de residência da requerida, pela Conservadora titular da Conservatória do Registro Civil da cidade da Guarda, cidade onde reside a requerida. E a petição inicial – que foi anexada ao mandado de citação – contém os dados que permitem identificar a sentença homologanda. Ou seja, a requerida poderia, facilmente, dirigir-se ao local competente na cidade da Guarda, em Portugal, para buscar a cópia da sentença homologanda. 5. Além disso, a Defensoria Pública da União, após a arguição de nulidade da citação, requereu, com fundamento no art. 6º do Código de Processo Civil, a concessão de prazo de 60 (sessenta) dias para suprir a deficiência referida, remetendo à requerida a cópia integral do processo para que possa confirmar ou não a dúvida sobre a veracidade da documentação. Tal prazo, no entanto, transcorreu em branco, sem notícias da DPU. Presumo, assim, que a DPU tenha entregue a cópia integral dos autos, como prometido, e a requerida nada teve a opor. 6. No mérito, a Defensoria Pública da União declarou nada ter a opor, o que também contou com a concordância do MPF. De fato, os requisitos legais se encontram plenamente atendidos neste caso, quanto à prova da citação da requerida e consequente revelia verificada no processo estrangeiro, ao trânsito em julgado, e estar a decisão devidamente autenticada por autoridade consular brasileira e com tradução oficial e/ou juramentada. 7. Pedido de homologação de sentença estrangeira deferido." (SEC 15.513/EX, Rel. Min. Og Fernandes, Corte Especial, j. 20.02.2019, *DJe* 27.02.2019)

"Recurso especial. Usucapião. Cumulação de pretensões: usucapião e delimitatória. Citação do cônjuge do confinante. Não ocorrência. Nulidade relativa do feito. Necessidade de demonstração do prejuízo. Ineficácia da sentença, com relação ao confinante, no que concerne à demarcação da área usucapienda. 1. Estabelece o Código de Processo Civil de 1973, no tocante ao procedimento da usucapião, que o autor deve requerer 'a citação daquele em cujo nome estiver registrado o imóvel usucapiendo, bem como dos confinantes e, por edital, dos réus em lugar incerto e dos eventuais interessados' (art. 942). 2. Os confrontantes têm grande relevância no processo de usucapião porque, a depender da situação, terão que defender os limites de sua propriedade e, ao mesmo tempo, poderão fornecer subsídios fáticos ao magistrado. 3. Com relação ao proprietário e seu cônjuge, constantes no registro de imóveis, é indispensável, na ação de usucapião, a citação deles (e demais compossuídores e condôminos) como litisconsortes necessários, sob pena de a sentença ser absolutamente ineficaz, *inutiliter data*, tratando-se de nulidade insanável. 4. No tocante ao confrontante, apesar de amplamente recomendável, a falta de citação não acarretará, por si, causa de irremediável nulidade da sentença que declara a usucapião, notadamente pela finalidade de seu chamamento – delimitar a área usucapienda, evitando, assim, eventual invasão indevida dos terrenos vizinhos – e pelo fato de seu liame no processo ser bem diverso daquele relacionado ao dos titulares do domínio, formando pluralidade subjetiva da ação especial, denominada de litisconsórcio sui generis. 5. Em verdade, na espécie, tem-se uma cumulação de ações: a usucapião em face do proprietário e a delimitação contra os vizinhos, e, por conseguinte, a falta de citação de algum confinante acabará afetando a pretensão delimitatória, sem contaminar, no entanto, a de usucapião, cuja sentença subsistirá, malgrado o defeito atinente à primeira. 6. A sentença que declarar a propriedade do imóvel usucapiendo não trará prejuízo ao confinante (e ao seu cônjuge) não citado, não havendo efetivo reflexo sobre a área de seus terrenos, haja vista que a ausência de participação no feito acarretará, com relação a eles, a ineficácia da sentença no que concerne à demarcação da área usucapienda. 7. Apesar da relevância da participação dos confinantes (e respectivos cônjuges) na ação de usucapião, inclusive com ampla recomendação de o juízo determinar eventual emenda à inicial para a efetiva interveniência – com citação pessoal – destes no feito, não se pode olvidar que a sua ausência, por si só, apenas incorrerá em nulidade relativa, caso se constate o efetivo prejuízo. 8. Na hipótese, apesar da citação dos titulares do domínio e dos confinantes, com a declaração da usucapião pelo magistrado de piso, entendeu o Tribunal a quo por anular, in-

devidamente, o feito *ab initio*, em razão da falta de citação do cônjuge de um dos confrontantes. 9. Recurso especial provido." (REsp 1432579/MG, Rel. Min. Luis Felipe Salomão, 4ª Turma, j. 24.10.2017, *DJe* 23.11.2017)

"Recurso ordinário em *habeas corpus.* Prisão civil. Devedor de alimentos. Citação por edital. Nulidade. Comparecimento espontâneo. Suprimento da nulidade. decreto prisional mantido. Ordem denegada. Recurso desprovido. 1. Atingida a finalidade do ato, o juiz o considerará válido, mesmo que realizado de modo diverso do prescrito em lei. Inteligência do art. 277 do NCPC. 2. O comparecimento espontâneo do réu ou do executado supre a nulidade da citação. Inteligência do art. 239, § 1º, do NCPC. 3. O decreto prisional por débito alimentar só é permitido nas hipóteses em que o devedor não comprova o pagamento ou tem a sua justificação desacolhida. 4. No caso, ocorreram as duas hipóteses. 5. A impugnação por defeito de ato processual, por si só, não retira a legalidade do decreto prisional por débito alimentar, pois não comprova adimplemento do débito, nem o justifica de modo razoável. 6. Recurso ordinário desprovido." (RHC 80.752/SP, Rel. Min. Paulo de Tarso Sanseverino, 3ª Turma, j. 16.03.2017, *DJe* 22.03.2017)

"Recurso especial. Processual civil. Ação de rescisão contratual. Citação. Teoria da aparência. Inaplicabilidade. Nulidade reconhecida. Vício transrescisório. Prejuízo evidente. 1. Na hipótese dos autos, aplica-se o Código de Processo Civil de 1973. 2. A jurisprudência desta Corte, abrandando a regra legal prevista no artigo 223, parágrafo único, segunda parte, do Código de Processo Civil de 1973, com base na teoria da aparência, considera válida a citação quando, encaminhada ao endereço da pessoa jurídica, é recebida por quem se apresenta como representante legal da empresa, sem ressalvas quanto à inexistência de poderes de representação em juízo. 3. Inaplicabilidade da teoria da aparência no caso concreto, em que a comunicação foi recebida por funcionário da portaria do edifício, pessoa estranha aos quadros da pessoa jurídica. 4. O vício de nulidade de citação é o defeito processual de maior gravidade em nosso sistema processual civil, tanto que elevado à categoria de vício transrescisório, podendo ser reconhecido a qualquer tempo, inclusive após o escoamento do prazo para o remédio extremo da ação rescisória, mediante simples alegação da parte interessada. 5. Por aplicação do princípio da *pas de nullité sans grief*, mesmo os vícios mais graves não se proclamam se ausente prejuízo às partes. Todavia, na espécie, o prejuízo é evidente diante do prosseguimento do processo sem a apresentação de defesa. 6. O Código de Processo Civil de 2015, em seu artigo 248, § 4º, traz regra no sentido de admitir como válida a citação entregue a funcionário de portaria responsável pelo recebimento de correspondência, norma inaplicável à hipótese dos autos. 7. Recurso especial desprovido." (STJ, REsp 1625697, 3ª Turma, Rel. Min. Ricardo Villas Bôas Cueva, j. 21.2.2017, *DJe* 24.2.2017).

"Recurso especial. Processual civil. *Querela nullitatis insanabilis*. Dissídio jurisprudencial. Ausência de cotejo. Não demonstração da afronta aos arts. 131 e 353 do CPC. Atração do enunciado 284/STF. Comparecimento espontâneo da parte ré no curso de anterior ação reivindicatória. Inexistência de nulidade. Hipótese que não se enquadra dentre aquelas apta à propositura da *querela nullitatis*. 1. A 'querela nullitatis insanabilis' constitui medida voltada à excepcional eiva processual, podendo ser utilizada quando, ausente ou nula a citação, não se tenha oportunizado o contraditório ou a ampla defesa à parte demandada. 2. Alegação de nulidade de citação que restou superada na ação em que prolatadas as decisões que, agora, pretende-se sejam desconstituídas. 3. Reconhecimento do comparecimento espontâneo da parte demandada, que deixou transcorrer 'in albis' o prazo para contestação, mesmo tendo adentrado no processo para suscitar a falha de cientificação e, ainda, impugnar a concessão da tutela antecipada. 4. Inexistência de substrato para o reconhecimento da nulidade ou ausência de citação apta ao ajuizamento de 'querela nullitatis insanabilis'. 5. Recurso especial desprovido." (STJ, REsp 1625033, 3ª Turma, Rel. Min. Paulo de Tarso Sanseverino, j. 23.5.2017, *DJe* 31.5.2017).

"Direito civil. Recurso especial. Ação rescisória. Termo inicial do prazo decadencial. Nulidade de citação. Cabimento. *Querela nullitatis*. Fungibilidade. 1. Ação rescisória ajuizada em 18.10.2013, da qual foi extraído o presente recurso especial, interposto em 17.12.2015 e concluso ao Gabinete em 25.08.2016. 2. Cinge-se a controvérsia a decidir sobre o termo inicial do prazo de decadência para o ajuizamento de ação rescisória, bem como sobre o cabimento desta, quando fundada em nulidade de citação. 3. A decadência do direito de desconstituir, em ação rescisória, a coisa julgada material implementa-se no prazo de dois anos iniciado no dia seguinte ao término do prazo para a interposição do recurso em tese cabível contra o último pronunciamento judicial. 4. O princípio da fungibilidade autoriza que a *querela nullitatis* assuma também a feição de outras formas de tutela – incluindo a ação rescisória –, cuja escolha dependerá da situação jurídica em que se encontrar o interessado no momento em que toma conhecimento da existência do processo (concurso eletivo): se antes do prazo de dois anos, previsto no art. 495 do CPC/73, caberá ação rescisória ou ação de nulidade; se depois de transcorrido o biênio, somente esta, já que não é atingida pelos efeitos da decadência. 5. Recurso especial conhecido e desprovido." (STJ, REsp 1600535, 3ª Turma, Rel. Min. Nancy Andrighi, j. 15.12.2016, *DJe* 19.12.2016).

"Processual civil. Embargos à execução. Prazo. Citação. Comparecimento espontâneo em cartório. Réu representado pela Defensoria Pública. Habilitação dentro do prazo legal. Defensoria Pública. Prerrogativas. Intimação pessoal. Prazo em dobro. Vista pessoal dos autos. Art. 241 do CPC/1973 *vs* art. 44, I e VI, da LC nº 80/1994. Prevalência da LC nº 80/1994. Cerceamento de defesa. Configuração. Tempestividade. Reconhecimento. 1. Caso concreto em que, após o réu comparecer espontaneamente em cartório e se dar por citado, buscou a assistência da Defensoria Pública da União, que imediatamente se habilitou nos autos e requereu vista pessoal para apresentação da defesa. Os autos, porém, foram remetidos a destempo e as instâncias ordinárias julgaram os embargos à execução intempestivos. 2. Cinge-se a controvérsia a determinar se o prazo para oposição dos embargos à execução tem início na data da citação do réu, com base no art. 241 do CPC/1973, ou na data de recebimento dos autos na Defensoria Pública, consideradas as prerrogativas de intimação e vista pessoal previstas no art. 44, incisos I e VI, da LC nº 80/1994. 3. A assistência judiciária gratuita prestada pela Defensoria Pública é um serviço público e um direito fundamental garantido pela Constituição, sendo descabido punir o cidadão hipossuficiente pelo mau funcionamento do próprio Estado. As prerrogativas da Defensoria Pública se justificam por ser função essencial à realização da justiça. É pacífica a constitucionalidade do tratamento diferenciado atribuído pela lei. 4. O recebimento dos autos com vista está assegurado no art. 44, VI, da LC nº 80/1994, bem como no art. 4º, inciso V, do mesmo diploma legal, como condição para o exercício das funções institucionais da Defensoria Pública perante todos os órgãos e em todas as instâncias, ordinárias ou extraordinárias. Trata-se de meio para garantir a efetividade dos direitos fundamentais à ampla defesa e ao contraditório das partes por ela representadas, mitigando a disparidade de armas causada pelo volume expressivo de processos e pelas limitações estruturais próprias dos órgãos públicos. 5. O prazo em dobro para apresentação dos embargos à execução, no caso de réu assistido pela Defensoria Pública, deve ser contado a partir da entrada dos autos com vista na referida instituição, sob pena de a demora do Judiciário em remeter os autos físicos inviabilizar o exercício do contraditório. Prerrogativa que deve incidir desde que a habilitação ocorra dentro do prazo a que faria jus originalmente o réu, como forma de garantir a preservação da finalidade do instituto, da isonomia e do bom funcionamento da jurisdição. 6. Na hipótese, a demora noticiada de aproximadamente 2 (dois) meses para remessa dos autos após o pedido de habilitação da Defensoria Pública implicou flagrante cerceamento de defesa. Além disso, a expedição de mandado de citação em data posterior ao suposto comparecimento espontâneo do executado gerou uma dúvida razoável a respeito do marco inicial do prazo para propositura dos embargos à execução. 7. Embora o comparecimento espontâneo da parte possua o condão de suprir a citação, nos termos do art. 214, § 1º, do CPC/1973, a mera presença em cartório do devedor sem estar acompanhado de advogado constituído nem a apresentação de qualquer peça de defesa não dispensa a sua citação formal. 8. Com base no princípio da instrumentalidade das formas, o comparecimento espontâneo do réu supre a citação quando é atingida a finalidade do ato, qual seja, informar a parte, de modo inequívoco, acerca da demanda ajuizada contra si e de suas respectivas consequências, a fim de viabilizar o exercício do seu direito de defesa. Precedentes. 9. Em se tratando de parte assistida pela Defensoria Pública, é suficiente para o reconhecimento da tempestividade dos embargos à execução que o ajuizamento ocorra dentro do prazo elastecido a que faz jus, por força dos arts. 44, I, da LC nº 80/1994 e 5º, § 5º, da Lei nº 1.060/1950. Prece-

dentes. 10. Recurso especial provido." (STJ, REsp 1698821, 3ª Turma, Rel. Min. Ricardo Villas Bôas Cueva, j. 6.2.2018, *DJe* 15.2.2018).

"Direito processual civil. Agravo interno no recurso especial. Inexistência de ofensa ao art. 535 do CPC/1973. Comparecimento em cartório para prática de ato de defesa. Suprimento de citação. Desnecessidade de poderes especiais. defesa deduzida em várias petições. exceção de pré-executividade. 1. Inexiste omissão se a matéria mencionada no recurso foi debatida pelo Tribunal de origem. 2. O comparecimento do advogado da parte em juízo, apresentando ampla defesa ao longo da execução, em várias petições protocolizadas desde 2003, sendo que a última petição, de 12.9.2012, foi recebida como exceção de pré-executividade, supre o ato citatório na forma do art. 214, § 1º, do CPC/1973. Precedentes do STJ. 3. Não se exige procuração com poderes especiais (art. 215 do CPC/1973) nesses casos, porque a citação não é feita na pessoa do advogado. Aliás, não houve sequer citação, mas suprimento desse ato processual pelo comparecimento espontâneo da parte em juízo, por intermédio do seu procurador constituído (art. 214, § 1º, do CPC/1973). Incidência da Súmula n. 83 do STJ. 4. Agravo interno a que se nega provimento." (STJ, AgInt no REsp 1486590, 4ª Turma, Rel. Min. Antonio Carlos Ferreira, j. 16.11.2017, *DJe* 21.11.2017).

"Agravo de instrumento. Execução de título extrajudicial – Decisão indeferiu pedido de levantamento da quantia penhorada, indicando inaplicabilidade dos artigos 513, § 3º e 274, parágrafo único, ambos do CPC/15, registrando revelia dos executados Um dos réus citado por edital, com nomeação de curador especial, demais réus não citados Inviabilidade de aplicação dos artigos 513, § 3º e 274, parágrafo único, ambos do CPC/15 Quantia constrita com origem em penhora no rosto dos autos, pertencente à pessoa jurídica executada, não citada Citação indispensável Inteligência do art. 239 do CPC/15 Recurso negado." (TJSP, Agravo de Instrumento 2053632-77.2018.8.26.0000, 13ª Câmara de Direito Privado, Rel. Des. Francisco Giaquinto, j. 23.4.2018, publ. 23.4.2018).

"Apelação. Ação de busca e apreensão. Conversão em execução embargos à execução. Conversão da busca e apreensão em ação executiva nos termos do art. 4º, *caput*, do Decreto-lei nº 911/69. Citação válida. Comparecimento espontâneo do réu ou do executado que supre a falta ou nulidade da citação. Art. 239, § 1º, do CPC. Intimação para pagamento. Art. 914 e art. 915 do CPC. Estando o apelante regularmente representado nos autos do processo, verifica-se ter sido igualmente regular sua intimação para pagamento ou apresentação de defesa após a conversão da busca e apreensão em pleito executivo Art. 513, § 2º, I, c/c art. 771, Parágrafo único, do CPC. Intempestividade. Rejeição liminar com fulcro no dispositivo do art. 918 do CPC. Bem decretada. Sucumbência. Princípio da causalidade. Honorários advocatícios recursais. Art. 85, §§ 1º, 2º e 11 do CPC em vigor. Negado provimento." (TJSP, Apelação Cível nº 1003129-89.2017.8.26.0037, 25ª Câmara de Direito Privado, Rel. Des. Hugo Crepaldi, j. 24.8.2017, publ. 24.8.2017).

> **Art. 240.** A citação válida, ainda quando ordenada por juízo incompetente, induz litispendência, torna litigiosa a coisa e constitui em mora o devedor, ressalvado o disposto nos arts. 397 e 398 da Lei nº 10.406, de 10 de janeiro de 2002 (Código Civil)
>
> **§ 1º** A interrupção da prescrição, operada pelo despacho que ordena a citação, ainda que proferido por juízo incompetente, retroagirá à data de propositura da ação.
>
> **§ 2º** Incumbe ao autor adotar, no prazo de 10 (dez) dias, as providências necessárias para viabilizar a citação, sob pena de não se aplicar o disposto no § 1º.
>
> **§ 3º** A parte não será prejudicada pela demora imputável exclusivamente ao serviço judiciário.
>
> **§ 4º** O efeito retroativo a que se refere o § 1º aplica-se à decadência e aos demais prazos extintivos previstos em lei.

▶ *Referência: CPC/1973 – Art. 219*

1. Efeitos da citação

Mantida a exigência da validade da citação para a produção de seus efeitos processuais e materiais, do confronto dos arts. 219 do CPC/1973 e 240 do atual extrai-se, de pronto, as profundas alterações a seguir examinadas.

1.1 Competência do órgão jurisdicional

O art. 219 do diploma revogado impunha o atendimento de dois requisitos para a produção dos *efeitos processuais* da citação: a

validade do ato e a *competência do juiz* (*rectius*: do órgão jurisdicional); já os *efeitos materiais* seriam produzidos mesmo quando o ato citatório fosse ordenado por juiz oficiante em órgão jurisdicional incompetente para a ação. Sem adentrar no debate acerca da natureza dessa incompetência (se absoluta ou relativa), tem-se que o art. 240 do Código em vigor reconhece à citação válida a dupla eficácia (processual e material), independentemente da competência do órgão jurisdicional perante o qual a ação foi proposta.

É evidente, no entanto, que essa eficácia não prescindirá da validade do ato citatório, salvo se o réu ou o executado ingressar espontaneamente no processo (v. art. 239, § 1º).

1.2 Prevenção da competência

A prevenção da competência do órgão jurisdicional resultará do registro ou da distribuição da petição inicial (art. 59), não mais do ato de sua recepção pelo juiz (CPC/1973, art. 106) ou da citação válida (art. 219).

1.3 Constituição em mora

Na dicção do art. 394 do CC, o devedor será considerado em mora se não efetuar o pagamento no tempo, lugar ou forma estabelecidos pela lei ou convencionalmente e, o credor, se não quiser recebê-lo nessas mesmas condições.

Portanto, se a obrigação tem por objeto *prestação líquida* (quantidade certa de bens devidos), é *positiva* (i.e., cabe ao devedor atuar comissivamente) e tem *prazo certo*, seu inadimplemento – e não a citação – constitui em mora o devedor (art. 397, *caput*); não havendo termo certo para o pagamento, daí, sim, o devedor será constituído em mora (*ex persona*) mediante interpelação extrajudicial, judicial (v. CPC, arts. 726 e ss.), ou, ajuizada ação, pela citação válida (art. 397, parágrafo único).

Provindo a obrigação de ato ilícito (*responsabilidade civil aquiliana* ou *extracontratual*), o devedor estará automaticamente em mora desde que o praticou (mora *ex re* – art. 398), conforme orientação já sedimentada na Súmula 54 do Superior Tribunal de Justiça: "*Os juros moratórios fluem a partir do evento danoso, em caso de responsabilidade extracontratual.*"

Em suma, não estando o réu (ou o autor reconvindo) ainda constituído em mora, este

Art. 240

CÓDIGO DE PROCESSO CIVIL INTERPRETADO

efeito material resultará da citação válida, pois sobrevindo, ao final, decisão favorável ao autor (ou ao réu reconvinte), tendo por objeto prestação pecuniária, os juros moratórios serão computados a contar da data da realização daquele ato (CC, art. 405), com atualização monetária e os acréscimos de custas processuais e verba honorária, mais pena convencional, quando houver estipulação nesse sentido (art. 404). Entenda-se, porém, que os juros legais e demais consectários da condenação serão fixados independentemente de pedido explícito pelo autor (CPC, art. 322, § 1º), mas os convencionais e a pena por inadimplemento só serão concedidos se e quando expressamente requeridos pela parte (arts. 322, *caput* e 492, comb.).

Merecem registro, finalmente, os precedentes consubstanciados nos enunciados sumulares do Supremo Tribunal Federal (Súmula 163) e do Superior Tribunal de Justiça (Súmulas 43, 70, 102, 188, 204, 229, 277, 278 e 426).

1.4 Interrupção da prescrição

Com o claro objetivo de encerrar, em definitivo, disputas doutrinárias envolvendo o conceito de prescrição (pois omisso o CC de 1916), em seu art. 189 o atual Código Civil consagra a tese de que a prescrição fulmina a *pretensão* (*rectius*: o direito subjetivo a uma prestação, suscetível de lesão), preservados, assim, o direito de ação e o direito subjetivo lesionado, que poderá ser espontaneamente atendido pelo devedor. Mas, sem desmerecer o esforço e a louvável intenção do legislador ao estabelecer o conceito de prescrição, de modo algum ele é imune a críticas.

Realmente – e a título de simples ilustração –, a interpretação literal do artigo 189 pode levar à enganosa conclusão de que somente existirá a pretensão se e quando violado *efetivo* direito do interessado, o que não é rigorosamente correto, pois ele poderá deduzir *pretensão infundada* (*v.g.*, inexiste o direito afirmado pela parte, ou existe e não foi lesionado, ou, finalmente, a prestação correspondente ainda não se tornou exigível); ademais, desprezando o próprio conceito estampado no artigo em pauta, ao estabelecer o direito de o marido impugnar o filho havido por sua mulher, o Código reincide na antiga afirmação de que a prescrição atinge o direito de ação (v. art. 1.601).

Volvendo a atenção para o § 1º do art. 240 do CPC, conclui-se que, na esteira do idêntico parágrafo do art. 219 do CPC/1973, nele recepcionou-se a regra estampada no art. 202, inc. I, do CC, ao prever que o fluxo do prazo prescricional será interrompido com o *despacho liminar positivo* (despacho de recebimento da petição inicial), retroagindo esse efeito interruptivo à data da propositura da ação, desde que o autor adote as providências necessárias à viabilização do ato citatório no decêndio legal (§ 2º); ultrapassado esse prazo por causa imputável exclusivamente à serventia do juízo, o autor não será prejudicado (§ 3º) – como, aliás, preconiza a súmula 106 do Superior Tribunal de Justiça: "*Proposta a ação no prazo fixado para o seu exercício, a demora na citação, por motivos inerentes ao mecanismo da Justiça, não justifica o acolhimento da arguição de prescrição ou decadência.*"

Nem deveria ser diferente: mesmo agindo com zelo e presteza na defesa de seus interesses, ainda assim poderia o titular do direito ofendido vir a ser atingido pela consumação da prescrição, se e quando a interrupção do curso de seu prazo resultasse exclusivamente da efetivação do ato citatório e nele se esgotasse. O ajuizamento tempestivo da demanda, estando em curso o prazo prescricional, poderia revelar-se de todo inútil, na medida em que são inúmeros os percalços (e as armadilhas) que se antepõem à concretização daquele ato processual.

A retroação do efeito interruptivo à data do ingresso do autor em juízo, condicionada à efetivação válida e tempestiva da citação, premia sua diligência e impede a ocorrência de danos marginais resultantes da demora do processo; vale dizer, mesmo que a citação se concretize *depois de consumada*, em tese, *a prescrição*, ainda assim ela não será decretada pelo juiz, mercê da retroação do referido efeito interruptivo. Mas o autor negligente, que descura da incumbência imposta pelo § 1º, não será beneficiado por essa retroação – ressalvada, é claro, a hipótese em que a citação, embora tardia, vier a ser concretizada *ainda na pendência do prazo prescricional*, pois indiferente, nesse caso, a ausência do efeito retroativo.

Destarte, na sistemática agora estabelecida pelo CPC, ajuizada a ação (art. 312) antes do exaurimento do prazo prescricional e efetivada a citação válida do réu, ou mesmo depois de consumado esse prazo, mas por demora não atribuível ao autor –, a prescrição não se consumará.

Outra consideração: a Lei nº 11.280, de 16 de fevereiro de 2006, conferiu nova redação ao § 5º do art. 219 do CPC/1973, atribuindo tratamento uniforme à prescrição, ou seja, considera-a *objeção substancial*, devendo ser reconhecida pelo juiz, inclusive de ofício, a qualquer tempo (*v.* art. 295, IV); e essa previsão diz respeito quer à denominada prescrição não patrimonial, quer à patrimonial, pouco importando, neste último caso, a capacidade civil do réu, pois o art. 11 da aludida lei revogou o art. 194 do Código Civil.

Essa previsão do § 5º não foi incluída no rol do art. 240 do Código de Processo Civil em vigor, mas da exegese de outros de seus dispositivos é possível extrair-se as seguintes conclusões: coerente com o princípio estampado no art. 9º – que não contempla, nas situações que ressalva, o reconhecimento *ex officio* da prescrição (ou da decadência) –, em seu parágrafo único o art. 487 impõe a prévia intimação do interessado para se manifestar sobre a ocorrência de qualquer deles, em atenção, evidentemente, às garantias da ampla defesa e do contraditório. Já o art. 332 prevê a rejeição liminar do pedido do autor, sem necessidade da prévia citação do réu, quando verificar, de pronto, a ocorrência da decadência *legal* (CC, art. 210) ou da prescrição; mas a dispensa de citação do réu (que será beneficiado pela sentença) não dispensa, por certo, a prévia intimação do autor, em obediência aos já referidos arts. 9º e 487. Aliás, não se pode perder de vista que ao juiz é defeso julgar de plano quando se tratar de decadência *convencional*, pois esta exige, para seu reconhecimento, alegação expressa pela parte a quem aproveita, não podendo o juiz suprir a alegação (CC, art. 211).

Finalmente, também na execução operar-se-á o efeito retroativo interruptivo da prescrição, conforme preceitua o CPC em seu art. 802 e parágrafo.

2. Outros efeitos da citação válida

Já se afirmou que a citação válida produz efeitos de ordem material e processual. Na dicção do art. 240, efeito processual é a indução da litispendência para o sujeito passivo e, materiais, a constituição em mora do devedor e a litigio-

sidade da coisa (apesar de esta ser entendida, por parte da doutrina, como efeito processual).

Já examinado o tema relacionado à constituição em mora, resta tratar da litispendência do processo e da litigiosidade da coisa.

2.1. Litispendência

Incidindo na mesma confusão conceitual cometida pelo CPC/1973 em seu art. 301, § 3º, 1ª parte, entre o instituto da litispendência e a defesa processual nela fundada, no § 3º do art. 337 do atual registra-se que "*há litispendência quando se repete ação que está em curso*", defesa a ser alegada pelo réu na contestação (inc. VI), mas cognoscível até mesmo de ofício pelo juiz, objeção processual que é (§ 5º).

No rigor técnico, portanto, o fenômeno da litispendência corresponde à existência de um processo ainda em curso; ela nasce, para o autor e o Estado-juiz, no ato da propositura da ação e estende-se, para o sujeito passivo, no momento em que é validamente citado ou ingressa voluntariamente no processo. E, justamente porque este já está litispendente, é vedada a repetição da mesma ação (art. 337, § 2º), ou seja, é proibido o *bis in idem*, seja em atenção à economia processual (desnecessidade de duplicidade de decisões idênticas para o mesmo conflito), seja, principalmente, em respeito à segurança jurídica (necessidade de evitar-se decisões contraditórias), tanto que, reproduzida em juízo *idêntica ação de processo já em curso*, o novel processo será extinto sem resolução do mérito (arts. 354, *caput*, e 485, V, comb.).

Em suma: a litispendência não nasce da repetição da mesma ação: impede-a.

2.2. Litigiosidade da coisa

Ao estabelecer que a citação válida "torna litigiosa a *coisa*" a lei atribui a este último vocábulo duplo significado, quais sejam, na lição de Cândido Dinamarco, "o *bem* apto a constituir objeto da pretensão do demandante ou a *relação jurídica* que constitua, ela própria, objeto da medida jurisdicional postulada" (*Instituições de direito processual civil*, vol. II, 6ª ed., São Paulo: Malheiros, 2009, nº 419, p. 81). Aliás, justamente em razão das consequências que opera nos planos processuais e materiais, permanece o dissídio, em sede doutrinária, acerca da exata natureza desse efeito da citação válida, conforme já aludido anteriormente.

No plano material registra-se, entre outros, *(i)* a exoneração do devedor, mediante consignação, da obrigação litigiosa (CC, art. 344) e *(ii)* a impossibilidade de o adquirente do bem (da *coisa*, na dicção legal) demandar pela evicção, se tinha conhecimento de que era litigioso (art. 457); no processual, *(i)* a alienação, por ato *inter vivos*, da coisa ou do direito litigioso, a título particular, não altera a legitimidade das partes, podendo o adquirente ou o cessionário ingressar no processo como assistente litisconsorcial do alienante ou do cessionário, mas não sucedê-lo sem o consentimento expresso da parte contrária (CPC, art. 109, §§ 1º e 2º) e, *(ii)* a alienação ou oneração do bem litigioso constitui fraude à execução (art. 792, IV), sendo ineficaz em relação ao exequente (§ 1º), além de caracterizar ato atentatório à dignidade da justiça (art. 774, I) e acarretar a imposição de multa ao executado (parágrafo único).

Jurisprudência

Súmula 163 do STF: Salvo contra a Fazenda Pública, sendo a obrigação ilíquida, contam-se os juros moratórios desde a citação inicial para a ação.

Súmula 43 do STJ: Incide correção monetária sobre dívida por ato ilícito a partir da data do efetivo prejuízo.

Súmula 54 do STJ: "Os juros moratórios fluem a partir do evento danoso, em caso de responsabilidade extracontratual."

Súmula 70 do STJ: Os juros moratórios, na desapropriação direta ou indireta, contam-se desde o trânsito em julgado da sentença.

Súmula 102 do STJ: A incidência dos juros moratórios sobre os compensatórios, nas ações expropriatórias, não constitui anatocismo vedado em lei.

Súmula 106 do STJ: "Proposta a ação no prazo fixado para o seu exercício, a demora na citação, por motivos inerentes ao mecanismo da Justiça, não justifica o acolhimento da arguição de prescrição ou decadência."

Súmula 188 do STJ: Os juros moratórios, na repetição do indébito tributário, são devidos a partir do trânsito em julgado da sentença.

Súmula 204 do STJ: Os juros de mora nas ações relativas a benefícios previdenciários incidem a partir da citação válida.

Súmula 229 do STJ: O pedido do pagamento de indenização à seguradora suspende o prazo de prescrição até que o segurado tenha ciência da decisão.

Súmula 277 do STJ: Julgada procedente a investigação de paternidade, os alimentos são devidos a partir da citação.

Súmula 278 do STJ: O termo do prazo prescricional, na ação de indenização, é a data em que o segurado teve ciência inequívoca da incapacidade laboral.

Súmula 426 do STJ: Os juros de mora na indenização do seguro DPVAT fluem a partir da citação.

"Recurso especial. Direito civil e processual civil. CPC/1973. Negócios jurídicos bancários. Mútuo feneratício. Crédito rural. Atualização pelos índices da poupança. IPC/BTNF de março de 1990. Plano Collor I. Repetição de indébito. Negativa de prestação jurisdicional. Não ocorrência. Prescrição vintenária. Precedentes. Revisão de contratos findos. Cabimento. Súmula 286/STJ. Cédula de crédito rural. Índice da caderneta de poupança. BTNF. Precedentes. Juros remuneratórios. Descabimento. Dualidade de índices instituída por lei. Ausência de má-fé das instituições financeiras. 1. Julgamento do caso concreto referente ao Tema 968/STJ. 2. Inocorrência de negativa de prestação jurisdicional. 3. Prescrição vintenária da pretensão de restituição do indébito decorrente da incidência de índices de março de 1990 (Plano Collor I), uma vez que, na data de entrada em vigor do Código Civil de 2002, já havia decorrido mais da metade do prazo prescricional. Precedentes. 4. 'A renegociação de contrato bancário ou a confissão da dívida não impede a possibilidade de discussão sobre eventuais ilegalidades dos contratos anteriores' (Súmula 286/STJ). 5. O índice de correção monetária aplicável às cédulas de crédito rural, no mês de março de 1990, nos quais prevista a indexação aos índices da caderneta de poupança, é o BTN no percentual de 41,28%. Precedentes específicos do STJ. 6. 'Descabimento da repetição do indébito com os mesmos encargos do contrato' (Tema 968/STJ). 7. Descabimento da condenação da instituição financeira mutuante a pagar juros remuneratórios na repetição de indébito, tendo em vista a ausência de má-fé daquela na aplicação do IPC ao crédito rural.

8. Carência de interesse recursal no que tange à sanção civil de repetição em dobro, sequer cominada nos presentes autos. 9. Recurso especial parcialmente provido." (REsp 1552434/GO, Rel. Min. Paulo de Tarso Sanseverino, 3ª Turma, j. 12.03.2019, *DJe* 15.03.2019)

"Embargos de divergência no agravo em recurso especial. Processual civil. Administrativo servidor público. Imposto de renda. Restituição. Ajuizamento de ação indenizatória contra parte ilegítima. Citação válida. Ausência de interrupção da prescrição. Inteligência do art. 202, inciso I, do Código Civil/2002 e art. 219, *caput* e § 1º, do CPC/1973 (atual art. 240, § 1º, do CPC/2015). Embargos de divergência conhecidos e acolhidos. 1. Nos termos do § 1º do art. 219 do CPC/1973, a citação válida, ainda quando ordenada por juiz incompetente, interrompe a prescrição, que retroagirá à data da propositura da ação. O § 1º do art. 240 do CPC/2015, por sua vez, alinhado com o novo Código Civil, reza que a interrupção da prescrição, operada pelo despacho que ordena a citação, ainda que proferido por juízo incompetente, retroagirá à data de propositura da ação. 2. O inciso I do art. 202 do Código Civil/2002 condiciona o efeito interruptivo da prescrição, a partir do despacho que ordenar a citação, 'se o interessado a promover no prazo e na forma da lei processual'. 3. É consequência inarredável das normas de regência que não há interrupção da prescrição (i) se a citação ocorre depois da implementação do prazo prescricional, salvo demora imputável à administração judiciária (§ 3º do art. 240 do CPC/2015); ou, mesmo antes, (ii) se a citação não obedece a forma da lei processual. Nessa segunda perspectiva, se a ação é endereçada à parte ilegítima, claramente não foi observada a forma da lei processual e, por conseguinte, não há falar em interrupção do prazo prescricional. 4. Cumpre ressaltar que, no caso dos autos, não há falar em dúvida acerca da parte legítima – o que, eventualmente, poderia ensejar a mitigação desse entendimento acerca da interrupção do prazo prescricional –, porquanto as ações foram propostas apenas em face da União, parte já reconhecidamente ilegítima à época, em razão do julgamento do REsp nº 989.419/RS, Rel. Ministro Luiz Fux, Primeira Seção, julgado em 25.11.2009, *DJe* 18.12.2009, sob o rito dos recursos repetitivos (Tema 193) e da edição da Súmula nº 447/STJ: 'Os Estados e o Distrito Federal são partes legítimas na ação de restituição de imposto de renda retido na fonte proposta por seus servidores.' (Súmula nº 447, Primeira Seção, julgado em 28.04.2010, *DJe* 13.05.2010). 5. Embargos de divergência conhecidos e acolhidos para, cassando o acórdão embargado da Segunda Turma, conhecer do agravo em recurso especial e dar provimento ao recurso especial do Estado do Paraná, a fim de restabelecer a sentença de primeiro grau, que havia declarado a prescrição da pretensão dos Autores, com a consequente extinção do processo, com base no art. 269, inciso IV, do CPC/1973." (EAREsp 1294919/PR, Rel. Min. Laurita Vaz, Corte Especial, j. 05.12.2018, *DJe* 13.12.2018)

"Civil. Pensão recebida indevidamente. Juros de mora. Marco inicial de incidência. Citação. 1. Inicialmente, destaco inexistir a alegada ofensa ao art. 1022 do CPC/2015, haja vista que a matéria em questão foi analisada, de forma completa e fundamentada, pelo Tribunal de origem. 2. Nos termos do art. 219 do CPC/73 (240 do CPC/2015), a citação válida faz litigiosa a coisa e constitui em mora o devedor. A partir desse momento, ao tomar conhecimento da pretensão da parte adversa, poderia com ela concordar, reconhecendo a procedência do pedido. Não o fazendo, assume o risco diante de eventual procedência, hipótese em que a omissão lhe será imputada (art. 396 do Código Civil). 3. Com a renovação do entendimento do Tribunal de origem, em conformidade com o art. 85, § 11, do CPC/2015, majoram-se os honorários de 10% para 15% sobre o valor da causa. 4. Recurso Especial não provido." (REsp 1736574/SP, Rel. Min. Herman Benjamin, 2ª Turma, j. 22.05.2018, *DJe* 23.11.2018)

"Processual civil e tributário. ITBI. Ação declaratória de inexistência de relação jurídica. Alteração do polo ativo após a citação. Anuência prévia do réu. Obrigatoriedade. arts. 41 e 264 do CPC/1973. Estabilização da demanda. 1. Malgrado o tema de fundo verse sobre ITBI, a controvérsia devolvida no Recurso Especial se restringe à alteração do polo ativo da ação, após a citação, sem a anuência ou manifestação prévia do réu. 2. O Tribunal de origem entendeu ser possível a modificação do pedido ou da causa de pedir, mesmo sem a concordância ou oitiva da parte adversa, se não houver prejuízo. Na espécie, como se trata de alteração do polo ativo, em que nem sequer foram alterados o

Art. 241

CÓDIGO DE PROCESSO CIVIL INTERPRETADO

pedido e a causa de pedir, a retificação subjetiva da lide poderia ser realizada, desde que reaberto o prazo para contestação. 3. A decisão recorrida contraria a jurisprudência pacífica do STJ acerca da interpretação uniforme da legislação federal aplicável. De acordo com a orientação sedimentada nesta Corte, "por força do princípio da estabilização subjetiva do processo, prestigiado nos arts. 41 e 264 do CPC, feita a citação validamente, não é mais possível alterar a composição dos polos da relação jurídica processual, salvo as substituições permitidas por lei." (REsp 151.877/PR, Rel. Ministro Adhemar Maciel, Segunda Turma, julgado em 8.10.1998, *DJ* 22.2.1999, p. 92). No mesmo sentido: AgRg nos EDcl no AREsp 297.191/GO, Rel. Ministro Marco Buzzi, Quarta Turma, julgado em 19.9.2017, *DJe* 27.9.2017; REsp 435.580/RJ, Rel. Ministro João Otávio de Noronha, Segunda Turma, julgado em 3.8.2006, *DJ* 18.8.2006, p. 362; REsp Documento: 77835765 – Ementa / Acordão – Site certificado – *DJe*: 19.12.2017 Página 1 de 2 Superior Tribunal de Justiça 758.622/RJ, Rel. Ministro Castro Filho, Terceira Turma, julgado em 15.9.2005, *DJ* 10.10.2005, p. 366; REsp 617.028/RS, Rel. Ministra Nancy Andrighi, Terceira Turma, julgado em 29.3.2005, *DJ* 2.5.2005, p. 344. 4. Recurso Especial provido." (STJ, REsp 1701812, 2ª Turma, Rel. Min. Herman Benjamin, j. 21.11.2017, *DJe* 19.12.2017).

"Processual civil. Execução fiscal. Citação. Juízo incompetente. Efeitos. 1. O art. 219 do CPC/1973, à época de sua vigência, dispunha 'a citação válida torna prevento o juízo, induz litispendência e faz litigiosa a coisa; e, ainda quando ordenada por juiz incompetente, constitui em mora o devedor e interrompe a prescrição'. Essa norma é de observância obrigatória pelo julgador, ainda que não arguido pelas partes, tendo em vista ser de ordem pública, diretamente, ligada à controvérsia da prescrição. 2. Hipótese em que não se verifica a ocorrência de prescrição, porquanto o juiz, ainda que incompetente, proferiu o despacho de citação antes do término do prazo prescricional. 3. Agravo interno não provido." (STJ, AgInt no Agravo em REsp 223.654, 1ª Turma, Rel. Min. Gurgel de Faria, j. 8.6.2017, *DJe* 7.8.2017).

> **Art. 241.** Transitada em julgado a sentença de mérito proferida em favor do réu antes da citação, incumbe ao escrivão ou ao chefe de secretaria comunicar-lhe o resultado do julgamento.

▸ *Sem correspondência no CPC/1973*

1. Trânsito em julgado da sentença e intimação do réu

Nas situações previstas nos arts. 332, § 1º e 487, II do CPC, o juiz fica autorizado a rejeitar de plano o pedido do autor, da respectiva sentença cabendo apelação (art. 332, §§ 2º a 4º); se o autor não apelar tempestivamente da sentença, esta transitará materialmente em julgado, daí a necessidade de intimação posterior do réu, cientificando-o do resultado do processo, inclusive para poder opor, no futuro, sendo o caso, a objeção de coisa julgada em processo que venha a ser instaurado pelo ajuizamento da mesma ação (art. 337, VII).

> **Art. 242.** A citação será pessoal, podendo, no entanto, ser feita na pessoa do representante legal ou do procurador do réu, do executado ou do interessado.
>
> **§ 1º** Na ausência do citando, a citação será feita na pessoa de seu mandatário, administrador, preposto ou gerente, quando a ação se originar de atos por eles praticados.
>
> **§ 2º** O locador que se ausentar do Brasil sem cientificar o locatário de que deixou, na localidade onde estiver situado o imóvel, procurador com poderes para receber citação será citado na pessoa do administrador do imóvel encarregado do recebimento dos aluguéis, que será considerado habilitado para representar o locador em juízo.
>
> **§ 3º** A citação da União, dos Estados, do Distrito Federal, dos Municípios e de suas respectivas autarquias e fundações de direito público será realizada perante o órgão de Advocacia Pública responsável por sua representação judicial.

▸ *Referência: CPC/1973 – Art. 215*

1. Citação pessoal

A referência à *citação pessoal*, contida no art. 242, deve ser interpretada nos seus exatos termos, ou seja, ela será *direta*, quando realizada na pessoa do réu, executado ou interessado, ou *indireta*, se concretizada na pessoa de seu representante legal ou procurador.

1.1. Citação pessoal de pessoa física

Sendo o citando pessoa física capaz, normalmente sua citação será pessoal e direta, pelo correio, por oficial de justiça ou pelo escrivão ou chefe de secretaria – neste caso, se o citando comparecer em cartório (art. 246, § 1º-A, III).

1.2. Citações indiretas

Situações particulares de citações indiretas merecem tratamento legal diferenciado:

a) a citação do incapaz deverá ser formalizada na pessoa de seu representante legal (v. art. 71);

b) na ausência do citando, sua citação será feita nas pessoas indicadas no § 1º do art. 242, sempre que a ação resultar de atos por eles praticados; resultando de atos do próprio citando, ele será citado por edital, quando ignorado, incerto ou inacessível o local onde se encontre (art. 256, II e parágrafos);

c) ausentando-se do Brasil sem cientificar o locatário da existência, na localidade onde se situa o bem locado, de procurador com poderes para receber citação, o locador será citado na pessoa do administrador do imóvel, encarregado do recebimento dos aluguéis (art. 242, § 2º).

Nessas duas últimas hipóteses, o ato de comunicação processual será concretizado na pessoa do mandatário, administrador, preposto ou gerente, independentemente de qualquer deles estar formalmente investido, pelo citando, de poderes para receber a citação.

1.3 Citação pessoal de pessoa jurídica e de entidade carente de personalidade jurídica

As pessoas jurídicas, privadas ou públicas, bem como as entidades destituídas de personalidade jurídica, serão citadas nas pessoas físicas que as representam, observado o rol do art. 75 do CPC, com destaque, ainda, para o disposto no § 3º do art. 242. Assim – e a título de ilustração, pois esses dispositivos são autoexplicativos –, a massa falida será citada na pessoa do administrador judicial, o espólio na pessoa do inventariante, mesmo

sendo dativo, a pessoa jurídica estrangeira na pessoa do gerente de filial ou agência situada no Brasil.

Quanto ao modo de concretização do ato citatório, remete-se às notas aos arts. 221 e seguintes.

2. Citação ficta

Citação ficta, ou *ficta vocatio*, é aquela feita com hora certa ou por edital, adiante examinada.

> **Art. 243.** A citação poderá ser feita em qualquer lugar em que se encontre o réu, o executado ou o interessado.
>
> **Parágrafo único.** O militar em serviço ativo será citado na unidade em que estiver servindo, se não for conhecida sua residência ou nela não for encontrado.

▶ *Referência: CPC/1973 – Art. 216*

1. O lugar da citação

Ao dispor que a citação do demandado por ser feita em qualquer lugar em que ele se encontre, o art. 243 refere-se, obviamente, à *citação pessoal*, direta ou indireta.

Em atenção à necessidade de preservação da ordem e da segurança públicas, que não podem ser descuradas por atividades externas e pessoais dos agentes delas encarregados, o parágrafo único do art. 243 indica os dois únicos locais em que a citação do militar em serviço ativo (integrante de qualquer das Forças Armadas ou de Polícia Militar) poderá ser concretizada: preferencialmente na sua residência, ou, nela não sendo encontrado ou sendo desconhecida, na unidade em que esteja servindo. Não *"em qualquer lugar onde se encontre"*, portanto. Mas, vale reiterar, o dispositivo diz respeito à citação pessoal do militar; estando em local ignorado ou inacessível ou, ainda, furtando-se à citação pessoal, esta será feita fictamente, com hora certa ou por edital.

Jurisprudência

"Danos morais – Sentença de improcedência – Recurso da autora – Alegação de constrangimento por ter sido citada pelo sr. oficial de justiça em local de trabalho – Descabimento – Mero exercício regular de direito

Art. 244

CÓDIGO DE PROCESSO CIVIL INTERPRETADO

354

– Aplicação do art. 252 do RITJSP – Sentença mantida – Recurso não provido." (TJSP, Apelação Cível nº 1025117-09.2014.8.26.0576, 38ª Câmara de Direito Privado, Rel. Des. Achile Alesina, j. 28.9.2016, publ. 28.9.2016).

> **Art. 244.** Não se fará a citação, salvo para evitar o perecimento do direito:
>
> **I** – de quem estiver participando de ato de culto religioso;
>
> **II** – de cônjuge, de companheiro ou de qualquer parente do morto, consanguíneo ou afim, em linha reta ou na linha colateral em segundo grau, no dia do falecimento e nos 7 (sete) dias seguintes;
>
> **III** – de noivos, nos 3 (três) primeiros dias seguintes ao casamento;
>
> **IV** – de doente, enquanto grave o seu estado.

► *Referência: CPC/1973 – Art. 217*

1. Proibição momentânea de citação do demandado

Embora a citação possa ser feita, em princípio, em *qualquer lugar* onde se encontre o citando, em *determinadas situações* a lei veda sua realização, ainda que momentaneamente, na forma *pessoal, direta* e *em cumprimento de mandado citatório pelo oficial de justiça*, exceto quando imprescindível para evitar o perecimento de direito.

Explica-se: as situações indicadas nos quatro incisos do art. 244 impõem respeito às pessoas nelas envolvidas, mas não impedem, por óbvio, que o ato citatório seja concretizado indiretamente, na pessoa de representante, quando admissível (v. notas ao art. anterior), nem, é evidente, a citação postal, pois esta diz respeito a *forma* de realização do ato, não ao lugar ou à situação particular em que se encontre o citando. Portanto, ordenada a citação pessoal do demandado, o oficial de justiça encarregado do cumprimento do mandado, alertado ou ciente da ocorrência de qualquer das situações adiante examinadas, não realizará a diligência, salvo quando houver o risco de perecimento do direito do demandante (v.g., iminência da consumação de prazo prescricional).

Pode suceder, no entanto, que o oficial de justiça ignore ou desconsidere a situação concreta impeditiva do cumprimento imediato do mandado e proceda à citação, mesmo inexistindo o risco de perecimento do direito. Nesse caso, a citação será considerada nula – e, consequentemente, ineficaz (art. 280) –, desde que o citando alegue a nulidade na primeira oportunidade em que lhe couber manifestar-se no processo, sob pena de preclusão (art. 278).

2. Situações impeditivas da imediata citação

Em atenção à preservação de direitos do citando, a lei estabelece as seguintes restrições à citação:

a) culto religioso: coerente com a garantia constitucional de "livre exercício dos cultos religiosos" e "proteção aos locais e culto e a suas liturgias" (CF, art. 5º, VI), a lei processual veda a citação de quem estiver celebrando ou participando de ato de qualquer culto religioso, em ambiente fechado ou não, devendo o oficial de justiça aguardar o encerramento para, só então, proceder à citação pessoal do demandado (inc. I);

b) período de luto: o cônjuge, companheiro, parentes consanguíneos ou por afinidade do morto, em linha reta (ascendente ou descendente, sem limitação de grau, mais os sogros, genro e nora) ou colateral (irmãos e cunhados), não poderão ser citados no período de luto, ou nojo, que compreende o dia do falecimento e os outros sete subsequentes (inc. II) – em respeito, evidentemente, ao estado em que se encontram em razão do óbito;

c) período de gala: tendo em vista a importância legal e social do casamento, aliada à necessidade de preservação da paz e tranquilidade dos contraentes, estes não devem ser citados no dia da celebração, nem nos dois subsequentes (inc. III);

d) doente em estado grave: ciente da gravidade do estado de saúde do citando, o oficial de justiça estará impedido de cumprir o mandado, enquanto perdure essa situação, certificada por profissional da saúde. Não cabe (nem seria o caso) ao oficial de justiça avaliar a gravidade do estado de saúde do citando, mas uma moléstia de pequena ou média gravidade, constatável de plano (v.g., gripe, lesão física não incapacitante), não representará causa impeditiva à citação.

Dependendo do estado mental do citando, outras medidas deverão ser adotadas (art. 245).

3. A necessidade de preservação de direitos da parte

O CPC estabelece regras de preservação de direito da parte, como a realização de determinados atos no período de férias forenses, nos feriados ou dias úteis fora do expediente forense normal (art. 212 e §§ 1º e 2º), a retroação do efeito interruptivo da prescrição, da decadência ou qualquer outro prazo extintivo previsto em lei, sempre que a demora na realização da citação não for imputável à parte (art. 240, §§ 1º, 3º e 4º), as novidades representadas pela prorrogação do prazo decadencial da ação rescisória para o primeiro dia útil imediatamente subsequente, quando seu termo final ocorrer durante férias forenses, recesso, feriados ou em dia sem expediente forense (art. 975, § 1º), mais aquelas estabelecidas nos §§ 2º e 3º do dispositivo por último citado.

Não obstante, essa garantia de preservação de direito é reforçada pelo *caput* do art. 244, devendo o juiz, diante de situação de comprovada emergência, determinar a citação do demandado, mesmo quando ocorrente qualquer das exceções previstas nos incisos desse artigo.

Art. 245. Não se fará citação quando se verificar que o citando é mentalmente incapaz ou está impossibilitado de recebê-la.

§ 1º O oficial de justiça descreverá e certificará minuciosamente a ocorrência.

§ 2º Para examinar o citando, o juiz nomeará médico, que apresentará laudo no prazo de 5 (cinco) dias.

§ 3º Dispensa-se a nomeação de que trata o § 2º se pessoa da família apresentar declaração do médico do citando que ateste a incapacidade deste.

§ 4º Reconhecida a impossibilidade, o juiz nomeará curador ao citando, observando, quanto à sua escolha, a preferência estabelecida em lei e restringindo a nomeação à causa.

§ 5º A citação será feita na pessoa do curador, a quem incumbirá a defesa dos interesses do citando.

► *Referência: CPC/1973 – Art. 218*

---

1. Introdução

Ao lado das pessoas capazes (maiores de 18 anos ou emancipados, no pleno gozo das faculdades mentais – CC, art. 5º), há os *absolutamente incapazes* para o exercício pessoal dos atos da vida civil (CC, art. 3º) e os *relativamente incapazes* para certos atos, ou à maneira de exercê-los (CC, art. 4º), os quais devem ser, respectivamente, *representados* ou *assistidos* por quem de direito (CC, arts. 1.634, V, 1.747, I, c/c arts. 1.774 e 1.781).

Regra particular para os idosos é encontrada no art. 10, §§ 1º e 2º, da Lei nº 8.842, de 4.1.94 (conhecida como *Lei do Idoso*), que prevê a interdição em caso de incapacidade judicialmente comprovada (v., ainda, art. 17 da Lei nº 10.741, de 1º.10.03 – *Estatuto do Idoso*).

Tendo em vista as profundas modificações introduzidas pela Lei nº 13.146/2015 (*Estatuto da Pessoa com Deficiência* – EPD), remete-se o leitor às notas aos arts. 747 e seguintes do CPC.

2. Citando mentalmente incapaz ou impossibilitado de receber a citação

Interessam, a estes comentários, as situações impeditivas da realização do ato citatório pessoal daqueles que, por enfermidade ou deficiência mental, não tiverem o necessário discernimento para a prática dos atos da vida civil, ou, mesmo por causa transitória, não puderem exprimir sua vontade (v. CC, art. 4º, III), mais os idosos já referidos. Alcoólatras e toxicômanos (CC, art. 4º, II) também não serão imediatamente citados se constatada, no momento da prática do ato, que se encontram sob forte influência do álcool ou da droga – pois nesse estado não têm discernimento suficiente para entender a importância do ato processual; nada obsta, contudo, que o oficial de justiça faça a citação em outra oportunidade, dispensado exame médico previsto no § 2º do art. 245.

O oficial de justiça deverá descrever e certificar minuciosamente a causa impeditiva da citação e, ato contínuo, o juiz nomeará médico para proceder ao exame do citando e apresentar laudo em cinco dias, salvo se familiar daquele apresentar declaração de seu médico, atestando a incapacidade (§ 3º).

Já tendo sido decretada a interdição do citando (v. CPC, arts. 747 e ss.), o ato citatório

Art. 246

será feito na pessoa de seu curador; caso contrário, o juiz nomear-lhe-á curador provisório, para representá-lo exclusivamente no processo em curso, na sua pessoa sendo então formalizada a citação (§§ 4º e 5º).

Quer se trate de curador nomeado no procedimento especial de interdição, quer daquele nomeado nos termos e nos limites estabelecidos pelo § 4º do art. 245, competir-lhe-á defender em juízo os interesses do citando (CPC, art. 72, I).

Jurisprudência

"Recurso especial. Processo civil. Ação de rescisão contratual. Citação em nome de incapaz. Incapacidade declarada posteriormente. Nulidade não reconhecida. Intervenção do MP. Nulidade. Necessidade de demonstração do prejuízo. Estatuto da Pessoa com Deficiência. Lei n. 13.146/2015. Dissociação Entre transtorno mental e incapacidade. 1. A sentença de interdição tem natureza constitutiva, caracterizada pelo fato de que ela não cria a incapacidade, mas sim, situação jurídica nova para o incapaz, diferente daquela em que, até então, se encontrava. 2. Segundo o entendimento desta Corte Superior, a sentença de interdição, salvo pronunciamento judicial expresso em sentido contrário, opera efeitos *ex nunc*. Precedentes. 3. Quando já existente a incapacidade, os atos praticados anteriormente à sentença constitutiva de interdição até poderão ser reconhecidos nulos, porém não como efeito automático da sentença, devendo, para tanto, ser proposta ação específica de anulação do ato jurídico, com demonstração de que a incapacidade já existia ao tempo de sua realização do ato a ser anulado. 4. A intervenção do Ministério Público, nos processos que envolvam interesse de incapaz, se motiva e, ao mesmo tempo, se justifica na possibilidade de desequilíbrio da relação jurídica e no eventual comprometimento do contraditório em função da existência da parte vulnerável. 5. A ausência da intimação do Ministério Público, quando necessária sua intervenção, por si só, não enseja a decretação de nulidade do julgado, sendo necessária a demonstração do efetivo prejuízo para as partes ou para a apuração da verdade substancial da controvérsia jurídica, à luz do princípio *pas de nullité sans grief*. 6. Na espécie, é fato que, no instante do ajuizamento da ação de rescisão contratual, não havia sido decretada a interdição, não havendo se falar,

naquele momento, em interesse de incapaz e obrigatoriedade de intervenção do Ministério Público. 7. Ademais, é certo que, apesar de não ter havido intimação do *Parquet*, este veio aos autos, após denúncia de irregularidades, feito por terceira pessoa, cumprindo verdadeiramente seu mister, com efetiva participação, consubstanciada nas inúmeras manifestações apresentadas. 8. Nos termos do novel Estatuto da Pessoa com Deficiência, Lei n. 13.146 de 2015, pessoa com deficiência é a que possui impedimento de longo prazo, de natureza física, mental, intelectual ou sensorial (art. 2º), não devendo ser mais tecnicamente considerada civilmente incapaz, na medida em que a deficiência não afeta a plena capacidade civil da pessoa (conforme os arts. 6º e 84). 9. A partir do novo regramento, observa-se uma dissociação necessária e absoluta entre o transtorno mental e o reconhecimento da incapacidade, ou seja, a definição automática de que a pessoa portadora de debilidade mental, de qualquer natureza, implicaria na constatação da limitação de sua capacidade civil deixou de existir. 10. Recurso especial a que se nega provimento." (STJ, REsp 1694984, 4ª Turma, Rel. Min. Luis Felipe Salomão, j. 14.11.2017, *DJe* 1.2.2018).

Art. 246. A citação será feita preferencialmente por meio eletrônico, no prazo de até 2 (dois) dias úteis, contado da decisão que a determinar, por meio dos endereços eletrônicos indicados pelo citando no banco de dados do Poder Judiciário, conforme regulamento do Conselho Nacional de Justiça. (Redação dada pela Lei nº 14.195, de 2021)

I – (revogado);

II – (revogado);

III – (revogado);

IV – (revogado);

V – (revogado).

§ 1º As empresas públicas e privadas são obrigadas a manter cadastro nos sistemas de processo em autos eletrônicos, para efeito de recebimento de citações e intimações, as quais serão efetuadas preferencialmente por esse meio. (Redação dada pela Lei nº 14.195, de 2021)

§ 1º-A. A ausência de confirmação, em até 3 (três) dias úteis, contados do recebimento da citação eletrônica, implicará a realização da citação: (Incluído pela Lei nº 14.195, de 2021)

I – pelo correio;

II – por oficial de justiça;

III – pelo escrivão ou chefe de secretaria, se o citando comparecer em cartório;

IV – por edital.

§ 1º-B. Na primeira oportunidade de falar nos autos, o réu citado nas formas previstas nos incisos I, II, III e IV do § 1º-A deste artigo deverá apresentar justa causa para a ausência de confirmação do recebimento da citação enviada eletronicamente. (Incluído pela Lei nº 14.195, de 2021)

§ 1º-C. Considera-se ato atentatório à dignidade da justiça, passível de multa de até 5% (cinco por cento) do valor da causa, deixar de confirmar no prazo legal, sem justa causa, o recebimento da citação recebida por meio eletrônico. (Incluído pela Lei nº 14.195, de 2021)

§ 2º O disposto no § 1º aplica-se à União, aos Estados, ao Distrito Federal, aos Municípios e às entidades da administração indireta.

§ 3º Na ação de usucapião de imóvel, os confinantes serão citados pessoalmente, exceto quando tiver por objeto unidade autônoma de prédio em condomínio, caso em que tal citação é dispensada.

§ 4º As citações por correio eletrônico serão acompanhadas das orientações para realização da confirmação de recebimento e de código identificador que permitirá a sua identificação na página eletrônica do órgão judicial citante. (Incluído pela Lei nº 14.195, de 2021)

§ 5º As microempresas e as pequenas empresas somente se sujeitam ao disposto no § 1º deste artigo quando não possuírem endereço eletrônico cadastrado no sistema integrado da Rede Nacional para a Simplificação do Registro e da Legalização de Empresas e Negócios (Redesim). (Incluído pela Lei nº 14.195, de 2021)

§ 6º Para os fins do § 5º deste artigo, deverá haver compartilhamento de cadastro com o órgão do Poder Judiciário, incluído o endereço eletrônico constante do sistema integrado da Redesim, nos termos da legislação aplicável ao sigilo fiscal e ao tratamento de dados pessoais. (Incluído pela Lei nº 14.195, de 2021)

▶ *Referência: CPC/1973 – Art. 221*

1. As inovações introduzidas pelo Código de Processo Civil no tocante à citação e as posteriores alterações trazidas pela Lei nº 14.195, de 26 de agosto de 2021

A primeira inovação introduzida pelo CPC/2015, constante do inc. III da redação original do art. 246, é o reconhecimento da validade e eficácia da citação feita pelo escrivão ou chefe da secretaria do juízo, do demandado que comparecer em cartório; já no regime do CPC/1973, esse comparecimento no cartório judicial autorizava a citação exclusivamente pelo oficial de justiça incumbido do cumprimento do mandado.

A Lei nº 14.195/2021 (aliás, de duvidosa constitucionalidade no que concerne às normas de direito processual civil – v., supra, nota ao art. 238) revogou esse inc. III – e os demais do art. 246, em sua redação original –, mas o reproduziu integralmente no § 1º-A, permanecendo atual, portanto, o comentário acima.

Outra inovação trazida pelo CPC refere-se à exigência de cadastramento, nos sistemas de processo em autos eletrônicos, das empresas públicas e privadas – exceto as microempresas e as de pequeno porte –, para efeito de recebimento de citações e intimações (§§ 1º e 2º – v. arts. 1.050 e 1.051).

Com a redação conferida pela novel lei sob exame, o § 1º do art. 246 não mais se refere, em seu caput, às microempresas e empresas de pequeno porte; no entanto, no § 5º estabelece também para elas a exigência de cadastramento, quando não possuírem endereço eletrônico cadastrado no sistema integrado da Rede Nacional para a Simplificação do Registro e da Legalização de Empresas e Negócios (Redesim).

Manteve-se, no art. 246, o § 2º com sua redação original, a exigir que as pessoas jurídicas de direito público (União, Estados, Municípios e Distrito Federal – v. arts. 242, § 3º, e 269, § 3º) e suas entidades da administração indireta mantenham cadastro nos sistemas de processo eletrônico. A mesma exigência é imposta ao Ministério Público, à Defensoria Pública e à Advocacia Pública (v., infra, nota art. 1.050).

Confira-se, a respeito, a seguinte decisão do Superior Tribunal de Justiça:

"(...) 4. Outrossim, o art. 246, §§ 1º e 2º, do CPC/2015 dispõe que a Fazenda Pública deve ser, preferencialmente, intimada de forma pessoal por meio eletrônico, o que depende da efetivação de seu cadastro na Administração do Tribunal, conforme determina o art. 1.050 do referido Codex Processual. 5. Nesse sentido, deveria o ora agravante ter realizado o cadastro para recebimento de intimações por meio do Portal de Intimação Eletrônica do Superior Tribunal de Justiça, nos moldes do que consta no Edital de Convocação para Cadastramento de Órgãos Públicos publicado pela Presidência do Superior Tribunal de Justiça, em 4/8/2016, na Edição n. 2024 do Diário da Justiça Eletrônico – DJe. 6. Agravo interno a que se nega provimento" (AgInt no AgInt no REsp 1.190.095/RS, Rel. Min. Og Fernandes, 2ª Turma, j. 11/6/2019, DJe 18/6/2019).

No entanto, se a citação for dirigida a uma pessoa de direito público, ela deverá ser realizada por meio de oficial de justiça, conforme determina o art. 247, em seu inc. III, não alterado pela Lei nº 14.195/2021.

Finalmente, fica dispensada a citação dos confinantes do imóvel usucapiendo, quando se tratar de unidade autônoma de prédio em condomínio (§ 3º), merecendo registro, ainda, as previsões dos arts. 248, § 4º, e 252, parágrafo único, adiante examinados.

Além dessas modificações, extraem-se, do confronto do texto original do art. 246 com aquele modificado pela Lei acima referida, as seguintes modificações:

a) conforme a nova redação do art. 246, excetuadas as situações indicadas no art. 247, a citação por meio eletrônico passa a ser preferencial. Evidentemente, essa forma de citação pressupõe, primeiro, que a causa judicial esteja sendo processada em autos eletrônicos e, ainda, que a citanda seja empresa de direito público ou privado, inclusive as pequenas e microempresas, se e quando for o caso (v., supra, item 1);

b) essa modalidade de citação, direcionada ao endereço eletrônico da empresa citanda, deverá ser efetivada no prazo de 2 (dois) dias, a contar da decisão que a determinar;

c) para permitir a realização da citação por meio eletrônico, as empresas de direito público e privado devem manter cadastro na Rede Nacional para a Simplificação do Registro e da Legalização de Empresas e Negócios (Redesim – v. notas ao art. 77);

d) realizada a citação por meio eletrônico, no prazo de 3 (três) dias úteis a empresa citanda

deverá confirmar o seu recebimento, também eletronicamente. A ausência de confirmação poderá acarretar as seguintes consequências: (i) a citação será então realizada, de acordo com o caso concreto, por uma das formas indicadas nos incisos do § 1º-A; (ii) não apresentada pelo citando, na primeira oportunidade em que se manifestar no processo, justa causa para a ausência da confirmação (§ 1º-B) sua omissão será considerada como ato atentatório à dignidade da justiça e passível de multa de até 5% (cinco por cento) do valor atribuído à causa (§ 1º-C);

e) cabe ao órgão judicial perante o qual se processa a causa determinar a inclusão, na citação por meio eletrônico, de orientações destinadas à confirmação do ato citatório pelo citando, bem de código que lhe permita a sua identificação na página eletrônica (§ 4º).

2. As formas de citação

Examinado o art. 246 em sua redação original e agora com as alterações introduzidas pela Lei nº 14.195/2021, são estas as formas legais de citação:

a) citação por meio eletrônico: a Lei nº 11.280, de 2006, instituiu nova forma de citação e intimação, a ser feita por meio eletrônico e mediante disciplina previamente estabelecida pelos tribunais, no âmbito da respectiva jurisdição. O atual CPC regulamenta a prática eletrônica de atos processuais em seus arts. 193 a 199. Promulgada a Lei nº 14.195/2021, essa forma de citação torna-se agora preferencial para aquelas pessoas jurídicas de direito público e privado já referidas (v. item 1, supra);

b) citação pelo correio: até o advento da Lei nº 14.195/2021, a forma prioritária de citação continuava sendo a postal e, em relação às pessoas jurídicas, passaria a prevalecer a citação por meio eletrônico, assim que se cadastrassem nos sistemas de processo em autos eletrônicos, mediante a utilização da rede mundial de computadores;

c) citação por oficial de justiça: é a forma obrigatória, em cumprimento de mandado, nas ações de estado, diretamente na pessoa do réu (arts. 247, I e 695, § 3º) ou do representante legal do citando incapaz (idem, inc. II – v. art. 249); também serão citados pelo oficial de justiça as pessoas jurídicas de direito público (inc. III), as pessoas residentes em localidade não atendidas por entrega domiciliar de correspondência (inc.

IV) e, por derradeiro, quando houver circunstância, devidamente justificada pelo autor, que autorize sua realização por outro meio que não o postal (inc. V).

Essa citação será concretizada mediante a entrega do mandado diretamente ao citando ou ao seu representante legal (*citação efetiva*, ou *real – v.* art. 251), ou, com hora certa (*citação ficta*), quando, após duas tentativas infrutíferas de citação pessoal do demandado, o oficial de justiça, suspeitando que ele se oculta, procederá à citação nos moldes estabelecidos pelos arts. 252 a 254, adiante examinados;

d) citação pelo escrivão ou chefe de secretaria do cartório judicial: ver nota 1, acima;

e) citação por edital: outra modalidade de citação ficta é a editalícia, somente admissível, por sua excepcionalidade, nas situações expressamente autorizadas pela lei (v. art. 256). Isto porque, além do custo envolvido em sua realização, essa forma de citação é a de menor efetividade prática, embora a lei lhe confira, quando validamente feita, os mesmos efeitos das demais modalidades citatórias.

Jurisprudência

"Processo civil. Agravo interno no agravo interno no recurso especial. Intempestividade. Fazenda Pública. Prazo em dobro para recorrer. Agravo interposto quando já expirado o prazo. Intimação pessoal. Novo CPC. Obrigação de cadastro na administração do tribunal para a realização de intimação eletrônica do ente federativo. Norma expressa nos arts. 246, §§ 1º e 2º, e 1.050 do CPC/2015. 1. O prazo para a interposição do agravo interno é de 15 (quinze) dias úteis, contado em dobro para a Fazenda Pública, consoante dispõem os arts. 183, 219, 1.003, § 5º, e 1.070 do CPC/2015. 2. No caso, considerou-se publicada a decisão combatida na data de 11.4.2018 (e-STJ, fl. 753). Assim, o prazo para a interposição do agravo iniciou-se em 12.4.2018 (quinta-feira) e encerrou-se em 24.5.2018 (quinta-feira). Verifico que o agravo interno somente foi interposto neste Tribunal quando já expirado o prazo legal, em 1º.10.2018. Logo, intempestivo o agravo. 3. Ademais, 'publicada a decisão monocrática e transcorrido *in albis* o prazo para a interposição de eventual recurso, e, ainda, lavrada a certidão de trânsito e termo de remessa dos autos à origem, tem-se por exaurida a prestação jurisdicional desta Corte, caracterizando-se, assim, a inviabilidade da via eleita' (AgRg no AREsp 633.408/SP, Rel. Min. Marco Buzzi, Quarta Turma, *DJe* 7.12.2016). 4. Outrossim, o art. 246, §§ 1º e 2º, do CPC/2015 dispõe que a Fazenda Pública deve ser, preferencialmente, intimada de forma pessoal por meio eletrônico, o que depende da efetivação de seu cadastro na Administração do Tribunal, conforme determina o art. 1.050 do referido *Codex* Processual. 5. Nesse sentido, deveria o ora agravante ter realizado o cadastro para recebimento de intimações por meio do Portal de Intimação Eletrônica do Superior Tribunal de Justiça, nos moldes do que consta no Edital de Convocação para Cadastramento de Órgãos Públicos publicado pela Presidência do Superior Tribunal de Justiça, em 4.8.2016, na Edição n. 2024 do Diário da Justiça Eletrônico – *DJe*. 6. Agravo interno a que se nega provimento." (AgInt no AgInt no REsp 1190095/RS, Rel. Min. Og Fernandes, 2ª Turma, j. 11.06.2019, *DJe* 18.06.2019)

"Agravo interno no agravo em recurso especial. Tempestividade. Prevalência da intimação eletrônica sobre a publicação no *DJe*. Agravo em recurso especial. Violação aos arts. 489 e 1.022 do CPC/2015. Reconhecimento. 1. A Lei nº 11.419/2006 – que dispôs sobre a informatização do processo judicial – previu que as intimações serão realizadas por meio eletrônico em portal próprio, dispensando-se a publicação no órgão oficial. 2. O Código de Processo Civil/2015 avançou ao delimitar o tema, prevendo, em seu artigo 272, que, quando não realizadas por meio eletrônico, consideram-se feitas as intimações pela publicação dos atos no órgão oficial. 3. A partir da perquirição dos dispositivos legais que referenciam o tema, resta evidente que a *mens legis* pretendeu deixar claro que a regra em relação à comunicação dos atos processuais aos advogados ocorre mediante a intimação por via eletrônica, valorizando-se a informatização dos processos judiciais. 4. Verifica-se que a melhor hermenêutica subsume-se à prevalência da intimação eletrônica sobre a publicação no *Diário de Justiça*, entendimento em sintonia com o novel Código de Processo Civil. 5. A referida interpretação protege a confiança dos patronos e jurisdicionados aos atos praticados pelo Poder Judiciário, zelando pelo princípio da presunção de legalidade e da boa-fé processual, evitando, por fim, a indesejável surpresa na condução do processo.

6. O teor da Resolução nº 234/2016 do CNJ não contradiz o CPC/2015, pois referencia apenas a possibilidade de a publicação no *DJe* substituir qualquer outra forma de publicação oficial. 7. No caso concreto, não é admissível considerar intempestivo o presente agravo em recurso especial, notadamente porque o próprio Tribunal Estadual atestara que os advogados da recorrente foram tacitamente intimados por via eletrônica em 19.2.2018. Dessa forma, como o recurso foi interposto em 12.3.2018, dentro, portanto, do lapso temporal de 15 dias úteis, deve ser considerado tempestivo. 8. O conhecimento do recurso especial exige a manifestação do Tribunal local acerca da tese de direito suscitada. Recusando-se a Corte de origem a apreciar a questão federal, fica obstaculizado o acesso à instância extrema, cabendo à parte vencida invocar, como no caso, a infringência aos arts. 489 e 1.022 do CPC, a fim de anular o acórdão recorrido, para que o Tribunal *a quo supra* a omissão existente. 9. A Corte de origem rejeitou os aclaratórios sem tecer qualquer comentário, de forma específica e fundamentada, quanto às matérias suscitadas pela recorrente em sede de embargos de declaração, imprescindíveis para a composição da lide, razão pela qual os autos devem retornar à instância a quo, para que seja apreciada, novamente, a tese expendida. 10. Agravo interno provido para afastar a intempestividade. Agravo nos próprios autos conhecido para dar provimento ao recurso especial." (AgInt no AREsp 1330052/RJ, Rel. Min. Luis Felipe Salomão, 4ª Turma, j. 26.03.2019, *DJe* 29.04.2019)

"Processual civil. Administrativo. Fornecimento de medicamentos por ente federado. Agravo interno em recurso especial. Intimação eletrônica não realizada, por ausência do cadastro previsto no art. 1.050 do CPC/2015. Intimação considerada realizada pela publicação no *Diário da Justiça Eletrônico*. Art. 272 do CPC/2015. Precedentes. Reabertura do prazo recursal. Impossibilidade. Intempestividade verificada. Não conhecimento da insurgência recursal. 1. Uma vez não efetuado o cadastro previsto no art. 1.050 do CPC/2015, junto a esta Corte, para fins de intimação pessoal eletrônica, nos termos dos arts. 183, § 1º, *in fine*, e 246, §§ 1º e 2º, do CPC/2015, considera-se intimada a parte ora agravante com a publicação do decisum no *Diário da Justiça* eletrônico, na forma do art. 272 do CPC/2015. Precedentes:

AgInt no AREsp 1.001.265/MG, Rel. Ministro Herman Benjamin, Segunda Turma, *DJe* 16.10.2017; AgInt no AREsp 977.792/BA, Rel. Ministra Assusete Magalhães, Segunda Turma, *DJe* 27.06.2017. 2. No caso, é intempestiva a interposição de agravo interno após o trânsito em julgado da decisão monocrática do relator. 3. Agravo interno não conhecido." (AgInt no AREsp 1070896/RJ, Rel. Min. Sérgio Kukina, 1ª Turma, j. 26.02.2019, *DJe* 01.03.2019)

"Processual civil. Intimação. Sistemática do CPC/2015. Cadastro do ente federado. Necessidade. Inobservância. 1. O Código de Processo Civil de 2015, em seu art. 246, §§ 1º e 2º, preconiza que a Fazenda Pública deve ser preferencialmente intimada pessoalmente por meio eletrônico, procedimento cuja efetivação depende de ela (a Fazenda) promover o seu cadastro junto à administração do tribunal, ônus que se encontra positivado no art. 1.050. 2. Essa diretriz encontra respaldo no princípio constitucional da razoável duração do processo (art. 78, LXXVIII), o qual, segundo a nova lei instrumental, também pode ser alcançado mediante a colaboração de todos os operadores do Direito, nos termos do art. 6º do NCPC, *in verbis*: 'Todos os sujeitos do processo devem cooperar entre si para que se obtenha, em tempo razoável, decisão de mérito justa e efetiva.' 3. Hipótese em que a intimação somente não se deu eletronicamente em razão de o Estado não ter providenciado o seu cadastro neste Tribunal Superior. 4. Não existindo alegação nem comprovação quanto à impossibilidade da realização de tal cadastramento, não é possível exigir desta Corte outra espécie de intimação mais onerosa, razão pela qual é válido o ato realizado mediante a publicação no Diário da Justiça, não havendo que se falar em restituição de prazo recursal. 5. Agravo interno desprovido." (AgInt na PET no AREsp 698.076/TO, Rel. Min. Gurgel de Faria, 1ª Turma, j. 19.06.2018, *DJe* 18.10.2018)

"Processual civil. Sentença estrangeira contestada. Divórcio. Citação editalícia. Natural distanciamento entre os ex-cônjuges. Residência em local incerto e não sabido. Citação válida. Incompetência da autoridade espanhola. Inocorrência. Elementos que conduzem a conclusão de que os cônjuges residiam na Espanha. Ausência, ademais, de prejuízo na hipótese. Cumprimento dos requisitos dos arts. 963 do CPC/15 e 216-C, 216-D e 216-F do RISTJ. 1- O propósito da presente ação é obter a homologação de sentença proferida pelo Poder Judiciário da Espanha que decretou o divórcio contencioso entre os litigantes. 2- É válida a citação editalícia quando não se tenha ciência do local em que o requerido poderá ser atualmente encontrado, sobretudo, em se tratando de dissolução do vínculo conjugal, quando transcorrido lapso temporal razoável a partir do qual se permita inferir a veracidade da afirmação do requerente. Precedentes. 3- Não há que se falar em sentença proferida por autoridade incompetente quando existem indícios de que as partes viveram no país em que proferida a sentença, não houve declaração de incompetência pela autoridade estrangeira e, ainda, quando a ação de divórcio foi ajuizada na Espanha pelo próprio requerido, que seria o eventual prejudicado por nulidade a que teria dado causa. 4- Preenchidos os requisitos para a homologação, na forma dos arts. 963 do CPC/15 e 216-C, 216-D e 216-F do RISTJ, não há óbice à homologação da sentença estrangeira de divórcio. 5- Pedido de homologação de sentença estrangeira julgado procedente." (SEC 14.038/EX, Rel. Min. Nancy Andrighi, Corte Especial, j. 07.03.2018, *DJe* 23.03.2018)

"Processual civil. Enunciado administrativo 3/STJ. Sistemática processual do CPC/2015. Existência de cadastro do ente federado nos termos do art. 1.050 do CPC/2015. Intimação eletrônica. Possibilidade e suficiência. Pedido de devolução de prazo recursal indeferido. 1. A interpretação do art. 183, § 1º, c/c os arts. 246, § 2º, e 270, parágrafo único, e 1.050, todos do CPC/2015, não autoriza aplicar regra excepcional aos entes federados, pois, conforme expressamente determinado, estes também se submetem às regras atinentes à intimação eletrônica e aos seus efeitos. 2. Na hipótese em análise, como é possível verificar da análise da certidão de fl. 4 e-STJ – expediente avulso – em 10/06/2016 a Procuradoria do Estado de Tocantins aderiu ao sistema de intimação eletrônica, nos termos do art. 1.050 do CPC/2015, passando, a partir desta data, a ser intimada eletronicamente. 3. A adesão da requerente ao sistema de intimação eletrônica vai ao encontro da previsão contida no § 1º do art. 183 do CPC/2015, segundo a qual a intimação pessoal far-se-á por carga, remessa ou meio eletrônico. 4. Agravo interno não provido. (AgInt na PET no AREsp 877.842/

TO, Rel. Min. Mauro Campbell Marques, 2ª Turma, j. 13.06.2017, *DJe* 21.06.2017).

"Agravo interno no agravo em recurso especial. Processual civil. Rescisão contratual. Compra e venda de imóvel. Citação editalícia. Suficiência das tentativas de citação pelos Correios e pelo oficial de justiça. Prescindível o esgotamento de meios extrajudiciais para a localização do endereço do réu. Agravo interno não provido. 1. 'Para que se efetue a citação por edital, basta que sejam realizadas tentativas pelos correios e pelo oficial de justiça, sendo prescindível o esgotamento de meios extrajudiciais para a localização do endereço do réu' (AgRg no AREsp 682.744/MG, Rel. Ministro João otávio de noronha, 3ª Turma, julgado em 24.11.2015, *DJe* de 1º.12.2015). 2. Caso concreto que tramita há quase 10 (dez) anos, em que foram feitas várias diligências a fim de citar o réu, não só no endereço declinado no contrato entre as partes, mas também naqueles pesquisados nos sistemas Infojud, Bacenjud, Renajud e Infosego. Citação editalícia regular. 3. Agravo interno a que se nega provimento." (STJ, AgInt no Agravo em REsp 1148206, Rel. Min. Lázaro Guimarães, j. 24.4.2018, *DJe* 30.4.2018).

"Tributário e processual civil. Agravo interno no recurso especial. Execução fiscal. Exceção de pré-executividade. Acolhimento. Acórdão recorrido. Alegada ofensa ao art. 535 do CPC/73. Inexistência. Prescrição. Ocorrência. Citação por edital. Nulidade. Controvérsia resolvida, pelo tribunal de origem, à luz das provas dos autos. Impossibilidade de revisão, na via especial. Súmula 7/STJ. Agravo interno improvido. I. Agravo interno aviado contra decisão publicada em 19.10.2017, que, por sua vez, julgara recurso interposto contra decisum publicado na vigência do CPC/73. II. Não há falar, na hipótese, em violação aos arts. 165, 458, incisos II e III, e 535, inciso III, do CPC/73, porquanto a prestação jurisdicional foi dada na medida da pretensão deduzida, de vez que os votos condutores do acórdão recorrido e do acórdão proferido em sede de Embargos de Declaração apreciaram fundamentadamente, de modo coerente e completo, as questões necessárias à solução da controvérsia, dando-lhes, contudo, solução jurídica diversa da pretendida. III. O Tribunal de origem negou provimento à Apelação do ora agravante, a fim de manter a sentença que, em autos de Exceção de Pré-executividade, concluiu que não teriam

Art. 247

sido esgotados todos os meios de localização da parte executada, antes da citação por edital, de modo que não teria sido instaurada, de forma válida, a relação processual, antes do transcurso do prazo prescricional. IV. Segundo entendimento consolidado em julgamento realizado em sede de recurso especial representativo de controvérsia repetitiva, iniciado o prazo prescricional com a constituição do crédito tributário, o termo ad quem dá-se com a propositura da Execução Fiscal. Ademais, a interrupção da prescrição pela citação válida, na redação original do art. 174, I, do CTN, ou pelo despacho que a ordena, conforme a modificação introduzida pela Lei Complementar 118/2005, retroage à data do ajuizamento, em razão do que determina o art. 219, § 1º, do CPC (STJ, REsp 1.120.295/SP, Rel. Ministro Luiz Fux, Primeira Seção, *DJe* de 21.05.2010). v. Na forma da jurisprudência, a 'Primeira Seção do STJ, no julgamento do Recurso Especial 1.103.050/BA, de relatoria do Min. Teori Albino Zavascki, submetido ao regime do art. 543-C do CPC, firmou entendimento no sentido de que, nos termos do art. 8º da Lei 6.830/1980, a citação por edital, na execução fiscal, somente é cabível quando esgotadas as outras modalidades de citação ali previstas: a citação por correio e a citação por Oficial de Justiça' (STJ, REsp 1.685.587/RJ, Rel. Ministro Herman Benjamin, Segunda Turma, *DJe* de 16.10.2017). VI. O entendimento firmado pelo Tribunal a quo, no sentido de que não teriam sido esgotados todos os meios de localização da executada, antes da citação por edital, não pode ser revisto, pelo Superior Tribunal de Justiça, em sede de Recurso Especial, sob pena de ofensa ao comando inscrito na Súmula 7 desta Corte. Precedentes do STJ. VII. Agravo interno improvido." (STJ, AgInt no REsp 1315853, 2ª Turma, Rel. Min. Assusete Magalhães, j. 24.4.2018, *DJe* 27.4.2018).

> **Art. 247.** A citação será feita por meio eletrônico ou pelo correio para qualquer comarca do País, exceto: (Redação dada pela Lei nº 14.195, de 2021)
>
> **I** – nas ações de estado, observado o disposto no art. 695, § 3º;
>
> **II** – quando o citando for incapaz;
>
> **III** – quando o citando for pessoa de direito público;

> **IV** – quando o citando residir em local não atendido pela entrega domiciliar de correspondência;
>
> **V** – quando o autor, justificadamente, a requerer de outra forma.

▶ *Referência: CPC/1973 – Art. 222*

1. A preferência legal às citações eletrônica e postal

Já se adiantou, em notas ao artigo anterior, informações sobre a preferência legal à citação por meio eletrônico, cabendo, agora, focar a atenção na citação postal, com o alerta, desde logo, de que o vocábulo comarca utilizado pelo art. 247 não deve ser interpretado no sentido restrito de foro estadual, mas no sentido amplo de foro judicial, abrangendo, portanto, também as seções e subseções da Justiça Federal (v., a respeito, arts. 60, 151, 167, § 2º, 222, *caput*, entre outros).

Excetuando a citação por meio eletrônico, em relação às demais formas citatórias, a postal mostra-se a mais adequada, seja em virtude de seu pequeno custo, da relativa rapidez para sua efetivação e da confiabilidade depositada no serviço postal. Não obstante, é correto reconhecer-se, à citação feita por oficial de justiça, agente qualificado e dotado de fé-pública, maior grau de segurança quanto à efetividade e validade do ato citatório, motivos pelos quais o CPC excepciona, nos incisos de seu art. 247, situações em que essa será a forma de citação, seja em atenção à indisponibilidade do interesse em jogo (incs. I a III), seja para assegurar a efetividade da citação do demandado (inc. IV), seja, ainda, para atender justificadas razões, demonstradas pelo autor, para a realização do ato citatório de forma diversa da postal (inc. V).

Possivelmente por não identificar nenhuma dessas particularidades no processo de execução, o legislador excluiu do art. 247 a exceção prevista no inc. IV do art. 222 do CPC/1973, ficando autorizada a citação postal do executado; mas essa opção legislativa de modo algum é imune a críticas, quando se tem em mente, por exemplo, que será nula a execução fundada em título executivo extrajudicial se o devedor não for regularmente citado (art. 803, II).

2. Citação nas ações de estado

Em seu Livro IV o Código Civil estabelece as normas de direito pessoal e patrimonial que compõem o Direito de Família (arts. 1.511 a 1.783), consistentes nas relações e situações jurídicas envolvendo matrimônio, parentesco, filiação, alimentos, bem de família, união estável, tutela e curatela.

Em sentido amplo, o catálogo das *ações de família* conterá as ações de anulação e declaratória de nulidade do casamento, divórcio e separação, filiação (guarda, adoção, poder familiar e alimentos), investigatória e negatória de paternidade ou maternidade, extinção de união estável, reivindicação de aquestos, partilha de bens, ausência, tutela e curatela de incapazes e proteção dos idosos. Já no sentido estrito que lhes empresta o art. 693 do CPC, a designação "ações de família" é reservada àquelas que ensejam a instauração de processos contenciosos de divórcio, separação, reconhecimento e extinção de união estável, guarda, visitação e filiação, observado o procedimento estabelecido pelos arts. 694 a 699.

Ações de estado compreendem, portanto, aquelas que tenham por objeto o estado civil (separação, divórcio, anulação e nulidade de casamento e, por que não, extinção da união estável), o estado pessoal (ação de interdição) e as relações parentais (investigatória ou negatória de paternidade ou maternidade). As ações envolvendo guarda, adoção e poder familiar estão sujeitas à regência do Estatuto da Criança e do Adolescente e da Lei nº 12.318, de 2010 (*Lei de alienação parental*) e, a de alimentos, das Leis nº 5.478, de 1968 (*Lei de alimentos*), e nº 11.804, de 2008 (*Lei de alimentos gravídicos*).

Respeitadas as normas processuais específicas dessa legislação extravagante, proposta qualquer das *ações de estado* o réu ou interessado deverá ser citado por oficial de justiça, pessoal e diretamente (quando se tratar de *ação de família* – art. 695, § 3º) e, nos demais casos, pessoalmente ou na pessoa do representante legal, sendo incapaz o citando.

3. Citando incapaz

Em acréscimo às notas ao art. 245, registra-se que as pessoas absolutamente incapazes para o exercício pessoal dos atos da vida civil serão *representadas* por seus pais (ou um deles), tutor ou curador (dependendo da causa determinante da incapacidade), ou *assistidas* por essas pessoas, quando relativa a incapacidade. E, justamente em razão da condição pessoal do incapaz e das limitações jurídicas dela resultantes, sendo ele réu ou interessado, sua citação deverá ser feita na pessoa de quem o representa ou o assiste nos atos da vida civil.

4. Pessoa jurídica de direito público

Em seu art. 41 o Código Civil indica, como pessoas jurídicas de direito público interno, a União, os Estados, o Distrito Federal, os Territórios e os Municípios, as respectivas autarquias, inclusive as associações públicas, mais as entidades de caráter público criadas por lei (v.g., fundação pública – v. CF, art. 37, XIX).

Essas pessoas jurídicas serão representadas em juízo pelos órgãos, procuradores ou pessoas indicadas no rol do art. 75 do CPC e sua citação deverá ser feita perante o órgão de Advocacia Pública competente (art. 242, § 3º).

5. Citando não atendido pela entrega domiciliar de correspondência

Nem todas as localidades são atendidas pela entrega domiciliar de correspondência, ao interessado cabendo retirá-la na agência dos Correios situada no lugar de sua residência ou domicílio. Como nem sempre haverá interesse do destinatário em verificar a existência de correspondência na referida agência – afinal, a correspondência eletrônica vem paulatinamente substituindo a postal –, o ato citatório poderá ser retardado ou mesmo inviabilizado, pois a lei exige que a carta seja entregue pelo carteiro ao citando, colhendo-se a sua assinatura no correspondente recibo (CPC, art. 248, § 1º). Daí, a citação dever ser feita pelo oficial de justiça (v. art. 249, final), que poderá, inclusive, cumprir o mandado se o citando estiver em comarca contígua de fácil comunicação ou que se situe na mesma região metropolitana do foro onde ajuizada a ação (art. 255).

6. Citação requerida pelo autor

Reconhecendo a pertinência do pedido, o juiz poderá deferir o requerimento de citação por oficial de justiça formulado pelo autor, valendo, como exemplo, a citação do réu quando concedida tutela de urgência, a ser rapidamente implementada (art. 300) – sob pena, aliás, de

Art. 248

o requerente vir a ser responsabilizado pela demora no fornecimento dos meios necessários à citação do requerido (art. 302, II).

Jurisprudência

"Execução de título extrajudicial – Citação via correio – Possibilidade – Circunstância em que, com o advento do novo CPC, inexiste vedação expressa quanto à possibilidade de a citação, em ação de execução, ser viabilizada por correio – Inteligência do artigo 247 do referido *codex* – Princípios da celeridade e efetividade dos atos judiciais Decisão reformada – Recurso provido." (TJSP, Agravo de Instrumento nº 2053273-30.2018.8.26.0000, 17ª Câmara de Direito Privado, Rel. Des. Paulo Pastore Filho, j. 2.5.2018, publ. 2.5.2018).

"Honorários advocatícios – Agravo de instrumento – Ação de execução por quantia certa contra devedor solvente – Oposição contra decisão que afastou a incidência do art. 242 do CPC, na hipótese dos autos – Citação pelo correio – Recebimento por terceiro – Prova de que a assinatura aposta no aviso de recebimento pertença a representante legal ou procurador do executado – Inexistência – Citação que se reputa inválida – Decisão mantida – Recurso improvido." (TJSP, Agravo de Instrumento nº 2241378-25.2017.8.26.0000, 32ª Câmara de Direito Privado, Rel. Des. Caio Marcelo Mendes de Oliveira, j. 20.4.2018, publ. 20.4.2018).

"Carta rogatória. Agravo regimental. intimação prévia feita via postal com aviso de recebimento assinado pelo representante legal da interessada. Pedido rogatório que se consubstancia em ato de mera comunicação processual. Envio à justiça federal. desnecessidade. Devolução dos autos à justiça rogante ante o cumprimento da diligência. I – Na fase de intimação prévia, é enviada ao interessado cópia integral da comissão rogatória por correspondência. II – Tendo sido o aviso de recebimento assinado pelo representante legal da empresa interessada, conclui-se que houve conhecimento de todos os termos da rogatória em questão. III – *In casu*, o objeto da rogatória é a citação da interessada da instauração de ação de indenização por quebra de contrato no país rogante. IV – Tratando-se o ato de mera comunicação processual, o objeto da diligência foi consumado, não havendo, portanto, necessidade de envio dos autos à Justiça

Federal para cumprimento do *exequatur*. Precedente (AgRg na CR n. 9.599/EX, relator Ministro Francisco Falcão, Corte Especial, julgado em 3.6.2015, *DJe* de 12.6.2015). Agravo regimental improvido." (AgRg na CR 9.982/EX, Rel. Min. Francisco Falcão, Corte Especial, j. 15.06.2016, *DJe* 28.06.2016).

> **Art. 248.** Deferida a citação pelo correio, o escrivão ou o chefe de secretaria remeterá ao citando cópias da petição inicial e do despacho do juiz e comunicará o prazo para resposta, o endereço do juízo e o respectivo cartório.
>
> **§ 1º** A carta será registrada para entrega ao citando, exigindo-lhe o carteiro, ao fazer a entrega, que assine o recibo.
>
> **§ 2º** Sendo o citando pessoa jurídica, será válida a entrega do mandado a pessoa com poderes de gerência geral ou de administração ou, ainda, a funcionário responsável pelo recebimento de correspondências.
>
> **§ 3º** Da carta de citação no processo de conhecimento constarão os requisitos do art. 250.
>
> **§ 4º** Nos condomínios edilícios ou nos loteamentos com controle de acesso, será válida a entrega do mandado a funcionário da portaria responsável pelo recebimento de correspondência, que, entretanto, poderá recusar o recebimento, se declarar, por escrito, sob as penas da lei, que o destinatário da correspondência está ausente.

▶ *Referência: CPC/1973 – Art. 223.*

1. Formalidades da citação pelo correio

No *caput* do art. 248 encontram-se requisitos formais, dos quais deve estar revestida a citação pelo correio. Tal regra é complementada pelo § 3º que, por sua vez, remete à lista de requisitos mencionada no art. 250 (ver o artigo e respectivas notas abaixo). Entende o legislador que, com tais elementos, a citação propicia ao réu as informações necessárias para que este, querendo, possa exercer seu direito de defesa.

2. Carta registrada e para entrega ao citando

Com o objetivo de obter elementos para documentação do recebimento da carta de citação, determina a lei que a carta seja "registrada", o que permite haja a certificação da entrega. Tal entrega deve se dar, na regra geral, em mãos do citando. Não sendo isto possível o carteiro fará a devolução da correspondência, mencionando o motivo pelo qual não houve a entrega.

3. Citação de pessoa jurídica

No caso de o citando ser pessoa jurídica a entrega deve ser feita, em regra, a quem tenha poderes de gerência geral ou de administração. Contudo, e à vista do que ocorre na realidade, o legislador utiliza-se, aqui, da teoria da aparência, de forma a também conferir validade para citação por correio que seja entregue a "a funcionário responsável pelo recebimento de correspondências". Presume-se que toda pessoa jurídica esteja suficientemente organizada para treinar este tipo de funcionário que, recebendo a carta de citação, fará chegar este tipo de relevante informação a quem tenha poderes "de gerência geral ou de administração"

4. Citação feita em condomínio edilício ou em loteamentos com controle de acesso

Inova o CPC ao dispor, no § 4º do art. 248, que será válida, "em condomínio edilício e nos loteamentos com controle de acesso", a entrega do mandado a funcionário da portaria responsável pelo recebimento de correspondência. Trata-se de uma ampliação da teoria da aparência. Decorre deste dispositivo a exigência de que, pessoas jurídicas e físicas, com domicílio nestes tipos de locais, mantenham informado o "funcionário da portaria" a respeito de sua eventual ausência, sob pena de a lei presumir válida a citação por correio que tiver sido a este funcionário entregue. De outro lado, considerando que a informação de ausência é feita, pelo funcionário, por escrito e sob as penas da lei, necessário que os condomínios edilícios e a administração de loteamentos com controle de acesso passem a contar com procedimento interno para prévio registro, pelos condôminos/moradores, destas informações de ausência, de modo que, havendo questionamento judicial a respeito da informação, tenha-se como provar que a afirmação do funcionário corresponde à informação dada pelo condômino/morador.

> **Art. 249.** A citação será feita por meio de oficial de justiça nas hipóteses previstas neste Código ou em lei, ou quando frustrada a citação pelo correio.

▶ *Referência: CPC/1973 – Art. 224*

1. Oficial de justiça. Modalidade subsidiária de citação

Mantendo disciplina incorporada ao CPC/1973 desde o advento da Lei nº 8.710/93, e reforçada pela Lei nº 14.195/2021, o CPC estipula que a citação por oficial de justiça é subsidiária, dependendo, para tanto, da existência de regra específica ou que, no caso concreto, tenha havido a frustração da tentativa de citação pelos modos preferenciais (ver art. 246, *caput* e parágrafos). Quanto ao mandado, ver art. 250.

> **Art. 250.** O mandado que o oficial de justiça tiver de cumprir conterá:
>
> **I** – os nomes do autor e do citando e seus respectivos domicílios ou residências;
>
> **II** – a finalidade da citação, com todas as especificações constantes da petição inicial, bem como a menção do prazo para contestar, sob pena de revelia, ou para embargar a execução;
>
> **III** – a aplicação de sanção para o caso de descumprimento da ordem, se houver;
>
> **IV** – se for o caso, a intimação do citando para comparecer, acompanhado de advogado ou de defensor público, à audiência de conciliação ou de mediação, com a menção do dia, da hora e do lugar do comparecimento;
>
> **V** – a cópia da petição inicial, do despacho ou da decisão que deferir tutela provisória;
>
> **VI** – a assinatura do escrivão ou do chefe de secretaria e a declaração de que o subscreve por ordem do juiz.

▶ *Referência: CPC/1973 – Art. 225*

1. Formalidades do mandado, para citação por oficial de justiça

O mandado é o documento que contém os objetivos da diligência a ser realizada pelo oficial de justiça e, ainda, certifica que tal ato está sendo realizado por ordem do juiz. Nos termos do art. 250, a lei estipula requisitos que

Art. 251

permitem a realização de um duplo objetivo. De um lado, confere a orientação para o oficial de justiça a respeito das providências que devem ser realizadas. Por outro, faz com que o documento seja portador de relevantes informações que permitirão ao citando compreender o porquê de sua citação, bem como a possibilidade e/ou necessidade de providências a serem por ele, citando, tomadas.

> **Art. 251.** Incumbe ao oficial de justiça procurar o citando e, onde o encontrar, citá-lo:
>
> **I** – lendo-lhe o mandado e entregando-lhe a contrafé;
>
> **II** – portando por fé se recebeu ou recusou a contrafé;
>
> **III** – obtendo a nota de ciente ou certificando que o citando não a apôs no mandado.

▶ *Referência: CPC/1973 – Art. 226*

1. Realização da citação e busca pelo citando

Nos termos do *caput* do art. 251, o oficial de justiça tem de procurar o citando e, em qualquer lugar no qual vier a encontrá-lo deverá proceder com a citação. Tal procura, por óbvio, depende de informação a respeito do paradeiro do citando. A primeira diligência é feita no endereço declinado na petição inicial (ver art. 319, II). Contudo, não sendo realizada a citação neste local e tendo o oficial de justiça obtido informações outras a respeito do lugar em que o citando pode ser localizado a lei já confere autorização para que, neste outro local, prossiga a diligência até que se tenha realizado a citação.

2. Procedimento da citação

Tendo localizado o citando, o oficial de justiça procederá em conformidade com os incisos do art. 251, lendo o mandado e entregando ao citando a contrafé. Solicitará, ainda, que o citando assine a cópia do mandado, de forma a, assim, comprovar a entrega. Em caso de o citando recusar a contrafé, os eventos ocorridos serão certificados pelo oficial de justiça, que é portador de "fé pública" quanto à veracidade das ocorrências por ele certificadas, em caso de entrega ou de recusa (de recebimento ou de firmar recibo, por exemplo).

3. "Extensão" territorial da procura

O oficial de justiça, em regra, atua nos limites da base territorial da unidade jurisdicional à qual ele está vinculado. A respeito da possibilidade destes limites serem extrapolados, ver art. 255.

> **Art. 252.** Quando, por 2 (duas) vezes, o oficial de justiça houver procurado o citando em seu domicílio ou residência sem o encontrar, deverá, havendo suspeita de ocultação, intimar qualquer pessoa da família ou, em sua falta, qualquer vizinho de que, no dia útil imediato, voltará a fim de efetuar a citação, na hora que designar.
>
> **Parágrafo único.** Nos condomínios edilícios ou nos loteamentos com controle de acesso, será válida a intimação a que se refere o *caput* feita a funcionário da portaria responsável pelo recebimento de correspondência.

▶ *Referência: CPC/1973 – Art. 227*

1. Citação com "hora certa"

Caso se apresente a circunstância descrita no art. 252, o oficial de justiça poderá designar hora certa para, "no dia útil imediato", realizar no mesmo local a citação. Neste caso e desde que presentes os requisitos legais, não sendo o citando localizado na hora designada, a citação poderá ser feita em pessoa outra que não o efetivo destinatário do ato. A este respeito ver o art. 253.

2. Requisitos da citação com "hora certa"

Como é descrito pelo art. 251, para que se possa proceder com este tipo de citação tem de haver, no caso concreto, a presença dos requisitos enumerados na regra. Em resumo, tem de ter havido a procura do citando, a identificação do local de seu "domicílio ou residência" e, mesmo assim, a frustração de duas diligências feitas com o objetivo de realizar a citação. Neste contexto, e desde que tenha o oficial de justiça suspeita de que está havendo ocultação, com o objetivo de evitar a realização do ato, ter-se-á o segundo requisito exigido pela lei para autorizar a citação com hora certa. Para tanto, as diligências frustradas tem de ter ocorrido em diferentes dias e horários em, ao menos, duas ocasiões. Tem de haver, também, a certificação necessária a respeito das diligências frustradas e das circunstâncias que fazem o oficial de justiça suspeitar da ocultação com o objetivo de evitar o ato.

3. Pessoas que podem ser intimadas da "hora certa"

Nos termos da parte final do *caput* do art. 252 e, ainda, de seu parágrafo único, verificados os requisitos ensejadores da "hora certa", o oficial de justiça intimará "pessoa da família ou, em sua falta, qualquer vizinho" a respeito da hora certa em que, "no dia útil imediato, voltará a fim de efetuar a citação". Inova o CPC, ao incluir a possibilidade de tal intimação, em caso de "condomínios edilícios ou nos loteamentos com controle de acesso", ser feita "a funcionário da portaria responsável pelo recebimento de correspondência". Aqui, trata-se de "apenas" intimar a respeito do momento em que ocorrerá o retorno do oficial de justiça. Quanto à efetivação ver, com atenção, o art. 253, inclusive por que lá difere a lista de pessoas mencionadas pelo legislador.

> **Art. 253.** No dia e na hora designados, o oficial de justiça, independentemente de novo despacho, comparecerá ao domicílio ou à residência do citando a fim de realizar a diligência.
>
> **§ 1º** Se o citando não estiver presente, o oficial de justiça procurará informar-se das razões da ausência, dando por feita a citação, ainda que o citando se tenha ocultado em outra comarca, seção ou subseção judiciárias.
>
> **§ 2º** A citação com hora certa será efetivada mesmo que a pessoa da família ou o vizinho que houver sido intimado esteja ausente, ou se, embora presente, a pessoa da família ou o vizinho se recusar a receber o mandado.
>
> **§ 3º** Da certidão da ocorrência, o oficial de justiça deixará contrafé com qualquer pessoa da família ou vizinho, conforme o caso, declarando-lhe o nome.
>
> **§ 4º** O oficial de justiça fará constar do mandado a advertência de que será nomeado curador especial se houver revelia.

▶ *Referência: CPC/1973 – Art. 228*

1. Efetiva da citação com "hora certa"

Como descrito pelo art. 253, o retorno ao local de "domicílio ou residência" do citando é feito pelo oficial de justiça sem necessidade de novo despacho judicial. A regra também descreve etapas da atividade do oficial que, primeiro, indagará novamente a respeito do citando e, no caso dele não estar presente, indagará a respeito dos motivos da ausência. Não havendo justificativa para tal ausência será realizada a citação. Ver nota seguinte.

2. Pessoas perante quem será realizada a citação com "hora certa"

Como mencionado na nota anterior, não sendo localizado o citando e não havendo justificativa consistente para sua ausência, o oficial de justiça, que no dia anterior já havia intimado uma das pessoas referidas no art. 252 (de que retornaria ali para efetivar a citação) o fará. Para que isto seja possível, contudo, importante notar que as regras dos §§ 2º e 3º mencionam, apenas, "pessoa da família" ou "vizinho", não repetindo a menção "a funcionário da portaria responsável pelo recebimento de correspondência" (para caso de "condomínios edilícios ou nos loteamentos com controle de acesso"). Por se tratar de ato relevante, não se pode ampliar o âmbito de aplicação das normas destes §§ 2º e 3º, que devem ser interpretados de modo estrito. Assim sendo, para realizar a citação com hora certa se terá de localizar "pessoa da família" ou "vizinho", tendo imaginado o legislador que, apenas com estes, haveria uma possibilidade de relacionamento pessoal que permite a presunção de que a informação, tão relevante, chegará ao destinatário.

> **Art. 254.** Feita a citação com hora certa, o escrivão ou chefe de secretaria enviará ao réu, executado ou interessado, no prazo de 10 (dez) dias, contado da data da juntada do mandado aos autos, carta, telegrama ou correspondência eletrônica, dando-lhe de tudo ciência.

▶ *Referência: CPC/1973 – Art. 229*

1. Comunicação da "hora certa"

Em medida de cautela, o legislador determina que, depois de efetivada a citação com hora certa, haja o envio de comunicação ao citando, dando a ele "ciência" da citação havida. Tal comunicação pode ser feita por "carta, telegrama ou correspondência eletrônica" e é necessária, sob pena de não ser válida a citação.

Art. 255

Art. 255. Nas comarcas contíguas de fácil comunicação e nas que se situem na mesma região metropolitana, o oficial de justiça poderá efetuar, em qualquer delas, citações, intimações, notificações, penhoras e quaisquer outros atos executivos.

▶ *Referência: CPC/1973 – Art. 229*

1. Extensão do âmbito de diligências para citação por oficial de justiça

Para permitir maior agilidade na realização dos atos processuais mencionados neste artigo, a lei autoriza que, nas circunstâncias aqui descritas, o oficial de justiça possa realizar tais atividades mesmo estando fora do limite territorial da comarca. Nestes casos dispensa-se, pois, a expedição de carta precatória, ganhando o processo em eficiência.

Art. 256. A citação por edital será feita:

I – quando desconhecido ou incerto o citando;

II – quando ignorado, incerto ou inacessível o lugar em que se encontrar o citando;

III – nos casos expressos em lei.

§ 1º Considera-se inacessível, para efeito de citação por edital, o país que recusar o cumprimento de carta rogatória.

§ 2º No caso de ser inacessível o lugar em que se encontrar o réu, a notícia de sua citação será divulgada também pelo rádio, se na comarca houver emissora de radiodifusão.

§ 3º O réu será considerado em local ignorado ou incerto se infrutíferas as tentativas de sua localização, inclusive mediante requisição pelo juízo de informações sobre seu endereço nos cadastros de órgãos públicos ou de concessionárias de serviços públicos.

▶ *Referência: CPC/1973 – Art. 231*

1. Citação por edital

Tendo em vista a importância da citação para a validade do processo, a lei exige que se esgotem todas as tentativas possíveis para realizar a citação com emprego de modos tidos pelo legislador como "mais seguros". Contudo, na inviabilidade de tais métodos, o seguimento do processo deve ser viabilizado, motivo pelo qual prevê o legislador

a possibilidade de se realizar citação por edital. Tratando-se de citação em que a informação não é entregue diretamente ao citando, nem a uma pessoa a respeito da qual a lei presume haver relacionamento suficiente para que esta repasse a notícia relevante ao citando, requisitos especiais são postos pela lei e comentados abaixo.

2. Citando desconhecido ou incerto

No caso de não se ter clareza a respeito de quem é o citando, permite a lei seja a citação realizada por edital. Tem-se, assim, uma informação "geral" a respeito da existência da demanda e de seus elementos principais, de forma que, com a ampla divulgação desta notícia, haja a possibilidade de qualquer interessado apresentar-se no processo para ali manifestar/defender seu eventual interesse.

2.1. Casos de publicação "necessária" do edital

A respeito de casos em que a lei entende ser "necessária" a publicação do edital, ver art. 259.

3. Paradeiro do citando ignorado, incerto ou inacessível

Para que se possa buscar o citando, tem de ser conhecido o seu paradeiro. Para a generalidade de casos entende o legislador que o autor tem condições de descobrir este paradeiro, de forma que um dos requisitos da inicial é o da indicação do "endereço" do réu (ver art. 319, II). De todo modo, sabendo que por vezes esta informação não é, desde logo, do conhecimento do autor, o § 1º do art. 319 também permite sejam requeridas ao juiz diligências necessárias à obtenção da notícia sobre o paradeiro do réu. Todavia, caso sejam realizadas as investigações possíveis (ver § 3º do art. 256) e, mesmo assim, não se logrou êxito na busca pela localização do citando, seu paradeiro será tido como "ignorado" permitindo, então, a realização da citação editalícia. O mesmo se aplica ao caso de paradeiro incerto. Por fim, quanto a ser inacessível o local em que o citando possa ser localizado, isto apenas ocorrerá em situações nas quais não haja transporte regular para permitir a ida até tal local, tem-se, assim, uma inviabilidade prática de acesso. De outro lado, pode haver uma inviabilidade jurídica de acesso, o que se verifica em caso de o citando estar em país estrangeiro que recuse cumprimento a carta rogatória emitida por autoridades brasileiras (ver § 1º).

> **Art. 257.** São requisitos da citação por edital:
>
> **I** – a afirmação do autor ou a certidão do oficial informando a presença das circunstâncias autorizadoras;
>
> **II** – a publicação do edital na rede mundial de computadores, no sítio do respectivo tribunal e na plataforma de editais do Conselho Nacional de Justiça, que deve ser certificada nos autos;
>
> **III** – a determinação, pelo juiz, do prazo, que variará entre 20 (vinte) e 60 (sessenta) dias, fluindo da data da publicação única ou, havendo mais de uma, da primeira;
>
> **IV** – a advertência de que será nomeado curador especial em caso de revelia.
>
> **Parágrafo único.** O juiz poderá determinar que a publicação do edital seja feita também em jornal local de ampla circulação ou por outros meios, considerando as peculiaridades da comarca, da seção ou da subseção judiciárias.

▶ *Referência: CPC/1973 – Art. 232.*

1. Requisitos da citação por edital

O art. 257 indica os requisitos necessários, sob pena de nulidade, para ser validamente realizada a citação por edital. O primeiro deles se encontra no inciso I, o qual se refere a casos em que, o autor, ou o oficial de justiça, tiverem indicado a existência de circunstâncias que, no caso concreto, tornem o edital necessário, nos termos do estipulado no art. 256.

2. Publicação necessária na rede mundial de computadores (internet) e demais meios eletrônicos de divulgação

Fato da vida moderna é o amplo acesso a informações que as pessoas, em geral e pelo mundo todo, podem ter "via" rede mundial de computadores, a popularmente conhecida "internet". Além desta forma de ampla publicidade, exige a lei seja o edital incluído no "sítio" eletrônico do respectivo tribunal e na plataforma de editais do Conselho Nacional de Justiça. A realização destas providências deve ser certificada nos autos, de forma que se possa, sendo necessário, demonstrar o cumprimento destes requisitos de validade da citação editalícia.

3. Publicação facultativa

À vista do acima mencionado, a lei estipula, nos termos do parágrafo único, que a "publicação do edital" também poderá ser feita "em jornal local de ampla circulação ou por outros meios, considerando as peculiaridades da comarca, da seção ou da subseção judiciárias". Enfim, medidas de ampliação da publicidade podem ser determinadas, mas geram custos, de forma que, numa interpretação sistemática, a necessidade de tal publicidade "física" deve ser justificada eis que, nos termos do inciso II, a regra geral será a da adoção, apenas, dos meios de divulgação ali mencionados.

4. Prazo para conhecimento

Na medida em que a lei presume que os meios indicados no art. 257 são suficientes para que todos, em geral (inclusive o citando), tenham conhecimento a respeito do conteúdo e das informações constantes da citação editalícia, necessário que haja um período "de acesso" e circulação da notícia, para tornar "aceitável" este conhecimento presumido. Este, o motivo da regra constante do inciso III do art. 257, no qual consta que o juiz fixará um período "que variará entre 20 (vinte) e 60 (sessenta) dias" no qual o processo ficará aguardando este tempo "de acesso" para conhecimento dos termos do edital. Este prazo não se confunde com o prazo de resposta que, no caso da citação editalícia, será contado nos termos do que consta do art. 231, IV, do CPC.

> **Art. 258.** A parte que requerer a citação por edital, alegando dolosamente a ocorrência das circunstâncias autorizadoras para sua realização, incorrerá em multa de 5 (cinco) vezes o salário mínimo.
>
> **Parágrafo único.** A multa reverterá em benefício do citando.

▶ *Referência: CPC/1973 – Art. 233*

1. Sanção em caso de pedido doloso de citação editalícia não cabível

A citação editalícia, como mencionado, apenas deve ser realizada em casos de necessidade e presença dos requisitos legais. Em caso deste tipo de citação ser solicitado, como expediente doloso com intenção de prejudicar o citando, haverá a incidência da sanção estipulada no art. 258 do CPC.

Art. 259

> **Art. 259.** Serão publicados editais:
>
> **I** – na ação de usucapião de imóvel;
>
> **II** – na ação de recuperação ou substituição de título ao portador;
>
> **III** – em qualquer ação em que seja necessária, por determinação legal, a provocação, para participação no processo, de interessados incertos ou desconhecidos.

▶ *Sem correspondência no CPC/1973*

1. Casos de publicação necessária de edital

No art. 259, incisos I e II, o legislador indica situações específicas (usucapião de imóvel e ação de recuperação ou substituição de título ao portador) nas quais, à vista de incerteza a respeito da existência de citandos certos e/ou identificáveis, deverá haver a publicação de editais como condição para o regular desenvolvimento da relação processual. O mesmo objetivo, consta, agora de modo genérico, no inciso III da regra em comento.

CAPÍTULO III

DAS CARTAS

> **Art. 260.** São requisitos das cartas de ordem, precatória e rogatória:
>
> **I** – a indicação dos juízes de origem e de cumprimento do ato;
>
> **II** – o inteiro teor da petição, do despacho judicial e do instrumento do mandato conferido ao advogado;
>
> **III** – a menção do ato processual que lhe constitui o objeto;
>
> **IV** – o encerramento com a assinatura do juiz.
>
> **§ 1º** O juiz mandará trasladar para a carta quaisquer outras peças, bem como instruí-la com mapa, desenho ou gráfico, sempre que esses documentos devam ser examinados, na diligência, pelas partes, pelos peritos ou pelas testemunhas.
>
> **§ 2º** Quando o objeto da carta for exame pericial sobre documento, este será remetido em original, ficando nos autos reprodução fotográfica.
>
> **§ 3º** A carta arbitral atenderá, no que couber, aos requisitos a que se refere o *caput* e será instruída com a convenção de arbitragem e com as provas da nomeação do árbitro e de sua aceitação da função.

▶ *Referência: CPC/1973 – Art. 202*

1. Requisitos das cartas

O art. 260 indica, nos seus incisos (I a IV) os requisitos formais das cartas "de ordem", precatória e rogatória. O artigo também trata, em seu § 3º, da carta arbitral que, "no que couber", atenderá aos mesmos requisitos dos demais tipos de "carta" e, além destes, deverá ser instruída com "a convenção de arbitragem e com as provas da nomeação do árbitro e de sua aceitação da função".

2. Expedição preferencialmente por meio eletrônico

A respeito da opção do legislador, no sentido de dar preferência à expedição eletrônica, das cartas, ver art. 263.

> **Art. 261.** Em todas as cartas o juiz fixará o prazo para cumprimento, atendendo à facilidade das comunicações e à natureza da diligência.
>
> **§ 1º** As partes deverão ser intimadas pelo juiz do ato de expedição da carta.
>
> **§ 2º** Expedida a carta, as partes acompanharão o cumprimento da diligência perante o juízo destinatário, ao qual compete a prática dos atos de comunicação.
>
> **§ 3º** A parte a quem interessar o cumprimento da diligência cooperará para que o prazo a que se refere o *caput* seja cumprido.

▶ *Referência: CPC/1973 – Art. 203*

1. Prazo de cumprimento

As cartas tem por objetivo a realização de diligências e/ou de providências perante o juízo destinatário. Conforme o tipo e/ou a complexidade da providência será fixado prazo para cumprimento, nos termos do *caput* do art. 261. Este prazo é impróprio, de forma que se for necessário maior tempo para cumprimento da providência isto não acarreta nulidade. Trata-se de uma referência que auxilia no controle que o órgão emitente deve fazer, para solicitar informações a respeito do ocorrido com a carta e/ou tomar outras deliberações conforme forem tais ocorrências.

2. Intimação e acompanhamento pelas partes

Nos termos do § 1º do art. 261, da expedição da carta serão as partes intimadas. Com isto, as partes poderão acompanhar a realização das providências perante o juízo destinatário da carta (§ 2º), dando a lei especial ênfase à atuação da parte com direto interesse na providência a ser praticada, tal como mencionado pelo § 3º.

> **Art. 262.** A carta tem caráter itinerante, podendo, antes ou depois de lhe ser ordenado o cumprimento, ser encaminhada a juízo diverso do que dela consta, a fim de se praticar o ato.
> **Parágrafo único.** O encaminhamento da carta a outro juízo será imediatamente comunicado ao órgão expedidor, que intimará as partes.

▸ *Referência: CPC/1973 – Art. 204*

1. Caráter itinerante

Como referido pelo art. 262 a carta tem caráter itinerante, de forma que ela poderá ser enviada para juízo diverso daquele inicialmente indicado, caso isto seja necessário para cumprimento da providência. No caso, contudo, de envio para outro destinatário, necessário que o órgão expedidor seja disto informado, realizando-se, ainda, intimação das partes (para com isto renovar o atendimento ao preconizado pelo § 1º do art. 261).

> **Art. 263.** As cartas deverão, preferencialmente, ser expedidas por meio eletrônico, caso em que a assinatura do juiz deverá ser eletrônica, na forma da lei.

▸ *Referência: CPC/1973 – Art. 202, § 3º*

1. Cartas expedidas preferencialmente por meio eletrônico

Em conformidade com a evolução do processo eletrônico, o CPC determina que, preferencialmente, as cartas sejam expedidas por meio eletrônico, com a assinatura do juiz sendo realizada também eletronicamente, em conformidade com os requisitos legalmente exigidos para tanto.

> **Art. 264.** A carta de ordem e a carta precatória por meio eletrônico, por telefone ou por telegrama conterão, em resumo substancial, os requisitos mencionados no art. 250, especialmente no que se refere à aferição da autenticidade.

▸ *Referência: CPC/1973 – Art. 206*

1. Cartas expedidas por meio eletrônico e os requisitos do art. 250

Independentemente do modo preferencial de expedição ser o eletrônico, o art. 264 remete à regra do art. 250, exigindo, assim, que conste da carta um conteúdo mínimo que deve ser observado quando da expedição de sua expedição. Isto, com o objetivo de bem informar qual providência deve ser tomada perante o destinatário e, ainda, permitir a conferência da autenticidade da assinatura do órgão expedidor.

> **Art. 265.** O secretário do tribunal, o escrivão ou o chefe de secretaria do juízo deprecante transmitirá, por telefone, a carta de ordem ou a carta precatória ao juízo em que houver de se cumprir o ato, por intermédio do escrivão do primeiro ofício da primeira vara, se houver na comarca mais de um ofício ou de uma vara, observando-se, quanto aos requisitos, o disposto no art. 264.
> **§ 1º** O escrivão ou o chefe de secretaria, no mesmo dia ou no dia útil imediato, telefonará ou enviará mensagem eletrônica ao secretário do tribunal, ao escrivão ou ao chefe de secretaria do juízo deprecante, lendo-lhe os termos da carta e solicitando-lhe que os confirme.
> **§ 2º** Sendo confirmada, o escrivão ou o chefe de secretaria submeterá a carta a despacho.

▸ *Referência: CPC/1973 – Art. 207*

1. Competência para transmissão, por telefone, da carta

O art. 265 cuida de estipular quem, na estrutura judiciária, tem a competência para realizar a transmissão por telefone das cartas, de forma que mesmo em caso de comarca com mais de um ofício e de uma vara, possa-se ter maior controle para verificação dos requisitos mínimos estipulados no art. 264.

> **Art. 266.** Serão praticados de ofício os atos requisitados por meio eletrônico e de telegrama, devendo a parte depositar, contudo, na secretaria do tribunal ou no cartório do juízo deprecante, a importância correspondente às despesas que serão feitas no juízo em que houver de praticar-se o ato.

▸ *Referência: CPC/1973 – Art. 208.*

Art. 267

1. Cumprimento da carta perante o juízo destinatário

Uma vez recebida a carta, cumpre que o juízo destinatário a ela dê cumprimento de ofício, ou seja não é necessário que o interessado requeira tal iniciativa. Ao interessado cumprirá depositar "a importância correspondente às despesas que serão feitas no juízo em que houver de praticar-se o ato", colaborando, assim, para que haja agilidade no cumprimento da providência de seu interesse (ver art. 261, § 3º).

> **Art. 267.** O juiz recusará cumprimento a carta precatória ou arbitral, devolvendo-a com decisão motivada quando:
>
> **I** – a carta não estiver revestida dos requisitos legais;
>
> **II** – faltar ao juiz competência em razão da matéria ou da hierarquia;
>
> **III** – o juiz tiver dúvida acerca de sua autenticidade.
>
> Parágrafo único. No caso de incompetência em razão da matéria ou da hierarquia, o juiz deprecado, conforme o ato a ser praticado, poderá remeter a carta ao juiz ou ao tribunal competente.

> ▶ *Referência: CPC/1973 – Art. 209*

1. Motivos que autorizam a recusa ao cumprimento da carta

Não cabe ao juízo destinatário deliberar a respeito do cabimento ou da pertinência das providências solicitadas na carta. No geral, ao juízo destinatário caberá, apenas, dar cumprimento a ela. Entretanto, caso sejam verificadas as situações preconizadas no art. 267, estará autorizado o juízo destinatário a recusar o cumprimento. Tal recusa deve ser fundamentada e acarreta a devolução da carta ao órgão expedidor.

2. Possibilidade de envio da carta para o órgão jurisdicional competente

Apesar de, na regra geral do *caput* do art. 267, estar prevista a devolução da carta ao órgão expedidor, preconiza o parágrafo único que, no caso de "incompetência em razão da matéria ou da hierarquia, o juiz deprecado, conforme o ato a ser praticado, poderá remeter a carta ao juiz ou ao tribunal competente".

> **Art. 268.** Cumprida a carta, será devolvida ao juízo de origem no prazo de 10 (dez) dias, independentemente de traslado, pagas as custas pela parte.

> ▶ *Referência: CPC/1973 – Art. 212*

1. Devolução da carta já cumprida

Realizada a providência objeto da carta, deve haver a devolução desta ao órgão expedidor para que lá sejam as ocorrências havidas devidamente documentadas e conhecidas. Para tanto, é necessário que eventuais custas sejam pagas perante o juízo destinatário.

CAPÍTULO IV
DAS INTIMAÇÕES

> **Art. 269.** Intimação é o ato pelo qual se dá ciência a alguém dos atos e dos termos do processo.
>
> **§ 1º** É facultado aos advogados promover a intimação do advogado da outra parte por meio do correio, juntando aos autos, a seguir, cópia do ofício de intimação e do aviso de recebimento.
>
> **§ 2º** O ofício de intimação deverá ser instruído com cópia do despacho, da decisão ou da sentença.
>
> **§ 3º** A intimação da União, dos Estados, do Distrito Federal, dos Municípios e de suas respectivas autarquias e fundações de direito público será realizada perante o órgão de Advocacia Pública responsável por sua representação judicial.

> ▶ *Referência: CPC/1973 – Art. 234*

1. Intimações

Nos termos do mencionado no *caput* do art. 269 "intimação é o ato pelo qual se dá ciência a alguém dos atos e dos termos do processo". Isto também ocorre na citação, com a diferença de que a ciência dada no bojo da citação configura a "primeira" notícia que o sujeito indicado no polo passivo de uma ação judicial tem a respeito dela, abrindo-se, assim, a oportunidade para exercer seu direito ao contraditório e ampla defesa. Por seu turno, com as intimações, as partes, ou terceiros, terão informação a respeito de atos praticados no processo e do conteúdo destes, seja para determinar que algo seja feito pelo destinatário, seja para dar a ele mera ciência do ocorrido. Com a intimação, o destinatário poderá, inclusive, tomar providência que seja de seu interesse, eis que apenas é possível "reagir" quando se conhece o ato processual praticado.

2. Intimação do "advogado da outra parte", promovida por advogado

Numa inovação, o CPC, no § 1º do art. 269, autoriza que os advogados realizem "a intimação do advogado da outra parte por meio do correio, juntando aos autos, a seguir, cópia do ofício de intimação e do aviso de recebimento". Tal regra deve ser interpretada de modo estrito, de maneira que tal autorização não abrange citação, eis por que esta deva ser feita, em regra, à parte e não ao advogado. Diga-se, ainda, que a iniciativa do legislador peca por não haver modo de comprovar o conteúdo enviado por intermédio da correspondência. Importante mencionar que o aviso de recebimento apenas comprova o recebimento de um envelope (ou pacote) sem, contudo, ser prova do exato conteúdo remetido. Enfim, trata-se de intimação "frágil", a ser usada com cautela pelos interessados e a ser visualizada com redobrada cautela pelo Judiciário, para evitar risco ao princípio constitucional do contraditório e da ampla defesa.

3. Elementos da intimação

Como mencionado pelo § 2º do art. 269, a intimação deve "dar", ao destinatário da intimação, a respeito do ato processual que dá ensejo à intimação. Para tanto, esta deve ser instruída "com cópia do despacho, da decisão ou da sentença".

4. Intimações de órgãos públicos

O § 3º do art. 269 estipula que, no caso de o destinatário da intimação ser a "União, dos Estados, do Distrito Federal, dos Municípios e de suas respectivas autarquias e fundações de direito público", o ato de comunicação apenas será válido caso realizado "perante o órgão de Advocacia Pública responsável por sua representação judicial".

> **Art. 270.** As intimações realizam-se, sempre que possível, por meio eletrônico, na forma da lei.
>
> **Parágrafo único.** Aplica-se ao Ministério Público, à Defensoria Pública e à Advocacia Pública o disposto no § 1º do art. 246.

▶ *Referência: CPC/1973 – Art. 237, parágrafo único*

1. Intimações eletrônicas, inclusive para o Ministério Público, à Defensoria Pública e à Advocacia Pública

Em mais uma iniciativa condizente com a evolução do processo eletrônico, o art. 270 estipula que as intimações serão, sempre que possível, realizadas eletronicamente, deixando claro que isto também se aplica ao Ministério Público, à Defensoria Pública e à Advocacia Pública, os quais também deverão providenciar o cadastro objeto do § 1º do art. 246.

> **Art. 271.** O juiz determinará de ofício as intimações em processos pendentes, salvo disposição em contrário.

▶ *Referência: CPC/1973 – Art. 235*

1. Intimações "de ofício"

Dar impulso ao processo é da responsabilidade do juiz, de forma que, como menciona o art. 271, o determinar que se realizem as intimações é ato a ser praticado de ofício, independentemente de requerimento da parte.

> **Art. 272.** Quando não realizadas por meio eletrônico, consideram-se feitas as intimações pela publicação dos atos no órgão oficial.
>
> **§ 1º** Os advogados poderão requerer que, na intimação a eles dirigida, figure apenas o nome da sociedade a que pertençam, desde que devidamente registrada na Ordem dos Advogados do Brasil.
>
> **§ 2º** Sob pena de nulidade, é indispensável que da publicação constem os nomes das partes e de seus advogados, com o respectivo número de inscrição na Ordem dos Advogados do Brasil, ou, se assim requerido, da sociedade de advogados.
>
> **§ 3º** A grafia dos nomes das partes não deve conter abreviaturas.
>
> **§ 4º** A grafia dos nomes dos advogados deve corresponder ao nome completo e ser a mesma que constar da procuração ou que estiver registrada na Ordem dos Advogados do Brasil.
>
> **§ 5º** Constando dos autos pedido expresso para que as comunicações dos atos processuais sejam feitas em nome dos advogados indicados, o seu desatendimento implicará nulidade.
>
> **§ 6º** A retirada dos autos do cartório ou da secretaria em carga pelo advogado, por pessoa credenciada a pedido do advogado ou

da sociedade de advogados, pela Advocacia Pública, pela Defensoria Pública ou pelo Ministério Público implicará intimação de qualquer decisão contida no processo retirado, ainda que pendente de publicação.

§ 7º O advogado e a sociedade de advogados deverão requerer o respectivo credenciamento para a retirada de autos por preposto.

§ 8º A parte arguirá a nulidade da intimação em capítulo preliminar do próprio ato que lhe caiba praticar, o qual será tido por tempestivo se o vício for reconhecido.

§ 9º Não sendo possível a prática imediata do ato diante da necessidade de acesso prévio aos autos, a parte limitar-se-á a arguir a nulidade da intimação, caso em que o prazo será contado da intimação da decisão que a reconheça.

▶ *Referência: CPC/1973 – Art. 236*

1. Intimações por publicação no órgão oficial e seus requisitos

Como já mencionado, o art. 270 deixa claro que o meio preferencial para realizar as intimações é o eletrônico. Caso isto não seja viável, o *caput* do art. 272 preceitua que a intimação será feita por intermédio de publicação no órgão oficial. Para tanto, os parágrafos do art. 272, de maneira bem detalhada, elencam requisitos e possibilidades, de forma que tal modalidade de intimação pode ser feita não apenas em nome do advogado, mas também, caso solicitado, em nome da sociedade de advogados (desde que esta esteja devidamente registrada na OAB). Está indicada, ainda, a necessidade de, na intimação, constar referência ao nome das partes e dos advogados (ou sociedade de advogados), o que deve ser feito em conformidade com o que consta da procuração juntada aos autos e sem abreviatura. Autoriza-se, ainda, que haja pedido para especificar o nome do profissional que deve constar da intimação, sob pena de nulidade.

2. Carga de autos físicos

Em conformidade com o que consta do § 6º do art. 272, a retirada de autos físicos, em carga, "pelo advogado, por pessoa credenciada a pedido do advogado ou da sociedade de advogados, pela Advocacia Pública, pela Defensoria Pública ou pelo Ministério Público implicará intimação de

qualquer decisão contida no processo retirado". Trata-se de providência que visa acelerar o andamento do processo, de forma que a retirada dos autos dispensa, apenas para quem os retirou, a realização de intimação a respeito de decisões já constantes dos autos.

3. Maneira de alegação de vício na intimação e caso de necessidade de prévio acesso aos autos

No caso de a parte alegar vício na intimação, isto deverá ser feito em preliminar do ato que seja praticado. Ou seja, em regra, deseja a lei que desde logo seja o ato praticado e, sendo reconhecida a nulidade ter-se-á por tempestivo o ato. Exceção, contudo, dá-se no caso de apenas ser viável a prática do ato depois de prévio acesso aos autos, caso em que se admite que a parte apenas alegue a nulidade e, sendo esta reconhecida, o prazo para prática do ato será contado da intimação da decisão reconhecendo a nulidade (ver §§ 8º e 9º).

Art. 273. Se inviável a intimação por meio eletrônico e não houver na localidade publicação em órgão oficial, incumbirá ao escrivão ou chefe de secretaria intimar de todos os atos do processo os advogados das partes:

I – pessoalmente, se tiverem domicílio na sede do juízo;

II – por carta registrada, com aviso de recebimento, quando forem domiciliados fora do juízo.

▶ *Referência: CPC/1973 – Art. 237*

1. Intimação pessoal ou por correio

Como já mencionado, o CPC dá preferência à intimação eletrônica. Não sendo isto possível, prefere o CPC, como também já referido, que a intimação seja feita por publicação no órgão oficial. Na hipótese, contudo, de serem inviáveis as duas primeiras e preferenciais modalidades ter-se-á, como regulamenta o art. 273, intimação pessoal ou por correio.

Art. 274. Não dispondo a lei de outro modo, as intimações serão feitas às partes, aos seus representantes legais, aos advogados e aos demais sujeitos do processo pelo correio ou, se presentes em cartório, diretamente pelo escrivão ou chefe de secretaria.

Parágrafo único. Presumem-se válidas as intimações dirigidas ao endereço constante dos autos, ainda que não recebidas pessoalmente pelo interessado, se a modificação temporária ou definitiva não tiver sido devidamente comunicada ao juízo, fluindo os prazos a partir da juntada aos autos do comprovante de entrega da correspondência no primitivo endereço.

▶ *Referência: CPC/1973 – Art. 238*

1. Intimações pelo correio ou, pessoalmente, no cartório

Complementando a regra anterior, o art. 274 autoriza sejam as intimações feitas, em geral, por intermédio de correspondência postal. No caso, contudo, de estar o destinatário presente em cartório, a intimação pode ser feita a ele diretamente.

2. Necessidade de comunicação sobre alteração de endereço

Como as intimações, se necessário, serão feitas pelo correio, a lei exige que as partes e outros sujeitos envolvidos no processo mantenham atualizada a informação, nos autos, a respeito de seu endereço. Para evitar que processo se paralise ou que se tenha de praticar novamente atos processuais, na hipótese de a atualização ("de endereço") não ser levada aos autos, disciplina o parágrafo único do art. 274, que "presumem-se válidas as intimações dirigidas ao endereço constante dos autos, ainda que não recebidas pessoalmente pelo interessado, se a modificação temporária ou definitiva não tiver sido devidamente comunicada ao juízo, fluindo os prazos a partir da juntada aos autos do comprovante de entrega da correspondência no primitivo endereço".

Art. 275. A intimação será feita por oficial de justiça quando frustrada a realização por meio eletrônico ou pelo correio.

§ 1º A certidão de intimação deve conter:

I – a indicação do lugar e a descrição da pessoa intimada, mencionando, quando possível, o número de seu documento de identidade e o órgão que o expediu;

II – a declaração de entrega da contrafé;

III – a nota de ciente ou a certidão de que o interessado não a apôs no mandado.

§ 2º Caso necessário, a intimação poderá ser efetuada com hora certa ou por edital.

▶ *Referência: CPC/1973 – Art. 239*

1. Intimações por oficial de justiça, hora certa, ou edital

Caso não seja possível realizar a intimação por uma das modalidades preferenciais, ela poderá ser realizada por intermédio de oficial de justiça, observadas as formalidades contidas no art. 275, § 1º, e respectivos incisos. A norma, em seu § 2º, também deixa claro que, se necessário e desde que presentes os requisitos, a intimação poderá ser feita por hora certa (ver arts. 252 e 253) ou edital (ver arts. 256 e 257).

TÍTULO III
DAS NULIDADES

1. Introdução

A jurisdição, enquanto manifestação do poder estatal e atividade que se desenvolve com vistas à consecução de certos objetivos do Estado, notadamente a resolução das crises jurídicas, a aplicação do direito ao caso concreto e a pacificação social, utiliza-se do processo como um método de trabalho.

No processo, realizam-se as atividades que, somadas e concatenadas, conduzirão à solução final do litígio. A ordenação dessas atividades compõe um amplo conjunto de normas, seja para regular a relação que se estabelece entre seus sujeitos, seja para disciplinar a forma de sua atuação (seus poderes, deveres, direitos, ônus e faculdades), ou até mesmo para organizar o procedimento que se desenvolverá sucessivamente. Em todas essas facetas do processo, são praticados atos processuais pelos seus sujeitos.

No âmbito do direito processual, como ramo de direito público que é, e considerada a sua natureza técnica, os atos processuais estão previstos em geral na própria lei (não apenas a sua existência, mas também o modo com que devem ser praticados).

A doutrina processual estuda e classifica os atos processuais a partir de noções da teoria geral do direito[25]. No que diz respeito especificamente aos atos jurídicos, a construção de suas classificações teóricas tem por origem o direito privado, do qual seguem sendo emprestados (nem sempre de forma adequada) alguns conceitos básicos.

Na ciência processual e na praxe forense, estabeleceu-se a ideia de que nulidade processual consiste no vício formal verificado em relação à prática de certos atos, mas esse é um conceito equivocado. A irregularidade formal, que se dá porque os parâmetros formais para a prática do ato deixaram de ser observados, não consiste, em si, em nulidade. Quando tal irregularidade é constatada e decretada pelo juiz, aí sim tem-se verdadeiramente a nulidade. Esta é, assim, a sanção que se estabelece em consequência do reconhecimento de uma desconformidade relacionada a certo ato processual[26].

Portanto, pode-se dizer que não existe nulidade até que ela seja pronunciada pelo juiz da causa. Mas é fato que a praxe consagrou a expressão neste outro sentido, e por essa razão ele é aqui adotado.

Entretanto, as advertências terminológicas não se exaurem nesse ponto, pois, em relação às nulidades, é comum que se adotem expressões equívocas, aumentando a divergência dos conceitos ou confundindo-os. Esse fenômeno se amplifica porque, fruto da colocação do tema da validade dos atos jurídicos no plano da teoria geral do direito, e fruto da adoção de terminologia comum a outros ramos do direito (notadamente o direito civil), nem

sempre o leitor é advertido acerca de quais conceitos estão sendo utilizados.

O fato é que, no âmbito do direito processual, por força das suas circunstâncias e objetivos distintos, não se pode adotar as noções e a terminologia próprias do direito civil, de modo que as classificações adotadas naquele ramo do direito não se projetam para o direito processual, como será visto adiante.

Dada a natureza das normas sobre processo, a sua inserção como ramo do direito público impõe mudanças no regime jurídico das nulidades, que são verificadas, ademais, na maior parte dos ordenamentos jurídicos. As regras a esse respeito seguem parâmetros assemelhados, todos voltados à consideração de que os atos processuais são realizados e preordenados para a realização dos objetivos superiores da própria jurisdição: aplicação da norma jurídica ao caso concreto, solução da controvérsia e pacificação das pessoas.

De forma inerente a toda e qualquer perspectiva que se estabeleça, é inevitável a consideração de sua finalidade instrumental, pois as normas processuais não existem para regular condutas materiais e não se revelam como um fim em si mesmo.

Se tais objetivos forem atingidos, será menos importante a verificação da adequação ou coincidência entre o modelo legal previsto para a prática dos atos processuais e a forma como eles efetivamente foram praticados. Assim, relativiza-se, em inúmeras ocasiões, os eventuais descompassos formais verificados, a fim de considerar válidos e eficazes os atos processuais que atingirem seus objetivos.

Neste ponto reside a diferença fundamental entre o regime jurídico das nulidades do direito privado e as nulidades processuais, pois quanto a estas, a ausência de prejuízo e/ou a ausência de impugnação terão como resultado a desconsideração, a sanatória dos vícios e a preservação dos efeitos do ato[27]. Ainda, a invalidade de um ato processual só existirá a partir da sua declaração pelo juiz, inexistin-

---

25 LACERDA, Galeno. Despacho saneador. Porto Alegre: Sergio Antonio Fabris Editor, 1985, p. 70; THEODORO JÚNIOR, Humberto. As nulidades no Código de Processo Civi". *Revista de Processo*, v. 30, p. 38, São Paulo, abr./jun. 1983; WAMBIER, Teresa Arruda Alvim. *Nulidades do Processo e da Sentença*. São Paulo: Revista dos Tribunais, 2007, p. 141.

26 APRIGLIANO, Ricardo de Carvalho. *Ordem Pública e Processo*, p. 84.

27 APRIGLIANO, Ricardo de Carvalho. *Ordem Pública e Processo*, p. 88. Remeto o leitor, em especial, às lições de Piero Calamandrei e de Vicente Greco Filho, citadas no texto e em rodapé.

do, no âmbito processual, nulidades de pleno direito[28-29].

No atual CPC, a disciplina das nulidades é regulada nos artigos 276 a 283, além de inúmeros outros dispositivos dispostos ao longo do Código. Conforme lição assente na doutrina, trata-se de normas de sobredireito, pois incidem sobre as próprias normas jurídicas, disciplinando a forma de sua aplicação e interpretação[30].

---

28 Calmon de Passos, Esboço de uma teoria das nulidades aplicada às nulidades processuais, p. 141: "Para finalizar, gostaria de abordar o problema das chamadas nulidades absolutas e nulidades relativas no processo. *Essa transposição de categorias de nulidades, já muito bem trabalhadas no direito privado, carece de adequabilidade no espaço do direito público*, máxime no campo do direito processual. Sempre se entendeu residir a diferença básica entre ambas em duas características fundamentais: (a) a absoluta, opera ex tunc, enquanto a relativa teria eficácia *ex nunc*; a par disso, (b) as absolutas podem ser conhecidas de ofício e as relativas exige, a provocação do interessado. Pois bem, nenhuma das duas cabem no campo do direito processual. Se o que dissemos ao longo deste nosso trabalho tem pertinência, inexiste nulidade processual sem um prévio dizer do magistrado e sua decretação opera a partir do momento em que é consumada, sempre com eficácia *ex tunc* quanto seus efeitos são postos em relação aos atos subsequentes ao ato anulado, avaliando-se a repercussão sobre eles da invalidade decretada. A par disso, ainda estou por identificar alguma invalidade processual que não seja decretável de ofício, dado que inexiste nulidade processual quando inexiste prejuízo para os fins de justiça do processo (função jurisdicional) carecendo de relevância, nesse contexto, quando diga respeito aos vícios de vontade dos protagonistas do processo. Falar-se em nulidade relativa, portanto, no campo da teoria do processo, será algo a pedir uma específica teorização, que ainda não foi feita nem poderá sê-lo, enquanto persistir o estado atual de coisas".

29 MARINONI, ARENHART e MITIDIERO. *Novo Curso de Processo Civil*, v. 2, São Paulo: RT, 2016, p. 115.

30 THEODORO JÚNIOR, Humberto. *Curso de Direito Processual Civil*, Vol. 1, Rio de Janeiro: Forense, 56ª Edição, §1. Item 1.

Nesse sentido, a disciplina das nulidades processuais é de enorme importância sistemática, pois, por meio de suas normas, extraem-se regras de aplicação a todo o sistema processual, privilegiando-se o julgamento do mérito das controvérsias.

Ainda no que diz respeito às nulidades, o juiz deve estabelecer diálogo com as partes, advertindo-as dos riscos de defeitos processuais e ofertando caminhos para evitá-los ou corrigi-los, havendo um verdadeiro dever de prevenção, uma das facetas do dever de cooperação (artigo 6º).

Assim, nota-se que o tema das nulidades é muito importante porque um universo bem amplo de direitos e garantias das partes acaba sendo tutelado justamente por tais regras. A violação ao dever de observância e respeito a inúmeros direitos é coibida ou reparada pela aplicação das regras sobre as nulidades. Ademais, a Constituição Federal proclama princípios processuais relevantíssimos, tais como o devido processo legal, contraditório, o princípio do juiz natural, da imparcialidade, entre outros.

Acaso violados, e independentemente de regras específicas do Código de Processo Civil que tutelem as mesmas situações, surge uma inconformidade entre o modelo legal previsto para a prática do ato e a forma pela qual ele foi efetivamente praticado. De tal descompasso surge o vício, que pode ser reconhecido e declarado mediante a decretação da nulidade.

Tomando como ponto de partida essas breves considerações introdutórias, faremos, nas linhas a seguir, um panorama da disciplina legal das nulidades no ordenamento processual brasileiro.

> **Art. 276.** Quando a lei prescrever determinada forma sob pena de nulidade, a decretação desta não pode ser requerida pela parte que lhe deu causa.

▶ *Referência: CPC/1973 – Art. 243*

1. Proibição ao comportamento contraditório. Ênfase na boa-fé processual

O primeiro dos dispositivos acerca das invalidades processuais não contempla a regra mais importante delas, mas inicia as disposições sobre o tema com a consagração do princípio da boa-fé objetiva, agora reforçado pelo princípio

Art. 276

da cooperação (art. 6º). A despeito de consagrar uma regra até certo ponto óbvia, a disposição ainda assim mantém grande utilidade, pois, como visto, influências de categorias do direito privado e visões excessivamente formalistas poderiam sustentar que o critério central sobre o tema das nulidades pudesse ser o da irregularidade formal.

Para quem entendesse – erradamente – desta forma, nem mesmo a circunstância de a parte a alegar o vício ser a causadora desta mesma invalidade serviria para impedir tal declaração de nulidade. Mas como acima informado, e por decorrência direta da instrumentalidade das formas, não é essa a interpretação adequada.

Pelo dispositivo, veda-se à parte que deu causa a alguma desconformidade que a alegue, como forma de obter a declaração da sua nulidade. O dispositivo é explicado pela doutrina a partir do conceito da boa-fé e proibição ao comportamento contraditório, mas há também quem considere incidir na hipótese a preclusão lógica, que retira de quem praticou o ato defeituoso a possibilidade de alegar sua invalidade[31]. Seja como for, repugna que alguém possa se beneficiar da própria torpeza, ou que o sistema estimule ou mesmo permita a manipulação dos atos do processo, a prática de atos com reserva mental ou o "plantio de nulidades". Tais práticas claramente afrontam o modelo de um processo democrático, justo, devido e baseado na cooperação e boa-fé.

2. A parte pode alegar nulidade absoluta a que deu causa?

Questão bastante debatida é se o âmbito de aplicação desta regra se limita às denominadas nulidades relativas, ou se abrange também as absolutas. Poderia, por exemplo, o autor da demanda que distribuiu a ação perante juízo absolutamente incompetente invocar esta questão na fase de instrução probatória ou mesmo na esfera recursal?

A doutrina se divide. Há quem afirme que a regra do artigo 276 se aplica indistintamente às nulidades relativas e absolutas, de forma que a parte que lhes der causa não poderá, em qualquer circunstância, alegar o vício. Em outra

perspectiva, há quem defenda a possibilidade de sua invocação pela parte que lhe deu causa, pois a gravidade do vício, ao autorizar seu reconhecimento de ofício, acaba por permitir que a parte causadora também faça a alegação[32].

Há dois aspectos que merecem ponderação. Primeiro, no tema das nulidades, é sempre necessário averiguar a questão sob a perspectiva do prejuízo. Se a desconformidade do ato não passa por este crivo inicial, ou seja, se o ato praticado não tiver causado prejuízo a ninguém, não será relevante a distinção entre nulidades absolutas ou relativas. Por exemplo, se uma ação visando à rescisão de um contrato é proposta apenas contra um dos contratantes, violando, portanto, o litisconsórcio necessário que deveria ser formado, só se cogitará da anulação se o julgamento for de procedência, para rescindir o contrato. Se a demanda é rejeitada, deixa de ter relevância o fato de um litisconsorte necessário não ter participado, seja porque ele não terá sofrido prejuízo, seja porque a relação jurídica contratual permanecerá válida.

Fato é que se o julgamento de mérito for favorável ao litisconsorte que não chegou a ser incluído na ação, este julgamento prevalece, pois sua ausência não lhe trouxe prejuízo[33].

Segundo, se ocorreu prejuízo, surge então a necessidade de se apurar a gravidade da norma violada. O exemplo antes citado, de incompetência absoluta, corresponde a um dos casos em que, constatado o vício, ele impõe a adoção de medidas de remessa dos autos ao juízo competente, eventualmente anulando-se atos decisórios anteriores.

De outro lado, claro exemplo em que não se admite a alegação do vício pela parte causadora se dá quanto aos defeitos de representação processual[34]. Mesmo nas demandas em que se

---

31 CABRAL, Antonio do Passo. *Comentários ao Novo Código de Processo Civil*, p. 436.

---

32 BEDAQUE, José Roberto dos Santos. *Comentários ao Código de Processo Civil*, v. 1, coord. Cássio Scarpinella Bueno, São Paulo: Saraiva, 2017, p. 877-878.

33 CINTRA, Antonio Carlos de Araujo. *Limites Objetivos da Apelação Civil*, p. 84 e nota 34.

34 STJ – AgInt no Agravo em Recurso Especial nº 892.214 – MG, Rel. Min. Antonio Carlos Ferreira, j. 27.09.2016: "Registre-se não prosperar o pleito de anulação de todos os atos por vício na representação processual, uma vez que, segundo o art. 243 do CPC/1973 (art. 276 do CPC/2015),

exige a citação do cônjuge, a jurisprudência distingue, proibindo à parte que, sabendo ser casada e tendo omitido a circunstância nos autos, pretenda depois alegar a nulidade do processo por falta daquela citação.

Outra hipótese polêmica envolve a alegação de impenhorabilidade do bem de família. Em primeiro lugar, deve ser visto com severas reservas a hipótese de reserva mental. Se o devedor sabe que o bem é de família, ele deve invocar o argumento na primeira oportunidade, não podendo ser admitida a situação em que defesas, incidentes e recursos são movimentados, sem que esta circunstância seja revelada, para só depois o argumento ser trazido, a pretexto de sua natureza de ordem pública. E este argumento não o socorrerá, em qualquer caso, se o bem de família tiver sido dado em garantia pelo próprio devedor, como na hipótese de alienação fiduciária[35].

Em todo caso, ressalvada a circunstância específica da reserva mental e da tentativa de manipulação do processo, deve-se reconhecer que, em função dos valores envolvidos – o direito à moradia e à proteção da dignidade da pessoa humana – prevalece a ideia de que a alegação pode ser feita em estágio posterior do processo[36].

Assim, nessa ordem de ideias, entender que o vício possa ser tido por convalidado apenas porque o próprio autor não pôde invocá-lo não corresponde à melhor técnica, porque as situações são distintas e precisam ser assim tratadas.

No mínimo, a afirmação de que não cabe ao causador da nulidade alegá-la exige uma complementação. Ele não pode alegar, mas persiste a

possibilidade de reconhecimento de ofício? Sendo a resposta positiva, constata-se que há pouca utilidade em vedar a este causador a chance de invocar o problema.

A questão se resolverá, assim, por outras técnicas. O causador da irregularidade poderá (e muito possivelmente deverá) ser punido por prática de litigância de má-fé e protelação desnecessária do andamento da causa[37].

3. Nulidades causadas pelo Poder Judiciário?

Se a parte que causa o vício não pode alegá-lo, é importante registrar que a regra tem aplicação, *mutatis mutandi*, ao próprio Poder Judiciário. Se, por exemplo, o mandado de citação é emitido com a indicação de um prazo de 20 (vinte) dias para apresentação da resposta, a prática do ato neste prazo não poderá ser tida por irregular.

Uma outra variável desta perspectiva, de que ninguém pode se beneficiar da própria torpeza, nem gerar prejuízos a terceiros por conta de falhas e desconformidades em seus próprios atos se faz bastante presente em relação ao processo eletrônico. A lei do processo eletrônico, reforçada por atos administrativos dos Tribunais, assegura a suspensão e prorrogação de prazos processuais caso os sistemas de acesso ao processo eletrônico fiquem indisponíveis[38].

De triste memória eram as decisões que consideravam intempestivos os recursos porque o carimbo do protocolo não era legível. A parte não possui qualquer controle sobre a qualidade da máquina que realiza o protocolo de suas petições, razão pela qual jamais poderia ser apenada por falhas praticadas pelo serviço judiciário.

Art. 277. Quando a lei prescrever determinada forma, o juiz considerará válido o ato se, realizado de outro modo, lhe alcançar a finalidade.

▶ *Referência: CPC/1973 – Art. 244*

---

a decretação de nulidade não pode ser arguida pela parte que lhe deu causa".

35 Como no REsp 1.560.562 – SC e na decisão que rejeitou liminarmente os Embargos de Divergência opostos em face da decisão que negou seguimento àquele recurso. EDv nos EREsp 1560562, Min. Luis Felipe Salomão, j. 17.09.2019

36 NEGRÃO, Theotonio *et al.* CPCLPV, nota 1 ao artigo 276, p. 346: "Em se tratando de nulidade absoluta, a exemplo do que se dá com os bens absolutamente impenhoráveis (CPC, art. 649), prevalece o interesse de ordem pública, podendo ser ela arguida em qualquer fase ou momento, devendo inclusive ser apreciada de ofício (STJ--RTJE 175/254)".

37 DINAMARCO, Pedro, *ob. cit.*, p. 716-717.

38 Art. 10, § 2º, Lei nº 11.419/2006: No caso do § 1º deste artigo, se o Sistema do Poder Judiciário se tornar indisponível por motivo técnico, o prazo fica automaticamente prorrogado para o primeiro dia útil seguinte à resolução do problema.

1. Considerações introdutórias

De forma um tanto curiosa, o atual CPC, repetindo o diploma anterior, regula neste dispositivo sobre nulidades o que *não* configura fato suficiente para a sua decretação. E o faz de forma correta, para desde logo estabelecer um princípio informativo fundamental para a interpretação das regras acerca dos requisitos de forma dos atos processuais.

Como se sabe, o método de trabalho consistente no processo é composto da soma das relações jurídicas que por ele se estabelecem entre os seus sujeitos e dos atos sequenciais do procedimento. Tanto os aspectos da relação jurídica como os atos do procedimento possuem previsão legal – o que não exclui, no novo modelo processual, a ampla possibilidade de as partes convencionarem sobre aspectos da relação jurídica processual e do procedimento (art. 190), tendo em vista a compatibilidade de tais convenções com o publicismo processual[39]. A forma projetada para a prática daqueles atos é estabelecida para conferir segurança, previsibilidade, e o seu atendimento é um dever geral imposto a todos os operadores do direito.

Mas se as formas dos atos processuais são garantias, é uma decorrência lógica deste modelo a conclusão de que, cumprida a finalidade do ato, será irrelevante a forma prescrita em lei, ou o eventual descompasso entre esta forma e o modo como o ato efetivamente foi praticado.

Um exemplo servirá a ilustrar o que se afirma. A citação do réu deve ser feita a partir de um modelo preestabelecido. Entre outros requisitos, a carta de citação deve conter a expressa advertência de que a não apresentação de defesa implicará a presunção de veracidade dos fatos alegados (art. 344).

Caso seja expedida o mandado de citação sem aquela advertência, estaremos diante de uma irregularidade formal do ato. O artigo em comento alude à finalidade do ato, que neste exemplo específico, está atrelada a fazer o réu saber das consequências que sofrerá caso não apresente sua defesa. Assim, se, não obstante o mandado ter sido expedido sem aquela advertência, o réu apresentar a sua resposta, a finalidade do ato terá sido atendida, incidindo a hipótese deste artigo e devendo o juiz considerar válido o ato de citação realizado.

2. A finalidade do ato como critério fundamental para seu aproveitamento

As disposições sobre as nulidades devem ser lidas em seu conjunto, pois há diferentes facetas deste fenômeno disciplinadas em dispositivos diferentes. A previsão deste artigo 277, que versa sobre o assim denominado princípio do aproveitamento dos atos processuais, deve ser lida em conjunto com o artigo 188, segundo o qual, como regra geral, os atos e termos processuais independem de forma determinada, devendo ser considerados válidos os atos que, realizados de outro modo, atinjam a sua finalidade essencial.

A natureza instrumental do direito processual impõe que se investigue sempre qual a finalidade de determinado ato processual e, em especial, que se examine se a forma prescrita para a sua prática é adequada para o atendimento daquela finalidade[40].

Esta é a essência da importantíssima regra da instrumentalidade das formas, que funciona como um critério interpretativo geral e, nessa medida, se revela como um dos aspectos mais fundamentais para a adequada compreensão do processo, como método de trabalho.

Fruto dessa consideração, o sistema trabalha com um conjunto de regras voltadas ao máximo aproveitamento dos atos processuais, conferindo ao juiz um dever geral de corrigir os vícios do processo (art. 139, IX), mas que também se manifesta em situações concretas, como a do artigo 76 (suprimento dos defeitos de representação processual) ou do artigo 338 (substituição do réu ilegítimo pelo legítimo), ou ainda com a possibilidade de ampliação de prazos e a própria consagração da autonomia da vontade das partes para celebrar negócios jurídicos processuais. São manifestações variadas que, em comum, refletem a intenção do legislador de relativizar a importância das formas processuais, admitindo apenas em hipóteses

---

39 CABRAL, Antonio do Passo, *Convenções Processuais*, Salvador: JusPodivm, 2016, p. 135 e ss.

40 DINAMARCO, Cândido Rangel. *A instrumentalidade do processo*, 14. ed., São Paulo: Malheiros, 2009, p. 313 e ss.

excepcionais a decretação de nulidade de atos processuais praticados em desconformidade com o modelo legal.

Por isso, deve-se concordar com Antonio do Passo Cabral, para quem a invalidação não é consequência necessária do vício, mas apenas uma possibilidade[41]. Como será visto, a regra fundamental é que só se pode cogitar da anulação de atos processuais caso tenha havido prejuízo (parágrafo único do artigo 283). Se não houver prejuízo, o ato será tido como válido, não importando sua natureza ou do vício ocorrido, não importando a previsão de sanção processual específica ou qualquer outra circunstância[42].

Outra situação concreta igualmente ilustra a importância da regra aqui comentada: "Não obstante a audiência de instrução e julgamento não tenha sido designada com antecedência de trinta dias de sua realização, não decorreram prejuízo para as partes, que tiveram êxito em intimar suas testemunhas. Não foram comprovados, ademais, a ocorrência de outros prejuízos. Ausência de prejuízo a justificar a anulação pretendida (art. 277 do CPC)" (TJSP, Mandado de Segurança nº 2040025-31.2017.8.26.0000, Rel. Des. Hugo Crepaldi, j. em 20.07.2017).

---

41 Antonio do Passo Cabral elenca cinco mudanças do CPC/2015 que reforçam essa perspectiva instrumental do tratamento das nulidades: (i) o contraditório como influência e vedação ao conhecimento das invalidades de ofício, (ii) cooperação e boa-fé processual; (iii) princípio da prevalência do julgamento de mérito, (iv) flexibilização do procedimento, (v) resgate da vontade das partes no desenho das formalidades. *Comentários ao Novo Código de Processo Civil*, coord. Antonio do Passo Cabral e Ronaldo Cramer, 2. ed, Rio de Janeiro: Forense, p. 275-276.

42 Como Daniel Neves bem salienta, não deveria haver uma convalidação do vício, mas a admissão de que certo ato, mesmo viciado, produzirá efeitos. Seguindo o disposto em tal artigo, o ato se torna válido apenas para que possa produzir efeitos. Isto decorre do princípio do aproveitamento, também insculpido, por exemplo, no parágrafo único do artigo 283 (ausência de prejuízo). *Novo CPC comentado*, Salvador: Juspodivm, 2016, p. 436.

3. Desaparecimento das "nulidades cominadas e não cominadas"

Há uma diferença relevante na redação deste artigo 277, em confronto com sua versão do CPC/73, o artigo 244. O texto revogado dizia: "Quando a lei prescrever determinada forma, *sem* cominação de nulidade, o juiz considerará válido o ato se, realizado de outro modo, lhe alcançar a finalidade".

A partir daquela redação, parte da doutrina e muitos julgados admitiam uma classificação das nulidades em cominadas e não cominadas, reduzindo o âmbito de aplicação da regra do aproveitamento dos atos apenas às denominadas nulidades não cominadas, ou seja, para as desconformidades que não continham uma expressa previsão de sanção. *A contrario sensu*, e este era o maior problema daquela interpretação, entendia-se que se houvesse previsão legal de imposição de nulidade, esta deveria ser declarada, sem se perquirir se o ato cumprira a sua finalidade.

O raciocínio sempre me pareceu equivocado, mesmo à luz da redação do artigo 244, pois a interpretação sistemática das disposições sobre nulidades conduzia a uma conclusão diversa. Em boa hora, o CPC/2015 elimina esta artificial distinção, permitindo que se raciocine sempre a partir da perspectiva do aproveitamento, da ausência de prejuízo, não importando o tipo do vício ou a natureza do ato processual praticado. Não há, portanto, mais base legal para se cogitar de uma classificação das nulidades em cominadas e não cominadas.

Art. 278. A nulidade dos atos deve ser alegada na primeira oportunidade em que couber à parte falar nos autos, sob pena de preclusão.

Parágrafo único. Não se aplica o disposto no *caput* às nulidades que o juiz deva decretar de ofício, nem prevalece a preclusão provando a parte legítimo impedimento.

▶ *Referência: CPC/1973 – Art. 245*

1. Nulidades relativas e absolutas e seu regime de preclusão

Quanto aos atos processuais em geral, cuja observância da forma se impõe para tutelar interesses das partes, ou aqueles que possam

Art. 278

ser compreendidos como de menor relevância, não diretamente atrelados à coletividade e à regularidade do desenvolvimento do processo, a regra geral é a de que os vícios devem ser apontados na primeira oportunidade, sob pena de preclusão.

O artigo 278 estabelece que determinados tipos de vícios formais só podem ser alegados de imediato, tão logo tenham ocorrido. Não sendo alegados, a matéria fica preclusa e não poderá mais ser objeto de qualquer consideração. A lei presume que, para um universo relevante de defeitos formais (atos praticados sob forma diversa da prevista em lei), a ausência de impugnação gera a convalidação do ato.

Independentemente da verificação de prejuízo, da mera inércia da parte, chega-se à conclusão de que tal vício é considerado sanado. Exemplos característicos são a incompetência relativa do juízo, e também a falta de impugnação do agravado quanto ao descumprimento do artigo 1.018 do CPC por parte do Agravante, que versa sobre a comprovação da interposição do agravo perante o juízo *a quo*.

Já sob a égide do atual CPC, o Tribunal de Justiça de São Paulo rejeitou a alegação de nulidade por cerceamento de defesa, porque a parte não havia se insurgido de imediato contra a devolução sem cumprimento de uma carta precatória para oitiva de testemunha, razão pela qual não poderia alegar na apelação a preliminar de cerceamento em razão da não oitiva daquela testemunha[43].

---

43 TJSP, Apelação nº 0017601-45.2012.8.26.0019, Rel. Des. Renato Rangel Desinano, j. em 04.07.2017: "Apela o embargante. Preliminarmente, sustenta que houve cerceamento de defesa em razão da ausência de oitiva da testemunha por ele arrolada. [...] muito embora o apelante alegue que a oitiva da testemunha por ele arrolada era essencial para a comprovação de que a prestação do serviço contratado não se realizou integralmente (fls. 192), a realização de referida prova mostrava-se inócua, em latente confronto com o binômio necessidade/utilidade (art. 370, *caput* e parágrafo único, do Código de Processo Civil). Mesmo que assim não fosse, não prosperaria o argumento do apelante de que 'totalmente equivocado, o Juízo deprecado devolveu a carta precatória sem cumprimento' (fls. 192),

Com as ressalvas já ditas acerca da impropriedade de se adotar conceitos do direito civil para compreender as nulidades processuais, fato é que do ponto de vista classificatório, adota-se igualmente a distinção entre nulidades absolutas e relativas. Relativas são as nulidades acima referidas, que dependem de arguição, sujeitam-se à preclusão e, de um modo geral, não possuem previsão específica de sanção no diploma processual.

As nulidades processuais absolutas são fruto de vícios formais de maior gravidade, que afetam universo de interesses da própria jurisdição, integrando, por isso, a ordem pública processual. Em vista de valores fundamentais do processo (abrangidos sob a cláusula mais geral do devido processo legal), o sistema reconhece a relevância de determinados atos do procedimento, retira das partes a disponibilidade sobre a matéria e autoriza o reconhecimento de ofício de eventual nulidade. Por exemplo, a ausência de intimação do recorrido para apresentar contrarrazões pode ensejar a nulidade do julgamento. O leitor deve sempre ter em mente que o primeiro critério determinador das nulidades é a existência de prejuízo.

Assim, se o recurso é julgado sem a intimação do recorrido, mas a ele é negado provimento, o ato do julgamento será considerado válido pois dele não resultou prejuízo à defesa (do recorrido). De outro lado, se é dado provimento ao recurso de apelação, o apelado terá sido prejudicado, pois lhe foi negado o direito de apresentar resposta ao recurso e, assim, contribuir para a manutenção da sentença. Nesta segunda hipótese, impõe-se a anulação do julgamento, para abertura de prazo para resposta, que será então seguida de um novo julgamento.

Caso ocorra de o recorrido se manifestar na etapa recursal (apresentando memoriais ou fazendo sustentação oral, por exemplo), antes do julgamento do recurso, e não invocar a nuli-

---

pretendendo, destarte, a anulação do julgado. É que, após a devolução da carta precatória (fls. 151), foi dada oportunidade às partes para que se manifestassem sobre o seu descumprimento (fls. 153), sem que, contudo, o apelante se insurgisse contra o que nela restou consignado (fls. 155). Operou-se, portanto, nos termos do art. 278 do Código de Processo Civil, a preclusão temporal (fls. 156), não cabendo tal alegação em sede de recurso de apelação".

dade decorrente da falta da sua intimação para contra-arrazoar, prevalecerá a regra do *caput* e a matéria será tida por preclusa.

2. Dever de suscitar a nulidade, mesmo absoluta, na primeira oportunidade

A existência de categoria de nulidade mais grave, que não se sujeita ao regime da preclusão, não significa, entretanto, que a parte esteja autorizada a se omitir ou silenciar acerca de alguma desconformidade, guardando o argumento para momento posterior. A chamada "nulidade de algibeira" constitui prática frontalmente contrária à boa-fé e à cooperação, ensejando firme repreenda e a aplicação de sanção processual à parte que, reconhecidamente, tiver deixado de alegar o vício na primeira oportunidade, para trazê-lo depois e com isso tumultuar o andamento do processo.

Em atenção aos postulados de lealdade processual, cooperação e boa-fé objetiva, as partes deverão alegar vícios processuais na primeira oportunidade, sejam eles de natureza relativa ou absoluta.

Ressalte-se que a tais naturezas distintas geram distinções no que tange aos regimes de preclusão, de modo que, em relação às nulidades absolutas, o órgão jurisdicional poderá analisá-las mesmo sem ter havido prévia ou tempestiva arguição pela parte, mas igualmente poderá autorizar a penalização da parte pela alegação tardia de uma nulidade absoluta (arts. 77 e 80).

> **Art. 279.** É nulo o processo quando o membro do Ministério Público não for intimado a acompanhar o feito em que deva intervir.
>
> **§ 1º** Se o processo tiver tramitado sem conhecimento do membro do Ministério Público, o juiz invalidará os atos praticados a partir do momento em que ele deveria ter sido intimado.
>
> **§ 2º** A nulidade só pode ser decretada após a intimação do Ministério Público, que se manifestará sobre a existência ou a inexistência de prejuízo.

▶ *Referência: CPC/1973 – Art. 246*

1. Impropriedade da redação do *caput*. Não existe nulidade sem prejuízo

O artigo sob comento apresenta o tema da necessidade de intervenção do Ministério Público de forma invertida. A melhor técnica teria sido a de primeiro regular o que está no parágrafo segundo, depois o que consta do *caput* e, por fim, trazer o conteúdo do parágrafo primeiro.

O primeiro equívoco do *caput* deste artigo 279 consiste em estabelecer que o processo é nulo se não ocorrer a intervenção do Ministério Público, preservando no sistema um exemplo típico de nulidade cominada. No sistema anterior, além do artigo 246, havia ainda o reforço do artigo 84, que exigia a intimação do Ministério Público nos processos em que fosse obrigatória sua intervenção, sob pena de nulidade.

O atual CPC concentrou tais disposições neste artigo 279, adicionando a importante previsão do parágrafo segundo. Reitera-se o que se afirmou acima, acerca da impropriedade na classificação ou na consideração de que teria algum destaque ou prevalência a categoria de nulidades cominadas. Não tem. Seu regime jurídico não é diverso das demais nulidades. O primeiro e fundamental filtro é o de existência de prejuízo. Se não ocorreu, não se declara a nulidade.

No que diz respeito à não intimação do Ministério Público, o prejuízo deverá ser verificado em relação aos interesses que o Órgão é chamado a tutelar. O exemplo clássico é o da ação que tem um menor como parte na qual, não obstante a ausência de participação do MP, seus direitos sejam reconhecidos por sentença. Não faz o menor sentido anular o processo, se o resultado que seria obtido pela atuação do MP tiver sido obtido sem ele. O mesmo quanto ao resultado de um leilão judicial, ocorrido sem a participação do Órgão, mas do qual não tenha havido prejuízo concreto para as partes ou terceiros.

Como dito antes, as regras processuais têm uma razão de ser, uma finalidade instrumental ao direito material deduzido na demanda. Neste caso específico, a finalidade é a proteção dos interesses que o Ministério Público tem a missão constitucional de defender. Se esta missão é casuisticamente atingida, não obstante a irregularidade formal, despreza-se o vício e validam-se os atos até ali praticados.

Contudo, quando o resultado do processo é desfavorável à parte cujos interesses são também tutelados pelo Ministério Público (incapazes, meio ambiente etc.), a percepção do prejuízo se

Art. 279

faz mais nítida, podendo conduzir à anulação do julgamento.

Por exemplo, como no caso de um acordo entre seguradora e o menor, autor da demanda, para pagamento equivalente a uma parcela ínfima do valor pleiteado[44], ou na execução na qual um bem do menor é atingido, cujos embargos de terceiro por ele opostos (sem a participação do MP) foram rejeitados[45].

De outro lado, em situações mais específicas, tem-se entendido que a participação do Ministério Público é imprescindível, como nas causas envolvendo direitos indígenas, cujos direitos são reconhecidos na Constituição Federal[46].

Já tive a oportunidade de afirmar que "no campo das nulidades, nem mesmo a violação a tais preceitos de ordem pública enseja a automática e obrigatória decretação de nulidade. Uma vez constatada a violação a estes aspectos de forma, têm aplicação os princípios informadores próprios das nulidades".

Pelo princípio da finalidade, previsto no art. 277, se o ato atinge sua finalidade, nenhuma nulidade se decreta, mesmo que o ato seja praticado sem a formalidade prevista na lei. Pelo princípio do prejuízo, do art. 279, §2º, nenhuma desconformidade formal pode ser levada em consideração se não acarreta prejuízo às posições processuais de qualquer das partes[47].

No sistema do atual CPC, fruto da inclusão do § 2º, deverá ser debatida a questão da existência ou inexistência do prejuízo, intimando-se o Ministério Público a se manifestar a respeito. Pode inclusive ocorrer de o próprio Órgão entender que sua participação não é necessária, ou pode acabar não atuando no feito por escolha ou mesmo desídia, sem que se possa nesse caso cogitar de qualquer nulidade. Por isso é que se afirma, tanto na doutrina como na jurisprudência, que a intimação do MP é necessária, mas não a sua efetiva participação[48].

Aliás, registre-se que o artigo 180, parágrafo primeiro, adicionou previsão não existente no sistema anterior, de que, findo o prazo para manifestação, se o representante do Ministério Público não apresentar seu parecer, o juiz requisitará os autos e dará seguimento ao processo[49]. Este dispositivo reforça a percepção de que a não atuação do Órgão, por si, não pode ser interpretada como fator de nulidade.

Por respeito ao contraditório (art. 10), também a contraparte deverá se manifestar antes da decisão judicial acerca da potencial nulidade pela falta da intervenção. Observe-se que a decretação da nulidade dos atos praticados não é uma consequência inexorável da não participação do Órgão, ou da sua afirmação de que houve prejuízo. A sua efetiva ocorrência deve ser demonstrada, debatida entre as Partes e ao final decidida pelo juiz.

Na casuística forense, ainda sob o regime do CPC/73, entendeu-se que mesmo a ausência

---

44 TJSP, Apelação nº 0006206-56.2012.8.26.0407, Rel. Des. Maria Lúcia Pizzotti, j. em 10.05.2017: "Intervenção do Ministério Público como fiscal da lei, em favor do interesse do menor (art. 178, II NCPC), é obrigatória, sob pena de nulidade (art. 279 NCPC). Oposição expressa e reiterada do *Parquet* quanto ao valor acordado apresentado pela seguradora, já que representativo de apenas 4% do valor pleiteado. Acordo confeccionado sem critério objetivo ou respaldo no grau de lesão do segurado perícia médica produzida em Juízo insuficiente para atestar o grau de incapacidade do menor. Sentença de homologação de acordo anulada".

45 TJSP, Apelação nº 0121099-45.2011.8.26.0100, Rel. Des. Mauro Conti Machado, j. em 31.07.2017: "Apelação. Embargos de terceiro. Improcedência. Embargantes menores de idade. Intervenção obrigatória do MP (art. 178, II do CPC). Manifestação não oportunizada pelo MM. Juízo 'a quo'. Prejuízo evidenciado pela improcedência dos embargos, que não pode ser suprido pela atuação em segundo grau. Nulidade configurada. Art. 279 do CPC. Preliminar acolhida. Recurso provido".

46 STJ, REsp 660.225/PA, Rel. Min. Teori Zavascki, j. 04.03.2008; REsp 934.844/AM, Rel. Min. Luiz Fux, *DJ* 25.11.2010, citados por Antonio do Passo Cabral, *ob. cit.*, p. 442.

47 APRIGLIANO, Ricardo de Carvalho, *Ordem Pública e Processo*, p. 91.

48 NEVES, Daniel. *Novo CPC comentado*, Salvador: JusPodivm, 2016, pp. 438-439. NEGRÃO, Theotonio et al., *CPCLPV*, 50. ed., nota 3ª ao artigo 279, p. 348.

49 José Roberto Bedaque, contudo, entende que nem sempre o processo poderá ter seguimento sem a efetiva intervenção do MP, *ob. cit.* p. 881-882.

de intimação do Ministério Público em primeiro grau poderia ser relevada, na medida em que a participação do Órgão em segundo grau supre a falta de intervenção[50].

2. Invalidação dos atos praticados e intimação do Ministério Público para os atos futuros

Uma vez constatada a existência de prejuízos, anulam-se as decisões proferidas em processo sem a intervenção do Ministério Público, mas isso não significa que todas as demais etapas do procedimento devam ser igualmente anuladas. Também nesse aspecto, a exemplo do que se dá no reconhecimento da incompetência absoluta, incide a regra do maior aproveitamento possível dos atos, preservando-se atos e etapas do procedimento na máxima extensão possível (art. 281).

Por exemplo, caso tenha sido realizada perícia técnica, não há razão para se anular a perícia e determinar a sua renovação se a prova, em si, não contiver vícios. O mesmo quanto à tomada de depoimentos. Será preciso examinar em concreto a alegação de existência de prejuízos nos atos praticados, para se decidir pela sua renovação ou não. Em qualquer caso, havendo prejuízo e sendo necessária a invalidação, o juiz declarará quais os atos serão atingidos.

Em qualquer dos casos, tenha ou não sido reconhecida a nulidade de alguns dos atos praticados, é evidente que, a partir da constatação do vício, o Ministério Público deve passar a ser intimado dos atos subsequentes, tomando parte da relação processual a partir de então.

> **Art. 280.** As citações e as intimações serão nulas quando feitas sem observância das prescrições legais.

▶ *Referência: CPC/1973 – Art. 247*

---

50 STJ, AgInt no Agravo em Recurso Especial nº 763.199/ES, Rel. Min. Marco Aurélio Bellizze, j. 14.02.2017: "Conforme a jurisprudência desta Corte, não há nulidade na ausência de intervenção do Ministério Público no processo quando ocorre a intervenção em segundo grau de jurisdição ratificando a ausência de prejuízo da parte. Precedentes".

1. Exigência de prejuízo como elemento necessário para a anulação de citações e intimações

Também o artigo 280 procura cominar de nulidade as citações e intimações feitas sem observância das prescrições legais, e novamente nos deparamos com um dispositivo que diz menos do que deveria, exigindo-se sua interpretação no contexto geral das regras sobre as nulidades.

Valem as considerações antes feitas, de que o primeiro e fundamental critério para se cogitar da anulação de atos do processo é a existência de prejuízos. Se não ocorreram, o ato é válido, não é anulado ou refeito. Não importa que a dicção do artigo 280 aparentemente sugira o contrário, pois o dispositivo não pode ser lido isoladamente. Aliás, basta notar que o artigo 239 atribui à citação válida a condição de requisito indispensável para a validade do processo, para em seguida fazer a ressalva de que o comparecimento espontâneo do réu ou executado suprem a falta ou nulidade da citação, restabelecendo o parâmetro do prejuízo como critério central na constatação e reconhecimento de nulidades[51].

Nunca é demais repetir que a formalidade atribuída a determinados atos processuais visa à segurança jurídica, porque se compreende que a melhor forma de atender aos objetivos da norma legal é pelo cumprimento de certos ritos e atendimento a exigências de forma. Mas um ato imperfeito nunca gera automaticamente a nulidade, sendo sempre necessário investigar se ocorreu algum prejuízo e, em caso positivo, a nulidade será proclamada pelo juiz. Regra geral, atos processuais produzem efeitos e são presumidos como válidos, até que sejam declarados nulos por decisão judicial. Assim, se ocorrer o desrespeito à forma legal e dele decorrer um prejuízo, a nulidade surge como a sanção por esse desrespeito[52].

---

51 Nessa mesma linha: STJ – Recurso em *Habeas Corpus* nº 80.752-SP, Rel. Min. Paulo de Tarso Sanseverino, j. em 16.03.2017: "Atingida a finalidade do ato, o juiz o considerará válido, mesmo que realizado de modo diverso do prescrito em lei. Inteligência do art. 277 do NCPC. O comparecimento espontâneo do réu ou do executado supre a nulidade da citação. Inteligência do art. 239, § 1º, do NCPC".

52 NEVES, Daniel, ob. cit., pp. 439-440.

2. Citações e intimações regularmente feitas são fundamentais para o adequado desenvolvimento do processo

Feita essa ressalva, é fora de dúvida que os atos processuais consistentes nas citações e intimações assumem particular relevância, porque por seu intermédio se estabelece toda a comunicação entre os sujeitos do processo.

A citação vem melhor definida atualmente no CPC como "o ato pelo qual são convocados o réu, o executado ou o interessado para integrar a relação processual" (art. 238), enquanto a intimação é "o ato pelo qual se dá ciência a alguém dos atos e dos termos do processo" (art. 269).

Como ato do processo que almeja completar a relação processual e permitir o exercício do direito de defesa, a citação é considerada pelo ordenamento como particularmente importante, com requisitos formais variados para a sua realização. Por exemplo, suas modalidades (arts. 246 a 259), requisitos que devem constar do mandado (art. 250), vedações ou restrições à sua realização em determinados momentos (art. 244) ou em relação a determinadas pessoas (arts. 242, 245).

A doutrina debate sobre a natureza da citação válida e seus reflexos sobre o processo. A própria lei cuida de classificar a regularidade da citação como um requisito de validade do processo (art. 239), mas ao mesmo tempo, eleva a "falta ou nulidade da citação" a uma alegação que pode ser feita pelo devedor na Impugnação ao cumprimento de sentença, como forma de objetar a execução de decisão judicial transitada em julgado (art. 525, § 1º, I).

Trata-se do único aspecto do processo de conhecimento que pode ser suscitado após a decisão de mérito, ou seja, de vício processual que sobrevive ao trânsito em julgado[53]. Essa característica permite afirmar que a falta ou a nulidade da citação constituem, na verdade, requisitos de existência do processo em relação ao réu[54]. Em outras palavras, a questão se coloca no plano anterior do ato jurídico, o da existência, pois o processo somente pode ser considerado

existente para a parte ré se ela foi citada quanto aos termos da demanda.

A inexistência de citação (por exemplo, em demanda com muitos réus, em que um deles acaba não sendo citado e a circunstância não é percebida no curso do procedimento) ou a sua realização sem as formalidades adequadas (por exemplo, porque o réu não foi adequadamente qualificado, ou foi informado o seu endereço errado[55], ou um homônimo foi citado em seu lugar etc.) pode acarretar a anulação integral do processo, pois não se compatibiliza com as garantias de um devido processo legal a invasão da esfera patrimonial de alguém sem que lhe tenha sido dada oportunidade de defesa, do que depende a ciência quanto aos próprios termos da ação.

No entanto, essa anulação dependerá de outros elementos. Primeiro, mesmo a hipótese mais grave de nulidade não dispensa a verificação da ocorrência de prejuízo[56]. Caso o réu, não obstante não ter sido citado, sai vencedor na demanda, o processo será considerado existente e válido, sem que se cogite de anulação dos atos praticados. Aliás, a técnica do julgamento de improcedência liminar do mérito é baseada nesta mesma premissa, a ponto de dispensar a citação do réu, quando o seu direito será reconhecido, pela rejeição do pedido do autor (art. 332).

Segundo, a alegação de nulidade do processo por falta ou nulidade da citação só pode ser feita na Impugnação se o processo de conhecimento tiver corrido à revelia. E como já afirmado, essa hipótese tende a ser residual, pois a parte que toma conhecimento de processo que corre

---

53 APRIGLIANO, Ricardo de Carvalho, ob. cit., p. 93.

54 WAMBIER, Teresa Arruda Alvim. *Primeiros Comentários ao Novo Código de Processo Civil*, São Paulo: Revista dos Tribunais, 2015, p. 466.

55 TJSP, Apelação nº 1024313-14.2014.8.26.0100, Rel. Des. Enio Zuliani, j. em 07.06.2017: "Recurso da autora de ação contra o Santander, em busca de majoração do dano moral. Instituição bancária que, citada por via postal, não contesta. Exame do relator no endereço indicado e para o qual a carta foi enviada (Praça da Sé, 194) constatou que nesse local está instalado o Bradesco (informação do Google). Citação nula (art. 280, do CPC) e reconhecimento de ofício. Provimento para anular o processo a partir da citação, realizando outra em endereço correto a ser fornecido pela autora".

56 STJ, RHC nº 43.148/RJ, Rel. Min. Jorge Mussi, j. 05.08.2014.

contra si tende a, imediatamente, comparecer aos autos para invocar aquelas irregularidades, anular os atos até então praticados e assumir, a partir de então, a sua própria defesa[57].

Também as intimações assumem importância relevante na dinâmica processual, pois a cada etapa do procedimento, as partes devem ser informadas a respeito e, muitas vezes, intimadas a tomar providências subsequentes. Todas essas comunicações se dão pela prolação de despachos, que são publicados no Diário da Justiça e informados às partes, por intermédio de seus advogados.

É razoavelmente comum a invocação de vícios em relação à intimação dos atos processuais. Em geral, o advogado pede para que as intimações saiam em seu nome. Daí a intimação em nome de outros profissionais integrantes da procuração configura, em linha de princípio, uma irregularidade passível de ensejar a nulidade das intimações. Mas aplicam-se as disposições do artigo 278 e caso não alegado na primeira oportunidade, a irregularidade convalesce e não ensejará a decretação da nulidade. Isso se dá muitas vezes, porque não obstante a intimação ser feita para outro profissional, o ato é praticado.

Tem-se aqui uma dupla circunstância a merecer registro. Primeiro, o fato de que a prática do ato indica que foi possível o aproveitamento do ato irregular (a intimação), eis que a sua finalidade foi atingida. Segundo, que por não ter havido arguição deste defeito após a primeira intimação irregular (ou após sucessivas intimações[58]), aplica-se o artigo 278 para se considerar convalidadas as intimações subsequentes, feitas em nome de outros profissionais, como por exemplo no STJ no Recurso Especial nº 1.641.610 – GO, relatado pelo Ministro Moura Ribeiro, julgado em 13.06.2017: "Apesar de ser nula a intimação quando não observado pedido expresso de publicação em nome de advogado específico, por se tratar de nulidade relativa, tal vício deve ser alegado na primeira oportunidade em que couber a parte falar nos autos, sob pena de preclusão (art. 245 do CPC/73, reeditado no art. 278 do NCPC)"[59].

> **Art. 281.** Anulado o ato, consideram-se de nenhum efeito todos os subsequentes que dele dependam, todavia, a nulidade de uma parte do ato não prejudicará as outras que dela sejam independentes.

▶ *Referência: CPC/1973 – Art. 248*

1. Nulidade dos atos subsequentes restrita aos que dependam do ato anulado

O dispositivo consagra uma aplicação específica da decretação das nulidades, que diz respeito aos efeitos da nulidade sobre os atos posteriores. E o faz afirmando as duas regras centrais a respeito. Os atos dependentes são afetados pelo regime da nulidade, devendo ser igualmente anulados, tornados sem efeito e repetidos (regra da causalidade). De outro lado, os atos independentes são preservados, sem serem afetados pela decretação da nulidade.

Para a compreensão deste fenômeno de dependência entre os atos, é importante invocar tanto as lições acerca da máxima segundo a qual o acessório segue a sorte do principal, como a lição mais específica do direito processual, quanto aos

---

57 APRIGLIANO, Ricardo de Carvalho, ob. cit., p. 140. Veja-se exemplo recente desta circunstância, em que o réu apresenta embargos tão logo toma conhecimento da demanda. Os embargos foram considerados intempestivos pelo juiz de primeiro grau, mas em sede de recurso, foi reconhecida a nulidade da citação e anulado o processo. TJSP, Apelação nº 1007352-62.2017.8.26.0562, Rel. Des. Adilson de Araújo, j. 27.06.2017.

58 TJSP, Agravo de Instrumento nº 2074073-16.2017.8.26.0000, Rel. Des. Alexandre Lazzarini, j. em 21.06.2017: "Embora normalmente se estabeleça a nulidade pela ausência de intimação do advogado que requereu expressamente que a intimação fosse publicada em seu nome, esta deve ser alegada na primeira oportunidade que

---

lhe caiba manifestar-se (NCPC, art. 278, "*caput*", e art. 272, § 8º; CPC/1973, art. 245). No caso concreto, várias intimações foram publicadas somente em nome do outro advogado que consta da procuração e praticou todos os atos determinados, sem que, em nenhuma oportunidade, se alegasse a ausência da publicação do nome do advogado indicado".

59 Ver também STJ, AgInt no Pedido de Tutela Provisória nº 441/SP, Rel. Min. Marco Buzzi, j. 20.06.2017.

capítulos de sentença. São conceitos que ajudam a compreender a relação de acessoriedade entre os componentes de uma decisão, de forma a se preservarem os atos processuais não diretamente afetados pelo reconhecimento da nulidade.

Quando a nulidade diz respeito à citação, a anulação ocorre a partir dos primeiros momentos do processo, de forma a contaminar todos os atos subsequentes. Situação diversa ocorre, por exemplo, se deixou de ser feita a intimação da parte para apresentar alegações finais. Aqui, todo o procedimento permanece válido, anulando-se tão somente a sentença[60].

Há um terceiro grupo de situações, particularmente relevantes quando a nulidade está atrelada ao cerceamento de defesa, pelo indeferimento na produção de certos meios de prova. Já no sistema anterior era possível extrair a conclusão de que não necessariamente haveria a anulação da sentença e devolução dos autos ao juízo de primeiro grau, pois em certas circunstâncias, os atos poderiam ser renovados no Tribunal, com o prosseguimento do julgamento diretamente em segundo grau (CPC/73, arts. 560, parágrafo único, 515, § 4º).

O CPC aprofunda esse modelo, adotando uma solução em que se privilegia o prossegui-

mento do julgamento em segundo grau. Isso ocorre pela possibilidade de se renovarem atos processuais tidos por irregulares (por exemplo, a intimação do recorrido para apresentar contrarrazões), ou pela realização, diretamente perante o relator, de atos anteriormente negados, do que são exemplo típico a produção de provas. Assim, se o fundamento do recurso é a nulidade decorrente do indeferimento de uma perícia, o art. 932, I, autoriza o relator a dirigir e ordenar o processo também em relação à produção de prova.

Com isso, a despeito do reconhecimento da nulidade, não haverá propriamente o retorno dos autos para o juiz perante o qual a nulidade se verificou, mas a continuação do julgamento perante o tribunal, após a realização da prova outrora negada. Em termos técnicos, é claro que o reconhecimento da violação ao direito à prova ocasionará a anulação da sentença. Mas ela será substituída por outra, prolatada pelo mesmo órgão jurisdicional de segundo grau, como medida de economia processual.

2. Preservação dos efeitos dos atos

A outra consequência desse quadro normativo é a de que, por exclusão, os atos independentes não serão anulados. Esta é uma circunstância relevante e terá aplicação em diversas situações, em especial se a demanda possui mais de um pedido e/ou a sentença é dividida em capítulos. A separabilidade dos atos processuais impõe a conclusão de que a eventual nulidade de um dos capítulos da sentença não prejudica o outro capítulo, que deve ser integralmente mantido e preservados os efeitos da decisão quanto a esta parte.

Por exemplo, caso se entenda que uma sentença foi proferida sem motivação relativamente a um dos pedidos, mas é considerada fundamentada quanto aos demais, ou que a nulidade por falta de intimação do advogado para a audiência ocorreu apenas em relação a um dos litisconsortes, preservando-se a sentença na íntegra em relação ao outro litisconsorte, que foi regularmente intimado[61].

---

60 O julgado a seguir adota essa linha, para determinar a anulação da sentença. Contudo, invocando razões de segurança jurídica e estabilidade das relações sociais, não anula a reintegração de posse realizada como uma das fases do procedimento que veio a ser anulado depois. A hipótese afronta a regra do artigo 281, justificando-se, se tanto, em hipóteses realmente excepcionais. TJSP, Agravo de Instrumento nº 2221966-45.2016.8.26.0000, Rel. Des. Tasso Duarte de Melo, j. 14.03.2017: "Reintegração de posse. Nulidade da sentença. Ausência de intimação do advogado. Inequívoco cerceamento do direito de defesa. Ofensa à ampla defesa, ao contraditório e ao devido processo legal. Nulidade caracterizada. Art. 272, § 2º, do NCPC. Anulação da sentença e dos atos subsequentes, ressalvado, ao menos por ora, o ato de reintegração de posse já consumado, por razões de segurança jurídica e estabilidade das relações sociais. Poder geral de cautela (art. 297 do NCPC) e modulação dos efeitos da nulidade (arts. 281 e 282 do NCPC). Decisão parcialmente reformada".

---

61 Cândido Rangel Dinamarco adverte que, em litisconsórcio não unitário, a anulação total da sentença é uma arbitrária demasia e viola frontalmente a regra do art. 249, § 1º do CPC/73

Essa independência dos atos passíveis de anulação recebe outra aplicação sob uma perspectiva cronológica. Os atos anteriores àquele que foi reputado inválido não são afetados pelo decreto de nulidade[62]. No sistema do CPC/73, Egas Moniz de Aragão trazia interessante exemplo de nulidade apta a impactar atos anteriores, quando se declarava a nulidade da arrematação. Sustenta o autor que o edital do leilão, que é o ponto inicial da arrematação, também deveria ser anulado. Entre os autores que aderiram a esta possibilidade encontra-se Pedro da Silva Dinamarco[63].

Creio, porém, que deva prevalecer a posição oposta, majoritária na doutrina, no sentido da impossibilidade de anulação dos atos anteriores. As disposições do artigo 280, completadas pelo 282, *caput*, indicam que o juiz deve especificamente indicar os atos anulados e como se dará a sua renovação ou repetição. No exemplo específico, pode ocorrer, na verdade, a situação inversa. O vício se localiza no edital, que deve ser anulado, impondo-se a anulação do ato de arrematação que lhe é subsequente. De outro lado, se a desconformidade formal está adstrita ao ato da arrematação (por exemplo, porque o preço foi inferior ao mínimo estabelecido), não se pode anular o edital.

É evidente, por outro lado, que deverá ser renovada a publicação do edital, com designação de novas datas para a nova praça. Mas republicar com datas novas é muito diferente de anular o edital anterior, o que, repita-se, só deve ocorrer se nele próprio forem reconhecidos vícios.

> **Art. 282.** Ao pronunciar a nulidade, o juiz declarará que atos são atingidos e ordenará as providências necessárias a fim de que sejam repetidos ou retificados.
>
> **§ 1º** O ato não será repetido nem sua falta será suprida quando não prejudicar a parte.

> **§ 2º** Quando puder decidir o mérito a favor da parte a quem aproveite a decretação da nulidade, o juiz não a pronunciará nem mandará repetir o ato ou suprir-lhe a falta.

▶ *Referência: CPC/1973 – Art. 249*

1. Especificação, repetição ou renovação dos atos anulados

Como decorrência do disposto no artigo anterior, e de forma coerente com o princípio geral que rege as normas sobre nulidades, cabe ao magistrado, ao pronunciar a nulidade, declarar quais os atos são por ela atingidos (e, por exclusão, quais não são atingidos). Limitam-se assim os efeitos do reconhecimento de uma nulidade.

Valem as considerações acima formuladas. Pelo princípio da instrumentalidade das formas, a regra geral será sempre a do aproveitamento dos atos, anulando-se apenas aqueles cuja prática tenha gerado prejuízos. O juiz deverá fazê-lo de forma fundamentada, mas aqui não me refiro à fundamentação ordinária, exigida de toda e qualquer decisão. Refiro-me à necessidade desta delimitação, de indicar com precisão os atos afetados pela nulidade e sua extensão.

Assim, a falta de intimação de uma testemunha não enseja a repetição de todos os depoimentos realizados, mas apenas a designação de nova audiência para colher o seu depoimento. Ou a falta de intimação sobre a realização da perícia, que venha a ser reconhecida após a apresentação do laudo. Já se reconheceu que não é necessário anular o laudo, se a parte não intimada pode apresentar quesitos e indicar assistente técnico, com a subsequente complementação do laudo pericial[64].

2. Regra do prejuízo. Dispensa da sua renovação ou repetição se não houver prejuízo

Apesar de encerrar importante disposição, a previsão do § 1º deste artigo tem ensejado interpretações equivocadas a respeito da disciplina

---

(atual art. 282, § 2º). *Capítulos de sentença*, São Paulo: Malheiros, 2002, p. 85.

62 Enunciado 276, FPPC: "Os atos anteriores ao ato defeituoso não são atingidos pela pronúncia de invalidade".

63 DINAMARCO, Pedro da Silva. *Código de Processo Civil interpretado*, coord. Antonio Carlos Marcato, 3. São Paulo: Atlas, p. 736.

64 VICENTE, Fabrizzio Matteucci. *Código de Processo Civil Anotado AASP*, coord. José Rogério Cruz e Tucci et al., p. 415.

Art. 282

legal das nulidades[65]. O *caput* regula a atividade do juiz ao pronunciar a nulidade, enquanto o parágrafo primeiro excepciona aquela pronúncia, ao cogitar de inexistência de prejuízos.

O problema do dispositivo está, de novo, em sugerir que possa haver a decretação de alguma nulidade independentemente da constatação de algum prejuízo. Trata-se, como visto, de compreensão equivocada do fenômeno da nulidade, pois "independentemente da natureza do vício, o ato processual não será anulado se atingir a finalidade para a qual fora programado"[66]. A melhor técnica legislativa talvez fosse a de transformar o *caput* deste artigo em mero parágrafo do anterior, dada a afinidade de temas enfrentados. E converter em artigo próprio as importantíssimas regras previstas nos parágrafos primeiro e segundo deste dispositivo.

Seja como for, fato é que independentemente de sua colocação topográfica, são regras que consagram aspectos basilares do sistema processual brasileiro, resumidos na expressão *pas de nullité sans grief*, tradicional em nosso modelo jurídico. É frustrante admitir que, ainda hoje, constatam-se manifestações de extremo formalismo, que subvertem tais princípios e propõem modos de pensar a própria razão de ser do processo que estão, no mínimo, defasadas em praticamente um século.

Ocorre que, como visto antes e acima, "toda a concepção da lei a respeito dos vícios formais é no sentido de desprezar ou corrigir a irregularidade. As normas que regulam as nulidades devem atuar como saneadoras de atos inválidos, para torná-los eficazes"[67].

Para dar concretude a tais princípios, é também necessário reconhecer que a constatação de eventual prejuízo deve se vincular a uma análise *a posteriori* dos atos processuais, examinando-se o caso concreto, a alegação e demonstração efetiva de tais prejuízos, sem que se possa falar em "presunções de prejuízo", ainda que em casos de invalidades aparentemente graves.

3. Prevalência da decisão de mérito

Outra disposição importantíssima, no plano normativo das nulidades, é a deste §2º, que consagra um verdadeiro princípio geral, de prevalência da decisão de mérito, no ordenamento processual brasileiro. A regra advém do CPC/73, em cuja vigência tive a oportunidade de defender a tese de que esta disposição deveria ser entendida como um princípio mais geral, aplicável a todas as hipóteses de reconhecimento de problemas atrelados às questões processuais[68].

O CPC atual adotou essa linha de pensamento, introduzindo dispositivos com esta mesma finalidade, não confinados, porém, ao capítulo das nulidades. Em especial, os artigos 317 ("Antes de proferir decisão sem resolução de mérito, o juiz deverá conceder à parte oportunidade para, se possível, corrigir o vício"[69]) e art. 488 ("Desde que possível, o juiz resolverá o mérito sempre que a decisão for favorável à parte a quem aproveitaria eventual pronunciamento nos termos do art. 485").

Como antes estudado, apesar de tal critério hermenêutico apresentar mais aplicações tratando-se de improcedência da demanda, ele não se limita a isso. Alguns exemplos podem ser citados de casos em que não se deve anular decisões ou reconhecer os vícios processuais, mas proferir ou manter decisões de mérito:

– Autor incapaz que demanda sem a adequada representação processual (falta de autorização do responsável legal, ausência de procuração etc.), mas que tem em seu favor sentença de mérito favorável.

---

65 Por exemplo, quando se afirma que "[o] ônus de provar que o vício formal do processo não trouxe prejuízos não é da parte a quem aproveita a declaração de nulidade, mas de seu adversário. A realização de ato processual em desatendimento à forma prescrita em lei traz, em si, presunção de prejuízo" no REsp 806.266, Min. Gomes de Barros, j. 18.07.07, *DJU* 31.10.07, citado na nota 3a ao artigo 282 do CPC. NEGRÃO, Theotonio et al., *CPCLPC*, cit., p. 349.

66 BEDAQUE, José Roberto dos Santos, *ob. cit*, p. 885.

67 OLIVEIRA, Carlos Alberto Álvaro de, Notas sobre o conceito e a função normativa da nulidade, *Saneamento do Processo, Estudos em Homena-*

gem ao prof. Galeno Lacerda, p. 139. APRIGLIANO, Ricardo de Carvalho, ob. cit., p. 91.

68 APRIGLIANO, Ricardo de Carvalho, ob. cit., em especial o item 4.6, p. 94-103.

69 Disposição que se repete em aplicações específicas no âmbito dos recursos ordinários (art. 932, parágrafo único) e extraordinários (art. 1.029, § 3º).

– Autor incapaz que demanda sem a intervenção do Ministério Público, mas que tem em seu favor sentença de mérito favorável.

– Demanda acerca de relação contratual, em que nem todas as partes do contrato integram a relação processual. A decisão de mérito que nega a revisão ou rescisão judicial do contrato pode ser proferida ou mantida, a despeito da falta dos litisconsortes;

– Demanda julgada improcedente, em que o Tribunal posteriormente constata questão de ilegitimidade ativa ou passiva.

– Demanda julgada improcedente, em que o Tribunal posteriormente constata falta de interesse de agir.

> **Art. 283.** O erro de forma do processo acarreta unicamente a anulação dos atos que não possam ser aproveitados, devendo ser praticados os que forem necessários, a fim de se observarem as prescrições legais.
>
> **Parágrafo único.** Dar-se-á o aproveitamento dos atos praticados, desde que não resulte prejuízo à defesa de qualquer parte.

▶ *Referência: CPC/1973 – Art. 250*

1. Erro de forma, aproveitamento dos atos processuais e renovação de atos afetados pelo vício

Neste dispositivo, o legislador pretendeu endereçar uma modalidade específica de invalidade, atrelada ao erro de forma, que deve ser interpretado como erro de procedimento.

No sistema anterior, poder-se-ia invocar o então artigo 250 ao se adotar o procedimento sumário, quando o correto seria o procedimento ordinário. No sistema do atual CPC, em que tal distinção desaparece, pode-se cogitar de procedimentos especiais *versus* procedimento comum. Ou ainda, do ajuizamento de processo de execução versus ação monitória.

Diante da constatação de erros de forma do processo, qual deve ser a conduta adotada? Uma vez mais, impõe registrar que só se anulam atos se for constatado prejuízo concreto às partes. Neste caso, à luz dos arts. 281 e 282, o juiz deve identificar os atos afetados pela decretação da nulidade e determinar sua renovação.

2. Fungibilidade e inexistência de prejuízo à defesa

O dispositivo consagra ainda a ideia de fungibilidade, de aproveitamento dos atos, inclusive nestas situações de adoção de procedimentos inadequados. Por isso, será possível a conversão de processo de execução em ação monitória, antes da citação do(s) executado(s), ou mesmo a conversão de embargos de declaração em agravo interno (art. 1.024, § 3º).

Tal conversão e aproveitamento estão atrelados ao respeito ao devido processo legal, de qualquer das partes, conforme o parágrafo único[43]. Entre suas manifestações, a garantia do contraditório assume relevância particular.

Em processo de execução no qual os executados não foram intimados da decisão que reconheceu fraude à execução e, portanto, não tiveram a oportunidade de se manifestar ou recorrer, o Tribunal de Justiça de São Paulo, não obstante reconhecer a nulidade, preservou a validade dos atos praticados, ao considerar que o direito de defesa foi assegurado, na medida em que os executados apresentaram impugnação espontânea *a posteriori* (TJSP, Agravo de Instrumento nº 2169652-25.2016.8.26.0000, Rel. Des. Paulo Pastore Filho, j. em 23.11.2016).

Em outra oportunidade, reconheceu-se a nulidade insanável, decorrente de sentença proferida após audiência de instrução, para a qual os advogados do autor não foram adequadamente intimados. O argumento da violação ao direito à defesa da parte prevaleceu neste segundo caso, ensejando a anulação da audiência, da sentença que lhe sucedeu, para o retorno dos autos ao primeiro grau e refazimento daqueles atos[44].

---

43 Teresa Arruda Alvim Wambier critica a adoção da expressão "prejuízo à defesa", pois o dispositivo mira uma perspectiva mais ampla, de evitar prejuízo processual ao autor e réu, em diferentes momentos e fases do processo, não limitado à defesa. WAMBIER, Teresa Arruda Alvim. *Primeiros Comentários ao NCPC*, São Paulo: Revista dos Tribunais, 2015, p. 468.

44 TJSP, Agravo de Instrumento nº 2247794-43.2016.8.26.0000, Rel. Des. Kioitsi Chicuta, j. 02.02.2017: "(...) Ausência de intimação dos advogados dos autores para audiência de instrução e julgamento que resultou no julgamen-

TÍTULO IV
DA DISTRIBUIÇÃO E DO REGISTRO

Art. 284. Todos os processos estão sujeitos a registro, devendo ser distribuídos onde houver mais de um juiz.

▶ *Referência: CPC/1973 – Art. 251*

1. Generalidades

A distribuição da petição inicial pelo autor marca o início do processo, e se dá mediante protocolo no cartório distribuidor. O registro público e obrigatório é realizado de ofício, antes mesmo de o processo ser atribuído a algum juiz[45]. São muitas as funções que a distribuição e registro da causa desempenham no ordenamento. Em especial, o de conferir publicidade à existência da demanda, ao seu conteúdo e às consequências que dela decorrem.

O registro, em livro eletrônico ou físico, é realizado a partir da identificação completa

---

to da ação. Nomeação de outro advogado para o ato que não supre ausência do profissional constituído. Cerceamento de defesa caracterizado. Impossibilidade de aproveitamento do ato em face do prejuízo causado aos autores, que restaram sucumbentes (art. 283, par. único, do CPC/2015). Nulidade da sentença reconhecida. Recurso provido". Do acórdão se extrai ainda que "A parte deve ser intimada de todo ato de impulso processual relevante e, no caso, não foram os advogados dos autores cientificados da audiência de instrução e julgamento. Realizada esta sem a sua presença, mesmo porque a tanto não intimados, nulo se afigura o ato perpetrado e, em consequência, a sentença ali prolatada".

45 Nas Normas de Serviço da Corregedoria do Tribunal de Justiça de Minas Gerais, há alguns artigos regulando tais questões: Art. 109 das NS-CGJ/TJMG. "Art. 109. Para efeito de controle e registro, todos os feitos, inclusive os de vara única ou privativa, serão distribuídos e cadastrados no SISCOM. (...) § 2º. Ressalvadas as exceções expressamente previstas em lei ou ato regulamentar da Corte Superior do Tribunal de Justiça, os feitos ajuizados serão distribuídos igualmente entre os Juízos, obedecido o critério de compensação.

---

das partes, que são inicialmente fornecidos pelo próprio autor (CPC, art. 319) e, posteriormente, complementados pelo réu. O registro indica ainda o juízo perante o qual tramita a causa e o seu enquadramento conforme o respectivo objeto.

O objetivo do registro das demandas é o de dar concretude ao princípio constitucional da publicidade (CF, art. 5º, inciso IX e art. 93, IX), permitindo que a sociedade, em geral, conheça a existência da demanda, as partes e seu objeto. Se o processo não recair no regime excepcional do segredo de justiça, será ainda possível examinar as peças processuais, decisões e, de um modo geral, todas as manifestações e movimentações de cada processo.

Tal ciência, que se inicia com o registro da ação distribuída, funciona ainda como mecanismo para evitar a prática de fraudes por parte do autor, como a de desistir da primeira ação ajuizada e, logo depois, repropor a mesma demanda, na expectativa de que seja distribuída a outro magistrado. O CPC possui regra específica coibindo tais práticas (art. 286).

Costuma-se afirmar, com razão, que o registro das ações tem finalidade estatística, fiscal, histórica e administrativa[46]. No plano mais estrito dos negócios jurídicos, vale sempre recordar que a certidão negativa do distribuidor é um documento rotineiramente solicitado, para a prática de diversos negócios jurídicos. Por exemplo, para a comprovação de que o vendedor de um imóvel não está a praticar fraude à execução, nem tem contra si dívidas vencidas, que coloquem em risco a higidez do negócio imobiliário.

Para atender ao objetivo de publicidade, de se manter um registro público adequado, é necessário registrar diversos atos posteriores, como a reconvenção, intervenção de terceiros, embargos de terceiro etc.

A mesma lógica se aplica aos recursos, que devem igualmente ser registrados perante os respectivos tribunais, com dados sobre o tipo e natureza, nome do juiz recorrido, advogados, relator, turma julgadora etc. (CPC, art. 929).

---

46 DINAMARCO, Pedro da Silva. *Código de Processo Civil interpretado*, coord. Antonio Carlos Marcato, p. 747. NEVES, Daniel *Comentários artigo por artigo*, p. 444.

2. Distribuição

Se o registro é sempre obrigatório, a distribuição das ações somente é feita se há mais de um juízo competente para o seu julgamento. Há comarcas com juízo único, composto de apenas um magistrado, nas quais não há propriamente distribuição[47]. Contudo, se mesmo diante de uma única vara, com competência para todas as matérias, houver dois juízes (titular e auxiliar), a distribuição terá lugar, normalmente. O artigo 285 determina que ela se dê de forma rigorosamente igual, assegurando a divisão de trabalho igualitária entre os magistrados, além de preservar a regra republicana de que as partes não podem escolher o juiz que irá julgá-las.[48]

Por fim, registre-se a relevância da distribuição da demanda como fator que determina a competência do juiz da causa, a teor do artigo 43 do CPC: "Determina-se a competência no momento do registro ou da distribuição da petição inicial, sendo irrelevantes as modificações do estado de fato ou de direito ocorridas posteriormente, salvo quando suprimirem órgão judiciário ou alterarem a competência absoluta".

> **Art. 285.** A distribuição, que poderá ser eletrônica, será alternada e aleatória, obedecendo-se rigorosa igualdade.
>
> **Parágrafo único.** A lista de distribuição deverá ser publicada no Diário de Justiça.

▶ *Referência: CPC/1973 – Art. 252*

1. Distribuição eletrônica dos processos

A previsão de que a distribuição "poderá ser eletrônica" constitui novidade do CPC/15, em relação ao CPC/73. Naturalmente, na década de 1960 ou 1970, todos esses procedimentos eram feitos de forma manual, com controles em fichas etc. Mas a distribuição eletrônica já está presente na rotina judiciária há muitos anos, de forma que o atual CPC apenas consagrou o óbvio. Em certa medida, pode até ser criticado por ter dito menos do que deveria, já que em termos reais, a distribuição é sempre eletrônica. Não se trata mais de mera possibilidade, portanto.

2. Distribuição igualitária, alternada e aleatória

A lei assegura não só a distribuição igualitária, mas alternada e aleatória, o que se obtém por sorteio eletrônico. A regra visa assegurar, ao mesmo tempo, a publicidade e garantir a isenção do próprio Poder Judiciário, evitando o direcionamento intencional de causas a certos magistrados. Mesmo porque, como já ressaltado, o direcionamento fraudulento da distribuição ofende o princípio do juiz natural[49]. A regra da distribuição igualitária e aleatória se aplica ao primeiro grau e aos tribunais.

Sob a perspectiva do usuário da justiça, a regra da distribuição aleatória, alternada e igualitária constitui mecanismo que assegura a isenção na distribuição dos feitos, pois em um regime democrático e republicano, em regra não se pode admitir que a parte escolha o seu próprio juiz. Do ponto de vista dos julgadores, tal regra impõe a adoção de outro mecanismo, que assegure efetivo equilíbrio na distribuição do trabalho.

Afinal, por força de outros fenômenos processuais, pode ocorrer de um mesmo juiz acabar recebendo diversas outras demandas, ou mesmo incidentes, relacionados a uma demanda que lhe foi originalmente atribuída. Basta pensar na reunião de causas por força da conexão ou da continência de causas, ou a propositura de reconvenção pelo réu. E como novidade do atual CPC, registre-se ainda a possibilidade de

---

47 No Estado de São Paulo, há Varas únicas em Angatuba, Cosmópolis, Nhandeara, Nova Granada, Miguelópolis, Santa Rosa de Viterbo, Caconde, Santo Anastácio, Altinópolis, Patrocínio Paulista, Quatá, Laranjal Paulista, Cajuru.

48 Nas Normas de Serviço da Corregedoria do Tribunal de Justiça de São Paulo, há a seguinte previsão: "Art. 881. A distribuição será equilibrada pelo peso de cada classe, sujeita a um valor de desvio para garantir o fator aleatório do sorteio, estabelecido pela Corregedoria -Geral da Justiça em procedimento interno, cuja divulgação é vedada." No Estado do Rio de Janeiro, as Normas de Serviço dispõem: "Art. 26. O Corregedor--Geral da Justiça superintenderá e, a seu critério, presidirá a distribuição dos feitos nas Comarcas da Capital e do Interior, que atenderá aos critérios de proporcionalidade, igualdade e álea."

49 Pedro da Silva Dinamarco, *Código de Processo Civil Interpretado*, coord. Antonio Carlos Marcato, 1ª ed, p. 748

Art. 285

distribuição da contestação, diretamente no foro de domicílio do réu, nas hipóteses em que ele alegar a incompetência relativa do juízo perante o qual a demanda foi proposta (art. 340, § 1º)[50].

Em todos esses casos, opera-se uma compensação na distribuição das causas, de forma que aquele juiz deixe de receber uma nova, mantendo-se a igualdade na divisão de trabalho. O mesmo se dá quando processos sejam retirados do juiz, por força, por exemplo, da incompetência do juízo original. São fatores que interferem na distribuição, exigindo do Poder Judiciário a adoção de mecanismos de sorteio que, não obstante se mantenham aleatórios e alternados, sejam capazes de contemplar essas diversas situações específicas.

3. Distribuição alternada para os conciliadores e mediadores

O CPC atual inovou ao implementar uma verdadeira política pública de resolução consensual dos conflitos. Entre outras iniciativas, institui as figuras dos conciliadores e mediadores, estabelece a sua qualificação e necessidade de cadastramento perante os Tribunais.

Como o procedimento comum será iniciado, regra geral, com uma audiência de conciliação ou de mediação, o legislador precisou regular também a distribuição de tais audiências perante os profissionais cadastrados. Assim como se dá quando há mais de um juiz competente, também ocorrerá a distribuição alternada e aleatória entre esses profissionais, a teor do artigo 167, § 2º.

4. Varas ou turmas recursais especializadas e sua influência sobre a distribuição dos feitos

Aspecto particular é o da criação de varas ou turmas recursais especializadas. Por força da competência para a organização do Poder Judiciário ser estadual (quanto às causas de sua competência) ou federal, conforme o caso, pode se dar que uma vara especializada seja criada,

para fazer frente a certos tipos de causas, seja por razões quantitativas, seja por necessidade de especialização dos julgamentos. No Estado de São Paulo, o Tribunal de Justiça criou Câmaras especializadas em direito empresarial (Resolução 538/2011 de 02.02.2011), que passou a ser responsável pelo julgamento de demandas envolvendo sociedades, contratos empresariais etc. No âmbito da primeira instância, há varas empresariais e de conflitos relacionados à arbitragem, varas de falências e recuperações judiciais e, mais recentemente, foram criadas varas empresariais regionais e de conflitos de arbitragem, abrangendo todas as comarcas da grande São Paulo. Uma primeira observação é que não ocorre violação das regras de competência (*perpetuatio jurisdictionis*), pois não há a transferência de causas de uma Câmara para outra, ou de uma vara para outra, uma vez que o regulamento apenas contempla que as causas ou recursos interpostos após a data da criação da Vara ou Câmara Especializada são a ela destinados.

De toda forma, sob a perspectiva da distribuição das causas, ou recursos, aos julgadores, podem surgir problemas. O primeiro deles é que os critérios de distribuição das causas são aplicados em relação aos juízes que detém a mesma competência absoluta para seu julgamento. Assim, se em determinada comarca houver muitas causas envolvendo direito de família, mas apenas uma vara especializada, todas as causas serão distribuídas aos juízes ali lotados. Se as causas cíveis forem em menor número, isso é irrelevante para os fins de distribuição das ações de família.

Tal circunstância é especialmente relevante em relação às varas especializadas, como as varas de conflitos agrários em Minas Gerais, Pernambuco e, as Varas Empresariais ou as de Falências e Recuperação Judicial de São Paulo. São três varas de Falência e Recuperação e duas varas Empresariais e de Conflitos Relacionados à Arbitragem, apenas, na Comarca de São Paulo. Isso significa que todas as demandas envolvendo aquelas matérias são distribuídas, alternadamente, entre os juízes que ali atuam.

Para os fins deste artigo 285, a comparação não se dá, portanto, entre o juiz da vara cível e o da vara de falências, mas entre os juízes da vara de falências, que devem receber idêntica quantidade de processos. O mesmo quanto às varas empresariais. Em outras palavras, as regras que asseguram distribuição alternada e aleatória

---

50 Tal dispositivo só tem aplicação prática nos processos judiciais que ainda tramitam em meio físico. Sendo eletrônico o processo, o réu poderá apresentar sua contestação eletronicamente, diretamente ao juízo onde a ação tramita, sem necessidade de se deslocar até o local para a prática desse ato.

são aplicadas considerando as subdivisões da organização judiciária, estabelecida com base nos critérios de competência funcional. Assim, o dispositivo em comento, isoladamente, não assegura a distribuição igualitária de causas entre os magistrados, pois pode ocorrer – e comumente ocorre – de haver causas de certas matérias em quantidade muito superior a de outras.

5. Publicação da lista de distribuição no *Diário da Justiça eletrônico*

Para reforçar a transparência desse mecanismo, o código inovou e fez prever a regra de que a lista de processos distribuídos deve ser publicada no diário oficial. Em termos práticos, usando mais uma vez o exemplo do Estado de São Paulo, ocorre a publicação diária da relação de todos os processos distribuídos em primeira instância, divididos entre a capital (caderno único) e o interior (três cadernos diferentes). O mesmo quanto à segunda instância, com informações sobre *Entrada de Feitos Originários*, de *Recursos da Câmara Especial* e do *Órgão Especial*.

> **Art. 286.** Serão distribuídas por dependência as causas de qualquer natureza:
>
> **I –** quando se relacionarem, por conexão ou continência, com outra já ajuizada;
>
> **II –** quando, tendo sido extinto o processo sem resolução de mérito, for reiterado o pedido, ainda que em litisconsórcio com outros autores ou que sejam parcialmente alterados os réus da demanda;
>
> **III –** quando houver ajuizamento de ações nos termos do art. 55, § 3º, ao juízo prevento.
>
> **Parágrafo único.** Havendo intervenção de terceiro, reconvenção ou outra hipótese de ampliação objetiva do processo, o juiz, de ofício, mandará proceder à respectiva anotação pelo distribuidor.

▶ *Referência: CPC/1973 – Art. 253*

1. Distribuição por dependência

Se a regra geral é que as demandas sejam distribuídas livremente, em obediência ao princípio constitucional do juiz natural, o legislador precisa regular as exceções, quando a distribuição é dirigida a um juiz específico. Isso se dá por duas ordens de fatores.

Primeiro, porque convém que certas demandas sejam julgadas conjuntamente, por imperativos de economia processual e harmonia das decisões. Segundo, porque o legislador procura coibir a manipulação das regras de distribuição dos processos, evitando que as partes possam escolher o juiz que julgará suas causas ou, mais especificamente, escolher quais juízes não irão julgá-las.

Nas hipóteses previstas em lei, a parte requererá ou fará diretamente a distribuição por dependência à demanda anterior, dirigindo-a ao mesmo juiz. Sob a perspectiva da organização do trabalho, como vimos no artigo anterior, se há distribuição de uma segunda demanda para um juiz prevento, deve haver a compensação deste novo processo nas futuras distribuições. Os sistemas eletrônicos adotados pelo Poder Judiciário se encarregam dessas compensações.

2. Conexão ou continência

A conexão se dá quando duas ou mais ações têm em comum o pedido ou a causa de pedir (art. 55). Já a continência ocorre "entre duas ou mais ações quando houver identidade quanto às partes e à causa de pedir, mas o pedido de uma, por ser mais amplo, abrange o das demais" (art. 56).

São fenômenos que geram a modificação da competência do juiz da causa, justamente porque a ação contida ou conexa deve ser remetida ao juiz perante o qual tramita a ação anterior (continente ou conexa) (art. 59) [51]. Essa distribuição por dependência pode ser feita a pedido do próprio autor da segunda demanda, como por exemplo se o mesmo contrato gera ações de cobrança das prestações em aberto e de sua revisão ou rescisão.

Em outros casos, será feita por provocação do réu, que em sua contestação invocará como matéria preliminar (art. 337, VIII) as razões para a configuração da conexão, como em ação negatória de paternidade (ou de modificação de guarda), que o réu oponha em conexão à ação de alimentos contra ele ajuizada. No universo das locações, pode-se cogitar de uma ação de despejo por falta de pagamento proposta pelo

---

51 O artigo 57 ressalva, porém, a situação de a primeira ação ser a mais ampla, hipótese em que a ação menor – contida – será extinta sem resolução de mérito.

locador, com ação de consignação em pagamento dos valores locatícios proposta pelo locatário.

A razão de ser desse dispositivo é o interesse de se evitar decisões contraditórias, bem como obter maior eficiência e economia processual, pois as mesmas atividades serão praticadas em conjunto e redundarão em decisão sobre diferentes aspectos daquela relação de direito material. Tanto é assim, que o legislador autoriza o juiz a, de ofício, reconhecer a conexão e determinar a distribuição da segunda demanda por dependência à primeira (art. 337, § 5º).

3. Reiteração de ação anterior, extinta sem resolução de mérito

Em processo que se pretende colaborativo e fundado na boa-fé objetiva, seria de se estranhar que semelhante regra precisasse estar prevista. Mas, tristemente, ela decorre da praxe forense, em que certas partes desistiam de demanda original, diante do indeferimento de pedidos de tutela de urgência (agora, tutelas provisórias), ou por ter sido a causa distribuída a juiz cujas posições opostas à tese são conhecidas.

Ato contínuo, distribuíam novamente a demanda, para tentar melhor sorte. Tais práticas se intensificaram, com inclusão de outras partes, para disfarçar o intuito de burlar a regra do juiz natural, ensejando novas respostas do legislador. Assim é que se obteve a redação do inciso II, que abrange, portanto, não apenas as hipóteses de desistência, como também as de extinção sem resolução de mérito por inépcia da petição inicial, falta de recolhimento de custas e qualquer outra causa.

A regra terá aplicação mesmo que a ação seja reproposta em comarca distinta, ou mesmo se a primeira correu nos Juizados Especiais, e a segunda é distribuída à justiça comum. Contudo, tal critério de atribuição da competência ao juiz que recebeu a demanda original não pode ser considerado de forma absoluta, isto é, não deve ser entendido como impeditivo da alegação de incompetência relativa por parte do réu. Se a demanda original poderia ser defendida com alegação de incompetência relativa, o mesmo ocorre nas hipóteses desse art. 286, II.

4. Processos reunidos diante do risco de decisões conflitantes ou contraditórias

Com o objetivo mais geral de imprimir coerência e uniformidade à solução de casos iguais, o CPC introduziu diferentes técnicas para a condução e julgamento dos processos. Uma delas foi a de contemplar nova hipótese de conexão de causas, rompendo a construção clássica, que exige identidade parcial dos elementos da demanda entre as mesmas partes. No novo modelo, previsto do artigo 55, § 3º, admite-se a reunião de demandas mesmo que não haja conexão, segundo os parâmetros restritos da lei. Fernando Gajardoni ilustra com exemplo muito didático: "várias ações por diversos autores, na qual se reclama, contra o mesmo vizinho, indenização por danos morais por perturbação do sossego, embora por condutas praticadas em datas diferentes"[52].

O alcance da regra poderá ser bem amplo. Pense-se, por exemplo, na reunião de demandas propostas por consumidores diferentes, contra a mesma empresa provedora de serviços de telefonia, ou de internet, nas quais se discutam as mesmas práticas consideradas abusivas. A possibilidade de reunião de tais causas poderá ter um efeito enorme não apenas na eficiência do julgamento de tais causas, mas da isonomia entre as situações e, no longo prazo, até mesmo na retificação de certas condutas, da parte dos litigantes recorrentes, como são as instituições financeiras, empresas de telefonia e concessionários de serviços públicos.

5. Intervenção de terceiro, reconvenção e outras hipóteses de ampliação do processo

Por fim, o artigo cuida de regular outros fenômenos, que merecem igualmente ser registrados, para efeitos de publicidade. Se há inclusão de novas partes, por qualquer das modalidades de intervenção de terceiros, ou se o réu apresenta reconvenção, é preciso registrar tais circunstâncias no distribuidor. O mesmo com o incidente de desconsideração da personalidade jurídica, que consiste justamente em "hipótese de ampliação objetiva do processo" aludida no parágrafo.

Com base nessas modalidades, a causa original se amplia, para abranger novos atores e novos objetos. Há repercussões no valor em disputa, no procedimento, na fixação de honorá-

---

52 *Teoria Geral do Processo: Comentários ao CPC de 2015: parte geral*. São Paulo, Forense, 2015, p. 832

rios, na sentença, coisa julgada e diversos outros aspectos. Nessa parte do Código, a preocupação é regular o dever de registrar todas essas circunstâncias, com os já mencionados reflexos para as partes e para a organização e distribuição dos feitos entre os magistrados. Nem todas essas causas, contudo, são interpretadas como novas demandas, capazes de gerar compensações na distribuição de outras causas. As modalidades de intervenção de terceiros, por exemplo, não impactam ou repercutem na compensação entre distribuições, diferentemente da reconvenção, que mesmo inserida na contestação, tem natureza de ação e é considerada para tais fins estatísticos.

> **Art. 287.** A petição inicial deve vir acompanhada de procuração, que conterá os endereços do advogado, eletrônico e não eletrônico.
>
> **Parágrafo único.** Dispensa-se a juntada da procuração:
>
> **I –** no caso previsto no art. 104;
>
> **II –** se a parte estiver representada pela Defensoria Pública;
>
> **III –** se a representação decorrer diretamente de norma prevista na Constituição Federal ou em lei.

▶ *Referência: CPC/1973 – Art. 254*

1. Exigências quanto à procuração, que não impedem a distribuição da demanda

O artigo 287 é uma adaptação do artigo 254 do CPC/73. Com as modificações, ele se tornou um dispositivo isolado, regulando matéria não mais atinente ao tema da distribuição das ações. As modalidades e características da procuração são previstas no artigo 105, que contempla tanto a procuração *ad juditia* ("habilita o advogado a praticar todos os atos do processo") como a *ad juditia et extra* (que abrange também poderes especiais para "receber citação, confessar, reconhecer a procedência do pedido, transigir, desistir, renunciar ao direito sobre o qual se funda a ação, receber, dar quitação, firmar compromisso e firmar declaração de hipossuficiência econômica").

De forma pouco técnica, o legislador adicionou nesse artigo 287 um requisito formal para a procuração, a de indicar o endereço eletrônico e não eletrônico do advogado, quando os demais elementos do mandato são previstos no artigo 319, que trata dos requisitos da petição inicial. Para piorar, fez prever a exigência do endereço eletrônico, sem que haja qualquer utilidade efetiva na medida.

Com razão, o legislador preferiu prestigiar o modelo tradicional e mais seguro de intimações dos atos processuais por meio do Diário da Justiça eletrônico, afastando qualquer cogitação de intimações diretas ao advogado, por correio eletrônico. Esse método é tecnicamente inadequado e juridicamente questionável, pois viola a publicidade ampla dos atos processuais, potencializa situações práticas de tratamento desigual entre as partes, além de instituir modelo em que os prazos tendem a fluir de forma isolada e diferente, o que, para dizer o mínimo, é pouco prático.

Assim, com acerto, as intimações seguirão sendo publicadas no diário oficial, cuja versão eletrônica nem mesmo importa nos custos de impressão e distribuição, tornando inócua a previsão de endereços eletrônicos dos advogados. A propósito, vale a advertência de Theotônio Negrão, "não existe previsão legal de intimação do advogado por e-mail. Assim, este serve apenas como um canal alternativo e informal de comunicação dos atos processuais"[53].

De outro lado, a exigência do endereço físico do advogado se justifica pela possibilidade de sua intimação para a prática de diversos atos processuais, como a intimação quanto a decisões proferidas no curso do processo (art. 269, § 1º) ou a intimação para o pagamento da condenação, no prazo de 15 (quinze) dias, sob pena de multa de 10% (art. 523, *caput* e § 1º).

2. Hipóteses de dispensa da procuração

A se confirmar que o artigo regula questões que pouco tem a ver com as regras da distribuição, convém ainda recordar que são tecnicamente equivocadas as exigências de juntada de procuração no ato da distribuição, pois, se tanto, cuida-se de requisitos da petição inicial, tratados em outra parte do Código (arts. 319 e seguintes).

Não por acaso, se a demanda é distribuída sem procuração, isso não afeta a distribuição em si, nem pode ser utilizado como argumento para negar a aceitação do protocolo da petição inicial.

---

53 *Código de Processo Civil e Legislação Processual em vigor*, 47ª edição, 2016, nota 1A ao artigo 287, p. 351.

Art. 288

Trata-se, se tanto, de irregularidade que deverá ensejar a possibilidade de correção.

Registre-se, porém, que pode nem mesmo ser necessária a apresentação do instrumento de mandato, pois nas hipóteses dos incisos I a III, legalmente dispensa-se a apresentação. Não se poderia exigir a elaboração de instrumentos de mandado nas situações ali retratadas, de postulação urgente (em que o instrumento de mandato deve ser apresentado em 15 dias), em causa própria ou se a parte é representada pela defensoria. Por fim, também se revela excessivo exigir procurações em cada caso se os procuradores detêm tal condição por força de lei, como é o caso dos procuradores, membros da Advocacia-Geral da União, membros de autarquias e, de um modo geral, represente da Fazenda Pública.

> **Art. 288.** O juiz, de ofício ou a requerimento do interessado, corrigirá o erro ou compensará a falta de distribuição.

▶ *Referência: CPC/1973 – Art. 255*

1. Correção do erro na distribuição ou compensação de feitos

Por coerência sistemática, se o legislador se preocupou em regular a distribuição alternada, igualitária e aleatória dos processos entre os juízes, é preciso autorizar o magistrado a garantir que tal igualdade se dê em termos práticos. Isso se faz pela compensação entre os feitos distribuídos, de forma que o juízo que recebeu um processo adicional (reconvenção, por exemplo) deixe de participar do sorteio de uma outra causa distribuída.

Se a compensação não ocorre, ou se há a verificação de erro (ou mesmo burla) no sistema de distribuição, compete ao juiz corrigir o erro, determinando a redistribuição da causa. As hipóteses do artigo 286, II, são típicas, porque não se pode aceitar que uma ação seja distribuída a juiz diverso, se houve prévio ajuizamento da mesma demanda (ainda que com parcial identidade de autores ou réus), extinta sem resolução de mérito.

> **Art. 289.** A distribuição poderá ser fiscalizada pela parte, por seu procurador, pelo Ministério Público e pela Defensoria Pública.

▶ *Referência: CPC/1973 – Art. 256*

1. Fiscalização da distribuição

No sistema do CPC/73, dizia o artigo 256 que a distribuição poderia ser fiscalizada pela parte ou seu procurador. O CPC/15 amplia a regra, complementando que também o Ministério Público e a Defensoria Pública podem fiscalizar. Admite-se que tais sujeitos fiscalizem a distribuição. O termo "fiscalizar" pode sugerir que o interessado deva alegar e demonstrar fundadas suspeitas de que não esteja sendo observada a regra da distribuição aleatória, alternada e igualitária. Não é essa a interpretação adequada, contudo.

Não é necessária qualquer demonstração de vícios ou fraudes, pois o direito de fiscalizar decorre da previsão constitucional da publicidade dos atos processuais, ao qual se acresce o direito de respeitar as regras de distribuição contempladas no artigo 284 e 285. Basta o simples requerimento. Melhor seria, talvez, que o legislador usasse a expressão acompanhar a distribuição, ao invés de fiscalizá-la.

É importante reconhecer, contudo, que em termos práticos, esse direito à fiscalização não é de simples implementação, e pouco se vê em termos práticos. As distribuições são realizadas eletronicamente, no âmbito dos próprios órgãos jurisdicionais. Para que a Parte possa acompanhar, é necessário suscitar e requerer ao cartório distribuidor, ou ao juiz responsável por controlar tais atividades. Não obstante ser eletrônica a distribuição, o método e o momento em que se realiza, por sistema informático, a distribuição, poderão ser acompanhados pelos sujeitos referidos no artigo aqui comentado.

> **Art. 290.** Será cancelada a distribuição do feito se a parte, intimada na pessoa de seu advogado, não realizar o pagamento das custas e despesas de ingresso em 15 (quinze) dias.

▶ *Referência: CPC/1973 – Art. 257*

1. Cancelamento da distribuição por falta de pagamento das custas

Em regra, a propositura de uma demanda enseja o pagamento de custas iniciais por parte do autor, conforme a legislação da Justiça Federal ou de cada estado da federação. Caso a petição inicial seja distribuída sem tal recolhimento, o juiz deverá determinar seu recolhimento, como pressuposto para o deferimento da citação do réu.

Se o pagamento não ocorre, determina o artigo 290 que seja cancelada a distribuição. É preciso bem compreender o dispositivo.

Primeiro, porque não se trata de mero ato administrativo, realizado pelos servidores encarregados da distribuição dos feitos nas comarcas ou seções judiciárias. Tal cancelamento depende de decisão do juiz da causa. Segundo, tal decisão será de extinção do processo, sem resolução de mérito, pela não observância dos requisitos próprios da petição inicial.

Ao se examinar as causas de indeferimento da petição inicial, não se identifica claramente em qual hipótese se enquadra o não recolhimento das custas. Uma hipótese é considerar a petição inepta, por faltar elemento da petição inicial. Pouco importa que os artigos 319 e 320 não aludam às custas, pois nem por isso tal elemento deixa de ser considerado um requisito essencial da petição inicial. Poder-se-ia considerar que o não recolhimento das custas importa no abandono da causa, que se superar 30 (trinta) dias, enseja a extinção por força do artigo 485, III. Ainda, poder-se ia enquadrar as custas na regularidade formal da petição inicial, inserindo-a como um pressuposto de desenvolvimento válido e regular do processo, que, se ausente, igualmente enseja a extinção do feito sem exame do mérito.

Seja como for, não pode haver dúvida que o cancelamento da distribuição consiste em decisão de natureza jurisdicional, não administrativa.

A reforçar tal ponderação, basta pensar em todas as situações em que atos do procedimento tiverem sido realizados, como o exame do pedido de tutela provisória, a determinação de emenda da petição inicial etc. Terá se formado a relação processual, impedindo o mero cancelamento da distribuição, como se o processo nunca tivesse existido.

2. Alternativas ao cancelamento da distribuição

No sistema do atual CPC, há duas questões que impactam a tradicional regra contida no artigo 290. Em primeiro lugar, fruto das inúmeras disposições que consagram a ênfase no julgamento do mérito da causa, impõe-se a intimação do autor, na pessoa do seu advogado, a regularizar a questão das custas. Não pode haver extinção do processo sem que essa intimação prévia seja efetivada.

Em segundo lugar, convém lembrar a grande modificação ocorrida no regramento da gratuidade da justiça no CPC atual. No sistema do CPC/73, prevalecia o "tudo ou nada", isto é, ou bem o processo era integralmente custeado pela parte, ou se concedia a gratuidade da justiça integral e para todos os atos do processo. Os artigos 98 a 102 conferem uma disciplina inteiramente nova ao instituto. Permite-se a isenção parcial das custas, o pagamento "com desconto", parcelamento dos valores, diferimento, enfim, todo um conjunto de técnicas que equilibram melhor a questão (art. 98, §§ 5° e 6°).

Assim, mediante requerimento do autor, as custas podem ser pagas a menor, diferidas ou parceladas, evitando-se a solução drástica da extinção do processo por falta do respectivo pagamento.

TÍTULO V
DO VALOR DA CAUSA

> **Art. 291.** A toda causa será atribuído valor certo, ainda que não tenha conteúdo econômico imediatamente aferível.

▶ *Referência: CPC/1973 – Art. 258*

1. Valor da causa como requisito indispensável da petição inicial

Atribuir um valor à causa proposta constitui dever da parte autora, materializado como requisito da petição inicial. A tarefa nem sempre é simples, mas a regra geral, destacada nesse artigo, é a que se deve atribuir à causa um valor certo, mesmo que não se saiba o conteúdo econômico imediatamente aferível.

Se o pedido deve ser certo e determinado (arts. 322 e 324), disso decorre que o seu reflexo econômico também deve sê-lo. Assim, se alguém pretende cobrar uma dívida, o valor da causa deve retratar o valor cobrado, com correção e juros até a data da propositura da ação, além das custas processuais e dos honorários de sucumbência (art. 322, § 1°). Nas ações de natureza condenatória, os problemas são menores, mas mesmo aqui haverá muitas situações em que não se consegue aferir, de antemão e com exatidão, qual é exatamente o valor econômico em disputa.

Nas ações com conteúdo declaratório e constitutivo, o problema se torna mais sério. Em qualquer caso, o que a lei exige é que se atribua algum valor às causas, sempre. Não obstante a previsão de limites de alçada com base no salário mínimo, a exigência do artigo 291 só se satisfaz com a indicação de valor em moeda corrente nacional. Mesmo nas obrigações que tenham por base contratos em moeda estrangeira, é necessário realizar a conversão do valor para a moeda nacional, na data da propositura da ação.

2. Repercussões do valor da causa

O CPC unificou o procedimento comum, eliminando a distinção outrora havida de rito sumário e ordinário. O valor da causa permanece importante para a distinção entre as causas que podem ser propostas mediante o procedimento comum da Justiça Estatal e aquelas perante os Juizados Especiais. Se a demanda tiver valor de até 40 salários mínimos, é possível ao autor – pessoa física – optar pelos dois sistemas. Se o valor é superior, veda-se a via dos Juizados Especiais, devendo o autor necessariamente propor a demanda perante a Justiça estatal.

Nos inventários e partilhas, o valor da causa é também relevante, pois se os bens do Espólio forem inferiores a 1.000 (mil) salários mínimos, far-se-á o arrolamento dos bens. Acima desse valor, o inventário. Há diferenças relevantes no procedimento e nas exigências de um ou outro procedimento (CPC, arts. 610-673).

O valor será também relevante para determinar a competência de foros regionais, onde houver, porque as regras de competência fixadas nas leis de organização judiciária valem-se do valor como um dos critérios para remeter as causas aos regionais ou ao foro central. Em São Paulo, por exemplo, causas de valor superior a 500 salários-mínimos necessariamente são distribuídas no fórum central da comarca da capital[54].

Da fixação do valor da causa decorre uma consequência prática relacionada ao recolhimento de custas iniciais. Nas Justiças Estaduais, em regra as custas são um percentual sobre aquele valor[55]. Na Justiça Federal e em alguns tribunais estaduais (como no Paraná), as custas são fixas.

Os honorários advocatícios também são diretamente influenciados pelo valor atribuído à causa, em inúmeras situações. Apesar da regra geral ser a fixação de percentual sobre o valor da condenação ou benefício econômico (art. 85, § 2º), ressalva-se no mesmo dispositivo que, não sendo possível tal estimação, o percentual incidirá sobre o valor atribuído à causa. Surgem aqui duas questões específicas que merecem comentários.

Primeiro: as modificações nos dispositivos acerca do valor da causa, combinadas com aquelas no tocante aos honorários advocatícios, tornam – no CPC – muito mais difícil ao autor atribuir valores irreais, que não reflitam verdadeiramente o montante da controvérsia. Isso porque novos critérios foram adicionados para que causas de natureza diversa da condenatória também sejam valoradas segundo os parâmetros reais do negócio entabulado, do benefício econômico pretendido efetivamente pela parte.

Segundo: a partir dos parâmetros acima, mesmo as ações de improcedência – que no sistema do CPC/73 recebiam julgamentos com fixação equitativa dos honorários – passam a receber a aplicação dos mesmos critérios que a procedência, no tocante aos honorários de sucumbência (art. 85, § 6º).

Ainda assim – como restam diversas situações em que não é possível estimar o valor da controvérsia, por dificuldades, por inexistência de valores certos etc. – o valor da causa assume

---

Artigo 4º – O recolhimento da taxa judiciária será feito da seguinte forma: I – 1% (um por cento) sobre o valor da causa no momento da distribuição ou, na falta desta, antes do despacho inicial; essa mesma regra se aplica às hipóteses de reconvenção e de oposição; II – 4% (quatro por cento) sobre o valor da causa, nos termos do artigo 511 do Código de Processo Civil, como preparo da apelação e do recurso adesivo, ou, nos processos de competência originária do Tribunal, como preparo dos embargos infringentes; III – 1% (um por cento) ao ser satisfeita a execução. Já no Rio Grande do Sul, as custas são um percentual sobre o valor da causa, sendo que para demandas com valor a partir de R$ 41.556,00, o percentual é decrescente a partir de 1,08%, não podendo, em qualquer caso, superar o valor de R$ 5.208,33.

---

54 TJSP: Art. 54, inciso I, da Resolução 2/1976, alterada pela Resolução 148/2001.

55 Em São Paulo, as custas são reguladas pela Lei Estadual 11.608/2003, com as alterações realizadas pela Lei Estadual nº 15.855, de 02.07.2015.

mais a função de servir como parâmetro para a condenação em honorários advocatícios. Da mesma forma, em outras situações em que não chega a haver julgamento do mérito, é o valor da causa que servirá como parâmetro para a fixação dos honorários, como na substituição do réu no polo passivo da demanda (art. 338, parágrafo único), no reconhecimento jurídico do pedido com satisfação integral da pretensão (art. 90, § 4º) e no pagamento do valor constante do mandado monitório (art. 701).

Por fim, registre-se também que o valor da causa serve como parâmetro para fixação de multas de natureza processual nos casos de descumprimento dos deveres previstos no artigo 77 (atos atentatórios à dignidade da justiça) e do artigo 80 (litigância de má-fé); também, no não comparecimento à audiência de conciliação (art. 334, § 8º) que é inclusive a base adotada para aplicar penalidades ao perito judicial que, porventura, deixe de cumprir seu encargo no prazo assinalado pelo juiz (art. 468, § 1º)[56].

Art. 292. O valor da causa constará da petição inicial ou da reconvenção e será:

I – na ação de cobrança de dívida, a soma monetariamente corrigida do principal, dos juros de mora vencidos e de outras penalidades, se houver, até a data de propositura da ação;

II – na ação que tiver por objeto a existência, a validade, o cumprimento, a modificação, a resolução, a resilição ou a rescisão de ato jurídico, o valor do ato ou o de sua parte controvertida;

III – na ação de alimentos, a soma de 12 (doze) prestações mensais pedidas pelo autor;

IV – na ação de divisão, de demarcação e de reivindicação, o valor de avaliação da área ou do bem objeto do pedido;

V – na ação indenizatória, inclusive a fundada em dano moral, o valor pretendido;

VI – na ação em que há cumulação de pedidos, a quantia correspondente à soma dos valores de todos eles;

VII – na ação em que os pedidos são alternativos, o de maior valor;

VIII – na ação em que houver pedido subsidiário, o valor do pedido principal.

§ 1º Quando se pedirem prestações vencidas e vincendas, considerar-se-á o valor de umas e outras.

§ 2º O valor das prestações vincendas será igual a uma prestação anual, se a obrigação for por tempo indeterminado ou por tempo superior a 1 (um) ano, e, se por tempo inferior, será igual à soma das prestações.

§ 3º O juiz corrigirá, de ofício e por arbitramento, o valor da causa quando verificar que não corresponde ao conteúdo patrimonial em discussão ou ao proveito econômico perseguido pelo autor, caso em que se procederá ao recolhimento das custas correspondentes.

▶ *Referência: CPC/1973 – Arts. 259 e 260*

1. Toda e qualquer demanda deve ter valor da causa

Do *caput* do artigo 292 extrai-se que o valor da causa deve constar da petição inicial e da reconvenção. O dispositivo legal serve para esclarecer a necessidade de se atribuir valor da causa também à reconvenção (mesmo que, no sistema do CPC atual, ela integre a própria contestação e não seja mais apresentada em petição autônoma), mas ainda assim persistem dúvidas sobre a atribuição de valor da causa às *tutelas cautelares antecedentes*, procedimentos especiais e demais incidentes processuais. O art. 303, § 4º do Código é explícito quanto à necessidade de desde logo atribuir valor à causa, correspondente ao pedido de tutela final, nos pedidos de *tutela antecipada antecedente*, mas se omite quanto às demais figuras.

Fato é que qualquer petição inicial deve indicar o valor da causa. A falta desta indicação constitui defeito formal da peça, que deve ser regularizado, sob pena de inépcia. É absolutamente tradicional na praxe do foro que o valor venha indicado ao final da petição inicial.

No caso da reconvenção, que agora é deduzida dentro da própria contestação – e juntamente com diversas outras preliminares, como a impugnação à gratuidade da justiça, ao

---

56 Conforme Luiz Perisse Duarte Júnior, comentário ao artigo 291, in *Código de Processo Civil anotado*, AASP e OAB/PR, GZ Editora, p. 425. O autor lembra ainda que o autor da ação rescisória deve recolher custas de 5% do valor da causa original, a qual se converte em multa se o tribunal entender por unanimidade que a ação é improcedente ou inadmissível.

valor da causa, incompetência relativa e absoluta etc. – também deve haver indicação do seu valor. Assim, na peça de defesa deverá ser criado um tópico específico para a reconvenção (não uma exigência da lei, mas uma recomendação prática para conferir maior clareza e permitir a identificação da demanda reconvencional), com a exposição dos fundamentos deste pedido dirigido contra o autor, o próprio pedido e a sua representação econômica. Daí decorre o dever do réu-reconvinte de recolher as respectivas custas iniciais.

2. O problema da atribuição de valor da causa a demandas preparatórias e incidentais

Como visto no artigo 291, a atribuição do valor da causa tem diversos reflexos, notadamente em função de ser ele o critério referencial para a fixação dos honorários de sucumbência, que no sistema do atual CPC passam a ser arbitrados entre 10% e 20% do valor da causa (que por sua vez deve refletir a expressão econômica da disputa), tanto em ações de natureza condenatória, como declaratória ou constitutiva, seja quando os pedidos são acolhidos, seja quando a demanda é julgada improcedente.

Contudo, problemas podem surgir nas inúmeras demandas em que a discussão se volta a assegurar o resultado útil de um futuro julgamento ou que abrange apenas uma parcela da relação jurídica globalmente considerada. Quando se examinam os artigos sobre o valor da causa, parece não haver dúvidas de que não se admite mais, no sistema do atual CPC, a atribuição meramente estimativa do valor da causa, ou a indicação de valores menores, o que antes se fazia por uma certa consideração qualitativa dos trabalhos envolvidos. Vejamos alguns exemplos:

Se um determinado bem é penhorado e o efetivo proprietário não é parte da demanda, a solução processual é a oposição dos Embargos de Terceiro. O objetivo desta demanda é livrar o bem da constrição judicial, daí por que se considera que o benefício econômico pretendido pelo embargante corresponde ao valor total do bem penhorado. A jurisprudência do Superior Tribunal de Justiça firmou entendimento firme nesse sentido. O objetivo dos embargos é a liberação total do bem penhorado. Não há relação direta com o valor da dívida ou com eventuais outros bens também penhorados. Assim, correto é atribuir à causa o valor do bem. Duas ressalvas, porém: primeiro, se os Embargos são opostos pelo cônjuge para proteger a sua meação apenas, o valor da causa deve corresponder à meação. Segundo, se a própria dívida é menor que o bem, nesse caso admite-se valor da causa restrito ao valor da dívida (REsp 161.754/SP, Rel. Min. Sálvio de Figueiredo Teixeira, *DJ* de 15/03/1999; REsp nº 1.136.568. Rel. Min. Vasco Della Giustina, j. 15/03/2011).

Nas ações preparatórias – ainda que dotadas de autonomia – o valor da causa não deve ser, sempre e necessariamente, o equivalente ao valor do pedido principal. Basta pensar em situações como a da produção antecipada de provas deduzida de forma antecedente ou como direito autônomo (art. 381), em que o valor da causa não pode ser mesmo associado ao futuro e eventual pedido da ação dita principal. Deve-se permitir ao autor que atribua à causa o valor correspondente ao custo de realização da prova.

No Protesto contra alienação de bens, a situação também é polêmica. De um lado, sendo os bens determinados ou determináveis, é razoável considerar que o valor da causa deve equivaler à soma desses bens. De outro lado, a medida judicial não tem por objetivo discutir o crédito ou mesmo obter a condenação do réu, mas apenas e tão somente promover a conservação do patrimônio que, eventualmente, possa servir para garantia e excussão de futura dívida. Como não se discute o direito material ao crédito, seria excessivamente oneroso exigir do autor que recolha às custas do processo duas vezes sobre a mesma base de cálculo. Mais acertado é permitir a atribuição de valor estimativo ao Protesto, relegando-se apenas para a ação principal o dever de atribuir à causa o valor equivalente ao conteúdo econômico pretendido (REsp 1065027/MT, Rel. Min. Francisco Falcão, *DJe* 06/10/2008).

No sistema do CPC/73, a questão era recorrentemente enfrentada por conta das medidas cautelares preparatórias. Como o processo cautelar era dotado de autonomia e se iniciava com uma petição inicial à qual se devia atribuir valor da causa, era comum a discussão sobre qual deveria ser este valor. No sistema do atual CPC, a tutela cautelar – necessária para resguardar o resultado útil do processo – passa a ser deduzida no bojo da relação processual principal, em um único processo. É verdade que ela pode ser formulada em caráter antecedente (arts. 305 a 310), mas ainda assim ocorrerá aditamento da petição, com uma única e prévia atribuição de valor à causa e um único recolhimento das custas.

O critério que deverá ser adotado é o geral, portanto, segundo o qual o benefício econômico pretendido norteará a atribuição, com as ressalvas das hipóteses específicas previstas no próprio artigo 292 e em outros dispositivos legais, como por exemplo, no artigo 58, III da Lei 8.245/91 (Lei de Locação).

3. As hipóteses específicas

3.1. Cobrança de dívida

A regra segundo a qual na cobrança de dívida se atribui à causa o valor do principal, com correção monetária, juros de mora vencidos e de outras penalidades tem aplicação não apenas nas ações de cobrança (processo de conhecimento), mas também na ação monitória e no processo de execução. Os embargos à execução e embargos monitórios também devem ter o valor da causa atribuído, em valor correspondente à contestação da dívida. Como pode haver impugnação apenas parcial da dívida, nessa hipótese o valor dos embargos será apenas o da parte impugnada. Se a defesa compreende a dívida como um todo, haverá coincidência entre o valor da execução e da monitória com os respectivos embargos.

Não obstante se compreenda a correção monetária, os juros de mora e mesmo os honorários advocatícios como pedidos implícitos, isso não significa que não devam ser expressamente requeridos, nem que apenas o valor histórico da dívida pretendida seja mencionado como sendo o valor da causa. Ao autor compete adicionar ao cálculo a correção monetária (mera reposição do valor da moeda) e os juros de mora. Admite-se, de outro lado, que os honorários advocatícios não sejam desde logo previstos, eis que a sua fixação efetiva compete ao juiz.

A correção monetária deve ser calculada, regra geral, desde o evento danoso. Já quanto aos juros de mora, o *dies a quo* depende da previsão específica no negócio jurídico original (contrato com prestações em dias certos, por exemplo) ou, não havendo tal data, a partir da efetiva constituição do devedor em mora. Isso pode se dar, em muitas ocasiões, pela notificação preliminar enviada ao devedor (necessária inclusive para demonstrar a tentativa de solução do caso e a efetiva necessidade de intervenção do Poder Judiciário) ou, ausente esta, a partir da citação do réu na demanda judicial.

Um comentário específico acerca das ações de despejo por falta de pagamento cumuladas com cobrança de alugueres. Como são dois pedidos, o entendimento majoritário é no sentido de se exigir que o valor da causa reflita a soma dos dois : (i) o valor específico dos alugueres em atraso, por força deste artigo 292, inciso I, do CPC, (ii) somado ao valor que a lei de locações, impõe nas ações de despejo, qual seja, doze meses de aluguel (Lei nº 8.245/91, artigo 58, III).

3.2. Atos jurídicos em geral

Se o primeiro inciso do artigo 292 versa sobre demandas condenatórias em geral, este inciso II diz respeito às demandas declaratórias, constitutivas e, também, às condenatórias de obrigações de fazer ou não fazer. O campo de atuação é mais amplo e mais complexo.

O valor da causa deve corresponder ao valor do contrato ou do ato jurídico, sempre que se pretender discutir a sua existência, validade, eficácia e, de um modo geral, o seu adimplemento. Se o objeto do processo é a rescisão de um contrato, o valor deve corresponder ao contrato como um todo. Se, de outro lado, pretende-se a sua revisão, o valor da causa deve ser a diferença entre o valor originalmente fixado e o pretendido[57].

A declaração de inexistência de uma relação jurídica possui, sempre, valor determinado, não se admitindo a atribuição de um valor estimativo. O valor da causa deve corresponder a esse conteúdo econômico pretendido pelo autor[58].

3.3. Ação de alimentos

O critério legal é o de se atribuir uma anualidade à demanda que pretenda a fixação ou a majoração de alimentos. A lei se refere aos alimentos que decorrem das relações familiares. Outras verbas de natureza alimentar não se sujeitam a esse requisito específico.

---

57 STJ, 1ª Turma, REsp 742.163, Rel. Ministro Teori Zavascki, *DJe* 02/02/2010.

58 NEGRÃO, Theotônio et all. *Código de Processo Civil e Legislação processual em vigor*, nota 14 ao artigo 292, p. 356-357. São Paulo, Saraiva, 2019.

A exigência de se considerar doze meses se aplica tanto às ações para fixação de alimentos, como para a sua revisão e exoneração. Na revisão, leva-se em conta a diferença pretendida, multiplicada por doze. Na exoneração, doze vezes o valor fixado, cuja exoneração se pretende.

3.4. Divisão, demarcação e reivindicação

As ações de divisão e de demarcação de terras particulares constituem um procedimento especial, minudentemente regulado nos artigos 569 a 598 do Código Processual. Elas podem ter por objeto apenas a divisão ou a demarcação, ou ainda as duas figuras (art. 570). A demarcação é medida afeta ao proprietário, interessado em "obrigar o seu confinante a estremar os respectivos prédios" (art. 569). Já a divisão é a ação atribuída ao condômino, quando pretende obter dos demais condôminos a separação do bem.

A ação reivindicatória tem campo de atuação ainda mais amplo. O proprietário de um bem imóvel que pretenda reavê-lo de terceiros se vale desta medida. Como o objeto da reivindicação pode ser apenas uma parte do bem, autoriza-se que o valor da causa seja restrito à parcela reivindicada, o que se mostra inclusive compatível com o critério interpretativo mais geral de que o valor da causa deve corresponder à pretensão econômica ou ao benefício econômico almejado pelo requerente.

O CPC vigente adota critério melhor do que o do regime anterior, que preferia a avaliação oficial para fins de lançamento do imposto. A nova lei determina que o "valor de avaliação" do imóvel ou da parte que é objeto da demanda (na reivindicação de parte de um imóvel por exemplo), ou ainda o valor do bem móvel, seja utilizado como critério para se atribuir valor à causa. Seria excessivamente oneroso exigir que o autor da demanda realize uma avaliação pericial específica, nessa fase do procedimento, apenas para atribuir o valor à causa[59].

Para essa finalidade, serão suficientes indícios gerais que demonstrem o valor do imóvel, como a indicação de valores de imóveis semelhantes (imóveis do mesmo condomínio, rua ou bairro, imóveis rurais na mesma localidade), levantamentos de valores em imobiliárias e sítios eletrônicos especializados, ou mesmo a documentação de negociações do próprio bem (escrituras, instrumentos particulares etc.), desde que realizadas cronologicamente próximas.

3.5. Ações indenizatórias, inclusive fundadas em dano moral

O atual CPC trouxe importante inovação no que diz respeito às ações indenizatórias, para a qual é importante chamar a atenção dos operadores do direito. Neste dispositivo, adiciona-se um item específico para as ações indenizatórias, com a previsão de que o valor da causa deve corresponder ao valor efetivamente pretendido.

A regra, em si, parece um tanto desnecessária, dada a sua obviedade. Entretanto, é sabido que na praxe forense costuma-se atribuir um valor da causa menor do que o efetivamente pretendido, com o triplo objetivo de não recolher as custas correspondentes, não ser obrigado a quantificar, desde logo e de forma mais acurada, a pretensão indenizatória e, por fim, não se submeter ao pagamento de custas e honorários advocatícios proporcionais a tais pretensões, na hipótese de improcedência (total ou parcial) dos pedidos.

O novo diploma modifica esse estado de coisas, impondo, também nesse particular, uma litigância mais responsável. Doravante, seja para as indenizações de natureza material (perdas e danos, lucros cessantes), seja para as fundadas em dano moral, o autor deverá indicar precisamente o valor pretendido.

No caso do dano moral, a mudança quanto ao modelo é ainda mais sensível, pois no regime anterior a jurisprudência evoluiu – erradamente, ao meu ver – para um sistema em que se permitia ao autor não indicar a indenização por ele mesmo pretendida, atribuindo ao magistrado o

---

59 Crítica semelhante é feita por Daniel Neves, que, entretanto, considera que a exigência consista justamente na apresentação desse laudo, que é reputada pelo autor como excessivamente rigorosa, eis que não eliminará a necessidade da perícia judicial, produzida sob contraditório. A iniciativa do legislador "cria uma espécie de pedido genérico e valor da causa a ser fixado a gosto do

autor, devendo ser corrigida quando for realizada a avaliação judicial", *Novo CPC Comentado*, Juspodivm, p. 457.

dever de fixá-la na sentença[60]. Com essa singela modificação no artigo sobre o valor da causa nas ações indenizatórias, a lei vai além e propõe uma modificação mais relevante, pois passa a atribuir ao respectivo titular do direito alegadamente violado que identifique o seu dano, que indique o valor que corresponderá à reparação dos danos extrapatrimoniais por ele sofridos.

A regra nova faz todo sentido, pois somente o próprio autor poderá estimar os danos aos seus direitos de personalidade. Atribuir tal tarefa ao juiz consistia, no regime revogado, em mais uma demonstração da excessiva dependência do Estado, que é chamado a tutelar toda ordem de problemas e conflitos, inclusive o de estabelecer quanto vale a violação aos direitos de personalidade das pessoas.

É evidente que o juiz seguirá estabelecendo o valor na sentença, mas o fará a partir de um duplo critério. Primeiro, a pretensão indicada pelo próprio autor. Segundo, pelos parâmetros já adotados pelos Tribunais para situações semelhantes. Na perspectiva individual, tem-se a litigância mais responsável acima aludida, e do ponto de vista da administração da justiça, também quanto a esse recorrente tema, ter-se-á a busca pela uniformidade no tratamento das situações equiparadas, o que corresponde a um autêntico e legítimo anseio de isonomia, princípio republicano tão caro entre nós e sobre o qual a sociedade brasileira precisa evoluir muito, e rapidamente.

O artigo 292, V, deverá ser interpretado em conjunto com as disposições que estabelecem o dever do juiz em, no caso de sucumbência recíproca, condenar as partes na proporção de suas vitórias e derrotas parciais, tanto nas despesas processuais, quanto nos honorários de sucumbência (art. 86, *caput*, CPC). Ainda, com a disposição que veda a compensação dos honorários de sucumbência (art. 85, § 14, CPC).

Um exemplo mostrará o impacto dessas modificações. Uma demanda indenizatória por danos morais que o autor pretenda receber R$ 10.000,00 (dez mil reais). Se o pedido for aco-

lhido parcialmente, para condenar o réu a pagar R$ 6.000,00 (seis mil reais), teremos a seguinte situação. Ao autor será atribuída a indenização de R$ 6.000,00, acrescido de honorários de sucumbência mínimos de 10% sobre a condenação. Como, porém, o autor não obteve o total pretendido, sobre os R$ 4.000,00 da diferença incidirão honorários de sucumbência em favor do advogado do réu, também no patamar mínimo de 10%. O autor receberá, portanto, R$ 6.000,00, mas terá que pagar R$ 400,00 ao advogado do réu. Este, por sua vez, pagará ao autor os R$ 6.000,00 da condenação principal, além de R$ 600,00 ao advogado do autor[61].

3.6. Pedidos cumulados

Os incisos VI, VII e VIII tratam de modalidades de cumulação de pedidos, justificadas por técnicas diferentes e influenciadas pelas características da própria relação de direito material. Para os fins desses Comentários, podem ser tratadas em um mesmo tópico.

Por imperativo de economia e eficiência processuais, o sistema admite que mais de um pedido seja deduzido em relação à mesma parte. A disciplina legal da cumulação dos pedidos está prevista no artigo 327, e pode decorrer de diferentes situações, desde que atendidos os requisitos ali impostos.

Para os fins do valor da causa, o inciso VI cuida da cumulação própria (simples ou sucessiva), ou seja, da formulação de pedidos independentes, com conteúdo econômico próprio. Exemplo típico é a cobrança de duas dívidas diferentes contra um mesmo devedor, ou a formulação de pleitos indenizatórios por danos materiais e morais contra um mesmo réu. Nessas situações, a jurisprudência pacífica do Superior Tribunal de Justiça, mesmo no regime anterior, era no sentido de se exigir a indicação dos valores mínimos pretendidos, ainda que, no curso da demanda, os pedidos pudessem ser objeto de ulterior determinação ou liquidação. "A

---

60 "Não há inépcia da inicial em ação que busca a condenação por danos morais e o autor deixa a fixação do montante ao prudente arbítrio do julgador" (STJ, 4ª Turma, REsp 645.729, Rel. Min. Antonio Carlos Ferreira, *DJe* 01/02/2013).

61 O regime de custas também será influenciado pela sucumbência recíproca, devendo ser repartidas entre autor e réu na proporção do acolhimento de cada pedido. No exemplo do texto, o réu deverá reembolsar o autor em equivalente a 60% (sessenta por cento) do total das despesas processuais (CPC, art. 86).

impossibilidade de avaliar a dimensão integral desse benefício não justifica a fixação do valor da causa em quantia muito inferior ao de um valor mínimo desde logo estimável"[62]-[63].

O inciso VII cuida da cumulação alternativa, na qual o autor formula um pedido para que a obrigação seja adimplida por duas formas ou prestações diferentes. A cumulação subsidiária vem prevista no inciso subsequente, e corresponde à hipótese de formulação de dois pedidos, sendo que o acolhimento do segundo depende da rejeição do primeiro. Exemplo sempre lembrado é o da ação de rescisão contratual, cumulada com o de revisão do contrato. Por imperativo lógico, só se cogitará da revisão do contrato se ele não for rescindido[64].

Nos pedidos alternativos, ressalve-se ainda que a obrigação objeto da prestação pode

---

62 REsp 642.488/DF, PRIMEIRA Turma, Rel. Ministro Teori Albino Zavasck, *DJ* de 28.09.2006.

63 Agravo regimental em recurso especial. Ação de revisão de contrato, de declaração de inexistência de débito e de indenização. Valor da causa. Existência de pedido de constituição de crédito em valor certo. Proveito mínimo econômico pretendido. 1. A jurisprudência desta Corte entende que o valor da causa deve refletir o proveito econômico pretendido pela parte ao propor a ação, que, em caso de cumulação de pedidos, deve corresponder à soma dos valores de todos eles, nos termos do inciso II, art. 259 do CPC. 2. Se os autores requereram, entre vários pedidos ilíquidos, a constituição de crédito com base em laudo de avaliação que acompanha a inicial, deve a quantia mínima pretendida refletir no valor atribuído à causa. 3. Agravo regimental a que se nega provimento. (STJ. AgRg no REsp 1514299 / RS. Rel. Min. Maria Isabel Gallotti. Julgado em 14.04.2015. *DJe* 20.04.2015).

64 Na cumulação sucessiva ocorre fenômeno inverso. A admissão do segundo pedido depende do acolhimento do primeiro. Caso o primeiro seja rejeitado, o segundo fica automaticamente prejudicado. Isso se dá nas demandas de reconhecimento de paternidade, cumulada com petição de herança. Só se examinará o pedido do autor à herança se for reconhecida a sua condição de herdeiro. Nesse exemplo específico, o valor da causa deverá corresponder à somatória dos dois pedidos.

ter sido contratada de forma que caberia ao credor a escolha do modo de sua satisfação (arts. 252, *caput*, e 255 do CC). Nessa hipótese, no momento do ajuizamento da demanda, o autor deverá já fazer sua escolha, atribuindo à causa o valor do respectivo pedido. Não se tratará aqui, propriamente, da hipótese versada nesse dispositivo. Ele se aplica verdadeiramente à situação em que a escolha sobre a forma de satisfação da obrigação compete ao réu, razão pela qual o autor, na petição inicial, deverá indicar as alternativas e atribuir à causa o valor do maior dos pedidos.

Por fim, na cumulação subsidiária, justamente porque o acolhimento de um pedido exclui o outro, não se pode exigir que o autor atribua à causa a soma dos seus pedidos. Assim, a lei impõe valor do primeiro pedido, dito principal, como critério para o valor da causa.

4. Prestações vencidas e vincendas

Os dois primeiros parágrafos do artigo repetem disposições do CPC/73, para esclarecer o critério de atribuição do valor da causa nas demandas que têm por objeto prestações já vencidas e outras que ainda não venceram. A primeira regra é a de considerar o valor de umas e outras, o que também soa um tanto óbvio.

A regra tem aplicação em inúmeras relações jurídicas de trato sucessivo, versando sobre prestações pecuniárias exigíveis ao longo do tempo. O mais comum é que sejam prestações mensais, como em contratos de aquisição de imóveis ou veículos a prazo, operações bancárias e relações locatícias.

Se a demanda pretende a cobrança de prestações vencidas e vincendas, o valor da causa deve corresponder à soma de todas as prestações já vencidas e de valor equivalente a doze prestações vincendas, exceto se a obrigação, concretamente considerada, tiver menos de doze prestações futuras a vencer. Nessa segunda hipótese, prevalece a realidade das prestações vincendas. Se as parcelas futuras se projetam no futuro por prazo superior, a lei cria esse critério limitador.

Vale lembrar que a regra sob comento diz respeito apenas ao valor da causa, cujas consequências e repercussões foram explicadas no artigo 291, acima. Se outras parcelas forem vencendo ao longo do trâmite da demanda, naturalmente a sentença as levará em consideração por força do artigo 292, § 1º, do CPC.

5. Poder do juiz de corrigir o valor da causa de ofício, mas após debate entre as Partes

O terceiro e final parágrafo do artigo permite ao juiz que controle o valor da causa de ofício para adequá-lo ao conteúdo patrimonial ou ao proveito econômico pretendido. A consequência imediata e almejada pela norma é o recolhimento das custas correspondentes.

Se a lei se preocupa com o valor da causa, se cria parâmetros variados para a sua fixação, e se desse item se extraem as consequências já mencionadas no artigo 291 (recolhimento de custas, determinação de competência etc.), é natural que o sistema atribua ao juiz o poder-dever de controlar a regularidade da atribuição do valor pelas partes. Mesmo porque pode ocorrer de autor e réu terem interesse em atribuir valor menor do que o efetivamente em disputa, com o objetivo de recolher custas a menor e, ao final da demanda, obter condenação em honorários também de valor mais baixo.

O fato de o juiz poder corrigir o valor da causa de ofício não deve, portanto, causar estranheza, pois o tema diz respeito à regularidade do procedimento e – em um plano mais geral – à administração da justiça. Daí por que não pode ficar ao exclusivo alvedrio das partes. A questão suscita, porém, dois outros aspectos.

Primeiro, que o poder de corrigir de ofício significa apenas, e tão somente, que o juiz pode tomar a iniciativa quanto a este tema sem depender ou aguardar a provocação das partes. Mas a decisão que determina a correção do valor da causa se insere, como não poderia deixar de ser, na regra geral do art. 9º do CPC, de que o juiz não pode decidir essa questão sem que as partes tenham previamente debatido, ou seja, sem propor às partes que se manifestem sobre a adequação do valor da causa.

Assim, nos termos do artigo 10 do Código, antevendo que o valor atribuído pelo autor não corresponde à expressão econômica da pretensão deduzida, o juiz deve advertir e prevenir as partes sobre o tema, aguardar a sua manifestação específica e, somente então, proferir decisão a respeito.

É essa a interpretação correta para todo e qualquer poder de ofício atribuído aos julgadores. Conhecer *ex officio* uma questão significa a possibilidade de suscitar a questão para as partes, sem ter que aguardar sua provocação. Significa não limitar o juiz à cognição apenas daquilo que lhe for trazido, mas permitir que ele próprio identifique questões que deva conhecer. Em todos os casos, deve-se sempre preceder o contraditório, nunca se admitindo decisões surpresa ou sobre pontos que as partes não debateram.

Segundo, que este poder de corrigir de ofício deve ser compatibilizado com a regra contida no artigo subsequente, que atribui ao réu o ônus de impugnar o valor da causa em sua contestação, sob pena de preclusão. O tema será comentado em seguida, mas, desde logo, convém esclarecer que as disposições do artigo 292 e 293 precisam ser compatibilizadas.

De um lado, o fato de o réu ter o ônus de impugnação e sujeitar-se à preclusão não pode significar que o juiz não deva exercer aquele controle de ofício. Semelhante interpretação significaria tornar letra morta este parágrafo terceiro do artigo 292; o que evidentemente não se cogita.

De outro lado, contudo, se o controle da regularidade do valor da causa puder ser atribuído ao juiz a qualquer momento do procedimento – sem limitações temporais – teremos aqui o afastamento, em termos práticos, da regra do artigo 293, pois o réu poderá suscitar a revisão do valor da causa mesmo após a contestação. Afinal, é lição corrente que as questões que podem ser suscitadas pelo próprio juiz não ficam cobertas pela preclusão, sob uma consideração teórica de que se o julgador poderia identificar aquela questão sozinho, podendo também a parte o provocar a qualquer tempo.

A solução intermediária que parece fazer mais sentido é a que autoriza o controle por iniciativa do julgador em duas hipóteses: (i) tão logo a petição inicial seja distribuída, antes mesmo de determinar a citação do réu, o juiz pode constatar potencial inadequação do valor dado à causa e determinar a regularização por parte do autor; (ii) se, após a contestação, sobrevier fato novo que permita ao magistrado constatar a inadequação do valor da causa, inclusive e especialmente se houver indícios de sub-valoração da causa com propósito de recolhimento das custas a menor. Ou seja, nesse ponto, também ao juiz cabe a afirmação de que o valor da causa poderá ser corrigido (ou debatido) na primeira oportunidade que este tiver, após manifestação das partes a quem interesse o valor da causa. A ausência de impugnação do réu em sua contestação pode ser um relevante indício do intuito comum de economizar nas custas processuais e, quando for o caso, nas futuras verbas sucumbenciais que porventura sejam fixadas considerando o valor da causa. Nessas situações, o magistrado deve adotar prudente cautela, não apenas aplicando a técnica do artigo 10 do Código, mas fundamentando adequadamente a decisão.

Por exclusão, não deve o magistrado tomar a iniciativa de regularizar o valor da causa após a citação do réu, no prazo para a sua defesa, pois estaria se substituindo ao próprio réu e realizando atividades cuja iniciativa a ele compete.

> **Art. 293.** O réu poderá impugnar, em preliminar da contestação, o valor atribuído à causa pelo autor, sob pena de preclusão, e o juiz decidirá a respeito, impondo, se for o caso, a complementação das custas.

▶ *Referência: CPC/1973 – Art. 261*

1. Impugnação ao valor da causa como matéria da contestação

A primeira modificação digna de nota no que tange ao regime de impugnação ao valor da causa é que ele não consiste mais em um incidente processual, apto a ensejar a autuação em separado da questão e a suspensão do processo principal.

Coerente com o declarado propósito simplificador da nova legislação, a impugnação ao valor da causa consiste, no CPC, em matéria de defesa do réu, arguida diretamente na contestação como um dos seus tópicos. Em consequência, a alegação em si será tratada como as demais matérias preliminares de defesa, e deverá ser solucionada pelo juiz, no máximo, na decisão de saneamento da causa (CPC, art. 357).

Não há suspensão do processo nem se impedem as demais atividades decorrentes da apresentação da resposta, o que representa um avanço. Não será por essa forma que o processo se tornará mais efetivo ou terá duração razoável, mas a técnica é adequada e esta modificação deve ser aplaudida.

2. Impugnação ao valor da causa como ônus do réu, sujeito à preclusão

Não obstante o que foi dito quanto ao parágrafo terceiro do artigo 292, acerca dos poderes do juiz de determinar a correção do valor da causa de ofício, fato é que esta atribuição – do ponto de vista do réu – constitui um típico ônus processual, cujo desatendimento acarreta a impossibilidade de posterior alegação dessa mesma questão.

A alegação do réu quanto à inadequação do valor dado à causa na petição inicial só pode ser feita na contestação, sob pena de preclusão. Nem por isso, contudo, uma vez suscitada e apreciada pelo juiz da causa, essa decisão poderá ser imediatamente desafiada por agravo de instrumento.

Como se sabe, o CPC modificou sensivelmente o regime de preclusividade das decisões interlocutórias, invertendo, por assim dizer, a regra geral até então vigente. No sistema do CPC/73 as decisões eram todas sujeitas à preclusão e admitiam (exigiam) recorribilidade imediata, seja por agravo retiro, seja por agravo de instrumento. No CPC atual, regra geral as decisões não são mais desafiáveis por recurso de agravo, de forma imediata. Em consequência, a lei determina que sobre elas não incida preclusão imediata.

O artigo 1.009 estabeleceu o regime de não preclusividade das decisões, exceto daquelas contra as quais se admita agravo de instrumento. As decisões interlocutórias, portanto, são enquadradas em dois grandes regimes jurídicos. De um lado, as decisões indicadas no artigo 1.015, que, por admitirem agravo de instrumento, preservam a característica tradicional e são passíveis de preclusão imediata. Conforme estabelecido pela Corte Especial do Superior Tribunal de Justiça, a esse rol devem ser adicionadas outras situações, cuja urgência justifique o manejo imediato do agravo, porque a impugnação, se ofertada apenas quando do recurso de apelação contra a sentença, se tornaria inútil[65]. De outro, as demais decisões, que,

---

65 Recurso Especial repetitivo 1704520 / MT, Tema Repetitivo 988, Relatora Ministra Nancy Andrighi, Corte Especial, publicado em 19.12.2018. Do acórdão se extrai que: "O rol do art. 1.015 do CPC é de taxatividade mitigada, por isso admite a interposição de agravo de instrumento quando verificada a urgência decorrente da inutilidade do julgamento da questão no recurso de apelação" (...) "a urgência que justifica o manejo imediato de uma impugnação em face de questão

por não admitirem o agravo nem se incluírem nas hipóteses da "taxatividade mitigada" acima referida, não mais se sujeitam à preclusão e podem ser objeto de matérias preliminares do recurso de apelação ou das contrarrazões.

No caso aqui em comento, a alegação de impugnação ao valor da causa está sim sujeita à preclusão. Mas a decisão a seu respeito, que obviamente só poderá ser proferida se houver efetiva impugnação como preliminar da contestação, não será imediatamente recorrível. Caso a impugnação seja acolhida, o juiz determinará a retificação do valor da causa e a complementação das respectivas custas, sendo que contra essa decisão não poderá o autor se insurgir de forma imediata[66].

Da mesma forma, se a impugnação for rejeitada, o réu não terá recurso imediato. Nos dois casos, deve-se aguardar a prolação da sentença para que a questão volte a ser suscitada pela parte sucumbente, seja como matéria preliminar da apelação, seja nas contrarrazões.

LIVRO V
DA TUTELA PROVISÓRIA

TÍTULO I
DISPOSIÇÕES GERAIS

Art. 294. A tutela provisória pode fundamentar-se em urgência ou evidência.

Parágrafo único. A tutela provisória de urgência, cautelar ou antecipada, pode ser concedida em caráter antecedente ou incidental.

▶ *Referência: CPC/1973 – Art. 796*

---

incidente está fundamentalmente assentada na inutilidade do julgamento diferido se a impugnação for ofertada apenas conjuntamente ao recurso contra o mérito, ao final do processo".

66 Em termos práticos, a eventual dificuldade no recolhimento das custas processuais pode ser contornada com as alternativas conferidas pelo sistema em relação à gratuidade da justiça, contidas no artigo 98, § 5º, do CPC. O autor pode requerer a isenção parcial das custas, seu diferimento ou o seu parcelamento, como forma de minimizar o impacto de tal incremento das despesas e preservar o seu direito de acesso à justiça.

1. Tutelas provisórias (arts. 294 e ss. CPC)

O CPC traz diversas inovações na temática das tutelas provisórias, muitas delas reclamadas há muitos anos por prestigiosa doutrina (Adroaldo Furtado Fabrício. Breves notas sobre procedimentos antecipatórios, cautelares e liminares. In: *Inovações do código de processo civil*. Porto Alegre. Livraria do Advogado, 1996):

a) unificou o trato das tutelas provisórias na parte geral do CPC (arts. 294 a 311), firme no ideário de que, apesar da existência de diferentes espécies, as semelhanças impõem um tratamento conjunto;

b) exterminou o livro III do CPC/1973 para, sem negar a existência da tutela cautelar, transportar as medidas cautelares dantes expressamente previstas em lei (cautelares típicas – arts. 813 a 887 do CPC/1973) para o âmbito do poder geral de cautela do juiz (arts. 297 e 301 do CPC), inclusive dando fim às cautelares em espécie (típicas);

c) previu expressamente a possibilidade de estabilização da tutela antecipada concedida pela ausência de contrariedade das partes (especialmente do demandado) com a sua concessão (art. 304 e §§ do CPC);

d) embora reconhecendo as diferenças entre tutela antecipada (satisfativa) e tutela cautelar (conservativa), consolidou-as sob a insígnia das *tutelas de urgência* (art. 294, parágrafo único, e 300, do CPC), *fundadas no periculum in mora*, enquanto forjou uma segunda categoria, ora expressamente prevista como *tutela da evidência*, onde referido requisito estaria dispensado (art. 311 CPC); e

e) ampliou, profundamente, as hipóteses de tutela da evidência – dantes circunscritas aos raros casos do art. 273, II, do CPC/1973 (abuso do direito de defesa ou manifesto propósito protelatório do réu), e de algumas poucas liminares existentes nos procedimentos especiais, com destaque para a possessória (arts. 924 e 927 do CPC/1973) (arts. 558 e 563 CPC/15) –, bem como as disciplinou, cientificamente, como uma das espécies de tutela provisória.

2. Tutela antecipada ou tutela satisfativa provisional/provisória

Por meio da antecipação dos efeitos da tutela, permite-se, a fruição imediata de efeitos que seriam produzidos apenas com a prolação do pronunciamento judicial pleiteado (STJ, REsp 737.047/SC, 3.ª T., j. 16.02.2006, rel. Min. Nancy Andrighi, *DJ* 13.03.2006, p. 321). Uma vez antecipados um ou alguns dos efeitos, estes serão "confirmados", expressa ou tacitamente, com a prolação da decisão principal ou com a estabilização dos efeitos da tutela antecipada por falta de objeção das partes (art. 304 e §§ do CPC). Cria-se, portanto, em favor da parte, uma situação provisória, que pode vir a tornar-se definitiva.

Distingue-se das outras modalidades de tutela provisória. Da tutela da evidência, porque, embora também satisfativa, essa não é fundada na urgência (art. 311 CPC). Da tutela cautelar, porque não se limita a conservar ou assegurar a fruição futura da tutela, mas sim a satisfazê-la de imediato. Além disso, deve haver, na antecipação dos efeitos da tutela, coincidência, ainda que parcial, entre os efeitos antecipados e aqueles que devem ser produzidos pela tutela a ser concedida ao final, algo que não se observa, de ordinário, na tutela cautelar.

Os efeitos antecipados, de todo o modo, o são provisoriamente, não se permitindo, ao menos em tese e de acordo com o art. 300, § 3º, do CPC, que sejam irreversíveis. *"Trata-se de providências interinas; que, precisamente por isso, podem se fundamentar no pedestal pouco resistente de uma verdade também interina, que pode surgir de uma simples avaliação da verossimilitude."* (Piero Calamandrei. *Direito processual civil*: estudos sobre processo civil. Tradução de Luiz Abezia e Sandra Drina Fernandez Barbery. Campinas: Bookseller, 1999. v. 3, p. 293).

No CPC/2015, sob a rubrica de tutela antecipada, somente serão concedidas medidas com base na urgência, *i.e.*, fundadas no receio de dano irreparável ou de difícil reparação (art. 294, parágrafo único, e 300, do CPC). Se não houver urgência, até poderá, a rigor, haver antecipação dos efeitos da tutela (satisfativa), mas ela será requerida e deferida a título de *tutela da evidência* (art. 311 do CPC). Inclusive na antiga hipótese do art. 273, II, do CPC/1973 (abuso do direito de defesa ou manifesto propósito protelatório do réu) (art. 311, I, CPC).

3. Tutela cautelar ou tutela conservativa provisional/provisória

Já a tutela cautelar – embora também fundada na urgência (*tutela de urgência*), não tem natureza satisfativa como a tutela antecipada.

O seu objeto, conforme art. 301 do CPC, é o de conservar ou tutelar direitos, provisoriamente, para que oportunamente sejam satisfeitos de modo definitivo (tutela conservativa). Também difere da tutela antecipada considerando que, na cautelar, não se discute sobre e irreversibilidade da medida. Sendo a medida conservativa, haverá, como regra, condições de restabelecimento do *status quo ante*.

Conforme CPC, poderá a cautelar ser efetivada mediante arresto, sequestro, arrolamento de bens, registro de protesto contra alienação de bem ou qualquer outra medida idônea e proporcional para asseguração do direito.

Tem-se, portanto, um rol exemplificativo de medidas cautelares. Mormente porque foi substituída a regra geral da tipicidade das cautelares do CPC/73, pelo modelo da atipicidade das cautelares, deferíveis com base no Poder Geral de Cautela do Juiz (arts. 297 e 300 do CPC). Não existem mais cautelares típicas no bojo do CPC, se não algumas poucas medidas que dantes aparentavam natureza cautelar, mas agora são tratadas, adequadamente, no âmbito do direito probatório (arts. 381 e 382 do CPC).

4. Tutela satisfativa autônoma (*cautelares satisfativas*)

A tutela satisfativa autônoma, como o próprio nome indica, não é apenas conservativa, o que a afasta a natureza cautelar. Distingue-se, por outro lado, da antecipação dos efeitos da tutela porque esta, embora satisfativa, dura, em regra, na pendência do processo, enquanto a tutela satisfativa autônoma não demanda ratificação posterior para operar a plenos efeitos.

Diversamente das cautelares e antecipatórias, as tutelas satisfativas autônomas bastam por si mesmas e esgotam-se com a simples negação ou concessão da liminar, tendendo, em boa parte dos casos, a produzir efeitos irreversíveis (em contrariedade, portanto, ao disposto no art. 300, § 3º, CPC).

São exemplos de tutelas satisfativas autônomas, as ações que objetivam, liminarmente, obter autorização para transfusão de sangue e a realização de aborto, a busca e apreensão de menores arrebatados do guardião, as ações para obtenção, perante juízo cível, de medidas protetivas fundadas na Lei Maria da Penha (arts. 18, 19, 22, II e V, 23 e 24 da Lei 11.340/2006) etc.

Como inexistia no CPC/1973 procedimento específico para as denominadas tutelas satisfativas autônomas, a jurisprudência passou a admitir a utilização de procedimentos cautelares com este fim (Livro III, CPC/1973), ainda que, sob um ponto de vista dogmático, fosse contraditório falar em "*cautelares satisfativas*", isto é, que não dependem de posterior ratificação em sede principal. Utilizava-se esse parâmetro por ser aquele que mais se aproximava da situação de direito material levada ao Poder Judiciário pelas partes (Medina, Araújo e Gajardoni, *Procedimentos cautelares e especiais*. 5ª ed. São Paulo. RT, 2014, p. 70-71).

Embora o CPC não discipline a questão da tutela satisfativa autônoma, acredita-se que elas não deixarão de existir e, doravante, se utilizarão do substrato processual das tutelas provisórias de urgência (arts. 300 a 310 do CPC) – especialmente do art. 304 e §§ do CPC –, com as adaptações necessárias.

A decisão judicial que concede tutela satisfativa autônoma é dotada de ultratividade, já que tem estabilidade e continua a produzir efeitos, ainda que não "confirmada" ou "absorvida" por uma sentença fundada em cognição exauriente, na esteira do que, doravante, se vê tocante à estabilização da tutela antecipada (art. 304 e §§ CPC).

É importante notar, por outro lado, que, como tal decisão não produz coisa julgada (porque fundada em cognição sumária), a ultratividade perdura, apenas, enquanto não for proferida sentença fundada em cognição exauriente, em ação futura ajuizada por uma das partes (art. 304, § 6º, CPC). *Nesta medida, portanto, é espécie de tutela provisória.*

Nada impede que os reflexos da decisão que concedeu tutela satisfativa autônoma sejam revisados, inclusive para afirmar, em cognição profunda e exauriente, que a tutela sumária estava errada (*v.g.*, determinado a modificação de guarda ou a indenização em favor daquele contra quem se fez ou se negou o aborto/transfusão de sangue).

5. Tutela da evidência

A tutela da evidência (ou do direito provável) dispensa a prova da urgência, isto é, do risco de dano grave ou de difícil reparação (art. 311, CPC).

Cabe quando o direito do requerente for evidente, *i.e.*, quando a prova dos fatos sobre os quais incide revela-o incontestável ou ao menos impassível de contestação séria (FUX, Luiz. A tutela dos direitos evidentes. *Revista de Jurisprudência do STJ*, Brasília, v.2, p. 23-43, 2000).

É possível encontrar situações em que o direito se mostra tão evidente que, pela lógica do Sistema, não se faz sentido privar o autor de tutela imediata. Com a concessão da tutela da evidência, o tempo do processo é distribuído com mais Justiça entre as partes, fazendo com que aquele que aparenta não ter razão acabe por suportá-lo (e não o autor, como é a regra).

Trata-se, em apertada síntese, de uma situação em que o juiz antecipa ao autor os efeitos da tutela (tutela antecipada), mesmo não havendo urgência para a sua obtenção, prestigiando, por conseguinte, o princípio da razoável duração do processo (art. 5º, LXXVIII, da CF).

O CPC ampliou, profundamente, as hipóteses de tutela da evidência, antes circunscrita ao raro caso do art. 273, II, do CPC/1973 (abuso do direito de defesa ou manifesto propósito protelatório do réu) e de alguns poucos procedimentos especiais (como a possessória de rito especial – arts. 558 e 563 CPC), para abarcar, também, as situações em que (i) as alegações de fato puderem ser comprovadas apenas documentalmente, (ii) houver tese firmada em julgamento de casos repetitivos ou em Súmula Vinculante do Supremo Tribunal Federal, (iii) se tratar de pedido reipersecutório fundado em prova documental adequada do contrato de depósito, e (iv) a petição inicial for instruída com prova documental suficiente dos fatos constitutivos do direito do autor, a que o réu não oponha prova capaz de gerar dúvida razoável (art. 311, CPC).

6. Tutelas provisórias de urgência antecedentes ou incidentais (art. 294, parágrafo único, CPC)

A tutela provisória de urgência, cautelar ou antecipada, pode ser requerida e concedida em caráter antecedente (antes do da existência de uma ação dita principal) ou incidental (no curso de ação principal já ajuizada).

A tutela da evidência (art. 311, CPC), sempre será requerida e concedida no curso de ações já ajuizadas (incidentais).

Não se pode falar na natureza antecedente ou incidental da tutela de urgência satisfativa autônoma, vez que, embora provisória (a decisão

Art. 294

pode ser discutida em outra ação), a apreciação do pedido liminar esgota o objeto da demanda (esse é o único pleito), com extinção do processo.

7. Recurso das decisões que versem sobre tutela provisória

Cabe agravo de instrumento das decisões de 1º grau que versarem sobre tutelas provisórias de urgência (antecipada ou cautelar) e de evidência (art. 1.015, I, do CPC) concedidas antecipadamente (liminarmente ou após justificação prévia). Não só das que deferem ou indeferem a tutela provisória, mas também que revogam ou modificam (alterando, ampliando ou diminuindo seu alcance) (art. 296 CPC).

Para a 3ª Turma do STJ, o conceito de decisão interlocutória que versa sobre tutela provisória (art. 1.015, I, do CPC), abrange "*as decisões que examinam a presença ou não dos pressupostos que justificam o deferimento, indeferimento, a revogação ou alteração da tutela provisória e também as decisões que dizem respeito ao prazo e ao modo de cumprimento da tutela, à adequação, suficiência, proporcionalidade ou razoabilidade da técnica de efetivação da tutela provisória e, ainda, à necessidade ou dispensa de garantias para a sua concessão, revogação ou alteração*", sendo que "*o artigo 1.015, I, do Código de Processo Civil de 2015 deve ser lido e interpretado como uma cláusula de cabimento de amplo espectro, de modo a permitir a recorribilidade imediata das decisões interlocutórias que digam respeito não apenas ao núcleo essencial da tutela provisória, mas também que se refiram aos aspectos acessórios que estão umbilicalmente vinculados a ela, porque, em todas essas situações, há urgência que justifique o imediato reexame da questão em segundo grau de jurisdição*", o que não significa dizer que toda e qualquer questão relacionada ao cumprimento, à operacionalização ou implementação fática da tutela provisória – como a que impõe ao beneficiário dela o dever de arcar com as despesas da estadia do bem móvel objeto da apreensão em pátio de terceiro – se enquadra no conceito de decisão interlocutória que versa sobre tutela provisória e, consequentemente, possa ser impugnada de imediato (Resp. n 1.752.049 – PR, 3ª Turma, Rel. Min. Nancy Andrighy, j. 12.03.2019)

Das sentenças que concedem tutelas provisórias – *i.e.* aquelas em que a medida só é concedida ao final do procedimento –, cabe apelação, porém, sem efeito suspensivo (art. 1.012, § 1º, V, do CPC).

Nos tribunais, das decisões dos relatores relativas ao tema, cabe agravo interno (art. 1.021 do CPC).

Jurisprudência

Medidas protetivas da Lei 11.340/2006 como tutelas satisfativas autônomas de natureza cível: *As medidas protetivas de urgência da Lei 11.340/2006 (Lei Maria da Penha) podem ser aplicadas em ação cautelar cível satisfativa, independentemente da existência de inquérito policial ou processo criminal contra o suposto agressor (...). Ora, parece claro que o intento de prevenção da violência doméstica contra a mulher pode ser perseguido com medidas judiciais de natureza não criminal, mesmo porque a resposta penal estatal só é desencadeada depois que, concretamente, o ilícito penal é cometido, muitas vezes com consequências irreversíveis, como no caso de homicídio ou de lesões corporais graves ou gravíssimas. Na verdade, a Lei Maria da Penha, ao definir violência doméstica contra a mulher e suas diversas formas, enumera, exemplificativamente, espécies de danos que nem sempre se acomodam na categoria de bem jurídico tutelável pelo direito penal, como o sofrimento psicológico, o dano moral, a diminuição da autoestima, a manipulação, a vigilância constante, a retenção de objetos pessoais, entre outras formas de violência. Ademais, fica clara a inexistência de exclusividade de aplicação penal da Lei Maria da Penha quando a própria lei busca a incidência de outros diplomas para a realização de seus propósitos, como no art. 22, § 4º, a autorização de aplicação do art. 461, §§ 5º e 6º, do CPC; ou no art. 13, ao afirmar que "ao processo, ao julgamento e à execução das causas cíveis e criminais [...] aplicar-se-ão as normas dos Códigos de Processo Penal e Processo Civil e da legislação específica relativa à criança, ao adolescente e ao idoso que não conflitem com o estabelecido nesta Lei". Analisada de outra forma a controvérsia, se é certo que a Lei Maria da Penha permite a incidência do art. 461, § 5º, do CPC para a concretização das medidas protetivas nela previstas, não é menos verdade que, como pacificamente reconhecido pela doutrina, o mencionado dispositivo do diploma processual não estabelece rol exauriente de medidas de apoio, o que permite, de forma recíproca e observados os específicos requisitos, a aplicação das medidas previstas na Lei Maria da Penha no âmbito do processo civil.* (STJ, REsp 1.419.421-GO, Rel. Min. Luis Felipe Salomão, julgado em 11/2/2014).

Não cabimento de tutelas satisfativas autônomas ("cautelares satisfativas") à míngua de previsão legal expressa: *Para o ajuizamento da medida cautelar satisfativa, deve haver previsão expressa em nosso ordenamento jurídico, pois se trata de medida excepcional. Assim, na ausência de previsão legal, não cabe o ajuizamento de ação de busca e apreensão absolutamente satisfativa, com o intuito de retomar bens móveis objeto de contrato de comodato, no caso, cadeiras e mesas. Se não ajuizada ação de conhecimento no prazo do art. 806 do CPC (30 dias), deve-se extinguir a ação cautelar, sem resolução do mérito. Precedentes citados: REsp 577.693-MG, DJ 3/10/2005, e REsp 801.032-RJ, DJ 18/5/2006 (STJ, REsp 540.042-CE, Rel. Min. Luis Felipe Salomão, julgado em 10/8/2010).*

> **Art. 295.** A tutela provisória requerida em caráter incidental independe do pagamento de custas.

▶ *Sem correspondência no CPC/1973*

1. Tutela provisória incidental e isenção de custas (art. 295, CPC)

As custas do processo incluem a taxa judiciária (tributo pago em razão da prestação do serviço jurisdicional pelo Estado) e outras necessárias para o próprio processamento da ação (diligências de oficiais de justiça, valores para postagem de carta de citação etc.).

Como a tutela provisória pode ser requerida incidentalmente a outra ação já ajuizada, tem-se que os custos desta, em princípio, já suportam os daquela pretensão, até porque não haverá processamento autônomo de outra ação, exclusivamente, para a postulação e julgamento da tutela provisória. Assim, o pleito provisório incidental (de urgência ou evidência) não depende do pagamento de novas custas (além das já pagas pelo ajuizamento da ação).

O art. 295 do CPC não pode, contudo, ser tomado com todo o rigor. A taxa judiciária, de fato, não será cobrada pelo pleito provisório incidental. Porém, outros valores como as diligências de oficiais de justiça, tarifa para expedição de ofícios/cartas, para consulta a sistemas informatizados como BACENJUD, RENAJUD, INFOJUD, etc. – desde que necessários para a efetivação material da tutela provisória concedida –, podem ser exigidos.

O art. 295, do CPC, portanto, teria andado muito melhor se, em vez de falar em isenção de "custas", tivesse isentado a parte do pagamento da "taxa judiciária".

3. Tutela provisória antecedente e isenção de custas para o pedido principal (arts. 303, §§ 3º e 4º, e 308, todos do CPC)

Mesmo nas tutelas provisórias antecedentes (anteriores à formulação do pedido principal), o aditamento da inicial (art. 303, § 3º, CPC) ou a realização do pedido principal (art. 308, *caput*, CPC) não dependerão do adiantamento de novas custas processuais. Já tendo sido recolhidas as custas para o pleito de tutela provisória antecedente, inclusive porque o valor da causa deverá corresponder ao pedido da tutela final (art. 303, § 4º, do CPC), não faz sentido exigir-se nova taxa judiciária diante da inexistência de outro processo.

> **Art. 296.** A tutela provisória conserva sua eficácia na pendência do processo, mas pode, a qualquer tempo, ser revogada ou modificada.
> **Parágrafo único.** Salvo decisão judicial em contrário, a tutela provisória conservará a eficácia durante o período de suspensão do processo.

▶ *Referência: CPC/1973 – Arts. 273, § 4º, 807 e parágrafo único.*

1. Conservação da eficácia da tutela provisória (art. 296 e parágrafo único, CPC)

A tutela provisória tem características próprias. Próprias, na medida em que: a) não se aplicam às tutelas definitivas; e b) são comuns às tutelas de urgência (cautelares, antecipatórias e satisfativas autônomas) e de evidência.

Umas destas características é que as tutelas provisórias conservam sua eficácia na pendência do processo e, salvo disposição judicial em contrário, inclusive durante o período em que ele estiver suspenso (art. 313, CPC).

A eficácia da tutela provisória cessa no exato instante em que julgado o pedido final. Há, portanto, um termo final certo no qual ela deixará de ter efeitos, sendo, nesta medida, temporária. Julgado o pedido de modo definitivo,

Art. 297

seja em favor ou contra o autor do processo, cessam os efeitos da tutela provisória concedida. Se o pedido é julgado improcedente, a tutela provisória ficará prejudicada. Se procedente o pedido ao final, a tutela provisória concedida restará absorvida pela tutela final.

A adoção, pelo CPC (art. 304), da técnica da estabilização da tutela antecipada, não impacta nesta afirmação, já que a tutela provisória deferida, ainda que não impugnada de imediato, poderá sê-lo no prazo de 02 (dois) anos (no qual permanece precária ou temporária). Tem-se, então, que a tutela provisória é precária/temporária, podendo, eventualmente, tornar-se definitiva em caso de não oposição das partes no prazo fixado em lei.

2. Revogabilidade e mutabilidade (art. 296, *caput*, CPC)

Outra característica das tutelas provisórias é que elas podem ser modificadas ou revogadas a qualquer tempo, não havendo preclusão para o órgão julgador.

Tal característica decorre da provisoriedade da tutela, que, fundada em cognição sumária, pode vir a ser: a) revogadas se se constatar, posteriormente, que não se encontram presentes os requisitos que autorizam a sua concessão (urgência ou evidência); ou b) modificadas se, depois de concedida, notar-se que a situação fática/jurídica sobre a qual incidirá a medida não é, precisamente, aquela que o magistrado pensou existir quando examinara a questão inicialmente (juízo de verossimilhança).

Assim, as tutelas provisórias se amoldam às novas situações surgidas enquanto ainda eficazes, isto a fim de que possam proteger, na medida do necessário, o interesse e as partes tuteladas no processo.

As tutelas provisórias são, portanto, além de cassáveis, modificáveis qualitativamente (conversão de uma medida em outra) ou quantitativamente (redução ou ampliação do objeto da medida). Exemplificativamente, é possível a revogação tutela provisória de urgência concedida caso o juiz, após a resposta do réu, entenda que inexiste risco de dano irreparável ou de difícil reparação.

Jurisprudência

Revogabilidade da tutela provisória e inexistência de preclusão para o órgão julgador: *A*

tutela antecipada pode ser revogada ou modificada a qualquer tempo, em decisão fundamentada, não havendo espaço para se falar em preclusão para o órgão julgador (STJ, AgRg no AREsp 365260/PI, 3ª Turma, Rel. Min. Ricardo Villas Boas Cuevas, j. 02.10.2014). E ainda: *Segundo a doutrina jus-processual mais autorizada, as decisões liminares possuem eficácia de caráter provisório, por serem proferidas em juízo prelibatório, no qual não há discussão sobre o mérito da lide, o que significa que podem ser revogadas ou modificadas a qualquer tempo, inclusive de ofício, bem como não fazem coisa julgada material: têm, portanto, finalidade apenas acautelatória e são ditadas pelo senso de precaução prudencial do Magistrado* (STJ, AgRg no AREsp 98370/RO, 1ª Turma, Rel. Min. Napoleão Nunes Maia Filho, j. 12.06.2012).

Precariedade das tutelas provisórias: *O poder de cautela conferido aos magistrados, nos termos do art. 798 do CPC/73, encontra limites no artigo 808 do CPC, o qual determina a cessação da eficácia da medida cautelar, quando o processo principal for resolvido com ou sem resolução do mérito. Conquanto a medida cautelar tenha sido ajuizada e deferida incidentalmente, a improcedência do pedido feito na ação principal faz cessar sua eficácia. Mutatis mutandis, há muito esse é o entendimento externado pelos Tribunais Superiores, conforme sedimentado na Súmula n. 405 do STF* (STJ, REsp 1416145/PE, Rel. Ministra Eliana Calmon, Segunda Turma, *DJe* 29/11/2013; EREsp 1043487/SP, Rel. Ministro Teori Albino Zavascki, Primeira Seção, *DJe* 14/06/2011).

Perdimento do objeto do recurso contra a decisão provisória, com a prolação da decisão em cognição exauriente: *o Recurso Especial desafiado contra medida liminar perde o seu objeto, sobrevindo a Sentença de mérito, a qual, tomada com base em cognição exauriente, dá tratamento definitivo à controvérsia, tornando inútil qualquer discussão a respeito do cabimento (ou não) da tutela provisória; se a decisão final for no seu mesmo sentido, será esta absorvida por aquela, senão, tem-se por revogado o provimento judicial dado initio litis* (STJ, AgRg nos EDcl no REsp 1.232.873/PE, Rel. Min. Francisco Falcão, *DJe* 20.04.2012 e AgRg no Ag 1.322.825/SP, Rel. Min. Herman Benjamin, *DJe* 03.02.2011).

> **Art. 297.** O juiz poderá determinar as medidas que considerar adequadas para efetivação da tutela provisória.

> **Parágrafo único.** A efetivação da tutela provisória observará as normas referentes ao cumprimento provisório da sentença, no que couber.

▶ *Referência: CPC/1973 – Arts. 798 e 273, § 3º*

1. Poder geral de efetivação (art. 297, CPC)

O art. 799 do CPC/1973, estabelecia que a bem da efetivação das tutelas cautelares concedidas, podia o juiz, para evitar dano às partes, autorizar ou vedar a prática de determinados atos, ordenar a guarda judicial de pessoas e depósito de bens e impor prestação de caução. Doutrina e jurisprudência eram pacíficas no sentido de que se tratava de rol exemplificativo, a admitir, portanto, ampla extensão para abarcar outras medidas para efetivação da tutela e conservação do direito (como, por exemplo, suspensão de deliberações, remoção de pessoas e coisas, etc.).

O CPC transplanta a regra do art. 799 do CPC/1973 para as disposições gerais da tutela provisória. E, além disso, acompanha o que era apontado por doutrina e jurisprudência, ratificando o caráter exemplificativo do poder geral de efetivação do juiz em sede de tutelas provisórias (de urgência e de evidência).

Tanto assim que abandona o modo exemplificativo da antiga disposição para estabelecer ser possível ao juiz *"determinar as medidas que considerar adequadas para efetivação da tutela provisória"*, sem sequer se arriscar a dizer quais seriam elas. Logo, a bem da efetivação da tutela provisória, pode o juiz autorizar ou vedar a prática de determinados atos, ordenar a guarda judicial, a busca e apreensão de pessoas, o depósito ou bloqueio de bens, impor a prestação de caução ou de multas (*astreintes*), determinar a suspensão de deliberações sociais, realizar penhoras, restringir direitos etc.

O que definirá a medida adequada para a efetivação da tutela provisória é o caso concreto, especialmente a natureza da tutela provisória deferida (cautelar, antecipatória ou de evidência) e da obrigação que se pretende tutelar (pagar quantia, fazer e não fazer ou entregar). Assim, concedida uma tutela provisória conservativa de arresto, o caso será de bloqueio de valores ou de bens; deferida tutela provisória antecipatória para realização de tratamento médico, poderá ser aplicada multa (*astreintes*); concedida tutela da evidência para impor à parte a imediata entrega de veículo por conta do abuso do direito de defesa, será determinada expedição de mandado de busca e apreensão etc.

A regra do art. 297 do CPC/15 deve ser lida, ainda, em conjunto com a do art. 139, IV, do CPC, que autoriza o juiz, a bem da efetivação dos comandos judiciais (sentenças, decisões interlocutórias etc.), impor medidas atípicas de natureza coercitiva, indutiva e/ou mandamental, inclusive nas obrigações que tenham por objeto prestação pecuniária.

2. Efetivação da tutela provisória e cumprimento provisório de sentença (art. 297, parágrafo único, CPC)

Sendo provisória a tutela deferida, evidentemente existe a possibilidade de a decisão que a concedeu ser revogada ou modificada (art. 296 CPC), especialmente em sede de agravo de instrumento (art. 1.015, I, CPC) ou quando do julgamento do pedido principal em cognição exauriente. Sendo assim, a efetivação da tutela provisória deve se dar com base nos ditames dos arts. 520 e §§ (especialmente o § 5º), 522, e 536, § 3º, do CPC, isto é:

a) corre por iniciativa e responsabilidade do exequente, que se obriga, se a sentença for reformada, a reparar os danos que o executado haja sofrido;

b) fica sem efeito, sobrevindo decisão que modifique ou anule a sentença objeto da execução, restituindo-se as partes ao estado anterior e liquidados eventuais prejuízos nos mesmos autos; e

c) se a decisão objeto de cumprimento provisório for modificada ou anulada apenas em parte, somente nesta ficará sem efeito a execução.

Atente-se, inclusive, que conforme art. 302 do CPC, o exequente da tutela provisória responde objetivamente pelos danos causados à parte adversa em caso de a sentença lhe ser desfavorável (inc. I) ou quando cessar a eficácia da medida em qualquer hipótese legal (inc. III).

Jurisprudência

Tutela provisória reformada e necessidade de repetição de valores recebidos, inclusive em sede previdenciária: a Primeira Seção do STJ, no julgamento do Recurso Especial Represen-

Art. 298

tativo da Controvérsia 1.401.560/MT, Rel. Min. Herman Benjamin, j. em 12.2.2014 (art. 543-C CPC/1973), consolidou o entendimento de que é dever do titular de direito patrimonial devolver valores recebidos por força de tutela antecipada posteriormente revogada, apesar da natureza alimentar dos benefícios previdenciários e da boa-fé dos segurados. Trata-se de simples consequência da aplicação das regras sobre efetivação provisória de decisões judiciais (art. 517 e ss. do CPC).

Efetivação de tutela provisória contra a Fazenda Pública: (i) Admitindo o bloqueio de verbas públicas a bem da efetivação de tutela antecipada: *Em se tratando da Fazenda Pública, qualquer obrigação de pagar quantia, ainda que decorrente da conversão de obrigação de fazer ou de entregar coisa, está sujeita a rito próprio (art. 730 do CPC e art. 100 da CF), que não prevê, salvo excepcionalmente (v.g., desrespeito à ordem de pagamento dos precatórios judiciários), a possibilidade de execução direta por expropriação mediante sequestro de dinheiro ou de qualquer outro bem público, que são impenhoráveis. Todavia, em situações de inconciliável conflito entre o direito fundamental à saúde e o regime de impenhorabilidade dos bens públicos, prevalece o primeiro sobre o segundo. Sendo urgente e impostergável a aquisição do medicamento, sob pena de grave comprometimento da saúde do demandante, não se pode ter por ilegítima, ante a omissão do agente estatal responsável, a determinação judicial do bloqueio de verbas públicas como meio de efetivação do direito prevalente* (STJ, REsp 840912/RS, 1.ª T., j. 15.02.2007, rel. Min. Teori Albino Zavascki, *DJ* 23.04.2007, p. 236 e REsp 901.289/RS, 1.ª T., j. 04.09.2007, rel. Min. Teori Albino Zavascki, *DJ* 01.10.2007, p. 237. (ii) Admite-se, também a multa como medida coercitiva contra a Fazenda Pública nas obrigações de fazer, não fazer e entrega de coisa (STJ, REsp 537269/RS, 5.ª T., j. 16.09.2003, rel. Min. Felix Fischer, *DJ* 28.10.2003, p. 352). (iii) O sequestro é admitido para situações específicas que não exigem a requisição de precatório e o procedimento do art. 730 do CPC, como nas requisições de RPV: *O prazo para pagamento de quantia certa encartada na sentença judicial transitada em julgado, mediante a Requisição de Pequeno Valor, é de 60 (sessenta) dias contados da entrega da requisição, por ordem do Juiz, à autoridade citada para a causa, sendo certo que, desatendida a requisição judicial, o Juiz deter-*

minará o sequestro do numerário suficiente ao cumprimento da decisão (art. 17, caput e § 2.º, da Lei 10.259/2001) (AgRg nos EREsp 1.149.594/RS, Corte Especial, j. 06.10.2010, rel. Ministro Luiz Fux, *DJe* 08.11.2010).

Fixação antecipada de *astreintes* para efetivação de tutela provisória e impossibilidade de execução em caso de reconhecimento da inexistência da obrigação ao final: *Diante da revogação da tutela antecipada, na qual estava baseado o título executivo provisório de astreintes, fica sem efeito a execução das referidas multas, que também têm natureza provisória, nos termos dos arts. 273, § 4º, e 475-O do CPC* (STJ, AgRg no Ag 1383367/PB, 2ª Turma, Rel. Min. Mauro Campbell Marques, j. 15.12.2011).

Revogação da tutela provisória e restabelecimento ao *status quo ante*: *A execução das medidas antecipatórias tem natureza de execução provisória (art. 273, § 3º do CPC). Como tal, corre por iniciativa, conta e responsabilidade do exeqüente e fica sem efeito caso a decisão exeqüenda for posteriormente anulada ou revogada, restituindo-se as partes ao estado anterior (CPC, art. 475-O, I e II, inserido pela Lei nº 11.232/05; CPC, art. 588, I e III, na primitiva redação). A superveniência de acórdão julgando improcedente o pedido formulado em ação civil pública acarreta a revogação, com efeito ex tunc, da decisão de primeiro grau que deferira tutela antecipada. Revogada a medida antecipatória com base na qual foi promovido o registro do impetrante como jornalista, é legítimo o ato da autoridade administrativa que, atento à superveniente decisão do Tribunal, tornou sem efeito o referido registro* (STJ, MS 11.957/DF, Rel. Min. Teori Albino Zavascki, Primeira Seção, *DJ* 10.12.2007)

> **Art. 298.** Na decisão que conceder, negar, modificar ou revogar a tutela provisória, o juiz motivará seu convencimento de modo claro e preciso.

▶ *Referência: CPC/1973 – Art. 273, § 1º*

1. Fundamentação das decisões relativas à tutela provisória (art. 298, CPC)

À exceção dos despachos, todos os pronunciamentos judiciais deverão ser fundamentos (arts. 93, IX, da CF e 489, § 1º, do CPC): a) sentenças e os acórdãos deverão observar os requisitos obrigatórios previstos no art. 489, *caput*, do CPC (relatório, fundamentação e dispositivo); e b) as decisões interlocutórias em geral, também deverão ser fundamentadas, ainda que de modo conciso (art. 165, CPC/1973).

As decisões interlocutórias relativas à tutela provisória, todavia, contam com regramento próprio. Conforme o art. 298 do CPC, na decisão que conceder, negar, modificar ou revogar a tutela provisória, o juiz fundamentará as razões de seu convencimento de modo claro e preciso.

Acredita o legislador que, pela importância desta decisão no âmbito do processo, mereça ela especial atenção. Inclusive porque se trata de decisão mais efetiva do que a própria sentença proferida em cognição exauriente, ainda sujeita, no CPC, ao inexplicável modelo de suspensão automática de eficácia pela simples possibilidade de ser apelável (art. 1.012 do CPC). Afinal, a decisão que concede ou modifica a tutela provisória pode até ser executada provisoriamente (art. 297 do CPC), coisa que nem a sentença e alguns acórdãos são capazes de propiciar.

Não deixa de ser irônico, por outro lado, o estabelecimento, tanto quanto o fazia o art. 273, § 1º, do CPC/1973, de que o juiz *"motivará seu convencimento de modo claro e preciso".* Como se fossem possíveis duas espécies de decisões no processo civil brasileiro: as de fundamentação clara e precisa, e outras cuja fundamentação não necessitasse destes caracteres...

Jurisprudência

Tutela provisória e nulidade por falta de fundamentação: *Fere o art. 273 do Código de Processo Civil (1973), a decisão que deixa de expor a fundamentação acerca da existência dos pressupostos legais concessivos da tutela antecipatória, ou seja, além de um dos requisitos constantes nos incisos I e II do caput do precitado artigo, prova inequívoca da verossimilhança das alegações* (STJ, REsp 1084304/SP, 3ª Turma, Rel. Min. Sidnei Beneti, j. 05.05.2009)

Art. 299. A tutela provisória será requerida ao juízo da causa e, quando antecedente, ao juízo competente para conhecer do pedido principal.

Parágrafo único. Ressalvada disposição especial, na ação de competência originária de tribunal e nos recursos a tutela provisória será requerida ao órgão jurisdicional competente para apreciar o mérito.

▶ *Referência: CPC/1973 – Art. 800 e parágrafo único*

1. Competência nas tutelas provisórias (art. 299, CPC)

O art. 299 do CPC está mal posicionado, vez que é exclusivamente aplicável às tutelas provisórias de urgência. A tutela provisória de evidência será sempre requerida incidentalmente, de modo que não faz sentido a referência à tutela antecedente quanto a ela. Teria, portanto, melhor alocação entre as disposições gerais da tutela de urgência (art. 300 e ss. CPC).

De acordo com o art. 299 do CPC, a tutela provisória (de urgência e de evidência) será requerida ao juízo da causa; e, quando antecedentes, ao juiz competente para conhecer do pedido principal. Assim:

a) sendo possível o concomitante ajuizamento da ação, o pleito de tutela provisória será incidental, de modo que o requerimento se fará perante o próprio juiz desta ação, ordinariamente na própria petição inicial (art. 319 do CPC);

b) tratando-se, contudo, de tutela provisória de urgência (cautelar ou antecipatória) e sendo ela antecedente (requerida antes do ajuizamento da ação), o requerimento será dirigido ao órgão jurisdicional competente para conhecer do futuro pedido principal, na forma dos arts. 303 e 305 do CPC, bem como das regras gerais de competência das Constituições Federal e Estadual, Leis de Organização Judiciária e dos arts. 42 a 53 do CPC.

Parece não mais fazer sentido a discussão sobre a natureza constritiva da tutela provisória antecedente para definir a prevenção do juízo para a apreciação do pedido principal (REsp 59.238/PR, 6.ª T., j. 09.04.1997, rel. Min. Vicente Leal). Processando-se a tutela provisória, doravante, nos mesmos autos daquilo que será convertido em pedido de tutela principal, sempre haverá a prevenção do juiz da tutela provisória antecedente para o pedido principal, salvo nos casos de produção antecipada de provas na forma do art. 381, § 3º, CPC/15 (isto se admitido que a medida ainda conserva natureza cautelar, ao menos na hipótese do inciso I).

2. Competência funcional para apreciação do pleito de tutela provisória (antecedente ou incidental)

A regra do art. 299 do CPC é de competência funcional, portanto, absoluta. Por isso incide o regime previsto no art. 64 e §§ do CPC:

a) são nulos todos os atos decisórios praticados pelo juiz absolutamente incompetente, observando-se, no entanto, que até a prolação de outra pelo juiz competente (a quem serão encaminhados os autos), a decisão, como regra, conserva seus efeitos (art. 64, § 4º, CPC/15);

b) é possível o reconhecimento de ofício da incompetência pelo julgador (art. 64, § 1º, CPC/15), de modo que ao receber o pedido principal, o juízo diverso daquele que conheceu a tutela provisória deve declinar;

c) a incompetência pode ser alegada por qualquer meio e em qualquer momento ou grau de jurisdição (art. 64, § 1º, CPC/15); e

d) não pode ser ela prorrogada nem pelo juiz, nem por convenção das partes (art. 62 CPC).

Apresentado requerimento de tutela provisória de urgência antecedente (arts. 303 e 305 do CPC) perante juízo relativamente incompetente (regra geral com violação de competência estabelecida em função do território ou do valor da causa), deverá a parte requerida, em preliminar de contestação, arguir a incompetência.

Caso a tutela provisória seja de cunho cautelar (conservativo), a arguição deverá se dar na própria contestação referida no art. 306 do CPC (05 dias). É extemporânea a arguição de incompetência relativa na contestação da pretensão principal (art. 308, § 4º, CPC).

Caso tenha a tutela provisória cunho antecipatório de tutela (satisfativo), a arguição de incompetência deverá se fazer no prazo da contestação do pedido principal aditado (art. 303, § 1º, CPC).

Não arguida a incompetência relativa nos dois momentos retro apontados, ocorrerá o fenômeno da prorrogação de competência do juízo (art. 65 do CPC), que implicará não só a competência do juízo para conhecer do requerimento de tutela provisória como, também, para o próprio pedido principal (competência funcional).

3. Concessão de tutela provisória de urgência por juízo absolutamente incompetente

Pela urgência que acode determinados casos, nada impede que, mesmo sendo absolutamente incompetente, o juízo aprecie e defira tutelas de urgência (conservativas e satisfativas). Trata-se de situações extremadas em que sobrelevado o caráter uno e indivisível da jurisdição (art. 13 do CPC). Admite-se, por conseguinte, que o juízo estadual profira, em regime de plantão judiciário, arresto cautelar de natureza trabalhista, diante da inexistência de plantão judiciário da Justiça do Trabalho na localidade onde ele deva ser cumprido.

Efetivada a medida, os autos deverão ser encaminhados ao juízo competente. Os efeitos (substanciais e processuais) da decisão proferida por juiz absolutamente incompetente devem ser conservados até que outra decisão seja proferida pelo juízo competente (*translatio iudicii*) (art. 64, § 4º, do CPC).

4. Concessão de tutela provisória de urgência nos casos em que arguida a suspeição ou o impedimento do juiz (art. 146, § 3º, CPC)

Conforme art. 146 do CPC, no prazo de 15 (quinze) dias, a contar do conhecimento do fato, a parte alegará o impedimento ou a suspeição do juiz, em petição específica dirigida ao juiz do processo, na qual indicará o fundamento da recusa e as provas que possui.

Se reconhecer o impedimento ou a suspeição ao receber a petição, o juiz ordenará imediatamente a remessa dos autos a seu substituto legal (definido conforme leis de organização judiciária ou regimento interno do Tribunal), a quem, doravante, competirá apreciar o pedido de tutela provisória de urgência. Caso contrário, determinará a autuação em apartado da petição e, no prazo de 15 (quinze) dias, apresentará suas razões e indicativo de provas, ordenando a remessa do incidente ao tribunal.

Recebidos os autos no Tribunal, o relator deverá declarar os efeitos em que recebe o incidente, sendo que: a) o processo voltará a correr perante o juiz tido por impedido/suspeito, caso não se atribua efeito suspensivo ao incidente; ou b) o processo permanecerá suspenso até julgamento do incidente no caso de atribuição do referido efeito.

Enquanto não for declarado o efeito em que é recebido o incidente ou quando este for recebido com efeito suspensivo, a tutela de urgência será requerida ao substituto legal (definido conforme leis de organização judiciária ou regimento interno do Tribunal).

5. Extinção do pleito provisório antecedente e prevenção do juízo

Uma vez extinta a ação onde realizado o pleito provisório antecedente – o que pode ocorrer, inclusive, pela não realização do aditamento da inicial (art. 303, § 2º, CPC) ou formulação do pedido principal (art. 309, I, CPC) – eventual reapresentação do pedido, ainda que em litisconsórcio com outros autores ou que sejam parcialmente alterados os réus da demanda, implicará a prevenção do juízo para qual distribuída a primitiva ação (art. 286, II, CPC).

6. Competência na fase recursal (art. 299, parágrafo único, CPC)

Ressalvada disposição especial, na ação de competência originária de tribunal e nos recursos, a tutela provisória será requerida ao órgão jurisdicional competente para apreciar o mérito.

Quanto às ações de competência originária, não resta dúvida que a competência para as tutelas provisórias é mesmo do Tribunal, que já aportou (incidentais) ou aportará (antecedente) o pleito principal. Não tem juízo de instância inferior competência para conhece-las em qualquer momento do trâmite processual, de modo que não fazia sentido atribuir a ele competência para decidir sobre a tutela provisória.

Já no tocante ao recurso de apelação, rememore-se que não mais é feita sua admissibilidade em 1º grau, considerando a regra do art. 1.010, § 3º, CPC, no sentido de que tão logo processado o recurso, seja ele remetido ao TJ/TRF independentemente do juízo de admissibilidade.

Pese a disposição, insiste-se no entendimento consolidado a partir do art. 800, parágrafo único, do CPC/1973, de que a competência para as tutelas provisórias, ao menos nos processos físicos, continua do juízo *a quo* enquanto em processamento o respectivo recurso de apelação. Pode ser necessária a obtenção de tutela provisória de urgência (*v.g.* arrestos, sequestros, etc.) logo no intervalo entre a prolação da sentença, processamento do recurso e remessa à instância superior. E sem acesso aos autos, impossível à superior instância deliberar a respeito. Após, encaminhados os autos para a instância superior, a competência dela para as tutelas provisórias é evidente.

Obviamente, se o recurso interposto for o de embargos de declaração, a competência permanece no juízo a quo, já que é dele mesmo a competência para conhecer o mérito de tal recurso.

Nas apelações não dotadas de efeito suspensivo (art. 1.012, § 1º, CPC), não há mais necessidade de manejo de tutela provisória de urgência (cautelar) para obtê-lo, tal como acontecia no regime do CPC/1973 (arts. 520 c.c. 558). Ante ao que consta expressamente do art. 1.012, § 4º, CPC, doravante, competirá ao relator, ao receber o recurso da apelação no Tribunal, suspender a eficácia da sentença se o apelante demonstrar a probabilidade de provimento do recurso, ou, sendo relevante a fundamentação, houver risco de dano grave ou difícil reparação.

Há, aliás, disposição expressa da lei, ao estabelecer que o pedido de concessão de efeito suspensivo nas hipóteses de apelação que não o tenha, poderá ser formulado por requerimento dirigido ao: "I – tribunal, no período compreendido entre a interposição da apelação e sua distribuição, ficando o relator designado para seu exame prevento para julgá-la; e II – relator, se já distribuída a apelação."

Já no tocante aos recursos extraordinário e especial – naturalmente não dotados de efeito suspensivo (art. 995, CPC/15) – no regime do CPC/1973 os tribunais superiores, com fundamento nas Súmulas 634 e 635 do STF, vinham admitindo o manejo de ação cautelar para dar efeito suspensivo a eles. De acordo com entendimento daqueles tribunais, a ação cautelar com tal propósito só seria de competência superior após o tribunal local ter admitido o processamento do recurso. Do contrário, a competência para conhecimento da cautelar com tal finalidade seria da corte local (TJ ou TRF). Só em situações excepcionais o STF e o STJ admitiam o exame de medidas cautelares antes do juízo de admissibilidade no tribunal de origem (STJ, AgMC 5.630/AM, 2.ª T., j. 05.11.2002, rel. Min. Eliana Calmon).

Tal entendimento parece continuar prevalecendo no CPC, considerando a redação dos arts. 1.030 e 1.029, § 5º (ambos com a redação que lhes foi dada pela Lei 13.256/2016), a estabelecerem que o pedido de concessão de efeito suspensivo a recurso extraordinário ou especial poderá ser formulado por requerimento dirigido ao: I – tribunal superior respectivo, no período compreendido entre a publicação da decisão de admissibilidade do recurso e sua distribuição, ficando o relator designado para seu exame prevento para julgá-lo; II – relator, se já distribuído o recurso; e III – ao presidente ou vice-presidente do tribunal local, entre a interposição do recurso e a publicação da decisão de admissão do recurso, assim como no caso de o recurso ser sido sobrestado, nos termos do art. 1.037.

7. Competência para tutelas provisórias de urgência e juízo arbitral (art. 22-A e 22-B, da Lei 9.307/96)

Já estando constituído o Tribunal Arbitral com a aceitação da missão pelo(s) árbitro(s), a competência para a apreciação das medidas provisórias de urgência (antecipada ou cautelar) é do próprio Tribunal Arbitral. Se necessário, a fim de efetivar a medida, poderá ser requerida, através de carta arbitral (art. 260, § 3º, do CPC, e art. 22-C da Lei 9.307/96, incluído pela Lei 13.129/2015), a cooperação do órgão do Poder Judiciário que seria competente para o julgamento originário do conflito. Mas decisão sobre o deferimento ou não da tutela provisória requerida é dos árbitros

Não tendo sido, contudo, constituído o Tribunal Arbitral – *i.e.*, ainda não tendo sido possível ainda nomear e/ou constituir os árbitros –, admite-se, dentro do ideário de simbiose ou cooperação entre juízo estatal x juízo arbitral (Fernando da Fonseca Gajardoni. Aspectos fundamentais de processo arbitral e pontos de contato com a jurisdição estatal. *Revista de Processo* n. 106, abr-jun/2002, p. 202/203), que as tutelas de urgência sejam requeridas ao juízo estatal que seria competente para julgar originariamente o conflito.

Nesses casos, sobrevindo a instauração do juízo arbitral, cessa a competência do juízo estatal, que deverá remeter o caso onde apreciada a tutela provisória de urgência (cautelar ou antecipatória) – esteja o feito onde estiver (inclusive nos Tribunais) –, para ao juízo arbitral, a quem competirá a re-ratificação da decisão do juízo estatal.

No exato sentido do exposto, os arts. 22-A e 22-B, parágrafo único, ambos da Lei 9.307/96 (inseridos pela Lei 13.129/15), estabelecem que antes de instituída a arbitragem, as partes poderão recorrer ao Poder Judiciário para a concessão de medida cautelar ou de urgência, cessando a sua eficácia caso, uma vez concedida, não se requeira a instituição da arbitragem no prazo de 30 (trinta) dias, contado da data de efetivação da respectiva decisão. Já estando instituída a arbitragem, a medida cautelar ou de urgência será requerida diretamente aos árbitros.

E o art. 22-B da mesma Lei 9.307/97, também inserido pela Lei 13.129/2015, arremata: instituída a arbitragem, caberá aos árbitros manter, modificar ou revogar a medida cautelar ou de urgência concedida pelo Poder Judiciário.

Algumas Câmaras de Arbitragem mais sofisticadas disciplinam a figura do árbitro de emergência (*emergency relief* ou *emergency arbitrator regime*) para apreciação de tutelas provisórias nos casos em que ainda não houve instauração do Tribunal Arbitral (art. 29 do regulamento da CCI, art. 43 do Regulamento Suíço de Arbitragem Internacional, art. 5º do regulamento da Câmara de Comércio e Indústria de Lisboa etc.). Trata-se de um instrumento disponível às partes (que poderão dele renunciar) a fim de evitar, mesmo antes da instauração do Tribunal Arbitral, que qualquer questão seja levada ao conhecimento do Poder Judiciário (um dos principais objetivos da opção pela arbitragem), inclusive e especialmente as relativas à tutela de urgência. Com a constituição regular do Tribunal Arbitral, tanto quanto ocorrer que o juízo estatal, cessa a competência do árbitro de emergência, competindo ao(s) árbitro(s) nomeados de modo definitivo a re-ratificação da decisão provisória dantes proferida.

Jurisprudência

Concessão de tutelas provisórias de urgência por juízo absolutamente incompetente: *Em regra, o reconhecimento da incompetência absoluta do juízo implica a nulidade dos atos decisórios por ele praticados, mas isso não o impede, em face do poder de cautela previsto nos arts. 798 e 799 do CPC, de conceder ou manter, em caráter precário, medida de urgência, para prevenir perecimento de direito ou lesão grave e de difícil reparação, até ulterior manifestação do juízo competente. Assim, não ofende o art. 113, § 2º do CPC a decisão que, a despeito de declinar da competência para vara especializada, manteve os efeitos da antecipação de tutela já concedida até a sua reapreciação pelo juízo competente* (STJ, REsp 1038199/ES, 2ª Turma, Rel. Min. Castro Meira, j. 07.05.2013). E ainda: *Em virtude do poder geral de cautela concedido ao magistrado na forma dos arts. 798 e 799 do CPC, mesmo após se declarar absolutamente incompetente para julgar o feito, ele pode conceder ou manter decisão liminar, como forma de prevenir eventual perecimento do direito ou a ocorrência de lesão grave e de difícil reparação, até que o Juízo competente se manifeste quanto à manutenção ou cassação daquele provimento cautelar* (STJ, REsp 1.288.267/ES, Rel. Min. Benedito Gonçalves, 1ª Turma, *DJe* 21/8/12; AgRg no REsp 937.652/ES, 4ª Turma, Rel. Min. Maria Isabel Galotti, Quarta Turma, *DJe* 28/6/12).

Tutelas provisórias de urgência e juízo arbitral: *Na pendência da constituição do Tribunal Arbitral, admite-se que a parte se socorra do Poder Judiciário, por intermédio de medida de natureza cautelar, para assegurar o resultado útil da arbitragem. Superadas as circunstâncias temporárias que justificavam a intervenção contingencial do Poder Judiciário e considerando que a celebração do compromisso arbitral implica, como regra, a derrogação da jurisdição estatal, os autos devem ser prontamente encaminhados ao juízo arbitral, para que este assuma o processamento da ação e, se for o caso, reaprecie a tutela conferida, mantendo, alterando ou revogando a respectiva decisão. Em situações nas quais o juízo arbitral esteja momentaneamente impedido de se manifestar, desatende-se provisoriamente as regras de competência, submetendo-se o pedido de tutela cautelar ao juízo estatal; mas essa competência é precária e não se prorroga, subsistindo apenas para a análise do pedido liminar* (STJ, AGRG na MC 19226/MS, 3a Turma, Rel. para acórdão Min. Nancy Andrighi, j. 2106.2012).

TÍTULO II
DA TUTELA DE URGÊNCIA

CAPÍTULO I
DISPOSIÇÕES GERAIS

> **Art. 300.** A tutela de urgência será concedida quando houver elementos que evidenciem a probabilidade do direito e o perigo de dano ou o risco ao resultado útil do processo.

> **§ 1º** Para a concessão da tutela de urgência, o juiz pode, conforme o caso, exigir caução real ou fidejussória idônea para ressarcir os danos que a outra parte possa vir a sofrer, podendo a caução ser dispensada se a parte economicamente hipossuficiente não puder oferecê-la.

> **§ 2º** A tutela de urgência pode ser concedida liminarmente ou após justificação prévia.

> **§ 3º** A tutela de urgência de natureza antecipada não será concedida quando houver perigo de irreversibilidade dos efeitos da decisão.

▶ *Referência: CPC/1973 – Arts. 273, I, 798 e 804*

1. Requisitos para a concessão da tutela provisória de urgência (art. 300, CPC)

Dois pressupostos precisam ser cumulativamente (aditivamente) demonstrados para a obtenção da tutela provisória de urgência: (a) a probabilidade do direito e o (b) o perigo de dano ou o risco ao resultado útil do processo (*periculum in mora*).

Ainda há uma condição eventual, a reversibilidade da medida, vista por alguns como *periculum in mora inverso*, que, todavia, irá depender da natureza do pronunciamento judicial (conservativo ou satisfativo) e do alcance que se der ao art. 300, § 3º, CPC.

Pode, ainda, surgir outra condicionante para a concessão da tutela de urgência: a prestação de caução pela parte beneficiária da tutela (art. 300, § 1º, CPC). Mas não se trata de requisito legal ordinário, isto é, que em regra deva ser observado, dependendo sua incidência de decisão judicial a respeito.

Pese o tratamento sob a rubrica de tutela provisória de urgência, não se pode desconsiderar a existência de diferenças substanciais e procedimentais entre a tutela antecipada e a tutela cautelar. Diferenças, aliás, que são notadas pelo simples comparativo entre os artigos 303/304 x 305/310 do CPC. "*Portanto o Novo CPC reacendeu a distinção entre a tutela cautelar e a tutela antecipada, na medida em que indispensável, nos pedidos apresentados de forma antecedente, o enquadramento numa ou noutra hipótese, haja vista a diversidade de procedimentos, requisitos e consequências da tutela cautelar frente à tutela antecipada*" (Zulmar Duarte de Oliveira Jr. Acautelar ou satisfazer? O "velho problema" no Novo CPC.

2. Probabilidade do direito

Jota. Disponível em: http://jota.info/acautelar--ou-satisfazer-o-velho-problema-no-novo-cpc. Publicado em 30.03.2015).

2. Probabilidade do direito

A plausibilidade de existência do direito invocado, a provável existência do direito a ser tutelado oportunamente, é o primeiro dos requisitos da tutela provisória. Não há razão para a concessão da tutela provisória quando a pretensão principal, de plano, for identificada como improcedente.

Para análise do requisito, o magistrado não se aprofunda na verificação da existência do direito invocado ou a ser invocado. Sendo a sumariedade da cognição característica das tutelas provisórias, basta um juízo hipotético, de probabilidade, a respeito da pertinência da pretensão principal.

A decisão acerca da pretensão definitiva só será proferida ao final, em cognição exauriente, salvo em que o sistema autorizar a estabilização da tutela provisória concedida (vide art. 304, § 5º, CPC).

No CPC/1973 havia diferença de tratamento legal entre as tutelas (provisórias) cautelares e antecipatórias de tutela. Para a primeira, doutrina falava na necessidade da presença de *fumus boni iuris* (art. 798 CPC/1973) Para a segunda, *prova inequívoca da verossimilhança* (art. 273, *caput*, CPC/1973).

Alguns autores negavam diferença entre estes dois requisitos, afirmando que, do ponto de vista jurídico, ambos tinham o mesmo sentido: probabilidade/razoabilidade do direito afirmado. *"Mais difícil é ainda estabelecer uma precisa diferença, que resulte praticamente utilizável em sede judicial, entre as noções de possibilidade, verossimilitude e probabilidade. (...). Possível é o que pode ser verdadeiro; verossímil é o que tem aparência de ser verdadeiro. Provável seria, etimologicamente, o que se pode provar como verdadeiro; mas, na linguagem filosófica e teológica, a palavra se encontra dotada no sentido de razoável"* (Piero Calamandrei. *Direito processual civil*: estudos sobre processo civil. Tradução de Luiz Abezia e Sandra Drina Fernandez Barbery. Campinas: Bookseller, 1999. v. 3, p. 276) (cf., também, André Luiz Bäuml Tesser. *Tutela cautelar e antecipação de tutela*: perigo de dano e perigo da demora. São Paulo: RT, 2014, p. 82 e ss.; Luiz Guilherme Marinoni e Sérgio Cruz Arenhart. Curso de processo civil: processo cautelar. 2ª ed. São Paulo: RT, 2010, p. 29).

Outros autores, ao admitir a existência de graus de probabilidade, afirmavam que para a concessão da antecipação de efeitos da tutela a probabilidade do direito afirmado deveria ser mais intensa, não se exigindo tanto para a concessão da tutela cautelar (Medina, Araújo e Gajardoni. *Procedimentos cautelares e especiais*. 5ª ed. São Paulo: RT, 2014, p. 49; Daniel Amorim Assumpção Neves. Tutela antecipada e tutela cautelar. *In: Tutelas de urgência e cautelares*. Coordenador Donaldo Armelin. São Paulo: Saraiva, 2010, p. 317/318; Cassio Scarpinella Bueno. *Tutela antecipada*. 2ª ed. São Paulo: Saraiva, 2007, p. 39).

O STJ, à luz do CPC/1973, entendia que é distinta a intensidade da probabilidade para fins de concessão das tutelas de urgência cautelar a antecipada: *"O despacho que defere liminarmente a antecipação de tutela com apoio, apenas, na demonstração do fumus boni iuris e do periculum in mora, malfere a disciplina do art. 273 do CPC, à medida que deixa de lado os rigorosos requisitos impostos pelo legislador para a salutar inovação trazida pela Lei 8.952/1994"* (REsp 131.853/SC, 3.ª T., j. 05.12.1997, rel. Min. Carlos Alberto Menezes Direito). E também: *"Não obstante seja duvidosa a natureza cautelar do pedido, esse fato, por si só, não autoriza a manutenção da medida por mais de um trintídio haja vista que ao deduzir a sua pretensão nos moldes cautelares, o requerente limitou-se à demonstração do fumus boni juris, ao passo que, a liminar antecipatória satisfativa reclama prova inequívoca"* (STJ, REsp 676630/SE, 1.ª T., j. 13.09.2005, rel. Min. Luiz Fux).

Resta perquirir se ainda é possível, no CPC, a afirmação da distinção de graus de probabilidade para concessão das tutelas provisórias.

A intensidade da probabilidade do direito deve ser maior na tutela da evidência (art. 311 do CPC) do que na tutela da urgência (antecipada e cautelar). A concessão da tutela de evidência, que dispensa do requisito da urgência, se dá com base em alto grau de verossimilhança das alegações do autor, a revelar improvável ou impossível o sucesso do réu após a apresentação de defesa e transcurso da fase instrutória do processo.

Já no tocante às tutelas de urgência antecipada ou cautelar, a existência de grau de probabilidade merecerá novo debate pela academia.

Diferentemente do regime do CPC/1973, doravante o tratamento de ambas é conjunto, inclusive sob a mesma locução "probabilidade do direito", o que tem levado os primeiros comentaristas do CPC a afirmar que estaria superada a distinção entre os requisitos da concessão para a tutela cautelar e para a tutela antecipada), erigindo a probabilidade e o perigo da demora a requisitos comuns para a prestação de ambas as tutelas.

Preservada tal convicção, acredita-se que continua a ser necessário maio grau de probabilidade do na tutela de urgência antecipada do que na tutela de urgência cautelar, considerando que a satisfatividade advinda da antecipação de tutela depende de um grau de segurança que, de ordinário, não se exige da tutela cautelar (conservativa).

Exige-se, para a satisfação imediata do direito (ainda que provisoriamente), um grau de convicção mais acentuado do que o necessário para conservar o direito à espera de uma decisão final. Não uma convicção tão grande quanto na tutela da evidência. Mas maior do que na tutela cautelar.

Isso, evidentemente, não afasta o reconhecimento de que também há diferenças entre o *periculum in mora* exigido para a concessão da tutela cautelar e o exigido para a concessão da tutela antecipada, conforme será visto abaixo.

Resta saber se os Tribunais Superiores, à luz do CPC, manterão o entendimento ora sustentado, tal qual era voz dominante na vigência do CPC/1973.

3. Perigo de dano ou o risco ao resultado útil do processo (*periculum in mora*)

Antes referenciado tanto no art. 798 (tutela cautelar) quanto no art. 273, I (tutela antecipada), ambos do CPC/1973, o *periculum in mora* consiste no perigo de dano ao direito ou o risco ao resultado útil do processo.

A expressão "perigo de dano" está atrelada ao direito e, consequentemente, à tutela de urgência satisfativa (tutela antecipada). A expressão "risco ao resultado útil do processo" certamente está ligada à tutela de urgência conservativa (tutela cautelar), vista, dentro da ótica doutrinária dominante no Brasil, como instrumento de garantia de eficácia da tutela principal/final.

Há, portanto, diferentes espécies de periculum in mora (gênero), um relacionado à disciplina das tutelas cautelares (risco ao resultado útil do processo), outro à tutela antecipada (perigo de dano).

O *periculum in mora* é o requisito que caracteriza, de modo principal, as tutelas de urgência. Não se pode negar que ele é preponderante: haverá casos em que se afrouxará o rigor na análise do requisito da probabilidade do direito, exatamente em prol da tutela de urgência. Basta pensar na situação de pessoa que, correndo risco de morte pela ausência de pronto atendimento em plano de saúde privado, demanda tutela provisória.

Tanto quanto a probabilidade do direito, a análise do *periculum* também se dá em cognição sumária. O simples risco de dano ao direito ou a possibilidade de ele perecer até decisão final do processo, quando o conflito se solucionará em cognição exauriente, já é bastante para a concessão da tutela provisória.

O perigo ou risco de dano (ao direito ou ao resultado útil do processo) deve ser objetivamente considerado, fundado em motivos que possam ser demonstrados. Não se defere tutela provisória com base em temor subjetivo, isto é, na suposição da parte de que pode haver comportamento do adverso capaz de causar dano. Exemplificativamente, a suspeita de que o devedor intente se desfazer de seu patrimônio para não cumprir a obrigação, de per si, não autoriza a tutela provisória cautelar de arresto.

Deve o dano ao direito ou o risco ao resultado do processo ser, ainda, grave e simultaneamente irreparável ou de difícil reparação. Por dano grave entende-se aquele capaz de suprimir consideravelmente a pretensão buscada ao final. Por dano irreparável ou de difícil reparação, entende-se aquele incapaz de ser reparado *in natura* ou no equivalente pelo seu causador.

Não se pode se admitir, por outro lado, a artificialização da urgência (do *periculum*). Bem ressaltou o Ministro AYRES BRITTO que LINCOLN dizia: "*Um indivíduo, friamente, a sangue frio, matou ambos os pais e, quando foi na hora do julgamento, pediu clemência aos juízes, porque não passava de um pobre órfão*" (STF, ADPF nº 95). Logo, não é urgente a hipótese em que o autor retardou o ingresso da demanda até a undécima hora, colocando-se artificialmente em situação limite e extrema para justificar o pedido de tutela de urgência.

4. Reversibilidade da medida (art. 300, § 3º, CPC)

Juridicamente toda decisão é reversível, isto é, apta a ser reformada ou rescinda nos ter-

Art. 300

mos da lei. O que pode não acontecer, contudo, é a reversibilidade fática, isto é, a impossibilidade de, após a efetivação do comando judicial, ser restabelecido o *status quo ante*.

Já se entendeu, assim, ser impossível a antecipação dos efeitos da tutela em homologação de sentença estrangeira de divórcio, diante do risco de que o casamento do requerente com sua atual companheira tivesse efeitos irreversíveis (STJ, AgRg na SE 3.198/DE, Corte Especial, j. 05.12.2007, rel. Min. Barros Monteiro, *DJ* 11.02.2008, p. 7).

Sendo as tutelas de urgência provisórias, natural que o legislador se preocupe em condicionar sua concessão à reversibilidade fática da medida, preservando a possibilidade de reversão em caso de desacolhimento do pedido ao final.

Na vigência do CPC/1973, consolidou-se o entendimento no âmbito do STJ, no sentido de que, tal como ocorria em relação à antecipação dos efeitos da tutela (art. 273, § 2º, CPC/1973), também em relação à tutela cautelar era exigível que a medida concedida não produzisse efeitos fáticos irreversíveis, isto é, que se observasse o pressuposto negativo alcunhado de *periculum in mora inverso* (STJ, MC 523, 1.ª T., rel. Min. Humberto Gomes de Barros, RSTJ 94/3385). Significava dizer que, ao mesmo tempo em que aquele que pedisse a tutela cautelar devesse provar o risco de lesão irreparável ou de difícil reparação, a obtenção da medida não poderia implicar na agravação do risco do demandado, de modo que este viesse a sofrer ou ficar em condições de sofrer o dano que se pretendia evitar com a medida. Assim, a inexistência de perigo de lesão irreversível seria uma condição para o acolhimento do pleito cautelar.

O art. 300, § 3º, CPC, estabelece que tutela de urgência, de natureza antecipada, não será concedida quando houver perigo de irreversibilidade dos efeitos da decisão, algo absolutamente natural se considerado que, sendo tutela provisória, não pode ter efeitos irreversíveis. Silencia no tocante à tutela de urgência de natureza cautelar. Pese a omissão, não se acredita que haverá mudança no quadro jurisprudencial até então dominante. Também para a tutela provisória de urgência cautelar, continuará a ser exigido o requisito da reversibilidade, vez que no regime do CPC/1973 também só se previa tal requisito para a tutela antecipada (art. 273, § 2º, CPC/1973), o que de, todo modo, não impediu a extensão para a tutela cautelar.

Correto o entendimento, por conseguinte, de que não se pode conceder tutela cautelar para suspensão de benefícios previdenciários de pessoa de idade bastante avançada, sob pena de, com a morte dela por inanição, tornarem-se irreversíveis os efeitos fáticos da medida (STJ, EDcl no AgRg na AR 3.163/PR, 3.ª Seção, j. 08.03.2006, rel. Min. Hélio Quaglia Barbosa, *DJ* 20.03.2006, p. 190).

Em realidade, pretensões efetivamente cautelares, diante da natureza conservativa, não tem o condão de serem irreversíveis. E neste sentido andou bem tanto o CPC/1973 (273, § 2º), quanto o CPC (300, § 3º), em atrelar a reversibilidade, apenas, à tutela de urgência satisfativa.

Todavia, não se pode deixar de considerar salutar, também, a extensão jurisprudencial do requisito para as tutelas de urgência conservativas. Na medida do reconhecimento da existência de zonas cinzentas entre as duas espécies de tutelas urgentes – áreas onde não se tem segurança na afirmação da natureza conservativa ou satisfativa da tutela (*v.g.* os sempre lembrados exemplos da separação de corpos e da sustação de protesto) –, melhor que se diga, de modo claro, que a regra é que toda tutela de urgência, seja de que natureza for, deverá ser reversível.

É importante notar, contudo, que a irreversibilidade, embora impeça a concessão de medida de natureza cautelar ou antecipatória, não impossibilita a concessão das tutelas satisfativas autônomas (*v.g.* autorização para transfusão de sangue, realização de aborto, *etc.*). Tampouco impede que, em casos extremos, seja relativizado o impedimento, deferindo-se a tutela de urgência antecipatória ou cautelar mesmo diante do risco de irreversibilidade. Em vista do valor atribuído pelo ordenamento constitucional e legal aos bens jurídicos em confronto, aplica-se ao caso a técnica da proporcionalidade ou o *princípio do mal menor* (STJ, AgRg no Ag 736.826/RJ, 2.ª T., j. 12.12.2006, rel. Min. Herman Benjamin, *DJ* 28.11.2007, p. 208).

Pode o juiz, por exemplo, deferir a realização de transplante de coração para paciente em estado grave, em ação movida contra operadora de plano de saúde renitente, embora haja irreversibilidade *in natura* da medida (nem se cogita de retirar o coração do autor em caso de julgamento de improcedência do pedido). Sendo julgado improcedente o pedido ao final, deve ser admitida a indenização *in pecunia* em detrimento da reversibilidade *in natura*. No caso, mesmo se o autor for pessoa de parcos recursos financeiros (irreversibilidade *in pecunia*), há de se aplicar o critério da proporcionalidade, admitindo a tutela do direito à vida, em que pese a impossibilidade de reparação financeira ao final. É juiz, atentando às circunstâncias da causa, que avaliará e decidirá, justificadamente (art. 298 CPC), se é o caso de se conceder a medida urgente, ainda que disso decorram efeitos irreversíveis.

5. Exigência de caução (art. 300, § 1º, CPC)

Para a concessão da tutela de urgência, o juiz pode, conforme o caso, exigir caução real (bens) ou fidejussória (fiança) idônea para ressarcir os danos que a outra parte possa vir a sofrer (art. 302, CPC).

A caução é típica medida de contracautela, que pode ser imposta como condição judicial para a concessão da liminar, quando houver dúvida sobre a idoneidade financeira da parte para suportar a responsabilidade objetiva pelos danos ocasionados pela efetivação da tutela provisória concedida (art. 302 do CPC).

Por exemplo, tendo em vista a facilidade com que são circuláveis os títulos de créditos, são corriqueiras decisões concessivas de sustação de protesto condicionadas à caução, inclusive em dinheiro (STJ, AgRg no Ag 800.218/SP; AgRg no Ag 473248/MG, AgRg no Ag 850.332/DF e REsp 536.758/SP), a fim de proteger terceiros de boa-fé que estejam em poder dos títulos.

A caução pode ser dispensada, substituída ou modificada, de ofício ou a requerimento de qualquer das partes, se a garantia se tornar desnecessária ou insuficiente para servir de contracautela.

A caução pode ser dispensada, também, se a parte economicamente hipossuficiente não puder oferecê-la. Do contrário, economicamente hipossuficientes jamais teriam a possibilidade de obter tutelas provisórias, sendo certo que não teriam condições financeiras de suportar a responsabilidade patrimonial objetiva estabelecida no sistema.

6. Momento da concessão da tutela de urgência (art. 300, § 2º, CPC)

A tutela de urgência pode ser requerida e deferida a qualquer momento, inclusive na fase recursal. O dispositivo em comento dá a errada impressão que existem, apenas, 02 (dois) momentos para a concessão da tutela. Não há.

Admite-se a concessão sem a oitiva do demandado, através daquilo que se convencionara chamar liminar *inaudita altera pars*.

Sem explicação lógica alguma, foi suprimida do texto legal a ressalva do art. 804 do CPC/1973, que a autorizava, apenas, quando o requerido, previamente ouvido, pudesse comprometer a eficácia da medida.

Um novo CPC cujos principais artífices se gabam de prestigiar o contraditório no grau máximo, não poderia deixar de fazer essa ressalva.

Embora não constante do texto, acredita-se que ela continua a existir. Ou seja, a concessão da tutela provisória de urgência se fará, como regra, após oitiva da parte adversa. E só isso não sendo possível, liminarmente.

O ideal é que a parte interessada em obter a medida liminarmente a tutela de urgência faça prova de plano dos pressupostos para a concessão (art. 300, *caput*, CPC), principalmente por prova documental (pré-constituída).

Não reputando suficientes os elementos de prova apresentados, nada impede que o requerente da medida prove por testemunhas a situação de urgência, casos em que se designará audiência de justificação para tanto.

O requerido só será intimado para esta audiência quando não haja risco de tornar ineficaz a medida de urgência a ser deferida, ocasião em que, comparecendo, poderá participar da colheita da prova oral, contraditando e perguntando às testemunhas. Caso contrário ela será realizada exclusivamente na presença do polo ativo.

O juiz deve justificar a postergação da análise liminar da tutela de urgência sempre que estabelecer a necessidade de contraditório prévio. A postergação pode ser considerado indeferimento da medida para fins de agravo de instrumento (art. 1.015, I, do CPC).

Negada a tutela de urgência liminarmente ou após a justificação prévia, a demanda não é automaticamente extinta sem análise do mérito. Tratando-se de demanda com pleito antecipatório de tutela antecedente, a ação, após a emenda referida no art. 303, § 6º, CPC, prossegue para a definição do pedido principal, podendo, inclusive, serem antecipados os efeitos da tutela na sentença ou acórdão. Em se tratando de ação com pleito cautelar antecedente (arts. 305 a 310 do CPC), indeferida a liminar (com ou sem justificação prévia) a demanda prossegue até a decisão final, momento em que a cautela poderá ser deferida.

7. Vedação legal à concessão de tutelas de urgência

Há disposições legais, estranhas ao CPC, que vedam a concessão de tutelas de urgência contra o Poder Público. Parece que estas restrições sobrevivem ao CPC, inclusive pelo que expressamente consta do art. 1.059 do CPC.

Os artigos 1º das Leis 8.437/92 e 9.949/97, referenciados pelo art. 7º, § 2º, da Lei 12.016/2009, vedam a concessão de liminares que tenham por objeto a compensação de créditos tributários (Súmula 212 STJ), a entrega de mercadorias provenientes do exterior, a reclassificação ou a equiparação de servidores públicos e a concessão de aumento ou extensão de vantagens ou pagamento de qualquer natureza.

O STF já decidiu, abstratamente, pela constitucionalidade de tais limitações (ADC 4, j. 01.10.2008).

Tem se admitido, contudo, que o juiz, individualmente, caso a caso e fundamentadamente, afaste a aplicação da limitação. Assim o fará toda vez que, à luz dos valores em debate, for capaz de identificar a preponderância de um valor constitucional sobre a necessidade de se preservar o Poder Público das decisões fundadas em tutela provisória.

8. Tutela de urgência de ofício

Tem prevalecido a orientação que sustenta a possibilidade de o juiz, com base no seu poder geral de cautela, conceder de ofício, porém em caráter *excepcionalíssimo*, tutela de urgência conservativa (Luiz Guilherme Marinoni e Sérgio Arenhart. *Processo cautelar.* 2 ed. São Paulo: RT, 2010, p. 104/106) (STJ, REsp 507.167/SC, 2.ª T., j. 08.11.2005, rel. Min. Peçanha Martins, *DJ* 05.12.2005, p. 275). Sendo o processo instrumento estatal de solução dos conflitos, razoável permitir que o próprio Estado assegure, oficiosamente, o resultado útil do processo.

Algumas condições, contudo, se apresentam:

a) o deferimento se dará, apenas, em situações de (i) risco extremo ou (ii) quando haja lei expressamente autorizando a concessão oficiosa da medida conservativa; e

b) deverá haver demanda (principal ou cautelar antecedente) proposta (incoação do processo), sendo vedado ao juiz iniciar processo de ofício.

Sob a vigência do CPC/1973, admitiu-se, por exemplo, a decretação oficiosa de arresto pelo juiz da execução, para garantia do processo e eficácia da decisão (STJ, RMS 5345/RS, 3.ª T., j. 16.05.1995, rel. Min. Waldemar Zveiter, *DJ* 07.08.1995, p. 23035).

Já quando se tratar de tutela de urgência satisfativa (antecipada), o quadro é mais complexo.

No CPC/1973 (art. 273, *caput*), previa-se que a tutela antecipada só seria deferida "*a requerimento da parte*". Doutrina vacilava, diante da locução referida, em admitir tutela antecipada de ofício, mesmo na hipótese de urgência (art. 273, I, CPC/1973). Afirmava-se que não cabia ao intérprete afrontar o comando legal expresso, pese a admissão excepcional, geralmente relacionada a obrigações de fazer e direitos indisponíveis, de concessão oficiosa.

No CPC não há mais nenhuma disposição específica, no capítulo das tutelas provisórias, a condicionar o deferimento ao requerimento da parte.

Ganha força, assim, a tese de que é possível ao juiz, mesmo de ofício, deferir tutela de urgência satisfativa (antecipada). A urgência do caso e, porque não, a disparidade de armas entre os litigantes, autorizaria, a bem da igualdade material, a concessão oficiosa da tutela de urgência satisfativa (como ordinariamente ocorre em feitos de natureza previdenciária).

Pensa-se, contudo, que para a admissão *excepcionalíssima* da concessão de tutela de urgência antecipada de ofício, devem ser aplicadas as mesmas condicionantes já afirmadas para a concessão oficiosa da tutela de urgência cautelar:

a) o deferimento se dará, apenas, em situações de (i) risco extremo ou (ii) quando haja lei expressamente autorizando a concessão oficiosa; e

b) deverá haver demanda (principal ou antecedente) proposta (incoação do processo), sendo vedado ao juiz iniciar processo de ofício.

Acredita-se, ainda, que é de bom alvitre, inclusive para preservar a responsabilização objetiva do requerente da medida pelos danos causados ao adverso (art. 302 CPC), que mesmo nas hipóteses em que vislumbrado o cabimento de tutela de urgência não requerida, o magistrado, à luz do princípio da cooperação (art. 6º do CPC) provoque a parte interessada a requerê-la. Sobejaria a oficiosidade absoluta, apenas, para casos extremos em que a prévia consultar à parte possa comprometer a própria eficácia da tutela de urgência a ser deferida.

Jurisprudência

Tutela de urgência e *periculum in mora inverso*: (i) O STJ já pontuou que se observa o periculum in mora inverso, quando *o deferimento da liminar requerida, com o consequente levantamento de valores vultosos pelos credores, representa, para a requerida – dadas as circunstâncias da causa – risco de dano irreparável ou de difícil reparação. Isso porque, conforme consta dos autos, ainda que se tratando de sentença transitada em julgado, existe, em favor da requerida, pedido rescisório julgado procedente pelo Tribunal a quo* (AgRg na MC 14.499, 4.ª T., j. 02.09.2008, Juiz Carlos Fernando Mathias). (ii). Por isso, *na hipótese dos autos, em que se informam a idade avançada da ré e a ausência de recursos financeiros para sua subsistência, verifica-se a existência do periculum in mora inverso, ante o caráter alimentar da pensão especial de ex-combatente, concedida pelo julgado que se pretende rescindir com a presente ação. Em verdade, diante de tais fatos, noticiados na petição dos embargos de declaração, imperioso concluir que a manutenção da antecipação da tutela, suspendendo a execução do julgado rescindindo, pode ocasionar danos irreparáveis à parte ré, em razão da demora do processo* (STJ, EDcl no AgRg na AR 3.163/PR, 3.ª Seção, j. 08.03.2006, rel. Min. Hélio Quaglia Barbosa, *DJ* 20.03.2006, p. 190).

Impossibilidade de concessão de tutela provisória para autorizar compensação em matéria tributária – Súmula 202 do STJ: *A compensação de créditos tributários não pode ser deferida em ação cautelar ou por medida liminar cautelar ou antecipatória.*

Tutela de urgência de ofício: *Mesmo à falta de pedido expresso nesse sentido, mas despontando dos autos quadro de severas dificuldades financeiras, resultante do bloqueio de ativos financeiros, lícito se faz ao Relator, com base no poder geral de cautela previsto no art. 798 do CPC e, sobretudo, tendo em mira a idade avançada do casal requerente, a natureza da medida constritiva a ele imposta (bloqueio da única conta bancária) e as*

diretrizes advindas do Estatuto do Idoso (art. 2º da Lei 10.741/03), determinar a disponibilização de quantia mensal aos cônjuges, enquanto remanescer o bloqueio judicial do numerário em favor da Fazenda Nacional (STJ, AgRg no RCD na MC 21322/SP, 1ª Turma, Rel. Min. Sérgio Kukina, j. 18.12.2014). E ainda: *O poder geral de cautela, positivado no art. 798 do CPC, autoriza que o magistrado defira medidas cautelares ex officio, no escopo de preservar a utilidade de provimento jurisdicional futuro. Não contraria o princípio da adstrição o deferimento de medida cautelar que ultrapassa os limites do pedido formulado pela parte, se entender o magistrado que essa providência milita em favor da eficácia da tutela jurisdicional* (STJ, AgRg no AREsp 429451/RJ, 4ª turma, Rel. Min. Antonio Carlos Ferreira, j. 09.09.2014).

> **Art. 301.** A tutela de urgência de natureza cautelar pode ser efetivada mediante arresto, sequestro, arrolamento de bens, registro de protesto contra alienação de bem e qualquer outra medida idônea para asseguração do direito.

▶ *Referência: CPC/1973 – Art. 798*

1. Poder geral de cautela do juiz (art. 301, CPC)

No CPC/1973 havia previsão de medidas cautelares pré-concebidas pelo legislador, isto é, previstas e tratadas por ele como necessárias para a conservação da utilidade do processo. Doutrina, à luz dos artigos 813 a 888 do CPC/1973, considerava tais medidas cautelares como sendo típicas ou nominadas (previstas em lei).

O próprio legislador, contudo, reconhecia sua incapacidade de prever todas as situações de risco/urgência que justificassem a intervenção cautelar, motivo pelo qual criou uma fórmula genérica que permitia ao magistrado ofertar tutela de urgência fora das situações expressamente previstas na lei. Tratava-se do que se convencionou chamar *poder geral de cautela do juiz*, cuja previsão legal era encontrada no art. 798 do CPC/1973.

Assim, além dos procedimentos cautelares específicos regulados pelo CPC/1973, poderia o juiz determinar as medidas provisórias que julgasse adequadas, quando houvesse fundado receio de que uma parte, antes do julgamento da lide, causasse ao direito da outra lesão grave e de difícil reparação.

Com base neste poder geral de cautela é que se encontrou espaço para a construção da conhecida figura das cautelares inominadas ou atípicas, as quais, embora sem previsão legal expressa, podiam ser requeridas livremente ao juiz. Ao lado das nominadas ou típicas (previstas em lei e com requisitos próprios), as cautelares inominadas completavam o amplo espectro de abrangência da tutela cautelar, de modo que qualquer situação de risco poderia ser objeto de atuação jurisdicional.

Já na vigência do CPC/1973, doutrina apontava que a opção por um regime binário, em que tutelas típicas conviviam com tutelas atípicas, era um erro (Medina, Araújo e Gajardoni. *Procedimentos cautelares e especiais*. 5ª ed. São Paulo: RT, 2014, p. 99). Como se permitia ao juiz, presentes os pressupostos da probabilidade do direito (*fumus boni iuris*) e de urgência (*periculum in mora*), a concessão de cautelares não previstas em lei, não fazia o mínimo sentido seguir na previsão legal específica de tais medidas. Inclusive porque a previsão das cautelares típicas não limitava a atuação do juiz, que acabava por conceder sob a rubrica de atípicas, medidas típicas nas hipóteses em que a parte não se ocupasse de preencher, adequadamente, todos os requisitos exigidos em lei para obtenção da tutela de urgência. Por exemplo, o STJ já admitira a concessão de medida cautelar nominada de bloqueio de bens, ainda que ausentes os requisitos específicos do arresto cautelar (art. 814 do CPC/73). Note-se que, neste caso, concedeu-se medida substancialmente igual ao arresto, ainda que se utilizasse outra denominação.

O CPC, sensível a esta crítica, põe fim às inúmeras medidas cautelares típicas dantes previstas em lei. Doravante, propõe-se um modelo único, bem mais simples, em que todas as cautelares (tutela provisória de urgência conservativa) passam a ser apreciadas e deferidas à luz do *poder geral de cautela do juiz*, cuja existência foi mantida no novo diploma. Tanto que o art. 301 do CPC estabelece que a tutela urgente de natureza cautelar pode ser efetivada mediante arresto, sequestro, arrolamento de bens, registro de protesto contra alienação de bem *ou qualquer outra medida idônea e proporcional para asseguração do direito*.

Assim, presentes os requisitos do art. 300 do CPC, qualquer medida de urgência conservativa pode ser requerida ao Estado-Juiz.

Pese nascido com o escopo eminentemente conservativo e supletivo/integrativo da atividade jurisdicional, com o tempo houve ampliação do âmbito de alcance do poder geral de cautela do juiz. Modernamente, serve ele, também, para a intervenção judicial em qualquer situação em que haja risco de perecimento do direito ou de inutilidade dos fins do processo, ainda que existente previsão legal genérica em sentido diverso.

É também com base no poder geral de cautela do juiz que tem havido espaço para se afirmar a existência, inclusive no CPC, da figura das tutelas satisfativas autônomas (*v.g.* as ações que objetivam, liminarmente, obter autorização para transfusão de sangue e a realização de aborto, a busca e apreensão de menores arrebatados do guardião, as ações para obtenção, perante juízo cível, de medidas protetivas fundadas na Lei 11.340/2006). Conforme apontado nos comentários ao art. 294 do CPC, trata-se de medida de urgência deferida em sede de cognição sumária, mas que não se encaixa, adequadamente, nos arquétipos das tutelas provisórias de natureza cautelar (conservativa) ou antecipatória (satisfativa).

2. Atipicidade das cautelares no CPC

No CPC, poucas medidas cautelares sobejaram com previsão específica e fora do tratamento geral das tutelas provisórias (arts. 294 a 311, CPC). É o caso da produção antecipada de provas de cunho cautelar (art. 381, I, e §§, CPC), do arrolamento descritivo/conservativo (art. 381, § 1º, CPC) e o atentado (art. 77, § 7º, CPC).

As demais pretensões cautelares são concedidas com base no poder geral de cautela do juiz, de modo a ser certa a afirmação de que, no regime do CPC, o modelo é o da atipicidade as cautelares.

O art. 301 do CPC é expresso no sentido de que tutela urgente de natureza cautelar pode ser efetivada mediante arresto, sequestro, arrolamento de bens, registro de protesto contra alienação de bem ou *qualquer outra medida idônea e proporcional para asseguração do direito*. Medidas como busca e apreensão (art. 839 CPC/1973), arrolamento constritivo de bens (art. 855 CPC/1973), separação de corpos (art. 888, VI, CPC/1973), entre outras, simplesmente deixaram de ser típicas e passaram a ser deferidas com base no poder geral de cautela do juiz.

Jurisprudência

Conceito e alcance do poder geral de cautela do juiz: *O poder geral de cautela, conferido ao Juiz, tem matriz na constituição, na norma segundo a qual a lei não excluirá da apreciação do Judiciário lesão ou ameaça a direito. A garantia de prestação jurisdicional há de ser entendida como garantia de prestação jurisdicional útil, e a cautelar tem por fim garantir a utilidade da prestação jurisdicional* (STJ, REsp 653.889/DF, 1.ª T., j. 01.09.2005, rel. Min. Luiz Fux, *DJ* 26.09.2005, p. 201). *O poder geral de cautela há que ser entendido com uma amplitude compatível com a sua finalidade primeira, que é a de assegurar a perfeita eficácia da função jurisdicional. Insere-se aí a garantia da efetividade da decisão a ser proferida* (STJ, MC 9079/RJ, 1.ª T., j. 03.05.2005, rel. Min. José Delgado, *DJ* 13.06.2005, p. 167).

> **Art. 302.** Independentemente da reparação por dano processual, a parte responde pelo prejuízo que a efetivação da tutela de urgência causar à parte adversa, se:
>
> **I** – a sentença lhe for desfavorável;
>
> **II** – obtida liminarmente a tutela em caráter antecedente, não fornecer os meios necessários para a citação do requerido no prazo de 5 (cinco) dias;
>
> **III** – ocorrer a cessação da eficácia da medida em qualquer hipótese legal;
>
> **IV** – o juiz acolher a alegação de decadência ou prescrição da pretensão do autor.
>
> **Parágrafo único.** A indenização será liquidada nos autos em que a medida tiver sido concedida, sempre que possível.

▶ *Referência: CPC/1973 – Art. 811*

1. Responsabilidade civil do requerente da tutela de urgência (art. 302, CPC)

A responsabilidade civil do requerente da tutela de urgência é objetiva, de modo que ele responde pelos danos causados pela efetivação da medida, independentemente da prova de dolo ou culpa. Basta que o prejudicado prove a efetivação da tutela de urgência, o dano, e o nexo de causalidade entre ela e o dano, para fins de recebimento da indenização.

Conforme art. 302 do CPC – que em linha gerais repete o art. 811 do CPC/1973 –, isto se dá quando:

a) a sentença final for desfavorável ao requerente da medida;

b) obtida liminarmente a tutela em caráter antecedente, o autor não forneça os meios necessários para a citação do adverso em 05 (cinco) dias (art. 306 CPC);

c) ocorrer a cessão da eficácia da medida em qualquer hipótese legal (art. 309 CPC) e

d) tenha sido acolhida a alegação de decadência ou prescrição da pretensão do autor ao final.

Trata-se de rol não exaustivo. Há outras hipóteses que acarretam responsabilização civil, como no caso em que a tutela de urgência efetivada é cassada no próprio curso do processo (art. 296 do CPC, *in fine*), e não ao final como consta no art. 302, I, do CPC) (STJ, REsp 193.366/SP, 3.ª T., j. 29.03.2005, rel. Min. Antonio de Pádua Ribeiro).

Mas há casos em que não há indenização.

Tutelas de urgência não constritivas (produção antecipada de provas, arrolamento conservativo etc.), como regra, não produzem prejuízos, porque não impedem o uso e gozo de coisa e direitos. Consequentemente, a ocorrência das situações previstas no art. 302 CPC não implica dever de reparar dano.

Do mesmo modo, caso o beneficiado pela tutela de urgência comprove que os prejuízos sofridos pelo adverso não decorrem da efetivação da tutela de urgência, afasta-se o cabimento da indenização, vez que inexistente o indispensável nexo de causalidade (STJ, REsp 42.775/RN, 4.ª T., j. 14.11.1994, rel. Min. Sálvio de Figueiredo Teixeira).

Deferida oficiosamente tutela de urgência pelo magistrado, afasta-se, também, a responsabilidade civil objetiva do beneficiado pelos danos causados à parte adversa (art. 302 CPC). Afinal, não há nexo de causalidade entre o dano e a conduta praticada pelo beneficiário (que não requereu a medida). Pode surgir, contudo, a responsabilidade civil objetiva do Estado (art. 37, § 6º, da CF).

Há respeitável entendimento no sentido de que, ao menos para a hipótese do art. 302, I, do CPC, não seria possível o reconhecimento da responsabilidade objetiva daquele que teve seu pedido desacolhido pela anterior efetivação de

Art. 303

tutela provisória que obteve (v.g., promovendo o bloqueio dos bens do devedor em ação de indenização, que depois veio a ter os pedidos desacolhidos). Tratar-se-ia de hipótese de responsabilidade subjetiva, isto é, dependente de demonstração de dolo ou culpa daquele que efetivara a tutela provisória.

2. Apuração do valor do prejuízo (art. 302, parágrafo único, CPC)

A indenização – a ser apurada, como regra, nos próprios autos em que a medida tiver sido concedida, através de liquidação por arbitramento ou pelo procedimento comum (art. 509 CPC) –, compreenderá danos materiais e imateriais (morais), danos emergentes e lucros cessantes eventualmente suportados pelo prejudicado.

Sua incidência independe de reconhecimento expresso na sentença que julgar a pretensão ao final. Decorre da lei (*ex vi legis*).

A execução da indenização fixada recairá preferencialmente sobre a caução prestada pelo requerente da tutela provisória. É por isto, aliás, que o art. 300, § 1º, do CPC, dispõe que o juiz poderá, ao deferir a tutela provisória, determinar que o requerente preste caução real ou fidejussória de ressarcir os danos que o requerido possa vir a sofrer. Mas tal vinculação não é absoluta, pois: (a) nem sempre o juiz determina a prestação de caução para o deferimento da tutela provisória; e (b) mesmo que prestada a caução, pode haver bens do beneficiário da tutela provisória que mais celeremente poderão satisfazer a pretensão do prejudicado (*v.g.*, aplicações financeiras).

A reparação civil não é incompatível com as verbas arbitradas em decorrência da sucumbência do beneficiário da tutela provisória (arts. 82, § 2º, e 85, ambos do CPC), a independerem, também, de prova de culpa ou de má-fé.

Do mesmo modo, não há incompatibilidade entre a reparação civil e a aplicação das sanções por litigância de má-fé ao requerente da cautela (art. 79 e ss. do CPC), as quais, todavia, dependem de prévio reconhecimento expresso pelo juiz da causa, não podendo ser provada na liquidação.

A indenização será liquidada nos autos em que a medida tiver sido concedida, sempre que possível. O STJ, na vigência do CPC/1973, decidiu que a parte pode optar pelo ajuizamento de ação indenizatória autônoma em vez de liquidar os danos nos mesmos autos da cautelar (REsp

187.148/PR, 4.ª T., j. 23.11.1998, rel. Min. Ruy Rosado de Aguiar).

Jurisprudência

Responsabilidade objetiva do requerente da tutela de urgência I: *O art. 811 do CPC/73 trata de hipótese de responsabilidade processual objetiva do requerente da medida cautelar, derivada, por força de texto expresso de lei, do julgamento de improcedência do pedido deduzido na ação principal. Para a satisfação de sua pretensão, basta que a parte lesada promova a liquidação dos danos – imprescindível para identificação e quantificação do prejuízo –, nos autos do próprio procedimento cautelar* (STJ, REsp 1327056/PR, 3ª Turma, Rel. Min. Nancy Andrighi, j. 24.09.2013).

CAPÍTULO II
DO PROCEDIMENTO DA TUTELA ANTECIPADA REQUERIDA EM CARÁTER ANTECEDENTE

Art. 303. Nos casos em que a urgência for contemporânea à propositura da ação, a petição inicial pode limitar-se ao requerimento da tutela antecipada e à indicação do pedido de tutela final, com a exposição da lide, do direito que se busca realizar e do perigo de dano ou do risco ao resultado útil do processo.

§ 1º Concedida a tutela antecipada a que se refere o *caput* deste artigo:

I – o autor deverá aditar a petição inicial, com a complementação de sua argumentação, a juntada de novos documentos e a confirmação do pedido de tutela final, em 15 (quinze) dias ou em outro prazo maior que o juiz fixar;

II – o réu será citado e intimado para a audiência de conciliação ou de mediação na forma do art. 334;

III – não havendo autocomposição, o prazo para contestação será contado na forma do art. 335.

§ 2º Não realizado o aditamento a que se refere o inciso I do § 1º deste artigo, o processo será extinto sem resolução do mérito.

§ 3º O aditamento a que se refere o inciso I do § 1º deste artigo dar-se-á nos mesmos autos, sem incidência de novas custas processuais.

§ 4º Na petição inicial a que se refere o *caput* deste artigo, o autor terá de indicar o valor

> da causa, que deve levar em consideração o pedido de tutela final.
>
> **§ 5º** O autor indicará na petição inicial, ainda, que pretende valer-se do benefício previsto no *caput* deste artigo.
>
> **§ 6º** Caso entenda que não há elementos para a concessão de tutela antecipada, o órgão jurisdicional determinará a emenda da petição inicial em até 5 (cinco) dias, sob pena de ser indeferida e de o processo ser extinto sem resolução de mérito.

▶ *Sem correspondência no CPC/1973*

1. Tutela antecipada antecedente e sua estabilização: uma disciplina confusa e precária (arts. 304 e 305 do CPC)

Um dos poucos temas em que há quase unanimidade entre os analistas do CPC é o da tutela antecipada e sua estabilização: praticamente todos apontam que as regras dos artigos 304 e 305 do CPC são incongruentes, incompatíveis entre si e levarão, por um longo tempo, a um caos jurisprudencial, com enorme risco de comprometer a efetividade da tutela jurisdicional e o direito de defesa.

Não que a ideia da tutela antecipada antecedente ou de sua estabilização seja má. Pelo contrário, é muito boa e funciona, relativamente bem, em países que já adotam práticas semelhantes (o exemplo do *référé* francês sempre é lembrado).

O problema é que no Brasil os artigos 304 e 305 parecem terem sido redigidos em fases distintas do processo legislativo, e diante de tantas inserções, exclusões e modificações, acabaram ignorando um a existência do outro.

Mais do que isso, parece que há uma atrofia legislativa na temática. O CPC deixa sem solução uma série de questionamentos a respeito dos temas (especialmente da estabilização), muitos sem que haja no próprio Sistema condições objetivas e técnicas para serem respondidos.

Desvendar o sentido e o alcance dos artigos 304 e 305 do CPC, portanto, é tarefa árdua. Já há dezenas de sugestões interpretativas a respeito do tema. E ainda virão outras. Todas respeitáveis. Mas incapazes de resolver, a curto prazo, os vários problemas práticos decorrentes da aplicação das normas.

Urge, portanto, que o Poder Legislativo intervenha e, através de modificações a serem introduzidas no CPC, tornem a temática da tutela antecipada antecedente e sua estabilização algo menos controverso.

2. Procedimento das tutelas de urgência (cautelar e antecipada) requeridas em caráter antecedente (303 a 310 CPC)

O requerimento da tutela provisória de urgência (satisfativa ou conservativa), quando incidental (art. 294, parágrafo único, CPC), será formulado nos próprios autos do processo em curso. Geralmente o pedido é apresentado na petição inicial. Mas como as tutelas provisórias de urgência podem ser requeridas a qualquer tempo (inclusive na fase recursal), não há uma forma rígida para o requerimento, podendo, inclusive, se dar por mera petição avulsa.

Já no tocante às tutelas provisórias de urgência antecedentes, o CPC estabeleceu disciplina procedimental completamente nova. Além de permitir o pleito antecipatório de tutela em caráter antecedente (algo que, no regime do CPC/1973, ao menos formalmente não existia), extirpou-se a autonomia procedimental das cautelares preparatórias.

Os modelos procedimentais, contudo, são diversos, a depender da natureza da tutela de urgência:

a) Tratando-se de requerimento de tutela antecipada antecedente, o regime jurídico processual é dos artigos 303 e 304 do CPC (que, inclusive, introduz no direito processual civil brasileiro, a técnica franco/italiana da estabilização dos efeitos da tutela antecipada);

b) Tratando-se de requerimento de tutela cautelar antecedente, o regime processual está nos artigos 305 a 310 do CPC.

3. Procedimento da tutela antecipada requerida em caráter antecedente (art. 303 CPC)

Nos casos em que a urgência for contemporânea à propositura da ação, abrem-se duas possibilidades ao requerente da tutela antecipada. A primeira, propor a ação e, incidentalmente, no bojo da própria petição inicial relativa à pretensão principal – que deverá preencher todos os requisitos do art. 319 do CPC –, requerer a tutela antecipada. A segunda, ofertar uma petição inicial sumarizada, limitando-se ao requerimento da tutela antecipada de modo antecedente (art. 303 do CPC).

Admitiu o legislador que, doravante, a tutela antecipada possa ser requerida antecedentemente, firme no ideário que, em determinadas situações de urgência extrema, a parte não dispõe do tempo ou dos elementos necessários para a apresentação da inicial com todos os requisitos do art. 319 do CPC.

Feita a opção pela apresentação do pedido de tutela antecipada antecedente, a inicial (sumarizada), além do requerimento da tutela antecipada, deverá conter:

a) a indicação do pedido de tutela final;

b) a exposição do conflito;

c) a exposição do direito que se busca realizar;

d) a exposição do perigo de dano ou do risco ao resultado útil do processo;

e) a indicação do valor da causa; e

f) a pretensão em se valer do direito de apresentar a petição inicial sumarizada (art. 303, § 5º, CPC).

A indicação do pedido de tutela final (a) é fundamental para se aferir a própria natureza provisória e satisfativa da medida requerida. Basta a indicação. A exposição da pretensão final, caso necessário, virá posteriormente, com o aditamento referido no art. 303, § 1º, CPC.

A exposição do conflito (b), de forma sumarizada, tem por escopo permitir ao juiz aferir o interesse processual na obtenção da tutela antecipada, isto é, a existência de necessidade do provimento jurisdicional, de resistência da parte adversa. Atente-se que não se trata da apresentação de todos os pormenores do conflito, algo que também poderá vir no aditamento referido no art. 303, § 1º, CPC, mas apenas dos dados essenciais para que se possa ter compreensão da controvérsia em juízo sumário.

A exposição do direito que se busca realizar (c) tem relação com a probabilidade do direito, condicionante natural das tutelas de urgência (art. 300, *caput*, do CPC). Trata-se de requisito essencial para aferição da verossimilhança do direito reclamado (*fumus boni iuris*), isto é, da probabilidade de ele, ao final, vir a socorrer o requerente da medida. Embora o dispositivo seja silente, esta exposição deve vir acompanhada de elementos que demonstrem a probabilidade

do direito, seja através de prova documental (pré-constituída), seja por prova oral colhida em justificação prévia (art. 300, *caput* e § 2º, CPC), sob pena de a tutela não ser deferida.

A exposição do perigo de dano ao direito ou do risco ao resultado útil do processo (d), por sua vez, tem relação com o *periculum in mora*, tratando-se do requisito demonstrativo de que é urgente a necessidade de concessão da tutela reclamada antecipadamente.

Tanto quanto a probabilidade do direito, também deve ser demonstrada por prova documental ou justificação (art. 300, *caput* e § 2º, CPC), não bastando mera alegação para que a tutela seja deferida.

Tecnicamente, parece que a exposição do perigo de dano ao direito é a que demandaria a concessão de tutela provisória de natureza antecipada; a exposição de situação que ensejasse risco ao resultado útil do processo justificaria a concessão de tutela provisória de natureza cautelar (conservativa).

Por isso, apesar do que estabelece o art. 303, *caput*, CPC, tem-se a impressão que vislumbrando risco ao resultado útil do processo, e não perigo de dano ao direito, o juiz deverá, a bem da fungibilidade, conceder a tutela de urgência de natureza cautelar (conservativa), determinando, ainda, a respectiva correção do procedimento (art. 305 e ss. do CPC).

Na petição inicial que requerer a concessão de tutela antecipada antecedente o autor terá de indicar, também, o valor da causa (e). Será levado em consideração o pedido de tutela final, pois que haverá, apenas, um único procedimento e, por conseguinte, um único recolhimento de custas processuais pelas tutelas provisória e final (art. 303 § 4º, CPC).

Derradeiramente, o autor deverá indicará na petição inicial sumarizada (f), ainda, que se valerá do direito de apresentar, apenas posteriormente e se necessário, o pleito de tutela final, em aditamento/emenda da inicial com todos os requisitos do art. 319 do CPC (art. 303, § 1º, I e § 5º, CPC). Tal requisito – essencial –, evita que a autoridade judiciária pense estar diante de pleito final, por conseguinte, que determine a emenda da peça (art. 321, CPC/15) ante à sua incompletude.

A eleição entre a apresentação do pleito de tutela antecipada antecedentemente ou incidentalmente tem reflexos práticos importantes na questão da estabilização da tutela antecipada (conforme será visto adiante, nos comentários do art. 304).

4. Consequências procedimentais do deferimento ou indeferimento da tutela antecipada antecedente (art. 303, §§ 1º a 3º e 6º, CPC)

Concedida a tutela antecipada antecedente, o autor deverá aditar a petição inicial – sem incidência de novas custas processuais –, complementando a sua argumentação na forma do art. 319 do CPC. Deverá, ainda, apresentar novos documentos e confirmar o pedido de tutela final. O prazo para a providência é de 15 (quinze) dias, ou outro prazo maior que o juiz fixar.

Na sequência – e desde que a emenda seja devidamente recebida –, o processo segue pelo rito comum, citando-se o requerido para a audiência de conciliação ou de mediação, na forma do art. 334 do CPC. Não havendo autocomposição, o prazo para contestação será contado, em regra, da audiência, na forma do art. 334 do CPC.

Não realizado o aditamento no prazo, o processo será extinto sem resolução do mérito, cassando-se a tutela provisória deferida, restabelecendo-se as partes ao *status quo antes* e, eventualmente, liquidando-se, nos mesmos autos, os prejuízos sofridos pelo requerido em vista da efetivação da tutela provisória (arts. 302, III e 309, I, do CPC).

Caso entenda que não há elementos para a concessão da tutela antecipada, o órgão jurisdicional determinará a emenda da petição inicial na forma do art. 319 do CPC, em até cinco dias (cabendo, também, a dilação do prazo na forma do art. 139, VI, CPC). Não sendo emendada neste prazo, a petição inicial será indeferida e o processo extinto sem resolução de mérito.

Não se vê explicação lógica alguma para que, no caso de deferimento da tutela, haja um prazo de aditamento de 15 dias e, no caso de indeferimento, para emenda em 05 dias. Afinal, aditamento ou emenda não têm o mesmo sentido no caso, isto é, o de que tem o polo ativo, nos mesmos autos, que converter o pleito provisório em pleito final? O caso era de tratamento conjunto das duas hipóteses.

5. Prazo para aditamento da inicial e estabilização da tutela antecipada antecedente (art. 303, § 1º, I, e 304, CPC)

Deferida a tutela antecipada antecedentemente, diz o art. 303, § 1º, I, do CPC, que terá o autor o prazo de 15 (quinze) dias para aditar a inicial a fim de formular o pedido principal (art. 319 do CPC), ou outro maior que o juiz fixar.

O dispositivo contém, em nosso sentir, grave impropriedade, ao menos no que toca às tutelas antecipadas concedidas originariamente (não em sede recursal).

O art. 304, *caput*, do CPC, prevê a possibilidade de estabilização da tutela antecipada caso o réu não interponha o respectivo recurso da decisão concessiva. Em tese, o recurso cabível contra referida decisão é o de agravo de instrumento, interponível no prazo de 15 (quinze) dias (arts. 1.015, I, e 1.003, § 5º, CPC).

Embora os termos iniciais dos prazos sejam diferentes, como o prazo de interposição do recurso é o mesmo que o abstratamente fixado para o aditamento da inicial – 15 (quinze) dias –, pode acontecer de o autor não ter a opção de decidir entre a estabilização da tutela antecipada e o processamento da ação de modo tradicional (com citação do réu, eventual instrução e sentença de cognição exauriente). Terá que aditar a inicial antes de saber se os efeitos da tutela antecipada se estabilizaram, sob pena de extinção do processo e cessação dos efeitos da tutela provisória (art. 303, § 2º, CPC).

Parece-nos que o aditamento da inicial só deveria ser exigido após a constatação da não apresentação de recurso contra a decisão antecipatória de tutela, quando se estabilizariam os seus efeitos. O autor, então, teria a oportunidade de se decidir entre:

a) ficar com os efeitos estabilização da tutela antecipada deferida, o que é bom para o Sistema, pois impede o processamento da ação com pedido principal, ao menos, até que as partes o formulem em outra via (art. 304, § 2º, CPC); ou

b) aditar a inicial para que a questão seja definitivamente decidida na forma do art. 304, § 2º, CPC, caso em que se revelaria o desinteresse do autor na decisão provisória.

Por isso, conforme sustentamos em outra senda (Gajardoni, Dellore, Roque e Oliveira Jr., *Teoria Geral do Processo: Comentários ao CPC.* São Paulo, Método, 2015, p.900), acreditamos que uma possível solução para o problema seja a ampliação, pelo juiz, do prazo para o aditamento da inicial, ou a alteração do termo inicial do referido prazo, na forma do art. 303, § 1º, I e 139, VI, do CPC. Alterado o termo inicial do prazo para a aditamento (*v.g.* após a certificação

Art. 304

da não interposição do agravo de instrumento contra a decisão antecipatória), ou ampliado o prazo para a prática do ato (inclusive mais de uma vez), haverá tempo suficiente para que o polo ativo, ciente da não oposição de recurso pelo interessado (art. 304, *caput*, CPC), decida-se entre a estabilização ou a decisão definitiva, apenas neste último caso sendo necessário o aditamento da inicial.

De todo modo, a fim de contornar os graves problemas advindos da má-elaboração legislativa dos artigos 303, § 1º, e 304 do CPC, o STJ tem precedente no sentido de que "os prazos do requerido, para recorrer, e do autor, para aditar a inicial, não são concomitantes, mas subsequentes", sendo que "solução diversa acarretaria vulnerar os princípios da economia processual e da primazia do julgamento de mérito, porquanto poderia resultar na extinção do processo a despeito da eventual ausência de contraposição por parte do adversário do autor, suficiente para solucionar a lide trazida a juízo". Por isso, "como a interposição do agravo de instrumento é eventual e representa o marco indispensável para a passagem do 'procedimento provisório' para o da tutela definitiva, impõe-se a intimação específica do autor para que tome conhecimento desta circunstância, sendo indicada expressa e precisamente a necessidade de que complemente sua argumentação e pedidos" (STJ, REsp 1766376/TO, Rel. Min. Nancy Andrighi, 3ª Turma, j. 25.08.2020).

> **Art. 304.** A tutela antecipada, concedida nos termos do art. 303, torna-se estável se da decisão que a conceder não for interposto o respectivo recurso.
>
> **§ 1º** No caso previsto no *caput*, o processo será extinto.
>
> **§ 2º** Qualquer das partes poderá demandar a outra com o intuito de rever, reformar ou invalidar a tutela antecipada estabilizada nos termos do *caput*.
>
> **§ 3º** A tutela antecipada conservará seus efeitos enquanto não revista, reformada ou invalidada por decisão de mérito proferida na ação de que trata o § 2º.
>
> **§ 4º** Qualquer das partes poderá requerer o desarquivamento dos autos em que foi concedida a medida, para instruir a petição inicial da ação a que se refere o § 2º, prevento o juízo em que a tutela antecipada foi concedida.

> **§ 5º** O direito de rever, reformar ou invalidar a tutela antecipada, previsto no § 2º deste artigo, extingue-se após 2 (dois) anos, contados da ciência da decisão que extinguiu o processo, nos termos do § 1º.
>
> **§ 6º** A decisão que concede a tutela não fará coisa julgada, mas a estabilidade dos respectivos efeitos só será afastada por decisão que a revir, reformar ou invalidar, proferida em ação ajuizada por uma das partes, nos termos do § 2º deste artigo.

▶ *Sem correspondência no CPC/1973*

1. Estabilização da tutela antecipada (art. 304 e § 3º, CPC)

Uma das grandes novidades introduzidas pelo CPC, a muito defendida pela doutrina com amparo no direito italiano e francês (Ada Pellegrini Grinover. Tutela jurisdicional diferenciada: a antecipação e sua estabilização. *Revista de Processo*, n. 121, mar. 2005, p. 11/37), consiste na possibilidade de se admitir que tutelas antecipatórias antecedentes, em certas circunstâncias, se tornem estáveis.

Pela técnica da estabilização da tutela antecipada o sistema permite que a tutela provisória deferida conserve sua eficácia independentemente de confirmação por decisão posterior de mérito, a ser proferida em cognição exauriente. Nestes casos, o pedido principal só será formulado se as partes tiverem interesse na obtenção de decisão definitiva sobre o direito controvertido e, até lá, os efeitos da tutela provisória permanecem estáveis, *i.e.*, operando plenos efeitos como se decisão definitiva de mérito fosse (art. 304, § 3º, CPC).

A estabilização é medida proporcional e razoável, pois por um lado desestimula a propositura de processos inúteis, resultando em atendimento ao princípio do processo sem dilações indevidas (art. 5º, LXXVIII da CF), e por outro não afasta a possibilidade de as partes, assim querendo, obterem cognição plena sobre o objeto do processo (Desirê Baurman. Estabilização da tutela antecipada. *Revista eletrônica de direito processual*. Rio de Janeiro. UERJ, 2010, p. 36).

Em realidade, a adoção da técnica da estabilização da tutela antecipada no Brasil é aposta ousada do legislador, na crença de que ela pode acarretar a diminuição do número de processos em trâmite perante o Poder Judiciário. Pois na medida em que a estabilização da tutela provisória seja apta a satisfazer plenamente o direito da parte e conte com a inércia do adverso, pode haver desinteresse na continuidade do processo ou na propositura de nova ação, com reflexos positivos no movimento judiciário.

Todavia, levando-se em consideração que a práxis brasileira é a interposição de recurso contra quase todas as principais decisões do processo, principalmente as emitidas em juízo de cognição sumária, o modelo proposto pode acabar a ter efeito reverso, qual seja, o de sobrecarregar os tribunais com agravos de instrumento para evitar a estabilização.

2. Casos em que não se aplica a técnica da estabilização da tutela antecipada antecedente

Há situações em que não se pode aplicar a técnica da estabilização da tutela antecipada (provisória).

Não se estabilizam, nos termos do art. 304, as tutelas provisórias de natureza cautelar (conservativas), ainda que concedidas em caráter antecedente.

Na antecipação de tutela total, há coincidência entre os objetos buscados de modo antecipado e final, sendo razoável que se dispense a formulação de um pedido principal se as partes optarem pela preservação da solução dada provisoriamente, em cognição sumária.

Tal possibilidade parece não ser possível quando da emissão de tutelas provisórias de natureza cautelar (antecedentes ou incidentais) – ainda que contra elas não seja interposto o competente recurso de agravo de instrumento –, pois seu objeto não é o mesmo do pedido principal, sendo seu objetivo assegurar o resultado útil da decisão de mérito vindoura.

Então, enquanto não vier essa decisão de mérito em cognição exauriente, não se satisfará o direito da parte.

Exemplificativamente, deferido o arresto – tutela provisória de nítido cunho conservativo (cautelar) –, de nada adiantaria se estabilizarem os efeitos da medida se ela, por si, não satisfaz a pretensão executória por quantia do beneficiário. É necessário, ainda, que o bem arrestado seja expropriado e o crédito satisfeito, algo não alcançado com a estabilização.

Também não se estabilizam as tutelas antecipada concedidas incidentalmente, mesmo que contra elas não haja interposição de recurso.

A rigor seria possível que houvesse estabilização da tutela antecipada, também, no tocante às tutelas requeridas incidentalmente. Se o objetivo principal do instituto é, estando as partes satisfeitas com a tutela provisória rapidamente proferida (em cognição sumária), evitar a apreciação do pedido principal, absolutamente nada impediria que, após a concessão incidental da medida sem que houvesse recurso do interessado, restassem estabilizados os efeitos da tutela, na forma do art. 304 e §§ do CPC, sem necessidade de prosseguimento do processo para apreciação do pedido principal.

Às próprias partes deveria o sistema deixar definir sobre a conveniência da instauração ou do prosseguimento da demanda, bem como sua definição em termos tradicionais, com atividades instrutórias das partes e cognição plena e exauriente do juiz, com a correspondente sentença de mérito (Ada Pellegrini Grinover. Tutela jurisdicional diferenciada: a antecipação e sua estabilização. *Revista de Processo*, n. 121, mar. 2005, p 36).

Afastar-se-ia a necessidade de prosseguimento de um processo no qual as partes não têm mais interesse. Incentivar-se-ia o consenso entre as partes na busca de solução mais rápida do processo.

Não foi, todavia, essa a opção política do CPC.

Não se aplicam às medidas requeridas incidentalmente as disposições relativas à estabilização dos efeitos da tutela não impugnada –, como, aliás, era a redação do art. 295 em uma das tantas versões do projeto do Novo CPC, e agora é o CPC (que previu a estabilização no capítulo relativo, exclusivamente, às tutelas antecipadas antecedentes) – porque entendeu o legislador que, já estando o pleito principal formulado, implícito está o pedido da parte pelo prosseguimento do processo nos moldes tradicionais, com eventual instrução e prolação de sentença definitiva sobre o conflito (com coisa julgada), em cognição exauriente.

Estaria assim, na opção estratégica do autor:

a) buscar a estabilização dos efeitos da tutela antecipada (que estará, ainda, na dependência do comportamento do prejudicado em recorrer ou não da decisão que deferir a medida), caso em que demandará por ela antecedentemente, na forma do art. 304 do CPC; ou

b) buscar a tutela antecipada nos moldes tradicionais (com confirmação ao final), caso em que demandará por ela incidentalmente, formulando conjuntamente o pedido principal conforme art. 319 do CPC.

Não é possível, por outro lado, fazer uma interpretação útil das regras sobre estabilização de tutela antecipada para abarcar as concedidas incidentalmente.

Além da clareza da opção legislativa pela negativa, não se pode, à míngua de previsão legal específica, impor-se ao prejudicado o ônus de recorrer para evitar a estabilização. Como não se pode, também, admitir que a falta de contestação sobre o pedido principal, gere a estabilização da tutela antecipada concedida incidentalmente, pois que aí é mais fácil e econômico para o sistema trabalhar com o acolhimento do pedido principal por conta da revelia.

Também não se aplicam as regras de estabilização da tutela antecipada antecedentes dos artigos 304 e §§ do CPC/15, à tutela da evidência (art. 311, CPC/15).

A tutela da evidência, de certo modo, é espécie de tutela antecipada de cunho satisfativo, porém sem a necessidade de ser demonstrado o requisito da urgência (art. 311 do CPC).

Como, na essência, tem-se na tutela da evidência coincidência entre os objetos buscados de modo antecipado e final, seria razoável que, também para ela, se dispensasse a formulação do pedido principal se as partes optassem pela preservação da solução dada provisoriamente, em cognição sumária.

Concedida a tutela da evidência liminarmente, tão logo proposta a ação – o que só é possível nas hipóteses do art. 311, II e III do CPC/2014 (art. 311, parágrafo único) –, poderia haver estabilização dos seus efeitos independentemente de prolação de sentença quanto ao pedido final, se a parte prejudicada não interpusesse recurso de agravo, na forma do art. 1.015, I, do CPC (art. 302, *caput*), ocasião em que o processo seria extinto (art. 304, § 1º, CPC).

Nos termos, ainda, do que se prevê para a estabilização da tutela antecipada, qualquer das partes poderia, no prazo de 02 (dois) anos (art. 304, § 5º, CPC) e perante o próprio juiz da causa

(art. 304, § 4º, CPC), demandar a outra com o intuito de rever, reformar ou invalidar a tutela da evidência estabilizada (art. 304, § 2º, CPC), a qual não faria coisa julgada (art. 304, § 6º, CPC), mas conservaria seus efeitos até então (art. 304, § 3º, CPC). 5.2.

Não foi, todavia, essa a opção política do CPC.

Não se aplicam às tutelas de evidência, só requeríveis incidentalmente, as disposições relativas à estabilização dos efeitos da tutela, vez que o CPC previu a estabilização no capítulo relativo, exclusivamente, às tutelas antecipadas antecedentes.

Entendeu o legislador que já estando o pleito principal formulado, implícito está o pedido da parte pelo prosseguimento do processo nos moldes tradicionais, com eventual instrução e prolação de sentença definitiva sobre o conflito (com coisa julgada), em cognição exauriente.

Não é possível, por outro lado, fazer uma interpretação útil das regras sobre estabilização de tutela antecipada para abarcar a tutela de evidência.

Além da clareza da opção legislativa pela negativa, não se pode, à míngua de previsão legal específica, prejudicar-se a parte que não recorreu da decisão que concedeu a tutela de evidência. Não se pode atribuir ao prejudicado o ônus de recorrer para evitar a estabilização, sem que isso conste expressamente da lei. Como não se pode, também, admitir que a falta de contestação sobre o pedido principal gere a estabilização, pois que aí é mais fácil e econômico para o sistema trabalhar com o acolhimento do pedido principal por conta da evidência aliada à revelia.

Não se aplica, ainda, a estabilização às tutelas antecipadas parciais, isto é, aquelas concedidas sem correspondência ao objeto total da demanda.

Como já apontamos, na antecipação de tutela total, há coincidência entre os objetos buscados de modo antecipado e final, sendo razoável que se dispense a formulação de um pedido principal se as partes optarem pela preservação da solução dada provisoriamente, em cognição sumária, para todo o conflito.

Tal possibilidade parece não ser possível quando da emissão de tutelas provisórias parciais, tanto naquelas em que o pleito antecipatório não tem correspondência com o objeto total do pedido suposto, quanto naquelas que tem, mas o juízo deferiu, apenas, parcialmente, a tutela antecipada requerida. Nestes casos, a estabilização não é capaz de solucionar por completo conflito, que depende, ainda, de um pronunciamento definitivo sobre a parcela do pedido não antecipada.

A solução ora dada apresenta-se a mais adequada, ainda, por dois outros fundamentos.

Primeiro, porque simplifica o sistema, evitando-se que no mesmo feito se tenha parcela do conflito decidida provisoriamente (com efeitos estabilizados e sem coisa julgada), e outra decidida definitivamente (com efeitos pereniza-dos e com coisa julgada).

E segundo, por consentânea com a economia processual, já que se o feito deve prosseguir para fins de definição do pedido não antecipado, perde sentido aplicar a estabilização (imaginada, também, para evitar o processamento da ação com pedido principal).

Indispensável, portanto, nos casos de tutelas antecipadas antecedentes parciais deferidas, que o autor, mesmo diante da não oposição de recurso pelo interessado (art. 304, *caput*, CPC), adite a inicial nos termos do art. 303, § 1º, I, do CPC, sob pena de extinção do processo (art. 303, § 2º, CPC) e cessação dos efeitos da tutela parcial.

Por fim, não se aplicam as regras da estabilização da tutela antecipada nos casos de réu revel citado/intimado fictamente (edital ou hora certa).

Nestes casos –, não parece razoável que o ausente sofra os graves efeitos da não interposição de recurso contra a decisão antecipatória da tutela requerida de modo antecedente, vez que não se tem propriamente ato de vontade pela não interposição de recurso e estabilização.

Não parece crível, ademais, que o curador a ele nomeado, na forma art. 72, II, do CPC/15, tenha o múnus de recorrer da decisão antecipatória de tutela, mormente porque não há autorização legal – como há para a contestação –, para agravo de instrumento por negativa geral (art. 341, parágrafo único, CPC/15), fadado ao não conhecimento nestes termos (art. 932, III, do CPC/15).

3. Aplicabilidade da estabilização à tutela de urgência satisfativa autônoma (*cautelares satisfativas*)

Embora o CPC não discipline a questão da tutela satisfativa autônoma, acredita-se –

conforme já apontamos nos comentários ao art. 294 CPC – que elas não deixaram de existir e, doravante, se utilizarão do substrato processual das tutelas provisórias de urgência (arts. 300 a 310 do CPC), especialmente das regras sobre estabilização ora comentadas.

Assim – em exemplos de tutelas satisfativas autônomas como as ações que objetivam, liminarmente, obter autorização para transfusão de sangue e a realização de aborto, de busca e apreensão de menores arrebatados do guardião, de ações para obtenção, perante juízo cível, de medidas protetivas fundadas na Lei Maria da Penha (arts. 18, 19, 22, II e V, 23 e 24 da Lei 11.340/2006) –, a não interposição de recurso contra a decisão que concedeu liminarmente a tutela acarretará a estabilização de seus efeitos, que perdurarão, apenas, enquanto não for proferida sentença fundada em cognição exauriente, em ação futura ajuizada por uma das partes (art. 304, § 6º, CPC).

Rememore-se que as tutelas satisfativas autônomas se exaurem com a própria apreciação da liminar (que é, também, seu pedido principal), extinguindo-se logo após, tanto no caso de deferimento ou indeferimento da medida.

Duas situações distintas podem ocorrer caso haja estabilização da tutela satisfativa autônoma:

a) se a ação é daquelas em que, realizada a tutela de urgência antecipadamente exaure-se a razão de ser do processo e, não obstante, a situação é reversível, nada impede que o tema seja novamente objeto de litígio, hipótese em que a situação amparada pela tutela de urgência poderá não prevalecer (o caso da busca e apreensão do filho arrebatado do guardião, a cujo respeito pode vir decisão posterior a retirar, do então guardião, a guarda do incapaz); e

b) sendo a situação irreversível, também aí a decisão realizada com base em cognição sumária não será atingida pela coisa julgada; mas o novo tratamento dado por uma decisão judicial ao caso não terá, evidentemente, o condão de determinar a restituição das partes ao *status quo ante*, em razão da irreversibilidade da tutela dantes concedida; em casos assim, deverá buscar-se a reparação do dano ocasionado, do modo mais próximo possível da restituição em forma específica, e, não sendo isso possível, deverá ser determinada a reparação por perdas e danos (nos casos da autorização judicial para

4. Não interposição de recurso contra a decisão que deferiu a tutela antecipada antecedente (art. 304, *caput*, CPC)

A legislação estabelece que a tutela antecipada (ou satisfativa autônoma) torna-se estável se da decisão que a conceder não for interposto o respectivo recurso. Ao condicionar a inexistência da estabilização à interposição de recurso, teria o legislador usado, atecnicamente, a expressão recurso? Haverá estabilização mesmo se adotado, pelo prejudicado, outro expediente processual tendente a atacar a decisão que deferiu a tutela antecipada, mas que não seja propriamente um recurso? As respostas a estas duas questões são fundamentais e, a partir delas, mudam-se as conclusões apresentadas.

Há quem defenda ter sido atécnico o emprego da expressão recurso no *caput* do art. 304 do CPC. A expressão deveria ser lida de modo amplo: qualquer expediente tendente a atacar a decisão antecipatória seria suficiente para afastar a estabilização.

Para os defensores desta posição, agravo de instrumento, embargos de declaração com efeito infringente, contestação (embora não seja ainda o momento próprio para apresentá-la, vez que o pedido final sequer foi formulado), reclamação, ou mesmo mera petição do réu informando não estar de acordo com a tutela antecipada antecedentemente deferida, já seria o bastante para afastar a estabilização. Como seria da essência da estabilização, digamos, um consenso, ainda que tácito, do prejudicado com a tutela antecipada deferida (ensejando, por conseguinte, a estabilização dos efeitos dela e o fim do processo), qualquer ato tendente a demonstrar a discordância já impediria a estabilização (impondo ao polo ativo o dever de promover o aditamento da inicial, nos termos do art. 303, § 1º, do CPC).

Permissa venia, os adeptos desta posição leem o Código como se deseja que ele fosse, e não como ele efetivamente é.

Isso é legislar. Não é interpretar. Más opções legislativas (e estabelecer recurso como requisito para afastamento da estabilização é uma péssima opção legislativa) se combatem no parlamento. Não ignorando o que consta explicitamente da lei.

Contestação, pedido de reconsideração ou mera petição não são recursos. E, não sendo recursos, não têm o condão de impedir a estabilização.

Além de referida interpretação ofender explicitamente o texto legal (que fala em recurso), ofende, também, a *mens legis* do CPC.

No tramitar do processo legislativo que culminou no advento do CPC, houve fases do projeto de lei em que a estabilização ocorreria – como em outros países –, a partir da falta de contestação, pelo réu, do pedido. Se nas sucessivas fases do projeto foi substituída a referência à contestação pela referência a recurso é porque se pretendeu deslocar, à instância superior ou órgão colegiado, a ação impeditiva da estabilização, o único, inclusive, que tem – efetivamente – o poder de cassar/reformar a decisão antecipatória concedida no pleito antecedente.

Sem sombra de dúvida, a melhor interpretação – até porque advém do texto legal e tem o condão, como tal, de evitar celeumas – é a de que só não haverá estabilização se o prejudicado recorrer da decisão que antecipou a tutela, ou ao menos manejar algum expediente de natureza semelhante aos recursos (sucedâneos).

Do ponto de vista jurisprudencial, a questão também é objeto de rica divergência.

Na primeira oportunidade que teve para se manifestar, a Terceira Turma do STJ (Direito Privado) afirmou no sentido contrário ao aqui defendido: "Nessa perspectiva, caso a parte não interponha o recurso de agravo de instrumento contra a decisão que defere a tutela antecipada requerida em caráter antecedente, mas, por exemplo, se antecipa e apresenta contestação refutando os argumentos trazidos na inicial e pleiteando a improcedência do pedido, evidentemente não ocorrerá a estabilização da tutela" (REsp 1.760.966, Rel. Min. Marco Bellizze, 3ª Turma, j. 04.12.2018).

Porém, logo após, a Primeira Turma (Direito Público) do mesmo Tribunal adotou posição diversa (no sentido aqui defendido), afirmando que "a apresentação de contestação não tem o condão de afastar a preclusão decorrente da não utilização do instrumento processual adequado: o agravo de instrumento", não sendo a contestação meio apto a afastar a estabilização (REsp 1797365/RS, Rel. p/ acórdão Min. Regina Helena Costa, 1ª Turma, j. 03.10.2019).

Além do recurso de agravo de instrumento contra as decisões de primeiro grau (art. 1.015, I, do CPC), embargos de declaração com efeitos infringentes contra a decisão concessiva da tutela antecipada (art. 1.022 do CPC) e agravo interno contra as decisões das relatorias nos tribunais nos pedidos de tutela antecipada antecedente de competência originária (arts. 932, II, e 1.021 do CPC), também afasta a estabilização o manejo de reclamação contra a decisão antecipatória de tutela (arts. 988 e 992 do CPC), especialmente por conta da natureza de sucedâneo recursal do instrumento, quase um recurso *per saltum*.

Pedido de reconsideração, por não ter o condão de reformar a decisão concessiva da antecipação de tutela, não impede a estabilização em uma primeira reflexão sobre o tema, à luz da disposição legal.

Corretamente, o art. 304, *caput*, do CPC não estabelece que o recurso contra a decisão deva ser interposto pelo réu. Terceiro prejudicado pela decisão pode atacá-la (art. 996 do CPC), sendo possível, portanto, que por ato alheio se impeça a estabilização.

Do mesmo modo, não há necessidade de que o recurso seja conhecido ou provido para que se impeça a estabilização da tutela antecipada. O ato de recorrer já é o suficiente para apontar a discordância do prejudicado com o teor da decisão provisória, de modo que, nesses casos, a ação deverá ter seguimento regular, nos moldes do art. 303 e parágrafos do CPC, com aditamento pelo autor, citação do demandado, eventual instrução e sentença final em cognição exauriente.

A exceção fica por conta do não conhecimento do recurso por intempestividade. Nesse caso, considerado o ato como não praticado, estabiliza-se a tutela antecipada em vista da preclusão temporal. Não há prejuízo, por outro lado, para que o prejudicado, de imediato, ajuíze a ação referida no art. 304, § 2º, do CPC, tudo em vista de buscar a cessação dos efeitos da tutela antecipada estabilizada.

Em sentido contrário, admitindo que o recurso interposto contra a tutela antecipada concedida antecedentemente tenha que ser, ao menos, conhecido, há o Enunciado nº 28 da ENFAM ("Admitido o recurso interposto na forma do art. 304 do CPC, converte-se o rito antecedente em principal para apreciação definitiva do mérito da causa, independentemente do provimento ou não do referido recurso").

Como apontamos anteriormente, parece-nos que o aditamento da inicial do pedido de tutela antecipada antecedente, conforme o art. 303, § 1º, I, do CPC, só deveria ser exigido após a constatação da não apresentação de recurso contra a decisão antecipatória de tutela, quando se estabilizariam os seus efeitos. O autor, então, teria a oportunidade de se decidir entre (a) ficar com os efeitos da estabilização da tutela antecipada deferida, o que é bom para o Sistema, pois impede o processamento da ação com pedido principal, ao menos até que as partes o formulem em outra via (art. 304, § 2º, do CPC); ou (b) aditar a inicial para que a questão seja definitivamente decidida na forma do art. 304, § 2º, do CPC, caso em que se revelaria o desinteresse do autor na estabilização. Uma solução possível para o problema seria a ampliação, pelo juiz, do prazo para o aditamento da inicial, ou mesmo a alteração do termo inicial do prazo para tanto (após a certificação do decurso do prazo para recurso), na forma dos arts. 303, § 1º, I, e 139, VI, do CPC (entendimento referendado pelo Enunciado nº 13, da I Jornada de Direito Processual Civil do Conselho da Justiça Federal). Ampliado o prazo do aditamento (inclusive mais de uma vez), ou alterado o termo inicial do prazo para o aditamento (para só depois da certificação do decurso do prazo para recurso), haverá tempo suficiente para que o polo ativo, ciente da não oposição de recurso pelo interessado (art. 304, *caput*, do CPC), decida-se entre a estabilização ou a decisão definitiva, apenas neste último caso sendo necessário o aditamento da inicial.

Não havendo recurso ou sucedâneo contra a decisão que concede a tutela antecipada – estando ela estabilizada, portanto –, caso o autor, ciente disso, mesmo assim adite a inicial do pedido de tutela antecipada antecedente (art. 303, § 1º, I, do CPC), optou pelo prosseguimento do feito no modo tradicional (cognição exauriente), de modo que ficará prejudicada a estabilização, o réu será citado, o feito prosseguirá regularmente e, ao final, será proferida sentença apta a fazer coisa julgada.

Se, eventualmente, o aditamento do art. 303, § 1º, I, do CPC se deu *ad cautelam*, quando o autor ainda não tinha ciência da estabilização pela não oposição de recurso pelo demandado, lhe deverá ser facultado desistir do aditamento, caso em que haverá a estabilização da tutela antecipada. Não há prejuízo ao polo passivo, considerando que, insatisfeito com a operação, poderá imediatamente demandar requerendo a reforma, a revisão ou a invalidação da decisão estabilizada, na forma do art. 304, §§ 5º e 6º, do CPC.

5. Estabilização da tutela antecipada, extinção do pleito de tutela antecipada antecedente e sucumbência (art. 304, § 1º, do CPC)

Concedida a tutela antecipada antecedente total, caso o interessado não interponha recurso contra a decisão, seus efeitos se estabilizam.

Uma vez estabilizados – e não tendo a parte autora, através do aditamento do art. 303, § 1º, I, do CPC, requerido a apreciação definitiva do pedido principal (art. 304, § 2º, do CPC) –, o pleito de tutela antecipada antecedente será extinto. Trata-se de modalidade de sentença atípica, que não se encaixa propriamente nem nas situações previstas no art. 485, do CPC (extinção se mérito), tampouco nas do art. 487 do CPC (que pressupõe análise exauriente do mérito), pelo que se trata de categoria *sui generis*.

Consequência do acolhimento provisório do pedido é a fixação de sucumbência do vencido, na forma do art. 85 do CPC. O fato de não ter havido recurso ou resistência à decisão antecipatória de tutela, não afasta a causalidade, isto é, a necessidade de os custos do processo serem carreados àquele que, extrajudicialmente, resistiu indevidamente à pretensão.

Razoável, por outro lado, que se aplique o parâmetro do art. 701, *caput*, do CPC, para a fixação da verba honorária devida (5% do valor atribuído à causa), considerando que além de remunerar condignamente o advogado do autor (que, basicamente, praticou um único ato processual), acaba por servir de sanção premial, incentivando que não se apresente resistência ao pleito antecedente (agravo de instrumento) e, com isso, que se alcance a estabilização. Esse, inclusive, é o teor do enunciado 18, das jornadas sobre o CPC/2015 da ENFAM ("Na estabilização da tutela antecipada, o réu ficará isento do pagamento das custas e os honorários deverão ser fixados no percentual de 5% sobre o valor da causa").

Publicada a sentença extintiva, o réu será intimado na pessoa do advogado, de modo eletrônico ou pelo DOE, acaso constituído (art. 269 e ss. CPC). Não tendo constituído, o que é mais provável, parece prudente exigir-se intimação

pessoal, especialmente por que: a) não houve propriamente citação para integrar a demanda – que só ocorreria após o aditamento da inicial (art. 303, § 1º, I, CPC) –, mas apenas intimação para cumprir a tutela provisória deferida, de modo a não se aplicar o art. 346 do CPC; e b) ter-se-á segurança quanto ao termo inicial do prazo do art. 304, § 5º, CPC (ação revisional de tutela antecipada estabilizada).

6. Inexistência de coisa julgada material (art. 304, § 6º, CPC)

A decisão judicial que concede tutela antecipada, uma vez estabilizada pela não oposição de recurso pelo interessado, é dotada de ultratividade. Tem estabilidade e continua a produzir efeitos, ainda que não confirmada ou absorvida por uma sentença fundada em cognição exauriente (art. 304, § 3º, CPC).

Todavia, conforme art. 304, § 6º, CPC, a decisão que concede a tutela – posto que fundada em cognição sumária (provisória) – não fará coisa julgada (ao menos no biênio que suceder a sentença extintiva do art. 304, § 1º, CPC), mas a estabilidade dos respectivos efeitos só será afastada por decisão que a revogar, proferida em ação ajuizada por uma das partes, nos termos do § 2º do dispositivo.

A ultratividade dos efeitos da tutela antecipada estabilizada, assim, perdura, apenas, enquanto não for proferida sentença fundada em cognição exauriente, em ação futura ajuizada por uma das partes.

Nesta medida, portanto, a tutela antecipada cujos efeitos foram estabilizados continua a ser provisória, pois nada impede que os reflexos desta decisão sejam revisados em outra ação, inclusive para afirmar, em cognição profunda e exauriente, que a tutela provisória não deveria ter sido deferida (*v.g.*, determinado o fim de um tratamento médico deferido antecipadamente, ou a cessação da obrigação de não fazer consistente na não exploração de determinada atividade econômica).

A opção pela não ocorrência de coisa julgada sobre tutelas provisórias, ao menos no prazo de 02 (dois) anos estabelecido em pelo art. 304, § 5º, CPC, é meramente política. Não há óbice constitucional para se reconhecer a formação da coisa julgada tutelas deferidas em cognição sumária, mormente porque, no caso da estabilização, oportuniza-se ao prejudicado o exercício do contraditório logo ali, através do manejo de recursos e sucedâneos (art. 304, *caput*, CPC).

Todavia, a opção é justificável, posto que ao se admitir a revisão, reforma ou invalidação da tutela antecipada estabilizada em outra demanda (art. 304, § 3º, CPC), garante-se: a) ao magistrado, maior tranquilidade na emissão de pronunciamentos em cognição sumária; e b) às partes um período de graça para refletir, já sob os efeitos da tutela provisória, se é necessária a retomada da discussão sobre o conflito em outro feito, agora a fim de definitivamente solucioná-lo.

A previsão da coisa julgada material com base em cognição sumária, em lugar de estimular a solução consensual, acabaria por produzir efeito reverso, isto é, conduziria o prejudicado a sempre impugnar a medida para evitar a intangibilidade do provimento sumariamente decretado (Desirê Baurman. Estabilização da tutela antecipada. *Revista eletrônica de direito processual*. Rio de Janeiro. UERJ, 2010, p. 46).

7. Revisão da tutela antecipada estabilizada e prazo (art. 304, §§ 2º, 4º e 5º, CPC)

Qualquer das partes poderá demandar a outra, no prazo de 02 (dois) anos (art. 304, § 5º, CPC), com o intuito de rever, reformar ou invalidar a tutela antecipada estabilizada. Para tanto, autoriza-se o desarquivamento dos autos físicos (no processo eletrônico não é necessário) para obtenção de documentos a bem da instrução da ação revisional (art. 304, § 4º, CPC).

A via é desimportante: ação declaratória, constitutiva, desconstitutiva, condenatória, de procedimento comum ou especial. O que importa é que haja uma ação do interessado, dirigida à revisão, reforma ou invalidação da tutela antecipada concedida antecedentemente.

Não há limitação de matéria. A ação tendente a rever, reformar ou invalidar a tutela antecipada concedida antecedentemente, pode se fundar em qualquer causa de natureza material ou processual; pode partir da afirmação de *error in procedendo* ou *error in judicando*; pode trazer elementos completamente novos não conhecidos do juiz que concedeu a tutela antecipada antecedente; pode, inclusive, se fundar nos vícios que autorizam o manejo da ação rescisória (art. 966, CPC/15).

A ação revisional, necessariamente, será ajuizada perante o juízo em que a tutela antecipada foi concedida (art. 304, § 5º, CPC).

A opção legislativa é absolutamente correta. Ao menos em princípio, o juízo da tutela provisória, já conhecendo o caso, tem melhores condições de decidi-lo de modo definitivo, em cognição exauriente. Tem-se, ainda, a preservação do status hierárquico do julgador, responsável por revisar, reforma ou invalidar a própria decisão proferida em cognição sumária.

A regra é de competência funcional, como tal absoluta. Uma vez violada leva às consequências previstas no art. 64 do CPC, sendo a decisão definitiva proferida por juízo diverso, inclusive, rescindível (art. 966, II, CPC).

Estabelece-se um prazo decadencial de 02 (dois) anos para o direito de rever, reformar ou invalidar a tutela antecipada estabilizada (art. 304, § 5º, CPC).

Contam-se os 02 (dois) anos da data da ciência da decisão que extingui o processo pela não oposição de recurso e, consequente estabilização (art. 304, § 1º, CPC).

Conforme apontamos mais acima, da sentença extintiva o réu será intimado, na pessoa do advogado (de modo eletrônico ou pelo DOE), acaso constituído (art. 269 e ss. CPC). Não tendo constituído, parece prudente exigir-se intimação pessoal. Estes serão os termos iniciais do prazo de 02 (dois) anos aqui tratado.

Decorrido o biênio, extingue-se o direito de rever a tutela antecipada estabilizada.

Não parece haver qualquer inconstitucionalidade na extinção do direito tão logo decorra o prazo de 02 (dois) anos. Como já afirmado, pode haver inconveniência. Mas não há nenhum impedimento legal ou constitucional para a perenização de efeitos de decisão proferida com base em cognição sumária. Logo, se poderia o legislador ter permitido coisa julgada material sobre a decisão antecipatória de tutela não impugnada, com muito mais razão poderá, como fez, fixar prazo para revisão, modificação ou invalidação da decisão, sob pena de extinção do direito.

Há enorme divergência na doutrina em formação a respeito de, a partir de findo o biênio, ter-se ou não a formação da coisa julgada.

Alguns respondem negativamente à questão, sob o fundamento de que não se tem, aqui, o efeito positivo da coisa julgada (indiscutibilidade), além do que o art. 304, § 6º, do CPC/15, seria expresso no sentido de que não há coisa julgada na estabilização. Haveria aqui, digamos, uma espécie de preclusão máxima, muito próxima à coisa julgada, mas distinta dela.

Para os adeptos desta posição, decorrido o biênio da revisional, estaria definitivamente sepultada a possibilidade de qualquer revisão/modificação/invalidação da tutela antecipada estabilizada, vez que de coisa julgada material não se tratando, vedada a via da ação rescisória (art. 966 do CPC).

Em outro trabalho que nos dedicamos ao trato do mesmo tema (Gajardoni, Dellore, Roque e Oliveira Jr. *Teoria Geral do Processo: comentários ao CPC*, São Paulo, Método, 2015, p. 903), apresentamos ponto de vista distinto.

Sustentamos que há coisa julgada material após o decurso do biênio para a revisão, modificação ou invalidação da decisão provisória estabilizada, por visualizar que são imutáveis e indiscutíveis seus efeitos. Isto é, visualizamos no fenômeno os efeitos positivo e negativo da coisa julgada.

O efeito negativo da coisa julgada impede que a questão principal já definitivamente decidida seja julgada novamente como questão principal em outra demanda ajuizada após o biênio legal da revisional da tutela antecipada estabilizada.

Já o efeito positivo, em suma, impõe a vinculação ao julgador de uma causa ao quanto decidido na tutela antecipada estabilizada, vez que determina que, se a questão já resolvida por força do art. 305 do CPC retornar ao Judiciário como questão incidental após o biênio para a revisional (é inviável o seu retorno como questão principal – efeito negativo), não pode ela ser decidida de forma distinta da que fora na decisão provisória anteriormente estabilizada.

Por isso, constituída a coisa julgada pelo não ajuizamento da ação revisional no prazo de 02 (dois) anos, parece ter início novo prazo de 02 (dois) anos para propositura de ação rescisória (art. 975 do CPC). Cabível não mais em 1ª instância, para arguição de qualquer matéria como se podia fazer no biênio inicial. A rescisória será ajuizada contra a decisão estabilizada no Tribunal, e apenas para apontamento dos vícios elencados no art. 966 do CPC.

Não deixa de ser uma novidade no processo civil brasileiro o fato de, doravante, haver coisa julgada sobre tutelas sumárias estabilizadas não revistas no prazo de 02 (dois) anos, e, por conseguinte, caber ação rescisória contra elas.

CAPÍTULO III
DO PROCEDIMENTO DA TUTELA CAUTELAR REQUERIDA EM CARÁTER ANTECEDENTE

> **Art. 305.** A petição inicial da ação que visa à prestação de tutela cautelar em caráter antecedente indicará a lide e seu fundamento, a exposição sumária do direito que se objetiva assegurar e o perigo de dano ou o risco ao resultado útil do processo.
>
> **Parágrafo único.** Caso entenda que o pedido a que se refere o *caput* tem natureza antecipada, o juiz observará o disposto no art. 303.

▶ *Referência: CPC/1973 – Arts. 801 e 273, § 7º*

1. Procedimento da tutela cautelar requerida em caráter antecedente (art. 305 CPC)

O requerimento da tutela provisória de urgência (satisfativa ou conservativa), quando incidental (art. 294, parágrafo único, CPC), será formulado nos próprios autos do processo em curso. Geralmente o pedido é apresentado na petição inicial. Mas como as tutelas provisórias de urgência podem ser requeridas a qualquer tempo (inclusive na fase recursal), não há uma forma rígida para o requerimento, podendo, inclusive, se dar por mera petição avulsa.

No tocante às tutelas provisórias de urgência antecedentes, o CPC estabeleceu disciplina procedimental completamente nova. Além de permitir o pleito antecipatório de tutela em caráter antecedente (algo que, no regime do CPC/1973, ao menos formalmente não existia), extirpou-se a autonomia procedimental das cautelares preparatórias.

Os modelos procedimentais, contudo, são diversos, a depender da natureza da tutela de urgência:

a) Tratando-se de requerimento de tutela antecipada antecedente, o regime jurídico processual é dos artigos 303 e 305 do CPC (que, inclusive, introduz no direito processual civil brasileiro a técnica italiana da estabilização dos efeitos da tutela antecipada);

b) Tratando-se de requerimento de tutela cautelar antecedente, o regime processual está nos artigos 305 a 310 do CPC.

Por isso, nos casos em que a urgência for contemporânea à propositura da ação, abrem-se duas possibilidades ao requerente da tutela cautelar. A primeira, propor a ação e, incidentalmente, no bojo da própria petição inicial relativa à pretensão principal – que deverá preencher todos os requisitos do art. 319 do CPC –, requerer a tutela cautelar. A segunda, ofertar uma petição inicial limitando-se ao requerimento da tutela cautelar, na forma do art. 305 CPC.

Feita a segunda opção, a inicial, além do requerimento da tutela cautelar, a inicial deverá conter:

a) a lide e seu fundamento;

b) a exposição do direito que se objetiva assegurar;

c) o perigo de dano ou o risco ao resultado útil do processo; e

d) a indicação do valor da causa.

Basta a indicação. A exposição da pretensão final virá posteriormente, com a apresentação do pedido final na forma do art. 308, *caput*, do CPC (que, inclusive, fala em aditamento da causa de pedir no § 2º).

O requisito da indicação da lide e seu fundamento (a), diversamente do que se possa imaginar, não cuida da lide cautelar. Na verdade, pretende o legislador, tal como já ocorria no CPC/1973 (art. 801, III), que o requerente da medida decline qual será a pretensão principal, isto é, qual o pedido a ser apresentado em caráter principal, possibilitando, assim, ao juiz, antever a pertinência da medida (inclusive sob o aspecto do interesse, legitimidade e competência).

A pretensão cautelar é sempre dependente da pretensão principal cuja eficácia visa garantir. Assim, é inadmissível medida cautelar requerida com fim diverso daquele buscado *principaliter* (STJ, REsp 169.042/SP, 2.ª T., j. 01.03.2001, rel. Min. Francisco Peçanha Martins, *DJ* 23.04.2001, p. 126).

A exposição do direito que se busca realizar (b) tem relação com a probabilidade do direito, condicionante natural das tutelas de urgência (art. 300, *caput*, do CPC). Trata-se de requisito essencial para aferição da verossimilhança do direito reclamado (*fumus boni iuris*), isto é, da probabilidade de ele, ao final, vir a socorrer o requerente da medida.

Embora o dispositivo seja silente, esta exposição deve vir acompanhada de elementos que demonstrem a probabilidade do direito, seja através de prova documental (pré-constituída), seja por prova oral colhida em justificação prévia (art. 300, *caput* e § 2º, CPC), sob pena de a tutela cautelar não ser deferida.

A exposição do perigo de dano ao direito ou do risco ao resultado útil do processo (c), por sua vez, tem relação com o *periculum in mora*, tratando-se do requisito demonstrativo de que é urgente a necessidade de concessão da tutela conservativa reclamada. Tanto quanto a probabilidade do direito, também deve ser demonstrada por prova documental ou justificação (art. 300, *caput* e § 2º, CPC), não bastando mera alegação para que a tutela seja deferida.

Tecnicamente, parece que a exposição de situação que ensejasse risco ao resultado útil do processo é que demandaria a concessão de tutela provisória de natureza cautelar (conservativa); a exposição do perigo de dano ao direito justificaria a concessão de tutela provisória de natureza antecipada.

Por isso, nos termos do que estabelece o art. 303, *caput*, CPC, vislumbrando perigo de dano ao direito, e não risco ao resultado útil do processo, o juiz deverá, a bem da fungibilidade, conceder a tutela de urgência de natureza antecipada (satisfativa), determinando, ainda, a respectiva correção do procedimento (art. 303 do CPC).

Na petição inicial que requerer a concessão de tutela cautelar antecedente o autor terá de indicar, também, o valor da causa (e). Será levado em consideração o pedido de tutela final, pois que haverá, apenas, um único procedimento e, por conseguinte, um único recolhimento de custas processuais pelas tutelas provisória e final. Inclusive porque o art. 308, *caput*, do CPC, estabelece que não haverá novo adiantamento de custas quando da apresentação do pedido principal, de modo que é o conteúdo econômico deste, e não da pretensão cautelar, que deverá ser considerado.

2. Indiferença (fungibilidade) entre as tutelas provisórias

Por fungibilidade entende-se a operação de se receber um ato processual praticado por

Art. 306

CÓDIGO DE PROCESSO CIVIL INTERPRETADO

444

outro, isto na suposição de que, além de mais adequado aos fins pretendidos, a adaptação represente ganho de efetividade ou de economia processual.

Bastante razoável, por isso, admitir-se que recebido pleito de tutela de urgência cautelar (conservativo), o juiz, entendendo que antecipatório (satisfativo) é, processe e defira o pedido como tal, determinando, ainda, as adaptações rituais necessárias (art. 303 do CPC).

No regime do CPC/1973 (art. 273, § 7º), admitia-se a fungibilidade entre as tutelas de urgência, ou, mais adequadamente, a indiferença entre elas, toda vez que requerida medida a título de tutela antecipada, o juiz entendesse que de cautelar se tratava. Ainda no regime do CPC/1973, acabou por prevalecer o entendimento de que apesar da omissão legal, a fungibilidade era de mão dupla, admitindo-se que requerida providência antecipatória a título cautelar, o juiz, fazendo-se as adaptações rituais necessárias, pudesse deferi-la.

No modelo do CPC, inexplicavelmente, não se prevê a fungibilidade de mão dupla, tampouco se trata do tema nas disposições gerais da tutela provisória ou, ao menos, das tutelas de urgência.

O art. 305, parágrafo único, CPC, indica que caso se entenda que o pedido requerido a título cautelar tem natureza antecipada, o juiz observará o disposto no art. 303 do CPC, isto é, o processará como pleito antecipatório de tutela. Silêncio absoluto no sentido da situação contrária: a parte requerendo a título de tutela antecipada, providência de natureza cautelar.

Como se acredita que fungibilidade é característica de todas as tutelas provisórias, não temos dificuldade em aceitar a permanência da via dupla da fungibilidade do art. 305, parágrafo único, do CPC, admitindo que o juiz possa, inclusive em vista do princípio da cooperação (art. 6º do CPC), adaptar o pleito de natureza antecipada, se entender que a natureza é cautelar.

A fungibilidade, sem dúvida, excepciona o princípio da adstrição do juiz ao pedido da parte (art. 141 do CPC//2015).

Jurisprudência

a) Fungibilidade entre tutelas provisórias. *Deve ser aplicado o princípio da fungibilidade entre as medidas cautelares e as antecipatórias* *da tutela, vez que há interesse processual para se postular providência de caráter cautelar, a título de antecipação de tutela* (STJ, REsp 900064/RS, 2ª Turma, Rel. Min. Mauro Campbell Marques, j. 03.08.2010). *O art. 273, § 7º, do CPC/73, abarca o princípio da fungibilidade entre as medidas cautelares e as antecipatórias da tutela e reconhece o interesse processual para se postular providência de caráter cautelar, a título de antecipação de tutela.* (REsp 1011061/BA, Relatora Ministra Eliana Calmon, *DJe* 23/04/2009). *Esta Corte Superior já se manifestou no sentido da admissão da fungibilidade entre os institutos da medida cautelar e da tutela antecipada, desde que presentes os pressupostos da medida que vier a ser concedida* (AgRg no REsp 1.003.667/RS, Rel. Min. Humberto Martins, Segunda Turma, *DJe* de 1º/6/09)

> **Art. 306.** O réu será citado para, no prazo de 5 (cinco) dias, contestar o pedido e indicar as provas que pretende produzir.

▶ *Referência: CPC/1973 – Art. 802*

1. Citação e interrupção da prescrição

Admitido o pleito de tutela cautelar antecedente, deferida ou não a liminar, o requerido deverá ser citado.

Não havendo previsão específica sobre as modalidades de citação, aplicam-se as regras dos arts. 246 e ss. do CPC. Cabíveis, portanto, todas as modalidades de citação real e fictas.

Desde que a citação se faça nos termos da lei processual, entende-se que se tem por interrompida a prescrição pelo simples despacho do juiz que ordenar a citação na cautelar antecedente (art. 240, § 1º, do CPC).

Despacho, inclusive, que pode ser ordenado por juiz incompetente.

A interrupção da prescrição alcança, por evidente, a prescrição da pretensão a ser exercida *principaliter* (STJ, REsp 822.914/RS, 3.ª T., j. 01.06.2006, rel. Min. Humberto Gomes de Barros). Rompe-se, com a propositura da cautelar antecedente, a inércia acarretadora da prescrição.

2. Resposta do réu

Deve se buscar uma interpretação útil e consentânea com o modelo de aceleração e simplificação proposto pelo CPC. Por isso, entende-se que a definição do procedimento da cautelar antecedente estará a depender da concessão ou não da tutela liminarmente.

Concedida a cautelar liminarmente ou após justificação prévia (art. 300, § 2º, CPC), o réu será citado/intimado do pedido e da medida deferida. Porém, o contraditório pleno se dará após a efetivação da medida e apresentação do pedido principal nos próprios autos da cautelar (art. 308 e §§ do CPC).

Evidentemente, assegura-se ao prejudicado, inclusive porque citado/intimado da medida antecipadamente deferida, o direito de intervir no processo para pleitear reconsideração da tutela liminar cautelar, ou mesmo para agravar de tal decisão (art. 1.015, I, do CPC). Entretanto, não haverá espaço para a resposta propriamente dita neste instante processual, o que levaria a uma desnecessária e inexplicável duplicação de defesas ante a iminência com que será apresentada a defesa da pretensão principal (na qual estará inserida a pretensão cautelar).

Sendo a defesa toda concentrada para o momento posterior à efetivação da tutela cautelar (e apresentação do pedido principal), eventual alegação de incompetência na forma do art. 340, § 3º, do CPC, ou mesmo a apresentação de reconvenção na própria contestação (art. 343 CPC), também ficará reservada para este momento.

O legislador poderia ter sido mais claro a este respeito.

Não concedida a cautelar liminarmente ou após a justificação prévia (art. 300, § 2º, CPC), o requerido será citado para, no prazo de 05 (cinco) dias, contestar o pedido, estritamente como indicado no art. 306, do CPC.

O termo inicial do prazo segue o regramento do art. 231 do CPC. Não há mais a previsão do art. 802, parágrafo único, II, do CPC/1973, segundo o qual conta-se o prazo de resposta da juntada aos autos do mandado da execução da medida cautelar, quando concedida liminarmente ou após justificação prévia.

Ao prazo referido no art. 306 do CPC aplicam-se os artigos. 185, 189 e 229 do CPC: à Fazenda Pública, Defensoria Pública e aos litisconsortes passivos com diferentes procuradores, assegura-se o prazo em dobro para responder (10 dias). Não há mais o prazo em quádruplo para a resposta da Fazenda Pública como era a regra do art. 188 do CPC/1973.

A contestação na cautelar poderá versar defesa processual ou de mérito. Mas apenas sobre os temas discutidos na inicial sumarizada em que requerida a tutela cautelar, reservada a defesa relativa à pretensão principal para a contestação da ação de conhecimento ou para a impugnação/embargos à execução.

Contestado o pedido, encerra-se a brevíssima sumariedade procedimental da cautelar, passando o processo a seguir o rito comum das ações de conhecimento (art. 307, parágrafo único, CPC). Apesar disso, não há realização de audiência de conciliação do art. 334 do CPC, vez que cabível em momento anterior à fase de contestação já havida no procedimento cautelar antecedente.

Não se encerra, contudo, a sumariedade cognitiva da medida requerida. A busca pela probabilidade do direito, assim, é que imperará na colheita e valoração da prova na cautelar.

3. Alegação de incompetência

Apresentado requerimento de tutela cautelar antecedente (art. 305 do CPC) perante juízo relativamente incompetente (regra geral com violação de competência estabelecida em função do território ou do valor da causa) – e acaso não tenha sido concedida a medida liminarmente ou após justificação prévia (o que redundará no seguimento do procedimento antes da formulação do pedido principal, conforme art. 308, CPC), deverá a parte requerida, em preliminar de contestação no pleito cautelar (art. 306 CPC), arguir a incompetência. Aqui não se aplica a regra do art. 340, § 3º, do CPC, posto inexistir, no rito dos pedidos de cautelar antecedente, audiência de conciliação obrigatória (art. 334 do CPC).

Não arguida a incompetência relativa conforme retro apontado, ocorrerá o fenômeno da prorrogação de competência do juízo (art. 65 do CPC), que implicará não só a competência do juízo para conhecer do requerimento de tutela provisória cautelar como, também, para o próprio pedido principal (competência funcional) (STJ, REsp 489.485/RS, 3.ª T., j. 26.08.2003, rel. Min. Carlos Alberto Menezes Direito, e CC 36.522/SP, 2.ª S., j. 25.02.2003, rel. Min. Nancy Andrighi).

É extemporânea a arguição de incompetência relativa na contestação da pretensão principal, vez que já operada a prorrogação de competência (art. 308, § 4º, CPC).

Art. 307

Caso tenha sido concedida a medida cautelar liminarmente ou após justificação prévia, a arguição da incompetência deverá ser feita diretamente na contestação do pedido principal, vez que não haverá propriamente uma fase de defesa na cautelar antecedente (concentração dela após a formulação do pedido principal na forma do art. 308, CPC). Neste caso não se pode falar em prorrogação, já que não houve oportunidade para o requerido se defender no procedimento preparatório (antecedente).

Apresentado o requerimento de tutela cautelar antecedente perante juízo absolutamente incompetente, caso o juiz não reconheça de ofício a incompetência conforme lhe compete, poderá a parte fazer a arguição tanto na contestação da cautelar acaso não concedida liminarmente ou após justificação prévia (momento ideal), quanto na contestação do pedido principal. Afinal, a incompetência absoluta não se prorroga pela não oposição da parte adversa (art. 64 e §§ do CPC), admitindo até mesmo rescisão da decisão após o trânsito em julgado (art. 966, II, CPC).

4. Reconvenção

Não cabe reconvenção (art. 343 do CPC) no pedido de tutela provisória cautelar antecedente, pois não há solução da questão de direito material controvertida em seu bojo.

Deve o requerido, querendo, apresentar reconvenção oportunamente, quando do prazo para resposta do pedido principal, ou demandar autonomamente.

Caso tenha o requerido alguma pretensão cautelar contra o requerente da medida, deverá também fazê-lo através de requerimento cautelar próprio e autônomo.

5. Incidente de impedimento ou suspeição (art. 146 do CPC)

É cabível também, no âmbito do pedido de cautelar antecedente, a alegação de impedimento e de suspeição, cuja regência é inteiramente dada pelo art. 146 do CPC.

Nesse caso, indiferente se a tutela foi deferida antecipadamente (liminarmente ou após justificação prévia). Conhecido o fato que causa o impedimento ou suspeição, a parte a arguirá em 15 (quinze) dias.

Jurisprudência

Citação na cautelar e interrupção da prescrição: *Nos termos do art. 219 do CPC, a citação*

válida, ainda que realizada em processo cautelar preparatório extinto sem julgamento do mérito, interrompe a prescrição. Neste caso, a pretensão cautelar confunde-se, em parte, com a pretensão da ação principal. Inaplicável ao caso a Súmula 154/STF porque concebida no sistema processual anterior, em que a cautelar não implicava citação nem amplo contraditório (STJ, REsp 1067911/SP, 2ª Turma, Rel. Ministra Eliana Calmon, j. 18.08.2009).

> **Art. 307.** Não sendo contestado o pedido, os fatos alegados pelo autor presumir-se-ão aceitos pelo réu como ocorridos, caso em que o juiz decidirá dentro de 5 (cinco) dias.
>
> **Parágrafo único.** Contestado o pedido no prazo legal, observar-se-á o procedimento comum.

▶ *Referência: CPC/1973 – Art. 803*

1. Revelia (art. 307 CPC)

O art. 307 do CPC é aplicável, apenas, nos casos de pedido de cautelar antecedente e nas quais não foi concedida a medida liminarmente ou após justificação prévia (art. 300, § 2º, CPC). Tendo sido concedida a tutela cautelar antecipadamente, ainda que o réu também seja citado/intimado da medida, não haverá, propriamente, contestação da pretensão cautelar neste instante (vide comentários ao art. 306 CPC/2015), de modo que, se houver revelia, ela se dará no processo principal.

Havendo revelia (isto é, não apresentada resposta pelo requerido ao pedido cautelar antecedente em que não tenha havido a concessão da cautelar antecipada), presumir-se-ão como verdadeiros todos os fatos alegados na inicial sumarizada (art. 307 CPC).

A revelia não enseja, contudo, a procedência automática do pedido cautelar antecedente, pois se trata de presunção relativa (art. 344 do CPC). Possível, assim, que mesmo não havendo resposta do requerido, o juiz desacolha o pleito provisório cautelar ao fim do procedimento cautelar.

A revelia no procedimento cautelar antecedente, também não implica presunção de veracidade dos fatos que serão alegados quando da apresentação do pedido principal. Tanto que o art. 308, § 3º, do CPC, estabelece que apresentado o pedido principal (que se dará, apenas, em caso de concessão da cautela antecipada ou ao final do procedimento), as partes serão intimadas para a audiência de conciliação ou de mediação na forma do art. 334 do CPC, por seus advogados ou pessoalmente, sem necessidade de nova citação do réu. Somente não obtida a conciliação e não apresentada resposta pelo requerido, que haverá revelia quanto ao pedido principal.

Jurisprudência

Revelia no processo cautelar: *No processo cautelar, presumem-se como verdadeiros os fatos afirmados pelo Requerente, quando a Requerida não oferece no prazo legal a sua contestação, embora tenha sido devidamente citada* (STJ, MC 4891/DF, 2ª Turma, Rel. Min. Laurita Vaz, j. 26.11.2002).

> **Art. 308.** Efetivada a tutela cautelar, o pedido principal terá de ser formulado pelo autor no prazo de 30 (trinta) dias, caso em que será apresentado nos mesmos autos em que deduzido o pedido de tutela cautelar, não dependendo do adiantamento de novas custas processuais.
>
> **§ 1º** O pedido principal pode ser formulado conjuntamente com o pedido de tutela cautelar.
>
> **§ 2º** A causa de pedir poderá ser aditada no momento de formulação do pedido principal.
>
> **§ 3º** Apresentado o pedido principal, as partes serão intimadas para a audiência de conciliação ou de mediação, na forma do art. 334, por seus advogados ou pessoalmente, sem necessidade de nova citação do réu.
>
> **§ 4º** Não havendo autocomposição, o prazo para contestação será contado na forma do art. 335.

▶ *Referência: CPC/1973 – Art. 806*

1. Formulação do pedido principal (art. 308, *caput*, e § 1º, CPC)

Efetivada a tutela cautelar – seja a concedida antecipadamente (liminarmente ou após justificação prévia), seja a concedida na decisão final da cautelar antecedente – o pedido principal terá de ser formulado no prazo de 30 dias (art. 308 CPC).

O pedido se fará nos próprios autos da cautelar antecedente já ajuizada (e não em outra ação como ocorria no regime do CPC/1973), com plena possibilidade de aditamento da causa

de pedir (apresentada resumidamente na forma do art. 305 CPC), e sem incidência de novas custas (art. 308, § 1º, CPC/2015).

Obviamente, a não observância do prazo para a formulação do pedido principal só atinge o direito à cautela, permanecendo íntegro eventual direito material de que seja titular o requerente.

Nada impede, portanto, que a parte apresente a pretensão principal oportunamente em outra demanda. Só que não terá mais como pleitear a tutela cautelar com base no mesmo fundamento (art. 309, parágrafo único, CPC).

O prazo de 30 (trinta) dias referido no art. 308, *caput*, do CPC é decadencial. Logo, admite reconhecimento de ofício pelo juiz, em qualquer momento e grau de jurisdição. Aplica-se para a contagem do trintídio o art. 224 do CPC, excluindo-se o dia do começo (efetivação) e incluindo-se o dia do final.

Há julgados admitindo que, se a pretensão principal não correr durante as férias (recesso), o pleito cautelar também não correrá, salvo no tocante à medida de urgência requerida. Neste caso, a ação principal poderá ser ajuizada até o primeiro dia útil subsequente às férias (STJ, REsp 770.920/PE, 5.ª T., j. 14.08.2007, Rel. Min. Arnaldo Esteves; e REsp 257.648/RS, 4.ª T., j. 17.08.2000, Rel. Ruy Rosado).

Idêntico raciocínio deve ser empregado para permitir a formulação do pedido principal no primeiro dia útil subsequente, caso o último dia do prazo do art. 308, *caput*, do CPC/2105, seja em um sábado ou dia em que não haja expediente forense (STJ, REsp 254.443/PR, 4.ª T., j. 20.06.2000, rel. Min. Barros Monteiro; REsp 202.648/ES, 4.ª T., j. 27.04.1999, rel. Min. Ruy Rosado).

2. Termo inicial do prazo para formulação do pedido principal (art. 308, *caput*, CPC)

O art. 308, *caput*, do CPC – que repete, em termos, a regra do art. 806 do CPC/1973 – estabelece que o prazo de 30 dias é contado da efetivação da medida cautelar, seja a concedida antecipadamente (liminarmente ou após justificação prévia), seja a concedida na decisão final da cautelar antecedente. Não se conta o prazo a partir do deferimento da medida.

Assim, no pedido de arresto cautelar, deferida a medida liminarmente, o prazo de 30 (trinta) dias para o ajuizamento da ação de execução por quantia não se inicia nesta data, mas da data da efetivação da medida (*i.e*, no momento em que os bens foram arrestados). Caso a medida não tivesse sido concedida liminarmente ou após justificação prévia, mas só ao final da cautelar antecedente, o raciocínio seria idêntico: o prazo não se iniciaria na data da decisão final ou de sua publicação, mas sim no momento em que o oficial de justiça, ou o oficial do Registro de Imóveis, apreendesse ou bloqueasse a matrícula do bem, a partir de quando o beneficiário teria 30 (trinta) dias para formular o pedido principal.

Obviamente, se não houve deferimento da medida cautelar não tem início o curso do prazo para a formulação do pedido principal (vez que não houve efetivação de medida alguma) (STJ, REsp 218.422/SP, 1.ª T., j. 06.12.2001, rel. Min. Milton Luiz Pereira, REsp 144.717/PE, 2.ª T., j. 25.09.97, rel. Min. Adhemar Maciel).

Indaga-se, por outro lado, se o prazo referido conta-se da efetivação da cautelar ou da ciência, pelo beneficiário, de que houve tal efetivação (cumprimento). Já se decidiu que o prazo referido conta-se da data da ciência, pelo requerente, de que a cautelar foi efetivada (STJ, REsp 72646/RS, 4.ª T., j. 07.11.1995, rel. Min. Ruy Rosado de Aguiar, *DJ* 18.12.1995, p. 44587; STJ, REsp 123659/PR, 4.ª T., j. 09.06.1998, rel. Min. Sálvio de Figueiredo Teixeira, *DJ* 21.09.1998, p. 175), bem como que o prazo conta-se da mera efetivação, e não da ciência do autor da ação cautelar (REsp 278.477/PR, 4.ª T., j. 12.12.2000, rel. Min. Sálvio de Figueiredo Teixeira, *DJ* 12.03.2001, p. 148; REsp 327.380/RS, 2.ª S., j. 22.05.2002, rel. Min. Antônio de Pádua Ribeiro, *DJ* 04.05.2005, p. 153), sendo essa posição a dominante e amplamente prestigiada no foro.

Sendo autor o Ministério Público, deverá este ser pessoalmente cientificado da efetivação da medida cautelar por si requerida, para só então ter início o prazo para a formulação do pedido principal (STJ, REsp 88.975/SP, 3.ª T., j. 13.10.1997, rel. Min. Waldemar Zveiter).

Sendo possível a execução da tutela cautelar por partes (p. ex., arresto de vários bens), há entendimento de que a liminar foi efetivada a partir do primeiro ato de execução (STJ, REsp 757.625/SC, 3.ª T., j. 19.10.2006, rel. Min. Nancy Andrighi, *DJ* 13.11.2006, p. 257, REsp 7084/RS, 3.ª T., j. 19.03.1991, rel. Min. Eduardo Ribeiro, *DJ* 15.04.1991, p. 4301). Mas há, também,

jugados em sentido contrário, apontando que somente após a efetivação integral da cautelar tal prazo terá curso (STJ, REsp 189.354/SP, 2.ª T., j. 23.08.2005, rel. Min. Castro Meira, *DJ* 03.10.2005, p. 159).

3. Não incidência do prazo quando houver impedimento legal à formulação do pedido principal

Não incide o prazo do art. 308, *caput*, do CPC, para o caso em que o pedido principal não pode ser formulado em virtude de impedimento legal expresso.

É o que ocorre, por exemplo, no caso de arresto cautelar, requerido com base em título executivo extrajudicial inexigível (não vencido). Embora deferida e cumprida a medida cautelar, não se pode formular o pedido principal de execução do título, pois que ele ainda não está vencido (art. 783 do CPC). Assim, o arresto conserva sua eficácia até o trigésimo dia posterior ao vencimento do título executivo, quando então o exequente deverá necessariamente formular o pedido de execução, sob pena de ser extinto procedimento antecedente e se tornar ineficaz o arresto cautelar dantes deferido.

4. Não incidência do prazo, em relação às cautelares não restritivas de direitos

O disposto no art. 308, *caput*, CPC, só se aplica às cautelares constritivas, aquelas onde há restrições ao direito do requerido ou constrição aos seus bens (arresto, sequestro, busca e apreensão, separação de corpos, sustação de protesto etc.). O prazo de 30 (trinta) dias tem por objetivo evitar que o beneficiado pela medida cautelar perpetue indefinidamente sua vantagem sobre a esfera jurídica do requerido, deixando de formulado o pedido principal onde se porá fim ao estado de provisoriedade da decisão judicial.

Se a medida cautelar deferida for não constritiva, isto é, se não acarretar ofensa à esfera jurídica da parte contrária, como é o caso da produção antecipada de provas e do arrolamento não constritivo (art. 381, I e § 1º, CPC), não se aplicará o prazo do art. 308, *caput*, do CPC (STJ, REsp 641.665/DF, 1.ª T., j. 08.03.2005, rel. Min. Luiz Fux; REsp 59.507/SP, 5.ª T., j. 10.11.1997, rel. Min. Edson Vidigal). De todo modo, nestes casos, o pedido principal não será formulado nos próprios autos da medida requerida (produção antecipada ou arrolamento), considerando-se o regime próprio do art. 381 CPC.

5. Não incidência do prazo em relação às tutelas satisfativas autônomas (*cautelares satisfativas*)

A tutela satisfativa autônoma, conforme outrora apontado (vide comentários ao art. 294), não é apenas conservativa, o que a afasta a natureza cautelar. Distingue-se, por outro lado, da antecipação dos efeitos da tutela porque esta, embora satisfativa, dura, em regra, na pendência do processo, enquanto a tutela satisfativa autônoma não demanda ratificação posterior para operar a plenos efeitos.

Diversamente das cautelares e antecipatórias, as tutelas satisfativas autônomas bastam por si mesmas e esgotam-se com a simples concessão da liminar, tendendo, em boa parte dos casos, a produzir efeitos irreversíveis (em contrariedade, portanto, ao disposto no art. 300, § 3º, CPC). São exemplos de tutelas satisfativas autônomas, as ações que objetivam, liminarmente, obter autorização para transfusão de sangue e a realização de aborto, a busca e apreensão de menores arrebatados do guardião, as ações para obtenção, perante juízo cível, de medidas protetivas fundadas na Lei Maria da Penha (arts. 18, 19, 22, II e V, 23 e 24 da Lei 11.340/2006).

Não se aplica o art. 308, *caput*, do CPC a elas, pois, nestes casos, não há de existir mesmo pedido principal a ser formulado, esgotando-se a atuação do Estado Juiz, ao menos no processo ajuizado, na concessão da tutela liminarmente (STJ, REsp 851.884/RS, 2.ª T., j. 16.09.2008, rel. Min. Mauro Campbell Marques, *DJe* 29.10.2008; STJ, Ag 810.122/RJ, 4.ª T., j. 26.02.2008, rel. Min. Massami Uyeda).

6. Causas relativas a direito de família

Parte da doutrina e jurisprudência abrandavam o rigor do art. 806 do CPC/1973 (doravante art. 308, *caput*, do CPC) nas causas de direito de família, ainda que a medida cautelar concedida fosse constritiva, como, por exemplo, na cautelar com pedido de separação de corpos (Súmula 10 do TJRS).

Em virtude dos interesses fundamentais em jogo, considerava-se que não há caducidade da medida deferida pela não formulação do pedido principal no prazo de 30 (trinta) dias, pois a ineficácia automática da medida implicaria grave risco ao direito fundamental do ser humano (integridade física e moral).

Assim, caso se aceite este a perpetuação deste entendimento na vigência do CPC, não perdem eficácia tais cautelares pela não formulação do pedido principal no prazo legal.

Tal entendimento, porém, não é pacífico, e encontra resistência no âmbito do próprio STJ (STJ, REsp 436763/SP, 3.ª T., j. 27.11.2007, rel. Min. Humberto Gomes de Barros, *DJ* 06.12.2007, p. 312).

7. Não formulação do pedido principal e consequências

Não formulado o pedido principal no prazo de 30 (trinta) dias da efetivação da medida, o procedimento será extinto, sem análise do mérito, tornando-se ineficaz a tutela cautelar concedida de modo antecipado (art. 309, I, CPC e Súmula 482 do STJ). Inexiste sentido para a preservação do curso do pedido de cautelar antecedente após o trintídio legal, mormente porque a parte poderá, oportunamente, apresentar o pedido principal em outra demanda.

Ademais, não há diferença lógica entre a situação daquele que deixar de emendar a inicial na forma do art. 303, § 2º, do CPC (tutela antecipada) – cujo processo é extinto sem mérito – e aquele que não formula o pedido principal nos termos do art. 308, *caput*, do CPC (tutela cautelar). Onde há a mesma razão, deve haver a mesma solução.

Cessada a eficácia da cautelar deferida e extinto o procedimento em que requerida a cautelar antecedente, não há impedimento algum para o ajuizamento da ação com a formulação do pedido principal, inclusive com novo pleito cautelar (antecedente ou incidental). Só não se admite que novo pleito cautelar seja formulado com base no mesmo fundamento do procedimento anteriormente extinto (art. 309, parágrafo único, do CPC).

8. Formulação do pedido principal e procedimento (art. 308, §§ 3º e 4º, CPC)

Apresentado o pedido principal no prazo legal, as partes serão intimadas para a audiência de conciliação ou de mediação, na forma do art. 334 do CPC. A intimação será feita por seus advogados, inclusive do réu no caso em que já tiver constituído o seu. Não tendo constituído advogado, será o réu intimado pessoalmente. Não há necessidade de nova citação do réu, algo que já ocorreu quando da admissão da cautelar antecedente.

Na interpretação útil que fazemos dos artigos 305 e ss. do CPC (vide comentários ao art. 306 supra), rememore-se que se a medida cautelar não foi deferida antecipadamente (liminarmente ou após justificação prévia), o réu já foi citado para apresentação de defesa, tendo oportunidade para fazê-lo e alegar, inclusive, incompetência (art. 306 CPC).

Por outro lado, se a cautelar foi deferida antecipadamente, o réu foi citado/intimado da decisão, mas não teve oportunidade de apresentar formalmente defesa (contestação), cujo momento fica postergado para quando da formulação do pedido principal (art. 308, *caput*, CPC). Nesse caso, não havendo autocomposição na audiência do art. 334 do CPC, haverá oportunidade para a apresentação de contestação (cujo prazo será contado na forma do art. 334 do CPC), ocasião em que o réu formulará a defesa tanto da pretensão cautelar quanto da principal.

A fim de evitar a realização de audiência por juiz incompetente – muitas vezes situado em lugar distante do local onde, efetivamente, deveria a ação se processar –, o réu da ação onde formulado o pedido principal (e o cautelar antecedente) antecipará a contestação ou peticionará na forma do art. 340, § 3º, CPC (incidente de incompetência).

Jurisprudência

Termo inicial da contagem do prazo para formulação do pedido principal: Nos termos da jurisprudência consolidada pela 2.ª S. do STJ, não basta o fato de que a ação principal deixou de ser proposta em 30 dias após a concessão da cautelar, pois é da efetivação do provimento concedido que se dá início à contagem do prazo decadencial para a propositura da ação principal" (STJ, REsp 757.625/SC, 3.ª Turma, Rel. Min. Nancy Andrighi, j. 19.10.2006).

Termo inicial da contagem do prazo e efetivação parcial da tutela provisória cautelar: *Enquanto não efetivada integralmente a liminar de arrolamento dos bens, obstada, no presente caso, pela ocultação de imóvel pelo paciente, o prazo de trinta dias para o ingresso da ação principal (art. 806 do Código de Processo Civil) não corre, permanecendo incólume a referida liminar, também, no que diz respeito aos alimen-*

tos objetos da execução (HC 47.834/GO, 3.ª T., j. 06.12.2005, rel. Min. Carlos Alberto Menezes Direito). *O lapso temporal decadencial para a propositura da ação ordinária de responsabilidade do ex-administrador de empresa que se encontra em regime de liquidação extrajudicial deve ser contado a partir da efetivação da última medida constritiva de arresto* (STJ, REsp 189.354/SP, 2.ª T., j. 23.08.2005, rel. Min. Castro Meira, *DJ* 03.10.2005, p. 159).

Desnecessidade de indicação da pretensão principal nas tutelas satisfativas autônomas (cautelares satisfativas): *Em princípio, as medidas cautelares estão vinculadas a uma ação principal a ser ajuizada ou em curso, consoante os arts. 800, 806 e 808. Contudo, esta Corte sufraga o entendimento de que, em certas situações, a natureza satisfativa da medida cautelar torna desnecessária a postulação de pedido em caráter principal* (STJ, REsp 805.113/RS, 2.ª Turma., Rel. Min. Castro Meira, *DJe* 23.10.2008).

> **Art. 309.** Cessa a eficácia da tutela concedida em caráter antecedente, se:
>
> **I** – o autor não deduzir o pedido principal no prazo legal;
>
> **II** – não for efetivada dentro de 30 (trinta) dias;
>
> **III** – o juiz julgar improcedente o pedido principal formulado pelo autor ou extinguir o processo sem resolução de mérito.
>
> **Parágrafo único.** Se por qualquer motivo cessar a eficácia da tutela cautelar, é vedado à parte renovar o pedido, salvo sob novo fundamento.

▶ *Referência: CPC/1973 – Art. 808*

1. Duração e eficácia das cautelares (art. 309, *caput*, do CPC)

Várias são as situações em que se considera cessada a eficácia da medida cautelar concedida em caráter antecedente

Se a parte não formular o pedido principal no prazo de 30 (trinta) dias estabelecido no art. 308, *caput*, do CPC, cessa a eficácia da tutela, inclusive em vista da extinção da própria ação cautelar antecedente ajuizada (Súmula 482 do STJ).

Também cessa a eficácia da tutela concedida se deferida, de modo antecipado (liminarmente ou após justificação prévia) ou ao final, não for ela efetivada (art. 297 do CPC), por culpa do requerente, no prazo de 30 (trinta) dias. Isto ocorre nos casos em que o autor não fornece meios suficientes para o cumprimento da medida (recolhimento de diligências, apresentação de cópias para o mandado, fornecimento de veículo para remoção de bens etc.), e objetiva sancionar o requerente da medida pela inércia. Até porque, sem interesse na efetivação, bem se vê que não havia tanta urgência na proteção assim. Contudo, não havendo culpa do requerente pela letargia na efetivação da tutela cautelar, não pode incidir a sanção do art. 309, II, CPC.

O julgamento do pedido principal também faz cessar a eficácia da medida cautelar e antecipada. O art. 309, III, estabelece que isso se dá nos casos de improcedência do pedido principal ou extinção do processo sem resolução do mérito. Mas, em realidade, se dá em qualquer julgamento do pedido principal, vez que o seu acolhimento absorve integralmente a decisão concessiva da tutela provisória (art. 294 do CPC). A redação do art. 808, III, do CPC/1973, portanto, era tecnicamente melhor. Ainda que haja recurso contra a decisão que julgou o pedido principal, o efeito da tutela provisória concedida é absorvido pela cognição exauriente da sentença. E pouco importa se o recurso é ou não dotado de efeito suspensivo, o que significa dizer que julgado improcedente o pedido principal, ainda que haja apelação da sentença e ela seja dotada de efeito suspensivo, a tutela provisória deferida (cautelar ou antecipatória) tem seus efeitos cessados (STJ, REsp 1416145/PE, Rel. Ministra Eliana Calmon, Segunda Turma, *DJe* 29/11/2013; e EREsp 1043487/SP, Rel. Ministro Teori Albino Zavascki, Primeira Seção, *DJe* 14/06/2011).

Além das hipóteses previstas no art. 309 do CPC, há outras situações em que a eficácia da tutela provisória cautelar cessa. Por exemplo, cessa a eficácia da tutela provisória no caso de revogação da cautelar dantes deferida, na forma do art. 296 do CPC. Trata-se, portanto, de rol exemplificativo.

2. Impossibilidade de repetição do pedido cautelar, salvo novo fundamento (art. 309, parágrafo único, CPC)

Se por qualquer motivo cessar a eficácia da tutela cautelar – inclusive nas hipóteses não constantes do art. 309 do CPC (vide art. 296 CPC) –, é vedado à parte renovar o pedido, salvo sob novo fundamento.

Embora não se trate, propriamente, de coisa julgada (já que a imutabilidade não impede a formulação do pedido principal (*principaliter*) cuja eficácia se pretendia conservar), tem-se aqui uma vedação legal ao *bis in idem*, potencializando-se a economia processual e conservando-se a boa-fé.

Jurisprudência

Extinção do processo pela não dedução do pedido principal no prazo do art. 308 do CPC (806 do CPC/1973) – Súmula 482 do STJ: *A falta de ajuizamento da ação principal no prazo do art. 806 do CPC acarreta a perda da eficácia da liminar deferida e a extinção do processo cautelar.*

Ineficácia da tutela provisória em caso de improcedência do pedido principal – Súmula 405 do STF: *Denegado o mandado de segurança pela sentença, ou no julgamento do agravo dela interposto, fica sem efeito a liminar concedida, retroagindo os efeitos da decisão contrária.*

Cessação dos efeitos da tutela provisória com o desacolhimento do pedido principal, ainda que cabível recurso com efeito suspensivo: *Nos termos do artigo 808, III do CPC, 'cessa a eficácia da medida cautelar (...) se o juiz declarar extinto o processo principal, com ou sem julgamento de mérito'. A cessação da eficácia, em casos tais, independe do trânsito em julgado da sentença extintiva do processo, especialmente quando a providência requerida como cautelar tem típica natureza antecipatória. Entendimento contrário importaria, na prática, a conferir efeito suspensivo a todos os recursos, inclusive ao especial e ao extraordinário, que vierem a ser interpostos contra sentenças e acórdãos de improcedência ou terminativos proferidos no processo principal* (STJ, EREsp 1.043.487/SP, Rel. Mi. Teori Albino Zavascki, Primeira Seção, *DJe* 14/6/2011).

> **Art. 310.** O indeferimento da tutela cautelar não obsta a que a parte formule o pedido principal, nem influi no julgamento desse, salvo se o motivo do indeferimento for o reconhecimento de decadência ou de prescrição.

▶ *Referência: CPC/1973 – Art. 810*

1. Coisa julgada material nas pretensões cautelares (art. 310 do CPC)

Uma parte da doutrina e da jurisprudência, com base no art. 310 do CPC, afirma inexistir coisa julgada material no âmbito da tutela cautelar (STJ, REsp 204.364/RJ, 2.ª T., j. 16.09.2004, rel. Min. Peçanha Martins; MC 2840, 2.ª T., j. 16.06.2000, rel. Min. Eliana Calmon; e REsp 124.378/DF, 6.ª T., j. 04.11.1999, rel. Min. Hamilton Carvalhido).

Outra parte sustenta que disso não se trata, já que com a propositura da ação principal não se repetiriam os elementos do procedimento em que requerida a cautelar antecedente (art. 337, §§ 1º, 2º e 4º, CPC), de modo a afastar, de todo modo, a ocorrência de coisa julgada (que existiria no processo cautelar).

A discussão é estéril e sem repercussão prática relevante.

O que importa estabelecer é que a sumariedade cognitiva das tutelas provisórias impõe sua revogabilidade e mutabilidade, seja no âmbito da própria cautelar antecedente proposta, seja quando do julgamento do pedido principal. Esta é a razão pela qual o art. 310 do CPC – revelando, inclusive, a distinção que há entre os pedidos cautelar e principal – dispõe que o indeferimento da medida não obsta que a parte formule o pedido principal, nem influi no julgamento deste.

Por razões de economia processual, o legislador contempla duas exceções, admitindo que a decisão de improcedência do pedido cautelar impeça a formulação do pedido principal: quando for acolhida a alegação de prescrição da pretensão ou decadência do direito. Não há sentido lógico para que, já reconhecido o perecimento da pretensão ou do direito em sede cautelar, se admita, mesmo assim, a formulação do pedido principal, cujo resultado estaria fadado a idêntico fim: desacolhimento do pedido pelo reconhecimento da prescrição ou da decadência (art. 487, II, do CPC).

A decadência legal e a prescrição podem ser reconhecidas de ofício pelo juiz, logo no recebimento da inicial da cautelar antecedente (art. 210 do CC e art. 332, § 1º, do CPC). Recomendável a observação do art. 10 do CPC. Já o reconhecimento da decadência convencional (pactuada) depende de arguição do interessado em qualquer momento ou grau de jurisdição (art. 211 do CC).

Mesmo não reconhecida em sede cautelar, a ocorrência da decadência ou da prescrição poderá ser reexaminada quando do julgamento do pedido principal. O que impede a rediscussão é o acolhimento, não a rejeição da ocorrência delas.

Jurisprudência

Inexistência de coisa julgada no âmbito cautelar: *A sentença proferida no processo cautelar, porquanto não definitiva de litígio, haja vista sua natureza acessória e provisória, não se reveste da imutabilidade característica da coisa julgada material, salvo se se verificar que não haverá processo principal tutelável em razão da decadência ou da prescrição. Isto porque a tutela cautelar representa uma prestação da justiça de cunho eminentemente processual, no afã do resguardo das outras duas espécies – cognitiva e de execução –, com a singularidade de que seu objeto é a defesa da jurisdição, cuja titularidade pertence ao Estado-soberano que, por isso, pode atuar de ofício no exercício do dever correspectivo ao direito de ação constitucionalizado* (STJ, REsp 724.710/RJ, 1.ª Turma, Rel. Min. Luiz Fux, j. 20.11.2007).

Existência de coisa julgada nas cautelares satisfativas e cabimento de ação rescisória: *Não há dúvida de que, nos termos do art. 485 do CPC, somente cabe ação rescisória de sentenças "de mérito". E também não há dúvida de que, em regra, a ação cautelar não comporta juízo de mérito, assim considerado o juízo a respeito da existência, inexistência ou modo de ser da relação jurídica litigiosa. Há exceções, todavia, como é o caso da sentença que, em ação cautelar, acolhe a prescrição ou a decadência, que inibem, desde logo, a propositura da ação principal (CPC, art. 810). Também podem ser consideradas de mérito as sentenças que, embora proferidas em ações ditas cautelares, examinam, desde logo e definitivamente, a própria pretensão que decorre da relação jurídica afirmada em juízo. São sentenças apenas aparentemente cautelares. Ora, no caso concreto (cautelar satisfativa), segundo se depreende do acórdão recorrido, é justamente dessa última classe a sentença rescindenda* (STJ, REsp 880495/SP, 1ª Turma, Rel. Min. Teori Albino Zavascki, j. 02.03.2010).

TÍTULO III
DA TUTELA DA EVIDÊNCIA

Art. 311. A tutela da evidência será concedida, independentemente da demonstração de perigo de dano ou de risco ao resultado útil do processo, quando:

I – ficar caracterizado o abuso do direito de defesa ou o manifesto propósito protelatório da parte;

II – as alegações de fato puderem ser comprovadas apenas documentalmente e houver tese firmada em julgamento de casos repetitivos ou em súmula vinculante;

III – se tratar de pedido reipersecutório fundado em prova documental adequada do contrato de depósito, caso em que será decretada a ordem de entrega do objeto custodiado, sob cominação de multa;

IV – a petição inicial for instruída com prova documental suficiente dos fatos constitutivos do direito do autor, a que o réu não oponha prova capaz de gerar dúvida razoável.

Parágrafo único. Nas hipóteses dos incisos II e III, o juiz poderá decidir liminarmente.

▶ *Referência: CPC/1973 – Art. 273, II*

1. Tutela da evidência (art. 311 do CPC)

A tutela da evidência (ou do direito provável) dispensa a prova da urgência, isto é, de perigo de dano ou de riso ao resultado útil do processo (art. 311 CPC). Trata-se de uma situação em que o juiz antecipa ao autor os efeitos da tutela, mesmo não havendo urgência para a sua obtenção, prestigiando, por conseguinte, o princípio da razoável duração do processo (art. 5º, LXXVIII, da CF).

A tutela de evidência, de certo modo, é uma espécie de tutela antecipada (satisfativa), embora sem o requisito da urgência. Essa compreensão é fundamental para a admissão de que o sistema poderia ter admitido a estabilização da tutela da evidência (conforme se verá adiante), algo que, inexplicavelmente, não o fez.

É evidente o direito cuja prova dos fatos sobre os quais incide revela-os incontestáveis ou ao menos impassíveis de contestação séria (FUX, Luiz. A tutela dos direitos evidentes. *Revista de Jurisprudência do STJ*, Brasília, v.2, p.23-43, 2000). É possível encontrar situações em que o

direito se mostra tão evidente que, pela lógica do Sistema, não se faz sentido privar o autor de tutela imediata. Com a concessão da tutela da evidência, o tempo do processo é distribuído com mais Justiça entre as partes, fazendo com que aquele que aparenta não ter razão acabe por suportá-lo (e não o autor, como é a regra).

Não se pode negar, por isso, certo caráter de prevenção de litígios na tutela da evidência. Ela acaba por coactar ao cumprimento espontâneo de direitos nas situações em que ele for evidente. O suposto violador, ciente de que o direito será quase que imediatamente tutelado, não encontra vantagens em ser judicialmente demandado e se aproveitar do *tempo do processo*.

A concessão da tutela da evidência, por outro lado, não dispensa um juízo cognitivo, sucessivo e exauriente, para ratificar a impressão inicial. E nessa medida, trata-se de tutela provisória, ao lado das tutelas de urgência (antecipada e cautelar).

No CPC/1973 a tutela de evidência já existia, sendo um erro afirmar, portanto, que é se deve ao CPC a construção de tal técnica.

Tinha-se tutela de evidência tanto na hipótese art. 273, II, do CPC/1973 (abuso do direito de defesa ou manifesto propósito protelatório do réu), como também de alguns poucos procedimentos especiais (como exemplo, a tutela possessória de rito especial – arts. 920 e ss. CPC/1973).

Em ambos os casos a tutela provisória era deferida com base na evidência; no primeiro, advinda do comportamento reprovável do demandado (que denunciava a evidência do direito do autor); no segundo, da comprovação do exercício da posse e de sua ofensa dentre de ano e dia.

O CPC sistematizou a tutela de evidência no art. 311 do CPC, sendo essa uma grande novidade em relação ao CPC/1973 (que sequer utilizava essa nomenclatura).

Além disso, o CPC ampliou, profundamente, as hipóteses de tutela da evidência, para abarcar, além da já consagrada (art. 273, II, CPC/1973) hipótese do abuso de direito ou manifesto propósito protelatório do réu (i), também outras hipóteses gerais de cabimento, tais quais as situações em que (ii) as alegações de fato puderem ser comprovadas apenas documentalmente, (iii) houver tese firmada em julgamento de casos repetitivos ou em súmula vinculante do Supremo Tribunal Federal, (iii) se tratar de pedido reipersecutório fundado em prova documental adequada do contrato de depósito, e (iv) a petição inicial for instruída com prova documental suficiente dos fatos constitutivos do direito do autor, a que o réu não oponha prova capaz de gerar dúvida razoável (art. 311 CPC).

Ainda foram mantidas as tutelas de evidência no âmbito dos procedimentos especiais, tanto no CPC quanto no âmbito da legislação extravagante. Sobrevive a tutela da evidência possessória já referida (arts. 558 e 563 do CPC); a tutela inicial concedida no âmbito da ação monitória (art. 701 do CPC); a tutela liminar no bojo dos embargos de terceiro (art. 678 do CPC); a decretação da indisponibilidade de bens no âmbito da improbidade administrativa (art. 7º da Lei 8.429/92), que conforme jurisprudência pacificada (STJ, Resp. 1.366.721-BA, Rel. p/Acórdão Min. Og Fernandes, 1ª Seção, j. 26.02.2014), é típico caso de tutela de evidência, como tal a dispensar prova de que o acusado esteja a dilapidar seu patrimônio (*periculum in mora*); a liminar da busca e apreensão de bem alienado fiduciariamente (DL 911/1969), que é deferida com base na simples evidência do inadimplemento (advinda da constituição do devedor e mora), sem nenhuma necessidade de prova de risco ao bem financiado.

Apesar de não ser taxativo o rol de hipóteses em que cabível a concessão da tutela da evidência, ela só é admitida se expressamente prevista no sistema (José Roberto dos Santos Bedaque. *Tutela cautelar e tutela antecipada: tutelas sumárias e de urgência*. 3ª edição. São Paulo: Malheiros, 2003, p. 334), não havendo espaço para se sustentar – como se faz no âmbito das tutelas provisórias de urgência (arts. 300 e 301 do CPC/2015) –, a existência de atipicidade das tutelas de evidência.

2. Impossibilidade de concessão oficiosa de tutela da evidência

O CPC, diferentemente do que constava do CPC/1973 (art. 273, *caput*), não exige que a antecipação dos efeitos da tutela, ou mesmo qualquer tutela provisória, se dê "*a requerimento da parte*".

Por outro lado, diversamente das tutelas de urgência (na qual admitimos excepcionalmente a concessão oficiosa da medida), não existe na tutela da evidência urgência a socorrer, isto é,

perigo de dano ao direito ou risco ao resultado útil do processo.

Por isso, tratando de espécie de tutela provisória satisfativa, cujo beneficiário principal é a parte (que poderá, a partir de sua concessão, gozar do bem da vida reclamado como se tivesse se sagrado vencedor da demanda), acredita-se não ser possível a concessão de ofício da tutela de evidência.

Contribui para este entendimento o fato de que a concessão oficiosa compromete o regime de responsabilização objetiva pelos danos causados ao adverso (art. 302 CPC), colocando o risco da tutela provisória nos ombros do Estado quando deveria sê-lo nos do beneficiário da medida.

Ainda que a concessão da tutela da evidência confira, de fato, celeridade aos processos e desestimule o abuso do direito de defesa ou comportamentos contrários ao direito, não parece que a violação do princípio da demanda seja aceitável (art. 141 do CPC). Nada impede que o juiz, a bem da cooperação (art. 6º do CPC), sugira ao interessado a possibilidade de ser requerida a tutela da evidência. Mas a decisão sobre isso e os riscos daí advindos deve ser, exclusivamente, da parte interessada.

3. Impossibilidade de pleito de tutela da evidência antecedente

O art. 299 do CPC está mal posicionado na parte geral das tutelas provisórias. Deveria estar na parte geral das tutelas de urgência, pois, pese o que consta do art. 299 do CPC, a tutela da evidência não pode ser concedida em caráter antecedente.

Com efeito, não havendo urgência a socorrer, não há prejuízo para que a postulação seja apresentada incidentalmente ao pedido principal. Esse é o principal argumento que sepulta a lógica de se admitir a concessão antecedente da tutela de evidência.

Além disso, não há previsão legal específica para o pleito de tutela de evidência antecedente, como há das tutelas de urgência antecipada e cautelar antecedentes. Isso indicia que o legislador não supôs a possibilidade da ocorrência, pois sequer previu procedimento para suportá-la (embora, convenha-se, fosse possível a aplicação sistemática dos arts. 303 e 304 do CPC).

Portanto, somente incidentalmente se reclama tutela da evidência.

4. Abuso do direito de defesa ou manifesto propósito protelatório da parte (art. 311, I, CPC)

Concede-se tutela de evidência quando ficar caracterizado o abuso do direito de defesa ou o manifesto propósito protelatório da parte. Trata-se da hipótese equivalente ao art. 273, II, do CPC, dantes catalogada em lei como sendo de tutela antecipada.

A constatação de tais condutas pode implicar, além da concessão da tutela da evidência, na incidência da multa do art. 81 do CPC, vez que configurada litigância de má-fé (art. 80, III, IV e V do CPC).

Para a aplicação das penas pela litigância ímproba (art. 81 do CPC), exige-se má-fé, isto é, dolo de praticar a conduta violadora da boa-fé. Exatamente por essa razão não parece que se possa desvencilhar a incidência do art. 311, I, do CPC, do elemento volitivo, isto é, do dolo da parte e de seu advogado no abusar do direito de defesa ou agir de modo manifestamente protelatório. Parece que as expressões "abuso" e "manifesto propósito protelatório" já trazem implícitas o elemento doloso da conduta da parte e/ou advogado.

Tem-se como abusiva do direito de defesa a conduta da parte que interpõe seguidos embargos de declaração; que sob a promessa de se satisfazer a obrigação ou se autocompor, propõe, judicial ou extrajudicialmente, seguidos pedidos de moratória ou suspensão do processo; tem por abusiva a defesa da Administração Pública, sempre que contrariar entendimento coincidente com a orientação vinculante firmada no âmbito administrativo do próprio ente público, consolidada em manifestação, parecer ou súmula administrativa, salvo se demonstrar a existência de distinção ou necessidade de superação do entendimento etc.

Tem-se como condutas reveladoras de manifesto propósito protelatório da parte, a indicação de endereço errado de testemunhas a fim de dificultar a sua localização e colheita da prova; o arrolamento de testemunhas inexistentes, a fim de propiciar a expedição de precatórias que jamais alcançaram resultado; e até mesmo o não cumprimento de seguidas determinações judiciais de esclarecimento ou apresentação de informações/documentos.

Por força do disposto no art. 311, parágrafo único, do CPC, não se pode deferir liminarmente a tutela da evidência nestes casos. Trata-se de criticável opção legislativa, já que plenamente possível que o autor da ação, através da apresentação de documentos (e-mails com promessas vãs de pagamento), comprove que extrajudicialmente já se estava a se agir protelatoriamente.

5. Precedente aliado à prova pré-constituída (art. 311, II, CPC)

Cabível a concessão de tutela da evidência quando as alegações de fato puderem ser comprovadas apenas documentalmente e houver tese firmada em julgamento de casos repetitivos ou em súmula vinculante do Supremo Tribunal Federal.

Trata-se de situação reveladora de direito evidente, cuja prova dos fatos sobre os quais incide revela-os incontestáveis diante da comprovação documental (prova pré-constituída) e da afirmação da procedência do pedido (que só não é declarada imediatamente diante da violação do contraditório) por súmula vinculante ou julgamento de casos repetitivos.

Em realidade nada mais se faz, ao admitir tutela da evidência no caso ora comentado, do que prestigiar o modelo de precedentes adotado no CPC (art. 927, II e III).

Note-se que são duas condições concomitantes. A primeira, que as alegações de fato se provem, apenas, documentalmente. Se for necessário qualquer outro tipo de prova não pré-constituída (oral, pericial etc.) já não é possível a concessão. Mas não custará admitir que é possível a documentalização de outros meios de prova através de ata notarial (art. 384 CPC).

Segundo, que haja decisão em julgamento de casos repetitivos ou súmula vinculante (art. 103-A do CF) cuja tese adotada coincida com a da pretensão da parte requerente.

Embora em passado recente tenhamos afirmado que apenas decisões do STF autorizariam a aplicação da tutela da evidência do art. 311, II, do CPC (Gajardoni, Fernando da Fonseca. *Teoria Geral do Processo: comentários ao CPC*. São Paulo: Método, 2015, p. 926), melhor refletindo sobre a questão, atualmente pensa-se que a referência a casos repetitivos, por força do art. 928 do CPC, deve abranger não só os casos de julgamento de Recursos Extraordinário e Especial repetitivos (art. 1.036 e ss. do CPC), mas também do IRDR (art. 976, do CPC). Logo, serve para os fins do art. 311, II, do CPC, tanto

Art. 311

CÓDIGO DE PROCESSO CIVIL INTERPRETADO

as decisões do STF (súmulas vinculantes e RE repetitivos), do STJ (REsp repetitivos), quanto as dos TJs e TRFs em suas bases territoriais (IRDR).

Pondere-se, ainda, que há entendimentos científicos no sentido de que: a) é possível a concessão da tutela de evidência prevista no art. 311, II, do CPC, quando a pretensão autoral estiver de acordo com orientação firmada pelo Supremo Tribunal Federal em sede de controle abstrato de constitucionalidade ou com tese prevista em súmula dos tribunais, independentemente de caráter vinculante (Enunciado n. 30 das Jornadas sobre o CPC/2015 da ENFAM); e b) a concessão da tutela de evidência prevista no art. 311, II, do CPC, independe do trânsito em julgado da decisão paradigma (Enunciado 31 das Jornadas sobre o CPC/2015 da ENFAM).

Conforme art. 311, parágrafo único, CPC, a tutela de evidência do art. 311, II, não só pode, como deve, ser concedida liminarmente.

6. Ação de depósito (art. 311, III, CPC)

Desde que o STF declarou inconstitucional, através da Súmula Vinculante n. 25, a prisão civil de depositário infiel, perdeu o contrato de depósito (art. 627 e ss. do CC/2002) boa parte de seu prestígio.

Sem a possibilidade de prisão, o uso da ação de depósito do CPC/1973 (art. 901 e ss.) foi abandonado, sendo rapidamente substituído pelo ajuizamento de execução extrajudicial do contrato (valor do bem depositado/financiado e perdido). Afinal, o rito da ação de depósito do CPC/1973 não contava com dispositivo que permitisse ao juiz a rápida apreensão do bem, cuja ordem de entrega ao final, desacompanhada da cominação de prisão, nada mais equivalia do que uma condenação em indenizar perdas e danos (o valor do bem depositado). Não havia, como há no DL 911/69, um dispositivo que permitisse tutelar a evidência do inadimplemento de modo imediato, autorizando a imediata busca e apreensão da coisa depositada e entrega nas mãos do credor.

O art. 311, III, do CPC, ao permitir a concessão de tutela de evidência se se tratar de pedido reipersecutório fundado em prova documental adequada do contrato de depósito, objetiva dotar o contrato de depósito de maior eficácia, criando um instrumento processual bastante hábil, equivalente ao do DL 911/69, para tutelar a situação de direito material em

debate (Fernando da Fonseca Gajardoni, *A ressureição da ação de depósito no Novo CPC. Jota. Disponível em:* http://jota.info/novo-cpc--ressurreicao-da-acao-de-deposito. Publicado em: 02.03.2015).

Desde que haja prova documental do contrato de depósito (a prova literal referida no art. 902 do CPC/1973), e comprovação a mora do devedor em devolver a coisa (embora tal condição não conste no texto legal), possibilita--se a imediata retomada da coisa, sob pena de cominação de multa (art. 500 do CPC).

Trata-se de excelente inovação, que em apertada síntese, ressuscita a ação de depósito em nova roupagem e fora dos procedimentos especiais.

Estamos diante de hipótese de tutela de evidência que, de acordo com o art. 311, parágrafo único, CPC, não só pode, como deve, ser concedida liminarmente.

7. Ausência de contestação idônea (art. 311, IV, CPC)

Estabelece-se que será concedida a tutela da evidência se a petição inicial for instruída com prova documental suficiente dos fatos constitutivos do direito do autor, a que o réu não oponha prova capaz de gerar dúvida razoável. Trata-se de hipótese em que o deferimento do pedido se dá pela falta de contestação idônea, capaz de *infirmar* a prova documental apresentada na inicial.

Atente-se para o fato de que a situação é similar, porém não igual, à contemplada no inciso I do art. 311 do CPC. Lá, além da prova documental, exige-se que haja precedente formado em julgamento de casos repetitivos ou súmula vinculante para que, só então, seja concedida a tutela da evidência. Aqui, a prova documental não precisa estar suportada por súmula vinculante ou precedente formado em casos repetitivos, mas a verossimilhança do direito que ela traz é tamanha que, diante a ausência de prova, pelo réu, capaz de gerar dúvida razoável, a tutela da evidência será concedida.

Além disso, enquanto no caso do art. 311, I, do CPC/2105 a prova documental, de *per si*, já precisa comprovar que o caso se enquadra no precedente paradigma, aqui ela precisa ser, apenas, suficiente, para amparar o direito da parte, a se revelar evidente diante da ausência de defesa idônea do requerido.

Alguns autores têm colocado em dúvida a hipótese de tutela de evidência do art. 311, IV, do CPC, sob o fundamento de que houve erro legislativo. Afinal, se o réu não oferta defesa e prova que gere dúvida razoável ao pleito autoral – já amparado de prova documental com altíssimo grau de convencimento do julgador –, o caso seria de julgamento antecipado de procedência do mérito do pedido (art. 355 do CPC), e não propriamente de tutela da evidência.

Olvidam-se estes autores contudo, que a apelação da sentença de procedência, como regra, é dotada de efeito suspensivo automático (*ope legis*) (art. 1.012, *caput*, do CPC), inexistente nos casos em que o juiz, na sentença, confirma, concede ou revoga tutela provisória (art. 1.012, § 1º, V, do CPC).

Em outros termos, nas hipóteses de direito evidente na forma do art. 311, IV, do CPC, o efeito suspensivo da apelação é controlável *ope judicis*, com a possibilidade de o juiz julgar antecipadamente procedente o pedido e, além disso, conceder a tutela da evidência na sentença, possibilitando desde logo o cumprimento provisório da sentença.

Inovação interessante e que, se bem empregada, pode contornar o erro que foi a manutenção do efeito suspensivo automático da apelação no CPC (Gajardoni, Fernando da Fonseca. Efeito suspensivo automático da apelação deve acabar. Conjur. Disponível em: http://www.conjur.com.br/2013-ago-09/fernando-gajardoni-efeito-suspensivo-automatico-apelacao-acabar. Publicado em 09.08.2013) (Yarshell, Flávio Luiz. Por uma Justiça Célere. *Folha de São Paulo*: Tendências e debates, publicado em 17.11.2013).

Considerando que o exercício ineficaz da defesa (capaz de gerar dúvida razoável) é condição para a incidência do art. 311, IV, CPC, trata-se de hipótese de tutela da evidência que não pode ser concedida liminarmente (art. 309, parágrafo único, CPC).

8. Impossibilidade de estabilização da tutela de evidência (art. 304, §§, CPC)

A tutela da evidência, de certo modo, é espécie de tutela antecipada de cunho satisfativo, porém sem a necessidade de ser demonstrado o requisito da urgência (art. 311 do CPC).

Como, na essência, tem-se na tutela da evidência coincidência entre os objetos buscados de modo antecipado e final, seria razoável que, também para ela, se dispensasse a formulação do pedido principal se as partes optassem pela preservação da solução dada provisoriamente, em cognição sumária.

Concedida a tutela da evidência liminarmente, tão logo proposta a ação – o que só é possível nas hipóteses do art. 311, II e III do CPC/2014 (art. 311, parágrafo único) –, poderia haver estabilização dos seus efeitos independentemente de prolação de sentença quanto ao pedido final, se a parte prejudicada não interpusesse recurso de agravo, na forma do art. 1.015, I, do CPC (art. 302, *caput*), ocasião em que o processo seria extinto (art. 302, § 1º, CPC).

Nos termos, ainda, do que se prevê para a estabilização da tutela antecipada, qualquer das partes poderia, no prazo de 02 (dois) anos (art. 304, § 5º, CPC) e perante o próprio juiz da causa (art. 304, § 4º, CPC), demandar a outra com o intuito de rever, reformar ou invalidar a tutela da evidência estabilizada (art. 304, § 2º, CPC), a qual não faria coisa julgada (art. 304, § 6º, CPC), mas conservaria seus efeitos até então (art. 302, § 3º, CPC).

Não foi, todavia, essa a opção política do CPC. Não se aplicam às tutelas de evidência, só requeríveis incidentalmente, as disposições relativas à estabilização dos efeitos da tutela, vez que o CPC previu a estabilização no capítulo relativo, exclusivamente, às tutelas antecipadas antecedentes.

Entendeu o legislador que já estando o pleito principal formulado, implícito está o pedido da parte pelo prosseguimento do processo nos moldes tradicionais, com eventual instrução e prolação de sentença definitiva sobre o conflito (com coisa julgada), em cognição exauriente.

Não é possível, por outro lado, fazer uma interpretação útil das regras sobre estabilização de tutela antecipada para abarcar a tutela de evidência.

Além da clareza da opção legislativa pela negativa, não se pode, à míngua de previsão legal específica, prejudicar-se a parte que não recorreu da decisão que concedeu a tutela de evidência. Não se pode atribuir ao prejudicado o ônus de recorrer para evitar a estabilização, sem que isso conste expressamente da lei. Como não se pode, também, admitir que a falta de contestação sobre o pedido principal gere a estabilização, pois que aí é mais fácil e econômico para o sistema trabalhar com o acolhimento do pedido principal por conta da evidência aliada à revelia.

Art. 312

CÓDIGO DE PROCESSO CIVIL INTERPRETADO

9. Inaplicabilidade das vedações legais à concessão de tutela de urgência contra o Poder Público para a tutela de evidência

Há disposições legais, estranhas ao CPC, que vedam a concessão de tutelas de urgência contra o Poder Público.

Os artigos 1º, das Leis 8.437/92 e 9.494/97, referenciados pelo art. 7º, § 2º, da Lei 12.016/2009, vedam a concessão de liminares de natureza antecipada ou cautelar que tenham por objeto a compensação de créditos tributários (Súmula 212 STJ), a entrega de mercadorias provenientes do exterior, a reclassificação ou a equiparação de servidores públicos e a concessão de aumento ou extensão de vantagens ou pagamento de qualquer natureza.

Parece, contudo, que tais vedações não se aplicam aos casos de tutela de evidência contra o Poder Público. Apesar da natureza provisória da tutela, o alto grau de probabilidade do direito justifica a admissão do cabimento indiscriminado da tutela da evidência dentro das hipóteses legais.

Considere-se, ademais, que as Lei 8.437/92, 9.494/97 e 12.016/2009, vedam as tutelas provisórias de natureza antecipada ou cautelar, baseadas unicamente na urgência. Não há vedação legal – que como tal deve ser interpretada restritivamente – para a concessão da tutela da evidência.

O fato de o art. 1.059 do CPC, mandar aplicar às tutelas provisórias requeridas contra a Fazenda Pública, as limitações das leis supra-referidas, não muda de nada o quadro ora posto, pois que nas referidas leis não há vedação para concessão de tutela baseada na evidência, mas apenas na urgência.

Inclusive, conforme Enunciado 35 do Fórum Permanente de Processualistas Civis, *"as vedações à concessão de tutela antecipada contra a Fazenda Pública não se aplicam aos casos de tutela de evidência".*

Plenamente possível que se determine, por isso, a reclassificação de servidores, aumento ou implantação de vantagens mediante tutela da evidência (obrigação de fazer). Mas não é possível, por outro lado, a imediata satisfação do direito da parte no tocante ao pagamento dos valores em atraso, vez que o art. 100 da CF só autoriza a expedição de precatório após o trânsito em julgado da decisão.

Jurisprudência

Indisponibilidade de bens do art. 7º da Lei 8.429/92 como tutela da evidência: *No comando do art. 7º da Lei 8.429/1992, verifica-se que a indisponibilidade dos bens é cabível quando o julgador entender presentes fortes indícios de responsabilidade na prática de ato de improbidade que cause dano ao Erário, estando o periculum in mora implícito no referido dispositivo, atendendo determinação contida no art. 37, § 4º, da Constituição (...). O periculum in mora, em verdade, milita em favor da sociedade, representada pelo requerente da medida de bloqueio de bens, porquanto esta Corte Superior já apontou pelo entendimento segundo o qual, em casos de indisponibilidade patrimonial por imputação de conduta ímproba lesiva ao erário, esse requisito é implícito ao comando normativo do art. 7º da Lei n. 8.429/92 (...) Portanto, a medida cautelar em exame, própria das ações regidas pela Lei de Improbidade Administrativa, não está condicionada à comprovação de que o réu esteja dilapidando seu patrimônio, ou na iminência de fazê-lo, tendo em vista que o periculum in mora encontra-se implícito no comando legal que rege, de forma peculiar, o sistema de cautelaridade na ação de improbidade administrativa, sendo possível ao juízo que preside a referida ação, fundamentadamente, decretar a indisponibilidade de bens do demandado, quando presentes fortes indícios da prática de atos de improbidade administrativa.* (STJ, Resp. 1.366.721-BA, Rel. p/Acórdão Min. Og Fernandes, 1ª Seção, j. 26.02.2014, Acórdão sujeito ao regime do art. 543-C do CPC).

LIVRO VI
DA FORMAÇÃO, DA SUSPENSÃO E DA EXTINÇÃO DO PROCESSO

TÍTULO I
DA FORMAÇÃO DO PROCESSO

Art. 312. Considera-se proposta a ação quando a petição inicial for protocolada, todavia, a propositura da ação só produz quanto ao réu os efeitos mencionados no art. 240 depois que for validamente citado.

▶ *Referência: CPC/1973 – Art. 263*

1. Introdução

Em seu art. 2º o CPC declara que *"O processo começa por iniciativa da parte e se desenvolve por impulso oficial, salvo as exceções previstas em lei."*

Em sua primeira parte, esse dispositivo consagra o *princípio da iniciativa da parte (ou princípio dispositivo)*, a esta competindo a iniciativa para a instauração do processo, sem o que não lhe será prestada a tutela jurisdicional. Isto porque, esse princípio também corresponde ao da *inércia da jurisdição (ne procedat iudex ex officio)*, pois somente em raras situações, expressamente previstas em lei, o processo ou procedimento poderá ter início por determinação judicial (*v. g.*, nas hipóteses previstas nos arts. 712, 730, 738 e 744). No entanto, apesar de a lei impor à parte o ônus da iniciativa, a inércia de qualquer delas, após a instauração do processo, não acarretará, necessariamente, a sua paralisação ou extinção, pois igualmente compete ao juiz atuar no sentido de sua finalização com resultado (*princípio do impulso oficial*); afinal, também dele a lei exige atuação ativa no processo, competindo-lhe, inclusive de ofício, praticar atos de direção (CPC, art. 139) e de saneamento (*v. g.*, arts. 76, 321, 347), entre outros.

Tenha-se em mente, porém, que também às partes são impostas determinadas atividades de impulso e movimentação do processo, sem o que ele poderá ser paralisado, ou até mesmo extinto, sem resolução do mérito. Compete-lhes, por exemplo, praticar alguns atos que interessam à higidez e regularidade do processo (*v. g.*, CPC, arts. 76, 115, parágrafo único) e outros, resultantes do exercício de faculdade ou de cumprimento de ônus processual, que se inserem no seu âmbito de disponibilidade processual (*v. g.,* responder, produzir provas, recorrer etc.).

2. Momento da propositura da ação

Nos termos do art. 312, considera-se proposta a ação no momento em que a petição inicial for protocolada, operando-se, então, para o autor e para o Estado-juiz, os efeitos resultantes do ajuizamento (v.g., prevenção da competência do juízo – art. 59); mas o sujeito passivo estará sujeito a esses efeitos apenas depois de validamente citado (v. art. 240) – ou ingressando espontaneamente no processo –, daí a necessidade de sua pronta citação. Há situações, no entanto, que justificam a prática antecedente de atos judiciais deferidos *inaudita altera parte*, como se dá, por exemplo, na concessão de tutela de urgência (art. 300, § 2º, primeira parte), com a posterior citação do réu (art. 303, § 1º, II) ou no imediato deferimento e expedição do mandado monitório, quando evidenciado o direito do autor (art. 701).

Dinâmica, no momento de sua formação a relação jurídica processual é linear, inicialmente vinculando o *sujeito ativo* (autor, exequente, embargante, requerente) e o Estado-juiz (*sujeito imparcial*); angulariza-se com o ingresso do *sujeito passivo* (réu, executado, embargado, requerido), compulsória (por meio de citação válida) ou voluntariamente (comparecimento espontâneo – v. art. 239 e § 1º).

É evidente que o comparecimento espontâneo e tempestivo do réu ou do executado suprirá a falta da citação, ou expungirá a nulidade que dessa falta resultaria; no entanto, se já decorrido o prazo para a apresentação de contestação, para a oposição dos embargos ou para a oferta de impugnação, ainda assim qualquer deles poderá ingressar em juízo e alegar essa falta ou nulidade, sendo-lhes assegurada a oportunidade para, tempestivamente, agora valer-se daquela peça de defesa, opor os embargos ou apresentar impugnação (se já instaurada a fase de cumprimento da sentença); assumem o risco, porém, um e outro, de sendo rejeitada a alegação de nulidade da citação, o processo de conhecimento correr à revelia do contestante e a execução – ou a fase de cumprimento de sentença – ter curso regular, com a prática dos atos executivos correspondentes.

3. Efeitos da propositura da ação

Antes mesmo do ingresso do sujeito passivo no processo, com a consequente angularização da correspondente relação jurídica, já se operam, por força da propositura da ação (consumada com o protocolo da petição inicial – CPC, art. 312), efeitos jurídicos nos planos do direito processual e material, entre outros a *"perpetuatio jurisdictionis"* (ou perpetuação da competência – art. 43 do CPC), a prevenção do juízo (art. 59), a não consumação da decadência do direito do locatário à renovação do contrato de locação empresarial (Lei de Locação de Imóveis Urbanos, art. 51, § 5º) e a interrupção da prescrição.

Por sua inegável importância, este efeito merece análise pontual.

Com o claro objetivo de encerrar, em definitivo, disputas doutrinárias envolvendo o conceito de prescrição, pois omisso o CC/1916, em seu art. 189 o atual consagra a tese de que a prescrição fulmina a *pretensão* (*rectius*: o direito subjetivo a uma prestação, suscetível de lesão), preservados, assim, o direito de ação e o direito subjetivo lesionado, que poderá ser espontaneamente atendido pelo devedor. Mas, sem desmerecer o esforço e a louvável intenção do legislador ao estabelecer o conceito de prescrição, de modo algum ele é imune a críticas.

Realmente – e a título de simples ilustração –, a interpretação literal do artigo 189 pode levar à enganosa conclusão de que somente existirá a pretensão se e quando violado *efetivo* direito do interessado, o que não é rigorosamente correto, pois ele poderá deduzir *pretensão infundada* (*v.g.*, inexiste o direito afirmado pela parte, ou existe e não foi lesionado, ou, finalmente, a prestação correspondente ainda não se tornou exigível); ademais, desprezando o próprio conceito estampado no artigo em pauta, ao estabelecer o direito de o marido impugnar o filho havido por sua mulher, o CC reincide na antiga afirmação de que a prescrição atinge o direito de ação (v. art. 1.601).

Volvendo a atenção para o § 1º do art. 240 do CPC, conclui-se que ele, na esteira do idêntico parágrafo do art. 219 do CPC/1973, recepcionou a regra estampada no art. 202, I, do CC, ao prever que o fluxo do prazo prescricional será interrompido com o *despacho liminar positivo* (despacho de recebimento da petição inicial), retroagindo esse efeito interruptivo à data da propositura da ação, desde que o autor adote as providências necessárias à viabilização do ato citatório no decêndio legal (§ 2º); ultrapassado esse prazo por causa imputável exclusivamente à serventia do juízo, o autor não será prejudicado (§ 3º) – como, aliás, preconiza a Súmula 106 do Superior Tribunal de Justiça: "*Proposta a ação no prazo fixado para o seu exercício, a demora na citação, por motivos inerentes ao mecanismo da Justiça, não justifica o acolhimento da argüição de prescrição ou decadência.*"

Nem deveria ser diferente: mesmo agindo com zelo e presteza na defesa de seus interesses, ainda assim poderia o titular do direito ofendido vir a ser atingido pela consumação da prescrição, se e quando a interrupção do curso de seu prazo resultasse exclusivamente da efetivação do ato citatório e nele se esgotasse. O ajuizamento tempestivo da demanda, estando em curso o prazo prescricional, poderia revelar-se de todo inútil, na medida em que são inúmeros os percalços (e as armadilhas) que se antepõem à concretização daquele ato processual.

A retroação do efeito interruptivo à data do ingresso do autor em juízo, condicionada à efetivação válida e tempestiva da citação, premia sua diligência e impede a ocorrência de danos marginais resultantes da demora do processo; vale dizer, mesmo que a citação se concretize *depois de consumada*, em tese, *a prescrição*, ainda assim ela não será decretada pelo juiz, mercê da retroação do referido efeito interruptivo. Mas o autor negligente, que descura da incumbência imposta pelo § 1º, não será beneficiado por essa retroação – ressalvada, é claro, a hipótese em que a citação, embora tardia, vier a ser concretizada *ainda na pendência do prazo prescricional*, pois indiferente, nesse caso, a ausência do efeito retroativo.

Destarte, na sistemática estabelecida pelo CPC, ajuizada a ação (art. 312) antes do exaurimento do prazo prescricional e efetivada a citação válida do réu, ou mesmo depois de consumado esse prazo, mas por demora não atribuível ao autor –, a prescrição não se consumará.

Outra consideração: a Lei nº 11.280/2006 conferiu nova redação ao § 5º do art. 219 do CPC/1973, atribuindo tratamento uniforme à prescrição, ou seja, considerando-a *objeção substancial*, devendo ser reconhecida pelo juiz, inclusive de ofício, a qualquer tempo (*v.* art. 295, IV); e essa previsão dizia respeito quer à denominada prescrição não patrimonial, quer à patrimonial, pouco importando, neste último caso, a capacidade civil do réu, pois o art. 11 da aludida lei revogou o art. 194 do Código Civil.

Essa previsão do § 5º não foi incluída no rol do art. 240 do CPC, mas da exegese de outros de seus dispositivos é possível extrair-se as seguintes conclusões: coerente com o princípio estampado no art. 9º – que não contempla, nas situações que ressalva, o reconhecimento *ex officio* da prescrição ou da decadência –, em seu parágrafo único o art. 487 impõe a prévia intimação do interessado para se manifestar sobre a ocorrência de qualquer dessas duas defesas de mérito, em atenção, evidentemente, às garantias da ampla defesa e do contraditório. Já o art. 332 prevê a rejeição liminar do pedido do autor, sem necessidade da prévia citação do réu, quando verificar, de pronto, a ocorrência da decadência *legal* (CC, art. 210) ou da prescrição; mas a dispensa de citação do réu (que será beneficiado pela sentença) não dispensa, por certo, a prévia intimação do autor, em obediência aos já referidos arts. 9º e 487. Aliás, não se pode perder de vista que ao juiz é defeso julgar de plano quando se tratar de decadência *convencional*, pois esta exige, para seu reconhecimento, alegação expressa pela parte a quem aproveita, não podendo o juiz suprir a alegação (CC, art. 211).

Finalmente, também na execução operar-se-á o efeito retroativo interruptivo da prescrição, conforme preceitua o art. 802 e parágrafo único, do CPC.

4. Efeitos da citação válida

Mantida a exigência da validade da citação para a produção de seus efeitos processuais e materiais, do confronto dos arts. 219 do CPC/1973 e 240 do atual Código extrai-se, de pronto, as profundas alterações que se passa a examinar.

O aludido art. 219 impunha o atendimento de dois requisitos para a produção dos *efeitos processuais* da citação: a validade do ato e a *competência do juiz* (*rectius*: do órgão jurisdicional); já os *efeitos materiais* seriam produzidos mesmo quando o ato citatório fosse ordenado por juiz oficiante em órgão jurisdicional incompetente para a ação. Sem adentrar no debate acerca da natureza dessa incompetência (se absoluta ou relativa), tem-se que o art. 240 do CPC reconhece à citação válida a dupla eficácia (processual e material), independentemente da competência do órgão jurisdicional perante o qual a ação foi proposta. É evidente, no entanto, que essa eficácia não prescindirá da validade do ato citatório, salvo se o réu ou o executado ingressar espontaneamente no processo (v. art. 239, § 1º, CPC).

4.1. Efeitos processuais

São efeitos processuais da citação válida a litispendência e a litigiosidade da coisa – embora esta seja considerada, por parte significativa da doutrina, como efeito material.

a) litispendência: reincidindo na mesma confusão cometida pelo CPC/1973 em seu art. 301, § 3º, 1ª parte, entre o instituto da litispendência e a defesa processual nela fundada, no § 3º de seu art. 337 o CPC afirma que "*há litispendência quando se repete ação que está em curso*", defesa a ser alegada pelo réu na contestação (inc. VI), mas cognoscível até mesmo de ofício pelo juiz, objeção processual que é (§ 5º).

No rigor técnico, portanto, o fenômeno da litispendência corresponde à existência de um processo ainda em curso; ela nasce, para o autor e o Estado-juiz, no ato da propositura da ação e estende-se, para o sujeito passivo, no momento em que é validamente citado ou ingressa voluntariamente no processo. E, justamente porque este já está litispendente, é vedada a repetição da mesma ação (art. 337, § 2º), ou seja, é proibido o *bis in idem*, seja em atenção à economia processual (desnecessidade de duplicidade de decisões idênticas para o mesmo conflito), seja, principalmente, em respeito à segurança jurídica (necessidade de evitar-se decisões contraditórias), tanto que, reproduzida em juízo *idêntica ação de processo já em curso*, o novel processo será extinto sem resolução do mérito (arts. 354, *caput* e 485, V, comb.).

Em suma: a litispendência não nasce da repetição da mesma ação: impede-a.

b) litigiosidade da coisa: ao estabelecer que a citação válida "torna litigiosa a *coisa*" a lei atribui a este último vocábulo duplo significado, quais sejam, na lição de Dinamarco, "o *bem* apto a constituir objeto da pretensão do demandante ou a *relação jurídica* que constitua, ela própria, objeto da medida jurisdicional postulada". (*Instituições de direito processual civil*, vol. II, 6ª ed., São Paulo: Malheiros, 2009, nº 419, p. 81). Aliás, justamente em razão das consequências que opera nos planos processuais e materiais, permanece o dissídio, em sede doutrinária, acerca da exata natureza desse efeito da citação válida, conforme já aludido anteriormente.

No plano material registra-se, entre outros, *(i)* a exoneração do devedor, mediante consignação, da obrigação litigiosa (CC, art. 344) e *(ii)* a impossibilidade de o adquirente do bem (da *coisa*, na dicção legal) demandar pela evicção, se tinha conhecimento de que era litigioso (art. 457); no processual, *(i)* a alienação, por ato *inter vivos*, da coisa ou do direito litigioso, a título particular, não altera a legitimidade das partes, podendo o adquirente ou o cessionário ingressar no processo como assistente litisconsorcial do alienante ou do cessionário, mas não sucedê-lo sem o consentimento expresso da parte contrária (CPC, art. 109, §§ 1º e 2º) e, *(ii)* a alienação ou oneração do bem litigioso constitui fraude à execução (art. 792, IV), sendo ineficaz em

Art. 312

relação ao exequente (§ 1º), além de caracterizar ato atentatório à dignidade da justiça (art. 774, I) e acarretar a imposição de multa ao executado (parágrafo único).

4.2. A constituição do devedor em mora como efeito material da citação

Na dicção do art. 394 do CC, o devedor será considerado em mora se não efetuar o pagamento no tempo, lugar ou forma estabelecidos pela lei ou convencionalmente e, o credor, se não quiser recebê-lo nessas mesmas condições. Portanto, se a obrigação tem por objeto *prestação líquida* (quantidade certa de bens devidos), é *positiva* (i.é, cabe ao devedor atuar comissivamente) e tem *prazo certo*, seu inadimplemento – e não a citação – constitui em mora o devedor (art. 397, *caput*); não havendo termo certo para o pagamento, daí, sim, o devedor será constituído em mora (*ex persona*) mediante interpelação extrajudicial, judicial (v. CPC, arts. 726 e ss.), ou, ajuizada ação, pela citação válida (art. 397, parágrafo único).

Provindo a obrigação de ato ilícito (*responsabilidade civil aquiliana* ou *extracontratual*), o devedor estará automaticamente em mora desde que o praticou (mora *ex re* – art. 398, CC), conforme orientação já sedimentada na Súmula 54 do Superior Tribunal de Justiça: "*Os juros moratórios fluem a partir do evento danoso, em caso de responsabilidade extracontratual.*"

Em suma, não estando o réu (ou o autor reconvindo) ainda constituído em mora, este efeito material resultará da citação válida, pois sobrevindo, ao final, decisão favorável ao autor (ou ao réu reconvinte), tendo por objeto prestação pecuniária, os juros moratórios serão computados a contar da data da realização daquele ato (CC, art. 405), com atualização monetária e os acréscimos de custas processuais e verba honorária, mais pena convencional, quando houver estipulação nesse sentido (art. 404, CC). Entenda-se, porém, que os juros legais e demais consectários da condenação serão fixados independentemente de pedido explícito pelo autor (CPC, art. 322, § 1º), mas os convencionais e a pena por inadimplemento só serão concedidos se e quando expressamente requeridos pela parte (arts. 322, *caput* e 492, comb.).

Merecem registro, finalmente, os precedentes consubstanciados nos enunciados sumulares do Supremo Tribunal Federal e do Superior Tribunal de Justiça e já indicados nas notas aos arts. 239 e ss.

5. Alterações objetivas da demanda

Antes do ingresso do réu no processo, a demanda poderá sofrer alterações objetivas e subjetivas por iniciativa do autor (*alterações unilaterais*). Assim, pode ele proceder livremente à substituição ou modificação do pedido ou da causa de pedir (*alteração objetiva da demanda* – CPC, art. 329, I); concretizada a citação e angularizada, por consequência, a relação jurídica processual, poderá, até o saneamento do processo (art. 357) e com o consentimento do réu (*alteração objetiva convencional*), aditar ou alterar o pedido e a causa de pedir, assegurado o contraditório (art. 329, II). Essa vedação legal de alteração objetiva da demanda, pela vontade exclusiva do sujeito ativo, encontra seu fundamento na circunstância de, já estando o réu submetido ao contraditório, ser direito seu obstar modificações que possam prejudicar sua defesa ou tumultuar o curso regular do processo.

Do art. 329 é possível extrair, então, as seguintes regras: *(a)* antes da citação do réu, pode o autor unilateralmente substituir o pedido originalmente formulado por outro (*mutatio libelli*) ou, sem prejuízo do pedido original, requerer alterações ou modificações, inclusive quantitativas (*emendatio libelli*); *(b)* até o saneamento do processo, ainda serão possíveis tais modificações, condicionadas, porém, à expressa a anuência do réu; *(c)* com o saneamento opera-se a *estabilização do processo* e, apesar de o art. 329 não conter regra similar à do par. único do art. 264 do CPC/1973, fica obstada qualquer alteração objetiva ou subjetiva, inclusive com a anuência do réu. Observe-se em acréscimo que, sendo o réu revel, mostra-se inadmissível a alteração objetiva convencional, pela singela razão de que ele não será convocado a anuir à alteração, vedado ao autor, consequentemente, aproveitar-se da revelia para substituir ou modificar o pedido.

Quanto à alteração da causa de pedir, aplicam-se as mesmas regras, atentando-se, porém, para o seguinte: *(a)* a vedação de alteração desse elemento da ação diz respeito exclusivamente aos *fatos constitutivos do direito do autor* (causa de pedir fática), que definem os limites do futuro julgamento do mérito (CPC, art. 141); *(b)* fatos novos poderão ser deduzidos a qualquer tempo e merecerão apreciação judicial, como previsto no art. 493.

6. Alterações subjetivas da demanda

Na dicção do art. 108 do CPC, a sucessão voluntária das partes, no curso do processo, somente será permitida nos casos expressamente previstos em lei. Dessa normativa legal extrai-se que após a citação do réu é inadmissível a sucessão de qualquer das partes, ou a inclusão de terceiro na condição de litisconsorte, salvo: *(a)* com o ingresso do adquirente ou cessionário, sucedendo o autor ou o réu alienante ou cedente, havendo concordância da parte contrária (art. 109, § 1º); *(b)* com o ingresso de terceiro, na condição de assistente litisconsorcial (§ 2º – v. art. 124); *(c)* com o ingresso do terceiro legitimado e a exclusão do réu original (arts. 338 e 339), entre outras hipóteses. Falecendo qualquer das partes no curso do processo e não sendo o caso de sua extinção (v. art. 485, IX), os sucessores do *de cujus* ingressarão no polo correspondente da relação jurídica processual, via habilitação (v. CPC, arts. 687 a 692 – v. art. 313, I).

Jurisprudência

"Recurso especial. Processo civil. Ação de guarda. Exceção de suspeição. Alteração de domicílio da criança. Princípio da perpetuação da jurisdição. Prevalência. Hipótese concreta. Peculiaridades. Momento da propositura da ação. Juízo competente. 1. A competência é fixada no momento da propositura da ação (art. 87 do CPC/1973) e, à luz do Código de Processo Civil de 2015, no instante do registro ou da distribuição da petição inicial (art. 43 do CPC/2015). 2. A modificação da competência relativa não pode ocorrer de ofício pelo juiz em virtude da regra da perpetuação da jurisdição. 3. O princípio do juiz imediato está consagrado no art. 147, I e II, do ECA, segundo o qual o foro competente para apreciar e julgar as medidas, ações e procedimentos que tutelam interesses, direitos e garantias positivados no Estatuto é determinado pelo domicílio dos pais ou responsável e pelo lugar onde a criança ou o adolescente exerce, com regularidade, seu direito à convivência familiar e comunitária. 4. A jurisprudência do STJ firmou a aplicação subsidiária do art. 87 do CPC/1973 diante da incidência do art. 147, I e II, do ECA, no sentido de que deve prevalecer a regra especial em face da geral, respeitadas as peculiaridades do caso concreto. 5. Na hipótese dos autos, há circunstâncias aptas a manter a competência do juízo do momento da propositura da ação, pois o que pretende o recorrente, por vias indiretas, é o acolhimento da exceção de suspeição previamente rejeitada pelas instâncias de origem, agindo com o intuito de procrastinar a ação de guarda dos filhos do ex-casal ajuizada pela recorrida. 6. Recurso especial não provido." (STJ, REsp 1576472, 3ª Turma, Rel. Min. Ricardo Villas Bôas Cueva, j. 13.6.2017, *DJe* 22.6.2017).

TÍTULO II
DA SUSPENSÃO DO PROCESSO

Art. 313. Suspende-se o processo:

I – pela morte ou pela perda da capacidade processual de qualquer das partes, de seu representante legal ou de seu procurador;

II – pela convenção das partes;

III – pela arguição de impedimento ou de suspeição;

IV – pela admissão de incidente de resolução de demandas repetitivas;

V – quando a sentença de mérito:

a) depender do julgamento de outra causa ou da declaração de existência ou de inexistência de relação jurídica que constitua o objeto principal de outro processo pendente;

b) tiver de ser proferida somente após a verificação de determinado fato ou a produção de certa prova, requisitada a outro juízo;

VI – por motivo de força maior;

VII – quando se discutir em juízo questão decorrente de acidentes e fatos da navegação de competência do Tribunal Marítimo;

VIII – nos demais casos que este Código regula.

IX – pelo parto ou pela concessão de adoção, quando a advogada responsável pelo processo constituir a única patrona da causa;

X – quando o advogado responsável pelo processo constituir o único patrono da causa e tornar-se pai.

§ 1º Na hipótese do inciso I, o juiz suspenderá o processo, nos termos do art. 689.

§ 2º Não ajuizada ação de habilitação, ao tomar conhecimento da morte, o juiz determinará a suspensão do processo e observará o seguinte:

I – falecido o réu, ordenará a intimação do autor para que promova a citação do respectivo espólio, de quem for o sucessor ou, se for o caso, dos herdeiros, no prazo que designar, de no mínimo 2 (dois) e no máximo 6 (seis) meses;

II – falecido o autor e sendo transmissível o direito em litígio, determinará a intimação de seu espólio, de quem for o sucessor ou, se for o caso, dos herdeiros, pelos meios de divulgação que reputar mais adequados, para que manifestem interesse na sucessão processual e promovam a respectiva habilitação no prazo designado, sob pena de extinção do processo sem resolução de mérito.

§ 3º No caso de morte do procurador de qualquer das partes, ainda que iniciada a audiência de instrução e julgamento, o juiz determinará que a parte constitua novo mandatário, no prazo de 15 (quinze) dias, ao final do qual extinguirá o processo sem resolução de mérito, se o autor não nomear novo mandatário, ou ordenará o prosseguimento do processo à revelia do réu, se falecido o procurador deste.

§ 4º O prazo de suspensão do processo nunca poderá exceder 1 (um) ano nas hipóteses do inciso V e 6 (seis) meses naquela prevista no inciso II.

§ 5º O juiz determinará o prosseguimento do processo assim que esgotados os prazos previstos no § 4o.

§ 6º No caso do inciso IX, o período de suspensão será de 30 (trinta) dias, contado a partir da data do parto ou da concessão da adoção, mediante apresentação de certidão de nascimento ou documento similar que comprove a realização do parto, ou de termo judicial que tenha concedido a adoção, desde que haja notificação ao cliente.

§ 7º No caso do inciso X, o período de suspensão será de 8 (oito) dias, contado a partir da data do parto ou da concessão da adoção, mediante apresentação de certidão de nascimento ou documento similar que comprove a realização do parto, ou de termo judicial que tenha concedido a adoção, desde que haja notificação ao cliente.

▶ *Referência: CPC/1973 – Art. 265*

1. Suspensão do processo

A suspensão do processo correspondente à paralisação temporária de seu procedimento, com a vedação da prática de atos processuais, seja em razão da ausência de pressuposto positivo de admissibilidade do julgamento do mérito, seja pelo advento de algum pressuposto negativo, como a morte, exceção de incompetência relativa, força maior, entre outros.

2. Hipóteses de suspensão

Declarado suspenso o processo, com a paralisação de seu procedimento, é terminantemente vedada a realização de atos processuais, sob pena de ineficácia – autorizados, excepcionalmente, apenas aqueles necessários à garantia de interesses sujeitos a risco de dano irreparável (v. CPC, art. 314).

O rol do art. 313 contém quase todas as hipóteses de suspensão do processo (v. inc. VIII), a saber:

a) morte da parte (**inc. I**): sobrevindo a morte da parte no curso do processo, a relação jurídica processual estará desprovida de um de seus integrantes, daí a necessidade de suspender o seu curso, assim que ocorra a habilitação voluntária dos sucessores do *de cujus* (arts. 687 a 692 – v. art. 110); no entanto, se o litígio versar sobre *direitos intransmissíveis* por disposição legal, a morte da parte imporá a extinção do processo, sem resolução do mérito (art. 485, IX), não a suspensão de seu curso – como ocorrerá, por exemplo, se um dos cônjuges vier a falecer no curso do processo de divórcio. Registra-se, em acréscimo, que não ocorrendo a *habilitação voluntária* nos autos do processo (v. arts. 688 e 689), a exigir que a parte interessada promova a *habilitação compulsória*, o juiz, tomando conhecimento da morte da parte, suspenderá o processo e ordenará a intimação do autor, se falecido o réu, para que promova a citação do espólio, do sucessor ou dos herdeiros, no prazo que designar (art. 313, § 2º, I); e, apesar do silêncio da norma sob exame, esgotado esse prazo para a citação o autor permanecer inerte, ficará caracterizado o abandono da causa, com a consequente extinção do processo, sem resolução do mérito (v. art. 485, III).

Falecendo o autor, o juiz determinará a intimação do espólio, do sucessor ou dos herdeiros, pelos meios de divulgação que considerar mais adequados (intimação pelo correio, por oficial de justiça ou por edital, desconhecendo quem deva ser habilitado ou o seu endereço), para que promovam a habilitação no prazo designado na intimação, sob pena de extinção do processo sem resolução do mérito (idem, § 2º, II); sendo intransmissível o direito em litígio, a solução também será a extinção do processo, pois descabida a sucessão;

b) perda da capacidade processual da parte (inc. I): se, no curso do processo, a parte perder a capacidade de estar em juízo, em virtude da superveniência de incapacidade de fato (CC, arts. 3º e 4º), o juiz nomear-lhe-á curador especial, na pessoa de Defensor Público (CPC, art. 72, I – v. CC, 1.747, I, c.c. arts. 1.774 e 1.781), retomando o processo o seu curso regular;

c) morte ou incapacidade do representante da parte (inc. I): quer no caso de morte, quer de perda da capacidade de fato do representante legal da parte, o processo deverá ser suspenso até que novo representante legal assuma suas funções. Tanto quanto o CPC/1973, o atual Código não estabelece sanções no caso de não assunção do novo representante legal da parte, sendo lícito concluir, então, que serão as mesmas aplicáveis no caso de morte do procurador (art. 313, § 3º);

d) morte ou incapacidade do advogado da parte (inc. I): como o advogado é indispensável à administração da justiça (CF, art. 133), sua morte impõe a suspensão do processo, até que a parte constitua novo patrono, no prazo de quinze dias. O mesmo se dá na hipótese da perda da capacidade civil, ou, ainda, da postulatória (esta, nos casos de interdição do exercício profissional ou de exclusão dos quadros da OAB – Lei nº 8.906/94, art. 35, II e III, c.c. arts. 37 e 38). Cientificado da morte ou da incapacidade do advogado, o juiz deverá declarar suspenso o processo imediatamente, sob pena de nulidade dos atos que venham a ser produzidos após o evento que acarretou a necessidade de suspensão. Esta não poderá exceder quinze dias, prazo reputado suficiente para a parte constituir novo patrono e este inteirar-se do estado do processo. Decorrido inutilmente o prazo de suspensão, e não constituindo o autor novo advogado, o processo será extinto, sem resolução do mérito; sendo inerte o réu, o juiz decretará sua revelia (v. CPC, art. 346), sem prejuízo, porém, dos atos processuais validamente praticados antes da suspensão do processo, inclusive a contestação, se já ofertada;

e) convenção das partes (inc. II): a *suspensão convencional*, que não poderá exceder a 6 (seis) meses (art. 313, § 4º), é faculdade legal atribuída às partes e independe de deferimento judicial, bastando, para que se opere, a manifestação conjunta daquelas (v. art. 200). Observe-se, porém, que: *(a)* nem sempre será admissível a suspensão convencional, como ocorre, por exemplo, na fluência de prazo peremptório; *(b)* no processo de execução há duas possibilidades de suspensão convencional: a ora examinada, com a limitação temporal estabelecida no § 4º (v. art. 921, II), e aquela indicada no art. 922, em que o prazo de suspensão será definido pelo exequente e poderá exceder o semestre legal;

f) arguição de impedimento ou de suspeição do juiz (inc. III): já se registrou que o réu deverá concentrar todas suas defesas na contestação, extintos que foram os procedimentos estabelecidos pelos arts. 304 a 314 do CPC/1973. No regime do Código em vigor, a arguição do impedimento ou da suspeição do juiz será formalizada pelo excipiente em petição específica, dirigida àquela autoridade (exceta) que, reconhecendo a pertinência da arguição, ordenará a remessa dos autos ao seu substituto legal, que assumirá, então, a presidência do processo; rejeitando-a, determinará a autuação da petição em apartado, apresentará suas razões, instruídas com documentos e rol de testemunhas, se for o caso, em seguida ordenando a remessa do incidente ao tribunal ao qual esteja vinculado (art. 146, § 1º). Distribuído o incidente ao relator, este declarará o efeito em que o recebe e, sendo suspensivo, o processo terá seu curso paralisado, até o julgamento pelo órgão colegiado competente (§ 2º), observado o disposto nos parágrafos seguintes;

g) admissão de incidente de demandas repetitivas (inc. IV): importante novidade introduzida pelo CPC (arts. 976 a 988), a instauração desse incidente tem por finalidade a resolução, pelos tribunais, de uma mesma questão de direito existente em diversos processos, a fim de que a decisão a ser proferida em sede colegiada, ou seja, a fixação da tese jurídica a respeito daquela questão, seja aplicada a todos os processos individuais ou coletivos, na área de competência territorial do tribunal, que versem sobre idêntica questão de direito, bem como em casos futuros (art. 985). Até o julgamento do incidente, que deverá ocorrer no prazo de um ano (art. 980), o relator suspenderá o curso dos processos pendentes na área de competência territorial do respectivo tribunal (art. 982);

h) suspensão por prejudicialidade externa homogênea (inc. V, *a*): há relação de *prejudicialidade externa* entre dois ou mais processos quando o julgamento de uma causa (a *prejudicada*) depender do que venha a ser decidido a respeito de outra (a *prejudicante*). Diz-se *homogênea* a prejudicialidade se as causas relacionadas forem do mesmo ramo do direito; sendo ramos distintos, *heterogênea*. Constatada a relação de prejudicialidade externa, o juiz declarará suspenso o curso do processo que veicula a causa prejudicada, até o advento do resultado da prejudicante, assim evitando a ocorrência de decisões eventualmente conflitantes (inc. IV, *a*). Observe-se que nas hipóteses enunciadas nesse inciso o prazo de suspensão não poderá exceder a um ano, findo o qual o processo retomará o seu curso (§§ 4º e 5º);

i) suspensão por prejudicialidade externa heterogênea: também poderá ser suspenso o curso do processo cível, no aguardo de pronunciamento da justiça criminal, se o julgamento da causa depender da verificação de existência de fato delituoso (CPC, art. 315) – até porque, havendo condenação criminal com trânsito em julgado, a respectiva decisão valerá como título executivo judicial, a dispensar, assim, o julgamento da causa cível objetivando o mesmo resultado (art. 515, VI). É evidente, contudo, que não pode o processo (prejudicado) ficar suspenso até o desfecho do criminal (prejudicante), daí as previsões dos parágrafos do art. 315: *(a)* suspenso o processo e não sendo proposta a ação penal no prazo de três meses, contado da intimação do Ministério Público (CPP, art. 24; CP, art. 100, § 1º), da parte ofendida ou de seu representante legal (arts. 29 e 30; art. 100, § 2º), ele retomará o seu curso, ao juiz cível competindo solucionar, "*incidenter tantum*", na motivação da sentença, enquanto questão prejudicial, aquela relativa à existência do fato delituoso (CPC, art. 504, II); *(b)* proposta a ação penal, o processo ficará suspenso pelo prazo máximo de um ano, retomando seu curso se não houver pronunciamento definitivo da justiça criminal, procedendo o juiz cível, também nesse caso, nos termos já expostos;

j) suspensão no aguardo de verificação de fato ou de produção de prova (inc. V, *b*): requisitada, por carta precatória, de ordem ou rogatória (v. CPC, art. 237), determinada prova a outro juízo, em atenção a requerimento nesse sentido formulado pela parte antes do saneamento do processo (v. art. 377), o processo ficará suspenso até a sua realização e a devolução, ao órgão requisitante, da carta correspondente;

k) suspensão por motivo de força maior (inc. VI): na dicção do parágrafo único do art. 393 do CC, verifica-se o caso fortuito, ou de força maior, no fato necessário, cujos efeitos não era possível evitar, ou impedir. Assim, constatada a ocorrência de situação fática invencível para a parte, que lhe impossibilite totalmente a prática de atos processuais, deverá o juiz declarar suspenso o curso do processo, tão logo caracterizada a aludida impossibilidade e enquanto ela permaneça. Também será o caso de suspender-se o processo, demonstrando a parte *justa causa*, ou *justo impedimento*, assim entendido o evento imprevisto, alheio à sua vontade e que a impediu, por si ou mandatário, de praticar ato de seu interesse (CPC, art. 223 e parágrafos);

l) discussão, em juízo, de questão relacionada a acidentes e fatos da navegação de competência do Tribunal Marítimo (inc. VII): o processamento da ação de regulação de avaria grossa e o procedimento de ratificação dos protestos marítimos e dos processos testemunháveis formados a bordo competem ao Poder Judiciário (CPC, arts. 707 a 711 e 766 a 770); todavia, essa atividade judicial não inibe aquela a ser desenvolvida em inquérito instaurado pela Capitania dos Portos, no sentido de apuração das causas dos danos e posterior julgamento, sendo o caso, pelo Tribunal Marítimo (v. arts. 1º e 17, *f*, da Lei nº 2.180/1954), cujas decisões têm força executiva (CPC, art. 516, III). Então, tramitando processo nesse Tribunal, paralelamente ao processamento de ação judicial envolvendo acidentes e fatos de navegação (*v.g.*, ação relacionada a seguro marítimo), o processo ficará suspenso, no aguardo do julgamento daquele órgão colegiado;

m) outras hipóteses de suspensão (inc. VIII): o rol do art. 313 não é exauriente, havendo outras hipóteses de suspensão do processo, como se dá, entre outras: *(a)* quando constatada a necessidade de correção de defeito relacionado à capacidade processual ou regularidade de representação (art. 76); *(b)* pela instauração de incidente de desconsideração da personalidade jurídica (art. 134, § 3º); *(c)* no período de recesso forense (art. 220), *(d)* em razão de apresentação de oposição (art. 685, par. único); *(e)* pela superveniência das férias forenses nos Tribunais Superiores (CF, art. 93, XII e CPC, art. 214);

n) as hipóteses de suspensão introduzidas pela Lei nº 13.363/2016 (incs. IX e X): *a)* se a única advogada da parte tornar-se mãe, por parto ou adoção, o processo ficará suspenso por 30 (trinta) dias, contados da data do parto ou da adoção, atendidas as exigências constantes do § 6º do art. 313. E, apesar de o art. 7º-A, inc. IV, do Estatuto da Advocacia (Lei nº 8.906/1994)

– também introduzido pela Lei 13.363/2016 –, referir-se à *suspensão dos prazos processuais* se a única patrona da causa adotar ou der à luz um filho, ocorrerá, isto sim, a *suspensão do curso de todo o processo; b)* se o único advogado da parte tornar-se pai, o processo terá seu curso suspenso por 8 (oito) dias, contados da data do parto ou da adoção, atendidas as exigências indicadas no § 7º.

3. Período máximo de suspensão do processo

Em seu § 4º o art. 313 estabelece prazos máximos de suspensão do processo: (a) de seis meses, sendo ela convencional; (b) de um ano, nas hipóteses de prejudicialidade externa ou no aguardo de verificação de fato ou de produção de prova e, (c) igualmente de um ano, prazo previsto para o julgamento do incidente de demandas repetitivas. Nas demais situações, há prazos para a prática de determinados atos, sob pena de extinção do processo ou de correr à revelia do réu (§ 3º) e, não obstante o silêncio da lei, também naquela em ficar caracterizado o abandono da causa pelo autor, não promovendo, por desídia ou inércia, a citação dos sucessores do réu falecido no prazo para tanto designado (§ 2º, inc. I, cc. art. 485, III), com a consequente extinção do processo, sem resolução do mérito. Merecem referência, ainda, os prazos de 30 (trinta) e de 8 (oito) dias, previstos, respectivamente, nos §§ 6º e 7º do art. 313, introduzidos pela já referida Lei nº 13.363/2016.

Jurisprudência

Processual civil. Possessória. Abandono da causa. Extinção do feito sem julgamento do mérito. Necessidade de requerimento do réu e intimação pessoal da parte autora. Súmula 240/STJ. 1. A irresignação prospera, porque o acórdão destoa do entendimento jurisprudencial do STJ de que a extinção do processo por inércia do autor demanda requerimento do réu, nos termos da Súmula 240/STJ. 2. Recurso Especial provido. (REsp 1752979/SP, Rel. Ministro Herman Benjamin, Segunda Turma, julgado em 12/02/2019, *DJe* 11/03/2019) administrativo e processual civil. Agravo interno no agravo em recurso especial. Competência para julgamento de ação anulatória ajuizada anteriormente à execução fiscal. Impossibilidade de reunião dos processos na vara de execuções. Entendimento desta corte superior. Inaplicabilidade da Súmula 7 do STJ. A decisão monocrática

não fez qualquer constatação quanto à eventual existência de conexão ou continência. Caberá ao juízo executório, caso verifique relação de prejudicialidade entre as ações, decidir pela suspensão da ação de execução fiscal, na forma do art. 313, V, *a* do Código Fux. Agravo interno da autarquia federal a que se nega provimento. 1. Aos recursos interpostos com fundamento no CPC/1973 (relativos a decisões publicadas até 17 de março de 2016) devem ser exigidos os requisitos de admissibilidade na forma nele prevista, com as interpretações dadas até então pela jurisprudência do Superior Tribunal de Justiça (Enunciado Administrativo 2). 2. Nos termos da jurisprudência desta Corte Superior, o ajuizamento posterior de Execução Fiscal, perante a Vara Especializada em Execuções, não modifica a competência para julgamento da Ação Anulatória de Débito, intentada anteriormente na Vara Cível. A remessa da Ação Anulatória, em tal cenário, resultaria em modificação de competência fora das hipóteses permitidas pelo sistema processual, além de possibilitar a violação da boa-fé objetiva processual pela prática de forum shopping. 3. Nessas situações, caberá ao Juízo Executório decidir, se cabível, pela suspensão da Execução enquanto tramita a Ação Anulatória potencialmente prejudicial, nos termos do art. 313, V, a do Código Fux. Julgados: AgInt no REsp. 1.700.752/SP, Rel. Min. Mauro Campbell Marques, *DJe* 3.5.2018; CC 105.358/SP, Rel. Min. Mauro Campbell Marques, *DJe* 22.10.2010; CC 106.041/SP, Rel. Min. Castro Meira, *DJe* 9.11.2009. 4. Ao contrário do que alegado nas razões recursais, a decisão monocrática ora agravada não fez qualquer consideração quanto à inexistência de conexão ou continência entre as Ações, deixando ao Juízo da Execução a possibilidade de suspender a Execução Fiscal, caso constate relação de prejudicialidade entre ela e a Ação Anulatória. 5. O correto enquadramento jurídico dos fatos delineados pelas instâncias ordinárias, inclusive com base em casos análogos já decididos por esta Corte Superior, evidentemente não viola a proibição da Súmula 7 do STJ. 6. Agravo Interno da Autarquia Federal a que se nega provimento. (AgInt no AREsp 1196503/RJ, Rel. Ministro Napoleão Nunes Maia Filho, Primeira Turma, julgado em 29/04/2019, *DJe* 10/05/2019).

Recurso especial. Ação de reintegração de posse. Sentença. Nascimento do filho do único patrono da causa. Suspensão do prazo recursal. Momento da comprovação do fato gerador. Recurso de apelação tempestivo. Julgamento:

CPC/15. 1. Ação de reintegração de posse ajuizada em 02/10/2013, da qual foi extraído o presente recurso especial, interposto em 27/03/2018 e atribuído ao gabinete em 06/11/2018. 2. O propósito recursal é dizer sobre a tempestividade da apelação, considerando o nascimento do filho do único patrono da causa no curso do prazo recursal. 3. A disposição legal do art. 313, X e § 7º, do CPC/15, ao lado do previsto no inciso IX do mesmo artigo, visa dar concretude aos princípios constitucionais da proteção especial à família e da prioridade absoluta assegurada à criança, na medida em que permite aos genitores prestar toda a assistência necessária – material e imaterial – ao seu filho recém-nascido ou adotado, além de possibilitar o apoio recíproco em prol do estabelecimento da nova rotina familiar que se inaugura com a chegada do descendente. 4. A suspensão do processo em razão da paternidade se opera tão logo ocorre o fato gerador (nascimento ou adoção), não se podendo exigir do causídico, para tanto, que realize a comunicação imediata ao Juízo, porque isso seria esvaziar o alcance do benefício legal. 5. Se a lei concede ao pai a faculdade de se afastar do trabalho para acompanhar o filho nos seus primeiros dias de vida ou de convívio familiar, não é razoável lhe impor o ônus de atuar no processo, durante o gozo desse nobre benefício, apenas para comunicar e justificar aquele afastamento. 6. Por força da lei, a suspensão do processo pela paternidade tem início imediatamente à data do nascimento ou adoção, ainda que outra seja a data da comprovação nos autos, desde que esta se dê antes de operada a preclusão, já considerado no cômputo do respectivo prazo o período suspenso de 8 (oito) dias. 7. No que tange ao momento da comprovação, não há vedação legal, tampouco se vislumbra qualquer prejuízo, para que seja ela feita no momento da interposição do recurso ou da prática do primeiro ato processual do advogado. 8. Recurso especial conhecido e provido. (REsp 1799166/GO, Rel. Ministra Nancy Andrighi, Terceira Turma, julgado em 02/04/2019, *DJe* 04/04/2019).

Embargos de declaração no agravo regimental no mandado de segurança. Trânsito em julgado da decisão impetrada ocorrido após a impetração. Ação de usucapião. Bem arrematado em execução trabalhista. Ação de imissão na posse decorrente da arrematação de mesmo imóvel. Suspensão do processo por prazo indeterminado. Desrespeito à literalidade do art. 265, § 5º do cpc/1973. Ilegalidade da decisão. Segurança concedida. 1. "A atribuição de efeitos infringentes aos embargos de declaração é possível, em hipóteses excepcionais, para corrigir premissa equivocada no julgamento, bem como nos casos em que, sanada a omissão, a contradição ou a obscuridade, a alteração da decisão surja como consequência necessária" (EDcl no AgRg no Ag n. 1.026.222/SP, Relator Ministro Herman Benjamin, Segunda Turma, *DJe* 10/10/2014). 2. É incabível mandado de segurança contra decisão judicial transitada em julgado, incidindo, portanto, o teor do art. 5º, inciso III, da Lei n. 12.016/2009 e da Súmula n. 268/STF. Precedentes. 3. No entanto, sendo a impetração do mandado de segurança anterior ao trânsito em julgado da decisão questionada, mesmo que venha a acontecer, posteriormente, não poderá ser invocado o seu não cabimento ou a sua perda de objeto, mas preenchidas as demais exigências jurídico-processuais, deverá ter seu mérito apreciado. 4. Quanto à suspensão do processo nas hipóteses em que a sentença de mérito dependesse do julgamento de outra causa, o art. 265 do CPC/1973 preceituava, em seu § 5º, que, "nos casos enumerados nas letras a, b e c do n. IV, o período de suspensão nunca poderá exceder 1 (um) ano" e que, "findo este prazo, o juiz mandará prosseguir no processo". 5. Sendo assim, é inviável qualquer interpretação do art. 265, § 5º, que desconsidere a incidência do prazo legal ânuo, notadamente pela inexistência, na redação do dispositivo, de qualquer exceção à regra de que o sobrestamento nunca excederá 1 (um) ano, em evidente prestígio à razoável duração do processo anunciada pela Constituição Federal. 6. É regra comezinha de interpretação legal a assertiva segundo a qual, onde o legislador não distingue, não cabe ao interprete fazê-lo; e, no caso em exame, com mais razão, pela presença do advérbio nunca, que afasta qualquer elastério interpretativo. 7. No caso concreto, não se verificou situação excepcional que justificasse a punição de deixar indefinida a solução para o arrematante do bem na esfera trabalhista. Havendo alegação de grave problema social, a resolução pronta do problema previne conflitos sociais na área, mostrando-se conveniente a efetivação da imissão, de imediato, nas frações de terra que não sejam objeto de pedido de prescrição aquisitiva, prosseguindo o processo de imissão na posse nas áreas não contestadas. 8. Levando-se em conta que a decisão de sobrestamento proferida por esta Corte operou-se em março de 2014, deverá a ação de imissão na posse seguir seu curso normal, sendo de rigor que o Juízo Trabalhista exerça a fiscalização da efetivação da imissão na posse das áreas não discutidas nas ações de usucapião, objeto dos conflitos de competência. 9. Embargos de declaração acolhidos com efeitos infringentes para conhecer do agravo e conceder a segurança. (EDcl no AgRg no MS 22.078/DF, Rel. Ministro Luis Felipe Salomão, Corte Especial, julgado em 14/03/2019, *DJe* 11/06/2019).

Processual civil. Embargos à execução. Óbito da exequente. Extinção do mandato. Sucessores. Ausência de habilitação. Recurso de apelação interposto por advogado que não possui procuração nos autos, ausência de legitimidade e capacidade postulatória. 1. Não se pode conhecer da alegada vulneração do art. 1.022 do CPC/2015, pois, nas razões do especial, a parte recorrente deduz argumentação genérica de que as questões postas nos Aclaratórios interpostos na origem não foram respondidas, sem expor, de forma clara e específica, quais pontos seriam esses e qual a relevância para solução da controvérsia. Incidência da Súmula 284/STF. 2. Hipótese em que o Tribunal a quo não conheceu do recurso de Apelação, tendo em vista que o signatário da petição não possui procuração nos autos outorgada por eventuais herdeiros. 3. O Código de Processo Civil/1973 estabelece, em seus artigos 43, 265, I, e 1.055 (arts. 110, 313, I, e 687 do CPC/2015), que, em caso de morte de qualquer das partes, deve o feito ser suspenso até a efetiva substituição pelo respectivo espólio ou sucessores, através de procedimento de habilitação. 4. Por sua vez, o artigo 682, II, do Código Civil dispõe que, com a morte do mandante extingue-se o mandato, carecendo, assim, o requerente de legitimidade e de capacidade postulatória. 5. Com efeito, é inexistente o recurso de Apelação interposto por advogado sem procuração nos autos. Inteligência do parágrafo único, do artigo 37 do CPC/1973 (art. 104 do CPC/2015). 6. Como é cedico, a existência da pessoa natural, nos termos do artigo 6º do Código Civil, termina com a morte, fazendo cessar a aptidão para ser parte de relação processual. Assim, com o falecimento de Amenaide Carvalho dos Santos, seu advogado não poderia ter desafiado o recurso de Apelação, porque não mais detinha poderes, já que o mandato é contrato personalíssimo e tem como uma de suas causas extintivas, nos termos do inciso II, do artigo 682 do CC, o óbito do mandatário. 7. O entendimento adotado pelo acórdão recorrido está em conformidade com a orientação jurispru-

dencial do STJ, segundo a qual o falecimento da parte extingue, de imediato, o mandato outorgado ao advogado. Revela-se, assim, a nulidade da interposição do recurso de Apelação, porquanto promovida em nome de pessoa inexistente e por procurador sem mandato. 8. Recurso Especial não conhecido. (REsp 1760155/RJ, Rel. Ministro Herman Benjamin, Segunda Turma, julgado em 19/02/2019, *DJe* 11/03/2019).

Processo civil. Agravo interno. Embargos de divergência. Morte de uma das partes. Declaração de nulidade dos atos processuais. Necessidade de comprovação do prejuízo. *Pas de nullité sans grief*. 1. A eventual falta de observância da regra prevista no art. 265, I, do CPC de 1973 (art. 313, I do NCPC) que determina a suspensão do processo com a morte de qualquer das partes, enseja apenas nulidade relativa, sendo válidos os atos praticados, desde que não comprovado o prejuízo. Precedentes. 2. Agravo interno não provido. (AgInt nos EAREsp 578.729/PE, Rel. Ministro Luis Felipe Salomão, Segunda Seção, julgado em 14/03/2018, *DJe* 20/03/2018).

Processual civil. Conflito positivo de competência. Serviços de praticagem. Portarias de fixação e de reajuste de preços. Decisões conflitantes. Possibilidade não constatada. Prejudicialidade externa não verificada. Incidente não conhecido. 1. A caracterização de conflito de competência pressupõe a manifestação de dois ou mais juízes que se declaram competentes ou incompetentes, ou, ainda, a existência de controvérsia entre eles acerca da reunião ou separação de processos, como estatui o art. 66 do CPC/2015 (art. 115 do CPC/1973). 2. O Superior Tribunal de Justiça considera prematura a instauração do conflito quando houver a mera potencialidade de que se profiram decisões contraditórias em demandas assemelhadas. 3. Caso em que, além da ausência de manifestação dos dois órgãos jurisdicionais, afirmando-se quer competentes, quer incompetentes para o julgamento da causa, as demandas que ali tramitam não tratam de questões e objetos assemelhados, suscetíveis de decisões conflitantes, sendo certo que, em uma delas, a suscitante/agravante alegou a nulidade da Portaria n. 135/DPC/2010, que fixou o preço dos serviços de praticagem a serem observados pelas companhias de navegação, e o respectivo processo administrativo, haja vista o desrespeito ao contraditório, enquanto na outra ação a agravada postula o reajuste dos preços da Portaria n. 225/DPC/2011, mediante a aplicação do IPCA. 4.

Art. 314

Ainda que se entenda terem os juízos implicitamente se considerado competentes, a suspensão de um dos processos pelo reconhecimento da prejudicialidade externa homogênea requer a demonstração de que a procedência de uma das ações influenciará diretamente o resultado da outra, o que não se divisou, na hipótese, pelo que se reputa prematura a instauração do incidente. 6. Agravo interno desprovido. (STJ, AgInt no Conflito de Competência 153.533, Rel. Min. Gurgel de Faria, j. 11.4.2018, *DJe* 9.5.2018).

> **Art. 314.** Durante a suspensão é vedado praticar qualquer ato processual, podendo o juiz, todavia, determinar a realização de atos urgentes a fim de evitar dano irreparável, salvo no caso de arguição de impedimento e de suspeição.

▶ *Referência: CPC/1973 – Art. 266*

4. Proibição da prática de atos durante a suspensão

Estando suspenso o processo, não teria sentido a prática de ato pela parte, juiz, auxiliar ou terceiro, que pudesse imprimir-lhe movimento. Além da incongruência de o processo suspenso estar em curso, qualquer das partes, crendo na suspensão declarada pelo juiz e consciente do motivo que a determinou, poderia vir a ser surpreendida e prejudicada pela prática de ato processual. É evidente, no entanto, que essa vedação de prática de atos não se refere àqueles que devam ser realizados durante o período de suspensão imprópria do processo (*v. g.*, a suspensão no aguardo da correção de defeito de representação – art. 76). Mas a suspensão do processo não pode atuar como causa geradora de dano irreparável a qualquer das partes, daí a ressalva feita pelo artigo sob exame e reafirmada pelo art. 215.

5. Ineficácia de atos praticados durante o período de suspensão

Diante da expressa vedação do art. 314, serão ineficazes os atos realizados durante o período de suspensão processual, ressalvados aqueles urgentes, determinados pelo juiz. Tem-se entendido, porém, que mesmo atos não urgentes, praticados durante o período de suspensão – e desde que não ocasionem prejuízo a qualquer das partes –, serão considerados hígidos e aptos à produção de efeitos, assim que o processo retome o seu curso normal.

Jurisprudência

"CIVIL. PROCESSUAL CIVIL. AÇÃO ANULATÓRIA DE ATOS EXECUTIVOS. OMISSÃO E NEGATIVA DE PRESTAÇÃO JURISDICIONAL. INOCORRÊNCIA. PENHORA OCORRIDA DURANTE A SUSPENSÃO DO PROCESSO DECORRENTE DO FALECIMENTO DO DEVEDOR. ATO PROCESSUAL. REENQUADRAMENTO FÁTICO-NORMATIVO COMO MEDIDA CONSERTIVA DESTINADA A SALVAGUARDAR A UTILIDADE E SATISFATIVIDADE DA EXECUÇÃO. POSSIBILIDADE. NULIDADE POR AUSÊNCIA DE INTIMAÇÃO DA CÔNJUGE DO HERDEIRO DO EXECUTADO. DESNECESSIDADE. NULIDADE DE ALGIBEIRA RECONHECIDA. 1- Ação distribuída em 29/12/2010. Recurso especial interposto em 10/12/2014 e atribuído à Relatora em 25/08/2016. 2- Os propósitos recursais consistem em definir se houve negativa de prestação jurisdicional, se os atos praticados durante a suspensão do processo em virtude do falecimento da parte são nulos e, ainda, se a cônjuge de um dos herdeiros do executado deveria ter sido intimada da penhora de bem de propriedade do devedor originário após o seu falecimento. 3- Ausentes os vícios do art. 535, I e II, do CPC/73, não há que se falar em negativa de prestação jurisdicional. 4- É vedado, em regra, o reexame das regras internas de fixação de competência material dos órgãos fracionários, estabelecidas nos regimentos internos dos Tribunais. Incidência das Súmulas 280/STF e 399/STF. Precedentes. 5- O ato de penhora de bem imóvel é um ato de natureza processual, motivo pelo qual é proibida a sua prática no período de suspensão do processo decorrente do falecimento do executado. 6- Na hipótese, todavia, o delineamento fático estampado no acórdão recorrido demonstra que a penhora era indispensável para assegurar a utilidade e a satisfatividade da execução em curso, que se prolongava por muitos anos sem nenhuma perspectiva de adimplemento do crédito materializado no título executivo, assumindo a penhora, nesse contexto, o papel de medida assecuratória e conservativa de direito, de modo a atrair a incidência da exceção prevista na parte final do art. 793 do CPC/73. 7- A regra do art. 655, §2º, do CPC/73, visa proteger os interesses da cônjuge do executado que é proprietário do bem imóvel penhorado, não se aplicando, todavia, a cônjuge do herdeiro do executado após o seu falecimento, sobretudo porque, antes da partilha, os bens, direitos e obrigações do falecido compõem o monte-mor partilhável, de modo que os herdeiros apenas são titulares de frações ideais daquele acervo e não de bens específicos ou individualizáveis. 8- A não arguição da alegada nulidade por ausência de intimação imediatamente após a efetivação do ato de penhora, que veio a ser manifestada apenas em ulterior ação anulatória, bem como a presunção não elidida de que houve ciência inequívoca do ato constritivo pela cônjuge do herdeiro do executado, demonstram ter havido, na hipótese, a denominada nulidade de algibeira, estratégia absolutamente incompatível com o princípio da boa-fé que deve nortear todas as relações jurídicas. 9- Recurso especial conhecido e desprovido." (STJ, REsp 1643012, 3ª Turma, Rel. Min. Nancy Andrighi, j. 22.3.2018, *DJe* 26.3.2018).

"AGRAVO INTERNO NO AGRAVO EM RECURSO ESPECIAL. EXECUÇÃO. 1. MORTE DE COEXECUTADO. COMUNICAÇÃO TARDIA DO ÓBITO. 2. AUSÊNCIA DE SUSPENSÃO DO PROCESSO. ALEGAÇÃO DE NULIDADE. NECESSÁRIA A DEMONSTRAÇÃO DE PREJUÍZO, NOS TERMOS DA JURISPRUDÊNCIA DO STJ. SÚMULA 7 DO STJ. 3. AGRAVO INTERNO IMPROVIDO. 1. Não há como se declarar a nulidade requerida, uma vez que, a despeito do fato de o falecimento da parte gerar a suspensão do processo, a jurisprudência do STJ entende ser necessária a demonstração de prejuízo para que haja o reconhecimento de eventual nulidade pela ausência de suspensão do processo. Precedentes. 1.2. No caso em análise, a recorrente, a pretexto de demonstrar prejuízo, invoca danos a terceiros – herdeiros do falecido. Entretanto, a agravante não tem legitimidade para defender interesse alheio, e o prejuízo apto a gerar a nulidade invocada deve ser próprio e concreto. 1.3. O aresto recorrido não contém elementos que possam afirmar a ocorrência, ou não, de prejuízo. Desse modo, o acolhimento do inconformismo, segundo as alegações vertidas nas razões do especial, demanda revolvimento do acervo fático-probatório dos autos, situação vedada pela Súmula 7 do STJ. 2. Agravo interno improvido." (STJ, AgInt no Agravo em REsp 1113428, 3ª Turma, Rel. Min. Marco Aurélio Bellizze, j. 27.2.2018, *DJe* 9.3.2018).

"Assim, as normas que tratam da suspensão dos processos, constantes do art. 313 combinado com o art. 314 do CPC/215, bem como do art. 982, § 2º, do CPC/2015, que cuida da suspensão dos feitos no Incidente de Resolução de Demandas Repetitivas – IRDR, devem também ser aplicadas aos recursos repetitivos, tendo em vista que ambos compõem um mesmo microssistema (de julgamento de casos repetitivos), conforme se depreende do art. 928 do CPC/2015." (STJ, 1ª Seção, QO na ProAfR no REsp 1657156, Rel. Min. Benedito Gonçalves, j. 24.5.2017, *DJe* 31.5.2017).

> **Art. 315.** Se o conhecimento do mérito depender de verificação da existência de fato delituoso, o juiz pode determinar a suspensão do processo até que se pronuncie a justiça criminal.
>
> **§ 1º** Se a ação penal não for proposta no prazo de 3 (três) meses, contado da intimação do ato de suspensão, cessará o efeito desse, incumbindo ao juiz cível examinar incidentemente a questão prévia.
>
> **§ 2º** Proposta a ação penal, o processo ficará suspenso pelo prazo máximo de 1 (um) ano, ao final do qual aplicar-se-á o disposto na parte final do § 1º.

▶ *Referência: CPC/1973 – Art. 110*

1. Suspensão do processo civil no aguardo de pronunciamento em processo criminal

Reitera-se aqui, integralmente, o quanto registrado no item *i*, nota 2, do art. 313.

Jurisprudência

"ALEGAÇÃO DE VIOLAÇÃO DO ART. 535 DO CPC/73. INEXISTÊNCIA. PRETENSÃO DE INCIDÊNCIA DO ART. 200 DO CÓDIGO CIVIL. ACÓRDÃO EM CONSONÂNCIA COM A JURISPRUDÊNCIA DO STJ. A PRESCRIÇÃO DA PRETENSÃO INDENIZATÓRIA NÃO CORRE QUANDO A CONDUTA ILÍCITA SUPOSTAMENTE PERPETRADA PELA PARTE RÉ SE ORIGINAR DE FATO QUE, NECESSARIAMENTE, DEVA SER APURADO NO JUÍZO CRIMINAL. CONSONÂNCIA DO ACÓRDÃO COM A JURISPRUDÊNCIA DO STJ. I – Não há violação do art. 535 do CPC/73, pois a prestação jurisdicional foi dada na medida da pretensão deduzida, como se depreende da análise do acórdão recorrido (fl. 551): "O recurso foi interposto tempestivamente, porém não merece prosperar, pois não havia porque aguardar a conclusão do processo penal de vez que não corria-se o risco de decisões contraditórias entre o juízo cível e criminal, em relação à fraude do recolhimento de ICMS. A questão de eventual cumplicidade ou não dos autores com o agente público é questão que justificava um pedido de suspensão do processo cível por parte do Estado e não por parte dos autores, pois estes gozavam da presunção de inocência." II – Na verdade, a questão não foi decidida conforme objetivava a recorrente, uma vez que foi aplicado entendimento diverso. É sabido que o juiz não fica obrigado a manifestar-se sobre todas as alegações das partes, nem a ater-se aos fundamentos indicados por elas ou a responder, um a um, a todos os seus argumentos, quando já encontrou motivo suficiente para fundamentar a decisão, o que de fato ocorreu. III – Ressalte-se, ainda, que cabe ao magistrado decidir a questão de acordo com o seu livre convencimento, utilizando-se dos fatos, provas, jurisprudência, aspectos pertinentes ao tema e da legislação que entender aplicável ao caso concreto. IV – No tocante à prescrição, o acórdão recorrido encontra-se em perfeita sintonia com a orientação desta Corte, que é firme no sentido de que a incidência do art. 200 do Código Civil pressupõe a existência de relação de prejudicialidade entre as esferas cível e penal. V – Isto é, a prescrição da pretensão indenizatória não corre quando a conduta ilícita supostamente perpetrada pela parte ré se originar de fato que, necessariamente, deva ser apurado no juízo criminal, sendo fundamental, para tanto, a existência de ação penal em curso ou ao menos inquérito policial em trâmite. Precedentes: AgRg no AREsp 631.181/SP, Rel. Ministro MARCO AURÉLIO BELLIZZE, TERCEIRA TURMA, julgado em 24/11/2015, *DJe* 07/12/2015; AgRg nos EDcl no REsp 1.521.359/AM, Rel. Ministro RICARDO VILLAS BÔAS CUEVA, TERCEIRA TURMA, julgado em 27/10/2015, *DJe* 03/11/2015; REsp 1135988/SP, Rel. Ministro LUIS FELIPE SALOMÃO, QUARTA TURMA, julgado em 08/10/2013, *DJe* 17/10/2013; AgRg no REsp 1.121.295/RJ, Rel. Ministro MARCO BUZZI, QUARTA TURMA, julgado em 24/6/2014, *DJe* 1º/8/2014. VI – No caso dos autos, o Tribunal de origem consignou que não existe relação de dependência no resultado da ação no juízo criminal e a pretensão de indenização, uma vez que o caráter indenizatório está baseado na responsabilidade civil do Estado e a ação penal visa a punição dos autores do delito. VII – Desse modo, diante da inexistência,

no caso, de relação de subordinação necessária entre o fato objeto de apuração penal e o desenvolvimento regular da ação cível, não há como prosperar o pleito recursal. VIII – Agravo interno improvido." (STJ, AgInt no Agravo em REsp 971779, 2ª Turma, Rel. Min. Francisco Falcão, j. 12.12.2017, *DJe* 18.12.2017).

TÍTULO III
DA EXTINÇÃO DO PROCESSO

> **Art. 316.** A extinção do processo dar-se-á por sentença.

▶ *Sem correspondência no CPC/1973*

1. Extinção do processo

Analisando o CPC/1973, Dinamarco traduz, com total correção e adequação ao regime do atual diploma processual civil, o significado da extinção do processo civil:

"A mais profunda entre as crises capazes de afetar o processo é a sua 'extinção', que significa 'morte' e portanto é definitiva. A rigor, como nenhum processo é instaurado para ter vida perpétua, todos eles em algum momento se extinguem, inclusive quando o provimento jurisdicional programado é proferido (sentença de mérito no processo de conhecimento, ordem de entrega do bem na execução forçada). Por isso, o processo 'de conhecimento' extingue-se 'com ou sem julgamento do mérito' (arts. 267 e 269); a 'execução', em seguida à integral satisfação do credor, ou sem ela (art. 794). A extinção imposta pelos fatores perversos geradores das crises vitais do processo, ou seja, pelo insuperável desatendimento aos pressupostos do provimento, é a 'extinção anômala', a que o Código alude no art. 329. É anômala a extinção do processo sem produção do provimento para o qual ele foi instaurado e portanto sem oferta de tutela jurisdicional plena a nenhuma das partes (supra, nn. 39 ss.). A extinção ordinária é efeito da realização dos objetivos do processo; a anômala, uma frustração." (Instituições de direito processual civil, v. II, nº 734, p. 645 e 646).

2. Extinção normal

Ao proferir *decisão de mérito* (assim entendidos a sentença, o acórdão e a decisão interlocutória de mérito – CPC, arts. 356, 487 e 974), o juiz julga o pedido formulado pela parte (*decisão propriamente de mérito* – art. 487, I) ou a esta concede provimento jurisdicional que igualmente ficará acobertado pela autoridade da coisa julgada material (*decisões impropriamente de mérito* – incs. II e III), só podendo ser desconstituídas, tal como a decisão propriamente de mérito, por meio de ação rescisória (art. 966).

Dá-se a extinção normal do processo quando o juiz:

a) julga o pedido formulado pela parte (autor ou réu reconvinte), acolhendo-o ou rejeitando-o (CPC, arts. 332 e 487, I);

b) acolhe, de ofício ou a requerimento da parte, da alegação de ocorrência de decadência ou de prescrição (art. 487, II);

c) **homologa**:

= *o reconhecimento, pelo réu ou pelo autor-reconvindo, da procedência do pedido formulado pelo autor ou pelo réu-reconvinte*: se a demanda envolve direito passível de transação (CC, art. 840), nada impede que a parte, ao invés de ofertar defesa, reconheça a procedência do pedido deduzido pela outra, hipótese em que sobrevirá sentença homologatória de sua vontade (CPC, art. 487, III, *a*);

= *a transação*: no curso do processo as partes podem transacionar sobre direitos patrimoniais de caráter privado, com o objetivo de encerrarem o conflito, mediante concessões mútuas (CC, arts. 840 a 850);

= *a renúncia à pretensão formulada na ação ou na reconvenção*: inconfundível com a desistência da ação (art. 485, VIII), a renúncia significa o ato pelo qual a parte abre mão de sua pretensão. A sentença que advirá desse seu comportamento tem natureza homologatória, mas é equiparada à sentença propriamente de mérito, pelas razões já expostas. Registra-se, em arremate, que obtida no processo de conhecimento sentença com os atributos de título executivo judicial (CPC, art. 515, II), ela não acarretará necessariamente a extinção do processo, mas, sim, da fase de conhecimento, a esta podendo sobrevir a fase de cumprimento, se e quando não houver seu cumprimento voluntário pelo devedor (v. arts. 497, 498, 523 e 538);

3. Extinção anormal do processo

O art. 485 do CPC enuncia as hipóteses de extinção anormal do processo, com o rol das denominadas *decisões terminativas*, a saber:

a) **indeferimento da petição inicial**: o juiz indeferirá a petição inicial quando constatar, de plano, a sua inépcia (CPC, art. 330, I e § 1º), a manifesta ilegitimidade de qualquer das partes (inc. II), a ausência de interesse processual do autor (inc. III), ou, ainda, *(i)* se o advogado postulante em causa própria não atender as prescrições do art. 106, ou *(ii)* quando o autor não atender à ordem de aditamento ou complementação da petição inicial (art. 321);

b) **abandono do processo**: em determinadas situações o andamento do processo não depende apenas do impulso oficial (v. art. 2º), mas do concurso de ambas as partes (art. 485, II) ou de atividade a cargo do autor (inc. III), sem o que será extinto, sem resolução do mérito. Intimada pessoalmente a parte omissa e não atendendo à intimação no prazo legal, o juiz proferirá sentença terminativa (§ 1º – v. art. 976, §§ 1º e 2º). Todavia, depois de oferecida a contestação, não poderá o juiz extinguir o processo, por desídia do autor (art. 485, III), sem que o réu o requeira expressamente (§ 6º), conforme previsto na Súmula 240 do Superior Tribunal de Justiça;

c) **ausência de pressupostos processuais positivos ou presença de negativos**: a respeito dessas hipóteses de extinção do processo, confira-se as notas aos arts. 337 e 485, incs. IV e V;

d) **ausência de legitimidade de qualquer das partes ou de interesse processual do autor**: ausente qualquer dessas condições da ação, também será o caso de extinção do processo, sem resolução do mérito, conforme explicitado em notas ao art. 337 e ao inc. VI do art. 485;

e) **existência de convenção de arbitragem ou reconhecimento da competência do juízo arbitral**: confira-se notas ao art. 337 e ao inc. VII do art. 485;

f) **desistência da ação**: pode a parte, com amparo no princípio da disponibilidade processual, abdicar expressamente de sua posição no processo, até a sentença, apenas dependendo da anuência do réu, se e quando já ofertada contestação; antes dessa oferta, a desistência independerá da anuência (art. 485, VIII e §§ 4º e 5º – v. arts. 775, 976, §§ 1º e 2º e 1.040, §§ 1º a 3º);

g) **intransmissibilidade do direito**: falecendo qualquer das partes no curso do processo e não sendo o caso de sucessão processual, ele deverá ser extinto, sem resolução do mérito (ver notas ao art. 337 e ao inc. IX do art. 485);

h) **outras hipóteses de extinção**: também será extinto o processo (art. 485, inc. X), entre outros casos, quando não promovida a citação de todos os litisconsortes necessários (art. 115, par.

único), ou deixando o autor de constituir novo patrono, no caso de falecimento ou superveniência de incapacidade daquele originalmente constituído (art. 313, § 3º).

Jurisprudência

Súmula 240/STJ: *"A extinção do processo, por abandono da causa pelo autor, depende de requerimento do réu."*

> **Art. 317.** Antes de proferir decisão sem resolução de mérito, o juiz deverá conceder à parte oportunidade para, se possível, corrigir o vício.

▶ *Sem correspondência no CPC/1973*

1. A correção de vícios processuais sanáveis

Há vícios processuais que, por serem insanáveis (v.g., ilegitimidade da parte ou ausência de interesse de agir) acarretarão, *ipso facto*, a extinção do processo, sem resolução do mérito (CPC, art. 485); há outros que, embora sanáveis, também poderão acarretar essa extinção anormal do processo, se e quando não forem oportuna e adequadamente sanados pela parte (v.g., defeito de representação).

É dessa última modalidade de vícios que cuidam os arts. 317 e 352, editados em atenção à exigência de máximo aproveitamento do processo, mediante a obtenção da tutela jurisdicional por meio dele reclamada. E vale o registro de que esses dois dispositivos, aliados ao princípio da cooperação insculpido no art. 6º, estabelecem não uma faculdade, mas verdadeiro dever ao juiz presidente do processo.

Jurisprudência

"AÇÃO DE CONHECIMENTO COM PRECEITO COMINATÓRIO DE OBRIGAÇÃO DE FAZER Procuração apresentada por meio de cópia reprográfica Demanda que se insere no perfil de litigância serial, atendendo os critérios estabelecidos pelo NUMOPEDE, da E. Corregedoria de Justiça, por meio dos Comunicados 02/2017 e 1046/2017 Intimação da parte para providenciar a regularização, com a apresentação de instrumento válido Desatendimento Determinação, pelo Juízo "a quo", de intimação pessoal da Parte, para sanar a eiva Prazo decorrido "in albis" Ausência de pressuposto processual – Impositiva extinção do feito, sem resolução de mérito Sentença mantida Recurso não provido." (TJSP,

Apelação Cível nº 1032695-68.2016.8.26.0506, 19ª Câmara de Direito Privado, Rel. Des. Mario de Oliveira, j. 27.4.2018, publ. 27.4.2018).

"Apelação. Execução fiscal. Taxas de fiscalização de publicidade e de emolumentos. Exercícios de 2008 e 2009. Reconhecimento de nulidade da certidão de dívida ativa. Extinção do processo com fundamento no artigo 485, IV, do Código de Processo Civil. Inadmissibilidade. Título executivo que não menciona o fundamento legal dos encargos incidentes sobre a dívida. Erro formal passível de emenda. Possibilidade de substituição da certidão. Inteligência do artigo 2º, § 8º, da Lei 6.830/80 e do artigo 317 do Código de Processo Civil. Recurso provido." (TJSP, Apelação Cível nº 0500976-33.2010.8.26.0637, 14ª Câmara de Direito Privado, Rel. Des. Geraldo Xavier, j. 19.4.2018, publ. 19.4.2018).

"AÇÃO CÍVEL PARA FAZER E ENTREGAR BOLETO – OBRIGAÇÃO DE FAZER COM INTUITO DE OBTER BOLETO – Pretensão à exibição de documentos ajuizada na vigência do CPC/2015 – Indeferimento da inicial – Extinção sem resolução do mérito – Inadequação da via eleita – Possibilidade de adequação do procedimento, nos moldes do art. 317 do CPC que não foi outorgada pelo Juiz de Direito – Irrelevância, ante a ausência dos requisitos preconizados no REsp 1.349.453/MS – Extinção mantida, mas por outro fundamento – Artigo 485, VI do CPC- Recurso não provido." (TJSP, Apelação nº 1000011-66.2018.8.26.0071, 38ª Câmara de Direito Privado, Rel. Des. Achile Alesina, j. 24.4.2018, publ. 24.4.2018).

Direito de vizinhança. Avarias decorrentes de obra realizada no imóvel vizinho. Sentença de extinção do processo, sem resolução de mérito, com fundamento na ausência de pressuposto processual de validade da demanda. Pedido genérico. Pretensão à reforma. Possibilidade pedido de indenização por danos materiais que depende de apuração na fase instrutória. Aplicação do art. 324, § 1º, II, do CPC. Pedido de indenização por danos morais com objeto indeterminado. Necessidade de correção – vício sanável. Primazia da decisão de mérito. Dever de conferir à parte a oportunidade de saneamento das irregularidades de sua postulação. Aplicação dos art. 317 e 329, II c.c. art. 139, IX, todos do CPC – Antes de proferir decisão sem resolução de mérito, o juiz deverá conceder à parte oportunidade para, se possível, corrigir o vício. Sentença reformada. Apelação Provida." (TJSP, Apelação Cível nº 1000821-46.2017.8.26.0210, 25ª Câmara de Direito Privado, Rel. Des. Edgard Rosa, j. 3.4.2018, publ. 3.4.2018).

PARTE ESPECIAL

LIVRO I
DO PROCESSO DE CONHECIMENTO E DO CUMPRIMENTO DE SENTENÇA

TÍTULO I
DO PROCEDIMENTO COMUM

CAPÍTULO I
DISPOSIÇÕES GERAIS

> **Art. 318.** Aplica-se a todas as causas o procedimento comum, salvo disposição em contrário deste Código ou de lei.
>
> **Parágrafo único.** O procedimento comum aplica-se subsidiariamente aos demais procedimentos especiais e ao processo de execução.

▶ *Referência: CPC/1973: Arts. 271, 272 e 598*

1. Noção de procedimento

Como dito no comentário ao art. 188, no Direito Processual *procedimento* é uma série concatenada de atos processuais, de modo que cada ato é consequência do antecedente e pressuposto do seguinte. Não se trata, todavia, de conceito atinente exclusivamente ao Direito Processual. Está presente no dia a dia das pessoas e em outros ramos do conhecimento (ex.: procedimento de análise química, procedimento operacional padrão etc.).

No processo civil, o procedimento refere-se à tutela cognitiva e subdivide-se em *comum* (CPC, arts. 318 ss.) e *especial* (CPC, art. 539 e ss. e legislação extravagante).

O CPC/1973 previa a subdivisão do procedimento comum entre ordinário e sumário, reservando esta segunda modalidade para causas cuja expressão econômica fosse inferior a determinado valor ou cuja instrução fosse presumivelmente mais simples, dada a natureza da relação jurídica de direito material (CPC/1973, art. 275).

Ocorre que o procedimento comum sumário foi *suprimido* na sistemática do Código atual, restando apenas o procedimento comum ("ordinário", portanto) e os especiais.

Apesar de se tratar de espécies de procedimentos especiais previstos em legislação esparsa, há quem denomine os procedimentos disciplinados pelas Leis 9.099/95 (LJE), 10.259/2001 e 12.153/2009 como procedimentos "*sumaríssimos*". A rigor, a principal nota que os contrapõe ao procedimento comum é a oralidade, sobretudo por meio da concentração de atos em audiência, informada pelos postulados da celeridade, simplicidade, informalidade e economia processual (LJE, art. 2º). Daí a ideia de que se trataria dos procedimentos "mais sumários que existem" (= sumaríssimos). Todavia, a sua classificação, até mesmo por exclusão, recai sobre a categoria dos procedimentos especiais previstos na legislação extravagante.

2. Nova sistemática e caráter residual

Com a nova sistemática, o procedimento comum assume verdadeiramente um caráter genérico e padronizado, que justifica a nomenclatura que leva (antes, o procedimento comum, subdividido entre sumário e ordinário, gerava interpretações equívocas, dadas algumas notas de especialidade que se identificavam na modalidade sumária).

A aplicação do procedimento comum se dá em caráter *residual*, ou seja, primeiro se verifica no CPC e na legislação extravagante se a situação concreta comporta alguma das espécies de procedimento especial (Livro I da Parte Especial do CPC) ou execução imediata (Livro II da Parte Especial do CPC) e, em caso negativo, adota-se a regra geral, que é o procedimento comum previsto a partir do art. 318 do CPC.

Por força do princípio da inafastabilidade da tutela constitucional (CF, art. 5º, XXXV), ninguém poderá ficar privado de ingressar em juízo por falta de via processual (modelo legal de procedimento) adequada (Yarshell, Flávio Luiz. *Curso de Direito Processual Civil*, volume I, p. 304).

O caráter residual do procedimento comum é confirmado pelo parágrafo único do art. 318, que manda aplicar o procedimento comum em caráter *subsidiário* aos procedimentos especiais e ao processo de execução. Ou seja, sempre que não houver norma específica nestes últimos, aplica-se o procedimento comum.

Por exemplo, a chamada ação de consignação em pagamento é disciplinada pelos arts. 539 e ss. do CPC. O art. 542 traz alguns requi-

Art. 318

sitos específicos da petição inicial nesse tipo de procedimento, o que não exclui, todavia, a incidência dos requisitos do art. 319 do CPC (norma atinente ao Título do *procedimento comum*) sobre a petição inicial da ação de consignação de pagamento.

Jurisprudência

"PROCESSUAL CIVIL. EXECUÇÃO DE TÍTULO EXTRAJUDICIAL. CONTRATO DE LOCAÇÃO. INCLUSÃO DOS ALUGUÉIS VENCIDOS INADIMPLIDOS NO CURSO DA DEMANDA. ART. 290 DO CPC. INCIDÊNCIA. AUSÊNCIA DE DÚVIDAS QUANTO AOS VALORES INADIMPLIDOS DEVIDOS.

1. Incluem-se na execução os débitos locatícios vencidos e inadimplidos no decorrer da demanda, nos termos do art. 290 do CPC.

2. Entendimento a que se chega ante a aplicação do art. 598 do CPC e a consagração dos princípios da celeridade e economia processual.

3. Recurso especial provido."

(STJ, REsp 1390324/DF, Rel. Ministro JOÃO OTÁVIO DE NORONHA, TERCEIRA TURMA, julgado em 02/09/2014, *DJe* 09/09/2014)

"PROCESSUAL CIVIL. EMBARGOS DE DIVERGÊNCIA. AUSÊNCIA DE IDENTIDADE FÁTICO-JURÍDICA. SUBSTITUIÇÃO PROCESSUAL. EXECUÇÃO. CESSÃO DE CRÉDITO.

1. Não se verifica qualquer divergência, pois os arestos confrontados não guardam similitude fática e jurídica.

2. O aresto embargado, com base na jurisprudência desta Corte, entendeu ser possível a inclusão de expurgos inflacionários, em sede de liquidação de sentença, antes de homologados os cálculos, ainda que não tenha sido mencionada a correção monetária no processo de conhecimento. Por outro lado, nos julgados trazidos pela embargante como divergentes restou consignada a impossibilidade de inclusão de expurgos inflacionários em sede de precatório complementar, hipótese posterior à sentença de homologação da conta de liquidação.

3. O art. 74 da Lei nº 9.430/96 não veda a cessão de crédito tributário, cuidando tão somente do instituto da compensação de débitos relativos a tributos e contribuições.

4. Acerca do prosseguimento na execução pelo cessionário, cujo direito resulta de título executivo transferido por ato entre vivos – art. 567, inciso II do Código de Processo Civil –, esta Corte já se manifestou, no sentido de que a norma inserta no referido dispositivo deve ser aplicada independentemente do prescrito pelo art. 42, § 1º do mesmo CPC, porquanto as regras do processo de conhecimento somente podem ser aplicadas ao processo de execução quando não há norma específica regulando o assunto. Precedentes.

5. Agravos regimentais não providos."

(STJ, AgRg nos EREsp 354.569/DF, Rel. Ministro CASTRO MEIRA, CORTE ESPECIAL, julgado em 29/06/2010, *DJe* 13/08/2010)

"RECURSO ESPECIAL. AÇÃO AUTÔNOMA DE EXIBIÇÃO DE DOCUMENTOS PELO PROCEDIMENTO COMUM. POSSIBILIDADE. PRETENSÃO QUE SE EXAURE NA APRESENTAÇÃO DOS DOCUMENTOS APONTADOS. INTERESSE E ADEQUAÇÃO PROCESSUAIS. VERIFICAÇÃO. AÇÃO AUTÔNOMA DE EXIBIÇÃO DE DOCUMENTOS PELO PROCEDIMENTO COMUM E PRODUÇÃO DE PROVA ANTECIPADA. COEXISTÊNCIA. RECURSO ESPECIAL PROVIDO.

1. A controvérsia posta no presente recurso especial centra-se em saber se, a partir da vigência do Código de Processo Civil de 2015, é possível o ajuizamento de ação autônoma de exibição de documentos, sob o rito do procedimento comum (arts. 318 e seguintes), ou, como compreenderam as instâncias ordinárias, a referida ação deve se sujeitar, necessariamente, para efeito de adequação e interesse processual, ao disposto em relação ao "procedimento" da "produção antecipada de provas" (arts. 381 e seguintes).

2. A partir da vigência do Código de Processo Civil de 2015, que não reproduziu, em seu teor, o Livro III, afeto ao Processo Cautelar, então previsto no diploma processual de 1973, adveio intenso debate no âmbito acadêmico e doutrinário, seguido da prolação de decisões díspares nas instâncias ordinárias, quanto à subsistência da ação autônoma de exibição de documentos, de natureza satisfativa (e eventualmente preparatória), sobretudo diante dos novos institutos processuais que instrumentalizam o direito material à prova, entre eles, no que importa à discussão em análise, a "produção

antecipada de provas" (arts. 381 e seguintes) e a "exibição incidental de documentos e coisa" (arts 496 e seguintes).

3. O Código de Processo Civil de 2015 buscou reproduzir, em seus termos, compreensão há muito difundida entre os processualistas de que a prova, na verdade, tem como destinatário imediato não apenas o juiz, mas também, diretamente, as partes envolvidas no litígio. Nesse contexto, reconhecida a existência de um direito material à prova, autônomo em si – que não se confunde com os fatos que ela se destina a demonstrar, tampouco com as consequências jurídicas daí advindas a subsidiar (ou não) outra pretensão –, a lei adjetiva civil estabelece instrumentos processuais para o seu exercício, o qual pode se dar incidentalmente, no bojo de um processo já instaurado entre as partes, ou por meio de uma ação autônoma (ação probatória *lato sensu*).

4. Para além das situações que revelem urgência e risco à prova, a pretensão posta na ação probatória autônoma pode, eventualmente, se exaurir na produção antecipada de determinada prova (meio de produção de prova) ou na apresentação/exibição de determinado documento ou coisa (meio de prova ou meio de obtenção de prova – caráter híbrido), a permitir que a parte demandante, diante da prova produzida ou do documento ou coisa apresentada, avalie sobre a existência de um direito passível de tutela e, segundo um juízo de conveniência, promova ou não a correlata ação.

4.1 Com vistas ao exercício do direito material à prova, consistente na produção antecipada de determinada prova, o Código de Processo Civil de 2015 estabeleceu a possibilidade de se promover ação probatória autônoma, com as finalidades devidamente especificadas no art. 381.

4.2 Revela-se possível, ainda, que o direito material à prova consista não propriamente na produção antecipada de provas, mas no direito de exigir, em razão de lei ou de contrato, a exibição de documento ou coisa – já existente/já produzida – que se encontre na posse de outrem.

4.2.1 Para essa situação, afigura-se absolutamente viável – e tecnicamente mais adequado – o manejo de ação probatória autônoma de exibição de documento ou coisa, que, na falta de regramento específico, há de observar o procedimento comum, nos termos do art. 318 do novo Código de Processo Civil, aplicando-se, no que couber, pela especificidade, o disposto nos arts. 396 e seguintes, que se reportam à exibição de documentos ou coisa incidentalmente. 4.2.2 Também aqui não se exige o requisito da urgência, tampouco o caráter preparatório a uma ação dita principal, possuindo caráter exclusivamente satisfativo, tal como a jurisprudência e a doutrina nacional há muito reconheciam na postulação de tal ação sob a égide do CPC/1973. A pretensão, como assinalado, exaure-se na apresentação do documento ou coisa, sem nenhuma vinculação, ao menos imediata, com um dito pedido principal, não havendo se falar, por isso, em presunção de veracidade na hipótese de não exibição, preservada, contudo, a possibilidade de adoção de medidas coercitivas pelo juiz.

5. Reconhece-se, assim, que a ação de exibição de documentos subjacente, promovida pelo rito comum, denota, por parte do demandante, a existência de interesse de agir, inclusive sob a vertente adequação e utilidade da via eleita.

6. Registre-se que o cabimento da ação de exibição de documentos não impede o ajuizamento de ação de produção de antecipação de provas.

7. Recurso especial provido."

(REsp 1803251/SC, Rel. Ministro MARCO AURÉLIO BELLIZZE, TERCEIRA TURMA, julgado em 22/10/2019, *DJe* 08/11/2019)

CAPÍTULO II
DA PETIÇÃO INICIAL

Seção I
Dos requisitos da petição inicial

Art. 319. A petição inicial indicará:

I – o juízo a que é dirigida;

II – os nomes, os prenomes, o estado civil, a existência de união estável, a profissão, o número de inscrição no Cadastro de Pessoas Físicas ou no Cadastro Nacional da Pessoa Jurídica, o endereço eletrônico, o domicílio e a residência do autor e do réu;

III – o fato e os fundamentos jurídicos do pedido;

IV – o pedido com as suas especificações;

V – o valor da causa;

VI – as provas com que o autor pretende demonstrar a verdade dos fatos alegados;

VII – a opção do autor pela realização ou não de audiência de conciliação ou de mediação.

§ 1º Caso não disponha das informações previstas no inciso II, poderá o autor, na petição inicial, requerer ao juiz diligências necessárias a sua obtenção.

§ 2º A petição inicial não será indeferida se, a despeito da falta de informações a que se refere o inciso II, for possível a citação do réu.

§ 3º A petição inicial não será indeferida pelo não atendimento ao disposto no inciso II deste artigo se a obtenção de tais informações tornar impossível ou excessivamente oneroso o acesso à justiça.

▶ *Referência: CPC/1973 – Art. 282*

1. Petição inicial

Petição inicial é o instrumento da demanda. É o ato pelo qual o autor formula suas pretensões em juízo e pede a intervenção do Poder Judiciário para a solução de determinado conflito de interesses. Considerando que a jurisdição é, por princípio, *inerte*, só funciona mediante *provocação*. Tal provocação se dá pelo exercício da demanda, cujo instrumento é a petição inicial.

A iniciativa da parte que dá início ao processo (CPC, art. 2º) e por meio da qual se considerada proposta a ação (CPC, art. 312) consiste na apresentação da petição inicial.

A petição inicial tem suma importância no processo, na medida em que traz consigo os elementos constitutivos da demanda. É com base nela que se delimita a extensão da tutela jurisdicional, já que ao magistrado não é dado julgar além do pedido (CPC, art. 141). A defesa, igualmente, pautar-se-á pelo conteúdo da petição inicial, de sorte que o contraditório se instaure de maneira regular e plena.

Trata-se normalmente de ato *escrito*, exceção feita às situações em que a lei lhe autoriza a forma oral (reduzida a termo, posteriormente – *v.g.*, LJE, art. 14, § 3º), e redigido no idioma nacional (CPC, art. 192). Pode ser digital (CPC, arts. 193 e 195) ou incorporada a um suporte físico, como numa impressão em papel.

2. Requisitos

Justamente por conta da mencionada importância da petição inicial, seu conteúdo precisa ser bem compreendido. Com vistas ao atendimento desse fim, o art. 319 elencou uma série de requisitos para que a petição inicial possa ser considerada *apta* a produzir os efeitos que lhe são próprios.

A petição inicial em si mesma considerada é pressuposto para a *existência* do processo, ou seja, sem ela, a jurisdição permanecerá inerte, a demanda não será veiculada e o processo não será formado. Os requisitos da petição inicial, por sua vez, cuidam da *validade* do ato (e não de sua existência), motivo pelo qual, se a peça for redigida sem atendimento a tais requisitos – desde que não sanados oportunamente, na forma do art. 321 do CPC – ela será indeferida, mas o processo será considerado existente.

Embora o artigo 319 inaugure a disciplina do procedimento comum enunciado no Título I, do Livro I, da Parte Especial do CPC, o fato é que os requisitos ali previstos aplicam-se a toda e qualquer petição inicial, seja ela atinente a procedimento comum, a procedimento especial ou à execução. O que costuma ocorrer, contudo, é que as normas relativas aos procedimentos especiais e aos processos de execução costumam trazer requisitos adicionais ou específicos para as próprias petições iniciais. Veja-se, por exemplo, o art. 542 do CPC, mencionado no comentário do artigo anterior: esse dispositivo traz alguns requisitos adicionais à petição inicial da ação de consignação em pagamento, os quais se somam aos do art. 319 do CPC.

Os requisitos enunciados pelo art. 319 do CPC dizem respeito, resumidamente, a duas ordens: os elementos identificadores da demanda (*partes, causa de pedir* e *pedido* – incs. II, III e IV, respectivamente) e aos demais pressupostos para o desenvolvimento (válido) do processo (*competência, valor da causa, requerimento de produção de provas* e *opção pela realização ou não da audiência de conciliação ou de mediação* – incs. I, V, VI e VII, respectivamente).

Apesar da importância da regularidade e do conteúdo da petição inicial, verifica-se que o Código atual demonstrou uma grande preocupação com o simples e automático indeferimento da inicial, de sorte que, não apenas no art. 321, mas também nos parágrafos do próprio artigo 319, cuidou de enunciar fórmulas para superar a ausência de informações quanto às partes, desde que seja possível a citação do réu (art. 319, § 2º), ou quando a exigência da informação mostrar-se obstáculo intransponível ou excessivamente oneroso para o ingresso em juízo (art. 319, § 3º).

3. Endereçamento ao juízo

Determina o inc. I do art. 319 do CPC que o autor deve indicar na petição inicial o *juízo* a que se dirige. A redação desse dispositivo difere daquela empregada pelo CPC/1973, na medida em que este utilizava as expressões "juiz", para os casos de competência do órgão jurisdicional monocrático, e "tribunal", para os casos de competência originária dos tribunais. O objetivo era – e ainda é – o de indicar o juízo competente para processar a demanda, com a diferença de que a nova redação abarca, com um só vocábulo (*"juízo"*), ambas as situações.

Apesar de se tratar do primeiro requisito para aptidão da petição inicial, a consequência para eventual equívoco no endereçamento da peça *não é* a extinção do processo sem resolução do mérito, mas a simples remessa dos autos ao juízo competente, quando for o caso (seja de ofício pelo magistrado, nos casos de incompetência absoluta, seja por meio de acolhimento de defesa do réu nesse sentido – CPC, arts. 64 e 337, II), à exceção da hipótese prevista no art. 51, inc. III, da LJE, em que o defeito gera mesmo extinção do processo sem resolução do mérito.

4. Qualificação das partes

A correta e precisa identificação das partes, ou seja, quem pede (autor) e em face de quem se pede (réu) algo em juízo é fundamental. Diante dessa necessidade, dispôs o Código (CPC, art. 319, inc. II) que é obrigatória a informação dos nomes e prenomes, o estado civil, a existência de união estável, a profissão, o número de inscrição no Cadastro de Pessoas Físicas (CPF) ou no Cadastro Nacional da Pessoa Jurídica (CNJ), o endereço eletrônico e o domicílio e residência do autor e do réu.

Destaque-se que o novo CPC inovou para melhor ao adicionar mais informações para essa qualificação das partes, notadamente a existência de união estável e a inscrição no CPF ou no CNPJ, de modo a tornar mais precisa a identificação das partes.

Vale lembrar que, mesmo na hipótese de litisconsórcio multitudinário, a exigência do for-

necimento das informações previstas no inciso II do art. 319 se impõe, embora, nesse caso, admita-se que a qualificação das partes seja juntada em forma de "anexo" ou como documento da petição inicial, por razões de organização da peça.

O estado civil ou a eventual existência de união estável são informações necessárias para que se verifique o atendimento aos comandos legislativos nos quais se exige a outorga marital para exercício de determinado direito ou a propositura da demanda (*vide*, por exemplo, CPC, art. 73). Não é necessária a prova do casamento ou da união estável, bastando que sejam informados na petição.

O endereço eletrônico passou a ser exigido para fins de comunicação dos atos processuais, sobretudo com a crescente implantação do processo eletrônico por todos os tribunais brasileiros, em cumprimento a dispositivos da Lei n. 11.419/2006, e com a expectativa de que passe a ser realizada citação e intimação por meios eletrônicos (CPC, arts. 183, § 1º, 246, 254 e 270).

Todavia, o endereço e domicílio das partes ainda exerce papel relevante em todas as situações em que os atos de comunicação processual realizarem-se por carta ou mandado a ser cumprido por oficial de justiça. Tais dados ainda relevam importância e devem constar da petição inicial também para fins de aferição de competência, pois, em muitos casos, permanece aplicável a regra geral de competência do domicílio do demandado (CPC, art. 46).

5. Fatos e fundamentos jurídicos do pedido

O inc. III do art. 319 manteve a redação do CPC/1973, segundo a qual a petição inicial deve trazer *"o fato e os fundamentos jurídicos do pedido"*, expressão que a doutrina costuma sintetizar na locução *causa de pedir* ou, no latim, *causa petendi*.

Os fatos – também chamados de causa de pedir *remota* – referem-se aos acontecimentos da vida que dão fundamento à pretensão do autor. Precisam ser correta e precisamente narrados, até mesmo para que se possa entender se deles podem ser extraídas as consequências jurídicas que o autor pretende sejam aplicadas ao réu. Vale notar, contudo, que o autor não precisa narrar *todos* os fatos que circundam a sua pretensão, mas apenas aqueles considerados *essenciais*, ou seja, aqueles que sustentam a pretensão. Os fatos *secundários* são irrelevantes e impertinentes, não se sujeitam à prova e sua análise não é necessária.

Os fundamentos jurídicos – também conhecidos como causa de pedir *próxima* – referem-se à qualificação jurídica dos fatos, ou seja, o seu enquadramento no ordenamento jurídico. Assim, numa demanda em que se visa à anulação de um negócio jurídico, os fatos consistem na celebração da avença entre as partes e as circunstâncias de tal acontecimento, sendo que os fundamentos jurídicos seriam os eventuais vícios do contrato (erro, dolo, coação) aptos a suportar o pedido de anulação ou declaração de nulidade.

A exigência de descrição dos fundamentos jurídicos não importa, todavia, em que o autor realize a qualificação jurídica dos fatos que fundamentam a sua pretensão. O que se exige é que o autor explique em sua narrativa quais os efeitos jurídicos pretendidos a partir dos fatos descritos.

Assim como o CPC/1973, o atual Código adotou a chamada *teoria da substanciação*, a qual se contrapõe à *teoria da individuação*. Para esta última, bastaria ao autor apontar genericamente o motivo pelo qual deduz sua pretensão, tal como um título de propriedade, locação, crédito etc. (simples enunciação do direito). Já no caso da *teoria da substanciação*, adotada pelo ordenamento brasileiro, faz-se necessária a descrição dos fatos e das consequências jurídicas deles a serem extraídas. Os fatos narrados influem na delimitação objetiva da demanda e consequentemente da sentença, mas os fundamentos jurídicos não. Nesse caso, os fundamentos jurídicos *dão substância aos fatos,* mas consistem em mera "proposta" ou "sugestão" para o juiz, a quem compete fazer os enquadramentos adequados, podendo, inclusive, dar aos fatos narrados e provados qualificação jurídica diversa. Por isso é que não é obrigatória nem vinculante a menção ao texto legal que fundamenta o direito material deduzido em juízo. É a aplicação das máximas *da mihi factum dabo tibi ius* e *iura novit curia*.

6. Pedido com as suas especificações

O pedido é elemento fundamental da petição inicial, pois é a partir de sua análise que se poderá compreender o próprio objeto do processo. Dada a sua importância, o Código destina ao pedido uma seção inteira, a partir dos arts. 322 e ss., onde serão examinados e comentados os seus pormenores.

7. Valor da causa

O valor da causa também é requisito da petição inicial e sua fixação deve seguir os parâmetros dos arts. 291-293 do CPC.

É comum na praxe forense encontrarem-se petições iniciais que fazem referência a valor "*inestimável*" ou "*inexistente*" da causa. Essa é uma irregularidade, pois, ainda que a pretensão não contenha conteúdo econômico imediatamente aferível, o autor deverá atribuir um valor à causa, mesmo que o faça por estimativa (CPC, art. 291).

O art. 292 do CPC traz alguns critérios para fixação do valor da causa a depender da pretensão do demandante. Também a legislação processual esparsa contém normas próprias para esse fim (*vide*, por exemplo, LLPU, art. 58, inc. III).

O valor da causa deve ser levado em conta muitas vezes para delimitação da competência e do procedimento, como ocorre nos Juizados Especiais Cíveis Estaduais e Federais e da Fazenda Pública, nos quais se estabeleceu um limite de valor para a competência de referidos juízos (LJE, art. 3º, inc. I, Lei 10.259/2001, art. 3º e Lei 12.153/2009, art. 2º).

Também é parâmetro para fixação de penalidades pelo cometimento de abusos (CPC, arts. 77, § 2º e 81).

Por fim, o valor da causa também ganha relevo ao se considerar que a maior parte das legislações estaduais – que tratam de custas judiciais – baseiam a taxa judiciária em percentuais sobre o valor atribuído à causa.

Apesar de se tratar de requisito da petição inicial, a incorreta indicação do valor da causa não tem o condão de provocar seu indeferimento imediato. Eventuais equívocos podem ser corrigidos por emenda (CPC, art. 321) ou após decisão judicial de ofício (CPC, art. 292, § 3º) ou por impugnação deduzida pelo réu em preliminar de contestação (CPC, art. 293). Eventual extinção do processo sem resolução do mérito poderá ocorrer somente se forem, eventualmente, desatendidas a determinação de correção do valor da causa e a consequente complementação das custas.

8. Requerimento de provas

Embora não esteja claro a partir da redação do art. 319, inc. VI do CPC – que repetiu aquela do art. 282, inc. VI do CPC/1973 –, não se exige desde logo que o autor especifique e justifique seu requerimento de produção de provas. Um mero *protesto* genérico pela produção de provas já é suficiente para atender a esse requisito legal.

Isso decorre da circunstância de que a efetiva definição pela produção de tal ou qual meio de prova será possível apenas depois da vinda da contestação aos autos, com a determinação dos fatos controvertidos e dos próprios limites objetivos – subjetivos – do processo.

Poderá o autor, no entanto, conhecedor dos fatos constitutivos de seu direito (CPC, art. 373, inc. I), declinar desde logo os meios de prova que entende necessários para a comprovação de tais fatos. Essa conduta estaria em linha com o preceito do art. 357, segundo o qual será reservado um momento específico para o saneamento compartilhado e para organização da prova, no qual terá lugar um diálogo e uma cooperação entre as partes e o órgão jurisdicional, notadamente sobre a vindoura fase probatória.

9. Opção pela realização de audiência de conciliação ou mediação

Novidade introduzida pelo novo Código, cabe ao autor na petição inicial declinar seu interesse pela realização de uma audiência preliminar de tentativa de conciliação e mediação (CPC, art. 319, inc. VII). Trata-se da audiência prevista no art. 334 do CPC, cuja realização está prevista antes da apresentação de qualquer resposta pelo réu.

A audiência em referência somente *não* ocorrerá se *ambas* as partes manifestarem-se desfavoravelmente à sua realização (CPC, art. 334, §§ 4º e 5º), cabendo ao autor fazê-lo desde logo na petição inicial.

A ausência de manifestação do autor quanto ao tema também não é causa de indeferimento ou mesmo determinação de emenda à petição inicial. A omissão deverá ser interpretada como ausência de resistência ou oposição a que a referida audiência se realize.

Jurisprudência

Súmula 667 do STF: "Viola a garantia constitucional de acesso à jurisdição a taxa judiciária calculada sem limite sobre o valor da causa."

"AGRAVO REGIMENTAL EM RECURSO ORDINÁRIO. PROCESSO CIVIL. INÉPCIA DA INICIAL.

1. A lei processual exige que os pedidos, quer na petição inicial, quer no recurso, sejam claros e precisos, para pautar o contraditório, essencial a todo processo, delimitar a prestação jurisdicional, nortear o que deve ser julgado e definir o que deve ser concedido à parte que pleiteia em Juízo.

2. Ademais, os fundamentos jurídicos devem ser expostos de forma congruente em relação ao pedido recursal e expressamente dirigidos à sustentação deste, não sendo admissível a exposição genérica de teses, para que a adequação se realize pela Corte.

3. Agravo regimental não provido."

(STJ, AgRg no RMS 45.726/RS, Rel. Ministro LUIS FELIPE SALOMÃO, QUARTA TURMA, julgado em 21/10/2014, *DJe* 29/10/2014)

"PROCESSUAL CIVIL. PETIÇÃO INICIAL. AUSÊNCIA DE UMA PÁGINA QUE VERSA SOBRE MATÉRIA EXCLUSIVAMENTE DE DIREITO. INÉPCIA: NÃO-OCORRÊNCIA. RECURSO NÃO CONHECIDO.

I – A petição inicial não pode ser tachada de inepta por estar faltando apenas uma página que versa sobre matéria exclusivamente de direito.

II – O nosso direito prestigiou os princípios do "jura novit curia" e do "da mihi factum", "dado tibi jus". Isso significa que a qualificação jurídica dada aos fatos narrados pelo autor não é essencial para o sucesso da ação. Tanto que o juiz pode conferir aos fatos qualificação jurídica diversa da atribuída pelo autor. A ausência de página que trate de matéria exclusivamente de direito não acarreta a inépcia da petição inicial.

III – Recurso especial não conhecido, "confirmando-se" as decisões proferidas nas instâncias ordinárias."

(STJ, REsp 165.270/SP, Rel. Ministro ADHEMAR MACIEL, SEGUNDA TURMA, julgado em 21/05/1998, *DJ* 17/08/1998, p. 58)

"PROCESSUAL CIVIL. CAUSA DE PEDIR. CONTEÚDO. LIMITES. QUALIFICAÇÃO JURÍDICA DOS FATOS NARRADOS NA PETIÇÃO INICIAL. JULGAMENTO EXTRA PETITA. INEXISTÊNCIA.

– O processo civil brasileiro é regido pela teoria da substanciação, de modo que a causa de pedir constitui-se não pela relação jurídica afirmada pelo autor, mas pelo fato ou complexo

Art. 320

de fatos que fundamentam a pretensão que se entende por resistida. A alteração desses fatos representa, portanto, mudança na própria ação proposta.

– O juiz pode decidir a causa baseando-se em outro dispositivo legal que não o invocado pela parte, mas não lhe é dado escolher, dos fatos provados, qual deve ser o fundamento de sua decisão, se o fato eleito for diferente daquele alegado pela parte, como fundamento de sua pretensão.

– Inexiste julgamento *extra petita* quando se empresta qualificação jurídica diversa aos fatos narrados pelo requerente. Precedentes.

Recurso especial parcialmente conhecido e nessa parte desprovido."

(STJ, REsp 1043163/SP, Rel. Ministra NANCY ANDRIGHI, TERCEIRA TURMA, julgado em 01/06/2010, *DJe* 28/06/2010)

"AGRAVO LEGAL. APELAÇÃO CÍVEL. RECURSO EM FACE DA DECISÃO MONO-CRÁTICA QUE NEGOU SEGUIMENTO AO APELO DO BANCO ORA AGRAVANTE PARA MANTER A SENTENÇA QUE INDEFERIU A PETIÇÃO INICIAL E EXTINGUIU O PRO-CESSO SEM RESOLUÇÃO DO MÉRITO. MO-NITÓRIA. DETERMINAÇÃO DE EMENDA A INICIAL NÃO ATENDIDA. FALTA DE PRESSU-POSTO PARA DESENVOLVIMENTO VÁLIDO E REGULAR DO PROCESSO. AUSÊNCIA DOS REQUISITOS PREVISTOS NO ART. 282 CPC.

1. Recurso interposto em face da decisão monocrática que manteve a sentença que inde-feriu a petição inicial e julgou extinto o processo com fundamento no art. 267, I do CPC.

2. A parte autora deve formular pedido juridicamente possível, expor a causa de pedir e narrar os fatos de forma tal que sua conclusão seja lógica, sob pena de ver sua inicial conside-rada inepta.

3. Emenda da petição inicial não realizada. Ausência dos requisitos do art. 282 do CPC. Descumprimento de determinação judicial. 4.

Autora que não logrou êxito em sanar os vícios existentes em sua peça inicial, limitando--se a alegar em seu apelo que cumpriu o que era cabível em sua manifestação inicial.

5. Extinção do feito que se mantém.

6. Nega-se provimento ao recurso."

(TJ-RJ – Apelação 0037939-65.2012.8.19.0203, Relator: DES. MONICA MARIA COSTA DI PIERO, Data de Julgamento: 18/03/2014, OITAVA CAMARA CIVEL, Data de Publicação: 10/04/2014)

"AGRAVO INTERNO NOS EMBARGOS DE DECLARAÇÃO NO AGRAVO INTER-NO NO AGRAVO EM RECURSO ESPECIAL. AGRAVO DE INSTRUMENTO. PROPRIEDA-DE INTELECTUAL. AÇÃO COMINATÓRIA E INDENIZATÓRIA. RECONSIDERAÇÃO DA DECISÃO. NOVO EXAME DO RECURSO. INTERRUPÇÃO DA PRESCRIÇÃO. EFEITO DA CITAÇÃO VÁLIDA. ATRASO ATRIBUÍDO À PARTE AUTORA. PEÇA INAUGURAL QUE NÃO PREENCHEU AS CONDIÇÕES DE PRO-CEDIBILIDADE. AGRAVO INTERNO DES-PROVIDO.

1. Nos termos da jurisprudência desta Cor-te, se a petição inicial não preenche os requisitos do art. 282 do CPC/1973 (correspondente ao 319 do CPC/2015), deve-se considerar a data da emenda à petição inicial para os efeitos de retroação da citação, pois este é o momento em que a ação passou a reunir condições de procedibilidade.

2. Razões recursais insuficientes para a revisão do julgado.

3. Agravo interno desprovido."

(AgInt nos EDcl no AgInt no AREsp 1137266/SP, Rel. Ministro MARCO AURÉLIO BELLIZZE, TERCEIRA TURMA, julgado em 14/10/2019, *DJe* 22/10/2019)

> **Art. 320.** A petição inicial será instruída com os documentos indispensáveis à propositura da ação.

▶ *Referência: CPC/1973 – Art. 283*

1. Expressão enigmática

O novo Código perdeu a oportunidade de alterar a redação do art. 283 do CPC/1973, que determinava que a petição inicial fosse instruída com *"os documentos indispensáveis à propositura da ação"*. Doutrina e jurisprudência jamais che-garam a um consenso sobre o efetivo significado dessa expressão enigmática.

Ao que parece, o dispositivo quer deter-minar que o autor traga aos autos desde logo os *documentos substanciais*, ou seja, aqueles con-siderados imprescindíveis em face de exigência legal (v.g., CPC, arts. 287 e 798, I, "a", CC, arts. 1.245, § 1º e 1.543) e os *documentos fundamentais*, definidos como aqueles referidos pelo autor na petição inicial como fundamento de seu pedido ou pretensão (essa é a clássica doutrina de Amaral Santos, Moacyr. *Primeiras Linhas de Direito Processual Civil*, vol. 2, p. 140).

Exemplos comuns de documentos indispensáveis seriam, portanto, o contrato de locação na ação de despejo, o título executivo na execução, a certidão de nascimento na ação de alimentos em que a paternidade já esteja estabelecida, dentre outros.

Também os documentos mencionados ao longo da petição inicial como fundamentos do(s) fato(s) constitutivo(s) devem ser desde logo apresentados, pois esse é o momento processual adequado para que o autor produza a prova documental de que já dispuser.

2. Documentos indispensáveis x documentos novos

Essa interpretação do art. 320 coaduna-se com combinado com o disposto nos arts. 434 e 435 do CPC, segundo os quais toda a prova documental deve vir com a inicial ou com a contestação, salvo quando se tratar de documentos novos.

Todavia, apesar da clareza das normas acima mencionadas, a jurisprudência tem sido bastante leniente no que diz respeito à juntada de documentos posteriormente à apresentação da petição inicial ou da contestação, mesmo no que se refira a documentos que preexistam à própria prática do ato, mitigando a rigidez do conceito de documento *novo* a que se refere o art. 434 do CPC. A exigência que se faz presente sempre, contudo, é a da observância do contraditório, como, aliás, expressamente determinado pelo art. 437, § 1º.

3. Documentos em poder do réu ou de terceiros

Embora o art. 320 do CPC não tenha sido expresso tal como ocorreu com o dispositivo antecedente, o mesmo raciocínio previsto no § 1º do art. 319 quanto às informações faltantes para integrar a inicial aplica-se ao caso de documentos em poder do réu ou mesmo de terceiros.

Assim, caso o documento destinado à prova do essencial ou fundamental não esteja em poder do autor, poderá este, na própria petição inicial, requerer ao juiz diligências necessárias à sua obtenção junto ao próprio réu ou a terceiros, com fundamento nos arts. 396 e ss. e 401 e ss., respectivamente. Nesta última hipótese, ou seja, documento em poder de terceiro, o Código determina que ele seja *citado*, o que faz parecer que será necessário um processo diverso, ainda que incidental. Se se tratar de documento ou informação em posse de repartição pública, aplica-se o disposto no art. 438 do CPC.

4. Disciplina aplicável à prova documental vinda com a inicial

Seria despiciendo mencionar que a disciplina aplicável à prova documental vinda com a petição inicial é exatamente aquela da seção própria destinada à prova documental (CPC, arts. 405 e ss.). As regras relativas à autoria, autenticidade, indivisibilidade e presunções atinentes à prova documental são exatamente aquelas previstas na mencionada seção.

Assim, caso o réu entenda por arguir a falsidade do documento, deve fazê-lo na forma e no prazo dos artigos 430 e ss. do CPC. Por sua vez, o art. 436 prevê as reações possíveis toda vez em que a parte for intimada a falar sobre um documento juntado aos autos e assim ocorre com todos os dispositivos pertencentes à seção destinada à prova documental.

Jurisprudência

"REPRESENTAÇÃO – ASSOCIADOS – ARTIGO 5º, INCISO XXI, DA CONSTITUIÇÃO FEDERAL. ALCANCE. O disposto no artigo 5º, inciso XXI, da Carta da República encerra representação específica, não alcançando previsão genérica do estatuto da associação a revelar a defesa dos interesses dos associados. TÍTULO EXECUTIVO JUDICIAL – ASSOCIAÇÃO – BENEFICIÁRIOS. As balizas subjetivas do título judicial, formalizado em ação proposta por associação, é definida pela representação no processo de conhecimento, presente a autorização expressa dos associados e a lista destes juntada à inicial."

(STF, RE 573232, Relator(a): Min. RICARDO LEWANDOWSKI, Relator(a) p/ Acórdão: Min. MARCO AURÉLIO, Tribunal Pleno, julgado em 14/05/2014, REPERCUSSÃO GERAL – MÉRITO *DJe*-182 DIVULG 18-09-2014

PUBLIC 19-09-2014 EMENT VOL-02743-01 PP-00001)

"AGRAVO INTERNO NOS EMBARGOS DE DECLAÇÃO NO RECURSO ESPECIAL. AÇÃO DE COBRANÇA DE COTAS CONDOMINIAIS. PETIÇÃO INICIAL INEPTA. AUSÊNCIA DE DOCUMENTO INDISPENSÁVEL. ATA DA ASSEMBLEIA. POSSIBILIDADE DE JUNTADA. AGRAVO INTERNO DESPROVIDO. 1. Segundo orientação do STJ, "a ausência de apresentação de documento que comprove a anuência dos condôminos sobre a regularidade das verbas destinadas às despesas de condomínio constitui óbice ao regular desenvolvimento da ação de cobrança, revelando-se essencial para demonstrar a razoabilidade de sua cobrança, evitando, com isso, a abusividade desta" (AgInt nos EDcl no REsp 1.456.532/SP, Rel. Ministro Luis Felipe Salomão, Quarta Turma, julgado em 06/03/2018, *DJe* 09/03/2018) 2. Consoante o art. 284, *caput* e parágrafo único, do CPC/1973 (atual art. 321, *caput* e parágrafo único, do CPC/2015), verificando o juiz que a petição inicial não preenche os requisitos exigidos pelos arts. 282 e 283 do CPC/1973 (atuais arts. 319 e 320 do CPC/2015) ou que apresenta defeitos e irregularidades capazes de dificultar o julgamento de mérito, determinará que o autor a emende ou a complete. Se ele não cumprir a diligência, o juiz indeferirá a petição inicial. Precedente. 3. Agravo interno desprovido."

(AgInt nos EDcl no REsp 1758479/MG, Rel. Ministro MARCO AURÉLIO BELLIZZE, TERCEIRA TURMA, julgado em 23/09/2019, *DJe* 27/09/2019)

"PROCESSUAL CIVIL. RESPONSABILIDADE CIVIL. ATROPELAMENTO FATAL. LAUDO. JUNTADA COM A APELAÇÃO. POSSIBILIDADE. FUNDAMENTAÇÃO DO ACÓRDÃO EM OUTRAS PROVAS. DOCUMENTOS INDISPENSÁVEIS. CONCEITO. CPC, ARTS. 396 E 397. DOUTRINA. PRECEDENTES. RECURSO DESACOLHIDO.

I – Não se configura nulidade no julgamento da apelação quando a Turma julgadora não se arrima exclusivamente no documento trazido com o recurso, mas também em outras provas, especialmente a oral.

II – Ainda que assim não fosse, somente os documentos tidos como indispensáveis, porque pressupostos da ação, é que devem acompanhar a inicial e a defesa. Os demais podem ser oferecidos em outras fases e até mesmo na via recursal, desde que ouvida a parte contrária e inexistentes o espírito de ocultação premeditada e a propositura de surpreender o juízo.

III – No caso, não se trata de documento indispensável à propositura da ação, seja por não ser ele substancial(exigido por lei) ou fundamental (que constitui o fundamento da causa de pedir), mas apenas probatório, esclarecedor dos fatos, não tendo a sua juntada configurado "alteração substancial do pedido".

(STJ, REsp 181.627/SP, Rel. Ministro SÁLVIO DE FIGUEIREDO TEIXEIRA, QUARTA TURMA, julgado em 18/03/1999, *DJ* 21/06/1999, p. 164)

"RECURSO ESPECIAL – AÇÃO DE INDENIZAÇÃO – RELAÇÃO CONSUMERISTA – DEFEITO NO SERVIÇO – DECADÊNCIA (ART. 26 DO CÓDIGO DE DEFESA DO CONSUMIDOR) – INAPLICABILIDADE – DENUNCIAÇÃO DA LIDE – IMPOSSIBILIDADE, *IN CASU* – PETIÇÃO INICIAL – DOCUMENTOS INDISPENSÁVEIS À PROPOSITURA DA AÇÃO – ACÓRDÃO RECORRIDO EM HARMONIA COM O ENTENDIMENTO DESTA CORTE – LITIGÂNCIA DE MÁ-FÉ – NÃO OCORRÊNCIA – RECURSO IMPROVIDO.

1. Na discussão acerca do defeito no serviço, previsto na Seção II do Capítulo IV do Código de Defesa do Consumidor, aplica-se o artigo 27 do referido diploma legal, segundo o qual o prazo é prescricional, de 05 (cinco) anos, a partir do conhecimento do dano e da sua autoria.

2. Nas relações de consumo, a denunciação da lide é vedada apenas na responsabilidade pelo fato do produto (artigo 13 do Código de Defesa do Consumidor), admitindo-o nos casos de defeito no serviço (artigo 14 do CDC), desde que preenchidos os requisitos do artigo 70 do Código de Processo Civil, inocorrente, na espécie.

3. Está em harmonia com entendimento desta Corte Superior de Justiça, o julgamento proferido pelo Tribunal de origem no sentido de que os documentos indispensáveis à propositura da ação são os aptos a comprovar a presença das condições da ação.

4. A aplicação de penalidades por litigância de má-fé exige dolo específico.

5. Recurso improvido."

(STJ, REsp 1123195/SP, Rel. Ministro MASSAMI UYEDA, TERCEIRA TURMA, julgado em 16/12/2010, *DJe* 03/02/2011)

"AÇÃO DE ARBITRAMENTO DE HONORÁRIOS. DOCUMENTO OBRIGATÓRIO. ART. 283 CPC. PRESCRIÇÃO. TERMO INICIAL. CONTRATO VERBAL DE PRESTAÇÃO DE SERVIÇOS DE ADVOCACIA. CRITÉRIOS DE ESTIPULAÇÃO. LEI N. 8.096/1994. – Em ação de arbitramento de honorários advocatícios o instrumento contratual não perfaz documento indispensável para fins de propositura da demanda, na medida em que a ausência do termo escrito constitui umas das causas de pedir remota, por ter sido a relação jurídica constituída apenas verbalmente. – Não há como afastar a incidência do art. 25, V, da Lei 8.906/1994, que dispõe: prescreve em cinco anos a ação de arbitramento de honorários, contado o prazo da revogação do mandato. – A falta de estipulação ou de acordo acerca dos honorários relativos à prestação de serviços advocatícios, implica sejam arbitrados judicialmente em remuneração compatível com o trabalho e o valor econômico da questão, à luz da tabela de honorários da OAB e dos critérios estabelecidos pelo § 3º do art. 20 do CPC e art. 22, § 2º, da Lei nº 8.906/1994."

(TJ-MG – AC: 10024111725263001 MG, Relator: Cláudia Maia, Data de Julgamento: 04/04/2013, Câmaras Cíveis / 13ª CÂMARA CÍVEL, Data de Publicação: 12/04/2013)

> **Art. 321.** O juiz, ao verificar que a petição inicial não preenche os requisitos dos arts. 319 e 320 ou que apresenta defeitos e irregularidades capazes de dificultar o julgamento de mérito, determinará que o autor, no prazo de 15 (quinze) dias, a emende ou a complete, indicando com precisão o que deve ser corrigido ou completado.
>
> **Parágrafo único.** Se o autor não cumprir a diligência, o juiz indeferirá a petição inicial.

▶ *Referência: CPC/1973 – Art. 284*

1. Primazia do julgamento de mérito

Toda vez em que o magistrado se deparar com uma petição inicial que infrinja os requisitos dos artigos antecedentes, tem o *poder-dever* de determinar a sua emenda ou complementação.

A tônica é a mesma que existia no CPC/1973, mais precisamente em seu art. 284, com a diferença de que a redação do novo Código foi aperfeiçoada para advertir que o juiz deve indicar *precisamente* ao demandante *o que* deve ser corrigido ou completado, em homenagem até mesmo ao *princípio da cooperação* que rege o novo processo civil brasileiro (CPC, art. 6º).

Reflete-se no art. 321 o claro esforço de que o processo se desenvolva regularmente e chegue a um julgamento de *mérito*, destinado a debelar o conflito de interesses entre as partes. Sentenças terminativas não atendem ao escopo principal do processo, que é a pacificação dos conflitos em sociedade, mediante a justa aplicação da lei (Dinamarco, Cândido Rangel. *A instrumentalidade do Processo*, pp. 159-161, 317 e 318).

A primazia deve estar no julgamento do mérito, de sorte que o juiz, sempre que possível, tem de buscar a superação e correção de vícios, viabilizando o efetivo exame do mérito e do conflito trazido a juízo pelas partes. Trata-se de reflexo direto do já mencionado princípio da cooperação, aliado à instrumentalidade das formas e ao aproveitamento dos autos processuais.

Tendo isso em mente, nada impede que haja sucessivas emendas ou complementações, desde que tal circunstância não seja atribuível à desídia ou inércia do autor. Se o autor realizar a emenda da inicial, mas o fizer de forma incompleta, pode perfeitamente ser intimado novamente a completar o ato. Se o juiz identificar outros defeitos sanáveis não observados no primeiro exame da inicial, também poderá determinar nova emenda, ainda que a primeira tenha sido satisfatoriamente cumprida pelo autor.

Enfim, todas as medidas devem ser tomadas para que o processo avance e esteja apto a um julgamento de mérito.

Enquanto ainda não citado o réu, a emenda ou complementação é amplamente admissível. Daí por que a verdadeira utilidade do art. 321 encontra-se na sua aplicação no momento oportuno, qual seja, entre o recebimento da inicial e a determinação de citação do réu. Depois de citado o réu, a aplicação do dispositivo fica esvaziada, pois ocorre a chamada *"estabilização da demanda"* (CPC, art. 329, inc. II), após a qual eventuais aditamentos ou complementações só poderão ocorrer com a concordância do demandado, naturalmente, pois aqui incidem outros princípios de igual grandeza a serem ponderados, tais como

Art. 321

a igualdade, a ampla defesa, o exercício pleno do contraditório e o devido processo legal.

2. Irregularidades sanáveis

A providência se justifica, evidentemente, para as situações de irregularidades *sanáveis*. É o caso, por exemplo, da ausência de juntada de instrumento de mandato ao procurador do autor, da descrição lacunosa da *causa petendi*, da ausência de pedido ou a formulação de pedido genérico fora das hipóteses legalmente permitidas etc.

Não se conseguem sanar, todavia, situações cuja conduta corretiva da parte não poderá vir a alterar o vício identificado, tais como ilegitimidade ativa e ausência de interesse processual. Para esses casos, nada mais resta ao magistrado senão o indeferimento da inicial. Mas isso não deve ser feito de pronto, não sem antes ouvir o autor a respeito do suposto defeito identificado, em observância ao disposto nos arts. 6º e 10º do CPC.

3. Prazo para emenda

O dispositivo concede 15 (quinze) dias úteis (CPC, art. 219) para a prática do ato, ou seja, para que autor emende ou complemente a inicial defeituosa ou incompleta. O parágrafo único do art. 321 manda que o juiz indefira a petição inicial se o autor não cumprir a diligência que lhe incumbia.

Apesar da rigidez desse comando, já se vinha entendendo, mesmo sob a égide do CPC/1973, que o prazo assinalado na lei pode ser prorrogado mediante o exame das circunstâncias do caso concreto. Isso pode ocorrer sobretudo em situações nas quais o prazo previsto em lei não se mostre suficiente ou razoável para que o vício seja sanado (ex.: necessidade de tradução de extenso documento em língua estrangeira para o vernáculo – CPC, art. 192 – ou juntada de certidão a ser obtida em repartição pública que esteja inoperante por greve de servidores ou correição).

4. Recorribilidade da determinação

A rigor, não se divisa para o autor nenhum *prejuízo* da decisão que determina a emenda ou complementação da petição inicial. Sem prejuízo – ou melhor, lesividade – não há que se falar em recurso.

Todavia, caso se divise algum prejuízo em tal determinação – como, por exemplo, a

exigência de juntada de documento ou informação desnecessária ou irrelevante e cuja busca poderá gerar custos irrazoáveis para a parte –, o ato do magistrado pode ser considerado decisão interlocutória, cuja recorribilidade se sujeita às hipóteses do art. 1.015 do CPC.

Assim, a rigor, pela literalidade do disposto no art. 1.015, a menos que se trate de determinação de emenda à inicial de execução ou inventário (procedimentos desprovidos de sentença), não será possível o recurso pela via do agravo de instrumento (CPC, art. 1.015, parágrafo único). Restaria ao autor suscitar a questão em eventual recurso de apelação que, eventualmente, venha a ser interposto contra sentença que indeferir sua petição inicial (CPC, arts. 331 e 1.009, § 1º).

Entretanto, vale ponderar o cabimento do agravo de acordo com a urgência da situação, nos moldes da interpretação dada ao assunto pelo Tema 988 do STJ, cuja tese firmada é a de que "o rol do art. 1.015 do CPC é de taxatividade mitigada, por isso admite a interposição de agravo de instrumento quando verificada a urgência decorrente da inutilidade do julgamento da questão no recurso de apelação"[67].

---

67 Sobre o assunto, *vide* os Recursos Especiais cujo julgamento gerou a edição da tese objeto do Tema 988: "RECURSO ESPECIAL REPRESENTATIVO DE CONTROVÉRSIA. DIREITO PROCESSUAL CIVIL. NATUREZA JURÍDICA DO ROL DO ART. 1.015 DO CPC/2015. IMPUGNAÇÃO IMEDIATA DE DECISÕES INTERLOCUTÓRIAS NÃO PREVISTAS NOS INCISOS DO REFERIDO DISPOSITIVO LEGAL. POSSIBILIDADE. TAXATIVIDADE MITIGADA. EXCEPCIONALIDADE DA IMPUGNAÇÃO FORA DAS HIPÓTESES PREVISTAS EM LEI. REQUISITOS.
1- O propósito do presente recurso especial, processado e julgado sob o rito dos recursos repetitivos, é definir a natureza jurídica do rol do art. 1.015 do CPC/15 e verificar a possibilidade de sua interpretação extensiva, analógica ou exemplificativa, a fim de admitir a interposição de agravo de instrumento contra decisão interlocutória que verse sobre hipóteses não expressamente previstas nos incisos do referido dispositivo legal. 2- Ao restringir a recorribilidade das decisões interlocutórias proferidas na fase de conhecimento do procedimento comum

Jurisprudência

"DIREITO PROCESSUAL CIVIL. RECURSO ESPECIAL. AÇÃO DE EXECUÇÃO DE TÍTULO EXECUTIVO EXTRAJUDICIAL. PROTOCOLIZAÇÃO DE EMBARGOS À EXECUÇÃO NOS AUTOS DA PRÓPRIA AÇÃO EXECUTIVA. INOBSERVÂNCIA DO ART. 914, § 1º, DO CPC/2015. ERRO SANÁVEL. APLICAÇÃO DOS PRINCÍPIOS DA INSTRUMENTALIDADE DAS FORMAS E DA ECONOMIA

_____

e dos procedimentos especiais, exceção feita ao inventário, pretendeu o legislador salvaguardar apenas as "situações que, realmente, não podem aguardar rediscussão futura em eventual recurso de apelação". 3- A enunciação, em rol pretensamente exaustivo, das hipóteses em que o agravo de instrumento seria cabível revela-se, na esteira da majoritária doutrina e jurisprudência, insuficiente e em desconformidade com as normas fundamentais do processo civil, na medida em que sobrevivem questões urgentes fora da lista do art. 1.015 do CPC e que tornam inviável a interpretação de que o referido rol seria absolutamente taxativo e que deveria ser lido de modo restritivo. 4- A tese de que o rol do art. 1.015 do CPC seria taxativo, mas admitiria interpretações extensivas ou analógicas, mostra-se igualmente ineficaz para a conferir ao referido dispositivo uma interpretação em sintonia com as normas fundamentais do processo civil, seja porque ainda remanescerão hipóteses em que não será possível extrair o cabimento do agravo das situações enunciadas no rol, seja porque o uso da interpretação extensiva ou da analogia pode desnaturar a essência de institutos jurídicos ontologicamente distintos. 5- A tese de que o rol do art. 1.015 do CPC seria meramente exemplificativo, por sua vez, resultaria na repristinação do regime recursal das interlocutórias que vigorava no CPC/73 e que fora conscientemente modificado pelo legislador do novo CPC, de modo que estaria o Poder Judiciário, nessa hipótese, substituindo a atividade e a vontade expressamente externada pelo Poder Legislativo. 6- Assim, nos termos do art. 1.036 e seguintes do CPC/2015, fixa-se a seguinte tese jurídica: O rol do art. 1.015 do CPC é de taxatividade mitigada, por isso admite a interposição de agravo de instrumento quando verificada a urgência decorrente da inutilidade do julgamento da questão no recurso de apelação.

PROCESSUAL. 1. Ação de execução de título executivo extrajudicial, tendo em vista a inadimplência no pagamento de cotas condominiais. 2. O propósito recursal é definir se configura erro grosseiro, insuscetível de correção, a protocolização de embargos à execução nos autos da própria ação executiva, em inobservância ao que dispõe o art. 914, § 1º, do CPC/2015. 3. Com efeito, é inegável que a lei prevê expressamente que os embargos à execução tratam-se de ação incidente, que deverá ser distribuída por dependência aos autos da ação principal (demanda executiva). 4. Contudo, primando por uma maior aproximação ao verdadeiro espírito do novo Código de Processo Civil, não se afigura razoável deixar de apreciar os argumentos apresentados em embargos à execução tempestivamente opostos – ainda que, de forma errônea, nos autos da própria ação de execução – sem antes conceder à parte prazo para sanar o vício, adequando o procedimento à forma prescrita no art. 914, § 1º, do CPC/2015. 5. Ademais, convém salientar que o art. 277 do CPC/2015 preceitua que, quando a lei prescrever determinada forma, o juiz considerará válido o ato se, realizado de outro modo, lhe alcançar a finalidade. 6. Recurso especial conhecido e não provido." (REsp 1807228/RO, Rel. Ministro RICARDO VILLAS BÔAS CUEVA, Rel. p/ Acórdão Ministra NANCY

_____

7- Embora não haja risco de as partes que confiaram na absoluta taxatividade com interpretação restritiva serem surpreendidas pela tese jurídica firmada neste recurso especial repetitivo, eis que somente se cogitará de preclusão nas hipóteses em que o recurso eventualmente interposto pela parte tenha sido admitido pelo Tribunal, estabelece-se neste ato um regime de transição que modula os efeitos da presente decisão, a fim de que a tese jurídica somente seja aplicável às decisões interlocutórias proferidas após a publicação do presente acórdão. 8- Na hipótese, dá-se provimento em parte ao recurso especial para determinar ao TJ/MT que, observados os demais pressupostos de admissibilidade, conheça e dê regular prosseguimento ao agravo de instrumento no que tange à competência. 9- Recurso especial conhecido e provido." (REsp 1704520/MT e REsp 1696396/MT, Rel. Ministra NANCY ANDRIGHI, CORTE ESPECIAL, julgado em 05/12/2018, *DJe* 19/12/2018).

ANDRIGHI, TERCEIRA TURMA, julgado em 03/09/2019, *DJe* 11/09/2019)

"PROCESSUAL CIVIL. AGRAVO INTERNO NA AÇÃO RESCISÓRIA. SERVIDORES PÚBLICOS ESTADUAIS. DETERMINAÇÃO DE EMENDA À INICIAL, PARA ATENDER AO DISPOSTO NO ART. 488, I, DO CPC/73 E ART. 968, I, DO CPC/2015, E PARA ACOSTAR AOS AUTOS OS DOCUMENTOS INDISPENSÁVEIS À PROPOSITURA DA DEMANDA. CUMPRIMENTO PARCIAL. INDEFERIMENTO DA INICIAL. INTELIGÊNCIA DOS ARTS. 284, PARÁGRAFO ÚNICO, 295, VI, E 490, I, DO CPC/73 E DOS ARTS. 321, PARÁGRAFO ÚNICO, 330, IV, 968, § 3º, DO CPC/2015. AGRAVO INTERNO NÃO PROVIDO. I. Agravo interno aviado contra decisão monocrática publicada em 05/04/2017, que, por sua vez, indeferira a petição inicial da Ação Rescisória – ajuizada sob a égide do CPC/73 –, com fulcro nos arts. 284, parágrafo único, 295, VI, e 490, I, do CPC/73 e nos arts. 321, parágrafo único, 330, IV, e 968, § 3º, do CPC/2015, na medida em que, mesmo regularmente intimados, para que procedessem à emenda à inicial, a fim de atender ao disposto no inciso I do art. 488 do CPC/73 (atual art. 968, I, do CPC/2015), bem como para que acostassem aos autos os documentos indispensáveis à propositura da demanda, sob pena de indeferimento da inicial, os autores limitaram-se a juntar, ao processo, as principais peças e decisões relativas ao feito originário, deixando, entretanto, de cumprir integralmente o despacho exarado, emendando a inicial, para cumular o pedido de rescisão com o de novo julgamento do processo. II. O art. 488, I, do CPC/73 (atual art. 968, I, do CPC/2015) dispõe que a petição inicial da Ação Rescisória será elaborada com a observância dos requisitos do art. 282 do CPC/73 (atual art. 319 do CPC/2015), devendo o autor cumular, ao pedido de rescisão, se for o caso, o de novo julgamento do processo, requisito este obrigatório e que não pode ser considerado implícito, exceto nas demandas fundadas na existência de coisa julgada ou na incompetência absoluta do órgão prolator, conforme já decidiu o STJ (AR 2.677/PI, Rel. Ministra DENISE ARRUDA, PRIMEIRA SEÇÃO, DJU de 07/02/2008; EDcl no AgRg no REsp 1.184.763/MG, Rel. Ministro RICARDO VILLAS BÔAS CUEVA, TERCEIRA TURMA, *DJe* de 22/05/2014; AgRg no REsp 647.232/

SE, Rel. Ministro NILSON NAVES, SEXTA TURMA, *DJe* de 05/10/2009). III. Tratando-se de demanda proposta com base no art. 485, V e IX, do CPC/73 (atual art. 966, V e VIII, do CPC/2015), a desconstituição do acórdão rescindendo exige, no caso, o novo julgamento da controvérsia, tornando-se indispensável a cumulação de pedidos rescindendo e rescisório. IV. Apesar de regularmente intimados, os agravantes restringiram-se a colacionar aos autos os documentos indispensáveis à propositura da demanda, de modo que cumpriram apenas parcialmente o comando judicial. v. Consoante o art. 284, *caput* e parágrafo único, do CPC/73 (atual art. 321, *caput* e parágrafo único, do CPC/2015), verificando o juiz que a petição inicial não preenche os requisitos exigidos pelos arts. 282 e 283 do CPC/73 (atuais arts. 319 e 320 do CPC/2015), ou que apresenta defeitos e irregularidades capazes de dificultar o julgamento de mérito, determinará que o autor a emende ou a complete. Se o autor não cumprir a diligência, o juiz indeferirá a petição inicial. VI. Na mesma linha, prevê o art. 295, VI, do CPC/73 (art. 330, IV, do CPC/2015) que "a petição inicial será indeferida: (...) VI. quando não atendidas as prescrições dos arts. 39, parágrafo único, primeira parte, e 284" (atuais arts. 106 e 321 do CPC/2015), e 490, I, do CPC/73 (atual art. 968, § 3º, do CPC/2015), pelo que a petição inicial da Ação Rescisória deve ser indeferida, nos casos previstos no art. 295 do CPC/73 (atual art. 330 do CPC/2015). VII. Furtando-se os agravantes de cumprir integralmente o despacho exarado, deixando, assim, de emendar a inicial, a fim de atender ao disposto no inciso I do art. 488 do CPC/73 (atual art. 968, I, do CPC/2015), cumulando o pedido de rescisão com o de novo julgamento do processo, impõe-se o indeferimento da inicial. VIII. Meras alegações – no sentido de se tratar de um lapso escusável, sem prejuízo ao direito de fundo, que a manutenção do decisum causará prejuízos aos agravantes, de inexistência de má-fé, que o indeferimento da inicial configura sanção demasiadamente penosa e devastante, que foi dado cumprimento à determinação mais exaustiva, qual seja, a juntada das peças processuais, que não há falta de zelo com o processo, que os autores vêm cooperando com o processo, que é possível a abertura de novo prazo, para emenda à inicial, invocando, para tanto, os princípios da primazia do julgamento de mérito, da boa-fé processual e da cooperação – não têm o condão de modificar o *decisum* agravado, porquanto foi outorgada a oportunidade para que os agravantes emendassem a inicial, tendo o despacho indicado claramente os termos em que deveria dar-se a referida emenda, conforme exige a parte final do art. 321 do CPC/2015, de modo que, deixando os agravantes de dar integral cumprimento ao comando judicial, cumprindo-o apenas em parte, sem que emendassem a petição inicial, para atender ao disposto no inciso I do art. 488 do CPC/73 (atual art. 968, I, do CPC/2015), impõe-se o indeferimento da inicial. IX. O princípio da primazia do julgamento de mérito outorga, ao magistrado, o dever de possibilitar à parte sanar eventual vício, contido na petição inicial ou no recurso, a fim de possibilitar o julgamento de mérito, nas hipóteses em que for possível sanar a irregularidade, não se admitindo a não apreciação da controvérsia posta em debate apenas em razão de uma falha sanável, de sorte que, deixando a parte de atender ao comando judicial, sanando o vício, e tratando-se de vício que inviabilize o exame da controvérsia – como é o caso de desatendimento do art. 488, I, do CPC/73 –, cabe ao julgador o indeferimento da inicial ou o não conhecimento do recurso. X. Em que pese efetivamente oportunizado, aos agravantes, o saneamento do vício existente na petição inicial da Ação Rescisória, relativo à ausência de cumulação dos pedidos de rescisão do acórdão rescindendo e de novo julgamento, na forma determinada pelo art. 488, I, do CPC/73, os agravantes deixaram de fazê-lo, devendo, assim, suportar as consequências decorrentes de sua omissão, especialmente quando não compete ao julgador, com base no princípio da primazia do julgamento de mérito e da cooperação, fechar os olhos para os requisitos legais, emendando, de ofício, a petição inicial, ou outorgando reiteradas oportunidades para que a parte corrija o vício, o que violaria o princípio da paridade de tratamento, previsto nos arts. 7º e 139, I, do CPC/2015. XI. Agravo interno não provido." (AgInt na AR 5.303/BA, Rel. Ministra ASSUSETE MAGALHÃES, PRIMEIRA SEÇÃO, julgado em 11/10/2017, *DJe* 24/10/2017)

"PROCESSUAL CIVIL. AÇÃO COLETIVA. ASSOCIAÇÃO. REPRESENTAÇÃO PROCESSUAL. NECESSIDADE DE AUTORIZAÇÃO EXPRESSA. ALTERAÇÃO DA JURISPRUDÊNCIA. NECESSIDADE DE EX-CEPCIONALMENTE FACULTAR-SE A REGULARIZAÇÃO DA AUTORIZAÇÃO. AGRAVO REGIMENTAL DA UNIÃO PARCIALMENTE PROVIDO. RECURSO ESPECIAL DA ASSOCIAÇÃO AUTORA PARCIALMENTE PROVIDO.

1. Em ação coletiva proposta por associação imprescindível a autorização expressa dos associados e a juntada da lista de representados à inicial, não sendo suficiente a previsão genérica do estatuto de legitimidade da associação para defender os interesses de seus associados. Entendimento firmado pelo STF no RE 573.232, julgado sob regime de repercussão geral.

2. Em regra, a emenda da inicial, voluntária ou por determinação do juízo, só é possível até a estabilização processual, que ocorre com a citação do réu.

3. Todavia, diante das expectativas geradas por entendimento anterior, existente inclusive no STJ, no sentido da desnecessidade da autorização expressa e diante da natureza da ação coletiva que congrega interesses de partes que normalmente não poderiam vir diretamente ao Judiciário, revela-se razoável conceder à associação autora a oportunidade de excepcional emenda da inicial após a citação do réu e mesmo após a sentença para regularização da sua legitimidade ativa mediante a apresentação de autorização assemblear e relação de associados.

4. A assembleia para autorização da ação poderá ser efetuada na atualidade, tratando-se de convalidação da autorização para propositura da ação efetuada no passado.

5. A lista de representados, todavia, só poderá contemplar pessoas que já eram associadas da parte autora ao tempo da propositura da ação, uma vez que quem não era associado não poderia nem em tese autorizar expressamente a propositura da ação.

6. Agravo Regimental da União parcialmente provido para dar parcial provimento ao Recurso Especial. Determina-se o retorno dos autos à origem para que seja facultado à associação apresentar autorização assemblear e relação de representados, com o julgamento do mérito se juntados esses elementos." (STJ, AgRg no REsp 1424142/DF, Rel. Ministro HERMAN BENJAMIN, SEGUNDA TURMA, julgado em 15/12/2015, *DJe* 04/02/2016)

"RECURSO ESPECIAL – AÇÃO MONITÓRIA – PROCEDÊNCIA EM PRIMEIRA

Art. 322

INSTÂNCIA – EXTINÇÃO POR INÉPCIA DA PETIÇÃO INICIAL PELO TRIBUNAL *A QUO* – AUSÊNCIA DE INTIMAÇÃO DO AUTOR PARA SUPRIR A FALTA DOCUMENTAL – OFENSA À NORMA PROCESSUAL VERIFICADA – RECURSO ESPECIAL PARCIALMENTE PROVIDO.

Hipótese: Cinge-se a controvérsia a decidir se o acórdão que reforma a sentença – que julgou procedente a ação monitória – para extinguir o processo por inépcia da inicial, sem intimar o autor para suprir a falta de documentos, ofende a legislação processual.

1. Para o acolhimento do apelo extremo, no sentido de afirmar se são suficientes os documentos que instruíram a ação monitória, seria imprescindível derruir a afirmação contida no *decisum* atacado, o que, forçosamente, enseja em rediscussão da matéria fática-probatória, atraindo o óbice da Súmula 7 do STJ. Inconformismo, nesta parte, não acolhido.

2. Ofende o art. 284 do CPC/1973 (art. 321, CPC/2015), o acórdão que reforma sentença de procedência da ação e declara extinto o processo, por inépcia da petição inicial, sem intimar o autor e lhe conferir a oportunidade para suprir a falha.

3. O fato de a emenda à inicial ter se dado após a contestação do feito, por si só, não inviabiliza a adoção da diligência corretiva prevista no art. 284 do CPC/1973. (AgRg no AREsp 196.345/SP, Rel.

Ministra MARIA ISABEL GALLOTTI, QUARTA TURMA, *DJe* 04/02/2014). 4. Recurso especial parcialmente provido."

(REsp 1229296/SP, Rel. Ministro MARCO BUZZI, QUARTA TURMA, julgado em 10/11/2016, *DJe* 18/11/2016)

"PROCESSUAL CIVIL. EMENDA DA INICIAL. EXECUÇÃO FISCAL. CONTEÚDO DECISÓRIO. PREJUÍZO.

1. Deve ser relativizada, em casos excepcionais, a regra de que o despacho que determina a emenda da petição inicial é irrecorrível, analisando-se se a decisão agravada subverte ou não a legislação processual em vigor de maneira a causar gravame à parte.

2. Recurso especial provido." (STJ, REsp 891.671/ES, Rel. Ministro CASTRO MEIRA, SEGUNDA TURMA, julgado em 06/03/2007, *DJ* 15/03/2007, p. 303)

Seção II
Do pedido

> **Art. 322.** O pedido deve ser certo.
>
> **§ 1º** Compreendem-se no principal os juros legais, a correção monetária e as verbas de sucumbência, inclusive os honorários advocatícios.
>
> **§ 2º** A interpretação do pedido considerará o conjunto da postulação e observará o princípio da boa-fé.

▶ *Referência: CPC/1973 – Arts. 286 e 293*

1. Pedido mediato e pedido imediato

Como dito no comentário ao art. 319, o pedido é um dos elementos fundamentais da demanda. Ao lado da causa de pedir, constitui elemento objetivo da demanda. É a partir da análise do pedido que se identifica qual o *bem da vida* pretendido pelo autor. Ou seja, o pedido revela qual a providência jurídica ou o bem de direito material que o autor busca com o seu ingresso em juízo.

Distinguem-se no pedido dois objetos: o *mediato* e o *imediato*. O primeiro (*mediato*) diz respeito ao próprio bem da vida buscado pelo demandante. Quer dizer, trata-se da providência de direito material que se quer a partir da intervenção do Poder Judiciário: o recebimento de valores previstos em contrato, a obtenção de posse de coisa em poder do réu, o pagamento de indenização prevista em apólice de seguros etc. Já o objeto *imediato* do pedido refere-se à providência que se requer do Estado-juiz para que se alcance o objeto mediato. Trata-se da *tutela jurisdicional* almejada, que pode ser condenatória, constitutiva ou declaratória.

A correta identificação do pedido é atividade fundamental, pois, salvo as exceções previstas em lei, o órgão jurisdicional está absolutamente adstrito aos pedidos formulados pela parte (CPC, arts. 141 e 492). O juiz está, portanto, vinculado quantitativa e qualitativamente ao pedido deduzido e tem sua atividade delimitada por ele, salvo as exceções previstas na própria lei processual.

E não poderia ser diferente, pois o réu defende-se em relação ao pedido, motivo pelo qual deve ser dado ao réu pleno conhecimento de todos os aspectos do pedido do autor, sendo defeso ao órgão jurisdicional quebrar a relação de *coerência* entre o pedido e a sentença, sob pena de, dentre outras violações, ferir a defesa do réu.

2. Pedido certo

Em breves palavras, *pedido certo* significa *pedido expresso* (Pontes de Miranda, Francisco Cavalcanti. *Comentários ao Código de Processo Civil*, tomo 4, p. 35).

Se antes havia certa indefinição na doutrina acerca da diferenciação entre os requisitos da *certeza* e da *determinação* do pedido, a tomada de opção do novo Código não deixa mais dúvidas quanto à diferenciação entre ambos. E isso ocorre porque tais requisitos, que antes eram exigidos em conjunto pelo artigo 286 do CPC/1973, agora constam de dois dispositivos apartados: os arts. 322 e 324 do CPC.

A dicção do art. 286 do CPC/1973 também não era clara quanto ao caráter cumulativo ou alternativo desses requisitos, já que assim dispunha: "o pedido deve ser certo *ou* determinado". O Código atual corrigiu essa impropriedade ao exigir ambos os requisitos em dispositivos separados e, claramente, em caráter cumulativo.

3. Pedidos "implícitos" ou situações que independem de pedido certo

O contrário de pedido certo é "pedido implícito", que a lei busca evitar. Não obstante a regra geral que aponta para a necessidade de que o pedido seja *certo*, o § 1º do art. 322 do CPC traz algumas exceções a essa regra, ou seja, *situações que independem de pedido*. Trata-se da positivação de entendimentos jurisprudenciais desde há muito adotados no Brasil. Assim funciona para a condenação em juros legais (que já vinha previsto como pedido implícito no art. 293 do CPC/1973), correção monetária e verbas sucumbenciais, nestas incluindo-se as despesas, custas e os honorários advocatícios sucumbenciais.

Dessa forma, ainda que o autor não tenha formulado pedido expresso para aplicação de juros, correção monetária e o reembolso das verbas sucumbenciais, esses pedidos serão tidos por formulados e poderão ser acolhidos pelo órgão jurisdicional, sem que, com isso, se possa falar em violação ao princípio da adstrição ou congruência.

Apenas os juros legais podem ser considerados implícitos no pedido. Eventuais juros remuneratórios ou juros sobre capital próprio dependem de pedido expresso da parte, embora já tenha se decidido de forma diversa nas Cortes Superiores nacionais.

O princípio que rege a condenação em verbas sucumbenciais, por sua vez, é o da *causalidade*: quem deu causa à instauração do processo ou, eventualmente, à sua extinção sem resolução do mérito deve arcar com essa obrigação.

4. Interpretação do pedido conforme o contexto da postulação e a boa-fé

Interessante e arrojada inovação foi a inserção do § 2º ao art. 322 do CPC, segundo o qual "a interpretação do pedido considerará o conjunto da postulação e observará o princípio da boa-fé". Trata-se de uma aparente mudança significativa de paradigma em comparação com o disposto no art. 293 do CPC/1973, segundo o qual os pedidos deveriam ser "interpretados restritivamente".

Diz-se "aparente" porque, na verdade, o que o Código atual trouxe foram dois critérios *adicionais* para auxiliar na interpretação sistemática do pedido.

O pedido deverá continuar a ser interpretado restritivamente, embora isso não esteja mais escrito na lei com todas as letras. Mas a conclusão a partir da leitura do *caput* do art. 322 só pode ser essa: se o pedido deve ser *certo*, então o entendimento é o de que, salvo as autorizações legais, não se pode entender compreendido no pedido aquilo que ele expressamente não contiver.

Embora a interpretação literal seja, como sempre, o *ponto de partida*, situações haverá em que o contexto da postulação (causa de pedir, sobretudo) será importante para que se compreenda o pedido em toda a sua dimensão. Trata-se de interpretação *sistemática* e *teleológica* do pedido, para que se possa perquirir a real intenção da parte, a vontade do postulante, o motivo pelo qual tal pretensão foi deduzida. Uma interpretação do pedido que contrarie a causa de pedir ou que não guarde o mínimo de coerência ou correspondência com o restante do texto não pode ser tida por legítima (Didier Jr., Fredie. *Curso de Direito Processual Civil*, vol. 1, p. 588).

O mesmo se diga em relação ao segundo critério adicional trazido pelo § 2º do art. 322 do CPC, que determina a observância do princípio

Art. 322

da boa-fé na interpretação do pedido. Significa que a interpretação a ser conferida pelo órgão jurisdicional ao pedido não pode ser fonte de *surpresas*, veículo de *estratagema* ou qualquer outro *artifício* que possa violar o contraditório e, sobretudo, a ampla defesa (CF, art. 5º, inc. LV). É de se lembrar que a defesa é estruturada com base naquilo que foi efetivamente demandado. Não se pode, portanto, extrair da postulação algo que nela não estiver contido e – mais que isso – acerca do que o réu não teve oportunidade de apresentar defesa. Imagine-se o caso de uma determinada expressão ter sido usada durante todo o curso do processo de uma mesma maneira (ex.: "restituição", "recomposição", "reparo" ou "tratamento"). Não poderiam vir o autor ou o órgão jurisdicional emprestar-lhe outro significado por ocasião da interpretação do pedido no momento da decisão da causa.

Jurisprudência

Súmula 254 do STF: "Incluem-se os juros moratórios na liquidação, embora omisso o pedido inicial ou a condenação."

Súmula 43 do STJ: "Incide correção monetária sobre dívida por ato ilícito a partir da data do efetivo prejuízo."

Súmula 54 do STJ: "Os juros moratórios fluem a partir do evento danoso, em caso de responsabilidade extracontratual."

Súmula 70 do STJ: "Os juros moratórios, na desapropriação direta ou indireta, contam-se desde o trânsito em julgado da sentença."

"RECURSO ESPECIAL. AÇÃO CIVIL PÚBLICA. PLANO DE SAÚDE. 1. PROCESSO CIVIL. PEDIDO CERTO E DETERMINADO. RECONHECIMENTO. CONDENAÇÃO À OBRIGAÇÃO DE FAZER. 2. DANOS MORAIS COLETIVOS. COMPROVAÇÃO. PRESCINDIBILIDADE. ABALO DE VALORES FUNDAMENTAIS. INEXISTÊNCIA. 3. DANOS INDIVIDUAIS. RECONHECIMENTO PELA SENTENÇA GENÉRICA. POSSIBILIDADE. POSTERIOR LIQUIDAÇÃO DE SENTENÇA. NECESSIDADE. 4. RECURSO ESPECIAL PARCIALMENTE PROVIDO.

1. A certeza do pedido se configura com a imposição feita ao autor de indicar, de forma precisa e clara, a espécie de tutela jurisdicional pretendida e o resultado prático que se alcançará. A determinação está relacionada à liquidez do objeto, isto é, à qualidade e quantidade do bem da vida buscado. 1.1. Na espécie, os pedidos formulados pelo *Parquet*, quanto à substituição de prestadores de serviços somente após a comunicação aos beneficiários e à realização de aditivo contratual, sob pena de multa diária, preenchem os requisitos dos arts. 322 e 324 do CPC/2015, bem como observam o princípio da adequação da tutela jurisdicional.

2. O dano moral coletivo se dá *in re ipsa*, isto é, independentemente da comprovação de dor, sofrimento ou abalo psicológico. Entretanto, sua configuração somente ocorrerá quando a conduta antijurídica afetar, intoleravelmente, os valores e interesses coletivos fundamentais, mediante conduta maculada de grave lesão, para que o instituto não seja tratado de forma trivial, notadamente em decorrência da sua repercussão social.

2.1. A conduta perpetrada pela ré, a despeito de ser antijurídica, não foi capaz de abalar, de forma intolerável, a tranquilidade social do grupo de beneficiários, assim como os seus valores e interesses fundamentais, já que não houve interrupção no atendimento do serviço de apoio médico, ainda que realizado por outras clínicas, bem como houve o cumprimento das exigências legais para o descredenciamento no transcurso da presente demanda.

3. A generalidade da sentença a ser proferida em ação civil coletiva, em que se defendem direitos individuais homogêneos, decorre da própria impossibilidade prática de se determinar todos os elementos normalmente constantes da norma jurídica em questão, passível de imediata execução. Por tal razão, o espectro de conhecimento da sentença genérica restringe-se ao núcleo de homogeneidade dos direitos afirmados na inicial, atinente, basicamente, ao exame da prática de ato ilícito imputado à parte demandada, a ensejar a violação dos direitos e interesses individuais homogêneos postos em juízo, fixando-se, a partir de então, a responsabilidade civil por todos os danos daí advindos.

3.1. A procedência da pretensão reparatória não exime o interessado em liquidação da sentença genérica e não em uma nova ação individual de comprovar o dano (se material, moral ou estético), a sua extensão, o nexo causal deste com a conduta considerada ilícita, além de sua qualidade de parte integrante da coletividade lesada.

Diante do reconhecimento da conduta ilícita da recorrida, afigura-se procedente o pedido de reparação por todos os prejuízos suportados pelos segurados, mostrando-se, todavia, descabido, especificar na sentença genérica o tipo de dano, material e/ou moral.

4. Recurso especial parcialmente provido."

(REsp 1823072/RJ, Rel. Ministro MARCO AURÉLIO BELLIZZE, TERCEIRA TURMA, julgado em 05/11/2019, *DJe* 08/11/2019)

"PROCESSUAL CIVIL. PETIÇÃO INICIAL. PEDIDO. INTERPRETAÇÃO AMPLA. POSSIBILIDADE.

1. O pedido deve ser extraído da interpretação lógico-sistemática da petição inicial, a partir da análise de todo o seu conteúdo.

Precedentes.

2. O pedido deve ser interpretado como manifestação de vontade, de forma a tornar efetivo o processo, amplo o acesso à justiça e justa a composição da lide. Precedentes.

3. A decisão que interpreta de forma ampla o pedido formulado pelas partes não viola os arts. 128 e 460 do CPC, pois o pedido é o que se pretende com a instauração da ação. Precedentes.

4. Recurso especial provido."

(STJ, REsp 1049560/MG, Rel. Ministra NANCY ANDRIGHI, TERCEIRA TURMA, julgado em 04/11/2010, *DJe* 16/11/2010)

"PROCESSUAL CIVIL. RECURSO ESPECIAL. CUMPRIMENTO DE SENTENÇA. MODIFICAÇÃO DO PERCENTUAL DE JUROS DE MORA APÓS A PROPOSITURA DA EXECUÇÃO. IMPOSSIBILIDADE SEM A CONCORDÂNCIA DA PARTE CONTRÁRIA. ART. 329, II, DO CPC. MATÉRIAS DE ORDEM PÚBLICA SE SUJEITAM À PRECLUSÃO CONSUMATIVA. ARTS. 322, § 1º, E 507 DO CPC. DIVERGÊNCIA JURISPRUDENCIAL NÃO COMPROVADA. ART. 1.029, § 1º, DO CPC.

1. Trata-se de recurso especial contra acórdão proferido em agravo de instrumento interposto em contra decisão que reconheceu a impossibilidade de modificação da taxa de juros utilizada nos cálculos que instruíram a execução, sem anuência da parte contrária, ante o disposto no art. 329 do CPC.

2. Os recorrentes alegam, em síntese, que, diante do disposto no art. 322, § 1º, do CPC e por cuidar-se de questão de ordem pública, o percentual de juros poderia ser modificado, independentemente de anuência da parte contrária.

3. Correta a posição firmada no acórdão combatido, no sentido da imprescindibilidade da anuência da executada para a modificação do pedido constante da exordial, por força do art. 329, I e II, do CPC e da preclusão da matéria.

4. O § 1º do art. 322 do CPC prevê tão somente que o juiz não fica adstrito à eventual omissão da parte autora no tocante às matérias nele apontadas, pois os pedidos – juros legais, correção monetária e verbas de sucumbência –, por serem considerados como pedidos implícitos.

5. Não obstante, uma vez que tais parcelas da condenação estejam acobertadas pela coisa julgada, bem como pleiteadas em procedimento executório, com a concordância da parte contrária, não é mais lícito à parte pretender modificá-las sem a anuência do executado, seja pelo disposto no art. 329, II, do CPC, seja pela ocorrência de preclusão consumativa (art. 507 do CPC).

6. É importante ressaltar ainda que não se desconhece a natureza de questão de ordem pública dos juros legais, conforme entendimento pacífico desta Corte. Todavia, tal natureza não é capaz de se impor sobre outras questões da mesma ordem, tal como a coisa julgada e a preclusão.

7. É pacífica a jurisprudência desta Corte de que as matérias de ordem pública sujeitam-se aos efeitos da preclusão consumativa quando objeto de decisão anterior. Precedentes.

8. Entendimento contrário atentaria, dentre outros, contra os princípios: a) da segurança jurídica, por possibilitar que relações processuais já estabilizadas por decisões judiciais ou por consenso das partes possam vir a ser reavivadas; b) da razoável duração do processo, pela possibilidade de tumulto da marcha processual com o ressurgimento, a qualquer momento, de questões já dirimidas ao longo da demanda; c) do contraditório e da ampla defesa, pois a Fazenda Público, na impugnação ao cumprimento de sentença, tem a possibilidade de apresentar, de modo consistente e no prazo legal, defesa (art. 535 do CPC).

9. A divergência jurisprudencial apontada não foi comprovada nos moldes exigidos nos arts. 1.029, § 1º, do CPC e 255, § 1º, do Regimento Interno do STJ, uma vez que não foi realizado o necessário cotejo analítico entre a

fundamentação contida no precedente invocado como paradigma e no aresto impugnado.

10. Recurso especial conhecido em parte e, nessa extensão, não provido."

(REsp 1783281/PE, Rel. Ministro OG FER-NANDES, SEGUNDA TURMA, julgado em 22/10/2019, *DJe* 29/10/2019)

"PROCESSUAL CIVIL E ADMINISTRA-TIVO – RESPONSABILIDADE CIVIL DO ES-TADO – DANOS MORAIS E MATERIAIS – PETIÇÃO INICIAL – PEDIDO – INTERPRE-TAÇÃO SISTEMÁTICA – PENSIONAMENTO – TERMO FINAL – IDADE DO FILHO – IN-DENIZAÇÃO – REVISÃO DO QUANTUM FIXADO – IMPOSSIBILIDADE – MATÉRIA DE PROVA (SÚMULA 7/STJ)

1. O STJ tem posição firmada de que deve ser conferida uma interpretação sistemática ao pedido deduzido na exordial. Precedentes.

2. É firme o entendimento de que o termo final da pensão devida ao filho menor em decorrência da morte do pai seja a idade em que o beneficiário complete vinte e cinco anos de idade, quando se presume ter concluído sua formação, incluindo-se a universidade.

3. Inviável o recurso especial se o exame da questão suscitada exige revolvimento de aspectos fáticos-probatórios. Aplicação da Súmula 7/STJ.

4. Recurso especial conhecido em parte e, nessa parte, não provido."

(STJ, REsp 1159409/AC, Rel. Ministra ELIANA CALMON, SEGUNDA TURMA, julgado em 11/05/2010, *DJe* 21/05/2010)

"PROCESSO CIVIL. PETIÇÃO INICIAL. PEDIDO. INTERPRETAÇÃO. LIMITES.

1. A interpretação do pedido deve se guiar por duas balizas: de um lado, a contextualização do pedido, integrando-o ao inteiro teor da petição inicial, de modo a extrair a pretensão integral da parte; e, de outro lado, a adstrição do pedido, atendendo-se ao que foi efetivamente pleiteado, sem ilações ou conjecturas que ampliem o seu objeto.

2. A mera circunstância de os fatos narrados comportarem, em tese, indenização por danos morais, sem que haja qualquer pedido ou cogitação tendente a exigi-la, não autoriza o Juiz a, de ofício, considerá-la implícita no pedido de ressarcimento por danos materiais, até porque nada impede a parte de, observado o prazo prescricional, ajuizar ação autônoma buscando

ressarcimento específico pela violação dos direitos da personalidade. Ademais, justamente por serem de caráter subjetivo, na falta de qualquer sinalização de que tenham realmente sido suportados, não há como presumir ter a parte sofrido danos de ordem moral.

3. Recurso especial provido."

(STJ, REsp 1155274/PE, Rel. Ministra NANCY ANDRIGHI, TERCEIRA TURMA, julgado em 08/05/2012, *DJe* 15/05/2012)

"PROCESSO CIVIL. AGRAVO INTER-NO. RAZÕES QUE NÃO ENFRENTAM O FUNDAMENTO DA DECISÃO AGRAVADA. AÇÃO DE INDENIZAÇÃO POR DANOS MO-RAIS. DEMANDA INDIVIDUAL. CONDE-NAÇÃO POR DANOS SOCIAIS DE OFÍCIO. JULGAMENTO *ULTRA PETITA*. AUSÊNCIA DE LEGITIMIDADE. PRECEDENTES.

1. As razões do agravo interno não enfrentam adequadamente o fundamento da decisão agravada.

2. Conforme jurisprudência pacífica desta Corte, é permitido ao magistrado extrair dos autos o provimento jurisdicional que mais se adeque à pretensão autoral, sanando eventual impropriedade técnica da parte autora ao formular os pedidos, o que, decerto, não o autoriza a aumentar ou cumular o pleito realizado com aqueles que sequer foram trazidos para debate e que não é decorrência lógica do primeiro, fugindo dos limites objetivos da demanda.

3. Nos termos do Enunciado 456 da V Jornada de Direito Civil do CJF/STJ, os danos sociais, difusos, coletivos e individuais homogêneos devem ser reclamados pelos legitimados para propor ações coletivas.

4. Agravo interno a que se nega provimento."

(AgInt no REsp 1598709/SP, Rel. Ministra MARIA ISABEL GALLOTTI, QUARTA TUR-MA, julgado em 10/09/2019, *DJe* 02/10/2019)

"TRIBUTÁRIO. PROCESSUAL CIVIL. ALEGAÇÃO DE JULGAMENTO FORA DO PEDIDO. INTERPRETAÇÃO LÓGICO-SIS-TEMÁTICA DO PEDIDO. POSSIBILIDADE. ALTERAÇÃO DAS CONCLUSÕES DO ACÓR-DÃO RECORRIDO. REEXAME DE FATOS E PROVAS. SÚMULA 7/STJ.

1. É tranquilo o posicionamento do STJ pela "ausência de julgamento extra petita quando a tutela jurídica é consequência da interpretação

lógico-sistemática da causa de pedir e do pedido" (AgInt nos EREsp 1208207/RN, Rel. Ministro Mauro Campbell Marques, Corte Especial, *DJe* 24/5/2017).

2. A alteração das conclusões adotadas pela Corte de origem, ancorando-se em transcrições de trechos da própria petição inicial, de que a anulação dos autos de infração era consequência lógica do pedido, demandaria, necessariamente, novo exame do acervo fático-probatório constante dos autos, providência vedada em recurso especial, conforme o óbice previsto na Súmula 7/STJ.

3. Agravo interno a que se nega provimento."

(AgInt no REsp 1317594/MA, Rel. Ministro SÉRGIO KUKINA, PRIMEIRA TURMA, julgado em 14/11/2017, *DJe* 21/11/2017)

> **Art. 323.** Na ação que tiver por objeto cumprimento de obrigação em prestações sucessivas, essas serão consideradas incluídas no pedido, independentemente de declaração expressa do autor, e serão incluídas na condenação, enquanto durar a obrigação, se o devedor, no curso do processo, deixar de pagá-las ou de consigná-las.

▶ *Referência: CPC/1973 – Art. 290*

1. Prestações sucessivas

Por determinação legal, as *prestações sucessivas* – a exemplo dos juros, da correção monetária e das verbas sucumbenciais – também são consideradas pedidos implícitos, a serem examinados e decididos pelo juiz mesmo sem provocação da parte.

Prestações sucessivas ou *prestações de trato periódico* são aquelas decorrentes do negócio jurídico celebrado entre as partes e que ainda não estavam vencidas quando do ajuizamento da demanda. Seu vencimento ocorrerá durante o curso do processo.

As prestações sucessivas são bastante comuns na prática e a sua inclusão como "pedido implícito" decorre naturalmente da relação de direito material supostamente inadimplida.

2. Finalidades da norma

Trata-se de *cumulação objetiva de demandas* decorrente da própria lei, técnica utilizada pelo legislador para evitar que uma mesma

relação jurídica da qual emanam diversas obrigações (prestações periódicas) enseje a propositura de múltiplas demandas, com potenciais decisões conflitantes entre si. Além disso, cuida-se de medida de economia processual, pois, sem essa previsão, o autor estaria compelido a ajuizar uma demanda a cada vencimento de prestação derivada do mesmo contrato ou negócio jurídico.

3. Necessidade de pronunciamento na sentença

Embora não haja necessidade de pedido expresso de cumprimento de obrigação em prestações sucessivas, podendo este ser considerado *implícito*, o fato é que, em caso de procedência do pedido, a condenação deve ser necessariamente *explícita* na sentença ou o acórdão. Vale dizer: *embora haja pedido implícito, não pode haver condenação implícita*, ressalvado entendimento jurisprudencial contrário já manifestado (*vide* Súmula 254 do STF).

Isso decorre, principalmente, do fato que o título executivo judicial a ser formado necessariamente tem de revelar obrigação dotada de *certeza*, sob pena de perder justamente a sua natureza de título executivo (CPC, art. 515).

Além disso, a coisa julgada só incide em relação ao que tiver sido *expressamente* decidido, nos exatos termos do disposto no art. 503 do CPC.

Jurisprudência

"AGRAVO INTERNO NOS EMBARGOS DE DECLARAÇÃO NO AGRAVO EM RECURSO ESPECIAL. CIVIL E PROCESSUAL CIVIL. EXECUÇÃO DE ALUGUÉIS. DEFICIÊNCIA NA FORMAÇÃO DO AGRAVO DE INSTRUMENTO. AUSÊNCIA DE PREQUESTIONAMENTO. INCLUSÃO DAS PARCELAS VINCENDAS. POSSIBILIDADE.

1. Recurso especial interposto contra acórdão publicado na vigência do Código de Processo Civil de 2015 (Enunciados Administrativos nºs 2 e 3/STJ). 2. A falta de prequestionamento da matéria suscitada no recurso especial, a despeito da oposição de declaratórios, impede seu conhecimento, a teor da Súmula nº 211 do Superior Tribunal de Justiça. 3. Nos termos do art. 1.025 do Código de Processo Civil de 2015, não há falar em prequestionamento ficto se a alegada matéria não foi dis-

cutida na origem, e nas razões do recurso especial não indicou a parte recorrente a contrariedade ao artigo 1.022 do Código de Processo Civil de 2015. 4. A condenação nas parcelas vincendas no curso do processo deve ser considerada pedido implícito, a teor do que dispõe o artigo 323 do Código de Processo Civil de 2015 (art. 293 do CPC/1973). Precedentes. 5. Agravo interno não provido."

(AgInt nos EDcl no AREsp 1329999/RJ, Rel. Ministro RICARDO VILLAS BÔAS CUEVA, TERCEIRA TURMA, julgado em 14/10/2019, *DJe* 16/10/2019)

"AGRAVO INTERNO NOS EMBARGOS DE DECLARAÇÃO NO RECURSO ESPECIAL – AÇÃO DE EXECUÇÃO DE COTAS CONDOMINIAIS – DECISÃO MONOCRÁTICA QUE DEU PROVIMENTO AO RECLAMO. INSURGÊNCIA DA PARTE EXECUTADA.

1. Segundo o entendimento jurisprudencial consolidado por este Superior Tribunal de Justiça, "as verbas condominiais decorrem de relações jurídicas continuativas e, por isso, devem ser incluídas na condenação as obrigações devidas no curso do processo até o pagamento" (REsp 1548227/RJ, Rel. Ministra NANCY ANDRIGHI, TERCEIRA TURMA, julgado em 07/11/2017, *DJe* 13/11/2017). Precedentes. 2. Agravo interno desprovido."

(AgInt nos EDcl no REsp 1803465/RS, Rel. Ministro MARCO BUZZI, QUARTA TURMA, julgado em 23/09/2019, *DJe* 26/09/2019)

"RECURSO ESPECIAL. PROCESSUAL CIVIL. CORREÇÃO MONETÁRIA DE VENCIMENTOS PAGOS COM ATRASO. CONDENAÇÃO SOBRE PRESTAÇÕES VINCENDAS NO CURSO DO PROCESSO (ARTIGO 290 DO CPC). IMPOSSIBILIDADE.

1. "Quando a obrigação consistir em prestações periódicas, considerar-se-ão elas incluídas no pedido, independentemente de declaração expressa do autor; se o devedor, no curso do processo, deixar de pagá-las ou de consigná-las, a sentença as incluirá na condenação, enquanto durar a obrigação." (artigo 290 do Código de Processo Civil).

2. A expressão "prestações periódicas" está por prestações que se reproduzem ou se dividem no tempo, sendo estranho, portanto, a esta definição, o pagamento da correção monetária pretendida nos presentes autos.

3. A correção monetária de prestações periódicas pagas com atraso não são, elas mes-

mas, prestações de trato sucessivo, mas, sim, atualização monetária devida pela mora no implemento da obrigação, atraso a atraso, parcelas autônomas, portanto.

4. Em não sendo a correção monetária de vencimentos pagos com atraso prestações periódicas, não há falar na incidência do artigo 290 do Código de Processo Civil.

5. Recurso conhecido e improvido."

(STJ, REsp 287.400/SP, Rel. Ministro HAMILTON CARVALHIDO, SEXTA TURMA, julgado em 09/10/2001, *DJ* 25/02/2002, p. 459)

"PROCESSO CIVIL. AÇÃO DE EXECUÇÃO DE TÍTULO EXTRAJUDICIAL. PAGAMENTO DE PARCELAS MENSAIS. OBRIGAÇÃO DE TRATO SUCESSIVO. PRESCRIÇÃO AUTONOMA.

1. No caso de vencimento antecipado de dívida, a contagem do prazo prescricional ocorre da data do vencimento contratualmente estabelecido, ou seja, da última parcela.

2. Cuida-se de obrigação de trato sucessivo, na qual a violação do direito também ocorre de forma contínua, renovando o prazo prescricional de cada parcela de forma autônoma e isolada.

3. Agravo de instrumento não provido."

(TJ-DF – AI: 20150020091386, Relator: GILBERTO PEREIRA DE OLIVEIRA, Data de Julgamento: 08/07/2015, 3ª Turma Cível, Publicado no DJE 14/07/2015, p. 114)

> **Art. 324.** O pedido deve ser determinado.
>
> **§ 1º** É lícito, porém, formular pedido genérico:
>
> **I** – nas ações universais, se o autor não puder individuar os bens demandados;
>
> **II** – quando não for possível determinar, desde logo, as consequências do ato ou do fato;
>
> **III** – quando a determinação do objeto ou do valor da condenação depender de ato que deva ser praticado pelo réu.
>
> **§ 2º** O disposto neste artigo aplica-se à reconvenção.

▶ *Referência: CPC/1973 – Art. 286*

1. Pedido determinado

Pedido determinado significa *pedido delimitado* quanto ao *gênero* e, preferencialmente, *quantitativa e qualitativamente* também.

Não se pode pedir, por exemplo, a condenação do réu a qualquer prestação. O pedido do autor deve especificar o *gênero* da prestação pretendida (Theodoro Jr. Humberto. *Curso de Direito Processual Civil*, vol. 1, p. 363). Assim, o pedido de condenação ao réu deve fazer referência à espécie de condenação ou de prestação pretendidas. Pode ser a entrega de coisa, por exemplo, caso em que deve haver delimitação de que coisa deve ser entregue (p.ex.: sacas de arroz, de que tipo, de qual qualidade e em que quantidade).

2. Pedido genérico

O contrário de pedido determinado é "pedido genérico", que a lei permite em algumas situações, mas também busca evitar, similarmente ao que ocorre com o pedido implícito.

O art. 324, em seu § 1º e incisos I a III, contém as situações taxativas em que o Código permite a formulação de pedido genérico. Há, também, exemplos na legislação esparsa em que se admite o pedido genérico. Todavia, fora dessas hipóteses, é mister que o pedido seja determinado, sob pena de ser considerado *inepto* por expressa previsão legal (CPC, art. 330, § 1º, II).

3. Ações universais

A primeira hipótese autorizadora da formulação de pedido genérico é aquela relacionada às ações universais, em que o autor não possa individuar os bens demandados (CPC, art. 324, § 1º, inc. I). Ações universais são aquelas cuja pretensão incide sobre uma *universalidade de fato* ou de *direito*.

De acordo com definições do Código Civil, *"constitui universalidade de fato a pluralidade de bens singulares que, pertinentes à mesma pessoa, tenham destinação unitária"* (CC, art. 90). Exemplos de universalidades de fato são as coleções (de selos, de livros, de troféus, etc.), uma frota de automóveis, etc. E a universalidade de direito seria *"o complexo de relações jurídicas, de uma pessoa, dotadas de valor econômico"* (CC, art. 91). Os exemplos mais comuns de universalidades de direito são a massa falida e o espólio.

Nesses casos, como não é possível ao autor definir, de antemão, qual a fração ou exatamente os bens que lhe caberiam, a pretensão recairá sobre uma universalidade. É o que ocorre na petição de herança, por exemplo (CC, art. 1.824).

4. Impossibilidade de se determinar as consequências de ato ou fato

O segundo inciso do § 1º do art. 324 do CPC permite a formulação de pedido genérico *"quando não for possível determinar, desde logo, as consequências do ato ou do fato"*.

A redação desse inciso foi significativamente ampliada em relação àquela do art. 286, II do CPC/1973, em razão da supressão da palavra "ilícito" ao final da previsão legal. Com essa modificação, quis o legislador ensejar a aplicação do dispositivo para além das demandas indenizatórias. Ou seja, em quaisquer situações em que as consequências de ato ou fato dependam de futura determinação, é permitida a formulação de pedido genérico.

Antes da modificação legislativa, a hipótese ficava restrita às demandas em que se buscava alguma espécie de reparação de danos cuja extensão ainda não se poderia delimitar. Por exemplo, no caso de lesões físicas causadas por atropelamento, não raro, a recuperação da vítima é lenta e o valor da indenização para custear o tratamento médico é desconhecido no momento da propositura da demanda. Atualmente, com a nova redação, pode-se pensar em situações que independam da ocorrência de algum ato de natureza ilícita. Mesmo fatos ou atos lícitos (constituição de servidão de passagem, construção de determinada estrada pelo ente público) podem gerar a obrigação de indenizar e, nesse caso, estariam abarcados pela previsão ora examinada.

Questão tormentosa e que vem sendo enfrentada há décadas pela jurisprudência é a da necessidade ou desnecessidade de quantificação do pedido de indenização por dano moral. Com todo respeito a entendimentos contrários – diversas vezes repetidos em acórdãos das Cortes Superiores – não existe qualquer motivo para que o pedido de indenização por danos morais seja formulado em caráter genérico. Esse pedido – como qualquer outro, salvo as exceções taxativamente previstas na lei – deve ser certo e determinado. Ninguém melhor do que o autor para quantificar em valores monetários a sua pretensão para reparação moral. Entendimento contrário, ou seja, aquele que atribui ao juiz o poder-dever de "arbitrar" sem qualquer parâmetro ou provocação o valor da indenização por danos morais equivale à chancela da violação ao princípio da demanda e à vedação de pronunciamentos *ultra* ou *extra petita*. A reforçar essa

Art. 324

interpretação está a redação dada ao inc. V do art. 292 do CPC, que determina a atribuição de valor da causa em demanda indenizatória, *"inclusive a fundada em dano moral"*.

5. Ato a ser praticado pelo réu

A última das hipóteses autorizadoras da formulação de pedido genérico corresponde àquela em que a delimitação do objeto ou do valor da condenação depende de ato a ser praticado pelo réu (CPC, art. 324, § 1º, inc. III).

Trata-se daquelas situações em que, por algum motivo, o autor ainda desconhece o objeto ou o valor da prestação que lhe é devida.

A ocorrência mais comum dessa hipótese se dá na prestação de contas cumulada com pedido de condenação ao pagamento de crédito oriundo de diferenças a serem apuradas em favor do autor: os valores desse eventual crédito só serão conhecidos após a própria prestação de contas pelo réu.

Jurisprudência

"PROCESSUAL CIVIL. AGRAVO REGIMENTAL NOS EMBARGOS DE DECLARAÇÃO NO AGRAVO EM RECURSO ESPECIAL. AÇÃO DE PRESTAÇÃO DE CONTAS. PEDIDO GENÉRICO. OCORRÊNCIA. PEDIDO SUCESSIVO DE EMENDA À INICIAL. IMPOSSIBILIDADE.

1. Nos termos da Súmula nº 259 do STJ, é possível o ajuizamento de ação de prestação de contas pelo titular da conta-corrente, independentemente do fornecimento pela instituição financeira de extratos detalhados.

2. Contudo, é necessário que o pedido de referida demanda não seja genérico, devendo especificar o período e sobre quais movimentações financeiras pretende os esclarecimentos, não bastando inclusive a indicação de que o período pretendido seja desde o início da relação. Precedentes.

3. É inadmissível o pedido sucessivo do agravante para que possa ser oportunizada a emenda à inicial, após a contestação, por cuidar a pretensão de modificação do pedido e da causa de pedir.

4. Agravo regimental não provido."

(AgRg nos EDcl no AREsp 758.213/SC, Rel. Ministro MOURA RIBEIRO, TERCEIRA TURMA, julgado em 15/10/2015, *DJe* 06/11/2015)

"RECURSO ESPECIAL. AÇÃO CIVIL PÚBLICA. PLANO DE SAÚDE. 1. PROCESSO CIVIL. PEDIDO CERTO E DETERMINADO. RECONHECIMENTO. CONDENAÇÃO À OBRIGAÇÃO DE FAZER. 2. DANOS MORAIS COLETIVOS. COMPROVAÇÃO. PRESCINDIBILIDADE. ABALO DE VALORES FUNDAMENTAIS. INEXISTÊNCIA. 3. DANOS INDIVIDUAIS. RECONHECIMENTO PELA SENTENÇA GENÉRICA. POSSIBILIDADE. POSTERIOR LIQUIDAÇÃO DE SENTENÇA. NECESSIDADE. 4. RECURSO ESPECIAL PARCIALMENTE PROVIDO.

1. A certeza do pedido se configura com a imposição feita ao autor de indicar, de forma precisa e clara, a espécie de tutela jurisdicional pretendida e o resultado prático que se alcançará. A determinação está relacionada à liquidez do objeto, isto é, à qualidade e quantidade do bem da vida buscado. 1.1. Na espécie, os pedidos formulados pelo Parquet, quanto à substituição de prestadores de serviços somente após a comunicação aos beneficiários e à realização de aditivo contratual, sob pena de multa diária, preenchem os requisitos dos arts. 322 e 324 do CPC/2015, bem como observam o princípio da adequação da tutela jurisdicional.

2. O dano moral coletivo se dá *in re ipsa*, isto é, independentemente da comprovação de dor, sofrimento ou abalo psicológico. Entretanto, sua configuração somente ocorrerá quando a conduta antijurídica afetar, intoleravelmente, os valores e interesses coletivos fundamentais, mediante conduta maculada de grave lesão, para que o instituto não seja tratado de forma trivial, notadamente em decorrência da sua repercussão social.

2.1. A conduta perpetrada pela ré, a despeito de ser antijurídica, não foi capaz de abalar, de forma intolerável, a tranquilidade social do grupo de beneficiários, assim como os seus valores e interesses fundamentais, já que não houve interrupção no atendimento do serviço de apoio médico, ainda que realizado por outras clínicas, bem como houve o cumprimento das exigências legais para o descredenciamento no transcurso da presente demanda.

3. A generalidade da sentença a ser proferida em ação civil coletiva, em que se defendem direitos individuais homogêneos, decorre da própria impossibilidade prática de se determinar todos os elementos normalmente constantes da norma jurídica em questão, passível de

imediata execução. Por tal razão, o espectro de conhecimento da sentença genérica restringe-se ao núcleo de homogeneidade dos direitos afirmados na inicial, atinente, basicamente, ao exame da prática de ato ilícito imputado à parte demandada, a ensejar a violação dos direitos e interesses individuais homogêneos postos em juízo, fixando-se, a partir de então, a responsabilidade civil por todos os danos daí advindos.

3.1. A procedência da pretensão reparatória não exime o interessado em liquidação da sentença genérica – e não em uma nova ação individual – de comprovar o dano (se material, moral ou estético), a sua extensão, o nexo causal deste com a conduta considerada ilícita, além de sua qualidade de parte integrante da coletividade lesada.

Diante do reconhecimento da conduta ilícita da recorrida, afigura-se procedente o pedido de reparação por todos os prejuízos suportados pelos segurados, mostrando-se, todavia, descabido, especificar na sentença genérica o tipo de dano, material e/ou moral.

4. Recurso especial parcialmente provido."

(REsp 1823072/RJ, Rel. Ministro MARCO AURÉLIO BELLIZZE, TERCEIRA TURMA, julgado em 05/11/2019, *DJe* 08/11/2019)

"RECURSO ESPECIAL. INSTITUIÇÃO DE ENSINO SUPERIOR. VIOLAÇÃO AO ART. 535 DO CPC. NÃO OCORRÊNCIA. INÉPCIA DA PETIÇÃO INICIAL. INEXISTÊNCIA. AÇÃO DE INDENIZAÇÃO POR DANOS MATERIAIS E MORAIS. EXTINÇÃO DE CURSO SEQUENCIAL. POSSIBILIDADE. AUTONOMIA UNIVERSITÁRIA. PECULIARIDADES DO CASO QUE REVELAM A CONDUTA ABUSIVA E ILEGAL DA INSTITUIÇÃO EDUCACIONAL. DANO MORAL RECONHECIDO. RECURSO NÃO PROVIDO.

1. Não há falar em violação ao art. 535 do Código de Processo Civil na hipótese em que o acórdão recorrido resolve todas as questões pertinentes ao litígio, tornando-se dispensável que venha a examinar todos os argumentos trazidos pelas partes.

2. A ação de indenização proposta em desfavor de instituição privada de ensino, tendo por fundamento a extinção de curso superior, deve ser julgada e processada na Justiça comum estadual.

3. Não se revela inepta a petição inicial que, nos autos da ação de indenização, requer ao magistrado o arbitramento do valor da reparação por dano moral ao seu prudente arbítrio, sem que isso implique violação ao art. 286, *caput*, do Código de Processo Civil.

4. A instituição educacional privada de ensino superior goza de autonomia universitária, nos termos do art. 207 da Constituição Federal, razão pela qual é possível proceder à extinção de curso superior, conforme preceito constante do art. 53, I, da Lei n. 9.394/1996 – Lei de Diretrizes e Bases da Educação Nacional.

5. Apesar da autonomia universitária quanto à possibilidade de extinção de curso superior, o caso revela que a conduta da instituição de ensino se mostrou abusiva.

6. Não se verifica que a instituição de ensino tentou realizar convênio com outras faculdades ou universidades que oferecessem curso idêntico ou similar, com o intuito de atender aos interesses dos alunos que pretendiam a formação em tempo mais curto.

7. Inexiste comprovação da existência de outras instituições que oferecessem curso equivalente na mesma região, de modo que os alunos pudessem realizar a transferência sem grandes transtornos operacionais e/ou financeiros.

8. A conduta da instituição de ensino afrontou o § 1º do art. 4º da Resolução n. 1/1999, do Conselho Nacional de Educação, segundo o qual os cursos sequenciais de formação específica podem ser encerrados a qualquer tempo, desde que seja assegurada a conclusão dos estudos, no próprio curso, dos alunos nele matriculados.

9. Recurso especial não provido."

(STJ, REsp 1453852/GO, Rel. Ministro LUIS FELIPE SALOMÃO, QUARTA TURMA, julgado em 27/10/2015, *DJe* 20/11/2015)

"DIREITO CIVIL E PROCESSUAL CIVIL. INDENIZAÇÃO POR DANOS MORAIS. REQUERIMENTO DE ARBITRAMENTO PELO JUIZ DA CAUSA. SUGESTÃO DE VALOR. LIMITAÇÃO. JULGAMENTO *ULTRA PETITA*.

1.– Na formação dos precedentes desta Corte, já se firmou que na ação de indenização por danos morais não se exige que o autor formule pedido certo e determinado quanto ao valor da condenação pretendida, a ser fixada, diante da dificuldade de mensuração, segundo o prudente arbítrio do juiz. À medida em que a jurisdição foi tratando do tema, contudo, certos parâmetros foram se estabelecendo para a fixação, de modo que se pode iniciar o caminho em

Art. 324

prol da exigência de formulação de pleito preciso inclusive quanto a valores e elementos a serem ponderados na sua fixação, prestigiando-se o contraditório, que baliza o debate jurisdicional e acarreta maior precisão em valores.

2.– No caso, o autor, além de pedir o arbitramento da indenização pelo Juízo, também indicou, ele próprio, um valor para a indenização, de modo que é de se entender que o julgador não podia ultrapassá-lo para fixar valor maior, em evidente julgamento "extra-petita", não fazendo sentido a exigência, pelo ofendido, de valor maior do que o que ele próprio sugeriu.

3.– Recurso Especial provido, reduzindo-se o valor da condenação ao valor pleiteado pelo autor."

(STJ, REsp 1313643/SP, Rel. Ministro SIDNEI BENETI, TERCEIRA TURMA, julgado em 22/05/2012, *DJe* 13/06/2012)

"ADMINISTRATIVO. VIOLAÇÃO. PEDIDO DE TRATAMENTO MÉDICO. FORNECIMENTO DE MEDICAMENTOS. DIREITOS FUNDAMENTAIS. AUSÊNCIA DE OMISSÃO. ART. 535 DO CPC. INVIABILIDADE. STJ.

1. A solução integral da controvérsia, com fundamento suficiente, não caracteriza ofensa ao art. 535 do CPC.

2. O pedido de tratamento médico é certo e determinado, apesar de genérico. Assim, a substituição de medicamento que, inclusive, possui o mesmo princípio ativo, não importa em alteração de pedido, haja vista que o escopo almejado foi mantido.

3. O Tribunal a quo decidiu: "Em que pese o pedido ter sido inicialmente genérico, a juíza da instância de origem determinou que o Estado do Rio Grande do Sul forneça a Insulina Glargina 100UI/ml para o tratamento da paciente, mantendo assim o princípio ativo daquele medicamento postulado na inicial". Isso posto, não há falar em violação ao art. 286, do CPC, pois a decisão judicial foi bem clara quanto o medicamento que deve ser fornecido para tratamento da moléstia (AgRg no REsp 1156503/RS, Rel. Ministro Castro Meira, Segunda Turma, *DJe* 21/8/2012).

4. É importante frisar que o atual Código de Processo Civil, assim como o novo sistema processual, que irá entrar em vigor em março de 2016, visa assegurar as garantias constitucionais, de forma que, ao aplicar o ordenamento jurídico,

o juiz deverá atender aos fins sociais e às exigências do bem comum, bem como dar efetiva atenção à dignidade da pessoa humana.

5. Agravo Regimental não provido."

(STJ, AgRg no AREsp 705.321/RS, Rel. Ministro HERMAN BENJAMIN, SEGUNDA TURMA, julgado em 25/08/2015, *DJe* 10/11/2015)

"AGRAVO INTERNO NO RECURSO ESPECIAL. AÇÃO DE OBRIGAÇÃO DE FAZER CUMULADA COM INDENIZATÓRIA. VÍCIOS CONSTRUTIVOS. 1. NEGATIVA DE PRESTAÇÃO JURISDICIONAL. OMISSÃO. NÃO OCORRÊNCIA. 2. ESPÉCIE DE VÍCIO ALEGADO PELO AUTOR. AFERIÇÃO. IMPOSSIBILIDADE. SÚMULA 7/STJ. 3. AÇÃO DE REPARAÇÃO DE DANOS AJUIZADA DIRETAMENTE CONTRA A CONSTRUTORA. PRAZO PRESCRICIONAL DECENAL. SÚMULA 83/STJ. PRESCRIÇÃO NÃO CONSUMADA. MODIFICAÇÃO DESSA CONCLUSÃO. DESCABIMENTO. APLICAÇÃO, MAIS UMA VEZ, DA SÚMULA 7/STJ. 4. PEDIDO GENÉRICO. POSSIBILIDADE. ART. 324, § 1º, II, DO CPC/2015. 5. AGRAVO INTERNO DESPROVIDO.

1. Verifica-se que o Tribunal de origem analisou todas as questões relevantes para a solução da lide, de forma fundamentada, não havendo que se falar em negativa de prestação jurisdicional.

2. É descabido transpor, nesta instância extraordinária, a modificação da conclusão delineada no acórdão recorrido e acolher a tese da parte recorrente – a respeito da espécie de defeito construtivo –, pois tal providência exige inexoravelmente o reexame dos fatos e das provas dos autos, o que é vedado pelo disposto na Súmula 7/STJ.

3. Segundo a jurisprudência desta Corte Superior prescreve em 20 (vinte) anos a pretensão de obter do construtor indenização proveniente de vício constatado na obra, na vigência do Código Civil de 1916, ou em 10 (dez) anos após a entrada em vigor do Código Civil de 2002, observada a regra de transição do art. 2.028 do CC/2002. Precedentes.

4. No caso, inafastável a aplicação da Súmula 7/STJ – acerca da não consumação da prescrição decenal –, pois não há como derruir a conclusão delineada no acórdão combatido, sem que se proceda ao reexame do conjunto fático-probatório do feito, o que não se admite no recurso especial.

5. Consoante o disposto no art. 324, § 1º, II, do CPC/2015, sendo o caso de ato ilícito, em que o autor não puder, de pronto e de forma definitiva, delimitar todas as suas consequências, lhe é devido especificar apenas algumas delas e indicar que não possui condições, no momento de ajuizamento da ação, de delinear as demais, requerendo que se clarifique o pedido no curso da demanda, através de produção de prova técnica, como se verifica na presente hipótese de vício construtivo.

6. Agravo interno desprovido."

(AgInt no REsp 1800488/SP, Rel. Ministro MARCO AURÉLIO BELLIZZE, TERCEIRA TURMA, julgado em 10/06/2019, *DJe* 13/06/2019)

"Dano moral. Ausência de estimativa do valor pleiteado na petição inicial. Inadmissibilidade. Exceção não prevista no art. 286 do CPC. é de rigor que o pedido de indenização por danos morais seja certo e determinado para que não fique somente ao arbítrio do juiz a fixação do "quantum" como também para que seja dado ao réu possibilidade de contrariar a pretensão do autor de forma pontual, com objetividade e eficácia, de modo a garantir- lhe o direito à ampla defesa e ao contraditório. Recurso desprovido."

(TJ-SP, Relator(a): Júlio Vidal; Órgão julgador: 7ª Câmara de Direito Privado; Data de registro: 30/10/1998; Outros números: 990054700)

"AÇÃO REDIBITÓRIA. PEDIDOS GENÉRICOS. NÃO COMPROVAÇÃO DO *AN DEBEATUR*. INADMISSIBILIDADE DE CONDENAÇÃO EM SUPOSTO DIREITO. IMPOSSIBILIDADE DE CONDENAÇÃO EM ALGO INCERTO. ART. 324 DO CPC. Inadmissível a condenação a suposto direito, sem prova do *an debeatur*, na medida em que estaria sendo remetido para a fase de liquidação de algo incerto. Recurso desprovido."

(TJSP; Apelação Cível 1009440-28.2017.8.26.0577; Relator (a): Gilberto Leme; Órgão Julgador: 35ª Câmara de Direito Privado; Foro Central Cível – 11ª Vara Cível; Data do Julgamento: 27/01/2016; Data de Registro: 16/08/2019)

> **Art. 325.** O pedido será alternativo quando, pela natureza da obrigação, o devedor puder cumprir a prestação de mais de um modo.

> **Parágrafo único.** Quando, pela lei ou pelo contrato, a escolha couber ao devedor, o juiz lhe assegurará o direito de cumprir a prestação de um ou de outro modo, ainda que o autor não tenha formulado pedido alternativo.

▶ *Referência: CPC/1973 – Art. 288*

1. Fenômeno global em que inserida a questão

Embora o CPC trate da *cumulação de pedidos* – ou, mais corretamente, cumulação de *demandas* – explicitamente apenas nos arts. 327 e ss., o fenômeno é objeto de disciplina já a partir do art. 325, como se passa a verificar.

Muitas vezes, um mesmo fato ou ato pode ter mais de uma consequência no mundo jurídico: por exemplo, aquele que sofreu o inadimplemento pode ter direito à rescisão do contrato e a uma indenização. Por conta dessas circunstâncias, o direito processual permite que o autor invoque a tutela jurisdicional para reclamar mais de uma providência ou, eventualmente, a mesma providência de mais de uma pessoa, ou, ainda, providências diversas de pessoas diversas. Em todas essas situações, está-se diante de *cumulação de demandas*.

Costuma-se distinguir entre cumulação *objetiva* e *subjetiva*, sendo a primeira correspondente à reunião de um ou mais pedidos pelo demandante em face do demandado, ainda que relativos a causas de pedir independentes; a segunda, por sua vez, corresponde à presença em juízo de dois ou mais sujeitos no polo ativo ou passivo, deduzindo a mesma demanda.

Também se fala na divisão entre cumulação *própria* (verdadeira soma de demandas, na qual o autor pretende ver todas elas acolhidas) e cumulação *imprópria* (formulação de mais de uma demanda, mas com a intenção de que apenas uma delas seja acolhida).

Por fim, a cumulação própria pode ser *simples* (mera adição de pedidos) ou *sucessiva* (o acolhimento de um pedido depende do pedido antecedente, já que entre eles existe *prejudicialidade*). Já a cumulação imprópria se subdivide em *subsidiária* – ou *eventual* – (existe uma ordem de preferência entre os pedidos formulados – *vide* CPC, art. 326, *caput*) e *alternativa* (objeto dos comentários a seguir).

Art. 325

2. Obrigações alternativas e pedidos alternativos

No mais das vezes, os pedidos alternativos a que faz referência o art. 325 do CPC dizem respeito a relações jurídicas de direito material que comportam *obrigações alternativas*. Nesses casos, não se está tratando de alternatividade de pedidos diante de uma *mesma* obrigação de direito material e sim de obrigações alternativas (ou seja, mais de uma possibilidade de prestação de direito material, a incidir alternativamente, conforme *escolha* do credor ou do devedor). A singularidade não estaria, nessas hipóteses, no *pedido*, mas sim na modalidade de obrigação de direito material, que é "*alternativa*".

Há situações, porém, em que, mesmo ausente uma obrigação alternativa no campo do direito material, o autor pode formular pedidos alternativos, quando lhe for *indiferente* obter um ou outro resultado jurídico. Essa hipótese está autorizada pelo parágrafo único do art. 326, subsequente. Na verdade, somente aqui se pode falar em verdadeira alternatividade no campo processual. Assim, o autor pode pedir que o réu seja condenado a entregar o bem que foi objeto de contrato de compra e venda ou a rescisão do contrato com devolução do preço recebido, não estando compelido a decidir por uma ou outra pretensão desde logo na inicial (Dinamarco, Cândido Rangel. *Instituições de direito processual civil*, vol. II, p. 175).

3. Escolha da prestação e reflexos no processo

Conforme o art. 252 do CC, no caso de obrigações alternativas, a escolha normalmente cabe ao devedor. Imaginando-se eventual inadimplemento deste e ajuizamento de demanda pelo credor, tem-se que este deverá se valer do disposto no art. 325, *caput*, do CPC, mediante a formulação de dois pedidos de prestação, à escolha do devedor.

O dispositivo não tem aplicação quando a escolha da prestação couber ao autor, na condição de credor, pois, neste caso, ele deve realizar sua escolha no momento em que invocar a tutela jurisdicional, formulando apenas um dos possíveis pedidos. Caso não o faça e prefira formular o pedido de maneira alternativa, entende-se que o credor renunciou a seu direito de escolha previsto no plano material e tal escolha passa a ser do devedor.

Como se disse, o pedido alternativo nada mais é senão uma cumulação de pretensões pelo autor. Essa cumulação, todavia, classifica-se como imprópria porque, como visto anteriormente, não se trata de adição de pedidos, e sim de *opção* entre um deles. Ainda que formulado mais de um pedido, apenas *um* deles poderá ser deferido, jamais todos eles concomitantemente. Daí se falar em cumulação imprópria.

Quando a escolha compete ao *devedor*, ainda que o autor não tenha formulado pedidos alternativos, deverá o juiz garantir em sentença a faculdade da escolha, conforme determina o parágrafo único do artigo ora examinado. Nesses casos, é ônus do réu, em contestação, trazer à baila o caráter alternativo da obrigação e demonstrá-lo no processo.

O valor a ser atribuído à causa, em caso de pedidos alternativos, será aquele correspondente ao maior deles (CPC, art. 292, VII). Os valores não podem ser somados, pois a cumulação é imprópria, de modo que o autor só pretende *um* dos dois resultados, não ambos conjuntamente.

Acolhendo-se integralmente qualquer um dos pedidos alternativos formulados pelo autor, a procedência da demanda será *total* (e não parcial). Por conta disso, não haverá interesse recursal por parte do autor para que o tribunal examine o pedido que deixou de ser acolhido em lugar daquele que o foi, pois ele não será considerado parte *vencida* (CPC, art. 996). Vencido terá sido o réu, nesse caso, e a ele serão carreadas as verbas sucumbenciais (CPC, arts. 82, § 2º, e 85).

Jurisprudência

"PROCESSUAL CIVIL. AUSÊNCIA DE VIOLAÇÃO DO ART. 535 DO CPC. CUMULAÇÃO SUCESSIVA DE PEDIDOS. PEDIDOS ALTERNATIVOS NÃO CONFIGURADOS. AUSÊNCIA DE VIOLAÇÃO DO ART. 288 DO CPC.

1. Não há violação do art. 535 do CPC quando a prestação jurisdicional é dada na medida da pretensão deduzida, com enfrentamento e resolução das questões abordadas no recurso.

2. O pedido alternativo é aquele que, pela natureza da obrigação, pode ser cumprido por mais de um modo. Já o pedido cumulativo sucessivo ocorre quando o autor faz mais de um pedido e pretende o acolhimento de todos, sendo

que o acolhimento do primeiro é pressuposto para análise dos demais.

2. Hipótese em que os pedidos formulados na exordial não são alternativos, pois não trazem opção de cumprimento ao Estado.

Trata-se de pedido cumulativo sucessivo, pois, primeiro requer o direito à compensação e posteriormente, caso esse pedido seja acolhido e, ainda assim, haja valores a receber, que estes sejam restituídos ou transferidos a terceiros.

3. Ausência de violação do art. 288 do CPC. Recurso especial improvido."

(STJ, REsp 1371124/SC, Rel. Ministro HUMBERTO MARTINS, SEGUNDA TURMA, julgado em 25/06/2013, *DJe* 01/08/2013)

"PEDIDO ALTERNATIVO. Exame em segundo grau.

Com o provimento da apelação dos réus, surgiu a necessidade de ser examinado o pedido alternativo da autora (art. 288 do CPC), ainda que esta não tenha oferecido embargos da sentença ou dela apelado, pois para isso não tinha interesse, que somente surgiu com o julgamento em segundo grau.

Recurso conhecido em parte e parcialmente provido."

(STJ, REsp 263.225/SP, Rel. Ministro RUY ROSADO DE AGUIAR, QUARTA TURMA, julgado em 24/10/2000, *DJ* 19/02/2001, p. 178)

"PREVIDENCIÁRIO. AGRAVO REGIMENTAL NO AGRAVO DE INSTRUMENTO. AUXÍLIO-ACIDENTE. JUROS DE MORA. INÍCIO. CITAÇÃO. VERBETE SUMULAR 204/STJ. TERMO INICIAL DO BENEFÍCIO. MODIFICAÇÃO. PEDIDO ALTERNATIVO. ACOLHIMENTO. AUSÊNCIA DE INTERESSE RECURSAL. PRECEDENTES DO STJ. HONORÁRIOS ADVOCATÍCIOS. SÚMULA 111/STJ. REVISÃO NA VIA ESPECIAL. IMPOSSIBILIDADE. ENUNCIADO SUMULAR 7/STJ. AGRAVO IMPROVIDO. 1. Nas dívidas de natureza previdenciária, os juros moratórios fluem a partir da citação válida, nos termos do art. 219, do CPC, e do verbete sumular 204 desta Corte. 2. O atendimento de um pedido alternativo retira o interesse recursal para o pleito de acolhimento de outro. Precedentes do STJ. 3. "Os honorários advocatícios, nas ações previdenciárias, não incidem sobre as prestações vencidas após a sentença" (súmula 111/STJ). 4. Ressalvadas as hipóteses de valores irrisórios ou exorbitantes, "Investigar os motivos que firmaram a convicção do magistrado na fixação dos honorários bem como promover a sua modificação, quer para majorá-los quer para reduzi-los, demanda o reexame do substrato fático dos autos, o que é defeso ao STJ em face do teor da Súmula 7/STJ" (AgRg no REsp 953.900/PR, Primeira Turma, Rel. Min. BENEDITO GONÇALVES, *DJe* 27/4/10). 5. Agravo regimental improvido."

(AgRg no Ag 1260839/SP, Rel. Ministro ARNALDO ESTEVES LIMA, QUINTA TURMA, julgado em 22/06/2010, *DJe* 02/08/2010)

"Apelação cível. Ação de obrigação de entrega de coisa incerta c/c perdas e danos. Compra e venda de imóvel rural. Autor que formulou pedido alternativo. Análise de apenas um deles na sentença. Impossibilidade. Negativa de prestação jurisdicional. Havendo pedido alternativo (cumulação alternativa – art. 288 do CPC), a sentença deve se manifestar sobre ambos. Violação ao princípio da congruência. Reconhecimento da nulidade da sentença. Recurso prejudicado."

(TJ-PR 8266335 PR 826633-5 (Acórdão), Relator: Fernando Wolff Bodziak, Data de Julgamento: 09/05/2012, 11ª Câmara Cível).

"APELAÇÃO CÍVEL. DIREITO ACIONÁRIO PRECEITO COMINATÓRIO PARA CONVERSÃO DO DIREITO DE USO DE TERMINAIS TELEFÔNICOS EM ENTREGA DE AÇÕES PREFERENCIAIS CLASSE A, OU, INDENIZAÇÃO POR DANOS MATERIAIS DECLARAÇÃO JUDICIAL DE NULIDADE DOS ATOS JURÍDICOS PRODUZIDOS, ENTRE ELES A CONSTITUIÇÃO DA EMPRESA SERCOMTEL S/A, POIS VISANDO FIM ILÍCITO DE APROPRIAR-SE IDEBITAMENTE DAS AÇÕES QUE PERTENCEM AOS PROMOVENTES. AGRAVO RETIDO COMPETÊNCIA JUSTIÇA FEDERAL LITISCONSÓRCIO ANATEL DESNECESSIDADE – JULGAMENTO ANTECIPADO DA LIDE CERCEAMENTO DE DEFESA – REJEITADO MATÉRIA EXCLUSIVAMENTE DE DIREITO DESNECESSIDADE DE DILAÇÃO PROBATÓRIA AUSÊNCIA DE PREJUÍZO. "O julgamento antecipado da lide (art. 330, I, CPC), não implica cerceamento de defesa, se desnecessária a instrução probatória" (STJ REsp 474475 SP – 1ª T. Rel. Min. Luiz Fux DJU 25.02.2004 – p. 00102). FALTA DE INTE-

RESSE DE AGIR – OPÇÃO NÃO OPORTUNIZADA. Nos termos do inciso III, do artigo 2º, da Lei Municipal nº 6.419/95, cabia à ora apelante oportunizar ao titular de direito de uso de linha telefônica a opção de conversão de seu direito, em direito acionário, o que não ocorreu. MÉRITO. DIREITO DE CONVERSÃO DO DIREITO AO USO DE LINHA TELEFÔNICA EM AÇÕES PREFERENCIAIS CLASSE A DA SOCIEDADE REQUERIDA ASSEGURADO PELAS LEIS MUNICIPAIS N.º 6.419/95 E 6.666/96, E ESTATUTO SOCIAL AUSÊNCIA DE CONFLITO ENTRE LEGISLAÇÃO MUNICIPAL E FEDERAL INEXISTÊNCIA DE REVOGAÇÃO DAS REFERIDAS LEIS PELA LEI MUNICIPAL N.º 7.347/98 VALOR A SER ARBITRADO EM LIQUIDAÇÃO DE SENTENÇA. No intuito de assegurar aos detentores do direito de uso de linha telefônica a perda de capital, quando da transformação da SERCOMTEL Autarquia em Sociedade de Economia Mista, foram editadas as Leis Municipais n.º 6.419/95 e 6.666/96, que previram a opção de conversão do direito ao uso em direito de conversão em ações preferenciais da empresa de economia mista. Esse direito foi confirmado no Estatuto Social. "O descumprimento da lei pela ré Sercomtel, através da não disponibilização de meios para que os titulares de linha telefônica pudessem optar pela conversão de seu direito de uso em direito acionário, implica em claro locupletamento ilícito" (TJPR Ap. Cível 478.916-4 10ª C. Cível Rel. Des. Marcos de Luca Fanchin *DJ* 11.07.2008). INVASÃO DE COMPETÊNCIA – INTERESSE LOCAL. Ao estabelecer a opção de conversão do direito de uso de terminal telefônico em direito acionário o Município de Londrina não legislou sobre telefonia, apenas garantiu a compensação daqueles pelos prejuízos decorrentes da modificação do sistema. OBRIGAÇÃO DE ENTREGA DE AÇÕES PREFERENCIAIS "CLASSE A" – AUMENTO DO CAPITAL SOCIAL – DESNECESSIDADE. Tendo em vista a existência de ações preferenciais, não há que se falar em aumento do capital social para sua entrega ao autor. `ERROR IN JUDICANDO' – DIANTE DA CONSTATAÇÃO DE INEXISTÊNCIA DE AÇÕES PREFERENCIAIS CLASSE A, – INOCORRÊNCIA. A assertiva de que as ações preferenciais classe A não mais existem e que não houve aumento do capital social que, hipoteticamente, pudesse gerar o alegado direito à conversão, não pode obstaculizá-lo, pois, para

os suplicantes pouco importa se receberão ações preferenciais classe `A' ou outras que vierem a ser emitidas em decorrência do aumento do capital social, aumento esse, em princípio, plenamente possível, já que o capital social da empresa é "autorizado", o que implica em dizer que pode haver seu aumento, independentemente de reforma estatutária, não se podendo olvidar que, na comprovada impossibilidade de a requerida cumprir sua obrigação, de converter o direito de uso em direito acionário, a obrigação converter-se-á em perdas e danos, ex vi do artigo 633, do Código de Processo Civil. HONORÁRIOS ADVOCATÍCIOS – REDUÇÃO IMPOSSIBILIDADE VALOR FIXADO NA SENTENÇA QUE ATENDE AO PREVISTO NO ART. 20, § 3º, CPC. SUCUMBÊNCIA RECÍPROCA AFASTADA SENTENÇA REFORMADA PEDIDOS ALTERNATIVOS PROCEDENTE UM DOS PEDIDOS – AUSÊNCIA DE RECURSO ART. 288 DO CPC. "...cúmulo alternativo de pedidos (art. 288). Cúmulo alternativo é a reunião de dois os mais pedidos em uma só iniciativa processual, com a intenção de que apenas um deles seja acolhido, ficando excluído o acolhimento do outro... A primeira consequência prática dessas colocações é que o autor não terá legítimo interesse em recorrer para levar ao tribunal a pretensão que o juiz inferior haja rejeitado (ele não será parte vencida para os fins do art. 499 do Código de Processo Civil). Outra é que os encargos de sucumbência recairão por inteiro sobre o réu, porque a demanda do autor restou totalmente satisfeita..." (CÂNDIDO RANGEL DINAMARCO, em "Instituições de Direito Processual Civil, vol. II, 6ª edição, Malheiros Editores) AGRAVO RETIDO DESPROVIDO RECURSO DE APELAÇÃO DESPROVIDO RECURSO ADESIVO PROVIDO."

(TJ-PR 7953006 PR 795300-6 (Acórdão), Relator: Arquelau Araujo Ribas, Data de Julgamento: 16/02/2012, 10ª Câmara Cível)

> **Art. 326.** É lícito formular mais de um pedido em ordem subsidiária, a fim de que o juiz conheça do posterior, quando não acolher o anterior.
>
> **Parágrafo único.** É lícito formular mais de um pedido, alternativamente, para que o juiz acolha um deles.

▶ *Referência: CPC/1973 – Art. 289*

1. Pedidos em ordem subsidiária

Está-se diante de mais uma hipótese de *cumulação imprópria de demandas*.

O novo Código corrigiu equívoco perpetrado pelo CPC/1973 que falava em ordem *sucessiva* de pedidos, quando, na realidade, o art. 289 queria se referir a ordem *subsidiária* na formulação de pedidos.

Ao autor é concedida a possibilidade de formular mais de um pedido, declinando sua ordem de preferência, em uma verdadeira escala de interesses, à qual fica vinculado o magistrado no momento de apreciar os pedidos: só passará ao exame do subsequente se tiver rejeitado o pedido anterior.

O autor pode, por exemplo, formular pedido de entrega da coisa e, em caso de impossibilidade material da tutela específica, então, subsidiariamente, a restituição de seu valor. O juiz jamais poderá acolher ambos os pedidos. Deve primeiro observar se é o caso de procedência do pedido de entrega da coisa e, se for, o pedido de restituição do valor ficará *prejudicado*.

O valor da causa será o do pedido *principal*, ou seja, aquele formulado de maneira preferencial (CPC, art. 292, VIII).

A diferença entre esta modalidade de cumulação e aquela relativa aos pedidos alternativos está em que, neste caso, existe uma ordem de preferência informada pelo autor, a ser observada pelo órgão jurisdicional, enquanto que, na formulação alternativa, não há ordem alguma, sendo indiferente para o autor o acolhimento de um ou de outro pedido.

2. Pedidos em ordem alternativa

Tudo o que se disse no item anterior refere-se à previsão do *caput* do art. 326 do CPC.

O respectivo parágrafo único, por sua vez, trata dos pedidos formulados em ordem alternativa, assunto que foi tratado nos comentários ao art. 325, aos quais se remete o leitor.

Vale notar que a hipótese autorizada pelo parágrafo único do art. 326 *não* diz respeito a obrigações alternativas no âmbito do direito material. Aqui se trata de verdadeira alternatividade no campo processual, mediante a qual o autor pode pedir uma providência ou outra, sem que, para tanto, esteja amparado por relação jurídica de direito material que lhe garanta essa escolha. É o caso do sujeito que escolhe entre a tutela específica ou reparação de danos, entre a exigência da entrega do bem ou devolução do preço e assim por diante.

3. Pedidos subsidiários e interesse recursal

Acolhendo-se o pedido formulado em primeiro lugar na ordem de preferência, entende-se que a procedência da demanda foi *total*.

Porém, ao contrário do que ocorre com os pedidos alternativos, se a sentença ou o acórdão rejeitar algum ou alguns dos pedidos formulados preferencialmente pelo autor, acolhendo um pedido subsidiário, a procedência da demanda será *parcial* e aflorará o interesse recursal por parte do autor para que o tribunal examine os pedidos que deixaram de ser acolhidos em lugar daquele que o foi. Para essa finalidade, o autor será sim considerado, em parte, *vencido* (CPC, art. 996). Também o réu será aqui parcialmente vencido e tem interesse em recorrer.

4. Incompatibilidade entre pedidos

No mais das vezes, nada impede que pedidos incompatíveis entre si sejam formulados em caráter subsidiário ou alternativo, já que apenas um deles será acolhido (ex.: revisão de cláusulas contratuais *ou* nulidade do contrato). Não se trata da melhor técnica ou de estratégia processual recomendável, até porque a própria causa de pedir ficará comprometida, muitas vezes, em sua narração, a fim de justificar um ou outro pedido, o que pode ocasionar a inépcia da petição inicial. Porém, não por conta da incompatibilidade entre os pedidos (já que, como dito, apenas um deles seria acolhido), mas por defeito na causa de pedir (CPC, art. 330, § 1º, I).

Assim, a depender das circunstâncias do caso concreto, o autor poderá formular, em caráter subsidiário, pedidos incompatíveis entre si, não obstante o disposto nos arts. 327, § 1º, e 330, § 1º, IV, do CPC, desde que observe os demais requisitos (competência do juízo e identidade de procedimento).

Jurisprudência

"RECURSO ORDINÁRIO EM MANDADO DE SEGURANÇA. INTERPRETAÇÃO EQUIVOCADA DO PEDIDO VEICULADO NA EXORDIAL. ERROR IN PROCEDENDO DECORRENTE DA INADEQUADA INTER-

PRETAÇÃO DOS PEDIDOS DO AUTOR. CUMULAÇÃO SUCESSIVA TRATADA COMO SE FOSSEM PEDIDOS ALTERNATIVOS. NULIDADE DO ACÓRDÃO RECORRIDO.

1. – O Tribunal de origem interpretou como pedidos alternativos a cumulação sucessiva formulada pelo impetrante na inicial e, assim, deliberou por "conceder a segurança, por maioria, em relação ao pedido alternativo".

2. – Inconformado com essa decisão, interpõe o impetrante o presente recurso, pelo qual intenta "seja concedida *in totum* a segurança requerida, e seja completado o r. acórdão com o fim precípuo de determinar a recondução do servidor recorrente ao quadro da Defensoria Pública do Estado de Minas Gerais".

3. – O pedido alternativo tem seu conceito fixado no art. 288, *caput*, do CPC. Não é a hipótese dos autos, dado que o impetrante não se contenta com apenas uma das prestações requeridas, tanto assim que agora recorre, buscando os pedidos remanescentes que lhe foram negados. Ademais, fosse o caso de pedidos alternativos, a concessão de um só – como foi o entendimento da Corte estadual, expresso no acórdão ora recorrido – subtrairia ao recorrente o interesse recursal, inviabilizando a admissibilidade do presente recurso.

4. – Tratando a espécie de cumulação sucessiva de pedidos, fundada no art. 292 do CPC, o indeferimento do principal – pressuposto lógico e essencial para o exame dos demais – impede a apreciação dos outros pleitos sucessivamente apresentados. Portanto, não poderia o Tribunal de Justiça rejeitar o pedido principal e deferir, a seu talante, um dos outros quatro sucessivos, como se alternativo fosse.

Há, no caso, claro *error in procedendo*, decorrente da equivocada interpretação dos pedidos, o que acarreta a nulidade do acórdão recorrido e impede a apreciação, nesta instância, do mérito da causa. Precedentes.

5. – Recurso ordinário conhecido e provido para cassar o acórdão recorrido e determinar a devolução do feito à Corte de origem para novo e adequado exame dos pedidos veiculados na peça inaugural."

(STJ, RMS 38.632/MG, Rel. Ministro SÉRGIO KUKINA, PRIMEIRA TURMA, julgado em 22/09/2015, *DJe* 01/10/2015)

"PROCESSUAL CIVIL. VIOLAÇÃO DO ART. 289 DO CPC. NÃO OCORRÊNCIA. PEDIDOS SUCESSIVOS. EVENTUALIDADE. IMPROCEDÊNCIA DO PEDIDO PRINCIPAL E ACOLHIMENTO DO PEDIDO SUCESSIVO. SUCUMBÊNCIA RECÍPROCA. PRECEDENTES.

1. O pedido alternativo é aquele que, pela natureza da obrigação, pode ser cumprido por mais de um modo, o que, inclusive, consta expressamente do art. 288 do CPC. O art. 289, por sua vez, traz a possibilidade de formulação de pedidos sucessivos para que o juiz conheça do posterior caso não possa acolher o anterior.

2. Verifica-se que, *in casu*, os pedidos formulados na exordial não são alternativos, pois não trazem opção de cumprimento ao Estado, antes, são sucessivos, haja vista a eventualidade que os justifica, pois a rejeição do pedido principal possibilitou a acolhida do pedido sucessivo, para houvesse condenação ao pagamento das parcelas vencidas dos últimos cinco anos até a entrada em vigor da referida Lei Estadual.

3. Sucumbência recíproca na improcedência de pedido principal com acolhimento de pedido sucessivo (CPC, Art. 289). Precedentes: REsp 844.428/SP, Rel. Ministro Luiz Fux, Primeira Turma, *DJe* 05/05/2008, REsp 618.637/SP, Rel. Ministro Humberto Gomes de Barros, Terceira Turma, *DJ* 27/08/2007).

4. Recurso especial provido."

(STJ, REsp 1293954/MG, Rel. Ministro MAURO CAMPBELL MARQUES, SEGUNDA TURMA, julgado em 01/03/2012, *DJe* 09/03/2012)

"PROCESSUAL CIVIL. EMBARGOS DE DECLARAÇÃO. PEDIDOS SUCESSIVOS NA CORTE DE ORIGEM – PEDIDO DE EXTINÇÃO DO WRIT SEM JULGAMENTO DE MÉRITO OU A CONTINUIDADE DO PROCESSO. DECISÃO DO TRIBUNAL A QUO PELA DESISTÊNCIA DO RECURSO E EXTINÇÃO DO FEITO COM JULGAMENTO DO MÉRITO. JULGAMENTO EXTRA PETITA CONFIGURADO.

1. Trata-se de demanda na qual, após a denegação da ordem, a empresa solicitou ao Tribunal Regional Federal da 2ª Região a extinção do pleito sem julgamento do mérito ou a continuidade do processo. O Tribunal de origem, com base na impossibilidade do pedido de extinção, homologou a desistência do recurso, visto que a renúncia ao direito sobre o qual se funda a ação só tem pertinência antes da resolução do mérito.

2. No Recurso Especial e em memoriais apresentados no dia 17.5.2011 e no dia 1.6.2011, a embargante sustenta que o Tribunal a quo, mediante interpretação ampliativa, decidiu pela extinção do feito com julgamento do mérito em hipótese na qual ela expressamente requereu a extinção do feito sem julgamento do mérito ou seu regular prosseguimento (fl. 790, e-STJ), não havendo requerido, conforme interpretação extra petita daquela Corte, a desistência do recurso.

3. O Tribunal local, ao rejeitar o pedido principal, deveria ter apreciado o pedido sucessivo de continuidade do feito, sob pena de negativa de prestação jurisdicional, por aplicação analógica dos arts. 2º, 128 e 289 do CPC. *In casu*, o Tribunal de origem, instado a se manifestar nos aclaratórios de folhas 825-830, e-STJ, permaneceu silente sobre a) a existência do pedido de continuidade do feito (fl. 790, e-STJ) e b) a alegação de julgamento extra petita.

4. Embargos de Declaração acolhidos para dar provimento ao Recurso Especial da empresa El Paso Óleo e Gás a fim de anular o v. aresto proferido pelo Tribunal a quo nos Embargos de Declaração, e determinar o retorno dos autos àquela Corte, para que profira novo julgamento."

(STJ, EDcl no AgRg no AgRg no REsp 1197471/RJ, Rel. Ministro HERMAN BENJAMIN, SEGUNDA TURMA, julgado em 02/06/2011, *DJe* 09/06/2011)

"PROCESSUAL CIVIL. LITISCONSÓRCIO EVENTUAL. AÇÕES CUMULADAS. AÇÃO ANULATÓRIA DE DÉBITO FISCAL CONTRA O MUNICÍPIO DE JUNDIAÍ. PEDIDO SUCESSIVO DE REPETIÇÃO DE INDÉBITO EM DESFAVOR DO MUNICÍPIO DE SÃO PAULO. ARTS. 46 E 289 DO CPC. VIABILIDADE.

1. A Corte de origem considerou descabida a propositura de ação anulatória de débito tributário em desfavor do Município de Jundiaí, com pedido sucessivo de repetição de indébito contra o Município de São Paulo, justificando seu posicionamento na falta de afinidade entre as demandas, incompatibilidade entre os pedidos e impossibilidade de incluir-se no polo passivo do feito litisconsortes com interesses conflitantes.

2. Segundo a lição de Cândido Rangel Dinamarco, "tem-se o cúmulo eventual, quando uma ação é proposta para o evento de que outra seja rejeitada. O autor formula duas demandas, tendo preferência pela primeira mas pedindo

ao juiz que conheça e acolha a segunda (que por isso mesmo se considera subsidiário) no caso de não poder a primeira ser atendida" (in Litisconsórcio. São Paulo: Editora Malheiros, 2002, pp. 391-392)

3. Ambas as demandas ostentam causa de pedir comum, qual seja, a prestação de determinados serviços de engenharia que desencadearam a obrigação de recolhimento do ISS, de maneira que fica configurada a conexão a autorizar o litisconsórcio, nos termos do art. 46, III, do CPC.

4. Forte na interpretação do art. 289 do CPC ("É lícito formular mais de um pedido em ordem sucessiva, a fim de que o juiz conheça do posterior, em não podendo acolher o anterior") conjugada com as características do litisconsórcio eventual, não se vislumbra incompatibilidade dos pedidos de anulação de cobrança e repetição de indébito em virtude do caráter sucessivo que lhes foi conferido pela petição inicial. Em outras palavras, o escalonamento contorna uma pretensa falta de harmonia entre os pleitos.

5. O conflito de interesses entre os Municípios de Jundiaí e São Paulo não representa empecilho à inclusão de ambos os entes na demanda na qualidade de litisconsortes passivos, sendo igualmente certo, sublinhe-se, que esta situação de antagonismo é intrínseca ao litisconsórcio eventual.

6. Desde que atendidos os requisitos genéricos previstos no art. 46 do CPC e não haja incompatibilidade absoluta de competência e procedimento, é viável o ajuizamento conjunto de ações conexas pela causa de pedir com pedidos sucessivos contra réus diversos, hipótese cognominada litisconsórcio eventual.

7. Há que se reintegrar ao polo passivo da demanda o ente municipal indevidamente excluído, sendo impositivo o retorno dos autos à instância ordinária para que se dê continuidade ao feito com a apreciação integral dos pedidos deduzidos pela ora recorrente.

8. Recurso especial provido." (STJ, REsp 727.233/SP, Rel. Ministro CASTRO MEIRA, SEGUNDA TURMA, julgado em 19/03/2009, *DJe* 23/04/2009)

"CONTRATO BANCÁRIO – Ação ordinária declaratória de extinção de contrato pelo pagamento – Prova inequívoca de que a quantia de R$ 5.000,00 paga pelas autoras foi destinada ao pagamento de parcela de acordo para quitação de outro contrato, não objeto da lide – Improcedência – Alegação de ausência de exame de pedido subsidiário formulado na petição inicial – Pretensão de prestação de contas – Inviabilidade do exame, ante a inadequação da via eleita e a impossibilidade de cumulação de pedidos incompatíveis entre si – Ausência, ademais, de hipótese de pedido alternativo ou sucessivo (arts. 288 e 289 do CPC) – Decisão mantida – Recurso improvido."

(TJ-SP – APL: 00054384120128260566 SP 0005438-41.2012.8.26.0566, Relator: Correia Lima, Data de Julgamento: 27/07/2015, 20ª Câmara de Direito Privado, Data de Publicação: 30/07/2015)

"INDEFERIMENTO DA PETIÇÃO INICIAL – Inexistência de cumulação de pedidos incompatíveis entre si – Possibilidade de propositura da ação revisional com pedido consignatório – Recurso provido para afastar a extinção do processo sem resolução do mérito."

(TJ-SP – APL: 388820620108260576 SP 0038882-06.2010.8.26.0576, Relator: Silveira Paulilo, Data de Julgamento: 02/03/2011, 21ª Câmara de Direito Privado, Data de Publicação: 03/03/2011)

> **Art. 327.** É lícita a cumulação, em um único processo, contra o mesmo réu, de vários pedidos, ainda que entre eles não haja conexão.
>
> **§ 1º** São requisitos de admissibilidade da cumulação que:
>
> **I** – os pedidos sejam compatíveis entre si;
>
> **II** – seja competente para conhecer deles o mesmo juízo;
>
> **III** – seja adequado para todos os pedidos o tipo de procedimento.
>
> **§ 2º** Quando, para cada pedido, corresponder tipo diverso de procedimento, será admitida a cumulação se o autor empregar o procedimento comum, sem prejuízo do emprego das técnicas processuais diferenciadas previstas nos procedimentos especiais a que se sujeitam um ou mais pedidos cumulados, que não forem incompatíveis com as disposições sobre o procedimento comum.
>
> **§ 3º** O inciso I do § 1º não se aplica às cumulações de pedidos de que trata o art. 326.

▶ *Referência: CPC/1973 – Art. 292*

1. Cumulação de pedidos ou cumulação de demandas

Apesar da redação do *caput* do art. 327 do CPC, o fenômeno da cumulação de demandas vem sendo disciplinado no Código desde o art. 325, como se mencionou acima, nos comentários relativos ao referido dispositivo.

Como ali explicitado, é frequente que um mesmo fato ou ato da vida tenha mais de uma consequência jurídica: o inadimplemento do contrato pode gerar tanto o direito à rescisão, quanto o direito à reparação dos danos eventualmente causados.

Para essas situações, existe a chamada cumulação objetiva de demandas, por meio da qual o autor pode formular um ou mais pedidos em face do demandado, ainda que relativos a causas de pedir independentes. É disso que trata o art. 327 do CPC.

2. Ausência de conexão entre pedidos cumulados

Conexão é, para o direito processual, identidade entre pedidos (mediatos) ou causas de pedir (*vide* comentários ao art. 55 do CPC).

Tendo em vista que a finalidade da cumulação de demandas é, sobretudo, a economia processual (além, é claro, da harmonia de julgamentos), permite-se que sejam formulados pedidos ainda que entre eles não exista qualquer conexão.

Isso quer dizer que não há necessidade de que exista qualquer ligação de fato ou de direito entre os pedidos a serem cumulados. Cada pedido cumulado – *rectius*, cada *demanda* cumulada – poderia gerar um processo independente, mas, por economia, a lei autoriza que se reúnam as demandas em uma só relação jurídica processual.

Exemplo dessa situação é aquele em que o autor ajuíza demanda para cobrar valores do réu decorrentes de dois contratos distintos: um contrato de compra e venda e outro contrato de mútuo.

Tendo em vista a autonomia entre os pedidos formulados dessa maneira, a sentença poderá acolher todos eles, rejeitar todos ou acolher um ou mais de um e desacolher os demais.

3. Requisito para a cumulação: compatibilidade de pedidos

O § 1º e incisos do art. 327 preveem três requisitos para que seja possível a cumulação: *com-*

patibilidade entre os pedidos, mesma *competência de juízo* e *compatibilidade de procedimentos*.

A formulação de *pedidos incompatíveis* entre si na mesma demanda é causa de inépcia da petição inicial (CPC, art. 330 § 1º, IV). Todavia, como visto nos comentários ao artigo antecedente, isso se aplica apenas aos casos de cumulação *própria*, ou seja, aquela em que o autor visa à obtenção de todos os pedidos adicionados. Nos casos de cumulação *imprópria*, ou seja, naquelas situações em que os pedidos são *alternativos* ou *subsidiários*, nada impede que sejam eles cumulados, pois a pretensão poderá ser acolhida apenas em relação a *um* deles e não a todos (*vide* item 4 dos comentários ao art. 326). Essa regra não se aplica, pois, às situações dos arts. 325 e 326 do CPC.

Significa dizer que o autor pode pedir, por exemplo, a restituição do bem comprado *ou* o pagamento do preço, mas não pode formular ambas as pretensões em cumulação objetiva própria.

Quando isso ocorre, no entanto, a jurisprudência tem sido flexível e, em vez de impor desde logo a extinção do processo sem resolução do mérito por inépcia da inicial, faculta antes ao autor que escolha, dentro de determinado prazo, com qual dos pedidos pretende prosseguir.

4. Requisito para cumulação: mesma competência de juízo

Já que todos os pedidos cumulados serão, necessariamente, apreciados pelo magistrado, o juízo ao qual são dirigidos deve ser competente para todos.

Se houver competências de juízos diferentes para cada um deles, é o caso de se verificar se se trata de competência *absoluta* ou *relativa*. No primeiro caso, a cumulação é vedada, mas, no segundo, costuma ser admitida, mediante prorrogação da competência, quando o demandado não se opõe regular e tempestivamente. Isso significa que o requisito da competência para efeito de cumulação de pedidos não pode ser apreciado de ofício pelo juiz antes da citação, pois, se o réu não se opuser, a competência relativa pode prorrogar-se (Dinamarco, Cândido Rangel. *Instituições de direito processual civil*, vol. II, p. 171).

Ainda, mesmo que o réu deduza preliminar de incompetência relativa para um dos pedidos, pode ocorrer o fenômeno da prorrogação de competência se houver relação de *conexidade*

entre as demandas cumuladas, já que, mesmo que se tratasse de processos distintos, sua reunião poderia vir a ser determinada (CPC, art. 55, § 1º).

5. Requisito para cumulação: compatibilidade procedimental

Se os diversos pedidos tiverem de seguir procedimentos distintos, a cumulação estará vedada, a não ser que se possa adaptar todos eles ao procedimento comum (CPC, art. 327, § 2º).

Nesse ponto, inovou o legislador em relação à regra do CPC/1973, permitindo que, embora se adote o procedimento comum, seja possível o emprego de técnicas processuais diferenciadas, próprias dos procedimentos especiais, caso isso se mostre efetivo em relação a um ou mais pedidos cumulados, desde que não incompatíveis com o procedimento comum. Se houver, por exemplo, a cumulação de um pedido possessório com outro relacionado à indenização, nada impede que se utilize uma técnica própria da ação possessória no procedimento comum.

Todavia, quando se tratar de procedimentos especiais não redutíveis ou adaptáveis ao procedimento comum, a cumulação não será possível. Com efeito, há casos em que os procedimentos especiais são desenhados com o fim precípuo de atender a determinadas exigências de interesse público, normalmente relacionadas a direitos indisponíveis.

Tais procedimentos são obrigatórios e inderrogáveis pela vontade das partes, não sendo possível, então, aplicar-se a eles a regra da conversibilidade. É o caso, por exemplo, da interdição, inventário e partilha, desapropriação, ações de controle concentrado de constitucionalidade das leis, ação de improbidade administrativa, entre outros (Didier Jr., Fredie. *Curso de Direito Processual Civil*, vol. 1, p. 576).

Jurisprudência

Súmula 170 do STJ: Compete ao juízo onde primeiro for intentada a ação envolvendo acumulação de pedidos, trabalhista e estatutário, decidi-la nos limites da sua jurisdição, sem prejuízo do ajuizamento de nova causa, com o pedido remanescente, no juízo próprio.

"PROCESSUAL CIVIL. TRIBUTÁRIO. RECURSO ESPECIAL REPRESENTATIVO DE CONTROVÉRSIA. ART. 543-C, DO CPC. CUMULAÇÃO SUPERVENIENTE. REUNIÃO

DE VÁRIAS EXECUÇÕES FISCAIS CONTRA O MESMO DEVEDOR. ART. 28 DA LEI 6.830/80. FACULDADE DO JUIZ.

1. A reunião de processos contra o mesmo devedor, por conveniência da unidade da garantia da execução, nos termos do art. 28 da Lei 6.830/80, é uma faculdade outorgada ao juiz, e não um dever.

(Precedentes: REsp 1125387/SP, Rel. Ministro LUIZ FUX, PRIMEIRA TURMA, julgado em 08/09/2009, *DJe* 08/10/2009; AgRg no REsp 609.066/PR, Rel. Ministra DENISE ARRUDA, PRIMEIRA TURMA, julgado em 21/09/2006, *DJ* 19/10/2006; EDcl no AgRg no REsp 859.661/RS, Rel. Ministro HUMBERTO MARTINS, SEGUNDA TURMA, julgado em 02/10/2007, *DJ* 16/10/2007; REsp 399657/SP, Rel. Ministro JOÃO OTÁVIO DE NORONHA, SEGUNDA TURMA, julgado em 16/02/2006, *DJ* 22/03/2006; AgRg no Ag 288.003/SP, Rel. Ministra ELIANA CALMON, SEGUNDA TURMA, julgado em 18/05/2000, *DJ* 01/08/2000 ; REsp 62.762/RS, Rel. Ministro ADHEMAR MACIEL, SEGUNDA TURMA, julgado em 21/11/1996, *DJ* 16/12/1996).

2. O artigo 28, da lei 6.830/80, dispõe: "Art. 28 – O Juiz, a requerimento das partes, poderá, por conveniência da unidade da garantia da execução, ordenar a reunião de processos contra o mesmo devedor."

3. A cumulação de demandas executivas é medida de economia processual, objetivando a prática de atos únicos que aproveitem a mais de um processo executivo, desde que preenchidos os requisitos previstos no art. 573 do CPC c/c art. 28, da Lei 6.830/80, quais sejam: (i) identidade das partes nos feitos a serem reunidos; (ii) requerimento de pelo menos uma das partes (Precedente: REsp 217948/SP, Rel. Min. Franciulli Netto, *DJ* 02/05/2000) ; (iii) estarem os feitos em fases processuais análogas; (iv) competência do juízo.

4. Outrossim, a Lei de Execução Fiscal impõe como condição à reunião de processos a conveniência da unidade da garantia, vale dizer, que haja penhoras sobre o mesmo bem efetuadas em execuções contra o mesmo devedor, vedando, dessa forma, a cumulação sucessiva de procedimentos executórios, de modo que é defeso à Fazenda Pública requerer a distribuição de uma nova execução, embora contra o mesmo devedor, ao juízo da primeira.

5. Não obstante a possibilidade de reunião de processos, há que se distinguir duas situações, porquanto geradoras de efeitos diversos: (i) a cumulação inicial de pedidos (títulos executivos) em uma única execução fiscal, por aplicação subsidiária das regras dos arts. 292 e 576 do CPC, em que a petição inicial do executivo fiscal deve ser acompanhada das diversas certidões de dívida ativa; (ii) a cumulação superveniente, advinda da cumulação de várias ações executivas (reunião de processos), que vinham, até então, tramitando isoladamente, consoante previsão do art. 28, da Lei 6.830/80.

6. A cumulação de pedidos em executivo fiscal único revela-se um direito subjetivo do exequente, desde que atendidos os pressupostos legais. (Precedentes: REsp 1110488/SP, Rel. Ministro BENEDITO GONÇALVES, PRIMEIRA TURMA, julgado em 25/08/2009, *DJe* 09/09/2009; REsp 988397/SP, Rel. Ministra ELIANA CALMON, SEGUNDA TURMA, julgado em 05/08/2008, *DJe* 01/09/2008; REsp 871.617/SP, Rel. Ministro LUIZ FUX, PRIMEIRA TURMA, julgado em 25/03/2008, *DJe* 14/04/2008).

7. Ao revés, a reunião de diversos processos executivos, pela dicção do art. 28, da LEF, ressoa como uma faculdade do órgão jurisdicional, não se tratando de regra cogente, máxime em face do necessário juízo de conveniência ou não da medida, o que é aferível casuisticamente.

8. O Sistema Processual Brasileiro, por seu turno, assimila esse poder judicial de avaliação da cumulação de ações, como se observa no litisconsórcio recusável ope legis (art. 46, parágrafo único do CPC) e na cumulação de pedidos (art. 292 e parágrafos do CPC).

9. *In casu*, restou assentada, no voto condutor do acórdão recorrido, a inobservância aos requisitos autorizadores da cumulação de demandas executivas, *verbis*: "O julgador de piso fundamentou sua decisão no fato de que o número excessivo de executivos fiscais, em fases distintas, importará em tumulto no processamento dos mesmos, *verbis*: "Tendo em vista o número excessivo de executivos fiscais com fases distintas, conforme informação de fl. 37/44, indefiro o pedido de reunião dos feitos pela dificuldade que causaria ao processamento dos mesmos." Não há qualquer demonstração, por parte da exequente, de que todas as ações se encontram na mesma fase procedimental, de modo que, em juízo de

cognição sumária, se afigura correta a decisão do magistrado."

10. Recurso Especial desprovido. Acórdão submetido ao regime do art. 543-C do CPC e da Resolução STJ 08/2008." (STJ, REsp 1158766/RJ, Rel. Ministro LUIZ FUX, PRIMEIRA SEÇÃO, julgado em 08/09/2010, *DJe* 22/09/2010)

"RECURSO ESPECIAL. PROPRIEDADE INDUSTRIAL. AÇÃO DE OBRIGAÇÃO DE NÃO FAZER CUMULADA COM REPARAÇÃO DE DANOS. 1. PEDIDO CONTRAPOSTO DECLARATÓRIO DA NULIDADE DAS PATENTES. COMPETÊNCIA. HARMONIZAÇÃO DA REGRA ESPECIAL E COMPETÊNCIA ABSOLUTA. IMPOSSIBILIDADE DE CONHECIMENTO DO PEDIDO POR JUÍZO DE DIREITO ESTADUAL. 2. ALEGAÇÃO DE PREJUDICIALIDADE EXTERNA. CONFIGURAÇÃO. APLICAÇÃO DO ART. 265, IV, DO CPC/1973. SUSPENSÃO DO PROCESSO. NECESSIDADE. 3. RECURSO ESPECIAL PARCIALMENTE PROVIDO.

1. Debate-se a possibilidade jurídica de formulação, como matéria de defesa, de pedido contraposto de nulidade de patente no Juízo estadual, bem como a necessidade de suspensão do processo em razão de prejudicialidade externa.

2. A previsão legal para formulação de pedido incidental de nulidade de patente como matéria de defesa, a qualquer tempo (art. 56, § 1º, da Lei n. 9.279/1996), deve ser interpretada de forma harmônica com as regras de competência absoluta para conhecimento da matéria.

3. O mesmo diploma legal estatui a obrigatoriedade de atuação do INPI (autarquia federal) em demandas que versem sobre a nulidade de patentes (art. 57 da Lei n. 9.279/1996), de modo que o interesse federal legalmente estabelecido enseja a competência absoluta do Juízo federal.

4. A observância das regras de competência absoluta é pressuposto intransponível para a cumulação de pedidos, razão pela qual o pedido incidental declaratório de nulidade de patente não pode ser julgado pelo Juízo de direito estadual.

5. Configura prejudicialidade externa a pendência, em um processo extrínseco ao presente caso, de ação judicial na qual se debate a nulidade das patentes em que se funda o objeto principal da desta ação, ainda que a recorrente não faça parte das demandas.

6. A prejudicialidade externa induz à necessidade de sobrestamento desta ação, a fim de resguardar a efetividade da prestação jurisdicional e a racionalidade lógica das decisões judiciais.

7. Recurso especial parcialmente provido."

(REsp 1558149/SP, Rel. Ministro MARCO AURÉLIO BELLIZZE, TERCEIRA TURMA, julgado em 26/11/2019, *DJe* 03/12/2019)

"AGRAVO REGIMENTAL NO AGRAVO EM RECURSO ESPECIAL. REINTEGRAÇÃO DE POSSE. CUMULAÇÃO COM PEDIDO DE PERDAS E DANOS. POSSIBILIDADE. OFENSA AO ART. 292 DO CPC. AUSÊNCIA DE PREQUESTIONAMENTO. NECESSIDADE DE ADOÇÃO DO RITO ORDINÁRIO. AUSÊNCIA DE INTERESSE RECURSAL. RECURSO NÃO PROVIDO.

1. É lícito ao autor cumular com pedido possessório o de condenação em perdas e danos (art. 921, I, do CPC).

2. É inviável o recurso especial quando ausente o prequestionamento, sequer implícito, da matéria infraconstitucional suscitada.

3. Tendo sido efetivamente adotado o rito ordinário, é irrelevante a discussão acerca da possibilidade de cumulação dos pedidos de reintegração de posse e indenizatórios em ritos distintos.

4. Agravo regimental a que se nega provimento."

(STJ, AgRg no AREsp 538.020/RJ, Rel. Ministro RAUL ARAÚJO, QUARTA TURMA, julgado em 14/04/2015, *DJe* 07/05/2015)

"RECURSO ESPECIAL. PROCESSUAL CIVIL. AÇÃO CAUTELAR. SUSTAÇÃO DE DELIBERAÇÃO SOCIAL. PROTESTO JUDICIAL. EXIBIÇÃO DE DOCUMENTOS. PRODUÇÃO ANTECIPADA DE PROVA PERICIAL. CUMULAÇÃO DE PEDIDOS AFETOS AO PROCESSO CAUTELAR E DE CONHECIMENTO. IMPOSSIBILIDADE. ART. 292, III, DO CPC. PROCEDIMENTOS ESPECÍFICOS.

1. Ação cautelar – com pedidos cumulados de sustação de deliberação social, protesto judicial, exibição de documentos e produção antecipada de prova – que traduz a irresignação de pessoas física e jurídica que se apresentam como acionistas e cessionários de direitos relativos a ações da TELESC, com os efeitos decorrentes da deliberação da assembleia geral da empresa, realizada em 30 de janeiro de 1998, da qual teria

resultado sua cisão parcial, com a conversão de parte de seu patrimônio de telefonia celular para a TELESC CELULAR S.A.

2. Recurso especial objetivando o restabelecimento da sentença de primeiro grau que julgou extinto o feito, sem resolução de mérito, diante da impossibilidade de se veicular, cumulativamente, em ação cautelar, pedidos de (i) sustação de deliberação social, (ii) protesto judicial, (iii) exibição de documentos e (iv) produção antecipada de prova (pericial).

3. A cumulação de pedidos em uma mesma ação é, em regra, admitida no processo civil brasileiro. Exige-se, todavia, por expressa disposição legal (art. 292 do CPC), que os pedidos eventualmente cumulados sejam (i) compatíveis entre si, (ii) dirigidos ao mesmo juízo competente e (iii) sujeitos ao mesmo e adequado tipo de procedimento.

4. Consoante a orientação jurisprudencial desta Corte, é inadmissível a cumulação de pedidos inerentes ao processo cautelar e de conhecimento dada a impossibilidade de adoção de procedimento único para o processamento de ações de naturezas distintas.

5. No caso, os autores da demanda apresentaram, cumulativamente, três pedidos cautelares (sujeitos, cada um, a procedimentos específicos e completamente distintos) e um pedido inerente ao processo de conhecimento (sustação de efeitos decorrentes de deliberação da assembleia geral da TELESC, em 1998), o que evidencia a impossibilidade de regular processamento do feito, tanto pela orientação que se firmou no âmbito da jurisprudência desta Corte Superior quanto pelo que estabelece o art. 292, inciso III, do CPC.

6. Recurso especial provido para restabelecer a sentença de primeiro grau."

(STJ, REsp 971.774/SC, Rel. Ministro RICARDO VILLAS BÔAS CUEVA, TERCEIRA TURMA, julgado em 09/12/2014, *DJe* 19/12/2014)

"RECURSO ESPECIAL. PROCESSO CIVIL E CIVIL. CUMULAÇÃO DE PEDIDOS. RITO ORDINÁRIO. ART. 292 CPC. VENDA DE IMÓVEIS SIMULADA. INFORMAÇÃO FALSA. DESEMBARAÇO DOS BENS. MÁ-FÉ CONFIGURADA. HIPOTECA EM PROL DA RECORRENTE. EMPRÉSTIMO IRREGULAR A TERCEIROS. PERDAS E DANOS. RESSARCIMENTO INTEGRAL. VÍCIO EXTRA PETITA. INOVAÇÃO DA TESE RECURSAL.

PRECLUSÃO. OBSERVÂNCIA DO PRINCÍPIO DA CONGRUÊNCIA. DECADÊNCIA E PRESCRIÇÃO. FENÔMENOS DISTINTOS. REEXAME DE CLÁUSULAS CONTRATUAIS E DE MATÉRIA FÁTICO-PROBATÓRIA. INVIABILIDADE. CONDUTA DANOSA. SÚMULAS NoS 5 E 7/STJ. INCIDÊNCIA DAS SÚMULAS NoS 283 E 284/STF.

1. É juridicamente viável, de acordo com os requisitos do art. 292, § 1º, do CPC, a cumulação em um único processo sob o rito do procedimento comum ordinário de pedidos indenizatório (natureza condenatória) e anulatório (natureza constitutiva negativa), mormente quando facultado à parte pleitear a reparação pela frustração do negócio por ação própria e autônoma.

2. O pedido cumulado de condenação em perdas e danos não guarda conexão com o pleito anulatório das escrituras das unidades condominiais objeto da simulação e independe do seu resultado.

3. Inovação recursal quanto à alegação de julgamento extra petita no que tange à extensão do pedido de perdas e danos.

4. No caso, tanto a sentença como o acórdão guardam inteira correlação com o pleito autoral de ressarcimento integral dos prejuízos sofridos, à luz do princípio da congruência (arts. 128 e 460 do CPC), a partir da interpretação sistemática do pedido, examinado dentro dos limites da lide.

5. O reconhecimento da decadência do direito de anulação das escrituras particulares de compra e venda de imóveis não interfere no direito pessoal de indenização por perdas e danos decorrente da conduta culposa da recorrente, porquanto relações de natureza distintas.

6. Rever o entendimento firmado na Corte de origem atestando a responsabilidade solidária da recorrente na reparação dos danos em virtude da leviandade e má-fé da informação prestada a Cartório de Notas concernente ao desembaraço das unidades condominiais adquiridas pela autora, quando figurava como beneficiária de hipotecas incidentes sobre os mesmos bens, que foram objeto da revenda simulada, implica reexame de fatos e provas, obstado pelo teor das Súmulas nos 5 e 7/STJ.

7. A não impugnação dos fundamentos autônomos referentes à falta de precisão das informações acerca da regularidade dos imó-

veis e a dispensa dos "falsos compradores" do cumprimento de requisitos indispensáveis à obtenção do financiamento autorizado pela recorrente desafia a incidência das Súmulas nos 283 e 284/STF.

8. Recurso Especial não provido."

(STJ, REsp 647.456/SP, Rel. Ministro RICARDO VILLAS BÔAS CUEVA, TERCEIRA TURMA, julgado em 16/04/2013, *DJe* 25/04/2013)

"AGRAVO REGIMENTAL. AÇÃO DE INDENIZAÇÃO POR DANOS MATERIAIS E MORAIS. CURSO DE MESTRADO. AUSÊNCIA DE RECONHECIMENTO INICIAL POR PARTE DO MEC. RECONHECIMENTO DO CURSO PELO CNE APÓS A PROLAÇÃO DA SENTENÇA. AFASTAMENTO DOS DANOS MATERIAIS. MANUTENÇÃO DOS DANOS MORAIS. PEDIDOS INDEPENDENTES.

1.– No caso em análise, a entrega do diploma do mestrado efetivamente reconhecido pelo CNE não afasta automaticamente a indenização por danos morais, simplesmente porque este pedido é independente e não "sucessivo" em relação ao de danos materiais.

2.– A hipótese é de cumulação simples de pedidos, prevista no art. 292 do CPC, haja vista que a apreciação de um (dano material) é totalmente independente em relação à apreciação do outro (dano moral), o que permitiria, inclusive, que tais pretensões fossem objeto de ações distintas.

3.– Agravo Regimental improvido."

(STJ, AgRg no AREsp 242.895/SP, Rel. Ministro SIDNEI BENETI, TERCEIRA TURMA, julgado em 21/03/2013, *DJe* 02/04/2013)

> **Art. 328.** Na obrigação indivisível com pluralidade de credores, aquele que não participou do processo receberá sua parte, deduzidas as despesas na proporção de seu crédito.

▸ *Referência: CPC/1973 – Art. 291*

1. Substituição processual

Embora esteja em meio aos dispositivos relativos à cumulação de demandas, o art. 328 traz regra muito mais afeita ao tema da *substituição processual* (ou *legitimação extraordinária*), pois autoriza, ainda que indiretamente, um ou mais credores a ajuizarem demanda relativa a obrigação indivisível e o credor que não tenha participado do processo a partilhar do respectivo resultado.

Ao assim proceder, o dispositivo afasta a necessidade de que se estabeleça litisconsórcio ativo entre os credores (CPC, arts. 113 e ss.), o que poderia inviabilizar o próprio ajuizamento da demanda.

2. Obrigação indivisível

De acordo com o artigo 258 do Código Civil, obrigação indivisível é aquela cuja *"prestação tem por objeto uma coisa ou um fato não suscetíveis de divisão, por sua natureza, por motivo de ordem econômica, ou dada a razão determinante do negócio jurídico".*

Normalmente, é objeto da obrigação (prestação) que a torna indivisível, de sorte que não é possível ao devedor cumpri-la por partes, nem ao credor recebe-la senão por inteiro.

Como exemplos de obrigações indivisíveis, tem-se a de dar coisa certa infungível e de fazer (tarefa única e insubstituível).

Trata-se, pois, de uma peculiaridade do direito *material* que dá razão de ser a esse dispositivo do CPC.

3. Coisa julgada

Em se admitindo que se trata, de fato, de hipótese de substituição processual, o regime aplicável é aquele segundo o qual o *substituído*, ou seja, o credor que não participou do processo, submete-se aos efeitos da coisa julgada, independentemente do resultado (favorável ou desfavorável).

Essa não é a solução aplicada a obrigações solidárias (solidariedade ativa), para as quais aplica-se o disposto no art. 274 do Código Civil, que dispõe que *"o julgamento contrário a um dos credores solidários não atinge os demais, mas o julgamento favorável aproveita-lhes, sem prejuízo de exceção pessoal que o devedor tenha direito de invocar em relação a qualquer deles".* Na verdade, esse dispositivo versa sobre obrigações solidárias, não se podendo estender a sua interpretação aos casos em que a lei não o fez (obrigações indivisíveis).

O cocredor sempre poderá requerer seu ingresso no processo, na qualidade de assistente litisconsorcial do autor (credor que agiu em juízo), nos termos do art. 124 do CPC.

Art. 328

Jurisprudência

"PROCESSO CIVIL E DIREITO CIVIL. DIREITOS REAIS. SERVIDÃO DE ÁGUA. ESTABELECIMENTO. CONDIÇÃO RESOLUTIVA. EXTINÇÃO PELA AUTOSSUFICIÊNCIA EM CAPTAÇÃO DA ÁGUA PELO PRÉDIO DOMINANTE, POR FONTE INDEPENDENTE. AÇÃO PLEITEANDO O CUMPRIMENTO DA SERVIDÃO. PROPOSITURA POR CONDOMÍNIO. LEGITIMIDADE. LITISCONSÓRCIO ATIVO NECESSÁRIO. INEXISTÊNCIA. HIPÓTESE DE LITISCONSÓRCIO ATIVO FACULTATIVO UNITÁRIO. LITISCONSÓRCIO PASSIVO ENTRE O PRÉDIO SERVIENTE E A UNIÃO. INEXISTÊNCIA. COMPETÊNCIA DA JUSTIÇA FEDERAL. INEXISTÊNCIA. JULGAMENTO DE IMPROCEDÊNCIA DO PEDIDO PELO TRIBUNAL LOCAL. CONSIDERAÇÃO DE QUE FOI IMPLEMENTADA A CONDIÇÃO ESTABELECIDA PARA QUE SE EXTINGUISSE A SERVIDÃO. APLICAÇÃO DO PRINCÍPIO DA BOA-FÉ OBJETIVA, EM SEU ASPECTO DE VEDAÇÃO DE COMPORTAMENTOS CONTRADITÓRIOS. SUPRESSIO. EQUÍVOCO. IMPOSSIBILIDADE DE RECONHECIMENTO INCIDENTAL DA INEFICÁCIA DO REGISTRO PÚBLICO. NECESSIDADE DE AÇÃO AUTÔNOMA. PRINCÍPIO DA BOA-FÉ OBJETIVA INAPLICÁVEL PARA GERAR A EXTINÇÃO DE UM DIREITO, NA ESPÉCIE. DEVER DE COLABORAÇÃO ADIMPLIDO PELOS TITULARES DO PRÉDIO DOMINANTE. NECESSIDADE DE ÁGUA. BEM PÚBLICO ESSENCIAL À VIDA. PONDERAÇÃO DE VALORES. IMPOSSIBILIDADE DE SE PRIVILEGIAR O USO COMERCIAL DA ÁGUA EM DETRIMENTO DE SEU USO PARA O ABASTECIMENTO DAS NECESSIDADES HUMANAS. RECURSO ESPECIAIS CONHECIDOS E PARCIALMENTE PROVIDOS.

1. É cabível a interposição de embargos de declaração por terceiro interessado, para esclarecimento de acórdão que julgou recursos de apelação. Hipótese em que o terceiro é titular de uma das unidades integrantes do condomínio e o processo, ajuizado por esta entidade, discutia o adimplemento de servidão de água instituída em favor dos condôminos.

2. Não é possível considerar, como fez o Tribunal de origem, que para ingressar no processo o proprietário teria de se valer do instituto da oposição. Se o condomínio não tem personalidade jurídica de direito civil, salvo para fins tributários, é incoerente dizer que ele possa ostentar um direito em oposição ao direito dos condôminos, notadamente quando se fala de direito real de servidão que, por determinação expressa de lei, é bem indivisível.

3. O condomínio está legitimado, por disposição de lei taxativa, a representar em juízo os condôminos quanto aos interesses comuns. O adimplemento da servidão de água, conquanto seja direito de cada condômino, representa interesse comum de todos, de modo que é adequada a propositura, por ele, de ação para discutir a matéria.

4. Qualquer dos titulares de direito indivisível está legitimado a pleitear, em juízo, o respectivo adimplemento. Não há, nessas hipóteses, litisconsórcio ativo necessário. Há, em lugar disso, litisconsórcio ativo facultativo unitário, consoante defende renomada doutrina. Nessas hipóteses, a produção de efeitos pela sentença se dá *secundum eventum litis*: somente os efeitos benéficos, por força de lei, estendem-se aos demais titulares do direito indivisível. Eventual julgamento de improcedência só os atinge se eles tiverem integrado, como litisconsortes, a relação jurídica processual.

5. Conquanto a água seja, por disposição de lei, considerada bem público, não há litisconsórcio necessário passivo entre o proprietário do terreno serviente e a União em uma ação que pleiteie o adimplemento de uma servidão de água, por vários motivos: (i) primeiro, porque a União pode delegar a Estados e Municípios a competência para outorga de direito à exploração da água; (ii) segundo, porque não é necessária tal outorga em todas as situações, sendo possível explorar a água para a satisfação de pequenos núcleos populacionais independentemente dela. Assim, numa ação que discuta a utilização da água, a União não é litisconsorte passiva necessário podendo, quando muito, ostentar interesse jurídico na solução da lide, nela ingressando na qualidade de assistente.

6. Sendo de mera assistência a hipótese, não é possível ao juízo estadual declinar de sua competência para julgar a causa sem que a União tenha, em algum momento, manifestado interesse de participar do processo. Sem tal manifestação, o processo deve tramitar normalmente perante a Justiça Comum.

7. Não é possível ao juízo negar cumprimento a uma servidão estabelecida em registro

público, com fundamento na invalidade ou na caducidade desse registro, se não há uma ação proposta para esse fim específico pelo titular do prédio serviente. O que motiva a existência de registros públicos é a necessidade de conferir a terceiros segurança jurídica quanto às relações neles refletidas.

Para que se repute ineficaz a servidão, é preciso que seja retificado o registro, e tal retificação somente pode ser requerida em ação na qual figurem, no polo passivo, todos os proprietários dos terrenos nos quais tal servidão se desmembrou, notadamente considerando a indivisibilidade desse direito real.

8. Não obstante, a lei é expressa em reputar a água bem essencial à vida. Se há escassez no condomínio que fora beneficiado pela servidão, não é possível, em ponderação de valores, privilegiar o uso comercial da água, pelo titular do prédio serviente, em detrimento de seu uso para o abastecimento humano.

9. A falta de requerimento de implementação da servidão por anos após firmado o contrato indica que o condomínio cumpriu com seu dever de colaboração, buscando seu abastecimento por fontes autônomas. Uma vez constatada a insuficiência dessas fontes, contudo, não se pode reputar caduca a servidão com fundamento no instituto da *supressio*. O princípio da boa-fé objetiva não pode atuar contrariamente a quem colaborou para o melhor encaminhamento da relação jurídica de direito material.

10. Se não há intuito protelatório na interposição de embargos de declaração, é imperativo o afastamento da multa fixada pelo art. 538 do CPC.

11. Recursos especiais conhecidos e parcialmente providos."

(STJ, REsp 1124506/RJ, Rel. Ministra NANCY ANDRIGHI, TERCEIRA TURMA, julgado em 19/06/2012, *DJe* 14/11/2012)

"PROCESSUAL CIVIL. AGRAVO REGIMENTAL NO AGRAVO EM RECURSO ESPECIAL. AÇÃO DE INDENIZAÇÃO POR DESAPROPRIAÇÃO INDIRETA. ALEGAÇÃO DE OFENSA AO ART. 535, II, DO CPC. RAZÕES DE RECURSO QUE NÃO IMPUGNAM, ESPECIFICAMENTE, OS FUNDAMENTOS DA DECISÃO AGRAVADA. SÚMULA 182/STJ. FALTA DE IMPUGNAÇÃO, NO RECURSO ESPECIAL, DOS FUNDAMENTOS DO ACÓRDÃO COMBATIDO, SUFICIENTES PARA A SUA

MANUTENÇÃO. INCIDÊNCIA DA SÚMULA 283/STF. LITISCONSÓRCIO NECESSÁRIO. INEXISTÊNCIA. PRECEDENTES DO STJ. AGRAVO PARCIALMENTE CONHECIDO, EM PARTE, E, NESSA PARTE, IMPROVIDO.

I. Interposto Agravo Regimental com razões que não impugnam, especificamente, os fundamentos da decisão agravada, no ponto relativo à alegada ofensa ao art. 535, II, do CPC, não prospera o inconformismo, em face da Súmula 182 desta Corte.

II. Não merece prosperar o Recurso Especial, quando a peça recursal não refuta determinado fundamento do acórdão recorrido, suficiente para a sua manutenção, em face da incidência do enunciado da Súmula 283 do STF ("é inadmissível o recurso extraordinário, quando a decisão recorrida assenta em mais de um fundamento suficiente e o recurso não abrange todos eles"). No caso, a parte recorrente deixou de impugnar o fundamento do acórdão recorrido no sentido da inexistência de "ordem legal para que o pedido de indenização deva ser formulado pela totalidade dos condôminos de um imóvel, contra quem o esbulhou e não pode mais restituí-lo; basta que um comunheiro o faça, em favor da comunhão". Incidência da Súmula 283/STF.

III. Ademais, em casos análogos, esta Corte – ao contrário do que alega a parte agravante – entende que, em ação de indenização por desapropriação indireta, cada condômino possui legitimidade para defender sua quota-parte, não havendo que se falar em litisconsórcio ativo necessário. Nesse sentido: STJ, REsp 300.196/SP, Rel. Ministro MILTON LUIZ PEREIRA, PRIMEIRA TURMA, DJU de 15/12/2003; STJ, AR 1.589/SP, Rel. Ministro FRANCISCO PEÇANHA MARTINS, Rel. p/ acórdão Ministra ELIANA CALMON, PRIMEIRA SEÇÃO, DJU de 24/05/2004.

IV. Agravo Regimental parcialmente conhecido, e, nessa parte, improvido."

(AgRg no AREsp 302.613/SP, Rel. Ministra ASSUSETE MAGALHÃES, SEGUNDA TURMA, julgado em 10/03/2016, *DJe* 17/03/2016)

"Cobrança. Corretagem. Dívida divisível. Pluralidade de credores. Quantia paga a um deles. Direito do outro credor de exigir daquele a parte que lhe cabe no total do crédito. Artigo 261 do Código Civil.

Art. 329

1. Sendo a dívida divisível (dívida em dinheiro), em que há pluralidade de credores, e a dívida foi paga na totalidade a um deles, deve-se aplicar o artigo 261 do Código Civil, que prescreve: "art. 261. Se um dos credores receber a prestação por inteiro, a cada um dos outros assistirá o direito de exigir dele em dinheiro a parte que lhe cabia no total". No caso em apreço, o autor intermediou a permuta de imóveis juntamente com outra imobiliária, sendo-lhes devida a corretagem estipulada no contrato, no valor de R$ 20.000,00 (vinte mil reais) *pro rata*. No entanto, os réus pagaram a integralidade da quantia à imobiliária. Assim, cumpre ao autor cobrar da imobiliária a parte que lhe cabe, na forma do artigo 261 do Código Civil.

2. O artigo 260 do Código Civil se aplica às obrigações indivisíveis.

3. Recurso conhecido e desprovido, para manter incólume a r. sentença que julgou improcedente o pedido de cobrança formulado na inicial"

(TJ-DF – APC: 20020110082258 DF, Relator: ROBERVAL CASEMIRO BELINATI, Data de Julgamento: 05/12/2007, 1ª Turma Cível, Data de Publicação: DJU 17/01/2008 Pág.: 852)

Art. 329. O autor poderá:

I – até a citação, aditar ou alterar o pedido ou a causa de pedir, independentemente de consentimento do réu;

II – até o saneamento do processo, aditar ou alterar o pedido e a causa de pedir, com consentimento do réu, assegurado o contraditório mediante a possibilidade de manifestação deste no prazo mínimo de 15 (quinze) dias, facultado o requerimento de prova suplementar.

Parágrafo único. Aplica-se o disposto neste artigo à reconvenção e à respectiva causa de pedir.

▶ *Referência: CPC/1973 – Arts. 264 e 294*

1. Estabilização da demanda

Uma vez definido o objeto do processo pelo autor (que formulou o seu pedido e sua causa de pedir na petição inicial), não lhe é dado modificá-lo, sob pena de violar o fenômeno da estabilização da demanda, salvo nas hipóteses excepcionais previstas neste art. 329 do CPC.

O dispositivo em comento aglutinou e aprimorou a redação dos arts. 264 e 294 do CPC/1973, os quais tratavam dos limites para a ampliação ou modificação da demanda.

O princípio da estabilização da demanda é aquele segundo o qual, uma vez realizada a citação, com a integração do réu ao processo, a demanda não poderá mais ser modificada e o provimento final não poderá pronunciar-se fora dos limites ali estabelecidos.

Trata-se de norma que tem por finalidade permitir que o réu exerça de forma ampla e plena o contraditório e o direito de defesa, sem ser surpreendido por alterações no pedido ou na causa de pedir.

Embora não seja permitido ao autor ampliar o pedido ou a causa de pedir após a estabilização da demanda, isso não quer dizer que o objeto do processo não possa vir a ser ampliado por outras circunstâncias, decorrentes da *cumulação ulterior de demandas*, de que são exemplos a reconvenção (CPC, art. 343) e o pedido contraposto (LJE, art. 31), a resolução de questão prejudicial com força de coisa julgada (CPC, art. 503, § 1º), a denunciação à lide (CPC, art. 125), o chamamento ao processo (CPC, art. 130), entre outros.

2. Alterações objetivas

Em não se tratando de pedido implícito, compete ao autor formular, desde logo, na petição inicial, *todos* os pedidos que tiver contra o réu, com seus respectivos fundamentos (causa de pedir).

Poderá, contudo, aditar a petição inicial para ampliar, reduzir ou substituir os elementos objetivos da demanda (pedidos ou causa de pedir) livremente, desde que *antes da citação do réu*.

Após a citação, ainda será possível a alteração até o *saneamento do processo*, mas, nessa fase, exige-se o consentimento do réu, já que eventuais modificações podem prejudicar a defesa.

Terá o réu, nesse caso, a possibilidade de manifestar-se a favor ou contra a alteração e, ainda, complementação da resposta, com requerimento de produção de prova suplementar no prazo de 15 (quinze) dias. Para alguns, se o réu consentir com a mudança, terá se operado autêntico negócio jurídico processual, a exemplo da previsão do art. 190 do CPC (Didier Jr., Fredie. *Curso de Direito Processual Civil*, vol. 1, p. 578).

O CPC/1973 era mais explícito quanto à vedação a alterações objetivas após o saneamento ("*a alteração do pedido ou da causa de pedir em nenhuma hipótese será permitida após o saneamento do processo*" – art. 264, parágrafo único). A mesma ideia, todavia, pode ser extraída da redação do inc. II do art. 329, o qual deixa subentendido que nenhuma alteração será admitida após o saneamento do feito.

O saneamento do processo deve ser entendido como o fim da fase postulatória e o momento em que o magistrado, após resolver as questões processuais pendentes, delimita a prova e as questões de direito a serem dirimidas, quiçá em conjunto com as próprias partes (CPC, art. 357).

Havia proposta no Anteprojeto de Código de Processo Civil apresentado ao Congresso Nacional de que fossem permitidas alterações objetivas (no pedido ou na causa de pedir), a qualquer tempo até o proferimento da sentença, desde que assegurado prazo suplementar para manifestação do réu, sem que se pudesse falar em prejuízo à defesa. Felizmente, a bem da segurança jurídica e da celeridade processual, tal sugestão não foi acolhida e não integrou os textos legislativos que culminaram com a edição do CPC.

3. Alterações subjetivas

O art. 329 aplica-se exclusivamente a alterações objetivas na demanda (pedido ou causa de pedir). Eventuais alterações subjetivas estão sujeitas a normas específicas, tais como aquelas atinentes à substituição processual voluntária das partes (CPC, art. 108), à formação de litisconsórcio ulterior (CPC, art. 115, parágrafo único), à substituição do réu por ilegitimidade passiva reconhecida pelo autor (CPC, arts. 338 e 339), entre outras hipóteses.

Jurisprudência

"AGRAVO REGIMENTAL NO AGRAVO EM RECURSO ESPECIAL. AÇÃO DE PRESTAÇÃO DE CONTAS. PEDIDO GENÉRICO. EMENDA DA INICIAL. IMPOSSIBILIDADE. EXEGESE DOS ARTS. 264 E 267, IV, DO CPC. EXTINÇÃO DO FEITO SEM JULGAMENTO DO MÉRITO.

1. Não é possível determinar a emenda da inicial quando constatada a formulação de pedido genérico em ação de prestação de contas, sem a especificação das balizas que norteariam a exceção à regra dos arts. 267, VI, e 264 do CPC.

2. A instrumentalidade das formas e a celeridade processual não se prestam, por si sós, para justificar a alteração do pedido ou da causa de pedir na hipótese de já ter ocorrido a estabilização da lide, devendo o feito ser extinto sem julgamento do mérito, nos termos do art. 264 e 267, IV, do CPC.

3. Agravo regimental desprovido."

(STJ, AgRg no AREsp 745.944/PR, Rel. Ministro JOÃO OTÁVIO DE NORONHA, TERCEIRA TURMA, julgado em 15/03/2016, *DJe* 28/03/2016)

"AGRAVO REGIMENTAL NO RECURSO ESPECIAL. AÇÃO REVISIONAL. PEDIDO GENÉRICO. INÉPCIA DA INICIAL. EMENDA APÓS APRESENTAÇÃO DA CONTESTAÇÃO E DO SANEAMENTO DO PROCESSO. MODIFICAÇÃO DO PEDIDO OU DA CAUSA DE PEDIR. IMPOSSIBILIDADE. AGRAVO REGIMENTAL IMPROVIDO.

1. Descabe a emenda da petição inicial após o oferecimento da contestação e o saneamento do processo, quando essa providência importar alteração do pedido ou da causa de pedir (art. 264, parágrafo único, CPC).

2. Agravo regimental improvido."

(STJ, AgRg no REsp 1263614/PR, Rel. Ministro MARCO AURÉLIO BELLIZZE, TERCEIRA TURMA, julgado em 23/02/2016, *DJe* 29/02/2016)

"PROCESSUAL CIVIL. AGRAVO REGIMENTAL NO AGRAVO EM RECURSO ESPECIAL. EMENDA APÓS A CITAÇÃO. INSTRUMENTALIDADE DAS FORMAS. ECONOMIA PROCESSUAL. AUSÊNCIA DE MODIFICAÇÃO DO PEDIDO E DA CAUSA DE PEDIR. POSSIBILIDADE. DECISÃO MANTIDA.

1. A vedação de emenda da petição inicial após a citação, sem o consentimento do réu, somente incide nas hipóteses em que há alteração da causa de pedir ou do pedido. Precedentes.

2. O conhecimento do recurso especial interposto com fundamento na alínea "c" do permissivo constitucional exige a indicação do dispositivo legal objeto de interpretação divergente, a demonstração do dissídio mediante a verificação das circunstâncias que assemelhem ou identifiquem os casos confrontados e a reali-

Art. 330

CÓDIGO DE PROCESSO CIVIL INTERPRETADO

zação do cotejo analítico entre elas, nos moldes exigidos pelos arts. 255, §§ 1º e 2º, do RISTJ e 541, parágrafo único, do CPC, ônus dos quais o recorrente não se desincumbiu.

3. Agravo regimental a que se nega provimento."

(STJ, AgRg no AREsp 620.146/SP, Rel. Ministro ANTONIO CARLOS FERREIRA, QUARTA TURMA, julgado em 16/06/2015, *DJe* 26/06/2015)

"AGRAVO REGIMENTAL. AGRAVO EM RECURSO ESPECIAL. AÇÃO DE DESPEJO POR FALTA DE PAGAMENTO E COBRANÇA DOS DÉBITOS. FIADOR INCLUÍDO NA INICIAL NO PÓLO PASSIVO. CITAÇÃO POSTERIOR. ART. 264 DO CPC. OFENSA. INOCORRÊNCIA. INDENIZAÇÃO DE BENFEITORIAS. RENÚNCIA. APLICAÇÃO DA SÚMULA 5/STJ.

1. O fiador foi identificado na inicial e requerida expressamente sua citação, desse modo, inexistindo a alegada alteração de pedido ou substituição de parte posterior à estabilização do processo, não há ofensa ao art. 264 do CPC.

2. A pretensão do recurso envolve nova interpretação da cláusula contratual de renúncia à indenização por benfeitorias, já efetuada pelo Tribunal de origem com observação, inclusive, da Súmula 335 desta Corte, o que encontra óbice no enunciado n. 5 da Súmula do STJ.

3. Agravo regimental a que se nega provimento."

(STJ, AgRg no AREsp 624.056/RJ, Rel. Ministra MARIA ISABEL GALLOTTI, QUARTA TURMA, julgado em 18/08/2015, *DJe* 27/08/2015)

"AGRAVO REGIMENTAL EM RECURSO ESPECIAL – AÇÃO CONDENATÓRIA – PROCESSO EXTINTO, SEM RESOLUÇÃO DO MÉRITO, POR AUSÊNCIA DE CAUSA DE PEDIR – CORTE LOCAL QUE, EM SEDE DE APELAÇÃO, MANIFESTA-SE NO SENTIDO DE OPORTUNIZAR A EMENDA DA PETIÇÃO INICIAL, MESMO APÓS A ESTABILIZAÇÃO DA DEMANDA – DECISÃO MONOCRÁTICA QUE DEU PROVIMENTO AO RECURSO ESPECIAL INTERPOSTO PELA RÉ, A FIM DE RESTABELECER A SENTENÇA TERMINATIVA. INSURGÊNCIA DO AUTOR.

1. A jurisprudência desta Corte não admite a emenda da inicial após a estabilização da demanda e saneamento do feito quando tal diligência ensejar a alteração do pedido ou da causa de pedir.

Nessas hipóteses, portanto, afasta-se a aplicação do disposto no artigo 284 do Código de Processo Civil. Precedentes.

2. Agravo regimental a que se nega provimento."

(STJ, AgRg no REsp 1043450/AM, Rel. Ministro MARCO BUZZI, QUARTA TURMA, julgado em 12/11/2013, *DJe* 25/11/2013)

"AGRAVO DE INSTRUMENTO – AÇÃO DE INDENIZAÇÃO POR DANOS MATERIAIS E MORAIS COM PEDIDO DE TUTELA ANTECIPATÓRIA – EMENDA DA INICIAL APÓS A CITAÇÃO DO MUNICÍPIO – IMPOSSIBILIDADE – AUSÊNCIA DE CONSENTIMENTO DO RÉU – INTELIGÊNCIA DOS ARTIGOS 264 E 294 DO CPC – DECISÃO SINGULAR REFORMADA – RECURSO PROVIDO.

Efetivada a citação do réu, não é mais permitido ao autor modificar o pedido ou a causa de pedir, sem o consentimento expresso do réu."

(TJ-PR – 1ª Câmara Cível – AI n. 999279-6 – Londrina – Rel.: Rubens Oliveira Fontoura – v.u., j.07.05.2013)

Seção III
Do indeferimento da petição inicial

Art. 330. A petição inicial será indeferida quando:

I – for inepta;

II – a parte for manifestamente ilegítima;

III – o autor carecer de interesse processual;

IV – não atendidas as prescrições dos arts. 106 e 321.

§ 1º Considera-se inepta a petição inicial quando:

I – lhe faltar pedido ou causa de pedir;

II – o pedido for indeterminado, ressalvadas as hipóteses legais em que se permite o pedido genérico;

III – da narração dos fatos não decorrer logicamente a conclusão;

IV – contiver pedidos incompatíveis entre si.

§ 2º Nas ações que tenham por objeto a revisão de obrigação decorrente de empréstimo, de financiamento ou de alienação de bens, o

> autor terá de, sob pena de inépcia, discriminar na petição inicial, dentre as obrigações contratuais, aquelas que pretende controverter, além de quantificar o valor incontroverso do débito.
>
> **§ 3º** Na hipótese do § 2º, o valor incontroverso deverá continuar a ser pago no tempo e modo contratados.

▶ *Referência: CPC/1973 – Arts. 295 e 285-B*

1. Indeferimento da petição inicial

Petição inicial indeferida não é sinônimo de petição inicial inepta.

A inépcia é uma das hipóteses de indeferimento da petição inicial, ao lado das situações de manifesta ilegitimidade de parte, carência de interesse processual e ausência de atendimento à prescrição do art. 106 do CPC (aquela do art. 321 do CPC também se relaciona à inépcia).

O dispositivo em questão volta-se para a fase limiar do processo, ou seja, para o exame da inicial a ser feito pelo magistrado antes da determinação de citação do réu. É por isso que, na maior parte das vezes, o indeferimento da inicial ocorre bem no início do processo.

Como já dito nos comentários ao art. 321, a petição inicial não deve ser indeferida indiscriminadamente, mas apenas quando não se verificar a possibilidade de correção dos vícios de que padeça, dado o princípio da primazia do julgamento de mérito.

O indeferimento pode ser *total* (com a extinção do processo, sem resolução do mérito, antes mesmo da citação do réu – CPC, art. 485, I) ou *parcial* (subsistindo em relação à parte não defeituosa, como, por exemplo, no caso de cumulação de pedidos, sendo o juízo competente para processar e julgar apenas parte deles).

Nos casos de indeferimento parcial, a decisão proferida terá natureza interlocutória e não de sentença, pois não importará extinção do processo como um todo (CPC, arts. 203, §§ 1º e 2º e 354, parágrafo único).

2. Inépcia

Inépcia, na língua portuguesa, quer dizer *falta de aptidão, incapacidade.* O mesmo sentido aplica-se ao processo civil: peça inepta – ou, mais precisamente, petição inicial inepta – é aquela que não tem aptidão ou capacidade de produzir seus regulares efeitos jurídicos.

Essa inaptidão pode decorrer de diversos fatores isolados ou cumulados, todos eles descritos nos incisos do § 1º do art. 330. São defeitos relacionados ao pedido ou à causa de pedir que dificultam ou mesmo impedem o julgamento de mérito.

O primeiro deles é a ausência de pedido ou de causa de pedir. Como visto nos comentários ao art. 319, a petição inicial é peça processual de extrema importância, de sorte que o seu conteúdo precisa ser bem compreendido, seja para que o réu possa defender-se adequadamente, seja para que se conheçam os limites pelos quais deverá pautar-se a atuação do órgão jurisdicional.

Sem pedido ou sem causa de pedir, a inicial torna-se inviável, inapta a produzir os efeitos que lhe são próprios.

Seja no caso de completa ausência de pedido ou de causa de pedir, seja quando estes se apresentarem deficientes, o juiz deverá, na forma do art. 321 do CPC, determinar a intimação do autor para emenda da petição inicial e correção dos respectivos vícios, sob pena de indeferimento. Nesses casos, em que o defeito é sanável, o indeferimento só poderá ocorrer depois de tomada – e não observada, ao menos a contento – a providência do art. 321 do CPC.

Também é considerada inepta a petição inicial cujo pedido é indeterminado, fora das hipóteses autorizadas pela lei (CPC, art. 324).

Essa foi uma novidade introduzida pelo novo Código, em lugar da hipótese que considerava inepta a inicial que veiculava pedido juridicamente impossível. A impossibilidade jurídica do pedido deixou de ser causa de extinção do processo sem resolução do mérito, passando a ser motivo para improcedência da demanda (CPC, art. 487, I). Pedido que não encontra respaldo no ordenamento jurídico é pedido a ser rejeitado no mérito.

Quanto à hipótese legal (pedido genérico), já se tratou do assunto nos comentários ao art. 324 do CPC, aos quais ora se faz remissão. Havendo pedido genérico fora das hipóteses ali autorizadas, a inicial será inepta, devendo, contudo, o juiz oportunizar a correção do vício ao autor, nos termos do art. 321.

O inciso III do § 1º do art. 330 repete hipótese de inépcia do CPC/1973: quando *"da narração dos fatos não decorrer logicamente a conclusão".*

Como dito anteriormente, a petição inicial precisa ser compreensível. Trata-se de ato processual que deve primar pela lógica. Se os fatos narrados não conduzem logicamente à conclusão apresentada pelo autor, a petição inicial poderá ser considerada inepta se não sanado o vício após provocação do órgão jurisdicional.

Por exemplo, se a petição inicial narra como causa de pedir fatos que conduziriam ao pedido de interdição de determinado ente familiar (CPC, art. 747), o pedido ao final formulado não poderá ser indenizatório.

A última hipótese tipificada de inépcia da inicial trata de situação já examinada nos comentários aos arts. 326 e 327, § 2º do CPC. De fato, a formulação de *pedidos incompatíveis* entre si na mesma demanda é causa de inépcia da petição inicial, mas deve ficar claro que isso apenas se aplica às hipóteses de cumulação *própria*, ou seja, aquelas em que o autor visa à obtenção de todos os pedidos adicionados. Nos casos de cumulação *imprópria*, ou seja, situações em que os pedidos são *alternativos* ou *subsidiários*, nada impede que sejam eles cumulados, pois a pretensão poderá ser acolhida apenas em relação a *um* deles e não a todos.

Aplicando esse raciocínio, tem-se que o autor não pode pedir, cumulativamente, a nulidade e o cumprimento do contrato. Mas pode fazê-lo em caráter alternativo, por exemplo.

Embora o vício pareça à primeira vista insanável, a jurisprudência tem sido maleável e, em vez de impor desde logo extinção do processo sem resolução do mérito por inépcia da inicial, faculta antes ao autor que escolha, dentro de determinado prazo, com qual dos pedidos pretende prosseguir, por aplicação analógica do art. 321 do CPC.

De qualquer maneira, os demais requisitos para a cumulação – ainda que imprópria – devem estar presentes (compatibilidade procedimental e competência do juízo – CPC, art. 327, § 1º).

O § 2º do art. 330 do CPC traz ainda outro caso de inépcia quando se está diante de discussão de dívida oriunda de empréstimo. Nesses casos, compete ao autor identificar com precisão o valor que pretende controverter e qual o montante que permanece incontroverso. Significa que mero questionamento de valores e pedido de revisão do débito não são suficientes para compor a petição inicial adequadamente. Compete, ainda, ao autor manter o pagamento dos valores incontroversos, pois estes sequer são objeto da demanda ajuizada. A questão que remanesce é *como* tais pagamentos deverão ser efetuados: por meio de depósitos judiciais, em demandas apartadas de consignação em pagamento ou extrajudicialmente, conforme acertado entre as partes. Não obstante a falta de esclarecimento da lei, o fato é que, se não houver pagamento dos valores incontroversos, tem-se por desatendido o § 3º do art. 330 do CPC, bem como o negócio jurídico entabulado entre as partes, ocasionando, dentre outras possíveis consequências, a *mora*.

3. Manifesta ilegitimidade de parte

Também é causa de indeferimento – mas não inépcia – da petição inicial a manifesta ilegitimidade da parte. Aqui o Código não esclarece se a ilegitimidade é ativa ou passiva, o que faz concluir que se trata de *ambas* as hipóteses, desde que tal ilegitimidade seja *manifesta*, ou seja, demonstrável de plano, sem necessidade de dilação probatória.

Sobre o tema da legitimidade *ad causam*, *vide* comentários aos arts. 17 e 485, VI deste Código comentado.

4. Carência de interesse processual

Juntamente com a legitimidade *ad causam* e a possibilidade jurídica do pedido (eliminada do CPC, conforme acima informado), o interesse processual integrava, sob a sistemática do CPC/1973, a categoria das condições da ação. Sem a presença dessas três condições, não se prosseguia ao julgamento de mérito.

Remanesceram legitimidade e interesse, cuja ausência também pode ser causa de indeferimento da petição inicial desde logo, uma vez observada no limiar do processo e de forma manifesta. O autor detém interesse processual (ou interesse de agir em juízo) toda vez que houver *necessidade* e *utilidade* do provimento jurisdicional reclamado, além de se valer do meio *adequado* para obtê-lo.

Ausentes, de plano, essas características, o autor será tido por carecedor de interesse processual, com indeferimento de sua petição inicial.

5. Ausência de atendimento às prescrições dos arts. 106 e 321 do CPC

Se o autor, uma vez intimado, deixar de atender às determinações de emenda da inicial ou apresentação de documentos indispensáveis (CPC, art. 321) ou prestação de informações faltantes em caso de postulação em causa própria (CPC, art. 106), o juiz estará autorizado a indeferir-lhe a petição inicial.

Jurisprudência

"RECURSO ESPECIAL. AÇÃO INDENIZATÓRIA. DANOS MATERIAIS E MORAIS DECORRENTES DE "ASSÉDIO SEXUAL" SOFRIDO NO INTERIOR DE COMPOSIÇÃO DO METRÔ. ALEGADA RESPONSABILIDADE CIVIL OBJETIVA DA TRANSPORTADORA. INTERESSE DE AGIR E LEGITIMIDADE AD CAUSAM. EXISTÊNCIA. TEORIA DA ASSERÇÃO.

1. A manifesta ilegitimidade ad causam e a falta de interesse processual do autor caracterizam vícios da petição inicial que, uma vez detectados pelo magistrado antes da citação do réu, devem ensejar o indeferimento da exordial e, consequentemente, a extinção do processo sem resolução do mérito (artigos 267, incisos I e VI, 295, incisos II e III, do CPC de 1973; 330 e 485 do CPC de 2015).

2. No âmbito do STJ, prevalece a chamada teoria da asserção ou da *prospettazione* (em contraposição à teoria da apresentação ou da exposição). Sob essa ótica, o exame da legitimidade ad causam e do interesse processual deve ser realizado *in statu assertionis*, ou seja, à luz das afirmações do autor constantes na petição inicial, sem qualquer inferência sobre a veracidade das alegações ou a probabilidade de êxito da pretensão deduzida.

3. No caso concreto, verifica-se que a autora postulou indenização por danos materiais e morais em face da concessionária de transporte metroviário, sob a alegação de que fora vítima de ato libidinoso, praticado por outro usuário, no interior de vagão.

4. Como causa de pedir, a demandante apontou a responsabilidade objetiva da transportadora, que teria negligenciado seu dever de segurança, ao não adotar todas as medidas preventivas para garantir a incolumidade física e psíquica de todos os usuários do serviço público. Aduziu, desse modo, defeito do serviço, por falta de segurança no interior da composição metroviária. Alegou que, além de não ter sido transportada ao seu destino, foi alvo de uma violência sexual que deveria ter sido evitada pela fornecedora, máxime por não se tratar de evento imprevisível ou inevitável.

5. Ao contrário do consignado pelo acórdão estadual (que manteve o indeferimento da inicial, adentrando o juízo de mérito da demanda, por considerar rompido o nexo de causalidade por ato de terceiro), as assertivas feitas pela autora – sem qualquer juízo sobre a probabilidade de sucesso de sua pretensão – preenchem, satisfatoriamente, os requisitos da legitimidade ad causam e do interesse de agir.

6. Com efeito, a legitimidade ad causam extrai-se do fato de a demandante – usuária do serviço público supostamente vítima de ato libidinoso no interior de vagão – ter pleiteado indenização por danos morais e materiais em face da fornecedora, imputando-lhe ato omissivo, qual seja a negligência em adotar todas as medidas possíveis para garantir sua incolumidade física e psíquica. A pertinência subjetiva é, portanto, evidente.

7. Por outro lado, o interesse processual também se revela em razão da notória resistência da transportadora em assumir a responsabilidade por atos praticados por usuários em situações similares, no interior de composição metroviária, o que demonstra a necessidade da tutela jurisdicional e a aptidão do pedido indenizatório de colocar a autora em situação mais favorável, ao menos do ponto de vista financeiro.

8. Ademais, observando-se as normas do CPC de 2015, em especial o artigo 332, verifica-se que a hipótese dos autos não pode sequer ser enquadrada na figura da "improcedência liminar do pedido", pois a pretensão deduzida pela autora não contraria súmula do Supremo Tribunal Federal ou do Superior Tribunal de Justiça, nem acórdão proferido em recurso extraordinário ou especial repetitivo, tampouco entendimento firmado em incidente de resolução de demandas repetitivas ou de assunção de competência.

9. Recurso especial provido para, cassando a sentença e o acórdão, determinar o retorno dos autos ao juízo de primeiro grau, a fim de que seja dado prosseguimento à demanda, como for de direito."

(REsp 1678681/SP, Rel. Ministro LUIS FELIPE SALOMÃO, QUARTA TURMA, julgado em 07/12/2017, *DJe* 06/02/2018)

"PROCESSO CIVIL. TRIBUTÁRIO. EXTINÇÃO DO PROCESSO SEM JULGAMENTO DO MÉRITO. PRÉVIA OPORTUNIZAÇÃO

Art. 330

DE EMENDA DA INICIAL. VÍCIO NÃO SANADO. VIOLAÇÃO AOS ARTS. 267 E 284 DO CPC NÃO CARACTERIZADA.

1. O art. 284, do CPC, prevê que: "Verificando o juiz que a petição inicial não preenche os requisitos exigidos nos arts. 282 e 283, ou que apresenta defeitos e irregularidades capazes de dificultar o julgamento de mérito, determinará que o autor a emende, ou a complete, no prazo de 10 (dez) dias. Parágrafo único. Se o autor não cumprir a diligência, o juiz indeferirá a petição inicial."

2. O indeferimento da petição inicial, quer por força do não preenchimento dos requisitos exigidos nos artigos 282 e 283, do CPC, quer pela verificação de defeitos e irregularidades capazes de dificultar o julgamento de mérito, reclama a concessão de prévia oportunidade de emenda pelo autor. Precedentes desta Corte: REsp 951.040/RS (DJ de 07.02.2008); REsp 901.695/PR (DJ de 02.03.2007); REsp 866.388/RS (DJ de 14.12.2006); REsp 827.289/RS (DJ de 26.06.2006).

3. *In casu*, o Juízo de primeiro grau concedeu, por três vezes, oportunidade à recorrente de emendar a sua petição inicial, adequando o valor atribuído à causa (valores que efetivamente a autora pretendia ver condenada a parte ré). No entanto, haja vista o descumprimento das oportunidades para emenda deferidas, bem agiu o magistrado em extinguir o processo sem resolução do mérito nos termos dos arts. 267, inc. I e III, 284 e 295, inc. VI. do CPC.

4. O valor da causa extrai-se do benefício econômico pretendido através da tutela jurisdicional. Exegese dos arts. 258, 259 e 260 do CPC. Possibilidade do Juízo de primeiro grau determinar a emenda da inicial, para que a parte ajuste o valor da causa ao conteúdo econômico da demanda. Precedentes: REsp. 572.536/PR, DJU 27.06.05, AgRg no Ag 460.638/RJ, DJU 23.06.03 e REsp. 165.355/MG, DJU 14.12.98.

5. Leciona a doutrina que "o valor da causa não corresponde necessariamente ao valor do objeto imediato material ou imaterial, em jogo no processo, ou sobre o qual versa a pretensão do autor perante o réu. É o valor que se pode atribuir à relação jurídica que se afirma existir sobre tal objeto" (...) Determina-se, portanto, o valor da causa apurando-se a expressão econômica da relação jurídica material que o autor quer opor ao réu. O valor do objeto imediato pode influir nessa estimativa, mas nem sempre será decisivo" (in Theodoro Júnior, Humberto. Curso de

Direito Processual Civil – Teoria geral do direito processual civil e processo de conhecimento.

Rio de Janeiro: Forense, 2008, pgs.325).

6. Agravo regimental desprovido."

(STJ, AgRg no REsp 1089211/RJ, Rel. Ministro LUIZ FUX, PRIMEIRA TURMA, julgado em 16/12/2010, *DJe* 21/02/2011)

"TRIBUTÁRIO. PROCESSUAL CIVIL. PETIÇÃO INICIAL DE AÇÃO RESCISÓRIA. NECESSIDADE DE JUNTADA DA CERTIDÃO DE TRÂNSITO EM JULGADO DO ACÓRDÃO RESCINDENDO. INDEFERIMENTO LIMINAR. AUSÊNCIA DE VIOLAÇÃO DO ART. 284 DO CPC.

1. Nos termos da jurisprudência pacífica do Superior Tribunal de Justiça, na ação rescisória é necessária a juntada da certidão de trânsito em julgado do acórdão rescindendo, sob pena de indeferimento liminar.

2. O trânsito em julgado do acórdão rescindendo é requisito essencial para ajuizamento da ação rescisória, não sendo cabível a emenda da petição inicial, nos termos do art. 284 do CPC.

Agravo regimental improvido."

(STJ, AgRg no REsp 1574962/PB, Rel. Ministro HUMBERTO MARTINS, SEGUNDA TURMA, julgado em 05/04/2016, *DJe* 13/04/2016)

"RECURSO ESPECIAL – AÇÃO DE BUSCA E APREENSÃO – DETERMINAÇÃO DE EMENDA À INICIAL A FIM DE QUE FOSSE APRESENTADO O TÍTULO ORIGINAL DA CÉDULA DE CRÉDITO BANCÁRIO – PROVIDÊNCIA NÃO ATENDIDA SEM CONSISTENTE DEMONSTRAÇÃO DA INVIABILIDADE PARA TANTO – TRIBUNAL A QUO QUE MANTEVE A SENTENÇA DE INDEFERIMENTO DA PETIÇÃO INICIAL, NOS TERMOS DO ART. 267, INC. I, DO CPC, POR AFIRMAR QUE A CÓPIA DO CONTRATO DE FINANCIAMENTO É INÁBIL PARA EMBASAR A DEMANDA. INSURGÊNCIA DA CASA BANCÁRIA.

Hipótese: Controvérsia acerca da necessidade de apresentação do título original do contrato de financiamento com garantia fiduciária (cédula de crédito bancário) para instruir a ação de busca e apreensão.

1. Possibilidade de recorrer do "despacho de emenda à inicial".

Excepciona-se a regra do art. 162, §§ 2º e 3º, do Código de Processo Civil quando a decisão interlocutória puder ocasionar prejuízo às partes. Precedentes.

2. Nos termos da Lei nº 10.931/2004, a cédula de crédito bancário é título de crédito com força executiva, possuindo as características gerais atinentes à literalidade, cartularidade, autonomia, abstração, independência e circulação.

O Tribunal a quo, atento às peculiaridades inerentes aos títulos de crédito, notadamente à circulação da cártula, diligente na prevenção do eventual ilegítimo trânsito do título, bem como a potencial dúplice cobrança contra o devedor, conclamou a obrigatoriedade de apresentação do original da cédula, ainda que para instruir a ação de busca e apreensão, processada pelo Decreto-Lei nº 911/69.

A ação de busca e apreensão, processada sob o rito do Decreto-Lei nº 911/69, admite que, ultrapassada a sua fase inicial, nos termos do artigo 4º do referido regramento normativo, deferida a liminar de apreensão do bem alienado fiduciariamente, se esse não for encontrado ou não se achar na posse do devedor, o credor tem a faculdade de, nos mesmos autos, requerer a conversão do pedido de busca e apreensão em ação executiva.

A juntada do original do documento representativo de crédito líquido, certo e exigível, consubstanciado em título de crédito com força executiva, é a regra, sendo requisito indispensável não só para a execução propriamente dita, mas, também, para todas as demandas nas quais a pretensão esteja amparada na referida cártula.

A dispensa da juntada do original do título somente ocorre quando há motivo plausível e justificado para tal, o que não se verifica na presente hipótese, notadamente quando as partes devem contribuir para o adequado andamento do feito, sem causar obstáculos protelatórios.

Desta forma, quer por força do não-preenchimento dos requisitos exigidos nos arts. 282 e 283 do CPC, quer pela verificação de defeitos e irregularidades capazes de dificultar o julgamento de mérito, o indeferimento da petição inicial, após a concessão de prévia oportunidade de emenda pelo autor (art. 284, CPC), é medida que se impõe. Precedentes.

3. Recurso especial desprovido."

(STJ, REsp 1277394/SC, Rel. Ministro MARCO BUZZI, QUARTA TURMA, julgado em 16/02/2016, *DJe* 28/03/2016)

"PROCESSUAL CIVIL. ADMINISTRATIVO. ATO JUDICIAL. AGRAVO DE INSTRUMENTO NA ORIGEM. DECISÃO QUE CONCEDE EFEITO SUSPENSIVO. ACÓRDÃO QUE INDEFERIU A PETIÇÃO INICIAL. CONFORMIDADE COM A JURISPRUDÊNCIA DO STJ. EXISTÊNCIA DE RECURSO PRÓPRIO. SUCEDÂNEO RECURSAL. AUSÊNCIA DE DIREITO LÍQUIDO E CERTO.

1. Recurso ordinário interposto contra acórdão no qual foi mantida a extinção de impetração contra ato judicial, com fulcro na Súmula 267/STF. O ato judicial alegadamente coator (fls. 94-96) apenas deferiu efeito suspensivo em agravo de instrumento interposto contra decisão que antecipou tutela e, assim, fica claro nos autos que o presente mandado de segurança foi utilizado como sucedâneo recursal, uma vez que há previsão legal para o recurso próprio, o qual, inclusive, foi interposto (fls. 102 e 142).

2. "A decisão judicial impugnada não é manifestamente ilegal, tampouco teratológica, razão porque não cabe, *in casu*, mandado de segurança. Com arrimo nos arts. 10 da Lei n.º 12.016/2009, e 212 do Regimento Interno do Superior Tribunal de Justiça, a solução correta é o indeferimento liminar da petição inicial do mandado de segurança" (AgRg no MS 18.636/DF, Rel. Ministro Mauro Campbell Marques, Corte Especial, *DJe* 19.11.2015).

3. "O Mandado de Segurança não é sucedâneo de recurso, sendo imprópria a sua impetração contra decisão judicial passível de impugnação prevista em lei (art. 557, § 1º, do CPC), consoante o disposto na Súmula 267 do STF" (AgRg no RMS 35.133/SP, Rel. Ministro Napoleão Nunes Maia Filho, Primeira Turma, *DJe* 19.4.2013.). Recurso ordinário improvido."

(STJ, RMS 42.116/RJ, Rel. Ministro HUMBERTO MARTINS, SEGUNDA TURMA, julgado em 16/02/2016, *DJe* 24/02/2016)

"APELAÇÃO CÍVEL – AÇÃO DE INDENIZAÇÃO POR DANOS MATERIAL E MORAL – EMPRESA DE TELEFONIA QUE INSCREVE O NOME DA AUTORA EM CADASTROS RESTRITIVOS DE CRÉDITO DECISÃO DE PRIMEIRO GRAU QUE EXTINGUE A AÇÃO POR INÉPCIA DA INICIAL (ART. 295, CPC) – DESCABIMENTO – DECORRÊNCIA LÓGICA DE PEDIDO DECLARATÓRIO DE INEXIGIBILIDADE DE DÉBITO.

Apesar da ausência de pedido expresso declaratório da inexigibilidade de débito, conforme a boa técnica processual recomenda, é possível perceber que ele estaria compreendido no pedido de cobrança de danos materiais por ser premissa lógica. A atecnia da exordial não impediu que a empresa de telefonia apresentasse a contestação com os argumentos de defesa com base no art. 333, II, CPC. Apelação provida para anular a r. decisão de primeiro grau.

(TJ-PR, Apelação Cível8171406 PR 817140-6, Relator: Gamaliel Seme Scaff, Data de Julgamento: 15/02/2012, 11ª Câmara Cível).

"APELAÇÃO CÍVEL. NEGÓCIOS JURÍ-DICOS BANCÁRIOS. AÇÃO REVISIONAL. ART. 285-B DO CPC. INÉPCIA DA INICIAL. REQUISITOS DO ART. 285-B DO CPC NÃO ATENDIDOS. INDEFERIMENTO DA INICIAL. De acordo com o disposto no art. 285-B do CPC, nas ações que tenham por objeto obrigações decorrentes de empréstimos, financiamento ou arrendamento mercantil, o autor deverá discriminar na inicial, dentre as obrigações contratuais, aquelas que pretende discutir, quantificando o valor incontroverso. Inicial com pedido genérico. Intimação da parte autora para emendar a inicial, não atendida. Sentença de extinção com indeferimento da inicial mantida. POR MAIORIA, NEGARAM PROVIMENTO AO APELO."

(TJ-RS – Apelação Cível Nº 70065182552, Relator: Liege Puricelli Pires, Data de Julgamento: 26/11/2015, Décima Sétima Câmara Cível, Data de Publicação: Diário da Justiça do dia 14/12/2015)

Art. 331. Indeferida a petição inicial, o autor poderá apelar, facultado ao juiz, no prazo de 5 (cinco) dias, retratar-se.

§ 1º Se não houver retratação, o juiz mandará citar o réu para responder ao recurso.

§ 2º Sendo a sentença reformada pelo tribunal, o prazo para a contestação começará a correr da intimação do retorno dos autos, observado o disposto no art. 334.

§ 3º Não interposta a apelação, o réu será intimado do trânsito em julgado da sentença.

▶ *Referência: CPC/1973 – Art. 296*

1. Exceção à regra da inalterabilidade da sentença publicada

Diante de uma sentença indeferindo a petição inicial, o autor pode conformar-se com o decidido ou recorrer, por meio de recurso de apelação. Se o fizer, o juiz poderá retratar-se no prazo de 5 (cinco) dias.

A exemplo do que dispunha o art. 296 do CPC/1973, o dispositivo ora comentado carrega exceção à regra segundo a qual ao juiz não é dado alterar a sentença após proferida e publicada, senão para corrigir erros materiais ou pela via dos embargos de declaração (CPC, art. 494).

A retratação do juiz ocorrerá por decisão interlocutória e tornará sem efeito a sentença de extinção do processo sem resolução do mérito por indeferimento da inicial. Nesse caso, o juiz determinará o prosseguimento possivelmente na forma do art. 334 do CPC, com a designação de audiência de conciliação ou mediação e a posterior citação do réu.

Embora o juízo de admissibilidade da apelação não mais seja feito em primeiro grau (CPC, art. 1.010, § 3º), o fato é que, sendo intempestiva a apelação interposta pelo autor, não estará reaberta ao magistrado a oportunidade de retratar-se, operando-se a coisa julgada formal.

2. Ausência de retratação e citação do réu para responder ao recurso

Em não havendo juízo de retratação, dispõe o Código que o réu seja citado para integrar a relação jurídica processual e responder ao recurso.

A grande novidade trazida pelo Código diz respeito à citação do réu *antes* do encaminhamento dos autos ao tribunal para processamento do recurso de apelação. No regime do CPC/1973, isso não ocorria, sendo que o réu só tomava conhecimento do processado quando citado para os termos do processo em caso de provimento do recurso de apelação.

Uma vez citado nesta fase, compete ao réu tão somente responder ao recurso e não contestar ou trazer qualquer outra resposta à demanda (reconvenção, por exemplo). Haverá lugar para a resposta se a sentença for reformada pelo tribunal, nos termos do § 2º do dispositivo.

3. Reforma da sentença e prazo para resposta

Uma vez reformada a sentença de primeiro grau, com o afastamento do indeferimento da inicial, determina o § 2º que tenha início o prazo para contestação (*rectius*: resposta) do réu, observado o disposto no art. 334.

De fato, o prazo para resposta só terá início de imediato se não for o caso de realização da audiência prevista no art. 334 do CPC. Caso contrário, somente após essa audiência e tendo sido frustrada a autocomposição, o prazo terá sua fluência iniciada (CPC, art. 335).

4. Trânsito em julgado da sentença

Tendo em vista que a citação ocorrerá apenas após a interposição do recurso de apelação, se esta não ocorrer, o § 3º determina que se intime o réu ao menos para que seja cientificado (i) da existência do processo, (ii) do seu desfecho por meio de indeferimento da petição inicial e (iii) da formação de coisa julgada (formal) em relação à sentença respectiva.

Jurisprudência

"RECURSO ESPECIAL. PETIÇÃO INICIAL. INDEFERIMENTO. APELAÇÃO. CITAÇÃO. CONTRARRAZÕES. HONORÁRIOS SUCUMBENCIAIS. CABIMENTO. ART. 331 DO CPC/2015.

1. Recurso especial interposto contra acórdão publicado na vigência do Código de Processo Civil de 2015 (Enunciados Administrativos nºs 2 e 3/STJ).

2. Cinge-se a controvérsia a definir se é cabível a fixação de honorários advocatícios sucumbenciais na hipótese em que o réu apenas é citado, nos termos do art. 331 do CPC/2015, para apresentar contrarrazões ao recurso de apelação interposto contra sentença que indeferiu liminarmente a petição inicial.

3. Indeferida a petição inicial sem a citação ou o comparecimento espontâneo do réu, não cabe a condenação do autor ao pagamento de honorários advocatícios sucumbenciais.

4. Interposta apelação contra sentença que indefere a petição inicial e não havendo retratação do ato decisório pelo magistrado, o réu deve ser citado para responder ao recurso.

5. Citado o réu para responder a apelação e apresentadas as contrarrazões, cabe a fixação de honorários advocatícios sucumbenciais se o referido recurso não for provido.

6. Recurso especial provido."

(REsp 1801586/DF, Rel. Ministro RICARDO VILLAS BÔAS CUEVA, TERCEIRA TURMA, julgado em 11/06/2019, *DJe* 18/06/2019)

"PROCESSUAL CIVIL. AGRAVO REGIMENTAL EM AÇÃO RESCISÓRIA. ILEGITI-MIDADE PASSIVA *AD CAUSAM*. INDEFERIMENTO DA PETIÇÃO INICIAL. JUÍZO DE RETRATAÇÃO. RECONHECIMENTO DA POSSIBILIDADE DE EMENDA À INICIAL.

1. Caso em que se determinou a emenda da ação rescisória, nos termos do artigo 284 do CPC, sob pena de indeferimento da inicial.

2. Em se tratando a demanda de ação rescisória na qual se discute a incidência de imposto de renda sobre parcelas que alega não terem natureza salarial, não pode o Secretário de Estado da Fazenda do Estado do Espírito Santo figurar como réu, tendo em vista que a autoridade coatora (parte ré do mandado de segurança rescindendo) apenas representa órgão da administração sem personalidade jurídica própria, que apenas pode figurar no pólo passivo da ação mandamental, mas não na presente ação rescisória. Precedente: QO na AR 1319-1, Relator: Ministro Octávio Gallotti, *DJ* 12/5/89, STF.

3. Agravo regimental não provido."

(STJ, AgRg no AgRg na AR 4.742/ES, Rel. Ministro BENEDITO GONÇALVES, PRIMEIRA SEÇÃO, julgado em 08/04/2015, *DJe* 15/04/2015)

"AGRAVO REGIMENTAL NO AGRAVO EM RECURSO ESPECIAL. DIREITO PROCESSUAL CIVIL. VIOLAÇÃO DO ART. 535 DO CPC. NÃO CARACTERIZAÇÃO. "RECONSIDERAÇÃO" DE SENTENÇA EXTINTIVA. IMPOSSIBILIDADE. ART. 463 DO CPC. PRECEDENTES. JUÍZO DE RETRATAÇÃO DA SENTENÇA PERMITIDO APENAS NAS HIPÓTESES DE INDEFERIMENTO DA INICIAL (ART. 296 DO CPC) OU JULGAMENTO PELA IMPROCEDÊNCIA LIMINAR (ART. 285-A DO CPC). ENUNCIADO N. 83 DA SÚMULA DO STJ. APLICABILIDADE INDEPENDENTEMENTE DA ALÍNEA PELA QUAL INTERPOSTO O ESPECIAL. AUSÊNCIA DE ARGUMENTOS APTOS A INFIRMAR OS FUNDAMENTOS DA DECISÃO AGRAVADA. AGRAVO REGIMENTAL IMPROVIDO.

1. Segundo a jurisprudência do STJ, por força do art. 463 do CPC, uma vez publicada a sentença, ela apenas pode ser alterada para corrigir: i) inexatidões materiais; ii) erros de cálculo; e iii) os vícios que ensejam o provimento de embargos de declaração, na forma do art. 535 do CPC. Precedentes.

2. O juízo de retratação da sentença apenas tem lugar nos casos de: i) indeferimento da inicial, na forma do art. 296 do CPC; ou ii)

improcedência liminar, nos termos do art. 285-A do CPC. Eventual *error in procedendo* ou *error in judicando* na sentença apenas pode ser corrigido por meio do recurso de apelação.

3. Se o agravante não traz argumentos aptos a infirmar os fundamentos da decisão agravada, deve-se negar provimento ao agravo regimental. Precedente.

4. Agravo regimental a que se nega provimento."

(STJ, AgRg no AREsp 598.395/RJ, Rel. Ministro MARCO AURÉLIO BELLIZZE, TERCEIRA TURMA, julgado em 16/06/2015, *DJe* 26/06/2015)

"PROCESSUAL CIVIL. RETRATAÇÃO DE OFÍCIO DA SENTENÇA APÓS REJEIÇÃO DOS EMBARGOS DE DECLARAÇÃO. IMPOSSIBILIDADE. PRINCÍPIO DA INALTERABILIDADE.

1. O princípio da inalterabilidade da sentença é insculpido no art. 463 do Código de Processo Civil, trazendo pressupostos em que poderá o juiz alterar o conteúdo do provimento jurisdicional.

2. O rol do art. 463 não é taxativo. O próprio Código Processual dispõe sobre a alteração de sentença mesmo após sua publicação em outras hipóteses. Na primeira, prevista no art. 296, em indeferimento de petição inicial, pode o Juiz retratar-se em 48 horas se interposto o recurso de apelação. Ainda, o art. 285-A, § 1º, prevê que, quando a matéria controvertida é unicamente de direito e já tiver sido julgada causa idêntica de forma improcedente, pode o Juiz retratar-se da sentença de improcedência, novamente sendo necessária a interposição de apelação. Por fim, na situação prevista no art. 1.028, se evidenciado erro de fato na descrição de bens da partilha, poderá o juiz, de ofício ou a requerimento das partes, a qualquer tempo, corrigir as inexatidões materiais.

3. Contudo, nenhuma dessas circunstâncias está presente *in casu*. Dessa forma, constata-se a nulidade da sentença de retratação de fls. 220-222.

4. Agravo Regimental não provido."

(STJ, AgRg no AREsp 290.919/RJ, Rel. Ministro HERMAN BENJAMIN, SEGUNDA TURMA, julgado em 21/03/2013, *DJe* 09/05/2013)

"DIREITO PRIVADO – AÇÃO DE BUSCA E APREENSÃO – ALIENAÇÃO FIDUCIÁRIA – EXTINÇÃO DO PROCESSO, SEM JULGAMENTO DE MÉRITO – APELAÇÃO DO AUTOR – JUÍZO DE RETRATAÇÃO (art. 296, do CPC) – Desnecessidade – Remessa dos autos a este Tribunal, tal como determinado, revela o manifesto desejo do MM. Juízo a quo de manter a decisão recorrida e, pois, de que não desejava a retratação – EXTINÇÃO DECRETADA NOS TERMOS DO ART. 267, IV, DO C.P.C. – ADMISSIBILIDADE – Determinação de emenda da inicial – Providência não atendida pelo autor – Desnecessária a prévia intimação pessoal do autor ou de seu patrono – Exigência de intimação pessoal restrita às hipóteses dos incisos II e III, do mencionado artigo – Sentença mantida – Recurso desprovido."

(TJ-SP, Apelação cível 1000509-58.2015.8.26.0269, Relator: Antonio Tadeu Ottoni, Data de Julgamento: 11/11/2015, 34ª Câmara de Direito Privado, Data de Publicação: 12/11/2015)

"APELAÇÃO CÍVEL – AÇÃO DE EXECUÇÃO DE TÍTULO EXTRAJUDICIAL – EXTINÇÃO DO FEITO POR ABANDONO – NÃO INCIDÊNCIA DO *CAPUT* DO ART. 296 DO CPC – RETRATAÇÃO DO JUIZ – ABANDONO DA CAUSA – ARTIGO 267, INCISO III, DO CÓDIGO DE PROCESSO CIVIL – AUSÊNCIA DE INTIMAÇÃO PESSOAL – INOBSERVÂNCIA DO ARTIGO 267, § 1º, DO CÓDIGO DE PROCESSO CIVIL – RECURSO CONHECIDO E PROVIDO.

Não incide o disposto no *caput* do art. 296 do CPC, que corresponde à faculdade do magistrado singular, em se retratar, no prazo de 48 (quarenta e oito) horas, quando a extinção do feito deu-se em virtude de o autor ter abandonado a causa por mais de trinta dias, não promovendo os atos e diligências que lhe competia. Para a extinção do feito sem resolução do mérito por abandono da causa (artigo 267, inciso III, do Código de Processo Civil), é imprescindível a intimação pessoal do requerente para, no prazo de 48 (quarenta e oito horas), promover o regular prosseguimento do feito (artigo 267, § 1º, do Código de Processo Civil)."

(TJ-MS, Apelação 0803496-69.2015.8.12.0001, Relator: Des. Vladimir Abreu da Silva, Data de Julgamento: 30/06/2015, 5ª Câmara Cível, Data de Publicação: 03/08/2015)

"APELAÇÃO CÍVEL. DIREITO PRIVADO NÃO ESPECIFICADO. EMBARGOS À EXECUÇÃO. PROCESSUAL CIVIL. REQUISITO DE ADMISSIBILIDADE RECURSAL

DESCUMPRIDO. PRAZO. INTERPOSIÇÃO A DESTEMPO. NÃO CONHECIMENTO. PEDIDO DE RECONSIDERAÇÃO QUE NÃO INTERROMPE NEM SUSPENDE O PRAZO RECURSAL. INOBSERVÂNCIA AO DISPOSTO NO ART. 296 DO CPC. PRECLUSÃO TEMPORAL. INTEMPESTIVIDADE RECONHECIDA. RECURSO DE APELAÇÃO NÃO CONHECIDO. UNÂNIME."

(TJ-RS, Apelação Cível Nº 70062165881, Décima Oitava Câmara Cível, Relator: Pedro Celso Dal Pra, Julgado em 11/12/2014, Diário da Justiça do dia 15/12/2014).

CAPÍTULO III
DA IMPROCEDÊNCIA LIMINAR DO PEDIDO

Art. 332. Nas causas que dispensem a fase instrutória, o juiz, independentemente da citação do réu, julgará liminarmente improcedente o pedido que contrariar:

I – enunciado de súmula do Supremo Tribunal Federal ou do Superior Tribunal de Justiça;

II – acórdão proferido pelo Supremo Tribunal Federal ou pelo Superior Tribunal de Justiça em julgamento de recursos repetitivos;

III – entendimento firmado em incidente de resolução de demandas repetitivas ou de assunção de competência;

IV – enunciado de súmula de tribunal de justiça sobre direito local.

§ 1º O juiz também poderá julgar liminarmente improcedente o pedido se verificar, desde logo, a ocorrência de decadência ou de prescrição.

§ 2º Não interposta a apelação, o réu será intimado do trânsito em julgado da sentença, nos termos do art. 241.

§ 3º Interposta a apelação, o juiz poderá retratar-se em 5 (cinco) dias.

§ 4º Se houver retratação, o juiz determinará o prosseguimento do processo, com a citação do réu, e, se não houver retratação, determinará a citação do réu para apresentar contrarrazões, no prazo de 15 (quinze) dias.

▶ *Referência: CPC/1973 – Art. 285-A*

1. Improcedência liminar do pedido

O art. 332 do CPC aglutina as hipóteses de *improcedência liminar do pedido*. É esse, aliás, o nome do capítulo em que inserido o dispositivo.

Em se tratando de *improcedência*, o julgamento será de *mérito*. Daí por que as hipóteses de decadência e prescrição foram deslocadas da previsão de indeferimento da petição inicial (CPC, art. 330) e transportadas para esta outra regra (CPC, art. 332, § 1º), já que, por força do art. 487, inc. II, prescrição e decadência ensejam *extinção do processo com resolução do mérito*.

Essa é uma técnica de julgamento utilizada em situações em que a instrução processual se mostra desnecessária e que visa atender a reclamos de celeridade e economia de atos processuais, mediante abreviação do procedimento e dispensa da citação do réu.

Surgida com a introdução no CPC/1973 do art. 285-A, a técnica despertou tanto admiradores, quanto críticos. Alguns elogiavam-na, ressaltando a desnecessidade de citação do réu, pois da sua aplicação só se poderia produzir o julgamento de *improcedência* da demanda, que sempre ocorre em *benefício* do demandado. Outros viam justamente nesse ponto a sua flagrante inconstitucionalidade, já que estaria violando garantias constitucionais do autor e o próprio princípio dispositivo, já que seria direito do autor ver efetivada a citação do réu que, por sua vez, poderia submeter-se à pretensão, independentemente de haver precedentes do juízo em sentido contrário.

De qualquer sorte, a aplicação do art. 285-A do CPC/1973 dependia do preenchimento de determinados requisitos, os quais foram aprimorados – e muito – na redação do art. 332 do Código atual, como se passa a verificar.

2. Ampliação do âmbito de aplicação

O antigo art. 285-A, com sua redação imperfeita, aplicava-se a causas tidas por repetitivas e que apresentavam a mesma situação fática e discutiam a mesma tese jurídica, já muitas vezes decidida pelo juízo a que endereçada a demanda.

Já o art. 332 do CPC aplica-se a todas as *"causas que dispensem a fase instrutória"*, ampliando o espetro de incidência da norma. Causas que dispensam a fase instrutória são aquelas em que a prova pré-constituída se mostra suficiente para a formação do convencimento do magistrado e o fundamento da sentença.

Além disso, aquilo que parecia uma faculdade a ser ou não exercida pelo juiz sob o regime anterior (CPC/1973, art. 285-A), passou a consistir em um poder-dever do juiz, diante dos

Art. 332

termos *imperativos* em que redigido o *caput* do art. 332 do CPC ("*o juiz [...] julgará liminarmente improcedente o pedido*").

O julgamento liminar também se aplica aos casos de reconhecimento *prima facie* de decadência ou prescrição, situação que, como dito, anteriormente, ensejava indeferimento da petição inicial e não improcedência liminar. Isso também ampliou as hipóteses de incidência do dispositivo.

Diante da redação mais abrangente do art. 332 do CPC, há que se passar a acolher também a possibilidade de aplicação da técnica em causas de competência originária dos tribunais.

3. Hipóteses de aplicação da técnica

Ao contrário do que ocorria com o art. 285-A, que tomava como parâmetro os precedentes do próprio juízo prolator da sentença, o art. 332 incide quando o pedido do autor contrariar: (i) enunciado de súmula do STF ou do STJ (inc. I); (ii) acórdão proferido pelo STF ou STJ em julgamento de recursos repetitivos (inc. II); (iii) entendimento firmado em incidente de resolução de demandas repetitivas ou de assunção de competência (inc. III) ou (iv) enunciado de súmula de tribunal de justiça sobre direito local (inc. IV). Incide, ainda, quando o juiz reconhecer a ocorrência de (v) decadência ou prescrição (§ 1º).

Ao se confrontar o rol do art. 332 com aquele do art. 927 do CPC (que traz a lista dos precedentes a serem observados pelos órgãos jurisdicionais), verifica-se que não existe uma perfeita coincidência. Os incisos I e V do art. 927 (precedentes do STF em controle concentrado de constitucionalidade e orientação de plenário ou órgão especial de tribunal ao qual o juiz esteja vinculado, respectivamente) não estão incluídos na previsão de julgamento liminar de improcedência e, por isso, não poderão servir de base para a aplicação dessa técnica.

Como se verifica, a maioria das hipóteses de aplicação da técnica volta-se para um dos grandes pilares de sustentação do Código, que é o sistema de respeito aos precedentes judiciais. A ideia é, certamente, a de conferir segurança jurídica, previsibilidade, isonomia e celeridade aos processos judiciais.

Há quem proponha que situações atípicas também ensejem a aplicação da técnica. Seria o caso, por exemplo, das hipóteses que conhecemos como de impossibilidade jurídica do pedido

(*vide*, sobre o tema, Enunciado 36 do Fórum Permanente de Processualistas Civis – FPPC). Todavia, o rol parece ter caráter taxativo e essa leitura não se extrai imediatamente do dispositivo em questão.

4. Regime recursal

A improcedência liminar do pedido reflete-se em sentença, impugnável por apelação (CPC, arts. 1.009 e ss.). Se nenhum recurso for interposto, a sentença transita materialmente em julgado e o réu deve ser dela intimado nos termos do art. 241 do CPC.

Caso haja apelação, a exemplo do que ocorre nos casos de indeferimento da petição inicial, o juiz tem a possibilidade de se retratar no prazo de 5 (cinco) dias, uma vez convencido das razões de apelação do autor.

Havendo retratação, o processo tem seu normal prosseguimento.

Se retratação não houver, determina-se a citação do réu *para responder ao recurso*, uma vez que a fase de primeiro grau já terá se encerrado com sentença que lhe foi favorável, não sendo o caso de apresentação de contestação ou produção de provas.

Jurisprudência

"PREVIDENCIÁRIO. RECURSO ESPECIAL. AÇÃO RESCISÓRIA DE COMPETÊNCIA ORIGINÁRIA DE TRIBUNAL REGIONAL FEDERAL. ARTIGO 485, VII E IX, DO CPC/1973. IMPROCEDÊNCIA LIMINAR COM BASE NO ART. 285-A DO CPC/73. POSSIBILIDADE QUANDO A QUESTÃO CONTROVERTIDA FOR UNICAMENTE DE DIREITO. CASO CONCRETO EM QUE TAMBÉM PRESENTE QUESTÃO DE FATO CONTROVERTIDA. INVIABILIDADE DO COMBATIDO JUÍZO PRECOCE DE IMPROCEDÊNCIA. PRÉVIA INTIMAÇÃO DO MINISTÉRIO PÚBLICO *CUSTOS LEGIS*. DESNECESSIDADE. RECURSO ESPECIAL DO *PARQUET* FEDERAL PARCIALMENTE PROVIDO.

1. Consoante aval da doutrina e da jurisprudência, a técnica da liminar improcedência do mérito da ação, como prevista no art. 285-A do revogado CPC/73 (replicado, com inovações, no art. 332 do CPC/15), é perfeitamente aplicável nas demandas de competência originária dos tribunais, aí incluída a ação rescisória.

2. Como ressai de seu conteúdo, a aplicação do referido dispositivo tem lugar apenas nas hipóteses em que a controvérsia trazida à jurisdição envolva matéria exclusivamente de direito, presente, ainda, a circunstância de que o juízo já tenha proferido decisões de improcedência em casos idênticos.

3. A leitura do respeitável acórdão recorrido, no que sustenta a aplicabilidade do mesmo art. 285-A, deixa ver que não houve menção a nenhum precedente que revelasse ter havido julgamento pretérito de rescisórias idênticas pelo mesmo Colegiado local.

4. Outrossim, a questão veiculada na presente rescisória, nos moldes em que vertida a pretensão autoral, desponta não ser apenas de direito, visto demandar a incursão em matéria desenganadamente fática.

5. Nas hipóteses em que prevista a possibilidade de julgamento initio litis, de que era exemplo o art. 285-A do CPC/73 (art. 332 do atual CPC/15), mesmo em se tratando de causa em que a legislação reclame a intervenção fiscalizatória do Ministério Público, é dado ao juiz proferir decisão de plano, independentemente da prévia ouvida da instituição ministerial, à qual, no entanto, será sempre assegurada a oportuna intimação pessoal, possibilitando-lhe o manejo de eventual de recurso.

6. Na espécie, o Parquet restou regularmente cientificado do teor da decisão fundada no art. 285-A do CPC/73, tendo exercitado seu inconformismo recursal, pelo que não se vislumbra qualquer nulidade a esse respeito.

7. Recurso especial do MPF parcialmente provido, em ordem a declarar a nulidade do processo desde a primeira decisão monocrática fundada no art. 285-A do CPC/73."

(REsp 1761211/SP, Rel. Ministro SÉRGIO KUKINA, PRIMEIRA TURMA, julgado em 07/11/2019, DJe 12/11/2019)

"DIREITO PROCESSUAL CIVIL. IMPROCEDÊNCIA PRIMA FACIE. ART. 285-A DO CPC. ENTENDIMENTO DO JUÍZO SENTENCIANTE. DISSIDÊNCIA RELATIVA ÀS INSTÂNCIAS SUPERIORES. APLICAÇÃO DA NOVA TÉCNICA. DESCABIMENTO. EXEGESE TELEOLÓGICA.

1. A aplicação do art. 285-A do CPC, mecanismo de celeridade e economia processual, supõe alinhamento entre o juízo sentenciante,

quanto à matéria repetitiva, e o entendimento cristalizado nas instâncias superiores, sobretudo junto ao Superior Tribunal de Justiça e Supremo Tribunal Federal.

2. Recurso especial não provido."

(STJ, REsp 1109398/MS, Rel. Ministro LUIS FELIPE SALOMÃO, QUARTA TURMA, julgado em 16/06/2011, DJe 01/08/2011)

"PROCESSUAL CIVIL E TRIBUTÁRIO. RECURSO ESPECIAL EM AÇÃO RESCISÓRIA. QUESTÃO DE FUNDO, RELATIVA À INCIDÊNCIA DO IMPOSTO DE RENDA SOBRE O ABONO DE PERMANÊNCIA, QUE POSSUI NATUREZA INFRACONSTITUCIONAL. ACÓRDÃO RESCINDENDO PROLATADO EM 13/04/2011, APÓS A PACIFICAÇÃO DA JURISPRUDÊNCIA SOBRE O ASSUNTO, EM 25/08/2010, PELA PRIMEIRA SEÇÃO DO STJ, POR OCASIÃO DO JULGAMENTO, SOB O RITO DO ART. 543-C DO CPC, DO RESP 1.192.556/PE (REL. MINISTRO MAURO CAMPBELL MARQUES, DJE DE 06/09/2010). INAPLICABILIDADE DA SÚMULA 343/STF. HIPÓTESE EM QUE O TRIBUNAL DE ORIGEM, AO MANTER O INDEFERIMENTO LIMINAR DA PETIÇÃO INICIAL DA AÇÃO RESCISÓRIA, SOB O FUNDAMENTO DE IMPROCEDÊNCIA LIMINAR DA RESCISÓRIA, O FEZ COM SUPORTE NO ART. 285-A DO CPC. FALTA DE OBSERVÂNCIA, NO ENTANTO, DOS REQUISITOS NECESSÁRIOS À APLICAÇÃO DESSE DISPOSITIVO PROCESSUAL. RECURSO ESPECIAL PROVIDO, PARA QUE A AÇÃO RESCISÓRIA SEJA PROCESSADA.

I. A Primeira Seção do STJ, ao julgar, sob o rito do art. 543-C do CPC, o REsp 1.001.779/DF (Rel. Ministro LUIZ FUX, DJe de 18/12/2009), deixou consignado que, nos termos da Súmula 343 do STF, "não cabe ação rescisória por ofensa a literal disposição de lei, quando a decisão rescindenda se tiver baseado em texto legal de interpretação controvertida nos tribunais". A ação rescisória, a contrario sensu, resta, então, cabível, se, à época do julgamento, cessara a divergência, hipótese em que o julgado divergente, ao revés de afrontar a jurisprudência, viola a lei que confere fundamento jurídico ao pedido.

II. Recentemente, a Corte Especial do STJ, ao julgar o REsp 736.650/MT (Rel. Ministro ANTONIO CARLOS FERREIRA, DJe de 01/09/2014), também proclamou que a pa-

Art. 332

CÓDIGO DE PROCESSO CIVIL INTERPRETADO

cificação da jurisprudência deste Tribunal, em sentido contrário e posteriormente ao acórdão rescindendo, não afasta a aplicação da Súmula 343/STF. Entretanto, firmado o posicionamento do STJ, quanto à interpretação de determinada norma infraconstitucional, torna-se cabível a ação rescisória contra julgado proferido em data posterior à pacificação, desde que contrário ao entendimento que se consolidou neste Tribunal, afastando-se, em tal hipótese, a incidência do referido enunciado sumular.

III. Por outro lado, é certo que a Corte Especial do STJ, em reiterados julgados, vinha decidindo no sentido de que, em se tratando de matéria constitucional, não se aplica a Súmula 343/STF (EREsp 155.654/RS, Rel. Ministro JOSÉ ARNALDO DA FONSECA, DJU de 23/08/1999; AgRg nos EREsp 115.316/DF, Rel. Ministro FRANCISCO PEÇANHA MARTINS, DJU de 25/08/2003; EREsp 687.903/RS, Rel. Ministro ARI PARGENDLER, *DJe* de 19/11/2009; EREsp 953.174/MG, Rel. Ministra ELIANA CALMON, *DJe* de 01/07/2013). Ocorre que, em 22/10/2014, o Plenário do STF, no julgamento do RE 590.809/RS, sob a relatoria do Ministro MARCO AURÉLIO MELLO e sob o regime de repercussão geral, pacificou o entendimento no sentido de que deve ser refutada "a assertiva de que o Enunciado 343 da Súmula do STF ('Não cabe ação rescisória por ofensa a literal disposição de lei, quando a decisão rescindenda se tiver baseado em texto legal de interpretação controvertida nos tribunais') deveria ser afastado, aprioristicamente, em caso de matéria constitucional".

IV. Sobre a questão de fundo, antes de a Primeira Seção do STJ julgar, em 25/08/2010, sob o rito do art. 543-C do CPC, o REsp 1.192.556/PE (Rel. Ministro MAURO CAMPBELL MARQUES, *DJe* de 06/09/2010), havia divergência jurisprudencial acerca da incidência, ou não, do Imposto de Renda sobre o abono de permanência, o que, nos termos da Súmula 343/STF, não autorizaria o cabimento de ação rescisória, por ofensa a literal dispositivo de lei, para a hipótese em que a decisão rescindenda houvesse sido proferida antes do julgamento do retromencionado Recurso Especial repetitivo, o que, entretanto, não é o caso dos autos, no qual o acórdão rescindendo foi proferido em 13/04/2011, após a pacificação do entendimento do STJ sobre a matéria, em 25/08/2010, sob o rito do art. 543-C do CPC.

V. O Plenário do STF, ao julgar o RE 688.001/RS (Rel. Ministro TEORI ZAVASCKI,

DJe de 18/11/2013), proclamou que é de natureza infraconstitucional e não possui repercussão geral, a questão relativa à incidência do Imposto de Renda sobre o abono de permanência.

VI. De fato, independentemente de ser infraconstitucional a questão relativa à incidência do Imposto de Renda sobre o abono de permanência, não incide, na espécie, a Súmula 343/STF, pois, à época em que foi prolatado o acórdão rescindendo (13/04/2011), o STJ já havia pacificado sua jurisprudência, sobre a questão de fundo, em sentido contrário ao acórdão rescindendo, desde o julgamento, em 25/08/2010, sob o regime do art. 543-C do CPC, do REsp 1.192.556/PE (STJ, Rel. Ministro MAURO CAMPBELL MARQUES, PRIMEIRA SEÇÃO, *DJe* de 06/09/2010). Em hipótese idêntica à dos presentes autos, aliás, a Primeira Turma do STJ, ao julgar o AgRg no AREsp 373.784/RS (Rel.

Ministro BENEDITO GONÇALVES, *DJe* de 18/02/2014), considerou inaplicável a Súmula 343/STF e determinou que o Tribunal de origem prosseguisse no julgamento da Ação Rescisória.

VII. Nos presentes autos, ao manter o indeferimento liminar da petição inicial da Ação Rescisória, sob o fundamento da improcedência liminar da Rescisória, o Tribunal de origem indicou, como suporte legal para a extinção do processo, o art. 285-A do CPC.

No entanto, deve ser afastada a aplicação do referido dispositivo processual, na espécie, seja porque não foi indicada qualquer decisão anterior, de indeferimento liminar de petição inicial de ação rescisória, em caso idêntico, seja porque o acórdão recorrido, ao considerar que a interpretação do § 19 do art. 40 da Constituição Federal influenciaria diretamente na interpretação do art. 43 do CTN, divergiu da orientação firmada, tanto pelo STF, quanto pelo STJ, no sentido de que a questão, em torno da incidência do Imposto de Renda sobre o abono de permanência, é de natureza infraconstitucional.

VIII. Recurso Especial provido, para determinar que a Ação Rescisória seja regularmente processada."

(STJ, REsp 1517595/RS, Rel. Ministra ASSUSETE MAGALHÃES, SEGUNDA TURMA, julgado em 23/06/2015, *DJe* 01/07/2015)

"PROCESSUAL CIVIL. AGRAVO REGIMENTAL NO RECURSO ESPECIAL. SERVIDOR PÚBLICO MILITAR. ART. 285-A DO CPC. EXTINÇÃO PREMATURA DO PRO-

CESSO. NULIDADE DA SENTENÇA. NECESSIDADE DE RETORNO DO AUTOS À ORIGEM. PROVIMENTO NEGADO.

1. O art. 285-A do CPC não pode ser aplicado na hipótese em que a pretensão deduzida em juízo não se resume à análise de matéria unicamente de direito.

2. Não se tratando de matéria eminentemente de direito, impõe-se o processamento regular da demanda, com a citação da parte contrária, facultando-se, outrossim, a produção das provas previamente requeridas, desde que necessárias ao deslinde da controvérsia.

3. Ademais, há cerceamento de defesa se o magistrado julga antecipadamente a lide e conclui pela improcedência do pedido, por falta de provas do direito alegado, sem facultar a produção de provas previamente requerida pela parte.

4. Agravo regimental não provido."

(STJ, AgRg no REsp 1087375/MS, Rel. Ministro ROGERIO SCHIETTI CRUZ, SEXTA TURMA, julgado em 18/12/2014, *DJe* 04/02/2015)

"DIREITO PROCESSUAL CIVIL. RECURSO ESPECIAL. AÇÃO DE REVISÃO DE CONTRATOS BANCÁRIOS. VIOLAÇÃO AO ART. 557, § 1º, DO CPC. NÃO OCORRÊNCIA. OFENSA AO CONTRADITÓRIO E AMPLA DEFESA. MATÉRIAS DE ORDEM PÚBLICA. POSSIBILIDADE DE RECONHECIMENTO DE OFÍCIO PELAS INSTÂNCIAS ORDINÁRIAS. ART. 285-A DO CPC. IMPROCEDÊNCIA PRIMA FACIE. NECESSIDADE DA CONFORMIDADE DO ENTENDIMENTO DO JUÍZO SENTENCIANTE COM A JURISPRUDÊNCIA DAS INSTÂNCIAS SUPERIORES. EXEGESE TELEOLÓGICA. PEDIDO DE REVISÃO DE INSTRUMENTOS BANCÁRIOS. DEMANDA QUE ENVOLVE QUESTÃO FÁTICA. RECURSO NÃO PROVIDO.

1. Não há falar em afronta ao art. 557 do CPC em virtude de o recurso ter sido decidido monocraticamente pelo relator quando, em sede de agravo interno, este é reapreciado pelo órgão colegiado do Tribunal de origem.

2. As matérias de ordem pública não estão sujeitas ao regime de preclusão e podem ser conhecidas de ofício pelo juiz. Assim, tendo o Tribunal de origem concluído que a manutenção da sentença viola os princípios do contraditório e da ampla defesa e, por tal razão, anular *ex*

officio a decisão do juízo de piso, não conduz em ofensa aos arts. 128, 460 e 514 do Código de Processo Civil.

3. A aplicação do art. 285-A do CPC, mecanismo de celeridade e economia processual, supõe alinhamento entre o juízo sentenciante, quanto à matéria repetitiva, e o entendimento cristalizado nas instâncias superiores, sobretudo no Superior Tribunal de Justiça e Supremo Tribunal Federal.

4. A demanda de revisão de contratos bancários, em regra, também versa sobre questões de fato, o que, por si, afasta a possibilidade de aplicação do art. 285-A da legislação processual civil.

5. O simples fato de existir jurisprudência consolidada do STJ acerca de determinadas matérias não gera a conclusão de que a questão suscitada é unicamente de direito para, em seguida, invocar o art. 285-A do CPC, pois a subsunção à norma e à interpretação dos julgados dos tribunais superiores necessitam do amplo conhecimento do arcabouço fático.

6. Recurso especial não provido."

(STJ, REsp 1201357/AC, Rel. Ministro LUIS FELIPE SALOMÃO, QUARTA TURMA, julgado em 08/09/2015, *DJe* 29/09/2015)

"APELAÇÃO CÍVEL. CONTRATOS DE CARTÃO DE CRÉDITO. AÇÃO REVISIONAL. SENTENÇA DE IMPROCEDÊNCIA PROLATADA NA FORMA DO ART. 285-A DO CPC. A ausência do contrato cujas cláusulas pretende a parte autora revisar, inviabiliza o julgamento antecipado com base no art. 285-A do CPC, impondo-se a desconstituição da sentença. SENTENÇA DESCONSTITUÍDA DE OFÍCIO. APELAÇÃO PREJUDICADA. (Apelação Cível Nº 70065948259, Vigésima Quarta Câmara Cível, Tribunal de Justiça do RS, Relator: Altair de Lemos Junior, Julgado em 26/08/2015)."

(TJ-RS – AC: 70065948259 RS, Relator: Altair de Lemos Junior, Data de Julgamento: 26/08/2015, Vigésima Quarta Câmara Cível, Data de Publicação: Diário da Justiça do dia 28/08/2015)

"AÇÃO REVISIONAL. CONTRATO DE FINANCIAMENTO. JULGAMENTO COM BASE NO ART. 285-A DO CPC. AUSÊNCIA DO CONTRATO.

I. No caso concreto, resta inviável o julgamento antecipado da lide, com fulcro no art. 285-A, do CPC. A decisão foi proferida sem

Art. 333

CÓDIGO DE PROCESSO CIVIL INTERPRETADO

a juntada dos dados específicos do contrato cuja revisão é postulada, inviabilizando a análise de eventuais ilegalidades.

II. A sentença de improcedência proferida com fulcro no art. 285-A do CPC deve estar em consonância com a jurisprudência do Tribunal local e dos Tribunais Superiores.

III. Desconstituição da sentença que se impõe.

IV. RECURSO PROVIDO.

(TJ-PA, Apelação Cível nº 201330255098, 3ª Câmara Cível, Relatora: Maria Filomena de Almeida Buarque, Julgado em 28/08/2014, *DJ* 02/09/2014).

"Contrato bancário. Revisão. Tarifas. Cobrança. Julgamento na forma do art. 285-A do CPC.

1. O julgamento na forma do art. 285-A do CPC, medida de celeridade processual, não afronta o princípio do devido processo legal.

2. É ilegal a cobrança de tarifas bancárias, não previstas em resolução do BACEN que regulamenta a cobrança dessas.

3. Cobrança indevida ou excessiva, mas de boa-fé, não enseja a repetição em dobro (súmula 159 do STF).

4. Apelação provida em parte."

(TJ-DF, Apelação Cível nº 20140111451038, 6ª Turma Cível, Relator: Hector Valverde Santanna, Julgado em 21/10/2015, *DJe* 27/10/2015).

CAPÍTULO IV
DA CONVERSÃO DA AÇÃO INDIVIDUAL EM AÇÃO COLETIVA

Art. 333. (VETADO).

CAPÍTULO V
DA AUDIÊNCIA DE CONCILIAÇÃO OU DE MEDIAÇÃO

Art. 334. Se a petição inicial preencher os requisitos essenciais e não for o caso de improcedência liminar do pedido, o juiz designará audiência de conciliação ou de mediação com antecedência mínima de 30 (trinta) dias, devendo ser citado o réu com pelo menos 20 (vinte) dias de antecedência.

§ 1º O conciliador ou mediador, onde houver, atuará necessariamente na audiência de conciliação ou de mediação, observando o disposto neste Código, bem como as disposições da lei de organização judiciária.

§ 2º Poderá haver mais de uma sessão destinada à conciliação e à mediação, não podendo exceder a 2 (dois) meses da data de realização da primeira sessão, desde que necessárias à composição das partes.

§ 3º A intimação do autor para a audiência será feita na pessoa de seu advogado.

§ 4º A audiência não será realizada:

I – se ambas as partes manifestarem, expressamente, desinteresse na composição consensual;

II – quando não se admitir a autocomposição.

§ 5º O autor deverá indicar, na petição inicial, seu desinteresse na autocomposição, e o réu deverá fazê-lo, por petição, apresentada com 10 (dez) dias de antecedência, contados da data da audiência.

§ 6º Havendo litisconsórcio, o desinteresse na realização da audiência deve ser manifestado por todos os litisconsortes.

§ 7º A audiência de conciliação ou de mediação pode realizar-se por meio eletrônico, nos termos da lei.

§ 8º O não comparecimento injustificado do autor ou do réu à audiência de conciliação é considerado ato atentatório à dignidade da justiça e será sancionado com multa de até dois por cento da vantagem econômica pretendida ou do valor da causa, revertida em favor da União ou do Estado.

§ 9º As partes devem estar acompanhadas por seus advogados ou defensores públicos.

§ 10 A parte poderá constituir representante, por meio de procuração específica, com poderes para negociar e transigir.

§ 11. A autocomposição obtida será reduzida a termo e homologada por sentença.

§ 12. A pauta das audiências de conciliação ou de mediação será organizada de modo a respeitar o intervalo mínimo de 20 (vinte) minutos entre o início de uma e o início da seguinte.

▶ *Sem correspondência no CPC/1973*

1. Designação da audiência (*caput*)

Tratando-se de ação de rito comum, a audiência de conciliação ou mediação deverá ser designada quando não for o caso de improcedência liminar do pedido (art. 332, CPC e art. 27, Lei de Mediação) e estiver em termos a petição inicial, atendendo aos requisitos legais (arts. 319 a 321 do CPC).

A designação da audiência fica condicionada à inexistência de improcedência liminar do pedido, seja porque não seria o caso de dar prosseguimento a casos manifestamente improcedentes, congestionando os já insuficientes Cejuscs instalados pelo Brasil, seja porque a viabilidade, a qualidade e o êxito em tentativas de autocomposição de casos juridicamente fadados ao insucesso é muito duvidosa.

Há, ainda, previsão de que essa audiência seja designada com antecedência mínima de 30 (trinta) dias à data de sua efetiva realização, citando-se o réu com pelo menos 20 (vinte) dias de antecedência (sobre a cientificação de autor e réu, vide nossos comentários abaixo, item 3).

2. Ausência de designação da audiência (*caput*)

Do comando legal cogente para a designação dessa audiência decorre outra consequência, relacionada à eventual alegação de nulidade nos casos em que não designada, mesmo quando possível.

Trata-se de conflito que não nos é estranho, tendo em vista que esse debate já havia se dado sob a égide do art. 331 do CPC/73.

A despeito de o novo diploma processual ser ainda relativamente novo, já há divergência nos tribunais a esse respeito (vide julgados abaixo, em ambos os sentidos). O posicionamento que nos parece correto, no entanto, é aquele que não acarreta a nulidade do processo pela simples ausência de designação da audiência inicial de conciliação/mediação. Há vários elementos para assim se concluir: i) o regime das nulidades adotado pelo atual CPC, no sentido de inexistência de vício quando não houver prejuízo (arts. 276 a 283); ii) a atenção à instrumentalidade das formas; iii) a observância do princípio da duração razoável do processo (art. 139, II, CPC e art. 5º, LXXVIII, CF); e iv) a existência de inúmeras outras oportunidades de as partes se conciliarem de forma judicial ou extrajudicial (arts. 139, V, 359, 932, I, CPC).

De fato, não faz qualquer sentido que o processo tramite por inúmeros anos entre o primeiro e o segundo graus de jurisdição para, ao final, ter um decreto de nulidade determinando que retorne à sua fase inicial única e exclusivamente para a realização da sessão consensual.

3. A intimação do autor e a citação do réu para a audiência (*caput* e § 3º)

Designada a audiência com antecedência de 30 (trinta) dias à sua efetiva realização, o autor será intimado na pessoa de seu advogado, cuja identidade já é conhecida desde o ajuizamento da ação, com antecedência mínima de 48 (quarenta e oito) horas, justamente para que possa se preparar para a audiência (art. 218, § 2º, CPC). Intimado o autor por meio de seu advogado, há algumas hipóteses possíveis: i) a parte não comparece, alegando e provando justo impedimento e, portanto, redesignando-se a audiência; ii) a intimação se dá com prazo inferior às 48 horas e a parte comparece, realizando-se normalmente a audiência, sem qualquer prejuízo; iii) a intimação se dá com prazo inferior às 48 horas e a parte não comparece, devendo o ato ser cancelado/redesignado, sem a possibilidade de incidência da multa prevista pelo § 8º.

Já no caso do réu, o prazo de sua citação para ciência dos termos da ação e comparecimento à audiência deve se dar com antecedência mínima de 20 (vinte) dias úteis à data de realização da audiência (art. 219, CPC), possibilitando que tome ciência da existência da ação e de seus termos, contrate advogado – ou recorra à defensoria pública, quando o caso –, e, com seu auxílio, estude o caso e suas opções negociais para a sessão consensual.

Esse prazo de 20 (vinte) dias pode ser alterado quando a Fazenda Pública ou qualquer outro ente que goze da mesma prerrogativa processual for parte, duplicando-se o prazo para 40 (quarenta) dias úteis (art. 183, CPC), ou por determinação do juiz, diante da complexidade da causa (art. 139, VI, CPC). A inobservância desse prazo para a parte requerida acarreta as mesmas consequências que a inobservância do prazo de 48 horas para a requerente: comparecimento do réu e realização do ato sem prejuízo; ou não comparecimento do réu e necessidade de adiamento/redesignação da audiência, sem possibilidade de aplicação da multa prevista no § 8º.

Ademais, a contagem desse prazo de 20 dias se dá de forma regressiva, invertida, e com a observância do disposto nos arts. 219, 224 e 231 do CPC. Em outras palavras, o *dies a quo* do

Art. 334

prazo é a data da audiência, excluindo-se o dia do começo, e o vencimento será o dia coincidente com a data limite para a prática do ato citatório, incluindo-se o dia final; assim, o primeiro dia do prazo é o primeiro dia útil anterior à data da audiência, esgotando-se o prazo no 20º ou no 40º dia.

Por fim, há entendimento de Enunciado não vinculante do FPPC (Fórum Permanente de Processualistas Civis), em seu número 273, no sentido de que "*ao ser citado, o réu deverá ser advertido de que sua ausência injustificada à audiência de conciliação ou mediação configura ato atentatório à dignidade da justiça, punível com a multa do art. 334, § 8º, sob pena de sua inaplicabilidade*".

Trata-se de providência salutar, uma vez que o indivíduo citado na condição de réu, até que contrate seu advogado, não possui conhecimento jurídico para saber das consequências de sua ausência à audiência; o mesmo não ocorre, no entanto, com o autor, pois a intimação para a audiência se dá na pessoa de seu advogado, cujo risco da multa pelo não comparecimento é de ciência obrigatória (arts. 77, IV e § 1º e 250, IV, CPC).

A despeito disso, e atendendo ao princípio da igualdade, é recomendável que seja dado tratamento idêntico às partes, constando-se esse alerta tanto na carta de citação do réu, quanto na intimação do autor (art. 7º, CPC).

4. A realização da audiência de conciliação/mediação nos Cejuscs ou por meio de conciliadores e mediadores treinados (§ 1º)

Atento à promessa feita na exposição de motivos de seu Anteprojeto, de acesso à Justiça por meio do sistema Multiportas de resolução de conflitos, o atual CPC agregou ao seu bojo diversos dispositivos contendo as premissas principiológicas e as melhores técnicas para a operacionalização das sessões consensuais, seguindo as diretrizes da Resolução nº 125/2010, do CNJ.

Dentre essas técnicas, agregou-se a utilização preferencial dos Cejuscs para a efetivação das audiências de conciliação/mediação (política já definida pelos arts. 7º, IV e 8º, §§1º e 2º, da Resolução 125/2010, CNJ). Agregou-se, ainda, a efetivação das sessões consensuais por meio de conciliadores e mediadores capacitados e

treinados a tanto, sempre com a observância dos princípios da autonomia da vontade e da confidencialidade, dentre outros.

Essa gama de fatores visa garantir segurança, acolhimento e respaldo técnico às partes que se submetem à sessões de conciliação e mediação, permitindo que sejam assistidas por um auxiliar da justiça imparcial e com treinamento especializado – que facilitará o diálogo e a formação de opções e soluções entre as partes – e, ainda, garantindo que tudo isso se dará num ambiente de confidencialidade e de segurança, onde todas as questões e opções poderão ser exploradas com a profundidade necessária, sem o risco de serem levadas a conhecimento dos condutores das soluções heterocompositivas e adjudicadas, o juiz ou o árbitro.

Justamente por isso é que esse § 1º alerta que, "*o conciliador ou mediador, onde houver, atuará necessariamente na audiência de conciliação ou de mediação...*". Assim, havendo conciliadores e mediadores capacitados nas comarcas, estes é que deverão conduzir as sessões consensuais.

Sabe-se, no entanto, que diante da dimensão do País e das inúmeras dificuldades econômicas enfrentadas pelo Poder Judiciário, o número de Cejuscs e de conciliadores/mediadores capacitados ainda é extremamente insuficiente.

A dificuldade reside, então, na operacionalização das sessões consensuais em comarcas em que não haja Cejuscs e/ou conciliadores e mediadores capacitados. É possível e conveniente que essas sessões consensuais sejam conduzidas pelo magistrado da causa?

A resposta é absolutamente negativa, por diversas razões: i) a promoção aos meios consensuais propagada pelos arts. 139, V e 359 do CPC deve ser lida como incentivo dos magistrados aos meios consensuais, não como a condução, por eles mesmos, das sessões; ii) magistrado não tem capacitação técnica para atuar como conciliador/mediador, circunstância que inviabilizaria a qualidade e o sucesso do procedimento; iii) sua presença comandando a sessão consensual fere de morte o princípio da confidencialidade (art. 166, CPC), base do procedimento consensual e alicerce para a segurança das partes, para o bom desenvolvimento e para a qualidade das sessões; e iv) sua presença em sessões consensuais iniciais faria crescer consideravelmente sua pauta de audiências, prejudicando a função para a qual é efetivamente chamado a exercer.

Nesses casos, quer nos parecer que a designação da audiência inaugural de conciliação/mediação pode ser afastada pelo magistrado, com base na impossibilidade de sua realização – impossibilidade de promoção da via consensual – diante da ausência de Cejuscs e/ou conciliadores e mediadores capacitados, sendo o réu citado para resposta (art. 3º, § 2º e art. 335, III, CPC).

Possível solução para esse impasse da impossibilidade de realização dessa audiência consensual inaugural nas comarcas em que não haja estrutura a tanto, seria a eventual utilização das Câmaras Privadas cadastradas na listagem dos tribunais. Não havendo Cejuscs e mediadores capacitados junto ao tribunal, mas havendo Câmaras Privadas instaladas na comarca, o juiz ou as partes poderão fazer essa sugestão para operacionalizar a audiência inicial, sempre de acordo com os requisitos formais constantes no art. 167, § 3º, e tendo em mente o percentual de audiências não remuneradas que devem ser fornecidas pelas Câmaras para atender aos casos de assistência judiciária gratuita, nos termos do art. 169, § 2º.

5. Possibilidade de fracionamento das sessões de conciliação ou mediação (§ 2º)

A correta utilização do sistema multiportas de resolução de conflitos, oferecido pelo atual diploma processual, pressupõe que os institutos da conciliação e da mediação possam ser adequadamente explorados, não apenas com a observância de sua base principiológica, mas com a aplicação das boas técnicas a eles inerentes, vale dizer: com a necessidade de que as partes se preparem previamente para as sessões consensuais; que estejam cientes dos riscos e dos benefícios; que entendam como se desenvolve a conciliação e a mediação; que possam se sentir acolhidas e seguras para tratarem não apenas de suas posições, mas de seus interesses; que tenham a oportunidade de ouvir a parte contrária e de formular suas próprias ofertas etc.

Tudo isso depende da possibilidade de que os advogados e os facilitadores façam seu trabalho junto às partes, e que as partes possam se expressar e se desenvolver com tranquilidade, demandando, portanto, tempo.

Diante dessa necessidade – e sabido que na maior parte dos casos uma única sessão pode ser insuficiente para albergar todas as possibilidades acima elencadas –, criou-se a possibilidade de ocorrência de mais de uma sessão consensual.

O dispositivo legal traz um alerta, contudo, no que diz respeito ao *gap* de tempo entre uma sessão e outra, não podendo ultrapassar o período de 2 (dois) meses, ou sessenta dias, entre elas (art. 28 da LM), seja para que as partes e facilitadores não percam a memória do que foi debatido na última sessão, seja para que o procedimento consensual não se alongue muito, seja para que as partes não percam a crença na qualidade do método, seja para que a situação fática existente na sessão anterior não se altere, modificando ou inviabilizando a possibilidade de uma composição.

6. Dispensa da audiência de conciliação e mediação (§§ 4º a 6º)

Outro desafio relacionado à essa audiência consensual inaugural está relacionado à obrigatoriedade, ou não, de sua designação.

A Lei de Mediação optou pela completa obrigatoriedade em seu art. 27, determinando que a audiência seja designada pelo juiz sempre que a petição inicial preencher os requisitos essenciais e não seja o caso de improcedência liminar do pedido.

Já o legislador do diploma processual optou por um sistema de parcial obrigatoriedade, apenas escusando a realização da audiência nas hipóteses em que ambas as partes declinem seu desinteresse na solução consensual ou se não se admitir a autocomposição.

Em verdade, será necessário que todas as partes manifestem desinteresse – em caso de litisconsórcio –, não bastando a alegação de uma da(s) parte(s) autora(s) ou ré(s); o(s) componente(s) do polo ativo deverão demonstrar esse desinteresse na própria petição inicial, cabendo àquele(s) do polo passivo fazê-lo por petição, em até 10 (dez) dias de antecedência à data da audiência de conciliação/mediação.

A impossibilidade de autocomposição representa o segundo motivo que propicia a não designação da audiência inaugural consensual, sendo exemplos dessa hipótese algumas questões de família específicas (paternidade, curatela etc.) e a participação da Fazenda Pública nos casos em que não há lei do ente público específico autorizando a autocomposição (vide arts. 35 a 40 da LM, e art. 1º, § 2º, da Lei de Arbitragem – vide, ainda, Enunciado aprovado na I Jornada de

Direito Processual Civil CJF-STJ/24: "Havendo a Fazenda Pública publicizado ampla e previamente as hipóteses em que está autorizada a transigir, pode o juiz dispensar a realização da audiência de mediação e conciliação, com base no art. 334, § 4º, II, do CPC, quando o direito discutido na ação não se enquadrar em tais situações").

Os defensores dessa escolha do legislador pela parcial obrigatoriedade da designação da audiência sustentam o seguinte: i) essa postura se coaduna com o objetivo global do atual CPC de incentivo aos métodos consensuais, reforçada, por exemplo, pelo teor do Enunciado 62 da ENFAM; ii) a obrigatoriedade é apenas de comparecimento à primeira sessão, nunca de permanência ou de efetivação de acordo; iii) há experiência estrangeira exitosa que utiliza padrão ainda mais radical, de obrigatoriedade de designação da audiência consensual previamente à judicialização do conflito, como ocorre em países como a Alemanha, a Itália, o Canadá e a Argentina; iv) o ainda desconhecimento do método, que sugere que a designação obrigatória da audiência seja um vetor de disseminação dessa cultural consensual; v) a possibilidade de que a presença da parte à sessão consensual bem conduzida possa modificar a disposição inicial eventualmente contrária ao diálogo e ao consenso; vi) os expressivos números do Conselho Nacional de Justiça, apresentados nos mutirões de conciliação e nas apurações gerais, relacionados à sessões consensuais designadas e acordos efetivados.

Essa escolha do legislador, entretanto, não está imune a críticas, muito pelo contrário.

Quer nos parecer que as desvantagens da designação obrigatória da sessão consensual superam, qualitativamente, as vantagens: i) infração à voluntariedade, princípio basilar dos métodos consensuais (arts. 166, § 4º, CPC e 2º, V, LM); ii) potencial estímulo à manobras processuais de partes e advogados, que concordam com a audiência apenas para ganhar tempo e obter informações; iii) consequente ocorrência de falsas sessões consensuais, sem qualquer qualidade ou participação efetiva e volitiva das partes; iv) momento procedimental desfavorável à designação da audiência, uma vez que o conflito já está escalonado e delimitado na petição inicial, circunstâncias que recomendariam que a obrigatoriedade fosse fixada em momento prévio à judicialização do conflito, não havendo afronta à Inafastabilidade da Jurisdição, por

conta da nova leitura doutrinária de acesso à justiça, como acesso à ordem jurídica justa e, portanto, acesso a quaisquer das portas de resolução de conflitos (inclusive as consensuais); v) aumento da burocratização do processo; vi) aumento das obrigações financeiras das partes, que deverão arcar com os custos do procedimento consensual, dos honorários dos facilitadores (nas comarcas em que isso já está implementado, conforme meus comentários ao art. 169, CPC) e de eventual deslocamento para comarcas em que não haja possibilidade de efetivação das sessões por meio eletrônico.

Diante de todos esses elementos, sustentamos que a opção do legislador pela obrigatoriedade, além de causar inúmeros óbices procedimentais, está principiologicamente equivocada.

Por conta disso, entendemos que a interpretação correta dessa temática passa pela compreensão de que a simples recusa de uma das partes ao comparecimento à sessão consensual – seja por desinteresse, seja por óbices pessoais, seja pela existência de tentativa prévia de negociação infrutífera, seja pela tentativa prévia de mediação extrajudicial infrutífera, seja pela predisposição negativa das partes à composição, seja por hipóteses casuísticas que assim autorizem etc. – deverá ser suficiente para a possibilidade de dispensa, pelo juiz, da designação da audiência.

Exemplo casuístico, cuja menção é salutar, reveste-se na hipótese de designação obrigatória de sessão consensual em ações em que se discutem, por exemplo, alegações de violência doméstica. É viável imaginar a designação obrigatória de sessão consensual nesses casos, obrigando a ex-mulher a enfrentar seu agressor e, eventualmente, expondo-a a mais riscos de violência? Numa análise de proporcionalidade, qual valor deve prevalecer: o estímulo aos meios consensuais ou a dignidade humana? A resposta é simples: trata-se de claro exemplo casuístico em que a obrigatoriedade da designação da audiência precisa ser analisada à luz dos elementos concretos do caso, flexibilizando-se a obrigatoriedade, abrindo mão da designação da audiência por expressa manifestação contrária de apenas uma das partes e, por fim, valorizando-se a dignidade humana.

Aliás, vale notar que esse posicionamento global pela não obrigatoriedade vem reforçado pelos seguintes argumentos: i) pelo teor do

Enunciado 29, oriundo da I Jornada de Prevenção e Solução Extrajudicial de Litígios – CJF, dispondo que "caso qualquer das partes comprove a realização de mediação ou conciliação antecedente à propositura da demanda, o magistrado poderá dispensar a audiência inicial de mediação ou conciliação, desde que tenha tratado da questão objeto da ação e tenha sido conduzida por mediador ou conciliador capacitado"; ii) e pelo Projeto de Lei que tramita nesse momento pela Comissão de Constituição e Justiça (PL 5495/2016), em caráter conclusivo, cujo único objetivo é alterar o art. 334 para permitir que a designação da audiência consensual seja dispensada se qualquer das partes manifestar desinteresse (retomando, portanto, versões anteriores do Projeto do atual CPC que tramitaram nesse sentido, mas foram afastadas).

É importante deixar claro, no entanto, que não se está aqui a defender solução *contra legem*, mas, sim, a interpretação dessa parcial obrigatoriedade de acordo com suas próprias opções legais de escusa da designação. Em outras palavras, defendemos que a simples manifestação de desinteresse na designação da sessão consensual, por qualquer das partes e por qualquer dos motivos acima enunciados, atrai a aplicação da exceção prevista no inciso II do § 4º, afinal, compreende-se que, havendo desinteresse de uma das partes na solução consensual, este conflito não admitirá a autocomposição.

7. Possibilidade de realização de audiência por meio eletrônico (§ 7º)

Nos dias de hoje, e especialmente na era digital, as relações fáticas e jurídicas oriundas da interação entre os sujeitos de direito podem se dar de várias maneiras, em várias circunstâncias e, inclusive, compreendendo vários locais da federação ou, ainda, diferentes países; com isso, é bastante comum que haja relações jurídicas firmadas entre sujeitos residentes em diferentes Estados da Federação ou em Países distintos. Essa realidade traz como consequência imediata eventual dificuldade de locomoção, de custos e de efetivação dos meios de resolução de conflitos.

Assim, atento às dimensões continentais de nosso país, à necessidade de mitigação de custos e de facilitação da implementação dos meios consensuais de resolução de conflitos, o atual CPC autoriza a realização das audiências de conciliação e mediação por meio digital. Esse regramento encontra guarida também nos dispositivos da Lei de Mediação, quando o art. 46 e seu parágrafo único autorizam a realização de sessões consensuais por meio eletrônico, desde que diante do consenso das partes, e mesmo para partes residentes no exterior.

Essa audiência eletrônica se realizará nos termos da lei que dispõe sobre a informatização do processo judicial (Lei 11.419/2006), considerando-se meio eletrônico *qualquer forma de armazenamento ou tráfego de documentos e arquivos digitais* e definindo que a transmissão eletrônica será *"toda forma de comunicação a distância com a utilização das redes de comunicação, preferencialmente a rede mundial de computadores"* (art. 1º, § 2º, I e II).

A lei não traz, entretanto, esclarecimentos específicos sobre como serão implementadas audiências por meio eletrônico, deixando um vácuo de informações necessárias à consubstanciação desse método consensual por via eletrônica. De fato, não há, por exemplo, regramento detalhado sobre: qual computador poderá ser usado (só do juízo ou da parte que eventualmente possa fornecer); qual o programa viabilizará esse audiência virtual (Skype, Zoom Cloud Meetings, FaceTime, outros programas gratuitos disponíveis na internet etc.); eventual necessidade de certificação digital do programa utilizado; eventual necessidade de estrutura física específica destinada a essa finalidade ou possibilidade de ocorrência da audiência na própria sala do juiz etc...

Muito embora a Lei nº 11.419/2006 não tenha chegado a esclarecer detalhes sobre a implementação das audiências por meio eletrônico, o fato é que a realidade se impôs e, em virtude da Pandemia de Covid-19, que gerou consequências continentais nos anos de 2020 e 2021, os Poderes Judiciário e Legislativo Brasileiros foram forçados a se organizar.

Em decorrência disso, tivemos tanto algumas alterações legislativas – como a promulgação da Lei nº 13.994, de 24 de abril de 2020, que alterou a Lei dos Juizados Especiais para permitir, em seu art. 1º, a conciliação não presencial, mediante o emprego de recursos tecnológicos disponíveis de transmissão de sons e imagem em tempo real – quanto a organização interna dos Tribunais a esse respeito.

No âmbito do Tribunal de Justiça do Estado de São Paulo, por exemplo, foi expedido um Comunicado CG nº 284/2020 (atualizado até 18.05.2020), contendo as diretrizes para a realização de quaisquer audiências virtuais, considerando as restrições de acesso de pessoas aos prédios dos fóruns. O Comunicado previu, dentre outras coisas, que as audiências seriam realizadas via ferramenta Microsoft *Teams* – no computador ou celular –, com intimação das partes por meio de seus procuradores ou por e-mail pessoal, sendo o acesso ao link enviado suficiente para o ingresso na audiência virtual. O Tribunal disponibilizou, ainda, um Manual de Capacitação completo para o uso da ferramenta Microsoft *Teams*, contendo todas as suas particularidades.

Especificamente no que diz respeito às audiências de conciliação e mediação, o Tribunal de Justiça de São Paulo fez publicar, em 29.06.2020, o Ato Normativo do NUPEMEC nº 01/2020, autorizando a realização, por meio de videoconferência, de sessões de conciliação e mediação nos Cejuscs; a plataforma escolhida foi igualmente o Microsoft *Teams*, válida para sessões pré-processuais ou em questões já judicializadas, equivalendo a sessão virtual à presencial, para todos os efeitos legais.

O Ato Normativo teve ainda o cuidado de prever que na realização por videoconferência mantém-se a necessidade de observância dos princípios que regem os institutos da conciliação e da mediação, especialmente o da confidencialidade (vide comentários ao art. 166, §§ 1º e 2º, item 5), que deve ser resguardado com especial atenção, proibidas as Partes e os advogados de gravarem as sessões, sujeitas às penas pelo eventual descumprimento (*vide* arts. 5º e 31 do Ato Normativo); não descuidou, igualmente, de indicar a necessidade de remuneração dos conciliadores e mediadores que participam das sessões virtuais, alertando, ao final, para a necessidade de elaboração de um Manual de Orientação sobre a realização de sessões virtuais de conciliação e mediação nos Cejuscs (arts. 33/34).

8. Comparecimento das partes, ou de seu representante, na audiência de conciliação e mediação e a aplicação da multa (§§ 8º e 10)

Estando a petição inicial em termos, tratando-se de conflito passível de autocomposição e havendo requerimento de uma ou de ambas as partes, a audiência de conciliação/mediação deverá ser designada (vide comentários sobre a

obrigatoriedade no item 6 acima). Designada a audiência, com as consequentes intimação do autor e citação do réu, estes deverão comparecer pessoalmente, ou justificar as razões da impossibilidade de seu comparecimento, ou, ainda, constituir representantes, por meio de instrumento de mandato específico, com poderes para negociar e transigir. Os representantes podem ser eventuais prepostos ou administradores de pessoa jurídica, mas podem ser, também, os próprios advogados das partes, ou qualquer outro terceiro, desde que munidos de procuração com poderes para negociar e transigir.

O não comparecimento injustificado da parte, aliado à ausência de outro representante legal com poderes de transigir – ou a presença de representante sem poderes para transigir – equivale ao não comparecimento, caracteriza ato atentatório à dignidade da justiça e acarreta a aplicação de multa de até 2% (dois por cento) sobre a repercussão econômica da demanda ou sobre o valor da causa, a favor do Estado.

Dito isso, a multa não incide pela ausência do advogado que não acompanha a parte e, igualmente, não pode incidir pela presença da parte ou de procurador com poderes para transigir que não apresente proposta efetiva de acordo, já que dispositivos legais detentores de sanções não podem ser interpretados de forma extensiva.

Há quem entenda, conforme já salientado acima (item 3), que a aplicação da multa ao réu que, citado para comparecimento à audiência, ausenta-se, fica condicionada à existência de advertência nesse sentido constante do mandado de citação (com fundamento nos arts. 77, IV e § 1º e 250, IV, CPC). Isso porque, como a citação é endereçada à própria parte, até que contrate seu advogado não possui conhecimento jurídico para saber das consequências de sua ausência à audiência; o mesmo não ocorreria, no entanto, com o autor, pois a intimação para a audiência se dará na pessoa de seu advogado, cujo risco da multa pelo não comparecimento é de ciência obrigatória.

No entanto, e conforme já salientado, a prudência e os cânones do princípio da igualdade recomendam que seja dado tratamento idêntico às partes, constando-se esse alerta tanto na carta de citação do réu, quanto na intimação do autor (art. 7º, CPC).

A opção do legislador pela obrigatoriedade de comparecimento das partes à audiência, sob pena de multa, nos parece equivocada: seja porque afronta diretamente o princípio da autonomia da vontade; seja porque estimula a prática de partes e advogados que requerem sua realização apenas para evitar a incidência da multa, sem qualquer comprometimento real com o método consensual; seja porque essa obrigatoriedade, agregada a uma sanção, não conduz a um ambiente propício para a realização de sessões consensuais de qualidade e com possibilidade de êxito.

Ademais, em causas de valor irrisório ou inestimável, aplica-se, por analogia, o disposto no art. 77, § 5º, CPC, fixando-se a multa em até dez vezes o valor do salário mínimo; e, também por isso, a multa não paga será inscrita, após o trânsito em julgado, como dívida ativa da União ou do Estado, cobrando-se por meio de execução fiscal (cf. art. 77, § 3º, CPC).

Por fim, paga a multa, esta será revertida aos fundos estaduais ou federais de modernização do Poder Judiciário, nos exatos termos do art. 97, CPC.

9. A participação dos advogados das partes nas audiências de conciliação e mediação (§ 9º)

Para além da obrigatoriedade de comparecimento das partes ou de seus representantes, o CPC disciplina a obrigatoriedade de comparecimento dos advogados das partes (ou defensores públicos) à sessão consensual, regramento igualmente reproduzido no art. 26 da Lei de Mediação.

A importância da participação do advogado é evidente: i) atende ao princípio da decisão informada, propiciando apoio técnico e subjetivo às partes: de um lado, o amparo jurídico oriundo do advogado permite o estudo e desenvolvimento de propostas prévias à realização da audiência – buscando o melhor aproveitando no curso da mesma –, a análise prognóstica de sucesso da causa, apresentando os prós e contras da efetivação de eventual acordo e a explicação das consequências e efeitos do acordo; de outro, traz tranquilidade e amparo às partes, que se sentirão mais seguras para a efetivação de eventuais transações; e ii) possibilita a observância da regularidade do ato, conferindo se o procedimento está transcorrendo em atenção aos princípios aplicáveis à espécie, se há regularidade procedimental, se o terceiro facilitador está atuando com a isenção necessária e, por fim, se o conteúdo do termo final de audiência

não apenas está compatível com o que foi efetivamente combinado em audiência, como, ainda, se preenche os requisitos formais necessários à sua futura exequibilidade.

Merecem atenção, no entanto, as consequências de eventual comparecimento da parte desacompanhada de advogado ou defensor público.

Fernando Gajardoni explicita diferentes consequências a depender da regular intimação, ou não, do advogado para o comparecimento na sessão consensual (advogado do polo ativo, pois o do polo passivo será, em regra, conhecido apenas durante a audiência). De um lado, ele propõe que a ausência de comparecimento do advogado não intimado regularmente acarrete a impossibilidade de realização da audiência, sendo o caso de redesignação; e, sendo realizado o ato sem a presença do advogado e com a efetivação de acordo, defende a possibilidade de anulação pela via da apelação ou da ação anulatória (art. 966, § 4º, CPC).

De outro turno, colaciona as impressões da doutrina na hipótese de não comparecimento do advogado formalmente intimado. Nesse sentido, explicita três formas de interpretação: i) impossibilidade de realização da audiência, procedendo-se à redesignação da mesma, precedida de nova intimação do advogado; ii) realização do ato mesmo sem a presença do advogado, nomeando-se advogado *ad hoc* ou defensor público para atuação da parte sem advogado – solução que encontra, em nosso sentir, óbices formais e práticos, uma vez que nem todas as comarcas disporão de advogados *ad hoc* para serem imediatamente nomeados e a atuação da defensoria pública depende da atenção a requisitos específicos; e, por fim, iii) a realização do ato independentemente da presença do advogado, cabendo à parte eventualmente prejudicada pela ausência de assistência tomar as medidas judiciais cabíveis em face de seu advogado que, mesmo intimado, escolhe não comparecer (*Processo de conhecimento e cumprimento de sentença – Comentários ao CPC de 2015*, p.85).

O assunto reveste-se de tamanha importância, que o Conselho Federal da OAB instaurou o procedimento nº 0004837-35.2017.2.00.0000, junto ao Conselho Nacional de Justiça, buscando o reconhecimento da obrigatoriedade da presença do advogado nas audiências realizadas nos Cejuscs e a alteração do art. 11 da sua Resolução

Art. 334

125/2010, para modificar o vocábulo "poderão" lá contido ("poderão atuar os membros do MP, defensores públicos, procuradores e/ou advogados...").

10. Homologação do conteúdo do termo de acordo por sentença (§ 11)

São várias as possibilidades materiais de resolução de conflitos oriundas de sessões de conciliação ou mediação, como por exemplo: pura e simples extinção de uma relação fática e jurídica; aprimoramento da mesma, com consequências negociais futuras; implementação de novos laços negociais; desistência de continuar perseguindo uma resolução judicial para determinada circunstância fática; transação envolvendo direitos patrimoniais etc.

Dessas possibilidades materiais decorrem outras tantas consequências de cunho processual, albergadas em hipóteses de extinção do processo, com ou sem resolução do mérito. Assim, podem decorrer de sessões consensuais a desistência da ação, o reconhecimento do pedido, a renúncia ou a transação: na primeira hipótese, trata-se de caso de extinção sem resolução de mérito, permitindo a repropositura de nova ação com o mesmo pedido (art. 485, VIII, CPC); as demais hipóteses serão solucionadas por meio de extinção com resolução de mérito (art. 487, III, CPC).

Assim, a transação fruto da sessão de autocomposição – sobre o objeto da causa, ou mesmo a respeito de relação jurídica não trazida à apreciação judicial (art. 515, § 2º) – será reduzida a termo e homologada por meio de sentença de extinção, com resolução de mérito, tornando-se, portanto, título executivo judicial (art. 515, II, CPC).

Por fim, importante lembrar que se tratando de homologação de transação fruto de sessão consensual ocorrida quando já ajuizada uma ação, essa será feita pelo próprio juiz da causa; tratando-se de homologação de transação ocorrida em sessão consensual extrajudicial, essa terá vez diante do juiz coordenador do respectivo Cejusc (arts. 8º, §§ 8º e 9º, Resolução 125, CNJ).

11. Intervalo mínimo entre as audiências de conciliação e mediação (§ 12)

O §12 do artigo em comento dispõe que entre o início de uma audiência e o início da próxima haverá um intervalo mínimo de vinte minutos; em

outras palavras, na pior das hipóteses, as audiências designadas para a pauta de determinado dia ocorrerão de vinte em vinte minutos. Trata-se de tentativa do legislador de compatibilizar, de um lado, a necessidade de partes e advogados de terem o tempo necessário para a realização profícua da sessão consensual – evitando-se a realização de audiências meramente protocolares, designadas todas para o mesmo horário – e, de outro, a necessidade de atenção à duração razoável do processo, mitigando pautas sempre lotadas que se prolonguem demais no tempo.

Infelizmente, a realidade é que esse dispositivo acaba por não atender a quaisquer de seus propósitos. De um lado, a prática demonstra que vinte minutos são absolutamente insuficientes para uma sessão consensual que se preste a ocorrer de forma hígida, com tempo suficiente destinado à apresentação das partes e do terceiro facilitador, à explicação do método e do regramento a ser seguido naquele procedimento específico e, principalmente, à efetiva realização de uma sessão profícua, com a utilização das ferramentas disponíveis aos facilitadores e a atenção à base principiológica dos institutos. De outro lado, o excesso de demandas que impõe o excesso de audiências e a pauta consequentemente muito protraída no tempo – excesso que tende a aumentar com a realização obrigatória das sessões consensuais previstas nos arts. 334 e 695 do CPC – certamente não será solucionado pela consecução de pautas de audiências que ocorreram de vinte em vinte minutos; trata-se de problema estrutural muito mais complexo, cuja solução não será encontrada nesse dispositivo.

Jurisprudência

Audiência de conciliação e mediação – Art. 334 NCPC – Obrigatoriedade, ou não, de designação

"Cerceamento de defesa. Ausência de audiência de conciliação não traz prejuízo às partes que podem transigir a qualquer momento. Elementos suficientes para solução da demanda. Julgador que é o destinatário final das provas, a quem compete determinar a suficiente instrução do processo. Preliminar afastada." (TJ, Apelação nº 1001218-71.2015.8.26.0438, 5ª Câmara de Direito Privado, Des. Rel. Fernanda Gomes Camacho, *DJe* 24/02/2017).

"Locação. Despejo por falta de pagamento. Justiça gratuita concedida apenas para fins recursais, sem efeito retroativo. Cerceamento de defesa inocorrente ante a não realização da audiência prevista no artigo 334 do Código de Processo Civil. Mandado citatório que foi bem claro ao indicar o prazo para contestar a partir da sua juntada aos autos. Alegação de inépcia da petição inicial. Inadmissibilidade. Alegação de cobrança de valores excessivos. Mera alegação sem intenção real de purgação mora. Apelo improvido." (TJ, Apelação nº 1026287-42.2015.8.26.0071, 32ª Câmara de Direito Privado, Des. Rel. Ruy Coppola, *DJe* 22/02/2017).

"Processo Civil. AI. Cumprimento de Sentença. Interesse da parte Executada na Solução Amigável da Lide. Necessidade de Designação da Audiência de Conciliação. Inteligência do art. 139, V, do Novo CPC de 2015. Considerando o disposto pelo art. 139, V, do CPC de 2015, e por competir ao magistrado, em qualquer tempo, tentar conciliar os interesses em litígio, tenho que tal norma não é mera prerrogativa concedida ao juiz, mas sim imperativo de conduta a ele dirigida, mormente quando esse tipo de solução da lide é requerida por uma das partes; como no caso dos autos; sendo que a audiência de conciliação deve ser dispensada somente quando a parte contrária manifesta expresso desinteresse na solução amigável." (TJMG, AI 1.0223.09.278373-5/005, Rel. Des. Otávio Portes, 16ª Câmara Cível, *DJe* 31/03/2017).

"Apelação Cível. Ação de cobrança. CPC/2015 que trata a conciliação como obrigatória. Norma fundamental do processo civil. Art. 3º, § 3º. Demandada que não fora intimada para o feito conciliatório. Requerimento de intimação em horário especial não atendido. Anulação da sentença. Requerida reconhece o débito. Pleito de audiência de conciliação. Recurso conhecido e provido. Decisão unânime". (TJSE, Apelação n. 201700703740, Primeira Câmara Cível, Rel. Des. Roberto Eugenio da Fonseca Porto, DJSE 05/07/2017).

"Direito Civil. Processual Civil. Adjudicação Compulsória. Preliminar de Ilegitimidade Ativa. Sentença Resolutiva Condenando a Ré/Apelante. Multa por Ausência na Audiência de Conciliação. Recurso da Autora/Apelante Não Conhecido. Recurso da Ré/Apelante Conhecido e Desprovido. (....) 4. O art. 334 do Novo Código de Processo Civil dispõe que a realização da audiência de conciliação é obrigatória nos procedimentos judiciais. 5. Não há outra maneira de se interpretar o texto normativo senão pelo mé-

todo gramático/literal. Dessa forma, é evidente a necessidade de se manifestar expressamente o desinteresse na realização da audiência de conciliação, sob pena de sofrer a represália do § 8º do mesmo artigo. 6. Apresentar contestação, ainda que antes da data marcada para a audiência, mas que não trata expressamente do desinteresse na realização da audiência, não é suficiente para configurar uma renúncia tácita de realizá-la. 7. Preliminar de ilegitimidade ativa acolhida, recurso da autora/apelante não conhecido. Recurso da ré/apelante conhecido e desprovido. Sentença mantida. (TJDF, Apelação nº 2016.01.1.050149-9, Quinta Turma Cível, Rel. Des. Robson Barbosa de Azevedo, DJDFTE 26/06/2017).

Audiência de conciliação e mediação – Aplicação de Multa pelo Não Comparecimento

"Agravo instrumental. Ação de cobrança c.c. indenizatória por danos morais, em questão referente a prestação de serviços advocatícios envolvendo levantamentos de valores na esfera trabalhista, alegadamente sem o devido repasse. Multa do art. 334, § 8º, do NCPC aplicável ao caso, por não comparecimento da ré em audiência conciliatória, não tendo ainda justificado a ausência. Aliás, ainda que tenha a demandada peticionado com antecedência, acerca da falta de interesse na conciliação, a regra processual é clara no sentido de que as duas partes envolvidas devem manifestar o desinteresse, única hipótese em que a audiência não aconteceria (art. 334, § 4º, I). No caso em tela, contudo, apenas a requerida se opôs à realização da dita audiência, o que a obrigava a atender à convocação, sob pena de multa. E veja-se que, mesmo sendo a recorrente beneficiária de gratuidade processual, isso não a isenta de suportar a sanção (art. 98, § 4º, do NCPC), que, se não quitada, pode ser inscrita na dívida ativa. Desprovimento." (TJSP, Agravo de Instrumento nº 2259490-76.2016.8.26.0000, 27ª Câmara de Direito Privado, Rel. Des. Campos Petroni, *DJe* 18/04/2017).

"Agravo de instrumento. Decisão que aplicou multa às agravantes, em razão do não comparecimento à audiência de conciliação, nos termos do artigo 334, § 8º do CPC. Insurgência. Inadmissibilidade. Expressa determinação legal para a imposição da multa, diante do não comparecimento injustificado à audiência de conciliação. Decisão mantida. Motivação da decisão que é adotada como razão de decidir em Segundo Grau. Aplicação do art. 252 do

Regimento Interno deste Egrégio Tribunal de Justiça. Recurso não provido." (TJSP, Agravo de Instrumento nº 2225202-05.2016.8.26.0000, 4ª Câmara de Direito Privado, Rel. Des. Fábio Quadros, *DJe* 13/02/2017).

CAPÍTULO VI
DA CONTESTAÇÃO

> **Art. 335.** O réu poderá oferecer contestação, por petição, no prazo de 15 (quinze) dias, cujo termo inicial será a data:
>
> **I** – da audiência de conciliação ou de mediação, ou da última sessão de conciliação, quando qualquer parte não comparecer ou, comparecendo, não houver autocomposição;
>
> **II** – do protocolo do pedido de cancelamento da audiência de conciliação ou de mediação apresentado pelo réu, quando ocorrer a hipótese do art. 334, § 4º, inciso I;
>
> **III** – prevista no art. 231, de acordo com o modo como foi feita a citação, nos demais casos.
>
> **§ 1º** No caso de litisconsórcio passivo, ocorrendo a hipótese do art. 334, § 6º, o termo inicial previsto no inciso II será, para cada um dos réus, a data de apresentação de seu respectivo pedido de cancelamento da audiência.
>
> **§ 2º** Quando ocorrer a hipótese do art. 334, § 4º, inciso II, havendo litisconsórcio passivo e o autor desistir da ação em relação a réu ainda não citado, o prazo para resposta correrá da data de intimação da decisão que homologar a desistência.

▶ *Referência: CPC/1973 – Art. 297*

1. Prazo para a oferta de contestação

Como adiante explicitado em notas ao art. 336, o atual CPC não recepcionou a criticável tripartição de defesas no gênero *resposta do réu*, feita pelo art. 297 do CPC/1973. Ao contrário, em atenção ao *princípio da eventualidade,* determina a concentração, na contestação, de todas as defesas úteis ao réu, tanto as processuais, quanto as substanciais, estabelecendo prazo geral de 15 (quinze) *dias úteis* (art. 212, *caput*) para a oferta desse ato processual, ressalvados apenas os prazos diferenciados para determinadas situações particulares (arts. 306, 714, 970 e 991).

Enunciado 124 da II Jornada de Direito Processual Civil do Conselho da Justiça Fede- ral: "Não há preclusão consumativa do direito de apresentar contestação, se o réu se manifesta, antes da data da audiência de conciliação ou de mediação, quanto à incompetência do juízo."

2. Cômputo diferenciado dos prazos processuais

Em razão da relevância dos interesses cuja defesa patrocinam em juízo, o Ministério Público, a Advocacia Pública e a Defensoria Pública têm, em regra, prazo em dobro para a prática dos atos processuais – exceto quando se tratar de *prazo próprio* (CPC, arts. 180 e § 2º, 183 e § 2º e 186 e § 4º). Nenhuma outra prerrogativa lhes confere a lei, nesse particular, pois tanto quanto os demais contestantes, essas três Instituições estão sujeitas ao regime da preclusão, devendo irrestrita observância aos prazos legais.

Em atenção à exigência de tratamento isonômico das partes, o art. 229 confere essa mesma prerrogativa aos litisconsortes patrocinados por advogados diferentes e de *escritórios distintos*, com as ressalvas contidas em seus parágrafos.

3. Termo inicial do prazo

O dispositivo sob exame fixa diferentes termos iniciais para o prazo de oferta de contestação, na dependência da realização, ou não, da audiência de conciliação ou de mediação (art. 334). O prazo quinzenal terá curso no primeiro dia útil seguinte:

a) ao encerramento dessa audiência, motivado *(i)* pelo não comparecimento de qualquer das partes, *(ii)* se, comparecendo, não houver autocomposição ou, *(iii)*, sendo a última sessão de conciliação e inconciliadas as partes, a audiência for encerrada (inc. I);

b) do protocolo do pedido de cancelamento da audiência formulado pelo réu, em virtude do manifesto desinteresse de ambas as partes na composição consensual (inc. II) e,

c) nos termos iniciais estabelecidos pelo art. 231, se inadmissível a autocomposição.

Enunciado 122 da II Jornada de Direito Processual Civil do Conselho da Justiça Federal: "O prazo de contestação é contado a partir do primeiro dia útil seguinte à realização da audiência de conciliação ou mediação, ou da última sessão de conciliação ou mediação, na hipótese de incidência do art. 335, inc. I, do CPC."

4. Situações particulares envolvendo litisconsórcio passivo

Havendo litisconsórcio passivo, o CPC indica outros termos iniciais de prazo para a oferta da contestação: *(i)* como o cancelamento da audiência de conciliação ou mediação depende da expressa manifestação de vontade das partes, os réus defendidos por patronos diferentes poderão formular autonomamente os respectivos pedidos, iniciando-se o prazo de resposta, nesse caso, a contar do protocolo dos correspondentes requerimentos (art. 335, § 1º); *(ii)* não sendo realizada a audiência, em virtude da inadmissibilidade de autocomposição e o autor desistir da ação em relação a réu ainda não citado, o prazo para a contestação do litisconsorte passivo remanescente terá fluência a partir da intimação da sentença homologatória da desistência (§ 2º). Finalmente, não sendo o caso de incidência de qualquer das normas particulares até aqui examinadas, valerá a disciplina geral estabelecida pelo art. 231 e, no que interessa ao tema sob exame, a previsão do § 1º, no sentido de que, havendo litisconsortes passivos, o prazo de cada um deles terá fluência a contar da última das datas estabelecidas em seus incs. I a VI – se e quando, é evidente, tiverem patronos distintos.

> **Art. 336.** Incumbe ao réu alegar, na contestação, toda a matéria de defesa, expondo as razões de fato e de direito com que impugna o pedido do autor e especificando as provas que pretende produzir.

▶ *Referência: CPC/1973 – Art. 300*

1. Direito de defesa

Chamado a juízo, o réu não tem apenas o ônus de defender-se, mas o direito, mesmo, de exigir provimento jurisdicional que solucione o litígio definitivamente. Daí, aliás, a razão pela qual a extinção do processo de conhecimento, sem resolução do mérito, pautada na desistência da ação pelo autor, depende de seu consentimento, se já oferecida contestação (CPC, art. 485, § 4º) – ressalvada, apenas, a hipótese contemplada no § 3º do art. 1.040. Sob esse enfoque, a defesa deve ser entendida tanto como ônus processual imposto ao réu (pois o seu descumprimento acarreta as consequências previstas em lei – CPC, arts. 344, 346, 355, II), quanto como

o direito processual de opor-se à pretensão do autor, direta ou indiretamente.

2. A contestação

Sob a designação genérica de *resposta do réu*, o CPC/1973 concentrava as atividades processuais desse sujeito passivo em face da pretensão deduzida pelo autor, cuidando, no mesmo capítulo, da *contestação*, da *reconvenção* e das *exceções* – embora também previsse, em capítulos e seções distintos, outras reações possíveis, como a impugnação ao valor da causa, a nomeação à autoria, o chamamento ao processo, a denunciação da lide e a ação declaratória incidental. Portanto, referindo-se à *resposta do réu* esse diploma legal regulava três situações distintas: a *legitimidade exclusiva do réu* para contestar (legitimidade para a defesa) e promover ação pela via reconvencional (legitimidade *ad causam*), mais a legitimidade (igualmente conferida ao autor) para opor exceção ritual de incompetência relativa, de suspeição ou de impedimento do juiz.

Ao encartar, no elenco das respostas do réu, a contestação, as exceções rituais (incompetência relativa, suspeição e impedimento do juiz) e a reconvenção, o CPC/1973 mereceu justas críticas, seja porque, no regime por ele estabelecido, a exceções de parcialidade do juiz podiam ser arguidas também pelo autor (v. art. 304), seja porque a reconvenção não é ato de defesa, mercê de sua natureza jurídica de demanda incidente, seja, finalmente, porque, em capítulos e seções distintos, tratava de outras reações possíveis do réu, como a ação declaratória incidental (art. 5º), a nomeação à autoria (arts. 62 a 69), a denunciação da lide (arts. 70 a 76) e a impugnação ao valor da causa (art. 261). Aliás, diante do teor de seu art. 299, determinando a oferta simultânea, em peças autônomas, da contestação e da reconvenção, acabou prevalecendo, em sede jurisprudencial, o entendimento de que, não atendida essa simultaneidade, operava-se a preclusão consumativa.

Inovando, em boa hora o atual CPC abandona essa dispersão de defesas em procedimentos incidentes ao processo – como são as exceções de incompetência relativa e de incompatibilidade do juiz, mais a impugnação ao valor atribuído à causa (art. 293) –, concentrando-as na contestação, sede adequada, portanto, à dedução das defesas processuais e de mérito. Nela também

Art. 336

CÓDIGO DE PROCESSO CIVIL INTERPRETADO

poderá ser formulado o pedido de gratuidade da justiça (art. 99) e apresentada a reconvenção, embora esta possa ser proposta independentemente, mercê de sua já referida natureza jurídica, desde que conexa, evidentemente, com a ação principal (art. 343).

Destinada à veiculação dessas defesas do réu, em atenção à garantia constitucional prevista no art. 5º, LV, da Carta Magna, a contestação não interfere no âmbito de decisão do processo; como ao juiz compete julgar o pedido formulado pelo sujeito ativo (*princípio da adstrição do julgamento ao pedido* – CPC, arts. 141 e 492), a contestação, diferentemente da reconvenção, não amplia os limites do futuro julgamento, mas apenas o âmbito de cognição da causa.

3. Requisitos da contestação

Além da indicação do juízo ao qual é dirigida e dos nomes e prenomes das partes, a contestação deverá conter também as razões de fato e de direito com que o contestante impugna o pedido formulado pelo autor, assim como a especificação das provas que pretenda produzir (CPC, art. 336).

4. O princípio da eventualidade da defesa

Expresso no artigo sob exame, o princípio da eventualidade traduz a exigência, imposta ao réu, de deduzir na contestação todas as defesas de que disponha naquele momento processual, observada a ordem estabelecida pelo art. 337, a fim de que o juiz possa acolher a posterior, na eventualidade de rejeitar a anterior. Deixando o réu de deduzir defesa substancial, a respeito desta opera-se a preclusão consumativa, ficando então impossibilitado de apresentá-la futuramente (ressalvadas as situações contempladas no art. 342); já as defesas processuais poderão ser deduzidas posteriormente, ou até conhecidas de ofício pelo juiz, mercê de sua natureza de *objeção* (matéria de ordem pública), ressalvadas, apenas, a convenção de arbitragem e a incompetência relativa, a serem alegadas na contestação (art. 337, II e X), sob pena de preclusão (§§ 5º e 6º).

5. Contestação e defesas de mérito

Apresentando defesas de mérito, o réu pretende obter tutela jurisdicional que lhe seja favorável, mediante a rejeição, pelo juiz, do pedido formulado pelo autor. Tais defesas podem ser diretas ou indiretas, entendidas as primeiras como a exposição, na contestação, de *fatos simples* tendentes quer à demonstração da inexistência da situação jurídica narrada na inicial, quer ao modo de ocorrência dos fatos nela contidos (v. art. 373, I); indiretas, quando consistentes, na dicção do art. 373, II, em *fatos jurídicos* com eficácia extintiva, impeditiva ou modificativa do direito afirmado pelo autor (*v. g.*, prescrição, pagamento, novação da dívida – v. art. 350).

A contestação também é o veículo adequado para a formulação de pedido de retenção por benfeitorias, sob pena de preclusão, conforme orientação assentada pelo Superior Tribunal de Justiça (por todos, AgRg no REsp 1273356/SP, Rel. Min. João Otávio de Noronha, Terceira Turma, julg. 25/11/2014, *DJe* 12/12/2014 e AgRg no AREsp 385.662/DF, Rel. Min. Herman Benjamin, Segunda Turma, julg. 12/02/2015, *DJe* 06/04/2015):

6. Contestação e defesas processuais

Por meio dessas defesas preliminares às de mérito, elencadas no art. 337 do CPC, o réu busca a extinção do processo, sem resolução do mérito (*v. g.*, incs. IV a VII, X e XI – v. art. 485, V, VI e VII), a correção de defeitos contaminantes de sua validade (*v.g.*, incs. I, II, IX) ou, ainda, sua reunião a outro, para processamento e julgamento conjuntos, em razão da existência de vínculo de conexão ou de continência (inc. VIII – v. arts. 54 a 58).

Jurisprudência

"AGRAVO REGIMENTAL NO RECURSO ESPECIAL. APELAÇÃO CÍVEL. AÇÃO DE OBRIGAÇÃO DE FAZER COM REPARAÇÃO DE DANOS. NÃO OCORRÊNCIA DE OMISSÃO. VIOLAÇÃO ART. 131 DO CPC/1.973. NÃO OCORRÊNCIA. PRINCÍPIO DA EVENTUALIDADE NA CONTESTAÇÃO. PRECLUSÃO CONSUMATIVA. AUSÊNCIA DE IMPUGNAÇÃO. INCIDÊNCIA DA SÚMULA 283/STF. 1. O acórdão do Tribunal de origem tratou de forma clara a controvérsia apresentada, lançando fundamentação jurídica sólida, mediante convicção formada do exame feito aos elementos fático-probatórios dos autos, para a solução adotada para o desfecho da lide. Apenas não foi ao encontro da pretensão do recorrente, o que está longe de significar negativa de prestação jurisdicional, não havendo falar em violação ao art. 131 do CPC. 2. A convicção formada pelo Tribunal de origem quanto ao inadimplemento contratual da ora recorrente decorreu de análise dos elementos fáticos existentes nos autos, sendo inviável a este Tribunal concluir diferentemente, pois tal implicaria necessariamente o reexame de provas, o que é defeso nesta fase recursal (Súmula 7/STJ). 3. Nos termos da jurisprudência desta Corte, a preclusão não atinge as condições da ação, mas se opera para alegação de defesas de mérito não oferecidas oportunamente em contestação ou objeto de agravo retido não reiterado na apelação. 4. A subsistência de fundamento inatacado, qual seja: a ocorrência da preclusão, apto a manter a conclusão do aresto impugnado impõe o não-conhecimento da pretensão recursal, a teor do entendimento disposto na Súmula nº 283/STF. 5. Agravo regimental não provido." (STJ, AgRg no REsp 1417395, 4ª Turma, Rel. Min. Luis Felipe Salomão, j. 3.5.2016, *DJe* 9.5.2016).

Art. 337. Incumbe ao réu, antes de discutir o mérito, alegar:

I – inexistência ou nulidade da citação;

II – incompetência absoluta e relativa;

III – incorreção do valor da causa;

IV – inépcia da petição inicial;

V – perempção;

VI – litispendência;

VII – coisa julgada;

VIII – conexão;

IX – incapacidade da parte, defeito de representação ou falta de autorização;

X – convenção de arbitragem;

XI – ausência de legitimidade ou de interesse processual;

XII – falta de caução ou de outra prestação que a lei exige como preliminar;

XIII – indevida concessão do benefício de gratuidade de justiça.

§ 1º Verifica-se a litispendência ou a coisa julgada quando se reproduz ação anteriormente ajuizada.

§ 2º Uma ação é idêntica a outra quando possui as mesmas partes, a mesma causa de pedir e o mesmo pedido.

§ 3º Há litispendência quando se repete ação que está em curso.

§ 4º Há coisa julgada quando se repete ação que já foi decidida por decisão transitada em julgado.

§ 5º Excetuadas a convenção de arbitragem e a incompetência relativa, o juiz conhecerá de ofício das matérias enumeradas neste artigo.

§ 6º A ausência de alegação da existência de convenção de arbitragem, na forma prevista neste Capítulo, implica aceitação da jurisdição estatal e renúncia ao juízo arbitral.

▶ *Referência: CPC/1973 – Art. 301*

1. As defesas processuais

Objetivando a consolidação e a estabilização das fases procedimentais – e, ainda, em atenção ao princípio da economia processual –, o CPC determina ao réu que deduza toda e qualquer defesa na primeira oportunidade em que deva manifestar-se no processo, assim evitando o alongamento desnecessário de seu curso, se pertinente a sua reação. Considerando que, em regra, o momento procedimental adequado para a primeira manifestação do réu coincide com a oferta da contestação, nesta deverá ele arguir as objeções porventura existentes; arguindo posteriormente qualquer delas, ainda será apreciada pelo juiz, por dever de ofício, como já registrado.

Repetindo, com algumas variações, o rol do art. 301 do CPC/1973, nos incisos de seu art. 337 o Código em vigor indica as defesas a serem arguidas pelo réu na contestação, em sede preliminar. Excetuadas as defesas fundadas na incompetência relativa e na convenção de arbitragem (*defesas de alegação necessária*, sob pena de preclusão), as demais são *objeções* processuais (*defesa de alegação útil*, mas não indispensável), delas competindo ao juiz conhecer de ofício, pois envolvem matéria de ordem pública, assegurado ao interessado o direito de prévia manifestação, em atenção às garantias do contraditório e da ampla defesa (v. arts. 9º, *caput* e 10), com as ressalvas legais, entre elas a rejeição liminar do pedido do autor, "*inaudita altera parte*", em virtude do reconhecimento da decadência legal ou da prescrição (art. 332, § 1º).

Eis o rol do art. 337:

Inc. I – *inexistência ou a nulidade de citação*: ato de integração do sujeito passivo na relação jurídico-processual e fundamental para a instauração do contraditório, a citação deve ser realizada com a observância dos requisitos legais, sob pena de invalidade.

Reiterando, com variações, o teor do art. 214 do CPC/1973, em seu art. 239 o atual diploma processual civil igualmente proclama a importância e a necessidade da citação como ato de integração de uma relação processual válida, ou seja, formada à luz das garantias constitucionais, com destaque às da ampla defesa e contraditório (CF, art. 5º, LV). Aliás, a indispensabilidade da citação do sujeito passivo funda-se na necessidade de assegurar-se-lhe, mediante a observância de um procedimento previsto em lei, o pleno exercício dessas duas garantias; consequentemente, a falta ou nulidade de citação desfalcará o processo de outra garantia constitucional, a do devido processo legal (idem, inc. LIV).

Por conta dessas exigências constitucionais é que, ressalvadas as hipóteses indicadas na parte final do *caput* do art. 239, os atos praticados no processo serão reputados nulos, se e quando o sujeito passivo não for regularmente citado, ou deixar de nele comparecer espontaneamente. Daí, a possibilidade de alegação, pelo réu, de inexistência ou de nulidade da citação em sede de contestação (art. 337, I), ou pelo executado, em sua impugnação ou embargos (arts. 525, § 1º, I, 535, I e 803, II), embora caiba à autoridade judiciária reconhecer qualquer dessas objeções processuais, inclusive de ofício (arts. 337, § 5º e 803, parágrafo único).

A citação será dispensada se o juiz indeferir a petição inicial (CPC, art. 330) ou rejeitar liminarmente o pedido do autor (art. 332), pois essas decisões, prolatadas "*inaudita altera parte*", nenhum prejuízo acarretam ao réu, nem ofendem as garantias constitucionais aludidas;

Inc. II – *incompetência absoluta ou relativa*: no regime do CPC/1973, a incompetência relativa era uma das espécies do gênero *respostas* do réu; devia ser arguida por meio de exceção própria, disciplinada pelos arts. 304 a 306, sob pena de prorrogação da competência do órgão jurisdicional perante o qual se instaurara o processo (arts. 112 e 114), ressalvada apenas a hipótese em que o juiz viesse a reconhecer a abusividade da cláusula de eleição de foro e determine o encaminhamento do processo para o foro onde o réu tenha seu domicílio (art. 112, par*ágrafo* único).

Já na dicção do art. 64 do CPC, a incompetência, absoluta ou relativa, deverá ser alegada na contestação, como questão preliminar (ao mérito da causa); mas a incompetência absoluta, objeção processual que é, não fica submetida à preclusão, podendo ser arguida pelo réu a qualquer tempo e grau de jurisdição, ao juiz competindo, ainda, declará-la de ofício (§ 1º). Quanto à relativa, deverá ser necessariamente arguida na contestação; não o sendo, prorrogar-se-á a competência do órgão jurisdicional (art. 65), exceto quando reconhecida pelo juiz, de ofício, antes da citação do réu, a abusividade de cláusula de eleição de foro (art. 63, §§ 3º e 4º);

Inc. III – *incorreção do valor da causa*: essa defesa processual, que no regime do CPC/1973 era deduzida e apreciada em autos apartados (art. 261), no CPC em vigor integra o rol das defesas a serem apresentadas na contestação, sem a necessidade, portanto, de instaurar-se incidente procedimental para sua resolução pelo juiz;

Inc. IV – *inépcia da petição inicial*: procedendo ao juízo prévio de admissibilidade da demanda, o juiz verificará se a petição inicial preenche todos os requisitos legais (CPC, art. 319); constatada qualquer das situações enunciadas nos incisos do art. 330, deverá indeferi-la, extinguindo o processo, sem resolução do mérito (art. 485, I), ressalvadas as situações indicadas no art. 319, §§ 2º e 3º e a emenda a que alude o art. 321, *caput*;

Inc. V – *perempção*: instituto de reduzida incidência, a perempção é pena processual imposta ao autor negligente e consiste na perda do direito de promover novamente a mesma ação (v. notas aos arts. 486, § 3º e 485, V);

Inc. VI – *litispendência*: entende-se, por litispendência, a pendência do processo desde o momento de sua instauração até o seu término (CPC, art. 312), com ou sem resolução do mérito, quando se tornar irrecorrível a sentença, acórdão ou decisão monocrática de segundo grau (*v. g.*, indeferimento liminar de petição inicial de ação rescisória) nele proferida. É nítida, portanto, a impropriedade do § 3º do art. 337, que, limitando-se à mera repetição do contido na primeira parte do § 3º do art. 301 do CPC/1973, confunde o instituto da litispendência com um de seus efeitos, qual seja, o de impedir a repropositura da mesma ação já em processamento. E, isto porque, a litispendência não surge da repetição da ação que está em curso (como consta do parágrafo aludido), mas, isto sim, impede sua repetição – que, vindo a ocorrer, implicará a extinção do novo processo, sem resolução do mérito (CPC, art. 485, V).

Inc. VII – *coisa julgada*: trata-se, aqui, da coisa julgada material, entendida, na dicção do art. 502 do CPC, como "*a autoridade que torna imutável e indiscutível a decisão de mérito não mais sujeita a recurso*". Garantia constitucional (art. 5º, XXXVI), a coisa julgada material impede que, reproposta a mesma ação, seja proferido novo julgamento de mérito (art. 485, V), ressalvado novo pronunciamento no "*iudicium rescissorium*", se e quando for o caso (arts. 966 e 968, I).

Inc. VIII – *conexão*: identificadas por seus elementos, duas ou mais ações são conexas quando tiverem em comum o elemento *objetivo* (pedido) ou *causal* (causa de pedir), independentemente de as partes serem as mesmas, pois o elemento *subjetivo* não interfere na formação do vínculo conectivo (v. CPC, art. 55).

Há a necessidade de verificar-se a existência desse vínculo entre ações, por exemplo, *(i)* se houver interesse na constituição de litisconsórcio facultativo (CPC, art. 113, II), *(ii)* for o caso de reunião dos processos, objetivando seu julgamento conjunto (art. 57, parte final) ou para a oferta de reconvenção (art. 343). E, apesar de o inciso sob exame referir-se apenas à conexão, nele se inclui, como defesa preliminar, também a continência (ou *litispendência parcial* – art. 56), que, estando presente, poderá implicar inclusive a extinção do processo relativo à *ação contida* (*rectius*: aquela que veicula o *pedido contido*), se já ajuizada anteriormente a ação veiculando o pedido continente; ou, ocorrendo o contrário, os respectivos processos serão necessariamente reunidos, para processamento e julgamento conjuntos (arts. 57);

Inc. IX – *incapacidade da parte, defeito de representação, falta de autorização*: qualquer das irregularidades processuais apontadas é suficiente, por si só, para invalidar o processo (e seu resultado), se e quando não sanada tempestiva e adequadamente pelo autor – daí o interesse do réu em argui-las em sua contestação (v. notas aos arts. 70 a 73);

Inc. X – *convenção de arbitragem*: a Lei nº 9.307, de 23.9.1996, conhecida como *Lei de Arbitragem*, revogou os arts. 1.072 a 1.102 do CPC/1973 e regulou, sob a denominação genérica de *convenção de arbitragem* (art. 3º), duas modalidades de convenções: a *cláusula compro-*

missória (ou *cláusula arbitral* – arts. 4º a 8º) e o *compromisso arbitral* (arts. 9º a 12).

Celebrada a convenção de arbitragem em qualquer dessas duas modalidades, compete ao réu alegá-la na contestação, sua omissão autorizando a presunção legal de que renunciou ao juízo arbitral e aceitou a jurisdição estatal (CPC, art. 337, § 6º). Irrelevante, por sua vez, a época da celebração do contrato, pois "*A Lei de Arbitragem aplica-se aos contratos que contenham cláusula arbitral, ainda que celebrados antes da sua edição.*" (Súmula 485 do STJ).

Acolhida essa defesa pelo juiz, ele proferirá sentença terminativa do processo (art. 485, VII); também será o caso de extinção do processo, sem resolução do mérito, se o réu demonstrar a preexistência de processo arbitral, com o reconhecimento, pelo árbitro único ou painel arbitral, da competência do juízo arbitral (idem). Rejeitada a alegação de convenção de arbitragem, caberá agravo de instrumento da decisão, sob pena de preclusão e confirmação da jurisdição estatal (art. 1.015, III):

Inc. XI – *ausência de legitimidade ou de interesse processual*: distanciando-se da terminologia do diploma processual de 1973, o atual não utiliza a expressão *carência de ação* (designativa de ausência, no caso concreto, de qualquer das condições da ação), substituindo-a pela explicitação das duas condições aludidas, sabido que a denominada *impossibilidade jurídica* passa a ser tratada como questão pertinente ao mérito da causa, não mais como ausência de uma condição de admissibilidade da ação. Tanto é assim, que ao indicar as situações caracterizadoras de inépcia da petição, entre elas não se inclui essa defesa (v. art. 330, I e § 1º), que era prevista no art. 295, par. único, III, do CPC/1973.

Ausente qualquer daquelas duas condições (interesse processual do autor ou a legitimidade ativa ou passiva), o juiz extinguirá o processo, sem resolução do mérito (art. 485, VI), arcando o autor com o ônus da sucumbência, salvo quando se tratar de *perda do objeto da ação* ("*rectius*": desaparecimento de qualquer das condições da ação, superveniente ao seu ajuizamento), caso em que, por força *do princípio da causalidade*, esse ônus será da parte que deu causa ao processo (v. STJ, AgRg no REsp 1001516/RJ, Rel. Min. Marco Buzzi, Quarta Turma, julg. 18/12/2014, *DJe* 6/2/2015).

Inc. XII – *falta de caução ou de outra prestação que a lei exige como preliminar*: deverá o autor da ação, brasileiro ou estrangeiro, residente fora do Brasil ou que dele venha a ausentar-se ao longo da tramitação do processo, prestar caução que garanta, sendo ao final sucumbente, o pagamento das custas e dos honorários do advogado da parte contrária – salvo se possuir bens imóveis no país que assegurem o pagamento (CPC, art. 83 e §§). Igualmente não poderá o autor, uma vez extinto o processo, sem resolução do mérito, ajuizar novamente a mesma ação antes de pagar ou depositar em cartório as despesas e honorários, aos quais foi condenado no processo anterior (art. 92). Descumprida pelo autor qualquer dessas exigências legais, será o caso de extinção do processo, sem resolução do mérito (art. 485, IV);

Inc. XIII – *indevida concessão do benefício de gratuidade de justiça:* além de dedicar uma seção à gratuidade da justiça (arts. 98 a 102), em seu art. 1.072, inc. III, o Código revoga diversos dispositivos da Lei nº 1.060, de 1950 (*Lei de assistência judiciária*), não mais sendo previsto o incidente de impugnação à decisão concessiva de gratuidade de justiça a qualquer das partes. Concedida ao autor, o réu poderá impugnar a decisão concessiva na contestação (art. 100) e, revogada que seja a gratuidade, o primeiro deverá interpor agravo de instrumento da decisão revocatória, sob pena de preclusão (art. 101 – v. art. 1.015, V).

Jurisprudência

Súmula 485/STJ – "*A Lei de Arbitragem aplica-se aos contratos que contenham cláusula arbitral, ainda que celebrados antes da sua edição.*" (Súmula 485 do STJ).

"AGRAVO INTERNO NO AGRAVO EM RECURSO ESPECIAL. PROCESSUAL CIVIL. AÇÃO DE PRESTAÇÃO DE CONTAS. CONTA-CORRENTE. INÉPCIA DA INICIAL. NÃO OCORRÊNCIA. SÚMULA Nº 83/STJ. 1. Esta Corte tem o entendimento de que, delimitado o período ao qual a prestação de contas se dirige e apresentados motivos mínimos, mas razoáveis, que justifiquem a propositura da ação, não há falar em inépcia da petição inicial. 2. Acórdão recorrido em sintonia com a jurisprudência desta Corte, o que atrai a incidência da Súmula nº 83/STJ. 3. Agravo interno não provido." (STJ, AgInt no Agravo em REsp 1130299, Rel. Min. Ricardo Villas Bôas Cueva, j. 12.12.2017, *DJe* 2.2.2018).

"AGRAVO INTERNO NO AGRAVO EM RECURSO ESPECIAL. PETIÇÃO INICIAL. INÉPCIA. AFASTAMENTO. INCOMPATIBILIDADE DE PEDIDOS. NÃO OCORRÊNCIA. CERCEAMENTO DE DEFESA. CONFIGURAÇÃO. REEXAME. SÚMULA Nº 7/STJ. 1. Afasta-se a alegação de inépcia da petição inicial, por suposta cumulação de pedidos incompatíveis, na hipótese de os pedidos se apresentarem alternativos, não demandando execução concomitante. 2. Por importar o revolvimento do acervo fático-probatório, em recurso especial, resta inviável a reforma do acórdão que concluiu pela ocorrência de cerceamento de defesa. Inteligência da Súmula nº 7/STJ. 3. Agravo interno não provido." (STJ, AgInt no Agravo em REsp 1113665, 3ª Turma, Rel. Min. Ricardo Villas Bôas Cueva, j. 5.12.2017, *DJe* 19.12.2017).

"ADMINISTRATIVO. MANDADO DE SEGURANÇA. ANISTIA. PRELIMINAR DE LITISPENDÊNCIA. I – A preliminar de litispendência procede. De fato, o objeto do mandamus se identifica com a Ação Ordinária n. 0061697-87.1999.4.02.5101 (32ª Vara Federal da Seção Judiciária do Rio de Janeiro), na qual se pleiteia justamente o reconhecimento da condição de anistiado e o pagamento dos valores retroativos, ora perseguido pela via heroica. II – No ponto, a questão é adequada à teoria dos *tres eadem* (mesmas partes, causa de pedir e pedido), pois a litispendência ocorre à vista do mesmo resultado prático pretendido, ainda que por meios processuais diversos. Nesse sentido: AgRg no MS 15.865/DF, Rel. Ministro Arnaldo Esteves Lima, Primeira Seção, julgado em 23/3/2011, *DJe* 4/4/2011; AgRg no MS 20.548/DF, Rel. Ministro Og Fernandes, Primeira Seção, julgado em 10/6/2015, *DJe* 18/6/2015; MS 19.095/DF, Rel. Ministro Humberto Martins, Primeira Seção, julgado em 27/5/2015, *DJe* 2/6/2015). III – Agravo interno improvido." (STJ, AgInt no MS 23245, 1ª Seção, Rel. Min. Francisco Falcão, j. 11.4.2018, *DJe* 19.4.2018).

"AGRAVO INTERNO NO RECURSO ESPECIAL. PROCESSUAL CIVIL. EMBARGOS À EXECUÇÃO. TÍTULO JUDICIAL. SENTENÇA PROFERIDA EM AÇÃO DE ARBITRAMENTO DE HONORÁRIOS ADVOCATÍCIOS. LITISPENDÊNCIA. NÃO OCORRÊNCIA. PRESCRIÇÃO. AFASTAMENTO. COISA JULGADA. AFERIÇÃO. SÚMULA Nº 7/STJ. LITIGÂNCIA DE MÁ-FÉ. CONDENAÇÃO MANTIDA. 1.

Recurso especial interposto contra acórdão publicado na vigência do Código de Processo Civil de 1973 (Enunciados Administrativos nºs 2 e 3/STJ). 2. Nos termos do § 1º do art. 301 do Código de Processo Civil de 1973, verifica-se a litispendência quando se reproduz ação anteriormente ajuizada, sendo certo que uma ação é idêntica à outra, segundo o disposto no § 2º do mesmo preceito legal, quando têm as mesmas partes, a mesma causa de pedir e o mesmo pedido. Hipótese não ocorrente na espécie. 3. Não se verifica a prescrição de que tratava o art. 100, I, da Lei nº 4.215/1963 (antigo Estatuto da Ordem dos Advogados do Brasil) se no interregno verificado entre o encerramento dos serviços prestados e o ajuizamento da ação de arbitramento de honorários não transcorreu prazo superior a 5 (cinco) anos. 4. O acolhimento da pretensão recursal no tocante à alegação de ofensa à coisa julgada e de ausência de título judicial capaz de garantir o prosseguimento da execução demandaria o reexame de matéria fática e das demais provas constantes dos autos, atraindo o óbice da Súmula nº 7/STJ. 5. Hipótese em que a aplicação da pena de litigância de má-fé vem calcada não apenas na nítida intenção da agravante de se esquivar da obrigação que lhe foi imposta, suscitando teses jurídicas sem nenhum respaldo legal, mas também no seu comportamento malicioso. Manutenção da pena processual. 6. Agravo interno não provido." (STJ, AgInt no REsp 1418133, 3ª Turma, Rel. Min. Ricardo Villas Bôas Cueva, j. 27.2.2018, *DJe* 8.3.2018).

> **Art. 338.** Alegando o réu, na contestação, ser parte ilegítima ou não ser o responsável pelo prejuízo invocado, o juiz facultará ao autor, em 15 (quinze) dias, a alteração da petição inicial para substituição do réu.
>
> **Parágrafo único.** Realizada a substituição, o autor reembolsará as despesas e pagará os honorários ao procurador do réu excluído, que serão fixados entre três e cinco por cento do valor da causa ou, sendo este irrisório, nos termos do art. 85, § 8º.

▶ *Sem correspondência no CPC/1973 (mas v. CPC/1973, arts. 62 e 63)*

1. Introdução: a nomeação à autoria

No regime do CPC/1973, o reconhecimento da ilegitimidade passiva impunha a extinção do processo, sem resolução do mérito, por carência de ação (v. arts. 267, VI e 295, II), ressalvadas, exclusivamente, as hipóteses contempladas em seus arts. 62 e 63, autorizando a correção do polo passivo da relação processual. Essa correção ocorria mediante o ingresso da parte legitimada, a ser convocada por meio da *nomeação à autoria* feita pelo réu – modalidade interventiva de terceiro, aliás, de pouca, ou nenhuma, aplicação concreta.

Em síntese, quando o autor, induzido em erro pela situação fática que se lhe apresenta, ajuizava ação possessória ou dominial em face do simples detentor da coisa, ou, então, ação indenizatória em face daquele que, em cumprimento de ordem ou instrução de terceiro, veio a causar prejuízo a bem ou direito do qual seja proprietário ou titular, o réu, citado, tinha o ônus de nomear ao processo o proprietário ou possuidor (no primeiro caso) ou aquele que deu a ordem ou determinou o cumprimento do ato lesivo, para que viesse substitui-lo no polo passivo da relação processual.

2. A técnica substitutiva da nomeação à autoria

Não recepcionada, felizmente, pelo atual CPC no elenco das modalidades interventivas de terceiro, a técnica da nomeação à autoria é superiormente substituída por aquela estabelecida nos arts. 338 e 339, a permitir a correção do polo passivo, qualquer que seja *a causa* determinante da ilegitimidade, mediante simples alegação pelo réu, na contestação, de que não é a parte legítima ou o responsável pelo prejuízo invocado pelo autor. Indicado o terceiro legitimado passivo, é facultado ao autor, caso reconheça a pertinência da indicação, alterar a petição inicial para nela incluir esse terceiro, em substituição ao réu original. E, realizada a substituição, com a consequente exclusão deste último do processo, o autor deverá reembolsá-lo das despesas e pagar verba honorária ao seu advogado.

Jurisprudência

"PROCESSUAL CIVIL E ADMINISTRATIVO. AÇÃO INDENIZATÓRIA. DESAPROPRIAÇÃO. IMÓVEIS RURAIS. CRIAÇÃO DE PARQUE. EXCLUSÃO DO IBAMA DA LIDE. ILEGITIMIDADE PASSIVA. FIXAÇÃO DE HONORÁRIOS. AGRAVO DE INSTRUMENTO. PROVIMENTO. INAPLICABILIDADE DO

ART. 338, PARÁGRAFO ÚNICO, CPC/2015. NÃO HOUVE SUBSTITUIÇÃO DE RÉU. MANIFESTAÇÃO DA RECORRIDA PELA LEGITIMIDADE EM RÉPLICA APRESENTADA NO PRIMEIRO GRAU. ALTERAÇÃO DOS HONORÁRIOS PARA 10% SOBRE O VALOR DA CAUSA. APLICAÇÃO DO ART. 85, § 3º, I, DO CPC/2015 EM DETRIMENTO DO ART. 338, PARÁGRAFO ÚNICO, DO MESMO DIPLOMA LEGAL. HONORÁRIOS RECURSAIS. CABIMENTO. FIXAÇÃO FINAL EM 12% SOBRE O VALOR DA CAUSA. I – Em autos de ação indenizatória ajuizada pela recorrida, com o objetivo de receber indenização decorrente da criação de Parque abrangendo lotes rurais de sua propriedade, o recorrente foi excluído da lide, em razão de sua ilegitimidade passiva. II – Fixação dos honorários com base no art. 338, parágrafo único, do CPC/2015, em 3% (três por cento) sobre o valor da causa, de forma indevida. Não se trata de substituição do réu, mas somente exclusão de um dos três apontados. Além disso, na primeira oportunidade em que se manifestou sobre a alegação de ilegitimidade do recorrente, a recorrida insistiu na legitimidade. III – Como o valor da causa é menor do que 200 salários mínimos, aplica-se o art. 85, § 3º, inc. I, do CPC/2015, com a fixação dos honorários em 10% (dez por cento) sobre essa base de cálculo. IV – Em face do sucesso parcial obtido pelo recorrente no julgamento do agravo de instrumento no Tribunal a quo e o sucesso total obtido no presente julgamento, esses honorários devem ser majorados para quantia equivalente a 12% (doze por cento) do valor da causa, nos termos do art. 85, §11, do CPC/2015. V – Recurso conhecido e provido." (STJ, REsp 1671940, 2ª turma, Rel. Min. Francisco Falcão, j. 24.10.2017, *DJe* 31.10.2017).

"PROCESSUAL CIVIL AÇÃO DE DECLARATÓRIA DE CANCELAMENTO DE REGISTRO C/C ANULATÓRIA DE LANÇAMENTO DE DÉBITOS SENTENÇA DE EXTINÇÃO DO FEITO, SEM JULGAMENTO DE MÉRITO, QUANTO AOS PEDIDOS DE ANULAÇÃO DOS DÉBITOS EM RELAÇÃO AO POSSUIDOR DO BEM, DAS INFRAÇÕES DE TRÂNSITO E DPVAT, POR ILEGITIMIDADE DE PARTE, IMPROCEDENTE QUANTO AOS DEMAIS PEDIDOS VIOLAÇÃO AOS ARTIGOS 9º, 10 E 338, DO CPC NÃO OPORTUNIZADO À PARTE AUTORA A POSSIBILIDADE DE CORREÇÃO DO POLO PASSIVO AUSÊNCIA DE PRONUNCIAMENTO DAS PARTES A RESPEITO DAS TESES ACOLHIDAS NA SENTENÇA, CONFIGURANDOS E EVIDENTE DECISÃO SURPRESA – NULIDADE DA SENTENÇA RECURSO PROVIDO, COM DETERMINAÇÃO, DE OFÍCIO, PARA QUE SE REALIZE A COMPETENTE INSTRUÇÃO PROCESSUAL." (TJSP, Apelação nº 1039036-77.2017.8.26.0053, 13ª Câmara de Direito Privado, Rel. Des. Ferraz de Arruda, j. 9.5.2018, publ. 9.5.2018).

"DECLARATÓRIA DE NULIDADE DE REGISTRO, CUMULADA COM ANULATÓRIA DE LANÇAMENTOS DE IPVA, DPVAT, E INFRAÇÕES DE TRÂNSITO. Aquisição de veículo mediante fraude, em que terceiro utiliza o nome de outrem para adquirir bem. Pretensão da empresa financeira, voltada contra a Fazenda do Estado e contra o DETRAN. 1. Nulidade da sentença não caracterizada. Autora que teve oportunidade de se manifestar quanto à alegação de ilegitimidade passiva e insistiu na pertinência subjetiva das partes indicadas. Ausência de pedido para substituição. Inaplicabilidade do artigo 338 do CPC, à hipótese. 1.1. Ilegitimidade passiva das rés para responderem pelo DPVAT que, embora recolhido juntamente com o IPVA, é de competência do Conselho Nacional de Seguros Privados, vinculados ao Ministério da Fazenda e administrado por Seguradora Líder dos Consórcios do Seguro DPVAT. 1.2. Ilegitimidade passiva, também, quanto às infrações de trânsito, aplicadas por entes diversos dos réus. 1.3. Ilegitimidade ativa da BV financeira quanto aos pedidos que envolvem especificamente a pessoa que figurou como contratante do financiamento. Aplicação do artigo 18 do CPC. 2. Aquisição de veículo mediante prática de fraude, em que terceiro utiliza o nome de outrem para adquirir bem, não afasta, obrigatoriamente, a responsabilidade da instituição financeira pelo IPVA lançado. 3. Negligência do banco, que deveria investigar o fato antes de proceder ao financiamento, não infirmada. Ação julgada improcedente. 4. Recurso não provido." (TJSP, Apelação Cível nº 1046548-14.2017.8.26.0053, 7ª Câmara de Direito Privado, Rel. Des. Coimbra Schmidt, j. 8.5.2018, publ. 8.5.2018).

> **Art. 339.** Quando alegar sua ilegitimidade, incumbe ao réu indicar o sujeito passivo da relação jurídica discutida sempre que tiver

conhecimento, sob pena de arcar com as despesas processuais e de indenizar o autor pelos prejuízos decorrentes da falta de indicação.

§ 1º O autor, ao aceitar a indicação, procederá, no prazo de 15 (quinze) dias, à alteração da petição inicial para a substituição do réu, observando-se, ainda, o parágrafo único do art. 338.

§ 2º No prazo de 15 (quinze) dias, o autor pode optar por alterar a petição inicial para incluir, como litisconsorte passivo, o sujeito indicado pelo réu.

▶ *Sem correspondência no CPC/1973 (mas v. CPC/1973, art. 69)*

1. O ônus da indicação do terceiro legitimado

Da dicção do art. 339 extrai-se que foi mantido o ônus processual de indicação do terceiro legitimado (v. CPC/1973, art. 69), ou seja, não basta ao réu alegar ser parte ilegítima; deverá também indicar, conhecendo-o, o sujeito passivo da relação jurídica litigiosa, sob pena de, omitindo-se e vir a ser posteriormente reconhecida essa ilegitimidade (com a consequente extinção do processo, sem resolução do mérito) ou, então, sobrevir sentença de mérito *inutiliter data*, ser condenado a arcar com as despesas processuais e a indenizar o autos pelos prejuízos resultantes do descumprimento do ônus. É evidente que nada obsta ao réu alegar sua ilegitimidade, caso desconheça o terceiro legitimado, procedendo o juiz, sendo ela reconhecida, à extinção do processo, sem resolução do mérito (CPC, art. 485, VI).

2. Instauração de litisconsórcio passivo facultativo

Caso reconheça a legitimidade passiva concorrente do terceiro indicado, o autor poderá optar por sua inclusão na petição inicial, em litisconsórcio com o réu original, como, por exemplo, em situações envolvendo responsabilidade civil solidária (CC, art. 275).

Jurisprudência

"AGRAVO DE INSTRUMENTO. COMPRA E VENDA. INDENIZAÇÃO. DANOS NA ESTRUTURA DO IMÓVEL. LEGITIMIDADE. GRATUIDADE DE JUSTIÇA. Decisão que, sem oportunizar a comprovação da situação econô-

mico-financeira, indefere a gratuidade de justiça ante os indícios que infirmam a declaração de hipossuficiência – Comprovação do recebimento de aposentadoria de um salário mínimo Presença dos requisitos para a concessão do benefício Demanda em que adquirentes pretendem a indenização por danos no imóvel vendido pelos réus – Rejeição da preliminar de ilegitimidade passiva e dos pedidos de substituição processual e denunciação à lide ao banco financiador, construtor e arquiteto Responsabilidade, em tese, do alienante pela existência de vício ou defeito da coisa, não cabendo trazer à demanda discussão acerca de relação jurídica da qual os autores não participaram Artigos 443 e 444 do CC – Não configurada a hipótese do artigo 125, inciso II, do CPC – Decisão mantida – DERAM PARCIAL PROVIMENTO AO RECURSO. (TJSP, Agravo de Instrumento nº 2234918-22.2017, 8ª Câmara de Direito Privado, Rel. Des. Alexandre Coelho, j. 2.5.2018, publ. 2.5.2018).

Art. 340. Havendo alegação de incompetência relativa ou absoluta, a contestação poderá ser protocolada no foro de domicílio do réu, fato que será imediatamente comunicado ao juiz da causa, preferencialmente por meio eletrônico.

§ 1º A contestação será submetida a livre distribuição ou, se o réu houver sido citado por meio de carta precatória, juntada aos autos dessa carta, seguindo-se a sua imediata remessa para o juízo da causa.

§ 2º Reconhecida a competência do foro indicado pelo réu, o juízo para o qual for distribuída a contestação ou a carta precatória será considerado prevento.

§ 3º Alegada a incompetência nos termos do *caput*, será suspensa a realização da audiência de conciliação ou de mediação, se tiver sido designada.

§ 4º Definida a competência, o juízo competente designará nova data para a audiência de conciliação ou de mediação.

▶ *Referência: CPC/1973 – Arts. 305 e 306*

1. A incompetência relativa como fundamento de contestação

Adiantou-se, em notas ao art. 337, que a incompetência relativa deverá ser alegada na contestação como questão preliminar (CPC,

Art. 341

art. 64, *caput*), sob pena de prorrogação (art. 65), ressalvada apenas a hipótese em que a eleição de foro resulte de cláusula abusiva, como tal reconhecida pelo juiz antes da citação do réu (art. 63, §§ 3º e 4º); se já citado, cumpre-lhe arguir na contestação a incompetência do foro eleito, fundando-a na abusividade da cláusula eletiva; omitindo-se, operar-se-á a prorrogação da competência territorial. Já a incompetência absoluta, improrrogável, pode ser alegada pelo réu a qualquer tempo e grau de jurisdição, além de cognoscível pelo juiz, inclusive de ofício (art. 64, § 1º), até porque nula e rescindível a sentença definitiva emanada de juízo absolutamente incompetente (art. 966, II).

2. A arguição de incompetência do órgão jurisdicional

Citado em *foro* ("*rectius*": comarca estadual, seção ou subseção judiciária federal) diverso daquele onde instaurado o processo, o réu, arguindo a incompetência territorial (relativa, portanto) na contestação, poderá protocolá-la no foro onde mantém seu domicílio, à autoridade local competindo comunicar o fato, preferencialmente por meio eletrônico, ao juiz que preside a causa. E, apesar da referência à *incompetência absoluta* contida no *caput* do dispositivo sob exame, essa faculdade conferida ao contestante, dispensando-o do deslocamento para o local onde proposta a ação, só tem sentido quando se tratar de incompetência de *foro*, não a de *juízo*: afinal, a competência deste é absoluta, fundada em critérios objetivo ou funcional, sua incompetência não resultando, portanto, da inobservância de qualquer critério territorial determinativo da competência de foro.

3. Distribuição da contestação

Em regra, a contestação será direcionada ao juízo da causa. Protocolada pelo réu no foro de seu domicílio, será livremente distribuída a qualquer dos juízos cíveis nele existentes, com seu encaminhamento posterior àquele onde instaurado o processo; realizada a citação por carta precatória, esta, devidamente cumprida, será então enviada ao juízo perante o qual tramita o processo.

Diante dessas novidades, vale reiterar que as previsões do § 1º do art. 340 têm sentido quando se tratar de arguição de incompetência

relativa; sendo absoluta (*v.g.*, ação de competência da justiça estadual proposta perante juízo federal) e citado o réu em cumprimento a carta precatória, é aceitável a conclusão de que a contestação deva ser apresentada ao juízo deprecado, com seu encaminhamento posterior ao deprecante, em atenção ao *dever de cooperação recíproca* entre os órgãos do Poder Judiciário, estadual ou federal, qualquer que seja o juízo ou o grau de jurisdição, mediante auxílio direto entre os respectivos magistrados e servidores (CPC, arts. 67 a 69). Contudo, sendo outra a modalidade de citação, perante qual dessas "Justiças" deverá ser *livremente distribuída* a contestação, se o foro de domicílio do réu for sede de juízos estadual e federal, como são, por exemplo, as capitais dos Estados? Uma pronta conclusão, a ser futuramente corroborada, ou não, pela jurisprudência, é a de que a contestação deverá ser livremente distribuída a juízo da "Justiça" indicada pelo réu como sendo a competente.

4. Reconhecimento da competência territorial e prevenção do juízo

Reconhecendo a incompetência territorial arguida pelo contestante, o juiz presidente do processo suspenderá a realização da audiência de conciliação ou de mediação eventualmente já designada e determinará o encaminhamento dos autos físicos (se for o caso) àquele juízo perante o qual foi distribuída a contestação ou a carta precatória. Essa distribuição atua como causa determinante da prevenção da competência do respectivo juízo, à autoridade que nele oficia cabendo, então, designar nova data para a audiência aludida.

5. Conflito negativo de competência

Não reconhecendo a competência do juízo deprecado ou daquele ao qual foi distribuída a contestação, a autoridade judiciária atuante em um ou outro também poderá, se for o caso, igualmente declinar da competência e suscitar o correspondente conflito negativo, a ser dirimido pelo tribunal (v. CPC, arts. 951 e ss.).

> **Art. 341.** Incumbe também ao réu manifestar-se precisamente sobre as alegações de fato constantes da petição inicial, presumindo-se verdadeiras as não impugnadas, salvo se:

> **I** – não for admissível, a seu respeito, a confissão;
>
> **II** – a petição inicial não estiver acompanhada de instrumento que a lei considerar da substância do ato;
>
> **III** – estiverem em contradição com a defesa, considerada em seu conjunto.
>
> **Parágrafo único.** O ônus da impugnação especificada dos fatos não se aplica ao defensor público, ao advogado dativo e ao curador especial.

► *Referência: CPC/1973 – Art. 302*

1. O ônus da impugnação especificada

Ofertando contestação, submete-se o réu ao ônus da impugnação especificada, ou seja, deverá questionar todos os *fatos pertinentes e relevantes* indicados pelo autor na petição inicial, como causa de pedir (vedada, pois, em regra, a denominada *contestação por negação geral*), sob pena de presumirem-se verdadeiros os não impugnados. Deixando ele de desincumbir-se desse ônus, ficará o autor dispensado da prova dos fatos não impugnados, porquanto incontroversos (CPC, art. 374, III), circunstância que autoriza, em princípio, até mesmo o julgamento antecipado do pedido (art. 355, II).

Entenda-se, porém, o seguinte: ofertada contestação pelo réu, incontroversos serão apenas os fatos não impugnados (e ressalvadas, ainda, as situações indicadas nos incisos e no parágrafo do art. 341), ao autor cabendo, sendo o caso, o ônus da prova em relação àqueles impugnados (art. 373, I); sendo o réu revel – e descumprindo totalmente, portanto, o ônus sob exame –, terá aplicação, em princípio, o disposto no art. 344, a permitir, como salientado, o julgamento antecipado do pedido.

2. O ônus da impugnação especificada e o princípio da autonomia dos litisconsortes

Sendo unitário o litisconsórcio passivo (CPC, art. 116), não prevalecerá o *princípio da autonomia dos litisconsortes* insculpido na primeira parte do art. 117, aproveitando ao revel, portanto, a contestação ofertada por qualquer deles.

3. Questões de fato que independem de impugnação

Mesmo que o réu não se desincumba do ônus da impugnação especificada, em determinadas situações não se estabelecerá a presunção de veracidade prevista em lei, cabendo ao autor o ônus da prova, quando:

a) for inadmissível, a respeito do fato, a confissão (inc. I): há fatos que não se tornam incontroversos, mesmo que o réu os tenha confessado expressamente (*v. g.*, os relacionados às questões de estado e capacidade das pessoas, que dizem respeito a direitos indisponíveis), competindo então ao autor a produção da prova tendente a sua demonstração, se e quando necessária;

b) o ato somente puder ser provado documentalmente (inc. II): como a lei exige a forma documental pública para a prova de determinados atos jurídicos (*v. g.*, prova do casamento, de propriedade imobiliária etc.), compete ao autor instruir a petição inicial com os documentos indispensáveis à propositura da ação (v. CPC, arts. 320, 321 e 339, IV). Então, mesmo deixando o réu de impugnar os fatos (não documentados) expostos na inicial, remanescerá para o autor o ônus da produção da prova documental correspondente;

c) os fatos não impugnados estiverem em contradição com a defesa, considerada em seu conjunto (inc. III): pode ocorrer de, mesmo considerados incontroversos por ausência de impugnação expressa pelo réu, determinados fatos contrariem a versão exposta na petição inicial a título de causa de pedir. Constatada essa contradição intrínseca, estará caracterizada a controvérsia envolvendo fatos indicados pelo autor (*questões de fato*, a demandarem dilação probatória), cabendo-lhe o ônus de prová-los, apesar da ausência de impugnação do réu. A título de exemplo, imagine-se que o réu não se desincumba do ônus da impugnação específica, mas oferte reconvenção, fundando-a em moldura fática totalmente diversa daquela exposta pelo autor – caso em que estará estabelecida a controvérsia sobre os fatos narrados na peça inaugural do processo.

4. Situações de dispensa do ônus da impugnação especificada

Em seu parágrafo o art. 341 dispensa o defensor público, o advogado dativo e o cura-

Art. 342

dor especial do ônus sob exame, permitindo-lhes a oferta de *contestação por negação geral*, em atenção à eventual dificuldade que terão na obtenção e produção de provas. Ofertada essa contestação, dá-se a impugnação integral de todos os fatos indicados pelo autor em sua petição inicial à guisa de causa de pedir, como constitutivos de seu direito, cabendo-lhe, então, o correspondente ônus da prova, nos termos no inc. I do art. 373 do CPC.

Importante observar, ademais, que a não impugnação especificada de todos os fatos declinados na petição inicial não exclui, "*prima facie*", a livre apreciação, pelo juiz, dos fatos impeditivos, modificativos ou extintivos do alegado direito do autor, caso provados no processo, independentemente de manifestação do réu, ante o que dispõe o art. 371 do mesmo diploma legal.

Derradeiras observações: como ao Ministério Público é vedada a promoção, em juízo, da defesa de interesses individuais *disponíveis* (CF, art. 127, *caput, contrario sensu*), cabe à Defensoria Pública, além da defesa do réu necessitado da gratuidade da justiça (CPC, art. 185), também ofertar contestação em prol de réu revel ficticiamente citado ou preso (art. 72, II e parágrafo único).

Jurisprudência

"[...] 3. 'Cuidando-se de ação de declaração de nulidade de negócio jurídico, o litisconsórcio formado no pólo passivo é necessário e unitário, razão pela qual, nos termos do art. 320, inciso I, do CPC, a contestação ofertada por um dos consortes obsta os efeitos da revelia em relação aos demais. Ademais, sendo a matéria de fato incontroversa, não se há invocar os efeitos da revelia para o tema exclusivamente de direito' (REsp 704.546/DF, Rel. Ministro Luis Felipe Salomão, Quarta Turma, julgado em 01/06/2010, *DJe* 08/06/2010).

4. 'A revelia, que decorre do não oferecimento de contestação, enseja presunção relativa de veracidade dos fatos narrados na petição inicial, podendo ser infirmada pelos demais elementos dos autos, motivo pelo qual não acarreta a procedência automática dos pedidos iniciais' (REsp 1335994/SP, Rel. Ministro Ricardo Villas Bôas Cueva, Terceira Turma, julgado em 12/08/2014, *DJe* 18/08/2014)."

(EDcl no AREsp 156.417/SP, Rel. Ministro Luis Felipe Salomão, Quarta Turma, julgado em 05/05/2015, *DJe* 13/05/2015).

"Apelação cível. Condomínio. Cobrança de aluguéis. Ação e reconvenção parcialmente procedentes. Artigo 302 do Código de Processo Civil. Presumida verdadeira a alegação e pedido trazido pela parte autora quanto à Chácara São Pedro. Cabia ao apelante impugnar especificamente cada fato em que a autora ampara sua pretensão, sob pena de presumirem-se verdadeiros. Nesse caso, é dispensável a produção de provas desses fatos, art. 334 do CPC. Princípio da impugnação específica. Sucumbência devidamente fixada. Apelo desprovido." (TJSP, Apelação Cível nº 0014433-97.2012.8.26.0451, 8ª Câmara de Direito Privado, Rel. Des. Silvério da Silva, j. 16.4.2018, publ. 16.4.2018).

"EMENTA: ACIDENTE DE VEÍCULO. AÇÃO REGRESSIVA. 1. Cabe ao réu demonstrar a ocorrência de fatos modificativos, impeditivos ou extintivos do direito do autor. 2. Fatos não impugnados pelo réu quando da apresentação da contestação tornam-se incontroversos e não podem em sede de apelação ser alegados. Interpretação dos artigos 341 e 1.014 do Código de Processo Civil. 3. Comprovada a imprudência do condutor réu, que ao realizar ultrapassagem invadiu a via oposta de direção causando o acidente, de rigor sua condenação. Sentença mantida. Recurso desprovido." (TJSP, Apelação Cível nº 1003776-54.2015.8.26.0005, 37ª Câmara de Direito Privado, Rel. Des. Felipe Ferreira, j. 17.10.2017, publ. 17.10.2017).

> **Art. 342.** Depois da contestação, só é lícito ao réu deduzir novas alegações quando:
>
> **I** – relativas a direito ou a fato superveniente;
>
> **II** – competir ao juiz conhecer delas de ofício;
>
> **III** – por expressa autorização legal, puderem ser formuladas em qualquer tempo e grau de jurisdição.

▶ *Referência: CPC/1973 – Art. 303*

1. Defesas dedutíveis após a oferta da contestação

Não obstante o princípio da eventualidade contemplado no art. 336 do CPC, o art. 342 autoriza a dedução pelo réu, após a oferta da contestação, das defesas enunciadas em seus incisos:

Inc. I – *defesas relativas a direito superveniente:* dispensa maiores considerações a possibilidade de o réu vir a deduzir, mesmo depois de haver contestado, alegações relativas a direito superveniente (à contestação); aliás, o art. 493 determina que o juiz leve em consideração, inclusive de ofício, ao proferir sua sentença, qualquer fato constitutivo, modificativo ou extintivo do direito superveniente à propositura da ação, que possa influir no julgamento;

Inc. II – *defesas cognoscíveis de ofício*: tratando-se de *objeções* (v. notas ao art. 337), delas compete ao juiz conhecer de ofício, podendo o réu, consequentemente, deduzi-las mesmo após a oferta de contestação, como é o caso, por exemplo, das defesas processuais indicadas no § 5º do referido art. 337 e das defesas de mérito consistente na consumação da decadência *legal* (CC, art. 210) e na prescrição, previamente intimado o autor para se manifestar a respeito (art. 487, par. único), salvo quando se tratar de rejeição liminar do pedido por ele formulado (art. 332, § 1º);

Inc. III – *defesas que, por expressa autorização legal, podem ser formuladas a qualquer tempo e grau de jurisdição*: é evidente que esse inciso não se refere às objeções, pois delas trata o anterior; ele cuida, isto sim, de defesas das quais é defeso ao juiz conhecer de ofício, mas que, por expressa autorização legal, a parte interessada pode alegar a qualquer tempo, valendo como exemplo a alegação de consumação da decadência *convencional* (CC, art. 211).

Jurisprudência

"DIREITO PROCESSUAL CIVIL E ADMINISTRATIVO. PROVA DOCUMENTAL. PRODUÇÃO EXTEMPORÂNEA. EXCEÇÕES LEGAIS. INAPLICABILIDADE. REEXAME DO CONTEXTO FÁTICO-PROBATÓRIO. SÚMULA 7/STJ. 1. A regra prevista no art. 396 do Código de Processo Civil, segundo a qual incumbe à parte instruir a inicial ou a contestação com os documentos necessários para provar o direito alegado, somente pode ser excepcionada se, após o ajuizamento da ação, surgirem documentos novos, ou seja, decorrentes de fatos supervenientes ou que somente tenham sido conhecidos pela parte em momento posterior (CPC, art. 397), o que não ocorreu, conforme relatado pelo Tribunal a quo. Precedentes do STJ. 2. A Corte Local afirmou "ser fato incontroverso nestes autos que tais elementos sempre estiveram na posse dos prepostos do apelante, de sorte que o pedido de juntada documental apenas quando da apresen-

tação de alegações finais orais momento em que já configurada a preclusão consumativa da fase processual instrutória – não se deu em razão de força maior, mas sim de óbvia deficiência da defesa por aquele apresentada." (fl. 199, e-STJ). 3. Assim, é inviável analisar a tese defendida no Recurso Especial, a qual busca afastar as premissas fáticas estabelecidas pelo acórdão recorrido, pois inarredável a revisão do conjunto probatório dos autos. Aplica-se o óbice da Súmula 7/STJ. 4. Recurso Especial não conhecido." (STJ, REsp 1618161, 2ª Turma, Rel. Min. Herman Benjamin, j. 13.12.2016, *DJe* 6.3.2017).

CAPÍTULO VII
DA RECONVENÇÃO

Art. 343. Na contestação, é lícito ao réu propor reconvenção para manifestar pretensão própria, conexa com a ação principal ou com o fundamento da defesa.

§ 1º Proposta a reconvenção, o autor será intimado, na pessoa de seu advogado, para apresentar resposta no prazo de 15 (quinze) dias.

§ 2º A desistência da ação ou a ocorrência de causa extintiva que impeça o exame de seu mérito não obsta ao prosseguimento do processo quanto à reconvenção.

§ 3º A reconvenção pode ser proposta contra o autor e terceiro.

§ 4º A reconvenção pode ser proposta pelo réu em litisconsórcio com terceiro.

§ 5º Se o autor for substituto processual, o reconvinte deverá afirmar ser titular de direito em face do substituído, e a reconvenção deverá ser proposta em face do autor, também na qualidade de substituto processual.

§ 6º O réu pode propor reconvenção independentemente de oferecer contestação.

▶ *Referência: CPC/1973 – Art. 303*

1. Natureza jurídica da reconvenção

Faculdade conferida ao réu, a reconvenção é a *ação* por ele proposta no processo em curso e no prazo de contestação. Por meio dela, o réu reconvinte não apenas reage à pretensão do autor, mas amplia o objeto do processo e dá vida a uma nova relação jurídica, que convive com a instaurada com o ajuizamento da ação original. Portanto, ao reconvir, o réu contra-ataca a pretensão deduzida pelo autor, assumindo no processo a dupla posição de réu e de autor; o autor original, por sua vez, passa a figurar também como réu (autor-reconvindo).

É inegável a utilidade da reconvenção: ao ampliar o objeto do processo, permite a coleta de todas as provas de interesse para ambas as ações, assim como a resolução das pretensões do autor-reconvindo e do réu-reconvinte, evitando não apenas a instauração de nova base processual autônoma, mas, sobretudo, o advento de decisões inúteis ou contraditórias – com o que fica resguardado o princípio da segurança das decisões judiciais.

Distanciando-se de seu antecessor, o atual CPC autoriza a apresentação da reconvenção como parte integrante da contestação, ou até mesmo independentemente desta, em peça autônoma, mercê de sua inquestionável natureza jurídica de ação. Evidente, contudo, que essa última possibilidade dependerá da existência de vínculo conectivo entre a reconvenção e a *ação principal*, pois não é possível ela seja conexa com o fundamento da defesa, sem que haja contestação (art. 343).

Reproduzindo a expressão utilizada pelo art. 315 do CPC/1973, em seu art. 343 o CPC refere-se à *ação principal*, ao invés de *ação original*, podendo transmitir a equivocada ideia de que a reconvenção seria acessória, apesar de já no § 2º deixar claro a sua autonomia em relação à ação proposta pelo autor, tanto que, como já registrado, ela pode ser ofertada independentemente (§ 6º).

Enunciado 120 da II Jornada de Direito Processual Civil do Conselho da Justiça Federal: "Deve o juiz determinar a emenda também na reconvenção, possibilitando ao reconvinte, a fim de evitar a sua rejeição prematura, corrigir defeitos e/ou irregularidades."

2. Legitimidade das partes e litisconsórcio ulterior

A reconvenção amplia o objeto do processo (*ampliação objetiva*), submetendo à apreciação judicial novo pedido (o reconvencional), sem interferir na estrutura da relação jurídica processual, pois em princípio permanecem como partes, em posições antagônicas, o autor-reconvindo e o réu-reconvinte. Há, no entanto, a possibilidade de a reconvenção ampliar qualquer dos polos dessa relação (*ampliação subjetiva*), pois ao réu é facultado trazer terceiro ao processo, seja como litisconsorte do autor (art. 343, § 2º), seja como seu (§ 4º).

Imagine-se, a título de exemplo, ação de adjudicação compulsória tendo por objeto determinado bem, proposta por promitente-vendedor casado e figurando como réu promitente-comprador no mesmo estado civil, o qual, por sua vez, pretenda a rescisão do contrato, por vício de consentimento. Citado, o réu e sua esposa poderão reconvir, como litisconsortes, com a inclusão da esposa do autor no processo, como litisconsorte passiva na reconvenção.

Por outro lado, exige a lei que as partes tenham, na reconvenção, a mesma qualidade jurídica que ostentam na ação original, isto é, sendo o autor substituto processual, o réu só pode reconvir postulando direito que julga ter em relação ao substituído, não contra o autor-reconvindo (§ 5º).

3. Fundamentos da reconvenção

A reconvenção deve vir fundada na existência de *vínculo de conexão* entre ela e a ação original proposta pelo autor-reconvindo, ou *entre ela e o fundamento da defesa* apresentado na contestação. Por outras palavras, admite-se a reconvenção quando conexa *(i)* com a ação *original* (art. 55), isto é, ambas tenham o mesmo pedido (*v. g.*, réu em ação de separação judicial fundada em injúria grave, que reconvém pleiteando a mesma separação com fundamento em adultério) ou idêntica "*causa petendi*" (*v. g.*, exigindo o credor o cumprimento de obrigação contratualmente pactuada, o devedor pede o preço combinado para efetivação do negócio) ou *(ii)* com o fundamento da defesa, ou seja, em sua contestação o réu deduz fato novo, extintivo ou impeditivo do direito do autor e reconvém, como ocorre, por exemplo, quando em processo de cobrança de dívida de dinheiro, contesta alegando ser titular de crédito maior e reconvém, pleiteando não só a compensação entre seu crédito e o do autor, como, ainda, a condenação do último ao pagamento da diferença.

4. Autonomia da reconvenção

Em seus §§ 2º e 6º, o art. 343 do CPC consagra a autonomia da reconvenção em relação à ação original, ao dispor que a desistência desta última, ou a existência de qualquer causa que impeça o exame de seu mérito, não obsta ao prosseguimento do processo quanto à reconvenção. A recíproca é verdadeira, pois se inadmitida a reconvenção, o processo prosseguirá para o julgamento da ação. Essa autonomia acarreta as seguintes consequências: constatada a carência de qualquer das ações, ou dela desistindo o respectivo sujeito ativo, a outra será processada e julgada; sendo o caso de indeferimento liminar da petição inicial da reconvenção, a ação original não terá obstado o seu processamento.

5. Reconvenção sucessiva (*reconventio reconventionis*)

Tema ainda controvertido diz respeito à possibilidade de o autor-reconvindo vir, por sua vez, a reconvir (*reconventio reconventionis*), faculdade expressamente vedada no processo monitório (art. 702, § 6º, mas autorizada, ao que tudo indica, pelo § 1º do art. 343, ao prever que o autor-reconvindo será intimado para apresentar *resposta* à reconvenção. Assim, por exemplo, se o réu reconvier sem contestar, o autor-reconvindo será intimado para contestar e, se for o caso, também ofertar reconvenção à reconvenção.

Importante precedente da Terceira Turma do Superior Tribunal de Justiça reconhece e autoriza a *reconvenção sucessiva*, sob o argumento de que ela "não é vedada pelo sistema processual, condicionando-se o seu exercício, todavia, ao fato de que a questão que justifica a propositura da reconvenção sucessiva tenha surgido na contestação ou na primeira reconvenção, o que viabiliza que as partes solucionem integralmente o litígio que as envolve no mesmo processo e melhor atende aos princípios da eficiência e da economia processual, sem comprometimento da razoável duração do processo" (REsp 1690216/RS, Rel. Min. Paulo de Tarso Sanseverino, Rel. p/ acórdão Min. Nancy Andrighi, 3ª Turma, j. 22.09.2020, *DJe* 28.09.2020).

6. Intimação e resposta do autor reconvindo

Ajuizada a reconvenção, o autor reconvindo será intimado, na pessoa de seu advogado, para ofertar resposta no prazo de 15 dias, sob pena de revelia. No entanto, mesmo sendo revel, não estará sujeito aos efeitos da revelia (CPC, art. 344), se e quando ocorrente qualquer das hipóteses indicadas nos incisos do art. 345; tam-

bém continuará sendo formalmente intimado dos atos processuais na pessoa de seu advogado, afastada, portanto, a restrição estabelecida pelo art. 346.

7. Citação e resposta do litisconsorte reconvindo

Proposta pelo réu reconvenção em face de terceiro ainda estranho ao processo (art. 343, § 3º), ele deverá ser formalmente citado para ofertar resposta. Sendo revel e não tendo advogado constituído nos autos, ficará sujeito – ele, sim – à restrição acima aludida, mas não sofrerá os efeitos da revelia, exceto se também o autor reconvindo for revel (v. art. 345, I).

8. Julgamento da reconvenção e recurso

Indeferida a reconvenção ou rejeitado liminarmente o pedido reconvencional (v. CPC, arts. 321, 330 e 332), ainda assim o processo terá prosseguimento em relação à ação original. Trata-se, portanto, de *decisão interlocutória* proferida pelo juiz (art. 203, § 2º), pois não "*põe fim à fase cognitiva do procedimento comum*", nem "*extingue a execução*" (§ 1º). E, embora não encartada explicitamente no rol do art. 1.015 do novo diploma legal, essa decisão poderá ser impugnada por agravo de instrumento (arts. 354, parágrafo único e 356, § 5º), sob pena de prejudicar-se o curso regular do processo, em clara afronta à garantia de sua duração razoável, já não bastassem os danos a serem experimentados pelas partes.

Explica-se: não admitido o agravo de instrumento na hipótese sob exame, somente por ocasião do julgamento da apelação poderia o tribunal, fosse o caso, cassar a decisão interlocutória (art. 1.009, § 1º) e devolver ao juízo de origem o processamento da reconvenção. Essa solução cindiria o processo em dois procedimentos e fases totalmente anômalos, dedicados, respectivamente, ao trato da matéria reconvencional por aquele órgão jurisdicional e, quanto a ação, a esta altura já julgada, das questões envolvendo, por exemplo, o processamento de recurso a tribunais superiores ou até mesmo o cumprimento da sentença parcial.

Jurisprudência

Súmula 292/STJ: "A reconvenção é cabível na ação monitória, após a conversão do procedimento em ordinário."

"Civil. Processual civil. Ação de cobrança e arbitramento de honorários advocatícios. Pretensão de repetição do indébito deduzida pelo réu em reconvenção. Pretensão de repetição do indébito deduzida pelo autor em reconvenção sucessiva. Reconvenção à reconvenção proposta na vigência do CPC/73, legislação aplicável quanto ao cabimento. Admissibilidade da *reconventio reconventionis*. Doutrina majoritária. Ausência de proibição, condicionado o ajuizamento ao surgimento da questão que a justifica na contestação ou na primeira reconvenção. Indeferimento liminar da reconvenção sucessiva na vigência do CPC/15. Nova legislação processual que solucionou os impedimentos apontados ao cabimento. Intimação para apresentação de resposta e não de contestação. Art. 343, § 1º. Vedação expressa da reconvenção sucessiva apenas na hipótese de ação monitória. Art. 702, § 6º. Admissibilidade condicionada ao surgimento da questão que justifica a reconvenção sucessiva apenas na contestação ou na primeira reconvenção. Solução integral do litígio no mesmo processo. Observância dos princípios da eficiência e da economia processual, sem afronta à razoável duração do processo. Tema repetitivo 622. Desnecessidade de reconvenção na hipótese de pretensão de repetição do indébito. Irrelevância. Tese vinculante que apenas autoriza a arguição da matéria em contestação, sem excluir a possibilidade de reconvenção para essa finalidade.

1- O propósito recursal é definir se, no sistema processual brasileiro, é admissível a reconvenção sucessiva, também denominada de reconvenção à reconvenção. 2- Dado que propositura da reconvenção à reconvenção ocorreu na vigência do CPC/73 e que a questão controvertida versa justamente sobre o seu cabimento, é correto afirmar que a admissibilidade da reconvenção sucessiva deve ser examinada, inicialmente, à luz da legislação revogada. 3- Ainda na vigência do CPC/73, a doutrina se posicionou, majoritariamente, pela admissibilidade da reconvenção à reconvenção, por se tratar de medida não vedada pelo sistema processual, mas desde que a questão que justifica a propositura da reconvenção sucessiva tenha como origem a contestação ou a primeira reconvenção. 4- Esse entendimento não se modifica se porventura se adotar, como marco temporal, a data da publicação da decisão que rejeitou liminarmente a reconvenção sucessiva, ocorrida na vigência do CPC/15, pois a nova legislação processual solu-

cionou alguns dos impedimentos apontados ao cabimento da reconvenção sucessiva, como, por exemplo, a previsão de que o autor-reconvindo será intimado para apresentar resposta e não mais contestação (art. 343, § 1º) e a vedação expressa de reconvenção à reconvenção apenas na hipótese da ação monitória (art. 702, § 6º). 5- Assim, também na vigência do CPC/15, é igualmente correto concluir que a reconvenção à reconvenção não é vedada pelo sistema processual, condicionando-se o seu exercício, todavia, ao fato de que a questão que justifica a propositura da reconvenção sucessiva tenha surgido na contestação ou na primeira reconvenção, o que viabiliza que as partes solucionem integralmente o litígio que as envolve no mesmo processo e melhor atende aos princípios da eficiência e da economia processual, sem comprometimento da razoável duração do processo. 6- Na hipótese, o autor ajuizou ação de cobrança e de arbitramento de honorários advocatícios em face do recorrido, pleiteando o pagamento de honorários contratuais e sucumbenciais; em reconvenção, o réu formulou pretensão de repetição do indébito, porque teria pago ao autor, a título de honorários, valor maior do que o devido, surgindo, apenas a partir desse exato momento, a pretensão de repetição do indébito deduzida pelo autor na reconvenção sucessiva, a fim de que seja o réu condenado a pagar ao autor o equivalente do que dele exige, pretensão que não seria suscetível de cumulação com os pedidos formulados na petição inicial. 7- O fato de a 2ª Seção desta Corte, por ocasião do julgamento do REsp 1.111.270/PR, submetido ao rito dos repetitivos (Tema 622), ter fixado a tese de que 'a aplicação da sanção civil do pagamento em dobro por cobrança judicial de dívida já adimplida (cominação encartada no artigo 1.531 do Código Civil de 1916, reproduzida no artigo 940 do Código Civil de 2002) pode ser postulada pelo réu na própria defesa, independendo da propositura de ação autônoma ou do manejo de reconvenção, sendo imprescindível a demonstração de má-fé do credor' não impede a propositura da reconvenção sucessiva, pois, no referido precedente vinculante, houve apenas a autorização para que o debate acerca da repetição do indébito acontecesse a partir da arguição da matéria em contestação, sem, contudo, eliminar a possibilidade de manejo da reconvenção para essa finalidade. 8- Recurso especial conhecido e provido, para determinar seja dado regular prosseguimento à reconvenção sucessiva ajuizada pelo recorrente." (STJ, REsp 1690216/RS, Rel. Min. Paulo de Tarso Sanseverino, Rel. p/ acórdão Min. Nancy Andrighi, 3ª Turma, j. 22.09.2020, *DJe* 28.09.2020)

"AGRAVO INTERNO NO AGRAVO (ART. 544 DO CPC/73) – AÇÃO CONDENATÓRIA – RECONVENÇÃO – DECISÃO MONOCRÁTICA QUE NEGOU PROVIMENTO AO RECLAMO. IRRESIGNAÇÃO DA PARTE AUTORA/RECONVINDA. 1. A jurisprudência do STJ firmou-se no sentido de que a impugnação, no agravo interno, de capítulos autônomos da decisão recorrida apenas induz a preclusão das matérias não impugnadas. 2. Nos termos da jurisprudência desta Corte Superior, a reconvenção pode ser apresentada nas hipóteses em que presente a conexão com a ação principal ou com o fundamento da defesa, o que restou evidenciado no caso dos autos. Incidência do óbice inserto na Súmula 83/STJ. 3. Agravo interno desprovido." (STJ, AgInt no Agravo em REsp 720.455, 4ª Turma, Rel. Min. Marco Buzzi, j. 10.4.2018, *DJe* 17.4.2018).

"AGRAVO INTERNO NO AGRAVO EM RECURSO ESPECIAL. RECURSO INTERPOSTO NA VIGÊNCIA DO NCPC. CONTRATO DE COMISSIONAMENTO. INTERMEDIAÇÃO DE NEGÓCIO MERCANTIL. HIPÓTESES DE CABIMENTO DA RECONVENÇÃO. TESE RECURSAL DESACOMPANHADA DA INDICAÇÃO DE OFENSA A LEI FEDERAL OU DISSÍDIO PRETORIANO. INDICAÇÃO DE OFENSA A DISPOSITIVOS LEGAIS NÃO PREQUESTIONADOS. DECISÃO MANTIDA. 1. Aplicabilidade do NCPC a este recurso ante os termos do Enunciado Administrativo nº 3, aprovado pelo Plenário do STJ na sessão de 9/3/2016: Aos recursos interpostos com fundamento no CPC/2015 (relativos a decisões publicadas a partir de 18 de março de 2016) serão exigidos os requisitos de admissibilidade recursal na forma do novo CPC. 2. Admite-se a reconvenção quando houver conexão entre as causas de pedir da ação principal e do pleito incidental, não se exigindo que os pedidos formulados tenham a mesma natureza. Precedentes. 3. Não pode ser conhecido o recurso especial na parte que deixa de indicar ofensa a dispositivo de lei federal ou dissídio pretoriano. Da mesma forma, não podem ser conhecidas as alegações completamente dissociadas da situação fática fixada

pelo Tribunal de origem. Incidência da Súmula nº 284 do STF. 4. Se o Tribunal de origem, com amparo na prova dos autos, concluiu que houve venda de insumos, assinalou, implicitamente, a existência de uma compra e venda mercantil. Impossível, assim, sustentar o contrário sem esbarrar nas Súmulas nºs 5 e 7 do STJ. 5. O acórdão recorrido, ao tratar da validade dos protestos, não se manifestou sobre os dispositivos legais que o recurso especial afirmou violados, os quais carecem, portanto, do devido prequestionamento. Incidência da Súmula nº 211 do STJ. 6. Em virtude do não provimento do presente recurso, e da anterior advertência em relação a incidência do NCPC, incide ao caso a multa prevista no art. 1.021, § 4º, do NCPC, no percentual de 3% sobre o valor atualizado da causa, ficando a interposição de qualquer outro recurso condicionada ao depósito da respectiva quantia, nos termos do § 5º daquele artigo de lei. 7. Agravo interno não provido, com aplicação de multa." (STJ, AgInt no Agravo em REsp 1013294, 3ª Turma, Rel. Min. Moura Ribeiro, j. 20.3.2018, *DJe* 2.4.2018).

CAPÍTULO VIII
DA REVELIA

Art. 344. Se o réu não contestar a ação, será considerado revel e presumir-se-ão verdadeiras as alegações de fato formuladas pelo autor.

▶ *Referência: CPC/1973 – Art. 319*

1. Conceito de revelia

Revelia é a ausência de apresentação, pelo réu, de contestação, ou sua apresentação fora dos ditames legais (em língua estrangeira, fora do prazo, sem atender ao princípio da impugnação especificada dos fatos etc.).

Não se deve, por isso confundir revelia com contumácia. Contumácia é a inércia, de qualquer das partes, ante a determinado comando judicial. A revelia é uma espécie de contumácia, vez que ocorre não só quando o réu deixa de contestar a ação após citado (caso em que além de revel, é contumaz), mas também quando o faz fora do prazo do art. 335 ou dos demais ditames legais relativos ao exercício da defesa (art. 76, § 1º, II, do CPC; art. 341, do CPC; art. 20 da Lei 9.099/95 etc.).

Evidentemente, para que possa ser decretada a revelia do réu deverá ter havido citação válida. Em sendo a citação inexistente ou inválida, sem que tenha se verificado o comparecimento espontâneo do réu, serão nulos os atos processuais subsequentes desde que o vício tenha sido reconhecido pelo juiz (art. 239, § 1º).

A apresentação de reconvenção pelo réu (art. 343, do CPC), em princípio, não afasta a revelia. Salvo se ela, em seu conjunto, for suficiente para contrariar o pedido do autor/reconvindo (art. 341, III, do CPC) (vide comentários ao art. 345).

Pode haver revelia na reconvenção. O réu dela é o demandante e eventual terceiro trazido pelo réu/reconvinte (autor da reconvenção), nos termos do art. 343, § 4º, do CPC. Se eles não contestarem o pleito reconvencional, estará caracterizada a revelia na reconvenção.

2. Efeitos da revelia

Uma coisa é o réu ser revel, nos termos do revelado acima. Outra é a revelia gerar seus rigorosos efeitos. Pois há revel que, apesar disso, não é atingido por todos os efeitos materiais e processuais da revelia (art. 345, do CPC).

O efeito material da revelia é a presunção de veracidade de todos os fatos articulados pelo demandante (art. 344). Efeito que não ocorre nos casos relacionados no art. 345, o que já mostra o acerto da assertiva supra (revelia sem efeitos materiais).

Já os efeitos processuais principais da revelia são: a) os prazos para o revel que não tenha patrono constituído nos autos correção da data da publicação da decisão no Diário da Justiça (art. 346, *caput*); b) com o encerramento do prazo para a contestação, fica preclusa a apresentação de defesas, com exceção daquelas relacionadas no art. 342; c) possibilidade de julgamento antecipado do mérito (art. 355, II), como decorrência da presunção da veracidade dos fatos alegados pelo demandante e desde que não seja deferida a produção de provas a requerimento do revel, na forma do art. 349.

Há, ainda, outros efeitos processuais da revelia, dito secundários, entre eles: a) afastamento da coisa julgada sobre questões prejudiciais, por falta de contraditório suficiente (art. 503, § 1º, II); b) autorização para que a intimação para cumprimento de sentença se realize por edital (art. 513, § 2º, IV); c) nomeação de curador especial ao réu preso revel, bem como ao réu revel citado por edital ou com hora certa, enquanto não for constituído advogado (art. 72, II); e d) autorização para o assistente atuar como substituto processual do assistido, se decretada a revelia deste (art. 121, parágrafo único).

3. Presunção de veracidade dos fatos alegados (art. 344, CPC)

O principal efeito da revelia é a presunção de veracidade dos fatos alegados pelo autor, fruto da ausência de impugnação ou do exercício inadequado da defesa pelo demandado. Conforme art. 374, III, do CPC, fatos incontroversos não dependem de prova, o que sustenta a presunção de veracidade afirmada no art. 344, *caput*, do CPC.

A revelia, todavia, não implica na procedência automática dos pedidos formulados pelo autor.

Primeiro, porque a revelia não afasta o dever judicial de controle da regularidade do processo, isto é, o juiz, mesmo em caso de revelia, deve avaliar se estão presentes os pressupostos processuais, as condições da ação e, de forma geral, os requisitos para a prestação da tutela jurisdicional, os quais devem ser conhecidos de ofício (art. 337, § 5º e 485, § 3º).

Segundo, porque a presunção de veracidade opera apenas sobre os fatos alegados pelo demandante. Não há revelia sobre matéria de direito, de modo que o juiz pode emprestar ao fato presumido como verdadeiro consequência jurídica distinta da pretendida pelo demandante. Pode, inclusive, reconhecer, oficiosamente, a prescrição e a decadência legal.

E terceiro, finalmente, porque mesmo em relação aos fatos, a presunção é apenas relativa (*juris tantum*) e não irá se operar em relação a fatos inverossímeis ou em contradição com a prova constante dos autos (art. 345, IV), podendo o revel ainda produzir provas que se contraponham às alegações do autor para afastar a presunção (art. 349).

Conforme anotado por Andre Roque, "*como se pode observar, o CPC acolheu a construção jurisprudencial que se desenvolveu no código anterior e relativizou o efeito material da revelia, de maneira a evitar julgamentos artificiais, que se baseiem em presunções inverossímeis. Assim, por exemplo, não é porque o réu deixou de apresentar contestação que o juiz irá presumir como verdadeira a alegação do autor de que seu veículo estava a trezentos quilômetros por hora, porque essa é uma informação que contraria o que normalmente ocorre. Da mesma forma, se consta dos autos a prova do pagamento, o julgador não irá desprezá-la apenas porque o réu deixou de contestar tempestivamente o pedido de cobrança veiculado na petição inicial, concedendo ao autor direito que sabidamente inexiste"* (*Processo de conhecimento e cumprimento de sentença: Comentários ao Código de Processo Civil*. 4. ed. Rio de Janeiro: Forense, p. 530).

4. Desentranhamento da contestação intempestiva

A contestação apresentada fora do prazo legal pode não afastar o reconhecimento da revelia e a incidência de seus efeitos Não é autorizado, contudo, o desentranhamento da peça intempestiva, considerando que: a) a presunção de veracidade dos fatos afirmados pelo demandante é relativa, podendo ser elidida por prova em contrário a cargo do demandado/revel (inversão legal do ônus da prova); b) há matérias que podem ser suscitadas mesmo após o prazo da contestação (art. 342), em especial as preliminares relacionadas no art. 337; e c) só há presunção de veracidade sobre a matéria de fato, de modo que a contestação intempestiva pode veicular regularmente discordância quanto às consequências jurídicas dos fatos presumidos verdadeiros.

Jurisprudência

Presunção *juris tantum* de veracidade das alegações do demandante na revelia: "Em verdade, o efeito da revelia não dispensa a presença, nos autos, de elementos suficientes para a persuasão do juiz. A presunção de veracidade dos fatos alegados pelo autor é relativa, e não absoluta, podendo ceder frente às provas existentes nos autos, em consonância com o princípio do livre convencimento do juiz". (STJ, REsp 723.083, Rel. Min. Nancy Andrighi, julgado em 09/08/2007)

Não incidência da presunção de veracidade sobre alegações de direito do autor: "Os efeitos da revelia (art. 319, CPC/73) não incidem sobre o direito da parte, mas tão somente quanto à matéria de fato" (STJ, REsp 55, Rel. Min. Sálvio de Figueiredo Teixeira, julgado em 08/08/1989).

> **Art. 345.** A revelia não produz o efeito mencionado no art. 344 se:
>
> **I –** havendo pluralidade de réus, algum deles contestar a ação;
>
> **II –** o litígio versar sobre direitos indisponíveis;
>
> **III –** a petição inicial não estiver acompanhada de instrumento que a lei considere indispensável à prova do ato;
>
> **IV –** as alegações de fato formuladas pelo autor forem inverossímeis ou estiverem em contradição com prova constante dos autos.

▸ *Referência: CPC/1973 – Art. 319*

1. Hipóteses em que não se verifica o efeito material da revelia (art. 345, CPC)

Conforme já assinalado, há revelia com incidência dos seus efeitos materiais e processuais, e revelia sem a incidência de todos estes efeitos. O art. 345, do CPC, trata das hipóteses em que, apesar da revelia, não haverá presunção de veracidade dos fatos alegados pelo autor.

2. Litisconsórcio passivo e contestação por um dos réus (art. 345, I, CPC)

No litisconsórcio passivo a revelia de um dos réus não acarretará a presunção de veracidade dos fatos alegados pelo autor se essa mesma alegação foi contestada adequadamente por outro réu. Afinal, há alguns fatos que não podem ser, concomitantemente, verdadeiros para um réu e falsos para outros, de modo que a contestação por um deles afasta a presunção de veracidade para todos.

No litisconsórcio unitário, a regra do art. 345, I, do CPC, se opera a plenos pulmões. A revelia de um dos réus não produzirá o efeito material se qualquer outro réu tiver contestado tempestiva e adequadamente o pedido do autor. O resultado do processo necessita ser o mesmo para todos, de modo que a contestação de um dos réus aproveita a seus litisconsortes (art. 117 do CPC).

Já no litisconsórcio simples, a regra do art. 345, I, somente será aplicada para os fatos comuns controvertidos. Afinal, no litisconsórcio simples não há impedimento para que o resultado do processo seja distinto para os réus, razão pela qual o revel será considerado litigante distinto dos demais em sua relação

Art. 345

com o autor (art. 117 do CPC). A contestação de um dos réus somente aproveitará ao revel relativamente às alegações de fato comum, incidindo o efeito material da revelia aos demais fatos articulados pelo autor (que dizem respeito somente ao réu que deixou de contestar tempestivamente o pedido).

Exemplificativamente, se um dos réus, devedores solidários, alega pagamento integral da obrigação, esta defesa tem o condão de extinguir a obrigação para todos os devedores e, consequentemente, levar à improcedência integral do pedido, inclusive em favor dos litisconsortes que não contestaram a ação.

Da mesma forma, se em ação de indenização por acidente de trânsito, o condutor do veículo contestar a ação e negar a culpa, uma vez acolhida a tese, a improcedência do pedido aproveitará, também, ao proprietário do veículo co-demandado, mas que deixara de contestar a ação onde se reclamava sua responsabilidade por culpa *in eligendo*. Se não há culpa do condutor eleito, não há culpa daquele proprietário que cedeu o veículo.

3. Direitos indisponíveis (art. 345, II, CPC)

Fatos relativos a direitos indisponíveis não podem ser confessados (art. 342 do CPC). Se nem admissão expressa pode haver, muito menos poderá haver presunção de veracidade dos fatos por conta da revelia, como, aliás, já anuncia a regra do art. 341, I, do CPC.

A grande dificuldade na interpretação do art. 345, II, do CPC está no definir o que seriam direitos indisponíveis. Usualmente, doutrina indica os casos relativos ao estado e capacidade das pessoas (filiação, estado civil etc.), aos direitos da personalidade (art. 11 do Código Civil) e à tutela dos interesses e direitos difusos/coletivos, como sendo de direitos indisponíveis. Mas mesmo em relação a eles há controvérsia, considerando que tem se admitido reconhecimento voluntário do estado de paternidade, bem como celebração de TAC em matéria de direitos metaindividuais (art. 5º, § 6º, da Lei 7.347/85).

Exemplificativamente, a revelia em ação que envolve guarda de filho, por si só, não implica renúncia tácita do pai ou da mãe em relação à guarda compartilhada, por se tratar de direito indisponível dos pais, na forma da Lei 13.058/2014, que modificou a legislação civil para estabelecer que a guarda compartilhada é a regra do sistema.

Não há propriamente indisponibilidade do direito no tocante à Fazenda Pública. Atos da Fazenda Pública, de caráter patrimonial, podem ser objeto de disposição e, consequentemente, se submetem ao efeito material da revelia, especialmente nos casos em que a administração pública tem autorização legal para transigir. Mas a questão não é pacífica na jurisprudência.

4. Prova legal (art. 345, III, CPC)

O art. 406 do CPC, que disciplina a prova legal, estabelece que quando a lei exigir instrumento público como da substância do ato, nenhuma outra prova pode suprir-lhe a falta. São exemplos de prova substancial a escritura pública, necessária à validade dos negócios jurídicos que visem à constituição, transferência, modificação ou renúncia de direitos reais sobre imóveis (art. 108 do Código Civil) e o negócio jurídico celebrado com a cláusula de não valer sem instrumento público (art. 109 do Código Civil).

Se nenhuma outra prova, que não a representada por instrumento público, pode ser empregada para a prova do fato, com muito mais razão a revelia não poderia levar à presunção de veracidade do fato cuja prova legal deveria provar, sob pena de burla a sistemática legal.

5. Inverossimilhança da alegação ou contradição dela com a prova constante dos autos

Essa exceção ao efeito material da revelia é uma inovação salutar do CPC, consolidando entendimento jurisprudencial segundo o qual o juiz não pode se enveredar por presunções artificiais e implausíveis, pelo simples fato de o demandado não ter contestado tempestivamente o pedido.

Não se pode presumir verdadeiro que, em ação de indenização por danos morais, uma pessoa tenha permanecido viva após ter sido jogada de um avião comercial em altitude de cruzeiro, pelo simples fato de a companhia aérea não ter contestado a ação; como não se pode presumir verdadeiro que alguém, em ação contra a União, tenha sido abduzido por um disco voador e submetido a dolorosas experiências, pelo simples fato de a ré não ter contestado a ação. A presunção concreta de que fatos inverossímeis não ocorrem vence a presunção abstrata decorrente da revelia.

Também não se produz o efeito material da revelia se há prova concreta nos autos de que o fato alegado pelo demandante não aconteceu. "*Assim, por exemplo, não é porque o réu deixou de contestar tempestivamente o pedido de cobrança formulado pelo autor que o juiz deixará de considerar a prova do pagamento da obrigação constante dos autos. O juiz não deve conceder ao demandante direito que sabidamente este não possui, nem deve a revelia servir para forjar presunções artificiais. Nesse caso, a prova em contrário elide a presunção relativa decorrente da revelia. É por isso, inclusive, que se permite ao revel produzir prova para se contrapor aos fatos alegados pelo autor (art. 349), na tentativa de vencer a presunção relativa de veracidade*" (Gajardoni, Dellore, Roque e Oliveira Jr. *Processo de conhecimento e cumprimento de sentença: Comentários ao CPC.* São Paulo: Método, 2016, p. 142).

6. Reconvenção como contestação?

O art. 341, III, do CPC, estabelece que não se presumirão verdadeiras as alegações de fato não impugnadas especificamente pelo réu em contestação se estiverem em contradição com a defesa considerada em seu conjunto.

Tem-se aqui, portanto, a abertura interpretativa para admitir que – pese a omissão legal do art. 345 do CPC –, em alguns casos, apesar da ausência de contestação por parte do demandado, a reconvenção será suficiente para afastar os efeitos materiais da revelia (art. 344, do CPC).

Pode o demandado ter eventualmente deixado de contestar o pedido, incorrendo em revelia, e apresentado reconvenção (art. 343, § 6º). Se as alegações constantes da reconvenção, em seu conjunto, implicarem impugnação aos fatos alegados pelo demandante, não irá se produzir o efeito material da revelia.

Exemplificativamente, se o réu, em reconvenção, alegar que já houve pagamento e demandar, com base no art. 940 do CC, o pagamento de valores na dobra e indenização por danos morais, a afirmação de pagamento parece ser suficiente para, apesar da ausência de contestação e revelia, afastar a presunção de veracidade dos fatos afirmados na inicial.

7. Curadoria especial

Também não ocorrerão os efeitos materiais e processuais da revelia no caso de réu revel preso ou citado por edital ou hora certa, caso em que lhe será nomeado curador especial. O art. 72, II, c.c. 341, parágrafo único, ambos do CPC, deixam bastante claro que o curador especial poderá apresentar contestação por negativa geral, o que afasta a presunção de veracidade dos fatos alegados pelo autor, bem como impede o prosseguimento do processo sem intimação do curador para todos os atos do processo.

Jurisprudência

Efeitos da revelia no litisconsórcio: "Quanto à questão envolvendo a alegação de negativa de vigência ao art. 320, I, do CPC/73, porquanto um dos réus contestou a ação, a cujo respeito não seria de exigir-se o prequestionamento, não se demonstrou tratar-se de impugnação a fato comum do réu atuante e ao litisconsorte revel, caso em que aplicável o citado dispositivo" (STJ, REsp 44.545, Rel. Min. Costa Leite, julgado em 19/04/1994). Porém: "cuidando-se de ação de declaração de nulidade de negócio jurídico, o litisconsórcio formado no polo passivo é necessário e unitário, razão pela qual, nos termos do art. 320, inciso I, do CPC/73, a contestação ofertada por um dos consortes obsta os efeitos da revelia em relação aos demais" (STJ, REsp, 704.546, Rel. Min. Luis Felipe Salomão, julgado em 01/06/2010).

Revelia nas ações contra o Estado: "A propósito, considerando que se trata de demanda sobre indébito tributário, movida contra a Fazenda Pública, em que, sobre os fatos da causa, não cabe confissão por parte da entidade demandada (CPC, art. 351) e nem se aplicam a ela os efeitos da revelia (CPC, art. 320, II), uma premissa é indiscutível: qualquer juízo de procedência supõe a comprovação do fato constitutivo do direito afirmado na inicial, qual seja, o do recolhimento dos valores indevidos a serem restituídos". (STJ, REsp 969.472, Rel. Min. Teori Albino Zavaski, julgado em 18/09/2007). Porém: "nem a supremacia nem a indisponibilidade do interesse público afastam os efeitos materiais da revelia quando, regularmente citado, deixa o Município de contestar o pedido do autor, sempre que não estiver em litígio um contrato genuinamente administrativo, mas sim um contrato de direito privado celebrado pela Administração Pública" (STJ, REsp 1.087.745, Rel. Min. Luis Felipe Salomão, julgado em 06/11/2012.

Art. 346. Os prazos contra o revel que não tenha patrono nos autos fluirão da data de publicação do ato decisório no órgão oficial.

> **Parágrafo único.** O revel poderá intervir no processo em qualquer fase, recebendo-o no estado em que se encontrar.

▶ *Referência: CPC/1973 – Art. 322*

1. Efeito processual da revelia (art. 346, CPC)

Os prazos contra o revel – desde que este não tenha patrono constituído nos autos – fluirão sem a necessidade de sua intimação, considerando o termo inicial dos prazos a publicação do ato decisório no órgão oficial.

A razão de ser da regra é clara: o processo deve prosseguir de alguma forma e, se o revel (contumaz) nem mesmo aparece nos autos para constituir patrono, é razoável a opção legislativa de que os prazos contra ele tenham início independentemente de sua intimação específica.

Tanto é assim que o dispositivo se aplica, também, ao réu que deixa de regularizar sua capacidade processual ou sua representação nos autos no prazo assinalado pelo juiz (art. 76, § 1º, II, do CPC), considerando que, nestes casos, a lei considera o ato praticado como não praticado; e o advogado atuante como não constituído.

A regra do art. 346, do CPC, entretanto, só vale para o réu revel/contumaz. Se o réu, apesar de revel, constituir advogado (em qualquer fase do processo), passa a ser intimado por ele de todos atos do processo, quando então tem início o prazo para a prática dos atos processuais.

Também não se aplica a regra do art. 346, *caput*, do CPC, para aqueles atos considerados personalíssimos pelo sistema, como a intimação para prestar depoimento pessoal (art. 385, § 1º, do CPC); para exibir documento ou coisa (art. 398); para submeter-se a exame médico para a produção de prova pericial (arts. 231 e 232 do CC). Para a prática destes atos, ainda que não tenha procurador constituído nos autos, o revel/contumaz deverá ser pessoalmente intimado.

Por fim, considere-se que no cumprimento de sentença, há regra especial que impõe a citação pessoal do réu para cumprimento da obrigação, na forma do art. 513, § 2º, II, do CPC, mesmo que seja revel na fase de conhecimento.

2. Intervenção do revel (art. 346, parágrafo único, CPC)

A partir do momento em que o revel constitui procurador, cessa esse efeito processual da revelia. Deste instante em diante os prazos contra o revel passarão fluir de sua intimação, que deverá se realizar da forma estabelecida pela legislação processual para as partes em geral.

O revel receberá o processo no estado em que se encontra. Não lhe é lícito praticar atos processuais já superados no tempo, nem pedir a repetição de atos processuais já praticados, vez que o regime de preclusão do direito processual civil brasileiro impede a prática (art. 223, do CPC).

Poderá o revel invocar defesas suscetíveis de serem trazidas ao processo mesmo após o prazo da contestação (art. 342, do CPC), em especial as defesas preliminares relacionadas no art. 337 do CPC; demonstrar que os fatos articulados pelo demandante são implausíveis ou não são compatíveis com as provas que foram trazidas aos autos, ou impugnar as conclusões jurídicas pleiteadas pelo demandante, sobre as quais não incidem os efeitos materiais da revelia.

Poderá o réu revel, ainda, se intervir antes de encerrada a fase instrutória, produzir provas para se contrapor aos fatos alegados pelo demandante, na tentativa de afastar a presunção relativa de veracidade como efeito material da revelia (inversão legal do ônus da prova). Esta, aliás, a redação expressa do art. 349 do CPC, no sentido de que "*ao réu revel será lícita a produção de provas, contrapostas às alegações do autor, desde que se faça representar nos autos a tempo de praticar os atos processuais indispensáveis a essa produção*".

Jurisprudência

Súmula 231 do STF: "O revel, em processo cível, pode produzir provas, desde que compareça em tempo oportuno".

CAPÍTULO IX

DAS PROVIDÊNCIAS PRELIMINARES E DO SANEAMENTO

> **Art. 347.** Findo o prazo para a contestação, o juiz tomará, conforme o caso, as providências preliminares constantes das seções deste Capítulo.

▶ *Referência: CPC/1973 – Art. 323*

1. Flexibilização procedimental alternativa e providências preliminares (art. 347, CPC)

Conforme já anotamos nos comentários ao art. 139 do CPC, o Brasil admite, além da flexibilização judicial e convencional do procedimento, o modelo da flexibilização legal. Por este modelo, a lei pode autorizar o juiz a proceder a adaptação do procedimento às particularidades da causa.

Esta autorização pode ser: a) incondicionada, como o fez o legislador português nos arts. 6º e 547 do vigente CPC luso, caso em que a norma deixa, a critério do julgador, a variação procedimental adaptadora, sem indicá-la expressamente (*flexibilização legal genérica*); ou b) condicionada, com o legislador prevendo tramitações alternativas para a causa, casos em que o juiz, conforme as opções previamente postas na legislação, elege a que pareça ser mais adequada para a tutela do caso em concreto, não podendo, todavia, escolher outra fora do rol legal (*flexibilização legal alternativa*).

Os artigos 347 e ss. do CPC representam exemplos de adoção do modelo da *flexibilização legal alternativa* no Brasil, com a legislação determinando que o juiz, conforme as características do caso, modele o curso do procedimento à luz das opções previamente estabelecidas pelo sistema.

Em apertado resumo, após superada a fase de resposta pelo polo passivo (contestação/ reconvenção), o juiz deverá ordenar uma das providências preliminares a seguir descritas:

a) intimação do autor para especificação das provas que ainda pretenda produzir, quando não for verificado o efeito material da revelia (art. 348);

b) intimação do autor para se manifestar sobre os fatos modificativos, impeditivos ou extintivos do direito do autor alegados pelo polo passivo (defesa de mérito indireta) (art. 350), ou quanto às defesas preliminares (art. 351);

c) saneamento de eventuais vícios ou irregularidades, em prazo nunca superior a trinta dias (art. 352).

Tão somente após superada a fase para estas providências preliminares – a qual inexistirá não se verificando as hipóteses dos artigos 348 a 352 do CPC (v.g., quando o réu só apresenta contestação com defesa direta de mérito, negando os fatos e/ou suas consequên-

cias jurídicas) (art. 353, CPC) – passa-se às fases do julgamento do processo conforme o estado do processo.

2. Providências preliminares atípicas

O tema das providências preliminares não se esgota nas disposições deste capítulo IX (arts. 347 e ss. do CPC). Há providências preliminar atípicas, isto é, não prevista na lei como tal, mas com idêntico conteúdo jurídico das providências doravante apresentadas.

É o caso da apresentação de contestação com a juntada de novos documentos. Ainda que o polo passivo e limite articular defesas diretas – o que afasta a aplicação do art. 350 do CPC –, deverá o autor ser intimado para se manifestar sobre eles no prazo de quinze dias (art. 437, *caput*, CPC/2105), só após seguindo o processo seu curso.

Também se tem providência preliminar atípica nos casos de o réu denunciar à lide (art. 125 do CPC) ou chamar terceiro ao processo (art. 130 do CPC). Embora não haja disposição legal expressa, formulado o pedido polo demandado sobre ele o autor deverá ser ouvido no prazo de 05 (cinco) dias ou outro fixado pelo juiz (art. 218, § 3º, CPC).

Seção I
Da não incidência dos efeitos da revelia

> **Art. 348.** Se o réu não contestar a ação, o juiz, verificando a inocorrência do efeito da revelia previsto no art. 344, ordenará que o autor especifique as provas que pretenda produzir, se ainda não as tiver indicado.

▶ *Referência: CPC/1973 – Art. 324*

1. Revelia sem os efeitos materiais e especificação das provas (art. 348, CPC)

Caso tenha se verificado o efeito material da revelia (presunção de veracidade dos fatos afirmados e não contestados – art. 344, CPC), poderá o juiz dispensar qualquer providência preliminar e proceder diretamente ao julgamento antecipado do mérito (art. 355, II, CPC).

Nem sempre, contudo, ocorrerá a presunção de veracidade dos fatos afirmados pelo autor,

Art. 349

vez que o art. 345 do CPC estabelece algumas situações em que não ocorrem os efeitos materiais da revelia.

Ocorrendo esta situação, não incide a regra do art. 374, IV do CPC (que dispensa a produção de provas nos casos de presunção legal), de modo que competirá ao autor a demonstração dos fatos por si alegados, tal como estabelece o art. 373 do CPC.

Deverá então o juiz – caso o autor já não o tenha feito na inicial (art. 319, VI) –, intimá-lo para especificação das provas que pretenda produzir na fase instrutória que necessariamente se seguirá.

Rememore-se que ao réu revel que intervenha no processo é lícito produzir provas (art. 349, CPC), de modo que não há impedimento para que ele, apesar de não intimado, também especifique as provas que pretenda produzir.

2. Aplicação do dispositivo a todos os processos

A prática forense tem tolerado a determinação judicial de especificação de provas em casos outros e diversos da situação prevista no art. 348 do CPC (revelia sem efeitos materiais).

Considerando que tanto na petição inicial quanto na contestação as partes fazem protesto genérico pela produção de provas – vez que ainda não tem condições de aferir, efetivamente, quais serão os fatos controvertidos e, como tal, a depender de provas –, é prática corrente entre os juízes que, ao término da fase postulatória, seja determinada, em quase todos os processos correntes pelo rito comum, que as partes efetivamente especifiquem (indiquem) as provas que pretendam produzir, justificando sua pertinência.

Embora essa dilargação da aplicação do art. 348 do CPC seja vista com bons olhos por alguns autores – por promover uma racionalização do processo estabelecendo um diálogo mais concreto, à luz da cooperação (art. 6º do CPC), entre juízes e partes sobre as provas necessárias e úteis para o deslinde da causa –, o uso indiscriminado do expediente, inclusive nos casos em que a solução do conflito não dependa da produção de prova alguma (art. 355 do CPC), atenta contra a tempestividade da tutela jurisdicional (art. 4º do CPC), criando uma etapa vazia e que não colabora em nada para a pronta solução do conflito.

> **Art. 349.** Ao réu revel será lícita a produção de provas, contrapostas às alegações do autor, desde que se faça representar nos autos a tempo de praticar os atos processuais indispensáveis a essa produção.

▶ *Sem correspondência no CPC/1973*

1. Produção de provas pelo revel

O art. 349 do CPC incorpora na legislação o disposto na Súmula 231 do STF, no sentido de que o revel tem direito ao contraditório e, naturalmente, também tem direito à prova.

De modo que, mesmo não tendo o revel contestado adequadamente o pedido do autor, pode intervir a qualquer tempo no processo, recebendo-o no estado em que se encontra (art. 346, parágrafo único, do CPC) e produzindo provas caso ainda não se tenha encerrado a fase instrutória (art. 349, do CPC).

Rememore-se que, mesmo incidentes os efeitos da revelia (art. 344, do CPC), tem-se uma presunção relativa de veracidade dos fatos afirmados pelo polo ativo, sendo lícito ao polo passivo, portanto, infirmar a ficção legal a partir de contraprova (inversão legal do ônus da prova), apresentando, por exemplo, o recibo de pagamento da obrigação cujo cumprimento é exigido.

Além disso, o revel também pode produzir provas que constituam fundamento de defesas que podem ser suscitadas mesmo após o prazo da contestação (art. 342 do CPC), trazendo aos autos, *verbi gratia*, elementos documentais comprobatórios da ocorrência da decadência legal, da prescrição ou da existência de processo pretérito entre as partes onde fora formada coisa julgada material impeditiva da rediscussão dos mesmos fatos.

Jurisprudência

Súmula 231 do STF: "O revel, em processo cível, pode produzir provas, desde que compareça em tempo oportuno".

Seção II
Do fato impeditivo, modificativo ou extintivo do direito do autor

> **Art. 350.** Se o réu alegar fato impeditivo, modificativo ou extintivo do direito do autor,

> este será ouvido no prazo de 15 (quinze) dias, permitindo-lhe o juiz a produção de prova.

▶ *Referência: CPC/1973 – Art. 326*

1. Fatos impeditivos, modificativos e extintivos do direito do autor e réplica (350 do CPC)

Além das defesas processuais (art. 337, do CPC), o demandado pode apresentar no processo dois tipos de defesa de mérito: a direta e a indireta. Pela defesa de mérito direta o demandado nega os fatos afirmados pelo autor ou as consequências jurídicas reclamadas. Pela defesa de mérito direta reconhece a ocorrência dos fatos narrados, mas a eles opõe outros fatos modificativos, impeditivo ou extintivos das consequências jurídicas reclamadas.

Caso o réu no processo se limite a negar as alegações do autor ou suas consequências jurídicas não há propriamente prazo para a réplica. A rigor o processo deve seguir para a fase de julgamento conforme o estado (julgamento antecipado do mérito) ou saneamento/organização do processo para início da fase instrutória.

Tendo o réu, a seu turno, veiculado defesa de mérito indireta, apresentando novos fatos que impedem (v.g. exceção de contrato não cumprido, não ocorrência do termo/condição), modificam (pagamento parcial, prescrição parcial etc.) ou extingam (pagamento, prescrição, novação etc.) o direito reclamado pelo autor, deverá o juiz intimar o polo ativo para se manifestar em quinze dias.

Sem dúvida, a regra do art. 350 vem ao encontro do modelo de contraditório substancial dos artigos 9º e 10º do CPC, considerando que sobre os novos fatos afirmados pelo réu – com potencial de levar ao desacolhimento do pleito autoral –, deve o polo ativo ser ouvido, inclusive permitindo-se contraprova.

A falta de oportunidade para réplica na forma do art. 350 do CPC pode acarretar a nulidade do processo caso comprovado prejuízo.

Por outro lado, uma vez intimado para réplica, o polo ativo tem o ônus de impugnação especificada dos fatos afirmados como sendo extintivos, modificativos ou impeditivos do seu direito, sob pena de sob pena de presunção de veracidade deles (art. 341 e 374, III, ambos do CPC).

2. Incidência concomitante dos arts. 350 e 351 do CPC

Nos casos de o polo passivo suscitar, em contestação, tanto defesa processual (art. 351 do CPC) quanto veicular novos fatos modificativos, impeditivos ou extintivos do direito do autor (art. 350 do CPC), será concedido apenas um prazo para a réplica de 15 (quinze) dias.

3. Ampliação do prazo para réplica

Considerando a complexidade ou a extensão da defesa formulada, o juiz pode, com arrimo no art. 139, VI, do CPC (flexibilização legal genérica mitigada) ampliar qualquer prazo processual, inclusive o prazo para réplica do art. 350 do CPC.

Também nos casos de o autor ser a Advocacia Pública, Defensoria Pública ou Ministério Público, o prazo para a réplica será dobrado (30 dias), considerando o disposto nos artigos 180, 183 e 186, do CPC.

Jurisprudência

Ofensa ao contraditório pela ausência de abertura de prazo para réplica: "O clube-recorrente, em sua contestação, argüiu fato impeditivo do direito do autor, justificando o cancelamento dos títulos de propriedade deste no fato de não terem sido pagas as taxas de garagem náutica. Ocorre que, ao invés do d. Juízo *a quo* abrir prazo para o autor se manifestar em réplica, julgou antecipadamente a lide, em evidente ofensa aos princípios do contraditório e da ampla defesa". (STJ, REsp 655.226, Rel. Min. Jorge Scartezzini, julgado em 13/09/2005).

Seção III
Das alegações do réu

> **Art. 351.** Se o réu alegar qualquer das matérias enumeradas no art. 337, o juiz determinará a oitiva do autor no prazo de 15 (quinze) dias, permitindo-lhe a produção de prova.

▶ *Referência: CPC/1973 – Art. 327*

1. Defesa processual e réplica (art. 351, CPC)

Conforme art. 337 do CPC/2105, antes de discutir o mérito, compete ao réu ofertar defesa

Art. 352

processual, também conhecida no jargão forense como defesas preliminares.

Por elas objetiva-se a extinção do processo sem análise do mérito, na forma do art. 485 do CPC (inépcia da inicial, perempção, litispendência, coisa julgada, convenção de arbitragem etc.); o retardamento da prestação jurisdicional para que se corrija vício (incompetência absoluta ou relativa, conexão, defeito de representação, erro no valor da causa etc.); ou a cassação de uma vantagem processual adquirida pelo polo ativo (indevida concessão da gratuidade judiciária).

Sem dúvida, a regra do art. 351 – tanto quanto a regra do art. 350 do CPC –, vem ao encontro do modelo de contraditório substancial dos artigos 9° e 10 do CPC. Sobre as preliminares – diante do seu potencial de levar à extinção do processo sem análise do mérito, ao retardamento do curso processual ou à cassação de uma vantagem processual do autor (v.g. gratuidade judiciária) –, deve o polo ativo ser ouvido em réplica no prazo de 15 dias.

2. Oportunidade para a correção da legitimidade passiva (arts. 338 e 339 do CPC)

No prazo para a réplica, diante da alegação do polo passivo de ilegitimidade passiva, também poderá o autor alterar o polo passivo da demanda ou incluir, como litisconsorte passivo, na forma dos artigos 338 e 339 do CPC.

3. Incidência concomitante dos arts. 350 e 351 do CPC

Nos casos de o polo passivo suscitar, em contestação, tanto defesa processual (art. 351 do CPC) quanto veicular novos fatos modificativos, impeditivos ou extintivos do direito do autor (art. 350 do CPC), será concedido apenas um prazo para a réplica de 15 (quinze) dias.

4. Ampliação do prazo para réplica

Considerando a complexidade ou a extensão da defesa formulada, o juiz pode, com arrimo no art. 139, VI, do CPC (flexibilização legal genérica mitigada) ampliar qualquer prazo processual, inclusive o prazo para réplica do art. 351 do CPC.

Também nos casos de o autor ser a Advocacia Pública, Defensoria Pública ou Ministério Público, o prazo para a réplica será dobrado

(30 dias), considerando o disposto nos artigos 180, 183 e 186, do CPC.

> **Art. 352.** Verificando a existência de irregularidades ou de vícios sanáveis, o juiz determinará sua correção em prazo nunca superior a 30 (trinta) dias.

▶ *Referência: CPC/1973 – Art. 327*

1. Saneamento do processo (art. 352, CPC)

Tecnicamente, o momento processual próprio para que o processo seja saneado é o previsto no art. 357 do CPC, que trata do saneamento e organização do processo.

Contudo, o saneamento é atividade permanente e constante do juiz na presidência do processo. Mormente depois: a) da elevação do interesse jurisdicional no conhecimento do mérito a *status* de dever do juiz na condução do processo (art. 139, IX, do CPC); e b) da expressa adoção no país do princípio da cooperação (art. 6° do CPC), com seus correlatos deveres de prevenção, auxílio etc.

Por isso – e considerando que nem todo processo alcança a fase do art. 357 do CPC (v.g. os casos de julgamento antecipado do mérito do art. 355 do CPC) –, estabelece o art. 352 do CPC, entre as providências preliminares, que o juiz deverá promover o saneamento das irregularidades e dos vícios sanáveis do processo.

Assim, verificando logo ao fim da fase postulatória a existência de irregularidades ou vícios sanáveis, o juiz dá uma pausa no procedimento e determina o saneamento no prazo de 30 dias, só após a correção avançando para as fases do julgamento conforme o estado do processo ou instrutória.

Determina, por exemplo, a regularização na representação processual das partes (art. 76), a intimação do Ministério Público nos processos em que deva intervir (arts. 178 e 279), a integração de litisconsorte passivo necessário (art. 115, parágrafo único), a correção da numeração equivocada das folhas dos autos (art. 207) etc.

Atente-se que apenas vícios sanáveis autorizam o saneamento. O próprio art. 317 do CPC é bastante claro no sentido de que o juiz, antes de extinguir o processo sem análise do mérito, deverá conceder à parte a oportunidade para, *se possível*, corrigir o vício. Casos de falta de interesse processual, ilegitimidade ativa, entre outros, não se sujeitam à regra do art. 352 do CPC por não serem sanáveis.

> **Art. 353.** Cumpridas as providências preliminares ou não havendo necessidade delas, o juiz proferirá julgamento conforme o estado do processo, observando o que dispõe o Capítulo X.

▶ *Referência: CPC/1973 – Art. 328*

1. Dispensa da fase de providências preliminares e julgamento conforme estado do processo (art. 353, CPC)

Caso o juiz entenda não ser o caso de nenhuma das providências preliminares (arts. 349 a 352 do CPC), elas serão dispensadas.

Cumpridas ou dispensadas as providências preliminares, passa-se, subitamente, à fase seguinte do julgamento conforme o estado do processo. Nela o juiz poderá: a) extinguir o processo (ainda que apenas parcialmente) sem resolução de mérito ou, ainda, com resolução de mérito por decadência, prescrição, reconhecimento da procedência do pedido, transação ou renúncia à pretensão (art. 354, CPC); b) julgar antecipadamente o mérito, quando não houver necessidade de novas provas ou incidirem os efeitos da revelia e o réu for contumaz (art. 355, CPC); c) julgar de forma antecipada apenas parte do mérito, quando somente parcela dos pedidos estiver em condições de imediato julgamento (art. 356, CPC); e d) proferir decisão de saneamento e organização do processo, destinada à preparação do feito para a fase instrutória, sempre que for preciso produzir novas provas, além das já apresentadas na fase postulatória (art. 357 do CPC).

Conforme adverte Andre Roque "*essas alternativas não são excludentes. Em um processo no qual foram formulados três pedidos, por exemplo, poderá o juiz extinguir o primeiro, sem resolução de mérito; julgar antecipadamente o segundo e proferir decisão de saneamento e organização do processo, preparando-se para a fase instrutória relativa ao terceiro pedido. Trata-se de manifestação da adequação do procedimento, flexibilizando-o às necessidades do direito material discutido em juízo*" (*Processo de conhecimento*

e cumprimento de sentença: comentários ao CPC. São Paulo: Método, 2016, p. 156).

Há manifesto equívoco estrutural do CPC ao nominar esta fase como sendo de julgamento conforme o estado do processo, considerando que inseriu entre as suas hipóteses o saneamento e a organização do processo (art. 357), algo que evidentemente não é julgamento propriamente dito. Seria melhor que o legislador tivesse tratado separadamente a fase de saneamento e organização, fora do capítulo atinente julgamento conforme o estado.

CAPÍTULO X
DO JULGAMENTO CONFORME O ESTADO DO PROCESSO

Seção I
Da extinção do processo

> **Art. 354.** Ocorrendo qualquer das hipóteses previstas nos arts. 485 e 487, incisos II e III, o juiz proferirá sentença.
>
> **Parágrafo único.** A decisão a que se refere o *caput* pode dizer respeito a apenas parcela do processo, caso em que será impugnável por agravo de instrumento.

▶ *Referência: CPC/1973 – Art. 329*

1. Julgamento conforme o estado

Cumpridas ou dispensadas as providências preliminares, passa-se, subitamente, à fase seguinte do julgamento conforme o estado do processo.

Como já assinalado no item precedente, nesta fase o juiz poderá:

a) extinguir o processo (ainda que apenas parcialmente) sem resolução de mérito ou, ainda, com resolução de mérito por decadência, prescrição, reconhecimento da procedência do pedido, transação ou renúncia à pretensão (art. 354 CPC);

b) julgar antecipadamente o mérito, quando não houver necessidade de novas provas ou incidirem os efeitos da revelia e o réu for contumaz (art. 355, CPC);

c) julgar de forma antecipada apenas parte do mérito, quando somente parcela dos pedidos estiver em condições de imediato julgamento (art. 356, CPC); e

d) proferir decisão de saneamento e organização do processo, destinada à preparação do feito para a fase instrutória, sempre que for preciso produzir novas provas, além das já apresentadas na fase postulatória (art. 357 do CPC).

2. Sentença terminativa (arts. 354 e 485, CPC)

A primeira modalidade de julgamento do processo conforme o estado é aquele em que o magistrado extingue o processo sem análise do mérito, na forma do art. 485 do CPC.

Nela não há propriamente resposta do Estado à pretensão formulada, motivo pelo qual, como regra, não há coisa julgada material, o que autoriza nova propositura com a eventual correção do vício que levou à extinção sem mérito (art. 486, CPC).

Trata-se de modalidade de julgamento que deve ser evitada, considerando o princípio da primazia do julgamento do mérito, conforme art. 139, IX, do CPC. De modo que, sendo possível, o juiz deve na fase anterior, das providências preliminares, determinar a correção da irregularidade ou do vício que impede o julgamento do mérito (art. 352, do CPC).

3. Sentenças de mérito impróprias (arts. 354 e 487, II, e III, do CPC)

As sentenças de mérito podem ser classificadas em próprias e impróprias.

Próprias, são as sentenças de mérito em que o magistrado, efetivamente, acolhe ou rejeita os pedidos formulados, tal como a prevista nos artigos 487, I, CPC. Até é possível que o juiz profira sentença de mérito própria na fase do julgamento conforme o estado do processo. Porém o fará com base nos arts. 355 e 356, CPC (julgamento antecipado do mérito), e não com fundamento no art. 354, CPC, ora tratado.

Já as sentenças de mérito impróprias, são aquelas em que a atividade do magistrado se limita a homologar atos de autocomposição das partes (reconhecimento da procedência do pedido, transação ou renúncia à pretensão do demandante), ou a reconhecer que houve prescrição ou decadência (art. 487, II e III), isto é, não há propriamente a apreciação dos pedidos formulados. E destas situações que trata o art. 354, CPC, 2ª parte.

4. Recursos

Ocorrida uma das hipóteses do art. 354, do CPC, o juiz proferirá sentença (com ou sem apreciação do mérito), encerrando a fase de conhecimento (art. 203, § 1º, CPC). Contra este ato caberá apelação (art. 1.009, CPC).

É possível, contudo, que nem todos os pedidos formulados sejam extintos ou decididos/homologados na forma do art. 354, CPC. O juiz pode, por exemplo, reconhecer a prescrição quanto a um dos pedidos formulados, seguindo o feito no tocante aos demais. O provimento, neste caso, não terá encerrado a fase de conhecimento, que seguirá relativamente aos demais pedidos. Trata-se, aqui, de decisão interlocutória (art. 203, § 2º, CPC), a qual deverá ser atacada por meio de agravo de instrumento (art. 354, parágrafo único, CPC).

5. Sentenças terminativas e de mérito impróprias podem ser proferidas a qualquer momento

Pese a previsão do art. 354, do CPC, a qualquer momento no curso do processo é possível a extinção do processo sem análise do mérito, o reconhecimento da prescrição/decadência ou a homologação de acordo.

Seção II
Do julgamento antecipado do mérito

Art. 355. O juiz julgará antecipadamente o pedido, proferindo sentença com resolução de mérito, quando:

I – não houver necessidade de produção de outras provas;

II – o réu for revel, ocorrer o efeito previsto no art. 344 e não houver requerimento de prova, na forma do art. 349.

▶ *Referência: CPC/1973 – Art. 330*

1. Julgamento antecipado do mérito (art. 355, CPC)

Verificando que não são necessárias outras provas além daquelas já apresentadas na fase postulatória (documental), o juiz deve proceder ao julgamento imediato do mérito.

Diversamente do que possa parecer, o julgamento antecipado do mérito não é faculdade, mas sim dever do juiz. O julgamento dos pedidos tão logo se encerre a fase postulatória, em sendo cabível, é medida que prestigia não só o princípio da razoável duração do processo (art. 4º, do CPC), mas também a eficiência do Estado/Juiz (art. 37, *caput*, da CF). Além de prestar rápida tutela às partes, permite economia de tempo e dinheiro da máquina judiciária, que não precisará ver avançar o processo para a fase instrutória (tida por desnecessária).

Conforme art. 355, do CPC, haverá julgamento antecipado do mérito quando: a) não houver necessidade de produção de outras provas; b) o réu for revel, ocorrer o efeito previsto no art. 344 e não houver requerimento de prova, na forma do art. 349 do CPC.

Em realidade, as duas hipóteses podem ser condensadas em uma só: cabe o julgamento antecipado quando não for necessária a produção de outras provas para a solução do conflito na forma do art. 487, I, do CPC, seja porque: a) a matéria é unicamente de direito ou já esteja provada por documentos, ou b) há incidência dos efeitos materiais da revelia e o revel não se dispõem, por contumácia ou desinteresse, a produzir provas a afastar a presunção relativa de veracidade dos fatos afirmados pelo autor.

3. Julgamento antecipado e revelia (art. 355, II, CPC)

Nem sempre, no caso de revelia, caberá o julgamento antecipado do mérito.

Para que isso ocorra, é necessários que se ocorra o efeito material da revelia (art. 344) – o qual nem sempre se verifica conforme art. 345 do CPC/2105 –, conduzindo à presunção de veracidade das alegações do autor (as quais dispensam, por isso mesmo, outras provas para serem tidas por provadas).

Será necessário, ainda, que o revel não tenha ingressado nos autos requerendo a produção de novas provas, na forma do art. 349, do CPC.

4. Cerceamento de defesa e direito à prova

O julgamento antecipado do mérito é dever do magistrado. Mas não pode ser tido como regra.

Havendo necessidade da produção de provas para o julgamento do conflito, não pode o magistrado julgar antecipadamente o mérito.

Especialmente para julgá-lo com base nas regras de ônus da prova (art. 373, CPC), apontando que não estavam presentes as provas que exatamente ele não permitiu que fossem produzidas em vista do julgamento antecipado.

Deve, por isso, haver adequada fundamentação, na forma do art. 489, § 1º, do CPC, das razões pelas quais entendeu o magistrado que não é necessária a produção de provas no processo, ou do porque houve o indeferimento da produção das provas requeridas pelas partes (art. 370, parágrafo único, CPC). Só a partir das razões que sustentam o julgamento antecipado do mérito que se poderá aferir se não houve cerceamento de defesa, com violação do direito à prova (que é corolário do princípio constitucional do contraditório).

Aliás, mesmo que as partes requeiram o julgamento antecipado por entender que as provas constantes dos autos são suficientes para demonstrar suas alegações, cabe ao juiz, de ofício (art. 370, *caput*, CPC), determinar as provas necessárias à instrução do processo caso entenda pela deficiência das provas dos autos.

5. Recurso

O julgamento antecipado – ao menos da forma como previsto no art. 355 do CPC –, pressupõe que todos os pedidos formulados tenham sido apreciados pelo mérito.

Haverá, portanto, encerramento do processo ou, no mínimo, a fase de conhecimento, revelando-se o ato como sentença, na forma do art. 203, § 1º, do CPC, contra o qual caberá apelação (art. 1.009, *caput*, do CPC).

Quando somente alguns pedidos puderem ser apreciados imediatamente quanto ao mérito, devendo feito ter prosseguimento no que tange aos demais, será o caso de julgamento antecipado parcial do mérito, tratado no art. 356, do CPC.

Em grau de recurso, caso se entenda que houve cerceamento de defesa pelo inadequado julgamento antecipado do mérito pelo juiz (*v.g.* indevido indeferimento de provas), poderá haver a anulação da sentença para que outra seja colhida tão só após a regular instrução.

Jurisprudência

Julgamento antecipado do mérito e cerceamento de defesa: "O julgamento antecipado da lide, por si só, não caracteriza cerceamento de

Art. 356

defesa" (STJ, REsp 1.328.380, Rel. Min. Marco Aurélio Bellizze, julgado em 21/10/2014).

Poderes instrutórios do juiz e julgamento antecipado "...mesmo que a parte tenha requerido o julgamento antecipado da lide, por entender que as provas constantes dos autos seriam suficientes para demonstrar o alegado na inicial, cabe ao juiz, de ofício, determinar as provas necessárias à instrução do processo caso entenda pela deficiência das provas dos autos" (STJ, REsp 288.400, Rel. Min. Franciulli Netto, julgado em 01/04/2004).

Cabimento do julgamento antecipado do mérito em caso de discussão sobre interpretação de contrato: "Realmente, questões exclusivamente de direito – como sói ser a nulidade de cláusulas contratuais – comportam julgamento antecipado da lide sem implicar cerceamento de defesa (CPC/73, Art. 330, I)" (STJ, REsp 886.956, Rel. Min. Humberto Gomes de Barros, julgado em 20/09/2007).

Seção III
Do julgamento antecipado parcial do mérito

Art. 356. O juiz decidirá parcialmente o mérito quando um ou mais dos pedidos formulados ou parcela deles:

I – mostrar-se incontroverso;

II – estiver em condições de imediato julgamento, nos termos do art. 355.

§ 1º A decisão que julgar parcialmente o mérito poderá reconhecer a existência de obrigação líquida ou ilíquida.

§ 2º A parte poderá liquidar ou executar, desde logo, a obrigação reconhecida na decisão que julgar parcialmente o mérito, independentemente de caução, ainda que haja recurso contra essa interposto.

§ 3º Na hipótese do § 2º, se houver trânsito em julgado da decisão, a execução será definitiva.

§ 4º A liquidação e o cumprimento da decisão que julgar parcialmente o mérito poderão ser processados em autos suplementares, a requerimento da parte ou a critério do juiz.

§ 5º A decisão proferida com base neste artigo é impugnável por agravo de instrumento.

▶ *Referência: CPC/1973 – Art. 273, § 6º*

---

1. Julgamento antecipado parcial do mérito (art. 356, CPC)

Na vigência do CPC/1973, era corrente a afirmação de que, como regra, apenas uma sentença era prolatada no processo.

À exceção de alguns procedimentos especiais que previam expressamente a existência de mais de uma sentença no mesmo feito, com julgamento do processo por fases (arts. 915, 917 e 918; arts. 958 e 966, todos do CPC/1973), no regime revogado todo o julgamento da causa deveria se concentrar em um só provimento jurisdicional.

A bem da verdade, esta unidade nunca foi absoluta, conforme anotou Andre Roque: *"Primeiro, porque o CPC/1973 já previa, exatamente na fase de julgamento conforme o estado do processo, a extinção dos pedidos por sentença terminativa, sem resolução de mérito, ou por sentença imprópria de mérito (que homologasse atos de autocomposição das partes ou que reconhecesse prescrição ou decadência), que podia se referir a apenas parte dos pedidos formulados, prosseguindo o processo quanto aos demais (art. 329 do CPC/1973, correspondente ao art. 354 do CPC). Segundo, porque o CPC/1973 também admitia que, em determinadas situações, fosse proferida sentença condenatória ilíquida, cuja quantificação ocorria em fase própria, denominada liquidação de sentença. Verificava-se, assim, efetivo fracionamento no julgamento do mérito, em que primeiro o juiz aferia o an debeatur para, em momento posterior, decidir o quantum debeatur. Terceiro, porque havia previsão específica, em algumas situações, da tutela definitiva do mérito quanto ao incontroverso, como ocorria na ação de consignação em pagamento na qual se discutisse a insuficiência do depósito (art. 899, § 1º do CPC/1973)"* (*Processo de conhecimento e cumprimento de sentença: Comentários ao CPC.* São Paulo: Método, 2016, p. 162).

No CPC é superado expressamente o dogma da unidade de julgamento da causa.

O legislador passa a permitir o julgamento por etapas do mérito do processo.

Não mais, apenas, para os casos em que haja expressa previsão legal (procedimentos especiais) ou homologação parcial de acordo no processo.

Doravante, qualquer causa, desde que presentes os requisitos do art. 356 do CPC (que são equivalentes aos do art. 355 do CPC), pode ter a análise do mérito seccionada em tantos quanto forem os capítulos que admitam julgamento antecipado, sem a necessidade de produção de outras provas.

Se o autor, por exemplo, deduziu pedidos de rescisão de contrato, reintegração de posse e indenização por danos materiais, possível o julgamento da rescisão e do pleito de reintegração de posse se eles não forem impugnados ou forem reconhecidos pelo demandado. Nestes casos, profere-se decisão definitiva quanto aos dois primeiros pedidos, prosseguindo o processo para a apreciação, por sentença, do pleito indenizatório impugnado e dependente da produção de outras provas.

É digna de aplausos a iniciativa legislativa, que no âmbito da arbitragem já era praxe e, por força de recente alteração legislativa (Lei 13.129/2015), foi expressamente incorporada ao texto da Lei de Arbitragem (Lei 9.307/96).

A regra do art. 356 do CPC é compatível com o ideário de razoável duração do processo (art. 4º do CPC), vez que irascível era privar as partes da tutela definitiva de mérito dos pedidos formulados que já se encontravam em condições de imediato julgamento, apenas porque os demais pedidos cumulados não estavam prontos para julgamento concomitantemente (dependentes de provas).

Por outro lado, a admissão expressa do julgamento antecipado parcial do mérito traz a reboco enormes problemas práticos, a principiar pelo aumento do número de oportunidades que os Tribunais de 2º grau terão que se debruçar sobre o mérito do conflito; o recurso cabível (e seus efeitos) contra a decisão que julga antecipado e parcialmente o mérito; e o termo inicial do prazo da rescisória contra o capítulo transitado em julgado.

Sendo o caso de julgamento antecipado e parcial do mérito (art. 356 do CPC), como regra haverá a decisão de organização e saneamento do processo, nos termos do art. 357, do CPC. Aliás, bastante provável que na mesma decisão em que for proferido o julgamento antecipado parcial, já seja prolatada, também, a decisão do art. 357, do CPC. O julgamento antecipado só soluciona parcela dos pedidos formulados (os que não dependem da produção de outras provas além das já carreadas aos autos pelas partes), de modo que quando aos demais será necessária

instrução processual, a ser regrada pela decisão de organização e saneamento do processo.

2. Hipóteses de cabimento do julgamento antecipado parcial do mérito (art. 356, I e II, CPC)

O art. 356 do CPC determina que juiz decidirá parcialmente o mérito quando um ou mais dos pedidos formulados ou parcela deles: a) mostrar-se incontroverso; ou b) estiver em condições de imediato julgamento (art. 355, CPC).

A primeira situação é equivalente à prevista no art. 273, § 6º, do CPC/1973, na época considerada por alguns como hipótese de tutela antecipada sem o requisito da urgência.

Diante de uma demanda com pedidos cumulados, em que parcela deles não seja impugnada ou seja reconhecida, não há necessidade de produção de provas (art. 371 do CPC), razão pela qual estes pedidos podem ser julgados imediatamente, de modo definitivo (independentemente de revisitação ao tempo da prolação de sentença quanto aos demais pedidos).

A segunda hipótese diz respeito às mesmas situações que autorizam o julgamento antecipado integral do mérito (art. 355, do CPC), Cabe julgamento antecipado parcial do mérito quando, em relação a um ou mais pedidos cumulados ou parcela deles, não houver necessidade de produção de outras provas, sendo bastante os elementos documentais trazidos ao pro\cesso pelas partes.

Todavia, não é qualquer pedido cumulado que pode ser julgado antecipadamente, ainda que presentes as circunstâncias dos incisos I e II, do art. 356, CPC.

Os pedidos que podem ser julgados antecipadamente são apenas aqueles autônomos, que independem do acolhimento dos demais (cumulação própria e simples de pedidos). Se o pedido que restar incontroverso tiver seu acolhimento subordinado ao julgamento e acolhimento de outro pedido que não está apto a ser julgado antecipadamente (cumulação própria e sucessiva de pedidos), não é aplicável o art. 356, do CPC.

Exemplificativamente, se o pleito de indenização por danos materiais depender de prévio reconhecimento da culpa de uma das partes pelo término da relação contratual, ainda que não sejam necessárias provas para apurar e se estabelecer o dano (*v.g.*, dano já previamente estabelecido no contrato), não se pode julgar antecipadamente o mérito deste pedido (subordinado ao acolhimento do pleito rescisório). O mesmo se diga nos casos em que embora haja elementos para se afirmar o valor devido a título de pensão alimentícia, não se tem certeza quanto à paternidade reclamada (que depende de exame de DNA), não sendo cabível, portanto, o julgamento antecipado parcial do pleito alimentar subsidiário (subordinado que é ao reconhecimento da filiação).

Também não cabe o julgamento antecipado parcial do mérito nos casos de cumulação de pedidos imprópria subsidiária ou eventual (art. 326, *caput*, do CPC), ao menos quando o pedido principal não esteja em condições de pronto julgamento (ainda que o pedido subsidiário esteja). Como se sabe, na cumulação de pedidos imprópria, a parte formula mais de um pedido para que, não sendo possível o acolhimento de um deles, o juiz aprecie os demais pedidos formulados. Ainda que o pedido subsidiário esteja apto para julgamento (v.g. pedido de revisão do contrato), não é possível se julgar imediatamente este pedido porque ele só será apreciado se, eventualmente, o pedido principal (v.g. pedido de rescisão do contrato) for negado, o que só será possível após a produção de provas.

Inversamente, se o pedido principal puder ser julgado imediatamente (v.g. pedido de rescisão do contrato), será viável o seu julgamento antecipado e, em caso de improcedência, o processo prosseguirá para a apreciação do pedido subsidiário/eventual (v.g. pedido de revisão do contrato).

O quadro muda quando de cumulação imprópria alternativa de pedidos se tratar (art. 326, parágrafo único, do CPC). Caso quaisquer dos pedidos esteja em condições de julgamento imediato, poderá o juiz proceder ao julgamento antecipado parcial do mérito, considerando que que a tutela jurisdicional pleiteada será atendida com o acolhimento de qualquer dos pedidos (a parte não tinha preferência entre eles). Desacolhido um dos pedidos alternativos de modo antecipado, é possível o prosseguimento da demanda para que o outro pedido alternativo, dependente de instrução, possa ser apreciado ao final.

É possível, também, o julgamento antecipado parcial do mérito de parcela do pedido formulado, ainda que não haja, propriamente, cumulação de pedidos. Em ação em que se reclama, unicamente, indenização por danos materiais no valor de R$ 80.000,00, tendo o réu impugnado apenas o valor de R$ 20.000,00, reconhecendo ser devedor de R$ 60.000,00, sobre esta última parcela do pedido pode ser proferida sentença imediatamente, reconhecendo-se o crédito autoral sobre R$ 60.000,00.

3. Definitividade e coisa julgada (art. 356, § 3º, CPC)

A decisão do juiz que, antecipadamente (art. 356, do CPC), acolhe ou rejeita, total ou parcialmente, um dos pedidos formulados ou parcela deles, é considerada definitiva, conclusiva quanto a uma parcela do mérito.

Não pode, por conseguinte, ser revogada/modificada pelo juiz quando for proferir a sentença no tocante aos demais pedidos ou parcela deles (art. 494 do CPC), ainda que venha reconhecer, ao final, estar ausente uma condição da ação ou um pressuposto de desenvolvimento válido e regular do processo.

Mais do que isso, o julgamento antecipado e parcial do mérito, uma vez não sendo apresentado recurso pelo prejudicado, faz coisa julgada material e autoriza o cumprimento definitivo da decisão (vide art. 356, § 3º, CPC).

Não está autorizada, portanto, a reavivação da discussão no recurso contra a sentença que julgou os demais pedidos, restando à parte prejudicada pela decisão parcial transitada em julgado, apenas, a via rescisória (art. 966 do CPC).

Não por acaso, o art. 502 do CPC dispõe que a coisa julgada material se opera para a decisão de mérito não mais sujeita a recurso, não se referindo mais, como no regime revogado, à "sentença" (art. 467 do CPC/1973).

O legislador tentou, no art. 975, do CPC, por termo à celeuma em torno do termo inicial do prazo para a ação rescisória do capítulo da sentença transitado em julgado. Estabeleceu no dispositivo que o prazo para a rescisória somente terá início a partir do trânsito em julgado da última decisão proferida no processo (relativa aos capítulos que não foram julgados com base no art. 356, do CPC), objetivando, com isso, evitar que várias ações rescisórias fossem ajuizadas em decorrência do fracionamento do julgamento do mérito no processo originário.

Não alcançou, todavia, êxito na pacificação. Plenamente possível se interpretar o art. 975, do CPC, de modo a ver na referência à "última decisão proferida no processo", indicativo da última decisão proferida no processo relativa ao capítulo que se pretende rescindir, o que levaria à afirmação de que o biênio da rescisória corre da última decisão atinente ao capítulo rescindendo, como, aliás, é a regra no âmbito da arbitragem (art. 33, § 1º, da Lei 9.307/96, com redação dada pela Lei 13.129/2015).

4. Liquidação e cumprimento provisório da decisão (art. 356, §§ 1º, 2º e 4º, CPC)

Tanto quanto a sentença e nas mesmas situações (art. 491, I e II, do CPC), a decisão que julga antecipado e parcialmente o mérito, se procedente (ainda que em parte), pode ser líquida ou ilíquida.

Sendo ilíquida, possível, na pendência do julgamento do agravo de instrumento interposto contra ela, o processamento da liquidação da decisão, tal como ocorre nos casos de sentença ilíquida recorrida (art. 512, do CPC). A concessão de efeito suspensivo ao agravo de instrumento interposto (art. 1.019, I, do CPC) não parece impedir a liquidação provisória da decisão que julgou antecipadamente e parcialmente o mérito. O efeito suspensivo ao agravo impedirá a execução provisória do julgado, mas não a liquidação provisória da decisão, que objetiva, exatamente, acelerar o curso do procedimento para já se apurar o *quantum debeatur* enquanto se aguarda definição quanto ao *an debeatur*.

Tratando-se de autos físicos, a liquidação provisória será processada em autos suplementares (a requerimento da parte ou a critério do juiz), evitando-se, com isso, que a definição do valor da obrigação prejudique o regular curso do processo (que segue para análise dos demais pedidos ou parcelas não julgadas antecipadamente). Sendo os autos digitais, o processamento da liquidação se dá, como regra, por incidente.

Sendo a decisão líquida ou já tendo sido liquidada – e desde que não tenha sido concedido efeito suspensivo a eventual agravo de instrumento interposto contra a decisão parcial de mérito –, poderá, a requerimento da parte, ter início o cumprimento provisório da decisão, nos termos do art. 520 e ss. do CPC.

O art. 356, § 2º, do CPC, estabelece que a parte poderá executar, desde logo, a obrigação reconhecida na decisão que julgar parcialmente o mérito, independentemente de caução, ainda que haja recurso contra essa interposto. Há, aqui, uma impropriedade aparente, já que para o cumprimento provisório de sentença a legislação exige caução para o levantamento de depósito em dinheiro e a prática de atos que importem em transferência de posse, propriedade ou outro direito real (art. 520, IV, do CPC).

Evidentemente, o que o legislador quis dizer no art. 356, § 2º, do CPC, é que a liquidação de sentença ou o cumprimento provisório da decisão do art. 356, do CPC, não depende de nenhuma garantia do credor (posto que, diversamente do que consta do art. 297. e ss. do CPC, de decisão provisória não se trata). Todavia, alcançando o cumprimento provisório da decisão a fase de levantamento de depósito ou de expropriação de bens, incide a regra do art. 520, IV, do CPC, devendo ser prestada caução pelo exequente. Do contrário, o julgamento antecipado parcial do mérito teria eficácia superlativa, inclusive sobre a sentença, sempre dependente de caução para levantamento de valores e expropriação de bens quando executada provisoriamente.

5. Agravo de instrumento e efeitos (art. 356, § 5º, CPC)

A decisão que julga antecipado e parcialmente o mérito tem conteúdo de sentença (arts. 485 e 487, do CPC). Contudo não o é, considerando o conceito de sentença adotado pelo art. 203, § 1º, do CPC (que assim considera o ato, apenas, se concomitantemente encerrar a fase de conhecimento do procedimento comum ou extinguir a execução).

O pronunciamento que julga parcela dos pedidos antecipadamente é, portanto, decisão interlocutória, pois que proferido o julgamento antecipado e parcial do mérito, a fase cognitiva segue seu curso para instrução e julgamento dos demais pedidos cumulados ou da parcela deles que não foi apreciada.

Sendo decisão interlocutória, o pronunciamento com base no art. 356, do CPC, é agravável por instrumento, nos termos dos artigos 203, § 2º, 356, § 5º e 1.015, I, todos do CPC.

Ao contrário da apelação a ser interposta contra a sentença que julga o mérito (antecipadamente ou após instrução), o agravo de instrumento não possui efeito suspensivo automático, embora possa ter o efeito suspensivo *ope judicis* (art. 1.019, I, do CPC).

Isto tem levado parcela da doutrina – erradamente –, a afirmar que o agravo de instrumento tirado contra decisão com fundamento no art. 356, do CPC, teria, também, efeito suspensivo *ope legis*, mantendo-se, assim, a integratividade do sistema. Aduz-se que se contra o ato final de conteúdo semelhante há recurso com efeito suspensivo automático, não faria sentido que contra o ato intermediário também não houvesse.

O entendimento não nos convence. A uma, pois que não há previsão legal para efeito suspensivo automático para recurso de agravo de instrumento (vide art. 1.019 do CPC). E segundo, pois foi intenção do sistema privilegiar, no que possível, o julgamento antecipado parcial do mérito, contribuindo, assim, para o cumprimento da promessa de duração razoável do processo. Não há óbice, por isso, para que haja alguma vantagem processual para aquele que venha a ser beneficiado com decisão fundada no art. 356, do CPC (inclusive como se verá no tópico abaixo, sobre reexame necessário).

De modo que interposto agravo de instrumento contra a decisão que acolhe antecipadamente parcela dos pedidos cumulados, não sendo concedido efeito suspensivo ao agravo de instrumento pelo relator (art. 1.019, I, do CPC), está autorizado cumprimento provisório da decisão, nos termos do art. 520 e ss. do CPC.

6. Inaplicação da remessa necessária ao julgamento antecipado parcial do mérito (art. 496, CPC)

Sendo possível o julgamento antecipado parcial do mérito contra a Fazenda Pública – até porque não há regra alguma impedindo a aplicação do art. 356, do CPC nos processos que envolvam entes públicos –, exsurge interessante discussão sobre a incidência de reexame necessário do art. 496 do CPC, que, como sabido, é uma condição de eficácia do pronunciamento (que não transita em julgado enquanto não revisto pela 2ª instância).

A decisão que julga antecipadamente parte do mérito é interlocutória, ao passo que a remessa necessária é prevista pelo CPC apenas para a sentença (art. 496, *caput*, do CPC).

Por mais que a decisão que julga parte do mérito seja definitiva (não podendo ser revogada na sentença e, quando transitada em julgado,

forme coisa julgada material), o legislador foi expresso ao limitar a remessa necessária à sentença.

Logo, não há remessa necessária das decisões proferidas com base no art. 356, do CPC. A remessa necessária é instituto excepcional, como tal devendo ser interpretado restritivamente.

Mas a questão não é pacífica. Há bons argumentos no sentido de que, em se tratando de pronunciamento definitivo, o capítulo julgado antecipadamente, seja de modo imediato, seja ao final, quando do julgamento dos pedidos sobejantes, deve sujeitar-se ao reexame necessário do art. 496 do CPC, pois, do contrário, a decisão interlocutória do art. 356 do CPC (sem reexame e com recurso de agravo de instrumento, em regra, sem efeito suspensivo), teria eficácia mais forte do que a própria sentença (com reexame e com recurso de apelação, como regra, com efeito suspensivo).

Seção IV
Do saneamento e da organização do processo

Art. 357. Não ocorrendo nenhuma das hipóteses deste Capítulo, deverá o juiz, em decisão de saneamento e de organização do processo:

I – resolver as questões processuais pendentes, se houver;

II – delimitar as questões de fato sobre as quais recairá a atividade probatória, especificando os meios de prova admitidos;

III – definir a distribuição do ônus da prova, observado o art. 373;

IV – delimitar as questões de direito relevantes para a decisão do mérito;

V – designar, se necessário, audiência de instrução e julgamento.

§ 1º Realizado o saneamento, as partes têm o direito de pedir esclarecimentos ou solicitar ajustes, no prazo comum de 5 (cinco dias, findo o qual a decisão se torna estável.

§ 2º As partes podem apresentar ao juiz, para homologação, delimitação consensual das questões de fato e de direito a que se referem os incisos II e IV, a qual, se homologada, vincula as partes e o juiz.

§ 3º Se a causa apresentar complexidade em matéria de fato ou de direito, deverá o juiz designar audiência para que o saneamento seja feito em cooperação com as partes, oportunidade em que o juiz, se for o caso, convidará as partes a integrar ou esclarecer suas alegações.

§ 4º Caso tenha sido determinada a produção de prova testemunhal, o juiz fixará prazo comum não superior a 15 (quinze) dias para que as partes apresentem rol de testemunhas.

§ 5º Na hipótese do § 3º, as partes devem levar, para a audiência prevista, o respectivo rol de testemunhas.

§ 6º O número de testemunhas arroladas não pode ser superior a 10 (dez, sendo 3 (três, no máximo, para a prova de cada fato.

§ 7º O juiz poderá limitar o número de testemunhas levando em conta a complexidade da causa e dos fatos individualmente considerados.

§ 8º Caso tenha sido determinada a produção de prova pericial, o juiz deve observar o disposto no art. 465 e, se possível, estabelecer, desde logo, calendário para sua realização.

§ 9º As pautas deverão ser preparadas com intervalo mínimo de 1 (uma) hora entre as audiências.

▶ *Referência: CPC/1973 – Arts. 331 e 407*

1. Fase e decisão saneadora (art. 357, CPC)

Finda a fase postulatória (momento ordinariamente reservado para a apresentação das pretensões e defesas), e não sendo o caso de julgamento conforme o estado do processo (arts. 354 e 355 do CPC), será proferida formalmente decisão de saneamento e de organização do processo (art. 357 do CPC).

A decisão referida no art. 357, *caput*, do CPC é proferida em um instante processual absolutamente importante para a marcha processual; momento de definição, logo após a fase postulatória, entre o julgamento do processo no estado em que se encontra (arts. 354/355 do CPC) ou o prosseguimento para a colheita de provas (fase instrutória).

Houve ampliação do conteúdo da decisão saneadora do art. 357, do CPC, em relação ao saneamento do art. 331 do CPC/1973. Doravante a decisão saneadora também deve deliberar sobre a distribuição do ônus da prova e sobre as questões de direito relevantes para a decisão de mérito.

Só há decisão de saneamento nos moldes do art. 357 do CPC, nos processos em que é necessária a produção de provas na fase posterior. Significa dizer que nos casos de extinção do processo sem análise do mérito (art. 485, CPC), reconhecimento da prescrição/decadência ou homologação de autocomposição (art. 487, II e II, CPC) e julgamento antecipado do mérito (art. 355, CPC), não haverá propriamente decisão de saneamento e organização do processo, pois o processo será sentenciado tão logo finde a fase postulatória e com base nos elementos documentos já trazidos aos autos pelas partes.

Até pode haver providências saneadoras antes da fase reservada para a decisão formal de saneamento. Trata-se de atividade permanente e constante do juiz na presidência do processo, mormente depois da elevação do interesse jurisdicional no conhecimento do mérito a *status* de dever do juiz na condução do processo (art. 139, IX, do CPC). Emblemático, neste sentido, o art. 352 do CPC, ao estabelecer que verificando a existência de irregularidades e vícios sanáveis, o juiz determinará sua correção no prazo de 30 (trinta) dias. Absolutamente nada impede, portanto, que antes de proferir sentença extintiva nos termos do art. 485 do CPC, ou mesmo antes de pronunciar a prescrição/decadência (art. 487, II, CPC) ou julgar antecipadamente o mérito (art. 355, CPC) – casos em que não haverá a decisão de organização e saneamento do art. 357 do CPC –, o juiz determine a regularização da representação processual da parte, conforme artigos 76 e 104, do CPC.

2. Desnecessidade de realização de audiência para a prolação da decisão de saneamento e organização do processo (art. 357 do CPC)

A experiência do foro acabou por revelar o fracasso dos propósitos de uma audiência preliminar para fins e conciliação, saneamento e organização do processo, tal como desenhado no art. 331 do CPC/1973, antes e depois da redação dada pela Lei 10.444/2002. Um pouco, talvez, pela falta de interesse e preparo das partes e magistrados, para realizar este contato pessoal para fins de saneamento e organização do processo, mormente diante dos esforços já despendidos na fase postulatória. Muito pela falta de espaço nas bastante ocupadas pautas de audiências das unidades judiciais brasileiras, que faziam com que a designação/realização da audiência atrasasse, consideravelmente, o curso processual (GAJARDONI, Fernando da Fonseca. Técnicas de aceleração do processo. Franca: Lemos e Cruz, 2003, p. 116/118), quando não se prestavam, exclusivamente, para a tentativa de conciliação (olvidando-se o principal propósito de ser realizado, em contato com as partes/advogados, o saneamento e a organização da fase instrutória).

A consequência é que, no regime revogado, a exceção (a não realização da audiência na forma do art. 331, § 3º, do CPC) se tornou a regra. Ainda que ausentes as hipóteses que autorizavam a dispensa na realização do ato (art. 331, § 3º, do CPC), raros eram os magistrados que designavam audiência preliminar.

No CPC – até porque os esforços para a autocomposição se concentrarão em fase anterior e, ao menos no que se projeta, sem participação do magistrado (art. 334 do CPC) –, acabou por prevalecer a prática do foro no sentido da dispensa da audiência para fins de saneamento e organização do processo. O Código atual estabelece que referida decisão seja proferida por escrito, sem audiência do juiz com as partes. Apenas em caráter excepcional, quando a causa apresentar complexidade em matéria de fato ou de direito, o magistrado designará a audiência para fins de, junto às partes/advogados, sanear e organizar a fase instrutória do processo (art. 357, § 3º, CPC).

Ou seja, o que era regra no CPC/1973 (a realização de audiência para fins de saneamento/organização) se tornou a exceção no CPC, sendo a regra, doravante, a não realização de audiência para fins de saneamento/organização.

Obviamente, nada impede que o juiz designe a audiência para, consultando as partes, proferir a decisão do art. 357 do CPC, considerando que quem pode o mais (designá-la em de causas complexas – art. 357, § 3º, CPC), pode o menos (designá-la em causas simples), ficando a providência, portanto, dentro da discricionariedade judicial para as causas não complexas.

3. Solução das questões processuais pendentes (art. 357, I, CPC)

O art. 357, incisos, do CPC, enumera os 05 (cinco) objetivos (ou o conteúdo) da decisão de saneamento e organização do processo.

Primeiramente, a decisão serve para que o juiz resolva eventuais questões processuais pendentes, especialmente para que delibere sobre as preliminares arguidas na forma do art. 337, do CPC. Obviamente, há preliminares que, a rigor, serão decididas em momento anterior à decisão de saneamento/organização, tal como a sobre competência do juízo, relevante, inclusive, para fins de realização da audiência de conciliação/mediação do art. 334 do CPC (vide art. 340 do CPC). Mas as demais, em princípio, serão mesmo decididas neste momento, tal como as relativas à afirmação da ausência das condições da ação (legitimidade e interesse), dos pressupostos processuais de existência e de desenvolvimento válido e regular do processo (inépcia da inicial, litispendência, representação processual etc.), sobre valor da causa, gratuidade judiciárias, entre outras.

A depender do que decidir o juiz a respeito destas questões processuais pendentes, poderá ser extinto o processo, sem análise do mérito (art. 485, CPC), restando prejudicadas as outras deliberações que seriam tomadas (delimitação das questões de fato e de direito, definição do ônus da prova e designação de audiência). Não se pode negar, portanto, certa sobreposição do momento processual previsto no art. 354 do CPC (julgamento do processo conforme o estado) com o ora comentado.

Na correta crítica da doutrina (Luis Eduardo Simardi Fernandes, Breves Comentários ao Novo CPC. Coord. Teresa Arruda Alvim Wambier *et all*. São Paulo: RT, 2015, p. 971), o ideário imaginado pelo legislador é que o juiz, efetivamente, resolva as questões processuais pendentes neste momento processual, reservando a sentença, apenas, para o trato das questões de fato e de direito importantes para o julgamento do mérito. O modelo é de construção do provimento jurisdicional por etapas, superando as questões processuais nesta fase para que, na fase seguinte, a atenção e a dedicação do juiz e das partes seja exclusivamente sobre as questões de mérito.

Por isso, bastante criticável a postura de ser relegado, para a fase da sentença, a apreciação das questões processuais, mormente sob o genérico fundamento de que "*se confundem com o mérito*". Afinal, se efetivamente se confundem com o mérito, devem as preliminares arguidas serem rejeitadas, pois não se trata propriamente de preliminares, mas sim de questões de mérito.

Pese o momento oportuno para rejeição das questões processuais ser mesmo o da decisão de saneamento e organização do processo (art. 357 do CPC), nada impede que após a instrução, ao julgar o processo, o magistrado reconsidere sua decisão e acolha a questão que outrora rejeitou. Para tanto, basta que a questão seja considerada de ordem pública e de conhecimento a qualquer tempo e grau de jurisdição, na forma do art. 485, § 3º, CPC, observado, sempre que necessário, o art. 10 do CPC.

4. Fixação das questões de fato e deferimento/indeferimento de provas (art. 357, II, e § 8º, CPC)

Não acolhendo questões processuais que acarretem a imediata prolação de sentença, compete ao juiz delimitar – logo a seguir – as questões de fato sobre as quais recairá a atividade probatória. São fixados, assim, os pontos controvertidos da demanda, na verdade, as questões de fato a serem objeto de instrução, debates e decisão.

A importância da fixação é evidente. Permite que se visualize o que deve ser efetivamente provado (o que é controvertido em matéria de fato), restando afastada qualquer incursão probatória sobre temas não constantes das questões formuladas (fatos incontroversos, notórios, irrelevantes etc.).

Aliás, absolutamente nada impede – pelo contrário, e até recomendável –, que os juízes usem as questões de fato fixadas como perguntas às testemunhas e quesitos aos peritos. E que se utilizem destas questões como parâmetro para indeferir questionamentos das partes sobre temas não relacionados às questões definidas (obviamente ressalvadas as situações em que surjam fatos e questões novas no curso da instrução). Pois se o temário dos pontos controversos é este, nada mais deve ser investigado por uma questão de coerência e praticidade.

Vê-se, assim, que a fixação dos pontos controvertidos nesta fase, embora exija tempo e dedicação do juiz e das partes/advogados (especialmente em vista do pedido de esclarecimento e ajustes do art. 357, § 1º, CPC), racionaliza e facilita profundamente a atividade processual na fase instrutória e decisória, com enormes ganhos de tempo.

Fixadas as questões de fato, o juiz apreciará, em vista delas, os requerimentos probatórios das partes definindo, ainda, as provas cabíveis e incabíveis, deferindo as pertinentes e indeferindo as meramente protelatórias. Trata-se de decisão que, tirante o pedido de ajuste do art. 370, § 1º, do CPC, é imediatamente irrecorrível, na forma do art. 1.015 do CPC. Insatisfeita a parte com o indeferimento da produção da prova requerida e, eventualmente, com o resultado da sentença proferida em vista da falta dela, poderá reavivar a questão em sede de apelação (art. 1.009, § 1º, CPC). Caso o Tribunal entenda ser necessária a produção da prova, poderá anular a sentença para que outra seja prolatada após a sua produção, ou, dependendo do caso, converter o julgamento em diligência para que a prova seja produzida no Tribunal ou em 1º grau, após retomando-se o julgamento do recurso (art. 1.013 do CPC).

Deferida prova pericial, o art. 357, § 8º, CPC, ainda estabelece que o juiz deve, desde logo e observado o que consta do art. 465 do CPC, nomear o perito. Estabelece ainda que, sendo possível (há casos em que o perito precisa ser consultado a respeito de alguma providência), já estabelecer o calendário para a realização das atividades, isto é, definir data para apresentação de laudo, para manifestação das partes, para resposta a quesitos suplementares etc. A medida potencializa a celeridade processual, pois acaba por tornar desnecessárias intimações das partes para as providências calendarizadas.

Conforme art. 370 e parágrafo único, do CPC, o juiz continua dotado de poderes instrutórios no processo civil brasileiro (GAJARDONI, Fernando da Fonseca. *Teoria Geral do Processo*. Comentários ao CPC. São Paulo: Método, 2015, p. 468). Pode, portanto, na inércia das partes, determinar oficiosamente a produção de provas à luz das questões fixadas. Desde que não saiba, de antemão, qual será o resultado dela (o que afetaria sua imparcialidade), nada de irregular há nisso.

Pesem as críticas ordinariamente (e incorretamente) feitas a esta postura ativista do juiz na produção de provas, a regra do art. 370 do CPC é importante garantia do jurisdicionado. Ainda que uma das partes negligencie na produção das provas sobre as questões de fato fixadas, pode o juiz agir na busca da verdade possível. A preocupação do Estado brasileiro deve ser com prestígio da Justiça da decisão, e não com a tutela daquele que tem o advogado mais diligente ou mais capacitado; ou do interesse representado pela atuação do Ministério Público. Inclusive por

5. Distribuição judicial do ônus da prova (art. 357, III, do CPC)

O CPC continua fiel ao modelo da distribuição legal e estática do ônus da prova. O art. 373, *caput*, do CPC, na esteira do art. 333 do CPC/1973, estabelece que compete ao autor a prova do fato constitutivo do seu direito, e ao réu a existência do fato impeditivo, modificativo ou extintivo do direito do autor.

Mas é possível ao juiz, excepcionalmente, distribuir o ônus da prova de modo diverso do indicado no art. 373 do CPC (distribuição judicial do ônus da prova). Além do sempre lembrado art. 6º, VIII, do Código de Defesa do Consumidor (Lei 8.078/90), prevê o art. 373, § 1º, do CPC, que nos casos previstos em lei ou diante de peculiaridades da causa relacionadas à impossibilidade ou à excessiva dificuldade de cumprir o encargo estabelecido no art. 373, *caput*, CPC, ou à maior facilidade de obtenção da prova do fato contrário, poderá o juiz atribuir o ônus da prova de modo diverso, desde que o faça por decisão fundamentada, caso em que deverá dar à parte a oportunidade de se desincumbir do ônus que lhe foi atribuído.

Doravante admite-se a distribuição judicial do ônus da prova em qualquer tipo de processo civil (não apenas nas relações de consumo ou quando haja previsão legal expressa autorizando a inversão), desde que presentes as hipóteses do art. 373, § 1º, do CPC.

Não há propriamente no Brasil a adoção do modelo da distribuição dinâmica do ônus da prova, a pressupor que, em cada caso, o juiz estabeleça quem deva se desincumbir do ônus de provar, sob pena de sucumbimento. Tanto que, no silêncio do juiz na decisão de saneamento e organização do processo, prevalece a regra do ônus da prova estático, nos termos do art. 373, *caput*, do CPC. Todavia, nas condições estabelecidas no art. 373, § 1º, do CPC, o juiz pode, na decisão do art. 357, do CPC, atribuir o ônus da prova de modo diverso do art. 373, *caput*, do CPC, determinando, por exemplo, que o réu comprove a inexistência do fato narrado pelo autor, ou que o autor comprove a não ocorrência do fato extintivo alegado pelo réu.

Insista-se que, apesar do art. 357, III, do CPC, o juiz não necessariamente precisa se pronunciar sobre a distribuição do ônus da prova na decisão de saneamento e organização do processo. Se omitir-se significa, simplesmente, que não haverá alteração da regra do art. 373, *caput*, do CPC. A parte pode até se valer do pedido de esclarecimento ou ajustes do art. 357, § 1º, do CPC, para tentar convencer o juiz da necessidade de se distribuir de modo diverso o ônus da prova. Mas o silêncio evidenciar que não há motivos para se alterar o regime legal sobre ônus da prova.

Durante muitos ano doutrina e jurisprudência apontavam que as *regras sobre ônus da prova são de juízo ou de julgamento*, competindo ao julgador, apenas no momento de julgar – e não antes (sem aviso, portanto) – aplicar as regras sobre o ônus da prova, carreando a derrota àquele que se desincumbiu do ônus probatório. Anotam, por força desta interpretação, que compete às partes produzir todas as provas que estejam ao seu alcance (o que vem a bem da verdade real), eis que o juiz, no momento da sentença, pode entender ser pertinente a distribuição diversa do ônus da prova, carreando o ônus de não as ter produzido ao sucumbente.

A ideia nunca nos apareceu acertada, principalmente nas situações em que se opera, pelo juiz, a distribuição do ônus da prova de modo diverso do estabelecido em lei. Pareceu-nos que distribuição judicial do ônus da prova é *regra de procedimento*, competindo ao juiz avisar previamente as partes que encontra presentes situações que a autorizam. "*Se um dos valores tutelados pelas regras de forma é a previsibilidade das ações dos atores processuais, somente quando há o prévio estabelecimento do procedimento processual é que as partes são capazes de antever e de programar todo o curso do processo. Tanto é assim que sustentamos, durante todo este estudo, ser fundamental, nas hipóteses em que autorizada a flexibilização do procedimento legal, a participação das partes A partir do momento em que se admite que a inversão só se dê quando do julgamento, não se pode esperar do fornecedor que, em um exercício de premonição, anteveja como um profeta o non liquet e, se acautelando, produza a prova que nem se sabe ser necessária. Pese a maior atenção ao aspecto objetivo das regras do ônus da prova, a própria doutrina não afasta, por completo, a importância do seu aspecto subjetivo, isto é, a indicação prévia para as partes de quais serão as consequências de sua desídia probatória"* (GAJARDONI, Fernando da Fonseca. Flexibilização do procedimento. São Paulo. Atlas, 2007).

O CPC/2105, sensível a estes argumentos e aos de boa parte da doutrina que também assim pensava, pôs fim à discussão (que já vinha bem encaminhada na jurisprudência do STJ). A distribuição diversa do ônus da prova, a bem de serem evitadas as tão criticadas "decisões surpresas" (vide art. 10 do CPC), é regra de instrução ou de procedimento, de modo que as partes devem ser previamente avisadas, na decisão de saneamento e organização do processo (art. 357, III, CPC), sobre a distribuição do ônus de modo diverso do estabelecido no art. 373, *caput*, CPC. Não só para que se desincumbam do novo ônus, mas também para que contra ela possam se insurgir (art. 1.015, XI, CPC).

Afinal, contra a decisão que redistribuir o ônus da prova, nos termos do art. 373, § 1º, do CPC, cabe agravo de instrumento (art. 1.015, XI, CPC). Não manejado pela parte no prazo legal, a decisão proferida pelo juiz nos termos do art. 357 do CPC, preclui nesta parte, não podendo o prejudicado, oportunamente (em sede de apelação), insurgir-se contra a redistribuição ou o revés na sentença.

6. Fixação das questões de direito relevantes para a decisão de mérito (art. 357, IV, do CPC)

Resolvidas as questões processuais, fixadas as questões de fato, definidas as provas que serão produzidas e, eventualmente, o ônus de cada parte quanto ao que devem provar, estabelece o art. 357, IV, do CPC que o juiz deverá delimitar as questões de direito relevantes para a decisão de mérito. Obviamente, trata-se das questões de direito relacionadas ao mérito do processo, vez que as questões processuais já ficaram solucionadas anteriormente independentemente de prévia definição (art. 357, I, do CPC).

A definição sobre qual a regra de direito aplicável ao caso, ou à sua própria interpretação, pode ser importante para delimitar as consequências do fato a ser provado. Absolutamente nada impede – pelo contrário, e até recomendável –, que os juízes usem as questões de direito fixadas como sendo aquelas a serem respondidas na sentença, dando cumprimento, assim, ao disposto no art. 489, § 1º, do CPC.

A fixação das questões de direito nesta fase, embora exija tempo e dedicação do juiz e das partes/advogados (especialmente em vista do pedido de esclarecimento e ajustes do art. 357, § 1º, CPC), racionaliza e facilita profundamente a atividade processual nos debates finais e na fase decisória, evitando discussões inúteis que não contribuam em nada para a solução célere do conflito.

As questões de direito que devem ser delimitadas são aquelas dependentes ou decorrentes das provas que serão produzidas. Se a matéria for unicamente de direito (sem necessidade de provas além das já constantes dos autos) – *i.e.* se o fato já estiver provado –, não há fase instrutória e, consequentemente, necessidade de decisão de saneamento e organização do processo. Nestes casos não se elencam previamente as questões de direito relevantes para a decisão de mérito (as dúvidas sobre o direito aplicável ou sua interpretação), pois o juiz julgará antecipadamente o mérito (art. 355, do CPC), devendo, portanto, apresentá-las diretamente na sentença.

7. Designação de audiência de instrução e julgamento (art. 357, V, CPC) e arrolamento de testemunhas (art. 357, §§ 4º, 6º e 7º, CPC)

Ante as questões de fato fixadas e das provas deferidas, o juiz poderá designar audiência de instrução e julgamento (art. 358 e ss. CPC).

Poderá, porque apenas haverá designação se: a) tiver sido deferida prova oral (em casos de deferimento de prova exclusivamente pericial não se fará, em princípio, audiência de instrução); e b) as partes ou testemunhas a serem ouvidas sejam domiciliadas na Comarca ou Subseção judiciária da unidade onde tenha curso o processo (do contrário serão expedidas precatórias).

Caso deferida a produção de prova testemunhal e designada audiência de instrução (art. 357, V, CPC), o juiz fixará prazo de até 15 (quinze) dias para o arrolamento das testemunhas pelas partes, tempo considerado necessário para que a unidade porte o rol de testemunhas (art. 450 CPC), que deve vir acompanhado de endereço e qualificação suficiente, até para permitir à parte adversa, em audiência de instrução, ofertar a competente contradita (art. 457, § 1º, do CPC). Por isso, o fato de as testemunhas serem, ordinariamente, intimadas pelo próprio advogado para comparecimento (art. 455 e §§ do CPC), não afasta o dever de a parte apresentar o rol sob pena de preclusão.

O prazo de 15 (quinze) dias fixado no art. 357, § 4º, do CPC, obviamente, poderá ser ampliado pelo juiz à luz da particularidade da causa, firme no regramento do art. 139, VI, do CPC (flexibilização legal genérica mitigada do procedimento).

Cada parte poderá arrolar no máximo 10 (dez) testemunhas, sendo 03 (três) testemunhas para a prova de cada fato. Mais uma vez não há razões para que o juiz não autorize, como prova do juízo e fundado nos poderes instrutórios do art. 370, do CPC, a oitiva de mais testemunhas do que o limite estabelecido em lei. Como não há impedimento para que, em vista das particularidades da causa, limite o número de testemunhas, inclusive por conta de expressa disposição legal autorizativa (art. 357, § 7º, CPC).

8. Pedido de esclarecimento ou solicitação de ajustes à decisão de saneamento e organização do processo (art. 357, § 1º, CPC)

O art. 139 do CPC – inspirado pelas normas fundamentais dos arts. 5º e 6º, do CPC –, introduzem no processo civil brasileiro um modelo de gestão compartilhada do processo, que outrora nominei como "modelo presidencial cooperativista". *"Todos os sujeitos do processo devem cooperar entre si para que se obtenha, em tempo razoável, decisão de mérito justa e efetiva. Na medida em que o princípio da cooperação passa a ser expressamente adotado no ordenamento jurídico processual brasileiro, expande-se o papel presidencial (diretivo) do juiz. Antes, exclusivamente no controle da relação processual e na tomada de decisões. Agora, como órgão colaborativo, cooperador, a trabalhar em conjunto com as partes para que se alcance o melhor resultado"* (GAJARDONI, Fernando da Fonseca. *Teoria Geral do Processo – Comentários ao CPC*, 2015, p. 454).

Mesmo não havendo, como regra, a audiência preliminar para saneamento e organização do processo, o CPC disciplina a participação das partes na atividade de saneamento e organização do processo. Faculta-se às partes e intervenientes (*amicus curiae*), no prazo de 05 (cinco) dias da publicação da decisão do art. 357 do CPC, pedir esclarecimentos ou solicitar ajus-

tes, especialmente no tocante às questões de fato e de direito fixadas como sendo objeto das provas e dos debates que se seguirão às provas.

Não há propriamente preclusão quanto às provas que foram indeferidas pelo juiz, considerando as regras dos arts. 1.015 e 1.009, § 1º, do CPC. Tampouco sobre as questões processuais de ordem pública afastadas na decisão de saneamento e organização do processo, nos termos do art. 485, § 3º, do CPC (condições da ação, pressupostos processuais etc.). Mas no tocante às questões de fato e de direito fixadas na decisão do art. 357 do CPC, não havendo pedido de esclarecimentos ou ajustes pelas partes, haverá estabilização.

Como regra, havendo a estabilização da decisão referida no art. 357, do CPC, não será mais lícito às partes reclamar a inclusão ou correção das questões fixadas, que limitarão toda a atividade probatória e os debates que serão travados na fases instrutória e decisória do processo. Inclusive, saneado o processo nos termos art. 357, §§ 2º e 3º, do CPC – e não tendo havido qualquer pedido de esclarecimento ou ajuste –, fica limitada a profundidade do efeito devolutivo do recurso contra a decisão de mérito nos limites do saneamento, ressalvados os fatos e direitos supervenientes.

9. Negócio jurídico processual de saneamento e organização do processo (art. 357, § 2º, CPC)

Há no sistema processual civil brasileiro, doravante, além das convenções processuais típicas (previstas expressamente na lei), a possibilidade de as partes absolutamente capazes, versando o processo sobre direitos que admitam autocomposição, celebrar convenções processuais atípicas sobre procedimento ou situações jurídicas (ônus, poderes, faculdades e deveres processuais) (art. 190 do CPC).

O art. 357, § 2º, do CPC, é uma convenção processual típica, pois prevê expressamente uma situação em que as partes, conjuntamente, apresentam ao juiz, para fins de homologação, a delimitação consensual das questões de fato e de direito referidas no art. 357, incisos II e IV, do CPC.

Tratando-se de convenção típica, não se aplica ao art. 357, § 2º, do CPC, as condicionantes específicas dos negócios jurídicos processuais atípicos previstos no art. 190 do CPC, mas apenas as condicionantes gerais de todo e qualquer negócio jurídico processual (GAJARDONI, *Teoria Geral do Processo: Comentários ao CPC*. São Paulo: Método, 2015, p. 620). A convenção sobre questões de fato e de direito pode ser apresentada, assim, em processo em que as partes sejam incapazes, ou mesmo quando o direito em debate não admitir autocomposição.

A autorização para que as partes possam apresentar ao juiz proposta de delimitação das questões de fato e de direito revela hipótese bastante interessante de aplicação do princípio da cooperação das partes para com o juiz, especialmente se considerarmos que, ordinariamente, é o juiz que coopera com as partes (determinando emendas, sugerindo correções etc.).

Ao apesentar ao juiz proposta de delimitação das questões de fato e de direito, as partes contribuem para uma prestação jurisdicional mais célere e efetiva, pois substituem a atividade de elaboração das questões pelo juiz, pela de conferência e homologação das questões apresentadas pelas partes.

O art. 357, § 2º, do CPC, não autoriza – ao menos oficialmente – que as partes apresentem ao juiz convenção sobre as provas que deverão ser produzidas em fase instrutória. O dispositivo só fala em convenção sobre as questões. Poderia se cogitar sobre a apresentação de convenção atípica, com base no art. 190 do CPC, sobre as provas que o juiz deveria necessariamente deferir, ou que não deveria em situação alguma determinar de ofício. Porém, como afirmado outrora (GAJARDONI, *Teoria Geral do Processo: Comentários ao CPC/2014*. São Paulo: Método, 2015, p. 627/628) e ratificado pelo enunciado n. 36 da ENFAM (Escola Nacional de Formação de Magistrados), trata-se de convenção processual sobre situação jurídica processual com objeto ilícito e praticado por parte ilegítima, pois além de contrariar o regramento legal do art. 370 do CPC (poderes instrutórios do juiz), representa disposição de poder que não é das partes como expressamente exige o art. 190, do CPC ("*seus ônus, poderes...*").

O acordo de saneamento, portanto, não pode limitar os poderes instrutórios do juiz, tampouco impor a produção de prova que se entenda impertinente e irrelevante para a solução do conflito. Convenção neste sentido vale como sugestão não vinculante ao Estado/Juiz. E nada mais.

A convenção de fixação de questões pelas partes, todavia, não opera efeitos de modo automático, inaplicável, por conseguinte, o art. 200, *caput*, do CPC. Aqui há expressa menção à necessidade de homologação da convenção pelo juiz, que por isso controlará não só a correção das questões formuladas, mas também a legalidade da convenção que se apresenta. Obviamente, o juiz pode homologar integralmente as questões apresentadas entendendo-as pertinentes. Ou pode a partir delas formular a decisão do art. 357, do CPC, fazendo as adaptações que entender necessárias. Neste último caso é recomendável, porém não obrigatório, que sejam as partes previamente ouvidas na forma do art. 10 do CPC, considerando que rejeita a convenção seria o juiz mesmo que teria que fixar as questões de fato e de direito.

Tanto quanto a decisão judicial proferida nos termos do art. 357, do CPC, após o prazo para esclarecimentos e ajustes (§ 1º), a decisão que homologa a convenção das partes tal como apresentada se estabiliza, vinculando a todos (inclusive ao juiz). Como regra, não será mais lícito às partes reclamar a inclusão ou correção das questões fixadas, que limitarão toda a atividade probatória e os debates que serão travados nas fases instrutória e decisória do processo.

14. Saneamento compartilhado (art. 357, § 3º, 5º e 9º, CPC)

Novamente inspirado pela ideia de um processo cooperativo (art. 6º do CPC) – e talvez como um dos principais exemplos de cooperação que temos no CPC –, o art. 357, § 3º, estabelece ser possível ao juiz, nas causas de maior complexidade em matéria de fato ou de direito, designar audiência preliminar para que o saneamento e a organização do processo (pese a omissão legislativa quanto a este último item) sejam feitos em cooperação com partes, oportunidade em que o juiz, se for o caso, as convidará a integrar ou esclarecer suas alegações.

Tanto quanto o previsto no art. 357, § 2º, do CPC, estamos diante de mais um negócio jurídico processual típico (previsto na lei como tal), para alguns plurilateral (dependente da convergência de vontades não só das partes, mas também do órgão julgador).

A esperança é que o juiz possa, em debate franco e aberto com as partes, se esclarecer e ser esclarecido à luz dos deveres inerentes à cooperação (esclarecimento, consulta, prevenção e auxílio) (OLIVEIRA JR., Zulmar Duarte. *Teoria Geral do Processo – Comentários ao CPC*. São Paulo: Método, 2015, p. 40), a seguir tomando todas as decisões sobre as questões processuais pendentes, questões de fato, provas que terão sua produção deferida, distribuição do ônus da prova e questões de direito relevantes para a decisão de mérito, junto com elas e seus advogados.

O CPC/1973 (art. 331), embora não proclamasse expressamente a possibilidade de saneamento compartilhado, não vedava sua realização. Pelo contrário, substanciosa doutrina não só admitia como recomendava sua realização em determinados tipos de causa, corretamente alertando o potencial positivo do ato na diminuição da beligerância entre as partes e no número de recursos contra as decisões consensualmente ali tomadas (inclusive em vista da inexistência, propriamente, de interesse recursal). (HOFFMAN, Paulo. *Saneamento Compartilhado*. Quartier Latin. São Paulo: 2011, p. 94 e ss.).

Este contato cooperativo entre as partes e o juiz, inclusive, pode fomentar a prática autocompositiva, que pese a audiência do art. 334 do CPC, não deixou de estar entre os deveres do juiz na condução do processo (art. 139, V, CPC).

A audiência para fins de saneamento compartilhado pode servir, ainda, para a fixação, entre partes e juiz, de calendário processual, na forma do art. 191 do CPC (Enunciado 299 FPPC). Trata-se de negócio jurídico processual típico inspirado no mesmo ideário cooperativo do saneamento compartilhado (partes e juízes tomando conjuntamente as decisões sobre a condução do processo).

Diante da diversidade e complexidade dos temas a serem debatidos, será necessário razoável tempo para a realização da audiência de saneamento compartilhado. Pelo que o legislador, não sem demonstrar um razoável desconhecimento da realidade judiciária da maioria das unidades de 1º grau brasileiras (com pautas assoberbadas), estabeleceu a reserva de ao menos uma hora para fins de realização da audiência de saneamento compartilhado. A ideia da disposição é fazer com que haja real atenção do Judiciário com a importante tarefa que lhe é imposta de realizar o saneamento compartilhado do feito, determinando-se a reserva de tempo necessário para a prática.

A não designação de audiência para fins de saneamento compartilhado (ou o descumprimento do prazo mínimo de uma hora entre as audiências), mesmo em se tratando de causa complexa, parece não acarretar, de *per si*, nulidade do saneamento realizado por escrito, considerando a possibilidade de participação das partes através do pedido de esclarecimentos e ajustes do art. 357, § 1º, do CPC. Incide aqui a regra do art. 277 do CPC, no sentido de que não há nulidade sem prejuízo.

É de bom alvitre que juiz, ao designar a audiência para fins de saneamento compartilhado, alerte as partes das providências e atividades que serão realizadas em audiência, inclusive incitando-as as comparecer preparadas para prestar esclarecimentos, formular quesitos, ajudar na escolha do perito, debater seus honorários e indicar as provas que serão produzidas (inclusive já trazendo o rol de testemunhas para apresentação e debate com a parte adversa, na forma do art. 357, § 5º, do CPC).

Jurisprudência

Impossibilidade de negócio jurídico processual sobre poderes instrutórios do juiz. Enunciado n. 36 da ENFAM: *A regra do art. 190 do CPC não autoriza às partes a celebração de negócios jurídicos processuais atípicos que afetem poderes e deveres do juiz, tais como os que: a) limitem seus poderes de instrução ou de sanção à litigância ímproba; b) subtraiam do Estado/juiz o controle da legitimidade das partes ou do ingresso de amicus curiae; c) introduzam novas hipóteses de recorribilidade, de rescisória ou de sustentação oral não previstas em lei; d) estipulem o julgamento do conflito com base em lei diversa da nacional vigente; e e) estabeleçam prioridade de julgamento não prevista em lei.*

Inversão do ônus da prova como regra de instrução, e não de julgamento: A jurisprudência do STJ é no sentido de que a inversão do ônus da prova prevista no art. 6º, VIII, do CDC, é regra de instrução e não regra de julgamento, sendo que a decisão que a determinar deve – preferencialmente – ocorrer durante o saneamento do processo ou – quando proferida em momento posterior – garantir a parte a quem incumbia esse ônus a oportunidade de apresentar suas provas (STJ, REsp 1395254/SC, Rel. Ministra Nancy Andrighi, 3ª Turma,, julgado em 15/10/2013, *DJe* 29/11/2013; EREsp 422.778/SP, Rel. Ministro João Otávio de Noronha, Rel. p/ Acórdão

Ministra Isabel Galotti, 2ª Seção, julgado em 29/02/2012, *DJe* 21/06/2012).

Não realização de audiência para fins de saneamento do processo e ausência de nulidade: "*Não importa nulidade do processo a não realização da audiência de conciliação, uma vez que a norma contida no artigo 331 do CPC/73 visa a dar maior agilidade ao processo e as partes podem transigir a qualquer momento*" (STJ, AgRg no AREsp 409397, Rel. Min. Sidnei Beneti, 3ª Turma, j. 19.08.2014). E: "*o juiz não está adstrito ao disposto no art. 331 do Código de Processo Civil e que a não observância da liturgia a que alude o dispositivo em comento apenas gera nulidade quando comprovado o prejuízo, o que não foi demonstrado de fato pelo recorrente, ora agravante*" (STJ, AgRg no Ag 1415028 / DF, Rel. Min. Benedito Gonçalves, 1ª Turma, j. 25.10.2011).

CAPÍTULO XI
DA AUDIÊNCIA DE INSTRUÇÃO E JULGAMENTO

> **Art. 358.** No dia e na hora designados, o juiz declarará aberta a audiência de instrução e julgamento e mandará apregoar as partes e os respectivos advogados, bem como outras pessoas que dela devam participar.

▶ *Referência: CPC/1973 – Art. 450*

1. Audiência de instrução e julgamento (art. 358, CPC)

Frustradas a tentativa de conciliação/mediação (art. 334, do CPC), não sendo hipótese de julgamento conforme o estado (arts. 354 e 355 do CPC), e sendo necessária a colheita de prova oral, o juiz designará audiência de instrução e julgamento, na forma do art. 357, V, do CPC.

A audiência só será designada se for necessária a colheita de depoimento pessoal ou interrogatório das partes, ouvida do perito ou de testemunhas, não sendo necessária sua realização se a solução depender, exclusivamente, de outros meios de prova cuja colheita não seja realizada em audiência.

É possível que na própria audiência, e logo após a colheita da prova, as partes apresentem suas alegações finais orais e o juiz profira sentença (arts. 364 e 366, do CPC). Não há, todavia,

impedimento para que sendo a causa mais complexa, o juiz autorize a substituição dos debates orais por alegações finais escritas.

2. Participação na audiência (art. 358, CPC)

O CPC inova em relação ao CPC/1973, ao determinar que para o ato serão apregoadas, além das partes e advogados, também as demais pessoas que dela devam participar. Está o atual CPC a se referir, por evidentemente, à enigmática figura do *amicus curiae* (art. 138 do CPC), interveniente que atua no processo sem ser, propriamente, parte da relação jurídica. Mas está a se referir, também, às testemunhas e membro do Ministério Público nas hipóteses em que atua como fiscal da ordem jurídica (art. 178 do CPC). Todos serão, primeiramente, intimados, e depois apregoados (anunciados, chamados) para participar da audiência no dia e hora designados. Inclusive, o pregão – realizado pelo Oficial de Justiça em alto e bom tom –, ocorre também nos processos em que haja segredo de justiça (art. 189 do CPC).

3. Intervalo entre as audiências de instrução

O art. 357, § 9º, do CPC só se aplica às audiências referidas no art. 357, § 3º, do CPC, isto é, as realizadas para fins de saneamento compartilhado. A localização da disposição no CPC não permite a interpretação prestigiada por parcela da doutrina (BUENO, Cássio Scarpinella. *Comentários ao Novo Código de Processo Civil*. Coords. Ronaldo Cramer e Antonio do Passos Cabrasl. Rio de Janeiro: Forense, 2015, p. 565), no sentido da aplicação do intervalo de uma hora entre as audiências de instrução e julgamento dos arts. 358/368 do CPC.

As audiências de instrução e julgamento serão designadas com intervalo fixado conforme as particularidades da causa e o número de audiências da unidade (mais do que uma hora, menos do que uma hora), sob pena de fomentar situação de ociosidade na pauta judiciária, com a desnecessária reserva de uma hora para ouvir única testemunha em causa singela, através de gravação audiovisual (algo que não demanda 05 minutos).

Além do que o estabelecimento de intervalo mínimo de uma hora para audiências de instrução pode, tanto quanto o remédio que se ministra em excesso, tornar-se verdadeiro

Art. 359

veneno. A impossibilidade de realização de mais dos que 08 (oito) audiências de instrução no dia (considerando o intervalo de um hora e a carga horária de trabalho diária de uma pessoa sã), fará com que as pautas se alonguem no tempo a perder de vista, em manifesta ofensa à regra da razoabilidade temporal do art. 5º, LXXVIII, da CF.

Eventual excesso de audiências de instrução designadas no dia – do qual certamente decorrerá atrasos injustificáveis – é tutelado através da regra do art. 362, III, do CPC, que autoriza o adiamento da audiência de instrução e julgamento por atraso injustificado de seu início em tempo superior a 30 (trinta) minutos do horário marcado.

> **Art. 359.** Instalada a audiência, o juiz tentará conciliar as partes, independentemente do emprego anterior de outros métodos de solução consensual de conflitos, como a mediação e a arbitragem.

▶ *Referência: CPC/1973 – Art. 448*

1. Tentativa de conciliação das partes a qualquer tempo (arts. 359 e 139, V, CPC)

O CPC leva muito a sério a promessa de tentativa de conciliação a qualquer tempo.

Estabelece, com *status* de norma fundamental, que o Estado promoverá, sempre que possível, a solução consensual dos conflitos (art. 3º, § 2º, CPC), e que a conciliação, a mediação e outros métodos de solução consensual de conflitos deverão ser estimulados por juízes, advogados, defensores públicos e membros do Ministério Público, inclusive no curso do processo judicial (art. 3º, § 3º, CPC).

Além disso, o CPC torna (praticamente) obrigatória a realização de audiência inaugural de conciliação no rito comum (art. 334 e §§ do CPC) – apenando, inclusive com multa, aquele que não comparecer ao ato –, bem como disciplina, longamente, a figura do mediador e do conciliador judicial (art. 165 e ss. do CPC), inserindo na estrutura do Poder Judiciário mais estes auxiliares da Justiça (sem maiores preocupações com a existência de recursos para isso).

Atente-se que art. 139, V, CPC, recomenda que o magistrado se valha de conciliadores e mediadores para se desincumbir do dever de tentar conciliar as partes. A disposição é razoável, considerando que o magistrado, ao atuar concomitantemente como conciliador/mediador e julgador, pode vir a constranger as partes nas tratativas em prol da autocomposição (seja fazendo com que elas não revelem sua real pretensão pelo fato de estarem perante o julgador; seja forçando o acordo a bem da rápida solução do litígio). Pondere-se, todavia, que embora não seja recomendável a realização da audiência de conciliação/mediação do art. 334, do CPC, pelo próprio magistrado, ela não é vedada, entendendo-se, inclusive, que tal atividade é decorrência do presidencialismo cooperativo que exerce no processo.

Tanto que o art. 359 do CPC estabelece que, na abertura da audiência de instrução e julgamento porventura designada, e antes de iniciar a colheita da prova, deverá o magistrado tentar conciliar as partes, independentemente do emprego anterior de outros métodos de solução do conflito, como a medição e a arbitragem (Lei 9.307/96).

2. O proceder do juiz na tentativa de conciliação (art. 359, CPC)

É recomendável que o juiz que atua na mediação/conciliação advirta as partes de que, caso a solução consensual não se concretize, nada do que foi conversado, proposto ou tratado servirá como fundamento de futura sentença, evitando-se, ainda que em tese, o mal que a realização do ato pelo magistrado pode causar: a quebra da confidencialidade e parcialidade.

Aplica-se, aqui, o teor do enunciado n. 62 da ENFAM, no sentido de que "*o conciliador e o mediador deverão advertir os presentes, no início da sessão ou audiência, da extensão do princípio da confidencialidade a todos os participantes do ato. Nas atas das sessões de conciliação e mediação, somente serão registradas as informações expressamente autorizadas por todas as partes*".

Desde que observada referida advertência, não há suspeição ou impedimento do juiz que tenta a conciliação/mediação para instruir e julgar o processo. Nada impede que o magistrado neste momento – especialmente nas causas de maior complexidade –, proponha às partes o encaminhamento do caso para a arbitragem (Lei 9.307/96).

> **Art. 360.** O juiz exerce o poder de polícia, incumbindo-lhe:
>
> **I** – manter a ordem e o decoro na audiência;
>
> **II** – ordenar que se retirem da sala de audiência os que se comportarem inconvenientemente;
>
> **III** – requisitar, quando necessário, força policial;
>
> **IV** – tratar com urbanidade as partes, os advogados, os membros do Ministério Público e da Defensoria Pública e qualquer pessoa que participe do processo;
>
> **V** – registrar em ata, com exatidão, todos os requerimentos apresentados em audiência.

▶ *Referência: CPC/1973 – Arts. 445, 446 e 457*

1. Poder de polícia (arts. 139, VII e 360, do CPC)

Como presidente do processo, compete ao juiz exercer o poder de polícia, requisitando, quando necessário, força policial, além da segurança interna dos fóruns e tribunais. Autoridade estatal que é, o juiz deve zelar pela segurança de todos os atores processuais (inclusive a própria), requisitando, na medida do necessário, auxílio da força pública para preservar a ordem durante a prática dos atos processuais.

O art. 360 do CPC estabelece diversas incumbências ao juiz no exercício do poder de polícia. Trata-se de rol meramente exemplificativo, sendo possível ao juiz, pese a ausência de previsão legal expressa, limitar o número de pessoas presentes ao ato quando a estrutura física da sala de audiências não permita o ingresso de todos os interessados (mesmo considerada a publicidade constitucional).

Entre as incumbências do juiz no exercício do poder de polícia, o art. 360, do CPC, destaca as seguintes:

a) manter a ordem e o decoro na audiência, inclusive cassando a palavra daqueles que não atendam aos comandos judiciais;

b) ordenar que se retirem da sala de audiência os que se comportarem inconvenientemente, promovendo algazarras, badernas, gritarias, ofensas etc., inclusive as partes, procuradores, defensores públicos, e membros do MP;

c) requisitar, quando necessário, a força policial pública (além da segurança interna dos fóruns e tribunais);

d) tratar com urbanidade as partes, os advogados, os membros do Ministério Público e da Defensoria Pública e qualquer pessoa que participe do processo, exigindo o comportamento recíproco delas; e

e) registrar em ata, com exatidão, todos os requerimentos apresentados em audiência (inclusive mediante gravações em sendo possível), mesmo aqueles que considere por completo impertinentes ou descabidos.

O juiz ainda pode, como decorrência do poder de polícia, mandar riscar expressões injuriosas e cassar a palavra (inclusive dos advogados, defensores públicos e membros do MP) daquele que pratique ofensas verbais (inclusive contra si). Nestes casos, pode ser necessário o cancelamento e a redesignação da audiência ou da sessão de julgamento (caso em que as despesas disto serão carreadas ao causador do adiamento).

Por fim, ainda no exercício do poder de polícia, compete ao magistrado encaminhar ao MP documentos relacionados a condutas processuais consideradas criminosas (art. 40 do CPP), bem como, aos órgãos de fiscalização profissional (OAB, Corregedorias etc.), as referentes a infrações ético/funcionais.

O exercício do poder de polícia em audiência, especialmente nas situações de maior embate (retirada de pessoas da sala, cassação da palavra etc.), depende de adequada fundamentação, a ser lançada, por escrito ou mediante gravação, no registro da audiência.

> **Art. 361.** As provas orais serão produzidas em audiência, ouvindo-se nesta ordem, preferencialmente:
>
> **I** – o perito e os assistentes técnicos, que responderão aos quesitos de esclarecimentos requeridos no prazo e na forma do art. 477, caso não respondidos anteriormente por escrito;
>
> **II** – o autor e, em seguida, o réu, que prestarão depoimentos pessoais;
>
> **III** – as testemunhas arroladas pelo autor e pelo réu, que serão inquiridas.
>
> **Parágrafo único.** Enquanto depuserem o perito, os assistentes técnicos, as partes e as testemunhas, não poderão os advogados e o Ministério Público intervir ou apartear, sem licença do juiz.

▶ *Referência: CPC/1973 – Arts. 452 e 46, parágrafo único*

1. Ordem da colheita de provas em audiência e inversão (arts. 361, *caput*, e 139, VI, ambos do CPC)

Na esteira do que previa do CPC/1973 (art. 336), o art. 361 do CPC estabelece que toda a prova oral (depoimento pessoal e testemunhas) será produzida em audiência e na seguinte ordem:

I – o perito e os assistentes técnicos responderão aos quesitos de esclarecimentos, requeridos no prazo e na forma do art. 477, caso não tenham respondido previamente por escrito;

II – o juiz tomará os depoimentos pessoais, primeiro do autor e depois do réu; e

III – finalmente, serão inquiridas as testemunhas arroladas pelo autor e pelo réu, separada e sucessivamente, na forma do art. 456, do CPC.

A cogência da disposição sobre ordem de produção de provas em audiência nunca fez muito sentido. Questões de conveniência e oportunidade na produção da prova, bem como outras relacionadas ao custo e a dificuldade em realizar algumas delas (especialmente a dispendiosa prova pericial), justificam que as rígidas disposições da legislação neste tema possam ser fundamentadamente flexibilizadas para a mais adequada, célere e menos custosa resolução do conflito.

Por exemplo, nas ações de indenização, toda vez que houver fundada dúvida sobre a caracterização da culpa do demandado pelo evento, não há sentido para a produção prévia da custosa prova pericial comprobatória do dano, se nem se sabe ainda se o primeiro elemento da responsabilização civil (culpa) se caracterizou (art. 186 do CC). Pois realizada a perícia prévia comprobatória do dano e de sua extensão, e só posteriormente colhida a prova oral, corre-se o risco de, não comprovada a culpa, ter-se por irrelevante a prova produzida. Ademais, a oitiva do perito em audiência (art. 361, I, do CPC) é providência de rara incidência prática, que não justifica a limitação legal à produção primeiramente da prova oral, principalmente porque pode ser designada uma nova audiência para tanto (qual prejuízo há nisso?), ou até mesmo serem encaminhadas dúvidas das partes ao perito para resposta escrita.

Também no que toca à produção da prova testemunhal, a prévia ciência do objetivo da prova oral – algo que corriqueiramente é feito pelos advogados ao juiz em audiência – pode

justificar, a bem da economia processual e do suficiente dimensionamento do evento, a oitiva de testemunhas do demandado antecedentemente às testemunhas do autor. No âmbito do depoimento pessoal, possível que os esclarecimentos das partes (e a obtenção da confissão) só sejam necessários após a colheita da prova testemunhal, quando então surgir dúvida a respeito dos fatos alegados.

Vê-se, assim, que no âmbito da ordem de produção de provas, as regras legais hão de se flexibilizar judicialmente a fim de adequar o instrumento às particularidades da fase instrutória.

Exatamente por isso que o CPC, na esteira do que já reclamava doutrina (GAJARDONI, Fernando da Fonseca, *Flexibilização procedimental*. São Paulo: Atlas, 2007, p.187/188) e acenava a jurisprudência (STJ, REsp 35786/SP, Rel. Min. Barros Monteiro, j. 19.11.1994), andou muito bem em estabelecer, conforme artigos 361, *caput*, 456, parágrafo único, e 139, VI, do CPC, que a ordem legal de colheita das provas é preferencial (não cogente), sendo lícito ao juiz, portanto, alterá-la conforme as particularidades da causa.

Aliás, a regra dos arts. 361, *caput*, e 456, parágrafo único, ambas CPC, são completamente desnecessárias frente à previsão da flexibilização legal genérica (mitigada) do art. 139, VI, do CPC, que já autoriza a alteração da ordem de produção de provas (inclusive das não produzidas em audiência) de modo a conferir maior efetividade à tutela do direito.

2. Apartes durante a colheita da prova oral (art. 361, parágrafo único, CPC)

Para preservar o conteúdo, a liberdade e a continuidade dos depoimentos/interrogatórios, bem como garantir que os trabalhos em audiência transcorram com ordem e tranquilidade, o art. 361, parágrafo único, do CPC, estabelece que enquanto depuserem o perito, os assistentes técnicos, as partes e as testemunhas, não poderão os advogados e o Ministério Público, bem como o representante da Defensoria Pública (pese a omissão legal), intervir ou apartear, sem licença do juiz.

A reiteração da conduta pode levar o juiz a determinar a retirada do interveniente da audiência (art. 360, I, II e III, CPC), ou mesmo acarretar a sua suspensão. "*Ressalte-se que a intervenção não necessita ser necessariamente verbal. Gestos, reações físicas, expressões faciais exacerbadas são suficientes para interferir no depoimento que está sendo prestado. A ideia é a de proteger a fluidez da oitiva, para que ela ocorra sem interrupções, perturbações que possa não só atrapalhar o bom andamento da audiência, mas principalmente interferir no conteúdo do depoimento que estiver sendo prestado"* (SPADONI, Joaquim Felipe. Breves *Comentários ao Novo CPC*. Coord. Teresa Arruda Alvim Wambier et all. São Paulo: RT, 2015, p. 983).

Jurisprudência

Caráter não cogente da ordem de produção de provas em audiência. *"Além de não ser peremptória a ordem estabelecida no art. 452 do CPC/1973"*, ainda compete a parte demonstrar *"o prejuízo que lhe adviria com a inversão ocorrida"* (STJ, Rel. Min. Barros Monteiro, 4ª Turma, j. 19.11.1994).

Art. 362. A audiência poderá ser adiada:

I – por convenção das partes;

II – se não puder comparecer, por motivo justificado, qualquer pessoa que dela deva necessariamente participar;

III – por atraso injustificado de seu início em tempo superior a 30 (trinta) minutos do horário marcado.

§ 1º O impedimento deverá ser comprovado até a abertura da audiência, e, não o sendo, o juiz procederá à instrução.

§ 2º O juiz poderá dispensar a produção das provas requeridas pela parte cujo advogado ou defensor público não tenha comparecido à audiência, aplicando-se a mesma regra ao Ministério Público.

§ 3º Quem der causa ao adiamento responderá pelas despesas acrescidas.

▶ *Referência: CPC/1973 – Art. 453*

1. Adiamento da audiência de instrução e julgamento (art. 362, CPC)

Ao Poder Judiciário compete definir a data da realização da audiência de instrução e julgamento. Porém, a data designada pode não ser conveniente para aqueles que deveriam dela participar (partes, advogados, testemunhas, *amicus curiae*, MP etc.), motivo pelo qual o CPC disciplina as situações em que a audiência poderá ser adiada.

Poderá ser adiada a audiência por convenção das partes, tantas vezes quanto a elas for conveniente (art. 362, I, do CPC). Algo bastante diferente do regime do art. 453, I, do CPC/1973, que só permitia o adiamento por convenção uma única vez. Trata-se de negócio jurídico processual típico que, conforme exposto outrora (GAJARDONI, Fernando da Fonseca. *Teoria Geral do Processo*: Comentários ao CPC. São Paulo: Método, 2015, p. 620), não se submete aos requisitos específicos do art. 190, *caput*, do CPC, e, portanto, pode ser celebrado em processo cujas partes sejam incapazes ou que o direito não seja autocomponível.

Também será adiada a audiência quando qualquer pessoa que deva dela participar (partes, advogados, testemunhas, *amicus curiae*, MP etc.) não puder comparecer (art. 362, II, do CPC). O impedimento, como regra, deve ser comprovado antes da abertura dos trabalhos, sob pena de preclusão, nos termos do art. 362, § 1º, do CPC (como no clássico caso do advogado que, tendo outra audiência previamente marcada em outra unidade do Judiciário, requer, mediante prova do impedimento, a redesignação). Não basta a mera alegação de impedimento. É indispensável a demonstração efetiva da ocorrência e de modo prévio. Apenas em casos extremamente graves, em que a prévia comunicação do impedimento não for possível (*v.g.* sequestro do advogado ou da parte, doença grave e súbita, etc.), admite-se a remarcação da audiência sem prévio requerimento (art. 223, § 2º, do CPC).

Mesmo diante do requerimento de adiamento, pode eventualmente o juiz realizar o ato quando a presença do requerente não for indispensável para a realização, ainda que parcial, do ato. É o caso de o requerimento de adiamento ser formulado por uma ou algumas testemunhas, restando, ainda, outra ou outras desimpedidas para serem ouvidas na data. Nestes casos a audiência é realizada, marcando-se outras, em continuidade, para oitiva do justificadamente ausente.

Em inovação que merece aplausos por fomentar o prestígio e o respeito aos profissionais do direito, e à própria dignidade da função jurisdicional, haverá adiamento da audiência, em havendo interesse de qualquer das partes, quando houver atraso injustificado para o início dos trabalhos em tempo superior a 30 (trinta) minutos (art. 362, III, do CPC).

Compete ao advogado da parte, em ato de diligência, inicialmente conferir junto ao servidor responsável pelo pregão se há motivo para a ocorrência do atraso (*v.g.* ocorrência de incidente complexo na audiência anterior, como a necessidade de oitiva de testemunhas não previstas para comprovar a contradita de testemunha). Somente não havendo justificativa para o atraso (como nos casos em que o magistrado não se encontra imotivadamente no fórum), é que o interessado poderá requerer certidão do atraso na abertura dos trabalhos, ato contínuo comunicando ao responsável pelo pregão a retirada em vista da ocorrência, junto ao requerimento para que seja designada nova data. Tal comunicação pode se dar de modo verbal ou por escrito, embora a segunda medida seja mais recomendável do ponto de vista da prova.

2. Aplicação do regramento do adiamento da audiência às sessões de julgamento nos Tribunais (art. 937, CPC)

Diante da similitude de situações, as hipóteses que autorizam o adiamento da audiência do art. 363, do CPC, também se aplicam às sessões de julgamento dos Tribunais Superiores e de 2º grau, inclusive a fim de possibilitar a realização de sustentação oral pelo advogado da parte.

3. Dispensa da oitiva das testemunhas ante a ausência do representante judicial da parte (art. 362, § 2º, CPC)

O juiz poderá dispensar a produção das provas requeridas pela parte cujo advogado ou defensor público – desde que devida e regularmente intimado – não tenha comparecido à audiência, aplicando-se a mesma regra aos casos em que a testemunha tiver sido arrolada pelo Ministério Público cujo representante estiver ausente.

Trata-se de regra bastante razoável, com acentuada carga sancionatória, que incentiva o comparecimento do representante judicial ao ato, desonerando o magistrado de agir oficiosamente na busca da verdade possível.

A regra não impõe a dispensa. Autoriza. De modo que o juiz pode, com arrimo no art. 370, do CPC, colher a prova mesmo estando ausente o representante judicial. O que determinará a incidência da sanção são, portanto, as particularidades do caso e do não comparecimento.

4. Custeio do adiamento e redesignação da audiência (art. 362, § 3º, CPC)

A parte (art. 362, I e II, CPC) ou o servidor (362, III, CPC) que der causa ao adiamento será responsável pelo pagamento das despesas que se fizerem necessárias para a realização da audiência no nova data designada (*v.g.* diligências de Oficial de Justiça para a realização de novas intimações).

5. Recurso contra a decisão que defere ou indefere o adiamento a audiência

Considerando o rol restrito de cabimento de agravo de instrumento (art. 1.015 do CPC), não cabe recurso contra a decisão que defere ou indefere o pedido de adiamento da audiência, devendo a parte, em caso de prejuízo à luz do resultado final do processo (sentença), veicular o inconformismo em sede de apelação (art. 1.009, § 1º, do CPC).

Jurisprudência

Comprovação do impedimento para fins de adiamento da audiência. "*O advogado tem que provar o motivo que justificaria o seu impedimento para compareceu à audiência previamente designada, sendo insuficientes meras alegações*" (STJ, REsp 62357/ES, Rel. Min. Cesar Asfor Rocha, 4ª. Turma, j. 18.06.1996).

Dispensa das testemunhas pela ausência do representante judicial – faculdade. "*A regra instituída pelo art. 453, § 2º, do CPC/73 deve ser usada com as devidas reservas, para que não se caracterize cerceamento de defesa*" (STJ, 392512 / SC, Rel. Min. Fernando Gonçalves, 6ª Turma, j. 13.08.2002).

Dispensa das testemunhas pela ausência do representante judicial e preclusão *pro judicato*. "*A dispensa da prova oral pelo juiz, como consequência sancionatória à ausência do advogado do autor à audiência de instrução e julgamento do rito sumário, o impede de, mais tarde, determinar a inquirição das mesmas testemunhas. Violação aos princípios da imparcialidade do julgamento, do ônus da prova, da ordem de oitiva de testemunhas e do tratamento igualitário que deve conferir às partes*" (STJ, REsp 151924/PR, Rel. Min. Nancy Andrighi, 3ª Turma, j. 19.06.2001).

> **Art. 363.** Havendo antecipação ou adiamento da audiência, o juiz, de ofício ou a requerimento da parte, determinará a intimação dos advogados ou da sociedade de advogados para ciência da nova designação.

▶ *Referência: CPC/1973 – Art. 242, § 2º*

1. Antecipação ou adiamento da audiência e intimação (art. 363, CPC)

Repetindo a regra do art. 242, § 2º, do CPC/1973, o CPC estabelece que havendo adiamento (art. 362, CPC, adequação da pauta judicial etc.) ou antecipação da audiência para data mais próxima do que a originariamente designada (realização de mutirões para colocação do serviço judiciário em dia etc.), serão os advogados (inclusive a sociedade de advogados – art. 272, § 1º, CPC/2105), bem como todos aqueles que porventura dela tenham que participar (partes, testemunhas, MP etc.), intimados da nova data.

> **Art. 364.** Finda a instrução, o juiz dará a palavra ao advogado do autor e do réu, bem como ao membro do Ministério Público, se for o caso de sua intervenção, sucessivamente, pelo prazo de 20 (vinte) minutos para cada um, prorrogável por 10 (dez) minutos, a critério do juiz.
>
> **§ 1º** Havendo litisconsorte ou terceiro interveniente, o prazo, que formará com o da prorrogação um só todo, dividir-se-á entre os do mesmo grupo, se não convencionarem de modo diverso.
>
> **§ 2º** Quando a causa apresentar questões complexas de fato ou de direito, o debate oral poderá ser substituído por razões finais escritas, que serão apresentadas pelo autor e pelo réu, bem como pelo Ministério Público, se for o caso de sua intervenção, em prazos sucessivos de 15 (quinze) dias, assegurada vista dos autos.

▶ *Referência: CPC/1973 – Art. 454*

1. Alegações finais (art. 364, *caput*, e § 1º, CPC)

Colhidas a prova oral em audiência – e exclusivamente se não houver diligência instru-

tórias ou outras provas a produzir (documental, pericial etc.) – o juiz declarará encerrada a instrução. E por consequência do regramento constitucional do contraditório, sobre toda a prova produzida deverão as partes se manifestar, motivo pelo qual o juiz dará a palavra ao advogado do autor e do réu, bem como ao membro do Ministério Público, se for o caso de sua intervenção, sucessivamente, pelo prazo de 20 (vinte) minutos para cada um, prorrogável por 10 (dez) minutos, a critério do juiz.

Havendo litisconsorte ou terceiro interveniente, o prazo, que formará com o da prorrogação um só todo, dividir-se-á entre os do mesmo grupo, se não convencionarem de modo diverso.

Tanto o prazo inicial (20 minutos) quanto a prorrogação (10 minutos) podem ser ampliados pelo juiz, nos termos do art. 139, VI, do CPC. Já a possibilidade de ampliação pelas partes, com base no art. 190 do CPC (negócio jurídico processual), é controvertida, considerando que a ampliação do prazo dos debates orais poderá comprometer a realização ou a celeridade da prática de atos processuais de interesse de terceiros (outras audiências programadas, por exemplo). Melhor que se admita a ampliação pelas partes (ou redução se assim desejarem), apenas, do prazo para razões finais escritas (art. 364, § 2º, do CPC), cuja prática não tem potencial de prejudicar terceiros, tampouco de impactar nos deveres/poderes do juiz.

2. Forma das alegações finais (art. 364, *caput* e § 2º, CPC)

As alegações finais serão apresentadas, nas causas de menor complexidade, oralmente, na própria audiência de instrução e julgamento – primeiro o autor, depois o demandado, a seguir o MP –, sendo lançadas, ainda que resumidamente (sem necessidade de transcrição integral), no termo de audiência (art. 367, CPC). Não há impedimento algum que sejam apresentadas de forma remissiva, com as partes, desde que assim desejem, reiterando os termos de suas anteriores manifestações.

Embora não seja praxe no direito processual civil brasileiro, não há impedimento para que o juiz, em vista das alegações finais orais das partes em audiência, promova arguição dos advogados, indagando sobre o local onde se encontra a prova anunciada, ou mesmo sobre a pertinência jurídica da afirmação. Se o contraditório proposto pelo CPC é substancial

Art. 365

e o processo civil é cooperativo, este debate oral – inclusive porque pode ser gravado –, potencializa a democracia no processo civil e permite a prolação de um provimento legítimo e de melhor qualidade.

Já nas causas de maior complexidade, as alegações orais poderão ser substituídas por razões finais escritas, que serão apresentadas pelo autor e pelo réu, bem como pelo Ministério Público, se for o caso de sua intervenção, em prazos sucessivos de 15 (quinze) dias (assegurada vista dos autos físicos).

Pese a aparente cogência da ordem de apresentação dos memoriais escritos pelas partes (autor, réu, MP), não há propriamente um direito do réu só ser ouvido após a juntada aos autos das alegações finais do autor. Aliás, não é incomum a prática – bastante difundida na jurisprudência – de o juiz fixar um prazo final para que as partes apresentem, conjuntamente, seus memoriais escritos, preservando-se, assim, a igualdade no estertor final do processo.

O prazo de 15 (quinze) dias pode ser ampliado pelo juiz ou pelas partes (estas também com poder de redução), nos termos do art. 139, VI, e 190, do CPC.

3. Ausência de oportunidade para alegações finais

Em princípio, a ausência de oportunidade para que as partes se manifestem sobre as provas produzidas acarreta violação dos artigos 9º e 10 do CPC.

Não há, todavia, invalidação automática do trâmite processual ou da sentença prolatada. A parte deve demonstrar prejuízo para fins de decretação da nulidade. Embora haja precedente em sentido contrário, conceder oportunidade para as partes se manifestarem sobre as provas colhidas não é uma faculdade de órgão judicial.

Há, todavia, no âmbito dos Juizados Especiais, Enunciado n. 35 do FONAJE (Fórum Nacional dos Juizados Especiais), a estabelecer que, em vista dos princípios informativos dos Juizados (art. 2º da Lei 9.099/95), especialmente os da celeridade e da simplicidade, finda a instrução não são obrigatórios os debates orais.

Jurisprudência

Ausência de apresentação de memoriais e nulidade do processo. *"Esta Corte firmou* *entendimento no sentido de que a ausência de apresentação de memoriais (art. 454, § 3º, do CPC/73), não invalida o trâmite processual, excepcionando-se hipótese de prejuízo para o recorrente, o que não foi demonstrado no presente caso"* (STJ, AgRg no AgRg no AREsp 622013 / RS, Rel. Min. Humberto Martins, 2ª Turma, J. 24.02.2015)

Facultatividade da concessão de prazo para memoriais ou alegações finais (STJ, AgRg no AREsp 170540/MG, Rel. Min. Marco Buzzi, 4ª Turma, j. 05.06.2014). Porém, o mesmo STJ já se pronunciou, corretamente, no sentido de que *"a não intimação de uma das partes para apresentar memorial acarreta a nulidade da sentença subseqüente, em virtude da não observância do contraditório e do tratamento diferenciado dado aos litigantes"* (REsp 125316/MG, Rel. Min. Eduardo Ribeiro, 6ª Turma, j. 22.06.1999).

Ordem da apresentação dos memoriais. *"Não há no art. 454, § 3º, CPC, imposição para que a parte autora necessariamente apresente seu memorial em primeiro lugar. Ademais, a decretação de nulidade, no sistema processual brasileiro, deve atender à demonstração de prejuízo, o que não ocorreu, na espécie"* (STJ, REsp 439.955/AM, Rel. Ministro Salvio Figueiredo, 4ª Turma, j. em 16/9/2003).

> **Art. 365.** A audiência é uma e contínua, podendo ser excepcional e justificadamente cindida na ausência de perito ou de testemunha, desde que haja concordância das partes.
>
> **Parágrafo único.** Diante da impossibilidade de realização da instrução, do debate e do julgamento no mesmo dia, o juiz marcará seu prosseguimento para a data mais próxima possível, em pauta preferencial.

▶ *Referência: CPC/1973 – Art. 455*

1. Unicidade da audiência de instrução e julgamento (art. 365, *caput*, CPC)

O art. 365 do CPC mantém a tradição pátria de considerar a audiência de instrução e julgamento una e contínua, de modo que eventual cisão do ato para fins de colheita de depoimentos ou testemunhos de pessoas ausentes à data originariamente designada, é reputado como mera continuidade da primeira audiência.

Razões de natureza puramente pragmática determinavam a opção legislativa no CPC/1973, pois ao considerar a audiência, ainda que realizada em diversas etapas, um único ato, o prazo para arrolamento de testemunhas tinha como referência a primeira data, sendo vedada a indicação de novas testemunhas a cada cisão (art. 407, CPC).

No CPC atual a regra da unicidade poderia ter sido perfeitamente suprimida.

Primeiro, porque o arrolamento não conta mais regressivamente da data designada para audiência de instrução – como era no regime revogado (art. 407, CPC) –, mas sim da data da decisão de saneamento e organização do processo (art. 357, § 4º, do CPC). Logo, a unicidade é irrelevante para este fim.

E segundo, porque se o CPC pôs fim ao que restava de processo oral no Brasil (vide a supressão da regra da identidade física do juiz do art. 132 do CPC/1973), não faz sentido que mantenha a regra da unicidade, considerada esta como derivada do subprincípio da concentração, que é um dos corolários do princípio oralidade.

2. Concentração da colheita de prova oral (art. 365, *caput*, CPC)

O intento legislativo em estabelecer que a colheita da prova oral deve ser dar na mesma audiência é nobre. Objetiva potencializar a tempestividade da tutela jurisdicional, bem como racionalizar a atividade na colheita da prova, considerando que a oitiva de todas as partes e testemunhas em um único ato permite uma melhor compreensão dos fatos (sem necessidade de revisão da prova oral já colhida em outra oportunidade).

Há também, um fator estratégico na disposição. Ao serem ouvidas todas as testemunhas no mesmo momento processual, evita-se que o depoimento de algumas delas, ao ser colhido em outra oportunidade, seja prestado após prévia ciência do conteúdo dos depoimentos anteriores, dificultando-se, assim, o direcionamento das declarações conforme os interesses da parte que arrolou as testemunhas ouvidas posteriormente. Diminui-se, com isso, a vantagem processual que tem o polo passivo no concernente a colheita da prova oral, já que prestar depoimento e ouvir as testemunhas por último (art. 452, CPC), porém no mesmo ato, não representa oportunidade para que se dê ciência do conteúdo dos depoimentos anteriores a quem ainda vai falar, mormente diante da regra que 456 do CPC de que as testemunhas são inquiridas separada e sucessivamente, uma não ouvindo o depoimento das outras.

Mas a regra da concentração é um tanto ingênua.

A simples existência de uma única testemunha com domicílio fora da Comarca ou Subseção Judiciária já põe a perder o ideário da concentração, vez que a prova oral não será colhida, toda, na mesma audiência. Nestes casos, não é sequer necessária fundamentação do juiz para explicar porque está sendo operada a cisão, muito menos concordância das partes (considerando que a testemunha de fora da terra não é obrigada, como regra, a depor fora de seu domicílio). A não ser que se viabilize – com uma rapidez que apenas pode ser posta na cota da "esperança" – a oitiva das partes e testemunhas de fora da terra com ajuda de equipamentos de videoconferência ou outro recurso tecnológico de transmissão e recepção de sons e imagens em tempo real (Skype, Facetime etc.) – conforme, aliás, estabelece o art. 453, §§, do CPC –, caso em que é possível se manter, ainda que com alguma dificuldade, o ideário da concentração.

Nos casos em que, voluntariamente, a autoridade judiciária optar por cindir a audiência em virtude da complexidade da causa, do elevado número de partes ou do excessivo número de pessoas para serem ouvidas, o juiz deve ouvir previamente as partes a respeito e justificar a ocorrência, ainda que sucintamente, na forma do art. 365, *caput*, do CPC. Por conta do fator estratégico já indicado, a medida depende da concordância das partes, que inexistente, acarretará a designação da audiência para data em que seja possível a oitiva de todas as partes e testemunhas arroladas (inclusive o perito), ainda que isto represente que a audiência seja marcada em data distante, no primeiro dia de pauta totalmente livre.

O art. 365, *caput*, CPC, estabelece que havendo ausência do perito e das testemunhas à audiência designada, as partes deverão concordar para que a audiência seja excepcionalmente e justificadamente cindida. Mais uma vez o regramento objetiva prestigiar a idoneidade da prova oral e evitar o favorecimento da parte cujas testemunhas deponham já cientes do depoimento das outras. Como não há um corpo de Oficiais de Justiça e Policiais que ficam 24h por dia à disposição do Poder Judiciário, a fim de conduzir, *incontinenti*, sob vara, os ausentes

Art. 366

para os atos designados – tampouco, de ordinário, predisposição de se aguardar que isto aconteça para, só então, dar início à audiência –, a parte pode optar pela não realização do ato e pela designação de uma nova data de audiência (com condução coercitiva dos ausentes), tudo na esperança de que, então, seja possível a oitiva concentrada de todos.

3. Pauta preferencial (art. 365, parágrafo único, CPC)

Diante da impossibilidade de realização da instrução, do debate e do julgamento no mesmo dia, o juiz marcará seu prosseguimento para a data mais próxima possível, em pauta preferencial.

A questão é saber se haverá, ordinariamente, condições de se ter reserva de data para uma "pauta preferencial", considerando o volume de audiências ordinariamente realizadas pelo Judiciário de 1º grau brasileiro. Não havendo data disponível para que se tenha uma "pauta preferencial", a audiência deve ser designada para primeiro dia desimpedido da pauta de audiências.

Art. 366. Encerrado o debate ou oferecidas as razões finais, o juiz proferirá sentença em audiência ou no prazo de 30 (trinta) dias.

▶ *Referência: CPC/1973 – Art. 456*

1. Prolação de sentença

Nos casos em que as partes apresentarem alegações finais orais em audiência (art. 364, CPC), o juiz poderá proferir sentença oral, também em audiência, que será reduzida a termo ou gravada, na forma do art. 367, do CPC.

Não há, propriamente, um dever do magistrado de proferir sentença em audiência. Mas desde que ele se sinta habilitado a fazê-lo (esteja seguro quanto aos fatos provados e o direito aplicável à espécie), é bastante recomendável.

Diversas são as razões.

Primeiro, porque a conduta vai ao encontro da regra da razoabilidade temporal (art. 5º, LXXVIII, da CF), permitindo que as partes já recebam, tão logo finde a colheita da prova, a decisão sobre o caso.

Segundo, pois a proximidade com a colheita da prova oral permite uma lembrança e percepção mais exatas dos fatos provados,

especialmente se considerado que não há mais, no Brasil, o princípio da identidade física do juiz no processo civil (art. 132 do CPC/1973), e que se não houver prolação da sentença em audiência, não há impedimento para que outro juiz que sequer teve contato direto com a prova profira sentença.

E terceiro, porque a providência dispensa a Secretaria da intimação das partes e demais partícipes do processo (art. 1.003, § 1º, CPC).

De todo modo, não se sentido habilitado a proferir a sentença em audiência, o juiz deverá fazê-lo nos próximos 30 (trinta) dias. Prazo doutrinariamente apontado como impróprio, cuja violação não acarreta preclusão (perda da faculdade de o juiz julgar o processo), mas pode implicar na imposição de sanções de natureza administrativa na forma do art. 235 do CPC.

Art. 367. O servidor lavrará, sob ditado do juiz, termo que conterá, em resumo, o ocorrido na audiência, bem como, por extenso, os despachos, as decisões e a sentença, se proferida no ato.

§ 1º Quando o termo não for registrado em meio eletrônico, o juiz rubricar-lhe-á as folhas, que serão encadernadas em volume próprio.

§ 2º Subscreverão o termo o juiz, os advogados, o membro do Ministério Público e o escrivão ou chefe de secretaria, dispensadas as partes, exceto quando houver ato de disposição para cuja prática os advogados não tenham poderes.

§ 3º O escrivão ou chefe de secretaria trasladará para os autos cópia autêntica do termo de audiência.

§ 4º Tratando-se de autos eletrônicos, observar-se-á o disposto neste Código, em legislação específica e nas normas internas dos tribunais.

§ 5º A audiência poderá ser integralmente gravada em imagem e em áudio, em meio digital ou analógico, desde que assegure o rápido acesso das partes e dos órgãos julgadores, observada a legislação específica.

§ 6º A gravação a que se refere o § 5º também pode ser realizada diretamente por qualquer das partes, independentemente de autorização judicial.

▶ *Referência: CPC/1973 – Arts. 457 e 417*

1. Termo de audiências (art. 367, *caput* e §§ 1º a 4º, CPC)

O servidor designado para assistir os trabalhos lavrará, sob ditado do juiz, termo que conterá, em resumo, o ocorrido na audiência, bem como, por extenso, os despachos, as decisões e a sentença, se proferida no ato.

As manifestações orais das partes apresentadas em audiência, como as alegações finais do art. 364 do CPC, não precisam ser transcritas na integralidade, bastando que sejam resumidas, tanto quanto as principais ocorrências havidas em audiências (qualificação das testemunhas ouvidas, das ausentes, quais foram contraditadas etc.).

As decisões e as sentença proferidas, todavia, devem ser transcritas na integralidade, inclusive para viabilizar, de modo adequado, o controle da regularidade via recursos. As perguntas que forem indeferidas durante a inquirição das testemunhas também serão transcritas integralmente no termo, se a parte assim o requerer (art. 459, § 3º, CPC) e a colheita da prova não ocorrer por meio audiovisual (caso em que ficam gravadas juntamente com as razões que justificaram o indeferimento).

Quando o termo não for registrado em meio eletrônico, o juiz rubricará as respectivas folhas, tanto quanto os advogados das partes, membro do Ministério Público (se atuante) e o servidor que assiste os trabalhos. As partes não precisam assinar o documento, exceto quando houver ato de disposição para cuja prática os advogados não tenham poderes (art. 105 do CPC).

O termo comporá um livro próprio de audiências realizadas, sendo cópia autêntica encartada nos autos físicos ou digitais, observado, quanto a estes, a legislação específica (Lei 11.419/2006) e as normas internas dos tribunais.

2. Gravação oficial da audiência e da prova oral colhida (arts. 367, § 5º, e 460, CPC)

A audiência (inclusive as sessões de julgamento nos Tribunais) poderá ser integralmente gravada em imagem e em áudio, em meio digital ou analógico, desde que assegure o rápido acesso das partes e dos órgãos julgadores, observada a legislação específica. Inclusive os debates, os incidentes ocorridos na audiência e o próprio ditado da sentença pelo juiz ao escrivão, tudo, pode ser gravado para garantir maior fidelidade entre o ocorrido na audiência e o lançado no termo.

Esta é a novidade do art. 367, § 5º, CPC, em relação ao art. 417, *caput*, CPC/1973, parcialmente repetido no art. 460, *caput*, do CPC: há autorização para que, além da prova oral, haja gravação integral de toda a audiência.

O art. 460, § 2º, CPC, estabelece que quando houver recurso em processo em autos não eletrônicos, os depoimentos prestados somente serão digitados quando for impossível o envio de sua documentação eletrônica. Diferentemente do art. 417, § 1º, do CPC/1973 – que falava em transcrição para versão datilográfica –, não haverá mais reprodução por escrito dos depoimentos e, por consequência, das demais ocorrências gravadas em mídia audiovisual, salvo na rara, se não inexistente situação, em que não for possível o encaminhamento da gravação. Resta vedado aos Tribunais determinarem a transcrição dos depoimentos e demais ocorrências representadas em mídia digital quando julgamento dos recursos.

Os dados da mídia, embora demandem um pouco mais de tempo para a apreensão de seu conteúdo (inclusive porque não filtrados e organizados cronologicamente pelo juiz ao realizar o ditado dos depoimentos e ocorrências), permitem melhor contato das instâncias superiores com a prova oral colhida e manifestações havidas em audiência, inclusive para fins de percepção da entonação, postura, contradições etc. (dados importantes para valoração da prova e controle da legalidade do ato).

3. Gravação extraoficial da audiência e da prova oral colhida (art. 367, § 6º, CPC)

A gravação a que se refere o § 5º, do art. 367, CPC, também pode ser realizada diretamente por quaisquer das partes. O CPC deixa claro que tal prerrogativa é exercitável independentemente de autorização judicial, rompendo o padrão omissivo do modelo anterior (art. 417, *caput*, CPC/1973), que permitia a interpretação de que a gravação dependia de autorização do juiz.

A disposição é bastante salutar. Não só para fins de documentação e controle de legalidade do ato e das ocorrências havidas em audiência pelas partes. Mas especialmente para facilitar a elaboração de recursos posteriores (sem necessidade de acesso aos autos físicos ou digitais).

Obviamente, a gravação pode esconder pré-disposição da parte ou de maus profissionais de causar tumulto ou constrangimentos em audiência, provocando incidentes desnecessários e possibilitando a alegação de nulidades sobre ocorrência que, de ordinário, sequer seriam registradas em ata. Mas o sistema não deve trabalhar com esta pré-disposição, especialmente porque má-fé não pode ser presumida.

Tem-se na gravação diretamente pela parte/advogado, inclusive, garantia da preservação da própria conduta do magistrado no ato, que pode com base na gravação alheia, especialmente quando não haja gravação oficial, ter a legalidade de sua postura e do seu comportamento na presidência dos trabalhos aferidos pelas instâncias superiores e órgãos correcionais. O que permite, portanto, concluir que o magistrado, achando razoável, possa ele mesmo gravar a audiência para fins de recordação do seu conteúdo nos casos em que não houve gravação oficial (367, § 5º, CPC), ou mesmo para preservação de sua dignidade funcional.

A possibilidade de gravação, contudo, não autoriza a transmissão, em tempo real (algo factível em tempos atuais com o uso de aplicativos de internet), dos atos praticados em audiência, dependendo, portanto, tal providência de prévia licença judicial. A gravação é para as partes, não para terceiros. Inclusive por isso não se admite, sem licença do juiz, que terceiros (imprensa, ouvintes presenciais da audiência, etc.) efetuem a gravação do ato. A publicidade é um valor extremamente importante no sistema (art. 11, CPC), mas deve ser compatibilizada com alguma preservação da intimidade das partes, advogados, servidores e juízes que atuam no caso.

Consentâneo com a boa-fé processual, aliás, que a parte/advogado (ou o juiz quando decida gravar para si a audiência) informe a todos que se valerá da faculdade prevista no art. 367, § 6º, do CPC. Não se trata de pedido de prévia autorização, mas simplesmente de garantir a previsibilidade do comportamento processual, na forma do art. 5º do CPC.

Aliás, tal advertência é importante porque, no curso da audiência, o magistrado costuma ser interrompido para tratar, com servidores e outros advogados, de processos diversos daquele cuja audiência está a presidir. Ciente da gravação, magistrado, advogados e servidores poderão, com mais cautela, evitar tratar de assuntos não relacionados, exclusivamente, ao caso em debate, ou mesmo requerer que se interrompa a gravação para se tratar de assunto alheio ao processo.

Tanto quanto as cópias (xerox, fotos etc.) de peças dos autos, não há impedimento para que a gravação da audiência (por completo) seja realizada pelas partes em processos que correm em segredo de justiça (art. 189, CPC). Todavia, em havendo divulgação da gravação para terceiros, seu agente responde criminalmente (art. 10, da Lei 9.296/1996). Mais uma razão para que – e especialmente nestes casos –, seja comunicado à autoridade judicial que o ato está sendo gravado.

> **Art. 368.** A audiência será pública, ressalvadas as exceções legais.

▶ *Referência: CPC/1973 – Art. 444*

1. Garantia constitucional da publicidade (arts. 5º, LX, e 93, IX, da CF) e segredo de justiça (art. 189 CPC) e audiência (art. 368, CPC)

O art. 93, IX, da CF, estabelece que todos os julgamentos dos órgãos do Poder Judiciário serão públicos, sob pena de nulidade. Estabelece, ainda, que a lei poderá limitar a presença, em determinados atos, às próprias partes e a seus advogados, ou somente a estes.

Na mesma toada, o art. 5º, LX, da CF, estabelece que a lei só poderá restringir a publicidade dos atos processuais quando a defesa da intimidade ou o interesse social o exigirem.

O art. 189 do CPC reafirma a regra da publicidade no processo civil brasileiro, para, depois, disciplinar as exceções legais a ela, indicando, em rol exemplificativo, os casos em que será admitida a decretação do segredo de justiça (em que o exija o interesse público ou social; que versem sobre casamento, separação de corpos, divórcio, separação, união estável, filiação, alimentos e guarda de crianças e adolescentes; em que constem dados protegidos pelo direito constitucional à intimidade; e que versem sobre arbitragem, inclusive sobre cumprimento de carta arbitral, desde que a confidencialidade estipulada na arbitragem seja comprovada perante o juízo).

As audiências dos processos que correm em segredo de justiça (art. 189, CPC) – inclusive sessão de julgamento nos Tribunais – não serão públicas, podendo delas participar, apenas, partes e seus procuradores, além, por evidente, do juiz, membros do MP (exclusivamente nas hipóteses de sua atuação como fiscal da ordem jurídica) e servidores da justiça designados para auxiliar o ato.

Excepcionalmente, comprovado o interesse, poderá o juiz autorizar que terceiros acompanhem o ato (art. 189, § 2º, CPC, por analogia).

2. Limitação da participação de terceiros por falta de espaço físico na sala de audiências

A publicidade deve ser assegurada a fim de que todos os que queiram acompanhem o andamento das audiências e sessões de julgamento nos Tribunais.

Não vicia o ato, contudo, a limitação, pelo juiz, do número de pessoas na assistência, seja por razões de falta de espaço físico no recinto que abriga o ato (audiência ou sessão de julgamento), seja por questões de segurança física e conforto das partes e dos advogados que têm direito de participar do ato.

CAPÍTULO XII
DAS PROVAS

Seção I
Das disposições gerais

> **Art. 369.** As partes têm o direito de empregar todos os meios legais, bem como os moralmente legítimos, ainda que não especificados neste Código, para provar a verdade dos fatos em que se funda o pedido ou a defesa e influir eficazmente na convicção do juiz.

▶ *Referência: CPC/1973 – Art. 332*

1. Prova: noções gerais

Provar, em sentido amplo, é demonstrar perante outrem determinado fato, mediante o emprego de elementos idôneos a evidenciar sua ocorrência no plano real; é ideia que extrapola o campo do Direito, e que nele de toda forma é objeto de singular preocupação do legislador na medida da necessidade de demonstração da existência de fatos ou atos capazes de produzir consequências jurídicas.

Juridicamente, a prova é instituto não necessariamente ligado ao plano processual ou a situações de litigiosidade. Antes e fora do processo, tem relevância na dinâmica natural das relações jurídicas, permitindo o registro e demonstração de atos ou fatos jurídicos de interesse a elas.

Assume a ideia, de todo modo, particular relevância no processo, tendo em vista a inevitável carga fática inerente aos litígios e a necessidade de reconstrução histórica dos fatos perante o juiz (terceiro por pressuposto insciente deles), de modo a permitir o estabelecimento de uma "verdade" necessária ao julgamento. Fala-se em *prova*, processualmente, sob múltiplas acepções, seja para identificar o próprio direito dos litigantes à demonstração dos fatos de seu interesse e à participação nos atos probatórios em geral, seja para aludir à atividade probatória em si mesma, seja para mais restritamente identificar os meios de prova, seja ainda para referir aos elementos informativos trazidos ao processo, individualmente e em seu conjunto, seja finalmente para tratar do resultado extraído desses elementos no tocante aos fatos da causa.

Por interessar tanto ao direito substancial quanto ao direito processual, guardando pontos de contato para com ambos, não se apresenta tarefa simples a de definir qual a sede adequada para a disciplina dos vários aspectos legais relativos à *prova*, o que se reflete por sinal na duplicidade frequentemente vista de tratamento legislativo de determinadas questões, em diplomas de natureza processual e material. Aliás, é o que ocorre com o próprio dispositivo legal ora comentado, que trata dos meios de prova admitidos no processo; o CC também tem disposição de teor assemelhado (art. 212), definindo os meios cabíveis para a prova dos fatos jurídicos em geral (dentre os quais vem incluída a *presunção*, que a rigor não é meio de prova, mas mecanismo racional para o estabelecimento em via indireta da verdade de um fato).

Também na doutrina se projeta essa dificuldade, inexistindo consenso sobre a natureza jurídica das normas sobre prova.

De modo geral, pode-se dizer que, regulando o direito substancial dentre outras coisas a natureza, os requisitos e as consequências jurídicas de determinados fatos naturais e atos voluntários é também sua atribuição dispor sobre o *modo* de prova daqueles; integra-se o tema, assim, na teoria geral dos próprios atos e fatos jurídicos, e abrange, nesse contexto, tudo o quanto intrínseco à respectiva demonstração, estejam sendo analisados em juízo ou fora dele (a circunstância da *judicialização* desses fatos não torna processuais as regras que lhes dizem respeito nessa esfera, que entram no processo como regras de julgamento tanto quanto os demais aspectos relativos aos atos e fatos jurídicos considerados).

Sendo o processo, por seu turno, de natureza instrumental, ao direito processual cabe disciplinar sobretudo os aspectos que digam respeito diretamente à própria atividade judicial, vale dizer, à *produção* da prova em juízo, respeitando no mais os critérios de prova já fixados pelo direito substancial.

Estabelecida essa separação inicial, percebe-se que o direito material, em sua esfera própria, estabelece por vezes *formas* necessárias à constituição válida de certos atos jurídicos; a satisfação dessa exigência formal acaba condicionando a prova que posteriormente se queira fazer do ato, prova que em tais hipóteses acabará se confundindo com a demonstração dos requisitos legais, somente podendo se fazer em termos úteis em função deles (vejam-se, por exemplo, os arts. 108, 215, 220, 472 e 819 do CC).

Em outros casos, embora não estabeleça regras rígidas e não diga como *deve* ser provado um ato, traça de qualquer modo exigências mínimas que deverão ser observadas em sua demonstração, indicando como *pode* ser provado. No mais, preocupa-se o direito material em dizer quais justamente os meios de prova possíveis aos atos e fatos jurídicos em geral, bem como de estabelecer, quanto aos meios assim previstos, os requisitos gerais de admissibilidade, conforme circunstâncias ligadas aos atos e fatos por provar. Finalmente, ainda quanto a esses elementos (meios de prova e atos e fatos probandos), determina por vezes a força probatória própria, especialmente quanto aos documentos, ou senão estabelece regras de interpretação da verdade incidentes diretamente sobre os fatos – para tanto criando presunções a exemplo daquela do art. 324 do Código Civil.

Na esfera de disciplina do direito processual, outrossim, entram aspectos como a fixação do momento próprio para a realização das provas dentro do procedimento, as técnicas para a produção de cada uma das provas perante o juiz, os requisitos de admissibilidade sob o prisma exclusivamente processual (envolvendo os canais probatórios em si considerados) e ainda a fixação dos critérios para a interpretação da prova colhida, bem como sobre ônus da prova.

2. Fontes e meios de prova

Encontra-se na maior parte da doutrina distinção, no tocante à produção da prova, entre fontes e meios probatórios.

Por *fontes* de prova se entendem os elementos externos a partir dos quais provêm informações sobre um determinado fato e se proporciona o conhecimento necessário a seu respeito por parte do destinatário da prova, podendo apresentar-se como pessoas, coisas e fenômenos naturais ou artificiais (cf. Paulo Osternack Amaral, *Provas – Atipicidade, liberdade e instrumentalidade*, pp. 55/56).

Já os *meios* de prova são as técnicas necessárias a extrair ditas informações e introduzi-las em um determinado instrumento formal (processo ou procedimento). Como salienta Cândido Dinamarco, são fenômenos internos do processo e do procedimento, atuando sobre as fontes por um conjunto ordenado de atos segundo a forma prevista em lei (*Instituições de Direito Processual Civil*, vol. III, p. 87).

A pessoa da testemunha, nesse sentido, é simples fonte de prova, ao passo que seu testemunho, o depoimento formalmente prestado, é o meio de prova correspondente.

Do mesmo modo, a perícia em termos amplos é meio de prova, expressa sob a forma de laudo, em que atua o próprio perito, valendo-se de seus conhecimentos técnicos, como fonte de prova (no caso, primária, vindo o laudo integrado outrossim por diversas fontes secundárias, que são as informações e dados obtidos e utilizados pelo perito para a interpretação dos fatos objeto da prova técnica).

Os meios de prova especificamente tratados no CPC são a ata notarial (embora, como dito nos comentários ao art. 384, apresente esse meio características de prova documental), o depoimento pessoal, a prova documental, a prova testemunhal, a prova pericial e a inspeção judicial; são também disciplinadas no capítulo correspondente duas figuras que na verdade não têm propriamente natureza de meio de prova, a confissão e a exibição de documento ou coisa. A confissão, como acertadamente pondera Cândido Dinamarco, não é propriamente um *meio*, mas a própria prova; corresponde ao conteúdo de uma manifestação da parte, passível de introdução no processo por meios diversos. Já a exibição de documento ou coisa é simples meio de acesso a *fontes de prova*, como documentos ou coisas, podendo a partir daí resultar na produção pela parte interessada de prova que se valha das informações colhidas, normalmente em forma documental (vejam-se a respeito os comentários ao art. 396).

3. Meios de prova permitidos no processo. Meios atípicos

O CPC, mantendo a linha do CPC/73, estabeleceu regra de ampla admissibilidade quanto aos meios de prova, cogitando da demonstração dos fatos da causa não apenas pelos meios nele regulados (típicos) como por outros, ainda que não previstos em lei (já o CPC/39, diferentemente, pendia ao menos literalmente para a taxatividade, indicando no art. 208 a possibilidade de prova dos fatos segundo os meios previstos nas leis civis ou comerciais).

Muito embora a disciplina específica das técnicas de produção da prova acabe por se mostrar recomendável, inclusive por razões de segurança jurídica e como fator de credibilidade da própria atividade probatória, optou o legislador por não excluir alternativas que, mostrando-se idôneas, venham a ser propostas no caso concreto, privilegiando assim o interesse na adequada apuração da verdade dos fatos, em prol da efetividade do processo.

Fala-se então em provas *atípicas* (ou, mais propriamente, em *meios de prova atípicos*), assim entendidas todas as técnicas não expressamente referidas em lei (seja na legislação codificada, seja em leis extravagantes). A única restrição ditada pelo legislador diz com a exigência de moralidade desses mecanismos, condicionante que, diga-se, a rigor também se aplica aos meios de prova típicos (com a diferença de que quanto a eles, sendo os meios em si expressamente previstos em lei e portanto aprioristicamente permitidos, eventual transgressão à moral tenderá a se situar na forma de *obtenção* da prova, eventualmente impedindo seu aproveitamento; quanto aos meios atípicos, sem prejuízo de transgressões éticas também ocorridas no acesso à prova, dirige-se sobretudo o legislador, em termos restritivos, a técnicas de produção da prova que sejam em si mesmas moralmente ilegítimas – veja-se de todo modo o item subsequente sobre provas ilícitas).

Não é de toda forma tarefa simples encontrar exemplos de meios de prova que, a um tempo, sejam compatíveis com a lei mas moralmente ilegítimos (isso porque, ainda se não autorizados em lei, presumem-se sejam os meios atípicos conformes para com ela; se de alguma forma contrariarem a lei, incidindo em ilegalidade, esse vício em si supriria a indagação quanto à legitimidade moral do instrumento).

A infringência a preceitos morais (e portanto éticos), é bem de ver, pode ter dimensão social mais ampla ou, mais restritamente, ter por âmbito a ética que deve presidir a atuação das partes no processo, sobretudo no que diz respeito à colaboração para com seu escopo de realização de justiça mediante a atuação do direito material.

Nesse sentido, podem ser tidos por moralmente inaceitáveis em face do processo (embora não propriamente ilegais) meios caracterizados por práticas ritualísticas ou simbólicas desvinculados de qualquer propósito voltado a fornecer ao juiz elementos sensíveis capazes de auxiliar na reconstrução dos fatos, como o recurso a videntes e assemelhados, ou ainda expedientes de alguma forma inspirados na lógica das antigas *ordálias* germânicas (sobre essas últimas, v. Amaral Santos, *Prova Judiciária no Cível e no Comercial*, vol. 1, pp. 17 e segs.). Já chegamos oportunidades anteriores a incluir nesse rol cartas ou documentos psicografados, e seguimos com essa convicção, ressalvando todavia já haver quanto a isso notícia de decisões judiciais permissivas de sua utilização.

Quanto às provas atípicas admissíveis, em contrapartida, também não são fartos os exemplos, já que bem ou mal a atividade das partes acaba, na prática, por se concentrar no emprego dos mecanismos legais expressos. Fala a doutrina em constatações por oficiais de justiça, na inquirição de testemunhas técnicas, na reconstituição dos fatos e na prova emprestada; entretanto, quanto à prova técnica oral, nem mais se pode dizer que se trate de prova atípica, já que expressamente prevista em dispositivos como o art. 35 da Lei nº 9.099/95 e o art. 464, §§ 2º e 3º, do próprio CPC.

A reconstituição dos fatos, por seu turno, é exemplo adequado, muito embora chegue a mencioná-la de passagem o legislador na seção relativa à inspeção judicial; entretanto, não se trata de prova tecnicamente afinada com aquele instituto, mostrando-se imprópria a alusão lá feita (a respeito, vejam-se os comentários ao art. 483).

A propósito da prova emprestada, por fim, não nos parece possa ser considerada uma prova atípica. A prova emprestada, seja ela de origem judicial ou extrajudicial, na verdade conserva ao ingressar no novo processo sua natureza original (vejam-se os comentários ao art. 372), residindo sua particularidade não no meio de prova, em si, mas na sede em que produzida.

Cabe por derradeiro lembrar a potencial ampliação da possibilidade de emprego de provas atípicas, no âmbito do CPC, pelo prestígio conferido aos chamados negócios jurídicos processuais, nos termos do art. 190, dando margem à criação pelas partes de mecanismos alternativos. A atipicidade, nesse ponto, pode se referir ao meio de prova, em si, como eventualmente, em termos atenuados, à forma de produção de prova objeto de meio já conhecido, mediante o estabelecimento de disciplina procedimental diversificada.

4. Provas *ilícitas* (ou obtidas por meios ilícitos)

Importante restrição em matéria probatória diz respeito à vedação ao uso, no processo, de provas obtidas por meios ilícitos, comumente tratadas por provas *ilícitas* (art. 5º, LVI, da Carta Magna de 1988). Os *meios* a que se refere o texto constitucional não se confundem com os meios de prova, objeto do art. 369 do CPC, não se cuidando de limitação em torno das técnicas de introdução da prova no processo, mas sim acerca de possíveis abusos cometidos de forma a possibilitar o acesso de alguém a uma fonte de prova.

Busca-se reprimir, enfim, condutas contrárias ao Direito como condição à obtenção da prova, a infração a normas ou princípios de direito material, sobretudo quando caracterizadas pela ofensa a garantias de ordem constitucional (Luiz Francisco Torquato Avolio, *Provas Ilícitas*, p. 43). O problema, portanto, não é processual, ou relativo a técnicas processuais de prova, mas de direito material, em função da ilicitude praticada pelo agente no plano exterior ao processo. Existe, portanto, independentemente de o meio pelo qual se busca introduzir a prova no processo ser previsto em lei.

Se alguém viola correspondência alheia e por força disso toma contato com revelações importantes a um processo em curso, a reprodução do teor da carta se faria no processo por meio de simples prova documental, sendo a prova no entanto inadmissível pelo fato anterior da violação ao sigilo constitucionalmente protegido (da parte contrária ou de terceiro, não importa). O mesmo quando a obtenção da prova derive de interceptação telefônica irregular, ou

da violação de sigilo bancário – art. 5º, XII, da Constituição Federal.

Além disso, fala-se também, por força de teoria engendrada pela Suprema Corte norte-americana (teoria dos frutos da árvore envenenada), em ilicitude por *derivação*, vale dizer, da contaminação, pelo vício inicial, de informações posteriores obtidas no desenvolvimento de uma investigação, ainda que quanto a essas, em específico, não tenha ocorrido abuso algum (por exemplo, a inquirição de testemunhas cuja identidade tenha sido descoberta a partir de indevida violação ao sigilo de comunicações, ou a apreensão de documentos cuja existência e localização tenha sido conhecida a partir da apreensão irregular de outros tantos, mediante invasão de domicílio). A preocupação, evidente, é a de evitar que se contorne a vedação constitucional, acolhendo no processo provas que não teriam sido possíveis se não por força da ilegalidade inicialmente cometida.

Adverte a doutrina entretanto que no próprio direito americano a teoria é aplicada com temperamentos, afastando-se, por exemplo, se não for claro o nexo causal entre a prova viciada e a segunda prova ou ainda quando se considere que a segunda prova, por suas características, acabaria sendo de toda forma descoberta (teoria da descoberta inevitável) (cf. Paulo Osternack Amaral, *Provas...*, cit., pp. 194/195).

A ilicitude por derivação, largamente aceita pela jurisprudência dos Tribunais Superiores brasileiros (inclusive no tocante às atenuações), é de resto hoje positivada na legislação ordinária. O art. 157, § 1º, do CPP (com a redação dada pela Lei nº 11.690/2008), diz expressamente serem também inadmissíveis no processo as provas derivadas das ilícitas, estabelecendo todavia desde logo duas exceções: a falta de evidência quanto ao nexo de causalidade entre umas e outras e, por outro lado, ser possível a obtenção das provas derivadas por uma fonte independente das primeiras provas; o § 2º desse dispositivo, por seu turno, define fonte independente aquela que por si só seria capaz de conduzir ao fato objeto da prova.

Ressalte-se por outro lado não ser pacífica na doutrina a definição dos limites em que deva ser compreendida a vedação constitucional ao emprego de provas obtidas por meios ilícitos. Em torno da redação peremptória do art. 5º, LVI, da Constituição de 1988, há quem sustente deverem as provas maculadas por tal vício ser pura e simplesmente descartadas do processo, por mais relevantes que se mostrem para a descoberta da verdade dos fatos e a solução do litígio. No extremo oposto, há quem defenda o aproveitamento da prova, sem prejuízo da punição na esfera própria do responsável pela ilicitude. Finalmente, em termos intermediários, defende-se em diferentes graus a adoção de um critério de proporcionalidade e de ponderação de valores, por exemplo pela confrontação entre o direito violado na obtenção da prova (que pode corresponder a uma garantia fundamental ou diversamente ser de natureza infraconstitucional) e o direito dela dependente em termos de efetivação; um dos exemplos mais claros desse raciocínio diz com a defesa da utilização da prova ilícita pelo réu em processo penal, quando fundamental para a preservação de sua liberdade.

4.1. Gravações e interceptação telefônica

Em termos práticos, a discussão sobre a possível vedação a provas obtidas por meios ilícitos gira, na maior parte dos casos, em torno de hipóteses de interceptações telefônicas e de gravações de conversas, por via telefônica ou não.

A respeito da interceptação (escuta) telefônica, a Constituição, que resguarda o sigilo dessas comunicações (art. 5º, XII), excepcionalmente, permite a interceptação, por ordem judicial, em casos de investigação criminal ou instrução processual penal, hipótese atualmente regulamentada pela Lei nº 9.296/96; para escutas anteriores ao advento dessa lei, entretanto, o STF firmou posição no sentido da inadmissibilidade de interceptações realizadas clandestinamente, mesmo quando autorizadas judicialmente.

Não se considera ilícita a gravação, contudo, ainda quando feita por terceiro, se autorizada por um dos interlocutores, especialmente quando se trata de vítimas ou familiares de vítimas de práticas criminosas, entendendo-se haver aí excludente de antijuridicidade.

Há julgados que diferenciam a proteção ao sigilo das comunicações daquela referente à preservação dos dados respectivos, entendendo que a vedação constitucional somente se aplica em termos instantâneos no próprio momento da comunicação, sem impedir contudo, o acesso, quando necessário, ao registro dos dados referentes à conversação havida.

Em matéria civil, a jurisprudência não aceita a gravação clandestina feita por pessoas estranhas à conversação telefônica, valendo ainda notar que a rigor não é possível o emprego, em processo civil, de dados obtidos a partir de interceptação telefônica realizada no âmbito de processo penal e com vistas a esse, mesmo que com autorização judicial.

Diversamente, aceitam-se hoje em termos pacíficos, nos Tribunais Superiores, as gravações de conversações telefônicas feitas diretamente por um dos interlocutores (ou a seu pedido); do mesmo modo, é ampla a aceitação das chamadas gravações *ambientais* realizadas por um dos interlocutores, ainda que de forma clandestina. Em ambos os casos, contudo, faz-se ressalva ao uso da prova correspondente quando sua captação possa ter incorrido em violação a outros valores, como a intimidade, ou der margem ao rompimento de regra de sigilo imposta por profissão ou pela condição das partes envolvidas.

5. Prova ilegal

Diversamente do conceito de prova ilícita, que remete a irregularidades inerentes à forma de obtenção da prova, fala também a doutrina em provas *ilegais* (ou *ilegítimas*), para tratar de provas produzidas (ou interpretadas) com infringência a alguma regra legal probatória.

Note-se não haver exata simetria entre as ideias de prova *legal* e *ilegal*. Prova legal é expressão utilizada para designar normas (sobretudo de direito substancial) que direcionam o tratamento da matéria probatória em determinados casos, restringindo a liberdade de produção e de interpretação da prova mediante a definição da forma de prova de determinados atos ou fatos, da restrição à admissibilidade de determinados meios de prova e bem assim da definição da respectiva força probante (v. art. 371); a prova produzida (ou valorada) em desconformidade para com essas regras resultará certamente em prova ilegítima, conceito que entretanto não se restringe apenas a esses aspectos.

É também ilegal ou ilegítima a prova produzida com infringência de regras acerca da admissibilidade da prova por razões de ordem processual, ou ainda de regras a respeito do modo de produção no âmbito do processo. Por sinal, a própria admissão de prova obtida por meios ilícitos resulta sob esse enfoque em uma prova ilegal (ou, mais ainda, inconstitucional), pela infringência da norma vedatória específica.

Entende-se em suma eivado de ilegalidade o *produto* da atividade probatória sempre que, na respectiva produção/consideração em juízo, forem desrespeitadas regras de qualquer natureza (processual ou substancial) acerca de prova.

A consideração desses aspectos jurídicos é especialmente relevante para a definição do âmbito de atuação dos Tribunais Superiores. Em virtude da limitação constitucional da matéria arguível no âmbito de recurso especial ou extraordinário, não se admite o emprego desses instrumentos recursais para a discussão da valoração pura e simples da prova, no sentido da interpretação qualitativa de seu conteúdo e da definição da respectiva influência na solução das questões de fasto (Súmulas no 7 do STJ e nº 279 do STF); podem todavia perfeitamente ser apreciados temas relativos à legalidade, em sentido amplo, da prova produzida.

6. Verdade real e verdade formal

A despeito da resistência de parte da doutrina quanto à atualidade ou utilidade dessa dicotomia, mostra-se relevante a distinção entre os conceitos quando se trata de compreender os mecanismos de formação do convencimento judicial acerca dos fatos.

Por *verdade real*, no contexto dessa discussão, entende-se a conclusão formada em torno dos fatos da causa a partir de elementos de prova concretos que permitam o estabelecimento de um juízo de certeza, baseado na perspectiva de efetiva reprodução no processo da realidade daqueles.

Já por *verdade formal* entende-se a formação do convencimento do juiz acerca dos fatos do litígio por técnicas outras que não a análise de elementos sensíveis capazes de evidenciá-los.

O problema está, em realidade, na inadequada referência à verdade formal como característica dominante no processo civil, ou mesmo como limite à atividade judicial investigativa, em contraposição ao processo penal.

Na prática, em ambas as esferas se vislumbra espaço para uma atividade inquisitorial do juiz marcada pela preocupação na busca tanto quanto possível da verdade e na outorga pelo Estado de tutela jurisdicional justa e efetiva, amoldada à realidade do litígio; tanto assim é que não inúmeras as situações na lei processual em que prevista atividade instrutória de ofício pelo juiz (vejam-se, a respeito, os comentários ao art. 370).

Entretanto, do ponto de vista dos modelos de definição da verdade dos fatos, para efeitos de-

cisórios, se no processo penal exige-se um juízo de certeza em torno do conteúdo da denúncia, sem o que inviável a condenação do réu, já no processo civil admite-se, ainda que em termos excepcionais, o estabelecimento de "verdades" desvinculadas de qualquer prova efetiva.

É o que se tem, por exemplo, com a possibilidade de aceitação dos fatos alegados pelo autor em virtude da revelia (CPC, art. 344) ou da falta de impugnação especificada (art. 341); do mesmo modo, a aplicação de sanções consistentes em ficções jurídicas acerca de determinados fatos, como na recusa de prestação de depoimento pessoal (art. 385) ou de exibição de documento ou coisa (fls. 400). Pode-se ainda falar em verdade formal quando, pela aplicação das regras sobre ônus da prova, se pressuponha no julgamento a ocorrência de um fato ou de determinada circunstância a respeito dos quais inexistente prova efetiva, por força da inércia da parte encarregada da prova negativa ou de fato contraposto.

Jurisprudência

"O artigo 5º, inciso XII, da Constituição Federal tutela o sigilo das comunicações telefônicas, admitindo o afastamento, para fins de investigação criminal e de instrução processual penal, por meio de lei própria, advinda em 1996 – Lei nº 9.296. Captação anterior pelo Estado, ainda que com a anuência de um dos interlocutores, na modalidade escuta, mostra-se ilícita." (STF, RHC nº 121.430, 1ª T., Rel. Min. Marco Aurélio, j. 9/8/2016, *DJe* 21/10/2016).

"Suposta ilegalidade decorrente do fato de os policiais, após a prisão em flagrante do corréu, terem realizado a análise dos últimos registros telefônicos dos dois aparelhos celulares apreendidos. Não ocorrência. Não se confundem comunicação telefônica e registros telefônicos, que recebem, inclusive, proteção jurídica distinta. Não se pode interpretar a cláusula do artigo 5º, XII, da CF, no sentido de proteção aos dados enquanto registro, depósito registral. A proteção constitucional é da comunicação de dados e não dos dados. (...) À guisa de mera argumentação, mesmo que se pudesse reputar a prova produzida como ilícita e as demais, ilícitas por derivação, nos termos da teoria dos frutos da árvore venenosa (*fruit of the poisonous tree*), é certo que, ainda assim, melhor sorte não assistiria à defesa. É que, na hipótese, não há que se falar em prova ilícita por derivação. Nos termos da teoria da descoberta inevitável, construída pela Suprema Corte norte-americana no caso Nix x Williams (1984), o curso normal das investigações conduziria a elementos informativos que vinculariam os pacientes ao fato investigado." (STF, HC nº 91.867, 2ª T., Rel. Min. Gilmar Mendes, j. 24/4/2012, *DJe* 19/9/2012).

"Considera-se ilícita a prova criminal consistente em obtenção, sem mandado, de dados bancários da ré, e, como tal, contamina as demais provas produzidas com base nessa diligência ilegal." (STF, HC nº 90.298/RS, 2ª T., Rel. Min. Cezar Peluso, j. 8/9/2009, *DJe* 15/10/2009).

"A gravação de conversa telefônica feita por um dos interlocutores, sem conhecimento do outro, quando ausente causa legal de sigilo ou de reserva da conversação não é considerada prova ilícita. Precedentes." (STF, AgAI nº 578.858/RS, 2ª T., Rel. Min. Ellen Gracie, j. 4/8/2009, *DJe* 27/8/2009).

"Como gravação meramente clandestina, que se não confunde com interceptação, objeto de vedação constitucional, é lícita a prova consistente no teor de gravação de conversa telefônica realizada por um dos interlocutores, sem conhecimento do outro, se não há causa legal específica de sigilo nem de reserva da conversação, sobretudo quando se predestine a fazer prova, em juízo ou inquérito, a favor de quem a gravou." (STF, RE nº 402.717, 2ª T., Rel. Min. Cezar Peluso, j. 2/12/2008, *DJe* 12/2/2009).

"A doutrina da ilicitude por derivação (teoria dos "frutos da árvore envenenada") repudia, por constitucionalmente inadmissíveis, os meios probatórios, que, não obstante produzidos, validamente, em momento ulterior, acham-se afetados, no entanto, pelo vício (gravíssimo) da ilicitude originária, que a eles se transmite, contaminando-os, por efeito de repercussão causal. Hipótese em que os novos dados probatórios somente foram conhecidos, pelo Poder Público, em razão de anterior transgressão praticada, originariamente, pelos agentes estatais, que desrespeitaram a garantia constitucional da inviolabilidade domiciliar." (STF, HC nº 93.050, 2ª T., Rel. Min. Celso de Mello, 10/6/2008, *DJe* 31/7/2008).

"A prova tida como ilícita não contaminou os demais elementos do acervo probatório, que são autônomos, não havendo motivo para a anulação da sentença." (STF, HC nº 89.032, 1ª

T., Rel. Min. Menezes Direito, 9/10/2007, *DJe* 22/11/2007).

"Da explícita proscrição da prova ilícita, sem distinções quanto ao crime objeto do processo (CF, art. 5º, LVI), resulta a prevalência da garantia nela estabelecida sobre o interesse na busca, a qualquer custo, da verdade real no processo: consequente impertinência de apelar-se ao princípio da proporcionalidade – à luz de teorias estrangeiras inadequadas à ordem constitucional brasileira – para sobrepor, à vedação constitucional da admissão da prova ilícita, considerações sobre a gravidade da infração penal objeto da investigação ou da imputação." (STF, HC nº 80.949/RJ, 1ª T., Rel. Min. Sepúlveda Pertence, j. 30/10/2001, *DJ* 14/12/2001, p. 26).

"Objeção de princípio – em relação à qual houve reserva de Ministros do Tribunal – à tese aventada de que à garantia constitucional da inadmissibilidade da prova ilícita se possa opor, com o fim de dar-lhe prevalência em nome do princípio da proporcionalidade, o interesse público na eficácia da repressão penal em geral ou, em particular, na de determinados crimes: é que, aí, foi a Constituição mesma que ponderou os valores contrapostos e optou – em prejuízo, se necessário da eficácia da persecução criminal – pelos valores fundamentais, da dignidade humana, aos quais serve de salvaguarda a proscrição da prova ilícita: de qualquer sorte – salvo em casos extremos de necessidade inadiável e incontornável – a ponderação de quaisquer interesses constitucionais oponíveis à inviolabilidade do domicílio não compete a posteriori ao juiz do processo em que se pretenda introduzir ou valorizar a prova obtida na invasão ilícita, mas sim àquele a quem incumbe autorizar previamente a diligência." (STF, HC nº 79.512, Tribunal Pleno, Rel. Min. Sepúlveda Pertence, j. 16/12/1999, *DJ* 16/5/2003, p. 00092).

"A teoria dos frutos da árvore envenenada, com previsão constitucional no art. 5º, LVI, da CF/1988, determina que as provas, ainda que lícitas, mas decorrentes de outras ilegais, assim consideradas pela obtenção em desacordo com as normas que asseguram a sua higidez, são consideradas com mácula e devem ser extirpadas do processo." (STJ, HC nº 426.421/SP, 5ª T., Rel. Min. Ribeiro Dantas, 6/3/2018, *DJe* 12/3/2018).

"A teoria dos frutos da árvore envenenada tem sua incidência delimitada pela exigência de que seja direto e imediato o nexo causal entre a obtenção ilícita de uma prova primária e a aquisição da prova secundária. De acordo com a teoria do nexo causal atenuado ou da mancha purgada, i) o lapso temporal decorrido entre a prova primária e a secundária; ii) as circunstâncias intervenientes na cadeia probatória; iii) a menor relevância da ilegalidade; ou iv) a vontade do agente em colaborar com a persecução criminal, entre outros elementos, atenuam a ilicitude originária, expurgando qualquer vício que possa recair sobre a prova secundária e afastando a inadmissibilidade de referida prova." (STJ, APn nº 856/DF, Corte Especial, Rel. Min. Nancy Andrighi, j. 18/10/2017, *DJe* 6/2/2018).

"Pacificou-se nos Tribunais Superiores o entendimento de que a gravação ambiental feita por um dos interlocutores é válida como prova no processo penal, independentemente de prévia autorização judicial. Precedentes do STJ e do STF." (STJ, HC nº 387.047/ES, 5ª T., Rel. Min. Jorge Mussi, j. 6/4/2017, *DJe* 17/4/2017).

"Não configura prova ilícita a obtenção de informações constantes de e-mail corporativo utilizado pelo servidor público, quando atinentes a aspectos não pessoais, mas de interesse da Administração Pública e da própria coletividade; sobretudo quando há expressa menção, nas disposições normativas acerca do seu uso, da sua destinação somente para assuntos e matérias afetas ao serviço, bem como advertência sobre monitoramento e acesso ao conteúdo das comunicações dos usuários para fins de cumprir disposições legais ou instruir procedimento administrativo. Precedentes do TST." (STJ, RMS nº 48.665/SP, 2ª T., Rel. Min. Og Fernandes, j. 15/9/2015, *DJe* 5/2/2016).

"A gravação ambiental realizada por um dos interlocutores sem o consentimento da outra parte, quando não restar caracterizada violação de sigilo, é considerada prova lícita. Precedentes desta Corte e do Supremo Tribunal Federal. A Lei n.º 9.296/96, que disciplina a parte final do inciso XII do art. 5.º da Constituição Federal, não se aplica às gravações ambientais." (STJ, RHC nº 34.733/MG, 5ª T., Rel. Min. Jorge Mussi, j. 12/8/2014, *DJe* 19/8/2014).

"No caso concreto, a genitora da vítima solicitou auxílio técnico a terceiro para a gravação de conversas realizadas através de terminal telefônico de sua residência, na qualidade de representante civil do menor impúbere e inves-

tida no poder-dever de proteção e vigilância do filho, não havendo ilicitude na gravação. Dada a absoluta incapacidade da vítima para os atos da vida civil – e ante a notícia de que estava sendo vítima de crime de natureza hedionda – a iniciativa da genitora de registrar conversa feita pelo filho com o autor da conjecturada prática criminosa se assemelha à gravação de conversa telefônica feita com a autorização de um dos interlocutores, sem ciência do outro, quando há cometimento de delito por este último, hipótese já reconhecida como válida pelo Supremo Tribunal Federal." (STJ, REsp nº 1.026.605/ES, 6ª T., Rel. Min. Rogério Schietti Cruz, j. 13/5/2014, *DJe* 13/6/2014).

"Os Tribunais Superiores possuem entendimento uníssono quanto à licitude da gravação clandestina, consubstanciada no registro da conversa por um dos interlocutores, ainda que o outro interlocutor não tenha conhecimento de sua ocorrência, desde que o conteúdo captado clandestinamente não seja secreto (diga respeito à privacidade dos interlocutores) nem haja obrigação legal de guardar sigilo." (STJ, AgRg no AREsp nº 135.384/RS, 1ª T., Rel. Min. Napoleão Nunes Maia Filho, j. 3/4/2014, *DJe* 15/4/2014).

"A gravação telefônica realizada por um dos interlocutores sem o consentimento do outro é lícita e pode ser validamente utilizada como elemento de prova, uma vez que a proteção conferida pela Lei n. 9.296/1996 se restringe às interceptações de comunicações telefônicas." (STJ, AgRg nos EDcl no REsp nº 815.787/SP, 4ª T., Rel. Min. Antonio Carlos Ferreira, j. 14/5/2013, *DJe* 27/5/2013).

"Logo, correta é a ilação empreendida pelo Tribunal de origem, pois, como se sabe, vigora no Direito Brasileiro o princípio da não predeterminação dos meios de prova, o qual confere às partes ampla liberdade na sua produção, desde que respeitadas as normas de direito material e processual, não se admitindo as ilícitas ou ilegítimas, a par daquelas expressamente vedadas pela lei, bem como que sejam moralmente legítimos os meios escolhidos para sua feitura, nos termos do art. 332 do CPC." (STJ, AgRg no Ag nº 1.296.550/DF, 1ª T., Rel. Min. Napoleão Nunes Maia, j. 20/3/2012, *DJe* 26/3/2012).

"É competente o Juízo Cível para o processamento e julgamento de ação cautelar que pede informação a respeito do nome do responsável pelo envio de e-mail difamatório, que pode ser obtida por meio do IP (Internet Protocol) do computador do usuário, uma vez que não se caracteriza quebra de sigilo por meio de interceptação telefônica, não se enquadrando, pois, na Lei 9.296/96. É juridicamente possível o pedido à empresa de telefonia de exibição do nome do usuário de seus serviços que, utiliza-se da internet para causar danos a outrem, até por ser o único modo de o autor ter conhecimento acerca daqueles que entende ter ferido a sua reputação." (STJ, REsp nº 879.181/MA, 3ª T., Rel. Min. Sidnei Beneti, j. 8/6/2010, *DJe* 1º/7/2010).

"Escuta telefônica. Gravação feita por marido traído. Embora esta Turma já se tenha manifestado pela relatividade do inciso XII (última parte) do art. 5º da CF/1988 (HC 3.982/RJ, Rel. Min. Adhemar Maciel, *DJU* de 26/02/1996), no caso concreto o marido não poderia ter gravado a conversa a arrepio de seu cônjuge. Ainda que impulsionado por motivo relevante, acabou por violar a intimidade de sua esposa, direito garantido constitucionalmente (art. 5o, X)." (STJ, ROMS no 5352/GO, 6a T., Rel. Min. Adhemar Maciel, j. 27/5/96, *DJ* 25/11/96, p. 46.227).

> **Art. 370.** Caberá ao juiz, de ofício ou a requerimento da parte, determinar as provas necessárias ao julgamento do mérito.
>
> **Parágrafo único.** O juiz indeferirá, em decisão fundamentada, as diligências inúteis ou meramente protelatórias.

▶ *Referência: CPC/1973 – Art. 130*

1. Poderes instrutórios do juiz

O CPC optou por deslocar o dispositivo que trata da definição das provas a serem produzidas no processo do capítulo relativo aos poderes do juiz, onde inserido pelo CPC/73, para as disposições gerais do capítulo sobre as provas, em que certamente mais adequadamente situado, por critério de especialidade.

Cabe ao juiz, naturalmente, presidir toda a atividade probatória, desde a admissão até a produção, vindo esse último aspecto abordado no âmbito da disciplina específica dos meios de prova expressamente mencionados pela lei processual; o art. 370, por seu turno, trata genericamente do juízo de admissibilidade em torno das provas, seja pelo acolhimento daquelas

requeridas pelas partes seja pela atribuição ao próprio juiz de poderes instrutórios de ofício.

2. Juízo de admissibilidade quanto às provas requeridas pelas partes

Distingue a doutrina, quanto às provas de iniciativa das partes, três momentos distintos, o da proposição (requerimento), a deliberação em torno de sua admissibilidade e finalmente a fase de produção.

No tocante ao juízo de admissibilidade, outrossim, entram por um lado aspectos relativos à disciplina formal de cada prova, por exemplo quanto ao momento em que formulado o requerimento, ou ainda quanto à compatibilidade do meio de prova pretendido para com determinado procedimento (por exemplo, a impossibilidade de prova oral em mandado segurança, ou de perícia de grande complexidade no procedimento relativo aos Juizados Especiais Cíveis); ademais, também se considera a adequação do meio de prova quanto ao fato a ser provado, por razões que digam respeito ao próprio fato ou então pelo confronto com outras provas já produzidas (não se admite prova testemunhal, por exemplo, quanto a fatos que somente por documento ou perícia puderem ser comprovados, ou quanto a fatos já provados nos autos por documento ou confissão, cf. art. 443, I e II, do CPC; por outro lado, não se admite prova pericial quanto a fatos que não dependam para sua compreensão ou demonstração de conhecimento técnico especializado – art. 464, § 1º, I, do CPC).

Mas, além do cabimento propriamente dito das provas em espécie, formula também o órgão judicial um juízo de oportunidade em torno dos fatos por provar, especialmente no que diz respeito à necessidade ou utilidade das provas que se pretendam quanto a eles. Neste ponto, importa considerar a pertinência do fato no tocante ao litígio (se foi devidamente alegado pelas partes), bem como sua relevância no contexto da matéria discutida e a influência que possa ter a prova a seu respeito para a solução da causa.

É de ambos os fatores que a rigor cuida o art. 370, ora comentado, ao falar na deliberação judicial sobre as provas *necessárias* (vale dizer, sobre os fatos que demandam prova e sobre a prova ou provas pertinentes em cada caso).

Um aspecto a resolver em torno da necessidade da prova, em si, diz respeito à existência ou não de controvérsia em torno do fato, visto que de ordinário não dependem de prova e comportam aceitação no processo, tal qual alegados, os fatos incontroversos (art. 374, II e III, do CPC). Exceção a isso é a hipótese de ausência de controvérsia quanto a fatos relativos a direitos indisponíveis, em que necessária a atividade probatória (CPC, art. 345, II).

A propósito da relevância do fato, por outro lado, faz-se necessário verificar se se trata de fato principal ou secundário. Sobre os fatos principais, uma vez controvertidos, não há como recusar a possibilidade de produção probatória; mas sobre os fatos secundários, desde que no caso concreto não se mostrem essenciais para a compreensão dos fatos principais e portanto não tenham importância para a formação do convencimento do juiz em torno dos pontos essenciais do litígio, não há necessidade de produção de prova, ainda que sobre eles controvertam as partes.

Finalmente, é necessário considerar a influência que um determinado fato – ainda que nuclear da pretensão ou da defesa – possa ter no julgamento em função do tratamento jurídico a ser dado à questão. Desde que venham a ser negados, em abstrato, os efeitos jurídicos relacionados ao fato (em condições tais que mesmo a suposição de veracidade desse em nada viria a afetar o julgamento), não há necessidade de se deferir atividade probatória a respeito, que, no caso, viria a representar desperdício de tempo e de energias, atentando contra a racionalidade na organização do processo e mesmo contra o princípio da duração razoável (por exemplo, a prova sobre benfeitorias realizadas pelo inquilino quando, em ação de despejo considere o juiz válida cláusula contratual excludente da indenizabilidade daquelas; ou a prova sobre a extensão dos danos materiais alegados quando, em demanda indenizatória, considere o juiz inexiste ilícito e portanto ausente dever de reparar).

É delicado, de todo modo, o equilíbrio a ser buscado entre os ideais de racionalidade e celeridade, motivadores da escolha das provas efetivamente úteis, e de outro lado a observância de garantias constitucionais do processo, como a do contraditório e da ampla defesa.

Diz-se, com acerto, ser o juiz o destinatário natural da prova, visto voltar-se a atividade processual correspondente a possibilitar seu convencimento em torno dos fatos da causa, por premissa dele desconhecidos (é bem verdade que hoje se reconhece a possibilidade de em determinadas circunstâncias serem as próprias partes os destinatários primários, para fins informativos ou de adequada orientação em um contexto pré-litigioso, tal como se tem previsto no art. 381 do CPC; de qualquer modo, aqui se está tomando a prova como material voltado ao julgamento).

Mas, a partir daí, extrai-se por vezes com demasiada largueza a inferência de caber apenas a ele, juiz, a avaliação da pertinência das provas, em função do necessário à formação de seu convencimento, como se o problema fosse de ordem meramente subjetiva e se desenvolvesse exclusivamente no plano do intelecto do juiz, resolvendo-se a partir de sua impressão pessoal sobre os fatos e sem apego a qualquer critério objetivo.

Raciocínio dessa ordem, levado às últimas consequências, poderia por exemplo – abstraídos outros problemas aí existentes – levar a que o juiz dispensasse a manifestação dos assistentes técnicos, por já se considerar convencido a partir do laudo do perito oficial, ou as testemunhas do réu, por se dar por convencido a partir da inquirição das testemunhas do autor.

Na verdade, as partes têm o direito de produzir as provas que possam, em tese, influir eficazmente no julgamento, e é justamente esse o parâmetro objetivo norteador da admissibilidade das provas, sob o prisma da utilidade: não pode o juiz, em nome de impressão pessoal já constituída, rejeitar a produção de provas potencialmente capazes de interferir nessa impressão e, após, proferir decisão justamente imputando à parte interessada a falta da prova correspondente.

2.1. Indeferimento de provas inúteis ou meramente protelatórias

Tratando, no parágrafo único do art. 370, de apenas parte do problema relacionado ao juízo de admissibilidade das provas, tal qual visto no item precedente, diz o legislador poder o juiz indeferir, em decisão fundamentada, diligências inúteis ou meramente protelatórias.

A noção de provas *inúteis* abrange uma gama de situações: provas à primeira vista inidôneas para a demonstração de um determinado fato. provas relativas a fatos já demonstrados nos autos (por confissão ou por outra prova suficiente, como a documental, que não estejam sendo questionadas em sua idoneidade) provas relativas a fatos que não dependem de prova (nos dois casos anteriores desde que sejam requeridas pela própria parte em tese favorecida pela prova já produzida ou pela dispensa de prova), além, como já dito, de provas relativas a fatos secundários e irrelevantes em determinado contexto.

Já a compreensão do que sejam provas *meramente protelatórias* depende de certa cautela em atenção às já referidas garantias do contraditório e da ampla defesa. Em um primeiro momento, a qualificação de uma diligência instrutória como *meramente protelatória* está diretamente relacionada à sua utilidade, a ponto de permitir uma imediata identificação entre a inutilidade e o caráter procrastinatório, sugerindo inclusive a existência de redundância no texto legal.

É difícil, com efeito, vislumbrar como possam ser tidas por protelatórias provas cuja utilidade ao menos em tese não se possa negar. A procrastinação deve ser perquirida assim em termos excepcionais, quando presente por exemplo desproporção entre o benefício projetado para uma determinada prova e os ônus envolvidos, em termos de recursos ou de tempo, mormente quando exista a possibilidade de realização, sem prejuízo, de formas mais simplificadas de provas. Por outro lado, quando embora a rigor pertinente determinada modalidade de prova (como prova testemunhal), vislumbre-se abuso no exercício do direito de prova, por exemplo com o arrolamento, sem justificativa específica quanto a alguma especial peculiaridade do depoimento, de testemunhas residentes no exterior, dependentes de inquirição por carta rogatória.

Além disso, podem ser tidas por protelatórias provas que, apesar de não serem em tese inúteis do ponto de vista prático, se mostram claramente descabidas do ponto de vista de sua oportunidade ou do contexto processual, quando por exemplo queira uma parte produzir prova de inexistência de um fato sobre o qual já produzida prova documental ou pericial, ou sobre o qual haja confissão; ou ainda quando se queira investigar fatos acerca dos quais já produzida ficção jurídica em contrário, como por exemplo em casos de confissão decorrente de recusa a depoimento pessoal determinado, ou a exibição de documento ou coisa (do mesmo modo, em caso de revelia).

3. Determinação de provas *ex officio*

Finalmente, como consequência da adoção pelo Brasil de um sistema inquisitorial (em con-

traposição ao sistema meramente adversarial), marcado pela busca, por meio da atividade jurisdicional, de solução tanto quanto possível justa e próxima da realidade, confere o art. 370 ao juiz um papel ativo no âmbito da prova, atribuindo-lhe além da avaliação da pertinência da prova requerida pelas partes também poderes instrutórios de ofício.

A opção não é novidade no sistema processual brasileiro, já vindo prevista no CPC/73 (art. 130) e mesmo no CPC/39 (art. 117).

Se em matéria da iniciativa de demandar, enfim, o princípio dispositivo se aplica ressalvadas raras exceções, em matéria probatória a falta de iniciativa das partes pode assim acabar suprida pela atuação judicial oficiosa.

Nem por isso se pode dizer, entretanto, que a iniciativa do juiz implique quebra da imparcialidade, visto que as diligências probatórias determinadas em tal sentido não têm por escopo favorecer qualquer das partes, senão obter elementos voltados à elucidação da verdade sobre os fatos da causa, sendo de resto determinadas sem que se saiba seu resultado.

Tampouco cabe cogitar da liberação, a partir das provas determinadas de ofício, do ônus probatório imposto a qualquer das partes, visto que, em sua expressão final, as regras sobre ônus da prova visam proporcionar critério de julgamento em quadros de incerteza probatória, ao passo que por meio da atividade do juiz pode-se em muitos casos superar esse estado de dúvida, possibilitando julgamento fundado em prova efetiva, quando de todo irrelevante cogitar quem tivesse o ônus de provar este ou aquele fato.

Por sinal, a mera circunstância da iniciativa do juiz não se pode dizer esvazie a aplicação das regras sobre ônus da prova, pois pode ocorrer de ainda assim persistir o estado de incerteza, obrigando o juiz a decidir em função daqueles critérios.

Uma das situações que naturalmente reclamam atuação de ofício do juiz diz, certamente, com a existência de estado de incerteza após o regular desenvolvimento da atividade probatória das partes. Mas o legislador permite que em muitos casos o juiz se adiante ou aja paralelamente a elas e desde logo, ao início da fase instrutória, já se encarregue de determinar a produção de provas que lhe pareçam relevantes.

Basta, a confirmar tal assertiva, que se vejam as inúmeras hipóteses em que, na disci-

Art. 370

CÓDIGO DE PROCESSO CIVIL INTERPRETADO

plina das provas em espécie, acaba o legislador por dar vida ao preceito genérico deste art. 370, cogitando expressamente da iniciativa judicial: convocação para depoimento pessoal (art. 385), determinação de exibição de documentos ou coisas (art. 396), determinação de exibição parcial de livros e documentos societários (art. 421), requisição de documentos junto a repartições públicas, em qualquer tempo ou grau de jurisdição (art. 438), substituição de perícia por prova técnica simplificada (art. 464, § 2º), determinação de ofício da perícia (como decorre implicitamente da regra do art. 95, *caput*, acerca do respectivo custeio), bem como inspeção judicial de pessoas ou coisas (art. 481).

Em um menor número de situações, verificam-se exemplos de diligências voltadas ao esclarecimento de dúvidas decorrentes de provas já produzidas: determinação de comparecimento da parte para interrogatório simples (art. 139, VIII), inquirição de testemunhas referidas (art. 461, I) acareação de testemunhas ou entre testemunha e parte (art. 461, II) e, finalmente, determinação de segunda perícia (art. 480).

Concorda-se entretanto que a iniciativa probatória judicial não possa ser ilimitada, devendo encontrar barreiras sobretudo em face da inércia das partes. Se o quadro de incerteza determinado por atuação probatória efetiva e motivado pela existência de provas conflitantes não é algo que possa ser imputado a título de omissão aos sujeitos do processo, o mesmo não pode ser dito quando a incerteza advém da simples falta de produção de provas por parte dos interessados.

E tanto mais grave será o quadro quanto mais clara for a existência de provas ao alcance das partes, por elas não utilizadas em função de mero desinteresse, hipótese em que a iniciativa probatória tardia do juiz, supondo a falta de determinação ao início, poderia acabar por premiar dita inércia, diluindo suas consequências.

Igualmente inconveniente seria a atuação destinada a suprir a inércia de apenas uma das partes, com possível quebra do equilíbrio e da igualdade no tratamento, supondo a existência de provas a cargo da outra suficientes ao julgamento.

É bem verdade que muitas vezes se pondera acerca da hipossuficiência dos litigantes como explicação para eventual inércia probatória, bem como da necessidade nesse caso

de atuação do juiz destinada a proporcionar ou restabelecer certo equilíbrio de forças; mas não menos verdade é que não se pode incorrer no equívoco de adotar a hipossuficiente como justificativa genérica e automática para toda e qualquer inatividade.

Jurisprudência

"(...) No caso dos autos, as diligências probatórias requeridas pelo ora recorrente no PAD foram recusadas mediante decisão devidamente fundamentada da comissão processante. A conclusão adotada pela instância a quo não diverge do entendimento da Suprema Corte, no sentido de que o indeferimento fundamentado, em processo administrativo disciplinar, do pedido de produção de provas consideradas impertinentes não acarreta violação dos princípios do contraditório e da ampla defesa. Precedentes." (STF, RMS nº 34.595 AgR/DF, 2ª Turma, Rel. Min. Dias Toffoli, j. 30/6/2017, *DJe* 10/8/2017).

"Os juízos de primeiro e segundo graus de jurisdição, sem violação ao princípio da demanda, podem determinar as provas que lhes aprouverem, a fim de firmar seu juízo de livre convicção motivado, diante do que expõe o art. 130 do CPC. Assim, a iniciativa probatória do julgador de segunda instância, em busca da verdade real, não está sujeita a preclusão, pois "em questões probatórias não há preclusão para o magistrado". (STJ, AgInt no AREsp nº 871.003/SP, 2ª T., Rel. Min. Mauro Campbell Marques, j. 16/6/2016, *DJe* 23/6/2016).

"O nosso sistema processual civil é orientado pelo princípio do livre convencimento motivado, cabendo ao julgador determinar as provas que entender necessárias à instrução do processo, bem como indeferir aquelas que considerar inúteis ou protelatórias." (STJ, AgRg no AREsp nº 281.230/RS, 3ª T., Rel. Min. Ricardo Villas Bôas Cueva, j. 6/8/2015, *DJe* 17/8/2015).

"Como destinatário final da prova, cabe ao magistrado, respeitando os limites adotados pelo Código de Processo Civil, a interpretação da produção probatória, necessária à formação do seu convencimento." (STJ, AgRg no AREsp nº 628.401/RS, 4ª T., Rel. Min. Maria Isabel Gallotti, j. 24/2/2015, *DJe* 27/2/2015).

"Não configura o cerceamento de defesa o julgamento da causa sem a produção de prova testemunhal, quando o tribunal de origem entender que o feito foi corretamente instruído, declarando a existência de provas suficientes para o seu convencimento." (STJ, AgRg no AREsp nº 333.547/SP, 4ª T., Rel. Min. Luis Felipe Salomão, j. 24/6/2014, DJe 1º/8/2014).

"Sendo o juiz o destinatário final da prova, cabe a ele, em sintonia com o sistema de persuasão racional adotado pelo CPC, dirigir a instrução probatória e determinar a produção das provas que considerar necessárias à formação do seu convencimento." (STJ, REsp nº 1.324.681/SC, 3ª T., Rel. Min. Nancy Andrighi, j. 9/4/2013, DJe 15/4/2013).

"Não configura o cerceamento de defesa o julgamento da causa sem a produção de prova testemunhal e depoimento pessoal do autor. Hão de ser levados em consideração o princípio da livre admissibilidade da prova e do livre convencimento do juiz, que, nos termos do art. 130 do Código de Processo Civil, permitem ao julgador determinar as provas que entende necessárias à instrução do processo, bem como o indeferimento daquelas que considerar inúteis ou protelatórias." (STJ, AgRg no AREsp nº 136.341/SP, 4ª T., Rel. Min. Luis Felipe Salomão, j. 4/12/2012, DJe 13/12/2012).

"A orientação desta Corte é no sentido de que ocorre cerceamento de defesa quando, pleiteada a prova pelo interessado e não deferida ou realizada, o magistrado, julgando antecipadamente a lide, aprecia o pedido a favor do autor ou do réu, ao fundamento da ausência de provas das alegações da parte." (STJ, AgRg nos EDcl no REsp nº 1.334.299/SC, 3ª T., Rel. Min. Sidnei Beneti, j. 20/11/2012, DJe 6/12/2012).

"Esta Corte possui jurisprudência firme no sentido de que o julgador não pode indeferir a produção de prova requerida pela parte para, em seguida, seja em sede de julgamento antecipado da lide, seja em julgamento não antecipado, extinguir o processo sem exame do mérito por ausência da prova que ele próprio inviabilizou. No caso dos autos, porém, a ouvida de testemunhas, inclusive as do autor, apesar de antes deferida, pôde ser dispensada porque o depoimento pessoal do próprio Autor, esvaziou a credibilidade das alegações que amparavam o direito invocado na inicial." (STJ, REsp nº 1.228.751/PR, 3ª T., Rel. Min. Sidnei Beneti, j. 6/11/2012, DJe 4/2/2013).

"O juiz pode determinar *ex officio* a realização da perícia técnica com vista à apuração da justa indenização constitucionalmente garantida. Em se tratando de desapropriação, a prova pericial para a fixação do justo preço somente é dispensável quando há expressa concordância do expropriado com o valor da oferta inicial." (STJ, AgRg no REsp nº 993.680/SE, 2ª T., Rel. Min. Herman Benjamin, j. 19/2/2009, DJe 19/3/2009).

"O magistrado é livre para julgar antecipadamente a demanda, sem maior dilação probatória, desde que convicto de que os elementos que instruem o feito naquele instante sejam suficientes para esclarecer o que de pertinente e relevante havia de ser considerado para o desate da causa." (STJ, AgRg nos EDcl no Ag nº 926.806/BA, 3ª T., Rel. Min. Sidnei Beneti, j. 17/2/2009, DJe 3/3/2009).

> **Art. 371.** O juiz apreciará a prova constante dos autos, independentemente do sujeito que a tiver promovido, e indicará na decisão as razões da formação de seu convencimento.

▶ *Referência: CPC/1973 – Art. 131*

1. Sistemas de valoração da prova

Tanto quanto ocorreu no tocante aos poderes instrutórios (art. 370), o CPC transferiu a disciplina da valoração da prova do capítulo referente aos poderes do juiz para o das provas, mantendo de toda forma a mesma abordagem.

Menciona a doutrina, dentre os sistemas de formação do convencimento do julgador, o da íntima convicção, o da prova tarifada e o da persuasão racional, ou convencimento motivado.

O primeiro se caracteriza pela inteira liberdade de convicção acompanhada da desnecessidade de motivação da decisão, como ainda remanesce dentre nós, por exceção, nos julgamentos do Tribunal do Júri (em que aliás nem mesmo a própria decisão é revelada pelo jurado no sistema brasileiro, colhendo-se os votos em termos conjuntos e com preservação do sigilo das deliberações individuais).

O modelo da prova tarifada (ou legal), por seu turno, remete a mecanismos de interpretação da prova segundo valores preestabelecidos e critérios decisórios rígidos, com redução ou exclusão, conforme o caso, da possibilidade de formação do convencimento do julgador a partir de sua impressão pessoal. Correspondem a esse modelo tanto os mecanismos de atribuição de pesos diferenciados às provas, aproximando sua interpretação de um raciocínio matemático, como ainda métodos peculiares a exemplo das *ordálias*, de inspiração germânica, em que a atividade probatória em nada se relacionava com a busca de elementos sensíveis capazes de reproduzir a realidade fática, mas sim com a realização de autênticos rituais destinados a permitir a expressão da vontade divina no tocante à solução da questão posta sob julgamento (a respeito, v. Moacir Amaral Santos, *Prova Judiciária no Cível e no Comercial*, vol. 1, pp. 17 e segs.).

O derradeiro sistema correspondente ao modelo brasileiro permite ao julgador formar sua convicção a propósito dos fatos em discussão a partir do exame pessoal da prova produzida e da atribuição a cada um dos elementos de prova da credibilidade que possa merecer, valorando-os isoladamente e também no confronto com as demais provas, devendo, contudo, justificar suas conclusões.

Chama a atenção, a esse respeito, o abandono pelo CPC atual do advérbio *livremente* com que se referiam o art. 131 do CPC/73 e bem assim o art. 118 do CPC/39 à atividade de valoração da prova. O modelo de interpretação, com efeito, por muitos denominado de *livre convencimento motivado*, na verdade não é tão livre assim. A uma, porque a própria necessidade de motivação já funciona como um natural limitador, impondo a exposição de justificativa racional e coerente para com as escolhas feitas e as impressões extraídas da análise probatória. A duas, porque essa justificativa, ainda que guarde coerência interna e seja compatível para com importantes valores que norteiam a atividade jurisdicional, como o princípio da imparcialidade do juiz, é também limitada por fatores externos que até certo ponto direcionam a apreciação da prova, estabelecendo parâmetros objetivos de necessária observância por parte do julgador.

Embora os ordenamentos modernos não façam uso, em forma pura, de critérios compatíveis com os chamados sistemas de prova tarifada, remanescem muitas vezes em seu âmbito regras que remetem a uma predefinição de certos parâmetros no tratamento da prova, seja quanto à admissibilidade seja quanto à força probante.

O ordenamento brasileiro apresenta vários exemplos em tal sentido, no âmbito do direito material e do processual, seja por meio da definição de certas provas estritas, como da substância de determinados atos (v. art. 406 do CPC), seja impondo a forma literal para a demonstração em juízo de outros tantos, seja limitando a admissibilidade de determinados meios de prova (notadamente a testemunhal) relativamente a determinados fatos ou mesmo no confronto com a disponibilidade de provas de outra natureza (cf. CPC, art. 443 e 444), seja ainda pela disciplina da força probante de determinados meios de prova (como os documentos), seja por fim por meio da interpretação predefinida para determinadas situações de fato modelo (como ocorre com as presunções legais).

Pode-se então dizer que a liberdade de apreciação se dê nos limites desses parâmetros normativos, tomados em sentido amplo como regras de *prova legal*. Os juízos de admissibilidade e de valoração em sentido estrito não se confundem, sendo aquele um antecedente lógico desse último; e o juiz não pode, à guisa da liberdade de convencimento, deliberar sobre quais as provas passíveis de consideração no caso concreto, ignorando eventuais prescrições legais, como também não pode, no tocante à prova admissível, afastar-se por razões de ordem meramente subjetiva de critérios jurídicos de valoração porventura aplicáveis.

2. Valoração e motivação

A atividade de valoração da prova, nesse sentido, envolve a definição da qualidade e credibilidade das provas admissíveis, de modo a verificar, respeitados os critérios legais, seu poder de convencimento com vista à demonstração de um fato de interesse para a causa.

É possível identificar, por seu turno, diversos níveis na escala de formação da convicção judicial a esse respeito, os dois primeiros estritamente vinculados à apreciação dos elementos de prova disponíveis, primeiro isoladamente considerados e depois no confronto com outros elementos de prova. Já aí exige-se justificativa idônea em torno da credibilidade e do peso atribuído a cada prova considerada, bem como do prevalecimento de uma prova em detrimento de outra (por exemplo, a escolha de um ou mais depoimentos testemunhais num contexto de prova conflitante, com versões antagônicas, ou a adoção das conclusões do parecer de um assistente técnico, ao invés do laudo do perito do juízo). Fica-se, de toda forma, no plano das circunstâncias formadoras da impressão pessoal do juiz acerca do valor de cada prova e de sua compatibilidade para com os fatos alegados.

Mas, a par disso, cabe ao julgador avaliar a prova sob outra perspectiva, marcada por forte interação do plano dos fatos com o jurídico, seja no sentido da definição da aptidão das provas obtidas para a demonstração dos fatos em discussão, seja com vistas à avaliação do grau de certeza obtido e daquele exigível em um determinado processo decisório.

Do conjunto da prova, com efeito, pode resultar um maior ou menor nível de certeza, permitindo em certas circunstâncias mero juízo de verossimilhança em torno de certos fatos, passível ou não de utilização conforme a natureza da decisão proferida, os fatos considerados ou a matéria em discussão (pense-se por exemplo na verossimilhança autorizadora da concessão de uma tutela provisória no processo civil, ou inversamente na certeza exigida para um decreto condenatório criminal).

A esse respeito, é questão das mais importantes, quando se trata do sistema da persuasão racional, ter em conta o adequado controle que se possa fazer do raciocínio judicial, seja do ponto de vista de sua coerência interna e da razoabilidade da motivação apresentada para a simples qualificação da prova, seja por outro lado sob o prisma da justificativa para a utilização daquela e para a consideração de sua influência em termos decisórios.

Quando se pensa no primeiro ponto, a rigor a crítica do raciocínio judicial de qualificação da prova acaba inevitavelmente por se dar a partir de um novo raciocínio, de mesma natureza, feito pelo órgão revisor, importando no chamado *reexame de prova*, vedado aos Tribunais Superiores (Súmulas nº 279 do STF e nº 7 do STJ).

Já em relação ao segundo aspecto entra-se no terreno da adequação *jurídica* da apreciação dos fatos com base na prova produzida.

Defende-se por sinal na doutrina que a formação do convencimento na valoração da prova deva se pautar por determinadas regras jurídicas, ou paradigmas estabelecidos pelo sistema, capaz de aproximá-la de uma autêntica operação lógica, em oposição ao puro subjetivismo (a respeito, veja-se Danilo Knijnik, *Os standards do convencimento judicial – para-*

digmas para o seu possível controle, in Revista Forense, vol. 353, pp. 15/52).

3. Prova constante dos autos

A ressalva do enunciado do art. 371 quanto à valoração da prova existente nos autos chama a atenção para a circunstância óbvia da impossibilidade de utilização no convencimento judicial de informações chegadas ao conhecimento do juiz, ainda que a partir de fontes de prova regulares, desde que todavia não devidamente formalizadas nos autos.

Nesse sentido, não pode o juiz se valer de comentários feitos por testemunha ou pela parte em depoimento pessoal, ainda que deles se recorde, desde que não tenham sido devidamente registrados.

Mesmo em termos de inspeção judicial, com verificação pessoal pelo juiz de determinadas circunstâncias fáticas relevantes, o resultado da diligência somente pode ser utilizado mediante sua incorporação aos autos, mediante a lavratura do auto circunstanciado. Até aí, as informações obtidas integrarão o conhecimento pessoal do juiz, mas não serão *prova constante dos autos* (veja-se o art. 484).

Isso não significa, entretanto, que a totalidade dos fatos somente possa ser considerada em virtude de prova concreta a seu respeito, cabendo lembrar a propósito os fatos não dependentes de prova, como os notórios, além de outras hipóteses referidas no art. 374 do CPC, bem como a própria utilização pelo juiz de regras de experiência comum (art. 375) para formar sua convicção em termos indiretos, a partir de elementos secundários.

4. Princípio da comunhão (ou da aquisição) da prova

Outro importante aspecto vinculado à valoração da prova, sob o prisma da iniciativa, relaciona-se ao chamado princípio da *comunhão*, que a doutrina e a jurisprudência já destacavam mas que somente agora foi explicitado na legislação processual, por força do art. 371 do CPC.

Traduz-se ele na ideia de que as provas trazidas aos autos são incorporadas ao processo e a partir daí desvinculam-se do sujeito processual responsável por sua produção, passando a compor o acervo comum de elementos instrutórios em função do qual formará o juiz seu convencimento.

Significa isso, por um lado, que o proveito da prova é amplo, e não atrelado à parte responsável por sua introdução no processo. A eventual inaptidão da prova para a demonstração da alegação fática dessa parte não determina pura e simplesmente o respectivo descarte ou desconsideração, mas sua interpretação no conjunto de elementos disponíveis, inclusive, se o caso, para corroborar a versão da parte adversa.

Por outro lado, a aquisição da prova pelo processo afasta a perspectiva de disponibilidade pelas partes da prova *já produzida*, por eventual insatisfação para com o resultado da atividade probatória. Não toca aos sujeitos parciais do processo enjeitar a prova e postular sua exclusão a pretexto de ser fruto de sua iniciativa (como exceção, menciona-se a retirada, pela parte interessada, do documento inquinado de falso pela parte contrária, tal qual previsto no art. 432, parágrafo único, do CPC; a situação de toda forma é peculiar, pois envolve prova potencialmente inidônea e impugnada pela parte adversa, configurando a retirada nesse caso uma renúncia ao aprofundamento da discussão sobre a validade da prova).

Há quem sustente, por outro lado, que o princípio da comunhão iria além, abrangendo as provas simplesmente deferidas, o que implicaria a necessidade de concordância por uma parte acerca da desistência pela outra de prova ainda não efetivada. Não é assim, todavia.

Nessa parte vigora plenamente a ideia de disponibilidade, cabendo às partes, sem embargo dos poderes instrutórios do juiz, escolher as provas que desejam produzir, independentemente das que sejam eleitas pela parte adversa; e o fazem, nesse particular, para atender a um interesse próprio em torno da demonstração dos fatos da causa, não por força do dever de colaboração.

Se por qualquer razão se reputa que a prova deixou de ser necessária ou oportuna, fica ao alvedrio da parte que a requereu desistir da prova postulada, antes do início de sua produção, sem necessidade de manifestação de anuência por quem não tenha protestado pelo mesmo meio de prova (se a prova, outrossim, foi requerida em comum, não se trata de concordância da outra parte, mas de eventual manutenção por essa de seu requerimento específico). Nada impede, de todo modo que

ante eventual desistência o juiz determine por si próprio a produção da prova correspondente, valendo-se nesse caso dos poderes instrutórios de que trata o art. 370 do CPC.

Jurisprudência

"Em âmbito judicial vige o princípio do livre convencimento motivado do Juiz (art. 131 do CPC) e não o sistema de tarifação legal de provas. Assim, se o Magistrado entendeu não haver necessidade de produção de prova testemunhal para o julgamento da lide e desnecessidade de nova perícia, não há que se falar em cerceamento de defesa na impugnação do pedido." (STJ, AgRg no AREsp nº 191.921/ES, 1ª T., Rel. Min. Napoleão Nunes Maia Filho, j. 15/3/2016, *DJe* 30/3/2016).

"A preferência do magistrado por determinada prova está inserida no âmbito do seu livre convencimento motivado. Isso porque vigora, no direito processual pátrio, o sistema de persuasão racional, adotado pelo Código de Processo Civil nos arts. 130 e 131, não cabendo compelir o magistrado a acolher com primazia determinada prova, em detrimento de outras pretendidas pelas partes, se pela análise das provas em comunhão estiver convencido da verdade dos fatos." (STJ, AgRg no REsp nº 1.251.743/SP, 4ª T., Rel. Min. Luis Felipe Salomão, j. 16/9/2014, *DJe* 22/9/2014).

"Não viola o princípio da comunhão das provas a decisão do juízo que, após deferir a oitiva de testemunhas no processo, não realiza a audiência para esse fim por ter atingido seu convencimento acerca do direito mediante a análise do laudo pericial." (STJ, REsp nº 1.318.243/GO, 3ª T., Rel. Min. Nancy Andrighi, j. 28/8/2012, *DJe* 18/10/2012).

"A análise quanto à necessidade ou não da produção de prova oral é uma faculdade do magistrado, em observância aos princípios do livre convencimento motivado e da persuasão racional adotados na sistemática do Código de Processo Civil. Assentado na instância ordinária, a partir de elementos constantes nos autos do processo, a premissa fático-probatória de que houve fraude na medição do consumo de energia elétrica, é inviável a discussão sobre cerceamento de defesa e possibilidade de julgamento antecipado da lide, conforme o enunciado da Súmula 7/STJ." (STJ, AgRg no AREsp nº 44.379/RS, 1ª T., Rel. Min. Napoleão Nunes Maia Filho, j. 26/6/2012, *DJe* 2/8/2012).

"Não faz sentido discutir a possibilidade ou impossibilidade de inversão do ônus da prova se não houve *non liquet*. Se o julgador entende suficientemente provados os fatos necessários à prolação de uma decisão e se, no processo civil vige o princípio da comunhão das provas, apenas faria sentido perguntar a que parte cabia provar isso ou aquilo quando admitido que as provas colhidas não eram suficientes para formar a convicção do julgador." (STJ, AgRg no REsp nº 1.310.051/RS, 3ª T., Rel. Min. Sidnei Beneti, j. 22/5/2012, *DJe* 4/6/2012).

"Ausência de violação do art. 334 do CPC, porquanto a confissão não vincula o Juízo, que, em razão do princípio do livre convencimento motivado (art. 131 do CPC), dar-lhe-á o peso que entender adequado." (STJ, REsp nº 1.145.728/MG, 4ª T., Rel. Min. João Otávio de Noronha, Rel. p/ Acórdão Min. Luis Felipe Salomão, j. 28/6/2011, *DJe* 8/9/2011).

"Da mesma forma que o juiz não está adstrito ao laudo pericial, podendo, inclusive, formar a sua convicção com outros elementos ou fatos provados nos autos, inexiste empecilho para que ele o adote integralmente como razões de decidir, dispensando as outras provas produzidas, inclusive os laudos apresentados pelos assistentes técnicos das partes, desde que dê a devida fundamentação. "A livre apreciação da prova, desde que a decisão seja fundamentada, considerada a lei e os elementos existentes nos autos, é um dos cânones do nosso sistema processual" (REsp 7.870/SP, 4ª Turma, Rel. Min. Sálvio de Figueiredo Teixeira, *DJ* de 3.2.1992)." (STJ, REsp nº 886.429/DF, 1ª T., Rel. Min. Denise Arruda, j. 11/9/2007, *DJ* 11/10/2007, p. 308).

"As provas colhidas no inquérito têm valor probatório relativo, porque colhidas sem a observância do contraditório, mas só devem ser afastadas quando há contraprova de hierarquia superior, ou seja, produzida sob a vigilância do contraditório. A prova colhida inquisitorialmente não se afasta por mera negativa, cabendo ao juiz, no seu livre convencimento, sopesá-las, observando as regras processuais pertinentes à distribuição do ônus da prova." (STJ, REsp nº 849.841/MG, 2ª T., Rel. Min. Eliana Calmon, j. 28/8/2007, *DJ* 11/9/2007, p. 216)

"Não se infere ilegalidade na decisão, devidamente motivada, que considera o conjunto probatório e, a despeito do laudo pericial em sentido contrário, conclui pela culpa da empresa por não ter disponibilizado equipamento de proteção individual ao empregado. O exame pericial realizado unilateralmente não deve ser considerado de forma cabal, mormente se as demais provas indicarem o contrário." (STJ, REsp nº 480.662/SC, 3ª T., Rel. Min. Carlos Alberto Menezes Direito, Rel. p/ Acórdão Min. Nancy Andrighi, j. 18/5/2004, *DJ* 16/8/2004, p. 255).

> **Art. 372.** O juiz poderá admitir a utilização de prova produzida em outro processo, atribuindo-lhe o valor que considerar adequado, observado o contraditório.

▶ *Sem correspondência no CPC/1973*

1. Noção de prova emprestada

Ressalvada, dentre os meios de prova típicos da lei, a prova documental, que é de natureza pré-constituída (ou seja, tem sua formação em momento anterior ao processo, ou, na pior das hipóteses, é constituída externamente ao processo, ainda que contemporaneamente a ele) e vem apenas a ser reproduzida nos autos, outras provas, ditas *constituendas*, como o depoimento pessoal, a inquirição de testemunhas, a perícia e mesmo a inspeção judicial, acabam por ser produzidas (formadas) em juízo, realizando-se como atos internos a um processo e em função específica dele.

É natural, portanto, que em cada processo sejam constituídas as provas a ele pertinentes, que nessa mesma linha acabam por ter destinação em princípio restrita a ele. A associação, quando não fosse uma decorrência natural do exercício, pelas partes, de suas prerrogativas processuais, tem de qualquer forma vantagens como a de possibilitar a presidência, pelo juiz da causa, das provas a essa interessantes (por exemplo, nomeando peritos de sua confiança, cf. arts. 465/466), bem como a imediação, especialmente relevante no caso de provas orais (arts. 387, 453 e 456); permite, por outro lado, a ativa participação das partes na produção probatória, como atributo do contraditório, além do direcionamento das provas às necessidades específicas de cada litígio, em termos de pertinência ou utilidade.

Prevê a lei situações excepcionais em que algum desses fatores pode faltar, como a produção antecipada de provas, feitas perante juiz não necessariamente coincidente com o da causa futura (art. 381, § 3º), ou a tomada de depoimento pessoal, a inquirição de testemunha ou mesmo a realização de perícia por carta (arts. 385, § 3º, 453, II e 465, § 6º), mantendo-se de toda forma, nesses casos, a possibilidade de participação dos sujeitos parciais. E por outro lado, no tocante às provas produzidas por carta, a condução da atividade probatória por órgão judicial diverso nem por isso descaracteriza a prova assim produzida como ato do próprio processo.

A doutrina e a jurisprudência, entretanto, já há algum tempo cogitavam do aproveitamento de provas efetivamente estranhas ao processo, produzidas no âmbito de outro feito (e até mesmo, para alguns, fora do ambiente judicial), de modo a permitir a dispensa da atividade probatória correspondente, desde que idênticos ou muito próximos os fatos e justificada a substituição de uma prova por outra por fatores como a impossibilidade ou extrema dificuldade de produção da prova no processo atual, além de especiais vantagens de ordem prática, ligadas à economia de recursos ou de tempo, sempre tomado como requisito legitimador da transferência o respeito ao contraditório.

O assim chamado *empréstimo probatório* não foi disciplinado pelo CPC/73, mas vem agora expressamente contemplado pelo art. 372 do CPC, em termos a rigor até mais abrangentes do que a construção até então feita em torno da matéria.

Com efeito, não estabeleceu o legislador qualquer outro condicionamento que não a observância do contraditório, o que permite concluir que aberto espaço a um juízo de conveniência mais amplo quanto à oportunidade do empréstimo. Não se discute que a regra siga sendo a da produção específica das provas em cada processo (mesmo porque na esmagadora maioria dos casos simplesmente não haverá o que emprestar); mas, manifestando-se a oportunidade, parece clara a opção do CPC por maior flexibilidade quanto ao paradigma da estrita vinculação das provas ao processo em que produzidas, deixando de conferir ao aproveitamento de provas externas um caráter de absoluta excepcionalidade.

É certo que a tolerância será maior ou menor conforme a natureza da prova, já que particularmente no tocante à prova oral tem especial significado o contato direto (imediação) entre o juiz e a fonte de prova – parte ou testemunha –, de modo a tornar claramente preferível a produção específica. Além do mais, no tocante ao depoimento pessoal haveria ainda óbice quanto ao transporte de um processo a outro de eventual confissão, real ou ficta (v. arts. 385, 390 e 391).

Mas, em relação a provas periciais, de outra parte, parece nítida a abertura dada pelo sistema e a ausência de razões para recusá-la de plano, sempre com a necessidade de verificação das circunstâncias alusivas a cada caso. O fato é que, tendo em vista a existência de múltiplos litígios que tomem por base um mesmo fato dependente de investigação técnica, mostra-se em tese pouco razoável a ideia de automática repetição, em cada um deles, de perícias sempre com o mesmo objeto, como também o mesmo enfoque. Basta pensar, por exemplo, em sucessivas avaliações de um mesmo bem penhorado em diversas execuções; no exame pericial de melhorias efetuadas por empreendedor em loteamento, ante diversas demandas de adquirentes com o mesmo questionamento; na análise do defeito de um produto ou da segurança de um serviço, em litígios idênticos movidos por diversos consumidores.

2. Prova emprestada e contraditório

Integra a garantia do contraditório, como se sabe, a possibilidade de efetiva atuação das partes no processo, de modo influir no convencimento judicial, o que no campo probatório se projeta não apenas para a discussão das provas produzidas mas também para a participação concreta na formação daquelas e potencial influência em seu conteúdo.

Essa participação, em condições normais, concretiza-se a partir da atuação das partes no processo no âmbito do qual a prova há de ser naturalmente produzida. Cogitado o empréstimo probatório, por seu turno, põe-se o importante problema de verificar até que ponto terá sido dado às partes do segundo processo atuar na gênese da prova, ou em outras palavras se eram sujeitos do processo em que originalmente produzida.

Caso negativa a resposta, para uma ou para ambas as partes, a admissão do empréstimo significará em tese o aproveitamento de prova com incompleta ou inexistente participação quanto às partes do processo-destino, omissão tanto mais grave quanto maior a possibilidade em termos materiais de renovação da prova no segundo processo.

Justamente por isso a doutrina e a jurisprudência sempre foram enfáticas em apontar o respeito ao contraditório como requisito de admissibilidade genérico do empréstimo probatório, antes de qualquer consideração em torno da utilidade ou necessidade do aproveitamento da prova externa.

O CPC segue nessa trilha, deixando expresso na parte final do art. 372 estar a admissibilidade da prova emprestada sujeita à observância do contraditório. O condicionamento todavia não é absoluto, devendo em última análise ser perquirido também em função de possível prejuízo.

É clássico, nesse sentido, o exemplo quanto a ser o interesse no empréstimo probatório da própria parte estranha ao primeiro processo, que toma a iniciativa de requerê-lo e com isso abdica de qualquer arguição de prejuízo; evidentemente, não poderia a parte que integrou a primeira relação processual resistir em nome da preservação do contraditório em prol do próprio interessado na medida.

Sendo idênticas as partes em ambos os feitos, em contrapartida, em tese não há margem para resistência sob tal perspectiva. Mas não se exclui que mesmo nesse caso venha a se arguir deficiência do contraditório, por exemplo sob o argumento de ter sido dado enfoque diverso à produção da prova no outro processo.

Diversamente, a completa divergência entre as partes de ambos os efeitos em princípio é óbice suficiente a afastar o empréstimo, mas mesmo aqui sem caráter absoluto, desde que porventura inviável a renovação da prova (testemunha falecida, por exemplo) e inexistente outro modo de chegar à verdade de um fato, ou ainda se concordes ambas as partes quanto ao empréstimo.

Indo além, é possível cogitar da relativização da falta de contraditório em outras situações, até mesmo estranhas à esfera judicial. Basta pensar nas perícias simplificadas feitas por técnicos de estabelecimento oficial, em inquéritos policiais, acerca de acidentes de trânsito, com captação das imagens do cenário e de evidências como destroços, marcas de frenagem e posição de imobilização dos veículos, além de tentativa de reconstituição a partir desses elementos da própria dinâmica do evento; essa prova, por sua natureza, não é

feita em contraditório e, não obstante, por suas peculiaridades, não tem como ser reproduzida posteriormente em juízo, de modo que sua pura e simples desconsideração significaria na prática o desprezo de elementos indiciários por vezes essenciais para a compreensão do fato.

Cabe lembrar ainda que, quando se pensa no exercício do contraditório, estão em jogo aspectos para além da simples participação das partes na formação da prova, como a possibilidade de sua adequada discussão, o que pode ser assegurado, em termos de prova emprestada, a partir de sua incorporação aos autos de destino, eventualmente suprindo a falta do primeiro aspecto.

Além disso, a deficiência do contraditório não deve necessariamente ser vista como motivo para o singelo e automático descarte do empréstimo de prova, especialmente se possível a correção desse detalhe específico no âmbito do próprio processo para o qual transportada aquela – por exemplo, suposta perícia feita em processo do qual não tenha participado uma das partes, por meio da convocação do mesmo perito e da abertura de oportunidade a que essa parte formule quesitos ou peça esclarecimentos diretos do experto, quando não pela faculdade de apresentação de laudo por assistente técnico.

Em suma, a despeito do relevantíssimo papel legitimador desempenhado pelo contraditório, não pode e não deve ser ele tomado como argumento meramente formal de oposição ao empréstimo probatório.

3. Espécies de prova e empréstimo

Como exposto no item 1, supra, os documentos eventualmente utilizados como prova são constituídos fora do processo, tendo vida própria para além dele; a prova documental consiste em tal sentido na simples reprodução, nos autos, desses elementos de prova preexistentes.

Por não ser assim *formada* no processo, no tocante a seu objeto, e nem a ele estar circunscrita, não cabe falar em empréstimo de prova documental. O documento levado a um processo e posteriormente reproduzido em outro não resulta em transposição de ato de um processo a outro, senão em nova reprodução do mesmo documento em sede diversa, havendo a cada nova reprodução nova prova documental, original em cada processo, a partir de cópias ou certidões com idêntico valor probante (CPC, arts. 424 e

Art. 372

425); e, nessa mesma medida, não há qualquer restrição do ponto de vista do contraditório ao aproveitamento de documento juntado em outro processo, ainda que distintas as partes.

Quanto aos demais instrumentos de prova referidos no CPC, igualmente não se justifica falar a rigor em empréstimo no tocante à exibição de documento ou coisa. Como exposto nos comentários correspondentes (arts. 396 e seguintes), a exibição não é propriamente um meio de prova, senão um meio de acesso a certas fontes de prova, como documentos ou coisas. Da exibição em si não resulta desde logo prova alguma, senão da reprodução que nos autos se faça do teor do documento exibido, ou da utilização de reprodução mecânica de imagem da coisa verificada, em ambos os casos havendo, a partir daí, prova documental. Não se pode, enfim, emprestar o ato de exibir.

No mais, o empréstimo é possível, seja quanto a laudos periciais ou quanto ao teor de depoimentos pessoais ou de testemunhas; até mesmo quanto à inspeção judicial, pode- se cogitar da utilização de auto circunstanciado resultante de vistoria pessoal feita pelo juiz de outro processo.

3.1. Modo como a prova emprestada é recebida no novo processo

Embora haja quem sustente a assunção, por toda e qualquer prova emprestada, da natureza de prova documental (como se houvesse uma modificação de sua essência), não se mostra essa a melhor solução. Trata-se de fazer a distinção elementar entre prova *documental* (em que vêm registrados no documento os próprios fatos por provar, sendo o documento em si o meio de prova) e prova *documentada* (vale dizer, o registro em termos documentais da expressão formal de outros meios de prova).

O que se reproduz materialmente no outro processo, sem dúvida, é o registro documental da prova original, mas a força probante, adequação formal e admissibilidade são regidas certamente pela disciplina aplicável ao meio de prova em questão, pelo simples motivo de que essa, substancialmente, a prova emprestada. Aceitar a hipótese contrária, de resto, pode dar margem a distorções de toda ordem.

Com efeito, a partir de um depoimento testemunhal transposto de um processo a outro seria possível contornar o impedimento, em determinado caso, à própria prova testemunhal, recebendo-se a prova no novo processo como documento e não como depoimento de testemunha.

Em contrapartida, em hipótese na qual essencial prova técnica, o empréstimo de um laudo pericial não supriria a exigência, por ingressar no novo processo como mera prova documental.

Em termos ainda mais graves, poderia haver o total esvaziamento da força probante da prova testemunhal: a dinâmica desse meio de prova consiste na reprodução dos fatos por parte da testemunha, perante o destinatário da prova, tendo o depoimento força probante na medida da credibilidade que lhe seja vislumbrada; mas, insiste-se, é prova sobre os fatos declarados, e em tese apta a demonstrá-los. Se entretanto a reprodução do depoimento é recebida como simples documento, passando a ser regida pelas normas sobre a força probante dos documentos, então as declarações registradas ficariam privadas de força probatória quanto aos fatos em si, pois o documento, público ou particular, prova apenas que as declarações foram feitas (arts. 405 e 408, *caput*), mas não os fatos declarados, que ficam dependentes nesse caso de outras provas a cargo do interessado (art. 408, parágrafo único).

É fácil também perceber que o questionamento que se queira promover, no processo de destino, quanto à idoneidade da prova emprestada, do ponto de vista das condições em que originalmente produzida (por exemplo, o impedimento de uma testemunha), terá de ser feito à luz da disciplina legal correspondente, e não certamente pelas regras sobre prova documental.

A preservação da essência da prova original, por seu turno, é também notada no tocante à prova produzida antecipadamente, que afinal de contas acaba atuando, do ponto de vista funcional, como se se tratasse de uma prova emprestada, sendo produzida autonomamente, fora do processo em que será utilizada (e normalmente perante outro órgão judicial, cf. art. 381, § 3º), e para ele transposta.

Ressalva-se apenas o caso do depoimento pessoal, dadas as suas peculiaridades. O depoimento pessoal é específico do processo em que promovido, e não poderia ser recebido como tal no segundo processo (quando muito como declarações simples), mormente no que poderia apresentar de útil, vale dizer, eventual confissão feita em seu âmbito. Dita confissão deve ser recebida no segundo processo como *extrajudicial* (portanto passível de prova em contrário), não como confissão *judicial*, tal qual ocorreu no primeiro processo. Ocorre que a confissão judicial, inclusive no tocante ao efeito preclusivo que a acompanha (vejam-se os comentários aos arts. 389 a 391), somente se compatibiliza com o processo no qual concretamente realizada.

4. Valoração da prova emprestada

Chama a atenção a referência do enunciado do art. 372 quanto à atribuição à prova emprestada do valor que o juiz *considerar adequado*. A rigor, ressalvadas eventuais regras de prova legal, com a predefinição legal da eficácia probante, a consideração do poder persuasivo que o juiz entender pertinente é o que se dá com toda e qualquer prova, mesmo as do processo, como decorrência do sistema do livre convencimento motivado de que cuida o art. 371 do CPC.

A advertência portanto era desnecessária, e parece traduzir uma visão de certo modo restritiva da prova emprestada, como se em si mesma dotada de força probatória mais reduzida, o que não se justifica.

A circunstância de não ter o perito sido nomeado pelo próprio juiz, no caso de prova técnica emprestada, ou de não ter havido a inquirição pessoal da testemunha (o que, de resto, ocorre também em circunstâncias como a antecipação probatória ou a produção por carta precatória), embora a rigor desbordem da dinâmica inerente a esses meios de prova, não bastam para fragilizar a prova ou para lhe atribuir uma dimensão secundária, salvo circunstâncias específicas que justifiquem eventual reserva e permitam inclusive descartar a própria aceitação da prova emprestada.

Mas, se reconhecida a pertinência do empréstimo do ponto de vista da oportunidade, da necessidade e da idoneidade da prova transportada, não há por que negar a ela força probante equiparada à das demais provas disponíveis no processo.

5. Prova emprestada apenas de outro processo judicial?

Em princípio, parece ser essa a opção preferencial do legislador, tomando como natural a transferência de provas entre processos judiciais e portanto produzidas em ambiente equiparado de atuação estatal e com sujeição à mesma disciplina legal.

Mas não se extrai do texto legal a vedação pura e simples ao aproveitamento de provas produzidas em outras esferas, como a administrativa, conforme aliás já se admitia anteriormente ao CPC vigente, especialmente em se tratando de provas cuja renovação em juízo não se mostre materialmente viável. Evidentemente, haverá de ser aí verificada a credibilidade que a prova possa merecer, bem como a forma como produzida, sobretudo à vista de eventuais limitações ao contraditório que possam, conforme o caso, comprometer seu aproveitamento (veja-se a respeito o item 2, supra).

Jurisprudência

"A jurisprudência do STJ admite a utilização, em Processo Administrativo Disciplinar, de prova emprestada colhida em inquérito policial, desde que respeitado o contraditório e a ampla defesa, conforme verificado neste caso." (STJ, MS nº 20.004/DF, 1ª Seção, Rel. Min. Herman Benjamin, j. 9/11/2016, *DJe* 29/11/2016).

"Admite-se, excepcionalmente, a migração para o processo civil, de provas produzidas no processo penal, mesmo quando oriundas da quebra de sigilos constitucionais, desde que eventual vício de sua gênese não tenha sido reconhecido na instância criminal originária; neste caso, aliás, verificou-se o contrário, pois aquelas provas foram expressamente validadas no Juízo Penal competente." (STJ, AgRg no REsp nº 1.182.912/RS, 1ª T., Rel. Min. Napoleão Nunes Maia Filho, j. 19/4/2016, *DJe* 29/4/2016).

"Não tendo sido a prova emprestada determinante para o julgamento, não tem como prosperar o vício relacionado com eventual cerceamento de defesa. Segundo a jurisprudência desta Corte, não há falar em ilegalidade da prova emprestada quando respeitados os princípios do contraditório e da ampla defesa." (STJ, REsp nº 1.323.353/RJ, 3ª T., Rel. Min. Ricardo Villas Bôas Cueva, j. 9/12/2014, *DJe* 15/12/2014).

"Em vista das reconhecidas vantagens da prova emprestada no processo civil, é recomendável que essa seja utilizada sempre que possível, desde que se mantenha hígida a garantia do contraditório. No entanto, a prova emprestada não pode se restringir a processos em que figurem partes idênticas, sob pena de se reduzir

Art. 373

excessivamente sua aplicabilidade, sem justificativa razoável para tanto. Independentemente de haver identidade de partes, o contraditório é o requisito primordial para o aproveitamento da prova emprestada, de maneira que, assegurado às partes o contraditório sobre a prova, isto é, o direito de se insurgir contra a prova e de refutá-la adequadamente, afigura-se válido o empréstimo." (STJ, EREsp nº 617.428/SP, Corte Especial, Rel. Min. Nancy Andrighi, j. 4/6/2014, *DJe* 17/6/2014).

"Embora se admita no âmbito das ações por improbidade administrativa a juntada de prova emprestada da seara criminal, essa modalidade probatória não está imune aos efeitos da preclusão (CPC, arts. 396 e 397). Na espécie, a decisão criminal transitou em julgado mais de um ano antes do prazo para a apresentação da contestação pelo demandado. Prova emprestada que, além de preclusa, não foi submetida, conforme assentado pelo acórdão recorrido, ao contraditório e à ampla defesa, condições sem as quais não ostenta nenhum efeito probante. Precedentes STJ." (STJ, AgRg no AREsp nº 296.593/SC, 1ª T., Rel. Min. Arnaldo Esteves Lima, 4/2/2014, *DJe* 11/2/2014).

"Autorizado judicialmente o uso da prova emprestada, não se pode exigir que a Comissão Disciplinar realize perícias nos áudios para que seja identificada a voz dos interlocutores, nem tampouco comprove a titularidade dos aparelhos telefônicos. Tais providências devem ser requeridas nos autos da investigação criminal ou da instrução processual penal, pois só a autoridade que o preside tem a competência para examinar eventual vício e, por conseguinte, determinar a anulação da prova." (STJ, MS nº 16.185/DF, 1ª Seção, Rel. Min. Castro Meira, j. 11/4/2012, *DJe* 3/8/2012).

"A doutrina e a jurisprudência se posicionam de forma favorável à «**prova emprestada**», não havendo que suscitar qualquer nulidade, tendo em conta que foi respeitado o contraditório e a ampla defesa no âmbito do processo administrativo disciplinar, cujo traslado da **prova** penal foi antecedido e devidamente autorizado pelo Juízo Criminal." (STJ, MS nº 13501/DF, 3ª Seção, Rel. Min. Felix Fischer, j. 10/12/2008, *DJe* 9/2/2009).

"É cabível o uso excepcional de interceptação telefônica em processo disciplinar, desde que seja também observado no âmbito administrativo o devido processo legal, respeitados os princípios constitucionais do contraditório e ampla defesa, bem como haja expressa autorização do Juízo Criminal, responsável pela preservação do sigilo de tal prova, de sua remessa e utilização pela Administração." (STJ, RMS nº 16.429/SC, 6ª T., Rel. Min. Maria Thereza de Assis Moura, j. 3/6/2008, *DJe* 23/6/2008).

"As provas colhidas no inquérito têm valor probatório relativo, porque colhidas sem a observância do contraditório, mas só devem ser afastadas quando há contraprova de hierarquia superior, ou seja, produzida sob a vigilância do contraditório. A prova colhida inquisitorialmente não se afasta por mera negativa, cabendo ao juiz, no seu livre convencimento, sopesá-las, observando as regras processuais pertinentes à distribuição do ônus da prova." (STJ, REsp nº 849.841/MG, 2ª T., Rel. Min. Eliana Calmon, j. 28/8/2007, *DJ* 11/9/2007, p. 216).

"A **prova** pericial trasladada para outros autos, como **prova emprestada,** passa à categoria de **prova** documental." (STJ, REsp. nº 683187/RJ, 3ª T., Rel. Min. Nancy Andrighi, j. 8/11/2005, *DJ* 15/4/2006, p. 203).

"No conceito construído pela doutrina e jurisprudência prova emprestada é somente aquela transladada e oriunda de outro processo judicial." (STJ, REsp nº 311.370/SP, 3ª T., Rel. Min. Humberto Gomes de Barros, j. 4/5/2004, *DJ* 24/5/2004, p. 256).

> **Art. 373.** O ônus da prova incumbe:
>
> **I** – ao autor, quanto ao fato constitutivo de seu direito;
>
> **II** – ao réu, quanto à existência de fato impeditivo, modificativo ou extintivo do direito do autor.
>
> **§ 1º** Nos casos previstos em lei ou diante de peculiaridades da causa relacionadas à impossibilidade ou à excessiva dificuldade de cumprir o encargo nos termos do *caput* ou à maior facilidade de obtenção da prova do fato contrário, poderá o juiz atribuir o ônus da prova de modo diverso, desde que o faça por decisão fundamentada, caso em que deverá dar à parte a oportunidade de se desincumbir do ônus que lhe foi atribuído.
>
> **§ 2º** A decisão prevista no § 1º deste artigo não pode gerar situação em que a desincumbên-

cia do encargo pela parte seja impossível ou excessivamente difícil.

§ 3° A distribuição diversa do ônus da prova também pode ocorrer por convenção das partes, salvo quando:

I – recair sobre direito indisponível da parte;

II – tornar excessivamente difícil a uma parte o exercício do direito.

§ 4° A convenção de que trata o § 3° pode ser celebrada antes ou durante o processo.

▶ *Referência: CPC/1973 – Art. 333*

1. Ônus e deveres processuais

Dentre os encargos atribuídos às partes no âmbito do processo, alguns têm a natureza de ônus processuais, enquanto outros representam autênticos *deveres*.

Distinguem-se as duas figuras no sentido de que os *deveres* das partes permitem vislumbrar correlatos direitos da parte contrária de exigir a observância de determinadas condutas, e paralelamente poderes do juiz no sentido de impô-las e assegurar sua observância, sob pena inclusive de aplicação de *sanções* punitivas em caso de transgressão; é o que se tem, por exemplo, quanto às regras de lealdade processual e de urbanidade (CPC, art. 77), ou de colaboração no descobrimento da verdade (CPC, arts. 378 e 379, dentre outros).

Já no que diz respeito aos *ônus* propriamente ditos, cogita-se de determinados encargos impostos aos litigantes em relação ao processo sem qualquer conotação de *obrigatoriedade* e sem que sua observância possa ser exigida pela parte oposta, ou mesmo imposta coercitivamente pela autoridade judiciária e sancionada em caso de descumprimento. Diversamente, o atendimento do encargo põe-se como *condição* à produção de certo resultado de interesse da parte, seja a obtenção de um benefício em específico, seja a possibilidade de evitar o surgimento de situação de desvantagem.

Enquadra-se nessa categoria, por exemplo, o encargo de apresentação de defesa: o réu não está *obrigado* a se defender no processo civil, mas tem o ônus de fazê-lo caso queira ver criada controvérsia em torno dos fatos alegados pelo autor e caso queira ver consideradas pelo juiz circunstâncias que ele, réu, repute imprescindíveis à decisão da causa; do mesmo modo, o execu-

tado não está obrigado a embargar a execução, mas tem o ônus de fazê-lo se quiser paralisá-la, reduzi-la ou de algum modo ver proclamada eventual irregularidade. A parte desfavorecida por uma decisão no curso do processo, igualmente, tem o ônus de recorrer de forma a criar as condições para a respectiva cassação ou reforma pelo órgão recursal, e no âmbito do próprio recurso tem o encargo de observar determinadas formalidades necessárias à sua admissibilidade, como o recolhimento do preparo.

O traço fundamental distintivo entre as duas categorias diz respeito aos interesses envolvidos: no tocante às situações de ônus, a parte onerada age em função de seu próprio interesse e na busca da produção de uma situação de vantagem pessoal (ou quando menos para evitar que com sua omissão se produza situação de vantagem para a parte contrária); já em relação aos deveres, não há interesse pessoal ou perspectiva de vantagem para a parte afetada pelo encargo, que age em função de um imperativo de ordem pública ou para a satisfação de interesse da outra parte.

Em decorrência disso, insiste-se, não há, no tocante ao ônus, possibilidade ou interesse de exigência da conduta correspondente pela parte contrária, ou mesmo razão para o sancionamento da parte omissa pelo juiz; a eventual desvantagem que da omissão possa resultar não representa propriamente punição, mas desdobramento natural, quando o caso, dos efeitos que a conduta do onerado podia evitar.

Como pondera Pontes de Miranda, e diferentemente do que ocorre na hipótese de dever processual, "*não há sujeição do onerado; ele escolhe entre satisfazer, ou não ter a tutela do próprio interesse*" (*Comentários ao Código de Processo Civil*, tomo IV, p. 253).

E é de ônus, enfim, que cuida o legislador ao distribuir entre as partes o encargo de provar determinados fatos objeto do litígio, como condição ao respectivo reconhecimento na decisão da causa.

2. Ônus probatório: razão de ser

A razão primordial da existência de regras de tal ordem reside na necessidade de fixação de critérios objetivos para orientação da decisão judicial nas hipóteses de incerteza probatória quanto aos fatos em discussão.

A indeclinabilidade própria da atividade jurisdicional, no Estado de Direito moderno, impede que nas situações de dúvida pura e simplesmente deixe o juiz de julgar a causa por não saber qual a interpretação adequada a ser dada aos fatos (note-se que o art. 140 do CPC dispõe não se eximir o magistrado de julgar alegando lacuna ou obscuridade da lei; com muito mais razão se aplica o raciocínio, então, à dúvida em torno dos fatos objeto do litígio. Além do mais, está o princípio da indeclinabilidade consagrado entre nós em sede constitucional, como se tem no art. 5º, XXXV, da Carta Magna).

Por outro lado, não se poderia deixar ao alvedrio do próprio magistrado a escolha subjetiva, unilateral e aleatória da versão a acolher em cada caso, perspectiva que, como facilmente se percebe, daria ensejo ao arbítrio e à quebra do tratamento isonômico das partes, além de não atender a exigências mínimas em termos de segurança jurídica e previsibilidade.

Justamente por isso, em matéria de prova aperceberam-se os estudiosos e os próprios legisladores da necessidade de estabelecer determinadas regras objetivas em caráter apriorístico, desde sempre conhecidas das partes e do Estado-Juiz, que indiquem o caminho a ser adotado diante da configuração de situações duvidosas.

Nesse contexto se insere a disciplina ora examinada, que em última análise envolve a definição do predito critério objetivo, apresentando-se, sob tal prisma, como *regra de julgamento*, dirigida especificamente ao juiz. Em essência, socorrer-se-á o magistrado das normas sobre ônus da prova todas as vezes em que, por omissão propriamente dita das partes ou por dúvida emergente do conjunto probatório em concreto formado, não tenha como chegar a uma convicção segura acerca dos fatos – inversamente, se a prova dos autos for conclusiva (não importando qual das partes tenha produzido este ou aquele elemento de prova, em virtude da regra da comunhão – v. art. 371), daquelas não necessitará, bastando que interprete o conjunto probatório e que afirme ou negue, categoricamente, a existência do fato alegado.

3. Duplo aspecto

Na prática, o ônus da prova indica a parte que deixará de ser beneficiada com a consideração, nos termos de sua versão, de um fato (afirmado ou negado) de seu interesse, quando acerca do mesmo não se tenha prova suficiente. Se a parte a quem toca o ônus afirma a existên-

cia do fato, a sentença não o levará em conta, e se pretende negá-lo, tratará do mesmo como se ocorrido; em qualquer hipótese, contudo, é relevante notar que a conclusão judicial nesses casos não será da mesma ordem que aquela advinda da *certeza* em torno do fato, já que a própria dúvida aqui tomada como pressuposto impede uma afirmação peremptória. O juiz se limitará a fazer alusão ao critério legal previsto em matéria de ônus, e por força dele à impossibilidade de acolhimento, na decisão, desta ou daquela versão, sem necessariamente excluí-la no plano real.

Pode-se então dizer, como com acerto pondera José Carlos Barbosa Moreira, que as regras sobre ônus da prova implicam verdadeira "distribuição de riscos" entre os litigantes, quanto "*ao mau êxito da prova*", constituindo sua aplicação, "*em certo sentido, como elemento de motivação, um sucedâneo da prova faltante*" (*Julgamento e Ônus da Prova*, pp. 75 e 81).

O reconhecimento da existência dessas autênticas regras de julgamento não permite, entretanto, que se ignore a outra faceta do ônus da prova, no que se refere ao encargo propriamente instituído em relação às partes. O juiz não tem *ônus* no processo (apenas poderes e deveres), e ao cogitar dessa figura pretende o legislador vincular, subjetivamente, os próprios litigantes (parte da doutrina, incluindo o autor citado, fala, por isso, em ônus *subjetivo* e *objetivo* da prova, classificação que todavia não nos parece adequada em relação ao segundo termo).

Finalisticamente, portanto, não se discute que o ônus da prova diga respeito à atividade judicial. Mas, em termos operacionais, é sem dúvida dirigido às partes, por esse ângulo instituindo *regra de atividade*; justamente por saberem de antemão quem irá sofrer as consequências da falta de certeza quanto a um determinado fato, confere a lei a elas a possibilidade de que empreguem uma maior carga de esforços na atividade probatória, postura que especialmente se esperará do *onerado*, enquanto a parte adversa, por saber-se isenta de tal responsabilidade, em tese poderá limitar-se a aguardar (não é o que dela razoavelmente se espera, nem o que na prática se verifica, até porque a participação na prova é franqueada a ambas as partes, independentemente do ônus, mas o aspecto não pode ser ignorado). Importante, também, é verificar que de nada adiantaria a cogitação de um *ônus* dirigido às partes se não se desse a possibilidade a elas de conhecê-lo de antemão e de se desincumbirem adequadamente desse encargo.

Cronológica e logicamente, assim, na marcha do processo regras de tal ordem se dirigem antes às partes do que ao julgador. Depois de comunicados os sujeitos parciais acerca dos critérios a prevalecer em cada caso e de se lhes dar oportunidade de *agir* em função deles, na busca de um resultado favorável, é que apenas então caberá cogitar da extração concreta dos efeitos respectivos, nesse momento passando a sobressair o aspecto objetivo a que antes se aludiu, vale dizer, a *regra de julgamento*. O entendimento dessa ambivalência é decisivo não apenas para a compreensão do alcance do ônus da prova como também para o correto tratamento de situações que envolvam sua *inversão* (v. adiante).

4. Critérios para a atribuição do ônus da prova

A doutrina se empenhou ao longo do tempo na busca de parâmetros racionais destinados a indicar quais devam ser, essencialmente, os fatores determinantes da atribuição do encargo probatório no processo.

Partindo das máximas *onus probandi ei incumbit qui dicit,* bem como *necessitas probandi incumbi ei qui agit,* indicando a necessidade de prova do fato por aquele que o afirma e que toma a iniciativa de agir, chegou-se no direito romano à primeira regra elementar em matéria de ônus probatório, no sentido de sua atribuição ao autor, temperada todavia pelos próprios romanos mediante a observação de que o réu, ao arguir em exceção fatos impeditivos ou extintivos do direito do autor, age como tal (*reus excipiendo fit actor*), cabendo-lhe então a prova correspondente.

A teoria clássica formulada em torno da matéria, por seu turno, chegou, na essência, a resultados muito semelhantes, associando o ônus da prova ao ônus da alegação (afirmação) dos fatos que sirvam de fundamento a uma pretensão ou exceção, e nesse sentido expressando fórmulas como a de Betti no sentido de ter o autor o ônus da *ação* e o réu o ônus da *exceção*. Fala-se, a partir daí, no ônus pelo autor da prova dos fatos constitutivos de sua pretensão, bem como, pelo réu, de fatos extintivos ou impeditivos porventura invocados como exceção (cf. Moacyr Amaral Santos, *Comentários ao Código de Processo Civil,* vol. IV, pp. 24/27).

Carnelutti, sem desbordar dessa linha, chama a atenção para o elemento *interesse*, sustentando dever girar o ônus da prova em torno do interesse na afirmação em si mesma e tocando por isso a quem tenha interesse em afirmar em cada caso (*Lezioni di Diritto Processuale Civile,* 2º vol., p. 375).

Chiovenda, por seu turno, fala no ônus da prova por parte de quem faça uma afirmação, de modo que ao autor tocaria o ônus quanto aos fatos constitutivos de seu direito e ao réu o ônus não apenas quanto aos fatos extintivos ou impeditivos daquele direito (exceção em sentido amplo) como também relativamente aos que, de modo direto ou indireto, demonstrariam a inexistência do fato provado pelo autor, atuando como *prova contrária* ou *contraprova* (*Principii di Diritto Processuale Civile,* § 55, pp. 787/788).

Essa última proposição comporta, todavia, ressalvas. Chiovenda chega a admitir que o réu, negando fato afirmado pelo autor, não teria necessidade de provar o que quer que seja, visto que o ônus, em tais condições, seguiria sendo do autor, responsável pela afirmação; mas adverte que, já tendo o autor feito prova do fato constitutivo por ele alegado, para o réu poderia advir prejuízo da falta de prova em contrário, nascendo a partir daí o interesse (e o ônus) na afirmação e prova de fatos contrapostos ao fato provado (*Principii...,* cit., p. 787).

Por primeiro, a assertiva de que um fato já provado possa ser objeto de prova em contrário encerra uma contradição em termos, derivada na verdade da confusão entre o convencimento judicial quanto à prova do fato, próprio do julgamento da causa, e a apresentação pela parte interessada de mero *elemento de prova* quanto o fato em discussão. Por um lado, se o juiz se convenceu no julgamento acerca da existência de prova concreta do fato, esgotando sua atividade cognitiva, não há mais interesse probatório, ônus ou mesmo atuação que se possa considerar, em termos úteis, a cargo do réu (está-se aqui abstraindo da hipótese excepcional de produção de prova nova em sede recursal, que não é a premissa adotada pelo raciocínio ora criticado); inversamente, se ao réu ainda é possível alguma prova, é porque provado (no sentido de seu reconhecimento judicial) o fato não está.

A que se refere o insigne processualista, na verdade, é ao interesse por parte do réu na produção, também ele, de prova em torno de fato acerca do qual tenha o autor, tocado pelo ônus probatório, trazido aos autos algum *elemento* de prova. Mas também aí há um problema: esse interesse na verdade não se confunde com ônus da prova, entendido como atribuição a uma parte do encargo da demonstração de um fato e do correlato risco pela ausência de prova suficiente; seja quem for a parte responsável por uma alegação sobre matéria fática, ambos os litigantes têm, a respeito, interesse probatório em sentido amplo e a legítima possibilidade de produzir provas no processo, destinadas a influir no convencimento do julgador.

A conduta do réu, portanto, em buscar no exemplo dado a produção de provas em torno do fato alegado pelo autor, é fruto desse interesse probatório genérico, da preocupação em não ver o fato reconhecido pelo juiz tal qual alegado, mas não permite dizer que passe a ser dele, réu, o ônus correspondente; desde que se mantenha inerte, mas o autor igualmente não produza prova tida por suficiente, o fato deixará de ser considerado.

Cumpre distinguir, enfim, entre o simples *interesse em provar* – que todos têm, indistintamente – e o interesse relacionado ao *fato afirmado*, de que fala Carnelutti, próximo do ônus de alegar e inspirador da atribuição do ônus probatório ao autor da afirmação.

É preciso de todo modo ter em conta que o interesse em matéria de ônus da prova deve ser entendido da forma mais ampla possível – não apenas quanto a fatos suscetíveis de produzir efeitos jurídicos, vale dizer, os fatos nucleares de pretensões ou exceções, mas sim quanto a quaisquer fatos afirmados por uma parte e que se desejem ver considerados no processo.

A partir dessa perspectiva, é possível acatar a definição de Chiovenda de que naturalmente deva tocar o ônus da prova a quem faça a afirmação, cuidando-se ainda de fazer uma distinção: é preciso que o fato seja dotado de *autonomia*. A mera *versão antagônica* que se apresente de um fato afirmado pela outra parte, como forma de negá-lo ou negar suas circunstâncias, não constitui *fato novo*, senão apresentação diversa do mesmo fato; segue o ônus da prova, nesse caso, com quem fez a afirmação original. Diversamente, se quem nega o fato afirmado pela outra parte serve-se, mais do que de uma versão divergente, da afirmação de fatos secundários destinados a dar sustentação à negativa principal, no tocante a esses o ônus é de quem os afirma.

5. Atribuição legal do ônus. O critério geral da lei brasileira

De modo geral, tratam os ordenamentos o problema do ônus da prova mediante a fixação de regras objetivas que funcionam como parâmetros *estáticos*, inspirados pelos critérios propostos pela doutrina e sem distinção, em princípio, quanto às categorias de demandas envolvidas, a natureza das relações jurídicas ou a condição das partes.

A lei processual civil brasileira não é diferente, tendo disposto a respeito desde o art. 209, §§ 1º e 2º, do CPC/39, que por meio de redação imprecisa atribuía ao autor o ônus da prova do fato por ele alegado e ao réu do fato extintivo do fato constitutivo (sic) alegado pelo autor ou obstativo de seus efeitos (não se falou além disso em fatos modificativos).

O CPC/73 manteve a linha do estabelecimento de critério geral, prevendo, com redação mais precisa, o ônus da prova pelo autor do fato constitutivo de seu direito e pelo réu quanto à existência de fato impeditivo, modificativo ou extintivo do direito do autor (art. 333, I e II), sendo idêntica a redação deste art. 373, I e II, do CPC.

Tomando-se de início esses fatores distintivos, tem-se por fatos *constitutivos* aqueles tomados em termos primários como base para a *afirmação* de um direito perante a parte contrária ou, quando menos, como causa de um efeito jurídico que se pretenda opor à outra parte (assim, a existência de relação contratual e a ocorrência de infração a uma de suas regras, quando com base nisso se pretenda pedir a resolução do negócio; a ocorrência de ato ilícito praticado pela outra parte e o prejuízo dele decorrente, no âmbito de demanda indenizatória). Servem, de ordinário, como fundamento nuclear de uma pretensão formulada em juízo.

No tocante ao réu, por seu turno, pode ocorrer de formular defesa *direta*, simplesmente excluindo a ocorrência do fato afirmado pelo autor (pela negação singela ou pela apresentação de versão diversa), caso em que, como já dito no item precedente, nada se inova no tocante à matéria fática, persistindo um único fato por discutir, com versões antagônicas e prova em princípio a cargo de quem o afirmou (o autor).

Coisa diversa, entretanto, é cogitar a parte não propriamente de *negar* o fato porventura afirmado pela outra, mas de afirmar um *segundo* fato ou circunstância, contemporâneo ou posterior àquele, que ao invés de excluir o primeiro tome por pressuposto sua *realidade*, mas que de alguma forma sobre ele interfira, bloqueando a produção de seus efeitos naturais, atenuando-os ou mesmo extinguindo-os (não por outro motivo, fala o art. 373, II, em limitações relativamente ao *direito* alheio, partindo-se pois de sua potencial existência, e por conseguinte da do fato que lhe serviu de base); nesses casos, o ônus da demonstração do novo fato, geralmente objeto de exceção, é da parte que o alega e que busca na verdade alcançar a produção de um efeito jurídico a si favorável.

Exemplo de fato *impeditivo* do direito alheio, contemporâneo ao fato constitutivo primário e com ele concorrendo, é a alegada nulidade do negócio, por incapacidade do agente no momento da formação; por outro lado, o ingresso pelo devedor no regime de recuperação judicial, afetando num primeiro momento a imediata exigibilidade do crédito, é também fato impeditivo do direito do credor, desta feita por circunstância superveniente (podendo esse fato meramente impeditivo, é bem de ver, evoluir para um fato extintivo, em caso de aprovação do plano de recuperação e novação dos créditos). Igualmente a prescrição pode ser invocada como exemplo de fato impeditivo superveniente, desde que se aceite que não implique o desaparecimento propriamente dito do direito a uma prestação, apenas afetando a pretensão material correspondente.

Como fatos *modificativos* do direito alheio, ambos supervenientes à respectiva constituição, podem ser citadas a transação ou a remissão parcial da dívida.

Finalmente, são fatos *extintivos*, o pagamento, a novação, a compensação e mesmo a decadência.

Semelhante critério geral apresenta, todavia, lacunas, a despeito de resolver satisfatoriamente a maior parte das situações nas quais posto à prova.

Muito embora na maioria dos casos a prática acabe por se amoldar às bases da construção doutrinária formada – sendo de fato o autor quem alega fatos constitutivos de direito de modo a fundamentar uma pretensão, e o réu quem sustenta fatos modificativos, extintivos

ou impeditivos de direito alheio como base ao exercício de exceção –, não há uma associação necessária entre cada uma dessas categorias de alegações e a posição ocupada pelas partes nos polos da relação processual.

Figure-se a hipótese de uma demanda declaratória negativa, na qual se afirme como causa de pedir a inexistência de qualquer relação jurídica entre as partes; o fundamento da pretensão é, no caso, não a afirmação de um direito próprio do autor, mas a formulação de negativa genérica no tocante ao suposto vínculo apregoado pela outra parte. Ao réu não basta, por certo, a negativa do fato alegado pelo autor, cumprindo a ele alegar e provar eventual relação jurídica, caso em que a defesa terá por fundamento um fato constitutivo de direito.

Além disso, em ações incidentais de natureza impugnativa, como os embargos à execução ou embargos ao mandado em ação monitória, ocupa o devedor a posição de autor e vale-se de alegações próprias de exceção, não raro embasadas em fatos impeditivos, modificativos ou extintivos do direito alheio.

Essas circunstâncias acabam evidenciando que, ao fim e ao cabo, sobre a literalidade do critério legal acaba prevalecendo sobretudo a noção – que de qualquer forma o inspira – de que a cada parte cabe a prova dos fatos por ela alegados e que tenha interesse em ver considerados, normalmente, com vistas a um efeito jurídico pretendido (mas não necessariamente, já que o problema da incerteza probatória e a aplicação das regras de ônus da prova atingem também os fatos sem aptidão imediata para tanto).

6. Critérios legais específicos. Modificação judicial do ônus da prova

Sem embargo das vantagens proporcionadas, no tocante à segurança jurídica, pelo estabelecimento apriorístico de critérios gerais de atribuição do ônus da prova, pode o legislador optar por dar disciplina autônoma ao tema em certos casos, buscando contemplar circunstâncias diversas ligadas à condição das partes, à matéria envolvida ou a particularidades das situações litigiosas.

Tal pode ocorrer, de um lado, pela fixação na própria lei de critérios amoldados a determinadas categorias de situações jurídicas e fruto da intenção de se lhes dar tratamento próprio. Nem por isso se deixa de falar, aí, em regras objetivas e aprioristicamente conhecidas das partes, além disso com aplicação uniforme a todos os litígios da mesma categoria ou em que se discutam determinados fatos.

Por outro lado, pode o legislador conferir ao próprio juiz, no caso concreto, a prerrogativa de interferir sobre as regras de ônus da prova, abdicando dos parâmetros legais e definindo disciplina exclusiva para o litígio considerado, a partir da consideração da inadequação, por razões várias, dos critérios gerais, e visando basicamente contemplar a maior facilidade, em tese, de acesso à prova.

6.1. Regras legais especiais em matéria de ônus

Quando se dispõe o legislador a regular em específico o tema do ônus da prova, não se tem a rigor uma *inversão legal* (ou *legislativa*) daquele, diversamente do que equivocadamente se refere com frequência na prática.

Ainda que as regras particulares instituídas venham a ter orientação, na essência, diferente do modelo geral vigorante no sistema, nem por isso deixam de ser conhecidas dos litigantes desde o início do processo, sendo pois anteriores a ele e prevalecendo em termos objetivos por força de especificidades inerentes ao litígio. Em última análise, continua a haver, como corretamente afirmado pela doutrina, "*uma distribuição estática, por um novo critério*" (Lucas Buril de Macêdo e Ravi Peixoto, Ônus da prova e sua dinamização, p. 110).

Cabe notar entretanto que a disciplina particularizada não necessariamente redunda em adoção de critérios diversos, muitas vezes resultando em soluções afinadas com o critério geral, mas que de toda forma são explicitadas ou decorrem implicitamente do modo como tratadas certas relações jurídicas pelo direito substancial.

Tome-se, por exemplo a norma do art. 936 do CC, que diz responder o dono ou o detentor do animal pelo dano por ele causado, salvo se provar culpa da vítima ou força maior; esses dois últimos eventos vêm postos como circunstâncias excludentes de responsabilidade, e portanto como *fatos impeditivos* do direito da vítima à reparação. Ao falar na necessidade de prova, o legislador, antes de mais nada, cogita de um ônus substancial de invocação e demonstração do fato impeditivo, da parte do dono, que processual-

mente se projeta numa atribuição a ele do ônus probatório correspondente, em eventual demanda indenizatória, em termos perfeitamente afinados com a previsão do art. 373, II, do CPC. O mesmo se dá, outrossim, quanto a disposições como os arts. 12, § 3º, III, e 14, § 3º, II, do CDC, que preveem não responder o fornecedor de produtos e serviços, respectivamente, caso provem a culpa exclusiva do consumidor ou de terceiro.

Em contrapartida, quando se tomam os arts. 12, § 3º, II, ou 14, § 3º, I, do mesmo CDC, verifica-se ser imputada ao fornecedor a prova de que inexistente defeito no produto colocado no mercado ou no serviço prestado; o defeito é pressuposto do direito à reparação em tais casos, e portanto fato constitutivo do direito do consumidor que a pleiteia. Pelas regras gerais, caberia em tese a ele, consumidor, a prova de sua ocorrência (art. 373, I, do CPC), o que no entanto vem atribuído pelo sistema consumerista ao fornecedor, em termos negativos.

Mesmo nesses casos, insista-se, não há propriamente regras invertidas de ônus probatório, senão regras especiais diferenciadas e *originariamente* aplicáveis aos processos correspondentes, de forma uniforme para os litígios de mesma categoria. Inversão efetiva só há quando o juiz, no curso do processo, atua sobre a disciplina legal genérica e altera as regras que, em princípio, seriam aplicáveis ao caso concreto (veja-se o item subsequente).

Outro exemplo de definição legal do ônus da prova – nesse caso, em termos indiretos – diz respeito às *presunções legais relativas* (visto não admitirem as de natureza absoluta prova em contrário). Envolve a presunção legal mecanismo por meio do qual o legislador formula um juízo valorativo acerca de determinadas circunstâncias fáticas, indicando a interpretação a prevalecer em torno de um fato incerto, a partir de circunstâncias secundárias conhecidas (v. art. 374); admite-se em determinadas hipóteses a refutação da presunção pela parte por ela desfavorecida, a quem, em tais condições, se confere tacitamente o ônus da prova de fatos capazes de elidir a formulação legal abstrata.

6.2. Inversão judicial

Mediante autorização legal específica, como já dito (e embora haja quem considere ser a possibilidade implícita a qualquer sistema baseado em critérios gerais), pode o juiz direcionar de modo específico a distribuição do ônus probatório no âmbito do processo, flexibilizando os critérios legais rígidos e tratando a questão não mais sob perspectiva estática mas *dinâmica,* iluminada pelas circunstâncias do caso concreto.

Fala-se quase automaticamente, nessas hipóteses, em *inversão,* visto que em função da posição ocupada pelas partes na relação processual a retirada do ônus de uma delas (advinda do critério legal em princípio aplicável) inevitavelmente acarreta sua atribuição à parte adversa.

É pertinente entretanto a preocupação doutrinária quanto à amplitude com que deva ser recebida a ideia, que pode trazer ínsita a enganosa sugestão de transferência integral do encargo probatório de uma parte à outra, sem qualquer atenção para com os limites da dinamização e a consideração das circunstâncias de fato por ela efetivamente alcançadas, mantendo-se com isso *"o generalismo e abstracionismo legal"* e preservando *"rigorosamente as mesmas qualidades que opunham sua* (do ônus) *adaptação à realidade do caso concreto"* (Artur Carpes, Ônus dinâmico da prova, pp. 116/117).

Com efeito, a definição do ônus probatório não pode e não deve ser tratada em bloco, assertiva que aliás nem mesmo depende da consideração de possível inversão, impondo-se mesmo quando se trata de sujeição desses fatos aos critérios legais estáticos. A matéria fática objeto de cada litígio não se resume a uma única alegação, mas compreende usualmente um conjunto de fatos, alguns dotados de certa complexidade, trazidos por ambas as partes e em função dos quais buscam elas extrair determinadas consequências jurídicas; em relação a tais fatos, faz-se necessária consideração individualizada para a correta definição da regra de ônus aplicável, que pode variar conforme a parte que tenha tido a iniciativa da afirmação, a própria natureza do fato alegado e os efeitos jurídicos que se pretendam ver reconhecidos.

De resto, a própria incerteza probatória final poderá se restringir a um ou outro fato, de modo que apenas quanto a eles se justificará o emprego do ônus da prova como técnica de julgamento.

Por idênticas razões, a conduta deve ser observada em face de eventual modificação judicial, especialmente quando determinada pela preocupação com a facilitação da prova, já que em condições normais serão distintas as dificuldades relacionadas a cada fato, ou as circunstâncias que possam justificar tratamento diferenciado.

6.2.1. Litígios de consumo

Exemplo clássico de inversão é o introduzido pelo art. 6o, VIII, do CDC, que autoriza o juiz a promovê-la, em benefício do consumidor e para facilitação da defesa de seus direitos, quando verossímeis os fatos por ele alegados ou (na verdade, *e*) for o consumidor hipossuficiente.

O objetivo, como declarado, se volta a contornar dificuldades probatórias que possam acometer o consumidor, seja por sua natural condição pessoal, seja pelo presumido maior acesso do fornecedor a determinadas provas, relacionadas a informações por ele detidas e ao domínio da técnica relativa à atividade desempenhada.

Mas justamente em função disso assoma a relevância da correta individualização dos fatos passíveis de autorizar a medida, afastando-se a mera alusão genérica à inversão do ônus da prova por se tratar de litígio de consumo.

Compreende-se tenha o consumidor eventualmente dificuldades para ter acesso a determinadas informações essenciais, para compreender a técnica de atuação de uma empresa, a fabricação ou o funcionamento de um produto, a técnica de prestação de um serviço e mesmo possível nexo entre as características de um produto ou serviço e a ocorrência de um acidente de consumo. Mas não se pode dizer em princípio – antes pelo contrário – esteja o fornecedor em melhores condições de fazer prova sobre a própria aquisição do produto ou utilização do serviço, quando por ele negadas, muito menos sobre os danos experimentados pelo consumidor no plano pessoal ou o nexo para com o defeito imputado ao produto ou serviço. Para essas circunstâncias, por faltarem as razões inspiradoras da intervenção judicial, deve em condições normais prevalecer a regra tradicional da prova pelo consumidor dos fatos constitutivos de seu direito.

Por outro lado, como já visto, em relação a boa parte das questões relacionadas às características e funcionamento dos produtos ou serviços o ônus da prova já é naturalmente do fornecedor, e por disposição legal (arts. 12, § 3o, e 14, § 3o), de modo que o campo de incidência da inversão judicial, estritamente considerada, é menor do que o que possa à primeira vista parecer.

6.2.2. Lei Geral de Proteção de Dados Pessoais (LGPD)

Mais recentemente, a Lei nº 13.709/2018 também instituiu hipótese de inversão, no âmbito de demandas de reparação de danos causados por controladores ou operadores no exercício da atividade de tratamento de dados pessoais.

Segundo o art. 42, § 2º, o juiz, no processo civil, "... *poderá inverter o ônus da prova a favor do titular dos dados quando, a seu juízo, for verossímil a alegação, houver hipossuficiência para fins de produção de prova ou quando a produção de prova pelo titular resultar-lhe excessivamente onerosa"*.

O texto incide no mesmo equívoco da legislação consumerista ao dar a impressão de alternatividade pura e simples entre os três requisitos ali mencionados, quando é certo haver a necessidade de combinação da verossimilhança da alegação com algum dos outros dois fatores mencionados, alusivos à dificuldade probatória.

6.2.3. A distribuição dinâmica do ônus da prova como regra geral

O CPC generalizou a possibilidade de dinamização (flexibilização) das regras sobre o ônus da prova por iniciativa do juiz (art. 373, § 1º), nos casos previstos em lei ou em face de peculiaridades indicativas da impossibilidade ou excessiva dificuldade de cumprimento do encargo probatório segundo o critério geral, quando não pela maior facilidade de obtenção da prova do fato contrário.

A referência aos *casos previstos em lei*, contudo, mostra-se injustificada. Se a intenção do legislador foi a de aludir a hipóteses em que a própria lei tenha concretamente previsto critério de atribuição do ônus da prova em termos diversos da regra tradicional, então não se tratará de dinamização judicial, mas de regra *legal* específica sobre ônus da prova, conforme abordado no item 6.1 (supra). Por outro lado, se a autorização referida for, em casos específicos, para a dinamização em si, então desnecessária a remissão ao permissivo genérico do próprio CPC.

No mais, não prospera a crítica frequente, sobretudo à luz da exigência de que a decisão seja tomada ainda no curso do processo, de não haver nesse momento qualquer estado de incerteza probatória a considerar. A aplicação dos critérios relativos à distribuição do ônus, como regra objetiva de julgamento, é como visto apenas um dos aspectos relacionados ao instituto, de feição complexa; o ônus da prova impõe às partes um encargo e da mesma forma estabelece consequências relacionadas ao seu descumprimento, que serão tanto mais indesejáveis quanto mais evidente a impossibilidade do respectivo desempenho, de modo que o objetivo da readequação do ônus, em termos aceitáveis, é o de permitir às partes um adequado equilíbrio de forças e a possibilidade de exercício útil das prerrogativas relacionadas às garantias da ampla defesa e do contraditório.

Busca-se, enfim, evitar que por razões de ordem técnica relativas aos fatos por provar, se tenha na prática uma "...*vedação do direito fundamental à igualdade substancial das partes e do direito fundamental à prova*", permitindo que uma *probatio diabólica* atue como fator obstativo do direito a um processo justo (Artur Carpes, Ônus dinâmico..., cit., p. 117).

Independentemente de ser ter ou não, ao final, um quadro de insuficiência probatória, tem plenas condições o juiz, no momento do saneamento ou no curso da instrução, de vislumbrar especial dificuldade probatória para uma das partes ou a maior facilidade de produção da prova inversa pela parte contrária, de modo a justificar a transferência do encargo. E, ao risco de que por meio de decisão dessa natureza venha-se, aí sim, a criar situação inversa de dificuldade extrema, responde-se com o remédio dado pelo próprio legislador no § 2º, ao excluir a providência se a transferência acarretar para a nova parte onerada situação de extrema dificuldade ou impossibilidade probatória.

Não há dúvida de que a dinamização pode acarretar inadequado desvio do critério objetivo previsto em lei, pela errônea consideração da dificuldade probatória por uma das partes, como inversamente da maior aptidão da outra parte para a prova correspondente, mas para tanto exige o legislador, como não poderia deixar de ser, que a decisão seja devidamente fundamentada (em termos específicos e com justificação racional e logicamente estruturada, não com mera alusão mecânica aos requisitos legais, por evidente), ficando assim sujeita a natural controle de qualidade pelos órgãos revisores.

Finalmente, do ponto de vista da previsibilidade justificadora do estabelecimento de critérios objetivos apriorísticos pelo legislador, a alteração por iniciativa judicial naturalmente deve ser feita em termos a possibilitar às partes o devido conhecimento da reordenação, daí a expressa exigência legal de que seja dada à parte a oportunidade de se desincumbir do ônus que lhe foi atribuído (art. 373, § 1º, *in fine*).

6.3. Momento da decisão sobre a modificação do ônus da prova

Merece especial ênfase a disciplina legal expressa indicativa da necessidade de decisão previamente ao julgamento da causa; não chega a dizer o legislador que a manifestação deva ocorrer necessariamente ao ensejo do saneador, embora essa seja a alternativa natural. De toda forma, não fica impedido o juiz de assim decidir em momento posterior, por somente aí se deparar com razões que justifiquem a providência, devendo contudo sempre facultar à nova parte onerada o acesso a todas as provas que se mostrem pertinentes ao desempenho do encargo.

A explicitação, espera-se, tende a resolver a polêmica instaurada na doutrina e na jurisprudência desde a vigência do CDC, em relação à qual já havia adotado o STJ mais recentemente entendimento afinado com a letra do novo diploma processual, definindo que a inversão prevista no art. 6º, VIII, da Lei nº 8.078/90, também deve ocorrer em momento anterior ao julgamento.

Funda-se a corrente oposta a essa tendência na consideração isolada da figura do ônus da prova como regra de julgamento, o que não resolve a questão.

Como já visto, antes de serem dirigidas ao juiz as regras sobre ônus da prova são dirigidas às partes, somente nesse sentido se autorizando o uso da expressão *ônus*; por outro lado, de se ter presente que a inversão *judicial*, tal qual prevista, implica o estabelecimento pelo próprio magistrado de regra procedimental nova, válida para o caso concreto, que necessariamente há de se pautar pelo respeito a cânones constitucionais como o do devido processo legal e o da ampla defesa (cuja acepção é sabidamente mais ampla do que a de simples admissão de defesa técnica pelo réu). Assim sendo, é fundamental que os preceitos objetivos atinentes ao caso sejam estabelecidos em termos **úteis**, acompanhados de mecanismos que possibilitem aos litigantes a

efetiva possibilidade: I) de se desincumbirem em termos práticos dos encargos a eles impostos; e II) de *participação* no desenrolar do processo.

Mais ainda: o juiz, ao atuar sobre a distribuição do ônus da prova, cria ele próprio (com autorização legal) uma nova regra, válida para o caso específico, derrogando o critério legal genérico; e essa regra, como toda regra jurídica, não pode ser endereçada aos destinatários em caráter retroativo, para valorar fatos já ocorridos.

Aplica-se por tais razões a inovação do art. 373, § 1º, como regra geral de aplicação subsidiária à lei especial (quando não fosse, de resto, norma voltada a dar concretude a uma garantia fundamental vinculada ao processo), também aos litígios de consumo.

7. Inversão consensual do ônus da prova

Mantém o CPC no § 3º do art. 373 a autorização para a inversão de comum acordo do ônus da prova, por meio de autêntico negócio jurídico processual, que segundo agora explicitado (§ 4º) pode ocorrer tanto antes quanto no curso do processo.

Preocupado todavia em prevenir a ocorrência de abusos, com o estabelecimento de encargos extremamente onerosos a uma das partes ou simplesmente com a inversão em prejuízo de determinados interesses especificamente protegidos, definiu o legislador alguns obstáculos a esse acordo de vontades.

Assim, exclui-se a possibilidade de convenção quando recair sobre direito indisponível da parte ou quando tornar excessivamente difícil a uma delas o "exercício do direito". No primeiro caso, cumpre ressaltar, não se está impedindo a inversão em todo e qualquer caso em que o litígio, como um todo, envolva direitos indisponíveis, mas apenas naquelas situações em que por força dessa alteração venha a ficar dificultado o exercício de direitos dessa natureza (e no que diga respeito a eles), dependentes da demonstração de certos fatos; inversamente, se a inversão não agravar a posição processual do titular de direitos indisponíveis, mas da outra parte, a conversão será perfeitamente válida. Quanto ao segundo caso (prova excessivamente difícil), simplesmente se buscou preservar a funcionalidade do instituto, impedindo que por meio da inversão se transfira a uma das partes prova de tal modo inacessível que na prática esvazie

Art. 373

a regra, limite também oposto, como visto, à própria dinamização por iniciativa judicial.

8. Ônus de provar e ônus de custear a prova

Finalmente, destaca-se a diferença fundamental entre ônus da prova e eventual encargo de pagamento do custo da prova, este último aspecto que em nada se relaciona com o direito probatório, mas se insere na disciplina do custeio dos atos judiciais em geral.

É frequente a atribuição, por decisões judiciais, da responsabilidade pelo mencionado custeio (sobretudo quanto a perícias) não à parte que a requereu, segundo os critérios do art. 95 do CPC (art. 33 do CPC/73), mas àquela a quem toca o ônus da prova no caso concreto (ou a quem foi ele transferido, por deliberação de inversão feita no mesmo ato).

A jurisprudência do STJ, todavia, é pacífica em afastar o equívoco, o que não exclui a consideração de que, sendo atribuído o pagamento a quem não tenha o ônus da prova e permanecendo essa parte inerte, à parte adversa não restará alternativa senão efetuar o pagamento, sob o risco de não ver a prova produzida e portanto não desincumbido seu próprio encargo probatório.

Jurisprudência

"Determinada a inversão do *onus probandi* após o momento processual de requerimento das provas, deve o magistrado possibilitar que as partes voltem a requerê-las, agora conhecendo o seu ônus, para que possam melhor se conduzir no processo, sob pena de cerceamento de defesa." (STJ, AgRg no REsp nº 1.520.987/GO, 3ª T., Rel. Min. João Otávio de Noronha, j. 3/12/2015, *DJe* 14/12/2015).

"A jurisprudência desta Corte é no sentido de que a inversão do ônus da prova prevista no art. 6º, VIII, do CDC, é regra de instrução e não regra de julgamento, sendo que a decisão que a determinar deve – preferencialmente – ocorrer durante o saneamento do processo ou – quando proferida em momento posterior – garantir a parte a quem incumbia esse ônus a oportunidade de apresentar suas provas. Precedentes: REsp 1395254/SC, Rel. Ministra NANCY ANDRIGHI, TERCEIRA TURMA, julgado em 15/10/2013, *DJe* 29/11/2013; EREsp 422.778/SP, Rel. Ministro JOÃO OTÁVIO DE NORONHA, Rel. p/ Acórdão Ministra MARIA ISABEL GALLOTTI,

SEGUNDA SEÇÃO, julgado em 29/02/2012, *DJe* 21/06/2012." (STJ, AgRg no REsp nº 1.450.473/SC, 2ª T., Rel. Min. Mauro Campbell Marques, j. 23/9/2014, *DJe* 30/9/2014).

"Inexistindo registro da penhora na matrícula do imóvel, é do credor o ônus da prova de que o terceiro adquirente tinha conhecimento de demanda capaz de levar o alienante à insolvência, sob pena de tornar-se letra morta o disposto no art. 659, § 4º, do CPC." (STJ, REsp nº 956.943/PR, Corte Especial, Rel. Min. Nancy Andrighi, Rel. p/ Acórdão Min. João Otávio de Noronha, j. 20/8/2014, *DJe* 1º/12/2014).

"Sendo a recorrida entidade religiosa, há presunção relativa de que o terreno adquirido para construção do templo gerador do débito é revertido para suas finalidades essenciais. Assim é que caberia à Fazenda Pública, nos termos do artigo 333, inciso II, do CPC, apresentar prova de que o terreno em comento estaria desvinculado da destinação institucional." (STJ, AgRg no AREsp nº 417.964/ES, 2ª T., Rel. Min. Herman Benjamin, j. 11/3/2014, *DJe* 15/4/2014).

"As regras do ônus da prova não se confundem com as regras do seu custeio, cabendo a antecipação da remuneração do perito àquele que requereu a produção da prova pericial, na forma do artigo 19 do CPC.' (REsp 908.728/SP, Relator o Ministro João Otávio de Noronha, *DJe* de 26/4/2010)." (STJ, AgRg no AREsp nº 426.062/SP, 3ª T., Rel. Min. Sidnei Beneti, j. 11/2/2014, *DJe* 13/3/2014).

"A jurisprudência desta Corte de Justiça é firme no sentido de reconhecer que a responsabilidade do empregador, decorrente de acidente de trabalho, é, em regra, subjetiva, fundada em presunção relativa de sua culpa. Cabe, assim, ao empregador o ônus da prova quanto à existência de alguma causa excludente de sua responsabilidade, tal como comprovar que tomou todas as medidas necessárias à preservação da incolumidade física e psicológica do empregado em seu ambiente de trabalho, respeitando as normas de segurança e medicina do trabalho." (STJ, AgRg nos EDcl no Ag nº 951.194/SP, 4ª T., Rel. Min. Raul Araújo, j. 7/11/2013, *DJe* 11/12/2013).

"A cirurgia estética é uma obrigação de resultado, pois o contratado se compromete a alcançar um resultado específico, que constitui o cerne da própria obrigação, sem o que haverá a inexecução desta. Nessas hipóteses, há a presunção de culpa, com inversão do ônus da prova. O uso da técnica adequada na cirurgia estética não é suficiente para isentar o médico da culpa pelo não cumprimento de sua obrigação." (STJ, REsp nº 1.395.254/SC, 3ª T., Rel. Min. Nancy Andrighi, j. 15/10/2013, *DJe* 29/11/2013).

"Quando verificada a relação de consumo, prevalece, no âmbito da Segunda Seção desta Corte Superior de Justiça que os efeitos da inversão do ônus da prova não possuem a força de obrigar a parte contrária a arcar com as custas da prova requerida pelo consumidor. Precedentes. Na espécie, a prova pericial determinada pelo juízo foi requerida pelo consumidor, e portanto, a ele é imposto o ônus de arcar com as custas, conforme entendimento já pacificado nesta Corte Superior." (STJ, AgRg no AREsp nº 246.375/PR, 4ª T., Rel. Min. Luis Felipe Salomão, j. 4/12/2012, *DJe* 14/12/2012).

"As regras de distribuição do ônus da prova delineadas no art. 333 do Código de Processo Civil, como observa Barbosa Moreira, revelam-se como "sucedâneo da prova faltante". Assim, somente há necessidade de a solução do litígio se apoiar no ônus da prova quando não houver provas dos fatos ou quando essas se mostrarem insuficientes a que o julgador externe – com segurança – a solução que se lhe afigure a mais acertada. Com efeito, tendo o acórdão recorrido se apoiado nas provas antes produzidas nos autos, no que concerne à impenhorabilidade do imóvel do devedor, o recurso encontra óbice na Súmula n. 7/STJ, a par de se mostrar irrelevante a indagação acerca do ônus probatório." (STJ, REsp nº 981.532/RJ, 4ª T., Rel. Min. Luis Felipe Salomão, j. 7/8/2012, *DJe* 29/8/2012).

"A Internet é um veículo de comunicação fluído. Uma página acessível em um dia pode perfeitamente ser irrecuperável pelo cidadão no dia seguinte. Para o administrador do Portal que a publicou, contudo, tanto a matéria quanto a foto são sempre perfeitamente recuperáveis. Assim, ainda que, pelo critério de distribuição estática, o ônus da prova quanto à existência e o conteúdo da reportagem seja do autor, na hipótese dos autos é admissível promover-se uma distribuição dinâmica desse ônus, de modo que a juntada da reportagem seja dispensada." (STJ, REsp nº 1.135.543/SP, 3ª T., Rel. Min. Nancy Andrighi, j. 22/5/2012, *DJe* 7/11/2012).

"O art. 6º, VIII, do CDC, com vistas a garantir o pleno exercício do direito de defesa do consumidor, estabelece que a inversão do ônus da prova será deferida quando a alegação por ele apresentada seja verossímil ou quando for constatada a sua hipossuficiência. Reconhecida a hipossuficiência técnica do consumidor, em ação que versa sobre a realização de saques não autorizados em contas bancárias, mostra-se imperiosa a inversão do ônus probatório." (STJ, REsp nº 1.155.770/PB, 3ª T., Rel. Min. Nancy Andrighi, j. 15/12/2011, *DJe* 9/3/2012).

"Para fins do disposto no art. 543-C, do Código de Processo Civil, é cabível a inversão do ônus da prova em favor do consumidor para o fim de determinar às instituições financeiras a exibição de extratos bancários, enquanto não estiver prescrita a eventual ação sobre eles, tratando-se de obrigação decorrente de lei e de integração contratual compulsória, não sujeita à recusa ou condicionantes, tais como o adiantamento dos custos da operação pelo correntista e a prévia recusa administrativa da instituição financeira em exibir os documentos, com a ressalva de que ao correntista, autor da ação, incumbe a demonstração da plausibilidade da relação jurídica alegada, com indícios mínimos capazes de comprovar a existência da contratação, devendo, ainda, especificar, de modo preciso, os períodos em que pretenda ver exibidos os extratos." (STJ, REsp nº 1.133.872/PB, 2ª Seção, Rel. Min. Massami Uyeda, j. 14/12/2011, *DJe* 28/3/2012).

"Sendo direito do exequente a penhora preferencialmente em dinheiro (art. 655, inciso I, do CPC), a impenhorabilidade dos depósitos em contas correntes, ao argumento de tratar-se de verba salarial, consubstancia fato impeditivo do direito do autor (art. 333, inciso II, do CPC), recaindo sobre o réu o ônus de prová-lo. Ademais, à luz da teoria da carga dinâmica da prova, não se concebe distribuir o ônus probatório de modo a retirar tal incumbência de quem poderia fazê-lo mais facilmente e atribuí-la a quem, por impossibilidade lógica e natural, não o conseguiria." (STJ, REsp nº 619.148/MG, 4ª T., Rel. Min. Luis Felipe Salomão, j. 20/5/2010, *DJe* 1º/6/2010).

> **Art. 374.** Não dependem de prova os fatos:
>
> I – notórios;
>
> II – afirmados por uma parte e confessados pela parte contrária;

III – admitidos no processo como incontroversos;

IV – em cujo favor milita presunção legal de existência ou de veracidade.

▶ *Referência: CPC/1973 – Art. 334*

1. Dispensa de prova

De um modo geral, a admissibilidade das provas no processo rege-se por fatores que ora remetem aos fatos por provar ora à própria prova que se pretende produzir (v. art. 370). Relativamente aos fatos, em tal sentido, cuida-se de verificar sua pertinência no tocante ao litígio e bem assim sua relevância no contexto desse, ao passo que em relação às provas examina-se por um lado sua adequação formal para a demonstração de determinado fato e por outro a presença dos requisitos vinculados a cada espécie de prova, por exemplo quanto à tempestividade do requerimento e ao momento em que almejada a produção.

Entretanto, abstraídos os pressupostos de cabimento da prova, pode ser ela dispensada no caso concreto quando não se mostre efetivamente necessária (exame que a rigor antecede o da admissibilidade). E, dentre os motivos determinantes de eventual desnecessidade, trata o presente art. 374 especificamente de aspectos relacionados aos fatos da causa, seja por força de peculiaridades inerentes a eles próprios (incisos I e IV), seja pelo modo como concretamente tratados no âmbito de determinado processo (incisos II e III).

Presta-se em tal sentido o dispositivo legal em questão (que mantém na íntegra a redação de seu equivalente no Código revogado) a evitar a prática de atos inúteis, disciplinando o *interesse* na prova e afastando a possibilidade de desenvolvimento de atividade probatória, inócua, em torno de matéria fática acerca do qual já esteja o juiz autorizado, por alguma razão, a formar sua convicção.

São quatro as situações descritas pelo legislador nesse contexto.

2. Fatos notórios

Notório é o fato determinado, tido e reconhecido, pacificamente, como verdadeiro, tal a clareza das circunstâncias que o cercam, o grau de difusão num determinado meio ou a confiabilidade das fontes que o levaram ao conhecimento público. A notoriedade pode atingir os mais diferentes campos, envolvendo atividades humanas ou aspectos naturais, e podendo ser citados a esse título datas cívicas, acontecimentos históricos e políticos (como guerras, revoluções, a chegada do homem à Lua, a independência de um determinado país, o período de gestão de um governante, o sistema de governo vigente em determinado lugar), dados geográficos (acidentes do relevo em geral, a localização de cidades, a capital de um país), antropológicos (a composição étnica de um povo) ou mesmo aspectos da vida privada de uma figura de projeção pública, dentre inúmeras possibilidades.

Não é imprescindível que a notoriedade seja universal, variando seu grau de amplitude conforme a natureza do fato considerado, e podendo a redução chegar ao ponto de alcançar um restrito grupo social (por exemplo, o conhecimento da época observada na colheita de um determinado produto agrícola, em região onde essa cultura tenha particular relevância econômica). Importa, acima de tudo, que a aceitação se dê no meio em que tramita o processo, alcançando as partes e também o juiz, embora quanto ao último, mesmo não conhecendo o fato, se possa cogitar da dispensa de prova a partir das informações convergentes que lhe tragam as partes.

Há que se ter, outrossim, cautela para a distinção entre o fato efetivamente notório e o mero *boato*, consistente na mera propagação, mais ou menos restrita, de uma informação ou comentário a partir de fonte desconhecida, alimentando-se de si mesmo e não possuindo embasamento objetivo ou evidências de sua confirmação (não obstante, o que num primeiro momento é boato pode no futuro, após a respectiva confirmação e aceitação generalizada, vir a se tornar fato notório num determinado local).

É relevante também separar o fato notório da *opinião pública*, que se traduz na convicção e no sentimento, normalmente derivados de juízo crítico, da sociedade ou de determinado segmento social, acerca de acontecimentos ou condutas diversos, não lhe sendo inerente a pacificidade; como adverte Carnelli, "no notório há um valor declarado e pacífico, enquanto que a Opinião Pública é uma força militante", implicando, para alguns, "um estado, não definido, entre a certeza e a dúvida". O notório, ainda segundo esse autor, é conhecimento "aferido e admitido na cultura média" (*O Fato Notório*, p. 260).

Para os fins do art. 374, I, do CPC, a notoriedade não necessariamente deve ficar restrita a um evento isolado no tempo e espaço, podendo também alcançar práticas gerais, como hábitos religiosos ou condutas sociais diversas, sem possibilidade contudo, nesse caso, de se ampliar a notoriedade para a partir dela tomar como fato certo a conduta de indivíduos isolados integrantes desse meio (funcionará, quanto a esses, como mero indício, a ser eventualmente aproveitado com base na experiência comum, jamais como fato notório).

3. Fatos afirmados por uma parte e confessados pela outra

O inciso II tem, na verdade, redação enganosa, pois a rigor a confissão é, em si mesma, uma forma de prova, disciplinada especificamente pelo CPC (arts. 389-395). O que se pretende dizer em última análise é que, pela força probatória inerente à própria confissão, serão normalmente desnecessárias, em presença dela, *outras* provas acerca do mesmo fato, regra que de toda forma não é absoluta.

Em princípio, dúvida não há quanto à sua suficiência para a formação do convencimento do juiz. Não está ele, entretanto, preso de forma inflexível aos seus termos, e pode, conforme o caso, determinar mesmo de ofício que se produzam provas adicionais, notadamente quando inverossímil ou absurdo o fato confessado.

Abstraída entretanto essa possibilidade, que é excepcional, do ponto de vista da parte beneficiada pela confissão não há mesmo o que discutir: se o fato é desde logo reconhecido expressamente pelo adversário, simplesmente não há controvérsia sobre ele nos autos e, desde que se trate de hipótese em que admissível a confissão (v. arts. 392 e 406 do CPC) e que feita essa em termos regulares (v. art. 391), não é necessário que se produza qualquer prova complementar sobre tal ponto, nem razoável que se a pretenda (já do ponto de vista da parte que confessou, o problema é de outra ordem, dizendo respeito à inadmissibilidade de outras provas que possa pretender em sentido contrário ao da confissão, como tratado nos comentários ao art. 391).

A confissão tratada no art. 374, importa dizer, é a *judicial*, o que se extrai da referência a fatos *afirmados por uma parte e confessados pela outra*, vale dizer, ao ato pessoal de reconhecimento, nos autos, da parte em tese interessada em negar o fato; se se cuida outrossim de confissão meramente extrajudicial, deixa de ter sentido o motivo inspirador da dispensa de prova.

Quaisquer que sejam as circunstâncias da confissão extrajudicial, com efeito, desde que haja discussão em juízo sobre o fato dela objeto – e portanto sobre a própria idoneidade da confissão –, poderão ambos os interessados produzir provas, tanto quem a recusa quanto quem da confissão pretende se valer (e a indagação sobre a utilidade de qualquer prova, como se percebe, somente se justifica nesse contexto, de controvérsia sobre o fato; se, confessado extrajudicialmente, vem ele depois a ser também confessado em juízo, passa a partir daí a importar a própria confissão judicial, objeto deste inciso II; se outrossim o fato não é confessado, mas tampouco controvertido, igualmente dispensável a produção de prova, à luz do inciso III deste art. 374).

Saliente-se por fim que a confissão judicial a rigor considerada é a expressa. Todavia, em face de confissão ficta, como a decorrente da recusa injustificada à prestação de depoimento pessoal (v. art. 385), igualmente pode ocorrer a dispensa pelo juiz da produção de outras provas, tomando como suficiente à demonstração do fato a aplicação da pena de confesso.

4. Fatos admitidos, no processo, como incontroversos

Novamente, merece ressalva a redação do atual CPC, que perdeu a oportunidade de corrigir o imperfeito enunciado do Código anterior a propósito dos fatos não controvertidos.

Os fatos não são admitidos *como* incontroversos (tal qual pudesse ser presumida essa qualidade); simplesmente, *são*, ou não, incontroversos, afigurando-se a falta de controvérsia um dado objetivo. Na hipótese positiva, fica a parte que os afirmou eximida de apresentar provas, pois em tais condições a veracidade dos mesmos pode ser admitida pelo juiz.

É importante notar, de toda forma, que a desnecessidade de prova advém não apenas do fato em si da ausência de controvérsia, mas também da expressa autorização legal para a aplicação de regra compatível com a ideia de *verdade formal* (vejam-se a respeito os comentários ao art. 369); em sistemas como o processual penal, diversamente, mesmo o silêncio do réu não libera a acusação de demonstrar especificamente os fatos àquele imputados.

As duas situações clássicas no processo civil relacionadas ao inciso III são a da revelia pura e simples (art. 344 do CPC) e a da apresentação de defesa em que não sejam negados um ou mais fatos afirmados pelo autor, especificamente considerados (art. 341); não são as únicas, contudo.

Com efeito, se a lei, pela importância técnica da defesa, indica expressamente os requisitos que deve preencher e as consequências de eventual inobservância do ônus de impugnar pela parte que se defende, nem por isso se pode pretender que, fora daí, esteja sempre obrigado a produzir provas quem alegue um fato relevante, ainda quando a respeito dele simplesmente silencie o oponente; aplica-se assim o art. 374, III, em caráter mais amplo e como regra geral no processo, para outros casos de ausência de controvérsia, desde que respeitada a oportunidade de contraditório.

É o que se dá, por exemplo, quando o réu alega eventual fato modificativo, impeditivo ou extintivo do direito do autor, e este último, ouvido no prazo do art. 350 do CPC, não lhe nega direta ou indiretamente a ocorrência; do mesmo modo, quando alguém noticia no curso do litígio um fato superveniente que a outra parte deixa de refutar.

Tal qual ocorre com a confissão, entretanto a ausência de divergência em concreto apenas torna prescindível a prova, mas não a impede; desde que o juiz considere inverossímil ou no mínimo duvidoso o fato alegado, pode de ofício atribuir ao interessado o encargo de demonstrá-lo. Além disso, em algumas situações a própria lei se incumbe de excluir a admissibilidade automática do fato incontroverso, como se dá nas hipóteses do art. 341, I a III, e do art. 345 do CPC.

5. Fatos em favor dos quais milite presunção legal de existência ou veracidade

Em certos casos, ainda que ausente prova efetiva acerca do fato de interesse direto ao litígio, pode-se ter por conhecido um segundo fato que, por sua especial proximidade e vinculação para com o primeiro, permita o estabelecimento pelo juiz de um raciocínio lógico em torno da ocorrência ou veracidade deste último (se **A** (fato sabido) *é* assim, **B** (fato probando) *deve ter sido* assim); esse raciocínio dedutivo é pautado por parâmetros de ordem intuitiva e por regras de experiência, e será tanto mais legítimo quanto mais forte, em termos de probabilidade, a conexão formada.

Ao método (e, por extensão, ao respectivo produto) dá-se o nome de *presunção*, enquanto o fato secundário desde logo conhecido – porque efetivamente provado no processo, ou porque incontroverso, ou ainda porque notório – e tomado por premissa é tratado comumente como *indício*.

A presunção, como já se disse (v. art. 369), é referida no CC como meio de prova, mas na verdade não pode ser equiparada às outras modalidades conhecidas, pois não fornece qualquer informação específica sobre o fato, em si, apenas permitindo uma suposição em torno dele a partir do processo mental desenvolvido; como acertadamente pondera Barbosa Moreira, ao passar o juiz da premissa à conclusão, "nada de novo surge no plano concreto, material, sensível: a novidade emerge exclusivamente em nível intelectual, *in mente iudicis*" (*As Presunções e a Prova*, p. 57).

Ocorre que, em determinadas circunstâncias, o próprio legislador se adianta e formula por sua conta raciocínio em tais moldes, de modo a condicionar a apreciação do fato pelo magistrado, no caso concreto. Não é correto dizer que o legislador o dê por *provado* de antemão, mas de toda forma define-se uma regra de *interpretação* à qual não pode se furtar o juiz, na prática, desde que presentes as hipóteses de incidência.

Fala-se, aí, em *presunção legal*, sendo exemplos classicamente citados pela doutrina os do art. 1.597 do CC (presunção de filiação quanto à criança nascida depois de certo tempo de formação ou de dissolução da união conjugal) e do art. 324 do CC (presunção de pagamento quanto ao título entregue ao devedor); dentre inúmeras outras hipóteses podem ainda ser lembradas as presunções de pagamento das parcelas anteriores à última prestação quitada (CC, art. 322), de boa-fé quanto ao possuidor com justo título (CC, art. 1.201, parágrafo único) ou de simultaneidade da morte quanto aos indivíduos falecidos na mesma ocasião (CC, art. 8º).

Conforme admita ou não prova em contrário (o que é ditado por exclusivos critérios de política legislativa, não propriamente pela natureza do fato presumido), a presunção legal é classificada em *relativa* (ou *juris tantum*) e *absoluta* (ou *juris et de jure*), respectivamente. O art. 374, IV, do CPC, abstrai contudo essa distinção, não cogitando das hipóteses de contestação da presunção mas simplesmente dispensando de prova a parte por ela *favorecida*, em qualquer caso: como nos outros incisos desse artigo, o raciocínio é o de que a prova seria nessa hipótese de todo inútil, pois no extremo conseguiria demonstrar o que a lei já diz que deva ser tido por ocorrido ou verdadeiro.

Ao fim e ao cabo, como uma vez mais acertadamente observa Barbosa Moreira, a presunção legal relativa atua na definição do ônus da prova (não inversão, mas sua distribuição originária), "dispensando deste o litigante a quem interessa a admissão do fato presumido como verdadeiro, e correlativamente atribuindo-o à outra parte, quanto ao fato **contrário**" (ob. cit., p. 60).

Jurisprudência

"Nas hipóteses em que a alegação de um fato, deduzida pelo autor, não é objeto de impugnação específica na contestação, tal fato torna-se incontroverso e não depende de prova, nos termos do art. 334, III, do CPC. Em tais hipóteses, a questão sobre a distribuição do ônus da prova desse fato é irrelevante." (STJ, AgRg no AREsp nº 663.935/AL, 3ª T., Rel. Min. Marco Aurélio Bellizze, j. 4/8/2015, *DJe* 17/8/2015).

"O art. 333 do Código de Processo Civil prevê uma distribuição estática das regras inerentes à produção de prova. Cabe ao réu o ônus da impugnação específica, não só da existência de fatos impeditivos, modificativos ou extintivos do direito do autor, como também da impropriedade dos elementos probatórios carreados aos autos pela ex adversa. Nesse ponto, mantendo-se silente o ora recorrido, correto o entendimento de origem, no ponto em que determinou a incidência do art. 334, II, do CPC e por consequência, ter recebido os documentos de provas do autor como incontroversos." (STJ, REsp nº 1.397.870/MG, 2ª T., Rel. Min. Mauro Campbell Marques, j. 2/12/2014, *DJe* 10/12/2014).

"A presunção de pobreza, para fins de concessão dos benefícios da assistência judiciária gratuita, é relativa, podendo o magistrado investigar a situação do requerente caso entenda que os elementos coligidos aos autos demonstram a capacidade de custeio das despesas processuais."

(STJ, AgRg no AREsp nº 465.416/PE, 4ª T., Rel. Min. Maria Isabel Gallotti, j. 25/3/2014, *DJe* 2/4/2014).

"A Primeira Seção deste Tribunal pacificou entendimento de que é prescindível a comprovação efetiva do exercício de fiscalização por parte da municipalidade em face da notoriedade de sua atuação. (REsp 261.571/SP, Min. Eliana Calmon, *DJ* 6.10.2003)." (STJ, AgRg no AREsp nº 381.859/MG, 2ª T., Rel. Min. Mauro Campbell Marques, j. 15/10/2013, *DJe* 21/10/2013).

"PROCESSUAL CIVIL. TRIBUTÁRIO. RECURSO REPRESENTATIVO DA CONTROVÉRSIA. ART. 543-C, DO CPC. IMPOSTO DE RENDA DA PESSOA FÍSICA. (...) Em sede de embargos à execução contra a Fazenda Pública cujo objeto é a repetição de imposto de renda, não se pode tratar como documento particular os demonstrativos de cálculo (planilhas) elaborados pela Procuradoria-Geral da Fazenda Nacional – PGFN e adotados em suas petições com base em dados obtidos junto à Secretaria da Receita Federal do Brasil – SRF (órgão público que detém todas as informações a respeito das declarações do imposto de renda dos contribuintes) por se tratarem de verdadeiros atos administrativos enunciativos que, por isso, gozam do atributo de presunção de legitimidade. Desse modo, os dados informados em tais planilhas constituem prova idônea, dotada de presunção de veracidade e legitimidade, na forma do art. 333, I e 334, IV, do CPC, havendo o contribuinte que demonstrar fato impeditivo, modificativo ou extintivo do direito da Fazenda Nacional, a fim de ilidir a presunção relativa, consoante o art. 333, II, do CPC." (STJ, REsp nº 1.298.407/DF, 1ª Seção, Rel. Min. Mauro Campbell Marques, j. 23/5/2012, *DJe* 29/5/2012).

"1. Desde que limitada ao mínimo previsto na legislação previdenciária, não se exige, para fins de indenização, a comprovação das despesas havidas com funeral e sepultamento, por se tratar de fato notório que deve ser presumido, pela insignificância do valor no contexto da ação, bem como pela natureza social da verba, de proteção e respeito à dignidade da pessoa humana. Precedentes. 2. A aparente divergência jurisprudencial no âmbito do STJ, pela necessidade de comprovação das despesas de funeral, é antiga e se encontra superada." (STJ, REsp nº 1.128.637/RJ, 3ª T., Rel. Min. Nancy Andrighi, j. 3/5/2012, *DJe* 10/5/2012).

"Os fatos articulados pelo autor, desde que não impugnados, conforme se infere dos artigos 302 e 303 do CPC, passam a ser incontroversos, presumindo-se verdadeiros e, em decorrência da preclusão, não se admite que o réu proponha ulteriormente a produção de provas com o propósito específico de afastar o ponto incontrovertido." (STJ, REsp nº 1.224.195/SP, 4ª T., Rel. Min. Luis Felipe Salomão, j. 13/9/2011, *DJe* 1º/2/2012).

"A notoriedade refere-se apenas ao fato, não abrangendo questões jurídicas que demandam maior indagação." (STJ, REsp no 92.500/AM, 3a T., rel. Min. Eduardo Ribeiro, j. 4/2/97, *DJ* 114/4/97, p. 208).

"A circunstância de o fato encontrar certa publicidade na imprensa não basta para tê-lo como notório, de maneira a dispensar a prova. Necessário que seu conhecimento integre o comumente sabido, ao menos em determinado estrato social por parcela da população a que interesse." (STJ, REsp no 7.555/SP, 3a T., Rel. Min. Eduardo Ribeiro, j. 30/4/91, *DJ* 3/6/91, p. 7.425).

> **Art. 375.** O juiz aplicará as regras de experiência comum subministradas pela observação do que ordinariamente acontece e, ainda, as regras de experiência técnica, ressalvado, quanto a estas, o exame pericial.

▶ *Referência: CPC/1973 – Art. 335*

1. Presunção simples

Se em determinados casos direciona o próprio legislador a formação do convencimento judicial mediante o estabelecimento de regras abstratas de interpretação que determinem, a partir de um fato conhecido e de raciocínio dedutivo, uma conclusão apriorística acerca da ocorrência de outro fato, em outras situações confere o mesmo legislador autorização genérica para que o próprio juiz formule no caso concreto raciocínio lógico de tal natureza, valendo-se de um fato conhecido (indício) e de regras de experiência para a formação, por inferência, de um juízo a respeito da ocorrência de fato sobre o qual não disponha de prova direta (no âmbito dos Juizados Especiais Cíveis, mais que mera autorização há um verdadeiro *estímulo* ao emprego de regras de experiência comum ou técnica, como se extrai da redação do art. 5º da Lei nº 9.099/95).

Fala-se aí, em contraposição à presunção legal (v. art. 374), em presunção judicial, ou simples (ou *hominis*), uma e outra modalidades de prova dita indireta. Na realidade, também as presunções legais são inspiradas por regras de experiência e por noções arraigadas na coletividade em determinado contexto histórico e social; o que fundamentalmente difere uma variante de presunção da outra é a autoria do raciocínio dedutivo pelo qual se vincula o fato tomado por base ao fato principal cuja verdade se busca definir, se feito pelo legislador ou pelo julgador.

Chama a atenção desde logo a circunstância de o art. 375 CPC não repetir a ressalva constante da parte inicial de seu equivalente no CPC/73 (art. 335), que condicionava a aplicação das regras de experiência à *falta de normas jurídicas particulares*. A referência era criticada por boa parte da doutrina, pela pouca clareza da redação, deixando margem a dúvidas quanto a seu escopo.

Na verdade, e conquanto reconheçamos a imperfeição da redação anterior, a supressão não determina alteração significativa no tratamento da matéria, já que as ilações suscitadas por tal condicionante são intuitivas, seguindo aplicáveis a despeito da falta de ressalva expressa.

Por um lado, cogitava-se do caráter supletivo da presunção simples em relação à presunção legal, sublinhando o fato de somente haver lugar para eventual raciocínio presuntivo do juiz em relação a certos elementos indiciários na falta de normas específicas instituindo, a esse respeito, uma presunção legal.

De outra parte, assinalava-se uma natural barreira à presunção judicial consistente na exigência por normas particulares, a propósito de determinado fato, de forma estrita, quando não na definição da força probante ou na limitação ao emprego de determinados meios de prova – em suma, a existência das chamadas regras de *prova legal*.

Com efeito, não se pode cogitar de presunção judicial, tomada, por exemplo, a partir de mero início de prova escrita, para estabelecer a existência de ato jurídico cuja formação demande, por lei, forma escrita, por instrumento público ou particular.

A par disso, quanto a fatos já provados nos autos por documento ou confissão, a lei processual veda a produção de prova testemunhal (art. 443, I, do CPC), não se justificando pretenda o juiz, a partir de meros elementos indiciários, estabelecer raciocínio dedutivo contrário ao fato provado, a não ser que se esteja em um contexto específico de questionamento da própria idoneidade do documento ou confissão.

Do mesmo modo, se há restrição num determinado caso à admissibilidade de prova exclusivamente testemunhal quanto ao fato principal, é um imperativo lógico considerar que não se possa chegar a ele partindo de prova, justamente testemunhal, acerca de mero fato secundário, com a aplicação sobre ele de regras de experiência (fora daí, pode-se também pensar na impossibilidade de manejo de regras de experiência técnica quando se faça imprescindível prova pericial, o que, todavia, é objeto de ressalva específica na parte final do enunciado legal; a questão segue analisada no item 3, adiante).

É necessário enfrentar, neste ponto, as consequências da revogação expressa (art. 1.072, II, do CPC) do art. 230 do CC, que afastava presunções, que não as legais, nos casos em que a lei excluísse a prova testemunhal; afinal, aparentemente estaria o legislador, com a remoção de óbice em tais termos, abrindo as portas para o emprego de presunções judiciais mesmo em tais casos.

Não é assim, entretanto. Faz-se necessário entender em que limites vem posta, no caso concreto, a restrição à prova testemunhal. Se se trata de vedação absoluta em tal sentido, como se tem por exemplo em face da exigência de forma literal para o ato, o requisito formal imposto é suficiente, por si só, para igualmente afastar a hipótese de reconhecimento do fato por via presuntiva.

De outra parte, há situações em que o legislador não impede por completo a prova testemunhal, apenas seu emprego como meio de prova exclusivo (hipóteses que seguem presentes no ordenamento brasileiro, mesmo com a ausência no CPC atual de dispositivo equivalente ao art. 401 do CPC/73; a esse respeito, remetemos o leitor aos nossos comentários ao art. 444). Como já dito, entretanto, a presunção simples é logicamente incompatível, em tais casos, com provas indiciárias de cunho meramente testemunhal, o que não fica alterado pela supressão do dispositivo do CC; em contrapartida, se o elemento indiciário advém de um início de prova por escrito, situações em

que a lei admitia e admite a prova testemunhal complementar (CPC, art. 444, e CC, art. 227, parágrafo único), inexiste a rigor impedimento formal a que se aplique, também, presunção judicial para chegar a uma conclusão em torno do fato principal.

1.1. Presunção judicial e ônus da prova

As presunções legais interferem diretamente na distribuição do ônus probatório, na medida em que, ao estabelecerem uma valoração predefinida dos fatos em determinado contexto, dispensam a produção de qualquer prova por parte do interessado na afirmação do fato que se dá por ocorrido; diversamente, quando admissível prova em contrário (v.g., *presunção relativa*), o ônus da prova é naturalmente imputado (em termos *originários*, bem entendido, nada tendo a hipótese a ver com *inversão* do ônus da prova, ideia que remete à modificação pelo juiz de critérios legais) ao interessado em afrontar os termos da presunção.

Já no que diz respeito à presunção simples, não há como vislumbrar interferência sobre esse aspecto. As regras de experiência, em si mesmas, são anteriores ao processo, mas sua utilização concreta pelo juiz, em determinada situação e para este ou aquele fim, somente ocorre no próprio processo, no momento da valoração do fato; a presunção, portanto, como processo mental empregado pelo julgador, somente se manifesta no mundo real a partir daí, não havendo como falar antes de sua formulação em qualquer ônus probatório contrário a ela. Se, por outro lado, a parte que seria em tese desfavorecida traz prova convincente de algum fato capaz de romper a associação entre elemento indiciário e a regra de experiência potencialmente aplicável a situações assemelhadas, o que se passa é que a presunção judicial nem sequer chega a se concretizar.

A presunção simples, de resto, pode indiferentemente ser feita pelo juiz em favor da parte já detentora do ônus pelas regras ordinárias ou então da parte adversa, tudo dependendo da natureza do fato a ser provado, dos indícios disponíveis e da regra de verossimilhança utilizada.

O ataque a ela, sempre possível (não se fala obviamente em presunção absoluta nesses casos), não se faz por meio de provas posteriores como na presunção legal, mas simplesmente pela contestação de seus fundamentos racionais, seja pela refutação da própria regra de experiência tomada como base pelo juiz, seja pela alegação de ausência de conexão lógica suficiente entre o fato secundário e aquele objeto de prova nos autos, seja pela refutação da pertinência lógica entre a regra de experiência e o fato secundário, seja finalmente pela sugestão de falta de prova do próprio elemento indiciário.

Vale destacar, finalmente, já que se fala em ônus da prova, para os diferentes contextos em que invocada pelo legislador a noção de regras de experiência no art. 375 do CPC e no art. 6o, VIII, do CDC: no primeiro caso, prestam-se elas como base para o raciocínio presuntivo em torno da própria ocorrência do fato probando e portanto para uma conclusão diretamente incidente sobre ele; já no segundo servem apenas para a verificação dos pressupostos para a inversão do ônus da prova, notadamente a hipossuficiência do consumidor, não chegando o juiz a fazer nesse momento presunção de espécie alguma acerca dos próprios fatos da causa.

2. Experiência comum

Não existe consenso na doutrina em torno do que se possa objetivamente compreender como *regras de experiência comum,* tampouco cuida o legislador de fornecer maiores detalhes que não a alusão a impressões extraídas da *observação do que ordinariamente acontece.*

Fala-se na doutrina, corretamente, em conceitos elaborados ou em noções assumidas por determinada coletividade quanto a fatos dotados de um certo padrão de repetição, em relação aos quais se atribua um determinado significado, nos mais variados campos, mas não apenas a isso se resume a expressão legal.

Não é necessário, com efeito, que o grupo tenha consciência ou aceite a regra, que não natureza moral nem tampouco imperativa, tratando-se sobretudo da *interpretação,* da tentativa de *compreensão* das causas ou efeitos de determinados fenômenos comumente verificados. Nesse sentido, a identificação de um padrão que possa ser considerado em termos inferenciais pode ser fruto de iniciativa do próprio juiz, com a ressalva todavia de que a repetição deve ter um certo grau de generalidade e não dizer respeito apenas à experiência individual do próprio julgador.

Pode outrossim a conclusão extraída do padrão tomado por referência ser ela, também, passível de verificação a partir da experiência cotidiana como, por outro lado, ser fruto de ope-

ração puramente lógica (como a que indica que o motorista que colide na traseira do veículo que segue à frente não respeitou distância segura do outro veículo ou não manteve a devida atenção).

De todo modo, é imprescindível que o juiz decline a regra-base tomada em conta para o raciocínio presuntivo, bem como justifique sua pertinência para com os fatos dependentes de prova, tudo de modo a permitir o controle, pelas partes, da legitimidade do raciocínio, tanto maior quanto mais facilmente verificável for a ocorrência da situação-padrão (que pode ir de fenômenos naturais a padrões comportamentais) quanto maior a probabilidade acerca da conclusão daí extraída.

Do fato de o juiz se valer de sua experiência pessoal, outrossim, não decorre o comprometimento de sua imparcialidade: o que não se tolera é que tenha o julgador contato prévio com o *próprio fato* a ser apreciado no processo ou com circunstâncias que o cercam, ao passo que em matéria de presunção se vale o magistrado de experiência da qual partilham os demais integrantes do grupo social para desenvolver raciocínio lógico que lhe permita chegar a uma conclusão em torno de fato que é, a rigor, por ele desconhecido.

3. Experiência técnica

A segunda parte do art. 375 também autoriza o juiz a valer-se de impressões e conhecimentos no campo técnico; a autorização, tanto quanto a relativa ao recurso à experiência comum, está sujeita às mesmas limitações, vale dizer, a inexistência de norma prevendo a incidência de presunção legal no caso e, por outro lado, a ausência de regras de prova legal incompatíveis com o emprego da presunção judicial. Mas, aí, se coloca restrição adicional relativa à imprescindibilidade, em determinadas circunstâncias, do desenvolvimento de prova pericial típica.

Doutrina e jurisprudência são pacíficas em reconhecer que o uso de conhecimentos técnicos pessoais pelo julgador deve ser limitado, em nome da garantia do contraditório. Embora seja o juiz o destinatário natural da prova, têm as partes o direito de participar e influir em sua produção (no caso da perícia, por meio da indicação de assistentes técnicos e formulação de quesitos), bem como de discuti-la, de modo a influir no convencimento do julgador.

Nesse sentido, como também tratado nos comentários ao art. 464, a exposição pelo juiz de seus conhecimentos apenas ao ensejo do julgamento acabaria por frustrar qualquer possibilidade de participação das partes na formação do processo decisório; além disso, os aspectos técnicos empregados para a apreciação do fato ingressariam no processo, em tal caso, não como provas, mas diretamente como fundamentos da decisão, sem que se possa falar, todavia, em fatos notórios ou na presença de quaisquer das causas que dispensem a produção probatória, previstas no art. 374 do CPC.

A linha divisória, nem sempre simples de identificar, deverá ser buscada na pequena complexidade do problema técnico enfrentado e na difusão desses conhecimentos, os quais por sua natureza deverão ser acessíveis às pessoas comuns, não dependendo portanto de formação profissional específica ou pelo menos de alta especialização na matéria.

Jurisprudência

"Diante da enorme dificuldade de produção de prova cabal e absoluta da ocorrência de simulação, é facultado ao julgador valer-se das regras de experiência, bem como de indícios existentes no processo para considerar presente o vício que invalida o negócio jurídico." (STJ, REsp nº 1.620.702/SP, 3ª T., Rel. Min. Ricardo Villas Bôas Cueva, j. 22/11/2016, *DJe* 29/11/2016).

"Quando a matéria de fato demandar conhecimento técnico e específico para sua adequada compreensão, escapando às regras de experiência comum, deve o juiz deferir a produção de prova pericial, a teor do art. 145, *caput*, e, a contrario sensu, do inciso I do parágrafo único do art. 420, ambos do CPC, sob pena de configuração de cerceamento de defesa. Nessas circunstâncias, não é dado ao julgador, ainda que detenha cultura técnica em outras áreas além da jurídica, valer-se de seus conhecimentos em detrimento da prova pericial, produzida nos termos da lei, com inteira submissão ao princípio do contraditório." (STJ, REsp nº 1.549.510/RJ, 3ª T., Rel. Min. João Otávio de Noronha, j. 23/2/2016, *DJe* 4/3/2016).

"Constitui presunção *hominis* de que, voltar outro dia descansado, sob outras condições, para refazer a prova física, coloca o candidato em condição de privilegiado em relação àqueles outros que a realizaram em sequência e, mesmo cansados e extenuados, foram aprovados." (STJ, RMS nº 36.653/SC, 1ª T., Rel. Min. Marga Tessler (Juíza Federal convocada do TRF 4ª Região), j. 5/2/2015, *DJe* 13/2/2015).

"Este Tribunal Superior entende que, se as instâncias ordinárias, com base nas regras de experiência, firmaram, de forma fundamentada, convicção da ocorrência de abalo psíquico, faz-se despicienda a produção de prova técnica para se ter por provado o fato constitutivo do direito alegado, caso dos autos. Precedentes. As instâncias ordinárias, com base na análise procedida aos vários elementos fático-probatórios e à ouvida de testemunhas, valendo-se, subsidiariamente, de critérios tirados das regras de experiência, firmaram, mediante fundamentação detalhada, seu convencimento quanto a se encontrar maculada a declaração de vontade inserida em escritura, que trazia cláusula desconhecida da autora de quitação de dívida, autorizando, assim, sua anulação pelo Juízo." (STJ, AgRg no REsp nº 1.389.193/MS, 4ª T., Rel. Min. Raul Araújo, j. 11/11/2014, *DJe* 15/12/2014).

"É devido o pensionamento vitalício pela diminuição da capacidade laborativa decorrente das sequelas irreversíveis, mesmo estando a vítima, em tese, capacitada para exercer alguma atividade laboral, pois a experiência comum revela que o portador de limitações físicas tem maior dificuldade de acesso ao mercado de trabalho, além da necessidade de despender maior sacrifício no desempenho do trabalho." (STJ, AgRg no AREsp n 295.985/ES, 4ª T., Rel. Min. Maria Isabel Gallotti, j. 22/10/2013, *DJe* 13/11/2013).

"Em se tratando de matéria complexa, em que se exige o conhecimento técnico ou científico, a perícia deve ser realizada. O juiz, ainda que não esteja vinculado às conclusões do laudo pericial, não pode realizar os cálculos "de próprio punho". Isso porque, com a determinação da perícia, as partes terão a oportunidade de participar da produção probatória, com a nomeação de assistentes técnicos e a formulação de quesitos." (STJ, AgRg no AREsp nº 184.563/RN, 2ª T., Rel. Min. Humberto Martins, j. 16/8/2012, *DJe* 28/8/2012).

"A jurisprudência do Superior Tribunal de Justiça firmou-se no sentido de que o dano moral oriundo de "overbooking" prescinde de prova, configurando-se in re ipsa, visto que é presumido e decorre da própria ilicitude do fato e da experiência comum." (STJ, AgRg no REsp nº

810.779/RJ, 4ª T., Rel. Min. Maria Isabel Gallotti, j. 28/6/2011, *DJe* 3/8/2011).

"Muito embora seja admissível, a nomeação de perito técnico para a precisa avaliação do trabalho advocatício prestado não exsurge como obrigação imposta ao magistrado, até mesmo porque ao juiz da causa recai a melhor experiência para tal aferição, uma vez que é profissional do direito, expectador e destinatário de toda prova e de toda atividade vertida nas demandas judiciais." (STJ, AgRg no Ag nº 1.206.781/MG, 3ª T., Rel. Min. Vasco Della Giustina (Desembargador convocado do TJ/RS), j. 28/9/2010, *DJe* 14/10/2010).

"Evidente que, segundo as regras de experiência ordinárias (ainda mais levando em conta tratar-se, na espécie, de administradores públicos), o direcionamento de licitações, sem a devida publicidade, levará à contratação de propostas eventualmente superfaturadas (salvo nos casos em que não existem outras partes capazes de oferecerem os mesmos produtos e/ou serviços). Não fosse isto bastante, toda a sistemática legal colocada na Lei n. 8.666/93 baseia-se na presunção de que a obediência aos seus ditames garantirá a escolha da melhor proposta em ambiente de igualdade de condições." (STJ, REsp nº 1.190.189/SP, 2ª T., Rel. Min. Mauro Campbell Marques, j. 10/8/2010, *DJe* 10/9/2010).

"Não é nula a decisão se o julgador, fazendo alusão a fatos de seu conhecimento pessoal, advindos de sua experiência de vida, sopesa-os com aqueles extraídos dos autos, formando, assim, a sua livre convicção. Parte do processo decisório empreendido pelo julgador envolve a interpretação da consciência social, dando-lhe efeito jurídico. Esse processo exegético não deriva da apreciação das provas carreadas aos autos, mas da experiência de vida cumulada pelo julgador, não jungida aos limites impostos pela Súmula 07/STJ." (STJ, REsp nº 1.105.768/RN, 3ª T., Rel. Min. Nancy Andrighi, j. 1º/6/2010, *DJe* 15/6/2010).

O juiz não está adstrito ao laudo pericial, consoante do disposto no art. 436, do CPC, "podendo formar a sua convicção com outros elementos ou fatos provados nos autos." Não obstante, as regras de experiência não podem ser aplicadas pelo julgador quando a solução da lide demandar conhecimentos técnicos sobre o tema, conforme dicção o art. 335, do CPC, verbis: "Em falta de normas jurídicas particu-

lares, o juiz aplicará as regras de experiência comum subministradas pela observação do que ordinariamente acontece e ainda as regras da experiência técnica, ressalvado, quanto a esta, o exame pericial." Consectariamente, acaso o juiz entendesse pelo desacerto do laudo pericial oficial que fixou a indenização devida aos demandantes ante a imposição de limitação administrativa que considerou a área de que são titulares do domínio como *non aedificandi*, caberia a ele determinar a realização de nova perícia." (STJ, REsp nº 750.988/RJ, 1ª T., Rel. Min. Luiz Fux, j. 17/8/2006, *DJ* 25/9/2006, p. 236).

> **Art. 376.** A parte que alegar direito municipal, estadual, estrangeiro ou consuetudinário provar-lhe-á o teor e a vigência, se assim o juiz determinar.

▶ *Referência: CPC/1973 – Art. 337*

Prova do direito

Diferentemente dos fatos da causa, eventos singulares externos aos autos e também desconhecidos do juiz, em relação aos quais a prova, como já se disse (art. 369), se presta a reproduzir a existência e contornos, não há que se cogitar em princípio de *prova do direito*: se dos próprios cidadãos, em geral, exige-se o conhecimento das leis (LINDB, art. 3º), com muito maior razão há de se esperar esse conhecimento por parte do agente estatal encarregado da atuação do ordenamento jurídico; as normas necessárias à solução do litígio, assim, por definição se pressupõem sabidas (*iura novit curia*), daí a prescindibilidade de informações trazidas pelas partes sobre sua existência, integrando elas, pelo contrário, o cabedal de informações pessoal dos julgadores.

A despeito disso, o legislador leva em conta, excepcionalmente, possíveis dificuldades que possam advir ao julgador na pesquisa de determinadas normas em particular, permitindo que em tais casos imponha aos interessados na invocação dessas regras a demonstração do respectivo teor e vigência.

O art. 376 não obriga às partes, de forma automática, que desde logo façam tal prova, cabendo ao juiz assinalar, se e quando lhe parecer conveniente, para atividade nesse sentido; do ponto de vista do juiz, por outro lado, é imperioso que, tendo dúvida, determine a "prova" do direito, não podendo, se não o fizer, invocar a falta de conhecimento pessoal para deixar de apreciar o regramento efetivamente aplicável ao caso (há julgado do STJ entendendo, contudo, que a necessidade de determinação específica somente vale para as instâncias ordinárias, não para os Tribunais Superiores, em relação aos quais caberia à parte fazer com antecedência a demonstração necessária – v. ementa abaixo).

Não há como deixar de reconhecer que em boa parte disposição nesses termos perdeu significado nos dias de hoje, cumprindo recordar o contexto em que primeiro se cogitou da imposição de prova do direito local ou estrangeiro (o art. 376 do CPC, nesse sentido, reproduz integralmente o art. 337 do CPC/73, que por seu turno repetia disposições no mesmo sentido do CPC/39), em época de reduzido avanço tecnológico e em que previsíveis as barreiras de acesso ao conhecimento de normas esparsas (mesmo as de caráter local: imagine-se num território de dimensões como o brasileiro a pesquisa décadas atrás do teor de legislação de município longínquo, em Estado da Federação distinto daquele do órgão judicial).

Ainda assim, se os modernos meios de pesquisa facilitam o acesso ao teor literal de leis, pode haver dúvida por parte do juiz quanto à vigência do texto legal, até por insegurança quanto à exatidão das informações obtidas por pesquisa pessoal. De outra parte, no tocante ao direito estrangeiro, além de barreiras linguísticas também se coloca de maneira intensa o problema da verificação da vigência de textos legais.

Destaque-se outrossim, que o art. 376, tal qual as normas que o antecederam, faz remissão ao *direito* como um todo, não se restringindo às leis em sentido estrito, de modo que as regras a serem demonstradas pelas partes envolvem o conjunto das fontes de direito positivo, alcançando decretos, decretos legislativos, portarias, resoluções e normas regulamentares diversas.

Há restrições, contudo. O entendimento majoritário – e justificado – da doutrina é no sentido que a prerrogativa do juiz não chega ao ponto de determinar a exigência da legislação do próprio Município ou Estado em que exerce a jurisdição (v., por todos, Moacyr Amaral Santos, *Comentários ao Código de Processo Civil*, vol. IV, p. 50).

Quanto à forma de prova do teor, na falta de referência expressa devem ser admitidos, pre-

ferencialmente, certidões emanadas dos próprios órgãos criadores do ato normativo (integrantes do Poder Legislativo, Executivo ou mesmo do Judiciário Estadual, quanto a regras administrativas ou normas de organização judiciária de sua iniciativa), ou ainda a reprodução de sua publicação em jornais oficiais e repertórios específicos, não podendo ser desprezadas, entretanto, outras fontes, mesmo inoficiosas, desde que idôneas.

Já a prova da vigência (principalmente por parte do interessado em alegar sua cessação), não se faz tão simples, pois inexistindo revogação expressa dependerá, na prática, de certa atividade interpretativa, desde que existentes regras posteriores sobre a mesma matéria, podendo para tal fim se fazer pertinente, além de declarações dos próprios órgãos públicos competentes, a consulta a obras doutrinárias especializadas, como defende Moacyr Amaral Santos (*Comentários...*, vol. IV, p. 52).

Acerca do direito *estrangeiro* (aí incluídos não apenas os ordenamentos nacionais, mas também tratados e acordos internacionais), de outra parte, cabe dizer antes de mais nada que a territorialidade inerente à jurisdição e a sua condição de atividade essencial ligada à própria soberania estatal fazem com que, em cada caso, as normas *processuais* aplicáveis sejam em princípio as do próprio país onde corre a demanda; entre nós, entretanto, prevê o art. 13 da LINBD que "a prova dos fatos ocorridos em país estrangeiro rege-se pela lei que nele vigorar, quanto ao ônus e aos meios de produzir-se, não admitindo os tribunais brasileiros provas que a lei brasileira desconheça", abrindo assim a possibilidade excepcional de que, em um processo brasileiro, sejam aproveitados atos praticados segundo regras processuais estrangeiras (a disposição abrange não apenas fatos a serem *provados* no exterior, por carta rogatória, mas também, dentro de certos limites, situações em que a prova seja feita perante o próprio juiz brasileiro); a par disso, e com base de incidência bem mais ampla, a LINDB prevê diversas situações ligadas ao *direito material* que, mesmo em processo iniciado no Brasil, poderão ensejar a aplicação de normas jurídicas de outros países para a solução de questões ligadas à personalidade, nome, capacidade e direitos de família (art. 7º), bens (art. 8º), obrigações (art. 9º) ou sucessão (art. 10).

Para a prova correspondente, seja quanto ao teor seja quanto à vigência, deverão da mesma forma ser aceitas fontes oficiais (preferencial-

Art. 377

mente), como certidões e publicações diversas, podendo supletivamente valer-se a parte interessada de obras doutrinárias de reconhecida confiabilidade ou ainda de julgados onde tratada a matéria, sempre com a observância da tradução juramentada dos textos em língua estrangeira apresentados.

A possibilidade de determinação de prova do direito estrangeiro vem prevista também na LINDB (art. 14), tratando-se outrossim de prerrogativa especialmente relevante quanto ao julgamento dos pedidos de homologação de sentença estrangeira.

Finalmente, quanto ao direito *consuetudinário*, que vem definido por Pontes de Miranda como "*o direito que se irradia de repetição de atitudes humanas que o meio social fez regras jurídicas*" (*Comentários ao Código de Processo Civil*, tomo IV, p. 286), mostra-se pertinente a advertência do mesmo autor quanto a não se confundir aquele com meros *usos e costumes*, práticas repetidas que não chegam todavia a ser absorvidas pelo sistema jurídico; tanto em um caso como em outro, é bem de ver, lida-se com a prova de *fatos*, mas quanto ao direito consuetudinário há, como dado adicional, a necessidade de demonstração dos próprios efeitos jurídicos emergentes dessas práticas, apenas dele cuidando, a rigor, o art. 376 do CPC.

Em condições normais, as características que cercam a formação dessas regras jurídicas dificultam a prova literal, podendo por isso ser admitidos todos os meios previstos em Direito, inclusive a prova testemunhal (com as naturais reservas inerentes à sua fragilidade, mormente quanto ausentes outros elementos). Pode ocorrer, entretanto, de determinados usos comerciais serem objeto de assentos formalizados por Juntas Comerciais, quando então a prova se fará documentalmente, por meio de certidões a partir deles extraídas; também não se pode excluir a existência de prova documental de outra ordem fazendo referência ao direito consuetudinário, bem como a utilização de obras especializadas ou julgados nos quais já tenha sido reconhecido.

Jurisprudência

"Nos termos do art. 337 do CPC, compete à parte recorrente comprovar a ausência de expediente forense para justificar a interposição de seu recurso em data posterior ao que normalmente seria o termo final do prazo recursal. Precedentes do STF e do STJ. Hipótese em que o último dia do prazo para interposição do recurso especial recaiu em uma quarta-feira de cinzas, não tendo a parte recorrente comprovado a ausência de expediente forense nessa data." (STJ, AgRg no AgRg no Ag nº 1.188.471/MG, 5ª T., Rel. Min. Arnaldo Esteves de Lima, j. 4/5/2010, *DJe* 21/6/2010).

"Interpretação conjunta do Princípio do *Jura Novat Curia* com o artigo 337 do CPC. A parte não está obrigada a provar o conteúdo ou a vigência da legislação municipal se o juiz não a determinar. É vedado ao Poder Judiciário negar prestação jurisdicional por desconhecimento de legislação municipal por ausência de comprovação, cabendo ao juiz determinar sua juntada aos autos." (STJ, AgRg no REsp nº 1.139.800/SC, 2ª T., Rel. Min. Humberto Martins, j. 17/12/2009, *DJe* 19/2/2010).

"A alegação de que o acórdão atacado julgou válido o artigo 261 da Lei Municipal n. 1.929/75, contestado em face do artigo 77 da Lei Federal n. 5.172/66 e dos artigos 11, inciso I, e 12 da Lei Federal n. 9.427/96, não pode ser conhecida por esta Corte, pois a recorrente não fez prova do teor e da vigência da norma jurídica municipal, como determina o artigo 337 do CPC. A expressão "se assim o determinar o juiz", constante do artigo 337 do CPC, invocada pela agravante, é válida para a instância ordinária, não para a extraordinária, em que não há momento para dilação probatória, devendo as provas serem pré-constituídas à ascensão dos autos às instâncias superiores." (STJ, AgRg no REsp nº 1.121.620/SP, 2ª T., Rel. Min. Humberto Martins, j. 15/9/2009, *DJe* 25/9/2009).

> **Art. 377.** A carta precatória, a carta rogatória e o auxílio direto suspenderão o julgamento da causa no caso previsto no art. 313, inciso V, alínea b, quando, tendo sido requeridos antes da decisão de saneamento, a prova neles solicitada for imprescindível.
>
> **Parágrafo único.** A carta precatória e a carta rogatória não devolvidas no prazo ou concedidas sem efeito suspensivo poderão ser juntadas aos autos a qualquer momento.

▶ *Referência: CPC/1973 – Art. 338*

1. Atos instrutórios externos

De um modo geral, atos processuais (não apenas os de natureza probatória) que precisem ser realizados fora do território do órgão judicial por onde se processa a causa dependem, para sua prática, da colaboração de outras autoridades judiciárias (a regra não é absoluta, e além de ressalvas legais expressas, como alude o art. 236, § 1º, do CPC, cede naturalmente ante situações como por exemplo atos de comunicação realizados por via postal; a propósito de diligências pontuais realizadas pelo perito em outras comarcas ou seções judiciárias, outrossim, tecemos breves considerações nos comentários ao art. 465).

Mesmo no tocante à intervenção de *autoridade judicial*, em si, não se pode falar em regra necessária. A figura do *auxílio direto*, modalidade de cooperação jurídica internacional de que agora trata o CPC (arts. 28 a 34) e que vem expressamente referida no enunciado do art. 377, envolve a solicitação de atos de interesse do processo que não necessariamente envolvam prestação jurisdicional ou a necessidade de prática de atos judiciais no destino.

Conforme o disposto em tratados internacionais ou na legislação de determinado país, a cooperação jurídica internacional pode, enfim, ser solicitada pela autoridade judiciária brasileira (cooperação ativa) e cumprida de forma judicial ou extrajudicial, por meio de auxílio direto ou carta rogatória (neste último caso, cf. art. 237, II, do CPC); a recíproca é verdadeira para a cooperação passiva.

Já em se tratando de atos a serem praticados por órgão judicial brasileiro por determinação ou solicitação de outro órgão judicial brasileiro, o instrumento adequado será carta de ordem (art. 237, I, do CPC) ou carta precatória (art. 237, III), esta última expedida por solicitação de órgão de mesmo grau hierárquico e de competência territorial diversa.

Em matéria probatória, particularmente, esses instrumentos de cooperação se voltam na maior parte dos casos à produção de provas como a tomada de depoimentos (da parte ou de testemunhas) e à realização de perícias, cuidando o art. 377, ora comentado, de disciplinar a repercussão que possam ter sobre o andamento do processo a partir do qual originados.

2. "Suspensividade"

Chama a atenção desde logo a alteração redacional promovida no art. 377 em relação ao art. 338 do CPC/73, falando o primeiro em suspensão do *julgamento da causa*, ao passo que o dispositivo revogado mencionava a suspensão *do processo*.

Na verdade, não se justificaria considerar que a simples expedição de carta precatória ou rogatória para a produção de qualquer prova pudesse ser causa de paralisação do processo como um todo, nem era isso o que pretendia sugerir a fórmula anterior; tratava o dispositivo revogado de uma situação específica, a do art. 265, IV, "b", do CPC/73, e portanto se referia a "suspensão" no sentido de contenção da prolação sentença de mérito de modo a aguardar a produção de prova necessária, requisitada a outro juízo. O CPC, portanto, optou por ser mais explícito quanto ao objeto da previsão, ao mesmo tempo em que se reporta a seu art. 313, V, "b", correspondente ao art. 265, IV, "b" do CPC/73.

De toda forma, é questionável que mesmo nesse sentido se possa falar em *suspensão* propriamente dita.

O que a pendência de qualquer prova pode causar é o condicionamento, à sua conclusão, da prática de outros atos processuais dela dependentes, em termos lógicos, no encadeamento dos atos do procedimento – e as possibilidades aqui vão além do julgamento da causa, em si considerado.

Naturalmente, a prolação da sentença de mérito depende da efetivação de todas as provas deferidas, como quer que venham a ser produzidas, já que pressupõe o encerramento da instrução e os debates finais, situações incompatíveis com a existência de prova ainda pendente. Por outro lado, a pendência de prova pode também interferir no andamento processual de outros modos, como no tocante à ordem probatória; em se tratando por exemplo de perícia, a ela fica em tese condicionado o início da produção das provas orais, do mesmo modo que a pendência de um depoimento pessoal a rigor retarda a inquirição das testemunhas.

Não se pode entretanto dizer haja, em qualquer caso, uma *suspensão* efetiva do processo, no senso de uma paralisação de sua marcha por intervenção do juiz. Trata-se pura e simplesmente da aplicação da lógica segundo a qual há momento e ordem para a prática dos atos processuais, cuja oportunidade pressupõe a consumação ou a superação do momento para a prática de outros que lhes sejam antecedentes. Enquanto isso não ocorre, o processo não sofre *suspensão*, simplesmente não está maduro para prosseguir rumo à etapa posterior do procedimento.

O que a lei faz, na prática, é tratar essas provas como se de segunda classe; ao invés do

Art. 377

potencial que lhes parece conferir de impedir o julgamento de mérito em determinadas circunstâncias, o que transparece na realidade é a autorização para que o juiz, em outras situações, simplesmente desconsidere a pendência quanto à sua produção, desprezando as consequências lógicas decorrentes desse fato para, em autêntica ficção jurídica, reputar encerrada a instrução e passar à etapa de debates e julgamento, como se simplesmente não existissem. Vale dizer, sonega-lhes a aptidão para condicionar o andamento do processo, moldando o procedimento.

É sintomático, nesse sentido, que venham tratadas pelo art. 313, V, do CPC, em termos análogos à hipótese de prejudicialidade externa da alínea "a", que remete ao julgamento de outra causa, capaz de interferir na decisão do primeiro processo; as provas requisitadas a outro juízo são tratadas pela alínea "b" do mesmo inciso V como se também fossem fatos externos ou estranhos ao processo, o que não corresponde à realidade.

Outro aspecto digno de atenção é a sugestão do parágrafo único do art. 377 de uma suposta alternativa em termos de expedição *com ou sem* efeito suspensivo. Na verdade, no capítulo referente às cartas, o CPC não trata disso, quando muito se referindo, no art. 261, à fixação de prazo para o respectivo cumprimento.

Mas não se pode imaginar que o efeito suspensivo corresponda justamente à duração desse prazo, a partir daí desaparecendo, pois o art. 377, parágrafo único, claramente se refere a ambas as coisas como se distintas. A função desse prazo, outrossim, é bem específica: por um lado, volta-se à parte interessada na prova, como um alerta e um estímulo à diligência e ao empenho no cumprimento da carta, com implícita ameaça de prejuízo da prova em caso de omissão; e, por outro, dirige-se ao órgão responsável pelo cumprimento, à guisa de pedido de colaboração, mediante a sugestão de um lapso temporal razoável para a prática do ato que não comprometa o andamento do processo em que inserido aquele.

O problema da "suspensividade" enfim, não é algo que se manifeste no momento da expedição da carta, mas quando, pendente apenas a prova correspondente, se trate de definir se o julgamento deve ou não aguardar sua conclusão, mormente nas situações em que já superado o prazo por motivos não imputáveis à parte interessada.

3. Momento do requerimento e imprescindibilidade da prova

A referência do art. 377 à "suspensão" de que trata o art. 313, mas em termos distintos, torna necessário compatibilizar os dois dispositivos, superando aparente conflito.

Na verdade, o art. 377 exerce papel limitativo no tocante ao art. 313. Neste último, define o legislador a simples possibilidade de "suspensão" e o prazo máximo pelo qual poderá ser determinada; já no art. 377 definem-se as condições para que possa ser deferida a própria "suspensão".

Fala-se em primeiro lugar no requerimento de expedição da carta precatória, da carta rogatória ou do pedido de auxílio direto em momento anterior ao do saneamento. Claramente, supõe o legislador a indicação específica da necessidade de utilização de um desses mecanismos de produção de prova externa, que não fica assim suprida, em regra, pelo mero protesto genérico por provas, seja na petição inicial seja em atendimento ao conhecido despacho de "especificação de provas".

Por outro lado, a razão de ser da previsão legal gira em torno do interesse de que já no saneamento se delibere a respeito, possibilitando-se não apenas melhor organização da distribuição dos atos instrutórios, como também que se adotem desde logo as providências necessárias, já imaginando o tempo a ser despendido com a produção de provas em tais condições.

Não há entretanto como levar a exigência ao pé da letra. Em se tratando da inquirição de testemunhas, por exemplo, prevê o Código (art. 357, § 4º) a fixação pelo juiz, no próprio saneamento, de prazo para o depósito do rol, não superior a quinze dias; muitas vezes, o conhecimento do paradeiro da testemunha em local distinto só chega ao conhecimento da parte no momento da preparação do rol, não se mostrando realista, ressalvado eventual abuso, imaginar que já desde antes do saneador deva a parte sempre dispor desses dados.

A par disso, no tocante à necessidade de requerimento específico, vem ela desmentida pelo caráter muitas vezes intuitivo e inevitável da expedição de carta, quando por exemplo seja conhecido o domicílio em outro local da parte a ser ouvida em depoimento pessoal, ou se faça necessária perícia quanto a bem, móvel ou imóvel, nas mesmas condições.

Não se pode olvidar, ainda, a hipótese de decorrer a necessidade de expedição de carta de um fato superveniente, como por exemplo a constatação, após o rol, da mudança de endereço de uma testemunha para comarca ou seção judiciária diversa, ou ainda a necessidade de substituição de uma testemunha por força de algum dos fatores do art. 451 do CPC – com indicação, apenas agora, de testemunha residente em outro local.

Em todo e qualquer caso, parece fundamental, sobretudo, investigar a ocorrência de efetivo prejuízo para o processo e, de outro lado, valorar a conduta da parte, a ver se presente algum abuso, sob pena de se transformar as restrições ao aproveitamento de provas produzidas externamente em fonte de cerceamento às garantias do contraditório e da ampla defesa.

Também de difícil tratamento é a exigência *cumulativa* do legislador de que a prova pendente seja *imprescindível,* de modo a poder obstar o julgamento. A rigor, qualquer prova deferida nos autos – o que pressupõe sua adequação, relevância e a pertinência dos fatos dela objeto – presume-se útil para o desfecho da causa, sem que haja como, em princípio, determinar de antemão o grau de imprescindibilidade de cada qual.

A despeito disso, ante a necessidade de dar algum significado ao texto legal, pode-se imaginar a maior ou menor importância de uma prova a partir de aspectos como se tratar da única a ser produzida num determinado processo, ou na única de determinada espécie (como uma perícia), ou ainda na única prova disponível acerca de determinado fato (como no caso de prova testemunhal em que as demais testemunhas arroladas não sejam conhecedoras desse fato especificamente). Diversamente, seria prova não marcada pela imprescindibilidade a oitiva de uma testemunha, no exterior, acerca de fatos a respeito do qual inquiridas diversas outras testemunhas no processo.

Importa ainda enfrentar, conquanto referido em termos práticos em outro dispositivo legal, o problema do prazo de "suspensão" limitado a um ano do art. 313, § 4º, do CPC, sobretudo no que diz respeito ao critério de contagem. Como a expedição da carta precatória, rogatória ou pedido de auxílio direto não são em si mesmos, ao menos em princípio, causa de paralisação do andamento do processo, não parece razoável seja contado o lapso ânuo desde o momento da própria expedição. Mais consentâneo com a ideia de que a pendência da prova externa somente passe a ter relevância do ponto de vista da contenção de possível julgamento a partir do momento em que concluídas as demais provas do processo, esse deve ser o termo inicial da contagem. Mas não fica o juiz, a nosso ver, impedido de eventualmente prolongar a espera para além desse prazo, se assim entender necessário para a adequada apuração da verdade, sobretudo se se tem em mente que a hipótese não envolve situação real de *suspensão* do processo, tal qual se desenvolveu no item 2 (supra).

Por derradeiro, fala o parágrafo único do art. 377, de forma intuitiva, que a carta rogatória ou precatória (e também o auxílio direto, acresça-se) desconsideradas para efeito de julgamento, uma vez que retornem, possam ser juntadas a qualquer tempo. Não poderia ser de outra forma, visto constituírem mal ou bem atos do processo em questão. Mais ainda: não se trata apenas da juntada, como ato físico destinado à documentação; desde que ainda se mostre possível, podem as provas nelas contidas ser aproveitadas, por exemplo, pelo Tribunal, no julgamento de eventual recurso pendente.

Jurisprudência

"1. A prova testemunhal por precatória ou rogatória requerida nos moldes do art. 338 do CPC não impede o Juiz de julgar a ação, muito menos o obriga a suspender o processo, devendo fazê-lo apenas quando considerar essa prova imprescindível, assim entendida aquela sem a qual seria inviável o julgamento de mérito. A prova meramente útil, esclarecedora ou complementar, não deve obstar o processo de seguir seu curso regularmente. 2. Nos termos do art. 130 do CPC, não há preclusão absoluta em matéria de prova, até por se tratar de questão de ordem pública. Mesmo proferido o despacho saneador, o juiz pode, mais tarde, determinar a realização de outras provas, caso entenda que essa providência é necessária à instrução do processo." (STJ, REsp nº 1.132.818/SP, 3ª T., Rel. Min. Nancy Andrighi, j. 3/5/2012, *DJe* 10/5/2012).

Art. 378. Ninguém se exime do dever de colaborar com o Poder Judiciário para o descobrimento da verdade.

▶ *Referência: CPC/1973 – Art. 339*

Dever geral de colaboração em matéria probatória

A jurisdição é realizada no interesse não apenas dos próprios litigantes, mas também do Estado e da sociedade como um todo, preocupados com a afirmação do ordenamento jurídico e com o ideal de pacificação. Daí decorre a necessidade de que, na medida do possível, todos colaborem para com seu desenvolvimento, independentemente de seu envolvimento pessoal no litígio e da perspectiva de obtenção de benefício direto, sempre se levando em conta a conotação publicística do processo.

A obrigação de colaboração, considerada em sua plenitude, vai muito além do campo meramente probatório, incluindo todos e quaisquer atos que de alguma forma possibilitem o progresso da marcha processual e a consecução de seus objetivos, à luz do princípio agora explicitado no art. 6º do CPC; para os estritos fins do artigo ora comentado, que menciona o *descobrimento da verdade*, importa entretanto, acima de tudo, aquele aspecto em particular.

As partes, desse modo, devem colocar à disposição do juiz ou não impedir que cheguem a ele os dados – aí incluída, antes da prova, a própria *narrativa real* dos fatos; v., em tal sentido, o art. 77, I, do CPC – relevantes ao julgamento justo da causa, não criando além disso embaraços à atividade probatória da parte adversa ou controvérsia em torno de fatos que sabem verdadeiros, e de seu turno atendendo às determinações judiciais em torno do esclarecimento de pontos duvidosos ou controvertidos (v. art. 139, VIII) e da exibição de documentos ou coisas relevantes (arts. 396 e 420-421), por exemplo.

O dever de colaboração não é, todavia, absoluto, e pode ceder em face da defesa legítima da esfera individual ou de outros interesses relevantes que possam opor a parte ou o terceiro (daí, por exemplo, as escusas de prestar depoimento pessoal ou depor como testemunha, ou ainda de exibir documento ou coisa que se tenha no poder, a teor de dispositivos como os arts. 388, 404 e 448 do CPC).

Ademais, no que diz respeito aos terceiros, não há como deixar de reconhecer, justamente em face de sua desvinculação dos interesses em disputa, uma natural menor sujeição, fazendo com que a participação se resuma ao estritamente necessário ao litígio em curso, bem como paralelamente ampliando as possibilidades de oposição ao fornecimento de informações de cunho pessoal (pode-se, assim, cogitar da quebra do sigilo bancário e fiscal de uma das partes, mas em princípio não de pessoa ou sociedade estranhos ao litígio, ainda que se afigurem relevantes os dados buscados).

É preciso ainda distinguir, em matéria de colaboração por terceiros, o que seja a simples prestação de informações ou esclarecimentos do desenvolvimento de atividades complexas de cunho profissional. Não está o terceiro, assim, obrigado a aceitar nomeação como perito judicial, por maior que seja o seu grau de especialização, quando não faça parte do corpo de peritos habilitado junto ao Tribunal de Justiça e nem sequer atue como tal. Por outro lado, ainda que seja perito habilitado, tampouco está obrigado a atuar gratuitamente, abdicando da remuneração profissional, no âmbito de causas que envolvam partes impossibilitadas da arcar com os custos da prova técnica.

Jurisprudência

"O dever geral de colaboração para elucidação dos fatos, imposto nos termos do art. 339 do CPC, somente é afastado por meio de regras expressas de exclusão, entre as quais o sigilo profissional calcado na necessidade precípua de manutenção da relação de confiança inerente a determinadas profissões, o que não se afigura razoável na hipótese dos autos em que a relação entre signatários do acordo e a entidade pública se vinculam por meio do exercício do poder de polícia." (STJ, REsp nº 1.554.986/SP, 3ª T., Rel. Min. Marco Aurélio Bellizze, j. 8/3/2016, *DJe* 5/4/2016).

"O dever de colaboração com o Judiciário, previsto no art. 339 do CPC, alcança a todos que participem a qualquer título do processo, ou seja, aos que, de alguma maneira, estejam vinculados a fatos relacionados ao descobrimento da verdade no processo específico, chamados aos autos com o intuito de influenciar na decisão judicial. Embora não abranja apenas as partes, autor e réu, mas todo aquele que participe do processo, incluindo-se o assistente, o opoente, ou seja, partes em sentido lato, bem como testemunhas, peritos, intérpretes e advogados, não pode alcançar terceiros completamente estranhos à lide. Numa democracia, a imposição legal restritiva de liberdade não pode ser ilimitada, genérica, a ponto de afetar, reduzindo ou esvaziando, o próprio conteúdo da garantia constitucional." (STJ, REsp nº 818.727/SP, 4ª T., Rel. Min. Raul Araújo, j. 2/10/2014, *DJe* 5/3/2015).

"A litigância de má-fé deve ser distinguida da estratégia processual adotada pela parte que, não estando obrigada a produzir prova contra si, opta, conforme o caso, por não apresentar em juízo determinados documentos, contrários à suas teses, assumindo, em contrapartida, os riscos dessa postura. O dever das partes de colaborarem com a Justiça, previsto no art. 339 do CPC, deve ser confrontado com o direito do réu à ampla defesa, o qual inclui, também, a escolha da melhor tática de resistência à pretensão veiculada na inicial. Por isso, o comportamento da parte deve sempre ser analisado à luz das peculiaridades de cada caso." (STJ, REsp nº 1.286.704/SP, 3ª T., Rel. Min. Nancy Andrighi, j. 22/10/2013, *DJe* 28/10/2013).

"É legítima a pretensão da CEF de exigir, dos referidos bancos, a entrega de dados e extratos correspondentes ao período em que foram responsáveis pela conta vinculada, especialmente quando tal exigência se destina a formar prova judicial em demanda do interesse do titular da conta. Afinal, "ninguém se exime do dever de colaborar com o Poder Judiciário para o descobrimento da verdade" (CPC, art. 339)." (STJ, EREsp nº 706.660/PE, 1ª Seção, Rel. Min. Teori Albino Zavascky, j. 8/3/2006, *DJ* 27/3/2006, p. 148).

"O art. 6º, parágrafo único da Lei nº 1.533/51 prevê a possibilidade de o juiz ordenar, por ofício, a **exibição** de **documento** necessário a **prova** do alegado, nas hipóteses em que houver recusa da Administração. *In casu*, não há qualquer elemento nos autos que comprove a eventual recusa da Autoridade indicada como coatora." (STJ, AgRg no MS nº 10.314/DF, 3ª Seção, Rel. Min. Gilson Dipp, j. 28/9/2005, *DJ* 17/10/2005, p. 173).

"Agravo de instrumento. Ordem judicial de que os possuidores de imóvel rural permitam o seu georreferenciamento. Admissibilidade. Dever geral de colaboração processual. Incidência do art. 339 do CPC. Possibilidade de inspeção judicial da área com o auxílio de perito. Incidência dos artigos 440 e 441 do CPC." (TJSP, AI nº 0296892-07.2011.8.26.0000/ Miracatu, 11ª C. Dir. Priv., Rel. Des. Rômulo Russo, j. 10/5/2012).

> **Art. 379.** Preservado o direito de não produzir prova contra si própria, incumbe à parte:
>
> **I –** comparecer em juízo, respondendo ao que lhe for interrogado;
>
> **II –** colaborar com o juízo na realização de inspeção judicial que for considerada necessária;
>
> **III –** praticar o ato que lhe for determinado.

▶ *Referência: CPC/1973 – Art. 340*

1. Dever de colaboração, dever de lealdade e prova contrária aos próprios interesses

Depois de enunciar, no art. 378, o dever geral de colaboração que toca a todos os cidadãos no tocante ao descobrimento da verdade sobre fatos objeto de processos judiciais, o CPC vigente, a exemplo do que fazia o CPC/73, enumera nos dois artigos subsequentes situações específicas exemplificativas da postura colaborativa aguardada, primeiro quanto às partes e depois quanto aos terceiros.

O art. 379 começa, entretanto, fazendo ressalva que não constava de seu equivalente no CPC/73 (art. 340) e que precisa ser adequadamente compreendida, dada a infeliz redação.

De acordo com o Código revogado, para além dos deveres enumerados no art. 14 (correspondente ao art. 77 do CPC), à parte incumbiria praticar os atos em seguida descritos, formulando-se portanto uma aditiva no tocante aos deveres mencionados pelo outro dispositivo – dentre eles, fundamentalmente, o de expor os fatos em juízo segundo a verdade (CPC/73, art. 14, I).

O CPC, diversamente, faz uma ressalva, aparentemente sujeitando a observância do dever de colaboração e a necessidade de prática das condutas referidas nos incisos do art. 379 ao resultado dessa conduta, como que a dispensar a parte desde que presente o risco de produção de prova contra si própria.

A interpretação não pode, contudo, de forma alguma ser essa, seja por atentar frontalmente contra os valores éticos que regem o processo, seja também pela clara contradição para com o sistema do próprio diploma processual, expressado em diversas outras passagens.

Chama-se desde logo a atenção para a amplitude da redação do *caput*, que não trata de garantias aceitas sem grandes hesitações na generalidade dos ordenamentos, como a que excluir a exigência de autoincriminação. Não se prende o art. 379, nesse sentido, à dispensa do reconhecimento de fatos que possam ter reflexos desfavoráveis à parte na esfera criminal, ou mesmo que lhe possam trazer grave risco ou a seus familiares, ou ainda que impliquem a violação a valores constitucionalmente protegidos, falando pelo contrário na singela possibilidade de prova adversa, ainda que os reflexos se restrinjam aos limites do próprio processo.

Ocorre que, num primeiro momento, o "risco" de produção de prova contrária, em caso de colaboração efetiva, existe para a parte que esteja falseando a verdade, tendo pois descumprido ao ensejo da fase postulatória o dever de veracidade hoje explicitado no art. 77, I. E, nesse sentido, supor possível a recusa de colaboração sob tal justificativa seria ou fazer letra morta daquele valor fundamental ou, quando menos, imaginar que o legislador teria, a despeito da exigência de apresentação veraz dos fatos, criado ao mesmo tempo uma redoma destinada a legitimar eventual conduta infringente desse dever, ambas as hipóteses absurdas. O dever de lealdade exige não apenas a exposição verídica dos fatos como também a observância desse imperativo ético no tocante à atividade probatória.

Ainda que se abstraia a ideia de alteração deliberada da realidade pela parte, supor estivesse o legislador tutelando a dispensa da colaboração ante o mero receio quanto ao resultado, desconhecido, da prova, seria simplesmente esvaziar a cooperação como dever, inserindo-a num plano totalmente diverso, de cunho oportunista, vinculado ao possível proveito da prova para a parte e à conveniência dessa em sua produção.

Não se trata, em contrapartida, de recusar a ideia de disponibilidade em matéria probatória, ou de sonegar à parte todo e qualquer juízo de oportunidade nessa esfera, seja em termos de utilidade, seja do dispêndio de tempo, seja do próprio resultado da prova, obrigando-a por exemplo a levar ao processo, espontaneamente, todo e qualquer elemento de prova de que disponha, ainda que potencialmente possa ser interpretado em seu desfavor, ou retardar desnecessariamente o andamento do feito.

O art. 379, ora comentado, não cuida propriamente da iniciativa probatória da parte, mas sobretudo da necessidade que se lhe impõe de auxiliar o órgão judicial no tocante a atos e diligências por esse determinados e tidos a seu critério como relevantes para a instrução.

E, neste passo, os limites à colaboração devem ser buscados não no interesse da parte em relação ao processo e na busca por possível vantagem, como enganosamente sugerido pelo enunciado legal, mas na existência de eventual fator excepcional autorizador da recusa, tal como previsto em dispositivos como o art. 388 e o 404 (a cujos comentários remetemos o leitor). Fora daí, é o caso de pensar também na eventual invocação de fatores ligados à proteção da intimidade e à preservação da integridade corporal, tal como referido abaixo (itens 1.2 e 1.3).

Refere-se o exemplificativamente o art. 379, quanto aos deveres contemplados, a duas situações específicas, enunciando uma terceira norma de caráter aberto.

1.1. Comparecimento em juízo para depor

O inciso I trata, a rigor, tanto da obrigatoriedade de prestação do depoimento pessoal em audiência de instrução e julgamento, cuja omissão é sancionada nos termos do art. 385 do CPC, como também de comparecimento para interrogatório simples, para meros esclarecimentos, em qualquer outro momento do processo, hipótese agora tratada em separado no art. 139, VIII, do mesmo Código.

Diferem as duas hipóteses quanto aos objetivos diretos e às consequências de eventual desatendimento pela parte convocada (já que no tocante ao interrogatório simples se exclui a pena de confesso, como antes era sustentado majoritariamente pela doutrina e agora se acha expressamente ressalvado pela lei), em ambas estando de todo modo presente a ideia de fornecimento, pelo próprio litigante, de elementos tidos por relevantes ao julgamento da causa.

Abstraída a posição parcial que ocupa no processo, nem por isso deixa a parte de ser importante fonte de informações, pela ciência pessoal que tem dos fatos, seja em termos de eventual confissão, seja pela mera possibilidade de exposição, perante o juiz, ao confronto de sua versão pessoal com a versão sustentada pela parte adversa.

1.2. Submissão à inspeção judicial

Um dos meios de prova disciplinados pelo legislador é a inspeção direta, pelo juiz, de pessoas ou coisas de interesse ao litígio (arts. 481 a 484 do CPC); e, prevenindo eventual criação de obstáculos injustificados, capazes de frustrar a prova, erigiu o Código também a colaboração para com esse exame em dever processual (inciso II). No tocante à inspeção de coisas, a questão a rigor se relaciona com o inciso seguinte.

Já no que diz respeito à inspeção em relação à própria pessoa da parte não é tarefa simples definir os limites de sua pertinência, quanto à utilidade e imprescindibilidade, ou ainda valorar a razoabilidade de eventual resistência, especialmente quando fundada na defesa da intimidade, daí a necessidade de particular cautela na análise de circunstâncias que possam sugerir falta ao dever de cooperação (v. art. 481), que exige a consideração de fatores éticos e morais.

Indo além: supondo que a parte, mesmo sem justa causa, se recuse a se apresentar para a inspeção, ou a exibir determinada parte do corpo, simplesmente não há como superar fisicamente a negativa.

De qualquer forma, havendo recusa tida por ilegítima, a conduta omissiva deve ser devidamente sopesada no contexto dos autos, podendo conforme as circunstâncias permitir ilações de ordem probatória quanto ao fato a ser esclarecido por conta da inspeção.

1.3. Prática de ato determinado pelo juiz

Por derradeiro, vale-se o legislador no inciso III de disposição genérica, abrangente de todos os outros possíveis atos de interesse probatório que possam ser imputados a cada uma das partes, no curso do processo, aqui devendo ser entendidos tanto os determinados de ofício quanto os decorrentes de requerimento da outra parte.

Hipótese frequente associada a esse dispositivo diz com a exibição pela parte de documentos ou coisas, inclusive tendo em vista eventual inspeção judicial, objeto de comentários específicos quanto aos arts. 396 e seguintes do CPC. Embora no tocante à exibição de coisas não se vislumbrem os mesmos complicadores que afetam a exibição de cunho pessoal (veja-se o item antecedente), não se exclui que, mesmo aí,

possa ser apresentada escusa fundada em alguns dos elementos do art. 404.

Também pode ser lembrada a determinação de realização, pela parte, de exames médicos diversos, para fins periciais (que não se confundem com a inspeção judicial), valendo aqui o que antes foi dito quanto à impossibilidade de condução coercitiva da pessoa, caso se recuse a comparecer espontaneamente; o raciocínio é ainda mais pertinente quando se têm em conta exames que impliquem invasão da esfera corporal para a retirada de material, somando-se aqui razões ligadas à preservação da integridade física para impedir a realização contrariamente à vontade do interessado.

Uma vez mais, entretanto, ressalte-se que a recusa pura e simples da parte, embora frustrando a prova específica, pode ser em si mesma interpretada como dado indiciário relevante no âmbito da matéria discutida, sendo essa a orientação da jurisprudência, especialmente em relação a exames sanguíneos relacionados com investigações de paternidade (veja-se abaixo).

O CC acabou por encampar essa tendência pretoriana, por meio de duas importantes disposições que se complementam. No art. 231, assim, dispõe que "aquele que se nega a submeter a exame médico necessário não poderá aproveitar-se de sua recusa", e no art. 232 que "a recusa à perícia médica ordenada pelo juiz poderá suprir a prova que se pretendia obter com o exame".

2. Deveres das partes e desobediência

O descumprimento dos deveres enumerados no presente art. 379, sem prejuízo de repercussões de ordem probatória como as anteriormente referidas, pode ser interpretado como quebra dos deveres éticos relativos ao processo, inclusive o de lealdade, além de poder ser tomado como ato atentatório à dignidade da justiça (art. 77, § 2º, do CPC).

Optou entretanto o legislador por restringir as consequências ao plano do próprio processo; embora se diga que as partes estejam obrigadas à prática de tais atos, não há previsão simultânea de repercussões penais, daí o entendimento de que a falta pela parte a deveres estritamente probatórios não se equipara à desobediência de *ordem legal de funcionário público*, tal qual referida no art. 330 do CP, não consti-

Art. 380

tuindo delito; diversa, entretanto, é a situação se a omissão vem de terceiro, como examinado no artigo subsequente.

Jurisprudência

Súmula 301 do STJ: "Em ação investigatória, a recusa do suposto pai a submeter-se ao exame de DNA induz presunção *juris tantum* de paternidade."

"INVESTIGAÇÃO DE PATERNIDADE – EXAME DNA – CONDUÇÃO DO RÉU "DEBAIXO DE VARA". Discrepa, a mais não poder, de garantias constitucionais implícitas e explícitas – preservação da dignidade humana, da intimidade, da intangibilidade do corpo humano, do império da lei e da inexecução específica e direta de obrigação de fazer – provimento judicial que, em ação civil de investigação de paternidade, implique determinação no sentido de o réu ser conduzido ao laboratório, "debaixo de vara", para coleta do material indispensável à feitura do exame DNA. A recusa resolve-se no plano jurídico-instrumental, consideradas a dogmática, a doutrina e a jurisprudência, no que voltadas ao deslinde das questões ligadas à prova dos fatos." (STF, HC nº 71.373/RS, Tribunal Pleno, Rel. Min. Francisco Rezek, j. 10/11/1994, *DJ* 22/11/1996, p. 45.686).

"A presunção de paternidade enunciada pela Súmula nº 301/STJ não está circunscrita à pessoa do investigado, devendo alcançar, quando em conformidade com o contexto probatório dos autos, os herdeiros consanguíneos que opõem injusta recusa à realização do exame. Precedentes do STJ." (STJ, AgRg no REsp nº 1.201.311/RJ, 4ª T., Rel. Min. Maria Isabel Gallotti, julgado 16/8/2016, *DJe* 28/9/2016).

"A Súmula 301/STJ induz presunção relativa, de modo que a mera recusa à submissão ao exame não implica automaticamente reconhecimento da paternidade ou seu afastamento, pois deve ser apreciada em conjunto com os demais elementos probatórios." (STJ, REsp nº 1.272.691/SP, 3ª T., Rel. Min. Nancy Andrighi, j. 5/11/2013, *DJe* 8/11/2013).

"A **recusa** do suposto pai em realizar segundo exame **pericial,** quando o primeiro exame concluiu pela negativa de paternidade, não pode ser acolhida como **prova** desfavorável ao réu, tendo em vista que tal presunção esbarraria no resultado do laudo apresentado pelos peritos no primeiro exame, não contestado em nenhum aspecto pelo recorrente." (STJ, REsp. nº 777.435/SP, 3ª T., rel. Min. Sidnei Beneti, j. 15/12/2009, *DJe* 18/12/2009).

"A persistente **recusa** ao exame **pericial** perpetrada pela mãe da criança, conjugada à existência de um laudo nos autos atestando a ausência de vínculo de parentesco entre as **partes,** somado, ainda, à conduta do autor, se dispondo a realizar por diversas vezes novo teste genético em juízo e à ausência de **prova** testemunhal em sentido diverso, dá ensejo a que seja reconhecido o alegado maltrato ao art. 232 do Código Civil. É preciso advertir que não se está a dizer que a simples **recusa** da mãe à submissão do menor ao exame de DNA faz presumir a inexistência de vínculo filial." (STJ, REsp. nº 786.312/RJ, 4ª T., Rel. Min. Fernando Gonçalves, j. 21/5/2009, *DJe* 21/9/2009).

"A **recusa** injustificada do réu em submeter-se ao exame de DNA, aliada às demais provas e circunstâncias dos autos, inclusive de indicativos de esterilidade do pai registral, leva à presunção de veracidade das alegações postas na inicial, mesmo porque somente o próprio agravante poderia comprovar, submetendo-se ao exame, a tese negativa da paternidade." (STJ, AgRg no Ag nº 322.374/RS, 3ª T., Rel. Min. Antonio de Pádua Ribeiro, j. 7/4/2003, *DJ* 12/5/2003, p. 299).

> **Art. 380.** Incumbe ao terceiro, em relação a qualquer causa:
>
> **I** – informar ao juiz os fatos e as circunstâncias de que tenha conhecimento;
>
> **II** – exibir coisa ou documento que esteja em seu poder.
>
> **Parágrafo único.** Poderá o juiz, em caso de descumprimento, determinar, além da imposição de multa, outras medidas indutivas, coercitivas, mandamentais ou sub-rogatórias.

▶ *Referência: CPC/1973 – Art. 341*

1. Dever de cooperação do terceiro

Por força do dever geral de colaboração previsto no art. 378 e do interesse público envolvido no exercício da jurisdição, já se disse que podem ser chamados a contribuir outros que não os titulares dos interesses em conflito, cabendo a esses terceiros o fornecimento das informações que lhes forem requeridas e a prática de determinados atos, com abstração de qualquer vantagem pessoal; insista-se, todavia, que por sua posição em relação ao litígio, natural será a menor sujeição dos terceiros, cuja defesa da esfera pessoal e de interesses privados em geral deverá em condições normais ser analisada de forma menos rígida que a da parte. Assim, pode-se exigir que informem ou que exibam aquilo que saibam ou possuam e que diga respeito diretamente aos litigantes, mas não o que se refira a si próprios e a seus interesses diretos.

É sintomático, nesse sentido, notar que quanto a eles a lei não cogita da submissão pessoal à inspeção judicial, enumerada por seu turno como um dos deveres gerais impostos às próprias partes do litígio (art. 379, II), cogitando apenas de duas alternativas específicas de colaboração.

1.1. Prestação de informações em geral

Compete ao terceiro relatar os fatos e circunstâncias de interesse à causa de que tenha conhecimento, o que pode se dar pela realização de depoimento como testemunha (forma mais comum) ou não, nada impedindo que a esse título o juiz, por exemplo, determine a intimação do terceiro para que simplesmente informe ao oficial de justiça o paradeiro de determinada pessoa ou a localização de certa coisa.

O pedido de informações pode ser também atendido sob forma documental, quanto a dados que o terceiro mantenha consigo, sem que se confunda essa hipótese com a da exibição de documento materialmente considerado, objeto do item seguinte (é o que se dá, dentre outras possibilidades, com o envio de extratos bancários, ou de informações gerais sobre aplicações financeiras, podendo ser citado ainda o art. 438, I, do CPC, quanto ao envio por repartições públicas em geral de certidões necessárias à prova das alegações das partes).

1.2. Exibição de documento ou coisa em seu poder

A determinação de exibição dirigida ao terceiro pode ser feita de ofício, em função dos poderes instrutórios do juiz (CPC, art. 370), ou ocorrer a pedido de uma das partes, neste último caso dando-se eventualmente por meio da ação exibitória incidental prevista nos arts.

401 a 403 do CPC, o que já não ocorre em relação à primeira situação (a disciplina geral da exibição como medida probatória, quanto ao objeto, limites, procedimentos e repercussões processuais e pessoais está desenvolvida nos comentários aos arts. 396-404, aos quais remetemos o leitor).

Em face da determinação de ofício, que necessariamente é feita no âmbito de processo em andamento, não se pode excluir a hipótese de o terceiro pretender alegar a impossibilidade material de exibição, ou a existência de escusa jurídica para não fazê-lo, casos em que o juiz deverá criar condições para o amplo exercício do contraditório, não apenas no sentido da exposição como também de eventual prova das razões correspondentes; são aplicáveis também aí, por sinal, as escusas gerais previstas no art. 404, cabendo agravo de terceiro, como terceiro prejudicado, ao ser obrigado a exibir, caso afastada eventual justificativa e mantida a determinação (arts. 996 e 1.015, VI, do CPC).

Na prática, a ação exibitória incidental acaba por não ser de larga difusão, promovendo-se as determinações de exibição no interesse dos processos em andamento, frequentemente – e mesmo quando se trata de requerimento feito por uma das partes –, pela singela expedição de ofício requisitório ao terceiro, principalmente em se tratando de órgãos públicos, que têm obrigação funcional de atender a essas determinações, além de normalmente não possuírem qualquer interesse específico na recusa (veja-se o que dispõe a Lei nº 8.159/91, em matéria de arquivos públicos e privados, inclusive quanto a documentos sigilosos).

Também quanto a alguns órgãos privados ocorre, entretanto, de a exibição se proceder por vezes desse modo informal, ainda que requerida pelas partes, o que de ordinário se dá quanto àqueles que no exercício regular de suas atividades acumulam dados e documentos relativos ao público em geral (hospitais, por exemplo); desde que não tenham de fato interesse direto em oferecer qualquer resistência à exibição, não haverá maior problema em que assim se proceda, por ausência de prejuízo ao detentor do documento ou coisa.

Fora daí, contudo, tratando-se de exibição requerida por uma das partes contra particulares – pessoas físicas ou jurídicas –, deverá o juiz impor a observância da via processual específica, a fim de que por meio dela se aprecie eventual

Art. 380

negativa do terceiro e a razoabilidade do direito à exibição invocado pelo interessado.

Por fim, também a ação exibitória autônoma de caráter preparatório (incorretamente classificada pelo CPC/73 como modalidade de tutela cautelar e ainda subsistente, como hipótese de exercício de pretensão satisfativa, no sistema do atual CPC), se enquadra na previsão do inciso II deste art. 380. O requerido, nesse caso, não é parte em outro processo pendente para com o requerente da exibição, e é assim demandado na qualidade de alguém totalmente desvinculado de relação processual distinta, tanto quanto um terceiro; fica obrigado a exibir o documento ou coisa, eventualmente, em virtude de direito do requerente sobre o objeto mas também, por outro lado, para a satisfação de interesse puramente probatório daquele (e portanto neste último caso atendendo o requerido, por seu turno, a dever de cooperação de natureza probatória; o tema vai mais detidamente desenvolvido nos comentários ao art. 381).

2. Dever de colaboração: sanções processuais e desobediência

Estando o terceiro *obrigado* a colaborar com o Judiciário na medida de suas possibilidades, o desacolhimento de eventual determinação em tal sentido pode dar margem, em algumas circunstâncias, à tipificação do delito de desobediência (art. 330 do CP).

Nota-se que o art. 380 do CPC, inovando em relação ao texto do art. 341 do CP/73, trouxe um parágrafo único prevendo especificamente a possibilidade de imposição pelo juiz, em caso de descumprimento, de multa e outras medidas "indutivas, coercitivas, mandamentais ou sub-rogatórias". Salta aos olhos, aí, a falta de referência à caracterização do delito, o que todavia não deve ser entendido no sentido da exclusão dessa hipótese, ao menos em matéria de exibição, bastando que se veja o que, na disciplina específica da exibição de documento ou coisa, reza expressamente o art. 403, parágrafo único.

É preciso lembrar que o presente art. 380 trata em termos gerais de todas as formas de cooperação para com o processo por parte de terceiros, considerando o legislador mais prudente não associar indiscriminadamente a previsão de desobediência a todos os casos.

Justamente nessa linha, em matéria de depoimento testemunhal, entende-se não ocorrer desobediência pelo fato do não comparecimento da testemunha na audiência, esgotando-se o sancionamento na perspectiva de condução coercitiva e na atribuição à testemunha da responsabilidade pelas despesas do retardamento, como especificamente previsto no art. 455, § 5º. Diferente disso é se a testemunha comparece mas se recusa injustificadamente a depor, ou cala sobre fatos relevantes, como analisado nos comentários ao art. 457.

Há de toda forma um óbice decorrente da interpretação jurisprudencial dada à própria norma penal em questão, no plano subjetivo. Estando o art. 330 do CP no capítulo que trata dos crimes praticados *por particulares* contra a administração pública, o STF já entendia majoritariamente, antes do advento da CF/88, que não poderiam praticá-lo os funcionários públicos em geral, ao menos se no exercício de sua função; com a criação do STJ, manteve-se também nesse tribunal tal linha de pensamento, de modo que quanto aos funcionários públicos, paradoxalmente, não se considera caracterizada a desobediência nos casos em que *tenham* funcionalmente o dever legal de cumprir a ordem, podendo sua conduta gerar efeitos no plano disciplinar ou eventualmente caracterizar delito de prevaricação ("Somente ocorre o crime de desobediência quando o servidor público desrespeita ordem que não seja referente às suas funções." STJ, HC no 5.043/RS, 5a T., Rel. Min. José Dantas, j. 22/10/96, *DJ* 2/12/96; no mesmo sentido, RHC no 6.511/SP, 6a T., Rel. Min. Vicente Leal, j. 15/9/97, *DJ* 27/10/97).

Jurisprudência

"DNA: submissão compulsória ao fornecimento de sangue para a pesquisa do DNA: estado da questão no direito comparado: precedente do STF que libera do constrangimento o réu em ação de investigação de paternidade (HC 71.373) e o dissenso dos votos vencidos: deferimento, não obstante, do HC na espécie, em que se cuida de situação atípica na qual se pretende – de resto, apenas para obter prova de reforço – submeter ao exame o pai presumido, em processo que tem por objeto a pretensão de terceiro de ver-se declarado o pai biológico da criança nascida na constância do casamento do paciente: hipótese na qual, à luz do princípio da proporcionalidade ou da razoabilidade, se impõe evitar a afronta à dignidade pessoal que, nas circunstâncias, a sua participação na perícia substantivaria." (STF, HC nº 76.060, 1ª T., Rel. Min. Sepúlveda Pertence, j. 31/3/1998, *DJ* 15/5/1998, p. 00044).

"O dever geral de colaboração para elucidação dos fatos, imposto nos termos do art. 339 do CPC, somente é afastado por meio de regras expressas de exclusão, entre as quais o sigilo profissional calcado na necessidade precípua de manutenção da relação de confiança inerente a determinadas profissões, o que não se afigura razoável na hipótese dos autos em que a relação entre signatários do acordo e a entidade pública se vinculam por meio do exercício do poder de polícia." (STJ, REsp nº 1.554.986/SP, 3ª T., Rel. Min. Marco Aurélio Bellizze, j. 8/3/2016, *DJe* 5/4/2016).

"Não se pode recusar o atendimento a ordem judicial com base em suposto segredo profissional, quando os dados tidos por sigilosos envolvem informações adstritas às próprias partes litigantes. No caso, o trabalho de auditoria foi realizado justamente para conhecimento pelos próprios sócios da sociedade empresária da qual o Recorrido se retirou. Portanto, não há que se falar em indevida exposição de segredo profissional perante terceiros, pois a disputa judicial se dá entre sócios e ex-sócios, revelando-se, a controvérsia, conflito *interna corporis*." (STJ, RMS nº 28.456/SP, 3ª T., Rel. Min. Sidnei Beneti, j. 16/8/2011, *DJe* 26/9/2011).

"A proteção ao sigilo fiscal não é direito absoluto, podendo ser quebrado quando houver a prevalência do direito público sobre o privado, na apuração de fatos delituosos, desde que a decisão esteja adequadamente fundamentada na necessidade da medida." (STJ, REsp nº 1.028.315/BA, 3ª T., Rel. Min. Nancy Andrighi, j. 14/6/2011, *DJe* 24/6/2011).

"O STJ firmou entendimento de que a quebra de sigilo fiscal ou bancário do executado para que o exequente obtenha informações sobre a existência de bens do devedor inadimplente é admitida somente após terem sido esgotadas as tentativas de obtenção dos dados na via extrajudicial." (STJ, AgRg no REsp nº 1.135.568/PE, 4ª T., Rel. Min. João Otávio de Noronha, j. 18/5/2010, *DJe* 28/5/2010).

"Não pode o terceiro, injustificadamente, recusar sua colaboração para esclarecer fatos necessários ao julgamento da causa. Não há razão, entretanto, para ser determinada sua condução, se não foi previamente intimado a comparecer em determinado dia e local." (STJ, ROHC no 8448/PR, 2a Seção, Rel. Min. Eduardo Ribeiro, j. 11/5/99, *DJ* 21/9/99, p. 148).

Seção II
Da produção antecipada da prova

Art. 381. A produção antecipada da prova será admitida nos casos em que:

I – haja fundado receio de que venha a tornar-se impossível ou muito difícil a verificação de certos fatos na pendência da ação;

II – a prova a ser produzida seja suscetível de viabilizar a autocomposição ou outro meio adequado de solução de conflito;

III – o prévio conhecimento dos fatos possa justificar ou evitar o ajuizamento de ação.

§ 1º O arrolamento de bens observará o disposto nesta Seção quando tiver por finalidade apenas a realização de documentação e não a prática de atos de apreensão.

§ 2º A produção antecipada da prova é da competência do juízo do foro onde esta deva ser produzida ou do foro de domicílio do réu.

§ 3º A produção antecipada da prova não previne a competência do juízo para a ação que venha a ser proposta.

§ 4º O juízo estadual tem competência para produção antecipada de prova requerida em face da União, de entidade autárquica ou de empresa pública federal se, na localidade, não houver vara federal.

§ 5º Aplica-se o disposto nesta Seção àquele que pretender justificar a existência de algum fato ou relação jurídica para simples documento e sem caráter contencioso, que exporá, em petição circunstanciada, a sua intenção.

▶ *Correspondência: CPC/1973 – Arts. 846, 847, 855 e 861*

1. Momento de produção da prova. Antecipação

As provas, em condições normais, são produzidas perante o juiz da causa, no momento a elas destinado pelas regras procedimentais aplicáveis a cada caso.

Circunstâncias diversas podem, entretanto, levar a uma alteração dessa lógica espaço-temporal, determinando a produção em

Art. 381

local diverso (provas produzidas por carta) ou o aproveitamento de elementos probatórios de outros processos (prova emprestada), ou ainda a modificação do tempo de realização dos atos processuais correspondentes.

Internamente ao processo, a alteração do momento pode, a rigor, dar-se, seja para efeito de postergação, seja para a antecipação da prova, fazendo-se independentemente de procedimento autônomo; prevê o CPC aliás, de forma expressa, a possibilidade de o juiz alterar a ordem de produção dos meios de prova, "*adequando-os às necessidades do conflito de modo a conferir maior efetividade à tutela do direito*" (cf. art. 139, VI).

Em determinadas circunstâncias, por outro lado, permite o legislador que as provas sejam produzidas anteriormente ao próprio processo, ainda que com vistas à utilização em potencial litígio futuro, normalmente por força de situações que coloquem em risco a possibilidade de produção útil da prova se aguardado o momento natural.

O CPC atual mantém essa perspectiva, já considerada pelo CPC/73, mas a par disso passa a disciplinar, no âmbito do mesmo procedimento de produção antecipada de provas, de atividade probatória desprovida dessa conotação de urgência – e, mais ainda, até mesmo de instrumentalidade, destinando-se a satisfazer, em termos imediatos, a um interesse das partes, distinto da mera preocupação com o resguardo da prova para um processo futuro e eventualmente da própria pretensão de utilização daquela para tal fim.

Em ambos os casos, como quer que seja, cogita-se de um procedimento com restrita cognição judicial, limitada à verificação perfunctória do interesse na produção da prova e em sua viabilidade no caso concreto, sendo o procedimento desprovido de contenciosidade e infenso a qualquer discussão de mérito no tocante ao resultado da prova ou sua influência sobre o tema de fundo (cf. art. 382, §§ 2º e 4º, do CPC), concentrando-se fundamentalmente no desenvolvimento da atividade instrutória desejada, mediante adequada participação de todos os possíveis interessados.

1.1. Situações de urgência. Risco à prova

A propósito das situações de urgência, falava o CPC/73 no art. 847 em antecipação do depoimento de testemunha ou do interrogatório da parte quando alguma delas tivesse de ausentar-se ou quando houvesse justo receio de falecimento ou impossibilidade de depor, por razões de idade ou moléstia grave. Preocupava-se, portanto, num primeiro momento, com o risco à possibilidade de regular produção da prova por força de problemas relacionados às fontes mencionadas.

Por outro lado, no art. 849, previa o Código revogado a antecipação de exame pericial ante o fundado receio de dificuldade ou impossibilidade na verificação de certos fatos na pendência da ação. Não se preocupava, aqui, com a fonte de prova propriamente dita, mas com a instabilidade da própria situação fática objeto da prova e o risco de desaparecimento ou alteração com o tempo de evidências relevantes à compreensão dos fatos.

O CPC limita-se a mencionar, no inciso I do *caput* do art. 381, o fundado receio de que venha a tornar-se impossível ou muito difícil a verificação de certos fatos na pendência da ação, reproduzindo portanto a justificativa do art. 849 do CPC/73. Mas não há dúvida de que, restrita a isso a referência a situações de urgência, deva a alusão à dificuldade de prova dos fatos ser entendida em termos amplos, abrangendo o risco propriamente dito de mutabilidade dos fatos por registrar bem como o risco em torno da preservação das fontes de prova ou do acesso a elas.

Importa ter em vista a natureza tipicamente cautelar da antecipação de prova sob esse fundamento, com escopo afinado ao das tutelas de urgência, tal qual definido no art. 300 do CPC, vale dizer, o de buscar prevenir risco de prejuízo ao resultado útil do processo (no caso, mediante a preservação de elementos relevantes ao julgamento da causa). O legislador, entretanto, sem embargo do novo tratamento dado à tutela cautelar e da supressão de processo cautelar específico como instrumento para sua veiculação, acabou optando por manter para a produção antecipada de provas procedimento autônomo, eventualmente influenciado pela natureza não contenciosa da atividade ali desenvolvida, quiçá considerando a peculiaridade do próprio resultado a partir daí obtido, dotado de perenidade e com eficácia não condicionada ao tempo, nem tampouco ao eventual emprego em processo posterior, diversamente da transitoriedade e provisoriedade características dos provimentos cautelares em geral.

1.2. Antecipação desvinculada de situações de urgência

Ao lado da tutela de urgência, fala entretanto o CPC, como antes referido, em outra possibilidade de produção autônoma de prova, que a rigor não se pode sequer qualificar propriamente como antecipatória, além de certamente ser desprovida de natureza cautelar, pela ausência de referência necessária a situações de urgência ou mesmo ao escopo de prevenir danos ao objeto de outro processo.

Prevê assim no art. 381, II, a possibilidade de que a prova produzida possa ser útil para possibilitar a autocomposição ou outro meio de solução do conflito; e, no inciso III do mesmo dispositivo legal, a justificação da prova autônoma pela possibilidade de que venha a justificar ou evitar o ajuizamento de ação.

Falou-se acima na ausência de um perfil propriamente antecipatório pelo fato de não residir o objetivo imediato da prova na utilização necessária ou sequer projetada em um processo futuro. Pelo contrário, tanto mais terá a produção probatória assim realizada alcançado seu propósito quanto mais houver contribuído para afastar a necessidade daquele, seja por levar as partes a outra forma de solução do litígio, seja por convencer o requerente da prova da inconveniência da propositura da demanda.

Ainda quando se tenha em conta a possibilidade de que a prova produzida venha, afinal, a convencer o requerente da viabilidade ou necessidade de ajuizamento da ação, e que portanto se possa prever que a prova será concretamente utilizada no processo correspondente, será necessário distinguir o fato de o requerimento de prova não ter sido motivado pelo propósito primário de servir ao outro processo, mas de num primeiro momento possibilitar a formação de um convencimento pessoal da parte em torno do tratamento a ser dado ao litígio, contribuindo para a autodeterminação da própria parte.

Verifica-se enfim, nos dois últimos incisos do art. 381, *caput*, do CPC, um interesse probatório distinto daquele que usualmente move as partes em juízo, não destinado a propiciar (ou resguardar) elementos aptos ao convencimento, em torno dos fatos, de um agente público encarregado de sobre eles deliberar, mas voltado à obtenção de informações destinadas a possibilitar resolução dos próprios envolvidos no conflito em torno do tratamento de seus interesses, a partir do conhecimento mais aprofundado de dados referentes à situação litigiosa.

Em outras palavras, a consideração, nesses casos, das próprias partes como destinatários principais da prova, e até mesmo da existência de direito autônomo à prova delineado por tais parâmetros (na doutrina veja-se, como referência obrigatória sobre o assunto, Flávio Luiz Yarshell, *Antecipação da prova sem o requisito da urgência e direito autônomo à prova*, passim).

Advirta-se que, a rigor, a expressão de um direito autônomo à própria prova, sem urgência, não chega a ser uma novidade absoluta introduzida pelo CPC, podendo ser encontrados exemplos de seu reconhecimento no próprio Código revogado. Falava disso com efeito o CPC/73, especialmente em situações ligadas à exibição de documento ou coisas; previa por exemplo, no art. 381, a possibilidade de exame de livros comerciais e documentos de arquivo, fora de qualquer contexto de urgência, e que poderia ocorrer fora do âmbito de processo em curso, em casos como os de liquidação de sociedade, sucessão do sócio ou outros definidos em lei.

Além disso, no art. 844, autorizava o CPC/73 o pedido de exibição como procedimento preparatório de coisa móvel em poder de outrem que o requerente reputasse como sua ou tivesse interesse em conhecer; além disso, de documento próprio ou comum em poder de cointeressado, sócio, condômino, credor ou devedor, ou em poder de terceiro que o tivesse sob sua guarda, como inventariante, testamenteiro, depositário ou administrador de bens alheios. Finalmente, cogitava do exame da escrituração contábil por inteiro, nos casos previstos em lei.

É bem verdade que, nos exemplos acima, interfeririam em muitos casos peculiaridades como um direito pessoal do requerente à coisa ou documento objeto da prova (casos dos sócios, condôminos), ou ainda deveres de determinadas pessoas à prestação de informações (inventariantes, administradores e outros). Mas chegava o inciso I do art. 844 a falar de todo modo na exibição de coisa que o requerente *tivesse interesse em conhecer*, em sentido compatível com o agora empregado pelo art. 381, II e III, do CPC.

De todo modo, a novidade do diploma processual civil vigente consiste na amplitude e generalidade da possibilidade de produção de prova sob tal signo que agora se consagrou.

Art. 381

CÓDIGO DE PROCESSO CIVIL INTERPRETADO

654

1.3. Meios de expressão da produção antecipada de prova

Mencionava o art. 846 do CPC/73, expressamente, que a produção antecipada poderia ter por objeto o interrogatório da parte, a inquirição de testemunha e exame pericial.

Já o CPC atual nada dispôs a respeito, devendo de toda forma ser acrescida a tal rol intuitivo a prática de atos simples de documentação, no âmbito de arrolamento de bens ou justificação, tal como previsto nos §§ 1º e 5º do próprio art. 381. Além disso, não se pode excluir a utilização do procedimento de produção antecipada de provas para a realização também de provas atípicas (v. art. 369).

Dentre outros meios de prova expressamente disciplinados pelo Código, não se justifica outrossim considerar a inspeção judicial, visto tratar-se de prova sujeita à discricionariedade do juiz (v. art. 481), não se concebendo o exercício pelas partes do direito à imposição a ele, juiz, da realização de verificação pessoal sobre determinada coisa ou pessoa.

Do mesmo modo, não há possibilidade de antecipar depoimento processual (salvo dentro de processo já em curso). O depoimento pessoal é específico do processo em que promovido, pois pressupõe a condição de parte de quem depõe; e não supre a essa exigência a mera possibilidade ou mesmo probabilidade de que futuramente determinada pessoa venha a ser parte em processo a ser iniciado.

Antes da instauração do processo, quando muito se pode cogitar de *interrogatório* de quem possa vir a ser parte, como acertadamente, aliás, referia o CPC/73, com a ressalva dos limites em que prestado o depoimento ou das consequências da recusa: eventual ausência injustificada não pode ser sancionada com pena de confesso, seja pela ausência de espaço para juízo de valor em torno da prova (e da falta dela), como observado nos comentários ao art. 382, seja pelo fato de não haver como projetar pena de confissão de um processo a outro.

A par disso, eventual confissão expressa que venha a ser feita nesse interrogatório deve ser recebida no segundo processo como *extrajudicial* (portanto passível de prova em contrário), não como confissão *judicial*, visto que essa, inclusive no tocante ao efeito preclusivo que a acompanha (vejam-se os comentários aos arts. 389 a 391), somente se compatibiliza com o processo no qual concretamente realizada.

1.3.1. Exibição de documentos em caráter autônomo. Subsistência. Distinção quanto ao procedimento de antecipação de prova

Merece algumas considerações à parte a situação da exibição de documentos, embora com a ressalva de que não se tenha aqui propriamente um meio de prova, senão um mecanismo de acesso a possíveis fontes de prova, como observado nos comentários ao art. 396.

De todo modo, difundiu-se, a partir do início da vigência do CPC, ideia que conquistou algum prestígio na jurisprudência e que nos parece equivocada, no sentido de sugerir que com a supressão do processo cautelar autônomo e bem assim dos procedimentos cautelares especiais, teria ficado igualmente suprimida a possibilidade de processo autônomo para a exibição de documento ou coisa, restando a possibilidade de requerimento da medida sob a forma de tutela cautelar antecedente ou quando muito de produção antecipada de provas nos termos do arts. 381 e 382 do CPC.

Entretanto, sem prejuízo de vir a ser requerida pela parte quando o caso exibição incidental a um processo em curso, como simples medida probatória (arts. 397 e seguintes do CPC), de exibição em termos antecedentes, na forma dos arts. 305 a 310, não se poderia cogitar, pelo simples fato de na grande maioria das situações não vir a exibição envolta em situação de urgência, não tendo natureza cautelar.

Da assimilação do pedido de exibição pelo procedimento de produção antecipada ora comentado, por outro lado, igualmente não há como cogitar, pela clara incompatibilidade entre as características desse último e os aspectos operacionais da exibição. Pouco importa, aqui, que a exibição possa também resultar em uma prova produzida antecipadamente, quando muito se podendo dizer seja ela espécie do gênero produção antecipada, mas não adequada à situação disciplinada pelos arts. 381 e 382.

Com efeito. A produção antecipada de provas do CPC vem prevista em caráter não contencioso, sem espaço para defesa ou para atos decisórios valorando a conduta das partes; por seu turno, a exibição judicialmente requerida em termos autônomos já pressupõe situação de antemão litigiosa, pela frustração de tentativa necessária de obtenção espontânea (v. art. 396), dando margem a um processo também contencioso, em que pode vir a ser necessário o exame de eventual justificativa para a recusa em exibir, além de resultar, no caso de persistência na falta de apresentação, em possível sentença condenatória em obrigação de fazer, a ser cumprida se necessário com a imposição de medidas coercitivas, como previsto nos arts. 400 e 403 do Código vigente.

Nada, portanto, que se assemelhe ao procedimento singelo dos arts. 381 a 382, voltado a simplesmente possibilitar a produção de prova comum com participação dos interessados.

Além disso, não é verdadeira a assertiva de que tenha restado prejudicado o procedimento específico da exibição autônoma com o novo tratamento dado pelo CPC à tutela cautelar.

Primeiro, pela absoluta ausência de qualquer conteúdo essencialmente cautelar nessa medida, salvo hipóteses excepcionais, vindo ela equivocadamente disciplinada pelo CPC/73 no livro do processo cautelar mas tendo caráter claramente satisfativo.

Segundo, porque a eventual supressão de um procedimento especial na legislação processual jamais pode ser vista como fonte de eliminação de determinada forma de tutela jurídica, bastando que se empregue a partir daí, se o caso, o procedimento comum. Supondo, então, tivesse realmente deixado de existir o procedimento processual para o pedido de exibição como exercício de direito autônomo à prova, não ficaria prejudicada a tutela em si, que haveria de ser buscada pelo procedimento mais adequado aos seus objetivos e características, cabendo lembrar que normalmente a exibição veicula uma pretensão relacionada a direito substancial em torno da prova.

E, por derradeiro, porque nem sequer é fato que tenha havido a supressão do procedimento de exibição autônoma: o art. 845, já no CPC/73, fazia remissão em termos procedimentais ao rito dos arts. 355 a 363 daquele, o que remete em termos atuais aos arts. 396 a 404 do CPC. Mais especificamente, os arts. 401 a 403 instituem o rito a ser observado para os pedidos de exibição incidental contra terceiros, no curso de determinado processo, sendo esse o procedimento em suma adequado, já que para todos os efeitos a posição do terceiro em relação às partes do processo é idêntica à da parte contra quem formulado pedido de exibição preparatório, em ambos os casos havendo exercício de direito de ação e objeto autônomo, circunscrito ao pedido exibitório.

2. Arrolamento de bens e meros atos de documentação

Procurou o legislador, no tocante à medida cautelar típica em questão (que tinha disciplina própria nos arts. 855 a 860 do CPC/73), distinguir o procedimento aplicável segundo a extensão em que requerida a providência e a compatibilidade ou não para com o procedimento não contencioso ora considerado.

Nesse sentido, determinou o § 1º do art. 381 a observância do disposto na seção correspondente desde que postulado o arrolamento para efeito de mera documentação, sem pretensão à prática de atos de apreensão (a *contrario sensu*, remete implicitamente esses últimos casos ao modelo de tutela cautelar antecedente a ser requerida nos moldes dos arts. 305 a 309 do CPC).

Trata-se, na primeira hipótese, de tão somente relacionar os bens componentes de um determinado acervo patrimonial (societário, hereditário ou conjugal, dentre outras possibilidades), de modo a fixar-lhes a existência, num dado momento, permitindo à parte interessada o conhecimento primário dessa composição ou, quando menos, propiciando mecanismo de controle adequado de modo a prevenir atos de desvio ou dilapidação, enquanto não deliberada a destinação dos bens em sede própria.

A diversidade de tratamento, contudo, parte ao que parece da suposição arbitrária de que apenas em face de eventual requerimento de apreensão de bens possa haver litigiosidade, o que não se mostra exato.

Não se discute que, mesmo em face de situações potencialmente não litigiosas, com requerimento de antecipação probatória formulado nos moldes dos arts. 381 e 382, possa vir a surgir alguma resistência e instauração de conflito no curso do processamento, a exigir inevitavelmente adaptações procedimentais, conforme já se examinou nos comentários ao art. 382. Mas, se é possível vislumbrar desde logo situação de litigiosidade, então a rigor não se justifica que se lance mão do procedimento especial ora considerado, que dentre outras coisas prevê a ausência de defesa e a impossibilidade de manejo de recursos (como também se expôs no item anterior quanto à exibição de documentos).

Assim, especificamente no que diz respeito ao arrolamento, caso esteja caracterizada com antecedência a oposição de algum dos interessados mesmo à simples documentação

Art. 381

da existência dos bens, a sugerir de plano a inviabilidade de um procedimento simplesmente predisposto ao desenvolvimento de atividade probatória conjunta, então é o caso de utilização pelos interessados da figura da tutela cautelar antecedente (com ou sem pedido cumulativo de apreensão), de modo a possibilitar inclusive a adoção de medidas que se façam necessárias por parte do juiz com vistas à imposição dos atos necessários.

3. Competência territorial e funcional para a produção antecipada

Na medida em que o requerimento de produção antecipada de provas, mesmo nos casos em que identificada natureza acautelatória, não segue a disciplina procedimental dos pedidos de tutela cautelar antecedente do CPC, nos moldes previstos em seus arts. 305 a 309,abre-se espaço para o estabelecimento a seu respeito de disciplina própria também em matéria de competência.

Na vigência do CPC/73, a solução do problema era em princípio dificultada pela previsão de um processo cautelar autônomo (ainda que instrumental) e pela existência da regra do art. 800, que definia em termos gerais a competência para as ações cautelares, antecedentes ou incidentais, em função da causa principal. Seguia o processo cautelar, enfim, a competência do processo principal já existente (por prevenção), ou devia se orientar, quando antecedente, pelas regras de competência aplicáveis ao futuro processo de conhecimento ou execução.

Ainda assim, dadas as peculiaridades da produção antecipada de provas, já no âmbito daquele diploma legal havia passado a jurisprudência a entender pela inexistência de qualquer vinculação dessa ação cautelar às regras de competência territorial aplicáveis ao processo principal, bem como a afastar a hipótese de prevenção de juízo relativamente ao feito principal a ser iniciado.

Essa orientação acabou por ser agora encampada expressamente pelo CPC, prevalecendo outrossim para todas as hipóteses de antecipação probatória, seja em caráter cautelar seja em caráter satisfativo.

Por primeiro, define o art. 381 ser competente para o procedimento de antecipação, alternativamente, o juízo do foro onde a prova deva ser produzida (o local de realização da perícia, o foro do domicílio da testemunha a ser

ouvida ou da pessoa a ser interrogada) ou o do domicílio do réu (§ 2º).

E, em complemento, diz expressamente não ficar prevento o juízo da prova para a ação que venha a ser proposta (§ 3º), de modo que, mesmo havendo coincidência entre as comarcas ou seções judiciárias, a distribuição da causa principal deve ser livre.

3.1. Competência material extraordinária -da Justiça Estadual

O art. 109, § 3º, da Constituição da República, prevê em sua parte final a possibilidade de atribuição por lei de competência à Justiça Estadual para o processamento e julgamento de causas de competência da Justiça Federal, nas comarcas que não sejam sede de varas federais.

É o que faz o § 4º deste art. 381, no tocante a provas antecipadas cuja produção seja requerida em face da União, entidades autárquicas federais ou empresas públicas federais (em relação às quais competente *ratione personae* a Justiça Federal, nos termos do art. 109, I, da Carta Magna).

De se notar entretanto que a autorização legal, de caráter excepcional, está limitada ao procedimento preparatório de produção antecipada de provas. Eventual demanda posterior na qual venha a ser utilizada essa prova, salvo hipótese de autorização legal também para ela (ou se se tratar de demanda entre instituição de previdência social e segurado, situação expressamente referida no próprio art. 109, § 3º, da Carta Magna) terá de ser ajuizada perante a seção judiciária competente da Justiça Federal.

4. Procedimento autônomo de justificação

Finalmente, insere o legislador no âmbito da produção antecipada de provas também as hipóteses de mera justificação (§ 5º) que, no sistema do CPC/73, vinham previstas em separado (arts. 861 a 866).

Fala, agora, tão somente na pretensão de se justificar a existência de algum fato ou relação jurídica para simples documento e sem caráter contencioso, deixando de mencionar outra finalidade que vinha referida no art. 861 do Código revogado, a da possível utilização da prova produzida em processo regular. Não vai aí, de todo modo, qualquer intenção de reduzir o alcance da providência, mas simples consideração de que esse propósito a rigor já se acha contemplado pelo inciso III do *caput* (no sentido de que a prova produzida, caso possa justificar o ajuizamento de ação, vá intuitivamente ser utilizada no processo correspondente).

Ressalte-se que as situações não contenciosas a que reservada a justificação propriamente dita dizem com a destinação prevista para a prova, não com o procedimento de produção antecipada em si mesmo, visto que esse se pressupõe não contencioso para a generalidade dos casos. A referência vem feita no mesmo sentido em que utilizada a expressão no § 1º do art. 382, em que tratada a necessidade de eventual citação de interessados para o acompanhamento da prova.

A pretensão de simples documentação se acresce, enfim, aos propósitos tratados no *caput* do art. 381, de preservação da prova em risco, de viabilização de modos alternativos de solução de litígio já insinuado e finalmente de orientação unilateral do interessado quanto à conveniência ou não do ajuizamento de ação, bem como à hipótese de arrolamento de bens de que trata o § 1º.

Uma das utilidades dessa documentação é o emprego da prova para fins meramente administrativos. Mas, fora daí, é inevitável considerar que, mesmo se remotamente, o escopo da justificação acabe remetendo a uma situação de potencial conflito futuro, em que o fato ou relação jurídica documentados possam vir a ser objeto de prova em sentido jurídico, de outro modo não haveria sequer interesse processual para a documentação.

Mal ou bem, tem a medida, nesses casos, um propósito preventivo a longo prazo, ou de segurança jurídica, que devem ser devidamente expostos pelo interessado de modo a permitir a verificação da utilidade da produção probatória (vejam-se também a respeito os comentários ao art. 382).

De toda forma, é certo que a falta de referibilidade a qualquer situação de necessidade imediata, e sobretudo de urgência, acabam por retirar da justificação qualquer conotação acautelatória, dando-lhe feição claramente satisfativa. Nesse sentido, era questionável a orientação técnica do CPC/73 em discipliná-la como se se tratasse de medida cautelar típica.

Quanto às espécies de prova que possam ser produzidas para esse fim, chama a atenção o fato de não ter sido reproduzida pelo CPC vigente previsão nos moldes do art. 863 do CPC/73, que dizia consistir a medida basicamente na inquirição de testemunhas, com a faculdade de juntada de documentos (pelo próprio requerente, bem entendido, não se tratando, portanto, de pedido de exibição de documentos). Em tese, portanto, fica aberta a possibilidade de outras formas de justificação.

Jurisprudência

"Atualmente se reconhece a existência de um direito autônomo à prova, assentado na possibilidade de a pessoa requerer o esclarecimento sobre fatos que a ela digam respeito independentemente da existência de um litígio potencial ou iminente, alterando-se o protagonismo da atividade instrutória, que passa a não ser mais apenas do Poder Judiciário, mas também das partes, a quem a prova efetivamente serve." (STJ, REsp nº 1.632.750/SP, 3ª T., Rel. Min. Moura Ribeiro, Rel. p/ Acórdão Min. Nancy Andrighi, j. 24/10/2017, *DJe* 13/11/2017).

"A justificação, administrativa ou judicial, equivale a início de prova material, tendo em vista que na vigência do art. 3º. da Lei 7.986/89, em sua redação original, era o documento hábil a comprovar o exercício da atividade de seringueiro. Tal dispositivo legal, em sua redação original, garantia que a comprovação da prestação de serviços para fins de concessão do benefício poderia ser feita por todos os meios de prova admitidos em direito, inclusive a justificação administrativa ou judicial, sem início de prova material, que somente passou a ser exigida com a Lei 9.711/98, a qual não pode retroagir para prejudicar a Justificação Judicial realizada pelo seringueiro em 1997, ao abrigo e ao amparo da legislação então vigente." (STJ, REsp nº 1.329.812/AM, 1ª T., Rel. Min. Sérgio Kukina, Rel. p/ Acórdão Min. Napoleão Nunes Maia Filho, j. 6/12/2016, *DJe* 20/2/2017).

"A cautelar de produção antecipada de prova por si só não tem o condão de tornar prevento o juízo para a ação principal." (STJ, AgRg no REsp nº 1.349.386/PR, 3ª T., Rel. Min. Ricardo Villas Bôas Cueva, j. 5/11/2015, *DJe* 16/11/2015).

"Esta Corte Superior possui entendimento de que a ação cautelar de produção antecipada de provas visa apenas à produção e resguardo da prova, de modo a se garantir o provimento jurisdicional na futura ação principal." (STJ, AgRg no REsp nº 1.237.150/DF, 1ª T., Rel. Min. Hamilton Carvalhido, j. 26/4/2011, *DJe* 11/5/2011).

"Requerida a justificação criminal incidentalmente à ação penal, necessário aferir acerca do interesse processual do Requerente para uma medida de caráter não contencioso, uma vez que finda ampla instrução probatória nos autos principais, com as garantias do contraditório e da ampla defesa. E, na pendência do trânsito em julgado da sentença condenatória, não se admite uma "instrução paralela" destinada a sanar eventuais vícios no acervo probatório já concluído. Eventuais nulidades devem ser arguidas nos próprios autos principais, pelas vias próprias." (STJ, REsp nº 796.082/SP, 5ª T., Rel. Min. Laurita Vaz, j. 15/10/2009, *DJe* 9/11/2009).

"A ação cautelar de produção antecipada de provas, ou de asseguração de provas, segundo Ovídio Baptista, visa assegurar três grandes tipos de provas: o depoimento pessoal, o depoimento testemunhal e a prova pericial (vistoria *ad perpetuam rei memoriam*). Essa medida acautelatória não favorece uma parte em detrimento da outra, pois zela pela própria finalidade do processo – que é a justa composição dos litígios e a salvaguarda do princípio processual da busca da verdade. Ao interpretar o art. 806, do CPC, a doutrina e a jurisprudência pátrias têm se posicionado no sentido de que este prazo extintivo não seria aplicável à ação cautelar de produção antecipada de provas, tendo em vista a sua finalidade apenas de produção e resguardo da prova, não gerando, em tese, quaisquer restrições aos direitos da parte contrária." (STJ, REsp nº 641.665/DF, 1ª T., Rel. Min. Luiz Fux, j. 8/3/2005, *DJ* 4/4/2005, p. 200).

"1. A produção antecipada de provas está adstrita àquelas consideradas de natureza urgente pelo Juízo processante, consoante sua prudente avaliação, no caso concreto. 2. Não serve como justificativa do pedido a alusão abstrata e especulativa no sentido de que as testemunhas podem se esquecer dos fatos ou que poderão mudar de endereço ou até vir a falecer durante o tempo em que perdurar a suspensão do processo. Muito embora sejam assertivas passíveis de concretização, não passam, no instante presente, de mera conjectura, já que desvinculadas de elementos objetivamente deduzidos. 3. A afirmação de que a passagem do tempo propicia um inevitável esquecimento dos fatos, se considerada como verdade absoluta, implicaria a obrigatoriedade da produção antecipada da prova testemunhal em todos os casos de suspensão do processo, na medida em que seria reputada de antemão e

inexoravelmente de caráter urgente, retirando do Juiz a possibilidade de avaliá-la no caso concreto." (STJ, EREsp nº 469.775/SP, 3ª Seção, Rel. Min. Laurita Vaz, j. 24/11/2004, *DJ* 2/3/2005, p. 186).

"AÇÃO CAUTELAR. Exibição de documentos. Demanda em que o apelado pretende ver o apelante compelido a apresentar documentos bancários referentes a contratos celebrados entre as partes. Ação ajuizada já na vigência do NCPC, que exclui as cautelares típicas, figurando essas apenas como tutelas cautelares requeríveis de forma antecedente. Pedido de exibição que não mais se admite por meio de ação autônoma." (TJSP, Ap. nº 1000929-50.2016.8.26.0456/Pirapozinho, 15ª Câm. Dir. Priv., Rel. Des. Mendes Pereira, j. 19/2/2018).

"Produção antecipada de prova. Exibição de documento. Admissibilidade. Direito autônomo à prova, desvinculado da urgência e de análise do direito material. CPC, art. 381, incisos II e III. Indeferimento liminar da inicial afastado. Prosseguimento determinado. Recurso provido." (TJSP, Ap. nº 1003157-97.2017.8.26.0347/Matão, 22ª Câm. Dir. Priv., Rel. Des. Matheus Fontes, j. 8/02/2018).

"Apelação. Ação de obrigação de fazer. Exibição de documentos. Sentença que julgou extinto o feito, sem julgamento do mérito, sob fundamento de falta de interesse processual. Inadequação da via eleita. Pleito de reforma. Possibilidade. Pretensão da autora voltada à exibição de documentos em caráter autônomo e satisfativo, que não encontra óbice no ordenamento processual vigente – Ação que não se confunde com a medida cautelar de exibição de documentos e a despeito de se aproximar da produção antecipada de provas a esta também não se equipara." (TJSP, Ap. nº 1027949-96.2017.8.26.0224/Guarulhos, 19ª Câm. Dir. Priv., Rel. Des. Claudia Grieco Tabosa Pessoa, j. 5/2/2018).

"Apelação Cível. Obrigação de fazer a nomenclatura. Ação cautelar inominada de exibição de documento, a efetiva. Sentença de procedência. Inconformismo. Inadequação da via eleita. Cautelar de natureza satisfativa não prevista no novo ordenamento. Vício insanável. Sentença reformada. Extinção do processo com fundamento no artigo 485, IV e VI, do CPC, com inversão da sucumbência. Recurso provido." (TJSP, Ap. nº 1008281-78.2016.8.26.0482/Presidente Prudente, 22ª Câm. Dir. Priv., Rel. Des. Hélio Nogueira, 1º/2/2018).

> **Art. 382.** Na petição, o requerente apresentará as razões que justificam a necessidade de antecipação da prova e mencionará com precisão os fatos sobre os quais a prova há de recair.
>
> **§ 1°** O juiz determinará, de ofício ou a requerimento da parte, a citação de interessados na produção da prova ou no fato a ser provado, salvo se inexistente caráter contencioso.
>
> **§ 2°** O juiz não se pronunciará sobre a ocorrência ou inocorrência do fato, nem sobre as respectivas consequências jurídicas.
>
> **§ 3°** Os interessados poderão requerer a produção de qualquer prova no mesmo procedimento, desde que relacionada ao mesmo fato, salvo se a sua produção conjunta acarretar excessiva demora.
>
> **§ 4°** Neste procedimento, não se admitirá defesa ou recurso, salvo contra decisão que indeferir totalmente a produção da prova pleiteada pelo requerente originário.

▶ *Referência: CPC/1973 – Arts. 848, 857, 862, 865 e 866*

1. Interesse de agir e necessidade de adequada justificação em torno da necessidade da antecipação

Por maior que seja a amplitude conferida pelo CPC à produção antecipada de prova, com desvinculação necessária de qualquer situação de urgência e reconhecimento de um interesse autônomo da parte quanto à prova, inclusive para efeito de mais adequada informação acerca de fatos potencialmente litigiosos, nem por isso o acionamento da máquina judiciária pode ser gratuito ou aleatório, cumprindo justifique o interessado cumpridamente o requerimento.

Deve, nessa medida, indicar na petição inicial (claro o equívoco redacional do *caput*, que fala somente em *petição*) a necessidade da antecipação e seu objetivo (inclusive com indicação do fundamento embasador de seu requerimento, dentre os elencados no art. 381, *caput*), quais exatamente os fatos sobre os quais deverá ser feita a prova e bem assim, ainda que sucintamente, qual a situação potencialmente conflituosa em que inseridos tais fatos.

2. Citação dos interessados e contraditório potencial

Cuida o § 1°, por seu turno, da definição dos legitimados a figurar no polo passivo do re-

querimento de produção probatória antecipada, dizendo caber ao juiz determinar sua citação de ofício ou a requerimento da parte.

Antes de mais nada, cumpre entender adequadamente a ideia de determinação de ofício da citação. Não se trata certamente apenas disso, mas de determinação pelo juiz ao requerente da medida que emende a petição inicial e promova a inclusão no polo passivo de alguém que repute ele, juiz, diretamente interessado na prova e portanto seu destinatário natural, a ser convocado para acompanhar e participar da respectiva produção.

Quanto a quais sejam os efetivos legitimados, outrossim, não há uma regra formal a obedecer, advindo a dificuldade essencialmente da circunstância de não se pretender, por meio do procedimento, solucionar diretamente uma situação jurídica litigiosa, a partir da qual se possam extrair os titulares dos interesses tutelados. Tampouco se destina o procedimento de produção antecipada de prova a emitir um provimento que incida diretamente sobre a esfera jurídica de alguém, de modo a que se tenha essa pessoa como legitimada natural.

Mas a prova de todo modo pode acabar resvalando sobre a esfera pessoal de terceiros, que nesse caso devem ser necessariamente citados. Há situações intuitivas: se se pretende tomar o depoimento de alguém, não como testemunha, mas como possível parte de um futuro processo, o caso será de interrogatório (não propriamente de depoimento pessoal – vejam-se a respeito os comentários ao art. 381), e a pessoa a depor deverá ser citada, figurando inevitavelmente no polo passivo do procedimento.

Se se pretende outrossim perícia, pode haver a necessidade de citação de pessoas que apresentem alguma relação com coisas a serem examinadas, a exemplo do proprietário de um imóvel ou de pessoa jurídica no tocante a livros contábeis.

Fala o texto legal na citação dos interessados *na produção da prova* ou no *fato a ser provado*, merecendo a segunda expressão uma certa reserva. Interesse no fato a ser provado é noção muito ampla, em termos objetivos e subjetivos, que não resolve o problema ora enfrentado e que demandaria o esclarecimento quanto ao efetivo interesse *jurídico* em torno do fato, na realidade remetendo à primeira figura, vale dizer, interesse na produção da prova a ser feita.

Art. 382

A grosso modo, enfim, todos os que de algum modo possam ter interesse na prova devem ser convocados a acompanhá-la, assim entendendo-se os possíveis integrantes de processo no qual a prova possa vir a ser utilizada (ou cuja existência se pretenda justamente evitar, nos termos do art. 381, III), conforme seja possível inferir da exposição do requerente quanto à necessidade e finalidade da prova (veja-se o item 1, supra). Também pessoas jurídicas de Direito Público, quando se tratar de prova a ser utilizada na esfera administrativa (art. 381, § 4º).

Não é necessário sequer que haja razoável probabilidade do direito a ser tutelado na demanda de fundo, apenas que de algum modo a prova possa ser nela utilizada, tampouco havendo prejuízo a quem é convocado a participar da medida antecipatória, pelo contrário: o chamamento é determinado pelo interesse em se possibilitar o contraditório da parte dos possíveis envolvidos na situação litigiosa, dando-se lhes a oportunidade de participar da atividade relativa à produção e evitando que invoquem, caso confirmada a futura utilização da prova em face deles, sua estranheza em relação a ela. Mas não se examina, no procedimento ora analisado, qualquer aspecto relativo ao mérito do futuro processo, ou sequer as condições da ação para aquele.

Também não é imprescindível que o requerente tenha efetiva pretensão de acionar todos os convocados a acompanhar a produção probatória: pode perfeitamente acontecer de requerer a prova antecipada, nos termos do art. 381, III, de modo a melhor compreender os fatos e inclusive orientar-se quanto a quem efetivamente dirigir a futura pretensão (figure-se o titular de uma obra em ruína, ou vítima de incidente a ela relativo, que pede perícia para melhor visualizar a distribuição de responsabilidades quanto a diferentes empresas que de alguma forma possam ter contribuído para o evento).

Deve-se advertir, contudo, que a falta de citação de algum interessado não é por si só fator de nulificação da prova produzida, conquanto possa refletir na futura oponibilidade da prova especificamente em relação à parte ausente (não quanto a outros que dela tenham tomado parte). Mesmo em relação a ela, entretanto, não se trata de nulidade absoluta e insanável: desde que não haja oposição do interessado e arguição de cerceamento do contraditório, a prova pode perfeitamente ser também em face dele utilizada.

Por fim, cabe compreender a referência da parte final do § 1º à inexistência de caráter contencioso. Na verdade, o procedimento em si pretende-se, como já examinado, desprovido dessa característica (veja-se, ademais, o § 4º deste mesmo art. 382, tendo por inadmissível até mesmo a apresentação de defesa; sobre isso, o item 5, adiante), de modo que imaginar-se fosse esse objetivo da alusão considerada soaria ocioso, além de clara redundância.

Quer o legislador dizer, na verdade, que se não houver perspectiva de contenciosidade futura, no tocante ao destino a ser dado à prova, então dispensável a citação de qualquer interessado para acompanhar a respectiva produção. Será o caso, por exemplo, de justificação requerida nos termos do art. 381, § 5º, do CPC, para efeito de simples documentação sobre a existência de um fato ou relação jurídica.

3. Decisão que encerra o procedimento

Diz o § 2º que o juiz, concluída a produção da prova, não se pronunciará sobre a ocorrência ou inocorrência do fato, nem sobre as respectivas consequências jurídicas.

A disposição, ao menos textualmente, é inspirada pelo art. 848 do CPC/73, inserido na seção relativa à *justificação*, mas que já então era intuitivamente aplicável à generalidade dos atos de antecipação probatória.

Com efeito, não há lugar, no âmbito de atividade jurisdicional de caráter restrito como a considerada e desprovida de contenciosidade, para qualquer pronunciamento com conteúdo assemelhado ao de um julgamento de mérito, não fazendo sentido que se formule qualquer consideração em torno do valor da prova produzida ou de seu poder de convencimento, nem muito menos sobre possíveis efeitos jurídicos decorrentes dos fatos a respeito dos quais tenha versado.

O objeto da produção antecipada de prova é tão somente a materialização dessa, não sua interpretação.

E não poderia ser diferente. Não haveria qualquer utilidade ou significado jurídico em um pronunciamento isolado sobre a ocorrência ou não dos fatos, fora do contexto de um processo contencioso, em que tivesse valor concreto o reconhecimento da respectiva veracidade; e mesmo que pretendesse o juiz da medida preparatória externar alguma consideração pessoal em torno da qualidade e credibilidade da prova produzida (ou que por equívoco realmente o fizesse), essa manifestação por evidente não teria qualquer força vinculativa frente a posteriores juízes perante quem viesse essa prova a ser apresentada, não lhes tolhendo a possibilidade de livre formação do convencimento acerca dos fatos.

Quanto aos efeitos jurídicos, com ainda maior razão não teria o juiz da produção antecipada de prova porque se pronunciar, a uma por dependerem aqueles de um juízo prévio sobre os fatos aos quais vinculados, o que já se disse não ocorrer no âmbito desse procedimento preparatório. E, a duas, porque somente haveria espaço para a análise da repercussão jurídica dos fatos porventura provados em função de pretensão concreta, própria de processo contencioso, em que se pleiteasse ou reconhecimento ou a implementação desses mesmos efeitos. Imaginar diversamente seria pretender que, a partir de uma produção antecipada de provas, já se pudesse formular também um juízo antecipado de mérito quanto a processo nem sequer instaurado.

Alguma decisão há de ser proferida, por certo, e terá a natureza de sentença, por seu caráter terminativo (CPC, art. 203, § 1º), delimitando o encerramento formal da atividade instrutória desenvolvida e determinando o início da fluência do prazo do art. 383, *caput*, do CPC, para a permanência dos autos em cartório e posterior entrega ao interessado (essa necessidade também se apresentava no âmbito do CPC/73, e assim era tratada a questão na praxe forense, durante a vigência daquele diploma legal; mas, ao menos literalmente, nem sequer a isso remetia o Código revogado na seção relativa à produção antecipada de provas – arts. 846/851 –, cogitando apenas, uma vez concluída materialmente a produção da prova, da permanência dos autos em cartório à disposição dos interessados para a extração de certidões).

Não esclarece a lei, por outro lado, se a decisão se limita a declarar a conclusão da prova ou se deve formalmente homologá-la, melhor se afigurando entretanto a primeira alternativa.

Na verdade, não é eventual homologação pressuposto formal à posterior utilização do produto obtido em processo judicial ou mesmo em sede administrativa, como se a eficácia probatória dos atos praticados ou sua condição de prova judicial dependessem de decisão final convalidatória, atestando sua regularidade. Esse detalhe é particularmente relevante quando se pensa na possibilidade de aproveitamento desde logo da prova em outra sede, se porventura pendente nos autos do procedimento alguma discussão ou óbice processual impeditivos da decisão de encerramento formal.

O limite a ser considerado, aí, diz justamente com a hipótese inversa: só não poderá a prova ser utilizada se expressamente vier a ser cancelada, com o reconhecimento de sua invalidade.

Em contrapartida, suposta a existência em concreto de decisão homologatória, não implica como já visto juízo algum quanto ao valor probante dos elementos colhidos; mesmo quanto à singela idoneidade formal da prova, ainda que se imagine pretender o juiz atestar com o ato homologatório a regularidade dos atos praticados, a avaliação correspondente haverá de ser feita em definitivo pelo destinatário da prova, nada impedindo que o juiz de futuro processo a tenha por inidônea, em face da preterição de alguma formalidade essencial.

Aliás, em face da ausência de pronunciamento valorativo sobre o conteúdo da prova, não apenas juízes, mas também agentes administrativos estão livres para interpretá-la e eventualmente recusar sua aptidão para a demonstração de determinado fato, pouco importando para tanto a circunstância da origem judicial da prova exibida pelo interessado (pense-se em justificação, por meio de prova testemunhal, feita por interessado em produzir, diretamente perante órgão previdenciário, a comprovação de tempo de serviço).

Pode também a prova ser simplesmente desconsiderada pelo juízo do processo principal, com determinação de nova produção nos próprios autos, desde que ainda existentes condições materiais para tanto (ou, no caso de perícia, com a determinação de segunda perícia, sem prejuízo da já realizada, nos termos do art. 480 do CPC).

3.1. Produção antecipada e utilização posterior da prova

Ainda que se pretenda ver um traço de cautelaridade na produção antecipada de provas requerida com fundamento no art. 381, I, do CPC, difere ela das medidas cautelares em geral por não ter natureza essencialmente provisória ou destinar-se a ser absorvida (quando não prejudicada) pelo provimento principal.

Art. 382

Ademais, por sua própria natureza, a prova documentada que dela resulta dá margem a uma situação perene, não transitória, não havendo como pretender disciplinar sua eficácia em função do posterior ajuizado pelo interessado da demanda principal.

Não se aplicam à produção antecipada de provas, portanto, disposições como as dos arts. 308, *caput*, ou 309, I, do CPC, não havendo de resto sequer necessidade (o que também vale para as hipóteses dos incisos II e III do art. 381) de que a prova produzida venha a ser concretamente utilizada em processo futuro.

3.2. Custas e honorários

Finalmente, em matéria de sucumbência, em princípio da decisão pondo fim ao procedimento de produção antecipada de prova não advém condenação ao pagamento de honorários advocatícios, já que não há propriamente vencedores ou vencidos, sendo os custos naturalmente suportados pelo promovente da medida.

Pode haver condenação em honorários, entretanto, caso por força de questionamento apresentado por algum interessado o procedimento venha a ser encerrado sem a produção da prova, pelo reconhecimento de sua impertinência. Inversamente, havendo resistência injustificada de algum interessado, pode haver a imposição de honorários advocatícios, com base na teoria da causalidade; aqui, deve a situação ser analisada conforme o grau da resistência e o impacto no processamento, visto que a mera manifestação de oposição à prova, desacompanhada de tentativa concreta de obstrução à sequência do procedimento, não será suficiente a tanto.

Em qualquer caso, outrossim, os esclarecimentos que possam ser trazidos pela prova em torno da conduta pré-processual das partes não terão relevância em matéria de distribuição de encargos processuais, podendo quando muito exercer influência em tal sentido em futuro processo contencioso.

4. Ampliação do objeto por iniciativa dos interessados

Por economia processual, e tutelando de forma igualitária interesses da mesma natureza, o Código permite que os interessados, uma vez citados ao acompanhamento da prova a ser produzida, possam também eles requerer no mesmo procedimento a produção de outras provas sobre

os mesmos fatos. A previsão atende também a imperativos de racionalidade e coesão da prova, tendo em vista a conveniência de que sejam explorados de uma vez e de forma concentrada aspectos diversos relativos a um determinado contexto fático (o que se diz sobretudo em termos de prova pericial).

A lógica da permissão, como visto, reside na coincidência do fato ou fatos por investigar. Mas não se pode excluir, no extremo, que venha a ser reconhecida a possibilidade de prova sobre não exatamente eles, mas outros fatos de tal forma próximos e conexos, inseridos no mesmo plano que une os interessados quanto ao direito substancial, que desde logo permitam fazer ver a utilidade também de sua consideração para os fins ditados pelo art. 381, II e III, do CPC.

A referência a "qualquer outra prova", feita pelo § 3º do art. 382, pode por seu turno ser entendida sob diferentes perspectivas: a ampliação do objeto da própria prova postulada pelo requerente da antecipação (uma perícia, por exemplo), a ampliação subjetiva de prova como a testemunhal (com a oitiva de outras testemunhas) ou então o requerimento de prova de natureza distinta em relação à inicialmente postulada.

A única e compreensível restrição posta pelo legislador diz com eventual alongamento excessivo do tempo necessário para a prova, se realizada de forma conjunta, pois não se justificaria que a consideração, por questões de igualdade, dos interesses dos requeridos, acabasse resultando em ônus desproporcional para quem, afinal, teve a iniciativa de provocar o Judiciário, gerando desequilíbrio em seu desfavor. Se o caso, as provas adicionais deverão ser postuladas em procedimento autônomo, mesmo porque, ante a ausência de juízo valorativo sobre o conteúdo da prova, não haverá prejuízo pelo tão só fato da fragmentação.

5. Vedação à apresentação de defesa ou recurso

Em dispositivo de redação claramente imprópria, diz o § 4º do art. 382 que no procedimento aí disciplinado não se admitirá defesa ou recurso, salvo contra decisão de indeferimento total da produção probatória.

A previsão, à primeira impressão coerente para com a perspectiva de falta de contenciosidade que se pretendeu imprimir à medida, repete no tocante à vedação o que dizia o art. 865 do CPC/73 no âmbito do processo de justificação (não existia, ali, a ressalva quanto ao indeferimento da medida). Entretanto, aquele outro dispositivo, também passível de questionamento quanto à sua amplitude, se inseria de toda forma no contexto de um procedimento cuja destinação natural favorecia a ausência de litigiosidade, já que voltado tão somente à produção de prova testemunhal (CPC/73, art. 863).

A produção antecipada de prova do CPC, diversamente, tem maior amplitude, seja quanto às espécies de prova, seja quanto aos objetivos buscados (v. art. 381), intuitivamente dando margem a um número maior de situações conflitivas em torno da possível afetação indevida de esferas jurídicas.

Conforme o caso, a restrição legal expressa inevitavelmente haverá de ser abrandada, sob pena de afronta à garantia do devido processo legal (não se está sugerindo que o princípio do duplo grau de jurisdição seja absoluto, e que portanto o legislador ordinário esteja simplesmente impedido de instituir decisões irrecorríveis; entretanto, não é esse o caso, certamente, mas de incompleta percepção pelo legislador quanto à variedade de discussões potencialmente emergentes de procedimentos com esse escopo, o que aliás se nota de plano quanto à própria suposição de ausência de espaço sequer para o exercício do direito de defesa). Além disso, há aspectos relativos ao próprio processamento.

Concebeu o legislador, com efeito, uma situação-modelo em que a prova seja requerida nos limites do art. 381 e em que os interessados sejam citados meramente para o acompanhamento e participação, não para se defender (pela desnecessidade disso, já que inexistente qualquer provimento requerido em face deles), bem como na qual a decisão final, não envolvendo qualquer manifestação valorativa em torno do conteúdo da prova produzida, ou incidente sobre a esfera jurídica dos interessados, tampouco suscite interesse recursal, pela ausência de lesividade. Enfim, uma situação com restritíssima cognição judicial e com atuação das partes concentrada basicamente na produção da prova, em si.

As possibilidades de desvio a esse esquema ideal, contudo, são inúmeras. Começa-se pelo próprio critério, duvidoso, utilizado para a definição da única exceção expressa, qual seja, o indeferimento *total* da produção probatória.

Não se compreende por que motivo jurídico, tendo em vista a identidade essencial entre as situações, o indeferimento *parcial* não deveria autorizar o manejo de recurso, nem se tem por razoável em termos lógicos a limitação; persistindo o interesse do requerente na parte negada, e reconhecendo o legislador que o indeferimento da antecipação probatória seja causa de recurso, é o caso de se admitir o exercício da faculdade correspondente limitadamente à parte negada.

Por outro lado, como visto ao ensejo do item 1, supra, o requerente da produção probatória antecipada deve justificar adequadamente seu interesse jurídico (necessidade) em relação à providência; naturalmente, pode alguém citado para o acompanhamento da atividade pretender questionar justamente a ausência desse interesse, não havendo como restringir a possibilidade de apresentação de defesa para tal fim e impor ao interessado uma postura de sujeição passiva. E, supostamente afastada essa defesa, naturalmente nasce para essa parte interesse à discussão da matéria em grau recursal.

Do mesmo modo, pode o interessado pretender arguir em defesa o descabimento da produção probatória autônoma, por desbordar dos limites do art. 381 do CPC, ou mesmo a impropriedade da medida probatória especificamente acolhida, quando não a indevida afetação da esfera jurídica dele, interessado (por exemplo, uma sociedade empresária em relação a quem seja deferida perícia devassando todos os seus registros contábeis). Ainda uma vez, rejeitada alegação de tal ordem, não há como deixar de reconhecer interesse recursal específico.

Há também interesse recursal, em tese, para discutir os termos em que proferida a decisão final, caso indevidamente se proponha a efetuar valoração da prova produzida ou determine providência incompatível com os limites do procedimento de produção probatória antecipada. Fora daí, em matéria de perícia, pode-se imaginar a impugnação ao valor arbitrado para os honorários do perito, ou a forma como definida a responsabilidade pelo respectivo pagamento, dentre outras possibilidades. Possível, também, imaginar interesse recursal no tocante à parte da decisão terminativa que disponha sobre o pagamento de custas e honorários advocatícios.

Para todos esses casos, meramente exemplificativos, destoantes da situação-padrão ins-

Art. 383

piradora da restrição cogitada pelo legislador, afigura-se razoável permitir às partes o exercício das faculdades processuais regulares, em matéria de defesa ou recurso, sob pena, no primeiro caso, de ofensa à garantia da ampla defesa, e no segundo de se ver aberta a possibilidade para o emprego, como via impugnativa, do mandado de segurança, nos termos do art. 5º, II, da Lei nº 12.016/2009.

Jurisprudência

"Em medida cautelar de antecipação de provas, não há que se debater matérias de mérito, de forma que qualquer questionamento acerca do conteúdo ou resultado da prova pericial, hipótese dos autos, deve ser realizado por meio da ação principal de conhecimento. Precedentes. (...) A decisão proferida na ação cautelar de produção antecipada de provas é meramente homologatória, portanto os possíveis questionamentos aos laudos periciais poderão ser realizados nos autos principais, oportunidade em que o julgador fará a devida valoração das provas. Precedentes." (STJ, AgRg no AREsp nº 439.163/PE, 4ª T., Rel. Min. Marco Buzzi, j. 27/10/2015, DJe 5/11/2015).

"É cabível a condenação do réu, em ação cautelar de produção antecipada de provas, se vencido, ao pagamento dos ônus sucumbenciais quando caracterizada a resistência à pretensão autoral." (STJ, AgRg no AREsp nº 513.903/SP, 4ª T., Rel. Min. Raul Araújo, j. 25/8/2015, DJe 16/9/2015).

"A verificação da existência ou não dos requisitos que admitem medida cautelar de produção antecipada de provas demanda, necessariamente, exame de aspectos fático-probatórios, vedado no âmbito do recurso especial, em razão do óbice da Súmula 7 desta Corte." (STJ, AgRg no AREsp nº 630.376/RJ, 2ª T., Rel. Min. Humberto Martins, j. 3/3/2015, DJe 9/3/2015).

"É possível o manejo de mandado de segurança contra sentença proferida em justificação judicial, procedimento de jurisdição voluntária destinado, quase sempre, a produzir princípio de prova quanto à existência e veracidade de um fato ou de uma relação jurídica, pois se trata de decisão irrecorrível, não incidindo, assim, o enunciado de nº 267 da Súmula do Supremo Tribunal Federal." (STJ, RMS nº 19.247/CE, 6ª T., Rel. Min. Paulo Gallotti, j. 6/10/2005, DJ 7/11/2005, p. 385).

> **Art. 383.** Os autos permanecerão em cartório durante 1 (um) mês para extração de cópias e certidões pelos interessados.
>
> **Parágrafo único.** Findo o prazo, os autos serão entregues ao promovente da medida.

▶ *Referência: CPC/1973 – Art. 851*

Reprodução da prova documentada e disponibilização dos autos

Encerrado o procedimento relativo à antecipação probatória (com subentendido trânsito em julgado da decisão homologatória), prevê o CPC a permanência dos autos em cartório durante o lapso de um mês, a fim de que os interessados tenham tempo para a reprodução do teor da prova documentada (seja de que natureza for), bem como, se o caso, para que solicitem certidões acerca das ocorrências processuais. Após isso, autoriza a entrega e bem assim a retirada desses mesmos autos pelo promovente da medida, para que deles faça o uso pretendido.

A disposição, ocioso considerar, só faz sentido se considerado o processamento em autos físicos. Na hipótese de processo eletrônico, simplesmente não há que se falar em *permanência* ou *retirada* de autos, remanescendo o registro virtual dos atos processuais naturalmente na base de dados do órgão judiciário correspondente e nesse caso sendo permitido a todos os interessados, em idênticas condições, a obtenção da documentação correspondente a qualquer tempo.

Verifica-se outrossim modificação em dois aspectos no tocante à disciplina análoga do CPC/73, que tratava da matéria no art. 851, no âmbito das medidas cautelares típicas. Por um lado, não cogitava o texto anterior de qualquer prazo, mencionando apenas a manutenção dos autos em cartório, à disposição dos interessados; por outro lado, não se referia a prazo, porque tampouco previa a entrega definitiva dos autos a qualquer dos interessados. A ideia era portanto de que os autos permanecessem disponíveis durante tempo suficiente para a extração de cópias e certidões, e em seguida fossem arquivados, salvo se ajuizada eventual ação subsequente perante o mesmo juízo, hipótese em que os autos da prova antecipada acabavam por ser apensados aos do processo principal.

E esse, de resto, parece ter sido o móvel da alteração no tocante à entrega dos autos, com adoção a partir do CPC de sistemática assemelhada à das notificações e interpelações (arts. 872 do CPC/73 e 729 do CPC). O fato é que, expressamente, a lei atual exclui a prevenção do juízo da produção antecipada para a ação que se siga (art. 381, § 3º), de modo que a entrega, sob a perspectiva de autos físicos, acaba sendo um meio de possibilitar que o promovente da medida faça juntar aos autos de futura demanda, perante juízo distinto, a documentação original formada em torno da prova.

Ocorre que, se no caso dos atos de ciência é possível vislumbrar um interesse mais diretamente ligado ao promovente da medida, feita para resguardo direto de sua esfera jurídica, o mesmo não pode ser dito no tocante à produção probatória, em relação a que simplesmente não se pode imaginar que o requerente se aproprie da prova produzida, ou que seja ela de seu exclusivo ou predominante interesse.

Bem ao contrário, já se viu que, independentemente de quem tenha requerido e atuado diretamente para a produção de determinada prova, uma vez materializada em juízo submete--se ao princípio da *comunhão*, aproveitando indiferentemente a todos os interessados (CPC, art. 371).

Como quer que seja, deixou-se o legislador levar, uma vez que optou pela liberação dos autos, pela percepção de que ao menos em princípio seja o autor do pedido o maior interessado em sua utilização. Mas deve ficar claro que de modo algum o emprego do resultado da prova está jungido aos autos originais entregues para uso externo, ou à hipótese de prova a ser produzida especificamente pelo promovente da antecipação, como se a ele vinculada; todos aqueles que foram chamados a tomar parte na atividade instrutória, a teor do art. 382, § 1º, são legitimados a utilizá-la em proveito próprio.

Pode ocorrer, outrossim, um aparente complicador do ponto de vista procedimental caso, a despeito do encerramento da produção probatória propriamente dita, subsista atividade processual a ser desenvolvida (por exemplo caso o juiz, como observado nos comentários ao art. 382, venha a impor na decisão o pagamento de custas processuais ou mesmo de honorários advocatícios). Por um lado, não parece razoável que, em se tratando de autos físicos, venha atividade suplementar dessa natureza, em nada

relacionada ao conteúdo probatório em si, a embaraçar o uso do material formado, mais razoável se afigurando que venha a ser desenvolvida em autos apartados, com liberação ao interessado dos autos contendo o resultado da prova. Mas, em qualquer caso, reforça-se o que também se disse anteriormente: a eficácia da prova não está condicionada sequer à homologação, manifestando-se desde que formalmente constituída, de modo que, com ainda maior razão, não ficaria na dependência da conclusão de atos como os agora referidos.

Finalmente, é de se indagar se a previsão de entrega dos autos (físicos) ao promovente poderia ser modificada em caso de inércia de sua parte na retirada, somada a interesse expresso manifestado pelo requerido em tal sentido (na eventualidade de a prova ter-lhe sido favorável, por exemplo). Parece-nos que sim, desde que inequivocamente caracterizada a inércia do primeiro, pelo transcurso de prazo razoável após o lapso legalmente mencionado, condicionada todavia a medida à intimação específica do requerente para exercer a prerrogativa, aliada à advertência sobre o pedido feito pela outra parte e sobre a possiblidade de entrega dos autos a essa.

Seção III
Da ata notarial

> **Art. 384.** A existência e o modo de existir de algum fato podem ser atestados ou documentados, a requerimento do interessado, mediante ata lavrada por tabelião.
>
> **Parágrafo único.** Dados representados por imagem ou som gravados em arquivos eletrônicos poderão constar da ata notarial.

▶ *Sem correspondência no CPC/1973*

1. Ata notarial. Noções gerais

Segundo o art. 6º da Lei nº 8.935/94, é da competência dos notários, dentre outras coisas, a *autenticação* (sic) de fatos (inciso III), competindo com exclusividade aos tabeliães de notas, dentre outras coisas, a lavratura de atas notariais (art. 7º, III). Permite-se nesse sentido, para além da documentação de declarações de vontade de particulares ou formalização de atos ou negócios jurídicos, que normalmente caracteriza a atuação desses agentes públicos, a certificação da ocorrência de fatos puros, alheios a qualquer contexto negocial ou declarativo perante o tabelião, diferentemente ainda da atividade certificatória quanto a fatos simples também de atribuição desses agentes, como o reconhecimento de firmas ou a autenticação de cópias (art. 7º, IV e V, da mesma lei).

O art. 405 do CPC, inaugurando a sessão acerca da prova documental, insere na força probante do documento público, além da aptidão para atestar sua própria formação, também a capacidade para provar os fatos que o tabelião (dentre outros agentes ali referidos) declarar que ocorreram em sua presença, o que sem dúvida tem aplicabilidade para a ata notarial, em que presente o elemento *fé pública* no tocante às declarações sobre os fatos presenciados. Mas a ata notarial, a rigor, vai além disso.

Trata-se, em seu caso, não da referência a fatos acidentais ocorridos na presença do tabelião ao ensejo da lavratura de documentos públicos e a isso relacionados (como o comparecimento pessoal dos interessados, a exibição deste ou daquele documento de identidade, além de outras circunstâncias de interesse ao ato), de que a rigor cuida o referido art. 405; caracteriza a ata notarial a descrição pelo tabelião, como objeto central do documento, de fatos os mais diversos que venha a ser chamado a presenciar, convocado que seja por interessados, com o escopo de atestar sua ocorrência e modo de ser, valendo-se para tanto, ainda uma vez, da fé pública (daí a referência da Lei nº 8.935/94, tecnicamente imprecisa mas expressiva, à *autenticação de fatos*).

Não falta quem pretenda, aliás, seja incorreta a própria inserção topológica da ata notarial no capítulo referente às provas, como meio de prova autônomo, quando na verdade não passaria de prova tipicamente documental.

É indiscutível que, em sua expressão formal, constitua ela um documento público; mas parecem ter impressionado o legislador e favorecido o tratamento em separado, para além da crescente difusão que vem experimentando o mecanismo de prova, também algumas especificidades que de certa forma lhe conferem traços próprios.

O grande diferencial da ata notarial quanto aos instrumentos e documentos públicos normalmente lavrados pelo tabelião é que aí não figura o agente público apenas como autor material

do documento, mas também como seu autor intelectual, definindo seu conteúdo (ao invés de meramente reproduzir manifestações de outrem).

Além disso, o tabelião atua como autêntica fonte de prova, presenciando e propondo-se a descrever no documento os fatos por ele verificados, tal como se agisse como testemunha daqueles. E na verdade a ata acaba por assumir uma conotação híbrida, pois ingressa nos autos como prova documental, mas na essência corresponde a um testemunho documentado, acabando por traduzir de certa forma uma prova testemunhal atípica, com o registro da experiência sensível do tabelião.

Diferentemente da prova testemunhal regular, contudo, em que as testemunhas são chamadas a depor sobre atos que acidentalmente presenciaram, na ata notarial o tabelião é convidado a, voluntariamente, presenciar determinados fatos de modo a registrá-los, fixando sua existência.

Além da fé pública, portanto, caracterizam esse testemunho a intencionalidade e a própria instantaneidade, visto que o fato é certificado e descrito em todas as suas minúcias no instante mesmo em que ocorre, ou imediatamente após, diferentemente do depoimento testemunhal, que envolve uma reconstrução histórica marcada pelo distanciamento no tempo entre o evento e a prestação do depoimento, com todos os inconvenientes que isso traz do ponto de vista da adequada preservação da memória dos fatos e da própria segurança que possa transmitir.

Esses atributos explicam o crescente prestígio da ata notarial e seu uso em situações as mais diversificadas, para a prova de certos fatos cuja demonstração por outros meios poderia se demonstrar mais difícil e imprecisa, desde o acompanhamento de reuniões societárias até flagrantes de descumprimento contratual (p. ex., no âmbito de franquias), abusos no direito concorrencial e até mesmo a fixação da existência e teor de páginas virtuais, por sua alta volatilidade, de modo a prevenir futuras supressões ou alterações do conteúdo.

Além disso, a ata notarial é uma poderosa ferramenta auxiliar para o embasamento de requerimentos de tutelas provisórias, permitindo suprir com eficácia a escassez muitas vezes própria dessa fase processual em matéria de elementos instrutórios.

2. Imagens ou sons objeto de arquivos eletrônicos

Menciona o parágrafo único do art. 384 a possibilidade de adição à ata notarial de dados representados por sons ou imagens gravados em arquivos eletrônicos, previsão que comporta leitura por duas vertentes.

Por um lado, pode-se cogitar da utilização pelo tabelião de registros por ele próprio, feitos de modo a melhor ilustrar as circunstâncias fáticas mencionadas em seu relato; de outra parte, imagina-se a produção de ata notarial justamente tendo por objeto a descrição do conteúdo arquivos de sons ou imagens que lhe sejam apresentados.

3. Veracidade da narrativa fática

Por ser dotado de fé pública, o relato do tabelião acerca dos fatos presenciados presume--se verdadeiro, comportando, pela relatividade da presunção assim caracterizada, prova em contrário.

Daí não decorre entretanto que, mesmo na ausência de prova adversa, devam ser os fatos alegados pela parte interessada tidos por cabalmente demonstrados a partir do singelo conteúdo da ata notarial. A narrativa presume-se fidedigna nos limites em que realizada, o que não significa dizer, entretanto, que tenha alcançado todas as circunstâncias de fato relevantes em um determinado contexto litigioso, não impedindo que venham os fatos apontados a ser devida-mente contextualizados pelo juiz, bem como valorados acerca de seu significado e relevância.

4. Impossibilidade de suprimento pela ata notarial de outras provas

Não se presta esse meio de prova a substituir prova técnica, na medida em que não é o tabelião técnico especializado, tampouco no-meado pelo órgão judicial para a explicação sob esse prisma de determinado fato relevante para o processo. A ata notarial tampouco se presta a que o tabelião expresse sua opinião ou mesmo tente explicar as causas, efeitos ou circunstân-cias de determinado fato por ele presenciado e relatado, senão para o registro do fato em si; e ainda que disponha o tabelião de conhecimentos técnicos não pode se valer deles, como também os conhecimentos técnicos do próprio juiz não eliminam a necessidade quando o caso de prova pericial (cf. art. 375).

Por outro lado, o lançamento em ata no-tarial de declarações de terceiros acerca de fatos de interesse ao processo acaba por se mostrar inócuo do ponto de vista probatório. A circuns-tância do registro das declarações em documento público nada acrescenta em termos de eficácia probatória, quando muito permitindo que se aceite como verdadeiro o teor das declarações registradas; mas, acerca dos fatos relatados pelo declarante, exteriores ao ato, o documento pú-blico nenhuma aptidão probatória possui (art. 405 e art. 408, parágrafo único, do CPC).

Além disso, prova nesses moldes, marcada pela manifestação de ciência dos terceiros acer-ca dos fatos, teria feição de prova testemunhal comum, a qual o tabelião não está habilitado a colher, devendo ela necessariamente, no tocante aos processos judiciais, ser produzida mediante inquirição direta pelo juiz e manifestação oral das testemunhas (art. 453 do CPC).

5. Limites territoriais para a prática do ato

Segundo o art. 8º da Lei nº 8.935/94, é livre a escolha do tabelião, qualquer que seja o domicílio das partes ou o lugar de situação dos bens objeto do ato ou do negócio; mas, segundo art. 9º do mesmo diploma legal, o tabelião não poderá praticar atos de seu ofício fora do Muni-cípio para o qual recebeu a delegação.

Nada impede, portanto, que sendo trazido o material objeto da ata à presença do tabelião (arquivos eletrônicos, por exemplo), possa lavrar o documento mesmo por solicitação de interes-sados domiciliados em outro local; havendo a necessidade, entretanto, de diligências externas, deve ser observado o limite do território muni-cipal ao qual vinculada a delegação, sob pena de se incorrer na situação do art. 407 do CPC, com perda, pelo documento assim realizado, da força probatória própria de documento público.

Jurisprudência

"PROCESSO CIVIL. PROVA TESTEMU-NHAL. O depoimento de testemunha para valer como prova no processo deve ser prestado peran-te o juiz, com perguntas e reperguntas das partes; ainda que feito perante tabelião e documentado por escritura pública, o testemunho de quem, como preposto, se diz autor de assinatura aposta em contrato, não inibe a realização de prova grafotécnica, se o preponente opõe dúvidas a respectiva autenticidade." (STJ, REsp nº 472.174/

MT, 3ª T., Rel. Min. Ari Pargendler, j. 2/5/2006, *DJ* 12/6/2006, p. 472).

"Penhora de crédito. Execução por título extrajudicial. Demonstração por ata notarial da prestação de serviços a terceiro. Admissibilidade." (TJSP, AI nº 2131401-98.2017.8.26.0000/São Paulo, 22ª C. Dir. Priv., Rel. Des. Matheus Fontes, j. 29/9/2017).

"Tutela de urgência. Ação de rescisão de contrato de franquia manejada pela franqueadora que, sob a suspeita de violação do compromisso de não concorrência, pretende compelir os franqueados a absterem-se da atividade que inquina de clandestina. Ata notarial que constatou a inatividade da pizzaria. Existência, ademais, de cláusula contratual que resolve a eventual violação da cláusula de barreira em perdas e danos (cláusula 11.2 do contrato de franquia). Probabilidade do direito e perigo de dano inexistentes. Ausência dos requisitos necessários para a concessão da medida. Decisão denegatória mantida. Recurso desprovido." (TJSP, AI nº 2052076-74.2017.8.26.0000/São José do Rio Preto, 2ª C. Res. Dir. Empresarial, Rel. Des. Araldo Telles, j. 25/9/2017).

"Excesso de ruído produzido em festas dos vizinhos registrado em atas notariais. Em que pesem se tratar de provas unilaterais, gozam de fé pública. Art. 384 do NCPC. Liminar concedida que não trará prejuízos aos agravados. Decisão reformada. Recurso provido." (TJSP, AI nº 2159513-14.2016.8.26.0000/São Paulo, 27ª C. Dir. Priv., Rel. Des. Ana Catarina Strauch, j. 14/2/2017).

Seção IV
Do depoimento pessoal

Art. 385. Cabe à parte requerer o depoimento pessoal da outra parte, a fim de que esta seja interrogada na audiência de instrução e julgamento, sem prejuízo do poder do juiz de ordená-lo de ofício.

§ 1º Se a parte, pessoalmente intimada para prestar depoimento pessoal e advertida da pena de confesso, não comparecer ou, comparecendo, se recusar a depor, o juiz aplicar-lhe-á a pena.

§ 2º É vedado a quem ainda não depôs assistir ao interrogatório da outra parte.

§ 3º O depoimento pessoal da parte que residir em comarca, seção ou subseção judiciária diversa daquela onde tramita o processo poderá ser colhido por meio de videoconferência ou outro recurso tecnológico de transmissão de sons e imagens em tempo real, o que poderá ocorrer, inclusive, durante a realização da audiência de instrução e julgamento.

▶ *Referência: CPC/1973 – Arts. 342, 343 e 344*

1. Aspectos gerais

Depoimento pessoal é o meio de prova consistente no interrogatório da parte, pelo juiz, acerca dos fatos da causa, pressupondo a imediação e a manifestação direta daquela, oralmente (ou por outra forma de expressão, caso não possa falar).

Objetiva, de um lado, possibilitar a prestação de esclarecimentos pelo depoente em torno dos fatos discutidos, que se pressupõe sejam de seu conhecimento. E, por outro lado, presta-se a possibilitar a confissão, mediante a admissão da verdade de fatos alegados pela parte adversa ou eventualmente a retratação no tocante a fatos alegados, por escrito, em nome do depoente.

É comum valorizar-se sobremaneira esse último aspecto, como se essencialmente a ele voltado o depoimento pessoal, mas na verdade a confissão como *objetivo* é algo que somente se pode conceber sob a perspectiva da parte contrária; o juiz, quando determina a produção dessa prova, não pretende forçar confissão alguma, que quando muito será benefício decorrente do depoimento, fruto da desejada observância pelas partes do dever de veracidade. De toda forma, por mais relevante que seja como resultado, não se esgota na confissão a utilidade da prova, que pode também possibilitar esclarecimentos sobre aspectos não devidamente revelados pela narrativa fática objeto das manifestações escritas das partes.

A propósito da força probante do depoimento pessoal, outrossim, não se pode excluir de forma absoluta que esclarecimentos prestados pela parte venham a ser eventualmente utilizados pelo juiz, conjugados a outros elementos, em interpretação dos fatos favorável a ela própria. Mas, essencialmente, o depoimento não tem em si mesmo aptidão para produzir prova em favor da parte no tocante à verdade dos fatos, apenas contra.

Com efeito. Desde que verificada confissão, que será nesse caso *judicial*, haverá importante elemento de prova em desfavor da parte confitente, bastante para esgotar a prova em torno do fato confessado (vejam-se a respeito os comentários ao art. 390). Em contrapartida, pela posição parcial ocupada na relação processual, não há como receber as palavras da parte como instrumento de ratificação da verdade dos fatos por ela própria sustentados e elemento idôneo a formar o convencimento do juiz. As declarações da parte, em suma, constituem *versão* pessoal sobre os fatos alegados, não prova, em sentido estrito.

A abordagem é a mesma que se tem, no sistema brasileiro, quanto a declarações inseridas em documentos públicos ou particulares. O documento de qualquer natureza quando muito prova que a parte fez a declaração, mas a propósito dos fatos nela referidos, que são elementos externos, não tem força probante em favor do próprio declarante, não o dispensando da demonstração correspondente, por meios próprios (vejam-se a respeito os comentários ao art. 408).

Justamente em função disso é que o depoimento pessoal somente pode ser requerido pela parte no tocante à parte adversa, não quanto a si própria, como aliás está expresso no enunciado do art. 385 e também vinha afirmado pelo art. 343 do CPC/73. Há julgados que chegam a admitir pedidos em tal sentido, com base no fato de o juiz poder afinal determinar o depoimento de ofício, o que deve entretanto ser entendido em seus devidos termos: nada impede que a parte expresse a intenção de depor e que o juiz, entendendo útil a manifestação, venha a determinar de ofício a produção da prova, acolhendo o requerimento como sugestão; diferente disso é pretender a parte impor seu depoimento, mesmo contrariamente ao entendimento do juiz, por meio de autêntica postulação e como expressão de seu direito à prova.

Entre litisconsortes, em princípio não se concebe possa o depoimento pessoal ser requerido por um quanto ao outro (tanto mais em se tratando de litisconsórcio unitário, em que uniforme a decisão a ser proferida quanto a todos os litisconsortes), visto não haver nesse caso qualquer interesse em relação a eventual confissão.

Já em relação a hipóteses de litisconsórcio simples, a solução tende a ser a mesma, já que em condições normais a versão dos fatos será comum entre os integrantes do mesmo polo da relação processual. Entretanto, não se pode excluir de todo a existência de interesses em alguma medida antagônicos entre os litisconsortes, o que eventualmente pode justificar o pedido de depoimento pessoal limitadamente a esse aspecto. Trata-se de situação, enfim, a ser analisada casuisticamente pelo juiz.

1.1. Terceiros intervenientes

Na medida em que venham a ser integrados à relação processual e adquiram a condição de partes (tomado o conceito liebmaniano de parte como sujeito do contraditório perante o juiz), também os terceiros intervenientes podem ser chamados a prestar depoimento pessoal.

É preciso entretanto verificar a posição assumida no processo de modo a aferir o real interesse quanto a requerimento em tal sentido, sempre com olhos na possibilidade e utilidade de eventual confissão. Quanto à denunciação da lide, por exemplo, em condições normais assumirá o denunciado a posição de litisconsorte do denunciante (CPC, arts. 127 e 128), não havendo interesse para pedidos recíprocos de depoimento pessoal no tocante à matéria oposta comum à parte contrária, como exposto no item precedente (o mesmo si diga, na assistência, entre assistente e assistido, ou, no chamamento ao processo, entre a parte originária e o chamado); mas, eventualmente, pode surgir esse interesse em relação a possível conflito entre denunciante e denunciado, tendo por base o próprio direito de regresso motivador da denunciação.

Não tão simples é a situação no âmbito da oposição, em autor e réu da demanda originária serão, na lide secundária, litisconsortes passivos em relação ao opoente. Nesse caso, ante a concomitância dos litígios e a existência, afinal, de pretensões reciprocamente excludentes entre os opostos, é natural que requeiram, na instrução comum, o depoimento um do outro em torno dos fatos objeto do processo principal.

1.2. Depoimento de incapaz

Os menores de dezesseis anos são, por lei, considerados incapazes de depor como testemunhas (CPC, art. 447, § 1º, III); além disso, são até essa idade absolutamente incapazes para os atos da vida civil, e entre os dezesseis e dezoito anos relativamente incapazes (art. 3º, do CC, com a redação dada pela Lei nº 13.146/2015, e art. 4º,

I, do CC). É o caso então de indagar se podem prestar depoimento pessoal e em que termos.

Na verdade, não há a rigor impedimento quanto a serem os absolutamente incapazes inquiridos, de modo a prestar os esclarecimentos a seu alcance sobre os fatos da causa. O problema reside entretanto na perspectiva de confissão, visto que segundo o art. 392, *caput*, do CPC, não vale como confissão a admissão, em juízo, de fatos relativos a direitos indisponíveis; revestindo-se os interesses dos incapazes, em princípio, dessa característica, não seria possível levar em conta em caso de eventual inquirição fatos por eles confessados como tampouco se poderia promover a intimação para depor *sob pena de confissão*.

Diversa é a situação dos relativamente incapazes, visto que podem obrigar-se quanto aos atos da vida em geral, desde que devidamente assistidos. Não vemos, destarte, como não possam confessar em juízo, desde que também o façam regularmente assistidos, e quanto a interesses de cunho patrimonial.

Em um caso ou outro, descarta-se a hipótese de tomada do depoimento pessoal do representante legal do incapaz: não sendo parte, o representante não pode depor em nome próprio, e por outro lado, não se justificaria a manifestação em nome do próprio incapaz, por quem não poderia de resto confessar. Quando muito, assim, desde que se queira ouvi-lo, poderá dito representante prestar meros esclarecimentos pontuais ao juiz.

Quanto aos portadores de deficiência, por outro lado, qualificados pelo Estatuto da Pessoa com Deficiência (Lei nº 13.146/2015) como capazes para os atos da vida civil e inclusive para testemunhar, remetemos o leitor ao que foi dito nos comentários ao art. 447. De maneira geral, deverão ser tidos por aptos igualmente à prestação de depoimento pessoal, cabendo entretanto ao juiz, com prudência, avaliar sua capacidade de compreensão dos fatos e expressão, no interesse da própria parte em tal condição, do mesmo modo avaliando-se a eficácia de eventual confissão em tais termos produzida.

2. Momento

O CPC vigente procurou contornar a dicotomia presente no Código revogado – e as discussões daí derivadas quanto aos efeitos –, que se referia, em dispositivos distintos da mesma seção (arts. 342 e 343), a duas formas de manifestação oral da parte, como se ambas ostentassem a mesma natureza: o depoimento pessoal, tomado em audiência de instrução e julgamento, e o interrogatório simples, que poderia ser determinado pelo juiz em qualquer fase do processo.

Menciona-se agora, no capítulo das provas, tão somente o depoimento pessoal produzido em audiência de instrução e julgamento, seja a pedido da parte contrária, seja por determinação de ofício.

Nem por isso deixou o CPC de fazer alusão ao interrogatório para simples esclarecimentos, em momentos distintos, ato que vem expressamente tratado no âmbito dos poderes gerais do juiz, por meio do art. 139, VIII; o dispositivo inclusive ressalva de forma expressa, para definitivo aclaramento da questão, que a parte convocada em tais termos não está sujeita à pena de confesso.

Quanto ao depoimento pessoal propriamente dito, excepcionalmente pode vir a ser tomado fora da audiência instrutória, por exemplo se necessária a oitiva da parte por carta (veja-se o item 5.1, adiante). Além disso, pode ser tomado antecipadamente, em data especialmente designada para tal fim, ante justificativa idônea, normalmente relacionada ao risco de perecimento da prova (enfermidade grave da parte que irá depor, previsão de ausência prolongada, etc.).

A propósito da antecipação, contudo, é necessário distinguir a inquirição feita já no curso do processo daquela promovida previamente ao próprio ajuizamento da demanda. No primeiro caso, o ato seguirá tendo a natureza de depoimento pessoal, com todas as implicações daí decorrentes, como a obrigatoriedade de prestação e a sujeição da parte à pena de confissão, em caso de recusa injustificada; já na segunda hipótese, não.

Para a inquirição antecedente ao início do próprio processo, a ser feita na forma dos arts. 381 e 382 do CPC, nem mesmo se pode falar em partes, pela inexistência de feito em curso, mas quando muito de potenciais partes de demanda a ser iniciada (serão quando muito partes do próprio procedimento de antecipação probatória). Nessas condições, nem mesmo haverá fatos litigiosos a propósito dos quais se possa exigir manifestação da pessoa convocada, ou em relação aos quais se possa cogitar de qualquer confissão ficta, em caso de ausência ou recusa (a situação é análoga à da falta de exibição de documento ou coisa em relação a pedido antecedente, no tocante a que a jurisprudência de consolidou no sentido da inexistência de presunção de veracidade – vejam-se a respeito os comentários ao art. 400).

O depoimento se resumirá, assim, à tomada de declarações, sem prejuízo de, em caso de confissão expressa, poder ela ser utilizada como tal no futuro processo em desfavor do depoente.

3. Objeto do depoimento pessoal. Dever de veracidade

O depoimento versará, naturalmente, sobre os fatos dependentes de prova no processo considerado, excluindo-se assim, em princípio, a utilidade quanto àqueles inseridos na previsão do art. 374, I, II e III, do CPC (com a ressalva, mencionada nos comentários correspondentes, daqueles em que irrelevante a ausência de controvérsia ou em relação aos quais entender o juiz de qualquer modo necessário maior aprofundamento probatório). Quanto aos fatos a respeito dos quais milita presunção de existência ou veracidade (inciso IV do mesmo art. 374), somente tem interesse em requerer o depoimento pessoal a parte desfavorecida pela presunção, interessada em afastá-la.

Fogem também ao alcance do depoimento pessoal, ainda que controvertidos, aspectos quanto à existência, em si, de fatos dependentes de forma literal específica, como se tem nas hipóteses do art. 406 do CPC. Finalmente, não é de se admitir tal prova oral, em princípio, quanto a fatos *já provados* por outros meios, notadamente documentos não questionados em relação à sua autenticidade e veracidade do contexto.

Fora daí, entretanto, é possível a inquirição da parte sobre a totalidade da matéria fática discutida, seja em torno dos fatos sustentados no processo pelo próprio depoente, seja quanto aos fatos alegados pela parte contrária, requerente do depoimento.

Existe outrossim, no tocante ao depoimento pessoal (e também quanto ao interrogatório simples), dever de veracidade a ser observado pela parte, sendo equivocada a visão que pretende circunscrita essa obrigação às testemunhas; basta ver, aliás, a norma expressa do art. 77, I, do CPC, que repetindo o que dizia o art. 14, I, do CPC/73, impõe aos litigantes e seus procu-

radores o dever ético de expor os fatos em juízo conforme a verdade. Evidentemente, não se pode entender que a prescrição se dirija apenas aos pronunciamentos escritos, por petição, não alcançando por outro lado o momento culminante da exposição pela parte de sua versão dos fatos, que é justamente o do depoimento pessoal.

Como já dito nos comentários ao art. 379, não se trata propriamente de exigir que faça a parte espontaneamente prova contra si mesma, mas simplesmente de que não ofereça versão deturpada dos fatos, diante do que o problema da *prova* em si (que tem por objeto natural os fatos que se apresentem duvidosos perante o magistrado) acaba por sinal ficando bastante reduzido.

Não se voltando outrossim o processo civil à imposição de sanções restritivas da liberdade, não se cogita, quanto a ele, da inexigibilidade da autoimputação criminosa; diversamente, espera-se dos litigantes, agora com o reforça da norma expressa do art. 6º do CPC, uma postura de colaboração para com o Judiciário no exercício de sua atividade e na declaração do direito aplicável ao caso concreto, que deve se pautar pela exposição veraz dos fatos, desde a apresentação dos fundamentos básicos da pretensão e da defesa até eventuais manifestações pessoais como as ora enfocadas (ressalva-se de toda forma o disposto no art. 388 do CPC, quanto às hipóteses em que a parte não é obrigada a depor).

Descumprido entretanto esse dever de veracidade, não se cogita por certo de qualquer repercussão penal, inexistindo equivalente para a parte da figura típica do art. 342 do CP, restrita à testemunha e ao perito. Resta ao juiz do próprio feito, em tal caso, eventual sancionamento por falta para com os deveres éticos do processo (art. 80, II, do CPC).

4. Ausência da parte ou recusa em depor. Pena de confesso

A prestação do depoimento pessoal é indeclinável. Não se cogita todavia, quanto a ele, em caso de infringência da regra, da tipificação do delito de desobediência, cuja incidência dependeria de previsão específica; nem tampouco pode o juiz determinar a condução forçada da parte à sua presença, limitação da liberdade de ir e vir também de interpretação restrita e por isso aplicável somente às testemunhas, nos termos do art. 455 do CPC.

A consequência é essencialmente processual, e se resolve na previsão legal de aplicação pelo juiz da pena de confesso à parte que não comparece na data marcada ou que se recusa a responder, sem motivo justificado, às perguntas feitas, conforme disposto no art. 385, § 1º, do CPC. Consiste a sanção em tomarem-se por confessados os fatos que seriam objeto do depoimento (e não a totalidade da matéria fática relacionada ao litígio – veja-se a respeito o item 4.1, adiante).

Mostra-se aliás superior a redação atual em relação à do CPC/73, que falava no art. 343, § 1º, em advertência à parte de que os fatos se *presumiriam confessados* em caso de ausência.

Não se trata de *presumir*, como que a entreabrir a possibilidade de prova em contrário a respeito do próprio fato da confissão, deixando sua confirmação sujeita a uma valoração das circunstâncias dos autos. Se há motivo para considerar que não houve *intenção de confessar* por parte do litigante omisso, é porque na verdade se considera que de algum modo a ausência ou recusa em depor foi justificada; e, nesse caso, o problema deve ser resolvido simplesmente mediante a não imposição da sanção, não em termos de modulação de seus efeitos.

Na verdade, a consequência legal é peremptória e objetivamente definida. A lei não projeta, em termos provisórios, uma possível confissão, mas desde logo a tem por verificada, equiparando a conduta da parte a um ato não ocorrido, a título de autêntica *ficção jurídica*, conforme acertadamente observa Barbosa Moreira (*As Presunções e as Provas*, p. 65). O que cabe a partir daí apurar são as consequências dessa confissão ficta, que podem eventualmente ser atenuadas no confronto com outros elementos de convicção, conforme tratado a seguir.

Trata-se, como quer que seja, de eficaz instrumento de coerção da parte quanto à prestação do depoimento, pela associação, à recusa, de prejuízo processual desde logo correspondente ao máximo que lhe poderia advir em caso de cumprimento regular do dever e eventual confissão expressa (o mecanismo, aliás, é repetido pelo Código no tocante à exibição de documento ou coisa – v. art. 400 do CPC).

4.1. Implicações da confissão ficta no tocante ao processo

Estabelecida a confissão ficta, entretanto, nem por isso há que se falar, por evidente, em triunfo imediato, quanto à demanda, da parte interessada no depoimento, havendo diversos limites a considerar.

Em primeiro lugar, a confissão incide sobre a matéria de *fato*, não correspondendo nem ao reconhecimento da procedência do pedido adverso nem implicando renúncia ao direito sobre o qual se funda a pretensão, conforme o caso.

Em segundo lugar, mesmo em relação aos fatos, não tem a confissão ficta – como de resto tampouco a expressa – poder vinculativo absoluto em relação ao juiz, que pode perfeitamente desconsiderá-la desde que leve a conclusão absurda ou de todo inverossímil, ou ainda que seja contrariada por outros elementos conclusivos de prova, como documentos ou perícias. Além disso, nem toda a matéria de fato haverá de ser tida por confessada, senão aquela que seria, em condições normais, objeto do depoimento; não se pode pretender, com efeito, que pela simples aplicação da pena de confesso se deixe de considerar um fato notório afirmado pela parte ausente ao ato, ou mesmo fatos convergentes para com a versão da parte contrária, além de fatos já objeto de eventual confissão expressa pelo adversário. Do mesmo modo, irrelevante será a pena de confesso no tocante aos fatos dependentes por lei de prova literal (arts. 394 e 406 do CPC) ou mesmo prova estritamente técnica, havendo finalmente que se levar em conta os limites previstos nos arts. 391 e 392 do CPC quanto à confissão em matéria de litisconsórcio, litígios envolvendo marido e mulher (ou conviventes em união estável), a respeito de imóveis do casal ou direitos sobre imóveis alheios, e ainda quando relacionados os fatos a direitos indisponíveis.

No que diz respeito à forma e momento adequados para o reconhecimento da incidência da pena de confissão, não se exige decisão solene declarando-a, bastando que o juiz a leve em consideração na análise do conjunto probatório, ao decidir a causa, ou ainda que se valha de tal fundamento para a apreciação da pertinência de provas ainda pendentes.

Quanto a esse último aspecto, mostra-se de toda conveniência que sejam desde logo extraídos os efeitos da recusa de uma das partes a depor, ou mesmo de eventual confissão expressa verificada em depoimento concretamente prestado, até porque no âmbito da audiência instrutória os depoimentos pessoais antecedem os das testemunhas (art. 361 do CPC), e um dos requisitos de admissibilidade da prova testemunhal é que o fato não tenha sido provado nos autos por confissão (art. 443, I, do CPC).

Assim, terá o juiz normalmente de proferir decisão no próprio ato, apreciando as consequências da confissão havida, de modo a avaliar a pertinência da inquirição das testemunhas sobre os mesmos fatos.

Acerca da dispensa de provas pendentes, saliente-se não haver contradição para com o relativismo acima apontado em torno do alcance da confissão ficta. Uma coisa é confrontar a situação criada pela ausência do depoimento pessoal com outras provas em sentido contrário, *já disponíveis nos autos* (notadamente documentos ou perícia), eventualmente desconsiderando-se a confissão; outra, bem diferente, é pretender, como por vezes se afirma de modo equivocado, que o juiz não possa dispensar provas ainda pendentes (especialmente de natureza testemunhal), ficando obrigado mesmo depois da confissão ficta a prosseguir com a produção de todo o restante da prova requerida.

4.2. Requisitos formais para a imposição da sanção

Dada a gravidade dos efeitos que podem advir à parte, a comunicação do dever de depor, no caso concreto, é cercada de uma série de cautelas, explicitadas no § 1º do art. 385.

Exige-se assim, em primeiro lugar, e sem qualquer distinção para com o depoimento pessoal requerido pela parte contrária ou o determinado de ofício, que a parte seja intimada *pessoalmente* a comparecer à audiência de instrução, no dia e hora designados, devendo além do mais a intimação deixar clara a finalidade do comparecimento e ainda as consequências do não atendimento à convocação judicial, pela ausência pura e simples ou pelo comparecimento e recusa de depor.

Compreende-se que assim seja, pois o depoimento é ato da própria parte, e não de seu advogado, em face do que não bastaria a mera notícia da designação da audiência pela imprensa oficial, dirigida ao procurador; além do mais, preocupa-se o legislador com que a parte tenha perfeita noção dos aspectos jurídicos que cercam o ato, de modo que a mera referência ao depoimento pessoal, sem qualquer advertência complementar, impede por si só a aplicação da pena de confesso em caso de ausência.

A intimação, na ausência de limitação legal, pode indiferentemente ser feita por via eletrônica, na forma do art. 246 do CPC, por mandado ou por via postal, desde que da carta intimatória constem as advertências devidas e que o recebimento seja de mão própria. Não há lugar todavia, neste caso, para a expedição da carta pelo próprio advogado da parte interessada no depoimento, como agora determina o CPC seja feito em relação às testemunhas (art. 455).

Frustrada a intimação postal ou por oficial de justiça, em razão da falta de localização da parte motivada por mudança de endereço não noticiada ao juízo, tem-se por válida a intimação enviada para o local informado nos autos (CPC, art. 274, parágrafo único). No extremo, em caso de ocultação ou de manobras destinadas a dificultar a intimação pessoal, pode o juiz dar por intimada a parte na pessoa de seu advogado ou ainda determinar a intimação por edital para comparecimento à audiência (não entretanto, por óbvio, se a parte foi *citada* por edital e seu paradeiro desde o início é ignorado, caso em que injustificável a aplicação da pena de confesso).

4.3. Compulsoriedade do depoimento: dever, não ônus processual

O depoimento pessoal, na linha do que foi afirmado até aqui, é um *dever processual* da parte, não mero ônus, dever que abrange não só o comparecimento perante o Juízo como também a manifestação sobre o quanto for indagado na ocasião. Convém entretanto alongar algumas considerações a esse respeito, em função da importante resistência oferecida à ideia por parte da doutrina.

Chamam a atenção, antes de mais nada, diversos indicativos em tal sentido extraídos da literalidade de normas legais, como a inequívoca redação dos arts. 378 e 379 do CPC ao tratarem dos *deveres* de colaboração da parte para com o Judiciário em relação à descoberta da verdade. Some-se a isso a ideia de *imposição* presente nos art. 385, ora comentado, e finalmente a não menos sintomática alusão do art. 388 do CPC aos fatos em relação aos quais a parte *não é obrigada* a depor.

A par disso, o ônus processual, como exposto nos comentários ao art. 373, embora traduzindo a ideia de encargo, refere-se a uma conduta que a parte deve observar *em seu interesse próprio*, seja para a criação de uma situação vantajosa, seja para evitar uma posição de desvantagem no processo. Não é o que ocorre no caso do depoimento pessoal, em que o interesse envolvido na prova não é em absoluto o da parte que depõe, mas de seu adversário.

Além do mais, a privação da vantagem ou a situação de desvantagem que se estabelece em matéria de ônus são, nessas hipóteses, efeitos imediatos e naturais do respectivo desatendimento (como se tem no tocante à ausência de defesa, que faz com que permaneçam incontroversos os fatos alegados pelo autor e por isso sejam dispensados de prova, no que diz respeito à não observância do ônus de recorrer, tornando preclusa determinada matéria, e mesmo relativamente ao ônus da prova, impedindo a consideração do fato alegado pela parte onerada).

Diversamente, em relação ao depoimento pessoal, a imposição da confissão nada tem de decorrência lógica natural da falta de depoimento; os fatos, aí, já terão nesse momento processual a condição de controvertidos – ou de qualquer forma, por motivos especiais, dependentes de prova – e, uma vez omitido o depoimento, simplesmente haveriam, em condições naturais, de continuar nessa condição, à espera de outros elementos de prova específicos. A aplicação da *pena* de confesso, nesse contexto, se apresenta como um *plus*, correspondente a um efeito extraordinário por meio do qual atribuída ao juiz a criação de uma ficção que subverte a situação de estabilidade anterior, forjando verdade onde antes não havia prova.

A noção de obrigatoriedade é endossada pelo autorizado ensinamento de Moacyr Amaral Santos (*Comentários ao Código de Processo Civil*, vol. IV, pp. 74 e 76-77), mas expressiva doutrina defende a existência de mero *ônus* (v., por todos, José Frederico Marques, *Manual...*, vol. II, p. 275).

Do entendimento que sustentamos, outrossim, decorre naturalmente a conclusão, também sustentada por Moacyr Amaral Santos, de que a confissão ficta é autêntica *sanção* imposta à parte injustificadamente omissa, figura que a rigor não se compatibiliza com o conceito de ônus processual (há doutrina, entretanto, que cogita simultaneamente das duas ideias, ônus e sanção – v. Dinamarco, *Instituições de Direito Processual Civil*, vol. III, pp. 617-618, e Humberto Theodoro Júnior, *Curso de Direito Processual Civil*, vol. I, pp. 379-380).

5. Produção do depoimento pessoal.

No plano operacional, foi bastante lacônico o CPC quanto ao modo de realização do depoimento pessoal, além de, estranhamente, ter deixado de reproduzir o teor do *caput* do art. 344 do CPC/73, que dizia dever a parte ser interrogada na forma prescrita para a inquirição das testemunhas. Compreender-se-ia a supressão se a intenção fosse a adoção de disciplina diversa, mas em momento algum transparece o legislador opção em tal sentido, seja por declaração expressa seja pelo estabelecimento de regras de conteúdo discrepante; na verdade, simplesmente silencia quanto a uma série de aspectos relevantes no tocante à forma da prova, não deixando outra alternativa senão o recurso, até mesmo por analogia e pelas semelhanças entre os meios de prova, justamente às regras que regem a produção da prova testemunhal.

Nesse sentido, entendemos deva ser aplicado também para o depoimento pessoal o modelo de inquirição definido no art. 459 do CPC (a cujos comentários remetemos o leitor) para as testemunhas, com a formulação direta de perguntas pelos advogados. Indagará primeiro o juiz e, em seguida, dirigindo-se diretamente à parte, o advogado da parte contrária e, se o caso, o representante do Ministério Público, observando-se ainda o lá disposto quanto ao registro de eventuais perguntas indeferidas. No depoimento pessoal não há reperguntas ao depoente por parte do próprio advogado (como corolário da falta de interesse da parte em requerer o próprio depoimento), tampouco pelos advogados de seus litisconsortes.

Do mesmo modo, mostra-se perfeitamente aplicável a regra do art. 460 do CPC no sentido da documentação preferencial do depoimento por meio de gravação (mesmo porque será esse em tese o meio de registro da audiência como um todo, a teor do art. 367, § 5º, do mesmo Código) e da autorização para o uso de outras técnicas de registro.

Não parece razoável, entretanto, aplicar ao depoimento pessoal a prerrogativa especialíssima do art. 454 do CPC, decorrente da deferência a determinadas autoridades, e diretamente ligada ao depoimento testemunhal, quanto à inquirição em dia, hora e local de sua escolha. A exceção, que está longe de representar consenso quanto à sua razoabilidade mesmo no âmbito estrito da prova testemunhal, ao menos ali encontra explicação na convocação da autoridade para cooperar com processo em relação a que nenhum interesse tenha. Diversa entretanto é a situação da parte, que deve se sujeitar aos encargos processuais como qualquer outra, e inclusive em condições de igualdade para com o adversário, sob pena inclusive de quebra do tratamento igualitário. O STF, todavia, tem posicionamento em sentido contrário, como julgado citado adiante.

Quanto à ordem dos depoimentos, outrossim, será ouvido primeiro o autor e, em seguida, o réu, conforme expressamente definido no art. 361, II, do CPC. Complementarmente, o § 2º do art. 385 adverte que a parte que ainda não depôs não poderá acompanhar o depoimento da outra, regra que deve ser compreendida quanto aos efetivos limites: pretende-se apenas impedir que uma parte deponha já sabendo o que foi perguntado à outra e o que essa respondeu, o que aliás prevalece também para as testemunhas, em face do art. 456 do CPC. Fora daí, nada obsta que umas acompanhem o depoimento das outras, seja por já haverem deposto, seja por não haver previsão de tomada de seu depoimento no caso concreto (o que significa dizer que o autor, por um motivo ou outro, sempre poderá acompanhar o depoimento do réu).

Hipótese curiosa, quanto às implicações práticas, diz respeito ao réu que, sendo advogado, atue em causa própria: vindo a ser requerido o depoimento de ambas as partes, de um lado não poderá ele, como parte, presenciar o depoimento do autor, e de outro teria o direito, como advogado, de fazer perguntas durante esse mesmo depoimento. A alternativa mais sensata será a da constituição, por essa parte, de outro profissional para atuar na audiência, ainda que apenas durante o depoimento do autor; insistindo entretanto em não fazê-lo, estará criado um impasse, contornável em tese pela inversão da ordem dos depoimentos, à qual poderá contudo legitimamente opor-se o autor (até porque viria a solução em benefício do próprio causador do problema). Nessa hipótese extrema, inevitavelmente haverá de ser sacrificado um interesse, cedendo segundo entendemos o do próprio réu, que ficará privado de acompanhar o depoimento de seu oponente e de nele interferir.

5.1. Depoimento por carta

Por derradeiro, acabou suprindo o CPC lacuna do Código anterior e mencionando expressamente (art. 385, § 3º) a tomada do depoimento da parte residente em comarca, seção ou subseção judiciária diversa daquela em que tramita o processo, por meio de carta precatória (ou, se o caso, por carta rogatória, como está subentendido). A circunstância de se tratar de parte não altera a regra, também aplicável às testemunhas, de inexigibilidade do deslocamento até o foro de processamento da causa para a prestação do depoimento. Como também prevê expressamente o Código vigente, adotando a técnica de seu art. 453, § 1º, em relação à prova testemunhal, o recurso poderá ser colhido por meio de videoconferência ou outro recurso tecnológico de transmissão de sons e imagens em tempo real, inclusive, se possível, durante a audiência de instrução e julgamento.

Jurisprudência

"As inspirações teleológicas da prerrogativa de função não são elididas pela circunstância de a autoridade não figurar no processo como testemunha, mas como parte. 2. A prerrogativa de os dignitários referidos no art. 411 C.Pr.Civ. poderem designar o local e o tempo de sua inquirição, para não se reduzir a mero privilégio, há de ser vista sob a perspectiva dos percalços que, sem ela, poderiam advir ao exercício de suas altas funções, em relação às quais pouco importa que a audiência se faça na qualidade de testemunha ou de parte." (STF, HC nº 85.029/SP, Tribunal Pleno, Rel. Min. Sepúlveda Pertence, j. 9/12/2004, *DJ* 1º/4/2005, p. 6).

"Nos termos do art. 343 do CPC/1973 (atual artigo 385 do NCPC/2015), o depoimento pessoal é um direito conferido ao adversário, seja autor ou réu. Não cabe à parte requerer seu próprio depoimento, bem assim dos seus litisconsortes, que desfrutam de idêntica situação na relação processual. (STJ, REsp nº 1.291.096/SP, 3ª T., Rel. Min. Ricardo Villas Bôas Cueva, j. 2/6/2016, *DJe* 7/6/2016).

"O Juiz de 1º Grau indeferiu o pedido do réu para que fosse tomado o seu depoimento pessoal, nos termos do artigo 343 do CPC. Desta decisão, o ora recorrido interpôs Agravo de Instrumento. (...) A decisão do Tribunal a quo, que deferiu o depoimento pessoal do réu, não ofendeu o artigo 343 do CPC, pois o Juiz pode, de ofício, determinar o depoimento pessoal das partes, nos termos do artigo 342 do CPC, e com mais razão podem os Desembargadores."

(STJ, AgRg no REsp nº 1.510.979/PB, 2ª T., Rel. Min. Herman Benjamin, j. 15/9/2015, *DJe* 10/11/2015).

"Não se qualifica como prova o pedido de depoimento pessoal da parte para fins de conciliação." (STJ, AgRg no REsp nº 1.512.244/DF, 3ª T., Rel. Min. Moura Ribeiro, j. 1º/9/2015, *DJe* 10/9/2015).

"A tese de confissão pelo silêncio em audiência, exigiria o reexame do contexto fático-probatório, o que é vedado em sede de recurso especial, nos termos da Súmula nº 7/STJ." (STJ, AgRg no AREsp nº 627.707/MS, 4ª T., Rel. Min. Luis Felipe Salomão, j. 7/4/2015, *DJe* 10/4/2015).

"O Tribunal de origem assentou que não há falar em cerceamento de defesa, ante a não oportunização de colheita de depoimento pessoal da autora, uma vez que a matéria em questão é eminentemente de direito. A informação pretendida pelo recorrente pode ser obtida pelos documentos acostados ao feito." (STJ, AgRg no AREsp nº 496.854/MG, 1ª T., Rel. Min. Sérgio Kukina, j. 8/5/2014, *DJe* 16/5/2014).

"É pressuposto para a aplicação da pena de confesso, prevista no § 2.º do art. 343, do CPC, que a parte seja previamente intimada para prestar depoimento pessoal e advertida do risco de aplicação da pena." (STJ, REsp nº 702.739/PB, 3ª T., Rel. Min. Nancy Andrighi, Rel. p/ Acórdão Min. Ari Pargendler, j. 19/9/2006, *DJ* 2/10/2006, p. 266).

"*In casu*, o Tribunal *a quo* negou a pretensão do recorrente de ter tomado o seu depoimento pessoal em dia, local e hora previamente acertados, com fundamento no princípio constitucional da isonomia (art. 5º, *caput* e inciso I, da CF), motivo suficiente, por si só, para manter o v. acórdão recorrido. Assim sendo, o ora embargante, ao não ter interposto, conjuntamente com o recurso especial, o recurso extraordinário, deixou intacto o fundamento constitucional do acórdão a quo, sendo de se aplicar, *in casu*, o enunciado sumular 126/STJ. Precedentes." (STJ, AgRg no REsp nº 475.031/MG, 4ª T., Rel. Min. Jorge Scartezzini, j. 14/2/2006, *DJ* 6/3/2006, p. 390).

"A parte, intimada a prestar depoimento pessoal, não está obrigada a comparecer perante o Juízo diverso daquele em que reside. A pena de confissão não gera presunção absoluta, de forma a excluir a apreciação do Juiz acerca de outros elementos probatórios. Prematura, assim, a decisão do Magistrado que, declarada encerrada desde logo a instrução, dispensa a oitiva das testemunhas arroladas." (STJ, REsp. nº 161.438/SP, 4ª T., Rel. Min. Barros Monteiro, j. 6/10/2005, *DJ* 20/2/2006, p. 341).

"A **confissão,** enquanto meio de prova, conduz a uma presunção relativa da veracidade dos fatos, devendo ser analisada pelo juiz diante de todo o contexto probatório produzido nos autos. E foi exatamente o que ocorreu no caso vertente, ao assinalar a câmara julgadora que o **depoimento pessoal** não poderia se sobrepor à prova documental carreada ao processo, notadamente o contrato de prestação de serviços firmado entre as partes, base de toda a controvérsia deduzida em juízo." (STJ, REsp. nº 464.041/SE, 3ª T., Rel. Min. Castro Filho, j. 16/10/2003, *DJ* 3/11/2003, p. 316).

> **Art. 386.** Quando a parte, sem motivo justificado, deixar de responder ao que lhe for perguntado ou empregar evasivas, o juiz, apreciando as demais circunstâncias e os elementos de prova, declarará, na sentença, se houve recusa de depor.

▶ *Referência: CPC/1973 – Art. 345*

Equivalentes da recusa de depor

A omissão quanto ao dever de depor não se esgota nas hipóteses contempladas no art. 385, § 1o, do CPC, de pura e simples ausência da parte na audiência ou de comparecimento e negativa explícita em falar; prevenindo a ocorrência de situações em que apenas formalmente esteja a parte prestando o depoimento, não o fazendo contudo de forma séria e seguidamente não se pronunciando sobre os pontos indicados pelo juiz – negando conhecer os fatos, recusando-se sem razão a falar sobre eles ou ainda empregando evasivas –, poderá o magistrado interpretar a conduta como equivalente à recusa, hipótese em que, da mesma forma, ficará a parte sujeita à pena de confesso.

Obviamente, o dispositivo não se aplica às situações em que legitimada a própria recusa de depor, tal qual previsto no art. 388 do CPC, sendo clara a ressalva do texto legal quanto a se tratar de silêncio *injustificado.*

A situação deverá ser analisada com bastante parcimônia, a fim de se evitar conferir dimensão exagerada a toda e qualquer negativa de resposta, mormente porque pode envolver questões que o depoente efetivamente não conhece, não lembra ou não teria condições de tratar; somente se justifica o procedimento sancionatório extremo, dessa forma, se inequívoco o propósito de sonegar informações relevantes ou de evitar pontos que a parte *teria condições* de abordar (e em relação aos quais se perceba que o silêncio oculta o temor de contradições ou do fornecimento involuntário de dados contrários aos interesses do depoente).

Exatamente por isso destaca o texto legal a necessidade de que a mera falta de resposta, objetivamente considerada, seja confrontada com as demais circunstâncias e elementos de prova existentes nos autos. Aliás, também as circunstâncias do próprio depoimento – como o restante das declarações, termos em que verificada a negativa e postura pessoal do depoente –, devem ser levadas em conta como importante ponto de apoio para o convencimento do juiz.

Havendo motivo para deixar de falar sobre fatos específicos, nada impede que a parte exponha sua objeção ao juiz antes mesmo do depoimento, para que seja analisada a pertinência da recusa. Quando não, pode a justificativa ser apresentada em função de uma pergunta específica, do juiz ou da parte contrária; em qualquer caso, entretanto, rejeitada a escusa, outra alternativa não restará ao depoente senão manifestar-se sobre o ponto indagado.

Quanto ao momento do reconhecimento pelo juiz de hipótese de recusa de depor, a referência do art. 386 à *sentença* não deve ser tomada com certa flexibilidade, repetindo aliás o CPC a esse respeito a inadequada redação do art. 345 do CPC/73.

Situações haverá em que o juiz, mesmo se apercebendo do detalhe desde logo, prefira deixar para assinalá-lo somente por ocasião do julgamento; do mesmo modo, pode se dar que apenas depois de avaliados outros elementos de prova, e da análise do conjunto dos elementos de convicção, tenha o juiz condições para afirmar peremptoriamente a recusa, também aí sendo natural que o faça no julgamento final, o que se afirma principalmente quando se der ela em termos parciais, apenas quanto a um ou outro fato.

Não se pode excluir, todavia, a possibilidade de o procedimento omissivo da parte ser de tal forma evidente que o juiz tenha condições de proclamar a recusa na própria audiência, inexistindo qualquer óbice lógico ou jurídico a que o faça nesse momento; pelo contrário, tal procedimento seria até mesmo desejável, inclusive porque, assim fazendo, estaria o magistrado se habilitando a partir daí a dispensar a produção de outras provas ainda pendentes, e que em função disso se tornariam eventualmente inócuas.

É de toda conveniência outrossim que o juiz, por ocasião do depoimento, e deparando-se com situações de silêncio injustificado ou respostas evasivas, faça registrar a circunstância no respectivo termo, documentando por escrito o ocorrido (cautela especialmente importante quanto a evasivas, que não teriam como ser captadas por esse meio de documentação), ou o declare expressamente, para registro na gravação audiovisual, quando o caso.

> **Art. 387.** A parte responderá pessoalmente sobre os fatos articulados, não podendo servir-se de escritos anteriormente preparados, permitindo-lhe o juiz, todavia, a consulta a notas breves, desde que objetivem completar esclarecimentos.

▶ *Referência: CPC/1973 – Art. 346*

1. Espontaneidade do depoimento pessoal

É da essência desse meio de prova obter manifestação direta e instantânea do depoente acerca dos fatos da causa, os quais por razões óbvias presume-se que conheça, tendo assim condições de sobre eles discorrer a partir de suas impressões pessoais, sem a necessidade de preparo prévio ou consulta a quaisquer fontes externas.

Sobressai, nesse momento, a importância do contato direto entre a parte e o juiz, pela exigência de exposição fiel dos fatos e pela pressão psicológica inerente à própria ocasião, pois nem sempre resistirão à interação pessoal e à necessidade de exposição de viva voz inverdades por vezes escudadas na frieza e impessoalidade das manifestações escritas.

Não se pode olvidar que a vantagem precípua do depoimento no plano probatório é a confissão a que pode abrir ensejo, para tanto sendo relevante que a parte se veja na contingência de falar de imediato, valendo-se apenas da memória dos fatos objeto da causa.

Nesse sentido, não lhe é permitido, por exemplo, consultar seu advogado ou peças dos autos, tampouco escritos preparados para auxiliar no depoimento, à guisa de autêntico roteiro.

Não obstante, não se pode excluir a hipótese de a parte se valer de breves anotações, à guisa de mero auxílio para a recordação de detalhes mais específicos, como datas distantes, locais, o nome completo de certas pessoas ou a soma exata envolvida em determinada transação financeira, dentre outras possibilidades, sempre sob a perspectiva de dar maior precisão ao depoimento, e não da utilização de respostas prontas para questões estratégicas.

O art. 387 permite expressamente que o faça, mas caberá ao juiz, em cada caso, avaliar a oportunidade de tal consulta, a ser permitida em caráter restrito, podendo ele perfeitamente, se entender necessário, determinar que sobre determinado aspecto manifeste-se a parte com base em suas próprias lembranças.

Tolerada a consulta, outrossim, sempre será recomendável ao juiz requisitar o papel onde lançadas as anotações da parte, para verificar seu conteúdo, devendo nessa hipótese também dar conhecimento do respectivo teor aos advogados presentes.

2. Depoimento pessoal por procurador

Do caráter personalíssimo do depoimento e da relevância de que se reveste o ato em termos de transmissão, pelo próprio indivíduo, de sua experiência pessoal e conhecimento acerca dos fatos do litígio, decorre outrossim a natural necessidade de que seja prestado pela própria parte, como seguidamente manifestado pela jurisprudência. A exigência se faz ainda mais presente em face da perspectiva de confissão.

Deve ser vista por isso com extrema reserva a admissibilidade do depoimento por meio de procurador constituído especialmente para o ato, preservando-se os objetivos inerentes a esse meio de prova. Não fosse assim, e admitido sem controle o comparecimento de terceiros com poderes de representação, restariam esvaziados os benefícios esperados, permitindo-se às partes furtarem-se às dificuldades do ato.

A vedação, entretanto, não pode ser tomada em termos absolutos. Desde que se apre-

sente causa efetivamente relevante a justificar a nomeação de representante, como um impedimento potencialmente capaz de inviabilizar o comparecimento direto da parte, e afastando-se pois qualquer suspeita de evasão à manifestação pessoal, entendemos possível excepcionalmente a aceitação do depoimento por intermédio de outrem, sem que seja dado ao procurador todavia valer-se de sua posição de terceiro para alegar ignorância e furtar-se à manifestação sobre determinadas questões.

Deverá ele, nesse sentido, ter condições de se pronunciar sobre os mesmos fatos que seriam objeto de indagação à parte, além de ser imprescindível que conste no mandato específico a outorga de poderes para confessar.

3. Pessoas jurídicas

Situação peculiar ocorre no tocante aos entes personalizados. Ocorre que nem sempre aqueles que atuam como órgãos dirigentes da pessoa jurídica, com poderes de representação (ou *presentação*, como definido por Pontes de Miranda) terão tido contato direto com os fatos de interesse ao litígio; se convocados a depor poderiam, assim, legitimamente arguir esse desconhecimento.

Diversamente, se nomeado dentre os funcionários diretamente envolvidos com os fatos um preposto, com poderes específicos para a prestação do depoimento pessoal, poderá ele contribuir de forma certamente mais efetiva para com a instrução da causa.

O depoimento pessoal por outro que não o representante legal poderá, nessas condições, ser não apenas conveniente a todos os sujeitos processuais como também, em muitos casos, única forma de preservar a utilidade do ato. Não se confunde a situação com a do procurador de pessoa física, que é nomeado para transmitir, no exercício do mandato, a impressão pessoal da própria parte; o preposto, diversamente, age no sentido da transmissão do próprio conhecimento pessoal, em nome da pessoa jurídica.

Revendo posicionamento anterior, por outro lado, consideramos que nesse caso nem será necessária a outorga de mandato com poderes para confessar. A simples indicação pela pessoa jurídica do funcionário como responsável pelo depoimento pessoal (mas essa nomeação, insista-se, deve vir de forma inequívoca) já produz tal efeito e a vincula ao que for por ele dito.

Nesses casos, considerando o escopo da nomeação, não poderá o representante indicado se furtar a responder sobre os fatos que claramente conhece, sob pena de ser o comportamento tomado como recusa de depor por parte da pessoa jurídica (v. art. 386).

Jurisprudência

"O depoimento pessoal é ato personalíssimo, em que a parte revela ciência própria sobre determinado fato. Assim, nem o mandatário com poderes especiais pode prestar depoimento pessoal no lugar da parte." (STJ, REsp nº 623.575/RO, 3ª T., Rel. Min. Nancy Andrighi, j. 18/11/2004, *DJ* 7/3/2005, p. 250).

"PROCESSO CIVIL. DEPOIMENTO PESSOAL. PESSOA JURÍDICA. PREPOSTO. A pessoa jurídica pode ser representada em Juízo por preposto, ainda que este não seja seu diretor; basta a designação regular." (STJ, REsp nº 191.078/MA, 3ª T., Rel. Min. Ari Pargendler, j. 15/9/2000, *DJ* 9/10/2000, p. 142).

> **Art. 388.** A parte não é obrigada a depor sobre fatos:
>
> **I** – criminosos ou torpes que lhe forem imputados;
>
> **II** – a cujo respeito, por estado ou profissão, deva guardar sigilo;
>
> **III** – acerca dos quais não possa responder sem desonra própria, de seu cônjuge, de seu companheiro ou de parente em grau sucessível;
>
> **IV** – que coloquem em perigo a vida do depoente ou das pessoas referidas no inciso III.
>
> **Parágrafo único.** Esta disposição não se aplica às ações de estado e de família.

▶ *Referência: CPC/1973 – Art. 347*

1. Limites ao encargo de depor sobre os fatos da causa

O dever de colaboração imposto por lei às partes e terceiros quanto à descoberta da verdade, como já se disse (v. arts. 378-380), não é ilimitado, cedendo ante certos interesses ligados à defesa da esfera privada ou de deveres outros a que sujeitos àqueles de quem se almeja o fornecimento de informações relevantes ao processo. Essa atenuação se reflete, no tocante às partes, dentre outras coisas pela possibilidade de

recusa fundamentada à prestação de depoimento pessoal, quando não pela negativa de manifestação sobre determinadas questões em específico.

As hipóteses autorizativas vêm em princípio declinadas pelo próprio legislador, de forma, entretanto, não exaustiva, não ficando o juiz impedido de reconhecer outros motivos igualmente graves que justifiquem a dispensa.

Em contrapartida, tampouco se pode dizer que as escusas literais sejam de seu turno absolutas, afastando automaticamente, e sem outras considerações, a necessidade de depor. Sem prejuízo da ressalva do próprio parágrafo único deste art. 388 (veja-se o item 5, adiante), a efetiva dispensa da parte haverá de ser sopesada pelo juiz conforme as circunstâncias do caso concreto, podendo eventualmente ser negada em função da natureza do fato ou de sua relevância no âmbito do próprio litígio, como exposto nos itens seguintes.

É importante ainda distinguir a situação da parte convocada a depor da de um terceiro, como a testemunha, que é chamado a colaborar em relação a processo que não lhe diga respeito, pelo que naturalmente mais amplo o espectro de recusas; no caso da parte, o depoimento é tomado em relação a fatos ou por ela própria afirmados ou pela parte contrária em face de si, sendo integrantes da postulação ou da defesa, pelo que natural esperar que venha em princípio a se pronunciar a respeito.

2. Fatos criminosos ou torpes

O CPC atual mantém a referência a fatos criminosos ou torpes, de que já tratava o art. 347 do CPC/73.

O objetivo claro, no primeiro caso, é o de evitar sujeitar a parte a uma possível situação de autoincriminação, caso tenha de depor segundo a verdade no tocante à possível prática de delito; no segundo caso, são sopesados os constrangimentos que poderia experimentar quando obrigada a se manifestar sobre possível conduta torpe denunciada pela parte contrária.

A matéria é bastante polêmica, e já contava com disposição semelhante no Regulamento no 737, de 1850, silenciando após ele o CPC/39; apesar do alcance aparentemente amplo do enunciado legal, trata-se de norma a ser interpretada com cautela.

Com efeito, que a parte não deponha sobre fato relevante, mas cuja prova possa ser feita de outra forma que não a abordagem da imputação delituosa, ou sobre fatos secundários contendo insinuação de crime ou torpeza, se compreende, não ficando nessas situações comprometida, de resto, a utilidade ou substância do depoimento e da prova como um todo. Diferente disso é imaginar, entretanto, que fique liberada de sequer se pronunciar sobre o fato criminoso ou torpe quando constitua o objeto central da lide civil instaurada (ou, pelo mesmo motivo, da defesa), solução que está longe de parecer aceitável, conforme bem sustentado por Moacyr Amaral Santos (*Comentários ao Código de Processo Civil*, vol. IV, p. 97).

Se admitida essa possibilidade, vingariam paradoxos como a possibilidade de recusa em ações fundadas em simples crimes culposos (como indenizatórias por acidentes de trânsito com lesões corporais), em atos torpes (reveladores de degradação moral, amplamente considerada), na apuração de contrafação de marca de comércio ou indústria e mesmo no âmbito de relações contratuais, como no caso do mandatário acusado pelo mandante de enriquecimento ilícito e apropriação indébita; de outra parte, abrir-se-ia ensejo, por exemplo, para a recusa de depoimento pelo autor quando na contestação alegasse o réu que pelo primeiro falsificado o título em que fundada a cobrança.

A intenção do legislador, enfim, parece ter sido a de dispensar o depoimento quando o fato criminoso ou torpe esteja posto *relativamente* aos eventos objeto da disputa, sendo a eles paralelo ou de algum modo antecedente ou desdobramento, não quando esteja em discussão *o próprio* fato de tal natureza.

De resto, além de imprescindível a apuração do fato central para a solução da causa, não implica a exigência do depoimento também a de confissão da conduta torpe ou criminosa; certamente não se poderia aí exigir da parte um dever de veracidade nos moldes do que se referiu nos comentários ao art. 385, de forma que eventual negativa inverídica não poderia ser vista como quebra da lealdade processual.

Ressalta-se por derradeiro que também no tocante a provas como a exibição de documentos, conforme observamos nos comentários aos arts. 399 e 404, a possibilidade de revelação de fato criminoso não é, por si só, excludente insuperável.

3. Sigilo por estado ou profissão

Sobre o dever de sigilo como base para a recusa a depor também falava o CPC/73.

De um lado pode aflorar o receio de que venha a própria parte a ser prejudicada pela revelação de sigilo de estado ou profissional, seja por se sujeitar a represálias familiares ou pessoais em virtude da quebra de confiança, seja por temer repercussões negativas em sua vida profissional e mesmo a sujeição a processo criminal por violação de sigilo profissional (art. 154 do CP) ou funcional (art. 325 do CP); por outro lado, pode também justificar-se a parte pelo interesse em evitar danos – ou ao menos preservar certos dados relevantes – relativamente a pessoas (físicas ou jurídicas) com as quais tenha algum tipo de ligação ou compromisso, jurídico ou moral.

De qualquer forma, cabe notar que mesmo nos casos em que à recusa seja dada ênfase ligada aos interesses do depoente, em si, o sigilo sempre dirá respeito, na prática, a outrem, normalmente estranho ao processo, e por esse motivo exige-se do juiz especial cautela na apreciação da matéria. Diferentemente do que se tem no inciso I, a eventual quebra do sigilo afetará alguém cuja conduta não é objeto do litígio, além de não estar presente para a defesa de seus interesses diretos.

Sigilo *por estado* é expressão, diga-se, bastante abrangente, na medida em que também amplo o alcance do termo *estado;* trata-se de um dos atributos da personalidade que, segundo Rubens Limongi França, pode se manifestar no direito moderno de quatro modos diversos, *político, profissional, familiar ou individual* (*Enciclopédia Saraiva de Direito*, vol. 33, pp. 442-443). Quanto a aspectos do estado profissional, acabam alcançados pela noção de sigilo profissional, que será a seguir especificamente abordado; já em relação a questões ligadas ao estado individual, sem que se discuta a pertinência dos valores correspondentes, o resguardo que a parte pretenda nessa hipótese promover estará mais propriamente ligado à defesa da própria intimidade do que na verdade a um *dever* de sigilo. Resta então a análise, neste tópico, dos estados político e familiar.

O primeiro deles relaciona-se com os temas da nacionalidade e da cidadania, não se podendo a rigor excluir a hipótese de sigilo ligado a um desses fatores, embora de raríssima verificação na prática.

Mais comum é encontrarem-se situações em que invocado o estado familiar, que abrange não apenas o estado civil, em si, mas também vínculos como o de filiação e quaisquer outros laços de parentesco. Como o dever de sigilo, no âmbito dessas relações, não decorre de regra legal, mas sobretudo de especiais compromissos de lealdade e de proteção recíproca criados por força da ligação entre os membros do núcleo familiar, caberá ao juiz avaliar a relevância ou mesmo razoabilidade da recusa de depor, à vista de elementos como a proximidade entre o depoente e a pessoa a quem se refere o fato dado por sigiloso, a natureza e gravidade do tema tratado e mesmo aspectos culturais, tendo em vista os diferentes modelos de convivência impostos por diferentes grupos sociais e nacionais.

Já no tocante ao *sigilo profissional*, abrange não apenas as atividades profissionais em sentido estrito, mas, como reza o art. 154 do CP, a propósito do delito correspondente, também qualquer função, ofício ou ministério nos quais presente a obrigação de ocultação de determinadas informações. A esse título, podem ser lembrados os sigilos do padre em relação à confissão, do médico, de psicólogos e psiquiatras, do sócio em relação à sociedade, o sigilo empresarial e o de indústria genericamente considerados, e o do advogado, dentre outros. O funcionário público também possui dever de sigilo profissional quanto a diversas questões inerentes à sua atividade, mas a respectiva quebra injustificada, se o caso, dará azo à caracterização de delitos específicos, como os de violação de sigilo funcional (art. 325 do CP) ou do sigilo de proposta de concorrência (art. 326 do CP).

Não se apresenta o dever de sigilo, por vezes, como um obstáculo absoluto. O Código de Ética Médica (Resolução nº 2.217/2018 do Conselho Federal de Medicina), por exemplo, em seu art. 73, *caput*, abre a possibilidade de que o médico revele fatos conhecidos no exercício de sua profissão, se por justa causa (ou com autorização do paciente), embora o parágrafo único desse dispositivo não qualifique como justa causa a simples circunstância da convocação para depoimento como testemunha. Por seu turno, no âmbito da advocacia, o vigente Código de Ética e Disciplina da OAB (Resolução OAB nº 2/2015), no art. 35, enfatiza o dever de sigilo quanto aos fatos de que o advogado tomou conhecimento no exercício da profissão, dispensando-o de depor, em processo ou procedimento judicial, administrativo ou arbitral, sobre fatos a cujo respeito deva guardar sigilo profissional (art. 38); mas ressalva no art. 37 que o dever de sigilo cederá em face de circunstâncias excepcionais que configurem justa causa.

Nem sempre haverá, todavia, espaço para a valoração da oportunidade de revelação, como se dá, por exemplo, com os funcionários públicos, quanto a fatos relacionados à segurança nacional, a interesses de Estado em geral ou quanto aos dados sigilosos de uma concorrência ainda em andamento, e mesmo quanto aos padres, pessoas que em todo e qualquer caso poderão amparar-se na escusa.

Pode o dever de sigilo, outrossim, ficar em alguns casos atenuado se a pessoa a que se referem os fatos resguardados é a própria parte contrária (e não terceiro estranho ao processo), e o depoimento (ou uma pergunta específica) é feito a pedido dela.

Ressalte-se também que, quanto ao jornalista, o sigilo da fonte não é propriamente um *dever* profissional, mas um *direito* posto como *garantia fundamental* ao regular exercício da atividade, e hoje inclusive reconhecido em sede constitucional (art. 5o, XIV, da CF/88), direito esse também alcançado pelo art. 388, II, do CPC, e autorizador de negativa legítima em juízo.

4. Desonra própria ou a familiares. Perigo de vida

Como novidade, o CPC faz agora referência a duas outras situações nos incisos III e IV, tratando de fatos a respeito dos quais o depoimento possa ser causa direta de desonra ou perigo de vida para o próprio depoente ou ainda para os familiares ali referidos (cônjuge, companheiro ou parentes em grau sucessível).

A inspiração parece ter sido tomada de dispositivos assemelhados existentes na disciplina de outras provas, desde o Código revogado. O art. 363, III, do CPC/73, em tal sentido, considerava justa causa para a recusa de exibição de documento o risco de sua publicidade resultar justamente em desonra para o respectivo detentor (parte ou terceiro), bem como a seus parentes consanguíneos ou afins até o terceiro grau; por seu turno, o art. 406 do CPC/73 dispensava a testemunha de depor quando os fatos objeto da inquirição pudessem lhe acarretar, ou a seus familiares ali mencionados, grave dano.

Além disso, o art. 229 do CC (revogado pelo atual CPC), inspirado no art. 241 do CPC/39, dispensava de depoimento a testemunha quando o fato pudesse expô-la, ou a seus familiares, a perigo de vida, de demanda ou de dano patrimonial imediato.

Art. 389

De todas, a redação mais feliz e sintética se mostrava a do art. 406 do CPC/73, mantida no art. 448 do Código vigente, abrangente a um só tempo das hipóteses de perigo de vida e desonra e ainda deixando abertura para o reconhecimento de outras situações.

Ressalta-se ainda que, de certo modo, a preocupação da parte com a revelação de fatos que possam lhe acarretar desonra pessoal remete ao que já vem previsto no inciso I, acerca do depoimento sobre fatos torpes que lhe sejam imputados. A ideia de desonra, entretanto, é bem mais ampla e supera essa perspectiva, de modo que positiva a inovação legislativa. O mesmo pode ser dito quanto ao reconhecimento da possibilidade de o depoente pretender preservar, nesse campo, pessoas da família; por mais que até certo ponto essa preocupação possa estar relacionada com o dever de sigilo por questão de estado, a que alude o inciso II, a referência expressa elimina qualquer dúvida.

Nesses casos, e nos de risco de vida potencialmente relacionado à manifestação sobre certos fatos (principalmente nesses últimos), não se afigura razoável que o dever de colaboração de cunho instrutório possa se sobrepor à possibilidade concreta de repercussões graves à parte ou sua família, daí a previsão de dispensa. Mas, aqui também, é de se insistir na ponderação feita no item 2 (acima), quanto à cautela judicial necessária na apreciação de escusas de tal ordem, mormente em se tratando de fatos relacionados ao objeto central do litígio.

5. Exceções: demandas de estado e de família

Por fim, manteve o CPC, embora com oportunas correções redacionais, parágrafo único que institui na prática importante restrição às hipóteses de recusa de depor. Quanto ao aspecto redacional, assim, abandonou a anacrônica remissão à figura do desquite, que o CPC/73 conservou até o último dia, muito tempo após o advento da Lei nº 6.515/77. A par disso, substituiu a referência complementar a ações de filiação e anulação de casamento pela alusão, mais abrangente, a ações de família, ao lado das ações de *estado* (conceito que, como visto no item 2, acima, não se restringe ao estado civil ou a laços familiares).

A exclusão da autorização para a recusa de depor em demandas de tal natureza, inevitável

dizer, acaba por esvaziar em boa medida as vantagens proporcionadas por dispositivo como o ora comentado. De toda forma, notadamente quanto às ações de família, reside a *ratio legis* na natural dificuldade de prova que cerca demandas de tal ordem – pela intimidade e restrita publicidade dos fatos que lhes servem de base –, além da própria relevância dessas relações jurídicas no plano do direito material.

Por outro lado, a própria regra excepcionante inspira reservas quanto ao seu alcance. Se se toma o sigilo profissional, por exemplo, nota-se que a consideração dos litígios referidos no parágrafo único acaba por não alterar em nada o enfoque a ser dado: para as hipóteses de sigilo em que a solicitação judicial ou as circunstâncias do caso concreto configuram justa causa à quebra, seguirá prevalecendo o que já se ponderou quanto aos litígios em geral, afigurando-se ociosa a remissão ao parágrafo único; já nos casos em que não se admite exceção, não se vê de que forma poderia exigir o juiz a revelação do segredo tomando por base a natureza da demanda.

No que se refere a fatos criminosos ou torpes, já se disse não ser admissível a recusa, mesmo quanto aos litígios em geral, se se tratar do fato central objeto da demanda; inversamente, não há por que pretender imputar à parte manifestação sobre aqueles, ainda que se trate de uma das hipóteses do parágrafo único do art. 388, desde que secundários os fatos, ou possa a prova ser feita de outro modo.

Seção V
Da confissão

> **Art. 389.** Há confissão, judicial ou extrajudicial, quando a parte admite a verdade de fato contrário ao seu interesse e favorável ao do adversário.

▶ *Referência: CPC/1973 – Art. 348*

1. Conceito

A confissão, por expressa definição legal, consiste em declaração de reconhecimento, emanada de uma das partes, quanto à verdade de determinado fato; o termo *fato* está colocado na lei em sentido amplo, abrangendo portanto não apenas os fatos naturais como ainda os atos humanos em geral, sejam os simples atos sociais como também os atos jurídicos *lato sensu* – estes, de toda forma, recebidos no processo como *fatos* integrantes do litígio.

É indiferente que o conteúdo da declaração seja *positivo* ou *negativo*, ou seja, pode a confissão atestar a efetiva existência de fato alegado pelo adversário, mas também a inexistência de fato em princípio sustentado pelo próprio confitente (melhor seria por isso que o enunciado do art. 389 – mantendo na essência a redação do art. 348 do CPC/73 –, em vez de falar na verdade *de* um fato, a lhe supor a concretude no plano real, mencionasse a verdade *sobre* um fato); tratando-se outrossim de fato efetivamente verificado, a confissão pode se resumir à simples admissão desse dado, como também corresponder à confirmação da exatidão da descrição a ele conferida pela outra parte em torno de suas circunstâncias específicas, isto é, do *modo de ser* do fato.

Pode se tratar de fato havido com o confitente ou de ato por ele praticado, ou mesmo de evento a ele estranho, mas de alguma forma ligado à sua esfera pessoal de interesses, e sobre o qual tenha condições de se manifestar, atestando-lhe a ocorrência ou não; por outro lado, pode ter por objeto um único fato simples, um fato complexo (vale dizer, diversos fatos simples interligados e considerados como uma unidade, a exemplo da posse prolongada de alguém sobre determinada área) ou ainda um conjunto de fatos distintos.

Constitui outrossim elemento essencial do conceito a circunstância de ser o fato objeto da declaração, no âmbito do conflito entre duas pessoas, *contrário ao interesse daquela que o reconhece e favorável ao do adversário*, fora daí caracterizando-se mera ausência de controvérsia (ou versão comum) e não confissão. Tampouco há confissão, por evidente, se da declaração procura seu autor obter vantagem a si próprio.

Tudo depende, assim, da repercussão do fato em relação à posição da parte no litígio, e de seu interesse real em negá-lo naquele momento ou no caso concreto (partindo-se aqui da premissa de não ser razoável que cada parte tenha interesse ou necessidade de impugnar indistintamente *todos* os fatos afirmados pela adversária).

Não é confissão, dessa forma, em litígio entre cônjuges, o reconhecimento por um deles da existência do casamento afirmado pelo outro, mas é a admissão de que realmente cometeu adultério; não é confissão a confirmação pelo réu da paternidade na ação de alimentos movida por seu filho, quando não discutido o fato, mas é o reconhecimento de que tem condições financeiras e de que não contribui para o sustento do filho; não é confissão o reconhecimento em litígio entre vizinhos do fato em si da vizinhança, mas é a admissão de perturbação do sossego do outro durante o período noturno por conta de festas e elevado ruído; não é confissão a admissão pelo réu da posse da área reivindicada pelo proprietário, mas é o reconhecimento de que adquirida a posse de modo clandestino.

Por outro lado, declarações de idêntico conteúdo podem ou não assumir a característica de confissão de acordo com o contexto litigioso. A admissão da existência de relação locatícia não é confissão em demanda de despejo por falta de pagamento na qual se concentre a defesa na negativa do inadimplemento, em si, mas é caso o réu tenha primeiro negado a locação e sustentado a compra do imóvel, para depois voltar atrás e reconhecer a veracidade da relação jurídica afirmada pelo autor.

A distinção tem relevo no tratamento dos fatos que podem ou não ser confessados, ou da extensão de eventual confissão, tudo em função dos limites subjetivos e objetivos postos nos arts. 391-392 do CPC. A errônea apreciação de manifestações que não se amoldam ao conceito de confissão pode criar desnecessárias dificuldades à consideração de fatos que de outra forma poderiam sem maiores questionamentos ser aceitos no processo.

2. Conteúdo e natureza da confissão

Vem ela classificada, tanto na lei processual quanto na civil (art. 212, I, do CC), como *meio de prova*, e assim é tratada pela maioria dos doutrinadores, mas assiste razão a Cândido Dinamarco quando salienta não se tratar propriamente disso, "porque não constitui técnica para extrair de uma fonte informes sobre fatos" (*Instituições de Direito Processual Civil*, vol. III, p. 621); realmente, não se equipara a confissão aos instrumentos de prova previstos na lei processual, por meio do qual são trazidas aos autos as informações sobre os fatos de interesse à causa. Diversamente, traduz-se na informação em si a ser considerada pelo juiz, daí ponderar também com acerto Vicente Greco Filho que não é *meio*, mas "a própria prova" (*Direito Processual Civil Brasileiro*, 2º vol., p. 219),

Art. 389

podendo vir aos autos, isso sim, *veiculada* por meios específicos de prova, como depoimento pessoal, documentos ou testemunhos.

Como simples prova, incide apenas sobre *fatos*, não sobre seus efeitos jurídicos específicos ou direitos em geral, tampouco sobre a respectiva qualificação jurídica. Não se confunde ela, portanto, com o reconhecimento da procedência do pedido, por parte do réu, ou com a renúncia, pelo autor, do direito sobre o qual se funda a pretensão (CPC, art. 487, III, "*a*" e "*c*"), nem é condicionante, ao contrário dessas hipóteses, do resultado do processo; no âmbito da operação lógica inerente ao julgamento, fará quando muito com que se tenham por provados um ou mais fatos, a serem devidamente confrontados com os demais fatos pelo juiz e sopesados quanto aos correspondentes efeitos jurídicos.

Compõe-se a confissão por uma declaração de ciência acerca de determinada situação fática, não envolvendo qualquer manifestação de vontade adicional, já que por meio da confissão não assume a parte qualquer encargo, nem tampouco renuncia a direitos de qualquer espécie, processuais ou materiais. Não obstante, mostra-se alvo de intensa controvérsia a definição da natureza jurídica do instituto.

Parte da doutrina sustenta a existência de simples manifestação de conhecimento (v. Dinamarco e Greco Filho, obs. cits.; no mesmo sentido, José Frederico Marques, *Manual de Direito Processual Civil*, vol. II, p. 278), há autores que pretendem ser inerente à confissão, a ponto de torná-la equiparável a um negócio jurídico, uma manifestação de vontade vinculativa de ambas as partes em torno da aquiescência da verdade estabelecida quanto a determinado fato, implicando renúncia da parte do confitente à produção de provas em contrário e dispensando a parte favorecida da produção de outras provas (Marinoni e Arenhart, *Comentários ao Código de Processo Civil*, vol. VII, pp. 121-122).

Nelson Nery Júnior, por seu turno, embora abstraindo a perspectiva de acordo de vontades, insiste na tese do negócio jurídico, que seria unilateral e não receptício, podendo ser de natureza processual ou não, conforme as circunstâncias em que realizado (*Código de Processo Civil Comentado*, p. 850). Já Moacyr Amaral Santos, embora não aderindo expressamente à ideia de negócio jurídico, chega a distinguir atos equiparados a "atos de verdadeira disposição" (do direito material), para adiante dizer que "quem confessa renuncia o próprio direito e atribui o direito ao adversário" (*Comentários ao Código de Processo Civil*, IV vol., pp. 98 e 108); também Humberto Theodoro Júnior sustenta importar a confissão "*verdadeira renúncia de direitos (os possíveis direitos envolvidos na relação litigiosa)*" (*Curso de Direito Processual Civil*, vol. I, p. 383). Finalmente, Pontes de Miranda defende a existência, quanto à generalidade das confissões, de ato jurídico *stricto sensu* (*Comentários ao Código de Processo Civil*, tomo IV, p. 315).

De nossa parte, refutamos de todo a existência de negócio dispositivo, aceitando apenas em alguns casos a caracterização de ato jurídico, sem que entretanto se perca de vista a manifestação de conhecimento como elemento essencial.

A hipótese negocial é, de fato, inaceitável, principalmente quanto a pretenso trato bilateral, já que claramente não existe qualquer ajuste de vontades entre o confitente e a parte contrária, senão manifestação unilateral, não dependendo os efeitos da confissão, outrossim, de qualquer manifestação receptícia do beneficiário e nem tampouco do conhecimento por parte desse de sua ocorrência; a tese em tal sentido confunde, de resto, eventuais manifestações *coincidentes* das partes sobre um ou mais fatos com manifestação *convencional* de ambas – o que é bem diferente –, e não explica dentre outras coisas onde estaria o suposto ajuste na confissão extrajudicial feita a terceiro.

Assim, se possível fosse cogitar de ato negocial, mais razoável seria a categorização proposta por Nery Júnior. Insista-se, entretanto, que o confitente se limita a declarar, para fins informativos, sua versão a respeito dos fatos, não renunciando ao direito material a eles relacionado (se o fizesse, a questão seria resolvida no âmbito do art. 487 do CPC, não fazendo sentido sua inserção no capítulo das provas, nem tampouco falar em *eficácia probatória*); como exposto nos comentários ao art. 392, a impossibilidade de confissão quanto a fatos relacionados a direitos indisponíveis, por exemplo, não pressupõe a renúncia a eles, partindo da perspectiva de favorecimento da parte contrária em termos tais que possa levar ao sacrifício indireto (que aliás nem mesmo é inexorável) do direito irrenunciável.

Tampouco se vislumbra, no ato confessório, renúncia a direitos processuais de qualquer espécie (ou sua atribuição a outrem), embora não se discuta que a confissão seja ato voluntário, e que possa produzir efeitos no plano processual (v. art. 391); a mera voluntariedade, entretanto, não basta ao reconhecimento de ato negocial, tampouco a identificação de consequências jurídicas ligadas ao ato. Na confissão, enfim, a vontade está circunscrita à emissão do ato declaratório, em si considerado, sem quaisquer objetivos jurídicos predeterminados, advindo efeitos automáticos, quando o caso, de sua simples contemplação pela lei processual.

Poder-se-ia então falar quando muito em ato jurídico *stricto sensu*, vale dizer, conduta humana voluntária e simplesmente obediente à lei, em que os eventuais efeitos jurídicos decorrem *ex lege*, independentemente de serem queridos.

Nem sempre, contudo, a confissão se apresenta como tal; se produzida no curso do processo no qual se discute o fato, e por ato do confitente ou de seu procurador constituído, a declaração de conhecimento se integra à relação jurídica processual, constituindo em si mesma *ato jurídico processual*, que na definição de Chiovenda é todo aquele que tem por consequência imediata a constituição, a conservação, o desenvolvimento, a modificação ou a definição de uma relação processual (*Principii di Diritto Processuale Civile*, pp. 766-767). Assim o será, insista-se, não por ser da essência da confissão, mas pelo detalhe de se materializar como ato processual, e os efeitos correlatos serão os da lei própria.

Já se analisada a confissão extrajudicial, o que se nota é que fica restrita ao aspecto declarativo, não produzindo por si só qualquer resultado jurídico e sendo por isso mero ato social, indiferente ao direito. Uma declaração escrita passada por uma pessoa a um conhecido ou uma conversa na qual se reconheça fato relativo a um conflito de interesses qualquer e favorável ao oponente, no momento em que realizadas, se resumem a manifestações de conhecimento, que é o que em última análise caracteriza a confissão. Poderão, futuramente, ser tais declarações reproduzidas em processo já naquele momento pendente ou posteriormente iniciado, mas nem aí se tornarão ato jurídico: o ato processual será a prova, documental ou testemunhal, que a respeito se faça, da qual a confissão será mero conteúdo informativo a ser apreciado pelo juiz.

É certo que a confissão extrajudicial pode, algumas vezes, surgir associada a atos jurídicos (em sentido amplo) do cotidiano e deles fazer parte, podendo dar a falsa impressão de nesse caso assumir, então, a natureza de ato jurídico em sentido estrito ou mesmo negocial; considerada em seus limites naturais, todavia, vê-se que mesmo aí não fica ela desvirtuada de sua característica de mera declaração de conhecimento sobre *fatos*, não produzindo em si mesmo efeitos e quando muito se prestando a justificar ou complementar outros atos.

É o que ocorre, por exemplo, com confissões gerais incluídas em testamentos. Não se inserindo o reconhecimento de fatos entre as finalidades próprias desse negócio jurídico unilateral (CC, arts. 1.857 e segs.), qualquer declaração que nesse sentido se faça será em princípio inócua juridicamente, somente assumindo relevância se levada a algum processo judicial; não se confunda tal hipótese, contudo, com a do reconhecimento de filiação, à luz do art. 1º, III, da Lei nº 8.560/92, pois nesse caso não há singela declaração fática sobre o aspecto biológico, e sim *reconhecimento* voluntário para fins jurídicos, no sentido de estabelecimento formal do vínculo de paternidade (o que também pode ocorrer em juízo, nos termos do art. 1º, IV, da mesma lei).

Inspiram cautela, finalmente, as chamadas *confissões de dívida*, largamente firmadas na prática para servir de título executivo extrajudicial (CPC, art. 784, II). A despeito da nomenclatura utilizada, confissão típica somente existe no tocante à declaração de reconhecimento de eventual vínculo obrigacional anterior; os efeitos materiais, do ponto de vista obrigacional, advém por seu turno dessa mesma relação material originária ou de eventual novo pacto que se estabeleça no instrumento para seu cumprimento, nada tendo a ver com a confissão como meio de prova.

3. Espécies de confissão

Tem importantes repercussões práticas a separação da confissão quanto às modalidades *judicial* e *extrajudicial*, especialmente pela diferente eficácia probatória e disciplina jurídica geral em um e outro caso, objeto de comentários específicos em relação aos arts. 391 e 394 do CPC.

Judicial é a confissão perante o juiz, por ato da própria parte no âmbito do processo em curso, podendo se dar por escrito (em manifestações diversas ou pela juntada a pedido da parte

Art. 390

de documento específico contendo confissão por ela subscrita) ou oralmente, com a devida documentação por meio da lavratura de termo de confissão específico ou ainda pelo registro do depoimento pessoal no qual se produza.

Extrajudicial, por seu turno, é a confissão feita fora do processo, por escrito ou verbalmente, perante a parte contrária ou perante terceiros. Conforme um ou outro caso, sua reprodução em juízo se dará por meio da juntada do documento no qual reproduzida ou pelo depoimento, como testemunha, da pessoa que a tenha presenciado. Não é imprescindível que o confitente faça alusão ao processo e à intenção de nele fazer prova, nem tampouco a própria contemporaneidade da confissão para com aquele, podendo a confissão ocorrer em momento *anterior* à judicialização do conflito.

Interessante se mostra por outro lado o correto enquadramento da confissão feita em juízo, mas em processo diferente daquele em que vem a ser utilizada.

Se tomado simplesmente o ambiente em que produzida, tenderá a ser qualificada como *judicial*; não é assim, entretanto, no sistema processual civil brasileiro. Tendo em conta o anteriormente exposto e a disciplina da confissão judicial (v. arts. 390-391), o que se percebe é que o legislador dá especial ênfase àquela realizada com fins probatórios como manifestação interna ao processo e em seus autos, já que nesse caso estará a parte falando diretamente sobre os fatos litigiosos e perante a autoridade encarregada de conhecê-los; a confissão, enfim, será nessa hipótese a própria versão da parte no processo correspondente. Já se produzida a confissão em outro processo, sua juntada se dará ordinariamente por iniciativa do adversário do confitente, não constituindo, portanto, manifestação de reconhecimento desse perante o juiz da própria causa à qual acrescida, daí ser mais adequado seu tratamento como manifestação externa.

Qualquer que seja a modalidade de confissão, pode ela ser *total* ou *parcial*, vale dizer, pode alcançar a totalidade dos fatos discutidos em juízo ou apenas parte deles. Possível, por fim, segundo a doutrina, falar-se também em confissão *expressa* ou *ficta*. A primeira corresponde à existência de manifestação concreta e inequívoca pela parte acerca do fato de interesse ao litígio; já a confissão ficta não corresponde, como o próprio nome sugere, a uma confissão real, senão a uma ficção jurídica por meio da

qual atribuídos pelo legislador efeitos de confissão a uma simples conduta da parte, como se tem no tocante à recusa injustificada em prestar depoimento pessoal.

Jurisprudência

"O reconhecimento do pedido não se confunde com a confissão, que é apenas meio de prova e se refere a um ou alguns fatos arrolados pela parte contrária, tampouco com a transação, considerada o ato pelo qual as partes, mediante concessões recíprocas, abrem mão de parcela de suas pretensões, visando a uma conciliação e composição do litígio, consoante preceitua o artigo 840 do Código Civil (É lícito aos interessados prevenirem ou terminarem o litígio mediante concessões mútuas)." (STJ, REsp nº 1.366.156/SP, 4ª T., Rel. Min. Marco Buzzi, j. 6/11/2014, *DJe* 5/2/2015).

"A confissão, enquanto meio de prova, conduz a uma presunção relativa da veracidade dos fatos, devendo ser analisada pelo juiz diante de todo o contexto probatório produzido nos autos. E foi exatamente o que ocorreu no caso vertente, ao assinalar a câmara julgadora que o depoimento pessoal não poderia se sobrepor à prova documental carreada ao processo, notadamente o contrato de prestação de serviços firmado entre as partes, base de toda a controvérsia deduzida em juízo." (STJ, REsp nº 464.041/SE, 3ª T., Rel. Min. Castro Filho, j. 16/10/2003, *DJ* 3/11/2003, p. 316).

> **Art. 390.** A confissão judicial pode ser espontânea ou provocada.
>
> **§ 1º** A confissão espontânea pode ser feita pela própria parte ou por representante com poder especial.
>
> **§ 2º** A confissão provocada constará do termo de depoimento pessoal.

▶ *Referência: CPC/1973 – Art. 349*

1. Modalidades de confissão judicial

A confissão é necessariamente voluntária, não tendo, portanto, relação com o fator intencionalidade a separação promovida pelo legislador entre espontânea e provocada, motivada mais propriamente pelo modo como tomada a decisão.

Diz-se *espontânea* a confissão judicial quando provém de exclusiva deliberação da parte, que opta por reconhecer a verdade de um fato em qualquer momento do processo, segundo critérios pessoais de conveniência.

Já na confissão *provocada*, a parte confessa certamente por vontade própria, mas a decisão de fazê-lo não é opção puramente pessoal, sendo ao contrário *induzida*, mercê de uma estrutura processual especialmente voltada a tal fim: é ela convocada a prestar depoimento pessoal sem que lhe seja dado deixar de comparecer, e, no ato, além de ser obrigada a dizer a verdade, tampouco pode deixar de responder às perguntas do juiz e do advogado da parte adversa, sob o risco de ser-lhe aplicada a pena de confesso (v. art. 385).

A confissão espontânea corresponde, portanto, a situações processuais diversas do depoimento pessoal. Pode, outrossim, dar-se por *escrito* ou *oralmente*, correspondendo a primeira hipótese, mais frequente, a confissões inseridas no âmbito de manifestações diversas em nome da parte, feitas ao longo da causa; pode também ocorrer entretanto pela juntada aos autos de documento específico endereçado ao juízo.

Quanto à confissão espontânea oral, pode dar-se mediante requerimento próprio em qualquer momento, inclusive audiência de conciliação ou instrução – desde que, no último caso, em oportunidade diversa daquela propriamente prevista para a tomada do depoimento pessoal.

Exige-se cautela do juiz para não tratar como confissão meras observações informalmente feitas pela parte ao ensejo de tratativas de composição, e sem a vontade clara de confessar, somente se legitimando o registro se presente ânimo específico e inequívoco em tal sentido. Justamente nesse sentido, e em nome da regra de confidencialidade prevista no art. 2º, VII, da Lei nº 13.140/2015, veda-se ao conciliador ou mediador o lançamento em ata de declarações ou observações feitas pelas partes durante as tratativas.

Pode a confissão outrossim ser documentada sob a forma tradicional da lavratura de termo específico ou, alternativamente, por gravação em sistema audiovisual, conforme o momento em que se realize e a forma de registro dos atos processuais observada no juízo correspondente.

Vale o mesmo raciocínio para a confissão provocada, a despeito de o § 2º deste art. 390 mencionar o lançamento da confissão no termo correspondente ao depoimento pessoal; na verdade, o meio de registro da confissão será o mesmo que o utilizado para o depoimento pessoal em que inserida, podendo a confissão assim ficar tão somente gravada em arquivo de imagens e sons, se o caso.

2. Confissão espontânea por representante

Admite o § 1º do art. 390 que a confissão judicial espontânea seja feita tanto pela parte quanto por representante, a respeito cabendo acrescentar desde logo (visto que nesse ponto silencia o art. 394 do CPC) que também a extrajudicial, sob a forma escrita, pode ser realizada por procurador investido de poderes específicos.

Em se tratando de mandatário, a doutrina majoritária entende que os poderes especiais exigidos por lei devam fazer referência à causa e discriminar os fatos a serem confessados (v. Pontes de Miranda, *Comentários ao Código de Processo Civil*, tomo IV, p. 322; no mesmo sentido, Marinoni e Arenhart, *Comentários ao Código de Processo Civil*, vol. VII, pp. 128-129), enquanto autores como Moacyr Amaral Santos sustentam que o instrumento de mandato não precisa mencionar todos os pontos, cumprindo apenas que dele conste a causa ou ação a que se relacionam os fatos, ou então "em linhas gerais os fatos que o mandante autoriza sejam reconhecidos como verdadeiros" (*Comentários ao Código de Processo Civil*, vol. IV, p. 105), entendimento mais próximo da realidade e do espírito da lei, mas a nosso ver ainda merecedor de reservas.

A abordagem da questão, normalmente feita de forma genérica, não pode na verdade prescindir da indagação quanto ao tipo de mandatário que faz a confissão, se o advogado constituído nos autos ou se outro procurador qualquer, além das condições em que realizado o ato.

No primeiro caso, não há o que discutir em torno da insuficiência da procuração genérica para o foro, visto que o próprio CPC, em seu art. 105, define como não abrangida por ela autorização para confessar; se entretanto prevista expressamente essa possibilidade, e se admitida a procuração como válida para a causa, a simples alusão ao termo "confissão" abrange os *poderes especiais* necessários, sem que caiba falar aí em imprecisa discriminação dos limites respectivos.

Tratando-se, com efeito, de procuração para um processo em concreto, é natural entender que os fatos contemplados pela cláusula sejam todos aqueles de relevo para a causa, sem exclusão de nenhum; se a parte, outrossim, não quer de forma alguma a confissão de determinado fato, ou não confia suficientemente no advogado, pode optar por não firmar tal cláusula, ou por expressamente restringir seu alcance.

Não parece razoável, entretanto, exigir-se como regra, paralelamente à autorização para o advogado confessar, a indicação, um a um, dos fatos respectivos, não se extraindo tal exigência nem mesmo da redação do art. 661, § 1º, do CC, onde apenas se exigem poderes especiais para atos exorbitantes da administração ordinária, sem outra explicitação que não a da natureza desses poderes (pode um mandatário, por exemplo, receber poderes para vender ou alugar bens do mandante, sem especificação de quais, caso em que a cláusula se tem por extensiva à generalidade do patrimônio).

A explicitação, de resto, sabidamente não tem eco na prática forense consagrada, e levaria a consequências inusitadas se tomada ao extremo, impondo, por exemplo, que os instrumentos de mandato com cláusula de confissão (a quase totalidade) viessem, sempre, acompanhados de verdadeiro relatório dos fatos litigiosos passíveis de confissão, ou então que se formulasse novo instrumento de mandato exclusivo para o ato.

Recorde-se que a forma mais comum de confissão espontânea nos autos remete às manifestações ordinárias feitas pelos advogados em nome das partes, sem que ninguém se atreva a ver nelas irregularidade derivada do caráter genérico da cláusula de confissão (se assim fosse, aliás, em boa parte dos casos ficaria obstado o julgamento antecipado, pois o juiz não poderia mais aplicar quanto à matéria de fato o art. 374, II, do CPC).

Diferente, outrossim, é a situação do representante que não atua como procurador ordinário da parte nos autos, mas que ali comparece, num dado momento, *especificamente para confessar* (juntando declaração escrita de próprio punho ou pleiteando a tomada das declarações por termo próprio); quanto a este, não se fala em administração geral dos interesses, incluída *em potencial* a hipótese de confissão, sendo ao reverso essa última a razão de ser determinante de sua intervenção – e aí sim, concentrando-se o *objeto* do mandato na própria confissão, é de se exigir que a procuração indique de forma clara quais os termos do ato a praticar.

2.1. Confissão provocada por mandatário?

Ao associar a figura do representante apenas à confissão espontânea, acaba o legislador por reforçar a tendência de não aceitação de depoimento pessoal por procurador, como se tratou nos comentários ao art. 387.

Suposta entretanto a admissibilidade, em termos excepcionais, seria certamente necessária autorização específica para confessar, mas com dispensa da discriminação dos fatos no instrumento de mandato. É que, nesse caso, a constituição do representante seria para o depoimento como um todo, não especificamente para confessar um ou outro fato, fazendo-se suficiente a autorização genérica para confessar, se necessário.

2.2. Entes personalizados

Não se confunde outrossim com a situação dos procuradores o depoimento de representantes legais (ou *presentantes*) de pessoas jurídicas ou de entes com personalidade processual, como condomínios, atuando tais pessoas não propriamente como mandatários mas como órgãos desses entes.

Que possam confessar não há dúvida. A propósito dos limites, a rigor são aqueles relacionados com a própria administração dos interesses a que se referem os fatos *confessáveis*. O CC trata diretamente da questão, dispondo no parágrafo único do art. 213 que "*se feita a confissão por um representante, somente é eficaz nos limites em que este pode vincular o representado*".

Mas não apenas os representantes legais em sentido estrito podem depor e confessar nos termos aqui tratados. Como também exposto nos comentários ao art. 387, podem tais entes conferir autorização para outras pessoas atuarem em seu nome para efeito de depoimento pessoal, autorização que tacitamente encerra poderes em tal sentido.

Jurisprudência

"O artigo 38 do CPC, que trata dos poderes conferidos ao patrono por meio da outorga de instrumento de mandato para o foro em geral, elenca expressamente aqueles que não estão nela abrangidos, quais sejam: receber a citação inicial, confessar, reconhecer a procedência do pedido, transigir, desistir, renunciar ao direito sobre que se funda a ação, receber, dar quitação e firmar compromisso. "Confessar" é diferente de "transigir, acordar ou discordar" e não havendo previsão expressa daquele poder especial, no instrumento de mandato, não se pode admitir a confissão do advogado da recorrente, como prova da união estável das partes, no período de 1986 a 1998." (STJ, REsp nº 1.349.788/RS, 3ª T., Rel. Min. Nancy Andrighi, j. 26/8/2014, *DJe* 29/8/2014).

"O depoimento pessoal é ato personalíssimo, em que a parte revela ciência própria sobre determinado fato. Assim, nem o mandatário com poderes especiais pode prestar depoimento pessoal no lugar da parte." (STJ, REsp nº 623.575/RO, 3ª T., Rel. Min. Nancy Andrighi, j. 18/11/2004, *DJ* 7/3/2005, p. 250).

"Afirmações e manifestações colhidas em audiência de conciliação não têm força de confissão, nem importam alteração do pedido inicial." (STJ, REsp no 201.356/RJ, 5a T., rel. Min. José Arnaldo da Fonseca, j. 25/5/99, *DJ* 21/6/99, p. 195).

"O depoimento pessoal, por ser ato personalíssimo, deve ser prestado pela própria parte, não se admitindo o mesmo por procuração. A pena de confissão, para ser aplicada, depende, além da advertência, da intimação pessoal da parte para prestar o depoimento pessoal. A confissão é mero meio de prova a ser analisado pelo juiz diante do contexto probatório colacionado aos autos, não implicando presunção absoluta de veracidade dos fatos." (STJ, REsp no 54.809/MG, 4a T., Rel. Min. Sálvio de Figueiredo Teixeira, j. 8/5/96, *DJ* 10/6/96, p. 20.335).

> **Art. 391.** A confissão judicial faz prova contra o confitente, não prejudicando, todavia, os litisconsortes.
>
> **Parágrafo único.** Nas ações que versarem sobre bens imóveis ou direitos reais sobre imóveis alheios, a confissão de um cônjuge ou companheiro não valerá sem a do outro, salvo se o regime de casamento for o de separação absoluta de bens.

▶ *Referência: CPC/1973 – Art. 350*

1. Eficácia probatória da confissão judicial

Não se pode aceitar, por maior que seja o poder de convencimento da confissão judicial, a ideia de que constitua prova *plena* do fato declarado, vinculativa do juiz e excludente de qualquer prova em contrário.

Tem o julgador, com efeito, liberdade para, se necessário, desconsiderá-la. Vale o quanto se disse acerca da confissão ficta nos comentários ao art. 385, ainda que inequivocamente de muito maior potencial probante a confissão real, emanada de declaração expressa da parte; como quer que seja, não está o juiz obrigado a aceitá-la: a) quando leve a conclusão absurda (negando por exemplo um fato notório) ou se apresente de todo inverossímil; b) quando seja contrariada por outros elementos de prova material já disponíveis e que se mostrem, na espécie, inequivocamente conclusivos, tal qual documentos ou perícias; c) quando a lei exija forma especial para determinado ato, notadamente instrumento público, hipótese em que nenhuma outra prova, por mais especial que seja, pode suprir-lhe a ausência (CPC, art. 406); d) finalmente, quando identifique o juiz simulação ou intuito fraudatório da lei buscado por ambas as partes, hipótese em que está autorizado, nos termos do art. 142 do CPC, a proferir sentença que obste tal objetivo (e, pois, a ignorar confissão que se amolde ao mesmo fim).

Feita essa ressalva, repete-se a condição de prova privilegiada, mesmo porque, no caso a própria parte atua como fonte de prova em favor da parte contrária, coincidindo a confissão com a própria versão do confitente acerca dos fatos da causa e eliminando qualquer dúvida sobre o mesmo, possibilitando ao juiz sua apreciação nos termos comuns em que descrito (diversamente do que ocorre com os meios de prova ordinários, utilizados e interpretados normalmente à luz de versões conflitantes).

Essa, portanto, a principal força da confissão judicial, a de eliminar – desde o princípio ou no curso do processo, conforme o momento em que seja feita – a controvérsia acerca do ponto confessado, decorrendo dela o efeito de dispensar, nas hipóteses em que admissível, a produção de quaisquer outras provas, tal qual previsto no art. 374, II, do CPC (efeito que, frise-se, é *legal*, e não decorrente de acordo entre o confitente e o adversário no sentido da desoneração deste, como exposto nos comentários ao art. 389).

O termo "faz prova" a que alude o art. 391 do CPC deve, dessa forma, ser entendido no sentido de que, em princípio, o juiz adotará como suficiente a narrativa expressa dos próprios litigantes, a quem cabe delimitar o litígio, presumindo-se verdadeiros os fatos confessados. Mas, sendo uma presunção relativa, pode como visto ser descartada em situações extremas, em que haja motivos graves para duvidar de sua sinceridade ou intenções, quando por lei a confissão for insuficiente ou quando objetivamente desmentida por prova inequívoca (a confissão dispensa *novas* provas, mas não invalida as anteriores, e pode ser feita num momento em que essas já tenham, por outros meios, vindo aos autos) – de qualquer forma, nesse confronto com outras provas prevalecerá, na dúvida, a confissão, não havendo como diante dela pronunciar-se o *non liquet*.

Finalmente, gera a confissão judicial outro efeito que não pode ser confundido com sua eficácia probatória mas que com ela contribui: a declaração de reconhecimento da parte sobre o fato faz surgir em desfavor dela preclusão lógica, vinculando-a e impedindo-a a partir daí de investir contra a versão apresentada, salvo para demonstrar em ação própria vício invalidante da própria manifestação (cf. art. 393).

Quanto à eficácia probatória da confissão extrajudicial e ao confronto específico entre as duas formas, vejam-se os comentários ao art. 394.

2. Extensão subjetiva. Sucessores

Os efeitos probatório e preclusivo da confissão judicial atingem não apenas o próprio confitente, mas também seus herdeiros. O fato é que, em sucedendo a parte falecida no curso de eventual processo, sujeitam-se aqueles às mesmas limitações e vantagens processuais a ela aplicáveis, vinculando-se ao teor das manifestações antes feitas no processo pela parte falecida.

A regra da extensão vinha expressa no CPC/39, em seu art. 231, não sendo entretanto repetida, quer no CPC/73, quer no CPC/2015, sem que do silêncio se possa extrair entretanto, pela própria natureza das coisas, que aos herdeiros seja dado agir como terceiros totalmente estranhos aos atos do confitente.

3. Confissão judicial e litisconsórcio

Estabelece o legislador por seu turno algumas limitações de natureza *subjetiva* no tocante à confissão, tendo em conta a posição do confitente na relação processual relativamente a outras pessoas com interesses conexos aos seus, impedindo que sobre essas recaiam as consequências desfavoráveis do ato. Não vai aí qualquer contradição quanto ao que anteriormente se disse em torno da natureza da confissão, ou evidência de que o legislador tenha reconhecido seu caráter negocial (v. art. 389), mas a simples percepção de que os efeitos naturais da confissão judicial, como declaração pessoal de conhecimento e fruto de manifestação individual de uma parte, não podem passar da pessoa de seu emissor, sendo assim insuficientes para vincular terceiros que não tenham o mesmo conhecimento do fato ou que discordem da versão sobre ele apresentada pelo confitente.

A primeira das hipóteses diz respeito aos *litisconsortes*, em relação a quem ao caráter pessoal da confissão alia-se a regra geral do art. 117 do CPC (isto é, salvo disposição em contrário, os atos e omissões de um litisconsorte não prejudicarão os outros, mesmo no litisconsórcio unitário). Um litisconsorte não pode confessar pelo outro, sendo procedente a advertência de Moacyr Amaral Santos segundo a qual oposta a um terceiro a confissão perde a força que tem quanto ao próprio confitente, convertendo-se num simples testemunho, e com a agravante de que produzido sem as formalidades específicas desse gênero de prova (*Comentários ao Código de Processo Civil*, IV vol., p. 106).

É preciso, contudo, ter em vista o exato alcance da restrição. A manifestação do confitente não produzirá efeitos de *confissão* no tocante aos litisconsortes, não sendo prova conclusiva também quanto a eles, não os impedindo de produzir prova em contrário e ainda não dispensando a parte adversa, perante eles, de qualquer outro encargo probatório. Não significa, todavia, que deva quanto a eles ser pura e simplesmente ignorada, tal qual não existisse nos autos; mal ou bem, trata-se de elemento de convicção envolvendo afirmação específica em torno de um fato, que deverá ser considerada pelo juiz no conjunto das outras provas que também se produzirem, podendo ao fim e ao cabo, desde que não desmentida, ser também considerada para a formação do convencimento do juiz quanto aos não confitentes.

Como decorrência da regra da não propagação aqui examinada, por outro lado, pode ocorrer de nem mesmo o confitente se ver afetado pelas consequências da confissão. Sendo unitário o litisconsórcio e exigindo assim idêntica solução para todos os envolvidos, pode ocorrer de o juiz, na análise do fato confessado, não vislumbrar, uma vez abstraída a confissão em relação aos litisconsortes, prova suficiente do fato quanto a eles, outra alternativa não restando senão desconsiderá-la no todo, de modo a assegurar a uniformidade da decisão.

O raciocínio vale, de resto, também para hipóteses de litisconsórcio simples, em que, a despeito da possibilidade formal de soluções pessoais divergentes no plano jurídico, se esteja discutindo um fato comum a todos os litisconsortes, não se coadunando com o ordenamento vigente que o juiz venha, na sentença, a afirmá-lo a um tempo verdadeiro quanto a um litisconsorte e inverídico ou não demonstrado quanto aos demais.

3.1. Cônjuges e companheiros

A regra do art. 1.647 do CC, que impede a um cônjuge a alienação ou constituição de ônus reais sobre imóveis sem o consentimento do outro, tem interessantes reflexos processuais.

Nesse sentido, o art. 73 do CPC exige o consentimento do outro cônjuge para a propositura, ou a citação em litisconsórcio de ambos os cônjuges, nas ações que versem sobre direito real imobiliário ou ainda ônus reais sobre imóvel de um ou de ambos.

Em matéria de confissão judicial, já no âmbito do CPC/73 se vislumbrava reflexo sobre a disciplina correspondente; condicionava, com efeito, o art. 350, parágrafo único, a eficácia daquela, se feita por um dos cônjuges, à confissão também do outro, em demandas sobre bens imóveis ou direitos sobre imóveis alheios.

A regra foi mantida no parágrafo único do art. 391 do atual CPC, apenas com acertada ressalva, inexistente no CPC/73, quanto às hipóteses de casamento sob o regime da separação absoluta de bens (vale dizer, convencional), já que o próprio art. 1.647 referido dispensa em tais casos o consentimento; o próprio art. 73, § 1º, I, do CPC vigente, se adequou a tal orientação, passando a dispensar expressamente o consentimento do cônjuge para o ajuizamento, ou a citação de ambos em litisconsórcio, em demandas com tal objeto, se vigente tal regime de bens.

Persiste entretanto a omissão da lei processual em referir outra hipótese em que a rigor idêntica a situação, correspondendo ao regime de participação final nos aquestos, especificamente nas hipóteses em que, por pacto antenupcial, se convencione a livre alienação dos bens imóveis de natureza particular (cf. art. 1.656 do CC).

O fato é que julgou o legislador relevante considerar nesses casos a necessidade de aprovação recíproca também para os atos de confissão (o que implica a realização direta por ambos ou pelo menos a autorização inequívoca de um para que o outro confesse), dada a importante repercussão que pode advir, dela, para o desfecho do processo.

De todo modo, não se tem mesmo nessa exigência qualquer reconhecimento de possível caráter negocial da confissão, seja no plano material, seja no plano exclusivamente processual. Veda-se a confissão unilateral não porque em si mesma implique ato de renúncia efetiva a direito, mas porque por meio dela e da eventual derrota do confitente se poderia chegar por via indireta (como também pela presença isolada em juízo) a resultado equivalente ao sacrifício do direito material, contornando-se o efeito protetivo imaginado pelo CC ao impor o consentimento para determinados atos translativos ou oneratórios.

O tratamento a ser dado à confissão, outrossim, não fica alterado haja ou não litisconsórcio entre os cônjuges. O reconhecimento do fato não será recebido com força de *confissão judicial*, mas poderá ser considerado como elemento informativo no âmbito do contexto probatório, e inclusive ter seu conteúdo declaratório prestigiado pelo juiz na hipótese de se tratar da única prova produzida a respeito. Registre-se que o consentimento do cônjuge não confitente poderá ser dado especificamente para o ato da confissão, no momento de sua realização, como também sob a forma de autorização genérica para confessar, juntamente com o próprio consentimento para o ingresso do outro em juízo.

Chegamos a sustentar a inaplicabilidade do parágrafo único do art. 350 do CPC/73 aos conviventes em união estável, na falta de previsão expressa. A situação agora mudou, visto que o art. 391, parágrafo único, do CPC, refere-se especificamente aos companheiros, ao lado dos cônjuges, não havendo ante a literalidade do texto legal o que questionar (também no art. 73, § 3º, passou a exigir o legislador, em demandas sobre direitos reais imobiliários, o consentimento do companheiro para o ajuizamento isolado pelo outro, ou inversamente a citação de ambos em litisconsórcio).

Jurisprudência

"Tratando-se de litisconsórcio necessário unitário (CPC, art. 47), descabida seria a aplicação da pena de confissão à recorrida, esposa do recorrido, pelo fato de, embora intimada, não ter comparecido à audiência de instrução e julgamento, pois o cônjuge varão promovido compareceu ao ato." (STJ, REsp nº 796.700/MS, 4ª T., Rel. Min. Raul Araújo, j. 26/2/2013, *DJe* 19/6/2013).

"No caso dos autos, porém, a ouvida de testemunhas, inclusive as do autor, apesar de antes deferida, pôde ser dispensada porque o depoimento pessoal do próprio Autor, esvaziou a credibilidade das alegações que amparavam o direito invocado na inicial." (STJ, REsp nº 1.228.751/PR, 3ª T., Rel. Min. Sidnei Beneti, j. 6/11/2012, *DJe* 4/2/2013).

"A confissão, enquanto meio de prova, conduz a uma presunção relativa da veracidade dos fatos, devendo ser analisada pelo juiz diante de todo o contexto probatório produzido nos autos. E foi exatamente o que ocorreu no caso vertente, ao assinalar a câmara julgadora que o depoimento pessoal não poderia se sobrepor à prova documental carreada ao processo, notadamente o contrato de prestação de serviços firmado entre as partes, base de toda a controvérsia deduzida em juízo." (STJ, REsp nº 464.041/SE, 3ª T., Rel. Min. Castro Filho, j. 16/10/2003, *DJ* 3/11/2003, p. 316).

> **Art. 392.** Não vale como confissão a admissão, em juízo, de fatos relativos a direitos indisponíveis.
>
> **§ 1º** A confissão será ineficaz se feita por quem não for capaz de dispor do direito a que se referem os fatos confessados.
>
> **§ 2º** A confissão feita por um representante somente é eficaz nos limites em que este pode vincular o representado.

▶ *Referência: CPC/1973 – Art. 351*

1. Limites objetivos da confissão. Fatos relacionados a direitos indisponíveis

Paralelamente às restrições quanto ao alcance subjetivo da confissão, postas no art. 391, estabelece o Código também limites *objetivos* a ela, não permitindo assim, de forma expressa, a produção de seus efeitos naturais quando recair sobre fatos relativos a direitos indisponíveis (e portanto podendo repercutir sobre esses). A despeito de estar a indisponibilidade, em si, por

vezes associada à pessoa do titular do direito, a referência a limites objetivos é feita por definida genericamente quanto a uma *categoria* de direitos, independentemente de sua causa.

São indisponíveis os direitos em relação aos quais não é dado ao titular renunciar ou por qualquer forma dispor, enquadrando-se nessa categoria tanto os pertencentes a certas pessoas (como os incapazes e as pessoas jurídicas de Direito Público), quanto outros vistos pela sua natureza, comopor exemplo os relativos à personalidade e ao poder familiar (de modo geral, o são aqueles relacionados ao estado e à capacidade das pessoas).

No que diz respeito aos incapazes, embora seja usual a referência indiscriminada à indisponibilidade dos respectivos direitos, não entendemos seja correto afirmá-lo quanto aos relativamente incapazes, conforme já exposto nos comentários ao art. 385; a incapacidade, nesse caso, não diz propriamente com o exercício dos direitos, mas apenas com o *modo* do exercício, podendo tais pessoas obrigar-se quanto aos atos da vida em geral, desde que devidamente assistidas. Por esses motivos, não se pode dizer que não possam transigir ou dispor de seus direitos, desde que devidamente assistidos, disso derivando por extensão lógica que possível também o reconhecimento em juízo, com eficácia plena, de confissão feita por relativamente incapaz, igualmente com a ressalva da regular assistência pelo representante legal.

Na doutrina, Pontes de Miranda refere como nula apenas a confissão feita por absolutamente incapaz (*Comentários ao Código de Processo Civil*, tomo IV, p. 327), enquanto outros autores afirmam enfaticamente que os relativamente incapazes não podem confessar (por exemplo, Humberto Theodoro Júnior, *Curso de Direito Processual Civil*, vol. I, p. 383).

Quanto às pessoas jurídicas de Direito Público, de outra parte, é também comum a assertiva genérica e inexata de que indisponíveis os direitos pertencentes ao Estado; não é bem assim. Pode ele alienar, observadas certas exigências, diversos de seus bens; além disso, se fossem indisponíveis todos os direitos e interesses de titularidade estatal, não haveria lugar para figuras como a anistia de débitos de origem diversa, ou mesmo para a celebração de transações em matéria fiscal, por exemplo, mediante concessões recíprocas. O que ocorre é que, nesses casos, a autorização para a prática dos atos (ou os próprios) de disposição advém de medidas específicas do Executivo ou do Legislativo, atendida a forma apropriada; pode-se então dizer que de um modo geral o Estado não pode dispor de seus interesses *em juízo* porque não têm seus representantes processuais tal faculdade (não porque genericamente indisponíveis os bens e direitos estatais), o que de qualquer modo implica dizer que também a mera confissão informal em matéria de fato não poderá ser conhecida nesses litígios.

Para os fins do art. 392, importam não apenas os direitos enquanto bens imateriais, mas também os incidentes sobre determinados bens materiais, tornados em si mesmos indisponíveis por atos voluntários (como os gravados com cláusula de inalienabilidade), ou por força de lei, como os integrantes do patrimônio de diretores de sociedades em liquidação extrajudicial (art. 36 da Lei nº 6.024/74).

A vedação à eficácia da confissão, em todas essas situações, não decorre do reconhecimento de eventual disposição de direitos, materiais ou processuais, a ela inerente, tampouco de suposto caráter negocial, como já observado nos comentários ao artigo anterior; não seria a confissão, enfim, a determinar em si mesma a violação à indisponibilidade, mas o certo é que de uma forma ou de outra criaria uma situação de desvantagem processual quanto ao confitente, abrindo a possibilidade de sacrifício indireto ao direito material relacionado ao fato ou fatos confessados, quando não de burla intencional a certas situações de indisponibilidade (por exemplo, por meio de demandas forjadas visando a retirar do patrimônio bens intransmissíveis por ato de vontade).

A situação é análoga à que se tem com a limitação da produção dos efeitos da revelia (art. 345), revelia que evidentemente não tem natureza de negócio jurídico.

De qualquer forma, é preciso distinguir, para efeito de adequado tratamento da matéria, a efetiva repercussão de cada fato no âmbito do processo, de modo a sopesar não apenas sua relevância causal como igualmente verificar se efetivamente as consequências da confissão recairão sobre os próprios direitos indisponíveis, ou diversamente sobre meros efeitos patrimoniais deles decorrentes, estes sim perfeitamente disponíveis por força do art. 841 do CC (além de outros direitos de ordem diversa discutidos no mesmo litígio, e sem a conotação

de indisponibilidade); em suma, não se pode tomar literalmente a expressão "fatos relativos a direitos indisponíveis" empregada pelo art. 392 para afastar de plano toda e qualquer confissão nos processos em que de algum modo estejam em jogo direitos dessa natureza.

Nesse sentido, embora os direitos da personalidade, em si, sejam reconhecidamente indisponíveis (ninguém pode, validamente, abrir mão do direito à honra, ou do direito ao nome, ou à integridade física etc.), em demanda indenizatória por eventual lesão a esses direitos o que estará em evidência será, diversamente, o direito da parte a ser ressarcida pela violação dos mesmos; e este último direito, quanto aos seus efeitos patrimoniais, é disponível, ante o que qualquer confissão que em juízo faça o titular da pretensão, expressa ou fictamente, poderá ser levada em consideração no julgamento da causa, com eficácia probatória plena. Do mesmo modo, é indisponível o direito dos consumidores à adequada tutela de seus interesses; se todavia, no caso concreto, um consumidor vem a confessar que usou inadequadamente o equipamento, a revelação terá valor de regular confissão na ação de resolução contratual movida contra o fabricante.

Releva ponderar também que, a exemplo dos limites subjetivos examinados nos comentários ao art. 391, a eventual confissão que se faça quanto a direitos indisponíveis não é nula em si mesma, nem tampouco deve ser descartada do mundo real, apenas não podendo ser recebida com força própria de confissão, exaurindo o interesse probatório; no julgamento da causa, deverá o magistrado levar em consideração a declaração em tal sentido e dar a ela a força probatória que entender adequada no contexto dos autos, podendo mesmo chegar ao extremo de, em seu livre convencimento, dar por provado o fato apenas com base nesse elemento.

2. Eficácia da confissão por representante

Os §§ 1º e 2º deste art. 392 não existiam na redação do art. 351 do CPC/73, dispositivo correspondente no Código revogado, resultando da incorporação, feita pelo legislador do atual CPC, do integral teor do art. 213 do CC.

Quanto ao § 1º, correspondente ao art. 213, *caput*, do CC, a matéria (ineficácia da confissão feita por quem não pode dispor do direito a que se referem os fatos confessados) se entrosa com o *caput* deste art. 392 e já foi examinada no item precedente.

De todo modo, reforça-se com a redação do § 1º a separação aqui já referida quanto à confissão e toda e qualquer perspectiva de disposição direta de direitos, acentuando-se a intenção de se evitar apenas que por meio da confissão se chegue a um equivalente daquela.

Além do mais, o novo dispositivo corrige uma inconsistência na redação do *caput* do art. 392 e que já existia no art. 351 do CPC/73. Não basta, com efeito, que o fato seja *relativo* a direito indisponível para que a confissão se tenha por ineficaz. Mais do que isso, para ter sentido a vedação é preciso que quem confessa seja justamente aquele que, em particular, não pode dispor do direito ao qual relacionado o fato (figure-se uma disputa entre um incapaz e uma pessoa capaz, em torno de direitos de titularidade do primeiro; os fatos da causa, a rigor, serão todos "relativos a direitos indisponíveis", exatamente como diz o CPC, mas nem por isso haveria óbice à confissão por parte do litigante capaz).

Resta o exame do § 2º, que não trata propriamente de confissão de fatos relativos a direitos indisponíveis, mas de limitações ligadas à relação entre o autor material da confissão, no caso o representante, e o titular do direito indisponível. Como não poderia deixar de ser, o legislador condiciona a eficácia da representação aos limites da própria representação, condição legitimadora da prática do ato pelo representante em nome do representado. Pode-se cogitar aqui tanto de representação legal, derivada de incapacidade do titular, como de representação fruto do exercício de mandato.

3. Confissão e restrições formais

Por derradeiro, a eficácia da confissão pode também ficar tolhida, no plano objetivo, em face de exigências oriundas do direito material quanto à forma de determinados atos.

Assim, se prescrita determinada solenidade como condição à existência ou validade do negócio jurídico, o problema foge ao direito processual, não se aplicando a regra do livre convencimento judicial e ficando o reconhecimento do ato balizado pela observância daqueles requisitos, por mais convincente que possa ser a confissão trazida aos autos.

É o caso do art. 406 do CPC, segundo qual que sendo da substância do ato o instrumento público, nenhuma outra prova, por mais especial que seja, pode suprir-lhe a falta. De outra parte, o art. 394 do CPC, ao tratar da confissão extrajudicial, também aponta a insuficiência daquela feita verbalmente, nos casos em que a lei exija prova literal do ato, restrição também aplicável, como observado nos comentários relativos àquele dispositivo, à confissão extrajudicial escrita e que, por identidade de razões, alcança por fim a própria confissão judicial, impedindo que por meio dela se busque suprir a inexistência de instrumento específico materializando o ato jurídico.

Jurisprudência

"A revelia, na ação rescisória, não produz os efeitos da confissão (art. 319 do CPC) já que o *judicium rescindens* é indisponível, não se podendo presumir verdadeiras as alegações que conduziriam à rescisão. Deve o feito ser normalmente instruído para se chegar a uma resolução judicial do que proposto na rescisória." (STJ, REsp nº 1.260.772/MG, 3ª T., Rel. Min. João Otávio de Noronha, j. 5/3/2015, *DJe* 16/3/2015).

"Não se aplica à Fazenda Pública o efeito material da revelia, nem é admissível, quanto aos fatos que lhe dizem respeito, a confissão, pois os bens e direitos são considerados indisponíveis." (STJ, AgRg no REsp nº 1.170.170/RJ, 6ª T., Rel. Min. Og Fernandes, j. 1º/10/2013, *DJe* 9/10/2013).

"Cabe ao réu, nos termos do art. 302 do CPC, manifestar-se precisamente sobre os fatos narrados na petição inicial, sob pena de recair sobre eles a presunção de veracidade. Tal presunção, todavia, não se opera se não for admissível, a respeito dos fatos não impugnados, a confissão (art. 302, I do CPC). O direito tutelado pela Fazenda Pública é indisponível e, como tal, não é admissível, quanto aos fatos que lhe dizem respeito, a confissão. Por esta razão, a condição peculiar que ocupa a Fazenda Pública impede que a não impugnação específica dos fatos gere a incontrovérsia destes. A remessa necessária devolve ao Tribunal não apenas as matérias que foram suscitadas pelas partes e decididas na sentença, mas também, em razão do efeito translativo, as questões de ordem pública, ainda que estas não tenham sido objeto de impugnação." (STJ, AgRg no REsp nº 1.187.684/SP, 2ª T., Rel. Min. Humberto Martins, j. 22/5/2012, *DJe* 29/5/2012).

"Os atos praticados pelas autoridades públicas no exercício de suas funções representam a vontade estatal e obrigam o Estado na medida do conteúdo de sua declaração. Se a autoridade máxima do órgão público responsável pela obra atesta a sua execução e a inadimplência do contratante, esta declaração vincula o ente público, ainda com maior ênfase quando comprovada por outros elementos fáticos-probatórios contidos nos autos. Créditos decorrentes de contratos públicos não são **direitos indisponíveis**." (STJ, REsp nº 1.016.583/AL, 2ª T., Rel. Min. Eliana Calmon, j. 18/8/2009, *DJe* 31/8/2009).

"Em ação de repetição de indébito tributário – em que os fatos da causa não comportam confissão por parte da Fazenda Pública (CPC, art. 351) e nem estão sujeitos aos efeitos da revelia (CPC, art. 320, II) –, o juízo de procedência supõe a comprovação, pelo autor (CPC, art. 333, I), do fato constitutivo do direito, qual seja, o do recolhimento dos valores indevidos a serem restituídos. A sentença de procedência que delega à fase de liquidação a prova desse fato constitutivo é sentença condicional e, portanto, nula, pois fundada num pressuposto de fato cuja existência é incerta." (STJ, REsp nº 969.472/PR, 1ª T., Rel. Min. Teori Albino Zavascki, j. 18/9/2007, *DJ* 8/10/2007, p. 242).

> **Art. 393.** A confissão é irrevogável, mas pode ser anulada se decorreu de erro de fato ou de coação.
>
> **Parágrafo único.** A legitimidade para a ação prevista no *caput* é exclusiva do confitente e pode ser transferida a seus herdeiros se ele falecer após a propositura.

▶ *Referência: CPC/1973 – Art. 352*

1. Irrevogabilidade e anulação da confissão

O presente dispositivo, situado na sequência de uma série de artigos que tratam da confissão *judicial*, deve ser entendido como restrito a ela, não alcançando assim a confissão extrajudicial. Quanto a essa, traduzida em declaração que será transportada aos autos sem força de ato vinculativo em relação ao autor da declaração, é dado a esse provar no processo, por todos os meios, que seu teor não corresponde à verdade (v. art. 394), à guisa de retratação da confissão; não se está pensando aqui, cabe a advertência, nas declarações de cunho obrigacional que aludem ao vocábulo *confissão* em sua nomenclatura, como as chamadas confissões de dívida, atos esses sem dúvida dotados de repercussão jurídica

e vinculativos para o declarante, embora não propriamente pelo fato da confissão em si, mas pelo que representam no sentido da assunção de um vínculo obrigacional ou da ratificação de um vínculo preexistente (como tratado nos comentários ao art. 389).

A propósito da confissão judicial, outrossim, vem qualificada pela lei e pela doutrina como irretratável, mesmo porque constitui manifestação específica da parte a propósito de fatos da causa, não se concebendo em termos razoáveis a negação singela daquilo que voluntariamente se reconheceu como verdadeiro; além do mais, pesa em desfavor do confitente a preclusão lógica que se produz acerca da produção de novas provas sobre o mesmo fato, tudo sem prejuízo de o juiz eventualmente desconsiderá-la, como também já visto (art. 391). Refere-se o presente art. 393 a essa irretratabilidade como *irrevogabilidade* da confissão.

Há, todavia, situações em que não pretende o confitente simplesmente *voltar atrás* quanto ao conteúdo da confissão, ou negar sua sinceridade, mas questionar a idoneidade da própria manifestação declarativa, enquanto ato voluntário, por possíveis vícios que tenham interferido em sua emissão (proporcionando-a em si mesma, contra a vontade do agente, ou simplesmente deturpando-a).

Presente hipótese de vício de consentimento, admite o CPC a *anulação* da confissão, por meio de ação própria, corrigindo a imprópria redação do art. 352 do CPC/73, que falava em *revogação* por meio de ação anulatória ou rescisória. Aspectos semânticos à parte, do que se cogita na essência é da desconstituição do ato (mas também aí falhava a rigor o CPC/73, já que na ação rescisória por tal fundamento o ataque não era ao ato da confissão propriamente dito, mas à decisão judicial que o havia tomado por fundamento).

Os defensores da existência, em maior ou menor grau, de caráter negocial na confissão, veem em previsão de tal ordem, inspirada pela disciplina dos feitos dos atos jurídicos, a confirmação da ideia de não poder aquela ser reduzida a uma simples manifestação de ciência, o que não nos parece exato.

A natureza da confissão é uma, seja ela judicial ou extrajudicial, e nesse sentido simplesmente não há interesse jurídico para a anulação, por vício de consentimento, de uma confissão inserida em uma carta ou qualquer outro documento sem repercussão jurídica; no processo, outrossim, a confissão gera efeitos específicos, mas pelo fato de vir introduzida nos autos por meio de um ato jurídico processual (ato jurídico *stricto sensu*), do qual é conteúdo, e é em última análise ao ato processual correspondente que se voltará eventual pretensão desconstitutiva.

2. Causas para a anulação

O CPC vigente corrige ainda, a propósito dos fundamentos para possível anulação, duas imperfeições do enunciado do art. 352 do CPC/73, que falava em ataque à confissão quando emanada de *erro, dolo* ou *coação*.

A esse propósito, a doutrina, de um modo geral, posicionou-se com razão no sentido de dar relevância apenas ao erro *de fato*, não ao *de direito* (v., por todos, Moacyr Amaral Santos, *Comentários ao Código de Processo Civil*, vol. IV, pp. 110-114), sem que o Código revogado tenha feito a necessária ressalva. Na medida em que a essência da confissão está na manifestação de ciência sobre um fato, não sendo inerente a ela o intuito de vinculação jurídica do agente ou de produção de um resultado determinado, não vêm ao caso eventuais desvios de perspectiva em que incorra quanto às consequências do ato, importando apenas a exatidão de sua percepção quanto ao próprio fato voluntariamente reconhecido.

Por outro lado, em relação ao *dolo*, a crítica advinha do fato de que, do ponto de vista do confitente, e nos termos em que cogitada a invalidação da confissão, nenhuma diferença faz a causa do engano quanto ao fato, se proveniente do dolo de outrem ou de desvio de percepção do próprio confitente, bastando a consideração do dado objetivo correspondente ao resultado da confissão.

Ainda na vigência do Código revogado o CC acabou por dar melhor tratamento ao tema, prevendo em seu art. 214 a anulação da confissão tão somente por erro de fato ou coação, exatamente como agora faz o art. 393, *caput*, do CPC.

3. Ação rescisória

O Código anterior distinguia os meios de impugnação da confissão segundo o estágio do processo em que realizada, cogitando da propositura de ação anulatória se ainda pendente ou, após o trânsito em julgado da sentença, a discussão no âmbito de ação rescisória (art. 352, I e II).

Quanto a esse aspecto, sensível a modificação operada pelo CPC, que não mais cogita da propositura de ação rescisória para tal fim. E não se trata de omissão restrita ao art. 393, ora comentado, em relação a que se pudesse cogitar de eventual lapso; a confirmar a alteração do critério, o art. 966 do mesmo CPC, ao enumerar as hipóteses de rescindibilidade das decisões judiciais, não reproduziu o conteúdo do art. 485, VIII, do CPC/73, no qual se aludia à existência de *"fundamento para invalidar confissão, desistência ou transação em que se baseou a sentença"*.

De modo algum cabe vislumbrar alternativa para a preservação da ação rescisória na referência a *erro de fato* existente no inciso VIII do art. 966. Referido fundamento, que já vinha previsto no art. 485 do CPC/73 ao lado da hipótese de invalidação da confissão – portanto com ele não se confundindo –, vem de toda forma definido em seus contornos no § 1º do art. 966; e, pelo que ali facilmente se percebe, o erro de fato cogitado é o do juiz (v.g., *da decisão*), na apreciação dos fatos, não o de uma parte ao realizar confissão, nada tendo a ver, portanto, com a questão ora analisada.

Eventualmente, poderá a confissão em determinados casos ser superada com base na obtenção de prova nova capaz de assegurar pronunciamento favorável ao autor da ação rescisória (art. 966, VII), mas o alcance desse dispositivo é bem mais amplo, além de ter por elemento necessário e se concentrar na circunstância do surgimento de prova distinta, em si mesma suficiente.

Ressalva-se ainda, no plano do direito intertemporal processual, que para sentenças transitadas em julgado na vigência do CPC/73, e que portanto nesse momento ainda eram potencialmente rescindíveis com base no art. 485, VIII, daquele diploma, viável a propositura de ação rescisória por esse fundamento, ainda que com ajuizamento já na vigência do CPC.

4. Ação anulatória

Remanesce enfim, como única via formal de ataque à confissão, de caráter principal, a ação anulatória do ato processual por meio do qual veiculada, sem que se exclua, importante ressaltar, a possibilidade de o juiz conforme o caso permitir a produção de prova acerca de possível vício de consentimento (e resolver a questão) no âmbito do próprio processo em curso.

Cabe indagar, no tocante ao novo regime, acerca do momento em que pode ser movida essa demanda, tendo em vista a clara separação que fazia o Código revogado: ação anulatória antes do trânsito em julgado, ação rescisória após.

Não há razão para entender que o ajuizamento não possa continuar se dando, como ocorria no sistema anterior, ainda na pendência do processo original, tenha ou não já sido proferida decisão de mérito contemplando a confissão. Não o exclui o CPC nem tampouco há qualquer incompatibilidade lógica ou jurídica a afastar essa possibilidade.

Assim ocorrendo, haverá questão prejudicial interna capaz de influir de algum modo no julgamento de mérito da causa principal e até mesmo em seu processamento, pois a confissão, além de influir na convicção do juiz em termos finais, pode também repercutir na admissibilidade de outras provas acerca do mesmo fato. Pode haver razão, assim, para a suspensão do processo principal, hipótese a ser, contudo, apreciada com cautela, dentre outras coisas a partir da consideração da relevância do vício alegado, bem como da própria importância do fato em discussão no contexto da matéria litigiosa.

Desde que julgada – e acolhida – a ação anulatória previamente ao encerramento formal do processo original, caberá ao juiz (ou ao tribunal, em grau recursal) apreciar a repercussão da exclusão da confissão no tocante à solução de mérito havida, ou mesmo quanto à prática de novos atos processuais, se o caso determinando a retomada de atos instrutórios que houverem sido excluídos em função da confissão.

Questão mais complexa diz respeito, contudo, à hipótese de vir a decisão do feito principal a transitar em julgado previamente à definição da ação anulatória da confissão (situação que, em seus contornos, remete ao mesmo quadro que o da propositura da ação anulatória já após o encerramento do primeiro processo; esta outra possibilidade é também de ser naturalmente admitida uma vez suprimida a hipótese de manejo de ação rescisória).

Caso a solução, no processo principal, seja favorável ao confitente, ou se eventual decisão desfavorável não tomar por base a confissão, a rigor haverá falta de interesse de agir superveniente no tocante à ação anulatória, visto restringirem-se os efeitos jurídicos da confissão ao processo em que produzida.

Fora daí, o detalhe do encerramento do processo em que praticado o ato jurídico questionado não exclui a anulação desse último em momento posterior, como aliás era inerente à ação anulatória do art. 486 do CPC/73 e segue sendo quanto ao seu equivalente, a ação agora prevista no art. 966, § 4º, do CPC.

No caso da confissão, inexiste, propriamente, uma decisão homologatória que venha a ser diretamente afetada pela desconstituição do ato jurídico homologado, mas o mecanismo é o mesmo: agride-se o ato jurídico, em específico, e por extensão se afetam os atos que sejam dele dependentes, inclusive de natureza decisória, na esteira do disposto no art. 281 do CPC. Daí decorre que, anulada a confissão que tenha sido levada em conta na sentença, reabre-se o processo original, com prejuízo da própria sentença, tornando necessária a prolação de outra decisão adequada à nova realidade, se o caso precedida da produção de novas provas.

A competência para a ação anulatória, por fim, seja seu ajuizamento anterior ou posterior ao encerramento do processo original, é do mesmo juízo, em termos funcionais; não há propriamente conexão entre as demandas, cujas causas de pedir e pedidos são totalmente distintos, mas a ação anulatória é acessória em relação à outra, aplicando-se ao caso a regra do art. 61 do CPC.

5. Legitimação ativa

Manteve o atual CPC, acerca da legitimação para o ajuizamento da ação anulatória, a fórmula híbrida adotada pelo CPC/73, cujas razões são facilmente perceptíveis.

A demanda anulatória vem qualificada como *personalíssima*, somente podendo ser intentada pelo próprio confitente, como interessado direto; uma vez falecendo esse, contudo, reconhece-se a possibilidade de sucessão na posição processual correspondente, não se oferecendo pois ensejo à extinção do processo com fundamento no art. 485, IX, do CPC.

Pretende o legislador, por meio desse mecanismo de controle, evitar que na ausência do confitente, e longe de qualquer possibilidade de confrontação perante ele da mácula alegada em relação à respectiva manifestação de vontade, valham-se os herdeiros da pretensão anulatória como artifício para se forrar aos efeitos indesejáveis da confissão feita pelo *de cujus*. Assim, exige a iniciativa exclusiva desse último, como forma de extrair um mínimo de credibilidade na refutação; tomada essa atitude pelo confitente, contudo, e vindo ele a morrer, reconhece-se aos herdeiros a possibilidade de seguir no processo, habilitando-se no polo ativo, de modo a obter uma decisão em concreto sobre a possível irregularidade.

> **Art. 394.** A confissão extrajudicial, quando feita oralmente, só terá eficácia nos casos em que a lei não exija prova literal.

▶ *Referência: CPC/1973 – Art. 353*

1. Força probante da confissão extrajudicial

Alterando a linha do CPC/73, o CPC de 2015 deixou de se pronunciar a respeito da eficácia probatória da confissão extrajudicial *por escrito*, abstendo-se de reproduzir disposição nos moldes do art. 353, *caput*, do Código revogado.

Limitou-se, neste art. 394, a tratar da eficácia da confissão extrajudicial verbal, em termos equivalentes aos do parágrafo único daquele artigo.

A opção, no tocante ao primeiro ponto, é acertada, por diversos motivos.

Primeiramente, e abstraída qualquer consideração acerca dos termos em que vinha antes tratada a matéria, pela impropriedade em si mesma da busca por uma disciplina autônoma da força probante da confissão extrajudicial escrita. Se é escrita é porque foi externada sob forma documental, caso em que a questão se resolve pelas regras sobre a força probante dos documentos quanto às declarações neles lançadas.

É pensar quanto a isso, a título de exemplo, em disposições do CPC como o art. 405, que trata dos documentos públicos e da prova dos fatos ocorridos na presença do agente público (portanto também do teor das declarações por esse dadas como feitas), o art. 408, que diz-se presumirem-se (ideologicamente) verdadeiras quanto ao signatário as declarações lançadas em documentos particulares (e também nos públicos, como observamos nos respectivos comentários), o art. 412, que diz provar o documento particular autêntico a veracidade (material) da declaração atribuída a seu autor, ou o art. 415, que confere força probatória aos documentos domésticos quanto a declarações enunciando o recebimento de um crédito (inciso I) ou expressando o conhecimento de fatos para os quais não se exija forma probatória específica (inciso III).

Em todos esses casos, não se discute, a força probante dos documentos não é absoluta, e a inveracidade das declarações pode ser demonstrada pelo interessado (o autor da suposta confissão), seja com a negativa de existência de confissão propriamente dita, seja com a tentativa de descaracterização de seu alcance conforme as circunstâncias em que tenha sido externada, o que de todo modo mantém a questão na órbita da eficácia probatória do documento considerado, em relação ao conteúdo.

Em segundo lugar, é forço reconhecer o modo insatisfatório como vinha concretamente disciplinada a matéria no CPC/73. Estabelecia o Código revogado uma distinção questionável entre as confissões extrajudiciais conforme o destinatário e o contexto em que produzidas, além de buscar sem sucesso uma parcial tentativa de equiparação para com a confissão judicial, como se extrai do enunciado do art. 353, *caput*: "*A confissão extrajudicial, feita por escrito à parte ou a quem a represente, tem a mesma eficácia probatória da judicial; feita a terceiro ou contida em testamento, será livremente apreciada pelo juiz*".

Não há como ignorar a diferença entre uma confissão judicial e uma extrajudicial, mesmo que escrita. A primeira se caracteriza por uma manifestação de reconhecimento do fato, nos próprios autos, pela parte que em tese teria interesse em negá-lo, eliminando-se com isso qualquer controvérsia a seu respeito e tornando desnecessária a produção de outras provas; o juiz aceita dessa forma a verdade do fato, seja a confissão originária ou posterior (fruto de retratação da versão inicialmente apresentada), pelo alinhamento, a partir daí, da narrativa fática de ambos os litigantes.

Não é, outrossim, o que ocorre com a confissão extrajudicial. Por suas próprias características, não vem aos autos por iniciativa do (ou ao menos endossada pelo) próprio confitente, caso contrário se converteria em confissão judicial típica; o normal é que venha introduzida pela parte interessada em dela se servir, mediante a apresentação do documento correspondente, em um contexto de negativa pelo confitente não apenas do fato objeto da confissão como também da própria idoneidade dela, confissão.

Ao contrário, portanto, da confissão judicial, que suprime por si mesma a própria controvérsia, a extrajudicial vem apreciada em um contexto de divergência sobre o fato confessado, e já por isso não poderia ter força intrínseca equiparada, ainda que constante em escrito diretamente endereçado à outra parte, como rezava o texto revogado.

Por mais que as declarações inseridas em documentos se presumam verdadeiras quanto ao signatário, como já dito, qualquer confissão extrajudicial a rigor comporta prova em contrário em juízo, sujeita ao livre convencimento do juiz (em torno do exame do teor literal da manifestação e do contexto em que feita, de modo a perquirir-se de sua seriedade), de modo que sem razão a referência anterior da lei a esse critério de valoração somente quando dirigida a confissão a terceiro ou inserida em testamento.

A norma do art. 374, II, do CPC, em tal sentido, tem como objeto natural as hipóteses de confissão *judicial*. O fato objeto de confissão extrajudicial, não sendo reconhecido pela parte *nos autos*, não é fato desde logo confessado ou provado.

Também o efeito preclusivo inerente à confissão judicial, de que se falou nos comentários ao art. 391, serve para diferenciá-la da confissão extrajudicial. Em caso de confissão extrajudicial, na medida em que negue o suposto confitente, no processo, a versão contra ele imputada por meio da confissão, pode segui-lo fazendo após a reprodução daquela, sendo-lhe dado tentar provar a inconsistência da declaração, por vícios da vontade como por qualquer outro motivo. Já a confissão judicial cria preclusão lógica impeditiva, em princípio, do requerimento de provas adicionais contrárias ao fato confessado.

2. Confissão extrajudicial oral

Feita por essa forma, vem a confissão reproduzida nos autos, normalmente, por meio de prova testemunhal, e naturalmente sujeita à livre apreciação do juiz quanto a seu poder de convencimento, seja em torno do fato de ter havido confissão e do exato teor da declaração, seja em torno da seriedade do que se confessou.

A par disso, fica restrita a aceitação da confissão verbal a obstáculo de ordem formal, pois ineficaz, segundo o parágrafo único do art. 394, nos casos em que exigida por lei forma literal para a demonstração de determinado ato

jurídico; a regra é perfeitamente natural, e se justifica pelos mesmos motivos que determinam a impossibilidade de prova, em tais hipóteses, exclusivamente testemunhal.

Disse menos o texto legal, entretanto, do que deveria dizer. Na verdade, exigindo a lei prova escrita da obrigação, nem mesmo a confissão extrajudicial por escrito poderá suprir a falta do instrumento correspondente; a confissão, nesse caso, seria um singelo começo de prova, a ser eventualmente complementado por prova testemunhal, mas somente quando desnecessária a forma escrita para a prática do ato jurídico, tal qual se expôs nos comentários ao art. 444.

Jurisprudência

"É perfeitamente admissível como prova a correspondência eletrônica, sobretudo no caso, em que não se discute a autenticidade e o conteúdo das mensagens. Durante as tratativas visando a realização de um acordo, feitas mediante a troca de mensagens eletrônicas, ficou claro o reconhecimento da dívida por parte da ré, restando caracterizada a confissão extrajudicial, que tem eficácia probatória equivalente à judicial (CPC, artigo 353), autorizando o reconhecimento do crédito. Tal prova também afasta a possibilidade de cogitar de cobrança excessiva." (TJSP, Ap. nº 0003708-26.2011.8.26.0082/Boituva, 31ª C. Dir. Priv., Rel. Des. Antonio Rigolin, j. 28/1/2014).

"Apelação – Ação declaratória – Prestação de serviços – Confissão de dívida. Para ter eficácia probatória, a confissão há de ser feita por escrito à parte ou a quem a represente, sendo impossível reconhecer-se presunção de confissão." (TJSP, 30ª C. Dir. Priv., Rel. Des. Lino Machado, j. 25/6/2008).

"Contrato verbal, mas existência de acordo extrajudicial, confirmando a relação locatícia, termo inicial e valor do aluguel. Alegação de que não era locatária. Pretensão à prova oral. Inadmissibilidade. Confissão extrajudicial". (TJSP, Ap. nº 9151249-35.2006.8.26.0000/Ribeirão Preto, 36ª C. Dir. Priv., Rel. Des. Romeu Ricupero, j. 29/6/2006).

"Declaração prestada pelo próprio motorista réu quando da lavratura do boletim de ocorrência, a ele desfavorável. Elemento retratando confissão extrajudicial e com eficácia probante da confissão judicial, porque realizada em presença da parte contrária. Declaração não

Art. 395

desmentida ou melhor esclarecida na peça de defesa. Desnecessidade de outras provas." (TJSP, Ap. nº 9141400-73.2005.8.26.0000/Araçatuba, 25ª C. Dir. Priv., Rel. Des. Ricardo Pessoa de Mello Belli, j. 7/2/2006).

"Uma carta dirigida por sócia à sua associação informando que cedeu os direitos sobre título patrimonial tem natureza de confissão extrajudicial; feita a terceiro, de eficácia atenuada, não valendo como prova plena da existência real do negócio, ficando submetida à livre apreciação do juiz (artigo 353 do Código de Processo Civil). Se o documento não vale como prova plena da real existência do negócio em relação à quem confessa, menos valerá em relação à ré. Enquanto não comprovada a existência do negócio não se pode responsabilizar a ré pela transferência a outra pessoa jurídica de título patrimonial objeto daquela cessão, sem a sua anuência." (TJSP, Ap. no 82.281-4, 9a C. Dir. Priv., Rel. Des. Ruiter Oliva, j. 26/10/99).

> **Art. 395.** A confissão é, em regra, indivisível, não podendo a parte que a quiser invocar como prova aceitá-la no tópico que a beneficiar e rejeitá-la no que lhe for desfavorável, porém cindir-se-á quando o confitente a ela aduzir fatos novos, capazes de constituir fundamento de defesa de direito material ou de reconvenção.

▶ *Referência: CPC/1973 – Art. 354*

Indivisibilidade da confissão

O teor do art. 395, que mantém a essência de seu correspondente no CPC/73, é visto como argumento de reforço pela doutrina que entende ter o legislador se deixado trair pela concepção da confissão como negócio jurídico (Dinamarco, *Instituições de Direito Processual Civil*, vol. III, p. 632), não nos parecendo contudo seja assim.

Na verdade, o fato de se referir a lei à "aceitação" ou "rejeição" da confissão pelo adversário não pretende sugerir a existência de uma manifestação receptiva a condicionar a eficácia de suposto ato de disposição de direitos; diversamente, como decorre do texto legal, do que se cuidou apenas e tão somente foi da *invocação* da confissão como prova, ou, por outro modo, da tentativa do beneficiário em ver desconsiderada no campo estritamente probatório parcela da mesma.

Quando a confissão diz respeito a um único fato simples, não se oferecem de ordinário maiores dificuldades à aceitação automática (com as ressalvas já feitas quanto à falta de poder vinculativo absoluto). Muitas vezes, entretanto, traz ela referência a diversos aspectos ou circunstâncias relativos a um mesmo fato, ou a outros fatos situados no mesmo contexto em que inserido o fato confessado, pretendendo o legislador, ao encampar o princípio da *indivisibilidade*, evitar que se faça uso seletivo da manifestação do confitente, separando-se apenas os fatos – ou os detalhes – que convenham e recusando-se credibilidade aos outros aspectos da mesma declaração.

Inspira-se tal princípio em razões de ordem lógica e na perquirição da própria psicologia da confissão, sinalizando para o poder de convencimento emergente do ato como um todo, pela vinculação dos fatos declarados e por ser, até prova em contrário, elemento inerente à declaração a *sinceridade* do confitente; em tais condições, determina que seja considerada em sua integralidade, sem vislumbrar motivo razoável para conferir ao próprio beneficiário o poder de *filtrar* a seu talante aquilo que deva e o que não deva ser tido por verdadeiro.

De toda forma, se a indivisibilidade vem instituída como *regra*, a própria redação do art. 395 abre contudo, implicitamente, a possibilidade de aproveitamento parcial. Não seria, afinal, lícito exigir do litigante supostamente beneficiado, como preço pela utilização de parte da confissão, a aceitação da outra parte naquilo em que destoante de sua versão ou de seus interesses (pode soar estranho ante a definição externada no art. 389 do CPC que alguém não queira aceitar o inteiro teor da confissão – afinal confessam-se fatos contrários aos interesses do confitente e *favoráveis* aos do adversário –, e a hipótese é de fato remota, mas não se pode excluir a perspectiva de o confitente, mesmo de boa-fé e com *animus confitendi* real, descrever fatos de forma imprecisa e não coincidente, em certos aspectos, com os interesses ou com a visão pessoal do adversário; paralelamente a esse desvio de perspectiva, há que se considerar a hipótese de má-fé pura e simples do confitente, inserindo ao lado de fatos realmente confessados narrativa apenas à primeira vista favorável ao adversário, mas na verdade prejudicial a ele).

Ao interessado na cisão não basta todavia impugnar simplesmente um ou outro fato e colocá-lo de lado, cabendo-lhe a efetiva demonstração da inveracidade da confissão nessa parte, ou alternativamente sua rejeição como um todo, caso em que seguirá necessária a prova inclusive dos fatos objeto da parcela da confissão que lhe aproveitava; em situação análoga, o Código foi mais preciso, ressalvando expressamente, quanto à regra da indivisibilidade do documento particular, a possibilidade de prova pela parte interessada da inexatidão parcial do teor (art. 412, parágrafo único).

Já na segunda parte do dispositivo legal ora comentado, no único momento em que se permite aludir explicitamente à possibilidade de cisão da confissão, faz o legislador, em termos tecnicamente inexatos, referência a situações que na verdade não constituem exceção à regra imposta. Com efeito, se o confitente, a par do reconhecimento de fatos a ele desvantajosos, aduz outros que ao reverso o favoreçam, quanto a esses últimos simplesmente não há confissão, pela própria natureza desse instituto.

E é o que se dá, enfim, relativamente aos fatos suscetíveis de constituir fundamento de defesa de direito material ou de reconvenção, vale dizer, aqueles destinados a embasar eventual *resistência* do confitente à pretensão da outra parte, ou mesmo a sustentar pretensão autônoma a ser exercida em face dela, inexistindo aí qualquer conotação de *reconhecimento*, mas sim a afirmação de fatos de interesse do próprio autor da confissão (o demandado, por exemplo, reconhece a dívida cobrada pelo autor, mas paralelamente acena com seu pagamento e eventualmente sugere ter inclusive pagado a mais por erro, manifestando interesse na repetição).

Nesses casos, a restrição necessária não se caracteriza propriamente como cisão *da confissão* em si, mas da manifestação como um todo – qualquer que seja o nome a ela dado –, no sentido de se distinguir como confissão apenas aquilo que a ela efetivamente se afeiçoe (quanto ao que lhe pertine, é bem de ver, a confissão segue como regra indivisível).

Não bastasse isso, admitir que sob o pálio distorcido da indivisibilidade pudessem ser considerados fatos de tal ordem configuraria também quebra das regras inerentes ao ônus da prova, na medida em que se eximiria o "confitente", a reboque, da demonstração em juízo de fatos constitutivos de seu direito.

A despeito da atecnia, tem a norma comentada de toda forma o mérito de deixar claro o tratamento a ser dado a declarações revestidas desse caráter híbrido (impropriamente tratadas, por parte da doutrina, como *confissão qualificada,* em contraposição à *pura,* ou *simples*), preservando a força probatória das confissões reais nelas inseridas.

Cabe, por fim, tecer algumas considerações quanto ao exato alcance da regra, em que igualmente deixa a redação legal a desejar.

Ao contrário do que pode parecer, não se aplica a segunda parte do art. 395 somente a confissões judiciais, nem tampouco pressupõe confissão feita apenas pelo réu, e no prazo para resposta; a referência à defesa material e à reconvenção partiu, é verdade, das situações mais comuns, mas a *ratio legis*, segundo entendemos, volta-se a quaisquer hipóteses em que os "fatos novos" acrescidos à confissão prestem-se, de alguma forma, a sustentar resistência substancial ao direito nascido do fato confessado (por serem dele modificativos, impeditivos ou extintivos), ou a embasar eventual pretensão específica em favor do próprio confitente.

Tome-se, nesse sentido, a seguinte situação de confissão extrajudicial: após acidente de trânsito, **A** confessa a **B** por escrito que atravessou o semáforo fechado, mas acusa **B** de responsabilidade proporcional pelos danos por estar em alta velocidade; se **B** pedir indenização pelo acidente, poderá valer-se da confissão de desrespeito à sinalização, descartando a questão relativa à velocidade, que se alegada por **A** em defesa terá de ser provada nesse processo; de outra parte, se **A** tomar a iniciativa de ingressar em juízo contra **B**, poderá esse último do mesmo modo se valer da confissão anteriormente feita, apenas na parte em que reconhecida a infração por **A**.

Por outro lado, é também possível ao próprio réu invocar a cindibilidade quanto a fatos confessados em juízo *pelo autor*: **C** ajuíza ação declaratória de inexistência de relação jurídica obrigacional, alegando já ter pagado o que devia a **D**; este pode na defesa invocar desde logo a confissão de vínculo entre as partes e separá-la da alegação de pagamento (que constitui fato interessante ao autor, por extintivo do direito de crédito confessado), negando-o e colocando o devedor na contingência de prová-lo judicialmente.

Os "fatos novos" a que alude a lei não são propriamente aqueles que inovem em relação à controvérsia formada em determinado processo, mas novos *em relação ao contexto fático confessado*; pode perfeitamente ocorrer por exemplo de a confissão com tais características ser apresentada desde a petição inicial, muito embora posteriormente o réu também venha a invocar expressamente os mesmos fatos na contestação e em reconvenção – a divisibilidade permanecerá, pela razão já exposta de que não há confissão quanto aos fatos favoráveis ao autor-confitente.

Não podemos assim concordar com a posição defendida por Moacyr Amaral Santos quando diz que a locução fatos novos remete a "fatos ainda não pertencentes à causa" (*Comentários ao Código de Processo Civil*, IV vol., p. 119).

É preciso ver, enfim, que se os fatos que acompanham a confissão realmente violam a regra da estabilização da lide – e são, portanto, inadmissivelmente novos *quanto ao processo* –, sua desconsideração se dará antes de mais nada por força da aplicação dos arts. 329, 319 e 336 do CPC, não do artigo ora comentado; apenas nos casos em que teoricamente viável o conhecimento desses fatos acrescidos é que interessará portanto cogitar da situação impropriamente regulada por lei como *cisão da confissão*.

Seção VI
Da exibição de documento ou coisa

> **Art. 396.** O juiz pode ordenar que a parte exiba documento ou coisa que se encontre em seu poder.

▶ *Referência: CPC/1973 – Art. 355*

1. Noções gerais

Como decorrência do amplo dever de colaboração para o descobrimento da verdade, já previsto no art. 339 do CPC/73 e agora referendado pelo art. 378 do CPC (além do reforço do princípio geral de cooperação explicitado pelo art. 6º do Código vigente), pode o juiz, dentre outras possibilidades, determinar a uma das partes ou a terceiro estranho ao processo a exibição de documento ou coisa, para fins probatórios. A presente seção destina-se a regular os procedimentos respectivos (distintos conforme o destinatário da determinação), abordando os possíveis desdobramentos, as escusas admissíveis e ainda as consequências de eventual

recusa ilegítima. Ressalte-se que o art. 396, ora comentado, se refere nominalmente apenas à parte porque, em relação ao terceiro, o mesmo dever genérico já vem afirmado no art. 380, II, tornando desnecessária a repetição.

As hipóteses de exibição diretamente reguladas pelos arts. 396 a 404 são ambas de natureza incidental, pressupondo a utilização de eventual prova assim obtida no âmbito de processo em curso. Aplicam-se de toda forma também ao processo relativo à ação de exibição ajuizada autonomamente, em caráter satisfativo (e eventualmente preparatório), que o CPC/73 impropriamente tratava como modalidade de tutela cautelar e que subsiste no sistema do CPC, a despeito da falta de referência expressa (a propósito do tema, remetemos aos comentários relativos ao art. 381, nos quais examinada detidamente a questão). Já no âmbito do CPC/73, o art. 845 remetia, em termos de processamento, ao disposto na seção do Código inserida no capítulo sobre as provas, o que deve agora continuar ocorrendo, mesmo porque em termos operacionais e funcionais o procedimento da ação autônoma em tudo se assemelha ao da ação exibitória incidental contra terceiro (vejam-se ainda, a respeito, os comentários aos arts. 401 e 403).

A exibição de documento ou coisa, uma vez determinada, é do ponto de vista da parte ou do terceiro a quem se dirija um autêntico *dever* processual, dúvida não podendo restar ante os termos peremptórios dos arts. 379, III, 380, II, 396 e 403 do CPC; não se trata, mesmo em relação à parte, de simples *ônus*, relativo a ato que tenha *interesse* em praticar, mas de algo que esteja *obrigada* a fazer, sob pena de sanção. As sanções, em sentido amplo, vêm previstas no art. 400 e no próprio art. 403, envolvendo, quanto à parte, a admissão da veracidade do(s) fato(s) que se pretendiam provar com a exibição, e, quanto ao terceiro, a sujeição a atos de efetivação forçada da medida, bem como a processo criminal por desobediência à ordem judicial.

2. Escopo

A exibição, como instrumento de direito probatório, destina-se acima de tudo a possibilitar que a parte interessada *veja* o documento ou a coisa, tomando contato com seu conteúdo ou características relevantes e assim dirimindo eventuais dúvidas, bem como obtendo informações úteis a processo em curso ou a ser iniciado.

Nesse sentido, e a despeito de sua disciplina pela lei em conjunto com os *meios de prova*, nem mesmo se pode dizer que corresponda a tanto, vale dizer, um instrumento para a produção ou introdução de determinada prova no processo. Trata-se, mais exatamente, de instrumento de *acesso* a fontes de prova efetivas, removendo obstáculos materiais a tal contato por parte do interessado, sem que ela, exibição, prove o que quer que seja do ponto de vista do processo. Aliás, nem mesmo se pode dizer que dela vá resultar a produção no processo de alguma consequência em termos materiais, pois cabe à parte deliberar, a partir do que tiver examinado, quanto à conveniência ou oportunidade de utilização dos dados e informações obtidos; e, se o caso, a prova que ao fim e ao cabo se realize corresponderá ao conteúdo do próprio documento visto ou ao registro documental das características da examinada.

Não se presta, por outro lado, ao questionamento do direito da parte contrária ou do terceiro sobre o objeto a ser exibido ou mesmo a fazer valer possível direito do requerente à respectiva posse (tampouco pressupondo direito algum *sobre* o objeto); ainda que efetivo esse direito, e ainda que irregular a detenção do documento ou coisa pelo requerido, uma vez feita a exibição, nas condições e pelo prazo que o juiz fixar, retornará aquele às mãos de seu detentor originário, até que por meios próprios seja dele eventualmente retirado.

Em outras palavras: eventual direito do requerente, pessoal ou real, quanto ao documento ou coisa, pode mesmo reforçar o direito à exibição, mas a medida incidental em comento destina-se precipuamente a tutelar o direito *à prova*.

3. Objeto material da exibição

A lei não estabelece qualquer restrição quanto a esse aspecto, podendo a exibição atingir documentos de qualquer espécie, escritos ou não e físicos ou não (cabe pensar aqui nos documentos originalmente produzidos em meio eletrônico; pode também ocorrer de o documento não ter essa origem, mas ser *exibido* por meio eletrônico, como menciona expressamente o art. 13, *caput*, da Lei nº 11.419/2006).

Relativamente a *documentos*, a lei a rigor tem em mente aqueles com individualidade própria (v. art. 397, I, do CPC), e materialmente apreciáveis por si ou pelas reproduções que deles se façam, não se podendo confundir a medida

exibitória dos arts. 396 e seguintes com a mera requisição de *informações*, ainda que transmissíveis em forma documental; não é portanto exibição, no sentido aqui examinado, a determinação a bancos da apresentação de extratos bancários.

No tocante às *coisas*, pode a pretensão exibitória recair sobre móveis, semoventes e, no extremo, até mesmo imóveis (pense-se nesse sentido no interesse em examinar o interior de um prédio, para checar-se a respectiva conservação ou a realização de obras prometidas por seu titular ou ocupante), tudo dependendo da utilidade que do exame se possa extrair em matéria probatória para o processo.

Coisa, para efeito de exibição, é todo objeto material não voltado em si mesmo ao registro de fatos, ideias, ou manifestações de vontade em geral, mas do qual possam, não obstante, ser extraídos elementos de convicção ou informações relevantes ao processo. Conforme, por sua natureza, não possa ser deslocada ao prédio do fórum ou depositada em local apontado pelo juiz, a exibição se concretizará pela ida do interessado ao local onde se encontra e pela permissão de exame respectivo.

Quanto à exibição de coisa imóvel, conquanto inusual na prática, é respaldada por autorizada doutrina (v. Frederico Marques, *Manual de Direito Processual Civil*, vol. III, p. 114), e não fica excluída pelo fato de quanto a tais bens serem possíveis o exame pericial ou a inspeção judicial; pode a parte, simplesmente, pretender ver *ela mesma* o bem, sem a necessidade de exame técnico mais aprofundado ou de deslocamento do próprio juiz ao local.

4. Interesse jurídico

Corresponde ao interesse de agir atinente a pedido de exibição, incidental ou principal, a efetiva *necessidade* de intervenção judicial para a consecução desse fim pela parte, não se justificando a medida se pode o interessado verificar diretamente o conteúdo do documento ou da coisa, ou ainda obter o acesso a eles independentemente de determinação judicial. O STJ vem consolidando jurisprudência (inclusive pela técnica do julgamento de recursos repetitivos), quanto a situações diversas, no sentido de ficar condicionada a solicitação judicial à demonstração de prévio requerimento infrutífero de exibição ao detentor do documento ou coisa, na esfera extrajudicial (v. abaixo).

Outro aspecto relevante é que a exibição, concebida como incidente probatório, tem a clara finalidade de propiciar *prova concreta*, não se prestando assim a fins meramente especulativos, para investigar *se* o requerido tem consigo o objeto, ou para forçá-lo a reconhecer eventual descumprimento de dever de guarda quanto a ele; não por outra razão é que o art. 396 fala em documento ou coisa que a parte tenha *em seu poder*. Assim, se o requerente desde logo diz não acreditar que o documento ou coisa existam, ou que estejam com o requerido, deve o juiz indeferir o pedido (no caso de requerimento contra terceiro ou em termos autônomos, julgando o requerente da exibição carecedor da ação correspondente).

5. Iniciativa e legitimação passiva

A exibição incidental pode ser postulada por qualquer das partes, autor ou réu, em face da parte contrária ou de terceiro estranho ao processo. No caso da exibição autônoma satisfativa, pode ser requerida por quem quer que justifique o interesse no conhecimento de um documento ou coisa, dirigindo-se contra quem quer que seja o respectivo detentor, haja ou não a perspectiva de direcionamento de futuro processo contra tal pessoa.

No tocante aos terceiros intervenientes referidos nos arts. 119-132 do CPC (assistente, denunciado à lide e chamado ao processo), parece claro que, integrados à relação processual e a partir daí recebendo tratamento como parte, também tenham legitimidade ativa para o pedido de exibição, em face de outras partes ou mesmo de terceiros.

Se por outro lado dirigido contra eles o pedido, a exibição deve se processar como incidente do próprio processo, nos termos dos arts. 397 a 400 do CPC, não se cogitando da propositura de ação incidental, nos moldes dos arts. 401 a 403, como faz a lei no tocante ao pedido incidental contra terceiro estranho ao processo. Mas pode haver restrições, em função do conteúdo da exibição e do fato a ser provado, quanto à ampla produção do efeito previsto no art. 400 do CPC, em caso de injusta recusa, dada a possibilidade de afetação a partir disso da esfera jurídica de outras partes, alheias ao pedido de exibição.

5.1. Determinação de ofício

Outra questão de relevo diz respeito à iniciativa do próprio juiz, que conta com o aval de autores como Humberto Theodoro Júnior (*Curso de Direito Processual Civil*, vol. I, p. 386), merecendo todavia ressalva quanto à forma e limites.

Não se discute estar a providência inserida dentre os poderes instrutórios conferidos ao juiz pelo art. 370 do CPC, o que aliás decorre naturalmente da conjugação daquele dispositivo com os arts. 380, II, e 396. Daí não se infere, entretanto, que a determinação *ex officio* deva se dar nos exatos termos dos incidentes probatórios dos arts. 396-404.

Quanto ao terceiro, por exemplo, a exibição como já dito envolve autêntica *ação*, que não poderia ser obviamente iniciada por ato do próprio juiz; o tratamento da exibição em face de ato de ofício é por isso objeto dos comentários ao próprio art. 380.

Já em relação às partes do processo em curso, também não existe lugar na hipótese de iniciativa da autoridade judicial para a observância rigorosa do incidente regulado nessa seção, em especial para a sanção prevista no art. 400 do CPC. O juiz, ao determinar medidas instrutórias, não tem interesse em *provar* este ou aquele fato nos termos alegados por qualquer das partes, mas em investigar a verdade real, e quando o faz em termos de exibição toma por objeto documento ou coisa cujo conteúdo a rigor nem mesmo conhece (não se olvide que a exibição, como dito, é mero procedimento de acesso a fontes de prova, dependentes por seu turno de interpretação quanto ao respectivo teor); não parece assim razoável que a recusa nesse caso tenha o condão de suprir não apenas a exibição em si como também a própria prova pretensamente decorrente do documento ou da coisa, como se dá com o pedido feito diretamente por uma das partes.

A situação, convém destacar, não pode ser equiparada ao depoimento pessoal determinado de ofício (v. art. 385), em que sustentamos possível a aplicação da pena de confesso, pois essa é a rigor a prova por excelência decorrente do depoimento pessoal, vindo ademais genericamente associada pelo legislador às hipóteses de omissão injustificada.

Resta então dizer que, no tocante à exibição porventura imposta de ofício, a renitência da parte poderá ser sancionada em primeiro lugar a título de falta para com os deveres genéricos de lealdade e de colaboração com o Judiciário na busca da verdade. Sem prejuízo disso, pode-se também cogitar da utilização de medidas executivas diversas para a implementação da medida, tal qual previstas no art. 400, parágrafo único, do CPC.

Jurisprudência

"A lei processual atribui ao juiz a direção do processo, cabendo-lhe requisitar ou determinar à parte a exibição de documentos que se encontrem em seu poder, imputando a esta, em caso de descumprimento injustificado, os ônus decorrentes de sua recusa (CPC/1973, arts. 355, 358, 359 e 475-B, §§ 1º e 2º), procedimento que não foi observado na hipótese." (STJ, REsp nº 1.581.224/SP, 4ª T., Rel. Min. Raul Araújo, j. 20/6/2017, DJe 30/6/2017).

"Para efeitos do art. 543-C do CPC, firma-se a seguinte tese: A propositura de ação cautelar de exibição de documentos bancários (cópias e segunda via de documentos) é cabível como medida preparatória a fim de instruir a ação principal, bastando a demonstração da existência de relação jurídica entre as partes, a comprovação de prévio pedido à instituição financeira não atendido em prazo razoável, e o pagamento do custo do serviço conforme previsão contratual e normatização da autoridade monetária." (STJ, REsp nº 1.349.453/MS, 2ª Seção, Rel. Min. Luis Felipe Salomão, j. 10/12/2014, DJe 2/2/2015).

"Assim, há interesse de agir para a exibição de documentos sempre que o autor pretender conhecer e fiscalizar documentos próprios ou comuns de seu interesse, notadamente referentes a sua pessoa e que estejam em poder de terceiro, sendo que "passou a ser relevante para a exibitória não mais a alegação de ser comum o documento, e sim a afirmação de ter o requerente interesse comum em seu conteúdo" (SILVA, Ovídio A. Batista da. Do processo cautelar. Rio de Janeiro: Forense, 2009, fl. 376). Nessa perspectiva, vem a jurisprudência exigindo, sob o aspecto da necessidade no interesse de agir, a imprescindibilidade de uma postura ativa do interessado em obter determinado direito (informação ou benefício), antes do ajuizamento da ação pretendida. Destarte, para efeitos do art. 543-C do CPC, firma-se a seguinte tese: "Em relação ao sistema *credit scoring*, o interesse de agir para a propositura da ação cautelar de exibição de documentos exige, no mínimo, a prova de: i) requerimento para obtenção dos dados ou, ao menos, a tentativa de fazê-lo à instituição responsável pelo sistema de pontuação, com a fixação de prazo razoável para atendimento; e ii) que a recusa do crédito almejado ocorreu em razão da pontuação que lhe foi atribuída pelo sistema Scoring"." (STJ, REsp nº 1.304.736/RS, 2ª Seção, Rel. Min. Luis Felipe Salomão, j. 24/2/2016, DJe 30/3/2016).

"À luz do artigo 355, do Codex Processual, não se vislumbra a ilegalidade do ato judicial que determina que o órgão da Administração Pública Indireta forneça informações sobre ato administrativo que lhe favorecera." (STJ, REsp nº 834.297/PR, 1ª T., Rel. Min. Luiz Fux, j. 18/9/2008, DJe 20/10/2008).

"I. Falta ao autor interesse de agir para a ação em que postula a obtenção de documentos com dados societários, se não logra demonstrar: a) haver apresentado requerimento formal à ré nesse sentido; b) o pagamento pelo custo do serviço respectivo, quando a empresa lhe exigir, legitimamente respaldada no art. 100, parágrafo, 1º da Lei 6.404/1976. II. Julgamento afetado à 2a. Seção com base no Procedimento da Lei n. 11.672/2008 e Resolução/STJ n. 8/2008 (Lei de Recursos Repetitivos)." (STJ, REsp nº 982.133/RS, 2ª Seção, Rel. Min. Aldir Passarinho Junior, j. 10/9/2008, DJe 22/9/2008).

"Nos termos do art. 100, § 1º, da Lei n. 6.404/1976, pode a empresa exigir do interessado valor correspondente ao custo do serviço de fornecimento de certidões sobre dados constantes de livros societários, caso do Contrato de Participação Financeira. Não demonstrado haver o autor requerido a obtenção dos **documentos** e concomitantemente apresentado o comprovante de pagamento da "taxa de serviço" que lhe era exigida, falece de interesse de agir para a ação de **exibição** de d**ocumentos**." (STJ, REsp nº 972.371/RS, 4ª T., Rel. Min. Aldir Passarinho Junior, 16/10/2007, DJ 26/11/2007, p. 214).

"O art. 6º, parágrafo único da Lei nº 1.533/51 prevê a possibilidade de o juiz ordenar, por ofício, a **exibição** de **documento** necessário a **prova** do alegado, nas hipóteses em que houver recusa da Administração. *In casu*, não há qualquer elemento nos autos que comprove a eventual recusa da Autoridade indicada como coatora." (STJ, AgRg no MS nº 10.314/DF, 3ª Seção, Rel. Min. Gilson Dipp, j. 28/9/2005, DJ 17/10/2005, p. 173).

"Exibição de documento. Processo cautelar. Exibido o documento, exaure-se o objetivo do

Art. 397

processo, não havendo lugar para, em seu bojo, suscitar incidente de falsidade, o que poderá ser feito pela via adequada." (STJ, REsp nº 13.936/SP, 3ª T., Rel. Min. Eduardo Ribeiro, j. 11/11/1991, *DJ* 2/12/1991, p. 17.537).

Art. 397. O pedido formulado pela parte conterá:

I – a descrição, tão completa quanto possível, do documento ou da coisa, ou das categorias de documentos ou de coisas buscados; (Redação dada pela Lei nº 14.195, de 2021)

II – a finalidade da prova, com indicação dos fatos que se relacionam com o documento ou com a coisa, ou com suas categorias; (Redação dada pela Lei nº 14.195, de 2021)

III – as circunstâncias em que se funda o requerente para afirmar que o documento ou a coisa existe, ainda que a referência seja a categoria de documentos ou de coisas, e se acha em poder da parte contrária. (Redação dada pela Lei nº 14.195, de 2021)

▶ *Referência: CPC/1973 – Art. 356*

1. Fundamentação do pedido de exibição. Generalidades

Repetindo em sua maior parte a disciplina do CPC/73 a respeito da matéria, o CPC/2015 aparentemente separa o tratamento dos aspectos procedimentais relativos aos pedidos de exibição conforme feitos em face da parte contrária ou de terceiro relativamente ao processo em curso, referindo-se primeiro àqueles (a partir do dispositivo legal ora comentado) e depois a esses últimos.

Entretanto, a separação não é tão rígida quanto possa parecer, e em muitas passagens acaba o legislador por estabelecer regras comuns a ambas as situações (e, além delas, ao pedido de exibição de caráter preparatório, realizado em termos autônomos), exigindo cautela do intérprete.

O art. 397 é exemplo típico desse quadro. Não há, no restante da sessão, norma específica indicando o conteúdo mínimo da fundamentação no tocante ao pedido de exibição contra terceiro, o que não permite por certo dizer que dispensada a parte interessada, nesses casos, de qualquer justificativa nos moldes aqui previstos; inevitavelmente, assim, acaba por assumir o dispositivo ora comentado caráter geral, sendo

inclusive aplicável aos casos de exibição preparatória, com as ressalvas inerentes a cada contexto.

Por outro lado, pode-se dizer que o dispositivo em questão disse menos do que deveria. As justificativas de que trata o art. 397 quanto à finalidade da prova ou às razões para crer que o documento ou coisa (ou suas categorias) estejam em poder da parte contrária ou de terceiro dizem respeito basicamente à utilidade (e pertinência) da exibição e também à sua viabilidade fática. Fora daí, entretanto, deve a parte interessada indicar igualmente – especialmente em se tratando de pedido contra terceiro ou de caráter preparatório, fora do âmbito de processo posto – a motivação *jurídica* do pedido de exibição, apontando em que medida estariam a parte contrária ou o terceiro obrigados à exibição.

1.1. Individuação (descrição) do documento ou coisa (ou de suas categorias)

A razão de ser do requisito está antes de mais nada ligada a aspecto de ordem prática. Sem que estejam devidamente descritos o documento ou a coisa, de modo que possam ser suficientemente compreendidos quanto às suas características fundamentais e ainda discriminados de outros eventualmente semelhantes, previsíveis serão as dificuldades, no tocante ao requerido, seja para o atendimento ao pedido seja para eventual impugnação.

A par disso, a individuação possibilita o adequado controle judicial do cumprimento da medida, na eventualidade de ser questionada pelo requerente a correspondência entre o que se exibiu e aquilo que se pretendia. E, quando não bastasse, é também requisito para que se maneira eficaz se possa promover se necessário eventual busca e apreensão.

Finalmente, a adequada identificação é também providência útil a que se verifique a seriedade do requerimento, contribuindo para o convencimento do juiz em torno da efetiva existência do objeto da exibição e evitando a utilização deturpada do instrumento processual em questão como forma de criação de prova artificiosa ou de sujeição da parte contrária ou do terceiro a indevido constrangimento.

1.1.1. Lei nº 14.195/2021

Em sua redação original, o art. 397 do CPC reproduziu literalmente o teor do art. 356 do CPC/1973, aludindo a documento ou coisa no singular e, de certa forma, assumindo como hipótese natural o requerimento de exibição quanto a objetos isolados (ou em pequeno número), daí o emprego da expressão individuar ao exigir a indicação, tão completa quanto possível, dos respectivos elementos distintivos.

A Lei nº 14.195/2021, entretanto, fruto da conversão da Medida Provisória nº 1.040/2021 (declaradamente voltada à facilitação do ambiente negocial), traz importante mudança de paradigma, ao passar a admitir expressamente o pedido de exibição quanto a categorias de documentos ou de coisas.

A alteração, perceptivelmente, tem por vista litígios de maior amplitude, em especial os empresariais, em que o interesse na exibição possa ter por alvo conjuntos de documentos ou coisas – não necessariamente uniformes –, aí já não passíveis, em condições normais, de individuação minuciosa, senão de identificação a partir de elementos gerais ou da indicação da categoria a que pertencentes (toda a documentação relativa às tratativas pré-negociais havidas num determinado caso, ou os semoventes integrantes de um lote vendido em leilão, por exemplo).

Serve a esse propósito a modificação da redação da alínea I do dispositivo ora comentado, com a substituição do termo individuação por descrição, menos específico. A individuação tão completa quanto possível segue, entretanto, sendo exigível para documentos ou coisas singularmente considerados.

Aumenta, sem dúvida, com a nova redação, a dificuldade para o juiz no exame do interesse para exibição requerida em termos assim abrangentes, que, ao mesmo tempo que abre interessantes perspectivas em matéria probatória, pode também, com muita facilidade, prestar-se a abusos.

1.2. Indicação da finalidade da prova

Embora o pedido de exibição de documento ou coisa, como já visto, não seja propriamente um meio de prova, senão um instrumento de acesso a uma fonte de prova, nem por isso deixa de se submeter, ainda que indiretamente, aos requisitos de admissibilidade das provas em geral, dentre eles a pertinência e relevância do fato a ser provado, bem como a adequação da prova que a respeito dele se pretenda fazer por meio do objeto a ser exibido. Para tal fim, a lei determina que a parte indique expressamente a finalidade da prova, mediante explicitação do fato que tenha relação com o documento ou a coisa (ou com um conjunto deles) e possa por meio deles ser eventualmente demonstrado.

A par do controle da admissibilidade pelo juiz, em se tratando de requerimento formulado contra a parte contrária de processo em curso, semelhante exposição tem ainda a finalidade de fornecer elementos ao requerido para que possa questionar o interesse do requerente quanto à medida, seja pela perspectiva da falta de relação entre o(s) documento(s) ou coisa(s) e o fato declinado, seja em função de eventual irrelevância do próprio fato no contexto litigioso.

Além do mais, entre as partes do processo a afirmação tem ainda a relevantíssima função de delimitar os efeitos de eventual recusa injustificada à exibição, nos termos do art. 400 do CPC, equivalente à admissão da verdade dos fatos correspondentes (efeito, como abordado nos comentários a esse dispositivo, restrito justamente à hipótese de exibição entre partes de processo já instaurado).

É inevitável considerar que a referência, introduzida pela Lei nº 14.195/2021, à exibição de uma categoria de documentos ou de coisas pode, em certa medida, dificultar a associação entre esses elementos (conforme a maior ou menor uniformidade de conteúdos e características) e a prova de determinado fato, do mesmo modo tornando mais complexo o reconhecimento da admissão de veracidade em caso de recusa ou omissão de exibição.

Se considerada outrossim a hipótese de pedido de exibição contra terceiro, incidentalmente a processo em curso, da parte do requerido o escopo que se pretenda atingir dentro do processo por meio da exibição é a rigor indiferente, não tendo ele interesse jurídico para questionar a utilidade ou pertinência da prova desejada. De todo modo, a indicação em tal sentido conserva a função de permitir ao juiz o exame da admissibilidade da medida.

Finalmente, em se tratando de exibição requerida em caráter preparatório, a necessidade de declinação expressa do fato a ser provado e da finalidade da prova fica ainda mais diluída, ante a ausência de litígio já instaurado em torno dos fatos. Nem por isso se pode dizer liberado o requerente de exposição sumária voltada a demonstrar minimamente interesse jurídico em torno da exibição.

Art. 398

1.3. Justificação da existência do objeto e posse pela parte contrária (ou terceiro)

O inciso III complementa o inciso I no que diz respeito à demonstração da seriedade ou quando menos viabilidade prática do requerimento.

Além da particularização do documento ou da coisa (ou descrição de uma categoria deles), deve o requerente também apontar as circunstâncias tomadas em consideração para a própria assertiva da *existência* do objeto da exibição, bem como para a sugestão de estar em poder do requerido (parte contrária ou terceiro); com isso, permite-se a avaliação da possibilidade em concreto de atendimento do pedido pelo legitimado passivo, bem como que o juiz deixe de dar seguimento à diligência probatória quando à primeira vista artificioso o requerimento (não raro, a exibição é pedida relativamente a documentos que o requerente *sabe* não existirem, ou que, embora existentes, sabe não estarem em poder do requerido, tudo de forma a possibilitar, após a inevitável falta de exibição, que o requerente explore a suposta omissão em proveito próprio).

A redação do inciso reforça, enfim, o quanto se ponderou nos comentários ao art. 396 em torno da impossibilidade de utilização do incidente probatório para fins meramente especulativos, quando não para levar ao sancionamento daquele a quem tocava a guarda ou conservação do(s) documento(s), pelo fato em si do descumprimento desse encargo, aspecto totalmente estranho aos propósitos da exibição.

Jurisprudência

"O deferimento da exibição de documentos, cujo pedido os individualiza, demonstrando, outrossim, a sua finalidade, não viola o art. 356, I e II, do CPC. Precedentes do STJ: REsp 862.448/AL, *DJ* 25.06.2007 e REsp 590.002/RJ, *DJ* 04.10.2004)." (STJ, AgRg no REsp nº 875.799/SP, 1ª T., Rel. Min. Luiz Fux, j. 7/10/2008, *DJe* 3/11/2008).

"Na ação de exibição de documentos é necessário que a parte autora faça a individuação do documento, não sendo suficiente referência genérica que torne inviável a apresentação pela parte ré. Ainda que não seja completa a individuação, deve ser bastante para a identificação dos documentos a serem apresentados." (STJ, REsp nº 862.448/AL,

3ª T., Rel. Min. Carlos Alberto Menezes Direito, j. 15/5/2007, *DJ* 25/6/2007, p. 236).

> **Art. 398.** O requerido dará sua resposta nos 5 (cinco) dias subsequentes à sua intimação.
>
> **Parágrafo único.** Se o requerido afirmar que não possui o documento ou a coisa, o juiz permitirá que o requerente prove, por qualquer meio, que a declaração não corresponde à verdade.

▶ *Referência: CPC/1973 – Art. 357*

1. Procedimento da exibição requerida em face da parte contrária

O requerimento de exibição, no curso de processo e como providência probatória a ele inerente, obedece ao rito previsto neste art. 398 e também no art. 400 do CPC, dando margem à formação de mero incidente processual, não de nova relação processual. Trata-se de procedimento paralelo, de menor envergadura, envolvendo as mesmas partes e destinado a possibilitar a solução em separado de uma questão interna ao processo pendente, com reflexos restritos ao próprio processo.

O incidente, na falta de previsão legal, não acarreta a suspensão do processo, nem seria razoável que o fizesse, embora o raciocínio não possa ser levado ao extremo: eventualmente, pode a solução do pedido de exibição ser condicionante do cabimento ou necessidade de produção de outras provas, caso em que natural aguarde-se a conclusão do incidente antes de outras deliberações acerca dos atos afetados. Por outro lado, caso se trate da última diligência probatória pendente, por si só impedirá o encerramento da instrução e a passagem à fase de debates, não se equiparando a situação à do art. 377 do CPC, em que, no caso de diligências *externas* deferidas sem suspensão do processo ou não devolvidas no prazo fixado, autoriza o legislador o imediato julgamento.

Silencia também o legislador, a exemplo do que fazia o CPC/73, quanto à forma de processamento, se nos próprios autos ou em apenso, detalhe de todo modo absolutamente irrelevante para interferir na natureza do instituto, bem como nos efeitos a ele inerentes; em condições normais, a prática mostra que o requerimento vem feito no bojo de manifestações que tratam também de outros temas, lançadas nos autos principais, de modo que o desdobramento acaba por naturalmente se dar nesses mesmos autos, sem qualquer inconveniente.

Conforme a postura adotada pelo requerido no tocante à providência, poderá eventualmente adquirir o incidente feição mais complexa, mormente se se fizer necessária instrução específica em torno de alegada falta de detenção do documento ou da coisa, hipótese em que poderá se mostrar conveniente, para melhor organização dos autos e para evitar tumulto nos autos principais, o destaque das peças correspondentes e a tramitação em separado.

O requerido é simplesmente *intimado* a responder, no exíguo prazo de cinco dias, intimação passível de realização na pessoa do próprio advogado (não o havendo, pode ser realizada indiferentemente por mandado, via postal ou mesmo eletronicamente, na forma do art. 246 do CPC). Há quem sustente deva ser a intimação em qualquer caso pessoal, com o que não concordamos. O ato de exibição, embora a determinação se dirija à parte e venha acompanhada da ameaça de sanção em caso de descumprimento do dever, não chega a ser personalíssimo, não se comparando, por exemplo, com a prestação de depoimento pessoal; de resto, por coerência sistemática, se para o próprio cumprimento de sentença a regra é a intimação por intermédio do advogado (CPC, art. 513, § 2º, I), não há razão para conduta diversa quando se trata de mero ato de índole probatória (outra, por certo, é a situação quanto ao pedido de exibição em face de terceiro, que deve ser citado pessoalmente pela singela circunstância de não integrar a relação processual e de não ter advogado constituído nos autos, não tendo sequer como saber, até aí, da existência do pedido de exibição – além da sujeição a crime de desobediência).

Frise-se que a intimação, embora a lei enfatize a ideia de resposta, traz ínsita a determinação de exibição desde logo, caso o requerido não tenha motivos para se opor ao requerimento. A solução não sacrifica a garantia do contraditório e, por outro lado, em termos práticos é certamente mais razoável do que imaginar possa o requerido permanecer inerte aguardando nova manifestação judicial, à vista dessa conduta, e só então promover a exibição.

2. Condutas do requerido

Nesse sentido, cientificado do requerimento de exibição (ou de determinação judicial de ofício, se o caso), três são os comportamentos em tese possíveis da parte do requerido, com diferentes reflexos: simplesmente silenciar, efetuar desde logo a exibição pretendida ou então formular oposição expressa ao pedido.

2.1. Omissão

Se o requerido nem efetua a exibição nem tampouco expõe ao juiz os motivos de eventual negativa, pressupõe-se a ausência de justa causa para a resistência, sendo a inércia, nesse caso, equiparada à recusa imotivada e habilitando o juiz a proferir decisão nos termos do art. 400, inciso I.

2.2. Exibição

Se por outro lado, no prazo para resposta, já vem efetuada a exibição, o incidente atinge nesse caso sua finalidade e se exaure automaticamente, sem a necessidade de decisão formal a encerrá-lo.

Isso não significa contudo que alguma prova vá automaticamente se materializar nos autos, em torno do objeto (documento ou coisa) exibido. Como visto nos comentários ao art. 396, a exibição de documento ou coisa, sobretudo quando requerida por uma das partes, não é propriamente meio de prova, mas meio de *acesso* do interessado a determinada fonte de prova.

Caso o requerido, para efeito de exibição, apresente petição, a ela anexando o documento pretendido, não há dúvida de que a partir daí se terá ao menos em princípio por introduzida nos autos a prova documental correspondente.

Nada impede, contudo, que a exibição se faça em cartório, sobretudo quando se tratar de *coisa*, ou mesmo no plano extrajudicial, por contato direto entre as partes. Desde que realizada em cartório, deverá ser lavrado pelo escrivão auto circunstanciado em que será fundamentalmente certificado o fato da exibição, com identificação do que tiver sido exibido. Não há necessidade, contudo, de maior detalhamento no tocante ao conteúdo de documentos ou aspectos visuais da coisa porventura apresentada, visto que a esse respeito caberá à própria parte interessada registrar e reter as informações de seu interesse. A situação é diversa da que se tem em termos de inspeção judicial, quando o juiz é o veículo de inserção no processo das informações que tenha por relevantes, fruto do exame pessoal realizado, cabendo-lhe nesse caso

Art. 398

especificar no auto a ser lavrado os aspectos que entenda devam compor o acervo probatório dos autos (v. art. 484).

De toda forma, apresentados o documento ou coisa no cartório ou secretaria, ou ainda exibidos diretamente à parte interessada, caberá a essa o juízo de conveniência em torno da documentação do ato, com a reprodução do conteúdo do documento ou o registro de imagens relativas à coisa exibida, bem como num segundo momento acerca da própria utilização dos dados obtidos no âmbito do processo.

2.3. Recusa

Pode o requerido finalmente externar oposição ao pedido de exibição, seja pela perspectiva do direito do requerente à providência, seja por meio da formulação de escusa no que diz respeito a ele próprio, requerido. As diferentes modalidades de resposta, desnecessário dizer, não são autoexcludentes, podendo ser apresentadas cumulativamente, em nome da regra da eventualidade.

2.3.1. Contestação da pertinência ou utilidade da exibição

Embora a lei só se preocupe, literalmente, com as possíveis escusas do requerido, não pode ser desprezada a hipótese de, mesmo tendo ele o documento ou a coisa em seu poder, e de inexistirem escusas jurídicas passíveis de arguição, *não queira por razões de ordem pessoal* fazer a exibição.

E de fato, em se tratando de requerimento incidental, e não feito em termos autônomos com escopo satisfativo, não basta para impor a exibição a consideração de eventual caráter comum do documento, ou interesse em termos amplos que o requerente da medida tenha em conhecer o documento ou a coisa, mesmo porque como já visto o incidente de exibição não tem por escopo satisfazer direito do requerente sobre o objeto (v. art. 396); se a medida vem requerida com escopo probatório no âmbito de um processo determinado, voltando-se a possibilitar o acesso do requerente a possível fonte de prova acerca de fato objeto da causa, é preciso que estejam presentes os pressupostos de admissibilidade de qualquer prova.

Pode o requerido, nesses termos, questionar a pertinência da exibição mediante a discussão do próprio *cabimento* da prova almejada pelo requerente I) em termos de adequação formal; II) quanto à relevância do fato que se queira provar no contexto do litígio (art. 397, II); III) quanto à efetiva necessidade de prova a seu respeito; ou ainda IV) no tocante à idoneidade do documento ou coisa, em si considerados, para tal fim (por exemplo sustentando a ausência de nexo entre o conteúdo do documento e o fato passível de prova).

A par disso, pode formular o requerido escusas pessoais, seja no plano meramente fático seja em termos jurídicos, como exposto na sequência.

2.3.2. Impossibilidade de exibir

Uma primeira objeção, de ordem meramente prática, diz com a alegação de impossibilidade da exibição pela simples circunstância de não estar o requerido de posse do documento ou da coisa. O parágrafo único deste art. 398 confere ao requerente a possibilidade de demonstrar a inveracidade da alegação; mas, desde que não haja evidências da posse efetiva do objeto pelo requerido, não há como obrigá-lo a uma providência materialmente inviável. E não está em discussão aqui se tinha ele ou não dever de conservar em seu poder o objeto; mesmo na hipótese afirmativa, as consequências se produzirão conforme a natureza da obrigação descumprida, não cabendo todavia equiparar a falta de exibição a uma recusa indevida para efeito de aplicação da sanção prevista no art. 400 do CPC.

2.3.3. Ausência de obrigação de exibir

Alternativamente, pode o requerido finalmente apresentar escusa no plano jurídico, não negando ter o documento ou a coisa em seu poder mas recusando-se a fazer a exibição por um dos motivos elencados no art. 404 (com as ressalvas do art. 399 do CPC).

3. Apreciação da impugnação

Em qualquer das hipóteses de negativa, o juiz, acolhendo-a, dispensará o requerido do encargo, desacolhendo o pedido de exibição por simples decisão interlocutória e condenando o requerente no pagamento de eventuais custas a que tenha dado causa (não, entretanto, em honorários advocatícios). Já em caso contrário, superado(s) o(s) motivo(s) apresentado(s) para a recusa, a situação novamente será regida pelo art. 400 (inciso II).

Jurisprudência

"Não há como exigir do provedor de conteúdo que diligencie junto a terceiros para obter os dados que inadvertidamente tenha apagado dos seus arquivos, não apenas pelo fato dessa medida não estar inserida nas providências cabíveis em sede ação de exibição de documentos, mas sobretudo porque a empresa não dispõe de poder de polícia para exigir o repasse dessas informações. Por se tratar de medida cautelar de natureza meramente satisfativa, não há outro caminho senão reconhecer a impossibilidade de exibição do documento, sem prejuízo, porém, do direito da parte de buscar a reparação dos prejuízos decorrentes da conduta desidiosa." (STJ, REsp nº 1.398.985/MG, 3ª T., Rel. Min. Nancy Andrighi, j. 19/11/2013, *DJe* 26/11/2013).

"Ordenada, pelo juiz, a exibição de documento ou coisa, o requerido não estará obrigado a atender a ordem se não dispuser do objeto da requisição. Havendo alegação de que o documento ou coisa não está em poder do requerido, cabe à parte que requereu a exibição fazer prova da inverdade dessa declaração (CPC, art. 357)." (STJ, REsp nº 429.216/RS, 1ª T., Rel. Min. Teori Albino Zavascki, j. 25/5/2004, *DJ* 7/6/2004, p. 159).

"Para que seja instaurado o incidente de exibição de documentos, deve o requerido ser intimado a oferecer sua resposta em 5 (cinco) dias. Caso o requerido não efetue a exibição ou faça qualquer declaração nesse prazo, o juiz decidirá o pedido, admitindo como verdadeiros os fatos que, por meio do documento, a parte pretendia provar. Hipótese em que o incidente não foi devidamente instaurado, mas que o juiz considerou como verdadeiros os fatos que os requerentes pretendiam provar." (STJ, REsp nº 468.901/RO, 3ª T., Rel. Min. Nancy Andrighi, j. 26/6/2003, *DJ* 18/8/2003, p. 204).

Art. 399. O juiz não admitirá a recusa se:

I – o requerido tiver obrigação legal de exibir;

II – o requerido tiver aludido ao documento ou à coisa, no processo, com o intuito de constituir prova;

III – o documento, por seu conteúdo, for comum às partes.

▶ *Referência: CPC/1973 – Art. 358*

---

1. Obrigatoriedade da exibição

Trata-se de mais um dispositivo apenas aparentemente relacionado ao pedido de exibição incidental contra a parte contrária, mas que pode e deve ser aplicado também à ação exibitória em face de terceiro estranho ao processo.

Com efeito, com a natural exclusão do inciso II, que trata da anterior referência ao documento ou coisa no próprio processo original, os outros dois incisos se harmonizam perfeitamente com a situação do terceiro e com os termos em que pode ser instaurada controvérsia no âmbito de pedido principal contra ele formulado; funciona o art. 399, de resto, como verdadeira limitação às hipóteses de recusa justificada à exibição, que vêm relacionadas no art. 404 do CPC e são expressamente dirigidas tanto à parte contrária quanto ao terceiro.

Ambos os dispositivos, arts. 399 e 404, devem portanto ser interpretados conjuntamente; apresentada eventual justificativa no sentido da ausência de obrigação de exibir, seu acolhimento, para além do exame da pertinência da própria escusa, fica ainda condicionado a que não estejam presentes quaisquer dos fatores restritivos ditados pelo art. 399.

Por seu turno, o comando peremptório dirigido ao juiz pelo *caput* ("não admitirá a recusa") pressupõe a *viabilidade material* de apresentação do documento ou coisa pelo obrigado. Ainda que tenha obrigação legal nesse sentido, que tenha aludido ao documento ou coisa no processo, ou que se trate de documento comum, não se pode exigir que faça o impossível; provando satisfatoriamente não estar de posse do objeto, poderá conforme o caso vir a ser responsabilizado pelo descumprimento da obrigação material em si, ou por deslealdade processual, mas não por recusa ilegítima de exibição, propriamente dita.

2. Obrigação legal de exibir

A primeira das hipóteses específicas tratadas pelo dispositivo em comento diz respeito ao *dever* que o requerido (parte ou terceiro), no plano da relação material mantida para com o requerente da exibição, tenha de apresentar o objeto assim que solicitado; podem ser lembrados, nesse sentido, os exemplos da sociedade perante o sócio, quanto aos livros respectivos, do contador, quanto a documentos diversos a ele confiados para contabilização, do tutor e do curador, quanto a documentos de interesse

Art. 399

do tutelado e do curatelado, e do mandatário, quanto aos documentos recebidos do mandante e também àqueles relativos aos atos que tenha em nome dele praticado, dentre outras possibilidades (é certo que, nos últimos casos, pode-se em alguns momentos falar de documentos *comuns*, mas por critério de especialidade as situações melhor se afeiçoam ao inciso I do que ao III).

3. Alusão ao documento ou coisa no processo

Já no inciso II aborda o Código problema de índole estritamente processual, relacionado à parte contrária do processo em curso: não pode aquele que por acaso aludiu ao documento ou coisa em seus arrazoados, anunciando ainda pretender deles se valer como prova, depois recusar-se a exibi-los quando requerido pela outra parte, nem mesmo arguindo alguma das escusas do art. 404.

Parte da doutrina associa essa regra ao princípio da comunhão da prova, ao argumento de que, ainda se não concretizada a produção, "proposta uma prova por uma das partes, torna--se ela comum aos litigantes" (v., por todos, Moacyr Amaral Santos, *Comentários ao Código de Processo Civil*, vol. IV, p. 131), opinião da qual não compartilhamos.

No sistema processual civil vigente, não chega o princípio da comunhão ao ponto de suscitar, na generalidade dos casos, direito probatório a uma parte mediante a mera proposição de prova pela outra, quando muito permitindo, como antes dito (v. art. 371), o proveito comum da prova *já produzida*, ou a participação de uma parte na produção de prova requerida exclusivamente pela outra.

Já na hipótese do art. 399, II, do CPC, por outro lado, trata-se de prova ainda não trazida aos autos e que a rigor a outra parte tampouco esboça pretender produzir. Preponderam, entretanto, razões de lealdade processual, de modo a evitar argumentação artificiosa e especulativa por um dos litigantes, reputando-se em face disso desarrazoada a recusa de exibir por parte daquele que tenha tomado a iniciativa de anunciar, em proveito próprio, a existência do documento ou da coisa.

4. Documento comum

Os documentos, tomados em sua individualidade, e tenham ou não valor patrimonial intrínseco (um documento histórico, um selo, um título de crédito, ou por outro lado um simples instrumento contratual), podem ser objeto de propriedade ou posse, por uma ou várias pessoas simultaneamente; na segunda hipótese, possível falar em *comunhão*, e, quanto a eles, evidente o direito dos coproprietários à verificação, estejam de posse de cotitular ou de estranhos, situação que a rigor dispensa a remissão ao inciso III, sendo regida desde logo pelo inciso I do art. 399 e havendo quanto ao documento obrigação legal de exibir por força dos direitos reais sobre ele incidentes.

De outra parte, os documentos podem ser vistos em relação a seu *conteúdo*, vale dizer, mediante a consideração imediata de aspectos ligados à sua formação, teor e destinação, também aqui podendo ser identificada comunhão, desde que sejam de interesse direto de mais de uma pessoa (Frederico Marques fala em comunhão "no fato representado" – *Manual de Direito Processual Civil*, vol. III, p. 110). É destes últimos que trata o inciso III, que abstrai, portanto, o aspecto *titularidade* (um documento pode, quanto ao teor, eventualmente ser de interesse imediato daquele que também é seu titular enquanto coisa – p. ex., um título de crédito nominativo –, mas pode ser considerado comum a quem nenhum direito real sobre ele tenha, como no caso do emitente desse mesmo título); a singela comunhão no tocante ao conteúdo, enfim, é o bastante para que não se possa negar a exibição ao interessado, restando apreciar o alcance da ideia.

Diferentemente do CPC/2015 e do CPC/73, que se abstiveram de qualquer conceituação, o art. 218, parágrafo único, do CPC/39, dizia considerar-se *comum* o documento "às pessoas cujas relações jurídicas forem nele determinadas e àquelas em cujo interesse houver sido elaborado".

De fato, em primeiro lugar deve ser tido por comum o documento quanto a todos aqueles que tomaram parte em sua *criação*, tenham-no ou não subscrito, sigam ou não tendo direito real ou pessoal sobre o documento, e seja ou não ele destinado a fonte ou à mera representação de direitos e deveres (com base nessa comunhão, por exemplo, não pode o detentor de uma via de contrato se recusar a exibi-la a pedido de outro contratante, que tenha tido extraviada a sua; do mesmo modo, o destinatário de uma correspondência não se pode eximir da apresentação perante o próprio autor da missiva).

Além disso, o documento é comum às pessoas, que, sem serem suas autoras, tenham sua *esfera jurídica* por meio dele contemplada, com a criação efetiva ou potencial de direitos e obrigações, o que ocorre, por exemplo, com uma apólice de seguro em relação ao beneficiário instituído, uma ata de assembleia condominial ou societária em relação à generalidade dos condôminos ou sócios – mesmo os que não tenham tomado parte no ato – ou um testamento em relação a herdeiros e legatários.

Finalmente, é também comum o documento, pelo conteúdo, em relação às pessoas no interesse das quais tenha sido elaborado, sem que seja necessário cogitar de qualquer implicação jurídica, como ocorre em relação a todos os destinatários de um documento qualquer, ou àquelas pessoas em relação às quais, sem serem destinatárias efetivas de uma correspondência, seja reservada uma mensagem indireta por parte do subscritor.

Cumpre por derradeiro observar que "partes" a que se refere o inciso III devem ser entendidas como as do pedido de *exibição*, não necessariamente as do processo a partir do qual formulado o pedido (se imaginado o requerimento em face de terceiro). Não é imprescindível, outrossim, que a comunhão diga respeito a ambos os envolvidos no pedido de exibição, podendo afetar apenas o requerente para que se tenha por positivada a obrigação de exibir.

Jurisprudência

"O sigilo que preside as relações entre o cliente e o seu advogado não alberga negativa de exibição de documentos necessários à apuração de honorários transmitidos contratualmente. Obrigatória a exibição dos documentos, nos termos do art. 358, III, do CPC." (STJ, REsp nº 1.376.239/RJ, 3ª T., Rel. Min. Moura Ribeiro, j. 3/11/2015, *DJe* 19/11/2015).

"Conforme pacífica jurisprudência desta Corte Superior, tratando-se de documento comum às partes, não se admite a recusa de exibi-lo, notadamente quando a instituição recorrente tem a obrigação de mantê-lo enquanto não prescrita eventual ação sobre ele." (STJ, AgRg no Ag nº 1.226.583/SP, 3ª T., Rel. Min. Ricardo Villas Bôas Cueva, j. 7/2/2012, *DJe* 13/2/2012).

"A jurisprudência desta Corte possui o entendimento de que, em fase de liquidação de sentença, a parte que detém por obrigação legal os documentos aptos para viabilizá-la deve fornecê-los ao juízo. Precedentes: AgRg nos EREsp 670.052/RS, Rel. Ministro Luiz Fux, Primeira Seção, *DJ* 13/2/2006; EREsp 642.892/PB, Rel. Ministro Luiz Fux, Primeira Seção, *DJ* 28/11/2005. Em face desse entendimento, deve a Eletrobrás exibir documento que se ache em seu poder, a fim de permitir que sejam efetuados corretamente os cálculos dos valores devidos em razão da correção monetária dos valores recolhidos a título de empréstimo compulsório." (STJ, AgRg no Ag nº 1.392.760/PR, 1ª T., Rel. Min. Benedito Gonçalves, j. 7/6/2011, *DJe* 10/6/2011).

"A obrigação da instituição financeira de exibir os extratos bancários necessários à comprovação das alegações do correntista decorre de lei, já que se trata de relação jurídica tutelada pelas normas do Código do Consumidor, de integração contratual compulsória, não podendo ser objeto de recusa nem de condicionantes, em face do princípio da boa-fé objetiva; (...) Para fins do disposto no art. 543-C, do Código de Processo Civil, é cabível a inversão do ônus da prova em favor do consumidor para o fim de determinar às instituições financeiras a exibição de extratos bancários, enquanto não estiver prescrita a eventual ação sobre eles, tratando-se de obrigação decorrente de lei e de integração contratual compulsória, não sujeita à recusa ou condicionantes, tais como o adiantamento dos custos da operação pelo correntista e a prévia recusa administrativa da instituição financeira em exibir os documentos, com a ressalva de que ao correntista, autor da ação, incumbe a demonstração da plausibilidade da relação jurídica alegada, com indícios mínimos capazes de comprovar a existência da contratação, devendo, ainda, especificar, de modo preciso, os períodos em que pretenda ver exibidos os extratos." (STJ, REsp nº 1.133.872/PB, 2ª Seção, Rel. Min. Massami Uyeda, j. 14/12/2011, *DJe* 28/3/2012).

"Como os comprovantes de pagamento do seguro desemprego são **documentos** comuns às partes (arts. 844, II c/c 358, III, do CPC), revela-se inadmissível a recusa ao pedido de **exibição**. Precedentes" (STJ, REsp nº 1.135.237/RJ, 2ª T., Rel. Min. Castro Meira, j. 8/9/2009, *DJe* 18/9/2009).

"O Tribunal de origem afirmou que o Recorrido não tinha obrigação legal de exibir os **do-**

Art. 400

cumentos requeridos, porque eles eram comuns às partes e porque o Recorrente tinha condições de apresentá-los. Tais assertivas não foram rebatidas nas razões do Especial, o que seria de rigor a teor da Súmula 283 do Supremo Tribunal Federal." (STJ, REsp nº 740.356/RS, 3ª T., Rel. Min. Sidnei Beneti, j. 4/8/2009, *DJe* 18/8/2009).

"Não se admite a recusa de **exibição** de **documento** comum às partes, notadamente quando a instituição recorrente tem a obrigação de mantê-lo enquanto não prescrita eventual ação sobre ele." (STJ, AgRg no Ag nº 1.094.156/GO, 4ª T., Rel. Min. João Otávio de Noronha, j. 7/5/2009, *DJe* 18/5/2009).

"Ordenada, pelo juiz, a exibição de documento ou coisa, o requerido não estará obrigado a atender a ordem se não dispuser do objeto da requisição. A contrário sensu, se a própria recorrente afirma possuir o objeto da requisição judicial, não poderá eximir-se de cumpri-la. Não há falar em ausência de interesse processual dos autores em requisitar judicialmente os documentos em questão, posto necessários à elaboração do cálculo do montante devido." (STJ, REsp nº 688.873/PR, 1ª T., Rel. Min. Teori Albino Zavascki, j. 17/5/2005, *DJ* 6/6/2005, p. 207).

"APELAÇÃO. CAUTELAR. EXIBIÇÃO DE DOCUMENTOS. PRONTUÁRIO MÉDICO. POSSIBILIDADE. Pretensão jurisdicional à obtenção de cópia do prontuário e laudo médico de seu genitor, falecido, com vistas ao requerimento de benefício previdenciário. Sentença de extinção da ação, por falta de interesse de agir superveniente. Inconformismo da autora. Cabimento. Resistência administrativa que justifica a propositura da demanda, porquanto relevante e justo o motivo apresentado. Admissibilidade da pretensão. Inocorrência de falta de interesse de agir superveniente, porque os documentos foram apresentados apenas com o deferimento da medida liminar. Cautelar que deve ser julgada procedente, notadamente porque o sigilo médico é de titularidade do paciente e não do hospital. Inocorrência das escusas legalmente previstas. Fixação de honorários advocatícios, pois incidente o princípio da causalidade. Apreciação equitativa segundo os critérios do art. 20 do CPC. Sentença reformada. Ação procedente. Recurso provido."(TJSP, Ap. nº 4027536-13.2013.8.26.0114/Campinas, 13ª C. Dir. Pub., Rel. Des.. Djalma Lofrano Filho, j. 23/9/2015).

> **Art. 400.** Ao decidir o pedido, o juiz admitirá como verdadeiros os fatos que, por meio do documento ou da coisa, a parte pretendia provar se:
>
> **I** – o requerido não efetuar a exibição nem fizer nenhuma declaração no prazo do art. 398;
>
> **II** – a recusa for havida por ilegítima.
>
> **Parágrafo único.** Sendo necessário, o juiz pode adotar medidas indutivas, coercitivas, mandamentais ou sub-rogatórias para que o documento seja exibido.

▶ *Referência: CPC/1973 – Art. 359*

1. Decisão do incidente

Seja qual for a conduta da parte em face de quem solicitada a exibição do documento ou coisa, o incidente interno a processo em curso comporta decisão específica, conquanto sem a natureza de sentença (trata-se decisão interlocutória, a teor do art. 203, § 2º, do CPC, passível de agravo de instrumento, à luz do art. 1.015, VI, do mesmo Código). A única exceção diz respeito à apresentação do objeto tão logo intimada a parte do requerimento da parte adversa, caso em que o incidente atinge sua finalidade e se exaure, sem a necessidade de encerramento formal (vejam-se os comentários ao art. 398).

Nas outras hipóteses, de puro e simples silêncio do requerido no prazo para manifestação ou de apresentação de recusa expressa, fundada em impossibilidade fática ou escusa jurídica, a decisão ostenta todavia contornos diversos.

Se o requerido se omite no prazo do art. 398, deixando de promover a exibição mas em contrapartida não oferecendo justificativa alguma, o juiz já pode desde logo aplicar a sanção deste art. 400, visto que a conduta da parte sugere a inexistência de qualquer causa impeditiva do atendimento do pedido, desnecessitando qualquer valoração e tampouco demandando nova intimação para efeito de exibição.

Se contudo apresentada escusa formal, o procedimento é diverso. Com ou sem a produção de provas (art. 398, parágrafo único, do CPC), a decisão a ser proferida necessariamente deve apreciar a justificativa havida, de modo a definir sua idoneidade; e, nessas condições, não se pode conceber a aplicação de medida sancionatória sem a concessão de oportunidade para que a parte, ciente da rejeição, possa em face dela adotar a conduta esperada.

Equivocada, por isso, a redação do inciso II do art. 400 (que reproduz integralmente o teor do art. 359, II, do CPC/73), sugerindo a imposição da sanção na própria decisão do pedido de exibição, caso tenha por ilegítima a recusa. A sanção advirá, isso sim, da persistência da omissão em exibir uma vez cientificada a parte da decisão em tal sentido (essa, por sinal, a dinâmica no tocante à ação incidental de exibição em face de terceiro, conforme previsto no art. 403: o juiz, rejeitando a justificativa apresentada, condena o terceiro a promover a exibição no prazo ali referido).

Tratando-se outrossim de decisão relativa a mero incidente, entre as próprias partes do processo, não há imposição de honorários advocatícios ao vencido.

2. Admissão da veracidade do fato que se pretendia provar

Simplesmente omisso o detentor no tocante à exibição do objeto ou apresentação de declaração motivada de recusa (inciso I) ou, diversamente, persistindo a inércia em caso de rejeição da justificativa apresentada (inciso II), fala o Código em admissão, pelo juiz, da veracidade do fato ao qual, nos termos do art. 397, II, relacionada a exibição.

Note-se que o legislador autoriza que o juiz, nesse momento, transponha duas etapas do processo de formação de seu convencimento: na prática, e como já dito (v. art. 396), a exibição não é por si só fonte imediata de prova, mas meio de acesso a essas fontes, diretas ou indiciárias, que podem afinal nem mesmo ser trazidas aos autos pelo requerente da exibição; por seu turno, os meios de prova regulares, uma vez utilizados, possibilitam um resultado material que não necessariamente contribuirá para um juízo favorável acerca dos fatos alegados, tudo dependendo da interpretação que a esse produto seja dada pelo julgador. O que o art. 400 possibilita, em tais termos, é a justaposição de suas situações hipotéticas, quanto à produção da prova resultante da exibição e quanto à idoneidade probatória dessa mesma prova.

Chega-se com isso, e a exemplo do que ocorre com o depoimento pessoal sonegado (v. art. 385 do CPC), a autêntica *ficção jurídica*, não propriamente *presunção*; com efeito, a lei não formula – nem tampouco dá ao juiz a possibilidade de formular – singelo raciocínio dedutivo, inspirado em regras de verossimilhança, mas imagina determinada interpretação vinculada a uma conduta omissiva da parte obrigada a um ato, justamente como forma de suprir essa omissão.

A solução engendrada atende perfeitamente ao interesse em ver o requerido compelido ao cumprimento do dever de exibir. Na medida em que a consequência da recusa ilegítima corresponde ao "prejuízo" processual máximo que poderia ele experimentar fazendo em concreto a exibição (*v. g.*, dar ensejo à prova buscada pela outra parte), acabará sendo em tese mais conveniente que realmente a promova, pois sempre restará a esperança de ver desconsiderada pelo juiz a relevância atribuída ao documento ou coisa pelo adversário.

Não se exclui por seu turno a aplicação de outras medidas de apoio. Não as mencionava o art. 359 do CPC/73, reputando a rigor desnecessária previsão específica, ante o alcance e potencial eficácia da sanção explicitada; mas não há na prática qualquer incompatibilidade essencial entre essas medidas e a exibição incidental de documento ou coisa.

É preciso lembrar que nem sempre será tarefa simples a consideração da verdade de determinado fato, tal qual mencionado pelo texto legal. Se a discussão não for propriamente em torno de sua existência, mas de seu modo de ser, a respeito do que o requerente da exibição não tenha conhecimento, buscando a medida justamente para a obtenção das informações necessárias, não há propriamente *verdade* a estabelecer por força da ausência de exibição, em correlação para com afirmação concreta da parte.

Por sinal, há julgado do STJ, proferido ainda na vigência do Código revogado (veja-se abaixo), admitindo, mesmo quanto à exibição incidental entre as partes do processo, o emprego de busca e apreensão, caso a ficção não se mostrasse eficaz.

2.1. O CPC/2015 e a autorização expressa para a aplicação de medidas executivas diversas

Como quer que seja, o quadro está definitivamente esclarecido com o Código vigente. O parágrafo único do art. 400 autoriza expressamente a adoção, se necessário, de medidas indutivas, coercitivas, mandamentais ou sub-rogatórias para que o documento seja exibido.

Art. 400

Aparentemente, houve lapso do legislador ao não mencionar a aplicação também de multa, diversamente do que se vê no parágrafo único do art. 403 (acerca da ação exibitória incidental contra terceiro). Mas, sobre não haver justificativa racional para tratamento diferenciado em um ou outro caso, coerentemente com o que foi dito no item precedente, é de se entender que a multa também entre as partes seja aplicável, sem embargo de na maioria dos casos se mostrar suficiente o mecanismo de admissão da verdade do fato. De resto, já na vigência do CPC/73 essa solução nos parece fosse defensável.

Não foi essa, entretanto, a orientação da jurisprudência à luz da legislação revogada, ao menos como regra geral. O STJ, por meio de sua Súmula nº 372, definiu por primeiro a inaplicabilidade de multa diária em ação de exibição de documento ou coisa. Posteriormente, em julgamento tomado segundo a técnica de recursos repetitivos (Tema nº 705), ampliou-se o entendimento do descabimento de multa diária para as hipóteses de exibição incidental, abrindo-se, todavia, exceção para as situações de indisponibilidade do direito ao qual vinculado o fato (pois aí não haveria como aplicar a sanção de veracidade (REsp nº 1.333.988/SP, Rel. Min. Paulo de Tarso Sanseverino, j. 11/4/2014); v. abaixo).

Repita-se, entretanto: ante o tratamento dado à matéria pelo CPC, há menos ainda, de *lege lata*, razão para excluir a utilização da multa quando necessário, ainda se disponíveis os direitos ligados ao fato investigado, seja o pedido de exibição incidental ou de caráter principal. Sob esse prisma, restaram superados, desde a vigência do novo Código, tanto a Súmula nº 372 quanto o julgamento paradigma de recursos repetitivos mencionado (a respeito, vejam-se também os comentários ao art. 403).

E, nessa esteira, mais recentemente, acabou o STJ por formular nova tese sob a técnica do julgamento de recursos repetitivos (Tema nº 1.000), reconhecendo expressamente a possibilidade de aplicação da multa diária nos termos do art. 400, parágrafo único (REsp nº 1.777.553/SP, 2ª Seção, Rel. Min. Paulo de Tarso Sanseverino, j. 26/5/2021, DJe 1º/7/2021; v. abaixo).

2.2. Ação de exibição incidental e ação exibitória autônoma

É importante verificar que a sanção cogitada pelo art. 400 para a recusa indevida de exibição somente faz sentido se considerada no âmbito de pedido exibitório incidental dirigido por uma parte contra a outra de processo posto. Mostra-se ela com efeito incompatível, por motivos distintos, quer para com a ação de exibição incidental, contra terceiro, quer para com a ação exibitória autônoma, de caráter preparatório.

No tocante ao terceiro, de nada adiantaria do ponto de vista coercitivo a ameaça de aceitação da verdade do fato a ser provado, na medida em que estranho ele, terceiro, aos interesses em conflito na demanda principal, além do que a aplicação de semelhante medida, na prática, acabaria repercutindo em desfavor da parte contrária do processo original, estranha por seu turno à ação exibitória (v. art. 403).

Quanto à hipótese de ação exibitória autônoma, de caráter preparatório (impropriamente tratada pelo CPC/73 como ação cautelar de exibição e subsistente no sistema do CPC atual, mas sem o inconveniente rótulo), simplesmente não há como cogitar da admissão da verdade de suposto fato a ser provado, por inexistir ainda processo em torno da questão litigiosa entre as partes; restringe-se o objeto da ação preparatória à exibição em si mesma, não havendo como antecipar um efeito jurídico voltado à valoração da prova sobre fato nem sequer judicializado. A indicação da finalidade da exibição, enfim, mediante explicitação dos fatos que se relacionam com o documento ou coisa, nos termos do art. 397, II, do CPC, é algo que pressupõe fatos integrantes de controvérsia objeto de processo devidamente instaurado acerca de questão distinta, ao passo que na exibição autônoma basta ao autor a justificação do interesse no conhecimento do documento ou coisa.

A jurisprudência do STJ, após alguma hesitação inicial, acabou se firmando em tal sentido, estando hoje sedimentada, inclusive em sede de julgamento sob a técnica dos recursos repetitivos, a tese de que inaplicável referida sanção a ações "cautelares" de exibição (REsp nº 1.094.846/MS, Rel. Min. Carlos Fernando Mathias (Juiz Federal convocado do TRF 1ª Região, j. 11/3/2009; v. abaixo).

3. Dever ou ônus?

Discute-se intensamente na doutrina acerca da natureza do encargo que se oferece ao requerido, se mero *ônus* ou se autêntico *dever processual*, mostrando-se a nosso ver acertada a segunda orientação.

Antes de mais nada, parece não deixar dúvida a própria redação de artigos como o 380, II, e o 396, do CPC, referindo-se claramente à ideia de *obrigação* e à possibilidade de o juiz *ordenar* a prática do ato, perspectivas inconciliáveis com a noção de mero ônus processual. Além disso, o poder judicial em tal sentido é posto de modo absolutamente uniforme, na origem, em relação à parte e ao terceiro, não havendo por que pretender, como faz a primeira corrente, que sob a ótica passiva somente quanto ao terceiro haja um dever efetivo; se quanto a esse último cogita a lei do delito de desobediência e quanto à parte do próprio processo tão somente da aceitação do fato a ser provado é porque, no tocante à última, optou-se por repercussões limitadas à relação processual que já integra.

E não é só. A ficção jurídica a que se aludiu, aplicável quando o requerido é parte no processo, vem claramente posta como um *plus*, a título de *sanção* pela omissão em exibir, do que não se cogita em matéria de ônus; no tocante a este último, a parte tem interesse direto na prática do ato, como forma de alcançar um benefício processual ou de evitar uma situação de desvantagem, que quando existente é decorrência natural e imediata da omissão. Ora, a exibição em si mesma não é de interesse do requerido e nenhuma vantagem perceptível lhe traz (pelo contrário, pode ser desvantajosa), enquanto a admissão de veracidade do fato relacionado ao documento ou à coisa, em contrapartida, não se apresenta no plano lógico como desvantagem imediatamente associada à omissão, somente podendo ser entendida como ato punitivo.

4. Relatividade do efeito sancionatório

Sem embargo da previsão legal, não está o juiz obrigado a fechar os olhos à realidade, levando a extremos de todo indesejáveis a noção de verdade formal; assim, se a despeito da omissão do obrigado em exibir, a ficção de veracidade conflitar com provas inequívocas existentes nos autos, pode perfeitamente ser afastada no caso concreto. O CC aliás, tratando da recusa de exibição da escrituração constante em livros societários, diz expressamente que se terão por verdadeiros os fatos alegados pela parte contrária e que seriam provados pelos livros (art. 1.191, *caput*), ressalvando contudo logo em seguida que a confissão resultante da recusa pode ser elidida por prova documental em contrário (art.1.191, parágrafo único).

Por outro lado, a confirmação de um ou mais dos fatos alegados pelo requerente não implica certamente a aceitação automática do restante de sua versão fática (não relacionada ao documento ou coisa), cumprindo cotejar os fatos admitidos com o conjunto probatório como um todo, bem como averiguar o grau de relevância dos primeiros no contexto da argumentação da parte. Tampouco implica, mesmo quanto aos fatos tidos por comprovados, a aceitação dos efeitos jurídicos que deles pretenda extrair a parte interessada, de modo que a aplicação da sanção ora analisada está longe de significar garantia de julgamento favorável.

Pertinente também a advertência de que não necessariamente todos os fatos (ou a dimensão probante dada a um único fato) sugeridos pelo requerente da exibição, em função da regra do art. 397, II, do CPC serão acolhidos como verdadeiros na hipótese de silêncio ou recusa indevida do requerido. Cabe lembrar aqui que, sendo pertinente, em tese, a exibição pleiteada em determinada situação, não terá o juiz como, no momento inicial, fazer reparos à amplitude da pretensão probatória declarada pelo interessado, o que acabará fazendo posteriormente, em caso de efetiva imposição da sanção.

Jurisprudência

Tese para os fins do art. 1.040 do CPC/2015: "Desde que prováveis a existência da relação jurídica entre as partes e de documento ou coisa que se pretende seja exibido, apurada em contraditório prévio, poderá o juiz, após tentativa de busca e apreensão ou outra medida coercitiva, determinar sua exibição sob pena de multa com base no art. 400, parágrafo único, do CPC/2015" (REsp 1.777.553/SP, 2ª Seção, Rel. Min. Paulo de Tarso Sanseverino, j. 26/5/2021, DJe 1º/7/2021; no mesmo sentido, REsp 1.763.462/MG, 2ª Seção, Rel. Min. Paulo de Tarso Sanseverino, j. 9/6/2021, DJe 1º/7/2021).

"A presunção de veracidade contida no art. 359 do Código de Processo Civil não se aplica às ações cautelares de exibição de documentos." (STJ, REsp nº 1.660.158/SP, 3ª T., Rel. Min. Nancy Andrighi, j. 26/9/2017, *DJe* 2/10/2017).

"Uma vez determinada, pelo Tribunal *a quo*, a apresentação do contrato firmado entre as partes para possibilitar a apuração/verificação das contas, tendo o banco-réu, ora insurgente, deixado de colacionar aos autos o aludido ajuste,

Art. 400

correta a aplicação da penalidade constante do artigo 359 do CPC/73 (atual 400 do NCPC), considerando-se verdadeiro o fato que a autora pretendia provar com a referida documentação, qual seja, a não pactuação dos encargos cobrados." (STJ, REsp nº 1.593.858/PR, 4ª T., Rel. Min. Marco Buzzi, j. 21/3/2017, *DJe* 25/4/2017).

"O art. 359, I, do CPC/1973 (CPC/2015, art. 400) sanciona com a presunção de veracidade os fatos que se pretendia provar com o documento ou coisa cuja exibição foi recusada pelo requerido. Hipótese em que se postula a aplicação daquela sanção processual em ação anulatória de acordo extrajudicial homologado judicialmente, alegando-se recusa da parte em apresentar os extratos bancários que comprovariam o vício apto a anular o ajuste. O julgado que determinou a exibição dos documentos requeridos, com a ressalva de que "a sanção para a recusa à exibição é a presunção de veracidade", foi proferido em sede de juízo antecipatório da tutela, de modo a não poder se falar em coisa julgada material." (STJ, REsp nº 1.646.836/MA, 1ª T., Rel. Min. Napoleão Nunes Maia Filho, Rel. p/ Acórdão Min. Gurgel de Faria, j. 2/5/2017, *DJe* 30/5/2017).

A exibição incidental de documentos deve obedecer o rito dos arts. 355 a 363 do CPC/1973. Na hipótese, a ré não impugnou a determinação de exibir o contrato de prestação de serviços advocatícios no prazo legal, sendo-lhe devida a pena do art. 359 do Código Processual de 1973." (STJ, REsp nº 1.410.387/SC, 3ª T., Rel. Min. Ricardo Villas Bôas Cueva, j. 21/6/2016, *DJe* 27/6/2016).

"A presunção de veracidade de que trata o artigo 359 do Código de Processo Civil é relativa." (STJ, EDcl no AREsp nº 176.852/SP, 3ª T., Rel. Min. Ricardo Villas Bôas Cueva, 3ª T., j. 20/10/2015, *DJe* 27/10/2015).

"É assente nesta Corte Superior o entendimento de que é incabível a aplicação da sanção do artigo 359 do CPC, bem como a imposição de astreintes em sede de cautelar de exibição de documentos, hipótese em que, se devidamente comprovado a resistência por uma das partes na exibição do documento pleiteado pelo juízo, aplica-se a busca e apreensão do que foi pleiteado com arrimo o artigo 362 do CPC. Precedentes desta Corte Superior." (STJ, AgRg no AREsp nº 717.195/MG, 4ª T., Rel. Min. Luis Felipe Salomão, j. 1º/10/2015, *DJe* 6/10/2015).

"Em relação à sanção de desobediência (art. 362, do CPC), cabe destacar que esta Corte de Uniformização reputa ser passível sua aplicação quando os documentos pretendidos se encontram em poder de terceiros, estranhos à lide, e não à própria parte, porquanto, em tais casos, incide a busca e apreensão (exibição cautelar) ou a presunção de veracidade dos fatos lastreados no instrumento cuja apresentação se almejava (exibição incidental – art. 359 do CPC). Precedente: REsp 1279081, Rel. Ministro LUIS FELIPE SALOMÃO, *DJe* de 07/12/2012." (STJ, AgRg na MC nº 20.827/PR, 4ª T., Rel. Min. Marco Buzzi, j. 21/8/2014, *DJe* 8/9/2014).

"Para fins do art. 543-C do CPC: 1.1. "Descabimento de multa cominatória na exibição, incidental ou autônoma, de documento relativo a direito disponível." 1.2. "A decisão que comina astreintes não preclui, não fazendo tampouco coisa julgada." 2. Caso concreto: Exclusão das astreintes." (STJ, REsp nº 1.333.988/SP, 2ª Seção, Rel. Min. Paulo de Tarso Sanseverino, j. 9/4/2014, *DJe* 11/4/2014).

"É descabida a aplicação de multa cominatória pelo descumprimento de determinação de exibição incidental de documentos. A exibição de documento, em ação ordinária, submete-se ao disposto nos arts. 355 a 363 do CPC, que prevê solução específica para o descumprimento da determinação, a saber, a eventual admissão da veracidade dos fatos que a parte pretendia provar por meio do documento." (STJ, EREsp nº 1097681/RS, Corte Especial, Rel. Min. João Otávio de Noronha, j. 13/3/2014, *DJe* 25/3/2014).

"Não cabe aplicação de multa em caso de descumprimento de ordem incidental de exibição de documento ou coisa prevista nos artigos 355 a 363 do Código de Processo Civil, porquanto já prevêem especificamente os dispositivos legais a presunção ficta em caso de recusa considerada ilegítima. Extensão do entendimento contido na Súmula 372/STJ às determinações incidentais de exibição de documento no processo, casos em que deverá ser observada a regra prevista no art. 359 do CPC." (STJ, REsp nº 1.245.961/SP, 3ª T., Rel. Min. Sidnei Beneti, j. 14/2/2012, *DJe* 9/3/2012).

"Segundo a jurisprudência consolidada do STJ, na ação de exibição de documentos não cabe a aplicação de multa cominatória (Súmula 372). Este entendimento aplica-se, pelos mesmos fundamentos, para afastar a cominação de multa diária para forçar a parte a exibir documentos em medida incidental no curso de ação ordinária condenatória. Nesta, ao contrário do que sucede na ação cautelar, cabe a presunção ficta de veracidade dos fatos que a parte adversária pretendia comprovar com o documento (CPC, art. 359), cujas consequências serão avaliadas pelo juízo em conjunto com as demais provas constantes dos autos, sem prejuízo da possibilidade de busca e apreensão, nos casos em que a presunção ficta do art. 359 não for suficiente, ao prudente critério judicial." (STJ, AgRg no Ag nº 1.179.249/RJ, 4ª T., Rel. Min. Maria Isabel Gallotti, j. 14/4/2011, *DJe* 3/5/2011).

"A falta de exibição que dá ensejo à sanção do *caput* do art. 359 do CPC? admitir como verdadeiros os fatos que a parte pretendia provar por meio do documento ? é a que decorre de recusa "havida por ilegítima". Ocorrida a prescrição, não mais sobrevive o dever de guarda de documentos, sendo legítima a recusa fundada no transcurso do prazo prescricional. Pensar diferente seria impor à parte obrigação juridicamente impossível. Ausência de ofensa aos arts. 358 e 359 do CPC. Aplicação, por analogia, do revogado art. 10, n. 3, do Código Comercial de 1850 e do atual art. 1.194 do Código Civil de 2002." (STJ, REsp nº 1.046.497/RJ, 4ª T., Rel. Min. João Otávio de Noronha, j. 24/8/2010, *DJe* 9/11/2010).

"1. A presunção de veracidade contida no art. 359 do Código de Processo Civil não se aplica às ações cautelares de exibição de documentos. Precedentes. 2. Na ação cautelar de exibição, não cabe aplicar a cominação prevista no art. 359 do CPC, respeitante à confissão ficta quanto aos fatos afirmados, uma vez que ainda não há ação principal em curso e não se revela admissível, nesta hipótese, vincular o respectivo órgão judiciário, a quem compete a avaliação da prova, com o presumido teor do documento. 3. Julgamento afetado à 2ª. Seção com base no Procedimento da Lei n. 11.672/2008 e Resolução/STJ n. 8/2008 (Lei de Recursos Repetitivos)." (STJ, REsp nº 1.094.846/MS, 2ª Seção, Rel. Min. Carlos Fernando Mathias (Juiz Federal convocado do TRF 1ª Região), j. 11/3/2009, *DJe* 3/6/2009).

> **Art. 401.** Quando o documento ou a coisa estiver em poder de terceiro, o juiz ordenará sua citação para responder no prazo de 15 (quinze) dias.

▶ *Referência: CPC/1973 – Art. 360*

1. Exibição por terceiro. Particularidades

A lei processual indica expressamente, como decorrência do dever de colaboração de terceiros para com a jurisdição, a obrigatoriedade de exibição de documento ou coisa que tenham em seu poder e que possam ser de interesse a qualquer causa (art. 380, II, do CPC).

Ocorre que, como observado nos comentários ao dispositivo de lei referido, a concretização da providência muitas vezes se dá em termos singelos, sem a necessidade de demanda específica. Em condições normais, desde que o documento esteja de posse de órgãos públicos, funcionalmente obrigados ao atendimento de requisições judiciais e no mais das vezes sem motivos para a oposição de qualquer resistência, o resultado acaba sendo alcançado por meio de simples solicitação direta do juiz. O mesmo se dá quanto a terceiros no exercício de funções como inventariante, depositário, administrador ou assemelhados.

Mesmo em relação a órgãos privados, nada obsta que se faça a requisição sem a necessidade de ação específica ou decisão condenatória, desde que não haja por parte daqueles motivos para resistir à exibição; a previsão de instauração de processo específico, enfim, é sobretudo *garantia* instituída em favor do terceiro, não requisito formal inexorável em todo e qualquer caso.

Nesses termos, a demanda prevista no presente dispositivo, de escasso uso prático, acaba por ficar restrita sobretudo a situações em que o juiz não se disponha a efetuar a requisição por si próprio e em que a parte diretamente interessada na exibição necessite do auxílio judicial, em virtude da falta de colaboração espontânea por parte do detentor do documento ou coisa (normalmente, órgão privado).

Que se trate efetivamente de ação incidental, não de mero incidente processual, não pode haver dúvida. Quando não bastasse a expressa referência do enunciado legal à *citação* do terceiro, indicando assim a formação de autêntico processo incidente, e a circunstância de que os incidentes processuais são mecanismos internos a um processo, envolvendo as próprias partes, não se tem aqui a resolução de uma questão igualmente interna ao processo, senão a formulação de autêntica pretensão em face de sujeito estranho à relação processual, destinada a incidir sobre a esfera jurídica desse e desvinculada, quanto a isso, do objeto do processo em curso

Art. 401

(já que voltada a resolver o conflito em torno do direito do interessado ao conhecimento do documento ou coisa em poder do terceiro).

Não poderia haver a satisfação de semelhante pretensão, enfim, suposta a ausência de colaboração espontânea, sem mecanismo capaz de assegurar o contraditório no tocante ao terceiro, visando a exposição dos motivos da recusa e a prova necessária, previamente a eventual provimento condenatório. A exigência de processo incidente, em suma, visa a atender à exigência constitucional do devido processo legal no tocante ao terceiro, que não pode ser atingido por determinação judicial diretamente voltada à sua esfera jurídica e emanada de processo do qual não faça parte.

A jurisprudência tem entretanto entendido necessária à configuração do interesse de agir para o ajuizamento de demanda exibitória incidental nos moldes ora examinados, tanto quanto para a ação de exibição autônoma, de cunho preparatório, a demonstração de solicitação infrutífera da exibição na esfera extrajudicial, com a concessão de prazo razoável para o atendimento, tudo sem prejuízo da satisfação de encargos pecuniários devidos conforme o destinatário da solicitação e a finalidade do pedido.

2. Processamento

Sendo incidental, dado seu escopo limitado e necessariamente vinculado ao feito primitivo, a demanda exibitória em face do terceiro deve ser distribuída por dependência ao juiz da causa principal, da qual é acessória, sendo caso de competência funcional (art. 61 do CPC).

Em termos de fundamentação da petição inicial, aplica-se o disposto no art. 397 do CPC. E, para além dos requisitos ali mencionados, deve o interessado mencionar os motivos pelos quais estaria o terceiro obrigado à apresentação do documento ou coisa, além de eventuais dificuldades oferecidas para a exibição no plano extrajudicial.

Citado o requerido, dispõe de um prazo para resposta de quinze dias (superior ao do CPC/73, que era de dez dias), equivalente ao do procedimento comum regulado pelo CPC atual. A propósito da citação, tanto quanto a intimação para exibição incidental no curso do processo, deve se dar, pelas peculiaridades desse instrumento processual, em termos de exibição desde logo do objeto ou apresentação das razões para eventual negativa.

Assim como o pedido de exibição incidental em face da outra parte, outrossim, o ajuizamento de ação exibitória incidental não suspende o curso do processo principal, embora, como dito nos comentários ao art. 398, haja um limite natural a essa afirmação. Destinando-se a exibição do documento ou coisa a possibilitar o acesso a prova potencialmente utilizável no processo original, não faria sentido que, ainda pendente de solução, fosse a instrução encerrada nos autos principais e desde logo nele proferida decisão.

As possíveis condutas por parte do terceiro, no prazo para resposta, são por seu turno as mesmas já analisadas no tocante ao pedido de exibição contra a parte contrária (art. 398), embora diferentes as consequências, conforme o caso, em termos processuais.

Silenciando pura e simplesmente, fica caracterizada a revelia, com presunção de veracidade quanto à alegação de posse do documento ou coisa, presumindo-se bem assim inexistente fato impeditivo (v.g., escusa *jurídica*) à exibição e abrindo-se ensejo à prolação de sentença.

Se por outro lado o réu exibe desde logo o documento ou coisa, a conduta equivale a verdadeiro reconhecimento da procedência do pedido inicial, exaurindo o objeto da demanda incidental, de modo que o juiz deve proferir sentença dando por extinta a fase de conhecimento com julgamento de mérito. Desde que tenha havido por parte do autor regular solicitação de exibição do documento ou coisa, na esfera extrajudicial, o atendimento espontâneo da pretensão em juízo não exime o réu de arcar com os custos do processo e honorários advocatícios, em razão do princípio da causalidade, por ter determinado, com sua resistência inicial, a necessidade de ajuizamento da demanda.

Finalmente, pode o réu da ação incidental se opor à exibição. Em não sendo ele parte na demanda principal, é mais reduzido o campo para o questionamento da pertinência ou utilidade da prova do que aquele que se oferece à própria parte do processo original, relativamente a pedido singelo de exibição incidental; mas não se pode excluir que o terceiro discuta a existência de justa causa para a exibição, por exemplo sob o prisma da ausência de qualquer relação entre o conteúdo do documento em seu poder e os fatos em discussão na outra demanda.

Fora daí, a resposta pode derivar para a negativa de existência ou posse do documento ou coisa, portanto impossibilidade de exibir em termos fáticos, e/ou para a existência de escusa quanto ao dever de exibir (recusa de cunho *jurídico*), em relação a quê a sequência do procedimento é contemplada pelo art. 402 do CPC.

3. Ação exibitória autônoma

Para além das hipóteses de pedido incidental de exibição, entre partes de processo em andamento, e de pedido dirigido, também no curso de processo, contra terceiro, a pretensão à exibição de documento ou coisa pode também ser formulada autonomamente, em termos satisfativos, hipótese de forma alguma incompatível com o sistema do CPC, malgrado opiniões em contrário. A esse respeito, remetemos o leitor aos comentários ao art. 381, em que examinada mais detidamente a questão.

O procedimento a ela aplicável é o da ação incidental contra terceiro, já que, do ponto de vista funcional e operacional, há perfeito paralelismo entre as duas situações. Aliás, no âmbito do CPC/73, que equivocadamente classificava a demanda exibitória autônoma como espécie de medida cautelar nominada, já havia associação em tal sentido, visto que o art. 845 remetia, em termos de procedimento, ao disposto em seus arts. 355 a 363; ocorre que, tratando tal seção tanto da exibição interna ao processo quanto da exibição objeto de ação incidental, evidentemente a correlação somente poderia ser feita para com a segunda.

A circunstância, por outro lado, de não se equiparar o réu de ação exibitória autônoma propriamente a um terceiro (visto não existir ainda outro processo, tampouco necessidade de que venha a se formar) é, na verdade, irrelevante; refere-se ao réu de ação exibitória incidental como terceiro sob a perspectiva do processo em curso, que lhe é estranho. Mas, do ponto de vista do processo relativo à exibição, em si, é sem dúvida parte, tanto quanto o réu de ação exibitória autônoma.

Em ambos os casos, enfim, há relação processual específica, tendo por objeto tutela exibitória, de cunho satisfativo, dirigida contra quem, por razões diversas, não é parte de processo em curso.

Jurisprudência

Súmula 389 do STJ – "A comprovação do pagamento do 'custo do serviço' referente ao fornecimento de certidão de assentamentos constantes dos livros da companhia é requisito de procedibilidade da ação de exibição de documentos ajuizada em face da sociedade anônima." (2ª Seção, j. 26/8/2009, *DJe* 1º/9/2009).

"No tocante à ausência de interesse processual decorrente da falta de requerimento administrativo e pagamento da respectiva 'taxa' para obtenção de documentos perante à concessionária de serviço de telefonia, esta Corte Superior, especialmente nos casos regidos pelo art. 100, §1º, da Lei das Sociedades Anônimas, sedimentou entendimento no sentido de que a não demonstração do exaurimento da via administrativa e a falta de apresentação do comprovante do recolhimento do valor cobrado pela companhia revela falecer ao postulante o indispensável interesse de agir (REsp n. 982133/RS, 2ª SEÇÃO, DJE de 22/09/2008; REsp n. 943532/RS, 2ª SEÇÃO, *DJe* de 26/11/2007, e, REsp n. 972402/RS, 4ª TURMA, *DJe* de 16/11/2007, todos de relatoria do Ministro ALDIR PASSARINHO JUNIOR). E embora tenha editado a Súmula 389 ("a comprovação do pagamento do 'custo do serviço' referente ao fornecimento de certidão de assentamentos constantes dos livros da companhia é requisito de procedibilidade da ação de exibição de documentos ajuizada em face da sociedade anônima"), o Superior Tribunal de Justiça, em reiterados julgados, assentou que a orientação supra não se restringe à ação cautelar de exibição de documentos, aplicando-se também aos pedidos de apresentação de dados formulados incidentalmente em demandas que objetivam o adimplemento contratual. Precedentes: AREsp n. 191.106/RS, Rel. Min. Massami Uyeda, *DJ* de 3.8.2012; e o REsp n. 1.201.249/RJ, Rel. Min. Paulo de Tarso Sanseverino, *DJ* de 13.6.2012; AgRg n. 1359620/RJ, Rel. Min. Maria Isabel Gallotti, *DJe* de 13/08/2012." (STJ, AgRg na MC nº 20.827/PR, 4ª T., Rel. Min. Marco Buzzi, j. 21/8/2014, *DJe* 8/9/2014).

"À luz do que dispõe o art. 5º, inciso XII, da Constituição Federal, infere-se que, somente por ordem judicial, frise-se, a ora recorrente, UNIVERSO ONLINE S. A., poderia permitir acesso a terceiros ao seu banco de dados cadastrais." (STJ, REsp nº 1.068.904/RS, 3ª T., Rel. Min. Massami Uyeda, j. 7/12/2010, *DJe* 30/3/2011).

"1. Recurso especial contra acórdão que asseverou a ilegitimidade do Banco de Desenvolvimento do Estado de Minas Gerais – BDMG

Art. 402

– para figurar como réu em medida cautelar que tem por objetivo a exibição de contrato de financiamento imobiliário firmado com o Banco do Estado de Minas Gerais – BEMGE. 2. O art. 844, II, do CPC estatui que "tem lugar, como procedimento preparatório, a exibição judicial de documento próprio ou comum, em poder de co-interessado, sócio, condômino, credor ou devedor; ou em poder de terceiro que o tenha em sua guarda, como inventariante, testamenteiro, depositário ou administrador de bens alheios". 3. "Em tema de terceiro e exibição, cumpre lembrar a parte final do inciso II, do art. 844, ora em exame. Mesmo que o documento não seja próprio ou comum, o terceiro tem o dever de exibi-lo se sob sua custódia ou guarda. A enumeração da lei a esse respeito (com menção a inventariante, testamenteiro, depositário ou administrador de bens alheios) exibe, não há dúvida, natureza meramente exemplificativa" (Carlos Alberto Álvaro de Oliveira, in "Comentários ao Código de Processo Civil", Editora Forense, Vol. VIII, – Tomo II, 3ª ed., pág. 220). 4. In casu, o próprio recorrido admitiu, expressamente, ser "detentor" do contrato cuja exibição foi requerida pelo recorrente, daí advindo a sua legitimidade para figurar no pólo passivo da controvérsia. O BDMG possui legitimidade para figurar no pólo passivo da ação (ainda que não seja o titular do pacto), pois os documentos a serem exibidos estão sob sua custódia e guarda. 5. Precedentes desta Corte Superior." (STJ, REsp nº 827.326/MG, 1ª T., Rel. Min. José Delgado, j. 18/5/2006, *DJ* 8/6/2006, p. 152).

"Ação cautelar. Exibição de documentos. Decretada a carência de ação (art. 267, VI, artigo 295, III, ambos do CPC). Falta de interesse de agir. Inexistente pretensão resistida. Ausência de pedido administrativo. Consoante entendimento firmado no Recurso Especial nº 1.349.453/MS, julgado nos termos do art. 543-C do CPC, a propositura de ação cautelar de exibição de documentos bancários (cópias e segunda via de documentos) é cabível como medida preparatória para instruir a ação principal, desde que presentes a demonstração da existência de relação jurídica entre as partes, a comprovação de prévio pedido à instituição financeira, não atendido em prazo razoável, e o pagamento do custo do serviço conforme previsão contratual e normatização da autoridade monetária. Carência de ação decretada." (TJSP, Ap. nº 1001246-

89.2014.8.26.0562/Santos, 21ª C. Dir. Priv., Rel. Des. Itamar Gaino, j. 15/6/2016).

> **Art. 402.** Se o terceiro negar a obrigação de exibir ou a posse do documento ou da coisa, o juiz designará audiência especial, tomando-lhe o depoimento, bem como o das partes e, se necessário, o de testemunhas, e em seguida proferirá decisão.

▶ *Referência: CPC/1973 – Art. 361*

1. Contestação e recusa de exibir

A resistência por parte do terceiro quanto à exibição, em termos de mérito (abstraído portanto o singelo questionamento da utilidade da providência), envolve fundamentalmente as mesmas justificativas à disposição da parte perante quem formulado semelhante requerimento, uma relacionada a aspecto meramente fático (ausência de posse do documento ou da coisa objeto do pedido, portanto *impossibilidade* prática de exibir) e a outra ao plano jurídico (ausência de justa causa para o requerimento de exibição, no tocante ao autor, ou falta de obrigatoriedade da exibição, por parte do próprio terceiro, em razão da incidência de alguma das escusas legais).

Uma linha de defesa, por certo, não exclui a outra, podendo o terceiro, de acordo com o princípio da eventualidade, aduzir que não possui o documento ou a coisa mas, prevenindo eventual desconsideração dessa justificativa pelo juiz, questionar o interesse jurídico do autor ou elencar desde logo motivos excludentes, em tese, da obrigação de exibição.

Em qualquer caso, *poderá* (e não *deverá*, como parece sugerir a redação do texto legal) o juiz designar, se o entender necessário, audiência "especial" para a produção de prova oral, especialmente o depoimento do terceiro e das partes do processo original, sem prejuízo da inquirição de testemunhas; a ideia, de toda forma, é a de que possam as partes se valer de todos os meios de prova a seu alcance, não necessariamente da prova oral.

Naturalmente, a utilidade da atividade probatória tende a se manifestar mais concretamente nas hipóteses de divergência fática em torno da posse do documento ou da coisa, podendo entretanto haver espaço para provas, como salientado nos comentários ao art. 398, em caso de recusa por motivação jurídica, desde que surja controvérsia em torno da efetividade das situações invocadas pelo terceiro para fundamentar a escusa de exibir.

2. Natureza da decisão

Ao contrário do CPC/73, que mencionava expressamente a prolação de sentença, o art. 402 do CPC, prestando-se desnecessariamente a dúvidas, diz que após a produção das provas necessárias, o juiz proferirá *decisão*; o termo deve entretanto ser entendido em sentido amplo, não no da atribuição ao ato decisório da natureza de singela decisão interlocutória.

Com efeito, não há razão para que seja diferente. O pedido de exibição frente a terceiro, incidentalmente a processo em curso, corresponde, como já dito nos comentários ao art. 401, a efetivo exercício de direito de ação, dando margem à formação de um autêntico processo incidente – tanto que nele o terceiro, na condição de réu, é *citado* para responder; o ato que encerra a fase cognitiva com apreciação do mérito é, nesses termos, e à luz do art. 203, § 1º, do CPC, sentença, julgando improcedente o pedido ou condenando o terceiro à exibição (obrigação de fazer).

O recurso cabível, portanto, é o de apelação, dotada de efeito suspensivo (pois não inserida a hipótese dentre as exceções do art. 1.012, § 1º, do CPC); perdeu o legislador, quanto a isso, a oportunidade de alterar o sistema vigente no Código revogado, suscetível de provocar indesejado prolongamento da espera a que subordinada a solução do processo principal.

Tampouco há que se cogitar de coisa julgada material a partir da decisão assim proferida. Como embasado o pedido de exibição em interesse probatório do requerente especificamente voltado ao processo em curso, a decisão em tais condições reconhece a pertinência da exibição, ou ainda a legitimidade ou não de eventual recusa, nesse âmbito estrito, ainda que venha a apreciar nas razões de decidir motivos, quanto à recusa apresentada, que possam eventualmente ser objeto de reiteração em outras situações.

> **Art. 403.** Se o terceiro, sem justo motivo, se recusar a efetuar a exibição, o juiz ordenar-lhe-á que proceda ao respectivo depósito em cartório ou em outro lugar designado, no prazo de 5 (cinco) dias, impondo ao requerente que o ressarça pelas despesas que tiver.

> **Parágrafo único.** Se o terceiro descumprir a ordem, o juiz expedirá mandado de apreensão, requisitando, se necessário, força policial, sem prejuízo da responsabilidade por crime de desobediência, pagamento de multa e outras medidas indutivas, coercitivas, mandamentais ou sub-rogatórias necessárias para assegurar a efetivação da decisão.

> ► *Referência: CPC/1973 – Art. 362*

1. Recusa de exibir e condenação

A imperfeita redação deste art. 403 (herdada do CPC/73, por meio de seu art. 362) dá margem, num primeiro momento, a certa confusão, se tomado o enunciado do art. 402 do CPC.

Termina o dispositivo antecedente, com efeito, dizendo que em caso de negativa (na resposta apresentada) da obrigação de exibir ou da posse do documento ou coisa, o juiz designará audiência e em seguida proferirá decisão (v.g., *sentença*). Por seu turno, começa o art. 403 mencionando a conduta do terceiro (réu na ação exibitória incidental) de injustificada recusa à exibição, com o que a uma leitura inicial, e por encadeamento lógico, faz supor que já esteja aludindo ao comportamento adotado pelo terceiro em função daquela decisão – suposto portanto o julgamento de procedência do pedido de exibição e a reiteração pelo réu da postura resistente, com determinação, já como medida executiva, do depósito em cartório ou outro local designado, no prazo de cinco dias.

Certamente não é essa, entretanto, a interpretação adequada, mesmo porque pressuporia a prolação inicial de uma decisão genérica, sem o detalhamento das condições para sua observância, e apenas então, consumado o descumprimento da parte do obrigado, a prolação de uma segunda decisão em complemento com a explicitação desses termos.

Na verdade, a parte inicial do *caput*, não obstante enganosamente se refira a uma conduta do réu (o que já havia feito o art. 402, ao mencionar as possíveis justificativas para a falta de exibição), está a rigor tratando da *valoração* dessa conduta, pelo juiz, e da qualificação como injustificada da omissão em exibir; assim, correspondente ao próprio *conteúdo*, no tocante à fundamentação, da decisão que julga procedente o pedido exibitório, abrangendo sob essa ótica não apenas as escusas expressas de que trata o art. 402 como também o puro e simples silêncio do réu uma vez citado para os termos da ação incidental.

Também a segunda parte do *caput* relaciona-se ao conteúdo da sentença, no tocante ao dispositivo, deixando claro tratar-se de decisão condenatória em obrigação de fazer.

Os próprios termos do enunciado deixam claro, por seu turno, não haver rigor formal – nem haveria razão para tanto – no tocante ao modo de cumprimento da decisão, que pode se dar seja pelo depósito do objeto em cartório seja em outro local a ser designado, conforme o justifiquem as circunstâncias da causa.

Não se exclui que o réu, visando promover a exibição, desde logo apresente eventual documento nos autos, anexando-o por meio de petição. A lei alude ao mero depósito, todavia, como já tratado nos comentários ao art. 396, visto que a exibição, como meio de prova, não implica necessariamente a utilização do documento ou coisa como prova concreta pela parte que requereu a medida, antes possibilitando seu *acesso* ao objeto de modo a verificá-lo e conhecer seu conteúdo; além disso, tampouco se cogita, no âmbito desse instrumento processual, da entrega do objeto, para efeito de transferência da posse (quando muito, no tocante a documentos, o fornecimento de cópias). Especialmente em se tratando de coisas, o cumprimento da decisão se exaure no ato de literalmente *exibir*, permitir ver, daí a noção de depósito durante algum tempo e posterior retomada pelo obrigado da posse plena.

Não se pode também olvidar, como já tratado nos comentários ao art. 396, que o pedido de exibição pode excepcionalmente ter por objeto coisa *imóvel*, caso em que o cumprimento da decisão terá de se fazer em termos totalmente diversos, por meio do acesso do interessado ao imóvel cujas características deseje conhecer.

Em qualquer caso, julgado procedente o pedido pelo fato de o réu não ter, no prazo de resposta, promovido a exibição ou apresentado justificativa idônea, deve arcar com os encargos sucumbenciais.

A propósito das despesas, todavia, o *caput* do art. 403 faz uma ressalva especificamente no que diz respeito aos custos para a exibição do objeto, cujo reembolso determina por parte do requerente da medida. O critério baseia-se claramente na noção do *interesse*, atentando para o fato de o benefício com a providência ser exclusivamente do requerente e para a posição indiferente do terceiro quanto ao litígio, reputando injusto que recaia sobre este último o ônus financeiro correspondente. A questão, da forma como disciplinada, suscita de todo modo algumas questões.

Em primeiro lugar, a previsão abstrai o fato de o terceiro ter sido porventura *vencido* na ação incidental, cogitando a rigor do custeio das despesas pelo requerente mesmo em face de sentença que repute injusta a recusa inicialmente manifestada à exibição; assim, acaba por se criar uma dualidade, conforme a natureza das despesas, pois as eminentemente processuais, juntamente com as custas, serão pagas pelo requerido, em razão da sucumbência, já as relativas à efetivação *material* da exibição serão carreadas ao requerente da medida.

Em segundo lugar, é de se concluir, por coerência, que o terceiro terá direito ao pagamento das despesas com a exibição não apenas se for condenado a isso, mas, com muito maior razão, se satisfizer a pretensão inicial desde logo no prazo de resposta.

Mas em contrapartida, e a despeito do silêncio da lei, é de se entender que o reembolso somente seja devido caso cumprida a medida dentro do prazo de cinco dias concedido pela sentença, não se ultrapassado esse lapso ou se necessário o emprego, para a efetivação do julgado, de medidas próprias de cumprimento de sentença, tal qual definidas no parágrafo único.

2. Cumprimento de sentença

Ao contrário da solução concebida no art. 400, e mantendo o regime do Código anterior, o CPC atual não cogita, em caso de recusa indevida do terceiro, de qualquer repercussão no tocante ao próprio processo a partir do qual originado o pedido de exibição, o que se deve a motivos óbvios: na exibição frente à parte contrária, estando envolvidos no incidente probatório os mesmos litigantes do feito pendente, mostra-se suficiente – como método de coerção e, ao cabo, como sanção a eventual descumprimento – a perspectiva de consideração da veracidade de fatos diretamente discutidos pelos interessados; já quando o requerido é terceiro, estranho ao processo, a aplicação de idêntica sanção nenhum prejuízo traria a ele, em particular, por desvinculado dos interesses em litígio e indiferente à sorte do conflito, e por outro lado acabaria penalizando a parte estranha à ação exibitória (pois a consideração da veracidade dos fatos viria no sentido da versão apresentada no processo principal por seu adversário, requerente da exibição), sem que àquela se pudesse imputar qualquer inércia ou recusa injustificada.

Contornando essa dificuldade, o legislador adotou providências especificamente relacionadas ao terceiro resistente, seja por meio de medidas executivas adequadas à natureza da obrigação, seja pela sujeição do obrigado, em caso de renitência, a processo criminal por desobediência. No silêncio deste art. 403, parágrafo único, deve a intimação para o cumprimento de sentença obedecer ao disposto no art. 513, § 2º, do CPC, com a ressalva da necessária advertência a propósito da possibilidade de tipificação penal.

Nota-se de todo modo significativa modificação, pelo CPC, quanto à redação do texto legal, tomando por base o art. 362 do CPC/73. Se no Código anterior, para além da desobediência, somente se falava expressamente em busca e apreensão do documento ou coisa (não para efeito de entrega, bem entendido, como próprio de obrigações de dar, mas apenas busca e apreensão de modo a possibilitar a exibição, com perspectiva de posterior restituição do objeto ao executado), vem agora o parágrafo único do art. 403 a falar em termos amplos, a par da apreensão, em aplicação de *multa e outras medidas indutivas, coercitivas, mandamentais ou sub-rogatórias necessárias a assegurar a efetivação da decisão.*

Embora não houvesse como entender que, no Código revogado, a alusão à busca e apreensão fosse taxativa do ponto de vista das possíveis providências executivas, a alteração de toda forma tem a virtude de deixar claro o amplo cabimento de medidas, sejam elas coercitivas ou sub-rogatórias, destinadas a dar efetividade à tutela jurisdicional e não reciprocamente excludentes, sendo de resto perfeitamente coerente com o tratamento dado pela lei processual ao cumprimento de decisões impositivas de obrigações de fazer, não fazer ou dar coisa.

O aspecto que entretanto mais chama a atenção diz respeito à autorização para a fixação de multa diária em caso de descumprimento, de que se falará no item subsequente.

2.1. *Astreintes*

Na vigência do CPC/73, pelo fato de não mencionar expressamente seu art. 362 a apli-

cação de multa, e sem embargo de se tratar de típica obrigação de fazer, além do teor expresso do art. 461, §§ 4º e 5º, daquele diploma, a jurisprudência do STJ acabou por se orientar pela impossibilidade de aplicação de *astreintes* nas ações exibitórias incidentais contra terceiros.

Nesse sentido, o enunciado da Súmula 372, aprovada pela 2ª Seção em 11/3/2009: "*Na ação de exibição de documentos, não cabe a aplicação de multa cominatória.*"

O exame dos precedentes originadores da súmula mostra que as justificativas giraram em torno do entendimento de ser a busca e apreensão a medida adequada, nos termos da lei, ou então de que a multa do art. 461 se destinaria às obrigações de fazer ou não fazer ali tratadas, não a toda e qualquer situação.

Entretanto, ante os expressos termos do atual art. 403, parágrafo único, não pode mais restar qualquer dúvida a respeito da pertinência da multa diária, estando claramente superado o enunciado sumular, muito embora até o presente momento não tenha sido formalmente cancelado.

Nada obsta que, num primeiro momento, e inclusive dando prioridade à tutela específica da obrigação, se promova tentativa de busca e apreensão, mas se infrutífera essa a aplicação de *astreintes* pode se revelar medida de apoio eficaz em prol do cumprimento da obrigação.

3. Ação exibitória autônoma

Para as ações autônomas ajuizadas em caráter preparatório, impropriamente rotuladas no CPC/73 como cautelares, já se disse nos comentários ao art. 401 serem aplicáveis as regras procedimentais relativas ao processo da ação de exibição incidental contra terceiro. Aí se incluem as normas sobre cumprimento de sentença, de modo que também àquelas é de se ter por expressamente autorizado, nos moldes do dispositivo ora comentado, o emprego de multa diária como medida executiva de apoio.

De resto, nem mesmo haveria como cogitar, para essas demandas antecedentes, da aplicação da presunção de veracidade objeto do art. 400 do CPC, pelos mesmos motivos abordados no início do item 2, *supra*.

Também no âmbito desses processos há lugar para a condenação em custas e honorários advocatícios, caso o réu, por injustificada resistência no plano extrajudicial, dê causa ao

Art. 404

CÓDIGO DE PROCESSO CIVIL INTERPRETADO

ajuizamento da ação, ou nas hipóteses em que judicialmente ofereça recusa tida por ilegítima à exibição.

Jurisprudência

"A presunção de veracidade contida no art. 359 do Código de Processo Civil não se aplica às ações cautelares de exibição de documentos." (STJ, REsp nº 1.660.158/SP, 3ª T., Rel. Min. Nancy Andrighi, j. 26/9/2017, *DJe* 2/10/2017).

"A jurisprudência deste Tribunal Superior, inclusive firmada em recurso especial representativo de controvérsia, é no sentido de ser descabida a multa cominatória na exibição, incidental ou autônoma, de documento relativo a direito disponível (Súmula nº 372/STJ). Quando houver descumprimento injustificado da determinação judicial, em se tratando de ação cautelar de exibição, o magistrado poderá ordenar a busca e apreensão do documento ou, nas hipóteses de exibição incidental de documento, sendo disponível o direito, poderá aplicar a presunção de veracidade (art. 359 do CPC), a qual será relativa." (STJ, AgRg no REsp nº 1.491.088/SP, 3ª T., Rel. Min. Ricardo Villas Bôas Cueva, j. 5/5/2015, *DJe* 12/5/2015).

"Em relação à sanção de desobediência (art. 362, do CPC), cabe destacar que esta Corte de Uniformização reputa ser passível sua aplicação quando os documentos pretendidos se encontram em poder de terceiros, estranhos à lide, e não à própria parte, porquanto, em tais casos, incide a busca e apreensão (exibição cautelar) ou a presunção de veracidade dos fatos lastreados no instrumento cuja apresentação se almejava (exibição incidental – art. 359 do CPC). Precedente: REsp 1279081, Rel. Ministro LUIS FELIPE SALOMÃO, *DJe* de 07/12/2012." (STJ, AgRg na MC nº 20.827/PR, 4ª T., Rel. Min. Marco Buzzi, j. 21/8/2014, *DJe* 8/9/2014).

"Para fins do art. 543-C do CPC: 1.1. "Descabimento de multa cominatória na exibição, incidental ou autônoma, de documento relativo a direito disponível." 1.2. "A decisão que comina astreintes não preclui, não fazendo tampouco coisa julgada." 2. Caso concreto: Exclusão das astreintes." (STJ, REsp nº 1.333.988/SP, 2ª Seção, Rel. Min. Paulo de Tarso Sanseverino, j. 9/4/2014, *DJe* 11/4/2014).

""Nos termos da súmula 372/STJ, "na ação de exibição de documentos, não cabe a aplicação

de multa cominatória." 2. A medida coercitiva cabível na hipótese de não cumprimento da decisão judicial que determina a exibição de documentos é a busca e apreensão, nos moldes do artigo 362 do Código de Processo Civil (AgRg nos EDcl no REsp 1142802/PR, Rel. Ministro PAULO DE TARSO SANSEVERINO, *DJe* 05/03/2012)." (STJ, AgRg no AREsp nº 341.077/SP, 3ª T., Rel. Min. Sidnei Beneti, j. 27/8/2013, *DJe* 10/9/2013).

"Se a documentação estiver na posse de terceiros, cabível a busca e apreensão, inclusive mediante uso de força policial, tudo sem prejuízo da responsabilização por crime de desobediência, nos termos do artigo 362 do CPC." (STJ, AgRg no REsp nº 1.151.817/RS, 4ª T., Rel. Min. Luis Felipe Salomão, j. 5/6/2012, *DJe* 15/6/2012).

"Recurso repetitivo julgado pela Primeira Seção do Superior Tribunal de Justiça, com fulcro no art. 543-C do CPC, firmou o entendimento de que "a responsabilidade pela apresentação dos extratos analíticos é da Caixa Econômica Federal – enquanto gestora do FGTS –, pois tem ela total acesso a todos os documentos relacionados ao Fundo e deve fornecer as provas necessárias ao correto exame do pleiteado pelos fundistas" (REsp 1.108.034/RN, Rel. Min. Humberto Martins, Primeira Seção, julgado em 28.10.2009, *DJe* 25.11.2009). O presente recurso especial repetitivo trata da consequência lógica pelo não cumprimento da obrigação imposta à CEF, qual seja, a possibilidade de aplicação de multa diária prevista no art. 461, § 4º, do CPC. É cabível a fixação de multa pelo descumprimento de obrigação de fazer (astreintes), nos termos do art. 461, § 4º, do CPC, no caso de atraso no fornecimento em juízo dos extratos de contas vinculadas ao FGTS." (STJ, REsp nº 1.112.862/GO, 1ª Seção, Rel. Min. Humberto Martins, j. 13/4/2011, *DJe* 4/5/2011). 316.388/MG, 1ª T., rel. Min. José Delgado, j. 21/6/2001, *DJ* 10/9/2001, p. 285).

Art. 404. A parte e o terceiro se escusam de exibir, em juízo, o documento ou a coisa se:

I – concernente a negócios da própria vida da família;

II – sua apresentação puder violar dever de honra;

III – sua publicidade redundar em desonra à parte ou ao terceiro, bem como, a seus parentes consanguíneos ou afins até o terceiro grau, ou lhes representar perigo de ação penal;

IV – sua exibição acarretar divulgação de fatos a cujo respeito, por estado ou profissão, devam guardar segredo;

V – subsistirem outros motivos graves que, segundo o prudente arbítrio do juiz, justifiquem a recusa da exibição;

VI – houver disposição legal que justifique a recusa da exibição.

Parágrafo único. Se os motivos que tratam os incisos I a VI do *caput* disserem respeito a apenas uma parcela do documento, a parte ou o terceiro exibirá a outra em cartório, para dela ser extraída cópia reprográfica, de tudo sendo lavrado auto circunstanciado.

▸ *Referência: CPC/1973 – Art. 363*

1. Escusa de exibir

No presente artigo, o Código, de forma comum à parte contrária e ao terceiro (portanto, também ao réu em ação autônoma de caráter preparatório), elenca em termos meramente exemplificativos as causas legitimadoras, no plano *jurídico*, da recusa em exibir o documento ou a coisa. A despeito do dever de colaboração amplamente imposto a todos no tocante à descoberta da verdade, a lei prevê uma certa margem de reserva privada, destinada não apenas ao resguardo da intimidade, como também à proteção de certos valores morais e mesmo à defesa de interesses pessoais outros, neste último sentido não tomando por razoável que em função da prova pretendida o requerido exponha a si mesmo ou a familiares próximos a riscos de danos graves, ou infrinja deveres jurídicos.

Trata-se, em última análise, da mesma ideia inspiradora da dispensa que também se admite à parte e ao terceiro em torno de provas como a prestação de depoimento pessoal (art. 388) ou testemunhal (art. 448), respectivamente, ressalvando-se que aqui, como lá, o interessado não está, nesses casos, *impedido* de exibir ou depor, podendo fazê-lo se assim entender conveniente.

As justificativas enumeradas no art. 404 – e mesmo outras que possa o juiz considerar a partir da norma aberta de seu inciso V – não são por seu turno excludentes absolutas, sobretudo quanto a situações descritas em termos

indeterminados, como as dos incisos I, II e III. Devem, nessa medida, merecer análise cuidadosa segundo um critério de ponderação de valores que leve em conta os motivos apresentados em confronto com a importância da prova no contexto do litígio e com a própria natureza e objeto da discussão travada nesse processo.

Além disso, a incidência de todas as causas de dispensa aqui consideradas fica limitada pelo disposto no art. 399 do CPC, afastando-se a legitimidade da recusa em presença de algum dos fatores ali referidos..

Ressalva-se ainda que a restrição em exibir, caso não relacionada propriamente ao interessado na exibição, mas ao receio de que outras pessoas possam ter acesso ao conteúdo do documento, pode em tese ser contornada pela determinação de tramitação do litígio, a partir daí, em sigilo.

Examinam-se em seguida as hipóteses abstratamente mencionadas pelo dispositivo legal ora comentado.

1.1. Questões de família

Manteve o CPC vigente, no inciso I, a redação a nosso ver inconveniente do CPC/73, aludindo à escusa quando o documento disser respeito a *"negócios da própria vida da família"*. O enunciado acaba por dar uma conotação estritamente negocial que não foi certamente a querida pelo legislador (embora não fique excluído o aspecto patrimonial do alcance da proteção).

O que se pretendeu em última análise resguardar foi a intimidade e a vida privada (valores hoje albergados expressamente em sede constitucional – art. 5º, X, da CF) dos membros do núcleo familiar, não necessariamente no âmbito meramente doméstico, preservando o direito de seus integrantes de subtrair ao conhecimento de terceiros aspectos relacionados às relações pessoais internas, ao cotidiano de seus membros e também a determinadas relações jurídicas entre/por eles estabelecidas, que prefiram ocultar do público em geral.

Mas há limites intuitivos para a invocação de semelhante escusa, conforme o documento que se pretende resguardado pelo direito à intimidade seja diretamente relacionado ao objeto do litígio, ou envolver a causa integrantes do próprio núcleo familiar; neste último caso, a lei também atenua as restrições relativas a outras provas, como o depoimento pessoal – cf. art. 388,

Art. 404

parágrafo único, do CPC – ou a prova testemunhal – v. art. 447, § 2º, I, do CPC).

Na mesma linha de raciocínio seguem ainda as hipóteses de verificação de registros contábeis de empresa familiar, em litígios com terceiros e por força de negócios com eles travados, ou de exibição de simples registros domésticos (CPC, art. 415).

1.2. Violação de dever de honra

O objeto do inciso II diz respeito não propriamente a *revelações* nocivas que possam ser proporcionadas pela exibição do documento ou coisa (tratadas no inciso seguinte ou alcançadas pelo inciso V, mais abrangente), mas ao comprometimento pessoal – abalo da credibilidade e do próprio sentimento íntimo de honra – que possa causar ao possuidor a simples permissão de conhecimento de seu conteúdo ou características por estranhos; cuida-se, aqui, das hipóteses em que alguém assume (ou dele naturalmente se espera) com outrem compromisso moral de sigilo ou resguardo em torno do objeto – se não quanto à existência em si, ao menos no sentido de impedir o acesso de terceiros à sua materialidade ou conteúdo –, e procura forrar-se à apresentação mediante tal justificativa, sem que se confunda o sigilo aqui referido com o ditado por estado ou profissão (inciso IV). O "dever de honra", enfim, não se refere neste item ao *conteúdo* do documento ou da coisa exibida, mas ao compromisso de *não mostrar/divulgar.*

Cabe pensar a respeito na situação de quem tenha em mãos correspondência relevante a ele confiada por amigo ou conhecido, ou assuma a guarda de objetos pessoais na ausência temporária do titular, ou receba em caráter não profissional um manuscrito inédito para exame e apreciação, ou ainda se ache na posse de registro por qualquer meio conteúdo de reunião secreta de um grupo qualquer, como partido político, sindicato etc.

1.3. Risco de desonra ou de ação penal ao requerido ou a parentes

O inciso III comporta duas abordagens distintas. Por um lado, o risco de ação penal, em linha semelhante à do inciso II, pode estar relacionado ao simples fato da revelação. A divulgação sem justa causa de documento particular ou correspondência confidencial, por exemplo, provocando dano a outrem, além de violar dever de honra pode dar margem à tipificação do delito de divulgação de segredo (art. 153 do CP), embora a rigor a existência de determinação judicial baste em tese para afastar a perspectiva de ausência de justa causa integrante do tipo penal.

Além dessa hipótese, alcança o inciso III as situações em que a publicidade do objeto possa ser causa, em função do conteúdo revelado, seja de desonra seja de ação penal ao detentor ou aos familiares referidos pelo texto legal (parentes consanguíneos ou afins até o terceiro grau).

Nota-se que o CPC atual corrigiu deficiência redacional do Código revogado, que aludia de modo restritivo à publicidade de *documentos.* Embora essa seja a hipótese mais frequente, também a exibição de coisas pode acarretar os mesmos riscos (por exemplo, um carro em poder do requerido ou familiares, a respeito do que se suspeite de adulteração criminosa das características, um objeto de arte cuja confirmação da posse possa levar a processo penal por apropriação indébita).

Quanto ao que deva exatamente ser considerado *desonra*, o conceito é bastante amplo e de contornos indefinidos, fazendo-se particularmente relevante, nesses casos, o juízo de discricionariedade de que se tratou no item 1, supra. De um modo geral, preocupa-se o legislador com eventuais repercussões sobre o bom nome do requerido ou de seus familiares próximos por conta da exibição, seja deixando à mostra a prática de alguma irregularidade, seja revelando atos ou hábitos contraditórios para com a postura que se espera ou a imagem que a pessoa procura difundir em um determinado meio social.

1.4. Dever de sigilo por estado ou profissão

As hipóteses de dispensa ou atenuação do dever de colaboração, em razão do respeito ao sigilo profissional ou por questão de estado, são também previstas em lei no tocante a outras formas de prova como o depoimento pessoal (art. 388) e o depoimento testemunhal (art. 448), aplicando-se à exibição de documento ou coisa basicamente as mesmas observações formuladas nos comentários a esses dispositivos legais, quanto à caracterização dessas modalidades de sigilo, pelo que desnecessária sua reiteração.

Reforça-se que a oposição à exibição, em situações dessa ordem, pode se dar não apenas pela preocupação com o cumprimento do dever em si – jurídico ou moral – e com a proteção às pessoas ou informações por meio dele protegidas, mas também pelo temor do próprio detentor do documento de se sujeitar a represálias familiares, sociais ou profissionais em virtude da quebra de confiança, quando não a processo criminal por violação de sigilo profissional (art. 154 do CP) ou funcional (art. 325 do CP).

De toda forma, no tocante a ambos os tipos penais referidos, a ausência de justa causa (explicitamente no primeiro caso, implicitamente no segundo) é elemento essencial à configuração do delito, de modo que a existência de determinação judicial é em tese causa de configuração da justificativa necessária.

Por outro lado, como as escusas do art. 404 são concedidas indistintamente à parte ou a terceiro, a relevância da oposição há que ser valorada também em função de quem tenha sua iniciativa (menos aceitável quando provém da própria parte e os fatos passíveis de revelação são diretamente relacionados ao objeto do litígio) e dos interesses que se buscam resguardar, se dos sujeitos do litígio ou de terceiros estranhos a ele; é com base nessa perspectiva que se admite, no interesse do processo, a requisição de informações sigilosas, mas relacionadas a uma das partes e de interesse direto para a causa, como as de natureza fiscal ou bancária.

Além disso, em condições normais não se aplica a escusa ora considerada se o documento é comum à parte que pretende sua exibição (art. 399, III, do CPC), ou se de qualquer modo o requerimento provém justamente do sujeito a quem o sigilo busca resguardar (como um prontuário médico cuja exibição seja solicitada pelo próprio paciente).

1.5. Outros motivos graves a critério do juiz; disposições legais justificadoras da recusa

Finalmente, prevê o Código duas situações com redação aberta. Permite, no inciso V, a consideração, segundo o prudente arbítrio do magistrado, de "outros motivos graves" que justifiquem a recusa da exibição, com o que deixa claro o caráter não exauriente do rol do art. 404.

O exame prudencial pelo juiz há de ser feito, como se disse ao início, não apenas pela análise da gravidade do motivo alegado, iso-

ladamente considerado, mas pela natureza e relevância da prova em relação ao processo, e também pela consideração dos aspectos referidos no art. 399 do CPC.

Por outro lado, em disposição inovadora no tocante ao CPC/73, alude o inciso VI à existência de disposições legais que justifiquem a recusa de exibição. A referência, todavia, é desnecessária, visto que disposições dessa ordem ou remeterão ao sigilo já tratado no inciso IV ou, na pior das hipóteses, poderiam ser consideradas como *motivo grave* à luz do próprio inciso V.

2. Obstáculo parcial

Por fim, como tentativa perfeitamente válida da conciliação dos interesses conflitantes, mantém o art. 404 a previsão do art. 363, parágrafo único, do Código revogado, no sentido de que, não dizendo os motivos da escusa respeito à totalidade do documento, possa na medida do possível ser extraída uma suma da parte restante, para apresentação em juízo. Esse procedimento poderá ser feito por meio de extração de cópia parcial, ou ainda pela elaboração de auto circunstanciado no qual feito transcrever, por ordem judicial, o conteúdo da parcela do documento a ser aproveitada.

Jurisprudência

"A obrigação da instituição financeira de exibir os extratos bancários necessários à comprovação das alegações do correntista decorre de lei, já que se trata de relação jurídica tutelada pelas normas do Código do Consumidor, de integração contratual compulsória, não podendo ser objeto de recusa nem de condicionantes, em face do princípio da boa-fé objetiva. (...) Para fins do disposto no art. 543-C, do Código de Processo Civil, é cabível a inversão do ônus da prova em favor do consumidor para o fim de determinar às instituições financeiras a exibição de extratos bancários, enquanto não estiver prescrita a eventual ação sobre eles, tratando-se de obrigação decorrente de lei e de integração contratual compulsória, não sujeita à recusa ou condicionantes, tais como o adiantamento dos custos da operação pelo correntista e a prévia recusa administrativa da instituição financeira em exibir os documentos, com a ressalva de que ao correntista, autor da ação, incumbe a demonstração da plausibilidade da relação jurídica alegada, com indícios mínimos capazes de comprovar a existência da contratação, devendo, ainda, especificar, de modo preciso, os períodos em que pretenda ver exibidos os extratos." (STJ, REsp nº 1.133.872/PB, 2ª Seção, Rel. Min. Massami Uyeda, j. 14/12/2011, *DJe* 28/3/2012).

"Não se pode afastar o direito de um dos sócios quotistas de determinada sociedade a apurar prejuízos eventuais em decorrência de movimentação financeira do outro sócio, com suspeita de fraude, mesmo que já extinta a sociedade. Flagrante está o interesse na exibição dos documentos próprios da movimentação bancária, necessários ao pedido na ação principal, não havendo falar em violação ao sigilo bancário." (STJ, REsp no 61.116/SP, 3ª T., Rel. Min. Carlos Alberto Menezes Direito, j. 21/3/2000, *DJ* 26/6/2000).

"RESPONSABILIDADE CIVIL. CAUTELAR. EXIBIÇÃO DE DOCUMENTOS. Procedência. Pretensão visando a exibição de prontuário médico da autora. Cabimento. Interesse configurado. Recusa da apelante que não se enquadra entre aquelas previstas no artigo 363 do Código de Processo Civil então vigente, sendo, portanto, injustificada (tanto que exibiu a documentação, juntamente com a resposta)." (TJSP, Ap. nº 0033267-26.2011.8.26.0309/Jundiaí, 20ª C. Extr. Dir. Priv., Rel. Des. Salles Rossi, j. 14/12/2016).

"MEDIDA CAUTELAR EXIBIÇÃO DE DOCUMENTOS Pretensão de reforma da sentença que determinou a apresentação do contrato de abertura de crédito – Descabimento Tratando-se de documento comum às partes, é inadmissível a recusa em apresentá-los." (TJSP, Ap. nº 0002520-26.2009.8.26.0451/Piracicaba, 24ª C. Dir. Priv., Rel. Des. Cesar Mecchi Morales, j. 27/11/2014).

"Cautelar de exibição Pretendida exibição do registro de imagens do circuito interno de segurança da agência bancária ré Alegação de ter o autor efetuado depósito, em dinheiro, em terminal eletrônico da agência bancária ré, não computado em sua conta corrente Pretensão do autor que encontra respaldo no art. 844, I, do CPC Documentos que devem ser exibidos por aqueles que os detêm, no caso o banco, objetivando a instrução de futura ação Ausência ademais de recusa justificada para a não exibição da gravação." (TJSP, Ap. nº 4008595-76.2013.8.26.0320/

Limeira, 13ª C. Dir. Priv., Rel. Des. Francisco Giaquinto, j. 21/5/2014).

Seção VII
Da prova documental

Subseção I
Da força probante dos documentos

> **Art. 405.** O documento público faz prova não só da sua formação, mas também dos fatos que o escrivão, o chefe de secretaria, o tabelião ou o servidor declarar que ocorreram em sua presença.

▶ *Referência: CPC/1973 – Art. 364*

1. Conceito de documento e noções gerais

O presente dispositivo introduz a disciplina da prova documental no âmbito do CPC em vigor, com redação praticamente idêntica à do artigo correspondente no Código revogado, principiando pelo tema da força probatória dos documentos.

Desde logo fica a advertência de que essa matéria esteja ou não ligada à forma solene de que devem se revestir determinados atos jurídicos, envolve aspectos a rigor mais afinados com o direito substancial do que com o processual, mediante o estabelecimento pelo legislador de determinados padrões valorativos inerentes aos documentos (que têm natureza de prova pré-constituída e existência em regra anterior ao processo) vinculantes do juízo que se possa fazer em torno da eficácia probatória acerca dos fatos neles representados. Não por acaso, diversos dos artigos da presente seção relacionam-se com normas de conteúdo idêntico ou semelhante existentes no CC.

Documento é todo elemento capaz de registrar e representar em caráter permanente fatos em sentido amplo, aí entendidas as manifestações de vontade e de ciência, além de ideias e pensamentos em geral, no campo das ações humanas, e a par delas acontecimentos diversos, bem como características de coisas e lugares. O conteúdo representado, portanto, nem sempre corresponderá a uma ação humana, mas a formação do documento é sempre decorrente de ato voluntário destinado a fixar a memória de algo.

Em sentido jurídico, os documentos somente interessam na medida em que reproduzam fatos juridicamente relevantes e venham a ser utilizados para a respectiva demonstração, não obstante sejam também documentos em sentido lato os que registram fatos indiferentes ao Direito (de valor histórico, por exemplo); fora da perspectiva de formação do documento com o propósito direto de representar um ato jurídico (v. adiante), o mero registro mecânico de um fato (como um vídeo ou fotografia) não chega a constituir documento propriamente dito, podendo todavia vir a assumir tal conotação na medida em que se utilize o conteúdo com escopo probatório em termos formais.

No processo, por seu turno, constituem prova documental em sentido estrito apenas os elementos voltados a, em si mesmos, proporcionar a representação dos fatos de interesse ao litígio, não os documentos feitos para mero registro de outras provas (como o laudo pericial, ou o termo relativo ao depoimento da testemunha).

A importância da prova documental reside sobretudo na segurança proporcionada, dada a estabilidade de que revestidos em princípio seus registros, quanto ao tempo, e à própria dificuldade em tese de interferência em seu conteúdo, permitindo a demonstração fiel não só da existência como também das características das coisas objeto de interesse num dado momento.

No tocante aos respectivos elementos, sobressaem o *autor*, isto é, o responsável pela sua formação, o *conteúdo*, vale dizer, o teor, aquilo que vai reproduzido no documento e, finalmente, o próprio *suporte*, isto é, a base na qual fixado o conteúdo e lançada eventual assinatura. O autor, por seu turno, pode ser *material*, vale dizer, aquele que forma fisicamente o documento, ou *intelectual*, que é quem controla o respectivo teor, embora não o confeccione pessoalmente; pode ainda ocorrer de estarem reunidas na mesma pessoa ambas as figuras (v. art. 410 do CPC).

Já o conteúdo pode ser analisado sob o prisma meramente *material*, vale dizer, a conformação – literal ou figurativa –, em si mesma, dos dados constantes no documento, e *ideológico*, ou seja, a mensagem transmitida pelos elementos materiais, no plano *intelectual* (o teor ideal das informações fornecidas).

De acordo com o conteúdo exterior, podem os documentos ser *escritos* ou não, compreendendo-se na primeira categoria aqueles cujo teor corresponde a declarações diversas, sendo compostos por sinais gráficos representativos da linguagem humana; já os *não escritos* são aqueles que envolvem sinais ou símbolos diferentes da escrita (como desenhos, plantas e gráficos, por exemplo) e aqueles destinados à representação direta de determinados fatos por meio da captação de elementos sensíveis como a imagem e o som (fotografias, filmes, gravações sonoras etc.).

Quanto ao suporte do documento, pode ser constituído por elementos fisicamente apreciáveis, como o papel e as diversas formas de registro das reproduções mecânicas em geral (como fitas de vídeo, registros fotográficos, gravações fonográficas etc.), como também em termos eletrônicos, por arquivos criados e/ou mantidos em ambiente virtual, forma que vai gradativamente se impondo com a transformação dos meios de comunicação humana e a própria disseminação, no meio judicial, do processo eletrônico.

Além do CPC (arts. 439 a 441), os documentos eletrônicos vêm disciplinados pela Lei nº 11.419/2006, que inclusive prevê a possibilidade de um processo inteiramente eletrônico, e pela Lei nº 14.063/2020.

Em torno da destinação, costumam-se dividir os documentos escritos, amplamente considerados, em *instrumentos e documentos em sentido estrito*, sendo os primeiros aqueles feitos com o propósito específico de dar forma e representar em concreto um determinado ato jurídico; já os documentos em sentido estrito são os demais (por definição idôneos a representar os fatos neles contidos, mas não constituídos com a finalidade imediata de servir de prova jurídica do ato).

Finalmente, fala-se em documentos (em sentido amplo) *públicos* ou *particulares*, conforme a respectiva origem. Públicos, de um modo geral, são os instrumentos e documentos elaborados por funcionários públicos, no exercício de sua função, ou excepcionalmente por determinadas pessoas no exercício de função pública delegada, enquanto privados, por exclusão, são aqueles elaborados pelos particulares em suas atividades cotidianas e também os elaborados por funcionários públicos, no âmbito de sua vida privada. O art. 407 do CPC atribui ainda aos documentos elaborados por funcionário público,

Art. 405

fora de suas atribuições específicas, a mesma eficácia probatória de documentos particulares, se subscritos pelas partes. Dessa distinção cuida inclusive a MP nº 2.200-2/2001, que em seu art. 10, *caput,* diz considerarem-se "... públicos ou particulares, para todos os fins legais" os documentos eletrônicos tratados naquele diploma.

2. Documentos públicos

Trata o Código, inicialmente, da força probante dos documentos públicos.

A aptidão probatória de qualquer documento, na verdade, diz respeito aos dois aspectos inerentes ao seu conteúdo, o material e o ideológico. De modo a constituir prova exata dos fatos nele representados, deve o documento não apenas se apresentar íntegro quanto ao teor registrado no suporte, vale dizer, sua aparência exterior, como também referir-se a fatos efetivamente ocorridos, representando-os de modo fiel à realidade. Ou seja, deve ser verdadeiro tanto em relação ao seu conteúdo aparente como também intrinsecamente, ou intelectualmente, no tocante à representação fática proposta. A noção de veracidade material, por seu turno, alcança não apenas o momento inicial da formação do documento, vale dizer, de criação do suporte material e de lançamento dos registros integrantes do conteúdo, como também a preservação ao longo do tempo da integridade desse suporte e do teor documental tal qual originalmente lançado.

E o controle da veracidade de um documento, em sentido amplo, se dá justamente pela busca de certeza em torno de ambos as questões. Alguns documentos são dotados por lei da capacidade de transmitir desde logo segurança em torno de um desses aspectos ou de ambos, revestindo-se de eficácia probatória quanto a eles, outros podem adquirir tal condição mediante certos atos complementares e outros, por fim, podem depender se necessário da confirmação de sua eficácia probatória em juízo.

Isso não significa por evidente que, na falta de previsão legal específica, fique a força probante de determinados documentos sujeita à confirmação judicial; o que o ocorre é que, na dinâmica das relações interpessoais, o problema acaba normalmente por nem sequer se apresentar, mediante aceitação espontânea dos documentos pelos interessados. Desde que surja eventual dúvida ou questionamento,

todavia, pode se tornar necessária a prática de atos certificatórios complementares ou mesmo inevitável a solução judicial, o que de resto se dá inclusive no tocante aos aspectos objeto de força probatória legalmente reconhecida, visto que mesmo quanto a esses é meramente relativa a presunção de veracidade assim estabelecida, sempre sujeita portanto à comprovação em contrário.

Quanto aos documentos públicos, diz o art. 405 do CPC fazerem prova não apenas de sua formação mas também dos fatos que o escrivão, o chefe de secretaria, o tabelião ou o servidor declararem que ocorreram em sua presença.

Essa aptidão probatória se deve fundamentalmente à *fé pública,* que vem a ser a presunção de veracidade emergente das declarações de certos agentes públicos em seus atos de documentação. É preciso lembrar, contudo, que nem todo servidor público tem a capacidade de formar documentos, e, dentre aqueles que a têm, nem todos gozam de fé pública em seus atos, ou em todos; pode-se então dizer que nem todo documento dito público quanto à origem seja revestido de fé pública, não se aplicando a disposição de lei ora comentada, portanto, em função da singela natureza do mesmo. De todo modo, a referência à eficácia probatória inerente ao documento público, nos comentários a este e aos demais artigos da seção, será empregada no pressuposto da existência dessa característica.

Em contrapartida, nem sempre a fé pública vem conferida a servidores públicos em sentido estrito. No tocante aos serviços do chamado *foro extrajudicial,* superada a discussão em torno da natureza da atividade, a Carta Magna deixa claro não serem os titulares das serventias funcionários públicos; reza assim o art. 236 da CF/88 que os serviços notariais e de registro "são exercidos em caráter privado, por delegação do Poder Público", estando as hipóteses específicas relacionadas no art. 5º da Lei nº 8.935/94.

Esse mesmo diploma legal, no art. 1º, define tais serviços como aqueles "de organização técnica e administrativa destinados a garantir a publicidade, autenticidade, segurança e eficácia dos atos jurídicos", e em seu art. 3º indica serem o tabelião e o registrador profissionais do direito dotados de fé pública, a quem simplesmente delegado o exercício daquelas funções, tampouco sendo funcionários públicos os escreventes dessas serventias, como disposto no art. 20.

Registre-se ainda ter promovido o legislador pequena alteração no tocante ao texto do art. 364 do CPC/73, acrescentando dentre os agentes ali referidos como dotados de fé pública também o chefe de secretaria, ao lado do escrivão judicial.

3. Limites da eficácia probatória

Fazer prova de sua própria formação, antes de mais nada, significa que o documento público revestido de fé se presta por si mesmo a atestar a regularidade de sua constituição, no plano material. Tem-se assim por exato quanto ao teor literal (forma) das declarações nele inseridas sejam elas feitas pelo próprio agente responsável pelo ato ou ainda pelos particulares que eventualmente dele tomem parte; além do mais, presume-se também autêntico quanto às assinaturas nele apostas. A prova da *formação*, assim, implica a presunção de veracidade quanto à autoria e quanto ao conteúdo exterior do documento.

Além disso, o documento público tem também eficácia probatória legal quanto à efetiva ocorrência de todos os fatos que forem consignados pelo agente público como verificados em sua presença.

Como se percebe, o enunciado do art. 405 congrega elementos, quer materiais quer ideológicos, aludindo seja ao teor literal do documento público seja, por outro lado, à veracidade intrínseca das declarações formuladas pelo agente público quanto a fatos por ele reportados, de alguma forma relacionados com o ato praticado mas não expressamente constantes das manifestações externadas pelos interessados.

Esclareça-se, em torno da autoria, que os documentos públicos são, sempre, materialmente atribuíveis ao agente responsável por sua formação (funcionário público, tabelião ou oficial registrador), já que cabe a ele a elaboração propriamente dita ou pelo menos a vigilância direta do ato confiado a um subordinado, subscrevendo-o ao final (p. ex., CPC, art. 425, I); autor *intelectual* do documento público, por outro lado, pode ser apenas esse agente, quanto a ato que conte com sua exclusiva participação, ou também os particulares sujeitos do ato jurídico documentado.

Em tal caso, são de autoria intelectual de tais pessoas as declarações relativas ao ato de seu interesse, tão somente transcritas pelo agente tal qual a ele apresentadas, e de autoria intelectual do próprio agente público os fatos por ele relatados no instrumento como ocorridos em sua presença, de alguma forma relacionados ao momento (as pessoas presentes, os documentos exibidos, a conferência da identidade de cada uma delas e ainda os atos praticados pelos interessados, distintos das meras declarações registradas, como a realização de pagamentos, a entrega de chaves, de documentos ou outros objetos), apenas estes últimos sendo reputados verídicos na esteira do art. 405 do CPC.

Não se inclui na força probante natural do documento público, portanto, quer a verdade intrínseca às declarações de vontade dos particulares (manifestações dispositivas), por cujo conteúdo respondem apenas estes últimos, como também a realidade de fatos exteriores à elaboração do documento em si, apenas referidos indiretamente pelos interessados (manifestações enunciativas).

Esse, enfim, o sentido da parte final deste art. 405, que não poderia ser diferente: é intuitivo que a fé pública somente possa alcançar os fatos cuja realidade o agente público seja capaz de atestar e reconhecer por si mesmo, sob pena de se transformar em especulação vazia. Conferir credibilidade presumida àquilo que o agente desconhece e que não presenciou, ou à motivação íntima dos particulares, apenas porque formalmente registrados os fatos em documento público, seria, ao fim e ao cabo, atribuir fé não ao agente, mas aos próprios particulares que os declaram.

Nesse ponto, pois (a declaração de ciência quanto a fatos externos), o documento público se aproxima do particular, provando apenas que a declaração foi feita, mas não que ideologicamente verdadeira. Eventualmente poderá a declaração ser tomada como verdadeira, se em desfavor do próprio declarante, vinculando-o, o que todavia decorrerá não da natureza pública do documento, mas da aplicação de regras próprias da definição da veracidade de declarações privadas, como as dos arts. 408 e 412 deste CPC.

O raciocínio se faz particularmente relevante à vista de confusão que por vezes se percebe – mas firmemente rechaçada pela jurisprudência do STJ (veja-se abaixo) – quanto a meros relatos enunciativos feitos por particulares em documentos como boletins de ocorrência, pretendendo-se com base no singelo caráter público do documento atribuir presunção de

Art. 405

veracidade à narrativa, não obstante a ignorância dos fatos pelo funcionário.

A questão tem graves repercussões práticas, na medida em que, admitida tal deturpação da força probante do documento público, estar-se-ia afetando diretamente as regras sobre ônus da prova, em futuros litígios sobre o fato; a um envolvido em acidente de trânsito, que ao ingressar com ação indenizatória precisaria em condições normais fazer a prova do fato constitutivo de seu direito (CPC, art. 373, I), bastaria juntar à petição inicial boletim de ocorrência por ele unilateralmente elaborado para atribuir ao réu o ônus de fazer prova contrária à narrativa ali consignada quanto à dinâmica do evento.

Jurisprudência

"A jurisprudência do STJ orienta, de forma uníssona, que as declarações das partes em documento, embora público, podem, mediante elementos probatórios competentes, ser infirmadas, formando a convicção do Juízo em sentido contrário ao que fora expressamente registrado – caso dos autos –, porquanto o negócio jurídico controverso, inserto nesse documento, é passível de decretação de anulação. Precedentes. "A presunção 'juris tantum', como prova, de que gozam os documentos públicos, há de ser considerada em relação às condições em que constituído o seu teor" (AgRg no REsp 281.580/RJ, TERCEIRA TURMA, Rel. Ministro CASTRO FILHO, DJ de 10/9/2007). Na espécie dos autos, o Tribunal deixa claro que o que se questiona não é o preenchimento dos requisitos formais necessários para conferir validade à escritura pública, enquanto documento, mas sim a declaração da vontade nela inserida, que se teve por suficientemente demonstrada estar maculada, importando em sua nulidade." (STJ, AgRg no REsp nº 1.389.193/MS, 4ª T., Rel. Min. Raul Araújo, j. 11/11/2014, DJe 15/12/2014).

"Não há motivo razoável em exigir prova grafotécnica para comprovação da autenticidade de assinatura lançada em escritura pública de testamento quando esta mesma escritura foi lavrada por tabelião público e ratificada, pelo testador, na presença de testemunhas." (STJ, AgRg no REsp nº 1.432.988/PR, 3ª T., Rel. Min. Sidnei Beneti, j. 5/8/2014, DJe 4/9/2014).

"Nos termos da jurisprudência desta Corte Superior, "o boletim de ocorrência não goza de presunção juris tantum de veracidade das informações, posto que apenas consigna as declarações colhidas unilateralmente pelos interessados, sem atestar que tais relatos sejam verdadeiros" (AgRg no Ag 795.097/SC, Relator o Ministro HÉLIO QUAGLIA BARBOSA, DJ de 20/8/2007)." (STJ, AgRg no Ag nº 1.224.227/MG, 4ª. T., Rel. Min. Raul Araújo, j. 2/6/2011, DJe 20/6/2011).

"As certidões emanadas dos escrivães do Juízo, em razão de seu ofício, revestem-se de presunção juris tantum de legitimidade e de veracidade, em razão da fé pública de que gozam tais agentes auxiliares do Juízo. A certidão autorizada a ser emitida pelo escrivão, nos termos do art. 141, V, do CPC, diz respeito a ato ou termo do processo, mas a origem das informações certificadas não se restringe ao que consta nos próprios autos. A mera alegação deduzida nas razões recursais, sem a apresentação de qualquer comprovação que infirme as informações certificadas, não pode prevalecer sobre a presunção de legitimidade e de veracidade que gozam as certidões emanadas dos escrivães do Juízo. Assim, é cabível a devolução de prazo para recorrer, quando o Escrivão certifica que, no seu interregno, os autos não estiveram disponíveis a parte prejudicada." (STJ, REsp nº 1.002.702/BA, 4ª T., Rel. Min. Luis Felipe Salomão, j. 26/10/2010, DJe 4/11/2010).

"O parecer extrajudicial, por si só e pelo simples fato de emanar de órgão público, não faz prova absoluta dos fatos nele declarados. Cabe aos autores o ônus da prova do fato constitutivo do direito e compete à ré constituir prova dos fatos impeditivos, modificativos ou extintivos do direito reclamado." (STJ, AgRg no REsp nº 908.829/MS, 4ª. T., Rel. Min. João Otávio de Noronha, j. 16/3/2010, DJe 29/3/2010).

"A presunção de veracidade inerente aos documentos públicos é iuris tantum, podendo ser descaracterizada pelo magistrado, ao examinar o acervo fático da demanda. No caso, o Tribunal recorrido não negou veracidade à certidão apresentada. Apenas concluiu que nela não foi comprovada a prestação contratual exigida na execução, por lhe faltarem informações essenciais à especificação da prestação contratual pretendida. Não houve ofensa aos arts. 332 e 615, IV, do CPC, nem às normas que tratam da distribuição do ônus probatório, pois não se negou ao particular a possibilidade de comprovar o alegado pelos meios de prova admitidos em direito, assim como não se exigiu a apresentação de documento probatório típico em desacordo com o previsto em lei." (STJ, REsp nº 1.099.127/AM, 2ª T., Rel. Min. Castro Meira, j. 9/2/2010, *DJe* 24/2/2010).

"O registro de boletim de ocorrência policial não constitui prova dos fatos nele relatados, mas somente declaração unilateral. Considerar válidas as declarações do boletim de ocorrência policial, demandaria reanálise da matéria fática carreada nos autos." (STJ, AgRg no REsp nº 623.711/RS, 4ª T., Rel. Min. Luis Felipe Salomão, j. 17/12/2009, *DJe* 8/2/2010).

"O Boletim de Ocorrência Policial, em regra, não gera presunção iuris tantum da veracidade dos fatos narrados, uma vez que apenas consigna as declarações unilaterais narradas pelo interessado, sem atestar que tais afirmações sejam verdadeiras. Na hipótese em exame, contudo, a situação é diversa, por ter sido ele elaborado pela Polícia Rodoviária Federal, no local do acidente, instantes após a ocorrência do sinistro, firmando, em princípio, presunção relativa acerca dos fatos narrados, se inexistirem provas em sentido contrário, ante a fé pública de que goza a autoridade policial. Considerando que os precedentes colacionados versam sobre hipótese em que o Boletim foi elaborado a partir de informações exclusivas da vítima, não se prestam tais paradigmas à configuração do dissídio, dada a diversidade das bases fáticas em que assentadas as conclusões dos julgados." (STJ, AgRg no REsp nº 773.939/MG, 3ª T., Rel. Min. Sidnei Beneti, j. 27/10/2009, *DJe* 29/10/2009).

"O boletim de ocorrência é um documento público que faz prova da existência das declarações ali prestadas, mas não se pode afirmar que tais declarações sejam verídicas. Precedentes. Portanto, o fato de a agente prisional ter informado no boletim de ocorrência o estado civil da vítima como "convivente" – o que, segundo o recorrente, revelaria a existência de união estável – não afasta, por si só, a legitimidade ativa da irmã da vítima para propor a ação indenizatória." (STJ, REsp nº 1.054.443/MT, Rel. Min. Castro Meira, j. 4/8/2009, *DJe* 31/8/2009).

"O boletim de ocorrência não goza de presunção juris tantum de veracidade das informações, posto que apenas consigna as declarações colhidas unilateralmente pelos interessados, sem atestar que tais relatos sejam verdadeiros. A ausência de indicação dos dispositivos em torno dos quais teria havido interpretação divergente por outros Tribunais não autoriza o conhecimento do recurso especial, quando interposto com base na alínea c do permissivo constitucional (Súmula 284/STF)." (STJ, AgRg no Ag nº 795.097/SC, 4ª T., Rel. Min. Hélio Quaglia Barbosa, j. 7/8/2007, *DJ* 20/8/2007, p. 287).

"O entendimento invocado nas razões do presente recurso não reflete a moderna jurisprudência deste Tribunal Superior, firmada no sentido de que as planilhas de cálculos emitidas pela DATAPREV, por serem expedidas por entidade estatal criada para tal finalidade, merecem fé pública, até que se prove o contrário, constituindo documento hábil para demonstrar o pagamento administrativo de benefícios previdenciários. Precedente da Terceira Seção." (STJ, AgRg no REsp nº 802.455/SP, 5ª T., Rel. Min. Laurita Vaz, j. 27/2/2007, *DJ* 26/3/2007, p. 277).

"PROCESSO CIVIL. PROVA TESTEMUNHAL. O depoimento de testemunha para valer como prova no processo deve ser prestado perante o juiz, com perguntas e reperguntas das partes; ainda que feito perante tabelião e documentado por escritura pública, o testemunho de quem, como preposto, se diz autor de assinatura aposta em contrato, não inibe a realização de prova grafotécnica, se o preponente opõe dúvidas a respectiva autenticidade." (STJ, REsp nº 472.174/MT, 3ª T., Rel. Min. Ari Pargendler, j. 2/5/2006, *DJ* 12/6/2006, p. 472).

"PROCESSO CIVIL. PROVA. O documento público faz prova dos fatos que o tabelião declarou ter ocorrido na sua presença (CPC, art. 364). Pelo conteúdo da declaração, todavia, responde quem a emitiu. Nessa linha, se o vendedor declarou inexistir débito condominiais, havendo-os, o adquirente do imóvel tem pretensão e ação contra ele, não contra o condomínio. Agravo regimental desprovido." (STJ, AgRg no Ag nº 653.907/RJ, 3ª T., Rel. Min. Ari Pargendler, j. 20/4/2006, *DJe* 13/3/2008).

> **Art. 406.** Quando a lei exigir instrumento público como da substância do ato, nenhuma outra prova, por mais especial que seja, pode suprir-lhe a falta.

▶ *Referência: CPC/1973 – Art. 366*

Art. 406

Forma documental como requisito de validade do ato jurídico

Quando a regra sobre prova diz respeito à forma propriamente dita, e vem estabelecida determinada exigência como sendo da substância do ato, a demonstração da higidez material daquele acaba por se confundir com a verificação de seu modo de exteriorização.

Em tais casos, natural dizer que inadmissível qualquer outra prova. Trata-se de clara limitação ao livre convencimento judicial, que na verdade é realizado dentro dos parâmetros determinados pelo direito material em matéria de prova, somente se podendo falar em técnicas de *interpretação* quanto a provas que seja dado ao juiz conhecer no caso concreto (*v. g.*, admissíveis); o problema do cabimento das provas conforme a natureza do ato, por isso, não é tipicamente processual, não se confundindo com o tema da formação da convicção subjetiva no âmbito judicial, mas com exigências legais ligadas à própria teoria dos atos jurídicos em geral.

É o que se dá quanto a negócios que dependem de instrumento público, como referido no artigo ora comentado; a vedação a qualquer outra prova não decorre de qualquer hierarquização de provas em matéria processual, ou de métodos para o estabelecimento da verdade em juízo, mas da própria natureza do ato a ser provado e da forma a ele inerente; se admitida judicialmente uma hipoteca sobre bem pertencente ao locatário, pactuada em instrumento particular de locação (e pois inequívoca no que diz respeito à manifestação de vontade das partes, em si considerada), o que se estará infringindo não é preceito *processual* acerca da análise das provas, mas regra cogente *material* que diz acerca dos requisitos para a constituição de hipotecas, em todo e qualquer caso.

Bem por isso, por mais especial que seja a prova produzida – vale dizer, por maior que seja seu poder revelador –, inclusive a própria confissão judicial expressa, não poderá se prestar a suprir as exigências formais específicas.

O art. 406 se afina, de resto, com regras como a dos arts. 341, II, e 345, III, do CPC, que pelos mesmos motivos impedem a aceitação da verdade de fato não impugnado na defesa ou a produção dos efeitos da revelia nos casos em que a petição inicial não venha acompanhada de instrumento público que seja da substância do ato. Também com base no mesmo ideal, não

se pode cogitar da aplicação da pena de confesso para suprir a ausência de escritura pública, em caso de falta da parte ao depoimento pessoal ou recusa de resposta às perguntas do juiz (art. 385, § 1º).

O CC dispõe, no art. 108, que, não havendo norma em contrário, a escritura pública é essencial quanto a negócios que visem à constituição, transferência, modificação ou renúncia de direitos reais sobre imóveis de valor não superior a trinta vezes o maior salário mínimo vigente no País. A exigência de instrumento público como da substância do ato também pode ser fruto de *convenção* das próprias partes (art. 109 do CC).

Os requisitos da escritura pública, outrossim, acham-se referidos no art. 215, § 1º, do CC, em ambos os dispositivos estando ressalvado expressamente ser ela documento dotado de fé pública, fazendo prova plena; este último aspecto deve inevitavelmente ser entendido no sentido da *impossibilidade* de prova do ato por meio diverso.

Quando exigida outrossim para determinado ato forma específica, deverão segui-la também os atos de anuência ou autorização necessários à sua prática, conforme previsto no art. 220 do CC; é o que se tem, por exemplo, quanto à procuração outorgada visando ao comparecimento do mandatário em escritura de venda imobiliária, devendo o instrumento de mandato igualmente ser feito sob a forma pública.

Jurisprudência

"Conquanto o art. 9º da Lei 9.609/98 faça remissão expressa ao contrato de licença e ao documento fiscal, como meios hábeis de provar a regularidade do programa de computador, o dispositivo não excluiu expressamente outros elementos de prova, devendo ser interpretado em conformidade com o ordenamento jurídico brasileiro, o qual admite, nos termos dos arts. 332, CPC e 212, CC, a comprovação dos fatos alegados pelas partes por qualquer meio idôneo, ainda que não especificado em lei. O art. 9º da Lei 9.609/98 confere apenas caráter de prova pré-constituída, figura estabelecida pelo legislador para servir de comprovação futura de determinada relação jurídica, ao contrato de licença e ao documento fiscal, não limitando a comprovação do negócio jurídico mediante provas casuais, sem forma específica, apresentadas pelas partes no curso da lide. Na hipótese ora em análise, a perícia que atesta a originalidade da mídia e dos programas utilizados pela empresa é meio capaz de comprovar a regularidade da utilização do programa de computador, suprindo a necessidade de exibição do contrato de licença ou documento fiscal." (STJ, REsp nº 913.008/RJ, 4ª T., Rel. Min. João Otávio de Noronha, Rel. p/ Acórdão Min. Luis Felipe Salomão, j. 25/8/2009, *DJe* 19/10/2009).

> **Art. 407.** O documento feito por oficial público incompetente ou sem a observância das formalidades legais, sendo subscrito pelas partes, tem a mesma eficácia probatória do documento particular.

▶ *Referência: CPC/1973 – Art. 367*

Força probante do documento público viciado

Não se pode a rigor falar na existência de uma hierarquia valorativa, condicionante inclusive do convencimento judicial, a conceder ao documento público maior força probatória que ao documento particular escrito; desde que não exigida a forma pública no caso específico, e desde que não paire dúvida em torno da autenticidade, a prova final em concreto feita por documento particular tem certamente a mesma relevância que a outra, no que diz respeito à interpretação do respectivo conteúdo.

Não se pode ignorar, contudo, a existência de sensível diferença entre ambos no tocante à aptidão para a demonstração, num primeiro momento, da própria origem e da idoneidade material. O documento público, por aspectos ligados à sua constituição, goza de características diferenciadas, não apenas se impondo em situações específicas como formalismo inafastável, como também possuindo a singular capacidade de, em princípio, atestar a própria autenticidade, o que não se dá quanto ao documento particular, isoladamente considerado.

O art. 407 se refere nesse sentido à possibilidade de aproveitamento dos atos que possam indiferentemente obedecer a uma ou outra forma, bem como ao tratamento a ser dado no tocante à força probatória natural do documento em cada caso. A regra, a rigor, não é na essência de direito processual, e como outras a respeito do valor intrínseco dos documentos melhor estaria se inserida no âmbito da legislação civil.

Quanto ao documento público, deve ser recordado que se caracteriza fundamentalmente por ser feito por funcionário ou agente público, no exercício de suas funções (v. art. 405). Fora de suas atribuições específicas, age o funcionário como particular, o que vale não apenas para as situações efetivas de sua vida privada como também para aquelas em que, embora supostamente atuando como funcionário, extrapole de suas funções, praticando ato para o qual não autorizado ou habilitado.

De outra parte, deve o documento público obedecer a determinadas formalidades que, embora não se prestem propriamente a caracterizá-lo, condicionam sua eficácia como tal, de modo que o documento delas despojado perde a força probatória natural de documento público, podendo chegar ao extremo de, sendo da substância do ato, invalidá-lo (quanto aos requisitos formais das escrituras públicas, por exemplo, veja-se o art. 215, § 1º, do CC).

Assim, sem que caiba nos estreitos limites destes comentários examinar quais as situações de incompetência funcional que podem ou não ser relevadas, ou qual a natureza da omissão formal capaz de macular o documento público, da constatação efetiva de irregularidade insanável podem advir duas consequências distintas: se imprescindível no caso concreto o documento público, como inerente à essência do ato, não há o que aproveitar, ficando prejudicado o reconhecimento desse último; na hipótese contrária, entretanto, desde que contenha o suporte material respectivo a assinatura das partes interessadas, a atestar a autoria e teor das declarações ali inseridas, produz os efeitos naturais que produziria, no caso, eventual documento privado que houvessem as partes desde logo formado (a hipoteca outorgada, destarte, perante oficial incompetente, não tem valor algum, mas o compromisso de compra e venda celebrado nas mesmas condições faz prova regular do ato e vincula normalmente as partes contratantes, já que poderia originariamente ter sido constituído por documento particular).

No plano da eficácia probatória propriamente dita, a despeito da forma aparente, não terá o documento assim formado presunção de autenticidade das assinaturas ou de regularidade do teor literal, nem tampouco serão reputados desde logo verdadeiros os fatos declarados pelo agente público como ocorridos em sua presença.

Art. 408

Em torno de matéria entrosada com a do presente artigo, o art. 183 do CC reza que "*a invalidade do instrumento não induz a do ato sempre que este puder provar-se por outro meio*".

Jurisprudência

"AÇÃO ANULATÓRIA. Escrituras de "Renúncia de Herança" e de "Cessão de Direitos Hereditários", Assinaturas colhidas em Município diverso daquele em que foram lavradas. Irregularidade que não retira a essência do ato. Documentos com força probatória de instrumento particular (art. 367 do CC). Validade dos atos praticados com fundamento nos princípios da "boa-fé contratual" e "de que a ninguém é dado se valer da própria torpeza". Vedação ao "comportamento contraditório", à medida em que as circunstâncias do caso concreto demonstram que o autor contribui para o surgimento do vício. Escrituras, enfim, que refletem com exatidão a vontade das partes." (TJSP, Ap. nº 0185304-83.2011.8.26.0100/São Paulo, 6ª Câm. Dir. Priv., Rel. Des. Paulo Alcides, j. 30/7/2015).

> **Art. 408**. As declarações constantes do documento particular escrito e assinado ou somente assinado presumem-se verdadeiras em relação ao signatário.
>
> **Parágrafo único.** Quando, todavia, contiver declaração de ciência de determinado fato, o documento particular prova a ciência, mas não o fato em si, incumbindo o ônus de prová-lo ao interessado em sua veracidade.

▸ *Referência: CPC/1973 – Art. 368*

1. Força probante do documento particular

Depois de disciplinar nos arts. 405 a 407 a eficácia probatória dos documentos públicos, passa o CPC a tratar, a partir deste art. 408, do mesmo tema em relação aos documentos particulares, estabelecendo não apenas critérios gerais como também disciplinando situações específicas.

Nota-se aliás estreita relação entre o dispositivo ora comentado e o art. 412 (que diz fazer o documento particular autêntico prova *de que seu autor fez a declaração que lhe é atribuída*), a demandar a devida delimitação das esferas de abrangência: enquanto o art. 412 trata da veracidade do teor literal do documento, da imputabili-

dade ao respectivo autor do conteúdo declarado, o art. 408, ora comentado, cuida da veracidade intrínseca das declarações lançadas, seja no tocante à vontade que ali se expressou, seja, em certa medida, no tocante a fatos referidos nessas mesmas declarações. Em um caso, portanto, veracidade em sentido material, exatidão do texto expresso no documento; no outro, veracidade em sentido intelectual, ideológico, compatibilidade entre o teor das declarações e a realidade externa ao documento, nele representada.

A bem da verdade, entretanto, não há motivo para qualquer distinção entre documentos públicos e particulares no que diz respeito ao fator *veracidade intelectual*, objeto do dispositivo ora comentado.

Não se discute que, no plano material, o documento particular não tenha em princípio a mesma força probatória que o público, não se revestindo da presunção de regularidade por esse último ostentada (em geral) quanto à respectiva formação, e podendo ter sua fé afetada se questionada sua autenticidade (art. 428, I, do CPC).

Uma vez definida a autenticidade (v.g., autoria) do documento particular, entretanto, afirma a lei textualmente presumir-se verdadeiro seu teor literal (cf. art. 412), sendo a presunção de veracidade ideológica um desdobramento dessa circunstância (deve-se ter por implícita no enunciado deste art. 408 a ressalva contida no texto do referido art. 412, quanto a se tratar de documento de cuja autenticidade não se duvide).

Mostra-se nesse sentido indiferente para a aceitação da veracidade ideológica a forma (pública ou privada) do documento, decorrendo a eficácia probatória em questão não do modo de produção do documento, mas da própria credibilidade conferida às declarações devidamente subscritas (veja-se Carvalho Santos, *Código Civil Brasileiro Interpretado*, vol. III, p. 126).

Veja-se que, em relação aos documentos públicos, confere-se em certa medida fé ao agente público também no plano ideológico, mas tão somente no tocante à própria atividade e à veracidade dos fatos que declarar ocorridos em sua presença (cf. art. 405), de todo modo relacionados à formação do documento; quanto à verdade intrínseca às declarações privadas inseridas no documento público assim constituído, não tem o agente público entretanto como atestá-las. E nesse ponto, como dito, o documento público se equipara ao particular, no sentido de fazer presumir a veracidade das declarações basicamente pela força vinculante dessas no tocante ao seu autor (veja-se entretanto o item subsequente).

Mais adequada, nesse ponto, a redação genérica do art. 219 do CC/2002 (que manteve a linha adotada pelo art. 131 do CC/1916), não restrita aos documentos particulares, limitando-se a dizer que as declarações constantes de documentos assinados presumem-se verdadeiras em relação aos signatários.

Não deve causar surpresa, por outro lado, o tratamento de idêntica matéria pelo CC, visto que, como também tratado nos comentários ao art. 405 deste CPC, as regras sobre o valor probatório inerente aos documentos (meios de prova cuja formação antecede ou, pelo menos, é exterior ao processo) são, na essência, de direito substancial, não processual.

Quanto aos documentos eletrônicos, o art. 10, § 1º, da Medida Provisória nº 2.200-2/2001 (que instituiu a chamada Infraestrutura de Chaves Públicas Brasileira – ICP-Brasil), reza que "as declarações constantes dos documentos em forma eletrônica produzidos com a utilização de processo de certificação disponibilizado pela ICP-Brasil presumem-se verdadeiras em relação aos signatários", tampouco fazendo qualquer distinção entre documentos eletrônicos públicos ou privados. Nesse sentido, conferir, também, a Lei nº 14.063/2020.

1.1. Espécies de declarações

Intuitivamente, todavia, não há como conferir tratamento uniforme à força probatória das declarações privadas, tendo em vista os diferentes conteúdos e características que podem apresentar; além do mais, releva considerar também o enfoque subjetivo preponderante no caso concreto. O legislador se propôs, no parágrafo único deste art. 408, a tal distinção, fazendo-o entretanto de forma incompleta e com redação, além disso, inferior à do dispositivo correspondente no CPC/73 (art. 368, parágrafo único).

Dividem-se as declarações, de acordo com clássica lição, em *enunciativas* ou *dispositivas*, as primeiras externando *ciência* sobre um ato, fato ou acontecimento, e as segundas envolvendo "manifestação de vontade referente a ato ou negócio jurídico" (cf. Frederico Marques, *Manual de Direito Processual Civil*, vol. II, p. 288).

O *caput* do art. 408, ao tratar como verdadeiras as declarações em relação ao signatário (ou seja, ao *autor*) do documento, refere-se, antes de mais nada, às de natureza *dispositiva*. A presunção assim estabelecida implica a afirmação, em princípio, de que reais os atos de disposição de direitos e aqueles de um modo geral vinculativos da esfera jurídica do autor do documento, no plano obrigacional; a manifestação de vontade é juridicamente relevante, em tais casos, na medida em que documentalmente registrada, coincidindo a prova de sua existência e do respectivo conteúdo com a literalidade do documento. Pressupõe-se outrossim a efetiva correspondência entre o que se declarou e a vontade do agente, e a existência em concreto dos atos ou negócios jurídicos representados, dependendo de prova a assertiva em contrário que se faça (com alusão, por exemplo, a vícios da vontade, como a coação ou erro, ou sociais, como a simulação).

Já em relação às declarações *enunciativas*, o parágrafo único do art. 408 diz que as manifestações de ciência acerca de determinado fato provam apenas a ciência em si, mas não o fato declarado. Diversamente, e em termos como dito superiores, o CPC/73 dispunha que o documento particular prova a *declaração* (de ciência), não o fato declarado.

É compreensível que, sendo o fato cuja simples ciência se afirma externo ao documento e estando nele apenas indiretamente referido, à guisa de testemunho, fuja em condições normais à capacidade de representação natural do documento, daí a necessidade da prova respectiva pelo interessado direto (que pode tanto ser o próprio autor da declaração enunciativa quanto um terceiro que dela pretenda se valer).

Mas se assim é, a própria veracidade da ciência sobre ele enunciada segue essa regra. Tanto quanto o próprio fato declarado, não há como também saber, a partir do exame do teor documental, se real a ciência em si. O próprio conhecimento do fato, enfim, é nesse caso um dado externo ao documento, e insuscetível de ser por ele diretamente representado (não se confunda a questão ora examinada com as declarações formais de ciência – para efeito de intimação em procedimentos administrativos ou processo judicial, por exemplo –, essas sim suficientes para evidenciar o conhecimento; não se tem aí, entretanto, declaração meramente enunciativa, mas sim autêntico ato jurídico, além do que nesses casos não se está aludindo a um evento precedente e externo. A ciência, aí, é o próprio objeto do ato, constituindo-se em termos formais no momento da declaração).

E não resolve o problema da veracidade da declaração de ciência a mera consideração objetiva de estar o declarante fazendo alusão ao fato, seja pela possibilidade de obtenção da informação por fontes outras, seja pela impossibilidade de todo modo de se averiguar, a partir da singela declaração, a realidade das condições e momento da referida ciência.

A redação do parágrafo único do art. 408 do CPC, não se discute, é incisiva, mas a verdade é que o texto legal, claramente equivocado, não se presta a transformar a realidade fenomênica. É imperativo por isso seja lida referida norma em conformidade com a previsão, mais técnica, do CPC/73, e com a natural capacidade de representação dos documentos: feita por particular declaração de ciência ou referência a determinado fato, em documento de qualquer natureza (público ou privado de cuja autenticidade não se duvide), tem-se em princípio segurança quanto à prova apenas de que feita a declaração, não de que concreto o conhecimento manifestado, ou de que real o fato referido (ou ainda de que tenha ocorrido nos termos descritos).

Tal distinção entre a prova da declaração em si, de um lado, e do conteúdo da declaração, de outro, no tocante às manifestações de cunho enunciativo, é crucial para evitar equívocos como os que com frequência se observam no tocante a situações práticas, como a interpretação de boletins de ocorrência policiais, conforme tratado nos comentários ao art. 405.

Faz-se aqui necessária, entretanto, nova distinção, em função do enfoque subjetivo, vale dizer, do sujeito a quem possa aproveitar ou vincular a declaração enunciativa.

A inaptidão probatória da declaração no tocante à existência ou circunstâncias do fato, como dito, impede em regra que seja ela tomada por terceiros em benefício próprio, ou mesmo pelo próprio declarante (mesmo assim, há exceções. O art. 1º da Lei nº 7.115/83 diz presumir-se verdadeira a declaração destinada a fazer "prova de vida, residência, pobreza, dependência econômica, homonímia ou bons antecedentes, quando firmada pelo próprio interessado ou por procurador bastante, e sob as penas da lei".

O próprio CPC, no art. 99, § 3º, na esteira do que fazia o art. 4º, *caput*, da Lei nº 1.060/50, dispõe presumir-se verdadeira a declaração de hipossuficiência econômica deduzida por pessoa natural).

Em contrapartida, o declarante não pode se furtar ao reconhecimento do fato por ele próprio declarado, caso lhe seja oposto por terceiros. A situação aqui evoca categoria especial de declaração de ciência, que é a de natureza *confessória*, quando o declarante alude a fato diretamente relacionado à sua pessoa e desfavorável a seus interesses, além de favorável aos de outrem; a confissão, por suas peculiaridades, constitui prova em si mesma, sendo como tal reconhecida pelo ordenamento jurídico (CC, art. 212, I, e CPC, art. 389).

Para essa categoria de declarações, enfim, prevalecerá em condições normais a regra do *caput*, com presunção de veracidade do declarado em desfavor do signatário. Ainda assim, será necessário observar em cada caso os limites probatórios da própria confissão, variáveis segundo as circunstâncias (vejam-se a respeito os arts. 391 e 394 do CPC).

Registre-se por fim que o art. 219 do CC, que como visto no item precedente também trata da força probatória dos documentos particulares, cuida de detalhes a respeito de que omissa a lei processual, mas nem por isso com ela incompatíveis, estando assim redigido seu parágrafo único: "*Não tendo relação direta, porém, com as disposições principais ou com a legitimidade das partes, as declarações enunciativas não eximem os interessados em sua veracidade do ônus de prová-las.*"

A ideia é a de que as declarações de ciência, quando diretamente relacionadas com as disposições principais de algum ato jurídico, têm por vezes tal liame lógico para com essas que acabam a elas naturalmente se associando, podendo igualmente ser tidas por verídicas; a regra, portanto, somente se justifica em face de declarações principais *dispositivas*, que em si mesmas são tidas por verdadeiras (já se também meramente enunciativas as declarações principais do documento, ficam sujeitas às mesmas limitações as declarações enunciativas secundárias, conforme observado quanto ao art. 408, parágrafo único, do CPC). Carvalho Santos cita, como exemplo, o título constitutivo de determinada obrigação, no qual as partes lancem declaração reconhecendo como expressamente pagas as prestações anteriormente vencidas (ob. cit., p. 127).

Quanto à *legitimidade* das partes mencionada pelo dispositivo do CC, entende-se que a propósito da legitimação civil dos envolvidos no ato jurídico eventualmente documentado, presumidamente conhecida pelos interessados e atestada no documento, igualmente se tenha em princípio como verdadeira, tal qual declarada.

2. Assinatura

A rigor, para que se conheça em princípio o autor de um documento escrito, basta que venha sua identidade associada ao documento, dando-o por responsável pela respectiva formação. A simples alusão ao nome, entretanto, não resolve de ordinário o problema de se saber se o suposto autor confirma a prática do ato a ele imputado, daí a importância da subscrição pessoal para *ratificação* das declarações ali presentes – a ponto de, nos atos jurídicos reduzidos à forma literal, só se ter em geral por efetivamente externada a manifestação de vontade de cunho vinculante com a prática desse gesto.

Constitui a assinatura o lançamento, de próprio punho, de sinais gráficos peculiares a cada pessoa, dos quais faça uso em caráter exclusivo para confirmação de sua identidade. Embora por natureza manuscrita, a massificação dos negócios e das relações interpessoais faz com que, por vezes, se utilizem métodos diversos (como chancelas, ou reproduções mecânicas de documentos-base devidamente subscritos) para a difusão, em larga escala, da firma de determinada pessoa, sem que de qualquer forma se deixe de ter, nos casos em que possível o emprego desses meios, indicativo idôneo da autoria dos documentos assim firmados. Quanto aos documentos eletrônicos, por seu turno, preveem a Lei nº 11.419/2006 e a Medida Provisória nº 2.200-2/2001 as formas de assinatura pertinentes.

Pois bem, estabelece o art. 408 do CPC como requisito à eficácia probatória aí tratada ser o documento escrito e assinado, ou somente assinado, quando poderia ter-se limitado a mencionar documentos *assinados*, tal como faz o art. 219 do CC, já que irrelevante para a determinação da autoria do documento a confecção material do contexto (CPC, art. 410, II). Para além da existência da assinatura, de toda forma, é necessário à incidência da força probatória do dispositivo legal ora comentado que não haja dúvida em torno da autenticidade do documento (como visto no item 1, *retro*).

A par de tudo, e sem embargo da grande importância da firma, recorde-se não ser o único meio de estabelecimento da autoria, bastando pensar, quanto a isso, nos documentos que ordinariamente não são assinados, como meros assentos e registros domésticos (CPC, art. 410, III); não há, em relação a eles, desde que reconhecida com suficiente segurança a autoria, por que conferir tratamento diferenciado às declarações externadas, coerentemente aliás com o disposto nos arts. 415 e 416 do CPC, por exemplo.

Melhor, por isso, a redação do art. 412, também relativa à força probante do documento particular, quando se refere de forma mais abrangente àquele *de cuja autenticidade não se duvida*.

Jurisprudência

"As declarações constantes em documento particular são tidas presumidamente verdadeiras em relação ao signatário quando não houver impugnação deste no prazo legal (CPC/1973, art. 372), ou quando este as admitir expressamente (CPC/1973, art. 373), ou, ainda, quando houver o reconhecimento do tabelião (CPC/1973, art. 369). No presente caso, entender de forma diversa das conclusões adotadas no acórdão recorrido, quanto ao desconhecimento e à falta de consentimento do recorrido em relação à partilha efetivada, bem como para afastar a presunção de veracidade do documento particular, implicaria, necessariamente, o reexame dos fatos e provas carreadas aos autos, o que não se coaduna com a via eleita, consoante o enunciado da Súmula n.º 07 do STJ." (CPC, art. 389, I)." (STJ, REsp nº 1.551.430/ES, 4ª T., Rel. Min. Maria Isabel Gallotti, Rel. p/ Acórdão Min. Luis Felipe Salomão, j. 21/9/2017, *DJe* 16/11/2017).

"Só é documento o escrito assinado, ou de outra forma, inegavelmente reconhecido por seu autor [...]. E só ocorre autenticidade quando se tem certeza acerca da veracidade da assinatura nele contida, ou da origem do documento" (JÚNIOR, Humberto Theodoro. Curso de direito processual civil. Vol. I, 52 ed. Rio de Janeiro: Forense, 2011, p. 459). Vale dizer que o documento apócrifo carreado aos autos pelo recorrido (fornecedor) – o qual, embora não assinado, é por este reconhecido – serve, quando muito, a fazer prova de que o próprio recorrido é seu autor, mas não que o recorrente (consumi-

Art. 409

dor) tenha a ele se vinculado, tudo na esteira do que dispõe o art. 368 do CPC: "As declarações constantes do documento particular, escrito e assinado, ou somente assinado, presumem-se verdadeiras em relação ao signatário." (STJ, REsp nº 1.262.132/SP, 4ª T., Rel. Min. Luis Felipe Salomão, j. 18/11/2014, DJe 3/2/2015).

"Não é jurídica a presunção de que, nos contratos firmados entre os particulares – sobretudo empresas – e os órgãos públicos, haverá supremacia da Administração em relação àqueles. Firmado, por uma das partes, recibo de quitação com cláusula de inexistência de outros débitos concernentes a juros e correção monetária, não é jurídico que a mera presunção – não decorrente de lei – de supremacia da Administração frente aos particulares, possa elidir aquela expressa manifestação. As declarações constantes de documentos assinados devem ser acolhidas como verdadeiras em relação aos signatários." (STJ, REsp no 60.579/SP, 1ª T., rel. Min. Demócrito Reinaldo, j. 18/10/95, DJ 20/11/95, p. 39.560).

"A presunção *juris tantum* de veracidade do conteúdo de instrumento particular é invocável tão somente em relação aos seus subscritores." (STJ, REsp no 33.200/SP, 4ª T., Rel. Min. Sálvio de Figueiredo Teixeira, j. 13/3/95, DJ 15/5/95, p. 13.407).

> **Art. 409.** ... data do documento particular, quando a seu respeito surgir dúvida ou impugnação entre os litigantes, provar-se-á por todos os meios de direito.
>
> **Parágrafo único.** Em relação a terceiros, considerar-se-á datado o documento particular:
>
> I – no dia em que foi registrado;
>
> II – desde a morte de algum dos signatários;
>
> III – a partir da impossibilidade física que sobreveio a qualquer dos signatários;
>
> IV – da sua apresentação em repartição pública ou em juízo;
>
> V – do ato ou do fato que estabeleça, de modo certo, a anterioridade da formação do documento.

▶ *Referência: CPC/1973 – Art. 370*

1. Definição da data do documento particular

Trata-se de elemento útil, conquanto não imprescindível, em função do qual podem ser extraídas importantes consequências ligadas à eficácia probatória do documento em si ou a aspectos das obrigações por ele acaso registradas.

Como nem todos os documentos privados são literalmente datados, pode ocorrer de surgir no caso concreto dúvida relevante quanto ao momento da criação, urgindo definir tal aspecto de modo a possibilitar, restringir ou ampliar o aproveitamento do documento; em outras hipóteses, entretanto, a discussão pode se ligar não à *definição* de uma data, mas à *impugnação* daquela efetivamente lançada.

Busca o art. 409 do CPC (que repete integralmente a redação do art. 370 do CPC/73), nesse sentido, estabelecer parâmetros para a pesquisa de tal dado, conferindo tratamento diferenciado em função dos envolvidos na divergência. Conquanto a redação não seja das mais claras, o que se deve entender é que de um lado são postas as discussões entre pessoas às quais o documento seja comum e que tenham participado de sua formação, enquanto de outro são deixados os questionamentos oriundos de estranhos ao documento, perante os quais se pretenda utilizá-lo (a dúvida ou impugnação, no processo, de qualquer forma sempre irá surgir "entre os litigantes" – ainda que eventualmente parte deles).

Outra imprecisão diz respeito às formas de prova. Na verdade, não faz sentido a alusão a "todos os meios" apenas para as discussões entre os próprios autores do documento, pois também perante os terceiros serão válidos os mesmos instrumentos, não definindo a lei qualquer norma rígida quanto às *técnicas* probatórias; o que acontece é que no tocante a esses terceiros, acabou o legislador por impor, nos incisos I a V, alguns critérios racionais que deverão ser observados como referenciais objetivos mínimos na solução do problema, à míngua de dados mais seguros, sem excluir todavia o acesso à generalidade dos meios de prova. Tais referências, de resto, poderão vir a ser utilizadas também nas discussões entre os criadores do documento, como se verá a seguir.

2. Impugnação "entre os litigantes"

Se ambos os interessados na discussão sobre a data ostentam a condição de autores do documento, duas são as situações a abordar, conforme tenha ou não sido feita referência direta a alguma data.

2.1 Documento datado

Suposta a literalidade da alusão temporal constante no documento, não há como falar em "dúvida" quanto à data. Somente caberá cogitar, aqui, de efetiva *impugnação* por parte de algum dos interessados ao que se deixou expresso; em princípio, todavia, prevalecerá, e será presumida verdadeira, à luz do art. 408 do CPC, a data lançada pelos próprios formadores intelectuais do documento, cabendo então ao impugnante o ônus da prova da falsidade dessa parte da declaração, e ainda da veracidade da data por ele especificamente apontada como real.

Pode ocorrer, outrossim, de a data não ser clara, no todo ou em parte, dificultando sua apreensão. Se a impossibilidade disser respeito ao todo, a hipótese será equivalente, em termos de solução, à de documento não datado (v. adiante). Se, entretanto, parte da data (o ano, o mês, o dia, ou ainda dois desses elementos conjuntamente) puder ser verificada com segurança, nessa parte prevalecerá o quanto dito no presente item, presumindo-se verídico esse dado e reservando-se ao mais o tratamento dispensado aos documentos não datados.

2.2. Documento não datado

Ausente (ou obscura) qualquer referência expressa, a dificuldade passa a girar em torno da própria *definição* do momento da formação, desde que no âmbito de algum litígio se torne relevante esse aspecto e em torno dele divirjam os litigantes. A tarefa do intérprete aqui é, sobretudo, *integrativa*, passando pela tentativa de associar ao conteúdo do documento fator que dele não consta explicitamente, e envolvendo de ordinário o aproveitamento de elementos exteriores ao próprio documento.

É importante salientar que em princípio o escopo deve ser o de apuração da data *real*, para o que serão empregáveis todos os meios de prova. Infrutífera, entretanto, essa busca, necessário então será adotar uma data minimamente aceitável, em função da qual se possam extrair os efeitos naturais do ato jurídico documentado, ou conferir eficácia probante às declarações nele inseridas; em tal caso, não mais se estará lidando com a *certeza* acerca da data efetiva, mas com hipóteses racionais, a partir de circunstâncias ligadas ao documento, que lhe permitam pressu-

por determinada antiguidade (de modo a que se afirme que, se não formado exatamente naquele dado momento, ao menos ali seguramente já existia).

São critérios pois supletivos, à guisa de ficção jurídica, cujo objetivo será o de fixar datas hipotéticas, prevalecendo aquela indicativa da maior anterioridade (e portanto mais próxima da data real). Esses parâmetros, como já dito, vêm associados pelo art. 409 às discussões para com terceiros, mas na verdade se aplicam também, e inevitavelmente, às situações de incerteza entre os próprios autores do documento; relativamente a eles, por sinal, aos referenciais externos cogitados pela lei, acresce-se a possibilidade de determinação da data *mínima* a partir do conteúdo das próprias declarações, em que podem estar referidos datas outras ou fatos capazes de levar a uma conclusão nesse sentido.

3. Impugnação por terceiros

Pretendida a utilização de documento contra quem não o tenha formado, é indiferente esteja ou não datado; na segunda hipótese, intuitivamente haverá a necessidade de definição da data, mas mesmo no caso de referência expressa não prevalecerá a indicação se impugnada pelo terceiro, perante quem não se presume a veracidade das declarações feitas em documentos particulares.

Caracterizado conflito em torno desse aspecto, uma vez mais pondere-se ser enganosa a redação deste art. 409. Antes de mais nada, a ideia será a de perquirição da efetiva data da elaboração, demonstrável por todos os meios de prova admitidos; apenas em caso de impossibilidade é que caberá recorrer às regras subsidiárias objeto dos incisos, de modo a estabelecer-se data imaginária.

Quanto àquelas, diga-se ser meramente exemplificativo o rol legal (o que, de resto, fica perfeitamente claro pela redação do inciso V), alternando o legislador critérios afirmativos (*v. g.*, que envolvem atos capazes, por si só, de fazer prova da existência do documento, como os incisos I e IV) com outros meramente excludentes (que simplesmente fazem presumir a impossibilidade material de surgimento do mesmo a partir de determinado momento, como no caso dos incisos II e III).

Inicialmente, alude o Código ao *registro* do documento (inciso I), subentendendo-se que em serventia extrajudicial, não importa de que tipo (Registro Civil, de Títulos e Documentos ou mesmo de Registro de Imóveis). Possuindo os atos dos serventuários fé pública, presume-se verdadeira a data consignada quanto ao ato de registro, o que permite afirmar que nela necessariamente já formado o documento (ainda que não se saiba quanto tempo antes).

Já no caso do inciso II, a *morte* de qualquer dos signatários remete racionalmente para momento anterior à formação do documento; à míngua de outros elementos, prevalecerá para todos os efeitos a data do próprio falecimento.

Idêntico raciocínio vale para o caso de *incapacitação física* (inciso III), desde que, evidentemente, seja ela de natureza a fazer impossível que, nesse estado, pudesse o agente ter escrito pessoalmente (se assim se deu a formação) ou pelo menos assinado o documento.

Finalmente, extrai-se em termos afirmativos a existência do documento de sua apresentação em *repartições públicas* diversas ou em juízo – no tocante ao processo em que analisado ou mesmo em outros –, como reza o inciso IV, prestando-se a referência objetiva em tal sentido o simples protocolo, o arquivamento, o recibo passado por funcionário público ou a juntada do documento a autos judiciais ou administrativos.

Institui o legislador ainda, no inciso V, norma aberta permissiva da prova da anterioridade por qualquer outro ato ou fato que a estabeleça de modo certo. Tal elemento pode ser utilizado tanto em confronto com algum dos fatores mencionados nos incisos anteriores quanto na falta deles; havendo mais de um dado objetivo a interferir na determinação da data *mínima*, dentre os previstos no art. 409, prevalecerá sempre o indicativo da maior antiguidade do documento.

4. Prova das obrigações

Não se confunda a questão aqui discutida, referente à demonstração da data do documento perante terceiros, com a regra do art. 221 do CC, segundo o qual as obrigações convencionais de qualquer valor e as respectivas cessões somente produzem efeitos quanto a terceiros depois de transcritos no registro público.

Em primeiro lugar, cuida o art. 409 do CPC, quanto à data, não apenas dos instrumentos negociais, mas também de documentos meramente enunciativos ou daqueles alusivos a atos jurídicos *stricto sensu*, ao passo que a norma

do Código Civil se refere essencialmente aos primeiros. A par disso, nota-se que o objeto do art. 409 da codificação processual é a mera perquirição do fator temporal relativo à formação do documento, enquanto o citado art. 221 do CC, indo além, se preocupa com a oponibilidade *erga omnes* dos efeitos do ato jurídico nele consignado, derivada da *publicidade.*

No tocante aos atos negociais, assim, nem sempre o resultado da indagação acerca da data coincidirá com o da eficácia perante terceiros: pode-se por exemplo concluir, em litígio com terceiro, que um documento foi formado pelo menos até a data em que sobreveio incapacidade física a um dos signatários, mas de qualquer modo ressalvar que os efeitos obrigacionais respectivos somente se produziram, quanto ao mesmo terceiro, do registro público, ocorrido em momento posterior.

Jurisprudência

"O documento particular apresentado com a inicial dos embargos de terceiro, com reconhecimento de firma, celebrado dois anos antes de iniciada a execução e quatro anos antes de efetivada a penhora do imóvel, pode não bastar, por si só, para comprovar a posse, mas está a indicar pelo menos o início de prova, tornando injustificado o julgamento antecipado da lide, sem audiência e oitiva de testemunhas requeridas na inicial e hábeis à comprovação da posse." (STJ, REsp nº 282.515/SP, 4ª T., Rel. Min. Sálvio de Figueiredo Teixeira, j. 13/3/2001, *DJ* 7/5/2001, p. 149).

"I – Em relação a terceiros, considera-se datado o documento particular, dentre outras hipóteses, da sua apresentação em juízo (CPC, art. 370-IV). II – As instâncias ordinárias são soberanas na apreciação da prova, salvo quando ocorrente má valoração. III – Há errônea valoração da prova quanto se infringe princípio ou regra jurídica no campo probatório." (STJ, REsp nº 28.027/SP, 4ª T., Rel. Min. Sálvio de Figueiredo Teixeira, j. 11/10/1993, *DJ* 27/03/1995, p. 7.163).

Art. 410. Considera-se autor do documento particular:

I – aquele que o fez e o assinou;

II – aquele por conta de quem ele foi feito, estando assinado;

III – aquele que, mandando compô-lo, não o firmou porque, conforme a experiência comum, não se costuma assinar, como livros empresariais e assentos domésticos.

▶ *Referência: CPC/1973 – Art. 371*

1. Autoria do documento

A identificação do autor, elemento essencial do documento escrito, guarda relevância em primeiro lugar como condição de eficácia das declarações lançadas; sem que se saiba a quem podem ser atribuídas, não estão aptas a produzir qualquer efeito jurídico as manifestações de vontade negociais, ficando por seu turno esvaziadas de qualquer força probatória as declarações meramente enunciativas.

A definição da autoria, nesse sentido, vincula materialmente tais declarações a alguém, pessoa física ou jurídica (CPC, art. 412), tendo ainda reflexos no plano pessoal, na medida em que estabelece a responsabilidade direta pelo conteúdo das mesmas – seja no tocante à sua veracidade intrínseca, seja relativamente a danos que de alguma forma possam causar a terceiros.

Fala-se quanto aos documentos em autoria *material* e *intelectual*, sendo a primeira relacionada com o ato da confecção física, propriamente dita, do documento, e dizendo a segunda respeito à definição (*v. g.*, controle) de seu conteúdo ideológico; coincidindo ambas as figuras, diz-se do documento ser *autógrafo*, enquanto *heterógrafo* é aquele em que o autor material e o intelectual são distintos (Dinamarco, *Instituições de Direito Processual Civil*, vol. III, p. 567).

Os documentos públicos, nessa linha, podem ser tanto autógrafos, quando executados e subscritos por um único funcionário, como heterógrafos, a exemplo do que ocorre com as escrituras públicas, materialmente executadas por agente público, mas de conteúdo determinado, sobretudo, pelos particulares que nelas intervêm; do mesmo modo, encontram-se ambas as modalidades no tocante aos escritos particulares, que podem ou não ser fisicamente constituídos por seu autor intelectual.

2. Autoria e assinatura

Conforme já examinado (v. art. 408), não se confundem ambos os elementos. A autoria diz com o simples fato da identificação do criador do documento, com sua imputabilidade, enfim; a assinatura, por seu turno, é a *confirmação* da autoria, mediante a aposição dos sinais gráficos (ou eletronicamente codificados) pessoais aptos a reconhecer tal aspecto e a atestar a efetiva produção das declarações (ou a responsabilidade por elas), bem como a legitimar o teor do documento.

Normalmente, tem a assinatura papel decisivo, apresentando-se como assinados a maioria dos documentos particulares escritos bem como podendo sua falta, a despeito da indicação da autoria, levar a que não se tenha por concretizada a declaração atribuída a determinada pessoa. Não é ela, entretanto, requisito inafastável em todo e qualquer caso, havendo documentos que, por sua natureza ou pela experiência comum, não a exibem, e admitindo a lei quanto a eles a produção de seus efeitos naturais apenas com base na verificação da autoria, como no caso do inciso III deste art. 410.

O critério utilizado pelo legislador relativamente à autoria do documento privado é o *intelectual*.

Assim, segundo os dois primeiros incisos, é autor tanto aquele que, materialmente, faz o documento, depois assinando-o, quanto quem simplesmente pede ou dá ordem para sua realização, no interesse próprio – exercendo, segundo subentendido, controle sobre a atividade do executor material –, determinando os termos do documento e ao final subscrevendo-o.

O mesmo ocorre quanto aos documentos caracteristicamente não assinados, referidos no inciso III; independentemente de quem os faça, interessa para fins de autoria quem *manda compô-los*, distinção relevante sobretudo em relação aos livros empresariais, atribuíveis ao empresário por conta de quem confeccionados e preenchidos (por seu turno, quanto aos assentos domésticos, também mencionados nesse inciso, normalmente coincidem o autor intelectual e material do documento).

A redação desse inciso é meramente exemplificativa, havendo outros casos de documentos por natureza não assinados, e em que a produção dos efeitos naturais se perfaz pela mera indicação nominal ou por elementos que permitam a apuração da autoria, como folhetos publicitários e artigos de jornais ou revistas, além de hipóteses como as tratadas pelos arts. 415 e 416 do CPC.

Art. 411

Finalmente, quanto aos documentos eletrônicos, a autoria pode ser determinada pela aposição de assinatura eletrônica ou pela mera indicação expressa do autor da mensagem; na falta dessa, reputa-se em princípio autor do documento o titular da fonte emissora.

A respeito da assinatura eletrônica, outrossim, a Lei nº 11.419/2006, que instituiu o processo judicial eletrônico, prevê no art. 1º, § 2º, III, duas formas de identificação dos atos praticados em juízo: a) a assinatura digital baseada em certificado digital emitido por Autoridade Certificadora credenciada, na forma de lei específica (veja-se nesse sentido a Lei nº 14.063/2020, que criou a Infra-Estrutura de Chaves Públicas Brasileira – *ICP-Brasil*); b) mediante cadastro do usuário junto ao próprio Poder Judiciário, conforme disciplinado pelos órgãos respectivos.

Jurisprudência

"Não é imprescindível que o documento esteja, para embasar a inicial da Monitória, assinado, podendo mesmo ser acolhido o que provém de terceiro ou daqueles registros, como os do comerciante ou dos assentos domésticos, que não costumam ser assinados, mas aos quais se reconhece natural força probante (CPC, art. 371). Matéria de fato (Súmula 07-STJ)." (STJ, REsp 164.190/SP, 3ª T., Rel. Min. Waldemar Zveiter, j. 6/5/99, *DJ* 14/6/99, p. 186).

> **Art. 411.** Considera-se autêntico o documento quando:
>
> I – o tabelião reconhecer a firma do signatário;
>
> II – a autoria estiver identificada por qualquer outro meio legal de certificação, inclusive eletrônico, nos termos da lei;
>
> III – não houver impugnação da parte contra quem foi produzido o documento.

▶ *Referência: CPC/1973 – Art. 369*

1. Autenticidade do documento

É necessária atenção, em termos semânticos, à conotação dada à ideia de autenticidade documental, referida com diferentes alcances tanto na linguagem comum como na jurisprudência e até mesmo nos textos legais.

Em sentido estrito, documento *autêntico* é aquele cuja autoria se tem por certa (ou em relação a que se tem a certeza de que provém do autor nele indicado, cf. Moacyr Amaral Santos, *Comentários ao Código de Processo Civil*, IV vol., p. 147), graças a diferentes modos de determinação da respectiva origem; é essa a abrangência com que tratado o termo no dispositivo ora comentado, e a que se pretende corresponda a acepção técnica da palavra, segundo a doutrina majoritária.

Mais amplamente, contudo, é frequente encontrarem-se referências à autenticidade no sentido da veracidade de um documento, quanto ao aspecto material, ou ainda da compatibilidade entre uma reprodução e a via original do documento.

É esse o emprego utilizado, a rigor, quando fala o art. 422, § 1º, do CPC, em autenticação eletrônica de fotos digitais ou extraídas da rede mundial de computadores, documentos esses normalmente não identificados quanto à autoria e que disso não dependem para o reconhecimento da eficácia probante; *autenticação*, aí, vem no sentido de atestado quanto à higidez material, à fidelidade do teor da versão apresentada em juízo, reportando-se portanto ao plano objetivo.

O CPC/73, por seu turno, ao mencionar a decisão que resolvia a arguição de falsidade documental, falava em declaração, por sentença, da *falsidade ou autenticidade* do documento, tomando o termo como antônimo de *falso*, em sentido amplo.

Mesmo o CPC, ao definir o objeto possível de ações declaratórias autônomas, e na esteira do que fazia o art. 4º do CPC/73, refere-se no art. 19 à declaração da *autenticidade ou da falsidade de documento*, em termos simetricamente opostos e compreendendo, portanto, a discussão tanto quanto à assinatura como quanto ao contexto do documento.

A própria Lei nº 8.395/94, que disciplina os serviços notariais e registros, finalmente, emprega essa acepção mais larga ao falar na competência dos tabeliães de notas para a *autenticação de cópias* (art. 7º, V).

Ressalte-se ainda que, conquanto se refira o *caput* deste art. 411 a documentos de forma genérica, trata basicamente dos *particulares* no tocante aos critérios de autenticação aí definidos, visto que no tocante aos documentos públicos a autenticidade, entendida no sentido da autoria material, é presumida, pelo singelo conhecimento do fato de ter sido elaborado por agente público competente no exercício de suas funções. No tocante aos particulares, em forma convencional, o reconhecimento da autenticidade fica por seu turno na dependência de fatores adicionais e circunstanciais, concomitantes ou posteriores à formação do documento.

Da autenticidade do documento particular decorrem outrossim importantes consequências, dentre elas a presunção de que tenha o respectivo autor feito as declarações a ele atribuídas (art. 412, *caput*, do CPC) e a de que verdadeiras, em relação a ele, essas mesmas declarações (art. 408, *caput*, do CPC).

1.1. Reconhecimento da firma por tabelião

Duas são as possibilidades em matéria de reconhecimento de firmas, uma a colheita da assinatura do autor do documento na presença do próprio tabelião ou serventuário devidamente autorizado, levando ao reconhecimento por *autenticidade;* a outra, o reconhecimento por mera *semelhança*, em relação ao qual o tabelião atesta a equivalência entre a assinatura já constante de documento levado à sua presença e outra existente em padrões arquivados no cartório, limitando-se portanto ao confronto comparativo entre ambas as assinaturas.

Não há dúvida de que a primeira hipótese oferece grau de segurança acentuadamente maior; se no reconhecimento por semelhança há um mero juízo valorativo no tocante à correspondência entre os elementos confrontados, formulado a olho nu por quem ademais não tem especialização técnica na matéria – e portanto tanto mais suscetível de erro quanto maior o grau de sofisticação de eventual falso –, no caso do reconhecimento por autenticidade a confirmação da autoria vem de própria declaração de ciência feita pelo tabelião, no uso de sua fé pública, quanto a ter presenciado a assinatura do documento, após devidamente identificado o signatário.

Em ambos os casos, enfim, pode-se falar na existência de uma presunção relativa de autenticidade quanto ao documento assim chancelado, mas a elisão dessa presunção mostra-se intuitivamente mais complexa no tocante ao reconhecimento por autenticidade; com efeito, se no tocante ao reconhecimento por semelhança basta o questionamento do resultado do confronto visual feito (e que pode se revelar deficiente

independentemente de má-fé do tabelião ou de seu preposto), já no que se refere ao outro caso seria preciso conceber a hipótese de falha na identificação do subscritor ou, ainda mais gravemente, de falsidade da própria declaração de ter sido presenciada a subscrição do documento.

O inciso I do art. 411 compreende ambas as hipóteses. Dúvida não pode haver quanto a isso, inclusive quando se verifica a clara modificação redacional promovida no tocante ao art. 369, seu equivalente no CPC/73. Se agora limita-se o CPC a dizer, de forma genérica, que o documento se considera autêntico quando o tabelião reconhecer a firma do signatário, no texto anterior mencionava-se o reconhecimento da firma com declaração *"de que aposta na presença"* do tabelião (mesmo à luz do Código revogado, de toda forma, sustentávamos que a interpretação deveria ser extensiva).

Tem-se, em última análise, que em matéria de reconhecimento de firma, o documento particular pode ou já nascer autêntico, nas situações em que subscrito em presença do agente público competente, com certificação do fato, ou então vir a ser autenticado posteriormente, com sua apresentação, já devidamente formado, ao tabelião, e o reconhecimento nesse momento, por semelhança, das assinaturas nele lançadas.

Em um e outro caso, a simples impugnação da firma não bastará a produzir o efeito referido no art. 428, I, do CPC, de cessação da fé do documento particular pela impugnação de sua autenticidade, e o ônus da prova da falsidade, diferentemente de regra geral do art. 429, II, do mesmo Código, será de quem a alega.

1.2. Identificação da autoria por outro meio legal de certificação

Com o avanço das modernas tecnologias e a difusão da produção e trânsito de documentos em ambientes virtuais, dentro ou fora do processo eletrônico, cresce a importância do estabelecimento de métodos seguros de verificação da autoria dos atos assim praticados.

Nesse sentido, também com presunção relativa, considera o inciso II do art. 411 autêntico o documento quando identificada a autoria por qualquer outro meio legal, inclusive eletrônico, nos termos da lei.

Relativamente ao processo eletrônico, considera a Lei nº 11.419/2006 assinado ele-

Art. 411

tronicamente o documento pela identificação inequívoca do signatário por meio de assinatura digital baseada em certificado digital emitido por Autoridade Certificadora devidamente credenciada, na forma da lei (art. 1º, § 2º, III, "a"), ou mediante cadastro junto ao próprio Poder Judiciário, conforme disciplinado por seus órgãos (art. 1º, § 2º, III, "b").

Por seu turno, a Lei nº 14.063/2020, responsável pela instituição da estrutura de Chaves Públicas brasileira (ICP-Brasil – art. 1º), criou Comitê Gestor encarregado de estabelecer uma política nacional de certificação (art. 4º, III), prevendo ainda o credenciamento de Autoridades Certificadoras (AC), dentre órgãos e entidades públicas, além de pessoas jurídicas de direito privado (art. 8º), com vistas à emissão de certificados e credenciamento de usuários visando a assinatura digital de documentos.

Segundo o art. 10, § 1º, as declarações constantes dos documentos em forma eletrônica produzidos com a utilização de processo de certificação disponibilizado pela ICP-Brasil presumem-se verdadeiras em relação aos signatários,

Importante destacar que essa mesma Medida Provisória, em seu art. 10, § 2º, dispõe não ficar obstada a utilização de outros meios de comprovação da autoria e integridade de documentos em forma eletrônica, inclusive com a utilização de certificados não emitidos pela ICP-Brasil, desde que admitido pelas partes como válido ou aceito pela pessoa a quem for oposto o documento.

1.3. Falta de impugnação pela parte a quem oposto o documento

A terceira hipótese de autenticação do documento particular, no processo, refere-se ao silêncio da parte contrária (art. 411, III).

Diferentemente dos outros dois incisos, em que a autenticidade dos documentos privados, intrínseca ou adquirida, é qualidade que a eles adere e que pode produzir efeitos inclusive fora do processo judicial, tem-se, nesse último caso, hipótese necessariamente vinculada a um processo judicial e com eficácia restrita a ele próprio (vale dizer, o silêncio em determinado processo não impede que a parte venha a questionar a autenticidade do mesmo documento em outro processo).

Cabe à parte a quem oposto documento, de qualquer natureza, dizer, no prazo legal (art.

436, II, do CPC), se lhe admite a autenticidade ou argui a falsidade (art. 436, III); silenciando, significa que o aceita como autêntico (e verdadeiro), o que confere ao documento particular não autenticado, por fatores outros, atributo dessa ordem estritamente para os fins do processo considerado, permitindo seja recebido com a devida fé e nele se reconheçam os efeitos próprios das declarações correspondentes (art. 428, I, do CPC, *a contrario sensu*).

Em suma, se o documento particular convencional nasceu autêntico ou foi autenticado, ingressa no processo com essa condição. Em se tratando de documento eletrônico, idem, caso assinado digitalmente por meio de certificado emitido e fiscalizado pela ICP-Brasil. Caso se trate, entretanto, de documento convencional não autenticado previamente, ou de documento eletrônico assinado digitalmente por certificado estranho à ICP-Brasil e não convencionado pelos interessados, depende da conduta da parte contrária para que tenha sua fé reconhecida.

Apesar de se referir o texto legal à iniciativa da parte, não se exclui possa a fé de documento particular ser questionada (quando menos para efeito de verificação) e mesmo negada pelo juiz, de ofício, seja previamente ao contraditório (e é particularmente relevante sua conduta nesse momento, por exemplo, em face de pedidos de tutela de urgência que tomem por base documentos privados não autenticados), seja quando já devidamente caracterizada a inércia da parte adversa no tocante a eventual impugnação.

Jurisprudência

"1. A assinatura digitalizada ou escaneada não permite a aferição de sua autenticidade, por se tratar de inserção de imagem em documento que não pode ser confundida com a assinatura digital que se ampara em certificado digital emitido por Autoridade Certificadora credenciada, a qual possui previsão legal. 2. Não se afigura aplicável a providência do art. 13 do CPC/1973, uma vez que o vício de representação é considerado insanável na instância extraordinária." (STJ, AgInt no AREsp nº 1.033.330/PE, 4ª T., Rel. Min. Maria Isabel Gallotti, j. 10/10/2017, *DJe* 18/10/2017).

"1. O Superior Tribunal de Justiça tem entendimento firmado no sentido de que "na instância especial é inexistente recurso interposto por advogado sem procuração nos autos"

(Súmula n. 115/STJ). 2. "A assinatura digitalizada – ou escaneada –, por se tratar de mera inserção de imagem em documento, não se confunde com a assinatura digital baseada em certificado digital emitido por Autoridade Certificadora credenciada, prevista no art. 1º, § 2º, III, a, da Lei n. 11.419/2006" (AgRg no AREsp n. 439.771/PR, Relator Ministro Luis Felipe Salomão, *DJe* de 15/8/2014). Precedentes. 3. "A previsão do art. 13 do CPC não se aplica aos recursos dirigidos a este Tribunal, haja vista que a regularidade da representação processual deve estar demonstrada no momento da interposição do recurso" (AgRg no AREsp n. 522.272/SC, Relator Ministro Antonio Carlos Ferreira, *DJe* de 26/8/2014)." (STJ, AgInt no AREsp nº 991.585/BA, 3ª T., Rel. Min. Marco Aurélio Bellizze, j. 16/2/2017, *DJe* 1º/3/2017).

"O juiz é o destinatário final das provas, a quem cabe avaliar sua efetiva conveniência e necessidade, advindo daí a possibilidade de indeferimento das diligências inúteis ou meramente protelatórias, em consonância com o disposto na parte final do art. 130 do CPC/73, de sorte que inexiste nulidade quando o julgamento antecipado da lide decorre do entendimento do Juízo *a quo* de que o feito encontra-se devidamente instruído com os documentos juntados aos autos pelo recorrido, bem como o recorrente não questionou a autenticidade das assinaturas nem a veracidade do conteúdo." (STJ, AgRg no AREsp nº 864.996/SP, 4ª T., Rel. Min. Raul Araújo, j. 29/9/2016, *DJe* 20/10/2016).

"A assinatura digitalizada ou escaneada, por se tratar de mera inserção de imagem em documento, não se confunde com a assinatura digital baseada em certificado digital emitido por autoridade certificadora credenciada, prevista no art. 1º, § 2º, III, a, da Lei n. 11.419/2006." (STJ, AgInt no AREsp nº 830.706/ES, 4ª T., Rel. Min. Antonio Carlos Ferreira, j. 17/5/2016, *DJe* 20/5/2016).

"No que se refere à comprovação da autenticidade do documento questionado (distrato de compra e venda), cabe observar que o col. Tribunal de origem, ao decidir a questão, expressamente consignou estar comprovada sua autenticidade por tabelião, que o dota de fé pública." (STJ, AgRg no AREsp nº 664.847/MG, 4ª T., Rel. Min. Raul Araújo, j. 19/11/2015, *DJe* 11/12/2015).

"1. Nesta Corte Superior, é consolidado o entendimento de ser inexistente, na instância especial, recurso interposto sem a assinatura do advogado, sendo incabível a reabertura de prazo para regularização do feito, a teor do art. 13 do CPC. 2. Considera-se sem assinatura o recurso no qual há inserção de assinatura escaneada em determinado documento, obtida a partir de outro documento original, porquanto não confere garantia quanto à sua autenticidade em relação ao signatário." (STJ, AgRg no AREsp nº 754.561/SC, 4ª T., Rel. Min. Marco Buzzi, j. 15/9/2015, *DJe* 24/9/2015).

"1. Nesta Corte Superior, é consolidado o entendimento de ser inexistente, na instância especial, recurso interposto sem a assinatura do advogado, sendo incabível a reabertura de prazo para regularização do feito, a teor do art. 13 do CPC. 2. Considera-se sem assinatura o recurso no qual há inserção de assinatura escaneada em determinado documento, obtida a partir de outro documento original, porquanto não confere garantia quanto à sua autenticidade em relação ao signatário." (STJ, EDcl no AREsp nº 648.211/PE, 3ª T., Rel. Min. Moura Ribeiro, j. 28/4/2015, *DJe* 12/5/2015).

"O *caput* do art. 2º da Lei n. 11.419/2006 estatui que o envio de petições e de recursos em meio eletrônico exige o cadastro prévio no Poder Judiciário. Por sua vez, os §§ 1º e 2º dispõem que é por meio desse cadastro prévio que será, entre outras coisas, aferida a identidade do subscritor do pedido, bem assim a sua autenticidade. Por essa razão, a petição eletrônica é considerada assinada por aquele que, sendo previamente cadastrado e identificado no Tribunal, a protocolou." (STJ, EDcl no AgRg no AREsp nº 170.846/RJ, 6ª T., Rel. Min. Sebastião Reis Júnior, j. 3/3/2015, *DJe* 11/3/2015).

"1. O ônus da prova, quando se tratar de contestação de assinatura, incumbe à parte que apresentou o documento, consoante o art. 389, inciso II, do CPC. 2. O art. 369 do CPC, ao conferir presunção de autenticidade ao documento, quando o tabelião reconhecer a firma do signatário, declarando que foi aposta em sua presença, não excluiu a possibilidade de o julgador considerar cumprido o ônus do apresentante pela exibição de documento cuja firma tenha sido reconhecida por semelhança. 3. Se, de um lado, o reconhecimento por semelhança possui aptidão, tão somente, para atestar a similitude da assinatura apresentada no documento com relação àquelas apostas na

Art. 412

ficha de serviço do cartório, também é certo que, assim como o reconhecimento de firma por autenticidade, tem a finalidade de atestar, com fé pública, que determinada assinatura é de certa pessoa, ainda que com grau menor de segurança. 4. O art. 369 do CPC não possui conteúdo normativo suficiente para amparar a tese do recorrente – de que o reconhecimento de firma por autenticidade seria a única forma possível de o apresentante se desincumbir do seu ônus legal, o que atrai a incidência da Súmula nº 284/STF." (REsp nº 302.469/MG, 3ª T., Rel. Min. Ricardo Villas Bôas Cueva, j. 4/10/2011, *DJe* 7/10/2011).

"1. Hipótese em que não consta a assinatura do procurador da agravante na petição do agravo de instrumento. 2. Encontra-se pacificado nesta Corte entendimento no sentido de que, na instância especial, o recurso sem assinatura do advogado é considerado inexistente. 3. A assinatura da declaração de autenticidade, em folha separada da peça recursal, não supre a firma faltante na petição, pois não se trata do mesmo signatário e o documento não integra as razões do recurso." (STJ, AgRg no Ag nº 1.174.595/MG, 1ª T., Rel. Min. Benedito Gonçalves, j. 19/11/2009, *DJe* 30/11/2009).

> **Art. 412.** O documento particular de cuja autenticidade não se duvida prova que seu autor fez a declaração que lhe é atribuída.
>
> **Parágrafo único.** O documento particular admitido expressa ou tacitamente é indivisível, sendo vedado à parte que pretende utilizar-se dele aceitar os fatos que lhe são favoráveis e recusar os que são contrários ao seu interesse, salvo se provar que estes não ocorreram.

▶ *Referência: CPC/1973 – Art. 373*

1. Presunção de regularidade material quanto ao documento particular autêntico

A regra deste art. 412 complementa a do art. 408 do CPC, no tocante à força probante do documento particular escrito tido por autêntico (seja em decorrência de fatores anteriores ao processo, seja porque não impugnada a autenticidade pela parte contrária, conforme alternativas descritas no art. 411 do mesmo Código).

Desde que estabelecida, com a necessária segurança, a autoria do documento, presume-se, até prova em contrário, a veracidade do teor literal, e em certa medida a veracidade intrínseca das declarações ali contidas; deste último detalhe cuida o art. 408, enquanto da exatidão textual trata o *caput* do artigo ora comentado.

No plano formal, se o documento foi assinado sem qualquer ressalva por seu autor (material e intelectual ou apenas intelectual), a consequência é tomarem-se como suas as declarações nele inseridas, reconhecendo-se não apenas o ato de declarar e sua imputabilidade ao signatário, como também o teor propriamente dito das declarações, aceitando-se em princípio que foram prestadas tal qual reproduzidas, e não de outro modo.

Não vem ao caso, nesta seara, discutir questões ligadas ao conhecimento efetivo, pelo signatário, da integralidade do documento assinado, sua consciência do real significado das disposições nele inseridas ou ainda a concordância ou possibilidade de discussão de partes do mesmo, temas frequentes em torno de documentos que instrumentam negócios jurídicos, especialmente nos chamados contratos de adesão. Todos esses aspectos dizem respeito ao campo meramente obrigacional, passando pela perquirição da validade e força vinculante das manifestações de vontade, além da licitude ou interpretação de determinadas cláusulas, ainda quando expressamente afirmadas pelos contratantes; nada disso interessa ao CPC, que nesta parte aborda apenas e tão somente o tema da *materialidade* documental, deixando aos ramos pertinentes do Direito a interpretação dos *efeitos* do quanto declarado.

A presunção existente quanto à veracidade do conteúdo é relativa, e pode ser ilidida pelo interessado mediante prova seja de que adulterado o documento em relação a seu teor original (CPC, art. 427, II), seja de que assinado em branco e preenchido abusivamente (CPC, art. 428, II), em ambos os casos sendo o ônus do impugnante (CPC, art. 429, I). O interesse na impugnação, outrossim, embora mais comumente se relacione com o subscritor ou subscritores do documento, pode também dizer respeito a terceiros (pense-se na refutação, por outros candidatos, de documento apresentado por pessoa inscrita em concurso público, e no qual tenham sido posteriormente ao prazo final incluídas declarações destinadas a atender requisitos faltantes).

2. Indivisibilidade

O CPC repete, quanto aos documentos, a mesma noção de indivisibilidade fixada no art. 395 relativamente à confissão, embora aqui seja mais claro quanto à possibilidade de quebra da regra. Comporta o parágrafo único do art. 412, por seu turno, interpretação em dois planos distintos, de um lado quanto à força probatória do documento, propriamente dita, e de outro em torno de limites à atividade probatória das partes.

Explica-se. Quanto ao conteúdo, a base do raciocínio é essencialmente a mesma que se verifica em torno da indivisibilidade da confissão, tomando-se como pressuposto a uniformidade de ânimo que há de ser tida num primeiro momento como inspiradora da confecção do documento; assim, não havendo dúvida quanto à autenticidade do escrito, faz ele prova em princípio quanto à totalidade de seu teor, e não quanto a um ou outro fato isoladamente, a menos que se prove em específico a inveracidade de aspectos isolados.

Como regra de atividade, outrossim, fica claro pela redação do dispositivo comentado dirigir-se ele à parte responsável pela *apresentação* do documento nos autos – até porque do ponto de vista da parte perante quem produzida a prova seria a previsão do art. 412, parágrafo único, inteiramente inócua.

Com efeito, admitindo esta última, expressa ou tacitamente, o documento como um todo (*v. g.*, conteúdo material e ideológico), nem mesmo teria a rigor interesse para qualquer impugnação posterior, impondo-se perante ela o documento pela própria aceitação havida, independentemente de qualquer consideração sobre a indivisibilidade; por outro lado, nas hipóteses de admissão da autoria mas de impugnação, total ou parcial, quanto ao conteúdo, a questão se resolve em termos de ônus da prova, a teor do art. 429, I, do CPC, prevalecendo em princípio a força probatória integral do documento por força dos arts. 408, *caput*, e 412, *caput*, e cabendo à parte impugnante a demonstração da inexatidão no tocante ao fato ou fatos impugnados (ainda uma vez nada de novo trazendo a figura da indivisibilidade).

Na verdade, o que se pretende em última análise destacar no parágrafo único é que a parte que utiliza o documento no processo deve conformar-se com sua consideração como um todo, aí incluídos fatos, objeto de declarações, desfavoráveis a seus interesses (e mesmo a própria existência das declarações, que em si também é *fato*), não lhe sendo dado pinçar os aspectos proveitosos do documento e sem mais explicações recusar valor probatório quanto ao restante. Não pode enfim, o apresentante (ou quem requer a vinda de um documento aos autos, requisitado junto a terceiro), a pretexto de ser sua a iniciativa da prova, eleger parcela do documento e propor-se a utilizá-lo parcialmente, ignorando o mais; a opção pela juntada aos autos deve ser feita, portanto, com a consciência de que a integralidade do conteúdo documental passará a servir de prova no caso concreto.

Discordando outrossim o apresentante de parte do teor, caberá a ele mesmo fazer a prova em contrário, nesse caso reunindo-se o autor da prova e o impugnante em uma só pessoa. A ressalva deverá ser feita, saliente-se, no momento da própria apresentação do documento, não se aplicando aqui, por óbvio, os prazos que os arts. 430, *caput*, e 437, § 1º, do CPC, conferem à parte contrária (salvo se enviado por terceiro), nem tampouco cessando a fé do documento pelo singelo fato da impugnação; assim, não sendo refutada pela parte adversa a autenticidade do documento, será ele recebido nos autos como verdadeiro quanto ao todo, até que eventualmente reconhecida a falsidade da parte questionada.

É preciso atentar, contudo, para o detalhe de que o parágrafo único não se presta a alterar as regras sobre a força probante natural dos documentos, nem tampouco sobre o ônus da prova. Nesse sentido, os fatos que serão tidos por provados na esteira da indivisibilidade aí proclamada são apenas aqueles já passíveis de prova pelo próprio documento, não significando que todo e qualquer fato nele referido se tenha automaticamente por provado contra o apresentante (pense-se, por exemplo, em um documento contendo manifestações dispositivas, vinculativas do signatário, e, paralelamente, manifestação enunciativa insuscetível por si mesma de fazer prova em favor desse, tudo nos termos do art. 408, parágrafo único; seria absurdo supor que a parte contrária, como preço ao reconhecimento da eficácia probatória das manifestações dispositivas, tivesse que tolerar contra si como provados os demais fatos, excluídos por lei da força probatória natural do documento, obrigando-se a uma prova em contrário que na

Art. 413

prática soaria como pura e simples inversão de ônus probatório).

Em outras palavras, a regra da indivisibilidade *não cria* prova onde ela não existe. Apenas busca evitar que se exclua, ao arbítrio de quem se pretende valer do documento, o que já está contido em seus limites probatórios naturais.

Jurisprudência

"RECURSO ESPECIAL. EMPRESARIAL E PROCESSUAL CIVIL. TRANSPORTE MARÍTIMO INTERNACIONAL. ATRASO NA DEVOLUÇÃO DE CONTÊINERES. DESPESA DE SOBRE-ESTADIA (OU "DEMURRAGE"). CONTRATO CELEBRADO EM LÍNGUA ESTRANGEIRA. TRADUÇÃO INCOMPLETA. OFENSA AO PRINCÍPIO DA INDIVISIBILIDADE DO DOCUMENTO. AUSÊNCIA DE PROVA DE FATO CONSTITUTIVO DO DIREITO DO AUTOR. 1. Segundo o princípio da indivisibilidade do documento, este deve ser interpretado como um todo, não podendo ser fracionado para que se aproveite a parcela que interessa à parte, desprezando-se o restante. 2. Ineficácia probante da tradução parcial de contrato celebrado em idioma estrangeiro. 3. Inviabilidade de se dispensar a tradução na hipótese em que o documento estrangeiro apresenta-se como fato constitutivo do direito do autor. 4. Doutrina e jurisprudência acerca do tema." (STJ, REsp nº 1.227.053/SP, 3ª T., Rel. Min. Paulo de Tarso Sanseverino, j. 22/5/2012, *DJe* 29/5/2012).

Art. 413. O telegrama, o radiograma ou qualquer outro meio de transmissão tem a mesma força probatória do documento particular se o original constante da estação expedidora tiver assinado pelo remetente.

Parágrafo único. A firma do remetente poderá ser reconhecida pelo tabelião, declarando-se essa circunstância no original depositado na estação expedidora.

▶ *Referência: CPC/1973 – Art. 374*

---

1. Documentos transmitidos por meios de telecomunicação ou assemelhados

Não se pode deixar de considerar que, com o avanço da informática e o emprego cada vez mais difundido dos meios eletrônicos nas comunicações em geral, dispositivos como o presente vão cada vez mais sendo relegados a um completo anacronismo, quando se referem a mecanismos como o telegrama ou radiograma; de toda forma, deve ser considerada, de modo a preservar sua restrita utilidade, a existência de disparidades regionais e carências materiais que sigam determinando a necessidade de emprego desses meios em locais diversos (note-se que, embora fale em "qualquer outro meio de transmissão", não abrange o presente artigo os documentos diretamente produzidos ou pelo menos transmitidos em meio eletrônico, cuja disciplina para fins processuais foi realizada pela Lei nº 11.419/2006, em que também tratado o problema da assinatura eletrônica).

O presente artigo pressupõe documentos efetivamente enviados por meio de estações expedidoras (do correio, subentende-se, ou a partir de órgãos autorizados a operar sistemas dessa ordem), isso em virtude do problema do controle da autoria do documento por terceiros estranhos à sua formação.

A característica principal de sistemas como os diretamente referidos no art. 413 reside, como já dito, na reprodução, junto à estação receptora dos impulsos, de novo documento com o teor literal do documento deixado na estação expedidora, sem no entanto retratar no destino a imagem física do original, daí a singular importância da informação, a partir do ponto de origem, quanto à identificação do pretenso autor das declarações (primeiro e fundamental problema suscitado pelos documentos escritos em geral). Existindo essa indicação, a lei considera a reprodução idônea a incorporar a mesma força probatória do documento transmitido – vale dizer, desde que admitida a autoria, fará prova do teor das declarações atribuídas ao signatário (art. 412 do CPC), presumindo-se elas ainda verídicas quanto à sua pessoa (art. 408 do CPC).

Ressalte-se que o original não precisa ser assinado na própria estação expedidora, bastando que se declare no telegrama ou radiograma a circunstância de estar subscrito pelo indigitado autor. Por outro lado, tampouco é imprescindível ao espírito da norma ora analisada que o próprio autor compareça à estação expedidora; por remetente se entende, aí, o interessado no envio do documento, que por seu turno pode incumbir das providências práticas inerentes à expedição terceiro sob suas ordens.

É importante destacar, outrossim, em face da redação do parágrafo único, não exigir a lei o reconhecimento da firma por tabelião, apenas facultando-o ao interessado; da opção feita, de toda forma, irão decorrer diferentes consequências em torno da força probatória do documento particular.

Assim, se não previamente autenticada a firma, uma vez impugnada, no prazo do art. 436 do CPC, a autoria do próprio documento transmitido, cessará temporariamente a fé da reprodução até que comprovado tal aspecto (CPC, art. 428, I). Essa comprovação, embora não o diga o art. 413, poderá ser feita inclusive pelo envio do original depositado perante a estação expedidora, para verificação direta da assinatura.

Por outro lado, desde que promovido o reconhecimento na origem, a simples menção ao ato do tabelião bastará para que o documento transmitido se presuma autêntico no tocante à autoria nele apenas indicada, nesse caso estando apto a desde logo produzir os efeitos probatórios inerentes ao documento particular original, até que eventualmente provada por meios próprios a falsidade da assinatura.

Problema especial diz respeito às petições em geral (inclusive recursos) enviadas por tais meios de transmissão de dados. Embora não constituam prova no sentido processual, há a questão da prova da regularidade da própria manifestação a cargo do advogado (necessária à verificação de aspectos como a capacidade postulatória e o regular cumprimento dos prazos), para tanto valendo-se a jurisprudência de dispositivos como o ora comentado.

E, nesse sentido, embora o STJ, no tocante a recursos interpostos por telegrama, tenha chegado a entender dispensável o reconhecimento da firma na origem, consolidou-se sua jurisprudência em sentido contrário, considerando obrigatória a providência do parágrafo único do art. 374, parágrafo único, do CPC/73 (reproduzido integralmente por este art. 413), ao menos em se tratando de manifestação que deve vir necessariamente subscrita pelo advogado constituído nos autos (ato diverso de simples *meio de prova* e cuja regularidade deve ser passível de verificação de pronto).

2. Fax

Os documentos enviados por fac-simile se sujeitam a regime distinto, sendo disciplinados por legislação específica (Lei nº 9.800/99). Tendo em vista sua capacidade de envio ao destino da própria imagem do documento original, eliminou-se quanto a ele a importância da declaração por terceiros da existência ou não de assinatura (e de sua eventual autenticação), própria de sistemas como o telegrama ou o radiograma, e bem assim de eventuais aspectos como o reconhecimento por tabelião. Justamente por isso, facilitou-se a admissibilidade de transmissões mesmo quando feitas a partir de equipamentos particulares, operados pelo próprio remetente.

A eficácia probatória da reprodução, de todo modo, é ditada pela do documento-base, e varia conforme esteja ou não a assinatura reconhecida no original, pois disso depende a presunção de autenticidade do próprio original, ou a necessidade de admissão da assinatura pela parte contrária.

O art. 1º da Lei nº 9.800/99 expressamente permite a prática por meio do fac-simile de "atos processuais que dependam de petição escrita" (aí compreendida, por evidente, a juntada de documentos com escopo probatório). O mesmo diploma legal deixa claro no art. 2º ficar o interessado posteriormente obrigado a juntar aos autos os originais da manifestação (até cinco dias do término do prazo, ou em cinco dias da recepção do material, quando não há prazo em curso); por originais entendam-se a petição correspondente, devidamente assinada pelo advogado, e os documentos que naturalmente a acompanhariam, não necessariamente em sua forma original – pode ocorrer, com efeito, que a petição já viesse instruída com documentos em forma de cópias.

Jurisprudência

"Deixando a distribuidora ré de arguir, na contestação, a inveracidade do conteúdo dos telegramas apresentados pelo autor, presume-se verdadeiro o contexto em que produzidos, nos termos dos arts. 372 e 374 do CPC/73." (REsp nº 1.455.296/PI, 3ª T., Rel. Min. Moura Ribeiro, Rel. p/ Acórdão Min. Nancy Andrighi, j. 1º/12/2016, *DJe* 15/12/2016)

"1. A legislação processual civil admite a interposição de peças processuais via fax, nos termos do art. 374, do CPC. 2. A regra, todavia, há que ser conjugada com o disposto no art. 2º, da Lei nº 9.800/99, que dispõe ser imprescindível a apresentação do respectivo original, dentro de cinco dias após o término do prazo para a prática do ato processual respectivo. 3. Na hipótese in

Art. 414

casu, o agravo regimental foi interposto, tão somente, via fax, sem que a petição original correspondente fosse protocolada no prazo hábil, deixando de atender à devida regularidade formal." (STJ, AgRg na MC nº 7.213/MG, 1ª T., Rel. Min. Luiz Fux, j. 24/8/2004, *DJ* 20/9/2004, p. 183).

"Processual. Embargos declaratórios interpostos via fac-símile. Ausência do original. Não conhecimento." (STJ, EDcl no AgRg no Ag nº 550.416/SP, 4ª T., Rel. Min. Aldir Passarinho Junior, j. 5/8/2004, *DJ* 25/10/2004, p. 352).

"Tempestiva é a contestação remetida por fax, se no prazo legal, não se cogitando de necessidade do original dar entrada no mesmo prazo." (STJ, AgRg no Ag nº 346.298/PR, 4ª T., Rel. Min. Sálvio de Figueiredo Teixeira, j. 28/8/2001, *DJ* 22/10/2001, p. 331).

"Por força do art. 374 do CPC, admite-se a interposição de recurso via telex. É tempestivo o recurso, se o telex deu entrada no Tribunal ad quem dentro do prazo legal." (STJ, EDcl no REsp nº 129.476/SP, 2ª T., Rel. Min. Adhemar Maciel, j. 18/11/1997, *DJ* 15/12/1997, p. 66.361).

> **Art. 414.** O telegrama ou o radiograma presume-se conforme o original, provando as datas de sua expedição e de seu recebimento pelo destinatário.

▶ *Referência: CPC/1973 – Art. 375*

1. Telegrama e radiograma

Enquanto no art. 413 o legislador se preocupa com a autoria do próprio documento particular objeto da transmissão de dados, e ainda com as condições para a transferência à cópia da força probante do original, já neste art. 414 cuida sobretudo de disciplinar aspectos ligados à exatidão da reprodução em si e ainda à prova da consumação do ato.

Nesse sentido, estabelece o CPC atual, repetindo a disposição do Código revogado, presunção de veracidade quanto ao teor do telegrama ou radiograma, dando-o por conforme com o original (vale dizer, no tocante ao texto em si e também no que diz respeito à assinatura que se diga existente no original, ou a eventual reconhecimento de firma a que se faça menção). Parte claramente, para tanto, do fato de ficar a expedição, pela própria natureza do ato, a cargo de agência diretamente encarregada dessa atividade (diversamente do fax, em que a remessa fica sob o inteiro controle do particular interessado).

Tal presunção reforça o quanto se disse nos comentários ao artigo anterior em torno da dispensa de juntada posterior aos autos do original, trazendo ainda outra consequência relevante: a simples impugnação, pela parte contrária, não basta a afastar a ideia de exatidão do teor do telegrama ou radiograma, cabendo ao interessado a afirmação e efetiva prova de eventual divergência (de todo modo, havendo questionamento, será inevitável a requisição do original para o devido confronto, nos termos inclusive mencionados pelo art. 222 do CC).

Vai além o art. 414 no tocante a telegramas, radiogramas ou assemelhados, reputando-os suficientes à prova também da data da expedição e do recebimento pelo destinatário, aspecto que requer esclarecimentos. No tocante à remessa, não há maiores problemas, pois vai a data registrada no próprio documento enviado, que assim faz efetiva prova em torno desse detalhe. Em relação ao recebimento, contudo, não se pode confundir a recepção dos dados, na estação correspondente, com o recebimento do telegrama ou radiograma pelo próprio destinatário do documento (o que interessa para fins legais), sendo perfeitamente possível a falta de coincidência das datas; não são, portanto, o telegrama ou o radiograma que demonstram, por si mesmos, tal aspecto, mas a declaração a respeito que faça a estação receptora, esta última na dependência da efetiva entrega do documento e mediante a assinatura do aviso de recebimento.

Feita a ressalva, também nesses casos há, enfim, presunção de veracidade, de toda forma relativa e passível de prova em contrário mediante impugnação devidamente especificada.

2. Fax

O problema temporal, na essência, se concentra aqui num único aspecto, visto que a transmissão e a recepção ocorrem praticamente de forma instantânea; resta de todo modo a questão da demonstração do momento do envio, em si mesmo, que de um lado é feito por comprovante registrado na própria mensagem, indicando a data e hora, além da origem da transmissão; por seu turno, fica também o emitente, a partir do aparelho transmissor, com comprovante em tal sentido, além da confirmação do sucesso da transmissão.

A despeito da inexistência propriamente de "estações" expedidoras e receptoras, tais registros contam, em última análise, com a intervenção da empresa controladora dos serviços telefônicos, merecendo fé em princípio e podendo a situação se ter, portanto, como também alcançada pelo presente art. 414 do CPC (ressalte-se, todavia, que o emitente conta com a prova de que enviou "algum" documento, mas não tem, com base apenas em seu comprovante, como demonstrar qual exatamente o teor respectivo, obstáculo que desaparece nas transmissões *on-line*).

Já no que diz respeito à fidelidade propriamente dita do teor do fax para com o documento original, em princípio os equipamentos transmissores excluem a possibilidade de modificação da imagem *no curso* da transmissão. Há, entretanto, outros problemas a enfrentar, como o da adulteração do próprio documento-base, mediante artifícios ou montagens destinados a, sem agressão definitiva ao suporte material, forjar temporariamente conteúdo diverso (com a inserção de novos dados ou a cobertura de outros); a dificuldade existe igualmente na transmissão de imagens *on-line*, em que da mesma forma o teor da reprodução é inteiramente controlado pelo interessado direto, sem a participação de terceiro isento, daí inclusive a necessidade da juntada dos originais, prevista no art. 2º da Lei nº 9.800/99.

Como quer que seja, esse mesmo diploma legal admite implicitamente a exatidão, em princípio, da cópia reproduzida, tanto assim é que em seu art. 3º permite que os juízes pratiquem desde logo "atos de sua competência" à vista de transmissões efetuadas daquela forma, no art. 4º, responsabilizando o usuário do sistema pela fidelidade do material transmitido. A conferência, outrossim, é de ser feita automaticamente pelo escrivão, quando da vinda aos autos dos originais da petição e de eventuais documentos, sem prejuízo do controle pela outra parte.

Jurisprudência

"A hipótese não trata de valorar prova, mas de reexaminá-la, porquanto o julgado não considerou ser ilegal a notificação extrajudicial feita ao arrendatário mas, com a mão na prova, o modo como processada através dos correios, sem as cautelas mínimas de certeza do efetivo recebimento pelo destinatário." (STJ, AGEDRESp

no 6.397/MG, Corte Especial, Rel. Min. Jesus Costa Lima, j. 14/5/92, *DJ* 22/6/92, p. 9.713).

> **Art. 415.** As cartas e registros domésticos provam contra quem os escreveu quando:
>
> **I** – enunciam o recebimento de um crédito;
>
> **II** – contêm anotação que visa a suprir a falta de título em favor de quem é apontado como credor;
>
> **III** – expressam conhecimento de fatos para os quais não se exija determinada prova.

► *Referência: CPC/1973 – Art. 376*

1. Força probante das cartas

O CPC atual mantém a técnica do CPC/73, em dispositivo que reproduz integralmente o art. 376 daquele, tratando da força probatória das cartas em separado do dispositivo que cuida da força probante dos documentos particulares escritos e assinados, em geral (art. 408). Em face disso, seguem pertinentes as observações feitas em edições anteriores desta obra, tendo por base o Código ora revogado.

O fato é que as cartas podem se prestar na generalidade dos casos a veículo de declarações de vontade e a instrumentar negócios jurídicos, ou, por outro lado, a simplesmente registrar fatos ou pensamentos. Em qualquer hipótese, desde que assinadas, não haveria razão para a disciplina em separado, já que perfeitamente aplicável a regra segundo a qual presumidas verdadeiras em relação ao signatário as declarações constantes do documento particular.

Afigura-se pertinente por isso a sugestão de Moacyr Amaral Santos, à luz do Código revogado, no sentido de referir-se o antigo art. 376, na verdade, às cartas *não assinadas*, mas inequivocamente escritas pela pessoa a quem atribuídas – ou pelo menos por alguém de sua estrita confiança, como um mandatário, administrador ou secretário (*Comentários ao Código de Processo Civil*, vol. IV, pp. 179-181).

Inevitável considerar de toda forma que a perspectiva de execução por terceira pessoa, quando não assinado o documento, traz a dificuldade adicional, por vezes intransponível, inerente à investigação da própria autorização para o registro escrito, ou pelo menos de sua fidelidade para com a vontade do suposto autor (diferentemente, é bem de ver, da hipótese do art. 410, II, em que o documento é feito por conta de seu autor intelectual, mas de todo modo por ele assinado, com reconhecimento da exatidão de seu teor).

Interessa, enfim, a definição da efetiva autoria intelectual dos escritos, mais facilmente obtenível, por certo, quando coincidente com a autoria material.

Desde que inequívoca dita autoria, preocupa-se o legislador em permitir o reconhecimento do fato abstraída a ausência de seu reconhecimento expresso por meio da assinatura, autorizando a produção de determinados efeitos vinculantes quanto ao autor do escrito, isso considerando a informalidade que cerca documentos dessa natureza. Sintomaticamente, a disciplina relativa à força probante dessas cartas não assinadas vem feita em conjunto com a dos assentos domésticos, documentos que o Código expressamente reconhece como de ordinário não assinados por quem os compõe (cf. art. 410, III, parte final).

Tratando-se outrossim de carta efetivamente subscrita por seu autor, com utilização da firma normalmente utilizada em suas manifestações de vontade formal, a questão se desloca automaticamente para o âmbito do já referido art. 408.

Não se pode por fim deixar de destacar a paulatina redução da importância de previsão como a presente, tendo em vista o progressivo abandono da forma epistolar tradicional na comunicação entre particulares, em prol dos modernos meios de comunicação eletrônica, nos quais o problema da identificação da autoria se supre independentemente de firma pessoal, mas em princípio tomando em conta a fonte emissora da mensagem.

2. Registros domésticos

Trata-se de anotações feitas e mantidas em poder de determinada pessoa, sem rigor formal algum, para controle estritamente privado de aspectos diversos do cotidiano, de ordem pessoal, familiar ou econômica.

Não se prestando esses assentos outrossim ao registro *formal* de determinada atividade, nem derivando de obrigação legal, mas de mera opção pessoal na conservação de dados de interesse, inexiste a atribuição automática de autoria que se vê, por exemplo, quanto aos livros comerciais (por sua própria natureza imputáveis ao comer-

ciante); nem por isso se oferece em tese grande dificuldade à identificação da autoria, considerando o âmbito restrito em que realizados.

E, definida a autoria, a lei lhes atribui eficácia probatória em determinados limites, ainda que não assinados, justamente por considerar que por sua natureza não vêm esses documentos referendados pelo dado formal da assinatura. Sem embargo, impõe-se certa cautela quanto à apreciação do próprio teor e significado das anotações, pelas circunstâncias peculiares de sua formação, aí considerada dentre outras coisas a ausência de intenção de exibição do documento a terceiros (diferentemente inclusive das cartas).

3. Situações específicas

Após o reconhecimento da aptidão probatória dos documentos em questão, o Código a associa a determinadas situações específicas, fazendo-o de toda forma em caráter claramente exemplificativo. Sobretudo importa a observação do texto legal no sentido de serem tais documentos aptos a produzir prova *contra* seu autor, o que se afina com as observações, feitas nos comentários ao art. 408 (*retro*), quando a terem as declarações unilaterais a capacidade de vincular seu autor, em benefício de terceiros, mas não, ordinariamente, de demonstrar fatos de interesse do próprio declarante, voltados a lhe produzir vantagens de ordem variada.

3.1. Apontamentos ou declarações enunciando o recebimento de um crédito

Faltando a quitação formal, ou extraviando-se o instrumento entregue ao devedor, pode esse valer-se de eventual anotação correspondente registrada pelo credor em seus documentos pessoais, desde que inequívoca a dívida mencionada e também a intenção de registrar o pagamento. A anotação, aqui, não chega a se equiparar a uma confissão, já que não dirigida a terceiros, mas expressa a existência de um fato em condições tais que permite seu reconhecimento em desfavor do responsável pela anotação.

Já sendo feito o reconhecimento em carta endereçada a outrem, seja ou não o próprio devedor, a declaração pode valer como confissão extrajudicial, ainda que não tenha o propósito de servir como recibo ou termo de quitação, limitando-se a expressar ciência quanto ao fato do pagamento. Mas não se exclui no extremo – e revendo aqui posicionamento anterior –

que se possa reconhecer, à luz dos termos em que formulada a declaração, manifestação de caráter concretamente liberatório, no plano obrigacional.

3.2. Anotação volta a suprir a falta de título em favor de terceiro credor

A perspectiva agora é inversa, tomando por base registro pessoal feito pelo devedor, com reconhecimento da existência de dívida de sua responsabilidade.

A hipótese do inciso II deste art. 415 envolve a voluntária manifestação do obrigado no sentido da afirmação do débito, normalmente a ser feita por carta dirigida ao próprio credor, não tendo nesse particular caráter constitutivo quanto à obrigação em si – já formada em momento anterior – mas se prestando a autêntica confissão de dívida.

Eventualmente, pode-se cogitar de anotação meramente enunciativa do fato, quando feita em registros domésticos, sem intenção aqui de suprir a falta do título em favor do credor, mas de toda forma passível de invocação por esse como prova da obrigação.

3.3. Expressão do conhecimento de fatos em geral

Afasta-se aqui o legislador de manifestações de caráter confessório, para tratar da mera alusão pelo autor da declaração ou apontamento à ciência quanto a fatos diversos (estranhos à sua esfera pessoal, subentende-se), não dependentes de forma especial de prova exigida por lei. É necessário ler esse inciso, entretanto, em conjunto com a ressalva essencial do parágrafo único do art. 408 deste CPC: quando o documento particular contiver declaração de ciência acerca de determinado fato, prova se o caso *a ciência*, em si (ou ainda menos, convém dizer, isto é, o mero fato da declaração), mas não o próprio fato referido.

> **Art. 416.** A nota escrita pelo credor em qualquer parte de documento representativo de obrigação, ainda que não assinada, faz prova em benefício do devedor.
>
> **Parágrafo único.** Aplica-se essa regra tanto para o documento que o credor conservar em seu poder quanto para aquele que se achar em poder do devedor ou de terceiro.

▶ *Referência: CPC/1973 – Art. 377*

1. Ressalva não assinada em título obrigacional

O CPC uma vez mais repete praticamente na íntegra disposição relativa à força probante de documentos, agora no que diz respeito a notas não assinadas lançadas pelo credor em documento representativo de obrigação.

Coerentemente com o princípio geral definido a partir do art. 408, reconhece-se eficácia probante em desfavor do autor do escrito, vinculando-o às consequências, incidentes sobre sua esfera jurídica, da declaração.

Também aqui, a extração da força probante da nota exarada passa por duas questões básicas: de um lado, em razão da ausência de firma, a apuração segura da própria autoria do escrito, e de outra parte, em matéria interpretativa, a definição da real intenção de seu autor.

A nota a que se refere a lei, como facilmente se percebe, é aquela de natureza *liberatória*, vale dizer, manifestação reconhecendo o pagamento total ou parcial da dívida, ou ainda externando remissão. A despeito da ausência de assinatura, a peculiar circunstância do lançamento da ressalva diretamente pelo credor, e no próprio documento representativo da obrigação, permite excepcionalmente o reconhecimento nesses casos da existência e veracidade da declaração, ainda que de cunho dispositivo, permitindo a liberação dos efeitos correspondentes na esfera civil.

Quanto à forma, finalmente, a nota pode ser feita em qualquer parte do documento, do mesmo modo sendo livre no tocante aos respectivos termos; na medida em que maior o laconismo, entretanto, maior o campo para o questionamento do efetivo sentido da observação. É importante, outrossim, embora não imprescindível, que seja manuscrita, aspecto que pode ser decisivo na hipótese de confrontação com a letra do indigitado autor, caso recusada a paternidade da declaração.

2. Posse do documento

Corrigindo omissão do CPC/73, prevê o parágrafo único do art. 416 do CPC que o reconhecimento da eficácia probante da nota lançada pelo credor possa ocorrer também quando esteja o documento representativo da dívida *em poder de terceiro* (além do próprio credor ou do devedor original, aos quais já se referia o Código revogado).

Na verdade, desde que não haja dúvida quanto à autoria da ressalva, a distinção entre as situações reside fundamentalmente na percepção da intenção do credor ao fazer a ressalva, bem como no grau de vinculação a que exposto.

Permanecendo o documento em poder do credor, pode ele em princípio promover o cancelamento de qualquer nota unilateralmente lançada, sem que se vislumbre nisso alteração irregular do conteúdo; o raciocínio vale para os títulos com perspectiva de futura entrega ao devedor e, com ainda maior razão, para as vias contratuais de propriedade do credor, destinadas a permanecer definitivamente consigo, pois quanto a elas mais clara a ausência de qualquer intuito de realização de declaração formal ou endereçamento da ressalva ao outro contratante.

Retificando o credor, em suma, o registro adicional lançado, previamente à entrega do título a outrem, volta o documento em princípio à sua conformação original.

Mas, não o fazendo, a declaração presume-se verdadeira quanto a ele, especialmente nos documentos destinados à entrega ao devedor, após a liquidação da obrigação.

Em contrapartida, quando o documento já se encontra em poder do devedor (ou de terceiro que desse o tenha recebido, na sequência da cadeira circulatória, quanto a títulos de crédito), duas possibilidades se apresentam, ambas com forte poder de convencimento no tocante à veracidade da declaração.

Em se tratando de via de contrato comum, o fato da existência da anotação naquela destinada ao devedor mostra que o credor, voluntariamente, quis fazer a ressalva perante o primeiro (mais provavelmente no momento da formação do ato jurídico), sendo claro o intuito de constituição de prova em favor desse.

Quanto a títulos de crédito, por outro lado, a singela entrega do documento ao devedor já faz presunção de pagamento, à luz do art. 324 do Código Civil. Se, a par da transferência, o título ainda traz nota explícita indicando o pagamento, sem que se duvide de sua autoria, a conclusão é a de que o credor conscientemente a tenha feito com intuito liberatório. Nessa hipótese, especialíssimo o poder de convencimento advindo dessa conjunção de fatores, fazendo a

nota existente, ainda que não assinada, as vezes de quitação formal.

> **Art. 417.** Os livros empresariais provam contra seu autor, sendo lícito ao empresário, todavia, demonstrar, por todos os meios permitidos em direito, que os lançamentos não correspondem à verdade dos fatos.

▶ *Referência: CPC/1973 – Art. 378*

1. Autoria e forma dos livros empresariais

Fala a nova lei processual em *livros empresariais*, não mais *comerciais*, de modo a se adequar à disciplina do CC/2002, que, além de revogar (art. 2.045) toda a primeira parte do CCom, abandonou a referência a atos de comércio e à figura do comerciante, passando a falar em Direito de Empresa e na figura do *empresário* como sendo aquele que exerce profissionalmente atividade econômica organizada para a produção ou a circulação de bens ou de serviços (art. 966).

O art. 417, ora comentado, se aplica outrossim tanto aos empresários individuais quanto às sociedades empresárias de que tratam os arts. 981 e seguintes do CC, além de leis especiais como a Lei das Sociedades Anônimas (nº 6.404/76).

Autor do livro empresarial, por seu turno, é o próprio empresário (ou a sociedade empresária), o titular da atividade empresarial, aquele ao qual pertencem os livros e que manda compô-los, sob cuja orientação e responsabilidade é formado o conteúdo, ainda que diretamente não tenha qualquer ingerência pessoal sobre os lançamentos e registros feitos. Trata-se de modalidade de documento não assinado, ao qual se aplica a regra do art. 410, III, do CPC.

Quanto à forma, conquanto o art. 417, a exemplo do que fazia o art. 378 do CPC/73, atenha-se ao modelo tradicional e fale tão somente em *livros*, deve-se entender que a abrangência vai além deles, alcançando todos os documentos em que atualmente possível o registro da escrituração empresarial (aspecto variável, segundo a regulamentação aplicável, de acordo com critérios como o porte da empresa, forma societária, natureza da atividade desenvolvida, adesão a modelos fiscais e outros). Melhor andou nesse sentido o art. 226 do CC/2002, que fala em livros e *fichas*.

2. Eficácia probatória em desfavor do empresário

Da força probante dos lançamentos contábeis já cuidava o direito brasileiro desde o CCom, por meio de seu art. 23, 1, em que ressalvada tal aptidão não apenas contra o proprietário original dos livros como também contra seus sucessores comerciantes. A diretriz foi mantida pelo CPC/73 e pelo CC/2002, vindo agora reiterada pelo CPC/2015.

É natural que, destinando-se os registros à documentação de toda a movimentação negocial, e sendo unilateralmente realizados sob controle (direto ou indireto) do empresário, tenham credibilidade quanto aos lançamentos que, por algum motivo, contrariem os interesses dele próprio (por exemplo, evidenciando a existência de uma operação por ele negada, ou desmentindo o valor sustentado quanto a outra, seja em litígios judiciais com terceiros, seja no âmbito da mera fiscalização administrativa pelas autoridades competentes).

A solução técnica em tal sentido toma por inspiração (no tocante ao aspecto *confessório*) a regra geral que reza presumirem-se verdadeiras, quanto ao signatário, as declarações por ele lançadas em documento particular, correspondente no âmbito do CPC ao seu art. 408 (da possibilidade de prova *em favor* do empresário, a partir de seus registros contábeis, cuida outrossim o art. 418).

Acrescente-se ainda a possibilidade de prova dos livros empresariais também por *omissão*. Se o empresário, em determinado caso, apregoa a existência de operação que ele mesmo não escriturou, a conclusão inicial, a partir do exame desses documentos, será a de inexistência daquela.

A presunção desfavorável, como quer que seja, vem posta em termos meramente relativos, deixando expresso o legislador a possibilidade de demonstração pelo empresário, em qualquer caso, da inexatidão dos lançamentos, seja qual for o motivo alegado; não cumprido esse ônus, prevalecerá o teor da escrituração.

Nota-se por fim ter ficado silente o presente art. 417 quanto a questão relevante, expressamente referida pelo CC/2002, inicialmente tratada no art. 24 do CCom e entrosada em parte com a regra do art. 406 do CPC: os registros contábeis, de natureza enunciativa, não suprem, ainda que ao ato façam referência, instrumentos públicos ou particulares que a lei exija como da forma de determinados negócios, pouco importando aqui, saliente-se, a circunstância de ser o registro contrário ou favorável ao empresário.

Nesse sentido, dispõe o parágrafo único do art. 226 do CC, que segue em vigor na medida em que não se vislumbra qualquer propósito, por parte do legislador processual, de estabelecimento de disciplina mais restritiva quanto à matéria: "*Parágrafo único. A prova resultante dos livros e fichas não é bastante nos casos em que a lei exige escritura pública, ou escrito particular revestido de requisitos especiais (...)*"

Jurisprudência

"1. As perdas e danos não poderão ser arbitrários, baseados em lucro hipotético. Na modalidade "lucros cessantes", impõe-se a apuração com base naquilo que era razoável esperar como lucro se o dano não tivesse ocorrido. Todavia, constatando-se que a vítima do dano não lucrou nada e que a ausência de lucro decorreu de elementos alheios ao dano, de forma que, mesmo que o dano não tivesse ocorrido, ainda assim, o resultado negativo verificar-se-ia, não se pode forjar elementos na busca de lucro hipotético. 2. Na hipótese de sentença condenatória ao pagamento de lucros cessantes, em que se posterga a apuração para a liquidação de sentença, não há nenhuma ilegalidade em que os cálculos sejam negativos, mormente quando se trata de sociedade que apresentou, no período dos cálculos, resultado negativo, e não lucro. O que se veda na hipótese de lucros cessantes é a liquidação da sentença baseada em estimativas não condizentes com a realidade vivenciada pela empresa ou a apuração com base em elementos outros que não decorram do dano sofrido." (STJ, EDcl no REsp nº 1.383.187/PR, 3ª T., Rel. p/ acórdão Min. João Otávio de Noronha, j. 7/10/2014, *DJe* 4/11/2014).

"É dever da empresa recorrente manter a correta escrituração dos seus livros fiscais, fazendo estes inclusive prova em contrário com presunção relativa de veracidade. Assim dispõe o artigo 378 do CPC." (STJ, AgRg no Ag nº 1.116.433/MG, 2ª T., Rel. Min. Mauro Campbell Marques, j. 9/6/2009, *DJe* 23/6/2009).

> **Art. 418.** Os livros empresariais que preencham os requisitos exigidos por lei provam a favor de seu autor no litígio entre empresários.

▶ *Referência: CPC/1973 – Art. 379*

Art. 418

1. Eficácia probatória dos livros em favor do empresário

Com as observações feitas nos comentários ao art. 417 acerca da autoria e forma dos livros empresariais, acresce-se que neste art. 418 o legislador inverte a perspectiva e trata da hipótese de invocação do conteúdo da escrituração contábil pelo próprio empresário responsável por sua formação.

A unilateralidade dos registros é fator que, em princípio, conspira contra essa possibilidade, em litígio perante terceiros; em última análise, seria admitir a constituição de prova direta, pelo interessado, a partir de declarações enunciativas de sua autoria, tema de que se tratou nos comentários ao art. 408.

É certo que lançamentos de tal ordem não se podem pressupor aleatórios, inserindo-se num contexto amplo de representação da vida profissional do empresário, a partir de livros que obedecem a certos requisitos formais e que estão sujeitos à devida fiscalização.

De todo modo, não se mostra seguro pretender que na generalidade dos casos esses livros, apenas porque formalmente exatos, tenham a aptidão de produzir prova em favor de seu autor frente a terceiros.

Bem por isso, o CCom, no art. 23, 2 e 3, condicionava a fé dos registros, perante outras pessoas, à existência de respaldo documental (frente a comerciantes, por documentos ilustrativos da transação acompanhados de prova também documental de que expedidos os "avisos necessários"; em face de não comerciantes, mediante o reforço aos assentos contábeis por documentos suscetíveis de fazer, por si, "prova plena"), além de tudo pressupondo em ambos os casos escrituração formalmente regular, sem vícios ou defeitos, e ainda harmônica com os demais livros do comerciante.

O CPC/73 substituiu a disciplina desse art. 23, 2, abstraindo da utilização de dados materiais externos aos próprios livros e permitindo, ao menos nos litígios entre comerciantes, a prova com base neles, se formalmente em ordem (seguiu prevalecendo portanto, quanto aos não comerciantes, a regra do art. 23, 3, do CCom, posteriormente revogada com o advento do CC/2002). E é esse o critério que segue sendo observado pelo CPC, com reprodução praticamente idêntica do teor do art. 379 do Código revogado (exceção feita à correção da terminologia, mediante a substituição do termo *comerciante* por *empresário*).

De se notar entretanto que o alcance prático da inovação é restrito: na medida em que contrapostos dois comerciantes (ou empresários, a partir do CC/2002), a regra da prova favorável se aplica em tese para ambos, relativamente aos respectivos livros; assim, ou a transação vem respaldada por ambas as contabilidades, ou, se negada pela de um deles, demanda naturalmente elementos adicionais de convicção, isso no caso de não apresentarem os livros vícios de qualquer ordem.

Ao fim e ao cabo, portanto, a prova acaba por não ser dada isoladamente por um dos livros, mas pela conjugação dos lançamentos desse com a prova documental que se produza, com os próprios dados dos livros do oponente ou, no extremo, com a ideia de imprestabilidade formal ou inexistência da contabilidade adversa na parte de interesse ao litígio.

2. O CPC e o art. 226 do CC

Sem embargo da observação feita ao final do tópico antecedente, o certo é que, ao menos literalmente, os dois diplomas processuais, de 1973 e 2015, cogitaram da possibilidade de prova favorável ao empresário a partir de seus livros, no litígio com outro empresário. No interregno entre ambos os diplomas, contudo, sobreveio o CC/2002, que em seu art. 226 tratou da matéria em termos diversos.

Segundo o *caput* desse dispositivo legal, "os *livros e fichas dos empresários e sociedades provam contra as pessoas a que pertencem, e, em seu favor, quando, escriturados sem vício extrínseco ou intrínseco, forem confirmados por outros subsídios*".

Vale dizer, restabeleceu esse texto a filosofia do art. 23,3, do CCom, revogado pelo próprio CC, no sentido da exigência de subsídios complementares aos registros contábeis, mesmo em litígios entre empresários. Na verdade, não fez o CC qualquer distinção acerca da natureza do litígio ou da qualidade do sujeito posto em conflito em face do empresário, limitando-se a estabelecer como regra geral a necessidade de elementos probatórios outros para além dos registros contábeis, em se tratando de prova favorável ao autor dos livros.

Ao assim fazer, sem dúvida modificou o regime do art. 379 do CPC/73, como observamos em edições anteriores desta obra.

Mas o CPC por seu turno igualmente inova, ao repetir a redação do Código de 1973 e assim restabelecer o quadro anterior. Desse modo, é possível dizer, em matéria de sucessão de leis no tempo, restar derrogado nesta parte, pelo art. 418 ora comentado, o art. 226, *caput*, do CC.

Em suma, para os litígios entre empresários ao menos em princípio se pode produzir prova favorável a um deles a partir dos próprios livros, sempre ressalvada a inexistência de vícios no preenchimento; já em conflitos envolvendo não empresários, de que não trata expressamente a lei processual, segue prevalecendo o dispositivo do CC.

Finalmente, segue também prevalecendo, no silêncio o CPC, o teor do parágrafo único do art. 226 do CC, segundo o qual a prova emergente dos livros empresariais não supre a necessidade, quando o caso, de instrumentos públicos ou particulares com forma específica que a lei exija para a demonstração de certos atos jurídicos.

Jurisprudência

"Tendo o v. decisório superior carreado à autora o ônus de comprovar os pagamentos efetuados, não havendo posterior insurgência contra o decidido, de rigor o provimento do recurso. Comprovação. Lançamentos em livros contábeis. Admissibilidade. A teor do disposto no art. 379 do CPC e art. 23 do Código Comercial, vigente à época, o lançamento em livro contábil da empresa é suficiente como prova do consumo e do preço pago, apurando-se daí a quantia paga a maior, e que deve ser restituída." (TJSP, AI nº 1.251.538-0/9/São Paulo, 35ª C. Dir. Priv., Rel. Des. Clóvis Castelo, j. 13/4/2009).

"Energia elétrica. Ação declaratória cumulada com repetição de indébito, questionando o período de fevereiro a novembro de 1986. Indeferimento da inicial porque não juntadas as contas pagas. Extravio. Levantamento dos valores mediante exame do livro comercial Diário. Inteligência do art. 379 do CPC e do art. 226 do CC. Incidência do disposto no art. 286, III, do CPC." (TJSP, Ap. nº 9073613-90.2006.8.26.0000/ Tietê, 36ª C. Dir. Priv, Rel. Des. Romeu Ricúpero, j. 20/7/2006).

> **Art. 419.** A escrituração contábil é indivisível, e, se dos fatos que resultam dos lançamentos, uns são favoráveis ao interesse de seu autor e

outros lhe são contrários, ambos são considerados em conjunto, como unidade.

▶ *Referência: CPC/1973 – Art. 380*

Apreciação unitária e flexibilidade

Mantendo praticamente intocada a redação do Código revogado, o CPC vigente preserva a regra de indivisibilidade como critério para a interpretação da escrituração contábil (essa mesma indivisibilidade era prevista pelo CPC/73 para a confissão – art. 354 – e os documentos particulares – art. 373 –, vindo agora referida pelo diploma processual vigente apenas em relação aos documentos particulares – cf. art. 412).

Toma-se aqui por inspiração a presunção de identidade de ânimo determinante do preenchimento dos dados contábeis respectivos, daí a inconveniência de se considerarem alguns lançamentos e outros não; além do mais, se o interessado na prova apregoa a regularidade da escrituração, soa em princípio incoerente sustentar que apenas os dados que o favoreçam estejam corretos, não os que indiquem fatos contrários à sua linha de argumentação.

Ademais, em relação aos livros empresariais, põe-se um fator adicional de relevo a prestigiar a apreciação unitária: a hipótese de interligação lógica dos lançamentos, muitos constituindo desdobramento e decorrendo imediatamente de registros anteriores, o que desaconselha sejam desprezados ou considerados isoladamente com abstração daqueles que lhes serviram de causa ou se lhes apresentam como efeito.

Por outro lado, e como reverso da moeda, há que se admitir conduta mais flexível justamente quando ausente essa interligação. Se no tocante ao conteúdo dos documentos particulares já se fez ressalva nos comentários ao art. 412 em torno da aplicação rígida da regra de apreciação unitária, com ainda maior razão se impõe cautela no caso da escrituração contábil, isso em função da amplitude da base de dados passível de consideração: diferentemente dos documentos particulares em geral, em que se toma normalmente uma declaração isolada, de ordinário referente a fatos próximos e perfeitamente circunscritos no tempo, quando se analisa a escrituração contábil de um empresário podem estar em jogo períodos longos, ou quando menos anotações que, na dinâmica da atividade profissional desenvolvida, sejam totalmente desvinculadas entre si.

Acertada, por isso, se mostra a solução defendida por Moacyr Amaral Santos, quando preconiza que o princípio da unidade somente seja aplicado em relação a dados interligados, não quanto a situações absolutamente distintas e correspondentes a duas ou mais declarações autônomas, em que "os lançamentos não se prendem uns aos outros" (*Comentários ao Código de Processo Civil*, vol. IV, p. 192).

Mas não é só. Mesmo no tocante a dados interligados não se pode tomar a unidade da escrituração como um critério absoluto, como se as anotações contábeis somente interessassem quanto ao todo, e não relativamente às partes componentes, com a possibilidade de atribuição a essas de valor distinto.

O que o legislador pretende, enfim, é apenas evitar que algum interessado se limite a impugnar parcialmente a escrituração, escolhendo a seu bel-prazer os dados que pretende sejam tomados em consideração e desprezando outros igualmente ligados aos fatos em discussão.

Em suma, se os lançamentos contábeis são desvinculados entre si, nem mesmo se chega a cogitar de indivisibilidade; se são de algum modo conexos, por seu turno, a unitariedade vale em princípio, mas pode ser ilidida por prova bastante feita por quem rejeita determinada parcela dos registros. À míngua de elementos concretos em contrário, portanto, prevalecem os lançamentos tal qual feitos, sem a possibilidade de exclusão de sua eficácia e de seu poder vinculante apenas em função do fato de terem sido impugnados.

Essa conclusão deriva necessariamente, outrossim, da inevitável leitura conjunta deste art. 419 com as regras dos arts. 417 e 418 do CPC, deles ambos decorrendo a possibilidade de prova contrária ao teor dos registros contábeis (não necessariamente de todos), sejam eles favoráveis ou contrários aos interesses do empresário responsável pela escrituração. A alternativa a isso seria fechar os olhos deliberadamente à existência de lançamentos incorretos, ou alternativamente desprezar em bloco a escrituração a partir da constatação da inexatidão de parte dos lançamentos.

Jurisprudência

"PROVA. Ação de cobrança. Pretensão ao recebimento de diferenças existentes nos pagamentos de comissões de vendas pactuadas. Requerimento de perícia contábil nos livros dos demandantes, que se encontram em comarcas distintas, por peritos distintos. Indeferimento. Indivisibilidade da escrituração contábil importa no exame da documentação mercantil dos litigantes por um único técnico." (TJSP, AI nº 0041929-14.2003.8.26.0000/Capital, 10ª Câmara do extinto 1º TACSP, Rel. Juiz Ricardo Negrão, j. 23/9/2003).

> **Art. 420.** O juiz pode ordenar, a requerimento da parte, a exibição integral dos livros empresariais e dos documentos do arquivo:
>
> **I** – na liquidação de sociedade;
>
> **II** – na sucessão por morte de sócio;
>
> **III** – quando e como determinar a lei.

▶ *Referência: CPC/1973 – Art. 381*

1. Inserção do dispositivo legal

O CPC em vigor manteve a técnica do CPC/73 e tratou da exibição integral ou parcial da documentação societária em local a rigor impróprio. A presente seção diz respeito, a rigor, à força probante dos documentos, do que não se cuida propriamente neste art. 420 ou no art. 421 (correspondentes aos arts. 381 e 382 do Código revogado), nos quais vem destacada sobretudo a possibilidade de ocorrência da exibição documental, em determinadas circunstâncias (com forte ponto de contato para com o próprio direito substancial).

Percebe-se entretanto ter optado o legislador por tratar da questão, por proximidade temática, imediatamente na sequência de dispositivos referentes, esses sim, à eficácia probatória dos livros empresariais e da escrituração contábil (CPC, arts. 417 a 419). Além disso, é possível vislumbrar alguns aspectos que distinguem a exibição da documentação societária, tal qual aqui regulada, da matéria tratada na seção específica referente à exibição de documento ou coisa (CPC, arts. 396 a 404): enquanto lá o direito à exibição vem cogitado em termos genéricos, e quanto a documentos ou coisas individuados, voltados à prova de fatos determinados (CPC, art. 397, I e II), aqui se cuida da exibição de um acervo documental, além disso no tocante a um contexto jurídico peculiar, o direito de empresa, e para a tutela de direitos normalmente pré-constituídos (no plano do direito material) quanto à exibição em si.

De toda forma, mostra-se perfeitamente possível a aplicação, também aqui, de medidas de apoio e eventualmente sub-rogatórias (inclusive busca e apreensão), tal como previsto nos arts. 400, parágrafo único, e 403, parágrafo único, do CPC, sem prejuízo da aplicação de sanções decorrentes do descumprimento de provimentos mandamentais.

1.1. Alcance subjetivo

Destaque-se não haver em princípio lugar para requerimento de medida exibitória com a amplitude aqui mencionada por parte de terceiros estranhos à sociedade, ou mesmo para vincular pessoas jurídicas não integrantes de determinada relação processual. As próprias situações referidas nos incisos do presente art. 420 envolvem, como se percebe, pessoas de algum modo vinculadas à sociedade empresária, sócios ou quando muito sucessores de sócio falecido; do mesmo modo, no art. 421 fala-se em determinação de ofício, pelo juiz, de exibição parcial de livros *pela parte*, pressupondo-se portanto hipótese de litígio envolvendo diretamente a pessoa jurídica a quem direcionada a ordem.

De resto, sem embargo do dever de colaboração em matéria probatória previsto nos arts. 378 a 380 deste CPC, não se chega ao ponto de pretender permitir a devassa dos negócios de pessoas jurídicas em litígios dos quais não façam parte. Mas pode-se ainda assim pensar em situações excepcionais, como nos casos em que, a despeito da ausência da pessoa jurídica na relação processual, praticamente se confundam seus interesses e esfera jurídica com os de uma ou de ambas as partes envolvidas, sendo exemplo significativo disso as hipóteses de divórcio em relação a sociedades criadas especialmente para abrigar o patrimônio do casal.

1.2. Momento

A exibição prevista neste art. 420 poderá se dar, conforme o caso, incidentalmente a processo já em curso ou como providência autônoma e preparatória, de natureza satisfativa, cumprindo salientar que, ao contrário do que vêm sustentando alguns, o CPC de modo algum suprimiu a possibilidade de requerimentos autônomos de exibição documental, de caráter contencioso.

1.3. Procedimento

À míngua de referência direta na presente seção deverão supletivamente ser aplicadas as regras atinentes ao capítulo específico sobre a exibição, quer se trate de pedido incidental envolvendo as próprias partes do processo, quer se trate de requerimento autônomo formulado em caráter antecedente. Tratando-se de pedido antecedente, sem que portanto haja ainda relação processual formada entre as partes em torno do objeto principal do litígio, a disciplina a ser observada é a da exibição dirigida contra terceiro, mediante o ajuizamento de ação específica para tanto, segundo o rito dos arts. 401 a 403 deste CPC. Apesar da falta de referência tal qual a feita no art. 421, é intuitivo outrossim que também quando da exibição integral a parte poderá extrair reproduções daquilo que reputar interessante.

1.4. Iniciativa

É taxativo o Código em reservar a possibilidade de exibição por inteiro dos livros empresariais e da escrituração contábil ao requerimento da parte interessada, não havendo de fato motivos para conferir à atividade oficiosa do juiz semelhante poder (diversamente, se se trata de investigar apenas determinada parte da escrituração, ou alguns documentos em particular, a lei sintomaticamente ressalva em termos expressos a possibilidade – cf. art. 421 deste CPC).

2. Situações específicas. Liquidação de sociedade

Na liquidação total da sociedade, é facilmente perceptível o interesse (e o direito) de todos os sócios no tocante à verificação da integralidade dos livros e da contabilidade. Mas, além deles, o requerimento de exibição pode também partir, frente a quem detenha a documentação correspondente, da parte do liquidante.

A propósito da atividade desse último, o CPC/39 se referia no art. 660, dentre outras coisas, ao levantamento do inventário dos bens e à realização do balanço da sociedade, além da promoção da cobrança de todas as dívidas ativas e da liquidação das obrigações da sociedade, atos que pressupunham o acesso à documentação pertinente. Referido dispositivo entretanto, como toda a disciplina do CPC/39 sobre dissolução e liquidação de sociedades, mantidos em vigor na pendência do CPC/73 por força de seu art. 1.218, VII, foram agora revogados por força do art. 1.046, § 3º, do CPC.

Art. 420

CÓDIGO DE PROCESSO CIVIL INTERPRETADO

Segue a matéria sendo tratada nos arts. 1.102 a 1.112 do CC, em que se atribui ao liquidante, mais que mero acesso, o dever de arrecadar os bens, livros e documentos da sociedade, onde quer que estejam (art. 1.103, II).

Conforme a liquidação se processe judicialmente, serão adotadas as providências pertinentes, em termos de verificação dos livros e escrituração, no âmbito do processo correspondente, caso contrário abrindo-se ensejo ao ajuizamento de ação para tal fim específico.

Mas não apenas à liquidação integral se dirige o direito à exibição ampla do art. 420, I, do CPC, senão também aos casos de liquidação societária parcial, restrita a um ou mais sócios, e que se resolve em termos de dissolução parcial societária. A apuração dos haveres do sócio excluído pressupõe, também, o acesso pleno aos livros e escrituração contábil da sociedade, de modo a que se realize a necessária perícia, segundo o método de apuração previsto estatutariamente ou fixado pelo juiz (v. CPC, art. 604, II e III, e 606).

3. Sucessão do sócio por morte

Falecido o sócio, as quotas ou ações correspondentes integram desde logo o espólio correspondente e, com a partilha, se deferem aos herdeiros contemplados, sem que todavia a condição de titulares daquelas lhes assegure por si só, nas sociedades de pessoas, o *status* jurídico de sócio.

Não havendo intenção de ingresso pelos sucessores, ou não o desejando os sócios sobreviventes, quanto ao espólio ou sucessores, necessária se fará a apuração dos haveres correspondentes (CPC, art. 600, II e III), em condições análogas às mencionadas no item precedente.

Paralelamente a isso, o CPC autoriza, na esteira do que fazia o CPC/73, que o próprio juiz do inventário determine o balanço do estabelecimento, se o autor da herança fosse empresário individual, ou a apuração de haveres, se fosse sócio de sociedade que não anônima (art. 620, § 1º, I e II).

O CC também cogita da determinação de exibição integral dos livros e papéis da escrituração para resolver questões relativas a sucessão (art. 1.191).

4. Hipóteses previstas em lei

O art. 1.021 do CC, no tocante às sociedades empresárias ali disciplinadas, ressalva o direito do sócio, salvo estipulação que determine época própria, de examinar a qualquer tempo os livros e documentos, bem como o estado de caixa e de carteira da sociedade.

Em adendo, o já referido art. 1.191 daquele Código menciona também a determinação judicial de exibição integral no âmbito de litígios referentes a comunhão ou sociedade, administração ou gestão à conta de outrem e ainda em caso de falência.

No âmbito da disciplina legal das sociedades anônimas, dois dispositivos chamam a atenção. O art. 100, § 1º, da Lei nº 6.404/76, assegura a qualquer pessoa obter, para a defesa de direitos e esclarecimento de situações de interesse pessoal ou dos acionistas ou do mercado de valores mobiliários, certidões dos assentamentos constantes dos livros mencionados nos incisos I a III, facultada para tanto a cobrança pela companhia do custo do serviço.

Ocorrendo a recusa de fornecimento da certidão, entende-se legitimado o pedido de exibição dos livros correspondentes, havendo enunciado sumular do STJ (nº 389, transcrito abaixo) no sentido de ser a comprovação do pagamento do custo referido condição de procedibilidade para o pedido de exibição.

Por outro lado, o art. 105 da mesma LSA autoriza o requerimento de exibição por inteiro dos livros da companhia desde que formulado por acionistas representando pelo menos 5% (cinco por cento) do capital social, quando apontados atos violadores da lei ou do estatuto, ou havendo fundada suspeita de graves irregularidades praticadas por qualquer dos órgãos da companhia.

Jurisprudência

Súmula 389 do STJ – *A comprovação do pagamento do "custo do serviço" referente ao fornecimento de certidão de assentamentos constantes dos livros da companhia é requisito de procedibilidade da ação de exibição de documentos ajuizada em face da sociedade anônima.*

"Nos termos do art. 18 do Código Comercial, norma reproduzida no art. 1.191 do Código Civil atual, a exibição judicial dos livros do empresário pode ser ordenada em favor do interessado em questões de sucessão. Na hipótese, o ajuste firmado entre as partes cuida justamente de acerto de questões ligadas à sucessão dos bens deixados pelo pai falecido, o que, em tese, autoriza seja ordenada a exibição." (STJ, REsp nº 270.169/MG, 4ª T., Rel. Min. Raul Araújo, j. 17/11/2011, *DJe* 24/11/2011).

"Falta ao autor interesse de agir para a ação em que postula a obtenção de documentos com dados societários, se não logra demonstrar: a) haver apresentado requerimento formal à ré nesse sentido; b) o pagamento pelo custo do serviço respectivo, quando a empresa lhe exigir, legitimamente respaldada no art. 100, parágrafo, 1º da Lei 6.404/1976." (REsp nº 982.133/RS, 2ª Seção, Rel. Min. Aldir Passarinho Junior, j. 10/9/2008, *DJe* 22/9/2008).

"Admite-se a produção de **prova** pericial nos livros comerciais de empresas, mesmo que o interesse do requerente seja meramente civil e específico, seguindo-se o rito previsto nos Arts. 355 a 363 do CPC." (STJ, REsp nº 696.676/RS, 3ª T., Rel. Min. Humberto Gomes de Barros, j. 16/12/2004, *DJ* 28/2/2005, p. 322).

> **Art. 421.** O juiz pode, de ofício, ordenar à parte a exibição parcial dos livros e dos documentos, extraindo-se deles à suma que interessar ao litígio, bem como reproduções autenticadas.

▶ *Referência: CPC/1973 – Art. 382*

Iniciativa judicial e exibição parcial

Se a exibição integral da contabilidade e documentos de arquivo, por sua amplitude, não comporta razoavelmente deliberação de ofício pelo juiz, conforme dito nos comentários ao artigo precedente, o mesmo não se dá com a exibição parcial. O art. 421 do CPC, nesse sentido, preocupa-se justamente em conferir-lhe esse poder, além de ressalvar a possibilidade de anotação, por ordem judicial, dos dados essenciais interessantes ao litígio, quando não da extração de cópias.

O enunciado deixa claro que a exibição será determinada à parte, pressupondo portanto litígio pendente em face da sociedade a que se refiram os livros e escrituração por exibir. Não compreende portanto a determinação oficiosa de apresentação de documentos próprios, ainda que parciais, voltada contra pessoas jurídicas estranhas ao processo de onde emanada a ordem.

Outra diferença para com o art. 420 deste CPC está no sintomático silêncio do legislador quanto às hipóteses autorizadoras da exibição; em caso de verificação parcial, não há necessidade de que se tenha litígio de fundo societário, podendo a determinação sobrevir em toda e qualquer situação em que, por motivos diversos, se mostre interessante a análise da contabilidade ou dos documentos que lhe dão suporte (em litígios empresariais, por exemplo). É intuitivo, contudo, que fora do âmbito societário deva ser a medida pesada com extrema cautela pelo magistrado, de modo a não possibilitar o acesso indiscriminado de terceiros aos dados da vida profissional do empresário, limitando-se por isso a exibição ao estritamente necessário para a solução do ponto de fato controvertido.

Já quanto à iniciativa do requerimento, parece claro possa ser a exibição parcial deferida também a pedido da outra parte. A questão que se coloca é se, nesses casos, poderá ou não ser a exibição processada na forma dos arts. 397, 398 e 400 do CPC, inclusive com a imposição da sanção de veracidade dos fatos a provar; a resposta, na verdade, depende do escopo e amplitude da medida almejada.

Se uma das partes a requer, em face da outra, para a verificação de um ou alguns registros contábeis em particular, ou para a exibição deste ou daquele documento de arquivo, especificamente, na prática nem há necessidade de alusão ao art. 421, podendo ser instaurado o incidente de exibição documental, propriamente dito; deverá então ser individualizado o documento (ou a parte do livro) a ser exibido, bem como expressada a finalidade da prova (CPC, art. 397), seguindo-se a oportunidade de manifestação da parte contrária e aceitando-se como verdadeiro, em caso de recusa injustificada, o ponto de fato que se pretendia demonstrar (art. 400).

Por outro lado, se a pretensão tem caráter genérico, e a despeito de parcial gira em torno da *pesquisa* do teor de documentos ou dos registros contábeis quanto a um determinado período (ou a totalidade dos registros de apenas alguns dos livros societários), não se afeiçoa às características daquele incidente, não se justificando a aceitação ampla de veracidade dos fatos de interesse da parte requerente da medida; a exibição nesse caso terá por fundamento imediato o próprio art. 421 e a alternativa à sanção do art. 400, aqui, será a busca e apreensão dos documentos como medida executória, sem prejuízo do eventual

Art. 422

sancionamento da parte por ato atentatório ao exercício da jurisdição.

Idêntica solução há de ser observada se a exibição parcial é determinada de ofício pelo juiz e frustrada pelo obrigado.

Jurisprudência

"A sistemática do Código de Processo Civil brasileiro não se compadece com a extensão da coisa julgada a terceiros, que não podem suportar as consequências prejudiciais da sentença, consoante princípio estabelecido no art. 472 da lei processual civil. Os arts. 19, CCom e 382, CPC, não impõem a terceiros a obrigação de exibir livros e documentos, mas somente às partes da relação jurídica processual." (STJ, REsp nº 206.946/PR, 4ª T., Rel. Min. Sálvio de Figueiredo Teixeira, j. 3/4/2001, *DJ* 7/5/2001, p. 145).

> **Art. 422.** Qualquer reprodução mecânica, como a fotográfica, a cinematográfica, a fonográfica ou de outra espécie, tem aptidão para fazer prova dos fatos ou das coisas representadas, se a sua conformidade com o documento original não for impugnada por aquele contra quem foi produzida.
>
> **§ 1º** As fotografias digitais e as extraídas da rede mundial de computadores fazem prova das imagens que reproduzem, devendo, se impugnadas, ser apresentada a respectiva autenticação eletrônica ou, não sendo possível, realizada perícia.
>
> **§ 2º** Se se tratar de fotografia publicada em jornal ou revista, será exigido um exemplar original do periódico, caso impugnada a veracidade pela outra parte.
>
> **§ 3º** Aplica-se o disposto neste artigo à forma impressa de mensagem eletrônica.

▶ *Referência: CPC/1973 – Arts. 383 e 385, §§ 1º e 2º*

1. Prova documental e reprodução de imagens e sons

Como visto (art. 405), o conceito de prova documental não se restringe aos documentos escritos, envolvendo qualquer base, física ou virtual, destinada ao registro de dados, sons ou imagens.

Preocupa-se o art. 422, ora comentado, em reforçar particularmente a aptidão probatória das reproduções visuais ou sonoras de fatos ou

coisas, tal qual fazia o art. 383 do Código revogado e como ainda vem tratado no art. 225 do CC.

A redação do CPC, contudo, não é satisfatória. Primeiro, porque se referiu explicitamente no *caput* apenas às reproduções *mecânicas*, quando é sabido que atualmente boa parte dos problemas relacionados a essa modalidade de prova diz respeito a documentos eletrônicos. É bem verdade que, no § 1º, referiu-se também o legislador a "fotografias digitais e as extraídas da rede mundial de computadores", fazendo-o todavia enganosamente como se apenas a elas, fotografias, se resumisse o interesse no tocante a tais reproduções.

Melhor andou, nessa parte, o CC, com redação mais abrangente, de seguinte teor: *"As reproduções fotográficas, cinematográficas, os registros fonográficos e, em geral, quaisquer outras reproduções mecânicas ou eletrônicas de fatos ou de coisas fazem prova plena destes, se a parte, contra quem forem exibidos, não lhes impugnar a exatidão".*

Por outro lado, faz o *caput* deste art. 422 imprópria remissão (que não constava do art. 383 do CPC/73 e tampouco figura no CC) à conformidade entre a reprodução apresentada e o *documento original* como condição para o reconhecimento da aptidão probatória da primeira, acabando na verdade por confundir o objetivo do dispositivo legal com a matéria disciplinada pelos artigos subsequentes.

Explica-se. O que está em jogo no art. 422 não é a reprodução de outros documentos, mas a reprodução *direta* de fatos ou coisas, por meios de captação e registro audiovisuais ou de outra espécie (veja-se o item 4, abaixo, acerca do teor do § 3º deste dispositivo legal). Da reprodução do teor de documentos propriamente ditos, bem como do respectivo valor probatório, tratam os arts. 423 e 424 (quanto a documentos particulares) e o art. 425 (quanto a públicos).

Não se discute possam as reproduções aqui consideradas eventualmente derivar de outros documentos, nos quais feitos o registro primordial dos fatos ou coisas representados (vale dizer, a base inicial de captação), abrindo inclusive ensejo a eventual conferência, caso surja alguma dúvida em torno da idoneidade da reprodução juntada aos autos (como se fazia, até algum tempo atrás, com a confrontação entre as fotos e respectivos negativos).

Mas não se trata aí da pretensão de reproduzir o teor de um documento específico, perfeitamente individualizado (e normalmente formado para servir de prova a determinado ato), senão, insista-se, de buscar a representação imediata de fatos ou coisas. Muitas vezes, sequer haverá um documento "original" a considerar. Justamente por isso, não se pode dizer que a força probante da reprodução esteja no corresponder, ou estar conforme, a um documento original, mas na exatidão da própria representação dos fatos ou coisas por ela proporcionada.

2. Força probante

A lei processual privou-se (quer no tocante ao CPC/73 quer em relação ao CPC/2015), em solução digna de aplauso, de fazer qualquer valoração prévia do grau de intensidade da força probatória das reproduções ora consideradas. Diferiu, nesse sentido, da redação do art. 225 do CC, que atribui a elas aptidão para fazer *prova plena* dos fatos ou coisas representados.

É necessário entender o exato significado dessa expressão, por muitos criticada.

Ao que se depreende, a redação do CC foi inspirada pelo art. 134, §1º, do CC/1916, correspondente ao art. 215, *caput*, do próprio CC/2002, que dela se vale para aludir às escrituras públicas. Fala-se aí do instrumento público, entretanto, num contexto específico, como elemento ligado à substância do ato, como requisito formal imprescindível à sua formação válida, e justamente por isso prova suficiente à demonstração desse mesmo ato, com exclusão pelo legislador da necessidade ou mesmo possibilidade de emprego de qualquer outro meio de prova, por mais especial que seja (como refere inclusive o art. 406 do CPC).

Se entretanto essas regras se explicam pelo formalismo que cerca a elaboração dos instrumentos públicos e pela fé pública deles emergente, envolvendo ademais o registro de manifestações de vontade, o enfoque do art. 225 do CC/2002 quanto às reproduções ora examinadas é outro, qualificando o legislador como prova plena documentos privados voltados ao registro de fatos simples.

Não há dúvida de que altíssimo o poder de convencimento da prova assim constituída, inclusive pela representação direta que proporciona dos fatos ou coisas referidas, sem passar pela reconstrução a partir da intervenção de terceiros como peritos ou testemunhas. Ainda assim, e com a ciência de que sua desconsideração exige justificativa consistente, não parece adequada a solução limitativa do livre convencimento do julgador, marcada pela automática imposição dessa prova sobre qualquer outra e mesmo pela exclusão apriorística da simples possibilidade de determinação de outras provas sobre os mesmos fatos (não se pode deixar de notar, de toda forma, que o tratamento como *prova plena* dado pelo CC está indissociavelmente ligado à falta de impugnação da exatidão da prova pela parte contra quem produzida, e que nesse contexto ao menos da parte dela não haverá, a rigor, interesse probatório em contrário).

Tomando por outro lado em consideração a própria conduta da parte adversa em face da juntada de reproduções fotográficas, cinematográficas, fonográficas ou de outra espécie, percebe-se na redação do atual art. 422 uma sutil diferença em relação ao art. 383 do Código revogado. Se, neste último, falava o legislador de forma ambígua no valor probatório da reprodução mecânica *se admitida a conformidade pela parte contra quem produzida a prova* (a gerar dúvida em torno da necessidade de admissão expressa ou da equiparação do silêncio a admissão tácita), o CPC alude claramente ao reconhecimento da eficácia probatória em caso de falta de impugnação (como também fez o CC).

Silente portanto a outra parte, e não havendo motivo para o questionamento da exatidão da reprodução juntada, aceita-se essa prova como representação adequada dos fatos ou coisas.

É preciso cautela, outrossim, com o teor e consequências da manifestação impugnativa suficiente a afastar essa admissão pura e simples.

Primeiro, porque a singela impugnação não é suficiente para impedir o acolhimento desde logo da prova. Se realizada em termos genéricos (art. 436, parágrafo único), ou se não guardar consistência ou verossimilhança, pode ser afastada pelo juiz, eventualmente sem a necessidade de outras provas ou de verificação mais aprofundada.

Por outro lado, quando se fala em *impugnação*, não necessariamente deve ser entendida como tal a arguição propriamente dita de falsidade do documento. Como observado por exemplo nos comentários aos arts. 424 e 436, a objeção ao documento não necessariamente passa pela assertiva explícita de falsidade, podendo se resumir à exposição de dúvida fundada quanto à idoneidade material, aspecto que ganha relevância no tocante às reproduções como as ora examinadas. A investigação, sejam as reproduções mecânicas ou eletrônicas, se dará pela averiguação do próprio suporte material em que fixados os dados correspondentes, bem como pela verificação das etapas de produção do documento.

Quanto à falsidade passível de reconhecimento em matéria de reproduções como as aqui tratadas, pode ser tanto a material quanto a ideológica. Na maioria dos casos corresponde à primeira espécie, envolvendo agressões ao próprio suporte original da prova, sob as mais variadas formas, e também podendo dar-se pela reprodução fraudulenta a partir de exemplares anteriores autênticos, sem qualquer afetação do suporte material primitivo (forjando-se prova originária).

Não se pode afastar entretanto a hipótese de falso *ideológico*, como por exemplo a realização de fotografia materialmente autêntica retratando pessoas, coisas ou lugares diversos daqueles que supostamente estão sendo reproduzidos, com o objetivo de transmitir impressão ou sugerir situações inverídicas.

A propósito dos prazos e condições para o oferecimento da impugnação, vejam-se os arts. 434, parágrafo único, e 437, do CPC.

3. Fotografias

Com o avanço tecnológico e a obsolescência dos registros fotográficos por meio de filmes, o CPC simplesmente abandonou a referência que vinha feita no art. 385 do CPC/73 em torno do acompanhamento de toda reprodução fotográfica juntada aos autos pelo correspondente negativo (§ 1º), bem como, no caso de juntada de fotografia publicada em jornal, do original e do negativo (§ 2º).

Quanto às fotos digitais realizadas pelas próprias partes ou aquelas extraídas diretamente da rede mundial de computadores, mantém-se no § 2º deste art. 422 o critério da aceitação, em princípio, da aptidão probatória do documento na falta de impugnação da parte em face de quem produzida a prova; sobrevindo impugnação, contudo, faculta o legislador a confirmação da regularidade do documento por meio de autenticação eletrônica, quando possível (na esteira do que se disse no item precedente quanto à amplitude da *impugnação*, que pode envolver a mera *verificação* de autenticidade, sem necessária arguição de falsidade).

Não havendo outrossim meios para a obtenção de autenticação eletrônica, conforme a natureza do documento ou sua origem, será em condições normais necessária prova pericial, tendo em vista as complexas questões técnicas envolvidas na investigação da higidez material de documentos digitais ou produzidos em ambiente virtual, bem como a facilidade de manipulação desses documentos.

A rigor, lida-se em tais casos com diferentes planos de investigação, que envolvem por um lado a conformidade da imagem captada para com a realidade (fatos ou coisas) que se diz retratada, secundariamente a preservação da integridade do documento assim formado ou sua eventual edição, e por fim a fidelidade da versão impressa levada ao processo no tocante ao teor do documento virtual ou digital existente.

Tratando-se de fotografia publicada em jornal ou revista, por seu turno, o § 3º determina, se questionada a veracidade pela outra parte, tão somente a apresentação de exemplar original do periódico em que feita a publicação, de modo a possibilitar a devida confrontação.

4. Mensagens eletrônicas

Por derradeiro, acaba o § 3º determinando a aplicação da disciplina do art. 422 também à forma impressa das mensagens eletrônicas; embora nesse caso não se esteja lidando com a reprodução de fatos simples ou coisas, mas sim de outros documentos, o legislador preferiu tratar do assunto neste art. 422, em vez de nos arts. 423 a 425, tendo em vista os diferentes modos de expressão dos documentos envolvidos, um físico e outro virtual. Tratou a forma impressa portanto como prova fotográfica comum, já que não se cogita no caso de um original físico passível de confrontação.

Se inexistente impugnação, pode ser reconhecido o fato da existência da conversação, bem como o respectivo teor. Havendo impugnação, por outro lado, e tendo em vista a natureza do problema, normalmente a questão haverá de ser dirimida por meio de prova pericial.

Novamente, lida-se aqui com diferentes planos de verificação no tocante à idoneidade material do documento apresentado em juízo: um, o da correspondência entre o documento impresso apresentado e aquele existente no ambiente virtual em que registrada a conversa; e outro, o da higidez do registro eletrônico das próprias mensagens, que pode ter sido eventualmente manipulado.

Jurisprudência

"É válida a juntada aos autos de mensagens eletrônicas (e-mail) trocadas entre as partes acerca da contratação e débitos pendentes entre elas a fim de fazer prova documental. Código de Processo Civil de 2015 que possui dispositivo expresso nesse sentido, aceitando tal prova, mormente quando sua autoria e seu conteúdo não forem impugnados pela parte contrária, como no caso em estudo." (TJSP, Ap. nº 1007989-08.2015.8.26.0554/Santo André, 30ª C. Dir. Priv., Rel. Des. Maria Lúcia Pizzotti, j. 6/7/2016).

"A reprodução da obra cinematográfica exibida em videocassete não difere daquela exibida no cinema. O que se modifica, no caso, é apenas o processo técnico de exibição do filme." (STJ, REsp no 274.384/SP, 1ª T., Rel. Min. José Delgado, j. 23/10/2000, *DJ* 5/2/2001, p. 82).

> **Art. 423.** As reproduções dos documentos particulares, fotográficas ou obtidas por outros processos de repetição, valem como certidões sempre que o escrivão ou o chefe de secretaria certificar sua conformidade com o original.

▶ *Referência: CPC/1973 – Art. 384*

1. Reprodução de documentos particulares e autenticação

O presente artigo trata de matéria muito proximamente entrosada com a tratada nos arts. 422 e 424 deste CPC, sendo até discutível que se justificasse a disciplina em três dispositivos legais autônomos. No tocante ao art. 424, aliás, há coincidência temática praticamente integral para com o art. 423, apenas variando em termos sutis o enfoque em cada caso.

Enquanto no art. 422 cuida a lei de reproduções mecânicas ou digitais de fatos ou coisas, por processos técnicos como gravações fonográficas ou captação de imagens por foto ou vídeo, nos outros dois dispositivos cuida da reprodução fotográfica, ou por outros meios de repetição, de documentos particulares.

A diferença quanto a esses últimos está em que, num caso, o legislador processual disciplina o valor probante, equiparado ao de certidão, da cópia por definição já submetida à conferência de agente público competente. No art. 424, por outro lado, trata fundamentalmente do valor probante da cópia fotográfica em si mesma, com referência apenas acidental à hipótese de verificação, caso necessário.

A rigor, as cópias de documentos particulares têm o mesmo valor probatório que os originais (CPC, art. 424), não sendo a conferência, em si mesma, requisito formal à sua utilização em juízo ou fora dele; vindo todavia a ocorrer dita conferência, e atestando o escrivão em juízo a exatidão entre a cópia e o documento reproduzido, passa a ter a primeira o valor de certidão. Produz o mesmo efeito, de resto, a declaração de conformidade feita por tabelião que tenha autenticado a reprodução (como explícito no art. 223 do CC); releva sobretudo seja a conferência realizada por agente dotado de fé pública.

2. Valor de certidão

Impõe-se cautela, outrossim, na apreciação da força probatória inerente à cópia devidamente conferida por escrivão ou tabelião. Certidão consiste em declaração, emanada de agente dotado de fé pública, que no exercício de suas funções atesta a ocorrência de determinados fatos ou circunstâncias outras, dentre as quais se incluem o teor literal de documentos. A cópia de documento particular, mesmo verificada, segue em tais condições sendo documento particular, adquirindo entretanto presunção de conformidade, emanada da fé do agente público, em torno do teor da reprodução, nessa exata medida se equiparando à certidão que eventualmente pudesse ser emitida por agente público a respeito.

O documento particular reproduzido, por sua vez, continua tendo sua força probante regida pelas regras aplicáveis aos documentos privados em geral, quer em relação à autenticidade de sua assinatura, quer no tocante à veracidade, material e ideológica, de seu conteúdo.

3. Código Civil

Quanto ao referido art. 223 do CC/2002, dispõe sobre a mesma matéria mas em termos não inteiramente coincidentes com os da lei processual, a justificar o confronto com o presente dispositivo para a verificação da compatibilidade entre ambos (com a ressalva, de todo modo, de

Art. 424

que em caso de conflito prevaleceria o CPC, pelo critério cronológico). A dissintonia, entretanto, é apenas aparente.

Tem o dispositivo do CC a seguinte redação: *"A cópia fotográfica de documento, conferida por tabelião de notas, valerá como prova de declaração da vontade, mas, impugnada sua autenticidade, deverá ser exibido o original."*

Se de um lado tem o mérito de deixar clara a equiparação da autenticação extrajudicial à conferência direta da cópia, em juízo, por outro traz a necessidade de compreensão do exato significado da exigência de apresentação do original, a fim de harmonizá-la com a fé pública de que revestidos, por lei, os atos do tabelião.

Não se está, por certo, excluindo dita fé (caso contrário, não teria sentido a atribuição desde logo de força probatória à própria declaração do notário), nem tampouco relativizando-a, sendo possível dizer que a aceitação judicial da cópia já autenticada não fica na dependência de uma segunda conferência, a cargo do escrivão (o que na prática esvaziaria por completo o ato anterior).

Ao fim e ao cabo, o que se percebe é que a exibição no caso da cópia verificada por tabelião, longe de ser requisito inerente à prova em si, vem prevista como providência material destinada ao exame de eventual falsidade, caso concretamente denunciada irregularidade na autenticação (não basta a dúvida genérica). A presunção emergente da fé pública é relativa, e não haveria por parte do impugnante outra forma de demonstrar a pretendida inexatidão senão pelo confronto com o original; até que comprovada a falsidade, contudo, prevalecerá a força probante própria da declaração notarial.

Na verdade, apenas explicita a lei o que, já no regime atual, se tem como consequência natural da impugnação em casos assemelhados, não havendo qualquer inovação significativa no plano substancial.

Jurisprudência

"A declaração feita por serventuário da Justiça de que os instrumentos de procuração e de substabelecimento conferem com o original goza de fé pública e é o bastante para comprovar a autenticidade dos documentos." (STJ, EDcl no AgRg no REsp nº 1.019.216/MS, 3ª T., Rel. Min. Sidnei Beneti, j. 4/9/2008, DJe 23/9/2008).

"I – A regularidade da representação processual deve ser demonstrada por instrumento de mandato original ou por cópia autenticada em cartório. Não cabe invocar vício de representação se constam nos autos cópias autenticadas dos instrumentos de procuração.

II – A cópia autenticada da procuração vale como certidão, nos termos do artigo 384 do Código de Processo Civil. III – Precedentes: REsp nº 159.226/SP, Rel. Min. Barros Monteiro, DJ de 29/03/2004; REsp nº 464.319/RJ, Rel. Min. Humberto Gomes de Barros, DJ de 31/03/2003; REsp nº 45.177/SP, Rel. Min. Hamilton Carvalhido, DJ de 05/02/2001;REsp nº 130.915/SP, Rel. Min. Garcia Vieira, DJ de 03/08/1998; e REsp nº 57.176/SP, Rel. Min. Hélio Mosimann, DJ de 15/06/1998." (STJ, AgRg no REsp nº 623.912/CE, 1ª T., Rel. Min. Francisco Falcão, j. 3/8/2004, DJ 27/9/2004, p. 258).

"O instrumento de mandato, por cópia autenticada, vale como certidão, nos termos do disposto no art. 384 do CPC." (STJ, REsp nº 159.226/SP, 4ª T., Rel. Min. Barros Monteiro, j. 4/12/2003, DJ 29/3/2004, p. 244).

"Processual. Prova. Cópia xerográfica. Autenticação por funcionário de autarquia. Eficácia probatória. Reprografia de documento particular, autenticada por servidor público, que tem a guarda do original, merece fé até demonstração em contrário, porque, se não for impugnada, faz prova dos fatos ou das coisas representadas (art. 383 do CPC)." (STJ, EREsp nº 109.823/SP, Corte Especial, Rel. Min. Humberto Gomes de Barros, j. 4/2/1998, DJ 6/4/1998, p. 3).

> **Art. 424.** A cópia de documento particular tem o mesmo valor probante que o original, cabendo ao escrivão, intimadas as partes, proceder à conferência e certificar a conformidade entre a cópia e o original.

▶ *Referência: CPC/1973 – Art. 385, caput*

1. Valor probante da cópia de documento particular

Embora o CPC atual não tenha dispositivo correspondente ao art. 372 do CPC/73, em que expressamente se afirmava a presunção de veracidade do conteúdo de documento particular trazido ao processo e não impugnado pela parte contra quem oposto, segue sendo esse, indubitavelmente, o sistema do diploma processual vigente.

Extrai-se essa conclusão, com efeito, da necessidade de que eventual arguição de falsidade ou dúvida seja objeto de manifestação em prazo preclusivo para tanto fixado pelo legislador (CPC, art. 430 e 437), aliada à previsão de que a fé do documento particular cessa, no tocante ao seu conteúdo, quando declarada judicialmente a respectiva falsidade (CPC, art. 427).

Além disso, o Código deixa claro, mesmo no tocante à autoria documental, que documentos ainda não tidos por autênticos em função de ato exterior ao processo, podem vir a adquirir autenticidade no âmbito daquele, desde que não impugnados (CPC, art. 411, III). Enfim, ainda quando ainda não dotados intrinsecamente de fé, os documentos podem vir a adquiri-la no processo.

Essas ponderações de ordem sistemática bastariam para a afirmação de que possível a apresentação, com mesma força probatória, de cópia de documento particular, extraída por qualquer processo mecânico e não impugnada quanto à sua fidelidade – a não ser, ressalte-se, nos casos em que naturalmente necessária a apresentação da via original, como ocorre em relação às execuções fundadas em títulos cambiais.

Não se discute que o original, por constituir a base física efetiva sobre a qual constituído o documento, e na qual registrados de forma direta seus elementos fundamentais – inclusive eventuais assinaturas –, oferece em princípio maior segurança e confiabilidade, até por possibilitar a verificação direta de sua integridade material. A cópia, entretanto, pressupondo a reprodução do inteiro teor daquele, presta-se em princípio a uma visão dos exatos termos do original e à transmissão dos mesmos elementos informativos, daí não haver motivo para sua recusa, desde que suficientemente clara e de que não paire dúvida quanto à fidelidade da própria reprodução.

De toda forma, o legislador facilita a questão ao explicitar dita equivalência probatória, tal qual faz neste art. 424. E, tendo em vista o teor literal da norma, remete à utilização de reproduções tanto no âmbito extrajudicial quanto em juízo, sem que para tanto se exija em princípio a autenticação. O valer a cópia como certidão, à luz do art. 423 do CPC, quando conferida por escrivão (ou tabelião), não significa enfim ser

tal providência requisito de admissibilidade, de modo que também a reprodução simples é apta a produzir o mesmo efeito, se não questionada sua regularidade (no tocante às reproduções digitalizadas de documentos públicos ou particulares, veja-se o art. 425, VI, adiante).

A jurisprudência, nesse sentido, orienta-se no sentido da insuficiência da impugnação genérica (agora, com o reforço do art. 436, parágrafo único, do CPC), embasada no singelo fato da ausência de autenticação (em sentido amplo) da cópia; caso existente dúvida concreta, poderá a parte, é certo, pedir a conferência em juízo (ou, tendo elementos, arguir de imediato eventual falsidade). Inerte, entretanto, no prazo do art. 437, o silêncio será recebido como manifestação tácita de anuência para com o teor da reprodução, suprindo a necessidade de confrontação com o original.

A diferença entre essa situação e a certificação por agente dotado de fé pública é que no primeiro caso o efeito da admissibilidade ficará restrito aos próprios autos, enquanto na segunda hipótese a presunção de fidelidade valerá para qualquer outra hipótese de utilização da cópia.

Ressalte-se por outro lado que a verificação por agente público ou a ausência de impugnação nos termos citados resolvem apenas parte do problema existente à vista de uma cópia de outro documento, que é a correspondência entre ela, cópia, e o documento original; não excluem todavia discussões outras em torno da força probatória do próprio original, e que também terão de ser abordadas pela parte contra quem produzido o documento no mesmo prazo de quinze dias: autenticidade da assinatura, idoneidade material do documento como um todo e veracidade das declarações nele inseridas.

Estabelecida outrossim a fidelidade da reprodução, a força probatória natural da cópia irá variar conforme a do próprio documento particular reproduzido, pela aplicação das regras específicas acerca da autenticidade da assinatura e do teor das declarações nele inseridas (CPC, arts. 408, 409, 411, 412 e 428, dentre outros).

Note-se que no caso dos documentos públicos, embora não tenha a cópia privada, desde logo, a mesma força probatória, passará do mesmo modo a tê-la se conferida ou ainda se não impugnada, uma vez juntada aos autos (vejam-se a respeito os comentários ao art. 425).

Art. 424

CÓDIGO DE PROCESSO CIVIL INTERPRETADO

2. Conferência

A providência não é obrigatória, e só terá lugar em caso de determinação judicial ou de dúvida relevante manifestada pela parte contrária, caso contrário liberando-se a força probatória natural da cópia documental pelo singelo fato da ausência de impugnação.

Presta-se a conferência, outrossim, a dois propósitos distintos: pode resolver (positiva ou negativamente), em relação ao juiz ou à parte que desconhece o teor do documento original, eventual dúvida existente quanto à conformidade entre esse e a cópia, e por outro lado pode permitir, à parte que *sabe* da falta de coincidência, a obtenção desde logo de declaração com fé pública a esse respeito, nesse caso inviabilizando a utilização da cópia nos autos sem que sequer se torne necessária a arguição específica de falsidade.

Não se faz possível, nessa linha, concordar com o entendimento jurisprudencial que sustenta sempre imprescindível a prova técnica especializada para a exclusão da cópia, como no julgado a seguir reproduzido: "*A recusa, como meio de prova, de reprodução mecânica de documento, só pode se dar quando, impugnada a respectiva autenticidade, a falsidade for demonstrada em exame pericial (CPC, art. 383, par. único)*." (STJ, REsp no 56.535/RJ, 2ª T., rel. Min. Ari Pargendler, j. 12/12/96, *DJ* 3/2/97, p. 688).

Em primeiro lugar, é intuitivo que, dependendo da natureza da modificação (como a supressão ou introdução de um novo trecho, por exemplo), pode ela perfeitamente ser verificada a olho nu por qualquer leigo, dispensando portanto a intervenção de perito. E, por outro lado, nem mesmo é de se exigir declaração judicial formal reconhecendo a inautenticidade da cópia: desde que, como dito, negativa a certidão do escrivão, ou a parte interessada terá de deixar o original nos autos para a devida confrontação pelo próprio juiz, esvaziando a utilidade da reprodução, ou, não o fazendo, estará fadada a ver prejudicada sua prova, pelo simples resultado da conferência (idêntico efeito irá ocorrer se, questionada a idoneidade da cópia, frustrar-se a conferência pela falta de exibição do original).

Quanto ao procedimento respectivo, a intimação das partes, a que se refere o *caput*, destina-se não só a possibilitar o acompanhamento da diligência, em si, como também a veicular eventual determinação de apresentação do original;

este último, uma vez feita a conferência, pode novamente ser retirado por seu detentor, somente fazendo sentido a permanência nos autos, e por opção do interessado, em caso de dúvida ou recusa da conformidade por parte do escrivão.

Por derradeiro, é lícito considerar que à parte que não conhece o original e que se depara ao contato com ele com eventual irregularidade, somente da data da conferência passará a correr o prazo para a respectiva impugnação (CPC, art. 430); o raciocínio somente se aplica, entretanto, a vícios materiais, pois quanto à veracidade intrínseca das declarações já pode se pronunciar o interessado à vista da cópia.

Jurisprudência

"1. O Direito Processual Civil adota o princípio da instrumentalidade das formas à luz da constatação de que o processo é meio para a realização do direito objetivo-material. Em consequuência, a política de nulidades do CPC é voltada para a sanação dos atos não prejudiciais aos fins de justiça de processo, repudiando o fetichismo das formas. 2. Impõe-se a presunção de veracidade dos documentos apresentados por cópia, se na oportunidade de resposta a parte contrária não questiona sua autenticidade (EREsp 179.147/SP, Corte Especial). 3. É desnecessária a autenticação dos documentos juntados com a inicial ou nos agravos de instrumento dos arts. 525 e 544 do CPC, prevalecendo a presunção juris tantum de veracidade. Precedentes: AgRg no REsp 1085728/SP, Rel. Ministro CASTRO MEIRA, SEGUNDA TURMA, *DJe* 28/09/2009; AgRg no Ag 1137603/SP, Rel. Ministro MAURO CAMPBELL MARQUES, SEGUNDA TURMA, *DJe* 16/09/2009; AgRg no REsp 1004127/RS, Rel. Ministro JOÃO OTÁVIO DE NORONHA, QUARTA TURMA, *DJe* 13/10/2008; AgRg no Ag 993.337/SP, Rel. Ministro HUMBERTO MARTINS, SEGUNDA TURMA, *DJe* 26/08/2008;AR 1.083/SP, Rel. Ministra MARIA THEREZA DE ASSIS MOURA, TERCEIRA SEÇÃO, *DJe* 13/05/2008; AgRg no Ag 782.446/RJ, Rel. Ministro LUIZ FUX, PRIMEIRA TURMA, *DJ* 20/09/2007; REsp 892.174/SP, Rel. Ministra ELIANA CALMON, SEGUNDA TURMA, *DJ* 30/04/2007. (...)" (STJ, REsp nº 1.122.560/RJ, 1ª T., Rel. Min. Luiz Fux, j. 23/3/2010, *DJe* 14/4/2010).

"É desnecessária a autenticação dos documentos juntados à petição inicial, seja em ação ordinária seja em mandado de segurança, porque prevalece o princípio da boa-fé das partes litigantes – presunção juris tantum de veracidade. Precedentes." (STJ, AgRg no REsp nº 1.085.728/SP, 2ª T., Rel. Min. Castro Meira, j. 3/9/2009, *DJe* 28/9/2009).

"I – Não é lícito ao juiz estabelecer, para as petições iniciais, requisitos não previstos nos artigos 282 e 283 do CPC. Por isso, não lhe é permitido indeferir liminarmente o pedido, ao fundamento de que as cópias que o instruem carecem de autenticação. II – O documento ofertado pelo autor presume-se verdadeiro, se o demandado, na resposta, silencia quanto à autenticidade (CPC, Art. 372)." (STJ, EREsp nº 179.147/SP, Corte Especial, Rel. Min. Humberto Gomes de Barros, j. 1º/8/2000, *DJ* 30/10/2000, p. 118).

> **Art. 425.** Fazem a mesma prova que os originais:
>
> **I** – as certidões textuais de qualquer peça dos autos, do protocolo das audiências ou de outro livro a cargo do escrivão ou do chefe de secretaria, se extraídas por ele ou sob sua vigilância e por ele subscritas;
>
> **II** – os traslados e as certidões extraídas por oficial público de instrumentos ou documentos lançados em suas notas;
>
> **III** – as reproduções dos documentos públicos, desde que autenticadas por oficial público ou conferidas em cartório com os respectivos originais;
>
> **IV** – as cópias reprográficas de peças do próprio processo judicial declaradas autênticas pelo advogado, sob sua responsabilidade pessoal, se não lhes for impugnada a autenticidade;
>
> **V** – os extratos digitais de bancos de dados públicos e privados, desde que atestado pelo seu emitente, sob as penas da lei, que as informações conferem com o que consta na origem;
>
> **VI** – as reproduções digitalizadas de qualquer documento público ou particular, quando juntadas aos autos pelos órgãos da justiça e seus auxiliares, pelo Ministério Público e seus auxiliares, pela Defensoria Pública e seus auxiliares, pelas procuradorias, pelas repartições públicas em geral e por advogados, ressalvada a alegação motivada e fundamentada de adulteração.

> **§ 1º** Os originais dos documentos digitalizados mencionados no inciso VI deverão ser preservados pelo seu detentor até o final do prazo para propositura de ação rescisória.
>
> **§ 2º** Tratando-se de cópia digital de título executivo extrajudicial ou de documento relevante à instrução do processo, o juiz poderá determinar seu depósito em cartório ou secretaria.

▶ *Referência: CPC/1973 – Art. 365*

1. Valor probante das reproduções de documentos públicos

Original, segundo Moacyr Amaral Santos, *"é o documento em sua forma genuína, o escrito em que, de origem, se lançou o ato"* (*Comentários ao Código de Processo Civil*, IV vol., p. 153), podendo os documentos se apresentar, entretanto, reproduzidos sob diversas formas, a partir dessa base.

A atribuição de idêntico efeito probatório que o original às espécies de reprodução referidas no art. 425 do CPC (que reproduz em termos praticamente literais o texto de seu correspondente no CPC/73) parte do fato de que são elas diretamente realizadas ou pelo menos conferidas por agentes dotados de fé pública, daí a convicção de sua fidelidade para com o conteúdo externo do documento reproduzido; em relação aos originais, a norma trata na maior parte de documentos públicos, mas também se entrevê pela redação do inciso II a abrangência em alguns casos de documentos particulares. No tocante aos documentos públicos, outrossim, a referência é ampla, não se restringindo àqueles revestidos de fé pública.

Bem por isso, se torna relevante a exata compreensão do alcance da eficácia probatória, cogitada no *caput* em termos genéricos, e que se desdobra na verdade em dois planos. De um lado, indica a já mencionada exatidão material da reprodução em si mesma – que pode ser total ou parcial – em relação ao conteúdo externo do original. Por outro lado, quanto à formação propriamente dita do documento original e à verdade dos fatos nele narrados, significa a delimitação da força probatória da reprodução pela do próprio original; em outras palavras, limitando-se a reprodução a encampar o teor daquele, não se justifica possa provar mais ou menos que o documento-base.

Não adquire ela, assim, fé pública que o original não tenha, preservando por seu turno a fé de que já revestido aquele. E, mesmo nos casos de original com fé pública, a fé transmitida à reprodução se circunscreve aos aspectos que o próprio original é apto a demonstrar, não atingindo pois fatos meramente referidos ao agente público e por ele não presenciados (v. art. 405).

Nesse sentido, também a Lei nº 5.433/68, que trata da microfilmagem de documentos oficiais, diz em seu art. 1º, § 1º, que os microfilmes ali referidos, e ainda as certidões, traslados e cópias fotográficas obtidas diretamente dos filmes, terão, em juízo ou fora dele, os mesmos efeitos legais dos documentos originais.

Destaque-se por fim que a equiparação do valor probante não implica a possibilidade de emprego, em todo e qualquer caso, de reprodução feita por funcionário ou oficial público, cingindo-se a utilidade da presente norma às hipóteses em que não exigida, pelas circunstâncias, a apresentação do próprio original (pense-se por exemplo nos títulos cambiais ou da dívida pública, e ainda nas situações em que se discute a idoneidade material do documento em si).

As modalidades especificamente referidas no dispositivo legal comentado são as seguintes:

a) Certidões textuais. Certidões em sentido amplo são documentos por meio dos quais determinados funcionários públicos, e ainda os notários e registradores, atestam para fins legais, e com fé pública, a ocorrência de um fato, a prática de um determinado ato ou ainda descrevem uma coisa ou o teor literal de um outro documento, neste último caso dizendo-se *textuais*. Têm, insista-se, caráter eminentemente narrativo, razão pela qual não se cogita, quando o objeto é o teor de um documento, da reprodução por qualquer processo mecânico deste último, caracterizando-se pela alusão pessoal, por parte do funcionário, ao respectivo conteúdo (no todo ou em parte).

O inciso I do art. 425 cuida das certidões textuais no que dizem respeito a peças de autos de processos e a livros de cartórios judiciais. Exige a lei que sejam subscritas pelo escrivão ou pelo chefe de secretaria (o art. 365 do CPC/73 falava apenas da primeira figura), ainda que não sejam por esse, materialmente, elaboradas, cumprindo-lhe todavia verificar-lhes o teor e assumindo responsabilidade pessoal por sua exatidão.

Quanto à força probatória específica, o protocolo de audiência e os demais livros a cargo do escrivão guardam fé pública quanto aos respectivos registros, que se incorpora à certidão que deles se faça. Já os autos, contudo, embora em si mesmos constituam documento público, são formados dentre outras coisas por documentos na origem privados, como o são as manifestações das partes, e evidentemente não têm essas, de forma isolada, qualquer capacidade probatória intrínseca (ressalvada a hipótese de confissão, que, transportada a outro processo, será ali recebida como confissão extrajudicial); a certidão que dessas manifestações se faça, portanto, limita-se a atestar-lhes o conteúdo. Do mesmo modo, se transcreve o depoimento de uma testemunha, a certidão prova o teor respectivo, mas não os fatos ali referidos.

O CC revogado, em seu art. 137, tinha quase o mesmo teor do inciso ora comentado, a não ser por dois detalhes: falava em certidões de qualquer "peça judicial" (não "dos autos"), acrescentando no final a referência a "traslados de autos, quando por outro escrivão concertados", redação que foi mantida no CC/2002 (art. 216). O traslado de autos será apreciado no âmbito dos comentários ao inciso III deste art. 425; já quanto ao outro aspecto, a redação do CPC se afigura mais conveniente, pois a rigor sugere desde logo que sejam também consideradas certidões de autos de procedimentos e processos administrativos em curso perante cartório judicial. Não há de qualquer modo razão para entender que o CC em vigor, mesmo perdendo a oportunidade de aperfeiçoar a redação, tenha buscado restringir essa possibilidade, comportando a expressão *peça judicial* interpretação como sendo aquela constante de autos afeitos a uma autoridade judicial, abstraída a natureza do processo em si.

b) Traslados e certidões extraídas por oficial público. *Traslado* é termo usado, em matéria documental, com duplo sentido, podendo significar a elaboração, por oficial de cartório extrajudicial, de documento correspondente ao inteiro teor de instrumento ou documento lançado em livro de notas, ou então a realização de reprodução mecânica de peças de autos judiciais; cuida o inciso II apenas da primeira espécie. A diferença fundamental, não bastasse o objeto, está na *forma* da reprodução, pois o traslado por oficial não se caracteriza pela realização de simples cópia mecânica ou fotografia do livro de notas, senão pela realização de novo documento, pelo mesmo processo de elaboração do original, e com a repetição integral do texto.

De todas as escrituras públicas é ordinariamente extraído um primeiro traslado, considerado como escritura original e entregue aos interessados para que façam a demonstração do ato junto a quem de direito.

Quanto às certidões lavradas por oficiais públicos, a regra não se restringe apenas aos tabeliães (como poderia parecer pela referência a *notas*), alcançando também os oficiais registradores, em relação a instrumentos e documentos em geral constantes em seus cartórios; os documentos passíveis de certificação, outrossim, são não apenas os públicos mas também os particulares que, por qualquer motivo, se achem arquivados nesses cartórios.

O CPC reproduz, nessa parte, o texto do CC revogado, em seu art. 138; o CC em vigor, por seu turno, deixa clara a amplitude subjetiva aqui mencionada, substituindo no art. 217 a expressão *oficial público* por *tabelião ou oficial de registro*.

c) Reproduções de documentos públicos. Finalmente, trata o inciso III, em termos residuais, de formas de reprodução diversas dos traslados de livros de notas e certidões em geral, remetendo intuitivamente às de natureza mecânica (que retratam o documento original *fisicamente*, não se limitando portanto à enunciação de seu conteúdo). A alusão exclusiva do art. 425, nessa parte, aos documentos públicos, explica-se pelo fato de cuidar o CPC dos documentos particulares, quanto aos mesmos métodos de reprodução, nos arts. 423-424.

Pois bem, o requisito que se põe em princípio à equiparação diz com a autenticação das cópias por oficial público ou conferência em cartório com os originais (pelo escrivão); na medida em que podem ser feitas em caráter privado, não se poderia admitir a atribuição às reproduções, desde logo, da mesma força, senão após atestada sua fidelidade para com o documento público reproduzido.

Apesar da condicionante "desde que", não se pode contudo descartar a hipótese de a autenticação em juízo se dar também por simples silêncio da parte contrária, não sendo com efeito razoável entender imprescindível a conferência mesmo diante do reconhecimento tácito. O raciocínio, saliente-se, não implica esvaziamento da exigência legal, nem tampouco dar à reprodução de documento público tratamento abso-

lutamente idêntico ao do documento particular (em que a conferência, à luz do art. 424 do CPC, não é obrigatória, dependendo de provocação do interessado), isso por dois motivos.

Em primeiro lugar, regras como a deste art. 425, embora encampadas pelo CPC, são essencialmente de direito material, regulando a utilização do documento em juízo e fora dele; assim, se a cópia não autenticada do documento particular, extrajudicialmente, em princípio faz a mesma prova do original, o mesmo não pode ser dito quanto à utilização da cópia de documento público nas mesmas condições. Em segundo lugar, há que se lembrar que o documento público original tem por si a presunção de regularidade de sua formação e da veracidade do teor literal, preservando judicialmente sua fé desde que apresentado nos autos e até que eventualmente declarada sua falsidade; já quanto à cópia, não se produzirá tal efeito, ante o art. 425, III, até que reconhecida nos autos sua exatidão, quer por ato da parte contrária, quer pela conferência propriamente dita por parte do escrivão.

2. Documentos estrangeiros

Insere-se o tema na órbita do art. 425 porque os documentos estrangeiros, a rigor, não podem de ordinário ser utilizados no Brasil em sua forma original, exigindo a tradução, por meio de documento que lhes reproduza fielmente o teor e, portanto, realizado por agente habilitado a atestar tal aspecto. Nesse sentido, o art. 140 do CC/1916 dizia que os "escritos de obrigação" teriam de ser vertidos para o português para aqui produzir efeitos legais, sendo tal norma ampliada pelo art. 224 do CC/2002, que mantém a exigência da tradução sem entretanto especificar apenas os documentos constitutivos de obrigações.

Em matéria judicial, o art. 192 do CPC reza somente poder ser juntado aos autos o documento estrangeiro quando acompanhado de versão para o vernáculo, feita por tradutor juramentado (*v. g.*, dotado de fé pública) ou então tramitada por via diplomática ou pela autoridade central. A exigência entretanto somente faz sentido quanto a documentos literais, em que fundamental a compreensão do elemento escrito e em que dependa essa de conhecimentos especiais da língua estrangeira em questão; não se pode chegar ao extremo de exigir tradução quanto a documentos relevantes pelo aspecto figurativo, em que o elemento textual seja secundário ou

Art. 425

mesmo irrelevante, ou ainda nos casos em que as expressões utilizadas sejam palavras conhecidas e incorporadas ao cotidiano, de significado conhecido pelo cidadão comum.

3. Cópias de peças judiciais

O inciso IV reproduz a redação do art. 365, IV, do CPC/73, introduzido pela Lei nº 11.382/2006, que ampliou a prerrogativa conferida aos advogados pelo art. 544, § 1º, do CPC/73, no tocante à aptidão para atestar, sob sua responsabilidade, a autenticidade das cópias de peças do processo judicial. Se num primeiro momento se cogitou da prerrogativa para a instrução de recursos aos tribunais superiores, posteriormente se generalizou a prerrogativa, para alcançar em termos amplos todas as cópias reprográficas de peças de autos judiciais, empregadas para fins diversos.

De toda forma, essa atípica capacidade de certificação não confere aos advogados fé pública, e nos expressos termos do inciso IV, a declaração de autenticidade a cargo do advogado prevalece se não for impugnada a exatidão das cópias apresentadas, cabendo, nessa última hipótese, promover-se a devida conferência pelo escrivão.

4. Informatização do processo judicial

Os incisos V e VI buscam adaptar o processo à perspectiva do uso total ou parcial de meios eletrônicos para a documentação dos atos praticados em juízo.

Se o inciso V está de certa forma deslocado no corpo do art. 425, pois trata da veracidade de *informações* extraídas de bancos de dados (cuidando portanto do aspecto ideológico, não material), o inciso VI representa outrossim importante novidade, reconhecendo a segurança proporcionada pelo estágio atual das comunicações eletrônicas e atribuindo às reproduções digitalizadas de quaisquer documentos, públicos ou particulares, a mesma força probante dos originais; de se notar que, aqui, não se cogita da intervenção necessária de qualquer agente público, a exemplo dos três primeiros incisos do art. 425, no processo de reprodução, valendo a força probante assim reconhecida quer sejam as cópias digitalizadas trazidas aos autos por agentes como os auxiliares da Justiça, Ministério Público ou repartições públicas, de um lado, quer, de outro, inclusive por advogados privados (o CPC/2015 acresce, aos sujeitos mencionados

no CPC/73, novas figuras: Defensoria Pública e seus auxiliares, além das procuradorias).

A ressalva constante na parte final do inciso, em torno do questionamento da autenticidade da reprodução, busca afastar a resistência meramente especulativa, vedando a impugnação vaga e genérica. Necessário se faz, com efeito, que o ataque se dê por meio de alegação "motivada e fundamentada", redundância que ao fim e ao cabo pretende exigir a indicação discriminada do vício e das razões para a convicção de adulteração do conteúdo do documento, inclusive com explicitação do conteúdo original; a falsificação, como o reconhece o texto legal, pode consistir em modificação prévia à própria digitalização (e, pois, incidente sobre o próprio original) como também fruto do procedimento de conversão do documento para o meio eletrônico.

De qualquer modo, havendo impugnação fundada, é de se entender que fica suspensa a fé da reprodução, dependente a partir daí de conferência para com o documento reproduzido.

Justamente para possibilitar essa conferência, ainda nas hipóteses em que não tenha havido impugnação imediata, determina o § 1º que os originais dos documentos digitalizados sejam conservados pelo detentor até o término do prazo para o ajuizamento de ação rescisória.

Finalmente, prevê o § 2º a possibilidade de determinação judicial do depósito em cartório do documento reproduzido digitalmente, providência que a par do aspecto segurança é especialmente importante, no que diz respeito aos títulos cambiais, para evitar que circulem indevidamente em meio à tramitação do processo.

Jurisprudência

"1. A jurisprudência consolidada desta eg. Corte de Justiça entende pela presunção de veracidade dos documentos apresentados por cópia declarados autênticos e que não tiveram sua autenticidade contestada pela parte adversa. 2. No caso dos autos, a Tribunal a quo negou seguimento ao agravo de instrumento porque foi juntada apenas cópia da certidão de intimação, em contrariedade à jurisprudência desta Corte, razão pela qual impõe-se o provimento do recurso especial para determinar o retorno dos autos ao Tribunal de origem para prosseguir no julgamento do agravo de instrumento como entender de direito." (STJ, AgInt no REsp nº 1.357.705/MA, 4ª T., Rel. Min. Raul Araújo, j. 6/4/2017, *DJe* 27/4/2017).

"Prescreve o art. 365, VI, do CPC/1973: "Art. 365. Fazem a mesma prova que os originais: (...) VI – as reproduções digitalizadas de qualquer documento, público ou particular, quando juntados aos autos pelos órgãos da Justiça e seus auxiliares, pelo Ministério Público e seus auxiliares, pelas procuradorias, pelas repartições públicas em geral e por advogados públicos ou privados, ressalvada a alegação motivada e fundamentada de adulteração antes ou durante o processo de digitalização". A norma acima foi reproduzida no art. 425, VI, do CPC/2015. Não há precedentes no STJ contendo questão absolutamente idêntica à debatida nos autos. Não obstante, já em outras ocasiões, o STJ reconheceu a força probante dos documentos digitalizados, excepcionando apenas a hipótese em que sobrevém fundada dúvida ou impugnação à sua validade. Cuida-se de situações em que, por exemplo, foi juntado documento em papel (cópia simples de decisão judicial) extraído da internet, digitalizado, cuja autenticidade não foi questionada. Idêntico raciocínio deve ser aqui apresentado. Com a dispensa da juntada das peças originais, a apresentação em forma física (papel por cópia ou reprodução simples) ou eletrônica (mídia contendo imagens), acompanhada da declaração de autenticidade pelo advogado e não impugnada pela parte adversária, deve ser considerada válida." (STJ, REsp nº 1.608.298/SP, 2ª T., Rel. Min. Herman Benjamin, j. 1º/9/2016, *DJe* 6/10/2016).

"Os documentos foram digitalizados conforme o disposto no art. 11 da Lei 11.419/06, devendo ser considerados autênticos. Precedentes." (STJ, SEC nº 9.618/EX, Corte Especial, Rel. Min. Nancy Andrighi, j. 20/11/2013, *DJe* 28/11/2013).

"PROCESSUAL CIVIL. RECURSO ESPECIAL REPRESENTATIVO DA CONTROVÉRSIA. ART. 543-C, DO CPC. AGRAVO DE INSTRUMENTO. AUSÊNCIA DE AUTENTICAÇÃO DAS CÓPIAS QUE INSTRUEM O TRASLADO. DESNECESSIDADE NA INSTÂNCIA LOCAL. DIFERENÇA ENTRE OS AGRAVOS DO ARTIGO 522 E 544, DO CPC. VIOLAÇÃO DOS ARTS. 128 E 372 DO CPC. AUSÊNCIA DE PREQUESTIONAMENTO. SÚMULAS 282/STF E 211/STJ. 1. A autenticação das peças que instruem o agravo de instrumento, previsto no art. 525, I do CPC, não é requisito de admissibilidade recursal. Precedentes: AgRg

no AG n.º 563.189/SP, CORTE ESPECIAL, Rel. Ministra. ELIANA CALMON, *DJ* de 16.11.2004; AgRg no REsp 896489/SP, Rel. Ministro HERMAN BENJAMIN, SEGUNDA TURMA, julgado em 17/03/2009, *DJe* 27/03/2009; REsp 957328/RS, Rel. Ministra ELIANA CALMON, SEGUNDA TURMA, julgado em 09/12/2008, *DJe* 27/02/2009; AgRg no Ag 970374/RS, Rel. Ministro LUIS FELIPE SALOMÃO, QUARTA TURMA, julgado em 11/11/2008, *DJe* 01/12/2008; AgRg no Ag 1054495/RJ, Rel. Ministro CASTRO MEIRA, SEGUNDA TURMA, julgado em 02/09/2008, *DJe* 02/10/2008). 2. A autenticação de cópias do Agravo de Instrumento do artigo 522, do CPC, resulta como diligência não prevista em lei, em face do acesso imediato aos autos principais, propiciado na instância local. A referida providência somente se impõe diante da impugnação específica da parte adversa. 3. O recurso de agravo, recentemente modificado pela reforma infraconstitucional do processo civil, não incluiu a referida exigência, muito embora institua a obrigatoriedade da afirmação da autenticidade, relegada ao advogado, nos agravos endereçados aos Tribunais Superiores, porquanto, em princípio, não acodem os autos principais na análise da irresignação.(...) (STJ, REsp nº 1.111.001/SP, Corte Especial, Rel. Min. Luiz Fux, j. 4/11/2009, *DJe* 30/11/2009).

"Autenticada por servidor público que tem a guarda do original, a reprografia de documento público merece fé, até demonstração em contrário. Não sendo impugnada, tal reprografia faz prova das coisas e dos fatos nela representados (CPC, art. 383)." (STJ, EREsp 123.930/SP, Corte Especial, Rel. Min. Humberto Gomes de Barros, j. 6/5/1998, *DJ* 15/6/1998, p. 2).

> **Art. 426.** O juiz apreciará fundamentadamente a fé que deva merecer o documento, quando em ponto substancial e sem ressalva contiver entrelinha, emenda, borrão ou cancelamento.

▶ *Referência: CPC/1973 – Art. 386*

Fé do documento com integridade comprometida

Chama a atenção antes de mais nada, no tocante à redação do dispositivo ora comentado, a alteração consistente na substituição do termo *livremente,* que constava do artigo correspondente no CPC/73, pela expressão *fundamentadamente.*

O reflexo prático é nenhum, visto que o princípio da persuasão racional de forma alguma dispensa a adequada motivação pelo juiz da valoração conferida à prova, sendo a exigência de fundamentação justamente fator legitimador dessa liberdade de apreciação, nos limites em que concedida pela lei; entretanto, o legislador parece ter tido certo escrúpulo no tocante à possível sugestão de liberdade irrestrita, acabando por adotar aqui postura semelhante à que utilizou no tocante ao art. 371 do atual Código, em que suprimido o advérbio de modo *livremente* mencionado pelo art. 131 do Código revogado.

Dito isso, tem-se que em princípio a existência de adulterações visíveis no corpo do documento, como a inserção de entrelinhas ou emendas, além de cancelamentos, são fatores que sugerem a agressão intencional ao suporte físico após a conclusão do documento, prestando-se a afetar sua fé. O mesmo pode ser dito no tocante a borrões, que diversamente das hipóteses anteriores normalmente advêm de fatores involuntários (como a queda de um líquido), mas que podem não obstante prejudicar a compreensão de parte do conteúdo documental, prejudicando, conforme o caso, a segurança que possa transmitir ou o aproveitamento de partes essenciais.

Desde que o incidente venha devidamente ressalvado pelo autor ou autores do documento, não haverá problema maior a resolver, pois nesse caso a alteração restará voluntariamente incorporada ao suporte material. A dificuldade, de que cuida o presente dispositivo legal, diz respeito entretanto à determinação do grau de afetação que a agressão não ressalvada possa causar.

O que pretende o legislador, em essência, é destacar em um primeiro momento a possibilidade de aproveitamento do documento, ou de parte dele, mesmo nos casos em que constatada efetiva alteração, vindo esse aspecto a ser objeto de impugnação específica no processo; em outras palavras, pretende-se combater o apego obstinado à pureza material e evitar que a violação, mesmo se inequívoca, sirva de pretexto à rejeição automática da prova como um todo, independentemente de qualquer esforço interpretativo.

Já de início nota-se essa intenção quando se abstém o texto legal de mencionar eventuais alterações em pontos não substanciais, considerando-os de pronto irrelevantes e privilegiando portanto a compreensão do documento, além da preservação da vontade de seus subscritores.

Ocorre que, mesmo nas hipóteses de agressão em pontos substanciais, nem sempre se poderá falar em desnaturação do sentido original da peça, ou quando menos em impedimento ao aproveitamento de outras partes íntegras e não comprometidas, em termos causais, pelo trecho afetado; além disso, a ausência de ressalva, eventualmente motivada por descuido ou falta de apuro técnico, não necessariamente deve ser indicativa de divergência dos interessados quanto à inserção, ou de sua ignorância.

Assim pode-se pensar em hipóteses singelas, como a correção a tinta, em documentos impressos ou manualmente preenchidos, de pequenos erros de grafia, ou o reforço de letras ou palavras apagadas, até situações aparentemente mais sérias, como o acréscimo de palavras potencialmente modificadoras do sentido do texto. Um "não", por exemplo, aposto em meio a uma frase, dispensa comentários em torno de suas implicações, e contudo da leitura do texto completo pode resultar a constatação de que, naquele ponto, faltava justamente aquela palavra para compatibilizar a frase com o restante do documento, nada mais tendo sido feito do que se corrigir um lapso redacional.

O que caberá verificar, portanto, a par da afetação material em si mesma, será o teor e relevância das eventuais alterações, sua voluntariedade, a possibilidade de seu conhecimento e aquiescência por parte dos interessados (tema passível de enfrentamento naturalmente com provas outras que não a pericial) e ainda a harmonização da modificação com o restante do documento; além disso, poderá ter influência a própria natureza da mudança, pois se um cancelamento normalmente impede que se tenha noção da parte suprimida, a entrelinha preserva o texto, facilitando a tarefa interpretativa e possibilitando inclusive, em caso de recusa, a utilização do documento em sua forma original.

Pode-se, por outro lado, conceber a aplicação da regra do art. 426 em sentido inverso. Em princípio, a ausência de impugnação por parte do interessado será fator de legitimação da idoneidade material do documento e portanto de aceitação da modificação promovida, ou de reconhecimento tácito de sua irrelevância para o contexto. Entretanto, como dito nos comentários ao art. 436, a aplicação do princípio do livre convencimento motivado em matéria de prova permite a rigor que mesmo o documento não impugnado pelas partes no prazo legal, e em princípio por elas admitido como verdadeiro, possa no extremo ter sua força probatória recusada ou atenuada pelo juiz, dentre outras coisas em razão de detalhes ligados à própria forma exterior.

> **Art. 427.** Cessa a fé do documento público ou particular sendo-lhe declarada judicialmente a falsidade.
>
> **Parágrafo único.** A falsidade consiste em:
>
> I – formar documento não verdadeiro.
>
> II – alterar documento verdadeiro.

▸ *Referência: CPC/1973 – Art. 387*

1. Privação da força probante do documento

A cessação da fé dos documentos em geral vem tratada pelo CPC (tal qual fazia o CPC/73) em dois dispositivos distintos, cuidando o primeiro deles, ora comentado, da situação extrema de proclamação judicial da falsidade, independentemente da origem do documento (público ou particular); já no art. 428 trata o Código de situações específicas envolvendo documentos particulares.

O reconhecimento do falso documental, de modo amplo, pode se dar tanto em caráter principal quanto incidental. A título principal, pode a declaração correspondente ser tanto objeto de ação autônoma (cf. art. 19, II, do CPC), quanto de arguição de falsidade suscitada no âmbito de processo com objeto diverso, nos termos dos arts. 430 a 433 deste CPC, em ambos os casos constando da parte dispositiva da sentença e projetando-se o efeito da cessão da eficácia probatória para além do processo em que proferida a decisão, na prática inviabilizando a futura utilização do documento como prova, processualmente ou não.

Também sentenças criminais podem levar ao mesmo resultado, pois na condenação penal por falsidade documental (fabricação ou uso) o reconhecimento objetivo do falso é inerente à afirmação de prática da conduta típica, integrando portanto o elemento declaratório da decisão respectiva (tanto é que a falsidade assim declarada constitui em si mesma fundamento

para rescisão da sentença civil que se tenha baseado no documento – cf. art. 966, VI, 1ª parte, deste CPC).

Por outro lado, a falsidade pode também ser discutida em caráter meramente incidental, como decorre do art. 430, parágrafo único, parte inicial, caso em que também haverá decisão específica acerca do falso, com alcance todavia restrito ao próprio processo, sem produção além disso de coisa julgada material em torno da questão.

Note-se que a perspectiva de declaração *incidenter tantum* vale inclusive para os documentos públicos: a presunção emergente da fé pública opera apenas na definição de um valor probatório prévio e em via reflexa na criação de uma regra sobre ônus da prova, sem entretanto criar situação jurídica ilidível apenas por decisão judicial específica e definitiva.

2. Noção de falsidade. Espécies

O falso, em matéria documental, diz com a existência, no documento, de elementos contrários à verdade, de forma a fazer com que a representação por ele proporcionada também o seja, no todo ou em parte.

Interessa o tema, no campo civil, na medida em que o vício comprometa a capacidade de o documento servir à sua finalidade natural de *prova* dos atos jurídicos e fatos em geral; e, como se tem em vista a objetividade da prova, mostra-se irrelevante para a cessação da fé a perquirição da consciência e autoria do falso (conquanto o aspecto possa vir a importar para fins de avaliação da conduta ética das partes no processo, por exemplo).

Diversamente, no terreno penal, para a relevância jurídica do falso documental (formação ou uso), concorrem outros fatores, de ordem subjetiva (o dolo de usar ou fabricar documento falso) e objetiva (a potencialidade lesiva).

Dividem-se as espécies de falsidade, segundo a doutrina clássica, em *material* ou *ideológica*; no primeiro caso, a deturpação diz respeito ao próprio documento, enquanto coisa, à sua forma exterior, ao passo que, no segundo, a inverdade está no conteúdo intrínseco, na representação que se faz dos fatos. Ou, por outra, na falsidade material o falso está no próprio fato da *formação do documento*, enquanto na ideológica o que se busca é, por meio de um documento materialmente regular, "fornecer a prova de fatos inverdadeiros" (Moacyr Amaral Santos, *Comentários ao Código de Processo Civil*, vol. IV, p. 205).

Se tomados os elementos documentais mencionados nos comentários ao art. 405 do CPC, percebe-se que no caso da falsidade material a alteração da verdade pode derivar antes de mais nada de agressão ao próprio *suporte material* de documento pronto, modificando-se a forma originária (como ocorre com a supressão de um determinado trecho, a realização de rasuras, o acréscimo de ressalvas não autorizadas ou de trechos em si mesmos). Pode, por outro lado, dizer respeito à pessoa do *autor*, por meio da formação de documento em que forjada – por imitação da assinatura ou qualquer outra falsa atribuição de autoria – a própria participação de pessoa na verdade estranha ao ato. Finalmente, pode se dar por meio do aproveitamento de documento assinado e a inserção, nele, de declaração não querida ou não feita pelo signatário; nos dois últimos casos, embora igualmente viciado o conteúdo literal do documento, não chega a haver propriamente alteração do mesmo, ou agressão ao suporte material primitivo, já nascendo o documento em termos formalmente irregulares, por irreais as manifestações nele inseridas (conforme a hipótese, diversas serão as formas de investigação da falsidade – v. art. 432 do NCP).

Muito embora venham por vezes tratadas como questões distintas, do ponto de vista da abrangência, a falta de autenticidade (em sentido estrito) e a falsidade do documento, como se a primeira dissesse respeito apenas à definição da autoria e a segunda ao contexto do documento, a visão é equivocada. Documento com autoria falsamente atribuída é, certamente, também documento falso, sendo essa apenas uma das espécies do gênero falsidade material (a respeito, vejam-se os comentários ao art. 428, adiante).

Já no caso da falsidade ideológica, o autor do documento é verdadeiro, como também é verdadeiro o teor literal nele lançado, correspondendo à vontade do agente; a dissonância está apenas no confronto entre o conteúdo formal, efetivamente querido, e a realidade dos fatos, afetando-se pois o aspecto intelectual da representação.

É certo que, também nos casos de falsidade material, a representação ideal é viciada, mas nessas hipóteses *antes* de ser falso ideologicamente, o documento o é formalmente; para os efeitos da classificação aqui referida o falso ideológico é aquele *puramente* ideológico.

3. Sistema do Código

O CPC atual, na linha do Código revogado, optou por definir as hipóteses de falsidade sem aludir expressamente às figuras do falso *material* e *ideológico* (embora a doutrina majoritária reconheça que ambas se incluem no conceito de *falso documental* adotado pelo direito brasileiro). Fala-se, diversamente, em duas *condutas* ensejadoras de falsidade, *formar* e *alterar* documento não verdadeiro, a primeira de toda forma envolvendo possibilidades ligadas tanto ao aspecto material quanto ao ideológico, enquanto a segunda fica restrita à primeira hipótese.

Formar documento não verdadeiro (art. 427, parágrafo único, I), com efeito, pode corresponder à simples falsidade ideológica, ou seja, a constituição de documento materialmente perfeito quanto ao conteúdo externo mas inverídico no tocante aos fatos nele representados.

Por outro lado, a adulteração da assinatura de alguém, para efeito de atribuição de declarações na prática não prestadas, envolve vício relacionado à própria constituição do documento, sendo como já visto hipótese de falso material.

Finalmente, insere-se na ideia de errônea formação o preenchimento abusivo do documento. Se vem a ser ele completado depois de subtraído das mãos de seu signatário ou depois de entregue voluntariamente, já assinado, mas sem a perspectiva de preenchimento (naquele momento, ou naqueles termos), tem-se como dito falsidade material, pois busca-se forjar declaração não prestada; diversamente, quanto à hipótese de assinatura do documento e entrega a outrem com o fito específico de ser completado, vindo a sê-lo, entretanto, em desacordo com as instruções transmitidas, remetemos o leitor aos comentários feitos em relação ao art. 428, II, deste Código.

Já a ideia de *alteração* de documento (art. 427, par. único, II), intuitivamente, remete ao falso material, na medida em que pressupõe documento já pronto e que venha a ser afetado em sua integridade física, mediante agressão ao suporte, contrariamente à vontade de seu formador (ou pelo menos de um deles), de modo a ter modificado seu conteúdo originário.

Jurisprudência

"Diversamente do que alegam os suscitados, não pretende a suscitante por meio do presente incidente de falsidade apurar a falsidade ideológica do documento, tanto que tal pretensão é expressamente rechaçada no petitório inicial. Não veda a lei a declaração de falsidade documental quando existirem vestígios materiais definitivos, demonstrando que os documentos questionados resultam da substituição de outras folhas anteriormente inseridas nos autos de processo, haja vista que terá ocorrido não só a supressão do papel antecedente, mas também a falsificação, decorrente da substituição impertinente da documentação prévia." (STJ, Pet nº 7.808/GO, 4ª T., Rel. Min. Marco Buzzi, j. 7/2/2017, *DJe* 28/3/2017).

"A responsabilidade pela incolumidade dos autos do processo que não deixou o cartório em nenhuma das hipóteses previstas no art. 141, IV, do CPC é do escrivão. Hipótese em que foi constatada por perícia a adulteração da data da certidão de juntada aos autos do mandado de citação e penhora e que não foi possível identificar o autor do fato. Não pode se concluir, por total ausência de prova nesse sentido, que porque a certidão falsa é de interesse de uma das partes, esta é a responsável pela fraude processual. Cessa a fé do documento público quando lhe for declarada judicialmente a falsidade." (STJ, REsp nº 724.462/SP, 3ª T., Rel. Min. Nancy Andrighi, j. 14/6/2007, *DJ* 27/8/2007, p. 224).

> **Art. 428.** Cessa a fé do documento particular quando:
>
> **I** – for impugnada sua autenticidade e enquanto não se comprovar sua veracidade;
>
> **II** – assinado em branco, for impugnado seu conteúdo, por preenchimento abusivo.
>
> **Parágrafo único.** Dar-se-á abuso quando aquele que recebeu documento assinado com texto não escrito no todo ou em parte formá-lo ou completá-lo por si ou por meio de outrem, violando o pacto feito com o signatário.

▶ *Referência: CPC/1973 – Art. 388*

1. Outras hipóteses de cessação da fé

Além das hipóteses mencionadas no art. 427, vale dizer, em que a falsidade dos documentos em geral é expressamente reconhecida pelo juiz, com negação a eles de eficácia probatória, enumera o art. 428 outras duas situações, essas relacionadas apenas aos documentos particulares, nas quais igualmente se cogita da cessação da fé, mas independentemente do pronunciamento da falsidade.

Os pressupostos inspiradores dos dois incisos do art. 428 são totalmente distintos entre si, em relação ao primeiro deles tratando o legislador de situação que pode ou não envolver arguição de falso quanto ao documento, e que apenas eventualmente pode, ao cabo, resultar no reconhecimento daquele, de qualquer forma prestigiando o inciso I os efeitos transitórios desde logo produzidos pela singela impugnação.

No tocante ao inciso II, como segue exposto no tópico próprio, aborda-se hipótese dependente de reconhecimento por decisão específica mas que, de qualquer forma, foge à noção de falsidade adotada pelo Código, daí sua inserção em dispositivo autônomo.

Já em relação a documento público não faria sentido cogitar de hipóteses assemelhadas. Em primeiro lugar, por gozar ele de presunção de autenticidade em razão da fé pública do funcionário, não basta a mera contestação de assinatura; o particular impugnante pode até provar-lhe a falsidade, mas a cessação da fé dependerá do reconhecimento judicial dessa irregularidade (enquadrando-se pois na previsão do art. 427, par. único, I), não da impugnação em si mesma. Por outro lado, a ideia de documento público assinado em branco para posterior preenchimento por pessoa autorizada pelo signatário não é tecnicamente factível em condições normais; não se exclui no plano prático a ocorrência de hipóteses em que, irregularmente, funcionários assinam documentos em série para a posterior complementação por subordinados, mas nesse caso não há "pacto" lícito, e o abuso que se verifique no preenchimento haverá de ser também questionado sob a ótica da falsidade pura e simples do documento.

Passa-se em seguida à análise particularizada das hipóteses tratadas pelo art. 428.

1.1. Impugnação da assinatura

O documento particular, como já dito, não tem ao contrário da maioria dos documentos públicos a aptidão de demonstrar por si próprio a regularidade de sua formação, não se presumindo desde logo autêntico, daí a necessidade de confirmação da assinatura nele existente até o momento de sua utilização em juízo – ou, quando menos, durante o processo –, para que possa ser tomado em consideração como fonte de prova.

Art. 428

Se antes ou mesmo depois do ingresso em juízo a firma vem a ser reconhecida por tabelião, autentica-se o documento e o problema em princípio se resolve (art. 411, I, do CPC), o mesmo ocorrendo quando identificada a assinatura por qualquer outro meio legal de certificação, inclusive eletrônico (inciso II do art. 411); fora daí, entretanto, sua aceitação nos autos depende da posição adotada pela parte contra quem produzida a prova documental, no prazo do art. 437 do CPC, presumindo-se o reconhecimento da autenticidade em caso de silêncio (art. 411, III, do mesmo Código).

A manifestação de oposição, por outro lado, não se resume à arguição direta de falsidade, hipótese extrema que a parte pode de resto nem mesmo ter razões para supor, e que tampouco pode ser afirmada a esmo, sem qualquer parâmetro objetivo para confrontação. Basta, assim, que a parte *impugne* a assinatura, dizendo que não lhe reconhece a autenticidade, para que o interessado na apresentação do documento se veja na contingência de fazer a prova afirmativa.

No CPC/73, falava o art. 388, I em *contestação* da assinatura, termo agora substituído por *impugnação* sem grandes consequências no plano semântico. Há que se ter claro de toda forma que a impugnação não equivale necessariamente à negação de autenticidade ao documento, podendo resumir-se a mero pedido de *verificação* da assinatura, de modo a se confirmar sua origem e autoria (o que, convém dizer, somente tem sentido quanto à firma de terceiros, pois não se afigura razoável a alegação de desconhecimento ou dúvida por parte do suposto signatário em torno da própria assinatura).

Ao fim e ao cabo, a impugnação de autenticidade de que trata o art. 428, I, pode portanto indicar duas vertentes distintas: I) a manifestação de mera dúvida ou de desconhecimento completo acerca da regularidade da assinatura; ou II) a afirmação propriamente dita do falso. Em ambos os casos, fica afetada a credibilidade do documento como um todo (pois, ainda que impugnada somente a firma, questiona-se em última análise a própria realização das declarações naquele inseridas); a importância fundamental do dispositivo comentado, outrossim, está em destacar o estado temporário de bloqueio da força probante do documento gerado pelo singelo questionamento, em qualquer das situações (inclusive, nos casos de arguição de falsidade, antes e independentemente da solução do incidente).

Fica claro de toda forma que a prescindibilidade da arguição de falsidade não a exclui, até porque documento com assinatura adulterada, evidentemente, é documento falso; o que muda em uma ou outra hipótese é o enfoque a ser dado ao problema, bem como a solução em caso de falta de demonstração da autenticidade.

A advertência é relevante porque, valendo-se o legislador no mais das vezes do termo *autenticidade* para se referir a um elemento específico do documento, a autoria, chega-se na praxe forense e na doutrina a isolar aquela ideia da de *falsidade* como se fossem estanques e como se referisse essa última apenas ao contexto documental.

Na verdade, os dois conceitos apresentam uma zona de convergência, que permitem afirmar a falsidade do documento seja por vício quanto ao conteúdo seja por indevida atribuição da autoria; do fato de não se limitar a impugnação da assinatura, outrossim, à arguição da falsidade documental (vale dizer, de não precisar ser feita necessariamente em tais termos), não decorre, em absoluto, que a impugnação não possa se o caso se revestir de efetiva imputação em tal sentido.

Alegada concretamente a falsidade, por seu turno, necessária se faz investigação mais aprofundada, normalmente por perícia, demandando a arguição decisão específica que proclame a autenticidade ou não do documento.

Diversamente, se feito mero pedido de verificação, não se pretende num primeiro momento qualquer decisão declaratória da inautenticidade, nem mesmo depende a solução do impasse, aliás, de decisão específica. De um lado, se não trazida a prova necessária, o documento será simplesmente descartado nos autos, podendo ser desentranhado ou então deixar de ser considerado; por outro lado, a demonstração exigida do apresentante é singela, podendo ser satisfeita pela mera *autenticação* em tabelionato ou mesmo pelo comparecimento do signatário no cartório judicial, ratificando a assinatura perante o escrivão. Nada impede por outro lado que, resultando da conferência pedida a constatação de existência de falsidade em concreto, venha o interessado, aí sim, a arguí-la de forma direta.

Insista-se por fim que a privação temporária de fé ao documento particular por força da simples impugnação somente se dá no caso de ausência de autenticação prévia. Exibindo o interessado no documento qualquer dos meios legais admitidos para a demonstração da autenticidade, a partir daí gera-se presunção em tal sentido, insuscetível de afastamento pela recusa singela da outra parte; em tais hipóteses, persiste a possibilidade de se discutir eventual falsidade (inclusive a idoneidade do próprio ato de certificação ou autenticação), mas o documento preserva sua força probante, até que pelos meios próprios e por decisão específica elidida a presunção (com ônus probatório, nesse caso, a cargo do impugnante – vejam-se a respeito os comentários ao art. 429, adiante).

2. Preenchimento abusivo

Objeto do inciso II é a hipótese de impugnação do conteúdo por preenchimento abusivo de documento particular assinado em branco. O parágrafo único se encarrega por seu turno de definir qual o exato contexto tratado: o documento deve estar com o texto pendente de complementação no todo ou em parte e vir a ser preenchido, segundo a impugnação (que pode ser o próprio signatário ou mesmo terceiro) sob o argumento de que *completado com violação do pacto feito com o signatário*.

É essencial portanto que haja autorização da parte do subscritor para a complementação, e que essa seja feita, pelo receptor do documento ou por outrem, em desacordo com o ajustado (a rigor, a divergência será se o caso fruto de ato intencional, daí compreender-se a referência a *abuso*; mas não se descarta a hipótese de impugnação, nesse mesmo contexto, ditada por mero erro ou inexatidão no preenchimento).

Não é necessário outrossim que se trate de documento unilateral; o documento pode prestar-se a instrumentar ato jurídico bilateral, sendo firmado em branco por ambos os envolvidos mas autorizado o preenchimento do conteúdo por apenas um deles.

Diferente disso é cogitar do preenchimento não autorizado, no todo, de documento assinado em branco (por exemplo, em caso de subtração junto ao subscritor ou detentor, ou mesmo de coação quanto ao próprio lançamento da assinatura, ou de promessa de guarda do documento sem complementação), ou do preenchimento de espaços em branco existentes em documento cujo conteúdo se pretendia completo no momento de sua assinatura. Em ambos os casos, inexistente pacto algum em torno de qualquer preenchimento, o vício está no próprio fato da complementação ou preenchimento, ao passo que, na hipótese tratada pelo art. 428, II, do CPC, o problema reside basicamente no preenchimento em termos supostamente diversos daqueles em que deveria ter ocorrido.

Quando ausente, enfim, vontade de declarar o que quer que seja por parte do signatário, ou de declarar algo além do que já se declarou, o preenchimento em tais condições, com forja e atribuição a ele de manifestação não feita e não querida, acaba por resvalar para hipóteses de autêntico falso material, como já exposto nos comentários ao artigo antecedente, seja sob a hipótese de formação de documento não verdadeiro (CPC, art. 427, parágrafo único, I), seja de alteração de documento verdadeiro (art. 427, parágrafo único, II).

Já no caso do abuso por preenchimento simplesmente *indevido*, diverso do ajustado, não há desvio no fato em si do lançamento de manifestação atribuída ao signatário, conduta por ele conhecida e tolerada, mas quando muito no conteúdo daquela.

De todo modo, não se pode dizer seja a situação, conquanto próxima, tampouco associável à figura da falsidade *ideológica*; a divergência também se situa no plano do conteúdo intelectual, mas a rigor falso ideológico se tem quando o próprio autor intelectual do documento, formulando declaração por ele perfeitamente querida, procura conscientemente transmitir ideia falsa, o que não ocorre em caso de preenchimento abusivo com violação de pacto. A dissonância, aqui, não é entre o que o autor intelectual disse e a realidade externa ao documento, mas entre o que pretendia dizer e o responsável pelo preenchimento disse por ele.

Enfim, a recusa de fé ao documento não se dá, no caso do art. 428, II, por força de declaração propriamente dita de falsidade, prescindindo de pedido em tal sentido (e sendo desse modo estranha à arguição regulada nos arts. 430 a 433 deste CPC), mas versando sobre a simples impugnação ao conteúdo ditada pela alegação de *inexatidão* de seu preenchimento e divergência para com a vontade do subscritor (dando-se assim a resistência do signatário mais propriamente nos termos do art. 436, IV, do CPC, e não do inciso III desse mesmo dispositivo legal).

A discussão se concentra fundamentalmente em torno de dois aspectos, a demonstração de que o lançamento das declarações não foi feito pelo próprio subscritor (ou pelo menos antes da assinatura) e, por outro lado, de que

Art. 429

desatendido pacto quanto ao teor do preenchimento a ser feito.

Chama aliás a atenção a redação do art. 429, I, do mesmo CPC, quando, ao tratar do ônus da prova, refere conjuntamente, mas como coisas distintas, as hipóteses de discussão sobre a falsidade do documento ou o preenchimento abusivo.

Há entretanto, reitere-se, uma diferença fundamental entre as duas figuras do art. 428, no que se refere ao momento da cessação da fé documental: se, como visto no item precedente, quanto ao documento particular não autenticado previamente, a simples impugnação da autenticidade (inciso I) já determina tal efeito, já no caso do preenchimento abusivo (inciso II) reclama-se decisão específica a respeito. Essa decisão, segundo a linha de raciocínio aqui adotada, apenas delibera acerca do valor probante do documento questionado quanto ao próprio processo, podendo ser proferida isoladamente, no curso da demanda, ou vir com a decisão final, integrando sua fundamentação.

A mera alegação de preenchimento abusivo, portanto, não priva o documento de fé, até mesmo por coerência para com o disposto nos arts. 408 e 412 do CPC; não havendo dúvida quanto à autenticidade, presumem-se em princípio efetivamente feitas pelo signatário as declarações constantes do documento e além disso verdadeiras no que diz respeito a ele.

Como decorrência disso, o ônus da prova quanto ao preenchimento abusivo é de quem o alega, como agora está expresso no art. 429, I, do CPC, mas como de qualquer modo já era possível, conforme sustentávamos, extrair no sistema anterior por meio de interpretação extensiva do art. 389, I, do CPC/73.

Jurisprudência

"As declarações constantes em documento particular são tidas presumidamente verdadeiras em relação ao signatário quando não houver impugnação deste no prazo legal (CPC/1973, art. 372), ou quando este as admitir expressamente (CPC/1973, art. 373), ou, ainda, quando houver o reconhecimento do tabelião (CPC/1973, art. 369). No presente caso, entender de forma diversa das conclusões adotadas no acórdão recorrido, quanto ao desconhecimento e à falta de consentimento do recorrido em relação à partilha efetivada, bem como para afastar a presunção de veracidade do documento particular, implicaria, necessariamente, o reexame dos fatos e provas carreadas aos autos, o que não se coaduna com a via eleita, consoante o enunciado da Súmula n.º 07 do STJ. Dispõe a norma processual que "cessa a fé do documento particular quando lhe for contestada a assinatura e enquanto não se lhe comprovar a veracidade" (CPC, art. 387) e, com relação ao ônus da prova, define que, quando se tratar de contestação de assinatura, caberá "à parte que produziu o documento" (CPC, art. 389, I)." (STJ, REsp nº 1.551.430/ES, 4ª T., Rel. Min. Maria Isabel Gallotti, Rel. p/ Acórdão Min. Luis Felipe Salomão, j. 21/9/2017, *DJe* 16/11/2017).

"Tratando-se de contestação de assinatura, o ônus da prova da sua veracidade cabe à parte que produziu o documento. A fé do documento particular cessa com a impugnação do pretenso assinante, e a eficácia probatória do documento não se manifestará enquanto não comprovada a sua veracidade." (STJ, EDcl no AgRg no AREsp nº 151.216/SP, 3ª T., Rel. Min. João Otávio de Noronha, j. 17/9/2013, *DJe* 20/9/2013).

"A inserção de valores não estipulados em contrato de locação assinado em branco pelo locatário consubstancia hipótese de falsidade ideológica, que somente pode ser comprovada através da propositura de ação autônoma." (STJ, REsp nº 45.856/MG, 6ª T., rel. Min. Vicente Leal, j. 3/6/96, *DJ* 1º/7/96, p. 24.104).

"A impugnação da assinatura aposta no documento (CPC, art. 388, I) não se confunde com a arguiçãoarguição de falsidade do próprio documento (arts. 387, I e II, e 388, II), razão pela qual, impugnada a assinatura do documento particular, cessa-lhe a fé, independentemente de arguiçãoarguição de falsidade, cabendo o ônus da prova, nesse caso, à parte que o produziu." (2º TACSP, Ap. no 475.188-0/7, 7ª C., Rel. Juiz Antonio Marcato, j. 25/3/97).

> **Art. 429.** Incumbe o ônus da prova quando:
> **I** – se tratar de falsidade de documento ou de preenchimento abusivo, à parte que a arguir;
> **II** – se tratar de impugnação da autenticidade, à parte que produziu o documento.

▶ *Referência: CPC/1973 – Art. 389*

1. Ônus da prova em matéria documental

Fixa o CPC encargos probatórios acerca de discussões sobre a autoria e conteúdo de documentos adotando referenciais ligados às especificidades dos próprios documentos e à natureza da impugnação. Dependerá o ônus, em regra, de quem tenha apresentado o documento (e portanto nele seja o interessado direto) e de qual parte dele seja objeto de questionamento em concreto, se a assinatura ou seus elementos contextuais (ou o próprio suporte material).

As regras aqui abordadas aplicam-se independentemente de estar sendo ou não arguida diretamente a falsidade; e, em caso positivo, de se tratar de arguição feita em caráter incidental ou principal. Mesmo em caso de ação declaratória autônoma de falsidade (CPC, art. 19, II), hão de ser observados tais parâmetros.

Reitera-se ainda a advertência de que a discussão sobre a falta de autenticidade do documento não é algo que se possa ter como necessariamente dissociado do conceito de falsidade documental.

Como observado nos comentários aos arts. 427 e 428, o documento escrito com assinatura adulterada é por óbvio também falso, na medida em que a firma constitui um de seus elementos essenciais; ocorre que a oposição à assinatura não necessariamente passa pela respectiva imputação de falsidade, podendo o impugnante pretender a mera comprovação da regularidade daquela (*v. g., verificação*). O legislador, então, englobou as duas hipóteses sob o termo amplo *impugnação*, que compreensivelmente teve de distinguir da alegação imediata de falsidade; relaciona-se o inciso I, dessa forma, à arguição da falsidade propriamente dita quanto ao conteúdo do documento, enquanto o inciso II, por seu turno, fixa o ônus da prova da autenticidade da assinatura, quando impugnada (esteja ela sendo expressamente inquinada de falsa ou não).

2. Falsidade do contexto documental e preenchimento abusivo

É preciso aqui distinguir as hipóteses de arguição efetiva da falsidade de situações em que apenas se questione a aptidão probatória de determinado documento.

Veja-se, assim, o caso das *reproduções mecânicas* de fatos ou coisas em geral, como fotografias ou registros fonográficos, documentos não assinados e em que, por sua própria natureza, não se parte de uma presunção de veracidade quanto ao conteúdo material do documento, a ser desfeita por quem a contesta.

O art. 422 do CPC, nesse sentido, deixa claro que a admissibilidade de tais reproduções depende da concordância pela parte contrária em torno de sua conformidade, fora daí fazendo-se necessária quer a conferência com os originais, quer a autenticação eletrônica, quer análise técnica mais aprofundada (art. 422, §§ 1º e 2º). E o ônus da demonstração da idoneidade material, como ali está subentendido, é do apresentante da reprodução, seja no sentido de proporcionar em termos práticos a verificação de eventual base material originária, seja no de evidenciar a idoneidade da reprodução em si mesma.

O mesmo ocorre a rigor no tocante a reproduções de documentos, em relação às quais, se necessário, é ônus da parte apresentante demonstrar a conformidade para com os originais (art. 424).

Mas, se apresentados os elementos necessários (e, principalmente, promovida a devida conferência), a parte contrária segue questionando a idoneidade material da reprodução e passa a arguir a falsidade em termos efetivos, nesse caso é seu o ônus probatório.

Já no que diz respeito aos *documentos escritos* propriamente ditos, insista-se antes de mais nada que a impugnação, por qualquer forma, da assinatura, desloca a matéria para o inciso II do art. 429, condicionando a análise do restante do documento ao que se decidir em torno da autoria; o inciso I, portanto, pressupõe hipóteses em que não se discuta aquele outro aspecto, ou já superada eventual dúvida a respeito.

A rigor, mostra-se indiferente à perquirição do ônus a origem do documento, se público ou privado, mas a solução pode variar conforme se discutam temas referentes à veracidade material ou ideológica.

O documento público, como regra, faz prova no plano *material* da regularidade de sua formação e da veracidade de seu teor (CPC, art. 405), daí ser inevitável a atribuição, a quem lhe denuncia eventual irregularidade nesse campo, do encargo probatório correspondente. O mesmo se dá, outrossim, quanto ao documento particular, pois quando não se duvida da autenticidade da assinatura, faz ele prova em princípio que seu autor efetivamente fez a declaração que lhe é atribuída (CPC, art. 412, *caput*).

A questão muda de figura se se questiona a verdade intrínseca aos fatos representados, nem sempre ficando onerado o impugnante em caso de questionamento das declarações formuladas. O ponto fundamental está em distinguir se a matéria dada por inverídica se insere na força probatória natural do documento ou não; apenas no primeiro caso caberá ao impugnante a prova respectiva, não sendo de outra parte jurídico exigir que demonstre ele ser falso o que o documento, por si mesmo, não é capaz de demonstrar verdadeiro.

Tome-se novamente o documento público: no plano intelectual, como diz o art. 405, faz prova dos fatos que o agente público declarar que ocorreram em sua presença, e quanto a eles tem efetivamente o impugnante o ônus de demonstrar o inverso; as declarações de ciência quanto a fatos estranhos à lavratura do documento não são entretanto alcançadas pela fé pública, e se forem impugnadas será do próprio autor das declarações o ônus da prova de sua veracidade, bastando à outra parte a negativa (como ocorre com o relato de fatos em boletins de ocorrência, por exemplo).

Quanto ao documento particular, do mesmo modo, se a parte contra quem produzido refuta mera declaração de ciência de um fato externo, segue sendo do interessado na veracidade desse fato o ônus de prová-lo (art. 408, parágrafo único), pois inócua a referência documental isoladamente considerada.

Qualquer que seja a natureza do documento, outrossim, presumem-se verdadeiras em relação ao particular subscritor as declarações de vontade, bem como as declarações de ciência quanto a fatos próprios, de cunho confessório (art. 408), cabendo a quem as impugna a prova da insinceridade do declarado (inclusive, se o caso, ao próprio autor das declarações).

Em suma: na generalidade dos casos de falsidade material do conteúdo de documento autêntico, aplica-se o art. 429, I, do CPC, devendo a prova do falso ser dada por quem o sustenta; relativamente às hipóteses de contestação da verdade inerente aos fatos declarados, por outro lado, só precisa fazer prova o impugnante quando a declaração, por sua natureza, goza de presunção de veracidade, vale dizer, quando o documento por si faz prova do fato declarado.

Sempre se retornará, enfim, ao princípio básico de que o ônus da prova do impugnante diz respeito à desconstituição da força probatória natural do documento, nos limites dessa.

Finalmente, tem-se a questão do documento em relação ao qual se alega o *preenchimento abusivo*, a respeito de que já se falou sobre o ônus nos comentários ao art. 428; idênticas aqui as razões determinantes da solução.

Como nessa hipótese não se discute a autenticidade da firma, pretendendo o subscritor questionar a força probante própria do documento – negando ter querido formular qualquer declaração, ou ser aquele o teor da declaração pretendida –, natural que se lhe atribua a demonstração da irregularidade, pois em princípio as declarações constantes no documento serão tidas por material e ideologicamente verdadeiras quanto ao signatário, nos termos do art. 408 e 412 deste Código.

O CPC por sinal, a propósito do preenchimento abusivo, deixou expresso ser de quem o argui o ônus probatório, como se verifica da redação do art. 429, I. Não o fazia seu equivalente no CPC/73 (art. 389, I), sem que de toda forma se deixasse de entender ser essa também a regra desde então decorrente do sistema.

3. Impugnação da assinatura

No tocante à questão da firma, é essencial compreender o significado com que empregado no inciso II o verbo *produzir*.

Os documentos constituem prova pré-constituída, na medida em que sua *formação* é em regra exterior – e normalmente mesmo anterior – ao processo, sendo eles anexados aos autos ou neles reproduzidos, mas não *criados* no âmbito do próprio processo, como atos internos a ele. Nesse sentido, é possível dizer que a produção em si do documento, no sentido de formação ou confecção, não coincidente com a produção da *prova documental* em juízo; ocorre no momento em que formado aquele, materialmente, sendo seu autor, outrossim, a pessoa que o fez ou que mandou fazê-lo e o assinou, nos termos do art. 410, I e II, do CPC.

Não é a isso que se dirige o texto legal, contudo, conforme pacificamente entendido. Mantém o legislador do CPC, neste art. 429, uma alternatividade de encargos baseada essencialmente no *interesse* na utilização do documento: se é impugnado o teor, deve fazer prova quem *resiste* ao documento, já se a contestação é da assinatura, deve demonstrar-lhe a autenticidade quem pretende *se valer* dele, seja ou não seu pretenso autor no plano material.

Em última análise, o ônus quanto à assinatura é de quem lhe sustenta a idoneidade, o que normalmente corresponde à parte que produz a *prova documental* (*v. g.*, que introduz o documento *nos autos*). Exceção a isso é a situação em que a apresentação do documento se dá justamente para possibilitar o reconhecimento de sua falsidade quanto à assinatura (como em ação declaratória autônoma com esse fim); em tal hipótese, ainda que a juntada seja promovida pelo autor (como prova do objeto material do pedido), de qualquer modo caberá o ônus ao réu, caso insista na autenticidade. Acima de tudo prevalece portanto, como regra geral, o critério da *afirmação*.

É importante, todavia, a advertência de que o ônus da prova, tal qual previsto no dispositivo ora comentado, somente prevalece para os documentos particulares não autenticados. Já se a assinatura tiver sido reconhecida por oficial ou certificada por outros meios legalmente reconhecidos, nos termos do art. 411, I e II, do CPC, o documento, como ali exposto, será reputado autêntico; e, nesse caso, o encargo de desfazimento da presunção será da parte que o impugna, ainda que o ataque seja desferido contra a assinatura em particular.

Não é só. Em relação aos documentos públicos, a fé de que intrinsecamente revestidos alcança também a autenticidade das firmas neles lançadas, sejam as dos funcionários responsáveis por sua elaboração, sejam as dos particulares que eventualmente intervenham nos atos documentados (v. art. 405 do CPC), fazendo com que também aí o ônus probatório seja do impugnante, não do interessado em fazer valer o documento.

4. Ônus da prova e custeio da prova

É necessário outrossim distinguir o encargo de provar um determinado fato e a responsabilidade pelo custeio de determinados atos processuais, em especial perícias: apenas circunstancialmente reúnem-se ambos na mesma pessoa, sendo de toda forma absolutamente independentes os critérios determinativos.

Disso não decorre, portanto, que a solução da indagação quanto ao ônus probatório em torno da autenticidade ou falsidade de um documento, segundo o art. 429, determine também quem seja a parte responsável pelo custeio de eventual prova que a respeito se faça necessária. A responsabilidade pelas despesas será deter-minada na verdade pelos critérios dos arts. 82 e 95 do CPC.

Não se discute que a tendência seja a de requerimento da prova necessária – ou pelo menos insistência em sua realização – pela parte diretamente afetada pelo ônus probatório. Nesse sentido, deverá estar ela sempre atenta a evitar a preclusão nos casos em que, pela posição dos litigantes na relação processual, tenha sido o encargo de pagamento atribuído ao oponente; basta que, verificada a omissão por parte daquele, se adiante e, mesmo não estando obrigada, faça o correspondente recolhimento. O que não se admite, todavia, é que a própria determinação originária de pagamento se faça singelamente à luz do ônus da prova, equívoco não raro verificado na prática mas refutado pela jurisprudência do STJ.

Jurisprudência

"Imprópria é a evocação da regra do inciso II do artigo 389 do Código de Processo Civil se a assinatura contestada consta de documento lavrado pelo próprio Juízo. A observância da regra segundo a qual cumpre a parte que produziu o documento demonstrar a boa procedência da assinatura esbarra na presunção de veracidade de atas e certidões lavradas." (STF, HC no 69.628/SP, 2ª T., Rel. Min. Marco Aurélio, j. 17/8/93, *DJ* 10/9/93, p. 18.375).

"Não ocorrência de negativa de vigência dos artigos 333, II, e 388, II, do C. p. C., pois o ônus da prova de que o documento particular assinado em branco foi preenchido abusivamente cabe a quem o assinou, e não a quem o preencheu." (STF, RE no 99.979/PR, 2ª T., Rel. Min. Moreira Alves, j. 23/3/84, *DJ* 29/6/84, p. 10.752).

"É ônus probatório da parte que contestou assinatura em documento, trazido por ela mesma aos autos, nos termos do art. 389, II, do CPC1973. Inviabilidade de alterar as conclusões do aresto recorrido no sentido de que não há verossimilhança e hipossuficiência técnica acerca da alegação de assinatura falsificada demanda, bem como de que a parte recorrente não procurou indicar qualquer prova que pudesse respaldar sua tese, por demandar incursão na seara fático-probatória. Incidência da súmula 7/STJ." (STJ, AgInt no REsp nº 1.409.028/PR, 4ª T., Rel. Min. Luis Felipe Salomão, j. 22/11/2016, *DJe* 1º/12/2016).

"As regras do ônus da prova não se confundem com as regras do seu custeio, cabendo a antecipação da remuneração do perito àquele que requereu a produção da prova pericial, na forma do artigo 19 do CPC." (REsp 908.728/SP, Relator o Ministro João Otávio de Noronha, *DJe* de 26/4/2010)." (STJ, AgRg no AREsp nº 426.062/SP, 3ª T., Rel. Min. Sidnei Beneti, j. 11/2/2014, *DJe* 13/3/2014).

"1. Quando verificada a relação de consumo, prevalece, no âmbito da Segunda Seção desta Corte Superior de Justiça que os efeitos da inversão do ônus da prova não possuem a força de obrigar a parte contrária a arcar com as custas da prova requerida pelo consumidor. Precedentes. 2. Na espécie, a prova pericial determinada pelo juízo foi requerida pelo consumidor, e portanto, a ele é imposto o ônus de arcar com as custas, conforme entendimento já pacificado nesta Corte Superior." (STJ, AgRg no AREsp nº 246.375/PR, 4ª T., Rel. Min. Luis Felipe Salomão, j. 4/12/2012, *DJe* 14/12/2012).

"1. Tratando-se de contestação de assinatura, o ônus da prova da sua veracidade incumbe à parte que produziu o documento. A fé do documento particular cessa com a impugnação do pretenso assinante, e a eficácia probatória do documento não se manifestará enquanto não comprovada a sua veracidade. 2. As regras do ônus da prova não se confundem com as regras do seu custeio, cabendo a antecipação da remuneração do perito àquele que requereu a produção da prova pericial, na forma do artigo 19 do CPC." (STJ, REsp nº 908.728/SP, 3ª T., Rel. Min. João Otávio de Noronha, j. 6/4/2010, *DJe* 26/4/2010).

"I – A controvérsia cinge-se em saber a quem deve ser atribuído o ônus de provar a alegação da ora agravada consistente na falsidade da assinatura aposta no contrato de financiamento, juntado aos autos pela parte ora agravante, cujo inadimplemento ensejou a inscrição nos órgãos de proteção ao crédito. A questão, assim posta e dirimida na decisão agravada, consubstancia-se em matéria exclusivamente de direito, não havendo se falar na incidência do óbice constante do enunciado nº 7 da Súmula desta Corte; II – Nos moldes do artigo 389, II, do Código de Processo Civil, na hipótese de impugnação da assinatura constante de documento, cabe à parte que o produziu nos autos provar a autenticidade daquela." (STJ, AgRg no Ag nº 604.033/RJ, 3ª T., Rel. Min. Massami Uyeda, j. 12/8/2008, *DJe* 28/8/2008).

Subseção II
Da arguição de falsidade

> **Art. 430.** A falsidade deve ser suscitada na contestação, na réplica ou no prazo de 15 (quinze) dias, contado a partir da intimação da juntada do documento aos autos.
>
> **Parágrafo único.** Uma vez arguida, a falsidade será resolvida como questão incidental, salvo se a parte requerer que o juiz a decida como questão principal, nos termos do inciso II do art. 19.

▸ *Referência: CPC/1973 – Art. 390*

1. Regime da arguição de falsidade no sistema anterior e no atual

Antes de mais nada, é o caso de reiterar a advertência, feita em comentários a outros dispositivos desta seção, de que não ostenta natureza de arguição de falsidade todo e qualquer questionamento à higidez de prova documental.

Pode a parte se limitar, nesse sentido, a impugnar a autenticidade de documento por dúvida concreta ou desconhecimento no tocante à autoria da assinatura nele lançada, voltando-se todavia não à afirmação direta da falsidade mas apenas a possibilitar a devida verificação e, se o caso, autenticação do documento pelos meios possíveis.

Pode outrossim impugnar o conteúdo documental à guisa de preenchimento abusivo, o que, nos termos tratados no art. 428, II, do CPC, dissemos nos comentários respectivos não envolver hipótese de falsidade em sentido técnico.

Além disso, pode se oferecer oportunidade ao questionamento da idoneidade de reprodução mecânica ou digital de fatos ou documentos, com vistas, uma vez mais, não à afirmação desde logo da falsidade, mas apenas à devida conferência.

Da arguição ora disciplinada pelos arts. 430 a 433 do CPC portanto, somente se cogita se desde logo e de forma concludente vem afirmada a falsidade do documento e postulada decisão de reconhecimento do fato, com indicação objetiva de qual a natureza da falsidade e em que parte do documento situada, bem como as razões determinantes da afirmação.

E a esse respeito o CPC (tanto quanto o Código anterior), deixa a desejar em matéria de clareza, apresentando nuances procedimentais distintas da legislação revogada mas de todo modo não estabelecendo de forma inequívoca e coerente a linha divisória entre as diferentes formas de discussão do problema.

O CPC/73, basicamente, previa a possibilidade de alegação do falso quanto à assinatura ou a veracidade do contexto em manifestação singela acerca do documento apresentado (cf. art. 372) – eventualmente no bojo de peças como alcance mais amplo como a contestação –, ou então a suscitação de incidente acerca do tema, no mesmo prazo (art. 390), por manifestação autônoma. E, conforme se entendia majoritariamente a despeito do silêncio da lei, a arguição de falsidade, formulada por meio de incidente, correspondia a uma ação declaratória incidental, sendo ao fim o ao cabo o traço distintivo entre a existência de pretensão de caráter principal ou singela questão a ser resolvida *incidenter tantum* a forma pela qual exteriorizada a impugnação, com ou sem incidente.

O CPC é, agora, explícito quanto à possibilidade de discussão do tema da falsidade em caráter principal, o que se extrai quer do parágrafo único do art. 430 quer do enunciado do art. 433. Mas, por seu turno, parece sugerir que preservada, nos mesmos moldes, a dicotomia entre a alegação *incidenter tantum* de falsidade e a objeto de incidente específico ao dispor, no art. 436, III, que a parte poderá a propósito de documento trazido aos autos suscitar a falsidade "*com ou sem deflagração do incidente de arguição de falsidade*".

Entretanto, na disciplina geral da própria arguição afirma no parágrafo único do art. 430, ora comentado, que a falsidade, uma vez alegada, será resolvida em regra como questão incidental, e somente se a parte o requerer como questão principal, dando a entender de todo modo que em ambos os casos será observada a mesma forma procedimental; além disso, chama a atenção que o CPC, a propósito da arguição de falsidade, tenha deliberadamente evitado o termo *incidente processual*, não o empregando uma única vez entre os arts. 430 a 433.

Vale dizer, sugere o Código vigente que não necessariamente a arguição obedeça à forma de um incidente e que, por outro lado, possa indiferentemente ser formulado pedido principal de declaração de falsidade, dentro ou fora de incidente que venha a se formar, assim como, inversamente, pedido de declaração meramente incidental. A explicação para a necessidade de instauração de incidente deve, sob essa perspectiva, ser buscada em linha diversa que a da consideração da natureza da decisão postulada.

A bem da verdade, não existe no plano técnico qualquer relação necessária entre a figura do incidente processual e a veiculação de pretensão de natureza substancial que resulte em ampliação do objeto de processo posto. A reconvenção, por exemplo, veicula pretensão substancial do réu em face do autor sem que dê margem à formação de qualquer incidente, desenvolvendo-se no âmbito dos atos regulares do procedimento; o mesmo se pode dizer de ação declaratória incidental, quando ajuizada na contestação ou na réplica (o que se tem por ainda possível em termos gerais, muito embora o CPC atual não tenha reproduzido dispositivo análogo ao art. 325 do CPC/73, e sem embargo do art. 503, § 1º, do Código vigente). Em contrapartida, eram diversos os incidentes processuais, sobretudo no regime processual anterior, tendo por objeto questões internas de natureza eminentemente processual, como por exemplo os de impugnação ao valor da causa, exceção de incompetência e impugnação à gratuidade processual.

Cândido Dinamarco, com precisão, ensina que os incidentes do processo (ou do procedimento) "*...são procedimentos menores, anexos e paralelos ao principal e deles dependentes*", compostos por uma série de atos coordenados segundo disposto na lei, "*todos endereçados à pronúncia de uma decisão judicial sobre algum pedido ou requerimento das partes, referente ao processo pendente*". Qualifica ainda o ilustre processualista os incidentes como "*verdadeiros desvios acidentais do procedimento principal, que se situam à margem de sua caminhada linear*" (*Instituições de Direito Processual*, vol. II, p. 461).

Além do mais, mostra-se importante, em linha de coerência sistemática, observar a tendência manifestada pelo CPC, em nome da simplificação procedimental (e também observando a crescente utilização do processo eletrônico), de concentração dos atos processuais, com eliminação de diversos incidentes previstos à luz do sistema anterior, como o de impugnação ao valor da causa, de impugnação à justiça gratuita e o relativo à exceção de incompetência; mesmo a necessidade de reconvenção em peça autônoma foi abolida, permitindo-se ao réu a arguição de todas essas questões na própria contestação.

Dito isso, afigura-se sobretudo relevante para determinar o modo de tramitação da arguição de falsidade não eventual pretensão do arguente de decisão em caráter principal, mas basicamente a necessidade de prática de atos procedimentais desbordantes do ordinário.

Nesse sentido, desde que o documento seja juntado com a petição inicial, a arguição pode e deve ser feita na contestação, independentemente de peça autônoma, o mesmo se dizendo no tocante à réplica, caso trazido o documento com a contestação; em ambos os casos, a instrução que se faça necessária deverá ser feita no âmbito da fase probatória correspondente ao próprio procedimento em curso (evidentemente, contudo, a apresentação nesses casos de peça em separado não será impeditiva do conhecimento da arguição de falsidade).

Diversamente, caso o documento seja juntado em momento posterior ao longo do processamento (inclusive em grau recursal), aí sim será necessária a instauração de incidente, com a formação de apêndice procedimental especificamente com esse escopo, no qual se dê oportunidade ao suscitado para resposta à arguição bem como se faça viável a prática dos atos instrutórios necessários (chama a atenção de toda forma o silêncio do CPC em vigor em torno da distinção que o CPC/73 fazia, nos arts. 391 e 393, entre o incidente suscitado antes ou depois do encerramento da instrução, para efeito de processamento nos próprios autos ou em autos apensados).

No processo de execução por título extrajudicial ou monitório, finalmente, tratando-se de ataque ao documento representativo do suposto título executivo ou da prova inicial exigida pelo art. 700, *caput*, do CPC, deverá o questionamento sobre a falsidade documental vir com a própria petição inicial da ação impugnativa pertinente conforme o caso, embargos à execução ou embargos ao mandado monitório.

Em todos os casos, o caráter principal ou não da arguição dependerá da opção da parte interessada, mediante expresso requerimento em tal sentido.

Contribui por fim para esvaziar o significado que antes se extraía da formalização de incidente a supressão no novo sistema da previsão de efeito suspensivo automático que trazia o art. 394 do CPC/73 apenas quanto aos incidentes de falsidade documental propriamente ditos, não quando alegada a falsidade *incidenter tantum*. A eventual paralisação que possa agora ocorrer quanto ao processo como um todo ou alguns atos dependerá de decisão judicial específica, motivada pela repercussão que a deliberação sobre o documento possa ter sobre o andamento da causa, haja ou não incidente (veja-se a respeito o item 7, adiante).

2. Espécies de documentos

É amplo o cabimento da arguição principal de falsidade, quanto às espécies documentais conhecidas, podendo assim alcançar tanto os documentos escritos quanto os não escritos, de cunho figurativo, além de gráficos, plantas etc.

Pode dirigir-se contra documentos apresentados no original ou por reprodução, mecânica ou eletrônica, podendo a falsidade, no caso de cópia, ter por objeto a reprodução, em si, ou o original (a Lei nº 11.419/2006, a propósito do processo eletrônico, trata no art. 11, § 2º, da arguição de falsidade de documento original levado ao processo por meio de reprodução digitalizada, dizendo dever a arguição processar-se eletronicamente na forma da lei).

Aliás, quanto maior a complexidade envolvida no processo de formação do documento original ou da reprodução, mais amplas as possibilidades de arguição do falso no tocante às diversas etapas. A mesma Lei nº 11.419/2006 diz (art. 11, § 1º) que o questionamento da falsidade de documentos digitais e digitalizados juntados ao processo pode referir-se a adulterações ocorridas antes ou durante o processo de digitalização; na verdade, se tomados os documentos físicos digitalizados, pode-se discutir eventual falso desde a própria formação física do documento, ou no ato da digitalização, ou durante a conservação da cópia digitalizada em ambiente virtual, ou finalmente na reprodução da versão digitalizada para o meio físico com vistas à utilização em processo dessa natureza. Os próprios documentos já produzidos em meio eletrônico podem ser questionados quanto a irregularidades ocorridas no processo de formação original ou então no tocante à conversão para a forma física.

No tocante aos documentos escritos, outrossim, a discussão pode abranger tanto os particulares quanto os públicos, ressaltando-se que a presunção de regularidade desses últimos é meramente relativa, podendo pois ser afastada em juízo, ainda que por decisão proferida sem caráter principal.

3. Abrangência da arguição quanto aos tipos de falsidade e à parte do documento afetada

Os documentos em geral podem se apresentar inverídicos em relação ao conteúdo ou à autoria, sendo ambas as modalidades de falso por seu turno abrangidas no conceito de falsidade adotado no art. 427 do CPC; inevitável concluir assim que possível discutir por meio do incidente próprio um ou outro aspecto.

Como dito outrossim, nos comentários àquele e outros dispositivos, mostra-se inadequada a separação conceitual entre as ideias de falsidade documental e de falsidade da assinatura; o documento com assinatura falsificada é sem dúvida espécie do gênero *documento falso*, e portanto também para ela se faz pertinente a arguição de falsidade, ainda que distintas as regras sobre o ônus da prova e que a assinatura possa também ser questionada sem a necessidade de imputação do falso.

No tocante ao contexto, outrossim, parte da doutrina resistiu, durante algum tempo, em ver declarada judicialmente a *falsidade ideológica* de um documento, entendendo restrita a possibilidade aos vícios instrumentais (ver, por todos, Frederico Marques, *Manual de Direito Processual Civil*, vol. III, pp. 117-119). A orientação que todavia prevaleceu, e que é hoje praticamente pacífica na jurisprudência do STJ, é em sentido contrário, embora restrita a determinados casos.

Nesse sentido, é preciso ter em mente a distinção das declarações em *enunciativas* e *dispositivas*, a que se aludiu nos comentários ao art. 405. Se o falso diz respeito, assim, a meras declarações de ciência – porque inexistente o fato declarado ou declarado em termos distorcidos –, possível o reconhecimento da inverdade por sentença, que se limitará a registrar o descompasso entre a declaração e a realidade. Já quando se têm em mente declarações de vontade, aptas à formação de negócios jurídicos, como são as dispositivas, o reconhecimento do falso implicaria a afirmação da simulação do próprio negócio; ocorre que não se poderia segundo esse entendimento jurisprudencial cogitar da utilização da arguição de falsidade para a desconstituição indireta

do negócio, o que demandaria ação específica voltada a tal fim, com discussão e provimento do ato jurídico como um todo, não do simples documento pelo qual instrumentado.

4. Interesse de agir. Relevância do documento para a causa

Seja a arguição de falsidade do documento feita como questão principal, seja incidental, o desenvolvimento de atividade processual a respeito do tema, com a prática de atos instrutórios e posterior decisão em torno da matéria, pressupõe que o documento questionado seja, de alguma forma, relevante para o deslinde da causa originária (ou de aspectos processuais a ela relacionados) e que portanto útil o questionamento promovido, do ponto de vista desse litígio; por mais grave que se mostre a matéria embasadora da alegação de falso documental, se não houver perspectiva de repercussão de qualquer natureza sobre o andamento do processo ou sobre o julgamento da causa, não há porque permitir, sob pena de afronta à economia processual e ao ideal de celeridade, o dispêndio de tempo e de energias, sendo o caso aí de remeter os interessados à discussão em termos autônomos da veracidade ou não do documento (vejam-se também a respeito os comentários ao art. 432 deste CPC).

É o que se dá quando o documento inquinado de falso seja absolutamente secundário em face de outros documentos existentes nos autos ou quando diga respeito a fatos também secundários e irrelevantes no contexto da controvérsia; também quando, embora se trate de documento em si mesmo importante, o ponto em que detectada a falsidade não comprometa sua credibilidade do documento como um todo (v. art. 426 do CPC) ou não diga respeito aos fatos em concreto discutidos (p. ex., a adulteração da data da assinatura, quando não esteja sendo questionada nos autos a formação do negócio, mas inadimplemento posterior); finalmente, quando eventual alteração material seja desde logo ressalvada e justificada pela parte que produz o documento de modo tal que afaste a perspectiva de incerteza objetiva em torno desse aspecto.

A falta de interesse processual, em tais circunstâncias, para o exame da arguição de falsidade, determinará, no caso de alegação *incidenter tantum,* o simples indeferimento de provas e a eventual desconsideração do tema no julgamento; mas, havendo arguição com pedido de julgamento principal sobre o falso apontado, à guisa de ação declaratória incidental, será necessário em termos formais proclamar a carência de ação a respeito, seja por decisão interlocutória isolada, seja na sentença a ser proferida ao final.

Outro aspecto relevante ligado ao interesse de agir, aqui especificamente em torno da discussão como questão principal, diz com a iniciativa pela introdução do documento nos autos. Ressalvada a hipótese de ação declaratória autônoma de falsidade documental, em que o documento questionado será inevitavelmente apresentado pelo próprio autor da demanda, não se justifica, no curso de outra demanda, venha a suscitar a falsidade de documento a própria parte responsável pela produção da prova correspondente (a arguição é, afinal, antes de mais nada meio de impugnação a prova alheia); vale o mesmo raciocínio para o caso em que o documento esteja em poder da parte contrária mas não seja trazido aos autos por vontade sua, e sim por força de pedido de exibição documental formulado nos termos do art. 397 do CPC pela própria parte que no momento seguinte se dispõe a arguir a falsidade.

Não se exclui outrossim (reformulando aqui orientação que anteriormente manifestamos) a possibilidade em tese de arguição, mesmo como questão principal, se o documento foi introduzido nos autos não por iniciativa da outra parte, mas de terceiro, ou ainda por determinação pelo juiz por meio de diligência instrutória *ex officio*.

5. Legitimação ativa

Podem arguir a falsidade, no âmbito de processo em curso, naturalmente as partes integrantes da relação processual e no tocante às quais possa a decisão a ser proferida influenciada pelo documento impugnado; em se tratando de discussão em termos principais, na qual a pretensão de reconhecimento da falsidade ostenta como já visto natureza de ação declaratória incidental, é preciso que o autor da pretensão seja parte naturalmente também legitimada para a discussão em termos autônomos da falsidade, à luz do art. 19, II, do CPC.

Justamente por isso, o Ministério Público em princípio não está em nosso entender legitimado à arguição *principaliter,* nos casos em que atue como fiscal da lei.

Finalmente, quanto ao assistente e terceiros intervenientes em geral, não se deve excluir aprioristicamente sua legitimação ativa, impondo-se entretanto cautela no exame do efetivo interesse que possam ter na arguição, conforme a causa de sua intervenção e a potencial afetação de sua esfera jurídica por obra do documento impugnado.

6. Prazo

Embora o CPC vigente não repita a referência do art. 390 do CPC/73 à possibilidade de oferecimento da arguição de falsidade *em qualquer tempo e grau de jurisdição*, a regra segue prevalecendo no novo sistema, de modo implícito, já que inerente à possibilidade de juntada também em qualquer tempo de documentos novos (observadas as restrições do art. 435 do CPC).

Sempre há de ser observado, de todo modo, o prazo preclusivo fixado em lei, contado da ciência quanto à juntada do documento aos autos.

E, nesse sentido, pode-se dizer que o tratamento da questão no CPC tenha sido mais feliz que no diploma revogado. Conforme também observado nos comentários ao art. 437, os prazos para manifestação sobre documentos apresentados pela parte contrária geravam confusão, sendo de cinco dias para meros comentários quanto a documentos juntados ao longo do processamento, quinze dias para a arguição da falsidade em contestação (ao menos no rito ordinário) e dez dias nos demais casos, inclusive para documentos apresentados com a defesa, podendo outrossim variar conforme os diversos prazos de defesa fixados para os procedimentos especiais, além do agora extinto procedimento comum sumário.

O art. 430 é mais uniforme, harmonizando-se com o art. 437 e com a própria linha geral do Código vigente, que estabeleceu prazos de quinze dias para contestação e também para réplica, no procedimento comum, além de adotar esse lapso na grande maioria dos procedimentos especiais, em termos de contestação. Do mesmo modo, o prazo para falar sobre documentos trazidos aos autos foi agora elevado para quinze dias, como regra geral, ainda que ausente escopo de arguição de falsidade.

Ao fim e ao cabo, portanto, o prazo para suscitar o tema da falsidade na grande maioria dos casos será de quinze dias, ressalvados apenas procedimentos especiais em que os prazos de contestação e réplica sejam eventualmente diferentes, hipóteses em que deverão prevalecer esses últimos.

Advirta-se entretanto, no tocante ao termo inicial, que nem sempre a contagem se dará da ciência propriamente dita da juntada do documento, como enganosamente sugere a redação do dispositivo ora comentado. Tratando-se de reprodução cinematográfica ou fonográfica, por exemplo, a despeito da apresentação do arquivo correspondente com as manifestações postulatórias iniciais das partes, a exibição será realizada apenas em audiência, como dispõe o art. 434, parágrafo único, do CPC, do que se extrai deva ser contado o prazo para eventual arguição de falsidade somente do efetivo conhecimento pela parte contrária do teor do documento apresentado.

Do mesmo modo, tratando-se de reprodução não autenticada de documento escrito, em relação a que seja promovida a conferência posterior com original, será dessa data, com o conhecimento do resultado da conferência, que poderá vir a ser contado o lapso (desde que não se trate de documento comum ao arguente da falsidade). Aplica-se também o raciocínio às conferências previstas no art. 422, §§ 1º e 2º, do CPC, bem como às verificações de assinatura realizadas em relação a documentos particulares não firmados pela parte contrária, caso tenha essa num primeiro momento apenas manifestado dúvida quanto à assinatura e requerido a correspondente autenticação.

7. Efeito suspensivo

Em boa hora, o legislador deixou de atribuir à arguição de falsidade, em especial aquela objeto de incidente em separado, efeito suspensivo, tal qual previa o art. 394 do CPC/73. Simplesmente deixou de se pronunciar sobre a matéria, mas no silêncio é de se entender pela inexistência do feito.

No sistema anterior, a disciplina legal acabava por fazer com que quase inevitavelmente a arguição de falsidade fosse julgada em momento anterior ao do julgamento da causa, já que a simples formação do incidente bastava para paralisar o processo como um todo, inclusive no tocante a atos em nada dependentes da solução dessa discussão. Julgado o incidente, enfim, salvo raras exceções era necessário retomar a marcha processual do ponto em que paralisada, com pouco efeito prático e, ao reverso, retardamen-

to na maioria das vezes desnecessário. A par disso, colocava-se do ponto de vista formal a dificuldade de uma decisão de mérito, de caráter principal, segregada da sentença relativa ao mérito do próprio litígio, sem que existisse tal qual agora a previsão do julgamento antecipado parcial do mérito.

Em relação ao CPC, já se viu que mesmo a arguição de falsidade como questão principal poderá ser apresentada no corpo de manifestações regulares, como contestação ou réplica, dispensando petição em separado; e, nesses casos, nem mesmo haveria porque suspender o feito como um todo, devendo investigar-se a questão da falsidade sem prejuízo do avanço na medida do possível do processamento. Por outro lado, ainda se instaurado incidente próprio (em que, como também dito, a falsidade poderá ser discutida como questão incidental ou principal), inexiste razão de ordem lógica ou jurídica para a sustação como regra geral e inflexível dos demais atos do procedimento, no aguardo da solução dessa matéria.

Não se discute que, conforme o documento afetado e a natureza da falsidade alegada, poderá haver reflexo em termos prejudiciais quanto a determinados atos ou questões por resolver no processo, inclusive a admissibilidade de outras provas (que viriam a ser excluídas na hipótese de aproveitamento do documento mas poderiam retomar sua utilidade em caso de descarte daquele); sendo o caso, entretanto, nada obsta tome o juiz as providências para que apenas na medida do estritamente necessário fiquem determinados atos sujeitos ao que se decidir acerca da falsidade, mantendo o andamento processual quanto ao mais.

Por fim, nota-se haver a sugestão no art. 433 de que a falsidade, suscitada como questão principal, deva ser apreciada juntamente com a sentença relativa ao mérito da causa. Mas nada obsta, se concluídos primeiramente os atos relativos à instrução correspondente, seja a arguição resolvida desde logo, na forma do julgamento antecipado parcial do art. 356 do CPC (ou também por decisão interlocutória simples, se suscitada como questão incidental). Coincidindo o momento de ambos os julgamentos, outrossim, a declaração sobre a falsidade constará da parte dispositiva da sentença única, se suscitada como questão principal, ou ficará restrita ao capítulo da fundamentação, se tratada como matéria incidental.

Art. 431

CÓDIGO DE PROCESSO CIVIL INTERPRETADO

Jurisprudência

"A instauração de incidente de falsidade é possível mesmo quando se tratar de falsidade ideológica, mas desde que o documento seja narrativo, isto é, que não contenha declaração de vontade, de modo que o reconhecimento de sua falsidade não implique a desconstituição de relação jurídica, quando será necessário o ajuizamento de ação própria." (STJ, REsp nº 1.637.099/BA, 3ª T., Rel. Min. Ricardo Villas Bôas Cueva, j. 26/9/2017, *DJe* 2/10/2017).

"A falsidade de cópia da procuração ou do substabelecimento deve ser suscitada na forma e prazo previstos no art. 390 CPC, sob pena da reprodução ser tida como eficaz, conforme o art. 225 do CC (2ª Seção, AgRg no REsp n. 963.283-RS, Rel. Min. Fernando Gonçalves, *DJ* 1º.07.2008)." (STJ, EDcl no AgRg no REsp nº 1.002.968/RS, 4ª T., Rel. Min. Aldir Passarinho Junior, j. 14/12/2010, *DJe* 17/12/2010).

"O fato de o Tribunal de origem ter indeferido o processamento do incidente de falsidade arguido na apelação não importa em cerceamento de defesa, tendo em vista que a documentação cuja autenticidade foi impugnada foi juntada com a petição inicial, razão pela qual competia aos réus suscitarem a sua falsidade na contestação, nos termos do art. 390 do CPC." (STJ, REsp nº 908.374/SP, 5ª T., Rel. Min. Arnaldo Esteves de Lima, j. 11/12/2008, *DJe* 2/2/2009).

"O laudo pericial produzido na ação acidentária foi admitido na qualidade de prova documental, de sorte que sua autenticidade poderia ter sido questionada na forma do art. 390 do CPC, providência não implementada pela CSN." (STJ, REsp nº 772.595/RJ, 4ª T., Rel. Min. Fernando Gonçalves, j. 3/2/2009, *DJe* 16/2/2009).

"A expressão 'contra quem foi produzido o documento', embutida no art. 390 do Código de Processo Civil, denota documento com conteúdo probatório, que possa influir no resultado do julgamento; a eventual dúvida acerca da representação da parte deve ser dirimida por meio de nova procuração, procedimento previsto no art. 13 do Código de Processo Civil. Recurso especial conhecido e provido." (STJ, REsp nº 991.539/MG, 3ª T., Rel. Min. Humberto Gomes de Barros, Rel. p/ Acórdão Min. Ari Pargendler, j. 21/8/2008, *DJe* 8/10/2008).

"A jurisprudência da egrégia Segunda Seção tem admitido o **incidente** de **falsidade ideológica,** quando o **documento** tiver caráter declaratório e o seu reconhecimento não implicar desconstituição de situação jurídica." (STJ, AgRg no Ag nº 354.529/MT, 3ª T., Rel. Min. Castro Filho, j. 30/4/2002, 3/6/2002, p. 202).

"Incidente de falsidade. Não cabe sua instauração quando não se afirma que falso o contrato, mas que obtido fraudulentamente, induzido em erro um dos contratantes." (STJ, REsp no 74.151/RS, 3ª T., Rel. Min. Eduardo Ribeiro, j. 4/2/97, *DJ* 24/3/97, p. 9.013).

"Incidente de falsidade. Há de limitar-se a seu objeto, ou seja, a falsidade ou autenticidade do documento. As repercussões do decidido serão examinadas no processo em que suscitado o incidente." (STJ, REsp no 44.509/PA, 3ª T., Rel. Min. Eduardo Ribeiro, j. 30/5/94, *DJ* 20/6/94, p. 16.102).

"A falsidade ideológica, salvo nas hipóteses em que o seu reconhecimento importe em desconstituição de situação jurídica, pode ser arguida como incidente, máxime quanto sua apuração dependa unicamente da análise de prova documental." (STJ, REsp nº 19.920/PR, 4ª T., Rel. Min. Sálvio de Figueiredo Teixeira, j. 15/6/1993, *DJ* 25/10/1993, p. 22.498).

> **Art. 431.** A parte arguirá a falsidade expondo os motivos em que funda a sua pretensão e os meios com que provará o alegado.

▸ *Referência: CPC/1973 – Arts. 391 e 393*

1. Forma da arguição de falsidade

Como observado nos comentários ao art. 390, o CPC não segue o modelo do CPC/73 no sentido da associação do caráter principal da arguição de falsidade ao fato de vir suscitada por meio de petição em separado, voltada à formação de um incidente processual.

Não exclui venha a ser instaurado um incidente, conforme o momento processual e as circunstâncias em que suscitada a falsidade, mas não vincula a esse fator a natureza da decisão a ser proferida e da própria pretensão, permitindo seja a questão relativa ao falso tratada indiferentemente como principal ou incidental, quer no âmbito de eventual incidente, quer venha a arguição inserida no bojo de manifestação regular da parte, como contestação ou réplica.

Em decorrência do esvaziamento do significado atribuído à instauração de incidente, deixou o Código por coerência de se preocupar com aspectos relativos ao respectivo processamento. Assim, não repetiu dispositivos como os arts. 391 e 393 do CPC/73, que distinguiam o momento da introdução do documento nos autos (antes ou depois do encerramento da instrução), determinando no primeiro caso a apresentação de petição a ser entranhada nos próprios autos e, no segundo, a autuação em apenso do incidente (bem como o processamento perante o relator, se apresentado o documento em grau recursal).

Sintomaticamente, o art. 931, ora comentado, se abstém de qualquer consideração inclusive no tocante ao oferecimento de manifestação em separado, preferindo aludir tão somente ao conteúdo da manifestação.

De todo modo, a despeito da falta de maiores esclarecimentos, em condições normais, a falsidade deverá ser tratada nas próprias manifestações regulares apresentadas no âmbito da fase postulatória (contestação, réplica ou mesmo petição inicial, no caso de ações incidentes como embargos à execução ou embargos ao mandado monitório), vindo a ser investigada juntamente com os demais temas merecedores de atividade instrutória (até porque não mais dotada a arguição de falsidade, ainda que de caráter principal, de efeito suspensivo).

Se apresentado o documento em momento posterior, aí sim poderá haver o processamento como incidente processual, especialmente se necessária atividade probatória a esse respeito, mas sobretudo com o intuito de evitar tumulto processual, e, reitere-se, sem excluir que mesmo aí venha a falsidade a ser resolvida como questão meramente incidental (cf. art. 430, parágrafo único).

2. Objeto e motivação da arguição de falsidade

Exige o legislador, como não poderia deixar de ser, venha a alegação de falsidade devidamente motivada, com indicação além do mais dos meios probatórios com que se pretende demonstrar o alegado (em caso de documentos, deverão ser apresentados desde logo).

A imputação de falsidade não pode ser feita de maneira genérica, especulativa, como em complementação deixa claro o parágrafo único do art. 436 do CPC, cumprindo seja necessariamente acompanhada das razões que levaram a parte a tal conclusão. Quando mais não seja pela necessidade de se conferir seriedade à resistência oferecida em torno da força probante do documento, a adequada motivação permite também seja feita a imprescindível distinção entre a alegação concreta de falsidade e a manifestação de mera dúvida ou pedido de verificação em torno da autenticidade (autoria) de documento particular, ou ainda da fidelidade de reprodução mecânica ou eletrônica trazida aos autos.

Mas a lei disse menos do que quis. Não se trata apenas de exigir a devida fundamentação, mas também, naturalmente, de individuar concretamente o objeto da falsidade, seja apontando-lhe a natureza (material ou ideológica), seja discriminando de forma clara qual a parte do documento atingida pela irregularidade, caso não esteja ele sendo impugnado como um todo.

A indicação dos fundamentos e a discriminação do objeto são tanto mais importantes quanto venha a arguição de falsidade lançada como questão a ser decidida em caráter principal, hipótese em que a arguição assume a feição de autêntica ação declaratória incidental e em relação a que deve a manifestação atender, nessa parte, aos requisitos de uma petição inicial, tanto quanto se estivesse a declaração sendo postulada em caráter autônomo, a teor do art. 19, II, do CPC.

> **Art. 432.** Depois de ouvida a outra parte no prazo de 15 (quinze) dias, será realizado o exame pericial.
>
> **Parágrafo único.** Não se procederá ao exame pericial se a parte que produziu o documento concordar em retirá-lo.

▶ *Referência: CPC/1973 – Art. 392*

1. Processamento da arguição de falsidade e contraditório

Como decorrência natural da garantia do contraditório e da necessidade de assegurar aos litigantes, no processo, manifestação sobre quaisquer atos ou postulações que possam afetar sua esfera jurídica, deve ser ouvida a parte adversa sobre o pedido de declaração da falsidade documental, independentemente do tratamento da matéria, na arguição, como questão principal ou incidental.

Art. 432

Coerentemente, outrossim, com a alteração do prazo para formulação da arguição, o CPC ampliou também o prazo para resposta, que passou a quinze dias.

Omitiu-se contudo o legislador, de forma injustificável, quanto a questão que podia facilmente ter resolvido de modo a superar qualquer dúvida porventura remanescente do sistema anterior, no que diz respeito à forma de comunicação. O CPC/73 mencionava a *intimação* da parte contrária, sem esclarecer se pessoal ou por intermédio do advogado, acabando por prevalecer na praxe a segunda alternativa (sustentada na doutrina, dentre outros, por Dinamarco, *in* Instituições de Direito Processual Civil, vol. III, p. 580; ainda assim, havia quem no sistema revogado advogasse a necessidade de intimação pessoal e, no extremo, a ideia de nem mesmo ser possível cogitar de intimação, em se tratando de ação declaratória incidental, sustentando-se aí imprescindível citação e em termos pessoais, pela natureza personalíssima do ato, salvo de dotado o advogado de poderes para receber citação – cf. Marinoni e Arenhart, *Prova*, p. 681).

Já o CPC simplesmente declinou de mencionar a natureza do ato de cientificação, limitando-se a prever a oitiva da parte contrária.

Entendemos deva prevalecer a intimação por meio do advogado (ressalvada a hipótese de não estar a parte representada nos autos). Que, nos casos de arguição do falso em caráter principal e portanto com natureza de ação declaratória incidental, faça a intimação as vezes de autêntica citação, é algo que não se discute. No entanto, o sistema processual civil brasileiro consagrou, em caso de ações incidentes, a simples intimação, para resposta, do advogado da parte já representada nos autos, como se dá no tocante à reconvenção e aos embargos à execução, e como ocorria sob a égide do CPC/73, quanto às ações declaratórias incidentais em geral. Mesmo em relação aos embargos de terceiro, fala o CPC atual, a exemplo do CPC/73, em citação na pessoa do advogado, como regra, e independentemente de poderes específicos concedidos ao procurador (art. 677, § 2º, a *contrario sensu*).

A par disso, auxilia na solução do problema o fato de a parte passiva no incidente ser, naturalmente, a responsável pela apresentação do documento, girando a discussão portanto em torno de ato por ela mesma praticado no processo e sendo implícita nesse caso a autorização ao advogado para sustentar-lhe a regularidade.

1.1. Revelia

Problema dos mais relevantes diz respeito às consequências do silêncio da parte suscitada no prazo legal, se determinante da produção dos efeitos da revelia. Parece-nos que não, em primeiro lugar pelo caráter técnico e objetivo que cerca o exame da idoneidade, sobretudo material, de um documento, insuscetível de levar ao convencimento judicial apenas com base na falta de pronunciamento da parte interessada em sua utilização.

Por outro lado, ainda que a arguição de falsidade seja formulada em caráter principal, não deixa de se revestir da característica de *reação* ou *impugnação* ao ato de juntada do documento pela parte contrária. A arguição, portanto, não introduz originariamente um fato no processo, sobre o qual precise se manifestar o oponente, mas na prática contesta ato do oponente, atacando a idoneidade do elemento de prova acrescido; nesse sentido, é possível dizer que a afirmação da autenticidade seja implícita à própria juntada do documento, ainda que fique inerte a parte que assim tenha feito em face do posterior questionamento.

A matéria deve, ademais, ser entendida à luz do sistema de presunções legais acerca do valor probatório dos documentos em geral. Trazem os documentos nesse sentido determinadas presunções de integridade acerca de seus elementos (no caso do documento público, por exemplo, quanto ao ato da formação e quanto aos fatos que o agente público declarar terem ocorrido na sua presença; no caso do documento particular, quanto à existência e teor das declarações atribuídas ao signatário, se inexistente dúvida quanto à autenticidade); se a arguição investir assim contra alguma dessas presunções, não será o simples silêncio da parte produtora da prova suficiente para afastá-las, exigindo-se prova concreta de iniciativa do desfavorecido pela presunção.

Poder-se-ia, é certo, argumentar com os documentos desprovidos dessas presunções, como por exemplo o documento particular ainda não autenticado, no que diz especificamente com a veracidade da assinatura atribuída a seu suposto autor. Ocorre que mesmo aí a redação do art. 432, parágrafo único, do CPC (que repete, nessa parte, o art. 392, parágrafo único, do CPC/73), sugere incompatibilidade com a hipótese de confissão ficta, prevendo a dispensa de prova em torno do tema em caso de retirada do documento e, portanto, da aceitação efetiva em tese aí configurada quanto aos termos da impugnação.

Dizer que não se produzem os efeitos do art. 345 do CPC quanto ao falso, em si, não impede, entretanto, que o juiz decida desde logo o incidente e sem exigir novas provas, tomando por base outras circunstâncias extraídas dos autos ou ainda dos documentos que sejam acrescidos com a própria arguição.

2. Legitimação passiva

Quanto à legitimação passiva para responder à arguição, dirá respeito por seu turno, em primeiro lugar e naturalmente, à parte responsável pela produção da prova documental. Aliás, a ela se referia textualmente o art. 392, *caput*, do CPC/73, ao passo que o presente art. 432 do CPC fala apenas em oitiva *da outra parte*.

De todo modo, outros litigantes podem também ser tidos por legitimados a sustentar a eficácia probante do documento inquinado de falso, embora não se possa falar em litisconsórcio automático entre todos os integrantes do mesmo polo da relação processual em que situada a parte que introduziu o documento nos autos. Deverão nesse sentido integrar o contraditório basicamente os que tenham alguma relação com o documento objeto da discussão ou interesse em sustentar sua idoneidade, como por exemplo a parte que solicitou a exibição de documento em poder de terceiro, insistindo em sua reprodução nos autos após conhecer-lhe o teor.

Se juntada do documento for obra de litisconsortes representados pelo mesmo advogado e agindo em conjunto, contra todos eles será naturalmente dirigida a ação declaratória incidental, quando o caso.

3. Meios de prova

Por fim, em matéria de prova, afigura-se enganosa a remissão peremptória do art. 432 à realização de perícia, repetindo redação do art. 392 do CPC/73 que inclusive era por vezes utilizada como argumento na defesa da limitação do incidente de falsidade às hipóteses de falso material.

Na verdade, como já visto (art. 430), a arguição de falsidade pode se dar tanto em face do vício material quanto para a declaração, em determinadas hipóteses, do falso ideológico. E, no segundo caso, é intuitivo que a perícia (ao menos no sentido de investigar o suporte material do documento) seja de todo inócua.

Mesmo com relação à falsidade material, entretanto, é equivocado cogitar da imprescindibilidade da prova técnica. Será, sem dúvida, normalmente de importância decisiva, mas não se trata de meio probatório erigido à condição de autêntico pressuposto de admissibilidade ao reconhecimento judicial do falso; na medida do possível, e em circunstâncias especiais, poderá a adulteração ser reconhecida pelo juiz a partir de outros meios de prova (confissão expressa, por exemplo), quando não, no extremo, por inspeção judicial, a partir de exame a olho nu (se grosseira e imediatamente perceptível a alteração, ou pelo confronto de duas vias de determinado instrumento contratual, por exemplo).

Conclui-se, assim, que todos os meios de prova são em tese admissíveis para a investigação do falso, muito embora ocupe a perícia, quanto ao aspecto material, papel preponderante; de se ressalvar ainda, também quanto à falsidade material, a natural limitação à admissibilidade de prova exclusivamente testemunhal, embora não seja de se excluí-la por completo, diversamente, se a hipótese é de preenchimento abusivo de documento assinado em branco.

3. Retirada do documento

Faculta o parágrafo único do art. 432, na mesma linha do diploma revogado, que a parte apresentante retire o documento uma vez formulada a arguição de falsidade, nesse caso tendo-se por prejudicado "o exame pericial"; não é bem assim, contudo.

Em primeiro lugar, insista-se no desvio de perspectiva do texto legal ao tratar a perícia como inerente a toda e qualquer discussão sobre falsidade. Por outro lado, a consequência da retirada do documento impugnado é muito mais ampla do que o mero prejuízo de eventual prova (pericial ou não), já que o que restará prejudicado será o objeto em si da arguição de falsidade, quer se trate de alegação em caráter principal ou incidental, quer tenha sido feita ou não por meio de incidente processual.

O fato é que o interesse na proclamação do falso documental no âmbito de processo em curso fica condicionado à possibilidade de utilização em concreto do documento como prova nesse feito – fora daí, deve o tema ser discutido exclusivamente em via autônoma. Assim, desde que o interessado abra mão da prova documental inicialmente pretendida, e

Art. 433

também porque a cessação nesse momento do debate não impede futura discussão em via própria sobre a falsidade, não mais haverá interesse para a sequência de atos processuais destinados a investigar a questão.

Chama a atenção, por sinal, o tratamento mais radical dado à questão pelo CPC. O CPC/73, nos casos de pretensão de retirada do documento, abria espaço para a oposição por parte do arguente da falsidade (em moldes assemelhados à exigência de concordância do réu para com a desistência da ação), condicionando à concordância desse o encerramento do incidente. Em linha diversa, o art. 432 do CPC, ora comentado, não mais cogita da insistência na discussão sobre a falsidade, de modo que a renúncia à prova documental pela parte que a produziu será o bastante, ainda que com isso fique prejudicada a prolação de decisão com aptidão para produzir efeitos para além desse processo.

Jurisprudência

"Não há motivo razoável em exigir prova grafotécnica para comprovação da autenticidade de assinatura lançada em escritura pública de testamento quando esta mesma escritura foi lavrada por tabelião público e ratificada, pelo testador, na presença de testemunhas. Tampouco há de se exigir perícia complementar para a comprovação da sanidade mental do testador, se essa circunstância, segundo consta, foi confirmada por outras provas." (STJ, AgRg no REsp nº 1.432.988/PR, 3ª T., Rel. Min. Sidnei Beneti, j. 5/8/2014, *DJe* 4/9/2014).

"Propondo-se a parte que produziu o documento a retirá-lo dos autos, o incidente perde a razão de ser. Fotografias que corresponderiam a outro estabelecimento de recolhimento de idosos. Equívoco que poderia ser demonstrado nos autos independentemente do incidente." (STJ, REsp nº 297.440/RJ, 4ª T., Rel. Min. Ruy Rosado de Aguiar, j. 22/3/2001, *DJ* 7/5/2001, p. 152).

"I – Suscitado incidente de falsidade material de instrumento de contrato, cumpre seja trazido aos autos o respectivo original para sujeição a exame pericial, afigurando-se inservível, para esse efeito, sem justificativa, a apresentação de cópia, ainda que autenticada e registrada. II – A não exibição do original, sem que oferecida pela parte intimada a fazê-lo recusa justificada, conduz ao reconhecimento da

ineficácia instrutória do documento inquinado de falso, com a consequente inadmissibilidade de sua utilização como elemento de prova e convicção." (STJ, REsp no 45.370/SP, 4ª T., Rel. Min. Sálvio de Figueiredo Teixeira, j. 9/8/95, *DJ* 11/9/95, p. 28.832).

> **Art. 433.** A declaração sobre a falsidade do documento, quando suscitada como questão principal, constará da parte dispositiva da sentença e sobre ela incidirá também a autoridade da coisa julgada.

▶ *Referência: CPC/1973 – Art. 395*

1. Terminologia

Chama a atenção o propósito do legislador em superar o impasse terminológico presente no texto do art. 395 do CPC/73. Falava-se ali em declaração final sobre a *falsidade ou autenticidade* do documento, empregando-se portanto o qualificativo *autêntico* como oposto de falso, em sentido amplo (com abrangência, assim, da autoria e do conteúdo documental); no entanto, embora o uso da acepção mais larga seja comum na praxe, o próprio CPC/73 em termos técnicos definia a autenticidade de forma restritiva, como aspecto relacionado à confirmação da autoria do documento (cf. art. 369 daquele), linha mantida pelo CPC atual em seu art. 411.

Em redação mais cuidadosa, o Código vigente refere-se agora tão somente à *declaração sobre a falsidade do documento*. A despeito disso, por desatenção, voltou a incorrer no mesmo equívoco ao tratar, no art. 19, II, do interesse de agir para a ação declaratória autônoma acerca do tema.

2. Momento da decisão e natureza

No sistema do Código revogado, em que a discussão em caráter principal era tratada necessariamente no âmbito de incidente de falsidade, dotado por seu turno de efeito suspensivo quanto ao processo como um todo, a matéria vinha resolvida quase inevitavelmente antes da decisão final da causa; a decisão sobre o documento, contudo, não obstante tomada ainda em meio ao processamento e exclusivamente a respeito dessa questão, vinha definida pelo art. 395 como sentença, o que gerava não poucas dificuldades práticas em função do conceito de sentença adotado pelo CPC/73 no art. 162, § 1º.

O problema pode-se dizer superado no CPC vigente. Excluída que foi qualquer referência a eventual efeito suspensivo automático, deve-se entender que desprovida dele a arguição, venha ou não processada sob a forma de incidente processual, e tenha ou não dimensão principal.

Em condições normais, abre-se assim a possibilidade de que, tramitando a apuração da falsidade concomitantemente aos demais atos instrutórios, venham as decisões sobre a arguição e sobre a própria causa a se concentrar no mesmo ato judicial (sentença).

Isso ocorrendo, e como reza o enunciado deste art. 433, a decisão sobre o documento, quando suscitada a questão do falso como principal, constará da parte dispositiva. Diversamente, não havendo pedido específico e tendo a arguição caráter meramente incidental (art. 430, parágrafo único, do CPC), ficará restrita a solução do problema à fundamentação do ato decisório; também no âmbito da fundamentação se dará a apreciação do falso documental quando integrar a causa de pedir de ação rescisória (art. 966, VI, 2ª figura, do CPC).

Em contrapartida, como já tratado nos comentários ao art. 430, nada impede que o juiz, se necessário, sobreste a prática de determinados atos relativos ao processo, ou a resolução de algumas questões, em especial quando presente acerca delas nexo de prejudicialidade e a possibilidade de reflexos advindos da solução tomada em torno da falsidade documental (o que se diz por exemplo quando do aproveitamento ou não do documento impugnado depender a admissibilidade de outras provas, ou quando relevante esse mesmo documento para a solução de preliminares em torno das condições da ação ou de pressupostos processuais).

Nesses casos (e também quando possível o julgamento imediato simplesmente pela tramitação mais célere dos atos correspondentes), a decisão acerca da arguição de falsidade seguirá sendo antecedente ao julgamento do mérito da demanda original. Mas, tendo a questão sido suscitada em caráter principal, também será decisão de fundo, assumindo nessa hipótese a forma de julgamento antecipado parcial do mérito, por decisão interlocutória, nos termos do art. 356 do CPC, e desafiando ataque por meio de agravo de instrumento (cf. art. 356, § 5º, além do art. 1.015, II, ambos do CPC).

Não se exclui, ainda (em muitos casos até convirá que assim seja), que mesmo se alegada a falsidade como questão meramente incidental venha a decisão a ser tomada no curso do processamento, deliberando-se desde logo sobre a aproveitabilidade do elemento probatório (ao invés de apenas na fundamentação da sentença). Em tal hipótese, todavia, não caracterizando essa decisão autônoma propriamente julgamento de mérito, nem tampouco estando a matéria elencada no rol do art. 1.015 do CPC, não será cabível agravo de instrumento, restando à parte interessada discutir o tema em grau recursal na forma do art. 1.009, § 1º, do mesmo Código.

O mesmo ocorrerá em face de decisão interlocutória que rejeite liminarmente, por inadmissível, arguição de falsidade formulada como questão principal.

Finalmente, registra-se, sem embargo da existência de julgado em sentido contrário no âmbito do STJ (v. abaixo), ser em nosso entender pertinente a imposição de honorários advocatícios específicos à parte vencida na arguição de falsidade, desde que suscitada a questão em termos principais, e independentemente de se dar a solução por decisão interlocutória antecedente ou no próprio julgamento da causa.

3. Conteúdo da decisão e coisa julgada

Constando da parte dispositiva (da sentença ou decisão interlocutória, conforme o caso), a solução da arguição de falsidade será decisão definitiva sobre a matéria, projetando seus efeitos para além do processo e vinculando as partes em qualquer situação externa a ele, judicializada ou não.

A redação do art. 433 do CPC é entretanto superior à do art. 395 do CPC/73, não incorrendo na aparente e equivocada sugestão de existência de decisão *dúplice* presente no texto revogado. Falava esse que a sentença que resolvesse o incidente declararia a autenticidade (em sentido amplo, diga-se) ou a falsidade do documento, como se restrita a essas duas possibilidades a manifestação judicial, e como se o não reconhecimento da falsidade alegada equivalesse automaticamente à afirmação contrária, de veracidade, em termos exaurientes.

Não é assim. Se, do ponto de vista lógico, a declaração de falsidade é absoluta e elimina qualquer possibilidade de reconhecimento, em contrário, da veracidade do documento, o mesmo não ocorre na situação inversa, de negativa. A falta de proclamação da falsidade, à vista da causa especificamente tomada como fundamento da

Art. 434

arguição, não determina por si só a veracidade do documento quanto a todos os outros aspectos em que teoricamente possível seu questionamento, não integrantes da causa de pedir (sobre a falta de caráter dúplice do julgamento de improcedência das ações declaratórias em geral veja-se, por todos, José Ignácio Botelho de Mesquita, *A Coisa Julgada*, pp. 81/85).

A decisão, por isso, seja motivada por falta de provas, seja determinada pela exclusão em concreto da falsidade alegada, deve ser tão somente de desacolhimento da arguição em tal sentido.

Finalmente, andou bem o CPC ao distinguir a coisa julgada material decorrente do julgamento de mérito dos efeitos da própria decisão (o que se nota pela referência à autoridade da coisa julgada como um *plus* em relação ao julgamento em si). A coisa julgada, que segundo a melhor doutrina não é efeito da sentença, mas tão somente atributo agregado ao conteúdo decisório daquela pelo fato do trânsito em julgado, diz com a indiscutibilidade e a imutabilidade, em outros processos, do que foi decidido, de modo que as partes da arguição de falsidade não poderão em outros processos voltar a debater acerca da questão julgada, relativamente ao mesmo documento; a vinculação dessas partes em torno do conteúdo da decisão, todavia, vai projetada para além dos limites do processo em que suscitada a irregularidade pela simples circunstância de ter sido tomada a decisão em caráter principal e pela certeza objetiva a partir daí advinda.

Jurisprudência

"No incidente de falsidade, reconhece-se que o documento é falso ou não, exclusivamente; só a sentença proferida na ação principal poderá dizer se o *falsum* obriga. O vencido no incidente de falsidade não responde por honorários de advogado, apenas pelas respectivas despesas (CPC, art. 20, § 1º); evidentemente, o resultado do incidente será valorizado, ao final do processo, no arbitramento da verba honorária." (STJ, REsp no 172.878/MG, 3ª T., Rel. Min. Ari Pargendler, j. 19/10/2000, *DJ* 5/3/2001, p. 153).

Subseção III
Da produção da prova documental

Art. 434. Incumbe à parte instruir a petição inicial ou a contestação com os documentos destinados a provar suas alegações.

Parágrafo único. Quando o documento consistir em reprodução cinematográfica ou fonográfica, a parte deverá trazê-lo nos termos do *caput,* mas sua exposição será realizada em audiência, intimando-se previamente as partes.

▶ *Referência: CPC/1973 – Art. 396*

1. Momento da prova documental. Regra

Distingue a doutrina, no tocante aos momentos envolvidos na atividade probatória em geral, três situações básicas, a proposição (*v. g.*, requerimento), o juízo de admissibilidade e finalmente a produção da prova, na oportunidade e forma processualmente apropriadas. Quanto aos documentos, contudo, essa lógica se inverte, o que se explica pelo fato de que as demais provas em regra são materializadas no âmbito do próprio processo, sob presidência do juiz, nem chegando a se constituir se não ultrapassada a fase da admissão; já os documentos têm existência material exterior ao processo, de ordinário já estando inclusive formados anteriormente a ele.

Disso decorre que são eles apenas *anexados* aos autos, e não neles *criados*, ou *formados*; desde que estejam em poder das partes, a *produção* da prova documental acaba por coincidir e desde logo se consumar mediante a respectiva proposição (por petição), correspondendo ao ato de introdução do documento no processo. Nesses casos, o juízo de admissibilidade se dá *a posteriori*, mantendo-se o documento nos autos ou determinando-se seu desentranhamento (pode ocorrer diversamente de o documento depender da requisição junto a terceiros, a ser aí sim previamente apreciada pelo juiz, ou ser sua juntada requerida no momento da audiência).

Justamente em virtude desse caráter pré--constituído, outrossim, optou a lei por exigir a imediata apresentação pelas partes dos documentos já disponíveis ao ensejo do ajuizamento da ação ou da apresentação de defesa, dissociando portanto o momento específico dessa prova da fase instrutória propriamente dita. Como na petição inicial o autor deve expor sua pretensão e toda a fundamentação respectiva, bem como deve o réu na contestação alegar toda a matéria de defesa disponível, também nesses momentos devem as partes a rigor exaurir a prova documental que pretendam produzir para a demonstração dos fatos alegados.

A regra vale também para litisconsortes ulteriores e terceiros intervenientes em geral, traduzindo-se em última análise na imposição a cada qual da produção da prova documental própria na primeira oportunidade em que falar nos autos.

Por seu turno, a exigência de apresentação imediata dos documentos de que disponha a parte acaba por suscitar duas ordens de questões: por um lado, definir qual o grau de preclusividade da regra, de modo a saber se preservada a possibilidade de apresentação posterior de documentos comuns; e, por outro, estabelecer quais os documentos que, por seu grau de essencialidade, se não apresentados desde logo (no caso, pelo autor) podem inclusive determinar a impossibilidade de regular processamento da causa.

Do primeiro tema trata o art. 435, adiante, a cujos comentários remetemos o leitor.

2. Documentos indispensáveis e prova de fatos em geral

Chama a atenção o fato de que o art. 396 do CPC/73, ao se referir aos documentos que deveriam acompanhar a petição inicial e a contestação, mencionava expressamente dois outros dispositivos legais (arts. 283 e 297 daquele Código), o primeiro dos quais rezava expressamente que a petição inicial deveria vir instruída com os *"documentos indispensáveis à propositura da ação"*.

O presente art. 434 do CPC, por seu turno, não repete a técnica, limitando-se a afirmar genericamente que a petição inicial e a contestação deverão vir acompanhados dos documentos destinados a fazer a prova das alegações feitas. Qualquer impressão no sentido de não ter sido encampada pelo legislador de 2015 a distinção entre documentos indispensáveis e documentos probatórios comuns deve entretanto ser deixada de lado, visto que o Código segue aludindo ao conceito de essencialidade, reproduzindo o atual art. 320, na íntegra, a redação do art. 283 do Código revogado.

O fato é que a despeito da imposição, como já visto, de apresentação imediata da prova documental possível, há determinados documentos cuja ausência se mostra impeditiva do prosseguimento do feito, ao passo que outros, se omitidos, acarretam consequências somente no plano propriamente probatório, podendo levar, quando muito, à desconsideração de fatos de interesse da parte. O legislador entretanto, con-

quanto fazendo alusão ao conceito de *documentos indispensáveis*, não se ocupa de definir quais sejam, ou mesmo de indicá-los em concreto, senão em algumas poucas situações, acabando a tarefa por ser desenvolvida em termos pretorianos e doutrinários.

De um modo geral, pode-se dizer que indispensáveis são antes de mais nada aqueles voltados a demonstrar os *pressupostos processuais* e as *condições da ação*. Quanto aos requisitos específicos de admissibilidade de determinada demanda, é o caso, por exemplo, da prova pelo autor de ação reivindicatória de sua condição de proprietário, pelo autor da ação de divórcio da existência de relação matrimonial, pelo autor da ação de despejo para uso próprio dos requisitos do art. 47, § 2º, da Lei nº 8.245/91, pelo autor da ação de dissolução de sociedade de sua condição de sócio, ou ainda a juntada, pelo exequente, de título executivo, dentre inúmeras possibilidades; já no campo dos pressupostos processuais, cuida-se da apresentação dos documentos destinados a demonstrar o preenchimento daqueles de cunho subjetivo, basicamente os ligados à capacidade processual e à representação em juízo das partes.

São ainda indispensáveis aqueles que digam diretamente com o próprio *objeto do pedido*, ou com a elucidação de detalhes relevantes à compreensão em termos minimamente aceitáveis da matéria debatida, de modo que sem eles fique impossibilitado ou sobremaneira dificultado o próprio julgamento de mérito pelo juiz, quando não o exercício do direito de defesa. É inadmissível, desse modo, que sustentando existir um contrato escrito e pretendendo discutir a relação jurídica correspondente, seja para apontar-lhe o vício de cláusulas específicas, seja para postular a respectiva resolução por inadimplemento ou ainda para arguir a nulidade do negócio, não junte o autor da demanda desde logo o instrumento respectivo.

Faltando documento indispensável a cargo do autor, enfim, o obstáculo que se põe diz respeito ao próprio desenvolvimento normal da relação processual e à perspectiva de apreciação do mérito (ou, no caso da execução, à outorga do provimento executivo solicitado), de modo que, desde logo detectado o vício, cabe ao juiz indeferir a petição inicial.

Já quando se fala em documentos *não essenciais*, e com fins meramente probatórios, têm-se em vista aqueles relevantes ou simplesmente úteis ao acolhimento da pretensão formu-

Art. 434

lada pelo autor, e voltados à demonstração dos fatos constitutivos do direito alegado, mas não imprescindíveis ao julgamento de mérito. Sua falta, quando muito, pode conduzir ao decreto de improcedência da ação, mas não obsta o normal julgamento da causa (em outras palavras, podem esses documentos influir no conteúdo do julgamento de mérito, mas não prejudicar sua existência), nem tampouco deve em tese motivar determinação judicial de suprimento da omissão.

A mesma diferenciação pode ser feita quanto ao réu. Deve ele juntar, como indispensáveis à regularização de sua atuação em juízo, os documentos destinados a demonstrar sua capacidade e representação processual, sob pena de seguir o processo à sua revelia (art. 76, § 1º, II); já se deixar de apresentar documentos simplesmente importantes ao embasamento dos fundamentos da defesa ou à demonstração de fatos constitutivos, impeditivos ou extintivos do direito da parte contrária, a consequência dirá respeito tão somente à apreciação das razões de defesa no julgamento do mérito.

Observa-se contudo que a despeito da redação incisiva de artigos como o ora comentado, a própria lei releva certas faltas e confere oportunidades adicionais, como faz o art. 321 do CPC quanto a documentos indispensáveis em geral e como permite o art. 76 do mesmo CPC especificamente em torno da capacidade processual e da representação das partes; os prazos aí previstos, por seu turno, tampouco chegam a ser peremptórios, e a tendência é que, mesmo se superados, se aproveite o ato caso juntado o documento necessário antes que o juiz, sancionando a inércia, extinga o processo.

3. Prova cinematográfica ou fonográfica

O parágrafo único deste art. 434 representa novidade em relação ao que dispunha o art. 396 do CPC/73. Preocupou-se o legislador com o fato de que, quanto a determinados documentos, de natureza não escrita, a anexação aos autos do processo do suporte material em que registrados não possibilita de imediato o acesso, pela parte contrária, ao respectivo conteúdo, mencionando exemplificativamente, para tal fim, as reproduções cinematográficas ou fonográficas (quanto às imagens estáticas, por meio de fotografias, em tese o problema é superável pela juntada desde logo da versão impressa).

Nesse sentido, embora tenha mantido a exigência de apresentação desde logo, na petição inicial ou contestação, dos arquivos, previu sua exposição posterior, em audiência, para o devido conhecimento de todos os sujeitos processuais, tendo em tais casos, como subentendido, por efetivamente produzida a prova documental apenas com essa exposição pública. Será esse, com efeito, o termo inicial do prazo para eventual manifestação da parte em face de quem produzida a prova, segundo as alternativas de manifestação previstas no art. 436 do CPC.

Dada a difusão do processo eletrônico e a incorporação a ele dos avanços tecnológicos, o problema tende a desaparecer, com o esvaziamento da previsão legal, na medida em que sejam apresentados pela parte e incorporados aos autos, mesmo em se tratando de documentos de áudio ou vídeo, arquivos imediatamente executáveis no ambiente virtual.

Jurisprudência

"A jurisprudência desta Corte admite a relativização da regra do artigo 396 do Código de Processo Civil de 1973, predominando o entendimento de que, inexistindo má-fé ou intenção de surpreender o juízo, é possível a juntada de documentos aos autos a qualquer tempo, desde que não sejam aqueles indispensáveis para a propositura da ação e que tenha sido respeitado o contraditório." (STJ, AgInt no REsp nº 1.608.723/MG, 3ª T., Rel. Min. Ricardo Villas Bôas Cueva, j. 17/11/2016, *DJe* 25/11/2016).

"Os documentos indispensáveis à propositura da ação, e que devem ser instruídos com a inicial, são aqueles que comprovam a ocorrência da causa de pedir (documentos fundamentais) e, em casos específicos, os que a própria lei exige como da substância do ato que está sendo levado à apreciação (documentos substanciais)." (STJ, AgRg no AgRg no REsp nº 1.513.217/CE, 2ª T., Rel. Min. Mauro Campbell Marques, j. 27/10/2015, *DJe* 5/11/2015).

"A Primeira Seção desta Corte Superior, no julgamento do REsp 1.111.003/PR, da relatoria do eminente Ministro Humberto Martins, *DJe* 25/5/2009, submetido ao regime do artigo 543-C do Código de Processo Civil, definiu que, "em ação de repetição de indébito, no Município de Londrina, os documentos indispensáveis mencionados no art. 283 do CPC são aqueles hábeis a comprovar a legitimidade ativa ad causam do contribuinte que arcou com o pagamento indevido da exação", sendo "desnecessária, para fins de reconhecer o direito alegado pelo autor, a juntada de todos os comprovantes de recolhimento do tributo, providência que deverá ser levada a termo, quando da apuração do montante que se pretende restituir, em sede de liquidação do título executivo judicial". No mesmo sentido, tratando de IPTU: AgRg no AREsp 528.924/PR, Rel. Ministro Og Fernandes, Segunda Turma, *DJe* 19/08/2014; AgRg no AREsp 34.537/PR, Rel. Ministro Napoleão Nunes Maia Filho, Primeira Turma, *DJe* 08/11/2011." (STJ, AgRg no AREsp nº 596.463/PR, 1ª T., Rel. Min. Benedito Gonçalves, j. 14/4/2015, *DJe* 23/4/2015).

"1. Os documentos indispensáveis à propositura da ação (CPC, art. 283) ou os fundamentais/substanciais à defesa devem ser apresentados juntamente com a petição inicial ou contestação (CPC, art. 396), não se admitindo, nesse caso, a juntada tardia com a interposição de recurso de apelação, não sendo o caso também de documento novo ou destinado a fazer prova de fatos ocorridos depois dos articulados (CPC, art. 397). 2. Indispensáveis à propositura da ação ou fundamentais/essenciais à defesa são os documentos que dizem respeito às condições da ação ou a pressupostos processuais, bem como os que se vinculam diretamente ao próprio objeto da demanda, como é o caso do contrato para as ações que visam discutir exatamente a existência ou extensão da relação jurídica estabelecida entre as partes. 3. No caso, foi carreada ao recurso de apelação cópia de "contrato padrão" que supostamente comprovaria haver limitação a impedir o sucesso do pleito deduzido pelo consumidor. Trata-se de prova central do objeto da ação, da causa de pedir – documento substancial ou fundamental, nos dizeres de Amaral Santos –, que devia ser levada aos autos no momento da defesa apresentada pelo réu, nos termos do art. 396 do CPC.(...)" (STJ, REsp nº 1.262.132/SP, 4ª T., Rel. Min. Luis Felipe Salomão, j. 18/11/2014, *DJe* 3/2/2015).

"Embora se admita no âmbito das ações por improbidade administrativa a juntada de prova emprestada da seara criminal, essa modalidade probatória não está imune aos efeitos da preclusão (CPC, arts. 396 e 397). Na espécie, a decisão criminal transitou em julgado mais de um ano antes do prazo para a apresentação da contestação pelo demandado. Prova emprestada que, além de preclusa, não foi submetida, conforme assentado pelo acórdão recorrido, ao contraditório e à ampla defesa, condições sem as quais não ostenta nenhum efeito proban-

te. Precedentes STJ." (STJ, AgRg no AREsp nº 296.593/SC, 1ª T., Rel. Min. Arnaldo Esteves Lima, j. 4/2/2014, *DJe* 11/2/2014).

"1. Tratando-se de ação de cobrança pelo fornecimento de energia elétrica, as faturas tidas por não quitadas constituem documentos essenciais à propositura da ação, e, por isso mesmo, devem ser apresentadas com a petição inicial, especialmente se a parte autora pretende, desde logo, a declaração da existência do débito e a condenação do usuário ao pagamento de quantia certa. 2. Situação diversa ocorre se, em razão dos limites em que a demanda for submetida à apreciação do Poder Judiciário, restar evidente, prima facie, que a apuração do *quantum debeatur* será postergada para a fase liquidação da sentença, quando pode ser dispensada a apresentação das faturas com a petição inicial. 3. Não apresentadas as faturas que geraram o débito objeto da cobrança, e suscitada a ausência de tais documentos em preliminar na contestação, por impossibilitar a ampla defesa do devedor, deve o processo ser extinto, sem resolução de mérito." (STJ, REsp nº 830.043/RS, 2ª T., Rel. Min. Eliana Calmon, j. 20/11/2008, *DJe* 17/12/2008).

"Cabe à arrendadora desincumbir-se do ônus da prova de captação específica de recursos provenientes de empréstimo em moeda estrangeira, quando impugnada a validade da cláusula de correção pela variação cambial. Esta prova deve acompanhar a contestação (art. 297 e 396 do CPC), uma vez que os negócios jurídicos entre a instituição financeira e o banco estrangeiro são alheios ao consumidor, que não possui meios de averiguar as operações mercantis daquela, sob pena de violar o art. 6º da Lei n. 8.880/94." (STJ, REsp nº 802.062/RS, 3ª T., Rel. Min. Ari Pargendler, Rel. p/ Acórdão Min. Nancy Andrighi, j. 16/9/2008, *DJe* 1º/12/2008).

"Se a parte formula, inicialmente, pedido para que lhe seja entregue sentença com força constitutiva ou mandamental, com efeitos tributários (desoneração de recolher tributos, compensação e repetição de indébito), está obrigada a juntar a documentação comprobatória de suas alegações, isto é, dos valores dos tributos recolhidos. Cabe ao autor, portanto, comprovar, por meio de documentos, no ato da propositura da ação de repetição de indébito, o fato constitutivo de seu direito, ou seja, o recolhimento indevido. Precedentes: REsps nºs 855273/PR, *DJ* de 12/02/07; 795418/RJ, *DJ* de 31/08/06; 381164/

SC, *DJ* de 23/05/06; 380461/SC, *DJ* de 22/03/06; 397364/RS, *DJ* de 05/08/02; 119475/PR, *DJ* de 04/09/00; 87227/SP, *DJ* de 20/09/99; AgReg no REsp nº 402146/SC, *DJ* de 28/06/04. No entanto, a Primeira Seção, em data de 13/02/2008, ao julgar os EREsp nº 953369/PR, nos quais fui voto-vencido, mudou de posicionamento, passando a adotar a tese defendida pela parte autora. Entendeu-se que, na espécie, tratando-se de obrigação de natureza continuativa, é suficiente para comprovar a sua existência a juntada de um, dois ou três comprovantes de pagamento. Em caso de procedência do pedido, por ocasião da liquidação, a prova do quantum a ser repetido pode ser feita por todos os meios permitidos pelo CPC. Ressalvando o meu ponto de vista, passo a adotar o novo posicionamento da Seção." (STJ, AgRg no REsp nº 1.005.925/PR, 1ª T., Rel. Min. José Delgado, j. 22/4/2008, *DJe* 21/5/2008).

"1. A ação de repetição de indébito das parcelas pagas a título de taxa de iluminação pública deve ser instruída com os comprovantes de pagamento da respectiva exação, sob pena de extinção do processo sem resolução de mérito, por inépcia da inicial. Precedentes. 2. Nos termos dos arts. 283, 284 e 396, todos do CPC, cabe ao autor comprovar por meio de documentos, no ato da propositura da ação de repetição de indébito, o fato constitutivo de seu direito, ou seja, o recolhimento indevido." (STJ, REsp nº 920.266/PR, 2ª T., Rel. Min. Castro Meira, j. 3/5/2007, *DJ* 14/5/2007, p. 278).

"1. A regularização da representação processual deve ser providenciada pelas partes com a instrução da inicial ou da contestação, por força do art. 396 do CPC, não sendo possível considerar, para esse efeito, como documento novo o contrato social constitutivo da sociedade comercial, para fins de aplicação do art. 397 do CPC. 2. Descumprido o prazo aberto pelo juiz para esse fim, com fulcro no art. 283 do CPC, torna-se preclusa a pretensão de posterior juntada, principalmente em sede de apelação, sendo correta a sentença de extinção do feito sem julgamento do mérito." (STJ, REsp nº 579.394/RJ, 2ª T., Rel. Min. Eliana Calmon, j. 2/8/2005, *DJ* 12/12/2005, p. 280).

"Não se pode confundir 'documento essencial à propositura da ação' com 'ônus da prova do fato constitutivo do direito'. Ao autor cumpre provar os fatos que dão sustento ao direito afirmado na petição inicial, mas isso não significa dizer que deve fazê-lo mediante apresentação de prova pré-constituída e já por ocasião do ajuizamento da demanda. Nada impede que o faça na instrução processual e pelos meios de prova regulares. Em se tratando de ação coletiva para tutela de direitos individuais homogêneos, que visa a uma sentença condenatória genérica, a prova do fato constitutivo do direito subjetivo individual deverá ser produzida por ocasião da ação de cumprimento, oportunidade em que se fará o exame das situações particulares dos substituídos, visando a identificar e mensurar cada um dos direitos subjetivos genericamente reconhecidos na sentença de procedência." (STJ, REsp nº 487.202/RJ, 1ª T., Rel. Min. Teori Albino Zavascki, J. 6/5/2004, *DJ* 24/5/2004, p. 164).

"O simples fato da petição inicial não se fazer acompanhada dos documentos indispensáveis à propositura da ação de execução, não implica de pronto seu indeferimento. Neste caso, cumpre ao Juiz, verificando tal vício ou irregularidade, determinar a diligência prevista no art. 616, do CPC, pena de indeferimento, em decorrência da função instrumental do processo." (STJ, REsp nº 149.890/MG, 3ª T., Rel. Min. Waldemar Zveiter, j. 15/2/2001, *DJ* 9/4/2001, p. 351).

"A ação mandamental exige, para sua apreciação, que se comprove, de plano, a existência de liquidez e certeza dos fatos narrados na inicial. É inerente à via eleita a exigência de comprovação documental e pré-constituída da situação que configura a lesão ou ameaça a direito líquido e certo que se pretende coibir, devendo afastar quaisquer resquícios de dúvida." (STJ, ROMS nº 10.873/MS, 1ª T., Rel. Min. José Delgado, j. 24/2/2000, *DJ* 20/3/2000, p. 37).

> **Art. 435.** É lícito às partes, em qualquer tempo, juntar aos autos documentos novos, quando destinados a fazer prova de fatos ocorridos depois dos articulados ou para contrapô-los aos que foram produzidos nos autos.
>
> **Parágrafo único.** Admite-se também a juntada posterior de documentos formados após a petição inicial ou a contestação, bem como dos que se tornaram conhecidos, acessíveis ou disponíveis após esses atos, cabendo à parte que os produzir comprovar o motivo que a impediu de juntá-los anteriormente e incumbindo ao juiz, em qualquer caso, avaliar a conduta da parte de acordo com o art. 5º.

▶ *Referência: CPC/1973 – Art. 397*

1. Momento da prova documental. Exceções

A regra, no regime processual civil brasileiro, é ao menos em tese a da preclusividade no tocante à oportunidade para a produção de prova documental, admitindo-se apenas excepcionalmente a apresentação posterior ao momento fixado em lei (art. 434), em atenção a justificativas idôneas a afastar a hipótese de inércia da parte.

O CPC vigente, em tal sentido, apresenta redação mais ampla que seu correspondente no CPC/73 (art. 397), acabando por referir textualmente situações que de toda forma se achavam implicitamente contempladas por aquele dispositivo. As situações tratadas no *caput* do art. 435, ora comentado, coincidem outrossim com as que vinham referidas no Código revogado.

Quanto à apresentação de documentos destinados à prova de fatos novos, ocorridos após a manifestação da parte na petição inicial ou em contestação, é autoexplicativa e dispensa maiores considerações. A lei processual é expressa (art. 493 do CPC) em determinar a consideração pelo juiz de fatos supervenientes à propositura da ação, constitutivos, modificativos ou extintivos de direito (não só isso; naturalmente, hão de se considerar também fatos com repercussão meramente processual); e, se novos são os fatos inseridos na matéria litigiosa, naturalmente hão de também sê-lo os documentos tendentes à prova correspondente.

Por outro lado, em matéria de *contraprova* (segunda figura do art. 435, *caput*), cogita o legislador da apresentação posterior de documentos com o escopo de afrontar especificamente prova documental apresentada pela parte contrária; a justificativa, ocioso dizer, não aproveita ao réu no tocante à documentação acostada com a petição inicial, pois no tocante a essa o momento natural de produção da contraprova correspondente será o da própria contestação.

Fora daí, entretanto, é natural que, em atenção ao contraditório, se admita a juntada tardia de um documento para enfrentar prova documental produzida pela outra parte ou vinda aos autos por outros meios. Diversas são as possibilidades, envolvendo a apresentação pelo autor de contraprova, na réplica, a documentos trazidos com a contestação, ou idêntica conduta, por parte do réu, no tocante a documentos trazidos pelo autor com a réplica, além de, genericamente, a refutação a prova documental produzida nos autos em qualquer momento ao longo do processamento.

Mas a redação do texto legal segue, no CPC em vigor, pecando tanto quanto o fazia o CPC/73 ao dizer, em relação a esse aspecto, menos do que se pretendeu. Por primeiro, o objetivo de fazer contraprova não se pretende necessariamente a uma prova também documental, podendo se apresentar à vista de provas de outra ordem (por exemplo, a apresentação de prova documental especificamente voltada a evidenciar a inveracidade de fato mencionado por uma testemunha em seu depoimento). Depois, a contraposição não necessita sequer se referir a outra prova vinda aos autos, podendo se dar em face de fato meramente alegado pela parte contrária; cabe pensar aqui na possibilidade de produção de prova documental pelo autor, em réplica, por força de matéria preliminar processual alegada pelo réu em sua defesa (cf. art. 351 do CPC), ou mesmo em face de matéria substancial consistente em fatos modificativos, extintivos ou impeditivos do direito dele, autor.

Note-se que não há necessidade, em qualquer desses casos, de que se esteja lidando com fato propriamente novo em relação ao início da causa, ou mesmo de que seja novo o documento, nem tampouco que não estivesse disponível à parte interessada em sua apresentação: a parte pode ter o documento em mãos e simplesmente não pretender apresentá-lo, de início, por desnecessário à prova de suas alegações, alterando-se o quadro, contudo, em função de fato posteriormente alegado pela outra parte ou de prova por ela produzida.

Prosseguindo, trouxe o CPC como hipótese excepcionante expressa, no parágrafo único do art. 435, a apresentação de documentos *formados* após a petição inicial ou a contestação, vale dizer, que somente passaram a ter existência material, no plano extrajudicial, após a prática desses atos (importa distinguir o conceito de *formação* do documento, vale dizer, de sua criação na realidade exterior ao processo, do de *produção* processual da prova documental, que envolve a introdução nos autos, a partir de determinado momento, de um documento existente).

Se esse documento posteriormente formado diz respeito a um fato também novo, a hipótese a rigor é absorvida pela remissão do *caput* aos fatos novos; mas pode acontecer em contrapartida de o documento ser novo, e portanto insuscetível de apresentação no momento predefinido pelo art. 434, mas no entanto se reportar em seu conteúdo a um fato antigo, sendo esse o objeto da alusão do parágrafo único. Em ambas as situações, a justificativa comum é a da impossibilidade material de apresentação anterior do documento.

Além disso, passou o legislador a se referir expressamente, suprindo incompreensível silêncio do CPC/73, quanto à hipótese de apresentação de documento já existente anteriormente ao processo mas que a parte, por força maior, não pôde apresentar no momento inicial, seja por não conhecê-lo, seja por não ter acesso a ele. Se a obtenção de prova nova, no sentido daquela cuja existência se ignorava ou de que não se pode fazer uso, é fundamento até mesmo para a rescisão de decisão de mérito transitada em julgado (CPC, art. 966, VII), não há porque não permitir sua apresentação e valoração desde logo, no tocante a processo ainda em curso.

Em tal hipótese, todavia, prevenindo abusos, exige o legislador que faça a parte a devida comprovação da circunstância impeditiva alegada, a ser valorada de acordo com o princípio geral de boa-fé explicitado no art. 5º do CPC.

Por derradeiro, cabe mencionar a hipótese, omitida tanto pelo CPC/73 quanto pelo atual CPC mas de todo modo decorrente do sistema de ambos os Códigos, de apresentação de documentos relativos a fatos novos suscitados em apelação.

O art. 1.014 do CPC permite a alegação recursal de questões de fato não propostas no juízo inferior, por motivo de força maior – e, portanto, quanto a fatos não necessariamente supervenientes e não alcançados pela referência do art. 435, *caput*. Autorizada que esteja a invocação desses fatos, outrossim, é natural que quanto a eles se admita algum tipo de prova juntamente com a apelação, naturalmente de cunho documental.

2. Tolerância

Não obstante os termos peremptórios de regras como as dos arts. 434 e 435, no tocante ao momento apropriado para a apresentação da prova documental e as situações excepcionais em que tolerada conduta diversa, a praxe forense tem mostrado posicionamento predominantemente liberal da jurisprudência a respeito do tema, com tolerância da apresentação de documentos ao longo do processamento, desde que não representem inovação indevida em relação à matéria litigiosa, ou que não revelem propósito premeditado de ocultação do documento e de surpreender a parte contrária e o juízo, ferindo a lealdade processual; do mesmo modo, combate-se a juntada tardia quando passível de dificultar ao adversário o exercício do contraditório.

Se analisados esses argumentos, entretanto, a restrição no tocante à estabilização da lide diz respeito mais propriamente aos *fatos* cognoscíveis no caso concreto do que ao momento da prova documental em si. Já quanto à ocultação e surpresa, a justificativa não deixa de ser uma aplicação da regra segundo a qual possível a juntada posterior, desde que motivada por força maior, postura a rigor afinada com o art. 434, em vez de excepcioná-lo; o problema maior está na efetiva verificação da existência de escusa para o retardamento, o que nem sempre é feito, permitindo-se ao fim e ao cabo a banalização da conduta.

Por mais que declaradamente inspirada na ideia de efetividade do processo e na busca da ampliação do contraditório e da busca da verdade, além do combate ao formalismo, a prática deve ser vista com reservas, antes de mais nada pelo prejuízo que em última análise pode acabar acarretando à celeridade e, portanto, à própria desejada efetividade. Não se pode esquecer que a cada juntada de documentos torna-se necessário ouvir a parte adversa (no âmbito do CPC, além disso, em um prazo de quinze dias úteis) bem como conferir a ela, por expressa previsão legal, a oportunidade de contraprova documental, o que acaba frequentemente por redundar em interminável ciranda de documentos novos, bem como na apresentação de manifestações a seu respeito, alongando o procedimento, tumultuando a ordem processual e retardando o desfecho.

Além disso, a amplitude das exceções legais já é em tese suficiente para amparar a parte quando efetivamente se faça acompanhar de motivo plausível (nesse sentido podendo, por exemplo, declinar desde logo na petição inicial ou na contestação eventual dificuldade para a apresentação de determinado documento e protestar pela oportuna juntada). O que em nosso entender não se pode é alargar a permissividade de forma a torná-la regra, sob pena inclusive de estímulo à indisciplina processual e à litigiosidade maliciosa, possibilitando por exemplo que litigantes inescrupulosos passem a planejar a apresentação escalonada de documentos ao longo do processo.

Sob o prisma do contraditório, finalmente, desde que inevitável a juntada do documento o problema se contorna pela criação de condições para que a parte contrária possa sobre ele se manifestar de forma eficaz e ainda requerer a contraprova que entender cabível. Não há dúvida, entretanto, de que a necessidade de manifestação sobre prova documental nova fora dos momentos em que teoricamente deve a parte concentrar a exposição de suas razões é, por si só, um embaraço ao regular exercício do contraditório, dificuldade que será tanto maior quanto mais relevante seja o documento no tocante aos fatos em discussão; bem por isso, deve ser maior o rigor judicial no juízo de admissibilidade quando não se trate de documentos secundários ou destinados a meros esclarecimentos ou ao reforço de outras provas, mas sim de elementos de convicção ligados aos fatos centrais da disputa, e voltados a fazer-lhes prova imediata (documentos amiúde referidos como "essenciais", sob enfoque diverso do adotado nos comentários ao art. 434).

Jurisprudência

"O STJ possui jurisprudência firme e consolidada no sentido de que "a juntada de documentos com a apelação é possível, desde que respeitado o contraditório e inocorrente a má-fé, com fulcro no art. 397 do CPC" (STJ, REsp nº 980.191/MS, 3ª Turma, Rel. Min. Nancy Andrighi, *DJe* de 10.3.2008; AgRg no REsp 1.120.022/SP, 1ª Turma, Rel. Min. Hamilton Carvalhido, *DJe* de 2.6.2010)." (STJ, AgInt no REsp nº 1.597.709/PE, 2ª T., Rel. Min. Herman Benjamin, j. 8/11/2016, *DJe* 17/11/2016).

"Não é possível a juntada, na apelação, de documentos que estavam na posse da agravante desde o momento da propositura da demanda, pois aplicável à hipótese o instituto da preclusão consumativa." (STJ, AgRg no REsp nº 1.405.409/PR, 4ª T., Rel. Min. Antonio Carlos Ferreira, j. 15/12/2015, *DJe* 4/2/2016).

"A jurisprudência deste Tribunal Superior é no sentido de ser possível a juntada de documentos novos na fase recursal, desde que não se trate de documento indispensável à propositura da ação, não haja má-fé na ocultação do documento e seja ouvida a parte contrária." (STJ, AgRg no REsp nº 1.362.266/AL, 3ª T., Rel. Min. Ricardo Villas Bôas Cueva, j. 3/9/2015, *DJe* 10/9/2015).

"A jurisprudência desta Corte possui entendimento no sentido de que a "juntada de documentos, em fase de apelação, que não se enquadram naqueles indispensáveis à propositura da ação e apresentam cunho exclusivamente probatório, com o nítido caráter de esclarecer os eventos narrados, é admitida, desde que garantido o contraditório e ausente qualquer indício de má-fé, sob pena de se sacrificar a apuração dos fatos sem uma razão ponderável" (REsp 1.176.440/RO, Rel. Ministro NAPOLEÃO NUNES MAIA FILHO, PRIMEIRA TURMA, julgado em 17/09/2013, *DJe* 04/10/2013)." (STJ, AgRg no REsp nº 1.520.509/DF, 1ª T., Rel. Min. Sérgio Kukina, j. 7/5/2015, *DJe* 18/5/2015).

"1. Os documentos indispensáveis à propositura da ação (CPC, art. 283) ou os fundamentais/substanciais à defesa devem ser apresentados juntamente com a petição inicial ou contestação (CPC, art. 396), não se admitindo, nesse caso, a juntada tardia com a interposição de recurso de apelação, não sendo o caso também de documento novo ou destinado a fazer prova de fatos ocorridos depois dos articulados (CPC, art. 397). 2. Indispensáveis à propositura da ação ou fundamentais/essenciais à defesa são os documentos que dizem respeito às condições da ação ou a pressupostos processuais, bem como os que se vinculam diretamente ao próprio objeto da demanda, como é o caso do contrato para as ações que visam discutir exatamente a existência ou extensão da relação jurídica estabelecida entre as partes. 3. No caso, foi carreada ao recurso de apelação cópia de "contrato padrão" que supostamente comprovaria haver limitação a impedir o sucesso do pleito deduzido pelo consumidor. Trata-se de prova central do objeto da ação, da causa de pedir – documento substancial ou fundamental, nos dizeres de Amaral Santos –, que devia ser levada aos autos no momento da defesa apresentada pelo réu, nos termos do art. 396 do CPC.(...)" (STJ, REsp nº 1.262.132/SP, 4ª T., Rel. Min. Luis Felipe Salomão, j. 18/11/2014, *DJe* 3/2/2015).

"1. A regra do art. 397 do CPC não obsta a juntada extemporânea de documento cuja finalidade seja, exclusivamente, o fortalecimento da tese de defesa adotada pela parte, caracterizando mero parecer. 2. É firme a jurisprudência desta Corte Superior no sentido de admitir a juntada de documentos após o momento processual oportuno, desde que observado o contraditório e inexistente a má-fé da parte que a requereu."

(STJ, AgRg no REsp nº 1.440.037/RN, 4ª T., Rel. Min. Antonio Carlos Ferreira, j. 9/9/2014, *DJe* 18/9/2014).

"1. É farta a jurisprudência desta Casa no sentido de que os arts. 397, 462 e 517, do CPC, não permitem a juntada de documentos antigos na apelação, salvo se comprovado motivo de força maior que impediu a juntada anterior. Precedentes: REsp. n. 1.197.330/MG, Primeira Turma, Rel. Min. Napoleão Nunes Maia Filho, julgado em 21.05.2013; AgRg no AREsp 447.165 / RS, Segunda Turma, Rel. Min. Mauro Campbell Marques, julgado em 22.04.2014; AgRg no REsp 1.346.610 / MS, Primeira Turma, Rel. Min. Benedito Gonçalves, julgado em 23.04.2013; AgRg no AREsp 203210 / MS, Quarta Turma, Rel. Min. Raul Araújo, julgado em 20.11.2012; AgRg no AREsp 294057 / SP, Quarta Turma, Rel. Min. Luis Felipe Salomão, julgado em 19.09.2013; AgRg no AREsp 39819 / MT, Primeira Turma, Rel. Min. Napoleão Nunes Maia Filho, julgado em 26.02.2013; RMS 28487 / GO, Quinta Turma, Rel. Min. Felix Fischer, julgado em 10.03.2009. 2. No caso concreto, os documentos se referem a fatos ocorridos antes do ajuizamento da própria demanda (antes dos articulados), já que se referem ao fato gerador do imposto de renda cobrado, e os próprios documentos são de produção antiga, apenas de posse nova do contribuinte." (STJ, REsp nº 1.444.929/RS, 2ª T., Rel. Min. Mauro Campbell Marques, j. 10/6/2014, *DJe* 17/6/2014).

"A jurisprudência desta Corte tem entendido ser possível a juntada de documentos aos autos, mesmo em fase recursal, quando destinados a fazer prova de fatos ocorridos depois dos articulados na inicial, o que, consoante assentado pelo acórdão de origem, não é o caso dos autos. A revisão de tal entendimento esbarra no óbice da Súmula 07/STJ." (STJ, AgRg no REsp nº 1.346.610/MS, 1ª T., Rel. Min. Benedito Gonçalves, j. 23/4/2013, *DJe* 29/4/2013).

"Os documentos apresentados com a apelação não se caracterizam propriamente como novos, porquanto a alimentanda já tinha pleno conhecimento de sua existência no momento da propositura da ação revisional de alimentos, não lançando mão deles oportunamente. Além disso, esses documentos não serviram para comprovar fatos ocorridos supervenientemente à prolação da r. sentença, dado que a condição de saúde da alimentanda já era por ela conhecida antes mesmo do ajuizamento da ação de revisão de

alimentos." (STJ, AgRg no AREsp nº 203.210/MS, 4ª T., Rel. Min. Raul Araújo, j. 20/11/2012, *DJe* 4/12/2012).

"Não se admite a juntada de documentos após a instrução, se não visam provar fatos ocorridos após a propositura da ação, ou para contrapor a outros juntados pela parte adversa. A apresentação de memorial não possibilita a invocação de fatos novos e a juntada de documentos, haja vista tratar-se de providência vedada pela preclusão consumativa, uma vez que a faculdade processual de recorrer já foi exercida quando da interposição da apelação." (STJ, AgRg no Ag nº 1.112.190/SP, 4ª T., Rel. Min. Fernando Gonçalves, j. 13/4/2010, *DJe* 26/4/2010).

"Conforme se observa no art. 396 do CPC, a parte autora deverá apresentar juntamente com a petição inicial a prova documental necessária à demonstração do direito vindicado. Tal regra é excepcionada pelo art. 397 do mesmo código, que disciplina ser "lícito às partes, em qualquer tempo, juntar aos autos documentos novos, quando destinados a fazer prova de fatos ocorridos depois dos articulados, ou para contrapô-los aos que foram produzidos nos autos". Excepciona-se, portanto, da regra contida no citado art. 396 nos casos em que se pretende a juntada de documentos novos, destinados a fazer prova de fatos supervenientes. A documentação que se pretende juntar no caso em análise não se enquadra na permissão contida no referido dispositivo. Trata-se de contratos sociais já existentes no momento da propositura da ação, visando comprovar situação já consolidada à época (atividade exercida pelas empresas), e que não deixaram de ser apresentados por motivo de força maior." (STJ, REsp nº 861.255/RJ, 1ª T., Rel. Min. Denise Arruda, j. 16/10/2008, *DJe* 6/11/2008).

"1. A jurisprudência desta Corte tem admitido a juntada de documentos que não os produzidos após a inicial e a contestação, em outras fases do processo, até mesmo na via recursal, desde que respeitado o contraditório e ausente a má-fé. 2. Não é absoluta a exigência de juntar documentos na inicial ou na contestação. A juntada de documentos em sede de apelação é possível, tendo a outra parte a oportunidade de sobre eles manifestar-se em contra-razões." (STJ, REsp nº 780.396/PB, 1ª T., Rel. Min. Denise Arruda, j. 23/10/2007, *DJ* 19/11/2007, p. 188).

"Na sistemática do Código de Processo Civil, a prova documental e produzida no momento próprio, seja, com a inicial e com a contestação, admitindo-se a juntada de documento em fase posterior na hipótese da necessidade de se demonstrar fatos novos, ocorridos depois dos articulados, ou ainda para contrapor a documentos já acostados ao processo." (STJ, REsp no 44.521/MG, 6ª T., Rel. Min. Vicente Leal, j. 8/4/96, *DJ* 20/5/96, p. 16.744).

"Documentos juntados com a apelação, injustificadamente subtraídos da instrução da causa. Tratando-se de documentos essenciais à prova do fato constitutivo, que alteram substancialmente, e não apenas complementam o panorama probatório, não podem ser considerados pela instância revisora, porquanto restaria comprometido o contraditório em sua plenitude, com manifesto prejuízo para a parte contrária." (STJ, REsp no 71.813/RJ, 3ª T., Rel. Min. Costa Leite, j. 14/11/95, *DJ* 20/5/96, p. 16.704).

> **Art. 436.** A parte, intimada a falar sobre documento constante dos autos, poderá:
>
> **I** – impugnar a admissibilidade da prova documental;
>
> **II** – impugnar sua autenticidade;
>
> **III** – suscitar sua falsidade, com ou sem deflagração do incidente de arguição de falsidade;
>
> **IV** – manifestar-se sobre seu conteúdo.
>
> **Parágrafo único.** Nas hipóteses dos incisos II e III, a impugnação deverá basear-se em argumentação específica, não se admitindo alegação genérica de falsidade.

▶ *Referência: CPC/1973 – Arts. 372, 390 e 398*

1. Prova documental e contraditório

O CPC adotou técnica diferenciada da do Código revogado no tocante à manifestação das partes em face de prova documental produzida pela parte adversa ou por qualquer outro meio introduzida nos autos.

Assim como foram unificados os prazos, independentemente do conteúdo da manifestação (vejam-se os comentários ao art. 437, adiante), optou o legislador por abranger, no presente art. 436, todas as condutas possíveis em face da prova documental (aliás, a rigor em termos de técnica legislativa seria mais apropriada a inversão da ordem de ambos os dispositivos legais,

visto que o art. 437 trata de questão logicamente antecedente, qual seja, o direito ao contraditório em si e o tempo para seu exercício, enquanto o art. 436, indo além, aborda o conteúdo de eventual manifestação).

O CPC/73, além de não fazer semelhante explicitação, tratava em dispositivos separados as matérias suscetíveis de alegação; abordava no art. 372 o questionamento em torno da autenticidade da assinatura e da veracidade do contexto documental (material ou ideológica), se o caso mediante manejo do incidente de seu art. 390, e por outro lado previa no art. 398 a possibilidade em termos genéricos de manifestação (que, tal qual colocada, acabava por compreender tanto a discussão em torno da admissibilidade propriamente dita da prova documental quanto, fora das hipóteses de falsidade, considerações sobre a força probante do documento apresentado e sua relevância no contexto dos autos).

2. Impugnação sobre a admissibilidade da prova documental

Como observado nos comentários ao art. 434, a dinâmica da prova documental caracteriza-se de ordinário pela introdução nos autos de elementos materiais já constituídos (*formados*) fora do processo, coincidindo na manifestação da parte que tem semelhante iniciativa a *proposição* da prova (v.g., o requerimento de sua admissão) com o próprio ato da produção, mediante a juntada desde logo do documento pretendido.

Em tais condições, inverte-se quanto aos chamados *momentos da prova* a cronologia normalmente observada em relação às provas ditas *constituendas* (v.g., as formadas no âmbito do próprio processo, como por exemplo a testemunhal ou a pericial). O juízo de admissibilidade vem exercido *posteriormente* à produção da prova, e caso negativo resultará não no impedimento à prática de atos tendentes à introdução daquela – como normalmente ocorre –, mas na reversão de prova a rigor já produzida, seja com o desentranhamento em concreto do documento apresentado seja, quando menos, com a determinação formal de sua desconsideração para todos os efeitos.

Não se exclui seja dito controle realizado de ofício pelo juiz, tão logo apresentado o documento, resultando em restrição à prova sem que se faça necessária a manifestação da parte adversa. Mas, em condições normais, caberá à parte perante quem produzido o documento discutir o cabimento dessa modalidade probatória no caso concreto.

Para os fins do inciso I deste art. 436, não se cogita de qualquer tipo de valoração da prova em vista dos fatos alegados (conduta que é objeto do inciso IV). Seu objeto diz respeito à perquirição da simples viabilidade em termos formais de produção da prova documental em determinadas circunstâncias, por fatores variados como a tempestividade (v. arts. 434/435 do CPC), eventual preclusão de outra ordem (por exemplo em função de anterior decisão judicial denegatória no âmbito do mesmo processo), a possibilidade de prova documental pela natureza dos fatos em discussão e enfoque pretendido (quando, por exemplo, essencial a prova pericial), a adequação formal no tocante ao modo natural de produção de outra prova (como a pretensão de substituição de depoimentos testemunhais pela juntada de declarações escritas das supostas testemunhas) ou finalmente a simples existência de nexo de pertinência entre o documento apresentado e os fatos de interesse à causa.

3. Impugnação da autenticidade e arguição de falsidade

As hipóteses dos incisos II e III comportam, por seu turno, apreciação conjunta, seja pela proximidade dos temas envolvidos e pela relação entre eles existentes, seja pela confusão a que se presta a abordagem, nem sempre clara ou coerente, das figuras jurídicas correspondentes.

Autenticidade é conceito que, em sentido estrito e, nos termos empregados no art. 411 deste mesmo CPC, relaciona-se à autoria de um documento e à certeza existente quanto a esse elemento; mais amplamente, entretanto, a praxe consagrou o uso do termo *autenticidade* como sinônimo de regularidade material do documento, em contraposição à ideia de falsidade. E o próprio legislador processual acaba incorrendo nessa prática, como observado nos comentários ao referido art. 411 ou ao art. 425, por exemplo.

Pois bem, no inciso II fala o CPC em impugnação da autenticidade sem maiores esclarecimentos, distinguindo a figura, entretanto, da arguição de falsidade propriamente dita, objeto do inciso III.

Ocorre que a rigor a hipótese de falsidade do documento não diz respeito apenas ao seu conteúdo, mas também à veracidade da assinatura nele lançada (vejam-se os comentários ao art. 427), de modo que documento com firma adulterada é tão falso, para esse fim, quanto aquele com agressão a seu suporte material.

Nesse sentido, é forço entender que o Código, sob pena de redundância, não está no inciso II do art. 436, ao falar em impugnação à autenticidade do documento, tratando de falsidade direta, quer do contexto, quer mais estritamente da assinatura.

A única forma de compreensão do significado do inciso II se volta então ao tema da *verificação* da autoria, não à guisa de imputação direta de falsidade, mas do reconhecimento desse aspecto, quando desconhecido da parte frente a quem apresentado o documento. Os documentos públicos têm o atributo de fazer prova de sua autenticidade, na medida em que elaborados por agentes públicos, tal como exposto nos comentários ao art. 405; já os documentos privados não são dotados desse atributo, mas podem ser autenticados no ato de sua formação ou posteriormente a isso, nas hipóteses referidas nos incisos I e II do art. 411 do CPC.

Faltando todavia essa autenticação prévia, torna-se necessária a verificação da autenticidade em juízo, deixando-se num primeiro momento a cargo da parte a quem oposto o documento dizer se reconhece tal aspecto. Silenciando ela, o documento será tido por autenticado, a teor do art. 411, III.

Mas, por outro lado, pode ela optar pela impugnação da autoria, não necessariamente por ter elementos para afirmar a falsidade, mas no sentido de ver, em função de dúvida razoável, confirmado esse aspecto. É a esse comportamento que se refere o art. 436, II: a impugnação à autoria do documento particular, diversa da arguição específica de falsidade.

Na esteira desse comportamento, há outras hipóteses em que também pode pleitear a parte a verificação ou o reconhecimento da exatidão material de certos documentos, como no caso de cópias de outros documentos, ou de reproduções mecânicas ou eletrônicas de fatos (art. 422, 424 e 425, IV, por exemplo), mormente quando não tenha participado da formação do documento.

A *impugnação*, que pode ter um conteúdo mais ou menos intenso de refutação à força probante do documento, é sobretudo relevante no momento em que a parte é pela primeira vez posta diante daquele, isso porque segue prevalecendo regra que, no CPC/73,era diretamente referida no art. 372, e que no CPC/2015 não vem expressamente tratada neste art. 436, mas sim esparsamente ao longo de outros dispositivos como os citados.

Como rezava o revogado art. 372, presumia-se a aceitação como verdadeiro do documento se a parte perante quem oposto não lhe contestasse quer a autenticidade da assinatura, quer a veracidade do contexto.

É bem de ver, por outro lado, que a resistência ao documento, nos casos em que não haja dúvida quanto à autenticidade, não necessariamente resvala para o plano da arguição da falsidade, podendo estar restrita ao questionamento da exatidão das declarações ou informações nele contidas, caso em que a manifestação da parte não se insere propriamente nos incisos II ou III, sim no inciso IV deste art. 436.

Em matéria de falsidade, por outro lado, refere o inciso III poder ser ela arguida com ou sem suscitação de incidente de falsidade documental, a propósito do que remetemos o leitor aos comentários ao art. 430.

3.1. Necessidade de impugnação devidamente motivada

Preocupa-se o legislador, de todo modo, em evitar que os questionamentos à idoneidade dos documentos não se revistam de um mínimo de credibilidade e venham formulados de forma genérica e superficial, com caráter claramente especulativo e propósito inequívoco de retardar a marcha processual.

Bem por isso, tornou agora expressa, no parágrafo único do art. 436, a exigência desde sempre implícita no sistema de a impugnação à autenticidade ou a afirmação direta de falsidade, conforme o caso, serem feitas com base em argumentação específica, não mediante alegação vaga e não justificada de recusa do documento.

Com também observado nos comentários ao art. 431, cabe à parte justificar os motivos da ressalva quanto à autenticidade, ou individualizar corretamente a falsidade, apontando sua espécie (material ou ideológica), a parte do documento em que verificada e os motivos para tal convicção.

É certo que, em se tratando de documento desconhecido da parte e em relação ao qual se manifeste mera incerteza e interesse em eventual conferência, a necessidade de justificação ficará,

pelas próprias circunstâncias, atenuada, cabendo ao julgador entretanto avaliar sua seriedade e razoabilidade de forma casuística.

4. Manifestação sobre o conteúdo documental

Como última alternativa, tem-se a hipótese de manifestação sobre o conteúdo em si dos documentos apresentados, a que se destinava o art. 398 do CPC/73, fora do âmbito de qualquer questionamento acerca da autenticidade ou falsidade daqueles. O enfoque, aqui, é de mera *valoração* da prova.

A rigor, também se cogita a esse título de manifestação acerca de eventual preenchimento abusivo de documento assinado em branco, que como observado nos comentários ao art. 428 não configura, nos casos ali indicados, hipótese de falsidade propriamente dita.

Mas, sobretudo, concede-se à parte em face de quem produzida a prova documental a oportunidade de analisar criticamente a respectiva força probante, contextualizando o documento e ponderando não apenas acerca de sua aptidão para a representação dos fatos a que se refere (por exemplo, no tocante à exatidão de eventuais declarações nele inseridas) como também sobre o significado e relevância dessa prova à vista do conjunto da matéria fática alegada e dos demais elementos instrutórios presentes nos autos.

Eventualmente, encontrará a parte nova oportunidade para esse fim, em caso de aprofundamento instrutório e de concessão, ao final, da possibilidade de formulação de alegações finais. Mas, em casos de julgamento antecipado, e basicamente quanto aos documentos trazidos com a petição inicial e a contestação, poderá ser esta a única oportunidade de análise probatória à disposição dos litigantes.

Jurisprudência

"Deixando a distribuidora ré de arguir, na contestação, a inveracidade do conteúdo dos telegramas apresentados pelo autor, presume-se verdadeiro o contexto em que produzidos, nos termos dos arts. 372 e 374 do CPC/73." (STJ, REsp nº 1.455.296/PI, 3ª T., Rel. Min. Moura Ribeiro, Rel. p/ acórdão Min. Nancy Andrighi, j. 1º/12/2016, *DJe* 15/12/2016).

"Presumem-se verdadeiros os **documentos** colacionados pelos autores na inicial quando

Art. 437

o réu não arguiu sua **falsidade,** tornando-se despicienda sua autenticação." (STJ, REsp nº 717.460/CE, 5ª T., Rel. Min. Arnaldo Esteves Lima, j. 22/5/2007, *DJ* 11/6/2007, p. 352).

"Deixando a parte de alegar a ausência dos documentos originais ou a sua autenticação no momento em que devia, ocorre a preclusão consumativa do seu direito para tanto. Pacífico o entendimento nesta Corte Superior no sentido de que as cópias não autenticadas juntadas aos autos, e que não são impugnadas pela parte adversa no momento próprio, têm o mesmo valor probante dos originais. Cópia xerográfica de documento juntado por particular merece legitimidade até demonstração em contrário de sua falsidade (CPC, art. 372)." (STJ, AgRg no Ag nº 535.018/RJ, 1ª T., Rel. Min. José Delgado, j. 16/3/2004, *DJ* 10/5/2004, p. 178).

"I – Não é lícito ao juiz estabelecer, para as petições iniciais, requisitos não previstos nos artigos 282 e 283 do CPC. Por isso, não lhe é permitido indeferir liminarmente o pedido, ao fundamento de que as cópias que o instruem carecem de autenticação. II – O documento ofertado pelo autor presume-se verdadeiro, se o demandado, na resposta, silencia quanto à autenticidade (CPC, Art. 372)." (STJ, EREsp nº 179.147/SP, Corte Especial, Rel. Min. Humberto Gomes de Barros, j. 1º/8/2000, *DJ* 30/10/2000, p. 118).

"Comercial. Processual Civil. Falsidade documental. Incidente. Cabe arguir, em incidente de falsidade, tanto a falsidade material do documento quanto a da veracidade do seu contexto (art. 390, 391 cc. Art. 372 do CPC." (STJ, REsp nº 21.302/BA, 3ª T., Rel. Min. Dias Trindade, j. 10/8/1992, *DJ* 14/9/1992, p. 14.969).

"Documento particular. Cessação de fé. Ônus da prova. Contestada a assinatura do documento particular, cessa-lhe a fé, independente da arguição de falsidade, cabendo o ônus da prova, nesse caso, à parte que o produziu, durante a instrução da causa. Por isso, não era lícito ao juiz, na espécie, julgar antecipadamente os embargos à execução." (STJ, REsp nº 15.706/SP, 3ª T., Rel. Min. Nilson Naves, j. 24/3/1992, *DJ* 13/4/1992, p. 4.998).

> **Art. 437.** O réu manifestar-se-á na contestação sobre os documentos anexados à inicial, e o autor manifestar-se-á na réplica sobre os documentos anexados à contestação.

> **§ 1º** Sempre que uma das partes requerer a juntada de documento aos autos, o juiz ouvirá, a seu respeito, a outra parte, que disporá do prazo de 15 (quinze) dias para adotar qualquer das posturas indicadas no art. 436.

> **§ 2º** Poderá o juiz, a requerimento da parte, dilatar o prazo para manifestação sobre a prova documental produzida, levando em consideração a quantidade e a complexidade da documentação.

▶ *Referência: CPC/1973 – Arts. 372, 390 e 398*

1. Oportunidade para manifestação sobre a prova documental

O CPC atual, em disciplina nessa parte digna de elogios, superou o caótico tratamento dado pelo CPC/73 ao prazo para manifestação sobre a juntada de documentos, que conforme o momento processual e até mesmo o teor do pronunciamento poderia oscilar, em função da aplicação conjugada de dispositivos como seus arts. 327, 372, 390 e 398, entre cinco, dez e quinze dias.

Unificou-se o prazo agora em quinze dias, quer tenha a apresentação dos documentos ocorrido na petição inicial ou na contestação (esse afinal o prazo para contestação e para réplica, ressalvados apenas eventuais procedimentos especiais com previsão diferenciada), quer tenha se dado em momento posterior do processamento (no caso do art. 434, parágrafo único, outrossim, o prazo se contará da exposição em audiência, não da juntada propriamente dita). Não mais importa, do mesmo modo, se a manifestação da parte se volta apenas a questionar a admissibilidade da prova documental, a analisar seu conteúdo ou, por fim, a arguir eventual falsidade.

Inevitável considerar, todavia, que para as hipóteses de apresentação de documentos no curso do processamento o lapso de quinze dias acaba por se mostrar em princípio elevado, mormente se considerada a forma de contagem em dias úteis determinada pelo art. 219, *caput*, deste CPC, determinando-se uma paralisação da marcha processual que em muitos casos poderá ser desproporcional para com o reduzido número de documentos acrescidos (eventualmente um único), ou sua simplicidade.

Destaque-se por outro lado que a lei diz menos do que pretende ao mencionar o contraditório apenas em função de documentos apresentados por cada uma das partes; intuitivamente, a prática há de ser observada também quanto a documentos requisitados por iniciativa do juiz, ou ainda acrescidos por obra de terceiros estranhos ao processo, visando a ressalva de interesses próprios ou comunicando fatos de interesse à causa. Qualquer que seja a origem, enfim, cumpre sejam os litigantes ouvidos sobre todos os elementos instrutórios que venham aos autos e que de alguma forma possam ter relevância na solução da causa ou de alguma questão incidental.

Mas nessa mesma linha, e em contrapartida, não é necessário chegar ao extremo formalista de ter por imprescindível a oitiva da parte adversa em todo e qualquer caso, inclusive se vêm apresentadas meras cópias de documentos já existentes nos autos, sem o acréscimo portanto de dados novos.

Quanto à reprodução de precedentes jurisprudenciais sobre a mesma matéria ou pareceres doutrinários, a rigor não há necessidade de oitiva da outra parte especificamente para os fins do art. 436 do CPC, já que não se trata de documentos com finalidade probatória (diversa disso é a juntada do teor de decisão específica que possa ter repercussão direta sobre o objeto da causa). De todo modo, ainda naqueles casos, necessária quando menos a devida cientificação, considerando o acréscimo afinal de elementos materiais apresentados como reforço de argumentação pelo adversário.

A jurisprudência, por seu turno, tem considerado inexistente nulidade se, mesmo ausente intimação da parte contrária sobre a apresentação de documento novo, não tem esse qualquer ligação com os fatos em discussão ou relevância prática para o litígio, ou ainda se, a despeito de potencialmente relevante, não foi concretamente considerado como razão de decidir.

2. Dilatação do prazo

Em outro dispositivo inovador no tocante ao Código anterior, o § 2º trata da possibilidade de aumento pelo juiz do prazo para manifestação pelas partes sobre a prova documental anexadas aos autos, considerando situações diferenciadas em vista do volume e da complexidade dessa documentação (utilizou o texto legal a aditiva "e", mas a própria razão de ser da norma sugere sua leitura em face da alternativa "ou", permitindo-se a adoção da providência quando a dificuldade

disser respeito a apenas um dos elementos mencionados).

A ideia, em si mesma, não é censurável, e harmoniza-se com disposições já tradicionais em nosso processo civil no tocante a uma certa maleabilidade no tratamento dos prazos, seja para efeito da suspensão de sua contagem em face de obstáculos diversos (arts. 221 e 313 do CPC), seja no sentido de sua prorrogação em casos de dificuldades de transporte na comarca ou seção judiciária, quando não de calamidade pública (art. 222 do CPC), seja, finalmente, em termos de relevação da superação de prazo já consumada, em face de justa causa comprovada pela parte (art. 223 do CPC).

Além disso, mostra-se coerente com a maior flexibilidade procedimental adotada pelo Código vigente, inclusive no tocante aos prazos. De resto, a regra geral de seu art. 139, VI, permitindo ao juiz dilatar os prazos de modo a adequá-los às necessidades do conflito e conferir maior efetividade à tutela do direito, é de tal modo abrangente e imediatamente compreensiva de situações como a ora tratada que, a rigor, dispensaria inclusive a necessidade de previsão expressa nos moldes deste art. 437, § 2º.

A ressalva a fazer não se refere à simples possibilidade abstrata de dilatação, mas ao fato de já ser o prazo regular para manifestação sobre a prova documental excessivamente alongado, como se abordou no item precedente, de modo que sua prorrogação somente viria a agravar o quadro, recomendando-se que a regra seja tratada com extrema parcimônia pelos juízes, promovendo-se eventual dilatação somente em hipóteses excepcionais, tudo de modo a zelar pela razoável duração do processo.

Há, por outro lado, importante reflexo de ordem prática por considerar.

Desde que os documentos tenham sido juntados no curso do processamento e manifestação a cargo da parte contrária diga respeito tão somente a eles, não haverá maiores dificuldades na implementação de eventual dilatação de prazo.

O problema entretanto está na vinda dos documentos juntamente com a petição inicial ou a contestação, em relação a que prevê o *caput* deste art. 437 manifestação da parte contrária respectivamente na contestação e na réplica.

Ocorre que nesses casos o pronunciamento da parte interessada não estará circunscrito aos

Art. 438

documentos, compreendendo da parte do réu o conjunto de sua defesa (CPC, art. 336) e, da do autor, a totalidade da manifestação sobre a contestação, em especial a matéria preliminar (CPC, art. 351).

Não parece conveniente, em tal contexto, imaginar a hipótese de fragmentação da manifestação correspondente, ampliando-se o prazo apenas no que diz respeito aos documentos, de modo que a solução a rigor, desde que se entenda compatível com o sistema do CPC a dilatação também de prazos peremptórios, como nos parece ser o caso (art. 222, § 1º, a *contrario sensu*), seria a modificação do prazo como um todo.

Finalmente, quanto ao momento adequado para a formulação do requerimento pela parte, entendemos deva ocorrer ainda no curso do prazo, não se justificando venha ela a pleitear a benesse, a partir de aspectos (o volume ou complexidade dos documentos) desde antes conhecidos, somente depois de superada a oportunidade para manifestação.

Não se exclui em contrapartida, embora mencione o dispositivo ora comentado a iniciativa da parte, que o próprio juiz, valendo-se do permissivo do art. 139, VI, e considerando a dimensão e natureza da prova documental a ser analisada, promova de ofício a modificação, concedendo desde logo prazo diferenciado.

Jurisprudência

"É pacífico o entendimento no Superior Tribunal de Justiça segundo o qual não há ofensa ao art. 398 do Código de Processo Civil de 1973 no caso de a parte não ser intimada para se manifestar sobre documento novo juntado aos autos se este não for usado para o julgamento da lide." (STJ, AgInt no REsp nº 1.389.176/SC, 1ª T., Rel. Min. Regina Helena Costa, j. 15/8/2017, *DJe* 6/9/2017).

"É firme a jurisprudência do Superior Tribunal de Justiça no sentido de que não há falar em violação ao art. 398 do CPC/73 quando a parte não houver sido intimada para se pronunciar sobre documento novo acostado aos autos se este for desinfluente para o julgamento da controvérsia, não acarretando prejuízo para os litigantes. Na hipótese, tratando-se de petição com mera informação de ausência de conciliação entre as partes e reiteração do pedido de revisão contido na inicial, não há falar em cerceamento de defesa." (STJ, AgInt nos EDcl no AREsp

nº 1.053.518/PE, 4ª T., Rel. Min. Raul Araújo, j. 13/6/2017, *DJe* 26/6/2017).

"Consoante a jurisprudência do STJ, "nula se apresenta a decisão, proferida sem audiência da parte contrária sobre documento juntado aos autos, se dela resulta prejuízo, caracterizando--se, em tal contexto, ofensa a norma federal e ao princípio do contraditório, um dos pilares do devido processo legal" (STJ, REsp 6.081/RJ, Rel. Ministro SÁLVIO DE FIGUEIREDO TEIXEIRA, QUARTA TURMA, DJU de 25/05/1992). Entende a jurisprudência desta Corte, ainda, que "o fato de o documento ser conhecido da parte contrária não é razão bastante para dispensar-se a vista. Há que se lhe ensejar examiná-lo, e a respeito se pronunciar, pois não se proferirá sentença sem que as partes possam se manifestar sobre os elementos de prova" (STJ, REsp 49.976/RS, Rel. Ministro EDUARDO RIBEIRO, TERCEIRA TURMA, DJU de 14/11/1994). Fundamentando-se o acórdão do Tribunal de origem no aresto prolatado no REsp 25.745/SP, do Tribunal Superior Eleitoral, para a manutenção da condenação dos apelantes, pela prática de ato de improbidade administrativa, impõe-se a observância do prazo concedido, aos réus, para se manifestarem acerca do referido documento, em consonância com o disposto no art. 398 do CPC/73, juntado aos autos somente em sede de contrarrazões às Apelações dos réus, sob pena de violação aos princípios do contraditório e da ampla defesa." (STJ, REsp nº 1.358.338/SP, 2ª T., Rel. Min. Assusete Magalhães, j. 9/8/2016, *DJe* 2/2/2017).

Ausência de nulidade do acórdão estadual pela juntada de documentos novos que não influenciaram na solução da controvérsia. "Segundo a jurisprudência desta Corte, para que reste configurada a ofensa ao artigo 398 do CPC de 1973, é necessária a juntada de documento novo, sem vista à parte contrária, que influencie na solução da controvérsia" (AgRg no AREsp 166.921/DF, Rel. Ministro SÉRGIO KUKINA, PRIMEIRA TURMA, julgado em 04/12/2014, *DJe* 12/12/2014)" (STJ, AgRg no AREsp nº 797.521/MS, 4ª T., Rel. Min. Luis Felipe Salomão, j. 12/4/2016, *DJe* 18/4/2016).

Art. 438. O juiz requisitará às repartições públicas, em qualquer tempo ou grau de jurisdição:

I – as certidões necessárias à prova das alegações das partes;

> **II** – os procedimentos administrativos nas causas em que forem interessados a União, os Estados, o Distrito Federal, os Municípios ou entidades da administração indireta.
>
> **§ 1º** Recebidos os autos, o juiz mandará extrair, no prazo máximo e improrrogável de 1 (um) mês, certidões ou reproduções fotográficas das peças que indicar e das que forem indicadas pelas partes, e, em seguida, devolverá os autos à repartição de origem.
>
> **§ 2º** As repartições públicas poderão fornecer todos os documentos em meio eletrônico conforme disposto em lei, certificando, pelo mesmo meio, que se trata de extrato fiel do que consta em seu banco de dados ou no documento digitalizado.

▶ *Referência: CPC/1973 – Art. 399*

1. Agentes públicos e dever de colaboração

É dever dos agentes públicos colaborar, na medida do possível, com outros agentes na realização das atividades essenciais do Estado, sobressaindo-se, dentre essas obrigações, a necessidade de pronto atendimento às requisições das autoridades competentes, tenham ou não para com elas qualquer vínculo de subordinação hierárquica (sobre a exibição de documentos constantes em arquivos públicos, mesmo se sigilosos, vejam-se as disposições da Lei nº 8.159/91).

O art. 438 do CPC, que reproduz na íntegra a norma correspondente do Código revogado, enfatiza esse dever funcional no plano do processo judicial, tornando, em tais casos, dispensável ação específica (v. arts. 380, II, e 401, ambos do CPC) para a obtenção do documento pretendido ou informação de qualquer espécie, que serão objeto de mero ofício requisitório ao órgão público correspondente.

Destaque-se que a interpretação do inciso I do dispositivo ora comentado deve ser extensiva, já que claramente disse o legislador menos do que pretendeu: a possibilidade de requisição aos agentes públicos não se restringe às certidões, em sentido estrito, abrangendo documentos ou informações de caráter diverso em poder da repartição pública.

Por outro lado, é preciso ter em conta que o acesso a esse mecanismo de obtenção de informações não pode ser indiscriminado, mas empregado quando de alguma forma inviabi-lizada a atuação direta das partes na prova dos fatos de seu interesse, mesmo porque a simples circunstância da guarda de documentos ou informações por repartições públicas não é sinônimo de inacessibilidade aos particulares.

Sob essa ótica, é possível dizer que a atuação do juiz nesse ponto se dê, sob certa medida, em termos supletivos. Pode, é certo, entender o magistrado pertinente a requisição num dado momento e desde logo efetuá-la de ofício, à luz do art. 370 do CPC; quanto aos documentos pretendidos pelas próprias partes, entretanto, somente se justifica que o juiz se dirija ao órgão público se a parte não os conseguir (ou encontrar extrema dificuldade na obtenção) por seus próprios meios, seja por questões pessoais (em casos de hipossuficiência econômica, por exemplo), seja por razões de ordem objetiva (quando o acesso às informações pretendidas seja naturalmente restrito, se por exemplo protegidas por alguma forma de sigilo).

Exemplo disso, previsto em disposição específica, é o art. 6º, § 1º, da Lei nº 12.016/2009, que em mandado de segurança permite ao juiz logo ao despacho da petição inicial determinar a exibição do documento necessário à prova do alegado pelo impetrante, quando "se ache em repartição ou estabelecimento público, ou em poder de autoridade que se recuse a fornecê-lo por meio de certidão".

A jurisprudência do STJ é pacífica, outrossim, no sentido da necessidade de demonstração pelas partes de empenho pessoal prévio (ou da inocuidade desse) na obtenção dos documentos ou informações pretendidas.

Situação típica abrangida pelo dispositivo ora comentado é a de obtenção de informações quanto a bens integrantes do patrimônio do devedor, para fins executivos, informações que podem se encontrar em poder de órgãos públicos propriamente (como a Receita Federal ou órgãos registrários de caráter administrativo, a exemplo dos órgãos de trânsito) ou, por outras vezes, de agentes privados no exercício de função pública por delegação, como ocorre com as serventias extrajudiciais, notadamente os cartórios de registro de imóveis. Em alguns desses casos (p. ex., informações fiscais), os dados são inacessíveis aos particulares, mas em outros não, podendo e devendo, sempre que possível, ser obtidos diretamente por eles, se o caso arcando com o custo financeiro correspondente.

Art. 438

CÓDIGO DE PROCESSO CIVIL INTERPRETADO

2. Procedimentos administrativos

Prevê ainda o art. 438 a requisição dos próprios autos de procedimentos administrativos, sempre que se mostrem de relevo para a causa em função do interesse das pessoas jurídicas de Direito Público mencionadas no inciso II. Independentemente de estar ou não concluído o procedimento administrativo, tem-se mera fonte de consulta a ser utilizada em prol do processo judicial, continuando o procedimento vinculado ao órgão administrativo e à autoridade responsável por seu processamento; não se justifica por isso a permanência indefinida em poder do juiz ou mesmo a anexação dos autos administrativos aos do processo judicial.

A lei fixa, nesse sentido, um prazo máximo (destacando ainda ser improrrogável) a ser observado pelo órgão judicial, findo o qual deverão os documentos correspondentes ser restituídos à repartição de origem, para a sequência de seu processamento ou o devido arquivamento, junto ao órgão próprio.

Quanto a esse prazo, o atual CPC alterou a respectiva expressão nominal, de modo a se adaptar ao critério de contagem em dias úteis instituído por seu art. 219, *caput*, e preservar a mesma ordem de grandeza; falava o CPC/73 em 30 (trinta) dias, ao passo que o Código vigente substitui a expressão pelo prazo de 1 (um) mês.

3. Documentos eletrônicos

Adequando-se à massificação do processo eletrônico, mas de toda forma espelhando o avanço dos meios de comunicação, em geral, o § 2º do art. 438 repete disposição que já havia sido introduzida no CPC/73 (art. 399, § 2º, acrescentado pela Lei nº 11.419/2006) no sentido da possibilidade de fornecimento pelas repartições públicas de todos os documentos solicitados em meio eletrônico, se o caso com certidão de correspondência para com o teor do banco de dados próprios ou de documento ali digitalizado. A técnica não se restringe às solicitações feitas a partir de processos eletrônicos, de toda forma, podendo ser utilizada também no caso de processos físicos, com versão nesse caso para a forma impressa por parte da serventia judicial.

Jurisprudência

"A Certidão de Dívida Ativa goza de presunção de certeza e liquidez, cujo ônus de ilidi-la é do contribuinte, cabendo a ele, ainda, a juntada do processo administrativo, caso imprescindível à solução da controvérsia. "A despeito da possibilidade de o magistrado determinar a exibição de documentos em poder das partes, bem como a requisição de processos administrativos às repartições públicas, nos termos dos arts. 355 e 399, II, do CPC, não é possível instar a Fazenda Pública a fazer prova contra si mesma, eis que a hipótese dos autos trata de execução fiscal na qual há a presunção de certeza e liquidez da CDA a ser ilidida por prova a cargo do devedor." (STJ, REsp 1.239.257/PR, Rel. Ministro Mauro Campbell Marques, Segunda Turma, julgado em 22/03/2011, *DJe* 31/03/2011)." (STJ, AgInt no REsp nº 1.580.219/RS, 2ª T., Rel. Min. Herman Benjamin, j. 18/8/2016, *DJe* 12/09/2016).

"A jurisprudência pacífica desta Corte é no sentido de que não se justifica pedido de expedição de ofício a órgãos públicos para obter informações sobre bens do devedor, quando não demonstrado qualquer esforço do credor para descobrir bens pertencentes ao patrimônio daquele." (STJ, EDcl no AgRg no Ag nº 843.321/SP, 3ª T., Rel. Min. Sidnei Beneti, j. 18/9/2008, *DJe* 8/10/2008).

"1. O autor da ação deve instruir a petição inicial com os documentos indispensáveis à propositura da demanda, ex vi do disposto no artigo 283, do CPC. 2. Outrossim, a iniciativa instrutória do juiz, que decorre da exegese dos artigos 130, 131 e 399, do Código de Processo Civil, somente se revela razoável quando a parte logra demonstrar a impossibilidade de obter, pessoalmente, a informação cuja requisição pleiteia, salvante os casos em que a medida judicial decorrer do poder geral de cautela do magistrado ou do interesse público de efetividade da Justiça, notadamente quando se tratar de relação processual desproporcional." (STJ, REsp nº 834.297/PR, 1ª T., Rel. Min. Luiz Fux, j. 18/9/2008, *DJe* 20/10/2008).

"1. À CEF, como "agente operador" do FGTS, e cabendo-lhe, nessa qualidade, "centralizar os recursos, emitir regularmente os extratos individuais correspondentes às conta vinculada" (art. 7º, I, da Lei nº 8.036/90), compete o ônus de apresentar os documentos necessários ao julgamento da causa, podendo valer-se da regra do art. 399 do CPC. 2. É prescindível a juntada dos extratos das contas vinculadas à inicial da ação ordinária em que se busca a correção monetária dos saldos das contas do FGTS. (Precedentes da Corte)." (STJ, AgRg nos EDcl no REsp nº 779.935/MA, 1ª T., Rel. Min. Luiz Fux, j. 22/8/2006, *DJ* 18/9/2006, p. 279).

"A interferência judicial prevista no art. 399, I, do Código de Processo Civil justifica-se quando a parte que a requerer tenha, primeiro, esgotado os meios existentes para que obtenha as provas relativas aos fatos constitutivos de seu direito." (STJ, REsp nº 279.364/RJ, 2ª T., Rel. Min. João Otávio de Noronha, j. 6/12/2005, *DJ* 13/3/2006, p. 240).

"A requisição judicial, em matéria deste jaez, apenas se justifica desde que haja intransponível barreira para a obtenção dos dados solicitados por meio da via extrajudicial e, bem assim, a demonstração inequívoca de que a exequente envidou esforços para tanto, o que se não deu na espécie, ou, pelo menos, não foi demonstrado. Falecendo demonstração cabal de que foram exauridas, sem êxito, as vias administrativas para obtenção de informações referentes aos bens dos sócios, não há demonstração de vulneração aos arts. 399 do CPC e 198 CTN, que conferem ao magistrado a possibilidade de requisitá-las." (STJ, REsp nº 204.329/MG, 2ª T., Rel. Min. Franciulli Netto, j. 9/5/2000, *DJ* 19/6/2000, p. 131).

"Não é viável a não apreciação do mérito, com base na circunstância de não ter sido anexado aos autos documentos tidos como essenciais, cabendo, assim, ao juiz determinar a consequente requisição, nos termos do art. 399 do CPC, pois a finalidade maior do processo é a busca da verdade real." (TRF-3ª Reg., Ap. no 94.03.057312-0, 5ª T., Rel. Juíza Suzana Camargo, j. 27/11/95, *DJ* 6/2/96).

Seção VIII
Dos documentos eletrônicos

Art. 439. A utilização de documentos eletrônicos no processo convencional dependerá de sua conversão à forma impressa e da verificação de sua autenticidade, na forma da lei.

▶ *Sem correspondência no CPC/1973*

1. Documentos eletrônicos – utilização e valor probante

Não obstante a crescente importância e difusão do processo judicial eletrônico, bem como a tendência de integral superação, a médio prazo, da forma convencional (em meio físico), o CPC foi extremamente tímido na disciplina da prática eletrônica de atos processuais, bem como, em termos específicos, da admissibilidade e força probante dos documentos eletrônicos.

Quanto aos atos processuais em geral, deles cuidou em um total de sete artigos (193/199), ainda assim com remissão genérica, quanto a aspectos essenciais (como a produção, comunicação, armazenamento e validação), à forma da lei, além da atribuição de competência regulamentar em torno da matéria ao CNJ e supletivamente aos tribunais.

Por outro lado, em matéria de prova documental eletrônica, incorreu além disso em duvidosa sistematização. Começou por aludir esparsamente aos documentos eletrônicos em meio à disciplina da força probante dos documentos convencionais; mas, em arremate, criou seção específica para tratar dos documentos eletrônicos, após a sessão relativa aos documentos em geral (não como subseção dessa), como se fossem aqueles meio de prova distinto da prova documental (e não uma espécie do gênero *documento*).

Quando não bastasse, foi limitada essa seção a três artigos (439/441), em que tratado sobretudo o tema relativo à utilização dos documentos eletrônicos no processo convencional. Vale dizer, considerando as três grandes questões suscitadas pelo estado da técnica, ou seja, a versão de documentos físicos para o processo eletrônico, a produção de provas documentais em meio eletrônico já no âmbito de processo eletrônico, e finalmente a conversão para o processo convencional de documentos produzidos eletronicamente, deu mais importância a essa última, na contramão da tendência antes referida, além de fazê-lo em termos de reduzida utilidade prática.

2. Versão impressa

Aparentemente, condiciona o presente art. 439 a utilização dos documentos eletrônicos relativamente ao processo físico convencional à *conversão* para a forma impressa (na verdade, não se trata propriamente de converter o documento, como se restasse alterado em sua essência, mas de extrair uma reprodução ou cópia, em via impressa, de seu teor).

Mas logo na sequência o Código trata de desfazer essa impressão, indicando no art. 440

que os documentos eletrônicos ditos *não convertidos* poderão igualmente ser utilizados, mediante apreciação pelo juiz de seu valor probante.

De todo modo, em se tratando de documentos passíveis de apresentação em forma impressa, o dispositivo não vai além do óbvio, já que esse será o modo natural de incorporação do conteúdo respectivo aos autos de processo físico, o que se aplica a documentos textuais, desenhos, gráficos e mesmo fotografias.

Diversamente, para casos em que a impressão não se faz viável, como para arquivos de áudio ou vídeo, a previsão de versão deve ser simplesmente desconsiderada, sob pena de se dar margem a restrição probatória não apenas injustificável como também contraditória para com o próprio sistema.

Não é demais lembrar que o processo convencional em momento algum ostentou em sua disciplina, mesmo antes que se falasse em documentos eletrônicos, restrição a provas não redutíveis à forma impressa, bastando pensar no exemplo das reproduções mecânicas fonográficas ou cinematográficas, de modo que não faria sentido obstar a utilização de documentos eletrônicos com conteúdo assemelhado (tenham ou não sido formados em modo eletrônico, devem ficar os registros mecânicos ou os arquivos de mídia correspondentes anexados aos autos físicos ou depositados em cartório, facultando-se o conhecimento de seu teor à parte adversa para o devido contraditório; o CPC traz aliás disposição específica a esse respeito, prevendo a apresentação pela parte da reprodução no momento próprio e a exposição ao ensejo de audiência, intimadas as partes, conforme o art. 434, parágrafo único).

O raciocínio não fica alterado mesmo em casos de transcrição, de que a rigor somente se cogita em relação às gravações sonoras. A despeito da facilitação proporcionada para o acesso ao conteúdo, a transcrição não equivale ao que aqui se toma como versão impressa do documento; não se trata, outrossim, de pressuposto formal à admissibilidade da prova correspondente, mas providência determinável conforme as circunstâncias.

3. Autenticação

Outra imprecisão decorrente da redação do art. 439 é a enganosa sugestão de que a admissão do documento eletrônico, além da versão para a forma impressa, dependeria de prévia verificação da autenticidade, *na forma da lei* (locução que, parecendo reportar-se à legislação extravagante ao próprio CPC, acenaria para um possível exame formal de caráter condicionante). Parece o legislador inclusive referir-se aí à noção de autenticidade em sentido amplo, compreendendo também a regularidade material do documento, não apenas no sentido estrito da autoria.

É certo que para documentos textuais e assinados pelo respectivo autor há técnicas relativamente simples de certificação da autoria, a partir da assinatura digital, segundo vem previsto em diplomas normativos como a Lei nº 11.419/2006 ou a Lei nº 14.063/2020, que institui o sistema de Chaves Públicas Brasileiras (ICP-Brasil). Entretanto, chama a atenção que mesmo aí não se exclua a admissibilidade de documentos não submetidos a tais processos de autenticação, cogitando a Medida Provisória nº 2.200-2 da utilização, por exemplo, de documentos assinados digitalmente a partir de certificados outros, emitidos fora do âmbito do ICP-Brasil, sujeitos nesse caso à aceitação da autenticidade pela parte contrária e à valoração judicial, como visto nos comentários ao art. 411 (de toda forma já no âmbito do processo e pressupondo consumado o ingresso nele da prova, deslocando o problema para contexto diverso de sua mera admissibilidade formal).

Para muitas formas de documentos eletrônicos, entretanto, nem mesmo haveria como se realizar essa autenticação prévia, o que vale para simples trocas de mensagens escritas como para arquivos de áudio, foto ou vídeo.

O fato é que não há como entender tenha sido essa – autenticação como requisito formal – a intenção do legislador, mesmo porque soaria totalmente assistemática.

O problema está em que, ao falar na dependência, para a *utilização* do documento, de providências como a impressão e a autenticação, o legislador equivocadamente pareceu situar, no plano da admissibilidade dessa prova, algo – a verificação da autenticidade – que se refere na verdade à apreciação da força probante do documento, ou à sua valoração.

Em várias passagens, contudo, desmente o Código essa perspectiva. No art. 411, por exemplo, fala na demonstração da autenticidade (v.g., autoria) por meios legais de certificação, inclusive eletrônicos, de documentos (inciso II), admitindo entretanto como alternativa o silêncio da parte a quem oposta a prova (inciso III), permitindo portanto a autenticação no âmbito do próprio processo. No art. 422, por outro lado, igualmente fala o legislador na aceitação de reproduções mecânicas fonográficas, fotográficas ou cinematográficas se não impugnadas pela parte contrária (*caput*); e, no § 1º, ao tratar justamente de documentos eletrônicos, como fotografias digitais e as extraídas da rede mundial de computadores, igualmente cogita do reconhecimento imediato de sua eficácia probante se não impugnadas.

Há mais: para todas essas hipóteses, fica ressalvado pelo sistema, caso haja impugnação da parte contrária, o exame em juízo, de modo aprofundado, da idoneidade da prova, até mesmo por prova pericial, alternativa que ficaria sonegada no caso deste art. 439 do CPC, caso se entendesse que a autenticação prévia e externa fosse requisito para a simples apresentação de prova documental em tais moldes.

Deve-se entender, em suma, que tanto quanto o tratamento dado pelo Código para a generalidade da prova documental, a prova eletrônica transportada para processo convencional também dependerá da verificação em juízo de sua autenticidade e regularidade material, o que entretanto torna o dispositivo, ainda uma vez, ocioso.

> **Art. 440.** O juiz apreciará o valor probante do documento eletrônico não convertido, assegurado às partes o acesso ao seu teor.

▶ *Sem correspondência no CPC/1973*

Documento eletrônico "não convertido"

Apresenta-se aqui outro dispositivo de redação infeliz e utilidade prática nula.

Refere-se o legislador, como documentos eletrônicos *não convertidos*, àqueles não vertidos para a forma impressa. E desde logo, ao admitir o aproveitamento e apreciação do valor probante que possam ter, desmente a premissa do art. 439 de que necessária, para a utilização em processo convencional, da "conversão" à forma impressa.

Na verdade, como dito nos comentários correspondentes, há documentos eletrônicos que por sua natureza nem mesmo comportam

dita conversão, devendo de toda forma ser levado seu conteúdo aos autos convencionais por meio de dispositivo próprio em que fiquem armazenados e a partir do qual possam ser reproduzidos quando necessário. E há outros que por seu turno são redutíveis à forma impressa, em relação aos quais não há porque imaginar não sejam apresentados em tal modo; de toda forma, sendo o caso, nada impede determine o juiz a providência, ao ingressarem nos autos.

Resta, então, a questão da determinação pelo juiz do valor probante do documento, em relação a que nada mais diz o dispositivo do que o óbvio, mesmo porque a eficácia probatória do documento não depende de ser ou não impresso. Além disso, faz o art. 440 na parte final ressalva, novamente óbvia, no tocante à garantia que se deve assegurar às partes, em nome do contraditório, de prévio acesso ao teor do documento, a fim de que possam sobre ele se manifestar na forma do art. 436.

> **Art. 441.** Serão admitidos documentos eletrônicos produzidos e conservados com a observância da legislação específica.

▶ *Sem correspondência no CPC/1973*

Conformidade para com a legislação

Ainda uma vez, observa-se dispositivo de nenhuma utilidade prática, a exemplo do afirmado quanto aos dois artigos antecedentes desta seção.

Por um lado, a aproveitabilidade do documento eletrônico nada tem a ver com a forma de sua "conservação". A guarda do documento, conforme sua natureza pública ou privada, e conforme o órgão ou entidade que disso se encarreguem, é algo que diz respeito ao interesse em preservar a segurança do próprio documento, mas não com sua admissibilidade; eventual comprometimento de sua higidez material, mercê de um sistema ineficiente de proteção, poderá suscitar o devido questionamento quanto à violação em si, mas não há o que conceber em torno de legislação específica para a conservação, ou de recusa apriorística por inadequada conservação.

De outra parte, quanto à produção em si do documento, o artigo ora comentado presta-se a confusão em torno da ideia de *produção* da prova documental propriamente dita, que se confunde

Art. 442

com seu ingresso nos autos, e por outro lado a *formação* do documento, em sua origem. É a rigor disso que trata o enunciado legal.

Mas, a propósito da formação, é pressuposto de toda e qualquer prova que obedeça a eventuais exigências legais em torno de sua concretização; a mera observação genérica de que a regularidade da prova documental estará condicionada à obediência do disposto na legislação própria, sem qualquer nota de especificidade, sobre dizer uma vez mais o óbvio, em nada auxilia na disciplina da matéria.

Seção IX
Da prova testemunhal

Subseção I
Da admissibilidade e do valor da prova testemunhal

> **Art. 442.** A prova testemunhal é sempre admissível, não dispondo a lei de modo diverso.

▶ *Referência: CPC/1973 – Art. 400*

1. Aspectos gerais

Prova testemunhal, em sentido amplo, consiste no relato por determinada pessoa, com vistas à reconstituição histórica, acerca de fatos de que tenha ciência e relevantes num dado contexto (seja ele processo judicial, arbitral, processo ou procedimento administrativo ou ainda inquérito policial); judicialmente, envolve o pronunciamento sobre os fatos atinentes a determinada demanda, e rege-se no processo civil pelas disposições referentes a esta seção, que lhe definem o cabimento, a forma de produção e de apreciação.

Não prescinde, para sua caracterização, da manifestação direta e pessoal da testemunha, pelo que não se concebe sob hipótese alguma a prestação por procurador; o pronunciamento pessoal, todavia, conquanto por natureza assuma a forma oral, pode excepcionalmente se dar de outra maneira, como por meio de sinais e auxiliado por intérprete, quando a testemunha não possa falar, ou com o emprego de recursos de tecnologia de apoio.

No extremo, pode-se admitir que a testemunha escreva suas respostas, à mão ou com o uso de equipamentos apropriados, mas sempre perante a autoridade responsável pela inquirição e na presença dos litigantes e em resposta às suas indagações.

A imediação entre a testemunha e a autoridade destinatária das declarações (ou quem lhe faça às vezes, como no caso do depoimento por carta precatória) é desse modo essencial e diferencia o depoimento testemunhal típico da simples redação de declarações por escrito, fora do ambiente jurídico próprio, que não tem natureza de prova testemunhal, mas meramente documental (e ainda assim com limitada aptidão probatória, não abrangente dos fatos descritos).

O raciocínio vale inclusive para as atas notariais, inseridas pelo CPC vigente dentre os meios de prova, como visto nos comentários ao art. 384; por mais que o notário tenha fé pública, o depoimento perante ele prestado servirá quando muito de prova de que a pessoa ali presente fez as declarações transcritas no instrumento público.

Não se confunde tampouco com prova testemunhal o ato praticado pelas chamadas testemunhas instrumentárias, que subscrevem determinados documentos não com o escopo de reconstituir fatos, mas como modo de atestar terem presenciado a formação do documento correspondente, assumindo a aposição da assinatura, nesse caso, mera função de declaração escrita.

Sujeito ativo da prova testemunhal é a pessoa física (não se concebe o depoimento de pessoa jurídica, pois inafastável desse meio de prova a percepção sensível dos fatos e o relato pessoal a partir da memória daqueles), que por seu turno deve ser necessariamente estranha ao processo.

Exclui-se, pois, a possibilidade de tomada do depoimento, a esse título, do juiz da causa, das próprias partes e de outras tantas pessoas que, mesmo não sendo sujeitos principais da relação processual, tenham nela intervindo por motivos diversos; embora venham essas situações tratadas por lei genericamente como impedimentos, no tocante ao juiz e às partes há verdadeira incompatibilidade decorrente de sua posição na relação processual (a ponto de, se arrolado o juiz da causa como testemunha, não mais poder seguir presidindo a causa – v. art. 452 do CPC).

Objeto da prova testemunhal judicial, por seu turno, são os fatos da causa (os litigiosos propriamente ditos e também os secundários, úteis ou necessários ao entendimento dos primeiros). O meio probatório propriamente dito é o depoimento, atuando a testemunha como fonte de prova, na medida da representação que por meio dela se tem dos fatos descritos, permitindo ao juiz ou qualquer outro destinatário da prova o conhecimento daqueles por via indireta (diversamente, por exemplo, da prova documental, que permite o conhecimento direto, a partir da fonte de prova, das coisas nele representadas).

Embora condição de utilidade da prova seja a ciência pessoal, pela testemunha, dos fatos relatados, não se exclui a oitiva das chamadas testemunhas de *ouvir dizer*, quando possam fornecer elementos de reforço à compreensão dos fatos ou de circunstâncias a eles ligadas. Não se confunde essa situação, de todo modo, com a da testemunha que descreve eventual confissão verbal extrajudicial feita por uma das partes (v. art. 394); não comparece ela, nesse caso, para relatar os fatos litigiosos, senão *o fato da confissão*, em si mesmo, e sobre ele se pronuncia por ciência própria.

O escopo de narrativa histórica da dinâmica e circunstâncias relativas aos fatos tratados na causa afasta, por outro lado, o depoimento de pessoas desvinculadas dos acontecimentos e arroladas para apenas expressar opiniões ou conhecimentos em caráter abstrato acerca de determinadas matérias, à guisa de autênticos pareceres e como que a substituir a prova técnica eventualmente cabível no caso (ainda que não se exclua a convocação pelo juiz de especialista para depor em tais moldes, a manifestação que assim se produza ou chegará a consistir em perícia simplificada, tal qual previsto no art. 464 do CPC, ou até mesmo prova atípica, não tendo entretanto características de testemunho).

Mesmo da testemunha que conhece os fatos, aliás, não se espera em princípio qualquer juízo crítico, ou ilações causais sobre aqueles, que no âmbito dessa prova devem ser meramente descritos. Quando muito, e sem embargo do silêncio do CPC, deve ser tolerada a solução do art. 213 do CPP, que permite a realização de apreciações pessoais pela testemunha quanto inseparáveis da própria narrativa dos fatos.

2. Admissibilidade e valor da prova testemunhal no processo civil

Declaradamente, a admissão desse meio de prova pelo legislador é ampla, prevalecendo sempre que a lei não dispuser de outro modo;

a redação literal do art. 442, frequentemente referida como óbvia, explica-se entretanto pela preocupação do legislador em deixar clara a desnecessidade de autorização específica em cada caso, estabelecendo como regra o cabimento.

Historicamente, de toda forma, a prova testemunhal sempre enfrentou certa desconfiança, derivada de suas características intrínsecas: além da inexistência de qualquer referência material a permitir a conferência da exatidão do que foi declarado, é sujeita a descrição dos fatos a distorções de toda ordem.

A alteração deliberada da verdade, hipótese mais grave, é apenas uma delas; mesmo, entretanto, em face de testemunha de boa-fé, a narrativa pode se apresentar involuntariamente comprometida em sua fidelidade em função de problemas que afetem as diversas fases do processo de captação, memória e exposição dos fatos: I) pode a testemunha, em primeiro lugar, se equivocar na própria percepção daqueles, por desatenção ou obstáculos outros, inclusive a confusão quanto a elementos relevantes ao entendimento dos mesmos; II) pode, ainda, ter a lembrança deles afetada pela passagem do tempo ou por injunções psíquicas de toda ordem que, imperceptivelmente, lhe modifiquem a impressão inicial estabelecida; III) finalmente, pode-se dar de a testemunha não ser feliz na exposição do ocorrido ao juiz, ou de não ser por ele adequadamente compreendida.

A lei, a confirmar essa perspectiva, se encarrega de estabelecer diversas exceções à regra geral da admissibilidade, seja no plano processual seja por meio de disposições inseridas na lei substancial.

E, sem embargo da regra do livre convencimento consagrada pelo sistema processual brasileiro, não há como deixar de reconhecer que o legislador confere tacitamente um valor mais reduzido à prova testemunhal, justamente procurando contornar os riscos de sua utilização.

Sobre a atribuição de valor predeterminado a certas provas não deve haver qualquer estranheza, sendo prática encontrada em variadas situações, por exemplo quando trata a lei da força probatória natural dos documentos, ou mesmo quando estabelece presunções em matéria de prova (a livre interpretação do juiz, enfim, não é incondicionada, partindo de parâmetros legais de cabimento ou valoração como esses); o certo é que as regras limitativas à uti-

Art. 443

lização da prova testemunhal, goste-se ou não, e a despeito da inexistência de uma hierarquia formal em matéria de interpretação das provas, marcam-se invariavelmente pelo pressuposto da menor segurança por elas proporcionada, daí decorrendo sua exclusão pura e simples ou restrição em determinados casos, no confronto com outras modalidades probatórias.

Jurisprudência

"O Tribunal de origem ao exigir a produção de prova documental para a comprovação da união estável no período que antecedeu o óbito da ex-servidora, desconsiderando valor probatório das provas testemunhais produzidas, está por violar o próprio princípio da inexistência de hierarquia das provas." (STJ, AgRg no REsp nº 1.536.974/RJ, 2ª T., Rel. Min. Mauro Campbell Marques, j. 15/12/2015, *DJe* 18/12/2015).

"No sistema de persuasão racional adotado pelo Código de Processo Civil nos arts. 130 e 131, em regra, não cabe compelir o magistrado a autorizar a produção desta ou daquela prova, se por outros meios estiver convencido da verdade dos fatos, tendo em vista que o juiz é o destinatário final da prova, a quem cabe a análise da conveniência e necessidade da sua produção. Desse modo, não há incompatibilidade entre o art. 400 do CPC, que estabelece ser, via de regra, admissível a prova testemunhal, e o art. 131 do CPC, que garante ao juiz o poder de indeferir as diligências inúteis ou meramente protelatórias." (STJ, AgRg no Ag nº 987.507/DF, 4ª T., Rel. Min. Luis Felipe Salomão, j. 14/12/2010, *DJe* 17/12/2010).

"PROCESSO CIVIL. PROVA TESTEMUNHAL. O depoimento de testemunha para valer como prova no processo deve ser prestado perante o juiz, com perguntas e reperguntas das partes; ainda que feito perante tabelião e documentado por escritura pública, o testemunho de quem, como preposto, se diz autor de assinatura aposta em contrato, não inibe a realização de prova grafotécnica, se o preponente opõe dúvidas a respectiva autenticidade." (STJ, REsp nº 472.174/MT, 3ª T., Rel. Min. Ari Pargendler, j. 2/5/2006, *DJ* 12/6/2006, p. 472).

Art. 443. O juiz indeferirá a inquirição de testemunhas sobre fatos:

I – já provados por documento ou confissão da parte;

II – que só por documento ou por exame pericial puderem ser provados.

▶ *Referência: CPC/1973 – Art. 400*

1. Restrições à admissibilidade da prova testemunhal

Após estabelecer como regra a admissibilidade, o Código prevê nos artigos subsequentes diversas limitações ao cabimento da prova testemunhal, começando pelas de cunho objetivo e culminando com as de caráter subjetivo (art. 447).

No tocante às primeiras, verifica-se alteração no critério de distribuição da matéria, visto que, no CPC/73, o art. 400 tratava conjuntamente da admissibilidade em geral e de exceções ligadas, em sua maior parte, a aspectos circunstanciais do processo, ao passo que o CPC isolou a essas últimas no art. 443 (seguindo-se em ambos os casos regras sobre admissibilidade que remetem à teoria dos negócios jurídicos).

Aliás, é tormentosa a questão relativa à natureza das regras sobre admissibilidade da prova testemunhal amplamente consideradas, mesmo porque apresentam pontos de contato ora com o direito processual ora com o direito substancial.

De um modo geral, pode-se dizer, no plano objetivo, que se relacionam com o direito material limitações ligadas à forma dos atos jurídicos em sentido amplo, como também exigências relativas à prova de determinados atos ou fatos particularmente considerados, como é o caso do art. 443, II, primeira figura, e dos arts. 444 a 446 do CPC. Entrosam-se com o direito processual, outrossim, as normas que abordam o cabimento da prova testemunhal em função de particularidades de cada processo, inclusive excluindo-a à vista de aspectos como a disponibilidade de provas de outra natureza já produzidas ou passíveis de produção, conforme se extrai do art. 443, I e II, segunda figura.

2. Fatos *já provados* por documento ou confissão

É dupla, na verdade, a leitura ensejada pelo inciso I do art. 443. Se se pensa por um lado na prova testemunhal pretendida para a

Art. 443

demonstração do próprio fato já provado, vale dizer, aquela que deseje fazer a parte beneficiada pela prova anteriormente concretizada por aqueles outros meios, o problema, antes de ser ligado à admissibilidade em abstrato, diz com a própria *desnecessidade* de prova adicional de qualquer natureza. O problema é de economia, de racionalização dos atos processuais, não propriamente de aptidão da prova testemunhal para a elucidação dos fatos considerados.

Particular relevância tem, por outro lado, a cogitação da produção de prova testemunhal a propósito de fato que já conte, em sentido *oposto*, com prova documental ou confissão.

A limitação determinada pelo legislador toma por base dois fatores complementares, o primeiro relacionado à força probatória atribuída à prova testemunhal em confronto com os meios de prova mencionados, e o segundo vinculado a um efeito preclusivo na prática emergente em tais situações.

Comparativamente, e malgrado a doutrina largamente apregoe a inexistência de uma hierarquia valorativa entre as provas, a restrição ora examinada é um forte indicativo em sentido contrário, mostrando que ao menos em princípio a prova testemunhal é posta, por razões de segurança jurídica, em um patamar inferior ao de provas como as ora consideradas; é lícito enfim extrair do texto legal que simplesmente descabida prova testemunhal exclusiva *contra* o teor de documento ou de confissão, preponderando naturalmente esses últimos.

Por outro lado, sob o prisma da preclusão, para melhor compreensão faz-se conveniente o exame separado da prova conforme feita por cada um dos meios aludidos.

2.1. Documento

Na medida em que deixe a parte interessada de oferecer impugnação na forma e prazo dos arts. 436 e 437 do CPC, presume-se tenha admitido como verdadeiro o documento, quer quanto à sua materialidade quer quanto ao seu conteúdo. Nessa situação – ou se apresentada e já resolvida e afastada eventual impugnação ao mesmo –, estará apto tal documento, de acordo com a força probatória natural, e de acordo com sua origem (pública ou privada) e seu teor (manifestações dispositivas ou enunciativas, referentes à pessoa do signatário ou não), a produzir prova em certos limites, não mais sendo dado à parte

inerte ou que teve esgotada a via impugnativa a seu alcance requerer provas adicionais sobre os fatos aí representados, destinadas a refutá-los.

Diverso é o quadro, por certo, se o objetivo é questionar a própria veracidade (em sentido amplo) do documento. O objeto de prova, aí, não serão fatos "já provados", mas a credibilidade do próprio documento impugnado em tempo hábil, e não proíbe a lei que sobre isso se produza também prova testemunhal. Admissível, portanto, a utilização desse meio para a demonstração de vícios de consentimento, de inveracidade do documento por simulação (v. art. 446) e ainda no âmbito de arguições diversas de falsidade documental.

3.2. Confissão

É essencial destacar que se cogita no art. 443, I, apenas da confissão feita sob a forma *judicial*. Caracteriza-se pela admissão pela parte, nos próprios autos, da verdade de determinado fato, eliminando qualquer controvérsia a respeito do mesmo e gerando preclusão lógica quanto a eventual tentativa posterior de negação ou de produção de prova acerca desse mesmo fato; apenas aí, enfim, é que se diz que o fato está desde logo *provado* por confissão. Refere-se o dispositivo ora comentado apenas à confissão expressa, mas eventualmente pode-se chegar a efeito semelhante por força da aplicação de sanções em torno da recusa de prestação de depoimento pessoal ou de exibição de documento ou coisa (vejam-se a respeito os comentários aos arts. 385 e 400).

No que tange à confissão extrajudicial, por outro lado, não produz esse efeito preclusivo, e não impede que a respeito do fato, porventura negado nos autos pelo suposto confitente, se produzam provas diversas, inclusive testemunhal (a premissa é a de que esteja sendo negado, pois em caso contrário será fato incontroverso ou judicialmente confessado, e aí farão essas situações papel melhor que a própria confissão extrajudicial). Sobre a força probatória natural de cada uma das modalidades de confissão e a possibilidade de produção de provas em contrário, remetemos o leitor aos comentários relativos aos arts. 389 a 395.

3. Fatos que só possam ser provados por documentos

Alude inciso II do art. 443 a fatos diversos que, por força de regras materiais sobre a substância de determinados atos, ou por sua própria natureza, afastem de plano qualquer outra prova que não a literal específica.

A aplicação mais evidente do dispositivo diz respeito à forma de certos negócios jurídicos, que por lei somente se podem constituir ou provar por escritos, públicos ou privados (a compra e venda imobiliária, a constituição de direitos reais como a hipoteca, o contrato de fiança, o de sociedade e os títulos de crédito, dentre inúmeras possibilidades).

O alcance da previsão todavia é bem mais amplo, chegando a atos específicos, no âmbito dos negócios jurídicos, em que igualmente exigida a prova literal, como por exemplo o distrato em negócios celebrados por escrito (CC, art. 472). Idem quanto à quitação, nos termos do art. 320 do CC.

Além disso, é possível ainda falar em prova documental necessária, excludente da prova testemunhal, quanto a fatos jurídicos em sentido estrito como a sucessão hereditária, e mesmo quanto à prova formal de simples *situações jurídicas,* como o exercício de inventariança, curatela ou tutela, o estado civil, a nacionalidade, ou ainda a situação fiscal de um cidadão.

Pertinente, de toda forma, a advertência de que mesmo nos negócios que por lei se constituem em forma escrita, é possível a prova testemunhal sobre outras questões, como seu desenvolvimento, além de vícios de vontade inerentes à própria formação.

5. Idem quanto a exame pericial

Não se tem aqui, ao contrário da primeira figura do inciso II, regra relacionada a exigências do direito material, mas, como já dito, aos objetivos naturais da própria prova testemunhal no processo e à sua capacidade de investigação de determinados aspectos acerca dos fatos da causa; voltada ao relato descritivo simples por quem tenha presenciado ou participado de determinados acontecimentos, deixa aquela de ter cabimento se o interesse, num dado momento, envolve opiniões técnicas sobre esses mesmos fatos ou um estudo mais aprofundado de suas causas, dinâmica, elementos essenciais ou consequências.

Não bastasse ser-lhe estranho o elemento analítico, e abstraídos aspectos óbvios como a realização de exames ou diligências de campo, há que se ter ainda em conta determinadas limi-

tações como a necessidade de suporte explicativo material (fotos, gráficos, cálculos, desenvolvimento de raciocínios teóricos mais complexos etc.), a extrapolar o elemento meramente oral; tanto assim é que a própria perícia em forma verbal, quando admitida por lei (CPC, art. 464, §§ 2º a 4º; LJE, art. 35), o é em caráter restrito, apenas para casos mais simples.

Além do mais, importa também a consideração das garantias próprias da prova pericial, ligadas ao contraditório e destinadas a assegurar às partes a efetiva participação em seu desenvolvimento, como a indicação de assistentes técnicos e a apresentação de quesitos, que restariam suprimidos se se permitisse a apreciação técnica dos fatos no âmbito de singela inquirição de testemunhas. A vedação legal, nesse ponto, assemelha-se àquela relacionada à utilização dos conhecimentos próprios do juiz em matéria técnica.

Jurisprudência

"As Turmas que integram a Primeira Seção desta Corte adotaram entendimento no sentido de que, no caso em que a residência é invadida por enchente proveniente do rompimento de barragem, não é razoável a exigência de comprovação efetiva dos danos materiais sofridos suportados pela vítima, pois a calamidade torna inexequível a produção documental de provas, sendo a prova testemunhal apta a comprovar a pretensão indenizatória. A discussão acerca da validade da prova testemunhal para a comprovação de prejuízos de ordem material, diante da impossibilidade de se utilizar outros meios de prova, não configura reexame fático probatório a atrair o enunciado da Súmula 07/ STJ." (STJ, AgRg no AREsp nº 521.850/PB, 1ª T., Rel. Min. Benedito Gonçalves, j. 12/8/2014, *DJe* 27/8/2014).

"Se o magistrado, após análise de laudo pericial oficial, entendeu não haver necessidade de produção de prova testemunhal para o julgamento da lide, não há que se falar em cerceamento de defesa." (STJ, AgRg no AREsp nº 283.278/SP, 1ª T., Rel. Min. Napoleão Nunes Maia Filho, j. 25/3/2014, *DJe* 3/4/2014).

"Esta Corte possui jurisprudência firme no sentido de que o julgador não pode indeferir a produção de prova requerida pela parte para, em seguida, seja em sede de julgamento antecipado da lide, seja em julgamento não antecipado, extinguir o processo sem exame do mérito por ausência da prova que ele próprio inviabilizou. No caso dos autos, porém, a ouvida de testemunhas, inclusive as do autor, apesar de antes deferida, pôde ser dispensada porque o depoimento pessoal do próprio Autor, esvaziou a credibilidade das alegações que amparavam o direito invocado na inicial." (STJ, REsp nº 1.228.751/PR, 3ª T., Rel. Min. Sidnei Beneti, j. 6/11/2012, *DJe* 4/2/2013).

"Não há cerceamento de defesa quando o juízo, analisando os documentos carreados aos autos, conclui pela inutilidade de produção de prova testemunhal (art. 400, I, do CPC)." (STJ, AgRg no AREsp nº 117.668/SP, 1ª T., Rel. Min. Benedito Gonçalves, j. 7/8/2012, *DJe* 10/8/2012).

"Nos termos do art. 400, II, do CPC, não é possível produzir prova exclusivamente testemunhal a respeito de fatos que 'só por documento ou por exame pericial podem ser provados'. A existência de erro médico cometido em cirurgia de hérnia inguinal em recém-nascido, por suas peculiaridades técnicas, é questão que só pode ser aferida mediante perícia." (STJ, REsp nº 1.135.150/RS, 3ª T., Rel. Min. Nancy Andrighi, j. 5/4/2011, *DJe* 26/4/2011).

"A prova testemunhal é admissível, desde que não haja vedação legal, e pode ser indeferida quando tratar de fatos já provados por documento ou confissão da parte, bem como de fatos que só por documento ou exame pericial puderem ser provados. Inteligência do art. 400 do CPC." (STJ, REsp nº 712.826/BA, 3ª T., Rel. Min. Paulo Furtado (Desembargador convocado do TJ/BA), j. 1º/6/2010, *DJe* 30/6/2010).

"O Tribunal *a quo* não pode, por um lado, indeferir a prova testemunhal requerida pelo Autor por considerar que os mesmos fatos também foram comprovados documentalmente e, contraditoriamente, julgar improcedente o pedido por ausência de comprovação. O art. 400 do CPC, só autoriza que seja dispensada a prova testemunhal nas hipóteses em que os fatos estejam, efetivamente, comprovados por documentos (inciso I) ou nas hipóteses em que tal modalidade de prova seja inadequada, técnica ou juridicamente, porque o direito a ser comprovado demanda conhecimentos especializados, ou recai sobre negócio jurídico cuja forma escrita seja requisito essencial (inciso II)." (STJ, REsp nº 798.079/MS, 3ª T., Rel. Min. Nancy Andrighi, j. 7/10/2008, *DJe* 23/10/2008).

"No processo civil tributário, a prova documental e pericial são a regra; a testemunhal, a exceção. A prova testemunhal não é um fim em si mesma. Se a prova documental ou pericial basta à formação do convencimento do juiz, a oitiva de testemunhas, mais ainda anos após os fatos, passa a ser um exagero de caráter protelatório e, por isso mesmo, repreensível." (STJ, REsp nº714.710/MG, 2ª T, Rel. Min. Herman Benjamin, j. 6/3/2007, *DJ* 7/2/2008, p. 1).

"Transferência de quotas sociais, mediante preço indexado à variação do IGP-M. Indexador mantido em confissão de dívida subsequente ao inadimplemento, bem assim em termo aditivo. Requerimento de produção de prova testemunhal no sentido de que as partes convencionaram a indexação em dólares americanos. Indeferimento, justificado, sem qualquer cerceamento de defesa. Contexto em que a prova testemunhal não poderia se sobrepor à prova documental." (STJ, REsp nº 198.497/MS, 3ª T., Rel. Min. Ari Pargendler, j. 28/9/1999, *DJ* 8/5/2000, p. 90).

"Requerimento de produção de prova testemunhal no sentido de que as partes convencionaram a indexação em dólares americanos. Indeferimento, justificado, sem qualquer cerceamento de defesa. Contexto em que a prova testemunhal não poderia se sobrepor à prova documental." (STJ, REsp nº 198.497/MS, 3ª T., Rel. Min. Ari Pargendler, j. 28/9/1999, *DJ* 28/5/2000, p. 90).

"A prova testemunhal deve ser acolhida com restrições havendo prova documental contrária." (STJ, REsp nº 46.071/SP, 3ª T., Rel. Min. Carlos Alberto Menezes Direito, j. 20/8/1996, *DJ* 14/10/1996, p. 38.999).

> **Art. 444.** Nos casos em que a lei exigir prova escrita da obrigação, é admissível a prova testemunhal quando houver começo de prova por escrito, emanado da parte contra a qual se pretende produzir a prova.

▶ *Referência: CPC/1973 – Art. 402, I*

1. Prova testemunhal, valor do negócio e modificações introduzidas pelo CPC

O enunciado do presente dispositivo reproduz o teor do inciso I do art. 402 do CPC/73, na parte em que referida a admissão de prova testemunhal como complemento a um início de prova por escrito. Entretanto, o contexto em que inserida a regra permissiva no CPC/73, correspondente ao *caput* de seu art. 402, era outro, vinculando-se à disciplina da prova testemunhal segundo o valor do contrato, ao passo que aqui a remissão é feita aos casos em que a lei exige prova escrita da obrigação.

Para melhor compreender o significado e implicações da disciplina atual, é necessário considerar antes de mais nada as modificações concretamente promovidas pelo CPC em vigor, seja por meio da revogação expressa de dispositivos legais, seja pela pura e simples omissão em reproduzir normas que no diploma anterior regulavam a matéria.

Começa-se pelo silêncio quanto ao que dispunham os arts. 401 e 403 do CPC/73. O primeiro ditava ser admissível a prova exclusivamente testemunhal somente para contratos de valor não excedente ao décuplo do maior salário mínimo vigente ao tempo da celebração, ao passo que o segundo estendia a aplicabilidade dessa regra à prova do pagamento e da remissão de dívida. Nenhum dos dois, como dito, encontra equivalente no atual CPC, em que simplesmente não se tratou do tema.

E, deixando claro ter sido intenção do legislador romper com esse paradigma, o CPC, nas disposições transitórias (art. 1.072, IV), expressamente revogou o art. 227, *caput*, do CC, em que vinha prevista regra de mesmo conteúdo que o art. 401 do CPC/73 (*"Salvo os casos expressos, a prova exclusivamente testemunhal só se admite nos negócios jurídicos cujo valor não ultrapasse o décuplo do maior salário mínimo vigente no País ao tempo em que foram celebrados"*).

Não remanesce pois, na legislação processual civil ou na civil, critério distintivo da possibilidade de prova testemunhal isolada conforme a faixa de valor do negócio. Mas, conquanto leituras apressadas dessa transformação já tenham identificado a ampliação da admissibilidade da prova exclusivamente testemunhal para a generalidade dos casos, na exata medida da abolição do limite de dez salários mínimos, parece-nos que o efeito tenha sido justamente o inverso.

Não pode passar despercebida a inequívoca intenção do legislador em preservar o parágrafo único do art. 227 do CC (a que correspondia o art. 402, *caput* e inciso I, do CPC/73), que segue vigente nos seguintes termos: *"Qualquer que seja o valor do negócio jurídico, a prova testemunhal é admissível como subsidiária ou complementar da prova por escrito"*.

Vale dizer, se antes a previsão era explicativa do alcance do *caput*, no tocante aos negócios de valor superior ao teto, agora passou a ser regra isolada, e como tal definidora da exigência de conjugação da prova testemunhal com alguma prova escrita (entenda-se na verdade a referência por prova *documental*) para a generalidade dos casos (sempre no tocante ao referencial do valor do negócio, bem entendido).

A prova testemunhal, portanto, é como regra admissível (salvo se exigida por lei forma documental, quando se recai no art. 443, II, do CPC), mas não como prova única; a exceção, que já vinha referida no CPC/73, vem representada pelas hipóteses mencionadas no art. 445 do CPC.

Não se desconhece prevalecer no sistema brasileiro a liberdade formal no tocante às declarações de vontade, salvo previsão legal em contrário (CC, arts. 104, III, e 106), o que permite o aperfeiçoamento de negócios inclusive em termos verbais; a despeito disso não está o legislador impedido de estabelecer por segurança jurídica, como de fato faz, determinados limites à prova oral respectiva.

É preciso nesse sentido distinguir a prova documental específica ligada à formação do negócio, por meio de instrumento em que registrados o ato constitutivo e seus termos, da prova geral, por meio de documentos em sentido lato, que se proponha alguém a fazer, da existência daquele (em ambiente judicial, arbitral ou administrativo). A dispensa enfim da prova direta do ato constitutivo, por forma documental, não exclui a exigência de elementos de prova material como condição ao reconhecimento do mesmo negócio, agregados a eventual prova testemunhal.

Por fim, vale a ressalva de que a limitação à prova exclusivamente testemunhal, ora restrita à previsão do art. 227, parágrafo único, do CC, não prevalece para toda e qualquer circunstância ligada ao negócio, como aspectos secundários ligados ao seu desenvolvimento, ou mesmo vícios de vontade no ato da formação (como trata o art. 446 do CPC). Aplica-se, fundamentalmente, à demonstração da existência em si do ato (como também, pode-se dizer, ao pagamento, como ato extintivo da obrigação).

2. Exigência de prova escrita da obrigação

Cabe então examinar, estabelecidos esses pontos, o que seja a permissão de produção de prova testemunhal aliada a um início de prova documental, agora associada pelo art. 444 do CPC não mais ao valor do contrato mas aos casos em que a lei exija prova escrita da obrigação (vale dizer, do negócio jurídico em que inserida dita obrigação).

Em primeiro lugar, por evidente, a prova escrita de que trata a primeira parte do dispositivo não é qualquer prova documental, de caráter acidental, no mesmo plano do começo de prova por escrito de que trata a segunda parte, o que tornaria vazio de significado o enunciado legal. Além do mais, se se trata de forma escrita *exigida* por lei, certamente está ligada à prova da formação do negócio, ao ato constitutivo.

Na mesma linha, em hipótese alguma se poderia conceber em termos lógicos que o começo de prova documental a que se refere a segunda parte do enunciado pudesse corresponder ao próprio instrumento negocial, visto não ser esse um *começo* de prova, mas a representação do próprio ato, tampouco podendo depender em qualquer caso de prova complementar, visto que prova em si mesma suficiente.

Mas, se assim é, o texto legal acaba por se mostrar, em sua literalidade, autofágico, contendo a segunda parte uma negação da primeira: sugere-se que, exigindo a lei uma determinada forma para o ato, possa a prova correspondente ser feita não por esse modo, mas por prova documental distinta, associada, se o caso, a prova testemunhal. Em outras palavras, aparentemente relativiza-se a exigência da forma documental própria, fruto da disciplina específica de determinados negócios, em prol de regra genérica autorizadora de prova indireta, o que, não bastasse o despropósito da ideia, colide com dispositivos como os arts. 104, III, e 166, IV, do CC, além de levar no extremo à perspectiva até mesmo de se substituir o instrumento público tido como da substância do ato por prova em tais moldes, o que art. 406 do CPC deixa claro ser inviável.

Por sinal, já se viu nos comentários ao art. 442 que, quanto a atos que só documentalmente possam ser provados, nem sequer se admite a prova testemunhal, independentemente da existência ou não de um começo de prova documental à qual se possa agregar.

O que se extrai desse contexto é que parece haver um claro erro redacional no enunciado da norma, mediante a supressão da palavra *não* em relação à exigência de prova escrita. A regra somente faz sentido se for colocada nos seguintes termos: *Nos casos em que a lei* **não** *exigir prova escrita da obrigação, é admissível a prova testemunhal quando houver começo...*

Embora intuitiva a ressalva, acabaria por se prestar o dispositivo a complementar a previsão do art. 227, parágrafo único, do CC, no sentido de que a prova testemunhal é admissível, qualquer que seja o valor do contrato, quando houver um começo de prova documental, desde que não exigida no caso concreto prova escrita da obrigação.

3. Começo de prova material

Quanto a qual seja a prova documental indireta capaz de legitimar a prova do negócio com o auxílio de testemunhas, a norma vem posta em termos abertos, devendo todavia intuitivamente corresponder a elemento capaz de conferir verossimilhança ao fato por provar. De toda forma, é preciso num primeiro momento parcimônia na avaliação desse potencial probatório, visto envolver dita atividade autêntica valoração da prova, enquanto no tocante à prova testemunhal a questão estará em termos de mero juízo de admissibilidade.

Ao vincular a prova a documento emanado da parte contra quem se pretende produzir a prova, o legislador tem por seu turno, como hipótese por excelência representativa dessa possibilidade, alguma declaração – que, em relação à parte, se teria por verdadeira, a teor do art. 408 do CPC – reconhecendo a existência da obrigação ou a ela aludindo.

Não se justifica entretanto a restrição, capaz de dificultar em demasia, e sem motivos lógicos, a atuação da parte interessada na demonstração; pense-se, por exemplo, em recibos de depósitos bancários, ou em atos certificados por oficial público. Até mesmo documentos emanados de terceiros, conforme as circunstâncias, podem se prestar a tal fim, embora apreciados com redobrada cautela.

De resto, nem mesmo a alusão a *documento escrito* se justifica; embora em regra tenda a ser essa a forma probatória, não se exclui que venham a ser considerados documentos de outra ordem, inclusive reproduções de sons e imagens.

Jurisprudência

STJ – Súmula 149 – "A prova exclusivamente testemunhal não basta à comprovação da atividade rurícola, para efeito de obtenção de benefício previdenciário."

STJ – Súmula 577 – "É possível reconhecer o tempo de serviço rural anterior ao documento mais antigo apresentado, desde que amparado em convincente prova testemunhal colhida sob o contraditório."

"No tocante ao artigo 401 do CPC, o Acórdão recorrido encontra- se em harmonia com o entendimento do Superior Tribunal de Justiça no sentido de que "é admitida a prova exclusivamente testemunhal para comprovar os efeitos decorrentes do contrato firmado entre as partes, devendo tal prova, no caso ora em análise, ser considerada para a demonstração do cumprimento das obrigações contratuais" (REsp 436.085/MG, Rel. Ministro LUIS FELIPE SALOMÃO, QUARTA TURMA, *DJe* 19/04/2010)." (STJ, AgRg no AREsp nº 400.662/RS, 3ª Rel. Min. Sidnei Beneti, j. 25/2/2014, *DJe* 12/5/2014).

"1. A controvérsia cinge-se em saber sobre a possibilidade, ou não, de reconhecimento do período de trabalho rural anterior ao documento mais antigo juntado como início de prova material. 2. De acordo com o art. 400 do Código de Processo Civil "a prova testemunhal é sempre admissível, não dispondo a lei de modo diverso". Por sua vez, a Lei de Benefícios, ao disciplinar a aposentadoria por tempo de serviço, expressamente estabelece no § 3º do art. 55 que a comprovação do tempo de serviço só produzirá efeito quando baseada em início de prova material, "não sendo admitida prova exclusivamente testemunhal, salvo na ocorrência de motivo de força maior ou caso fortuito, conforme disposto no Regulamento" (Súmula 149/STJ). 3. No âmbito desta Corte, é pacífico o entendimento de ser possível o reconhecimento do tempo de serviço mediante apresentação de um início de prova material, desde que corroborado por testemunhos idôneos. Precedentes. 4. A Lei de Benefícios, ao exigir um "início de prova material", teve por pressuposto assegurar o direito à contagem do tempo de atividade exercida por trabalhador rural em período anterior ao advento da Lei 8.213/91 levando em conta as dificuldades deste, notadamente hipossuficiente." (STJ, REsp nº 1.348.633/SP, 1ª Seção, Rel. Min. Arnaldo Esteves Lima, j. 28/8/2013, *DJe* 5/12/2014).

"Estando o acórdão recorrido em perfeita harmonia com a jurisprudência do Superior Tribunal de Justiça quanto à admissibilidade da prova testemunhal para a comprovação do contrato de corretagem, incide a Súmula nº 83 desta Corte, aplicável por ambas as alíneas do permissivo constitucional (AgRg no Ag 135.461/RS, Rel. Min. Antonio de Pádua Ribeiro, *DJ* 18.8.97)." (STJ, AgRg no REsp nº 764.946/RS, 3ª T., Rel. Min. Ricardo Villas Bôas Cueva, j. 16/4/2013, *DJe* 25/4/2013).

"Aplica-se a Súmula 149/STJ ("A prova exclusivamente testemunhal não basta à comprovação da atividade rurícola, para efeitos da obtenção de benefício previdenciário") aos trabalhadores rurais denominados "boias-frias", sendo imprescindível a apresentação de início de prova material. Por outro lado, considerando a inerente dificuldade probatória da condição de trabalhador campesino, o STJ sedimentou o entendimento de que a apresentação de prova material somente sobre parte do lapso temporal pretendido não implica violação da Súmula 149/STJ, cuja aplicação é mitigada se a reduzida prova material for complementada por idônea e robusta prova testemunhal. No caso concreto, o Tribunal a quo, não obstante tenha pressuposto o afastamento da Súmula 149/STJ para os "boias-frias", apontou diminuta prova material e assentou a produção de robusta prova testemunhal para configurar a recorrida como segurada especial, o que está em consonância com os parâmetros aqui fixados. Recurso Especial do INSS não provido. Acórdão submetido ao regime do art. 543-C do CPC e da Resolução 8/2008 do STJ." (STJ, REsp nº 1.321.493/PR, 1ª Seção, Rel. Min. Herman Benjamin, j. 10/10/2012, *DJe* 19/12/2012).

"1. Prevalece o entendimento de que a prova exclusivamente testemunhal não basta, para o fim de obtenção de benefício previdenciário, à comprovação do trabalho rural, devendo ser acompanhada, necessariamente, de um início razoável de prova material (art. 55, § 3º, da Lei n. 8.213/91 e Súmula 149 deste Superior Tribunal de Justiça).

2. Diante disso, embora reconhecida a impossibilidade de legitimar, o tempo de serviço com fundamento, apenas, em prova testemunhal, tese firmada no julgamento deste repetitivo, tal solução não se aplica ao caso específico dos autos, onde há início de prova material (carteira de trabalho com registro do período em que o segurado era menor de idade) a justificar o tempo

admitido na origem." (STJ, REsp nº 1.133.863/RN, 3ª Seção, Rel. Min. Celso Limongi (Desembargador convocado do TJ/SP), j. 13/12/2010, *DJe* 15/4/2011).

"É admissível a prova testemunhal independentemente do valor do contrato, quando for existente começo de prova escrita que sustente a prova testemunhal. Inteligência dos arts. 401 e 402 do CPC. Havendo o acórdão recorrido considerado como início de prova escrita petição firmada pelos procuradores do recorrente e reforçada pela prova testemunhal, decidir de modo contrário envolveria o reexame do substrato fático-probatório, o que é não possível nessa instância especial. Óbice da Súmula 7/STJ." (STJ, REsp nº 864.308/SC, 3ª T., Rel. Min. Sidnei Beneti, Rel. p/ Acórdão Min. Nancy Andrighi, j. 5/10/2010, *DJe* 9/11/2010).

"1. A decisão monocrática proferida no âmbito do STJ, ao analisar o mérito de questão amplamente discutida e sumulada por esta Corte, firmou o entendimento de que a prova exclusivamente testemunhal não serviria, por si só, para autorizar o reconhecimento do trabalho de rural. Afastada a preliminar de incompetência absoluta do STJ ante o expresso pronunciamento de mérito. 2. A Terceira Seção deste Superior Tribunal já se manifestou, em diversos outros julgados, no sentido de abrandar o rigorismo legal nas questões relativas à prova do trabalho do rurícola, em virtude das inúmeras peculiaridades e dificuldades vividas por tais trabalhadores. Na esteira desse entendimento, vem se aceitando recorrentemente como erro de fato, tal como previsto no art. 485, inciso IX, do Código de Processo Civil, a desconsideração de prova já constante dos autos. 3. Declarações assinadas por particulares, desprovidas de qualquer cunho oficial e extemporâneas aos fatos que se pretende provar, equiparam-se a depoimentos pessoais reduzidos a termo, não servindo de início razoável de prova material. 4. Pedido de rescisão improcedente." (STJ, AR nº 2.039/SP, 3ª Seção, Rel. Min. Maria Thereza de Assis Moura, j. 28/10/2009, *DJe* 20/11/2009).

"I. A comprovação de trabalho de corretagem pode ser feita mediante prova exclusivamente oral. Precedentes do STJ. II. Descritos os fatos no acórdão objurgado, é possível ao STJ, sem violação à Súmula n. 7, deles extrair conclusão jurídica diversa da que chegou o Tribunal estadual. III. Caso em que não configurada

contratação ou realização de trabalho de intermediação de venda de participação societária empresarial, a justificar o pleito exordial de percepção de comissão de corretagem." (STJ, REsp nº 214.410/PR, 4ª T., Rel. Min. Barros Monteiro, Rel. p/ Acórdão Min. Aldir Passarinho Junior, j. 6/11/2007, *DJe* 14/4/2008).

"Por gozarem os títulos de crédito de literalidade, eventual quitação destes, no caso, da nota promissória, deve necessariamente constar no próprio contexto da cártula ou eventualmente em documento que inequivocamente possa retirar-lhe a exigibilidade, liquidez e certeza. Outrossim, qualquer questão relacionada a sua cobrança indevida deve ser demonstrada por meio documental. Sob esse prisma, pois, descabida a produção de prova testemunhal para comprovar a quitação de parte da dívida ou a cobrança abusiva de juros. Assim, ausente a quitação da dívida, conforme, inclusive, reconhecido pelas instâncias ordinárias, até mesmo porque inexistente qualquer início de prova por escrito, e sendo descabida a produção de prova testemunhal dada a literalidade dos título executado, perfeitamente cabível o julgamento antecipado da lide com a extinção do processo. Por outro lado, infirmar tal decisum exige-se o reexame de provas (incidência da Súmula 07/STJ)." (STJ, REsp nº 707.460/MS, 4ª T., Rel. Min. Jorge Scartezzini, j. 11/10/2005, *DJ* 7/11/2005, p. 305).

"1. A comprovação do tempo de serviço para os efeitos desta Lei, inclusive mediante justificação administrativa ou judicial, conforme o disposto no artigo 108, só produzirá efeito quando baseada em início de prova material, não sendo admitida prova exclusivamente testemunhal, salvo na ocorrência de motivo de força maior ou caso fortuito, conforme disposto no Regulamento. (artigo 55, parágrafo 3º, da Lei 8.213/91). 2. O início de prova material, de acordo com a interpretação sistemática da lei, é aquele feito mediante documentos que comprovem o exercício da atividade nos períodos a serem contados, devendo ser contemporâneos dos fatos a comprovar, indicando, ainda, o período e a função exercida pelo trabalhador. 3. As anotações em certidões de registro civil, a declaração para fins de inscrição de produtor rural, a nota fiscal de produtor rural, as guias de recolhimento de contribuição sindical e o contrato individual de trabalho em Carteira de Trabalho e Previdência Social – CTPS, todos contemporâneos à época dos fatos alegados, se inserem no conceito de início razoável de prova material." (STJ, REsp no 280.402/SP, 6ª T., Rel. Min. Hamilton Carvalhido, j. 26/3/2001, *DJ* 10/9/2001, p. 427).

> **Art. 445.** Também se admite a prova testemunhal quando o credor não pode ou não podia, moral ou materialmente, obter a prova escrita da obrigação, em casos como o de parentesco, de depósito necessário ou de hospedagem em hotel ou em razão das práticas comerciais do local onde contraída a obrigação.

▸ *Referência: CPC/1973 – Art. 402, II*

Prova escrita inviável

A matéria contemplada pelo presente artigo vinha no Código revogado tratada juntamente com aquela objeto do atual art. 444, tendo sido corretamente apartada na medida em as situações são essencialmente distintas: aqui, se cuida de hipótese de prova exclusivamente testemunhal de determinados negócios jurídicos, ao passo que no art. 444 se fala na demonstração da existência desses, independentemente de prova escrita específica, por meio de prova testemunhal complementar de um começo de prova documental.

A diferença de abrangências se apresenta inclusive como imperativo lógico, visto que, se também para os negócios aqui referidos se exigisse um começo de prova por escrito, tal qual antes previsto no art. 402, I, do CPC/73 – e agora no art. 444 –, simplesmente não haveria razão para a disciplina em separado das situações aqui tratadas ou para o destaque à impossibilidade de obtenção de prova escrita da obrigação.

Na verdade, atuava o art. 402, II, do CPC/73, como exceção à regra do art. 401 daquele diploma, que vedava a prova exclusivamente testemunhal para negócios acima do décuplo do salário mínimo. Deixando a distinção segundo o valor do contrato de ser reproduzida todavia pelo CPC vigente, serve o presente art. 405 de exceção à regra geral mantida no atual sistema, correspondente ao art. 227, parágrafo único do CC, segundo a qual cabível prova testemunhal apenas como subsidiária de prova escrita, qualquer que seja o valor do contrato.

É pressuposto todavia tanto da aplicação do art. 444 (como dito nos respectivos comentários) quanto deste art. 445 que se trate de negócios a respeito dos quais inexistente exigência legal de prova escrita. Se se trata de contrato a ser aperfeiçoado necessariamente por meio de instrumento escrito, público ou particular, a exigência não se supre por prova testemunhal, seja exclusiva seja complementar.

A razão inspiradora da norma excepcionante ora comentada, por seu turno, reside na consideração de situações especialíssimas em que, pelas circunstâncias inerentes à natureza ou modo de formação do negócio, ou por força da condição pessoal ou vínculo entre os sujeitos (impedimentos de ordem material ou moral, portanto), se mostre impraticável ou ao menos remota a hipótese de redução dos termos do contrato a escrito.

Em termos morais, destarte, cita o legislador os casos de parentesco, em que efetivamente não se tem por hábito a documentação literal de determinadas transações realizadas em confiança, e nas quais, além disso, a exigência de documento escrito no momento do negócio poderia ser causa de sérios constrangimentos e sequelas no plano do relacionamento familiar (pense-se em empréstimo de pai para filho, ou entre irmãos).

No campo material, os exemplos literais fornecidos são os do depósito necessário e da hospedagem em hotel. Depósito necessário é o que se dá nos casos do art. 647 do CC, ou seja, em desempenho de obrigação legal ou por ocasião de alguma calamidade, como incêndio, inundação, naufrágio ou saques; especialmente nas hipóteses de calamidade, é intuitivo o obstáculo existente à documentação, por menor que seja, do depósito, que de ordinário se constituirá em situações extremas e emergenciais.

Já quanto à hospedagem, embora o texto legal não seja claro quanto ao sentido empregado, não caberia imaginar a questão do ponto de vista do hoteleiro, já que sabidamente, a despeito da inocorrência da assinatura de contrato escrito, sempre se exige do hóspede o preenchimento de uma ficha de entrada que acaba por funcionar ao menos como início de prova escrita; mais razoável, assim, é entender-se a alusão sob o prisma do hóspede, que não recebe de ordinário, em negócios desse jaez, prova escrita da hospedagem em si e, o que é mais importante, recibo das bagagens, que são na verdade deixadas em depósito (CC, art. 649), sem qualquer comprovante de recebimento ou discriminação da respectiva quantidade.

A redação do art. 445, como ocorria com o art. 402, II, do CPC/73, é claramente exemplificativa, admitindo pois a consideração de outras situações em que também moral ou materialmente compreensível a falta de documentos alusivos à obrigação; foi ela, no CPC , acrescida de outra hipótese, em que reforçado esse aspecto, já que ela própria referida em termos genéricos e abertos: fala-se agora em impedimentos decorrentes de práticas comerciais vigentes no local em que contraída a obrigação.

A par da inexistência de documentação no ato da formação, contudo, devem também ser inseridos no alcance da presente regra excepcionante, como defendido por Moacyr Amaral Santos com base em doutrina nacional e estrangeira, os casos em que o interessado, tendo inicialmente a prova da obrigação, dela seja privado por caso fortuito ou força maior (*Comentários ao Código de Processo Civil*, vol. IV, pp. 256-257).

A impossibilidade de que cogita a lei, enfim, não é apenas a relativa à obtenção de documentação em termos originários, mas à realização *presente* da prova; mas, como aqui se parte de situação em que mal ou bem o negócio *foi* reduzido a escrito, ainda maior deve ser o rigor judicial, seja para a verificação da alegação das razões invocadas em torno do caso fortuito ou da força maior, seja para a própria apreciação do conteúdo que se atribua ao documento extraviado.

Jurisprudência

"O Tribunal de origem ao exigir a produção de prova documental para a comprovação da união estável no período que antecedeu o óbito da ex-servidora, desconsiderando valor probatório das provas testemunhais produzidas, está por violar o próprio princípio da inexistência de hierarquia das provas." (STJ, AgRg no REsp nº 1.536.974/RJ, 2ª T., Rel. Min. Mauro Campbell Marques, j. 15/12/2015, *DJe* 18/12/2015).

"1. No nosso sistema processual, coexistem e devem ser observados o princípio do livre convencimento motivado do juiz e o princípio da liberdade objetiva na demonstração dos fatos a serem comprovados (arts. 131 e 332 do Cód. de Pr. Civil). 2. Se a lei não impõe a necessidade de prova material para a comprovação tanto da convivência em união estável como da dependência econômica para fins previdenciários, não há por que vedar à companheira a possibilidade

de provar sua condição mediante testemunhas, exclusivamente." (STJ, REsp nº 783.697/GO, 6ª T., Rel. Min. Nilson Naves, j. 20/6/2006, *DJ* 9/10/2006, p. 372).

"Os artigos 400 e 403 do Código de Processo Civil vedam a prova "exclusivamente" testemunhal para comprovação do pagamento quando o valor exceder o décuplo do salário-mínimo; mutatis mutandis, havendo início de prova documental, perfeitamente cabível seu complemento por meio de testemunhas. Hipótese que, além de se amoldar à previsão acima, também se inclui na exceção do artigo 402, inciso II, do referido Estatuto, onde é admitida a prova exclusivamente testemunhal, porquanto as partes envolvidas no negócio são parentes (mãe e filho)." (STJ, REsp nº 651.315/MT, 3ª T., Rel. Min. Castro Filho, j. 9/8/2005, *DJ* 12.9/2005, p. 324).

> **Art. 446.** É lícito à parte provar com testemunhas:
>
> **I** – nos contratos simulados, a divergência entre a vontade real e a vontade declarada;
>
> **II** – nos contratos em geral, os vícios de consentimento.

▶ *Referência: CPC/1973 – Art. 404*

Prova exclusivamente testemunhal de óbices relativos à validade de contratos

As restrições feitas por lei no tocante à prova exclusivamente testemunhal de determinadas obrigações não estão relacionadas, como observado em comentários aos dispositivos anteriores, a todo e qualquer aspecto relacionado aos negócios jurídicos em que inseridas, senão à prova específica da respectiva formação e existência (como também eventualmente à extinção da obrigação por meio do pagamento).

Não se exclui portanto a demonstração por testemunhas de aspectos acidentais relativos aos negócios em geral, ainda que contemporâneos ao momento da formação (como cuida de deixar explícito o art. 446), ou então verificados no curso de seu desenvolvimento, mesmo que se trate de negócios a respeito dos quais se exija prova escrita para a formação.

Deixa-se claro, nesse sentido, a possibilidade de ampla utilização de prova testemunhal para a demonstração dos vícios de consentimento re-

Art. 446

lacionados no art. 171, II, do Código Civil, erro, dolo, coação, estado de perigo e lesão (exceção feita à fraude contra credores, em que a verificação do estado de prévia insolvência ou da redução a ele após o ato de disposição patrimonial não podem evidentemente, pela própria natureza dos fatos, ficar entregues a prova meramente oral). Também nos casos de simulação (tratada pela doutrina como hipótese de vício *social* do ato jurídico e erigida pelo CC/2002 em causa de nulidade, não de anulabilidade – cf. art. 167) permite-se a prova, por meio de testemunhas, da divergência entre a vontade real e a declarada.

E é natural que assim seja. No tocante aos vícios de consentimento, não interferem no plano da existência propriamente dita do negócio, de modo que não se pode cogitar quanto a eles do impedimento à prova testemunha contrária a fatos já provados por documentos: ao inverso, os fatores de anulabilidade dos atos jurídicos em geral pressupõem justamente sua formação no plano da realidade jurídica, vinculando-se, outrossim, a circunstâncias paralelas, inerentes àquele momento, e passíveis de conduzir à invalidação do ato. Não há contradição em dizer que as regras de admissibilidade da prova testemunhal quanto ao negócio em si não se apliquem nos mesmos moldes para a discussão de seus possíveis vícios.

Por outro lado, do ponto de vista dos fundamentos determinantes das limitações à prova oral, quando não ligados a exigências formais próprias de determinados negócios, em outras situações prendem-se à segurança do trato jurídico. No que tange ao fator *segurança*, é compreensível que não se exijam os mesmos rigores para a investigação dos desvios intrínsecos ao negócio, até porque esses por sua natureza não são documentados, nem costumam deixar pistas materiais voluntárias; no normal dos casos, os elementos instrutórios alusivos ao vício de consentimento são inclusive apenas indiciários, e a prova por testemunhas pode ser o máximo a que se consiga chegar.

Quanto à simulação, particularmente, pode a prova acerca da divergência entre a vontade real e a declarada ser feita por terceiros prejudicados, que demandem acerca do negócio (v. art. 167, § 2º, do CC) ou pelos próprios envolvidos no negócio simulado.

Jurisprudência

"Contratos por escritura pública. Admissibilidade de prova exclusivamente testemunhal para a demonstração da ocorrência de vício da vontade capaz de invalidá-los. Aplicação do art. 404 do Código de Processo Civil, que afasta o princípio do art. 401 do mesmo Código (e que corresponde, em sua substância, ao do art. 141 do Código Civil), até porque os dois últimos dizem respeito à prova do contrato, ao passo que aquele concerne à de fatos (como os vícios da vontade), que acarretam a invalidade dele." (STF, RE nº 96.043/CE, 2ª T., Rel. Min. Moreira Alves, j. 9/3/82, *DJ* 7/5/82, p. 14.271).

"Possibilidade da demonstração da existência de cláusula de exclusividade mesmo em contratos de representação firmados verbalmente, admitindo-se a respectiva prova por todos os meios em direito admitidos. Aplicação do art. 212 do CC/02 c/c os arts. 400 e segs. do CPC. Doutrina e jurisprudência desta Corte acerca do tema. Estabelecida, no caso concreto, pelo acórdão recorrido a premissa de que o ajuste de representação comercial vigorava com cláusula de exclusividade, confirmada por prova testemunhal, inarredável a conclusão de que houve rescisão imotivada do contrato, pela contratação de novo representante para atuar na mesma zona anteriormente conduzida pela recorrida." (STJ, REsp nº 846.543/RS, 3ª T., Rel. Min. Paulo Sanseverino, j. 5/4/2011, *DJe* 11/4/2011).

"Não há falar em cerceamento de defesa, por ausência de prova oral, com julgamento antecipado, quando o prudente arbítrio do Magistrado considerou que a narrativa da inicial e a documentação acostada não revelavam qualquer vício de consentimento para anular o negócio. De fato, os vendedores foram em busca do lucro fácil, o que foi comum em determinado momento da vida brasileira, vendendo seu bem de raiz para aplicar no mercado de ações, só que o fizeram por meio de estelionatário, que lhes pagou com cheques sem provisão de fundos, mas, mesmo assim, compareceram livre e espontaneamente para a outorga da escritura definitiva. Em tal cenário, a produção de prova oral para provar o vício de consentimento era irrelevante." (STJ, REsp nº 203.099/SP, 3ª T., Rel. Min. Carlos Alberto Menezes Direito, j. 18/9/2003, *DJ* 17/11/2003, p. 317).

"O Tribunal não vedou a realização da prova oral, mas, sim, a utilizou para formação de seu convencimento, considerando que a mesma não era eficaz para sustentar a tese da autora. Ultrapassar esses fundamentos, demandaria o reexame de provas, vedado nesta Corte. Afirmou o Tribunal que as provas dos autos não foram suficientes para desconstituir a exigibilidade dos títulos, que foram legalmente cobrados por terceiros fora do ambiente de realização dos jogos. Não estando em debate questão de direito, de rigor, no presente caso, a incidência da Súmula nº 07/STJ como óbice ao acolhimento da tese recursal." (STJ, AgRg no Ag nº 267.742/SP, 3ª T., Rel. Min. Carlos Alberto Menezes Direito, j. 28/3/2000, *DJ* 8/5/2000, p. 93).

Art. 447. Podem depor como testemunhas todas as pessoas, exceto as incapazes, impedidas ou suspeitas.

§ 1º São incapazes:

I – o interdito por enfermidade ou deficiência mental;

II – o que, acometido por enfermidade ou retardamento mental, ao tempo em que ocorreram os fatos, não podia discerni-los, ou, ao tempo em que deve depor, não está habilitado a transmitir as percepções;

III – o que tiver menos de 16 (dezesseis) anos;

IV – o cego e o surdo, quando a ciência do fato depender dos sentidos que lhes faltam.

§ 2º São impedidos:

I – o cônjuge, o companheiro, o ascendente e o descendente em qualquer grau e o colateral, até o terceiro grau, de alguma das partes, por consanguinidade ou afinidade, salvo se o exigir o interesse público ou, tratando-se de causa relativa ao estado da pessoa, não se puder obter de outro modo a prova que o juiz repute necessária ao julgamento do mérito;

II – o que é parte na causa;

III – o que intervém em nome de uma parte, como o tutor, o representante legal da pessoa jurídica, o juiz, o advogado e outros que assistam ou tenham assistido as partes.

§ 3º São suspeitos:

I – o inimigo da parte ou seu amigo íntimo;

II – o que tiver interesse no litígio.

§ 4º Sendo necessário, pode o juiz admitir o depoimento das testemunhas menores, impedidas ou suspeitas.

§ 5º Os depoimentos referidos no § 4º serão prestados independentemente de compromisso, e o juiz lhes atribuirá o valor que possam merecer.

▶ *Referência: CPC/1973 – Art. 405*

---

1. Conflito de leis no tempo. Código Civil e Estatuto da Pessoa com Deficiência

Como observado nos comentários a outros dispositivos, o Código Civil e o Código de Processo Civil acabam por apresentar muitas vezes em matéria probatória um paralelismo de disciplinas, regulando as mesmas questões. Essa situação reflete de certo modo a controvérsia doutrinária acerca da própria natureza das normas sobre prova, se de direito processual ou substancial.

Mas, abstraída a solução que se proponha a esse debate, o fato é que a existência de normas legais com o mesmo objeto, independentemente da temática geral do diploma legal em que inseridas, acaba por trazer à tona o problema da sucessão de leis no tempo e da possível revogação de determinadas normas por outras cronologicamente posteriores, seja em virtude de incompatibilidade, seja pela regulação integral da matéria (art. 2º, § 1º, da então LICC).

Nesse sentido, nota-se que a respeito dos requisitos subjetivos da prova testemunhal, tema do dispositivo legal ora comentado, vinha a matéria disciplinada pelos arts. 142 e 143 do CC/1916, sendo todavia absorvida integralmente pelo art. 405 do CPC/73, conquanto sem revogação expressa daqueles outros dispositivos. Na vigência do Código de 1973, entretanto, sobreveio o CC/2002, que voltou em seu art. 228 a tratar das restrições subjetivas em matéria testemunhal, repetindo muitas das previsões da lei processual, dando novo tratamento a outras e trazendo como dado mais significativo a supressão da distinção das testemunhas em três categorias conforme o óbice, as incapazes de depor, as impedidas e as suspeitas.

Como chegamos a anotar na ocasião, houve por parte do CC revogação apenas parcial, em termos tácitos, do art. 405 do CPC/73, já que algumas situações seguiram apenas por esse último sendo disciplinadas, notadamente sobre aspectos estritamente processuais das incompatibilidades em matéria testemunhal (p. ex., os incisos II e III do § 2º do art. 405).

O CPC, por seu turno, voltou a tratar amplamente da matéria neste art. 447, inclusive com o restabelecimento das três categorias referidas, não revogando expressamente o art. 228 do CC/2002, mas tendo a rigor aptidão para sua revogação tácita, agora à luz do art. 2º, § 1º, da LINDB.

Sucede que, durante o período de *vacatio legis* do CPC, adveio o Estatuto da Pessoa com Deficiência (Lei nº 13.146/2015), que tratou em matéria de prova testemunhal do tema da capacidade, em termos incompatíveis quer para com o CC, quer para com o próprio CPC, tudo a ampliar o conflito de leis existente e a exigir solução também mediante a consideração de seus termos.

Entre o referido Estatuto e o CC, não há maiores dificuldades, pois o Estatuto revogou expressamente (art. 123, III) os incisos II e III do art. 228 do outro diploma, que tratavam respectivamente da proibição para depor dos enfermos ou retardados mentais sem discernimento para os atos da vida civil, bem como dos cegos e surdos, no tocante a fatos dependentes, para a devida ciência, dos sentidos faltantes.

Estranhamente, contudo, e ao que parece por puro esquecimento, deixou a lei especial de se referir em termos revogatórios a dispositivos semelhantes existentes na lei processual, seja no ainda vigente CPC/73 (e cujo art. 405, mal ou bem, não fora expressamente revogado pelo CC), seja no já sancionado Código de 2015. Cabe então examinar as consequências dessa omissão, à luz dos critérios legais.

O CPC foi sancionado em 16 de março de 2015, antes do Estatuto da Pessoa com Deficiência, que é 6 de julho do mesmo ano. Entretanto, os períodos de vacância foram diferentes, um ano no caso da lei processual e cento e oitenta dias no do outro diploma, que dessa forma entrou em vigor em 3 de janeiro de 2016, antes do CPC (18 de março desse ano).

Assim sendo, o Estatuto, por clara incompatibilidade para com o CPC (art. 2º, § 1º, segunda figura, da LINDB), revogou, antes mesmo da entrada em vigor desse, seu art. 447, § 1º, I, II e IV, como tratado mais detalhadamente no item 3, adiante.

2. Admissibilidade subjetiva da prova testemunhal

Embora enuncie a lei processual a regra geral de que possam depor todas as pessoas, logo cuida de excepcioná-la, retomando como já dito a linha de agrupar as restrições mediante o estabelecimento de determinadas categorias de pessoas, as *incapazes*, *impedidas* e *suspeitas*, conforme critérios examinados nos tópicos específicos.

A despeito dos diferentes fundamentos e relevância das vedações previstas, qualquer dos fatores mencionados no art. 447 é capaz de excluir o depoimento, desde que denunciado ou verificado em tempo hábil. Do mesmo modo, podem todos eles ser conhecidos de ofício, sendo equivocada a visão segundo a qual os motivos de suspeição dependam de iniciativa da parte interessada em impugnar o depoimento.

Responde-se a isso em primeiro lugar com a observação de que no ato da qualificação da testemunha deve ela declinar ao juiz desde logo eventual interesse no litígio (CPC, art. 457), não parecendo razoável que, tendo o magistrado a incumbência de verificar por si só semelhante causa de suspeição, não possa, uma vez reconhecido o interesse pela testemunha, tomar a decisão de afastá-la; e, nada obstando venham a lume nesse momento também outros aspectos, como eventual amizade íntima, deve por extensão ser admitida decisão em idêntico sentido também nesses casos. Em segundo lugar, cabe lembrar que o destinatário natural da prova é o magistrado (art. 369), a quem cabe, enfim, o juízo de admissibilidade respectivo, sem embargo da inércia da parte interessada em impugná-la.

O que ocorre em última análise no tocante aos motivos de suspeição é que, por sua própria natureza, na maioria das situações não serão conhecidos do juiz senão por provocação de uma das partes, o que entretanto é bem diverso de pretender condicionar a isso, formalmente, o próprio reconhecimento do vício.

No âmbito do CPP, em que também por regra geral toda pessoa pode ser testemunha (art. 202), as restrições de ordem subjetiva, diversamente, são menos extensas, a rigor impedindo formalmente o depoimento, salvo autorização da parte, somente das pessoas que por função, ministério, ofício ou profissão, tenham dever de sigilo no tocante à matéria de fato investigada (art. 207); no mais, pode-se quando muito chegar à dispensa de compromisso nos termos dos arts. 208 e 214 daquele diploma.

Na sequência, serão examinadas em particular as hipóteses restritivas previstas no sistema processual civil.

3. Incapacidade

Refere-se o CPC (art. 447, § 1º), literalmente, a basicamente as mesmas situações que eram contempladas pelo CPC/73, qualificando como incapazes de depor certas pessoas que, por limitações sensitivas ou desenvolvimento mental insuficiente, não estariam em condições de sequer prestar depoimento, ou pelo menos de fazê-lo em termos úteis.

As objeções, no tocante a esse grupo, dizem respeito à pessoa da testemunha em si considerada, mais especificamente à sua falta de aptidão para a percepção ou transmissão dos fatos de interesse à causa, diversamente dos casos de impedimento ou suspeição, em que a vedação vem inspirada pela consideração de elos entre a testemunha e os sujeitos ou o objeto do processo.

Fala, assim, o Código, nos interditos por enfermidade ou deficiência mental (inciso I), nos enfermos ou portadores de retardamento mental determinantes da impossibilidade de discernimento dos fatos, ao tempo de sua ocorrência, ou da transmissão das percepções, ao tempo do depoimento (inciso II), nos menores de dezesseis anos (inciso III) e nos cegos e surdos, quando dependente a ciência do fato do sentido faltante (inciso IV).

Como se percebe, entretanto, as limitações consideradas são, na maior parte dos casos, de cunho eminentemente prático, não formal, exceção feita ao fator idade. Tomado por ora os menores, cabe advertir que a lei não buscou, a despeito da coincidência etária, simplesmente reproduzir a disciplina da capacidade para os atos da vida civil regulada pelo CC; tanto assim é que os maiores de dezesseis anos e menores de dezoito são, para os efeitos deste artigo, plenamente capazes a prestar depoimento, depondo inclusive sob compromisso (embora até os dezoito não possam ser sujeitos ativos do crime de falso testemunho, praticando quando muito ato infracional); no âmbito do CPP, podem depor como testemunhas, por outro lado, pessoas de qualquer idade, apenas dispensando-se o compromisso legal para as menores de catorze anos (art. 208).

Partiu o legislador, de toda forma, de um critério arbitrário para estabelecer a confiabilidade do depoimento, do ponto de vista da presunção de imaturidade psíquica de seu agente, impondo ao juiz a recusa genérica do depoimento de indivíduos abaixo do limite fixado, sem a consideração das condições pessoais inerentes a cada caso. Justamente por isso, pode-se dizer nesse caso tem-se hipótese mais afinada com a ideia de uma *proibição legal,* por razões formais, do que propriamente com a inviabilidade prática do próprio depoimento.

E, coerentemente com isso, o CPC acabou por rever nessa parte o critério do CPC/73, passando a permitir, tanto quanto as testemunhas impedidas ou suspeitas, que o depoimento do menor de dezesseis anos seja tomado, se necessário, independentemente de compromisso (§§ 4º e 5º).

3.1. Estatuto da Pessoa com Deficiência

Já nos demais casos do § 1º do art. 447, percebe-se que a restrição legal veio baseada sobretudo em razões de ordem prática, presumindo-se a impossibilidade, dadas as condições pessoais da testemunha, de prestação de depoimento em termos úteis.

Era discutível entretanto o critério legal de instituir, nesses casos, uma incapacidade do ponto de vista jurídico, como que a vedar aprioristicamente a inquirição, mesmo porque as limitações referidas não necessariamente excluem a possibilidade de alguma contribuição por parte da testemunha, o que somente se poderá verificar em termos concretos ao ensejo do próprio depoimento. Basta que se pense no exemplo do cego e do surdo, que a despeito da impossibilidade de utilização de um dos sentidos podem perfeitamente ministrar informações de cunho secundário relevantes para a compreensão dos fatos discutidos.

Como quer que seja, a situação vem de ser drasticamente modificada pelo advento da Lei nº 13.146/2015 e pelo tratamento por ela dado às pessoas portadoras de deficiência.

Referido diploma, que em seu art. 114 revogou os incisos II e III do art. 3º do CC, deixando de qualificar como absolutamente incapazes para os atos da vida civil mesmo os que, por enfermidade ou deficiência mental, não tiverem suficiente discernimento, ou ainda os impossibilitados de exprimir sua vontade, revogou como já dito (v. item 1, supra) os incisos II e III do art. 228 do mesmo CC, no tocante às proibições de depoimento testemunhal ali existentes.

Além disso, acrescentou § 2º ao mesmo art. 228 para o fim de prever que as pessoas com deficiência poderão testemunhar em igualdade de condições para com as demais pessoas, sendo-lhes assegurados os recursos de tecnologia assistiva para a adequada prestação do depoimento.

E, indo além, estipulou no art. 80, *caput,* considerar-se condição de pleno acesso à justiça por parte dos portadores de deficiência o fornecimento dos referidos recursos de tecnologia assistiva, inclusive quando figurem como testemunha em processo judicial.

Fica clara em tais termos a incompatibilidade do referido Estatuto para com a incapacidade para depor, em tais casos, objeto do art. 447, § 1º, devendo ser tidos por revogados os incisos I, II e IV desse (veja-se o item 1, supra). Remanesce em tais condições como única hipótese de incapacidade jurídica para ser testemunha, no processo civil, a do menor de dezesseis anos.

Vale entretanto a advertência de que, a despeito disso, a tomada do depoimento em termos concretos, pelo juiz, segue sendo mesmo aqui dependente da verificação da efetiva existência de condições pessoais mínimas para tanto, sob a perspectiva do discernimento da testemunha acerca dos fatos presenciados e bem assim da capacidade de manifestação acerca deles, uma vez providenciados os recursos de apoio possíveis.

Referida aptidão é pressuposto prático de viabilidade do depoimento e diz com a realidade dos fatos, insuscetível de criação ou revogação por lei.

4. Impedimento

Reúnem-se no § 2º do art. 447, sob a denominação comum de *impedimento*, obstáculos de ordem diversa determinantes da impossibilidade do depoimento de determinadas pessoas por conta de vínculos objetivamente apreciáveis.

No inciso I mencionam-se pessoas que, a despeito de totalmente estranhas ao processo em si, tenham laços de parentesco para com uma das partes, de modo a tornar duvidosa sua isenção na narrativa dos fatos. Acrescentou o CPC, em relação ao texto do CPC/73, a referência ao *companheiro*, embora mesmo na vigência do Código revogado não houvesse maiores dúvidas a respeito do tratamento análogo ao do cônjuge.

O depoimento das pessoas aí referidas não é formalmente inviável, mas simplesmente desaconselhável, pela citada falta de credibilidade, daí sua proibição em princípio. O próprio inciso I cuida entretanto de excepcionar a regra, admitindo a oitiva desses parentes quando o exigir o interesse público ou, tratando-se de causa sobre o estado da pessoa, não se puder obter de outro modo a prova necessária ao julgamento.

Não que se exclua, aí, o próprio impedimento (como se nesses casos os familiares houvessem de depor como testemunhas normais, inclusive sujeitas a compromisso e ao delito de falso testemunho), tratando o legislador apenas de exemplificar desde logo, em termos expressos, situações correspondentes à *necessidade* de que fala o art. 447, § 4º (v. adiante).

Já nos outros dois incisos, cuida o § 2º de hipóteses de efetiva *impossibilidade formal*, vale dizer, de pessoas em situação juridicamente incompatível para com o papel de testemunha e que por definição são impedidas de exercê-lo, em caráter *absoluto*. O fundamento básico da exclusão reside na existência de uma vinculação – mais ou menos intensa – da pessoa com o processo em termos tais que não permitam sua consideração, para fins probatórios, como terceira estranha a ele.

Os exemplos mais eloquentes e óbvios são os dos sujeitos principais do processo, juiz e partes. Além deles, refere-se a lei a outras pessoas que intervêm ou tenham intervindo no processo representando ou assistindo alguma das partes, como o representante da pessoa jurídica, o curador, o tutor, o assistente técnico, o advogado e outros.

Quanto ao advogado e assistente técnico, a "assistência" que se tem em conta é a prestada nos próprios autos, não todo e qualquer serviço que se tenha em algum momento feito à parte; se o caso, podem esses vínculos anteriores obstar o depoimento por outras causas, inclusive por suspeita de interesse no litígio, não constituindo entretanto óbice formal à luz do dispositivo examinado.

O perito, por seu turno, embora não intervenha no processo *em nome* ou *em favor* de uma das partes, também não pode ser testemunha. Conhecendo fatos anteriores que comprometam sua imparcialidade, não deve sequer aceitar o encargo judicial; aceitando-o, por outro lado, quando muito poderá ser ouvido em audiência para prestar esclarecimentos sobre o próprio trabalho técnico realizado, o que todavia não equivale a um depoimento testemunhal, sendo mera extensão da perícia (o mesmo se diga quanto à perícia simplificada do art. 464, §§ 2º e 3º, do CPC).

Figura omitida pelo CPC (como também ocorria no CPC/73) mas que intuitivamente também sofre restrições ao papel de testemunha é o promotor de justiça que já tenha atuado no feito, tenha o Ministério Público a condição de parte ou de mero fiscal da lei. Ocorrendo primeiro o depoimento como testemunha, inverte-se a perspectiva, e aí ficará o promotor impedido de intervir no processo como representante do *Parquet* (CPC, art. 148, I).

No tocante ao juiz, importa considerar que a vedação não alcança toda e qualquer pessoa que já tenha ocupado tal posição no processo, senão a autoridade judicial contemporânea ao momento do depoimento; para ser ouvido como testemunha, enfim, o juiz terá previamente de se ter afastado da condução da causa (sobre o tema, vejam-se os comentários ao art. 452).

5. Suspeição

Suspeitas, segundo a ótica do CPC, são pessoas que, sem ter um vínculo formal com as partes ou com o processo, ainda assim são excluídas por condições ou circunstâncias pessoais que lhes retirem a confiabilidade. Também aqui, a proibição é relativa, como no caso do § 2º, I, antes examinado.

Chama a atenção antes de mais nada, no Código vigente, a supressão em boa hora de duas das figuras referidas pelo CPC/73, o condenado por falso testemunho e, como rezava a lei, aquele que por seus costumes não for digno de fé. No tocante ao primeiro caso, embora a condenação possa ser um fator inspirador de cautela, não se justificava viesse a por si só inabilitar o indivíduo a novos depoimentos. Por outro lado, quanto à segunda figura, a par da abertura para tratamentos discriminatórios, simplesmente não permitia a lei compreender quais fossem os costumes da vida privada suficientes a excluir a confiabilidade de um depoimento testemunhal.

Segue-se falando, no mais, do inimigo da parte (sem o adjetivo *capital* do CPC/73) e seu amigo íntimo, além daquele que tem interesse no litígio.

Não basta à caracterização da suspeição – sob pena de em muitos casos inviabilizar-se a prova testemunhal – qualquer relação de amizade, ou a simples existência de antipatia da testemunha para com a parte; necessária, enfim, uma exacerbação de ânimos tal, no sentido da afinidade ou da repulsa, que façam crer seriamente na perda da isenção da testemunha e no risco de que venha a favorecer ou prejudicar um dos envolvidos no litígio.

A hipótese de interesse da testemunha no litígio, por seu turno, é bastante ampla, e pode se manifestar de diversas formas. Pode o interesse, assim, incidir sobre o próprio objeto material em disputa (que a testemunha pretenda adquirir de uma das partes), ou simplesmente voltar-se à vitória de um dos litigantes (de quem a testemunha espere obter algum benefício, como o pagamento de uma dívida pendente). Pode, por outro lado, não se manifestar diretamente sobre o resultado *do próprio* litígio, mas de forma reflexa, por força de interesses pessoais da própria testemunha em relação a fatos semelhantes (um empregado que processa o patrão chamado a depor em processo movido por um colega por idênticos fundamentos) ou quanto à defesa da conduta própria (o segurado e motorista de determinado veículo arrolado como testemunha em ação regressiva movida pela seguradora, que pagou a indenização, contra quem alega ela responsável pelo acidente de trânsito).

Há que se ter cautela, entretanto, para não levar a exageros. A mera noção pessoal de justiça da testemunha, quanto aos fatos em disputa, e a eventual expectativa de vitória que por força disso tenha, quanto a uma das partes, não é suficiente para a recusa de credibilidade. O mesmo pode ser dito da simples relação de emprego entre a testemunha e um dos litigantes, sendo necessário que a par desse fator estejam presentes aspectos outros, como particular ameaça de demissão ou de represálias que pairem sobre a testemunha, ou ainda a perspectiva de uma promoção em caso de depoimento favorável.

6. Depoimento como informante

A restrição a determinadas testemunhas, como antes mencionado, é relativizada mediante a tolerância excepcional ao depoimento de pessoas suspeitas ou impedidas, além dos menores de dezesseis anos, se *necessário*. O CPC tem redação mais abrangente que o CPC/73, que fazia referência à *estrita* necessidade como condição de admissibilidade (além de não incluir os menores na exceção).

No conceito de *necessidade,* inserem-se não apenas os casos mencionados no inciso I do § 2º como também outras hipóteses em que a prova a cargo da testemunha menor, impedida ou suspeita seja especialmente relevante e se mostre inviável, ou particularmente difícil, sua realização por outros meios.

A dispensa do compromisso legal do art. 458, por seu turno, faz com que, como dito

Art. 447

nos comentários respectivos, fique descaracterizada a figura da testemunha típica, tratando-se o depoente como mero informante do juízo e não ficando ele sujeito ao delito do art. 342 do CP, o que é perfeitamente razoável se se tem em conta a insistência no depoimento mesmo quando sabido de antemão o comprometimento da credibilidade da testemunha. Nem por isso, entretanto, estará ela no plano ético liberada para faltar com a verdade.

Diz a lei (§ 5º) a par disso que o juiz atribuirá ao depoimento o valor que possa merecer. É inevitável considerar que, em abstrato, o depoimento de uma testemunha em tese isenta sugere maior confiabilidade que o de uma pessoa desde logo marcada por impedimento ou suspeição, aspecto que tende a influir na apreciação de um e outro; formalmente, entretanto, não há hierarquia entre eles, nada impedindo que o juiz, fazendo uso da regra do livre convencimento (CPC, art. 371) e mediante a necessária justificação, acolha as palavras de um informante em detrimento do depoimento de uma testemunha regular.

Jurisprudência

"Tendo a eg. Corte local concluído que as testemunhas não são suspeitas por não possuírem interesse direto no resultado da demanda, não tendo ido nenhuma consideração acerca de eventual inimizade entre as partes, torna-se inviável reexaminar essa fundamentação pelo óbice da Súmula 7/STJ." (STJ, AgInt no AREsp nº 1.059.895/SP, 4ª T., Rel. Min. Raul Araújo, j. 13/6/2017, DJe 26/6/2017).

"Não configura cerceamento de defesa o julgamento da causa sem a oitiva de testemunha impedida, quando não é evidente a estrita necessidade de seu depoimento. Ademais, aferir a imprescindibilidade da oitiva da testemunha impedida demanda reexame de prova, vedado nos termos da Súmula 7/STJ. Precedentes." (STJ, AgRg no REsp nº 1.335.306/RJ, 4ª T., Rel. Min. Luis Felipe Salomão, j. 10/3/2015, DJe 16/3/2015).

"O fato de ter as instâncias de origem desconsiderado a prova testemunhal da recorrida – porquanto ouvida na qualidade de informante – não está apto a configurar cerceamento de defesa, pois a própria dicção do art. 405, § 4º, do CPC, permite ao magistrado atribuir a esse testemunho o valor que possa merecer,

podendo, até mesmo, não lhe atribuir qualquer valor." (STJ, REsp nº 1.397.870/MG, 2ª T., Rel. Min. Mauro Campbell Marques, j. 2/12/2014, DJe 10/12/2014).

"Compete às instâncias ordinárias aferir, no caso concreto, a necessidade da oitiva de testemunhas impedidas ou suspeitas, nos termos do art. 405, § 4º, do CPC. Inteligência da Súmula 07/STJ. Precedentes: REsp 1.184.973/MG (Rel. Ministro Arnaldo Esteves Lima, Primeira Turma, DJe 21.10.2010); AgRg no AgRg no Ag 149.453/MG (Rel. Ministro Barros Monteiro, Quarta Turma, DJ 01.12.2003); AgRg no Ag 420.715/MG (Rel. Ministro Antônio de Pádua Ribeiro, Terceira Turma, DJ 19.08.2002)." (STJ, AgRg nos EDcl nos EDcl no REsp nº 1.159.558/RS, 2ª T., Rel. Min. Castro Meira, j. 1º/9/2011, DJe 13/9/2011).

"Nos termos do disposto no art. 405, § 3º, IV, do CPC, não podem depor como testemunhas as pessoas que tem interesse no litígio. Hipótese em que, acertadamente foi indeferida a oitiva, como testemunhas, de policiais militares cariocas acusados de espancamento do autor de reparação de danos contra o Estado do Rio de Janeiro." (STJ, AgRg no Ag nº 652.861/RJ, 2ª T., Rel. Min. Francisco Peçanha Martins, j. 21/2/2006, DJ 27/3/2006, p. 247).

"Inobstante impedido o advogado de prestar testemunho em favor de sua cliente, ao teor do art. 405, parágrafo 2º, III, do CPC, é de se afastar a nulidade dos julgamentos se os fatos narrados foram posteriores ao evento danoso e limitados a discorrer sobre as tratativas de transação, sem maior repercussão no convencimento dos órgãos judicantes, havendo, inclusive, constado do acórdão da apelação que seria tomado apenas como espécie de peça processual, nada além." (STJ, REsp nº 35.204/SP, 4ª T., Rel. Min. Aldir Passarinho Junior, j. 2/6/2005, DJ 1º/7/2005, p. 536).

"Pessoa impedida de depor, em face do art. 405, § 2º, III, do CPC, não pode ser considerada testemunha. Ausência de contradita que não impediu, no caso concreto, o reconhecimento de suspeição." (STJ, AgRg no Ag nº 398.015/SP, 4ª T., Rel. Min. Barros Monteiro, j. 19/12/2002, DJ 31/3/2003, p. 228).

"Concluiu o Acórdão ter a testemunha participado do trabalho realizado nos autos a título de assistência técnica. Nesse caso, correto o reconhecimento do impedimento de depor, nos termos do artigo 405, § 2º, inciso III, do Código de Processo Civil." (STJ, AGA no 283.323/SP, 3ª T., Rel. Min. Carlos Alberto Menezes Direito, j. 27/4/2000, *DJ* 26/6/2000, p. 171).

"Não se configura o cerceamento da defesa se a testemunha arrolada pela ré é ouvida em juízo, apenas que, com admissão da contradita, considerado como informante, por se tratar do próprio condutor do veículo envolvido na colisão, portanto diretamente interessado no resultado da causa e, à época, empregado da recorrente." (STJ, REsp nº 190.456/SP, 4ª T., Rel. Min. Aldir Passarinho Junior, j. 25/4/2000, *DJ* 28/8/2000, p. 87).

"Prospera a contradita levantada contra testemunha que é cunhado do condômino dos autores da possessória, sobretudo em tendo este sido denunciado à lide. O fato do condômino/denunciado não ser civilmente casado com a irmã da testemunha contradita, não afasta o vínculo gerador do impedimento, ante a equiparação constitucional do concubinato com a entidade familiar." (STJ, REsp no 81.551/TO, 3ª T., Rel. Min. Waldemar Zveiter, j. 23/9/97, *DJ* 27/10/97, p. 54.786).

> **Art. 448.** A testemunha não é obrigada a depor sobre fatos:
>
> **I** – que lhe acarretem grave dano, bem como ao seu cônjuge ou companheiro e aos seus parentes consanguíneos ou afins, em linha reta ou colateral, até o terceiro grau;
>
> **II** – a cujo respeito, por estado ou profissão, deva guardar sigilo.

▶ *Referência: CPC/1973 – Art. 406*

1. Direito de recusa ao depoimento

Como alertado nos comentários aos arts. 378 a 380, o dever genérico de colaboração para com o Judiciário encontra limites na consideração de certas razões ou condições pessoais daqueles de quem se requerem as informações necessárias; no confronto entre os interesses antagônicos vinculados, de um lado, à busca da verdade e à solução do litígio específico, e, de outro, à proteção de determinados valores individuais marcadamente relevantes, opta o legislador por prestigiar, em certos casos, a estes últimos.

E, se nessa órbita autoriza-se por vezes a própria parte a deixar de se manifestar sobre os fatos relacionados à causa, como se tem no art. 388 do CPC, com muito mais razão há de se compreender a recusa vinda de terceiros estranhos ao litígio e que são chamados a se manifestar acerca de questões que não lhes digam respeito, com a perspectiva todavia de, para tanto, verem-se diretamente prejudicados ou a pessoas próximas. A sujeição dos terceiros ao dever de colaboração, justamente por isso, é tida como naturalmente mais restrita.

A negativa de depoimento, total ou parcial (neste último caso, envolvendo apenas uma ou outra pergunta em específico, como tratado nos comentários ao art. 457), pode estar relacionada a motivos pertinentes à própria pessoa da testemunha ou ainda a outras pessoas que pretenda preservar, por razões espontâneas de afeição ou em função de deveres de alguma forma impostos a ela, testemunha.

2. Prejuízo próprio ou a parentes

A primeira das razões, elencada no inciso I do art. 448, diz respeito à hipótese de *grave dano* à própria testemunha ou a pessoas como o cônjuge, companheiro e ainda parentes consanguíneos ou afins em linha reta, bem como colaterais, estes até o terceiro grau; diverge a redação do dispositivo em relação ao art. 406 do CPC/73 quanto a dois aspectos, pois no Código revogado não se fazia alusão direta à pessoa do companheiro (muito embora a referência fosse implícita), além de, no tocante aos colaterais, limitar-se o alcance ao segundo grau.

O dano cogitado em lei é o de ordem *material* ou *moral*, não importando o tipo de relação de causalidade que possa vinculá-lo aos fatos a serem tratados no depoimento, nem mesmo a perspectiva de ilícito cometido pela testemunha ou pelo terceiro que se queira resguardar; basta, em qualquer caso, que seja objetivamente clara a possibilidade de prejuízo para que, em uma escala de preponderância de valores, prevaleça o interesse na preservação sobre os emergentes do processo.

De se enfatizar entretanto o destaque dado pelo legislador à ideia de *gravidade*, que em princípio exclui a consideração ampla de todo e qualquer prejuízo, reservando o direito de escusa aos casos particularmente sérios, sem no entanto especificá-los e sem fornecer critérios para o tratamento da questão; a redação não é infensa a críticas, seja pela falta de clareza, seja pela restrição em si, pois não é razoável exigir da testemunha, por menor que seja a consequência lesiva, que se prejudique ou a pessoas próximas em nome do exercício do dever cívico aqui cogitado.

Melhor andou o CPC/39, que em seu art. 241 mencionava de forma discriminada as hipóteses de desonra (da testemunha ou das demais pessoas mencionadas) e de exposição a risco de demanda ou de dano patrimonial imediato, sem distinguir a extensão do prejuízo. O CC, em seu art. 229, adotava redação na mesma linha, tendo sido entretanto expressamente revogado pelo CPC (art. 1.072).

No CPP, diversamente, o art. 206 veda às testemunhas em geral a recusa ao depoimento, permitindo-o apenas, e ainda assim com restrições, ao cônjuge, aos ascendentes e descendentes e ainda aos afins em linha reta do acusado. Depondo tais pessoas, o farão sem compromisso, nos termos do art. 208 do mesmo Código.

3. Sigilo por estado ou profissão

A segunda modalidade de escusa, no âmbito do CPC (art. 448, II), diz respeito à existência de dever de sigilo imposto à testemunha sobre determinado fato; a oposição ao depoimento, em tais situações, pode se dar não apenas pela preocupação com o cumprimento do dever em si – jurídico ou moral – e com a proteção às pessoas ou informações por meio dele protegidas, mas também por interesse pessoal da própria testemunha, temerosa de se sujeitar a represálias familiares ou pessoais em virtude da quebra de confiança, ou ainda de sofrer repercussões negativas em sua vida profissional, quando não a sujeição a processo criminal por violação de sigilo profissional (art. 154 do CP) ou funcional (art. 325 do CP).

Sigilo *por estado* é expressão, como já examinado nos comentários ao art. 388, bastante abrangente, na medida em que também amplo o alcance do termo *estado;* trata-se de um dos atributos da personalidade que, segundo Rubens Limongi França, pode se manifestar no direito moderno de quatro modos diversos, *político, profissional, familiar ou individual* (*Enciclopédia Saraiva de Direito*, vol. 33, pp. 442-443). No tocante ao estado profissional, a questão se confunde com o problema do próprio sigilo profissional, a seguir examinado; já no que diz respeito ao estado individual, não há evidentemente um dever de sigilo da testemunha para consigo mesma, entrosando-se os temas relacionados à preservação da esfera pessoal com a hipótese de dano à própria testemunha, já abordada no tópico anterior. O sigilo político, em termos de mero estado (não de função pública), relaciona-se com os temas da nacionalidade e da cidadania, sendo de raríssima verificação e de diminuto interesse prático.

Mais comum, enfim, é encontrarem-se situações em que invocado o estado *familiar*, que abrange não apenas o estado civil, em si, mas também vínculos como o de filiação e quaisquer outros laços de parentesco; valem aqui as mesmas observações feitas em torno da recusa de prestação de depoimento pessoal. Como o dever de sigilo, no âmbito dessas relações, não decorre de regra legal, mas sobretudo de especiais compromissos de lealdade e de proteção recíproca criados por força da ligação entre os membros do núcleo familiar, caberá ao juiz avaliar a relevância ou mesmo razoabilidade da recusa de depor, à vista de elementos como a proximidade entre a testemunha e a pessoa a quem se refere o fato sigiloso, a natureza e gravidade do tema tratado e mesmo aspectos culturais, tendo em vista os diferentes modelos de convivência impostos por diferentes grupos sociais e nacionais.

Já no tocante ao *sigilo profissional*, também tratado nos comentários ao art. 388, abrange não apenas as atividades profissionais em sentido estrito, mas, como reza o art. 154 do CP, a propósito do delito correspondente, também qualquer função, ofício ou ministério nos quais presente a obrigação de ocultação de determinadas informações. Inserem-se nessa órbita, portanto, o padre em relação à confissão, o médico, psicólogos e psiquiatras, o sócio em relação à sociedade, o sigilo empresarial e o de indústria genericamente considerados, e o advogado, dentre outros. O funcionário público também possui dever de sigilo profissional quanto a diversas questões inerentes à sua atividade, e a respectiva quebra injustificada poderá dar margem à caracterização de delitos específicos, como os de violação de sigilo funcional (art. 325 do CP) ou do sigilo de proposta de concorrência (art. 326 do CP).

A simples existência do dever de sigilo, previsto em normas regulamentares sobre o exercício de determinadas profissões, não necessariamente será óbice ao depoimento quanto a fatos assim conhecidos; diplomas como o Código de Ética Médica (Resolução nº 2.217/2018 do Conselho Federal de Medicina), no art. 73, *caput*, e o Código de Ética e Disciplina da OAB (Resolução OAB nº 2/2015), nos arts. 35, 37 e 38, chegam a autorizar o depoimento e a prestação de informações se por justa causa. O mero fato da convocação para a prestação de depoimento em juízo, contudo, não é tido por si só como suficiente para a configuração de justa causa.

Nem sempre haverá, todavia, espaço para a valoração de um certo critério de oportunidade, como se dá por exemplo com os funcionários públicos, quanto a fatos relacionados à segurança nacional, a interesses de Estado em geral ou quanto aos dados sigilosos de uma concorrência ainda em andamento, e mesmo quanto aos padres, pessoas que em todo e qualquer caso poderão amparar-se na escusa.

O dever de sigilo por outro lado pode ficar atenuado se a pessoa a que se referem os fatos resguardados é a própria parte que arrola a testemunha, e o depoimento (ou uma pergunta específica) é feito a pedido dela; justamente nesse sentido, o Código de Ética Médica expressamente autoriza o profissional a se manifestar com o consentimento do cliente (art. 73, *caput*, da Resolução CFM 2.217/2018).

Por fim, quanto ao jornalista, o sigilo da fonte não é propriamente um *dever* profissional, mas um *direito* essencial posto como *garantia* ao regular exercício da atividade, reconhecido em sede constitucional (art. 5º, XIV, da CF/88), direito esse também alcançado pelo art. 448, II, do CPC, e autorizador de negativa legítima em juízo.

Saliente-se que o CPP, em seu art. 207, mais do que autorizar a mera escusa por iniciativa da testemunha, como faz o CPC, considera *proibidas* de depor as pessoas que, em razão de sua função, ministério, ofício ou profissão, devam guardar segredo, "salvo se, desobrigadas pela parte interessada, quiserem dar o seu testemunho".

Jurisprudência

"A intimação de qualquer pessoa para prestar depoimento como testemunha, por si, não traduz violação da garantia de autoincriminação. A simples tramitação da presente carta rogatória não acarreta prejuízo aos direitos do Agravante.

Ao contrário, ao prestar seu depoimento e responder em audiência aos quesitos elencados, por óbvio, o agravante não será obrigado a produzir prova contra si mesmo, nos termos do princípio do *nemo tenetur se deterege*." (STJ, AgInt na CR nº 11.000/EX, Corte Especial, Rel. Min. Laurita Vaz, j. 16/11/2016, *DJe* 6/12/2016).

"O sigilo profissional é exigência fundamental da vida social que se deve ser respeitado como princípio de ordem pública, por isso mesmo que o Poder Judiciário não dispõe de força cogente para impor a sua revelação, salvo na hipótese de existir específica norma de lei formal autorizando a possibilidade de sua quebra, o que não se verifica na espécie. O interesse público do sigilo profissional decorre do fato de se constituir em um elemento essencial à existência e à dignidade de certas categorias, e à necessidade de se tutelar a confiança nelas depositada, sem o que seria inviável o desempenho de suas funções, bem como por se revelar em uma exigência da vida e da paz social. Hipótese em que se exigiu da recorrente – ela que tem notória especialização em serviços contábeis e de auditoria e não é parte na causa – a revelação de segredos profissionais obtidos quando anteriormente prestou serviços à ré da ação." (STJ, RMS nº 9.612/SP, 4ª T., Rel. Min. Asfor Rocha, j. 3/9/1998, *DJ* 9/1//1998, p. 103).

"Deve ser reconhecida a atipicidade da conduta do indivíduo que ao depor busca eximir-se da auto-incriminação." (STJ, REsp nº 673.668/RJ, 5ª T., Rel. Min. José Arnaldo da Fonseca, j. 17/3/2005, *DJ* 11/4/2005, p. 370).

> **Art. 449.** Salvo disposição especial em contrário, as testemunhas devem ser ouvidas na sede do juízo.
>
> **Parágrafo único.** Quando a parte ou a testemunha, por enfermidade ou por outro motivo relevante, estiver impossibilitada de comparecer, mas não de prestar depoimento, o juiz designará, conforme as circunstâncias, dia, hora e lugar para inquiri-la.

▶ *Referência: CPC/1973 – Arts. 336 e 410, III*

1. Ressalva quanto à localização do dispositivo

Valendo-se de discutível critério técnico, o legislador inseriu a presente norma, que trata do local próprio para o depoimento testemunhal, e que portanto claramente diz respeito à produção dessa prova, em subseção referente à admissibilidade e valor da prova testemunhal.

Mais estranheza causa a opção quando se tem em conta que, no CPC/73, o assunto era tratado, no art. 410, juntamente com temas afins, como o local (sob outro prisma) e momento da prova testemunhal, aspectos que no CPC/2015 seguem regulados na subseção referente à produção da prova (arts. 453 e 454).

Além da falta de motivo aparente para a segmentação, há outro inconveniente no modo como agora disciplinada a questão: o parágrafo único deste art. 449 corresponde, literalmente, ao art. 336, parágrafo único, do CPC/73 (ao qual simplesmente fazia remissão o art. 410, III, daquele Código). Dispunha-se por meio dele, nas disposições gerais referentes às provas (já que, nesse particular, a regra diz respeito a mais de uma modalidade probatória), acerca do impedimento, por doença ou qualquer outra razão relevante, de comparecimento tanto das partes quanto das testemunhas para depoimento na sede do juízo; entretanto, no CPC, inexiste dispositivo equivalente na parte geral, nem tampouco trata da questão a seção relativa ao depoimento pessoal, tendo dessa forma sido trazido para a disciplina da prova testemunhal também o tema do impedimento da parte para depoimento pessoal.

2. Local do depoimento e impossibilidade de comparecimento

Abstraída a fase do processo em que tomado o depoimento, as testemunhas, fora dos casos regulados no art. 454 do CPC (que trata da prerrogativa de determinadas autoridades quanto à escolha do local), depõem de ordinário na sede do juízo relativo ao foro de sua residência, local em que realizados os atos processuais e bem assim as audiências correspondentes.

É indiferente para o dispositivo ora comentado tratar-se de testemunha residente no foro de processamento da causa ou que tenha de ser ouvida por carta precatória (veja-se o art. 453, II), pois em ambos os casos a regra é rigorosamente a mesma, de comparecimento para oitiva na sede do juízo próprio.

O mesmo se aplica para as testemunhas inquiridas pelo sistema de videoconferência ou outro recurso tecnológico de transmissão de sons e imagens em tempo real, pois também aí as imagens serão geradas de ordinário a partir da sede do juízo do local de residência.

Mas pode ocorrer de estar a testemunha impossibilitada de se deslocar até o referido local, por motivos de saúde (circunstanciais ou permanentes). Nessas situações, pode o juiz se deslocar até a própria residência da testemunha, ou ainda ao hospital ou estabelecimento similar onde esteja recolhida.

Não se limita a lei, todavia, apenas às hipóteses de doenças, cogitando genericamente de outros motivos relevantes; dentre esses, pode inclusive estar a circunstância da prisão da testemunha em estabelecimento penal, que, em condições normais, pode ser suprida pela sua requisição à autoridade policial competente, sem que se exclua entretanto a necessidade de ida do juiz ao próprio local.

Participarão do ato, além do juiz, o escrevente responsável pela documentação do depoimento e ainda os advogados das partes e essas próprias (se cabível na espécie, também o membro do Ministério Público), não se excluindo que também nessas oportunidades se utilizem, quando viável, meios como videoconferência ou assemelhados.

Questão problemática que se coloca, outrossim, diz com a regra da publicidade, prevista no art. 5º, LX, da CF/88, e no art. 189 do CPC, já que à possibilidade geral de acompanhamento popular se anteporão problemas específicos relacionados às condições do local em que feita a inquirição; o deslocamento da sede do juízo, enfim, não torna por si só o depoimento sigiloso, mas é inevitável o reconhecimento de limitações como as ditadas pela preservação do domicílio da testemunha, ou por ambientes como hospitais ou prisões, quanto ao ingresso descontrolado de pessoas estranhas. Caberá ao juiz, segundo seu prudente arbítrio, avaliar eventuais interesses formalmente manifestados de acompanhamento do ato, sopesando os valores contrapostos e valendo-se do poder de polícia conferido pelo art. 360 deste CPC.

Subseção II

Da produção da prova testemunhal

Art. 450. O rol de testemunhas conterá, sempre que possível, o nome, a profissão, o estado civil, a idade, o número de inscrição no Cadastro de Pessoas Físicas, o número de registro de identidade e o endereço completo da residência e do local de trabalho.

▶ *Referência: CPC/1973 – Art. 407*

1. Rol de testemunhas. Redistribuição do tema

O CPC, adotando critério diferenciado (e duvidoso) em relação ao CPC/73, cindiu a matéria relativa ao rol de testemunhas.

Ao invés do tratamento englobado na subseção relativa à produção da prova testemunhal, como vinha feito nos arts. 407 e 408 do Código revogado, passou a cuidar do tema relativo ao prazo para a apresentação do rol, limite do número de testemunhas e dispensa pelo juiz das testemunhas excedentes, na seção relativa ao saneamento e organização do processo (art. 357, §§ 4º a 7º). E, no âmbito da produção da prova testemunhal, limitou-se a tratar como neste art. 450 da qualificação das testemunhas (o que, em última análise, também diz respeito ao conteúdo do rol), bem como, no art. 451, da substituição de testemunhas inicialmente arroladas.

2. Fundamentos da exigência

A prévia apresentação do nome e qualificação das testemunhas que se pretendam ouvir em audiência instrutória obedece a duas razões inteiramente distintas, uma de ordem meramente operacional e a outra ligada à garantia do contraditório. Assim, em primeiro lugar preocupa-se o legislador com a observância de antecedência suficiente a permitir a intimação, em tempo hábil, das testemunhas (perspectiva que a rigor permanece mesmo tendo em vista a intimação a cargo do próprio advogado, tal qual disposto no art. 455 do CPC); por outro lado, visa assegurar à parte contrária a prévia ciência das pessoas que irão depor, de modo a permitir a investigação de eventual ligação dessas para com as pessoas e fatos objeto do litígio, bem como para averiguar seu efetivo conhecimento dos fatos, melhor preparar a inquirição e, eventualmente, até mesmo providenciar as provas necessárias a eventual contradita (v. art. 457).

Esse último objetivo, por si só faz com que a apresentação do rol se mostre obrigatória mesmo nos casos em que a parte se disponha a trazer a testemunha independentemente de intimação, como observado nos comentários ao art. 455, do mesmo modo ocorrendo no tocante a testemunhas a serem inquiridas por carta precatória.

3. Qualificação. Dados pessoais necessários

Mostra-se o CPC mais rigoroso que o CPC/73 no tocante aos dados pessoais a serem oferecidos pela parte que arrola a testemunha. A par do nome, profissão, residência e local de trabalho, exige agora também o estado civil, idade, número de inscrição no Cadastro de Pessoas Físicas e o número do registro de identidade.

Não é preciso muito para concluir que a interpretação literal da norma legal poderia levar a uma injustificada limitação probatória, visto que em muitos casos a parte simplesmente não dispõe de alguns desses dados, nem tampouco tem como alcançá-los, não se afigurando razoável excluir apenas por isso a oitiva pretendida. Mesmo no sistema anterior, o tratamento da jurisprudência acerca da matéria era bastante flexível, tolerando-se a apresentação dos dados conhecidos e exigindo-se ao fim e ao cabo informações mínimas de modo a possibilitar a intimação, além da individuação da testemunha.

Assim deverá continuar sendo. Não se discute que o fornecimento do maior número de dados possível possa ser benéfico sob vários aspectos, mas, na falta deles, caberá à parte informar os elementos conhecidos, colhendo-se outras informações por ocasião da qualificação prévia ao próprio depoimento (art. 457).

Jurisprudência

"Possui o artigo 407 do CPC dupla finalidade: uma, meramente operacional, qual a de garantir antecedência suficiente para permitir a intimação, em tempo hábil, das testemunhas; e outra, mais importante, de assegurar à parte contrária a prévia ciência de quais pessoas que irão depor." (STJ, REsp nº 209.456/MG, 4ª T., Rel. Min. Hélio Quaglia Barbosa, j. 14/8/2007, *DJ* 27/8/2007, p. 254).

"É extemporânea a apresentação de rol de testemunhas, com determinação de novos endereços, em prazo inferior ao descrito no art. 407 do CPC, de sorte que improcede a pretensão da ré de ver anulado o processo por cerceamento de defesa." (STJ, REsp nº 808.455/ES, 4ª T., Rel. Min. Aldir Passarinho Junior, j. 15/3/2007, *DJ* 14/5/2007, p. 319).

Art. 451

CÓDIGO DE PROCESSO CIVIL INTERPRETADO

"O quinquídio legal para depósito do rol de testemunhas é prazo instituído em favor da outra parte, a fim de dar-lhe ciência acerca das pessoas que vão depor, não havendo exceção legal com relação às pessoas que devem ser ouvidas por meio de precatória. O artigo 410, II, do Código de Processo Civil não altera o prazo instituído pelo artigo 407, mas apenas dispensa as testemunhas inquiridas por carta do dever de depor perante o juiz da causa." (STJ, REsp nº 331.084/MG, 3ª T., Rel. Min. Castro Filho, j. 21/10/2003, *DJ* 10/11/2003, p. 185).

"A exigência do depósito do rol de testemunhas, devidamente qualificadas e com a necessária antecedência, justifica-se para que a parte contrária possa melhor inquiri-las e, especialmente, contraditá-las. Não contraria a lei a recusa em ouvir as que, constantes embora do rol, não estão acompanhadas da qualificação completa." (STJ, REsp nº 137.495/SP, 3ª T., Rel. Min. Eduardo Ribeiro, j. 14/10/1997, *DJ* 1º/12/1997, p. 62.743).

> **Art. 451.** Depois de apresentado o rol de que tratam os §§ 4º e 5º do art. 357, a parte só pode substituir a testemunha:
>
> I – que falecer;
>
> II – que, por enfermidade, não estiver em condições de depor;
>
> III – que, tendo mudado de residência ou de local de trabalho, não for encontrada.

▶ *Referência: CPC/1973 – Art. 408*

1. Inalterabilidade do rol

Sendo preclusivo, como se entende, o prazo para a apresentação do rol de testemunhas, decorre naturalmente que esse último, uma vez apresentado, não possa ser complementado ou ainda modificado, com substituição das testemunhas inicialmente indicadas, sob pena de se abrir ensejo à burla do critério legal.

Reconhece o legislador entretanto a existência de circunstâncias excepcionais que justificam tratamento mais flexível. Delas trata o presente dispositivo, que reproduz praticamente na íntegra o teor do art. 408 do CPC/73 e que, segundo técnica discutível, foi apartado pelo CPC do artigo acerca do prazo em si mesmo (art. 357), inserido na sessão relativa ao saneamento do processo.

2. Exceções legais

A hipótese de substituição da testemunha que houver falecido, ao contrário do que parece sugerir a redação do inciso I, não pressupõe que o óbito seja posterior ao rol, bastando que dele não tivesse conhecimento a parte (aliás, em relação aos três incisos do art. 451 parte-se da premissa de que ignorado o obstáculo, caso contrário soaria ilógico invocar o impedimento para efeito de modificação do rol).

Já no tocante à situação de enfermidade (inciso II), é importante ressaltar a exigência textual de que a moléstia seja tal que afete a condição para o próprio depoimento, caso contrário será, em tese, o caso de aplicar a regra do art. 449, parágrafo único, dispensando-se o comparecimento da testemunha à sede do juízo mas promovendo-se a inquirição em outro local.

Parece mais razoável, entretanto, uma certa maleabilidade no tratamento dessa situação. Ainda que a impossibilidade não seja total, caso a tomada do depoimento possa acarretar transtorno relevante à testemunha, ou mesmo apresentar dificuldades práticas no tocante à inquirição em local alternativo, e desde que a própria parte interessada na prova concorde com a substituição, demonstrando não haver prejuízo, não há por que recusá-la;

Atenção especial merece por fim o problema da falta de localização por mudança de residência ou do local de trabalho (inciso III).

É ônus da própria parte o fornecimento dos dados necessários à localização da testemunha que quer ouvir, encargo reforçado no âmbito do CPC pela atribuição agora feita no art. 455 ao próprio advogado de promover a intimação postal das testemunhas arroladas. Indicando a parte o endereço de que dispõe e somente depois tomando conhecimento da ocorrência de mudança, é possível cogitar num primeiro momento até mesmo da concessão de oportunidade para a obtenção de dados corretos, justificando-se de toda forma num ou noutro caso, pela falta de imputabilidade à parte da frustração da intimação, a substituição da testemunha não localizada.

Diferente disso é pensar no insucesso da intimação por motivos outros, como a inexistência do endereço informado, ou a ausência de qualquer relação ao longo do tempo entre a testemunha e o domicílio indicado, ou o local de trabalho. Embora na praxe forense se dê tratamento bastante benevolente em casos dessa ordem, a rigor aí não se tem mudança alguma de endereço, nem tampouco fato superveniente desconhecido da parte, tratando-se de puro e simples fornecimento de dados pessoais incorretos e de descumprimento portanto da regra do art. 450, o que não é causa para a substituição de testemunha.

Finalmente, registre-se que a admissão pelo juiz de modificação do rol fora dos casos legais é causa de nulidade *relativa*, sujeita portanto à iniciativa de impugnação pela parte contrária (no sistema do CPC, na forma do art. 1.009, § 1º, já que não se trata de decisão agravável).

Jurisprudência

"1. Nos termos do art. 407 do CPC, a parte deverá apresentar o rol de testemunhas no prazo fixado pelo juiz, sob pena de preclusão. 2. Apresentado o referido rol de testemunhas, é inviável a apresentação de "rol complementar", salvo para substituir testemunha que, nos termos do art. 408, I, II e III, do CPC, houver falecido, estiver enferma ou não for encontrada pelo oficial de justiça, o que não ocorreu in casu." (STJ, REsp nº 700.400/PR, 5ª T., Rel. Min. Arnaldo Esteves Lima, j. 26/6/2007, *DJ* 6/8/2007, p. 617).

"Procedimento sumaríssimo. Rol de testemunhas. Substituição. Se o autor substitui o rol de testemunhas oferecido com a petição inicial, sem oportuno protesto do réu, e as testemunhas são ouvidas em audiência de instrução e julgamento, ocorre a preclusão, o que impede seja o tema depois suscitado. Improcedência da alegação de ofensa aos arts. 276 e 408-III do Código de Processo Civil." (STJ, REsp no 9.777/AM, 3ª T., Rel. Min. Nilson Naves, j. 4/6/91, *DJ* 24/6/91, p. 8.639).

> **Art. 452.** Quando for arrolado como testemunha, o juiz da causa:
>
> **I** – declarar-se-á impedido, se tiver conhecimento de fatos que possam influir na decisão, caso em que será vedado à parte que o incluiu no rol desistir de seu depoimento;
>
> **II** – se nada souber, mandará excluir o seu nome.

▶ *Referência: CPC/1973 – Art. 409*

1. Magistrado como testemunha

O Código mantém, basicamente, a disciplina anterior a respeito do arrolamento do próprio juiz da causa como testemunha. O objetivo da norma, outrossim, claramente perceptível, é duplo; de um lado, visa proporcionar instrumento adicional de controle da imparcialidade dele, juiz, de outro prestando-se a evitar litigiosidade maliciosa em torno desse mesmo tema.

2. Ciência dos fatos e imparcialidade

O juiz, como corolário natural da exigência de imparcialidade, não pode ter ciência própria dos fatos postos na base do litígio; em princípio, a restrição prevalece qualquer que seja a forma de aquisição desse conhecimento, por via direta ou indireta, mas dirige-se sobretudo ao primeiro caso. Mostra-se incompatível, com efeito, tomada a essência da função judicante, a concomitância da posição de fonte de prova com a de destinatário e intérprete dessa mesma prova, não se concebendo traga o julgador ao processo uma impressão pessoal e anterior acerca dos fatos, desvinculada da atividade das partes na alegação e prova daqueles.

É certo haver desde logo impossibilidade formal de exercício simultâneo, no processo, dos papéis de juiz e testemunha; e, nesse sentido, o art. 144, I, do CPC, acerca das hipóteses de impedimento do juiz, merece leitura ampla, não apenas para alcançar os casos em que já tenha ele prestado depoimento como testemunha no processo, como ali referido, mas também aqueles em que tenha de vir a depor. Por seu turno, o art. 447, § 2º, III, estabelece hipótese de vedação sob perspectiva inversa quanto ao mesmo problema, agora em relação à testemunha (diz que o juiz está proibido de depor como tal).

Mas, bem examinada a *ratio* do art. 452, ora comentado, verifica-se que a rigor, mais que a circunstância em si do arrolamento (que pode ser contornada com a exclusão do nome do juiz, se o caso, nos termos do inciso II), o que justifica o impedimento, antes mesmo da consumação do depoimento, é na realidade a evidência da ciência pessoal e preexistente de fatos que possam influir na decisão da causa, que a indicação como testemunha vem apenas a confirmar.

O ato da parte, nesse diapasão, potencializa e dá forma a um conflito ético-jurídico que na verdade deveria ser em si mesmo suficiente para que espontaneamente viesse o juiz a requerer sua substituição (imaginar o contrário seria admitir a hipótese absurda de que, omissa a parte quanto ao pedido de testemunho, estivesse o juiz livre para seguir no processo, valendo-se dos referidos conhecimentos pessoais para, com quebra da imparcialidade, decidir a causa). Justamente por isso, em condições normais é raro que se chegue a situação em que, ainda presidindo o processo, seja o juiz nele arrolado como testemunha.

O art. 452, sob esse prisma, cria situação expressa de impedimento diversa das do art. 144, não correspondente às situações formais lá descritas, mas de contornos indefinidos e além disso sujeita a um certo grau de valoração (diferentemente dos demais casos, em que a configuração objetiva das hipóteses legais é bastante para a determinação do obstáculo).

O que o juiz avalia, essencialmente, é se está ou não impedido de seguir nessa função, sendo a possibilidade ou não de depor como testemunha apenas decorrência da resposta a essa primeira indagação.

Mas, insista-se: a solução depende de um juízo de valor, visto que não é o conhecimento de qualquer fato, como diz a lei, que provoca o impedimento, senão de fatos relevantes e que possam influir na decisão da causa. Não basta, em tal sentido, a ciência de fatos notórios, ou pelo menos de grande difusão e que sejam de ordinário conhecidos também de outros juízes, nem tampouco a ciência de fatos isolados e irrelevantes, incapazes de exercer qualquer influência na formação da convicção do julgador acerca dos pontos centrais da discussão.

Por outro lado, chama a atenção a parte final do inciso I, quando alerta para o fato de que, reconhecido o impedimento, não mais poderá a parte desistir do depoimento. A regra, a um exame apressado, pareceria sem lógica, sugerindo uma verdadeira restrição em desfavor da própria parte, como se o ato do arrolamento fosse o causador real do afastamento (quando como visto não é assim que na verdade se dá); considerando-se que a parte somente terá contribuído para evidenciar um impedimento que por si só já poderia e deveria obstar a atuação daquele magistrado em específico, não teria, com efeito, sentido a proibição de abrir posteriormente mão do depoimento.

O verdadeiro sentido da exigência vem a ser entretanto, sob outra perspectiva, o controle da regularidade da própria admissão de impedimento, de modo a evitar que, por meio de artifício como o requerimento de testemunho, venha a se dar azo por exemplo a que o juiz se afaste de um caso que não gostaria de julgar, ou se possibilite, em conluio com a parte, que a demanda seja por motivos escusos encaminhada a um outro juiz, em ambos os casos com ofensa quando menos da regra do juiz natural.

Assim, se tiver reconhecido sua condição de testemunha dos fatos, deverá o juiz necessariamente depor, para que se saiba então qual seu real conhecimento daqueles; apesar da referência legal à impossibilidade de "desistência" do depoimento, o que está em jogo, destarte, muito mais do que a opção da parte quanto à prova, é uma exigência relacionada à pessoa do juiz.

E, justamente por isso, a exigência somente existirá se o afastamento tiver ocorrido ao ensejo da apresentação do rol de testemunhas, e mediante referência direta a essa circunstância. Caso tenha o juiz inicialmente atuado no caso mas desde logo se afastado pelos meios formais usuais, já estando a situação definida, nada impede que venha posteriormente a ser arrolado como testemunha e que a parte interessada, em seguida, abra mão do depoimento.

3. Arrolamento indevido e exclusão do nome

A inclusão do nome do juiz no rol de testemunhas não cria, ante o que se viu, uma situação incontornável, bastando que, como dito no inciso II do art. 452, determine ele a respectiva exclusão, caso *nada saiba* (com os limites considerados no item precedente quanto ao grau de conhecimento efetivamente ensejador de impedimento). Não fosse assim, estaria aberto o caminho para a exclusão de juízes inconvenientes, por litigantes inescrupulosos.

Aparentemente, afigurar-se-ia hipótese diferenciada em que se concederia à "testemunha" a faculdade de deliberar sobre o próprio comparecimento e a conveniência do depoimento.

Mas na verdade há situação excepcional em outro sentido. O que está em jogo em última análise é o impedimento ou não do juiz em virtude da possível ciência pessoal dos fatos; e, nesse sentido, percebe-se que a determinação do juiz de exclusão de seu nome acaba por corresponder na prática a uma negativa de impedimento, julgada diretamente pelo magistrado, diferentemente do que se dá com as arguições de impedimento em geral, submetidas em caso de negativa à apreciação do tribunal ao qual subordinado hierarquicamente o juiz (cf. art. 146, §§ 1º a 7º, do CPC).

Jurisprudência

"A circunstância de haverem sido arrolados, como testemunhas, Desembargadores em número que constitui a maioria do tribunal, não é motivo para acarretar a incompetência do juiz de 1º grau. Tampouco de incompetência do tribunal, independentemente de qualquer pronunciamento deste, para julgar apelação contra a sentença que indeferiu a inicial." (STF, Recl. no 332-9/DF, Tribunal Pleno, Rel. Min. Octávio Gallotti, j. 8/11/90, *DJ* 7/12/90).

"ADMINISTRATIVO. PROCESSO DISCIPLINAR. IMPEDIMENTO DE MEMBRO DA COMISSÃO DE INQUÉRITO. Quem é ouvido na qualidade de testemunha acerca de faltas disciplinares não pode ser membro da comissão formada para apurá-las (L. 9.784/99, art. 18, II)." (STJ, MS nº 18.804/DF, 1ª Seção, Rel. Min. Benedito Gonçalves, Rel. p/ Acórdão Min. Ari Pargendler, j. 23/10/2013, *DJe* 18/2/2014).

> **Art. 453.** As testemunhas depõem, na audiência de instrução e julgamento, perante o juiz da causa, exceto:
>
> I – as que prestam depoimento antecipadamente;
>
> II – as que são inquiridas por carta.
>
> **§ 1º** A oitiva de testemunha que residir em comarca, seção ou subseção judiciária diversa daquela onde tramita o processo poderá ser realizada por meio de videoconferência ou outro recurso tecnológico de transmissão e recepção de sons e imagens em tempo real, o que poderá ocorrer, inclusive, durante a audiência de instrução e julgamento.
>
> **§ 2º** Os juízos deverão manter equipamento para a transmissão e recepção de sons e imagens a que se refere o § 1º.

▶ *Referência: CPC/1973 – Art. 410*

1. Forma, local e momento do depoimento testemunhal

O depoimento da testemunha em juízo é, essencialmente, prestado sob a forma oral, exceto nos casos em que a testemunha não puder se expressar por tal meio, como tratado nos comentários ao art. 442. Ainda que se trate da colheita da manifestação por mecanismos alternativos,

de toda forma, é inerente a esse meio probatório, em termos processuais, que o ato se dê perante a autoridade judicial competente e seja por ela conduzido, não tendo portanto valor de prova testemunhal a juntada de simples declarações formuladas extrajudicialmente e registradas por escrito, ainda que por agente dotado de fé pública, como no caso das atas notariais (v. art. 384).

Decorrência da prestação do depoimento perante o juiz da causa, por outro lado, é a observância como regra da sede do juízo como local próprio para o ato, tal qual disposto em termos expressos no art. 449, *caput*, do CPC.

Finalmente, o momento por excelência do depoimento é a audiência de instrução e julgamento, quando, conforme disposto no art. 361 do mesmo CPC, se concentra a produção da prova oral.

Ao mesmo tempo em destaca a regra geral, por seu turno, o art. 453, ora comentado, trata de algumas exceções, sem contudo exauri-las. No art. 449, parágrafo único, e no art. 454, prevê o Código outras hipóteses, autorizando a tomada do depoimento fora da sede do juízo e da própria audiência de instrução e julgamento, no primeiro caso em virtude de impedimentos que impossibilitem a testemunha de comparecer, no segundo caso, por força de regra de deferência que autoriza a escolha por determinadas autoridades do local e data para a prestação do depoimento.

2. Depoimento antecipado

Quanto às situações referidas pelo art. 453, a primeira diz respeito à antecipação do depoimento da testemunha. Por antecipação pode-se entender tanto, em termos mais estritos, o adiantamento da tomada das declarações para momento anterior ao da audiência de instrução e julgamento, mas ainda dentro mesmo do processo, quanto, em termos mais amplos, a oitiva antes mesmo do início do processo no qual se pretenda a utilização da prova.

No sistema do CPC/73, a subversão em tais termos do momento probatório vinha disciplinada especialmente sob a forma de medida cautelar típica de antecipação de prova, vinculada por seu turno, no que interessa à prova oral, ao risco de perecimento da prova ou de dificuldade extrema de sua produção no momento próprio. Falava o Código revogado, em tal sentido, na possibilidade de ausência da testemunha ou parte (art. 847, I) ou no justo receio de que, por motivo de idade ou moléstia grave, não pudesse sobreviver até o momento próprio do depoimento, ou viesse a ficar impossibilitada de depor (art. 847, II); compreendia por seu turno o primeiro inciso, conforme se entendia, tanto hipóteses de ausência prolongada, por motivo de viagem, como a própria fixação de domicílio em locais distantes ou de difícil acesso, inclusive no exterior.

O CPC, que aboliu a autonomia do processo cautelar sem deixar de reconhecer a tutela cautelar, em si mesma, como modalidade de tutela de urgência, manteve para a produção antecipada de provas procedimento próprio (arts. 381/383), sem feição contudo predominantemente cautelar.

Referiu-se, é certo, no inciso I do art. 381, ao fundado receio de impossibilidade ou grande dificuldade de verificação de certos fatos na pendência da ação, mas fora daí deu destaque à antecipação da prova sem o requisito da urgência (incisos II e III do mesmo art. 381). Assim, abriu-se nova possibilidade para a antecipação da prova testemunhal, como mecanismo voltado a viabilizar a autocomposição ou outros meios adequados de solução do conflito, ou ainda quando possibilitar o conhecimento de fatos que possam justificar ou evitar o ajuizamento de ação.

No que diz respeito à situação de urgência tratada no art. 381, I, por outro lado, chama a atenção estar relacionada a hipótese que, no CPC/73, era justificativa na verdade para a antecipação de prova pericial (art. 849); fala-se aí em situação de risco não propriamente relativa à pessoa da testemunha ou parte, ou pelo menos relativamente aos meios de acesso a elas, e na antecipação como modo a viabilizar o depoimento, mas sim de preservação do estado de fato a ser objeto da atividade probatória.

Ao fim e ao cabo, portanto, não há previsão atual expressa para a antecipação de depoimento (de testemunha ou da parte) em função de situações de risco às próprias fontes de prova, o que não impede seja providência em tal sentido buscada à luz do procedimento dos arts. 381 a 383, como tratado nos comentários correspondentes.

À parte essas situações, pode-se cogitar da antecipação de prova testemunhal, dentro do processo, não por riscos ou dificuldades ligadas à produção da prova em si, mas pelo interesse na pronta apuração de determinados fatos, o que não chega a ser novidade; basta pensar, a respei-

to, na inquirição de testemunhas em audiência de justificação prévia voltada à apreciação de pedido de tutela de urgência ou mesmo de evidência (no último caso, quanto ao procedimento relativo às ações possessórias).

Destaque-se ainda que a antecipação do depoimento da testemunha, qualquer que seja o motivo, não impede que na audiência de instrução e julgamento, caso ainda útil e viável materialmente a prova, seja promovida a reinquirição (ressalva tanto mais importante quanto se tem em conta que a produção antecipada de provas não previne a competência para a ação a ser proposta (cf. art. 381, § 3º, do CPC), de modo que a apreciação da prova será com grande probabilidade feita por juízo diverso do que terá colhido o depoimento).

2. Inquirição por carta

Residindo por seu turno em outra comarca, seção ou subseção judiciária, não está a testemunha obrigada a se deslocar até a sede do juízo de tramitação da causa, sendo-lhe reconhecido o direito de ser inquirida no foro de seu domicílio (ainda que o art. 462 do CPC preveja o reembolso de despesas de viagem, pressupondo, entretanto, como dito nos comentários respectivos, gastos realizados mesmo sob essa perspectiva); por mais que inegável, enfim, o dever de colaboração para com o Judiciário, à luz dos arts. 378 e 380, I, do mesmo CPC, não se afigura razoável exigir do terceiro estranho ao processo sacrifício maior que o necessário para a respectiva implementação.

Entre o interesse na concentração da prova perante o juiz da causa e a compreensão da situação da testemunha (notadamente em um território em que previsíveis deslocamentos de grande envergadura), destarte, acabou a lei por sacrificar nesse caso a primeira hipótese.

Não há, entretanto, evidentemente, impedimento em que a testemunha, querendo, compareça na própria audiência de instrução e julgamento, já que disponível a prerrogativa, criada em última análise para sua própria comodidade.

2.1. Depoimento por videoconferência para testemunhas residentes em outras localidades

Acabou o CPC de toda forma, mediante expressa admissão de emprego das modernas tecnologias de transmissão de sons e imagens, por prever situação que tende a superar as dificuldades decorrentes da tomada do depoimento por carta precatória.

Dispõe o § 1º do art. 453, com efeito, ser admissível a inquirição de testemunha residente em outro local por videoconferência ou outro recurso tecnológico equivalente. Isso ocorrendo, e tendo em vista a presidência do ato pelo juiz da causa, com formulação pessoal de perguntas e imediação (também por parte dos advogados) para com a testemunha, o depoimento será considerado para todos os efeitos presencial, e não por carta. A carta precatória servirá, em tais casos, tão somente para a intimação da testemunha a comparecer à sede do juízo deprecado e ali ser inquirida a partir do juízo deprecante.

Cogita todavia o Código, não como diretriz mas como possibilidade ideal, de que a tomada do depoimento seja feita concomitantemente à realização da audiência de instrução e julgamento na origem, hipótese que envolve não poucas dificuldades práticas, ante a necessidade não apenas de compatibilização das agendas como também dos horários concretos de realização dos atos.

A par disso, e visando possibilitar a rápida difusão do mecanismo, traz determinação aos juízos no sentido de manter equipamentos para a transmissão e recepção de sons e imagens (art. 453, § 2º), prescrição que contudo terá de conviver com restrições orçamentárias e estruturais as mais diversas.

Sem prejuízo, no âmbito normativo, a Resolução nº 105/2010, modificada pela Resolução 222/2016, ambas do CNJ, prevê o desenvolvimento e disponibilização por esse órgão, aos tribunais, de sistemas eletrônicos de gravação dos depoimentos, dos interrogatórios e de inquirição de testemunhas por videoconferência.

Jurisprudência

"O depoimento de testemunha para valer como prova no processo deve ser prestado perante o juiz, com perguntas e reperguntas das partes; ainda que feito perante tabelião e documentado por escritura pública, o testemunho de quem, como preposto, se diz autor de assinatura aposta em contrato, não inibe a realização de prova grafotécnica, se o preponente opõe dúvidas a respectiva autenticidade. Recurso especial conhecido e provido." (STJ, REsp nº 472.174/MT,

3ª T., Rel. Min. Ari Pargendler, j. 2/5/2006, *DJ* 12/6/2006, p. 472).

"CONFLITO DE COMPETÊNCIA. PROCESSUAL CIVIL. OITIVA DE TESTEMUNHA DE DEFESA. CARTA PRECATÓRIA EXPEDIDA POR JUÍZO FEDERAL. CUMPRIMENTO POR JUÍZO ESTADUAL. Conforme o disposto no art. 1.213 do CPC, as cartas precatórias expedidas por juiz federal podem e devem ser cumpridas por juiz estadual, ainda que exista Vara Federal cuja jurisdição atinja a comarca para onde enviada a precatória, com o intuito de realizar os atos de forma mais simples, menos onerosa às partes e terceiros, e de forma mais rápida. Precedentes da Corte." (STJ, CC nº 25.148/SP, 3ª Seção, Rel. Min. José Arnaldo da Fonseca, j. 23/6/1999, *DJ* 6/9/1999, p. 41).

"Conflito de competência. Carta precatória. Interrogatório de testemunhas. É vedado ao juízo deprecado recusar cumprimento apreciatória ao entendimento de que competente seria um outro juízo. Por outro lado, é facultado à testemunha depor fora de seu domicílio, porém não poderá ser obrigada a se deslocar do local onde reside para prestar depoimento em outra cidade. A teor do art. 401, II, do CPC, a testemunha que reside fora da cidade em que o juízo tem sede não está obrigada a comparecer à audiência, devendo ser ouvida mediante precatória." (STJ, CC no 14.953/SC, 3ª Seção, Rel. Min. Vicente Leal, j. 12/3/97, *DJ* 5/5/97, p. 17.003).

Art. 454. São inquiridos em sua residência ou onde exercem sua função:

I – o presidente e o vice-presidente da República;

II – os ministros de Estado;

III – os ministros do Supremo Tribunal Federal, os conselheiros do Conselho Nacional de Justiça e os ministros do Superior Tribunal de Justiça, do Superior Tribunal Militar, do Tribunal Superior Eleitoral, do Tribunal Superior do Trabalho e do Tribunal de Contas da União;

IV – o procurador-geral da República e os conselheiros do Conselho Nacional do Ministério Público;

V – o advogado-geral da União, o procurador-geral do Estado, o procurador-geral do Município, o defensor público-geral federal e o defensor público-geral do Estado;

VI – os senadores e os deputados federais;

VII – os governadores dos Estados e do Distrito Federal;

VIII – o prefeito;

IX – os deputados estaduais e distritais;

X – os desembargadores dos Tribunais de Justiça, dos Tribunais Regionais Federais, dos Tribunais Regionais do Trabalho e dos Tribunais Regionais Eleitorais e os conselheiros dos Tribunais de Contas dos Estados e do Distrito Federal;

XI – o procurador-geral de justiça;

XII – o embaixador de país que, por lei ou tratado, concede idêntica prerrogativa a agente diplomático do Brasil.

§ 1º O juiz solicitará à autoridade que indique dia, hora e local a fim de ser inquirida, remetendo-lhe cópia da petição inicial ou da defesa oferecida pela parte, que a arrolou como testemunha.

§ 2º Passado 1 (um) mês sem manifestação da autoridade, o juiz designará dia, hora e local para o depoimento, preferencialmente na sede do juízo.

§ 3º O juiz também designará dia, hora e local para o depoimento, quando a autoridade não comparecer, injustificadamente, à sessão agendada para a colheita de seu testemunho no dia, hora e local por ela mesma indicados.

▶ *Referência: CPC/1973 – Art. 411*

1. Prerrogativa de cargo e função

O dispositivo ora comentado, mantendo a orientação do Código anterior, prevê mais uma exceção quanto ao local (art. 449) e momento (art. 453) em que deve ser inquirida a testemunha, facultando a indicação, por determinadas autoridades, do dia, hora e local em que pretendam ser inquiridas.

Trata-se de prerrogativa conferida sobretudo por razões de *deferência*, em consideração ao alto cargo ocupado e à magnitude da função pública desempenhada, evitando-se por um lado que tenham de se deslocar ao prédio do fórum e por outro que se vejam ante interferência impositiva na organização de sua agenda de trabalho; secundariamente, a regra atende também a preocupações no tocante à própria segurança de algumas dessas autoridades.

A regra é controvertida e vista por alguns como privilégio injustificado, mas o fato é que o CPC inclusive ampliou seu alcance, incluindo no rol do art. 454 novas autoridades: os conselheiros do Conselho Nacional de Justiça e do Conselho Nacional do Ministério Público (incisos III e IV, respectivamente); o advogado-geral da União, o procurador-geral do Estado, o procurador-geral do Município, o defensor público-geral federal e o defensor público-geral do Estado (inciso V); os prefeitos (inciso VIII); os deputados distritais (inciso IX); e o procurador-geral de justiça (inciso XI).

A par disso, cabe lembrar que o art. 33, I, da Lei Complementar nº 35/79 (LOMAN), e o art. 40, I, da Lei nº 8.625/93 (LONMP), estenderam respectivamente aos juízes de primeira instância e aos promotores de justiça prerrogativa idêntica; a praxe, nesses casos, tem sido entretanto a de mera consulta a tais autoridades quanto à disponibilidade pessoal para comparecimento à audiência marcada, com a tomada do depoimento na própria.

Outra questão relevante diz respeito ao alcance da faculdade, tendo em conta a relação da autoridade para com o processo: o CPC (como também o CPC/73) nada dispõe na disciplina do depoimento pessoal acerca da aplicação da prerrogativa à manifestação de uma dessas autoridades, limitando-se a referir a hipótese de convocação para depor como testemunha; há no entanto julgado do STF entendendo inexistir distinção entre essas situações, de modo que também ao depoimento da parte se aplicaria a possibilidade de escolha de dia, hora e local (ver abaixo).

2. Procedimento

Ao invés da pura e simples comunicação da data da audiência e da convocação judicial, inverte-se a perspectiva e a autoridade é simplesmente informada de seu arrolamento como testemunha, solicitando-se que aponte ela mesma dia, hora e local de sua conveniência para a oitiva. O local será, em condições normais, o do exercício das funções, embora o *caput* permita a opção pela residência.

Quanto ao momento, o CPC atual aperfeiçoou a disciplina do CPC/73, que silenciava quanto ao limite temporal para o exercício da prerrogativa; estabeleceu-se, agora, o prazo de 1 (um) mês para tanto, nos termos do § 2º deste art. 454.

O prazo em questão, entretanto, é simplesmente para a *comunicação* ao juiz quanto à opção feita. Segue omissa a lei quanto a qualquer margem de tolerância em torno da própria data a ser escolhida, relevando nesse ponto evitar que se cometam abusos: à toda evidência, não se admite que a designação recaia em data excessivamente distante, estando implícito que da parte da autoridade, por razões de recíproca deferência para com a autoridade judicial, bem como pela necessidade de pronta colaboração de qualquer agente público para com o desempenho de outra atividade pública relevante, deva haver a maior brevidade possível.

Visando facilitar à autoridade a memória dos fatos sobre os quais irá depor, junto com a solicitação deve ser a ela enviada cópia da principal manifestação da parte que a arrolou (petição inicial ou defesa, conforme o caso). Note-se que não existe a possibilidade de pura e simples recusa de antemão ao depoimento, que como se viu nos comentários ao art. 452 só se defere ao próprio juiz da causa: ainda que nada saiba ou que pretenda a testemunha se valer de uma das escusas do art. 448 do CPC, deverá declará-lo no momento do depoimento, perante o juiz.

Problema delicado que se oferece, outrossim, diz respeito à publicidade do ato, já examinada nos comentários ao art. 449 no tocante à inquirição da testemunha enferma: a rigor, estarão naturalmente presentes ao ato e acompanharão o depoimento, além do juiz e do escrevente que levar consigo para a necessária documentação, as próprias partes e seus procuradores, bem como eventualmente o representante do Ministério Público; enfim, todos os que normalmente participariam da inquirição na sede do juízo, se lá feito o depoimento.

É legítima contudo, segundo nos parece, a restrição ao ingresso de terceiros interessados por simples curiosidade. Há que se considerar a circunstância especial de não estar o ato sendo realizado em local por si mesmo franqueado ao público, diversamente da sede do juízo, pesando contra o ingresso de toda e qualquer pessoa, ademais, aspectos como a proteção ao domicílio privado ou limitações de segurança ditadas pelo local público eleito ou pela própria posição da autoridade que depõe.

Nada impede de toda forma que o juiz aprecie requerimento motivado de acesso, formulado por eventuais interessados, devendo decidir segundo seu prudente arbítrio, à vista das circunstâncias do caso concreto, valendo-se ainda do poder de polícia que lhe confere o art. 360 do CPC. Dita restrição ao acompanhamento presencial, por seu turno, não torna o depoimento em si mesmo sigiloso, de modo que poderá ser livremente consultada a documentação própria, depois de anexada aos autos.

2. Omissão da autoridade quanto à escolha ou ausência na data designada

O CPC, em boa hora, supriu a omissão do Código revogado em torno da hipótese de inércia da autoridade a quem se conferiu a faculdade de escolha, deixando claro ocorrer nesse caso a perda da prerrogativa de tratamento diferenciado.

Assim, se decorrido o lapso de 1 (um) mês sem resposta ao pedido de designação de data e local, o próprio juiz agendará o depoimento, a ser tomado preferencialmente na sede do juízo (§ 2º).

O mesmo ocorrerá se, indicadas pela autoridade as condições pretendidas para o depoimento, deixar ela injustificadamente de comparecer à sessão designada para tanto (§ 3º).

Embora o legislador não o tenha dito expressamente, não há razões para entender que, registrada nova ausência, nos casos do § 3º (ou ausência originária, nas hipóteses do § 2º), não esteja a autoridade sujeita, como qualquer outra testemunha, à condução coercitiva, nos termos do art. 455, § 5º, do CPC.

Jurisprudência

"As inspirações teleológicas da prerrogativa de função não são elididas pela circunstância de a autoridade não figurar no processo como testemunha, mas como parte. 2. A prerrogativa de os dignitários referidos no art. 411 C.Pr.Civ. poderem designar o local e o tempo de sua inquirição, para não se reduzir a mero privilégio, há de ser vista sob a perspectiva dos percalços que, sem ela, poderiam advir ao exercício de suas altas funções, em relação às quais pouco importa que a audiência se faça na qualidade de testemunha ou de parte." (STF, HC 85.029/SP, Tribunal Pleno, Rel. Min. Sepúlveda Pertence, j. 9/12/2004, *DJ* 1º/4/2005, p. 6).

"Prova. Testemunha que é parlamentar e deve ser ouvida na forma do artigo 411 do CPC. Omissão na resposta às solicitações encaminhadas. Parte que não pode se ver prejudicada pela conduta da testemunha. Ordem para que seja rei-

Art. 455

terada a solicitação, sob pena de responder pelo descumprimento. Agravo provido." (TJSP, AI nº 9029338-90.2005.8.26.0000/Ribeirão Preto, 4ª Câm. Dir. Priv., Rel. Des. J. G. Jacobina Rabello,).

> **Art. 455.** Cabe ao advogado da parte informar ou intimar a testemunha por ele arrolada do dia, da hora e do local da audiência designada, dispensando-se a intimação do juízo.
>
> **§ 1º** A intimação deverá ser realizada por carta com aviso de recebimento, cumprindo ao advogado juntar aos autos, com antecedência de pelo menos 3 (três) dias da data da audiência, cópia da correspondência de intimação e do comprovante de recebimento.
>
> **§ 2º** A parte pode comprometer-se a levar a testemunha à audiência, independentemente da intimação de que trata o § 1º, presumindo-se, caso a testemunha não compareça, que a parte desistiu de sua inquirição.
>
> **§ 3º** A inércia na realização da intimação a que se refere o § 1º importa desistência da inquirição da testemunha.
>
> **§ 4º** A intimação será feita pela via judicial quando:
>
> **I** – for frustrada a intimação prevista no § 1º deste artigo;
>
> **II** – sua necessidade for devidamente demonstrada pela parte ao juiz;
>
> **III** – figurar no rol de testemunhas servidor público ou militar, hipótese em que o juiz o requisitará ao chefe da repartição ou ao comando do corpo em que servir;
>
> **IV** – a testemunha houver sido arrolada pelo Ministério Público ou pela Defensoria Pública;
>
> **V** – a testemunha for uma daquelas previstas no art. 454.
>
> **§ 5º** A testemunha que, intimada na forma do § 1º ou do § 4º, deixar de comparecer sem motivo justificado será conduzida e responderá pelas despesas do adiamento.

▶ *Referência: CPC/1973 – Art. 412*

1. Intimação pelo advogado

Em medida inovadora, o CPC não apenas introduziu como transformou em regra, no tocante às testemunhas, a intimação providenciada diretamente pelo advogado da parte interessada (fala o *caput*, como expressões equivalentes, em *informação* ou *intimação*, mas o caso é con-

cretamente de intimação; simples informação, quando o caso, ocorrerá nas situações de comparecimento espontâneo a que alude o § 2º); apenas subsidiariamente, e nas hipóteses referidas no § 4º do dispositivo legal ora comentado, é que se recorrerá à intimação por via judicial.

A inspiração parece ter sido claramente a necessidade de desafogar a máquina judiciária, liberando-a em parte da sobrecarga representada pelo cumprimento de mandados de intimação por oficiais de justiça, como também do preparo, envio e controle de intimações por via postal por parte das secretarias, tomando-se por base o interesse direto no ato e ainda a possibilidade da realização pelo meio alternativo imaginado sem prejuízo de seus escopos.

É interessante notar que a aparente despublicização, bem como a realização da intimação em ambiente extrajudicial, não lhe retiram a característica de ato processual em sentido estrito: trata-se, ainda assim, de ato praticado por sujeito do processo, em função dele e com o objetivo de produzir efeitos relativamente ao processo. Mais ainda: a intimação assim promovida não é uma comunicação restrita ao advogado e à testemunha, mas ato praticado por delegação do Estado, que a ele empresta seu poder de império, tornando a intimação vinculativa da testemunha (o que não ocorreria no plano estritamente privado) e fazendo obrigatório o comparecimento; tanto assim é que, na hipótese de ausência, prevê o § 5º deste mesmo art. 455 a possibilidade de condução coercitiva, tenha a intimação ocorrido por iniciativa de advogado ou por via judicial propriamente dita (a respeito, veja-se o item 4, adiante).

Paralelamente ao reequacionamento da carga de trabalho e à imputação de um novo ônus à parte, a medida reforça a responsabilidade daquela no tocante ao sucesso da diligência. Não que antes não respondesse ela pela inviabilização do ato se não providenciados os meios materiais necessários à intimação judicial, bem como se não fornecesse, ao fim e ao cabo, dados concretamente adequados à localização e intimação da testemunha; mas a praxe acabou por consagrar postura um tanto quanto tolerante no tocante a aspectos como a indicação do endereço, admitindo a renovação por diversas vezes das tentativas de intimação a partir da enganosa consideração de se tratar, afinal, de diligência judicial.

Nos termos em que delineado o novo sistema, cabe à parte providenciar o necessário para que a testemunha seja eficaz e tempestivamente intimada para a audiência, sob pena de prejuízo da prova. O § 3º do art. 455, tanto quanto na hipótese de comparecimento espontâneo da testemunha, toma a inércia da parte como presunção de desistência da inquirição, o que, na literalidade do texto legal, remete em princípio aos casos de inação pura e simples, vale dizer, de falta de expedição da carta intimatória; a inércia deve todavia, por coerência para com o ônus instituído e em nome da racionalização dos atos processuais e da razoável duração do processo, ser tomada também em termos qualitativos, alcançando a execução injustificadamente imperfeita do ato.

Não se legitima assim, salvo obstáculo não imputável à parte, a renovação do ato – seja por nova intimação direta, seja por via judicial –, se por exemplo a testemunha simplesmente não reside no endereço ao qual a parte, por sua conta e risco, fez remeter a carta intimatória, ou se providenciada tardiamente a intimação (a respeito, veja-se ainda o item 3.1, adiante).

No plano temporal, além da remessa em tempo hábil da carta intimatória, cabe à parte providenciar a juntada aos autos, com antecedência de pelo menos três dias da data da audiência, a cópia da correspondência e do comprovante de recebimento (art. 455, § 1º), de modo a demonstrar a exata adoção das providências a seu cargo e permitir a apreciação em audiência da documentação, pelo juiz e pela parte contrária.

Parece claro que, se a testemunha comparecer, a juntada dos documentos em prazo inferior, ou mesmo sua não apresentação, ficarão automaticamente relevados, pela ausência de prejuízo; mas, em caso de ausência, a omissão na apresentação da documentação referida impedirá que seja verificado o cumprimento da intimação e os termos em que realizada, equiparando-se à inércia em intimar (ressalvam-se também aqui hipóteses excepcionais como a possibilidade de demora na devolução ou extravio do aviso de recebimento, pelo correio, a serem devidamente sopesadas conforme as circunstâncias).

No tocante à forma da carta, outrossim, além da previsão de remessa com aviso de recebimento, não chega o CPC, diversamente do que fazia o CPC/73 no art. 412, *caput*, a exigir a indicação dos nomes das partes e da natureza da causa; limita-se a mencionar o dia, hora e local da diligência. No entanto, sobretudo em função da origem privada do ato, é razoável sejam fornecidos dados capazes de fornecer à testemunha compreensão mínima acerca da seriedade e razão de ser da convocação (sem prejuízo da preservação dos nomes em caso de tramitação do processo sob sigilo).

Cabe observar que a dispensa de intimação judicial não desonera a parte da apresentação do rol de testemunhas no prazo judicialmente fixado, mesmo porque a função do rol, como observado nos comentários ao art. 450, não se exaure em possibilitar eventuais providências intimatórias, visando a também dar à parte contrária conhecimento da identidade e dados pessoais das testemunhas, possibilitando a preparação de eventuais contraditas e dos próprios termos da inquirição.

Não dá a lei, por fim, solução adequada para a hipótese de testemunha comum, quanto a eventualmente dispensar uma das partes (o réu) do envio de correspondência própria. Parece-nos, por razões de economia e de modo a evitar desnecessários adiamentos da audiência, cumprir a ambas as partes tomar a providência, o que inclusive delimitará, no caso de ausência da testemunha, o interesse para o requerimento de eventuais diligências complementares.

2. Comparecimento independentemente de intimação

Segue permitindo o CPC, tal qual o fazia o art. 412, § 1º, do CPC/73, que a parte assuma o compromisso de providenciar por conta própria o comparecimento da testemunha à audiência, dispensando a intimação formal.

Equivocadamente, contudo, diz tratar-se de alternativa à situação do § 1º deste art. 455 (intimação pelo próprio advogado), quando na verdade o mecanismo se aplica também a hipóteses de intimação judicial (§ 4º), como por exemplo testemunhas arroladas por parte beneficiária da gratuidade processual. A rigor, no âmbito do § 4º, a providência apenas não se compatibiliza com as hipóteses do inciso III (servidores públicos ou municipais dependentes de requisição); mesmo em se tratando das testemunhas referidas no art. 454, com prerrogativa de escolha do dia, hora e local do depoimento, a rigor não se exclui que a parte se proponha a apresentá-las na audiência, já que a prerrogativa pode perfeitamente ser declinada.

Art. 455

A opção pela apresentação da testemunha nos termos ora examinados, de todo modo, envolve a clara assunção de um risco pela parte, visto que, deixando de haver o comparecimento espontâneo, equipara o § 3º a situação à de desistência da inquirição, dando por prejudicado o depoimento. Trata-se, é certo, de presunção relativa e passível de elisão mediante prévia comunicação de justo impedimento ou pela demonstração por parte do interessado, tão logo quanto possível, de motivo relevante suficiente por si só para impossibilitar não apenas a ida da testemunha como também a própria comunicação em tempo hábil do obstáculo.

O que a lei pretende, enfim, é sancionar o descumprimento injustificado do ônus; a parte, todavia, não se beneficia da imputação à testemunha de recusa inesperada, comportamento contemplado pelo risco assumido.

Tanto quanto dito no item precedente, por outro lado, a dispensa de intimação não implica a desnecessidade de apresentação, no prazo fixado, do rol de testemunhas. Relativamente às testemunhas de comparecimento espontâneo, aliás, reforça-se a importância da providência pelo fator surpresa, já que de outra forma nem a parte contrária nem o Juízo teriam como saber, até a data da audiência, sequer o número das testemunhas a serem apresentadas em tal condição.

3. Intimação por via judicial

Apenas em caráter subsidiário, como ressalvado no art. 455, § 4º, será feita a intimação por via judicial, de um lado em razão de eventuais obstáculos relacionados à intimação pelo advogado, de outro por circunstâncias objetivamente indicadas pelo legislador e relacionadas à condição pessoal da testemunha ou à parte que a arrolou, conforme examinado na sequência.

A intimação judicial a rigor pode se dar tanto pelo correio como por oficial de justiça. Mas, em princípio, há de prevalecer o envio de carta intimatória, com aviso de recebimento, seja por analogia para com a hipótese do próprio § 1º, seja porque o CPC determina expressamente a preferência pela forma postal para as intimações em geral, conferindo caráter subsidiário à intimação por oficial de justiça (cf. arts. 274 e 275).

3.1. Frustração da intimação prevista no § 1º

Dita frustração, a que alude o § 4º, I, pode estar relacionada, em termos abrangentes, à falta de concretização da própria intimação como também ao não comparecimento da testemunha, devidamente intimada, na audiência; neste último caso, outra alternativa não restará senão requerer nova intimação, agora em termos oficiais, com ou sem requerimento desde logo da condução coercitiva de que trata o § 5º (veja-se o item 4, adiante).

Já no que se refere à falta da intimação em si, é necessário verificar sua causa e se imputável ou não o insucesso à parte. Se resultante de entrega da carta intimatória a terceiros, ou de sua devolução pelo correio por aspectos circunstanciais, como a ausência da testemunha, ou ainda da recusa de recebimento, quando não da própria falta de devolução do aviso de recebimento noticiando o resultado do ato – todas situações que escapam ao controle da parte –, pertinente o pedido de diligência judicial, à guisa de segunda tentativa; equipara-se a essas situações a falta de entrega da intimação em tempo hábil para a audiência designada, por demora excessiva do correio. Nada impede em todos esses casos, em que ainda viável a intimação, seja ela novamente buscada pelo próprio advogado, eventualmente com pedido de adiamento da audiência, mas o fato é que a lei não exige dita renovação da diligência pessoal.

Por outro lado, se não concretizada a intimação por fato imputável à parte, por meio de seu advogado, não há razão para recorrer à via judicial como meio alternativo, o que equivaleria a relevar a omissão no tocante ao cumprimento do encargo. Da inércia pura e simples já cuida o § 3º deste art. 455, equiparando-a à desistência da inquirição; mas, a par disso, há que se considerar situações de execução imperfeita do ato, capazes de levar ao mesmo efeito de prejudicar a produção da prova correspondente. Assim, a falta de entrega da carta por inexistência do endereço informado (seja a rua, seja simplesmente o número), ou por não ser a testemunha sequer conhecida no local, como tão frequentemente se verifica na praxe forense. Do mesmo modo, o envio da carta intimatória sem tempo hábil para o cumprimento, resultando em intimação posteriormente à data da audiência.

A propósito do domicílio ou local de trabalho, não se está falando por certo da hipótese de mudança recente da testemunha, ignorada da parte, que nos termos do art. 451, III, do CPC, autoriza inclusive a substituição da testemunha, podendo perfeitamente, por extensão, legitimar o requerimento de nova diligência, caso frutífera a busca por um novo endereço. Cogita-se, aqui, de situações extremas como as referidas; se já na primeira tentativa se buscou a intimação em termos materialmente inviáveis (e é da parte, já se disse, o ônus de obter o endereço correto da testemunha), não há em princípio porque renovar o ato em via judicial, sempre ressalvada a apresentação de justificativa idônea para o equívoco, ou a existência de dúvida em torno da exatidão da informação dos correios, ou pequenos lapsos (como a simples inversão de números), que possam merecer apreciação diferenciada por parte do juiz.

Se, enfim, até mesmo a falta de comparecimento espontâneo da testemunha, pelo qual a parte se comprometera, pode nos termos do exposto no item 2 (supra) ser superada por justa causa, o mesmo deve ocorrer no tocante à inovadora intimação por advogado.

3.2. Necessidade devidamente demonstrada

Prossegue o legislador falando em requerimento justificado, pela parte (§ 4º, II), o que, por exclusão das hipóteses alcançadas pelo inciso I, remete a requerimentos no sentido do emprego em termos originais da via judicial, afastando portanto a intimação privada. A referência é aberta, e a relevância do impedimento há de ser assim verificada segundo as circunstâncias do caso concreto.

De todo modo, em termos gerais, pode-se imaginar a referência a dificuldades já conhecidas que tornem desde logo remota a chance de sucesso de eventual intimação por via postal, como por exemplo não ter a testemunha residência certa (aspecto inclusive abordado no art. 412, § 3º, do CPC/73), ou residir em local de difícil acesso ao correio (nesses exemplos, aliás, a própria intimação judicial por carta também se depararia com os mesmos obstáculos, tornando necessária a realização do ato por oficial de justiça).

Mas, sobretudo, é de se pensar na situação da parte beneficiária da justiça gratuita, hipótese que inclusive tende a esvaziar boa parte dos resultados práticos imaginados pelo legislador com a novidade. Embora fale o art. 98, 1º, II, do CPC, na isenção de selos postais como aspecto compreendido pela gratuidade, no plano operacional a questão se resolve facilmente se a carta com aviso de recebimento é expedida diretamente pelo órgão judicial, não todavia em caso de comparecimento pessoal do advogado ao correio para o envio da carta; nesses casos, o inevitável custo de envio da correspondência teria de ser suportado concretamente, no próprio ato da expedição, ou pela parte (frustrando o benefício, já que ainda se praticado em ambiente extrajudicial não deixa de se tratar de ato processual) ou pelo próprio advogado do beneficiário, ambas as alternativas inaceitáveis.

3.3. Requisição

Situação peculiar, também inviabilizadora da intimação privada, é a da testemunha funcionário público ou militar (§ 4º, III). Prevê a lei nesses casos procedimento distinto, caracterizado pela requisição, junto ao chefe de repartição ou comandante da tropa (ato materializado por meio da expedição de um *ofício* e que assim somente pode ser praticado pelo juiz, como funcionário público, não pelo advogado da parte); explica-se o dispositivo por uma regra de convivência harmoniosa entre os vários setores do serviço público, fazendo com que o juiz, não obstante a obrigatoriedade por parte da testemunha de atendimento à convocação, respeite a hierarquia no local de trabalho daquela, dirigindo-se antes de mais nada ao respectivo superior e solicitando que esse, por seu turno, providencie o necessário para a apresentação da pessoa a ser inquirida.

A formalidade, ademais, permite que o superior, cientificado oficialmente da necessidade de ausência da testemunha ao serviço, possa adequadamente organizar-se para suprir a falta.

Não diz o texto legal como deve ser o procedimento com relação à própria testemunha, se deve paralelamente ser intimada ou não. Na verdade, nada obsta que o seja, mas a intimação desacompanhada da requisição pouco valerá, pois caberá ao superior dispensar a testemunha, formalmente, de seu serviço; por outro lado, ainda que não encaminhada intimação pelo próprio órgão judiciário, a ciência que lhe dê o superior hierárquico da requisição valerá para tal fim, mostrando ser, ao fim e ao cabo, dispensável o ato.

A formalidade da requisição contudo somente se justifica nos períodos de serviço público regular da testemunha; caso esteja em férias ou licenciada, deverá ser normalmente intimada nos termos do § 1º.

3.4. Testemunha arrolada pelo Ministério Público ou pela Defensoria Pública

No tocante ao *Parquet*, o tratamento se compreende pela dispensa legal do adiantamento de despesas processuais, quer atue como parte quer como fiscal da ordem jurídica (art. 91, *caput*, do CPC), preocupando-se o legislador em não onerar o órgão com os custos da intimação por iniciativa própria. Feita a intimação por seu turno em via judicial, se o arrolamento tiver se dado na qualidade de fiscal da ordem jurídica, caberá ao autor adiantar as despesas relativas ao ato (art. 82, § 1º, do CPC).

Com base nesse mesmo dispositivo legal, também as testemunhas arroladas de ofício pelo juiz terão de ter os custos de intimação suportados pelo autor. Mas o ato de todo modo será praticado em via judicial, não por iniciativa do advogado, já que a forma de intimação do § 1º se refere apenas às testemunhas indicadas pela própria parte. Tem-se aqui, portanto, situação tacitamente alcançada pelo art. 455, § 4º, IV, que textualmente disse menos do que pretendeu e justifica interpretação extensiva.

É de se estranhar por outro lado o silêncio do texto legal no tocante à Fazenda Pública, igualmente alcançada pela isenção genérica do art. 91 quanto ao custeio de atos processuais; observada a literalidade do art. 455, as Procuradorias da União, Estados e Municípios não gozariam automaticamente do benefício da intimação judicial, tendo de realizá-la por conta própria e arcando com os custos correspondentes junto ao correio, tal qual as partes em geral, o que não se afiguraria coerente para com o dispositivo referido (mesmo porque o art. 455 não se propõe a restringir o alcance da regra geral de isenção, preocupando-se apenas com aspectos formais referentes ao modo de intimação). Entendemos pois que também no caso da Fazenda Pública a intimação deva ser judicial.

Quanto à Defensoria Pública, expressamente mencionada tanto no art. 91 quanto no § 4º, IV, do art. 455, do CPC, deve ser considerada quer atue em nome próprio quer como representante judicial de partes hipossuficientes. Mas, neste particular, uma vez mais a lei disse menos do que deveria: não é apenas nos casos de específica representação pela Defensoria que a exceção se aplica, mas também, na falta dessa, toda vez que a parte venha representada por prestadores de serviços de assistência judiciária,

sejam eles órgãos públicos, como as Procuradorias de Assistência Judiciária, sejam advogados privados, vinculados a convênios com esse fim (já se a parte simplesmente pleiteia a gratuidade, mas constitui ela própria seu advogado em caráter privado, o resultado é idêntico, mas a hipótese, como já visto, se amolda a rigor ao inciso II deste § 4º).

3.5. Testemunhas mencionadas no art. 454

Finalmente, trata o § 4º, V, do caso das testemunhas (autoridades) que, por deferência, são ouvidas em dia, hora e local por elas escolhidos.

Como no caso a intimação não será, a rigor, para depor na audiência, mas para formular escolha no tocante à data e local de preferência da testemunha, entendeu o legislador não se justificar a comunicação direta por iniciativa do advogado, e sim por parte do juiz perante o qual será declinada a opção.

Além disso, a própria condição das testemunhas aconselha que a comunicação seja feita pela autoridade judicial que preside o processo, não em caráter privado.

4. Ausência injustificada da testemunha e condução coercitiva

Ausente a testemunha, sem motivo idôneo (existindo-o, deverá na medida do possível ser levado ao conhecimento do juiz em tempo hábil), a consequência será a designação de nova data, para a qual será determinada a condução coercitiva daquela (§ 5º).

É indiferente, para esse fim, que a intimação para o primeiro depoimento tenha sido promovida judicialmente ou diretamente pelo advogado da parte interessada; mas, quanto à efetivação da ordem, evidentemente não poderá ocorrer por ato do próprio advogado, apenas por agente público (no caso, o oficial de justiça), tendo em vista a restrição forçada à liberdade de locomoção da testemunha inerente ao ato.

Vê-se logo que, no tocante à ciência da determinação de condução forçada, inócua se faria qualquer nova intimação por via postal, devendo a testemunha ser cientificada da data da audiência por oficial de justiça (normalmente, em momento anterior, pois se deixar o oficial para procurá-la no próprio dia correrá o risco de não encontrá-la, frustrando a diligência), bem como avisada das providências que serão adotadas em caso de reiterada omissão.

Por suas características e pelo constrangimento que pode causar, o expediente deve ser medida aplicável somente em último caso, deixando de ter sentido se, no dia da audiência, a testemunha comparece espontaneamente, ou se se dispõe a acompanhar o oficial de justiça sem a necessidade de qualquer aparato espalhafatoso. Sendo necessário, é dado ao oficial de justiça, com base no mandado expedido, solicitar auxílio policial para o cumprimento da diligência.

Além da condução forçada, prevê o art. 455 a sujeição da testemunha faltosa ao pagamento das despesas do adiamento, o que antes de mais nada implica a negação a ela do direito de reembolso previsto no art. 462 do CPC. Deverá ela arcar também com todos os gastos que tenham sido realizados por ambas as partes (não apenas por aquela que a arrolou) por força da redesignação, como por exemplo os relativos a novas intimações que se façam necessárias, e mesmo, se o caso, com a publicação de editais. Havendo mais de um responsável pelo adiamento, serão solidariamente responsáveis pelas despesas acrescidas.

Ficam por aí, entretanto, as consequências da ausência injustificada de testemunha intimada, em processo civil. Por mais que se tenha em mente a obrigação de colaboração prevista nos arts. 378 e 380 do CPC, a hipótese não se equipara à recusa expressa em depor, enumerando a lei por seu turno, expressamente, os efeitos do não comparecimento, não se podendo por isso pretender fique a testemunha sujeita também a processo criminal por desobediência.

Jurisprudência

"Comprometendo-se a parte a levar a testemunha à audiência, independentemente de intimação, presume-se, caso não compareça, que desistiu de ouvi-la (art. 412, parágrafo 1º, do CPC)." (STJ, REsp nº 109.851/DF, 4ª T., Rel. Min. Barros Monteiro, j. 7/12/1999, *DJ* 20/3/2000, p. 75).

"O prazo do art. 407 do estatuto processual civil deve ser observado mesmo quando as testemunhas vão comparecer independentemente de intimação, pois seu objetivo é sobretudo ensejar às partes ciência das pessoas que irão depor." (STJ, AGA no 88.563/MG, 4ª T., Rel. Min. Sálvio de Figueiredo Teixeira, j. 27/6/96, *DJ* 26/8/96, p. 29.693).

"Tendo a parte assumido o compromisso de levar a testemunha à audiência independen-

temente de intimação, presume-se, caso ela não compareça, que desistiu de ouvi-la." (STJ, REsp nº 57.144/SP, 1ª T., Rel. Min. Garcia Vieira, j. 6/2/1995, *DJ* 6/3/1995, p. 4.327)

"Agravo de instrumento. Prova oral. Requerimento para intimação das testemunhas pela via judicial. Possibilidade. Parte beneficiária da gratuidade de justiça. Observância do artigo 98, §1º, inciso. Decisão reformada. Agravo provido." (TJSP, AI nº 2130110-63.2017.8.26.0000/ Indaiatuba, 5ª C. Dir. Priv. Rel. Des. A. C. Mathias Coltro, j. 13/12/2017).

"RECURSO. Agravo de Instrumento. "Embargos à execução". Insurgência contra o respeitável "decisum" que indeferiu o pedido de intimação das testemunhas pela via judicial. Admissibilidade. Agravantes beneficiários da justiça gratuita. Inteligência do artigo 455, §4º, II, do CPC/15. Intimação postal que gera custos que não podem ser suportados pela parte hipossuficiente. Recurso provido." (TJSP, AI, nº 2153093-56.2017.8.26.0000/Capital, 18ª C. Dir. Priv., Rel. Des. Roque Antônio Mesquita de Oliveira, j. 12/12/2017).

> **Art. 456.** O juiz inquirirá as testemunhas separada e sucessivamente, primeiro as do autor e depois as do réu, e providenciará para que uma não ouça o depoimento das outras.
>
> **Parágrafo único.** O juiz poderá alterar a ordem estabelecida no *caput* se as partes concordarem.

▶ *Referência: CPC/1973 – Art. 413*

1. Oitivas separadas e isolamento das testemunhas

A razão de ser da regra é evidente: sobre não ser materialmente viável ou mesmo útil a inquirição conjunta de todas as testemunhas arroladas, no que diz respeito ao possível acompanhamento dos depoimentos por testemunhas que ainda não depuseram seria claro o comprometimento da espontaneidade dos respectivos depoimentos, seja pela ciência do que disseram as testemunhas anteriores, seja pelo conhecimento da própria natureza das perguntas a serem feitas.

A par disso, o juiz deve providenciar também para que as que já depuseram não tenham contato com aquelas que ainda aguardam para ser inquiridas (inversamente, não haveria em tese impedimento formal a que as testemunhas que já foram ouvidas permanecessem na sala de audiências, querendo, para acompanhar o restante do ato, em função da publicidade inerente aos atos processuais, mas a prática não deve ser tolerada em função da perspectiva de eventual acareação, nos termos do art. 461, II, deste CPC).

O pressuposto da falta de ciência por cada testemunha do teor dos depoimentos anteriores somente faz sentido, contudo, se imaginada a produção total da prova oral em uma única oportunidade, estando diretamente ligada à ideia da unidade da audiência de instrução e julgamento (CPC, art. 365) e ao seu corolário natural, a concentração da prova; a própria lei, entretanto, se encarrega de prever diversas exceções.

Assim, por exemplo, o prosseguimento da audiência em data próxima, quando impossível a conclusão dos trabalhos no mesmo dia, autorizada pelo próprio art. 365; a par disso, em todas as situações dos arts. 449, 453 e 454 do CPC também se faz presente a cisão, ao menos no tocante àquele(s) depoimento(s) colhido(s) em condições diferenciadas.

Inevitável considerar que, nesses casos, senão por iniciativa própria mas dos advogados ou partes, algumas das testemunhas poderão ter acesso aos depoimentos já prestados, tornando inútil a preocupação do legislador.

As próprias partes podem igualmente, dentro de sua esfera de disponibilidade, deliberar por fracionar a produção probatória em hipóteses outras que não as expressamente previstas em lei, deixando por exemplo de adiar uma audiência pela ausência de determinada testemunha (CPC, art. 362, II) e concordando com a inquirição imediata das testemunhas presentes. No extremo, mesmo o juiz pode acabar por deliberar em tal sentido, por exemplo quando o sucessivo adiamento de uma audiência pela ausência de uma ou mais testemunhas possa comprometer a celeridade do processo ou ainda afrontar a dignidade das testemunhas que, em seguidas datas, compareçam e não chegam a ser ouvidas.

Quebrada outrossim a regra da concentração sem justa causa (com reflexos sobre a possibilidade de resguardo do teor dos depoimentos), eventual nulidade daí resultante será de toda forma, relativa; além disso, necessário que se demonstre que houve prejuízo.

2. Ordem dos depoimentos

Definida a inquirição uma a uma das testemunhas, e reputando necessário o estabelecimento de uma ordem em termos objetivos para os depoimentos, optou o legislador por determinar a oitiva inicialmente das testemunhas do autor, reproduzindo a ordem natural das manifestações das partes no processo e complementando nesse sentido a regra do art. 361, III, do CPC. Coloca-se destarte o réu, como parte que resiste à pretensão do autor, na condição de agir em seguida ao autor (eventuais testemunhas comuns, por também serem do autor, ouvem-se igualmente antes daquelas exclusivamente arroladas pelo réu).

Desde o CPC/73, entretanto (que trazia preceito de mesmo teor, em seu art. 413), punha-se a importante questão – que segue no diploma vigente – de saber se a ordem assim definida seria matéria interna, a ser tratada apenas no âmbito de cada audiência, ou regra geral válida para o processo como um todo.

O fato é que inexiste qualquer especial motivação jurídica, ligada ao imperativo de equilíbrio das partes ou mesmo a garantias como a do contraditório ou ampla defesa, que sugiram a *necessidade* estrita de que as provas do réu sejam *sempre* produzidas *depois* das do autor. Não se pode olvidar que a prova oral (depoimentos pessoais e testemunhais) não é produzida *sobre* ou *em função* da prova alheia, com o escopo de atacá-la ou a ela responder diretamente, versando tanto quanto a outra sobre o conjunto de fatos relevante para a causa, já previamente definido (não se cogita assim de contraprova testemunhal, no mesmo sentido em que se fala de contraprova documental, em que documentos são apresentados com o fim específico de combater a prova inerente a documento anteriormente juntado aos autos).

Por outro lado, não se pode presumir especial vantagem ao réu no simples detalhe da inquirição posterior de suas testemunhas, até porque semelhante raciocínio implicaria reconhecer em contrapartida significativa desvantagem ao autor no tocante à mesma ordem legalmente estabelecida, que se poderia assim ter por afrontosa ao princípio da igualdade. Tampouco se pode tomar como base de raciocínio imaginar que os depoimentos tomados em datas posteriores sejam, em falta ética, preparados e direcionados em função do teor das oitivas precedentes (ainda assim, eventual abuso que aí se cometa será antes uma decorrência da cisão da prova do que propriamente algo relacionado à ordem de inquirições).

Nesses termos, soa como formalismo vazio imaginar que, mesmo para testemunhas ouvidas em ocasiões distintas com respaldo legal, por razões como a expedição de carta ou impedimento de comparecimento, deva rigorosamente ser mantida a ordem de inquirições mediante consideração do processo como um todo, deixando-se por exemplo de tomar o depoimento de uma testemunha do réu, por precatória, antes que no juízo de origem sejam primeiro inquiridas todas as testemunhas do autor.

Mais razoável considerar, enfim, que a ordem dos depoimentos seja algo a considerar apenas internamente no tocante à audiência de instrução, em que todas as testemunhas serão em tese ouvidas, e sobretudo como modo de adequadamente organizar a sequência dos atos.

Mesmo aí entretanto trouxe o CPC regra flexibilizadora, autorizando no parágrafo único deste art. 456 (sem paralelo no CPC/73) que o juiz, mediante concordância das partes, altere a ordem estabelecida no *caput*. Se tomada essa disposição em conjunto com o art. 361 do CPC (que diferentemente do art. 452 do CPC/73 passou a dizer que a ordem de produção da prova oral em audiência – aí incluídas as testemunhas reciprocamente consideradas – é meramente *preferencial*), além do art. 139, VI, do CPC (igualmente inovador, concedendo ao juiz poderes para alterar a ordem de produção dos meios de prova, adequando-os às necessidades do conflito e de forma a conferir maior efetividade à tutela do direito), parece decorrer do sistema que a concordância das partes nem mesmo tem tanta relevância.

A rigor, poderá ser determinante se a inversão for sugerida sem causa específica, mas em face de razões relevantes poderá o juiz realizá-la mesmo sem anuência de ambas ou pelo menos de uma delas.

Em qualquer caso, fica claro que também aqui a desconsideração da ordem de arguição das testemunhas será nulidade quando muito relativa, dependente de alegação pela parte interessada e ainda assim mediante demonstração de prejuízo concreto. Semelhante entendimento, de resto, vem sendo adotado pela jurisprudência do STJ mesmo no tocante ao processo criminal, conforme julgados citados abaixo.

Jurisprudência

"O Tribunal de origem, com base no acervo fático-probatório dos autos, rejeitou a preliminar de nulidade decorrente da inversão na oitiva de testemunhas, considerando que não foi demonstrado nenhum prejuízo para as partes. Nesse contexto, para rever a conclusão do acórdão, seria imprescindível o reexame do conjunto fático-probatório dos autos, o que é vedado nesta instância especial, nos termos da Súmula 7/STJ." (STJ, AgRg no AREsp nº 760.571/MT, 3ª T., Rel. Min. Marco Aurélio Bellizze, j. 4/8/2016, *DJe* 12/8/2016).

"Não há se falar em ofensa ao art. 212 da Lei Adjetiva Penal. É que, embora "a nova redação do art. 212 do Código de Processo Penal tenha estabelecido uma ordem de inquirição das testemunhas, a não observância dessa regra, acarreta, no máximo, nulidade relativa, sendo necessária, ainda, a demonstração de efetivo prejuízo (*pas de nullité sans grief*), por se tratar de mera inversão, visto que não foi suprimida do juiz a possibilidade de efetuar perguntas, ainda que subsidiariamente, para a busca da verdade" (RHC 38.435/SP, rel. Min. Rogério Schietti Cruz, 6ª Turma, *DJe* 15/05/2014)." (STJ, AgRg no AREsp nº 628.554/RS, 5ª T., Rel. Min. Reynaldo Soares da Fonseca, j. 2/6/2015, *DJe* 9/6/2015).

"O Superior Tribunal de Justiça é firme ao considerar que a alteração da ordem de inquirição na audiência de instrução constitui nulidade relativa, devendo ser arguida em momento oportuno (art. 212 do CPP), além de ser necessário demonstrar o prejuízo sofrido, o que não ocorreu no caso concreto." (STJ, AgRg no REsp nº 1.381.992/MG, 6ª T., Rel. Min. Sebastião Reis Júnior, j. 3/9/2013, *DJe* 16/9/2013).

Art. 457. Antes de depor, a testemunha será qualificada, declarará ou confirmará seus dados e informará se tem relações de parentesco com a parte ou interesse no objeto do processo.

§ 1º É lícito à parte contraditar a testemunha, arguindo-lhe a incapacidade, o impedimento ou a suspeição, bem como, caso a testemunha negue os fatos que lhe são imputados, provar a contradita com documentos ou com testemunhas, até 3 (três), apresentadas no ato e inquiridas em separado.

> **§ 2º** Sendo provados ou confessados os fatos a que se refere o § 1º, o juiz dispensará a testemunha ou lhe tomará o depoimento como informante.
>
> **§ 3º** A testemunha pode requerer ao juiz que a escuse de depor, alegando os motivos previstos neste Código, decidindo o juiz de plano após ouvidas as partes.

▶ *Referência: CPC/1973 – Art. 414*

1. Qualificação

Trata-se de ato preparatório necessário, destinado não apenas a permitir o registro, para arquivo, dos dados pessoais da testemunha, como desde logo conferir a identidade da pessoa que se apresentou para depor e possibilitar a apuração de possíveis causas obstativas do depoimento, como a idade ou parentesco para com alguma das partes. No tocante ao parentesco, a própria testemunha será instada a informar sua existência, mas sem prejuízo poderá o aspecto ser objeto de indagação a partir da verificação dos apelidos de família.

Além do mais, as informações prestadas para efeito de qualificação podem ensejar a posterior apreciação da credibilidade de alegações contidas no próprio depoimento, por exemplo mediante o cotejo de determinados fatos narrados com o local de residência informado, ou com a atividade profissional desempenhada pela testemunha.

A propósito dos dados pessoais, o art. 450 do CPC é muito mais detalhado que o correspondente art. 407 do CPC/73, exigindo venha com o rol de testemunhas um número muito maior de informações, inclusive número de documentos, como o CPF e registro de identidade; adaptando-se a isso, e na expectativa de que tenham sido fornecidos todos os dados, o art. 457, ora comentado, chega a falar em mera *confirmação*, pela testemunha, dos dados já fornecidos. De todo modo, muitas dessas informações não estarão por vezes à disposição da parte no momento da apresentação do rol, sendo a qualificação a oportunidade para a devida complementação, bem como para a avaliação pela parte contrária da condição pessoal da testemunha.

Além do parentesco, a testemunha será ainda indagada, como parte do procedimento de qualificação, sobre eventual interesse no objeto do processo, providência nem sempre observada na prática e que deve anteceder, por motivos lógicos, ao compromisso previsto no artigo subsequente (sem embargo do silêncio da lei neste ponto, nada impede – pelo contrário, mostra-se recomendável – que se indague também acerca de eventual amizade íntima ou inimizade). Identificado algum problema, será o caso de desde logo dispensar a testemunha ou de se deixar claro que o depoimento será tomado na qualidade de mera informante do juízo, independentemente de compromisso formal e, portanto, sem a sujeição a eventual processo criminal por delito de falso testemunho (v. arts. 447 e 458 do CPC).

2. Contradita

A verificação inicial atribuída ao juiz não exclui a possibilidade de que a parte contrária venha, por si só, a apresentar *contradita*, vale dizer, a impugnar o depoimento, com base em qualquer dos fundamentos do art. 447 do CPC, possibilidade que se reserva inclusive às hipóteses de omissão do magistrado, mas que de qualquer forma tem alcance mais amplo do que as meras perguntas sobre parentesco e interesse no litígio de que cuida o ato de qualificação formal.

Apresentada a contradita, o procedimento que se segue para a apuração de eventual incapacidade, impedimento ou suspeição é célere e instantâneo, já que há necessidade de se resolver a questão de imediato. Em nada se assemelha portanto ao procedimento de apuração, por meio de incidente próprio, do impedimento ou suspeição do juiz (art. 146, § 1º, do CPC), membro do Ministério Público, auxiliares da Justiça e outros sujeitos parciais do processo (art. 148, § 1º, do mesmo Código).

O primeiro passo é ouvir a testemunha, que, confirmando os fatos, possibilitará ao juiz que profira desde logo decisão no sentido da dispensa ou da tomada do depoimento sem compromisso (não prevê a lei, nesse caso, e por força da própria admissão pela testemunha, a prévia audição do advogado da parte responsável pelo arrolamento, que não obstante poderá pedir a palavra para considerações que entender pertinentes em torno do objeto da impugnação). A mera resposta positiva da testemunha, por seu turno, pode não ser suficiente para o acolhimento da contradita, especialmente nos casos de suspeição (por exemplo, havendo alegação vaga de amizade da parte do autor da contradita), muitas vezes sendo necessária a valoração do grau de vinculação para com as partes ou o objeto do litígio, de modo a se avaliar o comprometimento da isenção esperada.

Por outro lado, se a testemunha negar o fator de incapacidade, impedimento ou suspeição, cogita o texto legal da possibilidade de prova no próprio ato, pelo autor da contradita, de suas alegações, por meio de documentos ou até mesmo de testemunhas que deverão estar presentes, em número máximo de três; a perspectiva dessa prova *interna* à contradita bem demonstra a importância da prévia apresentação do rol (e em termos os mais completos possíveis), pois é a partir dele que terá a parte contra quem se pretende a produção da prova testemunhal condições de se preparar adequadamente para possível impugnação, sendo claramente insuficiente que apenas na audiência tome conhecimento da identidade das testemunhas (o mesmo não se diz para as testemunhas da própria contradita; quanto a elas, evidentemente, dispensável a providência do art. 450 do CPC).

Ocorrendo a necessidade de produção das provas aqui referidas, outrossim, fica momentaneamente suspensa a decisão sobre o depoimento contestado, devendo o juiz, em caso de prova oral, determinar a retirada da testemunha da sala de audiências e passar à inquirição das novas testemunhas (embora remotíssima a hipótese – a própria apresentação excepcional dessas testemunhas já o é –, não se pode excluir a possibilidade de que elas mesmas venham a ser alvo de contraditas, agora apresentadas pelo requerente da prova originária).

Concluída essa instrução restrita, e ouvidas as partes, ou ainda no caso de inexistência de prova alguma, deverá o juiz proferir decisão no próprio ato, pois da solução do incidente depende a produção do depoimento pendente e a continuidade da própria audiência como um todo. A decisão, de natureza interlocutória, não é passível de agravo, pois estranha ao rol do art. 1.015 do CPC, devendo ser afrontada se o caso na forma do art. 1.009, § 1º, do mesmo Código.

2.1. Momento para a contradita

Trata-se de questão controversa. Em tese, a oportunidade de manifestação da contradita é sujeita a preclusão, se omissa a parte contrária previamente ao depoimento, mesmo porque o propósito da impugnação é justamente evitar o depoimento ou quando menos excluir o compromisso, fazendo com que a testemunha seja ouvida como informante.

Não há todavia como simplesmente ignorar a partir desse enfoque formal a consideração de situações excepcionais. Não é nesse sentido razoável afirmar que o juiz, detectando já no curso do depoimento fator em tese obstativo da prova e não alegado em tempo hábil (ou ocultado pela testemunha, como seu interesse pessoal), deva pura e simplesmente ignorá-lo, mesmo porque ao juiz também é dado excluir de ofício a testemunha.

Do mesmo modo, se a circunstância foi maliciosamente omitida pela testemunha ao início, e se a parte a ignorava nem tinha como razoavelmente conhecê-la, não se pode excluir em absoluto que venha a arguir a contradita a partir da revelação surgida no curso do depoimento.

Sendo o caso, portanto, o depoimento poderá ser interrompido e simplesmente cancelado, ou, diversamente, reservar-se o juiz a levar em consideração o fato novo na futura valoração da prova.

2.2. Contradita em carta precatória

Embora se trate de questão delicada, pela perspectiva de limitação das atribuições naturais de um dos dois juízes envolvidos, cremos deva o problema ser resolvido a partir do enfoque do interesse na prova.

O que se depreca ao juiz do domicílio da testemunha é apenas e tão somente a colheita material do depoimento; já a aproveitabilidade ou não da prova, no âmbito do processo em curso, é matéria que diz respeito exclusivamente ao juiz desse, daí não fazer sentido que o juiz deprecado venha a usurpar essa prerrogativa e por si mesmo elaborar um raciocínio crítico acerca da admissibilidade ou não daquela, com o que estaria de resto superando sem base legal as hipóteses de recusa ao ato deprecado elencadas no art. 267 do CPC.

Por mais que o momento de apresentação da contradita seja, enfim, o do próprio depoimento, pelas peculiaridades da situação outra coisa não poderá fazer o juiz deprecado senão registrar o teor de eventual impugnação que seja lançada e ainda as explicações fornecidas pela testemunha, tomando o depoimento *sub censura* do juiz da causa. No extremo, poderá

Art. 458

CÓDIGO DE PROCESSO CIVIL INTERPRETADO

até ter de ouvir adicionalmente as testemunhas que o autor da contradita apresente no ato, sem no entanto tecer qualquer consideração quanto ao conteúdo dessa ou de outras provas que lhe sejam exibidas.

3. Escusa

Por derradeiro, em vertente oposta à até aqui tratada, cogita o art. 457, em seu § 3º, também da possibilidade de oposição ao depoimento por ato da própria testemunha.

O momento apropriado para a apresentação da escusa é o do próprio depoimento, não sendo dado à testemunha simplesmente deixar de comparecer por achar que não está obrigada a depor sobre determinado fato, ou, como por vezes ocorre, enviar justificativa por escrito, dirigida ao Juízo.

Diversas razões contribuem para isso, dentre elas a importância da apresentação pessoal dos motivos da negativa e a possibilidade de indagação, pelo juiz, de aspectos complementares úteis a dirimir a questão; somem-se ainda as vantagens da imediação para a avaliação da própria seriedade da escusa. Além do mais, há o fato, evidente por si só, de precisar estar a testemunha desde logo disponível para o depoimento, caso sejam afastadas suas alegações; finalmente, deve-se levar em conta o direito de manifestação que a lei confere às partes, a ser exercido no próprio ato da apresentação da justificativa, para que o juiz decida de plano.

Uma vez presente a testemunha, se apresentar escusa eventualmente rejeitada, não poderá simplesmente se negar a responder às perguntas, sob pena inclusive de dar margem à caracterização do delito de desobediência (CP, art. 330). Distinga-se, portanto: se o caso é de não comparecimento, limita-se a repercussão, em caso de processo civil, à condução coercitiva e imposição à testemunha das despesas do retardamento, como visto nos comentários ao art. 455; tais alternativas, entretanto, não se amoldam à hipótese de negativa de *responder*, que de outra forma não poderia ser sancionada senão a título de desobediência à ordem judicial, sob pena de total esvaziamento da autoridade estatal e de se permitir à testemunha manipular a seu talante a situação.

A escusa pode ser total ou parcial. Pode a testemunha outrossim, desde o início, se justificar e pedir dispensa do depoimento como um todo, como pode também, num primeiro momento, aceitar responder sobre fatos que lhe sejam indiferentes e escusar-se apenas em meio ao depoimento, caso enverede esse por qualquer razão para questões que se enquadrem na previsão do art. 448 do CPC; nessa hipótese, será liberada de responder somente a perguntas sobre esse tema em específico, prosseguindo normalmente a inquirição quanto ao mais.

Jurisprudência

"O momento oportuno da contradita da testemunha arrolada pela parte contrária é aquele entre a qualificação desta e o início de seu depoimento." (STJ, REsp nº 735.756/BA, 4ª T., Rel. Min. João Otávio de Noronha, j. 9/2/2010, *DJe* 18/2/2010).

"TESTEMUNHAS. ROL. QUALIFICAÇÃO. A exigência do depósito do rol de testemunhas, devidamente qualificadas e com a necessária antecedência, justifica-se para que a parte contrária possa melhor inquiri-las e, especialmente, contraditá-las. Não contraria a lei a recusa em ouvir as que, constantes embora do rol, não estão acompanhadas da qualificação completa." (STJ, REsp nº 137.495/SP, 3ª T., Rel. Min. Eduardo Ribeiro, j. 14/10/1997, *DJ* 1º/12/1997, p. 62.743).

> **Art. 458.** Ao início da inquirição, a testemunha prestará o compromisso de dizer a verdade do que souber e lhe for perguntado.
>
> **Parágrafo único.** O juiz advertirá à testemunha que incorre em sanção penal quem faz afirmação falsa, cala ou oculta a verdade.

▶ *Referência: CPC/1973 – Art. 415*

1. Compromisso. Significado e implicações

Desde que inexistente qualquer hipótese de recusa ao próprio depoimento, dentre as mencionadas no art. 448 do CPC (e outras que venham a ser consideradas pelo juiz), a testemunha, ao depor, tem o dever ético e jurídico de fazê-lo conforme a verdade, imperativo que, quando não decorresse da própria natureza da atividade jurisdicional e dos escopos do processo em si, extrai-se de regras expressas como as dos arts. 378 e 380, I, do mesmo CPC, sem considerar a própria circunstância da tipificação da conduta negativa como ilícito penal.

Esse dever de veracidade (que de resto dirige-se às próprias partes, no processo civil, como visto nos comentários ao art. 385), com muito maior razão há de vincular aqueles que são chamados a meramente colaborar com o desenvolvimento da atividade jurisdicional, sem qualquer ligação para com os interesses em disputa, não dependendo em tal sentido da circunstância de ser prestado ou não o compromisso de "dizer a verdade".

A ressalva se faz especialmente necessária em função da redação do *caput* do dispositivo ora comentado, que prevê a prestação, pela testemunha, do referido compromisso, como formalidade antecedente ao início do depoimento.

Na verdade, o compromisso não *cria*, para a testemunha, qualquer obrigação legal, sendo tanto o imperativo de verdade quanto a própria sujeição ao tipo penal inerentes ao depoimento em si.

O gesto formal, na prática, reforça perante a testemunha o dever de veracidade, mas não chega a ser, como inclusive vem reconhecido pela jurisprudência dos Tribunais Superiores, pressuposto para o delito de falso testemunho.

Nele poderá incorrer, assim, a testemunha, ainda que o juiz por lapso não exija o compromisso formal, ou não faça a expressa advertência a que alude o parágrafo único deste art. 458. Em contrapartida, o fato de se ter prestado o compromisso não determina por si só a tipificação da conduta, em caso de falsas declarações, nas hipóteses em que a testemunha, por vedação legal, não podia depor como tal (especialmente em casos de impedimento ou incapacidade).

Há uma situação todavia em que o detalhe referente ao compromisso tem relevância jurídica: se, por contradita acolhida, fica reconhecida a impossibilidade do depoimento na condição de testemunha típica, mas ainda assim vem tomado o depoimento como informante, com dispensa de compromisso (art. 447, §§ 4º e 5º, do CPC), a existência de decisão específica excluindo o depoimento em termos plenos não pode deixar de ser considerada, por exemplo mediante apreciação do juízo criminal de que insubsistente na verdade a contradita.

A dispensa de compromisso enfim, fruto de decisão concretamente alusiva a essa circunstância e à não sujeição ao delito de falso testemunho, acabam por *qualificar* o depoimento, ditando-lhe os contornos jurídicos, muito embora nem por isso esteja o informante, ainda aí, dispensado do mesmo dever de veracidade.

Do ponto de vista interno ao processo, outrossim, a circunstância da ausência de compromisso formal não descaracteriza evidentemente a prova; em função do princípio do livre convencimento, pode perfeitamente o juiz recusar valor às palavras de uma testemunha compromissada e, de outra parte, levar em conta como conclusivas as declarações prestadas por um simples informante, como examinado nos comentários ao art. 447.

2. Tipo penal

O crime de falso testemunho ou falsa perícia, previsto no art. 342 do CP, é assim definido: "Fazer afirmação falsa, ou negar ou calar a verdade, como testemunha, perito, tradutor ou intérprete em processo judicial, policial ou administrativo, ou em juízo arbitral."

No que diz respeito ao falso testemunho, em particular, tem relevância não apenas a conduta *comissiva* (v.g., narrar fato que se sabe inverídico), mas também a *omissiva*, de modo que a mera circunstância de silenciar a testemunha quanto a detalhe por ela conhecido e que sabe ser relevante no contexto do depoimento, deturpando com isso o conteúdo da informação prestada, basta para caracterizar o delito; do mesmo modo, a simples negativa quanto ao conhecimento de fatos sabidos.

Todas elas dizem respeito, contudo, a depoimento efetivamente prestado, não se confundindo essas situações com a negativa pura e simples de responder às perguntas do juiz, que, se caracterizada, configurará em tese delito de desobediência, por recusa de depor, como observado nos comentários ao art. 457 deste CPC.

Saliente-se que o juiz não precisa aguardar o julgamento da causa – embora esse seja o momento por excelência de apreciação do valor das provas – para tomar providências em relação a eventual falso testemunho que tenha por configurado; como quer que seja, confere a lei oportunidade adicional à testemunha, excluindo a punibilidade do fato se, até a sentença, venha aquela a se retratar ou a declarar a verdade (CP, art. 342, § 2º).

3. Falso testemunho e advogado

Questão interessante diz com o enquadramento penal da conduta do advogado que de alguma forma instrui ou induz testemunha a mentir com o fito de auxiliar seu cliente. A dificuldade advém do fato de o art. 343 do CP considerar delito autônomo o dar, oferecer ou prometer dinheiro ou qualquer vantagem para a testemunha faltar com a verdade, o que durante algum tempo gerou hesitação jurisprudencial, com parte dos julgados orientando-se no sentido da impossibilidade de caracterização de participação à luz do art. 342 do CP e entendendo que a conduta do terceiro que auxilia a testemunha deva necessariamente ser analisada em função do próprio art. 343, aí restando atípica se ausente qualquer promessa ou concessão de vantagem efetiva.

Acabou por prevalecer no STJ, entretanto, a orientação no sentido da tipicidade, como partícipe, da conduta do advogado que induz ou estimula o falso testemunho, independentemente da percepção de qualquer vantagem direta.

Jurisprudência

"A mãe e representante legal da vítima menor de idade não tem legitimidade ativa para cometer o injusto do art. 342 do Código Penal e, por consequência, não pode figurar como objeto do delito do art. 343 do mesmo estatuto, por não se inserir no conceito de testemunha previsto nos dispositivos. Se o próprio legislador, em clara hipótese de interpretação autêntica, definiu ele mesmo o conceito de testemunha (art. 415 do Código de Processo Civil/1973 e art. 288 do Código Civil), não cabe ao julgador se afastar dessa definição, para nela inserir aqueles a que a Lei vedou figurarem como testemunhas, mormente em se tratando de verificação de abrangência de norma incriminadora, em cuja interpretação é vedada a analogia in malam partem." (STJ, REsp nº 1.549.417/MG, Rel. Min. Sebastião Reis Júnior, j. 23/8/2016, *DJe* 8/9/2016).

"Merece ser mantida a decisão embargada, por seus próprios fundamentos, eis que, de acordo com o entendimento firmado pelo STJ, mostra-se prescindível o compromisso, para a configuração do delito de falso testemunho. Precedentes." (STJ, AgRg no HC nº 190.766/RS, 6ª T., Rel. Min. Assusete Magalhães, j. 25/6/2013, *DJe* 13/9/2013).

"Não se desconhece a existência de discussão doutrinária e jurisprudencial acerca da imprescindibilidade ou não de a testemunha estar compromissada para a caracterização do crime previsto no artigo 342 do Código Penal, tendo esta Corte Superior de Justiça se orientado no sentido de que o compromisso de dizer a verdade não é pressuposto do delito. Precedentes do STJ e do STF. Contudo, na hipótese em análise, a circunstância de a paciente haver prestado depoimento após ter aceitado o compromisso de dizer a verdade mostra-se irrelevante para o deslinde da controvérsia, uma vez que ela sequer poderia ser considerada testemunha nos termos da legislação civil pátria, aplicável à espécie pelo fato de a afirmação em tese falsa haver sido fornecida em processo de natureza cível. Com efeito, de acordo com o artigo 228, inciso V, do Código Civil, e com o artigo 405, inciso I, do Código de Processo Civil, não podem ser admitidos como testemunhas os cônjuges, os ascendentes, os descendentes e os colaterais, até o terceiro grau de alguma das partes, por consanguinidade, ou afinidade. Entretanto, o § 4º do artigo 405 da Legislação Processual Civil permite que o juiz ouça as pessoas impedidas ou suspeitas de testemunhar, sendo os seus depoimentos prestados independentemente de compromisso, e devendo o magistrado lhes atribuir o valor que possam merecer. No caso em exame, a paciente foi inquirida na qualidade de irmã do requerente da ação indenizatória, motivo pelo qual o fato de haver se comprometido a dizer a verdade do que sabia e lhe foi perguntado não possui qualquer relevo, já que pelo inciso II e pelo § 4º do artigo 405 do Código de Processo Civil estava impedida de testemunhar no caso, só podendo ser ouvida como informante, sem prestar o compromisso previsto no artigo 415 do mencionado diploma legal. O crime disposto no artigo 342 do Código Penal é de mão própria, só podendo ser cometido por quem possui a qualidade legal de testemunha, a qual não pode ser estendida a simples declarantes ou informantes, cujos depoimentos, que são excepcionais, apenas colhidos quando indispensáveis, devem ser apreciados pelo Juízo conforme o valor que possam merecer." (STJ, HC nº 192.659/ES, 5ª T., Rel. Min. Jorge Mussi, j. 6/12/2011, *DJe* 19/12/2011).

"1 – Para a caracterização do crime de falso testemunho não é necessário o compromisso. Precedentes. 2 – Tratando-se de testemunha com fortes laços de afetividade (esposa) com o réu, não se pode exigir-lhe diga a verdade, justamente em detrimento da pessoa pela qual nutre afeição, pondo em risco até a mesmo a própria unidade familiar. Ausência de ilicitude na conduta." (STJ, HC nº 92.836/SP, 6ª T., Rel. Min. Maria Thereza de Assis Moura, j. 27/4/2010, *DJe* 17/5/2010).

"O Superior Tribunal de Justiça firmou compreensão de que, apesar do crime de falso testemunho ser de mão própria, pode haver a participação do advogado no seu cometimento." (STJ, HC nº 30.858/RS, 6ª T., Rel. Min. Paulo Gallotti, j. 12/6/2006, *DJ* 1º/8/2006, p. 549).

"Ainda que seja admitida, consoante o entendimento desta Corte, a participação de advogado em crime de falso testemunho, não se vislumbra, no caso em questão, a tipicidade da conduta imputada à ora Paciente. (...) Ausente a qualidade de testemunha do depoente, não é possível falar em participação, por induzimento ou instigação, em crime de falso testemunho." (STJ, RHC nº 16.248/SP, 5ª T., Rel. Min. Laurita Vaz, j. 25/4/2006, *DJ* 22/5/2006, p. 220).

"1. Após a comprovação da falsidade das declarações firmadas pelos co-denunciados – que haviam sido arrolados como testemunhas de defesa pelo ora paciente em outro processo-crime –, houve a confissão de que mentiram em juízo a pedido do advogado; assim, encontram-se satisfeitas as exigências traçadas pela lei processual penal para que se inicie o persecução penal em juízo, máxime quanto à presença de indícios suficientes da autoria do fato narrado; 2. Mostra-se firme nesta Corte Superior, assim como no Supremo Tribunal Federal, o entendimento quanto à possibilidade de participação do advogado que ilicitamente instrui a testemunha no crime de falso testemunho; 3. Writ conhecido; ordem denegada. (STJ, HC nº 45.733/SP, 6ª T., Rel. Min. Hélio Quaglia Barbosa, j. 16/2/2006, *DJ* 13/3/2006, p. 380).

"A mera condição de cunhada não descaracteriza, por si só, o crime de falso testemunho no processo em que a ora recorrente autuou como testemunha, mormente se evidenciado que prestou compromisso perante o Juiz." (STJ, RHC nº13.157/SP, 6ª T., Rel. Min. Hamilton Carvalhido, j. 16/12/2004, *DJ* 6/2/2006, p. 309).

"É irrelevante a formalidade do compromisso para a caracterização do crime de falso testemunho. Precedentes do STF." (STJ, HC nº 20.924/SP, 5ª T., Rel. Min. Laurita Vaz, j. 11/3/2003, *DJ* 7/4/2003, p. 302).

"Na espécie, a conduta da recorrida (advogada) é atípica, porquanto limitou-se a instruir a testemunha a dizer isso ou aquilo em juízo trabalhista sem, frise-se, conforme restou consignado pelo acórdão recorrido, dar, oferecer ou prometer qualquer vantagem." (REsp no 169.212/PE, 6ª T., Rel. Min. Fernando Gonçalves, j. 24/6/99, *DJ* 23/8/99, p. 157).

"Comete em tese o crime previsto no art. 342, *caput*, em participação, o advogado que instiga, auxilia, ou de qualquer maneira colabora para que a testemunha faça afirmação falsa em juízo, não justificando o trancamento da ação penal sob argumento de atipicidade da conduta." (STJ, RHC no 3.354/BA, 5ª T., Rel. Min. Cid Flaquer Scartezzini, j. 9/3/94, *DJ* 4/4/94, p. 6.690).

"O delito do partícipe é dar, oferecer ou prometer dinheiro ou qualquer vantagem à testemunha para fazer afirmação falsa, negar ou calar a verdade. A pena cominada, de outro lado, é a mesma para ambas as infrações. Logicamente, estabeleceu distinção entre a conduta de quem influencia oferecendo, ou não, dinheiro ou outra recompensa. Vale dizer, só incriminou o comportamento de terceiro que oferece a contraprestação. Resta, por isso, atípica, a conduta, sem dúvida, imoral, contrária à ética, do advogado que se restringe a solicitar que o depoimento se oriente no sentido favorável ao réu." (STJ, REsp no 9.084/SP, 6ª T., rel. Min. Luiz Vicente Cernicchiaro, j. 17/3/92, *DJ* 6/4/92, p. 4.150).

> **Art. 459.** As perguntas serão formuladas pelas partes diretamente à testemunha, começando pela que a arrolou, não admitindo o juiz aquelas que puderem induzir a resposta, não tiverem relação com as questões de fato objeto da atividade probatória ou importarem repetição de outra já respondida.
>
> **§ 1º** O juiz poderá inquirir a testemunha tanto antes quanto depois da inquirição feita pelas partes.
>
> **§ 2º** As testemunhas devem ser tratadas com urbanidade, não se lhes fazendo perguntas ou considerações impertinentes, capciosas ou vexatórias.
>
> **§ 3º** As perguntas que o juiz indeferir serão transcritas no termo, se a parte o requerer.

▶ *Referência: CPC/1973 – Art. 416*

1. Forma do depoimento

O depoimento testemunhal, como tratado nos comentários ao art. 442, é via de regra prestado sob forma oral, se necessário com o auxílio

Art. 459

de intérprete (art. 162, II, do CPC), podendo a comunicação com a testemunha outrossim se dar por linguagem de sinais ou outro método idôneo a captar sua manifestação. A testemunha, outrossim, não presta declarações de forma espontânea, limitando-se a responder perguntas que lhe sejam formuladas, por iniciativa do juiz ou das partes.

E, no tocante a essas perguntas, o CPC inova sensivelmente, abandonando a técnica do Código anterior de formulação sempre por meio do juiz e passando a adotar sistema assemelhado ao do Código Processo Penal, no sentido da inquirição direta das testemunhas pelas partes (por meio de seus representantes) ou, se o caso, pelo membro do Ministério Público.

A mudança de rumo do CPP, outrossim, ao menos quanto ao procedimento comum, decorreu da alteração da redação de seu art. 212, a partir da Lei nº 11.690/2008, notando-se inclusive que as restrições agora elencadas pelo CPC são basicamente as mesmas lá existentes: perguntas que induzam respostas, que não tenham relação com as questões de fato objeto da atividade probatória (o CPP fala em falta de relação *com a causa*) ou que importem repetição de outra pergunta já respondida.

Anteriormente, contudo, já se previa a inquirição direta das testemunhas, no procedimento relativo ao Tribunal do Júri (arts. 467 e 468), vindo a matéria a partir da Lei nº 11.689/2008 a ser regulada pelo art. 473 do CPP, que restringe a inquirição direta apenas no tocante aos jurados (com previsão, nesse caso, de que as perguntas sejam feitas por intermédio do juiz presidente, cf. § 2º).

A alteração agora promovida no CPC é, de resto, compatível com o avanço dos meios de documentação dos depoimentos, notadamente a gravação por sistema audiovisual, em relação a que não se justificaria a manutenção do sistema de intermediação pelo juiz, próprio de um mecanismo em que também as respostas são filtradas e ditadas por ele, como ocorre com o registro escrito. Como quer que seja, deverá ser aplicada mesmo nas unidades judiciárias em que ainda não se tenha superado o sistema escrito, seguindo as respostas sendo consignadas, nesse caso, mediante ditado do juiz.

Por outro lado, a permissão de perguntas diretas não afasta a possibilidade de controle pelo juiz da respectiva pertinência, o que aliás

o *caput* deste art. 459 reforça deva ocorrer, cabendo ao magistrado conforme o caso interferir logo após a formulação da indagação e impedir que a testemunha responda, ou determinar a reformulação da pergunta por quem de direito.

As situações aí descritas são meramente exemplificativas, demonstrando particular preocupação o legislador com perguntas como as que possam induzir a resposta da testemunha. A indução pode ocorrer seja pelo tom como formulada a pergunta, ou pela ênfase desproporcional a determinado aspecto, quando não pela declinação pelo próprio autor da pergunta de informações que a rigor a testemunha deveria prestar, relegando-se a essa a tarefa de apenas concordar ou discordar do que já foi afirmado.

Rejeita também o dispositivo em exame a repetição de perguntas já feitas e respondidas, reveladoras de desatenção por parte de quem as elabora e nesse caso derivando para a desnecessidade pura e simples, ou, quando não, instrumento de possível indução da testemunha a rever as palavras anteriormente ditas, modificando o depoimento.

No tocante à ordem das perguntas, relativamente às partes devem começar pelo advogado da que arrolou a testemunha, seguindo-se o advogado da parte contrária e, se o caso, o representante do Ministério Público; sendo comum a testemunha, pergunta primeiro o advogado do autor. Havendo litisconsortes ou assistentes, farão suas perguntas em seguida às da parte situado no mesmo polo da relação processual.

Quanto às perguntas do próprio juiz, embora o *caput* do dispositivo legal ora comentado se refira desde logo às partes, o § 1º deixa expresso que o juiz pode formulá-las tanto antes quanto depois, de modo que em tese se preserva o sistema do art. 416 do Código revogado: o natural é que o depoimento comece com as perguntas do juiz, que na medida do possível deve abordar desde logo os principais aspectos de interesse ao depoimento, seguindo-se após, do ponto de vista das partes, a elaboração de perguntas em cunho complementar, no tocante a aspectos de seu particular interesse.

2. Conteúdo do depoimento

Ao dizer que não deverão ser admitidas perguntas que não tenham relação com as questões de fato objeto da atividade probatória (o art. 416, *caput*, do CPC/73, falava em *fatos ar-*

ticulados), estabelece o legislador natural delimitador em torno do conteúdo do depoimento da testemunha. Não se pode, entretanto, levar a regra ao pé da letra.

Guardar relação para com as questões de fato interessantes ao litígio não significa que apenas indagações diretamente incidentes sobre esses temas sejam admitidas. O depoimento testemunhal acaba por ter amplitude tal que permite a investigação de detalhes que de forma meramente indireta permitam a melhor compreensão de aspectos relacionados à matéria fática objeto do litígio, ou mesmo que sirvam para averiguar a própria credibilidade do depoimento testemunhal.

Além disso, não se pode excluir desse depoimento a apuração de fatos supervenientes, cognoscíveis pelo juiz mesmo de ofício, nos termos do art. 493 do CPC.

É importante ter em conta que a testemunha discorre apenas sobre *fatos,* sendo pois impertinente qualquer indagação a ela sobre matéria de direito. Quanto a *opiniões*, em princípio não devem ser admitidas no depoimento, já que a valoração dos fatos é tarefa do juiz; em alguns casos, todavia, não se pode desprezar a utilidade da experiência sensível vivida pela testemunha também para efeito interpretativo, no sentido de transmitir sua impressão sobre o ocorrido ou sobre as circunstâncias determinantes de certo evento.

O CPC é silente sobre a matéria, mas o CPP, de seu turno, diz expressamente que a testemunha será admitida a manifestar suas "apreciações pessoais", quando "inseparáveis da narrativa dos fatos" (art. 213), em regra que entendemos perfeitamente aplicável também ao processo civil.

É imprescindível, portanto, não apenas que as opiniões sejam relevantes para o entendimento dos próprios fatos da causa como também que, sob outro ângulo, estejam efetivamente ligadas a um conhecimento efetivo desses fatos pela testemunha. Não se confunde portanto a situação da testemunha presencial que é chamada a opinar sobre os fatos por ela própria relatados com a posição do especialista convocado a manifestar sua opinião em termos meramente técnicos sobre determinada questão controvertida, tal como previsto no art. 464, §§ 2º e 3º, do CPC, visto que aí, como observado nos comentários correspondentes, não se tem

a despeito da forma oral prova propriamente testemunhal, senão pericial.

3. Respeito à testemunha

O tratamento da testemunha com urbanidade ressalvado pelo § 2º do art. 459 decorre não apenas da natural regra de civilidade e respeito que deve prevalecer entre todos os envolvidos no processo, como também da consideração quanto ao relevante papel desempenhado por esse terceiro e quanto à colaboração por ele trazida ao desfecho da causa.

A urbanidade vai além do mero teor das perguntas, a que alude a segunda parte do § 2º, abrangendo antes de mais nada a forma de tratamento, a postura pessoal quanto à testemunha, que não poderá ser desrespeitada ou tratada com agressividade, sobretudo pelas partes. A exigência de urbanidade, de toda forma, dirige-se evidentemente também ao juiz, embora da parte dele se admitam atos de repreensão ou advertência à testemunha – na estrita medida do necessário ao exercício moderado de sua autoridade, visando indicar a ocorrência de conduta inadequada, ou para lembrar a testemunha das consequências correspondentes –, caso se verifique evasiva na resposta às perguntas, recusa de depor ou mesmo falseamento da verdade.

A advertência acerca da urbanidade, de resto, torna-se ainda mais relevante ante o novo sistema legal, que permite perguntas diretas à testemunha e portanto o estabelecimento de um verdadeiro diálogo entre ela e os advogados. A possibilidade de se dirigir pessoalmente à testemunha, ao invés de como no sistema anterior endereçar as perguntas por meio do magistrado, não confere de forma alguma ao advogado o poder de pressionar, repreender ou entrar em atrito com aquela, devendo toda e qualquer queixa acerca da conduta da testemunha ser dirigida ao magistrado, a fim de que adote as providências cabíveis.

Quanto às perguntas e considerações, sem prejuízo do natural controle judicial sobre a pertinência temática das indagações, devem os litigantes e seus representantes se abster também de observações *impertinentes*, seja aquelas estranhas ao objeto do depoimento, seja aquelas feitas sob a forma de ironias, ou por meio de comentários diversos acerca das respostas dadas ou de assuntos ainda não tratados.

Igualmente inibe a lei a formulação de perguntas *capciosas*, assim entendidas como

Art. 459

aquelas destinadas a confundir a testemunha, ou a induzi-la em erro quanto ao conteúdo da informação pretendida, ou a possibilitar uma resposta ambígua e que possa ser ao depois explorada indevidamente; a preocupação existe sobretudo quanto aos depoimentos registrados por escrito, visto que em relação ao gravado por sistema de audiovisual a identificação da distorção se torna bastante facilitada em termos contextuais.

Não se pretende que o advogado não possa explorar pontos contraditórios do depoimento, mas faz-se necessária certa cautela do juiz quando a pergunta é feita de uma forma que as palavras da testemunha, tomadas posteriormente, possam levar a uma impressão diversa da que se quis transmitir no contexto do depoimento; nesses casos, é possível ao juiz indeferir a pergunta, determinar ao advogado que a refaça ou ainda transmiti-la à testemunha de modo a expurgar o ponto causador da distorção e deixar claro o que se pretende saber naquele momento.

Vexatórias, por fim, são as perguntas que procuram explorar aspectos pessoais, ou que causem constrangimento à testemunha, ou ainda busquem humilhá-la, podendo somente por isso ser afastadas pelo juiz, quando não ser objeto de recusa de resposta pelo próprio depoente, à luz do art. 448 do CPC (que como já dito deve ter interpretação elástica quanto ao conceito de grave dano); o dispositivo legal, contudo, não se refere neste ponto apenas a perguntas, mas a *considerações* de toda ordem dirigidas à testemunha, inclusive comentários com propósito de menoscabo acerca das respostas dadas.

4. Perguntas indeferidas

Uma vez indeferida determinada pergunta, nas situações do *caput*, assiste à parte que a formulou o direito ao registro da indagação e do próprio indeferimento, para fins recursais, visto tratar-se de decisão interlocutória (não suscetível de agravo de instrumento, pois estranha a hipótese ao rol do art. 1.015 do CPC, mas passível de arguição em razões ou contrarrazões de apelação, nos termos do art. 1.009, § 1º, do mesmo Código).

Diferentemente do § 2º do art. 416 do CPC/73, o art. 459, § 3º, do CPC, não usa o advérbio *obrigatoriamente* para se referir à conduta do juiz em face do requerimento para tal fim, o que todavia não implica, em absoluto,

enfraquecimento da norma; o Código revogado, na verdade, é que pecava por excesso, sendo suficiente a redação atual, prevendo em termos impositivos a transcrição desde que requerida.

A propósito da necessidade de pedido específico para a transcrição, embora a rigor devam ser de alguma forma documentados todos os atos processuais, a lei desde o sistema anterior tolera a renúncia à providência desde que se conforme a parte com o indeferimento, esvaziando a relevância do registro, daí o tratamento do tema em perspectiva inversa. O fato é que no modelo do processo escrito tradicional o juiz não realiza a transcrição de ofício, somente se a parte o solicitar.

Por outro lado, o avanço dos recursos tecnológicos no tocante ao registro dos atos processuais acaba por proporcionar novo enfoque para a questão.

Se em relação ao processo escrito o lançamento das perguntas indeferidas se faz no próprio documento (*termo*) em que registrado o depoimento, o certo é que a difusão do processo eletrônico e a par disso a massificação de recursos audiovisuais para a captação do depoimento acabam por prenunciar o gradual abandono do próprio termo a que alude o § 3º deste art. 459.

Em muitos casos, nos quais utilizados métodos alternativos de documentação, como taquigrafia, estenotipia ou outros, tem-se ainda a prática de lavrar termo apenas para o registro de determinados aspectos essenciais, como a qualificação da testemunha, eventual contradita (art. 457, § 1º) e bem assim o registro de perguntas indeferidas; chega-se em alguns casos a manter a mesma prática nas hipóteses de gravação do depoimento em audiovisual, mantendo-se o arquivo de mídia sem prejuízo do termo escrito, com registro daqueles aspectos específicos.

Entretanto, o art. 460, *caput*, do CPC, ao prever a gravação dos depoimentos como meio regular de documentação (a ampla difusão desse instrumento é prevista também na Resolução nº 222/2016 do CNJ), não exige seja lavrado termo em separado, admitindo pois que a totalidade do ato seja contemplada pela gravação, inclusive a qualificação da testemunha e eventual contradita; nessa linha, também as perguntas indeferidas acabarão sendo registradas por esse meio, inclusive com prejuízo do problema relativo ao requerimento da parte interessada (pois o registro será automático, para todas as perguntas e eventuais indeferimentos).

Jurisprudência

PROCESSO CIVIL. PROVA TESTEMUNHAL. O depoimento de testemunha para valer como prova no processo deve ser prestado perante o juiz, com perguntas e reperguntas das partes; ainda que feito perante tabelião e documentado por escritura pública, o testemunho de quem, como preposto, se diz autor de assinatura aposta em contrato, não inibe a realização de prova grafotécnica, se o preponente opõe dúvidas a respectiva autenticidade. Recurso especial conhecido e provido. (STJ, REsp nº 472.174/MT, 3ª T., Rel. Min. Ari Pargendler, j. 2/5/2006, *DJ* 12/6/2006, p. 472).

> **Art. 460.** O depoimento poderá ser documentado por meio de gravação.
>
> **§ 1º** Quando digitado ou registrado por taquigrafia, estenotipia ou outro método idôneo de documentação, o depoimento será assinado pelo juiz, pelo depoente e pelos procuradores.
>
> **§ 2º** Se houver recurso em processo em autos não eletrônicos, o depoimento somente será digitado quando for impossível o envio de sua documentação eletrônica.
>
> **§ 3º** Tratando-se de autos eletrônicos, observar-se-á o disposto neste Código e na legislação específica sobre a prática eletrônica de atos processuais.

▶ *Referência: CPC/1973 – Art. 417*

1. Gravação do depoimento

Embora mencione o art. 460 a simples *possibilidade* de documentação do depoimento por meio de gravação, o mecanismo tende a se tornar com o adequado aparelhamento das unidades judiciárias e tribunais o modo natural e preferencial de registro, pela evidente vantagem da captação direta de imagens e sons (na pior das hipóteses, apenas dos sons), em termos de agilidade e fidelidade da reprodução, frente aos meios indiretos de documentação por escrito ou outros sinais.

Aliás, não apenas dos depoimentos testemunhais trata o CPC. O art. 367 autoriza a gravação oficial da integralidade da audiência em imagem e áudio, em meio digital ou analó-gico (§ 5º), sem prejuízo de facultar às partes (§ 6º) que também promovam gravação própria, independentemente de autorização judicial (da gravação privada já tratava por seu turno o art. 417, *caput*, do CPC/73).

Além do mais, na parte geral do Código, o art. 209, § 1º, prevê que em se tratando de autos total ou parcialmente eletrônicos, os atos processuais praticados na presença do juiz possam ser produzidos e armazenados de modo integralmente digital em arquivo eletrônico inviolável.

Em adendo, a Resolução nº 105/2010, complementada pela Resolução nº 222/2016, do CNJ, prevê o desenvolvimento e distribuição pelo órgão, aos tribunais do País, de sistemas eletrônicos de gravação de depoimentos, também determinando aos próprios tribunais o desenvolvimento de meios eletrônicos de armazenamento dos depoimentos documentados por sistemas eletrônicos audiovisuais.

Essas mesmas Resoluções ainda se ocupam do problema da transcrição dos depoimentos assim gravados, ressaltando sua desnecessidade e chegando inclusive a qualificar a determinação de alguns tribunais, de devolução dos autos aos juízes para degravação, como ofensiva à independência funcional daqueles.

Não há de fato sentido em exigir-se semelhante providência, que acaba por aniquilar as vantagens práticas da gravação audiovisual, além de exigir expressivo gasto de tempo e energia de modo a permitir a discriminação, em todos os detalhes, do depoimento registrado.

Sobre a desnecessidade de transcrição é também expresso o CPP no art. 405, § 2º (com a redação dada pela Lei nº 11.719/2008), mencionando em contrapartida o fornecimento às partes de cópias dos registros feitos.

Já o CPC atual adota idêntica linha, como se tem no § 2º do art. 460: mesmo em autos não eletrônicos, a digitação do teor do depoimento somente se justifica quando impossível o envio da documentação eletrônica para apreciação em sede recursal. Portanto, havendo disponibilidade dessa, a ela devem recorrer automaticamente os integrantes dos tribunais e as próprias partes.

Não se fala, no diploma processual civil, em fornecimento de cópia do registro do depoimento e demais atos da audiência, nos moldes do CPP, mas a providência é inegavelmente recomendável de modo a facilitar o acesso por parte dos interessados, mormente quanto a

Art. 460

autos não eletrônicos (sendo eletrônicos os autos, o problema tende a ser minimizado, pois o registro correspondente estará integrado a esses mesmos autos).

Finalmente, quanto aos requisitos técnicos para a gravação dos atos e sua incorporação a autos eletrônicos, remete o § 4º do disposto no próprio CPC (vejam-se, além dos dispositivos acima referidos, os arts. 193 a 199) e à legislação específica sobre a prática eletrônica de atos processuais (vejam-se também a Lei nº 11.419/2006 e a Lei nº 14.063/2020).

2. Documentação por meios alternativos

Não havendo possibilidade de gravação, outrossim, pode o depoimento ser registrado pelo método tradicional de digitação mediante ditado do juiz, além de autorizar expressamente a lei o emprego de taquigrafia, estenotipia ou outros métodos idôneos, genericamente referidos (art. 210). Prevê o § 1º que o (termo de) depoimento, quando digitado ou registrado por tais métodos, deva ser assinado pelo juiz, pelo depoente e pelos procuradores presentes ao ato.

Na verdade, não fica restrita a essas hipóteses a assinatura: em se tratando de gravação audiovisual do depoimento, em arquivo eletrônico, também fala o CPC, no art. 209, § 1º, na assinatura termo em que registrada a ocorrência pelo juiz, pelo escrivão e pelos advogados das partes, se o caso eletronicamente.

A subscrição dos documentos, quer se trate dos termos de audiência, quer dos registros dos depoimentos em si mesmos, mostra-se relevante para conferir-lhes autenticidade, além de endossar o teor dos registros ali lançados acerca dos acontecimentos da audiência ou do conteúdo do documento, conforme o caso. Do ponto de vista dos procuradores das partes, em particular, atesta sua presença no ato como também expressa reconhecimento quanto à exatidão dos registros suprarreferidos.

Há todavia um problema significativo proporcionado por alguns métodos de registro diversos das gravações. Em se tratando de digitação do teor integral do depoimento pelo método tradicional (vale dizer, mediante ditado pelo juiz), os advogados têm a possibilidade de fazer ressalvas ao teor do ditado seja no próprio ato em que é executado pelo juiz ao escrevente responsável, seja previamente à assinatura, mediante conferência do termo correspondente.

Mas, quanto ao registro por métodos como a taquigrafia ou estenotipia, por mais que venham assinadas as folhas em que lançados os respectivos sinais, não têm essas firmas o condão de expressar ciência quanto ao conteúdo captado, muito menos reconhecimento em torno de sua exatidão, simplesmente por não terem os procuradores (e tampouco o juiz), em condições normais, conhecimento sobre a técnica empregada, e portanto aptidão para decifrar os registros.

Para esses casos, diferentemente da gravação em sistema audiovisual ou simplesmente em áudio, o acesso e adequada compreensão do conteúdo registrado, bem como sua memória, inevitavelmente dependem da transcrição dos registros feitos por meio de sinais codificados. Eventualmente, sendo realizados os debates e proferida a sentença na própria audiência de instrução, sem pretensão recursal subsequente pelos litigantes, a providência possa se tornar dispensável do ponto de vista prático; mas basta que se protraia a manifestação das partes ou a decisão para momento posterior para que se imponha a medida, sob pena de inviabilizar a consulta ao teor dos depoimentos.

Falava o art. 417, § 1º, do CPC/73, em transcrição para a forma datilográfica em caso de recurso ou quando determinado pelo juiz, de ofício ou a requerimento da parte (expressão ampla que em última análise autorizava a providência sempre que necessário; mas se referia, cabe ressalvar, apenas às hipóteses hoje referidas no §1º do art. 460).

O CPC, por seu turno, é obscuro quanto à matéria, pois no art. 460, § 2º, associa a necessidade de transcrição (digitação) do depoimento à possibilidade ou não de envio da documentação em forma eletrônica, sem no entanto deixar claro se se refere apenas ao *caput* (do que já se tratou no item 1, acima) ou também aos casos de depoimentos previstos no § 1º, tomados por estenotipia, taquigrafia ou método assemelhado.

Ora, a única forma de adequar semelhante previsão a tais métodos de captação é entender que dispensada a transcrição desde que possam os registros ser não apenas transpostos para arquivos eletrônicos, mas que também disponível nesses casos sistema de conversão que permita a adequada compreensão. Fora daí, em prestígio à possibilidade de participação dos sujeitos processuais, deve ser providenciada a transcrição para a forma escrita, desde que o requeira qualquer das partes ou entenda o juiz necessário, de ofício.

Jurisprudência

"Em caso de precatória para oitiva de testemunhas, a degravação dos depoimentos colhidos em audiência é de observância obrigatória para o juízo deprecado, pois é procedimento que integra o cumprimento da carta precatória. O Juízo deprecado, pois, quando receber a precatória para tomada de depoimento(s) e desejar implementar método não convencional (como taquigrafia, estenotipia ou outro método idôneo de documentação), deverá ter condições também para a transcrição, devolvendo a carta adequadamente cumprida." (STJ, CC nº 126.747/RS, 2ª Seção, Rel. Min. Luis Felipe Salomão, j. 25/9/2013, *DJe* 6/12/2013).

"1. Em consonância com o princípio da celeridade processual, previsto no art. 5º, LXXVIII, da Constituição da República de 1988, foi editada a Lei nº 11.719, de 20/6/2008, que inseriu os §§ 1º e 2º e deu nova redação ao art. 405 do Código de Processo Penal, permitindo, na audiência, o uso de recursos de gravação magnética, estenotipia, digital ou técnica similar, não havendo necessidade de transcrição dos depoimentos. 2. O referido artigo assegura o acesso à prova na forma original como foi produzida, proporcionando maior segurança às partes no processo, com o nítido propósito de racionalizar o tempo de produção do ato, na medida que não é mais obrigatória a redução a termo dos depoimentos do acusado, vítima e testemunhas, além de permitir registro integral dos procedimentos realizados. 3. Assim, as transcrições somente se justificam em casos excepcionais, devendo o requerente apontar argumentos plausíveis que demonstrem a necessidade da medida, sob pena de comprometer a garantia constitucional da duração razoável do processo. Precedentes. 4. Na hipótese, a decisão do Tribunal de Justiça que indeferiu o requerimento do Ministério Público de conversão do julgamento da apelação em diligência para que fosse feita a degravação da prova oral colhida está em harmonia com o espírito da norma, qual seja, que a prova produzida assegure maior fidedignidade com o fato ocorrido, além de garantir a duração razoável do processo." (STJ, AgRg no RMS nº 36.677/MT, 5ª T., Rel. Min. Marco Aurélio Bellizze, j. 25/6/2013, *DJe* 1º/8/2013).

"O prazo para recurso de sentença proferida em audiência tem início, em princípio, no dia imediato à sua realização. Porém, se utilizado o sistema de estenotipia, a parte que ficou vencida e quer apelar não disporá de elementos para a elaboração de seu recurso, pois não terá acesso à decisão e aos motivos que a fundamentaram e que lhe caberá rebater. Assim, em tais casos, o prazo para a interposição do recurso somente começará a fluir depois de publicada a transcrição da audiência, pela qual se tornará possível a leitura dos atos que nela se realizaram." (TJSP, AI no 101.519-1, 1ª CC, Rel. Des. Luiz de Azevedo, j. 21/6/88).

> **Art. 461.** O juiz pode ordenar, de ofício ou a requerimento da parte:
>
> **I** – a inquirição de testemunhas referidas nas declarações da parte ou das testemunhas;
>
> **II** – a acareação de 2 (duas) ou mais testemunhas, ou de alguma delas com a parte, quando, sobre fato determinado que possa influir na decisão da causa, divergirem as suas declarações.
>
> **§ 1º** Os acareados serão reperguntados para que expliquem os pontos de divergência, reduzindo-se a termo o ato de acareação.
>
> **§ 2º** A acareação pode ser realizada por videoconferência ou por outro recurso tecnológico de transmissão de sons e imagens em tempo real.

▶ *Referência: CPC/1973 – Art. 418*

1. Diligências complementares em matéria de prova oral

A fragilidade própria da prova testemunhal, caracterizada pela representação dos fatos de interesse à causa a partir de impressões pessoais, sem a objetividade e estabilidade dos registros inerentes à prova documental, acaba fazendo com que o legislador cogite de meios destinados a reforçar quanto necessário seu poder de convencimento, eliminando eventuais dúvidas que possam surgir dos depoimentos tomados. Cogita o presente dispositivo em tal sentido de diligências probatórias adicionais em matéria de prova testemunhal, diretamente ligadas aos poderes instrutórios conferidos ao juiz pelo art. 370 do CPC.

Não obstante fale a lei também em requerimento das partes voltado a tal fim, goza o magistrado de certa discricionariedade na

Art. 461

apreciação de pedidos que em tal sentido se façam, não estando obrigado a atendê-los se considerar suficientemente esclarecida a questão, se julgar irrelevante o fato sobre o qual se pretende o esclarecimento ou ainda se entender de remoto proveito, à vista das circunstâncias do caso concreto, a nova inquirição ou mesmo a acareação. Em outras palavras, não há propriamente um direito das partes à acareação, ou à inquirição de testemunhas mencionadas nos autos e que não tenham sido tempestivamente arroladas na oportunidade própria.

Em alguns casos, a análise mais aprofundada dos motivos que o levam a considerar pela inutilidade ou pouca importância da diligência não poderá ser sequer explicitada desde logo, senão no próprio julgamento da causa, bastando aí que faça, no primeiro instante, referência genérica ao motivo básico do indeferimento.

2. Testemunha referida

A primeira dessas diligências complementares é a inquirição de pessoa referida em declarações das partes ou em depoimentos de outra testemunha, e cujo depoimento se venha a ter por relevante para a causa. Como entretanto as partes dispõem de prazo preclusivo para a apresentação do rol de testemunhas, é importante que se verifique, quanto às referidas, o aspecto *novidade*; em outras palavras, não pode ser considerada referida, e ter seu depoimento pleiteado já no curso da audiência, a pessoa cuja existência e conhecimento dos fatos eram desde sempre sabidos pela parte que agora pretende ouvi-la.

É importante também que haja evidências de conhecimento efetivo dos fatos da causa por parte do terceiro mencionado, não bastando a mera circunstância da referência em depoimento para autorizar a providência, de caráter especial; além disso, o conhecimento pessoal da nova testemunha deve se dar em torno de pontos relevantes, sobre eles pressupondo-se que haja divergência ou dúvida, se não insolúveis, ao menos significativas a ponto de recomendar o acesso a novas fontes, para maior segurança e clareza do conjunto probatório.

3. Acareação

É a confrontação presencial de duas ou mais pessoas que tenham prestado depoimentos divergentes, de modo a ver se com base nisso alteram no todo ou em parte suas versões. A medida é prevista com base na perspectiva de que, colocados uns perante os outros e cientificados do teor dos outros depoimentos, possam seus autores optar pela retificação espontânea, sanando eventual inverdade anterior ou mesmo corrigindo eventuais inexatidões; ainda quando não haja retratação ou retificação, contudo, a acareação preserva sua utilidade pela possibilidade que dá ao juiz de observar diretamente os envolvidos durante o ato, registrando suas condutas e atentando para detalhes significativos do comportamento que forneçam subsídios para a apreciação de sua sinceridade: nervosismo, hesitações, contradições, agressividade, evasivas, grau de convicção e outros aspectos.

Mostra-se essencial contudo que a divergência se manifeste sobre fato potencialmente relevante para o deslinde da causa, sob pena de inocuidade da providência, além do desperdício de tempo e de energias.

É curioso verificar que a lei, ao menos literalmente, restringe os sujeitos passíveis de acareação, mencionando duas ou mais testemunhas, entre si, ou então testemunha(s) com a parte. Não cogita, em contrapartida, de acareação apenas entre partes que tenham prestado depoimentos pessoais divergentes, o que não é difícil entender; tendo em vista a atuação parcial das partes no processo, aliada à prestação do depoimento independentemente de compromisso, bem como a falta de sujeição, diversamente de outros sistemas, à prática de perjúrio, tem-se implicitamente por mais reduzido o grau de isenção a esperar desse depoimento comparativamente com o de uma testemunha, além de naturalmente previsível a discrepância entre as versões prestadas por cada um dos litigantes, tudo a sugerir a pouca ou nenhuma utilidade de acareação isolada entre esses e a explicar o silêncio do legislador quanto à alternativa.

Não se pode olvidar, entretanto, que como dito nos comentários ao art. 385, que também a parte está, abstraída a falta de compromisso formal, obrigada a observar o dever de veracidade no tocante a seu depoimento; tomado esse aspecto em conjunto com os poderes instrutórios atribuídos ao juiz com vistas à descoberta da verdade real, bem como a possibilidade, a eles relacionada, de convocação da parte em qualquer momento para prestar esclarecimentos que se tenham por necessários, não se pode excluir no extremo que o juiz ou o Tribunal entendam conveniente tal modalidade de acareação. Se não

Art. 461

vem ela expressamente prevista tampouco está proibida pela lei nem se mostra incompatível com o sistema, e na pior das hipóteses pode, a partir de aspectos comportamentais como acima referido, fornecer subsídios relevantes a respeito do grau de sinceridade dos depoimentos.

De outra parte, na esteira do que se disse quanto à inquirição de testemunhas referidas, tampouco precisa o juiz atender a pedido de acareação se, mesmo em face de divergência real, esteja ante ponto de fato solucionável a partir do teor dos próprios depoimentos ou de outros elementos de prova disponíveis nos autos, sendo necessária dúvida suficiente a demandar esclarecimentos adicionais; levada ao extremo, a realização de atos dessa natureza a cada vez que constatada eventual discrepância entre depoimentos levaria o caos aos processos.

3.1. Procedimento da acareação

Quanto à dinâmica do ato, a acareação, que pode ser feita na mesma oportunidade em que tomados os depoimentos ou em ocasião distinta, deverá ser objeto de termo próprio, no qual fará o juiz registrar a presença dos participantes do ato e suas qualificações, o esclarecimento quanto aos pontos de divergência e quanto às versões originalmente conferidas por cada qual; na sequência dos fatos, deve o juiz dar oportunidade aos interessados de se manifestarem, indagando-lhes quanto à eventual manutenção de suas posições e determinando-lhes que se manifestem especificamente sobre as versões contrárias à sua, apontando-lhes eventuais falhas e comentando seu teor.

O CPC/73 nada dispunha acerca dessas providências, que são de toda forma intuitivas; já o CPC/2015, mais detalhadamente, determinou expressamente a lavratura de termo com as reperguntas feitas, no que, em última análise, em nada inovou.

Tanto quanto os depoimentos simples das testemunhas, por outro lado, tudo recomenda seja também a acareação objeto de documentação por meio de gravação. A par disso, o CPC introduziu inovação relativa à realização da acareação por videoconferência ou por outro recurso tecnológico de transmissão de sons e imagens em tempo real (art. 461, § 2º).

Objeto de previsão expressa, não há o que discutir em torno da possibilidade em si; mas não há dúvida de que, pelas peculiaridades desse ato

e pelos objetivos que o cercam, o confronto entre pessoas situadas em locais físicos diversos, com visualização recíproca apenas por imagens, ou mesmo a acareação entre duas pessoas situadas em local diverso do juiz da causa, com transmissão das imagens, enfraquece sobremaneira as vantagens proporcionadas pela ferramenta, no plano psicológico.

Jurisprudência

"Do exame do acervo probatório dos autos, se afere que os indeferimentos aos pedidos de oitiva de testemunhas, bem como a negativa para realização de perguntas, além da declaração de desnecessidade de acareação, ou seja, todos esses atos praticados pela comissão ao longo da instrução, foram devidamente motivados e, portanto, encontram-se amparados no § 1º do art. 156 da Lei n. 8.112/90." (STJ, MS nº 17.330/DF, Primeira Seção, Rel. Min. Humberto Martins, j. 25/3/2015, *DJe* 6/4/2015).

"1. Não ocorre cerceamento de defesa o indeferimento devidamente motivado de produção de prova testemunhal. 2. O oferecimento pelo servidor do rol de testemunhas deve se dar na fase instrutória do processo administrativo disciplinar, na qual é promovida a tomada de depoimentos, acareações, investigações e diligências cabíveis. 3. Não é nula a demissão de servidor público baseada em sentença penal condenatória e também em outras provas colhidas no processo administrativo disciplinar." (STJ, MS nº 8.990/DF, 3ª Seção, Rel. Min. Maria Thereza de Assis Moura, j. 14/5/2008, *DJe* 29/5/2008).

"É firme o posicionamento do Superior Tribunal de Justiça no sentido de que somente se declara nulidade de processo administrativo quando for evidente o prejuízo à defesa. Precedentes. O indeferimento motivado do pedido de acareação de testemunhas e de perícia grafotécnica não importa em cerceamento de defesa quando o conjunto probatório dos autos tornar desnecessária a produção de tais provas." (STJ, RMS nº 13.144/BA, 5ª T., Rel. Min. Arnaldo Esteves de Lima, j. 21/3/2006, *DJ* 10/4/2006, p. 229).

"Admite-se no processo moderno a iniciativa probatória do juiz, pois a efetividade do processo e a absorção do conflito no plano social depende de uma decisão cunhada a partir do princípio da verdade real dos fatos. Tal poder, entretanto, deve ser exercido, sem que o julgador desmereça os demais princípios que norteiam o processo civil. A dispensa de prova oral pelo juiz, como consequência sancionatória à ausência do advogado do autor à audiência de instrução e julgamento do rito sumário, o impede de, mais tarde, determinar a inquirição das mesmas testemunhas. Violação aos princípios da imparcialidade do julgamento, do ônus da prova, da ordem de oitiva das testemunhas e do tratamento igualitário que deve conferir às partes." (STJ, REsp no 151.924/PR, 3ª T., Rel. Min. Nancy Andrighi, j. 19/6/2001, *DJ* 8/10/2001, p. 210).

"Por testemunha referida considera-se aquela que tenha sido mencionada por outra inquirida pelo juízo, e que tenha conhecimento dos fatos postos em discussão. Não há falar-se em cerceio de defesa se o Juiz, já convencido pelo conjunto probatório acerca dos fatos relevantes para a discussão da causa, indefere pedido de oitiva de testemunhas referidas." (2º TACSP, Ap. no 504.865.00/6, 11ª C., Rel. Juiz Mendes Gomes, j. 15/12/97).

"Faculta-se ao juiz a acareação de duas ou mais testemunhas, ou de alguma delas com a parte quando, sobre fato determinado que possa influir na decisão da causa, divergirem suas declarações. Se o fato é inócuo ou insuscetível de influir no julgamento da causa, pela própria maneira vaga como foi relatado, pode o juiz, como condutor da prova, indeferir legitimamente o pedido de acareação, inútil e igualmente protelatório." (TJSP, Ap. no 136.488-1, 5ª CC, Rel. Des. Matheus Fontes, j. 11/4/91).

> **Art. 462.** A testemunha pode requerer ao juiz o pagamento da despesa que efetuou para comparecimento à audiência, devendo a parte pagá-la logo que arbitrada ou depositá-la em cartório dentro de 3 (três) dias.

▶ *Referência: CPC/1973 – Art. 419, caput*

1. Obrigatoriedade do depoimento e compensação à testemunha

Sendo o comparecimento em juízo para depor, por parte da testemunha, obrigatório, à luz dos arts. 378 e 380 do CPC (tanto que, segundo o art. 455, § 5º, do mesmo Código, pode a testemunha faltosa ser conduzida coercitivamente; no processo penal, está inclusive sujeita à imputação do crime de desobediência, conforme o art. 219 do CPP), procura o legislador estabelecer certas compensações, de modo a que não seja a testemunha, terceira desinteressada em relação ao litígio, prejudicada no plano pessoal ou financeiro pelo fiel cumprimento desse dever de colaboração.

A matéria vinha no CPC/73 tratada em um único artigo (419), sendo agora desdobrada em dois dispositivos, o presente art. 462, no tocante ao ressarcimento das despesas de viagem e estadia, e o art. 463, que versa sobre a atribuição de justificação à testemunha relativamente ao tempo despendido para a prestação do depoimento.

2. Ressarcimento de despesas

Pode a testemunha pleitear ao juiz que determine à parte interessada o reembolso do valor da despesa feita para o comparecimento à audiência. No conceito genérico de *despesa* estão compreendidos todos os gastos feitos em função do depoimento, desde o deslocamento em si até a alimentação necessária e eventual estadia, caso não reúna a testemunha condições de regresso no mesmo dia do depoimento.

Quanto ao deslocamento, não está em jogo propriamente a ida da testemunha da comarca de domicílio àquela por onde tramita o processo; sendo elas diferentes, o depoimento toma-se por precatória (art. 453, II, do CPC), na própria comarca de domicílio da testemunha, o que todavia apenas aparentemente resolve o problema.

Ocorre que, mesmo no âmbito interno de uma comarca, as distâncias por vezes são tão grandes que exigem da testemunha grandes deslocamentos, eventualmente de cunho intermunicipal, visto que o depoimento, salvo circunstâncias excepcionais, não é tomado na residência mas, ordinariamente, na sede do juízo (art. 449 do CPC). Quando não seja assim, há nos grandes centros urbanos muitas vezes necessidade de utilização de mais de um meio de transporte, gerando custos significativos e, conforme a condição financeira da testemunha, impeditivos do comparecimento à audiência.

E nem mesmo fica a dificuldade superada pela previsão do CPC de utilização nos depoimentos de modernos recursos tecnológicos, como a videoconferência (art. 453, § 1º, do CPC), já que, ainda nesse caso, é obrigada a testemunha a se deslocar até a sede do juízo, onde normalmente será colhido o depoimento.

O direito ao reembolso, no entanto, independe da situação financeira da testemunha, assistindo a quem quer que seja intimado a depor, pelo simples fato do encargo suportado em virtude da convocação.

A faculdade, de todo modo, é de escassíssima utilização na prática, em grande parte pelo puro e simples desconhecimento da parte dos beneficiários do mecanismo.

Feito o requerimento (no próprio ato do depoimento ou posteriormente), cabe ao juiz avaliar sua pertinência e a razoabilidade das despesas reclamadas e comprovadas, conforme as circunstâncias e as condições pessoais da própria testemunha (bem como, inevitavelmente, da própria parte que requereu o depoimento), determinando, após oitiva da parte interessada, o pagamento de imediato ou em até 3 (três) dias, mediante depósito em juízo. Não se exclui entretanto que a testemunha faça o requerimento por antecipação, caso em que o deferimento levará em conta uma projeção de gastos, sujeitos a posterior comprovação.

Quanto à responsabilidade pelo pagamento, será naturalmente de quem arrolou a testemunha, em face da regra geral que determina o provimento das despesas por quem requereu o ato no processo (art. 82, *caput*, c.c art. 84, ambos do CPC). Sendo o depoimento determinado de ofício pelo juiz ou requerido pelo Ministério Público, como fiscal da ordem jurídica, igualmente será do autor o encargo (art. 82, § 1º); não, todavia, se a testemunha for comum, caso em que as despesas deverão ser rateadas entre autor e réu.

Vencedora, outrossim, a parte que pediu o depoimento, as despesas poderão ser cobradas da parte vencida como parte dos encargos sucumbenciais (art. 82, § 2º).

Questão interessante, por fim, diz respeito aos casos de assistência judiciária. O deferimento do benefício assegura à parte isenção de pagamento, dentre outras coisas, da *"indenização devida à testemunha"* (art. 98, § 1º, IV, do CPC), o que transfere a responsabilidade em tese ao Poder Público; mas, se o CPC chega a disciplinar o pagamento com verbas públicas de perícias de responsabilidade dos beneficiários da gratuidade (art. 95, § 3º), nada prevê no tocante a gastos com o custeio de prova testemunhal.

Nesse caso, em não havendo previsão concreta de verba com tal dotação, ou ente público que assuma o pagamento, podem-se criar situações de claro desequilíbrio, seja inviabilizando o próprio depoimento, seja, do ponto de vista da testemunha, fazendo com que não sejam ressarcidas pessoas tão ou mais necessitadas que a própria parte aquinhoada com a gratuidade. Em hipóteses tais, parece razoável que se possa relativizar o alcance desse benefício, por aplicação do mecanismo do art. 98, § 5º, do CPC, determinando-se o pagamento do mínimo destinado a prover as necessidades da testemunha.

> **Art. 463.** O depoimento prestado em juízo é considerado serviço público.
>
> **Parágrafo único.** A testemunha, quando sujeita ao regime da legislação trabalhista, não sofre, por comparecer à audiência, perda de salário nem desconto no tempo de serviço.

▶ *Referência: CPC/1973 – Art. 419, parágrafo único*

Serviço público

Para além do ressarcimento das despesas em que incorreu a testemunha, objeto do artigo anterior, o CPC/73 instituía uma segunda forma de compensação, referida agora em separado no art. 463 do CPC, qualificando como serviço público o depoimento prestado em juízo – coerentemente de resto com a imposição no tocante à testemunha de um dever cívico de colaboração para com a atividade jurisdicional, tal qual posto no art. 378 do Código em vigor.

Se no outro caso a preocupação foi com as necessidades materiais imediatas da testemunha, aqui ocupa-se o legislador das relações dessa com terceiros, mais especificamente no âmbito da relação de emprego, de modo a evitar que seja a testemunha prejudicada pelo tempo despendido com o comparecimento à audiência.

Note-se que a proteção não decorre da prestação do depoimento, propriamente dito, mas do simples comparecimento, em atendimento à convocação, ressalva importante quando se tem em conta hipóteses de sucessivos adiamentos de audiências e de redesignação do depoimento, agravando a situação de exposição da testemunha frente ao empregador.

Desde que, portanto, comprove a testemunha a intimação e o fato de ter estado à disposição do Juízo durante determinado intervalo de tem-

Art. 464

po, não poderá ser descontada no salário nem tampouco no tempo de serviço, quando sujeita a vínculo trabalhista privado; se eventualmente for despedida por conta da ausência, a dispensa será claramente injustificada e como tal deverá ser tratada para efeitos indenizatórios ou de reintegração.

Já no âmbito do serviço público o problema não se oferece, não apenas pela natureza de serviço também público reconhecida ao ato da testemunha como também porque, a rigor, é o próprio superior da testemunha quem se encarrega de providenciar seu comparecimento à audiência (art. 455, § 4º, III, do CPC).

A categoria sem dúvida mais sacrificada nesse contexto é, assim, a dos trabalhadores autônomos, pois esses não têm a quem reclamar a perda de remuneração ditada pelo menor tempo de dedicação ao mister profissional.

Registre-se que o art. 98, § 1º, IV, do CPC, na seção relativa à gratuidade da justiça, reza em termos redundantes que a testemunha, quando empregada, receberá o salário integral, "*como se em serviço estivesse*"; além do mais, a garantia em tal sentido reservada à testemunha nada tem a ver com a gratuidade que acaso beneficie a parte que a arrolou, de modo que deslocada a referência ali feita ao tema.

Seção X
Da prova pericial

> **Art. 464.** A prova pericial consiste em exame, vistoria ou avaliação.
>
> **§ 1º** O juiz indeferirá a perícia quando:
>
> **I** – a prova do fato não depender de conhecimento especial de técnico;
>
> **II** – for desnecessária em vista de outras provas produzidas;
>
> **III** – a verificação for impraticável.
>
> **§ 2º** De ofício ou a requerimento das partes, o juiz poderá, em substituição à perícia, determinar a produção de prova técnica simplificada, quando o ponto controvertido for de menor complexidade.
>
> **§ 3º** A prova técnica simplificada consistirá apenas na inquirição de especialista, pelo juiz, sobre ponto controvertido da causa que demande especial conhecimento científico ou técnico.

> **§ 4º** Durante a arguição, o especialista, que deverá ter formação acadêmica específica na área objeto de seu depoimento, poderá valer-se de qualquer recurso tecnológico de transmissão de sons e imagens com o fim de esclarecer os pontos controvertidos da causa.

▶ *Referência: CPC/1973 – Arts. 145, 420 e 421, § 2º*

1. Perícia

Consiste a perícia, em termos processuais, em meio de prova caracterizado pela intervenção de terceiro (o perito), na qualidade de auxiliar da Justiça, com a finalidade de fornecer subsídios ao juiz (e às partes) para a compreensão de fatos relevantes que exijam conhecimento técnico especializado. Nas palavras de autorizada doutrina, a "*prova pericial ou científica tem a finalidade de facilitar a apreciação, a compreensão e a valoração de questões de fato (...) que exigem conhecimentos técnicos, excedentes daqueles os quais o juiz ou qualquer pessoa de cultura média normalmente possuiria*" (CAMBI, *A Prova Civil*, pp. 232/233).

Em princípio, cabe ao juiz, na qualidade de órgão decisório, a função de interpretar e valorar as informações proporcionadas pelas diversas fontes de prova, de modo a formar seu convencimento acerca dos fatos inerentes à causa, o que entretanto nem sempre estará ao seu alcance imediato, considerada a natureza e profundidade dos conhecimentos exigidos para tanto; algumas vezes, a formação técnica pode ser condição do próprio acesso a determinadas fontes de informação necessárias à constatação ou compreensão de certos fenômenos ou situações. Como pondera DINAMARCO, a prova pericial "*atua no campo dos fatos a cujo conhecimento só se pode chegar com segurança mediante ilações fundadas em premissas técnico-científicas*" (*Instituições...*, III, pp. 586/587).

Nesse sentido, a perícia cumpre a função de esclarecer, por meio de análise técnica, e considerando os elementos de prova direta ou indireta disponíveis (não só nos autos mas também por pesquisa de campo), aspectos como a ocorrência ou não de determinados fatos, seus elementos circunstanciais, significado e implicações, bem como suas causas ou repercussões, além da dinâmica de certos fenômenos, passando por análises comparativas, qualitativas e quantitativas, dentre outras possibilidades.

O perito se vale de elementos informativos a ele fornecidos pelas partes ou quando não obtidos por ele próprio, por meio do acesso a fontes de prova diversas, que vão da coleta de material para análise à consulta a documentos e testemunhas (art. 473, § 3º, do CPC); essas fontes podem ser consideradas remotas ou secundárias, fornecendo elementos naturalmente passíveis em si mesmos de consideração judicial, mas que não se confundem com a análise técnica a partir deles formulada, esse sim o elemento nuclear da prova pericial. Pode-se a respeito dizer que o próprio perito seja fonte de prova, de caráter principal, no tocante ao trabalho interpretativo que venha a empreender e ao raciocínio analítico desenvolvido de modo a oferecer determinadas conclusões à apreciação judicial.

É certo que a perícia, a despeito do caráter marcadamente técnico de que se reveste e da premissa de não se inserir a matéria correspondente na órbita de conhecimento comum dos sujeitos do processo, não exclui a valoração judicial nem tampouco se impõe ao juiz em termos vinculantes, sob pena de lhe subtrair a função decisória, transferindo-a, quanto ao aspecto fático considerado, ao próprio perito; daí a importância de vir o laudo fundamentado em termos absolutamente lógicos e com indicação clara dos elementos considerados e do método empregado, além de linguagem acessível (art. 473 do CPC), visando facilitar sua compreensão, podendo o juiz por seu turno desconsiderar as respectivas conclusões e decidir com base em outros elementos dos autos ou então determinar a realização de nova perícia (arts. 479 e 480 do CPC).

Cabe outrossim uma ressalva quanto à frequente alusão à vocação da perícia para resolver questões técnicas ligadas a fatos *controvertidos no processo*. Por um lado, não há necessidade de que o fato seja propriamente controvertido: pode-se perfeitamente determinar perícia em processo marcado por revelia, ou no qual determinado fato seja incontroverso a despeito da apresentação de contestação, sem embargo de, em ambos os casos, demandar a respectiva compreensão ou a de certos aspectos a ele relacionados investigação técnica. Por outro lado, não é preciso que haja ainda processo *atual* no qual o fato com conotação técnica seja posto como fundamento de pretensão ou de defesa: a perícia pode ser também ser objeto de procedimento meramente preparatório, quando não autônomo, como nos casos em que relacionado o fato a potencial litígio futuro e requerida a prova com escopo conservativo (art. 381, I, do CPC), ou nas situações em que realizada a perícia como forma de favorecer a adoção de meio adequado de solução do litígio, quando não para prevenir ou evitar o ajuizamento de ação (incisos II e III do mesmo dispositivo legal).

1.1. Juiz com conhecimentos técnicos

Questão relevante é a da possibilidade de dispensa da perícia pelo fato de ser o juiz pessoalmente dotado de conhecimentos suficientes para a compreensão da matéria de cunho técnico; na medida em que a perícia se destina justamente a propiciar auxílio ao julgador em tal seara (art. 156 do CPC), o domínio da técnica necessária poderia em tese tornar prescindível a atividade probatória correspondente, com economia de tempo e recursos.

A resposta entretanto é pacífica em sentido negativo, na doutrina e na jurisprudência. Embora o juiz seja o destinatário natural da prova e o responsável por sua valoração, a prova se dirige também, logicamente, às partes, a quem assiste o direito de influir em sua produção (por meio de indicação de assistentes técnicos, apresentação de quesitos) e bem assim de discuti-la, de modo a influir no convencimento do julgador, como manifestações naturais da garantia do contraditório.

Nesse sentido, a exposição pelo juiz de seus conhecimentos apenas ao ensejo da sentença acabaria por suprimir qualquer possibilidade de participação das partes na formação do processo decisório; além disso, os aspectos técnicos empregados para a apreciação do fato ingressariam no processo, em tal caso, não como provas, mas diretamente como fundamentos da decisão, sem que se possa falar todavia em fatos notórios ou na presença de quaisquer das causas que dispensem a produção probatória, previstas no art. 374 do CPC.

Em adendo, tem-se por pertinente também o argumento de que o uso de ciência própria no tocante a questões técnicas aprofundadas tenha por obstáculo a necessidade de apreciação da causa (em grau recursal) por outros julgadores não dotados desse mesmo conhecimento (MARINONI e ARENHART, *Prova*, p. 770).

Da limitação até aqui tratada não se extrai contudo que fique por completo vedada a possibilidade de emprego de conhecimentos técnicos

Art. 464

pelo juiz; como observado nos comentários ao art. 375, pode fazê-lo, no tocante a determinadas noções básicas, como regra de experiência comum, desde que se revistam simplicidade e sejam acessíveis ao homem médio, além de ter larga difusão, não dependendo portanto de formação específica ou de alto grau de especialização.

Anote-se ainda que a necessidade de assistência ao juiz por perito obedece a razões outras que as determinantes da impossibilidade de atuação do julgador como testemunha no mesmo processo (art. 452). No caso do juiz-testemunha está em jogo a imparcialidade do juiz, o comprometimento de sua isenção pelo conhecimento direto e pessoal de fatos capazes de influir no julgamento, além da incompatibilidade de valorar prova por ele próprio introduzida no processo; no tocante ao juiz-perito, a rigor não há comprometimento algum da neutralidade, pois o conhecimento dele advém da mera ciência de regras técnicas abstratas que possam se mostrar importantes para a compreensão e verificação de determinados fatos. O problema, como visto, diz respeito às partes e ao exercício do contraditório.

Por fim, registre-se não se confundir com a *dispensa* de perícia a utilização pelo juiz de seus conhecimentos técnicos para a valoração do laudo pericial, não se esperando que se submeta inerte a conclusões cuja falta de embasamento possa demonstrar. Como exposto nos comentários ao art. 479, a livre apreciação da prova pericial envolve inclusive a possibilidade de crítica técnica (seja por conhecimentos anteriores, seja pela consulta a obras especializadas), que nesse caso não será excludente da participação das partes, mas incidente sobre prova devidamente formalizada nos autos e debatida pelos sujeitos processuais.

1.2. Modalidades de perícia

Optou o CPC atual por manter a criticada redação do art. 420, *caput*, do CPC/73, fazendo referência logo de início às modalidades de perícia em tese possíveis, *exame, vistoria* e *avaliação*. A discriminação todavia é de escassa utilidade prática, mesmo porque não exauriente, além de não resultar em qualquer distinção concreta no tocante à disciplina legal. E, de resto, não se afigura de todo clara a linha divisória entre cada uma das figuras mencionadas.

No que diz respeito aos conceitos de *exame* e *vistoria*, por exemplo, parte da doutrina associa o primeiro à verificação de pessoas, móveis e semoventes, ao passo que a segunda se aplicaria a bens imóveis. Em outra medida, promove-se a distinção em função da profundidade da análise, dando-se à ideia de *vistoria* um significado mais superficial de mera observação do objeto, com fins descritivos.

Já quando se fala em *avaliação* – uma de cujas variantes é o *arbitramento* –, cogita-se de atividade técnica de natureza estimatória, destinada a projetar valores monetários ou fatores quantitativos outros.

O certo é que o rol legal está longe de exaurir os objetivos ou métodos empregados em perícias, cuja oportunidade ou admissibilidade de forma alguma será balizada pela adequação a um desses modelos, mas simplesmente pela relevância do fato no contexto de um litígio (ou para os fins do art. 381 do CPC), bem como pela necessidade de auxílio técnico para a compreensão de aspectos diversos a ele relacionados. Justamente nessa linha, não se exige da parte que formule o requerimento probatório com alusão a alguma dessas espécies, bastando que indique o interesse na prova pericial, o objetivo da análise técnica e sua utilidade.

1.3. Forma da perícia

A expressão formal da perícia consiste, de ordinário, na apresentação de laudo escrito, contendo a exposição detalhada de todas as etapas do trabalho analítico e as conclusões do perito, bem como a documentação ilustrativa necessária, além da referência às fontes consultadas e aos dados empregados. Os requisitos formais estão, no Código vigente, enumerados no art. 473.

Pode entretanto a perícia assumir formas mais singelas, escritas ou não.

Por exemplo, conforme as circunstâncias, a avaliação do bem penhorado, na execução por quantia certa, será feita por oficial de justiça (arts. 829, § 1º, 870, *caput*, e 872, *caput*, do CPC) ou por avaliador nomeado pelo juiz (art. 870, parágrafo único, e 872, *caput*). No segundo caso, o prazo para a apresentação do laudo será de apenas dez dias, não prevendo a lei oportunidade para a indicação pelas partes de assistentes técnicos ou mesmo para a formulação de quesitos; o laudo por seu turno será também simplificado, tanto mais quanto o for o objeto da avaliação (quanto à avaliação feita por oficial de justiça, por seu turno, não se confunde com perícia em sentido estrito, muito embora fale o art. 872 em *laudo*, não ostentando o serventuário a qualificação de perito para os fins legais e estando a realização de avaliações singelas inserida em suas regulares atribuições funcionais – art. 154, V, do CPC).

De outra parte, cogita-se também de análise técnica, com natureza de perícia, em termos orais. O art. 421, § 2º, do CPC/73, (com a redação dada pela Lei nº 8.455/92), disso tratava, por inspiração do art. 36 da Lei nº 7.244/84 (Lei dos Juizados Especiais de Pequenas Causas), cuja redação foi mantida pelo art. 35 da Lei nº 9.099/95 (Juizados Especiais Cíveis). O CPC mantém a orientação, por meio da assim chamada *prova técnica simplificada*, objeto dos §§ 2º a 4º deste art. 464 (a respeito, veja-se o item 4, *infra*).

3. Indeferimento da perícia

Vindo a admissibilidade e pertinência da prova pericial a rigor mencionada em dispositivo que trata da figura do perito (art. 156, *caput*), cuida a lei processual, na seção em que se disciplina a prova pericial propriamente dita, de estabelecer *a contrario sensu* as hipóteses em que *não deverá* ou ao menos *não precisará* ser realizada. O § 1º do art. 464, em tal sentido, deve ser lido conjuntamente com o art. 472, que lhe faz contraponto; ambos tratam da mesma questão mas sob enfoques distintos.

Enquanto o primeiro define hipóteses em que a prova pericial a rigor se mostre imprópria ou desnecessária, e portanto esteja o juiz autorizado a indeferir requerimento feito por uma ou ambas as partes no sentido de sua realização, o segundo dispositivo legal cuida de situações em que a perícia, não obstante pertinente para o caso, possa ser dispensada a critério judicial ou por requerimento de uma ou ambas as partes.

Compreende-se a preocupação do legislador em função das peculiaridades desse meio de prova, notadamente o custo normalmente elevado, além do tempo que demanda, tudo a justificar na medida do possível tratamento restritivo.

3.1. Prova do fato não dependente de conhecimento especial de técnico

Aparentemente, o inciso I do § 1º (que repete o teor do art. 420, parágrafo único, I, do CPC/73) limita-se a dizer o óbvio: se o que determina a necessidade da perícia é o fato de depender a prova do fato de conhecimento técnico ou científico, então mostra-se ela impertinente na hipótese contrária. Ainda assim, a previsão legal suscita algumas questões.

Por primeiro, a própria experiência do foro acaba por flexibilizar a rígida associação entre a perícia e situações de imprescindibilidade de auxílio técnico. Por vezes, a prova técnica vem deferida, por simples falta de melhor alternativa, em caráter muito mais descritivo, ou constatatório, do que propriamente analítico, visando a certificação e documentação de determinados fatos (situações que poderiam ser em alguns casos objeto até mesmo de inspeções judiciais mas que esbarram nos inconvenientes da excessiva difusão desse outro meio de prova).

Por outro lado, há situações em que ordinariamente a intervenção técnica se faria necessária mas que, pela especial conformação dos fatos no caso concreto, venha a se tornar dispensável. É o caso, por exemplo, de falsificação grosseira de assinatura, a tornar ocioso exame grafotécnico.

Há que se pensar também na distinção entre os fatos que inexoravelmente demandem prova técnica (como a determinação científica de paternidade biológica, ou, na generalidade dos casos, a apuração da autenticidade de assinaturas) ou em que ela seja imposta por lei (como a constatação por perícia médica de incapacidade civil em pedido de interdição – art. 753, *caput*, do CPC) daqueles em que a compreensão dos fatos ou a obtenção de determinado resultado possa ser alcançada por perícia mas também, eventualmente, por outros meios, abrindo espaço a juízos casuísticos em torno da conveniência do meio probatório.

Exemplo disso é a avaliação de bens penhorados por oficiais de justiça, cogitada em dispositivos legais como os arts. 523, § 3º, 829, § 1º, 870 e 872 do CPC, além do art. 13, § 1º, da Lei nº 6.830/80 (execuções fiscais), precursor na matéria. Como visto no item 1.3, *retro*, a estimativa assim feita não assume conotação de prova pericial, mas no mais das vezes substitui satisfatoriamente a avaliação por técnico especializado; a jurisprudência, inclusive no tocante a bens imóveis, entende não se tratar de atividade que exija atuação de profissionais com formação acadêmica, como engenheiros, admitindo a realização por oficial de justiça ou, conforme o caso, por profissionais de mercado, como corretores. Não obstante, pode a perícia vir a ser tida por útil no caso concreto, ou mesmo necessária, conforme o teor de impugnações que sejam apresentadas pelas partes, ou por peculiaridades do bem a ser avaliado.

Interessa ainda, quanto à dispensa de prova técnica, o tema do emprego pelo juiz de regras de experiência comum, e dentre essas as de experiência técnica (até mesmo por força da expressão utilizada pelo texto legal, aludindo a situações que demandem *especial conhecimento técnico*). Conforme dito no item 1.1, *retro*, a prova técnica é imprescindível no tocante a questões fáticas de elevada complexidade, ou que exijam conhecimentos técnicos acima da média, devendo ser realizada ainda que o juiz seja detentor desse conhecimento; mas pode ser dispensada, ainda que envolva aspectos técnicos, quando se tratar de noções de larga difusão entre a população e acessíveis ao homem comum. De todo modo, ainda nesses casos, se o juiz pessoalmente não for conhecedor da matéria não estará evidentemente impedido de designar perícia, para seu adequado esclarecimento.

3.2. Perícia desnecessária em vista de outras provas produzidas

A perspectiva do inciso II do § 1º é distinta da do inciso I; no presente caso, cuida-se não de averiguar a adequação do meio de prova em função de uma investigação fática ainda por realizar, mas de denegar a perícia por conta de acervo probatório já disponível nos autos e eventualmente capaz de dispensar o aprofundamento técnico. Lida-se, por pressuposto, com situações em que a perícia seria ao menos em tese pertinente sob o ponto de vista instrumental (caso contrário, recair-se-ia na hipótese do inciso I).

Vale lembrar que o princípio da persuasão racional não se volta apenas ao momento do julgamento, com vistas à solução das questões fáticas propostas a partir da interpretação do resultado da prova, mas também à valoração da própria admissibilidade da prova, sob o prisma da utilidade e oportunidade dos diversos meios em relação ao caso concreto.

A desnecessidade da perícia pode se dar outrossim por duas ordens de razões: I) porque outras provas existentes já se prestam a esclarecer suficientemente o mesmo fato que seria objeto de investigação técnica (do que somente se pode cogitar, por evidente, para as situações em que a perícia seja útil, mas não imprescindível, e a prova necessária possa ser alcançada por

outros meios); e II) porque a partir de outras provas seja possível chegar a uma conclusão de cunho prejudicial no tocante ao fato objeto da pretendida investigação por prova técnica. A desnecessidade, aqui, se dá não por exaurimento da prova, mas em termos *lógicos*, e nesse caso pode referir-se inclusive a fatos que somente por perícia poderiam ser provados.

Pense-se, no tocante a discussão em torno de paternidade biológica, na dispensa de perícia hematológica porque, por outros meios, tenha vindo aos autos prova inequívoca da infertilidade do suposto pai. Ou então, quanto a controvérsia em torno de firma aposta em documento cuja data não se discuta, na dispensa de perícia grafotécnica pela prova de que, naquele momento, incapacitado fisicamente o pretenso subscritor.

Quanto aos meios de prova, não se exclui que até mesmo a prova oral se preste (ou contribua, em associação com outras) a tal efeito, ressalvados determinados limites naturais como os do art. 443 do CPC. Como entretanto na ordem dos atos processuais a prova oral, normalmente, se produz posteriormente à perícia, é mais provável que a tanto se chegue por força de prova documental.

Pode, aliás, tratar-se até mesmo de prova de cunho técnico, assim introduzida nos autos, mas originária de outro processo ou feita extrajudicialmente. Cuida o § 1º do art. 464 essencialmente da desnecessidade de realização de perícia nos próprios autos, vale dizer, de prova produzida especificamente para o processo, não necessariamente do descarte de toda e qualquer prova de natureza técnica; e, nessa órbita, não se exclui fique a perícia específica superada pelo empréstimo probatório de laudo produzido em outro feito (art. 372), pela juntada pelas partes de pareceres técnicos elucidativos (art. 472), ou ainda pela utilização de perícia produzida antecipadamente perante outro juiz (arts. 381/382).

3.3. Impossibilidade de verificação do fato

Finalmente, do ponto de vista da utilidade, não se justifica a designação de perícia quando desde logo pressentida a impraticabilidade de verificação do fato a ser provado, como se extrai do inciso III do § 1º.

A impossibilidade há de ser absoluta, contudo, visto que em certos casos a despeito da consumação de determinadas situações não se exclui a obtenção de resultados úteis por meio de perícia indireta.

A inviabilidade de perícia atual, por seu turno, acaba, quando caracterizada, se prestando justamente a argumento de reforço no tocante à admissão de empréstimo probatório, ou mesmo de provas produzidas na esfera extrajudicial, a que se referiu no item precedente (a exemplo de laudos do Instituto de Criminalística retratando o cenário, ainda preservado, de eventos como acidentes automobilísticos).

4. Prova técnica simplificada

Na esteira do que fazia o art. 421, § 2º, do CPC/73, o CPC admite a possibilidade de exteriorização de perícia sob forma oral, por meio de esclarecimentos prestados em audiência por parte de experto nomeado especificamente para esse fim.

De forma mais clara que o texto revogado, o diploma processual vigente limita a admissibilidade do mecanismo a situações em que o ponto controvertido seja de *menor complexidade*, ao passo que o CPC/73, de forma vaga, dizia "*quando a natureza do fato o permitir*" (peca o texto atual, em contrapartida, ao falar em *substituição* da perícia, já que disso não se trata propriamente; a prova simplificada é mera *alternativa*, em determinadas situações, à perícia tradicional, podendo o juiz designar uma ou outra).

A "menor complexidade" deve ser observada não apenas no que diz respeito à matéria fática em si como também no tocante à abrangência do questionamento promovido pelas partes, que pode eventualmente inviabilizar a perícia informal; além disso, é preciso que os esclarecimentos necessários sejam compatíveis para com a apresentação em termos verbais, o que por exemplo não se verifica quando necessária a formulação de cálculos.

Chama a atenção, ainda, a alteração promovida pelo CPC no tocante à disciplina anterior. Enquanto o texto revogado previa a inquirição de perito e assistentes técnicos, a respeito de coisas informalmente examinadas ou avaliadas, a redação atual fala tão somente na inquirição de especialista sobre ponto controvertido que demande conhecimento técnico ou científico.

Por um lado, dispensa-se a participação de assistentes técnicos, o que é mais coerente com a perspectiva da informalidade e brevidade

dessa modalidade probatória (veja-se o item 4.1, adiante).

De outra parte, silencia o art. 464 no tocante ao exame ou vistoria de coisas (ou pessoas) em torno das quais se realize a prova técnica, o que não significa por certo esteja excluída essa providência, caso reputada conveniente pelo juiz, inclusive ao ensejo da própria audiência (veja-se o item subsequente). Há situações, entretanto, cujo deslinde não depende da verificação pessoal pelo especialista de coisas ou pessoas, podendo ele emitir sua opinião a partir da mera exposição a ele das circunstâncias do caso concreto, eventualmente com consulta apenas a peças dos autos.

Mas, sobretudo, a nova redação realça um aspecto relevante, que não nos parece propriamente inovador, senão inerente à própria noção de perícia informal: no extremo, prescinde ela da análise e apresentação pelo especialista de solução para o caso concreto, podendo limitar-se à exposição, em termos genéricos, de informações que se prestem ao esclarecimento do juiz e partes acerca de questões técnicas de interesse à causa (como a forma ou hipóteses de manifestação de certos fatos, procedimentos técnicos aplicáveis a determinado contexto, conduta exigível de profissionais de determinado segmento etc.).

Em suma, o especialista pode se manifestar em termos equivalentes a um laudo, dando respostas específicas após breve estudo e emitindo parecer técnico sobre os pontos controvertidos, ou, em caráter menos abrangente, simplesmente auxiliar na elucidação de dúvidas acerca do tratamento técnico adequado a determinada questão.

Em qualquer caso, outrossim, fica claro que a natureza da prova, não obstante a forma de manifestação do experto, é essencialmente de *perícia*, não de depoimento testemunhal (não se confundindo a hipótese aqui tratada com a da chamada testemunha técnica, ou *expert witness*). A testemunha típica se propõe ao relato de fatos específicos por ela presenciados ou conhecidos, com propósito de reconstituição nos autos da verdade histórica, dado estranho ao depoimento técnico assim colhido; inversamente, não se concebe da testemunha que emita opiniões ou considerações valorativas em torno da repercussão dos fatos descritos no contexto litigioso.

A "substituição" a que se refere o art. 464, § 2º, do CPC, enfim, diz respeito à perícia convencional, e portanto ao mero modo de for-

Art. 464

CÓDIGO DE PROCESSO CIVIL INTERPRETADO

882

malização e profundidade da abordagem, não substituição por prova de outra natureza.

Sendo assim, não cabe exigir-se especialista, ao início da inquirição, o compromisso de que trata o art. 458 do CPC; tanto quanto o perito comum, espera-se dele a observância natural das exigências éticas inerentes ao processo, independentemente de termo de compromisso (cf. art. 466, *caput*, do CPC). E, se faltar a esses deveres, pode eventualmente incorrer no delito de falsa perícia, não no de falso testemunho (ambos de qualquer forma abrangidos pelo mesmo dispositivo legal – art. 342 do CP).

Não se pode, nessa esteira, inclusive ignorar o direito do especialista convocado em ser, guardadas as devidas proporções, remunerado conforme o caso pelo comparecimento e apresentação de sua opinião técnica (a testemunha típica tem o direito de ser ressarcida das despesas de viagem, mas não o é quanto ao depoimento em si, limitado à exposição de sua ciência pessoal; já o experto é convocado em razão de sua formação profissional e para atuação em termos compatíveis com o exercício dessa atividade, tal qual o perito comum).

Outra consequência do enfoque acerca da natureza da prova é a possibilidade de o especialista, tanto quanto o perito, escusar-se, como prevê o art. 467 do CPC.

Finalmente, no tocante à iniciativa dessa modalidade probatória, prevê o legislador sua determinação de ofício ou a requerimento das partes. Quanto ao segundo caso, não se pode falar propriamente em um direito à simplificação, cabendo ao juiz avaliar (e por evidente justificando a solução) até que ponto a adoção desse mecanismo se mostra compatível para com a natureza dos fatos em discussão e a profundidade necessária no trato da matéria, podendo perfeitamente entender, por razões de segurança jurídica e para melhor formação de seu convencimento, pela realização de perícia convencional. Não se exclui entretanto que as partes venham de comum acordo a estabelecer, por negócio jurídico processual, a limitação da prova técnica a esse procedimento informal.

4.1. Procedimento quanto à perícia simplificada

Foi extremamente parcimonioso o Código (assim como o diploma anterior) no tocante à disciplina dos aspectos formais.

É certo não se confundir essa hipótese com a prestação de esclarecimentos em audiência, no âmbito de perícia convencional, daí não se exigir o cumprimento estrito da exigência do art. 477, §§ 3º e 4º, no sentido da formulação prévia de quesitos e da intimação do perito com pelo menos dez dias de antecedência em relação à data da audiência.

Todavia, por mais que se tenha em conta tratar-se de matéria fática a rigor simplificada, a ser além disso examinada sem grande aprofundamento, parece evidente a inconveniência de se sujeitar o experto a uma convocação para depoimento técnico acerca do qual nenhuma informação precedente possua.

Impõe-se por tudo, que seja ele previamente cientificado da natureza da questão a ser tratada, assim como do objetivo da inquirição, inclusive para que possa se preparar e eventualmente providenciar material didático nos termos previstos no § 4º. Do mesmo modo, havendo quesitos específicos, do juiz ou das partes, devem ser enviados com antecedência para conhecimento do especialista, sem prejuízo contudo neste caso, dada a maior flexibilidade, de formulação de eventuais perguntas suplementares na própria audiência.

Como dito outrossim no item anterior, não há espaço para a indicação pelas partes de assistentes técnicos, resumindo-se à prova à inquirição do especialista intimado, solução que se compreende à vista da simplicidade da questão a ser tratada e da própria falta de aprofundamento que caracterizam esse mecanismo probatório. Nada impede contudo que, tal qual previsto no art. 35 da Lei nº 9.099/95, as partes juntem na oportunidade pareceres técnicos sobre a mesma matéria.

Quanto ao registro do depoimento, deverão não apenas ser documentados, como natural, os esclarecimentos prestados, como também, caso utilizados recursos tecnológicos audiovisuais na exposição, deverá o conteúdo respectivo ser trazido aos autos.

4.2. Formação acadêmica do especialista

Uma última consideração deve ser feita em torno da exigência do § 4º do art. 464 de que o especialista tenha formação acadêmica na área de seu conhecimento. Incorreu o Código, aí, em incoerência sistemática no tocante à letra do art. 465, *caput*, e sobretudo do art. 156, § 1º, que abandonou a exigência de nível universitário antes feita pelo art. 145, § 1º, do CPC/73.

Na verdade, nem todas as especialidades se relacionam a atividades para as quais sequer exista disponibilidade de cursos universitários, ou em relação a que a formação superior seja ao menos requisito ao exercício de determinada profissão.

Mais apropriado é entender que o perito, seja para a prova convencional, seja para a perícia simplificada, deva ser dotado de inequívoca especialização em sua área de atuação, além de estar *legalmente habilitado* para o exercício da profissão correspondente, o que automaticamente envolve, nos casos em que a formação acadêmica seja pressuposto legal, o preenchimento também desse requisito.

Jurisprudência

"É admitida a avaliação de bem imóvel levado à hasta pública realizada por oficial de justiça, uma vez que tal avaliação não se restringe às áreas de arquitetura, engenharia ou agronomia. Precedentes." (STJ, AgInt no AREsp Nº 1.004.191/SP, 3ª T., Rel. Min. Marco Aurélio Bellizze, j. 21/2/2017, *DJe* 7/3/2017).

"É certo que a orientação das Turmas que integram a Primeira Seção/STJ pacificou-se no sentido de que o art. 13, § 1º, da Lei 6.830/80 deve ser aplicado, ainda que a avaliação tenha sido efetuada por oficial de justiça, ou seja, "impugnada a avaliação, pelo executado, ou pela Fazenda Pública, antes de publicado o leilão, o juiz, ouvida a outra parte, nomeará avaliador oficial para proceder a nova avaliação", conforme dispõe o preceito legal referido. No entanto, em caso análogo, a Segunda Turma/STJ mitigou a regra prevista no art. 13, § 1º, da Lei 6.830/80, aplicando o óbice da Súmula 7/STJ, na hipótese em que o Tribunal de origem afirmou inexistir situação concreta apta a invalidar a avaliação realizada pelo oficial de justiça avaliador (REsp 1259854/RS, Rel. Ministro HUMBERTO MARTINS, SEGUNDA TURMA, julgado em 23/08/2011, *DJe* 01/09/2011)." (STJ, AgInt no REsp nº 1.524.901/PR, 2ª T., Rel. Min. Mauro Campbell Marques, j. 22/11/2016, *DJe* 30/11/2016).

"A determinação do valor de um imóvel depende principalmente do conhecimento do mercado imobiliário local e das características do bem, matéria que não se restringe às áreas de conhecimento de engenheiro, arquiteto ou agrônomo, podendo, se for o caso, ser aferida por outros profissionais. Precedentes." (STJ, AgInt no AREsp nº 908.417/SP, 4ª T., Rel. Min. Luis Felipe Salomão, j. 17/11/2016, *DJe* 30/11/2016).

"Quando a matéria de fato demandar conhecimento técnico e específico para sua adequada compreensão, escapando às regras de experiência comum, deve o juiz deferir a produção de prova pericial, a teor do art. 145, *caput*, e, a contrario sensu, do inciso I do parágrafo único do art. 420, ambos do CPC, sob pena de configuração de cerceamento de defesa. Nessas circunstâncias, não é dado ao julgador, ainda que detenha cultura técnica em outras áreas além da jurídica, valer-se de seus conhecimentos em detrimento da prova pericial, produzida nos termos da lei, com inteira submissão ao princípio do contraditório." (REsp 1549510/RJ, 3ª T., Rel. Min. João Otávio de Noronha, j. 23/2/2016, *DJe* 4/3/2016).

"A interdição civil com internação compulsória, tal como determinada pelas instâncias inferiores, encontra fundamento jurídico tanto na Lei n. 10.216/2001 quanto no artigo 1.777 do Código Civil. No caso, foi cumprido o requisito legal para a imposição da medida de internação compulsória, tendo em vista que a internação do paciente está lastreada em laudos médicos." (STJ, HC 169.172/SP, 4ª T., Rel. Min. Luis Felipe Salomão, j. 10/12/2013, *DJe* 5/2/2014).

"Com a determinação da prova pericial, será dada às partes a oportunidade de participar da produção das provas, a partir da nomeação de assistentes técnicos e da apresentação de quesitos. Por essa razão, quando o fato a ser demonstrado exigir conhecimento técnico ou científico, a realização da prova pericial torna-se direito da parte, não podendo o magistrado indeferi-la." (STJ, AgRg no AREsp nº 335.974/RN, 2ª T., Rel. Min. Herman Benjamin, j. 3/9/2013, *DJe* 13/9/2013).

"Em ação de arbitramento de honorários advocatícios contratuais, não é obrigatória a nomeação de perito técnico para a avaliação do trabalho advocatício realizado. Precedente." (STJ, AgRg no REsp nº 748.511/MT, 4ª T., Rel. Min. Raul Araújo, j. 11/6/2013, *DJe* 18/06/2013)

"Quando a prova dos fatos debatidos na lide depender de conhecimento técnico ou científico o juiz será necessariamente assistido por um ou mais peritos, ou seja, profissionais de nível universitário, dotados de especialidade na matéria sobre a qual deverão opinar, realizando exame, vistoria ou avaliação, na condição de auxiliares do juízo (CPC, arts. 145, 420, *caput*, e 431-B), ressalvadas as hipóteses excepcionais previstas nos arts. 420, parágrafo único, e 427 do CPC." (STJ, REsp nº 1.175.317/RJ, 4ª T., Rel. Min. Raul Araújo, j. 7/5/2013, *DJe* 26/3/2014).

"Na hipótese, discute-se a natureza jurídica da quantia objeto da ação de cobrança – lucro ou crédito decorrente de empréstimo –, sendo que a análise das duas preliminares suscitadas pela recorrente (impossibilidade jurídica do pedido e prescrição) depende dessa conclusão. Ocorre que a análise dos balanços contábeis da empresa depende de conhecimentos técnicos específicos, sendo matéria que escapa às regras da experiência comum do magistrado. A matéria relativa à natureza jurídica do valor cobrado na presente ação é de fato, está controvertida, e demanda instrução probatória, com a realização de perícia por profissional habilitado, a qual, aliás, foi requerida oportunamente pelas partes." (REsp nº 1.324.681/SC, 3ª T., Rel. Min. Nancy Andrighi, j. 9/4/2013, *DJe* 15/4/2013).

"O indeferimento da perícia só pode ocorrer nas hipóteses prevista no parágrafo único do art. 420 do CPC, quais sejam: I) quando a prova de o fato não depender do conhecimento especial de técnico, II) quando for desnecessária, em vista de outras provas produzidas, e III) quando a verificação for impraticável. Assim, a realização da prova pericial, quando o fato a ser demonstrado exigir conhecimento técnico ou científico, é um direito da parte, não podendo o magistrado indeferi-la, ainda que possua capacitação técnica." (STJ, AgRg no AREsp nº 184.563/RN, 2ª T., Rel. Min. Humberto Martins, j. 16/8/2012, *DJe* 28/8/2012).

"O fato cuja prova não dependa de conhecimento especial de técnico pode ser comprovado por outras formas que não a prova pericial." (STJ, REsp nº 666.889/SC, 1ª T., Rel. Min. Teori Albino Zavascki, j. 25/11/2008, *DJe* 3/12/2008).

"Não se pode ler o artigo 130 do estatuto adjetivo como imposição de realização de perícia judicial. Se o julgador sente-se seguro para julgar o feito e demonstra na sentença os elementos que o convenceram do quadro fático que o motivou, exsurge demasiada a evocação de novos meios

de prova. Precedentes." (STJ, REsp nº 651.340/RJ, 5ª T., Rel. Min. José Arnaldo da Fonseca, j. 6/10/2005, *DJ* 14/11/2005, p. 382).

"Não se infere ilegalidade na decisão, devidamente motivada, que considera o conjunto probatório e, a despeito do laudo pericial em sentido contrário, conclui pela culpa da empresa por não ter disponibilizado equipamento de proteção individual ao empregado. – O exame pericial realizado unilateralmente não deve ser considerado de forma cabal, mormente se as demais provas indicarem o contrário." (STJ, REsp nº 480.662/SC, 3ª T., Rel. p/ acórdão Min. Nancy Andrighi, j. 18/5/2004, *DJ* 16/8/2004, p. 255).

"A prova pericial só tende a ser imprescindível quando se trata de *falsum* material. A falsidade ideológica, em sede de simulação da regularidade fiscal, sonegação, lançamentos que não correspondem à real situação, de regra, dispensa a referida prova." (STJ, REsp nº 260.562/RS, 5ª T, Rel. Min. Felix Fischer, j. 13/09/2000, *DJ* 16/10/2000, p. 334).

"Pode, e deve, o Juiz descartar a produção de prova pericial quando a matéria já se encontra suficientemente esclarecida ou depende de meio de prova mais simples, nos termos do art. 130 do Código de Processo Civil." (STJ, REsp no 201.876/SP, 3ª T., Rel. Min. Carlos Alberto Menezes Direito, j. 26/6/2000, *DJ* 28/8/2000, p. 76).

"Acidente de veículos. Prova pericial. É lícito ao juiz indeferi-la, desde que desnecessária ou impraticável. Caso em que a perícia era mesmo desnecessária, em vista de outras provas produzidas." (STJ, REsp no 50.473/SP, 3ª T., rel. Min. Nilson Naves, j. 4/6/96, *DJ* 19/8/96).

> **Art. 465.** O juiz nomeará perito especializado no objeto da perícia e fixará de imediato o prazo para a entrega do laudo.
>
> **§ 1º** Incumbe às partes, dentro de 15 (quinze) dias contados da intimação do despacho de nomeação do perito:
>
> **I** – arguir o impedimento ou a suspeição do perito, se for o caso;
>
> **II** – indicar assistente técnico;
>
> **III** – apresentar quesitos.
>
> **§ 2º** Ciente da nomeação, o perito apresentará em 5 (cinco) dias:
>
> **I** – proposta de honorários;

II – currículo, com comprovação de especialização;

III – contatos profissionais, em especial o endereço eletrônico, para onde serão dirigidas as intimações pessoais.

§ 3º As partes serão intimadas da proposta de honorários para, querendo, manifestar-se no prazo comum de 5 (cinco) dias, após o que o juiz arbitrará o valor, intimando-se as partes para os fins do art. 95.

§ 4º O juiz poderá autorizar o pagamento de até cinquenta por cento dos honorários arbitrados a favor do perito no início dos trabalhos, devendo o remanescente ser pago apenas ao final, depois de entregue o laudo e prestados todos os esclarecimentos necessários.

§ 5º Quando a perícia for inconclusiva ou deficiente, o juiz poderá reduzir a remuneração inicialmente arbitrada para o trabalho.

§ 6º Quando tiver de realizar-se por carta, poder-se-á proceder à nomeação de perito e à indicação de assistentes técnicos no juízo ao qual se requisitar a perícia.

▶ *Referência: CPC/1973 – Arts. 33, parágrafo único; 138, III e § 1º; 145, § 2º; 421 e 428*

1. Nomeação do perito

O perito pode ser tanto pessoa física quanto órgão técnico especializado. Se no sistema do CPC/73 pudesse haver alguma dúvida a respeito da nomeação de pessoas jurídicas (atenuada pela regra do art. 434 daquele Código), o art. 156 do Código vigente resolve definitivamente o problema, permitindo inclusive o cadastramento junto ao tribunal, em nome próprio, de órgãos técnicos ou científicos. Nesses casos, poderá ocorrer de vir a perícia a ser realizada, na prática, por profissional não conhecido do juiz, em nome da confiança depositada na entidade (vejam-se, a respeito, os comentários ao art. 478).

Exige a lei, como não poderia deixar de ser, que se trate de profissional especializado no objeto da perícia, andando bem o legislador neste art. 465 ao falar apenas no requisito da especialização, sem alusão à necessidade de formação acadêmica; o CPC, entretanto, é ainda hesitante quanto à matéria, não solucionando satisfatoriamente o problemático tratamento dado ao tema pelo CPC/73.

Previa o Código revogado, no art. 145, §1º, que os peritos fossem escolhidos entre profissionais *"de nível universitário, devidamente inscritos no órgão de classe competente"*, redação não seguida pelo art. 156, § 1º, do CPC, que fala, superiormente, em profissionais *"legalmente habilitados"*; no entanto, ao tratar da perícia simplificada, exige o art. 464, § 4º, que o especialista convocado para esclarecimentos verbais tenha *formação acadêmica*.

Na verdade, como observado nos comentários a esse último dispositivo legal, não se exclui possa ser a perícia confiada a especialista em área de conhecimento para a qual nem mesmo existente disponibilidade de curso universitário, ou em que a formação acadêmica não seja requisito ao exercício profissional. O importante é que se trate de pessoa de inequívoca especialização, devidamente comprovada, e que esteja legalmente habilitada ao exercício da profissão correspondente, o que automaticamente envolve, nos casos em que a formação acadêmica seja pressuposto legal, o preenchimento também desse requisito.

Não se pode esquecer, de resto, que no extremo oposto nem mesmo a demonstração de grau universitário será eventualmente bastante, como pode ocorrer com áreas gerais de grande abrangência e diversificação, como a medicina ou a engenharia, nas quais para além da formação acadêmica poderá ser necessária a demonstração de especialização e habilitação num determinado segmento de interesse para o caso concreto.

2. Prazo para a entrega do laudo

Em termos operacionais, de modo a proporcionar a adequada organização dos atos processuais e tramitação dentro da celeridade possível, não se imagina possa ficar a duração da perícia ao alvedrio do perito, daí a previsão legal de fixação pelo próprio juiz de um prazo para a entrega do laudo, vinculativo para o experto (art. 157, *caput*), ressalvada a possibilidade de requerimento devidamente justificado de prorrogação (art. 476).

Não se pode entretanto tomar ao pé da letra a referência do *caput* do art. 465 à fixação *de imediato* do prazo, no próprio ato da nomeação. Usualmente assim é feito, mas pode eventualmente não ter o magistrado, nesse momento inicial, e por conta de especial complexidade da perícia, noção do tempo necessário; em outras circunstâncias, pode preferir aguardar a apresentação dos quesitos para o dimensionamento da profundidade da abordagem pretendida pelas partes (ou, quando não, ter uma estimativa inicial de tempo superada em função desse detalhe). O certo é que essencialmente não há diferença para o processo entre a definição do prazo desde logo, no ato da designação da perícia, ou em momento posterior, com a ressalva natural de que a contagem do lapso fixado, em qualquer caso, não se dará propriamente do ato de nomeação do perito, mas do início efetivo da prova técnica (normalmente, definido na forma do art. 474), após superados todos os atos preparatórios de que cuida o art. 465.

3. Arguição de impedimento ou suspeição. Prazo e forma de contagem

O perito sujeita-se a impedimento e suspeição, pelas mesmas razões aplicáveis ao juiz, de acordo com o art. 148, II, do CPC (vejam-se os comentários ao art. 467 a propósito da alegação espontânea de suspeição por motivo de foro íntimo), facultando-se às partes a arguição do vício no prazo comum de quinze dias contados da ciência da nomeação.

No CPC/73, o prazo análogo era de cinco dias, decorrente da conjugação do art. 138, § 1º, que previa manifestação na primeira oportunidade em que se houvesse de falar nos autos, com a previsão no art. 421, § 1º, concedendo cinco dias a contar da intimação da nomeação para a apresentação de quesitos e indicação de assistente técnico.

Quanto ao atual CPC, segue havendo previsão, na parte geral, acerca da arguição de impedimento e suspeição na primeira oportunidade em que a parte falar nos autos (art. 148, § 1º), a qual, tendo em vista a duplicidade de disposições, necessita ser harmonizada com a regra deste art. 465, § 1º, I: como aqui, além da referência expressa ao prazo de quinze dias, é esse também o prazo para a primeira manifestação da parte quanto ao mais (assistente e quesitos), o problema acaba se resolvendo sem maiores dificuldades. O art. 148, § 1º, acaba dessa forma tendo utilidade sobretudo para os casos de impedimento ou suspeição supervenientes, quando então não mais se aplicará como regra o lapso de quinze dias ora mencionado, mas sim o prazo correspondente à primeira manifestação cabível conforme o momento processual.

Questão relevante, outrossim, é definir-se qual o efetivo termo inicial da contagem, se a data do fato em si determinante do possível impedimento ou suspeição ou, diversamente, o *conhecimento* do fato pela parte; a respeito, a simples consideração da oponibilidade da arguição na "primeira oportunidade para manifestação" não resolve o problema, pois se presta a ambas as alternativas. É significativa, de toda forma, a mudança de enfoque do CPC quanto à matéria, ao menos no que diz respeito à arguição de impedimento ou suspeição do juiz, cujas regras devem ser aplicadas por interpretação extensiva também em relação ao perito: se o art. 305 do CPC/73 rezava que a exceção de impedimento ou suspeição deveria ser apresentada no prazo de quinze dias contado do fato que ocasionou o problema, o art. 146 do CPC, diversamente, diz que a arguição de impedimento ou suspeição deve ser apresentada em quinze dias *a contar do conhecimento do fato*.

E esse parece-nos efetivamente o melhor critério, mormente porque muitas vezes seria extremamente difícil à parte conhecer desde logo, quando a um terceiro nomeado a partir de determinado momento como auxiliar da Justiça, a existência de eventual aspecto comprometedor da imparcialidade. Já havia aliás, mesmo na vigência do diploma processual anterior, jurisprudência em tal sentido, conquanto não pacífica (veja-se abaixo).

Admitido o raciocínio, por outro lado, mesmo o prazo de quinze dias contado da nomeação, objeto do art. 465, § 1º, I, do CPC, há que ser tomado com a devida ressalva: em se tratando de problema preexistente à nomeação, está a parte compelida a desde logo formular a arguição, já o conhecendo ou quando *devesse* conhecê-lo (por exemplo, por meio da consulta aos documentos entregues pelo perito no cadastro junto ao tribunal ou para habilitação perante a Vara, conforme art. 157, § 2º); mas, tratando-se de fato ignorado e cujo conhecimento não seja dela razoavelmente exigível, deve passar o prazo a fluir do efetivo conhecimento. Veja-se que no caso dos órgãos técnicos prevê o art. 156, § 4º, do CPC, a informação ao juiz dos nomes e dados de qualificação dos profissionais responsáveis pela atividade, de modo a possibilitar na medida do possível o controle de eventual impedimento ou suspeição.

A jurisprudência entende por fim ser preclusivo o prazo para a arguição em tal sentido. Não se pode ignorar, entretanto, tratar-se de matéria passível de apreciação pelo juiz *ex officio*, o que indiretamente acaba conferindo às partes a possibilidade de ao menos solicitar, em qualquer tempo, manifestação judicial sobre a questão. O tema suplanta, claramente, o mero interesse dos litigantes, e, sobretudo em caso de impedimento objetivo, diz com o interesse público no controle da regularidade da atuação dos auxiliares da Justiça, tanto mais relevante quanto se tem em mira a área sensível de atuação do perito e sua particular aptidão para influir na formação do convencimento judicial (vejam-se também, a respeito, os comentários ao art. 467).

3.1. Processamento do incidente

Prevê o CPC, no tocante à forma de processamento da arguição de impedimento ou suspeição, o curso em autos separados dos principais, sem suspensão do processo (art. 148, § 2º), o que deve ser entendido em termos adequados. É natural que a discussão quanto à idoneidade do perito não venha a paralisar o processo como um todo, inclusive quanto a aspectos totalmente estranhos a essa prova. Mas, intuitivamente, a perícia em si não poderá ter início ou seguimento senão depois de solucionado o impasse (salvo quanto a questões que possam ser resolvidas independentemente da pessoa do perito, por exemplo a impugnação pelas partes de quesitos umas das outras).

O perito arguido terá quinze dias para se manifestar em resposta (contra cinco no âmbito do CPC/73, cf. art. 138, § 1º), facultando-se aos interessados a produção de provas. Saliente-se que, como também ocorre no tocante à arguição de impedimento ou suspeição do juiz, a lei não prevê a rigor a manifestação, no incidente, da parte adversa à suscitante; nada impede que assim seja feito, se as circunstâncias o recomendarem, ou que se pronuncie ela espontaneamente, mas a intimação para tanto não é essencial em termos de contraditório, visto que a arguição não se dirige contra sua esfera jurídica, figurando como sujeitos do incidente tão somente a parte que o provocou e o perito arguido. Os interesses da parte contrária, aliás, não são necessariamente contrapostos aos da suscitante, pelo contrário, podendo até mesmo lhe aproveitar o afastamento do perito e tendo ela, nesse sentido, interesse recursal em face de eventual decisão de rejeição da arguição.

4. Indicação de assistentes técnicos

Considerando as naturais dificuldades no tratamento da matéria técnica, motivadoras da própria necessidade de designação de perícia, a lei permite que as partes se façam assessorar também nessa atividade por profissional qualificado, com especialização ao menos equivalente à exigida do perito no caso concreto.

O assistente terá, nesse sentido, a incumbência de não só estabelecer contato e dialogar com o perito como também acompanhar o desenvolvimento da perícia e contribuir para seu êxito, formulando observações e eventuais críticas ao laudo, colhendo pessoalmente elementos informativos (art. 473, § 3º) e se o caso elaborando trabalho técnico em termos próprios (art. 477), o qual comporá juntamente com o laudo do perito do juízo e eventuais pareceres de outros assistentes o conjunto da prova pericial, prestando-se inclusive a servir de base para a decisão judicial (art. 479).

No sistema original do CPC/73, o assistente técnico era considerado, tanto quanto o perito, auxiliar da Justiça, atuando sob compromisso e com presunção de imparcialidade. O sistema foi alterado a partir da Lei nº 8.455/92, que mais realisticamente atribuiu ao assistente o papel de auxiliar de confiança da própria parte (não mais do juízo), abandonando além disso o pressuposto da imparcialidade e não mais sujeitando o assistente a impedimento ou suspeição; admitiu-se assim, tacitamente, atuação de certa forma vinculada aos interesses da parte, sem prejuízo por certo do rigor técnico. O tratamento foi mantido no CPC/2015 (art. 466, § 1º).

Já na vigência do Código revogado se admitia, outrossim, pudesse funcionar como assistente técnico pessoa jurídica especializada em determinada área técnica, hipótese agora reforçada com a expressa admissão da possibilidade, pelo CPC, mesmo no tocante ao perito (art. 156, § 1º).

Prevê a lei o encargo de indicação do assistente no prazo de quinze dias contado da ciência, pela parte, da designação da perícia e nomeação do perito (no CPC/73, o prazo era de cinco dias, à luz do art. 421, § 1º, I). É antiga a discussão acerca do caráter preclusivo ou não desse prazo, resolvida em sentido negativo pela jurisprudência; o STJ define como limite para a nomeação, todavia, o início da prova pericial (veja-se o item subsequente).

5. Formulação de quesitos

No mesmo prazo (comum) de quinze dias a contar da ciência da nomeação do perito compete às partes a formulação de quesitos. Constituem-se esses, na essência, em *indagações* de cunho técnico, entrosadas com o objeto da perícia, e dirigidas pelas partes (eventualmente também pelo juiz, que pode formular quesitos próprios, a teor do art. 470, II, do CPC), ao perito, e que serão por ele e também pelos assistentes técnicos respondidas, fazendo assim referência específica a pontos sobre os quais tenham os litigantes (ou o juízo) dúvidas ou em relação aos quais reputem relevante provocar manifestação direta dos expertos, de modo a destacar certas questões de seu interesse.

Os quesitos são importantes na delimitação da abordagem do laudo, evitando que em muitos casos tenha uma amplitude maior do que a necessária, até porque, não sendo o perito um técnico na ciência jurídica, muitas vezes não terá senão por essa via condições de saber, no contexto da discussão travada nos autos, quais realmente as questões relevantes passíveis de menção por intermédio da perícia. Inversamente, poderão se prestar a chamar a atenção do experto para aspectos e detalhes de possíveis repercussões jurídicas e aos quais de outra forma não atentaria.

Cumprem tais perguntas, nesse sentido, um importante papel quanto ao exercício do contraditório, pois é por meio delas que às partes será dada oportunidade concreta de interferir no trabalho pericial e conduzi-lo segundo seus legítimos interesses e necessidades, aumentando a utilidade daquele tanto no esclarecimento da matéria especializada como no fornecimento efetivo de informações relevantes ao julgamento da causa.

Não obstante a referência expressa do texto legal ao prazo para a apresentação dos quesitos pelas partes, a jurisprudência tende a considerar não ser ele preclusivo. Mas, curiosamente, entende o STJ de forma dominante que a apresentação não pode ultrapassar o momento do início da perícia, com o que, na prática, se acaba voltando ao reconhecimento da preclusividade, apenas com a alteração do termo final definido pelo legislador (sobre a apresentação posterior de quesitos suplementares veja-se o art. 469).

6. Manifestação do perito. Proposta de honorários e dados pessoais

Ainda que exerça um *munus publico* no processo, faz jus o perito, que não é serventuário da Justiça, tanto à remuneração por seu trabalho quanto ao ressarcimento das despesas em que incorrer (raciocínio que se estende a órgãos ou entidades especializadas que se habilitem para perícias, na forma do art. 156, § 1º, e mesmo aos estabelecimentos oficiais a que se refere o art. 478), destinando-se o valor a ser fixado pelo juiz a esse duplo escopo.

O que o CPC traz de novo quanto à matéria é a previsão de intimação específica do experto para a estimativa de honorários pretendida, postura que já era frequentemente seguida na praxe forense a despeito do silêncio do CPC/73 mas que comporta algumas ressalvas.

Não se discute ser em princípio recomendável a oitiva do interessado direto no pagamento, seja para o próprio perito seja para as partes, em termos de contraditório; além disso, muitas vezes não dispõe o magistrado, por si só, de elementos para o dimensionamento adequado dos honorários no caso concreto.

Entretanto, por um lado deve-se lembrar que a proposta de honorários do perito não é vinculativa para o juiz (veja-se o item subsequente); e, por outro, cabe ponderar que há situações repetitivas em que, à luz da natureza do trabalho e de sua amplitude (p. ex., avaliações singelas de imóveis de pequeno porte, perícias contábeis acerca do cálculo de encargos de determinadas modalidades de contratos financeiros), já há um padrão remuneratório objetivo seguido no juízo para hipóteses semelhantes e que tenderá a ser mantido. Nesses casos, a observância estrita do procedimento previsto neste art. 465 pode-se revelar de pouca utilidade prática e de outra parte prejudicial à própria celeridade processual, mormente se considerada a sequência de atos prevista e os prazos correlatos (com a agravante da contagem em dias úteis determinada pelo art. 219 do Código): cinco dias para a estimativa do perito, cinco dias para manifestação das partes, arbitramento judicial e por fim intimação de quem de direito ao recolhimento em novo prazo a ser definido. Em tais hipóteses, nada obsta seja feito o arbitramento desde logo, no ato da nomeação, sem prejuízo de eventual oposição devidamente justificada a ser formulada pelo perito e da reapreciação judicial, se o caso.

O novo modelo proposto, de resto, e não obstante a louvável intenção do legislador, revela à primeira vista uma incongruência: o perito deve estimar os honorários em cinco dias da ciência da nomeação, ao passo que as partes têm, a contar do mesmo termo, quinze dias para a formulação de quesitos. Significa que a estimativa inicial do perito será feita sem a ciência do teor dos quesitos, fator relevante para a determinação da amplitude e profundidade da perícia, bem como do tempo que poderá consumir, podendo ficar superada após esse conhecimento.

No tocante à previsão de apresentação pelo perito de currículo (§ 2º, II), acompanhado de comprovação da especialização, a exigência, conquanto natural, somente faz sentido para peritos nomeados pela primeira vez e portanto ainda não habilitados perante o juízo. Para os demais, não bastasse a necessidade de apresentação dos documentos sobre a formação profissional desde a inscrição no cadastro do tribunal (art. 156, §§ 1º a 3º, do CPC), o art. 157, § 2º, prevê também a disponibilização dos documentos na própria vara em que vier o perito a ser habilitado, para consulta dos interessados (exigência mesmo antes do Código observada por muitos tribunais em termos administrativos). De qualquer forma, sendo o caso, a apresentação do currículo não precisa ser feita nos autos em que se deu a nomeação, bastando, em conformidade com o dispositivo referido, a entrega perante o cartório ou secretaria.

O mesmo vale para a apresentação dos contatos pessoais do perito, especialmente endereço eletrônico (§ 2º, III), para efeito de direcionamento de intimações pessoais. A tanto ficam obrigados também os assistentes técnicos, para os fins do art. 466, § 2º, do CPC, bem como para qualquer outro contato que se faça necessário entre o perito e os assistentes, ou entre esses e o cartório.

7. Arbitramento dos honorários

Como dito no item precedente, não está o juiz vinculado à estimativa do perito, o que não autoriza por óbvio sejam simplesmente desconsideradas as justificativas apresentadas em relação às dificuldades técnicas ou tempo estimado de trabalho. De toda forma, não se está diante de uma prestação de serviços estritamente privada, em que se dê ao prestador a prerrogativa de fixar seu preço, a ser aceito ou não pelo contratante. A perspectiva é inversa: em se tratando de serviço público, prestado no âmbito de processo judicial e na qualidade de auxiliar da Justiça, o perito, ainda que particular, se submete pela própria natureza da atividade ao critério do juiz no tocante à definição do valor da remuneração.

Disso decorre inclusive a ausência de interesse recursal dele, perito, para impugnar o arbitramento no caso concreto (seja ou não por amor à técnica processual, não encontramos em nossa pesquisa registros jurisprudenciais acerca dessa hipótese).

Nem mesmo a consideração de tabelas remuneratórias divulgadas por órgãos de classe altera esse enfoque, pois também elas são aplicáveis como referência a serviços contratados na esfera privada, sem que se possam impor como critérios decisórios a um especial modo de atuação do profissional, em ambiente público e sujeito a fatores diversos vinculados ao interesse público.

A fixação dos honorários, em tal sentido, deve ser promovida pelo juiz sem olvidar as despesas naturais da perícia (que não se justifica sem suportadas pelo perito) e sem aviltar o trabalho do profissional, mas, a par da qualidade, amplitude e complexidade do laudo, buscando considerar também fatores como a condição das partes, a dimensão econômica do litígio e a preocupação em não encarecer desproporcionalmente o acesso à Justiça. Não entram em conta, por outro lado, fatores subjetivos relevantes exclusivamente na esfera privada, como o renome do perito nomeado (embora se registre aqui a ressalva também feita nos comentários aos arts. 378 e 467 quanto à hipótese de profissional externo e não inscrito voluntariamente no cadastro do tribunal, o qual pode simplesmente declinar da nomeação em não lhe interessando a atividade em si ou as condições propostas).

Deve por seu turno o arbitramento ser feito, desde o primeiro momento, com vistas a um valor definitivo, ao invés da prática por muito tempo difundida de um arbitramento inicial meramente simbólico e de fixação apenas ao final do valor definitivo, com a conclusão do trabalho. Por razões de previsibilidade e segurança jurídica, interessa tanto às partes quanto ao perito a estimativa do custo total da perícia, além de ser necessário o depósito antecipado do valor correspondente (veja-se o item subsequente). Nada impede outrossim que, sendo necessário, se façam ajustes pontuais após a entrega do laudo, seja para a elevação seja, como previsto no § 5º deste art. 465, para a redução da verba honorária.

Quanto ao encargo de custeio da perícia, vem disciplinado no art. 95, *caput*, do CPC, conforme a iniciativa da prova; estabelecem ainda os parágrafos desse dispositivo fontes alternativas de custeio em sendo responsável parte agraciada com a gratuidade processual, sem que o fato em si da vigência do benefício autorize seja o encargo do pagamento automaticamente transferida à parte contrária.

Os honorários do assistente técnico, diversamente, são sempre adiantados, por ajuste privado, pela parte que o houver indicado, não havendo propriamente arbitramento judicial do valor nesse momento; mas, em caso de sucumbência, a parte vencida arca com o ressarcimento tanto dos honorários do perito adiantados pela parte vencedora como com a remuneração do respectivo assistente técnico (arts. 82, § 2º, e 84), essa última arbitrada, para efeito de reembolso, na sentença. A jurisprudência do STJ destaca, outrossim, ser de responsabilidade do Estado o pagamento de honorários periciais se a parte sucumbente na demanda em que forem arbitrados for beneficiária da justiça gratuita.

Importante lembrar, por fim (vejam-se os comentários ao art. 373), que o ônus de custeio da prova (de qualquer natureza) não apenas não se confunde como não se atrela ao ônus da prova, como também é da jurisprudência pacífica do STJ. É perfeitamente possível que, no caso concreto, se mostrem ambos dissociados (aliás, o ônus da prova nem mesmo é algo que se defina em termos necessariamente monolíticos no processo, podendo tocar a uma ou outra das partes conforme cada fato considerado, dentre as várias questões fáticas relevantes ao litígio).

É inevitável entretanto ponderar que, em caso de dissociação, na omissão da parte encarregada do custeio espera-se que tome a iniciativa do pagamento a outra parte, sob pena de, frustrada a prova, ver-se no risco de ver desacolhida sua versão acerca do fato correspondente, justamente pela aplicação das regras de ônus da prova.

Como decorrência natural desse raciocínio, aplicado quando pertinente o mecanismo da inversão do ônus da prova, tampouco fica alterado o ônus de custeio anteriormente previsto segundo os critérios do art. 95, *caput*. Ainda pior, do ponto de vista da técnica processual, é inverter o ônus da prova justamente com o objetivo precípuo de – ou como pretexto para – alterar o encargo de custeio.

5.1. Depósito pela parte e levantamento pelo perito

A matéria, no CPC/73, nem sequer vinha tratada na seção referente à prova pericial,

sendo disciplinada apenas na parte atinente ao custeio das despesas processuais. Ali, dispunha o art. 33, no *caput*, acerca da parte onerada com o pagamento dessa remuneração, ao passo que o parágrafo único tratava do depósito dos honorários e da possibilidade de liberação parcial, se necessária.

O CPC, na seção referente às despesas processuais, volta a tratar do assunto, definindo no art. 95, *caput*, os critérios para a determinação da parte onerada pelo pagamento, bem como deixando claro que os honorários do perito deverão ser *adiantados* pela parte responsável; logo em seguida, todavia, o § 1º aparentemente contraria essa ideia, repetindo a defeituosa redação do art. 33, parágrafo único, do CPC/73, e dizendo que o juiz *poderá* determinar que a parte deposite em juízo o valor correspondente. Por outro lado, o tema da liberação dos honorários em favor do perito foi desmembrado e vem tratado de forma isolada no art. 465, em parágrafo com redação ademais claramente deficiente.

Buscando de toda forma apreender a nova disciplina, é de se entender por primeiro que o depósito integral, em termos antecipados, seja a regra, não mera possibilidade a ser discricionariamente apreciada pelo juiz; não fosse assim, restaria esvaziada a própria ideia de antecipação da despesa, prevista tanto no art. 95, *caput*, quanto em termos gerais no art. 82, *caput*, sempre do CPC, como também a utilidade da estimativa desde logo dos honorários definitivos, a que se aludiu no item precedente.

Além do mais, tanto quanto a estimativa desde logo do valor definitivo dos honorários, o depósito imediato do valor integral projetado para a remuneração é também fator de segurança jurídica (neste caso, especificamente para o perito), evitando por exemplo que a parte encarregada do depósito deixe de fazê-lo (ou de complementá-lo), após o laudo, ao se deparar com eventual resultado indesejado da perícia.

Por seu turno, o § 4º do art. 465, ora comentado, tem redação enganosa, ao aparentemente sugerir que poderão ser pagos inicialmente apenas 50% dos honorários. Na verdade, o termo *pagamento* não vem posto no tocante ao depósito (recolhimento) a ser feito pela parte responsável, mas sim no tocante à *liberação* parcial de valores em favor do perito, no início dos trabalhos.

Manteve-se enfim o espírito do art. 33, parágrafo único, do Código revogado, que falava em entrega dos valores ao perito após a apresentação do laudo, facultada entretanto a liberação parcial quando necessária; o Código vigente preserva a regra de liberação final ao perito, não apenas mediante entrega do laudo como também prestação de todos os esclarecimentos necessários, ao mesmo tempo em que igualmente autoriza a entrega parcial de valores antes disso. Se como novidade estabeleceu o CPC um teto para essa liberação parcial, em contrapartida deixou de falar em *necessidade* e, portanto, na exigência de justificativa para tanto.

A ideia, ao menos em tese, é a de que *até* metade do depósito possa ser repassada ao perito a título de autêntico adiantamento dos honorários, autorização a ser contudo examinada pelo juiz com muita prudência, sobretudo porque o percentual de 50% se mostra muito elevado; salvo hipótese excepcional, de comprovada necessidade (relacionada ao custo do trabalho, bem entendido), não há motivo para a liberação desde o início de parcela expressiva por conta de trabalho ainda não realizado. Mostra-se enfim adequado permaneça a quase totalidade (ou o todo) dos honorários retida, no aguardo da conclusão do laudo, liberando-se se o caso pequena parcela, o que inclusive minimiza problemas caso a perícia não venha a ser concluída, ou o seja em termos deficientes.

5.2. Redução proporcional dos honorários

Outra novidade do CPC é a previsão, ao menos em termos expressos, da possibilidade de diminuição proporcional dos honorários periciais conforme o resultado do trabalho apresentado (não se pode dizer que a hipótese fosse estranha ao sistema anterior, em que como visto já se previa a estimativa ao início do valor dos honorários, com possibilidade implícita de ampliação ou redução ao final; mas na prática não se cogitava de redução, senão de aumento, quando necessário, preservando-se o arbitramento inicial como valor mínimo).

A situação retratada pelo § 5º deste art. 465, ao falar em perícia *inconclusiva ou deficiente*, não se confunde com a previsão do art. 468 do CPC, que pressupõe a destituição do perito, seja pela constatação de falta de conhecimento técnico, seja por pura e simplesmente não cumprir o encargo, perdendo ele nesses casos a totalidade dos honorários e devendo restituir os valores já recebidos; quanto ao dispositivo ora comentado, tem-se laudo entregue, mas em termos insatis-

fatórios, por perito com qualificação técnica em tese compatível.

Note-se que em condições normais a *deficiência* técnica da perícia apontará para a necessidade de designação de uma segunda perícia, nos termos do art. 480 do Código; entretanto, não se pode excluir que, a despeito da má qualidade do laudo, o juiz entenda possível o aproveitamento de suas conclusões (ou, quando não, julgue com base no parecer de um dos assistentes técnicos), tendo por desnecessária aquela providência e limitando-se a sancionar o perito com a redução de sua remuneração.

Segue outrossim sendo possível – e agora reforçada – a redução não propriamente por deficiência, mas por reavaliação da justa remuneração à perícia, uma vez entregue o laudo e confrontados o tempo exigido ou complexidade do trabalho com as projeções feitas pelo experto na estimativa de honorários.

Demanda atenção, por fim, a referência do texto legal à hipótese de perícia *inconclusiva*: se o laudo não foi capaz de chegar a uma resposta clara por razões imputáveis ao perito (falta de empenho, superficialidade, omissão no emprego de regras técnicas, base de dados inadequada etc.), a *inconclusão* se aproxima da *deficiência*, passando a ser espécie daquele gênero e nesses termos autorizando a redução com fins sancionatórios. Mas, se o caráter inconclusivo advém de limitações decorrentes do próprio fato analisado, quiçá nem mesmo suscetível de proporcionar respostas objetivas, então evidentemente não pode o perito que tenha empregado adequadamente os meios de pesquisa e técnicas disponíveis ser penalizado.

6. Perícia por carta

Desde que tenham de ser realizados fora dos limites territoriais da unidade judiciária em que corre o processo, os atos judiciais em geral devem ser praticados por meio da expedição de carta, precatória ou rogatória (art. 236, § 1º, do CPC).

No tocante à carta de ordem (expedida por tribunal para cumprimento por juízo a ele subordinado hierarquicamente), o § 2º do mesmo art. 236 trata equivocadamente do problema como se referente a questão territorial, quando na verdade não o é. A possibilidade de emissão de carta dessa natureza, com efeito, não está restrita à circunstância de se realizar o ato fora dos limites da sede do tribunal, podendo perfeitamente se dar quanto a juízos dessa mesma localidade (os da capital do Estado em que sediado o Tribunal, por exemplo). O que caracteriza a carta de ordem é simplesmente a vinculação do juízo ao tribunal, que a emite em caráter determinativo – um Tribunal Estadual não pode, nesse sentido, expedir carta de ordem a um Juízo Federal de 1º Grau, esteja ele ou não na área territorial da sede da Corte.

Feita essa ressalva, pode ter a carta de ordem também por objeto a realização de prova pericial (alternativamente, pode o Tribunal converter em diligência o julgamento de ação originária ou de recurso, enviando os próprios autos ao juízo competente de Primeira Instância, para que a partir deles realize a prova). Nessa hipótese, pode indiferentemente o Tribunal nomear ele próprio o perito ou determinar a nomeação, como também a prática de todos os outros atos inerentes à prova, ao juízo destinatário da ordem.

Em se tratando outrossim de carta rogatória com vistas a perícia dirigida a órgão jurisdicional estrangeiro, no âmbito de cooperação jurídica internacional (art. 27, II, cc art. 237, II, ambos do CPC), a questão se torna ainda mais simples. Evidentemente, não há como impor o juiz nacional ao juiz estrangeiro um perito brasileiro. O experto será nomeado pela autoridade judicial local e, de resto, toda a produção probatória será desenvolvida segundo as regras do país responsável pelo cumprimento da diligência (cf. art. 13 da Lei de Introdução às Normas do Direito Brasileiro). Nada impede entretanto – pelo contrário, é recomendável que assim o seja – que com a rogatória sigam quesitos elaborados pelas partes e eventualmente pelo juiz brasileiro, de modo a delimitar o objeto da prova técnica.

O art. 465, § 6º, do CPC, trata contudo especialmente da carta precatória, entendida como pedido de cooperação judiciária nacional formulado entre órgãos jurisdicionais de competência territorial distinta (art. 237, II, do CPC).

Do ponto de vista operacional, o Código faculta, mas não impõe, a nomeação de perito e a indicação de assistentes técnicos diretamente pelo juízo deprecado, indicação, se o caso, a ser feita no mesmo prazo de quinze dias, a contar da nomeação do perito, previsto no § 1º, II, deste art. 465; a nomeação do perito, em tais condições, será de técnico de confiança não do juízo deprecante mas do próprio juízo deprecado.

Não se pode cair entretanto no automatismo de considerar que também os quesitos devam ser ali naturalmente formulados. A rigor, não há impedimento formal a que assim se faça, mas é preciso lembrar que os quesitos são obrigatoriamente sujeitos a valoração quanto à pertinência (art. 470 do CPC), tarefa que cabe, iniludivelmente, ao juízo do processo, não ao deprecado. Tudo recomenda, assim, que os quesitos sejam adiantados perante o juízo deprecante, ali sendo definida sua admissibilidade e seguindo eles já com a carta precatória; caso contrário, o juízo deprecado, uma vez recebidos os quesitos, deverá submetê-los ao juízo deprecante.

Pode, por outro lado, a nomeação do especialista já ser definida pelo juízo deprecante, com recebimento também por esse das indicações de assistentes e dos quesitos, previamente ao envio da carta precatória.

No silêncio da precatória, o prazo para a apresentação do laudo será fixado pelo juízo deprecado; havendo outrossim prazo estabelecido pelo juízo deprecante e não sendo a precatória devolvida em tempo hábil, poderá se caracterizar a situação prevista no art. 377 deste Código, a cujos comentários remetemos.

Conforme se faça eventualmente necessária a inquirição do perito em audiência para fins de elucidação, na forma do art. 477, § 3º, deverá ser observado qual dos juízos promoveu a nomeação, e bem assim o local de domicílio do perito (por analogia para com o que ocorre com as testemunhas), de modo a definir-se o foro de realização do ato.

Por outro lado, a par dos problemas relacionados ao *modo* de ser da perícia por carta precatória, a previsão do § 6º ora comentado acaba por suscitar outra importante indagação, a respeito da própria *necessidade,* e em que limites, de carta precatória. A questão, na verdade, diz respeito à interpretação do alcance do próprio art. 237, II, que reza destinar-se a carta a que um órgão jurisdicional *pratique ou determine o cumprimento* de ato na área de sua competência territorial.

O fato é que a perícia é prova complexa, envolvendo uma série de atividades conjugadas e somente se consumando com a apresentação do laudo (ou o comparecimento do perito em audiência, na forma do art. 464, § 3º, do CPC). Quanto a parte desses atos, não se exclui necessite o perito realizar diligências em outras comarcas ou seções judiciárias, para exame de pessoas ou coisas (vistoria de um imóvel, verificação de livros contábeis a ele franqueados por uma das partes, inquirição informal de testemunha), não sendo razoável imaginar que somente por conta desse ingresso em território alheio ao da área de competência do juízo da causa se faça necessária carta precatória a legitimar os atos correspondentes.

A tanto não chega o art. 237, II. A precatória é exigida sobretudo quando se fazem necessários atos diretos da autoridade judiciária local, ou de seus funcionários, destinando-se a preservar a autoridade de cada juízo sobre sua base territorial; não há entretanto impedimento ao trânsito de auxiliares de um juízo pelo território de outro, para efeito de mera obtenção de informações a partir de diligências pessoais. Desde que se apresente entretanto qualquer dificuldade ao perito no exercício desses atos, a demandar intervenção judicial (como para ingresso forçado em imóvel), inevitável se fará a requisição de cooperação judiciária.

Jurisprudência

"Para fins do art. 543-C do CPC: (1.1) "Na liquidação por cálculos do credor, descabe transferir do exequente para o executado o ônus do pagamento de honorários devidos ao perito que elabora a memória de cálculos". (1.2) "Se o credor for beneficiário da gratuidade da justiça, pode-se determinar a elaboração dos cálculos pela contadoria judicial". (1.3) "Na fase autônoma de liquidação de sentença (por arbitramento ou por artigos), incumbe ao devedor a antecipação dos honorários periciais ". 2. Aplicação da tese 1.3 ao caso concreto." (STJ, REsp nº 1.274.466/SC, Segunda Seção, Rel. Min. Paulo de Tarso Sanseverino, j. 14/5/2014, *DJe* 21/5/2014).

"A inversão do ônus da prova fica a critério do juiz, dependendo da verificação de circunstâncias concretas, contudo, não tem o efeito de obrigar os agravantes a arcar com as verbas concernentes às despesas periciais, mas poderão sofrer, a toda evidência, as consequências da sua não produção, o que será objeto de valoração pelo magistrado, em razão dos demais elementos constantes nos autos." (STJ, Ag no REsp nº 936.098/MS, 3ª T., Rel. Min. Nancy Andrighi, j. 25/7/2017).

"De acordo com firme jurisprudência do Superior Tribunal de Justiça, o prazo para in-dicação do assistente técnico e formulação de quesitos não é preclusivo, de modo que podem ser feitos após o prazo de 5 (cinco) dias previsto no art. 421, § 1º, do CPC, desde que antes do início dos trabalhos periciais. Na hipótese dos autos, todavia, a Corte de origem assentou que os trabalhos periciais já foram iniciados, sendo forçoso reconhecer a ocorrência da preclusão para a indicação de assistente técnico e formulação de quesitos, resguardada a possibilidade de formulação de quesitos suplementares após a entrega do laudo pericial." (STJ, AgRg no AREsp nº 775.928/RJ, 4ª T., Rel. Min. Luis Felipe Salomão, j. 1º/3/2016, *DJe* 15/3/2016).

"No caso dos autos, não se comprovou a presença do *fumus boni iuris*, uma vez que deveria o ora agravante ter se manifestado quanto à suposta parcialidade do perito no momento da sua nomeação (primeira oportunidade em que lhe coube falar nos autos) e não após a realização da perícia que entendeu lhe ser desfavorável." (STJ, AgRg na MC nº 21.336/RS, 3ª T., Rel. Min. Sidnei Beneti, j. 8/4/2014, *DJe* 2/5/2014).

"A tese firmada no julgamento do Ag 1.334.673/ES confirma a ilegalidade prima facie da designação de corretor de imóveis para proceder a perícia judicial em ação de desapropriação, na forma do art. 145, §§ 1.º a 3.º, do CPC, e do art. 12, § 3.º, da Lei 8.629/1993, à míngua de qualificação em ensino superior. 2. A decisão judicial que, a despeito da clareza desse comando judicial, procede à nomeação de perito judicial sobre corretor de imóveis, em que pese não configurada a exceção prevista no § 3.º do art. 145 do CPC, descumpre o teor do referido julgado." (STJ, Rcl nº 7.277/ES, 1ª Seção, Rel. Min. Mauro Campbell Marques, j. 27/11/2013, *DJe* 5/12/2013).

"No tocante à especialidade do perito, nos termos do art. 145, § 2º, do CPC, o Tribunal de origem entendeu que um profissional médico estaria habilitado a realizar a perícia para aferição da incapacidade da recorrente para o trabalho, pois não identificou excepcionalidade a demandar a designação de especialista. Alterar as premissas fixadas pelo acórdão recorrido encontra óbice na Súmula 7/STJ." (STJ, AgRg no REsp nº 1.395.776/PR, 2ª T., Rel. Min. Mauro Campbell Marques, j. 15/10/2013, *DJe* 21/10/2013).

"No caso, a exceção que veicula a suspeição de perito em que uma das partes na demanda atuou como advogado do *expert* em anterior ação judicial é matéria inconclusa e não se sujeita à preclusão. Não obstante a certidão que atestava a suspeição do perito em relação ao réu – no sentido de que o demandado atuou como advogado do expert em anterior ação judicial – tenha sido lavrada em momento anterior à propositura da primeira arguição de suspeição, o Tribunal de origem consignou que a parte excipiente só tomou conhecimento de seu teor quando da apresentação da segunda exceção de suspeição, devendo, pois, ser mantida essa premissa fática." (STJ, REsp nº 1.352.591/AL, 4ª T., Rel. p/ Acórdão Min. Luis Felipe Salomão, j. 13/8/2013, DJe 25/10/2013).

"Quando a prova dos fatos debatidos na lide depender de conhecimento técnico ou científico o juiz será necessariamente assistido por um ou mais peritos, ou seja, profissionais de nível universitário, dotados de especialidade na matéria sobre a qual deverão opinar, realizando exame, vistoria ou avaliação, na condição de auxiliares do juízo (CPC, arts. 145, 420, caput, e 431-B), ressalvadas as hipóteses excepcionais previstas nos arts. 420, parágrafo único, e 427 do CPC." (STJ, REsp nº 1.175.317/RJ, 4ª T., Rel. Min. Raul Araújo, j. 7/5/2013, DJe 26/3/2014).

"Predomina nesta Corte Superior o entendimento de que, em ação de cobrança de honorários periciais, o fato de a parte sucumbente na ação em que realizada a perícia estar assistida pela Justiça Gratuita acarreta a responsabilidade do Estado pelas despesas relativas aos honorários do profissional. Precedentes: REsp 1196641 / SP, rel. Ministro Castro Meira, Segunda Turma, DJe 01/12/2010; AgRg no REsp 1281405 / MG, rel. Ministro Cesar Asfor Rocha, DJe 07/03/2012; AgRg no REsp 1274518 / MG, rel. Ministro Humberto Martins, DJe 07/03/2012; AgRg no Ag 1223520 / MG, rel. Ministro Napoleão Nunes Maia Filho, DJe 11/10/2010." (STJ, REsp nº 1.328.323/MG, 2ª T., Rel. Min. Mauro Campbell Marques, j. 2/8/2012, DJe 9/8/2012).

"As regras do ônus da prova não se confundem com as regras do seu custeio, cabendo a antecipação da remuneração do perito àquele que requereu a produção da prova pericial, na forma do artigo 19 do CPC." (REsp 908.728/SP, Relator o Ministro João Otávio de Noronha, DJe de 26/4/2010)." (STJ, AgRg no Ag nº 1.137.277/SP, 4ª T., Rel. Min. Raul Araújo, j. 25/10/2011, DJe 7/12/2011).

"A simples inversão do ônus da prova, no sistema do Código de Defesa do Consumidor, não gera a obrigação de custear as despesas com a perícia, embora sofra a parte ré as consequências decorrentes de sua não produção. (REsp 639.534/MT, Rel. Ministro Carlos Alberto Menezes Direito, DJU 13.02.6). Precedentes." (STJ, REsp nº 1.063.639/MS, 2ª T., Rel. Min. Castro Meira, j. em 1º/10/2009, DJe 4/11/2009).

"Os casos de impedimento e de suspeição do juiz estão previstos nos arts. 134 e 135 do CPC e são inteiramente aplicáveis ao perito, ex vi do art. 138, III, do mesmo diploma. Por força do art. 245 do CPC, a nulidade dos atos deve ser alegada na primeira oportunidade em que couber à parte falar nos autos, sob pena de preclusão. Na hipótese, merece reforma o aresto recorrido porque: a) inexistiu arguição da suspeição ou impedimento pelos expropriados em momento oportuno, operando-se a preclusão; b) o juiz que proferiu a sentença é diverso daquele que nomeou o irmão como perito; e c) foi adotado o laudo do Incra para a fixação do valor da indenização, não havendo qualquer prejuízo para as partes." (STJ, REsp nº 876.942/MT, 2ª T., Rel. Min. Herman Benjamin, j. 25/8/2009, DJe 31/8/2009).

"O § 3º do art. 12 da Lei 8.629/93, inserido pela MP 1.577/97, "ao impor que o laudo de avaliação seja subscrito por Engenheiro Agrônomo com registro de Anotação de Responsabilidade Técnica – ART, o faz em relação à própria Administração e não em relação ao auxiliar do Juiz, que deve ser um perito de sua confiança" (REsp nº 697.050/CE, 2ª Turma, Rel. Ministro Franciulli Netto, DJ de 13.2.2006)." (STJ, REsp nº 866.053/CE, 1ª T., Rel. Min. Denise Arruda, j. 10/10/2006, DJ 7/11/2006, p. 278).

"A arguição relativa à suspeição do perito é admissível a partir do conhecimento do fato. Precedentes. Há que se diferenciar a suspeição do juiz e a suspeição do perito. Esta é feita por simples petição e não suspende o curso do processo, devendo ser realizada na primeira oportunidade em que couber ao interessado falar nos autos. Não há como conjugar o conceito de 'primeira oportunidade', previsto no art. 138, § 1º, do CPC para possibilitar a arguição de suspeição do perito, com o prazo de quinze dias do art. 305 do CPC, este previsto para o oferecimento de exceção de suspeição do juiz. Em tal hipótese, a regra específica do art. 138, § 1º, do CPC seria totalmente afastada em favor de norma que apenas aparentemente disciplina a mesma questão." (STJ, REsp nº 802.081/RJ, 3ª T., Rel. Min. Nancy Andrighi, j. 2/5/2006, *DJ* 22/5/2006, p. 201).

"A isenção prevista na Lei n. 1.060/50 não obriga o Estado a reembolsar as despesas necessárias à realização da prova pericial requerida pela parte assistida pela Justiça gratuita. Caso, todavia, em que dado à ausência de complexidade ou onerosidade da perícia, que não demanda, na espécie, gastos significativos com recursos humanos, materiais ou exames laboratoriais, pode o trabalho ser exercido diretamente por repartição administrativa do próprio ente público, quando necessária mera disponibilização de infraestrutura já existente, em colaboração com o Poder Judiciário." (STJ, REsp nº 81.901/SP, 4ª T., Rel. Min. Aldir Passarinho Junior, j. 7/8/2001, *DJ* 4/2/2002, p. 363).

"Processual civil. Perito. Designação. Perícia contábil realizada fora da comarca. Interpretação do art. 200/CPC. É possível, pelas peculiaridades da espécie, ao juiz da causa designar vistor para proceder a perícia nos livros e contabilidade da empresa que se encontram em sua sede localizada fora de sua comarca." (STJ, REsp no 95.314/SP, 4ª T., Rel. Min. Cesar Asfor Rocha, j. 29/4/98, *DJ* 22/6/98, p. 83).

"A nomeação de estabelecimento oficial para a realização de perícia médico-oficial, sem individuação do perito, não viola o art. 421, CPC, e encontra suporte legal no art. 434 da lei processual, supondo a confiança do juiz em todos os integrantes do quadro, bem como no critério de seu diretor." (STJ, AgRg no Ag nº 38.839/SP, 4ª T., Rel. Min. Sálvio de Figueiredo Teixeira, j. 7/2/1995, *DJ* 20/3/1995, p. 6.121).

"Não veda o sistema processual vigente que pessoa jurídica possa servir como assistente técnico, sobretudo após a edição da Lei 8455/92." (STJ, REsp no 36.578/SP, 4ª T., Rel. Min. Sálvio de Figueiredo Teixeira, j. 24/8/93, *DJ* 27/9/93, p. 19.823).

"Horários periciais. Avaliação de imóvel penhorado. Estimativa do perito e arbitramento definitivo antes da apresentação do laudo. Inadmissibilidade. Critérios da proposta, ademais, não pormenorizados. Regulamento do IBAPE não vinculativo do Juízo. Singeleza do imóvel avaliando. Fixação provisória nesta instância *ad quem*. Artigo 11 do Provimento nº 797/03 do

E. Conselho Superior da Magistratura. Arbitramento definitivo somente depois de concluído o laudo." (TJSP, AI nº 2093016-81.2017.8.26.0000/ Jundiaí, 20ª Câmara de Direito Privado, Rel. Des. Correia Lima, j. 21/8/2017).

"Perito. Salários. Honorários periciais fixados em R$12.000,00. Inadmissibilidade. Valor excessivo. Perícia grafotécnica em 14 contratos para verificação da assinatura do autor. Número excessivo de horas estimado que tornou o valor fixado inviável, dadas as condições da ação e valor da causa. Ademais, trata-se de honorários provisórios suficientes para cobrir, em princípio, os custos da perícia. Redução para R$ 5.000,00." (TJSP, AI nº 2123881-87.2017.8.26.0000/Jundiaí, 13ª Câmara de Direito Privado, Rel. Des. Heraldo de Oliveira, j. 11/8/2017).

"Locação. Cautelar de produção antecipada de provas. Nomeação de perito para avaliar o custo de conserto do imóvel. Honorários fixados com base na tabela do IBAPE.Descabimento. Valor excessivo. Redução. Possibilidade." (TJSP, AI nº 2070299-75.2017.8.26.0000/Osasco, 30ª Câmara de Direito Privado, Rel. Des. Andrade Neto, j. 9/8/2017).

"Dever de pagamento da remuneração do perito que não pode ser atribuído à ré pelos motivos apontados pelo agravante, vez que seu aumento não se deveu aos quesitos apresentados. Fixação de honorários periciais. Valor excessivo – Redução – Admissibilidade. A remuneração deverá ser arbitrada com base na complexidade da perícia, no tempo gasto na elaboração do laudo, na condição econômica das partes e, ainda, no proveito econômico pretendido na ação." (TJSP, AI nº 2065533-76.2017.8.26.0000/ Capital, 25ª Câmara de Direito Privado, Rel. Des. Hugo Crepaldi, j. 20/7/2017).

Art. 466. O perito cumprirá escrupulosamente o encargo que lhe foi cometido, independentemente de termo de compromisso.

§1º Os assistentes técnicos são de confiança da parte e não estão sujeitos a impedimento ou suspeição.

§ 2º O perito deve assegurar aos assistentes das partes o acesso e o acompanhamento das diligências e dos exames que realizar, com prévia comunicação, comprovada nos autos, com antecedência mínima de 5 (cinco) dias.

▶ *Referência: CPC/1973 – Arts. 422 e 431-A*

1. Atuação *escrupulosa* do perito

Pelo simples fato de exercer um *múnus público* e de figurar como auxiliar da Justiça, o perito está, como qualquer outro sujeito que atue no processo, obrigado à observância dos deveres éticos a esse inerentes, devendo agir com probidade, segundo a verdade e, em particular, na busca do cumprimento diligente da tarefa confiada, seja quanto ao rigor da análise técnica, seja quanto ao atendimento do prazo estipulado para a conclusão do laudo.

Tanto mais se justificam essas imposições em função da peculiar e sensível atividade desenvolvida, voltada ao fornecimento ao juiz de subsídios relevantes quanto a aspectos necessários ao julgamento mas desbordantes dos conhecimentos ordinários em matéria jurídica, portanto com elevado potencial de influência do trabalho técnico no desfecho da causa.

Nesse sentido, a advertência do *caput* quanto ao cumprimento *escrupuloso* do encargo chega a soar ociosa e mesmo redundante, mesmo porque na parte geral do Código já vêm explicitados diversos elementos disciplinadores da atividade do perito. O art. 148, II, por exemplo, enfatizando a imprescindível imparcialidade, diz aplicarem-se os motivos de suspeição e impedimento do juiz aos auxiliares da Justiça, dentre os quais se inclui o perito.

O art. 157, de outra parte, destaca o dever de cumprimento do ofício no prazo assinalado e, além disso, de emprego de toda a diligência necessária.

E, finalmente, o art. 158 sujeita o perito que, por dolo ou culpa, preste informações inverídicas, não apenas à reparação dos prejuízos causados à parte como também à inabilitação para atuação em outras perícias, pelo prazo de 2 (dois) a 5 (cinco) anos, além da comunicação ao órgão de classe para providências, tudo sem prejuízo de outras sanções previstas em lei.

A opção do legislador parece entretanto decorrer da transformação pela qual passou o texto legal. A redação original do art. 422 do CPC/73 previa a prestação pelo perito ao início dos trabalhos, com a assinatura de termo próprio, do compromisso de cumprir *conscienciosamente* o encargo cometido; com a Lei nº 8.455/92, aboliu-se a exigência do termo de compromisso, passando a entender-se, com razão, que os deveres éticos estavam implícitos no próprio desempenho da função. Mas, talvez receoso da má interpretação

que pudesse ter a supressão da formalidade juntamente com o silêncio quanto ao modo de exercício do encargo, o legislador, pecando por excesso, preferiu desde aquela modificação legislativa não retirar do texto legal a alusão correspondente, passando a falar em cumprimento escrupuloso, em vez de conscencioso.

A redação segue a mesma no CPC. Não depende o perito da prestação de compromisso, incorrendo nos deveres correspondentes pela mera aceitação da nomeação; por outro lado, nem por isso deixa de ser auxiliar de confiança do juiz, o qual, seja nos casos de nomeação em caráter pessoal, seja quando integrante o perito dos quadros de entidade especializada, o faz pressupondo a especial aptidão técnica do experto para a solução dos problemas propostos como também sua isenção e idoneidade moral, de modo a permitir o desenvolvimento de trabalho estritamente vinculado aos aspectos técnicos necessários e de forma equidistante dos interesses em litígio.

1.1. Falsa perícia

Independentemente da dispensa de compromisso, o perito segue sujeito, caso faça afirmação falsa, negue ou cale a verdade, à tipificação do delito de falsa perícia, previsto no art. 342 do Código Penal (com a redação dada pela Lei nº 10.268/2001), que abrange nomeações quer em processo judicial, quer em processo administrativo, inquérito policial ou juízo arbitral.

A situação não é análoga à das testemunhas, em que, segundo se entende majoritariamente, a dispensa de compromisso afasta a potencial incidência do tipo penal (vejam-se os comentários ao art. 458). Ocorre que a dispensa em caso de prova pericial é geral, ao passo que quanto às testemunhas circunstancial; nenhum perito é sujeito a compromisso, ao passo que somente não o presta a testemunha cuja suspeição ou impedimento já seja de antemão reconhecida, sendo ela ainda assim inquirida na expectativa de aproveitamento de alguma das informações fornecidas.

Mais do que propriamente a supressão da formalidade, o que sobreleva enfim é o significado da ausência do compromisso: no caso da perícia, não exclui o pressuposto de imparcialidade, enquanto no tocante à testemunha é justamente decorrência do reconhecimento de óbice em tese impeditivo do depoimento.

É idêntico o tratamento, contudo, no que diz respeito à retratação: constitui hipótese de extinção da punibilidade, em um ou outro caso, a retratação do agente (art. 342, § 2º, do CP), de modo que possível ao perito, em qualquer momento após a apresentação do laudo, e antes da sentença, o comparecimento espontâneo nos autos com a denúncia do ponto omitido ou em que alterada a verdade, e a consequente retificação do trabalho.

2. Assistente técnico e imparcialidade

Diverso o tratamento no tocante ao assistente técnico. Se o CPC/73, em sua redação original, o colocava em patamar de igualdade no tocante ao perito, inclusive com previsão de assinatura de termo de compromisso e uma irreal presunção de isenção, alterou-se a situação a partir da Lei nº 8.455/92.

Não apenas foi o assistente dispensado de compromisso, a exemplo do perito, como também reconheceu a lei ser ele auxiliar da parte, de confiança dessa (com quem mantém relação privada e por quem é remunerado), e não propriamente auxiliar da Justiça, nessa medida excluindo o pressuposto de imparcialidade e não mais o tendo por sujeito a impedimento ou suspeição.

O CPC mantém essa disciplina. O assistente atua, na prática, como assessor da parte em matéria técnica, o que não significa por evidente esteja liberado da exigência de conduta ética e escrupulosa. Admite-se de toda forma tenha atuação de certo modo parcial, na busca, quando possível, de solução mais favorável à parte assistida, desde que observadas as regras técnicas aplicáveis e o dever de veracidade (concomitantemente à mudança de enfoque, a lei alterou inclusive a nomenclatura da manifestação do assistente, que na redação original do CPC/73 – art. 431 – era tratada como laudo, e a partir da Lei nº 8.455/92, passou a ser recebida como mero parecer técnico, tal qual agora referido no art. 477, § 1º, do CPC).

Essa circunstância, por outro lado, reforça a importância do laudo do perito oficial no contexto da prova pericial, produzido que é por profissional não apenas de confiança do juízo mas também equidistante dos interesses das partes. Nada impede entretanto que, apreciando livremente a prova, o juiz se convença do acerto de posição sustentada por um dos assistentes, vindo a acolher seu parecer (art. 479 do CPC).

O assistente técnico não pode ser sujeito ativo do delito de falsa perícia. Além do reconhecimento apriorístico de sua parcialidade, pesa, em termos de tipicidade estrita, o fato de não ser propriamente perito do juízo, somente fazendo remissão o art. 342 do CP a essa figura. Pode, entretanto, incorrer em delito de falsidade ideológica, se comprovadamente realizar trabalho inverídico, com adulteração de dados ou documentos, sem prejuízo do sancionamento da parte que o indicou, nos próprios autos, por litigância de má-fé.

3. Acompanhamento pelos assistentes das diligências do perito

O § 2º do art. 466 representa, ao menos em termos literais, novidade do CPC.

Já havia previsão no CPC/73, a partir da Lei nº 10.358/2001, de intimação quanto ao dia e local designados para o início da perícia; conforme se entendia, a norma do art. 431-A, embora literalmente dirigida às partes, tinha também por objetivo implícito possibilitar a ciência dos próprios assistentes técnicos (por intermédio das próprias partes) quanto ao início das diligências.

Ocorre que o CPC manteve dispositivo legal em termos correspondentes ao do referido art. 431-A (art. 474) e, sem prejuízo dele, tratou agora expressamente da necessidade de comunicação entre os próprios técnicos no tocante ao acompanhamento dos atos.

Cumpre assim ao perito informar diretamente aos assistentes dos atos previstos no curso da perícia, o que, como se extrai da exigência de fornecimento pelo primeiro de endereço eletrônico visando intimações pessoais (art. 465, § 2º, III), a qual deve ser tida por aplicável também aos assistentes, deve ser realizado preferencialmente por esse meio.

Com maior abrangência objetiva, por outro lado, não trata a lei apenas da cientificação quanto ao início da perícia (embora não a exclua), mas em relação a todos as diligências e exames que venham a se realizar. Pensa-se aí não apenas no acesso às fontes mencionadas no art. 473, § 3º, do CPC (notadamente inquirição de testemunhas), mas também na participação conjunta em diligências de campo, estudos, coletas de amostras pessoais para exames clínicos e obtenção de referenciais para estudos comparativos (quanto a avaliação de bens), dentre outras possibilidades.

Na verdade, outra coisa não fez o CPC senão referendar comportamento já observado na prática – ou quando menos tido por boa conduta em matéria pericial, inclusive por parte da jurisprudência. Com a oportunidade de acesso e acompanhamento de diligências de interesse à prova pericial, abre-se ensejo inclusive ao debate entre os profissionais e considerações sobre os elementos obtidos, conferindo-se além disso maior transparência à perícia e permitindo que os assistentes trabalhem a partir das mesmas bases analíticas que o perito, evitando sejam surpreendidos após a apresentação do laudo por um trabalho de referências completamente desconhecidas.

E, dentro desse mesmo espírito colaborativo e de lealdade, é de se esperar que não apenas diligências externas mas também a obtenção de informações por meio de documentos sejam compartilhadas entre os técnicos (o que vale também no sentido inverso, dos assistentes para o perito e entre si, caso venham por instâncias próprias a obter informações novas).

Note-se todavia não estar sendo ressuscitado pelo Código vigente o sistema original do CPC/73 (art. 430), que previa a realização de conferência entre perito e assistentes ao final dos trabalhos, com a apresentação, em caso de consenso, de laudo comum. A troca de impressões não é por evidente vedada, pelo contrário, mas não constitui procedimento necessário, tratando-se no caso das diligências conjuntas apenas de benefício colateral.

Não está o perito, aliás, sequer obrigado a expor previamente suas conclusões aos assistentes, ou a eles enviar o laudo definitivo, ou sequer dar notícia da entrega, ciência que, no caso dos assistentes, acabará decorrendo da intimação prevista no art. 477, § 1º, do CPC.

Quanto ao prazo para a comunicação das diligências pelo perito, é preciso cautela para com a redação enganosa do § 2º do art. 466, que fala em "prévia comunicação, comprovada nos autos, com antecedência mínima de cinco dias". Por primeiro, como já visto, não é a comunicação em si que é feita a partir dos autos, senão por manifestação direta do perito junto aos assistentes, que apenas deve ser documentada nos autos para o devido controle, se necessário. Por outro lado, a antecedência de cinco dias tampouco diz respeito à comprovação nos autos, visto que a ciência dos assistentes – objetivo principal da norma – já terá sido providenciada. O que deve ser feito com o intervalo mínimo previsto é a comunicação aos assistentes, para permitir que se organizem quanto ao acompanhamento do ato, na sequência promovendo-se a devida comprovação nos autos.

Por derradeiro, sem embargo da abertura promovida à participação dos assistentes, é preciso não exagerar o alcance da norma e pretender que em todo e qualquer caso se faça necessário algum tipo de atuação conjunta. Há perícias em que simplesmente não há lugar para diligências externas, como as que envolvem meros cálculos matemáticos, como inclusive já decidiu o STJ (ver abaixo); é preciso por outro lado avaliar, na perquirição de eventual nulidade, em que medida a falta de comunicação terá causado algum prejuízo.

Jurisprudência

"Se a perícia se desenvolve mediante a mera elaboração de cálculos, não há necessidade de intimação dos assistentes técnicos, à medida que não há diligências a serem acompanhadas." (STJ, REsp nº 976.888/MG, 3ª T., Rel. Min. Nancy Andrighi, j. 6/4/2010, *DJe* 1º/7/2010).

"O entendimento do v. acórdão recorrido encontra-se em consonância com o posicionamento desta Corte, no sentido que com a sistemática introduzida pela Lei 8.455/92, que alterou a redação do art. 422, do Código de Processo Civil, o assistente técnico não se sujeita ao impedimento e suspeição, como ocorre com o perito." (STJ, AgRg no Ag nº 679.750/SE, 4ª T., Rel. Min. Jorge Scartezzini, j. 25/4/2006, *DJ* 15/5/2006, p. 219).

"Mesmo que a conduta descrita na denúncia não possa constituir o crime de falsa perícia, tendo em vista que o paciente não fora designado perito do Juízo, não é possível o trancamento da ação penal, pois a eventual falsidade consignada no laudo técnico por ele subscrito poderia configurar, em tese, o delito de falsidade ideológica, autorizando, portanto, a *emendatio libeli*. Laudo técnico constitui documento hábil a configurar o delito de falsidade ideológica." (STJ, HC nº 42.727/DF, 5ª T., Rel. Min. Gilson Dipp, j. 2/6/2005, *DJ* 20/6/2005, p. 326).

"A tardia intimação de assistente técnico da data do exame complementar cardiológico – que é exame de precisão científica, independente de elementos outros para confecção do laudo –, não gera nulidade, seja pela desnecessidade de participação daquele, seja diante do histórico médico do autor e pela ausência de prejuízo." (STJ, REsp nº 325.169/SP, 3ª T., Rel. Min. Nancy Andrighi, j. 3/12/2001, *DJ* 25/2/2002, p. 378).

"O juiz, no exercício da sua função jurisdicional, não pode ver-se tolhido na direção da fase instrutória do processo, só porque não se aplicam o impedimento e a suspeição aos assistentes técnicos, devendo conduzir a marcha processual no sentido da estabilidade das relações entre as partes e da garantia de igualdade de tratamento." (STJ, REsp nº 125.706/SP, 4ª T., Rel. Min. Sálvio de Figueiredo Teixeira, j. 26/10/1999, *DJ* 13/12/1999, p. 149).

> **Art. 467.** O perito pode escusar-se ou ser recusado por impedimento ou suspeição.
>
> **Parágrafo único.** O juiz, ao aceitar a escusa ou ao julgar procedente a impugnação, nomeará novo perito.

▶ *Referência: CPC/1973 – Arts. 138, III, 146 e 423*

1. Escusa do perito

Cuida o presente artigo de apenas duas dentre as hipóteses que podem levar à necessidade de substituição do perito nomeado.

A escusa envolve declinação da nomeação por parte do próprio experto, por motivos diversos. Um deles, a falta de conhecimento técnico ou científico para os estritos fins da perícia, ou ainda a falta de habilitação profissional formal para atuar na área exigida no caso concreto.

É certo que, não tomada a iniciativa pelo perito desde o primeiro momento, pode ele vir a ser substituído posteriormente no curso da perícia, à luz do disposto no art. 468, I, do CPC, quando constatada a deficiência; nesse caso, entretanto, sujeita-se o perito a sanções, como abordado nos comentários correspondentes, mostrando-se preferível por certo que se antecipe e, com lealdade, exponha ao juiz desde logo eventual obstáculo à sua atuação.

Outra possibilidade é o reconhecimento espontâneo, pelo perito, de seu impedimento ou suspeição. Novamente, é desejável que o faça ao tomar conhecimento da nomeação, levando eticamente o problema ao juiz em vez de aguardar eventual provocação das partes.

Fora daí, defere-se também ao perito a prerrogativa de declinar por motivos pessoais diversos, que podem envolver problemas de saúde ou impossibilidade de atender ao prazo fixado na decisão de nomeação, por razões como sobrecarga de trabalho, viagens ou compromissos anteriormente assumidos, entre outras.

Finalmente, não se pode excluir hipótese decorrente da perspectiva de frustração de pagamento da remuneração devida. Pode o perito, com efeito, escusar-se de atuar caso não realizado, pela parte onerada, o adiantamento dos honorários de que trata o art. 465, § 4º, ou ainda, em caso de gratuidade, quando o pagamento for de responsabilidade da parte beneficiária, sem que haja disponibilidade de recursos oriundos das fontes referidas no art. 95, § 3º, do CPC; nesse sentido, sendo realizada a perícia por particular, não se pode exigir, ainda que considerada a condição de auxiliar da Justiça, a realização gratuita do trabalho, menos ainda que arque o perito, do próprio bolso, com os custos – muitas vezes significativos – da perícia.

1.1. Foro íntimo

Questão interessante é saber se pode o perito escusar-se simplesmente invocando justificativa dessa ordem, isso porque o art. 157 do CPC (na esteira do que fazia o art. 146 do CPC/73) menciona dever a escusa ser fundada em *motivo legítimo*, o que sugere a exposição da causa concreta da recusa e sua submissão à apreciação judicial.

Em contrapartida, o art. 148, II, do CPC, diz aplicarem-se os motivos de impedimento e suspeição do juiz ao perito (como auxiliar da Justiça), o que poderia dar margem à aplicação do art. 145, § 1º, desse Código, que permite a declaração pelo juiz de suspeição por motivo de foro íntimo (*sem necessidade de declarar as razões,* conforme reza expressamente o texto legal, em complemento).

Não parece ser essa, entretanto, a melhor solução, muito embora a praxe forense revele certa permissividade no tocante a declinações por parte de peritos mediante invocação de razões genéricas.

Por um lado, a própria referência do art. 157 à apresentação de justificativa específica pelo perito acaba por criar, nesse particular, regra especial excludente, a nosso ver, da possibilidade

Art. 467

de aplicação para o mesmo fim da outra regra, aí tomada como geral.

De outra parte, não há paralelismo suficiente a autorizar que se estenda a todos os sujeitos passíveis de impedimento ou suspeição a prerrogativa do art. 145, § 1º, inclusive aqueles subordinados ao controle do próprio juiz. Levado o raciocínio ao extremo, até mesmo escreventes ou oficiais de justiça, definidos por lei como auxiliares da Justiça tanto quanto o perito, poderiam se recusar a atuar num determinando caso pretextando motivo de foro íntimo, sem qualquer possibilidade de interferência judicial.

Concede-se, entretanto, ser o caso de flexibilizar o raciocínio em uma situação específica: caso o juiz, por ausência de inscritos no cadastro a que se refere o art. 156, §§ 1º e 2º, além da lista de que trata o art. 157, § 2º, opte por nomear profissional estranho a tais quadros – muitas vezes sequer dedicado a perícias judiciais –, apenas com base em sua reputação na área de conhecimento desejada, não está ele obrigado a aceitar o encargo, nem tampouco necessita de justificativa concreta, não chegando a tanto o dever dos terceiros de colaborar para com o Poder Judiciário (vejam-se a respeito os comentários ao art. 378).

Claramente diversa é a posição de perito que, voluntariamente, se habilite perante o Poder Judiciário, inscrevendo-se no cadastro próprio, e depois pretenda se furtar, sem motivo relevante, ao cumprimento do encargo, o que pode se prestar inclusive à sua exclusão da lista.

1.2. Momento da escusa

Pode a recusa ser manifestada pelo perito desde logo, ao tomar ciência da nomeação, ou em momento posterior, no curso dos trabalhos, conforme já esteja ou não caracterizado, desde o início, o obstáculo. A dualidade não oferece maiores dificuldades em se tratando de impedimento ou suspeição, bem como de razões diversas de ordem pessoal, mas já não é tão facilmente assimilável no tocante à falta de conhecimento técnico, em tese desde logo conhecida do perito; não se pode entretanto excluir, mesmo aí, hipótese excepcional de verificação superveniente do problema, por exemplo ao se deparar o perito com a natureza e amplitude dos quesitos formulados pelas partes e deferidos pelo juiz, ainda não conhecidos no momento da ciência da nomeação (v. art. 465).

O prazo para a formulação da escusa vem previsto no art. 157, § 1º, do CPC, que prevê quinze dias a contar da intimação, do impedimento ou suspeição supervenientes; o texto legal, se por um lado referenda a possibilidade de escusa por motivos posteriores, por outro lado diz menos do que deveria no tocante às causas justificadoras da declinação, repetindo a deficiente redação do diploma revogado (o prazo, além disso, é desnecessariamente superior ao do art. 146, parágrafo único, do CPC/73, que de forma mais realista previa apenas cinco dias).

1.3. Não aceitação da escusa; preclusão

Embora nem o art. 467 nem o art. 157 do CPC se refiram à hipótese de não aceitação pelo juiz da escusa (o CPC/73 era igualmente silente), a possibilidade não pode deixar de ser considerada, uma vez que a declinação fica naturalmente sujeita à valoração do motivo invocado. Recusada pelo juiz a existência de justa causa, caberá ao perito cumprir o encargo que lhe foi confiado, sob as penas do art. 468 do CPC (sem excluir a possibilidade de ataque à decisão em tal sentido, junto às Instâncias Superiores, pelos meios próprios).

Por outro lado, mostra-se insustentável, ao menos em termos literais, a previsão do atual art. 157 (repetindo o que dizia o art. 146 do CPC/73), no sentido da presunção de renúncia à escusa se não alegada pelo perito no prazo legal. Aceita-se que assim seja quando a escusa estiver diretamente relacionada aos interesses pessoais do perito; não todavia quando ferir o interesse público e a idoneidade da prestação jurisdicional, assumindo-se o custo de se manter a todo custo, à frente dos trabalhos, perito por exemplo desqualificado tecnicamente ou potencialmente parcial. Mais razoável, em tais casos, é interpretar-se a norma no sentido de que, após o prazo, deixa de haver a possibilidade de escusa pelo perito sem a sujeição às sanções aplicáveis por descumprimento do encargo.

2. Impedimento e suspeição

O perito se sujeita, como já dito, aos mesmos motivos de impedimento e suspeição aplicáveis ao juiz, previstos nos arts. 144 e 145 do CPC. Não reconhecendo ele espontaneamente óbice em tal sentido, quando da nomeação ou de eventual causa superveniente, podem as partes arguir o vício (sobre prazo e forma da arguição, vejam-se os comentários ao art. 465).

A jurisprudência entende ser preclusivo para as partes o prazo correspondente, o que todavia não impede o juiz de reconhecer de ofício a eiva de parcialidade quanto ao perito; pode parecer estranho que venha a assim decidir o próprio responsável pela nomeação, mas não se pode excluir quer o surgimento de causa superveniente de impedimento ou suspeição (sem que haja declinação espontânea ou impugnação pelas partes), quer a descoberta posterior pelo magistrado de fator obstativo já existente e ignorado no momento da nomeação.

Com ainda maior razão pode-se pensar na declaração *ex officio*, com determinação de substituição do perito impedido ou suspeito, nos casos em que a nomeação recair não sobre um profissional em particular, mas sobre entidade especializada, vindo a indicação do responsável pelo laudo a ser feita internamente e sem interferência do juiz (vejam-se os comentários ao art. 478). Nesses casos, mal ou bem, o efetivo autor do laudo é o responsável pelas diligências correspondentes e seu subscritor, não o órgão propriamente dito, de modo que possível questionar a partir dessa perspectiva a validade da prova (tanto que o art. 156, § 4º, do CPC, prevê o envio pelo órgão técnico nomeado dos nomes e dados de qualificação dos profissionais que participarão da atividade, de modo a possibilitar o controle de eventual impedimento ou suspeição).

O fato é que não se trata de matéria que diga respeito exclusiva ou mesmo preponderantemente às partes, mas que envolve a apreciação da idoneidade de atividade processual decisiva à formação do convencimento judicial e, nessa medida, determinante para o resultado da prestação jurisdicional, não podendo ser subtraída ao controle, a qualquer tempo, do juiz.

Reconhecidos que sejam, enfim, o impedimento ou suspeição, de ofício ou por provocação das partes, nomeará o juiz novo perito (ou, no caso de entidade à qual confiada a prova, determinará a escolha de outro profissional). O perito não se torna parte do processo por conta da instauração de incidente por meio do qual venha a ser questionada sua atuação, não tendo outrossim direito subjetivo a ver mantida sua nomeação nos autos, de modo que simplesmente se sujeita aos termos da decisão que venha a ser proferida, que é no tocante a ele irrecorrível (é diversa a situação, todavia, se vier a ser sua esfera pessoal diretamente atingida, por exemplo pela imposição complementar de eventual sanção).

Especificamente quanto à possibilidade de recusa de ofício de perito escolhido consensualmente pelas partes, vejam-se os comentários ao art. 471.

Jurisprudência

"Reputa-se fundada a suspeição do médico para atuar como perito do juízo em ação na qual a cooperativa de trabalho de que conveniado figure como parte.(...) Arguida a suspeição do perito na primeira oportunidade em que possível à parte suscitante fazê-lo, não há falar na ocorrência de preclusão." (STJ, REsp nº 1.524.424/ES, 3ª T., Rel. Min. Ricardo Villas Bôas Cueva, j. 17/11/2015, *DJe* 23/11/2015).

"Embora o juiz não fique adstrito às conclusões do perito (CPC, art. 436), podendo formar a sua convicção com outros elementos ou fatos provados nos autos, é iniludível que o trabalho por ele realizado, em regra, contribui para a formação do convencimento do magistrado, razão pela qual o laudo pericial não pode conter qualquer eiva de parcialidade, que possa influir no julgamento da causa. Aplicam-se ao perito os motivos de impedimento e suspeição previstos para o juiz (CPC, art. 138, III), devendo o interessado arguir o incidente no prazo de 15 (quinze) dias contados da data em que tomou conhecimento dos fatos." (STJ, REsp nº 1.433.098/GO, 3ª T., Rel. Min. Marco Aurélio Bellizze, j. 26/5/2015, *DJe* 15/6/2015).

"No caso dos autos, não se comprovou a presença do *fumus boni iuris*, uma vez que deveria o ora agravante ter se manifestado quanto à suposta parcialidade do perito no momento da sua nomeação (primeira oportunidade em que lhe coube falar nos autos) e não após a realização da perícia que entendeu lhe ser desfavorável." (STJ, AgRg na MC nº 21.336/RS, 3ª T., Rel. Min. Sidnei Beneti, j. 8/4/2014, *DJe* 2/5/2014).

"No caso, a exceção que veicula a suspeição de perito em que uma das partes na demanda atuou como advogado do expert em anterior ação judicial é matéria inconclusa e não se sujeita à preclusão. Não obstante a certidão que atestava a suspeição do perito em relação ao réu – no sentido de que o demandado atuou como advogado do expert em anterior ação judicial – tenha sido lavrada em momento anterior à propositura da primeira arguição de suspeição, o Tribunal de origem consignou que a parte excipiente só tomou conhecimento de seu teor quando da apresentação da segunda exceção de suspeição, devendo, pois, ser mantida essa premissa fática." (STJ, REsp nº 1.352.591/AL, 4ª T., Rel. p/ Acórdão Min. Luis Felipe Salomão, j. 13/8/2013, *DJe* 25/10/2013).

"As partes poderão recusar o perito por: a) impedimento ou suspeição (CPC, arts. 138, III, § 1º, e 423), deduzidos na conformidade dos arts. 304 a 306 e 312 a 314 do CPC; e b) deficiência formal de titulação acadêmica, a revelar ser possuidor de currículo profissional insuficiente para opinar sobre a matéria em debate. Nessas hipóteses, deverão deduzir a impugnação logo após a nomeação realizada pelo juiz, sob pena de preclusão." (STJ, REsp nº 1.175.317/RJ, 4ª T., Rel. Min. Raul Araújo, j. 7/5/2013, *DJe* 26/3/2014).

"Os casos de impedimento e de suspeição do juiz estão previstos nos arts. 134 e 135 do CPC e são inteiramente aplicáveis ao perito, *ex vi* do art. 138, III, do mesmo diploma. Por força do art. 245 do CPC, a nulidade dos atos deve ser alegada na primeira oportunidade em que couber à parte falar nos autos, sob pena de preclusão. Na hipótese, merece reforma o aresto recorrido porque: a) inexistiu arguição da suspeição ou impedimento pelos expropriados em momento oportuno, operando-se a preclusão; b) o juiz que proferiu a sentença é diverso daquele que nomeou o irmão como perito; e c) foi adotado o laudo do Incra para a fixação do valor da indenização, não havendo qualquer prejuízo para as partes." (STJ, REsp nº 876.942/MT, 2ª T., Rel. Min. Herman Benjamin, j. 25/8/2009, *DJe* 31/8/2009).

"Uma vez nomeado para oficiar nos autos, o perito, sendo irmão do juiz que o nomeou, poderia até mesmo — o que seria uma atitude louvável — declarar a sua suspeição por motivo de foro íntimo, nos termos do parágrafo único do art. 135 acima transcrito. Tratando-se, todavia, de hipótese de suspeição, esta deve ser arguida em petição fundamentada e devidamente instruída, na primeira oportunidade em que lhe couber falar nos autos, sob pena de preclusão (CPC, art. 138, § 1º)." (STJ, REsp nº 906.598/MT, 1ª T., Rel. Min. Denise Arruda, j. 19/6/2007, *DJ* 2/8/2007, p. 407).

"O perito é auxiliar do juízo e deve pautar suas atividades com o máximo de isenção. Quebrada a confiança do magistrado, e constatada a falta de isenção na elaboração do laudo pericial, pode o juiz determinar, inclusive de ofício, a substituição do expert, com a devolução dos honorários à parte que não contribui para o fato e se viu devidamente prejudicada." (STJ, RMS nº 22.514/SP, 2ª T., Rel. Min. Humberto Martins, j. 6/2/2007, *DJe* 18/11/2008).

"Não colhe a suspeição do perito com base na alegação de que no exercício de suas atividades acadêmicas tenha esposado teses favoráveis aos mutuários do Sistema Financeiro da Habitação, se não comprovado nas instâncias ordinárias que tenha interesse no caso concreto em favor de uma das partes" (REsp nº 542.458/RS, Terceira Turma, de minha relatoria, *DJ* de 19/4/04)." (STJ, AgRg no REsp nº 709.495/PR, 3ª T., Rel. Min. Carlos Alberto Menezes Direito, j. 24/8/2006, *DJ* 5/2/2007, p. 219).

"O incidente de exceção de suspeição do perito suscitado internamente no processo, é matéria incidente que somente interessa à relação processual onde a prova contestada foi produzida, cabendo ao Juiz, à luz dos artigos 130 e 131 do CPC, acolher a *exceptio* ou rejeitá-la. A oitiva do expert impõe-se, apenas, como meio de obter informações necessárias ao desate do incidente, e se dirige ao Juiz. A *exceptio suspicionis* do perito não enseja ação nova introduzida no organismo do processo cognitivo dependente de prova e, a fortiori, não transmuda o auxiliar do juízo em parte. Consectariamente, não tem o mesmo o ônus de constituir advogado e sequer oferecer defesa, por isso que são de sua exclusiva responsabilidade essas iniciativas. Decorrência lógica é a de que o *expert* não tem legitimidade para recorrer da decisão que o considera suspeito, admitindo-se, *ad eventum*, ação própria, acaso a exceção formal fomente dano moral." (STJ, REsp nº 625.402/PR, 1ª T., Rel. Min. Luiz Fux, j. 3/5/2005, *DJ* 30/5/2005, p. 225).

"Se a parte considerava o perito suspeito, deveria ter impugnado sua indicação na primeira oportunidade que tivesse para falar nos autos (art. 138, § 1º, CPC). No caso, entretanto, assentiu tacitamente com a designação, tanto que depositou os honorários arbitrados. Precedentes." (STJ, AgRg no Ag nº 500.602/MG, 3ª T., Rel. Min. Castro Filho, j. 16/11/2004, *DJ* 6/12/2004, p. 286).

"Segundo o entendimento pacificado nesta Corte, as hipóteses previstas no art. 135 da Lei Instrumental Civil, para configuração da **suspeição**, são taxativas, não contemplado, como tal, o fato de o **perito** já haver se manifestado repetidas vezes em contrário à tese da parte, em pareceres exarados em feitos assemelhados." (STJ, AgRg no REsp nº 583.081/PR, 4ª T., Rel. Min. Aldir Passarinho Junior, 5/8/2004, *DJ* 8/11/2004, p. 243).

"Processual. Assistente técnico. Impedimento. Assistente técnico de uma das partes não está impedido de funcionar como perito do Juízo em outro processo, envolvendo aquela parte." (STJ, REsp nº 40.116/SP, 1ª T., Rel. Min. Humberto Gomes de Barros, j. 21/6/1994, *DJ* 22/8/1994, p. 21.216)

> **Art. 468.** O perito pode ser substituído quando:
>
> **I** – faltar-lhe conhecimento técnico ou científico;
>
> **II** – sem motivo legítimo, deixar de cumprir o encargo no prazo que lhe foi assinado.
>
> **§ 1º** No caso previsto no inciso II, o juiz comunicará a ocorrência à corporação profissional respectiva, podendo, ainda, impor multa ao perito, fixada tendo em vista o valor da causa e o possível prejuízo decorrente do atraso no processo.
>
> **§ 2º** O perito substituído restituirá, no prazo de 15 (quinze) dias, os valores recebidos pelo trabalho não realizado, sob pena de ficar impedido de atuar como perito judicial pelo prazo de 5 (cinco) anos;
>
> **§ 3º** Não ocorrendo a restituição voluntária de que trata o § 2º, a parte que tiver realizado o adiantamento dos honorários poderá promover execução contra o perito, na forma dos arts. 513 e seguintes deste Código, com fundamento na decisão que determinar a devolução do numerário.

▶ *Referência: CPC/1973 – Art. 424*

1. Substituição do perito por falta de conhecimento técnico

Não tendo o conhecimento técnico ou científico exigido pelo caso concreto, em princípio é do próprio perito que se espera a iniciativa de declinar da nomeação, tal como previsto no art. 467 do Código, o que deve ocorrer tão logo tome conhecimento do fato (ou, quando muito, ao tomar contato com os quesitos formulados). Na verdade, diz o texto legal menos do que queria: a incompatibilidade pode tanto dizer respeito ao conhecimento necessário aos estritos fins da perícia como, também, envolver a mera falta de *habilitação formal* para atuar na área exigida, ainda que eventualmente tenha o perito nesse caso preparo técnico suficiente.

Não o fazendo, pode o perito ser substituído de ofício ou a requerimento das partes. As circunstâncias determinantes podem ser diversas: pode o fato ser constatado ao ensejo do fornecimento do currículo com comprovação de especialização (art. 465, § 2º, II), ou ser inferido da recusa injustificada em apresentar dita documentação, ou ainda ser verificado no curso dos trabalhos, eventualmente por conta do próprio teor do laudo apresentado.

Não há como pretender em princípio seja preclusivo o prazo para arguição pelas partes da inaptidão, mormente em se tratando de circunstância pessoal (e não formal), visto que muitas vezes só se fará possível verificar a falta de preparo técnico com o andamento dos trabalhos, quiçá no momento final da apresentação do laudo.

Mesmo todavia no caso de inaptidão formal, entendemos possam as partes arguir o fato a qualquer tempo, caso tenha passado despercebido ao juiz, afinal trata-se de matéria cognoscível de ofício e que diz respeito aos próprios requisitos subjetivos de validade da perícia, matéria de ordem pública, exigindo o art. 156, § 1º, do CPC, que o perito seja profissional legalmente habilitado, bem como o art. 465, *caput*, que seja especializado no objeto da perícia.

Destituído o perito, o novo experto nomeado terá de reiniciar em condições normais o trabalho, muito embora não se exclua o aproveitamento de dados analíticos já colhidos; se outrossim já houver sido eventualmente apresentado o laudo pelo primeiro perito, o caráter viciado do trabalho não permite que se trate o caso como de segunda perícia, em que o segundo laudo não substitui o primeiro e com ele convive (art. 480, § 3º). É preciso distinguir: se o laudo se mostra insuficiente, ou aparentemente inexato, mas com condições mínimas de aproveitabilidade, o caso é apenas de segunda perícia, não de *substituição* do perito, como tratado no presente artigo; havendo substituição propriamente dita, com laudo já apresentado, o primeiro trabalho é na verdade invalidado, não podendo ser considerado em conjunto com o novo que vier a ser feito. Fica inclusive o perito, como prevê o § 2º, deste art. 468, obrigado à restituição integral do que houver recebido a título de adiantamento de honorários.

Destaque-se ainda que a possibilidade de substituição do perito por falta de conhecimento técnico ou científico, ou ainda por falta de habilitação formal, pode ocorrer mesmo no caso de indicação consensual do perito pelas partes, como tratado nos comentários ao art. 471.

2. Substituição por falta de entrega do laudo

A segunda hipótese de substituição diz respeito ao descumprimento imotivado pelo perito do encargo a ele confiado. Cabe ao experto, na hipótese de qualquer obstáculo relevante que impeça a observância do prazo fixado para a conclusão do trabalho, declinar desde o início da nomeação ou, quando o caso, pedir prorrogação do prazo, nos termos do art. 476 deste Código.

Negada a prorrogação, ou superado o prazo concedido, a persistência da omissão em concluir o trabalho sujeitará o perito não apenas à destituição como também às providências do art. 468, § 1º (mas, ainda que a destempo, se apresentado o laudo previamente à substituição, não há porque neste caso, que não envolve inaptidão técnica, desconsiderar o trabalho, inclusive em nome da celeridade processual, tudo sem prejuízo da imposição de multa como tratado no item 4, adiante).

3. Possibilidade de substituição de assistente técnico?

Costuma-se afirmar, em termos gerais, que os assistentes técnicos não podem ser substituídos senão por motivo devidamente justificado, assertiva em princípio pertinente e que é decorrência lógica da própria impossibilidade de livre indicação desses profissionais ao longo da perícia.

A necessidade de justa causa pode ficar atenuada, todavia, conforme o momento em que requerida a alteração. A rigor, desde o momento em que consumada a indicação, ao término do prazo de quinze dias previsto no art. 465, § 1º, II, já seria exigível, pela literalidade do texto legal, a apresentação de justificativa idônea, permanecendo até o final o assistente inicialmente indicado; entretanto, se considerada a jurisprudência majoritária, que entende possível a própria indicação original do assistente até o início da perícia, não há razão para obstar, nessa mesma medida, a apresentação de novo assistente, em lugar do inicialmente nomeado (vejam-se os comentários ao art. 465).

Fora daí, mesmo durante o curso da perícia, pode haver a substituição em face de impedimentos devidamente comprovados e não imputáveis à parte ou ao próprio assistente, como razões de saúde.

Em contrapartida, observa-se que as causas previstas no presente art. 468 para a substituição do perito não autorizam via de regra a substituição dos assistentes, situação que deve ser compreendida em função do papel desempenhado na perícia por esses técnicos, que desde a Lei nº 8.455/92 não são mais auxiliares do Juízo, tão somente da parte, e de confiança dessa.

A propósito da qualificação técnica, por exemplo, lembra-se dever ela ser equivalente à exigida do perito no caso concreto (v. art. 465). Pois bem, desde que a parte indique assistente cuja falta de conhecimento técnico ou científico venha a ser constatada no curso da perícia, a deficiência corre à conta da parte responsável pela nomeação, não se fazendo possível nem mesmo necessária a substituição (ao contrário do perito), visto não ser o assistente técnico essencial à perícia, senão elemento de apoio à parte; nesse caso, o parecer do assistente deverá simplesmente ser desconsiderado.

Outra pode ser a solução, contudo, caso o juiz verifique, desde o primeiro momento, a falta de habilitação formal considerada a área de conhecimento exigida pela perícia, recusando por isso a indicação de assistente feita pela parte; nesse caso, até o momento do início dos trabalhos, uma vez mais tomando por base o entendimento jurisprudencial dominante, pode-se admitir a nomeação de outro assistente com habilitação compatível.

Por outro lado, ainda mais clara é a situação em caso de descumprimento injustificado do encargo pelo assistente (art. 468, II), com falta de entrega de seu parecer no prazo fixado: se em relação ao perito, sujeito principal da perícia, o comportamento torna inevitável a substituição, sob pena de inviabilização da perícia, no caso do assistente a omissão em se manifestar determina tão somente consequências em termos preclusivos, em desfavor da parte correspondente.

4. Sanção ao perito omisso

Cogita a lei no § 1º do art. 468 de providências em relação ao perito substituído apenas no caso de falta de entrega do laudo, não no de falta de conhecimento técnico ou científico, prevendo para a primeira hipótese a comunicação à corporação profissional respectiva e a possibilidade de imposição de multa.

Dessas duas providências, entretanto, apenas a multa tem propriamente caráter sancionatório punitivo; já a comunicação ao órgão de classe não ostenta essa natureza, tratando-se de ato meramente administrativo e destinando-se apenas a permitir que aquele adote, se o caso, as providências a seu cargo. Compreende-se que assim seja, visto ser a atuação em juízo forma de exercício profissional, passível assim de controle pelo órgão competente sob o prisma disciplinar.

O singelo ato de comunicação, por seu turno, a rigor nem mesmo necessitaria de previsão específica, a qual não vem posta sob a forma de *autorização* (aliás, a redação original do art. 424 do CPC/73 a ele nem mesmo fazia referência, tendo sido a providência alvitrada no parágrafo único apenas a partir da Lei nº 8.455/92, sem que no entanto se excluísse a prática em momento anterior). E, justamente por esse motivo, pode ser feita a comunicação, abstraída a falta de previsão legal expressa, também na hipótese do art. 468, *caput*, I; aliás, a situação evidenciadora de falta de conhecimento técnico ou científico por profissional habilitado (ou que apregoe ser) ao exercício em determinada área, quando não de exercício ilegal da profissão, parece algo muito mais relevante de ser conhecido e investigado pelo órgão de classe do que a hipótese de retardamento ou omissão circunstancial no tocante à entrega de um laudo.

Ainda assim, advirta-se que se houver da parte do perito afirmação falsa em torno de sua real qualificação técnica, pode ficar ele sujeito a outra sanção, a do art. 158 do CPC, com inabilitação por prazo de dois a cinco anos para a atuação em perícias judiciais.

Quanto à multa para a falta de entrega do laudo, o CPC mantém o critério do art. 424, parágrafo único, do CPC/73, alusivo ao arbitramento da pena pecuniária em função do valor da causa e da dimensão de possível prejuízo causado pelo atraso ao processo, o qual substituiu com vantagem a redação original do Código revogado, que previa um teto de dez salários-mínimos; na maioria dos casos, esse valor referencial tenderá a não ser atingido, mas a abolição do teto permite

que não fique o arbitramento limitado indevidamente em casos extremos, ensejando sanções proporcionalmente baixas.

Questão todavia que segue não resolvida diz respeito ao destinatário da multa eventualmente paga pelo perito, se o Estado ou as partes (e, nesse caso, se ambas ou a parte que requereu a perícia). Tendo em vista o objetivo declarado de compensação pelo atraso provocado ao processo, é mais razoável, num primeiro passo, que sejam as partes as beneficiárias, não os cofres públicos. Sobrepõe-se entretanto o problema de saber como será feita a distribuição entre elas.

Um aspecto intuitivamente passível de consideração era o da compensação dos honorários adiantados para a perícia. Mas o Código vigente deles cuidou em separado (ao contrário do CPC/73), prevendo em específico sua devolução integral e a possibilidade de execução contra o perito renitente, a partir do mesmo feito (art. 468, §§ 2º e 3º), de modo que a multa acaba por ostentar finalidade distinta.

E, restando apenas como parâmetro o prejuízo causado pelo retardamento, simplesmente não há como estabelecer critério objetivo rígido a respeito. A singela previsão de divisão igualitária não se mostra satisfatória, já que à toda evidência não se pode falar em prejuízo equivalente a ambas as partes em todo e qualquer caso; basta pensar, por exemplo, em um processo de execução. Mesmo no âmbito de processo de conhecimento, em que colocadas as partes em patamar de igualdade, não se pode partir da premissa de idêntica repercussão do atraso do processo sobre a esfera jurídica dos litigantes. Tampouco se mostra critério satisfatório contemplar a parte que houver manifestado interesse na perícia, ou a parte vencedora (esta última hipótese por nós sugerida em edições anteriores da obra, entendimento que ora se revê).

À míngua de melhor alternativa, cabe deixar para a apreciação judicial, conforme as circunstâncias do caso concreto, o estabelecimento do critério a ser observado.

Resta tratar da possibilidade de reação do perito no tocante à decisão que determina sua substituição. Como já se observou nos comentários ao art. 467 no tocante à decisão que reconhece impedimento ou suspeição, o perito, na qualidade de auxiliar da Justiça, não tem propriamente direito a ser nomeado ou a permanecer nessa condição no processo, não tendo interesse assim para se voltar em via impugnativa contra a decisão correspondente, tampouco a impor ao juiz sua permanência; essas considerações valem também para a hipótese de reconhecimento da insuficiência de conhecimentos técnicos, ainda que o perito discorde da conclusão do juiz a respeito.

Diversa é a situação contudo se vem estabelecida eventual sanção ao experto (exclui-se desse raciocínio a comunicação ao órgão de classe, que não apenas não é sanção, conforme visto, como também não causa em si mesma gravame concreto), pois aí vai afetada diretamente sua esfera jurídica pessoal, não se lhe podendo negar o acesso ao Judiciário, constitucionalmente assegurado à generalidade dos cidadãos.

Entendemos pois recorrível a decisão que impõe o pagamento de multa, com a ressalva do problema prático que advém da redação do art. 1.015 do CPC; trata-se de decisão interlocutória, em tese portanto agravável, mas não prevista no rol das decisões que comportam agravo de instrumento. Por outro lado, não sendo parte e portanto não podendo figurar nem mesmo potencialmente como apelante ou apelado, de modo a veicular o inconformismo por meio do sistema de recorribilidade diferida do art. 1.009, § 1º, do CPC, o mais adequado, como solução integrativa do sistema, parece mesmo reconhecer a possibilidade de manejo de agravo de instrumento no caso, pelo perito.

5. Devolução dos valores recebidos

Nota-se a sensível preocupação do legislador no CPC com o tema dos honorários periciais, em casos de inexecução parcial ou total do trabalho, preocupação que decorre da manutenção do sistema de arbitramento e depósito prévio dos honorários pela parte onerada (arts. 95, *caput* e § 1º, e 465, § 3º) e, principalmente, da ampliação em tese da possibilidade de levantamento adiantado de valores por parte do perito (art. 465, § 4º).

Nesse sentido, o art. 465, § 5º, cuida da hipótese de redução proporcional da remuneração arbitrada, em caso de perícia inconclusiva ou deficiente. Aqui, diversamente, se fala em devolução pura e simples de eventuais valores já recebidos pelo perito, não havendo lugar a rigor para qualquer proporcionalização na medida em que os dois incisos do art. 468, *caput*, remetem a situações de falta pura e simples de entrega do laudo (seja por formação técnica insuficiente do perito, seja por omissão injustificada no de-

sempenho do encargo). Ambas as disposições, diga-se, são inovadoras no tocante ao CPC/73.

Concede a lei prazo relativamente longo para a devolução (quinze dias), mormente porque contado em dias úteis, mas em compensação estabelece sanção severíssima para o caso de descumprimento, impedindo o profissional, sem prejuízo da sujeição à execução específica (§ 3º), de atuar como perito judicial pelo prazo de cinco anos.

Note-se que a referência do § 2º é ampla, não se restringindo pois à atuação no próprio juízo em que aplicada a sanção. O impedimento é relativo à função de *perito judicial*, seja qual for o órgão, o que deverá ser inclusive comunicado ao tribunal correspondente, para efeito de anotação do impedimento no cadastro de que trata o art. 156 deste CPC.

Chama a atenção outrossim a rigidez do texto legal, que não estabelece qualquer margem de discricionariedade ao juiz, não mencionando o lapso de cinco anos como teto para a sanção, mas como lapso temporal único e imperativo. Apenas para efeito de comparação, o já referido art. 158 do mesmo Código, que trata de situação potencialmente mais grave (a da prestação pelo perito de informações inverídicas), prevê a inabilitação para outras perícias por prazo de dois a cinco anos, a ser fixado pelo juiz.

Não fica restringido entretanto, por óbvio, o exercício profissional em outras esferas que não a judicial.

5.1. Restituição e título executivo

A decisão determinativa da devolução total ou parcial dos honorários periciais constitui título executivo judicial em favor da parte que realizou o adiantamento, o que, quando não decorresse da letra do art. 515, I, do CPC (pois se trata de decisão reconhecendo obrigação de pagar quantia certa) haveria de ser extraído, por simetria, do próprio inciso V desse art. 515, quando define ser título executivo, em favor do perito, a decisão que por seu turno arbitra os honorários periciais. Mais do que reforçar esse aspecto, contudo, o objetivo do § 3º deste art. 468 parece ser o de destacar a possibilidade de satisfação a partir do mesmo processo; de modo a não permitir qualquer dúvida, em função da circunstância de o perito não ser parte, deixa-se claro que a restituição poderá ser objeto cobrança em fase executiva a partir do mesmo feito, na forma dos arts. 513 e seguintes (a ser processada, segundo subentendido, por meio de incidente próprio).

Jurisprudência

"A tese firmada no julgamento do Ag 1.334.673/ES confirma a ilegalidade prima facie da designação de corretor de imóveis para proceder a perícia judicial em ação de desapropriação, na forma do art. 145, §§ 1.º a 3.º, do CPC, e do art. 12, § 3.º, da Lei 8.629/1993, à míngua de qualificação em ensino superior. A decisão judicial que, a despeito da clareza desse comando judicial, procede à nomeação de perito judicial sobre corretor de imóveis, em que pese não configurada a exceção prevista no § 3.º do art. 145 do CPC, descumpre o teor do referido julgado. Reclamação procedente." (STJ, Rcl nº 7.277/ES, Primeira Seção, Rel. Min. Mauro Campbell Marques, j. 27/11/2013, *DJe* 5/12/2013).

"O acórdão do Tribunal de origem, ao manter a negativa de substituição do assistente técnico, amparou-se no fato de que o pedido para a referida substituição foi formulado desacompanhado das razões ou obstáculos que impediriam a atuação do assistente e imporiam a requerida alteração. Esse entendimento encontra-se em harmonia com a jurisprudência consolidada nesta Corte Superior, no sentido de que o pedido de substituição do assistente técnico deve ser devidamente motivado." (AgRg no AREsp nº 142.066/SP, 4ª T., Rel. Min. Luis Felipe Salomão, j. 12/11/2013, *DJe* 26/11/2013).

"As partes poderão recusar o perito por: a) impedimento ou suspeição (CPC, arts. 138, III, § 1º, e 423), deduzidos na conformidade dos arts. 304 a 306 e 312 a 314 do CPC; e b) deficiência formal de titulação acadêmica, a revelar ser possuidor de currículo profissional insuficiente para opinar sobre a matéria em debate. Nessas hipóteses, deverão deduzir a impugnação logo após a nomeação realizada pelo juiz, sob pena de preclusão. Além das hipóteses destacadas, deve-se atentar que a norma do art. 424, I, do CPC estabelece hipótese abrangente de substituição do perito quando "carecer de conhecimento técnico ou científico", o que significa que a substituição poderá se dar não só por discussão quanto à qualificação técnica, formal, do perito, como acima já referido, mas também por deficiente desempenho constatado nos trabalhos periciais que apresenta ao julgador. Nessa última hipótese, que diz respeito à dinâmica dos trabalhos periciais, somente após o exercício do mister pelo técnico nomeado é que poderá a parte prejudicada apresentar impugnação, na primeira oportunidade que falar nos autos. Trata-se de impugnação da qualidade técnica ou científica dos trabalhos apresentados pelo perito, e não da qualificação formal desse profissional. Por isso mesmo, somente no decorrer da colheita da prova pericial é que pode ser arguida a questão." (STJ, REsp nº 1.175.317/RJ, 4ª T., Rel. Min. Raul Araújo, j. 7/5/2013, *DJe* 26/3/2014).

"1. Nos termos do art. 245 do Código de Processo Civil, a declaração de nulidade relativa depende da iniciativa da parte interessada, devendo ser alegada na primeira oportunidade, sob pena de preclusão. 2. Arguição pelos autores da demanda da incapacidade técnica do perito sete meses depois de sua nomeação, após a publicação do laudo pericial que lhes foi desfavorável. 3. Manifesta a ocorrência de preclusão lógica e temporal." (STJ, AgRg no REsp nº 234.371/SP, 3ª T., Rel. Min. Paulo de Tarso Sanseverino, j. 21/10/2010, *DJe* 28/10/2010).

"Determinação de perícia. Confirmação, pelo perito, de seu desconhecimento acerca das técnicas necessárias para promover cálculo atuarial. Questão reputada meramente acessória pelo Tribunal. Reforma do acórdão recorrido. Devolução dos autos à origem para complementação da perícia. Na hipótese em que o próprio perito confirma seu desconhecimento acerca das técnicas necessárias à realização de cálculos de avaliação atuarial, e considerando-se que a questão assume grande importância para a decisão da lide, torna-se necessária a nomeação de profissional especializado nessa área do conhecimento, para que complemente o laudo pericial entregue. A ausência de impugnação tempestiva da nomeação do perito pelo autor deve ser relativizada em determinadas circunstâncias. Não é possível exigir das partes que sempre saibam, de antemão, quais são exatamente as qualificações técnicas e o alcance dos conhecimentos do perito nomeado. É dever do próprio perito escusar-se, de ofício, do encargo que lhe foi atribuído, na hipótese em que seu conhecimento técnico não seja suficiente para realizar o trabalho pericial de forma completa e confiável." (STJ, REsp Nº 957.347/DF, 3ª T., Rel. Min. Nancy Andrighi, j. 23/3/2010, *DJe* 28/4/2010).

"1. É nula perícia realizada por profissional inabilitado, exigindo-se nas ações de desapropriação a atuação de prova pericial realizada por engenheiro habilitado. 2. Perícia realizada por técnico de nível médio, sem habilitação adequada, servindo o laudo por ele fornecido de base para a estipulação das indenizações constantes da sentença. 3. Nulidade absoluta da prova e do processo por ela contaminado, sendo insanável por decurso de tempo, por assentimento das partes ou pela indução do Juízo a erro." (STJ, REsp nº 1.127.949/SP, 2ª T., Rel. Min. Eliana Calmon, j. 3/11/2009, *DJe* 17/11/2009).

"Após a redação dada ao art. 424 do CPC pela Lei n. 8.445/1992, somente por motivo de força maior é permitida a substituição de assistente técnico nomeado pela parte." (STJ, REsp nº 655.363/SC, 4ª T., Rel. Min. Aldir Passarinho Junior, j. 4/12/2008, *DJe* 2/2/2009).

"O perito é auxiliar do juízo e deve pautar suas atividades com o máximo de isenção. Quebrada a confiança do magistrado, e constatada a falta de isenção na elaboração do laudo pericial, pode o juiz determinar, inclusive de ofício, a substituição do expert, com a devolução dos honorários à parte que não contribui para o fato e se viu devidamente prejudicada." (RMS nº 22.514/SP, 2ª T., Rel. Min. Humberto Martins, j. 6/2/2007, *DJe* 18/11/2008).

"Se a cada ato com conteúdo decisório surge a possibilidade de impugnação pela parte, o ato de nomeação do perito judicial não foge a essa regra e, ausente impugnação no prazo legal, não poderá ser modificado, nos termos do artigo 245, *caput*, do Código de Processo Civil. "Na exegese dos parágrafos do art. 145 do CPC, deve o juiz atentar para a natureza dos fatos a provar e agir 'cum grano salis', aferindo se a perícia reclama conhecimentos específicos de profissionais qualificados e habilitados em lei, dando à norma interpretação teleológica e valorativa" (RSTJ 31/363). A perícia realizada cumpriu sua finalidade, ainda que tenha sido elaborada por profissional de nível superior com habilitação diversa daquela pretendida pelo recorrente." (STJ, REsp nº 177.047/RS, 2ª T., Rel. Min. Franciulli Netto, 17/5/2001, *DJ* 13/8/2001, p. 88).

"Ao nomear o perito, deve o juiz atentar para a natureza dos fatos a provar e agir 'cum grano salis', aferindo se a perícia reclama conhecimentos específicos de profissionais qualificados

e habilitados em lei, dando à norma interpretação teleológica e valorativa. A determinação do valor de um imóvel depende principalmente do conhecimento do mercado imobiliário local e das características do bem, matéria que não se restringe às áreas de conhecimento de engenheiro, arquiteto ou agrônomo, podendo ser aferida por outros profissionais." (STJ, REsp no 130.790/RS, 4ª T., Rel. Min. Sálvio de Figueiredo Teixeira, j. 5/8/99, *DJ* 13/9/99, p. 67).

"A perícia contábil deve ser realizada por contador (profissional portador de diploma universitário) devidamente inscrito no Conselho de Contabilidade, e não por técnico em contabilidade ou administrador de empresas. Inteligência do § 1º do art. 145 do CPC e do art. 26 do Dec.-lei 9.295/46." (STJ, REsp no 115.566/ES, 2ª T., Rel. Min. Adhemar Maciel, j. 18/8/97, *DJ* 15/9/97, p. 44.341).

"Prova. Perícia. Perito habilitado. Engenheiro civil. Familiaridade com o ramo metalúrgico. Laudo por este elaborado. Exigência apenas de conhecimento técnico ou científico. Não caracterização do exercício ilegal da profissão. Nulidade do laudo afastada. Inteligência dos arts. 145 do CPC e 16, 'b', da Lei 5.194/66." (STJ, REsp no 7.782/SP, 4ª T., Rel. Min. Sálvio de Figueiredo Teixeira, j. 29/10/91, *DJ* 2/12/91, p. 17.540).

> **Art. 469.** As partes poderão apresentar quesitos suplementares durante a diligência, que poderão ser respondidos pelo perito previamente ou na audiência de instrução e julgamento.
>
> **Parágrafo único.** O escrivão dará à parte contrária ciência da juntada dos quesitos aos autos.

▶ *Referência: CPC/1973 – Art. 425*

1. Conteúdo e admissibilidade dos quesitos suplementares

Era imperfeito no regime do CPC/73 e assim segue no atual CPC – já que não houve alteração significativa na disciplina correspondente – o tratamento acerca dos chamados *quesitos suplementares*.

O fato é que se pode falar em tripla classificação legal dos quesitos, conforme o momento em que apresentados: os iniciais ou regulares, imediatamente posteriores à designação da perícia (art. 465, § 1º, III), os suplementares de que trata o artigo ora comentado e, finalmente, os quesitos elucidativos, posteriores à apresentação do laudo, passíveis de resposta em audiência (art. 477, § 3º).

A linha divisória entre os quesitos suplementares e os elucidativos não oferece maiores dificuldades. Embora haja manifestação recente do STJ (ver abaixo) no sentido de poderem os primeiros ser apresentados após a entrega do laudo, a jurisprudência é largamente majoritária (e a nosso ver correta) quanto ao termo final representado pela conclusão da diligência do perito. Entregue o laudo, pode o resultado ser questionado sob o prisma da omissão quanto à resposta a quesitos já existentes (caso em que se resolve pela mera reiteração desses) ou pela perspectiva da necessidade de esclarecimentos; mas, sendo este o caso, os novos quesitos devem versar especificamente sobre questões já tratadas pelo perito e assistentes e sobre as quais remanesçam dúvidas, não se justificando possa a parte, já com o laudo concluído, propor novas questões ao perito e assistentes.

De resto, a redação do art. 469 do CPC (como também o era a do art. 425 do CPC/73) é expressa no sentido da possibilidade de oferecimento de quesitos suplementares *durante a diligência.*

Já no tocante aos quesitos iniciais, em tese a noção de *suplementares* remeteria a quaisquer outros apresentados em momento posterior. Entretanto, novamente por força da referência do texto legal à pendência da perícia, reforçada pelo entendimento da jurisprudência no sentido de que os quesitos iniciais, sem embargo da letra da lei, podem ser apresentados até o início dos trabalhos, acaba a separação por se tornar também singela: os quesitos vindos aos autos até o início da perícia (ainda que eventualmente em manifestações complementares) têm a natureza de regulares, podendo ser acrescidos no curso da diligência pelos suplementares.

O grande problema consiste entretanto em definir se podem os suplementares ser apresentados em todo e qualquer caso, bem como o conteúdo possível.

À primeira indagação se responde no sentido de uma natural limitação da admissibilidade aos casos em que a parte interessada já tenha apresentado, no momento próprio, os quesitos iniciais, seja pela própria noção de suplementação, que remete à existência de um objeto a suportar o acréscimo, seja pela perspectiva que se abriria, em caso contrário, de contornar a preclusão no tocante à apresentação dos quesitos regulares. Ficaria, com efeito, totalmente esvaziada a previsão de um termo em tese preclusivo para a apresentação dos quesitos iniciais se a parte pudesse ao depois, livremente, praticar ato formalmente distinto, mas com efeitos e conteúdo equivalentes.

Por outro lado, como decorrência dessa limitação, não há como imaginar possam os quesitos suplementares se destinar a uma significativa ampliação do objeto da perícia, ou a determinar a mudança de seu enfoque. Dependentes da existência dos quesitos principais, são destinados a complementá-los, servindo de desdobramento a esses e atendo-se aos mesmos temas.

2. Forma de manifestação do perito

Inovando em relação ao Código revogado, o CPC atual permite que a resposta aos quesitos suplementares se dê por dois modos distintos, previamente (vale dizer, por escrito) ou na audiência de instrução e julgamento (quando antes nem sequer se cogitava da dualidade, visto limitar-se o comparecimento em audiência à hipótese de resposta a quesitos elucidativos, posteriores ao laudo).

É preciso cautela, entretanto, para a enganosa redação do dispositivo legal, que pode dar a impressão de tratar-se de escolha do próprio perito; evidentemente, não cabe a ele deliberar a respeito desse aspecto, definindo a forma do ato a seu cargo e do próprio processamento, eventualmente tornando necessária a designação de audiência de instrução e julgamento que em outros termos, pela ausência de provas específicas, nem mesmo se realizaria.

Na verdade, a resposta imediata ou em futura audiência dependerá de determinação judicial, de ofício ou a requerimento das partes, e será desde logo comunicada ao experto, juntamente com a cientificação do teor dos quesitos suplementares.

De todo modo, o natural é que a resposta se dê não apenas por escrito como no próprio corpo do laudo, tendo em vista que por definição a apresentação dos quesitos suplementares se dá ainda no curso da diligência. A duvidosa solução cogitada pelo legislador parece ter levado

Art. 469

em conta situações nas quais os quesitos suplementares venham apresentados em momento próximo à conclusão do trabalho, sem tempo hábil para a contemplação pelo laudo, abrindo então ensejo à alternativa entre a intimação do perito para a respectiva complementação ou o comparecimento em audiência.

3. Ciência à parte contrária

Prevê o parágrafo único por fim, como já fazia o art. 425 do CPC/73, que da juntada dos quesitos suplementares dê o escrivão ciência à parte contrária (ato a ser praticado de ofício, sem necessidade de determinação judicial).

Não se vislumbra idêntica previsão no que diz respeito aos quesitos iniciais, o que pode ser explicado pelo fato de ali haver oportunidade objetivamente definida para a apresentação por cada uma das partes, a suscitar um natural encargo de acompanhamento recíproco; já no tocante aos quesitos suplementares, o oferecimento é não só incerto quanto aleatório em relação ao momento (que envolve toda a duração da perícia), a justificar a providência, de modo a possibilitar adequado contraditório (mas, por identidade de razões, é de se ter por necessária referida ciência também caso os quesitos iniciais venham a ser apresentados não no momento próprio, ditado pelo art. 465, § 1º, III, do CPC, mas após isso e antes do início da perícia).

Feita a ciência, deve-se aguardar manifestação pelo prazo de cinco dias (art. 218, § 3º), seguindo-se decisão judicial específica acerca da oportunidade e pertinência dos quesitos (art. 470, I), apenas então, se o caso, intimando-se o perito e assistentes para resposta.

Jurisprudência

"De acordo com firme jurisprudência do Superior Tribunal de Justiça, o prazo para indicação do assistente técnico e formulação de quesitos não é preclusivo, de modo que podem ser feitos após o prazo de 5 (cinco) dias previsto no art. 421, § 1º, do CPC, desde que antes do início dos trabalhos periciais. Na hipótese dos autos, todavia, a Corte de origem assentou que os trabalhos periciais já foram iniciados, sendo forçoso reconhecer a ocorrência da preclusão para a indicação de assistente técnico e formulação de quesitos, resguardada a possibilidade de formulação de quesitos suplementares após a entrega do laudo pericial." (STJ, AgRg no AREsp

nº 775.928/RJ, 4ª T., Rel. Min. Luis Felipe Salomão, j. 1º/3/2016, *DJe* 15/3/2016).

"I – Os honorários periciais relativos a quesitos suplementares que, como no caso dos autos, configuram em realidade uma nova perícia, devem ser adiantados pela parte que os formula. II – Essa orientação, além de respeitar a real natureza da nova quesitação ainda impede eventual comportamento processual malicioso." (STJ, REsp nº 842.316/MG, 3ª T., Rel. Min. Sidnei Beneti, j. 25/5/2010, *DJe* 18/6/2010).

Quesitos suplementares somente são admissíveis nos termos do art. 425 do CPC, ou seja, durante a diligência, jamais posteriormente. O que se admite posteriormente à realização da perícia, elaboração e apresentação do laudo, são esclarecimentos às conclusões periciais e as respostas aos quesitos e não novos questionamentos. (TJSP, Ap. nº 0003963-16.2013.8.26.0566/São Carlos, 31ª Câmara de Direito Privado, Rel. Des. Paulo Ayrosa, j. 19/9/2017).

"Afasta-se arguição de nulidade da perícia ou mesmo da sentença pelo não deferimento dos quesitos suplementares. O art. 425 do CPC/73, então vigente, dispunha que "poderão as partes apresentar, durante a diligência, quesitos suplementares" e, no caso, os quesitos foram ofertados fora do prazo legal e não podem ser considerados "meramente elucidativos", mas suscitados em face de divergências surgidas no desenvolvimento dos trabalhos pelo perito, anotando que, quando da vistoria "in loco", estavam presentes os advogados das partes, o assistente técnico da autora, o representante da ré e outro preposto." (TJSP, Ap. nº 0001322-67.2013.8.26.0562/Santos, 25ª Câmara Extraordinária de Direito Privado, Rel. Des. Kioitsi Chicuta, j. 29/6/2017).

"Produção antecipada de prova. Perícia. Sentença que indeferiu quesitos suplementares e homologou a prova produzida. Recurso do autor. O laudo pericial e esclarecimentos responderam aos quesitos referidos na petição inicial. Quesitos suplementares que não podem ser admitidos após apresentação do laudo pericial." (TJSP, Ap. nº 0001782-50.2012.8.26.0219/Guararema, 38ª Câmara de Direito Privado, Rel. Des. Spencer Almeida Ferreira, j. 29/3/2017).

"Autora que não indicou assistente técnico e tampouco apresentou quesitos. Apresentação de quesitos suplementares. Descabimento. Quesitos principais que não foram apresentados." (TJSP, Ap. nº 1048726-94.2014.8.26.0002/Capital, 32ª Câmara de Direito Privado, Rel. Des. Ruy Coppola, j. 16/3/2017).

"Decisão que indeferiu os quesitos suplementares formulados pelo requerido após a entrega do laudo. Quesitos suplementares que devem ser formulados durante a realização da perícia. Art. 425, do CPC de 1973, então vigente. Precedentes do TJ-SP. Hipótese em que o agravante já havia se manifestado sobre o laudo. Impossibilidade de recebimento de novos quesitos como pedido de esclarecimento, diante de sua extemporaneidade." (TJSP, AI nº 2195492-71.2015.8.26.0000/Peruíbe, 24ª Câmara de Direito Privado, Rel. Des. Plinio Novaes de Andrade Júnior, j. 15/9/2016).

"Após a apresentação do laudo pericial, a legislação autoriza apenas a formulação de quesitos de esclarecimentos, nos termos do art. 435 do CPC/73 e não de quesitos suplementares, que somente podem ser formulados no curso da perícia, nos termos do art. 425 do CPC/73. A partir da análise do conteúdo dos novos quesitos apresentados pela Agravante, conclui-se que não objetivam apenas o esclarecimento de alguma dúvida em relação ao laudo pericial apresentado, mas sim respostas a novos questionamentos que poderiam ter sido formulados anteriormente." (TJSP, AI nº 2219888-15.2015.8.26.0000/Capital, 28ª Câmara de Direito Privado, Rel. Des. Berenice Marcondes Cesar, j. 12/7/2016).

> **Art. 470.** Incumbe ao juiz:
>
> I – indeferir quesitos impertinentes;
>
> II – formular os quesitos que entender necessários ao esclarecimento da causa.

▶ *Referência: CPC/1973 – Art. 426*

1. Papel dos quesitos e pertinência

Como examinado nos comentários ao art. 465, a função dos quesitos no âmbito da prova pericial é múltipla, auxiliando no esclarecimento das partes e do Juízo acerca das questões técnicas interessantes ao litígio, bem como, do ponto de vista do perito e dos assistentes, orientando-os no tocante às questões essenciais que se desejam ver exploradas bem como delimitando a abrangência dos trabalhos.

Essa delimitação entretanto deve ser entendida em seus devidos termos: as partes não têm evidentemente o poder de formular quesitos aleatoriamente e determinar segundo sua conveniência os rumos da prova pericial. Devem sempre circunscrever-se à matéria de fato efetivamente controvertida nos autos e ao objetivo para o qual designada a perícia. Dentre desses limites é que se diz que, por meio dos quesitos acabam indicando as partes aos técnicos as questões que pretendem ver especificamente abordadas, sem prejuízo de outras tidas por relevantes pelo perito e assistentes.

Extrapolando os quesitos o objeto da prova, deve o juiz indeferi-los, de ofício ou por provocação da parte contrária, conduta que de resto é projeção do poder de controle da pertinência das provas em geral (art. 370).

Um dos limites a estabelecer diz respeito a quesitos de conotação jurídica direta ou indireta, por meio dos quais procurem as partes induzir o perito a formular juízos desse teor, inclusive projetando os efeitos jurídicos de determinados aspectos fáticos esclarecidos por meio da perícia.

O perito não responde sobre Direito, mas sobre aspectos técnicos destinados a elucidar *fatos*; não se descarta, entretanto que, para a análise técnica, em sentido estrito, precise se valer de normas específicas relativas a certo ramo de conhecimento, o que, se o caso, deverá ser feito sempre sob censura do juiz, e sem que fique o perito autorizado a fazer ilações diretas sobre a pertinência ou não da pretensão e da defesa formuladas em juízo.

2. Formulação de quesitos pelo juiz da causa

Sem prejuízo dos quesitos apresentados pelas partes, nada impede – pelo contrário, é conveniente que assim ocorra – que o próprio juiz formule quesitos pessoais, apontando ao perito os pontos essenciais passíveis de apreciação e sob qual enfoque. Esses quesitos podem ser formulados a qualquer tempo, antes ou durante a perícia, sendo a decisão em tal sentido irrecorrível, mesmo porque faltaria às partes interesse recursal para questionar a busca pelo juiz de informações por ele tidas por relevantes ao julgamento.

Jurisprudência

"O Tribunal de origem concluiu que os quesitos suplementares eram impertinentes,

Art. 471

porque visavam à exploração de novos temas e que a perícia foi adequadamente formulada. Dessa forma, o reexame da questão esbarra no óbice de que trata a Súmula nº 7/STJ." (STJ, AgRg no REsp nº 1.329.159/SP, 3ª Turma, Rel. Min. Ricardo Villas Bôas Cueva, j. 15/12/2015, *DJe* 2/2/2016).

"A jurisprudência desta Corte é firme no entendimento de que o órgão julgador pode indeferir pedido de esclarecimentos complementares, quando se mostrem impertinentes ou desnecessários. Assim, a análise da alegação de cerceamento de defesa decorrente da negativa de complementação de quesitos não prescinde do revolvimento dos elementos fático-probatórios dos autos, providência que esbarra no óbice imposto pela súmula 7 desta Corte." (STJ, AgRg no Ag nº 997.897/RJ, 4ª Turma, Rel. Min. Fernando Gonçalves, j. 4/3/2010, *DJe* 22/3/2010).

"É bem verdade que o art. 435 do CPC autoriza a parte interessada em obter esclarecimentos do perito e do assistente técnico, mediante a formulação de perguntas sob a forma de quesitos. Deve ser observado, no entanto, o poder atribuído ao magistrado de determinar as provas necessárias à instrução do processo, indeferindo as diligências inúteis ou meramente protelatórias, segundo a dicção do art. 130 do mesmo diploma legal. O art. 426, I, do CPC, por seu turno, também deixa claro que compete ao juiz o indeferimento de quesitos impertinentes. Hipótese em que o magistrado de primeiro grau de jurisdição considerou impertinentes os quesitos explicativos formulados pela parte expropriada, deixando consignado, na sentença, que todas as provas pertinentes já haviam sido produzidas. O indeferimento de quesitos impertinentes é faculdade atribuída ao julgador durante a fase de instrução do processo, não constituindo causa de nulidade da sentença." (STJ, REsp nº 811.429/SP, 1ª Turma, Rel. Min. Denise Arruda, j. 13/3/2007, *DJ* 19/4/2007).

"Evidenciada a ausência de violação ao art. 421, § 1º, II do CPC, porquanto a Corte a quo, em momento algum, negou o direito da recorrente de apresentar quesitos, tendo concluído no sentido de serem impertinentes aqueles que envolvem matéria de direito, motivo pelo qual os indeferiu. Caberia à recorrente apontar violação ao art. 426, I do CPC ou outro que entendesse pertinente e não aquele que foi observado na sua disposição literal. Ainda que transposto tal

óbice, verifica-se que são impertinentes os quesitos formulados pela recorrente pois envolvem matéria de direito." (STJ, REsp nº 622.160/MG, 2ª Turma, Rel. Min. Castro Meira, j. 1º/9/2005, *DJ* 3/10/2005).

> **Art. 471.** As partes podem, de comum acordo, escolher o perito, indicando-o mediante requerimento, desde que:
>
> **I** – sejam plenamente capazes;
>
> **II** – a causa possa ser resolvida por autocomposição.
>
> **§ 1º** As partes, ao escolher o perito, já devem indicar os respectivos assistentes técnicos para acompanhar a realização da perícia, que se realizará em data e local previamente anunciados.
>
> **§ 2º** O perito e os assistentes técnicos devem entregar, respectivamente, laudo e pareceres em prazo fixado pelo juiz.
>
> **§ 3º** A perícia consensual substitui, para todos os efeitos, a que seria realizada por perito nomeado pelo juiz.

▶ *Sem correspondência no CPC/1973*

1. Escolha consensual do perito

Em dispositivo inovador no tocante ao sistema do Código revogado, o atual CPC prevê a possibilidade de escolha direta pelas partes do perito judicial, como modalidade específica de negócio jurídico processual; os requisitos postos a tanto também estão presentes na regra geral que trata desses negócios (art. 190), sendo um de ordem subjetiva – a plena capacidade das partes – e outro de natureza objetiva – o tratar o litígio de direitos que admitam autocomposição.

E, se no tocante ao dispositivo geral referido já se mostra complexa a definição dos limites de admissibilidade dos negócios processuais, sobretudo quando menciona a lei a disciplina pelas próprias partes de aspectos como seus *poderes* e *deveres* no processo, no caso da perícia toca-se em um ponto particularmente sensível, que é a subtração ao juiz da possibilidade de nomear um auxiliar dos mais relevantes ao desempenho da atividade jurisdicional, tradicionalmente visto como de confiança dele, juiz, e de cuja idoneidade moral e capacidade técnica dependerão em grande medida o julgamento da causa, no que diz respeito a matéria desbordante dos conhecimentos ordinários dos sujeitos processuais.

Semelhante prerrogativa das partes deve pois ser tratada com toda cautela, no tocante às diversas implicações que possa ter, mormente porque subsistem, a despeito da faculdade limitada de escolha conferida aos litigantes, a presidência da prova pericial como um todo pelo magistrado, bem como regras de ordem pública passíveis de observância no tocante à atividade, a par do interesse estatal na correta prestação jurisdicional e da preocupação com o idoneidade da prova a servir de base ao julgamento.

Por primeiro, deve-se dizer que a escolha do perito não determina a possibilidade de um juízo de oportunidade pelas partes quanto à própria necessidade de perícia, ou sua imposição por elas ao juiz por razões de mera conveniência (a não ser que se cogite, aqui, de um negócio processual de maior amplitude, para além dos limites deste art. 471, em que venham os litigantes a disciplinar inclusive as provas a serem realizadas no feito). O exercício da faculdade de indicação do experto, portanto, pressupõe tenha havido concretamente, da parte do magistrado, o reconhecimento da utilidade e pertinência, bem como a determinação em concreto de realização de prova técnica.

1.1. Qualificação técnica

Quanto à formação do perito, parece fora de dúvida de que, seja em face de exigência legal quanto à habilitação necessária ao exercício de determinada profissão, seja mesmo fora daí, no tocante aos conhecimentos exigidos, não poderá recair a escolha em profissional que não atenda aos requisitos dos arts. 156, § 1º, primeira parte (habilitação legal) e 465, *caput* (especialização no objeto da perícia), ambos do CPC. Semelhantes exigências não são feitas pelo legislador apenas para atender aos interesses das partes (de modo a se sujeitarem a eventual convenção em sentido diverso), mas como parâmetros objetivos à idoneidade formal da perícia, que, se vinculam ao juiz no exercício de sua autoridade, do mesmo modo se impõem às partes.

1.2. Cadastro

Já no tocante à inscrição no cadastro a ser mantido por cada tribunal (art. 156, § 1º, parte final, do CPC), outrossim, entendemos que o rigor não necessite ser o mesmo. A manutenção da lista tem por objetivo fornecer ao juiz opções de profissionais especializados em determinada área de conhecimento, além de permitir ao tribunal e às próprias partes melhor controle sobre a qualificação e atividade dos peritos; todavia, o próprio CPC flexibiliza essa exigência, ao dizer que não havendo na localidade qualquer perito inscrito no cadastro, a nomeação será de livre escolha pelo juiz (art.156, § 5º). E, nessa esteira, conquanto não se confunda a hipótese com a da escolha de mediador ou conciliador pelas partes (art. 168, § 1º, do CPC; além de nesse caso haver autorização expressa para indicação fora do cadastro do tribunal, a natureza da atividade e as possíveis repercussões para o processo são totalmente distintas), pode-se considerar que as partes, autorizadas a fazer a escolha do perito em termos consensuais, possam promovê-la livremente, desde que observado o requisito da adequada qualificação técnica e que o perito eleito deposite em cartório a documentação obrigatória, comprobatória de sua formação.

1.3. Impedimento ou suspeição

As causas de impedimento e suspeição dos peritos, como abordado nos comentários ao art. 467 do CPC, são as previstas nos arts. 144 e 145 do mesmo Código, aplicando-se também nos casos de indicação consensual, já que, em particular no tocante ao impedimento, visam a tutela do processo (quanto ao controle da regularidade da atuação dos auxiliares da Justiça), não exclusivamente do interesse dos litigantes. A preocupação é tanto mais justificada quanto se tem em mira a área de atuação do perito e potencial influência que possa ter sobre a formação do convencimento judicial.

É certo que, provindo a indicação diretamente das partes, a arguição posterior de impedimento ou suspeição poderia dar margem à consideração de conduta contraditória. E, de fato, no que diz respeito à suspeição do juiz, o art. 145, § 2º, II, do CPC, prevê ser *ilegítima* a arguição de a parte que a alega houver praticado ato que signifique manifesta aceitação do arguido; transposta a regra para o plano da indicação pessoal ora considerada, o simples fato da escolha comum do perito em princípio exclui a possibilidade de alegação de suspeição, desde que a parte soubesse ou tivesse meios para saber do fator determinante da pretensa parcialidade.

Não se pode ignorar entretanto a hipótese de desconhecimento justificado pelo suscitante da suspeição. E, de outro lado, no tocante ao impedimento, sequer existe regra análoga, isso por envolverem as causas correspondentes verdadeiras *vedações* legais objetiva à atuação de determinado sujeito processual (ainda que auxiliar), de modo que a rigor sempre possível a arguição, sem prejuízo da verificação de eventual conduta temerária da parte no plano ético.

Suposta a hipótese de desconhecimento originário da causa de impedimento ou suspeição, o prazo para a arguição, como tratado nos comentários aos arts. 465 e 467, deve ser contado no sistema do CPC da data do *conhecimento* do fato, não de sua ocorrência ou mesmo do momento da indicação.

A par disso, remanesce a possibilidade de pronunciamento de ofício da suspeição ou impedimento, ressalvada a cautela necessária, nas hipóteses de suspeição, determinada pela circunstância da escolha comum do perito.

1.4. Outros fatores impeditivos da aceitação ou continuidade do perito indicado consensualmente

Sem embargo das razões já examinadas, pode também o perito ser recusado de plano ou afastado no curso da perícia quando, a despeito de formação em tese adequada, demonstre claramente não possuir conhecimento técnico suficiente ao trabalho a ser desenvolvido (ou já o tenha demonstrado em outros processos do mesmo órgão judiciário ou de outro, envolvendo a mesma matéria). Além disso, aplica-se a causa de afastamento prevista no art. 468 do CPC relativa ao comportamento desidioso manifestado pelo perito indicado, caso não cumpra o encargo no prazo fixado nem tampouco apresente justificativa para tanto.

Do mesmo modo, o perito não pode ser alguém inabilitado legalmente a atuar em tal função, por exemplo em função do disposto nos arts. 158 ou 468, § 2º, ambos do CPC.

Finalmente, não se exclui a hipótese de recusa do perito por se tratar de profissional inidôneo no entender do juiz, sob o ponto de vista ético, o que todavia deverá ser cumpridamente fundamentado, não bastando a alusão genérica à falta de confiança no experto sugerido pelas partes.

2. Valoração do laudo

Como não poderia deixar de ser, a escolha do perito pelas partes não exclui a livre valo-

ração do laudo pelo juiz, segundo as regras da persuasão racional, não estando o magistrado vinculado às conclusões apresentadas e podendo, com base na regra do art. 479 do CPC, deixar de acolhê-las, seja em prol do laudo de algum dos assistentes técnicos, seja em função de outros elementos de prova presentes nos autos.

Aliás, nem tampouco as próprias partes estão impedidas de impugnar o resultado da prova técnica, já que a escolha da pessoa do perito não cria qualquer preclusão lógica no tocante à aceitação do trabalho a ser concretamente apresentado.

Indo além, não se pode no extremo afastar nem mesmo a ideia de determinação de ofício, pelo juiz, de segunda perícia (art. 480 do CPC), caso não se sinta suficientemente esclarecido pelo laudo apresentado nem tampouco vislumbre nos autos outros elementos de prova que permitam a formação desde logo de seu convencimento.

3. Indicação de assistentes técnicos

A escolha de comum acordo do perito não exclui, ainda, o interesse das partes em relação à indicação de assistentes, visto que o trabalho técnico será desenvolvido com independência pelo experto, demandando como em qualquer caso eventual auxílio às partes para sua adequada compreensão e também para a formulação de críticas.

No tocante à oportunidade para o exercício dessa faculdade, contudo, inexistindo nomeação judicial a partir de cuja ciência deva ser contado o prazo (tal qual disposto no art. 465, § 1º, II, do CPC), determina o legislador que os nomes dos assistentes já sejam apresentados desde logo pelas partes, juntamente com a indicação consensual do perito.

Embora silencie a respeito o texto legal, deve ser entendido, por extensão, que também nesse momento devam ser apresentados pelas partes, em conjunto, os respectivos quesitos.

Fala o § 1º do art. 471 por seu turno, com imprecisão, que a perícia se realizará em *data e local previamente anunciados*. Na verdade, não só não se resume a perícia às pesquisas de campo como também, muito dificilmente, se limitará no tocante a esses a uma única diligência; mais propriamente, o que se deve entender é que, a teor da regra geral do art. 474 do CPC, a prova pericial *terá início* em data e local previamente anunciados pelo perito, dos quais se dará ciência às partes e assistentes técnicos.

4. Prazo para manifestação do perito e assistentes

Outra consequência da limitação da ingerência das partes, no âmbito do dispositivo ora comentado, à simples escolha do perito, é a preservação das regras que norteiam o desenvolvimento da prova, dentre elas as que atribuem ao juiz, seu presidente, a tarefa de fixar o prazo para a entrega do laudo.

O curioso é que a redação do § 2º deste art. 471 gera a impressão de que o lapso para manifestação do perito e assistentes seja comum, na medida em cogita aparentemente de um único momento para o pronunciamento de todos os especialistas (diferentemente, o art. 465, *caput*, do CPC, menciona a fixação inicial de prazo apenas para o perito, ao passo que o prazo para os assistentes vem referido no art. 477, § 1º, do mesmo Código, que lhes permite o pronunciamento no mesmo prazo de 15 (quinze) dias concedido às partes para manifestação acerca do laudo).

A dissintonia deve ser entendida contudo como fruto de mera imprecisão redacional, já que não há motivo para tratamento diferenciado no tocante às outras hipóteses de perícia. Por um lado, como já visto no item 2, *retro*, a escolha consensual do perito não priva as partes da possibilidade de discordância no tocante às conclusões do laudo apresentado, com o oferecimento de impugnação a ele ou ainda de pedido de esclarecimentos, o que deverá ocorrer no prazo de previsto no art. 477, § 1º; da mesma forma, é perfeitamente possível que da parte dos assistentes técnicos sobrevenha parecer divergente no tocante ao laudo do perito (item 3, *retro*), o que, logicamente, pressupõe que os auxiliares das partes tenham prévio conhecimento do teor daquele trabalho.

Não faria sentido, com efeito, que os assistentes tivessem de se manifestar simultaneamente com o perito oficial, o que conferiria ao seu parecer caráter autônomo no tocante ao objeto da perícia, esvaziando a função crítica essencial à sua atividade.

Manifestando-se outrossim as partes e os assistentes, devem seguir os atos conforme a disciplina do mesmo art. 477, com a concessão de oportunidade para esclarecimentos por parte do perito (§ 2º) e, se o caso, sua convocação ou dos assistentes para depor em audiência (§ 3º).

5. Eficácia probante da "perícia consensual"

Outra clara imprecisão redacional se acha no § 3º do art. 471, ao dizer que a *"perícia consensual"* substitui, para todos os efeitos, a que seria realizada por perito nomeado pelo juiz.

Em primeiro lugar, consensual não é a perícia, como um todo, mas tão somente a escolha do perito, um dos aspectos da atividade probatória correspondente. Mesmo a necessidade de realização da perícia, como já visto, não deriva de consenso das partes, sendo fruto da valoração do juiz quanto à pertinência do meio de prova à luz da matéria fática discutida.

O problema não fica resolvido, por outro lado, nem mesmo se entendida a locução *perícia* em termos mais restritos, como referente ao *resultado* do labor pericial, que por evidente tampouco é consensual; o perito, ainda que escolhido de comum acordo pelas partes, deve agir de forma independente e apresentar suas conclusões em função da aplicação das regras técnicas pertinentes.

Na verdade, o objetivo da regra parece ser o de reforçar a eficácia probante do laudo apresentado pelo perito consensualmente escolhido, em termos equivalentes ao que teria laudo de perito do juiz, o que todavia representa o óbvio e não precisaria ser explicitado. Além do mais, nem mesmo seria o caso de falar em *substituição*, já que não se trata de uma perícia diferente da outra, tendo como diferencial apenas a iniciativa da indicação do experto.

> **Art. 472.** O juiz poderá dispensar prova pericial quando as partes, na inicial e na contestação, apresentarem, sobre as questões de fato, pareceres técnicos ou documentos elucidativos que considerar suficientes.

▶ *Referência: CPC/1973 – Art. 427*

1. Dispensa da prova pericial

Como observado nos comentários ao art. 464, o art. 472 do CPC serve de contraponto ao disposto no § 1º, II, daquele artigo. Enquanto no primeiro caso se cuida de hipóteses de *indeferimento* (por desnecessidade no caso concreto) de prova pericial pretendida por uma ou ambas as partes, aqui se tem situação de *dispensa* de prova pericial em tese pertinente, no interesse ou a requerimento das próprias partes.

Reitera-se aqui a advertência de que a dispensa de perícia não significa necessariamente a exclusão do aproveitamento de toda e qualquer prova de natureza técnica. Na verdade, está-se falando, quando o caso, da dispensa de produção de perícia *nos próprios autos*, ou de prova técnica específica para o processo em questão e presidida pelo juiz da causa, sem prejuízo entretanto da utilização de elementos probatórios de natureza técnica para a formação do convencimento judicial, tais como os pareceres a que se refere o enunciado deste art. 472, obtidos pelas partes em caráter privado, ou ainda a juntada como prova emprestada de laudo pericial produzido em outro processo (art. 372 do CPC, a cujos comentários remetemos), ou finalmente a utilização de perícia produzida antecipadamente perante outro juiz (arts. 381/382 do CPC).

É certo que no caso da prova emprestada ou da perícia produzida antecipadamente, têm-se mais do que meros *pareceres técnicos*, mas prova pericial oficial, ainda que produzida perante juízo distinto. De toda forma, cabe ao juízo do processo a avaliação quanto à pertinência do empréstimo, ou mesmo quanto ao aproveitamento da perícia antecipada (que não lhe é vinculativa), daí a abrangência também dessas situações pelo art. 472.

Fora daí, pode também ser dispensada a perícia pela apresentação de documentos tidos por suficientes pelo juiz; essa hipótese, como também mencionado nos comentários ao art. 464, pressupõe fatos passíveis de esclarecimento por outros meios que não a perícia, no tocante aos quais se mostre a prova técnica simplesmente útil, não imprescindível.

Fica claro, de toda forma, que mesmo a manifestação convergente de ambas as partes não vincula o juiz, que somente dispensará a perícia, como reza o texto legal, se considerar bastantes os elementos alternativos apresentados (ressalva-se negócio jurídico processual específico, nos moldes do art. 357, § 2º, do CPC, por meio do qual os litigantes acordem, expressamente, em torno da dispensa de perícia e da solução da controvérsia em matéria técnica nos termos aqui verificados; mesmo aí, entretanto, não é de se excluir possa o juiz, ante eventual insuficiência manifesta de prova técnica privada oferecida, bem como a presumível parcialidade dessa, encomendada e custeada que é diretamente pelas partes, acabar no extremo por entender inevitável a realização de perícia).

2. Apresentação de pareceres técnicos e contraditório

Desde que a prova com a qual se pretenda suprir a perícia seja de natureza documental, não se oferecem maiores dificuldades no tocante ao contraditório, que se produzirá segundo as regras aplicáveis à produção de prova documental.

Já se se pretender a apresentação de elementos probatórios de natureza técnica, a questão nem sempre será simples.

Em se tratando de perícia produzida antecipadamente, o problema da participação das partes na produção da prova estará em tese resolvido pela citação dos interessados, na forma do art. 382, § 1º, do CPC.

Mesmo no tocante ao empréstimo probatório, sua admissibilidade à luz do art. 372 estará condicionada dentre outras coisas à possibilidade de aproveitamento da prova externa sob o prisma do contraditório.

Diversa é a questão quando se tem em mente a utilização de prova técnica de cunho privado. O enunciado do art. 472 usa a aditiva "e" para mencionar a apresentação de pareceres por ambas as partes, na petição inicial e na contestação, remetendo assim em princípio a situação de opção comum pela dispensa de perícia, com o que estaria assegurado o equilíbrio entre os litigantes, não obstante a falta de participação de cada qual na produção da prova técnica alheia.

Além disso, pode-se pensar em bilateralidade no tocante ao próprio momento de produção da prova privada, realizada em termos comuns, muito embora apenas um dos litigantes tome a iniciativa da respectiva inserção nos autos (por exemplo, exame hematológico em laboratório privado escolhido de comum acordo, ao qual tenham comparecido ambas as partes).

Pode ocorrer entretanto de apenas uma das partes optar pela juntada de parecer técnico privado e pelo requerimento de dispensa da perícia, insistindo a outra parte em contrapartida na prova técnica específica (ainda que eventualmente também tenha apresentado parecer privado). Em casos tais, pela unilateralidade do interesse e pela excepcionalidade da dispensa, não há em princípio como prescindir da perícia oficial, meio natural de discussão das questões técnicas em juízo, pela maior segurança que proporciona e bem assim pela possibilidade que abre de participação dos litigantes, mediante a indicação de assistentes técnicos e o acompanhamento da produção da prova.

Há situações finalmente em que o problema do contraditório pode não se apresentar de forma direta, como em procedimentos com feição de jurisdição voluntária sem impugnação do Ministério Público ou interessados (p.ex., pedido de retificação de área, a teor do art. 213 da Lei nº 6.015/73); nem por isso fica entretanto excluído o juízo de oportunidade a que se aludiu no item anterior acerca da dispensa de perícia (mormente em face da relevância de determinadas matérias), que não se impõe automaticamente apenas em função da ausência de controvérsia.

Jurisprudência

"Na égide do CPC/1973, o magistrado não estava vinculado à produção de prova pericial para firmar o seu livre entendimento motivado que, indubitavelmente, poderia ser consubstanciado em outros elementos fáticos ou probatórios contidos na demanda sob a sua análise." (STJ, AgRg nos EDcl no REsp nº 1.140.124/RS, 4ª T., Rel. Min. Marco Buzzi, j. em 25/4/2017, DJe 3/5/2017).

"A propósito: "a ação de desapropriação dispensa a elaboração da prova pericial, quando houver acordo entre as partes, sendo certo que esta prescindibilidade deve ser analisada *cum granu salis*, porquanto a indenização deve buscar sempre o princípio constitucional da justa indenização (CF, art. 5º, XXIV)." (REsp 886.672/RO, Rel. Ministro Luiz Fux, Primeira Turma, DJ 22.11.2007)." (STJ, REsp nº 1.295.181/TO, 2ª T., Rel. Min. Herman Benjamin, j. 13/12/2016, DJe 19/12/2016).

"A jurisprudência desta Corte pacificou o entendimento de que o Tribunal de origem é soberano na análise das provas, podendo, portanto, concluir pela desnecessidade da produção de provas periciais e documentais. Isso porque, o art. 130 do Código de Processo Civil consagra o princípio do livre convencimento motivado, segundo o qual o Magistrado fica habilitado a valorar as provas apresentadas e sua suficiência ao deslinde da causa. A tutela judicial seria nenhuma se quem precisa de medicamentos dependesse de prova pericial para obtê-los do Estado, à vista da demora daí resultante; basta para a procedência do pedido a receita fornecida pelo médico (AgRg no AREsp 96.554/RS, Rel.

Min. ARI PARGENDLER, DJe 27.11.2013)." (STJ, AgRg no REsp nº 1.173.795/RS, Rel. Min. 1ª T., Napoleão Nunes Maia Filho, j. 13/5/2014, DJe 21/5/2014).

"A interdição civil com internação compulsória, tal como determinada pelas instâncias inferiores, encontra fundamento jurídico tanto na Lei n. 10.216/2001 quanto no artigo 1.777 do Código Civil. No caso, foi cumprido o requisito legal para a imposição da medida de internação compulsória, tendo em vista que a internação do paciente está lastreada em laudos médicos." (STJ, HC 169.172/SP, 4ª T., Rel. Min. Luis Felipe Salomão, j. 10/12/2013, DJe 5/2/2014).

"Em se tratando de desapropriação, a prova pericial para a fixação do justo preço somente é dispensável quando há expressa concordância do expropriado com o valor da oferta inicial" (AgRg no REsp 993.680/SE, DJe de 19/3/2009)." (STJ, AgRg no AREsp nº 203.423/SE, 2ª T., Rel. Min. Eliana Calmon, j. 19/9/2013, DJe 26/9/2013).

"Não há omissão no julgado que elege, dentre as provas admissíveis juridicamente, a prova documental como razão de decidir. Se a Corte de origem, fundada em documentos, conclui pela inexistência de extinção do crédito tributário, é vedado a esta Corte ilidir tal constatação, sob pena de malferimento à Súmula 7/STJ." (STJ, AgRg no REsp nº 1.356.963/RJ, 2ª T., Rel. Min. Humberto Martins, j. 2/5/2013, DJe 16/5/2013).

"O magistrado é o condutor da atividade probatória das partes, competindo-lhe zelar pela utilidade e necessidade da prova, inclusive para concluir pela suficiência de laudo pericial elaborado por entidade técnica idônea, dispensando a realização de perícia oficial." (STJ, REsp nº 1.178.414/MG, 2ª T., Rel. Min. Eliana Calmon, j. 26/8/2010, DJe 27/10/2010).

"A prova pericial só tende a ser imprescindível quando se trata de *falsum* material. A falsidade ideológica, em sede de simulação da regularidade fiscal, sonegação, lançamentos que não correspondem à real situação, de regra, dispensa a referida prova." (STJ, REsp nº 260.562/RS, 5ª T., Rel. Min. Felix Fischer, j. 13/9/2000, DJ 16/10/2000, p. 334).

"Como (a) a prova pericial grafotécnica é necessária para dirimir a questão relativa à alegada falsidade das assinaturas do contrato bancários objeto da ação, arguida tempestivamente, (b) é de se reconhecer que o julgamento antecipado

Art. 473

de lide, com julgamento de improcedência da ação, sem permitir à parte apelante a produção da prova pericial em questão implicou em cerceamento de defesa. Anulação da r. sentença recorrida, para que outra seja proferida após regular instrução do processo, com realização da prova de perícia grafotécnica requerida." (TJSP, Ap nº 1000361-58.2015.8.26.0233/Ibaté, 20ª Câmara de Direito Privado, Rel. Des. Rebello Pinho, j. 27/3/2017).

"Ação de interdição com pedido de curatela provisória. Desnecessária nomeação de curador especial, ante a previsão do art. 1.770 do CC/2002. Atribuição que é do Ministério Público, quando não é o requerente do pedido. Precedentes do STF e TJSP. Interdição decretada. Ausência de perícia médica. Nulidade da sentença. Avaliação a partir de declaração médica apresentada pela autora e de impressões durante o interrogatório. Indispensabilidade da perícia médica. Inteligência do artigo 1.183 do CPC/73. Sentença anulada." (TJSP, Ap nº 0007209-81.2012.8.26.0266/Itanhaém, 3ª Câmara de Direito Privado, Rel. Des. Alexandre Marcondes, j. 8/11/2016).

"Agravo de instrumento. Interdição. Curatela. Dispensa da realização de interrogatório dos interditandos e da produção de prova pericial médica, tendo em vista a apresentação de laudo psiquiátrico recente. Impossibilidade. Conjunto probatório que se mostra insuficiente para constatar desde logo a necessidade de interdição dos agravados." (TJSP, AI nº 2267908-37.2015.8.26.0000/Bragança Paulista, 4ª Câmara de Direito Privado, Rel. Des. Hamid Bdine, j. 15/9/2016).

"Desapropriação indireta. Procedimento sumário. Possibilidade. Cerceamento de defesa. Inexistência. Valor da indenização estimada por avaliações de corretores de imóveis que instruíram a petição inicial. Ausência de impugnação específica. Art. 302 do CPC. Aplicabilidade. Perícia. Dispensa. Possibilidade. Art. 427 do CPC." (TJSP, Ap nº 0003752-04.2010.8.26.0495/Registro, 10ª Câmara de Direito Público, Rel. Des. Paulo Galizia, j. 12/3/2012).

"Nunciação de obra nova. Perícia. Fotografias e outros documentos que comprovam a irregularidade da construção. Prescindibilidade da prova pericial. Convencimento do magistrado que ocorreu com as provas juntadas. Inteligência

do art. 427 do CPC." (TJSP, Ap nº 9054708-47.2000.8.26.0000/Capital, 8ª Câmara de Direito Privado, Rel. Des. Joaquim Garcia, j. 30/7/2008).

"Registro de Imóveis. Retificação das divisas e da área do imóvel. Ausência de impugnação pelo alienante, confrontantes e a Prefeitura. Apresentação com a petição inicial de memorial descritivo e planta elaborados por agrimensor. Inexistência no artigo 213 da lei de registros públicos de ordem explícita para que em todos os casos seja realizada a perícia. Desnecessidade dessa prova na espécie dos autos." (TJSP, AI nº 9046838-43.2003.8.26.0000/Vinhedo, 2ª Câmara de Direito Privado, Rel. Des. Morato de Andrade, j. (n/d), registro do acórdão 26/3/2004).

"Prova. Perícia. Desnecessidade. Petição inicial acompanhada de fotografias e pareceres técnicos. Elementos de prova não impugnados. Dispensa de produção de prova. Possibilidade. Inteligência do art. 427 do Código de Processo Civil. Partes que, indagadas, disseram não ter mais provas a produzir." (TJSP, Ap nº 9124590-96.2000.8.26.0000/Capital, 7ª Câmara de Direito Privado, Rel. Des. Marino Emilio Falcão Lopes, j. (n/d), registro do acórdão 30/9/2003).

Art. 473. O laudo pericial deverá conter:

I – a exposição do objeto da perícia;

II – a análise técnica ou científica realizada pelo perito;

III – a indicação do método utilizado, esclarecendo-o e demonstrando ser predominantemente aceito pelos especialistas da área do conhecimento da qual se originou;

IV – resposta conclusiva a todos os quesitos apresentados pelo juiz, pelas partes e pelo órgão do Ministério Público.

§ 1º No laudo, o perito deve apresentar sua fundamentação em linguagem simples e com coerência lógica, indicando como alcançou suas conclusões.

§ 2º É vedado ao perito ultrapassar os limites de sua designação, bem como emitir opiniões pessoais que excedam o exame técnico ou científico do objeto da perícia.

§ 3º Para o desempenho de sua função, o perito e os assistentes técnicos podem valer-se de todos os meios necessários, ouvindo testemunhas, obtendo informações, solicitando documentos que estejam em poder da parte, de terceiros ou em repartições públicas, bem

> como instruir o laudo com planilhas, mapas, plantas, desenhos, fotografias ou outros elementos necessários ao esclarecimento do objeto da perícia.

▶ *Referência: CPC/1973 – Art. 429*

1. Fundamentação do laudo pericial

A exemplo do que fez com as decisões judiciais (art. 489), o Código atual demonstrou grande preocupação também com a fundamentação do laudo pericial, estabelecendo um conteúdo mínimo a ser observado pelo perito, além de disciplinar o modo de ser do trabalho técnico.

Na verdade, em sua maior parte os itens expressamente exigidos pelo art. 473, conquanto não viessem antes explicitados pelo legislador, não constituem novidade no tocante à essência do trabalho técnico, integrando de resto, rotineiramente, os laudos apresentados em juízo, o que se pode dizer da exposição do objeto da perícia (inciso I), da análise técnica ou científica realizada (inciso II) e também da resposta conclusiva a todos os quesitos apresentados (inciso IV).

Igualmente, não se pode dizer tenha caráter diferenciado, ou sequer que justificasse ressalva expressa na lei, a referência à fundamentação do laudo em linguagem simples (leia-se, acessível aos leigos envolvidos no processo) e com coerência lógica, além da indicação do modo pelo qual obtidas as conclusões (§ 1º).

Segue na mesma linha a advertência quanto a ater-se o perito aos limites de sua designação, além de abster-se da emissão de opiniões desbordantes do objeto técnico ou científico da perícia (§ 2º). O perito atua em função do objeto da perícia, e somente nessa medida se legitima sua intervenção, podendo outrossim (e devendo) expor sua opinião pessoal em função do estritamente necessário para a solução das questões técnicas propostas, sem todavia fazer ilações acerca das consequências no plano jurídico da análise técnica empreendida sobre os fatos, ou ainda sobre questões técnicas estranhas ao alcance da prova.

Chama a atenção apenas, justificando ressalva, a referência do inciso III à indicação pelo perito do método utilizado, com demonstração de sua prevalência dentre os especialistas da área de conhecimento à qual relacionada a perícia.

Não que seja dispensável a indicação do método analítico empregado, a qual de resto já estará naturalmente abrangida pela exposição da análise técnica feita e pela explicação do modo como obtidas as conclusões. Ocorre que nem sempre se poderá esperar, ou haverá meios para tanto, que o perito *demonstre* a maior aceitação de um ou outro método em determinado ramo, sobretudo quando eventualmente existente divergência no meio científico; tampouco se pode adotar automaticamente, como critério científico objetivo determinante da escolha, o simples fato do maior prestígio de determinado método dentre os especialistas da área.

A perícia, por certo, não é campo para experimentos, e deve fornecer um mínimo de segurança quanto aos resultados oferecidos, mas o que se espera fundamentalmente do perito é que se valha de método cientificamente tido por válido e que, além do mais, justifique racionalmente, na medida do necessário, sua adequação ao tratamento do caso concreto.

2. Diligências instrutórias do perito e assistentes técnicos. Fundamentação do laudo

O § 3º do art. 473, que com pequeno acréscimo praticamente reproduz o texto do art. 429 do CPC/73, cuida na verdade de duas coisas distintas, por um lado das prerrogativas investigatórias do perito e assistentes técnicos e, por outro, da instrução do laudo pericial.

No tocante a esse último aspecto, prevê a anexação ao laudo de planilhas, mapas, plantas, desenhos, fotografias e outros elementos destinados a esclarecer o objeto da perícia, com o quê nada mais faz do que reiterar o dever de adequada fundamentação, objeto dos incisos II e IV do *caput*, bem como do § 1º do dispositivo legal ora comentado.

A perícia envolve a análise de matéria técnica normalmente desbordante do conhecimento dos sujeitos do processo, e além disso a apreciação de elementos analíticos muitas vezes não reproduzidos nos autos; dessa forma, é de se esperar que o laudo venha acompanhado do máximo suporte documental possível, destinado não apenas a facilitar a compreensão do raciocínio desenvolvido como também a permitir o próprio acesso do juiz, partes e assistentes técnicos aos referenciais utilizados no desenvolvimento do trabalho.

Esses elementos podem tanto ser os obtidos pelo perito por meio de consulta às fontes indicadas no § 3º como outros, elaborados ou obtidos diretamente em pesquisas de campo.

Quanto às diligências instrutórias, o Código segue permitindo que tanto o perito quanto os assistentes ouçam pessoas para a obtenção de informações de interesse à prova como também que solicitem documentos diversos, estejam em poder das partes ou de terceiros. Diferentemente do texto do art. 429 do CPC/73, o CPC fala na solicitação de documentos às partes, *terceiros* e repartições públicas, ao passo que o dispositivo revogado mencionava apenas partes e repartições públicas; entretanto, mesmo na vigência do texto anterior era de se entender que a singela referência a esses órgãos públicos comportasse interpretação extensiva, de modo a alcançar entidades privadas e mesmo pessoas físicas estranhas ao processo, o que agora restou definitivamente reconhecido.

No extremo, não se exclui nem mesmo a consulta pelo perito, à luz do presente § 3º, a outros técnicos, de áreas distintas, desde todavia que se trate de questões efetivamente pontuais e sem grande complexidade, desprovidas de magnitude tal que justifique uma nova perícia ou a ampliação do objeto da própria perícia em curso, nos termos do art. 475 do CPC.

Embora pareça a lei não exigir que as diligências sejam conjuntas, aparentando tolerar iniciativa probatória isolada seja por parte do perito seja dos assistentes técnicos, a possibilidade é de ser vista com ressalvas, no âmbito do CPC, sobretudo em se tratando da inquirição de testemunhas.

Do ponto de vista do perito, com efeito, há a exigência expressa de assegurar aos assistentes o acesso e acompanhamento das diligências e exames que realizar, nos termos do art. 466, § 2º; e quanto aos assistentes, a despeito da inexistência de regra de mesmo teor, já observamos nos comentários àquele dispositivo legal ser exigível por lealdade e transparência idêntico procedimento, mesmo porque pouca utilidade ou credibilidade teria a referência no respectivo parecer a informações verbais obtidas pessoalmente pelo próprio assistente junto a terceiros, longe das vistas do perito oficial e do assistente técnico da parte contrária.

Já em relação a documentos (ou informações de posse de entes públicos ou privados), o problema não se apresenta de forma tão intensa, bastando que um documento (ou dados informativos) obtido de forma isolada por algum dos sujeitos técnicos da prova seja franqueado aos demais, para o devido conhecimento e a fim de que possa, se o caso, ser referido em seus trabalhos.

A propósito da inquirição de pessoas, muito embora a lei se refira à oitiva de "testemunhas", não se trata tecnicamente disso. Valoriza-se a circunstância do testemunho dado por alguém, acerca de fato de seu conhecimento e tido por relevante, mas a prova testemunhal típica é necessariamente prestada perante o juiz. A testemunha do perito não é ouvida sob compromisso formal, nem tampouco está sujeita ao delito de falso testemunho, caso falte com a verdade, tampouco obedece o depoimento à forma judicial própria, em contraditório, não exigindo assim a presença dos advogados das partes e não comportando a realização de reperguntas (muito embora naturalmente não seja de se impedir que os assistentes técnicos, porventura também presentes ao ato, solicitem esclarecimentos adicionais).

Não tem outrossim o perito oficial, nem muito menos os assistentes técnicos, qualquer poder de império no tocante à obtenção desses elementos probatórios (e é sintomático nesse sentido o verbo utilizado pelo legislador, que fala na *solicitação* de documentos, ao invés da *requisição*). Deparando-se com eventual recusa no atendimento por parte de terceiros, públicos ou privados, não resta outra alternativa senão solicitar o concurso judicial, seja no sentido da eventual tomada de depoimento testemunhal, seja no da determinação de apresentação do documento desejado ou prestação das informações necessárias.

3. Dever de colaboração e recusa

O fundamento autorizador da solicitação desses elementos probatórios pelo perito e assistentes técnicos junto às partes e terceiros é o dever de colaboração para com o descobrimento da verdade, que, não bastasse a regra genérica do art. 6º do CPC, vem em matéria probatória mais especificamente previsto nos arts. 378 a 380 do Código vigente.

Havendo recusa de colaboração espontânea, viu-se no item anterior que o perito deve solicitar a atuação do juiz no sentido de impor determinada conduta à parte ou ao terceiro. Mas mesmo essa interferência pode ter determinados limites, que variam, inclusive no que diz respeito às consequências, conforme se esteja em face da parte ou de terceiro estanho ao litígio.

Relativamente à parte, por exemplo, a recusa à apresentação de documento comprovadamente em seu poder pode ser tida por legítima, à luz dos arts. 399 e 404 do CPC. Não sendo acolhida a escusa, todavia, a persistência da negativa pode implicar a adoção de medidas coercitivas ou sub-rogatórias, ou ainda, no extremo, influenciar na interpretação a ser dada ao fato para cuja prova o documento se fazia necessário (cf. art. 400).

Do ponto de vista do terceiro, por outro lado, para além da possibilidade de legitimação da recusa, a questão apresenta outro complicador. Conforme examinado nos comentários ao art. 401, havendo expressa negativa à apresentação de determinado documento (o que se aplica também à singela prestação de informação), fundada em razões vinculadas à ausência de dever de exibir (ou de fornecer determinados dados), nem sempre será dado ao juiz, tendo em vista a estranheza do interessado no tocante à relação processual considerada, impor desde logo ordem singela em contrário, a partir dos próprios autos, tendo-se por imprescindível em algumas situações que seja promovida em face do terceiro demanda incidental com tal objeto, por meio da qual lhe seja assegurada a garantia do devido processo legal. Acolhida a demanda em tal sentido e persistente a recusa, apenas então será lícito cogitar de medidas tendentes a assegurar o cumprimento da decisão (art. 403, parágrafo único).

Outra situação delicada diz respeito à submissão da parte ou de terceiro a inspeções pessoais, ou mesmo ao fornecimento de material corporal para efeito de exames laboratoriais.

Embora o art. 379 do CPC preveja dentre os deveres de colaboração da parte a permissão de inspeção judicial que se faça necessária, nem sempre se poderá impor em termos forçados medida dessa ordem, como abordado nos comentários tanto a esse dispositivo quanto ao art. 481 do mesmo Código (adiante).

Ainda mais clara é a hipótese de retirada de material pessoal, eventualmente com invasão da esfera física. Para esses casos, eventual recusa injustificada da parte em colaborar com a realização da prova poderá se resolver no âmbito da própria interpretação do conjunto probatório,

mediante a aplicação de regras como as dos arts. 231 e 232 do CC, não se cogitando de atos de coerção física (condução coercitiva).

A propósito do terceiro, por outro lado, nem mesmo cogita a lei, analogamente, do dever de sujeição a inspeções pessoais, que não pode ser imposto contra sua vontade. E, com maior razão, aplica-se o raciocínio ao fornecimento de material para exame, sem que se admita a imposição de medidas coercitivas de qualquer espécie, físicas ou não.

Jurisprudência

"Investigação de paternidade. Exame de DNA. Condução do réu 'debaixo de vara'. Discrepa, a não mais poder, de garantias constitucionais implícitas e explícitas – preservação da dignidade humana, da intimidade, da intangibilidade do corpo humano, do império da lei e da inexecução específica e direta de obrigação de fazer – provimento judicial que, em ação civil de investigação de paternidade, implique determinação no sentido de o réu ser conduzido a laboratório, 'debaixo de vara', para coleta de material indispensável à feitura do exame DNA. A recusa resolve-se no plano jurídico-instrumental, consideradas a dogmática, a doutrina e a jurisprudência no que voltadas ao deslinde das questões ligadas à prova dos fatos." (STF, Tribunal Pleno, HC no 71.373-RS, Rel. Min. Marco Aurélio, j. 10/11/94, *DJ* 18/11/94, p. 31.390).

"DNA: submissão compulsória ao fornecimento de sangue para a pesquisa do DNA: estado da questão no direito comparado: precedente do STF que libera do constrangimento o réu em ação de investigação de paternidade (HC 71.373) e o dissenso dos votos vencidos: deferimento, não obstante, do HC na espécie, em que se cuida de situação atípica na qual se pretende – de resto, apenas para obter prova de reforço – submeter ao exame o pai presumido, em processo que tem por objeto a pretensão de terceiro de ver-se declarado o pai biológico da criança nascida na constância do casamento do paciente: hipótese na qual, à luz do princípio da proporcionalidade ou da razoabilidade, se impõe evitar a afronta à dignidade pessoal que, nas circunstâncias, a sua participação na perícia substantivaria." (HC no 76.060, 1ª T., Rel. Min. Sepúlveda Pertence, j. 31/3/1998, *DJ* 15/5/1998, p. 00044).

"De acordo com a jurisprudência desta Corte, a recusa do investigado em submeter-se

Art. 474

ao exame de DNA, como na espécie ocorreu em manifestação na audiência de conciliação e instrução, constitui elemento probatório a ele desfavorável, pela presunção que gera de que o resultado, se realizado fosse o teste, seria positivo, corroborando os fatos narrados na inicial, já que temido pelo alegado pai. "Em ação investigatória, a recusa do suposto pai a submeter-se ao exame de DNA induz presunção juris tantum de paternidade" (Súmula n. 301-STJ)." (STJ, REsp nº 721.991/CE, 4ª T., Rel. Min. Aldir Passarinho Junior, j. 2/12/2008, DJe 2/2/2009).

"Para a realização da perícia, o perito e o assistente técnico podem socorrer-se de todos os meios de coleta de dados necessários, inclusive conhecimentos técnicos de outros profissionais, devidamente qualificados nos autos." (STJ, REsp nº 217.847/PR, 3ª T., Rel. Min. Castro Filho, j. 4/5/2004, DJ 17/05/2004, p. 212).

> **Art. 474.** As partes terão ciência da data e do local designados pelo juiz ou indicados pelo perito para ter início a produção da prova.

▶ *Referência: CPC/1973 – Art. 431-A*

1. Acompanhamento dos trabalhos pelas partes

Embora o CPC mantenha, no presente artigo, a mesma redação do art. 431-A do Código revogado, o dispositivo legal ganha nova dimensão ante os termos em que agora disciplinado o desenvolvimento dos trabalhos no âmbito da perícia.

Como mencionado nos comentários ao art. 466 do Código vigente, o CPC/73, em sua redação original, previa no art. 430 uma conferência entre perito e assistentes técnicos após a coleta de dados e previamente à conclusão dos trabalhos, inclusive com elaboração de laudo comum em caso de consenso, com assinatura por todos os técnicos, apresentando os assistentes laudo em separado, no mesmo prazo do perito, em caso de divergência (arts. 431 e 432, parágrafo único, do CPC/73). Não se exigia, em contrapartida, que as diligências de campo fossem conjuntas (pelo contrário, admitiam-se expressamente diligências individuais).

Com a Lei nº 8.455/92, vieram a ser revogados os arts. 430 e 431, além do parágrafo único do art. 432 do CPC/73, deixando-se de se falar

em conferência prévia entre os técnicos ou em apresentação de manifestação conjunta. Nada se disse, entretanto, quanto à forma de realização das diligências, seguindo portanto a *contrario sensu* a possibilidade de sua realização em termos individuais ou conjuntos, sem exigir-se do perito que facultasse o acompanhamento dos atos pelos assistentes das partes.

O art. 431-A veio a ser acrescido ao CPC/73 pela Lei nº 10.358/2001, e a partir daí definiu-se a necessidade de cientificação das partes quanto à data e local do início dos trabalhos; o dispositivo era todavia voltado sobretudo aos assistentes, que eram cientificados para todos os efeitos dos atos processuais por intermédio das próprias partes responsáveis pela indicação (inclusive no que diz respeito ao prazo para a apresentação de seus pareceres, uma vez juntado aos autos o laudo do perito oficial). Não que se excluísse a possibilidade de acompanhamento dos atos da perícia também pelas partes (ou somente por elas, não havendo assistente indicado nos autos), mas o interesse maior, do ponto de vista da utilidade para a prova técnica, parecia ser mesmo o dos assistentes, quanto a quem não se previa formalmente a necessidade de um canal de comunicação junto ao próprio perito.

O CPC, contudo, foi além no art. 466, § 2º, tratando agora expressamente da necessidade de o perito assegurar aos assistentes o acesso e acompanhamento de *todas* as diligências e exames que realizar (não apenas dos atos iniciais da perícia), mediante comunicação direta para com eles devidamente demonstrada nos autos.

E, paralelamente, manteve, nos moldes do atual art. 474, a necessidade de cientificação das partes ao menos quanto à data e local do início da perícia, em dispositivo agora voltado inequivocamente apenas a elas, partes, e à tutela de seus interesses no tocante ao acompanhamento do início do desenvolvimento da perícia.

Além da possibilidade de verificação presencial de determinados atos, a ciência das partes quanto à data de começo da produção da prova é também importante a elas (e ao juiz) para possibilitar o controle do cumprimento do prazo fixado para a apresentação do laudo (art. 465, *caput*, do CPC), cuja contagem se dá a partir de tal termo.

Note-se que se está falando de simples acompanhamento de atos diversos que não digam respeito diretamente à pessoa das partes;

mas, sendo esse o caso, como em perícia médica que envolva exame clínico pessoal ou coleta de amostras, com ainda maior razão se tem por necessária a cientificação da parte, que nessa hipótese, mais do que acompanhante será *partícipe* da prova pericial. E, ao contrário de outras situações, a intimação aqui não poderá ser feita na pessoa do advogado, necessitando ser pessoal, tendo em vista a natureza personalíssima do ato, como entende a jurisprudência pacífica do STJ.

2. Designação de data e local para o início da perícia

Menciona o art. 474 a indicação pelo próprio perito de data e local para o início das diligências, referindo-se por outro lado à alternativa da designação pelo juiz (que pode ocorrer no silêncio do perito ou quando o próprio magistrado se antecipar ao experto e desde logo estabelecer regras quanto a esse aspecto). Embora o Código mencione em primeiro lugar o ato do juiz, parece claro deva a ordem natural ser inversa, permitindo-se num primeiro momento a iniciativa do perito, seja pela maior facilidade de organização de sua agenda, seja porque, com maior razão, a ele caberá conforme o necessário indicar o local adequado.

A par dessas duas possibilidades deve ser lembrada também a hipótese de fixação da data e local pelas próprias partes, em ato de escolha consensual de perito (art. 471, § 1º, do CPC), ou mais amplamente quando da fixação de calendário processual, nos termos do art. 191 do mesmo Código.

Jurisprudência

"1. O ato processual ora analisado se trata de intimação para a prática de uma conduta pessoal da parte, qual seja, o comparecimento para a realização da perícia médica, portanto trata-se de ato personalíssimo. 1.1. Não pode a intimação ser feita ao representante processual, se o ato deve ser pessoalmente praticado pela própria parte, como é o caso dos autos. 2. Recaindo a perícia sobre a própria parte, é necessária a sua intimação pessoal, não por meio do seu advogado, uma vez que se trata de ato personalíssimo. Precedente." (STJ, REsp nº 1.364.911/GO, 4ª T., Rel. Min. Marco Buzzi, j. 1º/9/2016, *DJe* 6/9/2016).

1. Em regra, a intimação será encaminhada à pessoa a quem cabe desempenhar o ato comunicado. Tratando-se da prática de atos postulatórios, a intimação deve ser dirigida ao advogado; tratando-se da prática de ato personalíssimo da parte, ela deve ser intimada pessoalmente. 2. Deve-se distinguir a intimação meramente comunicativa, que cria ônus ou faz fluir prazos, da intimação que ordena condutas e gera deveres para o intimado, como é o caso daquela para a parte se submeter a perícia médica, cujo não comparecimento "supre a prova que se pretendia obter com o exame" (CC, art. 232). 3. Recaindo a perícia sobre a própria parte, é necessária a intimação pessoal, não por meio do seu advogado, uma vez que se trata de ato personalíssimo." (STJ, REsp nº 1.309.276/SP, 3ª T., Rel. Min. João Otávio de Noronha, j. 26/4/2016, *DJe* 29/4/2016).

"O descumprimento da determinação do art. 431-A, do CPC, de dar ciência às partes a respeito do local e data de realização da perícia não importa, necessariamente, na nulidade da perícia, porquanto deve ser observado o entendimento consolidado, nesta Corte, de que a declaração de nulidade dos atos processuais depende da demonstração da existência de prejuízo à parte interessada." (STJ, REsp nº 1.121.718/SP, 3ª T., Rel. Min. Nancy Andrighi, j. 5/8/2010, *DJe* 20/8/2010).

"1. A teor do disposto no art. 39, I, do CPC, "Compete ao advogado, ou à parte quando postular em causa própria declarar, na petição inicial ou na contestação, o endereço em que receberá intimação". 2. In casu, a intimação do segurado para o comparecimento à perícia médica só não se aperfeiçoou em virtude de endereço equivocado lançado na petição inicial, tendo sido observada, contudo, a natureza pessoal do ato." (STJ, AgRg no Ag nº 524.206/SP, 5ª T., Rel. Min. Arnaldo Esteves Lima, j. 24/4/2008, *DJe* 23/6/2008).

> **Art. 475.** Tratando-se de perícia complexa que abranja mais de uma área de conhecimento especializado, o juiz poderá nomear mais de um perito, e a parte, indicar mais de um assistente técnico.

▶ *Referência: CPC/1973 – Art. 431-B*

1. Pluralidade de perícias e perícia complexa

Há duas possibilidades em torno da existência de mais de uma questão suscetível de prova técnica.

Art. 476

Por um lado, pode-se pensar em temas que exijam a atuação de profissionais de diferentes áreas, sem que, entretanto, um trabalho interfira sobre o outro (é o caso, por exemplo, de uma perícia de engenharia acerca da qualidade e solidez de determinada obra de par com perícia contábil acerca do fluxo de caixa dessa mesma obra, ou de uma perícia médica para avaliação das sequelas físicas experimentadas por um trabalhador, paralelamente à análise, por perícia de engenharia do trabalho, das condições de segurança e funcionamento do parque industrial onde verificado o acidente).

Nessas hipóteses, resolve-se o problema, sem maiores dificuldades, pela determinação de duas ou mais perícias distintas, a transcorrerem simultânea ou sucessivamente conforme as circunstâncias, cada qual com observância, no âmbito próprio, das regras gerais atinentes a essa modalidade de prova (indicação autônoma de assistentes técnicos e de quesitos, prazos próprios de entrega etc.).

Não é, todavia, propriamente dessa situação de que cuida o art. 475, senão da pluralidade de temas interligados no âmbito de uma única perícia, exigindo solução coordenada (por exemplo, perícias de engenharia nas quais, quanto a determinados aspectos do trabalho, possa ser necessária a intervenção de topógrafos, agrimensores ou especialistas em questões ambientais, ou ainda questões relativas a direito autoral ou marcário, em que a atuação de especialistas da área precise se dar em conjunto com profissionais da área mercadológica, ou finalmente prova médica envolvendo mais de uma especialidade).

É nesse sentido, de multidisciplinariedade quanto a uma única perícia, que fala o dispositivo legal em *complexidade*.

2. Múltiplos peritos e assistentes

A necessidade de análise específica, sob o prisma técnico, de questões relativas a diversas áreas de conhecimento, a rigor não autoriza que um único perito, ainda que afinado com o tema predominante, se valha da prerrogativa do art. 473, § 3º, do CPC, consultando-se ele próprio com outros especialistas e fornecendo a partir disso solução a todos os temas; cuida o dispositivo referido tão somente da obtenção de elementos informativos (testemunhais ou documentais) que auxiliem na condução do trabalho, não da solução de problemas técnicos, na prática, por outros profissionais.

Normalmente se fará, então, necessária nesses casos a nomeação de mais de um especialista para atuar como perito do juízo, o que todavia não exclui a hipótese de que um único perito, possuindo formação técnica compatível, assuma a condução dos trabalhos quanto a todos os temas.

Sendo esse o caso, nem por isso ficarão as partes impedidas de, por sua vez, indicar mais de um assistente técnico, considerando os diversos níveis de especialidade exigidos.

> **Art. 476.** Se o perito, por motivo justificado, não puder apresentar o laudo dentro do prazo, o juiz poderá conceder-lhe, por uma vez, prorrogação pela metade do prazo originalmente fixado.

▶ *Referência: CPC/1973 – Art. 432*

1. Fixação do prazo pelo juiz

O juiz está obrigado por lei a definir um prazo para a apresentação do laudo, tão logo efetuada a nomeação do perito (art. 465, *caput*), o que acaba inclusive por interferir na projeção de data para a realização de eventual audiência de instrução e julgamento (a respeito, vejam-se os comentários ao art. 477).

Caso se omita a autoridade judicial, nem por isso deixa de ter importância a atividade fiscalizadora de que trata o presente art. 476, que nesse caso se dará em termos de controle para que a prova não consuma tempo além do razoável para as circunstâncias, levando à intimação do perito, de ofício ou por provocação das partes, para que proceda à imediata conclusão do laudo ou o faça em prazo nesse momento então fixado.

Naturalmente, a definição do prazo original já será feita levando em conta as dificuldades inerentes à perícia, estimando-se tempo compatível para com a abrangência do trabalho e a complexidade da matéria envolvida, conforme observado nos comentários ao art. 465.

Do perito, espera-se por seu turno a escrupulosa observância desse prazo, não apenas por ser seu dever, na qualidade de sujeito auxiliar do processo e subordinado às determinações do juiz que o preside (art. 157, *caput*), como também de forma a evitar injustificado retardamento da marcha processual, com prejuízo às partes e comprometimento do ideal de celeridade, além da possibilidade de frustração de atos específicos, como audiência que já se tenha programado, quando não do calendário eventualmente ajustado na forma do art. 191 do CPC.

2. Superação pelo perito do tempo previsto

Fatores diversos podem, entretanto, contribuir para o descumprimento do prazo, desde questões de ordem estritamente pessoal relativas ao perito até aspectos ligados ao próprio desenvolvimento do trabalho técnico, cabendo ao juiz nesse caso aquilatar até que ponto justificada a escusa apresentada pelo vistor (de quem naturalmente se espera que por lealdade, se já conhecidas ou previsíveis as dificuldades desde o início, as decline, seja para solicitar a fixação de prazo mais amplo seja para, desde logo, recusar o encargo) e, em caso positivo, conceder prazo adicional.

Dentre os problemas ligados ao objeto e andamento da perícia podem estar obstáculos criados pelas próprias partes ou pelos assistentes técnicos no curso dos trabalhos, dificuldades enfrentadas pelo perito na pesquisa de campo e bem assim para a inquirição de testemunhas ou a obtenção de documentos ou informações essenciais, junto às partes, terceiros ou repartições públicas (v. art. 473, § 3º), ou até mesmo a singela necessidade de maior tempo para a análise dos dados colhidos.

Não pode ser olvidada também a nada improvável hipótese de subdimensionamento pelo juiz do tempo necessário, mormente pelo fato de ser a definição do prazo, concomitante à nomeação do perito, feita antes da formulação pelas partes de seus quesitos (art. 465, *caput* e § 1º, III), sem que portanto tenha o magistrado, naquele momento, noção da quantidade de quesitos ou da profundidade e complexidade das questões que virão neles suscitadas.

Em qualquer desses casos, havendo justificativa plausível, o legislador adota o critério, de todo recomendável, de permitir ao juiz ampliar o prazo, em nome da segurança e qualidade da prova a ser produzida. E nessa mesma linha deve ser entendida a eventual necessidade de nova prorrogação: embora o CPC atual, repetindo o que dizia o art. 432 do CPC/73, fale em uma única prorrogação, seguimos considerando (como nos comentários ao dispositivo legal revogado)

que a disposição não é de caráter cogente, comportando ela própria flexibilização, desde que em presença de justificativa relevante. Pode ser, enfim, inevitável a concessão de novo adiamento, em persistindo as dificuldades após a primeira prorrogação (ou surgindo novas...), mormente quando se trate de aspectos essenciais à perícia e quando não seja o perito pessoalmente responsável pelo retardamento.

Chama a atenção, de outra parte, o maior rigor do CPC, que estabelece um limite temporal para a prorrogação (metade do prazo originalmente fixado), quando o CPC/73 deixava a amplitude da dilação ao *prudente arbítrio* do juiz. Vale aqui, entretanto, o que se disse no tocante à possibilidade de uma única prorrogação: de acordo com as circunstâncias, pode ser desde logo evidente que a prorrogação nesse limite se fará insuficiente, caso em que a insistência em observar a literalidade da lei na prática levará à necessidade de nova prorrogação, de todo modo com afronta aos objetivos proclamados pelo legislador.

Em termos práticos, outrossim, de nada adiantaria a adoção de rigor extremo nesse momento, desde que a perícia objetivamente não tenha mesmo condições de ser concluída, até porque as alternativas à flexibilização seriam a imposição de apresentação de um trabalho incompleto ou insatisfatório, quando não a destituição do perito e o reinício de toda a atividade, a dano da segurança jurídica ou da celeridade. Assim, não obstante o referencial objetivo instituído, que deve sem dúvida ser de ordinário observado, não parece seja uma barreira intransponível, com a ressalva de que eventual superação, de natureza excepcional, deverá ser devidamente fundamentada pelo juiz.

Por derradeiro, não sendo acolhidas as justificativas do perito para a prorrogação ou superado eventual prazo adicional concedido, a persistência da inércia em entregar o laudo sujeitará o experto à destituição e/ou imposição de multa, na forma do art. 468, II e § 1º.

Art. 477. O perito protocolará o laudo em juízo, no prazo fixado pelo juiz, pelo menos 20 (vinte) dias antes da audiência de instrução e julgamento.

§ 1º As partes serão intimadas para, querendo, manifestar-se sobre o laudo do perito do juízo no prazo comum de 15 (quinze) dias, podendo

Art. 477

o assistente técnico de cada uma das partes, em igual prazo, apresentar seu respectivo parecer.

§ 2º O perito do juízo tem o dever de, no prazo de 15 (quinze) dias, esclarecer ponto:

I – sobre o qual exista divergência ou dúvida de qualquer das partes, do juiz ou do órgão do Ministério Público;

II – divergente apresentado no parecer do assistente técnico da parte.

§ 3º Se ainda houver necessidade de esclarecimentos, a parte requererá ao juiz que mande intimar o perito ou o assistente técnico a comparecer à audiência de instrução e julgamento, formulando, desde logo, as perguntas, sob forma de quesitos.

§ 4º O perito ou o assistente técnico será intimado por meio eletrônico, com pelo menos 10 (dez) dias de antecedência da audiência.

▶ *Referência: CPC/1973 – Arts. 433 e 435*

1. Entrega do laudo e audiência

O CPC/2015 perdeu a oportunidade de corrigir clara imperfeição do CPC/73, mantendo essencialmente, no *caput* do art. 477, a redação do art. 433, *caput*, do Código revogado. Entretanto, tendo em vista peculiaridades do novo diploma em matéria de prazos, pode-se dizer que a inconsistência seja agora ainda mais facilmente perceptível.

Por primeiro, é de ser destacada a enganosa redação do texto legal, que ao mencionar entrega do laudo pelo perito no prazo fixado pelo juiz, até vinte dias antes da data prevista para a audiência de instrução e julgamento, cria a impressão de que ambos os referenciais devam ser atendidos pelo próprio perito; todavia, se a observância do prazo para a conclusão da perícia é algo que, em tese, depende de si, o mesmo não se pode dizer no tocante à manutenção do intervalo mínimo exigido no tocante à data da audiência, cuja designação fica a cargo do juiz. Basta, enfim, que essa designação recaia em intervalo inferior ao legal, no tocante ao término do prazo do perito, para que se crie situação de tensão incontornável, fadada ou ao descumprimento do intervalo mínimo ou então ao sacrifício de parte do prazo concedido ao experto.

Na verdade, a única solução possível é entender que a anterioridade de vinte dias seja algo exigido do próprio juiz, ao fixar o prazo para a entrega do laudo, supondo ainda que a própria audiência seja marcada no momento em que designada a perícia. Todavia, essa dinâmica, sobre não ser observada na prática, não se mostra de forma alguma realista.

O início formal da perícia, a partir de quando passa a ser contado o prazo do perito, não é algo imediatamente subsequente à determinação da prova técnica, nem algo que ofereça margem razoável de previsibilidade no plano temporal.

Já não o era na vigência do CPC/73, em que a rigor a única dilação formalmente prevista, após o despacho de designação da perícia, era um prazo de cinco dias (contado em dias corridos, segundo a sistemática anterior) para a apresentação de quesitos e indicação de assistentes técnicos – e, acrescente-se, para o recolhimento dos honorários presumivelmente arbitrados no próprio ato da nomeação do perito –, com possibilidade de toda forma de inúmeras intercorrências em torno desses atos.

No âmbito do CPC, por seu turno, a imprevisibilidade foi potencializada no art. 465. Por um lado, ampliou-se a quinze dias (contados em dias úteis, segundo a regra do art. 219, *caput*) o prazo para a apresentação de quesitos e indicação de assistentes técnicos, a que se podem seguir perfeitamente incidentes relacionados ao indeferimento de ofício de quesitos, ou à impugnação, pelas partes, ao quesitos da outra. A par disso, estabeleceu-se agora em termos formais etapa relativa ao arbitramento dos honorários periciais, composta por intimação do perito para a apresentação de proposta em cinco dias, seguida de idêntico prazo para manifestação das partes (o que eventualmente pode levar a nova oitiva do perito, conforme o teor de eventual impugnação), promovendo então o juiz o arbitramento e fixando para o recolhimento pela(s) parte(s) onerada(s).

A designação desde logo da audiência se mostra, nesse contexto de incerteza, desaconselhável, mesmo porque exigiria uma margem de segurança que acabaria por alongar indesejadamente a data projetada. O problema, é bem verdade, pode ser em tese superado desde que, em vez de designar a audiência concomitantemente com a perícia, deixe o juiz para fazê-lo apenas a partir do efetivo início da prova técnica, ainda que não se possa nesse caso excluir a superveniência de pedido de prorrogação de prazo para a entrega do laudo (art. 476), a comprometer o agendamento.

Ainda que superado esse primeiro obstáculo, entretanto, o art. 477 acaba por suscitar outro problema, ainda mais sério.

É que o próprio intervalo de vinte dias entre o laudo e a audiência, se tomado à risca, mostra-se irreal e impraticável, tendo em vista a sucessão de atos encaixados pelo legislador no interregno. Prevê-se prazo formal para manifestação das próprias partes sobre o laudo (além dos assistentes técnicos), da ordem de quinze dias, o que praticamente já exaure os vinte dias se considerado o tempo para a intimação da juntada do laudo. Além disso, havendo divergência, seja das partes, seja dos assistentes, pode ser necessária a manifestação do perito, para quê previstos mais quinze dias (veja-se o item 3, adiante). Finalmente, persistindo o interesse em esclarecimentos, prevê-se a possibilidade de intimação de peritos e assistentes a depor em audiência, em relação a quê exige a lei, a formulação pelas partes de perguntas sobre a forma de quesitos e a cientificação do perito e assistentes com pelo menos dez dias de antecedência relativamente à audiência (antes, cinco dias, conforme art. 435, parágrafo único, do CPC/73).

O problema, diga-se, já existia no Código anterior, em que a despeito da previsão literal de prazo apenas para os assistentes (dez dias), não se excluía a hipótese de impugnação direta das partes e, em um ou outro caso, o retorno dos autos ao perito para manifestação complementar.

Tudo leva, enfim, a que se deixe para designar a audiência apenas depois de superadas eventuais discussões em torno do laudo pericial, ressalvada a convocação para o ato do perito e assistentes, o que esvazia o confuso critério definido pelo legislador.

2. Manifestação das partes e assistentes

Muito embora o sistema do CPC/73 não excluísse a possibilidade de manifestação imediata das partes acerca do laudo, previa-se ali, em termos literais, tão somente a apresentação pelos assistentes técnicos de seus pareceres, intimados para tanto por meio das partes (art. 433, parágrafo único).

O CPC/2015, em tal sentido, inova, concedendo oportunidade para manifestação tanto das partes quanto dos assistentes técnicos, todos no prazo comum de quinze dias a contar da ciência da juntada do laudo oficial; no tocante aos assistentes, ainda que não venha explicitada como antes a intimação por intermédio das partes, segue sendo esse o critério, já que não se cogita da intimação direta deles, assistentes.

Não se trata da única oportunidade para análise pelas partes do laudo pericial, já que a rigor poderão ainda fazê-lo, em termos de valoração da prova, ao ensejo das alegações finais. Mas, para efeito de impugnação do laudo ou pedido de esclarecimentos, o prazo é preclusivo, como também o é para os assistentes técnicos, no tocante ao oferecimento dos respectivos pareceres.

3. Esclarecimentos do perito

Outra inovação – ao menos em termos expressos – do novo diploma processual diz respeito ao dever, imposto ao perito oficial, de no prazo de quinze dias esclarecer ponto objeto de divergência das partes ou dos assistentes técnicos, ou ainda dúvida suscitada pelas mesmas partes, pelo juiz ou pelo Ministério Público. Na verdade, a prática de se ouvir o perito a propósito de questionamentos feitos ao seu trabalho já era largamente utilizada no sistema anterior, podendo-se dizer implícita no ordenamento.

De toda forma, o *dever* de que agora cuida explicitamente o texto legal por certo não deriva automaticamente da simples apresentação de manifestação divergente, passando por juízo de oportunidade do órgão judicial em torno da necessidade de oitiva do perito.

É natural que, em nome do rigor técnico e do contraditório pleno, seja o perito chamado a suprir deficiências em seu trabalho, justificar determinadas condutas ou melhor esclarecer aspectos relativos à análise feita; não se pode entretanto banalizar essa hipótese a ponto de criar uma etapa necessária da perícia marcada por um debate entre perito e partes ou assistentes, muitas vezes sem qualquer utilidade prática e por outro lado com inequívocos reflexos nocivos no tocante à celeridade processual.

A mera discordância, em suma, no tocante às conclusões do perito, é algo praticamente inevitável ao menos em relação a uma das partes, não se mostrando motivo bastante a determinar a prestação de esclarecimentos, muito menos a partir da mera refutação genérica do resultado da perícia. Necessário, enfim, que se cogite de omissão ou obscuridade no tocante ao laudo, ou ainda que venha ele questionado em sua coerência interna, quando não do ponto de vista da metodologia ou da aplicação de regras técnicas.

Desnecessário considerar, por fim, que o pedido de esclarecimentos deve abranger matéria concretamente apreciada no laudo ou que deveria tê-lo sido, não se justificando à guisa de esclarecimentos pretender inovar na perícia, ou inserir por via indireta quesitos suplementares tardios.

4. Esclarecimentos em audiência

Admitidos que sejam entretanto os esclarecimentos por escrito e nem assim se dando a parte por satisfeita, pode-se chegar ao derradeiro degrau da intimação do perito para comparecimento em audiência, a fim de prestar pessoalmente as explicações necessárias.

Mas, se no tocante ao primeiro pedido de esclarecimentos o destinatário é sempre o perito, em relação à presença em audiência podem vir a ser convocados também, ou até mesmo isoladamente, um ou ambos os assistentes técnicos.

É significativa, em tal sentido, a modificação da redação do § 3º do art. 477 do CPC no tocante ao art. 435 do CPC/73, no qual se falava, de forma aditiva, em esclarecimentos do perito *e* do assistente; o texto atual fala, diversamente, em termos alternativos (perito *ou* assistente). Pode-se enfim, e conquanto se trate de hipótese mais improvável, pretender ouvir apenas o assistente, para que melhor esclareça ponto objeto de divergência para com o laudo oficial.

A convocação para explicações orais, todavia, é de ser tratada como algo excepcional. Não bastassem as restrições já examinadas quanto aos esclarecimentos por escrito (veja-se o item antecedente), é preciso em adendo que a dúvida persista em termos tais que justifique a tomada de esclarecimentos pessoais, a tanto não bastando por certo a mera circunstância de seguirem divergindo o perito e um ou mais dos assistentes técnicos.

Descabe ainda pretender genericamente que seja examinado, em termos verbais, a totalidade do objeto da perícia, ou provocar o perito em torno de aspectos inovadores quanto à prova técnica. Também não cabe transportar para o palco da audiência verdadeiro debate entre perito e assistentes, pretendendo venham a discutir em público acerca dos pontos conflitantes.

Deferida que seja tal modalidade de esclarecimentos, aliás, os depoimentos devem em condições normais ser tomados separadamente, primeiro o perito e depois os assistentes, dentre esses o do autor anteriormente ao do réu. Apenas depois disso é que serão produzidas as demais provas orais (depoimentos pessoais e testemunhais), nos termos do art. 361 do CPC.

Mostra-se por sinal desarrazoada a ressalva do art. 361, I, quanto a serem ouvidos o perito e assistentes convocados na forma do art. 477, *caso não tenham respondido anteriormente aos quesitos por escrito*; ora, a manifestação escrita se fará possível, por parte do perito, no tocante a eventual impugnação feita nos termos do § 1º desse último dispositivo legal. Para que se chegue ao ponto de determinar o juiz esclarecimentos em audiência é porque as explicações escritas não terão sido satisfatórias, e nesse sentido não se justifica que o perito ou assistentes, intimados quanto aos temas por abordar em audiência, se antecipem e novamente se manifestem por escrito.

4.1. Quesitos e intimação

Tendo em conta a natureza especializada da matéria e a circunstância de que o perito ou o assistente técnico não estarão simplesmente relatando fatos (como uma testemunha), mas esclarecendo questões objeto de trabalhos técnicos (mais que isso, questões controvertidas, em relação às quais não tenham as partes tido por satisfatórias as manifestações anteriormente apresentadas por escrito), por vezes necessitando de preparo adequado – inclusive em torno da compilação de dados e material elucidativo –, tem o legislador por razoável evitar que sejam surpreendidos na audiência por questionamentos inesperados, em prejuízo inclusive da utilidade do ato.

Nesse sentido, determina sejam previamente apresentadas, por escrito (pelas partes e até mesmo pelo juiz), as perguntas a serem respondidas, sob a forma de quesitos.

Não se trata entretanto do único propósito da exigência, que também se presta ao controle prévio pelo juiz da pertinência dos esclarecimentos pretendidos pelas partes, evitando que se convoquem desnecessariamente os técnicos para falar sobre aspectos já devidamente elucidados ou motivadores de indevido alargamento do objeto da perícia. Além do mais, não se justifica a convocação, a pedido da parte, se nada a respeito tiver objetado ela quando da entrega do laudo, devendo-se tomar o prévio requerimento de esclarecimentos ou a apresentação de divergência, na forma do § 1º, como condicionantes do interesse para o pedido de comparecimento em audiência, previsto no § 3º do art. 477.

Quanto à antecedência necessária para a intimação, alargou o CPC para dez dias úteis o prazo que no Código anterior era de cinco dias. A contagem será feita de forma retroativa, a partir do primeiro dia útil anterior à audiência; considerando outrossim o critério de contagem previsto no art. 224, *caput*, do CPC, que determina a inclusão no prazo do dia do vencimento, satisfaz-se a exigência legal desde que a intimação do perito e assistentes ocorra pelo menos no décimo dia útil anterior ao ato (e não no dia antecedente a esse, mesmo porque a lei não exige que entre dita intimação e a audiência haja um *intervalo* mínimo de dez dias, apenas que a ciência ocorra dez dias antes).

Não representando o prazo por seu turno um fim em si mesmo, senão mera garantia aos experts no sentido da adequada preparação dos esclarecimentos, não se justifica deixem de comparecer ou responder desde que tenham condições para tanto, mesmo em caso de falta de observância do lapso mínimo.

A propósito da forma da intimação, que no sistema anterior deveria se dar pelo correio ou por oficial de justiça, o CPC permite seja observado o meio eletrônico, valendo-se dos contatos fornecidos pelo perito e assistentes técnicos para o fim do art. 465, § 2º, III.

Jurisprudência

"O prazo para falar sobre o laudo pericial não é peremptório, mas dilatório, podendo, em face das circunstâncias de fato descritas no acórdão recorrido, ser ampliado, em atenção a requerimento da parte formulado no curso do prazo." (STJ, AgRg no AREsp nº 326.689/MG, 4ª T., Rel. Min. Maria Isabel Gallotti, j. 6/4/2017, *DJe* 19/4/2017).

"Devidamente fundamentado o julgado estadual quanto ao acolhimento da perícia apresentada pelo perito do Juízo, ao qual foram formulados quesitos suplementares, prontamente respondidos, não é imperativa a realização de audiência de instrução para confrontar os resultados divergentes constantes dos laudos dos assistentes técnicos, podendo o julgador decidir de pronto a liquidação se entender que os elementos disponíveis são suficientes para formar o seu convencimento." (STJ, AgRg no REsp nº 1.449.212/RN, 4ª T., Rel. Min. Maria Isabel Gallotti, j. 9/12/2014, *DJe* 15/12/2014).

"Não viola o direito da parte a decisão do juízo de primeiro grau de indeferir pedido de esclarecimento de laudo pericial em audiência, na hipótese em que seu livre convencimento já esteja consolidado pelas provas até então produzidas. Não viola o princípio da comunhão das provas a decisão do juízo que, após deferir a oitiva de testemunhas no processo, não realiza a audiência para esse fim por ter atingido seu convencimento acerca do direito mediante a análise do laudo pericial." (STJ, REsp nº 1.318.243/GO, 3ª T., Rel. Min. Nancy Andrighi, j. 28/8/2012, *DJe* 18/10/2012).

"Pendente pedido de esclarecimento da prova pericial, não pode a lide ser julgada com fundamento exclusivo na perícia inconclusa em prejuízo de quem postula aclará-la, sem que tal pedido tenha sido apreciado." (STJ, REsp 737.758/SP, 4ª T., Rel. Min. Cesar Asfor Rocha, j. 13/2/2007, *DJ* 14/5/2007, p. 313).

"Na redação do art. 433 do CPC, antes da Lei nº 10.358/01, a intimação era dispensável.

Todavia, quando não fixado o termo final para apresentação do laudo pericial, torna-se necessária a intimação para evitar que as partes sejam surpreendidas, iniciando-se daí a contagem do prazo para ser apresentada a impugnação." (STJ, REsp nº 686.795/MG, Rel. 2ª T., Min. Castro Meira, j. 4/5/2006, *DJ* 17/5/2006, p. 117).

"Se o laudo pericial influenciou o julgamento da causa, sua juntada aos autos sem o conhecimento da parte que sucumbiu implica a nulidade do processo – nada importando que o respectivo assistente técnico dele tivesse ciência, porque só o advogado representa o litigante em Juízo." (STJ, REsp no 275.686/PR, 3ª T., Rel. Min. Ari Pargendler, j. 23/10/2001, *DJ* 4/12/2000, p. 65).

"Da interpretação do art. 433, § único, do Código de Processo Civil evidencia-se a desnecessidade de intimação do assistente técnico, regulando-se o termo inicial do decêndio legal pela efetiva intimação da parte, a qual manejará as providências necessárias para a tempestiva juntada aos autos do parecer do expert, ocorri-

Art. 478

da na espécie." (STJ, REsp no 250.748/RJ, 6ª T., Rel. Min. Fernando Gonçalves, j. 13/3/2001, *DJ* 23/4/2001, p. 191).

"O princípio do contraditório, garantia constitucional, serve como pilar no processo civil contemporâneo, permitindo às partes a participação na realização do provimento. Apresentado o laudo pericial, é defeso ao juiz proferir desde logo a sentença, devendo abrir vista às partes para que se manifestem sobre o mesmo, pena de violação ao princípio do contraditório." (STJ, REsp no 92.313/SP, 4ª T., Rel. Min. Sálvio de Figueiredo Teixeira, j. 14/4/98, *DJ* 8/6/98, p. 113).

"Cerceamento de defesa. Ocorrência. Feito sentenciado sem que os autos tornassem ao perito para esclarecimentos, não obstante a impugnação ao laudo feita pela ré (além da elaboração de quesitos suplementares). Ofensa ao art. 477, § 3º, do Novo CPC. Prova pericial que deve ser ampla. Precedentes. Sentença anulada." (TJSP, Ap. nº 1033778-74.2014.8.26.0576/São José do Rio Preto, 8ª Câmara de Direito Privado. Rel. Des. Salles Rossi, j. 4/10/2016).

> **Art. 478.** Quando o exame tiver por objeto a autenticidade ou a falsidade de documento ou for de natureza médico-legal, o perito será escolhido, de preferência, entre os técnicos dos estabelecimentos oficiais especializados, a cujos diretores o juiz autorizará a remessa dos autos, bem como do material sujeito a exame.
>
> **§ 1º** Nas hipóteses de gratuidade de justiça, os órgãos e as repartições oficiais deverão cumprir a determinação judicial com preferência, no prazo estabelecido.
>
> **§ 2º** A prorrogação do prazo referido no § 1º pode ser requerida motivadamente.
>
> **§ 3º** Quando o exame tiver por objeto a autenticidade da letra e da firma, o perito poderá requisitar, para efeito de comparação, documentos existentes em repartições públicas e, na falta destes, poderá requerer ao juiz que a pessoa a quem se atribuir a autoria do documento lance em folha de papel, por cópia ou sob ditado, dizeres diferentes, para fins de comparação.

▶ *Referência: CPC/1973 – Art. 434*

1. Perícia por técnico de estabelecimento e nomeação do próprio estabelecimento

Embora o perito seja auxiliar de confiança do juiz e o art. 145, § 1º, do CPC/73, parecesse sugerir

que a nomeação já devesse recair sobre pessoa determinada, dele presumidamente conhecida ("*Os peritos serão escolhidos entre profissionais de nível universitário...*"), o art. 434 do Código revogado desfazia a impressão, autorizando, no *caput*, a nomeação em termos impessoais de estabelecimentos oficiais especializados e admitindo tacitamente a determinação interna do profissional encarregado do trabalho, por parte dos respectivos dirigentes ou segundo critérios próprios de distribuição.

Nesse sentido, ainda que se mencionasse a "*escolha entre os técnicos*" do órgão – e o art. 478, *caput*, do CPC, mantém nesse aspecto a redação – não se tratava nesses casos de escolha pelo juiz *do próprio perito*, mas tão somente do órgão ou estabelecimento oficial encarregado da perícia, o que a prática acabou por consagrar, com aval da jurisprudência (embora, convém dizer, não se exclua a hipótese alternativa, de que o juiz solicite a algum órgão o envio de lista com sugestão de profissionais habilitados e em função dela proceda à nomeação específica de um deles).

A relação de confiança nesse caso se dá no tocante ao estabelecimento como um todo, com presunção de idoneidade moral e preparo técnico quanto à generalidade dos profissionais integrantes de seus quadros, tudo sem prejuízo, por óbvio, da adoção de providências porventura necessárias (inclusive determinação judicial de substituição) em caso de irregularidades ou insuficiência do trabalho, e sem olvidar que em última análise o trabalho final apresentado será, para todos os efeitos (inclusive penais), obra pessoal do profissional ou profissionais que o subscreverem.

Aliás, essa circunstância traz interessantes implicações no tocante à arguição de impedimento ou suspeição, como abordado nos comentários ao art. 467.

O CPC não apenas deixou agora expressa, no capítulo relativo aos *auxiliares da justiça*, a possibilidade de nomeação de perito em tais moldes como, indo além, passou a admitir o cadastramento direto perante o próprio tribunal ou juízo, juntamente com profissionais pessoas físicas, de órgãos "técnicos ou científicos", nos termos do art. 156, § 1º (cadastramento que entendemos não chegue a ser necessário quanto a estabelecimentos oficiais como os ora considerados).

2. Necessidade de nomeação dos estabelecimentos oficiais disponíveis?

Diversos são os motivos que levam o legislador a direcionar perícias sobre as matérias mencionadas aos estabelecimentos oficiais referidos, dentre eles as peculiaridades dos temas envolvidos, o elevado grau de especialização dos profissionais ali atuantes, a função pública por eles exercida, a própria habitualidade (em regra) dos órgãos no trato de perícias judiciais e organização interna a tanto disciplinada, o barateamento dos custos do processo (quanto às partes que podem pagar e em relação a órgãos que nesses casos chegam a atuar de forma remunerada, a custos entretanto sensivelmente mais reduzidos que os de perícias privadas) e por fim a superação de dificuldades inerentes à assistência judiciária, tendo em vista a disponibilidade naturalmente apresentada por tais órgãos à realização de trabalhos gratuitos.

A soma desses fatores aponta, no conjunto, à perspectiva de obtenção de ganhos em termos de segurança técnica, isenção, celeridade e economia, além de se apresentar muitas vezes, no que diz respeito à assistência judiciária, como a única alternativa viável.

Disso não decorre entretanto a imperiosidade de que se recorra sempre a tais órgãos, daí a clara alusão da lei ao caráter meramente *preferencial* da opção. Por um lado, a própria realidade acaba por se encarregar de suprimir algumas dessas vantagens, sobretudo no que diz respeito à celeridade, sendo notórias as dificuldades de muitos desses estabelecimentos em atender à demanda existente e vendo-se eles às voltas com um grau de sobrecarga que prolonga em demasia o tempo de realização dos trabalhos, além, por que não dizer, de eventualmente comprometer a própria qualidade desses, sacrificando por vezes o aprofundamento desejável.

Por outro lado, abstraído o dado temporal, não se pode excluir que o juiz, conhecendo profissional de sua confiança tecnicamente habilitado ao trabalho e disposto à sua realização (inclusive gratuitamente, nos casos de assistência judiciária), venha a deliberar por sua nomeação. Não tão simples será a situação se a própria parte requerente da perícia – beneficiária ou não da assistência judiciária – insistir na atribuição ao estabelecimento oficial, invocando a preferência legal, hipótese em que, ainda uma vez, não se exclui no extremo que o juiz nomeie perito privado, desde que entretanto fundamente adequadamente a opção.

Destaque-se que o fato de gozar a parte em tese encarregada de custear a perícia de assistência judiciária não autoriza por si só a inversão do encargo, com atribuição do ônus à parte contrária (nem muito menos a inversão do próprio ônus da prova, que não se confunde com o de custeio daquela – vejam-se a respeito os comentários ao art. 373), sendo essa hipótese típica de atribuição do trabalho aos estabelecimentos oficiais especializados (eventualmente com utilização de recursos orçamentários alocados para tal fim), como inclusive entende a jurisprudência do STJ desde o CPC/73. O CPC/2015 reforça essa perspectiva, como se extrai da disciplina de seu art. 95, § 3º.

A alusão da lei a perícias grafotécnicas ou médico-legais é, outrossim, meramente exemplificativa, nada impedindo que, sob o mesmo norte, se opte pela atribuição a tais órgãos de provas técnicas relativas a outras áreas.

3. Prazo para a realização da perícia e preferência em caso de gratuidade

O § 1º do art. 478 do CPC é disposição a um tempo inovadora e questionável. Prevê-se, sem correspondência no Código revogado, que em casos de gratuidade os órgãos e repartições oficiais deverão atender à determinação judicial com prioridade e no prazo estabelecido (vem a regra completada pela previsão, no § 2º, da possibilidade de pedido justificado de prorrogação do prazo).

Pois bem, no tocante à necessidade de ser o laudo executado no tempo definido pelo juiz, recai o legislador no óbvio, além de ser redundante, pois as disposições a respeito de prazo dos arts. 476 e 477 se aplicam à generalidade das perícias. Além do mais, na forma como redigido o § 1º, poder-se-ia chegar à absurda interpretação de que a obrigatoriedade de concluir a perícia no prazo somente se aplicaria aos casos de gratuidade de justiça.

É preciso por outro lado entender em que sentido está posta a preferência referida no texto legal. A preferência seria em relação a outras atribuições ordinárias do órgão ou repartição pública (não tendo ele atividade exclusivamente ligada à realização de perícias), ou, diversamente, diria respeito ao confronto com outras requisições de perícias tendo por base partes não beneficiárias da gratuidade processual?

A resposta parece ser no segundo sentido, vale dizer, preferência em termos subjetivos, ditada por especial condição das partes. Não se justificaria, no primeiro caso, impor o aten-

Art. 478

dimento prioritário a uma requisição judicial, salvo caso de específica urgência, em detrimento das funções administrativas regulares do órgão e portanto, da prestação do serviço público a ela regularmente atribuído.

A opção legislativa, de todo modo, merece críticas. É bem verdade que tende a cair no vazio, pois a experiência mostra que a grande maioria das perícias confiadas a esses órgãos são motivadas, mais que pelo tema, pela circunstância da assistência judiciária. Como quer que seja, não se justifica o tratamento diferenciado conforme o processo envolva ou não parte beneficiária da isenção, se não por quebra da igualdade entre as partes do próprio processo, ao menos, em sentido mais amplo, por falta de tratamento paritário à massa de jurisdicionados, sendo certo que a hipossuficiência econômica de uma ou das duas partes, isoladamente considerada, não é motivo razoável para a concessão de tramitação processual diferenciada, nem é esse o critério do próprio CPC (a *contrario sensu* do disposto em seu art. 12).

4. Fornecimento de padrões analíticos

Os exames grafotécnicos realizados para apurar a autenticidade de escritos em geral ou de assinaturas atribuídas a determinadas pessoas tomam por referência inevitavelmente outros escritos do indigitado autor, para a devida confrontação.

Em princípio, deve ser dada prioridade a padrões gráficos anteriores à perícia, produzidos de forma espontânea e sem qualquer preocupação em servir de prova para essa investigação, em particular; e, para tanto, autoriza a lei, em desdobramento da regra do art. 473, § 3º, que o perito se dirija a repartições públicas para o fim de requisitar documentos ali existentes.

De especial utilidade, nesse sentido, serão os cartões de autógrafos mantidos em cartórios de notas, podendo entretanto o experto se valer de qualquer tipo de documento com caracteres lançados pela pessoa, ressaltando-se ainda que a pesquisa não fica restrita a repartições públicas; injustificada, com efeito, a redação restritiva do art. 478, § 3º, que mantém o equívoco existente no art. 434, parágrafo único, do CPC/73, sem que se vislumbre motivo para a diferenciação quanto aos poderes previstos no § 3º do art. 473 do CPC, aplicáveis às perícias em geral (e não serve a cogitação de eventual sigilo, ou de impedimento por qualquer razão ao fornecimento por parte do terceiro, já que sendo o caso essas mesmas restrições incidem também quanto ao art. 473, § 3º).

Havendo necessidade, poderão ser requisitados pelo juiz, a pedido do perito, documentos a quaisquer tipos de órgãos, como por exemplo bancos, ou utilizados documentos particulares outros, como correspondências.

Não existindo a possibilidade de obtenção de documentos anteriores – ou mesmo conjuntamente com esses, para maior segurança da perícia –, pode o experto requerer que o juiz intime o suposto autor dos escritos a lançar novos caracteres em cartório, sob direção do próprio perito, que fiscalizará a colheita do material, de modo a assegurar-se de aspectos como a espontaneidade e o ritmo da escrita.

A determinação de produção desse material gráfico pode ser dirigida tanto a uma das partes quanto a terceiros relativamente ao processo, e se fundamenta, além do dever geral de cooperação previsto no art. 6º do CPC, mais especificamente em matéria probatória nas regras dos arts. 378 a 380 desse Código, podendo a omissão ensejar, quanto à parte, fator indiciário relevante a ser considerado na análise do alegado pela parte contrária em torno da falsidade ou autenticidade do documento.

Jurisprudência

"No cotejo das regras do art. 33 do CPC, dos arts. 11 e 12 da Lei 1.060/1950 e da garantia de acesso ao Judiciário, a jurisprudência identificou solução parcimoniosa: é mister questionar inicialmente o perito sobre o recebimento dos honorários ao final do processo. Caso não concorde, que se promova sua substituição, com designação de técnico de estabelecimento oficial especializado ou repartição administrativa do ente público responsável pelo custeio da prova pericial, devendo a perícia se realizar com a colaboração do Poder Judiciário. Precedentes do STJ." (STJ, REsp nº 1.593.869/MG, 2ª T., Rel. Min. Herman Benjamin, j. 17/5/2016, *DJe* 1º/6/2016).

"1. A controvérsia posta em debate diz respeito ao ônus pela antecipação dos honorários do perito em ação em que o autor da demanda, postulante da perícia, é beneficiário da justiça gratuita. 2. O fato de o beneficiário da justiça gratuita não ostentar, momentaneamente, capacidade econômica de arcar com o adiantamento das despesas da perícia por ele requerida, não autoriza, por si só, a inversão do ônus de seu pagamento. 3. Tendo em vista que o perito nomeado não é obrigado a realizar o seu trabalho gratuitamente, incumbe ao magistrado requisitar ao Estado, a quem foi conferido o dever constitucional de prestar assistência judiciária aos hipossuficientes, o ônus de promover a realização da prova técnica, por meio de profissional de estabelecimento oficial especializado ou de repartição administrativa do ente público responsável pelo custeio da produção da prova, o que deve ocorrer em colaboração com o Poder Judiciário. 4. Recurso especial provido." (STJ, REsp nº 1.245.684/MG, 1ª T., Rel. Min. Benedito Gonçalves, j. 13/9/2011, *DJe* 16/9/2011).

"I. A isenção prevista na Lei n. 1.060/50 não obriga o Estado a reembolsar as despesas necessárias à realização da prova pericial requerida pela parte assistida pela Justiça gratuita. II. Caso, todavia, em que dado à ausência de complexidade ou onerosidade da perícia, que não demanda, na espécie, gastos significativos com recursos humanos, materiais ou exames laboratoriais, pode o trabalho ser exercido diretamente por repartição administrativa do próprio ente público, quando necessária mera disponibilização de infraestrutura já existente, em colaboração com o Poder Judiciário." (STJ, REsp nº 81.901/SP, 4ª T., Rel. Min. Aldir Passarinho Junior, j. 7/8/2001, *DJ* 4/2/2002, p. 363).

"A nomeação de estabelecimento oficial para a realização de perícia médico-oficial, sem individuação do perito, não viola o art. 421, CPC, e encontra suporte legal no art. 434 da lei processual, supondo a confiança do juiz em todos os integrantes do quadro, bem como no critério de seu diretor." (STJ, AgRg no Ag nº 38.839/SP, 4ª T., Rel. Min. Sálvio de Figueiredo Teixeira, j. 7/2/1995, *DJ* 20/3/1995, p. 6.121)

"Deferimento de prova pericial para averiguação da necessidade do medicamento requerido. Nomeação de perito do juízo em detrimento de ser realizado pelo IMESC. Descabimento. Autarquia estadual que é acometida de tal mister. Desnecessidade de oneração do erário público. Autor que pode se deslocar para realização de ato único. Decisão reformada. Recurso provido." (TJSP, AI nº 2244876-03.2015.8.26.0000/Itapetininga, 12ª Câmara de Direito Público, Rel. Des. José Luiz Germano, j. 5/8/2016).

"Cobrança. Seguro. DPVAT. Acidente de trânsito. Perícia médica. Demandante que é be-

neficiário da justiça gratuita. Prova pericial a ser realizada pelo IMESC. Irresignação. Pretensão de produção da prova por médico particular às expensas da agravada. Inadmissibilidade. Escolha do perito que compete somente ao juiz da causa. Prova, ademais, não requerida pela ré. Inteligência do art. 33 do CPC. Ônus do custeio da prova pericial que recai sobre o autor, ou, caso o autor não tenha condições de arcar com os honorários periciais, se transfere ao Estado. Decisão mantida. Recurso improvido." (TJSP, AI nº 2098720-80.2014.8.26.0000/São Paulo, 26ª Câmara de Direito Privado, Rel. Des. Bonilha Filho, j. 30/7/2014).

"Por se tratar de uma relação de confiança, o juiz não está obrigado a nomear profissionais de estabelecimentos oficiais, podendo fazê-lo na pessoa de profissional liberal habilitado, o que não vulnera o art. 434 do CPC." (TJSP, AI nº 0175757-57.2013.8.26.0000/Porangaba, 4ª Câmara de Direito Privado, Rel. Des. Enio Zuliani, j. 8/5/2014).

"INDENIZAÇÃO. Erro médico. Prova pericial ordenada. Pagamento das despesas pela ré, parte que requereu a prova. Cabimento. Artigo 33, CPC. Nomeação de perito particular pelo juízo. Manutenção. Norma do art. 434 do CPC não é cogente, podendo o juiz valer-se de profissional de sua confiança mesmo na existência de órgão oficial que realize a prova técnica. Recurso desprovido." (TJSP, AI nº 0045813-70.2011.8.26.0000/Osasco, 9ª Câmara de Direito Privado, Rel. Des. Galdino Toledo Júnior, j. 20/9/2011).

"Prova. Perícia. Nomeação de médico do IMESC para realização de perícia médica. Órgão de confiança do Juiz e que não se vê obrigado a nomear médico residente na Comarca. Recusa anterior de perito nomeado. Decisão mantida. Recurso improvido. A nomeação de perito está fundada na confiança do juiz e pode recair em estabelecimento oficial para os exames necessários." (TJSP, AI nº 9004897-11.2006.8.26.0000/São José do Rio Preto, 32ª Câmara de Direito Privado, Rel. Des. Kioitsi Chicuta, j. 19/10/2006).

Art. 479. O juiz apreciará a prova pericial de acordo com o disposto no art. 371, indicando na sentença os motivos que o levaram a considerar ou a deixar de considerar as conclusões

Art. 479

do laudo, levando em conta o método utilizado pelo perito.

▶ *Referência: CPC/1973 – Art. 436*

1. Persuasão racional e dever de fundamentação

A rigor, a explicitação em termos gerais do princípio da persuasão racional já é suficiente para assinalar a necessidade em qualquer caso de adequada justificação pelo juiz em torno da valoração dada à prova dos autos.

Não obstante, relativamente à prova pericial, ambos os Códigos optaram por ditar disposições específicas, considerando as peculiaridades daquela, sobretudo o fato ter por objeto matéria técnica estranha aos conhecimentos ordinários dos sujeitos processuais, além da conveniência de se esclarecer a posição do juiz frente ao trabalho de especialistas admitidos justamente com a função de suprir essa deficiência cognitiva (não se exclui que o juiz tenha, no plano pessoal, conhecimentos suficientes sobre a matéria técnica, o que não torna entretanto dispensável a prova pericial, em atenção ao contraditório, como está posto nos comentários aos arts. 375 e 464).

E, a respeito, a norma do CPC acaba por ter redação a rigor mais abrangente (ao menos em termos literais) que a do seu correspondente no Código revogado (art. 436). Se a ênfase vinha nesse último dada à falta de vinculação do juiz para com as conclusões do laudo pericial, o Código vigente, sem deixar de reconhecer a liberdade valorativa, reforça a necessidade de adequada fundamentação inclusive para o *acolhimento* das conclusões da perícia.

A postura é coerente para com a elevada preocupação do Código quanto ao tema da motivação das decisões, refletida no minucioso rol de exigências do art. 489, notando-se que mesmo em relação ao próprio laudo pericial cuidou o Código de formular norma específica (art. 473), sem paralelo no diploma anterior, com a definição do conteúdo mínimo exigível para a adequada justificação das conclusões técnicas apresentadas.

O que se pretende enfim, no tocante à decisão que adota as conclusões da perícia, é que não se limite o juiz a simplesmente a legitimar o resultado final apurado pelo perito como se

a qualificação técnica desse e a condição de auxiliar de confiança bastassem em si mesmas. Deve cuidar, em vez disso, de verificar aspectos como a coerência interna do laudo (inclusive no tocante ao método empregado, como diz a parte final deste art. 479), a admissibilidade da própria metodologia em relação à matéria objeto da perícia, a abordagem dos pontos essenciais, a explicitação dos elementos informativos utilizados e ainda questões, de um modo geral, ligadas à fundamentação do trabalho.

Não se espera por evidente que o juiz, de modo a verificar a exatidão e aceitabilidade das ponderações técnicas, faça ele próprio uma incursão, a partir de elementos externos, pela área de conhecimento inerente à perícia, mormente se não houver controvérsia em torno da metodologia e técnicas de investigação utilizadas, bastando nesse caso que analise os dados do próprio laudo e a consistência tanto das premissas adotadas quanto das conclusões obtidas. Entretanto, não se exclui possa ser necessário, em face de impugnação das partes ou seus assistentes, chegar a considerar a pertinência do tratamento técnico conferido em relação à área de conhecimento envolvida (art. 473, III), com a consulta de obras especializadas, caso já não existente jurisprudência consolidada a respeito.

1.1. Livre apreciação e desconsideração da prova pericial

Questão mais delicada, de toda forma, vem a ser a da recusa, total ou parcial, das conclusões formuladas pelo perito oficial. Não há dúvida de que o juiz possa fazê-lo, como expressamente autorizado pela lei, cumprindo-lhe valorar segundo sua convicção íntima o trabalho técnico, mas sobreleva aqui a necessidade de sólida fundamentação para chegar a conclusão divergente no âmbito de matéria a tal ponto especializada que tenha tornado necessária a intervenção de um experto.

O certo é que a necessidade de auxílio técnico para o enfrentamento de qualquer tema fático relevante à causa não pode excluir do magistrado a condição de intérprete último da prova, transformando-o em mero homologador das conclusões periciais e fazendo com que abdique da função decisória, transferindo ao perito o poder de condicionar inexoravelmente os rumos do julgamento.

A desconsideração do laudo oficial pode se dar em dois planos, no sentido da adoção de solução técnica total ou parcialmente diversa da proposta pelo perito, mas de todo modo ainda no âmbito da análise estrita da prova pericial, ou então pela mitigação da própria força probante da perícia em favor de provas de outra natureza existentes nos autos, igualmente idôneas, o que terá como limite a possibilidade ou não de que a questão fática investigada seja solucionada por prova não técnica.

No campo da solução técnica, se o caso, pode o juiz vir a acolher as conclusões de um dos assistentes técnicos, mas não se exclui que chegue a uma conclusão própria, diversa das propostas de todos os especialistas atuantes na perícia, desde que disponha de argumentos técnicos suficientes a justificá-lo (por exemplo, dando interpretação distinta aos elementos analíticos colhidos pelos experts, ou desconsiderando determinadas amostras, ou corrigindo erros materiais, quando não inconsistências lógicas dos trabalhos técnicos).

Ainda nesse campo, pode o juiz valer-se de outros elementos de prova de conhecimento geral ou existentes nos autos, como documentos e mesmo o depoimento de testemunhas; não se está cogitando aqui da hipótese de formação do convencimento definitivo sobre o fato por prova diferente da perícia, mas de simples interpretação da própria prova pericial com utilização de elementos externos a ela, para eventualmente afastar alguma premissa considerada no laudo (inclusive como contraponto a provas obtidas pelo próprio perito, como a inquirição de testemunhas, na forma do art. 473), ou justificar consideração diversa de determinado aspecto.

Não se exclui, por outro lado, que na análise da prova pericial venha o juiz a valer-se até mesmo de conhecimentos técnicos próprios, cumprindo aqui estabelecer distinção para o quanto afirmado nos comentários ao art. 375 e ao art. 464 em torno da impossibilidade de *dispensa* da prova pericial por ser o juiz possuidor de conhecimentos técnicos na área considerada.

A vedação, no tocante à própria supressão da perícia, se dá como visto em prestígio ao contraditório, e como meio de possibilitar a participação das partes na formação da prova pericial; bem diverso disso é pretender que, no tocante a prova técnica devidamente formalizada nos autos e debatida pelos sujeitos parciais do processo, tenha o juiz de se submeter inerte a conclusões cuja falta de embasamento possa demonstrar, ficando privado de analisar critica-

mente o resultado da perícia e de valorá-la tão profundamente quanto lhe seja possível fazer.

1.2. Método utilizado pelo perito

A referência da parte final do enunciado do art. 479, inexistente no Código anterior, de que o juiz deve valorar a prova *levando em conta o método utilizado pelo perito*, presta-se a abordagens diversas.

Em primeiro lugar, pensa-se na perspectiva evidente da valoração da perícia em função do método eleito e devidamente justificado pelo perito à luz art. 473, III, deste CPC, isso no sentido de se averiguar, como dito no item 1, *supra*, a coerência interna do laudo quanto a essa metodologia. Em outras palavras, a compreensão do laudo pericial a partir dos postulados técnicos e científicos inerentes ao método.

Isso entretanto não significa que o juiz deva ficar automaticamente jungido a esse método. A valoração da prova passa também pelo exame da própria admissibilidade da metodologia de trabalho em relação à matéria objeto da prova técnica, ou quando menos de sua conveniência no caso concreto, isso inclusive considerando a justificativa dada pelo perito quanto à aceitação do método na área de conhecimento a que relacionado, bem como quanto à sua adequação à vista das especificidades do caso concreto. Em outras palavras, a valoração do próprio método como dado legitimador das conclusões do laudo, com a possibilidade de se ter por pertinente outro, eventualmente adotado por um ou ambos os assistentes técnicos.

2. Proveito comum da prova

Embora não seja o enfoque central do artigo ora comentado, sua alusão ao art. 371 do CPC remete outrossim a um segundo princípio explicitado na redação daquele dispositivo, o da *comunhão da prova* (ou da *aquisição*). Uma vez incorporada aos autos, a prova, de qualquer espécie, passa a integrar o material geral com que irá formar o juiz sua convicção, podendo a interpretação de seu teor e força probante aproveitar a qualquer das partes, independentemente de quem tenha tido a iniciativa da produção probatória.

Quando se diz, na expressão comum, que uma parte *provou* determinado fato por ela alegado, não necessariamente se trata de prova por ela aportada aos autos, ou produzida a seu pedido, mas sim da adequação do *resultado* (v.g., de sua interpretação) da prova à versão sustentada por essa parte.

Essa característica é perfeitamente aplicável à prova pericial, inclusive, se o caso, no sentido da interpretação da manifestação de um dos assistentes técnicos desfavoravelmente à parte que o indicou. Do mesmo modo, perícia favorável a uma das partes pode ser desconsiderada à vista de outros elementos probatórios e tidos pelo juiz por relevantes, eventualmente trazidos aos autos por essa mesma parte.

Jurisprudência

"Nos termos dos arts. 131 e 436 do CPC/73, o juiz não está adstrito ao laudo pericial, podendo apreciar livremente a prova e formar a sua convicção com outros elementos constantes nos autos, contanto que fundamente os motivos do seu convencimento. Na hipótese, o Tribunal de origem concluiu pelo afastamento do laudo pericial, fundamentando a decisão com esteio em outras provas produzidas nos autos. Para se chegar à conclusão diversa daquela a que chegou o acórdão recorrido, no sentido de acolher o laudo pericial e reformar a decisão, como pretende o recorrente, seria necessário o reexame do acervo fático-probatório dos autos." (STJ, AgInt no AREsp nº 977.035/SP, 2ª T., Rel. Min. Francisco Falcão, j. 18/4/2017, DJe 27/4/2017).

"Exame genético pelo método DNA que possui presunção de certeza, não sendo passível de afastamento ante alegações desconexas com as provas já constantes dos autos, mormente quando ausente impugnação específica e veemente acerca da idoneidade do exame pericial realizado" (REsp 625.831/SP, Rel. p/ acórdão Min. MARCO BUZZI, QUARTA TURMA, DJe de 7/3/2013)." (STJ, AgRg no AREsp nº 456.723/SP, 4ª T., Rel. Min. Raul Araújo, j. 26/5/2015, DJe 24/6/2015).

"Na linha da iterativa jurisprudência desta Casa de Justiça, o magistrado não está obrigado a realizar todas as perícias requeridas pelas partes. Ao revés, dentro do livre convencimento motivado, pode dispensar exames que repute desnecessários ou protelatórios. Na hipótese, se não foi deferida a diligência complementar – esclarecimentos adicionais ao perito –, é porque o juiz do processo a entendeu irrelevante. Ademais, por ser o juiz o destinatário das provas, a ele incumbe

a valoração do conjunto probatório carreado aos autos, portanto não está o magistrado adstrito ao laudo pericial realizado, eis que pode formar sua convicção com outros elementos ou fatos existentes nos autos, o que ocorreu na espécie." (STJ, REsp nº 1.352.497/DF, 2ª T., Rel. Min. Og Fernandes, j. 4/2/2014, DJe 14/2/2014).

"O laudo pericial do serviço médico oficial é, sem dúvida alguma, uma importante prova e merece toda a confiança e credibilidade, mas não tem o condão de vincular o Juiz que, diante das demais provas produzidas nos autos, poderá concluir pela comprovação da moléstia grave; entendimento contrário conduziria ao entendimento de que ao Judiciário não haveria outro caminho senão a mera chancela do laudo produzido pela perícia oficial, o que não se coaduna com os princípios do contraditório e da ampla defesa. A perícia médica oficial não é o único meio de prova habilitado à comprovação da existência de moléstia grave para fins de isenção de imposto; desde que haja prova pré-constituída, o Mandado de Segurança pode ser utilizado para fins de afastar/impedir a cobrança de imposto." (STJ, AgRg no AREsp nº 81.149/ES, 1ª T., Rel. Min. Napoleão Nunes Maia Filho, j. 15/10/2013, DJe 4/12/2013).

"Insurgência no tocante à não atribuição de força probatória absoluta ao laudo pericial. Pelo princípio do livre convencimento motivado, o julgador não está adstrito a nenhum laudo pericial, podendo, formar a sua convicção com outros elementos ou fatos provados nos autos, desde que fundamentadamente, a teor do disposto no art. 436 do Código de Processo Civil." (STJ, REsp nº 1.046.632/RJ, 4ª T., Rel. Min. Marco Buzzi, j. 24/09/2013, DJe 13/11/2013).

"I – O princípio da livre apreciação da prova é um dos cânones do nosso sistema processual; II – Como consectário, não há qualquer vedação legal à utilização de único laudo pericial pelo Magistrado como razão de decidir, com dispensa das demais provas produzidas nos autos, desde que a decisão seja devidamente fundamentada." (STJ, REsp nº 1.107.265/SP, 3ª T., Rel. Min. Massami Uyeda, j. 4/3/2010, DJe 26/3/2010).

"Conforme previsão dos arts. 131 e 436 do CPC, o juiz pode apreciar livremente as provas dos autos, não estando adstrito à prova pericial produzida, podendo, inclusive, acolher outros pareceres técnicos produzidos nos autos, como in casu, ao acolher o laudo administrativo apresentado na inicial." (STJ, AgRg no AgRg no REsp nº 956.063/BA, 1ª T., Rel. Min. Francisco Falcão, j. 26/5/2009, *DJe* 10/6/2009).

"Da mesma forma que o juiz não está adstrito ao laudo pericial, podendo, inclusive, formar a sua convicção com outros elementos ou fatos provados nos autos, inexiste empecilho para que ele o adote integralmente como razões de decidir, dispensando as outras provas produzidas, inclusive os laudos apresentados pelos assistentes técnicos das partes, desde que dê a devida fundamentação." (STJ, REsp nº 908.239/MT, 1ª T., Rel. Min. Denise Arruda, j. 21/8/2007, *DJ* 20/09/2007, p. 254).

"O juiz não está adstrito ao laudo pericial, consoante do disposto no art. 436, do CPC, "podendo formar a sua convicção com outros elementos ou fatos provados nos autos." Não obstante, as regras de experiência não podem ser aplicadas pelo julgador quando a solução da lide demandar conhecimentos técnicos sobre o tema, conforme dicção o art. 335, do CPC, *verbis*: "Em falta de normas jurídicas particulares, o juiz aplicará as regras de experiência comum subministradas pela observação do que ordinariamente acontece e ainda as regras da experiência técnica, ressalvado, quanto a esta, o exame pericial." Consectariamente, acaso o juiz entendesse pelo desacerto do laudo pericial oficial que fixou a indenização devida aos demandantes ante a imposição de limitação administrativa que considerou a área de que são titulares do domínio como *non aedificandi*, caberia a ele determinar a realização de nova perícia." (STJ, REsp nº 750.988/RJ, 1ª T., Rel. Min. Luiz Fux, j. em 17/8/2006, *DJ* 25/9/2006, p. 236).

"Apresentados os motivos de seu convencimento, pode o juiz apreciar livremente a prova, considerando os elementos existentes nos autos, sem estar adstrito apenas à prova pericial, sobretudo quando não foi esta desprezada." (STJ, REsp nº 331.400/ES, 3ª T., Rel. Min. Antônio de Pádua Ribeiro, j. 24/8/2004, *DJ* 25/10/2004, p. 335).

"Não se infere ilegalidade na decisão, devidamente motivada, que considera o conjunto probatório e, a despeito do laudo pericial em sentido contrário, conclui pela culpa da empresa por não ter disponibilizado equipamento de proteção individual ao empregado.

O exame pericial realizado unilateralmente não deve ser considerado de forma cabal,

mormente se as demais provas indicarem o contrário." (STJ, REsp nº 480.662/SC, 3ª T., Rel. p/ acórdão Min. Nancy Andrighi, j. 18/5/2004, *DJ* 16/8/2004, p. 255).

"Não há qualquer impedimento dentro dos princípios do livre convencimento e da persuasão racional, para que o magistrado entenda que o laudo do assistente técnico de uma das partes melhor traduz o valor de mercado do imóvel." (STJ, REsp nº 475.136/PR, 6ª T., Rel. Min. Paulo Gallotti, j. 20/3/2003, *DJ* 28/6/2004, p. 426).

> **Art. 480.** O juiz determinará, de ofício ou a requerimento da parte, a realização de nova perícia quando a matéria não estiver suficientemente esclarecida.
>
> **§ 1º** A segunda perícia tem por objeto os mesmos fatos sobre os quais recaiu a primeira e destina-se a corrigir eventual omissão ou inexatidão dos resultados a que esta conduziu.
>
> **§ 2º** A segunda perícia rege-se pelas disposições estabelecidas para a primeira.
>
> **§3º** A segunda perícia não substitui a primeira, cabendo ao juiz apreciar o valor de uma e de outra.

▶ *Referência: CPC/1973 – Arts. 437, 438 e 439*

1. Refazimento da perícia

Corolário natural da falta de adstrição do juiz ao laudo pericial é a possibilidade de determinação de novo trabalho técnico, em torno do mesmo objeto, caso não se sinta suficientemente esclarecido em função do laudo já apresentado. O termo "segunda perícia", utilizado com largueza na prática e referido pelo próprio legislador nos três parágrafos do dispositivo ora comentado, presta-se contudo a equívocos e deve ser entendido em seus devidos termos.

O fato é que o vocábulo *perícia* acaba por ser comumente utilizado em diferentes acepções, seja para designar o meio de prova em si mesmo, seja para referir a prova técnica concretamente deferida, em um processo, acerca de certos fatos e com determinado objetivo, seja para aludir aos atos que no âmbito dessa atividade probatória são praticados, seja finalmente para aludir ao resultado da prova técnica, consubstanciado no laudo do perito oficial e em eventuais pareceres apresentados por assistentes técnicos.

A rigor, o que identifica a perícia no caso concreto são os fatos objeto de análise e o escopo da prova técnica determinada, elementos que contudo não variam quando se pensa na realização de um segundo laudo; na verdade, esse trabalho vem a se somar ao anterior (o que resta expresso no § 3º deste art. 480, quando deixa o legislador claro que a "segunda perícia" não substitui a "primeira"), compondo com ele o espectro da *mesma perícia* em curso.

Percebe-se que o legislador trata por "segunda perícia" o que vem a ser a repetição da atividade probatória em sua integralidade – inclusive coleta de dados e pesquisas de campo – e, sobretudo, o refazimento do laudo oficial. Entretanto, não necessariamente a elaboração de um novo laudo demandará novas pesquisas, exames ou coletas de dados, podendo ocorrer a partir dos elementos já disponíveis, sem renovação da atividade como um todo; por outro lado, é preciso ter em conta que embora seja o perito o sujeito principal da prova pericial, não se resume essa, quanto à sua expressão material, ao trabalho do vistor nomeado pelo juízo, sendo integrada também por eventuais *manifestações dos assistentes*, passíveis de acolhimento na sentença como razões de decidir (v. art. 479).

E, quando se pensa na eventual realização de um segundo laudo oficial, não há necessidade de que também os assistentes renovem suas manifestações, podendo eles se ater às análises e críticas formuladas em relação ao primeiro laudo.

Por essas razões, mostra-se impróprio não apenas associar o conteúdo do presente artigo a uma inexorável renovação da integralidade dos atos formadores da prova pericial, como também supor tratar-se de uma perícia efetivamente *nova*. A perícia, insista-se, é a mesma inicialmente designada, ainda que a tarefa seja porventura confiada a outro sujeito; repetem-se, em suma, o laudo, a análise técnica, e eventualmente outros atos. A compreensão desse aspecto, outrossim, é relevante para a adequada aplicação da regra do § 2º, que diz regerem a "segunda perícia" as disposições estabelecidas para a "primeira".

A determinação de realização de outro laudo, tanto quanto a designação originária da perícia, pode ocorrer de ofício (no âmbito dos poderes instrutórios atribuídos ao juiz pelo art. 370 do CPC) ou ser requerida por uma das partes, não necessariamente a que postulou originariamente a realização da prova pericial.

Trata-se de providência claramente excepcional e que não pode ser banalizada sob pena de injustificado encarecimento do processo e de prejuízo à celeridade, tampouco se prestando a dar vazão à mera insatisfação por parte dos litigantes quanto ao resultado da perícia. Em princípio, a prova técnica atinge seu termo com a apresentação do trabalho do perito e a vinda dos pareceres dos assistentes, além da prestação de eventuais esclarecimentos, podendo eventual inconsistência do laudo oficial ser até mesmo suprida mediante o acolhimento das conclusões de algum dos assistentes. Não pode o juiz, entretanto, deixar de acolher pedido de segundo laudo e, na análise da prova, deixar de reconhecer um fato ou suas consequências justamente a pretexto de falta de clareza da prova técnica cuja complementação tenha obstado.

Diretamente relacionada a esse aspecto está a indagação quanto à existência ou não de autêntico *dever* da parte do juiz no tocante à determinação de ofício da renovação da prova. A resposta é afirmativa. Na medida em que tenha reconhecido de início a relevância do fato por provar, bem como a necessidade de auxílio técnico para sua adequada compreensão, não se justifica mantenha-se o juiz inerte ante prova deficiente, ignorando o interesse também do Estado na descoberta da verdade e no tocante ao resultado útil da perícia, bem como aceitando passivamente a frustração da prova quando eventualmente haja meios para sua correção.

O que caberá analisar em cada caso é a causa efetiva da insatisfatoriedade da prova, se alguma deficiência ligada à perícia em si ou se impossibilidade ou dificuldades decorrentes do próprio objeto da análise.

2. Conteúdo da renovação e substituição do perito

A matéria *insuficientemente esclarecida* a que se refere o texto legal pode, por um lado, derivar da deficiência perceptível quanto à apresentação do trabalho pelo perito (laudo obscuro ou sem apuro técnico) como também dizer respeito à desproporção ou falta de razoabilidade lógica dos resultados obtidos, a sugerir inadequação das amostras consideradas ou tratamento inadequado dos referenciais analíticos. Conforme a natureza do problema irá variar o tratamento da "segunda perícia", a ser eventualmente feita até mesmo pelo próprio perito nomeado nos autos.

Com efeito, embora seja essa a solução frequentemente utilizada, não há exigência incontornável de substituição do experto. É normal que assim ocorra quando a insuficiência do laudo seja a ele atribuível, por razões diversas; mas, revelando-se os resultados claramente inexatos sem que à primeira vista se possa identificar deficiência pessoal no tratamento técnico da matéria, nada impede que se determine a repetição da análise, se o caso com novos elementos de amostragem, pelo mesmo profissional.

É essencial por outro lado, para que se caracterize a hipótese de "segunda perícia", que o novo laudo se dirija aos mesmos fatos (tal como reza o § 1º deste art. 480), bem como que a perícia tenha o mesmo objetivo do primeiro trabalho, ainda que eventualmente seja empregada metodologia distinta. Se entretanto, pela percepção pelo juiz da necessidade de análise de questões novas, o segundo trabalho deriva para fatos distintos ou para abordagem distinta dos mesmos fatos anteriormente contemplados, a questão foge ao alcance do artigo ora comentado, sendo o caso de falar aí, simplesmente, em outra perícia.

Não se exige, entretanto, que se retome na totalidade o objeto da perícia iniciada, podendo o novo trabalho ser apenas parcial e restrito a pontos específicos.

Finalmente, tem-se ser possível a determinação de repetição do trabalho pericial mesmo quando realizado o laudo original no âmbito de produção antecipada de provas, deferida nos termos dos arts. 381 a 383 do CPC. A repetição pode se dar dentro do próprio procedimento antecipatório, não sendo óbice a tanto a ausência de valoração da prova pelo juiz, o que não o exime de verificar em termos mínimos a idoneidade formal do laudo como meio de prova e a utilidade do trabalho para os fins a que designado; e pode, em contrapartida, se dar no curso do feito principal em que venha o laudo produzido antecipadamente a ser invocado, não sendo óbice a circunstância da realização da prova em caráter autônomo e sua anterior homologação, decisão como dito sem cunho valorativo e que se limita a reconhecer a conclusão da prova e sua regularidade formal, bem como a lhe atribuir caráter oficial, sem, no entanto, conferir-lhe rigidez. O juiz responsável pela valoração é o do feito principal, que não fica adstrito ao primeiro laudo e pode, desde que preservadas as condições materiais para tanto, determinar o refazimento da perícia; nesse caso, entretanto, não se aplica o § 2º deste art. 480, pela diversidade de bases processuais, devendo a questão ser tratada como se inteiramente nova a perícia.

3. Recorribilidade

Em princípio, não se pode falar de um *direito* das partes à renovação da perícia, podendo o juiz negar a realização de segundo laudo desde que se considere suficientemente esclarecido. Nem por isso, entretanto, e conquanto se encontrem na jurisprudência manifestações em sentido contrário, se pode cogitar de irrecorribilidade, quer da decisão que determine a realização de novo laudo, quer daquela que negue pedido em tal sentido.

A carga de subjetivismo em torno do juízo acerca da falta de clareza ou da inexatidão das conclusões, que implica de certo modo uma pré--valoração da prova, mostra-se fator ponderável a dificultar o questionamento em Segundo Grau da opção adotada, mas nem por isso se deixa de ter, aí, decisão interlocutória, que resolve questão incidente no processo e pode causar gravame às partes, exatamente como a decisão que determina a própria realização da perícia. Goza o juiz, ademais, de certa discricionariedade nesse campo, mas não absoluta, afigurando-se perfeitamente possível a reapreciação dos critérios de oportunidade da decisão.

A segunda designação, nesse sentido, pode ser questionada sob o prisma da ausência de fundamentação, da inutilidade prática de novas diligências à vista das circunstâncias do caso concreto e finalmente pela negativa de qualquer obscuridade ou inexatidão do laudo apresentado.

De toda forma, não estando decisão em tais moldes contemplada pelo rol do art. 1.015 do CPC, não será admissível agravo de instrumento; a impugnação somente poderá ocorrer pelo sistema de recorribilidade diferida instituído nos termos do art. 1.009, § 1º, do novo Código, o que significa dizer que nos casos de questionamento de decisão que permite a realização de novo laudo a apreciação pelo órgão de Segundo Grau somente ocorrerá depois de concluído o trabalho, a retirar em boa medida a utilidade prática da discussão.

4. Segundo laudo e escolha consensual do perito

O fato de terem as partes lançado mão da prerrogativa inovadora do art. 471 do CPC, indicando elas próprias o perito de sua preferência, não implica esteja o juiz atrelado a trabalho não confiável ou que se mostre claramente insuficiente ao esclarecimento da matéria técnica. Desse modo, nada impede que, depois da apresentação do laudo, o juiz, entendendo necessária a revisão das conclusões, opte pela determinação de realização de novo trabalho, desta feita por profissional de sua confiança.

5. Regras aplicáveis à "segunda perícia"

Conforme indicado no § 2º (que reproduz o teor do art. 439 do CPC/73), a "segunda perícia" rege-se pelas disposições estabelecidas para a "primeira", o que é natural se considerado ter por objeto os mesmos fatos, além de mesma finalidade. Não apenas isso: como dito expressamente no § 3º, a segunda perícia não substitui a primeira, não a suprimindo dos autos. É, como já visto, mera continuação da prova pericial, ainda que eventualmente confiada a outro perito, para a qual seguirá prevalecendo o mesmo regramento estabelecido ao início.

O termo *disposições* tem variada acepção, envolvendo toda a disciplina aplicável ao início da prova pericial, desde regras legais até eventuais parâmetros estabelecidos pelo juiz, por exemplo quanto à delimitação do objeto, metodologia a ser observada, prazo para a entrega do laudo, lugar e modo de realização de eventuais vistorias, qualificação técnica exigida dos peritos e assistentes etc.

Não há, entretanto, rigidez nessa transposição de regras, que deve ser entendida sobretudo para o caso de não se formularem novas disposições; não está o juiz impedido, portanto, de fazer os ajustes que entender pertinentes.

Prevalecem em princípio, também para a "nova" perícia, eventuais regras estritamente procedimentais previstas em negócio jurídico processual celebrado pelas partes nos termos do art. 190 do CPC.

No tocante aos quesitos, outrossim, embora a rigor não se verifique a reabertura de prazo para o seu oferecimento, não há por que negar às partes a possibilidade de sua formulação, especialmente em função da regra permissiva de apresentação de quesitos suplementares durante as diligências (art. 469); e o quadro de incerteza emergente do primeiro laudo, com a perspectiva de aprofundamento dos pontos duvidosos, será justamente um argumento em favor dessa

hipótese. Há limites, todavia. Os quesitos não poderão se prestar (como tampouco o podem no que diz respeito a quesitos suplementares propriamente ditos; vejam-se a respeito os comentários ao art. 469) a ampliar o objeto da perícia em curso. De outra parte, como também prevalece para os quesitos suplementares, em princípio não poderá apresentá-los a parte que não o tiver feito em termos originários.

Outro importante reflexo do critério adotado pelo legislador é que o indeferimento acaso havido quanto a quesitos inicialmente apresentados seguirá prevalecendo para a "segunda" perícia, sem que à parte interessada seja lícito reapresentá-los na expectativa de nova apreciação da matéria.

Do mesmo modo, eventual preclusão havida quanto à indicação de assistente técnico não será relevada. E os assistentes técnicos inicialmente nomeados pelas partes deverão seguir atuando na sequência da prova pericial, salvo motivo justificado para sua substituição (vejam-se os comentários ao art. 468).

Questão interessante se oferece por outro lado no que diz respeito às regras de custeio da perícia. A manutenção das *mesmas disposições* que regeram a perícia, ao início, remete à aplicação para a sequência da atividade técnica dos mesmos critérios que determinaram, ao início, a responsabilidade pelo pagamento da prova pericial, o que não causa maiores dificuldades em vindo o pedido de "segunda" perícia formulado pela mesma parte que requereu (e custeou) a "primeira"; já não tão simples será a solução, entretanto, se inexistente tal paralelismo, vale dizer, provindo o segundo requerimento da outra parte, ou sendo a continuação determinada de ofício, após pedido inicial de uma das partes (e vice-versa).

O problema decorre basicamente da disciplina diversificada quanto ao custeio adotada pela lei processual conforme o sujeito processual que tenha a iniciativa da perícia, com a agravante de que inclusive alterados os critérios de distribuição do ônus correspondente na passagem do CPC/73 ao CPC atual, prevendo o art. 95 soluções diversas do revogado art. 33 quando se trate de perícia determinada de ofício pelo juiz ou requerida por ambas as partes (rateio das despesas, contra a anterior atribuição da responsabilidade de adiantamento exclusivamente ao autor).

Resolve-se o problema, entretanto, se tomada não apenas a expressa remissão legal à aplicação das disposições estabelecidas para a "primeira" perícia (leia-se, para o início da prova pericial) como também se se atenta para a mera ocorrência de ampliação do espectro da perícia pendente, em caráter continuativo, sem a determinação de uma perícia propriamente *nova*.

Não causa qualquer interferência, portanto, o ser requerido novo laudo pelo réu, quando o autor pleiteara a prova pericial, ou ser determinada a realização de segundo laudo de ofício, ante pedido inicial de uma das partes ou feito conjuntamente por ambas; em qualquer caso, estará o evento inserido na órbita da mesma perícia, e o custeio deverá ser atribuído ao responsável originário (poderá ocorrer, é certo, de essa parte se recusar a pagar novamente os honorários, caso em que, sendo a renovação da prova eventualmente de interesse da outra parte, não lhe restará alternativa senão adiantar o pagamento, sob pena de ver frustrada a realização, hipótese que entretanto já deriva para perspectiva externa ao problema aqui examinado). Reconhece-se entretanto a complexidade do tema e a ausência de entendimento uniforme quanto à matéria, inclusive na doutrina, reproduzindo-se abaixo, no anexo referente à jurisprudência, julgado do STJ em sentido contrário.

6. Subsistência da eficácia probante do primeiro laudo

A "segunda perícia", conforme expressamente ressalvado pelo § 3º deste art. 480 (e na linha do que já previa o art. 439 do CPC/73), não substitui a "primeira" nem tampouco se presta a invalidá-la, preservando-a e a ela vindo apenas se somar como elemento instrutório.

Nada impede, portanto, que a despeito da insegurança manifestada em função do primeiro trabalho, venha o juiz a concluir, no confronto com o novo laudo, que as conclusões do primeiro se mostram mais razoáveis ou estão melhor justificadas, acabando por acolher na íntegra o laudo original. A desconsideração das conclusões do segundo laudo, nessa hipótese, outra coisa não será senão a reafirmação, sob outra perspectiva, da regra de não adstrição do juiz ao laudo e, mais amplamente, do princípio da persuasão racional, devendo naturalmente vir acompanhada da necessária fundamentação (como de resto terá de ser também fundamentado, à luz do dever geral de motivação e da regra específica art. 479 do CPC, o prestígio ao segundo laudo em detrimento do primeiro).

Ocioso considerar que a desconsideração do segundo laudo não necessariamente determinará a retomada das conclusões do primeiro, podendo o juiz em qualquer caso decidir em função dos pareceres dos assistentes técnicos ou, quando isso for possível, a partir de outros elementos de prova existentes nos autos (vejam-se os comentários ao art. 479). Eventualmente, poderá a decisão tomar por base elementos de ambos os laudos, que afinal são complementares, desde que, por evidente, a combinação não afete a lógica do raciocínio técnico desenvolvido em cada um dos trabalhos.

E, no extremo, não se exclui que venha o juiz a designar uma "terceira" perícia (por coerência, sem prejuízo das duas anteriores), hipótese, todavia, remotíssima e além disso de todo indesejável, por razões ligadas à economia e celeridade processual, quando não à própria segurança jurídica.

A preservação da eficácia probante do primeiro laudo, tal como ora tratado, somente se concebe entretanto em casos de renovação determinada por insuficiente fundamentação, ou quando o juiz por qualquer motivo não se achar esclarecido a partir das conclusões expostas; não, todavia, se o descarte tiver sido determinado pela superveniente afirmação da suspeição ou impedimento do primeiro perito (art. 467), ou pela descoberta de falta de conhecimento técnico ou científico suficiente (art. 468, I), ou ainda por desvios éticos apurados no andamento dos trabalhos, hipóteses, todas, em que o primeiro laudo restará simplesmente invalidado, sendo tais situações estranhas à disciplina do art. 480.

Jurisprudência

"Direito processual civil. Indenização por danos morais. falha na prestação do serviço médico. Pedido de realização de segunda perícia. Hipótese de reexame de contexto fático probatório. Incidência da Súmula 7/STJ. Razões recursais insuficientes para delinear entendimento diverso." (STJ, AgRg no AREsp nº 744.906/RJ, 3ª T., Rel. Min. Paulo de Tarso Sanseverino, j. 17/12/2015, *DJe* 3/2/2016).

"A análise referente à necessidade ou não de realização de uma segunda perícia, a fim de constatar a correção dos valores fixados na primeira, demanda a análise do suporte fático-probatório dos autos, o que é vedado em recurso especial, ante o óbice da Súmula 7/STJ." (STJ, AgRg no REsp nº 1.482.653/SP, 2ª T., Rel. Min. Mauro Campbell Marques, j. 23/10/2014, *DJe* 5/11/2014).

"O Código de Processo Civil faculta ao juiz a realização de nova perícia, quando a matéria não lhe parecer suficientemente esclarecida, devendo ser realizada nos mesmos termos que a primeira, o que possibilita a indicação do mesmo perito; porquanto a nova perícia não substitui a primeira nem possui valor superior, devendo ambas serem analisadas conjuntamente com as demais provas dos autos, nos termos do art. 131 do CPC." (STJ, AgRg no REsp nº 1.166.893/RS, 2ª T., Rel. Min. Humberto Martins, j. 22/6/2010, *DJe* 1º/7/2010).

"Os honorários periciais relativos a quesitos suplementares que, como no caso dos autos, configuram em realidade uma nova perícia, devem ser adiantados pela parte que os formula. Essa orientação, além de respeitar a real natureza da nova quesitação ainda impede eventual comportamento processual malicioso." (STJ, REsp nº 842.316/MG, 3ª T., Rel. Min. Sidnei Beneti, j. 25/5/2010, *DJe* 18/6/2010).

"Tendo o Juiz a quo se manifestado expressamente pelo indeferimento da segunda perícia pleiteada pelo recorrente, não há falar em cerceamento de defesa por ausência de prestação jurisdicional." (STJ, REsp nº 1.050.998/RN, 5ª T., Rel. Min. Arnaldo Esteves de Lima, j. 13/4/2010, *DJe* 3/5/2010).

"A destituição do perito oficial por desídia ocorreu, não por qualquer motivo relacionado ao trabalho que ele originariamente desenvolveu, mas por falta de emprenho manifestada apenas por ocasião da prestação de esclarecimentos suplementares. Não há menção de má fé ou impedimento do primeiro perito, a invalidar seu trabalho original. Com isso, a perícia inicialmente elaborada não é inválida, mas incompleta, demandando a nomeação de novo perito para complementá-la. Não obstante o segundo perito entenda, por um critério técnico, que seria necessário repetir todo o exame da causa, produzindo novo laudo pericial completo, o juiz responsável, bem como o respectivo Tribunal, não ficam vinculados a essa medida. Assim, podem, nos expressos termos do art. 439, parágrafo único, do CPC, apreciar livremente os dois laudos periciais preparados e acolher, tanto o primeiro, como o segundo, conforme seu livre convencimento. Não havendo ilegalidade no procedimento adotado pelo Tribunal, não é possível rever, no Superior Tribunal de Justiça, a conclusão a que ele chegou. A lei possibilita expressamente que o primeiro laudo seja adotado como fundamento para a decisão. Apurar se ele está correto ou equivocado implicaria revolvimento do contexto fático-probatório do processo, o que é vedado pela Súmula 7/STJ." (STJ, REsp nº 805.252/MG, 3ª T., Rel. Min. Nancy Andrighi, j. 27/3/2007, *DJ* 16/4/2007, p. 190).

"Devidamente caracterizado o gravame que suportou o réu com a ordem de realização de nova perícia genética pelo exame do DNA, tem-se como configurada no caso uma decisão interlocutória a desafiar o recurso de agravo de instrumento. Deferimento da segunda perícia sem motivos relevantes arguidos pela parte interessada e sem que o Magistrado tivesse apreciado com a profundidade necessária o conteúdo do laudo pericial. Inexistência, na espécie, de matéria insuficientemente esclarecida, de modo a justificar a efetivação da nova diligência." (STJ, REsp nº 651.001/SP, 4ª T., Rel. Min. Barros Monteiro, j. 16/9/2004, *DJ* 27/6/2005, p. 407).

"Tendo em vista os princípios da livre apreciação da prova e da não adstrição do juiz ao laudo pericial, estando devidamente fundamentada a decisão, fica ao seu prudente arbítrio deferir a realização da segunda perícia. Sem que a parte interessada tenha impugnado oportunamente a qualificação do perito ou nomeado assistente técnico, não pode impor ao juiz a realização de nova perícia, apenas porque a primeira lhe foi desfavorável." (STJ, REsp nº 217.847/PR, 3ª T., Rel. Min. Castro Filho, j. 4/5/2004, *DJ* 17/5/2004, p. 212).

"Processo Civil. Provas. A segunda perícia não constitui direito irrestrito das partes, dependendo de circunstância que a justifique. Recurso especial não conhecido." (STJ, REsp nº 246.108/PR, 3ª T., Rel. Min. Ari Pargendler, j. 13/12/2001, *DJ* 25/3/2002, p. 271).

"Se a nova perícia é requerida por uma das partes, a ela incumbe adiantar o pagamento correspondente às despesas e à remuneração provisória do *expert* (art. 19 e 33 do CPC)." (STJ, REsp no 16.826/SP, 4ª T., Rel. Min. Barros Monteiro, j. 3/11/92, *DJ* 30/11/92, p. 22.619).

Seção XI
Da inspeção judicial

Art. 481. O juiz, de ofício ou a requerimento da parte, pode, em qualquer fase do processo, inspecionar pessoas ou coisas, a fim de se esclarecer sobre fato que interesse à decisão da causa.

▶ *Referência: CPC/1973 – Art. 440*

Exame judicial de pessoas e coisas

A inspeção judicial, prova introduzida formalmente no sistema processual civil brasileiro pelo CPC/73, consiste na verificação, pelo próprio juiz, de pessoas, coisas – móveis ou imóveis – ou lugares, a partir das quais possa extrair conclusões diretas acerca de aspectos relevantes à causa.

Restringe-se, pois, sua utilidade às situações em que possível, por meio desse singelo exame pessoal, a extração das informações desejadas, envolvendo normalmente aspectos simples e que não demandem manifestação verbal da parte ou terceiros (em que se fariam necessários o depoimento pessoal ou a prova testemunhal) ou exame mais aprofundado, com ilações de cunho técnico (hipóteses em que imprescindível prova pericial); a vantagem, por seu turno, é evidente, ante a segurança proporcionada pela ausência de intermediários entre o juiz, destinatário da prova, e o fato a ser provado.

O fator determinante do cabimento ou da viabilidade desse instrumento não é a natureza da matéria discutida nos autos, mas a complexidade da questão de fato a ser investigada num dado momento. No tocante a uma pessoa vítima de um traumatismo, por exemplo, será necessária perícia, se a ideia for apreciar eventual incapacitação profissional e sua extensão, mas suficiente a inspeção judicial se o caso for simplesmente de verificar aleijão afirmado por uma parte e negado pela outra, ou a existência de cicatriz esteticamente comprometedora; por outro lado, no âmbito de um litígio sobre determinado imóvel, terá o juiz de nomear perito se se fizer necessário um levantamento topográfico, ou a determinação exata das divisas, mas pode o próprio magistrado se dirigir ao local, se se tratar de simplesmente verificar determinadas características que as testemunhas não tenham sido capazes de descrever com clareza.

A inspeção, é bem de ver, pode ser determinada isoladamente ou em complementação a outras provas, como a testemunhal e inclusive a pericial; distingue-se dessa última, outrossim,

embora admita o CPC o acompanhamento da inspeção por peritos (v. art. 482 do CPC), pelo fato de na inspeção ser o juiz o sujeito principal da prova, importando acima de tudo as impressões pessoais por ele retiradas do exame feito e não havendo lugar para o pronunciamento dos técnicos, nem para qualquer análise crítica desses a ser considerada como fonte específica de prova. Não se confundem com inspeção judicial sobre pessoa, portanto, exames médicos em geral.

Quanto à exibição de documento ou coisa, pode se esgotar seu interesse, num caso qualquer, na verificação direta do objeto pela parte requerente; mas a exibição não é na essência prova em si mesma, e sim fonte de acesso a elas, podendo perfeitamente ocorrer de a exibição ser determinada pelo juiz como preparação para futura inspeção judicial.

No que diz respeito à fase, possível a realização da prova em qualquer momento, mesmo em Segundo Grau, ou inversamente desde os primeiros passos do procedimento, por exemplo no âmbito de audiência de justificação prévia designada em ação possessória; no extremo, pode até ser realizada antes da completa formação da relação processual, como no caso de justificação prévia feita em pedido de tutela de urgência antecedente.

A rigor, embora o Código fale em determinação da inspeção *a requerimento da parte*, não se pode dizer tenham os litigantes, propriamente, *direito* a esse tipo de prova, cuja verificação ficará ao prudente arbítrio do magistrado, melhor pessoa a identificar eventuais benefícios que possa ou não trazer a visualização direta da pessoa ou coisa; ressalve-se entretanto que, reputando inconveniente a inspeção judicial em si mesma, e pendendo efetiva dúvida em relação àquele ponto, é natural esperar do juiz que alternativamente determine outro meio de prova capaz de solucionar a questão.

No que se refere à inspeção sobre pessoas, especificamente, vale recordar que o CPC impõe autêntico *dever processual* em torno da colaboração das partes quanto à inspeção que se fizer necessária (art. 379, II, do CPC; é significativo entretanto a mudança de terminologia, pois o art. 340, II, falava em *submissão* à colaboração), cuja conveniência deve ser analisada pelo juiz sob vários prismas, dentre eles o do resguardo à intimidade.

É discutível, outrossim, se pertinente a inspeção judicial sobre pessoas estranhas ao li-

Art. 481

CÓDIGO DE PROCESSO CIVIL INTERPRETADO

tígio. Não se discute que, concordando o terceiro espontaneamente em se submeter à inspeção, a prova assim obtida será perfeitamente válida, inexistindo qualquer vedação a respeito; o problema reside entretanto em definir se está ele *obrigado* a se sujeitar ao exame pessoal pelo juiz, questão a que respondemos pela negativa.

Não pode ser ignorada a clara opção do legislador, ao tratar dos deveres gerais de colaboração em matéria probatória, quando deixou de enumerar relativamente aos terceiros, no art. 380 do CPC, a hipótese de participação em inspeção judicial, diversamente do que ocorre com as partes, mencionando o Código quando muito o dever de exibição de coisa ou documento.

Jurisprudência

"A utilização da inspeção judicial como meio de prova se justifica sempre que houver necessidade de o magistrado melhor avaliar ou esclarecer um fato controvertido, ou seja, naquelas situações em que essa percepção não puder ser obtida pelos outros meios de prova comumente admitidos no processo. No caso concreto, contudo, analisando os fundamentos do Acórdão recorrido, o que se verifica é que a expressão "inspeção pessoal" não foi utilizada pelo Relator no sentido técnico-jurídico a que alude o artigo 440 e seguintes do CPC. Até porque, não se reportou ele a nenhum fato controvertido específico que tivesse ficado esclarecido com a sua visita ao local do acidente. O que se depreende é que a conclusão a que chegou o Órgão colegiado quanto à responsabilidade do preposto do réu pelo atropelamento decorreu da análise de todo o conjunto probatório colidido nos autos, notadamente, do depoimento testemunhal e das informações contidas no laudo cadavérico, não se podendo inferir que a mencionada "inspeção judicial", tenha sido determinante para a solução da causa. Em consequência, não tendo havido a realização de "inspeção judicial", no sentido técnico da palavra, esmaece a alegação de que não teriam sido observados os seus requisitos, na forma do que dispõem os artigos 440, 442 e 443 do CPC, a justificar a nulidade do julgado." (STJ, AgRg no REsp nº 1.110.215/RJ, 3ª T., Rel. Min. Sidnei Beneti, j. 27/10/2009, *DJe* 6/11/2009).

"AÇÃO RESCISÓRIA. ACÓRDÃO EM AÇÃO REIVINDICATÓRIA. USUCAPIÃO. Juízo rescindente. Documento novo. Inexistên-

cia. Documento que deveria existir à época da prolação do acórdão rescindendo, embora fosse desconhecido ou impossível de ser utilizado pela autora (art. 485, VII, CPC). Precedentes. Erro de fato. Inocorrência. É preciso que a sentença seja efeito direto de erro de fato para que haja rescisão (art. 485, IX, CPC). Decisão que contraria pretensão da parte não é fundamento para propositura de rescisória. Violação a literal disposição de lei. Não verificação. Ressalvada a posição do Relator, vencido nessa parte, não procede a alegação a propósito desse tópico. Autora que manifestara a desnecessidade de prova pericial. Inspeção judicial que se submete à discrição judicial. Inexistência de cerceamento de defesa e de violação dos dispositivos apontados pela autora. Procedência parcial da rescisória para cassar o acórdão rescindendo." (TJSP, Ação Rescisória nº 0251048-34.2011.8.26.0000, 2º Gr. Dir. Priv, Rel. Des. Carlos Alberto de Salles, j. 13/2/2014).

"Ação de reintegração de posse. Cumprimento de sentença. Pedido de inspeção judicial. Negativa. Poder discricionário do Magistrado proceder, ou não, à inspeção." (TJSP, Agravo Regimental nº 0054204-43.2013.8.26.0000/Araraquara, 22ª Câm. Dir. Priv., j. 6/6/2013).

"Agravo de instrumento. Ordem judicial de que os possuidores de imóvel rural permitam o seu georreferenciamento. Admissibilidade. Dever geral de colaboração processual. Incidência do art. 339 do CPC. Possibilidade de inspeção judicial da área com o auxílio de perito. Incidência dos artigos 440 e 441 do CPC. Agravo desprovido." (TJSP, AI nº 0296892-07.2011.8.26.0000/Miracatu, 11ª Câm. Dir. Priv., Rel. Des. Rômolo Russo, j. 10/5/2012).

"Responsabilidade civil. Erro médico. Cirurgia plástica embelezadora. Alterações faciais. Insatisfação da paciente com o resultado. Sucesso da intervenção confirmado, todavia, pela prova técnica, e além disso perceptível a um primeiro exame. Ausência de demonstração de descompasso entre o resultado alcançado e aquele prometido. Imperícia do cirurgião plástico não caracterizada. Danos estéticos inocorrentes. Ausência de base para a pretendida responsabilização do profissional. Sentença de improcedência mantida." (TJSP, Ap. nº 0037993-91.2006.8.26.0576/São José do Rio Preto, 2ª Câm. Dir. Priv, Rel. Des. Fabio Tabosa, j. 8/5/2012).

"Interdição. Dispensa de interrogatório. Inconformismo da Defensoria Pública, que representa os interesses do interditando. Inadmissibilidade do ato de dispensa. Como extensão do devido processo legal, já particularizado e especial em razão do potencial gravame de remoção do atributo de capacidade civil, mostra-se imperativo o contato pessoal do juiz com o interditando. Na hipótese de ser constatada periclitação à vida do interditando, o interrogatório em juízo deve dar lugar à regular inspeção judicial no local onde o interditando se encontre. Decisão reformada. Recurso provido. (TJSP, AI nº 0520494-77.2010.8.26.0000/Capital, 9ª Câm. Dir. Priv., Rel. Des. Piva Rodrigues, j. 26/7/2011).

"AGRAVO RETIDO – Ação possessória – Inspeção judicial – Prova indeferida – Recurso que não indica fato específico que justifique sua realização – Faculdade, ademais, que se apresenta ao juiz, a despeito de poder ser requerida pela parte, para elucidar matéria de seu conhecimento pleno que possa ajudar no julgamento – Agravo retido improvido." (TJSP, Ap. nº 9107501-79.2008.8.26.0000/Caraguatatuba, 21ª Câm. Dir. Priv., Rel. Des. Maurício Ferreira Leite, j. 10/2/2010).

"A inspeção judicial somente se justifica se, depois de colhidas as provas, se faça necessário o esclarecimento sobre qualquer fato que interesse à decisão da causa, cabendo ao magistrado, dentro do seu prudente arbítrio, deliberar por realizá-la, ou não." (TJSP, AI nº 0016530-75.2006.8.26.0000/Limeira, 29ª Câm. Dir. Priv., Rel. Des. Luís de Carvalho, j. 4/10/2006).

> **Art. 482.** Ao realizar a inspeção, o juiz poderá ser assistido por um ou mais peritos.

▶ *Referência: CPC/1973 – Art. 441*

Acompanhamento por peritos

Embora não se confunda com exame pericial, a inspeção judicial pode se realizar, caso entenda necessário o juiz para melhor esclarecimento de determinados fatos, em presença de peritos; fica claro, entretanto, que o trabalho desses experts se limitará ao fornecimento das explicações que o juiz requerer no curso da diligência, não envolvendo a realização de qualquer trabalho próprio, como a apresentação de laudo com análises técnicas específicas ou o comparecimento em audiência para a apresentação de parecer informal, nos moldes previstos no art. 464, § 2º, do CPC.

Ocorrendo uma dessas alternativas, ficará desnaturada a inspeção judicial, cuja característica básica reside na verificação direta pelo juiz da pessoa ou coisa, bem como na formação do convencimento sobre determinado aspecto por influência da impressão pessoal gerada por esse exame; na pior das hipóteses, poderá se falar em inspeção judicial *conjugada* com exame pericial.

Em torno dos limites da participação dos peritos decorrem importantes consequências formais. Desde que atuem apenas e tão somente no sentido de assessorar o juiz durante sua investigação pessoal, a rigor não há que se falar em direito das partes à indicação de assistentes técnicos para acompanhar os trabalhos, nem tampouco na formulação de quesitos; vindo, entretanto, a se incorporar à prova manifestação técnica específica, com análise mais aprofundada, não há como excluir a incidência das regras que regem a prova pericial, inclusive como forma de possibilitar às partes o exercício do contraditório e a participação efetiva no desdobramento desse meio de prova.

Além do mais, não se pode ignorar a possibilidade de a inspeção judicial se realizar como desdobramento de uma perícia anteriormente designada nos autos, para a solução direta pelo juiz de algum ponto que lhe tenha restado obscuro; nesse caso, já havendo assistentes técnicos nomeados para a perícia, em si, não seria razoável impedir-lhes o acompanhamento do ato.

Jurisprudência

"Incabível a realização da análise pericial, uma vez que a solução da controvérsia não depende de esclarecimento de questões de ordem técnica, mas tão somente da constatação da construção do muro paralelo e da troca do poste de iluminação da parte externa do imóvel do agravante. Outrossim, prescindível a realização de inspeção judicial, desde que seja determinada a expedição de mandado de constatação, para verificar se o acordo homologado judicialmente foi cumprido em sua integralidade." (TJSP, AI nº 2124720-20.2014.8.26.0000/Limeira, 34ª Câm. Dir. Priv., Rel. Des. Gomes Varjão, j. 25/8/2014).

"Não há que se falar em inspeção judicial, pois exame pericial foi realizado em audiência, na presença do magistrado e das partes. Ine-

Art. 483

xistência de outras provas a serem analisadas. Cerceamento de defesa não caracterizado." (TJSP, Ap nº 0004667-95.2010.8.26.0000/São Paulo, 16ª Câm. Dir. Priv. Rel. Des. Antônio Tadeu Ottoni, j. 8/10/2013).

"Ação de nunciação de obra nova. Decisão que rejeita embargos de declaração opostos pelos autores. Magistrado que, em inspeção judicial, acompanhado por engenheiro civil de sua confiança, constatou que a construção em terreno vizinho não acarreta prejuízos significativos ao imóvel dos agravantes. Descabimento do embargo da obra. Recurso desprovido." (TJSP, AI nº 0064115-16.2012.8.26.0000/São Carlos, 30ª Câm. Dir. Priv. Rel. Des. Marcos Ramos, j. 18/7/2012).

"Agravo de instrumento. Ordem judicial de que os possuidores de imóvel rural permitam o seu georreferenciamento. Admissibilidade. Dever geral de colaboração processual. Incidência do art. 339 do CPC. Possibilidade de inspeção judicial da área com o auxílio de perito. Incidência dos artigos 440 e 441 do CPC. Agravo desprovido."(TJSP, AI nº 0296892-07.2011.8.26.0000/Miracatu, 11ª Câm. Dir. Priv. Rel. Des. Rômulo Russo, j. 10/5/2012).

> **Art. 483.** O juiz irá ao local onde se encontre a pessoa ou a coisa quando:
>
> **I** – julgar necessário para a melhor verificação ou interpretação dos fatos que deva observar;
>
> **II** – a coisa não puder ser apresentada em juízo sem consideráveis despesas ou graves dificuldades;
>
> **III** – determinar a reconstituição dos fatos.
>
> **Parágrafo único.** As partes têm sempre direito a assistir à inspeção, prestando esclarecimentos e fazendo observações que considerem de interesse para a causa.

▶ *Referência: CPC/1973 – Art. 442*

1. Confronto com a disciplina anterior

A redação do dispositivo legal segue praticamente a mesma do Código revogado, com apenas duas pequenas modificações sem relevância jurídica. Por um lado, na parte inicial, retirou-se o par de vírgulas que, indevidamente, isolava a oração subordinada *onde se encontre a pessoa ou coisa;* e, ao final do parágrafo único, em opção de mera sinonímia, trocou-se o verbo

"reputar" pelo "considerar" no tocante ao juízo de relevância das partes acerca de eventuais esclarecimentos e observações.

2. Local de realização da inspeção judicial

Em princípio, os atos processuais se realizam na sede do juízo, salvo razões ligadas à deferência, interesse da justiça, natureza do ato ou obstáculo de outra ordem devidamente reconhecido pela autoridade judicial (art. 217 do CPC); é o que também deverá ocorrer no tocante à inspeção, com o deslocamento da pessoa ou da coisa móvel a ser inspecionada e sua apresentação ao juiz.

O art. 483 não se preocupa em enunciar a regra, cuidando apenas de situações excepcionantes, e em caráter exemplificativo. Tampouco se preocupou em explicitar dentre elas a situação, óbvia por si só, de constituir o objeto da inspeção coisa *imóvel.*

Quanto aos demais exemplos tomados pelo legislador, o juízo de conveniência em torno da melhor verificação ou interpretação dos fatos a serem observados (inciso I) acaba, pela abertura da redação, por dar margem a uma gama variadíssima de possibilidades. É interessante notar, de todo modo, que o legislador não se ocupa, aqui, da observação direta de registros materiais ou de características físicas de pessoas ou coisas, mas sobretudo de elementos circunstanciais ou contextuais que contribuam para a compreensão acerca da existência ou do modo de ser dos fatos em investigação (suposta aqui, por evidente, a existência de um padrão de repetição e de uma constância capazes de conferir à observação atual informações úteis quanto a fato verificado em momento histórico distinto). Reforça-se assim a observação, objeto dos comentários ao art. 481, em torno da amplitude da inspeção judicial, que pode superar a busca de elementos diretos de prova e se contentar com elementos secundários úteis não apenas à interpretação dos fatos como também, eventualmente, até mesmo ao tratamento de provas produzidas por outros meios (como nos exemplos da inspeção determinada para suprir uma dúvida proporcionada por observações inseridas em laudo pericial ou voltada a averiguar a viabilidade material da versão de determinada testemunha que diga ter presenciado o evento a partir de determinado local).

No tocante a pessoas, embora a inspeção normalmente se prenda a aspectos físicos, pode dizer respeito também a questões comportamentais de cunho mais simples, que dispensem um estudo sociopsíquico especializado, e nesse contexto pode preferir o juiz observar a pessoa (p. ex., crianças) no ambiente em que vive ou em que se desenvolveram os fatos objeto do litígio.

Outro obstáculo referido pelo texto legal diz respeito à impossibilidade de apresentação da coisa em juízo sem consideráveis despesas ou graves dificuldades (inciso II). Volta-se aqui ao terreno da inspeção direta de determinado objeto, em relação ao qual entraves diversos de ordem prática ou econômica em relação ao transporte à sede do juízo acabem por inviabilizá-lo ou fortemente desaconselhá-lo. Pode-se pensar no deslocamento de objetos móveis de grande dimensão, ou que não possam sem risco de dano ser separados de determinada estrutura ou transportados de um local a outro, ou ainda objetos especialmente frágeis; do mesmo modo, em relação a semoventes, o transporte de animais de grande porte ou que ofereçam risco ao público.

Mas, a despeito da referência literal do inciso II a *coisas*, aplicam-se os problemas ali referidos também a *pessoas*, bastando pensar no deslocamento de pacientes acamados. Situação bastante típica é a da *entrevista* cogitada pelo art. 751, *caput*, do CPC, em relação à pessoa do interditando (o art. 1.181 do CPC/73 usava o termo *interrogar*), no procedimento de interdição; na impossibilidade de comparecimento, o juiz se desloca do local de residência ou internação, acabando a entrevista por se converter, em muitos casos, em uma simples inspeção judicial constatatória do estado vegetativo do paciente.

Finalmente, trata o legislador da hipótese de **reconstituição dos fatos** (inciso III), cujo enquadramento na noção de inspeção judicial se mostra duvidoso. A reconstituição é na verdade uma *representação do fato*, promovida por pessoas com ele diretamente envolvidas, com características de prova *atípica*, nem sequer pressupondo o acompanhamento direto por juiz e não ficando sacrificada em sua essência se simplesmente documentada e reproduzida em tais termos nos autos. Normalmente ocorre fora do ambiente forense – mais precisamente no local em que se deu o fato a ser apurado –, o que todavia não basta, considerando as situações de inspeção externa objeto do presente dispositivo, para autorizar a equiparação das duas figuras.

2.1. Inspeção judicial e precatória

O deslocamento da inspeção para local diverso da sede do juízo pode todavia acarretar dificuldades de outra ordem se se considera a possibilidade de a pessoa, coisa ou local a serem examinados se encontrarem fora da área territorial delimitadora da comarca ou seção judiciária. Em princípio, cada juiz pratica os atos processuais pertinentes a um determinado processo dentro da própria base territorial, fora daí necessitando, quando o caso, valer-se de atos de cooperação por parte de outros juízes, normalmente solicitados por meio da expedição de carta precatória (CPC, arts. 67/69, 236, § 1º, e 237, III).

Não deixa, entretanto, de causar estranheza a perspectiva de realização da inspeção em tais termos, ante as próprias características desse meio de prova, com acentuado cunho pessoal, e a relevância da impressão a ser provocada no próprio juiz da causa para o esclarecimento dos fatos, mediante o contato direto com a pessoa, coisa ou ambientes.

Conforme o caso, se inevitável esse contato (por exemplo, em se tratando de eliminar dúvida pessoal pendente após a produção de outras provas, não se vê de que forma delegar a outro magistrado a tarefa de eliminar o dilema subjetivo), poderá inclusive a própria inspeção restar prejudicada em virtude do óbice territorial, valendo-se então o juiz de outros instrumentos acaso disponíveis para obter a informação ou esclarecimentos desejados.

Pode ocorrer, todavia, de a diligência se referir a um dado objetivo simples de ser verificado por qualquer pessoa e facilmente transmissível mediante descrição singela, hipótese em que se mostrará natural confiá-la ao juiz da situação do imóvel ou domicílio da parte, por exemplo.

O que importa destacar que não há vinculação funcional a atrelar, em caso de inspeção judicial, o juiz que a realizou à decisão da causa, o que não apenas torna perfeitamente possível em termos formais a inspeção por precatória como também autoriza, em caso de sucessão de juízes ao longo de um processo, que um julgue a demanda a partir de inspeção realizada pelo outro, sem prejuízo da opção por mandar repetir a prova (e, em face dessa dissociação pessoal, assoma a relevância da adequada lavratura do auto circunstanciado de que trata o art. 484 do CPC).

Art. 484

3. Acompanhamento pelas partes

O parágrafo único trata de matéria a rigor desvinculada da temática do corpo do dispositivo. Qualquer que seja o lugar em que realizada a inspeção, com efeito, assegura-se às partes o direito de acompanhamento da diligência, com a prestação de esclarecimentos e a realização de observações diretas de interesse ao ato. Esses esclarecimentos e observações serão feitos informalmente e não necessariamente registrados, salvo quanto a aspectos relevantes observados pelas partes, ou a requerimentos feitos ou incidentes surgidos durante a diligência (a respeito, vejam-se os comentários ao art. 484).

O direito de estar presente toca, evidentemente, não só às partes como também a seus procuradores, destacando aliás Moacyr Amaral Santos, de forma acertada, que excepcionalmente, para preservação da dignidade da pessoa examinada, poderá o juiz excluir o acompanhamento direto pela parte adversa, restringindo a presença ao ato do procurador e de eventual assistente técnico dessa última (*Comentários ao Código de Processo Civil*, IV vol., p. 364).

Jurisprudência

"A utilização da **inspeção judicial** como meio de prova se justifica sempre que houver necessidade de o magistrado melhor avaliar ou esclarecer um fato controvertido, ou seja, naquelas situações em que essa percepção não puder ser obtida pelos outros meios de prova comumente admitidos no processo. No caso concreto, contudo, analisando os fundamentos do Acórdão recorrido, o que se verifica é que a expressão "inspeção pessoal" não foi utilizada pelo Relator no sentido técnico-jurídico a que alude o artigo 440 e seguintes do CPC. Até porque, não se reportou ele a nenhum fato controvertido específico que tivesse ficado esclarecido com a sua visita ao local do acidente. O que se depreende é que a conclusão a que chegou o Órgão colegiado quanto à responsabilidade do preposto do réu pelo atropelamento decorreu da análise de todo o conjunto probatório coligido nos autos, notadamente, do depoimento testemunhal e das informações contidas no laudo cadavérico, não se podendo inferir que a mencionada "inspeção judicial", tenha sido determinante para a solução da causa. Em consequência, não tendo havido a realização de "inspeção judicial", no sentido técnico da

palavra, esmaece a alegação de que não teriam sido observados os seus requisitos, na forma do que dispõem os artigos 440, 442 e 443 do CPC, a justificar a nulidade do julgado." (STJ, AgRg no REsp nº 1.110.215/RJ, 3ª T., Rel. Min. Sidnei Beneti, j. 27/10/2009, *DJe* 6/11/2009).

"AÇÃO DE OBRIGAÇÃO DE FAZER. Adaptação física de escola ao uso de deficiente com cumulação de pedido de indenização por dano moral. 1. Da inexistência de prazo a medear designação, intimação e realização de inspeção judicial não há como cogitar de nulidade quando é esta designada na véspera, mesmo dia em que foram as partes intimadas. 2. Nos termos em que posta a contrariedade frente a pedido de indenização por dano moral, ocorreu cerceamento de defesa subjacente ao indeferimento da prova cuja produção foi pleiteada pelo Estado. 3. Agravo retido parcialmente provido, prejudicada a apelação." (TJSP, Ap. nº 0002306-76.2007.8.26.0266/ Itanhaém, 7ª C. Dir. Público, Rel. Des. Coimbra Schmidt, j. 14/2/2011).

> **Art. 484.** Concluída a diligência, o juiz mandará lavrar auto circunstanciado, mencionando nele tudo quanto for útil ao julgamento da causa.
>
> **Parágrafo único.** O auto poderá ser instruído com desenho, gráfico ou fotografia.

▶ *Referência: CPC/1973 – Art. 443*

1. Razão de ser do auto

Diferentemente do que ocorre na exibição de documento ou coisa, em que, se realizada a apresentação em cartório, deverá em condições normais apenas ser documentado o fato da exibição e identificado o que foi exibido, sem necessidade de maior detalhamento em torno do conteúdo ou características gerais (vejam-se a respeito os comentários ao art. 398), no tocante à inspeção, exige a lei que se lavre auto circunstanciado e que nele sejam registradas todas as informações úteis ao julgamento da causa.

No primeiro caso, a própria parte interessada normalmente se encarregará de, na medida do necessário, registrar e documentar nos autos as informações, proporcionadas pelo exame, de que se queira valer em termos argumentativos; na inspeção, diversamente, o ato se volta antes de mais nada à pessoa do juiz, de quem todavia não se poderia admitir que somente na sentença viesse a indicar as impressões extraídas do contato com a fonte de prova, qualquer que seja ela.

Ainda, assim, que a inspeção possa, no momento mesmo em que realizada, solucionar no plano da convicção íntima do juiz eventuais dúvidas que pudesse ter, o fato é que, formalmente, a prova estará incorporada aos autos, legitimando seu emprego como material de julgamento, mediante a lavratura do auto circunstanciado. Até aí, as informações obtidas integrarão o conhecimento pessoal do juiz, mas não serão *prova constante dos autos* e, pelas razões expostas nos comentários ao art. 371, não poderão por ele ser consideradas.

Por outro lado, o auto também se presta à conservação da prova, aspecto inseparável de qualquer ato de documentação, e que serve no caso não apenas à memória do próprio juiz envolvido na inspeção acerca das coisas examinadas, mas sobretudo a possibilitar o acesso ao material por outros julgadores que não tenham tomado parte na inspeção (hipótese de julgamento da causa por juiz diverso, além da possibilidade de atuação de órgãos recursais).

Além do ingresso e conservação da prova, outrossim, tem o registro dos fatos, do ponto de vista das partes, importante função ligada ao contraditório, em dupla vertente: de um lado, permite o conhecimento das impressões do juiz, permitindo que as partes, cientes dos aspectos documentados e do modo como registrados, possam em torno dele argumentar, e de outro lado possibilita a impugnação ao teor do próprio auto, visando corrigir imprecisões ou nele fazer constar aspectos relevantes que tenham sido omitidos, especialmente considerando o direito que assiste às partes de acompanhar a inspeção (art. 483, parágrafo único).

2. Conteúdo

O legislador absteve-se de dizer exatamente o que deva constar do documento, mas ao mencionar aspectos úteis ao *julgamento da causa* deu ênfase, inegavelmente, aos elementos tipicamente instrutórios fruto da observação da pessoa ou coisa inspecionadas. Não há necessidade, em tal sentido, de que o auto se preste a registro detalhado de aspectos operacionais da diligência, nem mesmo se justifica que se abra nele espaço para manifestações das partes, que poderão depois ser externadas nos autos em

momento adequado. Havendo todavia incidente, por exemplo relativo a algum requerimento que reste desatendido pelo juiz, é intuitivo deva ser consignado no auto de inspeção, pois que aí se trará de documentar a própria decisão judicial, quiçá passível de recurso, e a postulação correlata.

Do ponto de vista da autoridade judicial, espera-se que registre os fatos e detalhes observados de forma tanto mais objetiva quanto possível, não se justificando nesse momento qualquer juízo valorativo, visto que a inspeção se destina tão somente à colheita da prova, não à sua interpretação. O grau de minúcia da descrição será diretamente influenciado pela complexidade do objeto a ser examinado e dos próprios aspectos fáticos de interesse ao litígio.

O auto por fim, além do juiz, será subscrito por todos quantos tenham acompanhado o ato, tais como partes, advogados, eventuais peritos e assistentes técnicos, bem como o serventuário responsável pela confecção material do documento.

3. Instrução do auto

Não guardando forma rígida, poderá o auto de inspeção, segundo o parágrafo único, vir acompanhado de elementos materiais que facilitem a percepção do objeto da diligência, para além da mera descrição escrita. Menciona o legislador, em termos meramente exemplificativos, a elaboração de desenho ou gráfico (nada impedindo que sejam inclusive feitos pelo perito acaso convocado a acompanhar o ato), além da tomada de fotografia, mas não há dúvida de que quaisquer outros elementos sensíveis podem ser utilizados para a documentação da os fatos e respaldar as observações feitas pelo juiz, como vídeos, gravação de sons etc.

4. Ausência ou defeito

Em princípio, como já dito, o auto circunstanciado é o meio regular a legitimar o ingresso da prova nos autos e a utilização pelo juiz, como elemento de convicção, das informações obtidas ao exame pessoal da pessoa ou coisa. Mas não se pode conferir valor absoluto a essa forma de documentação, excluindo de forma inexorável a possibilidade de aproveitamento da prova caso omitida a providência. Preservado o contraditório, pode haver conforme as circunstâncias outros modos de

Art. 485

inserção do elemento probatório, como por exemplo declaração do próprio juiz, por meio de despacho, do resultado de verificação pessoal que tenha realizado, especialmente se acerca do fato constatado não houver divergência pelas partes, ou se for ele de fácil verificação também pelos litigantes. Hipótese mencionada pela jurisprudência é a de não ser a inspeção desacompanhada de auto circunstanciado a única referência acerca do fato, prestando-se apenas a corroborar outras provas obtidas no caso concreto por meios distintos.

Pede cautela também o exame de possíveis defeitos formais como a falta de assinatura de algum dos presentes na diligência de inspeção; em princípio, a omissão de alguma das firmas não será por si só causa de nulidade, senão mera irregularidade, salvo em se tratando da assinatura do juiz. Mesmo quanto a essa última, entretanto, eventual lapso ocorrido no momento da confecção do auto não impede que o juiz participante posteriormente venha a supri-lo, firmando o documento e corroborando o teor das informações nele lançadas.

Jurisprudência

"1. A ausência do auto circunstanciado, lavrado a partir da diligência feita pelo juiz, não é capaz de macular a sentença quando, como no caso dos autos, outras provas forem suficientes à formação da convicção do julgador. 2. A jurisprudência desta Corte consagrou o entendimento segundo o qual o enunciado do art. 459, parágrafo único, do CPC, deve ser interpretado em consonância com o princípio do livre convencimento, de sorte que, não estando o juiz convencido da extensão do pedido certo formulado pelo autor, pode reconhecer-lhe o direito, remetendo as partes para a liquidação. Precedentes." (STJ, AgRg no Ag nº 676.160/MG, 4ª T., Rel. Min. Maria Isabel Gallotti, j. 23/22/2010, DJe 17/12/2010).

CAPÍTULO XIII
DA SENTENÇA E DA COISA JULGADA

Seção I
Disposições gerais

Art. 485. O juiz não resolverá o mérito quando:

I – indeferir a petição inicial;

II – o processo ficar parado durante mais de 1 (um) ano por negligência das partes;

III – por não promover os atos e as diligências que lhe incumbir, o autor abandonar a causa por mais de 30 (trinta) dias;

IV – verificar a ausência de pressupostos de constituição e de desenvolvimento válido e regular do processo;

V – reconhecer a existência de perempção, de litispendência ou de coisa julgada;

VI – verificar ausência de legitimidade ou de interesse processual;

VII – acolher a alegação de existência de convenção de arbitragem ou quando o juízo arbitral reconhecer sua competência;

VIII – homologar a desistência da ação;

IX – em caso de morte da parte, a ação for considerada intransmissível por disposição legal; e

X – nos demais casos prescritos neste Código.

§ 1º Nas hipóteses descritas nos incisos II e III, a parte será intimada pessoalmente para suprir a falta no prazo de 5 (cinco) dias.

§ 2º No caso do § 1º, quanto ao inciso II, as partes pagarão proporcionalmente as custas, e, quanto ao inciso III, o autor será condenado ao pagamento das despesas e dos honorários de advogado.

§ 3º O juiz conhecerá de ofício da matéria constante dos incisos IV, V, VI e IX, em qualquer tempo e grau de jurisdição, enquanto não ocorrer o trânsito em julgado.

§ 4º Oferecida a contestação, o autor não poderá, sem o consentimento do réu, desistir da ação.

§ 5º A desistência da ação pode ser apresentada até a sentença.

§ 6º Oferecida a contestação, a extinção do processo por abandono da causa pelo autor depende de requerimento do réu.

§ 7º Interposta a apelação em qualquer dos casos de que tratam os incisos deste artigo, o juiz terá 5 (cinco) dias para retratar-se.

▶ *Referência: CPC/1973 – Art. 267*

1. Antecedentes legais

Em sua primeira redação, o CPC/1973 conceituava a sentença como "o ato pelo qual o juiz põe termo ao processo, decidindo ou não o mérito da causa" (art. 162, § 1º). Em outras palavras, o que caracterizava a sentença era sua função extintiva do processo e não o seu conteúdo. À época, entendia-se que cada modalidade de tutela jurisdicional (de conhecimento, de execução ou cautelar) haveria de ser prestada em um processo autônomo, com relação processual e procedimento próprios e, mais, encerrado por uma sentença, ainda que desprovida de conteúdo de mérito. Coerentemente, o CPC/1973 elencava, nos arts. 267 e 269, as hipóteses em que o juiz extinguiria o processo, sem ou com julgamento do mérito, respectivamente.

A Lei 11.232/2005 alterou substancialmente esse quadro. Visando a romper com o sistema segundo o qual cada modalidade de tutela jurisdicional haveria de ser prestada em um processo autônomo – inaugurado mediante o exercício do direito de ação, seguido de citação e encerrado por sentença –, referida lei estabeleceu um modelo sincrético, admitindo que uma primeira *fase*, de conhecimento, fosse sucedida por outra, destinada ao cumprimento da sentença prolatada naquela. Assim, uma sentença condenatória, por exemplo, proferida na fase de conhecimento, passou a ser cumprida em uma fase subsequente do mesmo processo, independentemente de nova ação e de nova citação. Era o fim da chamada execução *ex intervallo*.

Para tanto, foi necessário alterar o conceito legal de sentença, subtraindo-lhe o elemento extintivo do processo. Por força da Lei 11.232/2005, o art. 162, § 1º, do CPC/1973 passou a dispor que "sentença é o ato do juiz que implica alguma das situações previstas nos arts. 267 e 269 desta Lei". Note-se que o dispositivo legal deixou de caracterizar a sentença por sua função de extinguir o processo, passando a fazê-lo em razão de seu conteúdo, com remissões aos arts. 267 e 269 e às hipóteses neles previstas.

O conceito de sentença, dado pela Lei 11.232/2005, não restou livre de críticas, especialmente porque, literalmente considerado, levava a crer, por exemplo, que um pronunciamento de prescrição, exarado na decisão declaratória de saneamento do processo, fosse considerado sentença e, por conseguinte, atacável por meio de apelação. Foi preciso que a doutrina e a jurisprudência demonstrassem que a mencionada lei não tivera o propósito de alterar o sistema recursal, mas apenas o de, frise-se uma vez mais, permitir que o conhecimento e o cumprimento da sentença pudessem dar-se no âmbito de um só e único processo.

A mesma lei promoveu alterações nos arts. 267 e 269 do CPC/1973. Em ambos, o vocábulo *julgamento* foi substituído por *resolução*, indubitavelmente mais preciso, uma vez que, de rigor, o mérito da causa só era propriamente *julgado* quando o juiz acolhesse o rejeitasse o pedido do autor (art. 269, inciso I). Nas demais situações previstas no art. 269 (incisos II a V), o juiz não julgava o mérito, isto é, não emitia juízo de valor sobre a pretensão processual deduzida na petição inicial. De fato, ao homologar manifestações de vontade de uma ou de todas as partes e mesmo ao pronunciar a decadência ou a prescrição, o juiz emitia um ato decisório que, conquanto tivesse o condão de *resolver* o mérito da causa, não analisava a procedência ou a improcedência do pedido inicial. Além disso, a Lei 11.232/2015 suprimiu do art. 269 o elemento extintivo do processo, harmonizando-o com o § 1º do art. 162. Onde se lia "extingue-se o processo com julgamento de mérito", o art. 269 do CPC/1973 passou a dispor que, nas hipóteses elencadas em seus incisos, "haverá resolução de mérito". Curiosamente, o art. 267 não foi alterado no particular, continuando a aludir à extinção do processo, como se, nas situações ali compreendidas, nada pudesse seguir-se à sentença.

Sob outro aspecto, a Lei 11.232/2005 não promoveu alterações na disciplina da *tutela cautelar*, cuja prestação continuou a pressupor, como regra, o exercício do direito de ação e a instauração de processo autônomo, nos termos do art. 796 e seguintes do CPC/1973. Excepcionalmente, admitia-se a adoção de medidas cautelares no bojo do processo principal, como se via, por exemplo, no § 7º do art. 273.

2. A sentença no atual Código de Processo Civil

O art. 203, § 1º, do CPC estabelece que, "ressalvadas as disposições expressas dos procedimentos especiais, sentença é o pronunciamento por meio do qual o juiz, com fundamento nos arts. 485 e 487, põe fim à fase cognitiva do procedimento comum, bem como extingue a execução".

Como se vê, o CPC não insistiu na infeliz redação dada pela Lei 11.232/2005 ao § 1º do art. 162 do CPC/1973. Malgrado tenha mantido as remissões às hipóteses de sentenças sem resolução do mérito e com resolução do mérito, o art. 203, § 1º, do CPC recoloca em evidência a

Art. 485

função extintiva da sentença como seu elemento caracterizador, agora, porém, em outros termos. Independentemente de prover ou não sobre o mérito, sentença é o pronunciamento judicial que extingue: a) a *fase* cognitiva do procedimento comum; ou b) a execução. A redação ainda não é perfeita, pois o uso da expressão "bem como" pode sugerir que a sentença extinguiria, a um só tempo, a fase cognitiva do procedimento comum e a execução, interpretação que, todavia, deve de pronto ser afastada pelo absurdo que encerra.

Sob outro prisma, é fundamental atentar que mesmo a sentença que extingue a execução pode ser sucedida de uma fase de cumprimento. É o que se tem, por exemplo, na hipótese em que o juiz, acolhendo alegação de ilegitimidade de parte (CPC, art. 525, § 1º, inciso II), extingue a execução e condena o exequente ao pagamento das verbas decorrentes da sucumbência. Nesse caso, o executado originário poderá promover, no mesmo processo, o cumprimento da sentença, a fim de haver de seu adversário o crédito nela reconhecido.

No âmbito dos arts. 485 e 487, o CPC manteve a noção de *resolução* do mérito, abandonando de vez o vocábulo *julgamento*, usado na primeira redação do CPC/1973. Sem aludirem a qualquer força extintiva – mesmo porque desnecessária à vista do que reza o § 1º do art. 203 –, aqueles artigos limitam-se agora a enumerar as hipóteses em que haverá ou não resolução do mérito.

Importa ressaltar que, mesmo quando fundamentado no art. 487 ou no art. 489 do CPC, não será sentença o pronunciamento judicial que não extinguir a fase cognitiva do procedimento comum ou a execução. Em tal hipótese, ter-se-á uma *decisão interlocutória*, como resulta do § 2º do art. 203 do CPC, circunstância que, por si só, afasta o cabimento do recurso de apelação. É o que se tem, por exemplo, no pronunciamento que, sem extinguir a fase cognitiva do procedimento comum ou a execução, reconhecer a ilegitimidade de um dos litisconsortes, excluindo-o da relação processual, caso em que caberá agravo de instrumento (CPC, art. 1.015, inc. VII), como, por sinal, já decidiu o Superior Tribunal de Justiça (v. jurisprudência *infra*).

3. Sentenças terminativas e sentenças definitivas

Durante a vigência da primeira redação do CPC/1973, mereceu grande realce a classificação das sentenças em *terminativas* (ou *meramente terminativas*) e *definitivas*. As primeiras limitavam-se a extinguir o processo, sem prover sobre o mérito da causa e não produzindo coisa julgada material (CPC/1973, art. 267); as últimas, além de extinguirem o processo, resolviam o mérito da causa e produziam coisa julgada material (CPC/1973, art. 269).

Mesmo com a superveniência da Lei 11.232/2005, que, como dito, subtraiu da sentença o elemento extintivo do processo, a classificação das sentenças em terminativas e definitivas não perdeu relevo, porquanto mantida a dualidade entre as sentenças proferidas *sem* resolução do mérito e as exaradas *com* resolução do mérito.

No CPC, a par ser mantida tal distinção – como se vê nos arts. 485 e 487 –, o resgate, de certo modo, da função extintiva exercida pela sentença reforça aquela tradicional classificação, podendo-se afirmar que as sentenças *terminativas* cingem-se a extinguir a fase cognitiva do procedimento comum ou a execução, sem resolução do mérito, enquanto as sentenças *definitivas*, indo além das primeiras, resolvem o mérito da causa.

Muito se debateu acerca do conceito de mérito. Na Exposição de Motivos do CPC/1973, o então Ministro da Justiça, Alfredo Buzaid, afirmou que se adotou, no texto, o vocábulo *lide* para designar o mérito da causa. Daí se falar, por exemplo, em julgamento antecipado da *lide* (ver CPC/1973, art. 330). Seguiu-se a linha de pensamento de Francesco Carnelutti, para quem lide é o conflito de interesses qualificado pela pretensão de um dos litigantes e pela resistência do outro. Nessa ordem de ideias, afirma-se que a lide seria o objeto principal do processo; e que o julgamento da lide constituiria uma sentença definitiva de mérito.

Processualistas mais modernos, contudo, inspirados pela doutrina alemã, sustentam que o mérito é o *pedido*, vale dizer, a pretensão à emissão do provimento jurisdicional desejado. Este seria, propriamente, o objeto do processo (por todos, Cândido Rangel Dinamarco, O conceito de mérito em processo civil, *Fundamentos do processo civil moderno*, v. 1, p. 232-276). Não por outra razão, o CPC, no art. 355, alude a julgamento antecipado *do mérito* (e não mais *da lide*); e, no respectivo texto, o dispositivo deixa claro que o objeto do julgamento de mérito é o *pedido* inicial.

De um modo ou de outro, pode-se afirmar, sem temor de erro, que o conceito de mérito é estritamente processual, não dizendo respeito ao direito material. Tanto é verdade que em determinados processos o mérito não guarda, sequer indiretamente, relação com o direito material. Tomem-se, como exemplos, os embargos à execução em que se discuta tão somente a incorreção da penhora ou da avaliação (CPC, art. 917, inc. II); e as ações rescisórias em que se alegue ofensa à coisa julgada (CPC, art. 966, inc. IV) ou nulidade da sentença por descumprimento do dever de fundamentação (CPC, art. 966, inc. V c/c art. 489, inc. II). Em todos esses casos, o julgamento de mérito envolve unicamente matéria processual.

4. O indeferimento da petição inicial

No âmbito do art. 485 do CPC, a primeira hipótese de pronunciamento judicial sem resolução do mérito é a do indeferimento da petição inicial (ver art. 330). Ao examinar a petição inicial, o juiz realiza um primeiro juízo de admissibilidade da demanda. Verificando, ainda antes do chamamento do réu, que a demanda não reúne os requisitos necessários à emissão do provimento jurisdicional pretendido, o juiz não deve dar seguimento ao processo, o que de resto seria mesmo inútil.

Assim, indefere-se a petição inicial inepta (art. 330, inc. I e § 1º), bem assim a que evidencie a ilegitimidade de parte ou a ausência de interesse processual (art. 330, inc. II e III). Também deve ser indeferida a inicial irregular, não emendada ou completada no prazo de quinze dias (art. 330, inc. IV c/c arts. 106 e 321; e, no âmbito do processo de execução, art. 801 c/c art. 924, inc. I).

Comparado com o CPC/1973, o CPC apresenta, no particular, algumas inovações:

a) a *prescrição* e a *decadência* deixam de integrar o rol das hipóteses de indeferimento da petição inicial; doravante, verificada de pronto qualquer dessas duas figuras, o juiz dará pela *improcedência liminar do pedido* (art. 332, § 1º);

b) a *impossibilidade jurídica do pedido* deixa de integrar as hipóteses de inépcia da petição inicial e, de resto, o rol das condições da ação (ver comentários ao inc. VI, *infra*);

c) passa a configurar inépcia da inicial a formulação de pedido indeterminado, ressal-

vadas as hipóteses legais em que se permite o pedido genérico (art. 330, inc. II);

d) nas ações que tenham por objeto a revisão de obrigação decorrente de empréstimo, de financiamento ou de alienação de bens, o autor terá de, sob pena de inépcia, discriminar na petição inicial, dentre as obrigações contratuais, aquelas que pretende controverter, além de quantificar o valor incontroverso do débito (art. 330, § 2º).

Note-se, ainda, que, além das hipóteses previstas no art. 330, o CPC contempla outras três que também ensejam o indeferimento da petição inicial:

a) o descumprimento da determinação de emenda, em cinco dias, no procedimento da tutela antecipada requerida em caráter antecedente (art. 303, § 6º);

b) a inobservância, na petição inicial da ação monitória, do § 2º do art. 700; e

c) a ausência, na ação rescisória, do depósito previsto no art. 968, *caput*, inciso II.

5. O abandono do processo

Malgrado vigore, em nosso sistema, o princípio do impulso oficial (ver CPC, art. 2º), dúvida não há de que, por vezes, o processo não tem como prosseguir senão mediante o concurso de uma ou de ambas as partes. Providências ou diligências a serem tomadas pelos interessados podem ser imprescindíveis à marcha processual.

Em casos que tais, não havendo, em absoluto, possibilidade de o feito seguir seu curso apenas por impulso do juiz, é legítima a exigência oficial no sentido de impor ao interessado a adoção da providência ou diligência faltante.

Suponha-se, por exemplo, que, não mais residindo o réu no local indicado para citação, o autor deixe de fornecer o novo endereço e omita-se em promover a citação editalícia. Não cabe ao juiz diligenciar a localização do réu e tampouco determinar, de ofício, a citação por edital. O prosseguimento do feito depende de providência do autor. Se ele, apesar de intimado, deixar de tomar a providência necessária e abandonar por mais de 30 dias o processo, este poderá vir a ser extinto, sem resolução do mérito.

O Código estabelece, outrossim, que também caberá prolação de sentença terminativa se o processo permanecer parado por mais de um ano, por negligência das partes.

Em qualquer dessas situações, caberá ao juiz determinar a intimação pessoal da parte omissa, para que supra a falta no prazo de cinco dias, sob pena de ser extinto o processo sem resolução do mérito (ver § 1º desse mesmo artigo).

Essa intimação não é dirigida ao advogado, mas à própria parte. Intimação pessoal é, em princípio, aquela feita pelo oficial de justiça, em cumprimento a mandado ou carta (precatória, rogatória, de ordem ou arbitral); também o é a realizada pelo escrivão, em cartório; e, ainda, a efetivada pelo juiz, em audiência. Há entendimento no sentido de que também é intimação pessoal a feita pelo correio, o que é, no mínimo, discutível. Estando a parte em lugar incerto ou ignorado, a comunicação deve ser feita por meio de edital.

Extinto o processo pelo abandono, as custas serão pagas pelo autor e pelo réu, proporcionalmente, no caso do inciso II; já no caso do inciso III, o autor arcará com o pagamento das custas, das despesas e, ainda, dos honorários do patrono do réu. Aplica-se, aí, o princípio da causalidade, impondo-se tais ônus àquele que dá causa à extinção do processo.

Na vigência do CPC/1973, o STJ sumulou o entendimento de que, para a extinção do processo com fulcro no inciso III do artigo em análise, é necessário pedido do réu (ver Súmula 240, *infra*). Posteriormente, o próprio Tribunal passou a ressalvar que, enquanto não operada a citação ou cuidando-se de execução fiscal não embargada, o juiz pode decretar de ofício a extinção do processo fundada no abandono pelo autor (ver jurisprudência *infra*). Atento a isso, o legislador de 2015 estabeleceu clara e expressamente que, oferecida a contestação, a extinção do processo por abandono da causa pelo autor depende de requerimento do réu (§ 6º do artigo em análise).

6. Ausência de pressuposto de constituição e de desenvolvimento válido e regular do processo

O juiz não pode prover sobre o mérito em processo que não se haja constituído e desenvolvido válida e regularmente. Deveras, de nada adiantaria emitir-se pronunciamento meritório em processo nulo. Sendo nulo o instrumento, o pronunciamento dele originado também o será.

Ao conceber a teoria da relação jurídica processual, em livro publicado na segunda metade do século XIX (A teoria das exceções processuais e os pressupostos processuais), Oskar Von Bullow defendeu que a constituição desse liame depende do concurso de certos pressupostos, sem os quais não chega a existir o processo.

Posteriormente, já no curso do século XX, Enrico Tullio Liebman percebeu que, além dos pressupostos de constituição do processo, há outros, necessários a seu desenvolvimento válido e regular. Daí a expressão adotada pelo legislador brasileiro: pressupostos de constituição e de desenvolvimento válido e regular do processo.

A partir da lição de Galeno Lacerda, inserta em obra clássica (*Despacho saneador*), afirma-se que os pressupostos de constituição e de desenvolvimento válido e regular do processo podem ser assim classificados:

6.1. Pressupostos processuais subjetivos

a) Relativos ao juiz: investidura na jurisdição; imparcialidade; e competência.

A investidura na jurisdição é essencial para que haja processo. Se o julgador não for regularmente investido do poder estatal de prestar a jurisdição, nem sequer se formará a relação processual.

Além de investido na jurisdição, o juiz há de ser imparcial, vale dizer, deve estar a salvo dos motivos que ensejariam seu impedimento ou sua suspeição (ver CPC, arts. 144 e ss).

Ainda, o órgão jurisdicional deve – de acordo com as normas processuais positivadas – ser dotado de competência para processar e julgar o feito.

b) Relativos às partes: capacidade de ser parte; capacidade de estar em juízo (ou capacidade processual); e capacidade postulatória.

Quanto aos sujeitos do contraditório, é preciso, antes de tudo, que tenham capacidade de serem partes. Essa capacidade refere-se à possibilidade de titularizarem-se direitos. Podem, portanto, ser partes as pessoas naturais, as pessoas jurídicas e também os entes que, apesar de desprovidos de personalidade, possuem, nos termos da lei, autorização para figurar na relação processual (o espólio, a massa falida, a herança jacente etc.).

Não basta, porém, a capacidade de ser parte; é preciso que o ocupante de polo da relação jurídica processual tenha capacidade de estar em juízo. Uma criança, por exemplo, pode ser parte, porquanto dotada da capacidade de titularizar direitos; mas não pode, por si, praticar validamente atos processuais, como de resto não pode praticar validamente os da vida civil. Ela precisa, pois, de um representante legal, nos termos da lei. O mesmo ocorre com as pessoas jurídicas, que exercem os poderes e faculdades e sujeitam-se aos ônus inerentes à relação processual por meio de quem detiver poderes para tanto, na conformidade de seus atos constitutivos.

A par dessas duas capacidades, é mister, ainda, a capacidade postulatória. A parte será representada em juízo por advogado regularmente inscrito na Ordem dos Advogados do Brasil (ver arts. 103 e ss.), profissional a quem incumbe, de regra, a postulação perante os órgãos do Poder Judiciário (ver Lei 8.906/1994, art. 1º, inc. I).

6.2. Pressupostos processuais objetivos

a) Intrínsecos à relação processual.

No que concerne aos pressupostos processuais objetivos intrínsecos à relação processual, consigne-se que é devida a observância do procedimento legalmente previsto. A começar pela aptidão da inicial; passando pela regularidade da citação, das intimações e demais atos intermediários; até que se chegue ao trânsito em julgado, os atos do procedimento hão de ser praticados na conformidade da lei processual.

b) Extrínsecos à relação processual.

Quanto aos pressupostos processuais objetivos extrínsecos à relação processual, diga-se que o feito há de estar livre de óbices externos, como a coisa julgada, a litispendência, a perempção, a convenção de arbitragem e a falta de caução ou de outra prestação que a lei exija como preliminar. Para que o juiz proveja sobre o mérito, não deve haver qualquer desses obstáculos, razão que leva a doutrina a referir-se a *pressupostos processuais negativos*, que se distinguem dos demais, chamados *pressupostos processuais positivos*.

Desse modo, se o juiz verificar, a qualquer tempo, a ausência de um ou mais dos pressupostos positivos ou a presença de um ou mais dos pressupostos negativos, deverá extinguir o processo, sem resolução do mérito, salvo se se tratar de vício sanável. Nesse último caso, deverá o magistrado oportunizar a regularização em prazo nunca superior a 30 dias (ver CPC, art. 352); não sanada a falta, extinguirá o processo.

Note-se, por fim, que, apesar de aludir, genericamente, no inciso IV do art. 485, aos pres-

supostos de constituição e o desenvolvimento válido e regular do processo, o Código menciona, no inciso V do mesmo artigo, alguns desses mesmos pressupostos: a litispendência, a coisa julgada e a perempção, tratadas logo a seguir.

7. Perempção, litispendência e coisa julgada

Verificada a ocorrência de qualquer das situações previstas no inciso V do art. 485 (perempção, litispendência ou coisa julgada), o juiz deverá pronunciá-la, deixando de resolver o mérito.

Ocorre a perempção quando o autor der causa, por três vezes, à extinção do processo pelo fundamento previsto no inciso III do art. 485 (abandono da causa por mais de 30 dias). Nesse caso, ele não poderá intentar nova ação contra o réu com o mesmo objeto, ficando-lhe ressalvada, entretanto, a possibilidade de alegar em defesa o seu direito (ver CPC, art. 486, § 3º).

O autor não pode ajuizar mais de uma demanda idêntica (ver CPC, art. 337, §§ 1º a 4º). Se, no entanto, ele o fizer, deverá suportar a extinção, sem resolução do mérito, dos processos repetidos. Dando-se a renovação de demanda ainda sem sentença transitada em julgado, a extinção do processo ocorre em função da *litispendência*; se, todavia, a demanda renovada contar, já, com sentença de mérito transitada em julgado, a extinção do novo processo terá por fundamento a *coisa julgada*.

A litispendência dá-se com a citação válida (ver CPC, art. 240, *caput*) e perdura até o momento imediatamente anterior ao trânsito em julgado. Ajuizadas duas ou mais demandas idênticas, prosseguirá o processo em que tiver ocorrido a primeira citação válida; os demais feitos deverão ser extintos, sem apreciação do mérito, com fulcro no inciso V do artigo em comento.

A coisa julgada, por sua vez, ocorre no momento em que se esgotam os recursos cabíveis contra a sentença. Cuida-se, aqui, evidentemente, da coisa julgada material, produzida pela sentença definitiva (sobre a classificação das sentenças em definitivas e terminativas, ver comentários *supra*). Deveras, somente a coisa julgada material inibe a repropositura da demanda, já que a coisa julgada formal produz efeitos apenas no próprio processo em que proferida a sentença (ver CPC, art. 486 e respectivos comentários).

8. Ausência de legitimidade ou de interesse processual

A CF estabelece que nenhuma violação ou ameaça de direito será excluída da apreciação do Poder Judiciário (ver CF, art. 5º, inc. XXXV). No mesmo sentido dispõe o art. 3º, *caput*, do CPC. Esse direito de ação, de matriz constitucional, assegura tão somente a obtenção de uma resposta do Poder Judiciário e tem o mesmo fundamento do direito de petição (ver CF, art. 5º, inc. XXIV, *a*); é um direito amplo e incondicionado. Já a ação no sentido estritamente processual, vista como o poder de obter do Poder Judiciário um pronunciamento de mérito, está sujeita ao preenchimento de duas condições, a saber: o interesse processual e a legitimidade das partes (ver CPC, art. 17). Isso não quer dizer, todavia, que haja dois direitos de ação; o direito de ação é sempre processual, pois é por meio do processo que ele se exerce (Vicente Greco Filho, *Direito processual civil brasileiro*, v. 1, p. 80).

Percebe-se, do texto em comento, que o legislador pátrio abraçou a teoria de Enrico Tullio Liebman acerca do direito de ação. Foi o ilustre processualista italiano que concebeu as condições da ação como requisitos à obtenção de uma sentença de mérito. Atento à noção da ação como direito abstrato, Liebman não a vinculou à existência do direito substancial afirmado pelo demandante. Assim, possuem direito de ação tanto aquele cujo pedido é julgado procedente quanto aquele cujo pedido é julgado improcedente.

A teoria de Liebman não passa a salvo de críticas de alguns doutrinadores de nomeada. Segundo eles, o mestre italiano compromete-se com a teoria civilista da ação, de sorte que as chamadas condições da ação seriam, na verdade, figuras pertinentes ao mérito (por todos, Ovídio Araújo Baptista da Silva, *Comentários ao Código de Processo Civil*, v. 1, p. 34 e ss.).

Apesar da autorizada censura, a maior parte da doutrina acolhe a teoria de Liebman, aceitando as condições da ação como figuras estranhas ao mérito e que devem ser aferidas antes do exame deste.

O CPC/1973 previa uma terceira condição para o legítimo exercício do direito de ação: a *possibilidade jurídica do pedido*. Ela consistia na admissibilidade em abstrato do provimento pedido, isto é, no fato de incluir-se este entre aqueles que a autoridade pode emitir, não sendo expressamente proibido. Assim, se determinado pedido não tivesse a menor condição de ser apreciado pelo Poder Judiciário, porque já excluído *a priori* pelo ordenamento jurídico sem qualquer consideração das peculiaridades do caso concreto, faltar-lhe-ia possibilidade jurídica (Antonio Carlos de Araújo Cintra *et allii*, *Teoria geral do processo*, 26. ed., p. 280).

Os exemplos tradicionalmente invocados em nossos manuais – cobrança de dívida de jogo e pedido de divórcio nos países em que ele é proibido – sempre foram muito questionados, uma vez que poderiam, com mínimo esforço, ser considerados casos de manifesta improcedência do pedido, envolvendo, destarte, resolução do mérito. Outros exemplos, todavia, não mereciam crítica tão aguda. No pedido de mandado de segurança normativo e no pedido de análise do mérito do ato administrativo, o juiz não emitia pronunciamento de mérito, fosse para acolher o pleito, fosse para rejeitá-lo, afigurando-se impossível juridicamente o exame da postulação.

Mesmo assim, sabendo que o próprio Liebman deixou de aludir à possibilidade jurídica do pedido e ciente das inúmeras críticas endereçadas a tal condição da ação, o legislador brasileiro de 2015 sentiu-se estimulado a extirpá-la do ordenamento positivo. Por isso, o inciso VI do art. 485 do CPC, sucessor do inciso VI do art. 267 do CPC/1973, aponta somente o interesse processual e a legitimidade. Mais do que isso, aliás, o CPC deixou de aludir, textualmente, às expressões "condições da ação" e "carência de ação", presentes nos artigos 301, inc. X, e 267, inc. IV, do CPC/1973, sem que daí resulte, todavia, qualquer alteração substancial na tradicional compreensão dos institutos.

Vale apontar, ainda, que cada vez mais tem conquistado espaço, na jurisprudência, a "teoria da asserção" (*prospettazione*), segundo a qual o exame da legitimidade *ad causam* e do interesse processual deve ser realizado *in statu assertionis*, isto é, à vista das afirmações formuladas pelo autor na petição inicial, sem qualquer inferência sobre a veracidade das alegações ou a probabilidade de êxito da pretensão deduzida.

8.1. Interesse processual

De acordo com Liebman, o interesse de agir consiste na relação de utilidade entre a afirmada lesão de um direito e o provimento de tutela jurisdicional do pedido.

Não se confunda o interesse processual com o interesse substancial, incidente sobre o bem da vida perseguido pelo demandante. O interesse de agir é instrumental e recai sobre o provimento jurisdicional pretendido. Dito de outro modo, o interesse processual é a necessidade de recorrer-se ao Judiciário para a obtenção do resultado pretendido, independentemente da legitimidade ou legalidade da pretensão (Vicente Greco Filho, *Direito processual civil brasileiro*, v. 1, p. 84-85).

Assim, é preciso que do acionamento do Poder Judiciário se possa extrair algum resultado útil e, mais, que em cada caso concreto a prestação jurisdicional solicitada seja necessária e adequada.

Desse modo, se puder alcançar o resultado útil pretendido sem a intervenção do Estado--juiz, o demandante será carecedor da ação e não obterá um pronunciamento jurisdicional de mérito. Como exemplo de falta de interesse de agir "necessidade" pode ser citado o pedido de habeas data sem que tenha havido a recusa da autoridade administrativa (ver Súmula 2 do STJ, *infra*).

Além disso, o provimento jurisdicional pretendido há de ser apto a corrigir o mal de que se queixa o demandante. Não terá interesse processual aquele que, baseado em documento desprovido de força executiva, ajuizar execução em vez de demanda monitória ou cobrança simples. Faltar-lhe-á, no caso, interesse de agir "adequação". O mesmo ocorrerá com aquele que, precisando produzir prova oral ou pericial para comprovar suas alegações, impetrar mandado de segurança, procedimento que exige prova documental pré-constituída e, por conseguinte, não admite a dilação probatória.

8.2. Legitimidade *ad causam*

Para Liebman, a legitimidade para agir é a titularidade (ativa e passiva) da ação. Segundo ele, o problema da legitimação consiste em individualizar a pessoa a quem pertence o interesse de agir e a pessoa com referência à qual ele existe.

Em outras palavras, é titular de ação apenas a própria pessoa que se diz titular do direito subjetivo substancial cuja tutela pede (legitimidade ativa), podendo ser demandado apenas aquele que seja titular da obrigação correspondente (legitimidade passiva) (Antonio Carlos Araújo Cintra *et allii*, *Teoria geral do processo*, 26. ed., p. 282).

Assim, não pode "A", alegando que "B" é credor de "C", pedir em juízo que este seja condenado a pagar a dívida. Só quem pode demandar em juízo é "B", o afirmado titular do crédito. Ainda que exista interesse de agir, decorrente do suposto inadimplemento, faltará, *in casu*, legitimidade, pois "A" não seria o titular desse interesse, pertencente, sim, a "B".

Também faltaria legitimidade *ad causam* a "P", pai de "M", para pedir o divórcio desta em relação a seu marido, "H". Ainda que se alegue haver motivo bastante à dissolução do vínculo matrimonial, somente "M", titular do interesse afirmado, é que poderia demandar o divórcio em relação a "H".

Ressalve-se, todavia, que, existindo autorização legal, pode-se pleitear, em nome próprio, direito alheio. Ter-se-á, aí, a chamada legitimação extraordinária (ver CPC, art. 18).

9. Convenção de arbitragem e reconhecimento da competência arbitral

As partes interessadas podem submeter a solução de seus litígios ao juízo arbitral mediante *convenção de arbitragem*, que compreende a cláusula compromissória e o compromisso arbitral (ver Lei 9.307/1996, art. 3º).

A *cláusula compromissória* é a convenção através da qual as partes em um contrato comprometem-se a submeter à arbitragem os litígios que possam vir a surgir, relativamente a tal contrato (ver Lei 9.307/1996, art. 4º, *caput*; ver também CC, art. 853). O *compromisso arbitral*, por sua vez, é a convenção através da qual as partes submetem um litígio à arbitragem de uma ou mais pessoas, podendo ser judicial ou extrajudicial (ver Lei 9.307/1996, art. 9º, *caput*; ver também CC, arts. 851 e 852).

Ocorrendo convenção de arbitragem, o processo poderá vir a ser extinto sem resolução do mérito, nos termos do inciso VII do art. 485, ora em comento. Diz-se que o processo *poderá* vir a ser extinto e não que o será porque, mesmo havendo convenção de arbitragem, o feito pode prosseguir e chegar a uma sentença judicial de mérito, bastando, para tanto, que o demandado não argua a matéria. Isso se dá porque o demandado pode, até mesmo com seu silêncio (ver CPC, art. 337, §§ 5º e 6º), abrir mão do direito à arbitragem, aceitando que o juiz julgue a demanda.

Além da convenção de arbitragem, o CPC estabelece que não haverá resolução do mérito

Art. 485

"quando o juízo arbitral reconhecer sua competência". Trata-se de novidade em relação ao CPC/1973, que não aludia a tal hipótese. Assim, havendo arbitragem em curso e se as partes discutirem acerca da competência do juízo estatal ou do juízo arbitral, prevalece a decisão do árbitro que der pela sua própria competência, sem prejuízo, é certo, da ação prevista no art. 33 da Lei 9.307/1996 (Teresa Arruda Alvim Wambier *et allii, Primeiros comentários ao novo Código de Processo Civil*, p. 778). Em outras palavras, aplica-se a regra *Kompetenz-Kompetenz* (ver Lei 9.307/1996, art. 8º), segundo a qual cabe ao árbitro ou tribunal arbitral fixar sua própria competência. Caso haja alguma irregularidade na competência arbitral, somente poderá ser sindicada posteriormente, mediante ação de anulação de sentença arbitral (Nelson Nery Junior e Rosa Maria de Andrade Nery, *Comentários ao Código de Processo Civil*, p. 1.114).

10. Desistência da ação

Também a desistência da ação acarreta a emissão de pronunciamento judicial sem resolução do mérito. Decorrência do princípio da disponibilidade processual, a desistência consiste na abdicação expressa da posição processual, alcançada pelo autor, após o ajuizamento da ação (José Rogério Cruz e Tucci, *Desistência da ação*, p. 5).

A desistência da ação não se confunde com a renúncia à pretensão formulada na ação ou na reconvenção, figura que dá ensejo a pronunciamento judicial com resolução do mérito (ver CPC, art. 487, inc. III, *c*), impedindo a repropositura da demanda. A sentença homologatória de desistência da ação, ao revés, não impede a repropositura da demanda.

A desistência da ação não fica ao inteiro alvedrio do autor, que se sujeita a determinados limites. Isso se deve ao fato de que também o réu tem direito a receber o pronunciamento de mérito e, ademais, é fundamental existir instrumento capaz de evitar que o autor, prevendo resultado negativo no feito, desista da ação, a fim de garantir a possibilidade de repropor a demanda.

O § 4º do art. 267 do CPC/1973 dispunha que, *depois de decorrido o prazo para a resposta*, o autor não poderia, sem o consentimento do réu, desistir da ação. Tal dispositivo legal, por sua redação, não solucionava todas as questões relativas à aquiescência do demandado. Duas questões

surgiam a respeito do assunto: (a) a homologação da desistência manifestada antes do término do prazo para resposta, mas depois do efetivo oferecimento desta, dependia da aquiescência do demandado? e (b) sendo revel o demandado, a homologação da desistência expressada após o decurso do prazo para resposta dependia de sua aquiescência?

À primeira questão respondia-se afirmativamente. O oferecimento da resposta antes do término do prazo previsto na lei tornava a homologação da desistência dependente da aquiescência do demandado. E à segunda indagação respondia-se negativamente, entendendo-se que a ausência de contestação revelava desinteresse do réu na ação.

O CPC elimina essas duas questões no § 4º do art. 485: uma vez *oferecida a contestação*, o autor não poderá, sem o consentimento do réu, desistir da ação. Como se percebe, onde se aludia ao decurso do prazo para a resposta passou-se a referir ao efetivo oferecimento da contestação.

Indo adiante, o legislador processual de 2015 estabeleceu um termo final para a desistência da ação: a prolação da sentença. Depois disso, a desistência da ação afigura-se inviável, mesmo com a concordância do réu. Exceção tem sido aberta, pelos tribunais, à ação de mandado de segurança, passível de desistência mesmo depois de sentenciado o processo (ver jurisprudência *infra*).

11. Intransmissibilidade da ação

A morte de qualquer das partes exige a aferição da transmissibilidade da ação. Numa ação de cobrança, numa possessória, numa reivindicatória ou numa demanda de despejo, falecendo o autor, por exemplo, será ele sucedido por seu espólio ou por seus sucessores (ver CPC, art. 110), os quais ocuparão a posição que aquele ocupava na relação processual. Já numa ação de divórcio, *v.g.*, a morte de qualquer das partes não enseja a sucessão processual, sendo impossível que outrem ocupe, na relação processual, o lugar do *de cujus*. Falecido um dos divorciandos, extinguir-se-á o processo, sem resolução do mérito, na forma do inciso IX do dispositivo legal em exame.

Importa observar que o dispositivo em exame trata da intransmissibilidade *da ação* e não, propriamente, da intransmissibilidade *do direito substancial*. Embora aquela decorra desta, o inciso IX do art. 485 do CPC cuida apenas da hipótese em que o falecimento de uma das partes ocorra durante a tramitação do processo. Assim, se o falecimento preceder o ajuizamento da demanda, eventual extinção do processo sem resolução do mérito não se fundará no mencionado inciso. Em caso assim, o Superior Tribunal de Justiça decidiu que "o espólio não detém legitimidade passiva *ad causam* para o litígio envolvendo obrigação alimentícia que nem sequer foi perfectibilizada em vida, por versar, como mencionado, obrigação personalíssima e intransmissível". Acrescentou-se, na ocasião, que "a obrigação de alimentos extingue-se com o óbito do alimentante, remanescendo o ônus do espólio de arcar apenas com eventual débito alimentar ainda não quitado pelo autor da herança" (trechos colhidos do voto proferido pelo Ministro Ricardo Villas Bôas Cueva, relator do REsp 1.598.228/BA, j. 11.12.2018, *DJe* 17.12.2018).

12. Demais casos previstos no Código

Além das hipóteses previstas nos incisos I a IX do artigo em análise, o inciso X admite a existência de outras, esparsas no Código. Citem-se, como exemplos, o art. 76, § 1º, inciso I, que prevê a extinção do processo sem resolução do mérito caso o autor, intimado, deixe de sanar eventual vício de capacidade processual ou irregularidade de representação; o art. 102, que trata do não recolhimento de despesas quando houver sido revogada a gratuidade; o art. 111, que cuida da não constituição, pelo autor, de novo procurador em caso de renúncia do anterior; o art. 115, parágrafo único, que estabelece a extinção do processo, sem resolução do mérito, quando o autor não se desincumbir de promover a formação de litisconsórcio passivo necessário; o art. 303, §§ 2º e 6º, atinente ao procedimento da tutela antecipada requerida em caráter antecedente; o art. 313, § 2º, inciso II, aplicável quando os sucessores do autor não se habilitarem no feito; o art. 542, parágrafo único, que determina a extinção, sem resolução do mérito, do processo de consignação em pagamento caso não seja efetuado, pelo autor, o necessário depósito; o art. 775, parágrafo único, que disciplina a extinção do processo de embargos à execução quando o exequente manifestar desistência.

De rigor, todas essas hipóteses poderiam ser compreendidas no âmbito do inciso IV ou no do inciso VI do art. 485. Mesmo assim, não se pode negar que, em várias delas, a explicitação, pelo legislador, revela grande utilidade prática.

13. Confusão

O CPC/1973 trazia, no rol das hipóteses de extinção do processo sem resolução do mérito, a *confusão* (inciso X). O CPC não o fez e, no particular, merece elogio. Com efeito, a confusão é instituto de direito material, tratando-se de causa de extinção da obrigação (ver CC, arts. 381-384), de sorte que seu reconhecimento não pode ser feito mediante pronunciamento judicial meramente terminativo.

14. Apreciação de ofício

Segundo o § 3º do artigo em análise, o juiz conhecerá de ofício da matéria constante dos incisos IV, V, VI e IX, em qualquer tempo e grau de jurisdição, enquanto não ocorrer o trânsito em julgado.

As matérias alcançadas pelos incisos mencionados são de ordem pública; por isso, podem e devem ser pronunciadas pelo juiz, independentemente de provocação. Além disso, são matérias não sujeitas a preclusão, seja para o juiz, seja para as partes.

O § 3º do art. 267 do CPC/1973 mencionava apenas as hipóteses previstas nos incisos IV, V e VI. Agora, também a intransmissibilidade da ação consta no rol legal, se bem que a doutrina e a jurisprudência nunca negaram a possibilidade de ser ela pronunciada de ofício pelo juiz.

De outra parte, o § 3º do art. 267 do CPC/1973 permitia ao juiz conhecer de tais matérias "em qualquer tempo e grau de jurisdição, *enquanto não proferida a sentença de mérito*". O CPC, diferentemente, alude a "qualquer tempo e grau de jurisdição, *enquanto não ocorrer o trânsito em julgado*". Parece claro que o propósito do legislador foi o de permitir aos tribunais superiores, no âmbito dos recursos excepcionais, o conhecimento *ex officio* daquelas matérias, independentemente de prequestionamento. Tal possibilidade é objeto de controvérsia na doutrina, havendo quem a admita (Teresa Arruda Alvim Wambier *et allii*, *Primeiros comentários ao novo Código de Processo Civil*, p. 781-784) e quem a refute, por reputá-la inconstitucional, ressalvando apenas a hipótese de intransmissibilidade da ação (Cassio Scarpinella Bueno, *Manual de*

Art. 485

direito processual civil, p. 347-348). Há, ainda, fundado entendimento no sentido de que, "quando os tribunais superiores (STF, STJ e TST) estiverem no exercício de sua competência recursal extraordinária (*v.g.*, CF 102, III e 105, III), não basta o conhecimento do recurso para que possam aplicar o efeito translativo dos recursos. É imprescindível que, primeiro, *cassem* a decisão recorrida para, depois, em sua função revisora, aplicando o direito à espécie (STF 456 e RISTJ 257), examinar pela primeira vez matérias de ordem pública" (Nelson Nery Junior e Rosa Maria de Andrade Nery, *Comentários ao Código de Processo Civil*, p. 1.115).

Ainda a esse respeito, é importante lembrar que, no sistema do CPC, "o juiz não pode decidir, em grau algum de jurisdição, com base em fundamento a respeito do qual não se tenha dado às partes oportunidade de se manifestar, ainda que se trate de matéria sobre a qual deva decidir de ofício" (ver CPC, art. 10).

15. Juízo de retratação

Por certo a mais importante inovação trazida pelo artigo 485 do CPC foi a inserção, nas apelações interpostas contra sentenças terminativas em geral, do *juízo de retratação*. No CPC/1973, tal possibilidade não existia senão quando se tratasse de sentença de indeferimento da petição inicial. O CPC passou a permitir que, independentemente da oportunidade em que proferida a sentença terminativa, o próprio juízo de primeira instância, à vista de apelação do interessado, reconsidere sua decisão. Assim, se o juiz extinguir o feito sem resolução do mérito na fase do julgamento conforme o estado do processo ou, mesmo, depois de encerrada a instrução da causa, ele próprio poderá rever sua sentença em eventual apelação do autor, evitando, com isso, o envio dos autos ao tribunal.

O prazo de cinco dias, estabelecido pelo § 7º do artigo em comento, é do tipo impróprio, vale dizer, seu decurso não inviabiliza a retratação, apenas sujeita o magistrado ao controle administrativo disciplinar.

Diversamente do que fez em relação ao indeferimento da petição inicial (CPC, art. 331) e à improcedência liminar do pedido (CPC, art. 332, §§ 3º e 4º), o legislador não minunciou o procedimento a ser observado em relação ao juízo de retratação. Assim, há espaço para sustentar-se – e, mais, para recomendar-se – que

o juiz pronuncie-se acerca da manutenção ou não de sua decisão *após* oportunizar ao apelado a apresentação de contrarrazões (Cassio Scarpinella Bueno, *Manual de direito processual civil*, p. 348).

Jurisprudência

Súmula 2 do STJ: "Não cabe o *habeas data* (CF 5º, LXXII, letra a) se não houve recusa de informações por parte da autoridade administrativa".

Súmula 240 do STJ: "A extinção do processo, por abandono da causa pelo autor, depende de requerimento do réu".

Súmula 521 do STJ: "A legitimidade para a execução fiscal de multa pendente de pagamento imposta em sentença condenatória é exclusiva da Procuradoria da Fazenda Pública".

Súmula 558 do STJ: "Em ações de execução fiscal, a petição inicial não pode ser indeferida sob o argumento da falta de indicação do CPF e/ou RG ou CNPJ da parte executada".

Súmula 594 do STJ: "O Ministério Público tem legitimidade ativa para ajuizar ação de alimentos em proveito de criança ou adolescente independentemente do exercício do poder familiar dos pais, ou do fato de o menor se encontrar nas situações de risco descritas no art. 98 do Estatuto da Criança e do Adolescente, ou de quaisquer outros questionamentos acerca da existência ou eficiência da Defensoria Pública na comarca".

Súmula 601 do STJ: "O Ministério Público tem legitimidade ativa para atuar na defesa de direitos difusos, coletivos e individuais homogêneos dos consumidores, ainda que decorrentes da prestação de serviço público".

Súmula 631 do STF: "Extingue-se o processo de mandado de segurança se o impetrante não promove, no prazo assinado, a citação do litisconsorte passivo necessário".

"Processual civil. Recurso especial. Ação indenizatória. Violação do art. 1.022, I e II, do CPC/2015 configurada em parte. Omissão quanto a aspecto fático relevante para o deslinde do feito. Agravo de instrumento. Decisão interlocutória sobre mérito do processo (prescrição e decadência) e exclusão de litisconsorte (legitimidade de parte). Cabimento. Retorno dos autos ao Tribunal de origem. 1. Deixando a Corte local de se manifestar sobre questão relevante apontada em embargos de declaração que, em tese, poderia infirmar a conclusão adotada pelo Juízo, tem-se por configurada a violação do art. 1.022, II, do CPC/2015. 2. Nos termos do art. 487, II, do CPC/2015 – com redação diversa do art. 269, IV, do CPC/1973 –, haverá resolução de mérito quando o juiz decidir acerca da decadência ou da prescrição, reconhecendo ou rejeitando sua ocorrência. 3. Cabe agravo de instrumento contra decisão que reconhece ou rejeita a ocorrência da decadência ou da prescrição, incidindo a hipótese do inciso II do art. 1.015 do CPC/2015. 4. O art. 1.015, VII, do CPC/2015 estabelece que cabe agravo de instrumento contra as decisões que versarem sobre exclusão de litisconsorte, não fazendo nenhuma restrição ou observação aos motivos jurídicos que possam ensejar tal exclusão. 5. É agravável, portanto, a decisão que enfrenta o tema da ilegitimidade passiva de litisconsorte, que pode acarretar a exclusão da parte. 6. Recurso especial parcialmente provido" (REsp 1.772.839/SP, Rel. Min. Antonio Carlos Ferreira, 4ª Turma, j. 14.05.2019, *DJe* 23.05.2019).

"Processual civil. Recurso especial. Afronta ao art. 1.022 do CPC/2015 não caracterizada. Mandado de segurança. Extinção do feito sem julgamento do mérito. Abandono da causa. Ausência de requerimento do impetrado. Impossibilidade. Art. 485, § 6º, do CPC/2015 e Súmula 240/STJ. 1. Não se configura a alegada ofensa ao artigo 1.022 do Código de Processo Civil de 2015, uma vez que o Tribunal de origem julgou integralmente a lide e solucionou, de maneira amplamente fundamentada, a controvérsia, em conformidade com o que lhe foi apresentado. 2. Segundo a jurisprudência do STJ, consolidada na Súmula 240/STJ, é defeso ao juiz extinguir o processo por abandono da causa de ofício, sendo imprescindível o requerimento do réu, pois, de um lado, não é dado presumir desinteresse da parte contrária já citada no prosseguimento e solução da causa e, de outro, ao autor não poderia ser imposta tal sanção sem o requerimento prévio da parte ré, pois sua inércia, nesse caso, não estaria suficientemente evidenciada. 3. Vale ressaltar que a inteligência da Súmula 240/STJ foi incorporada ao Código de Processo Civil de 2015, que passou a prever, em seu artigo 485, § 6º, que, oferecida a contestação, a extinção do processo por abandono da causa pelo autor depende de requerimento do réu, o que não

ocorreu na hipótese dos autos. 4. Recurso Especial não provido" (STJ, REsp 1.831.958/CE, Rel. Min. Herman Benjamin, 2ª Turma, j. 10.09.2019, *DJe* 11.10.2019).

"Agravo interno no agravo em recurso especial. Ação monitória. Inércia da parte para promover a citação. Extinção do feito sem resolução do mérito. Desnecessidade de intimação pessoal. Art. 485, IV, do CPC/2015. Agravo interno não provido. 1. A jurisprudência desta Corte possui entendimento no sentido de ser desnecessária a intimação pessoal da parte autora para extinção do feito sem resolução do mérito, com amparo no art. 485, IV, do CPC/2015. 2. A intimação pessoal da parte é exigida nos casos de extinção do feito por abandono (art. 485, § 1º do CPC/2015). Hipótese diversa da dos autos, em que a parte autora não procedeu as medidas necessárias para a citação, não obstante ter sido intimada para tanto. 3. Agravo interno não provido" (STJ, AgInt no AREsp 1.480.641/SP, Rel. Min. Luis Felipe Salomão, 4ª Turma, j. 20.08.2019, *DJe* 23.08.2019).

"Agravo interno no recurso especial. Processual civil. Extinção do processo por abandono da causa. Necessidade de intimação pessoal da parte autora. Endereço não atualizado. Carta registrada devolvida. Intimação por edital. Necessidade. Agravo provido. 1. Para a extinção do processo por abandono da causa, é necessário o requerimento do réu (Súmula 240/STJ) e a intimação pessoal do autor, sendo dispensável a intimação de seu advogado. 2. Se a intimação pessoal do autor for frustrada por falta de endereço correto, deve-se proceder à intimação por edital. Somente após, se o autor permanecer silente, é que poderá ser extinto o processo sem resolução do mérito, por abandono de causa. 3. A *ratio* do legislador em determinar a intimação pessoal do autor parece estar atrelada ao fato de o abandono da causa, muitas vezes, decorrer de deficiente atuação de seu advogado, que, em descompasso com os interesses da parte e sem que esta saiba, deixa de promover atos processuais, embora seja quem possua a capacidade postulatória, inclusive a referente ao dever de atualização nos autos do endereço, na forma exigida pela legislação processual (arts. 106 e 274 do CPC de 2015; arts. 39 e 238 do CPC de 1973). 4. Devem, por isso, ser esgotados os meios legais para a comunicação do autor (e não do advogado) para que manifeste interesse ou não no prosseguimento da demanda, sendo o silêncio entendido como ausência deste. 5. Agravo interno provido para, alterando a fundamentação do julgado, negar provimento ao recurso especial" (STJ, AgInt nos EDcl no REsp 1.703.824/PR, Rel. Min. Raul Araújo, 4ª Turma, j. 13.08.2019, *DJe* 27.08.2019).

"Agravo interno no recurso especial. Ação de cobrança. Extinção sem resolução de mérito. Abandono do autor. Intimação pessoal da parte autora. Comprovação. Reexame de provas. Súmula 7/STJ. Súmula 240/STJ. Inaplicabilidade. Relação jurídica não perfectibilizada. Agravo interno não provido. 1. A Corte de origem, diante do acervo fático-probatório, reconheceu a existência de intimação pessoal válida da parte autora para promover o andamento do feito e a inércia da recorrente. 2. A reforma do julgado demandaria, necessariamente, reexame do acervo fático-probatório dos autos, providência vedada no recurso especial, a teor do disposto na Súmula 7 do STJ. 3. É inaplicável, na presente hipótese, a Súmula 240/STJ, uma vez que não foi instaurada a relação processual diante da ausência de citação do réu. 4. Agravo interno não provido" (STJ, AgInt no REsp 1.685.757/MA, Rel. Des. Convocado Lázaro Guimarães, 4ª Turma, j. 27.02.2018, *DJe* 06.03.2018).

"Inércia da exequente. Abandono da causa. Extinção de ofício. Possibilidade. A inércia da Fazenda exequente, ante a intimação regular para promover o andamento do feito e a observância dos artigos 40 e 25 da Lei de Execução Fiscal, implica a extinção da execução fiscal não embargada *ex officio*, afastando-se o Enunciado Sumular 240 do STJ, segundo o qual 'A extinção do processo, por abandono da causa pelo autor, depende de requerimento do réu'. Orientação reafirmada no julgamento do REsp.1.120.097/SP, sob o rito dos recursos repetitivos (art. 543-C do CPC)" (STJ, REsp 1.352.882/MS, Rel. Min. Herman Benjamin, 1ª Seção, j. 12.06.2013, *DJe* 28.06.2013).

"Processual civil. Execução fiscal. Abandono de causa. Art. 485, III, do CPC. Obrigatoriedade de intimação pessoal fixando prazo para promover o andamento do feito, cujo desatendimento será sancionado com sentença terminativa sem mérito. Art. 485, § 1º, do CPC. 1. O término do processo sem resolução do mérito, na hipótese de abandono (art. 485, III, do CPC), exige que a parte seja intimada pes-

soalmente, com a advertência de que a falta de promoção dos autos de sua incumbência, no prazo derradeiro (que é de cinco dias, no atual CPC), acarretará a extinção do feito. Exegese do art. 485, § 1º, do CPC. 2. A regra acima já vinha prevista no CPC/1973, no art. 267, § 1º (a única diferença é que o prazo para restabelecer o andamento do feito era de quarenta e oito horas). A jurisprudência do STJ, em relação ao referido dispositivo legal, exigia que a sentença de extinção fosse precedida de intimação pessoal abrindo o específico prazo (então de 48h, conforme dito) para que fosse promovido o andamento do feito, sob pena de extinção. 3. No caso concreto, o Tribunal de origem manteve a sentença de extinção da Execução Fiscal por abandono, consignando que a Fazenda credora foi cientificada pessoalmente da penhora deferida, sem apresentar manifestação. 4. Há dois equívocos que conduzem à reforma do julgado: em primeiro lugar, a extinção do feito por abandono tem por premissa que a parte, por mais de trinta (30) dias, não promoveu os atos e/ou diligências que lhe competiam. Ademais, verificado o transcurso do prazo in albis, compete à autoridade judicial determinar a sua intimação pessoal para que, no prazo de cinco dias ou de quarenta e oito horas (conforme vigente, ao tempo da intimação, o novo ou o revogado CPC), promovesse o andamento do feito, sob pena de extinção. 5. Ao que se verifica, o ato de cientificar a Fazenda Pública da realização da penhora não lhe transferiu a prática de qualquer ato processual, uma vez que o ato subsequente (alienação judicial) poderia ser promovido *ex officio* pelo juiz. 6. Não bastasse isso, ao que consta do voto condutor do acórdão hostilizado, a extinção do feito teria decorrido da simples ausência de resposta do ente público à cientificação da penhora realizada nos autos, quando, conforme acima demonstrado, a sentença somente poderia ser proferida se previamente tivesse havido intimação pessoal concedendo à exequente prazo para que esta praticasse algum ato privativo, indispensável para o andamento do feito, cujo desatendimento seria sancionado com a extinção por abandono de causa. 7. Recurso Especial provido" (STJ, REsp 1.738.705/MT, Rel. Min. Herman Benjamin, 2ª Turma, j. 22.05.2018, *DJe* 23.11.2018).

"Tributário e processual civil. Rescisória. Prescrição. Imposto de renda. Cinco mais cinco. Matéria não tangenciada pelo acórdão. Ausência de impugnação dos fundamentos do acórdão rescindendo. Rescisória julgada improcedente. – No regime do CPC de 2015, em que as condições da ação não mais configuram categoria processual autônoma, diversa dos pressupostos processuais e do mérito, a possibilidade jurídica do pedido deixou de ser questão relativa à admissibilidade e passou a ser mérito. Afirma a Exposição de motivos do Anteprojeto do Novo CPC que 'a sentença que, à luz da lei revogada seria de carência da ação, à luz do Novo CPC é de improcedência e resolve definitivamente a controvérsia'" (STJ, AR 3.667/DF, Rel. Min. Humberto Martins, 1ª Seção, j. 27.04.2016, *DJe* 23.05.2016).

"Tributário e processual civil. Recurso em mandado de segurança. Ação mandamental ajuizada em face do Secretário da Fazenda do Estado de Goiás, visando afastar a exigência de ICMS, nas operações de deslocamento de mercadorias de um para outro estabelecimento da pessoa jurídica impetrante, e assegurar a compensação tributária. Ilegitimidade do Secretário de Estado da Fazenda para figurar, como autoridade impetrada, no polo passivo do mandado de segurança. Extinção do processo, de ofício, sem resolução do mérito, restando prejudicado o recurso ordinário. – De acordo com os arts. 485, VI, § 3º, 337, XI, § 5º, 1.013 e 1.028 do CPC/2015 c/c os arts. 34 da Lei 8.038/90 e 247 do RISTJ, este Tribunal, no exercício de sua competência recursal ordinária, pode, de ofício, extinguir o processo de Mandado de Segurança, sem resolução do mérito, quando a parte impetrante for carecedora de ação, por ausência de qualquer das condições da ação mandamental. Ainda que o Tribunal de origem haja considerado presentes os pressupostos de constituição e de desenvolvimento válido e regular do processo, bem como as condições da ação, o STJ pode reconhecer, de ofício, a ausência de qualquer pressuposto processual ou condição da ação, não havendo que se falar, nessa hipótese, em ofensa ao princípio que veda a *reformatio in pejus*. – Extinção do Mandado de Segurança, de ofício, sem resolução do mérito, com fundamento no art. 485, VI, § 3º, do CPC/2015, por ilegitimidade passiva da autoridade impetrada" (STJ, RMS 53.710/GO, Rel. Min. Assusete Magalhães, 2ª Turma, j. 07.12.2017, *DJe* 15.12.2017).

"Recurso especial. Legitimidade *ad causam*. Pertinência subjetiva entre o sujeito e a causa. Titularidade da relação jurídica de direito material. Legitimidade *ad causam*. Aplicação da teoria da asserção. – A legitimidade de agir (*legitimatio ad causam*) é uma espécie de condição da ação consistente na pertinência subjetiva da demanda, ou seja, decorre da relação jurídica de direito material existente entre as partes. – As condições da ação, aí incluída a legitimidade para a causa, devem ser aferidas com base na teoria da asserção, isto é, à luz das afirmações contidas na petição inicial" (STJ, REsp 1.522.142/PR, Rel. Min. Marco Aurélio Bellizze, 3ª Turma, j. 13.06.2017, *DJe* 22.06.2017).

"Recurso especial. Indenização. Danos materiais e morais. Legitimidade ativa. Aferição. Teoria da asserção. Interesse. – Nos termos da jurisprudência do STJ, as condições da ação, entre elas a legitimidade ativa, devem ser aferidas com base na teoria da asserção, isto é, à luz das afirmações deduzidas na petição inicial, dispensando-se qualquer atividade instrutória" (STJ, REsp 1.455.521/RS, Rel. Min. Nancy Andrighi, 3ª Turma, j. 27.02.2018, *DJe* 12.03.2018).

"Recurso especial. Ação indenizatória. Danos materiais e morais decorrentes de 'assédio sexual' sofrido no interior de composição do metrô. Alegada responsabilidade civil objetiva da transportadora. Interesse de agir e legitimidade *ad causam*. Existência. Teoria da asserção. 1. A manifesta ilegitimidade *ad causam* e a falta de interesse processual do autor caracterizam vícios da petição inicial que, uma vez detectados pelo magistrado antes da citação do réu, devem ensejar o indeferimento da exordial e, consequentemente, a extinção do processo sem resolução do mérito (artigos 267, incisos I e VI, 295, incisos II e III, do CPC de 1973; 330 e 485 do CPC de 2015). 2. No âmbito do STJ, prevalece a chamada teoria da asserção ou da *prospettazione* (em contraposição à teoria da apresentação ou da exposição). Sob essa ótica, o exame da legitimidade *ad causam* e do interesse processual deve ser realizado *in statu assertionis*, ou seja, à luz das afirmações do autor constantes na petição inicial, sem qualquer inferência sobre a veracidade das alegações ou a probabilidade de êxito da pretensão deduzida. 3. No caso concreto, verifica-se que a autora postulou indenização por danos materiais e morais em face da concessionária de transporte metroviário, sob a alegação de que fora vítima de ato libidinoso, praticado por outro usuário, no interior de vagão. 4. Como causa de pedir, a demandante apontou a responsabilidade objetiva da transportadora, que teria negligenciado seu dever de segurança, ao não adotar todas as medidas preventivas para garantir a incolumidade física e psíquica de todos os usuários do serviço público. Aduziu, desse modo, defeito do serviço, por falta de segurança no interior da composição metroviária. Alegou que, além de não ter sido transportada ao seu destino, foi alvo de uma violência sexual que deveria ter sido evitada pela fornecedora, máxime por não se tratar de evento imprevisível ou inevitável. 5. Ao contrário do consignado pelo acórdão estadual (que manteve o indeferimento da inicial, adentrando o juízo de mérito da demanda, por considerar rompido o nexo de causalidade por ato de terceiro), as assertivas feitas pela autora – sem qualquer juízo sobre a probabilidade de sucesso de sua pretensão – preenchem, satisfatoriamente, os requisitos da legitimidade *ad causam* e do interesse de agir. 6. Com efeito, a legitimidade *ad causam* extrai-se do fato de a demandante – usuária do serviço público supostamente vítima de ato libidinoso no interior de vagão – ter pleiteado indenização por danos morais e materiais em face da fornecedora, imputando-lhe ato omissivo, qual seja a negligência em adotar todas as medidas possíveis para garantir sua incolumidade física e psíquica. A pertinência subjetiva é, portanto, evidente. 7. Por outro lado, o interesse processual também se revela em razão da notória resistência da transportadora em assumir a responsabilidade por atos praticados por usuários em situações similares, no interior de composição metroviária, o que demonstra a necessidade da tutela jurisdicional e a aptidão do pedido indenizatório de colocar a autora em situação mais favorável, ao menos do ponto de vista financeiro. 8. Ademais, observando-se as normas do CPC de 2015, em especial o artigo 332, verifica-se que a hipótese dos autos não pode sequer ser enquadrada na figura da 'improcedência liminar do pedido', pois a pretensão deduzida pela autora não contraria súmula do Supremo Tribunal Federal ou do Superior Tribunal de Justiça, nem acórdão proferido em recurso extraordinário ou especial repetitivo, tampouco entendimento firmado em incidente de resolução de demandas repetitivas ou de assunção de competência. 9. Recurso especial provido para, cassando a sentença e o acórdão, determinar o retorno dos autos ao juízo de primeiro grau, a fim de que seja dado prosseguimento à demanda, como for de direito" (STJ, REsp 1.678.681/SP, Rel. Min. Luis Felipe Salomão, 4ª Turma, j. 07.12.2017, *DJe* 06.02.2018).

"Tributário e previdenciário. Recurso especial. Mandado de segurança. Desistência parcial. Homologação. 1. Na ação mandamental, é lícito ao impetrante desistir da ação de mandado de segurança, independentemente de aquiescência da autoridade apontada como coatora e a qualquer tempo, mesmo após sentença de mérito, ainda que lhe seja desfavorável (Recurso Extraordinário 669.367, publicado do *DJe* de 30.10.2014). 2. Observadas as formalidades legais com a outorga de poderes específicos ao advogado subscritor da petição de fls. 682-683, e-STJ, conforme instrumentos de procuração de fls. 33-34, e-STJ, homologa-se a desistência de parte da ação mandamental relativamente à incidência de contribuição previdenciária patronal sobre os valores pagos a título de férias gozadas, extinguindo-se o processo, nesta parte, sem resolução de mérito, nos termos do art. 485, VIII, do Código de Processo Civil de 2015" (STJ, REsp 1.679.311/RS, Rel. Min. Herman Benjamin, 4ª Turma, j. 26.09.2017, *DJe* 11.10.2017).

"Processual civil. Tributário. Mandado de segurança. Desistência parcial. Homologação. 1. Homologo o pedido de desistência apresentado pela Impetrante, nesta oportunidade, porquanto formulado posteriormente à inclusão em pauta do Agravo Interno interposto pela Fazenda Nacional. 2. Na ação mandamental, é lícito ao Impetrante desistir da ação de mandado de segurança, independentemente de aquiescência da autoridade apontada como coatora e a qualquer tempo, mesmo após sentença de mérito, ainda que desfavorável, matéria com repercussão geral reconhecida perante o Supremo Tribunal Federal, no Recurso Extraordinário n. 669.367, da Relatoria do Ministro Luiz Fux, em 02.05.2013. 3. Observadas as formalidades legais, com outorga de poderes específicos, conforme instrumentos de procuração constantes dos autos, deve ser homologada a desistência de parte da ação mandamental, relativamente à incidência da contribuição previdenciária sobre os auxílios doença e acidente de trabalho, bem como sobre o terço constitucional de férias e o aviso prévio indenizado e seus reflexos, extinguindo-se o processo sem resolução de mérito, nos termos do art. 485, VIII, do Código de Processo Civil de 2015. Descabida a condenação das Impetrantes ao pagamento de honorários advocatícios, a teor das Súmulas ns. 105 e 512, desta Corte e do Supremo Tribunal Federal, respectivamente" (STJ, AgInt no REsp 1.475.948/SC, Rel. Min. Regina Helena Costa, 1ª Turma, j. 02.08.2016, *DJe* 17.08.2016).

> **Art. 486.** O pronunciamento judicial que não resolve o mérito não obsta a que a parte proponha de novo a ação.
>
> **§ 1º** No caso de extinção em razão de litispendência e nos casos dos incisos I, IV, VI e VII do art. 485, a propositura da nova ação depende da correção do vício que levou à sentença sem resolução do mérito.
>
> **§ 2º** A petição inicial, todavia, não será despachada sem a prova do pagamento ou do depósito das custas e dos honorários de advogado.
>
> **§ 3º** Se o autor der causa, por 3 (três) vezes, a sentença fundada em abandono da causa, não poderá propor nova ação contra o réu com o mesmo objeto, ficando-lhe ressalvada, entretanto, a possibilidade de alegar em defesa o seu direito.

▶ *Referência: CPC/1973 – Art. 268*

1. Pronunciamento sem resolução do mérito e repropositura da demanda

Diz-se, com bastante frequência, que a extinção do processo sem resolução do mérito produz apenas coisa julgada *formal*, restrita ao processo em que foi proferida a sentença. A imutabilidade que a sentença terminativa adquire no momento do trânsito em julgado limitar-se--ia, pois, ao feito em que ela foi prolatada, não impedindo, destarte, a renovação da demanda. Também se afirma, com igual frequência, que a sentença definitiva – isto é, a que extingue o processo com resolução do mérito – produz coisa julgada material, inibitória da repropositura.

Nessas condições, o autor que tivesse sua petição inicial indeferida por ilegitimidade de parte, por exemplo, poderia deixar a sentença transitar em julgado e, na sequência, repropor a demanda, sem que o juiz pudesse cogitar de coisa julgada material.

Como esse entendimento poderia conduzir à conclusão de que ao autor seria dado repropor a mesma demanda por número indefinido de vezes – até que, eventualmente, o juiz não o reputasse parte ilegítima –, o STJ, ainda na vigência do CPC/1973, vinha interpretando o texto do art. 268 no sentido de que, nos casos de extinção do processo sem resolução do mérito, o autor não pode, sem sanar a falta, propor novamente a *mesma* demanda, isto é, com as mesmas partes, o mesmo pedido e a mesma causa de

pedir (dentre outros: STJ, EREsp 160.850/SP, Rel. p/ acórdão Min. Sálvio de Figueiredo Teixeira, Corte Especial, j. 03.02.2003, *DJ* 29.09.2003, p. 134; STJ, REsp 191.934/SP, Rel. Min. Barros Monteiro, 4ª Turma, j. 21.09.2000, *DJ* 04.12.2000, p. 72; STJ, RMS 14.752/RN, Rel. Min. Francisco Peçanha Martins, 2ª Turma, j. 02.02.2006, *DJ* 29.03.2006, p. 130).

O CPC vem ao encontro do entendimento consagrado pela jurisprudência. Apesar de reiterar que "o pronunciamento judicial que não resolve o mérito não obsta a que a parte proponha de novo a ação", o art. 486 do CPC ressalva que, "no caso de extinção em razão de litispendência e nos casos dos incisos I, IV, VI e VII do art. 485, a propositura da nova ação depende da correção do vício que levou à sentença sem resolução do mérito".

Desse modo, uma vez cessada a litispendência – e contanto que não formada coisa julgada material –, a demanda poderá ser reproposta. Igualmente, eliminado o vício que levara ao indeferimento da petição inicial, outra poderá ser apresentada. Também, desde que seja sanado o defeito de representação que acarretara a extinção do processo sem resolução do mérito, novo feito poderá ser instaurado. Ainda, sendo corrigido o polo da relação processual reputado despido de legitimidade, nada impedirá novo exercício do direito de ação.

De outra parte e na consonância do mesmo raciocínio, se foi pronunciada a ausência de interesse processual em razão do descabimento da via processual eleita, o autor não poderá repropor a demanda senão mediante outra via; e se foi reputado parte ilegítima para a demanda, não poderá ele próprio ajuizá-la novamente.

Nos casos em que se permite a repropositura, exige o Código que o autor prove o pagamento ou o depósito das custas e dos honorários de advogado relativos ao processo anterior. O texto coloca a exigência como condição para o despacho da nova petição inicial. Nem sempre, porém, o juiz poderá perceber, já nesse primeiro instante, que se trata de repropositura de demanda. Nessa hipótese, a exigência deverá ser feita posteriormente e, não sendo suprida a falta, o processo será extinto sem resolução do mérito.

Cumpre observar, ainda, que, em grau de excepcionalidade, se admite a repropositura da demanda mesmo havendo coisa julgada mate-

Art. 486

rial. É o que se dá, por exemplo, com o pedido de investigação de paternidade julgado improcedente por insuficiência de provas e sem a realização de exame de DNA (ver jurisprudência *infra*). Outras exceções, estas decorrentes de previsões legais, são a da ação popular e a ação civil pública julgadas improcedentes por insuficiência da prova, as quais podem ser repropostas, contanto que fundadas em nova prova (Lei 4.717/1965, art. 18; Lei 7.347/1985, art. 16).

2. Perempção

Conquanto vigore, em nosso sistema, o princípio do impulso oficial (ver CPC, art. 2º), às vezes, o processo não tem como prosseguir senão mediante o concurso do autor. Providências ou diligências a serem tomadas por ele podem ser imprescindíveis à marcha processual.

Se, no entanto, o autor abandonar a causa por mais de 30 dias e, mesmo intimado pessoalmente, não suprir a falta no prazo de 5 dias, o juiz extinguirá o processo, sem resolução do mérito (ver CPC, art. 485, inc. III).

A extinção do processo pelo abandono não impede a repropositura da demanda, uma vez que a respectiva sentença será meramente terminativa e não produzirá coisa julgada material.

Essa possibilidade de repropor a demanda, contudo, não se renova por indefinido número de vezes. De acordo com o § 3º do artigo em análise, se o autor der causa, por três vezes, à extinção do processo por abandono, não poderá propor nova ação contra o réu com o mesmo objeto, ficando-lhe ressalvada, entretanto, a possibilidade de alegar em defesa o seu direito.

Em outras palavras, na hipótese aqui aventada, o autor não poderá propor a demanda pela quarta vez; mas se aquele que figurava como réu tiver a iniciativa de demandar em juízo, o autor originário poderá – agora na qualidade de réu – defender-se plenamente. A perempção consiste em restrição ao direito de demandar, mas não, evidentemente, ao de defender-se.

O texto legal alude a ação contra o réu com o mesmo objeto, expressão que deve ser entendida em termos. Objeto, aqui, não significa simplesmente pedido, mas pedido e causa de pedir. É necessário que assim seja, pois a causa de pedir identifica o pedido; se este é formulado novamente, com base em causa de pedir diversa, em essência não será o mesmo pedido, mas outro. Assim, mesmo ocorrida a perempção,

nada obsta ao autor que demande em juízo por uma quarta ou quinta vez, desde que o faça com fundamento em outra causa de pedir.

Jurisprudência

"Agravo interno nos embargos de declaração no agravo em recurso especial. Ação de indenização por danos materiais e morais. Existência de processo anterior, extinto sem resolução do mérito, pela falta de recolhimento das respectivas custas. Ajuizamento de nova ação sem a prova do pagamento daquelas custas. Necessidade. Comando do art. 268 do CPC/1973 (art. 486, § 2º, do CPC/2015). Agravo interno não provido. 1. Não configura ofensa ao art. 1.022 do CPC/2015 o fato de o col. Tribunal de origem, embora sem examinar individualmente cada um dos argumentos suscitados pelo recorrente, adotar fundamentação contrária à pretensão da parte, suficiente para decidir integralmente a controvérsia. 2. Ajuizada nova ação, porquanto a primeira foi extinta sem resolução do mérito, pode o magistrado intimar o autor para que comprove o pagamento ou deposite as custas, conforme determina o art. 268 do CPC/1973 (correspondente ao art. 486, § 2º, do CPC/2015). Precedentes. 3. No caso, o processo anterior foi extinto sem resolução do mérito, com fundamento no art. 267, IV, do CPC/1973. Ajuizada nova ação, o juízo de origem determinou o recolhimento das custas do processo anteriormente extinto, mas o autor não cumpriu a providência. 4. Agravo interno não provido" (STJ, AgInt nos EDcl no AREsp 1.132.081/SP, Rel. Min. Raul Araújo, 4ª Turma, j. 17.09.2019, *DJe* 03.10.2019).

"Agravo interno no agravo em recurso especial. Execução. Abandono da causa. Extinção do processo sem resolução do mérito. Inexistência de coisa julgada material. Propositura de nova execução. Possibilidade (art. 486, § 3º, do CPC/2015). Agravo interno desprovido. 1. Não há nenhuma omissão ou mesmo contradição a ser sanada no julgamento monocrático, portanto inexistentes os requisitos para reconhecimento de ofensa ao art. 1.022 do novo CPC. 2. O Superior Tribunal de Justiça firmou orientação de que a extinção do processo anterior sem julgamento de mérito, em face da impossibilidade jurídica do pedido, não tem o condão de formar a coisa julgada material, mas apenas formal, sendo, por conseguinte, possível a propositura de nova demanda, desde que sanada a irregularidade da ação anterior. Precedentes. 3. Agravo interno desprovido" (STJ, AgInt no AREsp 1.290.934/MG, Rel. Min. Marco Aurélio Bellizze, 3ª Turma, j. 24.06.2019, *DJe* 27.06.2019).

"Processual civil. Paternidade declarada em ação de investigação. Relativização da coisa julgada. Descabimento. Os fundamentos utilizados pelo STF, no RE n. 363.889/DF, com característica de repercussão geral, são todos no interesse daquele que persegue a declaração da paternidade, referindo-se o precedente à imprescritibilidade do reconhecimento do estado de filiação e à paternidade responsável. Proteção à coisa julgada. Imprescindibilidade que decorre do próprio Estado Democrático de Direito. 1. Há precedente deste Colegiado – proferido antes mesmo do *leading case* do STF – reconhecendo a possibilidade de repropositura de ação de investigação de paternidade; caso, na primeira demanda, diante da precariedade da prova e inexistência de exame de DNA, tenha havido julgamento de improcedência (REsp 226.436/PR, Rel. Ministro Sálvio de Figueiredo Teixeira, Quarta Turma, julgado em 28/06/2001, *DJ* 04/02/2002, p. 370). 2. Ademais, por um lado, a leitura do RE 363.889/DF, relator Ministro Dias Toffoli, permite concluir que, dentre outros fundamentos, o Supremo Tribunal Federal admitiu, em caráter excepcionalíssimo, a relativização da coisa julgada, com base no artigo 27 do ECA – que estabelece que o reconhecimento do estado de filiação é imprescritível –, assim também com arrimo no direito fundamental à filiação e no artigo 226, § 7º, da Constituição Federal, que impõe a paternidade responsável. Por outro lado, ficou consignado no voto condutor que, no que tange ao investigante, trata-se de 'corolário lógico de seu direito de personalidade, em discussão quando do ajuizamento de um tal tipo de demanda, de ver reconhecida a verdade sobre sua origem genética, emanação natural do estado da pessoa' (REsp 1188280/SC, Rel. Ministro Luis Felipe Salomão, Quarta Turma, julgado em 20/06/2013, *DJe* 16/09/2013). 3. No caso, a ação de investigação de paternidade foi julgada procedente, inclusive com a realização de exame de DNA. Nesse contexto, evidente que a situação retratada não se enquadra àquelas que deram origem à orientação jurisprudencial desta Casa e do Supremo Tribunal Federal (AgInt no REsp 1526936/RS, Rel. Ministro Marco Aurélio Bellizze, Terceira Turma, julgado em 07/06/2016, *DJe* 10/06/2016). 4. Agravo interno não provido" (STJ, AgInt no REsp 1.406.384/RS, Rel. Min. Luis Felipe Salomão, 4ª Turma, j. 11.10.2016, *DJe* 18.10.2016).

Art. 487. Haverá resolução de mérito quando o juiz:

I – acolher ou rejeitar o pedido formulado na ação ou na reconvenção;

II – decidir, de ofício ou a requerimento, sobre a ocorrência de decadência ou prescrição;

III – homologar:

a) o reconhecimento da procedência do pedido formulado na ação ou na reconvenção;

b) a transação;

c) a renúncia à pretensão formulada na ação ou na reconvenção.

Parágrafo único. Ressalvada a hipótese do § 1º do art. 332, a prescrição e a decadência não serão reconhecidas sem que antes seja dada às partes oportunidade de manifestar-se.

▶ *Referência: CPC/1973 – Art. 269*

1. Pronunciamentos de mérito

Em sua primeira redação, o art. 269 do CPC/1973 estabelecia que o processo seria *extinto* com julgamento de mérito em qualquer das hipóteses elencadas em seus cinco incisos. A doutrina criticava a redação legal, aduzindo que, com exceção da situação prevista no inciso I, não haveria, propriamente, *julgamento* do mérito. De fato, nas hipóteses contempladas nos incisos II a V, a pretensão processual (= mérito) não era objeto de julgamento.

Com o advento da Lei 11.232/2005, a sentença deixou de ser ato por meio do qual o juiz extinguia o processo. Por isso, a mesma lei alterou a redação do art. 269 do CPC/1973, deixando de aludir à *extinção do processo* e limitando-se a referir à *resolução do mérito*, expressão mantida pelo legislador de 2015.

Comparado, pois, com a mais recente redação do art. 269 do CPC/1973, o art. 487 do CPC não introduz inovações substanciais, podendo-se afirmar que, afora alterações de redação e alguns ajustes tendentes a conferir maior precisão e clareza ao dispositivo, o texto atual é praticamente uma repetição do anterior, inclusive no que concerne às hipóteses legais ali elencadas.

É importante realçar que, apesar de inserido em capítulo atinente à *sentença*, o artigo em comento diz respeito, mais amplamente, aos *pronunciamentos* judiciais decisórios, destarte alcançando também as *decisões interlocutórias*. Com efeito, qualquer das hipóteses previstas no art. 487 pode configurar o conteúdo de sentença ou de decisão interlocutória. Mesmo no âmbito de seu inciso I (acolhimento ou rejeição do pedido formulado na ação ou na reconvenção), nenhuma dúvida há de que o juiz pode fazê-lo por meio de decisão interlocutória, como resulta de uma simples leitura do art. 356, que introduz expressamente no sistema processual a figura do *julgamento antecipado parcial do mérito*.

Também é fundamental consignar que qualquer pronunciamento judicial exarado com fundamento no art. 487 do CPC tem a aptidão de produzir *coisa julgada material*, ou seja, independentemente de tratar-se de sentença ou de decisão interlocutória, do esgotamento das vias recursais próprias – seja por seu uso integral, seja pelo decurso em branco dos respectivos prazos – advirá a imutabilidade, dentro e fora do processo, do quanto neste houver sido decidido.

Essa advertência é necessária porque, no passado, vicejava a noção segundo a qual somente a sentença poderia propriamente transitar em julgado e produzir coisa julgada material. Hoje, nenhuma dúvida havendo a respeito da possibilidade de julgar-se parcialmente o mérito mediante decisão interlocutória, igualmente não se pode negar a aptidão desta de transitar em julgado e produzir coisa julgada material.

2. Acolhimento ou rejeição do pedido formulado na ação ou na reconvenção

Na petição inicial, o autor exerce o direito de ação e formula um ou mais pedidos. Provocado, o Estado-juiz faz instaurar o processo, com vistas a apreciar a procedência ou a improcedência do quanto postulado. Chama-se o réu para defender-se, possibilita-se às partes a produção de provas e, ao final, profere-se o julgamento. Este é o caminhar natural da fase cognitiva do processo. Nela, o a que se visa é a aplicação de uma regra de direito a um caso concreto, tarefa da qual se desincumbe o juiz ao julgar o pedido inicial, acolhendo-o ou rejeitando-o.

Eventualmente o réu também exerce o direito de ação e formula pretensões. A *reconvenção* é, precisamente, o instrumento de que se vale o réu para, no mesmo processo, endereçar suas demandas em relação ao autor (ver art. 343).

O inciso I do art. 487 trata justamente dessas hipóteses: o julgamento dos pedidos formulados na ação (pelo autor) ou na reconvenção (pelo réu). Em qualquer dessas situações tem-se, propriamente, *julgamento* do mérito, uma vez que, conforme já assinalado, o mérito da causa é o pedido formulado pelo autor na petição inicial e, por identidade de razões, também o pedido formulado pelo réu na reconvenção.

São bastante comuns, no cotidiano forense, sentenças em que se julga procedente ou improcedente a *ação*. Essa expressão, conquanto não produza seu uso maiores repercussões práticas, afigura-se flagrantemente inadequada, pois não é a ação o objeto do processo e, por conseguinte, não é correto acolhê-la ou rejeitá-la.

O direito de ação é aferido antes do exame do pedido, quando da análise da coexistência do interesse de agir e da legitimidade *ad causam*. Presentes essas duas condições, diz-se que o autor exerceu legitimamente o direito de ação; ausente qualquer delas, não haverá espaço para prover-se acerca do mérito.

Assim, correto é julgar-se procedente ou improcedente o *pedido*; formulado pelo autor (na ação) ou pelo réu (na reconvenção), é ele que é acolhido ou rejeitado; é dele que trata o inciso I do art. 487.

Os demais incisos do art. 487 do CPC cuidam de situações outras, que não envolvem o julgamento do pedido, conquanto ponham fim, definitivamente, ao conflito de interesses instalado entre as partes.

3. Pronunciamento sobre a ocorrência de decadência ou prescrição

A prescrição e a decadência são reguladas pelas leis materiais (ver CC, arts. 189 e ss.; também CTN, arts. 173 e 174). Reconhecida, no processo, a ocorrência de qualquer dessas figuras, haverá resolução de mérito. Diga-se o mesmo com relação ao pronunciamento judicial que afastar a ocorrência delas. O inc. IV do art. 269 do CPC/1973 afirmava que haveria resolução do mérito quando o juiz pronunciasse a prescrição ou a decadência. O CPC atual é mais preciso, dispondo que haverá resolução do mérito quando o juiz decidir *sobre* a ocorrência de decadência ou prescrição, abrangendo, portanto, tanto os pronunciamentos positivos quanto os negativos (ver jurisprudência *infra*).

As alegações de prescrição e de decadência são *preliminares de mérito*. Elas não se confundem com as condições da ação e muito menos com os pressupostos processuais, mas na sentença o juiz examina-as antes de apreciar a matéria de fundo, vale dizer, antes de cuidar dos temas diretamente ligados ao acolhimento ou à rejeição do pedido. Com efeito, pronunciada a prescrição ou a decadência, desaparece qualquer sentido em julgar-se o pedido.

A disposição dos incisos I e II do art. 487 do CPC autoriza essa conclusão. O inciso I cuida, como dito, do acolhimento ou rejeição do pedido; e o inciso II trata da prescrição e da decadência. Por conseguinte, não se afigura correto dizer que o pronunciamento da prescrição ou da decadência acarreta a improcedência do pedido; longe disso, tal pronunciamento impede o exame de procedência ou de improcedência do pedido.

Curiosamente, porém, o CPC estabelece, em outra passagem, que "o juiz também poderá julgar liminarmente improcedente o pedido se verificar, desde logo, a ocorrência de decadência ou de prescrição" (ver art. 332, § 1º), sugerindo que, em tais situações, o pedido seria improcedente.

Para conciliar esses dispositivos legais, a melhor interpretação parece ser a de que, ao incluir a prescrição e a decadência no âmbito da improcedência liminar do pedido, o legislador de 2015 desejou apenas retirá-las das hipóteses de indeferimento, propriamente dito, da petição inicial. É que o CPC/1973, ao mesmo tempo em que as incluía dentre as situações autorizadoras do indeferimento da petição inicial e afirmava que, em tal hipótese, não haveria resolução do mérito (ver CPC/1973, arts. 295, IV, e 267, I), paradoxalmente as colocava como situações cujo reconhecimento implicaria resolução do mérito (ver CPC/1973, art. 269, IV).

O CPC, ao dispor sobre o indeferimento da petição inicial, elencou hipóteses cujo pronunciamento não enseja resolução do mérito (ver art. 330), em perfeita harmonia com o inciso I do art. 485; mas, ao incluir a prescrição e a decadência no âmbito da improcedência liminar do pedido, culminou por incorrer em nova incoerência, já que os incisos I e II do art. 487 distinguem uma coisa da outra. De qualquer sorte, o importante é que, atualmente, não há espaço para a menor dúvida: o reconhecimento da prescrição ou da decadência, liminarmente ou não, por sentença ou por decisão interlocutória, enseja a resolução do mérito e possui a aptidão de produzir coisa julgada material. Trata-se, pois, de um pronunciamento *definitivo*.

De outra parte, é mister destacar que, em sua redação original, o § 5º do art. 219 do CPC/1973 advertia que a prescrição só poderia ser decretada de ofício se não se tratasse de direitos patrimoniais. Cuidando-se de direitos patrimoniais, era necessário que o interessado a invocasse.

Com o advento do Código Civil de 2002, sobreveio norma (art. 194) no sentido de que o juiz não poderia suprir, de ofício, a alegação de prescrição, salvo se favorecesse a absolutamente incapaz. A partir de então, mesmo cuidando-se de direitos patrimoniais, o juiz passou a poder, de ofício, reconhecer a prescrição em favor de *absolutamente incapaz*.

Posteriormente, mais um passo foi dado pelo legislador, que, por meio da Lei 11.051/2004, fez inserir o § 4º no art. 40 da Lei 6.830/1980, autorizando o juiz a pronunciar de ofício a prescrição intercorrente nas *execuções fiscais*.

Mais adiante, a Lei 11.280/2006, dando nova redação ao § 5º do art. 219 do CPC/1973, passou a rezar que "o juiz pronunciará, de ofício, a prescrição", vale dizer, fá-lo-á independentemente de provocação, qualquer que seja a natureza do direito e mesmo em favor de pessoa *capaz*. Exatamente em função desse último aspecto, a disposição constante do art. 194 do CC restou superada e, por isso, foi revogada pela Lei 11.280/2006.

O CPC não produziu inovação a respeito do assunto. Além de o inciso II do art. 487 referir-se, expressamente, ao pronunciamento da prescrição "de ofício ou a requerimento", o legislador autorizou o reconhecimento da prescrição liminarmente (ver art. 332, § 1º), isto é, antes mesmo de o réu ser citado, deixando claro que o juiz poderá fazê-lo de ofício.

Destaque-se, por fim, que o parágrafo único do artigo em comento excepciona a regra geral insculpida no art. 10 do CPC, segundo a qual o juiz não pode decidir, em grau algum de jurisdição, com base em fundamento a respeito do qual não se tenha dado às partes oportunidade de se manifestar, ainda que se trate de matéria sobre a qual deva decidir de ofício. Essa regra não se aplica quando a prescrição ou a decadência for reconhecida liminarmente, isto é, na oportunidade do § 1º do art. 332.

4. Reconhecimento da procedência do pedido formulado na ação ou na reconvenção

O inciso III, alínea *a*, do artigo em comento estabelece que haverá resolução do mérito

Art. 487

quando o juiz homologar o reconhecimento da procedência do pedido formulado na ação ou na reconvenção.

O inciso II do art. 269 do CPC/1973 não mencionava a reconvenção, mas nunca houve, na doutrina ou na jurisprudência, qualquer dúvida a respeito da possibilidade de o autor-reconvindo reconhecer a procedência do pedido formulado pelo réu-reconvinte.

Não se confunde o *reconhecimento da procedência do pedido* com a *confissão*. Há *confissão* quando a parte (qualquer delas) admite a verdade de um fato, contrário a seu interesse e favorável ao adversário (ver art. 348 do CPC/1973). No *reconhecimento da procedência do pedido*, o demandado curva-se à pretensão do demandante e aceita o resultado por este perseguido, encerrando-se o litígio.

A ocorrência de confissão não exime o juiz de apreciar as diversas questões postas pelas partes, até porque ela não conduz, necessariamente, ao julgamento da causa em favor do adversário do confitente. Se o réu, por exemplo, confessa todos os fatos afirmados pelo autor, mas sendo improcedente a tese jurídica por este sustentada na petição inicial, o pedido deve ser rejeitado pelo juiz.

Ocorre diversamente quando há o reconhecimento da procedência do pedido. Se o demandado admite a procedência do pedido, o juiz profere simples pronunciamento homologatório dessa manifestação e exara o comando postulado pelo demandante na exordial. Não há, aqui, o *julgamento* do pedido, mas mera *homologação* da vontade do demandado. O magistrado, nesse caso, fica dispensado de analisar as diversas questões que possam ter sido colocadas, já que, desaparecido o litígio, não haverá razão para fazê-lo.

5. Transação

De acordo com a lei civil, é lícito aos interessados prevenirem ou terminarem o litígio mediante concessões mútuas (ver art. 840 do CC). Na mesma linha, o Código Tributário Nacional reza, no art. 171, que a lei pode facultar, nas condições que estabeleça (ver Lei 13.988/2020), aos sujeitos ativo e passivo da obrigação tributária celebrar transação que, mediante concessões mútuas, importe em determinação de litígio e consequente extinção de crédito tributário.

Celebrada a transação, o pronunciamento judicial que a homologar produzirá a resolução do mérito. Também aqui não há, propriamente,

julgamento do mérito. A transação, aliás, dispensa o magistrado de julgar as diversas questões postas nos autos e, por conseguinte, também o pedido formulado na inicial. Cabe ao juiz, apenas, verificar a satisfação dos requisitos formais do negócio jurídico e, concluindo positivamente, homologar a manifestação de vontade apresentada pelas partes.

Entre os requisitos formais, o juiz deverá verificar se o objeto da causa comporta transação, se as partes são capazes e se estão assistidas por advogados regularmente constituídos. Se o ato for praticado ou vier assinado apenas pelo advogado, será necessário, também, que este possua poderes especiais para transigir (ver art. 105 do CPC).

A decisão homologatória da transação é título executivo judicial (ver art. 515, II e III). Desse modo, para a emissão de pronunciamento fundado na alínea *b* do inciso III do art. 487, é indispensável que nos autos constem os termos da transação, não bastando, destarte, simples notícia de que as partes se compuseram amigavelmente. Sem a expressa indicação desses termos, não será viável a execução, porquanto despido o título de liquidez e certeza.

6. Renúncia à pretensão formulada na ação ou na reconvenção

Assim como o demandado pode, em determinados casos, reconhecer a procedência do pedido, o demandante pode renunciar à pretensão.

A renúncia não se confunde com a desistência. Esta última enseja a extinção do processo sem resolução do mérito, produz coisa julgada formal e não inibe a repropositura da demanda (ver arts. 485, VIII, e 486, *caput*). Já a renúncia resolve o mérito, produz coisa julgada material e, por conseguinte, não admite a renovação da demanda.

Apresentada a renúncia, o juiz emite pronunciamento *homologatório* definitivo, ficando, destarte, dispensado de apreciar as questões eventualmente postas pelas partes. Do mesmo modo como se dá com o reconhecimento da procedência do pedido e com a transação, também aqui a cognição do juiz resume-se à verificação dos requisitos formais do ato, dentre os quais a existência de poderes especiais do advogado subscritor do ato (ver art. 105).

Jurisprudência

"Processual civil. Recurso especial. Ação indenizatória. Violação do art. 1.022, I e II, do CPC/2015 configurada em parte. Omissão quanto a aspecto fático relevante para o deslinde do feito. Agravo de instrumento. Decisão interlocutória sobre mérito do processo (prescrição e decadência) e exclusão de litisconsorte (legitimidade de parte). Cabimento. Retorno dos autos ao Tribunal de origem. 1. Deixando a Corte local de se manifestar sobre questão relevante apontada em embargos de declaração que, em tese, poderia infirmar a conclusão adotada pelo Juízo, tem-se por configurada a violação do art. 1.022, II, do CPC/2015. 2. Nos termos do art. 487, II, do CPC/2015 – com redação diversa do art. 269, IV, do CPC/1973 –, haverá resolução de mérito quando o juiz decidir acerca da decadência ou da prescrição, reconhecendo ou rejeitando sua ocorrência. 3. Cabe agravo de instrumento contra decisão que reconhece ou rejeita a ocorrência da decadência ou da prescrição, incidindo a hipótese do inciso II do art. 1.015 do CPC/2015. 4. O art. 1.015, VII, do CPC/2015 estabelece que cabe agravo de instrumento contra as decisões que versarem sobre exclusão de litisconsorte, não fazendo nenhuma restrição ou observação aos motivos jurídicos que possam ensejar tal exclusão. 5. É agravável, portanto, a decisão que enfrenta o tema da ilegitimidade passiva de litisconsorte, que pode acarretar a exclusão da parte. 6. Recurso especial parcialmente provido" (STJ, REsp 1.772.839/SP, Rel. Min. Antonio Carlos Ferreira, 4ª Turma, j. 14.05.2019, *DJe* 23.05.2019).

"Civil. Processual civil. Ação de reparação de danos materiais e morais. Decisão interlocutória que rejeita a alegação de prescrição arguida pelo réu. Recorribilidade imediata por agravo de instrumento. Possibilidade. Cabimento do recurso com base no art. 1.015, II, do CPC/2015. Prescrição e decadência. Questões de mérito, seja no acolhimento, seja na rejeição. 1 – Ação proposta em 27/10/2007. Recurso especial interposto em 26/09/2017 e atribuído à Relatora em 08/05/2018. 2 – O propósito recursal consiste em definir se a decisão interlocutória que afasta a alegação de prescrição é recorrível, de imediato, por meio de agravo de instrumento interposto com fundamento no art. 1.015, II, do CPC/2015. 3 – O CPC/2015 colocou fim às discussões que existiam no CPC/73 acerca da existência de conteúdo meritório nas decisões que afastam a alegação de prescrição e de decadência, estabelecendo o art. 487, II, do novo Código, que haverá resolução de mérito quando se decidir sobre a ocorrência da prescrição ou da decadência, o

que abrange tanto o reconhecimento, quanto a rejeição da alegação. 4 – Embora a ocorrência ou não da prescrição ou da decadência possam ser apreciadas somente na sentença, não há óbice para que essas questões sejam examinadas por intermédio de decisões interlocutórias, hipótese em que caberá agravo de instrumento com base no art. 1.015, II, do CPC/2015, sob pena de formação de coisa julgada material sobre a questão. Precedente. 5 – Provido o recurso especial pela violação à lei federal, fica prejudicado o exame da questão sob a ótica da divergência jurisprudencial. 6 – Recurso especial conhecido e provido" (STJ, REsp 1.738.756/MG, Rel. Min. Nancy Andrighi, 3ª Turma, j. 19.02.2019, *DJe* 22.02.2019).

"Processual civil e administrativo. Ação rescisória. Desapropriação. Interesse social. Reforma agrária. Decisão rescindenda. Art. 10 da LC 76/1993. Natureza meritória. Cabimento. Síntese da controvérsia. (...) 17. Sendo o objeto da Ação de Desapropriação o pagamento da justa indenização pelo bem expropriado, a aceitação, pelo réu, do valor ofertado pelo autor indica o reconhecimento do pedido, e a sentença homologatória, por conseguinte, se enquadra na hipótese do art. 269, II, do CPC/1973. 18. O Código de Processo Civil de 2015, em seu art. 487, III, 'a', deixa mais clara essa situação ao estabelecer que haverá resolução de mérito quando o juiz 'homologar' o reconhecimento da procedência do pedido formulado na ação. 19. Recurso Especial do INCRA provido para que seja dado prosseguimento ao julgamento da Ação Rescisória na origem. Recurso Especial de Ipê Agroindustrial Ltda. Prejudicado" (STJ, REsp 1.295.181/TO, Rel. Min. Herman Benjamin, 2ª Turma, j. 13.12.2016, *DJe* 19.12.2016).

"Recurso especial. Enunciado Administrativo n. 2/STJ. Tributário e processual civil. Sucumbência da Fazenda Pública. Apresentação de contestação pela Fazenda Pública. Ausência de influência na decisão de primeiro grau. Princípio da causalidade. Requerimento pugnando pelo reconhecimento do pedido. Afastamento da condenação em honorários advocatícios. Não incidência do art. 19, § 1º, I, da Lei 10.522/2002. Recurso especial provido. 1. As disposições do art. 19, § 1º, I, da Lei 10.522/2002 preveem o afastamento da condenação em honorários advocatícios quando a Fazenda Nacional reconhecer expressamente a procedência do pedido, no prazo para resposta. 2. No caso, verifica-se que a Fazenda Nacional apresentou contestação (fls. 97/119) em 29.12.2014, suscitando a defesa da constitucionalidade do artigo 22, IV, da Lei 8.212/1991 e requerendo a suspensão da ação até o julgamento definitivo do Recurso Extraordinário n. 595.838 pelo Supremo Tribunal Federal, no qual se questiona a validade da contribuição previdenciária cobrada em desfavor das empresas tomadoras de serviços prestados por cooperativas. Em ato contínuo, sem que houvesse pronunciamento nem da parte contrária nem do Juízo, a Fazenda Nacional apresentou, em 9.1.2015, petição reconhecendo a procedência do pedido e requerendo a desconsideração da peça contestatória. 3. Assim, impõe-se a interpretação extensiva do disposto no § 1º do art. 19 da Lei 10.522/2002 para abranger o presente caso, tendo em vista que o reconhecimento da procedência do pedido ocorreu em momento oportuno, a despeito da apresentação de contestação, a qual não foi capaz de gerar nenhum prejuízo para a parte contrária. 4. Recurso Especial provido" (STJ, REsp 1.551.780/SC, Rel. Min. Mauro Campbell Marques, 2ª Turma, j. 09.08.2016, *DJe* 19.08.2016).

"Recurso especial. Transação de direitos disponíveis. Desnecessidade de homologação pelo juízo. Produção de efeitos a partir de sua conclusão. Ato jurídico perfeito e acabado. Arrependimento unilateral. Impossibilidade. – Transação é o negócio jurídico bilateral, em que duas ou mais pessoas acordam em concessões recíprocas, com o propósito de pôr termo à controvérsia sobre determinada relação jurídica, seu conteúdo, extensão, validade ou eficácia. – Uma vez concluída a transação, impossível é a qualquer das partes o arrependimento unilateral, mesmo que ainda não tenha sido homologado o acordo em Juízo. Ultimado o ajuste de vontade, por instrumento particular ou público, inclusive por termo nos autos, as suas cláusulas ou condições obrigam definitivamente os contraentes, de sorte que sua rescisão só se torna possível 'por dolo, coação, ou erro essencial quanto à pessoa ou coisa controversa' (Código Civil de 2002, art. 849; CC de 1916, art. 1.030). – Se, após a transação, uma parte se arrepender ou se julgar lesada, nova lide pode surgir em torno da eficácia do negócio transacional, mas a lide primitiva já estará extinta. Só em outro processo, portanto, será possível rescindir-se a transação por vício de consentimento. – A jurisprudência desta Corte é pacífica e não vacila, no sentido de que a transação, com observância das exigências legais, sem demonstração de algum vício, é ato jurídico perfeito e acabado, não podendo o simples arrependimento unilateral de uma das partes dar ensejo à anulação do pacto" (STJ, REsp 1.558.015/PR, Rel. Min. Luis Felipe Salomão, 4ª Turma, j. 12.09.2017, *DJe* 23.10.2017).

"Processual civil. Administrativo. Concurso. Convocação de candidatos. Acordo extrajudicial. Homologação. Código de Processo Civil de 2015. Solução consensual de conflitos. I – Trata-se de embargos de declaração em que a parte embargante suscita a existência de omissão quanto à apreciação do pedido de homologação de acordo extrajudicial realizado entre as partes e juntado às fls. 1.017-1.020. II – Na origem, trata-se de ação civil pública promovida pela Defensoria Pública. Alega-se, em síntese, que o município demandado anulou, de forma indevida, o concurso público realizado em 2012 (Edital n. 1/2012). Na sentença, julgou-se parcialmente procedente o pedido para decretar a nulidade do decreto que anulou o concurso restabelecendo os efeitos do decreto que homologou o resultado do concurso e determinando a nomeação dos aprovados e a exoneração de servidores não concursados. III – No Tribunal de Justiça do Estado de Alagoas, a sentença foi reformada para julgar totalmente improcedente o pedido da parte autora. Negou-se seguimento ao recurso especial. Nesta Corte não se conheceu do agravo em recurso especial. A petição de acordo foi juntada aos autos antes do julgamento dos embargos de declaração por esta Segunda Turma, razão pela qual é de rigor a sua apreciação. IV – No caso dos autos, a Defensoria Pública estadual juntou transação realizada com o Prefeito e o Procurador Municipal, em que ficou consignado: 'Considerando os termos do Decreto Municipal n. 03/2017, de 11 de janeiro de 2017, o qual revogou o Decreto Municipal nº 11, de 18 de março de 2013, no sentido de restabelecer o Concurso Público regido pelo Edital nº 001/2012, ao tempo que repristinou expressamente os termos dos Decretos nºs 92/2012 e 94/2012, que respectivamente homologaram o resultado final do Concurso Público (demais cargos) e do Cargo de Professor de Matemática, o Primeiro Transator/Município se compromete a nomear os aprovados, conforme lista crescente de colocação, devidamente homologa pelos instrumentos normativos suso mencionados. Cláusula Segunda – As nomeações serão feitas em única chamada, haja visto a inexistência de cadastro de reservas, no prazo máximo de até 12 meses a contar da data de homologação do presente acordo pelo Superior Tribunal de Justiça, sendo tal prazo devidamente justificável ante ao início da atual gestão e crise financeira que assola os municípios do Brasil. Cláusula Terceira – Diante do presente acordo, o Segundo Transator/Defensoria se compromete a desistir das ações que tramitam em primeiro grau acerca do objeto em transação e que estejam, naturalmente, sobre seu patrocínio a exemplo dos feitos tombados sob os n.s: 0700297-40.2016.8.02.0012, 0700347-66.2016.8.02.0012, 0700359-80.2016.8.02.0012, 0700360-65.2016.8.02.0012, 0700362-35.2016.8.02.0012 e 0700253-21.2016.8.02.0012'. V – O Código de Processo Civil de 2015 dispensou especial tratamento, pelo Poder Judiciário, da solução consensual de conflitos. Nesta medida, determina o art. 3º, § 3º, do Código, que a conciliação, a mediação e outros métodos de solução consensual de conflitos deverão ser estimulados por juízes, advogados, defensores públicos e membros do Ministério Público, inclusive no curso do processo judicial. VI – Assim, deve ser homologada a transação para que gere os efeitos previstos no art. 487, III, *b*, do CPC/2015. VII – Embargos de declaração acolhidos para sanar a omissão e considerar homologado o acordo juntado com a petição de fls. 1.017-1.020" (STJ, EDcl nos EDcl no AgInt no AREsp 1.345.423/AL, Rel. Min. Francisco Falcão, 2ª Turma, j. 15.08.2019, *DJe* 23.08.2019).

> **Art. 488.** Desde que possível, o juiz resolverá o mérito sempre que a decisão for favorável à parte a quem aproveitaria eventual pronunciamento nos termos do art. 485.

▸ *Sem correspondência no CPC/1973*

1. A resolução do mérito como escopo do processo

O caminho natural do processo há de culminar, sempre que possível, em um pronunciamento de mérito, capaz de resolver definitivamente o litígio instalado entre as partes e, mais, de produzir coisa julgada material. Como se sabe, nem sempre isso é viável, tantas são as hipóteses trazidas pelo art. 485.

Sem embargo disso, o CPC deixa expresso que, sendo possível, o juiz resolverá o mérito sempre que a decisão for favorável à parte a quem aproveitaria eventual pronunciamento terminativo. Em outras palavras, o CPC estabelece, claramente, uma preferência legal pelos pronunciamentos definitivos, em detrimento dos meramente terminativos, contanto que seja a mesma a parte vencedora.

Assim, por exemplo, o juiz não poderá julgar procedente o pedido inicial, deixando de pronunciar defeito que haja verificado na representação processual do autor e que não tenha sido por este sanado; mas poderá julgar improcedente o pedido inicial, deixando de apreciar preliminar de ausência de interesse processual, arguida em contestação pelo réu.

O dispositivo em comento consagra o princípio da instrumentalidade das formas e, mais precisamente, o que se tem chamado de princípio da primazia do julgamento do mérito, completando o quanto previsto, especificamente em relação às nulidades processuais, no art. 282, § 2º.

Nos tribunais, a aplicação do art. 488 do CPC exige especial atenção, máxime quando as questões preliminares são votadas destacadamente das de mérito. Em tal situação, os membros do colegiado, isoladamente considerados, poderão chegar a conclusões diferentes quanto às preliminares e quanto ao mérito, dificultando a formação da decisão. Assim, sempre que algum dos julgadores propuser a aplicação do art. 488 do CPC, o melhor a fazer é viabilizar a *discussão* de todas as questões – preliminares e de mérito – para, somente ao final, de acordo com maioria que se formar em relação a umas e outras, *deliberar-se* sobre a possibilidade de proferir-se decisão definitiva e não meramente terminativa.

Seção II
Dos elementos e dos efeitos da sentença

> **Art. 489.** São elementos essenciais da sentença:
> **I –** o relatório, que conterá os nomes das partes, a identificação do caso, com a suma do pedido e da contestação, e o registro das principais ocorrências havidas no andamento do processo;
> **II –** os fundamentos, em que o juiz analisará as questões de fato e de direito;

III – o dispositivo, em que o juiz resolverá as questões principais que as partes lhe submeterem.

§ 1º Não se considera fundamentada qualquer decisão judicial, seja ela interlocutória, sentença ou acórdão, que:

I – se limitar à indicação, à reprodução ou à paráfrase de ato normativo, sem explicar sua relação com a causa ou a questão decidida;

II – empregar conceitos jurídicos indeterminados, sem explicar o motivo concreto de sua incidência no caso;

III – invocar motivos que se prestariam a justificar qualquer outra decisão;

IV – não enfrentar todos os argumentos deduzidos no processo capazes de, em tese, infirmar a conclusão adotada pelo julgador;

V – se limitar a invocar precedente ou enunciado de súmula, sem identificar seus fundamentos determinantes nem demonstrar que o caso sob julgamento se ajusta àqueles fundamentos;

VI – deixar de seguir enunciado de súmula, jurisprudência ou precedente invocado pela parte, sem demonstrar a existência de distinção no caso em julgamento ou a superação do entendimento.

§ 2º No caso de colisão entre normas, o juiz deve justificar o objeto e os critérios gerais da ponderação efetuada, enunciando as razões que autorizam a interferência na norma afastada e as premissas fáticas que fundamentam a conclusão.

§ 3º A decisão judicial deve ser interpretada a partir da conjugação de todos os seus elementos e em conformidade com o princípio da boa-fé.

▶ *Referência: CPC/1973 – Art. 458*

1. Elementos essenciais (ou estruturais) da sentença

O artigo em exame enumera, nos três incisos de seu *caput*, os *elementos essenciais da sentença*: o relatório, a fundamentação e o dispositivo. O CPC/1973 aludia, no art. 458, a *requisitos essenciais* da sentença, expressão que recebia merecidas críticas da doutrina e que, como visto, foi substituída, no CPC, por *elementos essenciais*. De fato, não se pode afirmar que o relatório e a fundamentação sejam, propriamente, *requisitos essenciais* da sentença; a falta de qualquer deles

não desnatura a sentença como tal, conquanto lhe comprometa, sim, a validade. Sentença desprovida de relatório ou de fundamentação é nula, mas é sentença.

Por outro lado, a substituição do vocábulo *requisitos* pelo termo *elementos* não parece suficiente à eliminação da imprecisão existente no CPC/1973, já que o novo texto manteve o adjetivo "essenciais", indicador da ideia daquilo que é absolutamente imprescindível ou fundamental, o que também não é exato afirmar em relação à sentença. Melhor teria sido, portanto, que o CPC se valesse da expressão *elementos estruturais da sentença*, a qual traduz, com fidelidade, a noção de partes que integram a sentença e sobre as quais ela se estrutura.

2. Relatório

O primeiro elemento estrutural da sentença é o *relatório*, que deverá conter os nomes das partes, a identificação do caso, com a suma do pedido e da contestação, e o registro das principais ocorrências havidas no andamento do processo.

A indicação dos *nomes das partes* serve para a perfeita identificação dos destinatários da jurisdição, vale dizer, daqueles que por esta restarão alcançados. Em boa técnica e com o fito de não ensejar dúvidas a esse respeito, é importante que todas as partes e todos os eventuais terceiros intervenientes sejam nominados na sentença, evitando-se expressões genéricas como "Fulano de Tal *e outros*" ou "Beltrano de Tal *e sua mulher*".

Igualmente importante é que o relatório traga a *identificação do caso, com a suma do pedido e da contestação*.

Por *suma do pedido* há de entender-se, pelo menos, uma referência, ainda que breve, ao *objeto* da demanda e à respectiva *causa*. A causa de pedir identifica o pedido, daí por que ser necessária a alusão a ambos. Não basta, portanto, afirmar-se que se trata de uma demanda de despejo relativa ao imóvel "X", sendo imprescindível que se explicite o fundamento do pedido, como, por exemplo, a falta de pagamento do aluguel a partir de determinado mês. Essas informações são sobremaneira úteis para a verificação de eventual repetição da demanda, assim como para a análise de alegações de conexão ou continência.

A suma da contestação, por sua vez, pressupõe, quando menos, a indicação das *questões* de fato e de direito suscitadas pelo réu. Eventuais preliminares que o demandado haja arguido, questões prejudiciais que haja deduzido, defesas atinentes à matéria de fundo, tudo precisa ser referido no relatório. Evidentemente, não é preciso mencionar, nessa parte da sentença, os *argumentos* lançados pelo réu na defesa de suas formulações; mas é importante que se possa, por meio do relatório, identificar as questões que haverão de ser enfrentadas na fundamentação.

Por último, o relatório deve conter o *registro das principais ocorrências havidas no andamento do processo*. Em linhas gerais, merecem referência, nesse ponto, as citações, as providências preliminares adotadas pelo juiz, a decisão de saneamento e de organização do processo, as audiências que tenham sido realizadas, a eventual produção de prova pericial, as intervenções de terceiros havidas no processo e as decisões interlocutórias nele proferidas, dentre outras ocorrências que, no caso concreto, se mostrem importantes para o julgamento.

Lembre-se de que o relatório é, por natureza, o elemento eminentemente *descritivo* ou *narrativo* da sentença, a ele não sendo própria a emissão de juízos de valor ou de adjetivações formuladas pelo magistrado.

3. Fundamentação

Por força de expresso comando constitucional, serão "fundamentadas todas as decisões, sob pena de nulidade" (CF, art. 93, IX; ver também CPC, art. 11, *caput*). O dever de fundamentação constitui garantia inerente ao devido processo legal e, mais amplamente, ao Estado Democrático de Direito.

Com efeito, tal dever constitui-se em importante instrumento de controle do exercício do poder jurisdicional. Sem ele, estariam abertas as portas para o despotismo e a arbitrariedade. De outra parte, é por meio da fundamentação das decisões judiciais que os destinatários diretos da jurisdição alcançam as condições necessárias ao exercício de outro direito, também fundamental: o acesso ao duplo grau de jurisdição. Por força do *princípio da dialeticidade*, os recursos devem ser fundamentados; e só se pode cobrar do recorrente que se desincumba desse ônus se a decisão judicial impugnada também revelar, com clareza e precisão, as razões de suas conclusões.

Mais do que reiterar ou reforçar o dever de fundamentação das decisões judiciais, legislador

processual civil de 2015, de forma contundente, rechaçou o que se poderia chamar de *falsa* ou *aparente fundamentação*.

Deveras, os §§ 1º e 2º do artigo em comento repelem artifícios que, longe de cumprirem o dever constitucional e legal de fundamentação das decisões judiciais, na verdade poderiam esconder atos de verdadeira arbitrariedade.

Ora, se o processo decisório consiste, em última análise, na aplicação de uma regra de direito a um caso concreto, é indispensável que se faça constar, na fundamentação, a explicitação das razões, dos critérios e dos raciocínios utilizados pelo julgador para demonstrar a adequação da regra individualizada ao fato reconstruído por meio da prova.

Ademais, conquanto sabido que, abstratamente, possa ser admitida uma pluralidade de soluções juridicamente sustentáveis, também é certo que, concretamente, apenas uma há de ser adotada, precisamente aquela que resultar dos processos lógicos e argumentativos realizados pelo julgador e revelados em seu ato decisório.

Assim, não há espaço para o julgador eleger, livre ou discricionariamente, determinada solução jurídica em detrimento de outras. Ao juiz não cabe, pura e simplesmente, afirmar que se filia a essa ou àquela corrente doutrinária ou jurisprudencial. Se duas ou mais teses jurídicas são discutidas nos autos ou são defensáveis no plano da abstração, ao decidir concretamente o magistrado deve demonstrar porque reputa uma correta e outra incorreta. Se há *conflito aparente de normas*, este deve ser resolvido mediante a aplicação dos critérios jurídicos próprios.

Do mesmo modo, ao valorar as *provas* produzidas nos autos, o juiz não pode, singelamente, pinçar, escolher e indicar as que servem para justificar suas conclusões. Havendo provas divergentes ou conflitantes, ele deve realizar juízo crítico e analítico dos meios probantes e demonstrar porque conferiu crédito a uns e não a outros. Não por outra razão, o art. 371 do CPC determina ao juiz que, ao valorar as provas, indique "as razões da formação de seu convencimento". Note-se que o texto legal não alude à indicação das *provas* que formaram o convencimento do julgador, mas, frise-se, das *razões* da formação de seu convencimento.

Em síntese, seja no que concerne às questões de direito, seja no que tange às questões de fato, o juiz deve cumprir, em sua verdadeira essência, o princípio da *persuasão racional* ou do *livre convencimento motivado*.

Assim, ao considerar não fundamentadas as decisões e sentenças que se limitem à indicação, à reprodução ou à paráfrase de ato normativo, sem explicar sua relação com a causa ou a questão decidida; que se cinjam a empregar conceitos jurídicos indeterminados, sem explicar o motivo concreto de sua incidência no caso; ao invocar motivos que se prestariam a justificar qualquer outra decisão e, de um modo geral, a adotar qualquer das posturas vedadas pelos §§ 1º e 2º do art. 489 do CPC, o juiz estará descumprindo o dever constitucional de fundamentação.

Bem examinadas, as hipóteses lançadas nos §§ 1º e 2º do artigo em comento não constituem inovação legal, tampouco um rigor maior exigido pelo legislador de 2015. Boa parte delas já vinha sendo combatida pela melhor doutrina e pela jurisprudência, ao entendimento de que, ao adotá-las, o juiz não se desincumbe do dever de fundamentar suas decisões (ver jurisprudência *infra*).

Dentre todas as referidas hipóteses, talvez a que cause alguma estranheza seja, mesmo, a do inciso IV do § 1º do artigo em análise, segundo o qual não se considera fundamentada a decisão que "não enfrentar todos os argumentos deduzidos no processo capazes de, em tese, infirmar a conclusão adotada pelo julgador". Isso porque são inúmeros os julgamentos no sentido de que o juiz não é obrigado a pronunciar-se sobre todas as teses defensivas, desde que tenha encontrado fundamentos suficientes para justificar o *decisum*.

Ocorre, porém, que o CPC não obriga o juiz a manifestar-se, invariavelmente, sobre todos os argumentos deduzidos pelas partes; exige, sim, que ele se pronuncie sobre todos aqueles que forem capazes de, em tese, infirmar a conclusão adotada pelo julgador, vale dizer, os argumentos *relevantes*. Assim, reputa-se omissa e, por conseguinte, não suficientemente fundamentada a decisão que deixar de examinar uma alegação, de fato ou de direito, que, fosse acolhida, teria alterado, total ou parcialmente, o resultado do julgamento.

Talvez fosse melhor que o legislador distinguisse *fundamentos* de *argumentos*. Os fundamentos são as alegações, de fato ou de direito, capazes de produzir a repercussão jurídica afirmada. Já os argumentos são as alegações que, por

si sós, não têm tal aptidão, conquanto possam servir para demonstrar os fundamentos ou a respeito destes convencer o julgador. O argumento tem precipuamente essa função: convencer o juiz da procedência do fundamento.

Nessa ordem de ideias, pode-se dizer que, numa demanda que verse sobre uma colisão entre dois veículos automotores, *fundamento de fato* será, por exemplo, o excesso de velocidade imprimido por um dos condutores; e *argumentos* poderão ser o sinal de frenagem deixado pelo veículo no pavimento e a extensão dos estragos. O juiz não precisa – mesmo na vigência do CPC – a enfrentar todos os argumentos; mas não poderá deixar de examinar todos os fundamentos.

Numa demanda em que se alegue a ocorrência de fraude contra credores e em que se discuta, *v.g.*, a redução do réu à condição de insolvente, esta questão é, sem dúvida, relevante, porquanto sua resolução pode repercutir no resultado do julgamento. Eis aí, propriamente, um *fundamento*. Para demonstrá-lo, todavia, o autor pode formular uma série de *argumentos*, como a inexistência de bens registrados em nome do réu, a pluralidade de execuções em face dele aparelhadas, a multiplicidade de títulos protestados etc. Para acolher o pedido inicial, o juiz não poderá omitir-se em relação àquele fundamento; mas poderá formar sua convicção independentemente do exame de todos aqueles argumentos, sem que daí resulte nulidade por ausência ou insuficiência de motivação.

Outro aspecto sobremaneira importante diz com a invocação, pelo juiz, de *conceitos jurídicos indeterminados*. São comuns as alusões ao "interesse público", à "função social da propriedade", a "direito líquido e certo", dentre outras. O CPC deixa claro que tais referências não podem ser feitas desprendidas da explicitação, no caso concreto, de seu conteúdo, devendo o magistrado, portanto, demonstrar por que considera existir ou inexistir interesse público, por que considera protegida ou ofendida a função social da propriedade e por que reputa haver ou não haver direito líquido e certo (ver jurisprudência *infra*).

Do mesmo modo, o CPC é expresso no sentido de que não basta a invocação de precedente, jurisprudência ou, mesmo, de enunciado sumular. O juiz precisa demonstrar, na fundamentação de sua decisão, a adequação ou não do caso concreto ao modelo jurisprudencial invocado.

Certo é, por outro lado, que o dever de fundamentação não exige a adoção de fórmulas sacramentais, tampouco se comina de nulidade a decisão que, apesar de aparentemente não fundamentada a respeito de determinada questão, permite que se extraia, de seu conjunto, as razões que levaram o magistrado a concluir dessa ou daquela maneira. A sentença não pode ser interpretada de forma compartimentada, como se cada questão analisada constituísse um todo autônomo e independente, a exigir fundamentação específica, ainda que repetida. A sentença deve ser interpretada organicamente, como um todo que efetivamente é. Por isso, não é nula a sentença que, de seu conjunto, permite conhecer as razões de decidir em relação a todos os aspectos relevantes. Justamente por isso é que, assim como faz no tocante ao pedido inicial (art. 322, § 2º) o CPC indica, como critérios de interpretação da sentença, a conjugação de todos os seus elementos e a conformidade com o princípio da boa-fé.

4. Dispositivo

O terceiro elemento estrutural da sentença é o *dispositivo*, "em que o juiz resolverá as questões principais que as partes lhe submeterem". Ele é verdadeiramente essencial à sentença, na medida em que, sem dispositivo, a sentença não se aperfeiçoa, é ato juridicamente inexistente.

Com efeito, a sentença é um ato de *inteligência* e de *vontade*. Além de ser obra do intelecto (ato de inteligência), a sentença contém também um elemento *volitivo* (ato de vontade), traduzido pelo comando estatal emitido, resultado do julgamento. É precisamente esse segundo elemento que distingue a sentença de um mero parecer. Este também é um ato de inteligência, produzido que é pelo intelecto; mas àquela se agrega, ainda, a vontade do Estado de aplicar determinada solução jurídica. A vontade estatal sobrepõe-se às vontades das partes e soluciona o litígio. É, pois, no *dispositivo* que o magistrado faz constar o *comando* a ser observado, ou seja, é nele que se lança, propriamente, a *decisão* tomada, dotada de força imperativa e que se substituirá à vontade das partes.

Essa consideração inicial permite afirmar que, na fundamentação, o magistrado *julga*, isto é, analisa e examina as questões, ao passo que, no dispositivo, ele *decide*, resolve as questões e emite os comandos respectivos. A fundamentação ou motivação é integrada por *juízos*, concebidos a partir de pensamentos, de silogismos, de raciocínios. O dispositivo, diversamente, é composto de *comandos*, ou seja, de condenações, de constituições ou desconstituições, de acertamentos, de ordens ou determinações.

A importância do dispositivo está em que precisamente sobre ele recai a autoridade da coisa julgada, que não alcança os motivos, ainda que importantes para determinar o alcance da parte dispositiva da sentença, e a verdade dos fatos, estabelecida como fundamento da sentença (ver art. 504 do CPC).

A técnica de construção do dispositivo admite duas espécies: o dispositivo *sintético* e o dispositivo *analítico*. O sintético reporta-se ao pedido, pura e simplesmente, julgando-o procedente ou improcedente; o analítico, por sua vez, especifica o comando (declaratório, condenatório etc.) e também o respectivo conteúdo. Dentre os dois, dúvida não há de que o dispositivo analítico merece prestígio, seja porque dispensa o cotejo com o pedido, seja porque reduz o espaço para dúvidas a respeito do alcance da coisa julgada, bem assim do objeto do futuro cumprimento da sentença.

5. A Lei 13.655/2018

A Lei 13.655, de 25 de abril de 2018, incluiu no Decreto-lei 4.657, de 4 de setembro de 1942 (Lei de Introdução às Normas do Direito Brasileiro), "disposições sobre segurança jurídica e eficiência na criação e na aplicação do direito público".

O trecho acima destacado foi extraído da ementa da aludida lei, sugerindo que seu âmbito de aplicação restringe-se ao direito público. A ementa, como se sabe, destina-se a explicitar, de modo conciso e sob a forma de título, o *objeto* da lei (v. Lei Complementar 95/1998, art. 5º). O âmbito de aplicação da lei, por sua vez, deve constar de seu primeiro artigo, "de forma tão específica quanto o possibilite o conhecimento técnico ou científico da área respectiva" (v. Lei Complementar 95/1998, art. 7º, *caput* e inc. III).

O art. 1º da Lei 13.655/2018 dispõe apenas que o Decreto-lei 4.657, de 4 de setembro de 1942 (Lei de Introdução às Normas do Direito Brasileiro), passa a vigorar acrescido dos artigos que a seguir enuncia, daí se podendo inferir que, à míngua de qualquer ressalva, as novas disposições passam a integrar o velho diploma no amplo âmbito por este compreendido, máxime sabendo-se que se trata de norma de sobredireito.

A corroborar esse entendimento, importa frisar que, conquanto se possa ver nítido e preponderante caráter público no direito versado nas esferas administrativa e controladora, tal restrição não se vê na esfera judicial, que também é referida expressamente nos dispositivos da nova lei e maneja tanto o direito público quanto o direito privado.

Assim, pode-se extrair da Lei 13.655/2018 que suas disposições não se resumem ao âmbito do direito público, mormente quando a discussão for travada na esfera judicial.

Dentre as novas disposições, algumas cuidam de temas diretamente relacionados com os elementos estruturais da decisão judicial – notadamente a motivação –, razão pela qual se abre, aqui, um tópico para abrigar breves comentários a respeito. São elas:

"Art. 20. Nas esferas administrativa, controladora e judicial, não se decidirá com base em valores jurídicos abstratos sem que sejam consideradas as consequências práticas da decisão.

Parágrafo único. A motivação demonstrará a necessidade e a adequação da medida imposta ou da invalidação de ato, contrato, ajuste, processo ou norma administrativa, inclusive em face das possíveis alternativas.

Art. 21. A decisão que, nas esferas administrativa, controladora ou judicial, decretar a invalidação de ato, contrato, ajuste, processo ou norma administrativa deverá indicar de modo expresso suas consequências jurídicas e administrativas.

Parágrafo único. A decisão a que se refere o *caput* deste artigo deverá, quando for o caso, indicar as condições para que a regularização ocorra de modo proporcional e equânime e sem prejuízo aos interesses gerais, não se podendo impor aos sujeitos atingidos ônus ou perdas que, em função das peculiaridades do caso, sejam anormais ou excessivos.

Art. 22. Na interpretação de normas sobre gestão pública, serão considerados os obstáculos e as dificuldades reais do gestor e as exigências das políticas públicas a seu cargo, sem prejuízo dos direitos dos administrados.

§ 1º Em decisão sobre regularidade de conduta ou validade de ato, contrato, ajuste, processo ou norma administrativa, serão consideradas as circunstâncias práticas que houverem imposto, limitado ou condicionado a ação do agente.

§ 2º Na aplicação de sanções, serão consideradas a natureza e a gravidade da infração cometida, os danos que dela provierem para a administração pública, as circunstâncias agravantes ou atenuantes e os antecedentes do agente.

§ 3º As sanções aplicadas ao agente serão levadas em conta na dosimetria das demais sanções de mesma natureza e relativas ao mesmo fato.

Art. 23. A decisão administrativa, controladora ou judicial que estabelecer interpretação ou orientação nova sobre norma de conteúdo indeterminado, impondo novo dever ou novo condicionamento de direito, deverá prever regime de transição quando indispensável para que o novo dever ou condicionamento de direito seja cumprido de modo proporcional, equânime e eficiente e sem prejuízo aos interesses gerais.

Parágrafo único. (VETADO).

(...)

Art. 27. A decisão do processo, nas esferas administrativa, controladora ou judicial, poderá impor compensação por benefícios indevidos ou prejuízos anormais ou injustos resultantes do processo ou da conduta dos envolvidos.

§ 1º A decisão sobre a compensação será motivada, ouvidas previamente as partes sobre seu cabimento, sua forma e, se for o caso, seu valor.

§ 2º Para prevenir ou regular a compensação, poderá ser celebrado compromisso processual entre os envolvidos."

Essas disposições foram regulamentadas pelos arts. 2º a 9º do Decreto 9.830/2019:

Motivação e decisão

Art. 2º A decisão será motivada com a contextualização dos fatos, quando cabível, e com a indicação dos fundamentos de mérito e jurídicos.

§ 1º A motivação da decisão conterá os seus fundamentos e apresentará a congruência entre as normas e os fatos que a embasaram, de forma argumentativa.

§ 2º A motivação indicará as normas, a interpretação jurídica, a jurisprudência ou a doutrina que a embasaram.

§ 3º A motivação poderá ser constituída por declaração de concordância com o conteúdo de notas técnicas, pareceres, informações, decisões ou propostas que precederam a decisão.

Motivação e decisão baseadas em valores jurídicos abstratos

Art. 3º A decisão que se basear exclusivamente em valores jurídicos abstratos observará o disposto no art. 2º e as consequências práticas da decisão.

§ 1º Para fins do disposto neste Decreto, consideram-se valores jurídicos abstratos aqueles previstos em normas jurídicas com alto grau de indeterminação e abstração.

§ 2º Na indicação das consequências práticas da decisão, o decisor apresentará apenas aquelas consequências práticas que, no exercício diligente de sua atuação, consiga vislumbrar diante dos fatos e fundamentos de mérito e jurídicos.

§ 3º A motivação demonstrará a necessidade e a adequação da medida imposta, inclusive consideradas as possíveis alternativas e observados os critérios de adequação, proporcionalidade e de razoabilidade.

Motivação e decisão na invalidação

Art. 4º A decisão que decretar invalidação de atos, contratos, ajustes, processos ou normas administrativos observará o disposto no art. 2º e indicará, de modo expresso, as suas consequências jurídicas e administrativas.

§ 1º A consideração das consequências jurídicas e administrativas é limitada aos fatos e fundamentos de mérito e jurídicos que se espera do decisor no exercício diligente de sua atuação.

§ 2º A motivação demonstrará a necessidade e a adequação da medida imposta, consideradas as possíveis alternativas e observados os critérios de proporcionalidade e de razoabilidade.

§ 3º Quando cabível, a decisão a que se refere o caput indicará, na modulação de seus efeitos, as condições para que a regularização ocorra de forma proporcional e equânime e sem prejuízo aos interesses gerais.

§ 4º Na declaração de invalidade de atos, contratos, ajustes, processos ou normas administrativos, o decisor poderá, consideradas as consequências jurídicas e administrativas da decisão para a administração pública e para o administrado:

I – restringir os efeitos da declaração; ou

II – decidir que sua eficácia se iniciará em momento posteriormente definido.

§ 5º A modulação dos efeitos da decisão buscará a mitigação dos ônus ou das perdas dos administrados ou da administração pública que sejam anormais ou excessivos em função das peculiaridades do caso.

Revisão quanto à validade por mudança de orientação geral

Art. 5º A decisão que determinar a revisão quanto à validade de atos, contratos, ajustes, processos ou normas administrativos cuja produção de efeitos esteja em curso ou que tenha sido concluída levará em consideração as orientações gerais da época.

§ 1º É vedado declarar inválida situação plenamente constituída devido à mudança posterior de orientação geral.

§ 2º O disposto no § 1º não exclui a possibilidade de suspensão de efeitos futuros de relação em curso.

§ 3º Para fins do disposto neste artigo, consideram-se orientações gerais as interpretações e as especificações contidas em atos públicos de caráter geral ou em jurisprudência judicial ou administrativa majoritária e as adotadas por prática administrativa reiterada e de amplo conhecimento público.

§ 4º A decisão a que se refere o caput será motivada na forma do disposto nos art. 2º, art. 3º ou art. 4º.

Motivação e decisão na nova interpretação de norma de conteúdo indeterminado

Art. 6º A decisão administrativa que estabelecer interpretação ou orientação nova sobre norma de conteúdo indeterminado e impuser novo dever ou novo condicionamento de direito, preverá regime de transição, quando indispensável para que o novo dever ou o novo condicionamento de direito seja cumprido de modo proporcional, equânime e eficiente e sem prejuízo aos interesses gerais.

§ 1º A instituição do regime de transição será motivada na forma do disposto nos art. 2º, art. 3º ou art. 4º.

§ 2º A motivação considerará as condições e o tempo necessário para o cumprimento proporcional, equânime e eficiente do novo dever ou do novo condicionamento de direito e os eventuais prejuízos aos interesses gerais.

§ 3º Considera-se nova interpretação ou nova orientação aquela que altera o entendimento anterior consolidado.

Regime de transição

Art. 7º Quando cabível, o regime de transição preverá:

I – os órgãos e as entidades da administração pública e os terceiros destinatários;

II – as medidas administrativas a serem adotadas para adequação à interpretação ou à nova orientação sobre norma de conteúdo indeterminado; e

III – o prazo e o modo para que o novo dever ou novo condicionamento de direito seja cumprido.

Interpretação de normas sobre gestão pública

Art. 8º Na interpretação de normas sobre gestão pública, serão considerados os obstáculos, as dificuldades reais do agente público e as exigências das políticas públicas a seu cargo, sem prejuízo dos direitos dos administrados.

§ 1º Na decisão sobre a regularidade de conduta ou a validade de atos, contratos, ajustes, processos ou normas administrativos, serão consideradas as circunstâncias práticas que impuseram, limitaram ou condicionaram a ação do agente público.

§ 2º A decisão a que se refere o § 1º observará o disposto nos art. 2º, art. 3º ou art. 4º.

Compensação

Art. 9º A decisão do processo administrativo poderá impor diretamente à pessoa obrigada compensação por benefícios indevidos ou prejuízos anormais ou injustos resultantes do processo ou da conduta dos envolvidos, com a finalidade de evitar procedimentos contenciosos de ressarcimento de danos.

§ 1º A decisão do processo administrativo é de competência da autoridade pública, que poderá exigir compensação por benefícios indevidamente fruídos pelo particular ou por prejuízos resultantes do processo ou da conduta do particular.

§ 2º A compensação prevista no caput será motivada na forma do disposto nos art. 2º, art. 3º ou art. 4º e será precedida de manifestação das partes obrigadas sobre seu cabimento, sua forma e, se for o caso, seu valor.

§ 3º A compensação poderá ser efetivada por meio do compromisso com os interessados a que se refere o art. 10.

5.1. As consequências práticas da decisão

O *caput* do art. 20 do Decreto-lei 4.657/1942, incluído pela Lei 13.655/2018, estabelece que: "Nas esferas administrativa, controladora e judicial, não se decidirá com base em valores jurídicos abstratos sem que sejam consideradas as *consequências práticas da decisão*".

A lei consiste em formulação *abstrata* de preceitos normativos, enquanto a decisão é norma jurídica *individualizada*, aplicada a caso determinado e destinada a produzir efeitos no plano da concretude. Precisamente por isso, o legislador orienta o julgador a não se ater à abstração jurídica, devendo considerar também "as consequências práticas da decisão".

A advertência poderia parecer inócua, já que se antevê como óbvia a importância de o julgador analisar a repercussão prática de sua decisão. Não são raras, todavia, no cotidiano forense, as decisões que parecem voltadas muito mais ao debate acadêmico ou estritamente teórico, distantes da realidade envolvida pela atividade jurisdicional.

Além disso, um rápido passar de olhos em nosso direito positivo demonstra que há espaço, quando menos, a uma reflexão sobre o assunto. Com efeito, vem à mente, de pronto, a dualidade instrumental existente nas ações movidas contra o poder público ou seus agentes, as quais admitem, a par dos recursos comuns previstos na legislação ordinária, a singular figura da *suspensão da execução* da decisão, destinada a *evitar grave lesão à ordem, à saúde, à segurança e à economia pública* (Lei 7.347/1985, art. 12, § 1º; v. também Lei 8.437/1992, art. 4º; e Lei 12.016/2009, art. 15).

Note-se que a suspensão da execução não se funda na falta de juridicidade da decisão, mas apenas em sua aptidão para produzir grave lesão a valores ou interesses públicos de inquestionável importância. Tal análise, atribuída ao presidente do tribunal competente para julgar o recurso próprio, mira precisamente as consequências práticas da decisão combatida. Agora, com a vigência da Lei 13.655/2018, a questão merece novo exame, na medida em que, conferida ao julgador a tarefa de considerar as consequências práticas de sua decisão, parece claro que ele próprio poderá indeferir o pedido de tutela provisória a conta de evitar grave lesão à ordem, à saúde, à segurança ou à economia pública.

Igualmente se afigura claro que, a admitir-se tal possibilidade, referida questão poderá ser objeto de recurso comum, pela parte demandante, que tiver seu pedido de tutela provisória indeferido; e, por conseguinte, a matéria passará, em tal hipótese, ao exame dos órgãos julgadores ordinários (turmas, câmaras etc.) e não mais dos presidentes dos tribunais.

Não se quer afirmar, com isso, que a figura da suspensão da execução da decisão tenha perdido sentido ou utilidade. Sempre que o julgador deixar de atentar para as consequências práticas de sua decisão e desde que presente o risco de grave lesão à ordem, à saúde, à segurança ou à economia pública, subsistirá espaço para a suspensão da execução da medida.

Indo adiante, o parágrafo único do art. 20 do Decreto-lei 4.657/1942, também acrescido pela Lei 13.655/2018, dispõe que: "A motivação demonstrará a necessidade e a adequação da medida imposta ou da invalidação de ato, contrato, ajuste, processo ou norma administrativa, inclusive em face das possíveis alternativas".

Esse parágrafo destaca a relevância que o julgador deve dar à aferição da *necessidade* e da *adequação* da medida; e realça a importância de ele verificar *possíveis alternativas* à providência determinada.

Não raras vezes, o julgador depara-se com mais de uma providência capaz de debelar ou evitar o dano ao direito da parte. A nova lei indica que, havendo mais de uma alternativa viável, seja adotada aquela que se mostrar *necessária* e *adequada*, vale dizer, não devem ser ministrados remédios inócuos, inservíveis ou insuficientes, assim como devem ser evitados os mais potentes ou dispendiosos para males não tão graves. Mais do que uma recomendação à prudência, à razoabilidade e ao bom senso do julgador, o texto legal incrementa o dever de fundamentação, impondo um juízo analítico, explícito, acerca de tais aspectos da decisão.

O tema traz à lembrança as noções de *tutela específica* e de *resultado prático equivalente*, presentes no art. 461 do CPC/1973 e no art. 497 do CPC. Ainda que concernentes às obrigações de fazer e de não fazer, referidos dispositivos legais encerram, sabidamente, vetores de aplicação à prestação jurisdicional em geral e apontam para a importância de o julgador identificar – e adotar – providências que, a um só tempo, sejam *necessárias* e *aptas* à produção do resultado

buscado. Em outras palavras e já na dicção da nova lei, a medida determinada deve revelar-se *adequada*, isto é, ajustada ao caso, suficiente e útil à produção do efeito desejado. Do mesmo modo que o CPC, a Lei 13.655/2018 sobreleva, no particular, o valor da efetiva fundamentação, em detrimento da falsa ou aparente motivação (v. item 3, *supra*).

5.2. As consequências jurídicas e administrativas da decisão

O art. 21, *caput*, do Decreto-lei 4.657/1942, incluído pela Lei 13.655/2018, reza que: "A decisão que, nas esferas administrativa, controladora ou judicial, decretar a invalidação de ato, contrato, ajuste, processo ou norma administrativa deverá indicar de modo expresso suas consequências jurídicas e administrativas". O parágrafo único complementa: "A decisão a que se refere o *caput* deste artigo deverá, quando for o caso, indicar as condições para que a regularização ocorra de modo proporcional e equânime e sem prejuízo aos interesses gerais, não se podendo impor aos sujeitos atingidos ônus ou perdas que, em função das peculiaridades do caso, sejam anormais ou excessivos".

A discussão acerca da validade de ato, contrato, ajuste, processo ou norma administrativa pode demandar mais ou menos tempo, conforme a complexidade da questão e a própria duração do feito, mesmo que este seja concluído em tempo razoável. Enquanto isso, os acontecimentos da vida sobrevêm-se uns aos outros, muitas vezes importando prover-se acerca de suas consequências jurídicas e administrativas. Com efeito, frequentemente a mera invalidação não basta ao pleno acertamento das relações jurídicas em debate, não convindo que estas remanesçam sem solução ou que demandem a instauração de novos debates.

Nesse sentido, a inovação legislativa ora em comento determina que a decisão de invalidação indique, expressamente, suas consequências jurídicas e administrativas. Assim, por exemplo, se a decisão invalidar determinado processo licitatório e o respectivo contrato, importará prover sobre os atos praticados com base neste. Suponha-se que a invalidação dê-se a pedido de terceiro e que não se atribua aos contratantes a prática de conluio, dolo ou qualquer modalidade de fraude. Parece que, sem prejuízo dos direitos do terceiro sagrado vencedor no feito em que se buscou a invalidação, é dado ao julgador dispor sobre a preservação dos efeitos jurídicos e administrativos dos atos praticados durante a execução do contrato, sempre sob o norte da proteção ao interesse público e da boa-fé.

Ainda a esse respeito, o parágrafo único do art. 21 do Decreto-lei 4.657/1942, incluído pela Lei 13.655/2018, traça parâmetros gerais para a regularização da situação invalidada: a observância dos critérios da proporcionalidade e da equanimidade, da proteção aos interesses gerais e, conforme as peculiaridades do caso, a proteção contra ônus ou perdas anormais ou excessivos. Como se vê, há largo espaço, aqui, para a aplicação dos princípios da razoabilidade e da segurança jurídica, ambos regidos pelas noções de equilíbrio, estabilidade e previsibilidade das relações de direito e das concernentes decisões.

5.3. Interpretação de normas sobre gestão pública

O *caput* do art. 22 do Decreto-lei 4.657/1942, incluído pela Lei 13.655/2018, estabelece que, "Na interpretação de normas sobre gestão pública, serão considerados os obstáculos e as dificuldades reais do gestor e as exigências das políticas públicas a seu cargo, sem prejuízo dos direitos dos administrados".

Em seus §§ 1º a 3º, o dispositivo legal em exame acrescenta que: a) em decisão sobre regularidade de conduta ou validade de ato, contrato, ajuste, processo ou norma administrativa, serão consideradas as circunstâncias práticas que houverem imposto, limitado ou condicionado a ação do agente; b) na aplicação de sanções, serão consideradas a natureza e a gravidade da infração cometida, os danos que dela provierem para a administração pública, as circunstâncias agravantes ou atenuantes e os antecedentes do agente; c) as sanções aplicadas ao agente serão levadas em conta na dosimetria das demais sanções de mesma natureza e relativas ao mesmo fato.

Essas normas dizem mais respeito ao *conteúdo* da decisão do que aos *requisitos formais* de sua fundamentação. Na mesma linha seguem o *caput* e o § 1º do art. 8º do Decreto 9.830/2019. O § 2º do art. 8º desse último decreto, contudo, aponta que "A decisão a que se refere o § 1º observará o disposto nos art. 2º, art. 3º ou art. 4º", ou seja, conforme o caso, será motivada com a contextualização dos fatos, apresentará de forma argumentativa a congruência entre as normas e os fatos que a embasaram, atentará para as consequências práticas, jurídicas e administrativas da decisão, demonstrará a necessidade e a adequação da medida imposta e, na modulação de seus efeitos, indicará as condições para que a regularização ocorra de forma proporcional e equânime e sem prejuízo aos interesses gerais.

5.4. Nova interpretação ou orientação de direito e regulação de regime de transição

O art. 23 do Decreto-lei 4.657/1942, incluído pela Lei 13.655/2018, dispõe o seguinte: "A decisão administrativa, controladora ou judicial que estabelecer interpretação ou orientação nova sobre norma de conteúdo indeterminado, impondo novo dever ou novo condicionamento de direito, deverá prever regime de transição quando indispensável para que o novo dever ou condicionamento de direito seja cumprido de modo proporcional, equânime e eficiente e sem prejuízo aos interesses gerais".

Mais uma vez primando pelo respeito aos princípios da segurança jurídica, da razoabilidade e da proporcionalidade, o legislador cuidou de impor, ao julgador, o dever de prever *regime de transição* sempre que a decisão estabelecer nova interpretação ou orientação sobre norma de conteúdo indeterminado. Na verdade, não parece haver razão para restringir-se a inovação às decisões que versarem sobre normas de conteúdo indeterminado. Os princípios já referidos, que regem esse dispositivo legal, possuem grandeza constitucional e, justamente por isso, conduzem à conclusão de que o dever instituído pela nova norma diz com qualquer alteração de interpretação ou de orientação de direito cuja aplicação exigir, por questões de proporcionalidade, equanimidade e eficiência, a previsão de um regime de transição.

De fato, é natural que, em seu cotidiano, tanto a administração quanto o administrado conduzam-se na conformidade do entendimento jurídico então dominante ou pacificado, não sendo razoável que, de modo prejudicial a seus interesses, sejam surpreendidos pela aplicação retroativa de um novo entendimento de direito que venha a ser consagrado pelo órgão julgador competente.

No sistema desenhado pelo CPC, afigura-se ainda mais importante que se preveja essa espécie de "modulação", visto que, como regra, a jurisprudência deve ser mantida *estável, íntegra e coerente* (v. CPC, art. 926, *caput*). Não por outra razão, os §§ 3º e 4º do art. 927 do CPC estabelecem que, na hipótese de alteração de jurisprudência dominante do Supremo Tribunal Federal e dos tribunais superiores ou daquela oriunda de julgamento de casos repetitivos, pode haver *modulação* dos efeitos da alteração no *interesse social* e no da *segurança jurídica*; e que a modificação de enunciado de súmula, de jurisprudência pacificada ou de tese adotada em julgamento de casos repetitivos observará a necessidade de fundamentação adequada e específica, considerando os princípios *da segurança jurídica, da proteção da confiança e da isonomia.*

5.5. Compensação por benefícios indevidos ou prejuízos anormais ou injustos

O art. 27, *caput*, do Decreto-lei 4.657/1942, incluído pela Lei 13.655/2018, prevê o seguinte: "A decisão do processo, nas esferas administrativa, controladora ou judicial, poderá impor compensação por benefícios indevidos ou prejuízos anormais ou injustos resultantes do processo ou da conduta dos envolvidos".

No § 1º, tem-se que: "A decisão sobre a compensação será motivada, ouvidas previamente as partes sobre seu cabimento, sua forma e, se for o caso, seu valor". No § 2º, o seguinte: "Para prevenir ou regular a compensação, poderá ser celebrado compromisso processual entre os envolvidos".

Cuida-se, aqui, de importante inovação e que, no âmbito judicial, configura forte tradução do escopo de oferecer-se a jurisdição mais completa possível e com melhor aproveitamento do processo. Note-se que o dispositivo legal em análise não se restringe à esfera judicial, mas é esta que mais interessa aos objetivos destes comentários.

A exemplo do que se vê nos arts. 21 e 23, supramencionados, o art. 27 evidencia o compromisso do legislador em tentar propiciar, a quem tem um direito, tudo aquilo e precisamente aquilo que lhe confere esse mesmo direito; e quando a tanto não se pode alcançar, a débito do processo ou da conduta dos envolvidos, oferece-se uma *compensação* àquele que, em última análise, não obteve do Estado-juiz a plena satisfação de seu direito.

A sequência do texto legal, sobretudo a regra procedimental traçada no § 1º do art. 27, revela que, para alcançar-se aquele alvo, é dado lançar-se mão de instrumentos e de técnicas processuais diferenciadas, isto é, que escapam do modelo comum por meio do qual tradicionalmente se presta a jurisdição. Além disso, também fica clara a possibilidade de a referida compensação ser materializada por outras formas que não a financeira.

Deveras, o § 1º do art. 27 alude, apenas, à prévia observância do contraditório acerca do cabimento da compensação, sua forma e, se for o caso, seu valor, autorizando, pois, a conclusão de que a questão pode ser suscitada inclusive pelo juiz, no curso do processo, enquanto não proferida a sentença. Por conseguinte, não se pode exigir que conste, na petição inicial, o pedido de compensação, mesmo porque, como explicita o texto legal, os benefícios indevidos ou prejuízos anormais ou injustos a serem compensados poderão decorrer de circunstâncias do próprio processo.

Pode haver uma infinidade de situações em que se mostre cabível a aplicação dessa inovação. Suponha-se, por exemplo, que determinado estudante universitário seja impedido de renovar sua matrícula e que busque, em juízo, o reconhecimento da ilegalidade do ato praticado pela instituição de ensino superior. Uma vez indeferido o pedido de tutela provisória, percebe-se que o tempo necessário para o demandante ver-se rematriculado – por força da sentença que venha a julgar procedente o pedido inicial – certamente inviabilizará a plena fruição de seu direito, bastando atentar que ele perderá aulas e atividades avaliativas e muito provavelmente não mais conseguirá alcançar o percentual mínimo de frequência. Em tais casos, o cumprimento da sentença dá-se, quase sempre, por meio de matrícula em período letivo posterior, circunstância que por si só evidencia a ocorrência de um prejuízo. Não há dúvida de que referida perda seria passível de compensação financeira, a ser buscada, em princípio, em processo futuro. Com a previsão do art. 27 do Decreto-lei 4.657/1942, dita compensação poderá ser estabelecida no mesmo processo em que se reconhecer o direito à rematrícula, resolvendo-se de vez a questão; tudo isso por meio de procedimento simplificado, com grande e inegável economia de tempo e de custos.

Um segundo exemplo pode ser cogitado: processado administrativamente, determinado funcionário público recebe pena de demissão

Art. 489

do cargo que ocupava. Não conformado e tão logo retirado de seu posto, o servidor demanda judicialmente a declaração de nulidade do processo administrativo e, por conseguinte, da pena aplicada. Por inúmeras razões, não atribuíveis ao demandante, o processo judicial demora-se em terminar e ainda durante sua tramitação antevê-se a impossibilidade de vir a ser renovado o processo administrativo, dado o decurso do prazo prescricional. Eventual sentença de procedência do pedido, proferida consoante o modelo tradicional de processo judicial e de prestação jurisdicional, não iria além de acolher os pedidos formulados na petição inicial. Na conformidade, porém, do art. 27 do Decreto-lei 4.657/1942, incluído pela Lei 13.655/2018, há espaço para, no mesmo processo, debater-se e conferir-se ao demandante uma compensação pelos prejuízos que, ao longo do litígio, houver sofrido em sua evolução funcional; não apenas ou necessariamente em dinheiro, mas, talvez, mediante a revisão de sua situação funcional, inclusive com as devidas ascensões na carreira.

Por último, destaque-se que, no § 2º do art. 27, é aberto espaço às partes para que, mediante compromisso celebrado no processo, previnam ou regulem a compensação. Trata-se de alternativa ao procedimento delineado no § 1º e que privilegia a vontade das partes e o consenso que elas hajam construído.

Jurisprudência

"Processual civil. Ausência de fundamentação. Inexistência. Recurso especial. Lei de Introdução às Normas do Direito Brasileiro. Natureza infraconstitucional. Análise. Viabilidade. 1. Conforme estabelecido pelo Plenário do STJ, 'aos recursos interpostos com fundamento no CPC/2015 (relativos a decisões publicadas a partir de 18 de março de 2016) serão exigidos os requisitos de admissibilidade recursal na forma do novo CPC' (Enunciado Administrativo n. 3). 2. O disposto no art. 489 do CPC/2015, na esteira interpretativa sufragada no Superior Tribunal de Justiça, significa que o julgador deve enfrentar apenas as questões capazes de infirmar a conclusão adotada na decisão recorrida, hipótese aqui não verificada (EDcl no MS n. 21315/DF, Primeira Seção, *DJe* 15/06/2016). 3. A Corte Especial do STJ, espelhada no STF, entende que os conceitos de direito adquirido, de ato jurídico perfeito e de coisa julgada não são fixados pela Constituição Federal, mas sim pela legislação infraconstitucional, daí por que reputa 'cognoscível o Recurso Especial que invoca a aplicação de direito adquirido à luz do art. 6º, § 2º, da LINDB (ex-LICC)' (EREsp 1.182.987/SP, Rel. Ministro Herman Benjamin, Corte Especial, julgado em 1º/06/2016, *DJe* 19/09/2016). 4. Agravo interno desprovido" (STJ, EDcl no AgInt no AREsp 1.326.749/SP, Rel. Min. Gurgel de Faria, 1ª Turma, j. 23.09.2019, *DJe* 26.09.2019).

"Processual civil. Enunciado Administrativo nº 3/STJ. Violação aos arts. 1022, II, e 489, § 1º, ambos do CPC/2015. Negativa de prestação jurisdicional. Inocorrência. Honorários advocatícios de sucumbência. Sentença proferida na vigência do CPC/1973. Aplicação dos critérios previstos no art. 85 do CPC/2015. Impossibilidade. Ofensa ao art. 20, §§ 3º e 4º, do CPC/1973. Majoração dos honorários. Quantia supostamente irrisória. Inviabilidade. Súmula nº 7/STJ. 1. A solução integral da controvérsia, com fundamento suficiente, não caracteriza omissão (cf. AgRg no AREsp 434.846/PB, Rel. Min. Herman Benjamin, *DJe* 19/03/2014), pois não há que se confundir entre decisão contrária aos interesses da parte e negativa de prestação jurisdicional (cf. AgRg no AREsp 315.629/RJ, Rel. Min. Og Fernandes, *DJe* 21/03/2014; AgRg no AREsp 453.623/SP, Rel. Min. Sérgio Kukina, *DJe* 21/03/2014). (...) 6. Agravo interno não provido" (STJ, AgInt no AgInt no AREsp 1.425.331/RS, Rel. Min. Mauro Campbell Marques, 2ª Turma, j. 26.11.2019, *DJe* 29.11.2019).

"Processual civil. Agravo em recurso especial. Enunciado Administrativo 3/STJ. Devido enfrentamento dos argumentos da parte. Mera inconformidade com o resultado processual. 1. O enfrentamento dos argumentos capazes de infirmar o julgado, mas de uma forma contrária ao buscado pela parte, não caracteriza o defeito previsto no art. 489, § 1º, inciso IV, do CPC/2015. 2. Agravo conhecido para negar provimento ao recurso especial" (STJ, AREsp 1.229.162/GO, Rel. Min. Mauro Campbell Marques, 2ª Turma, j. 01.03.2018, *DJe* 07.03.2018).

"Recurso fundado no novo CPC/2015. Tributário. Processual civil. Embargos de declaração. Inexistência de quaisquer dos vícios do art. 1.022 do novo CPC/2015. Decisão que aplica tese firmada em recurso repetitivo. Demonstração da adequação do entendimento ao caso dos autos. Violação do art. 489, § 1º, do CPC/2015. Não ocorrência. – Não há falar em violação ao art. 489, § 1º e parágrafos, do CPC/2015, quando a decisão embargada demonstra à exaustão o motivo da aplicação ao caso concreto de entendimento firmado pelo STJ em recurso repetitivo, enfrentando os argumentos relevantes trazidos pelas partes e adotado fundamentação suficiente para solucionar a contenda. Com efeito, 'Não carece de fundamentação válida, a respaldar o enquadramento no art. 489, § 1º, V, do referido diploma legal, a decisão que explicita amoldar-se o caso à orientação firmada por este Tribunal em precedente paradigma' (AgInt no AgRg no AREsp 793.589/SP, Rel. Ministro Gurgel de Faria, Primeira Turma, julgado em 27/10/2016, *DJe* 2/12/2016)" (STJ, EDcl no AgInt no REsp 1.590.193/DF, Rel. Min. Sérgio Kukina, 1ª Turma, j. 20.02.2018, *DJe* 06.03.2018).

"Processual civil. Ofensa ao art. 535 do CPC. Caracterização. Acórdão claramente nulo. Fundamentação genérica. Silêncio a respeito de argumento importante para o deslinde da controvérsia. – Analisando com cuidado os autos, observa-se que a parte recorrente, no agravo de instrumento, suscitou a inconstitucionalidade da atuação do Município em área afeta à regulamentação pela União (telecomunicações e radiodifusão). '– A origem, alegando impossibilidade de apreciar a matéria no momento processual em que se encontrava a demanda, julgou improcedente o agravo de instrumento interposto pela empresa recorrente, fundamentando seu convencimento unicamente na necessidade de maior dilação probatória – foram estes os termos do provimento combatido pelo especial. – Parece estar correta a parte recorrente quando alega que o acórdão é nulo por absoluta ausência de fundamentação, como exige o art. 93, inc. IX, da Constituição da República vigente. – Na verdade, o voto condutor do acórdão atacado pelo especial bem poderia ser aplicado a qualquer caso em que fosse requerida tutela antecipada contra o Poder Público (esta é a única verdadeira discussão travada na origem, o cabimento de tutela antecipada em face do Poder Público), o que bem demonstra que padece a decisão colegiada de grave vício de nulidade – afinal, fundamentação que se presta a tudo justificar nada embasa'" (STJ, REsp 965.084/MG, Rel. Min. Mauro Campbell Marques, 2ª Turma, j. 20.04.2010, *DJe* 07.05.2010).

"Tributário e processual civil. Violação do art. 535 do CPC. Ocorrência. '– É cediço o entendimento de que a solução integral da controvérsia, com fundamento suficiente, não caracteriza ofensa ao art. 535 do CPC e que o juiz não é obrigado a rebater todos os argumentos aduzidos pelas partes. Por outro lado, o juiz não pode deixar de conhecer de matéria relevante ao deslinde da questão, mormente quando sua decisão é insuficiente para refutar a tese aduzida, que, portanto, não abrange toda a controvérsia'" (STJ, REsp 1.529.309/SP, Rel. Min. Herman Benjamin, 2ª Turma, j. 02.06.2015, *DJe* 05.08.2015).

"Anulação do acórdão recorrido. Configuração de negativa de prestação jurisdicional por ausência de fundamentação do acórdão recorrido. '– Não está o Juiz obrigado a rebater, pormenorizadamente, todas as questões trazidas pela parte, configurando-se a negativa de prestação jurisdicional somente nas hipóteses em que o Tribunal deixa de emitir posicionamento acerca de matéria relevante e essencial, o que ocorreu no caso em discussão, pois ausente pronunciamento sobre as questões trazidas no *mandamus* já que não esclarecidos os motivos pelos quais se compreendeu que o direito líquido e certo não existia'" (STJ, EDcl no AgRg no RMS 42.231/SP, Rel. Min. Moura Ribeiro, 3ª Turma, j. 05.05.2015, *DJe* 12.05.2015).

"Recurso especial. Processual civil. Cumprimento de sentença. Violação da coisa julgada não configurada. Interpretação da sentença exequenda. Possibilidade. 1. Discute-se, em cumprimento de sentença, a possibilidade de se interpretar título judicial de maneira mais abrangente, sem ofensa à coisa julgada. 2. A orientação desta Corte é no sentido de se buscar a interpretação mais adequada ao título judicial, de acordo com os critérios nele próprio estabelecidos. Precedentes do STJ. 3. Com base na fundamentação da sentença exequenda, tem-se que o termo 'salário' refere-se à totalidade da percepção econômica da recorrida, que ficou total e permanentemente incapacitada para o trabalho, em virtude da comprovada negligência da empresa recorrente. 4. Recurso especial não provido" (STJ, REsp 1.512.227/SE, Rel. Min. Ricardo Villas Bôas Cueva, 3ª Turma, j. 16.06.2015, *DJe* 25.06.2015).

> **Art. 490.** O juiz resolverá o mérito acolhendo ou rejeitando, no todo ou em parte, os pedidos formulados pelas partes.

▶ *Referência: CPC/1973 – Art. 459, caput*

Art. 491

1. O mérito da causa

O exame do *mérito* da causa compreende a resolução das respectivas questões, que, de rigor, compreendem as *preliminares de mérito*, as *questões prejudiciais* e o *mérito propriamente dito* (isto é, as *questões de fundo*).

As preliminares *de* mérito são a prescrição e a decadência. Elas não se confundem com as preliminares *ao* mérito, atinentes aos pressupostos processuais e às condições da ação e que podem levar à extinção do processo *sem* resolução do mérito. A prescrição e a decadência, conquanto devam ser apreciadas antes das questões de fundo, dão ensejo a pronunciamentos *com* resolução do mérito, como resulta claro do art. 487 do CPC.

As *questões prejudiciais*, por sua vez, são aquelas que, constituindo um *antecedente lógico* em relação às questões de fundo, podem influir no julgamento destas. Além disso, as questões prejudiciais caracterizam-se pela possibilidade de serem objeto de ação própria. Numa demanda em que, por exemplo, o autor busque a condenação do réu ao cumprimento de determinado contrato, a contestação pode conter alegação de nulidade do negócio jurídico. Evidentemente, é preciso discutir e resolver, primeiramente, a questão atinente à validade do negócio para, somente ao depois, analisar e decidir acerca do adimplemento ou não, uma vez que, sendo acolhida a alegação de nulidade do contrato, formulada pelo réu, o pedido inicial haverá de ser julgado improcedente. Precisamente aí se percebe o caráter prejudicial da alegação de nulidade em relação à questão de fundo. Note-se, de outra parte, que o réu poderia, em ação autônoma (ou, mesmo, em reconvenção), pedir a declaração de nulidade do contrato.

É importante observar que, quando acolhidas, as *preliminares* interrompem a cognição do juiz, que não apreciará as questões subsequentes. Já as *prejudiciais* apenas podem influir no julgamento das questões subsequentes, sem dispensar, todavia, a respectiva análise. Ressalve-se, aqui, a previsão do art. 488 do CPC, no sentido de que, sendo possível, o juiz resolverá o mérito sempre que a decisão for favorável à parte a quem aproveitaria eventual pronunciamento nos termos do art. 485 (ver comentários *supra*).

As questões atinentes ao *mérito propriamente dito*, também chamadas de *questões de fundo*, são aquelas que dizem respeito diretamente ao acolhimento ou à rejeição do pedido. No exemplo dado acima, o réu poderia, por exemplo, sustentar já haver pago a dívida, alegação que, sendo acolhida pelo juiz, conduziria à improcedência do pedido inicial.

Superadas as preliminares e examinadas as prejudiciais, o juiz resolverá as questões de fundo e pronunciar-se-á sobre os pedidos formulados pelas partes. O texto alude a pedidos *das partes* porque, a par da ação do autor, pode haver reconvenção do réu (ver CPC, art. 343). Os pedidos podem ser julgados inteiramente procedentes, inteiramente improcedentes ou procedentes em parte, conforme sejam acolhidos no todo ou parcialmente.

> **Art. 491.** Na ação relativa à obrigação de pagar quantia, ainda que formulado pedido genérico, a decisão definirá desde logo a extensão da obrigação, o índice de correção monetária, a taxa de juros, o termo inicial de ambos e a periodicidade da capitalização dos juros, se for o caso, salvo quando:
>
> **I** – não for possível determinar, de modo definitivo, o montante devido;
>
> **II** – a apuração do valor devido depender da produção de prova de realização demorada ou excessivamente dispendiosa, assim reconhecida na sentença.
>
> **§ 1º** Nos casos previstos neste artigo, seguir-se-á a apuração do valor devido por liquidação.
>
> **§ 2º** O disposto no *caput* também se aplica quando o acórdão alterar a sentença.

▶ *Referência: CPC/1973 – Art. 459, parágrafo único*

1. Decisão preferencialmente líquida

O parágrafo único do art. 459 do CPC/1973 estabelecia que, quando o autor houvesse formulado pedido certo, seria vedado ao juiz proferir sentença ilíquida. Formulado, todavia, pedido genérico, o juiz podia proferir sentença ilíquida, salvo quando se tratasse de rito sumário (extinto pelo atual CPC), caso em que necessariamente haveria de ser líquida (CPC/1973, art. 475-A, § 3º).

O CPC adotou, como regra, a *decisão líquida*, devendo o juiz fixar desde logo a extensão da obrigação, o índice de correção monetária, a taxa de juros, o termo inicial de ambos e a periodicidade da capitalização dos juros, se for o caso.

A *decisão ilíquida* passou a constituir exceção, possível nas duas hipóteses previstas nos incisos I e II do *caput* do artigo em exame: a) quando não for possível determinar, de modo definitivo, o montante devido; e b) quando a apuração do valor devido depender da produção de prova de realização demorada ou excessivamente dispendiosa, assim reconhecida na sentença.

Em outras palavras, a decisão ilíquida há de decorrer de uma *impossibilidade* ou de uma *severa dificuldade*. A toda evidência, o legislador procurou diminuir ao máximo os casos de liquidação, visando, com isso, a imprimir maior celeridade à solução final do processo.

É importante observar que a regra da decisão líquida não se aplica somente aos pronunciamentos judiciais de primeira instância. Por expressa determinação legal, constante do § 2º do artigo em análise, o disposto no *caput* "também se aplica quando o acórdão alterar a sentença".

Jurisprudência

Súmula 318 do STJ: "Formulado pedido certo e determinado, somente o autor tem interesse recursal em arguir o vício da sentença ilíquida".

"Recurso especial. Civil. Revisional de alimentos. Antecipação de tutela. Alteração para valor ilíquido. Descabimento. Subtração da eficácia da obrigação de alimentos. Contrariedade ao interesse do menor alimentante. 1. Controvérsia acerca do cabimento da revisão da obrigação de alimentos, estabelecida em valor fixo, para uma quantia ilíquida. 2. Fixação pelo acórdão recorrido do percentual de 30% sobre os rendimentos do alimentante, conforme ficar comprovado no curso do processo, por não ser o alimentante assalariado. 3. Existência de regra processual vedando a prolação de sentença ou decisão ilíquida no processo civil (art. 459, p. u., CPC/1973, atual art. 491 do CPC/2015), quando se tratar de obrigação de pagar quantia. 4. Previsão na Lei de Alimentos de que o juiz fixará os alimentos provisórios no limiar do processo, antes da instrução processual (art. 4º da Lei 5.478/1968). 5. Necessidade de se proferir decisões e sentenças líquidas nas ações de alimentos, para se atender às necessidades prementes do alimentando, principalmente quando se trata de menor. 6. Nulidade do acórdão recorrido, em razão da iliquidez da obrigação nele estabelecida. 7. Recurso especial provido, prejudicadas as demais questões" (STJ, REsp 1.442.975/PR, Rel. Min. Paulo de Tarso Sanseverino, 3ª Turma, j. 27.06.2017, *DJe* 01.08.2017).

> **Art. 492.** É vedado ao juiz proferir decisão de natureza diversa da pedida, bem como condenar a parte em quantidade superior ou em objeto diverso do que lhe foi demandado.
>
> **Parágrafo único.** A decisão deve ser certa, ainda que resolva relação jurídica condicional.

▸ *Referência: CPC/1973 – Art. 460*

1. O princípio da congruência ou da correlação

Por força do *princípio da inércia*, a jurisdição não é prestada de ofício. A exemplo do que já se tinha, em essência, no art. 2º do CPC/1973, o art. 2º do CPC é expresso no sentido de que o processo civil começa por *iniciativa da parte*.

A par disso, a jurisdição está subordinada ao *princípio da indeclinabilidade*, segundo o qual o órgão investido do poder jurisdicional, uma vez provocado, não pode abster-se de cumprir seu mister. A prestação jurisdicional não é uma faculdade, mas um dever que resulta do direito de ação insculpido no inciso XXXV do art. 5º da CF.

Da conjugação desses dois princípios – o da inércia e o da indeclinabilidade da jurisdição – resulta o *princípio da congruência* ou da *correlação* entre a petição inicial e a sentença.

Com efeito, a petição inicial impõe limites objetivos à sentença. Assim, o órgão julgador não pode deixar de apreciar pedido formulado; e não pode pronunciar-se sobre o que não foi pedido. É nesse sentido que deve ser entendido o artigo em comento.

Diversamente do que se via no art. 460 do CPC/1973, o art. 492 do CPC alude a "decisão" e não a "sentença". É que, no novo regime legal, o mérito pode ser parcialmente julgado no decorrer do processo, caso em que o julgador não proferirá sentença, mas decisão (ver art. 356 do CPC).

2. Decisões *citra petita*, *ultra petita* e *extra petita*

A inobservância do princípio da congruência ou da correlação produz as chamadas decisões *citra petita*, *ultra petita* e *extra petita*.

Diz-se *citra petita* a decisão que deixa de pronunciar-se sobre um ou mais dos pedidos formulados; *ultra petita* a decisão que, além de examinar o pedido formulado, se pronuncia acerca de objeto não demandado; e *extra petita* a decisão de natureza diversa da pretendida ou que se pronuncia a respeito de objeto diverso do que foi postulado.

A decisão *citra petita* viola o princípio da indeclinabilidade da jurisdição. Nela, algo que foi demandado não foi decidido. Nem mesmo a falta de norma positivada autoriza o julgador a abster-se de cumprir seu dever constitucional; o art. 140 do CPC reza que "o juiz não se exime de decidir sob a alegação de lacuna ou obscuridade do ordenamento jurídico".

A decisão *ultra petita* afronta o princípio da inércia, na medida em que se pronuncia sobre algo que não foi pedido. O artigo em comento alude a condenação "em quantidade superior", mas também será *ultra petita* a decisão que, por exemplo, negar ao autor um objeto não demandado. O que a tipifica é o *pronunciamento* para além do que foi pedido, nada importando se favorável ou desfavoravelmente ao demandante.

A decisão *extra petita*, por fim, contraria tanto o princípio da inércia quanto o princípio da indeclinabilidade da jurisdição, já que, a um só tempo, deixa de pronunciar-se sobre o que foi demandado e pronuncia-se acerca do que não o foi. No dizer do CPC, é a decisão de *natureza diversa* da que foi pedida, assim como a que impõe condenação em *objeto diverso* do que foi demandado.

Também ofende o princípio da congruência o desrespeito aos limites impostos pela *causa de pedir*. Os fatos e os fundamentos jurídicos deduzidos pelo demandante identificam o pedido. O julgador está adstrito também a eles, não podendo pronunciar-se acerca do pedido senão com fundamento na causa de pedir deduzida. Decidir com base em causa de pedir não deduzida é o mesmo que pronunciar-se sobre demanda diversa da que foi formulada. Não por outra razão, o art. 141 do CPC dispõe que "o juiz decidirá o mérito nos limites propostos pelas partes, sendo-lhe vedado conhecer de questões não suscitadas a cujo respeito a lei exige iniciativa da parte".

Todos esses vícios dizem com a *validade* da decisão. A ofensa ao princípio da congruência ou da correlação constitui *error in procedendo*, vale dizer, um vício de atividade do julgador.

Na vigência do CPC/1973, a jurisprudência dominante era no sentido de que as sentenças *extra petita* e *citra petita* eram nulas. Reconhecendo qualquer desses vícios, em que se tinha um quadro de típica *denegatio jurisdictionis*, os tribunais geralmente proclamavam a nulidade e determinavam o retorno dos autos ao juízo prolator, para a renovação do ato.

O CPC dá solução diversa a tais situações. Segundo o art. 1.013, § 3º, incisos II e III, pertinente ao recurso de apelação, se o processo estiver em condições de imediato julgamento, o tribunal deve *decidir desde logo o mérito* quando: a) decretar a nulidade da sentença por não ser ela congruente com os limites do pedido ou da causa de pedir; b) constatar a omissão no exame de um dos pedidos.

As sentenças *ultra petita*, por sua vez, podem ser decotadas pelo tribunal, isto é, reduzidas a seus devidos limites, preservando-se a parte validamente decidida, em nome do princípio do aproveitamento dos atos processuais, inerente ao estudo das nulidades.

3. Decisão certa e relação jurídica condicional

Em seu parágrafo único, o artigo em análise estabelece que "a decisão deve ser certa, ainda que resolva relação jurídica condicional". Assim como no CPC/1973, o CPC distingue "relação jurídica condicional" de "decisão condicional".

A *relação jurídica condicional* é figura absolutamente comum no direito material. O art. 121 do CC dispõe: "Considera-se condição a cláusula que, derivando exclusivamente da vontade das partes, subordina o efeito do negócio jurídico a evento futuro e incerto".

Não raras vezes, as relações jurídicas condicionais tornam-se conflituosas e são levadas ao processo. A decisão a ser proferida, todavia, não poderá ser, ela própria, condicional; haverá de ser sempre certa, ainda que se pronuncie sobre relação jurídica condicional.

O parágrafo único do art. 492 do CPC proíbe, assim, que seja proferida decisão ou sentença cujo comando dependa de uma condição. Não se pode, por exemplo, condenar o réu a determinada prestação "desde que" ocorra tal fato; tampouco é dado fazê-lo "desde que" tenha ocorrido tal fato.

Do mesmo modo como nas hipóteses previstas no *caput* do artigo, a decisão condicional contém vício de atividade, o que contamina sua validade. Ainda que a decisão condicional não figure no rol do § 3º do art. 1.013 do CPC, parece não haver razão para que não se lhe dê a mesma solução prevista para as decisões incongruentes. Assim, vindo a ser reconhecida como condicional a decisão pelo tribunal, este poderá proclamar a nulidade e, estando o feito maduro para julgamento, desde já decidir sobre o mérito.

Jurisprudência

"Embargos de declaração em embargos de declaração em agravo regimental em agravo em recurso especial. Questão que jamais foi devolvida ao conhecimento desta Corte, por estar acobertada pela coisa julgada formal. Nulidade que se reconhece. Rejulgamento do agravo. – Tendo em conta o disposto nos arts. 141 e 492 do CPC/2015, é nulo o julgamento que trata de tema que jamais foi devolvido ao conhecimento do Tribunal. – Embargos de declaração dos autores acolhidos para, atribuindo-lhes efeitos infringentes, reconhecer a nulidade de todos os julgados anteriores desta Quinta Turma sobre o tema e, rejulgando o agravo em recurso especial da União dele conhecer, apenas para não conhecer de seu recurso especial" (STJ, EDcl nos EDcl no AgRg no Ag 1.217.749/RJ, Rel. Min. Reynaldo Soares da Fonseca, 5ª Turma, j. 27.02.2018, *DJe* 09.03.2018).

"Agravo interno no agravo em recurso especial. Relação de consumo. Matéria que demanda reexame de fatos e provas. Súmulas 5 e 7 do STJ. Acórdão em sintonia com o entendimento firmado no STJ. Agravo interno não provido. 1. À luz dos artigos 128 e 460 do CPC/73, atuais, 141 e 492 do NCPC/15, o vício de julgamento extra petita não se vislumbra na hipótese do juízo a quo, adstrito às circunstâncias fáticas (causa de pedir remota) e ao pedido constante nos autos, proceder à subsunção normativa com amparo em fundamentos jurídicos diversos dos esposados pelo autor e refutados pelo réu. 2. O Tribunal de origem concluiu que a sentença não foi *citra petita*, pois decidiu sobre a causa de pedir do autor; e que foi correta a decisão que condenou o réu ao pagamento da multa de 2% sobre o valor do contrato 'já incluído o prazo de prorrogação de 180 dias previsto no contrato, devidamente atualizado, em consonância com a equidade de aplicação de cláusula penal contratual à ambas as partes, posto que se fosse o caso de mora do comprador, este seria incorreria na mesma cláu-

sula penal'. Alterar o entendimento do acórdão recorrido não é possível, em sede de recurso especial, pois demandaria reexame do conjunto fático-probatório dos autos, e reinterpretação de cláusula contratual, o que é vedado em razão dos óbices das Súmulas 5 e 7 do STJ" (STJ, AgInt nos EDcl no AREsp 1.010.004/RJ, Rel. Min. Luis Felipe Salomão, 4ª Turma, j. 03.10.2017, *DJe* 05.10.2017).

"Processual civil. Previdenciário. Ação rescisória. Cabimento. Julgamento com fundamentação diversa do pedido inicial. Possibilidade. Julgamento aquém do pedido (*citra petita*). Alegação de inexistência. Reexame de provas. Súmula 7/STJ. 1. Não há que se falar em violação do art. 460 do CPC/1973, equivalente ao art. 492 do CPC/2015, na hipótese de julgamento que apenas adota fundamentação diversa das alegações do autor, sem extrapolar os limites em que foi proposta a lide. 2. Verificada a ocorrência de julgamento aquém do pedido (*citra petita*) pelo juízo ordinário com base no contexto fático-probatório dos autos, descabe a este Superior Tribunal de Justiça o reexame da matéria, em recurso especial. Incidência da Súmula 7/STJ" (STJ, REsp 1.494.427/RS, Rel. Min. Og Fernandes, 2ª Turma, j. 19.09.2017, *DJe* 22.09.2017).

"Recurso especial. Processual civil. Civil. Posse. Esbulho. Pedido de reintegração de posse de aqueduto cumulado com perdas e danos. Servidão de passagem de água. Julgamento *extra petita*. Provimento diverso do deduzido, com fundamento no princípio da função social da propriedade e condenação em indenização em favor dos réus. Nulidade reconhecida. Recurso especial provido. 1. Constata-se, na hipótese, a ocorrência de julgamento *extra petita*, pois foram alterados, pela eg. Corte local, o pedido e a causa de pedir constantes da inicial. O pedido na ação possessória era de reintegração de posse, com indenização de danos materiais, em face de esbulho cometido pelos réus. O julgamento, por maioria, contrário à sentença e ao voto do relator originário, julgou procedente a ação possessória, como se fosse ordinária, para reconhecer o direito de utilização do canal pelos promoventes, em razão da função social da propriedade, e em vista do escoamento natural das águas, desde que os autores indenizem os demandados. 2. Nesse contexto, tem-se violação aos arts. 459 e 460 do Código de Processo Civil, o que conduz à nulidade dos acórdãos da apelação e dos embargos infringentes. 3. Recurso especial provido" (STJ,

REsp 1.426.239/RS, Rel. p/ acórdão Min. Raul Araújo, 4ª Turma, j. 17.11.2015, *DJe* 03.02.2016).

"Civil e processual civil. Recurso especial. Ação de cobrança. Contrato de honorários advocatícios. CDC não aplicável. Inventário. Substabelecimento e resilição consensual em relação a um dos coobrigados. Pedido de pagamento integral. Recurso parcialmente provido. – A obediência ao princípio processual da congruência, ou adstrição, espelhado nos artigos 459 e 460 do CPC, não se desnatura quando se acolhe parte do pedido do autor, ainda que implicitamente formulado, em razão da natureza jurídica da relação contratual, em que veiculadas obrigações recíprocas parcialmente adimplidas. Precedentes" (STJ, REsp 1.134.709/MG, Rel. Min. Maria Isabel Gallotti, 4ª Turma, j. 19.05.2015, *DJe* 03.06.2015).

"Embargos à execução. Nota promissória. Ausência de circulação. Discussão acerca da *causa debendi*. Artigo 460 do CPC. Violação. Inexistência. – Não ocorre ofensa ao artigo 460 do CPC quando o julgamento ocorre nos limites do que foi pedido. Ademais, não há falar em julgamento *extra petita*, conforme jurisprudência desta Corte, nos casos em que o magistrado interpreta de maneira mais ampla o pedido e a causa de pedir formulados na inicial" (STJ, AgRg no AREsp 400.904/MS, Rel. Min. Ricardo Villas Bôas Cueva, 3ª Turma, j. 17.12.2013, *DJe* 14.02.2014).

"Embargos à execução fiscal. Juros moratórios e correção monetária. Modificação do termo inicial. Pedido implícito. Inexistência de julgamento *extra petita* ou *ultra petita*. – Esta Corte Superior fixou entendimento no sentido de que os juros de mora e a correção monetária integram os chamados pedidos implícitos, de modo que a alteração ou modificação de seu termo inicial não configura julgamento *extra petita* ou *ultra petita*" (STJ, AgRg no REsp 1.459.006/SC, Rel. Min. Mauro Campbell Marques, 2ª Turma, j. 10.03.2016, *DJe* 16.03.2016).

"Processual civil. Decisão *extra* e *ultra petita* e *reformatio in pejus*. Inexistência. Interesse processual. Existência. Decisão mantida. – Consoante jurisprudência desta Corte, não configura julgamento *extra* ou *ultra petita*, nem *reformatio in pejus*, a conversão da obrigação de fazer em perdas e danos, ainda que não haja pedido explícito nesse sentido" (STJ, AgRg no AREsp 784.908/SP, Rel. Min. Antonio Carlos Ferreira, 4ª Turma, j. 16.02.2016, *DJe* 19.02.2016).

"Processual civil e tributário. Alegada afronta aos arts. 128 e 460 do CPC. Não ocorrência. Efeito repristinatório do ato normativo revogado por lei declarada inconstitucional. Possibilidade. Precedentes. Agravo regimental não provido. – O efeito repristinatório é uma consequência da declaração de inconstitucionalidade, pois a lei declarada inconstitucional não possui eficácia derrogatória. Ocorre a reentrada em vigor da norma aparentemente revogada. Dessa forma, decidida a lide nos limites em que foi proposta, não há falar em ofensa aos arts. 128 e 460 do CPC, tendo em vista que a fundamentação não é critério apto para a avaliação de julgamento *ultra petita*" (STJ, AgRg no REsp 1.495.282/PR, Rel. Min. Mauro Campbell Marques, 2ª Turma, j. 05.03.2015, *DJe* 11.03.2015).

"Agravo regimental. Agravo de instrumento. Decisão *ultra petita*. Redução aos limites do pedido. Possibilidade. A sentença *extra petita* é nula, não ocorrendo o mesmo com a sentença *ultra petita*, isto é, a que decide além do pedido. Esta, ao invés de ser anulada deverá ser reduzida aos limites do pedido" (STJ, AgRg nos EDcl no Ag 885.455/SP, Rel. Des. convocado Paulo Furtado, 3ª Turma, j. 23.06.2009, *DJe* 04.08.2009).

"Processual civil. Agravo regimental. Recurso especial. Sentença *citra petita*. Julgado que reflete o entendimento desta Corte Superior de Justiça. – A jurisprudência desta Corte admite a nulidade de toda a sentença em caso do reconhecimento de decisão *citra petita*, o que pode ser feito de ofício, além de reconhecer esse defeito processual quando o provimento jurisdicional não se manifesta acerca da compensação" (STJ, AgRg no REsp 1.395.999/SP, Rel. Min. Mauro Campbell Marques, 2ª Turma, j. 20.05.2014, *DJe* 26.05.2014).

"Agravo regimental. Direito processual civil. Apelação. Dialeticidade. Conhecimento. Sentença *citra petita*. Reconhecimento do vício de ofício. Possibilidade. – A nulidade da sentença decorrente de julgamento *citra petita* pode ser reconhecida de ofício em grau de apelação ou agravo retido. Precedentes" (STJ, AgRg no AREsp 164.686/DF, Rel. Min. Luis Felipe Salomão, 4ª Turma, j. 15.05.2014, *DJe* 21.05.2014).

"Previdenciário. Recurso especial. Aposentadoria por tempo de contribuição. Implementação da carência após o ajuizamento da ação. Fato superveniente. Recurso especial provido. 1. O Superior Tribunal de Justiça tem entendimento consolidado de que não constitui julgamento *extra* ou *ultra petita* a decisão que, verificando a inobservância dos pressupostos para concessão do benefício pleiteado na inicial, concede benefício diverso por entender preenchidos seus requisitos. 2. O art. 687 e 690 da Instrução Normativa INSS/PRES 77, de 21 de janeiro de 2015, que repete as já consagradas proteções ao segurado dispostas em Instruções Normativas anteriores, dispõe que, se o postulante de uma prestação previdenciária preenche os requisitos legais somente após o pedido, o ente autárquico reconhece esse fato superveniente para fins de concessão do benefício, fixando a DIB para o momento do adimplemento dos requisitos legais. 3. Essa mesma medida deve ser adotada no âmbito do processo judicial, nos termos do art. 462 do CPC, segundo o qual a constatação de fato superveniente que possa influir na solução do litígio deve ser considerada pelo Tribunal competente para o julgamento, sendo certo que a regra processual não se limita ao Juízo de primeiro grau, porquanto a tutela jurisdicional, em qualquer grau de jurisdição, deve solucionar a lide na forma como se apresenta no momento do julgamento. 4. As razões dessa proteção se devem ao fato de que os segurados não têm conhecimento do complexo normativo previdenciário, sendo certo que a contagem do tempo de serviço demanda cálculo de difícil compreensão até mesmo para os operadores da área. Além disso, não é razoável impor aos segurados, normalmente em idade avançada, que intentem novo pedido administrativo ou judicial, máxime quando o seu direito já foi adquirido e incorporado ao seu patrimônio jurídico. 5. Diante dessas disposições normativas e dos princípios da economia e da celeridade processual, bem como do caráter social das normas que regulamentam os benefícios previdenciários, não há óbice ao deferimento do benefício, mesmo que preenchidos os requisitos após o ajuizamento da ação. 6. Recurso Especial provido para julgar procedente o pedido de concessão de aposentadoria a partir de agosto de 2006" (STJ, REsp 1.296.267/RS, Rel. Min. Napoleão Nunes Maia Filho, 1ª Turma, j. 01.12.2015, *DJe* 11.12.2015).

"Processual civil e administrativo. Agravo regimental no recurso especial. Ausência de prequestionamento. Súmula 211/STJ. Fixação do *quantum debeatur* em sede liquidação de sen-

tença. Sentença condicional. Inexistência. – Esta Corte Superior firmou orientação no sentido de que não há falar em sentença condicional, quando se deixa para a fase de liquidação de sentença apenas a fixação do *quantum debeatur*, como na hipótese dos autos" (STJ, AgRg no REsp 1.500.998/RS, Rel. Min. Mauro Campbell Marques, 2ª Turma, j. 06.08.2015, *DJe* 18.08.2015).

> **Art. 493.** Se, depois da propositura da ação, algum fato constitutivo, modificativo ou extintivo do direito influir no julgamento do mérito, caberá ao juiz tomá-lo em consideração, de ofício ou a requerimento da parte, no momento de proferir a decisão.
>
> **Parágrafo único.** Se constatar de ofício o fato novo, o juiz ouvirá as partes sobre ele antes de decidir.

▶ *Referência: CPC/1973 – Art. 462*

1. Fato superveniente e julgamento

Na fase postulatória, as partes formulam suas alegações de fato e de direito e, assim, sustentam suas posições jurídicas. Como regra, é na petição inicial e na contestação que autor e réu apresentam suas versões e suas teses, dirigindo-as ao juiz da causa. Este, por sua vez, ao sentenciar, busca, com amparo na prova, reconstruir os fatos e aplicar a solução jurídica devida.

Não raras vezes, porém, fatos juridicamente relevantes acontecem no decorrer do processo, cumprindo ao juiz levá-los em consideração quando da prolação da decisão final. Em outras palavras, a sentença há de ser *atual*, vale dizer, ela deve refletir a situação de fato vigente no momento de sua prolação.

Assim, por exemplo, se autor e réu discutem sobre uma dívida, eventual pagamento realizado no curso do processo não pode ser ignorado pelo juiz. Como fato extintivo do direito de crédito, o pagamento repercute diretamente no resultado da causa, não havendo o menor sentido em condenar-se o réu a pagar por uma dívida que já não existe.

Em uma situação como essa, como deverá o juiz proceder? Haverá de reconhecer a carência de ação pela superveniente perda do interesse de agir? Ou haverá de julgar improcedente, pelo mérito, a pretensão inicial? A resposta não comporta dúvida: o caso é de improcedência do pedido.

Com efeito, o pagamento da dívida não faz desaparecer somente a utilidade do provimento jurisdicional pretendido. Mais do que isso, o pagamento extingue a própria obrigação. Desse modo, se, no momento da sentença, a dívida discutida já não existe, o juiz haverá de proclamar que o réu nada deve pagar ao autor, ou seja, julgará improcedente o pedido deste porque, de fato, naquele preciso momento, o crédito já não subsiste.

O caso não será, evidentemente, de carência de ação. A sentença não poderá ser meramente terminativa. Ao revés, ela deverá ser definitiva, apta a produzir coisa julgada material. O litígio estará encerrado e como tal declarado.

2. Verbas da sucumbência

Sem embargo de tudo o que acima ficou assinalado, certo é que, para fins de determinação da sucumbência processual, isto é, para determinar qual das partes responderá pelas custas, despesas e honorários advocatícios, o juiz valer-se-á do *princípio da causalidade*, segundo o qual arcará com referidos ônus a parte que houver dado causa injusta à instauração da demanda. Especificamente para esse fim, o juiz examinará a situação fática no momento da propositura da demanda. No exemplo dado, se a dívida existia quando do ajuizamento da demanda e veio a extinguir-se somente no decorrer do processo, responderá pelas verbas da sucumbência o réu, nada obstante o pedido inicial deva ser julgado improcedente. Dito de outro modo, o pedido principal é julgado à vista da situação de fato vigente ao tempo da prolação da sentença; mas a determinação do responsável pelas custas, despesas e honorários advocatícios é feita levando-se em conta a situação de fato vigente ao tempo da propositura da demanda.

3. Apreciação de ofício e observância do prévio contraditório

O artigo em comento permite ao juiz tomar em consideração o fato superveniente de ofício ou a requerimento da parte. Assim já o era na vigência do CPC/1973. O CPC, todavia, passou a exigir que, se constatar de ofício o fato novo, o juiz ouvirá as partes sobre ele antes de decidir. Trata-se, na verdade, de mera conformação do dispositivo à regra geral constante no art. 10 do CPC: "O juiz não pode decidir, em grau algum de jurisdição, com base em fundamento a respeito do qual não se tenha dado às partes oportunidade de se manifestar, ainda que se trate de matéria sobre a qual deva decidir de ofício".

Como se percebe, o CPC consagrou, como regra, o *prévio* contraditório, reservando sua modalidade diferida às hipóteses previstas nos incisos do parágrafo único do art. 9º: tutela de urgência, algumas situações de tutela da evidência e a ordem de pagamento na ação monitória.

Jurisprudência

"Processual civil e previdenciário. Recurso especial repetitivo. Enunciado Administrativo 3/STJ. Reafirmação da DER (Data de Entrada do Requerimento). Cabimento. Recurso especial provido. 1. O comando do artigo 493 do CPC/2015 autoriza a compreensão de que a autoridade judicial deve resolver a lide conforme o estado em que ela se encontra. Consiste em um dever do julgador considerar o fato superveniente que interfira na relação jurídica e que contenha um liame com a causa de pedir. 2. O fato superveniente a ser considerado pelo julgador deve guardar pertinência com a causa de pedir e pedido constantes na petição inicial, não servindo de fundamento para alterar os limites da demanda fixados após a estabilização da relação jurídico-processual. 3. A reafirmação da DER (data de entrada do requerimento administrativo), objeto do presente recurso, é um fenômeno típico do direito previdenciário e também do direito processual civil previdenciário. Ocorre quando se reconhece o benefício por fato superveniente ao requerimento, fixando-se a data de início do benefício para o momento do adimplemento dos requisitos legais do benefício previdenciário. 4. Tese representativa da controvérsia fixada nos seguintes termos: É possível a reafirmação da DER (Data de Entrada do Requerimento) para o momento em que implementados os requisitos para a concessão do benefício, mesmo que isso se dê no interstício entre o ajuizamento da ação e a entrega da prestação jurisdicional nas instâncias ordinárias, nos termos dos arts. 493 e 933 do CPC/2015, observada a causa de pedir. 5. No tocante aos honorários de advogado sucumbenciais, descabe sua fixação, quando o INSS reconhecer a procedência do pedido à luz do fato novo. 6. Recurso especial conhecido e provido, para anular o acórdão proferido em embargos de declaração, determinando ao Tribunal a quo um novo julgamento do recurso, admitindo-se a reafirmação da DER. Julgamento submetido ao rito dos recursos especiais repetitivos" (STJ, REsp 1.727.063/SP, Rel. Min. Mauro Campbell Marques, 1ª Seção, j. 23.10.2019, *DJe* 02.12.2019).

"Processual civil. Civil. Agravo interno no agravo em recurso especial. Embargos de declaração. Caráter protelatório. Multa do art. 1.026, § 2º, do CPC/2015. Cabimento. Ausência de impugnação a fundamento da decisão agravada. Súmula n. 182 do STJ. Fato novo. Alegação exclusivamente no recurso especial. Impossibilidade. Precedentes. Decisão mantida. 1. Evidenciado o caráter manifestamente protelatório dos embargos de declaração, aplicável a multa inserta no art. 1.026, § 2º, do CPC/2015. 2. É inviável o agravo previsto no art. 1.021 do CPC/2015 que deixa de atacar especificamente os fundamentos da decisão agravada (Súmula n. 182/STJ). 3. Além disso, 'o art. 493 do CPC/2015, correspondente ao art. 462 do Código de Processo Civil de 1973, admite o exame de fato superveniente apenas nas hipóteses em que, ultrapassada a barreira do conhecimento do recurso especial, este Tribunal for julgar a causa' (AgInt no AREsp n. 850.277/MS, Relatora Ministra Maria Isabel Gallotti, 4ª Turma, j. 30/8/2018, *DJe* 11/9/2018), o que não ocorreu. 4. Segundo a jurisprudência do STJ, "não é possível a alegação de fato novo exclusivamente em sede de recurso especial por carecer o tema do requisito indispensável de prequestionamento e importar, em última análise, em supressão de instância' (AgRg no AREsp 595.361/SP, Rel. Ministro Ricardo Villas Bôas Cueva, Terceira Turma, julgado em 18/06/2015, *DJe* 06/08/2015)' (AgInt no REsp n. 1.375.829/AM, Relator Ministro Luis Felipe Salomão, Quarta Turma, julgado em 18/6/2019, *DJe* 25/6/2019). 5. Agravo interno a que se nega provimento" (STJ, AgInt no AREsp 1.361.851/ SC, Rel. Min. Antonio Carlos Ferreira, 4ª Turma, j. 29.10.2019, *DJe* 05.11.2019).

"Agravo interno nos embargos de declaração no recurso especial. Direito comercial. Propriedade industrial. Marcas. Ação anulatória de registro. Anulação de alguns dos registros da marca 'Trussardi' realizados pelas agravantes. Possibilidade de consideração desse fato no julgamento do recurso especial interposto no curso da ação cominatória cumulada com indenizatória por uso indevido de marca. Aplicabilidade do art. 462 do CPC/73 (art. 493 do CPC/15). Aplicação do direito à espécie. 1. Conhecido o recurso especial, esta Corte detém cognição ampla para o julgamento da lide, podendo, ao aplicar o direito à espécie, levar em consideração fatos novos, extintivos do direito de uma das partes, ocorridos posteriormente ao ajuizamento da ação, nos termos do art. 462 do CPC/73 [art. 493 do CPC/15]. 2. Caso concreto em que a ação anulatória de registro de marca, julgada parcialmente procedente, teve efeito direto sobre o resultado da presente ação cominatória pelo uso indevido de marca, cuja relação de prejudicialidade foi considerada no momento do julgamento do presente recurso. 3. Anulados alguns dos registros da marca 'Trussardi' realizados pelas agravantes, deve-se reconhecer o direito das agravadas, como titulares de marca notoriamente conhecida em território brasileiro, à sua utilização exclusiva, julgando-se parcialmente procedentes os pedidos formulados na reconvenção" (STJ, AgInt nos EDcl no REsp 1.327.956/SP, Rel. Min. Paulo de Tarso Sanseverino, 3ª Turma, j. 27.06.2017, *DJe* 03.08.2017).

"Processo civil. Administrativo. Art. 462 do CPC. Fato superveniente. Reconhecimento. – O Superior Tribunal de Justiça possui orientação no sentido de que, nos termos do art. 462 do Código de Processo Civil, o fato superveniente que possa influir na solução do litígio, deve ser considerado pelo Tribunal competente ao julgar a lide" (STJ, REsp 1.569.811/RJ, Rel. Min. Humberto Martins, 2ª Turma, j. 16.02.2016, *DJe* 24.02.2016).

"Previdenciário. Recurso especial. Aposentadoria por tempo de contribuição. Implementação da carência após o ajuizamento da ação. Fato superveniente. Recurso especial provido. – O art. 687 e 690 da Instrução Normativa INSS/PRES 77, de 21 de janeiro de 2015, que repete as já consagradas proteções ao segurado dispostas em Instruções Normativas anteriores, dispõe que, se o postulante de uma prestação previdenciária preenche os requisitos legais somente após o pedido, o ente autárquico reconhece esse fato superveniente para fins de concessão do benefício, fixando a DIB para o momento do adimplemento dos requisitos legais. – Essa mesma medida deve ser adotada no âmbito do processo judicial, nos termos do art. 462 do CPC, segundo o qual a constatação de fato superveniente que possa influir na solução do litígio deve ser considerada pelo Tribunal competente para o julgamento, sendo certo que a regra processual não se limita ao Juízo de

Art. 494

primeiro grau, porquanto a tutela jurisdicional, em qualquer grau de jurisdição, deve solucionar a lide na forma como se apresenta no momento do julgamento" (STJ, REsp 1.296.267/RS, Rel. Min. Napoleão Nunes Maia Filho, 1ª Turma, j. 01.12.2015, *DJe* 11.12.2015).

"Processual civil. Alegação de ocorrência de fato superveniente. Art. 462 do CPC. Consideração de ofício ou a requerimento da parte, ainda que em grau recursal. 1. O fato superveniente de que trata o artigo 462 do CPC deve ser tomado em consideração no momento do julgamento, ainda que em sede recursal, a fim de evitar decisões contraditórias e prestigiar os princípios da economia processual e da segurança jurídica (cf. EDcl no AgRg nos EDcl no REsp 621.179/SP, Rel. Ministro Ricardo Villas Bôas Cueva, Terceira Turma, *DJe* 05/02/2015; REsp 1461382/SP, Rel. Ministro Og Fernandes, Segunda Turma, *DJe* 13/10/2014). 2. Agravo regimental não provido" (STJ, AgRg no AREsp 775.018/BA, Rel. Min. Mauro Campbell Marques, 2ª Turma, j. 27.10.2015, *DJe* 06.11.2015).

"Processual civil. Seguro habitacional. Caixa Seguradora S.A. Litisconsórcio necessário. Fato novo. Lei n. 12.409/2011. Possibilidade de reconhecimento do impedimento do ministro relator. Aplicação do art. 462 do CPC no STJ. 1. As disposições do art. 462 do CPC não se restringem às instâncias ordinárias, sendo possível também ao STJ conhecer de fato superveniente, cujo surgimento seja posterior à interposição do recurso especial. 2. O advento da Lei n. 12.409/2011 tem implicação direta na responsabilidade da CEF pelo pagamento das indenizações securitárias. Nesse contexto, o fato de o relator ter sido mandatário da referida empresa pública constitui impedimento para julgar o feito, a teor do que dispõe o art. 134, II, do CPC. 3. Agravo regimental desprovido" (STJ, AgRg nos EDcl no REsp 1.288.636/SP, Rel. Min. Antonio Carlos Ferreira, 4ª Turma, j. 20.10.2015, *DJe* 28.10.2015).

> **Art. 494.** Publicada a sentença, o juiz só poderá alterá-la:
>
> **I –** para corrigir-lhe, de ofício ou a requerimento da parte, inexatidões materiais ou erros de cálculo;
>
> **II –** por meio de embargos de declaração.

▶ *Referência: CPC/1973 – Art. 463*

1. A publicação da sentença e a impossibilidade de sua alteração

Salvo pequenos ajustes redacionais, o art. 494 do CPC reproduz o art. 463 do CPC/1973, nos termos dados pela Lei 11.232/2005. A sentença é o pronunciamento judicial mais importante, exarado no processo. Prolatada para compor o conflito de interesses ou para apenas dar cabo ao processo, a sentença é ato solene do qual deve emanar, sempre, a segurança jurídica.

Assim, é fundamental que, tornada pública, a sentença seja, como regra, alterável somente por uma instância superior, em sede recursal. Trata-se do *princípio da inalterabilidade da sentença*.

Outrora, era comum afirmar-se que, ao publicar a sentença, o juiz cumpria e esgotava seu ofício jurisdicional, não podendo inovar no feito. Hoje, essa afirmação merece atualização, na medida em que, no moderno processo sincrético, o cumprimento da sentença não se dá em processo autônomo, mas em nova fase do mesmo processo já instaurado. Com a sentença, portanto, o juiz não esgota a jurisdição, continuando a prestá-la na fase de cumprimento, ainda que praticando atos de natureza diversa, tendentes à realização do quanto decidido. Mesmo assim, subsiste a regra legal que impede a alteração da sentença, pelo juiz, fora das hipóteses previstas nos incisos do artigo em comento.

Cumpre observar que a *publicação* da sentença, referida no dispositivo, não é a publicação dela no órgão oficial. O que no cotidiano forense se costuma chamar de publicação (no órgão oficial) nada mais é do que uma das modalidades de *intimação*. As partes são, na maioria das vezes, intimadas da sentença por meio de publicação no órgão oficial.

Propriamente dita, porém, a publicação da sentença dá-se com a entrega dos autos, pelo juiz, em cartório ou secretaria. Ao receber os autos com a sentença, o escrivão torna-a pública, isto é, acessível a qualquer do povo, ressalvadas, é claro, as situações de segredo de justiça (ver art. 189 do CPC). Nos tribunais, os julgamentos monocráticos também são publicados mediante a entrega dos autos, com a decisão, em secretaria; e os julgamentos colegiados, realizados oralmente, são publicados quando da proclamação do resultado em sessão. A partir de então, o resultado não mais pode ser alterado por incidência do artigo em análise. Já a publicação da ementa do

2. Inexatidões materiais e erros de cálculo

acórdão no órgão oficial nada mais é do que a intimação das partes acerca da documentação do julgamento; sua finalidade é a de fazer deflagrar os prazos recursais.

2. Inexatidões materiais e erros de cálculo

O inciso I do art. 494 do CPC excepciona a regra do *caput*, autorizando que o próprio juízo prolator da sentença corrija-lhe *inexatidões materiais* e *erros de cálculo*. É importante definir o sentido dessas expressões e, por conseguinte, o alcance do dispositivo legal.

As *inexatidões materiais* são aquelas que, no mais das vezes, envolvem meros lapsos de expressão verbal. Perceptíveis *primo icto oculi*, elas revelam, sem grande dificuldade, que o texto da decisão não traduz o pensamento do julgador. Sua identificação não pode pressupor maior interpretação, já que elas não podem referir-se a juízos de valor, a critérios de julgamento, à valoração da prova ou a erros de aplicação do direito. Vários são os exemplos que podem ser compreendidos nesse contexto: em vez de grafar "José Carlos", o juiz grafa "João Carlos"; no lugar de "junho", escreve "julho"; troca "condução" por "condição"; ou "suspeição" por "suspensão".

Mesmo em pontos de extrema importância da sentença pode o juiz incorrer em inexatidão material, como, por exemplo, no dispositivo: "Julgo *improcedente* o pedido inicial e condeno o réu a pagar ao autor o valor pleiteado". Ora, se o réu está sendo condenado a pagar ao autor o valor do pedido é porque este foi julgado procedente e não improcedente. Lembre-se, a propósito, o que foi dito a respeito do § 3º do art. 489, segundo o qual "a decisão judicial deve ser interpretada a partir da conjugação de todos os seus elementos e em conformidade com o princípio da boa-fé". Se da leitura da sentença, como um todo, resulta que o juiz reconhece o direito do autor, parece não haver dúvida de que o pedido foi acolhido e não rejeitado.

Os *erros de cálculo*, por sua vez, são os enganos de aritmética, lapsos que contrariam a ciência matemática, exata por excelência. Não são, portanto, erros de cálculo os que concernem à aplicação desse ou daquele índice de juros, por exemplo. Do mesmo modo, se o juiz adotou determinado critério de atualização monetária, a sentença não pode ser alterada para a substituição daquele critério por outro. A exemplo

do que ocorre com as inexatidões materiais, os enganos de cálculo passíveis de alteração não são aqueles que envolvam lapsos de julgamento ou erros de decisão. O juiz não pode valer-se do dispositivo em exame para corrigir eventuais *errores in judicando* existentes na sentença.

Os erros materiais ou de cálculo, porque não comprometem senão aparentemente a inteligência do ato decisório, não transitam em julgado. Mesmo que decorram em branco os prazos recursais, a sentença não adquire, no particular, a qualidade da imutabilidade, inerente à coisa julgada. Assim, tais erros podem ser corrigidos a qualquer tempo, em qualquer instância e mesmo na fase de cumprimento da sentença, de ofício ou a requerimento da parte. Convém observar, nesse ponto, que, se o julgador verificar, por si mesmo, a ocorrência de inexatidão material ou erro de cálculo, cumpre-lhe ouvir as partes a respeito antes de efetuar a correção, *ex vi* do art. 10 do CPC.

3. Embargos de declaração

Outra exceção ao princípio da inalterabilidade da sentença são os *embargos de declaração*. Modalidade de recurso, ditos embargos pressupõem a iniciativa do interessado.

Nos termos do art. 1.022 do CPC, a cujos comentários remete-se o leitor, cabem embargos de declaração contra qualquer decisão judicial para: I – esclarecer *obscuridade* ou eliminar *contradição*; II – suprir *omissão* de ponto ou questão sobre o qual devia se pronunciar o juiz de ofício ou a requerimento; III – corrigir erro material.

Os vícios de obscuridade, contradição e omissão, ensejadores dos embargos de declaração, não são *errores in judicando*; são vícios que comprometem a clareza, a coerência ou a completude do ato decisório. Por isso, justifica-se que se excepcione, também aqui, o princípio da inalterabilidade da sentença.

É interessante observar que o CPC permite a correção de erro material por meio de embargos de declaração. Isso não se via no CPC/1973, embora fosse absolutamente comum o uso desse recurso para tal finalidade. Não havia e não há qualquer inconveniente nessa admissão. Se o erro material pode ser corrigido a qualquer tempo e instância, de ofício ou a requerimento da parte, não há razão para impedir que o interessado valha-se dos embargos de declaração para apontar o erro material.

Note-se, também, que, conquanto o art. 1.022 do CPC não aluda expressamente aos erros de cálculo, não há razão para impedir que se peça, por meio de embargos de declaração, a respectiva correção.

Jurisprudência

"Agravo interno no agravo em recurso especial. Cumprimento de sentença. Alteração de critérios da sentença. Impossibilidade. Acórdão recorrido em harmonia com a jurisprudência desta casa. Súmula 83/STJ. Inexistência de similitude fática. Agravo desprovido. 1. Nos termos da jurisprudência do STJ, o erro de cálculo passível de correção pelo magistrado a qualquer tempo é aquele decorrente de inexatidão meramente aritmética, o que não se confunde com a simples discordância acerca dos critérios fixados na sentença. 2. Não há a apontada divergência jurisprudencial entre os acórdãos recorrido e paradigma, tendo em vista a inexistência de similitude fática entre os casos confrontados. 3. Agravo interno desprovido" (STJ, AgInt no AREsp 1.307.381/RS, Rel. Min. Marco Aurélio Bellizze, 3ª Turma, j. 11.11.2019, *DJe* 21.11.2019).

"Processual civil. Sentença estrangeira contestada. Divórcio consensual. Erro material no acórdão homologatório. Correção de ofício. Deferimento do pedido. 1. O peticionário indicou erro material no acórdão homologatório quanto à data do divórcio consensual, afirmação que restou comprovada pela documentação dos autos. 2. Segundo a pacífica jurisprudência deste Tribunal, o erro material previsto no inciso I do artigo 463 do CPC/1973 e no inciso I do artigo 494 do CPC/2015 pode ser corrigido de ofício a qualquer tempo. Precedente da Corte Especial: SEC 6.499/EX, relatada pelo Excelentíssimo Ministro Humberto Martins, *DJe* de 26/09/2013. 3. Deferimento do pedido, para corrigir-se o erro material apontado, explicitando-se que o processo de divórcio consensual foi julgado no Tribunal de Primeira Instância de Vanda – Finlândia em 21 de fevereiro de 2002" (STJ, PET na SEC 6.310/EX, Rel. Min. Jorge Mussi, Corte Especial, j. 15.06.2016, *DJe* 29.06.2016).

"Processo civil. Agravo interno. Razões que não enfrentam o fundamento da decisão agravada. Erro material. Interposição de agravo de instrumento. Correção. Possibilidade. Inexistência de violação à coisa julgada. Precedentes.

Súmula 83/STJ. – Nos termos do artigo 494, I, do Código de Processo Civil de 2015, o erro material pode ser corrigido a qualquer tempo, inclusive de ofício, sem implicar violação à coisa julgada, mormente tendo sido interposto o competente recurso" (STJ, AgInt no AREsp 1.143.830/SP, Rel. Min. Maria Isabel Gallotti, 4ª Turma, j. 20.02.2018, *DJe* 28.02.2018).

"Processual civil. Agravo regimental na ação rescisória. Cálculo de liquidação em desacordo com o título exequendo. Possibilidade de correção a qualquer tempo. Inexistência de violação da literalidade da lei. Provimento negado. 1. Segundo a pacífica jurisprudência desta Corte, é possível a correção da conta de liquidação na hipótese em que a memória de cálculo apresentada pela parte exequente está em desacordo com o comando expresso no título judicial exequendo, sem que isso implique violação da coisa julgada. Precedentes. 2. Hipótese em que o cálculo de liquidação não estava perfeitamente adequado à metodologia definida na sentença, que determinou o reajuste dos valores do benefício, desde a primeira renda mensal, com aplicação, no primeiro reajuste, do índice integral da política salarial. 3. Possibilidade de retificação dos cálculos, ainda que acobertados pela coisa julgada, para ajustá-los ao comando expresso na sentença. 4. Agravo regimental não provido" (STJ, AgRg na AR 3.913/RN, Rel. Min. Rogerio Schietti Cruz, 3ª Seção, j. 25.02.2016, *DJe* 02.03.2016).

"Tributário. Processual civil. Execução fiscal. Extinção do pedido da Fazenda Nacional. Alegação posterior de erro administrativo. Nulidade da sentença por ocorrência de erro material. Impossibilidade. Precedentes. 1. Nos termos da jurisprudência do STJ, o erro material pode ser sanado a qualquer tempo, sem ofensa à coisa julgada, nos termos do art. 463, I, do CPC, tão somente nas hipóteses de correção de inexatidões materiais ou retificação de erros de cálculo – erro material – ou por meio de embargos de declaração. 2. Também é assente no STJ que o erro mencionado no referido dispositivo tem como destinatário o juiz, e não a parte, razão pela qual a sentença que extinguiu a execução fiscal, atendendo a pedido da exequente, não pode ser anulada sob a alegação de equívoco da Fazenda Pública. Precedentes. Agravo regimental improvido" (STJ, AgRg no REsp 1.549.983/RS, Rel. Min. Humberto Martins, 2ª Turma, j. 01.10.2015, *DJe* 09.10.2015).

"Processual civil. Erro material. Correção após trânsito em julgado do *decisum*. Alteração do conteúdo do julgado. Impossibilidade. 1. Consoante entendimento desta Corte, o erro material passível de correção é aquele que seja perceptível sem a necessidade de maior exame da sentença ou do acórdão e que produz dissonância evidente entre a vontade do julgador e a expressa no julgado. 2. Erro material não se confunde com o *error in judicando*, sendo certo que esse somente é passível de correção, após o trânsito em julgado do decisum, por meio de ação rescisória" (STJ, AgRg no REsp 1.267.296/PR, Rel. Min. Gurgel de Faria, 5ª Turma, j. 07.05.2015, *DJe* 26.05.2015).

"Recurso ordinário em mandado de segurança. Ato apontado como coator. Decisão judicial que sanou, após o trânsito em julgado, erro material constante de sentença. Violação de direito líquido e certo. Inexistência. – O erro material, mencionado no art. 463, I, do CPC, pode ser sanado a qualquer tempo, inclusive após o trânsito em julgado da sentença, conforme pacífica orientação desta Corte de Justiça. Precedentes" (STJ, RMS 43.956/MG, Rel. Min. Og Fernandes, 2ª Turma, j. 09.09.2014, *DJe* 23.09.2014).

Art. 495. A decisão que condenar o réu ao pagamento de prestação consistente em dinheiro e a que determinar a conversão de prestação de fazer, de não fazer ou de dar coisa em prestação pecuniária valerão como título constitutivo de hipoteca judiciária.

§ 1º A decisão produz a hipoteca judiciária:

I – embora a condenação seja genérica;

II – ainda que o credor possa promover o cumprimento provisório da sentença ou esteja pendente arresto sobre bem do devedor;

III – mesmo que impugnada por recurso dotado de efeito suspensivo.

§ 2º A hipoteca judiciária poderá ser realizada mediante apresentação de cópia da sentença perante o cartório de registro imobiliário, independentemente de ordem judicial, de declaração expressa do juiz ou de demonstração de urgência.

§ 3º No prazo de até 15 (quinze) dias da data de realização da hipoteca, a parte informá-la-á ao juízo da causa, que determinará a intimação da outra parte para que tome ciência do ato.

§ 4º A hipoteca judiciária, uma vez constituída, implicará, para o credor hipotecário, o direito de preferência, quanto ao pagamento, em relação a outros credores, observada a prioridade no registro.

§ 5º Sobrevindo a reforma ou a invalidação da decisão que impôs o pagamento de quantia, a parte responderá, independentemente de culpa, pelos danos que a outra parte tiver sofrido em razão da constituição da garantia, devendo o valor da indenização ser liquidado e executado nos próprios autos.

▶ *Referência: CPC/1973 – Art. 466*

1. Hipoteca judiciária

A *hipoteca* é direito real de garantia, incidente sobre bem alheio (imóvel, navio ou aeronave), o qual, gravado desse ônus, fica vinculado à obrigação. Inadimplida esta, a excussão do bem servirá ao pagamento. Além disso, a hipoteca assegura ao credor a preferência, no pagamento, em relação a outros credores, observada a prioridade no registro (CC, art. 1.422; CPC, art. 495, § 4º). Em outras palavras, ainda que bem seja excutido por iniciativa de outro credor, o crédito garantido pela hipoteca haverá de ser solvido com preferência.

A hipoteca pode ser *convencional* ou *legal*, conforme decorra de contrato ou da lei. A *hipoteca judiciária*, porque decorre de lei e não depende de convenção, é subespécie de hipoteca legal.

A hipoteca judiciária *resulta* da condenação ou da conversão de prestação de fazer, de não fazer ou de dar coisa em prestação pecuniária. Nos dizeres do artigo em análise, a decisão *produz* a hipoteca judiciária e *valerá* como título constitutivo dela. Cuida-se, pois, de um *efeito* ou, mais propriamente, um *efeito secundário* do pronunciamento judicial, já que os efeitos principais ou primários são, mesmo, os declaratórios, constitutivos, condenatórios, executivos ou mandamentais demandados pelo autor.

O art. 495 do CPC alude a "decisão" e não a "sentença" – como fazia o art. 466 do CPC/1973 – porque também as decisões interlocutórias podem ter conteúdo condenatório. Além disso, a conversão de prestação de fazer, de não fazer ou de dar coisa em prestação pecuniária quase sempre é feita por meio de decisão interlocutória.

Comparado com o parágrafo único do art. 466 do CPC/1973, o § 1º do art. 495 do CPC

Art. 496

CÓDIGO DE PROCESSO CIVIL INTERPRETADO

promove uma inovação. Além das hipóteses já previstas na legislação anterior, o CPC passou a estabelecer que a decisão produz a hipoteca judiciária "mesmo que impugnada por recurso dotado de efeito suspensivo", ou seja, conquanto obste o cumprimento da decisão em relação a seu efeito principal ou primário, a eventual suspensão decorrente do manejo do recurso não impedirá a produção da hipoteca judiciária.

2. Novo procedimento

Na vigência do CPC/1973, ensinava a doutrina que "o efeito da hipoteca judiciária decorre da própria sentença condenatória, mas para que possa valer contra terceiros é preciso que seja especializada (individualizados os bens) e inscrita no registro imobiliário" (Vicente Greco Filho, *Direito processual civil brasileiro*, v. 2, 18. ed., p. 262).

De fato, o CPC/1973 previa, entre os arts. 1.205 e 1.210, o procedimento de *especialização da hipoteca legal*, instaurado mediante provocação do interessado e encerrado por sentença em que o juiz mandava que se procedesse à inscrição da hipoteca junto ao órgão registrador competente.

O CPC produziu, nesse ponto, importante inovação, eliminando esse procedimento judicial. Agora, o procedimento de registro da hipoteca judiciária é feito *extrajudicialmente*, por iniciativa e obra do interessado e junto ao órgão registrador.

Com efeito, nos termos do § 2º do art. 495 do CPC, a hipoteca judiciária poderá ser realizada mediante apresentação de cópia da sentença perante o cartório de registro imobiliário, independentemente de ordem judicial, de declaração expressa do juiz ou de demonstração de urgência. E, na conformidade do § 3º, no prazo de até 15 dias da data de realização da hipoteca a parte informá-la-á ao juízo da causa, que determinará a intimação da outra parte para que tome ciência do ato.

Esse novo sistema permite que o beneficiário da hipoteca "obtenha preferência sobre eventuais concorrentes *quase que imediatamente após a sentença*, pois ela ainda pode estar sujeita a recurso com efeito suspensivo que mesmo assim será passível de gerar o registro (§ 1º, III)" (Olavo de Oliveira Neto *et allii*, *Curso de direito processual civil: tutela de conhecimento*, v. 2, p. 403).

Por fim, destaque-se que, na forma do § 5º do artigo em exame, sobrevindo a reforma ou a

invalidação da decisão que impôs o pagamento de quantia, a hipoteca judiciária restará desconstituída e, além disso, a parte por ela beneficiada responderá *objetivamente* pelos danos eventualmente sofridos pela parte contrária, devendo o valor da indenização ser liquidado e executado nos próprios autos.

Seção III
Da remessa necessária

Art. 496. Está sujeita ao duplo grau de jurisdição, não produzindo efeito senão depois de confirmada pelo tribunal, a sentença:

I – proferida contra a União, os Estados, o Distrito Federal, os Municípios e suas respectivas autarquias e fundações de direito público;

II – que julgar procedentes, no todo ou em parte, os embargos à execução fiscal.

§ 1º Nos casos previstos neste artigo, não interposta a apelação no prazo legal, o juiz ordenará a remessa dos autos ao tribunal, e, se não o fizer, o presidente do respectivo tribunal avocá-los-á.

§ 2º Em qualquer dos casos referidos no § 1º, o tribunal julgará a remessa necessária.

§ 3º Não se aplica o disposto neste artigo quando a condenação ou o proveito econômico obtido na causa for de valor certo e líquido inferior a:

I – 1.000 (mil) salários mínimos para a União e as respectivas autarquias e fundações de direito público;

II – 500 (quinhentos) salários mínimos para os Estados, o Distrito Federal, as respectivas autarquias e fundações de direito público e os Municípios que constituam capitais dos Estados;

III – 100 (cem) salários mínimos para todos os demais Municípios e respectivas autarquias e fundações de direito público.

§ 4º Também não se aplica o disposto neste artigo quando a sentença estiver fundada em:

I – súmula de tribunal superior;

II – acórdão proferido pelo Supremo Tribunal Federal ou pelo Superior Tribunal de Justiça em julgamento de recursos repetitivos;

III – entendimento firmado em incidente de resolução de demandas repetitivas ou de assunção de competência;

> **IV** – entendimento coincidente com orientação vinculante firmada no âmbito administrativo do próprio ente público, consolidada em manifestação, parecer ou súmula administrativa.

▶ *Referência: CPC/1973 – Art. 475*

1. Remessa ou reexame necessário

Instituída a pretexto de proteger o interesse público, a remessa necessária – também chamada de reexame necessário ou de duplo grau de jurisdição obrigatório – sempre foi alvo de muitas críticas, especialmente da doutrina. Considerada um privilégio injustificável conferido ao poder público e um fator de incremento da morosidade judicial, a figura em exame não se confunde com recurso. Os recursos são essencialmente voluntários, ou seja, pressupõem a iniciativa da parte ou interessado. A remessa necessária, ao revés, é feita de ofício pelo juiz e constitui condição de eficácia da sentença.

Originariamente, o CPC/1973 previa o duplo grau de jurisdição obrigatório de maneira bastante ampla. Ele alcançava as sentenças de anulação de casamento e, de modo geral, as proferidas contra o poder público. Ainda durante a vigência do CPC/1973, os rigores da remessa necessária sofreram abrandamentos. A Lei 10.352/2001, dando nova redação ao art. 475 do CPC/1973, reduziu o alcance da remessa necessária, dela excluindo a sentença de anulação de casamento e impondo-lhe, de outra parte, duas exceções: causas cuja grandeza econômica disputada não excedesse a 60 salários mínimos; e sentenças fundadas em jurisprudência do plenário do STF ou em súmula deste Tribunal ou do tribunal superior competente.

O CPC reduz, ainda mais, o alcance da remessa necessária, estabelecendo três faixas de valores da condenação ou do proveito econômico pretendido, conforme o porte da pessoa de direito público: a) 1.000 salários mínimos para a União e as respectivas autarquias e fundações de direito público; b) 500 salários mínimos para os Estados, o Distrito Federal, as respectivas autarquias e fundações de direito público e os Municípios que constituam capitais dos Estados; e c) 100 salários mínimos para todos os demais Municípios e respectivas autarquias e fundações de direito público. Valores certos e líquidos, quando inferiores aos limites estabelecidos, dispensam o juiz de proceder à remessa necessária. Valores não liquidados dão ensejo ao reexame, como resulta da Súmula 490 do STJ. Casos há, todavia, em que, de antemão, se pode afirmar com segurança que o objeto da condenação, apesar de não liquidado, situa-se inquestionavelmente dentro dos limites postos pela lei. Em situações de flagrante enquadramento no inciso aplicável do artigo em comento, a remessa oficial poderia ser afastada, sem que daí resultasse violação à lei. O STJ, todavia, não placita tal entendimento (ver jurisprudência *infra*).

O CPC alude também a sentenças fundadas em: a) súmula de tribunal superior; b) acórdão proferido pelo STF ou pelo STJ em julgamento de recursos repetitivos; c) entendimento firmado em incidente de resolução de demandas repetitivas ou de assunção de competência; ou d) entendimento coincidente com orientação vinculante firmada no âmbito administrativo do próprio ente público, consolidada em manifestação, parecer ou súmula administrativa. Em qualquer dessas hipóteses, não se procede à remessa.

Nota-se, nesse último ponto, mais uma dentre inúmeras passagens do CPC que prestigiam os chamados *precedentes vinculantes*. Além disso, o CPC exclui da remessa necessária as sentenças prolatadas em conformidade com *orientação vinculante* firmada no âmbito administrativo pelo próprio poder público. A propósito, mesmo antes do atual CPC, o art. 12 da Medida Provisória 2.180-35 já dispunha: "Não estão sujeitas ao duplo grau de jurisdição obrigatório as sentenças proferidas contra a União, suas autarquias e fundações públicas, quando a respeito da controvérsia o Advogado-Geral da União ou outro órgão administrativo competente houver editado súmula ou instrução normativa determinando a não interposição de recurso voluntário". A regra, antes concernente apenas ao poder público federal, agora se mostra passível de aplicação também nas demais esferas (estadual e municipal).

2. Decisões interlocutórias de mérito

Embora aluda somente a "sentenças", o art. 496 do CPC deve alcançar também as *decisões interlocutórias de mérito*. Como se sabe, o CPC prevê, em seu art. 356, o "julgamento antecipado parcial do mérito", que se materializa por meio de *decisão interlocutória*.

Art. 496

Em tal hipótese, o pronunciamento judicial é definitivo, resolve o mérito – ainda que parcialmente – e tem a aptidão de produzir coisa julgada material. Substancialmente, tal pronunciamento judicial não difere de uma sentença. O que distingue um pronunciamento judicial do outro é apenas seu aspecto formal e, evidentemente, o recurso cabível: das sentenças cabe apelação e das decisões interlocutórias de mérito cabe agravo de instrumento (CPC, arts. 1.009, *caput*, e 1.015, inc. II).

Assim, nada justifica que uma mesma decisão, quando tomada sob a forma de sentença, seja submetida ao reexame necessário e, quando proferida interlocutoriamente, não o seja.

Talvez se diga que a remessa dos autos para o reexame da decisão interlocutória de mérito prejudicaria o andamento do processo quanto ao objeto ainda não julgado. Daí não resulta, porém, qualquer obstáculo intransponível, podendo o juiz proceder ao desmembramento do feito, viabilizando a remessa necessária ao tribunal e, simultaneamente, o curso do feito no tocante ao objeto remanescente.

Jurisprudência

Súmula 45 do STJ: "No reexame necessário, é defeso, ao tribunal, agravar a condenação imposta à Fazenda Pública".

Súmula 253 do STJ: "O art. 557 do CPC, que autoriza o relator a decidir o recurso, alcança o reexame necessário".

Súmula 325 do STJ: "A remessa oficial devolve ao Tribunal o reexame de todas as parcelas da condenação suportadas pela Fazenda Pública, inclusive dos honorários de advogado".

Súmula 490 do STJ: "A dispensa de reexame necessário, quando o valor da condenação ou do direito controvertido for inferior a sessenta salários mínimos, não se aplica a sentenças ilíquidas".

"Processual civil e previdenciário. Recurso especial. Remessa necessária. Sentença ilíquida. Art. 496, § 3º, I do Código Fux. Condenação ou proveito econômico inferior a mil salários mínimos. Valor aferível por cálculo aritmético. Possibilidade de mensuração. Recurso especial do INSS a que se nega provimento. 1. Esta Corte, no julgamento do REsp. 1.101.727/PR, representativo de controvérsia, fixou a orientação de que, tratando-se de sentença ilíquida, deverá ser ela submetida ao reexame necessário, uma vez que não possui valor certo, estabelecendo que a dispensabilidade da remessa necessária pressupunha a certeza de que o valor da condenação não superaria o limite de 60 salários mínimos. 2. Contudo, a nova legislação processual excluiu da remessa necessária a sentença proferida em desfavor da União e suas respectivas Autarquias cujo proveito econômico seja inferior a 1.000 salários mínimos. 3. As ações previdenciárias, mesmo nas hipóteses em que reconhecido o direito do Segurado à percepção de benefício no valor do teto máximo previdenciário, não alcançarão valor superior a 1.000 salários mínimos. 4. Assim, não obstante a aparente iliquidez das condenações em causas de natureza previdenciária, a sentença que defere benefício previdenciário é espécie absolutamente mensurável, visto que pode ser aferível por simples cálculos aritméticos, os quais são expressamente previstos na lei de regência, e, invariavelmente, não alcançará valor superior a 1.000 salários mínimos. 5. Recurso Especial do INSS a que se nega provimento" (STJ, REsp 1.844.937/PR, Rel. Min. Napoleão Nunes Maia Filho, 1ª Turma, j. 12.11.2019, *DJe* 22.11.2019).

"Processual civil. Recurso especial. Sentença ilíquida. Condenação da Fazenda Pública. Remessa necessária. Obrigatoriedade. 1. O acórdão recorrido destoa do entendimento do Superior Tribunal de Justiça de que a dispensa do exame obrigatório, quando o valor da condenação ou do direito controvertido for inferior ao limite legal, não se aplica a sentenças ilíquidas, pressupondo a certeza de que a condenação não superará o citado teto, previsto seja no art. 475 do CPC/1973 ou no 496 do CPC/2015, inadmitindo-se mera estimativa quanto a tal limite. Na mesma linha: REsp 1.717.256/RS, Rel. Ministro Francisco Falcão, Segunda Turma, *DJe* 11/12/2018; REsp 1.760.371/SP, Ministro Francisco Falcão, Segunda Turma, *DJe* 21/11/2018 e REsp 1.664.062/RS, Rel. Ministro Herman Benjamin, Segunda Turma, *DJe* 20/6/2017. 2. Recurso Especial provido" (STJ, REsp 1.827.304/RS, Rel. Min. Herman Benjamin, 2ª Turma, j. 22.10.2019, *DJe* 29.10.2019).

"Processual civil e previdenciário. Negativa de prestação jurisdicional. Inexistência. Sentença ilíquida. CPC/2015. Novos parâmetros. Condenação ou proveito econômico inferior a mil salários mínimos. Remessa necessária. Dispensa. 1. Conforme estabelecido pelo Plenário do STJ, 'aos recursos interpostos com fundamento no CPC de 2015 (relativos a decisões publicadas a partir de 18 de março de 2016) serão exigidos os requisitos de admissibilidade recursal na forma do novo CPC' (Enunciado Administrativo n. 3). 2. Não merece acolhimento a pretensão de reforma do julgado por negativa de prestação jurisdicional, porquanto, no acórdão impugnado, o Tribunal *a quo* apreciou fundamentadamente a controvérsia, apontando as razões de seu convencimento, em sentido contrário à postulação recursal, o que não se confunde com o vício apontado. 3. A controvérsia cinge-se ao cabimento da remessa necessária nas sentenças ilíquidas proferidas em desfavor da Autarquia Previdenciária após a entrada em vigor do Código de Processo Civil/2015. 4. A orientação da Súmula 490 do STJ não se aplica às sentenças ilíquidas nos feitos de natureza previdenciária a partir dos novos parâmetros definidos no art. 496, § 3º, I, do CPC/2015, que dispensa do duplo grau obrigatório as sentenças contra a União e suas autarquias cujo valor da condenação ou do proveito econômico seja inferior a mil salários mínimos. 5. A elevação do limite para conhecimento da remessa necessária significa uma opção pela preponderância dos princípios da eficiência e da celeridade na busca pela duração razoável do processo, pois, além dos critérios previstos no § 4º do art. 496 do CPC/15, o legislador elegeu também o do impacto econômico para impor a referida condição de eficácia de sentença proferida em desfavor da Fazenda Pública (§ 3º). 6. A novel orientação legal atua positivamente tanto como meio de otimização da prestação jurisdicional – ao tempo em que desafoga as pautas dos Tribunais – quanto como de transferência aos entes públicos e suas respectivas autarquias e fundações da prerrogativa exclusiva sobre a rediscussão da causa, que se dará por meio da interposição de recurso voluntário. 7. Não obstante a aparente iliquidez das condenações em causas de natureza previdenciária, a sentença que defere benefício previdenciário é espécie absolutamente mensurável, visto que pode ser aferível por simples cálculos aritméticos, os quais são expressamente previstos na lei de regência, e são realizados pelo próprio INSS. 8. Na vigência do Código Processual anterior, a possibilidade de as causas de natureza previdenciária ultrapassarem o teto de sessenta salários mínimos era bem mais factível, considerado o valor da condenação atualizado monetariamente. 9. Após o Código de Processo Civil/2015, ainda que o benefício previdenciário seja concedido com base no teto máximo, observada a prescrição quinquenal, com os acréscimos de juros, correção monetária e demais despesas de sucumbência, não se vislumbra, em regra, como uma condenação na esfera previdenciária venha a alcançar os mil salários mínimos, cifra que no ano de 2016, época da propositura da presente ação, superava R$ 880.000,00 (oitocentos e oitenta mil reais). 10. Recurso especial a que se nega provimento" (STJ, REsp 1.735.097/RS, Rel. Min. Gurgel de Faria, 1ª Turma, j. 08.10.2019, *DJe* 11.10.2019).

"Processual civil. Ação rescisória. Extinção sem julgamento de mérito. Falta de sentença transitada em julgado. Súmula 423/STF. Sentença omissa quanto à remessa necessária. Notificação para avocação do feito. Cabimento. – Mesmo que a sentença seja omissa quanto ao reexame necessário, não ocorre o trânsito em julgado da decisão antes do julgamento do referido feito pelo tribunal, conforme a Súmula 423/STF, de aplicação corrente nesta Corte Superior: 'Não transita em julgado a sentença por haver omitido o recurso *ex officio*, que se considera interposto *ex lege*'. – Na hipótese, correta a ciência ao Presidente do Tribunal de origem para avocação do feito, conforme disposto no art. 475, § 1º, do CPC/1973, reproduzido no art. 496, § 1º, do CPC/2015" (STJ, REsp 1.677.671/SP, Rel. Min. Og Fernandes, 2ª Turma, j. 19.09.2017, *DJe* 25.09.2017).

"Processual civil. Improbidade administrativa. Reexame necessário. Cabimento. Pacífico entendimento no STJ de que o Código de Processo Civil deve ser aplicado subsidiariamente à Lei de Improbidade Administrativa. Incidência, por analogia, do art. 19 da Lei 4.717/1965. Recurso especial provido. – É pacífico o entendimento no STJ de que o Código de Processo Civil deve ser aplicado subsidiariamente à Lei de Improbidade Administrativa. Assim, é cabível o reexame necessário na Ação de Improbidade Administrativa, nos termos do artigo 496 do CPC/2015. – No mais, por 'aplicação analógica da primeira parte do art. 19 da Lei nº 4.717/65, as sentenças de improcedência de ação civil pública sujeitam-se indistintamente ao reexame necessário' (REsp 1.108.542/SC, Rel. Ministro Castro Meira, j. 19.5.2009, *DJe* 29.5.2009)" (STJ, REsp

Art. 497

1.613.803/MG, Rel. Min. Herman Benjamin, 2ª Turma, j. 16.02.2017, *DJe* 07.03.2017).

"Processual civil. Embargos à execução de título judicial opostos pela Fazenda Nacional. Remessa necessária. Art. 475, II, do CPC. Descabimento. Acórdão recorrido em sintonia com a jurisprudência desta Corte Superior. – O inciso II do art. 475 do CPC é cristalino ao estabelecer que está sujeita ao reexame necessário a sentença de procedência, no todo ou em parte, dos embargos à execução de dívida ativa da Fazenda Pública. No caso, julgaram-se improcedentes os embargos à execução movida pela Ré. Obediência à exigência do inciso I do referido diploma legal (duplo grau de jurisdição), reverificado no processo de conhecimento. – A teor da jurisprudência desta Corte Superior, a sentença que rejeita ou julga improcedentes os embargos à execução opostos pela Fazenda Pública não está sujeita ao reexame necessário (*v.g.*: AgRg no AREsp n. 89.520/DF, Rel. Ministro Sérgio Kukina, Primeira Turma, *DJe* 15/8/2014; REsp n. 1.064.371/SP, Rel. Ministro Benedito Gonçalves, Primeira Turma, *DJe* 4/5/2009)" (STJ, AgRg no AREsp 766.072/PR, Rel. Min. Benedito Gonçalves, 1ª Turma, j. 17.12.2015, *DJe* 05.02.2016).

Seção IV
Do julgamento das ações relativas às prestações de fazer, de não fazer e de entregar coisa

> **Art. 497.** Na ação que tenha por objeto a prestação de fazer ou de não fazer, o juiz, se procedente o pedido, concederá a tutela específica ou determinará providências que assegurem a obtenção de tutela pelo resultado prático equivalente.
>
> **Parágrafo único.** Para a concessão da tutela específica destinada a inibir a prática, a reiteração ou a continuação de um ilícito, ou a sua remoção, é irrelevante a demonstração da ocorrência de dano ou da existência de culpa ou dolo.

▶ *Referência: CPC/1973 – Art. 461, caput*

1. Tutela específica nas ações relativas às prestações de fazer ou de não fazer

A Seção inaugurada pelo art. 497 do CPC regula o *julgamento* das ações relativas às pres-

tações de fazer, de não fazer e de entregar coisa. Os dispositivos legais nela compreendidos dizem respeito, portanto, aos pronunciamentos judiciais (decisão interlocutória de mérito ou sentença) que acolherem os pedidos iniciais formulados nesse sentido.

O artigo em exame sucede o art. 461, *caput*, do CPC/1973, inspirado, por sua vez, no art. 84 do CDC (Lei 8.078/1990). Todos esses dispositivos consagram a chamada *tutela específica*, por meio da qual se assegura, ao titular do direito reconhecido, a obtenção, sempre que possível, do próprio bem da vida a que faz jus, isto é, tudo aquilo e exatamente aquilo a que faz jus.

Assim, se da lei ou do contrato resulta uma obrigação de fazer ou de não fazer, o comando sentencial exarado no processo haverá de ter esse preciso conteúdo, impondo ao réu o respectivo cumprimento. Atentando, porém, às peculiaridades do caso concreto e visando a dar maior efetividade à sentença, o juiz poderá determinar providências que assegurem a obtenção da tutela pelo resultado prático equivalente. Por exemplo: em vez de impor ao réu que promova a exclusão do nome do autor de determinado cadastro de inadimplentes, o juiz poderá dirigir ordem diretamente à administração do cadastro, para que proceda à exclusão. Outro: em vez de proibir o réu de tornar a veicular determinado anúncio publicitário, o juiz poderá endereçar a proibição a jornais e a emissoras de rádio e de televisão. Mais um: no lugar de emitir ordem ao réu, para que se abstenha de movimentar determinada conta bancária, o juiz pode bloqueá-la diretamente junto à instituição financeira.

Convém destacar que, com frequência, essas formas alternativas de obtenção do resultado prático equivalente mostram-se até mais efetivas do que a emissão de ordens ao réu, cumprindo ao juiz, caso a caso, optar por uma ou outra via, nada impedindo, ainda, que delibere por cumulá-las.

2. A imposição de multa

Ao julgar procedente o pedido inicial, impondo ao réu o cumprimento da obrigação de fazer ou de não fazer, o juiz pode impor multa. A medida tem por objetivo estimular ou, mais do que isso, compelir o réu ao cumprimento. A autorização legal para que o juiz fixe a multa na sentença consta no art. 537 do CPC.

São frequentes, no cotidiano forense, as alusões a "multas diárias", como se esta fosse, sempre, a melhor forma de sua incidência temporal. A lei refere-se, genericamente, a "multa". Ela pode ter outra periodicidade e pode nem ser periódica. Notadamente nas obrigações de não fazer, a fixação de multa diária pode constituir um despropósito, gerando uma espécie de sanção eterna. Por exemplo: o juiz determina à autoridade fiscal que não proceda ao leilão de determinadas mercadorias apreendidas. Nessa hipótese, não há sequer sentido em fixar-se multa diária, pois a realização do leilão, em descumprimento à ordem judicial, produziria uma multa sem termo final. O melhor a fazer, portanto, é estabelecer uma multa de valor determinado, a incidir somente uma vez, caso o leilão seja realizado.

Há situações, também, em que a ordem de fazer ou de não fazer é passível de ser descumprida mais de uma vez. Exemplo: o juiz determina que, a cada trinta dias, a empresa ré, administradora de um condomínio residencial, divulgue aos condôminos o demonstrativo de receitas e despesas, sob pena de pagar multa a cada vez que não o fizer. Outro: o juiz ordena que a ré abstenha-se de veicular determinado anúncio publicitário, sob pena de incorrer em multa a cada vez que o fizer. Como se percebe, o juiz haverá, caso a caso, de estabelecer se a multa é periódica ou não.

Quanto ao valor da multa, é importante observar que ela não pode ser tão baixa que não estimule ao cumprimento da obrigação; e nem tão alta que, em caso de descumprimento, produza à parte contrária um enriquecimento exagerado ou desproporcional. De qualquer modo, lembre-se que, mesmo transitada em julgado a sentença, esta poderá ser alterada posteriormente, seja para excluir a multa, seja para alterar-lhe o valor ou a periodicidade (ver art. 537, § 1º).

3. Tutela inibitória

Para a concessão da tutela específica destinada a inibir a prática, a reiteração ou a continuação de um ilícito, ou a sua remoção, é irrelevante a demonstração da ocorrência de dano. Dessa disposição, constante do parágrafo único do art. 497 do CPC, extrai-se a chamada *tutela inibitória*, talvez a forma mais completa e perfeita de prestação jurisdicional.

Com efeito, a atuação jurisdicional não se resume à tutela reparatória. O art. 5º, inciso

XXXV, da CF estabelece que a lei não excluirá da apreciação do Poder Judiciário lesão ou *ameaça* a direito, ou seja, a prestação jurisdicional não pressupõe a ocorrência de dano ou mesmo a prática do ilícito. Indo muito além, a jurisdição pode ser prestada em caráter antecipado e preventivo, com vistas a impedir aquela prática e, consequentemente, o eventual dano. Se o direito da parte é o de não ser vítima do ilícito e se a jurisdição é acionada a tempo, a melhor forma de prestar a tutela é impedindo a própria prática do ilícito.

Convém ressaltar que não se está, aqui, aludindo à *tutela provisória*, que pode ser buscada em caráter antecedente e que também pode assumir caráter preventivo (CPC, arts. 294 e ss). O art. 497, concernente à sentença e à decisão interlocutória de mérito, trata de *tutela definitiva*, embora buscada antes da prática do ilícito e independentemente da ocorrência de dano, com o fito de evitá-los.

É certo que, em casos de urgência ou de evidência, a parte pode pedir que a tutela inibitória seja deferida em caráter provisório, para, ao final do processo, ser tornada definitiva; mas não se pode imaginar que toda tutela preventiva seja provisória.

De outra parte, o artigo de lei em análise reza que, para a concessão da tutela específica inibitória, também não se exige a demonstração de culpa ou dolo. Sem embargo disso, não se pode prescindir da demonstração mínima de fatos que revelem o interesse de agir. Deveras, é preciso que haja, quando menos, indícios que justifiquem o acionamento da jurisdição. O órgão jurisdicional não se presta a responder consultas, sendo necessário que exista um quadro fático, objetivamente considerado, capaz de produzir o *fundado receio* de que o ilícito venha a ser perpetrado. Somente assim é que se poderá afirmar, com razoável segurança, que existe um conflito de interesses a ser resolvido. A tutela inibitória pressupõe a ameaça do direito, o que, evidentemente, vai muito além da mera sensação de insegurança, da suposição ou da conjectura a respeito da prática do ilícito.

Jurisprudência

"Administrativo e processual civil. Eliminação em concurso público revertida judicialmente. Impossibilidade de nomeação. Conversão da obrigação de fazer em perdas e danos.

Art. 497

Possibilidade. Precedentes. (...) 6. O Superior Tribunal de Justiça tem entendimento assente no sentido de que a conversão da obrigação de fazer em indenização não configura julgamento extra petita. A propósito: AgInt nos EDv nos EREsp 1.364.503/PE, Rel. Ministro Francisco Falcão, Corte Especial, *DJe* 18/6/2018; AgRg no REsp 1.471.450/CE, Rel. Ministro Humberto Martins, Segunda Turma, *DJe* 8/3/2016; AgRg no REsp 992.028/RJ, Rel. Ministro Napoleão Nunes Maia Filho, Quinta Turma, *DJe* 14/2/2011. 7. Assim, pode ser aplicada a conversão da obrigação de fazer em perdas em danos, solução essa encontrada nos arts. 497, 499 e 536 do CPC/2015, independentemente de haver o titular do direito subjetivo requerido expressamente (Art. 499. A obrigação somente será convertida em perdas e danos se o autor o requerer ou se impossível a tutela específica ou a obtenção de tutela pelo resultado prático equivalente). 8. Entendimento diverso resultaria no desprestígio do Poder Judiciário, com o esvaziamento dos efeitos da tutela jurisdicional transitada em julgado, por não assegurar ao cidadão posição jurídica equivalente ao que foi postulado inicialmente e assegurado em juízo. 9. Manutenção da decisão que determinou o retorno dos autos à origem para que seja analisado o pedido de conversão da obrigação de fazer em perdas em danos. 10. Agravo Interno não provido" (STJ, AgInt no REsp 1.779.534/RJ, Rel. Min. Herman Benjamin, 2ª Turma, j. 23.05.2019, *DJe* 19.06.2019).

"Processual civil. Adoção de medida necessária à efetivação da tutela específica ou à obtenção do resultado prático equivalente. Art. 461, § 5º, do CPC. Bloqueio de verbas públicas. Possibilidade conferida ao julgador, de ofício ou a requerimento da parte. Recurso especial provido. Acórdão submetido ao rito do art. 543-C do CPC e da Resolução 08/2008 do STJ. 1. Tratando-se de fornecimento de medicamentos, cabe ao Juiz adotar medidas eficazes à efetivação de suas decisões, podendo, se necessário, determinar até mesmo, o sequestro de valores do devedor (bloqueio), segundo o seu prudente arbítrio, e sempre com adequada fundamentação. 2. Recurso Especial provido. Acórdão submetido ao regime do art. 543-C do CPC e da Resolução 08/2008 do STJ" (STJ, REsp 1.069.810/RS, Rel. Min. Napoleão Nunes Maia Filho, 1ª Seção, j. 23.10.2013, *DJe* 06.11.2013).

"Administrativo. Processual civil. Obrigação de fazer. Conversão em perdas e danos.

Reconhecimento de ofício. Possibilidade. Art. 461, § 1º, do CPC. Supressão de instância. Não ocorrência. Nos termos da jurisprudência pacífica do STJ, na ação que tenha por objeto o cumprimento de obrigação de fazer ou não fazer, o juiz concederá a tutela específica da obrigação ou, se procedente o pedido, determinará providências que assegurem o resultado prático equivalente ao do adimplemento. Por sua vez, o parágrafo primeiro do referido dispositivo permite que o juiz determine, inclusive de ofício, a conversão da obrigação de dar, fazer ou não fazer, em indenização por perdas e danos, na parte em que aquela não possa ser executada" (STJ, AgRg no REsp 1.471.450/CE, Rel. Min. Humberto Martins, 2ª Turma, j. 01.03.2016, *DJe* 08.03.2016).

"Recurso especial. Direito de família e processual civil. Alimentos. Execução. Protesto e inclusão do nome do devedor nos cadastros de restrição ao crédito (SPC e Serasa). Possibilidade. Forma de coerção indireta do executado. Máxima efetividade aos direitos fundamentais da criança e adolescente. Mínimo existencial para sobrevivência. 1. A proteção integral está intimamente ligada ao princípio do melhor interesse da criança e adolescente, pelo qual, no caso concreto, devem os aplicadores do direito buscar a solução que proporcione o maior benefício possível para o menor. Trata-se de princípio constitucional estabelecido pelo art. 227 da CF, com previsão nos arts. 4º e 100, parágrafo único, II, da Lei n. 8.069/1990, no qual se determina a hermenêutica que deve guiar a interpretação do exegeta. 2. O norte nessa seara deve buscar a máxima efetividade aos direitos fundamentais da criança e do adolescente, especificamente criando condições que possibilitem, de maneira concreta, a obtenção dos alimentos para sobrevivência. 3. O art. 461 do CPC traz cláusula geral que autoriza o juiz, a depender das circunstâncias do caso em concreto, adaptar a técnica processual ao perfil do direito material, com vistas à formação de uma solução justa e adequada do conflito, possibilitando que, por meio de alguma medida executiva, se alcance a realização da justiça (CF, art. 5º, XXXXV). 4. O direito de família é campo fértil para a aplicação dessa tutela específica, notadamente pela natureza das relações jurídicas de que cuida – relações existenciais de pessoas –, as quais reclamam mecanismos de tutela diferenciada. Realmente, a depender do caso concreto, pode o magistrado determinar forma alternativa de coerção para o pagamento dos alimentos, notadamente para assegurar ao menor, que sabidamente se encontra em situação precária e de vulnerabilidade, a máxima efetividade do interesse prevalente – o mínimo existencial para sua sobrevivência –, com a preservação da dignidade humana por meio da garantia de seus alimentos. 5. É plenamente possível que o magistrado, no âmbito da execução de alimentos, venha a adotar, em razão da urgência de que se reveste o referido crédito e sua relevância social, as medidas executivas do protesto e da inscrição do nome do devedor de alimentos nos cadastros de restrição ao crédito, caso se revelem como meio eficaz para a sua obtenção, garantindo à parte o acesso à tutela jurisdicional efetiva. 6. Isso porque: i) o segredo de justiça não se sobrepõe, numa ponderação de valores, ao direito à sobrevivência e dignidade do menor; ii) o rito da execução de alimentos prevê medida mais gravosa, que é a prisão do devedor, não havendo justificativa para impedir meio menos oneroso de coerção; iii) a medida, até o momento, só é admitida mediante ordem judicial; e iv) não deve haver divulgação de dados do processo ou do alimentando envolvido, devendo o registro se dar de forma sucinta, com a publicação ao comércio e afins apenas que o genitor é devedor numa execução em curso. 7. Ademais, o STJ já sedimentou o entendimento de ser 'possível o protesto da sentença condenatória, transitada em julgado, que represente obrigação pecuniária líquida, certa e exigível' (REsp 750.805/RS, Rel. Ministro Humberto Gomes de Barros, Terceira Turma, *DJe* 16/06/2009). 8. Trata-se de posicionamento já consagrado em legislações de direito comparado, sendo inclusive previsão do novo Código de Processo Civil, que estabeleceu expressamente a possibilidade do protesto e da negativação nos cadastros dos devedores de alimentos (arts. 528 e 782). 9. Na hipótese, o recorrido, executado na ação de alimentos, devidamente citado, não pagou o débito, sendo que, determinando-se diligências, não foram encontrados bens passíveis de penhora em seu nome. Portanto, considerando-se que os alimentos devidos exigem urgentes e imediatas soluções – a fome não espera –, mostram-se juridicamente possíveis os pedidos da recorrente, ora exequente, de protesto e de inclusão do nome do devedor de alimentos nos cadastros de proteção ao crédito (SPC e Serasa), como medida executiva a ser adotada pelo magistrado para garantir a efetivação dos direitos fundamentais da criança e do adolescente. 10. Recurso especial

provido" (STJ, REsp 1.533.206/MG, Rel. Min. Luis Felipe Salomão, 4ª Turma, j. 17.11.2015, *DJe* 01.02.2016).

"Processual civil e civil. Plano de saúde. Tratamento médico. Obrigação de fazer satisfeita tempestivamente. Obrigação de pagar. Imposição de multa cominatória. Impossibilidade. – Satisfeita tempestivamente a obrigação de fazer, consistente em autorizar a realização de tratamento médico urgente, a obrigação de pagar quantia certa acaso remanescente não pode ser alvo da multa cominatória prevista no art. 461 do CPC" (STJ, REsp 1.343.775/PB, Rel. p/ acórdão Min. João Otávio de Noronha, 3ª Turma, j. 15.09.2015, *DJe* 26.11.2015).

"Direito civil e processual civil. Violação de direitos autorais. Rede social. Obrigação de fazer. Indicação de URL's. Necessidade. Apontamento dos IP's. Obrigação do provedor. Astreintes. Valor. Ajuste. – Quanto à obrigação de fazer – retirada de páginas da rede social indicada –, a parte autora também juntou à inicial outros documentos que contêm, de forma genérica, URLs de comunidades virtuais, sem a indicação precisa do endereço interno das páginas nas quais os atos ilícitos estariam sendo praticados. Nessas circunstâncias, a jurisprudência da Segunda Seção afasta a obrigação do provedor, nos termos do que ficou decidido na Rcl 5.072/AC, Rel. p/ acórdão Ministra Nancy Andrighi, *DJe* 4/6/2014. – A responsabilidade dos provedores de internet, quanto a conteúdo ilícito veiculado em seus sites, envolve também a indicação dos autores da informação (IPs). – Nos termos do art. 461, §§ 5º e 6º, do CPC, pode o magistrado a qualquer tempo, e mesmo de ofício, alterar o valor ou a periodicidade das *astreintes* em caso de ineficácia ou insuficiência ao desiderato de compelir o devedor ao cumprimento da obrigação. Valor da multa cominatória ajustado às peculiaridades do caso concreto" (STJ, REsp 1.512.647/MG, Rel. Min. Luis Felipe Salomão, 2ª Seção, j. 13.05.2015, *DJe* 05.08.2015).

"Recurso especial. Processo civil. Propriedade industrial. Marca. Licença de uso. Proteção legal. Alteração conceitual da marca. Necessidade de adequação do licenciado aos novos padrões. – A marca é mais que mera denominação: traz em si o conceito do produto ou serviço que a carrega; possui feição concorrencial, distinguindo-a dos concorrentes; facilita o reconhecimento e a captação de clientes; diminui o risco para a clientela,

Art. 497

que conta com a padronização dos produtos, serviços, atendimento e demais atributos que a cercam. – A licença de uso gera o compromisso, *ex lege*, de o licenciador zelar pela integridade e reputação da marca. É da essência da própria marca que o uso por terceiros deve respeitar-lhe as características, pois a inobservância dos traços distintivos desvirtua a sua existência. – A não observância dos padrões dos produtos e serviços pela licenciada para o uso da marca demonstra o uso indevido e autoriza a tutela inibitória para impedir a utilização. – Recurso especial conhecido em parte e desprovido" (STJ, REsp 1.387.244/DF, Rel. Min. João Otávio de Noronha, 3ª Turma, j. 25.02.2014, *DJe* 10.03.2014).

"Direito civil e processual civil. Ameaça de violação à honra subjetiva e à imagem. Material de cunho jornalístico. Tutela inibitória. Não cabimento. Censura prévia. Risco de o dano materializar-se via internet. Irrelevância. Dispositivos legais analisados: 5º, IV, V, X, XIII e XIV, e 220 da CF/88; 461, §§ 5º e 6º, do CPC; 84 do CDC; e 12, 17 e 187 do CC/02. 1. Ação ajuizada em 30.10.2010. Recurso especial concluso ao gabinete da Relatora em 31.05.2013, discutindo o cabimento da tutela inibitória para proteção de direitos da personalidade, especificamente diante da alegação de ameaça de ofensa à honra subjetiva em matérias de cunho jornalístico. 2. O deferimento da tutela inibitória, que procura impedir a violação do próprio direito material, exige cuidado redobrado, sendo imprescindível que se demonstre: (i) a presença de um risco concreto de ofensa do direito, evidenciando a existência de circunstâncias que apontem, com alto grau de segurança, para a provável prática futura, pelo réu, de ato antijurídico contra o autor; (ii) a certeza quanto à viabilidade de se exigir do réu o cumprimento específico da obrigação correlata ao direito, sob pena de se impor um dever impossível de ser alcançado; e (iii) que a concessão da tutela inibitória não irá causar na esfera jurídica do réu um dano excessivo. 3. A concessão de tutela inibitória para o fim de impor ao réu a obrigação de não ofender a honra subjetiva e a imagem do autor se mostra impossível, dada a sua subjetividade, impossibilitando a definição de parâmetros objetivos aptos a determinar os limites da conduta a ser observada. Na prática, estará se embargando o direito do réu de manifestar livremente o seu pensamento, impingindo-lhe um conflito interno sobre o que pode e o que não pode ser dito sobre o autor,

uma espécie de autocensura que certamente o inibirá nas críticas e comentários que for tecer. Assim como a honra e a imagem, as liberdades de pensamento, criação, expressão e informação também constituem direitos de personalidade, previstos no art. 220 da CF/88. 4. A concessão de tutela inibitória em face de jornalista, para que cesse a postagem de matérias consideradas ofensivas, se mostra impossível, pois a crítica jornalística, pela sua relação de inerência com o interesse público, não pode ser aprioristicamente censurada. 5. Sopesados o risco de lesão ao patrimônio subjetivo individual do autor e a ameaça de censura à imprensa, o fiel da balança deve pender para o lado do direito à informação e à opinião. Primeiro se deve assegurar o gozo do que o Pleno do STF, no julgamento da ADPF 130/DF, Rel. Min. Carlos Britto, *DJe* de 06.11.2009, denominou sobredireitos de personalidade – assim entendidos como os direitos que dão conteúdo à liberdade de imprensa, em que se traduz a livre e plena manifestação do pensamento, da criação e da informação – para somente então se cobrar do titular dessas situações jurídicas ativas um eventual desrespeito a direitos constitucionais alheios, ainda que também formadores da personalidade humana. 6. Mesmo que a repressão posterior não se mostre ideal para casos de ofensa moral, sendo incapaz de restabelecer por completo o status quo ante daquele que teve sua honra ou sua imagem achincalhada, na sistemática criada pela CF/88 prevalece a livre e plena circulação de ideias e notícias, assegurando-se, em contrapartida, o direito de resposta e todo um regime de responsabilidades civis e penais que, mesmo atuando após o fato consumado, têm condição de inibir abusos no exercício da liberdade de imprensa e de manifestação do pensamento. 7. Mesmo para casos extremos como o dos autos – em que há notícia de seguidos excessos no uso da liberdade de imprensa – a mitigação da regra que veda a censura prévia não se justifica. Nessas situações, cumpre ao Poder Judiciário agir com austeridade, assegurando o amplo direito de resposta e intensificando as indenizações caso a conduta se reitere, conferindo ao julgado caráter didático, inclusive com vistas a desmotivar comportamentos futuros de igual jaez. 8. A aplicação inflexível e rigorosa da lei também produz efeito preventivo – tal qual o buscado via tutela inibitória – desestimulando não apenas o próprio ofensor, mas também terceiros propensos a adotar igual conduta. Ademais, nada impede o Juiz de compensar os danos morais mediante fixação de sanções alternativas que se mostrem coercitivamente mais eficazes do que a mera indenização pecuniária. Em outras palavras, a punição severa do abuso à liberdade de imprensa – e ainda mais severa da recalcitrância – serve também para inibir lesões futuras a direitos da personalidade como a honra e a imagem, cumprindo, ainda que de forma indireta, os ditames do art. 12 do CC/02. 9. O fato de a violação à moral correr o risco de se materializar por intermédio da Internet não modifica as conclusões quanto à impossibilidade de prévia censura da imprensa. A rede mundial de computadores se encontra sujeita ao mesmo regime jurídico dos demais meios de comunicação. 10. O maior potencial lesivo das ofensas via Internet não pode ser usado como subterfúgio para imprimir restrições à livre manifestação do pensamento, da criação, da expressão e da informação, cuja natureza não se altera pelo fato de serem veiculadas digitalmente. Cumpre ao Poder Judiciário se adequar frente à nova realidade social, dando solução para essas novas demandas, assegurando que no exercício do direito de resposta se utilize o mesmo veículo (Internet), bem como que na fixação da indenização pelos danos morais causados, se leve em consideração esse maior potencial lesivo das ofensas lançadas no meio virtual. Para além disso, caso essas medidas se mostrem insuficientes, nada impede a imposição de sanções alternativas que, conforme as peculiaridades da espécie, tenham efeito coator e pedagógico mais eficientes do que a simples indenização. 11. Recurso especial a que se nega provimento" (STJ, REsp 1.388.994/SP, Rel. Min. Nancy Andrighi, 3ª Turma, j. 19.09.2013, *DJe* 29.11.2013).

"Agravo regimental no recurso especial. Cautelar de exibição de documentos. Multa diária. Impossibilidade. Súmula 372/STJ. 1. Em sede de ação cautelar de exibição de documentos, não cabe a aplicação da multa cominatória prevista no art. 461 do CPC. Súmula 372/STJ. 2. Se a documentação estiver na posse de terceiros, cabível a busca e apreensão, inclusive mediante uso de força policial, tudo sem prejuízo da responsabilização por crime de desobediência, nos termos do artigo 362 do CPC. 3. Agravo regimental não provido, com aplicação de multa" (STJ, AgRg no REsp 1.151.817/RS, Rel. Min. Luis Felipe Salomão, 4ª Turma, j. 05.06.2012, *DJe* 15.06.2012).

Art. 498. Na ação que tenha por objeto a entrega de coisa, o juiz, ao conceder a tutela específica, fixará o prazo para o cumprimento da obrigação.

Parágrafo único. Tratando-se de entrega de coisa determinada pelo gênero e pela quantidade, o autor individualizá-la-á na petição inicial, se lhe couber a escolha, ou, se a escolha couber ao réu, este a entregará individualizada, no prazo fixado pelo juiz.

▶ *Referência: CPC/1973 – Art. 461-A,* caput *e § 1º*

1. Tutela específica na ação para entrega de coisa

Nas ações que tenham por objeto a entrega de coisa, a *tutela específica* consiste na adoção de medidas que proporcionem, ao autor, a obtenção dessa mesma coisa. Acolhendo o pedido do autor, o juiz fixará prazo ao réu para o cumprimento da obrigação. Ao fazê-lo, o juiz haverá de atentar para as peculiaridades do caso, para a natureza do objeto, para as facilidades ou dificuldades do transporte, enfim para tudo o que for relevante à quantificação do prazo, que não deve ser curto demais a ponto de inviabilizar a entrega e nem tão longo que imponha demora desnecessária ao autor.

O parágrafo único do artigo 498 trata da entrega de *coisa incerta*, vale dizer, coisa indicada, ao menos, pelo gênero e pela quantidade (CC, arts. 243 e ss.). A lei civil ou o contrato determinará, conforme o caso, a quem cabe a escolha. Se esta couber ao autor, já na petição inicial ele exercerá seu direito, individualizando a coisa; e se a escolha couber ao réu, ele a entregará individualizada, no prazo fixado pelo juiz.

Se o réu não cumprir a obrigação de entregar coisa no prazo estabelecido na sentença, será expedido mandado de busca e apreensão ou de imissão na posse em favor do credor, conforme se tratar de coisa móvel ou imóvel. A expedição desse mandado, porém, terá lugar já na fase de cumprimento da sentença (CPC, art. 538).

Assim como nas ações relativas às obrigações de fazer ou de não fazer, nas que tenham por objeto a entrega de coisa também há espaço para o deferimento da tutela provisória, nos termos dos artigos 294 e seguintes do CPC. Se isso ocorrer, o juiz poderá impor multa pelo descumprimento (CPC, art. 500) ou, mesmo, determinar a expedição de mandado de busca e apreensão ou de imissão na posse, como forma de antecipação da tutela específica.

Art. 499

CÓDIGO DE PROCESSO CIVIL INTERPRETADO

Jurisprudência

"Recurso especial. Ação monitória, lastrada em cédulas de produto rural, sem liquidação financeira (título de crédito representativo de promessa de entrega de produto rural), tendo por escopo a cobrança de valor certo. Extinção do processo, sem julgamento de mérito, pelas instâncias ordinárias. Insurgência do demandante. – De acordo com o artigo 1.102-C, *caput* e § 3º, do CPC, a cobrança (execução) do título executivo judicial formado no bojo da ação monitória dá-se na forma do artigo 475-I (cumprimento de sentença) do referido diploma legal. Desta feita, em se tratando de obrigação de entrega de coisa certa, o cumprimento da respectiva sentença observará os termos do artigo 461-A, da lei adjetiva civil. Constata-se, assim, por expressa disposição legal, a necessidade de se intentar a obtenção da tutela específica (entrega da coisa devida), que somente será convertida em perdas e danos quando aquela não lograr êxito" (STJ, REsp 1.097.242/RS, Rel. Min. Marco Buzzi, 4ª Turma, j. 20.08.2013, *DJe* 03.09.2013).

"Processo civil. Cumprimento de obrigação de fazer. Sentença executiva *lato sensu* (CPC, art. 461). Descabimento de embargos à execução. Defesa por simples petição, atendidos os limites do art. 741 do CPC. 1. Os embargos do devedor constituem instrumento processual típico de oposição à execução forçada promovida por ação autônoma (CPC, art. 736 do CPC). Sendo assim, só cabem embargos de devedor nas ações de execução processadas na forma disciplinada no Livro II do Código de Processo. 2. No atual regime do CPC, em se tratando de obrigações de prestação pessoal (fazer ou não fazer) ou de entrega de coisa, as sentenças correspondentes são executivas lato sensu, a significar que o seu cumprimento se opera na própria relação processual original, nos termos dos artigos 461 e 461-A do CPC. Afasta-se, nesses casos, o cabimento de ação autônoma de execução, bem como, consequentemente, de oposição do devedor por ação de embargos. 3. Todavia, isso não significa que o sistema processual esteja negando ao executado o direito de se defender em face de atos executivos ilegítimos, o que importaria ofensa ao princípio constitucional da ampla defesa (CF, art. 5º, LV). Ao contrário de negar o direito de defesa, o atual sistema o facilita: ocorrendo impropriedades ou excessos na prática dos atos executivos previstos no artigo 461 do CPC, a defesa do devedor se fará por simples petição, no âmbito da própria relação processual em que for determinada a medida executiva, ou pela via recursal ordinária, se for o caso. 4. A matéria suscetível de invocação pelo devedor submetido ao cumprimento de sentença em obrigações de fazer, não fazer ou entregar coisa tem seus limites estabelecidos no art. 741 do CPC, cuja aplicação subsidiária é imposta pelo art. 644 do CPC. 5. Tendo o devedor ajuizado embargos à execução, ao invés de se defender por simples petição, cumpre ao juiz, atendendo aos princípios da economia processual e da instrumentalidade das formas, promover o aproveitamento desse ato, autuando, processando e decidindo o pedido como incidente, nos próprios autos. 6. Recurso especial parcialmente provido" (STJ, REsp 654.583/BA, Rel. Min. Teori Albino Zavascki, 1ª Turma, j. 14.02.2006, *DJ* 06.03.2006, p. 177).

> **Art. 499.** A obrigação somente será convertida em perdas e danos se o autor o requerer ou se impossível a tutela específica ou a obtenção de tutela pelo resultado prático equivalente.

▶ *Referência: CPC/1973 – Art. 461, § 1º*

1. Tutela indenizatória

A regra consagrada nos arts. 497 e 498 do CPC é a da *tutela específica*. Sua prestação deve ser priorizada pelo órgão jurisdicional. Nem sempre, porém, será possível entregar à parte o preciso objeto de seu direito. A obrigação de fazer ou de não fazer pode ser daquelas que não possam ser adimplidas senão pelo próprio devedor e nem sempre os instrumentos coercitivos são capazes de fazê-lo cumprir. A coisa pode ter perecido, desaparecido, sido ocultada ou sofrido deterioração, tornando inútil ou desinteressante a busca e apreensão ou a imissão na posse. Pode ocorrer, também, que não seja viável proporcionar-se resultado prático equivalente ou que o próprio autor haja por bem de obter indenização em dinheiro no lugar da específica prestação de fazer, de não fazer ou de entregar coisa.

O art. 499 do CPC cuida exatamente desses casos, em que, por impossibilidade material ou em razão de manifestação de vontade do autor, a tutela específica haverá de dar lugar à tutela *indenizatória* ou *reparatória*. Assim, calculam-se as perdas e danos sofridos pelo autor e impõe-se ao réu o pagamento da correspondente indenização. Em outras palavras, o objeto da prestação é transformado em dinheiro, que servirá como compensação pelo descumprimento da obrigação principal.

É fundamental observar que somente a vontade do autor pode levar à conversão em perdas e danos. Evidentemente, não pode o réu optar pela conversão; não pode ele substituir, por sua vontade, o objeto da prestação. Certo é, por outro lado, que o autor não pode, de antemão, optar pela conversão em perdas e danos, subtraindo do réu a possibilidade de exonerar-se da obrigação mediante seu específico cumprimento.

Jurisprudência

"Processual civil. Recurso especial. Obrigação de fazer. Cumprimento tardio. Conversibilidade em perdas e danos. Descabimento. – A conversão da obrigação de fazer em perdas e danos, na forma do art. 461, § 1º, do CPC, é medida excepcional cujo cabimento depende: a) ou do requerimento do credor; b) ou da impossibilidade da tutela específica ou da obtenção do resultado prático correspondente. – O cumprimento tardio da obrigação, uma vez implementado, não justifica a transformação da astreinte em perdas em danos, pois a medida implicaria dupla penalização do devedor e enriquecimento sem causa do credor. Precedente da Primeira Turma" (STJ, REsp 1.450.223/SP, Rel. Min. Og Fernandes, 2ª Turma, j. 08.09.2015, DJe 21.09.2015).

"Agravo regimental. Recurso especial. Processual civil. Telefonia. Contrato de participação financeira. Complementação de ações. Cumprimento de sentença. Inviabilidade da obrigação de fazer. Conversão em perdas e danos. Prejudicialidade das astreintes. – Inviabilidade do cumprimento específico da obrigação de subscrever as ações oriundas dos contratos de participação financeira. – Conversão da obrigação em perdas e danos com base na cotação das ações na data do trânsito em julgado. Precedente da Segunda Seção. – Prejudicialidade das *astreintes* ante a inviabilidade do cumprimento específico da obrigação" (STJ, AgRg no REsp 1.351.033/RS, Rel. Min. Paulo de Tarso Sanseverino, 3ª Turma, j. 20.03.2014, DJe 26.03.2014).

"Administrativo. Médico residente. Auxílio-moradia. Lei 6.932/1981. Tutela específica. Conversão em pecúnia. Admissibilidade. Precedente. 1. Trata-se, originariamente, de Ação Ordinária que debate a concessão de auxílio-moradia a médicos residentes. Houve denunciação da lide à União. A sentença de improcedência de ambas as pretensões foi mantida pelo Tribunal de origem. 2. Precedente do STJ, na interpretação do art. 4º, § 4º, da Lei 6.932/1981, impõe às instituições de saúde responsáveis por programas de residência médica o dever de oferecer aos residentes alimentação e moradia no decorrer do período de residência. A impossibilidade da prestação da tutela específica autoriza medidas que assegurem o resultado prático equivalente ou a conversão em perdas e danos – CPC, art. 461 (REsp 813.408/RS, Rel. Ministro Mauro Campbell Marques, Segunda Turma, DJe 15.6.2009). 3. A fixação de valores do auxílio pretendido demanda investigação de elementos fático-probatórios. 4. Recurso Especial provido, determinando o retorno dos autos à origem a fim de que estabeleça valor razoável que garanta resultado prático equivalente ao que dispõe o art. 4º, § 4º, da Lei 6.932/81" (STJ, REsp 1.339.798/RS, Rel. Min. Herman Benjamin, 2ª Turma, j. 21.02.2013, DJe 07.03.2013).

"Processual civil. Ação anulatória de contrato de compra e venda cumulada com reintegração de posse. Conversão em perdas e danos. Alegação de julgamento *extra petita*. Não ocorrência. 1. A conversão do pedido de obrigação de fazer em indenização por perdas e danos não configura julgamento *extra petita*, nos termos do art. 461, § 1º, do CPC, ainda que não haja pedido explícito nesse sentido. 2. Na hipótese em análise, tendo em vista a impossibilidade de anulação do contrato de reintegração dos recorridos na posse do imóvel, é possível a conversão da ação em indenização por perdas e danos. 3. Recurso especial não provido" (STJ, REsp 1.043.813/SC, Rel. Min. Nancy Andrighi, 3ª Turma, j. 20.09.2011, DJe 27.09.2011).

> **Art. 500.** A indenização por perdas e danos dar-se-á sem prejuízo da multa fixada periodicamente para compelir o réu ao cumprimento específico da obrigação.

▶ *Referência: CPC/1973 – Art. 461, § 2º*

1. Cumulação da indenização com a multa

O art. 500 do CPC manteve o quanto dispunha o § 2º do art. 461 do CPC/1973, estabelecendo a cumulabilidade da indenização por perdas e danos com a multa destinada a compelir o réu ao cumprimento específico da obrigação.

Art. 500

Essa possibilidade não deve causar estranheza, na medida em que ditas verbas possuem naturezas e finalidades distintas. Com causas e fundamentos próprios, a indenização e a multa incidem autonomamente, de sorte que não se excluem e tampouco se compensam.

Cumpre observar, contudo, que, uma vez efetuada a conversão em perdas e danos, cessa a incidência da multa, que perde sua razão de ser.

2. Dano ambiental e cumulação de condenações

Nas demandas que versam sobre dano ambiental, a jurisprudência fixou-se no sentido de admitir a cumulação da condenação do réu à obrigação de fazer ou à de não fazer com a de indenizar (ver jurisprudência *infra*).

Tal possibilidade decorre do entendimento de que, em tema de direito ambiental, a responsabilidade do agente não se resume à reparação e à compensação dos danos já causados, abrangendo também a obrigação de restabelecer o *status quo ante*. Assim, por exemplo, se for constatado desmatamento ilegal, o réu poderá ser condenado a indenizar e, ainda, a promover o devido reflorestamento da área.

Jurisprudência

Súmula 629 do STJ: "Quanto ao dano ambiental, é admitida a condenação do réu à obrigação de fazer ou à de não fazer cumulada com a de indenizar".

"Ambiental. Ação civil pública. Violação do art. 1.022 do CPC. Não ocorrência. Cumulação de ação de obrigação de fazer com indenização. Possibilidade de reparação total da área degradada. Pedido indenizatório deferido. Princípios da reparação integral, do poluidor-pagador e do usuário-pagador. Possibilidade de cumulação de obrigação de fazer (reparação da área degradada) com a de pagar quantia certa (indenização). *Reductio ad pristinum statum*. Dano ambiental intermediário, residual e moral coletivo. Art. 5º da Lei de Introdução ao Código Civil. Interpretação *in dubio pro natura* da norma ambiental. Revisão de posicionamento do tribunal *a quo*. 1. Cuida-se de inconformismo com a decisão do Tribunal de origem que condenou os réus à reparação da área degradada e entendeu incabível o pedido de condená-los ao pagamento de indenização pecuniária porque seria possível a

reconstituição da área devastada. 2. De antemão, no que concerne à alegação de nulidade recursal trazida pelo IBAMA, constata-se que não se configura a ofensa ao art. 1.022 do Código de Processo Civil de 2015, uma vez que o Tribunal de origem julgou integralmente a lide e solucionou a controvérsia, como lhe foi apresentada. 3. A jurisprudência do STJ está firmada no sentido da viabilidade, no âmbito da Lei 7.347/85 e da Lei 6.938/81, de cumulação de obrigações de fazer, de não fazer e de indenizar (REsp 1.145.083/MG, Rel. Ministro Herman Benjamin, Segunda Turma, *DJe* 4.9.2012; REsp 1.178.294/MG, Rel. Ministro Mauro Campbell Marques, Segunda Turma, *DJe* 10.9.2010; AgRg nos EDcl no Ag 1.156.486/PR, Rel. Ministro Arnaldo Esteves Lima, Primeira Turma, *DJe* 27.4.2011; REsp 1.120.117/AC, Rel. Ministra Eliana Calmon, Segunda Turma, *DJe* 19.11.2009; REsp 1.090.968/SP, Rel. Ministro Luiz Fux, Primeira Turma, *DJe* 3.8.2010; REsp 605.323/MG, Rel. Ministro José Delgado, Rel. p/ Acórdão Ministro Teori Albino Zavascki, Primeira Turma, *DJ* 17.10.2005; REsp 625.249/PR, Rel. Ministro Luiz Fux, Primeira Turma, *DJ* 31.8.2006, entre outros). 4. Recursos Especiais do IBAMA e do MPF aos quais se dá parcial provimento para reconhecer a possibilidade, em tese, de cumulação de indenização pecuniária com as obrigações de fazer e de não fazer voltadas à recomposição in natura do bem lesado, com a devolução dos autos ao Tribunal a quo para que verifique se, na hipótese, há dano indenizável e fixe eventual *quantum debeatur*." (STJ, REsp 1669185/RS, Rel. Min. Herman Benjamin, 2ª Turma, j. 05.09.2017, *DJe* 20.10.2017)

"Embargos de divergência. Processo civil e ambiental. Ação civil pública. Ordem urbanística. Loteamento rural clandestino. Ilegalidades e irregularidades demonstradas. Omissão do poder público municipal. Dano ao meio ambiente configurado. Dano moral coletivo. Cabimento. Embargos de divergência do município de Uberlândia/MG a que se nega provimento. 1. Hipótese de Ação Civil Pública ajuizada pelo Ministério Público do Estado de Minas Gerais, em face do espólio de Aldair Ferreira Tavares e do Município de Uberlândia/MG, postulando a regularização e reparação ambiental e patrimonial pela constituição de loteamento irregular e clandestino à margem do Rio das Pedras. 2. Entendimento deste STJ que reconhece a necessidade de reparação integral da lesão causada ao meio ambiente, permitindo a cumulação das obrigações de fazer, não fazer e de indenizar, inclusive quanto aos danos morais coletivos. Precedentes: REsp. 1.669.185/RS, Rel. Min. Herman Benjamin, *DJe* 20.10.2017; AgRg no REsp. 1.526.946/RN, Rel. Min. Humberto Martins, *DJe* 24.9.2015; entre outros. 3. Embargos de Divergência do Município de Uberlândia/MG desprovido." (STJ, EREsp 1410698/MG, Rel. Min. Napoleão Nunes Maia Filho, 1ª Seção, j. 14.11.2018, *DJe* 03.12.2018)

"Direito civil e processual civil. Recurso especial. Irresignação submetida ao NCPC. Ação indenizatória. Inscrição indevida em cadastros de inadimplentes. Dano moral configurado. Multa cominatória fixada em demanda pretérita. Descumprimento. Cumulação. Possibilidade. 1. As disposições do NCPC são aplicáveis ao caso concreto ante os termos do Enunciado nº 3, aprovado pelo Plenário do STJ na sessão de 9/3/2016: Aos recursos interpostos com fundamento no CPC/2015 (relativos a decisões publicadas a partir de 18 de março de 2016) serão exigidos os requisitos de admissibilidade recursal na forma do novo CPC. 2. Cinge-se a controvérsia em definir se é possível prosperar o pedido de indenização por danos morais em razão de descumprimento de ordem judicial em demanda pretérita, na qual foi fixada multa cominatória. 3. A jurisprudência desta Corte é firme no sentido de que a inscrição indevida em cadastro de inadimplentes gera dano moral passível de indenização, salvo constatada a existência de outras anotações preexistentes àquela que deu origem a ação reparatória (Súmula nº 385 do STJ). 4. Referida indenização visa a reparar o abalo moral sofrido em decorrência da verdadeira agressão ou atentado contra dignidade da pessoa humana. 5. A multa cominatória, por outro lado, tem cabimento nas hipóteses de descumprimento de ordens judiciais, sendo fixada justamente com o objetivo de compelir a parte ao cumprimento daquela obrigação. Encontra justificativa no princípio da efetividade da tutela jurisdicional e na necessidade de se assegurar o pronto cumprimento das decisões judiciais cominatórias. 6. Considerando, portanto, que os institutos em questão têm natureza jurídica e finalidades distintas, é possível a cumulação. 7. Recurso especial provido" (STJ, REsp 1.689.074/RS, Rel. Min. Moura Ribeiro, 3ª Turma, j. 16.10.2018, *DJe* 18.10.2018).

"Agravo regimental no recurso especial. Cumprimento de sentença. Irregularidade no preparo recursal. Ausência de prequestionamento (Súmula 282/STJ). Conversão da obrigação de fazer em indenização por perdas e danos. Afastamento da multa diária. Acórdão recorrido em consonância com o entendimento desta Corte. Aplicação da multa por ato atentatório à dignidade da Justiça. Incidência da Súmula 7/STJ. Recurso improvido" (STJ, AgRg no REsp 1.207.407/RS, Rel. Min. Massami Uyeda, 3ª Turma, j. 19.04.2012, *DJe* 27.04.2012).

"Processual civil. Recurso especial. Execução de fazer. Descumprimento. Astreintes. Aplicação contra a Fazenda Pública. Possibilidade. Multa. Termo final. Cumprimento integral. Agravo desprovido. I – Esta Corte Superior tem jurisprudência firmada no sentido de que, em se tratando de obrigação de fazer, é permitido ao Juiz, de ofício ou a requerimento da parte, a imposição de multa cominatória ao devedor (*astreintes*), mesmo que seja contra a Fazenda Pública. Não há razão para se estabelecer exceção onde o legislador não o fez. II – Se a obrigação é de fazer ou não fazer, a multa diária deixa de correr, assim que o devedor cumpre aquilo que foi ordenado, também deixa de correr se e quando o credor requer a conversão da obrigação em perdas e danos, ou tornar-se impossível o cumprimento da obrigação específica ou a obtenção do resultado prático correspondente. III – O termo inicial, para incidência da multa, será o dia subsequente ao prazo designado pelo juiz para o cumprimento da ordem e o termo final o dia anterior ao do efetivo e integral cumprimento do preceito, ou do dia em que for pedida a conversão em perdas e danos. IV – Agravo interno desprovido" (STJ, AgRg no REsp 1.213.061/RS, Rel. Min. Gilson Dipp, 5ª Turma, j. 17.02.2011, *DJe* 09.03.2011).

> **Art. 501.** Na ação que tenha por objeto a emissão de declaração de vontade, a sentença que julgar procedente o pedido, uma vez transitada em julgado, produzirá todos os efeitos da declaração não emitida.

▶ *Referência: CPC/1973 – Art. 466-A*

1. Ação que tenha por objeto a emissão de declaração de vontade

Em passado remoto, entendia-se que a obrigação de emitir declaração de vontade constituía obrigação passível de cumprimento somente pelo próprio devedor, pois a substituição deste, pelo juiz, na prática de tal ato, seria uma violência ao princípio da autonomia da vontade.

Art. 502

A consagração, porém, da tutela específica e o prestígio conquistado pelo princípio da efetividade da jurisdição levaram à admissão dessa substituição. Não somente agora, mas ainda na vigência do CPC/1973, já se tinha regra processual expressa no sentido de que, "condenado o devedor a emitir declaração de vontade, a sentença, uma vez transitada em julgado, produzirá todos os efeitos da declaração não emitida" (CPC/1973, art. 466-A, incluído pela Lei 11.232, de 2005).

Com redação um pouco diferente, o CPC reforça que a sentença supre a declaração de vontade não emitida. Assim, por exemplo, se ao réu for imposta a obrigação de outorgar escritura pública de compra e venda de determinado imóvel; e se o réu não cumpre tal obrigação, a sentença que a reconhecer, uma vez transitada em julgado, valerá como título passível de registro junto ao cartório imobiliário, produzindo, destarte, todos os efeitos inerentes à transmissão do domínio.

A exigência de trânsito em julgado pode, à primeira vista, parecer um cuidado exagerado do legislador. Por que não se pode operar a substituição da vontade do réu ainda no curso do processo, por meio de tutela provisória? A resposta não é difícil de alcançar: porque, por força do princípio da continuidade dos registros públicos, é indispensável que estes se sucedam com a segurança que as tutelas provisórias não lhe podem proporcionar. Lembre-se que os registros públicos, por sua natureza, destinam-se à coletividade. Assim, se fosse possível efetuar-se a transmissão da propriedade em caráter provisório, daí poderiam advir riscos severos a terceiros de boa-fé que, eventualmente, adquirissem o bem ou mesmo fizessem negócios com o proprietário, supondo seu lastro patrimonial.

Por isso, é plenamente justificável que se exija o trânsito em julgado da sentença para a produção dos efeitos inerentes à emissão da declaração de vontade, sem prejuízo, é certo, da busca de indenização por eventuais perdas e danos decorrentes da demora na obtenção daquele bem da vida.

Ressalve-se, ainda, que, para evitar-se a transmissão da propriedade, pelo réu, durante o processo, e a frustração da utilidade da sentença a ser proferida, são perfeitamente admissíveis a postulação e o deferimento de tutela provisória tendente à decretação de indisponibilidade do bem disputado. Tem-se, aí, típica medida de natureza cautelar, que não antecipa os efeitos da tutela pretendida, mas assegura a utilidade do provimento jurisdicional desejado.

Jurisprudência

"Processo civil. Ação de cumprimento de obrigação de fazer. Promessa de compra e venda. Necessidade de individualização do imóvel, com substantiva alteração do valor estabelecido pelo contrato. Impossibilidade de obtenção de sentença substitutiva da vontade das partes se o objeto da declaração depender de posterior liquidação. Arts. 466-A e 466-B do CPC. Omissão da decisão recorrida com relação à alteração do bem jurídico a que se refere o negócio celebrado entre as partes. Necessidade de anulação do acórdão, para que novo julgamento seja promovido. – O julgamento direto da causa em sede de recurso especial somente é possível nas hipóteses em que não há necessidade de análise da matéria fática. Do contrário, convém promover a anulação do acórdão recorrido, a fim de que outro seja proferido em seu lugar, com a devida apreciação da matéria arguida pelas partes. – A sentença de que trata os arts. 466-A e 466-B do CPC não pode constituir objeto de liquidação destinada à delimitação do objeto do contrato definitivo, pois deve conter, no momento de sua prolação, todos os elementos do título definitivo, de maneira a possibilitar o competente registro do imóvel. Recursos especiais providos" (STJ, REsp 1.033.893/RJ, Rel. Min. Nancy Andrighi, 3ª Turma, j. 22.06.2010, *DJe* 31.08.2010).

Seção V
Da coisa julgada

> **Art. 502.** Denomina-se coisa julgada material a autoridade que torna imutável e indiscutível a decisão de mérito não mais sujeita a recurso.

▶ *Referência: CPC/1973 – Art. 467*

1. Fundamentos da coisa julgada material

Com berço constitucional, a coisa julgada é, ao lado do ato jurídico perfeito e do direito adquirido, uma das maiores expressões do princípio da *segurança jurídica* (ver art. 5º, inc. XXXVI, da CF).

De fato, é imprescindível que, a partir de determinado momento, o pronunciamento judicial de mérito torne-se imutável e indiscutível.

Não houvesse a coisa julgada, os conflitos de interesses restariam eternizados e não se alcançaria a pacificação que se busca por meio da jurisdição.

Por isso, correta ou não a solução jurídica dada ao caso concreto, uma vez transitado em julgado, o pronunciamento judicial de mérito torna-se definitivo e passível de alteração somente por meio de ação rescisória (CPC, arts. 966 e ss). Esgotada, outrossim, a possibilidade de rescisão – seja porque a respectiva ação não foi ajuizada, seja porque o foi e seu pedido não restou acolhido –, tem-se a chamada *coisa soberanamente julgada*.

2. Coisa julgada material

O art. 467 do CPC/1973 dispunha: "Denomina-se coisa julgada material a eficácia, que torna imutável e indiscutível a sentença, não mais sujeita a recurso ordinário ou extraordinário".

O art. 502 do atual CPC deixa de aludir a "eficácia", passando a falar em "autoridade". A alteração é plenamente justificável, pois, consoante a melhor doutrina, a coisa julgada não é um efeito da decisão de mérito, mas uma qualidade, um atributo, que ela adquire no exato instante em que não mais se sujeita a recurso, ou seja, no momento em que ela *transita em julgado*.

Note-se, também, que o CPC vigente não vincula a coisa julgada material à *sentença*, como se via no art. 467 do CPC/1973. É que o CPC admite, expressamente, o julgamento parcial do mérito por meio de decisão interlocutória, como resulta do art. 356.

Substancialmente, o julgamento de mérito por meio de *decisão interlocutória* não difere do julgamento de mérito realizado por meio de sentença. É no aspecto formal e, por conseguinte, na determinação do recurso cabível que eles se distinguem.

Assim, uma vez não mais sujeita a recurso, a decisão interlocutória de mérito, assim como a sentença de mérito, transita em julgado e adquire a autoridade prevista no art. 502.

3. Coisa julgada formal

O art. 502 do CPC trata da coisa julgada *material*. Abrangida por esta, existe também a chamada coisa julgada *formal*, também decorrente do esgotamento das oportunidades recursais, mas incidente sobre os pronunciamentos judiciais que não resolvem, nem mesmo parcialmente, o mérito da causa.

Diz-se que a coisa julgada material abrange a coisa julgada formal porque, sem dúvida, a primeira é mais ampla que a segunda. Enquanto a coisa julgada formal traduz a imutabilidade e a indiscutibilidade do pronunciamento judicial *dentro* do processo em que emitido, a coisa julgada *material* importa a imutabilidade e a indiscutibilidade do pronunciamento judicial *dentro e fora* do processo em que emitido. Precisamente por isso, a coisa julgada formal não impede a repropositura da demanda, diversamente do que se dá com a coisa julgada material.

Os arts. 485 e 487 do CPC relacionam as situações em que o pronunciamento judicial resolve ou não o mérito da causa. O art. 485 traz hipóteses em que não há a solução do litígio, vale dizer, não há a composição do conflito de interesses. Ali está um rol de situações em que o juiz não chega a prover sobre o mérito. Já o art. 487 elenca hipóteses em que há resolução do mérito, ou seja, em que o litígio restou, direta ou indiretamente, solucionado. Completando a lógica desse microssistema, o art. 486, *caput*, reza que "o pronunciamento judicial que não resolve o mérito não obsta a que a parte proponha de novo a ação".

4. Coisa julgada inconstitucional

Se a coisa julgada material encontra fundamento e base na Constituição Federal, poderia aquela sobrepor-se a esta? Em outro dizer: se um pronunciamento judicial de mérito afrontar a Constituição Federal, poderá ele subsistir?

Em princípio, não há problema em que isso ocorra. Como já assinalado, independentemente de estar correta ou não a solução jurídica dada no processo, uma vez não mais se sujeitando às vias recursais o pronunciamento judicial, este se torna imutável e indiscutível. Nosso sistema de direito e de justiça bem assimila que pode haver erro judicial. Ainda que se deva perseguir, sempre, a aplicação do melhor direito, do fato de não se alcançar esse escopo não resulta que a discussão deva prolongar-se indefinidamente. A segurança e a estabilidade das relações jurídicas exigem que, a partir de determinado momento, cesse a discussão e tenha-se por resolvido o litígio.

Sem embargo disso, o CPC, em linha aproximada do que já dispunha o CPC/1973 a partir da reforma promovida pela Lei 11.232/2005, contempla situações que, embora não se situem

Art. 502

propriamente no amplo âmbito da chamada "coisa julgada inconstitucional", dão azo a que, mesmo após o trânsito em julgado, seja considerada "inexigível" a obrigação reconhecida em título executivo judicial fundado em lei ou ato normativo considerado inconstitucional pelo STF, ou fundado em aplicação ou interpretação da lei ou do ato normativo tido pelo STF como incompatível com a CF, em controle de constitucionalidade concentrado ou difuso (CPC, arts. 525, § 12, e 535, § 5º, e respectivos comentários).

Jurisprudência

Súmula 344. do STJ: "A liquidação por forma diversa da estabelecida na sentença não ofende a coisa julgada".

"Recurso especial. Direito civil e processual civil. Execução de alimentos. Título executivo. Ausência. Coisa julgada material. Observância. Obrigação alimentar. Teoria do abuso de direito. *Surrectio*. Inaplicabilidade. Pagamento. Autonomia privada. Mera liberalidade. 1. Recurso especial interposto contra acórdão publicado na vigência do Código de Processo Civil de 2015 (Enunciados Administrativos nºs 2 e 3/STJ). 2. Controvérsia acerca da possibilidade ou não de, com fundamento na teoria do abuso do direito e na *surrectio*, perpetuar obrigação alimentar assumida por longo período a título de mera liberalidade pelo alimentante já exonerado da dívida. 3. Não há falar em ilicitude na conduta do recorrente por inexistência de previsibilidade de pagamento eterno dos alimentos, especialmente porque ausente relação obrigacional. 4. É cedição que a execução desamparada em título judicial ou extrajudicial é nula. 5. Na hipótese, inviável a manutenção do dever alimentar em virtude do decurso do prazo fixado em acordo homologado em juízo e pela existência de coisa julgada refutando a dívida. 6. Recurso especial provido" (STJ, REsp 1.789.667/RJ, Rel. p/ acórdão Min. Ricardo Villas Bôas Cueva, 3ª Turma, j. 13.08.2019, *DJe* 22.08.2019).

"Processual civil. Ação rescisória. Servidor público. Suspensão dos efeitos de antecipação de tutela contra Fazenda Pública. Imutabilidade da controvérsia na ação principal. Não ocorrência. Inexistência de coisa julgada material. Ação rescisória não conhecida. 1. A decisão do Min. Presidente do STJ que determina a suspensão dos efeitos da antecipação de tutela contra a Fazenda Pública, mesmo quando transitada em julgado, não se sujeita a ação rescisória. Isso por não induzir coisa julgada material e nem impedir a rediscussão do objeto controvertido na ação principal. 2. Ação rescisória não conhecida" (AR 5.857/MA, Rel. Min. Mauro Campbell Marques, Corte Especial, j. 07.08.2019, *DJe* 15.08.2019).

"Processual civil e administrativo. Agravo regimental no recurso especial. Servidores públicos federais. Reajuste de 28,86%. Limitação temporal prevista no título executivo. Inexistência de violação à coisa julgada. 1. Caso em que o Tribunal de origem manteve a sentença no sentido de limitar a implantação do percentual de 28,86% ao advento da Lei 9.640/1998, por haver no título executivo tal possibilidade. 2. Havendo previsão no título executivo da limitação temporal, não há falar em ofensa à coisa julgada tampouco em aplicação do entendimento constante do REsp 1.235.513/AL. 3. Agravo regimental não provido" (STJ, AgRg no REsp 1.503.332/PE, Rel. Min. Benedito Gonçalves, 1ª Turma, j. 04.02.2016, *DJe* 15.02.2016).

"Administrativo e processo civil. Anistia política. Militar. Indenização. Pagamento. Retroativos. Termo de adesão. Coisa julgada material. Prejudicial. Acolhida. Precedente. – Havendo manifesta coisa julgada material, não é possível que prospere ação judicial superveniente, sob o risco de que sejam violados os arts. 467 e 474 do Código de Processo Civil. Precedente: AgRg no MS 18.052/DF, Rel. Ministro Benedito Gonçalves, Primeira Seção, *DJe* 21.11.2012. Agravo regimental improvido" (STJ, AgRg no MS 19.079/DF, Rel. Min. Humberto Martins, 1ª Seção, j. 11.02.2015, *DJe* 19.02.2015).

"Processual civil. Sentença. Coisa julgada material. Preservação. Resolução da CBF – Confederação Brasileira de Desportos estabelecendo dois campeões para o campeonato brasileiro de futebol profissional de 1987. Desobediência à coisa julgada material de sentença judicial transitada em julgado. Nulidade da resolução proclamada em cumprimento de sentença. Julgamento confirmado. 1.– Diante da coisa julgada material, em processo judicial da Justiça Comum, declarando o clube Campeão Brasileiro de Futebol Profissional, inadmissível a revisão ulteriormente, muitos anos após, do resultado, por Resolução da entidade patrocinadora do Campeonato, no caso a Confederação Brasileira de Futebol, declarando dois campeões de aludido certame. 2.– Autoridade da coisa julgada material, que se produz para o futuro, não pode ser alterada por ato unilateral consistente em Resolução de uma das partes do processo. 3.– A provocação no sentido do respeito à coisa julgada material pode realizar-se por qualquer forma de manifestação nos autos, não se inviabilizando pelo fato da utilização do instrumento processual do cumprimento da sentença, visto que, a rigor, já tinha, a parte vencida, o dever de respeitar a coisa julgada. 4.– Respeito à coisa julgada, que se reveste de especial relevância para toda a sociedade, como elemento essencial à ordem jurídica e componente do próprio Estado de Direito, com marcante efeito pedagógico, especialmente em matéria de grande repercussão social, como a esportiva. 5.– Recurso Especial improvido, mantido o julgamento do Tribunal de origem" (STJ, REsp 1.413.771/PE, Rel. p/ acórdão Min. Sidnei Beneti, 3ª Turma, j. 08.04.2014, *DJe* 23.09.2014).

"Agravo regimental. Recurso especial. Cumprimento de sentença. Alteração do critério estabelecido no título judicial exequendo para a correção monetária. Impossibilidade. Ofensa à coisa julgada. Decisão agravada mantida. Improvimento. 1.– É defeso, na fase de cumprimento de sentença, alterar o critério de cálculo previamente determinado no título judicial exequendo para a correção monetária (IGP-M da Fundação Getulio Vargas), ao argumento de que o IGPM--FORO refletiria a inflação e evitaria perdas ou ganhos insustentáveis, por estar acobertada pelo manto da coisa julgada. 2.– Agravo Regimental improvido" (STJ, AgRg no REsp 1.357.319/RS, Rel. Min. Sidnei Beneti, 3ª Turma, j. 28.05.2013, *DJe* 18.06.2013).

"Previdenciário e processual civil. Execução. Alegada violação aos arts. 467, 468, 474, 475-G e 485, V, do CPC. Exclusão de expurgos inflacionários previstos na parte dispositiva da sentença transitada em julgado. – O 'afastamento dos expurgos inflacionários na fase de execução, sob o argumento de que seriam descabidos, é solução incompatível com os arts. 467, 468, 474 e 475-G do Código de Processo Civil, bem assim, com a jurisprudência deste Tribunal' (REsp 1363764/SP Rel. Min. Humberto Martins, *DJe* de 19/03/2013)" (STJ, AgRg no REsp 910.877/SP, Rel. Des. convocada Alderita Ramos de Oliveira, 6ª Turma, j. 06.08.2013, *DJe* 19.08.2013).

> **Art. 503.** A decisão que julgar total ou parcialmente o mérito tem força de lei nos limites da questão principal expressamente decidida.

> **§ 1º** O disposto no *caput* aplica-se à resolução de questão prejudicial, decidida expressa e incidentemente no processo, se:
>
> **I –** dessa resolução depender o julgamento do mérito;
>
> **II –** a seu respeito tiver havido contraditório prévio e efetivo, não se aplicando no caso de revelia;
>
> **III –** o juízo tiver competência em razão da matéria e da pessoa para resolvê-la como questão principal.
>
> **§ 2º** A hipótese do § 1º não se aplica se no processo houver restrições probatórias ou limitações à cognição que impeçam o aprofundamento da análise da questão prejudicial.

▶ *Referência: CPC/1973 – Arts. 468, 469, III, e 470*

1. Limites objetivos da coisa julgada

Comparada com a redação do art. 468 do CPC/1973, a do art. 503 do CPC dá ensejo a algumas considerações.

O CPC/1973 dispunha que "a sentença, que julgar total ou parcialmente a lide, tem força de lei nos limites da lide e das questões decididas". O atual CPC deixa de falar em *sentença*, passando a referir-se a *decisão*, já que o mérito da causa pode ser parcialmente decidido por meio de decisão interlocutória.

De outra parte, o CPC em vigor não alude a julgamento da *lide*, mesmo porque, atualmente, é consenso na doutrina que ela não constitui o objeto do processo ou do julgamento. Agora, a lei processual trata do julgamento da *questão principal* e da *questão incidental*, em relação a ambas exigindo que sejam decididas *expressamente*. Em outras palavras, o CPC veta, expressamente, a possibilidade de haver julgamento implícito, seja da questão principal, seja da questão incidental.

Curiosamente, o legislador de 2015 manteve a expressão "tem força de lei", tantas vezes criticada no meio doutrinário. Na verdade, a decisão judicial de mérito tem *mais* força que a lei. Além de conter uma regra de direito, a decisão judicial acerta especificamente determinada relação jurídica e vincula ao respectivo cumprimento e observância os seus destinatários. Nesse contexto, deve-se entender que a mensagem do dispositivo é, apenas, a de que a decisão judicial serve como solução jurídica para o caso concreto.

Art. 503

De um modo ou de outro, o que importa verdadeiramente é que o dispositivo legal em análise, juntamente com o art. 504, estabelecem os chamados *limites objetivos* da coisa julgada, vale dizer, indicam sobre o que, precisamente, recai a autoridade da coisa julgada.

2. Questão principal e questão incidental

Na petição inicial, o autor deduz sua versão a respeito dos fatos e argui a tese jurídica que considera aplicável, formulando, na sequência, o pedido correspondente ao direito que sustenta possuir. Os fatos e os fundamentos jurídicos do pedido, assim como lançados na petição inicial, constituem a *causa de pedir*.

O réu, na contestação, também apresenta sua versão sobre os fatos e sua tese jurídica, com vistas a *impedir* o acolhimento do pleito do autor.

Autor e réu, portanto, deduzem, na inicial e na contestação, *pontos de fato* e *pontos de direito*. Contrapostos entre si, os pontos de fato formam *questões de fato*; e os pontos de direito, quando antagônicos, excludentes ou incompatíveis, originam as *questões de direito*.

No processo pode ser suscitado um sem-número de questões, de diversas ordens: questões preliminares, questões prejudiciais e questões de fundo. As questões preliminares podem ser processuais ou de mérito. As questões prejudiciais são aquelas que, além de constituírem um antecedente lógico em relação às questões de fundo, poderiam ser objeto de ação própria. As questões de fundo, por sua vez, são as que dizem respeito diretamente à controvérsia principal e à apreciação do pedido.

Ao referir-se à *questão principal*, o art. 503 do CPC quer designar a questão que, diretamente ligada à apreciação do pedido inicial, haverá de ser decidida no dispositivo da decisão de mérito. Precisamente por isso, o inciso III do artigo 489 reza que, no dispositivo, "o juiz resolverá as questões principais que as partes lhe submeterem".

No que tange à *questão prejudicial*, o art. 503 do CPC traz importante inovação. Distanciando-se do que dispunha o art. 470 do CPC/1973, o art. 503 do CPC deixa de exigir o ajuizamento de demanda incidental. Outrora prevista nos arts. 5º e 325 do CPC/1973, a *ação declaratória incidental* não sobrevive no CPC (ver, contudo, o art. 1.054 do CPC, que contém norma transitória referente às ações declaratórias incidentais aforadas na vigência do CPC/1973).

Hoje, a resolução da questão incidental pode transitar em julgado independentemente de demanda, bastando que se satisfaça o quanto previsto nos §§ 1º e 2º do art. 503.

Para que se torne imutável e indiscutível a decisão concernente à questão prejudicial, é preciso que: a) ela seja resolvida expressamente; b) de sua resolução dependa o julgamento do mérito; c) a seu respeito tenha havido contraditório prévio e efetivo, não se aplicando no caso de revelia; d) o juízo seja competente em razão da matéria e da pessoa para resolvê-la como questão principal; e e) não tenha havido, no processo, restrições probatórias ou limitações à cognição que impeçam o aprofundamento da análise da questão prejudicial.

Como já assinalado, tanto a questão principal quanto a questão prejudicial precisam ser decididas expressamente. Decisão implícita não adquire a autoridade da coisa julgada.

A exigência de que da resolução da questão prejudicial dependa o julgamento do mérito é inerente à própria noção de prejudicialidade. Por imperativo lógico, só será questão prejudicial a que houver de ser decidida antes da questão principal. Além disso, é da essência da questão prejudicial sua aptidão para repercutir na resolução da questão principal. Por exemplo: se a questão principal diz com o cumprimento ou não de um contrato, será prejudicial a questão que suscitar a invalidade do negócio. Outro: se a questão principal versar sobre a obrigação de pagar pensão alimentícia, será prejudicial a questão que discutir a própria existência do vínculo parental. Não é possível resolver-se a questão principal sem antes enfrentar-se a questão prejudicial.

Ao exigir, de outra parte, que a questão prejudicial tenha sido objeto de "contraditório prévio e efetivo", a lei processual não se contenta com a mera conferência de oportunidades ao exercício das faculdades processuais, pressupondo atuação e debate concretos. Não por outra razão, se houver revelia não incide a regra prevista no *caput*. Por certo, somente com essas exigências é que se animou o legislador a dispensar a formulação de demanda.

Além disso, a resolução da questão prejudicial há de ser feita por juízo competente em razão da pessoa e da matéria. Deveras, juízo absolutamente incompetente não pode prover validamente, seja sobre a questão principal, seja sobre a questão prejudicial. Assim, se o juízo for competente para decidir a questão principal, mas não para a questão prejudicial, a resolução desta servirá apenas para a resolução daquela, sem, contudo, a produção de coisa julgada material.

Por último, se no processo houver restrições probatórias ou limitações à cognição que impeçam o aprofundamento da análise da questão prejudicial, a decisão que a resolver não adquirirá, no particular, imutabilidade e indiscutibilidade. É bom que assim o seja, mesmo porque o contraditório efetivo vai muito além de um amplo debate, compreendendo também a possibilidade de produzir, em processo de cognição bastante ao esclarecimento dos fatos, as provas úteis e relevantes à resolução da questão.

Jurisprudência

Súmula 304 do STF: "Decisão denegatória de mandado de segurança, não fazendo coisa julgada contra o impetrante, não impede o uso da ação própria".

"Recurso especial. Processual civil. Sentença transitada em julgado. Condenação cumprida. Pleito de alargamento da ordem judicial. Impossibilidade. Objeto do litígio delimitado pelo pedido inicial. Extinção do feito pelo cumprimento. Recurso provido. – É o pedido que fixa o âmbito de conhecimento e o objeto do litígio, determinando, assim, os limites objetivos da sentença e, por consequência, da coisa julgada. – Em obediência ao princípio da adstrição ou da congruência entre o pedido e a sentença, é vedado ao julgador prestar tutela jurisdicional quando não requerida pela parte. – Uma vez reconhecida a coisa julgada material, não pode mais a parte discutir a amplitude da ordem judicial" (STJ, REsp 1.352.451/RJ, Rel. Min. Moura Ribeiro, 3ª Turma, j. 16.12.2014, *DJe* 02.02.2015).

"Processual civil. Juízo de retratação. Repercussão geral. Artigo 543-B, § 3º, CPC. 591.085/RG. Execução. Precatório. Inclusão de juros de mora. Sentença exequente. Respeito à coisa julgada. Precedente da Corte Especial do STJ. 1. No julgamento do presente agravo regimental, antes da interposição do Recurso extraordinário, a Quinta Turma desta Corte Superior havia decidido pela possibilidade da incidência de juros de mora no período compreendido entre a homologação da conta de liquidação e a expedição do precatório, quando da existência de sentença transitada em julgada determinando a incidência dos juros até o depósito da integralidade da dívida. 2. A questão dos juros de mora foi posta ao exame do Plenário do Supremo Tribunal Federal que, reconhecendo a repercussão geral da matéria, apreciou e julgou o RE 591.085/RG, de relatoria do Min. Ricardo Lewandowski, ocasião em que decidiu pela não incidência de juros de mora no período compreendido entre a data de expedição do precatório e a do seu efetivo pagamento. 3. A discussão dos autos versa sobre hipótese diversa, ou seja, trata-se de execução de sentença transitada em julgada cujo teor determinou a incidência de juros até o efetivo pagamento da dívida. 4. Em casos como tais, conforme entendimento jurisprudencial proferido pela Corte Especial do STJ, no julgamento do AgRg nos EREsp 1.104.790/RS, Rel. Min. João Otávio de Noronha, *DJe* 22.10.2009, havendo a sentença exequenda determinado a incidência dos juros moratórios até o efetivo pagamento do precatório, a sua inobservância em sede de embargos implica violação da coisa julgada. 5. Nessa linha, decidiu o STF que a discussão acerca dos limites objetivos da coisa julgada é de índole infraconstitucional e, portanto, a apontada afronta a dispositivos da Carta Magna, ainda que existente, seria indireta, não se subsumindo à exigência prevista na alínea a do inciso III do art. 102 da Constituição Federal" (STJ, EDcl no AgRg no REsp 970.089/RS, Rel. Min. Reynaldo Soares da Fonseca, 5ª Turma, j. 04.08.2015, *DJe* 12.08.2015).

"Administrativo e processual civil. Embargos à execução. Juízes classistas. Conversão de vencimentos. URV. Limitação temporal. Possibilidade. Efeitos da ADI 1.797/PE. Recurso Extraordinário n. 561.836/RN. Inaplicabilidade. Afronta à coisa julgada. Não ocorrência. Recurso a que se nega provimento. – Não procede a alegada afronta à coisa julgada com a fixação de limite temporal para o pagamento do mencionado índice, pois é lícito à União, com fulcro no artigo 741, parágrafo único, do Código de Processo Civil, pugnar, em embargos à execução, pela limitação temporal do direito às diferenças decorrentes da URV, se o julgado exequendo não cuidou do tema, matéria não incluída nos limites objetivos da coisa julgada. Precedentes" (STJ, AgRg no REsp 1.123.928/RS, Rel. Min. Jorge Mussi, 5ª Turma, j. 07.04.2015, *DJe* 30.04.2015).

Art. 504

CÓDIGO DE PROCESSO CIVIL INTERPRETADO

> **Art. 504.** Não fazem coisa julgada:
>
> **I** – os motivos, ainda que importantes para determinar o alcance da parte dispositiva da sentença;
>
> **II** – a verdade dos fatos, estabelecida como fundamento da sentença.

▸ *Referência: CPC/1973 – Art. 469, incisos I e II*

1. Fundamentação da sentença e coisa julgada

Reproduzindo fielmente o que dispunham os incisos I e II do art. 469 do CPC/1973, o artigo ora em exame reafirma que não fazem coisa julgada os *motivos*, ainda que importantes para determinar o alcance da parte dispositiva da sentença, e a *verdade dos fatos*, estabelecida como fundamento da sentença. O que resta, sim, alcançado pela coisa julgada é o dispositivo da sentença. Em outras palavras, ainda que a sentença transite em julgado, a motivação ou fundamentação da sentença não adquirirá a qualidade da imutabilidade, podendo ser rediscutida e novamente decidida em processo diverso.

Convém destacar que, conquanto aluda apenas à sentença, o dispositivo legal diz respeito, também, à decisão interlocutória de mérito, cujo dispositivo – e só ele – faz coisa julgada.

O art. 469 do CPC/1973 continha um terceiro inciso, dispondo que tampouco fazia coisa julgada a apreciação da questão prejudicial, quando decidida incidentemente no processo. À época, cumpria à parte interessada decidir entre suscitar a questão prejudicial por meio de ação declaratória incidental ou apenas de modo incidente no processo. Se a parte optasse pela ação declaratória incidental, a apreciação da questão judicial faria coisa julgada, nos termos do art. 470 do CPC/1973; mas se optasse pela arguição incidente, não se formaria coisa julgada, conforme o art. 469, inciso III, do CPC/1973.

Agora, na vigência do CPC, a formação da coisa julgada sobre a questão incidental não mais depende do ajuizamento de ação declaratória incidental, mas da satisfação dos requisitos previstos nos §§ 1º e 2º do art. 503.

Jurisprudência

"Agravo interno no agravo em recurso especial. Liquidação de sentença. Decisão mo-nocrática que negou provimento ao reclamo. Insurgência do autor. 1. Tribunal *a quo* concluiu ser inviável a inclusão na perícia contábil da fase de liquidação das contas correntes não abrangidas na parte dispositiva da sentença transitada em julgado. 2. O instituto da coisa julgada diz respeito ao comando normativo veiculado no dispositivo da sentença, de sorte que os motivos e os fundamentos, ainda que importantes para determinar o alcance da parte dispositiva, não são alcançados pelo fenômeno da imutabilidade, nos termos do art. 469, do CPC/73, atual 504 do NCPC. 3. Inexistindo determinação expressa no dispositivo da sentença transitada em julgado acerca das contas-correntes referidas pela parte agravante, não podem estas ser objeto de liquidação por ensejarem violação à coisa julgada. 4. Agravo interno desprovido" (STJ, AgInt no AREsp 384.553/SC, Rel. Min. Marco Buzzi, 4ª Turma, j. 23.04.2019, *DJe* 26.04.2019).

"Agravo interno. Fundamentos da decisão agravada não infirmados. Aplicação da Súmula 182/STJ. Decisão declaratória. Desconstituição da coisa julgada. Impossibilidade. Relativização da coisa julgada. Excepcionalidade. Impossibilidade no caso concreto. 1. Nos termos do art. 1.021, § 1º, do CPC/2015, é inviável o agravo interno que deixa de atacar especificamente os fundamentos da decisão agravada. Incidência da Súmula n. 182/STJ. 2. Na hipótese dos autos, não bastasse ter de veicular sua pretensão à desconstituição da coisa julgada em competente ação rescisória, o ora recorrente teve a oportunidade, naquela anterior ação, de produzir todas as provas que lhe fossem úteis para demonstrar a existência de fato extintivo, impeditivo ou modificativo do direito do autor, não havendo que se admitir, em ação declaratória, em claro prejuízo à segurança das relações jurídicas, a tentativa de desconstituição da coisa julgada anteriormente formada sob a alegação de que foi realizada nova perícia. 3. Conforme disposto no art. 508 do CPC, correspondente ao art. 474 do CPC/1973, transitada em julgado a decisão de mérito, considerar-se-ão deduzidas e repelidas todas as alegações e as defesas que a parte poderia opor tanto ao acolhimento quanto à rejeição do pedido, não sendo possível, em virtude da eficácia preclusiva da coisa julgada material, infirmar o resultado a que anteriormente se chegou em decisão transitada em julgado, ainda que por via oblíqua. 4. Esta Corte Superior, muito embora admita a relativização da coisa julgada, o faz tão somente em situações excepcionalíssimas nas quais a segurança jurídica tiver que ceder em favor de outros princípios ou valores mais importantes. 5. Tampouco é suficiente para se proceder à relativização da coisa julgada tão somente a alegação de que existe documento capaz de solver determinada divergência anteriormente verificada no bojo do processo e que já foi apreciada pelo Poder Judiciário. 6. Mesmo aquelas questões previstas no art. 504 do CPC, quando o seu exame se destinar a demonstrar que o magistrado errou em seu julgamento, comprometendo, desse modo, a segurança da sentença transitada em julgado, são inviáveis de reapreciação, não se abalando a sentença acobertada pelo manto da coisa julgada, nem mesmo em virtude de alegações de nulidade da própria sentença ou dos atos que a antecederam (salvo casos de ação rescisória). 7. Agravo interno não provido" (STJ, AgInt no AREsp 1.263.854/MT, Rel. Min. Luis Felipe Salomão, 4ª Turma, j. 27.11.2018, *DJe* 04.12.2018).

"Direito processual civil. Limites objetivos da coisa julgada. Fundamentação da sentença. Verdade dos fatos. 1.– A coisa julgada material, qualidade de imutabilidade e de indiscutibilidade que se agrega aos efeitos da sentença de mérito, atinge apenas a carga declaratória contida no dispositivo do *decisum*. 2.– Não fazem coisa julgada: 'I – os motivos, ainda que importantes para determinar o alcance da parte dispositiva da sentença; II – a verdade dos fatos, estabelecida como fundamento da sentença; III – a apreciação da questão prejudicial, decidida incidentemente no processo' (art. 469, do CPC). 3.– O fato de a sentença proferida em determinado processo judicial adotar como verdadeira premissa fática absolutamente divergente daquela que inspirou a prolação de sentença havida em processo anterior estabelecido entre as mesmas partes, conquanto incomum, não ofende a autoridade da coisa julgada. 4.– Recurso Especial improvido" (STJ, REsp 1.298.342/MG, Rel. Min. Sidnei Beneti, 3ª Turma, j. 06.05.2014, *DJe* 27.06.2014).

"Processual civil. Brasil telecom. Cumprimento de sentença. Valor patrimonial da ação. Critério não especificado no título executivo. Aplicação do balancete mensal. Súmula 371/STJ. Revelia na fase de conhecimento. Fato irrelevante na execução. Coisa julgada. Parte dispositiva da sentença. – 'Nem a verdade dos fatos nem qualquer fundamento de qualquer ordem, nem mesmo a tese jurídica tomada por apoio decisório na solução de questão de direito relevante, nada disso que se contém nos motivos da sentença transcende ao processo em que tem lugar, nem irá atingir sequer a vida jurídica dos sujeitos envolvidos.' – 'A sentença vale pelo 'decisum'; é ele que colhe a situação lamentada pelo autor na demanda inicial e é somente ele que tende a tornar-se imutável'" (STJ, AgRg no REsp 1.165.635/RS, Rel. Min. Paulo de Tarso Sanseverino, 3ª Turma, j. 06.09.2011, *DJe* 13.09.2011).

> **Art. 505.** Nenhum juiz decidirá novamente as questões já decididas relativas à mesma lide, salvo:
>
> **I** – se, tratando-se de relação jurídica de trato continuado, sobreveio modificação no estado de fato ou de direito, caso em que poderá a parte pedir a revisão do que foi estatuído na sentença;
>
> **II** – nos demais casos prescritos em lei.

▶ *Referência: CPC/1973 – Art. 471*

1. Relações jurídicas de trato continuado e coisa julgada

Como regra, as questões já decididas, relativas à mesma lide, não são passíveis de nova decisão. A autoridade da coisa julgada impede que tal se dê.

O artigo em análise, todavia, estabelece ressalva aplicável às relações jurídicas de trato continuado. Conferindo caráter *rebus sic stantibus* à coisa julgada, a lei processual permite que, nesse tipo de relação, as questões já resolvidas sejam novamente debatidas e decididas, contanto que sobrevenha modificação no estado de fato ou de direito.

O clássico exemplo da obrigação alimentar bem ilustra a aplicabilidade do dispositivo. Assim, mesmo depois de definitivamente fixada, judicialmente, a pensão devida pelo alimentante ao alimentando, a posterior alteração das condições econômicas e financeiras de um ou de outro autorizam a revisão do *quantum* a ser paga. Não se trata, evidentemente, de desconstituir-se o quanto decidido na primeira sentença. O que se admite, sim, é a modificação, para o futuro, do valor da pensão, à vista das novas condições de um, de outro ou de ambos os titulares da relação jurídica alimentar.

Como se sabe, o valor da pensão é fixado conforme a *possibilidade* de quem paga e a *necessidade* de quem recebe. Se o alimentante sofre, por exemplo, redução de fortuna, pode ele pedir a revisão da pensão para menor. Do mesmo modo, se o alimentando vê incrementadas as suas necessidades porque, por exemplo, adquire moléstia que lhe exige tratamento dispendioso, pode ele postular a majoração da pensão.

Nas relações jurídicas tributárias, não raras vezes há espaço, também, para a aplicação desse dispositivo legal. Assim, por exemplo, se o contribuinte obtém pronunciamento judicial livrando-o de pagar determinado tributo cobrado mensalmente porque instituído em lei ordinária e não em lei complementar, como seria o caso; e se, depois do trânsito em julgado, sobrevém a edição da necessária lei complementar, dúvida não há de que, a partir da respectiva entrada em vigor, o tributo passará a ser devido, não protegendo o contribuinte a coisa julgada formada em seu favor.

Note-se que, nos exemplos da relação jurídica alimentar, as alterações justificadoras dos pedidos de revisão deram-se no plano fático; e no exemplo da relação jurídica tributária, a modificação deu-se no plano do direito. Qualquer delas autoriza o pedido de revisão, como bem dispôs o legislador.

2. Declaração de paternidade e flexibilização da coisa julgada

Da jurisprudência colhe-se uma particular situação que merece atenção e reflexão. Trata-se da possibilidade de "flexibilização" ou "relativização" da coisa julgada nas ações de investigação de paternidade. Embora o vínculo de filiação não se enquadre no conceito de relação jurídica de trato continuado, o STJ, na esteira de entendimento do STF, tem relativizado a coisa julgada para admitir novo pronunciamento judicial, agora com base em exame de DNA. Ao tempo em que tal exame não existia ou não era acessível à maioria da população, as ações de investigação de paternidade eram julgadas, quase sempre, com base em depoimentos, documentos e rudimentares perícias. Por isso, entende-se possível a revisão da coisa julgada, agora com base no exame não realizado à época e dotado, sabidamente, de alto grau de confiabilidade.

Jurisprudência

Súmula 239 do STF: "Decisão que declara indevida a cobrança do imposto em determinado exercício não faz coisa julgada em relação aos posteriores".

"Agravo interno no agravo em recurso especial. Civil e processual civil. Execução de título extrajudicial. Penhora de 25% dos vencimentos e proventos de aposentadoria da devedora. Possibilidade. Impenhorabilidade relativa (CPC/2015, art. 833, IV). Agravo improvido. 1. O Novo Código de Processo Civil, em seu art. 833, deu à matéria da impenhorabilidade tratamento um tanto diferente em relação ao Código anterior, no art. 649. O que antes era tido como 'absolutamente impenhorável', no novo regramento passa a ser 'impenhorável', permitindo, assim, essa nova disciplina maior espaço para o aplicador da norma promover mitigações em relação aos casos que examina, respeitada sempre a essência da norma protetiva. Precedente: EREsp 1.582.475/MG, Rel. Ministro Benedito Gonçalves, Corte Especial, julgado em 03/10/2018, *REPDJe* 19/03/2019, *DJe* de 16/10/2018. 2. No caso, proposta ação de execução de título extrajudicial, e julgados improcedentes os embargos à execução, foi determinada, após a busca infrutífera por outros bens e valores, a penhora de vencimentos e proventos de aposentadoria da executada, o que não se mostra ilegal, à luz da recente jurisprudência desta Corte. 3. O Tribunal de origem, examinando as circunstâncias da causa, entendeu adequada a limitação da constrição a 25% dos valores referentes à aposentadoria e ao salário da devedora, percentual que deixou de ser impugnado no recurso especial e, ademais, não destoa dos precedentes desta Corte. 4. Em se tratando de relação jurídica de trato continuado, nada impede a eventual revisão da questão pelas instâncias ordinárias (CPC/2015, art. 505). 5. Agravo interno não provido" (AgInt no AREsp 1.408.762/AM, Rel. Min. Raul Araújo, 4ª Turma, j. 11.06.2019, *DJe* 28.06.2019).

"Processo civil. Previdenciário. Pensão por morte. Incidência do art. 508 do CPC. Revisão da questão controversa. Impossibilidade. Arts. 471 do CPC/73 e 505 do CPC/15. Pretensão de reexame fático-probatório. I – Na origem, trata-se de ação ordinária que objetiva seja reconhecido o tempo rural e o labor exercido sob condições especiais pelo cônjuge falecido, reconhecendo-lhe o direito à aposentadoria na data do óbito, visando à concessão do benefício de pensão por morte, desde a data do óbito de seu cônjuge. Na sentença, julgou-se extinto o processo sem resolução do mérito. No Tribunal *a quo*, a sentença foi mantida. II – A respeito da questão controversa, o Tribunal *a quo* consignou o seguinte, *in verbis*: '[...] Significa dizer que quando do ajuizamento do feito 0005482-18.2011.403.6306 a autora deveria ter alegado e juntado documentos que eventualmente levariam ao reconhecimento do direito ao benefício de aposentadoria do cônjuge falecido. Ao não fazê-lo, operou-se a eficácia preclusiva da coisa julgada, nos termos do art. 508, do CPC. Registro ainda que novo requerimento administrativo não implica nova prova ou situação fática diversa. [...]'. III – Vê-se, pois, que o Tribunal a quo considerou que não houve qualquer alteração fática que possibilitasse a revisão da questão controversa já solucionada por decisão judicial transitada em julgado. Não se desconhece que uma relação jurídica continuativa, fixada por sentença transitada em julgado, pode sofrer alterações. Tal possibilidade está intimamente ligada à cláusula *rebus sic stantibus*, de modo que alterada a situação fática que possibilitou a sentença, nova ação pode ser ajuizada. Tal entendimento está literalmente transcrito nos arts. 471, I, do CPC/73 e 505, I, do CPC/15. IV – A leitura atenta dos precedentes colacionados pelo recorrente possibilitam esse entendimento. Nesse sentido ainda, *in verbis*: REsp n. 1.251.103/RJ, Rel. Ministro Reynaldo Soares da Fonseca, Quinta Turma, julgado em 12/9/2017, *DJe* 20/9/2017; REsp n. 865.704/RS, Rel. Ministra Laurita Vaz, Quinta Turma, julgado em 11/9/2008, *DJe* 29/9/2008. V – Sendo esse o panorama dos autos, tenho que o recurso é inadmissível, porquanto 'a revisão do entendimento da instância de origem no tocante à coisa julgada demanda o reexame do contexto fático-probatório, vedado pela Súmula 7/STJ' (AgInt no AREsp n. 949.973/SC, Rel. Ministro Og Fernandes, Segunda Turma, julgado em 16/8/2018, *DJe* 22/8/2018). VI – Agravo interno improvido" (STJ, AgInt no AREsp 1.320.683/SP, Rel. Min. Francisco Falcão, 2ª Turma, j. 02.04.2019, *DJe* 05.04.2019).

"Processual civil. Agravo regimental no recurso especial. Investigação de paternidade. Exame de DNA. Coisa julgada. Mitigação. Possibilidade. Acórdão recorrido em contrariedade com jurisprudência sedimentada das cortes superiores. Provimento do recurso especial. Dissídio notório suficientemente demonstrado. 1. O Superior Tribunal de Justiça, acompanhando o entendimento do Supremo Tribunal Federal, sedimentou seu entendimento no sentido da

relativização da coisa julgada em ações de investigação de paternidade em que não foi possível a realização do exame de DNA, quando o referido meio ainda não havia sido democratizado. Precedentes. 2. O notório dissídio foi suficientemente demonstrado, comprovando-se a contrariedade do acórdão recorrido com o posicionamento dominante. 3. Agravo regimental a que se nega provimento" (STJ, AgRg no REsp 1.516.863/MG, Rel. Min. Maria Isabel Gallotti, 4ª Turma, j. 03.12.2015, *DJe* 11.12.2015).

"Civil e processual civil. Negatória de paternidade. Vínculo declarado em anterior ação investigatória. Flexibilização da coisa julgada. Possibilidade. Peculiaridades do caso. Vínculo genético afastado por exame de DNA. Princípio da verdade real. Prevalência. Recurso desprovido. Nas ações de estado, como as de filiação, deve-se dar prevalência ao princípio da verdade real, admitindo-se a relativização ou flexibilização da coisa julgada. Admite-se o processamento e julgamento de ação negatória de paternidade nos casos em que a filiação foi declarada por decisão já transitada em julgado, mas sem amparo em prova genética (exame de DNA). Precedentes do STJ e do STF. Recurso especial desprovido" (STJ, REsp 1.375.644/MG, Rel. p/ acórdão Min. João Otávio de Noronha, 3ª Turma, j. 01.04.2014, *DJe* 02.06.2014).

> **Art. 506.** A sentença faz coisa julgada às partes entre as quais é dada, não prejudicando terceiros.

▶ *Referência: CPC/1973 – Art. 472*

1. Limites subjetivos da coisa julgada

O art. 506 do CPC trata dos *limites subjetivos da coisa julgada*, ou seja, cuida de responder a quem esta alcança. Ao afirmar que a sentença faz coisa julgada às partes entre as quais é dada, a lei processual quer dizer que a imutabilidade e a indiscutibilidade de que trata o art. 502 alcançam os *sujeitos do contraditório*, destinatários do pronunciamento judicial. Todos aqueles que, chamados à relação processual, puderam exercer suas faculdades processuais são atingidos pela autoridade da coisa julgada. Assim, o termo "partes" é usado, aqui, em sentido amplo, abrangendo também os terceiros intervenientes.

O CPC/1973, no art. 472, estabelecia: "A sentença faz coisa julgada às partes entre as quais

Art. 506

é dada, não beneficiando, nem prejudicando terceiros. Nas causas relativas ao estado de pessoa, se houverem sido citados no processo, em litisconsórcio necessário, todos os interessados, a sentença produz coisa julgada em relação a terceiros".

Nota-se, de pronto, a supressão, no CPC, da expressão "não beneficiando", contida no CPC/1973. Isso porque, de rigor, a coisa julgada pode, sim, beneficiar terceiros, fenômeno presente nos *processos coletivos* (ver comentários *infra*).

De outra parte, o NCPC não reproduziu o art. 472 do CPC/1973 no ponto em que tratava da coisa julgada nas causas relativas ao estado de pessoa. É que, na verdade, o dispositivo revogado não cuidava, propriamente, de coisa julgada, mas de eficácia da sentença em relação a terceiros. Assim, por exemplo, a sentença que decretar a interdição de alguém produzirá efeitos em relação a terceiros, a estes não sendo dado negar-lhe observância a conta de não haverem participado daquela relação processual. Do mesmo modo, uma vez anulado um casamento, a respectiva sentença transitará em julgado para as partes, mas terceiros não poderão sustentar que, em relação a eles e porque não foram citados naquele processo, o casamento subsiste.

2. Coisa julgada nos processos coletivos

O art. 103 do CDC estabelece que, nas ações coletivas por ele tratadas, a sentença fará coisa julgada: "I – *erga omnes*, exceto se o pedido for julgado improcedente por insuficiência de provas, hipótese em que qualquer legitimado poderá intentar outra ação, com idêntico fundamento valendo-se de nova prova, na hipótese do inciso I do parágrafo único do art. 81; II – *ultra partes*, mas limitadamente ao grupo, categoria ou classe, salvo improcedência por insuficiência de provas, nos termos do inciso anterior, quando se tratar da hipótese prevista no inciso II do parágrafo único do art. 81; III – *erga omnes*, apenas no caso de procedência do pedido, para *beneficiar* todas as vítimas e seus sucessores, na hipótese do inciso III do parágrafo único do art. 81".

Indo adiante, os parágrafos do art. 103 do CDC dispõem que: "§ 1º Os efeitos da coisa julgada previstos nos incisos I e II *não prejudicarão* interesses e direitos individuais dos integrantes da coletividade, do grupo, categoria ou classe. § 2º Na hipótese prevista no inciso III, em caso

de improcedência do pedido, os interessados que não tiverem intervindo no processo como litisconsortes poderão propor ação de indenização a título individual. § 3º Os efeitos da coisa julgada de que cuida o art. 16, combinado com o art. 13 da Lei nº 7.347, de 24 de julho de 1985, *não prejudicarão* as ações de indenização por danos pessoalmente sofridos, propostas individualmente ou na forma prevista neste código, mas, se procedente o pedido, *beneficiarão* as vítimas e seus sucessores, que poderão proceder à liquidação e à execução, nos termos dos arts. 96 a 99. § 4º Aplica-se o disposto no parágrafo anterior à sentença penal condenatória".

Finalmente, o art. 104 do CDC reza: "As ações coletivas, previstas nos incisos I e II e do parágrafo único do art. 81, não induzem litispendência para as ações individuais, mas os efeitos da coisa julgada *erga omnes* ou *ultra partes* a que aludem os incisos II e III do artigo anterior não beneficiarão os autores das ações individuais, se não for requerida sua suspensão no prazo de trinta dias, a contar da ciência nos autos do ajuizamento da ação coletiva".

Como se vê, a coisa julgada, nos processos coletivos, pode beneficiar terceiros, mas não os pode prejudicar. Trata-se da chamada coisa julgada *secundum eventum litis*.

Sob outro ângulo, o art. 16 da LACP (Lei 7.347/1985), na redação dada pela Lei 9.494/1997, dispõe que "a sentença civil fará coisa julgada *erga omnes*, nos limites da competência territorial do órgão prolator, exceto se o pedido for julgado improcedente por insuficiência de provas, hipótese em que qualquer legitimado poderá intentar outra ação com idêntico fundamento, valendo-se de nova prova".

A respeito desse tema, duas relevantes questões merecem atenção.

A primeira diz respeito à possibilidade ou não de, em ação civil pública ajuizada por determinada entidade, a sentença beneficiar pessoas a estranhas ao respectivo quadro de associados. Em princípio, somente os integrantes do mencionado quadro podem beneficiar-se da sentença. Já se decidiu, porém, que, se a sentença dispuser em contrário e transitar em julgado, terceiros não associados poderão promover-lhe o cumprimento (ver jurisprudência *infra*).

A segunda refere-se ao alcance territorial da sentença proferida nos processos coletivos. A regra, estabelecida pelo art. 2º-A da

Lei 9.494/1997, na redação dada pela Medida Provisória 2.180-35, é a de que a sentença civil prolatada em ação de caráter coletivo proposta por entidade associativa, na defesa dos interesses e direitos dos seus associados, abrangerá apenas os substituídos que tenham, na data da propositura da ação, domicílio *no âmbito da competência territorial* do órgão prolator. Se todavia, a sentença dispuser diversamente nesse particular, prevalecerá a autoridade da coisa julgada (ver jurisprudência *infra*).

Jurisprudência

"Agravo interno. Recurso extraordinário. Execução individual. Mandado de segurança coletivo impetrado por associação. Limites subjetivos da coisa julgada. Inexistência de repercussão geral. Tema 660/STF. Agravo não provido. 1. A questão inerente aos limites subjetivos da coisa julgada em mandado de segurança coletivo, no que se refere à legitimidade para a execução individual, configura ofensa meramente reflexa ao texto constitucional, não tendo repercussão geral (ARE 748.371 RG/MT – Tema 660/STF). 2. Agravo interno não provido" (STJ, AgInt no RE nos EDcl no AgInt no AREsp 1.344.968/RJ, Rel. Min. Maria Thereza de Assis Moura, Corte Especial, j. 27.08.2019, *DJe* 02.09.2019).

"Processual civil. Recurso especial. Enunciado Administrativo n. 3/STJ. Servidor público federal. Violação do art. 1.022 do CPC/2015. Inocorrência. União como cessionária. Ausência de comando normativo em dispositivo legal apto a sustentar a tese recursal. Deficiência de fundamentação. Súmula n. 284/STF. Efeitos da coisa julgada. Polo ativo da demanda. 1. Não há falar em negativa de prestação jurisdicional, nem em vício quando o acórdão impugnado aplica tese jurídica devidamente fundamentada, promovendo a integral solução da controvérsia, ainda que de forma contrária aos interesses da parte. Precedentes. 2. O recurso especial, no ponto, não pode ser conhecido porquanto o dispositivo indicado como violado não possui comando normativo capaz de sustentar a tese elencada nas razões recursais, o que demonstra que a argumentação presente no apelo excepcional é genérica e, por consequente, deficiente. Aplica-se, portanto, o óbice da Súmula 284/STF. 3. A sentença faz coisa julgada às partes entre as quais é dada, não prejudicando terceiros (art. 506 do CPC/2015). 4. Agravo interno não provido" (STJ,

AgInt no REsp 1.659.031/RS, Rel. Min. Mauro Campbell Marques, 2ª Turma, j. 05.12.2017, *DJe* 12.12.2017).

"Administrativo. Servidor. R.F.F.S.A. Complementação de aposentadoria. Competência da Justiça Federal. Limites subjetivos da coisa julgada. Súmula 339 do STF. – Nos termos do art. 472 do CPC, não é possível a extensão dos efeitos de decisão judicial, especialmente a que assegurou vantagens pecuniárias a determinados servidores, porquanto tais efeitos somente atingem as partes que integram a respectiva relação jurídica, não podendo ser estendidos a terceiros. – De acordo com a Súmula 339/STF, os limites da coisa julgada não podem ser extrapolados sob o fundamento de isonomia entre servidores, tendo em vista que a igualdade deve ser reconhecida com base nas leis, e não com base nas decisões judiciais. (AgRg no Ag 1.016.025/RS, Relator o Ministro Arnaldo Esteves Lima, *DJ* de 25/8/2008)" (STJ, AgRg no REsp 1.523.992/SP, Rel. Min. Sérgio Kukina, 1ª Turma, j. 27.10.2015, *DJe* 06.11.2015).

"Administrativo. Decisão com trânsito em julgado. Efeitos *ultra partes*. Inexistência de direito líquido e certo. – Em regra, segundo o art. 472 do CPC, 'a sentença faz coisa julgada às partes entre as quais é dada, não beneficiando, nem prejudicando terceiros'. Porém, como sabemos, há casos em que a coisa julgada pode beneficiar ou prejudicar terceiros, sendo ultra partes, por exemplo, nos casos em que terceiro adquire a coisa em litígio, como ocorreu na presente hipótese, em que há a substituição processual ulterior decorrente de coisa litigiosa. É o que se pode observar do art. 42, § 3º, do CPC" (STJ, MS 20.468/DF, Rel. Min. Mauro Campbell Marques, 1ª Seção, j. 11.12.2013, *DJe* 05.02.2014).

"Recurso especial. Processual civil. Processo coletivo. Direitos individuais homogêneos. Medicamento 'Vioxx'. Alegação de defeito do produto. Ação coletiva julgada improcedente. Trânsito em julgado. Repetição. Impossibilidade. Inteligência dos artigos 81, inciso III, e 103, inciso III e § 2º, do CDC. Resguardo do direito individual dos atingidos pelo evento danoso. Doutrina. 1. Cinge-se a controvérsia a definir se, após o trânsito em julgado de decisão que julga improcedente ação coletiva para a defesa de direitos individuais homogêneos, é possível a repetição da demanda coletiva com o mesmo objeto por outro legitimado em diferente estado da federação. 2. A apuração da extensão dos efeitos da sentença transitada em julgado proferida em ação coletiva para a defesa de direitos individuais homogêneos passa pela interpretação conjugada dos artigos 81, inciso III, e 103, inciso III e § 2º, do Código de Defesa do Consumidor. 3. Nas ações coletivas intentadas para a proteção de interesses ou direitos individuais homogêneos, a sentença fará coisa julgada *erga omnes* apenas no caso de procedência do pedido. No caso de improcedência, os interessados que não tiverem intervindo no processo como litisconsortes poderão propor ação de indenização a título individual. 4. Não é possível a propositura de nova ação coletiva, mas são resguardados os direitos individuais dos atingidos pelo evento danoso. 5. Em 2004, foi proposta, na 4ª Vara Empresarial da Comarca do Rio de Janeiro/RJ, pela Associação Fluminense do Consumidor e Trabalhador – AFCONT, ação coletiva com o mesmo objeto e contra as mesmas rés da ação que deu origem ao presente recurso especial. Com o trânsito em julgado da sentença de improcedência ali proferida, ocorrido em 2009, não há espaço para prosseguir demanda coletiva posterior ajuizada por outra associação com o mesmo desiderato. 6. Recurso especial não provido" (STJ, REsp 1.302.596/SP, Rel. Min. Paulo de Tarso Sanseverino, Rel. p/ acórdão Min. Ricardo Villa Bôas Cueva, 2ª Seção, j. 09.12.2015, *DJe* 01.02.2016).

"Ação civil pública. Recurso especial representativo de controvérsia. Art. 543-C do CPC. Sentença proferida pelo Juízo da 12ª Vara Cível da Circunscrição Especial Judiciária de Brasília/DF na Ação Civil Coletiva n. 1998.01.1.016798-9 (IDEC x Banco do Brasil). Expurgos inflacionários ocorridos em janeiro de 1989 (Plano Verão). Execução/liquidação individual. Foro competente e alcance objetivo e subjetivo dos efeitos da sentença coletiva. Observância à coisa julgada. 1. Para fins do art. 543-C do Código de Processo Civil: a) a sentença proferida pelo Juízo da 12ª Vara Cível da Circunscrição Especial Judiciária de Brasília/DF, na ação civil coletiva n. 1998.01.1.016798-9, que condenou o Banco do Brasil ao pagamento de diferenças decorrentes de expurgos inflacionários sobre cadernetas de poupança ocorridos em janeiro de 1989 (Plano Verão), é aplicável, por força da coisa julgada, indistintamente a todos os detentores de caderneta de poupança do Banco do Brasil, independentemente de sua residência ou domicílio no Distrito Federal, reconhecendo-se ao beneficiário o direito de ajuizar o cumprimento individual da sentença coletiva no Juízo de seu domicílio ou no Distrito Federal; b) os poupadores ou seus sucessores detêm legitimidade ativa – também por força da coisa julgada –, independentemente de fazerem parte ou não dos quadros associativos do Idec, de ajuizarem o cumprimento individual da sentença coletiva proferida na Ação Civil Pública n. 1998.01.1.016798-9, pelo Juízo da 12ª Vara Cível da Circunscrição Especial Judiciária de Brasília/DF. 2. Recurso especial não provido" (STJ, REsp 1.391.198/RS, Rel. Min. Luis Felipe Salomão, 2ª Seção, j. 13.08.2014, *DJe* 02.09.2014).

"Direito processual. Recurso representativo de controvérsia (art. 543-C, CPC). Direitos metaindividuais. Ação civil pública. Apadeco *x* Banestado. Expurgos inflacionários. Alcance subjetivo da sentença coletiva. Limitação aos associados. Inviabilidade. Ofensa à coisa julgada. Multa prevista no art. 475-J, CPC. Não incidência. 1. Para efeitos do art. 543-C do CPC: 1.1. A sentença genérica proferida na ação civil coletiva ajuizada pela Apadeco, que condenou o Banestado ao pagamento dos chamados expurgos inflacionários sobre cadernetas de poupança, dispôs que seus efeitos alcançariam todos os poupadores da instituição financeira do Estado do Paraná. Por isso descabe a alteração do seu alcance em sede de liquidação/execução individual, sob pena de vulneração da coisa julgada. Assim, não se aplica ao caso a limitação contida no art. 2º-A, *caput*, da Lei n. 9.494/97. 1.2. A sentença genérica prolatada no âmbito da ação civil coletiva, por si, não confere ao vencido o atributo de devedor de 'quantia certa ou já fixada em liquidação' (art. 475-J do CPC), porquanto, 'em caso de procedência do pedido, a condenação será genérica', apenas 'fixando a responsabilidade do réu pelos danos causados' (art. 95 do CDC). A condenação, pois, não se reveste de liquidez necessária ao cumprimento espontâneo do comando sentencial, não sendo aplicável a reprimenda prevista no art. 475-J do CPC. 2. Recurso especial parcialmente provido" (STJ, REsp 1.247.150/PR, Rel. Min. Luis Felipe Salomão, Corte Especial, j. 19.10.2011, *DJe* 12.12.2011).

> **Art. 507.** É vedado à parte discutir no curso do processo as questões já decididas a cujo respeito se operou a preclusão.

▶ *Referência: CPC/1973 – Art. 473*

1. Preclusão

A própria etimologia da palavra *processo* indica um caminhar para frente. Originado do latim (*processus*), o vocábulo significa avançar, andar para frente, progredir. No direito, o processo guarda o mesmo sentido. Para alcançar bom termo, o processo deve seguir para frente, não convivendo bem com idas e voltas, com progressos e retrocessos.

Nesse contexto, é indispensável a figura da *preclusão*. Sem ela, o processo não teria fim. Também originada do latim (*praeclusio*), a preclusão significa a perda de uma faculdade processual. Ela pode referir-se a uma manifestação (perda da oportunidade de oferecer contestação ou recurso, por exemplo), a uma prova (perda da oportunidade de arrolar testemunhas, por exemplo) ou a qualquer outro comportamento permitido no processo.

O CPC/1973 consagrava um sistema de preclusões mais rígido do que o CPC. Outrora, tinha-se uma mais ampla recorribilidade das decisões interlocutória por meio de agravo de instrumento, sob pena de preclusão; hoje, tal recurso é admissível em determinadas hipóteses e fora delas não se dá a preclusão (ver arts. 1.009, § 1º, e 1.015 do CPC). Antes, a omissão em efetuar o preparo recursal ou em instruir o recurso com peças obrigatórias levava à preclusão; hoje, antes de dar por perdida a faculdade processual, o juiz deve oportunizar a regularização das falhas (ver art. 932, parágrafo único, do CPC).

Tradicionalmente, a doutrina alude a três modalidades de preclusão: a *temporal*, a *lógica* e a *consumativa*.

A preclusão *temporal* resulta da perda da *oportunidade* destinada à prática do ato processual. Esgotado, por exemplo, o prazo para a interposição de apelação, o interessado perde a faculdade de recorrer da sentença.

A preclusão *lógica* decorre da prática, sem nenhuma reserva, de ato incompatível com aquele que se poderia praticar. Exemplo: a parte que aceitar expressa ou tacitamente a decisão não poderá recorrer (ver art. 1.000 do CPC).

A preclusão *consumativa*, por sua vez, tem lugar sempre que o próprio ato é praticado, não importando se bem ou mal. Uma vez exercida a faculdade processual, ela não o poderá ser novamente. Exemplo: como regra, sendo interposto o recurso, ainda que sem o integral uso do prazo, não caberá aditamento.

Além dessas três clássicas espécies de preclusão, a doutrina lembra de outras duas: a *mista* e a *hierárquica*.

Em lição escrita ainda a respeito do CPC/1973, Cândido Rangel Dinamarco, baseado em Liebman, ensina que a preclusão *mista* ocorre "quando presentes cumulativamente dois requisitos, que são o decurso do tempo e o prosseguimento do processo (Liebman): ainda que não se manifeste no prazo sobre os fatos novos alegados ou documentos exibidos pelo réu (arts. 326, 327 e 398), o autor permanece com a faculdade de fazê-lo até que o juiz designe a audiência preliminar (art. 331)" (*Instituições de direito processual civil*, 3. ed., vol. II, p. 455). A mesma figura permite, também, que o autor adite a petição inicial mesmo depois de decorrido o prazo para tanto, desde que não proferida a sentença de indeferimento.

Por fim, a preclusão *hierárquica* deve ser entendida como aquela que deriva de decisão tomada por tribunal e que impede os órgãos jurisdicionais inferiores a decidirem novamente a questão. Por exemplo: se o tribunal, em sede de recurso, anula um processo para que, em primeira instância, seja realizada determinada prova, não poderá o juiz *a quo* pronunciar-se, posteriormente, sobre a necessidade daquela mesma prova.

Jurisprudência

"Processual civil. Recurso especial. Cumprimento de sentença. Modificação do percentual de juros de mora após a propositura da execução. Impossibilidade sem a concordância da parte contrária. Art. 329, II, do CPC. Matérias de ordem pública se sujeitam à preclusão consumativa. Arts. 322, § 1º, e 507 do CPC. Divergência jurisprudencial não comprovada. Art. 1.029, § 1º, do CPC. 1. Trata-se de recurso especial contra acórdão proferido em agravo de instrumento interposto em contra decisão que reconheceu a impossibilidade de modificação da taxa de juros utilizada nos cálculos que instruíram a execução, sem anuência da parte contrária, ante o disposto no art. 329 do CPC. 2. Os recorrentes alegam, em síntese, que, diante do disposto no art. 322, § 1º, do CPC e por cuidar-se de questão de ordem pública, o percentual de juros poderia ser modificado, independentemente de anuência da parte contrária. 3. Correta a posição firmada no acórdão combatido, no sentido da imprescindibilidade da anuência da executada para a modificação

Art. 507

do pedido constante da exordial, por força do art. 329, I e II, do CPC e da preclusão da matéria. 4. O § 1º do art. 322 do CPC prevê tão somente que o juiz não fica adstrito à eventual omissão da parte autora no tocante às matérias nele apontadas, pois os pedidos – juros legais, correção monetária e verbas de sucumbência –, por serem considerados como pedidos implícitos. 5. Não obstante, uma vez que tais parcelas da condenação estejam acobertadas pela coisa julgada, bem como pleiteadas em procedimento executório, com a concordância da parte contrária, não é mais lícito à parte pretender modificá-las sem a anuência do executado, seja pelo disposto no art. 329, II, do CPC, seja pela ocorrência de preclusão consumativa (art. 507 do CPC). 6. É importante ressaltar ainda que não se desconhece a natureza de questão de ordem pública dos juros legais, conforme entendimento pacífico desta Corte. Todavia, tal natureza não é capaz de se impor sobre outras questões da mesma ordem, tal como a coisa julgada e a preclusão. 7. É pacífica a jurisprudência desta Corte de que as matérias de ordem pública sujeitam-se aos efeitos da preclusão consumativa quando objeto de decisão anterior. Precedentes. 8. Entendimento contrário atentaria, dentre outros, contra os princípios: a) da segurança jurídica, por possibilitar que relações processuais já estabilizadas por decisões judiciais ou por consenso das partes possam vir a ser reavivadas; b) da razoável duração do processo, pela possibilidade de tumulto da marcha processual com o ressurgimento, a qualquer momento, de questões já dirimidas ao longo da demanda; c) do contraditório e da ampla defesa, pois a Fazenda Público, na impugnação ao cumprimento de sentença, tem a possibilidade de apresentar, de modo consistente e no prazo legal, defesa (art. 535 do CPC). 9. A divergência jurisprudencial apontada não foi comprovada nos moldes exigidos nos arts. 1.029, § 1º, do CPC e 255, § 1º, do Regimento Interno do STJ, uma vez que não foi realizado o necessário cotejo analítico entre a fundamentação contida no precedente invocado como paradigma e no aresto impugnado. 10. Recurso especial conhecido em parte e, nessa extensão, não provido" (REsp 1.783.281/PE, Rel. Min. Og Fernandes, 2ª Turma, j. 22.10.2019, *DJe* 29.10.2019).

"Tributário. Contribuições sociais. Embargos à execução. Alegação de violação do art. 1.022 do CPC/2015 (art. 535 do CPC/73). Inexistência. Ilegitimidade de parte. Inexistência de discussão na ação de conhecimento. Impossi-

bilidade de discussão a respeito da ilegitimidade na execução da sentença. Preclusão. I – Na origem, trata-se de embargos à execução de sentença, relacionada à contribuição previdenciária sobre adicional de férias e horas extras. Na sentença, julgou-se improcedente o pedido dos embargos à execução, afastando-se a prescrição. No Tribunal *a quo*, a sentença foi mantida. II – Sobre a alegada violação do art. 1.022 do CPC/2015, por suposta omissão pelo Tribunal de origem da análise da apontada inexistência de violação à coisa julgada, na discussão acerca da indicada ilegitimidade passiva ad causam, verifica-se não assistir razão ao recorrente. III – Na hipótese dos autos, da análise do referido questionamento em confronto com o acórdão hostilizado, não se cogita da ocorrência de omissão, contradição, obscuridade ou mesmo erro material, mas mera tentativa de reiterar fundamento jurídico já exposto pelo recorrente e devidamente afastado pelo julgador, que enfrentou a questão apontada, consignando que ser vedada a discussão do tema da ilegitimidade em respeito à necessária observância da preclusão e da coisa julgada. IV – Nesse panorama, a oposição de embargos de declaração, com fundamento na omissão acima, demonstra, tão somente, o objetivo de rediscutir a matéria sob a ótica do recorrente, sem que tal desiderato objetive o suprimento de quaisquer das baldas descritas no dispositivo legal mencionado, mas sim, unicamente, a renovação da análise da controvérsia. V – No mérito, observado que a questão da ilegitimidade não foi discutida na fase de conhecimento, não tendo a ora recorrente se insurgido contra a sua legitimidade passiva ad causam, ocorreu a preclusão, operando-se a coisa julgada material, em conformidade com os arts. 507 e 508, do CPC/2015, sendo vedada a análise da questão no âmbito do processo de execução do título judicial. No mesmo sentido: REsp 871.166/SP, Rel. Ministro Luiz Fux, Primeira Turma, julgado em 21/10/2008, *DJe* 13/11/2008; AgInt no REsp 1683253/RJ, Rel. Ministro Gurgel de Faria, Primeira Turma, julgado em 13/12/2018, *DJe* 19/02/2019; AgRg no REsp 444.938/SP, Rel. Ministra Alderita Ramos de Oliveira (Desembargadora Convocada do TJ/PE), Sexta Turma, julgado em 05/03/2013, *DJe* 15/03/2013. VI – Agravo interno improvido" (STJ, AgInt no REsp 1.770.167/PE, Rel. Min. Francisco Falcão, 2ª Turma, j. 27.08.2019, *DJe* 30.08.2019).

"Processo civil e constitucional. Reclamação contra ato do Estado e do Tribunal de Justiça.

Pagamento de precatório. Atuação lastreada por decisão judicial. Ação declaratória de nulidade. Descumprimento de decisão do STJ. Inexistência. Contexto fático-jurídico diverso. – Ademais, os fundamentos da decisão não estão acobertados pela coisa julgada, o que se verifica apenas na parte dispositiva do julgado. Dessa feita, em regra, não há preclusão hierárquica quanto à fundamentação adotada pelo acórdão proferido pela Corte Superior" (STJ, Rcl 3.678/AM, Rel. Min. Castro Meira, 1ª Seção, j. 10.03.2010, *DJe* 18.03.2010).

"Processual civil. Depósito judicial efetivado em ação de desapropriação. Concordância do autor. Equívoco relativo ao cômputo dos juros e correção monetária. Inclusão superveniente. Impossibilidade. Preclusão. 1. Os juros moratórios e a correção monetária não calculados pela sentença, sem que houvesse recurso do interessado, a toda evidência, estão alcançados pela preclusão lógica, porquanto o autor levantou o valor depositado judicialmente nos autos da desapropriação. 2. É cediço em doutrina que: 'Decorre a preclusão do fato de ser o processo uma sucessão de atos que devem ser ordenados por fases lógicas, a fim de que se obtenha a prestação jurisdicional, com precisão e rapidez. Sem uma ordenação temporal desses atos e sem um limite de tempo para que as partes os pratiquem, o processo se transformaria numa rixa infindável. Justifica-se, pois, a preclusão pela aspiração de certeza e segurança que, em matéria de processo, muitas vezes prevalece sobre o ideal de justiça pura ou absoluta' (Humberto Theodoro Júnior. *Curso de Direito Processual Civil*, vol. I, 51ª edição, Editora Forense, p. 542). 3. Agravo Regimental não provido" (STJ, AgRg no AREsp 162.946/SP, Rel. Min. Herman Benjamin, 2ª Turma, j. 05.11.2015, *DJe* 03.02.2016).

"Tributário. Processual civil. Apelação. Remessa oficial. Preclusão lógica. Inexistência. Contribuição previdenciária. Incidência sobre hora repouso alimentação. Precedentes. – A Corte Especial, por ocasião do julgamento do REsp 905.771/CE, de relatoria do Ministro Teori Albino Zavascki, pacificou o entendimento de que a ausência de recurso da Fazenda Pública contra sentença de Primeiro Grau que lhe tenha sido desfavorável não impede, em razão da remessa necessária, que ela recorra do acórdão proferido pelo Tribunal de origem. Assim, não se aplica o instituto da preclusão lógica" (STJ, AgRg no REsp 1.536.286/BA, Rel. Min. Humberto Martins, 2ª Turma, j. 01.10.2015, *DJe* 22.10.2015).

"Embargos de declaração. Recurso especial. Agravo regimental. Princípio da unirrecorribilidade. Antecipação de tutela. Revisão no STJ. Impossibilidade. Súmula 735/STF. Súmula 7/STJ. – Conforme a jurisprudência consolidada no âmbito desta Corte, a interposição de mais de um recurso pela mesma parte contra a mesma decisão impede o conhecimento do segundo recurso interposto, haja vista a preclusão consumativa e a observância ao princípio da unirrecorribilidade das decisões" (STJ, EDcl no REsp 1.293.275/AM, Rel. Min. Maria Isabel Gallotti, 4ª Turma, j. 15.03.2016, *DJe* 21.03.2016).

"Processual civil. Inovação recursal. Vedação. – 'É vedado à parte inovar as razões do recurso especial em sede de agravo regimental, tendo em vista o princípio da preclusão consumativa' (AgRg no REsp 1.176.349/MA, Rel. Ministro Rogerio Schietti Cruz, Sexta Turma, julgado em 02/02/2016, *DJe* 15/02/2016)" (STJ, AgRg no REsp 1.570.056/PB, Rel. Min. Humberto Martins, 2ª Turma, j. 10.03.2016, *DJe* 17.03.2016).

"Impugnação à execução. Ilegitimidade passiva. Matéria de ordem pública. Preclusão consumativa. Entendimento adotado nesta Corte. Verbete 83 da Súmula do STJ. Não provimento. – 'Consoante jurisprudência desta Corte, ainda que a questão seja de ordem pública, há preclusão consumativa se esta tiver sido objeto de decisão anterior definitivamente julgada' (AgRg no AREsp 264.238/RJ, Rel. Ministro Antonio Carlos Ferreira, Quarta Turma, julgado em 15/12/2015, *DJe* 18/12/2015)" (STJ, AgRg no AREsp 650.737/RJ, Rel. Min. Maria Isabel Gallotti, 4ª Turma, j. 01.03.2016, *DJe* 04.03.2016).

> **Art. 508.** Transitada em julgado a decisão de mérito, considerar-se-ão deduzidas e repelidas todas as alegações e as defesas que a parte poderia opor tanto ao acolhimento quanto à rejeição do pedido.

▶ *Referência: CPC/1973 – Art. 474*

1. Eficácia preclusiva da coisa julgada

Praticamente com a mesma redação do art. 474 do CPC/1973, o art. 508 do CPC trata da chamada *eficácia preclusiva da coisa julgada*. Por força desse dispositivo, a coisa julgada impede que alegações não formuladas, por qualquer das partes, possam reabrir o debate. Fosse isso possível, o litígio poderia perpetuar-se, ferindo--se de morte o principal escopo perseguido pela coisa julgada: a segurança jurídica.

Desse modo, se autor ou réu houver deixado de formular alguma alegação, de fato ou de direito, o trânsito em julgado produz, *ipso facto*, preclusão em relação à alegação omitida, que se presume deduzida e rejeitada. Incide, aí, o chamado *princípio do deduzido e do dedutível*.

É importante observar que esse princípio tem lugar somente quando a pretendida reabertura do debate der-se no âmbito da *mesma causa de pedir* anteriormente deduzida. *Argumentos* que poderiam ter sido trazidos à discussão e não o foram são alcançados pelo art. 508 do CPC. Também não é possível repropor a demanda trazendo, de novo, apenas o fundamento legal ou outra qualificação jurídica dos mesmos fatos.

Se, porém, o interessado renovar o pedido com base em *causa de pedir* diversa, não incidirá o óbice. Não se falará em eficácia preclusiva e tampouco se poderá opor a ocorrência da própria coisa julgada, como resulta dos parágrafos do art. 337 do CPC. Não se tratará de repetição de demanda idêntica.

Assim, se o autor for mal sucedido em demanda de despejo fundada na quebra do dever de zelo e conservação do bem imóvel, nada impedirá que, com base em *fato novo*, reformule o pedido, ainda que com relação à mesma cláusula contratual. O que não poderá fazer é repropor a demanda de despejo com base em fatos que já poderia ter narrado na demanda originária e que configurariam o descumprimento daquela obrigação contratual.

Do mesmo modo e partindo-se do exemplo supracitado, a rejeição do pedido de despejo fundado naquela causa de pedir não impede a reformulação da demanda, agora com base, *v.g.*, na falta de pagamento de aluguéis. Nesse caso, aliás, será possível fazê-lo ainda que os aluguéis sejam contemporâneos ou mesmo anteriores aos fatos narrados na primeira demanda.

Um terceiro exemplo, agora aplicável ao réu: se ele, na fase de conhecimento de determinada ação de cobrança, deixar de alegar a efetivação de pagamento, não poderá fazê-lo na fase de cumprimento. Tanto é assim que o art. 525, § 1º, inciso VII, do CPC permite que o demandado alegue, em impugnação ao cumpri-

mento de sentença, "qualquer causa modificativa ou extintiva da obrigação, como pagamento, novação, compensação, transação ou prescrição, *desde que supervenientes à sentença*". A alegação de pagamento que poderia ter sido formulada na fase de conhecimento fica alcançada pela eficácia preclusiva da coisa julgada, ou seja, é tida como deduzida e rejeitada.

Jurisprudência

"Agravo interno. Fundamentos da decisão agravada não infirmados. Aplicação da Súmula 182/STJ. Decisão declaratória. Desconstituição da coisa julgada. Impossibilidade. Relativização da coisa julgada. Excepcionalidade. Impossibilidade no caso concreto. 1. Nos termos do art. 1.021, § 1º, do CPC/2015, é inviável o agravo interno que deixa de atacar especificamente os fundamentos da decisão agravada. Incidência da Súmula n. 182/STJ. 2. Na hipótese dos autos, não bastasse ter de veicular sua pretensão à desconstituição da coisa julgada em competente ação rescisória, o ora recorrente teve a oportunidade, naquela anterior ação, de produzir todas as provas que lhe fossem úteis para demonstrar a existência de fato extintivo, impeditivo ou modificativo do direito do autor, não havendo que se admitir, em ação declaratória, em claro prejuízo à segurança das relações jurídicas, a tentativa de desconstituição da coisa julgada anteriormente formada sob a alegação de que foi realizada nova perícia. 3. Conforme disposto no art. 508 do CPC, correspondente ao art. 474 do CPC/1973, transitada em julgado a decisão de mérito, considerar-se-ão deduzidas e repelidas todas as alegações e as defesas que a parte poderia opor tanto ao acolhimento quanto à rejeição do pedido, não sendo possível, em virtude da eficácia preclusiva da coisa julgada material, infirmar o resultado a que anteriormente se chegou em decisão transitada em julgado, ainda que por via oblíqua. 4. Esta Corte Superior, muito embora admita a relativização da coisa julgada, o faz tão somente em situações excepcionalíssimas nas quais a segurança jurídica tiver que ceder em favor de outros princípios ou valores mais importantes. 5. Tampouco é suficiente para se proceder à relativização da coisa julgada tão somente a alegação de que existe documento capaz de solver determinada divergência anteriormente verificada no bojo do processo e que já foi apreciada pelo Poder Judiciário. 6. Mesmo aquelas questões previstas no art. 504 do CPC, quando o seu exame se destinar a demonstrar que o magistrado errou em seu julgamento, comprometendo, desse modo, a segurança da sentença transitada em julgado, são inviáveis de reapreciação, não se abalando a sentença acobertada pelo manto da coisa julgada, nem mesmo em virtude de alegações de nulidade da própria sentença ou dos atos que a antecederam (salvo casos de ação rescisória). 7. Agravo interno não provido" (STJ, AgInt no AREsp 1.263.854/MT, Rel. Min. Luis Felipe Salomão, 4ª Turma, j. 27.11.2018, *DJe* 04.12.2018).

"Processual civil. Decisão transitada em julgado em 2009. Alegação de fato novo, ocorrido em 2001. Inexistência. Art. 474 do CPC. Deduzido e dedutível. Descumprimento do comando do STJ. Reclamação procedente. – É dever do réu alegar toda a matéria de defesa com a contestação. Eventual recomposição salarial ocorrida três anos antes da propositura da demanda está inserida no contexto de debate sobre o reajuste pretendido e devia estar contida nas alegações de defesa. Tal fato não era novo ou superveniente à demanda. – Aplica-se o princípio do deduzido e do dedutível, pelo qual, nos termos do art. 474 do CPC, 'passada em julgado a sentença de mérito, reputar-se-ão deduzidas e repelidas todas as alegações e defesas, que a parte poderia opor assim ao acolhimento como à rejeição do pedido'" (STJ, Rcl 5.077/DF, Rel. Min. Herman Benjamin, 1ª Seção, j. 22.08.2012, *DJe* 03.09.2012).

"Processual civil. Coisa julgada. Configuração. Reprodução de ação revocatória já julgada. Causa de pedir. Fatos narrados. Consequência jurídica. Identidade. Eficácia preclusiva da coisa julgada. Precedentes. 1. Segundo o sistema processual vigente, verifica-se a coisa julgada, quando se reproduz ação anteriormente ajuizada, já decidida por sentença, de que não caiba recurso (art. 301, § 1º e § 3º, *in fine*, do CPC). Uma ação será idêntica à outra quanto tiver as mesmas partes, a mesma causa de pedir e o mesmo pedido (art. 301, § 2º, do CPC). 2. A diversidade de fundamento legal invocado pelas partes ou a alteração na qualificação jurídica dos fatos narrados não são determinantes para afastar a identidade entre as ações. Tais fatores não integram a causa de pedir, nem vinculam o magistrado, por força dos princípios *iura novit curia e da mihi factum, dabo tibi jus*. Precedentes. 3. A nossa legislação processual adotou a teoria

da substanciação, segundo a qual são os fatos narrados na petição inicial que delimitam a causa de pedir. 4. Concretamente, da leitura dos autos, extrai-se que, em ambas as ações, foi relatado o mesmo fato, qual seja a celebração de negócio jurídico entre o ex-sócio gerente da massa falida e a primeira ré, durante o período suspeito da falência, em prejuízo ao patrimônio da massa falida. Também constata-se que, em ambos os casos, buscou-se a mesma consequência jurídica: o reconhecimento da nulidade/ineficácia do referido negócio. Nesse contexto, era defeso à parte, que não obteve êxito na primeira demanda, renovar a pretensão, narrando os mesmos fatos e visando às mesmas consequências, apenas sob diferente qualificação jurídica (dação em pagamento) e indicação mais precisa dos dispositivos legais (art. 52, inciso II e 53 do Decreto-lei 7.666/45). 5. 'Passada em julgado a sentença de mérito, reputar-se-ão deduzidas e repelidas todas as alegações e defesas, que a parte poderia opor assim ao acolhimento como à rejeição do pedido' (art. 474 do CPC). 6. Recurso especial conhecido e provido, para julgar extinto o processo sem resolução do mérito, prejudicado o exame das demais matérias deduzidas no recurso especial" (STJ, REsp 1.009.057/SP, Rel. Des. Convocado Vasco Della Giustina, 3ª Turma, j. 27.04.2010, *DJe* 17.05.2010).

CAPÍTULO XIV
DA LIQUIDAÇÃO DE SENTENÇA

Art. 509. Quando a sentença condenar ao pagamento de quantia ilíquida, proceder-se-á à sua liquidação, a requerimento do credor ou do devedor:

I – por arbitramento, quando determinado pela sentença, convencionado pelas partes ou exigido pela natureza do objeto da liquidação;

II – pelo procedimento comum, quando houver necessidade de alegar e provar fato novo.

§ 1º Quando na sentença houver uma parte líquida e outra ilíquida, ao credor é lícito promover simultaneamente a execução daquela e, em autos apartados, a liquidação desta.

§ 2º Quando a apuração do valor depender apenas de cálculo aritmético, o credor poderá promover, desde logo, o cumprimento da sentença.

Art. 509

> **§ 3º** O Conselho Nacional de Justiça desenvolverá e colocará à disposição dos interessados programa de atualização financeira.
>
> **§ 4º** Na liquidação é vedado discutir de novo a lide ou modificar a sentença que a julgou.

▶ *Referência: CPC/1973 – Arts. 475-A, 475-B, 475-C, 475-E, 475-F, 475-I, 475-G*

1. Generalidades

Em regra, por razões de eficiência do sistema processual, exige-se que as Partes formulem pedidos certos e determinados, ensejando sentenças que, se for o caso, reconheçam obrigações dotadas dos seus três atributos centrais, a certeza, a exigibilidade e a liquidez.

A realidade dos fatos, porém, impõe que, em certas circunstâncias, não se possa exigir do credor a prévia determinação de todo o conteúdo da obrigação por ele perseguida, justificando-se, no plano normativo, a autorização para que pedidos genéricos sejam excepcionalmente formulados (art. 324). Ainda assim, o legislador do CPC/2015 aprimorou o mecanismo anterior, impondo ao julgador o dever de especificar o conteúdo da condenação da forma mais completa que puder, mesmo em se tratando de pedido genérico.

No novo sistema, ainda que ilíquida, a sentença deve fixar desde logo a extensão da obrigação, o índice de correção monetária, a taxa de juros, o termo inicial de ambos e periodicidade da capitalização dos juros. Tais parâmetros integram o conteúdo da sentença do processo de conhecimento, independentemente da natureza da obrigação objeto do processo e da formulação de pedido certo ou genérico. Por isso se afirma que a liquidação da sentença é excepcional no sistema.[1]

O objeto central da liquidação de sentença são as obrigações de pagar quantia. Esta é a figura expressamente prevista no *caput* do art. 509, a "destinatária natural" do procedimento de liquidação. A sentença de um processo de conhecimento declara a existência de uma obrigação, reconhece a sua certeza e a sua exigibilidade. Mas por lhe faltarem meios e elementos adequados no momento de proferir o julgamento, falta a essa obrigação – reconhecida na sentença – o elemento da liquidez.

Em regra, as outras modalidades das obrigações possuem outra dinâmica, decorrente da sua própria natureza. A obrigação de fazer (por exemplo, a de fabricar dez bolos de chocolate) contém em si mesma os elementos de liquidez, certeza, e exigibilidade. Para Daniel Neves, "a certeza de uma obrigação dessa espécie é justamente indicar o que deve ser feito ou o que deve deixar de ser feito".[2]

Há obrigações de outra natureza que exigem providências adicionais para a sua satisfação, mas que não se confundem com o procedimento de liquidação da sentença.[3] Por exemplo, as providências contempladas na lei para a individualização de obrigações de entrega de coisa incerta não constituem propriamente liquidação da sentença, mas medidas incidentais tomadas na própria execução (arts. 811 a 813). O mesmo quanto à execução para entrega de coisa certa, quando o perecimento da coisa faz surgir a necessidade de sua substituição por indenização (art. 809, §§ 1º e 2º). Parece correto considerar que o objeto da liquidação é "encontrar o montante de uma dívida preexistente ou a abrangência exata da obrigação, reconhecida por decisão judicial",[4] mas seu campo natural são mesmo as obrigações de pagar quantia, em cujo procedimento se desenvolvem atividades com a finalidade precípua de especificar o valor exato da obrigação de pagar (o *quantum*).

Outra hipótese, fora dos pagamentos de quantia, em que se pode efetivamente cogitar da liquidação é a da condenação a uma univer-

---

1 TUCCI, José Rogério Cruz e. *Comentários ao Código de Processo Civil, vol. VIII*, Revista dos Tribunais, p. 235; Wambier, Luis Rodrigues, *Código de Processo Civil Anotado AASP e OAB-PR*, GZ Editora, p. 729.

2 NEVES, Daniel. *Novo Código de Processo Civil Comentado*, artigo por artigo, p. 856.

3 Luis Rodrigues Wambier sustenta que a delimitação da liquidação às sentenças condenatórias de quantia é imprópria, que também nas sentenças condenatórias a um fazer, não fazer e entrega de coisa, pode ser necessário liquidar para definir a quantidade de coisas, a indicação de volume, medida, grandeza ou tamanho daquilo que deva ser prestado pelo devedor. *Código de Processo Civil Anotado AASP e OAB-PR*, p. 729.

4 TUCCI, José Rogério Cruz e. *Comentários ao Código de Processo Civil: artigos 485 ao 538*, p. 236.

salidade de bens, objeto de pedido genérico e expressamente prevista no art. 324, § 1º, I, do CPC. Nesses casos, a condenação é ilíquida porque versa sobre uma universalidade de bens. Por exemplo, a venda de uma biblioteca, de um rebanho, ou a petição de herança. A sentença pode reconhecer a obrigação de entrega do rebanho, cuja determinação ficará relegada para a fase subsequente, da liquidação. Nela, será apurada a quantidade exata de cabeças, seu gênero, idade, raça e outras características.

2. Hipóteses de incidência da liquidação da sentença.

Importante registrar que o CPC atual avança e aprimora a regulação deste incidente.[5] Primeiro, ao ser mais específico quanto ao cabimento do incidente, não porque a sentença não determina o valor devido, como se dizia no CPC/1973, mas sim porque a sentença condena ao pagamento de quantia ilíquida. Segundo, porque permite tanto ao credor como ao devedor iniciarem a liquidação da sentença.

Por tal ajuste de redação, identifica-se de forma mais nítida a sua hipótese de cabimento. O cumprimento de uma sentença exige que o título no qual ela se consubstancia contenha os atributos da certeza, liquidez e exigibilidade. A obrigação será líquida quando o seu valor (ou o bem objeto da obrigação) são definidos. Se o

---

5   A doutrina discutiu, historicamente, a natureza jurídica da liquidação, classificando-a como fase do processo de conhecimento, como incidente autônomo, ou como etapa do processo executivo. Luiz Rodrigues Wambier, por exemplo, entende que se trata de ação de conhecimento autônoma, o que não é modificado pela opção pragmática do legislador em estabelecer fases sequenciais e sincréticas de um mesmo procedimento. Luiz Dellore e Fernando Gajardoni entendem que é mera fase final do processo de conhecimento, opção também de Daniel Neves. A discussão é mais teórica do que prática e perdeu parte da sua relevância com as modificações implementadas na estrutura do processo, com a unificação das atividades em processo sincrético, que agora se divide por fases. Gajardoni, Fernando da Fonseca, et all. *Processo de conhecimento e cumprimento de sentença: comentários ao CPC de 2015*. Rio de Janeiro, Método, p. 665.

procedimento cognitivo anterior ainda não foi suficiente para se atingir tal definição, impõe-se a liquidação da sentença.

Isto pode se dar porque o conteúdo da obrigação principal não pode ser determinado na fase cognitiva, como por exemplo se a sentença de mérito se limita a investigar e definir a responsabilidade das partes pelo inadimplemento de certas obrigações, relevando a quantificação dos danos para etapa subsequente. Em demandas complexas, com alegações recíprocas de descumprimento contratual (ou seja, com ação principal e reconvenção), pode ser conveniente concentrar os esforços na definição de qual das partes deu causa ao descumprimento e resolução do contrato.

Uma vez estabelecida qual delas é a responsável, parte-se em momento posterior para a quantificação dos danos sofridos por ela. Assim, evita-se que ainda na fase de conhecimento, a instrução probatória seja feita para quantificar os danos das duas partes, pois ao final, se apenas uma se sagrar vencedora, a quantificação dos danos da parte perdedora não terá servido a nada.

Em outras situações, a sentença já estabelece o conteúdo da obrigação a ser satisfeita, por exemplo, o custeio de despesas médicas incorridas pela vítima de um ato ilícito, mas a sua efetiva quantificação depende da apresentação de novos documentos, da prova efetiva dos danos. Essa é uma hipótese concreta razoavelmente comum, inclusive porque o valor total das despesas médicas pode nem ter sido inteiramente gasto até o momento da sentença (porque o tratamento médico persiste).

No CPC/1973, poderia ser necessária a liquidação para se estabelecer o conteúdo específico dos denominados pedidos implícitos. Sabe-se que correção monetária, os juros de mora e os honorários advocatícios são tidos por lei como pedidos compreendidos no pedido principal, independentemente de expresso requerimento (art. 322, § 1º). Isso significa que a sentença deve dispor a esse respeito mesmo que não haja pedido expresso do autor da demanda.

Contudo, se isso acaba não sendo feito, surge o problema prático de estabelecer a exata extensão de tais rubricas. Qual o índice de correção monetária e a partir de quando ele incide? O mesmo quanto aos juros de mora, ou quanto ao percentual ou valor fixo dos honorários de sucumbência. Se a sentença não dispunha a

Art. 509

CÓDIGO DE PROCESSO CIVIL INTERPRETADO

1032

respeito, fazia-se necessária a sua liquidação. O tema foi tão debatido, que gerou a edição de duas Súmulas, a respeito de juros[6] e honorários advocatícios.[7]

O CPC/2015 regula de modo diferente essas hipóteses, aprimorando o sistema anterior. A diferença mais relevante está no fato de que a necessidade de realização de cálculos aritméticos para se determinar o valor da condenação não é mais considerada uma modalidade de liquidação. Como será visto abaixo, a antiga 'liquidação por cálculos' não existe mais. Os cálculos são apresentados e, eventualmente, discutidos entre as Partes, no contexto do cumprimento de sentença, sem necessidade de um incidente ou procedimento intermediário.

Além disso, quanto aos juros, correção monetária e honorários, o CPC/2015 permanece tratando-os como pedidos implícitos, mas acrescenta a disposição do art. 491, impondo ao juiz que fixe os parâmetros gerais dessas rubricas mesmo nas sentenças acerca de pedidos genéricos. Quanto aos honorários, inclui-se disposição específica, de que na falta de fixação dos honorários, permite-se a propositura de demanda posterior, com o objeto específico de se obter a sua fixação. A solução é muito melhor do que aquela proposta pela Súmula 453 do STJ, que impedia a sua fixação em liquidação e o ajuizamento de demanda posterior, criando, nas felizes palavras de Daniel Neves, inusitada hipótese de coisa julgada sobre coisa não julgada.[8]

A previsão específica de que também o devedor pode dar início à liquidação merece elogios. Ainda que queira cumprir a condenação, sem a definição do valor, o devedor fica impossibilitado de realizar pagamento em dinheiro ou destinar patrimônio suficiente para tanto, e nem mesmo a responsabilidade patrimonial pode ser delimitada.[9]

Trata-se de medida simples, que até poderia ser indiretamente extraída do sistema, mas a clareza do dispositivo elimina qualquer dúvida e adiciona mais um mecanismo de efetividade processual.

A liquidação da sentença por iniciativa do devedor pode também ser aplicada às sentenças coletivas, em que se faz necessária a liquidação individual dos valores, nos casos de interesses individuais homogêneos. Exemplos típicos são as demandas envolvendo direitos do consumidor, em que após o reconhecimento de certos direitos ao conjunto de consumidores de determinado produto ou serviço, cabe a cada um deles habilitar o seu crédito específico junto ao juízo perante o qual se processou a demanda coletiva (LACP, arts. 95 e 96).

3. Hipóteses de vedação à liquidação da sentença

Permanece vedado que seja proferida sentença ilíquida no âmbito dos Juizados Especiais, o que, em decorrência, afasta a aplicabilidade deste procedimento naquele subsistema. De outro lado, com a extinção do procedimento sumário, o CPC/2015 acabou por eliminar a disposição do CPC/1973 que vedava a sentença ilíquida no dano decorrente de acidente de veículo (art. 475-A, § 3º). Fruto da análise combinada dos arts. 292, V, 491 e 492, não há margem para a liquidação posterior da condenação por dano moral. No sistema do CPC atual, ele deve ser desde logo quantificado pelo autor do pedido, ensejando sentença líquida.

4. Espécies de liquidação

Com a eliminação da liquidação por cálculos, que passa a ser inserida e feita diretamente por ocasião do cumprimento da sentença, o Código regula apenas duas modalidades: liquidação por arbitramento e pelo procedimento comum.

A liquidação por arbitramento tem lugar quando assim for determinado pela sentença, quando convencionado pelas partes ou quando exigido pela natureza do objeto da liquidação. Das três situações, a mais comum é a terceira. São os casos de indenização por ato ilícito, em que as consequências do inadimplemento não estão terminadas, quando os danos à vítima ainda estão sendo aferidos, quando o tratamento

---

6 Súmula nº 254 do STF: Incluem-se os juros moratórios na liquidação, embora omisso o pedido inicial ou a contestação".

7 Súmula nº 453 do STJ: "Os honorários sucumbenciais, quando omitidos em decisão transitada em julgado, não podem ser cobrados em execução ou em ação própria".

8 NEVES, Daniel. *Manual de direito processual civil, volume único*. 5ª. Ed, 2013, São Paulo, Método, p. 108.

9 WAMBIER, Luiz Rodrigues. *Código de Processo*

Civil Anotado AASP e OAB-PR, p. 730.

médico não está terminado. Ou ainda, quando a apuração dos lucros cessantes é deixada para o momento posterior.

Apesar da tríplice divisão proposta pela lei, fato é que o arbitramento será efetivamente utilizado sempre que se exigir perícia técnica a respeito de fatos já estabelecidos ao tempo da sentença. Esse é o elemento fixo, o traço distintivo dessa modalidade de liquidação. A perícia que estabelecerá a extensão dos danos, que quantificará os lucros cessantes, e assim por diante. Importante registrar, com Fernando Gajardoni, que "nestes casos, a cognição recairá sobre elementos já colhidos integralmente na fase de conhecimento, sendo a atividade do perito, das partes e do magistrado, exclusivamente, a de emprestar valores às obrigações reconhecidas na decisão liquidanda".[10]

A liquidação por procedimento comum, outrora denominada de liquidação por artigos, é aquela aplicável para a demonstração de "fato novo". Não se está aqui diante da necessidade de fazer prova técnica acerca de aspectos da quantificação, mas de alegar e provar fatos que não foram considerados ao tempo da sentença.

O fato novo a que se refere a lei, neste particular, é aquele que ainda não for a revelado no processo de conhecimento, que não chegou a ser debatido antes. Uma vez mais, recorre-se às lições de Fernando Gajardoni, que propõe alguns exemplos ilustrativos do cabimento desta modalidade de liquidação.

Primeiro, ação de indenização por incêndio ocorrido em uma residência, com perda total dos móveis da casa. A perda, que configura o dano, deve ser provada e constatada na fase de conhecimento, mas a sua quantificação será relegada para a liquidação subsequente, mediante alegação e prova sobre quais os móveis foram destruídos e seu respectivo valor. Segundo, na quantificação da pensão devida à vítima de crime, detentora de sentença penal condenatória exequível.[11]

O ponto é polêmico, contudo. José Rogério Cruz e Tucci, por exemplo, entende que o que quis o legislador dizer é, na verdade, fato superveniente, ocorrido posteriormente *e que tem aptidão de repercutir sobre o objeto da obrigação a* ser liquidada. Em qualquer caso, não se trata de fato que interfere na condenação em si, mas apenas "com as circunstâncias objetivas tendentes a determinar o valor ou a abrangência da liquidação".[12] Por sua vez, Daniel Neves entende que é irrelevante a data do fato para que ele seja considerado, para os fins deste dispositivo, um fato novo. "O fato novo pode ter ocorrido antes, durante ou depois da demanda judicial donde se produziu o título processual" O que interessa é que seja um fato não levado em consideração, isto é, que não foi objeto de análise na sentença.[13]

5. Liquidação zero

Questão sempre discutida diz respeito à possibilidade de, na liquidação de sentença, não ser possível determinar o quantum indenizatório, por não haver prova adequada do dano sofrido. A partir de uma sentença condenatória, que reconhece a obrigação do devedor de pagar quantia ao credor, é possível que este credor acabe não recebendo qualquer valor? Semelhante conclusão afrontaria a coisa julgada formada sobre a sentença que reconheceu o *an debeatur*?

A hipótese causa alguma estranheza, mas é sim possível, seja porque se constata que não houve efetivamente dano, seja porque se conclui que não é possível fazer a prova do dano concretamente ocorrido[14].

---

10 Reflexões sobre a nova liquidação da sentença, Ernane Fidélis dos Santos, Luiz Rodrigues Wambier, Nelson Nery Júnior e Teresa Arruda Alvim Wambier. *Execução Civil – estudos em homenagem a Humberto Theodoro Júnior*. São Paulo: RT, 2007, p. 543.

11 O autor complementa com as hipóteses de apuração do prejuízo em safra pela invasão de reses

do proprietário do imóvel vizinho, quantificação dos direitos autorais pela retransmissão radiofônica não autorizada de músicas em hotéis (súmula 261 do STJ), apuração das perdas e danos decorrentes de responsabilidade objetiva do requerente da execução provisória ou da execução indevida. Fernando Gajardoni, Reflexões sobre a nova liquidação da sentença, *cit.*, p 13

12 TUCCI, José Rogério Cruz e. *Comentários ao Código de Processo Civil: artigos 485 ao 538*, p. 242.

13 Daniel Neves, *Novo CPC comentado*, p. 859.

14 Nesse sentido, Liane Slaviero Ramos, *O microssistema da liquidação de sentença*, dissertação de

Art. 509

Se não é possível aferir, no procedimento de liquidação, a quantificação da obrigação reconhecida na sentença de mérito, a solução correta é a extinção da liquidação, sem resolução do mérito quanto ao dano cuja extensão não foi comprovada. De um lado, tal solução conduz a uma hipótese talvez inusitada, mas que é admitida em termos práticos, da liquidação equivalente a zero. De outro lado, sendo o dever de reparar reconhecido em sentença anterior, não se pode excluir em definitivo a possibilidade da sua liquidação. Isso é o que justifica a extinção sem resolução do mérito, para que se permita ao credor iniciar outro processo de liquidação, inclusive por modalidade diversa[15].

6. Capítulos da sentença e regimes diversos quanto à liquidez da obrigação

É sabido que o ordenamento processual trabalha a partir da ideia de que, em inúmeras situações, o objeto do processo pode ser fracionado. Isso ocorre tanto a partir de uma demanda que tenha por objeto uma única pretensão, porque mesmo nesses casos a sentença decidirá sobre custas e honorários, e poderá conceder apenas parcialmente a tutela pretendida (sucumbência recíproca), como nas demandas cumuladas, em que se formulam mais de um pedido, de forma sucessiva, subsidiária ou alternativa (CPC, arts. 325 a 327).

O CPC/2015 avança em relação a essas técnicas, admitindo expressamente o julgamento parcial de mérito, tornando ainda mais clara a circunstância de que o julgamento da causa pode se dar em partes, em módulos. O mesmo ocorre se, diante da sentença de mérito única, a parte sucumbente opta por apresentar recurso parcial. A coisa julgada vai se formando de forma gradativa, ensejando tratamentos diferentes para os capítulos transitados em julgados e aqueles ainda objeto do recurso.

No plano das sentenças ilíquidas, pode ocorrer que apenas uma parcela da relação jurídica não possa ser decidida em definitivo e necessite de subsequente liquidação, ao passo que outra parcela da mesma relação possa receber julgamento completo desde logo. O exemplo corriqueiro da ação indenizatória em que se pleiteia perdas e danos (danos incorridos pela vítima) e lucros cessantes (aquilo que razoavelmente ela deixou de ganhar), em que o capítulo da decisão sobre as perdas e danos pode receber julgamento completo desde logo, ao passo que os lucros cessantes dependem de alegação e prova de fatos novos, ou mesmo de prova técnica para quantificação adequada dos prejuízos.

Para essas situações é que o § 1º contempla o duplo regime. Execução da parte líquida da sentença, liquidação da parte ilíquida. Cuida-se de medida simples, que também poderia ser adotada a partir das regras gerais acerca dos capítulos da sentença, com inspiração nas regras mais gerais de efetividade e duração razoável do processo. De toda forma, a previsão explícita de regra a respeito é bem vinda e serve para imprimir um maior ritmo às demandas com semelhantes características.

Nos processos eletrônicos, a distinção dos regimes jurídicos e procedimentos não cria maiores problemas. Cada procedimento será processado em separado, ambos perante o mesmo juízo. Os programas dos Tribunais devem contemplar essa dicotomia, permitindo sua tramitação em paralelo. Para a parte ilíquida, a liquidação, nos termos dos arts. 510 ou 511, conforme a modalidade. Para a parte líquida, o cumprimento da sentença, conforme arts. 513 e seguintes.

7. Sentença que depende apenas de cálculos aritméticos. Inaplicabilidade do procedimento de liquidação da sentença

De forma aparentemente inusitada, o art. 509, § 2º, regula hipótese em que não se aplicará o procedimento da liquidação. O dispositivo explica que, em se tratando de sentença que dependa apenas de cálculos aritméticos, não se dá a liquidação. A apresentação dos cálculos se dá diretamente no cumprimento da sentença.

A manutenção de dispositivo com esse teor se explica por uma consideração de natureza transitória, por assim dizer. Historicamente, a discussão sobre os parâmetros do cálculo aritmético ensejava também a liquidação da sentença, em uma terceira modalidade, que foi proscrita no CPC/2015. Não existe mais a necessidade de liquidar, submeter ao contador do juízo e tantas outras providências comuns

---

mestrado, PUC-RS, Porto Alegre, 2014, p. 82-83. Disponível em: .

15 Nota 5 ao artigo 509, Theotônio Negrão et al. *CPCLPV*, 2019, p. 547.

no sistema original do CPC/1973. Sucessivas reformas processuais eliminaram etapas formais e burocráticas e imprimiram maior celeridade a esta etapa. Na nova lei, o credor deve apresentar a sua própria memória de cálculo, com parâmetros do art. 524, com contraditório a respeito no próprio cumprimento de sentença.

Por sua vez, o devedor tem o ônus de contestar especificamente o cálculo e informar o valor que considera correto, sob pena de rejeição liminar da sua impugnação (art. 525, §§ 4º e 5º) ou de seus embargos à execução de título extrajudicial (art. 916, §§ 3º e 4º).

Mas essas discussões se processam no âmbito da fase de cumprimento da sentença, não exigem etapa prévia. A distinção é relevante, porque no cumprimento, a partir da memória de cálculo apresentada pelo credor, o devedor é desde logo intimado a efetuar o pagamento e está sujeito à penhora de seus bens, mesmo enquanto discute os parâmetros desse cálculo ou outras matérias passíveis de alegação por meio da Impugnação (art. 524, § 1º).

8. Parâmetros nacionais de cálculos fornecidos pelo Conselho Nacional de Justiça

O § 3º deste artigo igualmente regula hipótese não diretamente vinculada à liquidação da sentença, mas à realização dos cálculos aritméticos que servem de base para o cumprimento da sentença – sem necessidade de prévio incidente de liquidação. Apesar de o local em que está regulado fazer pouco sentido, fato é que a iniciativa, em si, merece elogios.

O Poder Judiciário brasileiro é organizado em diferentes níveis, com divisão em justiça federal e estadual, e dentro de cada uma delas, há a justiça comum e a especial. Os critérios que determinam a organização da Justiça Federal são diferentes no plano interno – justiça comum e justiça do trabalho, por exemplo – e muito diferentes em relação à Justiça Estadual. Entre outros aspectos, isso se reflete na falta de padronização dos índices financeiros e métodos de realização dos cálculos das sentenças condenatórias proferidas por esta divisão da justiça brasileira.

Nas Justiças Estaduais a falta de padronização é ainda maior. Cada Estado possui seu próprio Poder Judiciário, que aplica critérios diferentes, um para a atualização das condenações da justiça comum, outro para as execuções fiscais, outro ainda para débitos envolvendo a Fazenda Pública. Há uma profusão de normas, métodos de cálculo, índices financeiros.

O CPC em vigor pretendeu atacar esse grave problema, atribuindo ao Conselho Nacional de Justiça a função de desenvolver um programa de atualização dos débitos judiciais. Não obstante ter decorrido mais de cinco anos desde a promulgação do Código – considerando o período de um ano de *vacatio legis* –, a tarefa ainda não foi concluída, contudo.

As notícias dão conta de que o CNO está debruçado sobre o tema, para a padronização dos índices de atualização financeira utilizados para o cálculo de débitos e créditos nos processos de execução na Justiça Estadual. No plano da Justiça do Trabalho e da Justiça Federal já há regulações de âmbito nacional, daí por que a maior carência se dá mesmo nas Justiças Estaduais.

A criação de normas e método padronizado de realização dos cálculos, quando estiver em funcionamento efetivo, possivelmente evitará muitas das discussões que hoje se estabelecem no âmbito dos processos e que geram inúmeros recursos que atravancam a satisfação dos créditos e alongam a duração dos processos[16].

9. Vedação à inovação

Repetindo regra tradicional, prescreve o § 4º que é vedado discutir a lide ou modificar a sentença que a julgou. Uma primeira observação de natureza terminológica merece ser feita. Nesse dispositivo mantém-se a adoção do termo lide como sinônimo de demanda, de causa. O CPC/1973 fazia tais aproximações em muitos dispositivos, mas a técnica, porquanto equivocada, foi rejeitada pelo CPC/2015. Nesse dispositivo se manteve, sem maiores repercussões práticas.

A regra é coerente e procura impor fidelidade à sentença do processo de conhecimento, que reconheceu a existência do *an debeatur*. Deve sempre ser respeitada a sentença liquidan-

---

16 Luiz Guilherme Dellore menciona diversas iniciativas isoladas, no âmbito de Tribunais brasileiros, de "calculadoras" dos débitos judiciais. Gajardoni et al., ob. Cit., p. 664. A Associação dos Advogados de São Paulo – AASP foi pioneira neste tipo de serviço, divulgando ainda hoje os índices adotados por diferentes tribunais e disponibilizando um programa para a realização destes cálculos. Disponível em: . Acesso em: 2 jan. 2020.

da, ou mesmo a coisa julgada já formada. Para José Rogério Cruz e Tucci, o que se procura é a apuração do montante devido, jamais a apuração dos parâmetros e percentuais estabelecidos no título exequendo[17]. Aplicando este dispositivo, o Superior Tribunal de Justiça entendeu ser vedado modificar, na fase de liquidação, o índice de correção monetária previsto na sentença (AgReg 1.307.939-MG, Ricardo Villas Bôas Cueva).

Questões que devem ser discutidas na fase de conhecimento não podem ser reservadas e submetidas apenas na fase de liquidação. A prescrição é o principal exemplo. Trata-se de exceção processual que diz respeito à impossibilidade de se exigir a pretensão, cuja alegação está adstrita à fase de conhecimento. Tenha sido alegada e rejeitada, ou apenas alegada na fase de liquidação, a solução é a mesma. Ela não mais poderá ser examinada na fase de liquidação.

O mesmo se diga quanto aos juros de mora. Se a sentença fixou a sua incidência de forma capitalizada – baseada em lei aplicável à época dos fatos que o permitia – não pode ser modificada a forma da sua incidência em liquidação posterior da sentença, a pretexto de aplicação de outras regras legais, ou da vedação da capitalização de juros. A coisa julgada que se forma sobre o título impõe a observância dos parâmetros ali definidos.

Situação diversa, porém, se dá quando a decisão liquidanda é omissa e não estabelece nem o índice de correção monetária, nem a taxa de juros. Será justamente na fase de liquidação da sentença que poderão ser debatidos e fixados tais parâmetros. A ressalva que compete fazer é que, nos termos do art. 491, esta situação não deveria mais ocorrer no sistema do CPC/2015.

Também com base nesta regra da vedação à inovação quanto ao julgado, o juiz pode deixar de homologar a conta de liquidação apresentada em conjunto pelas Partes, se considerar que ela viola os parâmetros da sentença transitada em julgado. Aqui abrem-se duas situações. Para respeitar o título judicial anterior, o juiz homologará uma conta em valor menor. Tal não impede, contudo, que as partes, voluntariamente, deem cumprimento a obrigação de valor superior àquele que foi homologado, da mesma forma que podem, não obstante munidas de título executivo judi-

cial, optar por não promover seu cumprimento, renunciar ao crédito ou receber valor menor.

Tais restrições não significam, porém, que o juiz da liquidação esteja vinculado à modalidade específica que tenha sido determinada na sentença liquidanda. Caso seja necessário realizar a liquidação por outra modalidade, diversa da que foi estabelecida pela própria decisão exequenda, isso tem sido aceito, sem representar inovação indevida na fase de liquidação. O STJ editou a Súmula 344 a respeito: "A liquidação por forma diversa da estabelecida na sentença não ofende a coisa julgada".

> **Art. 510.** Na liquidação por arbitramento, o juiz intimará as partes para a apresentação de *pareceres ou documentos elucidativos*, no prazo que fixar, e, caso não possa decidir de plano, nomeará perito, *observando-se, no que couber, o procedimento da prova pericial*.

▶ *Referência: CPC/1973 – Art. 475-D*

1. Provas técnicas para instrução do pedido de liquidação por arbitramento

Como visto, a liquidação por arbitramento é a modalidade utilizada quando se faz necessária prova técnica para a quantificação dos danos fixados na sentença. A prova técnica deve ter por objeto o conjunto fático já trazido e debatido na fase de conhecimento, por exemplo, para estabelecer o grau de invalidez e os gastos médicos que determinada vítima teve, em decorrência de acidente cuja responsabilidade foi reconhecida na sentença anterior.

Assim, o arbitramento pressupõe "exigência de conhecimento técnico para que se possa apurar o diâmetro exato da obrigação que foi imposta, de modo genérico, pela condenação"[18]. Como a discussão será de natureza técnica, a parte que pretende a liquidação deve instruir desde logo seu pedido com prova documental adequada, que a lei exemplifica com pareceres ou documentos elucidativos, mas que evidentemente não se limitam a tais modalidades.

Idêntico ônus terá o requerido, pois a elucidação da questão técnica interessa a ambos e a contribuição das duas partes se amolda ao

---

17 Tucci, ob. cit., p. 238.

18 Tucci, ob. cit., p. 241.

modelo cooperativo do processo civil brasileiro.

Importante ponderar que as provas trazidas pelas partes podem se revelar suficientes para ilustrar ao julgador os aspectos técnicos da controvérsia, dispensando a nomeação de um perito do juízo. A lei lhe faculta, contudo, proceder à nomeação, se ainda assim mantiverem-se as dúvidas e divergências.

Se o objeto da investigação disser respeito a fatos novos, a modalidade adequada não é o arbitramento, mas sim a liquidação pelo procedimento comum. Não há ofensa ao conteúdo da decisão, mas adaptação que "respeita o princípio do máximo aproveitamento dos atos processuais" e confere utilidade à sentença ilíquida[19].

2. Perícia e seu regime de custas

O *caput* do art. 510 remete a disciplina dessa prova técnica às disposições sobre a prova pericial. Isso se aplica ao procedimento, requisitos de nomeação do perito judicial, possibilidade de indicação de assistentes técnicos para acompanhar os trabalhos e todos os demais aspectos.

Uma distinção relevante diz respeito ao regime de adiantamento das despesas com a perícia. Na liquidação de sentença, o custeio da perícia é de responsabilidade do devedor, mesmo que tenha sido o credor a requerê-la. A jurisprudência do Superior Tribunal de Justiça consolidou esse entendimento, por considerar que, nesta situação específica, o fato de já haver condenação do devedor quanto ao *an debeatur* o torna responsável pelo subsequente procedimento de apuração do quantum.

Aplicam-se, portanto, as diretrizes do art. 85, que atribuem ao vencido tal responsabilidade, e não a regra geral de adiantamento das despesas periciais, que são aplicáveis ao processo de conhecimento (Informativo 541/STJ – REsp 1.274.466/SC, Rel. Min. Paulo de Tarso Sanseverino, j. 14.05.2014)[20].

3. Aspectos do procedimento

Não obstante a dicção do dispositivo, a intimação para o início do procedimento da liquidação por arbitramento é feita ao advogado do devedor. Tratando-se de liquidação por arbitramento, que tem por objeto fatos já submetidos ao juízo na fase de conhecimento anterior, mas que demandam prova técnica para a respectiva quantificação, correto considerar que se trata de mera fase complementar e subsequente à fase anterior.

Aplica-se, portanto, a regra do art. 346, de que os prazos contra o revel que não tenha patrono nos autos fluirão da data de publicação do ato decisório no órgão oficial, de forma que não se exigirá uma intimação pessoal do réu revel ou daquele que não tiver advogado constituído nos autos, naquele momento do procedimento[21]. Se a parte for representada pela Defensoria Pública, aplica-se o regime de intimações próprio aos integrantes desta carreira (art. 513, § 2º, II).

A liquidação se processa perante o mesmo órgão jurisdicional que apreciou a demanda na fase de conhecimento, observando-se amplo contraditório em todas as suas etapas. Nas hipóteses do art. 113, § 1º, pode haver limitação do litisconsórcio na liquidação.

Não obstante o dispositivo tratar apenas da apresentação de pareceres ou documentos elucidativos, evidentemente que se franqueará ao requerido a possibilidade de deduzir ampla defesa inclusive sobre o cabimento e a adequação da liquidação, naquela modalidade. Se não houver objeções de natureza processual, as partes concentrarão suas submissões nos tópicos da quantificação da sentença, produzindo documentos e laudos a respeito.

Preservado o impasse e não sendo possível ao juiz dirimir a controvérsia a partir do exame dos laudos trazidos pelas partes, será necessário designar perícia do juízo, com nomeação de profissional especializado e imparcial, observando-se as regras gerais sobre a produção da prova pericial.

---

19 Luiz Rodrigues Wambier. *Código de Processo Civil anotado AASP e OAB-PR*, p. 732.

20 Do texto do Informativo, extrai-se que "Desse modo, as regras dos arts. 19 e 33 têm aplicabilidade somente até o trânsito em julgado da sentença. Após isso, incide diretamente a regra do art. 20 do CPC, que imputa os encargos ao derrotado (REsp 993.559-RS, Quarta Turma, *DJe* 10/11/2008; e REsp 117.976-SP, Quinta Turma,

DJ 29/11/1999)". No CPC/2015, os artigos ali referidos são os arts. 82 e 95, além do art. 85.

21 No mesmo sentido, escrevendo sobre liquidação no regime do Código revogado, Fernando Gajardoni, cit., p. 9.

Art. 510

4. Fixação de honorários

Há dois aspectos que merecem comentário. Primeiro, que se a sentença liquidanda não fixou honorários, não cabe fixá-los na liquidação. O CPC, em seu art. 85, reforça essa ideia, a *contrario senso*.

O ponto mais relevante, porém, é examinar se cabe nova fixação de honorários na fase de liquidação. Pois apesar de se tratar de fase adicional, com novas atividades desempenhadas pelos advogados, não necessariamente tal fase ocorrerá em decorrência da atuação de alguma das partes. E como a regra fundamental da sucumbência é a causalidade, não será adequado considerar que, em todos os casos, pelo mero fato do trabalho adicional ser realizado, deverá haver nova fixação de honorários.

O cabimento de novos honorários na fase de liquidação depende do comportamento das partes. Se a liquidação por arbitramento assumir caráter contencioso, com manifestações de parte a parte em que se controvertem os diversos aspectos da liquidação, caberá a fixação de honorários. Isso se dará, por exemplo, quando o devedor discordar da modalidade de liquidação utilizada, impugnar a nomeação do perito, discordar da metodologia ou das conclusões do laudo, enfim, quando assumir neste procedimento comportamentos típicos de um litigante comum. Nesses casos, tais situações de disputa entre as partes tornarão o trabalho dos procuradores mais efetivo e intenso, dando margem à fixação de honorários de sucumbência específicos desta fase procedimental.

De outro lado, o mero fato de se realizar a liquidação não ensejará tal fixação automaticamente, pois a perícia é decorrência da iliquidez prévia da sentença e da necessidade de apuração do *quantum debeatur*. Será necessário designar perícia e examinar novos fatos, independentemente de resistência do devedor. Note-se que ao devedor compete nomear assistente técnico para acompanhar a perícia, pois isso decorre do seu direito de participação e contraditório. A mera nomeação não pode ser entendida como ato de resistência ou discordância quanto à liquidação. Portanto, Será da conduta das Partes, concretamente consideradas, que se deve aferir o cabimento de fixação de honorários sucumbenciais na fase de liquidação.

Quanto aos critérios desta fixação, ocorrem-me duas considerações. Primeiro, a fixação original, decorrente da condenação estabelecida na sentença, não pôde ser feita mediante a aplicação precisa do art. 85, § 1º, justamente pela impossibilidade de definição do valor da condenação. O CPC regula a hipótese expressamente no § 4º, II, relegando para a fase de liquidação a aplicação dos percentuais estabelecidos no § 1º (causas entre particulares) e § 3º (causas em que Fazenda Pública for parte). Neste caso, o esperado é que toda a fixação de honorários seja relegada para a fase subsequente da liquidação.

Segundo, na fase de liquidação, deverá então ocorrer a fixação dos honorários de sucumbência devidos pela condenação em si, ou seja, relacionados à fase anterior do procedimento, mas também poderá ser necessário fixar uma segunda parcela daquela mesma sucumbência, caso tenha havido a resistência e atividades tipicamente contenciosas na própria fase de liquidação, como visto acima.

O que não poderá ocorrer é a simples fixação do percentual de honorários, pela aplicação conjunta dos §§ 1º e 4º, II, do art. 85, sem qualquer ressalva ou específico acréscimo de honorários, pela fase de liquidação.

5. Recurso cabível

Embora a decisão que decide a fase de liquidação da sentença seja, substancialmente, uma sentença, com objeto próprio e separado da ação de conhecimento que a precedeu, e embora muitas vezes a própria decisão observe uma estrutura típica de sentença (com subdivisão em relatório, fundamentação e dispositivo), a dicção do art. 1.015, parágrafo único, do CPC determina que o recurso cabível contra aquela decisão é o agravo de instrumento[22].

Apesar de algum dissenso, na doutrina observa-se a prevalente opinião pelo cabimento do recurso de agravo, como por exemplo nas obras de José Rogério Cruz e Tucci[23] e Hum-

---

22 Por exemplo, julgados do Tribunal de Justiça de São Paulo entendem que o agravo de instrumento é recurso cabível contra a decisão que julga a liquidação de sentença para apuração de haveres em ação de dissolução de sociedade (Agravos de Instrumento 2134370-23.2016.8.26.0000, j. 07.12.2017, e 2169210-59.2016.8.26.0000, j. 08.02.2017).

23 *Comentários ao Código de Processo Civil*, artigos 485 ao 538. São Paulo: Revista dos Tribu-

berto Theodoro Júnior[24]. Do ponto de vista do procedimento, parece adequado considerar que a decisão da liquidação seja mais simples e obtida de forma mais célere, quando comparada à fase de conhecimento anterior, não havendo razoes para que aquelas decisões sejam equiparadas, e contra elas seja cabível o recurso de apelação, de tramitação mais longa.

Seja como for, como pode haver a compreensão de que o art. 1.015, parágrafo único, diz respeito apenas às decisões interlocutórias tomadas no curso da fase de liquidação, mas não abrange a sua decisão final, que pela fase do procedimento e pelo conteúdo, deveria ser considerada uma sentença, aplica-se aqui a recomendação de sempre, no sentido de se admitir a eventual regularização do recurso cabível, tento em vista a presença de todos os elementos ensejadores da fungibilidade recursal e, em especial, à luz do que dispõe o art. 932, parágrafo único.

> **Art. 511.** Na liquidação pelo procedimento comum, o juiz determinará a intimação do requerido, na pessoa de seu advogado ou da sociedade de advogados a que estiver vinculado, para, querendo, apresentar contestação no prazo de 15 (quinze) dias, observando-se, a seguir, no que couber, o disposto no Livro I da Parte Especial deste Código.

▶ *Sem correspondência no CPC/1973*

---

nais, 2017, v. VIII, p. 244 – "O ato decisório que julga esta espécie de liquidação tem a natureza de sentença, que pode ser impugnada por meio de agravo de instrumento, segundo o que preceitua o parágrafo único do art. 1.015 (...). Justifica-se essa exceção à regra de que a sentença desafia recurso de apelação (art. 1.009 CPC) para evitar os inconvenientes de um passado remoto, que tornava inatingível a efetividade do processo".

24 *Curso de direito processual civil*. 56. ed. Rio de Janeiro: Forense, 2015, vol. I, p. 1.151: "Não só da decisão final do incidente da liquidação, mas também das questões resolvidas incidentalmente no curso da liquidação, caberá o agravo de instrumento (art. 1.015, parágrafo único)".

1. Cabimento da liquidação pelo procedimento comum, outrora chamada de liquidação por artigos[25]

Como visto, se não for cabível a liquidação por arbitramento, quando houver a necessidade de demonstração de fato novo, adota-se a liquidação pelo procedimento comum. Cuida-se de fato não objeto da decisão anterior, novo em relação à cognição realizada, ao contraditório estabelecido anteriormente.

Isso pode se dar em demandas cíveis, cuja condenação foi genérica, mas também pode ocorrer com outros títulos judiciais, cuja formação se dá por outras formas, mas sem o estabelecimento do *quantum debeatur* desde logo. Exemplos típicos são a sentença penal condenatória e a sentença que homologue transação judicial. Apesar de o § 1º do art. 515 estabelecer que "nos casos dos incisos VI a IX, o devedor será citado no juízo cível para o cumprimento da sentença ou para a liquidação no prazo de 15 (quinze) dias", importante esclarecer que a sentença arbitral não pode ser objeto de liquidação perante o juiz togado[26].

Primeiro, porque a sentença arbitral deve ser líquida, de forma que o seu cumprimento perante o juiz estatal se dará mediante a mera apresentação dos cálculos aritméticos, sem necessidade de liquidação. Segundo, porque em virtude da escolha da arbitragem como método para dirimir um conflito, será dos árbitros a tarefa de determinar não apenas o *an debeatur*, como também o *quantum debeatur*. Assim, nas hipóteses (razoavelmente comuns) em que o procedimento arbitral seja bifurcado, permanecerá com os árbitros a incumbência de proceder à liquidação da sentença. Apenas depois de cumprida essa segunda etapa é que se poderá cogitar de realizar o seu cumprimento, conforme disposições dos arts. 523 e seguintes.

---

25 Paulo Henrique Lucon esclarece que a expressão "liquidação por artigos" tem origem nas Ordenações do Reino de Portugal "e diz respeito à formulação articulada de fatos novos que fundamentam o pedido". *Código de Processo Civil interpretado*. Coord. Antonio Carlos Marcato. 3. ed. São Paulo: Atlas, p. 1.577.

26 Em sentido diverso, tratando de liquidação judicial da sentença arbitral, Luis Guilherme Dellore, ob. cit., p. 671.

2. Aspectos do procedimento

O art. 511 tem regulação aparentemente diversa do 510, no que diz respeito ao início do procedimento, notadamente a intimação do réu. O art. 510 fala em intimar as partes, enquanto que o 511 é expresso ao prever a intimação do réu na pessoa do seu advogado. Como dito no comentário ao artigo anterior, é esta a interpretação adequada. A intimação para o início do procedimento da liquidação, em quaisquer das suas modalidades, é feita ao advogado do devedor.

Valem os comentários do tópico 3 do artigo anterior. Em complemento, o fato de se aplicarem as disposições do procedimento comum, o que significa dizer não apenas que o prazo para apresentação de manifestação do requerido é de 15 (quinze) dias úteis, mas que se aplicarão as demais disposições e etapas do procedimento do processo de conhecimento. Por exemplo, a revelia do requerido, caso não apresente defesa, a previsão de uma decisão de saneamento, ao final da fase postulatória, a possibilidade de produção ampla de provas etc.

Contudo, como dito no item 5 do comentário anterior, a decisão final do procedimento de liquidação pelo procedimento comum deve ser entendida como interlocutória, contra a qual será cabível o recurso de agravo de instrumento.

> **Art. 512.** A liquidação poderá ser realizada na pendência de recurso, processando-se em autos apartados no juízo de origem, cumprindo ao liquidante instruir o pedido com cópias das peças processuais pertinentes.

▶ *Referência: CPC/1973 – Art. 475-A, § 2º*

1. Generalidades

A regra do art. 512 foi introduzida nas reformas processuais ao CPC/1973, inspirada na duração razoável do processo e estabelece regra prática e efetiva. Não há razão para se aguardar o julgamento do recurso para só então se iniciar a liquidação da sentença.

Prolatada a sentença condenatória, de conteúdo genérico, é possível bifurcar o procedimento para que simultaneamente ocorram a tramitação do recurso interposto pelo vencido e a liquidação da sentença, por iniciativa do vencedor (ou do próprio vencido, a teor do art. 509). Cuida-se de medida efetiva de um lado, sem trazer qualquer prejuízo às partes, de outro.

Registre-se que mesmo atos de clara natureza executiva são admissíveis, mesmo quando os embargos à execução são processados com efeito suspensivo, como a substituição, o reforço ou a redução da penhora, bem como a avaliação dos bens (art. 919, § 5º).

Quando ocorre a liquidação da sentença na pendência de um recurso contra a mesma decisão, é evidente que os atos praticados neste procedimento, voltados à determinação do *quantum debeatur*, serão provisórios. O cumprimento subsequente daquela sentença dependerá da confirmação da sentença pelo Tribunal. Nos moldes do cumprimento provisório da sentença, os atos praticados nesta fase podem posteriormente perder o seu objeto, sua razão de ser, pois se o Tribunal reformar a sentença e afastar a condenação, não se poderá falar em sua execução ou cumprimento.

Mas essa provisoriedade ou precariedade não afasta a conveniência de se proceder à liquidação da sentença. Ao contrário. Para se tornar efetivo, o processo deve se realizar com a menor quantidade de tempos mortos, com a maior eficiência possível. É exatamente com este espírito que a regra do art. 512 é concebida e deve ser interpretada.

2. Simultaneidade da liquidação da sentença e do recurso. Diferentes cenários

Esta divisibilidade da liquidação deve ser aplicada em diferentes cenários. O primeiro e mais comum, em que a sentença é inteira ilíquida e o recurso contra ela interposto é total, ou seja, pretende a reforma de todos os capítulos e de todo o conteúdo da decisão. A liquidação da sentença em caráter provisório será realizada, na pendência do recurso.

Tanto a liquidação em primeiro grau (alegações, prova pericial e/ou alegação e prova dos fatos novos), como o eventual julgamento do agravo de instrumento interposto ao final, deverão ocorrer normalmente. O fato de haver apelação pendente contra a sentença condenatória genérica não obsta a prática de qualquer destes atos. Contudo, falta eficácia à decisão que decide a liquidação, a qual seguirá na dependência do julgamento do recurso anterior.

Julgado o recurso e mantida a condenação, o fator que retirava a eficácia da própria liquidação da sentença desaparece. A depender do estágio em que se encontrar a própria liquidação da sentença, poder-se-á iniciar o cumprimento da sentença desde logo. Se ela foi julgada em primeiro grau, mas pende o agravo de instrumento respectivo, aguarda-se este julgamento para só então ter início o cumprimento da sentença.

Pode ocorrer também de o recurso não ser voltado contra a sentença inteira, e/ou a decisão apresentar capítulos com conteúdo desde logo determinado, ao lado de outro(s) que requeiram a liquidação. Também aqui a simultaneidade da liquidação e do recurso pode ocorrer (art. 356, §§ 2º e 4º). Contudo, o regime será misto, pois sobre as parcelas da decisão que não estejam sujeitos a recurso, a liquidação da sentença será processada sem que, ao seu final, precise aguardar a decisão do Tribunal acerca do *an debeatur*.

Também não é incomum que a mesma sentença contenha capítulos líquidos e ilíquidos. Nestes casos, os líquidos poderão ser desde logo executados – caso não haja recurso, ao mesmo tempo que os ilíquidos devem ser submetidos ao procedimento da liquidação.

3. Tramitação da liquidação, na pendência do recurso

Com clara linguagem do passado, a lei se refere à tramitação da liquidação em "autos apartados" e cópias das peças do processo principal. Isso se dá nos processos em papel, por meio físico. Os autos originais são remetidos ao Tribunal para julgamento da apelação, de forma que um seu "filhote" é preciso ser extraído, para tramitação em primeiro grau, onde será processada a liquidação.

É evidente que no processo eletrônico, que se dissemina de forma consistente no Judiciário brasileiro, não se colocam as questões nestes termos. A justiça brasileira avançou muito em relação à digitalização dos seus processos, que já há alguns anos se iniciam e processam por meio eletrônico. Em pouco tempo, tais expressões deverão ser substituídas por seus equivalentes na linguagem eletrônica. Em qualquer caso, o que a lei estabelece é uma orientação de como o procedimento deve ser adaptado, pelo fato de que cada providência é processada perante uma autoridade competente diferente. Recursos no Tribunal, liquidação da sentença (provisória ou definitiva) no juízo de primeiro grau. Na forma física ou eletrônica, deve haver a regulação do procedimento para que aquela simultaneidade de medidas seja possível.

TÍTULO II
DO CUMPRIMENTO DA SENTENÇA

CAPÍTULO I
DISPOSIÇÕES GERAIS

Art. 513. O cumprimento da sentença será feito segundo as regras deste Título, observando-se, no que couber e conforme a natureza da obrigação, o disposto no Livro II da Parte Especial deste Código.

§ 1º O cumprimento da sentença que reconhece o dever de pagar quantia, provisório ou definitivo, far-se-á a requerimento do exequente.

§ 2º O devedor será intimado para cumprir a sentença:

I – pelo Diário da Justiça, na pessoa de seu advogado constituído nos autos;

II – por carta com aviso de recebimento, quando representado pela Defensoria Pública ou quando não tiver procurador constituído nos autos, ressalvada a hipótese do inciso IV;

III – por meio eletrônico, quando, no caso do § 1º do art. 246, não tiver procurador constituído nos autos;

IV – por edital, quando, citado na forma do art. 256, tiver sido revel na fase de conhecimento.

§ 3º Na hipótese do § 2º, incisos II e III, considera-se realizada a intimação quando o devedor houver mudado de endereço sem prévia comunicação ao juízo, observado o disposto no parágrafo único do art. 274.

§ 4º Se o requerimento a que alude o § 1º for formulado após 1 (um) ano do trânsito em julgado da sentença, a intimação será feita na pessoa do devedor, por meio de carta com aviso de recebimento encaminhada ao endereço constante dos autos, observado o disposto no parágrafo único do art. 274 e no § 3º deste artigo.

§ 5º O cumprimento da sentença não poderá ser promovido em face do fiador, do coobrigado ou do corresponsável que não tiver participado da fase de conhecimento.

▶ *Referência: CPC/1973 – Art. 475-I*

1. Generalidades

A legislação processual brasileira sempre foi considerada, pelos estudiosos e por seus aplicadores, como moderna, tecnicamente fundada. Essa percepção remonta, pelo menos, aos códigos nacionais de 1939 e 1973. Contudo, é também certo que tais diplomas legais foram essencialmente estruturados para demandas de índole individual, com particular ênfase na fase de conhecimento.

A disciplina legal acerca da execução (de títulos judiciais e extrajudiciais) não sofreu modificações estruturais relevantes no CPC/2015. Segundo certos autores, isso ocorreu por duas razões fundamentais. Primeiro, a reforma mais impactante já tinha sido realizada ainda sob a vigência do CPC/1973, com a eliminação do processo de execução de sentença como instrumento autônomo e sua transformação para uma fase subsequente do procedimento de conhecimento, denominada de cumprimento da sentença. Segundo, porque a evolução legislativa encontra óbices insuperáveis na situação econômica e patrimonial do executado, não havendo meios para satisfazer créditos contra devedores insolventes.

Seja como for, não obstante ser uma afirmação bastante difundida que a execução e o cumprimento da sentença seguem sendo os pontos críticos do sistema processual, o seu "tendão de Aquiles", e não obstante ser verdadeira a constatação de que o sistema do cumprimento da sentença foi o que sofreu menos modificação no atual CPC, ainda assim há novidades relevantes, de cuja somatória se pode extrair um modelo mais voltado à satisfação do credor, em atendimento aos princípios fundamentais da duração razoável, da celeridade e da efetividade.

Os arts. 513 a 538 disciplinam o Cumprimento da Sentença, aos quais se somam os dispositivos que disciplinam o processo de execução de título extrajudicial (arts. 771 a 925) e, ademais, as importantes disposições quanto à tutela provisória, que têm o objetivo de construir o "novo" sistema positivo voltado à efetividade e a obtenção da tutela satisfativa. Por expressas disposições do CPC, tais regramentos se influenciam e são subsidiariamente aplicáveis (arts. 318, parágrafo único, e 771, parágrafo único).

Fruto deste novo cenário, convém fazer, nestas considerações introdutórias, brevíssima indicação dos principais aspectos deste regramento do cumprimento da sentença, que permitem afirmar a existência de uma disciplina mais bem acabada e mais efetiva, comparada ao sistema processual revogado.

Primeiramente, vale salientar que, de acordo com o art. 139, IV, o juiz dispõe de poderes para assegurar o cumprimento de ordens judiciais, inclusive relacionadas a prestações pecuniárias. Além disso, também deve ser mencionado que o art. 517 permite expressamente que sentenças de mérito (incluindo as arbitrais, portanto) poderão ser objeto de protesto. Ademais, é importante destacar que é possível a averbação de existência de ação judicial ou processo arbitral perante o cartório de registro de imóveis em que o réu possua bens, ou registro de veículos (art. 928).

Com o objetivo de garantir o cumprimento efetivo de sentenças, o atual CPC disciplina que é possível a constituição de hipoteca judiciária, mesmo nos casos em que há sentenças cujas apelações são dotadas de efeito suspensivo (art. 495).

2. Disciplina legal aplicável ao Cumprimento de Sentença. Aplicação subsidiária das normas sobre processo de execução

A remissão feita no *caput* ao Livro que regula o Processo de Execução é uma previsão sistemática importantíssima. Primeiro, porque elimina qualquer dúvida acerca da possibilidade de se adotarem mecanismos complementares aos previstos nos arts. 513 a 538. Segundo, e mais importante, porque evita a duplicidade de disposições legais, eis que, por sua natureza, muitas das atividades realizadas no âmbito do Cumprimento de Sentença são também realizadas no processo de execução.

Tal remissão permite compreender, por exemplo, que se aplicam ao Cumprimento de Sentença regras acerca da legitimidade das partes, da penhora, depósito e avaliação, responsabilidade patrimonial, das regras sobre a expropriação de bens, suspensão e extinção do processo[27].

A remissão é dupla e recíproca, pois o art. 771, parágrafo único, estabelece que as normas do cumprimento de sentença se aplicam, no que couber, ao processo de execução. Contudo, duas disposições relevantes em cada um desses sistemas não podem ser transportadas para o outro. Primeiro, a disciplina do art. 523 acerca

---

27   Sérgio Seji Shimura. *Breves comentários ao novo Código de Processo Civil*, 3. ed., p. 1.465.

da multa de 10% pelo não pagamento da condenação em 15 dias só se aplica ao cumprimento de sentença, não se estendendo ao processo de execução[28]. Aqui, houve prévia fase de conhecimento, ampla participação (ou possibilidade de) do devedor e se trata de execução de decisão transitada em julgado. É isso que justifica a previsão de multa como fator de desestímulo à resistência sucessiva do devedor.

Segundo, ao cumprimento de sentença não se aplica a disposição do art. 916, que permite ao devedor do título extrajudicial impor ao seu credor um parcelamento legal, pagando desde logo trinta por cento do crédito atualizado, acrescido das custas e honorários, e o saldo em seis pagamentos mensais e consecutivos. Também aqui, o princípio que inspira a regra é o de desestimular o devedor a opor resistência à satisfação do crédito, motivada apenas pelo interesse em ganhar tempo. A própria lei lhe concede esse tempo, como forma de dissuadi-lo a apresentar embargos meramente protelatórios.

No cumprimento de sentença, tal lógica não se aplica, porque o devedor teve oportunidades de defesa, inclusive de recursos, cabendo-lhe, nesta fase do procedimento, o cumprimento estrito e efetivo da condenação.

3. Inércia da jurisdição. Princípio dispositivo. Requerimento do credor

A lei é explícita ao exigir iniciativa do credor para dar início ao cumprimento de sentença, seja definitivo ou provisório. A regra é salutar, pois estabelece importante princípio, transversal ao processo civil de um modo geral, de relegar ao interessado a iniciativa de provocar a atividade jurisdicional.

4. Modalidades de intimação do devedor

Por imperativo de eficiência e praticidade, e preservando uma das modificações relevantes que haviam sido implementadas no contexto da implementação do processo sincrético, a fase de cumprimento de sentença é iniciada sem maiores formalidades. O credor toma a iniciativa, apresenta seu requerimento de intimação do devedor,

indicando o valor devido e a respectiva memória de cálculo (art. 524), ou o conteúdo da prestação de fazer, não fazer e entregar, e a intimação será feita em uma das modalidades indicadas no § 2º. A regra geral será a intimação na pessoa do advogado do devedor, pelo Diário da Justiça. De forma residual, poderá também ser por carta, edital ou meio eletrônico, conforme as hipóteses dos incisos I a III daquele § 2º.

Para que o advogado receba a intimação em nome de seu cliente, não é necessário que sejam previstos poderes expressos. A procuração geral para o foro (*ad juditia*) já os contempla, conforme previsão expressa do art. 105, § 4º. Assim, a parte não poderá se furtar ao recebimento da intimação para o cumprimento de sentença por intermédio de seu advogado, nem mesmo mediante expressa exclusão de tais poderes no instrumento de procuração, o que, ademais, seria altamente questionável sob uma perspectiva ética.

A intimação por meio eletrônico merece algumas ressalvas. Não obstante a Lei do Processo Eletrônico prever a intimação das partes e advogados pelo envio de correios eletrônicos (e-mails), já se estabeleceu, no plano técnico-doutrinário, que referida modalidade não reúne as condições mínimas de segurança que permitam-na considerar adequada. E para além das dificuldades técnicas (porque, essencialmente, não se pode assegurar que uma mensagem tenha sido efetivamente enviada ou, se acaso o foi, que tenha sido efetivamente recebida), há graves violações ao princípio constitucional da publicidade, razão pela qual o mecanismo tradicional e efetivo de intimação pelo Diário da Justiça não poderá jamais ser substituído por mecanismos de intimação direta das partes[29].

Ademais, apesar da previsão do CPC acerca do dever de empresas públicas e privadas informarem seus endereços eletrônicos, a própria lei não esclarece a utilidade daquela informação, pois não contempla atos processuais que devam

---

28 Teresa Arruda Alvim Wambier et al. *Primeiros comentários ao novo Código de Processo Civil*, Revista dos Tribunais, p. 842.

29 Ver Augusto Marcacini, *Processo e tecnologia*: garantias processuais, efetividade e a informatização processual. Editora CreateSpace Independent Publishing Platform, 2013. Ver também Ricardo de Carvalho Aprigliano, O princípio da publicidade e o processo eletrônico, *Revista do Advogado*, nº 120, ago. 2013, AASP.

Art. 513

ser praticados mediante o envio de e-mails. Note-se que a hipótese aqui mencionada é residual. Somente não havendo procurador do devedor constituído nos autos e em se tratando de empresa pública ou privada (exceto as de pequeno porte e microempresas), a intimação deverá ser feita por meio eletrônico.

Uma última ressalva deve ainda ser feita em relação aos títulos executivos judiciais consistentes em sentenças penais condenatórias, sentenças arbitrais, sentenças e decisões interlocutórias estrangeiras (arts. 515, VI a IX). Tais títulos executivos são formados em juízos e instâncias diferentes, não perante o mesmo juiz que irá processar o cumprimento de sentença.

Assim, naqueles casos específicos, há adaptações a esta fase de cumprimento de sentença, que deve ser iniciada pela distribuição do procedimento perante o juiz estatal cível competente, com a apresentação de petição inicial e documentos. Nesses casos, o devedor será regularmente citado, observando-se as disposições do art. 246.

5. Dever de manter endereços atualizados

O dispositivo contido no parágrafo terceiro parece banal, mas deve ser entendido em contexto mais amplo. De diversas passagens do CPC, extrai-se a proposta de uma litigância muito mais responsável, por parte dos jurisdicionados e dos advogados[30]. E na atividade judicante, da mesma forma, o CPC impõe um conjunto de deveres mais amplos, a exigir um comportamento muito mais completo e responsável dos magistrados, em respeito aos princípios do contraditório, da vedação de decisões surpresas, da motivação e da primazia do mérito.

Não é exagero vincular este dispositivo ao art. 6º, entendendo-o como mais uma das manifestações concretas daquela norma aberta e programática. A parte deve manter seus endereços atualizados (art. 274, parágrafo único) e, no cumprimento de sentença, pode sofrer consequências por não o ter feito, pois a lei presume que a intimação terá sido regularmente realizada no endereço anterior.

---

30 A título exemplificativo, podem ser mencionados os preceitos da cooperação, litigância de má-fé, intimação de testemunhas, conciliação e mediação e respeito a precedentes.

Mas mesmo na situação mais comum, de intimação na pessoa do advogado, o mesmo cenário se apresenta, com alguma adaptação. Pois na relação privada entre o cliente e o advogado deverá ser estabelecida a forma de comunicação de atos desta natureza. Por cautela, os advogados devem prever em seus contratos de honorários idêntico dever da parte dos clientes, e idêntica consequência. Caso não informem aos seus procuradores eventuais alterações nos dados de contato, as comunicações feitas nos endereços originais deverão ser consideradas válidas, inclusive para os fins da intimação para pagamento, do art. 523.

Porque a consequência da intimação para o cumprimento de sentença é o início da fluência do prazo para pagamento, o qual, caso não seja feito, enseja a incidência da multa de 10% e de honorários advocatícios de 10% (art. 523, § 1º). Não se pode imputar ao advogado eventual dificuldade de comunicação efetiva ao cliente, caso tenha havido mudança nos dados de contato que não tenha sido comunicada formalmente ao profissional.

6. Lapso de tempo para início do cumprimento de sentença

O art. 513, § 4º, contempla outra situação importante, também com potencial impacto nas relações entre as partes e seus advogados. Decorrido um ano do trânsito em julgado da decisão, não se pode considerar que o advogado anteriormente constituído pelo devedor continua vinculado à causa, nem que tenha poderes ou meios de receber a intimação de seu cliente, pelo mecanismo regular da intimação pelo Diário da Justiça.

Com acerto, a lei presume a desvinculação entre parte e advogado, exigindo que a intimação do devedor seja feita diretamente, por carta com aviso de recebimento.

7. Terceiros, não incluídos no prévio processo de conhecimento, não podem ser incluídos na fase de cumprimento de sentença

O cumprimento de sentença consiste na imposição da prestação reconhecida no título executivo judicial contra o devedor ali reconhecido. Os sujeitos ativos e passivos do cumprimento de sentença são coincidentes – regra geral – com os sujeitos da prévia relação jurídica processual estabelecida na fase de conhecimento.

Uma vez mais, a lei diz, em certa medida, o óbvio, ao restringir o cumprimento de sentença às partes da relação anterior, vedando que ele seja dirigido aqueles que, não obstante corresponsáveis no plano material (fiador, coobrigado ou corresponsável), não tenham sido partes do processo. Ao excluir tais coobrigados do processo de conhecimento, o potencial credor abre mão de litigar contra eles e não pode pretender inclui-los posteriormente, pena de grave ofensa ao devido processo legal e à ampla defesa[31].

Situação diversa, contudo, se dá nas hipóteses de desconsideração da personalidade jurídica. Aqui, a possibilidade de responsabilizar terceiros decorre da presença simultânea dos requisitos contidos na lei material, como por exemplo no art. 50 do Código Civil, que autorizam que a execução ou o cumprimento de sentença sejam dirigidos a outras pessoas, as verdadeiras responsáveis pelo dever de pagamento, que estejam ocultas sob estruturas jurídicas constituídas e/ou utilizadas com o objetivo de fraudar credores e frustrar a satisfação da obrigação.

O CPC institui mecanismo moderno e equilibrado para a desconsideração da personalidade jurídica, admitindo-a inclusive na fase de cumprimento de sentença, nas hipóteses e atendidos os requisitos da lei material (art. 28 do Código de Defesa do Consumidor; art. 135 do Código Tributário Nacional; art. 50 do Código Civil; entre outros).

> **Art. 514.** Quando o juiz decidir relação jurídica sujeita a condição ou termo, o cumprimento da sentença dependerá de demonstração de que se realizou a condição ou de que ocorreu o termo.

▶ *Referência: CPC/1973 – Art. 572*

1. Condição e termo

As figuras da condição e termo são previstas e reguladas no Código Civil, no Título dos Negócios Jurídicos, em seus arts. 121 a 135. Condição é a cláusula que, derivando exclusivamente da vontade das partes, subordina o efeito

do negócio jurídico a evento futuro e incerto (art. 121 do Código Civil). A primeira modalidade é a da condição resolutiva. O negócio produz efeitos desde logo, os quais cessam com o advento da condição. Ocorrendo aquele evento futuro e incerto, o negócio interrompe a produção dos efeitos, resolvendo-se. Um exemplo bastante comum dessa modalidade se refere à compra e venda na qual se encontra prevista cláusula que condiciona a eficácia do negócio jurídico à ocorrência de determinado evento futuro e incerto.

No plano do cumprimento de sentença, a condição a que se refere a lei é a suspensiva, "pois dela depende o começo (a exigibilidade) da obrigação a ser executada"[32]. O art. 125 do Código Civil a regula, e por ela ocorre o inverso da condição resolutiva. O negócio jurídico é celebrado em estado de suspensão, não produz seus efeitos enquanto a condição não ocorrer. Sobrevindo o evento futuro e incerto definido como condição daquele negócio, seus efeitos são liberados. Por exemplo, quando se contrata que uma determinada prestação pecuniária está condicionada à fabricação e entrega de uma mercadoria pela parte contrária.

Termo é o nome técnico que a lei civil atribui ao prazo, isto é, ao momento em que determinada obrigação deve ser cumprida. Termo é evento futuro e certo. Assim, se uma dívida foi contraída e deve ser paga no dia 10 de um determinado mês, o termo daquela obrigação será exatamente aquele dia 10.

2. Relação jurídica sujeita a condição ou termo

Essa disposição deve ser compreendida à luz do que dispõe o art. 492, parágrafo único, do CPC, que contém regra tradicional em nosso ordenamento, a vedar a prolação de sentença condicionada. Não é compatível com a atividade jurisdicional a prolação de uma decisão cujo conteúdo pode ser ou não válido, ser ou não vinculante, de decisão que pode ser procedente ou improcedente, a depender de algum evento posterior, ou da prática de atos por alguma das partes. Assim como é vedado ao julgador se recusar a proferir decisão, por falta de conhecimento da matéria ou por indefinição quanto ao efetivo

---

31 Nesse mesmo sentido, a Súmula 268 do STJ: "O fiador que não integrou a relação processual na ação de despejo não responde pela execução do julgado".

32 Sandro Gilbert Martins, *Código de Processo Civil Anotado AASP*, p. 738.

Art. 514

titular do direito (art. 140), bem como é vedado proferir decisão genérica, a partir de pedidos certos e determinados (arts. 322 e 324), considera-se que as sentenças devem dispor concretamente acerca do conteúdo das pretensões e dos direitos trazidos pelas partes como objeto dos processos.

Assim, se a pretensão é de extinção de um contrato, a sentença deve especificar se o autor possui aquele direito e, em caso positivo, deve estabelecer as condições e as consequências daquela extinção. O mesmo pode ser dito em relação a sentenças condenatórias e declaratórias. Assim, por exemplo, em ação de repetição de indébito, a prova do pagamento errado ou a maior deve ser feita na fase de conhecimento, como pressuposto para o reconhecimento do direito à devolução. Contudo, essa condenação pode não ser líquida desde logo, admitindo-se que na fase subsequente de liquidação seja feita a quantificação dos valores a que faz jus o credor.

Questão diversa se dá, contudo, quando a relação jurídica submetida a julgamento é, ela própria, sujeita a termo ou condição. É fato que se uma determinada obrigação ainda não venceu, no mais das vezes a questão se resolverá no plano processual, pela não verificação do interesse de agir. Mas ainda assim, há relações jurídicas atreladas a efeitos futuros, cujo reconhecimento pode ser feito pela sentença, ainda que a sua exigibilidade fique suspensa.

Pense-se, por exemplo, em relação contratual entre duas empresas, na qual uma assuma perante a outra a obrigação de ressarcir pagamentos feitos por eventuais demandas trabalhistas ajuizadas contra a outra, pelos seus próprios funcionários. Ou qualquer relação em que se contratem obrigações de ressarcimento, em geral. Há duas possíveis situações que daqui derivam. A primeira, vedada pelo art. 492, parágrafo único, seria a de uma empresa demandar a outra antes mesmo de ser, ela própria, demandada pelos funcionários, pretendendo a condenação da primeira a futuramente ressarcir por pagamentos decorrentes de eventuais reclamações trabalhistas, ou de futuras condenações judiciais. A procedência, aqui, estaria condicionada a um evento futuro e incerto – o futuro ajuizamento de demandas e/ou reconhecimento de direitos de terceiros, em eventual ação trabalhista.

Hipótese diversa, e contemplada no art. 514 que ora se comenta, é a de uma empresa pretender o ressarcimento de despesas a que já foi condenada, por força de reclamação trabalhista ou demanda judicial proposta por terceiros,

mas cujo pagamento ainda não realizou. Neste caso, pode haver o reconhecimento do direito ao reembolso em favor da empresa autora, que resultará na condenação da ré ao pagamento daqueles valores. A sua exigibilidade, porém, ficará condicionada a um evento futuro e incerto, que é o de haver efetivo pagamento daqueles valores. Só pode haver reembolso após a comprovação do desembolso, mas este ato material de satisfação da obrigação original não impede o reconhecimento, por sentença, do direito àquele reembolso, pois ele terá por base uma condenação concretamente considerada.

Exemplo que se extrai no plano processual é a condenação nas verbas de sucumbência de uma parte beneficiada pela gratuidade da justiça. Aquela condenação fica condicionada a um evento futuro e incerto, qual seja, a cessação do estado de insuficiência de recursos por parte daquele devedor (art. 98, § 3º).

Nas ações possessórias, é comum que o pedido de proteção da posse abranja atos passados de turbação, bem como uma proteção futura, para que o réu se abstenha de novas turbações. A sentença reconhecerá o direito à proteção possessória do autor, condenando o réu a imediata desocupação da área, caso venha a realizar nova turbação. A turbação futura da posse configura o evento futuro e incerto que condiciona a relação jurídica, mas não a sentença propriamente dita[33].

Neste caso, o credor poderá iniciar o cumprimenta da sentença quando demonstrar que aquela condição – a existência de turbação da posse – foi verificada.

3. Prova da ocorrência do termo ou condição, ônus do credor

O dispositivo em comento determina que compete ao credor a demonstração de que ocorreu a condição ou termo, como pressuposto para o início do cumprimento de sentença. Essa afirmação não elimina, contudo, o poder que o magistrado tem de verificar de ofício este aspecto, pois a ocorrência do termo ou da condição compõem o requisito de exigibilidade do título executivo, tanto judicial como extrajudicial (art. 803, parágrafo único).

---

33 Exemplos propostos por José Rogério Cruz e Tucci, *Comentários ao Código de Processo Civil*, Revista dos Tribunais, vol. VIII, p. 258-259.

Da mesma forma, como será visto, cuida-se de matéria que pode ser invocada pelo devedor em sua Impugnação ou mesmo em manifestações anteriores ou posteriores ao decurso do prazo para impugnar o cumprimento de sentença.

> **Art. 515.** São títulos executivos judiciais, cujo cumprimento dar-se-á de acordo com os artigos previstos neste Título:
>
> **I** – as decisões proferidas no processo civil que reconheçam a exigibilidade de obrigação de pagar quantia, de fazer, de não fazer ou de entregar coisa;
>
> **II** – a decisão homologatória de autocomposição judicial;
>
> **III** – a decisão homologatória de autocomposição extrajudicial de qualquer natureza;
>
> **IV** – o formal e a certidão de partilha, exclusivamente em relação ao inventariante, aos herdeiros e aos sucessores a título singular ou universal;
>
> **V** – o crédito de auxiliar da justiça, quando as custas, emolumentos ou honorários tiverem sido aprovados por decisão judicial;
>
> **VI** – a sentença penal condenatória transitada em julgado;
>
> **VII** – a sentença arbitral;
>
> **VIII** – a sentença estrangeira homologada pelo Superior Tribunal de Justiça;
>
> **IX** – a decisão interlocutória estrangeira, após a concessão do exequatur à carta rogatória pelo Superior Tribunal de Justiça;
>
> **X** – (VETADO).
>
> **§ 1º** Nos casos dos incisos VI a IX, o devedor será citado no juízo cível para o cumprimento da sentença ou para a liquidação no prazo de 15 (quinze) dias.
>
> **§ 2º** A autocomposição judicial pode envolver sujeito estranho ao processo e versar sobre relação jurídica que não tenha sido deduzida em juízo.

▶ *Referência: CPC/1973 – Art. 475-N*

1. Generalidades

Fruto de tradição histórica e influenciado por construções que remontam ao processo romano-germânico da Idade Média, a execução de títulos judiciais e extrajudiciais no direito brasileiro se rege pelo princípios de que não há execução sem título e da tipicidade. Para que sejam considerados títulos executivos, é preciso que a lei processual expressamente os contemplem. Disso decorre que os títulos, no direito brasileiro, são *numerus clausus*.

A construção teórica tradicional rejeita, por essa razão, a possibilidade de criação de títulos executivos por convenção das partes. E estas considerações persistem hoje, mesmo no cenário de grande modificação proporcionado pelo art. 190 do CPC, embora haja doutrina no sentido de que é possível a celebração de acordo processual a fim de dar força executiva a determinado documento[34].

Em relação ao CPC/1973, o rol de títulos executivos judiciais do CPC atual passa a se referir a decisões, não mais a sentenças, em praticamente todos os incisos deste art. 515, abrindo margem para a aplicação do regime do cumprimento de sentença a decisões interlocutórias de natureza variada, como a que fixa honorários do perito judicial, ou a que concede a tutela de urgência pretendida pela parte. As aplicações práticas dessa modificação poderão ser vistas nos comentários a cada um dos incisos.

2. Decisões que reconhecem a exigibilidade de obrigação de pagar quantia, de fazer, de não fazer ou de entregar coisa

O dispositivo consagra muitas possibilidades, para além do conceito original do CPC/1973 de que sentenças condenatórias consistiam em títulos executivos judiciais, ou de sua versão reformada, de que sentenças que reconheciam a *existência* de obrigações de fazer, não fazer, entregar coisa ou pagar.

O sistema do CPC amplia tais hipóteses. Primeiro, porque não apenas as sentenças são títulos executivos judiciais. É evidente que desde sempre os acórdãos foram abrangidos naquele conceito. A novidade consiste na caracterização de títulos executivos para decisões interlocutórias, como as que decidem sobre tutelas provisórias (de urgência ou de evidência).

Segundo, e mais relevante, porque assevera que são títulos as decisões que reconheçam a exigibilidade de certas obrigações. Em certo sentido, há aqui não apenas um aprimoramento em relação ao CPC/1973, mas uma exigência

---

34 Antonio do Passo Cabral, *Convenções processuais,* Salvador: JusPodivm, 2016, p. 316-317.

Art. 515

adicional, de se investigar se a obrigação existe e se ele é exigível[35].

Assim, seja qual for a natureza da obrigação e, o que soa mais revolucionário ante a construção teórica clássica, seja qual for o conteúdo do dispositivo da sentença (procedência ou improcedência), o legislador processual admite títulos executivos judiciais de forma bastante ampla.

É evidente que a regra geral será a formação de títulos a partir de demandas de natureza condenatória, em que se pretenda o reconhecimento de obrigações de pagar quantia, de fazer, não fazer ou entregar coisa. É ainda mais tradicional a ideia de que tais sentenças condenatórias tenham por objeto pagamentos de quantia. Inegável que o arcabouço legal acerca da execução da sentença foi construído a partir desta hipótese específica.

Na construção clássica, as outras duas modalidades de tutela nem sequer exigem a execução ou cumprimento da sentença. Pela natureza das obrigações reconhecidas em sentenças declaratórias ou executivas, não é necessário iniciar atos de invasão patrimonial do devedor. Pense-se, por exemplo, em sentença que declare a nulidade de determinado negócio jurídico, ou a inexistência de uma relação jurídica mercantil ou tributária. A produção dos efeitos desta sentença declaratória está atrelada ao seu trânsito em julgado e dispensa qualquer ato subsequente.

Também em relação às sentenças constitutivas se pode dizer o mesmo, com poucas adaptações. A decisão que decreta o divórcio, ou a rescisão de um contrato, não exige atos subsequentes para produzir efeitos. Ao menos não os atos típicos de invasão patrimonial, penhora e avaliação de bens e outros que são tipicamente executivos. Os efeitos daquela decisão se produzem integralmente de forma automática, ou pela mera expedição de ofícios a órgãos terceiros (Registro Civil de Pessoas Naturais, Juntas Comerciais etc.).

Entretanto, a partir de certa construção teórica e, fundamentalmente, com base na dicção do art. 515, I, é preciso reconhecer que o legislador brasileiro efetivamente reconhece a possibilidade de o cumprimento de sentença ser feito a partir de um título executivo judicial formado em demandas de natureza não condenatória e, em especial, a partir de sentenças de improcedência.

Um exemplo ilustrará esta questão. Em ação (meramente) declaratória de inexistência de relação jurídica mercantil, o autor pretende o reconhecimento de que não deve certa quantia, por exemplo pela alegação de que não adquiriu determinada mercadoria. Se, ao final, restar demonstrado que aquela compra foi feita e que o valor é devido, a ação será julgada improcedente, ou seja, o direito de declarar inexistente uma relação jurídica será negado pelo Poder Judiciário. Fundamento desta improcedência é o reconhecimento da existência daquela relação jurídica. Se no corpo da sentença for possível estabelecer não apenas que a relação existe, mas que a obrigação contraída é de certo valor, ou seja, a identificação precisa dos elementos da obrigação, tendo-se presentes os requisitos do inciso I aqui comentado[36].

A sentença irá reconhecer a exigibilidade de uma obrigação de pagar, ainda que tenha por resultado a improcedência do pedido daquele autor. Nestes casos, mesmo segundo parcela anterior da doutrina, atentaria contra a economia processual exigir que aquele réu iniciasse nova demanda para obter a condenação do seu devedor, demanda que ademais ficaria desde logo vinculada à eficácia preclusiva da coisa julgada formada na ação declaratória que lhe antecedeu[37].

A casuística forense proporciona várias outras situações, como na ação de revisão contratual, em que se estabeleça o conteúdo da obrigação

---

35 Para Sandro Gilbert Martins, "A exigibilidade pressupõe essa existência e vai além: importa na demonstração de que não há qualquer óbice (temporal, condicional, etc.) para o cumprimento da obrigação existente. Portanto, quando se refere à exigibilidade, o texto do CPC/2015 está indicando que a sentença, para poder ser executada, deve ser completa em relação à individuação da obrigação nela contida". *Código de Processo Civil Anotado AASP*, p. 742.

36 André Vasconcelos Roque, *Processo de conhecimento e cumprimento de sentença: comentários ao CPC de 2015*, p. 690. Em sentido contrário, por entender que "é sempre o provimento de natureza condenatória que é passível de execução; jamais a sentença meramente declaratória", Tucci, ob. cit., p. 262.

37 Sobre as diferentes correntes acerca da possibilidade de execução de sentenças meramente declaratórias, ver Daniel Neves, *Novo CPC Comentado*, Salvador: JusPodivm, p. 870-872.

devida pelo autor da demanda, após a exclusão de itens alegadamente abusivos. Esta sentença, de procedência do pedido de revisão do contrato, poderá ser objeto de cumprimento por iniciativa do réu, para exigir do autor vencedor o cumprimento daquela prestação, agora especificada. Não é necessário que o réu apresente reconvenção, como pressuposto do reconhecimento de direitos seus em face do autor da demanda.

Com razão Sérgio Seiji Shimura, ao afirmar que, "sob tal prisma, nota-se a intenção do legislador de potencializar todo e qualquer comando jurisdicional, conferindo-lhe maior eficácia prática e jurídica, extraindo dos atos processuais o máximo rendimento possível, sempre no prumo da maior efetividade do processo"[38].

Contudo, é preciso ter em mente as advertências que faz a doutrina acerca deste novo modelo de obtenção de decisões passíveis de execução[39]. Primeiro, o autor de uma demanda declaratória pode se valer de apenas um ou alguns dos fundamentos para o acolhimento da sua pretensão, sem esgotá-los. Não se poderá negar a este autor, porventura perdedor na ação, a possibilidade de propor sucessivamente outra demanda, com base em outras causas de pedir, nem tampouco – e aqui reside o aspecto mais relevante – a cogitação de invocar tais aspectos por ocasião da Impugnação ao cumprimento de sentença de que seja porventura requerido.

A interpretação aqui proposta é sistemática. É fato que a impugnação tem matéria delimitada e, regra geral, não abrange aspectos de mérito anteriores à formação do título. Mas nestas situações particulares, o autor, agora tornado requerido no procedimento de cumprimento de sentença, não invocou como fundamento da sua demanda todos os argumentos que poderia ter levantado, e não o fez simplesmente porque não se exige do autor a observância da regra de concentração ou da eventualidade, que são próprias do réu, no sistema brasileiro.

Segundo, se o autor de uma ação declaratória pretende se valer daquele título inclusive para o cumprimento positivo das obrigações ali reconhecidas, ou se o réu de uma demanda

declaratória negativa pretende o reconhecimento do seu direito à pretensão negada pelo autor, estas circunstâncias devem ser adequadamente debatidas entre as partes, como condição para que seus efeitos possam ser integralmente produzidos, inclusive autorizando o seu enquadramento como título executivo judicial e o disparo das medidas de cumprimento.

Essa interpretação, além de compatível com o dever de cooperação (art. 6º) e com a proibição de decisões surpresa (art. 10), representa, *mutatis mutandi*, a aplicação da regra que permite a incidência dos efeitos da coisa julgada à questão prejudicial (art. 503), cuja premissa fundamental é a de se ter respeitado adequadamente o princípio do contraditório.

3. Decisão homologatória de autocomposição judicial e extrajudicial

Sob uma perspectiva puramente literal, há poucas mudanças dos títulos judiciais dos incisos II e III do art. 515 em relação ao art. 475-N, III e V, do CPC/1973. É tradição do nosso sistema atribuir força executiva aos acordos celebrados entre as partes, sejam extrajudiciais ou judiciais. No CPC atual, foi acrescentado o § 2º, que admite a transação sobre relação jurídica que não tenha sido deduzida em juízo e que abranja sujeito estranho à demanda original.

Em relação à transação obtida a partir de uma relação posta em juízo, no sistema anterior já se admitia a inclusão de matéria estranha ao processo, por uma consideração elementar de que a transação, enquanto modalidade de extinção das obrigações regulada pelo direito civil, evidentemente que encontra seus limites na disponibilidade das partes, não no objeto do processo[40].

---

38 Sérgio Seiji Shimura, *Breves comentários ao novo Código de Processo Civil*, 3. ed., p. 1.470.

39 Daniel Neves, *Novo CPC Comentado*, Salvador: JusPodivm, p. 873. Sandro Gilbert Martins, *Código de Processo Civil Anotado AASP*, p. 742-743.

40 Tucci, invocando lição antiga de Pontes de Miranda, afirma que a previsão do § 2º é até mesmo desnecessária, pois tendo natureza de negócio jurídico bilateral, "jamais se pode questionar a ampliação dos limites do objeto do processo", ob. cit, p. 265-266. Além disso, invoca Pontes de Miranda para explicar que a transação tem conteúdo de direito material, sendo processual apenas o seu efeito de pôr fim ao processo. Essa extinção depende de a transação abranger o objeto do processo, total ou parcialmente. Ter objeto mais amplo, ou envolver terceiros estranhos à lide, não é empecilho para a produção de efeitos da transação judicial.

Mas as mudanças em relação ao tema da autocomposição são bem mais relevantes do que podem sugerir os incisos aqui mencionados. Primeiro, porque constitui um dos princípios do novo ordenamento processual o incentivo aos meios consensuais de resolução dos litígios (art. 3º, §§ 2º e 3º). Para tanto, o legislador previu audiências iniciais obrigatórias nos processos sob procedimento comum (art. 334), realizadas preferencialmente por conciliadores ou mediadores profissionais, cuja atividade é extensamente regulada pelo próprio Código (arts. 165 a 175).

Terceiro, porque ao lado da tradicional previsão de que os atos das partes consistentes em declarações unilaterais ou bilaterais de vontade produzem imediatamente a constituição, modificação ou extinção de direitos processuais (art. 200), o CPC introduziu uma cláusula geral de negócios jurídicos processuais, invertendo o paradigma anterior e estabelecendo a possibilidade de acordos bilaterais acerca de inúmeros aspectos do procedimento, de poderes, deveres, ônus e faculdades processuais (arts. 190 e 191).

O atual ordenamento processual propõe, dessa forma, um novo modelo de processo civil, com maior ênfase na liberdade das partes, com a previsão de meios consensuais como verdadeira política pública de solução das controvérsias. E de forma coerente com esse modelo, preserva as formas de autocomposição (judicial e extrajudicial) como modalidades de título executivo judicial, aprimorando-as, para permitir não apenas que o objeto da transação contenha matéria estranha ao objeto do processo, mas que outras pessoas, não incluídas originalmente na demanda, possam participar da transação. E também porque o texto legal se refere às decisões homologatórias, não às sentenças, o que, também aqui, significa dizer que abrange decisões interlocutórias, monocráticas de segundo grau, sentenças e acórdãos.

A homologação de tais acordos é realizada meramente mediante a conferência de aspectos da sua validade e eficácia, sendo limitada, porém, a um juízo de delibação[41]. Segundo Tucci, a decisão é formalmente jurisdicional, mas assemelha-se à sentença subjetivamente complexa, pois sua construção decorre de vários partícipes, resulta da somatória do ato de vontade das partes com a vontade estatal na sua homologação[42].

Tanto é assim que, regra geral, a sentença homologatória da autocomposição judicial ou extrajudicial não é desafiada por recurso de apelação ou por ação rescisória. Determina o art. 966, § 4º, que tais acordos, porque consistem em atos de disposição praticados pelas partes e homologados pelo juiz, são sujeitos à anulação, por ação própria. Não se trata da desconstituição de uma decisão judicial transitada em julgado, mas da anulação de negócio jurídico realizado pelas partes, o que ocorrerá se restarem caracterizados vícios de consentimento ou relacionados aos elementos essenciais do negócio jurídico.

Os acordos extrajudiciais, que já possuem carga elevada de eficácia quando se enquadram em alguma das modalidades legais dos títulos executivos extrajudiciais, podem ser submetidos pelas partes para homologação no Poder Judiciário. Cuida-se de procedimento de jurisdição voluntária (art. 725, VIII), levado pelos contratantes, com o objetivo específico de lhe conferir eficácia de título executivo judicial.

4. Formal e a certidão de partilha

O produto final do processo de inventário se materializa no formal de partilha, cujo conteúdo e elementos é estabelecido no art. 655. Em essência, nele se encontram as informações completas dos herdeiros e dos bens objeto da partilha, sua descrição e a participação de cada herdeiro. É inerente a esta descrição, portanto, o reconhecimento de obrigações líquidas, certas e exigíveis, que obrigam reciprocamente os herdeiros. Prescreve o parágrafo único que, se o quinhão hereditário for inferior a cinco salários mínimos, o formal de partilha é substituído por uma simples certidão da partilha.

A lei, assim, em relação ao inventariante e aos herdeiros e seus sucessores, atribui àqueles documentos a natureza de título executivo judicial. Procede, contudo, a crítica segundo a qual a lei diz menos do que deveria, tendo em vista que outras formas de partilha devem ser igualmente contempladas no dispositivo e que, efetivamente, não há diferença ontológica entre o formal de partilha que decorre de um inventário e a partilha

---

41 Ensina Sandro Gilbert Martins que o magistrado confere se houve reconhecimento, transação ou renúncia, se os contratantes são titulares dos direitos em questão, se são capazes de transigir e se estão adequadamente representados. Ob. cit., p. 743.

42 Tucci, ob. cit., p. 265.

homologada de um acordo de divórcio (art. 731)[43] ou de união estável[44].

5. Crédito de auxiliar da justiça e outras despesas ou custas aprovadas por decisão judicial

Créditos de honorários fixados para peritos, leiloeiros, tradutores e outros auxiliares do juízo, bem como as despesas processuais cobradas no processo (reembolso de viagens), no sistema do CPC foram alçados à condição de título executivo judicial, o que representa um sensível avanço em relação ao Código anterior. Afinal, se tais despesas são aprovadas ou fixadas pelo juiz da causa, não faz sentido exigir que o respectivo credor se valha de demanda própria para receber aquelas quantias.

O possível efeito colateral que surge, entretanto, é o fato de que tais títulos serão exigidos na mesma relação processual onde seus valores foram fixados, ou seja, o perito judicial iniciará o cumprimento de sentença para receber seus honorários nos autos da demanda em que contendem o seu devedor e a outra parte. Naturalmente, essa interferência na demanda tente a tumultuar o procedimento original, mas em termos estatísticos, essa hipótese tente a ocorrer poucas vezes.

6. Sentença penal condenatória transitada em julgado

Ainda que integrantes de subsistemas diversos, o processo civil e o processo penal se comunicam em determinados aspectos, notadamente mediante a aplicação de determinados institutos regulados na lei civil no âmbito do processo penal.

Em relação à sentença penal condenatória, a lei prescreve a sua utilização para fins da reparação civil, atribuindo-lhe o status de título executivo judicial. Como ciências instrumentais ao direito material, esta previsão encontra fundamento na circunstância de que o ilícito penal, por ser mais restrito e de caracterização típica, acaba por abranger o ilícito civil, tornando desnecessária

a investigação do ilícito civil nos casos em que ocorrer a condenação criminal[45].

No plano legal, isso vem positivado no art. 91, I, do Código Penal[46], nos arts. 63 e 387 do Código de Processo Penal[47] e no art. 515, VI, do CPC, aqui comentado.

Na previsão original da legislação penal, a sentença condenatória tinha como efeito tornar certa a obrigação de reparação dos danos na esfera cível. A partir de 2008, a lei penal foi reformada, para se prever desde logo a possibilidade de se fixarem valores mínimos de reparação civil na própria sentença penal condenatória, o que autoriza o início do cumprimento da sentença penal por aquele valor, o qual não exclui, todavia, a quantificação dos danos mediante a liquidação da sentença.

Vale o registro de que a vítima pode propor a ação indenizatória paralelamente à ação penal, na tentativa de configurar a responsabilidade civil independentemente da penal. Como resultado, pode obter a reparação mesmo que, no criminal, o réu seja absolvido. De outro lado, é possível que ocorra absolvição na esfera cível e, posteriormente, condenação na criminal. Neste

---

43 Tucci, ob. cit, p. 267. Sérgio Shimura também menciona outras formas de partilha, como a do direito societário (arts. 981 e 1.103 do Código Civil) e do condomínio (art. 1.321 do Código Civil). Ob. cit., p. 1.471.

44 Teori Albino Zavascki. *Processo de execução – parte geral*, 2004, p. 306.

45 Theotônio Negrão et al., invocando precedente do STJ, ponderam que absolvições criminais por insuficiência de provas não impedem ou excluem o ilícito civil. Nota 8 ao artigo 515. *CPCL-PV*, 50. ed., 2019, p. 553.

46 "Art. 91. São efeitos da condenação: (Redação dada pela Lei 7.209, de 11.7.1984): I – tornar certa a obrigação de indenizar o dano causado pelo crime; (Redação dada pela Lei 7.209, de 11.7.1984)".

47 "Art. 63. Transitada em julgado a sentença condenatória, poderão promover-lhe a execução, no juízo cível, para o efeito da reparação do dano, o ofendido, seu representante legal ou seus herdeiros. Parágrafo único. Transitada em julgado a sentença condenatória, a execução poderá ser efetuada pelo valor fixado nos termos do inciso IV do *caput* do art. 387 deste Código sem prejuízo da liquidação para a apuração do dano efetivamente sofrido. (Incluído pela Lei 11.719, de 2008)".
"Art. 387. O juiz, ao proferir sentença condenatória: (Vide Lei 11.719, de 2008) (...) IV – fixará valor mínimo para reparação dos danos causados pela infração, considerando os prejuízos sofridos pelo ofendido; (Redação dada pela Lei 11.719, de 2008)".

caso, o trânsito em julgado da ação cível prevalecerá, impedindo que o mesmo autor demande novamente ou pretenda a liquidação da sentença penal condenatória[48].

Tais disposições são aplicáveis ao próprio réu da ação penal, evidentemente. As figuras que igualmente respondem por danos causados a terceiros, previstas no art. 932 do Código Civil, não estão vinculados pelos efeitos da sentença penal condenatória, pela simples razão de não terem tomado parte do processo judicial anterior. A responsabilização destes terceiros deve ser iniciada perante a Justiça Civil, assegurado amplo contraditório e oportunidade de defesa.

O inciso, portanto, regula o título executivo judicial que se forma apenas em relação ao réu da ação penal, condenado. E por não ter se dado fase anterior perante o juízo cível, o cumprimento de sentença terá início no juízo que seria competente para aquela demanda, devendo o réu ser citado – e não meramente intimado – para os termos da ação.

7. Sentença arbitral

A sentença judicial típica, retratada no inciso I do art. 515, encontra na sentença arbitral praticamente um equivalente exato. Cuida-se igualmente de solução adjudicada de conflitos, de natureza jurisdicional, proferida por julgador especializado e que tem por objeto matéria de natureza contratual, na qual prevalece a disponibilidade quanto aos direitos das partes e, bem por isso, assume particular relevância o princípio da autonomia da vontade. A arbitragem consiste em método de resolução de conflitos, que tem seu campo de atuação em litígios originados em contratos em geral, que envolvam partes capazes, inclusive integrantes da Administração pública direta ou indireta.

A lei brasileira de arbitragem – Lei 9.307/1996 – representa o marco legal a disciplinar o processo arbitral, tendo como características fundamentais e seus verdadeiros pilares sistemáticos (i) a eficácia positiva e negativa, bem como a autonomia da cláusula compromissória, em relação ao contrato no qual está inserida, (ii) a possibilidade de execução específica da cláusula compromissória, caso ela não contenha em si os elementos indispen-

sáveis para dar início ao processo arbitral, (iii) a regra da competência-competência (*Kompetenz-Kompetenz*), segundo a qual o árbitro é a autoridade competente para decidir acerca da sua própria competência, em regime de prioridade cronológica em relação ao juiz togado, (iv) a equivalência funcional da sentença arbitral com a sentença judicial, bem como a impossibilidade de sua revisão quanto ao mérito, (v) a dispensa de homologação da sentença arbitral nacional, bem como a inexigibilidade de *duplo exequatur* em relação à sentença estrangeira, que se submete ao mecanismo da homologação perante o Superior Tribunal de Justiça, a exemplo das demais sentenças estrangeiras.

A característica mencionada no item (iv) acima se encontra positivada não apenas na Lei 9.307/1996, mas neste inciso VII do art. 515. Uma vez eleita a via arbitral, a jurisdição para conhecer da matéria indicada na convenção de arbitragem é transmitida para os árbitros, retirando-se do Poder Judiciário semelhante atribuição. Como produto final do processo arbitral, deverá ser proferida uma sentença, necessariamente líquida (ainda que se admita uma sentença parcial acerca do *an debeatur*, seguida de outra decisão que quantifique os danos), de forma que, na hipótese de não cumprimento voluntário, seja ela submetida ao regime do cumprimento de sentença.

Como ocorre na sentença penal, por não ter havido prévio processamento da demanda perante o juízo cível, o procedimento do cumprimento deverá ser distribuído ao juízo que seria competente para conhecer aquela causa, com as ressalvas do art. 516, a seguir, com a citação do réu. Ademais, aplicam-se as disposições próprias do cumprimento de sentença, inclusive a multa de 10% e os honorários advocatícios de 10%, que são acrescidos ao débito principal em caso de não pagamento voluntário (art. 523, § 1º).

8. Sentença e decisão interlocutória estrangeiras

Prescreve a Constituição da República a competência do Superior Tribunal de Justiça para a homologação de sentença estrangeira, judicial ou arbitral. Como ato apto a produção de efeitos jurídicos proveniente de autoridade estrangeira, a soberania brasileira impõe que tais decisões (assim como leis estrangeiras) não tenham eficácia no território nacional, mas que possam vir a ter, caso sejam reconhecidas por autoridade jurisdicional do país.

---

48 Teresa Arruda Alvim et al., *Primeiros comentários ao novo Código de Processo Civil*, p. 850.

O legislador constitucional de 1988 inicialmente atribuiu ao Supremo Tribunal Federal tal atribuição, transferindo-a para o Superior Tribunal de Justiça em 2004. Cuida-se de opção político-legislativa, que leva em consideração o maior ou menor controle que cada nação pretende impor às decisões provenientes de sistemas jurídicos estrangeiros. O Brasil optou por atribuir a um órgão de cúpula do Poder Judiciário, mas ao mesmo tempo limita o exame da sentença estrangeira a um juízo de delibação, no qual são verificados aspectos formais do processo que lhe deu origem, bem como da própria decisão.

Não há o reexame das circunstâncias quanto ao mérito da decisão, ressalvada a possibilidade de negar a homologação caso a decisão ofenda os princípios mais fundamentais do sistema jurídico brasileiro, que as leis costumam reunir sob a denominação mais genérica da ordem pública. Cuida-se de conceito de difícil definição, mas que diz respeito aos valores fundamentais da sociedade brasileira, de ordem jurídica, social, econômica e ética, com a especial ressalva de que, no plano da homologação de sentenças estrangeiras, tal controle é feito à luz da ordem pública que o país estabelece em suas relações internacionais[49].

Configura título judicial a sentença homologatória proferida pelo Superior Tribunal de Justiça, que por sua vez incorpora ao ordenamento interno a decisão (interlocutória ou final) estrangeira. A redação do dispositivo aqui comentado é, neste aspecto, imprecisa, pois se refere diretamente à decisão estrangeira, não à decisão homologatória[50].

Devem ser homologadas perante o Poder Judiciário brasileiro as decisões de qualquer natureza, inclusive as que são meramente declaratórias do estado das pessoas. Dispensa-se, contudo, a homologação da sentença estrangeira de divórcio consensual (art. 961 §§ 5º e 6º). Uma vez homologada a decisão estrangeira, a sua execução se faz perante a Justiça Federal, devendo o devedor ser citado para os termos do cumprimento desta

sentença estrangeira, conforme determina o § 1º do dispositivo.

O CPC atual inovou bastante na disciplina, passando a prever no art. 960 e seguintes regramento adicional sobre a homologação das decisões estrangeiras, que até então tinha como disciplina básica a Resolução 09/2005 do Superior Tribunal de Justiça. Além disso, encontram-se previstas também regras sobre a cooperação internacional, emissão e cumprimento de cartas rogatórias etc.

Admite-se a homologação de decisões interlocutórias, de decisões finais, total ou parcialmente, bem assim pedidos de urgência determinados por autoridade estrangeira. O art. 515 passou a contemplar novo tipo de título executivo judicial, consistente na decisão interlocutória estrangeira que, veiculada por carta rogatória, receba o *exequatur* do Superior Tribunal de Justiça. Em qualquer caso, a disciplina legal que rege tais questões é mista, com prevalência dos tratados internacionais sobre a disciplina do Código de Processo Civil (art. 960, § 3º).

Art. 516. O cumprimento da sentença efetuar-se-á perante:

I – os tribunais, nas causas de sua competência originária;

II – o juízo que decidiu a causa no primeiro grau de jurisdição;

III – o juízo cível competente, quando se tratar de sentença penal condenatória, de sentença arbitral, de sentença estrangeira ou de acórdão proferido pelo Tribunal Marítimo[51].

Parágrafo único. Nas hipóteses dos incisos II e III, o exequente poderá optar pelo juízo do atual domicílio do executado, pelo juízo do local onde se encontrem os bens sujeitos à execução ou pelo juízo do local onde deva ser executada a obrigação de fazer ou de não fazer, casos em que a remessa dos autos do processo será solicitada ao juízo de origem.

▶ *Referência: CPC/1973 – Art. 475-P*

---

49 Ver, a respeito, Ricardo de Carvalho Aprigliano, *Ordem pública e processo*, São Paulo: Atlas, 2011, p. 104-106. Vera Cecília Monteiro de Barros, *Exceção de ordem pública na homologação de sentença arbitral estrangeira no Brasil*, Quartier Latin, 2017.

50 Marcelo Abelha Rodrigues, *Manual de execução civil*, Capítulo V, item 9.7.

51 Decisões proferidas por Tribunal Marítimo foram excluídas do rol de títulos executivos judiciais, mas não se alterou este art. 516, de forma que a referência a este tipo de decisão deve ser entendida como não escrita.

1. Competência para o cumprimento de sentença. Juízo que proferiu a decisão

O art. 516 traz um critério fundamental para a determinação da competência na fase de cumprimento de sentença. Este mesmo critério justifica as regras particulares dos dois primeiros incisos. Primeiro, que nas causas de competência originária dos Tribunais, será deles a competência para o cumprimento de suas próprias decisões. A ressalva, nesta hipótese, é a relativa à execução de sentença homologatória de decisão estrangeira, que não é processada perante o Superior Tribunal de Justiça, mas perante o primeiro grau de jurisdição da Justiça Federal.

Nas demais hipóteses, os próprios Tribunais assumirão o cumprimento de suas decisões.

A mesma regra, quando aplicável aos títulos judiciais que se formam a partir de demandas processadas perante o primeiro grau de jurisdição, determina que o juízo que decidiu a causa seja o competente para processar o cumprimento de sentença, como prevê o inciso II do artigo. Esta será a regra geral. A disciplina do processo sincrético eliminou até mesmo a necessidade de citação do devedor para a fase de execução, tornando-a mera fase subsequente do mesmo processo de conhecimento, que se inicia, regra geral, pela intimação do advogado do devedor, pela imprensa oficial (arts. 513 e 523).

Importante ressaltar que do ponto de vista da classificação dos critérios de competência, o inciso I encerra hipótese de competência absoluta, pelo critério funcional que inspira a regra. Já no caso do inciso II, a competência está atrelada a critérios menos rigorosos, configurando hipóteses de competência relativa. Tanto que naquelas situações, admite-se que o credor/exequente possa iniciar o cumprimento de sentença perante outro juízo, diverso daquele que decidiu a causa originalmente, como será visto a seguir.

Registre-se ainda que o juízo competente será aquele que proferir a sentença de mérito, ainda que tenha recebido a causa em fase subsequente, por reconhecimento da incompetência do juízo perante o qual foi originalmente distribuída a causa.

2. Sentença arbitral, penal e homologatória de sentença estrangeira

As hipóteses de títulos executivos judiciais que não são formadas perante juízos cíveis exigem regra própria, por evidente impossibilidade de aplicação literal da regra do inciso II. A demanda arbitral é processada fora do âmbito do Poder Judiciário, seja no modelo da arbitragem *ad hoc* (administrada diretamente pelos árbitros), seja nas arbitragens institucionais (administradas por câmaras de arbitragem escolhidas pelas partes).

Como é sabido, após a prolação da decisão quanto ao mérito, cessa a jurisdição dos árbitros, que não podem praticar os atos coercitivos típicos da fase de cumprimento da sentença. Para essa etapa, exige-se a atuação do juiz togado, dotado de poderes executivos.

Dessa forma, inicia-se o procedimento de cumprimento da sentença arbitral perante juízo cível novo, que não teve contato prévio com a demanda. O autor propõe petição inicial com os requisitos próprios, promove a citação do réu, como em um processo de conhecimento. Isso tudo se faz perante o juízo que seria competente para conhecer originalmente do mérito daquela controvérsia, caso não existisse a convenção de arbitragem. Pode ocorrer ainda, e é bastante comum, que o contrato original preveja cláusula de eleição de foro, que terá aplicação para eventuais medidas de urgências antecedentes à arbitragem e, em especial, para a execução da sentença arbitral.

Mesma situação ocorre na sentença penal condenatória, na decisão que homologa sentença estrangeira ou que concede *exequatur* à decisão interlocutória estrangeira.

3. Alternativas ao exequente. Efetividade do cumprimento da sentença

Como dito no preâmbulo aos comentários desta seção, parte relevante das novidades introduzidas pelo legislador antecedem o próprio CPC, o que explica, em parte, a crítica feita de que o novo Código pouco inovou quanto à execução, de títulos judiciais e extrajudiciais. A possibilidade de se realizar o cumprimento de sentença perante juízo diverso daquele em que se formou o título foi incorporada ao ordenamento brasileiro pela Lei 11.232/2005.

Apesar de, na praxe forense, permanecer como regra geral a situação em que o cumprimento de sentença é processado perante o mesmo juízo que decidiu a causa, fato é que o credor possui a alternativa de requerer a remessa do processo, nesta fase, (i) ao juízo do atual domicílio do executado, o que faz sentido se ocorreu mudança do domicílio após a citação do processo original, (ii) ao juízo do local onde se encontrem os bens sujeitos à execução, o que é particularmente útil para agilizar atos de penhora, avaliação e alienação dos bens ou, por fim, (iii) ao juízo do local onde deva ser executada a obrigação de fazer ou de não fazer, o que se explica também pela maior facilidade na execução específica de tais obrigações, seja pelo próprio obrigado, seja por terceiros, que podem assumir a obrigação, às expensas do devedor (art. 299 do Código Civil).

Em relação à sentença que condena ao pagamento de alimentos, o art. 528, § 9º, traz regra complementar, autorizando também que ela possa ser processada perante o juízo de domicílio do exequente[52].

> **Art. 517.** A decisão judicial transitada em julgado poderá ser levada a protesto, nos termos da lei, depois de transcorrido o prazo para pagamento voluntário previsto no art. 523.
>
> **§ 1º** Para efetivar o protesto, incumbe ao exequente apresentar certidão de teor da decisão.
>
> **§ 2º** A certidão de teor da decisão deverá ser fornecida no prazo de 3 (três) dias e indicará o nome e a qualificação do exequente e do executado, o número do processo, o valor da dívida e a data de decurso do prazo para pagamento voluntário.
>
> **§ 3º** O executado que tiver proposto ação rescisória para impugnar a decisão exequenda pode requerer, a suas expensas e sob sua responsabilidade, a anotação da propositura da ação à margem do título protestado.
>
> **§ 4º** A requerimento do executado, o protesto será cancelado por determinação do juiz, mediante ofício a ser expedido ao cartório, no prazo de 3 (três) dias, contado da data de protocolo do requerimento, desde que comprovada a satisfação integral da obrigação.

▶ *Sem correspondência no CPC/1973*

1. Protesto da sentença como mecanismo de execução indireta

O art. 517 tem sido celebrado como uma das boas novidades do CPC, ao autorizar o pro-

testo da sentença judicial transitada em julgado. De fato, a experiência mostra que atos de pressão sobre o devedor, como aqueles que impõem restrições creditícias e impactam na possibilidade de realização de outros negócios, são importantes e se revelam bastante úteis.

Referindo-se a precedente do Superior Tribunal de Justiça, José Rogério Cruz e Tucci pondera, com acerto, que a legislação acerca do protesto de títulos já permitia que se levasse a efeito protesto de sentenças judiciais, pois elas preenchem as características da lei para a configuração do título passível de protesto[53].

Seja como for, não era praxe que se tentasse o protesto de sentenças, daí por que deve ser aplaudida a iniciativa do legislador. Decisões judiciais em geral, incluídas as interlocutórias, as sentenças e os acórdãos, podem dar ensejo a protesto. O requisito geral é o trânsito em julgado. Imagine-se, por exemplo, a decisão de julgamento parcial do mérito, prevista no art. 356, § 3º. Também ela é apta a ser levada a protesto.

Com base nas considerações feitas ao art. 515, I, forçoso também reconhecer a possibilidade de protesto da sentença de improcedência. Em reforço dos argumentos ali expostos, observe-se que o art. 517 não se refere à sentença condenatória ou à sentença de procedência, mas tão somente à sentença judicial transitada em julgado. A esse respeito, registre-se também que as outras modalidades de sentenças, em especial a sentença arbitral, igualmente poderão ser levadas a protesto. A expressão deve ser lida em acepção mais ampla, pois não faz qualquer sentido admitir o protesto da sentença judicial e excluir a arbitral, tendo em vista a sua equivalência funcional[54].

De forma coerente, o art. 528, § 1º, igualmente prevê o protesto da sentença que condena à prestação de alimentos, mas vai além, pois admite o protesto também da decisão interlocutória que fixa os alimentos, isto é, sem exigir, neste particular, que a decisão esteja acobertada pela coisa julgada.

---

52 A jurisprudência do Superior Tribunal de Justiça já vinha admitindo esta ampliação das hipóteses de competência na vigência do CPC/1973. Agora, admite-se que a execução se processe no local de domicílio do alimentante (Informativo 531), inclusive e especialmente se ele, autor da demanda de alimentos, mudar de endereço após a obtenção do título. Daniel Neves, ob. cit, p. 864.

53 Tucci, ob. cit., p. 273.

54 Nesse sentido, também Araken de Assis, ressalvando, porém, ser mais difícil o protesto do formal de partilha e do crédito do auxiliar do juízo. *Manual da execução*, 19. ed., p. 273.

2. Providências práticas para realização do protesto

Para dar concretude ao protesto da sentença, o credor deve tomar um certo conjunto de medidas. Primeiro, requerer e obter junto à serventia, no prazo de três dias, uma certidão de inteiro teor da decisão (art. 152, V).

De posse da certidão do inteiro teor, da cópia da decisão transitada em julgado e da indicação do valor objeto do protesto, o credor requererá ao Cartório de Protesto a intimação do devedor para pagamento. Decorrido o prazo sem o pagamento voluntário, o protesto será então lavrado.

Como nas demais situações de títulos protestados, o devedor pode realizar o pagamento diretamente no Cartório de Protestos, que deixará de lavrar o protesto e transmitirá o numerário para o respectivo credor. Caso o devedor realize o pagamento (que deve ser integral) perante o juízo onde tramita o cumprimento de sentença, este deverá comunicar ao Cartório de Protesto para a respectiva baixa do título, que deverá ser realizada em três dias, contados da data em que o ofício judicial foi protocolado (art. 517, § 4º).

3. Outras medidas de execução indireta

Além da importante figura do protesto da sentença, o credor também dispõe de outros mecanismos legais para compelir o devedor ao pagamento da obrigação. Tão logo prolatada a sentença condenatória, ainda que na pendência do recurso, pode ser realizada a hipoteca judiciária (art. 495).

Por força da remissão que o art. 513 faz às disposições do processo de execução de título extrajudicial, e pela expressa previsão do art. 782, § 5º, o credor pode requerer ao juiz do cumprimento de sentença a inclusão do nome do devedor em cadastros de inadimplentes. Ademais, é possível também averbação da existência de ação judicial ou processo arbitral no cartório de registro de imóveis em que o réu possua bens (art. 301).

> **Art. 518.** Todas as questões relativas à validade do procedimento de cumprimento da sentença e dos atos executivos subsequentes poderão ser arguidas pelo executado nos próprios autos e nestes serão decididas pelo juiz.

▶ *Sem correspondência no CPC/1973*

1. Meios e momentos de defesa do executado

O procedimento de cumprimento da sentença é concebido no sistema do CPC na seguinte sequencia procedimental. O credor requer o início do cumprimento, mediante a intimação do devedor a pagar ou satisfazer a obrigação, no prazo de 15 dias, contado da intimação de seu advogado pela imprensa. Após o prazo para pagamento, nos 15 dias subsequentes o devedor pode apresentar Impugnação, sem necessidade de prévia garantia do juízo. A impugnação tem rol específico de matérias que podem ser arguidas e sua apresentação não suspende o andamento do processo, nem inibe a prática dos atos executivos por parte do credor.

Contudo, considerando a natureza de certas questões que podem ser suscitadas pelo devedor, não é adequado considerar que apenas naquele período de quinze dias possa haver para o devedor a possibilidade de defesa, de se insurgir contra o cumprimento da sentença que lhe é dirigido.

Atento a esta circunstância – que decorre da natureza das matérias que podem interferir na execução da sentença – o art. 518 prevê a possibilidade de que questões quanto à validade do procedimento e dos atos executivos sejam submetidos no próprio incidente de cumprimento da sentença, isto é, sem se limitar (na modalidade e no tempo) à Impugnação. E o art. 525, § 11, complementa, autorizando que tais matérias sejam apresentadas mesmo após o prazo para impugnação.

A lei não diz de forma expressa que tais questões podem ser invocadas antes da Impugnação, mas é este o verdadeiro espírito da norma. Observe-se que o legislador está a tratar de questões de validade do procedimento, que assumem maior importância. É do próprio juízo a atribuição de controlar os requisitos de validade e a aptidão do processo para o atingimento dos seus objetivos. Assim, se o próprio juiz do cumprimento da sentença pode e deve realizar tal controle *ex officio*, é natural que se permita ao devedor levantar aquelas mesmas questões, sem a limitação temporal própria da Impugnação.

2. Defesas anteriores à Impugnação. Sobrevivência da "Exceção de pré-executividade"?

No sistema jurídico anterior, porque a defesa do devedor se fazia por ação própria (os embargos à execução), que por sua vez exigia a garantia do juízo, desenvolveu-se a ideia de que, para certas questões atreladas à existência e validade do título, seria excepcionalmente admitida atividade cognitiva do magistrado dentro do processo de execução. A esta manifestação, atribuiu-se a denominação imprópria de exceção de pré-executividade.

As questões de ordem pública compunham uma autorização excepcional para que certos aspectos da defesa do devedor fossem desde logo submetidos, antes e independentemente dos embargos, sem necessidade de oferecer bens à penhora, sem recolher custas etc.[53].

O sistema do atual CPC, como visto acima, trabalha sobre bases muito diferentes. A defesa do devedor é apresentada na fase de cumprimento da sentença, pela via da Impugnação, em prazo determinado. Não se trata de petição inicial, não há recolhimento de custas nem exigência de prévia oferta de bens em penhora. Assim, por qual razão deveria o sistema admitir defesas do réu antes da oportunidade legalmente assinalada, que é a própria Impugnação?

Há uma razão sistemática, ao menos, que autoriza o devedor a se antecipar e submeter ao juízo, desde logo, eventuais questões que afetem a validade do procedimento ou dos atos executivos: decorrido o prazo inicial que lhe é assinalado para o adimplemento voluntário da obrigação, incide sobre aquele valor a multa de 10% e honorários advocatícios também de 10% (art. 523), de forma que, para evitar a incidência de tais verbas, pode convir ao devedor submeter questões antes mesmo do decurso daquele prazo.

Imagine-se, por exemplo, que o título tenha sido formado em face de um réu, mas o cumprimento seja dirigido contra outro, que tem, portanto, a alegação de ilegitimidade. Ou que tenha havido pagamento. Ao devedor interessa a extinção do incidente, sem ter que aguardar a tramitação da Impugnação, especialmente porque, na falta de efeito suspensivo, ele pode se sujeitar a atos de invasão patrimonial, os quais levarão em conta os vinte por cento que se acrescem ao

débito original, pela incidência da multa e dos honorários, já mencionados.

Seja como for, fato é que as possibilidades de defesa do executado são bastante amplas no CPC, sendo que este artigo, complementando a previsão do art. 525 e em especial de seu § 11, não deixa dúvidas acerca da autorização para que o réu submeta matérias de defesa nos próprios autos do cumprimento de sentença, antes e depois do prazo para apresentação da Impugnação.

A inclusão deste art. 518 tem a vantagem sistemática de se admitir outros meios, momentos e modos para a apresentação de argumentos de defesa por parte do devedor, notadamente se relacionados a temas sensíveis, como a validade do procedimento e dos atos executivos. Mas creio que não haja muitas outras vantagens e, em boa medida, o dispositivo é redundante, tendo em vista a previsão do art. 525, § 11. Isso porque a hipótese mais corriqueira é e continuará sendo a de que surjam argumentos em época posterior à apresentação da impugnação, posto que relacionados à penhora, avaliação ou mesmo aos atos de expropriação.

Todas essas situações são contempladas no referido art. 525, § 11, tornando o âmbito de incidência do art. 518 relativamente pequeno. Afinal, se o cumprimento de sentença só se inicia por requerimento do credor, que apresenta o cálculo do valor devido e requer a intimação do devedor para pagamento, somente a partir daí poderão surgir questões que ao devedor convirá invocar. Mas logo após o prazo para pagamento voluntário, abre-se a ele a possibilidade de apresentar Impugnação, sem necessidade de oferecer bens à penhora. Logo, será apenas neste curto período de tempo que poderá ser necessário submeter ao juízo do cumprimento de sentença alguma questão, que por sua gravidade não possa aguardar a apresentação da própria Impugnação, situação que se afigura improvável, para dizer o mínimo.

Registre-se ainda que, no limite, o devedor poderia excepcionalmente apresentar a Impugnação ainda na fluência do prazo para pagamento, bastando para tanto afirmar, na petição, que não fará o pagamento por não se entender devedor, remetendo o julgador às razões apresentadas na própria Impugnação. Não há razão sistemática para considerar que a impugnação não possa ser apresentada antes,

---

53 Súmula 393 do STJ: "A exceção de pré-executividade é admissível na execução fiscal relativamente às matérias conhecíveis de ofício que não demandem dilação probatória".

Art. 519

nem se pode cogitar de sua intempestividade por prematuridade, pois essa esdrúxula figura foi expressamente combatida pelo CPC, em seu art. 218, § 4º.

> **Art. 519.** Aplicam-se as disposições relativas ao cumprimento da sentença, provisório ou definitivo, e à liquidação, no que couber, às decisões que concederem tutela provisória.

▶ *Referência: CPC/1973 – Art. 273, § 3º*

1. Cumprimento de sentença e tutelas provisórias

O art. 519 complementa a disposição do art. 297, parágrafo único, que já estabelece a aplicação das regras sobre o cumprimento provisório da sentença para a efetivação da tutela provisória. Mas contém disposição mais completa, porque prevê não apenas a aplicação de regras sobre o cumprimento provisório, mas também o definitivo, além da liquidação da sentença (arts. 509 a 512).

Estas remissões recíprocas que o Código estabelece são muito importantes para a sua adequada interpretação, pois mostram que o legislador concebeu um sistema integrado, em que regras de diferentes institutos e situadas em partes diferentes do CPC são igualmente aplicadas.

A primeira constatação importante dessa dupla remissão é o fato de que a efetivação da tutela provisória, pela sua própria natureza, segue os mesmos parâmetros que o cumprimento provisório da sentença, quais sejam, (i) depende de iniciativa do credor (ii) os atos praticados são precários, pois caso seja reformada ou revogada a medida antecipatória, disso decorre a restituição das partes ao estado anterior.

Em reforço dessa previsão, relembre-se o art. 302, que contempla o dever da parte responder pelo prejuízo que a efetivação da tutela de urgência causar à parte adversa, o que deve ser, preferencialmente, liquidado nos próprios autos (art. 302, parágrafo único).

2. Formas de efetivação da tutela provisória

Desta disposição, decorre, por exemplo, a possibilidade de ser determinada a apreensão de coisas, o arresto, sequestro, a entrega de documentos (art. 773), ou a figura mais comum e

geral da imposição de multas coercitivas para estimular o devedor a cumprir a decisão que lhe impôs a tutela provisória (art. 814).

Mas admite-se igualmente que atos de constrição e avaliação de bens, penhora de dinheiro, de faturamento, ou mesmo de cotas sociais, enfim, todas as medidas típicas e atípicas para a efetivação da tutela jurisdicional são aplicáveis, no que couber, à efetivação da tutela provisória.

A expressão "no que couber" contida no *caput* impõe, entre outras adaptações, que os atos materiais de satisfação da tutela provisória só possam ser autorizados mediante a prestação de caução, exatamente em virtude da aplicação das normas sobre o cumprimento provisório da sentença. Qualquer cogitação de levantamento de valores ou expropriação de bens e entrega ao credor só poderá ser feita se for exigida a caução a que se refere o art. 520, IV, com as ressalvas do art. 521.

Ressalte-se, com Daniel Mitidiero, que o CPC atual propõe quanto a este particular um modelo muito diferente do CPC/1973, substituindo a tipicidade da tutela executiva pela atipicidade. Admite-se o emprego do meio executivo mais adequado para a tutela do direito, em toda e qualquer situação substancial. Além das disposições aqui mencionadas e desta recíproca remissão, o art. 139, IV, do Código é um dispositivo central para compreender esta atipicidade[54].

3. Levantamento da multa periódica antes do trânsito em julgado e caução

Desta múltipla previsão, surge a necessidade de compatibilizar as normas legais em uma situação específica. O regime da tutela provisória admite a fixação de multas periódicas (*astreintes*). No novo sistema, tais valores podem ser exigidos desde logo do devedor, mas o seu levantamento fica condicionado ao trânsito em julgado da decisão (art. 537, § 3º). A simples leitura do dispositivo gera a conclusão de que não caberá levantamento provisório, eis que se exige o trânsito em julgado.

Mas a interpretação sistemática conduz à conclusão oposta. Admite-se o levantamento do valor pago a título de multa periódica, em

---

54 Daniel Mitidiero, *Breves*, p. 864-865.

caráter provisório, nas mesmas situações regidas pelo art. 520, isto é, desde que prestada caução suficiente e idônea.

CAPÍTULO II
DO CUMPRIMENTO PROVISÓRIO DA SENTEN-ÇA QUE RECONHECE A EXIGIBILIDADE DE OBRIGAÇÃO DE PAGAR QUANTIA CERTA

Art. 520. O cumprimento provisório da sentença impugnada por recurso desprovido de efeito suspensivo será realizado da mesma forma que o cumprimento definitivo, sujeitando-se ao seguinte regime:

I – corre por iniciativa e responsabilidade do exequente, que se obriga, se a sentença for reformada, a reparar os danos que o executado haja sofrido;

II – fica sem efeito, sobrevindo decisão que modifique ou anule a sentença objeto da execução, restituindo-se as partes ao estado anterior e liquidando-se eventuais prejuízos nos mesmos autos;

III – se a sentença objeto de cumprimento provisório for modificada ou anulada apenas em parte, somente nesta ficará sem efeito a execução;

IV – o levantamento de depósito em dinheiro e a prática de atos que importem transferência de posse ou alienação de propriedade ou de outro direito real, ou dos quais possa resultar grave dano ao executado, dependem de caução suficiente e idônea, arbitrada de plano pelo juiz e prestada nos próprios autos.

▶ *Referência: CPC/1973 – Art. 475-O, caput e § 1º*

§ 1º No cumprimento provisório da sentença, o executado poderá apresentar impugnação, se quiser, nos termos do art. 525.

§ 2º A multa e os honorários a que se refere o § 1º do art. 523 são devidos no cumprimento provisório de sentença condenatória ao pagamento de quantia certa.

§ 3º Se o executado comparecer tempestivamente e depositar o valor, com a finalidade de isentar-se da multa, o ato não será havido como incompatível com o recurso por ele interposto.

§ 4º A restituição ao estado anterior a que se refere o inciso II não implica o desfazimento

da transferência de posse ou da alienação de propriedade ou de outro direito real eventualmente já realizada, ressalvado, sempre, o direito à reparação dos prejuízos causados ao executado.

§ 5º Ao cumprimento provisório de sentença que reconheça obrigação de fazer, de não fazer ou de dar coisa aplica-se, no que couber, o disposto neste Capítulo.

▶ *Sem correspondência no CPC/1973*

1. Generalidades

O cumprimento provisório tem lugar quando a sentença, que constitui o título executivo judicial, está sendo impugnada por recursos não dotados de efeito suspensivo, como a apelação (art. 1.012, § 4º), agravo de instrumento (art. 1.019, I) e recursos especiais e extraordinários (art. 1.029, § 5º).

Se a decisão tem aptidão de produzir efeitos desde logo, mesmo na pendência de algum recurso, pode ser cogitado o seu cumprimento provisório. Mas mesmo no universo de decisões que são desafiadas por recursos sem efeito suspensivo, em certos casos não se pode cogitar da produção imediata de determinados efeitos da decisão.

Porque é inerente ao cumprimento provisório da sentença a possibilidade de sua revogação, de sua modificação e, em consequência, do seu retorno ao estado anterior. Essa circunstância será própria de decisões de natureza condenatória, mas não se amolda na mesma medida às sentenças constitutivas e declaratórias. Exemplo típico são as sentenças que declarem a nulidade do casamento, ou reconheçam sua anulabilidade. De acordo com o art. 100, § 2º, da Lei dos Registros Públicos (Lei 6.015/1973)[55], não há como os efeitos constitutivos negativos do casamento serem

---

55 "Art. 100. No livro de casamento, será feita averbação da sentença de nulidade e anulação de casamento, bem como do desquite, declarando-se a data em que o Juiz a proferiu, a sua conclusão, os nomes das partes e o trânsito em julgado. (...) § 2º As sentenças de nulidade ou anulação de casamento não serão averbadas enquanto sujeitas a recurso, qualquer que seja o seu efeito".

produzidos em caráter provisório. O mesmo quanto à inexistência de uma relação jurídica, que só se declara em termos definitivos com o trânsito em julgado da decisão.

Assim, nas sentenças de natureza constitutiva e declaratória, poderão ser provisoriamente antecipados (e executados) certos efeitos secundários da decisão, mas não seus efeitos principais. Ainda no exemplo do casamento, pode-se cogitar de que certos aspectos patrimoniais do casamento sejam antecipados, ainda na pendência do recurso, ou que uma parte tenha seu nome retirado de cadastros de inadimplentes, na pendência do recurso contra a sentença que declarou inexistente sua relação mercantil com o alegado credor.

A disciplina do cumprimento provisório terá aplicação, portanto, nas sentenças condenatórias de (i) pagar quantia, (ii) fazer, (iii) não fazer e (iv) dar coisa, ou em todas as demais que irradiem efeitos secundários de tais naturezas. Quanto a estas últimas, o CPC inova e prevê tal possibilidade expressamente no § 5º.

2. Provisoriedade do título judicial, não propriamente do cumprimento

É noção corrente na doutrina que a expressão historicamente adotada pelo legislador (execução provisória ou cumprimento provisória) é imprópria, pois a provisoriedade diz respeito ao título que está sendo cumprido, não ao procedimento em si[56].

Esta crítica ficou ainda mais acentuada no CPC, no qual ocorreu uma equiparação sensível dos atos praticados no cumprimento definitivo e provisório, com as diferenças centrais retratadas neste artigo.

Outro aspecto que merece registro é o fato de o CPC atual ter retomado a estrutura teórica original do CPC/1973 para, neste particular, distinguir os regimes da execução/cumprimento de título judicial e da execução de título judicial. Apenas na hipótese de uma

sentença judicial, desafiada por recurso sem efeito suspensivo, é que se fala em cumprimento provisório. A execução de título extrajudicial sempre se faz de forma definitiva, ainda que os respectivos embargos à execução sejam julgados improcedentes e ensejam recurso de apelação não dotado de efeito suspensivo. Permanece válida, portanto, a Súmula 317 do Superior Tribunal de Justiça[57].

3. Características principais do cumprimento provisório

O art. 520 dispõe expressamente que o cumprimento provisório se dá da mesma forma que o cumprimento definitivo, com as modificações de regime previstas no próprio artigo. Realizam-se atos de investigação patrimonial, intimação do devedor a informar quais são e onde se encontram os bens sujeitos à execução (art. 524, VII), a sua penhora (art. 831 e ss.) avaliação (art. 870 e ss.) e até mesmo os atos de alienação, como a adjudicação (art. 876 e ss.) e a alienação por iniciativa particular (art. 879 e ss.).

As diferenças fundamentais são as seguintes:

Primeiro, exige iniciativa do credor/exequente, logo, cuida-se de figura opcional. Pode muito bem se dar que o credor prefira aguardar o julgamento do recurso e o trânsito em julgado da decisão, para só então iniciar os atos materiais de satisfação da obrigação reconhecida no título judicial. Esta circunstância é particularmente comum no processo do trabalho, no qual o recurso ordinário (equivalente à apelação do processo civil) não é dotado de efeito suspensivo.

Nem poderia ser diferente, porque sendo provisório o título, o legislador trabalha com a ideia conjugada de que o credor pode optar por iniciar os atos materiais de cumprimento da decisão desde logo, mas deve se responsabilizar pelos prejuízos que causar, na hipótese de posterior revogação da decisão. Esta é a segunda caraterística do regime do cumprimento provisório: a responsabilidade do credor pelo restabelecimento da situação anterior à execução.

---

56 Cassio Scarpinella Bueno lembra a crítica de Federico Carpi, para ensinar que a provisoriedade não é atributo do cumprimento da sentença, mas sim do título judicial, que está impugnado por recurso não dotado de efeito suspensivo. *Breves*, p. 1.485.

---

57 Súmula 317 do STJ: "É definitiva a execução de título extrajudicial, ainda que pendente apelação contra sentença que julgue improcedentes os embargos".

O art. 520, I, diz apenas que o credor se obriga a reparar que o executado haja sofrido. Mas justamente porque se mira danos sofridos pelo executado, não é relevante aferir quais danos e em que medida o credor quis causar ao devedor. Em outras palavras, não é necessário aferir se houve culpa do credor, ou se parcela dos prejuízos causados não foi de responsabilidade dele. Por isso diz-se que a responsabilidade é objetiva, estabelecida independentemente de culpa[58].

A liquidação dos danos deverá ocorrer nos mesmos autos, perante o mesmo juiz do cumprimento provisório.

4. A restituição das Partes ao estado anterior

A restituição do devedor ao estado anterior se dá na exata proporção da alteração do estado de fato operada no contexto do cumprimento provisório, quando confrontada com a decisão que revoga ou modifica o título judicial. Se ocorrer a anulação ou a reforma integral da decisão, a reparação deverá ser igualmente integral. Se o impacto for parcial, por exemplo com a redução do valor devido, ou a eliminação de alguma rubrica no total da dívida, nesta medida deverão as partes ser restituídas ao estado anterior.

Para conferir a adequada abrangência a esta restituição, a lei também menciona a anulação e a modificação da decisão (inciso II). Mas o tema mais polêmico quanto a este dispositivo diz respeito à extensão da expressão "restituindo-se as partes ao estado anterior", deste inciso.

Isso porque o § 4º do artigo é expresso ao afirmar que a restituição ao estado anterior "não implica o desfazimento da transferência de posse ou da alienação de propriedade ou de outro direito real eventualmente já realizada", assegurando-se, em qualquer caso, a reparação dos prejuízos causados ao devedor/executado.

A disposição, inexistente no CPC/1973, foi saudada como uma forma de conferir proteção a terceiros, que porventura venham a adquirir bens sujeitos a este cumprimento provisório. E ao proporcionar essa segurança jurídica, reforça-se a efetividade da norma, pois de nada valeria conceber atos definitivos de cumprimento da decisão se, por força da complexidade das suas normas, não houvesse interessados na aquisição dos bens.

Contudo, o atual sistema de execução do CPC trabalha com outras técnicas para amplificar a efetivação das medidas executivas, como a alienação por iniciativa particular e, em especial, a possibilidade de adjudicação do bem pelo credor. Nesse caso, surgem divergências sobre a aplicação do referido § 4º: deve o credor, que adjudicou o bem, restituir o próprio bem ao executado, ou também nesta hipótese devem ser apuradas as perdas e danos decorrentes da expropriação do bem?

Para Araken de Assis, o dispositivo não se aplica ao próprio exequente, caso ele tenha adjudicado bens do devedor pois se "não é razoável afetar o adquirente com as inconstâncias e instabilidades da atividade executiva", no caso em que ocorre a adjudicação pelo exequente, "a restauração se ostenta possível. A imunidade do acordo de transmissão beneficia apenas os terceiros"[59][60][61].

Em sentido oposto, Cassio Scarpinella Bueno e José Rogério Cruz e Tucci consideram que o ato de adjudicação do bem não se desfaz caso a decisão seja revogada ou reformada. O anterior proprietário do bem será indenizado pelo equivalente, mas não receberá o bem de volta, exatamente como ocorreria se um terceiro houvesse adquirido o bem[62].

O objetivo da norma parece ser o de proporcionar equilíbrio entre valores contrastantes da efetividade e da menor onerosidade para o devedor (art. 805). Os motivos que explicam por que o devedor pode ser desapossado de seus bens em favor do terceiro adquirente, convertendo-se em perdas e danos o seu eventual prejuízo, não

---

58 Nesse sentido, no tocante ao rito dos recursos repetitivos: Superior Tribunal de Justiça, Recurso Especial 1.384.418/SC, Rel. Min. Herman Benjamin, j. 12.06.2013; e Superior Tribunal de Justiça, Recurso Especial 1.401.560/MT, Rel. Min. Ari Pargendler, j. 12.02.2014.

59 Araken de Assis, *Manual da execução*, 19. ed., p. 501.

60 No mesmo sentido, Andre Vasconcelos Roque, *Processo de conhecimento e cumprimento de sentença*, ob. cit., p. 715.

61 Também, Paulo Eduardo D'Arce Pinheiro, *CPC AASP*, p. 754.

62 Cassio, ob. cit., p. 1.492; Tucci, ob. cit., p. 282.

se projetam na mesma medida para o próprio credor. O desfazimento da adjudicação é possível nos próprios autos e mediante providências relativamente simples. Essa possibilidade preserva e dá concretude à regra da menor onerosidade, que tutela os interesses do devedor, devendo ser prestigiada nesta hipótese concreta. Assim, caberá ao devedor optar pelo desfazimento da adjudicação do seu bem ou a conversão em perdas e danos.

5. Caução idônea e suficiente

Com acerto, a lei exige que o credor ofereça caução idônea e suficiente, que será arbitrada de plano pelo juiz e ofertada nos próprios autos. A caução pode ser prestada pelo próprio credor ou por terceiros, e consistirá em bens imóveis ou móveis, ou ainda em garantias como uma fiança bancária ou seguro-garantia. Nada impede, e será certamente preferível para o devedor, que o credor realize depósito judicial de numerário, que servirá como garantia.

A caução será oferecida diretamente pelo credor, ou após ser exigida pelo juiz. Em qualquer caso, o devedor deverá se manifestar previamente, decidindo o juiz em seguida. Efetivada a outorga da garantia, passará a ser possível realizar o ato de levantamento ou alienação. Relembre-se que não se exige caução para iniciar o cumprimento provisório, mas apenas nesta fase final, como condição para o levantamento de quantia ou realização da expropriação do bem penhorado.

Acerca da caução, há uma antinomia do CPC que exige tratamento pela via da interpretação sistemática. Com efeito, ao se cogitar do cumprimento provisório de uma sentença judicial de mérito, impugnada por apelação não dotada de efeito suspensivo, a lei processual exige a oferta de caução para a prática de atos materiais de satisfação. De outro lado, quando se examina o art. 356, *caput* e seu § 2º, sobre o julgamento antecipado parcial de mérito, verifica-se que ele se dá por decisão que é desafiada por agravo de instrumento (igualmente não dotado de efeito suspensivo) e que a sua liquidação e execução podem ser dar desde logo, "independentemente de caução, ainda que haja recurso contra ela interposto".

A forma adequada de interpretar aquela disposição é a de que o início da liquidação ou cumprimento provisório dispensam a caução, mas que, a exemplo das demais hipóteses reguladas neste art. 520, será sim exigida caução para atos de levantamento e alienação de domínio[63].

6. Impugnação ao cumprimento provisório

Com razão, diz a lei que o devedor poderá ofertar Impugnação, "se quiser". Trata-se da medida típica pela qual o devedor se opõe ao cumprimento, e dada a equivalência entre os atos praticados no cumprimento provisório e no definitivo, é prudente que lhe seja facultado, desde logo, apresentar as objeções cabíveis. É claro que os temas relacionados ao mérito da controvérsia não poderão ser deduzidos, porque já terão integrado o objeto do processo na fase anterior, de conhecimento, e se não o foram, estarão cobertos pela preclusão.

O devedor não se limita à Impugnação, pois como visto, pode apresentar outras defesas em petição dirigida diretamente ao juiz, antes ou depois do prazo para a Impugnação (arts. 518 e 525, § 6º). Mais até do que impugnar, "se quiser", é correto entender que o devedor perderá a oportunidade de apresentar Impugnação, caso não o faça neste momento.

O fato de o cumprimento provisório se convolar em definitivo posteriormente não fará ressurgir para o devedor a oportunidade de apresentar nova Impugnação, notadamente sobre matérias que poderiam ter sido ventiladas na fase de cumprimento provisório.

7. Honorários advocatícios e multa

O CPC tomou partido em discussão travada sob a vigência do sistema anterior e estabeleceu claramente que incide tanto a multa de 10% quanto os honorários advocatícios de 10% no cumprimento provisório (arts. 523, § 1º, e 85, § 1º).

Após a iniciativa do credor e apresentação dos parâmetros do valor devido, o devedor será

---

63   Neste sentido, o Enunciado 49 da Escola Nacional de Formação e Aperfeiçoamento de Magistrados (ENFAM). Cassio Scarpinella Bueno discorda, entendendo que também a satisfação do direito independente de caução, "como forma de incentivar o cumprimento provisório em tais hipóteses", ob. cit., p. 1.489. *Data venia*, a solução proposta cria uma distinção de tratamento entre a sentença definitiva de mérito e a sentença parcial que não se justificam.

intimado para pagamento voluntário, em quinze dias, findo os quais incide automaticamente as duas rubricas acima. Elas podem ser evitadas se o devedor realizar o depósito voluntário, o qual não será tido como incompatível com o interesse em apresentar Impugnação e se opor ao cumprimento da sentença (§ 3º).

É evidente que tal pagamento deve ser feito em juízo, nunca diretamente para a parte, e que é recomendável que o devedor esclareça a natureza do ato praticado na primeira oportunidade que tiver. Se não se trata de pagamento, mas mero ato de depósito para evitar os efeitos da mora, o devedor prestará esse esclarecimento na primeira oportunidade que tiver, seja ao juntar o comprovante do depósito, seja ao informar especificamente esse seu intento.

> **Art. 521.** A caução prevista no inciso IV do art. 520 poderá ser dispensada nos casos em que:
>
> **I** – o crédito for de natureza alimentar, independentemente de sua origem;
>
> **II** – o credor demonstrar situação de necessidade;
>
> **III** – pender o agravo do art. 1.042; (Redação dada pela Lei 13.256, de 2016)
>
> **IV** – a sentença a ser provisoriamente cumprida estiver em consonância com súmula da jurisprudência do Supremo Tribunal Federal ou do Superior Tribunal de Justiça ou em conformidade com acórdão proferido no julgamento de casos repetitivos.
>
> **Parágrafo único.** A exigência de caução será mantida quando da dispensa possa resultar manifesto risco de grave dano de difícil ou incerta reparação.

▶ *Referência: CPC/1973 – Art. 475-O, § 2º*

1. Generalidades

Em outra manifestação da necessidade de equilibrar os valores conflitantes da efetividade e da segurança, o legislador disciplina quatro situações específicas nas quais o cumprimento da sentença, mesmo permanecendo provisório, seja feito sem a necessidade de caução. Todas as demais características do cumprimento provisório, previstas no artigo anterior, persistem.

O que se tem aqui é a adoção, por assim dizer, de um risco calculado de que o credor satisfaça o seu próprio crédito a partir de um título ainda provisório. Mas se houver a revogação ou reforma da decisão, o credor deverá restituir o devedor ao estado anterior, mediante sua responsabilidade objetiva, liquidada nos próprios autos.

A caução, convém relembrar, é exigência para a satisfação do crédito, não para o início do cumprimento provisório. A ponderação que faz o legislador nestas quatro hipóteses isoladas (não cumuladas) é repetição das escolhas anteriores, mas como nas demais situações em que se estabelecem rígidos critérios legais, outras situações que igualmente mereceriam proteção podem ser esquecidas. Como regra geral, melhor seria permitir ao juiz da causa que identificasse as situações de dispensa, dadas as superiores vantagens do critério *ope iudicis* sobre o *ope legis*.

Seja como for, a caução é dispensada se a sentença versa sobre obrigação alimentar, se há estado de necessidade, se a causa está avançada e pende agravo de despacho denegatório ou se o direito do credor está amparado em certos tipos de precedentes.

2. Pode ser dispensada a caução por negócio jurídico processual?

Entre outros desdobramentos do novel art. 190, está o de se cogitar que as Partes possam criar situações adicionais, nas quais o levantamento de dinheiro ou a expropriação de bens possa ser feita sem a apresentação de caução.

O Enunciado 262 do Fórum Permanente de Processualistas Civis afirma que sim. Entretanto, Cassio Scarpinella Bueno considera não ser possível, "porque inexiste disponibilidade nos atos executivos no cumprimento provisório da sentença". Complementa o professor paulista que a caução referida nos arts. 520 e 521 "é inequivocamente norma de ordem pública, de onde decorre a nulidade do negócio processual"[64].

Como afirmei em outra oportunidade, para ser norma de ordem pública, a norma deve regular e dispor sobre questão que não apenas seja de natureza imperativa, como em especial, que os valores protegidos pela norma sejam mais relevantes, de marcado interesse público, inspi-

---

64 Cassio, ob. cit., p. 1497.

rado por aspectos de ordem jurídica, econômica, social ou ética[65].

Quando esses componentes axiológicos se fazem presentes, é possível então identificar um componente que qualifica a norma, que a eleva a uma condição particular, de proeminência de interesses da coletividade, que, nessa medida, superam os interesses das partes e lhes retiram a possibilidade de estabelecer combinação diversa.

Mas quando se examina a regra que dispensa a caução, não se identificam tais razões superiores, que expliquem uma indisponibilidade das próprias partes em regular de forma diversa a matéria. A caução é instituída pela lei em benefício do devedor, sob a consideração de que a invasão ao seu patrimônio, justificada por um título executivo ainda sujeito à revisão judicial, só pode ser feita se ele tiver alguma proteção. Não creio que se possa identificar um interesse público na proteção ao patrimônio de um devedor específico, ao ponto de impedir que ele próprio, em negócio jurídico processual, abra mão daquela proteção.

A regra parece, portanto, ser inserida na esfera de disponibilidade das partes, autorizando um negócio que, por hipótese, dispense o credor de prestar caução. Coisa bem diferente é saber se, concretamente, convém abrir mão de tal prerrogativa. Aqui, a resposta parece ser negativa, pois é difícil vislumbrar qual vantagem poderia ser oferecida a um devedor para que ele, em contrapartida, consinta com o levantamento de dinheiro ou outros atos definitivos de execução, sem manter a proteção que a caução lhe traria. Em qualquer caso, o problema não se põe quanto à admissibilidade da dispensa da caução, mas sim quanto à sua conveniência.

3. Créditos de natureza alimentar

Em técnica melhor e mais ampla que a do art. 1.012, § 1º, II, a caução é dispensada em qualquer crédito de natureza alimentar, não apenas naqueles decorrentes das relações familiares. Cuida-se de previsão que merece elogios, e abrange relações de trabalho, responsabilidade civil, honorários advocatícios, entre outros. Nesse sentido, é importante notar que o art. 513,

caput, limita a eficácia imediata da sentença no âmbito de ações de alimentos.

Por fim, vale salientar também que não há mais limites quanto aos valores objeto do cumprimento provisório da sentença.

4. Situação de necessidade

Se o credor demonstrar estado de necessidade pode ser dispensada a caução. A hipótese é aberta, exige clara complementação do intérprete, com todas as exigências de fundamentação descritas no art. 489, § 1º. Neste dispositivo, poderão ser incluídas diversas situações, que não se enquadrem objetivamente nas demais hipóteses. Por exemplo, se o devedor é uma empresa grande e pode suportar o ônus daquela execução sem maiores consequências, privilegia-se o credor em situação de dificuldade. Ou se o valor a ser levantado é proporcionalmente pequeno. A título exemplificativo, haverá situação de necessidade no âmbito de ações de execução de seguro em que o exequente seja beneficiário de assistência jurídica e padeça de moléstia, devendo ser afastada a exigência de caução, nos termos do art. 521, II[66].

A ponderação a ser feita aqui é semelhante ao juízo feito para a concessão da tutela provisória, com ênfase na perspectiva da urgência, do risco de grave dano, uma vez que a plausibilidade do direito estará demonstrada pela existência de julgamento de mérito favorável ao credor.

5. Agravos de inadmissão dos Recursos Especial e Extraordinário

Os incisos III e IV do art. 520 trazem outro critério para justificar a dispensa da caução. Não é mais a situações particular do credor, a urgência da situação ou a necessidade de lhe conferir proteção, mas sim um juízo de que, em certas situações, é improvável a reversão do julgado, o que autoriza a fruição do bem da vida desde logo.

A primeira dessas situações é a pendência do outrora chamado agravo de despacho denegatório. A parte perdeu em segundo grau, interpôs recurso especial e/ou extraordinário, os quais foram indeferidos. Por ser improvável

---

65 Ricardo de Carvalho Aprigliano, *Ordem pública e processo*, São Paulo: Atlas, 2011, p. 104-106.

66 TJSP, Agravo de Instrumento 2253626-57.2016.8.26.0000, Rel. Des. Nestor Duarte, j. 23.03.2017.

a reversão do julgado, admite-se a ultimação dos atos de execução, sem caução.

Mas há outros agravos, além daqueles do art. 1.042. O art. 1.030, § 2º, cuida do agravo interno, interposto no âmbito do Tribunal local, contra decisão do presidente ou vice que negue seguimento ao recurso especial ou extraordinário. É um julgamento diverso, não de inadmissibilidade, mas de indeferimento por motivos atrelados à desconformidade do recurso com precedentes dos Tribunais Superiores. Também aqui a lógica é a mesma. Há pequena probabilidade de reversão desse julgado, o que igualmente deve autorizar o levantamento de numerário ou atos expropriatórios sem caução[67].

No Recurso Extraordinário, se o requisito da repercussão geral não for reconhecido, o presidente ou vice-presidente do tribunal de origem deverá negar seguimento ao recurso interposto, sendo que desta decisão cabe agravo interno (art. 1.035, § 7º). Não há diferenças relevantes entre estas outras hipóteses e as do art. 1.042, de forma que a sistemática de dispensa de caução deve ser aplicada a todas elas.

6. Precedentes e recursos repetitivos

Na mesma linha, e de forma sistematicamente coerente com o reforço da importância dos precedentes no sistema processual brasileiro, o inciso IV dispensa a caução se a decisão é baseada em súmulas dos Tribunais Superiores ou em acórdãos proferidos no julgamento de casos repetitivos. O agravo que pode decorrer da aplicação da tese fixada é previsto no art. 1.040, I. Ressalvadas hipóteses excepcionais, deve ser admitido o levantamento sem caução nestas situações.

7. Manutenção da exigência de caução.

Em sistema de freios e contrapesos, a lei contempla uma exceção da exceção, ao admitir que o juiz possa impedir os atos de satisfação material sem a exigência de caução, se vislumbrar risco de grave dano ou de difícil reparação.

Reflitamos sobre a hipótese. Há um título executivo judicial, ou seja, fruto de condenação em regular processo judicial, no qual coube a

defesa regular e do qual pende recurso perante instâncias superiores. A matéria versada no recurso é de natureza alimentar, ou está inserida em julgamentos de casos repetitivos e aplicação do sistema de precedentes do sistema brasileiro. Ou, ainda, há demonstração de necessidade premente do credor. Nestas poucas situações é que pode ocorrer a dispensa de caução. Em todas as demais, o credor não poderá proceder ao levantamento sem oferecer garantias. Mas ainda assim, mesmo neste universo restrito de situações, o legislador cria uma regra de salvaguarda, que claramente privilegia a segurança em detrimento da efetividade, para obstar tal levantamento e exigir do credor a prestação de caução.

Bem se vê que a lei trabalha com um conceito de ponderação do mal menor, de um confronto de situações de risco de dano grave. A análise do caso particular irá determinar se a caução pode ser exigida, mas, em qualquer caso, apenas excepcionalmente será exigida a caução nestas situações e momentos do processo.

Art. 522. O cumprimento provisório da sentença será requerido por petição dirigida ao juízo competente.

Parágrafo único. Não sendo eletrônicos os autos, a petição será acompanhada de cópias das seguintes peças do processo, cuja autenticidade poderá ser certificada pelo próprio advogado, sob sua responsabilidade pessoal:

I – decisão exequenda;

II – certidão de interposição do recurso não dotado de efeito suspensivo;

III – procurações outorgadas pelas partes;

IV – decisão de habilitação, se for o caso;

V – facultativamente, outras peças processuais consideradas necessárias para demonstrar a existência do crédito.

▶ *Referência: CPC/1973 – Art. 475-O, § 3º*

1. Competência para o cumprimento provisório

Na medida em que o cumprimento provisório se realiza da mesma forma que o definitivo, as regras sobre competência são aquelas do art. 516. Como visto, ele se inicia por ato do credor, que deverá apresentar o seu requerimento de cumprimento provisório.

---

67 No mesmo sentido, Andre Vasconcelos Roque, ob. cit., p. 722.

Art. 523

Há duas situações práticas. A primeira se dá nos casos em que o processo tramita no sistema antigo, de autos físicos. Neste caso, os autos estarão tramitando no tribunal perante o qual pende o recurso a ser julgado, cabendo ao credor protocolar seu pedido de cumprimento provisório e iniciar este incidente, nos moldes da antiga carta de sentença. Já no cumprimento de decisões interlocutórias, é o recurso que estará tramitando em autos separados, no instrumento formado, daí por que o cumprimento provisório se dará nos autos do processo principal.

O artigo determina quais os documentos mínimos que devem instruir o pedido, que permitirão ao juiz verificar a possibilidade efetiva deste incidente. Se o processo é eletrônico, não há necessidade de formar autos próprios, por razões óbvias.

Há apenas três documentos obrigatórios: a decisão exequenda, consistente na sentença, no acórdão ou mesmo em decisão interlocutória, caso se trata de julgamento antecipado parcial do mérito ou de efetivação de tutela provisória; a certidão de interposição do recurso não dotado de efeito suspensivo, que serve para autorizar o início imediato do cumprimento provisório; e as procurações outorgadas pelas partes.

A certidão será obtida junto à serventia do tribunal, e deverá ser especificamente requerida. Não se olvide, porém, que nos tribunais locais, o relator deverá receber o recurso e declarar os efeitos em que o recebe, uma vez que a ele compete o juízo de admissibilidade do recurso de apelação. Assim, muito provavelmente haverá um despacho nos autos acerca do recebimento do recurso e o respectivo regime de efeitos, que poderá ser apresentado e até dispensar a certidão aludida neste inciso II.

Quanto às procurações, relembre-se que a intimação para o pagamento voluntário é realizada na pessoa do advogado do devedor, daí as exigências de que o cumprimento da sentença seja feito até um ano após o trânsito em julgado, sob pena de se exigir intimação do próprio devedor. No caso do cumprimento provisório, a procuração do advogado do devedor que, ao mesmo tempo, atua na esfera recursal, é elemento mais do que suficiente para provar a validade do mandato e os poderes necessários.

O quarto documento é facultativo, diz respeito à decisão de habilitação do credor que promove o cumprimento provisório, e será necessária se houver alguma modificação na titularidade. Por exemplo, porque houve alienação do objeto litigioso, ou a sucessão do credor original por seus herdeiros. Permite o artigo, ainda, a juntada de documentos facultativos, que sirvam para demonstrar, em cada situação concreta, eventual modificação na titularidade do crédito ou débito (arts. 778 e 779), ou, ainda, a decisão que julgou a liquidação da sentença ilíquida.

CAPÍTULO III
DO CUMPRIMENTO DEFINITIVO DA SENTENÇA QUE RECONHECE A EXIGIBILIDADE DE OBRIGAÇÃO DE PAGAR QUANTIA CERTA

Art. 523. No caso de condenação em quantia certa, ou já fixada em liquidação, e no caso de decisão sobre parcela incontroversa, o cumprimento definitivo da sentença far-se-á a requerimento do exequente, sendo o executado intimado para pagar o débito, no prazo de 15 (quinze) dias, acrescido de custas, se houver.

§ 1º Não ocorrendo pagamento voluntário no prazo do *caput*, o débito será acrescido de multa de dez por cento e, também, de honorários de advogado de dez por cento.

§ 2º Efetuado o pagamento parcial no prazo previsto no *caput*, a multa e os honorários previstos no § 1º incidirão sobre o restante.

§ 3º Não efetuado tempestivamente o pagamento voluntário, será expedido, desde logo, mandado de penhora e avaliação, seguindo-se os atos de expropriação.

▶ *Referência: CPC/1973 – Art. 475-J*

1. Leitura conjunta dos arts. 513 e 523: disciplina comum ao cumprimento provisório e definitivo da sentença

Para evitar repetições, remete-se o leitor aos comentários acerca do art. 513, dada a complementariedade entre as disposições. De essencial, vale apenas recapitular que (i) aplicam-se ao cumprimento de sentença as regras sobre o processo de execução de título extrajudicial; (ii) o cumprimento de sentença só se inicia por iniciativa do credor, jamais por impulso oficial; (iii) regra geral, a intimação do devedor é realizada pela imprensa oficial, na pessoa do advogado constituído para o processo de conhecimento, exceto se o cumprimento de sentença for iniciado depois de decorrido mais de um ano após o trânsito em julgado; (iv) o credor apresentará a sua memória de cálculo com os valores objeto do cumprimento e o devedor será intimado para efetuar o pagamento ou apresentar impugnação em quinze dias.

2. Cumprimento definitivo da sentença

O cumprimento é considerado definitivo em duas situações. Primeiro, se recai sobre parcela incontroversa de um pedido condenatório, que no sistema do CPC pode receber uma decisão parcial, porém definitiva (art. 356, I), prosseguindo-se a demanda em relação às demais parcelas do pedido. Segundo, porque baseado em título judicial já transitado em julgado.

Nos dois casos, a lei faz a ressalva de que o cumprimento de sentença definitivo recai sobre condenação em quantia certa ou já fixada em liquidação. A propósito das sentenças ilíquidas e das modalidades de liquidação da sentença, remete-se o leitor aos comentários feitos aos arts. 509 a 512.

3. Prazo para pagamento é em dias úteis?

A modificação da forma de contagem dos prazos para dias úteis, levada a efeito no art. 219, representa uma importante novidade, da qual têm sido extraídas algumas importantes questões. Uma delas, com enorme relevância prática, envolve definir se o prazo para cumprimento voluntário da sentença deve ser contado em dias corridos ou úteis. A questão decorre da consideração de que apenas os prazos processuais deveriam ter sua forma de contagem alterada. Assim, a regra do art. 219 não modificaria os prazos não processuais, que dizem respeito à pratica de atos materiais, ou que decorrem de relações de direito material.

Para alguns autores, o pagamento de uma obrigação é uma modalidade de extinção das obrigações, regulada no Código Civil, razão pela qual deveria ser considerado o prazo em dias corridos, de modo que o fato de ser previsto no CPC não mudaria a sua natureza de prazo material[68].

Esta não é a melhor interpretação da lei, porém. Não fosse por outra razão, porque a previsão específica de prazo para a realização do pagamento é regulada exclusivamente na legislação processual, que concebeu esta solução a bem da efetividade do processo. A disciplina de cumprimento de uma obrigação reconhecida em sentença será sempre processual. A forma de intimação do devedor, o prazo para cumprimento da sentença, a forma deste cumprimento e a eventual defesa do devedor não são nem estão no direito material.

O fato de dizerem respeito a institutos lá regulados é mera decorrência do caráter instrumental do direito processual. Triste seria se o processo regulasse apenas a si próprio, sem atingir ou impactar as relações jurídicas práticas que, não satisfeitas originariamente, ensejam a necessidade de uma solução jurisdicional.

Assim, parece-nos que a interpretação mais adequada é a que considera que o prazo regulado neste dispositivo será contato em dias úteis, na forma da regra de contagem de prazos contemplada no CPC.

4. Incidência de multa e honorários advocatícios

A previsão de multa de 10% em caso de não pagamento voluntário foi incorporada ao sistema positivo brasileiro nas reformas processuais de 2005, com grande êxito. O CPC aprimora o dispositivo, para prever a expressa incidência da multa e dos honorários advocatícios de 10%, ambos incidentes sobre os valores indicados pelo credor, a partir da memória de cálculo

---

68   José Rogério Cruz e Tucci, por exemplo, entende que este prazo não é em dias úteis, porque não

há aí atividade técnica ou postulatória (*Comentários ao Código de Processo Civil* – artigos 485 ao 538. São Paulo: Revista dos Tribunais, 2016, vol. VIII, p. 294).

Em sentido contrário, Teresa Arruda Alvim Wambier et al., *Primeiros comentários ao NCPC*, São Paulo: Revista dos Tribunais, 2015, p. 867: "Conquanto o ato de pagar seja voltado à parte, o comando exarado pelo juiz, instando o executado a pagar em determinado prazo, como já dissemos, é ato executivo, de natureza mandamental (coercitiva), daí porque se trata de um prazo processual e, como tal, deve observar o comando do art. 219. Assim, o prazo de quinze dias deve ser contado em dias úteis".

Art. 523

apresentada juntamente com o requerimento do cumprimento da sentença.

A multa e os honorários incidem em qualquer das modalidades de título executivo, inclusive as que requerem a propositura *ab initio* do cumprimento, como a sentença arbitral e a penal condenatória. O devedor será citado para pagar em 15 dias, também sob pena de multa e honorários[69].

A multa compõe o valor da condenação principal e tem como destinatário o próprio credor. Os honorários são uma nova modalidade de sucumbência, decorrente do cumprimento de sentença, uma vez que o devedor, por não realizar voluntariamente o pagamento a que foi condenado, impôs ao credor a necessidade de novamente se valer dos serviços profissionais de um advogado para iniciar o cumprimento de sentença[70].

Após a sua intimação, o devedor pode adotar diferentes comportamentos: (i) pode se manter inerte, nem pagando, nem apresentando impugnação; (ii) pode também optar pelo pagamento da dívida, hipótese em que ficará isento da multa e dos honorários advocatícios. Nesse caso, o processo será extinto pela satisfação do crédito.

O devedor pode também (iii) pretender depositar o valor em execução, mas discuti-lo mediante impugnação. Observe-se que, no cumprimento definitivo, a única forma de se livrar da incidência da multa e dos honorários é mediante o efetivo pagamento. O mero depósito da quantia, para fins de garantia do juízo, não isenta o devedor de tais encargos adicionais[71].

Nesse particular, a disciplina difere do cumprimento provisório, porque nesta outra modalidade, o devedor pode sim efetuar o depósito em garantia, com a finalidade de se isentar da multa e dos honorários[72]. O valor será depositado, a impugnação será apresentada desde logo e o eventual levantamento do valor estará sujeito à disciplina do art. 520.

No cumprimento definitivo, o devedor paga no prazo e evita a incidência de multa e juros, ou realiza o depósito para fins de garantia, por entender que a quantia não é devida (ou não é integralmente devida). Se fizer este depósito apenas como garantia, deverá fazê-lo acrescido da multa e honorários, pois sua conduta não é equivalente ao pagamento da dívida, que constitui a única forma de obter tai isenção quanto à multa e juros.

Justamente porque a conduta esperada do devedor é o pagamento voluntário, deve ele ressalvar o eventual intuito de depositar para mera garantia, porque pretende apresentar impugnação no prazo de 15 dias. Isso, para evitar que seu ato (depósito) seja interpretado como cumprimento voluntário e, portanto, incompatível com o interesse de impugnar a execução que lhe é dirigida.

A última conduta possível ao devedor é mista, pois (iv) ele pode efetuar o pagamento parcial da dívida e pretender discutir outra parcela. Aqui, o § 2º expressamente dispõe

---

69 TJSP, Agravo de Instrumento 2104607-40.2017.8.26.0000, Rel. Des. José Marcos Marrone, j. 31.08.2017.

70 Súmula 517 do STJ: "São devidos honorários advocatícios no cumprimento de sentença, haja ou não impugnação, depois de escoado o prazo para pagamento voluntário, que se inicia após a intimação do advogado da parte executada".

71 TJSP, Agravo de Instrumento 2114490-11.2017.8.26.0000, Rel. Des. Sérgio Shimura, j. 29.08.2017: "Impugnação ao cumprimento de sentença – Multa do art. 523, § 1º, CPC/2015. A garantia do juízo não pode ser considerada como efetivo pagamento para efeito de afastar a incidência da multa de 10%, considerando que o credor não tem disponibilidade desse valor.

Aplicação da multa e dos honorários do art. 523, § 1º, CPC/2015, que se mostra devida – Recurso provido". No mesmo sentido, TJSP, Agravo de Instrumento 2034497-16.2017.8.26.0000, Rel. Des. Costa Netto, j. 29.08.2017.

72 TJSP, Embargos de Declaração 2220834-50.2016.8.26.0000/50000, Rel. Des. Hélio Nogueira, j. 30.03.2017: "Embargos de declaração. Agravo de Instrumento. Prestação de Serviço. Ação declaratória c.c indenização por perdas e danos. Fase de cumprimento provisório de sentença. Decisão que acolheu em parte a impugnação apresentada. Inconformismo da exequente. Recurso não provido. Embargos declaratórios. Omissão. Inocorrência. Garantia apresentada pela executada que se mostrou suficiente, não havendo, assim, que se falar em acréscimo de multa e de honorários de advogado. Caráter infringente do recurso. Descabimento. Prequestionamento. Embargos de declaração rejeitados".

que a multa e os honorários incidirão sobre o restante, ou seja, sobre a parcela não paga naquele prazo.

5. Providências do credor em caso de não pagamento

O § 3º sugere que a medida subsequente, em caso de não pagamento, é a expedição de mandado de penhora e avaliação de bens do devedor. Esta é uma possibilidade, mas não será a primeira na imensa maioria das vezes. Aqui, o legislador preserva um modelo um tanto defasado de execução, ignorando, em certa medida, a possibilidade de penhora eletrônica de ativos financeiros, que há tempos se tornou a opção preferencial na prática forense e na própria lei (art. 854).

A despeito do texto legal sugerir que os atos subsequentes do procedimento sejam tomados de ofício, por impulso oficial, a praxe demonstra que também aqui será necessário o requerimento do credor, o que também se justifica porque é o credor quem poderá informar acerca da existência ou não de bens penhoráveis, ou a sua preferência por penhora eletrônica de dinheiro, pesquisa de bens mediante expedição de ofícios e demais medidas cabíveis.

> **Art. 524.** O requerimento previsto no art. 523 será instruído com demonstrativo discriminado e atualizado do crédito, devendo a petição conter:
>
> **I** – o nome completo, o número de inscrição no Cadastro de Pessoas Físicas ou no Cadastro Nacional da Pessoa Jurídica do exequente e do executado, observado o disposto no art. 319, §§ 1º a 3º;
>
> **II** – o índice de correção monetária adotado;
>
> **III** – os juros aplicados e as respectivas taxas;
>
> **IV** – o termo inicial e o termo final dos juros e da correção monetária utilizados;
>
> **V** – a periodicidade da capitalização dos juros, se for o caso;
>
> **VI** – especificação dos eventuais descontos obrigatórios realizados;
>
> **VII** – indicação dos bens passíveis de penhora, sempre que possível.
>
> **§ 1º** Quando o valor apontado no demonstrativo aparentemente exceder os limites da condenação, a execução será iniciada pelo valor pretendido, mas a penhora terá por base a importância que o juiz entender adequada.

> **§ 2º** Para a verificação dos cálculos, o juiz poderá valer-se de contabilista do juízo, que terá o prazo máximo de 30 (trinta) dias para efetuá-la, exceto se outro lhe for determinado.
>
> **§ 3º** Quando a elaboração do demonstrativo depender de dados em poder de terceiros ou do executado, o juiz poderá requisitá-los, sob cominação do crime de desobediência.
>
> **§ 4º** Quando a complementação do demonstrativo depender de dados adicionais em poder do executado, o juiz poderá, a requerimento do exequente, requisitá-los, fixando prazo de até 30 (trinta) dias para o cumprimento da diligência.
>
> **§ 5º** Se os dados adicionais a que se refere o § 4º não forem apresentados pelo executado, sem justificativa, no prazo designado, reputar-se-ão corretos os cálculos apresentados pelo exequente apenas com base nos dados de que dispõe.

▶ *Sem correspondência no CPC/1973*

1. Exigências quanto ao demonstrativo do crédito

Como já dito, a evolução do sistema do processo executivo vem ocorrendo ao longo dos últimos anos, com sucessivas reformas legislativas na vigência do CPC/1973. A necessidade de especificação dos itens que compõem o cálculo (incisos II a VI) é uma das boas novidades do CPC atual. O credor indica taxas, datas e índices de seu cálculo, o que permite tanto ao devedor como ao juiz controlarem a regularidade do cálculo.

Caso não possua condições de elaborar o cálculo, pode requerer desde logo o auxílio do juízo, que determinará ao serviço auxiliar de contadoria a sua realização[73].

A exigência de indicação dos dados do credor e devedor parece e será dispensável nos processos de conhecimento que tenham tramitado no mesmo juízo (art. 319), mas os dados são necessários nas sentenças arbitrais e penais condenatórias[74]. Com a ressalva do que já foi

---

73 Heitor Sica, *Comentários ao novo Código de Processo Civil*, coord. Antonio do Passo Cabral e Ronaldo Cramer, p. 823.

74 Teresa Arruda Alvim Wambier et al., Primeiros comentários ao NCPC, São Paulo: Revista dos Tribunais, 2015, p. 868.

afirmado sobre o pedido preferencial de penhora eletrônica, o credor pode desde logo indicar bens passíveis de penhora, caso os conheça (inciso VII).

2. Valor em execução e valor de penhora. Controle preliminar pelo juiz da causa

Regra geral, a intimação do devedor ocorrerá para pagamento da quantia indicada pelo credor, cabendo a ele, na impugnação, apontar eventual excesso. Também como regra geral, a eventual necessidade de conferência do cálculo pela contadoria do juízo, ou mesmo por perícia contábil-financeira, será residual e decorrerá dos termos da impugnação ofertada. Contudo, a lei contempla a possibilidade de um controle de ofício e preliminar acerca do valor em cobrança, sob uma consideração básica de que a adequação da cobrança ao título judicial integra o conjunto de matérias de que depende a própria regularidade desta etapa de cumprimento da sentença.

Assim, o § 1º contempla a realização dos atos de penhora por valores inferiores àqueles indicados pelo credor, caso o juiz, mediante exame *prima facie* (em cognição sumária), identifique aparente excesso nos valores cobrados, ou melhor, identifique aparente inconsistência nos cálculos, o que o autorizará a remeter os autos ao contador judicial para conferência. O prazo de 30 dias para a realização desse cálculo é o ideal, mas dificilmente será observado, considerando a realidade dos serviços forenses no país.

Não havendo pagamento, seja da quantia apontada pelo credor, seja daquela obtida nos cálculos determinados pelo juiz, será expedido o mandado de penhora, limitado ao valor prima facie estabelecido pelo cálculo do juízo.

No mais das vezes, o devedor apresentará impugnação ao cumprimento de sentença, tornando controvertida a regularidade dos cálculos apresentados pelo credor. A questão será definitivamente decidida por meio da impugnação, ou seja, em cognição adequada acerca dos cálculos apresentados. Não se pode descartar, todavia, que o devedor opte por cumprir a sentença no tocante aos valores menores que tiverem sido determinados pelo juiz, deixando de apresentar impugnação.

Caso o credor insista na cobrança original, deverá requerer a continuação do cumprimento de sentença para a execução das diferenças, as-

segurando ao devedor a possibilidade de ofertar impugnação no momento oportuno.

3. Requisição de dados ao executado ou a terceiros

A lei também contempla a possibilidade de o credor requerer que terceiros ou o próprio executado informem dados necessários para a elaboração do demonstrativo. Caso tenha havido recusa de tais pessoas a atender à solicitação do credor[75], o juiz poderá intimá-los, concedendo-lhes prazo de 30 dias.

De se notar que não será cabível a fixação de astreintes em face do devedor ou do terceiro para tal apresentação[76], seja porque a lei fala em crime de desobediência para esta situação (especialmente aplicável ao terceiro)[77], seja porque, na

---

75 TJSP, Agravo de Instrumento 2063670-85.2017.8.26.0000, Rel. Des. Claudio Augusto Pedrassi, j. 15.05.2017: "Agravo de Instrumento. Decisão que determinou que a parte diligenciasse administrativamente junto a agravada, para obtenção das planilhas para elaboração dos cálculos. Possibilidade. Recurso que ataca 'indeferimento implícito'. Ausência de lesividade na situação. No caso de resistência ou negativa da Fazenda em fornecer os documentos, poderá ser deduzido o pleito ao Juízo. Art. 524 § 3º do NCPC só se aplica se a parte não lograr êxito em obter os documentos. Falta de interesse recursal. Recurso não conhecido".

76 TJSP, Agravo de Instrumento 2072673-64.2017.8.26.0000, Rel. Des. Castro Figliolia, j. 23.08.2017: "Agravo de instrumento. Ação revisional de contrato. Fase de cumprimento de sentença. Necessidade de extratos para elaboração do cálculo de liquidação da sentença. Determinação de exibição dos referidos documentos. Arbitramento de multa diária para o caso de descumprimento. Inadmissibilidade. A consequência do descumprimento é a presunção relativa de que estão corretos os cálculos apresentados pelo credor, nos termos do art. 524, §§ 4º e 5º do CPC/2015. Descabimento de multa diária agravo provido para o fim de ser afastada a multa fixada".

77 TJSP, Agravo de Instrumento 2183324-03.2016.8.26.0000, Rel. Des. Afonso Bráz, j. 28.11.2016: "Agravo de instrumento. Ação revisional. Financiamento de veículo. Cumprimento de sentença. Decisão agravada que determinou

inércia do executado, presumem-se corretos os cálculos que ele vier a apresentar (§ 4º).

Art. 525. Transcorrido o prazo previsto no art. 523 sem o pagamento voluntário, inicia-se o prazo de 15 (quinze) dias para que o executado, independentemente de penhora ou nova intimação, apresente, nos próprios autos, sua impugnação.

§ 1º Na impugnação, o executado poderá alegar:

I – falta ou nulidade da citação se, na fase de conhecimento, o processo correu à revelia;

II – ilegitimidade de parte;

III – inexequibilidade do título ou inexigibilidade da obrigação;

IV – penhora incorreta ou avaliação errônea;

V – excesso de execução ou cumulação indevida de execuções;

VI – incompetência absoluta ou relativa do juízo da execução;

VII – qualquer causa modificativa ou extintiva da obrigação, como pagamento, novação, compensação, transação ou prescrição, desde que supervenientes à sentença.

§ 2º A alegação de impedimento ou suspeição observará o disposto nos arts. 146 e 148.

§ 3º Aplica-se à impugnação o disposto no art. 229.

§ 4º Quando o executado alegar que o exequente, em excesso de execução, pleiteia quantia superior à resultante da sentença, cumprir-lhe-á declarar de imediato o valor que entende correto, apresentando demonstrativo discriminado e atualizado de seu cálculo.

§ 5º Na hipótese do § 4º, não apontado o valor correto ou não apresentado o demonstrativo, a impugnação será liminarmente rejeitada, se o excesso de execução for o seu único fundamento, ou, se houver outro, a impugnação será processada, mas o juiz não examinará a alegação de excesso de execução.

§ 6º A apresentação de impugnação não impede a prática dos atos executivos, inclusive os de expropriação, podendo o juiz, a requerimento do executado e desde que garantido o juízo com penhora, caução ou depósito suficientes, atribuir-lhe efeito suspensivo, se seus fundamentos forem relevantes e se o prosseguimento da execução for manifestamente suscetível de causar ao executado grave dano de difícil ou incerta reparação.

§ 7º A concessão de efeito suspensivo a que se refere o § 6º não impedirá a efetivação dos atos de substituição, de reforço ou de redução da penhora e de avaliação dos bens.

§ 8º Quando o efeito suspensivo atribuído à impugnação disser respeito apenas a parte do objeto da execução, esta prosseguirá quanto à parte restante.

§ 9º A concessão de efeito suspensivo à impugnação deduzida por um dos executados não suspenderá a execução contra os que não impugnaram, quando o respectivo fundamento disser respeito exclusivamente ao impugnante.

§ 10. Ainda que atribuído efeito suspensivo à impugnação, é lícito ao exequente requerer o prosseguimento da execução, oferecendo e prestando, nos próprios autos, caução suficiente e idônea a ser arbitrada pelo juiz.

§ 11. As questões relativas a fato superveniente ao término do prazo para apresentação da impugnação, assim como aquelas relativas à validade e à adequação da penhora, da avaliação e dos atos executivos subsequentes, podem ser arguidas por simples petição, tendo o executado, em qualquer dos casos, o prazo de 15 (quinze) dias para formular esta arguição, contado da comprovada ciência do fato ou da intimação do ato.

§ 12. Para efeito do disposto no inciso III do § 1º deste artigo, considera-se também inexigível a obrigação reconhecida em título executivo judicial fundado em lei ou ato normativo considerado inconstitucional pelo Supremo Tribunal Federal, ou fundado em aplicação ou interpretação da lei ou do ato normativo tido pelo Supremo Tribunal Federal como incompatível com a Constituição Federal, em controle de constitucionalidade concentrado ou difuso.

o encaminhamento de ofício ao Mistério Público, para eventual apuração de crime de desobediência. Cabimento. Inteligência do art. 524, § 3º, do CPC. Instituição financeira que, instada em oportunidades anteriores para cumprimento de determinação judicial, a fim de apresentar demonstrativo contendo o valor das parcelas, as datas de vencimentos e os dias em que foram pagas, bem como a discriminação dos encargos aplicados, deixou de atender aos comandos. Decisão mantida. Recurso desprovido".

Art. 525

§ 13. No caso do § 12, os efeitos da decisão do Supremo Tribunal Federal poderão ser modulados no tempo, em atenção à segurança jurídica.

§ 14. A decisão do Supremo Tribunal Federal referida no § 12 deve ser anterior ao trânsito em julgado da decisão exequenda.

§ 15. Se a decisão referida no § 12 for proferida após o trânsito em julgado da decisão exequenda, caberá ação rescisória, cujo prazo será contado do trânsito em julgado da decisão proferida pelo Supremo Tribunal Federal.

▶ *Referência: CPC/1973 – Arts. 475-L e 475-M*

1. Generalidades

O CPC atual volta a equiparar os regimes jurídicos da execução de título judicial e extrajudicial no que diz respeito à defesa do executado, em dois aspectos. Primeiro, o prazo flui a partir do momento em que o pagamento voluntário deveria ter sido feito. No cumprimento de sentença, contempla-se então dois prazos subsequentes de 15 dias: inicia-se o prazo para pagamento voluntário. Não realizado, começa a correr imediatamente o prazo para impugnação, sendo a lei expressa ao afirmar que o segundo prazo inicia independentemente de nova intimação.

Segundo elemento de equiparação dos regimes jurídicos é o fato de a impugnação (a exemplo dos Embargos do Devedor) não depender de garantia do juízo, depósito ou penhora[78], alteração feita em boa hora.

Quanto ao prazo, a doutrina criticou esta escolha do legislador, pois bem poderia ter sido previsto um prazo único de 15 dias, para pagar ou impugnar[79]. Quando se pensa que, no mais das vezes, o devedor que pretende impugnar sabe disso desde logo, a crítica é mesmo razoável. Afinal, o devedor terá que esperar 30 dias úteis para conhecer o teor da impugnação que lhe dirige o devedor, prazo no qual um eventual devedor de má-fé poderá ainda adotar outras medidas para frustrar o recebimento do crédito. Registre-se ainda que nos processos físicos, aplica-se o prazo em dobro para devedores com procuradores diferentes (art. 229 c/c art. 525, § 3º).

A lei não esclarece o prazo para a manifestação do credor, a respeito da Impugnação ofertada. O sistema contempla um prazo geral, de cinco dias, sempre que não for fixado o prazo específico pela lei ou pelo juiz (art. 218, § 3º). Nesta situação específica, por imperativo básico de isonomia, deve ser fixado o prazo de 15 dias para o credor se manifestar.

2. Impugnação: meio de defesa do devedor

A impugnação é o modo pelo qual o devedor opõe sua resistência nos próprios autos do cumprimento de sentença. Com a ressalva do que será dito acerca do § 11, possui prazo preclusivo e rol taxativo de matérias, o que fundamentalmente se explica pelo fato de a impugnação se voltar contra a execução de título executivo judicial, em regra, já transitado em julgado. Assim, não há espaço para a rediscussão de fatos da causa que foram ou deveriam ter sido suscitados na fase anterior à formação da sentença. Inclusive, conforme o Superior Tribunal de Justiça (STJ) já decidiu reiteradas vezes, "não tendo havido recurso contra a decisão que arbitrou os honorários para a fase de cumprimento de sentença, há preclusão da oportunidade de rever tal valor após a rejeição da impugnação ao cumprimento de sentença"[80].

A despeito da discussão acerca da natureza jurídica do instituto, o aspecto mais relevante envolve a consideração dos possíveis desfechos da impugnação, conforme o teor do seu julgamento. Ao se examinarem as hipóteses de cabimento,

---

78 Heitor Sica, *Comentários ao novo Código de Processo Civil*, coord. Antonio do Passo Cabral e Ronaldo Cramer, p. 827.

79 Teresa Arruda Alvim Wambier et al. *Primeiros comentários ao NCPC*, São Paulo: Revista dos Tribunais, 2015, p. 871. José Rogério Cruz e Tucci entende que o devedor pode apresentar impugnação no prazo assinalado para adimplir com a prestação (*Comentários ao Código de Processo Civil* – artigos 485 ao 538. São Paulo: Revista dos Tribunais, 2016, vol. VIII, p. 300).

80 STJ, AgInt no REsp 1.230.500/PR, Rel. Min. Maria Isabel Gallotti, j. 13.06.2017: "Agravo interno. Recurso especial. Cumprimento de sentença. Condenação. Multa diária. Honorários advocatícios. Rejeição da impugnação. Novos honorários. Não cabimento. Preclusão. art. 20, § 4º, CPC. Revisão do valor. Súmula 7/STJ".

observa-se que, sendo ela rejeitada, disso decorrerá o procedimento do cumprimento de sentença, de forma que tal decisão será interlocutória e desafiará agravo de instrumento nos termos do art. 1.015 e ss. Caso ela seja acolhida, em relação a certas hipóteses, ocorrerá um ajuste quanto aos valores cobrados, prosseguindo-se igualmente a execução do julgado. Também aqui se fala em decisão interlocutória e agravo de instrumento.

Por fim, haverá situações em que o acolhimento da impugnação poderá acarretar a extinção do processo, pela declaração da inexigibilidade do título executivo, como por exemplo se for reconhecida a falta ou nulidade da citação na fase de conhecimento, ilegitimidade de parte, inexequibilidade do título ou inexigibilidade da obrigação ou, por fim, pelo reconhecimento de causa superveniente, modificativa ou extintiva da obrigação. Nestas situações, ocorrerá extinção do processo, mediante sentença, a qual desafiará o recurso de apelação.

A adequada compreensão destas variáveis procedimentais é mais relevante do que a discussão, nem sempre útil, sobre a natureza jurídica da impugnação.

3. Hipóteses específicas

O rol taxativo é composto de sete hipóteses[81]. A primeira consiste no vício processual mais grave, que sobrevive até mesmo ao trânsito em julgado do processo de conhecimento. Se o processo original correu à revelia do réu, porque não ocorreu a sua citação, ou ela foi feita de forma inválida, tal vício pode ser alegado na fase de cumprimento da sentença[82]. A esse respeito, remete-se o leitor aos comentários ao art. 247. Também pode

ser alegada ilegitimidade ativa ou passiva para o cumprimento de sentença, mas vale a ressalva importante de que o dispositivo não se refere à alegações de ilegitimidade da fase de conhecimento. Apesar da caracterização da ilegitimidade como matérias de ordem pública, toda e qualquer discussão relativa ao processo de conhecimento deve ter sido alegada e debatida naquela fase. As condições da ação e demais matérias processuais às quais a lei atribua uma maior importância não superam, em qualquer caso, à sanatória própria da coisa julgada. Assim, devem ser arguidas naquela fase, admitindo-se a sua invocação pelo próprio magistrado (*ex officio*), seguida de debate entre as partes (art. 10) e decisão a respeito. Mas superada a questão na fase de conhecimento, ou mesmo que não tenha sido sequer suscitada, ela não poderá ser renovada ou proposta por ocasião do cumprimento de sentença[83].

A ilegitimidade a que se refere este dispositivo é a do próprio cumprimento de sentença, ou seja, das posições de credor e devedor. Em regra, tais posições coincidem com as anteriormente ocupadas na fase de conhecimento. Poderá haver alguma modificação, decorrente da sucessão da parte, sub-rogação no crédito e demais hipóteses contempladas nos arts. 778 e 779, previstas para o processo de execução de título extrajudicial e aplicáveis ao cumprimento de sentença por força do art. 513.

A título exemplificativo, José Rogério Cruz e Tucci menciona a hipótese de cessão de crédito disciplinada no art. 296 do Código Civil, em que, havendo o reconhecimento desta por sentença judicial, o cumprimento de sentença deverá ser requerido pelo novo titular, dada sua legitimidade para tanto[84].

---

81 Flávia Pereira Ribeiro entente que o rol não é taxativo, o que faz a partir da supressão da expressão "somente", que havia no dispositivo correspondente na versão do CPC/1973. Tal proposta de interpretação literal não se sustenta, *data venia*, quando se observam os parâmetros de interpretação sistemática que regem a compreensão da função do instituto da impugnação. *CPC Anotado AASP*, p. 765-766.

82 Theotônio Negrão et al., invocando julgado do Superior Tribunal de Justiça, explicam que a ausência de nomeação de curador especial ao réu preso equipara-se à falta ou nulidade da citação. Nota 10 ao artigo 525, *CPCLPV*, p. 567.

83 TJSP, Apelação 0009972-70.2008.8.26.0565, Rel. Des. Silvia Rocha, j. 30.08.2017: "Expurgos Inflacionários – Cobrança – Em fase de cumprimento de sentença, as matérias passíveis de impugnação, neste caso, são as elencadas no art. 525, dentre as quais a ilegitimidade de parte para a execução forçada, que não se confunde com ilegitimidade passiva para fase de conhecimento, alegada intempestivamente pelo réu, na impugnação, depois do trânsito em julgado da sentença".

84 José Rogério Cruz e Tucci. *Comentários ao Código de Processo Civil* – artigos 485 ao 538. São Paulo: Revista dos Tribunais, 2016, vol. VIII, p. 305.

Art. 525

Pode ser invocada a inexequibilidade do título ou a inexigibilidade da obrigação, se lhe faltarem requisitos formais, ou se o credor não demonstrar que o termo ou condição foram satisfeitos (art. 514), ou ainda se o título não retratar obrigação líquida, certa e exigível. O próprio artigo traz a hipótese específica da inexigibilidade por declaração de inconstitucionalidade da lei que embasa o título, o que será examinado em tópico próprio.

A penhora incorreta ou avaliação errônea são itens que, em termos reais, dificilmente serão invocadas já na impugnação. Nos trinta dias em que esta será apresentada, não terá havido penhora ou avaliação. Para esta e outras circunstâncias supervenientes à Impugnação, o § 11 prevê a submissão de tais questões em petição avulsa, diretamente ao juízo da impugnação (ver item 4, a seguir). Em um ou outro cenário, são aspectos que surgem na própria fase de cumprimento de sentença e devem ser solucionadas pelo juiz, extirpando-se eventual excesso de execução ou penhora. Lembre-se, uma vez mais, que o cumprimento é feito no interesse do credor, mas do modo menos gravoso ao devedor, cabendo observar o art. 831 e seguintes quanto aos requisitos e modo de ser da penhora.

O mesmo se diga quanto ao excesso de execução, que decorre da cobrança de valores além daqueles retratados no título, ou cumulação indevida de execuções, que terá lugar em hipóteses verdadeiramente excepcionais, em que diferentes títulos judiciais sejam formados de forma contemporânea e o credor opte por promover seu cumprimento conjunto, perante um dos juízos competentes. A alegação de excesso de execução é mais comum, pode decorrer das situações indicadas no art. 917, § 2º, bem como da formulação equivocada da memória do cálculo que deve instruir o pedido, seja pela adoção de índices errados, pela contagem de juros ou correção a partir de datas equivocadas ou também da capitalização mensal de juros, fora das restritas hipóteses em que são admitidas.

Nestes casos, o devedor indicará as parcelas do crédito que são excessivas e indicará os valores corretos, sob pena de inadmissibilidade da sua impugnação[85]. Cuida-se de medida salutar, que

coloca as partes em plano de cooperação, retirando do devedor a chance de lançar argumentos infundados para ganhar tempo.

Com razão, adverte Heitor Sica que "mostra-se necessário que o juiz assine prazo para o executado corrigir sua postulação sob pena de, não o fazendo, não conhecer da alegação de excesso de execução, rejeitando total ou parcialmente a impugnação"[86]. Apresentada a impugnação ao crédito, por excessivo, o juiz intimará o credor para manifestação, decidindo em seguida, sempre que possível.

A depender da natureza da divergência entre as partes, porém, pode ser necessário remeter os autos à contadoria, ou mesmo para perícia contábil-financeira.

A impugnação também pode versar sobre incompetência absoluta ou relativa do juízo da execução. A relativa, limitada à impugnação, sob pena de preclusão. A incompetência absoluta, excepcionalmente, poderá ser invocada em momento posterior, o que não retirará do devedor a eventual responsabilidade pelo retardamento indevido do andamento do processo.

Esta alegação estará no mais das vezes atrelada ao descumprimento dos preceitos do art. 516, que regula a competência para o cumprimento de sentença, em especial, no inciso I. A propositura do cumprimento de sentença baseada no inciso II do art. 516, como visto, é

31.08.2017: "Agravo de instrumento. Ação revisional de contrato bancário. Cumprimento de sentença. Impugnação. Rejeição. Ausência de indicação dos valores que reputam devidos, acompanhados de demonstrativo de cálculo. Excesso de execução. Inobservância do disposto no art. 525, §§ 4º e 5º, do CPC. Decisão mantida. Recurso desprovido".
TJSP, Agravo de Instrumento 2107359-82.2017.8.26.0000, Rel. Des. Vianna Cotrim, j. 24.08.2017: Ação de despejo por falta de pagamento e cobrança Cumprimento de sentença Impugnação Falta de apresentação de demonstrativo discriminado e atualizado do valor devido Art. 525, §§ 4º e 5º do CPC/2015 Rejeição liminar – Agravo improvido.

86 Heitor Sica, ob. cit., advertindo que não prevalece, no regime do CPC/2015, entendimento do STJ negando tal possibilidade de emenda pelo credor.

---

85 TJSP, Agravo de Instrumento 2128983-90.2017.8.26.0000, Rel. Des. Afonso Bráz, j.

explicada por critérios de competência que são escolhidos pelo credor, podendo optar pelo juízo onde se processou a demanda originária, ou pelo local onde o devedor possui bens ou ainda o local onde deve ser cumprida a obrigação de fazer, não fazer ou entrega de coisa (art. 516, parágrafo único).

Por fim, a impugnação é cabível para a alegação de causa modificativa ou extintiva da obrigação, isto é, causas que impactam na relação de direito material, tal qual fixada e estabilizada na decisão transitada em julgado. A lei cuida de trazer alguns exemplos, como o pagamento, a novação, a compensação, a transação ou a prescrição, que são os mais comumente verificados, mas que não excluem todas as hipóteses. Em todos os casos, estes fenômenos devem ter ocorrido após a sentença. Se ainda na fase de conhecimento ocorrer qualquer deles, a alegação será feita ao juiz, sob pena de preclusão. Transitado em julgado uma sentença que reconheça uma dívida, porque o réu se omitiu quanto à alegação da prescrição, ou compensação, estes argumentos ficam no passado e não poderão ser trazidos em sede de impugnação[87].

Também neste tópico, é importante ressalvar que tais alegações poderão ser feitas depois, em petição avulsa, porque, no mais das vezes, tais eventos ocorrerão após ter decorrido o prazo para impugnação.

---

[87] STJ, AgInt no Agravo de Instrumento 1.400.631-PR, Rel. Min. Marco Buzzi, j. 07.06.2016: "Agravo interno no agravo de instrumento – Impugnação ao cumprimento de sentença – Decisão monocrática da lavra deste signatário que acolheu o agravo para conhecer em parte do recurso especial e, nessa extensão, negou-lhe provimento. Irresignação da executada. (...) 2.1. Na espécie, embora a transação tenha ocorrido após a fase de conhecimento da demanda, a questão afeta à sua validade foi objeto de decisão não recorrida no tempo oportuno, de modo que, à luz do art. 473 do CPC/1973 (atual 507 do CPC/2015), não poderia a insurgente rediscutir a questão em sede de impugnação ao cumprimento de sentença. 3. Tendo em vista a manutenção da preclusão reconhecida pelas instâncias ordinárias, mostra-se prejudicado o exame da alegada validade da transação entabulada entre as partes. 4. Agravo interno desprovido".

4. Alegação de questões supervenientes por simples petição avulsa

Em certa medida trazendo para o plano legislativo a figura denominada "exceção de pré-executividade", o Código corretamente contempla uma oportunidade para alegações supervenientes, sob a premissa de que certas circunstâncias podem surgir após já decorrido o prazo para impugnação. Nesses casos, no prazo preclusivo de 15 dias, contado da ciência do fato ou da intimação do ato que lhe der origem, deverá o devedor submeter a questão ao juiz da causa[88].

Por exemplo, a penhora incorreta ou avaliação errônea são itens que, em termos reais, dificilmente serão invocadas já na impugnação. Nos 30 dias em que ela será apresentada, não terá havido penhora ou avaliação. Em decisão recente, o Tribunal de Justiça de São Paulo deixou de apreciar a alegação superveniente em relação à penhora realizada após a apresentação da impugnação, por vício formal na sua apresentação[89]. O devedor apresentou manifestação sob a forma de embargos à execução, o que gerou a rejeição liminar da petição inicial. Há aqui um duplo equívoco. Primeiro, o de indeferir liminarmente a petição, sem abrir vista ao executado para corrigir o defeito formal de sua petição. Segundo, o de desconsiderar o espírito da lei, que despreza as irregularidades formais e mira na obtenção dos efeitos substanciais dos atos do processo. O devedor claramente se insurgiu contra a penhora superveniente. Na medida em que o § 11 prevê manifestações por simples petição, bastava ao Judiciário considerar a manifestação denominada embargos à execução como tal, processá-la nos termos deste § 11 e examinar a

---

[88] Como teve a oportunidade de decidir o Superior Tribunal de Justiça: "Efetuada a penhora na fase do cumprimento de sentença e tendo o patrono do devedor tomado ciência inequívoca do ato com a retirada do processo em carga, se mostra preclusa a alegação de nulidade de sua intimação no curso do processo, porque o incidente foi manejado fora do prazo de 15 dias (art. 475-J, § 1º do CPC/73 e art. 525 do NCPC)" (STJ, Recurso Especial 1.641.610/GO, Rel. Min. Moura Ribeiro, j. 13.06.2017).

[89] TJSP, Agravo de Instrumento 2087093-74.2017.8.26.0000, Rel. Des. Elcio Trujillo, j. 15.08.2017.

Art. 525

alegação de fundo, a respeito da legalidade ou não da penhora levada a efeito.

Decisões dessa natureza revela as dificuldades que ainda são encontradas, fruto de excesso de formalismo e da visão exagerada dos ritos e formas processuais, que acabam por excluir do jurisdicionado a possibilidade de ver examinados os seus pleitos.

5. Atribuição de efeitos suspensivo à impugnação

O CPC regula de forma bem mais adequada a prática dos atos executivos, conciliando-os da melhor forma possível com a necessidade de assegurar ao devedor o direito de defesa. Principia dizendo que a impugnação não exclui nem impede a prática de uma série de atos por parte do credor, como a penhora de bens e sua substituição, reforço ou redução, a avaliação dos bens e, em certos casos, até mesmo a expropriação.

Nesse sentido, o CPC abre espaço para a atuação simultânea do credor, na prática de atos para a satisfação do seu crédito, e do devedor, para a sua defesa e invocação de eventuais excessos que decorram do cumprimento de sentença. Mesmo que ocorra a concessão do efeito suspensivo, ele recai sobre os atos de expropriação, não sobre o andamento da execução. Há ainda uma ulterior limitação da abrangência do efeito suspensivo. No plano objetivo, caso ele seja concedido de forma parcial, a parte do cumprimento não afetada terá seguimento regular. No plano subjetivo, se o motivo da suspensão disser respeito apenas a alguns dos litisconsortes, a execução prossegue quanto aos demais.

Enquanto o devedor apresenta a impugnação e esta é processada, o credor pode requerer e obter a penhora, avaliar o bem e, inexistente efeito suspensivo, pode até mesmo realizar a adjudicação ou venda do bem, por mecanismos variados (iniciativa particular, venda eletrônica, praça pública etc.). O mero fato de o devedor impugnar não gera a suspensão do cumprimento de sentença. Ao contrário, a lei exige a ocorrência de quatro requisitos, simultâneos, para que se suspenda a execução.

Primeiro, (i) o executado deve requerer a atribuição do efeito suspensivo (§ 6º), o que poderá fazer se (ii) o juízo estiver garantido por meio de penhora, caução ou depósito (§ 6º), (iii) se identificar relevância nos argumentos trazidos na impugnação e, adicionalmente, (iv) houver *periculum in mora*.

A análise dos fundamentos para a suspensão será feita a partir dos requisitos da tutela provisória, por força da remissão que é reciprocamente feita do processo de conhecimento ao processo de execução, mas também pelo fato de que é daquela disciplina que se extraem os conceitos também aqui adotados, de "fundamentos relevantes" para o deferimento do pedido de efeito suspensivo e de "grave dano de difícil ou incerta reparação".

O legislador adotou um modelo restritivo, que como regra não permite a concessão de efeito suspensivo pelo mero fato de a impugnação ser ofertada. É preciso que as razões sejam relevantes e, em qualquer caso, não se cogita de suspender sem que tenha havido penhora ou garantia do juízo[90]. De outro lado, ofertada a garantia, que pode consistir em bens móveis ou imóveis, fianças ou seguro garantia, o juiz apreciará a idoneidade da garantia, podendo suspender a execução ainda que o credor rejeite os bens oferecidos[91].

6. Prosseguimento, mesmo com efeito suspensivo, em caso de caução pelo credor

A lei contempla outra novidade, também com foco na efetividade do procedimento. Nos

---

90 Nesse sentido, as decisões proferidas pelo Tribunal de Justiça de São Paulo no Agravo de Instrumento 2117416-62.2017.8.26.0000, Rel. Des. Carlos Alberto Garbi, j. 29.08.2017 e no Agravo de Instrumento 2071581-51.2017.8.26.0000, Rel. Des. Coutinho de Arruda, j. 28.08.2017. Também Agravo de Instrumento 2132845-69.2017.8.26.0000, Rel. Des. Lino Machado, j. 02.08.2017.

91 "Cumprimento de sentença. Impugnação oposta pela ré, recebida com efeito suspensivo – Efeito suspensivo deferido diante de seguro garantia judicial. Critério 'ope iudicis' – Seguro garantia judicial admitido na lei processual como substituto da penhora, contanto que o valor seja igual ao do débito, mais 30%. Crítica da ré de ordem subjetiva, fundada na inidoneidade da seguradora. Inadmissibilidade, se a seguradora está autorizada a funcionar – Efeito suspensivo que não obsta a substituição da garantia ou o reforço, contanto que motivados (§ 7º do art. 525, do novo CPC), ou o prosseguimento da execução, desde que mediante caução idônea a ser arbitrada pelo juiz (§ 10). Recurso desprovido" (TJSP, Agravo de Instrumento 2032005-51.2017.8.26.0000, Rel. Des. Cerqueira Leite, j. 21.06.2017).

termos do § 10, mesmo diante da prévia concessão de efeito suspensivo, o exequente pode prestar caução para permitir o prosseguimento da execução.

Na medida em que a caução pode ser prestada por diferentes modalidades, pode ocorrer, em termos práticos, que o credor que possua bens com menor liquidez possa oferecê-los em garantia, conseguindo assim a expropriação de bens com maior liquidez ou o levantamento de dinheiro.

7. Inexigibilidade do título fundado em lei declarada inconstitucional

Nas reformas processuais ao CPC/1973, a Lei 11.232, de 2005, modificou o então art. 475-L, § 1°, do CPC/1973, para adicionar a possibilidade aqui tratada. O cumprimento de sentença de um título judicial transitado em julgado poderia ser obstado se a condenação tivesse sido baseada em texto legal que viesse a ser declarado inconstitucional. Nesta figura legal, considera-se que o título executivo retrata uma obrigação que perde a característica da exigibilidade, daí por que se torna inviável o seu cumprimento.

Cuidava-se de hipótese de verdadeira flexibilização da coisa julgada, sem necessidade de ajuizamento de ação rescisória. Tratou-se de escolha do legislador, em tese amparada na necessidade de se prestigiar a característica específica do sistema jurídico de permitir um controle de constitucionalidade por todos os juízes. Na prática, tal novidade certamente foi inspirada no interesse de proteger a Fazenda Pública, ainda e depois do trânsito em julgado, subvertendo o modelo tradicional, que estabelece a coisa julgada material como o marco processual a partir do qual as decisões são imutáveis e devem ser cumpridas, ressalvada a possibilidade de manejo da ação rescisória em casos específicos.

No modelo do CPC, esta figura é aprimorada, passando ao texto legal diversos pontos que eram polêmicos no sistema anterior. O dispositivo ainda merece críticas, mas constitui uma versão melhor do que seu modelo antecedente. De especial destaque, o fato de que o modelo em vigor equilibra aqueles valores e enfatiza a preponderância da coisa julgada. Se a decisão exequenda transitar em julgado, ela poderá ser objeto do cumprimento sem restrições. A superveniência de decisão do STF declarando inconstitucional a lei que a embasa não autorizará

o desfazimento ou a extinção do cumprimento, mas autorizará o devedor a se valer da ação rescisória para desconstituir o título.

Dessa forma, para a aplicação desta hipótese, devem ser presentes os seguintes elementos: (i) a decisão judicial deve ter sido baseada de forma preponderante em texto de lei ou ato normativo; (ii) esta mesma decisão não pode ainda ter transitado em julgado, (iii) o julgamento que reconheça a inconstitucionalidade somente pode ser proferido pelo Supremo Tribunal Federal, tanto no controle concentrado, como no difuso.

O controle difuso de constitucionalidade, que compete a todos os juízes, é aquele realizado de forma incidental, no qual uma determinada norma é isolada e casuisticamente tida por inconstitucional, como fundamento para o acolhimento ou rejeição de um determinado pedido. Não se retira eficácia daquela norma em termos gerais, ela não é retirada do ordenamento jurídico e a declaração de sua inconstitucionalidade nem mesmo consiste no pedido principal da demanda. Juízes de primeiro grau, tribunais de segundo grau e também os Tribunais Superiores podem realizar tal controle difuso. No caso do Supremo Tribunal Federal, isso é feito no julgamento de recursos extraordinários e outras modalidades recursais, cujos objetos sejam a reforma ou anulação de decisões judiciais concretas, provenientes de instâncias inferiores.

O controle concentrado é aquele realizado precípua e exclusivamente pelo Supremo Tribunal Federal, com o propósito de examinar e declarar a (in)constitucionalidade de leis ou textos normativos, o que é feito por meio de ações específicas, como a Ação Direta de Constitucionalidade, Ação Direta de Inconstitucionalidade, Ação de Descumprimento de Preceito Fundamental etc.

8. Modulação dos efeitos da lei declarada inconstitucional

Também como forma de aprimoramento do anterior texto legislativo, a lei contempla a possibilidade de modulação dos efeitos da decisão do Supremo Tribunal Federal, que reconheça a inconstitucionalidade de lei ou ato normativo.

O dispositivo é importante, mas impossível não observar que se trata de norma redundante e mal localizada. Isso porque a modulação dos efeitos das suas decisões sobre inconstitucionalidade de leis é possível, pelo Supremo Tribunal Federal, em todas as hipóteses de controle concentrado de constitucionalidade, não apenas para decisões que possam ter impacto em cumprimentos de sentença em andamento. Basta lembrar o exemplo da decisão que reconheceu inconstitucional certa lei sobre a organização de um poder legislativo municipal, mas que modulou os efeitos para determinar a redução do número de vereadoras apenas a partir da eleição subsequente, preservando assim os efeitos jurídicos da votação anterior[92].

Segundo, porque pode dar a entender que esta modulação deva ser feita pelo juiz da execução, e não pelo próprio Supremo Tribunal Federal. Ao juiz competente para o cumprimento de sentença cabe tão somente acolher a impugnação eventualmente oferecida, ou a alegação feita em momento subsequente, a teor do art. 525, § 11[93], para considerar inexigível um título nas circunstâncias estabelecidas neste dispositivo. A eventual modulação dos efeitos da decisão, levada a efeito pelo STF, interferirá no conteúdo e na abrangência desta inexigibilidade, que será meramente reconhecida e declarada pelo juiz da causa.

9. Título executivo transitado em julgado. Desconstituição apenas pela via da ação rescisória

Como importante ferramenta para a segurança e previsibilidade das relações jurídicas, inclusive e em especial aquelas que decorrem de decisões de natureza jurisdicional, o § 15 do artigo prescreve um limite temporal importante. Se a decisão objeto do cumprimento já tiver transitado em julgado, e posteriormente sobrevier uma declaração de inconstitucionalidade que a afete, a coisa julgada material prevalecerá, autorizando a execução do julgado normalmente.

Nesta hipótese, o sistema volta a operar com as suas ferramentas tradicionais. Decisões transitadas em julgado podem ser excepcionalmente desafiadas pela via da ação rescisória, de iniciativa do vencido, proposta no prazo da lei[94].

Quanto ao prazo há uma ulterior modificação, adaptação daquela técnica para esta situação concreta. Regra geral, o prazo de dois anos é contado da data em que ocorreu o trânsito em julgado. Como a decisão que reconhece a inconstitucionalidade pode vir a ser proferida mais de dois anos depois da coisa julgada material, a lei cria uma adaptação para este caso e fixa a data de início do prazo não do trânsito, mas da decisão do STF que declarou a inconstitucionalidade da lei ou ato normativo.

A previsão é altamente criticável, porque mantém uma "janela do tempo" muito mais ampla para esta situação específica, criando uma instabilidade nas relações que não se compatibiliza com os valores envolvidos. A concepção da coisa julgada é diretamente associada à segurança jurídica, à necessidade de estabilização de relações jurídicas. O dispositivo desequilibra esse modelo, enfatizando uma situação específica, de uma eventual execução injusta, porque baseada em lei posteriormente considerada inconstitucional, em detrimento de muitas outras situações potencialmente injustas, que não merecem a mesma proteção legal.

A norma não chega a ser inconstitucional, mas é tecnicamente equivocada, inconveniente e inoportuna.

> **Art. 526.** É lícito ao réu, antes de ser intimado para o cumprimento da sentença, comparecer em juízo e oferecer em pagamento o valor que entender devido, apresentando memória discriminada do cálculo.
>
> **§ 1º** O autor será ouvido no prazo de 5 (cinco) dias, podendo impugnar o valor depositado, sem prejuízo do levantamento do depósito a título de parcela incontroversa.
>
> **§ 2º** Concluindo o juiz pela insuficiência do depósito, sobre a diferença incidirão multa de dez por cento e honorários advocatícios, também fixados em dez por cento, seguindo-se a execução com penhora e atos subsequentes.
>
> **§ 3º** Se o autor não se opuser, o juiz declarará satisfeita a obrigação e extinguirá o processo.

▶ *Sem correspondência no CPC/1973*

---

92 STF, ADIn 2.240, Rel. Min. Eros Grau, j. 03.08.2007.

93 Teresa Arruda Alvim Wambier et al., p. 875-876.

94 E não por mera ação declaratória ou de *querela*

nulitatis, como decidiu o STJ no AgInt nos Embargos de Divergência em Agravo em Recurso Especial 44.901/PR.

1. Pagamento voluntário pelo devedor, para evitar a instauração do cumprimento de sentença

O art. 526 traz uma hipótese louvável, mas improvável, de o próprio devedor tomar a iniciativa de pagar desde logo o valor determinado na sentença. Improvável não por uma consideração de que os devedores são insolventes ou resistentes às ordens judiciais (muitos são, mas não todos), mas por uma questão prática.

Se o cumprimento de sentença pode ser iniciado pelo credor, concedendo-se 15 dias para pagamento, sem ônus adicionais, possivelmente o devedor irá esperar essa iniciativa, para pagar o valor proposto pelo credor, ou eventualmente depositar parcela menor, incontroversa, reclamando do excesso.

O dispositivo, assim, será mesmo útil caso o credor demore para iniciar o cumprimento de sentença, na medida em que ao devedor interesse se livrar da incidência de correção e juros sobre a condenação.

Observe-se que o mecanismo foi contemplado para permitir ao devedor pagar desde logo a dívida correta, não como uma faculdade para o executado depositar um valor qualquer que entenda devido. Deve sempre ser respeitado o título judicial.

No mais, este procedimento se assemelhará à consignação em pagamento, pois começa por iniciativa do devedor, que realiza o depósito e intima o credor a se manifestar. Tratando-se de valor que o vencido já entende dever, a quantia pode ser desde logo levantada, sem necessidade de outras formalidades, nem muito menos caução[95].

Efetuado o depósito e intimado o credor para falar em cinco dias, surgem três alternativas: (i) concordar com o valor, levantando a quantia desde logo e extinguindo o processo; (ii) impugnar o valor depositado, hipótese em que as partes debaterão acerca do valor correto, com decisão subsequente do juiz, sem prejuízo de já levantar o depósito, posto que componente da parcela incontroversa da execução (§ 1º); ou (iii) silenciar a respeito do depósito, quando também será considerada satisfeita a dívida (§ 3º).

Se for constatada a existência de diferenças, a lei prevê a incidência de multa e honorários advocatícios. Entendo que tais encargos devem incidir apenas depois de o devedor ser intimado a recolher a diferença. Esta medida privilegia a boa-fé demonstrada pelo devedor, que tomou a iniciativa de cumprir a obrigação, além de equiparar a hipótese àquela normal, em que o devedor fica inerte e aguarda ser provocado[96].

> **Art. 527.** Aplicam-se as disposições deste Capítulo ao cumprimento provisório da sentença, no que couber.

▶ *Sem correspondência no CPC/1973*

1. Referência cruzada entre o cumprimento de sentença provisório e definitivo

O art. 520, *caput*, afirma que o cumprimento provisório da sentença sucede da mesma forma que o definitivo, enquanto este dispositivo afirma que as disposições do cumprimento definitivo se aplicam ao cumprimento provisório.

As mudanças fundamentais entre um e outro regime são reguladas no próprio art. 520,

---

95 TJSP, Agravo de Instrumento 2065545-90.2017.8.26.0000, Rel. Des. Nelson Jorge Júnior, j. 30.08.2017: "Cumprimento de sentença. Ação indenizatória. Sentença de parcial. Procedência. Requerido que se conforma, em parte, com a sentença, depositando valor incontroverso, para cumprimento voluntário e parcial da sentença. Exigência de instauração de cumprimento de sentença e prestação de caução, para levantamento. Impossibilidade. Inteligência do art. 526, do novo Código de Processo Civil. Tendo o requerido, depois da prolação de sentença de parcial procedência em ação indenizatória, se

prontificado a cumprir voluntariamente e parcialmente a sentença, depositando nos autos o valor incontroverso, não é devida a exigência, pelo juiz, de instauração de cumprimento de sentença e prestação de caução, para levantamento do depósito pelo requerente, por se tratar de cumprimento voluntário e definitivo, embora parcial, da sentença. Recurso provido".

96 Em sentido contrário, impondo multa e honorários desde logo: TJSP, Agravo de Instrumento 2102734-05.2017.8.26.0000, Rel. Des. J. L. Mônaco da Silva, j. 09.08.2017.

Art. 528

ao qual se remete o leitor. Em resumo, as diferenças fundamentais são que (i) exige-se iniciativa do credor/exequente; (ii) que se responsabiliza pelos prejuízos que causar, objetivamente, na hipótese de posterior revogação da decisão, cuja liquidação se dará nos mesmos autos, perante o mesmo juiz do cumprimento provisório; (iii) o depósito do valor em execução é necessário para evitar a incidência de multa e honorários advocatícios; (iv) o levantamento de quantia em dinheiro ou a prática de atos de expropriação só podem ocorrer mediante caução idônea, ou nas excepcionais hipóteses em que ela é dispensada.

CAPÍTULO IV
DO CUMPRIMENTO DE SENTENÇA QUE RECONHEÇA A EXIGIBILIDADE DE OBRIGAÇÃO DE PRESTAR ALIMENTOS

Art. 528. No cumprimento de sentença que condene ao pagamento de prestação alimentícia ou de decisão interlocutória que fixe alimentos, o juiz, a requerimento do exequente, mandará intimar o executado pessoalmente para, em 3 (três) dias, pagar o débito, provar que o fez ou justificar a impossibilidade de efetuá-lo.

§ 1º Caso o executado, no prazo referido no *caput*, não efetue o pagamento, não prove que o efetuou ou não apresente justificativa da impossibilidade de efetuá-lo, o juiz mandará protestar o pronunciamento judicial, aplicando-se, no que couber, o disposto no art. 517.

§ 2º Somente a comprovação de fato que gere a impossibilidade absoluta de pagar justificará o inadimplemento.

§ 3º Se o executado não pagar ou se a justificativa apresentada não for aceita, o juiz, além de mandar protestar o pronunciamento judicial na forma do § 1º, decretar-lhe-á a prisão pelo prazo de 1 (um) a 3 (três) meses.

§ 4º A prisão será cumprida em regime fechado, devendo o preso ficar separado dos presos comuns.

§ 5º O cumprimento da pena não exime o executado do pagamento das prestações vencidas e vincendas.

§ 6º Paga a prestação alimentícia, o juiz suspenderá o cumprimento da ordem de prisão.

§ 7º O débito alimentar que autoriza a prisão civil do alimentante é o que compreende até as 3 (três) prestações anteriores ao ajuizamento da execução e as que se vencerem no curso do processo.

§ 8º O exequente pode optar por promover o cumprimento da sentença ou decisão desde logo, nos termos do disposto neste Livro, Título II, Capítulo III, caso em que não será admissível a prisão do executado, e, recaindo a penhora em dinheiro, a concessão de efeito suspensivo à impugnação não obsta a que o exequente levante mensalmente a importância da prestação.

§ 9º Além das opções previstas no art. 516, parágrafo único, o exequente pode promover o cumprimento da sentença ou decisão que condena ao pagamento de prestação alimentícia no juízo de seu domicílio.

▶ *Referência: CPC/1973 – Arts. 732 e 733*

1. Cumprimento de decisão que fixa alimentos. Regime de máxima efetividade

Esta seção do Código não regula tão somente o cumprimento definitivo de sentença de alimentos, mas também o cumprimento provisório de decisões que fixem alimentos, ou seja, em diferentes fases e graus de cognição. O CPC estabeleceu um regime jurídico único para estas decisões, o que evidentemente não interfere no fato de que decisões interlocutórias ensejarão o cumprimento provisório, ao passo que as sentenças transitadas em julgado disparam o cumprimento definitivo. Mas como será visto, a principal caraterística de tais cumprimentos – a prisão civil do devedor – se aplica indistintamente aos dois regimes.

A razão para este regime especial é dupla. Primeiro, a relevância dos direitos em questão. A prestação alimentícia, devida nas relações familiares, compõe o núcleo essencial do que cada indivíduo necessita para o atendimento às suas necessidades fundamentais, o valor indispensável à manutenção da pessoa, à sua subsistência digna[97]. Por isso tem recebido disciplina específica, com carga de eficácia muito maior, não apenas, mas principalmente pela possibilidade de prisão civil do devedor.

---

[97] Teresa Arruda Alvim Wambier et al., *Primeiros comentários ao NCPC*, São Paulo: Revista dos Tribunais, 2015, p. 879.

Os traços fundamentais desse regime são: (i) devedor é intimado a pagar em três dias, (ii) o não pagamento enseja a prisão civil, pelo prazo máximo de 90 dias, (iii) admite-se penhora do bem de família e do salário do devedor de alimentos, bem como desconto da prestação em folha de pagamento, (iv) a defesa do devedor é limitada, podendo afastar a obrigação apenas em caso de demonstração efetiva da impossibilidade de efetuar o pagamento, (v) não só a sentença transitada em julgado, mas também a decisão interlocutória que fixa os alimentos poderá ser protestada (art. 528, *caput*).

Aliás, em decisão já sob a vigência do CPC atual, o Superior Tribunal de Justiça reconheceu a possibilidade não apenas do protesto da decisão, inovação trazida pelo CPC/2015, mas também a inscrição do nome do devedor de alimentos nos cadastros de proteção ao crédito[98].

Os alimentos podem ser fixados por (i) sentença e decisão interlocutória; (ii) escritura e por (iii) acordo extrajudicial (art. 13 do Estatuto do Idoso). O seu regime de execução é previsto tanto nas seções sobre cumprimento de sentença, como no Livro dedicado ao processo de execução extrajudicial (arts. 911-913), em disposições que se complementam, dada a dupla remissão feita pelos arts. 513 e 771, parágrafo único.

2. Aspectos do procedimento

Os diversos parágrafos deste dispositivo regulam muitos aspectos do procedimento da demanda de alimentos. A seguir, um resumo dos temas mais relevantes.

Como nas demais modalidades, o cumprimento da prestação alimentícia se inicia com o requerimento do exequente, também aqui não se admitindo providências de ofício por parte do magistrado[99]. O devedor será intimado

pessoalmente para pagar o débito, no prazo de três dias. Sobre a intimação, duas observações. Primeiro, trata-se de intimação porque presumivelmente o devedor já terá sido citado para os termos da ação. Isso ocorrerá em todos os casos de cumprimento de sentença, bem como em diversas situações de cumprimento de decisões interlocutórias.

Vale a ressalva, porém, de que os alimentos podem ser fixados por decisão liminar, exigindo-se nestes casos a citação do réu para responder aos termos da ação e a sua intimação dos termos da liminar concedida[100]. Segundo, o regime da intimação é propositadamente diferente das demais intimações ao cumprimento de sentença. Aqui ela é feita pessoalmente, sempre ao próprio devedor, e não na pessoa do seu advogado. A mudança se explica porque a sanção pelo não acatamento da ordem de pagamento é severa, afeta a liberdade do indivíduo, por isso ele deve ser pessoalmente advertido de tais consequências.

Realizada a intimação, o devedor pode adotar três diferentes comportamentos: (i) pagar a quantia devida; (ii) provar que já a pagou, juntando o comprovante do pagamento aos autos; (iii) justificar a impossibilidade de realizá-lo.

Sobre esta possível defesa, vale ponderar que o dispositivo legal é bastante rigoroso, pois exige a demonstração da impossibilidade absoluta do pagamento (§ 2º), o que se explica pelo caráter coercitivo dessas normas e da própria prisão. O sistema é rigoroso para evitar que haja o descumprimento.

De outro lado, a lei processual, corretamente, não traz qualquer parâmetro do que possa ser uma justificativa aceitável. A esse respeito, Paulo Lôbo afirma que "não poderá haver a cominação da prisão civil se o inadimplemento for involuntário ou se houver causa

---

98 STJ, Recurso Especial 1.469.102/SP, Rel. Min. Ricardo Villas Bôas Cueva, j. 08.03.2016.

99 Promovida a iniciativa pela parte, o processo passa a ser movimentado por impulso oficial. Nesse sentido, correta a decisão do Tribunal de Justiça de São Paulo, ao reformar decisão que remeteu ao arquivo processo de alimentos por falta de indicação de bens penhoráveis: "Execução de alimentos – Art. 528, § 8º, NCPC. Ordem de suspensão do feito por falta de indicação de bens penhoráveis e imposição de diligências

pela credora. Descabimento. Elevados interesses envolvidos no feito que justificam a tomada de providências pelo juízo da causa na busca da satisfação do crédito alimentar. Agravo provido" (TJSP, Agravo de Instrumento 2127422-65.2016.8.26.0000, Rel. Des. Galdino Toledo Júnior, j. 31.01.2017).

100 Fruto de diferentes leis e momentos em que os alimentos podem ser fixados, eles costumam ser classificados em definitivos, provisionais e provisórios; legais, voluntários e indenizatórios.

Art. 528

escusável. Por exemplo, se o alimentante for autônomo, vivendo de sua própria produção, que ficou comprometida em razão de acidente que o deixou hospitalizado, comprometendo seus rendimentos"[101].

Isso se dá porque é no direito de família que isso se resolve, à luz dos conceitos de possibilidade de quem presta os alimentos e necessidade de que os recebe, o que, por sua vez, também exige uma consideração muito particular de cada situação concreta. Assim, a partir de conceitos jurídicos vagos, o juiz analisará se a justificativa apresentada é adequada ou não.

Nesse sentido, o TJSP decidiu, no âmbito de execução de alimentos, que até mesmo exoneração da obrigação de prestar alimentos para filhos maiores de idade não se dá de forma automática, de modo que a maioridade *per se* não constitui justificativa no sentido do art. 528 para fins de exoneração[102].

A demanda pode ser proposta em todas as opções indicadas no art. 516, parágrafo único, acrescidas de uma, prevista no § 9º do art. 528, correspondente ao foro onde se localiza o seu domicílio. Também nesse aspecto, observa-se o regime diferenciado da execução de alimentos, com diferentes técnicas para promover a efetividade e assegurar a obtenção do resultado desejado pelo direito material, na maior extensão possível.

3. Execução de alimentos pelo rito especial e/ou pelo rito comum

A lei processual trabalha com dois regimes jurídicos distintos. O mais efetivo deles, que contempla a prisão civil, é restrito às três prestações vencidas anteriores ao ajuizamento da demanda. Assim, se o devedor interrompe os pagamentos em janeiro, a ação deve ser proposta até abril do mesmo ano, para poder se enquadrar no regime do art. 528. É claro, porém, que após o ajuizamento da demanda, as prestações vencidas no curso também serão incluídas neste mesmo regime[103].

Se as prestações vencidas são anteriores a três meses, a lei, incorporando entendimentos sedimentados na jurisprudência[104], considera que seu regime deve ser o das obrigações em geral. A distinção da lei se baseia na consideração, de cunho pragmático, de que as prestações vencidas há mais tempo perdem sua natureza alimentar, pois de alguma forma o credor pode sobreviver sem elas, tanto que nem iniciou a demanda para exigi-las. Quanto a estas, será aplicado o regime normal de cumprimento, com a citação do devedor a pagar em 15 dias, sob pena de penhora de seu patrimônio.

A adoção do segundo regime, de execução nos moldes gerais, pode também ocorrer por escolha do credor de alimentos, conforme autorização do § 8º. Há duas ressalvas importantes: (i) nesta opção, o credor abre mão da possibilidade de prisão civil do devedor e (ii) caso ocorra penhora ou depósito de dinheiro, o credor pode efetuar o levantamento mensalmente, ainda que tenha sido atribuído efeito suspensivo à impugnação.

Dessa forma, quanto às prestações mais antigas, a única alternativa é o cumprimento de sentença pelo procedimento geral; quanto às três últimas, o credor pode optar por um dos dois regimes, pois, em geral, haverá prestações anteriores a três meses, juntamente com prestações mais recentes, o credor deverá promover os dois cumprimentos simultaneamente, uma especial (para os três últimos meses) e uma normal (para os débitos anteriores).

4. Prisão civil do devedor

A prisão por conta de dívidas é medida absolutamente excepcional em nosso sistema jurídico. Apenas a dívida de prestação alimentícia, derivada de relações familiares, autoriza semelhante medida, e mesmo assim com limitação a três meses. Todas as demais

---

101 Paulo Lôbo, *Direito civil* – famílias, 4. ed., São Paulo: Saraiva, 2011, p. 395.

102 TJSP, Agravo de Instrumento 2034355-12.2017.8.26.0000, Rel. Des. Alcides Leopoldo e Silva Júnior, j. 17.05.2017.

103 TJSP, Agravo de Instrumento 2233096-

32.2016.8.26.0000, Rel. Des. Mary Grün, j. 26.06.2017.

104 Súmula 309 do STJ: "O débito alimentar que autoriza a prisão civil do alimentante é o que compreende as três prestações anteriores ao ajuizamento da execução e as que se vencerem no curso do processo". TJSP, Agravo de Instrumento 2017910-16.2017.8.26.0000, Rel. Des. Egidio Giacoia, j. 23.08.2017.

modalidades de obrigação civil são processadas segundo o modelo típico, em que a execução recai sobre o patrimônio do devedor, não sobre sua pessoa.

No cumprimento de prestações alimentícias, a prisão depende de expresso pedido do credor, sendo vedada sua decretação de ofício. Intimado pessoalmente, se o devedor não efetuar o pagamento ou justificar sua impossibilidade absoluta, a prisão será decretada, pelo período máximo de três meses[105], sendo que a dívida continuará a correr neste período. Tendo ou não sido feito o pagamento, após esse prazo o devedor será libertado. O legislador adota esse modelo não como forma de punição pelo ilícito praticado, ou porque o devedor deva ser retirado do convívio social, mas como ferramenta de coerção, como uma ameaça, que interferirá no psicológico do devedor e o fará cumprir a obrigação que, em termos ideais, ele deveria cumprir voluntariamente.

A prisão será cumprida no regime fechado, mas justamente por não se tratar de prisão criminal, a ela não se aplicam disposições típicas da legislação penal, como a que admite progressão da pena ou sua substituição por outras penas[106-107]. De outro lado, o devedor de alimentos deverá ser mantido separado dos presos comuns, isto é, dos que cumprem pena por ilícitos penais (§ 4º).

> **Art. 529.** Quando o executado for funcionário público, militar, diretor ou gerente de empresa ou empregado sujeito à legislação do trabalho, o exequente poderá requerer o desconto em folha de pagamento da importância da prestação alimentícia.
>
> **§ 1º** Ao proferir a decisão, o juiz oficiará à autoridade, à empresa ou ao empregador, determinando, sob pena de crime de desobediência, o desconto a partir da primeira remuneração posterior do executado, a contar do protocolo do ofício.
>
> **§ 2º** O ofício conterá o nome e o número de inscrição no Cadastro de Pessoas Físicas do exequente e do executado, a importância a ser descontada mensalmente, o tempo de sua duração e a conta na qual deve ser feito o depósito.
>
> **§ 3º** Sem prejuízo do pagamento dos alimentos vincendos, o débito objeto de execução pode ser descontado dos rendimentos ou rendas do executado, de forma parcelada, nos termos do *caput* deste artigo, contanto que, somado à parcela devida, não ultrapasse cinquenta por cento de seus ganhos líquidos.

▸ *Referência: CPC/1973 – Art. 734*

---

105 O CPC/2015 revogou expressamente os arts. 16 a 18 da Lei de Alimentos – Lei 5.478/1968 –, mas não o art. 19, que fala expressamente no prazo máximo de 60 dias para prisão civil do devedor. A doutrina debate a respeito de qual o prazo máximo deve prevalecer. Entendo que o CPC/2015, por ser lei posterior e, neste particular, dispor exatamente da mesma questão, prevalece sobre a lei anterior.

106 Rodolfo Kronemberg Hartmann, *Comentários ao novo Código de Processo Civil*, p. 838.

107 Em virtude da pandemia do coronavírus, o Conselho Nacional de Justiça editou a Recomendação nº 62, de 17.03.2020, com diversas orientações para evitar a propagação da infecção pelo novo coronavírus. Especificamente quanto às prisões por dívida alimentar, o art. 6º dispõe: "Recomendar aos magistrados com competência cível que considerem a colocação em prisão domiciliar das pessoas presas por dívida alimentícia, com vistas à redução dos riscos epidemiológicos e em observância ao contexto local de disseminação do vírus".

1. Pagamento da prestação alimentícia mediante desconto em folha de pagamento

O sistema jurídico brasileiro confere grande proteção ao trabalho e ao salário das pessoas, atribuindo-lhes um grande número de garantias e salvaguardas. Mas porque o dever de prestar alimentos e o direito de recebê-los gozam também de proteção jurídica, a medida de equilíbrio que se estabelece é a de permitir o desconto dos alimentos na folha de pagamento, excetuando a regra da impenhorabilidade dos salários (art. 833, § 2º).

Assim, o devedor cumpre sua obrigação, independentemente de sua vontade ou de atos materiais para o pagamento, ao passo que o credor goza da segurança quanto ao pagamento regular e pontual das prestações.

O dispositivo é tradicional em nosso ordenamento, mas o CPC inovou ao permitir não apenas o desconto das prestações vincendas, mas também das vencidas, desde que observado o limite de até 50% dos rendimentos salariais líquidos do executado. Cabem aqui algumas observações. Primeiro, o juiz deverá proceder com muita cautela na fixação do percentual do desconto, examinando em concreto a situação de possibilidade e necessidade[108], em especial se o devedor conseguirá fazer frente aos seus demais compromissos (não raro, com filhos de outros relacionamentos) diante de descontos de metade dos seus rendimentos.

Segundo, que os descontos não incidem apenas sobre o salário mensal, mas sobre outros componentes da remuneração, como décimo-terceiro salário, abonos, distribuição nos lucros etc.

Terceiro, que será sempre necessário observar as situações e arranjos familiares dos dias de hoje na definição do valor mensal ou do percentual de desconto. Na construção tradicional, a pensão alimentícia costumava ser fixada em até 30% dos rendimentos líquidos do devedor, sob uma premissa de que aproximadamente 1/3 dos rendimentos são utilizados pessoalmente pelo devedor (moradia, alimentação, educação, lazer etc.), 1/3 são necessários para o próprio desempenho do trabalho (vestuário, alimentação, deslocamento, capacitação etc.) e 1/3 podem, portanto, ser destinados ao pagamento de alimentos dos filhos e/ou cônjuges e companheiros.

É evidente que essas fórmulas genéricas pouco dizem em relação a cada situação concreta, porque afinal pode haver vários filhos, a condição econômica do alimentante pode ser precária, ou pode ser muito alta, de forma que mesmo o pagamento de valores elevados

não corresponda aos 30% tradicionalmente fixados[109].

Por tais razões, a praxe passou a consagrar a fixação em valores certos, ou quando menos a sua conversão em salários mínimos, o que garante a atualização permanente, sem necessidade de novas negociações ou decisões judiciais a respeito.

Seja como for, os dados completos do credor e do devedor, a conta para depósito, bem assim a explicação sobre os valores a serem pagos, a base de cálculo, as verbas em que incidem e todas as demais informações necessárias devem ser indicadas no ofício judicial expedido ao empregador.

Por fim, como forma de estimular o cumprimento de tais descontos por parte dos terceiros, a lei contempla o crime de desobediência aos que deixarem de proceder aos descontos (§ 1º).

> **Art. 530.** Não cumprida a obrigação, observar-se-á o disposto nos arts. 831 e seguintes.

▶ *Referência: CPC/1973 – Art. 735*

1. Frustração da execução pelo rito especial. Responsabilidade patrimonial permanece

Como visto antes, o credor pode optar por promover o cumprimento de sentença segundo

---

108 TJSP, Agravo de Instrumento 2043270-84.2016.8.26.0000, Rel. Des. Rômolo Russo, j. 06.07.2016: "Alimentandos menores impúberes. Necessidade presumível. Cotejo da necessidade dos menores com as possibilidades financeiras do genitor que autorizam a majoração dos alimentos provisórios ao valor equivalente a 30% da renda do alimentante, deduzida de Imposto de Renda e Contribuição Previdenciária. Alimentos. Pedido de desconto em folha de pagamento. Admissibilidade. Incidência do art. 529 do CPC".

109 De que é um bom exemplo o julgado abaixo: "Agravo de Instrumento. Fixação de alimentos. Alimentos arbitrados provisoriamente em favor dos três filhos no valor equivalente a 20% da renda líquida do alimentante. Arbitramento que tem por norte o binômio necessidade/possibilidade (art. 1.694, § 1º, do Código Civil). Alimentandos menores impúberes. Necessidade presumível. Cotejo da necessidade dos menores com as possibilidades financeiras do genitor que autorizam a majoração dos alimentos provisórios ao valor equivalente a 30% da renda do alimentante, deduzida de Imposto de Renda e Contribuição Previdenciária. Alimentos. Pedido de desconto em folha de pagamento. Admissibilidade. Incidência do art. 529 do CPC. Agravo provido" (TJSP, Agravo de Instrumento 2043270-84.2016.8.26.0000, Rel. Des. Rômolo Russo, j. 06.07.2016).

o modelo típico, de intimação do devedor para pagamento, sob pena de multa, seguida de penhora de bens. Pode adotar o duplo regime, sendo este para as parcelas vencidas há mais de três meses, e o regime especial para as mais recentes.

Caso o mecanismo da prisão civil não se revele suficiente para forçar o devedor ao adimplemento da prestação alimentícia, ou seja, caso o devedor venha a ser preso, permaneça por 90 dias em regime fechado, e mesmo assim não efetue os pagamentos, ele será solto e a dívida continuará sem ter sido paga.

Nestas situações, ainda que improváveis, a lei assegura ao credor a possibilidade de se valer dos meios tradicionais de execução, com penhora dos bens do devedor, avaliação, expropriação etc.

> **Art. 531.** O disposto neste Capítulo aplica-se aos alimentos definitivos ou provisórios.
>
> **§ 1º** A execução dos alimentos provisórios, bem como a dos alimentos fixados em sentença ainda não transitada em julgado, se processa em autos apartados.
>
> **§ 2º** O cumprimento definitivo da obrigação de prestar alimentos será processado nos mesmos autos em que tenha sido proferida a sentença.

▶ *Sem correspondência no CPC/1973*

1. Classificação dos alimentos

Como visto, há diferentes classificações para os alimentos, utilizadas não apenas para fins didáticos, mas em textos normativos. Quanto à sua origem, podem ser divididos em alimentos legítimos (art. 1.694, Código Civil), voluntários (negócio jurídico *inter vivos* ou *causa mortis*) e indenizatórios (arts. 948, II, e 950)[110].

Quanto à finalidade, os alimentos eram classificados em definitivos (possuem caráter permanente, embora possam ser revistos), provisórios (fixados liminarmente, a título de antecipação de tutela) e provisionais (determinados por ação cautelar), critério classificatório que evidentemente perdeu razão de ser, diante da

edição do atual CPC e da extinção do processo cautelar autônomo[111].

Por isso é que este dispositivo distingue apenas duas modalidades de alimentos, os definitivos e os provisórios[112]. Os primeiros decorrem da tutela jurisdicional ulterior e definitiva. Os alimentos provisórios são fixados por decisões liminares ou mesmo por decisões no curso do processo, mas em qualquer caso, em momento anterior à sentença. Contudo, a distinção perde relevância, na medida em que o regime de cumprimento dos alimentos é único, de forma que o rito especial, que conduz o devedor à pena de prisão, como já visto, é adotado também para os alimentos provisórios.

2. Execução de alimentos provisórios em autos apartados. Cumprimento de alimentos definitivos nos próprios autos

Há inúmeros dispositivos do CPC marcados para se tornar obsoletos em pouquíssimo tempo. Não obstante já editado em época de ampla informatização e existência de processo eletrônico, muitos dispositivos se reportam ainda aos conceitos de autos físicos, próprios do diploma processual antecedente.

A circunstância de o procedimento se desenvolver em autos próprios, originais ou apartados, carta de sentença etc., deixa de ser relevante nos processos eletrônicos. Nestes, prevalecem as funções dos sistemas eletrônicos de administração dos processos.

Em qualquer caso, as disposições dos §§ 1º e 2º regulam o procedimento para execução, fazendo a distinção básica e ao mesmo tempo correta, de considerar que a execução basea-

---

110 Teresa Arruda Alvim Wambier et al., *Primeiros comentários ao NCPC*, São Paulo: Revista dos Tribunais, 2015, p. 883.

111 Teresa Arruda Alvim Wambier et al., *Primeiros comentários ao NCPC*, São Paulo: Revista dos Tribunais, 2015, p. 883.

112 Vale notar que há uma série de julgados recentes em que as expressões "alimentos provisórios" e "alimentos provisionais" são utilizadas para se referir aos alimentos fixados em momentos anteriores à prolação de sentença, tais como, por exemplo: TJSP, Agravo de Instrumento 2019154-77.2017.8.26.0000, Rel. Des. José Aparício Coelho Prado Neto, j. 29.08.2017; TJSP, Agravo de Instrumento 2098862-79.2017.8.26.0000, Des. Rel. Djalma Lofrano Filho, j. 21.06.2017.

Art. 532

da em título provisório se processa em autos apartados, enquanto que a baseada em título definitivo (transitado em julgado) se desenvolve nos mesmo autos. Essas regras são as aplicáveis a todas as modalidades de cumprimento de sentença, sendo aqui explicitadas por finalidade meramente didática.

> **Art. 532.** Verificada a conduta procrastinatória do executado, o juiz deverá, se for o caso, dar ciência ao Ministério Público dos indícios da prática do crime de abandono material.

▶ *Sem correspondência no CPC/1973*

1. Generalidades

A legislação penal contempla um tipo específico, o do crime de abandono material (CP, art. 244, redação alterada pelo Estatuto do Idoso – Lei 10.741/2003), relativo ao desatendimento do dever de prestar assistência familiar. A primeira constatação relevante é que o âmbito de aplicação deste artigo é restrito aos alimentos legítimos, não aos alimentos decorrentes de atos ilícitos. Por força desta inovação, a investigação acerca da possível prática desta conduta pode ser disparada a partir da ação de alimentos.

Se o devedor não paga, resiste, adota comportamento de ocultação ou dilapidação do seu patrimônio, propõe-se demanda revisional com intuito revanchista, enfim, adota-se condutas de natureza procrastinatória, em que vise a tutelar seus interesses patrimoniais, em detrimento do atendimento às necessidades fundamentais do alimentando, e se for observado comportamento eivado de má-fé, o juiz cível deverá dar ciência de tais condutas ao Ministério Público. Isso, claro, sem prejuízo da possível caracterização deste mesmo comportamento como ato atentatório à dignidade da justiça, que é controlado pelo juiz da causa e pode ensejar a aplicação de multa ao devedor (art. 774).

A conduta do juiz não importa em condenação do réu ou atribuição de sua responsabilidade criminal. O juiz cível funciona meramente como a autoridade que dá notícia da possível prática de um crime, de modo que, a partir de então, deverá seguir seu trâmite regular, ou seja, a autoridade acusadora investigará a presença de indícios de autoria e materialidade, e, caso entenda pertinente, iniciará as medidas criminais contra o acusado.

A atitude do juiz cível não vincula o Ministério Público a instaurar a ação penal competente. Apesar da relevância do dispositivo, que adiciona mais uma técnica de coerção ao sistema geral da execução de alimentos, cumpre registrar que dificilmente o comportamento de um(a) genitor(a) em relação ao seu filho será modificado por conta de tais previsões legais. Entretanto, há julgados recentes em que se verificou o abandono material, sendo atribuídas ao alimentante as consequências legais cabíveis[113].

> **Art. 533.** Quando a indenização por ato ilícito incluir prestação de alimentos, caberá ao executado, a requerimento do exequente, constituir capital cuja renda assegure o pagamento do valor mensal da pensão.
>
> **§ 1º** O capital a que se refere o *caput*, representado por imóveis ou por direitos reais sobre imóveis suscetíveis de alienação, títulos da dívida pública ou aplicações financeiras em banco oficial, será inalienável e impenhorável enquanto durar a obrigação do executado, além de constituir-se em patrimônio de afetação.
>
> **§ 2º** O juiz poderá substituir a constituição do capital pela inclusão do exequente em folha de pagamento de pessoa jurídica de notória capacidade econômica ou, a requerimento do executado, por fiança bancária ou garantia real, em valor a ser arbitrado de imediato pelo juiz.
>
> **§ 3º** Se sobrevier modificação nas condições econômicas, poderá a parte requerer, conforme as circunstâncias, redução ou aumento da prestação.
>
> **§ 4º** A prestação alimentícia poderá ser fixada tomando por base o salário mínimo.
>
> **§ 5º** Finda a obrigação de prestar alimentos, o juiz mandará liberar o capital, cessar o desconto em folha ou cancelar as garantias prestadas.

▶ *Referência: CPC/1973 – Art. 475-Q*

---

113 TJSP, Apelação 3000709-93.2013.8.26.0077, Rel. Des. Pinheiro Franco, j. 13.09.2017; TJSP, Apelação 0020000-76.2009.8.26.0302, Rel. Des. Carlos Monnerat, j. 31.08.2017; TJSP, Apelação 0000199-12.2011.8.26.0010, Rel. Des. Lauro Mens de Mello, j. 28.06.2017.

1. Condenações em verbas de natureza alimentar, prestações para o futuro

Os arts. 528 a 532 dizem respeito aos chamados alimentos legítimos, que decorrem do vínculo de parentesco. Neste art. 533, o objeto do dispositivo é bem mais amplo e abrange toda e qualquer modalidade de condenação a prestações de natureza alimentar. A distinção decorre da dicção do *caput*, que se refere à indenização por ato ilícito, que inclua prestação de alimentos.

O artigo, portanto, abrange situações como as de acidentes de trânsito ou de trabalho, dos quais resultem morte ou invalidez, ações relativas a erros médicos e todas as modalidades de condenações que sejam fixadas por meio de pagamentos de valores mensais[114]. Assim, se concorrem essas duas circunstâncias, valores mensais e natureza alimentar, o presente artigo será aplicado.

2. Constituição de capital

Para prevenir e proteger o credor das modificações na capacidade de pagamento que possam ocorrer ao credor ao longo do tempo, a lei contempla a possibilidade de se reservar uma parcela do patrimônio do devedor para garantir os pagamentos futuros. Cuida-se de mera possibilidade, pois sua fixação depende expressamente de requerimento do exequente.

Esse patrimônio pode corresponder a uma quantia em dinheiro reservada e investida, a um bem imóvel, a uma caução fidejussória, ou ainda por títulos da dívida pública. Enfim, por modalidades de ativo que ao mesmo tempo fiquem preservado do desaparecimento ou depreciação e proporcionem frutos capazes de custear os valores mensais a que faz jus o credor.

Tratando-se de um bem imóvel ou de direitos reais sobre imóveis, por exemplo, o aluguel com ele obtido deve ser apto a pagar o valor integral da prestação mensal devida ao credor.

O mesmo se diga quanto ao rendimento de aplicação financeira ou de título da dívida pública.

A natureza de tal exigência é nitidamente cautelar e visa a assegurar o resultado prático do processo de cumprimento de tais tipos de sentença. O capital separado funciona como garantia ao credor, eis que as parcelas serão, no mais das vezes, devidas por diversos anos[115].

Na sentença condenatória, a determinação para que o devedor constitua um capital apropriado para a futura satisfação da dívida constituirá uma modalidade de obrigação de fazer, adicional ao pedido condenatório propriamente dito. Como tal, o seu cumprimento está sujeito à execução específica, admitindo-se inclusive a fixação de multa e demais medidas coercitivas para se obter o resultado desejado.

3. Substituição da constituição de capital por inclusão do credor em folha de pagamento

A previsão do *caput* acerca da constituição de capital é a regra geral, aplicável a todos os casos, seja qual for a condição do credor ou do devedor. A esse respeito, para reafirmar esta interpretação, o Superior Tribunal de Justiça chegou a editar a Súmula 313, segundo a qual: "Em ação de indenização, procedente o pedido, é necessária a constituição de capital ou caução fidejussória para a garantia de pagamento da pensão, independentemente da situação financeira do demandado".

Contudo, em muitas situações práticas, a exigência de constituição de capital, porque dependia da existência de reservas financeiras elevadas, ou de bens imóveis em nome do devedor (além do bem de família), revelava-se de difícil implementação prática. A discussão forense sobre a possibilidade de substituição desta garantia pela inclusão do credor em folha de pagamento da empresa devedora acabou por gerar a modificação do texto legal, que incorporou a possibilidade de substituição da medida pela inclusão do devedor em folha de pagamento[116].

---

114 TJSP, Agravo de Instrumento 2182038-87.2016.8. 26.0000, Rel. Des. Gilberto Leme, j. 17.01.2017; TJSP, Apelação 0003477-90.2012.8.26.0396, Rel. Des. Hugo Crepaldi, j. 24.11.2016; TJSP, Agravo de Instrumento 2259036-96.2016.8.26.0000, Rel. Des. Francisco Loureiro, j. 19.05.2017.

115 Nas indenizações por morte ou invalidez, os cálculos costumam ser feitos até a data em que a vítima completaria 65 anos, ou em caso de morte de menor de idade, até quando completassem 25 anos.

116 Ocorrendo a substituição, haverá obviamente a liberação da primeira modalidade, sendo veda-

Art. 533

CÓDIGO DE PROCESSO CIVIL INTERPRETADO

É esta a hipótese agora retratada no § 2º, que admite a substituição da constituição de capital por outros modos de efetivação da condenação, com grau assemelhado de segurança para o credor, mas que não são tão onerosos para o devedor[117]. É o caso da inclusão do exequente em folha de pagamento de pessoa jurídica de notória capacidade econômica ou da apresentação de fiança bancária. A análise da capacidade econômica da empresa será feita pelo juiz competente para o cumprimento de sentença, pois, no mais das vezes, é nesta fase que ocorrerá a discussão a respeito.

Ainda que a sentença condenatória estabeleça o dever de constituição de capital, isso não retira do devedor a possibilidade de propor modalidade alternativa, cabendo ao juiz do cumprimento de sentença o exame do preenchimento dos requisitos legais para a sua substituição[118].

---

da a cumulação. TJSP, Agravo de Instrumento 2093298-22.2017.8.26.0000, Rel. Des. Cristina Zucchi, j. 30.08.2017.

117 STJ, Medida Cautelar 17.015/SP, Rel. Min. Herman Benjamin, j. 20.10.2016: "A possibilidade de substituição do depósito em dinheiro por medidas alternativas de caução, como é o caso da fiança bancária ou do seguro garantia, tem sido uma tendência observada na legislação brasileira e revelada por dispositivos do novo Código de Processo Civil (Lei n. 10.135/15), como os Arts. 533, § 2º; 835, § 2º e 848, parágrafo único. A opção do legislador em prestigiar a fiança bancária como medida alternativa ao depósito em dinheiro se justifica por representar, por um lado, mecanismo de menor onerosidade ao devedor, especialmente no curso de demandas judiciais em que a matéria litigiosa não está definitivamente resolvida. Todavia, não há prejuízo quanto à eficácia da garantia e à tutela do crédito, uma vez que se trata de mecanismo que atende aos parâmetros do que se denomina garantia ideal".

118 STJ, AgInt no AgRg no Recurso Especial 1.142.408/RJ, Rel. Min. Marco Buzzi, j. 13.09.2016. "Agravo interno no agravo regimental no recurso especial – Ação de indenização – Decisão monocrática que reconsiderou o anterior decisum singular para dar provimento ao apelo nobre. Irresignação da demandada. A mera circunstância de a empresa ré ser concessionária de serviço público não a exime da

4. Modificação superveniente da capacidade de pagamento, não do valor da prestação

O § 3º do art. 533 possui redação que pode induzir o intérprete a erro. Ao afirmar que no caso de modificação *nas* condições *econômicas*, a parte pode requerer *redução ou aumento da prestação*, o artigo erroneamente sugere que a questão diz respeito ao binômio necessidade-possibilidade, que é o critério legal adotado para a fixação dos alimentos decorrentes de relações de parentesco, mas que nada tem a ver com os alimentos decorrentes de ato ilícito, o objeto central deste artigo[119].

É preciso então distinguir as situações. Nos alimentos legítimos, os valores são fixados para relações familiares, continuadas. O dever legal de prestar alimentos e o de receber alimentos se protrai no tempo e sofre, naturalmente, as influências que inevitavelmente ocorrem na vida das pessoas. Ao longo da vida, modificam-se a capacidade de trabalho e de rendimentos, as necessidades mudam com o passar dos anos. A lei processual, instrumental que é, reconhece esta situação e adapta a técnica processual especificamente para fazer frente a essas situações.

Assim, a coisa julgada, como tradicionalmente concebida, sofre adaptações nestes casos. Não porque deixe de existir, ou deixe de ter a aptidão de estabilização e imutabilidade das relações jurídicas, mas porque reconhece que a imutabilidade deve continuar enquanto persistirem as condições que foram levadas em consideração na sentença. Assim, a coisa julgada é formada *rebus sic standibus*. Ela não possui o mesmo grau de imutabilidade daquela que incide sobre outras relações jurídicas, mas nem

---

constituição de capital garantidor, como forma de assegurar o cumprimento da obrigação (Súmula 313/STJ). Precedentes. A possibilidade de substituição da constituição de capital pela inclusão do exequente em folha de pagamento da empresa, deve ser avaliada pelo juízo da execução no momento do cumprimento de sentença. Precedentes desta Corte Superior. Agravo interno desprovido".

119 Como entendem, por exemplo, Teresa Arruda Alvim et al., *Primeiros comentários ao CPC*, p. 886.

por isso deixa de ser coisa julgada, ou deixa de proporcionar estabilidade e imutabilidade.

Por isso, nas relações de parentesco, surgindo condições supervenientes, como o aumento/diminuição da necessidade do alimentando ou do alimentante, a parte interessada pode propor a fixação de novos valores, ou até mesmo a exoneração da obrigação de prestar os alimentos.

Nas obrigações decorrentes de ato ilícito, as premissas acima não se reproduzem. O dever de indenizar não decorre de relações de parentesco, não têm origem na condição de pai, filho ou familiar que credores e devedores possuem, mas de um evento específico, que, considerado pela lei como fonte de um dever indenizatório, vincula o devedor por conta do ilícito pelo prazo e condições fixadas na própria condenação.

Assim, por exemplo, uma demanda tristemente comum, em que estabelecimentos hoteleiros devem indenizar famílias pela morte de crianças em virtude de afogamento na piscina, este, por sua vez, decorrente de falta de manutenção ou deficiência dos equipamentos instalados. A construção jurisprudencial é no sentido de que os pais fazem jus à indenização pela perda dos filhos, seja quanto aos danos morais, seja quanto aos danos materiais (o que sofre influência da condição econômica da família da vítima, sob uma consideração de que em família de baixa renda os filhos costumam ajudar os pais), com limitação até os 25 anos de idade.

Ou ainda, nos casos de acidente de trabalho dos quais resulta a morte do trabalhador. As condenações costumam fixar como parâmetro objetivo a idade máxima de 65 anos da vítima, e o valor arbitrado é ordinariamente dividido entre os integrantes da família. Ainda, tais verbas não são fixadas em 100% da remuneração da vítima, sob a premissa de que parte dos seus rendimentos seriam gastos por ela própria.

Nestes casos, o valor da indenização não se modifica pela superveniência de alterações na condição econômica da vítima ou do ofensor. São verbas em geral fixadas considerando o salário/remuneração que a vítima recebia, e que, a pedido do credor, podem vir a ser fixadas para pagamento de uma única vez (art. 950, parágrafo único, do Código Civil), mas que, também como regra geral, serão pagas mensalmente. A coisa julgada se forma em sua feição típica, apta a estabilizar a relação jurídica subjacente e tornar a situação imutável, imune a novos ataques e modificações.

O que o dispositivo do § 3º regula não é, assim, a eventual modificação do valor da condenação porque o devedor teve reduzida a sua necessidade daquela indenização, ou porque o credor pode pagar mais ou menos daquele valor. O objetivo da norma é permitir a modificação da garantia que é prestada, nos termos do *caput* (constituição de capital) ou mesmo os modos alternativos contemplados no § 3º.

Por exemplo, se o imóvel reservado, de cujo aluguel saia o valor da indenização mensal paga ao credor, tiver o contrato rescindido, ou perder seu valor de mercado, ou mesmo vier a ser desapropriado, o dispositivo autoriza que o juiz, mediante requerimento do credor, para que seja complementada a garantia, ou seja, seja aumentada a prestação da garantia.

É evidente, de outro lado, que nenhuma substituição, modificação de qualquer natureza pode ser realizada sem permitir o adequado contraditório para as partes. Isso se aplica, na verdade, tanto para a substituição da modalidade preferencial – constituição de capital – por outra garantia, quanto para a hipótese especificamente tratada no § 3º.

CAPÍTULO V
DO CUMPRIMENTO DE SENTENÇA QUE RECONHEÇA A EXIGIBILIDADE DE OBRIGAÇÃO DE PAGAR QUANTIA CERTA PELA FAZENDA PÚBLICA

Art. 534. No cumprimento de sentença que impuser à Fazenda Pública o dever de pagar quantia certa, o exequente apresentará demonstrativo discriminado e atualizado do crédito contendo:

I – o nome completo e o número de inscrição no Cadastro de Pessoas Físicas ou no Cadastro Nacional da Pessoa Jurídica do exequente;

II – o índice de correção monetária adotado;

III – os juros aplicados e as respectivas taxas;

IV – o termo inicial e o termo final dos juros e da correção monetária utilizados;

V – a periodicidade da capitalização dos juros, se for o caso;

VI – a especificação dos eventuais descontos obrigatórios realizados.

§ 1º Havendo pluralidade de exequentes, cada um deverá apresentar o seu próprio demons-

Art. 535

CÓDIGO DE PROCESSO CIVIL INTERPRETADO

1090

trativo, aplicando-se à hipótese, se for o caso, o disposto nos §§ 1º e 2º do art. 113.

§ 2º A multa prevista no § 1º do art. 523 não se aplica à Fazenda Pública.

▶ *Sem correspondência no CPC/1973*

1. Regime jurídico da execução contra a Fazenda Pública

O CPC regula o cumprimento de sentença em face da Fazenda Pública, decorrente de título executivo judicial e de título extrajudicial (art. 910). Sem descuidar das exigências constitucionais acerca do pagamento por ofício precatório, procura conferir o maior grau de efetividade possível a esta modalidade de execução.

O Estado Brasileiro é forte, atua em muitas frentes, muitas deles como um contratante típico, mas do ponto de vista jurídico, goza de grande proteção jurídica. Já foi dito, em outras circunstâncias, que a Fazenda Pública, justamente porque representa a coletividade e a somatória dos interesses da sociedade, deve se submeter aos cidadãos, não o contrário. Mas no sistema jurídico brasileiro, os agentes do Estado raramente se entendem como servidores públicos, e da somatória destes condicionantes culturais, decorrem vários subprodutos. Entre eles, a necessidade de se expedirem precatórios, para pagamento no exercício fiscal do ano seguinte ao da expedição do ofício requisitório. A construção jurídica explica tal necessidade pela característica da inalienabilidade própria dos bens públicos.[120]

---

120 O art. 100, § 20, da Constituição Federal admite a possibilidade de realização de "acordos diretos, perante Juízos Auxiliares de Conciliação de Precatórios, com redução máxima de 40% (quarenta por cento) do valor do crédito". O tema foi regulamentado pela Lei nº 14.057, de 11/9/2020, que prevê os descontos e o procedimento para acordo quando os precatórios já foram expedidos, bem como os acordos terminativos de litígios, para demandas em andamento. Nos dois cenários, não ocorre pagamento fora do modelo do precatório, mas sim a antecipação dos pagamentos, mediante a concessão de descontos pelo particular. Os dispositivos da lei que previam a destinação dos recursos oriundos desses descon-

2. Equiparação, quando possível, ao regime jurídico do cumprimento de sentença entre particulares

O CPC procurou fazer as equiparações possíveis nos dois regimes. A exemplo do que faz o art. 523 quanto ao cumprimento de sentença entre particulares, exige-se que o credor apresente a memória de cálculo com todos os elementos objetivos, a fim de permitir um controle sobre a regularidade do cálculo apresentado em face da Fazenda Pública[121].

As adaptações necessárias são de duas ordens. Primeiro, cada litisconsorte deve apresentar seu próprio demonstrativo, o que é efetivamente necessário porque há um grande número de demandas em face da Fazenda Pública que envolvem litisconsórcio multitudinário (por exemplo, funcionários públicos reivindicando a mesma modalidade de direitos).

Segundo, não cabe falar em intimação para pagamento, sob pena de multa, porque o regime dos precatórios impede a Fazenda Pública de voluntariamente realizar o pagamento do valor cobrado. Disso decorre que a Fazenda Pública não é intimada para pagar, mas para apresentar impugnação, nos termos do art. 535, a seguir comentado.

Art. 535. A Fazenda Pública será intimada na pessoa de seu representante judicial, por carga, remessa ou meio eletrônico, para, querendo, no prazo de 30 (trinta) dias e nos próprios autos, impugnar a execução, podendo arguir:

I – falta ou nulidade da citação se, na fase de conhecimento, o processo correu à revelia;

II – ilegitimidade de parte;

III – inexequibilidade do título ou inexigibilidade da obrigação;

IV – excesso de execução ou cumulação indevida de execuções;

V – incompetência absoluta ou relativa do juízo da execução;

---

tos para o custeio das medidas de combate ao coronavírus foram vetados pela Presidência da República.

121 TJSP, Agravo de Instrumento 2086150-57.2017.8.26.0000, Rel. Des. Antonio Tadeu Ottoni, j. 23.08.2017.

VI – qualquer causa modificativa ou extintiva da obrigação, como pagamento, novação, compensação, transação ou prescrição, desde que supervenientes ao trânsito em julgado da sentença.

§ 1º A alegação de impedimento ou suspeição observará o disposto nos arts. 146 e 148.

§ 2º Quando se alegar que o exequente, em excesso de execução, pleiteia quantia superior à resultante do título, cumprirá à executada declarar de imediato o valor que entende correto, sob pena de não conhecimento da arguição.

§ 3º Não impugnada a execução ou rejeitadas as arguições da executada:

I – expedir-se-á, por intermédio do presidente do tribunal competente, precatório em favor do exequente, observando-se o disposto na Constituição Federal;

II – por ordem do juiz, dirigida à autoridade na pessoa de quem o ente público foi citado para o processo, o pagamento de obrigação de pequeno valor será realizado no prazo de 2 (dois) meses contado da entrega da requisição, mediante depósito na agência de banco oficial mais próxima da residência do exequente.

§ 4º Tratando-se de impugnação parcial, a parte não questionada pela executada será, desde logo, objeto de cumprimento.

§ 5º Para efeito do disposto no inciso III do *caput* deste artigo, considera-se também inexigível a obrigação reconhecida em título executivo judicial fundado em lei ou ato normativo considerado inconstitucional pelo Supremo Tribunal Federal, ou fundado em aplicação ou interpretação da lei ou do ato normativo tido pelo Supremo Tribunal Federal como incompatível com a Constituição Federal, em controle de constitucionalidade concentrado ou difuso.

§ 6º No caso do § 5º, os efeitos da decisão do Supremo Tribunal Federal poderão ser modulados no tempo, de modo a favorecer a segurança jurídica.

§ 7º A decisão do Supremo Tribunal Federal referida no § 5º deve ter sido proferida antes do trânsito em julgado da decisão exequenda.

§ 8º Se a decisão referida no § 5º for proferida após o trânsito em julgado da decisão exequenda, caberá ação rescisória, cujo prazo será contado do trânsito em julgado da decisão proferida pelo Supremo Tribunal Federal.

▶ *Referência: CPC/1973 – Art. 730*

1. Generalidades

A disciplina do art. 535, específica para a impugnação da Fazenda Pública nas execuções de sentença contra si, é essencialmente idêntica à disciplina do art. 525, ao qual remeto os leitores. Também aqui ocorreu uma padronização dos regimes jurídicos para os dois modelos de cumprimento de sentença. Em ambos, a figura de oposição a ser adotada é a impugnação. Os embargos do devedor são a figura prevista apenas para a execução de título extrajudicial, tanto dos títulos entre particulares, como naqueles envolvendo a Fazenda Pública. Por brevidade, os comentários a este artigo se limitarão a pontuar as diferenças no regime jurídico da impugnação do título judicial entre particulares e aquele envolvendo a Fazenda Pública.

A primeira diferença diz respeito à contagem do prazo. Porque a Fazenda Pública não é intimada a realizar o pagamento, dado o regime de precatórios aplicável, o seu prazo (de 30 dias) para apresentar a impugnação tem início a partir da intimação acerca do cumprimento de sentença. Pela mesma razão, não existe previsão de pagamento de multa pelo fato do não pagamento voluntário e/ou no prazo. Note-se que tal prazo de 30 dias não deverá ser contado em dobro, pois se trata de prazo especificamente designado para a Fazenda Pública, sendo, portanto, regra especial[122].

A segunda diferença se dá porque o rol taxativo de matérias não contempla a alegação de excesso de penhora ou avaliação errônea do bem penhorado, eis que inaplicável à Fazenda Pública.

A terceira diferença é que não se fala em atribuição de efeito suspensivo à impugnação, porque a efetiva expedição do ofício requisitório somente ocorrerá após o julgamento definitivo da impugnação. Aqui reside outra das prerrogativas da Fazenda Pública que causam estranheza, pois não basta que o título executivo tenha transitado em julgado,

---

122 Márcia Pereira Costa; Patrícia de Almeida Montalvão Soares. O impacto do novo CPC na execução de quantia certa contra a Fazenda Pública. In: Renata Cortez Vieira Peixoto, Rosalina Freitas Martins de Sousa e Sabrina Dourado França Andrade, *Temas relevantes de direito processual civil*: elas escrevem, Recife: Armador, 2016, p. 226-227.

Art. 535

mas exige-se também que a própria impugnação tenha sido julgada em definitivo. Não se emitem ordens de pagamento ou ofícios requisitórios antes disso.

Tal circunstância não exclui, porém, que se possa dar início ao cumprimento provisório da sentença em face da Fazenda Pública, observados alguns parâmetros. O cumprimento será iniciado quando ainda estiver pendente recurso quanto ao mérito da disputa (por exemplo, em fase de recurso especial ou agravo de inadmissão). Seu objeto será iniciar as providências de liquidação do valor, antecipando a possível impugnação do devedor quanto aos elementos do cálculo. Uma vez decidida a questão e obtido o valor da condenação, a efetiva emissão do precatório dependerá do trânsito em julgado da decisão quanto ao mérito.

2. Preclusividade das alegações após o prazo para apresentação da impugnação?

O art. 535 não reproduz a regra do § 11 do art. 525, pela qual as Partes podem submeter questões supervenientes ao juiz da causa, mediante simples petição. Assim, no plano legal, o único momento para a Fazenda Pública invocar as razões pelas quais se insurge contra o cumprimento de sentença é mesmo a impugnação, no prazo de 30 dias.

Todas as causas para a impugnação podem e devem ser invocadas naquele prazo, pois dizem respeito a circunstâncias anteriores à formação do título executivo (como a falta ou nulidade da citação) ou à própria cobrança (ilegitimidade, competência, cumulação ou excesso de execução e circunstâncias supervenientes). Quanto ao último item, da eventualidade de circunstâncias supervenientes afetarem a higidez do título, necessário reconhecer que, não obstante não ser um rol exaustivo, as possibilidades mais comuns de causas supervenientes são incompatíveis com o modo de proceder da Fazenda Pública. Não há possibilidade de pagamento voluntário ou transação.

A prescrição da pretensão creditícia é, em tese, possível, mas improvável. Para tanto, o credor teria que se omitir durante muitos anos e iniciar o cumprimento de sentença muito tempo depois de obter a decisão condenatória em face da Fazenda Pública. Em qualquer caso, se o requerimento de cumprimento de sentença for formulado após o prazo prescricional, a alegação terá que ser suscitada na impugnação, dentro daquele prazo de 30 (trinta) dias. Não parece haver espaço para uma situação em que ocorra a prescrição em algum momento do incidente, depois de escoado o prazo para a impugnação.

Seja como for, por uma consideração básica de isonomia, deve ser admitida a hipótese excepcional de alegação de questões que afetem as características do título exequendo, mesmo após o prazo de impugnação. Tal possibilidade não decorre meramente do texto legal do art. 525, § 11, mas da interpretação sistemática do ordenamento, que autoriza o controle pelo juiz das condições da ação executiva, entre os quais se encontra a higidez do título executivo.

3. Ausência de impugnação específica importa na rejeição da impugnação

Nos termos do § 4º, caso a Fazenda Pública não apresente impugnação específica aos cálculos que forem apresentados, o valor será tido por correto pelo juiz da causa, disparando a emissão do ofício precatório ou da requisição de pequeno valor, desde logo[123]. Esta é uma inovação importante do CPC, que não apenas iguala as partes, como impõe também à Fazenda Pública a responsabilidade por sua atuação processual, em modelo de litigância mais responsável que é uma das características centrais do novo modelo processual.

De se notar que uma situação bastante comum na praxe forense é a apresentação de impugnação parcial aos cálculos. No novo regime, porque a Fazenda Pública deve indicar o valor que entende devido, este valor passa a ser considerado como incontroverso. Nestes casos, o incidente se bifurca, porque será admitida a expedição de ordens de pagamentos parciais,

---

123 "Processual Civil. Agravo interno Insurgência contra monocrática que não conheceu agravo de instrumento interposto contra r. decisão que autorizou providências para requisição de pagamento do valor incontroverso da execução contra a Fazenda Pública. Disposição expressa do art. 535, § 4º, do CPC. Razões recursais que não impugnam fundamento da r. decisão do d. Juízo de primeira instância Artigo 932, III, do CPC Entendimento mantido Recurso desprovido" (TJSP, Agravo 2069849-35.2017.8.26.0000.50000, Rel. Des. Luciana Almeida Prado Bresciani, j. 08.08.2017).

ainda que definitivas. Os valores controvertidos serão objeto de ulterior instrução, eventual remessa dos autos à contadoria, para que então se alcance decisão a respeito. Se novos valores forem reconhecidos, então ocorrerá nova emissão do ofício precatório ou da requisição de pequeno valor.

Mas em relação aos valores incontroversos, a providência possível será a de emissão imediata do respectivo ofício precatório ou requisição de pequeno valor[124-125].

CAPÍTULO VI

DO CUMPRIMENTO DE SENTENÇA QUE RECONHEÇA A EXIGIBILIDADE DE OBRIGAÇÃO DE FAZER, DE NÃO FAZER OU DE ENTREGAR COISA

Seção I

Do cumprimento de sentença que reconheça a exigibilidade de obrigação de fazer ou de não fazer

Art. 536. No cumprimento de sentença que reconheça a exigibilidade de obrigação de fazer ou de não fazer, o juiz poderá, de ofício ou a requerimento, para a efetivação da tutela específica ou a obtenção de tutela pelo resultado prático equivalente, determinar as medidas necessárias à satisfação do exequente.

§ 1º Para atender ao disposto no *caput*, o juiz poderá determinar, entre outras medidas, a imposição de multa, a busca e apreensão, a remoção de pessoas e coisas, o desfazimento de obras e o impedimento de atividade nociva, podendo, caso necessário, requisitar o auxílio de força policial.

§ 2º O mandado de busca e apreensão de pessoas e coisas será cumprido por 2 (dois) oficiais de justiça, observando-se o disposto no art. 846, §§ 1º a 4º, se houver necessidade de arrombamento.

§ 3º O executado incidirá nas penas de litigância de má-fé quando injustificadamente descumprir a ordem judicial, sem prejuízo de sua responsabilização por crime de desobediência.

§ 4º No cumprimento de sentença que reconheça a exigibilidade de obrigação de fazer ou de não fazer, aplica-se o art. 525, no que couber.

§ 5º O disposto neste artigo aplica-se, no que couber, ao cumprimento de sentença que reconheça deveres de fazer e de não fazer de natureza não obrigacional.

▶ *Referência: CPC/1973 – Arts. 461, caput e § 5º, e 842*

1. Generalidades

A última seção do capítulo dedicado ao cumprimento de sentença abrange a execução das sentenças que reconheçam a exigibilidade de obrigações de fazer, não fazer e entregar coisa. Estas são modalidades, por assim dizer, "nobres" das categorias de execução de títulos judiciais. Sob uma perspectiva histórica, constituem o objeto e a razão das importantes modificações levadas a efeito no sistema processual civil, nas reformas ocorridas a partir de 1994.

A compreensão de que as obrigações dessa natureza deveriam ser solucionadas por tutela específica ocasionou a mudança não apenas das normas processuais, como do próprio direito material. A ideia mais geral de efetividade fez com que se passasse a prestigiar a execução específica destas obrigações.

O CPC, nos arts. 536 a 538, prossegue nesta evolução, aprimorando o sistema anterior e incorporando no plano positivo certas definições obtidas ao longo dos últimos anos pela jurisprudência. Relevante notar que esta disciplina se aplica igualmente às obrigações em face da Fazenda Pública. O regime especial do precatório só diz respeito às obrigações de pagar quantia, de forma que tudo que aqui se diz deve ser estendido à Fazenda Pública.

O sistema positivo cria mecanismos para que a modalidade de tutela jurisdicional garanta ao exequente o mesmo resultado que decorreria do cumprimento espontâneo da

---

124 TJSP, Agravo de Instrumento 2039573-21.2017.8.26.0000, Rel. Des. Rezende Silveira, j. 30.08.2017.

125 O prazo de dois meses para pagamento da RPV foi considerado constitucional pelo Supremo Tribunal Federal, no julgamento da Ação Direta de Inconstitucionalidade (ADI) 5.534, realizado em sessão virtual em 18.12.2020.

obrigação[126]. Se este objetivo nem sempre é possível nas obrigações de pagamento de quantia, ele se revela mais factível nas obrigações de fazer, não fazer e entrega de coisa.

Assim, se contratei uma determinada cobertura médica, ou a execução de uma obra de engenharia, ou mesmo a entrega de um produto, é possível que, fruto da demanda judicial, exatamente aquelas prestações sejam entregues ao credor. Conforme a composição do seu pedido, o credor poderá também se ressarcir das perdas e danos que tiver porventura sofrido, inclusive o reembolso dos honorários advocatícios que contratou (Código Civil, art. 404).

Quando a execução específica não for possível, pode ser igualmente buscado o resultado prático equivalente. Por exemplo, pela contratação de um terceiro para a realização da obra, às expensas do devedor (art. 817)[127].

Há ainda um exemplo muito utilizado pela doutrina para explicar a extensão possível de tais resultados práticos equivalentes. Se um estabelecimento comercial não cumpre as normas de vizinhança e não mantém isolamento acústico adequado, o juiz pode determinar a diminuição do som a partir de certo horário, ou a instalação de equipamentos adicionais de proteção acústica[128]. Frustradas tais medidas, pode determinar a substituição dos equipamentos que produzem o ruído. Frustrada tal providência, pode ser determinado o fechamento do estabelecimento. Tudo para obter o resultado necessário para a efetivação do direito do credor, reconhecido na decisão judicial, de não ser turbado por ruídos indevidos e fora dos parâmetros legais.

2. Início por requerimento do credor ou de ofício

Uma das diferenças entre os diversos regimes de cumprimento de sentença, influenciada pela natureza da obrigação tutelada, é a de que nas obrigações de fazer, não fazer e entregar coisa, o procedimento de cumprimento de sentença pode ser iniciado de ofício pelo juiz, o que não ocorre nas obrigações de pagamento de quantia.

A distinção é explicada pela doutrina pela preponderância, no sistema positivo, da efetividade e do acolhimento do princípio geral da tutela específica, sendo excepcional a conversão de obrigações dessa natureza em perdas e danos. Creio que a distinção não se justifica, e melhor seria deixar com o credor a prerrogativa exclusiva de disparar o início da execução da sentença favorável.

Convém relembrar que a jurisdição é inerte, age mediante provocação, e que esta regra tem sua razão de ser no fato de que no Estado Democrático de Direito, pois a atuação do estado-juiz é voltada para a pacificação social, para a realização do direito nos casos concretos em que eles são considerados violados pelos seus respectivos titulares. Assim, a tutela jurisdicional se realiza na medida da insatisfação do jurisdicionado, sendo correta a afirmação da doutrina tradicional de que onde não há provocação do interessado, pode nem haver insatisfação, a qual seria injustamente criada pela intervenção de ofício do magistrado.

Em termos concretos, transitada em julgado a decisão que reconheça uma obrigação de fazer, não fazer ou entregar coisa, o juiz pode determinar diretamente a intimação do devedor para o cumprimento específico, inclusive determinando a incidência de multa periódica ou outras medidas de apoio (art. 537). No cumprimento provisório da sentença, evidentemente, não se pode falar em início de ofício. Nos dois casos, porém, regra geral será o proferimento de despacho para a intimação do credor para requerer "o que de direito", hipótese em que ele apresentará seu pedido, eventualmente acrescido de memória de cálculo quanto ao reembolso de custas, despesas processuais e pagamento de honorários de sucumbência.

3. Medidas para a efetivação da tutela específica

Com vistas à maior efetividade, o diploma legal assegura ao juiz a possibilidade de impor sanções ao devedor, em caso de desatendimento à ordem para o cumprimento da decisão. O juiz pode fixar desde logo as modalidades de astreintes que serão impostas ao devedor, mas deverá primeiro intimá-lo para o cumprimento espontâneo da condenação. O prazo pode ter sido fixado desde logo na própria sentença, ou

---

126 Teresa Arruda Alvim Wambier et al., *Primeiros comentários ao NCPC*, São Paulo: Revista dos Tribunais, 2015, p. 890.

127 TJSP, Agravo de Instrumento 2161118-92.2016.8.26.0000, Rel. Des. Maria Lúcia Pizzotti, j. 17.05.2017.

128 TJSP, Apelação 1046115-05.2013.8.26.0100, Rel. Des. Flavio Abramovici, j. 05.06.2017.

será estabelecido na decisão judicial que autorizar o cumprimento de sentença.

A lei traz os exemplos mais comuns adotados na praxe forense, mas não se exclui que outras medidas podem ser adotadas. Assim, além da multa periódica, da busca e apreensão, da remoção de pessoas e coisas, ou do desfazimento de obras e o impedimento de atividade nociva, o juiz pode estabelecer restrições adicionais ao devedor, sempre com o objetivo de agir sobre o seu ânimo, para convencê-lo a cumprir por si e por bem o conteúdo da obrigação a que foi condenado[129]. Entre elas, pode ser determinado o bloqueio de valores, inclusive em contas públicas.

Este dispositivo deve ser interpretado em conjunto com o art. 139, IV, que contempla poderes do juiz para determinar medidas inibitórias e coercitivas. Nestes primeiros tempos de vigência do CPC, têm sido debatidos os limites de tais medidas coercitivas, a partir de situações concretas, como a de apreensão de CNH, cartões de crédito ou passaportes de devedores[130]. O tema é interessante e polêmico.

Em relação às obrigações de fazer, não fazer e entregar coisa, objeto destes comentários, creio que as medidas atípicas devem ser admitidas,

sem a necessidade de se exaurirem medidas típicas, uma vez que as medidas propostas neste artigo são meramente exemplificativas. Não há, assim, propriamente, um ranking ou rol de medidas que devem ser tentadas. Importa que sejam adequadas, idôneas e proporcionais.

Os valores da efetividade devem ser necessariamente equilibrados com o princípio geral da menor onerosidade, de modo que devem ser evitadas medidas de caráter sancionatório, pois não é este o objetivo da lei. Almeja-se a efetividade da tutela, a satisfação do credor. E apenas nessa medida é que se autorizam as medidas que influirão no comportamento do devedor, para que ele cumpra a condenação, sem resistir a ela e sem tentar frustrar a satisfação do direito alheio.

Por exemplo, em situação concreta, o Tribunal de Justiça de São Paulo determinou a apresentação do remédio e, sucessivamente, o bloqueio de verba pública para o adimplemento da obrigação[131].

Mas não se admitem medidas de vingança, ou cuja intenção seja a de impingir alguma espécie de castigo ao devedor. A técnica processual das astreintes se insere no processo ético e democrático próprio de um modelo de Estado de Direito, que é regido pelo império da lei. O comportamento reticente da parte é combatido pelas astreintes, na exata medida necessária para eliminar as resistências do devedor e permitir a satisfação do credor. Se, adicionalmente, o devedor age de forma não ética, desleal e se viola seus deveres processuais de boa-fé, deve ser apenado com as sanções próprias, que são inclusive contempladas no § 3º, comentado a seguir.

---

129 "Agravo de Instrumento – Tutela Provisória de Urgência Antecipada – Presença dos requisitos do art. 300 do CPC/2015 – Astreintes – A fixação da multa independe e não se vincula ao pedido do autor, devendo ser imposta pelo juiz, em valor suficiente para induzir ao cumprimento da obrigação, esta sim o bem da vida pretendido, como deflui dos arts. 536 e 537 do CPC/2015 – Valor adequado – Recurso desprovido" (TJSP, Agravo de Instrumento 2111270-05.2017.8.26.0000, Rel. Des. Alcides Leopoldo e Silva Júnior, j. 02.08.2017).

130 Embora o tema seja bastante polêmico, há diversos julgados recentes em que tais meios coercitivos atípicos não foram aceitos, por extrapolarem a esfera patrimonial do executado, ferindo os princípios da razoabilidade e da proporcionalidade: TJSP, Agravo de Instrumento 2145629-78.2017.8.26.0000, Rel. Des. Lucila Toledo, j. 15.09.2017; TJSP, Agravo de Instrumento 2107033-25.2017.8.26.0000, Rel. Des. Silvia Rocha, j. 13.09.2017; TJSP, Agravo de Instrumento 2144917-88.2017.8.26.0000, Rel. Des. Lígia Araújo Bisogni, j. 06.09.2017.

---

131 "Processual civil. Obrigação de fazer. Fornecimento de medicamentos. Cumprimento de sentença contra a Fazenda Pública. Condenação. Descumprimento. Cominação sucessiva de astreintes e bloqueio de verba pública. Admissibilidade. Condenação em obrigação de fazer consistente no fornecimento de medicamentos. Descumprimento injustificado e reiterado. Uso sucessivo de astreintes e bloqueio de verba pública como meios para efetivação da tutela específica ou a obtenção de tutela pelo resultado prático equivalente. Admissibilidade (art. 536 CPC). Precedentes. Decisão mantida. Recurso desprovido" (TJSP, Agravo de Instrumento 2120566-51.2017.8.26.0000, Rel. Des. Décio Notarangeli, j. 26.07.2017).

A multa pode ser fixada de uma única vez, ser diária ou assumir outra periodicidade, tudo a depender da natureza da obrigação. Se a questão versa sobre uma abstenção, justifica-se a fixação de valor alto para prevenir a hipótese de descumprimento. A prática de ilícitos por meio da rede mundial de computadores é terreno fértil para estas multas, em situações de prática de ofensas, difamação e exposição de conteúdo ilícito. Se a obrigação é de exibição de documentos, a busca e apreensão do documento revela-se uma alternativa adequada[132].

Na medida em que o objetivo é o de influir no psicológico do devedor e convencê-lo a adimplir a obrigação, o valor da multa assume importância. Não existe um critério *a priori*, ou um valor preferencial, pois as situações deverão ser examinadas concretamente. O ilícito, os danos que decorrem da sua perpetuação e a condição do ofensor são os elementos centrais para a determinação do quantum da multa. Neste sentido, é menos relevante a condição econômica do credor, ou mesmo o valor estimado da obrigação principal, pois tais elementos, regra geral, não interferirão na vontade do devedor em cumprir ou não a obrigação.

Por tais características, é imprescindível que a fundamentação da decisão que fixa, revisa ou cancela a multa seja feita adequadamente, nos precisos termos do art. 489.

4. Deveres de boa-fé do sujeito passivo da obrigação

Intimado a cumprir a decisão, mediante o fazer, a abstenção ou a entrega de coisa, o comportamento esperado do devedor é o de cumprir o comando judicial. Lembre-se que estaremos na fase de cumprimento de uma sentença, precedida de regular processo judicial, no qual o devedor deverá ter tido a oportunidade de se defender, apresentar suas provas e contribuir para a legitimação da decisão. Terá recursos, seja contra a decisão interlocutória que lhe impuser tais obrigações, seja contra a sentença de mérito. E pode apresentar novas ponderações, pela via da Impugnação, como será visto.

Tais alternativas de defesa não excluem, porém, que as ordens judiciais devem ser cumpridas. Por isso, além das medidas de incentivo ao comportamento do devedor (astreintes), acima comentadas, o CPC também adiciona a disposição do § 3º, determinando a fixação de penalidade por litigância de má-fé se o devedor injustificadamente descumprir a ordem judicial.

Assim, se o devedor resiste e não entrega a coisa objeto da condenação, o juiz pode determinar a incidência de multa para a apresentação do bem, a sua busca e apreensão (inclusive com arrombamento e força policial) e também condenará o devedor em litigância de má-fé, conforme os parâmetros do art. 77.

O mesmo se diga se a empresa operadora de plano de saúde se recusar a realizar o procedimento cirúrgico ou fornecer a órtese ou prótese. Neste caso, o juiz poderá fixar a multa periódica, apreender o produto na própria empresa, determinar o fornecimento por outra empresa, às expensas do devedor e também condenará a ré por litigância de má-fé, por resistir injustificadamente à ordem judicial.

5. Impugnação como meio de defesa do executado

Em medida que merece aplauso, o legislador procurou unificar os meios de defesa do executado, seja particular ou Fazenda Pública, seja qual for a modalidade da obrigação reconhecida no título. Em todos os casos, o devedor deve manejar a impugnação, prevista no art. 525, a cujos comentários remetemos o leitor.

É inegável, porém, que a impugnação foi concebida para a execução de obrigações de pagar quantia, razão pela qual algumas adaptações são necessárias. Por isso, está prevista a expressão "se for o caso" no § 5º.

Com a ressalva sobre a possibilidade de o próprio juízo determinar de ofício o cumprimento da sentença, deverá ocorrer a intimação do devedor para cumprimento voluntário, no

---

132 "Agravo de instrumento. Cautelar de exibição de documentos. Cumprimento de sentença. Decisão que fixou prazo para apresentação de extratos de conta poupança, sob pena de busca e apreensão. Manutenção. Medida autorizada pelos arts. 536 e 400, CPC 2015. Determinação, aliás, que dá cumprimento a Acórdão proferido na fase de conhecimento. Agravo não provido" (TJSP, Agravo de Instrumento 2217648-19.2016.8.26.0000, Rel. Des. Edson Luiz de Queiroz, j. 21.02.2017). Também, TJSP, Agravo de Instrumento 2089439-32.2016.8.26.0000, Rel. Des. Coutinho de Arruda, j. 02.02.2017.

prazo de 15 dias ou em outro que porventura tenha sido estabelecido na sentença condenatória. Decorrido o prazo sem cumprimento, inicia-se o prazo de 15 dias para apresentação da impugnação[133].

Transcorrido o prazo previsto no art. 523 sem o pagamento voluntário, inicia-se o prazo de 15 dias para que o executado, independentemente de penhora ou nova intimação, apresente, nos próprios autos, sua impugnação. Das matérias objeto da Impugnação, previstas no § 1º do art. 525, podem ser aplicadas, sem ressalvas, as situações dos incisos I, II, III, V e VI. A hipótese do inciso IV, sobre penhora incorreta ou avaliação errônea, é específica das obrigações de pagar quantia.

A última figura, de impugnação motivada por "qualquer causa modificativa ou extintiva da obrigação, como pagamento, novação, compensação, transação ou prescrição, desde que supervenientes à sentença" pode ser aplicada, com algumas ressalvas. Isso porque as decisões objeto deste dispositivo, não obstante se enquadrem na categoria mais geral de sentenças condenatórias, são resolvidas por prestações de outra natureza. Por isso, fala-se em satisfação de uma obrigação de fazer, não em pagamento. Se não há cobrança de dívida, o objeto da Impugnação também não será o excesso da execução, ou equívocos decorrentes da memória de cálculo apresentada pelo credor (art. 525, §§ 4º e 5º).

Pelas mesmas razões, não se concebe a compensação como forma de extinção deste tipo de obrigação. De outro lado, a prescrição e a novação podem ocorrer e, se for o caso, justificarão a apresentação da impugnação.

Acaso apresentada, nos termos do art. 525, § 6º, a impugnação não impedirá a prática dos atos executivos, que nas obrigações de fazer, não fazer e entregar coisa, se concentrarão primeiro nos meios coercitivos para que o próprio devedor satisfaça a obrigação, e subsidiariamente poderão ser aplicadas medidas práticas equivalentes.

Em relação ao efeito suspensivo, outras adaptações são necessárias. Como visto, para as obrigações de pagamento de quantia, a sua concessão depende de quatro requisitos. Permanece a exigência de que a impugnação tenha fundamentos relevantes e que o prosseguimento da execução seja capaz de causar ao executado dano grave de difícil ou incerta reparação. Mas não há que se falar em exigência de garantia do juízo, pois ou bem o devedor cumpre a prestação (e aqui, no mais das vezes, a prestação jurisdicional se esgota em si mesma), ou ele não a prestará, obterá o efeito suspensivo e, se ao final sua impugnação for rejeitada, deverá prestá-la em definitivo.

Nesse aspecto, há diferenças relevantes entre o cumprimento definitivo e o provisório de tais sentenças. No provisório, a própria existência da obrigação ainda é controvertida, o que pode ensejar problemas práticos para a efetivação de certos direitos. Pense-se, por exemplo, em cumprimento de sentença (ou de decisão) que determine a apresentação de medicamento importado, não aprovado ainda pelos órgãos responsáveis brasileiros, ou de remédios que não constem da lista do SUS, mas que sejam a única alternativa para determinados tratamentos.

Se o devedor apresentar impugnação e pretender o efeito suspensivo, o julgador estará em mãos com a delicada situação de (i) conceder o efeito, porque entendeu como presentes os seus requisitos, isentando a empresa ou a União Federal do respectivo fornecimento, e com isso colocar em risco a vida do paciente, (ii) não conceder o efeito suspensivo, privilegiando o tratamento médico, ainda que haja dúvidas sobre a existência daquela obrigação. No modelo típico, é o devedor quem é chamado a prestar caução, como forma de momentaneamente se livrar dos atos executivos e de satisfação material do direito reconhecido ao credor.

Essa realidade não se projeta para a hipótese aqui examinada. Não há como o devedor caucionar o medicamento, ou disponibilizar unidades que ficarão sob a custódia do juiz. O remédio é necessário para aquele momento, deve ser entregue e ministrado ao paciente, para evitar um mal maior.

Assim, a questão toda se resolverá, naquelas situações em que o direito ao final for negado, na conversão em perdas e danos da obrigação adimplida, indenizando-se o devedor que che-

---

133 A incidência de multa periódica não pode ter início a partir da intimação da sentença ou da decisão sobre a obrigação de fazer. É necessário primeiro conceder prazo para o adimplemento voluntário, como decidiu o TJSP, no Agravo de Instrumento 2114756-95.2017.8.26.0000, Rel. Des. Coelho Mendes, j. 29.08.2017.

Art. 537

gou a fornecer um medicamento ou tratamento cirúrgico, mas que, ao final, restou vencedor na demanda.

De outro lado, nesta mesma linha, tem plena aplicação o art. 525, § 10, que autoriza ao credor a prestação de caução, como forma de contornar a atribuição do efeito suspensivo à impugnação. O mesmo se diga quanto ao § 11 do mesmo artigo, que contempla a apresentação por simples petição subsequente de matérias que podem obstar o cumprimento da sentença. Pense-se, por exemplo, em prestação de entrega de coisa que perece ou se deteriora em momento posterior. Compete ao devedor alegar esta circunstância nos 15 dias seguintes ao perecimento da coisa. Ainda que extremamente improvável, pode ser também aplicável o § 12, no sentido de que se reconheça a inexigibilidade de uma obrigação de fazer, não fazer ou entregar coisa, por força da declaração, pelo Supremo Tribunal Federal, de inconstitucionalidade de norma que a embase.

> **Art. 537.** A multa independe de requerimento da parte e poderá ser aplicada na fase de conhecimento, em tutela provisória ou na sentença, ou na fase de execução, desde que seja suficiente e compatível com a obrigação e que se determine prazo razoável para cumprimento do preceito.
>
> **§ 1º** O juiz poderá, de ofício ou a requerimento, modificar o valor ou a periodicidade da multa vincenda ou excluí-la, caso verifique que:
>
> I – se tornou insuficiente ou excessiva;
>
> II – o obrigado demonstrou cumprimento parcial superveniente da obrigação ou justa causa para o descumprimento.
>
> **§ 2º** O valor da multa será devido ao exequente.
>
> **§ 3º** A decisão que fixa a multa é passível de cumprimento provisório, devendo ser depositada em juízo, permitido o levantamento do valor após o trânsito em julgado da sentença favorável à parte. (Redação dada pela Lei 13.256, de 2016)
>
> **§ 4º** A multa será devida desde o dia em que se configurar o descumprimento da decisão e incidirá enquanto não for cumprida a decisão que a tiver cominado.
>
> **§ 5º** O disposto neste artigo aplica-se, no que couber, ao cumprimento de sentença que

reconheça deveres de fazer e de não fazer de natureza não obrigacional.

> ▶ *Referência: CPC/1973 – Art. 461, §§ 4º e 6º*

1. Multa, fixada de uma vez ou em forma periódica

A principal figura utilizada para a satisfação de obrigações de fazer, não fazer ou entregar coisa é a multa. No CPC, ela deixa de ser referida como multa periódica, pois há situações em que ela será mais efetiva se fixada para uma única oportunidade. Em outras, ela pode ser diária ou assumir outra periodicidade. O principal critério adotado pelo legislador é que ela seja suficiente e compatível com a obrigação.

O devedor será intimado a cumprir voluntariamente a obrigação, prevendo o *caput* deste art. 537 que se determine prazo razoável para cumprimento do preceito. Assim, mesmo que a sentença tenha fixado algum prazo, este poderá ser modificado pelo juiz, para adequar a situação concreta e permitir seu cumprimento espontâneo pelo juiz. Basta pensar, por exemplo, na obrigação de substituir um equipamento de uma indústria, ou de realizar atividades de despoluição de uma determinada área. É claro que não se pode fixar um único prazo, muito menos de 15 (quinze) dias, para o adimplemento de obrigações complexas.

A lei reforça que a fixação das astreintes independe de requerimento do juiz e corretamente regula sua fixação tanto na decisão provisória quanto na definitiva. Mas a sua concreta e específica fixação sempre dependerá do caso concreto, em um exercício permanente de proporcionalidade, no qual não há fórmula predefinida. O sistema se completa com as rigorosas exigências de fundamentação contidas no art. 489 e seu § 1º.

2. A revisão judicial da multa. Impossibilidade de diminuição ou cancelamento de multa já incorrida

Questão tormentosa, por sua repercussão prática, diz respeito à revisão da multa. Em mais um aprimoramento legislativo, o CPC regula a possibilidade de revisão do valor ou da periodicidade da multa que ainda irá vencer, podendo inclusive excluir a multa, nas situações em que ela se tornar insuficiente ou excessiva, ou quando o devedor cumprir parcialmente a obrigação ou demonstrar justa causa para o descumprimento[134].

Relembre-se o que foi dito no item 3 aos comentários ao artigo anterior. A multa, e demais modalidades de astreintes, não são um castigo ou punição ao devedor, mas uma forma de estimular o seu adimplemento. Se, pelas circunstâncias, ou pela natureza da obrigação, a multa não for apta a cumprir essa missão, ela deve ser extinta ou revista.

Por um imperativo fundamental de previsibilidade e até de boa-fé, o Código corretamente enfrentou uma questão que era muito mal resolvida no sistema anterior. Em qualquer caso, não pode haver revisão retroativa da multa, sua redução ou eliminação em relação ao período em que esteve vigente e que o devedor deixou de cumpri-la. Isso se faz por provocação da parte ou de ofício, mas sempre com efeitos meramente *ex nunc*.

Imagine, por exemplo, um devedor insolvente, que não tem condições financeiras de fornecer o produto ao qual se obrigou, ou de um devedor a quem sobreveio incapacidade laboral, que não poderá realizar a obra à qual se obrigou. Não faz sentido fixar multa diária contra alguém que, em qualquer caso, não conseguirá cumprir a obrigação[135].

---

134 Recentemente, o TJSP determinou a redução da multa originária, dado seu valor excessivo: TJSP, Agravo de Instrumento 2081517-03.2017.8.26.0000, Rel. Des. Silvério da Silva, j. 28.06.2017.
Sobre o tema, o TJSP também decidiu em julgado recente que, diante do cumprimento parcial pelo executado, seria necessária a redução do valor da multa, nos termos do art. 537: TJSP, Agravo de Instrumento 2054098-08.2017.8.26.0000, Rel. Des. Simões de Vergueiro.
Em outro julgado, o TJSP entendeu haver justa causa para o descumprimento da entrega de coisa: TJSP, Apelação 0004283-74.2012.8.26.0510, Rel. Des. Penna Machado, j. 19.07.2017: "Impossibilidade de restituição do Bem. Paradeiro desconhecido do Bem alienado. Demonstração de justa causa para o descumprimento da entrega da coisa. Inteligência do artigo 537, § 1º, parte final, do NCPC. Multa descabida".
135 Já na vigência do CPC/2015, o Superior Tribunal de Justiça entendeu possível a redução do valor da multa quando este se tornar insuficiente ou

3. Início e fim da incidência da multa

Para a incidência da multa diária, o devedor será intimado pessoalmente. Ainda que fixada após a constituição de advogado para representar a parte, a intimação sobre a multa sempre deverá ser pessoal. Isso significa que serão expedidas duas intimações. Uma, regular, para a comunicação do ato processual na pessoa do advogado, o que se faz pela publicação no Diário Oficial. Outra, pessoalmente ao sujeito obrigado. Se a multa é fixada na sentença, a mesma dinâmica se repete.

O valor passa a ser devido desde o primeiro dia de seu descumprimento. Lembre-se que o juiz não fixará a multa já a partir da data da decisão, porque primeiro fixará um prazo para o cumprimento espontâneo, incidindo a multa apenas a partir de então.

Assim, intimado a cumprir uma decisão em 15 dias, sob pena de multa diária de R$ 1.000,00, ocorrerá a seguinte sequência. Primeiro, o juiz mandará intimar o devedor pessoalmente (Súmula 410 do STJ[136]). Recebida a intimação, decorrerão os quinze dias assinalados para cumprimento espontâneo. Após esse período é que passa a incidir, automaticamente, a multa fixada na decisão. E seguirá incidindo até o cumprimento da obrigação.

Pode ocorrer, ainda, de a multa ser majorada, ou sua periodicidade ser modificada, conforme o § 1º. Nesse caso, os R$ 1.000,00 serão devidos pelo período em que tal multa incidiu. A partir da nova intimação do devedor acerca do novo valor, é este que passará a ser devido.

4. O credor da multa é o exequente

O legislador corretamente determinou que a multa, em qualquer caso, pertencerá ao credor. Em versões intermediárias do projeto de lei, cogitou-se de direcionar a multa ao Estado, o que teria sido um grande equívoco[137]. Apesar

---

excessivo, mesmo depois de transitada em julgado. AgInt no Recurso Especial 1.396.065/PE, Rel. Min. Marco Buzzi, j. 07.02.2017.
136 Súmula 410 do STJ: "A prévia intimação pessoal do devedor constitui condição necessária para a cobrança de multa pelo descumprimento de obrigação de fazer ou não fazer".
137 Trata-se, por um lado, de um equívoco técnico, por adicionar um terceiro na relação processual,

Art. 537

de ser o melhor modelo, ainda assim é preciso investigar se, nas situações concretas, não pode ocorrer abusos nas situações, para que o autor da demanda almeje a obtenção de indenizações adicionais e indevidas, em verdadeiro exercício de enriquecimento sem causa do autor.

É tristemente comum que alguém, ciente de uma cobrança indevida, opte por mantê-la, ou não se insurgir contra a eventual negativação do próprio nome, para buscar indenizações por danos morais maiores, justamente em função do período de restrição creditícia ampliado. Em um plano mais moral e cultural, é lamentável que muitas pessoas (e empresas) adotem esse raciocínio, de obter vantagem e de contribuir para amplificar a situação de uma potencial violação aos seus próprios direitos. Em um plano jurídico, além de tal conduta violar o dever de mitigar os próprios danos[138], essa estratégia revela outra distorção do nosso modelo, que apenas consagra a indenização por dano moral sob a perspectiva tradicional, da existência e da proporção do dano, sem admitir a possibilidade de condenação de alguém como forma de coibir a repetição destes comportamentos (*punitive damages*).

Porque no direito brasileiro, a indenização se mede pela extensão do dano (art. 944 do Código Civil[139]), surge essa distorção, em que

o credor contribui para a ampliação do próprio dano, na tentativa de ampliar o valor do qual será indenizado.

Valem aqui as considerações antes feitas sobre o dever geral de comportar-se de forma legal e em boa-fé, e das sanções existentes no sistema para coibir tais práticas.

5. Multa no cumprimento provisório

Assim como a multa de 10% incidente sobre as obrigações ao pagamento de quantia, também a multa periódica pode ser imposta no cumprimento provisório. Neste ponto, foi resolvida uma polêmica importante do sistema do CPC/1973. E novamente com aprimoramento, na medida em que o legislador exige que a multa, se cobrada, seja desde logo paga pelo devedor, mediante depósito em juízo.

Assim, o devedor se verá efetivamente forçado a adimplir a obrigação, porque, mesmo no cumprimento provisório, não ficará isento das repercussões indenizatórias, caso opte por não cumprir sua obrigação. Em essência, a lei propõe ao devedor escolher entre duas opções: (i) resistir à obrigação, incidir e pagar multa e, ao final, ter que cumprir a obrigação mesmo assim, ou (ii) cumprir desde logo a obrigação e assim se isentar das multas e outras consequências.

De outro lado, o levantamento da multa não será possível antes do trânsito em julgado da sentença. Isso se explica por duas razões fundamentais. Primeiro, porque a decisão pode ser revertida, e, se isso ocorrer, não faz qualquer sentido em entregar ao credor o produto secundário do seu direito (multa porque ele não foi adimplido na época própria) se ele não faz jus ao produto primário, que é o próprio direito.

Segundo, porque o objetivo da multa (ou outra astreinte) não se resolve por si. Nenhum credor pode ter mais interesse na multa que decorre do inadimplemento do que no adimplemento em

---

que não seria parte, mas que passaria a ter interesses a tutelar naquele processo. Por outro, político, porque o Estado está sempre interessado em mais e mais recursos, o que tornaria difícil a separação entre seus interesses primários e secundários e traria complicações desnecessárias a um sem número de demandas entre particulares, em que o Estado não deve ter qualquer participação.

138 Enunciado 169 da III Jornada de Direito Civil: "O princípio da boa-fé objetiva deve levar o credor a evitar o agravamento do próprio prejuízo".

139 "Art. 944. A indenização mede-se pela extensão do dano". A esse respeito, Carlos Alberto Menezes Direito e Sérgio Cavalieri Filho afirmam que: "O fim da responsabilidade civil é a restituição do lesado ao estado em que se encontraria se não tivesse havido o dano. Indenizar significa tornar indene a vítima; reparar todo o dano por ela sofrido. Por isso, mede-se a indenização pela extensão do dano, ou seja, há de corresponder

a tudo aquilo que a vítima perdeu, ao que razoavelmente deixou de ganhar e, ainda, ao dano moral" (Carlos Alberto Menezes Direito; Sérgio Cavalieri Filho. *Comentários ao novo Código Civil*: da responsabilidade civil, das preferências e privilégios creditórios, Rio de Janeiro: Forense, 2007, vol. XIII, p. 361-362).

si da obrigação. Essa possível distorção do sistema precisa ser permanentemente combatida.

Seção II
Do cumprimento de sentença que reconheça a exigibilidade de obrigação de entregar coisa

Art. 538. Não cumprida a obrigação de entregar coisa no prazo estabelecido na sentença, será expedido mandado de busca e apreensão ou de imissão na posse em favor do credor, conforme se tratar de coisa móvel ou imóvel.

§ 1º A existência de benfeitorias deve ser alegada na fase de conhecimento, em contestação, de forma discriminada e com atribuição, sempre que possível e justificadamente, do respectivo valor.

§ 2º O direito de retenção por benfeitorias deve ser exercido na contestação, na fase de conhecimento.

§ 3º Aplicam-se ao procedimento previsto neste artigo, no que couber, as disposições sobre o cumprimento de obrigação de fazer ou de não fazer.

▶ *Referência: CPC/1973 – Art. 461-A, §§ 2º e 3º*

1. Generalidades

O art. 538 disciplina de forma mais adequada a última das modalidades de execução específica, relacionada às obrigações de entrega de coisa. Por primeiro, estabelece como método prioritário de execução a expedição de mandados para busca e apreensão de coisa móvel, ou imissão na posse de coisa imóvel.

Nota-se que o dispositivo não regula a forma de satisfação voluntária da obrigação pelo devedor, mas o modo de efetivação, com o auxílio do juízo. Nos termos dos artigos precedentes, o cumprimento de sentença será iniciado com a intimação do devedor para entregar a coisa, inclusive com fixação de multa para o caso de descumprimento e demais medidas coercitivas. Aplicam-se, com poucas adaptações, todas as disposições acerca do cumprimento das obrigações de fazer e não fazer.

O campo de maior aplicação prática deste dispositivo envolve os negócios imobiliários. Esta é a demanda que pode ser proposta pelo promitente comprador, para obrigar o vendedor a entregar o bem, em caso de atraso na execução das obras ou recusa na sua entrega, por qualquer outro fundamento. De outro lado, pode também ser utilizada pelos vendedores, caso as parcelas do preço deixem de ser pagas, seja nas transações entre particulares, seja naquelas decorrentes do Sistema Financeiro da Habitação[140].

A busca e apreensão ou imissão na posse terão lugar em caso de inadimplemento, correspondendo ao que a lei classifica como resultado prático equivalente, porque por um ou outro método, o credor receberá a coisa à qual faz jus.

2. Discussão sobre benfeitorias

É bastante comum que em demandas desta natureza, o devedor tenha em seu favor o argumento de que realizou benfeitorias no bem, e que deve ser por elas indenizado, como condição para a entrega ou devolução da coisa. Por exemplo, em demandas de rescisão de contratos de venda e compra de imóveis.

Estas alegações dizem respeito ao mérito da controvérsia, razão pela qual devem ser suscitadas ainda na fase de conhecimento[141]. Trata-se

---

140 "Cumprimento de sentença. Título judicial constituído através de homologação de conciliação. Inadimplência das devedoras. Falta de pagamento de prestações mensais de contrato de promessa de compra e venda de imóvel no âmbito do Sistema Financeiro da Habitação. Decisão homologatória de autocomposição que é título judicial na forma do art. 515, inciso II, do novo CPC. Cumprimento de acordo com as regras do novo estatuto. Procedimento previsto no art. 538, de expedição de mandado de imissão na posse em favor da credora. Inviabilidade de o Judiciário deferir moratória e ser leniente com o cumprimento de títulos que dele emanam. Depósitos parciais em conta judicial, mesmo de montante julgado incontroverso pelas devedoras, que não purgam a mora. Impugnação rejeitada. Recurso desprovido" (TJSP, Agravo de Instrumento 2103430-41.2017.8.26.0000, Rel. Des. Cerqueira Leite, j. 01.09.2017).

141 TJSP, Agravo de Instrumento 2024486-25.2017.8.26.0000, Rel. Des. Piva Rodrigues, j. 06.09.2017: "Cumprimento de sentença de obrigação de entregar coisa certa (reintegração de posse). Decisão recorrida que reabriu a instrução para que o réu comprovasse a existência de

Art. 539

de exceção substancial, que exige alegação da parte interessada, no momento da contestação[142], a qual deverá ainda ser feita da forma mais especificada possível, conforme o § 1º. Caso o réu não o faça, precluirá o seu direito de alegar a retenção por benfeitorias. Em qualquer caso, o artigo veda a sua alegação ou reiteração na fase de cumprimento de sentença.

TÍTULO III
DOS PROCEDIMENTOS ESPECIAIS

CAPÍTULO I
DA AÇÃO DE CONSIGNAÇÃO EM PAGAMENTO

> **Art. 539.** Nos casos previstos em lei, poderá o devedor ou terceiro requerer, com efeito de pagamento, a consignação da quantia ou da coisa devida.
>
> **§ 1º** Tratando-se de obrigação em dinheiro, poderá o valor ser depositado em estabelecimento bancário, oficial onde houver, situado no lugar do pagamento, cientificando-se o credor por carta com aviso de recebimento, assinado o prazo de 10 (dez) dias para a manifestação de recusa.
>
> **§ 2º** Decorrido o prazo do § 1º, contado do retorno do aviso de recebimento, sem a manifestação de recusa, considerar-se-á o devedor liberado da obrigação, ficando à disposição do credor a quantia depositada.

---

construção a embasar seu pleito de retenção por benfeitoria. Inconformismo do agravante, buscando a expedição de mandado de reintegração de posse. Provimento. Preclusão do direito do agravado. Apresentação de tese de retenção por benfeitorias inadequada nesse momento processual, sendo igualmente inapropriada a reabertura da instrução para juntada de provas a embasar tal pedido. Exegese do artigo 538, §§ 1º e 2º, do Código de Processo Civil. Eventual direito de indenização pelas benfeitorias a ser perseguido em autos próprios. Consequente expedição de mandado de reintegração de posse. Recurso provido".

142 Admite-se, igualmente, a alegação por reconvenção. TJSP, Agravo de Instrumento 2034198-39.2017.8.26.0000, Rel. Des. Rômolo Russo, j. 01.06.2017.

> **§ 3º** Ocorrendo a recusa, manifestada por escrito ao estabelecimento bancário, poderá ser proposta, dentro de 1 (um) mês, a ação de consignação, instruindo-se a inicial com a prova do depósito e da recusa.
>
> **§ 4º** Não proposta a ação no prazo do § 3º, ficará sem efeito o depósito, podendo levantá-lo o depositante.

▶ *Referência: CPC/1973 – Art. 890*

1. O pagamento por consignação como modo anormal de extinção da obrigação

O art. 304 do CC dispõe que "qualquer interessado na extinção da dívida pode pagá-la, usando, se o credor se opuser, dos meios conducentes à exoneração do devedor".

Dessa previsão legal extrai-se, primeiro, que o pagamento representa o modo normal de extinção da obrigação, mediante o cumprimento espontâneo da prestação devida. Extrai-se, mais, que não sendo a obrigação espontaneamente desfeita dessa forma – seja porque o credor se recusou injustificadamente a receber o pagamento ou a dar regular quitação, seja porque o devedor ficou impedido, por motivos alheios à sua vontade, de realizar o pagamento (v. CC, art. 335), seja, ainda, pela impossibilidade de realização do depósito extrajudicial da importância devida, ou da recusa, pelo credor, do depósito realizado pelo devedor –, resta a este último, ou a qualquer outro interessado na extinção da obrigação, a via anormal do pagamento por consignação (CC, arts. 334 a 345).

Então, se no caso concreto não é admissível o depósito extrajudicial da prestação (v., *infra*, nº 3), ou, sendo, dele não quiser utilizar-se o devedor (pois facultativa essa modalidade de depósito), deverá valer-se da via judicial para se liberar da dívida e dos respectivos encargos. Em outras palavras, essa modalidade de pagamento assume, nessa hipótese, a forma judicializada de desfazimento do vínculo obrigacional, daí o devedor, ou o terceiro interessado no pagamento, depender da realização do depósito judicial para a liberação da dívida, promovendo a ação de consignação em pagamento.

2. Situações autorizadoras do pagamento por consignação

Em seu art. 335 o CC enuncia as hipóteses de cabimento do pagamento por consignação, todas elas atinentes ao mérito da ação consignatória, quando proposta pelo devedor ou interessado que não quis ou não pôde valer-se do depósito extrajudicial. Deduzida qualquer dessas situações como causa de pedir fática, sua não comprovação pelo autor-consignante, quando lhe couber o ônus probatório, implicará a rejeição do pedido pelo juiz (CPC, arts. 373, inc. I, e 487, inc. I).

2.1. Recusa do credor

Sendo a dívida portável (*portable* – CC, art. 327, *caput*, 2ª parte), caberá o pagamento por consignação se o credor recusar injustificadamente a oferta de pagamento feita pelo devedor ou se negar a dar-lhe a correspondente quitação (v. art. 320). Isso porque, diante dessa recusa em receber a coisa ou quantia ofertada, a inércia do devedor acarretará a sua mora; por outro lado, aceitando o credor a oferta de pagamento, sem, contudo, dar a correspondente quitação, o devedor também deverá proceder ao depósito, judicial ou extrajudicial (quando cabível) do bem objeto da prestação: afinal, não podendo comprovar a quitação da dívida, "pagou mal" e poderá ser compelido, no futuro, "a pagar duas vezes" (v. CC, arts. 308, 310 e 312).

2.2. Inércia do credor

Sendo a dívida quesível (*quérable* – CC, arts. 327, 1ª parte e 337), compete ao credor buscar o pagamento no domicílio do devedor (CC, art. 327, *caput*, 1ª parte). Não o fazendo no tempo ou no local estabelecidos, nem mandando procurador em seu lugar, igualmente poderá o devedor valer-se do pagamento por consignação para liberar-se da obrigação e de suas consequências (CC, arts. 337 e 400, 1ª parte). O mesmo ocorrerá se a obrigação tiver por objeto a entrega de coisa consistente em corpo certo, a ser entregue no mesmo local onde se encontra (*v.g.*, coisa imóvel – arts. 328 e 341): se o credor não for, nem mandar procurador para recebê-la, o devedor efetuará o pagamento por consignação, neste caso devendo necessariamente promover a ação consignatória, pois inadmissível, por evidente, o depósito bancário de coisa diversa de dinheiro.

2.3. Credor incapaz, desconhecido, ausente ou em local desconhecido ou inacessível

Também é autorizada essa modalidade de pagamento quando o credor for incapaz de receber, não seja conhecido pelo devedor, houver sido declarado ausente, ou residir em lugar incerto, ou de acesso perigoso ou difícil:

a) credor incapaz: o pagamento deverá ser feito na pessoa de seu representante legal (no caso de incapacidade absoluta), ou diretamente a ele, mas assistido por seu representante legal (se a incapacidade for relativa). Ignorando o devedor quem seja o representante legal, ou este recusar-se a receber ou a dar quitação em nome do credor absolutamente incapaz, ou, no caso de incapacidade relativa, a conceder a indispensável assistência, restará ao primeiro valer-se da via consignatória. No entanto, é inadmissível o depósito extrajudicial da quantia devida, pois essa modalidade de extinção da obrigação pressupõe a capacidade civil do credor;

b) credor desconhecido: o credor original faleceu e o devedor, por ignorar quem seja seu herdeiro, desconhece a quem pagar. Como o único modo de liberar-se da obrigação é o pagamento, deverá promover ação de consignação em pagamento, pois também inviável, neste caso, o depósito extrajudicial, adiante examinado;

c) credor declarado ausente (CPC, art. 744 e ss.): ao seu curador caberá receber e dar quitação. No entanto, se o devedor desconhece quem seja o curador ou, mesmo o conhecendo, ignorar se ele tem poderes para receber e dar quitação, poderá valer-se da ação de consignação em pagamento para liberar-se da obrigação, igualmente não sendo possível, neste caso, lançar mão do depósito extrajudicial, pelas razões adiante expostas;

d) credor residente em local incerto ou de acesso difícil ou perigoso: como nesses casos é impossível ao devedor efetuar o pagamento, a ação consignatória representará a via adequada para a liberação da obrigação, inviabilizado o depósito extrajudicial a que alude o § 1º do art. 539 do CPC. Observe-se que a presente hipótese se refere somente à dívida portável; sendo ela quesível, a inércia do credor caracteriza a hipótese já examinada (*supra*, nº 2.2).

2.4. Dúvida quanto à titularidade do crédito

Ignorando o devedor a quem deva validamente efetuar o pagamento entre os pretendentes credores, poderá fazer uso do pagamento por consignação, promovendo a ação correspondente, também inviabilizado, neste caso, por evidente, o depósito extrajudicial.

Assim, havendo disputa judicial entre terceiros a respeito de determinado crédito – e tornando-se exigível a prestação no curso do processo, sem que o devedor tenha certeza a quem deva satisfazê-la –, ou ele assumirá o risco do pagamento, pagando a qualquer dos contendores (CC, art. 344), ou procederá à consignação judicial da prestação, isentando-se das consequências da mora (arts. 394, 395 e 399).

2.5. Litígio sobre o objeto do pagamento

Mesmo sendo conhecido o credor, poderá haver litígio acerca do objeto do pagamento. Vale dizer, o credor é certo, mas entre ele e terceiro trava-se disputa judicial tendo por objeto a quantia ou a coisa devida; consequentemente, não pode o devedor simplesmente efetuar o pagamento ao credor, pois, se o fizer, assume o risco de pagar mal. Terá, portanto, como única forma de livrar-se da obrigação, o pagamento por consignação, com a propositura da correspondente ação judicial, também sendo inviável, nessa hipótese, o depósito extrajudicial.

2.6. Outras hipóteses de pagamento por consignação

Além daquelas até aqui examinadas, há outras hipóteses ensejadoras de pagamento por consignação, como na desapropriação (DL 3.365/1941, arts. 33 e 34, parágrafo único) e na liberação de débito fiscal (CTN, arts. 156, VIII, e 164).

3. Depósito extrajudicial e hipóteses de cabimento

Com as exceções adiante apontadas, o art. 539 faculta ao devedor valer-se do depósito extrajudicial (ou bancário de qualquer prestação pecuniária, inclusive aquelas relativas a aluguel e encargos da locação. E, apesar de previsto em norma processual, esse depósito é instrumento de direito material, modo alternativo, à jurisdição estatal, de resolução de conflitos, apto à extinção de obrigações de natureza pecuniária.

4. Requisitos do depósito extrajudicial

A possibilidade de realização dessa modalidade de depósito e a sua eficácia liberatória dependem do atendimento dos requisitos a seguir examinados, atendido o disposto na Resolução 2.814/2011, do Banco Central.

4.1. Objeto do depósito

Seja pela clara dicção da lei, seja pela natureza da atividade do estabelecimento depositário (agência bancária), fica excluída a possibilidade de o depósito extrajudicial ter por objeto a *coisa* devida, prestando-se, exclusivamente, às prestações pecuniárias;

4.2. Lugar do depósito

O interessado na liberação da dívida deverá efetuar o depósito extrajudicial em agência de banco oficial existente no lugar do pagamento; não havendo, contará com a colaboração de estabelecimento da rede privada. Observe-se, primeiro, que a locução *lugar do pagamento* deve ser compreendida no sentido amplo de *foro do local do pagamento*, pois inexistindo agência bancária no local a ele destinado (*v.g.*, no município onde o pagamento deva ser realizado), certamente haverá na sede da comarca a que pertença; observe-se, mais, que o lugar do pagamento será definido com base na natureza da dívida: sendo ela quesível, o lugar do pagamento é, em princípio, o domicílio do devedor; se portável, o do credor.

4.3. Beneficiário do depósito

Deverá ser credor conhecido, certo, capaz, solvente, inequivocamente titular do crédito e com domicílio conhecido pelo depositante. Se o interessado na extinção da dívida desconhece quem seja o credor (dúvida quanto à identidade física), ou havendo dúvida quanto a quem seja o titular do crédito (quando duas ou mais pessoas se intitulam credoras – dúvida quanto à qualificação jurídica), descaberá o depósito extrajudicial: no primeiro caso, pela óbvia impossibilidade de realização do depósito em favor de pessoa desconhecida; no segundo, porque o depósito não pode ser condicional, devendo referir-se a credor certo. Já o credor incapaz não poderá validamente receber ou dar quitação (CC, art. 310 c/c art. 166, inc. I), nem terá valor legal a eventual recusa que venha a manifestar em relação ao depósito efetuado em seu favor, ficando inviabilizado, no que a ele concerne, o depósito previsto no art. 539 do diploma processual civil. O mesmo se diga em relação ao credor falido, que perde o direito de administrar os seus bens, pois o crédito deverá figurar na respectiva massa (arts. 77, 81 e 103 da Lei de Recuperação de Empresas).

De outra parte, a existência de litígio envolvendo a prestação devida igualmente representa óbice ao depósito extrajudicial, pois estando em curso processo no qual o credor figure como parte – e versando a pretensão deduzida em juízo sobre o direito material do qual a prestação devida é oriunda –, com a citação válida do réu opera-se a litigiosidade da coisa (CPC, art. 240), restando assim ao devedor, ciente da existência do litígio e da ocorrência daquele fenômeno processual, apenas o depósito judicial para se liberar da dívida, sob pena de, pagando diretamente a qualquer dos litigantes, correr o risco de pagar mal e ter, no futuro, de repetir o pagamento ao legítimo credor.

4.4. A ciência, pelo devedor, do local do domicílio do credor

É evidente a necessidade de o depositante conhecer o local do domicílio do credor, pois este deverá ser cientificado, por carta com aviso de recepção enviada pelo banco, do depósito efetuado em seu favor, para levantá-lo ou, sendo o caso, manifestar formalmente a sua recusa.

5. A realização do depósito extrajudicial

Presente qualquer das situações autorizadoras do pagamento por consignação – e sendo de natureza pecuniária a prestação devida –, o devedor (ou o terceiro interessado no pagamento) poderá valer-se, a seu exclusivo critério, do depósito extrajudicial junto a estabelecimento bancário, efetuando-o em conta com correção monetária, em nome e em favor do credor.

Realizado o depósito e cientificado o credor por via postal, este poderá adotar uma, entre as seguintes condutas: *(a)* comparece na agência bancária e levanta o depósito, assim manifestando sua expressa aceitação ao pagamento, com a consequente liberação do devedor, mesmo que o depositante seja terceiro; *(b)* não recusa formalmente o depósito no decêndio previsto em lei e, diante dessa aceitação tácita do depósito, opera-se o pagamento por consignação previsto em lei, com a liberação do devedor da obrigação, permanecendo a quantia depositada na agência bancária, à disposição dele, credor; *(c)* manifesta por escrito, junto ao banco depositário, a sua recusa à recepção da quantia depositada; frustrada a tentativa de liberação da dívida pela via extrajudicial, poderá o depositante valer-se da judicial, promovendo a ação consignatória no prazo de 30 dias, a contar da ciência da recusa, instruindo a petição inicial com a prova do depósito e da recusa; decorrido o prazo sem o ajuizamento

da ação, ficará sem efeito o depósito bancário, facultado o seu levantamento pelo depositante.

É evidente que a não propositura da ação no prazo legal não obsta, ao interessado, o seu ajuizamento posterior, desde que, agora, o valor consignando esteja devidamente atualizado.

Explicitando: o inútil escoamento do prazo a que alude o § 3º do art. 539 do CPC não tem o condão de extinguir o direito (material) à consignação, nem representa óbice ao exercício do direito de ação, constitucionalmente assegurado. Ao facultar o depósito extrajudicial, a lei confere ao interessado no pagamento via diversa do acesso à jurisdição estatal, sem, contudo, retirar-lhe esse direito de acesso. Sucede, apenas, que a não propositura da ação no trintídio legal acarreta o restabelecimento do estado anterior à efetivação do depósito extrajudicial, ou seja, a dívida remanesce em aberto e o credor continua insatisfeito, desta feita por inércia imputável ao devedor. Implementado o 30º dia a contar da ciência, pelo depositante, da recusa do credor à recepção do depósito extrajudicial, a não propositura da ação consignatória caracterizará o estado de mora do devedor, devendo a prestação, a partir daí, ser acrescida de juros moratórios, multa (quando houver previsão a respeito) e corrigida monetariamente (caso o devedor depositante tenha levantado o depósito) até que, em futuro processo consignatório, seja efetuado o depósito a que alude o inc. I do art. 542 do CPC.

Sintetizando: a inércia do credor caracteriza a aceitação do depósito; a do devedor, não promovendo a ação no prazo legal, a sua mora.

Derradeira observação: o prazo previsto no § 3º do art. 539 não tem natureza processual, devendo ser computado nos termos da lei civil (art. 132), inaplicável, portanto, o disposto em seu art. 212.

6. A inviabilidade do depósito extrajudicial

Será necessariamente judicial o depósito *(i)* que tenha por objeto coisa diversa de dinheiro, *(ii)* ou quando não seja possível a utilização da via extrajudicial, casos em que o devedor, ou o terceiro interessado na extinção da obrigação, deverá valer-se da ação consignatória, observado o procedimento previsto nos arts. 539 a 549 do CPC, exceto quando se tratar de prestações relativas a aluguéis e encargos da locação, com a adoção do procedimento estabelecido pelo art. 67 da *Lei de locação predial urbana*.

Tendo por objeto prestação oriunda de compromisso de compra e venda de lote urbano (Lei de Parcelamento do Solo Urbano, arts. 32, 32-A, 33 e 38, § 1º), o depósito será necessariamente o extrajudicial, mas junto ao Cartório de Registro de Imóveis do registro do loteamento, carecendo o devedor da ação consignatória, por ausência de interesse de agir, pois a especialidade da *Lei de parcelamento do solo urbano* afasta a incidência, nas prestações que contempla, dos dispositivos processuais sob exame.

Igualmente não podem ser objeto de depósito extrajudicial os créditos da Fazenda Pública, sob pena de grave ofensa aos *princípios da legalidade e da indisponibilidade do interesse público*, pois em matéria se "exige não só que os tributos sejam criados, 'in abstracto', por meio de lei, como que existam, seja na esfera administrativa, seja na judicial, mecanismos revisores de sua perfeita adequação a este ato normativo" (cfr. Carrazza, A impossibilidade de depósito extrajudicial envolvendo crédito da Fazenda Pública, *Justitia*, vol. 57, out.-dez. 1995, p. 55-57).

7. O depósito extrajudicial de aluguel e encargos da locação

O Projeto do CPC aprovado pela Câmara dos Deputados previa, no § 5º de seu art. 553, a consignação extrajudicial de aluguéis e encargos da locação. Esse parágrafo não foi incluído do art. 539 do Código, mas isto não impede, a nosso sentir, que verbas locatícias possam ser objeto de depósito extrajudicial.

Afinal, elas estão incluídas na fórmula geral de "obrigação em dinheiro" a que alude o art. 539 em seu primeiro parágrafo e, apesar de o depósito extrajudicial vir previsto em norma de natureza processual, é *instrumento de direito material,* apto à extinção de obrigações pecuniárias. É certo que em seu artigo 67 a *Lei de Locação Predial Urbana* (Lei 8.245/1991) contempla procedimento específico para a consignação de aluguéis e encargos, diverso daquele estabelecido pelo CPC para o processamento das demais consignatórias; mas a adoção de um ou outro desses procedimentos pressupõe, à evidência, que o depósito pretendido pelo interessado seja o judicial, pois o extrajudicial independe, como deflui de sua própria denominação, de qualquer atividade do interessado perante o Judiciário.

Em suma, nada impede o depósito extrajudicial de aluguéis e encargos da locação; recusado que seja o depósito pelo credor, daí sim – e só então – deverá o depositante valer-se da via jurisdicional, adotado, de acordo com a origem do crédito, o procedimento judicial específico. Além disso, a posição contrária à ora externada representaria clara negação aos escopos almejados pela lei, pois os conflitos envolvendo inquilino e locador são, notoriamente, de grande ocorrência no dia a dia, nada mais justificando continuem os primeiros a valer-se necessariamente da jurisdição estatal.

> **Art. 540.** Requerer-se-á a consignação no lugar do pagamento, cessando para o devedor, à data do depósito, os juros e os riscos, salvo se a demanda for julgada improcedente.

▶ *Referência: CPC/1973 – Art. 891*

8. A ação de consignação em pagamento

Sendo inadmissível o depósito bancário, dele não querendo valer-se o devedor ou, ainda, tendo o credor recusado o depósito bancário, àquele restará apenas a via judicial, com a promoção da ação de consignação em pagamento, também designada como ação consignatória.

9. Legitimidade ativa

Estão ativamente legitimados a promover a ação consignatória o devedor e o terceiro juridicamente interessado no pagamento da dívida, como o fiador, o sócio etc. (v. CC, art. 304).

10. Legitimidade passiva

É conferida ao credor conhecido, àquele que alegue tal condição junto ao devedor ou, ainda, sendo desconhecido, ao credor incerto, a ser citado por edital, em seu favor intervindo, se for o caso, o Defensor Público ou aquele nomeado pelo juiz (curador especial – CPC, art. 72, inc. II e parágrafo único). O credor incapaz também figurará como réu, mas representado ou assistido por seu representante legal, também intervindo obrigatoriamente no processo, nesse caso, o órgão do Ministério Público, na qualidade de fiscal da ordem jurídica (CPC, art. 178, inc. II).

Havendo dúvida quanto à titularidade do crédito, figurarão como litisconsortes passivos

11. Foro e juízo competentes

O art. 540 estabelece regra de competência de foro, ou territorial, valendo como critério determinativo o lugar do pagamento da quantia ou coisa devida. Juízo competente, por sua vez, será o estadual, federal ou trabalhista, dependendo da qualidade da parte ou da natureza da prestação (*v.g.*, consignatória de tributo ou de verba trabalhista).

11.1. Critérios determinativos da competência de foro

Sendo a dívida *quesível*, o foro competente é o do domicílio do autor (devedor); sendo *portável*, aquele onde se situa o domicílio do credor (réu), ou o contratualmente eleito (foro de eleição: CPC, art. 63). Apesar de o CPC não haver explicitamente recepcionado o critério estabelecido no parágrafo único do art. 891 do CPC/1973, também atua como critério determinativo de competência a natureza do bem objeto da prestação, ante o que dispõe o CC em seu art. 341; consequentemente, tendo por objeto bem imóvel ou corpo certo (*v.g.*, cabeças de gado em pastagem), a ação consignatória poderá ser proposta no local onde se encontra o bem (ou bens) consignando.

Derradeira observação: entendemos que a existência de cláusula prevendo foro de eleição não afasta, por si só, a prevalência do *forum solutionis* contemplado no art. 540, dada a especialidade deste último sobre aquele. Em outras palavras, concorrendo no caso concreto o foro de eleição e o do local do cumprimento da obrigação, este deverá prevalecer; todavia, como se trata de competência relativa, esta será prorrogada se, proposta a ação no foro eleito, o réu não suscitar essa defesa na contestação (CPC, arts. 65 e 337, inc. II e § 5º).

11.2. A relatividade da competência para a ação consignatória

A competência territorial ou de foro é relativa, por definição. Logo, se a ação consignatória for ajuizada no foro incompetente, caberá ao réu alegar a incompetência relativa, como questão preliminar da contestação (CPC, art. 64), sob pena de operar-se a prorrogação da competência (art. 65). O mesmo não se aplica, porém, à competência de juízo, absoluta e improrrogável.

11.3. A existência de litisconsórcio passivo

Poderão figurar como réus duas ou mais pessoas – como na hipótese prevista no art. 547 do CPC; tendo domicílios diferentes, prevalecerá a regra de competência territorial estampada no § 4º do art. 46 do mesmo Código, podendo a ação consignatória ser proposta no foro de qualquer deles, à escolha do autor. Contudo, se a prestação consignanda for quesível, ou houver previsão de foro de eleição, a competência será, respectivamente, do foro do domicílio do autor-devedor consignante, ou do foro contratualmente eleito pelas partes.

> **Art. 541.** Tratando-se de prestações sucessivas, consignada uma delas, pode o devedor continuar a depositar, no mesmo processo e sem mais formalidades, as que se forem vencendo, desde que o faça em até 5 (cinco) dias contados da data do respectivo vencimento.

▶ *Referência: CPC/1973 – Art. 892*

12. Ação de consignação em pagamento e prestações sucessivas

Afastando-se da nomenclatura adotada pelo CC – e que fora recepcionada pelo CPC/1973 –, em seu art. 541 o CPC refere-se às prestações *sucessivas* (ao invés de *periódicas*), assim entendidas as oriundas de contratos de trato sucessivo, cujo cumprimento perdura no tempo e compreende prestações também deferidas no tempo, repetindo-se em intervalos, regulares ou não (*v.g.*, alugueres, prestações alimentares, mensalidades escolares etc.).

12.1. Pedido implícito de prestações sucessivas

Ao promover a ação de consignação em pagamento, o autor deverá indicar na petição inicial, explicitamente, a prestação (ou prestações) *vencida*, objeto do pedido; neste também se incluem as prestações *vincendas*, à medida que se tornarem exigíveis e desde que tempestivamente depositadas no curso do processo.

12.2. Consignação de prestações sucessivas

Duas hipóteses devem ser consideradas, levando-se em conta a existência, ou não, de

Art. 542

depósito extrajudicial antecedente à propositura da ação consignatória.

Realizado o depósito extrajudicial da prestação pecuniária, nada obsta, em caso de recusa do credor, que o devedor utilize a mesma conta bancária para a efetivação do depósito da prestação vencida imediatamente em seguida, se e quando, no momento de seu vencimento, ainda não estiver instaurado o processo consignatório. Se, entre a recusa do credor e o ajuizamento da ação consignatória (a ocorrer, no máximo, até 30 dias após aquela) vier a vencer nova prestação (*v.g.*, prestação semanal, quinzenal), poderá o depositante depositá-la na mesma conta bancária, novamente cientificando o credor do depósito. E, tão logo ingresse em juízo com a ação consignatória, deverá instruir a petição inicial também com os documentos comprobatórios desse segundo depósito e da respectiva cientificação do credor. A solução ora preconizada atende perfeitamente ao espírito da lei e possibilita aos interessados, sendo aceitos os depósitos, a imediata satisfação de seus interesses.

Efetivado o depósito judicial, as prestações vincendas deverão ser depositadas, à medida que vençam, no processo a essa altura já instaurado, até cinco dias a contar da data do respectivo vencimento.

É evidente a desnecessidade de citação do réu a cada novo depósito, bem como a impossibilidade de reabrir-se prazo para contestação, porque não há nova demanda a ensejar defesa; nada obsta, porém, a que o réu impugne qualquer dos depósitos, decidindo o juiz a respeito. A possibilidade de utilização do mesmo processo para a continuidade dos depósitos encontra sua razão de ser na natureza implícita do pedido consignatório (CPC, arts. 323 e 541), assim tornando desnecessária a propositura de nova ação a cada vencimento de nova prestação.

Não sendo depositada qualquer das prestações vencidas no quinquídio legal, com o consequente rompimento da cadeia de depósitos, essa prestação inadimplida ainda poderá ser depositada, antes do vencimento da próxima, com os acréscimos legais e ou contratuais, medida que melhor atende aos interesses das partes e aos escopos do processo; emendada a mora, restabelece-se a ordem de depósitos das prestações vincendas, até que sobrevenha a decisão judicial definitiva. Ao contrário, permanecendo a situação de inadimplência, o juiz deverá pro-

ceder ao julgamento do pedido consignatório, acolhendo-o em parte, se e quando reconhecer que as prestações tempestivamente depositadas ensejaram o adimplemento parcial da obrigação, com a observância, então, do disposto no art. 86 e seu parágrafo, do CPC.

Finalmente, apesar de o CPC omitir-se (como já se omitira o anterior) quanto ao momento em que o processo não mais se prestará ao depósito das prestações vincendas, seria razoável sustentar, por aplicação analógica de disposição expressa da Lei de Locação Predial Urbana (art. 67, inc. III), que ele coincidiria com a prolação da sentença; e, mesmo havendo apelação pendente de julgamento, deveria o devedor ajuizar nova ação, se e quando persistisse o estado de coisas determinante da propositura da anterior. Não é esse, no entanto, o entendimento predominante no Superior Tribunal de Justiça, ao decidir que os depósitos dessas prestações possam ser efetuados até o trânsito em julgado, evitando-se a multiplicação de demandas.

13. Valor da causa

Como a lei exige a atribuição de valor certo à causa, correspondente à sua expressão econômica (CPC, art. 291), à ação consignatória tendo por objeto coisa será atribuído o seu valor de mercado ou, se for o caso, aquele indicado em contrato; à consignatória tendo por objeto prestação pecuniária única, o valor deverá ser correspondente ao dessa prestação; havendo prestações vincendas, o valor da causa corresponderá à soma delas, quando a obrigação for por tempo inferior a um ano, ou, finalmente, a uma prestação anual, se por tempo indeterminado ou superior a um ano (art. 292, § 2º).

Jurisprudência

Súmula 449 do STF: "O valor da causa, na consignatória de aluguel, corresponde a uma anuidade".

> **Art. 542.** Na petição inicial, o autor requererá:
>
> I – o depósito da quantia ou da coisa devida, a ser efetivado no prazo de 5 (cinco) dias contados do deferimento, ressalvada a hipótese do art. 539, § 3º;
>
> II – a citação do réu para levantar o depósito ou oferecer contestação.

Parágrafo único. Não realizado o depósito no prazo do inciso I, o processo será extinto sem resolução do mérito.

▶ *Referência: CPC/1973 – Art. 893*

14. Depósito judicial

Ressalvada a existência de depósito extrajudicial antecedente à propositura da ação consignatória (e desde que ele esteja comprovado, com a respectiva recusa do credor, por documentos que instruirão a petição inicial), caberá ao autor promover o depósito da coisa ou da prestação pecuniária (em relação a esta, nos casos em que não se valeu do depósito extrajudicial, ou deixou escoar inutilmente o prazo estabelecido pelo art. 539, §§ 3º e 4º do CPC) no prazo preclusivo de cinco dias, a contar do deferimento da petição inicial (art. 542, inc. I).

O depósito de quantia certa será realizado em conta judicial, à disposição do juízo, com a incidência de juros legais e correção monetária.

Não realizado o depósito no prazo legal, o juiz decretará a extinção do processo, sem resolução do mérito, porque, na ausência daquele, ficam inviabilizadas quer a oferta de defesa pelo credor-réu (ou a aceitação, por ele, da quantia ou coisa devida), quer a faculdade de eventual complementação pelo autor (CPC, art. 545). Além disso – e principalmente –, a ausência do depósito contraria a própria razão de ser da ação consignatória, pois é ele o elemento liberatório dos riscos da dívida e instrumento de extinção da obrigação. Afinal, declarada por sentença a sua idoneidade (integralidade e pertinência da quantia ou da coisa depositada), o depósito faz cessar os juros e os riscos da dívida (CC, arts. 400 e 337) e libera o autor consignante do vínculo obrigacional (CC, art. 334).

15. Efeitos do depósito judicial

Assim que efetivado, o depósito produzirá os seguintes efeitos materiais:

a) a liberação do devedor do vínculo obrigacional: satisfeita a prestação devida, dá-se a extinção da obrigação (CC, art. 334; CPC, arts. 539, § 2º, e 546, conjugados);

b) a cessação dos juros: feito o depósito da quantia devida e acolhido, ao final, o pedido consignatório, estará o devedor desobrigado dos juros (CC, art. 337 – *v.* CPC, art. 540). Há, contudo, divergência se os juros que deixarão de incidir são apenas os convencionais (juros da dívida) ou também os moratórios. Inexiste dúvida, no entanto, de que serão devidos os juros anteriores à satisfação da prestação, daí a necessidade de sua inclusão no depósito; já os juros moratórios não fluem se estiver caracterizada a mora *accipiendi* (CC, art. 396);

c) a transferência dos riscos da dívida para o credor: com o depósito transferem-se os riscos da dívida ao credor-réu, invertendo-se a regra *res perit debitoris* para *res perit creditoris*; por outras palavras, efetuado o depósito (e desde que ele seja aceito pelo credor ou judicialmente declarado idôneo), os eventuais riscos derivados da obrigação transferem-se ao credor, que os suportará (CC, art. 337 – *v.* CPC, art. 540); se a coisa depositada vier a depreciar-se ou deteriorar-se *antes* do provimento judicial favorável ao autor consignante, ainda assim o credor-réu suportará os prejuízos daí advindos, pois o efeito declaratório da sentença opera-se *ex tunc*.

16. Citação do réu

Efetivado o depósito, daí – e só então – será ordenada a citação do réu, para que oferte resposta no prazo de 15 dias úteis. Antes de ordenar a citação, deverá o juiz aguardar a realização do depósito, pois a concretização daquele ato processual depende da litispendência do processo e esta, por sua vez, da realização tempestiva do depósito, haja vista a previsão de extinção anormal contida no parágrafo único do art. 542.

Concretizada a citação, em qualquer das modalidades previstas em lei, no prazo legal o réu:

a) não oferta resposta tempestiva e, decretada sua revelia por ausência de contestação oportuna, uma das seguintes hipóteses irá concretizar-se: *(i)* sendo o revel capaz e tendo sido citado pessoalmente, o juiz acolherá de plano o pedido formulado pelo autor e declarará extinta a obrigação, condenando o primeiro a pagar as custas e os honorários advocatícios (CPC, art. 355, inc. II), salvo se ocorrente qualquer das hipóteses enunciadas no art. 345 do mesmo diploma legal; *(ii)* sendo incapaz, o representante do Ministério Público intervirá no processo, sem prejuízo da representação legal do réu assistido (CPC, art. 178, inc. II c/c art. 279); *(iii)* se o réu não estiver sujeito ao efeito da revelia (v. art. 345)

Art. 543

CÓDIGO DE PROCESSO CIVIL INTERPRETADO

1110

e descouber, ainda, o julgamento antecipado do pedido previsto no inc. I do art. 355, do CPC, o juiz procederá nos termos do art. 357, segunda parte, do mesmo diploma legal; *(iv)* estando o réu preso, ou tendo sido citado fictamente (com hora certa ou por edital), o juiz designar-lhe-á Defensor Público, que deverá ofertar contestação (CPC, art. 72, inc. II e parágrafo único);

b) comparece em juízo, por si ou procurador e aceita, sem ressalvas, a quantia ou a coisa deposita-da, dando a devida quitação: caracterizado, então, o reconhecimento da procedência do pedido, o juiz o homologará por sentença, com a consequente extinção do processo, com resolução de mérito, respondendo o réu pelo pagamento das custas e honorários advocatícios (CPC, arts. 487, inc. III, *a*);

c) oferta contestação (v., *infra*, nº 18).

Jurisprudência

Súmula 179 do STJ: "O estabelecimento de crédito que recebe dinheiro, em depósito judicial, responde pelo pagamento da correção monetária relativa aos valores recolhidos".

> **Art. 543.** Se o objeto da prestação for coisa indeterminada e a escolha couber ao credor, será este citado para exercer o direito dentro de 5 (cinco) dias, se outro prazo não constar de lei ou do contrato, ou para aceitar que o devedor a faça, devendo o juiz, ao despachar a petição inicial, fixar lugar, dia e hora em que se fará a entrega, sob pena de depósito.

▶ *Referência: CPC/1973 – Art. 894*

17. Direito de escolha da coisa devida

Tanto nas obrigações de dar coisa incerta (CC, arts. 243 a 246), quanto nas obrigações alternativas (arts. 252 a 256), é direito do devedor a escolha da coisa a ser entregue ao credor, salvo se estipulado de forma diversa. Daí as previsões do art. 543 a respeito da escolha e depósito da coisa, a saber: tendo o credor-réu o direito de escolher a coisa devida, será citado para *(a)* exercê-lo no prazo de cinco dias, se outro não constar da lei ou contrato, ou *(b)* para aceitar que o devedor o faça, fixando o juiz, ao despachar a petição inicial, o lugar, dia e hora em que se dará a entrega da coisa, sob pena de depósito.

Comparecendo o credor-réu (ou terceiro, em seu nome), ao escolher e receber a coisa

objeto da prestação devida dará quitação ao devedor, competindo ao juiz proceder, neste caso, de acordo com os termos do parágrafo único do art. 546 do diploma processual; não comparecendo, caberá ao autor a escolha, com a observância do disposto na última parte do art. 244 do CC, efetivando-se então o depósito. Observe-se que o não comparecimento do réu para a escolha da coisa não o impedirá de ofertar resposta oportuna.

> **Art. 544.** Na contestação, o réu poderá alegar que:
>
> **I** – não houve recusa ou mora em receber a quantia ou a coisa devida;
>
> **II** – foi justa a recusa;
>
> **III** – o depósito não se efetuou no prazo ou no lugar do pagamento;
>
> **IV** – o depósito não é integral.
>
> **Parágrafo único.** No caso do inciso IV, a alegação somente será admissível se o réu indicar o montante que entende devido.

▶ *Referência: CPC/1973 – Art. 896*

18. Defesas do réu

Efetivado o depósito e citado o réu (ou apenas citado, no caso de o depósito já haver sido realizado extrajudicialmente), ele poderá *(a)* aceitá-lo e levantá-lo, *(b)* permanecer omisso ou *(c)* ofertar resposta, consistente em contestação e/ou reconvenção (v. CPC, art. 343). Contestando, poderá deduzir não apenas as defesas de mérito enunciadas nos incisos do art. 544: também lhe é facultado arguir, em sede preliminar, qualquer das defesas de natureza técnica indicadas no art. 337 e, ainda, outras tantas no que tange ao mérito da causa, como a falsidade da afirmação do autor no sentido de que estava em local incerto ou inacessível, ou, ainda, que fosse ignorado por ele o verdadeiro titular do crédito objeto do depósito. Em suma, o art. 544 não esgota o rol das matérias de defesa, embora sejam objeto de exame, nesta oportunidade, apenas aquelas contidas em seus incisos.

18.1. A defesa indicada no inc. I

Se o réu contestante sustentar a inocorrência de recusa ou de mora no recebimento da quantia ou da coisa devida (e sendo a dívida de natureza portável), é do autor o ônus da prova do fato constitutivo de seu direito (CPC, art. 373, inc. I), cabendo-lhe demonstrar haver diligenciado, sem sucesso, o pagamento junto ao credor; tratando-se de dívida quesível, bastará ao autor afirmar que o réu não foi, nem mandou buscar a prestação devida, no tempo, lugar e modo convencionados, competindo ao segundo, neste caso, o ônus de provar que diligenciou o recebimento.

18.2. A defesa indicada no inc. II

O réu poderá reconhecer a recusa afirmada na petição inicial, mas fundar sua defesa na justeza de seu comportamento, alegando, por exemplo, a ausência de qualquer dos requisitos do pagamento, à época da oferta da prestação pelo devedor, circunstância que invalidaria aquele ato extintivo da obrigação; apresentada essa sua linha de defesa, será dele o ônus da prova (CPC, art. 373, inc. I).

18.3. A defesa indicada no inc. III

É lícito ao réu sustentar, em sua contestação, que o depósito de prestação portável não foi realizado pelo autor no prazo ou no lugar do pagamento (CC, arts. 327 a 333 e 394), hipótese que enseja uma série de considerações:

a) ao referir-se à inadequação do lugar do depósito e à intempestividade de sua ocorrência, o Código autoriza a apresentação de defesa fundada na imprestabilidade da prestação, quando esta tenha por objeto uma *coisa*, não uma determinada *quantia em dinheiro*, pois as prestações de natureza pecuniária jamais se tornam inúteis; aliás, ainda que o devedor de prestação pecuniária já esteja em mora, mas queira furtar-se aos seus efeitos, poderá pleitear o depósito, com o acréscimo das importâncias devidas a título de ressarcimento pelos prejuízos impostos ao credor até a data de sua efetivação (CC, art. 401, inc. I). No entanto, se o autor-consignante for devedor de prestação de dar ou de restituir coisa e já se encontrar em mora por ocasião do depósito (sendo inútil, a essa altura, a prestação dele objeto – CC, art. 395, parágrafo único), deverá o credor-réu fundar sua defesa nessa inutilidade da prestação, decorrente da intempestividade do depósito e da inadequação do local onde foi realizado;

b) sendo a dívida portável, o local do pagamento é o do domicílio do credor, ou outro lugar por ele designado contratualmente; tendo natureza quesível, o local do pagamento coinci-

dirá com o do domicílio do devedor, ali devendo o credor buscar o pagamento; se o devedor ofertou a prestação portável em local diverso do estabelecido, estará, só por isso, em mora (CC, art. 394), sendo justa, portanto, a recusa do credor em recebê-la. E, efetivado o depósito pelo primeiro, a defesa do segundo também poderá vir fundada no inciso sob exame;

c) a circunstância de ter sido o depósito realizado em local diverso daquele do pagamento poderá ensejar ao réu a arguição de uma defesa processual indireta e outra de mérito, isto é, poderá tanto arguir a incompetência de foro (CPC, arts. 64 e 337, inc. II), quanto apresentar contestação fundada na inadequação do depósito, pois inconfundíveis as defesas relacionadas ao processo, à ação ou ao *meritum causae*. Ao sustentar que o depósito não foi efetivado no lugar do pagamento (CPC, art. 544, inc. III), o réu estará deduzindo defesa de mérito, negando o fundamento do pedido deduzido pelo autor; atacando a validade do processo, via arguição da incompetência territorial, ele visa, simplesmente, dilatar a relação processual no tempo, retardando o pronunciamento jurisdicional sobre o mérito.

Acolhida a primeira defesa, impõe-se o decreto de rejeição do pedido consignatório; acolhida a segunda, o processo será encaminhado ao órgão territorialmente competente para processar e julgar a ação – circunstâncias indicativas de que *as regras processuais pertinentes à fixação da competência territorial* não se confundem com aquelas de *direito material atinentes ao lugar de pagamento*. Então, mesmo vindo a ser repelida a arguição de incompetência de foro, ou ocorrendo a prorrogação convencional tácita da competência, nem por isso deverá o juiz reconhecer, ao pronunciar-se sobre o mérito, que o depósito foi adequadamente efetuado no local do pagamento.

18.4. A defesa indicada no inc. IV

Finalmente, o réu poderá alegar a não integralidade do depósito, sob o argumento de que a quantia ou a quantidade de coisas depositadas não corresponde à totalidade da dívida. Adotando essa linha de defesa, compete-lhe indicar o montante que repute devido, sob pena de ser desconsiderada a sua alegação (art. 544, parágrafo único), até porque, vindo a ser rejeitado o pedido consignatório, o juiz condenará o autor-consignante ao pagamento da diferença reclamada pelo credor-réu, mercê da *natureza*

Art. 545

dúplice, nesta hipótese, da ação consignatória. Por outras palavras, sendo a contestação fundada na insuficiência do depósito, a ação de consignação em pagamento assume natureza dúplice e, rejeitado o pedido formulado pelo autor, o juiz o condenará, independentemente da oferta de reconvenção pelo réu, a satisfazer o montante devido (a diferença apontada na contestação – art. 544, parágrafo único); e como a sentença conterá carga condenatória, valerá como título executivo judicial (art. 515, inc. I), incidindo, então, o disposto nos arts. 520 e ss. do CPC.

Já a ação consignatória regida pela Lei de Locação Predial Urbana não tem natureza dúplice, ao credor-réu restando, caso pretenda o despejo ou a condenação do devedor-consignante ao pagamento de alugueres, valer-se da via reconvencional (art. 67, VI).

Observe-se, de outra parte, que se a quantia (ou a coisa) depositada for inferior (ou diversa, em qualidade ou quantidade) àquela efetivamente devida, o réu irá defender-se com a alegação de que o depósito não atende à plenitude de seu crédito. Reconhecendo o autor a pertinência dessa impugnação, poderá complementar o depósito, no prazo estabelecido pelo art. 545, salvo se a prestação já houver se tornado inútil ou impossível, a impor a rescisão do contrato.

Art. 545. Alegada a insuficiência do depósito, é lícito ao autor completá-lo, em 10 (dez) dias, salvo se corresponder a prestação cujo inadimplemento acarrete a rescisão do contrato.

§ 1º No caso do *caput*, poderá o réu levantar, desde logo, a quantia ou a coisa depositada, com a consequente liberação parcial do autor, prosseguindo o processo quanto à parcela controvertida.

§ 2º A sentença que concluir pela insuficiência do depósito determinará, sempre que possível, o montante devido e valerá como título executivo, facultado ao credor promover-lhe o cumprimento nos mesmos autos, após liquidação, se necessária.

▶ *Referência: CPC/1973 – Art. 899*

---

19. Complementação do depósito

Alegando o réu a insuficiência do depósito realizado pelo autor, seja ele o extrajudicial (CPC, art. 539, § 3º) ou o judicial (art. 542, inc.

I), cumpre-lhe indicar o exato montante que entenda devido, discriminando as verbas (ou os bens) que o integram, pois a não indicação acarretará a pura e simples desconsideração dessa defesa (art. 544, parágrafo único), caso em que estará, tecnicamente, na mesma situação do réu revel, sofrendo as consequências que daí advêm. Além disso, a não discriminação dos elementos integrantes da prestação que o réu considera devida poderá gerar dúvidas que inviabilizem o exercício, pelo autor, da faculdade legalmente assegurada de complementar o depósito já realizado. Finalmente, apenas quando se tratar de prestação líquida (liquidez que diz respeito, neste caso, à diferença existente entre a quantia ou quantidade de coisas já depositada pelo autor e aquela reputada devida pelo réu) é que existirá o título executivo judicial a que alude o art. 545 em seu § 2º, bastando, quando for o caso, proceder à prévia liquidação.

Reconhecendo o autor a pertinência da defesa calcada na insuficiência do depósito, poderá complementá-lo em dez dias, a contar da data em que for cientificado do teor da contestação. É evidente que nem sempre será possível a complementação, como deflui da ressalva contida no art. 545: se a prestação devida já se tornou imprestável ao réu, não aproveitará ao autor o exercício da faculdade conferida por lei, respondendo ele, isto sim, pelas perdas e danos decorrentes de sua mora (CC, art. 395, parágrafo único). Evidente, ainda, que a prestação só será eventualmente imprestável quando tenha por objeto a entrega ou restituição de coisa (CC, arts. 395 e 399); sendo prestação pecuniária (obrigação de dar dinheiro), ela sempre será útil ao credor.

Convém atentar para duas consequências decorrentes da complementação: *(a)* se a *única* alegação do réu foi a insuficiência do depósito, a sua complementação pelo autor implicará a prolação de sentença de mérito, pois o motivo da recusa deixou de existir (CPC, art. 487, inc. III, *a*); *(b)* tendo o réu deduzido outras defesas, a complementação terá apenas o condão de reduzir os limites da controvérsia, mas não o de eliminá-la, devendo o processo prosseguir até a decisão final que solucione as questões remanescentes.

Mesmo que o autor não complemente o depósito, ainda assim poderá o credor-réu levantar a quantia ou coisa depositada, pois a controvérsia estará limitada exclusivamente à diferença por ele reclamada, hipótese em que se justifica o julgamento antecipado parcial do mérito (CPC, art. 356, inc. I). Essa antecipação permite ao credor-réu, sem prejuízo da contestação ofertada, o levantamento da quantia ou da coisa depositada, com a consequente liberação parcial do autor, prosseguindo o processo quanto à parcela controvertida. Trata-se, pois, de providência extremamente benéfica, quer por ensejar ao autor a sua desoneração dessas prestações, livrando-se, no que a elas respeita, dos riscos e ônus da mora, quer por permitir ao réu a pronta satisfação desses créditos.

Importante salientar, na sequência, que o levantamento do depósito cabe também na situação do inc. I do art. 544 e não, exclusivamente, em se tratando de contestação fundada na insuficiência do depósito.

20. As consequências pela não complementação do depósito

a) o autor não complementa o depósito, mas o juiz se convence, ao final, da correção e adequação daquele originalmente realizado: deverá acolher o pedido consignatório e declarar extinta a obrigação, arcando o réu com o ônus da sucumbência, pois se revelou injustificada a sua resistência;

b) reconhecida a insuficiência do depósito, o juiz adotará uma, entre as seguintes providências: *(i)* se o réu não efetuou o levantamento do depósito, facultado pelo § 1º do art. 545, será rejeitado o pedido consignatório, arcando o autor, com exclusividade, com as consequências decorrentes da sucumbência; e, independentemente de dedução de pedido reconvencional pelo réu (mercê da natureza dúplice, neste caso, da ação consignatória), o autor consignante será ainda condenado ao pagamento (ou à entrega) da diferença da quantia (ou da coisa) devida, valendo a sentença como título executivo judicial, a permitir ao credor-réu a sua execução. Apelação que vier a ser interposta à sentença terá o denominado efeito suspensivo (CPC, art. 1.012), razão pela qual eventual execução provisória poderá ocorrer somente após o julgamento do apelo, se e quando do respectivo acórdão for interposto recurso especial e ou extraordinário; *(ii)* se o réu levantou o depósito, as consequências serão idênticas às enunciadas no item anterior, seja porque o levantamento atinge apenas as parcelas incontroversas, não autorizando a conclusão de que, ao levantá-las, ele tenha reconhecido a pertinência e a suficiência do depósito, seja porque,

caso reconhecida judicialmente, ao final, a não integralidade do depósito, estará demonstrada a correção da conduta do réu ao recusá-lo nos moldes em que foi efetivado pelo autor, circunstância suficiente, por si só, a ensejar a rejeição do pedido consignatório.

Jurisprudência

"Recurso repetitivo. Tema 967/STJ. Civil e processual. Recurso especial. Ação de consignação em pagamento. Contrato bancário. Improcedência. Finalidade de extinção da obrigação. Necessidade de depósito integral da dívida e encargos respectivos. Mora ou recusa injustificada do credor. Demonstração. Obrigatoriedade. Efeito liberatório parcial. Não cabimento. Código Civil, arts. 334 a 339. CPC de 1973, arts. 890 a 893, 896, 897 e 899. Recurso representativo de controvérsia. CPC de 2015. 1. 'A consignação em pagamento visa exonerar o devedor de sua obrigação, mediante o depósito da quantia ou da coisa devida, e só poderá ter força de pagamento se concorrerem 'em relação às pessoas, ao objeto, modo e tempo, todos os requisitos sem os quais não é válido o pagamento' (artigo 336 do NCC)'. (Quarta Turma, REsp 1.194.264/PR, Rel. Ministro Luís Felipe Salomão, unânime, *DJe* de 4.3.2011). 2. O depósito de quantia insuficiente para a liquidação integral da dívida não conduz à liberação do devedor, que permanece em mora, ensejando a improcedência da consignatória. 3. Tese para os efeitos dos arts. 927 e 1.036 a 1.041 do CPC: – 'Em ação consignatória, a insuficiência do depósito realizado pelo devedor conduz ao julgamento de improcedência do pedido, pois o pagamento parcial da dívida não extingue o vínculo obrigacional'. 4. Recurso especial a que se nega provimento, no caso concreto" (REsp 1.108.058/DF, Rel. Min. Lázaro Guimarães (Desembargador convocado do TRF 5ª Região), Rel. p/ acórdão Min. Maria Isabel Gallotti, 2ª Seção, j. 10.10.2018, *DJe* 23.10.2018, *RSTJ* vol. 252, p. 580).

> **Art. 546.** Julgado procedente o pedido, o juiz declarará extinta a obrigação e condenará o réu ao pagamento de custas e honorários advocatícios.
>
> **Parágrafo único.** Proceder-se-á do mesmo modo se o credor receber e der quitação.

▶ *Referência: CPC/1973 – Art. 897*

Art. 547

21. Natureza da sentença

A ação consignatória tem escopo declaratório, pois o autor pretende obter provimento jurisdicional declaratório da idoneidade e suficiência do depósito, ou seja, busca liberar-se da obrigação por meio do depósito da coisa ou da quantia devida, depósito que tem, ele sim, eficácia desconstitutiva do vínculo obrigacional.

Depositada a coisa ou a quantia devida, cessam imediatamente os riscos e a responsabilidade derivados da obrigação, sempre que a sentença ao final proferida contenha a declaração positiva da correção e da suficiência do depósito. Rejeitado o pedido consignatório (em razão do reconhecimento, por exemplo, da inidoneidade ou da insuficiência do depósito), permanecerá íntegro o vínculo obrigacional, arcando o devedor com todas as consequências legais e contratuais derivadas da mora ou de eventual inadimplemento absoluto. Não se perca de vista, porém, a situação prevista no último parágrafo do art. 545 (condenação do autor ao pagamento da diferença do depósito), quando, então, a sentença também terá carga condenatória e valerá como título executivo judicial (CPC, art. 515, inc. I).

> **Art. 547.** Se ocorrer dúvida sobre quem deva legitimamente receber o pagamento, o autor requererá o depósito e a citação dos possíveis titulares do crédito para provarem o seu direito.

> ▶ *Referência: CPC/1973 – Art. 895*

22. Ação de consignação em pagamento fundada na dúvida quanto à titularidade do crédito

Ignorando o devedor quem seja o credor ou, ainda, duas ou mais pessoas comparecendo perante ele e intitulando-se titulares do mesmo crédito, torna-se impossível, ou potencialmente perigoso, o cumprimento a obrigação, seja por desconhecer a quem efetuar o pagamento (na primeira hipótese), seja por não poder efetuá-lo a qualquer dos pretendentes credores (na segunda), sob pena de pagar mal e sofrer as consequências que daí advirão. Consequentemente, o devedor deverá promover a ação consignatória, competindo ao juiz decidir, ao final, quem é o legítimo credor (CPC, arts. 547 e 548).

Interpretação apressada do artigo sob exame poderia levar à errônea conclusão de que ele se refira exclusivamente à hipótese do inc. IV do art. 335 do Código Civil. Assim não é, porém, pois ele também terá incidência no caso de a dúvida resultar do absoluto desconhecimento de quem possua a qualidade de credor.

Conhecendo o autor os pretendentes credores, estes serão pessoalmente citados; não os conhecendo, ou estando em local inacessível, ignorado ou incerto, a citação será realizada por edital, devendo intervir no processo o Defensor Público, caso ocorra a revelia de qualquer deles (CPC, art. 72, inc. II).

> **Art. 548.** No caso do art. 547:
>
> **I** – não comparecendo pretendente algum, converter-se-á o depósito em arrecadação de coisas vagas;
>
> **II** – comparecendo apenas um, o juiz decidirá de plano;
>
> **III** – comparecendo mais de um, o juiz declarará efetuado o depósito e extinta a obrigação, continuando o processo a correr unicamente entre os presuntivos credores, observado o procedimento comum.

> ▶ *Referência: CPC/1973 – Art. 898*

23. Posturas dos réus na ação de consignação em pagamento fundada na dúvida quanto à titularidade do crédito

Proposta a ação consignatória, efetivado o depósito e citados os réus em litisconsórcio necessário – mas não unitário –, uma, entre três hipóteses, poderá ocorrer: *(a)* nenhum deles comparece no processo; *(b)* comparece apenas um; e *(c)* comparecem dois ou mais.

a) revelia: não comparecendo ao processo qualquer dos réus, o juiz decretará a revelia de todos e proferirá sentença de procedência, declarando a correção e a integralidade do depósito realizado pelo autor, procedendo-se, em seguida, à conversão do depósito em arrecadação de coisas vagas (CPC, art. 744); *b) comparecimento de um litisconsorte passivo*: ofertando contestação, o processo terá trâmite regular, até o advento da sentença; se a defesa consistir exclusivamente na insuficiência do depósito, poderá o autor complementá-lo, com as consequências daí advindas. Demonstrando o réu comparecente, com prova documental idônea, o seu legítimo direito à quantia ou à coisa depositada, o juiz proferirá sentença de procedência, declarando efetuado o depósito, liberando o autor-devedor da obrigação e deferindo o levantamento do depósito em favor do réu-credor. Cumpre alertar, porém, que apesar de o art. 548, inc. II, prever o julgamento de plano, eventualmente será necessária a instrução probatória, possibilitando ao réu comparecente a comprovação de seu direito por prova diversa da documental; se este não comprovar o seu direito sobre a coisa ou a quantia depositada, declarar-se-á, por sentença, efetuado o depósito e liberado o autor-devedor da obrigação, procedendo-se à conversão do depósito em arrecadação de coisas vagas. Sendo ofertada contestação e ocorrendo o *c) comparecimento de dois ou mais litisconsortes passivos*: há as seguintes hipóteses a considerar:

1ª – O depósito é impugnado, sob o argumento de não ser integral: sendo possível a complementação pelo autor, após a sua realização o juiz procederá nos moldes do art. 545 do CPC, declarando, ainda, qual dos réus comparecentes é o legítimo credor; ou, então, determinando a arrecadação da coisa ou da quantia depositada, se nenhum dos réus demonstrar tal qualidade;

2ª – Há impugnação ao depósito, ao argumento de inexistência de dúvida acerca da titularidade do crédito, ou de ocorrência de qualquer das circunstâncias apontadas no inc. III do art. 544: o processo prosseguirá, com a observância do procedimento comum (art. 318), mantidas as mesmas partes. O mesmo sucederá se, impugnado o depósito por não ser ele integral, for impossível – ou não requerida – a sua complementação pelo autor (CPC, arts. 544, inc. IV, e 545);

3ª – O depósito não é impugnado por qualquer dos réus: o juiz o declarará efetuado e o autor-consignante liberado da obrigação, com sua consequente exclusão do processo; este então prosseguirá unicamente entre os réus, que a partir daí assumirão a dupla condição de sujeitos ativos e passivos da relação jurídica processual, adotado o procedimento comum. Por outras palavras, com a exclusão do autor original opera-se a *movimentação* e a *acomodação* das partes remanescentes na relação jurídica processual já instaurada e, no mesmo processo, caberá ao juiz decidir a questão pertinente à titularidade do crédito. No regime do CPC, esse ato liberatório do autor original tem natureza de decisão interlocutória de mérito e, apesar da singularidade da situação, pode ser encartado na hipótese prevista

no inc. I do art. 356, comportando impugnação, se for o caso, por agravo de instrumento (§ 5º).

> **Art. 549.** Aplica-se o procedimento estabelecido neste Capítulo, no que couber, ao resgate do aforamento.

▸ *Referência: CPC/1973 – Art. 900*

24. Enfiteuse civil e enfiteuse administrativa: resgate do aforamento

Também denominado *enfiteuse* ou *aprazamento*, o aforamento civil, incluído no rol dos direitos sobre coisas alheias, era regulado pelos arts. 678 a 694 do CC/1916. Ela era constituída sobre bem particular ou bem público (aquele de domínio de município), mas foi expressamente proibida pelo art. 2.038, *caput*, do CC/2002, que, por também ser regra de direito intertemporal, subordina as já existentes, até sua extinção, às disposições dos aludidos arts. 678 a 694 do CC/1916 (v., ainda, CF, art. 49, §§ 1º e 2º).

Ficam mantidas as enfiteuses administrativas, constituídas sobre bens públicos dominiais (geralmente, terrenos de marinha e acrescidos) e regidas por legislação própria (v. art. 103, inc. III, do DL 9.760/1946 e Lei 9.636/1998).

Como previsto no art. 693 do CC/1916 (com a redação dada pela Lei 5.827/1972), após dez anos de constituição do aforamento era assegurado ao enfiteuta (ou foreiro) o direito de resgatá-lo, pagando ao senhorio direto o *laudêmio*, equivalente a 2,5% do valor atual da propriedade, mais dez prestações anuais (*foros*), ficando assim consolidada a sua propriedade plena sobre o imóvel. Recusado o resgate pelo senhorio direto, o foreiro poderia promover ação consignatória, depositando as quantias correspondentes ao laudêmio e foros.

Tendo em vista o que dispõem o diploma civil e o art. 549, dois alertas são necessários: *(i)* relativamente às enfiteuses civis ainda existentes, é proibida a cobrança de laudêmio ou prestação análoga na transmissão de bem aforado (CC, art. 2.038, § 1º, inc. I); *(ii)* a remissão de enfiteuse administrativa, nas restritas hipóteses em que admitida, fica subordinada, primeiro, a expressa autorização administrativa, motivada pela superveniente insubsistência dos motivos que determinaram a aplicação do regime enfitêutico (DL 9.760/1946, art. 103, inc. III, incluído pela Lei 11.481/2007) – ou seja, o foreiro não tem direito à remissão – e, segundo, ao pagamento de importância correspondente a 17% do valor do domínio pleno do terreno (idem, arts. 122 e 123, este, com a redação dada pela Lei 9.636/1998, posteriormente modificada pelo art. 25 da Lei 13.240/2015).

Dessas previsões legais é lícito extrair-se a conclusão de que o art. 549 (simples repetição, em última análise, do art. 900 do CPC/1973) não terá aplicação prática.

CAPÍTULO II
AÇÃO DE EXIGIR CONTAS

Art. 550. Aquele que afirmar ser titular do direito de exigir contas requererá a citação do réu para que as preste ou ofereça contestação no prazo de 15 (quinze) dias.

§ 1º Na petição inicial, o autor especificará, detalhadamente, as razões pelas quais exige as contas, instruindo-a com documentos comprobatórios dessa necessidade, se existirem.

§ 2º Prestadas as contas, o autor terá 15 (quinze) dias para se manifestar, prosseguindo-se o processo na forma do Capítulo X do Título I deste Livro.

§ 3º A impugnação das contas apresentadas pelo réu deverá ser fundamentada e específica, com referência expressa ao lançamento questionado.

§ 4º Se o réu não contestar o pedido, observar-se-á o disposto no art. 355.

§ 5º A decisão que julgar procedente o pedido condenará o réu a prestar as contas no prazo de 15 (quinze) dias, sob pena de não lhe ser lícito impugnar as que o autor apresentar.

§ 6º Se o réu apresentar as contas no prazo previsto no § 5º, seguir-se-á o procedimento do § 2º, caso contrário, o autor apresentá-las-á no prazo de 15 (quinze) dias, podendo o juiz determinar a realização de exame pericial, se necessário.

▶ *Referência: CPC/1973 – Arts. 914 a 916*

1. Introdução

Determinadas pessoas, às quais houver sido confiada a administração ou a gestão de bens ou de interesses alheios, têm a obrigação de prestar contas, quando solicitadas, ou dá-las voluntariamente, se necessário. Nessa situação encontram-se o tutor e o curador em face do tutelado e do curatelado (CPC, arts. 553 e 763, § 2º), o sucessor provisório em relação aos bens do ausente (CC, art. 33), o mandatário em face do mandante (CC, art. 668), o testamenteiro em face dos herdeiros (CPC, art. 735, § 5º), o inventariante em face dos herdeiros (CPC, arts. 553 e 618, VII), sob pena de remoção do cargo (CPC, art. 622, V), o curador em relação aos bens que integram a herança jacente (CPC, arts. 553 e 739, § 1º, V), o administrador-depositário, no caso de penhora de percentual de faturamento da empresa (CPC, art. 866), o leiloeiro público (CPC, art. 884), o advogado em relação ao constituinte (Estatuto da OAB, art. 34, XXI), entre outros.

2. Natureza dúplice da ação de exigir contas e a legitimidade *ad causam*

O CPC/1973 previa, em seu art. 914, o ajuizamento da ação de prestação de contas por aquele que tivesse o direito de exigi-las (*ação de exigir contas*) e aquele obrigado a prestá-las (*ação de prestação espontânea de contas*), estabelecendo procedimentos distintos para uma e outra. E, ao referir-se à *ação de contas exigidas*, o seu art. 915 regulava a primeira hipótese, ocupando a posição de autor a pessoa que afirmava o direito de tomá-las e, de réu, aquele alegadamente obrigado a prestá-las, invertendo-se as posições na segunda hipótese (art. 916, *caput*). Ocorre, porém, que a ação sob exame tem por objeto o *direito às contas*, não a eventual crédito decorrente de sua prestação, isto é, são inconfundíveis o *direito ao crédito* (cujo titular é, por óbvio, o credor) e o *direito às contas* (cujo titular é o credor ou o devedor da obrigação pecuniária, dependendo do caso); consequentemente, ela tem *natureza dúplice*, estando ativamente legitimado qualquer dos aludidos sujeitos, figurando como réu aquele em face do qual vier a ser ajuizada.

Proposta a ação por um ou outro dos sujeitos envolvidos na relação jurídica litigiosa, o réu, caso também tenha direito a deduzir em face do autor, não se valerá da via reconvencional (aliás, carecerá, mesmo, da ação reconvencional, por ausência de interesse de agir), pois constatada, no curso do processo, a existência de saldo em favor de qualquer das partes, a outra será condenada a pagá-lo; por outras palavras, forma-se título executivo judicial *em favor do titular do crédito*, mesmo não tendo sido ele o promovente da ação.

Condenado a pagar eventual saldo credor, o devedor (que, reitera-se, poderá ser qualquer das partes) deverá fazê-lo em 15 dias, sob pena de incidência da multa de 10% e honorários advocatícios no mesmo percentual (CPC, art. 523, § 1º); não cumprida voluntariamente a obrigação, será instaurada a fase executiva (§ 3º).

Andou bem o legislador do CPC, portanto, ao estabelecer procedimento único para a ação de exigir contas, simplificando seu processamento em juízo, sem sacrifício a qualquer garantia constitucional; ao contrário, valoriza o princípio da duração razoável do processo e atende, plenamente, a garantia à segurança jurídica.

3. Interesse de agir em juízo

Excetuadas as hipóteses em que a lei determina a tomada e a prestação de contas ao próprio juízo (*v.g.*, CC, arts. 1.756, 1.757 e parágrafo único e 1.774), ou aquelas em que a obrigação deriva de determinado negócio jurídico (*v.g.*, mandado), as contas serão prestadas extrajudicialmente. Portanto, o autor somente terá interesse instrumental de agir em juízo se e quando houver recusa ou mora por parte daquele com direito a receber as contas, ou do obrigado a prestá-las; ou, ainda, quando a prestação amigável seja impossível, em razão da divergência existente entre as partes, quer quanto ao objeto ou existência da própria obrigação de dar contas, quer quanto à existência ou ao montante do saldo.

4. Procedimento da ação de exigir contas

A ação deverá ser ajuizada no foro do local onde ocorre ou ocorreu a gestão ou administração (CPC, art. 53, inc. IV, *b*), com a explícita indicação, na petição inicial, das razões pelas quais as contas estão sendo exigidas pelo autor e instruídas, quando existirem, dos documentos comprobatórios da causa de pedir (art. 550, *caput* e § 1º).

Citado para prestar as contas ou ofertar contestação no prazo de 15 dias, o réu:

a) não contesta: decretada a revelia (CPC, art. 344), o juiz julgará antecipadamente o pedido, condenando o revel a prestar as contas no prazo de 15 dias, sob pena de não poder impugnar aquelas que venham a ser prestadas pelo autor (art. 550, § 5º). Prestando-as, este terá o mesmo prazo para manifestar-se sobre elas e, aceitando-as, o juiz proferirá sentença homologatória do reconhecimento da procedência do

pedido (arts. 550, § 2º, e 487, inc. III, *a*; caso as rejeite, o pedido será acolhido em julgamento antecipado (arts. 550, § 4º, e 355, inc. II), prevalecendo, então, as contas apresentadas pelo autor. Em ambos os casos, a correspondente sentença de mérito indicará o saldo e constituirá título executivo judicial em favor da parte credora (arts. 552 e 515, inc. I).

O § 5º do artigo sob exame não deixa dúvida quanto à natureza jurídica do decreto judicial determinando a prestação de contas pelo réu: trata-se de *decisão interlocutória de mérito*, impugnável por agravo de instrumento (art. 1.015, inc. II). Consequentemente, não interposto esse recurso ou a ele sendo negado o denominado efeito suspensivo, terá início a segunda fase do procedimento, destinada à prestação das contas pelo réu – ou, este se omitindo, pelo autor;

b) apresenta as contas e não contesta: o autor terá o prazo de 15 dias para manifestar-se sobre as contas. Aceitando-as, o juiz proferirá a sentença homologatória acima referida; rejeitando-as, o pedido será acolhido em julgamento antecipado, mercê da revelia do réu ao não ofertar contestação (arts. 550, § 4º, e 355, inc. II), da mesma forma prevalecendo, então, as contas apresentadas pelo autor. A sentença de mérito indicará o saldo, valendo como título executivo judicial para a parte credora;

c) oferta contestação e:

c.1 – nega a obrigação de prestar contas: a lei não prevê essa hipótese, mas, vindo a ocorrer, o juiz, constatando a desnecessidade de produção de provas, ante a suficiência da documental já apresentada, proferirá desde logo sentença, decidindo se o réu tem, ou não, a obrigação de prestar contas; em caso positivo, será condenado a prestá-las no prazo legal, sob pena de o autor apresentar as suas; inexistindo ou sendo insuficiente a prova documental, o juiz determinará a produção de provas, designando audiência de instrução e julgamento (CPC, art. 357, V); não havendo necessidade de provas, proferirá desde logo sentença, decidindo se o réu tem, ou não, a obrigação de prestar contas, e, em caso positivo, condenando-o a prestá-las;

c.2 – apresenta as contas: à luz da preclusão lógica, em princípio é inadmissível a adoção conjunta, pelo réu, dessas duas providências antagônicas, pois a apresentação de contas representa verdadeiro reconhecimento da pretensão formulada pelo autor, inconciliável, portanto, com

Art. 551

a contestação também ofertada pelo primeiro. No entanto, comentando o CPC/1973, Furtado Fabrício aponta caso especialíssimo em que seria possível esse posicionamento: quando a divergência entre as partes se referir não à obrigação de prestar as contas, mas, sim, ao seu conteúdo.

Realmente, mesmo estando as partes concordes quanto à existência da obrigação de prestar as contas, poderão divergir quanto ao seu conteúdo, hipótese em que, proposta a ação, o réu apresentará as contas (pois reconhece estar a tanto obrigado), nada o impedindo de alegar, em sua contestação, que as divergências existentes quanto ao conteúdo daquelas ensejaram a recusa, por parte do autor, da prestação amigável. E, apesar de não previsto pelo art. 915 do CPC/1973, esse posicionamento do réu, perfeitamente possível e viável, ensejaria a aplicação da regra contida em seu § 1º, culminando com o julgamento final, que definirá a correta composição das contas.

O mesmo jurista aponta a posição que, a seu ver, seria a tecnicamente correta para a solução da questão sob exame.

Segundo ele, deveria o réu, na situação apresentada, ofertar contestação alegando carência de ação, por falta de legítimo interesse de agir (pois não se recusou a prestar contas ao autor) e, ao mesmo tempo, reconvir, oferecendo as contas que entendesse corretas, valendo-se da possibilidade aberta pelo art. 916 do CPC/1973. O juiz, reconhecendo a carência, rejeitaria a ação proposta pelo autor (CPC/1973, art. 267, VI) e decidiria sobre a apuração do saldo na reconvenção. (*Comentários ao Código de Processo Civil*, Rio de Janeiro: Forense, v. VIII, t. III, 1980, nº 262, p. 406 a 408).

Concordamos apenas em parte com esse entendimento, pois nos afigura descabida a oferta de reconvenção, ante a natureza dúplice da ação sob comento. E, ainda que no caso mencionado o réu sustente ser o autor carecedor da ação (objeção processual que, acatada, acarretaria a extinção do processo sem resolução do mérito – CPC, art. 485, VI), no respeitante a ele mostra-se presente o interesse instrumental na obtenção da tutela jurisdicional, nada o impedindo, pois, de ofertar suas contas na própria contestação.

Jurisprudência

"Recurso especial. Processual civil. Ação de exigir contas (CPC/2015, art. 550, § 5º). Decisão que, na primeira fase, julga procedente a exigência de contas. Recurso cabível. Manejo de agravo de instrumento (CPC, art. 1.015, II). Dúvida fundada. Fungibilidade recursal. Aplicação. Recurso provido. 1. Havendo dúvida fundada e objetiva acerca do recurso cabível e inexistindo ainda pronunciamento judicial definitivo acerca do tema, deve ser aplicado o princípio da fungibilidade recursal. 2. Na hipótese, a matéria é ainda bastante controvertida tanto na doutrina como na jurisprudência, pois trata-se de definir, à luz do Código de Processo Civil de 2015, qual o recurso cabível contra a decisão que julga procedente, na primeira fase, a ação de exigir contas (arts. 550 e 551), condenando o réu a prestar as contas exigidas. 3. Não acarretando a decisão o encerramento do processo, o recurso cabível será o agravo de instrumento (CPC/2015, arts. 550, § 5º, e 1.015, II). No caso contrário, ou seja, se a decisão produz a extinção do processo, sem ou com resolução de mérito (arts. 485 e 487), aí sim haverá sentença e o recurso cabível será a apelação. 4. Recurso especial provido" (REsp 1.680.168/SP, Rel. Min. Marco Buzzi, Rel. p/ acórdão Min. Raul Araújo, 4ª Turma, j. 09.04.2019, *DJe* 10.06.2019).

> **Art. 551.** As contas do réu serão apresentadas na forma adequada, especificando-se as receitas, a aplicação das despesas e os investimentos, se houver.
>
> **§ 1º** Havendo impugnação específica e fundamentada pelo autor, o juiz estabelecerá prazo razoável para que o réu apresente os documentos justificativos dos lançamentos individualmente impugnados.
>
> **§ 2º** As contas do autor, para os fins do art. 550, § 5º, serão apresentadas na forma adequada, já instruídas com os documentos justificativos, especificando-se as receitas, a aplicação das despesas e os investimentos, se houver, bem como o respectivo saldo.

▶ *Referência: CPC/1973 – Art. 917*

5. As contas apresentadas pelas partes

O art. 551 e seus parágrafos explicitam a forma de prestação de contas pelas partes, mostrando-se necessárias, contudo, algumas explicitações e ressalvas a esses dispositivos legais.

Assim, a referência à "forma adequada" deve ser entendida como *forma mercantil*, isto é, com a especificação das receitas e aplicação das despesas, bem como de investimentos, se houver. Mas, independentemente de qual parte venha a apresentar as contas, estas deverão ser instruídas com os documentos comprobatórios dos respectivos lançamentos, não apenas o autor, como equivocadamente se pode concluir pela redação do § 2º do art. 551. Afinal, se o réu prestar as contas e inexistir documentos comprobatórios, ou estes forem insuficientes, o autor ou as impugna totalmente, ou pontualmente, o juiz estabelecerá prazo razoável para que o réu apresente prova documental justificativa dos lançamentos (receitas, despesas e investimentos) pontualmente impugnados.

Há precedentes do STJ reconhecendo que, não obstante a necessidade de observância da forma mercantil, deve-se amenizar esse rigor se as contas são apresentadas de maneira inteligível. REsp nº 1.218.899 – PR (2010/0187075-8), Quarta Turma, Rel. Min. João Otávio de Noronha, julg. 4.8.2011. No mesmo sentido, na jurisprudência mais recente daquele tribunal: AgRg no REsp 997.634/DF, Rel. Ministra Maria Isabel Gallotti, Quarta Turma, julgado em 01/09/2015, *DJe* 09/09/2015).

Finalmente, não apenas as contas apresentadas pelo autor deverão indicar o respectivo saldo, como consta do § 2º do art. 551; apresentadas pelo réu, este também indicará eventual saldo remanescente de satisfação, pois inconfundíveis, como já salientado, o *direito às contas* e o *direito ao crédito*.

> **Art. 552.** A sentença apurará o saldo e constituirá título executivo judicial.

▶ *Referência: CPC/1973 – Art. 918*

6. A constituição de título executivo judicial

Ao prolatar a sentença o juiz julgará as contas e decidirá a respeito de eventual saldo remanescente; apurada a existência de saldo credor, será o *devedor* condenado a pagá-lo, valendo a sentença como título executivo judicial (arts. 515 e 552). Em outras palavras, o juiz condenará a *parte*, que deva à outra, a pagá-la; e, o fato de o autor haver tomado a iniciativa de promover a ação não o exime, caso se comprove seja devedor do réu, da obrigação de pagá-lo; não efetuado o pagamento no prazo de 15 dias, contado do trânsito em julgado da sentença, terá incidência o disposto no art. 523,

§ 1º. Observe-se que nem sempre essas consequências terão lugar no caso concreto: presente qualquer das hipóteses indicadas no art. 345, III e IV, do CPC, o juiz, verificando a inocorrência do efeito da revelia, determinará ao autor a especificação das provas que pretenda produzir em audiência (art. 348). Também poderá extinguir o processo, inclusive *ex officio*, deparando-se, *v.g.*, com a carência de ação (art. 485, VI c/c arts. 337, XI, e 351), ressalvada a peculiar situação já referida nos comentários ao artigo anterior (nº 4, *c.2*).

> **Art. 553.** As contas do inventariante, do tutor, do curador, do depositário e de qualquer outro administrador serão prestadas em apenso aos autos do processo em que tiver sido nomeado.
>
> **Parágrafo único.** Se qualquer dos referidos no *caput* for condenado a pagar o saldo e não o fizer no prazo legal, o juiz poderá destituí-lo, sequestrar os bens sob sua guarda, glosar o prêmio ou a gratificação a que teria direito e determinar as medidas executivas necessárias à recomposição do prejuízo.

▶ *Referência: CPC/1973 – Art. 919*

7. Prestação de contas por dependência

As contas do inventariante, do tutor, do curador, do depositário e de qualquer outro administrador serão prestadas em apenso aos autos do processo em que tiver sido nomeado. Mesmo já estando findo o processo, ainda assim poderá ser necessária a prestação de contas, devendo o interessado prestá-las por meio de ação autônoma.

O órgão jurisdicional competente para a apreciação e julgamento das contas será aquele perante o qual tramite, ou tramitou o processo no qual foi concretizada a nomeação do obrigado a prestá-las, processando-se a ação em apenso aos autos do referido processo.

Julgadas as contas e sobrevindo sentença condenando o devedor a pagar o saldo no prazo legal, não o fazendo poderá sofrer sanção, consistente na sua destituição do cargo, sequestro dos bens sob a sua guarda e glosa do prêmio ou gratificação a que teria direito, sem prejuízo, obviamente, da execução forçada. Aliás, até mesmo preventivamente poderão ser adotadas tais medidas contra o devedor, bastando, para

Art. 554

tanto, a existência de veementes indícios de irregularidades e fundado receio de prejuízo.

CAPÍTULO III
DAS AÇÕES POSSESSÓRIAS

Seção I
Disposições gerais

Art. 554. A propositura de uma ação possessória em vez de outra não obstará a que o juiz conheça do pedido e outorgue a proteção legal correspondente àquela cujos pressupostos estejam provados.

§ 1º No caso de ação possessória em que figure no polo passivo grande número de pessoas, serão feitas a citação pessoal dos ocupantes que forem encontrados no local e a citação por edital dos demais, determinando-se, ainda, a intimação do Ministério Público e, se envolver pessoas em situação de hipossuficiência econômica, da Defensoria Pública.

§ 2º Para fim da citação pessoal prevista no § 1º, o oficial de justiça procurará os ocupantes no local por uma vez, citando-se por edital os que não forem encontrados.

§ 3º O juiz deverá determinar que se dê ampla publicidade da existência da ação prevista no § 1º e dos respectivos prazos processuais, podendo, para tanto, valer-se de anúncios em jornal ou rádio locais, da publicação de cartazes na região do conflito e de outros meios.

▶ *Referência: CPC/1973 – Art. 920*

1. A tutela possessória

Entre os *efeitos da posse* o CC/1916 incluiu o direito aos interditos possessórios (arts. 499 a 501), no que foi imitado pelo atual (arts. 1.210 e 1.211). Apesar de essa inclusão ser compreensível à luz das teorias processuais vigentes à época da promulgação do primeiro dos diplomas legais mencionados, hodiernamente ela não encontra amparo científico. Realmente, o direito de ação não se confunde com o direito material subjacente, ou seja, o direito de agir em juízo, abstrato, autônomo e instrumental que é, não se identifica com o direito material objeto do litígio; consequentemente, a proteção possessória, a ser buscada mediante a propo-

situra da ação adequada, *não é efeito da posse*, representando, isto sim, a *tutela jurisdicional* almejada pela parte.

Feitas essas observações, cumpre ainda ressaltar outra circunstância de inegável repercussão processual: quando a demanda versar sobre o *domínio* e não sobre a posse da coisa, ela terá natureza *petitória* (juízo petitório), não mantendo relação com as ações ditas *possessórias* – estas, sim, fundadas no *direito à posse*. Assim, por exemplo, a ação de reivindicação proposta pelo proprietário não possuidor em face do possuidor não proprietário (e de natureza petitória, portanto) será processada no rito comum, reservado o rito especial para as ações possessórias de força nova (CPC, arts. 554 ss.).

São inconfundíveis o *direito à posse* (*ius possidendi*) e o *direito de posse* (*ius possessionis*). Se a ação versar sobre o *direito à posse*, terá natureza possessória; versando sobre o *direito de posse*, sua natureza será petitória.

Tanto no CPC/1973, quanto no atual diploma processual civil, típicas ações possessórias são, sob o ponto de vista procedimental, as de manutenção e reintegração de posse (arts. 560 a 566) e o interdito proibitório (arts. 567 e 568). A mesma natureza não é reconhecida às ações de nunciação de obra nova, de embargos de terceiro (arts. 674 a 680) e de dano infecto (CC, art. 1.280), que podem ser ajuizadas também pelo proprietário do bem e não, exclusivamente, por seu eventual possuidor. Quanto à ação de imissão de posse, prevalece o entendimento de que tem natureza petitória.

Ocorrendo o *esbulho* (isto é, sendo o possuidor injustamente desapossado da coisa pelo terceiro), valer-se-á da *ação de reintegração de posse*; sofrendo *turbação* (ou seja, qualquer ato de terceiro que embarace o livre exercício de sua posse), a ação será a de *manutenção de posse*; finalmente, promoverá o *interdito proibitório* quando pretenda impedir a concretização da turbação ou do esbulho.

2. Fungibilidade das ações possessórias

A fungibilidade das ações possessórias, contemplada no art. 554 significa a possibilidade, conferida ao juiz, de conhecer e decidir de *pedido diverso* daquele originalmente formulado pelo autor, concedendo-lhe a tutela legal correspondente àquela cujos requisitos estejam provados.

Exemplificando: o autor promove ação de *manutenção* de posse, mas o juiz verifica, no curso do processo, que o réu esbulhou e não simplesmente turbou a posse, caso em que concederá ao primeiro a tutela possessória adequada, determinando a sua *reintegração* na posse do bem.

Essa fungibilidade é justificável, pois o autor pleiteia junto ao órgão jurisdicional a tutela possessória pertinente e idônea, sendo irrelevante, portanto, demonstrada a ofensa à sua posse, tenha ele originalmente requerido tutela diversa daquela adequada à solução da injusta situação criada pelo réu; o que reclama, em suma, é uma *tutela jurisdicional adequada à proteção de sua posse*, independentemente da natureza da ofensa sofrida. Aliás, por vezes o autor promove ação em razão de determinada conduta do réu e este modifica o estado de fato no curso do processo; o juiz, constatando tal circunstância, concederá ao autor a tutela possessória corretiva da ofensa atual à posse. Imagine-se, *v.g.*, que alguém ameace esbulhar a posse de outrem. Este promove o interdito proibitório, mas no curso do processo o esbulho é concretizado; deverá o juiz, se provado o esbulho, reintegrar o autor na sua posse, e não – como havia sido originalmente requerido por ele – simplesmente proibir o réu de praticar a ofensa, de resto já consumada.

Importa, pois, para a concessão da tutela adequada a que alude o art. 554, que a causa de pedir seja, genericamente, a ofensa ao direito de posse do autor e, ainda, que este tenha postulado a concessão de tutela possessória. Essa fungibilidade diz respeito às ações possessórias típicas, pouco importando o procedimento adotado para seu processamento em juízo.

3. Litisconsórcio passivo multitudinário

Totalmente desvinculados do *caput* do art. 554, seus parágrafos estabelecem regras para a formação de litisconsórcio passivo multitudinário, mediante a citação dos ocupantes do imóvel objeto da ação possessória. Expedido o mandado citatório, o oficial de justiça incumbido da prática do ato comparecerá no local e citará pessoalmente os ocupantes que encontrar no local; eventuais ocupantes não identificados ou localizados por aquele auxiliar do juízo serão citados por edital.

Seja em razão do interesse público ou social no caso concreto, seja pela circunstância de o processo envolver litígio coletivo pela posse do imóvel ocupado (art. 565), é obrigatória a intimação do Ministério Público, para atuar como fiscal da ordem jurídica (v. arts. 178 e 179). A Defensoria Pública também será intimada a intervir no processo, tanto na defesa de pessoas em situação de hipossuficiência econômica (art. 185), quanto para exercer a curatela especial dos réus revéis citados por edital (art. 72, II e parágrafo único).

Tendo em vista a necessidade de observância de garantias mínimas do devido processo legal, assegurando-se às partes o contraditório e a ampla defesa, é fundamental que todos os interessados tenham ciência da propositura da ação possessória, mediante a ampla publicidade a ser ordenada pelo juiz presidente do processo. Evidente que essa publicidade, a ser concretizada pelos meios indicados no § 3º do art. 554, deverá anteceder a atividade citatória, sob pena de tornar-se inócua.

Jurisprudência

"Recurso especial. Coisas. Ação de reintegração de posse. Servidão de passagem. Não titulada. Aparente. Proteção possessória. Fato superveniente. Remoção de servidão. Requisitos legais. Preenchidos. Apreciação. Possibilidade. 1. Ação ajuizada em 17/05/2007. Recurso especial interposto em 28/01/2016 e atribuído a este gabinete em 18/10/2016. 2. O propósito recursal consiste em reconhecer ou não o direito dos Recorrentes relativos à posse sobre uma servidão de passagem instituída de forma aparente sobre imóvel do recorrido. Em especial, deve-se determinar se há possibilidade de, no bojo de ação possessória, discutir a remoção ou extinção de servidão de passagem não titulada, mesmo que apresentada como fato superveniente. 3. Conforme o teor da Súmula 415/STF: 'Servidão de trânsito não titulada, mas tornada permanente, sobretudo pela natureza das obras realizadas, considera-se aparente, conferindo direito à proteção possessória'. 4. À luz do disposto no art. 462 do CPC/73, é dever do julgador tomar em consideração fatos supervenientes que influam no julgamento da lide, constituindo, modificando ou extinguindo o direito alegado, sob pena de a prestação jurisdicional se tornar desprovida de eficácia ou inapta à justa composição da lide 5. Da mesma forma que a usucapião pode ser arguida como matéria de defesa em ação possessória, nada obsta que a remoção da servidão, com o devido preenchimento dos requisitos legais, também seja apreciada pelo julgador. 6. Recurso especial não provido" (REsp

Art. 555

1.642.994/SC, Rel. Min. Nancy Andrighi, 3ª Turma, j. 14.05.2019, *DJe* 16.05.2019).

"Recurso especial. Direito processual civil. Reintegração de posse. Invasão coletiva de imóvel por número indeterminado de pessoas. Citação por edital dos invasores não encontrados pelo oficial de justiça. Necessidade. Litisconsórcio passivo multitudinário formado por réus incertos. Ausência de citação ficta. Nulidade do feito. 1. É firme a jurisprudência do STJ no sentido de que a ausência de intimação do Ministério Público não enseja, por si só, a decretação de nulidade do julgado, salvo a ocorrência de efetivo prejuízo demonstrado nos autos. 2. Nas ações possessórias voltadas contra número indeterminado de invasores de imóvel, faz-se obrigatória a citação por edital dos réus incertos. 3. O CPC/2015, visando adequar a proteção possessória a tal realidade, tendo em conta os interesses público e social inerentes a esse tipo de conflito coletivo, sistematizou a forma de integralização da relação jurídica, com o fito de dar a mais ampla publicidade ao feito, permitindo que o magistrado se valha de qualquer meio para esse fim. 4. O novo regramento autoriza a propositura de ação em face de diversas pessoas indistintamente, sem que se identifique especificamente cada um dos invasores (os demandados devem ser determináveis e não obrigatoriamente determinados), bastando a indicação do local da ocupação para permitir que o oficial de justiça efetue a citação daqueles que forem lá encontrados (citação pessoal), devendo os demais serem citados presumidamente (citação por edital). 5. Na hipótese, deve ser reconhecida a nulidade de todos os atos do processo, em razão da falta de citação por edital dos ocupantes não identificados. 6. Recurso especial provido" (REsp 1.314.615/SP, Rel. Min. Luis Felipe Salomão, 4ª Turma, j. 09.05.2017, *DJe* 12.06.2017).

> **Art. 555.** É lícito ao autor cumular ao pedido possessório o de:
>
> I – condenação em perdas e danos;
>
> II – indenização dos frutos.
>
> **Parágrafo único.** Pode o autor requerer, ainda, imposição de medida necessária e adequada para:
>
> I – evitar nova turbação ou esbulho;
>
> II – cumprir-se a tutela provisória ou final.

▶ *Referência: CPC/1973 – Art. 921*

1. Cumulação de pedidos possessórios

Nos termos do art. 327, *caput*, do atual Código de Processo Civil, pode o autor deduzir, no mesmo processo, mais de um pedido, situação processual representativa da *cumulação objetiva* ou *de pedidos*.

No juízo possessório é possível ao autor cumular, à demanda possessória (manutenção, reintegração ou interdito proibitório), também os pedidos de *condenação do réu em perdas e danos* e *de indenização dos frutos*, bem como requerer a imposição de medidas tendentes quer a evitar nova turbação ou esbulho, quer a dar efetividade à tutela provisória ou final.

Imagine-se, como exemplo, que o réu se apossou de imóvel do autor, demoliu edificação nele existente; nesta hipótese, a lei faculta ao esbulhado a promoção de ação de reintegração de posse, cumulada com ação de perdas e danos pela demolição. Vale ressalvar, porém, que a lei civil resguarda os direitos do réu quando tenha agido de *boa-fé*, assegurando-lhe o direito aos frutos, à indenização pelas benfeitorias necessárias e úteis realizadas no bem, assim como ao levantamento (remoção) das voluptuárias, quando possível, podendo ele ainda exercer o direito de retenção (isto é, somente devolverá a posse após ser indenizado pelo autor – CC, arts. 1.214, *caput* e parágrafo único, 1.217, 1.219 e 1.255 a 1.257).

> **Art. 556.** É lícito ao réu, na contestação, alegando que foi o ofendido em sua posse, demandar a proteção possessória e a indenização pelos prejuízos resultantes da turbação ou do esbulho cometido pelo autor.

▶ *Referência: CPC/1973 – Art. 922*

1. Natureza dúplice das ações possessórias

Proposta ação e pretendendo o réu, além de contestar, também deduzir pretensão em face do autor, deverá valer-se da *reconvenção*, quando cabível (CPC, art. 343 e parágrafos). Essa faculdade encontra seu fundamento primário na economia processual e também atende ao princípio da adstrição do julgamento ao pedido (v. CPC, arts. 141 e 492), pois o réu-reconvinte deduz o seu pedido, no mesmo processo contra ele instaurado por iniciativa do autor-reconvindo, sem a necessidade de instauração de processo autônomo. Limitando-se o réu a ofertar contestação, é defeso ao juiz apreciar eventual pedido de caráter reconvencional apresentado na *própria contestação*, pois a sentença ao final proferida conterá o julgamento apenas do *pedido formulado pelo autor*, acolhendo-o ou rejeitando-o, no todo ou em parte (CPC, art. 490).

A lei prevê, entretanto, em determinadas situações, a possibilidade de o réu vir a obter tutela jurisdicional ativa favorável, sem necessidade de valer-se da reconvenção, formulando, na própria contestação, *pedido contraposto* ao do autor (*demanda contrária* ou *demanda inversa*), fundando-o nos mesmos fatos por este deduzidos à guisa de causa de pedir (v. Lei dos Juizados Especiais, art. 31) e, também, nas chamadas *ações dúplices*.

Determinadas relações litigiosas, distintas de outras por suas peculiaridades, são solucionadas em juízo mediante a adoção da técnica conhecida como *ação dúplice*, ou *actio duplex*, pela qual autor e réu ocupam, simultânea e concomitantemente, ambos os polos da relação jurídica processual e, *independentemente de formulação de pedido contraposto ou de reconvenção*, poderá o réu obter o bem da vida disputado, bastando, para tanto, que oferte contestação oportuna. Exemplificando: se o réu-credor alegar, na contestação à ação consignatória, que o valor depositado pelo autor-devedor é insuficiente para a satisfação da obrigação, o juiz, verificando a pertinência dessa defesa, condenará o último a pagar ao primeiro a diferença devida

Como o art. 556 autoriza o réu de ação possessória a demandar, na própria contestação (sob a alegação de que foi ele o ofendido em sua posse), a proteção possessória e a indenização pelos prejuízos resultantes da turbação ou do esbulho cometido pelo autor, é possível sustentar que ele estaria valendo-se, nesse caso, da técnica da contraposição de pedidos e, não, que as ações possessórias tenham natureza dúplice. Afinal, o aludido dispositivo utiliza o verbo *demandar*, assim autorizando a conclusão de que exige, do réu, a formulação de pedido expresso na contestação, sem o que não poderá obter o bem da vida almejado, mesmo no caso de rejeição do pedido do autor.

Pondere-se, no entanto, que a adoção da técnica da contraposição pressupõe a existência de identidade do conjunto fático em que ambas as partes apoiam seus pedidos, ao passo que nas ações dúplices tais requisitos não são necessariamente exigidos, devendo haver, isto sim, identidade das pretensões das partes, como ocorre, sob o ponto de vista da proteção da posse, nas ações possessórias típicas. Reconhecida a duplicidade destas ações, forçoso reconhecer que ela se limita àqueles pedidos autorizados pelo referido art. 556, a serem formulados na contestação. Pedidos de natureza diversa, não incluídos nesse dispositivo, só poderão ser veiculados por meio de reconvenção.

> **Art. 557.** Na pendência de ação possessória é vedado, tanto ao autor quanto ao réu, propor ação de reconhecimento do domínio, exceto se a pretensão for deduzida em face de terceira pessoa.
>
> **Parágrafo único.** Não obsta à manutenção ou à reintegração de posse a alegação de propriedade ou de outro direito sobre a coisa.

► *Referência: CPC/1973 – Art. 923*

1. Exceção de domínio

Diversamente do que sucede no *juízo petitório*, no *juízo possessório* não se admite discussão a respeito do domínio da coisa sobre a qual versa a ação. Afinal, o conflito a ser dirimido tem por objeto exclusivamente a posse, descabendo, portanto, a resolução de questões a ela estranhas, como são aquelas ligadas ao domínio. E, isto porque, ao juiz compete julgar, em sede principal (*principaliter*), o *pedido* formulado pela parte, embora possa ser necessário, em determinadas circunstâncias, o julgamento incidental (*incidenter tantum*) de questões prejudiciais, para a motivação da sentença.

Em seu art. 505, o CC/1916 dispunha não obstar à manutenção ou reintegração na posse a alegação de domínio, ou de outro direito sobre a coisa, ressalvando, porém, que *o juiz não deveria julgar a posse em favor daquele a quem evidentemente não pertencesse o domínio*. O CPC/1973 também continha disposição semelhante, inclusive com a ressalva final, mas a Lei 6.820/1980 tornou-o mais claro e preciso ao derrogar o seu art. 923, que preceituava: "Na pendência do processo possessório, é defeso, assim ao autor como ao réu, intentar a ação de reconhecimento do domínio".

Já o atual Código Civil dispõe, no § 2º de seu art. 1.210, que a alegação de propriedade, ou

Art. 557

de outro direito sobre a coisa, não obsta à manutenção ou reintegração na posse. Essa disposição não afasta a vedação da lei processual, a impedir quer a resolução de matéria dominial no processo possessório, quer, na pendência deste, a promoção de ação de reconhecimento do domínio (*v.g.*, na pendência de ação de reintegração de posse, nem o seu autor nem o réu poderão intentar, *e.g.*, ação reivindicatória tendo por objeto o bem sobre cuja posse versa a referida ação possessória); isto porque, a defesa ou pretensão deduzida pela parte no processo possessório, fundada na alegada titularidade de direito real sobre a coisa, não representa óbice ao reconhecimento, em sede exclusivamente possessória, do direito do possuidor sobre o mesmo bem.

Volvendo a atenção ao art. 557 do CPC em vigor, tem-se que ele veda, em última análise, não a *discussão sobre o domínio do bem*, mas, sim, *a resolução da questão petitória no bojo de processo possessório*, ante a necessidade de observância, pelo juiz, do princípio da adstrição do julgamento ao pedido (*rectius*: irá julgar o pedido possessório, sendo defeso, no respectivo processo, decidir sobre o domínio, sob pena de prolatar sentença *extra petitum* – e inválida, portanto). Ressalve-se, porém, que se ambas as partes disputam a *posse* com base na alegação de *domínio*, ou seja, pretendem demonstrar a sua qualidade de *legítimas possuidoras*, sob o fundamento de serem *proprietárias* do bem, daí, sim, deverá o juiz decidir em favor daquela que prove a titularidade do domínio, ou seja, concederá tutela protetiva da posse favorável a essa parte, conforme orientação consubstanciada na Súmula 487 do Supremo Tribunal Federal.

Em suma, o CPC/1973 não reconhecia a qualidade de *proprietária* à parte vencedora (a não ser incidentalmente, na motivação de sua sentença – art. 469, III), apenas autorizava a concessão da tutela possessória, pelo fato de aquela haver demonstrado, com base no domínio, ser a legítima possuidora. Por outras palavras, a sentença não teria por conteúdo a *declaração* do domínio, mas a *condenação* do culpado pela ofensa à posse a não mais molestar o legítimo possuidor (no caso de interdito proibitório), ou a cessar o esbulho ou a turbação (nos outros dois casos). À luz desse diploma legal justificava-se essa solução, pois o julgamento das questões prejudiciais, na motivação da sentença (*incidenter tantum*,

portanto), tinham por escopo apenas permitir o julgamento do pedido (julgamento *principaliter*) e não ficava submetido à autoridade da coisa julgada. Pretendendo a parte fosse definitivamente solucionada a matéria prejudicial, deveria valer-se, sendo o caso, de ação declaratória incidental (arts. 5º e 325).

O Código de Processo Civil em vigor não recepciona a ação declaratória incidental, de modo que, em regra, a questão prejudicial poderá ser solucionada no próprio dispositivo sentencial (como causa prejudicante), lógica e antecedentemente ao julgamento do pedido, atendidos os requisitos enunciados nos incisos do § 1º do art. 503. Então, não fosse a vedação expressa do art. 923 do CPC/1973, reiterada na primeira parte do *caput* do art. 557 do atual, ficaria aberta a possibilidade de, suscitada a questão prejudicial envolvendo o domínio, ser ela definitivamente solucionada.

Atente-se, ainda, à ressalva contida na segunda parte do *caput* do art. 557, autorizando o autor ou o réu da ação possessória a promover, em face de terceira pessoa, ação petitória (dominial) envolvendo o mesmo imóvel em litígio. Isto porque, embora seja vedada, a uma das partes do processo possessório, a propositura de ação dominial em face da outra, nada impede que qualquer delas ajuíze ação dessa natureza, em que figure como réu uma terceira pessoa. Afinal, a disputa possessória entre autor e réu não pode obstar a reivindicação do domínio sobre o bem em relação a terceiros, pois a solução a ser dada ao respectivo processo não interferirá diretamente no processo em que aqueles contendem, mercê dos distintos objetos de uma e outra das ações referidas.

Jurisprudência

Súmula 487 do STF: "Será deferida a posse a quem, evidentemente, tiver o domínio, se com base neste for ela disputada".

"Processual civil. Embargos de divergência em recurso especial. Demanda possessória entre particulares. Possibilidade de defesa da posse de bem público por meio de oposição. 1. Hipótese em que, pendente demanda possessória em que particulares disputam a posse de imóvel, a União apresenta oposição pleiteando a posse do bem em seu favor, aos fundamentos de que a área pertence à União e de que a ocupação de terras públicas não constitui posse. 2. Quadro fático similar àqueles apreciados pelos paradigmas, em que a Terracap postulava em sede de oposição a posse de bens disputados em demanda possessória pendente entre particulares, alegando incidentalmente o domínio como meio de demonstração da posse. 3. Os elementos fático-jurídico nos casos cotejados são similares porque tanto no caso examinado pelo paradigma quanto naquele examinado pelo acórdão embargado de divergência o ente público manifesta oposição em demanda possessória pendente entre particulares, sustentando ter ele (o ente público) direito à posse e alegando domínio apenas incidentalmente, como forma de demonstração da posse. 4. Divergência configurada, uma vez que no acórdão embargado a oposição não foi admitida, ao passo que nos paradigmas se admitiu tal forma de intervenção de terceiro. Embargos de divergência admitidos. 5. O art. 923 do CPC/73 (atual art. 557 do CPC/2015), ao proibir, na pendência de demanda possessória, a propositura de ação de reconhecimento do domínio, apenas pode ser compreendido como uma forma de se manter restrito o objeto da demanda possessória ao exame da posse, não permitindo que se amplie o objeto da possessória para o fim de se obter sentença declaratória a respeito de quem seja o titular do domínio. 6. A vedação constante do art. 923 do CPC/73 (atual art. 557 do CPC/2015), contudo, não alcança a hipótese em que o proprietário alega a titularidade do domínio apenas como fundamento para pleitear a tutela possessória. Conclusão em sentido contrário importaria chancelar eventual fraude processual e negar tutela jurisdicional a direito fundamental. 7. Titularizar o domínio, de qualquer sorte, não induz necessariamente êxito na demanda possessória. Art. 1.210, parágrafo 2º, do CC/2002. A tutela possessória deverá ser deferida a quem ostente melhor posse, que poderá ser não o proprietário, mas o cessionário, arrendatário, locatário, depositário, etc. 8. A alegação de domínio, embora não garanta por si só a obtenção de tutela possessória, pode ser formulada incidentalmente com o fim de se obter tutela possessória. 9. Embargos de divergência providos, para o fim de admitir a oposição apresentada pela União e determinar o retorno dos autos ao Tribunal de origem, a fim de que aprecie o mérito da oposição" (EREsp 1.134.446/MT, Rel. Min. Benedito Gonçalves, Corte Especial, j. 21.03.2018, *DJe* 04.04.2018).

"Agravo interno em agravo em recurso especial. Processual civil. Ação de manutenção de posse. Afastada conexão ou continência com ação usucapião. Decisão de acordo com a jurisprudência dominante no STJ. Súmula 83/STJ. Aplicação do princípio do *tempus regit actum*. Óbice da Súmula 7/STJ. Agravo interno não provido. 1. Observando o disposto na Lei nº 810/49 c/c Lei Complementar nº 95/98: a vigência do novo Código de Processo Civil, instituído pela Lei nº 13.105, de 16 de março de 2015, iniciou-se em 18 de março de 2016 (Enunciado Administrativo nº 1, aprovado pelo Plenário do Superior Tribunal de Justiça em 2/3/2016). 2. As ações de manutenção de posse e de usucapião não são conexas, pois diversos o pedido e a causa de pedir. Jurisprudência dominante nesta Corte Superior. Súmula 83/STJ. 3. Perfeita harmonia na aplicação dos arts. 923, do CPC/73 (atual art. 557, NCPC), 11 do Estatuto das Cidades e 1210, § 2º, do CC/2002. 4. Afastada a aplicação do art. 55, § 3º, do NCPC à demanda julgada sob a égide do CPC/73. Não retroação do julgamento da lide. *Tempus regit actum*. Óbice da Súmula 7/STJ. 5. Dissídio jurisprudencial não demonstrado. Ausência de cotejo analítico. Molduras fáticas diversas. 6. Agravo interno não provido" (AgInt no AREsp 857.532/RJ, Rel. Min. Luis Felipe Salomão, 4ª Turma, j. 24.05.2016, *DJe* 01.06.2016).

> **Art. 558.** Regem o procedimento de manutenção e de reintegração de posse as normas da Seção II deste Capítulo quando a ação for proposta dentro de ano e dia da turbação ou do esbulho afirmado na petição inicial.
>
> **Parágrafo único.** Passado o prazo referido no *caput*, será comum o procedimento, não perdendo, contudo, o caráter possessório.

▶ *Referência: CPC/1973 – Art. 924*

1. Adequação procedimental

Na *ação de força nova* (aquela proposta antes de decorrido um ano e dia do ato de esbulho ou turbação da posse) versando sobre *bem imóvel*, a manutenção ou a reintegração será processada com a observância do *procedimento especial* previsto nos arts. 560 a 566, adiante examinados; observar-se-á o *procedimento comum* para a *ação de força velha* (aquela proposta após ano e dia da ocorrência da ofensa à posse),

Art. 559

CÓDIGO DE PROCESSO CIVIL INTERPRETADO

1126

quando também versar sobre *bem imóvel*. O procedimento do interdito proibitório será sempre o *especial*, pois descabido cogitar-se, em relação a ele, situação envolvendo posse velha, pois que a ameaça de ofensa à posse é necessariamente a atual.

Resumindo: as ações possessórias de força nova versando sobre bem imóvel serão processadas com a observância do procedimento especial, reservado o procedimento comum para as de força velha, mantido, porém, o seu caráter possessório (fungibilidade, natureza dúplice, vedação de exceção de domínio). E, apesar da não incidência, para as ações de força velha, do disposto nos arts. 562 e 563 do Código em vigor, ainda assim poderá a parte requerer a concessão de tutela de evidência, atendidos os requisitos do art. 311 do mesmo diploma legal.

Jurisprudência

"Civil e processual civil. Recurso especial. Ação de força velha (demanda possessória, processada pelo rito ordinário) proposta em 1895. Dotação para a aquisição de prédio destinado à habitação da princesa imperial Dona Isabel e seu marido. Atual Palácio Guanabara. Direito de habitação. Obrigação do Estado vinculada à monarquia. Próprio nacional. Prescrição. 1. Caso em que a petição inicial de 'ação de força velha' (demanda possessória, processada pelo rito ordinário), proposta em 1895 pelo Conde e pela Condessa d'Eu (Princesa Isabel), discute a posse do Palácio Isabel (atual Palácio Guanabara) e também a propriedade, repelindo a natureza de próprio nacional declarada no Decreto n. 447, de 18.7.1891, e afirmando a existência de esbulho e de confisco por parte do Estado. Em tal contexto, a posse está sendo postulada, igualmente, com fundamento no domínio. 2. Coisa julgada material descaracterizada quanto ao tema de mérito relativo ao domínio, tendo em vista que, no julgamento da Petição n. 100, ocorrido em 10.8.1895, o STF indeferiu a ação de incorporação proposta pela União tão somente diante de aspectos processuais afetos ao Decreto n. 447/1891, que não serviria como argumento para viabilizar a utilização e o processamento do referido tipo de ação. Remeteu as partes, então, às vias ordinárias. 3. O Palácio Guanabara, adquirido com recursos do Tesouro Nacional a título de dote, com fundamento nas Leis n. 166, de 29.9.1840, 1.217, de 7.7.1864, e 1.904, de 17.10.1870, destinava-se exclusivamente à habitação do Conde e da Condessa d'Eu por força de obrigação legal do Estado vinculada à monarquia e ao alto decoro do trono nacional e da família imperial. 4. Com a proclamação e a institucionalização da República, as circunstâncias fundamentais que justificavam a manutenção da posse do palácio deixaram de existir, tendo em vista que foram extintos os privilégios de nascimento, os foros de nobreza, as ordens honoríficas, as regalias e os títulos nobiliárquicos. Em decorrência, as obrigações do Estado previstas nas leis da época perante a família imperial foram revogadas *ipso facto* pela nova ordem imposta, dentre as quais a posse de que trata a ação. 5. A legislação editada durante a monarquia (Leis n. 166/1840 e 1.904/1870) expressamente conferiu aos imóveis adquiridos para a residência da família imperial natureza de próprio nacional, ou seja, bens de propriedade da Fazenda Nacional. 6. Durante o regime imperial, não se cogitava da abolição da monarquia, razão pela qual a instituição da república, extinguindo o anterior regime, qualificou nova hipótese de 'fim da sucessão' dos privilégios dos membros da família imperial relacionados aos imóveis adquiridos a título de dote com dinheiro público. 7. Prejudicado o recurso adesivo do Estado do Rio de Janeiro, tendo em vista que o pedido de decretação da prescrição foi subordinado, pelo próprio recorrente, ao efetivo acolhimento da pretensão dos herdeiros do Conde e da Condessa d'Eu. No julgamento, todavia, os referidos recursos especiais não foram providos. 8. Recursos especiais interpostos por Pedro Henrique de Orleans e Bragança e outros e por Isabel de Orleans e Bragança e outros conhecidos parcialmente e desprovidos, e recurso adesivo interposto pelo Estado do Rio de Janeiro prejudicado" (REsp 1.149.487/RJ, Rel. Min. Antonio Carlos Ferreira, 4ª Turma, j. 06.12.2018, *DJe* 15.02.2019).

> **Art. 559.** Se o réu provar, em qualquer tempo, que o autor provisoriamente mantido ou reintegrado na posse carece de idoneidade financeira para, no caso de sucumbência, responder por perdas e danos, o juiz designar-lhe-á o prazo de 5 (cinco) dias para requerer caução, real ou fidejussória, sob pena de ser depositada a coisa litigiosa, ressalvada a impossibilidade da parte economicamente hipossuficiente.

▶ *Referência: CPC/1973 – Art. 925*

1. Prestação de caução pelo autor

A concessão de medidas provisórias de manutenção ou reintegração nas ações possessórias de força nova poderá ficar condicionada à prestação de caução real ou fidejussória pelo autor, se o réu demonstrar que ele carece de idoneidade financeira para responder por perdas e danos, no caso de vir a ser derrotado ao final; não prestando o autor a caução exigida no prazo de cinco dias, ou sendo ela insuficiente ou inadequada, o juiz poderá determinar o depósito da coisa litigiosa, ressalvada apenas a situação envolvendo o autor economicamente hipossuficiente.

2. Competência para as ações possessórias

Competente para a propositura da ação possessória envolvendo bem imóvel é o foro da *situação da coisa* (*forum rei sitae* – art. 47 do CPC), entendido, o vocábulo *foro*, nas acepções de *comarca* (nas Justiças Estaduais) e de *seção* ou *subseção judiciária* (na Justiça Federal). E, não obstante a influência do critério territorial na definição da competência, predomina, *in casu*, o critério *objetivo material*, daí a competência ser *absoluta* (§ 2º). Situando-se o imóvel em mais de um Estado ou foro, a competência territorial do juízo prevento estender-se-á sobre a totalidade do imóvel (CPC, arts. 60 e 240, *caput*, combinados).

Aos Juizados Especiais Estaduais competirão o processamento e julgamento de ações possessórias sobre *bens imóveis de valor não excedente a 40 salários mínimos* (Lei 9.099/1995, art. 3º, IV) e, ainda, daquelas sobre bens móveis, se o valor não exceder esse teto legal, à Justiça do Trabalho competindo, nos termos da Súmula Vinculante 23 do STF, "A Justiça do Trabalho é competente para processar e julgar ação possessória ajuizada em decorrência do exercício do direito de greve pelos trabalhadores da iniciativa privada".

3. Legitimados para as ações possessórias

Legitimado ativo para a propositura da ação possessória é o possuidor, *direto* ou *indireto*. Sendo esbulhado, *v.g.*, imóvel dado em locação, poderão propor a ação tanto o locatário (possuidor direto) quanto o locador (possuidor indireto), ou ambos, em litisconsórcio facultativo (CPC, art. 113); da mesma forma, o possuidor direto promoverá a ação em face do indireto, ou vice-versa, em caso de ameaça, turbação ou esbulho. Legitimado passivo é aquele que praticou a ofensa à posse, ainda que também seja possuidor do bem.

Exemplificando: se o locador esbulha a posse do locatário, este promoverá, em face daquele, a ação de reintegração.

Pode suceder de o causador da ofensa à posse ser simples *preposto* de terceiro. Como ele se posiciona, em relação à coisa cuja posse foi ofendida, como mero *detentor*, legitimado passivo será o preponente, ou seja, aquele que determinou a prática do ato ofensivo. Por exemplo, se o patrão determinar a seu empregado que altere as cercas divisórias de propriedade, afetando a posse do vizinho, a legitimidade passiva para a ação possessória será do patrão. Sendo acionado o empregado, este alegará na contestação sua ilegitimidade passiva, ou não ser o responsável pelo prejuízo invocado pelo autor, indicando o patrão para substitui-lo; ao autor é então facultado alterar a petição inicial para a substituição do empregado pelo patrão, ou, se for o caso, para incluir este último como litisconsorte passivo (CPC, arts. 338 e 339).

Diversa é a situação quando o *possuidor direto* seja acionado por terceiro. Imagine-se que terceiro, alegando ser o legítimo possuidor, promova ação de reintegração em face de alguém que se encontre na posse, a título de locatário da coisa. É evidente o prejuízo que sofrerá o réu se o pedido do autor vier a ser acolhido, sendo-lhe facultado, em consequência, *denunciar a lide ao locador* (CPC, art. 125, I).

Jurisprudência

"Administrativo e processual civil. Reintegração de posse. Ente público. Rodovia. Faixa de domínio. Tenda. Uso por particular. Súmulas 5 e 83/STJ. 1. Cuida-se, na origem, de Ação de Reintegração de Posse proposta pelo DAER/RS, autarquia estadual, contra possuidor de tenda às margens da rodovia RS-040, Km 76-860, situada na faixa de domínio. 2. A sentença julgou a ação procedente, fixando o prazo de 90 (noventa) dias para a parte recorrente desfazer as construções na área reintegrada, o que foi mantido pelo Tribunal. 3. Não conheço do Recurso Especial em relação a eventual violação a cláusulas do contrato de concessão, por não se enquadrar no conceito de lei federal previsto no art. 105, III, a da Constituição Federal, atraindo a incidência da Súmula 5/STJ. A propósito: AgInt no REsp 1.569.566/MT, Rel. Ministro Herman Benjamin, Segunda Turma,

Art. 560

DJe 27/4/2017; AgRg no AREsp: 572.866/RJ, Relator: Ministro Og Fernandes, Segunda Turma, *DJe* 20/11/2014; AgRg no REsp 845.056/RJ, Rel. Min. Luiz Fux, Primeira Turma, *DJe* 13.10.2009. 4. Não se apresenta como ponto controvertido na lide o direito de propriedade do ente federativo em relação à rodovia onde instalada a tenda da parte recorrente, nem à ausência de autorização do poder público para a utilização pelo particular do espaço público às margens da rodovia. 5. Desse modo, é inquestionável que, mesmo existindo concessão do serviço público a terceiros, tal fato não retira a legitimidade do poder público concedente relativamente à utilização dos instrumentos processuais para a retomada da posse do bem público, pois conserva os direitos inerentes à propriedade. 6. Ademais, a jurisprudência do STJ afirma que, nos casos em que o imóvel objeto do litígio é público, a discussão da posse em ação possessória decorre do próprio direito de propriedade, razão pela qual deve-se permitir o manejo de institutos processuais de natureza possessória pelos entes públicos. Nesse sentido: EREsp 1.134.446/MT, Rel. Ministro Benedito Gonçalves, Corte Especial, *DJe* 4/4/2018; REsp 1.370.254/SP, Rel. Ministro Herman Benjamin, Segunda Turma, *DJe* 29/11/2016; AgRg no REsp 1.282.207/DF, Rel. Ministro Ricardo Villas Bôas Cueva, Terceira Turma, *DJe* 2/2/2016; REsp 780.401/DF, Rel. Ministra Nancy Andrighi, Terceira Turma, *DJe* 21/9/2009. 7. Em casos como o apreciado nestes autos, é legítimo ao ente estatal propor demanda para discutir a reintegração de posse de bem público ocupado por particulares, considerando que o direito de posse do recorrido decorre do direito de propriedade do Estado sobre a rodovia. 8. Exigir do poder público o exercício de poder de fato sobre a coisa para legitimar o manejo de Ações Possessórias, especialmente nos casos da utilização das margens de rodovias pelos particulares para fins privados, inviabilizaria a realização de política pública relacionada à segurança e conservação das vias públicas. 9. Dessume-se que o acórdão recorrido está em sintonia com o atual entendimento Superior Tribunal de Justiça, razão pela qual não merece prosperar a irresignação. Incide, *in casu*, o princípio estabelecido na Súmula 83/STJ: 'Não se conhece do Recurso Especial pela divergência, quando a orientação do Tribunal se firmou no mesmo sentido da decisão recorrida'. 10. Recurso Especial conhecido em parte e, nessa parte, não provido" (REsp 1.766.791/RS, Rel. Min. Herman Benjamin, 2ª Turma, j. 06.11.2018, *DJe* 19.11.2018).

Seção II
Da manutenção e da reintegração de posse

> **Art. 560.** O possuidor tem direito a ser mantido na posse em caso de turbação e reintegrado em caso de esbulho.

▶ *Referência: CPC/1973 – Art. 926*

1. Introdução

Os arts. 560 a 565 do atual Código de Processo Civil estabelecem regime procedimental único para o processamento das ações de manutenção e de reintegração de posse, embora sejam distintos os escopos de uma e outra: enquanto a primeira tem por finalidade a obtenção de provimento jurisdicional que mantenha o possuidor na posse do bem, impedindo que contra ela o terceiro perpetre qualquer ofensa, a segunda visa restabelecer a posse do autor, ofendida pelo esbulhador, mediante a saída deste e a reintegração daquele.

Cumpre a esta altura delimitar a exata extensão da ofensa perpetrada pelo terceiro contra a posse.

A ofensa pode ser simplesmente potencial, vale dizer, representar *ameaça* de turbação ou de esbulho, ensejando a utilização do *interdito proibitório*. Em grau de maior intensidade ofensiva situa-se a *turbação*, representada pela restrição imposta ao possuidor, pelo terceiro, ao pleno exercício da posse; o turbador perturba, limita o livre exercício da posse pelo seu legítimo titular, sem implicar tal perturbação, contudo, a perda daquela. Finalmente, a mais grave ofensa à posse é o *esbulho*, a espoliação, a perda da posse em virtude da ofensa consumada pelo terceiro. Mas se o desapossamento decorre de cumprimento de ordem judicial (*v.g.*, arresto, penhora), o terceiro prejudicado valer-se-á dos *embargos de terceiro* (CPC, art. 674) e não da ação de reintegração de posse.

Então, a ação de manutenção tem por finalidade a obtenção de provimento jurisdicional que faça cessar a turbação, restaurando o livre exercício da posse; na de reintegração busca-se restabelecer o estado anterior desfeito pela ofensa, ou seja, restabelecer o direito do legítimo possuidor sobre a coisa possuída.

> **Art. 561.** Incumbe ao autor provar:
> I – a sua posse;

II – a turbação ou o esbulho praticado pelo réu;

III – a data da turbação ou do esbulho;

IV – a continuação da posse, embora turbada, na ação de manutenção, ou a perda da posse, na ação de reintegração.

▶ *Referência: CPC/1973 – Art. 927*

1. Requisitos para a concessão de mandado liminar de reintegração ou manutenção da posse

Além de elaborar petição inicial que satisfaça os requisitos da lei processual (CPC, art. 319), incumbe ainda ao autor provar a sua posse, a turbação ou o esbulho praticado pelo réu, a data em que a ofensa foi perpetrada e a continuação na posse, embora turbada – na ação de manutenção –, ou a sua perda – na de reintegração.

Esses fatos constitutivos do afirmado direito do autor deverão ser demonstrados documentalmente, com o fito de permitir tanto a avaliação da adequação do procedimento por ele eleito, quanto a concessão, pelo juiz, sendo o caso, de liminar *inaudita altera parte* de reintegração ou manutenção.

Como já explicitado em notas ao art. 558, na *ação de força nova* versando sobre *bem imóvel*, a manutenção ou a reintegração será processada com a observância do *procedimento especial* previsto nos arts. 560 a 566, observado o *procedimento comum* para a *ação de força velha*, quando também versar sobre *bem imóvel*. O procedimento do interdito proibitório será sempre o *especial*, pois descabido cogitar-se, em relação a ele, situação envolvendo posse velha, pois que a ameaça de ofensa à posse é necessariamente a atual.

Em síntese: as ações possessórias de força nova versando sobre bem imóvel serão processadas com a observância do procedimento especial, reservado o procedimento comum para as de força velha, mantido, porém, o seu caráter possessório (fungibilidade, natureza dúplice, vedação de exceção de domínio). E, apesar da não incidência, para as ações de força velha, do disposto nos arts. 562 e 563 do Código em vigor, ainda assim poderá a parte requerer a concessão de tutela de evidência, atendidos os requisitos do art. 311 do mesmo diploma legal.

Jurisprudência

"Recurso especial. Direito civil. Violação ao art. 535 do CPC/1973. Não ocorrência. Ação de reintegração de posse. Requisitos do art. 927 do CPC/1973 e 561 do Novo CPC. Realidade fática do imóvel modificada. Imóvel que se transformou em bairro urbano populoso. Impossibilidade de desconsideração da nova realidade na solução da contenda. Função social da propriedade e da posse. Direito à moradia e mínimo existencial. Dignidade da pessoa humana. Ponderação de valores. Negativa da reintegração. Possibilidade de conversão da prestação originária em alternativa. Art. 461-A do CPC/1973. Recurso não provido. 1. 'Havendo no acórdão declaração expressa quanto aos fatos e fundamentos que embasaram suas conclusões, não há como vislumbrar-se ofensa aos arts. 458 e 535, CPC, por negar-se o colegiado, em embargos declaratórios, a explicitar as razões pelas quais preferiu apoiar-se em certas provas, em detrimento de outras. O princípio do livre convencimento motivado é um dos postulados do nosso sistema processual' (REsp 50.936/SP, *DJ* 19/09/94). 2. O art. 927 do CPC/1973, reproduzido no art. 561 do novo diploma, previa competir ao autor da ação possessória de reintegração a comprovação dos seguintes requisitos: a posse; a turbação ou esbulho pela parte ré; a data da turbação ou do esbulho e a perda da posse. 3. Ainda que verificados os requisitos dispostos no item antecedente, o julgador, diante do caso concreto, não poderá se furtar da análise de todas as implicações a que estará sujeita a realidade, na subsunção insensível da norma. É que a evolução do direito não permite mais conceber a proteção do direito à propriedade e posse no interesse exclusivo do particular, uma vez que os princípios da dignidade humana e da função social esperam proteção mais efetiva. 4. O Supremo Tribunal Federal orienta que, tendo em vista a impossibilidade de haver antinomia entre normas constitucionais, sem a exclusão de quaisquer dos direitos em causa, deve prevalecer, no caso concreto, o valor que se apresenta consentâneo com uma solução razoável e prudente, expandindo-se o raio de ação do direito prevalente, mantendo-se, contudo, o núcleo essencial do outro. Para esse desiderato, recomenda-se a aplicação de três máximas norteadoras da proporcionalidade: a adequação, a necessidade e a proporcionalidade em sentido estrito. 5. No caso dos autos, o imóvel originariamente reivindicado, na verdade, não

Art. 562

existe mais. O bairro hoje, no lugar do terreno antes objeto de comodato, tem vida própria, dotado de infraestrutura urbana, onde serviços são prestados, levando-se à conclusão de que o cumprimento da ordem judicial de reintegração na posse, com satisfação do interesse da empresa de empreendimentos imobiliários, será à custa de graves danos à esfera privada de muitas famílias que há anos construíram suas vidas naquela localidade, fazendo dela uma comunidade, irmanada por idêntica herança cultural e histórica, razão pela qual não é adequada a ordem de reintegração. 6. Recurso especial a que se nega provimento" (REsp 1.302.736/MG, Rel. Min. Luis Felipe Salomão, 4ª Turma, j. 12.04.2016, *DJe* 23.05.2016).

> **Art. 562.** Estando a petição inicial devidamente instruída, o juiz deferirá, sem ouvir o réu, a expedição do mandado liminar de manutenção ou de reintegração, caso contrário, determinará que o autor justifique previamente o alegado, citando-se o réu para comparecer à audiência que for designada.
>
> **Parágrafo único.** Contra as pessoas jurídicas de direito público não será deferida a manutenção ou a reintegração liminar sem prévia audiência dos respectivos representantes judiciais.

▶ *Referência: CPC/1973 – Art. 928*

1. Prova da ofensa à posse e concessão de mandado liminar

Estando a petição inicial instruída com prova documental, apta e suficiente à comprovação dos requisitos indicados no art. 561, o juiz deferirá, *inaudita altera parte* (v. art. 9º, I) e a expedição do mandado liminar de reintegração ou de manutenção em favor do autor.

2. Justificação prévia da posse

Como é extremamente difícil a comprovação documental de todos os requisitos exigidos no art. 561 para a concessão de mandado liminar, a 2ª parte do art. 562 impõe ao autor, que não os comprovar de plano, a justificação imediata dos fatos enunciados no artigo anterior, citando-se o réu para comparecer à audiência para tanto designada. Nesse caso, o juiz não defere de plano a expedição do mandado liminar; como ao autor é imposto o ônus de comprovar todos os fatos que fundamentam seu pedido de concessão

daquela medida, é mantida a situação em que se encontra o réu em face da posse, até que se decida a respeito do cabimento, ou não, da manutenção ou da reintegração.

Designada audiência, para a qual o réu é previamente citado a comparecer, nela o autor produzirá provas, notadamente de caráter testemunhal, visando demonstrar a existência dos fatos indicados no art. 561; mas ao réu não é deferido o direito de produzir prova testemunhal nessa audiência, pelas razões a seguir enunciadas:

Primeira: a justificação é incumbência atribuída unicamente ao autor, que se valerá da respectiva audiência, portanto, única e exclusivamente para convencer o juiz de que preenche os requisitos exigidos para a concessão da liminar – facultado ao réu presente o direito de reinquirir as testemunhas do autor;

Segunda: não se cuida de audiência de instrução e julgamento, mas de ato processual destinado a permitir, ao requerente da liminar, a possibilidade de comprovar por meio de testemunhas o que não pôde demonstrar documentalmente;

Terceira: a realidade do dia a dia forense demonstra que a oitiva de testemunhas do réu pode muitas vezes atuar como causa geradora de incidentes inúteis ou protelatórios, mormente quando se busca a demonstração de fatos absolutamente estranhos à pretensão a ser examinada imediatamente (que é, tão só, a de concessão de liminar), enveredando as partes, nessa fase inicial do processo, para a discussão de questões pertinentes exclusivamente ao mérito do pedido possessório, sem que até então sequer tenha chegado o momento de oferta de resposta pelo réu.

Há, no entanto, orientação contrária em sede jurisprudencial, no sentido de que, já se encontrando o réu integrado ao processo na fase de realização da audiência de justificação prévia, deverá ser-lhe assegurada a garantia do contraditório. Aceita esta última orientação, o juiz irá inquirir as testemunhas apresentadas pelo réu, tomando o cuidado, no entanto, de evitar que a audiência se transforme em prematura audiência de instrução e julgamento; vale dizer, a audiência de justificação prévia ficará restrita ao seu único e exclusivo fim, que é a obtenção de elementos de convicção que permitam ao juiz a pronta concessão da medida liminar reclamada pelo autor.

Realizada a audiência e acolhida a justificação, o juiz determinará a imediata expedição de mandado de manutenção ou de reintegração, ficando assim evidenciada a natureza executiva do respectivo comando judicial; rejeitada, será denegada a medida liminar pretendida pelo autor, prosseguindo o processo nos termos adiante examinados, observado agora o procedimento comum (art. 566).

Da decisão caberá agravo de instrumento (art. 1.015, inc. I).

Jurisprudência

"Recurso especial. Ação de reintegração de posse. Tribunal de origem que, em agravo de instrumento, cassa a decisão que havia deferido a liminar para determinar a realização da audiência de justificação (CPC/1973, art. 928), considerando a necessidade de dilação probatória. Contestação oferecida pelo réu, de forma prematura, tendo em vista a concessão de efeito suspensivo ao recurso. Alegação de desnecessidade da audiência que não prospera. Particularidades do caso. Observância dos dispositivos legais que regem a matéria. Recurso desprovido. 1. Nos termos do art. 928 do CPC/1973 (correspondente ao art. 562 do CPC/2015), na ação de manutenção ou reintegração de posse, 'estando a petição inicial devidamente instruída, o juiz deferirá, sem ouvir o réu, a expedição do mandado liminar de manutenção ou de reintegração; no caso contrário, determinará que o autor justifique previamente o alegado, citando-se o réu para comparecer à audiência que for designada'. 2. O Tribunal de origem, ao cassar a decisão que deferiu a liminar por entender necessária a realização da audiência de justificação, deu estrito cumprimento ao aludido dispositivo legal, valendo ressaltar que o fato de o réu já ter apresentado contestação não impossibilita a realização da referida audiência, sobretudo porque, além de a contestação ter sido oferecida de forma prematura, pois o prazo não havia sequer iniciado, o processo está suspenso na origem desde então, não havendo que se falar em retrocesso procedimental. 3. Recurso especial desprovido" (REsp 1.668.360/MG, Rel. Min. Marco Aurélio Bellizze, 3ª Turma, j. 05.12.2017, *DJe* 15.12.2017).

> **Art. 563.** Considerada suficiente a justificação, o juiz fará logo expedir mandado de manutenção ou de reintegração.

▶ *Referência: CPC/1973 – Art. 929*

1. Concessão liminar da tutela possessória

A especialidade do procedimento a ser adotado para as ações possessórias de força nova, encontra sua razão de ser na possibilidade de o juiz vir a conceder ao autor a antecipação dos efeitos da tutela possessória, antes mesmo do ingresso do réu no processo – ou, se for o caso, após a justificação prévia em audiência para tanto designada.

Cumpre observar, de início, que as medidas antecipatórias específicas contempladas pelo art. 562 do CPC (*tutela de evidência*) não coincidem plenamente, em seus objetivos e pressupostos, com aquela prevista, em caráter geral, no art. 300 do mesmo diploma legal: enquanto esta torna possível ao autor usufruir praticamente da situação de titular de direito ainda não reconhecido definitivamente, a finalidade daquelas é exclusivamente a de propiciar a rápida obtenção do resultado prático do processo, sem qualquer ligação com o perigo de dano concreto à satisfação do direito.

Situação típica dessa modalidade de tutela sumária específica é a liminar possessória: presentes os requisitos legais expostos nos arts. 560 e 561, deve o juiz conceder a antecipação, sem preocupação com eventual risco de dano ou de conduta protelatória do réu, pois os aludidos requisitos não se confundem com os previstos no art. 300 do mesmo diploma legal.

Então, estando a petição inicial devidamente instruída e provados os requisitos indicados no art. 561, o juiz deferirá, *inaudita altera parte*, em atenção ao requerimento nesse sentido formulado naquela peça preambular, a expedição de mandado liminar de manutenção ou de reintegração (CPC, art. 562, 1ª parte), dispensando ao autor, sumária e provisoriamente, a tutela possessória por ele pretendida, assegurado ao réu, em seguida, o direito de defender-se. É evidente que a concessão da medida, sem a prévia participação do réu no processo, dependerá da comprovação pelo autor, documentalmente, dos requisitos estabelecidos no art. 561, para tanto não bastando meras alegações apresentadas na petição inicial.

Sob a égide do CPC/1973 prevalecia o entendimento de que o juiz não poderia revogar a medida liminar se o réu não opusesse agravo da respectiva decisão; todavia, como esse recurso não era dotado do denominado efeito suspensivo, a solução aberta ao agravante era

Art. 564

CÓDIGO DE PROCESSO CIVIL INTERPRETADO

a de postular, junto ao relator, a suspensão dos efeitos da decisão agravada, até o julgamento do agravo (CPC, art. 527, III c/c art. 558). Já o atual CPC expressamente prevê, em seu art. 296, a revogação ou modificação da tutela provisória, cabível, ainda, agravo de instrumento das decisões que versarem sobre quaisquer tutelas provisórias (art. 1.015, I).

2. Inadmissibilidade de concessão de medida *inaudita altera parte*

Figurando como ré pessoa jurídica de direito público (v. CC, arts. 40 e 41), não será deferida a manutenção ou a reintegração liminar sem a prévia audiência de seu respectivo representante judicial (CPC, art. 562, parágrafo único). Isto porque, a União, os Estados, Municípios, Distrito Federal e respectivas autarquias ou fundações gozam de privilégio legal, justificável, aliás, ante a presunção de que se comportam em conformidade com a lei.

Jurisprudência

Súmula 262 do STF: "Não cabe medida possessória liminar para liberação alfandegária de automóvel".

> **Art. 564.** Concedido ou não o mandado liminar de manutenção ou de reintegração, o autor promoverá, nos 5 (cinco) dias subsequentes, a citação do réu para, querendo, contestar a ação no prazo de 15 (quinze) dias.
>
> **Parágrafo único.** Quando for ordenada a justificação prévia, o prazo para contestar será contado da intimação da decisão que deferir ou não a medida liminar.

▶ *Referência: CPC/1973 – Art. 930*

1. Citação e resposta do réu

Instruída a petição inicial com prova documental apta, segundo o autor, à comprovação dos fatos enunciados no art. 561, não será designada audiência de justificação prévia, nem ainda citado o réu; concedida ou não a medida liminar, o autor promoverá a citação, dentro de cinco dias, a fim de que o réu apresente sua defesa. Se ele já houver sido citado para a audiência de justificação, é desnecessária a repetição do ato, daí por que o prazo para a sua resposta começará a fluir da data em que foi intimado da decisão que deferiu, ou

não, a medida liminar, como dispõe o parágrafo do artigo sob comento.

Citado, na primeira hipótese, ou simplesmente intimado, na segunda, incumbe ao réu apresentar sua contestação no prazo de 15 dias. Tendo sido citado, observar-se-á o disposto no art. 231 do CPC; intimado da decisão proferida na audiência de justificação prévia, o prazo de resposta terá fluência no primeiro dia útil seguinte ao da intimação.

Deixando o réu de comparecer à audiência de justificação, apesar de regularmente citado, nem se fazendo representar por advogado, estará automaticamente intimado do ato, sem necessidade de outra formalidade legal, iniciando-se a fluência do prazo para resposta no primeiro dia útil seguinte.

Citado, ou intimado, o réu permanecerá omisso ou apresentará defesa, processando-se a causa, a partir daí, pelo procedimento comum (art. 566). Permanecendo omisso, uma, entre duas, será a solução adotada pelo juiz:

Primeira: a citação foi pessoal e, decretada a revelia, impõe-se o julgamento antecipado do pedido (CPC, arts. 344 e 355, II), salvo se ocorrer, *v.g.*, a hipótese contemplada no inc. I do art. 345, procedendo-se, então, nos termos dos arts. 348 e 357;

Segunda: o réu foi citado fictamente (com hora certa ou por edital) ou se encontra preso, hipóteses em que defensor público atuará como seu curador (CPC, art. 72, II e parágrafo único; LC 80/1994, art. 4º, XVI); contestado o pedido e não sendo o caso de extinção do processo (art. 354) ou de julgamento antecipado do pedido (art. 355, I), proceder-se-á nos termos do art. 357 (saneamento e organização do processo), o mesmo ocorrendo se o réu, apesar de estar preso ou ter sido fictamente citado, comparecer no processo, por intermédio de advogado constituído e ofertar regular contestação.

Não se olvide a possibilidade de o réu valer-se da faculdade prevista no art. 556 do CPC, ou, sendo o caso, de reconvenção, bem como de opor qualquer das exceções de parcialidade do juiz regidas pelos arts. 312 a 314 do mesmo diploma legal.

Prolatada, ao final, sentença de procedência, ela comportará cumprimento tão logo transite em julgado. Pendendo recurso de apelação, ficará obstado o pronto cumprimento, ressalvada a hipótese prevista no art. 1.012, V, do diploma processual em vigor.

Art. 565. No litígio coletivo pela posse de imóvel, quando o esbulho ou a turbação afirmado na petição inicial houver ocorrido há mais de ano e dia, o juiz, antes de apreciar o pedido de concessão da medida liminar, deverá designar audiência de mediação, a realizar-se em até 30 (trinta) dias, que observará o disposto nos §§ 2º e 4º.

§ 1º Concedida a liminar, se essa não for executada no prazo de 1 (um) ano, a contar da data de distribuição, caberá ao juiz designar audiência de mediação, nos termos dos §§ 2º a 4º deste artigo.

§ 2º O Ministério Público será intimado para comparecer à audiência, e a Defensoria Pública será intimada sempre que houver parte beneficiária de gratuidade da justiça.

§ 3º O juiz poderá comparecer à área objeto do litígio quando sua presença se fizer necessária à efetivação da tutela jurisdicional.

§ 4º Os órgãos responsáveis pela política agrária e pela política urbana da União, de Estado ou do Distrito Federal e de Município onde se situe a área objeto do litígio poderão ser intimados para a audiência, a fim de se manifestarem sobre seu interesse no processo e sobre a existência de possibilidade de solução para o conflito possessório.

§ 5º Aplica-se o disposto neste artigo ao litígio sobre propriedade de imóvel.

▶ *Sem correspondência no CPC/1973.*

1. Audiência de mediação nos litígios coletivos pela posse ou pela propriedade de imóvel

Fruto da preocupação do legislador com a função social da posse, o art. 565 contempla situação não prevista pelo seu antecessor: *ação de força velha* envolvendo litígio coletivo pela posse de imóvel – excluída de sua incidência, portanto, a ação possessória de força nova. E, embora não haja referência explícita à situação do imóvel em litígio (rural ou urbano), a previsão do § 4º, aludindo às políticas agrária e urbana, torna clara a incidência do art. 565 para as ações relacionadas a qualquer dessas modalidades de imóveis.

Há precedente do STJ no sentido da desnecessidade de georreferenciamento de imóvel rural objeto de ação possessória (REsp 1.646.179/MT, Rel. Min. Ricardo Villas Bôas

Cueva, 3ª Turma, julgado em 04/12/2018, *DJe* 07/12/2018).

Ajuizada a ação de manutenção ou de reintegração de posse, com requerimento de concessão de liminar, o juiz, antes de apreciá-lo, designará audiência de mediação, intimando-se as partes e o Ministério Público para dela participarem. Também poderão ser intimados a Defensoria Pública, se houver a necessidade de sua atuação em favor de parte beneficiária da assistência judiciária, bem como os representantes dos órgãos indicados no § 4º, para os fins nele previstos.

Concedida a liminar – mas não executada no prazo de um ano a contar da distribuição da ação –, será designada nova audiência de mediação, desde que, evidentemente, ainda persista o litígio coletivo. Melhor esclarecendo, eventualmente a concessão da medida liminar poderá revelar-se inócua, se por outros meios o litígio vier a ser solucionado antes de seu cumprimento (*v.g.*, desapropriação do imóvel para assentamento dos ocupantes); contudo, permanecendo (ou até recrudescendo) o litígio, a ponto de ainda não ter sido executada a medida liminar de reintegração ou manutenção da posse no ânuo previsto, outra mediação poderá revelar-se frutífera – daí a previsão do § 1º do art. 565.

Algumas considerações ainda são necessárias:

a) a presidência da audiência de mediação caberá a mediador do juízo (arts. 139, V, e 165, § 3º), ao juiz competindo, nessa fase inicial do processo, decidir sobre o pedido de concessão de liminar e comparecer à área objeto do litígio, se e quando necessária sua presença para conferir efetividade à tutela jurisdicional;

b) havendo réu revel citado fictamente ou preso, intervirá no processo a Defensoria Pública, independentemente da participação prevista na parte final do § 2º do art. 565 (v. art. 72, II e parágrafo único);

c) o procedimento estabelecido pelo art. 565 e seus §§ 1º a 4º também será adotado para a ação envolvendo litígio sobre a propriedade de imóvel, urbano ou rural, como, por exemplo, em ação reivindicatória ou de usucapião), sendo indiferente, neste caso, o tempo de duração do litígio antes da propositura da ação, pois o ânuo indicado no § 1º do art. 565 diz respeito exclusivamente às ações possessórias de força velha, como se infere de sua própria dicção.

Art. 566

Jurisprudência

"Recurso especial. Reintegração de posse. Corredor de 60 cm existente entre os imóveis das partes. Usucapião extraordinária. Impossibilidade de reconhecimento. Atos possessórios praticados sobre a coisa insuficientes à configuração de posse qualificada. Proprietário não desidioso. Servidão. Ocorrência de quase posse. Possibilidade de usucapir a servidão e não a propriedade. Inexistência de omissão no acórdão recorrido. 1. Não há falar-se em omissão ou contradição do acórdão recorrido, se as questões pertinentes ao litígio foram solucionadas, ainda que sob entendimento diverso do perfilhado pela parte. 2. A usucapião extraordinária, nos termos art. 1.238 do CC/2002, exige, além da fluência do prazo de 15 (quinze) anos, salvo exceções legais, posse mansa, pacífica e ininterrupta, independentemente de justo título e boa-fé. 3. Qualquer que seja a espécie de usucapião alegada, a comprovação do exercício da posse sobre a coisa será sempre obrigatória, sendo condição indispensável à aquisição da propriedade. Isso porque a usucapião é efeito da posse, instrumento de conversão da situação fática do possuidor em direito de propriedade ou em outro direito real. 4. Se não se identificar posse com ânimo de dono, acrescido do despojamento da propriedade, que qualifica a posse, o exercício de fato sobre a coisa não servirá à aquisição da propriedade. 5. No caso concreto, ainda que os recorrentes tenham se utilizado do corredor de propriedade dos recorridos, por longos anos, como forma de acesso aos fundos de sua casa, isso não importou constatação de abandono, desídia ou não exercício de posse pelos proprietários da área. 6. Servidão é a relação jurídica real por meio da qual o proprietário vincula o seu imóvel, dito serviente, a prestar certa utilidade a outro prédio, dito dominante, pertencente a dono distinto. Sendo assim, o poder de fato exercido pelo titular do prédio dominante não constitui posse qualificada para usucapir a propriedade. 7. Na servidão, o sujeito exerce quase posse e age com *animus domini*, mas não da propriedade do bem serviente. O *animus domini* relaciona-se à própria servidão: a posse é exteriorização da propriedade, enquanto a quase-posse seria a expressão da exteriorização da servidão. 8. Na hipótese, não ocorrendo desídia do proprietário em relação à área reivindicada e a natureza de quase-posse dos atos praticados, além de não posse, essencial à aquisição da propriedade, configura-se o direito à usucapião da servidão, expressada pela intenção de transitar, como se fossem donos daquela servidão, e não da coisa sobre a qual o direito real recaía. 9. Recurso especial a que se nega provimento" (REsp 1.644.897/SP, Rel. Min. Luis Felipe Salomão, 4ª Turma, j. 19.03.2019, *DJe* 07.05.2019).

> **Art. 566.** Aplica-se, quanto ao mais, o procedimento comum.

▶ *Referência: CPC/1973 – Art. 931*

1. Adoção do procedimento comum

Concedido ou denegado o mandado liminar de reintegração ou de manutenção da posse e citado o réu, este terá o prazo de 15 dias úteis para ofertar contestação (CPC, art. 564). Como o procedimento especial das ações possessórias de força nova é redutível ao comum, ofertada contestação pelo réu, ou permanecendo revel, o processo prosseguirá com a observância, agora, daquele procedimento (v. arts. 335 e ss.).

Seção III
Do interdito proibitório

> **Art. 567.** O possuidor direto ou indireto que tenha justo receio de ser molestado na posse poderá requerer ao juiz que o segure da turbação ou esbulho iminente, mediante mandado proibitório em que se comine ao réu determinada pena pecuniária caso transgrida o preceito.

▶ *Referência: CPC/1973 – Art. 932*

1. Introdução

Enquanto as ações de manutenção e de reintegração têm por escopo a obtenção de provimento jurisdicional que ponha fim, respectivamente, à turbação ou ao esbulho, o interdito proibitório caracteriza-se por sua *natureza preventiva*, impondo ao réu, sendo acolhido pelo órgão jurisdicional, um *veto* (preceito de *não fazer*, ou seja, de não turbar ou não esbulhar a posse do autor) e uma *cominação de pena pecuniária*, caso transgrida a ordem judicial.

A concessão do mandado proibitório implica necessariamente o reconhecimento, pelo juiz, da pertinência do *justo receio* demonstrado pelo autor em ver sua posse na iminência de ser molestada pelo réu. Daí a correção da advertência feita por Furtado Fabrício, no sentido de que o "justo receio, de um lado, é o temor justificado, no sentido de estar embasado em fatos exteriores, em dados objetivos. Nesse enfoque, não basta como requisito para obtenção do mandado proibitório o receio infundado, estritamente subjetivo – ainda que existente... O que importa é a seriedade da ameaça, sua credibilidade, sua aptidão para infundir num espírito normal o estado de receio" (*Comentários ao Código de Processo Civil*, v. VIII, t. III, nº 388, p. 572-574).

O mandado proibitório tem natureza mandamental e é dotado de autoexecutoriedade; descumprindo-o, o réu ficará sujeito à pena pecuniária fixada pelo juiz, sem prejuízo, evidentemente, da manutenção ou reintegração de posse e, ainda, de eventual indenização por perdas e danos.

2. Legitimidades ativa e passiva para o interdito proibitório

Estão ativamente legitimados a promover a ação de interdito proibitório tanto o possuidor direto, quanto o indireto, como ocorre nas demais ações possessórias; passivamente, aquele que esteja agindo de forma a justificar o justo receio do autor.

Jurisprudência

"Processual civil. Agravo interno no recurso especial. Ação de interdito proibitório. Dissonância entre o acórdão recorrido e a jurisprudência do STJ. Posse de bem público de uso comum. Provimento. 1. Ação de interdito proibitório devido a esbulho possessório praticado em área pública (bem de uso comum do povo). 2. Diferentemente do que ocorre com a situação de fato existente sobre bens públicos dominicais – sobre os quais o exercício de determinados poderes ocorre a pretexto de mera detenção –, é possível a posse de particulares sobre bens públicos de uso comum. 3. Agravo interno no recurso especial não provido" (AgInt no REsp 1.463.669/DF, Rel. Min. Nancy Andrighi, 3ª Turma, j. 12.11.2018, *DJe* 14.11.2018).

Art. 568. Aplica-se ao interdito proibitório o disposto na Seção II deste Capítulo.

▶ *Referência: CPC/1973 – Art. 933*

1. Procedimento do interdito proibitório

Ressalvado o escopo preventivo do interdito proibitório, seu procedimento em nada difere daquele das demais ações possessórias típicas, também a ele se aplicando as mesmas regras anteriormente examinadas. O seu procedimento será sempre o *especial*, pois descabido cogitar-se, em relação a ele, situação envolvendo posse velha, pois a ameaça de ofensa à posse é necessariamente a atual.

CAPÍTULO IV
DA AÇÃO DE DIVISÃO E DA DEMARCAÇÃO DE TERRAS PARTICULARES

Seção I
Disposições gerais

Art. 569. Cabe:

I – ao proprietário a ação de demarcação, para obrigar o seu confinante a estremar os respectivos prédios, fixando-se novos limites entre eles ou aviventando-se os já apagados;

II – ao condômino a ação de divisão, para obrigar os demais consortes a estremar os quinhões.

▶ *Referência: CPC/1973 – Art. 946*

1. Introdução

Na linha do CPC/1973, o atual diploma processual esclarece que as ações de divisão e de demarcação, por ele contempladas, são de *terras particulares,* pois as *terras devolutas* se submetem ao regime da Lei 6.383, de 7 de dezembro de 1976, que instituiu a *ação discriminatória*. Portanto, litígios envolvendo a divisão ou demarcação de terras particulares serão solucionados por meio das ações reguladas nos arts. 571 e seguintes; tendo por objeto *terra devoluta*, adequada será a aludida *ação discriminatória*, ajuizada pelo Poder Público com os objetivos de *(a)* reconhecer o domínio público, ainda incerto, em relação a imóvel não suficientemente extremado do domínio particular, e *(b)* demarcar a área discriminada, observado o procedimento judicial estabelecido pelos arts. 18 e seguintes da referida Lei 6.383/1976.

2. A pretensão demarcatória

Dispõe o art. 1.297 do CC que o proprietário tem direito a cercar, murar, valar ou tapar de qualquer modo o seu prédio, urbano ou rural, podendo constranger o seu confinante a proceder com ele à demarcação entre os dois prédios, a aviventar rumos apagados e a renovar marcos destruídos ou arruinados, repartindo-se proporcionalmente entre os interessados as respectivas despesas. Em redação mais concisa, no inc. I de seu art. 569 o Código estabelece que essa ação cabe ao proprietário, para obrigar o seu confinante a estremar os respectivos prédios, fixando-se novos limites entre eles, ou aviventando-se os já apagados.

A pretensão demarcatória tem por objeto, por conseguinte, a "sinalização de limites incontroversos, como acontece quando a linha divisória passa a ser assinalada com marcos. No caso de controvérsia ou confusão, torna-se necessário determinar os limites, o que se faz de conformidade com a posse. Visa, pois, a ação de demarcação a fixar ou restabelecer os marcos da linha divisória de dois prédios confinantes. Seu objeto é a fixação de rumos novos ou aviventação dos existentes" (cf. Orlando Gomes, *Direitos reais*, nº 140, p. 196).

Denomina-se *simples* a ação se o autor postula exclusivamente a demarcação de áreas; *qualificada*, quando também cumula pedido de reintegração na posse, ou reivindicatório de domínio. A demarcatória também pode ser *total*, quando se procede em todo o perímetro do prédio, ou *parcial*, quando alcança apenas parte dele.

3. A pretensão divisória

Havendo dois ou mais titulares de direito real sobre o mesmo bem, estará caracterizado o *condomínio*. Como o bem é *indiviso* e objeto de *comunhão* entre os condôminos, a lei autoriza sua *partilha* (divisão – CC, art. 1.320, e CPC, art. 569, II), consensual ou judicialmente, neste caso por meio da *ação divisória*, extinguindo-se, em decorrência, o estado de indivisão do imóvel; não mais interessando a manutenção desse estado e sendo inviável a divisão amigável, qualquer dos condôminos poderá postular a divisão judicial.

A utilização do verbo *estremar* pelo inc. II do art. 569, ao invés do verbo *partilhar* contido no enunciado do mesmo inciso do art. 946 do CPC/1973, tem por objetivo distinguir a *divisão*

geodésica do imóvel – definição e atribuição dos correspondentes quinhões a cada um dos condôminos e consequente extinção do condomínio (CC, art. 1.320) – da *divisão econômica*, que tem por objeto bens indivisíveis, os quais, vindo a ser alienados judiciais, permitirão, sendo o caso, a partilha do produto da alienação aos seus coproprietários (CC, art. 1.322).

Registra-se ser incabível a ação de divisão geodésica *(a)* tendo por objeto coisa indivisível (*v.g.*, uma edificação) ou que se torne, pela divisão, imprópria ao seu destino, devendo o interessado buscar a solução preconizada pelos arts. 504 e 1.322 do CC; *(b)* quando se tratar de condomínio necessário (CC, arts. 1.327 e 1.328) e, *(c)* quando se tratar de imóvel rural cuja divisão possa resultar em quinhões de dimensão inferior à constitutiva do *módulo de propriedade rural* vigente na região onde se situa (*Estatuto da Terra* – Lei 4.504/1964, art. 65, regulamentado pelo Decreto 62.504/1968), admitida, contudo, a divisão econômica do bem, mediante sua alienação judicial).

4. Natureza dúplice das ações demarcatória e divisória

Essas duas ações têm *natureza dúplice*, pois comum a pretensão divisória ou demarcatória das partes, assumindo autor e réu no processo, recíproca e simultaneamente, as posições ativa e passiva; consequentemente, a eventual rejeição do pedido do primeiro será suficiente para garantir resultado favorável ao segundo, independentemente de formulação expressa de pedido nesse sentido. Diante disso, mostra-se inadmissível a reconvenção, por ausência de interesse de agir.

5. Legitimidades ativa e passiva para a ação demarcatória

A lei civil (art. 1.297) e a processual civil (art. 569, I) atribuem legitimidade ativa para a ação demarcatória ao *proprietário* do imóvel, dela carecendo o simples *possuidor*, pois a disputa a respeito de limites entre prédios tem caráter *dominial*, e não meramente possessório.

Há os que sustentam o cabimento da ação demarcatória também pelo titular de direito real de gozo e fruição, nos limites de seus direitos e títulos constitutivos de direito real, como é o caso do usufrutuário e do usuário (v. Enunciado 68 do Fórum Permanente de Processualistas Civis).

Sendo condominial o imóvel objeto da ação demarcatória, qualquer dos condôminos estará legitimado ativamente a promovê-la, devendo, contudo, requerer a *intimação* dos demais a fim de que, querendo, ingressem no processo como litisconsortes ativos – e *facultativos*, portanto (CPC, art. 575). E, nesse particular, o novo diploma distancia-se do art. 952 do CPC/1973, que previa a *citação* dos demais coproprietários do imóvel comum, exigência que, segundo a doutrina, resulta da circunstância de a sentença dever ser *uniforme* em relação a eles – ou seja, tratar-se de litisconsórcio *necessário* e *unitário*.

Essa confusão conceitual entre litisconsórcio necessário e unitário, fruto da má redação do *caput* do art. 47 do CPC/1973, é afastada com a definição de uma e outra dessas duas modalidades litisconsorciais trazida pelo novo Código em seus arts. 114 e 116, de sorte que, proposta a ação por um dos condôminos, ele agirá como verdadeiro substituto processual dos demais; estes ingressando no processo, instaurar-se-á litisconsórcio ativo, facultativo e unitário.

Como a ação demarcatória versa sobre direito real imobiliário, o autor casado necessitará do consentimento do outro para promovê-la, exceto quando o regime matrimonial for o de separação total dos bens, ou, tratando-se de outro regime, esse consentimento deva ser suprido judicialmente (CPC, art. 74); pela mesma razão, o cônjuge do réu casado em regime que não o de separação total de bens deverá ser citado como litisconsorte passivo (CPC, art. 73, *caput* e § 1º, I).

Passivamente legitimado é o *proprietário* do imóvel confinante.

6. Legitimidades ativa e passiva para a ação divisória

Na ação divisória são *ativa* e *passivamente legitimados* os *cotitulares de direito real sobre a coisa*, quer a comunhão se refira ao direito de *propriedade* (coproprietários), quer a qualquer outro direito real, como o *usufruto* (CC, art. 1.390) e o *uso* (art. 1.412, *caput*); nesses dois últimos casos, é indispensável a citação do proprietário do bem.

Aos *compossuidores* (CC, art. 1.199) é igualmente reconhecida legitimidade.

Também na ação divisória deverão ser observadas as exigências do art. 73, *caput* e nº I de seu § 1º, do CPC, exceto em se tratando do regime de separação absoluta de bens.

7. Foro competente

As ações divisória e demarcatória deverão ser propostas no *foro da situação do imóvel*, nos termos do art. 47, *caput*, do CPC (*forum rei sitae*). E, apesar de a competência ter, nesse caso, suporte territorial, ela é definida por critérios objetivos (competência objetiva em razão da matéria), circunstância que atesta a sua natureza *absoluta*, sendo inadmissível, consequentemente, a propositura da ação demarcatória ou divisória (ambas consideradas, na dicção da lei, *ações reais imobiliárias*) em qualquer outro foro (comarca) que não aquele onde se situa o imóvel objeto da demarcação ou divisão. Situando-se em mais de um Estado ou comarca, o foro competente será determinado pela *prevenção* (CPC, art. 59), estendendo-se a sua competência sobre a totalidade do imóvel (art. 60).

8. A eficácia das sentenças divisórias e demarcatórias

Nos processos divisório e demarcatório poderão ser prolatadas duas sentenças de naturezas distintas.

Na ação divisória, a primeira sentença, acolhendo ou rejeitando o pedido, terá natureza declaratória; acolhido o pedido, essa sentença (intermediária) não cria nova situação jurídica entre os condôminos, nem extingue o estado de indivisão, limitando-se a autoridade sentenciante a reconhecer o direito do autor à divisão por ele reclamada; na sequência, encerrada a fase probatória, sobrevirá a segunda sentença, de natureza *desconstitutiva*, tornando efetiva a divisão e extinguindo o condomínio até então existente entre as partes.

Também a sentença proferida na ação demarcatória será simplesmente declaratória ou constitutiva, dependendo do caso. Se a pretensão demarcatória tiver por fundamento jurídico aquele contido no art. 1.297 do CC, a sentença de procedência será *meramente declaratória*, pois seu prolator apenas reconhece e proclama, com base nos limites prefixados nos títulos de domínio, que estão aviventados os rumos apagados ou renovados os marcos destruídos ou arruinados; vale dizer, a *sentença homologatória* da demarcação (CPC, art. 587) tem conteúdo exclusivamente declaratório, pois se restringe a declarar cumpridos os trabalhos de campo, na forma previamente designada. No entanto, se o objeto da demarcatória for o desfazimen-

Art. 570

to de confusão de limites entre prédios (CC, art. 1.298), a sentença de procedência terá *natureza constitutiva*, pois o juiz, levando em conta o laudo apresentado (CPC, art. 580), determinará a divisão, entre as partes confinantes, da área em litígio ou, na impossibilidade de divisão, adjudicá-la-á a uma delas, mediante indenização à prejudicada. Consequentemente, tal sentença *cria* limites antes inexistentes e *constitui*, assim, situação dominial nova.

> **Art. 570.** É lícita a cumulação dessas ações, caso em que deverá processar-se primeiramente a demarcação total ou parcial da coisa comum, citando-se os confinantes e os condôminos.

▶ *Referência: CPC/1973 – Art. 947*

1. Cumulação de demandas

Reproduzindo o art. 947 do CPC/1973, o Código em vigor faculta a cumulação das ações demarcatória e divisória, desde que presentes os requisitos gerais do art. 327 do CPC, quais sejam a compatibilidade dos pedidos, a competência do juízo e a adequação procedimental; contudo, tendo em vista a relação de prejudicialidade interna entre essas duas ações, o juiz deverá julgar primeiramente o pedido demarcatório (prejudicante) e, se acolhido, sucessivamente o pedido divisório (prejudicado). Havendo esse cúmulo sucessivo, ao autor compete promover a citação dos *confinantes*, quais sejam, os proprietários das áreas contíguas à demarcanda (réus na ação demarcatória) e dos demais *condôminos* da área comum (réus na ação divisória).

> **Art. 571.** A demarcação e a divisão poderão ser realizadas por escritura pública, desde que maiores, capazes e concordes todos os interessados, observando-se, no que couber, os dispositivos deste Capítulo.

▶ *Sem correspondente no CPC/1973*

1. Demarcação e divisão consensuais

Sem dispositivo correspondente no CPC/1973, o art. 571 prevê a possibilidade de os interessados na demarcação ou divisão de imóveis agirem consensualmente, concretizando qualquer delas por escritura pública, se todos forem capazes e concordes. Trata-se de previsão desnecessária, pois nada impede, à luz do direito material, que vizinhos ou condôminos capazes, agindo consensualmente, desde logo demarquem imóveis confinantes ou desfaçam o estado de indivisão do bem comum, sem a necessidade da tutela jurisdicional estatal. Afinal, definidos os exatos limites dos prédios demarcandos ou os quinhões correspondentes a cada um dos coproprietários, estes poderão extrair de seus imóveis, com segurança e exclusividade, as vantagens que possam propiciar, sem o dispêndio do tempo e do custo que o processo judicial acarretaria.

Havendo divergências quanto à divisão ou demarcação, ou existindo incapaz entre os interessados, daí, sim, qualquer deles poderá valer-se da via jurisdicional para a resolução do conflito, promovendo as ações divisória ou demarcatória; e estas, apesar de reguladas no mesmo capítulo do Código, têm escopos distintos, pois distintas são as pretensões deduzidas em juízo pelos respectivos autores.

> **Art. 572.** Fixados os marcos da linha de demarcação, os confinantes considerar-se-ão terceiros quanto ao processo divisório, ficando-lhes, porém, ressalvado o direito de vindicar os terrenos de que se julguem despojados por invasão das linhas limítrofes constitutivas do perímetro ou de reclamar indenização correspondente ao seu valor.
>
> **§ 1º** No caso do *caput*, serão citados para a ação todos os condôminos, se a sentença homologatória da divisão ainda não houver transitado em julgado, e todos os quinhoeiros dos terrenos vindicados, se a ação for proposta posteriormente.
>
> **§ 2º** Neste último caso, a sentença que julga procedente a ação, condenando a restituir os terrenos ou a pagar a indenização, valerá como título executivo em favor dos quinhoeiros para haverem dos outros condôminos que forem parte na divisão ou de seus sucessores a título universal, na proporção que lhes tocar, a composição pecuniária do desfalque sofrido.

▶ *Referência: CPC/1973 – Arts. 948 e 949*

2. As ações dos confinantes prejudicados com a demarcação

Havendo cúmulo objetivo de ações demarcatória e divisória, uma vez ultimada a demarcação, com a fixação dos marcos da respectiva linha, os confinantes da área demarcada não têm interesse na divisão da mesma entre os respectivos condôminos. Pode suceder, no entanto, de virem a ser despojados de terrenos, em virtude da invasão das linhas limítrofes constitutivas do perímetro, ou seja, pela demarcação diversa daquela fixada na sentença já proferida; neste caso, a lei assegura-lhes o direito de *reivindicarem* os terrenos dos quais foram despojados pela invasão, ou *reclamarem uma indenização pecuniária* correspondente ao seu valor.

Proposta pelos confinantes a ação reivindicatória ou a ação de indenização, serão citados todos os condôminos, se ainda não transitou em julgado a sentença homologatória da divisão; já tendo transitado, a citação será dirigida aos quinhoeiros.

Explicitando: como salientado, após a solução da demarcatória proceder-se-á à divisão, entre os condôminos, do imóvel comum já demarcado; todavia, poderão os confinantes, estranhos à divisão, ter seus terrenos invadidos pelas linhas limítrofes constitutivas do perímetro, facultando-lhes a lei, em consequência, a promoção da ação reivindicatória desses terrenos ou, se preferirem, da ação de indenização correspondente ao seu valor. Sucede, porém, que no momento da promoção de qualquer dessas ações poderá ou não estar decidido o pedido de divisão; se não estiver, ou, já existindo sentença homologatória (art. 597), não tenha ainda transitado em julgado, figurarão como réus naquelas ações os próprios condôminos; caso a sentença homologatória da divisão já seja definitiva, não mais existe condomínio (pois dividido o bem comum), nem condôminos, mas, sim, *quinhoeiros* (isto é, os titulares de cada um dos quinhões resultantes da divisão do imóvel), figurando estes, então, como réus naquelas ações.

É evidente que, já havendo transitado em julgado a sentença de divisão e definidos os respectivos quinhões, somente os quinhoeiros beneficiados com o indevido despojamento de área de confinantes é que deverão figurar como réus na ação reivindicatória ou indenizatória proposta pelos últimos. Por isso mesmo, em seu § 2º o art. 572 prevê a responsabilidade de alguns dos quinhoeiros (os que não figuraram como réus na ação proposta pelos confinantes) em relação àqueles que foram condenados na ação reivindicatória ou indenizatória, valendo

a sentença como título executivo em favor do prejudicado.

Exemplificando: suponha-se que o imóvel comum, objeto da ação divisória, tenha sido partilhado em três quinhões, cabendo cada um deles aos ex-condôminos e agora quinhoeiros *A*, *B* e *C*. Suponha-se, ainda, que na demarcação do quinhão cabente a *A* seja invadido o terreno de seu confinante, *X*. Proposta por este a ação reivindicatória ou indenizatória em face de *A*, sobrevindo ao final sentença de procedência é evidente o prejuízo desse quinhoeiro, pois ele ou terá o seu quinhão reduzido, ou arcará com a indenização devida ao confinante-autor. Confere-lhe a lei, portanto, tendo em vista o prejuízo só por ele experimentado, o direito de promover execução em face de *B* e *C* (ou seus herdeiros, se falecidos), visando, com isso, recompor o seu patrimônio, desfalcado que foi com a restituição dos terrenos ou com o pagamento da indenização.

Tendo em vista, primeiro, que somente os quinhoeiros beneficiados figurarão como litisconsortes passivos na ação reivindicatória ou indenizatória proposta pelos confinantes prejudicados e, depois, que os demais quinhoeiros (ou seus sucessores a título universal) poderão ser condenados, no mesmo processo, a recomporem proporcionalmente, em pecúnia, o desfalque sofrido pelos primeiros, entendemos que deverão ser denunciados à lide (CPC, art. 125, II). Isto porque, não se concebe que, não tendo participado da demanda reivindicatória ou indenizatória, possam estar sujeitos à eficácia da sentença condenatória (v. art. 506).

> **Art. 573.** Tratando-se de imóvel georreferenciado, com averbação no registro de imóveis, pode o juiz dispensar a realização de prova pericial.

▶ *Sem correspondente no CPC/1973.*

1. A dispensa da prova pericial de imóvel georreferenciado

No processo demarcatório é necessária, em regra, a produção de prova pericial, pois ela é que tornará possível a fixação dos novos limites entre os imóveis demarcandos ou a aviventação daqueles destruídos ou apagados. No entanto, tratando-se de imóvel rural

Art. 574

georreferenciado, com a clara delimitação de sua área, de seus limites e confrontações na correspondente averbação no registro imobiliário, essa prova poderá ser dispensada pelo juiz, que se valerá, para julgar o pedido demarcatório, desses elementos registrais (v. CPC, art. 464, § 1º, II); mas o juiz poderá determinar a produção dessa prova técnica, mesmo que o imóvel demarcando seja georreferenciado, quando houver dúvida, por exemplo, quanto à sobreposição de seu perímetro sobre o de outro imóvel contíguo.

O georreferenciamento consiste na determinação dos limites de imóvel rural por meio de coordenadas georreferenciadas ao Sistema Geodésico Brasileiro. Essas coordenadas devem ter precisão posicional fixada pelo INCRA – Instituto Nacional de Colonização e Reforma Agrária. Nos termos do artigo 176, § 3º, da LRP, a identificação do imóvel rural objeto de desmembramento, parcelamento, remembramento ou de qualquer hipótese de transferência deverá ser obtida a partir de memorial descritivo, firmado por profissional habilitado e com a devida Anotação de Responsabilidade Técnica – ART, com as coordenadas dos vértices definidores dos limites do imóvel, georreferenciadas ao Sistema Geodésico Brasileiro e com precisão posicional a ser fixada pelo INCRA, que certificará que o imóvel não se sobrepõe a qualquer outro imóvel do seu cadastro georreferenciado (v. Lei nº 10.267, de 2001).

Jurisprudência

"Recurso especial. Registros públicos. Ação possessória. Imóvel rural. Georreferenciamento. Desnecessidade. Art. 225, *caput*, da Lei nº 6.015/1973. Art. 10 do Decreto nº 4.449/2001. 1. Recurso especial interposto contra acórdão publicado na vigência do Código de Processo Civil de 2015 (Enunciados Administrativos nºs 2 e 3/STJ). 2. Cinge-se a controvérsia a definir se a identificação dos limites da área rural objeto de demanda possessória deve ser feita mediante a apresentação de memorial descritivo georreferenciado. 3. A identificação da área rural do imóvel por meio de georreferenciamento será exigida nas hipóteses de desmembramento, parcelamento, remembramento e transferência da titularidade do bem. 4. É dispensável o georreferenciamento do imóvel rural em ações possessórias nas quais a procedência dos pedidos formulados na inicial não enseja a modificação no registro do imóvel. 5. Recurso especial não provido" (REsp 1.646.179/MT, Rel. Min. Ricardo Villas Bôas Cueva, 3ª Turma, j. 04.12.2018, *DJe* 07.12.2018).

Seção II
Da demarcação

Art. 574. Na petição inicial, instruída com os títulos da propriedade, designar-se-á o imóvel pela situação e pela denominação, descrever-se-ão os limites por constituir, aviventar ou renovar e nomear-se-ão todos os confinantes da linha demarcanda.

▶ *Referência: CPC/1973 – Art. 950*

1. Petição inicial

Além dos requisitos previstos no art. 319, a petição inicial da ação será instruída, necessariamente, com os títulos de propriedade do autor (art. 574), sob pena de indeferimento (art. 321, parágrafo único). A comprovação da titularidade do domínio resulta da circunstância de somente o *proprietário* ou o *condômino* possuir legitimidade ativa para a ação em exame; ademais, é com base nos referidos títulos, entre outros elementos, que os peritos elaborarão o seu laudo (CPC, art. 580).

Conforme antiga orientação do STJ, "Na ação demarcatória, é absoluta a necessidade de prova documental do Registro de Imóveis de propriedade da área pelos promoventes" (REsp 926.755/MG, Terceira Turma, rel. Min. Sidnei Beneti, julgado em 12.5.09, *DJe* 4.8.09).

O autor deverá identificar o imóvel pela situação e denominação, descrevendo os limites por constituir, aviventar ou renovar, nomeando ainda todos os confinantes da linha demarcanda.

Duas observações: *(a)* a descrição dos limites não será necessariamente minuciosa, porque nem sempre o autor terá condições para realizá-la. Aliás, a função da perícia, prova indispensável no processo demarcatório (com a ressalva do art. 573), é justamente a de fixar o traçado da linha divisória dos prédios; *(b)* na petição inicial deverão ser nomeados todos os *confinantes da linha demarcanda* e não, obrigatoriamente, todos os *confinantes do imóvel*. Isto porque, sendo parcial a demarcação, figurarão no polo passivo da relação processual exclusivamente os proprietários das áreas confinantes com a demarcanda.

> **Art. 575.** Qualquer condômino é parte legítima para promover a demarcação do imóvel comum, requerendo a intimação dos demais para, querendo, intervir no processo.

▸ *Referência: CPC/1973 – Art. 952*

2. Ação demarcatória proposta por condômino

O imóvel demarcando pertencerá a apenas uma pessoa ou constituirá um condomínio. Neste caso, a ação demarcatória poderá ser proposta em litisconsórcio facultativo por todos ou alguns dos condôminos, ou, então, por apenas um deles; proposta por um ou alguns dos condôminos, os demais deverão ser necessariamente intimados, a requerimento do autor ou autores, para, querendo, ingressar no processo, na condição de assistentes litisconsorciais (CPC, art. 124).

> **Art. 576.** A citação dos réus será feita por correio, observado o disposto no art. 247.
> **Parágrafo único.** Será publicado edital, nos termos do inciso III do art. 259.

▸ *Referência: CPC/1973 – Art. 953*

1. Citação dos réus

Os réus serão citados pelo correio, mas é mantida a previsão de citação por edital. Essa nova previsão afasta a criticável exigência, contida na segunda parte do art. 953 do CPC/1973, de citação editalícia dos réus residentes em outra comarca, de sorte que, independentemente de residirem em foros diversos, sua citação ocorrerá pela via postal – ressalvada, é evidente, a eventual necessidade de citação por edital de *confinante desconhecido* (*v.g.*, possuidor da área contígua à demarcanda) ou que se encontre em *local incerto e não sabido* (CPC, art. 256, II). Todavia, se todos os confinantes da área demarcanda são conhecidos e certos os seus endereços domiciliares ou residenciais, nada justifica a publicação de editais, a encarecer indevidamente o custo do processo e poder gerar, inclusive, a nulidade da sentença, por vício da citação.

Reitera-se que, sendo o autor casado em regime de bens que não o de separação total, necessitará da anuência do cônjuge para a propositura da ação (CPC, art. 73, *caput*); sendo o réu, seu cônjuge deverá ser citado como litisconsorte passivo unitário (§ 1º, I). A ausência da anuência ou da citação previstas em lei acarretará a invalidade do processo (v. art. 74 e parágrafo).

> **Art. 577.** Feitas as citações, terão os réus o prazo comum de 15 (quinze) dias para contestar.

▸ *Referência: CPC/1973 – Art. 954*

1. Postura dos réus

O art. 577 dispõe que, feitas as citações, terão os réus o prazo comum de 15 dias para ofertar contestação, assim pondo fim à celeuma criada com a redação do art. 954 do CPC/1973 que, ao estabelecer prazo comum de 20 dias para tal finalidade, destoava do prazo normal para a oferta das demais respostas do réu (as *exceções declinatória de foro, de suspeição* ou *de impedimento do juiz*, não recepcionadas pelo novo diploma processual). Como o prazo é *comum*, a ele não se aplica o cômputo em dobro estabelecido pelo art. 229 do CPC.

A contestação poderá veicular tanto as defesas processuais indicadas no art. 337 do diploma processual, quanto as de mérito, como, por exemplo, aquela fundada na indivisibilidade jurídica ou material do imóvel ou, no caso da demarcatória, o descabimento da pretensão do autor, mercê da comprovada existência de limites precisos entre os imóveis, estando estes já devidamente demarcados.

Constatada a revelia de qualquer dos réus (ou do único réu, como pode ocorrer, por exemplo, na demarcatória parcial), ainda assim será necessária a realização de perícia, descabendo o julgamento antecipado do pedido demarcatório, por força do disposto no art. 579 – ressalvada a hipótese prevista no art. 573.

> **Art. 578.** Após o prazo de resposta do réu, observar-se-á o procedimento comum.

▸ *Referência: CPC/1973 – Art. 955*

1. Adoção do procedimento comum

Decorrido o prazo de resposta e ofertada, ou não, contestação por qualquer dos réus,

Art. 579

CÓDIGO DE PROCESSO CIVIL INTERPRETADO

observar-se-á o procedimento comum, valendo o registro de que, mesmo decretada a revelia de qualquer dos litisconsortes passivos – ou do único –, descaberá o julgamento antecipado previsto no inc. II do art. 355 do CPC; viável, contudo, o julgamento antecipado do pedido, fundado no inc. I, quando a ação tiver por objeto imóvel georrefenciado, com averbação no registro de imóveis, ou, ainda, se a petição inicial já vier instruída com laudo técnico elaborado nos termos do art. 580, não impugnado pelos réus (v. art. 472) e inexistir, ainda, questão de fato a exigir a produção de outras provas.

> **Art. 579.** Antes de proferir a sentença, o juiz nomeará um ou mais peritos para levantar o traçado da linha demarcanda.

▶ *Referência: CPC/1973 – Art. 956*

1. A prova pericial

Em princípio, será desnecessária a produção de prova pericial *(i)* se o imóvel demarcando for georreferenciado ou *(ii)* a petição inicial já vier instruída com laudo técnico elaborado nos termos do art. 580 e não impugnado pelos réus (v. art. 472).

Nos demais casos, essa prova técnica é indispensável e será produzida, observado o disposto nos arts. 464 e seguintes do CPC, por *um* ou *mais* peritos nomeados pelo juiz (art. 579), não necessariamente por dois arbitradores e um agrimensor, como determinava o CPC/1973 em seu art. 956. Não obstante, nos artigos seguintes o novo diploma refere-se a *peritos* e ao *agrimensor* (v. art. 585), o que pode ensejar equívocos interpretativos, a exigir pronta elucidação.

Registra-se desde logo, por pertinente, que o processo demarcatório poderá desenvolver-se em duas fases distintas: a primeira, tendo por objetivo avaliar-se a necessidade da demarcação pretendida e levantar-se o traçado da linha demarcanda; acolhido o pedido demarcatório e transitada em julgado a respectiva sentença, proceder-se-á, somente então, à segunda fase, consistente na execução material desse decreto judicial de procedência.

Na primeira fase poderá ser dispensável a produção da prova pericial, conforme já salientado; sendo necessária, o levantamento da linha demarcanda ficará a cargo de agrimensor, com a apresentação oportuna de seu laudo; poste-

riormente determinada por sentença definitiva o traçado da linha demarcanda (art. 581, *caput*), nessa segunda fase ele também irá efetuar a demarcação e colocação dos marcos (art. 582), observadas as exigências e providências estabelecidas pelos arts. 583 e 584.

Ultimados esses trabalhos de campo, os peritos-arbitradores examinarão os marcos colocados e os rumos fixados pelo agrimensor, elaborando relatório escrito a respeito do quanto constatado, inclusive apontando eventuais divergências entre a linha demarcatória determinada na sentença e aquela estabelecida nos trabalhos de agrimensura (art. 585).

Volvendo a atenção, novamente, à perícia a que alude o art. 579, apresentado o laudo do agrimensor, contendo os requisitos indicados no art. 580, as partes serão intimadas a manifestar-se (v. arts. 477 e ss.). Como o juiz não fica adstrito à prova pericial – desde que declare os motivos pelos quais a desconsidera (art. 371) –, poderá, sendo o caso, determinar a realização de nova perícia, de ofício ou a requerimento de qualquer dos interessados (arts. 479 e 480).

> **Art. 580.** Concluídos os estudos, os peritos apresentarão minucioso laudo sobre o traçado da linha demarcanda, considerando os títulos, os marcos, os rumos, a fama da vizinhança, as informações de antigos moradores do lugar e outros elementos que coligirem.

▶ *Referência: CPC/1973 – Art. 957*

1. Apresentação do laudo pericial

Esgotado o prazo para a manifestação das partes sobre o laudo pericial, o juiz proferirá sentença. Verificando, com base nas provas produzidas, a inexistência de limites a constituir, aviventar ou renovar, rejeitará o pedido demarcatório; acolhendo-o, determinará o traçado da linha demarcanda e ordenará, sendo o caso, a restituição do terreno invadido, declarando o domínio e ou a posse do confinante prejudicado (CPC, art. 581 e parágrafo único).

É importante essa inovação trazida pelo parágrafo único do art. 581, pois em seu art. 951 o CPC/1973 estabelecia que o *autor* poderia requerer, na petição inicial, a demarcação com queixa de esbulho ou turbação, formulando também o pedido de restituição do terreno invadido, mais todos os rendimentos dele oriundos, ou a indenização dos danos pela usurpação verificada.

Ora, estabelecido o traçado da linha demarcanda, poder-se-á constatar que a área invadida ou esbulhada é a do *réu*, que, em razão da natureza dúplice da ação, na contestação formulou – ele, sim – a queixa de invasão de sua área ou de ofensa à sua posse, reclamando o reconhecimento de seu domínio e ou de sua posse sobre a área invadida pelo autor; quanto a este, não há a necessidade de cumular tais pedidos com o demarcatório, pois reconhecido o seu domínio ou a sua posse sobre a área invadida pelo réu, um ou outra – ou ambos – já será declarado na sentença.

> **Art. 581.** A sentença que julgar procedente o pedido determinará o traçado da linha demarcanda.
>
> **Parágrafo único.** A sentença proferida na ação demarcatória determinará a restituição da área invadida, se houver, declarando o domínio ou a posse do prejudicado, ou ambos.

▶ *Referência: CPC/1973 – Art. 958*

1. Julgamento do pedido demarcatório

Sendo de procedência, a sentença indicada no art. 581 encerra a primeira fase do processo demarcatório, dela cabendo apelação em ambos os efeitos (art. 1.012, *caput*), pois somente aquela interposta da sentença homologatória final será recebida exclusivamente no devolutivo (idem, § 1º, I – v., art. 587).

> **Art. 582.** Transitada em julgado a sentença, o perito efetuará a demarcação e colocará os marcos necessários.
>
> **Parágrafo único.** Todas as operações serão consignadas em planta e memorial descritivo com as referências convenientes para a identificação, em qualquer tempo, dos pontos assinalados, observada a legislação especial que dispõe sobre a identificação do imóvel rural.
>
> **Art. 583.** As plantas serão acompanhadas das cadernetas de operações de campo e do memorial descritivo, que conterá:
>
> I – o ponto de partida, os rumos seguidos e a aviventação dos antigos com os respectivos cálculos;

> II – os acidentes encontrados, as cercas, os valos, os marcos antigos, os córregos, os rios, as lagoas e outros;
>
> III – a indicação minuciosa dos novos marcos cravados, dos antigos aproveitados, das culturas existentes e da sua produção anual;
>
> IV – a composição geológica dos terrenos, bem como a qualidade e a extensão dos campos, das matas e das capoeiras;
>
> V – as vias de comunicação;
>
> VI – as distâncias a pontos de referência, tais como rodovias federais e estaduais, ferrovias, portos, aglomerações urbanas e polos comerciais;
>
> VII – a indicação de tudo o mais que for útil para o levantamento da linha ou para a identificação da linha já levantada.
>
> **Art. 584.** É obrigatória a colocação de marcos tanto na estação inicial, dita marco primordial, quanto nos vértices dos ângulos, salvo se algum desses últimos pontos for assinalado por acidentes naturais de difícil remoção ou destruição.
>
> **Art. 585.** A linha será percorrida pelos peritos, que examinarão os marcos e os rumos, consignando em relatório escrito a exatidão do memorial e da planta apresentados pelo agrimensor ou as divergências porventura encontradas.

▶ *Referência: CPC/1973 – Arts. 959 a 964*

1. Execução material da sentença de demarcação

Após o trânsito em julgado da sentença de acolhimento do pedido demarcatório, terá início sua execução material, com a demarcação da área do autor e restabelecimento ou colocação dos marcos divisórios das áreas confinantes (art. 582, *caput*). Realizados os trabalhos de campo (parágrafo único), elaboradas as plantas e o memorial descritivo (art. 583), restabelecidos ou colocados os marcos com a observância dos requisitos estabelecidos pelo art. 584, a linha demarcatória será então percorrida pelo perito ou peritos (v. art. 579), que procederão ao exame dos marcos restabelecidos ou colocados e dos rumos estabelecidos pelo agrimensor, consignando em relatório escrito, ao final da vistoria, a exatidão do memorial e da planta apresentados por aquele, ou, se for o caso, as divergências eventualmente encontradas (art. 585).

Art. 586

CÓDIGO DE PROCESSO CIVIL INTERPRETADO

Art. 586. Juntado aos autos o relatório dos peritos, o juiz determinará que as partes se manifestem sobre ele no prazo comum de 15 (quinze) dias.

Parágrafo único. Executadas as correções e as retificações que o juiz determinar, lavrar-se-á, em seguida, o auto de demarcação em que os limites demarcandos serão minuciosamente descritos de acordo com o memorial e a planta.

▶ *Referência: CPC/1973 – Art. 965*

1. O encerramento da execução material da sentença demarcatória

Ultimados os trabalhos de campo (arts. 582 a 585), os peritos apresentarão o correspondente relatório pericial e as partes, intimadas, poderão manifestar-se sobre ele no prazo comum de 15 dias.

Feitas as correções ou retificações requeridas pelas partes ou ordenadas de ofício pelo juiz, este determinará a lavratura, pelo escrivão, do auto de demarcação, contendo a descrição minuciosa dos limites demarcandos, observando-se, para tanto, o memorial descritivo e a planta do imóvel.

Art. 587. Assinado o auto pelo juiz e pelos peritos, será proferida a sentença homologatória da demarcação.

▶ *Referência: CPC/1973 – Art. 966*

1. Sentença homologatória da demarcação

Encerrada a execução material da demarcação, as partes serão intimadas a manifestar-se no prazo comum de 15 dias; determinadas pelo juiz correções ou retificações eventualmente necessárias, lavrar-se-á o correspondente auto de demarcação, contendo a descrição dos limites demarcados de acordo com o memorial e a planta (art. 586).

Após a lavratura do auto, assinado pelos peritos e pelo juiz, este proferirá sentença homologatória (art. 587), dela cabendo apelação somente no efeito devolutivo (art. 1.012, § 1º, I), procedendo-se ao seu registro no correspondente cartório imobiliário (Lei de Registros Públicos, art. 167, I, nº 23).

Seção III
Da divisão

Art. 588. A petição inicial será instruída com os títulos de domínio do promovente e conterá:

I – a indicação da origem da comunhão e a denominação, a situação, os limites e as características do imóvel;

II – o nome, o estado civil, a profissão e a residência de todos os condôminos, especificando-se os estabelecidos no imóvel com benfeitorias e culturas;

III – as benfeitorias comuns.

▶ *Referência: CPC/1973 – Art. 967*

1. Petição inicial da ação divisória

A petição inicial da divisória será instruída com os documentos indicados no art. 588 e, apesar da referência aos *títulos de domínio do promovente*, não se deve entender que somente os titulares de direito de propriedade estejam legitimados para a ação; dela também poderão valer-se aqueles que tenham, sobre o bem comum, direito real de usufruto, uso ou enfiteuse, assim como os copossuidores.

Art. 589. Feitas as citações como preceitua o art. 576, prosseguir-se-á na forma dos arts. 577 e 578.

▶ *Referência: CPC/1973 – Art. 968*

1. Citação, postura dos réus e julgamento do pedido divisório

O Código determina a aplicação, ao processo divisório, das regras pertinentes à citação e resposta do réu no demarcatório. Como algumas questões relativas à matéria já foram objeto de exame, reportamo-nos aos comentários anteriores.

Citados os réus e ofertada contestação, será adotado o procedimento comum.

Na contestação caberá a arguição, em sede preliminar, de quaisquer das pertinentes defesas processuais indicadas no art. 337; relativamente ao mérito, os contestantes poderão apresentar defesa contrária à pretensão deduzida pelo autor, como a inexistência de condomínio a ser extinto ou a impossibilidade da divisão. Determinada a produção de prova pericial, tendo por objeto a medição do imóvel e as operações necessárias à sua divisão (v. art. 590), os condôminos serão intimados a apresentar os seus títulos (ou os documentos comprobatórios de sua posse, no caso de composse – v. CC, art. 1.199), se ainda não o fizeram, bem como a formular seus pedidos sobre a constituição dos respectivos quinhões (art. 591).

Ouvidas as partes no prazo comum de 15 dias e havendo impugnação por qualquer delas, seja fundada na impossibilidade de divisão do imóvel, seja quanto aos pedidos ou sobre os títulos a serem atendidos na formação dos quinhões, o juiz decidirá em 10 dias (art. 592, § 2º). Constatando, pela prova documental, que o imóvel não admite divisão (*v.g.*, o imóvel é rural e sua dimensão não comporta divisão em módulos superiores ao da região), o juiz julgará antecipadamente o pedido, rejeitando-o (CPC, art. 355, I); acolhendo-o, em ambos os casos caberá apelação, no duplo efeito, pois somente da sentença homologatória da divisão, ao final proferida, a apelação será dotada de efeito apenas devolutivo (art. 1.012, § 1º, I).

Não havendo impugnação ou já resolvidas as apresentadas, o juiz determinará a divisão geodésica do imóvel, consistente na subdivisão de determinado imóvel, pertencente a mais de um proprietário, em partes proporcionais aos direitos de cada um deles (art. 592, § 1º).

> **Art. 590.** O juiz nomeará um ou mais peritos para promover a medição do imóvel e as operações de divisão, observada a legislação especial que dispõe sobre a identificação do imóvel rural.
>
> **Parágrafo único.** O perito deverá indicar as vias de comunicação existentes, as construções e as benfeitorias, com a indicação dos seus valores e dos respectivos proprietários e ocupantes, as águas principais que banham o imóvel e quaisquer outras informações que possam concorrer para facilitar a partilha.

▶ *Referência: CPC/1973 – Art. 969*

1. Produção de prova pericial

Tendo em conta a maior ou menor complexidade da prova pericial a ser produzida, o juiz está autorizado a nomear um ou mais peritos para a promoção da medição do imóvel e para as operações de sua divisão, observada a legislação pertinente à identificação do imóvel rural, como, entre outros, o Estatuto da Terra, a Lei de Registros Públicos e a Lei 4.947/1966, que dispõe sobre Direito Agrário. Na elaboração do laudo

deverá ser observado o disposto no parágrafo do art. 590, visando a facilitar a futura partilha do imóvel entre os interessados.

> **Art. 591.** Todos os condôminos serão intimados a apresentar, dentro de 10 (dez) dias, os seus títulos, se ainda não o tiverem feito, e a formular os seus pedidos sobre a constituição dos quinhões.

▶ *Referência: CPC/1973 – Art. 970*

1. Formulação dos pedidos de quinhões

Concretizada a nomeação, será determinada a intimação dos condôminos para apresentarem os seus títulos, caso ainda não os tenham apresentado, formulando, então, os pedidos sobre a constituição dos respectivos quinhões.

> **Art. 592.** O juiz ouvirá as partes no prazo comum de 15 (quinze) dias.
>
> **§ 1º** Não havendo impugnação, o juiz determinará a divisão geodésica do imóvel.
>
> **§ 2º** Havendo impugnação, o juiz proferirá, no prazo de 10 (dez) dias, decisão sobre os pedidos e os títulos que devam ser atendidos na formação dos quinhões.

▶ *Referência: CPC/1973 – Arts. 971 e 972*

1. Manifestação das partes sobre o laudo pericial

Produzida a prova pericial, é assegurado aos condôminos o prazo comum de 15 dias para se manifestarem sobre o laudo, devendo o juiz determinar a divisão geodésica do imóvel se não houver impugnação. Havendo, no prazo de 10 dias o juiz decidirá a respeito dos pedidos, levando em consideração os títulos a serem atendidos na formação dos quinhões de cada condômino, tendo em vista construções e plantações que existam no imóvel. Como se trata de decisão interlocutória tendo por escopo o cumprimento da sentença de divisão do imóvel, ela será impugnável por agravo de instrumento (CPC, art. 1.015, parágrafo único).

> **Art. 593.** Se qualquer linha do perímetro atingir benfeitorias permanentes dos confinantes feitas há mais de 1 (um) ano, serão elas respei-

Art. 594

CÓDIGO DE PROCESSO CIVIL INTERPRETADO

tadas, bem como os terrenos onde estiverem, os quais não se computarão na área dividenda.

▶ *Referência: CPC/1973 – Art. 973*

1. A exigência de respeito às benfeitorias permanentes

Tendo em vista que os confinantes do imóvel dividendo são terceiros em relação ao processo divisório, é evidente que seus interesses ou direitos não poderão ser afetados pela divisão, pois esta diz respeito, por óbvio, apenas aos condôminos daquele bem.

Por isso mesmo, ao proceder ao levantamento da linha do perímetro do imóvel, o perito judicial deverá respeitar as benfeitorias permanentes dos confinantes, desde que feitas há mais de um ano, não as computando na área dividenda.

Essa exclusão provisória tem por finalidade impedir o surgimento de demandas entre confinantes e condôminos ainda na pendência da ação divisória, em detrimento de seu regular processamento; todavia, ela não impede que os condôminos prejudicados possam reivindicar, por ação própria, a propriedade sobre a área possuída pelo confinante e na qual tenham sido feitas as benfeitorias permanentes (v., a respeito, comentários de Theodoro Júnior ao art. 973 do CPC/1973, cujo *caput* foi literalmente reproduzido no art. 593 do novo Código. *Terras particulares – demarcação, divisão, tapumes*, nº 258, p. 422-424).

> **Art. 594.** Os confinantes do imóvel dividendo podem demandar a restituição dos terrenos que lhes tenham sido usurpados.
>
> **§ 1º** Serão citados para a ação todos os condôminos, se a sentença homologatória da divisão ainda não houver transitado em julgado, e todos os quinhoeiros dos terrenos vindicados, se a ação for proposta posteriormente.
>
> **§ 2º** Nesse último caso terão os quinhoeiros o direito, pela mesma sentença que os obrigar à restituição, a haver dos outros condôminos do processo divisório ou de seus sucessores a título universal a composição pecuniária proporcional ao desfalque sofrido.

▶ *Referência: CPC/1973 – Art. 974*

1. Restituição de terrenos usurpados

Reproduzindo o disposto no art. 974 do CPC/1973, o novo diploma processual civil reconhece, aos confinantes prejudicados pela sentença divisória, o direito de demandar a restituição dos terrenos que lhes tenham sido usurpados em razão da divisão.

Esse direito resulta, primeiro, do prejuízo experimentado com a usurpação de seu direito de propriedade ou de posse e, ainda, por não estarem sujeitos à eficácia da sentença extintiva do condomínio, mercê de sua qualidade de terceiros em relação ao processo divisório. Por outras palavras, não ficam sujeitos à autoridade da coisa julgada material (v. CPC, art. 506) e podem, por isso mesmo, promover ação de embargos de terceiro (art. 674), objetivando a restituição das áreas que lhes foram usurpadas.

Proposta a ação pelo proprietário ou possuidor da área usurpada (v. Súmula 84 do STJ), figurarão com litisconsortes passivos necessários todos os condôminos do imóvel dividendo, se ainda não transitada em julgado a sentença de divisão; transitada, litisconsortes passivos necessários serão apenas os quinhoeiros dos terrenos vindicados, pois em seus respectivos quinhões é que estarão incluídos os terrenos usurpados.

Obrigados que sejam a restituir os terrenos usurpados, esses quinhoeiros réus terão assegurados, na mesma sentença, o direito de haver dos demais ex-condôminos no processo divisório – ou dos respectivos sucessores, no caso de falecimento –, a composição pecuniária, proporcional ao desfalque sofrido com a restituição (art. 594, § 2º). Vale dizer, com a restituição das áreas usurpadas aos respectivos proprietários ou possuidores reivindicantes, os quinhoeiros terão reduzida, consequentemente, a dimensão dos respectivos quinhões, daí a necessidade de os demais ex-condôminos os compensarem pecuniariamente, na proporção do prejuízo sofrido.

Considerando, de um lado, que somente os quinhoeiros figurarão com réus na ação reivindicatória e, de outro, que os demais ex-condôminos poderão ser condenados, no mesmo processo, à composição pecuniária proporcional ao desfalque por aqueles sofridos com a restituição dos terrenos reivindicados, temos, para nós, que esses últimos também deverão participar do processo, na condição de litisdenunciados (CPC, art. 125, II), pois não se concebe que, dele não participando, ainda assim possam estar sujeitos à eficácia da sentença condenatória (v. art. 506).

Jurisprudência

Súmula 84 do STJ: "*É admissível a oposição de embargos de terceiro fundados em alegação de posse advinda do compromisso de compra e venda de imóvel, ainda que desprovido do registro*".

> **Art. 595.** Os peritos proporão, em laudo fundamentado, a forma da divisão, devendo consultar, quanto possível, a comodidade das partes, respeitar, para adjudicação a cada condômino, a preferência dos terrenos contíguos às suas residências e benfeitorias e evitar o retalhamento dos quinhões em glebas separadas.

▸ *Referência: CPC/1973 – Art. 978*

1. O plano de divisão

Completadas a mediação do imóvel dividendo e as operações da divisão (v. art. 590), o respectivo laudo pericial deverá conter o plano de divisão, com as cautelas e providências enunciadas no art. 595, necessárias à preservação dos direitos e interesses dos condôminos.

> **Art. 596.** Ouvidas as partes, no prazo comum de 15 (quinze) dias, sobre o cálculo e o plano da divisão, o juiz deliberará a partilha.
>
> **Parágrafo único.** Em cumprimento dessa decisão, o perito procederá à demarcação dos quinhões, observando, além do disposto nos arts. 584 e 585, as seguintes regras:
>
> **I** – as benfeitorias comuns que não comportarem divisão cômoda serão adjudicadas a um dos condôminos mediante compensação;
>
> **II** – instituir-se-ão as servidões que forem indispensáveis em favor de uns quinhões sobre os outros, incluindo o respectivo valor no orçamento para que, não se tratando de servidões naturais, seja compensado o condômino aquinhoado com o prédio serviente;
>
> **III** – as benfeitorias particulares dos condôminos que excederem à área a que têm direito serão adjudicadas ao quinhoeiro vizinho mediante reposição;

> **IV** – se outra coisa não acordarem as partes, as compensações e as reposições serão feitas em dinheiro.

▸ *Referência: CPC/1973 – Art. 979*

1. A decisão de deliberação de partilha do imóvel

Apresentado o laudo contendo o plano de divisão do imóvel, sobre ele poderão manifestar-se as partes no prazo comum de 15 dias. Inexistindo ou solucionadas eventuais impugnações, o juiz proferirá decisão de deliberação de partilha, iniciando-se, então, a segunda fase dos trabalhos técnicos, com a demarcação dos quinhões cabível a cada um dos condôminos, para tanto observadas as regras estabelecidas nos incisos do art. 596.

> **Art. 597.** Terminados os trabalhos e desenhados na planta os quinhões e as servidões aparentes, o perito organizará o memorial descritivo.
>
> **§ 1º** Cumprido o disposto no art. 586, o escrivão, em seguida, lavrará o auto de divisão, acompanhado de uma folha de pagamento para cada condômino.
>
> **§ 2º** Assinado o auto pelo juiz e pelo perito, será proferida sentença homologatória da divisão.
>
> **§ 3º** O auto conterá:
>
> **I** – a confinação e a extensão superficial do imóvel;
>
> **II** – a classificação das terras com o cálculo das áreas de cada consorte e com a respectiva avaliação ou, quando a homogeneidade das terras não determinar diversidade de valores, a avaliação do imóvel na sua integridade;
>
> **III** – o valor e a quantidade geométrica que couber a cada condômino, declarando-se as reduções e as compensações resultantes da diversidade de valores das glebas componentes de cada quinhão.
>
> **§ 4º** Cada folha de pagamento conterá:
>
> **I** – a descrição das linhas divisórias do quinhão, mencionadas as confinantes;
>
> **II** – a relação das benfeitorias e das culturas do próprio quinhoeiro e das que lhe foram adjudicadas por serem comuns ou mediante compensação;

Art. 598

III – a declaração das servidões instituídas, especificados os lugares, a extensão e o modo de exercício.

▸ *Referência: CPC/1973 – Art. 980*

1. Execução material da divisão

A equivocada topologia dos artigos pertinentes ao processamento da ação divisória, estabelecida pelo CPC/1973 – e reiterada no atual –, dá margem a interpretações divergentes quanto à ordem a ser observada para a execução material da divisão.

Em análise do art. 980 do CPC/1973, expusemos opinião – ora reiterada, com as devidas adaptações – a respeito da ordem a ser observada para a consecução dessa segunda e derradeira fase do processo de divisão: *(a)* passada em julgado a sentença de acolhimento da pretensão divisória, nomeados e compromissados os peritos e intimados os condôminos a apresentarem os seus títulos (se ainda não o fizeram) e formularem os seus pedidos sobre a constituição dos respectivos quinhões, o juiz os ouvirá, no prazo comum de 15 dias, sobre os títulos apresentados e os pedidos por eles formulados (CPC, arts. 590 a 592, combinados); *(b)* não havendo impugnação ao pedido, o juiz determinará a divisão geodésica do imóvel; havendo, no prazo de dez dias proferirá decisão sobre os pedidos e títulos que devam ser atendidos na formação dos quinhões (art. 592 e parágrafos); *(c)* concluídos os trabalhos de campo, os peritos elaborarão a planta do imóvel e organizarão o memorial descritivo das operações, no respectivo laudo propondo a forma de divisão, atendendo, dentro do possível, à comodidade das partes; respeitar-se-á, para efeitos de adjudicação a cada condômino, a preferência dos terrenos contíguos às suas residências e benfeitorias, evitando, com isso, o retalhamento dos quinhões em glebas separadas (art. 595); *(d)* ouvidas as partes, no prazo comum de 15 dias, sobre o cálculo e o plano de divisão, o juiz proferirá *decisão* sobre a partilha, com a posterior demarcação, pelo perito, dos quinhões correspondentes a cada condômino (art. 596 e parágrafo único); *(e)* encerrados os trabalhos de demarcação e indicados na planta os quinhões e as servidões aparentes (CC, arts. 1.378 e 1.386), o perito organizará o memorial descritivo (art. 597); *(f)* juntado aos autos o rela-tório dos peritos – e sobre ele manifestando-se as partes no prazo comum de 15 dias –, procederá o juiz às correções e retificações necessárias (arts. 586 e 597); *(g)* em seguida será lavrado o auto de divisão, que, acompanhado das folhas de pagamentos, irão integrar a sentença homologatória. (art. 597 e parágrafos).

2. Sentença homologatória da divisão

Assinado o auto de divisão pelo juiz, agrimensor e arbitradores, será proferida sentença homologatória de divisão, dela cabendo apelação somente no *efeito devolutivo* (CPC, art. 1.012, § 1º, I).

Com amparo no art. art. 167, I, nº 23, da LRP, em trabalho anterior sustentamos que a sentença poderia ser imediatamente levada a registro, opinião que retificamos, em atenção à procedente ressalva de Pinheiro Carneiro, no sentido de que esse registro irá ocasionar o cancelamento da matrícula da área existente antes da divisão e, por consequência, a abertura de novas matrículas correspondentes aos quinhões dos ex-condôminos. E, nos termos do art. 250, I, daquela lei, só é admissível o cancelamento da matrícula original após o trânsito em julgado da respectiva decisão autorizadora (*Comentários ao Código de Processo Civil*, vol. IX, tomo II, nº 57, p. 128-129).

Art. 598. Aplica-se às divisões o disposto nos arts. 575 a 578.

▸ *Referência: CPC/1973 – Art. 981*

1. Disposições comuns às ações divisória e demarcatória

O art. 589 prevê a aplicação subsidiária, à ação divisória, das normas pertinentes à legitimidade ativa e à citação na ação demarcatória.

Jurisprudência

"Processual civil. Agravo interno no recurso especial. Código de Processo Civil de 2015. Aplicabilidade. Dissídio jurisprudencial notório. Direito administrativo. Art. 11 do Decreto-lei n. 9.760/46. Procedimentos demarcatórios de terreno de marinha. Nulidade. Prescrição. Notificação pessoal. Garantia do contraditório e da ampla defesa. Reexame do conjunto fático-probatório. Ausência. Argumentos insuficientes para desconstituir a decisão atacada. Honorários recursais. Não cabimento. Aplicação de multa. Art. 1.021, § 4º, do Código de Processo Civil de 2015. Descabimento. I – Consoante o decidido pelo Plenário desta Corte na sessão realizada em 09.03.2016, o regime recursal será determinado pela data da publicação do provimento jurisdicional impugnado. *In casu*, aplica-se o Código de Processo Civil de 2015. II – Esta Corte Superior possui entendimento pacificado no sentido de que, em se tratando de dissídio jurisprudencial notório, revela-se possível a mitigação das exigências legais e regimentais acerca da demonstração da divergência pretoriana. III – O acórdão recorrido contrariou entendimento consolidado nesta Corte, segundo o qual, nos procedimentos demarcatórios de terreno de marinha promovidos sob a égide da redação original do art. 11 do Decreto-lei n. 9.760/46, os interessados identificados e com domicílio certo devem ser notificados pessoalmente, por força da garantia do contraditório e da ampla defesa. As conclusões da decisão impugnada não resultaram de reexame do conjunto fático-probatório dos autos para afastar a premissas adotadas pela corte de origem. III – Não apresentação de argumentos suficientes para desconstituir a decisão recorrida. IV – Honorários recursais. Não cabimento. V – Em regra, descabe a imposição da multa, prevista no art. 1.021, § 4º, do Código de Processo Civil de 2015, em razão do mero improvimento do Agravo Interno em votação unânime, sendo necessária a configuração da manifesta inadmissibilidade ou improcedência do recurso a autorizar sua aplicação, o que não ocorreu no caso. VI – Agravo Interno improvido" (AgInt no REsp 1.642.188/RS, Rel. Min. Regina Helena Costa, 1ª Turma, j. 08.04.2019, *DJe* 11.04.2019).

"Processual civil, constitucional e administrativo. Mandado de segurança preventivo. Litisconsórcio passivo necessário. Configuração. Portaria declaratória. Remarcação de terras indígenas. Art. 67 do ADCT. Lapso temporal. Prazo programático. Decadência. Inocorrência. Processo demarcatório. Ato jurídico perfeito, contraditório e ampla defesa. Ofensa. Inexistência. Direito de propriedade. Direito dos índios sobre as terras que ocupam. Conflito. Dilação probatória. Via eleita. Inadequação. 1. Mandado de segurança preventivo impetrado contra o Ministro de Estado da Justiça e Segurança Pública, a fim de que se abstenha de assinar a Portaria Declaratória de Ampliação da Terra Indígena de Barra Velha e determine o arquivamento definitivo do Proc. FUNAI/BSB/2556/1982 em relação ao imóvel adquirido pelos impetrantes, mediante título aquisitivo de compra e venda devidamente registrado no cartório de imóveis. 2. A despeito da função institucional do Ministério Público (art. 129, V, da CF) e da obrigação da União de zelar pela proteção das terras e dos direitos dos índios no Brasil (art. 215, § 1, e 231 da CF), o art. 232 da Constituição Federal de 1988 reconheceu a capacidade processual dos índios, suas comunidades e organizações para a defesa de seus próprios direitos e interesses, objetivando facilitar o seu acesso ao Poder Judiciário. 3. Hipótese em que as lideranças da Terra Indígena Pataxó de Barra Velha e comunidades parceiras, organizadas pela Federação Indígena das Nações Pataxó e Tupinambá do Extremo Sul da Bahia, devidamente representada por seus advogados, foram admitidas como litisconsortes passivos necessários. 4. O Supremo Tribunal Federal já se manifestou no sentido de que o prazo quinquenal previsto no 67 da ADCT não é decadencial, sendo o lapso temporal estipulado pelo Poder Constituinte para fins programáticos, com o intuito de impor ao administrador maior agilidade nos processos de demarcação, até porque somente em 1996 foi publicado o Decreto n. 1.775, que disciplina o procedimento administrativo de demarcação. 5. A jurisprudência dos tribunais superiores firmou-se na linha de que o prazo previsto no art. 54 da Lei n. 9.784/1999 não pode ser aplicado de forma retroativa, devendo incidir somente após a vigência do referido diploma legal. 6. Considerando que o prazo decadencial começou a fluir em 1º/02/1999, data da entrada em vigor da Lei n. 9.784, forçoso convir que, quando a FUNAI resolveu constituir o primeiro grupo técnico para realizar estudos de revisão de limites da Terra Indígena de Barra Velha, por meio de sua Portaria 685 de 18 de agosto de 1999, ainda não havia ocorrido a decadência administrativa. 7. O processo administrativo de ampliação da aludida terra encontra-se em curso há anos, em razão de inúmeros fatores, entre eles, a controvérsia jurídica entre ICMBIO, INCRA e FUNAI a respeito da sobreposição de terra indígena sobre áreas de proteção ambiental no sul da Bahia e dos projetos de assentamento, alvos de arbitragem da Câmara de Conciliação e Arbitragem da Advocacia Geral da União –

CCAF/AGU, a qual não chegou a uma resolução nesse caso concreto. 8. Publicado o relatório circunstanciado de revisão de limites da terra indígena, conforme exigido pelo § 6º do art. 2º do Decreto n. 1.775/996 e 231 da CF/1988, o Presidente da FUNAI encaminhou o processo administrativo ao Ministro da Justiça, que, por sua vez, minutou uma portaria em que declara de posse permanente do Grupo Indígena Pataxó a Terra Indígena Barra Velha, ampliando a área de 8.627,4590ha (oito mil, seiscentos e vinte e sete hectares, quarenta e cinco ares e noventa centiares), originalmente demarcada por meio do Decreto Federal n. 396/1991, para mais de 52.000,00ha (cinquenta e dois mil hectares), não tendo sido o documento assinado, em virtude de decisão liminar. 9. No caso, a administração pública não permaneceu inerte, tendo exercido o seu poder de autotutela no prazo legal, nos termos das Súmulas 346 e 473 do STF e, ainda que assim não fosse, trata-se de procedimento administrativo instaurado com o objetivo de rever ato supostamente eivado de vícios formais e materiais, o que afasta a alegada violação dos arts. 5º, XXXVI, da CF/88 e 6º da Lei de Introdução às Normas do Direito Brasileiro. 10. A possibilidade de superação do vício pelo decurso do prazo decadencial, mesmo nas hipóteses de absoluta contrariedade à Constituição Federal, encontra-se pendente de julgamento pelo STF, que reconheceu a repercussão geral do tema (RE 817.338/DF, Relator Min. DIAS TOFFOLI, *DJe* 08/10/2015), e, enquanto não houver decisão com caráter vinculante, deve prevalecer a atual jurisprudência dos tribunais superiores, no sentido de que os atos administrativos nulos não podem ser convalidados pelo decurso de tempo. 11. De qualquer ângulo de que se examine a questão, não se vislumbra a alegada ofensa ao art. 54 da Lei n. 9.784/1999, sendo garantido aos impetrantes, contudo, o controle judicial da legalidade de qualquer ato administrativo, sempre que se sentirem ofendidos em seus direitos. 12. Segundo o entendimento da Suprema Corte, 'o processo de demarcação de terras indígenas, tal como regulado pelo Decreto n. 1.775/1996, não vulnera os princípios do contraditório e da ampla defesa, de vez que garante aos interessados o direito de se manifestarem' (RMS 27255 AgR/DF, Relator Min. Luiz Fux, Primeira Turma, *DJe* 11/12/2015), sendo a referida norma editada com o fito de concretizar os mandamentos contidos nos arts. 231 e 232 da Constituição Federal

de 1988. 13. O rito estabelecido no Decreto n. 1.775/96 não determina a notificação direta (citação pessoal) de eventuais interessados para manifestação no processo demarcatório, sendo bastante a publicação, em diário oficial, do resumo do relatório circunstanciado, do memorial descritivo e do mapa da área e, ainda, sua fixação na sede da prefeitura do município em que situado o imóvel, nos termos do § 7º do art. 2º do Decreto n. 1.775/1996, o que ocorreu na espécie. 14. No julgamento da Petição n. 3.388/RR (caso da Raposa Serra do Sol), considerado como *leading case* da matéria, o Supremo Tribunal Federal adotou a data da promulgação da Constituição Federal (5 de outubro de 1988) como marco temporal para aferir se a área objeto de demarcação constitui terras tradicionalmente ocupadas pelos índios, tendo sido estabelecidas 19 condições para a revisão da demarcação dos limites da terra indígena. 15. Não se vislumbra a alegada violação das diretrizes impostas pelo STF nos itens XVII (é vedada a ampliação da terra indígena já demarcada) e XIX (é assegurada a efetiva participação de todos os entes da Federação em todas as etapas do processo de demarcação) do referido julgado, não havendo ensejo para o impedimento da continuidade da revisão do procedimento demarcatório originário das Terras Indígenas de Barra Velha, sob a ótica da legalidade. 16. Os documentos constantes nos autos indicam que o procedimento originário de demarcação da terra indígena Barra Velha decorreu de um acordo entre FUNAI e IBDF, sem a realização de estudos específicos de identificação da ocupação tradicional e permanente do Grupo Indígena Pataxó, apresentando (tal processo) vícios de legalidade que, se mantidos, podem gerar mais instabilidade do que segurança jurídica, considerando-se sobretudo os múltiplos interesses envolvidos no processo de demarcação em análise – econômico, ambiental, fundiário e sociocultural. 17. A discussão a respeito da tradicionalidade da ocupação indígena – que deve ser analisada sob o prisma técnico da história do grupo indígena e da natureza da ocupação –, bem como acerca da validade dos títulos imobiliários existentes em nome de particulares sob a área sub judice exigem dilação probatória, providência incompatível com o rito mandamental. 18. Tendo em vista os vários interesses envolvidos nos processos de demarcação em análise, bem como o tempo de sua tramitação, a Câmara de Conciliação e Arbitragem da Administração Federal (CCAF) deveria buscar meios alternativos para uma solução amigável do conflito entre as partes, nos termos dos arts. 3º e 174 do atual Código de Processo Civil, antes de se concluir a última etapa do procedimento administrativo. 19. Ordem denegada. Liminar cassada e agravos regimentais julgados prejudicados" (MS 20.334/DF, Rel. Min. Gurgel de Faria, 1ª Seção, j. 27.03.2019, *DJe* 01.04.2019).

"Processual civil. Agravo interno no recurso especial. Código de Processo Civil de 2015. Aplicabilidade. Terreno de marinha. Processo administrativo demarcatório. Ausência de intimação pessoal dos interessados identificados e com domicílio certo. Art. 11 do Decreto-lei n. 9.760/46. Necessidade. Argumentos insuficientes para desconstituir a decisão atacada. Aplicação de multa. Art. 1.021, § 4º, do Código de Processo Civil de 2015. Descabimento. I – Consoante o decidido pelo Plenário desta Corte na sessão realizada em 09.03.2016, o regime recursal será determinado pela data da publicação do provimento jurisdicional impugnado. *In casu*, aplica-se o Código de Processo Civil de 2015. II – O entendimento desta Corte Superior é no sentido de que, nos procedimentos demarcatórios de terreno de marinha promovidos sob a égide da redação original do art. 11 do Decreto-lei n. 9.760/46, os interessados identificados e com domicílio certo devem ser notificados pessoalmente, por força da garantia do contraditório e da ampla defesa. III – O recurso especial, interposto pelas alíneas a e/ou c do inciso III do art. 105 da Constituição da República, não merece prosperar quando o acórdão recorrido encontra-se em sintonia com a jurisprudência desta Corte, a teor da Súmula n. 83/STJ. IV – Não apresentação de argumentos suficientes para desconstituir a decisão recorrida. V – Em regra, descabe a imposição da multa, prevista no art. 1.021, § 4º, do Código de Processo Civil de 2015, em razão do mero improvimento do Agravo Interno em votação unânime, sendo necessária a configuração da manifesta inadmissibilidade ou improcedência do recurso a autorizar sua aplicação, o que não ocorreu no caso. VI – Agravo Interno improvido" (AgInt no REsp 1.680.257/ES, Rel. Min. Regina Helena Costa, 1ª Turma, j. 07.08.2018, *DJe* 13.08.2018).

"Direito processual civil. Recurso especial. Ação demarcatória. Embargos de declaração.

Omissão, contradição ou obscuridade. Não indicação. Súmula 284/STF. Prequestionamento. Ausência. Súmula 211/STJ. Impossibilidade de ajuizamento de ação demarcatória na pendência de julgamento de ação possessória. Art. 923 do CPC/73. Ação de interdito proibitório definitivamente julgada. Ausência de pendência de julgamento de ação possessória. Prosseguimento no julgamento da ação demarcatória. 1. Ação ajuizada em 27/08/2010. Recurso especial atribuído ao gabinete em 13/03/2017. Julgamento: CPC/2015. 2. O propósito recursal é determinar se a presente ação demarcatória cumulada com queixa de esbulho, ajuizada pelos recorrentes, deve ser julgada extinta, sem resolução do mérito, em razão da pendência de ação possessória envolvendo o mesmo imóvel. 3. A ausência de expressa indicação de obscuridade, omissão ou contradição nas razões recursais enseja o não conhecimento do recurso especial. Aplica-se, neste caso, a Súmula 284/STF. 4. A ausência de decisão acerca dos argumentos invocados pelo agravante em suas razões recursais, não obstante a oposição de embargos de declaração, impede o conhecimento do recurso especial. 5. Nos termos do art. 923 do CPC/73, na pendência do processo possessório, é defeso, assim ao autor como ao réu, intentar a ação de reconhecimento de domínio. 6. A proibição do ajuizamento de ação petitória enquanto pendente ação possessória, em verdade, não limita o exercício dos direitos constitucionais de propriedade e de ação, mas vem ao propósito da garantia constitucional e legal de que a propriedade deve cumprir a sua função social, representando uma mera condição suspensiva do exercício do direito de ação fundada na propriedade. 7. A ação demarcatória é instrumento processual posto à disposição tão somente do proprietário, com o propósito de tutelar o seu direito de estabelecer os limites de sua propriedade, com a demarcação ou delimitação compulsória da área, o avivamento de rumos apagados ou a renovação de marcos destruídos ou arruinados entre o prédio do autor e os prédios dos proprietários das áreas confinantes, em razão da existência de confusão de limites territoriais entre os imóveis. 8. A ação demarcatória não se confunde com a reivindicatória, pois por meio desta discute-se o domínio de imóvel certo, perfeitamente identificado e que não sofre debates em torno de suas linhas divisórias, enquanto que, por intermédio daquela, objetiva-se definir quais os limites territoriais entre prédios que,

Art. 599

embora possam estar formalmente descritos no título aquisitivo, em termos materiais ensejam discussão quanto à exata localização de suas fronteiras. 9. A ação demarcatória não objetiva somente a declaração de reconhecimento de domínio, uma vez que vem necessariamente atrelada à pretensão de demarcação da área controversa. Contudo, diante da natureza petitória da ação demarcatória, inviável o seu ajuizamento enquanto pendente de julgamento ação possessória, nos termos do que preceituado no art. 923 do CPC/73. 10. Conquanto se tenha concluído pela impossibilidade do ajuizamento da ação demarcatória enquanto pendente de julgamento ação possessória, verifica-se que, na hipótese, não se mostra mais útil a discussão acerca da aplicabilidade do art. 923 do CPC/73. 11. Não estando mais pendente o julgamento de ação possessória, e tendo-se ainda em mente que o art. 923 do CPC/73 prevê apenas uma condição suspensiva para o ajuizamento da ação demarcatória, não há qualquer razão que, neste momento, justifique a sua extinção. 12. Recurso especial parcialmente conhecido e, nessa parte, provido" (REsp 1.655.582/MT, Rel. Min. Nancy Andrighi, 3ª Turma, j. 12.12.2017, *DJe* 18.12.2017).

CAPÍTULO V
DA AÇÃO DE DISSOLUÇÃO PARCIAL DE SOCIEDADE

Art. 599. A ação de dissolução parcial de sociedade pode ter por objeto:

I – a resolução da sociedade empresária contratual ou simples em relação ao sócio falecido, excluído ou que exerceu o direito de retirada ou recesso; e

II – a apuração dos haveres do sócio falecido, excluído ou que exerceu o direito de retirada ou recesso; ou

III – somente a resolução ou a apuração de haveres.

§ 1º A petição inicial será necessariamente instruída com o contrato social consolidado.

§ 2º A ação de dissolução parcial de sociedade pode ter também por objeto a sociedade anônima de capital fechado quando demonstrado, por acionista ou acionistas que representem cinco por cento ou mais do capital social, que não pode preencher o seu fim.

▶ *Referência: CPC/1973 – Art. 1.218, VII*

1. Introdução

O art. 982 do CC prevê a existência de duas categorias de sociedades, as *empresárias* e as *simples*. A primeira, a ser constituída na forma de *sociedade em nome coletivo* (CC, arts. 1.039 a 1.044), *sociedade em comandita simples* (arts. 1.045 a 1.051), *sociedade limitada* (arts. 1.052 a 1.087), *sociedade anônima* (arts. 1.088 e 1.089) ou *sociedade em comandita por* ações (arts. 1.090 a 1.092), tem por objeto o exercício de atividade de empresário sujeito a registro. Já a sociedade simples pode constituir-se de conformidade com qualquer dessas espécies, ou, então, subordinada ao regime normativo estabelecido pelos arts. 997 a 1.038 do CC (v. art. 983 do CC); podem ser *puras* ou *limitadas*, respondendo os sócios ilimitadamente pelas dívidas da empresa, na primeira, e limitadamente ao valor do capital social, na segunda.

A sociedade em nome coletivo (CC, arts. 1.039 a 1.044), praticamente em desuso, caracteriza-se pela assunção pelos sócios, solidariamente, de responsabilidade ilimitada pelas dívidas da pessoa jurídica inadimplente. A sociedade em comandita simples (arts. 1.045 a 1.051) é integrada por duas categorias de sócios, os *comanditados* – que são os empreendedores e gestores da sociedade, com responsabilidade ilimitada e solidária pelas dívidas da mesma – e os *comanditários*, que se limitam a fornecer o numerário necessário à integralização do capital social, participando, em contrapartida, dos resultados positivos. A sociedade limitada (arts. 1.052 a 1.087), na qual os sócios respondem solidariamente pela integralização do capital social, mas a responsabilidade individual de cada um deles fica restrita ao valor de suas quotas. A sociedade anônima (arts. 1.088 e 1.089), apesar de incluída pelo CC no rol das sociedades empresárias, tem sua regência na Lei 6.404, de 1976 e, supletivamente, no Decreto-lei 2.627, de 1940. Finalmente, a sociedade em comandita por ações (arts. 1.090 a 1.092), também praticamente em desuso na atualidade, resulta da conjunção de características das sociedades anônima e em comandita simples (v., a respeito, Marcelo Fortes Barbosa Filho, *Código Civil Comentado*, p. 990).

Interessam, para estes comentários, exclusivamente as *sociedades empresárias contratuais* (as sociedades limitada, em nome coletivo e em comandita simples) e as simples (sociedades civis não empresárias, inclusive as cooperativas

– CC, arts. 1.093 a 1.096), excluídas, portanto, as denominadas *sociedades institucionais* (sociedades anônima e em comandita por ações), nas quais "descabe a figura da dissolução parcial, embora, em casos excepcionais, a jurisprudência a tenha admitido". (Fábio Ulhoa Coelho, *A ação de dissolução parcial de sociedade*, Revista de Informação Legislativa, ano 48, nº 190, abr.-jun. 2011, p. 149). Todavia, recepcionando orientação jurisprudencial já consolidada, no § 2º de seu art. 599 prevê a possibilidade de dissolução parcial de sociedade anônima de capital fechado, quando demonstrado, por acionista ou acionista que representem cinco por cento ou mais do capital social, que ela não pode atender aos seus objetivos. Isto porque, se é certo que o instituto da dissolução parcial da sociedade tem como foco as "sociedades contratuais e personalistas, como alternativa à dissolução total e, portanto, como medida mais consentânea ao princípio da preservação da sociedade e sua função social", certo é, também, que "a complexa realidade das relações negociais hodiernas potencializa a extensão do referido instituto às sociedades 'circunstancialmente' anônimas, ou seja, àquelas que, em virtude de cláusulas estatutárias restritivas à livre circulação das ações, ostentam caráter familiar ou fechado, onde as qualidades pessoais dos sócios adquirem relevância para o desenvolvimento das atividades sociais ('affectio societatis')" (REsp 917.531/RS, Rel. Min. Luis Felipe Salomão, 4ª Turma, j. 17.11.2011, *DJe* 1º.02.2012).

2. As hipóteses de dissolução parcial da sociedade

Representam situações de dissolução parcial da sociedade *(i)* a *saída do sócio, (ii)* o *exercício do direito de recesso, (iii)* a *expulsão do sócio, (iv)* o *falecimento do sócio, (v)* a *liquidação de quota a pedido de credor do sócio* e, finalmente, *(vi)* a *falência do sócio*.

A *saída* ou *retirada do sócio* de sociedade limitada constituída por tempo indeterminado resulta da comunicação unilateral do sócio retirante, aos demais, motivada ou imotivadamente, mediante prévia notificação e com respaldo no art. 1.029 do CC. Essa modalidade de dissolução parcial da sociedade (a rigor, *ação de apuração de haveres*) distingue-se daquela resultante do *exercício do direito de recesso*, pois nesta ação de dissolução a causa determinante é a dissidência do sócio retirante quanto à modificação do contrato societário, fusão da sociedade, incorporação de outra ou dela por outra (CC, art. 1.029, *caput*, 2ª parte c/c art. 1.077).

A *expulsão do sócio*, por justa causa e mediante deliberação da maioria, encontra respaldo no art. 1.085 do CC. O *falecimento do sócio* gera a necessidade de apuração de haveres a serem pagos ao espólio, inclusive com o ajuizamento de ação própria, se e quando inexistir consenso quanto aos respectivos valores. Finalmente, haverá dissolução parcial em razão da exclusão automática do sócio falido ou daquele cuja quota tenha sido liquidada (CC, art. 1.030, parágrafo único c/c art. 1.026), pois apesar dessas duas hipóteses distintas de dissolução parcial, a causa jurídica determinante é a mesma: a insolvência do sócio.

Pautando-se nesse regrame de direito material, o novo diploma processual civil contempla a nas seguintes hipóteses da denominada *dissolução parcial da sociedade*:

(i) pela *morte do sócio*, caso em que a dissolução se opera em relação a ele, com a liquidação de sua quota social, nas hipóteses enunciadas nos incisos do art. 1.028 do CC, com as seguintes ressalvas apontadas por Ulhoa Coelho:

"A morte de sócio não causa, necessariamente, a dissolução parcial da sociedade.

Se os sócios supérstites concordam em acolher na sociedade os sucessores do sócio falecido, e estes querem ingressar nela, não há razões para se proceder à dissolução parcial. Nem mesmo, ressalte-se, se o contrato social eventualmente contiver cláusula prevendo a apuração de haveres neste caso.

Claro: se sócios sobreviventes e sucessores do sócio falecido querem-se associar, não há sentido em dissolver a sociedade para, ato contínuo, admitirem-se estes últimos no quadro de sócios.

Desse modo, dá-se a dissolução da sociedade por morte de sócio quando não existir vontade na formação do vínculo societário entre os sobreviventes, de um lado, e os sucessores, de outro. Basta que pelo menos um desses lados não tenha interesse na sociedade, para que a morte do sócio torne-se fato jurídico desencadeador da dissolução parcial da sociedade" (*A ação de dissolução parcial de sociedade*, p. 145).

(ii) pela *retirada*, resultante da intenção do sócio em desligar-se voluntariamente da sociedade limitada de prazo determinado, mediante demonstração de justa causa para a adoção dessa

iniciativa. Essa retirada pode dar-se de forma *motivada* (*recesso* ou *dissidência*), por dissentir o sócio retirante de modificação do contrato societário, fusão da sociedade, incorporação de outra ou dela por outra (CC, art. 1.029, *caput*, 2ª parte c/c art. 1.077), ou, excepcionalmente, de forma *imotivada,* na sociedade submetida ao regime simples e com prazo indeterminado (art. 1.029, *caput*, 1ª parte).

(iii) pela *exclusão judicial do sócio,* por iniciativa da maioria dos demais sócios, seja imputando-lhe falta grave no cumprimento de suas obrigações, seja por incapacidade superveniente à constituição da sociedade (CC, art. 1.030, *caput*).

A exclusão também poderá ocorrer extrajudicialmente (CC, art. 1.085), "quando a maioria dos sócios, representativa de mais da metade do capital social, entender que um ou mais sócios estão pondo em risco a continuidade da empresa, em virtude de atos de inegável gravidade, poderá excluí-los da sociedade, mediante alteração do contrato social, desde que prevista neste a exclusão por justa causa" (Lessa Neto, A ação de dissolução parcial de sociedade no novo Código de Processo Civil – Algumas anotações, *Procedimentos especiais, tutela provisória e direito transitório*, p. 411).

3. A dissolução parcial da sociedade composta por apenas dois sócios

Em princípio, soa até mesmo intuitiva a conclusão de que, sendo composta por apenas dois sócios, a saída de qualquer deles acarretaria a extinção total da sociedade, tema que suscitou intensos debates em sede doutrinária e jurisprudencial até o advento do atual Código Civil, que, em seu art. 1.033, IV, passou a prever essa hipótese de extinção, apenas se e quando a sociedade não viesse a ser reconstituída no prazo de 180 dias, mediante a admissão de novo sócio, recompondo-se, assim, a pluralidade societária, ao retirante ficando assegurado o direito à apuração e percepção dos respectivos haveres. E, havendo controvérsia quanto ao modo de se apurar ou satisfazer-se esses haveres, o ex-sócio estaria legitimado a promover a ação de dissolução parcial, figurando com litisconsortes passivos o sócio remanescente e o admitido, mais a sociedade.

Com o advento da Lei nº 14.195, de 26 de agosto de 2021, foram revogados o inc. IV e o parágrafo único do art. 1.033 do Código Civil (v. art. 57, inc. XXIX, "d").

4. As ações de dissolução parcial de sociedade em sentido amplo

Tendo por objeto a *dissolução total da sociedade,* a correspondente ação judicial será processada com a observância do procedimento comum, por força do disposto no art. 1.046, § 3º, do CPC, reservado o procedimento especial sob exame à *ação de dissolução parcial da sociedade* e à *ação de apuração de haveres,* que podem ser ajuizadas em cúmulo objetivo, em único processo, ou autonomamente.

Portanto, sob a rubrica *dissolução parcial de sociedade* o CPC alberga, na verdade, duas modalidades de ações, propostas autônoma ou cumulativamente e tendo objetos distintos entre si. Isto, sem considerar-se uma terceira possibilidade, qual seja a da *ação de reinclusão na sociedade.*

4.1. A ação autônoma de apuração de haveres

Exercendo seu direito de retirada ou de recesso, um dos sócios exclui-se voluntariamente da sociedade, hipótese em que a única ação a ser proposta será a de apuração de seus haveres, para oportuno pagamento, observado o procedimento especial previsto no CPC. O mesmo se aplica à situação em que, falecido um dos sócios, os remanescentes não aceitam acolher seus sucessores no quadro societário ou, ainda, estes não querem, não podem ser acolhidos, como se dá, por exemplo, na sociedade de advogados, sem que os sucessores do falecido estejam habilitados a exercer a advocacia. Ou, ainda, quando o sócio é excluído por deliberação dos demais, restando-lhe, então, em princípio, reclamar a apuração e satisfação de seus haveres.

4.2. A ação de reinclusão na sociedade

O sócio excluído da sociedade por deliberação dos demais poderá, à luz do caso concreto, ingressar em juízo postulando tutela judicial consistente na sua reinclusão no quadro societário, sob o fundamento, por exemplo, de ser inexistente ou ilegítima a causa determinante de sua exclusão. Formulando exclusivamente tal pedido, observar-se-á o procedimento comum para o processamento dessa ação de escopo condenatório.

Nada o impede, contudo – aliás, tudo recomenda que assim aja –, de deduzir, alternativa e cumulativamente, também o pedido de apuração de haveres, no caso de rejeição do pedido principal antecedente. E, nesse caso, o procedimento a ser adotado é o especial sob exame, no que tange ao segundo pedido, se acolhido.

4.3. As ações de dissolução judicial parcial da sociedade e de apuração de haveres

Como já registrado, sob a rubrica "Da ação de dissolução parcial de sociedade" o Código regula, na verdade, a *ação de dissolução parcial propriamente dita* e a *ação de apuração de haveres*, que podem ser ajuizadas cumulativa ou autonomamente, dependendo da situação.

Dedica-se a elas os itens seguintes destes comentários.

> **Art. 600.** A ação pode ser proposta:
>
> **I** – pelo espólio do sócio falecido, quando a totalidade dos sucessores não ingressar na sociedade;
>
> **II** – pelos sucessores, após concluída a partilha do sócio falecido;
>
> **III** – pela sociedade, se os sócios sobreviventes não admitirem o ingresso do espólio ou dos sucessores do falecido na sociedade, quando esse direito decorrer do contrato social;
>
> **IV** – pelo sócio que exerceu o direito de retirada ou recesso, se não tiver sido providenciada, pelos demais sócios, a alteração contratual consensual formalizando o desligamento, depois de transcorridos 10 (dez) dias do exercício do direito;
>
> **V** – pela sociedade, nos casos em que a lei não autoriza a exclusão extrajudicial; ou
>
> **VI** – pelo sócio excluído.
>
> **Parágrafo único.** O cônjuge ou companheiro do sócio cujo casamento, união estável ou convivência terminou poderá requerer a apuração de seus haveres na sociedade, que serão pagos à conta da quota social titulada por este sócio.

▶ *Referência: CPC/1973 – Art. 1.218, VII*

1. A legitimidade *ad causam* para as ações de dissolução parcial de sociedade e ou de apuração de haveres

As legitimidades ativa e passiva para essas ações devem ser apuradas com vistas, principal-

mente, às respectivas causas de pedir e o correspondente pedido e sob a perspectiva do art. 600.

1.1. Falecimento do sócio

Devem ser consideradas as seguintes situações: *(i)* se forem admitidos voluntariamente na sociedade os sucessores do morto, mas os sócios remanescentes optarem pela dissolução da sociedade ou, de comum acordo com todos os herdeiros, optarem pela sucessão do sócio falecido, não haverá necessidade de propositura de ação de dissolução (ausência de interesse de agir), seja porque ocorrerá a dissolução voluntária (CC, art. 1.028), seja porque mantida a sociedade, com a inclusão de novos sócios; (ii) havendo expressa vedação contratual de ingresso de sucessores do sócio falecido na sociedade ou, ainda, apenas alguns deles forem admitidos, a legitimidade ativa para a ação será do espólio, se ainda não concluída a partilha dos bens do falecido (art. 600, inc. I); já estando concluída – e extinto, portanto, o espólio –, a legitimidade para a ação caberá aos sucessores, especialmente àquele em cujo quinhão hereditário tenha sido atribuída a quota do falecido e que não pretenda ingressar na sociedade, figurando como réus, em litisconsórcio unitário, a sociedade e os sócios (idem, inc. II); e, (iii) pela sociedade, em face do espólio e sucessores do sócio falecido, em litisconsórcio necessário, se, previsto no contrato social o direito de admissão desses últimos na sociedade, os sócios remanescentes se opuserem (art. 600, inc. III).

É evidente que, nas situações enunciadas nos incisos I a III do art. 600, a única ação cabível será a de apuração de haveres, pois "não faria sentido autorizar-se o 'sócio' que não ingressou na sociedade, ou a sociedade que não quer que alguém lá ingresse, a propor demanda de dissolução de vínculo que, a rigor, sequer existe" (Marinoni, Cruz Arenhart e Mitidiero, *Novo curso de processo civil, tutela dos direitos mediante procedimentos diferenciados*, vol. 2, nº 5.3, p. 182).

1.2. Retirada voluntária do sócio

Este ostentará legitimidade ativa – e interesse processual – para as ações de dissolução parcial da sociedade e de apuração de haveres (sendo o caso) se, depois de transcorridos dez dias do exercício de seu direito de recesso, os demais sócios não houverem providenciado a alteração contratual formalizando seu desli-

Art. 601

gamento, figurando passivamente na relação jurídica processual os demais sócios e a sociedade, em litisconsórcio necessário e unitário (art. 600, IV).

1.3. Exclusão do sócio

Se a situação em que se funda a exclusão extrajudicial do sócio não for uma daquelas autorizada por lei, à sociedade caberá promover a ação de dissolução parcial, figurando como réu, evidentemente, o sócio a ser judicialmente excluído (art. 600, V); já nas hipóteses de exclusão extrajudicial autorizadas por lei, o sócio excluído estará ativamente legitimado a promover a *ação de reinclusão na sociedade* e, alternativa e subsidiariamente, a de apuração de haveres. A possibilidade de formulação desse pedido principal, embora não contemplada explicitamente, encontra respaldo no inc. VI do art. 600 e no direito de o sócio excluído demonstrar judicialmente a inocorrência dos motivos que determinaram sua exclusão da sociedade pelos demais. Acolhido que seja, ficará prejudicado o pedido subsidiário, pelo consequente e superveniente desaparecimento do interesse instrumental de agir em juízo. Nesse caso, figurarão com litisconsortes passivos necessários a sociedade e os demais sócios.

1.4. Legitimidade do cônjuge ou companheiro do sócio

Extinto o vínculo matrimonial por divórcio ou dissolvida a sociedade conjugal ou a de união estável e, na partilha de bens do casal, couber quotas do sócio ao seu ex-cônjuge ou companheiro, este ou ingressará na sociedade, sendo admissível e desejável o seu ingresso, ou poderá ajuizar ação de apuração de haveres correspondentes às quotas assim adquiridas (art. 600, parágrafo único), instaurando-se litisconsórcio passivo unitário entre a sociedade e seus sócios.

> **Art. 601.** Os sócios e a sociedade serão citados para, no prazo de 15 (quinze dias), concordar com o pedido ou apresentar contestação.
>
> **Parágrafo único.** A sociedade não será citada se todos os seus sócios o forem, mas ficará sujeita aos efeitos da decisão e à coisa julgada.

▶ *Referência: CPC/1973 – Art. 1.218, VII*

1. Ajuizamento da ação e citação

Independentemente de quem seja o autor da ação, a petição inicial deverá atender aos requisitos dos arts. 319 e 320 do CPC e vir necessariamente instruída com o instrumento do contrato social consolidado (art. 599, § 1º), sob pena de indeferimento liminar (art. 321 e parágrafo único). Dependendo de quem seja o autor ou da causa de pedir, também deverá ser acompanhada, igualmente sob pena de indeferimento, de outros documentos indispensáveis à formulação do pedido, como a certidão de óbito do sócio, a sentença de divórcio ou de extinção da sociedade conjugal ou da união estável etc.

Proposta a ação pela sociedade, objetivando a exclusão do sócio, indispensável a apresentação, com a petição inicial, do documento comprobatório (i) da deliberação dos demais sócios – ou da maioria deles – no sentido da exclusão ou, (ii) se for o caso, da incapacidade do sócio a ser excluído (CC, art. 1.030, *caput*).

Proposta pelo sócio retirante ou excluído, ou por terceiro (*v.g.*, sucessor ou ex-cônjuge do sócio), figurarão como réus a sociedade e os demais sócios, em litisconsórcio unitário. Citados, terão o prazo de 15 dias para concordar com o pedido ou ofertar contestação; se todos os sócios forem citados, dispensa-se a citação da sociedade que, no entanto, ficará sujeita aos efeitos de decisão e à autoridade da coisa julgada material, mercê da referida unitariedade litisconsorcial.

Portanto, apesar da pertinência do argumento de que, havendo uma quantidade considerável de sócios e, por consequência, instaurando-se litisconsórcio passivo multitudinário, o curso regular do processo poderá ser prejudicado, assim retardando a prestação da tutela jurisdicional, será indispensável a participação de todos os sócios no processo, sob pena de nulidade da sentença (CPC, art. 116 c/c art. 115, I). Diversa poderia ser a solução, caso o litisconsórcio fosse facultativo, pois o juiz poderia limitá-lo quanto ao número de litigantes (art. 113, §§ 1º e 2º) (v., a respeito, Marinoni, Cruz Arenhart e Mitidiero, *Novo curso de processo civil, tutela dos direitos mediante procedimentos diferenciados*, vol. 2, nº 5.3, p. 183-184).

2. Oferta de contestação

Nos termos do § 2º do art. 603 do Código, a oferta de contestação implicará a conversão do procedimento especial em comum, mantida a especialidade procedimental, contudo, para a fase de liquidação da sentença. Operada essa conversão, o processo prosseguirá nos moldes estabelecidos pelos arts. 347 e seguintes, dispensada, por óbvio, a audiência prévia de conciliação ou mediação e demais atos posteriores, a que aludem os arts. 334 e seguintes.

> **Art. 602.** A sociedade poderá formular pedido de indenização compensável com o valor dos haveres a apurar.

▶ *Referência: CPC/1973 – Art. 1.218, VII*

1. Pedido indenizatório

Considerando que a sociedade poderá ser prejudicada em razão da apuração e levantamento dos haveres, faculta-lhe a lei a formulação de pedido reconvencional de indenização, para a devida compensação, assim recepcionando orientação já preconizada em sede jurisprudencial.

> **Art. 603.** Havendo manifestação expressa e unânime pela concordância da dissolução, o juiz a decretará, passando-se imediatamente à fase de liquidação.
>
> **§ 1º** Na hipótese prevista no *caput*, não haverá condenação em honorários advocatícios de nenhuma das partes, e as custas serão rateadas segundo a participação das partes no capital social.
>
> **§ 2º** Havendo contestação, observar-se-á o procedimento comum, mas a liquidação da sentença seguirá o disposto neste Capítulo.

▶ *Referência: CPC/1973 – Art. 1.218, VII*

1. O procedimento da ação de dissolução ou resolução parcial da sociedade

Dependendo do objeto da ação proposta e da reação a ele oposta, o respectivo procedimento poderá ser irredutivelmente especial ou conversível ao comum, como se dá, neste último caso, se houver contestação (§ 2º).

2. Julgamento antecipado do pedido

Se a ação tiver por objeto a dissolução da sociedade e houver expressa e unânime ma-

nifestação de concordância pelos réus, o juiz procederá ao julgamento antecipado parcial do pedido (CPC, art. 356, I), seguindo-se, sem solução de continuidade, a fase de liquidação para a apuração dos haveres, com a manutenção do procedimento especial, dispensada a condenação das partes em honorários advocatícios e rateadas entre elas, segundo a participação no capital social, as custas processuais (art. 603, § 1º).

> **Art. 604.** Para apuração dos haveres, o juiz:
>
> **I** – fixará a data da resolução da sociedade;
>
> **II** – definirá o critério de apuração dos haveres à vista do disposto no contrato social; e
>
> **III** – nomeará o perito.
>
> **§ 1º** O juiz determinará à sociedade ou aos sócios que nela permanecerem que depositem em juízo a parte incontroversa dos haveres devidos.
>
> **§ 2º** O depósito poderá ser, desde logo, levantado pelo ex-sócio, pelo espólio ou pelos sucessores.
>
> **§ 3º** Se o contrato social estabelecer o pagamento dos haveres, será observado o que nele se dispôs no depósito judicial da parte incontroversa.

▶ *Referência: CPC/1973 – Art. 1.218, VII*

1. O procedimento da ação de apuração de haveres

Tendo por objeto exclusivamente a apuração de haveres e sendo incontroversa parcela deles, o juiz determinará à sociedade, ou aos sócios que nela permaneçam, que se deposite em juízo o respectivo valor, que poderá, inexistindo vedação expressa no contrato social, ser imediatamente levantado pelo sócio retirante ou excluído ou, no caso de falecimento do sócio, por seu espólio ou sucessores (art. 604, §§ 1º e 2º). Ofertada contestação, observar-se-á o procedimento comum, nos moldes já referidos.

> **Art. 605.** A data da resolução da sociedade será:
>
> **I** – no caso de falecimento do sócio, a do óbito;
>
> **II** – na retirada imotivada, o sexagésimo dia seguinte ao do recebimento, pela sociedade, da notificação do sócio retirante;

III – no recesso, o dia do recebimento, pela sociedade da notificação do sócio dissidente;

IV – na retirada por justa causa de sociedade por prazo determinado e na exclusão judicial de sócio, a do trânsito em julgado da decisão que dissolver a sociedade; e

V – na exclusão extrajudicial, a data da assembleia ou da reunião de sócios que a tiver deliberado.

▸ *Referência: CPC/1973 – Art. 1.218, VII*

1. A fase de apuração de haveres

Determinada por sentença a dissolução parcial da sociedade, iniciar-se-á a fase de apuração (liquidação) dos mesmos, observado o procedimento especial sob exame, daquele ato devendo constar a data da dissolução, o critério de apuração dos haveres e a nomeação de perito (art. 604).

Evidente que, tendo sido proposta e acolhida ação autônoma de apuração de haveres pelo sócio retirante, excluído ou sucessor do falecido, com a adoção do procedimento comum, bastará o cumprimento da respectiva sentença condenatória, agora observado o procedimento previsto nos arts. 604 e seguintes.

2. A fixação da data da resolução da sociedade

É essencial a fixação, já na sentença, da data em que se deu a dissolução da sociedade, sob pena de inviabilizar-se a prova pericial necessária à apuração dos haveres. Fixada de acordo com a causa determinante da resolução da sociedade, essa data coincidirá com um dos critérios objetivos estampados no art. 605, a saber: *(i)* a data do óbito, se a dissolução resultou do falecimento do sócio, *(ii)* o sexagésimo dia seguinte ao do recebimento, pela sociedade, da notificação prevista no art. 1.029, primeira parte, do CC, na hipótese de retirada imotivada do sócio, *(iii)* o dia do recebimento, pela sociedade, da notificação do sócio dissidente, *(iv)* a data do trânsito em julgado da decisão de dissolução da sociedade, quando esta se deu pela retirada do sócio, por justa causa, de sociedade constituída por prazo determinado ou pela exclusão judicial do sócio e, *(v)* da data da assembleia ou da reunião dos sócios, quando se tratar de exclusão extrajudicial de qualquer deles.

Art. 606. Em caso de omissão do contrato social, o juiz definirá, como critério de apuração de haveres, o valor patrimonial apurado em balanço de determinação, tomando-se por referência a data da resolução e avaliando-se bens e direitos do ativo, tangíveis e intangíveis, a preço de saída, além do passivo também a ser apurado de igual forma.

Parágrafo único. Em todos os casos em que seja necessária a realização de perícia, a nomeação do perito recairá preferencialmente sobre especialista em avaliação de sociedades.

▸ *Referência: CPC/1973 – Art. 1.218, VII*

1. A definição do critério de apuração de haveres

Dissolvida a sociedade em razão da retirada, exclusão ou morte do sócio, os ex-sócios e o espólio ou sucessores do falecido tornam-se credores da sociedade pelo reembolso das respectivas quotas, sendo necessária, portanto, a avaliação da correspondente participação societária, observado, para tal fim, o que dispuser o contrato social. Inexistindo previsão contratual a respeito do critério de apuração de haveres, ao juiz caberá defini-lo, levando em consideração o valor patrimonial apurado em balanço de determinação, tendo como referência a data da resolução da sociedade, avaliados os bens e direitos tangíveis e intangíveis que integram seu ativo, o preço de saída e o passivo, a ser apurado também em balanço de determinação.

O *balanço de determinação* ou *balanço especial,* previsto no art. 1.031 do CC, deverá ser elaborado para a apuração do valor da sociedade da forma mais ampla possível, com a indicação do valor de mercado de cada um dos bens e direitos que integram seu ativo, bem como do passivo a ser contabilmente levantado. Já o *preço de saída* representa o valor real de mercado pelo qual os ativos podem ser vendidos ou trocados.

Integram o valor devido ao ex-sócio, ao espólio ou aos sucessores do sócio falecido até a data da resolução da sociedade, sua participação nos lucros ou nos juros sobre o capital próprio declarado da sociedade, mais a remuneração que o ex-sócio ou o sócio falecido percebia como administrador, caso exercesse esse cargo. Definida a data da resolução da sociedade, esses credores terão direito, exclusivamente, à correção monetária dos valores apurados e aos juros

2. A prova pericial

Em razão da complexidade da perícia, consistente na elaboração do balanço de determinação e apuração do preço de saída, essa prova técnica deverá ser produzida preferencialmente por especialista em avaliação de sociedades (art. 606, parágrafo único).

Considerando que o perito levará em conta a data da resolução da sociedade e o critério de apuração de haveres estabelecido pelo juiz com base no quanto disposto no contrato social (v. CPC, art. 464 e ss.), se antes do início da perícia surgirem novos elementos que possam influir nesses dois requisitos o juiz poderá, a requerimento de qualquer das partes, revisar essa data ou esses critérios (art. 607).

> **Art. 607.** A data da resolução e o critério de apuração de haveres podem ser revistos pelo juiz, a pedido da parte, a qualquer tempo antes do início da perícia.

▶ *Referência: CPC/1973 – Art. 1.218, VII*

1. Possibilidade de revisão judicial da data de resolução e do critério de apuração de haveres

Embora dependa de expresso requerimento da parte, antes do início da prova pericial o juiz poderá proceder à revisão da data de resolução da sociedade e do critério de apuração de haveres, com o objetivo de expurgar eventuais equívocos e, assim, conferir firmeza às conclusões periciais, em abono à correta resolução das questões submetidas à apreciação judicial.

> **Art. 608.** Até a data da resolução, integram o valor devido ao ex-sócio, ao espólio ou aos sucessores a participação nos lucros ou os juros sobre o capital próprio declarados pela sociedade e, se for o caso, a remuneração como administrador.
> **Parágrafo único.** Após a data da resolução, o ex-sócio, o espólio ou os sucessores terão direito apenas à correção monetária dos valores apurados e aos juros contratuais ou legais.

▶ *Referência: CPC/1973 – Art. 1.218, VII*

1. A definição do critério de apuração de haveres

Como até a data da resolução da sociedade ainda dela participava o sócio retirante, o posteriormente excluído ou o falecido, é justo que, até aquele evento, o valor devido ao ex-sócio, ao espólio ou aos sucessores do sócio falecido seja integrado pela participação nos lucros ou nos juros sobre o capital próprio declarado da sociedade, mais a remuneração que o ex-sócio ou o sócio falecido percebia como administrador, caso exercesse esse cargo. Definida a data da resolução da sociedade, esses credores terão direito, exclusivamente, à correção monetária dos valores apurados e aos juros estabelecidos contratualmente ou, no silêncio do contrato societário, aos juros legais.

> **Art. 609.** Uma vez apurados, os haveres do sócio retirante serão pagos conforme disciplinar o contrato social e, no silêncio deste, nos termos do § 2º do art. 1.031 da Lei nº 10.406, de 10 de janeiro de 2002 (Código Civil).

▶ *Referência: CPC/1973 – Art. 1.218, VII*

1. A conclusão da perícia de apuração de haveres

Apresentado o laudo pericial e dele intimadas as partes, estas poderão impugná-lo no prazo comum de 15 dias, prazo idêntico sendo destinado à apresentação do parecer do respectivo assistente técnico (CPC, art. 477, § 1º). Havendo impugnação ou, ainda, dúvida ou divergência apontada inclusive pelo juiz, o perito deverá, também em idêntico prazo, prestar os devidos esclarecimentos (§ 2º); persistindo a necessidade de esclarecimentos complementares pelo perito ou assistente técnico, a parte interessada requererá a intimação do mesmo para, em audiência, responder às perguntas formuladas sob a forma de quesitos (§ 3º).

2. Pagamento dos haveres

Arbitrado pelo juiz o valor devido ao ex-sócio ou ao espólio ou sucessores do falecido e, transitada em julgado a sentença, a sociedade deverá pagar em dinheiro, em 90 dias, o valor apurado, ressalvado acordo das partes ou estipulação contratual em sentido contrário (CC, art. 1.031, § 2º). Caso a sociedade tenha direito à

Art. 609

CÓDIGO DE PROCESSO CIVIL INTERPRETADO

indenização (art. 602), a importância correspondente também deverá ser indicada na sentença, para a devida compensação com o valor apurado.

Não efetuado o pagamento no prazo, proceder-se-á, a requerimento do credor ou credores, ao cumprimento definitivo da sentença (CPC, art. 513 e ss., esp. arts. 523 a 529).

Jurisprudência

Súmula 265 do STF: "Na apuração de haveres, não prevalece o balanço não aprovado pelo sócio falecido, excluído ou que se retirou".

"Recurso especial. Ação de dissolução parcial de sociedade limitada de prazo indeterminado. Notificação prévia. Apuração de haveres. Data-base. Prazo de 60 dias. 1. Ação distribuída em 18/12/2009. Recursos especiais interpostos em 4/9/2017 e 18/9/2017. Autos conclusos à Relatora em 17/4/2018. 2. O propósito recursal é definir a data-base para apuração dos haveres devidos ao sócio em caso de dissolução parcial de sociedade limitada de prazo indeterminado. 3. O direito de recesso, tratando-se de sociedade limitada constituída por prazo indeterminado, pode ser exercido mediante envio de notificação prévia, respeitado o prazo mínimo de sessenta dias. Inteligência do art. 1.029 do CC. 4. O contrato societário fica resolvido, em relação ao sócio retirante, após o transcurso de tal lapso temporal, devendo a data-base para apuração dos haveres levar em conta seu termo final. Recurso especial não provido" (REsp 1.735.360/MG, Rel. Min. Nancy Andrighi, 3ª Turma, j. 12.03.2019, *DJe* 15.03.2019).

"Civil e processual civil. Recurso especial. Recurso manejado sob a égide do NCPC. Ação de cobrança. Distribuição de lucro. Sociedade empresária limitada. Ilegitimidade passiva do sócio não configurada. Citação da sociedade desnecessária. Doutrina e jurisprudência desta Corte. Princípio processual da instrumentalidade das formas. *Pas de nullité sans grief*. Ausência de prejuízo concreto. Recurso especial não provido. 1. Recurso especial interposto contra acórdão publicado na vigência do novo Código de Processo Civil, razão pela qual devem ser exigidos os requisitos de admissibilidade recursal na forma nele prevista, nos termos do Enunciado Administrativo nº 3, aprovado pelo Plenário do STJ na sessão de 9/3/2016: Aos recursos interpostos com fundamento no CPC/2015 (relativos a decisões publicadas a partir de 18 de março de 2016) serão exigidos os requisitos de admissibilidade recursal na forma do novo CPC. 2. Nos termos do art. 601, parágrafo único, do NCPC, na ação de dissolução parcial de sociedade limitada, é desnecessária a citação da sociedade empresária se todos os que participam do quadro social integram a lide. 3. Por isso, não há motivo para reconhecer o litisconsórcio passivo na hipótese de simples cobrança de valores quando todos os sócios foram citados, como ocorre no caso. 4. Na linha dos precedentes desta Corte, o princípio processual da instrumentalidade das formas, sintetizado pelo brocardo *pas de nullité sans grief* e positivado nos arts. 282 e 283, ambos do NCPC, impede a anulação de atos inquinados de invalidade quando deles não tenham decorrido prejuízos concretos. 5. Recurso especial desprovido" (REsp 1.731.464/SP, Rel. Min. Moura Ribeiro, 3ª Turma, j. 25.09.2018, *DJe* 01.10.2018).

"Recurso especial. Direito empresarial. Societário. Dissolução parcial. Sociedade limitada. Tempo indeterminado. Retirada do sócio. Direito potestativo. Autonomia da vontade. Apuração de haveres. Data-base. Artigo 1.029 do Código Civil de 2002. Notificação extrajudicial prévia. Postergação. 60 (sessenta) dias. Enunciado nº 13 – I Jornada de Direito Comercial – CJF. Art. 605, II, do Código de Processo Civil de 2015. 1. Recurso especial interposto contra acórdão publicado na vigência do Código de Processo Civil de 1973 (Enunciados Administrativos nºs 2 e 3/STJ). 2. O direito de retirada imotivada de sócio de sociedade limitada por tempo indeterminado constitui direito potestativo à luz dos princípios da autonomia da vontade e da liberdade de associação. 3. Quando o direito de retirada é exteriorizado por meio de notificação extrajudicial, a apuração de haveres tem como data-base o recebimento do ato pela empresa. 4. O direito de recesso deve respeitar o lapso temporal mínimo de 60 (sessenta) dias, conforme o teor do art. 1.029 do CC/2002. 5. No caso concreto, em virtude do envio de notificação realizando o direito de retirada, o termo final para a apuração de haveres é, no mínimo, o sexagésimo dia, a contar do recebimento da notificação extrajudicial pela sociedade. 6. A decisão que decretar a dissolução parcial da sociedade deverá indicar a data de desligamento do sócio e o critério de apuração de haveres (Enunciado nº 13 da I Jornada de Direito Comercial – CJF).

7. O Código de Processo Civil de 2015 prevê expressamente que, na retirada imotivada do sócio, a data da resolução da sociedade é o sexagésimo dia após o recebimento pela sociedade da notificação do sócio retirante (art. 605, inciso II). 8. Recurso especial provido" (REsp 1.403.947/MG, Rel. Min. Ricardo Villas Bôas Cueva, 3ª Turma, j. 24.04.2018, *DJe* 30.04.2018).

"Recurso especial. Direito societário e processual civil. Requerimento de antecipação dos efeitos da tutela em sustentação oral. Viabilidade. Ação de dissolução parcial de sociedade limitada. Sócio que detém parte das quotas sociais empenhadas. Deferimento de haveres referentes apenas àquelas livres de ônus reais, com exclusão de qualquer possibilidade de participação dos sócio retirante nas deliberações. Possibilidade. 1. O pedido de antecipação dos efeitos da tutela poderia ser formulado ao relator, e o art. 273 do CPC/1973 deixa nítido que novas circunstâncias podem autorizar o pedido, não havendo razoabilidade na tese de que o requerimento não pode ser feito, em sede de sustentação oral, ao Colegiado que apreciará o recurso. 2. Por um lado, cuida-se de ação de dissolução parcial de sociedade limitada para o exercício do direito de retirada do sócio, por perda da *affectio societatis*, em que o autor reconhece que parte de suas quotas sociais estão empenhadas, requerendo os haveres correspondentes apenas àquelas que estão livres de ônus reais. Por outro lado, é um lídimo direito de sócio de sociedade limitada, por prazo indeterminado, o recesso, coibindo eventuais abusos da maioria e servindo de meio-termo entre o princípio da intangibilidade do pacto societário e a regra da sua modificabilidade. 3. A boa-fé atua como limite ao exercício de direitos, não sendo cabível cogitar-se em pleito vindicando a dissolução parcial da sociedade empresária, no tocante aos haveres referentes às quotas sociais que estão em penhor, em garantia de débito com terceiros. 4. A solução conferida, no tocante às quotas empenhadas – consoante decidido pelo Tribunal de origem, permanecerão 'em tesouraria', em nada afetando a boa gestão social –, é equânime e se atenta às peculiaridades do caso, contemplando os interesses das partes e dos credores do autor, e tem esteio no princípio da conservação da empresa (evitando-se dissolução nem mesmo requerida para pagamento de haveres referentes às quotas empenhadas). 5. A manutenção das quotas sociais empenhadas 'em tesouraria' é harmônica com a teleologia do art. 1.027, combinado com o art. 1.053, ambos do Código Civil, que, para, simultaneamente, evitar a dissolução parcial da sociedade e a ingerência de terceiros na gestão social, estabelece que os herdeiros do cônjuge de sócio, ou o cônjuge do que se separou judicialmente, não podem exigir, desde logo, a parte que lhes couber na quota social, mas devem concorrer à divisão periódica dos lucros, até que se liquide a sociedade. 6. Recurso especial não provido" (REsp 1.332.766/SP, Rel. Min. Luis Felipe Salomão, 4ª Turma, j. 01.06.2017, *DJe* 01.08.2017).

CAPÍTULO VI
DO INVENTÁRIO E PARTILHA

Seção I
Disposições gerais

> **Art. 610.** Havendo testamento ou interessado incapaz, proceder-se-á ao inventário judicial.
>
> **§ 1º** Se todos forem capazes e concordes, o inventário e a partilha poderão ser feitos por escritura pública, a qual constituirá documento hábil para qualquer ato de registro, bem como para levantamento de importância depositada em instituições financeiras.
>
> **§ 2º** O tabelião somente lavrará a escritura pública se todas as partes interessadas estiverem assistidas por advogado ou por defensor público, cuja qualificação e assinatura constarão do ato notarial.

▶ *Referência: CPC/1973 – Art. 982*

1. Introdução

Antes da unificação processual operada com a edição do Código de Processo Civil de 1939, nosso direito positivo não conferia tratamento sistemático ao instituto do inventário. Enquanto alguns Códigos estaduais impunham a sua realização (*v.g.*, os Códigos do Distrito Federal e de Minas Gerais), outros silenciavam a respeito, gerando controvérsias e incertezas acerca da obrigatoriedade, ou não, do inventário, mormente quando os herdeiros fossem capazes e realizassem a partilha por escrito público ou particular, ou, ainda, quando ela fosse feita em vida pelo titular da herança.

Dirimindo todas as dúvidas até então existentes, em seu art. 465 o CPC/1939 tornou

Art. 610

obrigatória a realização de inventário judicial, mesmo que todos os herdeiros fossem capazes; por seu turno, ao ser editado o CPC/1973 previa a realização de inventário extrajudicial, quando capazes todos os herdeiros (art. 982 e parágrafos); os parágrafos originais foram suprimidos ainda na *vacatio legis* pela Lei 5.925/1973 e, com o advento da Lei 11.441, de 2007, novos parágrafos foram acrescidos ao art. 982, restabelecendo a possibilidade de realização extrajudicial do inventário e correspondente partilha do acervo hereditário, situação mantida pelo atual Código de Processo Civil, ao autorizar o inventário e partilha por escritura pública, desde que, inexistindo testamento ou herdeiro incapaz, os herdeiros capazes estiverem de acordo e assistidos por advogado ou defensor público (art. 610, §§ 1º e 2º).

2. Abertura da sucessão hereditária e inventário

Morta a pessoa, abre-se a sua sucessão hereditária, com a imediata transmissão da herança aos herdeiros legítimos e testamentários (CC, arts. 1.784 c/c arts. 6º, 37 e 38). Como cada herdeiro tem direito à percepção de parte da herança, há a necessidade do inventário e da partilha do acervo hereditário, com a individualização e atribuição, a cada um deles, dos respectivos quinhões (CC, arts. 1.991 a 2.027) – ressalvada, evidentemente, a existência de herdeiro único, destinatário final, via adjudicação, da herança líquida inventariada.

Inventário (do latim *invenire*: achar, encontrar) é, portanto, o arrolamento detalhado dos bens, créditos e quaisquer outros direitos integrantes do acervo hereditário (*monte-mór* ou *herança bruta*), tendo por objetivo a apuração da *herança líquida* (ou *monte-partível*) e sua posterior partilha entre os herdeiros (ou adjudicação, havendo apenas um) ou, sendo o caso, entre os legatários, cessionários e credores do espólio.

O inventário e a partilha serão realizados pelo procedimento especial de jurisdição contenciosa (o *inventário propriamente dito* ou o *arrolamento comum* – CPC, art. 664), reservado o procedimento de jurisdição voluntária do *arrolamento sumário* para a *partilha amigável* (v. arts. 659 a 663).

3. O espólio

Aberta a sucessão hereditária, o correspondente acervo (bens, direitos e obrigações adquiridos e assumidos, em vida, pelo agora falecido) deverá ser inventariado, com a posterior partilha da herança líquida aos herdeiros (ou a adjudicação, havendo apenas um sucessor); até que isso ocorra, o acervo constitui o *espólio*, entidade sem personalidade jurídica, mas que poderá figurar como parte em juízo, sendo representada, judicial e extrajudicialmente, pelo inventariante, ou, antes dele, pelo administrador provisório (CPC, arts. 75, VII, 613 e 614).

4. Inventário e partilha extrajudiciais

Conforme já registrado, em sua versão original o CPC/1973 previa a modalidade do inventário extrajudicial, suprimida, no entanto, ainda no período de *vacatio legis*, pela Lei 5.925, de 1º.10.1973. Diante da supressão, o art. 982 exigia que a partilha (ou a adjudicação, havendo herdeiro único) fosse necessariamente precedida de inventário (ou de arrolamento comum, sendo o caso).

Com a nova redação conferida ao art. 982 pela Lei 11.441/2007, estabeleceu-se a possibilidade de realização extrajudicial do inventário e correspondente partilha do acervo hereditário, por meio de escritura pública lavrada por tabelião, desde que inexistisse testamento, todos os herdeiros fossem capazes e concordes e, ainda, estivessem assistidos por advogado (parágrafo único). Nesse caso, não haveria necessidade de homologação judicial da partilha, valendo a escritura pública como documento hábil para fins registrais. Existindo apenas um herdeiro – e sendo ele capaz –, o inventário e a adjudicação da herança também poderiam ser realizados extrajudicialmente, salvo se houver testamento a ser cumprido.

Essa novidade, apesar de atender, em princípio, ao interesse imediato de herdeiros capazes e concordes, reduzir drasticamente o tempo para a realização da partilha e desafogar o Poder Judiciário, foi objeto de críticas, por propiciar, ao menos em tese, a ocorrência de abusos ou fraudes, além de eventualmente revelar-se mais dispendiosa aos herdeiros; para impedir tais ocorrências, o Conselho Nacional de Justiça editou a Resolução 35, de 24 de abril de 2007, regulamentando o procedimento do inventário e partilha extrajudiciais, especialmente em seus arts. 11 a 35.

O inventário e partilha extrajudiciais representam *faculdade* conferida aos herdeiros que, no entanto, por razões diversas, poderão preferir a via judicial, ainda que presentes os requisitos da capacidade, concordância e inexistência de testamento a ser cumprido. Por outras palavras, na dicção exata do *caput* do aludido art. 982 o inventário e partilha judiciais seriam obrigatórios, exclusivamente, se e quando houvesse testamento, herdeiro incapaz ou discordante; excetuadas essas hipóteses, os herdeiros poderiam valer-se de qualquer das duas vias previstas para a apuração e partilha da herança líquida.

Como o CPC em vigor recepcionou o inventário e partilha extrajudiciais (art. 610, § 1º), todas as referências aos procedimentos de inventário e arrolamento contidas neste texto dizem respeito, exclusivamente, à partilha realizada em juízo; sendo formalizada em cartório, competirá ao tabelião lavrar a respectiva *escritura pública de partilha*, assistidos os interessados por advogado comum ou exclusivo (art. 610, § 2º).

5. Inventário negativo

Embora inexista previsão legal do procedimento a ser adotado para o inventário negativo, este é reconhecido por parcela considerável da doutrina, já se consagrou na prática forense e é contemplado, na modalidade extrajudicial, no art. 28 da já referida Resolução nº 35/2007 do CNJ. E esse reconhecimento deve-se ao fato de que, mesmo não tendo o falecido deixado bens a inventariar, por vezes se mostra necessária a demonstração dessa circunstância por seu cônjuge ou herdeiros, como ocorre, por exemplo, nas hipóteses seguintes: *(a)* no rol das causas suspensivas do casamento, o Código Civil inclui o casamento do viúvo, ou viúva, que tiver filho do cônjuge falecido, enquanto não fizer inventário dos bens do casal e der partilha aos herdeiros (art. 1.523, I); deixando de proceder ao inventário (ainda que negativo, inexistindo bens a inventariar) e contraindo novas núpcias, o regime de bens será o de separação (art. 1.641, I), sem prejuízo de vir a ser instituída hipoteca legal em favor dos filhos do primeiro casamento (art. 1.489, II); *(b)* como o herdeiro responde, até a força do respectivo quinhão hereditário, pelas dívidas da herança (arts. 1.792 e 1.997), eventualmente terá interesse em demonstrar a inexistência de bens hereditários, via inventário negativo, para evitar que tais dívidas possam onerar seu patrimônio; *(c)* também é possível o inventário negativo para justificar a não incidência de imposto *causa mortis*.

Como o inventário negativo representa simples justificação judicial, o interessado na declaração de inexistência de bens a inventariar poderá requerer, junto ao juízo que seria o competente para processar o inventário e a partilha, a tomada por termo de suas declarações, por meio das quais informará o nome, qualificação e último domicílio ou residência do falecido, o dia, hora e local do falecimento, o nome e qualificação de seu cônjuge e herdeiros, bem como a inexistência de bens a inventariar, instruindo a petição com a certidão de óbito e outros documentos de interesse.

Deferido o pedido pelo juiz e lavrado o termo de declarações, serão intimados os representantes do Ministério Público e da Fazenda, para manifestação. Não havendo impugnação, o juiz declarará por sentença encerrado o inventário por falta de bens, extraindo-se a certidão correspondente; havendo impugnação ao pedido, o juiz, produzidas as provas porventura necessárias, decidirá.

> **Art. 611.** O processo de inventário e de partilha deve ser instaurado dentro de 2 (dois) meses, a contar da abertura da sucessão, ultimando-se nos 12 (doze) meses subsequentes, podendo o juiz prorrogar esses prazos, de ofício ou a requerimento de parte.

▶ *Referência: CPC/1973 – Art. 983*

1. Prazos para a abertura e encerramento do inventário

Seja porque o estado de comunhão dos bens hereditários entre os herdeiros não pode perdurar indefinidamente, seja em virtude do direito da Fazenda Pública em arrecadar o imposto de transmissão *causa mortis*, seja, enfim, até mesmo para preservar os interesses dos credores do espólio, estabelece-se o prazo de dois meses para o requerimento de inventário e partilha do acervo hereditário. Descumprindo-o, os interessados não estarão impedidos de requerer a abertura do inventário, ficando sujeitos, contudo, à imposição de multa instituída por lei estadual, conforme enunciado da Súmula 542 do STF.

O prazo para a conclusão do inventário é de doze meses, a contar de sua instauração. Como esse prazo pode não ser suficiente (e a

Art. 612

CÓDIGO DE PROCESSO CIVIL INTERPRETADO

prática forense demonstra que geralmente não é), poderá ser prorrogado pelo juiz, de ofício ou a requerimento do interessado, pelo tempo que for necessário. Mas deve a autoridade judicial inibir e sancionar, quando for o caso, o comportamento protelatório de herdeiro, inventariante ou qualquer terceiro interveniente (*v.g.*, credor habilitante), ou remeter os interessados às vias ordinárias, se e quando houver necessidade de resolução de questão que imponha a produção de prova diversa da documental.

Jurisprudência

Súmula 542/STF: "Não é inconstitucional a multa instituída pelo Estado-membro, como sanção pelo retardamento do início ou da ultimação do inventário".

> **Art. 612.** O juiz decidirá todas as questões de direito desde que os fatos relevantes estejam provados por documento, só remetendo para as vias ordinárias as questões que dependerem de outras provas.

▶ *Referência: CPC/1973 – Art. 984*

1. A resolução de questões de alta indagação

O juiz resolverá todas as questões de direito e de fato (em relação a este, quando documentalmente demonstrado) suscitadas no curso do processo de inventário, determinando a resolução, pelas vias ordinárias (*rectius*: processo de cognição plenária e exauriente), daquelas que demandarem alta indagação – isto é, aquelas *questões de fato* dependentes, para sua resolução, de provas de natureza diversa da documental.

Seja em atenção às finalidades do inventário e partilha (atribuição dos quinhões aos herdeiros, satisfação de credores do espólio etc.), seja porque a vedação de produção de provas orais prestigia a celeridade processual e expurga do âmbito do mérito questões estranhas ao estrito direito sucessório (ou que não possam ser resolvidas exclusivamente por meio de prova documental), no processo de inventário e partilha não serão debatidas e solucionadas questões fáticas que exijam a produção de prova oral, inspeção judicial ou perícia.

Questão de alta indagação é, portanto, a que envolva *fato*, ou *fatos*, cuja demonstração imponha a produção de prova em outro processo, valendo como exemplos a discussão sobre a qualidade de herdeiro (CPC, art. 627, III e § 3º), a petição de herança (art. 628), a questão relativa às colações (art. 641, § 2º), a discordância sobre pedido de pagamento feito pelo credor (art. 643, *caput*), a petição de legado, a nulidade de testamento, a ação de sonegados (art. 621), a exclusão do herdeiro indigno (CC, art. 1.815), entre outras.

> **Art. 613.** Até que o inventariante preste o compromisso, continuará o espólio na posse do administrador provisório.

▶ *Referência: CPC/1973 – Art. 985*

1. A figura do administrador provisório

Com a abertura da sucessão hereditária, a herança é transmitida imediatamente aos herdeiros legítimos e testamentários do falecido (CC, art. 1.784). Como o espólio somente será definitivamente representado pelo inventariante após sua nomeação e compromisso (CPC, arts. 75, VII, e 617 e ss.), não pode a massa hereditária ficar sem administrador no período entre a abertura da sucessão e a nomeação e o compromisso aludidos; daí, a figura do *administrador provisório* – o qual, como resulta da própria denominação, exercerá a representação do espólio em caráter temporário. Então, antes de compromissado o inventariante, incumbirá àquela pessoa a administração do espólio, representando-o ativa e passivamente.

> **Art. 614.** O administrador provisório representa ativa e passivamente o espólio, é obrigado a trazer ao acervo os frutos que desde a abertura da sucessão percebeu, tem direito ao reembolso das despesas necessárias e úteis que fez e responde pelo dano a que, por dolo ou culpa, der causa.

▶ *Referência: CPC/1973 – Art. 986*

1. A representação legal do espólio pelo administrador provisório

Até que ocorram a nomeação, compromisso e assunção do inventariante como representante do espólio, este será administrado e representado, ativa e passivamente, judicial e extrajudicialmente, pelo administrador provisório. Como essa administração provisória resulta de situação fática (encontrar-se o administrador na posse e administração dos bens por ocasião da abertura da sucessão), o exercício do encargo independe de nomeação judicial, devendo ser normalmente atribuído àquela pessoa que já esteja na posse e administração dos bens integrantes do espólio (aquelas indicadas no art. 1.797 do CC). A desnecessidade de nomeação é evidente: fosse o caso de nomear-se, imediatamente à abertura da sucessão, o representante do espólio, este já assumiria suas funções na condição de inventariante, não de administrador provisório.

O administrador terá direito ao reembolso das despesas necessárias e úteis que efetuar, mas, em contrapartida, estará obrigado a requerer a abertura do inventário, trazer ao acervo os frutos percebidos desde a abertura da sucessão hereditária, prestar contas de sua gestão e, de modo geral, praticar todos os atos tendentes à conservação e proteção dos bens, respondendo, perante os herdeiros, em ação própria, pelos danos a que vier a dar causa por dolo ou culpa.

Seção II
Da legitimidade para requerer o inventário

> **Art. 615.** O requerimento de inventário e de partilha incumbe a quem estiver na posse e na administração do espólio, no prazo estabelecido no art. 611.
>
> **Parágrafo único.** O requerimento será instruído com a certidão de óbito do autor da herança.

▶ *Referência: CPC/1973 – Art. 987*

1. Foro competente para o procedimento de inventário

Abre-se a sucessão hereditária no lugar do último domicílio do falecido (CC, art. 1.785), daí a regra de competência territorial estampada no *caput* do art. 48 do CPC, indicando o foro do domicílio do autor da herança como o competente para o inventário, a partilha, a arrecadação, o cumprimento de disposições de última vontade e todas as ações em que o espólio for réu, ainda que o óbito tenha ocorrido no estrangeiro.

Em seu parágrafo o art. 48 prevê *foros subsidiários*, estabelecendo como critérios determinativos da competência territorial, em ordem sucessiva e excludente, *(i)* o foro da situação dos bens imóveis, *(ii)* havendo mais de um, qualquer dos foros onde se situem ou, finalmente, *(iii)* inexistindo bens imóveis, o foro do local de qualquer dos bens do espólio.

Havendo bens do falecido situados no Brasil, são irrelevantes a sua nacionalidade e o fato de seu último domicílio haver sido no exterior, pois somente à autoridade judiciária brasileira competirá, com exclusividade, proceder ao inventário e partilha desses bens e confirmar testamento particular, ainda que o autor da herança fosse de nacionalidade estrangeira ou tivesse domicílio fora do território nacional (CPC, art. 23, II).

Não se deve, portanto, confundir as normas de direito material aplicáveis ao processo (LINDB, art. 10 – v., ainda, CF, art. 5º, XXXI), com as regras de fixação da competência para o inventário e a partilha da herança.

Nas comarcas onde existam juízos especializados de Família e Sucessões, perante eles processar-se-ão o inventário e a partilha; naquelas que possuam juízos distritais (ou foros regionais), eles serão os competentes, como ocorre na Comarca de São Paulo, por força do art. 54, II, *f*, da Resolução 2, de 15.12.1976, do TJSP, combinado com o art. 4º, III, da Lei Estadual 3.947/1983, que criou os denominados foros central e regionais

2. A legitimidade do administrador provisório para requerer o inventário e a partilha do acervo hereditário

Justamente por se encontrar na posse e na administração dos bens do espólio, o administrador provisório ocupa posição destacada entre os demais legitimados a requerer o inventário e partilha. Deverá fazê-lo no prazo legal, a contar da abertura da sucessão, instruindo o requerimento com a indispensável prova documental do óbito (CPC, art. 615).

Importante registrar, primeiro, que, não obstante a referência expressa ao procedimento de inventário, as pessoas indicadas nos arts. 615 e 616 do CPC também estão legitimadas a requerer o *arrolamento*, comum ou sumário; depois, que esses dispositivos não recepcionaram a previsão do art. 989 do CPC/1973, ficando afastada, portanto,

Art. 616

CÓDIGO DE PROCESSO CIVIL INTERPRETADO

a possibilidade de o juiz determinar, de ofício, a instauração do inventário, se e quando os legitimados não tomarem a iniciativa no prazo legal.

> **Art. 616.** Têm, contudo, legitimidade concorrente:
>
> **I** – o cônjuge ou companheiro supérstite;
>
> **II** – o herdeiro;
>
> **III** – o legatário;
>
> **IV** – o testamenteiro;
>
> **V** – o cessionário do herdeiro ou do legatário;
>
> **VI** – o credor do herdeiro, do legatário ou do autor da herança;
>
> **VII** – o Ministério Público, havendo herdeiros incapazes;
>
> **VIII** – a Fazenda Pública, quando tiver interesse;
>
> **IX** – o administrador judicial da falência do herdeiro, do legatário, do autor da herança ou do cônjuge ou companheiro supérstite.

▸ *Referência: CPC/1973 – Art. 988*

1. Legitimidade concorrente

Na formulação do rol de legitimados concorrentes para o requerimento de instauração do procedimento do inventário, o legislador levou em consideração a necessidade de proteção do herdeiro incapaz, do Fisco, de pessoas que concorram à herança ou tenham direito em relação a herdeiro, legatário ou ao autor da herança, e, ainda, da massa falimentar. Vale dizer, justamente por não ser exclusiva, a legitimidade do administrador provisório não afasta a das demais pessoas incluídas no rol legal, mesmo que não estejam na posse e administração do espólio, a saber:

a) legitimidade do cônjuge ou companheiro supérstite: independentemente do regime matrimonial (ou do regime de bens, na união estável), o cônjuge ou o companheiro sobrevivente poderá requerer a abertura do inventário, legitimidade inconfundível com a capacidade para ser inventariante (CC, art. 1.797, I);

b) legitimidade do herdeiro: na condição de maior interessado na realização do inventário e partilha, com a individualização e posterior transmissão de seu respectivo quinhão, qualquer herdeiro capaz poderá requerer a abertura do inventário;

c) legitimidade do legatário: legatário é o sucessor do autor da herança a título singular, isto é, a pessoa beneficiada, por testamento, com liberalidade que tem por objeto coisa certa e determinada, daí seu interesse na abertura do inventário (CC, arts. 1.923 e 1.924);

d) legitimidade do testamenteiro: como ao testamenteiro cabe, precipuamente, dar cumprimento às disposições de última vontade do autor da herança (CC, art. 1.976 e ss.; CPC, art. 735, § 5º), poderá requerer o inventário e partilha, outros legitimados não tomando a iniciativa – até porque o pleno exercício da testamentaria pressupõe a existência de processo inventário;

e) legitimidade do cessionário: cessionário é aquele que assume a titularidade de direitos, mediante a transferência destes para o seu patrimônio, ou seja, por meio de cessão de crédito (CC, art. 286 e ss.). Se o herdeiro, ou o legatário, cede seus direitos sobre a herança a terceiro – o cessionário –, este, mesmo não sendo herdeiro, assume a qualidade de sucessor dos direitos do cedente, estando assim legitimado a requerer o inventário. Convém salientar, por pertinente, que a cessão de direitos hereditários, para ser válida, só pode operar-se *após a abertura da sucessão*, pois a lei veda o denominado pacto sucessório, ou *pacta corvina* (CC, art. 426);

f) legitimidade do credor: o credor do herdeiro, do legatário ou do autor da herança (agora credor, neste último caso, do espólio) tem interesse na abertura do inventário, com isso visando satisfazer seu crédito, desde que líquido e certo. Como a lei civil permite ao credor inclusive aceitar a herança em nome do herdeiro devedor renunciante, sempre que lhe seja prejudicial a renúncia (art. 1.813), com maior razão o legitima para requerer o inventário. Sendo credora do herdeiro, legatário ou autor da herança, a Fazenda Pública ostenta legitimidade fundada em causa diversa daquela indicada no inc. VIII do art. 616 do CPC;

g) legitimidade do Ministério Público: o Ministério Público deverá requerer a abertura do inventário, caso nenhum outro legitimado o faça, apenas se e quando pessoa incapaz figurar entre os herdeiros ou legatários;

h) legitimidade da Fazenda Pública: a legitimidade (ou, mais exatamente, o *interesse*) da Fazenda Pública em requerer o inventário encontra sua razão de ser na necessidade de apuração e recebimento do imposto *causa mortis*;

i) legitimidade do administrador judicial da falência do herdeiro, do legatário, do autor da herança ou do cônjuge ou companheiro supérstite: decretada a falência de qualquer das pessoas indicadas no inciso sob exame (inc. IX), o administrador judicial poderá requerer a abertura do inventário. A mesma legitimidade lhe é conferida se, falecendo um comerciante, for o caso de decretação da falência de seu espólio, hipótese em que o processo de inventário ficará suspenso (v. arts. 96, § 1º, e 125 da *Lei de Recuperação de Empresas* – Lei 11.101/2005).

Jurisprudência

"Recurso especial. Civil. Sucessões. Arrolamento de bens. Ex-companheira. Descompasso entre sucessão de cônjuge e sucessão de companheiro. Habilitação no inventário devida. Direito ao usufruto vidual. Não cabimento. Inconstitucionalidade do art. 1.790 do Código Civil de 2002. Sucessão que deve observar o regime estabelecido no art. 1.829 do CC/2002. Recurso provido. 1. Referida controvérsia foi enfrentada recentemente pelo colendo Supremo Tribunal Federal, no julgamento dos Recursos Extraordinários 646.721/RS e 878.694/MG, em que se declarou incidentalmente a inconstitucionalidade do art. 1.790 do Código Civil de 2002, em que se propôs a seguinte tese: 'No sistema constitucional vigente, é inconstitucional a distinção de regimes sucessórios entre cônjuges e companheiros, devendo ser aplicado, em ambos os casos, o regime estabelecido no art. 1.829 do Código Civil de 2002'. 2. O recurso especial deve ser provido apenas para negar o direito da recorrida ao usufruto vidual, mantendo-a habilitada nos autos do arrolamento/inventário, devendo ser observados e conferidos a ela os direitos assegurados pelo CC/2002 aos cônjuges sobreviventes, conforme o que for apurado nas instâncias ordinárias acerca de eventual direito real de habitação. 3. Recurso especial provido" (REsp 1.139.054/PR, Rel. Min. Lázaro Guimarães (Desembargador convocado do TRF 5ª Região), 4ª Turma, j. 06.02.2018, *DJe* 09.02.2018).

"Recurso especial. Direito civil. Sucessões. Herança. Aceitação tácita. Art. 1.804 do Código Civil. Abertura de inventário. Arrolamento de bens. Renúncia posterior. Impossibilidade. Arts. 1.809 e 1.812 do Código Civil. Ato irretratável e irrevogável. 1. A aceitação da herança, expressa ou tácita, torna definitiva a qualidade de herdeiro, constituindo ato irrevogável e irretratável. 2. Não há falar em renúncia à herança pelos herdeiros quando o falecido, titular do direito,

a aceita em vida, especialmente quando se tratar de ato praticado depois da morte do autor da herança. 3. O pedido de abertura de inventário e o arrolamento de bens, com a regularização processual por meio de nomeação de advogado, implicam a aceitação tácita da herança. 4. Recurso especial não provido" (REsp 1.622.331/SP, Rel. Min. Ricardo Villas Bôas Cueva, 3ª Turma, j. 08.11.2016, *DJe* 14.11.2016).

Seção III
Do inventariante e das primeiras declarações

Art. 617. O juiz nomeará inventariante na seguinte ordem:

I – o cônjuge ou companheiro sobrevivente, desde que estivesse convivendo com o outro ao tempo da morte deste;

II – o herdeiro que se achar na posse e na administração do espólio, se não houver cônjuge ou companheiro sobrevivente ou se estes não puderem ser nomeados;

III – qualquer herdeiro, quando nenhum deles estiver na posse e na administração do espólio;

IV – o herdeiro menor, por seu representante legal;

V – o testamenteiro, se lhe tiver sido confiada a administração do espólio ou se toda a herança estiver distribuída em legados;

VI – o cessionário do herdeiro ou do legatário;

VII – o inventariante judicial, se houver;

VIII – pessoa estranha idônea, quando não houver inventariante judicial.

Parágrafo único. O inventariante, intimado da nomeação, prestará, dentro de 5 (cinco) dias, o compromisso de bem e fielmente desempenhar a função.

▶ *Referência: CPC/1973 – Art. 990*

1. Inventariante

Inventariante é a pessoa nomeada pelo juiz para administrar e representar o espólio, ativa e passivamente, em juízo e fora dele, até a finalização do inventário e partilha, podendo ser precedido nessas funções pelo administrador provisório.

1.1. Modalidades de inventarianças

A inventariança pode ser *legítima, judicial* ou *dativa*. A primeira é conferida às pessoas

Art. 618 | CÓDIGO DE PROCESSO CIVIL INTERPRETADO | 1168

indicadas nos incs. I a V do art. 617, do CPC, observada a ordem nele estabelecida, competindo ao inventariante legítimo, com exclusividade, a administração e representação do espólio (art. 75, VII).

Prevalece, em sede jurisprudencial, o entendimento de que a ordem estabelecida pelo art. 990 do CPC/1973 – recepcionada, com pequenas variações, pelo art. 617 do CPC – não é inflexível, ao órgão jurisdicional sendo facultado nomear como inventariante "aquele que, de acordo com as circunstâncias do caso concreto, reúna as melhores condições para o desempenho dessa função, ainda que não expressamente incluído no rol de legitimados" (STJ, AgRg no AREsp 688.767/SP, Rel. Min. Marco Aurélio Bellizze, 3ª Turma, j. 06.08.2015, *DJe* 24.08.2015). Mas essa discrição reconhecida à autoridade judiciária de modo algum significa possa ela, imotivadamente, tornar "letra morta" a norma legal e nomear, a seu talante, qualquer pessoa para a inventariança.

Inexistindo qualquer das pessoas indicadas, ou, existindo, não seja idônea, tenha sido removida da inventariança ou não possa, por motivo comprovadamente justo, desincumbir-se do encargo, a nomeação recairá no *inventariante judicial*, caso exista na comarca (art. 617, VII); na falta ou impedimento do inventariante judicial, o juiz nomeará pessoa estranha, porém idônea, para o exercício da *inventariança dativa* (inc. VIII), figurando os herdeiros, neste caso, como litisconsortes necessários, ativos ou passivos, nos processos em que o espólio seja parte.

1.2. Legitimidade para exercer a inventariança

A inventariança legítima será exercida, em primeiro lugar, pelo cônjuge sobrevivente, qualquer que seja o regime de bens do casal, ou pelo companheiro.

Em relação ao companheiro já sustentávamos, em edições anteriores deste trabalho, que apesar de o inciso I do art. 990 do CPC/1973 referir-se explicitamente ao "cônjuge sobrevivente casado sob o regime de comunhão", sua adequada interpretação deveria pautar-se no inciso I do art. 1.797 do CC, que reconhece legitimidade ao cônjuge (sem restrição quanto ao regime de bens), ou ao companheiro, para administrar a herança – e, por consequência, para assumir a inventariança. Editada a Lei 12.195, de

14 de janeiro de 2010, conferindo nova redação aos incisos I e II do art. 990 do CPC/1973, não mais remanesce dúvida quanto à legitimidade do companheiro sobrevivente para assumir a inventariança, desde que estivesse convivendo com o outro, ao tempo da morte deste, certeza que agora também se extrai da previsão do art. 617, I e II, do CPC.

Na falta de cônjuge ou companheiro sobrevivente, ou na impossibilidade de qualquer deles assumir o encargo, a inventariança competirá ao herdeiro que se achar na posse e administração do espólio; existindo mais de um herdeiro nessa situação, a escolha do inventariante resultará de consenso, ou de determinação judicial, havendo divergência. Nenhum deles estando na posse e administração dos bens, a nomeação também resultará ou do consenso dos demais, ou de determinação judicial. Finalmente, a inventariança será assumida, sendo o caso, pelo testamenteiro (atendidos os requisitos estabelecidos no inc. V do art. 617) e, sucessiva e excludentemente, pelo inventariante judicial ou, na sua falta, pelo dativo.

> **Art. 618.** Incumbe ao inventariante:
>
> **I** – representar o espólio ativa e passivamente, em juízo ou fora dele, observando-se, quanto ao dativo, o disposto no art. 75, § 1º;
>
> **II** – administrar o espólio, velando-lhe os bens com a mesma diligência que teria se seus fossem;
>
> **III** – prestar as primeiras e as últimas declarações pessoalmente ou por procurador com poderes especiais;
>
> **IV** – exibir em cartório, a qualquer tempo, para exame das partes, os documentos relativos ao espólio;
>
> **V** – juntar aos autos certidão do testamento, se houver;
>
> **VI** – trazer à colação os bens recebidos pelo herdeiro ausente, renunciante ou excluído;
>
> **VII** – prestar contas de sua gestão ao deixar o cargo ou sempre que o juiz lhe determinar;
>
> **VIII** – requerer a declaração de insolvência.

▶ *Referência: CPC/1973 – Art. 991*

1. A livre administração do espólio pelo inventariante:

Diversamente do que sucede em relação às funções indicadas no art. 619 – que demandam, para serem exercitadas, prévia manifestação dos herdeiros e autorização judicial –, naquelas indicadas no dispositivo sob exame o inventariante goza de ampla autonomia, estando apenas sujeito à prestação de contas oportunas e respondendo, evidentemente, por prejuízos que, dolosa ou culposamente, venha a causar ao espólio.

Além da representação legal do espólio, também lhe incumbe a sua administração, devendo, nesse mister, *(a)* praticar todos os atos necessários à defesa e preservação dos bens integrantes do acervo hereditário, com a mesma diligência dispensada aos seus, reivindicando--os em juízo, quando indevidamente em poder de terceiros, *(b)* prestar as primeiras e últimas declarações, pessoalmente ou por procurador com poderes especiais, sob pena de remoção do cargo, exibindo em cartório, para exame das partes, sempre que necessário ou solicitado, os documentos relativos ao espólio, *(c)* providenciar a juntada, nos autos do inventário, da certidão de testamento, se houver, assim possibilitando sua abertura e cumprimento (v. CPC, arts. 735 a 737), *(d)* trazer à colação os bens recebidos pelo herdeiro ausente, renunciante ou excluído (v. CC, arts. 2.002 a 2.012; CPC, arts 639 a 641), *(e)* prestar contas de sua gestão ao deixar o cargo, ou sempre que determinado pelo juiz; a prestação de contas é obrigatória ao término da inventariança, e facultativa no curso dela, procedendo-se em apenso aos autos do processo de inventário, podendo o juiz, sendo o inventariante condenado a pagar o saldo – e não o fazendo no prazo legal –, destituí-lo da função, sequestrar bens sob sua guarda, glosar o prêmio ou a gratificação a que teria direito e determinar as medidas executivas necessárias à recomposição dos prejuízos (v. CPC, arts. 553 e parágrafo único e 622). Finalmente, incumbe ao inventariante requerer a declaração de insolvência do espólio (art. 618, VIII), hipótese em que deverá ser suspenso o curso do processo de inventário.

> **Art. 619.** Incumbe ainda ao inventariante, ouvidos os interessados e com autorização do juiz:
>
> **I** – alienar bens de qualquer espécie;
>
> **II** – transigir em juízo ou fora dele;
>
> **III** – pagar dívidas do espólio;
>
> **IV** – fazer as despesas necessárias para a conservação e o melhoramento dos bens do espólio.

▶ *Referência: CPC/1973 – Art. 992*

1. Atos de inventariança dependentes de prévia autorização judicial

Sem prejuízo das funções ordinariamente exercidas em razão da inventariança (e já enumeradas no item anterior), outras há que dependem, para seu exercício, de prévia manifestação dos herdeiros e expressa autorização judicial – sem o que, convém salientar, é absolutamente nulo o ato praticado pelo inventariante, que responderá pelos prejuízos sofridos pelos herdeiros ou terceiros. Sendo necessária ou conveniente a alienação de bem do espólio (*v.g.*, ameaçado de deterioração, de manutenção custosa etc.), deverá o inventariante consultar prévia e formalmente os herdeiros e obter a indispensável autorização judicial para a prática do negócio jurídico. As mesmas exigências deverão ser atendidas para a concretização de transação, judicial ou extrajudicial, pois tendo ela por finalidade prevenir ou pôr fim a litígios, mediante mútuas concessões (CC, art. 840), o inventariante somente poderá transigir, em nome e por conta do espólio, se e quando assim concordarem os interessados e autorizá-lo o juiz. Dependerão de consulta e autorização judicial, ainda, o pagamento das dívidas do espólio (v. CPC, arts. 642 a 646) e a realização das despesas necessárias com a conservação e o melhoramento dos bens que o integram.

> **Art. 620.** Dentro de 20 (vinte) dias contados da data em que prestou o compromisso, o inventariante fará as primeiras declarações, das quais se lavrará termo circunstanciado, assinado pelo juiz, pelo escrivão e pelo inventariante, no qual serão exarados:
>
> **I** – o nome, o estado, a idade e o domicílio do autor da herança, o dia e o lugar em que faleceu e se deixou testamento;
>
> **II** – o nome, o estado, a idade, o endereço eletrônico e a residência dos herdeiros e, havendo cônjuge ou companheiro supérstite, além dos respectivos dados pessoais, o regime de bens do casamento ou da união estável;
>
> **III** – a qualidade dos herdeiros e o grau de parentesco com o inventariado;
>
> **IV** – a relação completa e individualizada de todos os bens do espólio, inclusive aqueles que devem ser conferidos à colação, e dos bens alheios que nele forem encontrados, descrevendo-se:

a) os imóveis, com as suas especificações, nomeadamente local em que se encontram, extensão da área, limites, confrontações, benfeitorias, origem dos títulos, números das matrículas e ônus que os gravam;

b) os móveis, com os sinais característicos;

c) os semoventes, seu número, suas espécies, suas marcas e seus sinais distintivos;

d) o dinheiro, as joias, os objetos de ouro e prata e as pedras preciosas, declarando-se-lhes especificadamente a qualidade, o peso e a importância;

e) os títulos da dívida pública, bem como as ações, as quotas e os títulos de sociedade, mencionando-se-lhes o número, o valor e a data;

f) as dívidas ativas e passivas, indicando-se-lhes as datas, os títulos, a origem da obrigação e os nomes dos credores e dos devedores;

g) direitos e ações;

h) o valor corrente de cada um dos bens do espólio.

§ 1º O juiz determinará que se proceda:

I – ao balanço do estabelecimento, se o autor da herança era empresário individual;

II – à apuração de haveres, se o autor da herança era sócio de sociedade que não anônima.

§ 2º As declarações podem ser prestadas mediante petição, firmada por procurador com poderes especiais, à qual o termo se reportará.

▶ *Referência: CPC/1973 – Art. 993*

1. Primeiras declarações

Informações indispensáveis à instauração e processamento do inventário, com a posterior partilha da herança líquida (ou sua adjudicação, ao herdeiro único), as *primeiras declarações* deverão ser prestadas pelo inventariante antes das citações dos interessados, no prazo de vinte dias a contar da data de seu compromisso, sob pena de remoção. Nelas serão apresentados os elementos enumerados nos incisos do art. 620 do CPC, podendo ser prestadas mediante petição, firmada por procurador com poderes expressos (§ 2º).

Independentemente de requerimento expresso, o juiz ordenará que se proceda ao balanço do estabelecimento comercial, se o autor da herança era comerciante individual, ou à apuração de haveres, se sócio de sociedade não anônima (art. 620, § 1º).

Art. 621. Só se pode arguir sonegação ao inventariante depois de encerrada a descrição dos bens, com a declaração, por ele feita, de não existirem outros por inventariar.

▶ *Referência: CPC/1973 – Art. 994*

1. Últimas declarações

Como a apresentação das primeiras declarações está sujeita a prazo relativamente exíguo, é compreensível sejam elas incompletas, pois o inventariante poderá desconhecer a existência de bem que não se encontre no acervo hereditário, esteja em local desconhecido, tenha questionado o direito sobre ele, enfim, qualquer circunstância que inviabilize a apresentação do rol completo de bens, direitos e obrigações que integram o monte-mór. Daí, a possibilidade de essas declarações iniciais virem a ser complementadas com a apresentação das últimas, antes das quais descabe falar-se em sonegação de bens.

Art. 622. O inventariante será removido de ofício ou a requerimento:

I – se não prestar, no prazo legal, as primeiras ou as últimas declarações;

II – se não der ao inventário andamento regular, se suscitar dúvidas infundadas ou se praticar atos meramente protelatórios;

III – se, por culpa sua, bens do espólio se deteriorarem, forem dilapidados ou sofrerem dano;

IV – se não defender o espólio nas ações em que for citado, se deixar de cobrar dívidas ativas ou se não promover as medidas necessárias para evitar o perecimento de direitos;

V – se não prestar contas ou se as que prestar não forem julgadas boas;

VI – se sonegar, ocultar ou desviar bens do espólio.

▶ *Referência: CPC/1973 – Art. 995*

1. Remoção do inventariante

As causas determinantes da remoção do inventariante são as enunciadas no art. 622 do CPC, convindo distinguir, com Hamilton de Moraes e Barros, a remoção da *destituição* do inventariante: "Se bem que ambas importem na perda do cargo, há diferença entre elas. A remoção é por falta, isto é, pela prática de ato omissivo ou comissivo, dentro do processo ou por fora dele, mas ligado ao processo; a destituição é por fato exterior a ele, como, *v.g.*, a condenação criminal, que retira a idoneidade, e a falência, que pode envolver inidoneidade moral ou técnica" (*Comentários ao Código de Processo Civil*, v. IX, p. 193-194).

Não obstante essas distinções, a remoção e a destituição só podem ser determinadas pelo juiz, se e quando demonstrado o comportamento desidioso do inventariante na administração dos bens do espólio, em detrimento dos direitos dos herdeiros, ou desaparecendo a necessária confiança nele depositada, seja em razão de fato anterior (agora conhecido – *v.g.*, condenação criminal) ou superveniente à nomeação.

2. Causas determinantes da remoção

O inventariante será removido do cargo *(a)* se não prestar as primeiras e últimas declarações no prazo (CPC, arts. 620 e 636), *(b)* procrastinar o regular andamento do inventário, *(c)* permitir, por culpa sua, a deterioração, dilapidação ou danificação dos bens do espólio (art. 618, II), *(d)* não o defender nas ações em que for citado, *(e)* deixar de cobrar dívidas ativas ou não promover as medidas necessárias para evitar o perecimento de direitos (v. art. 618, I), *(f)* não prestar contas, ou, prestando-as, não forem julgadas boas (arts. 618, VII, e 553), e, finalmente, *(g)* sonegar, ocultar ou desviar bens do espólio (art. 621).

3. Inércia do inventariante

A paralisação do procedimento de inventário, por inércia do inventariante, de modo algum justificará a incidência do art. 485, III, do CPC; será o caso, isto sim, de destituição do faltoso, com a nomeação de novo inventariante (art. 622, II).

> **Art. 623.** Requerida a remoção com fundamento em qualquer dos incisos do art. 622, será intimado o inventariante para, no prazo de 15 (quinze) dias, defender-se e produzir provas.
> **Parágrafo único.** O incidente da remoção correrá em apenso aos autos do inventário.

▶ *Referência: CPC/1973 – Art. 996*

1. Procedimento da remoção do inventariante

Esse procedimento poderá ser instaurado por iniciativa do próprio juiz, ou a requerimento de qualquer interessado (herdeiro, legatário, meeiro, credor, representante do Ministério Público ou da Fazenda Pública), com a indicação da causa que justifique a providência. Requerida a remoção, o respectivo incidente será processado em apenso aos autos do processo de inventário, sem suspensão de seu curso.

Instaurado o incidente de remoção, o inventariante será intimado, em atenção ao contraditório, para, no prazo de quinze dias, defender-se e produzir as provas que repute necessárias à demonstração dos fatos em que fundou sua defesa.

> **Art. 624.** Decorrido o prazo, com a defesa do inventariante ou sem ela, o juiz decidirá.
> **Parágrafo único.** Se remover o inventariante, o juiz nomeará outro, observada a ordem estabelecida no art. 617.

▶ *Referência: CPC/1973 – Art. 997*

1. Decretação da remoção do inventariante

Ofertada ou não defesa no prazo legal, o juiz proferirá decisão interlocutória, decretando a remoção, se for o caso, e nomeando novo inventariante, com a observância da ordem estabelecida pelo art. 617 do CPC.

No regime do CPC/1973, da decisão caberia recurso de agravo, hipótese não contemplada, contudo no rol taxativo do art. 1.015 do novo Código, circunstância que poderá exigir do inventariante removido a adoção de outro instrumento de impugnação, como a impetração de mandado de segurança.

> **Art. 625.** O inventariante removido entregará imediatamente ao substituto os bens do espólio e, caso deixe de fazê-lo, será compelido mediante mandado de busca e apreensão ou de imissão na posse, conforme se tratar de bem móvel ou imóvel, sem prejuízo da multa a ser fixada pelo juiz em montante não superior a três por cento do valor dos bens inventariados.

▶ *Referência: CPC/1973 – Art. 998*

1. Consequências da remoção

Além de perder o cargo e continuar responsável pelos atos de administração até então praticados, o removido deverá proceder à

Art. 626

imediata entrega, ao seu substituto, dos bens do espólio, sob pena de, não o fazendo, a tanto ser compelido mediante mandado de busca e apreensão, tratando-se de bem móvel, ou de imissão na posse, tratando-se de imóvel, sem prejuízo de imposição de multa, em valor não superior a três por cento do valor dos bens inventariados.

Seção IV
Das citações e das impugnações

> **Art. 626.** Feitas as primeiras declarações, o juiz mandará citar, para os termos do inventário e da partilha, o cônjuge, o companheiro, os herdeiros e os legatários e intimar a Fazenda Pública, o Ministério Público, se houver herdeiro incapaz ou ausente, e o testamenteiro, se houver testamento.
>
> **§ 1º** O cônjuge ou o companheiro, os herdeiros e os legatários serão citados pelo correio, observado o disposto no art. 247, sendo, ainda, publicado edital, nos termos do inciso III do art. 259.
>
> **§ 2º** Das primeiras declarações extrair-se-ão tantas cópias quantas forem as partes.
>
> **§ 3º** A citação será acompanhada de cópia das primeiras declarações.
>
> **§ 4º** Incumbe ao escrivão remeter cópias à Fazenda Pública, ao Ministério Público, ao testamenteiro, se houver, e ao advogado, se a parte já estiver representada nos autos.

▶ *Referência: CPC/1973 – Art. 999*

1. Citação dos interessados

Prestadas as primeiras declarações, serão citados o cônjuge ou o companheiro sobrevivente, os herdeiros, os legatários e o testamenteiro, se o falecido houver deixado testamento (art. 626, *caput*).

O CPC/1973 previa que os interessados domiciliados na comarca por onde corresse o inventário, ou que nela forem encontrados, seriam citados pessoalmente ou com hora certa; todos os demais interessados, residentes ou não no Brasil, por edital (art. 999, § 1º c/c arts. 224 a 230).

Essa exigência de citação edilícia de pessoas conhecidas e com endereço certo, apesar de encontrar defensores, enfrentou sérias e merecidas críticas em sede doutrinária, pautadas,

basicamente, seja na insegurança, seja no custo dessa modalidade citatória: afinal, se o interessado é conhecido e tem endereço certo, qual a vantagem em citá-lo por editais, além de tudo a forma citatória mais onerosa?

O novo Código corrige essa distorção, ao prever a citação pelo correio do cônjuge ou companheiro, herdeiros e legatários, com a publicação de edital para dar ciência do inventário apenas aos interessados incertos ou desconhecidos (art. 626, § 1º).

À medida que forem citadas, as partes receberão exemplar das primeiras declarações, cumprindo ainda ao escrivão remeter cópias aos representantes do Ministério Público e da Fazenda Pública, ao testamenteiro, se houver, e ao advogado da parte que já esteja representada nos autos (art. 626, §§ 2º a 4º), providência que tem por escopo permitir aos interessados, sendo o caso, reclamar a adoção de qualquer das medidas indicadas no art. 627.

2. Intimação da Fazenda Pública e do Ministério Público

Estas duas instituições deverão ser intimadas na pessoa de seus respectivos representantes legais. A primeira, para os fins do art. 629; o Ministério Público, na função de fiscal da ordem jurídica, por força do disposto no art. 178, inc. II, limitada essa sua intervenção aos inventários onde haja interesses de incapazes.

> **Art. 627.** Concluídas as citações, abrir-se-á vista às partes, em cartório e pelo prazo comum de 15 (quinze) dias, para que se manifestem sobre as primeiras declarações, incumbindo às partes:
>
> **I** – arguir erros, omissões e sonegação de bens;
>
> **II** – reclamar contra a nomeação de inventariante
>
> **III** – contestar a qualidade de quem foi incluído no título de herdeiro.
>
> **§ 1º** Julgando procedente a impugnação referida no inciso I, o juiz mandará retificar as primeiras declarações.
>
> **§ 2º** Se acolher o pedido de que trata o inciso II, o juiz nomeará outro inventariante, observada a preferência legal.
>
> **§ 3º** Verificando que a disputa sobre a qualidade de herdeiro a que alude o inciso III demanda produção de provas que não a documental,

> o juiz remeterá a parte às vias ordinárias e sobrestará, até o julgamento da ação, a entrega do quinhão que na partilha couber ao herdeiro admitido.

▶ *Referência: CPC/1973 – Art. 1.000*

1. Impugnação às primeiras declarações

Citadas, as partes têm o prazo comum de quinze dias para impugnar as primeiras declarações, arguindo erros e omissões, reclamando da nomeação do inventariante ou contestando a qualidade de quem foi incluído como herdeiro.

Acolhendo a impugnação de erro ou de omissão, o juiz mandará retificar as primeiras declarações; acolhendo a reclamação contra a nomeação do inventariante, nomeará outro, observada a preferência legal (art. 617). Verificando constituir matéria de alta indagação a disputa sobre a qualidade de herdeiro, o juiz remeterá as partes às vias ordinárias, para que resolvam a questão por meio da ação adequada, sobrestando, até o julgamento da mesma, a entrega do quinhão que na partilha couber ao herdeiro admitido. Não proposta a referida ação no prazo de trinta dias, cessará a eficácia da medida que determinou o sobrestamento na entrega do quinhão cabente ao herdeiro cuja qualidade foi impugnada pelos demais (CPC, art. 668, I). Em suma, o juiz decidirá de plano todas as questões de direito e de fato (estando este documentalmente provado) e remeterá a solução das demais às vias ordinárias, evitando, com isso, tumultuar o regular processamento do inventário (art. 612).

> **Art. 628.** Aquele que se julgar preterido poderá demandar sua admissão no inventário, requerendo-a antes da partilha.
>
> **§ 1º** Ouvidas as partes no prazo de 15 (quinze) dias, o juiz decidirá.
>
> **§ 2º** Se para solução da questão for necessária a produção de provas que não a documental, o juiz remeterá o requerente às vias ordinárias, mandando reservar, em poder do inventariante, o quinhão do herdeiro excluído até que se decida o litígio.

▶ *Referência: CPC/1973 – Art. 1.001*

1. Admissão do interessado preterido

Terceiro omitido nas primeiras declarações poderá pleitear sua admissão no inventário, na qualidade de herdeiro, de legatário (v. CC, art. 1.924) e até mesmo de companheiro preterido na meação, desde que o faça antes da partilha. Havendo necessidade de produção de outras provas para a demonstração de sua qualidade, será remetido às vias ordinárias, pois o juiz somente poderá admitir o ingresso do terceiro requerente no inventário se a sua condição de herdeiro, legatário ou companheiro sobrevivente puder ser documentalmente comprovada. Aliás, no caso do legatário a prova de sua condição é necessariamente documental, pois o legado deve ser instituído por testamento escrito – exceto em se tratando do testamento nuncupativo (CC, art. 1.896).

Ouvidas as partes, o juiz apreciará o pleito: acolhendo-o, determinará o ingresso do requerente no inventário. Na hipótese de a admissão do requerente haver sido impugnada, dessa decisão cabia agravo no regime do CPC/1973, possibilidade não prevista, contudo, pelo Código em vigor, circunstância que poderá ensejar a impetração de mandado de segurança pelo prejudicado.

2. Reserva de quinhão

Rejeitado o pedido de admissão no inventário, o juiz remeterá o requerente às vias ordinárias e determinará ao inventariante que reserve o quinhão do preterido até a decisão do litígio, cabendo apelação da sentença ao final proferida.

3. Ação de petição de herança

O pretendido herdeiro excluído terá o prazo de 30 dias para promover a ação de petição de herança, sob pena de cessar a eficácia da medida acautelatória (tutela provisória) de seu quinhão (v. CC, arts. 1.824 a 1.828 – CPC, art. 668, I).

4. Ação adequada após a realização da partilha

Julgada a partilha, restará ao interessado preterido valer-se da ação direta em face dos herdeiros aquinhoados, reclamando o seu quinhão (no caso do herdeiro) ou legado (sendo autor o legatário). Tratando-se de partilha inválida, a ação adequada será a anulatória ou a rescisória, conforme comentários aos arts. 657 e 658, adiante.

Art. 629

Art. 629. A Fazenda Pública, no prazo de 15 (quinze) dias, após a vista de que trata o art. 627, informará ao juízo, de acordo com os dados que constam de seu cadastro imobiliário, o valor dos bens de raiz descritos nas primeiras declarações.

▸ *Referência: CPC/1973 – Art. 1.002*

1. A informação do valor dos bens de raiz pela Fazenda Pública

Também antes da partilha deverá a Fazenda Pública informar ao juízo, dentro de quinze dias após a vista dos autos, o valor dos bens de raiz descritos nas primeiras declarações, valendo-se dos dados constantes de seu cadastro imobiliário (v. art. 634).

Seção V
Da avaliação e do
cálculo do imposto

Art. 630. Findo o prazo previsto no art. 627 sem impugnação ou decidida a impugnação que houver sido oposta, o juiz nomeará, se for o caso, perito para avaliar os bens do espólio, se não houver na comarca avaliador judicial.

Parágrafo único. Na hipótese prevista no art. 620, § 1º, o juiz nomeará perito para avaliação das quotas sociais ou apuração dos haveres.

▸ *Referência: CPC/1973 – Art. 1.003*

1. Avaliação dos bens

Escoado o prazo comum de quinze dias estabelecido pelo art. 627 do CPC, sem que as primeiras declarações sofram impugnação, ou decidida aquela eventualmente apresentada, proceder-se-á à avaliação dos bens do espólio, com o cálculo posterior dos impostos devidos. Essa providência tem por finalidade, em primeiro lugar, a apuração do exato valor do *monte partível*, ou seja, da herança líquida (CC, arts. 1.846 e 1.847), possibilitando a justa partilha entre os herdeiros; em segundo lugar, permitir à Fazenda Pública o cálculo do valor do imposto *causa mortis* a ser recolhido aos cofres públicos.

A avaliação será realizada pelo avaliador oficial da comarca ou, não havendo, por perito nomeado pelo juiz.

2. Dispensa de avaliação dos bens

Será dispensada a avaliação quando *(a)* todos os herdeiros forem capazes e a Fazenda Pública, intimada pessoalmente, concordar expressamente com o valor atribuído aos bens nas primeiras declarações (CPC, arts. 630 a 638), *(b)* os herdeiros concordarem com o valor dos bens declarado pela Fazenda Pública (art. 629 c/c art. 634), *(c)* o cálculo do tributo *causa mortis* incidente sobre bens imóveis tiver por base os seus valores venais e, ainda, *(d)* houver avaliação recente realizada em outro processo.

Art. 631. Ao avaliar os bens do espólio, o perito observará, no que for aplicável, o disposto nos arts. 872 e 873.

▸ *Referência: CPC/1973 – Art. 1.004*
▸ *Ver notas aos arts. 872 e 873.*

Art. 632. Não se expedirá carta precatória para a avaliação de bens situados fora da comarca onde corre o inventário se eles forem de pequeno valor ou perfeitamente conhecidos do perito nomeado.

▸ *Referência: CPC/1973 – Art. 1.006*

1. Dispensa de expedição de carta precatória avaliatória

Considerando que a avaliação poderá acarretar despesas elevadas, o juiz não determinará a expedição de carta precatória avaliatória, se os bens situados fora da comarca onde se processa o inventário tiverem pequeno valor (aceito, neste caso, aquele atribuído nas primeiras declarações) ou se seu valor já seja do conhecimento do perito.

Art. 633. Sendo capazes todas as partes, não se procederá à avaliação se a Fazenda Pública, intimada pessoalmente, concordar de forma expressa com o valor atribuído, nas primeiras declarações, aos bens do espólio.

▸ *Referência: CPC/1973 – Art. 1.007*
▸ *Ver nota 2 ao art. 630.*

Art. 634. Se os herdeiros concordarem com o valor dos bens declarados pela Fazenda Pública, a avaliação cingir-se-á aos demais.

▶ *Referência: CPC/1973 – Art. 1.008*

1. Dispensa de avaliação dos bens de raiz

Como cabe à Fazenda Pública indicar, antes da partilha, o valor dos bens de raiz descritos nas primeiras declarações (art. 629), será dispensada a avaliação se os herdeiros concordarem com o valor indicado, limitando-se o perito, neste caso, a avaliar os demais bens do espólio, ressalvadas as hipóteses do art. 632.

Art. 635. Entregue o laudo de avaliação, o juiz mandará que as partes se manifestem no prazo de 15 (quinze) dias, que correrá em cartório.

§ 1º Versando a impugnação sobre o valor dado pelo perito, o juiz a decidirá de plano, à vista do que constar dos autos.

§ 2º Julgando procedente a impugnação, o juiz determinará que o perito retifique a avaliação, observando os fundamentos da decisão.

▶ *Referência: CPC/1973 – Art. 1.009*

1. Manifestação das partes sobre o laudo avaliatório

Entregue o laudo de avaliação, as partes terão o prazo de quinze dias para manifestação. Impugnado o valor atribuído a qualquer dos bens avaliados, o juiz decidirá de plano a impugnação. Acolhendo-a, determinará ao perito a retificação da avaliação, atendidos os fundamentos da decisão.

Art. 636. Aceito o laudo ou resolvidas as impugnações suscitadas a seu respeito, lavrar-se-á em seguida o termo de últimas declarações, no qual o inventariante poderá emendar, aditar ou completar as primeiras.

▶ *Referência: CPC/1973 – Art. 1.011*

1. Laudo avaliatório e últimas declarações

Aceito o laudo pelas partes, ou resolvidas definitivamente as impugnações apresentadas, será lavrado o termo de *últimas declarações*. Como elas põem fim à fase de inventário dos bens e devem, consequentemente, retratar a realidade do acervo hereditário – até porque, não sendo corretas, poderá o inventariante vir sofrer a ação de sonegados (art. 621) –, a lei faculta-lhe a realização, no termo correspondente, de emenda, adição ou complementação das primeiras declarações.

Art. 637. Ouvidas as partes sobre as últimas declarações no prazo comum de 15 (quinze) dias, proceder-se-á ao cálculo do tributo.

▶ *Referência: CPC/1973 – Art. 1.012*

1. Cálculo do imposto de transmissão *causa mortis*

Assim que as partes aceitarem as últimas declarações, ou forem sanados erros ou omissões relacionados à emenda, adição ou complementação levada a cabo pelo inventariante, o juiz determinará a realização do cálculo do imposto de transmissão, tendo como base o valor dos bens na data da avaliação e respeitada a alíquota vigente ao tempo da abertura da sucessão (Súmulas 112 e 113 do STF).

O imposto *causa mortis* não será exigível antes da homologação do cálculo pelo juiz (Súmula 114 do STF), nem incidirá sobre os honorários do advogado contratado pelo inventariante (Súmula 115). No inventário por morte presumida (v., CPC, arts. 744 e 745) é legítima a incidência do imposto de transmissão *causa mortis* (Súmula 331 do STF); na sucessão do promitente-vendedor o imposto de transmissão *causa mortis* deverá ser calculado sobre o saldo credor da promessa de compra e venda de imóvel, no momento da abertura da sucessão (Súmula 590 do STF).

Jurisprudência

Súmula 112 do STF: "O Imposto de Transmissão 'causa mortis' é devido pela alíquota vigente ao tempo da abertura da sucessão".

Súmula 113 do STF: "O Imposto de Transmissão 'causa mortis' é calculado sobre o valor dos bens na data da avaliação".

Súmula 114 do STF: "O imposto de transmissão 'causa mortis' não é exigível antes da homologação do cálculo".

Art. 638

Súmula 115 do STF: "Sobre os honorários do advogado contratado pelo inventariante, com a homologação do juiz, não incide o Imposto de Transmissão 'causa mortis'".

Súmula 331 do STF: "É legítima a incidência do Imposto de Transmissão 'causa mortis' no inventário por morte presumida".

Súmula 590 do STF: "Calcula-se o Imposto de Transmissão 'causa mortis' sobre o saldo credor da promessa de compra e venda de imóvel, no momento da abertura da sucessão do promitente-vendedor".

"Tributário. Imposto sobre Transmissão *Causa Mortis* e Doação. Decadência. Termo inicial. Arrolamento. Homologação da partilha. Ausência de pagamento. Art. 173, I, do CTN. 1. Trata-se de Recurso Especial no qual se discute o termo inicial da decadência para o lançamento do Imposto sobre Transmissão Causa Mortis e Doação – ITCMD. 2. Tendo as instâncias ordinárias consignado que não houve pagamento antecipado do imposto, aplica-se à decadência o art. 173, I, do CTN, de modo que o seu termo inicial é o primeiro dia do exercício seguinte àquele em que o lançamento poderia ter sido efetuado, tal como pacificado pela Primeira Seção no regime dos recursos repetitivos (REsp 973.733/SC, Rel. Ministro Luiz Fux, Primeira Seção, julgado em 12.8.2009, *DJe* 18.9.2009). 3. Na sistemática de apuração do ITCMD, há que observar, inicialmente, o disposto no art. 35, parágrafo único, do CTN, segundo o qual, nas transmissões causa mortis, ocorrem tantos fatos geradores distintos quantos sejam os herdeiros ou legatários. 4. Embora a herança seja transmitida, desde logo, com a abertura da sucessão (art. 1.784 do Código Civil), a exigibilidade do imposto sucessório fica na dependência da precisa identificação do patrimônio transferido e dos herdeiros ou legatários, para que sejam apurados os 'tantos fatos geradores distintos' a que alude o citado parágrafo único do art. 35, sendo essa a lógica que inspirou a edição das Súmulas 112, 113 e 114 do STF. 5. O regime do ITCMD revela, portanto, que apenas com a prolação da sentença de homologação da partilha é possível identificar perfeitamente os aspectos material, pessoal e quantitativo da hipótese normativa, tornando possível a realização do lançamento (cf. REsp 752.808/RJ, Rel. Ministro Teori Albino Zavascki, Primeira Turma, julgado em 17.5.2007, *DJ* 4.6.2007, p. 306; AgRg no REsp 1257451/SP, Rel. Ministro Humberto Martins, Segunda Turma, julgado em 6.9.2011, *DJe* 13.9.2011). 6. No caso concreto, constatado que a sentença que homologou a partilha de bens transitou em julgado em 1º.11.2001 e que até o ajuizamento da Ação Declaratória (julho/2009), pelas recorridas, não havia sido constituído o crédito tributário, tem-se como correta a decretação da decadência. 7. Recurso Especial não provido" (REsp 1.668.100/SP, Rel. Min. Herman Benjamin, 2ª Turma, j. 13.06.2017, *DJe* 20.06.2017).

> **Art. 638.** Feito o cálculo, sobre ele serão ouvidas todas as partes no prazo comum de 5 (cinco) dias, que correrá em cartório, e, em seguida, a Fazenda Pública.
>
> **§ 1º** Se acolher eventual impugnação, o juiz ordenará nova remessa dos autos ao contabilista, determinando as alterações que devam ser feitas no cálculo.
>
> **§ 2º** Cumprido o despacho, o juiz julgará o cálculo do tributo.

▶ *Referência: CPC/1973 – Art. 1.013*

1. Manifestação sobre o cálculo

Apresentado o cálculo do imposto de transmissão, sobre ele poderão manifestar-se as partes no prazo comum de cinco dias, em cartório, colhendo-se em seguida a manifestação da Fazenda Pública. Havendo impugnação acolhida pelo juiz, ele ordenará a remessa dos autos ao contabilista (contador judicial), determinando as alterações que devam ser feitas e, em seguida, julgará o cálculo.

Seção VI
Das colações

> **Art. 639.** No prazo estabelecido no art. 627, o herdeiro obrigado à colação conferirá por termo nos autos ou por petição à qual o termo se reportará os bens que recebeu ou, se já não os possuir, trar-lhes-á o valor.
>
> **Parágrafo único.** Os bens a serem conferidos na partilha, assim como as acessões e as benfeitorias que o donatário fez, calcular-se-ão pelo valor que tiverem ao tempo da abertura da sucessão.

▶ *Referência: CPC/1973 – Art. 1.014*

1. O herdeiro obrigado à colação

Está obrigado à colação de bem apenas o herdeiro descendente que recebeu doação do ascendente (CC, arts. 544 e 2.002). Deve conferi-lo quando concorrer à sucessão com herdeiros da mesma classe, isto é, trazer à colação o bem doado pelo autor da herança, sob pena de sonegação (CC, art. 1.992), exceto se dispensado da conferência (CC, arts. 2.005 e 2.006).

2. Finalidade da colação

Disciplinada pelo Código Civil em seus arts. 2.002 a 2.012, a colação (ou *conferência*), tem por finalidade reconstituir o acervo hereditário para a exata e justa determinação da legítima de cada coerdeiro descendente, sempre que qualquer deles (aquele obrigado à colação) houver sido beneficiado por ato praticado em vida (doação) pelo ascendente de cuja sucessão agora se trata (CC, art. 2.003).

3. Formas de colação

A colação é feita por duas formas distintas: *in natura* (CC, arts. 2.002 e 2.007, § 2º), ou por imputação do valor (CC, art. 2.004). No primeiro caso, o bem doado é restituído ao acervo hereditário; no segundo, computa-se no quinhão do herdeiro donatário o valor do bem doado, correspondente àquele indicado no ato da doação, ou, na sua falta, àquele apurado, à época da partilha, pelo que valeria ao tempo da liberalidade (CC, arts. 2.002, 2.004 e 2.007, § 2º). O valor em dinheiro a ser imputado será o apurado ao tempo da abertura da sucessão, devidamente atualizado (CC, art. 2.007, § 2º, 2ª parte).

4. Valor de colação dos bens doados

O Código Civil revogado previa, em seu art. 1.792, que os bens doados seriam conferidos pelo valor certo, ou por estimação que deles houvesse sido feita na *data da doação*. Esse cálculo retrospectivo resultava em valores totalmente comprometidos pela corrosão inflacionária, circunstância que levou à edição do parágrafo único do art. 1.014 do CPC/1973, estabelecendo a prevalência, para o fim de colação, do valor do bem calculado ao *tempo da abertura da sucessão hereditária*. Sobreveio o atual Código Civil, que em seu art. 2.004, § 1º equivocadamente reavivou os critérios de apuração estabelecidos no revogado, afastando, assim, a incidência do aludido parágrafo.

Em boa hora, o CPC restaura o critério anterior (art. 639, parágrafo único), pois aquele estabelecido pela lei civil impõe injustificável prejuízo ao herdeiro que vier a reclamar a colação, eis que o valor do bem colacionado, já corroído pelo tempo, dificilmente corresponderá àquele necessário para igualar as legítimas.

> **Art. 640.** O herdeiro que renunciou à herança ou o que dela foi excluído não se exime, pelo fato da renúncia ou da exclusão, de conferir, para o efeito de repor a parte inoficiosa, as liberalidades que obteve do doador.
>
> **§ 1º** É lícito ao donatário escolher, dentre os bens doados, tantos quantos bastem para perfazer a legítima e a metade disponível, entrando na partilha o excedente para ser dividido entre os demais herdeiros.
>
> **§ 2º** Se a parte inoficiosa da doação recair sobre bem imóvel que não comporte divisão cômoda, o juiz determinará que sobre ela se proceda a licitação entre os herdeiros.
>
> **§ 3º** O donatário poderá concorrer na licitação referida no § 2º e, em igualdade de condições, terá preferência sobre os herdeiros.

▶ *Referência: CPC/1973 – Art. 1.015*

1. Colação pelo herdeiro renunciante ou excluído

Mesmo que o herdeiro tenha renunciado à herança (CC, arts. 1.804 a 1.813) ou dela sido excluído (CC, arts. 1.814 a 1.818), deverá trazer à colação as doações que houver recebido, para o fim de repor o que exceder o disponível (v. CC, art. 2.008 c/c arts. 1.845 a 1.847); isto porque, a liberalidade praticada em favor do renunciante ou excluído, em vida, pelo autor da herança, representou antecipação da legítima, impondo ao beneficiado, aberta a sucessão, a obrigação de proceder à conferência, se a tanto exigido por herdeiro sucessível.

Para o fim de colação, pode o herdeiro renunciante ou excluído escolher, entre os bens doados, tantos quantos bastem para perfazer a legítima e a metade disponível, entrando na partilha (isto é, sendo trazido à colação) o excedente, para que seja dividido entre os demais herdeiros. Se esse excedente (parte inoficiosa da doação) recair sobre bem imóvel que não comporte divisão cômoda entre os herdeiros, o juiz determinará

Art. 641

CÓDIGO DE PROCESSO CIVIL INTERPRETADO

1178

se proceda à licitação entre eles, podendo dela também participar o donatário que trouxe o referido bem à colação, o qual, em igualdade de condições com os herdeiros licitantes, terá a preferência (CPC, art. 640 e parágrafos).

> **Art. 641.** Se o herdeiro negar o recebimento dos bens ou a obrigação de os conferir, o juiz, ouvidas as partes no prazo comum de 15 (quinze) dias, decidirá à vista das alegações e das provas produzidas.
>
> **§ 1º** Declarada improcedente a oposição, se o herdeiro, no prazo improrrogável de 15 (quinze) dias, não proceder à conferência, o juiz mandará sequestrar-lhe, para serem inventariados e partilhados, os bens sujeitos à colação ou imputar ao seu quinhão hereditário o valor deles, se já não os possuir.
>
> **§ 2º** Se a matéria exigir dilação probatória diversa da documental, o juiz remeterá as partes às vias ordinárias, não podendo o herdeiro receber o seu quinhão hereditário, enquanto pender a demanda, sem prestar caução correspondente ao valor dos bens sobre os quais versar a conferência.

▶ *Referência: CPC/1973 – Art. 1.016*

1. O procedimento incidente da colação

Negando o herdeiro haver recebido o bem reclamado à colação, ou a sua obrigação de colacioná-lo, alegando dispensa (CC, arts. 2.005 e 2.006), o juiz proferirá sua decisão. Rejeitando a oposição, a colação deverá ser realizada no prazo improrrogável de quinze dias, sob pena de, permanecendo omisso o herdeiro a ela obrigado, serem sequestrados os bens sujeitos à conferência, para serem inventariados e partilhados; não mais os possuindo, o herdeiro opositor terá imputado no seu quinhão hereditário o valor daqueles bens, ou seja, no cálculo de seu quinhão será descontado o valor dos bens que alienou. Havendo necessidade de dilação probatória diversa da documental, as partes serão remetidas às vias ordinárias, não podendo o herdeiro opositor receber seu quinhão hereditário enquanto pender a demanda, salvo se prestar caução correspondente ao valor dos bens sob conferência (CPC, art. 641 e parágrafos).

2. Sonegação

A sonegação caracteriza-se pela dolosa ocultação de bem integrante do espólio pelo inventariante, ao não declará-lo até o momento de apresentação das últimas declarações, ou pelo herdeiro donatário que, a tanto instado, não o trouxe à colação.

2.1. As penas impostas ao sonegador

O Código Civil estabelece a imposição de penas ao sonegador, seja ele o inventariante ou herdeiro (arts. 1.992 a 1.996), no que é secundado pelo novo estatuto processual, ao prever a remoção do inventariante que sonegar, ocultar ou desviar bens do espólio (art. 622, VI). Sendo sonegador o herdeiro, perderá o direito que lhe caiba sobre o bem sonegado, ou pagará o seu valor, mais perdas e danos, se já não mais o tiver em seu poder (CC, arts. 1.992 e 1.995); sendo também inventariante, sofrerá, além de tais penas, a de remoção do cargo (CC, art. 1.993).

A sonegação somente poderá ser arguida depois de encerrada a descrição dos bens, com a declaração feita pelo inventariante de não existirem outros por inventariar (CC, art. 1.996 – CPC, art. 621). Antes disso não é possível a arguição, pois ainda poderão ser aditadas as primeiras declarações, nelas incluindo-se bens omitidos, ou até então ignorados.

Importante observar, ainda, que a sonegação pressupõe conduta maliciosa do inventariante, não se justificando a imposição de qualquer penalidade se a omissão de bens decorrer da ignorância de sua existência.

2.2. Prazo prescricional

É de dez anos o prazo prescricional para a arguição em juízo da sonegação (CC, art. 205), já tendo decidido o Supremo Tribunal Federal, sob a égide do anterior diploma civil, que "a ação de sonegados nasce para os herdeiros ou para os credores do espólio, concluída pelo inventariante a descrição dos bens no inventário, com as últimas declarações" (RE 85.944/RJ, 1ª Turma, rel. Min. Neri da Silveira, j. 15.12.1987, *DJU* 10.03.1989, p. 3.015).

Seção VII
Do pagamento das dívidas

> **Art. 642.** Antes da partilha, poderão os credores do espólio requerer ao juízo do inventário o pagamento das dívidas vencidas e exigíveis.
>
> **§ 1º** A petição, acompanhada de prova literal da dívida, será distribuída por dependência

e autuada em apenso aos autos do processo de inventário.

§ 2º Concordando as partes com o pedido, o juiz, ao declarar habilitado o credor, mandará que se faça a separação de dinheiro ou, em sua falta, de bens suficientes para o pagamento.

§ 3º Separados os bens, tantos quantos forem necessários para o pagamento dos credores habilitados, o juiz mandará aliená-los, observando-se as disposições deste Código relativas à expropriação.

§ 4º Se o credor requerer que, em vez de dinheiro, lhe sejam adjudicados, para o seu pagamento, os bens já reservados, o juiz deferir-lhe-á o pedido, concordando todas as partes.

§ 5º Os donatários serão chamados a pronunciar-se sobre a aprovação das dívidas, sempre que haja possibilidade de resultar delas a redução das liberalidades.

▶ *Referência: CPC/1973 – Art. 1.017*

1. Pagamento das dívidas do espólio

O patrimônio do devedor responde pelo cumprimento de suas obrigações, e, vindo a falecer, a responsabilidade é transferida à herança. Mas, uma vez partilhado o acervo hereditário, os herdeiros só responderão por tais dívidas até a força do respectivo quinhão hereditário (CC, arts. 1.792 e 1.997), daí a necessidade de o pagamento daquelas dar-se antes da partilha, mediante a adoção do procedimento previsto nos arts. 642 a 646 do CPC (v. CC, arts. 1.997 a 2.001).

O pagamento será requerido pelo credor, por petição acompanhada de prova literal da existência de dívida vencida e exigível, autuando-se o pedido em apenso aos autos do processo de inventário. Havendo concordância das partes, o juiz declarará habilitado o credor, ordenando que se faça a separação de dinheiro ou, em sua falta, de bens suficientes para o seu pagamento. Separados os bens, mandará aliená-los ou, caso concordem as partes e assim prefira o credor, determinará a sua adjudicação em favor deste.

2. Desnecessidade de habilitação do crédito

Nem todos os credores do espólio necessitam habilitar seu crédito, como é o caso da Fazenda Pública, relativamente aos créditos tributários (CTN, art. 187).

Jurisprudência

"Recurso especial. Civil. Sucessões. Arrolamento de bens. Ex-companheira. Descompasso entre sucessão de cônjuge e sucessão de companheiro. Habilitação no inventário devida. Direito ao usufruto vidual. Não cabimento. Inconstitucionalidade do art. 1.790 do Código Civil de 2002. Sucessão que deve observar o regime estabelecido no art. 1.829 do CC/2002. Recurso provido. 1. Referida controvérsia foi enfrentada recentemente pelo colendo Supremo Tribunal Federal, no julgamento dos Recursos Extraordinários 646.721/RS e 878.694/MG, em que se declarou incidentalmente a inconstitucionalidade do art. 1.790 do Código Civil de 2002, em que se propôs a seguinte tese: 'No sistema constitucional vigente, é inconstitucional a distinção de regimes sucessórios entre cônjuges e companheiros, devendo ser aplicado, em ambos os casos, o regime estabelecido no art. 1.829 do Código Civil de 2002'. 2. O recurso especial deve ser provido apenas para negar o direito da recorrida ao usufruto vidual, mantendo-a habilitada nos autos do arrolamento/inventário, devendo ser observados e conferidos a ela os direitos assegurados pelo CC/2002 aos cônjuges sobreviventes, conforme o que for apurado nas instâncias ordinárias acerca de eventual direito real de habitação. 3. Recurso especial provido" (REsp 1.139.054/PR, Rel. Min. Lázaro Guimarães (Desembargador convocado do TRF 5ª Região), 4ª Turma, j. 06.02.2018, *DJe* 09.02.2018).

Art. 643. Não havendo concordância de todas as partes sobre o pedido de pagamento feito pelo credor, será o pedido remetido às vias ordinárias.

Parágrafo único. O juiz mandará, porém, reservar, em poder do inventariante, bens suficientes para pagar o credor quando a dívida constar de documento que comprove suficientemente a obrigação e a impugnação não se fundar em quitação.

▶ *Referência: CPC/1973 – Art. 1.018*

1. Impugnação ao pagamento e reserva de bens

Discordando qualquer das partes do pedido de pagamento formulado pelo pretendido credor, este será remetido às vias ordinárias, procedendo-se à reserva de bens suficientes para o pagamento

Art. 644

da dívida, sempre que esta constar de documento que comprove suficientemente a obrigação – e desde que a impugnação não se funde em quitação (CPC, art. 643 e parágrafo único). Nesse caso, o credor terá o prazo de trinta dias para promover a ação de natureza condenatória, sob pena de cessação da eficácia da medida que determinou a reserva de bens (art. 668, I).

> **Art. 644.** O credor de dívida líquida e certa, ainda não vencida, pode requerer habilitação no inventário.
>
> **Parágrafo único.** Concordando as partes com o pedido referido no *caput*, o juiz, ao julgar habilitado o crédito, mandará que se faça separação de bens para o futuro pagamento.

▶ *Referência: CPC/1973 – Art. 1.019*

1. Habilitação do credor do espólio

Mesmo que ainda não vencida a dívida, poderá o credor requerer a sua habilitação no inventário e, concordando as partes, o juiz julgará habilitado o crédito, determinando que se faça a reserva de bens para o futuro pagamento. Discordando as partes, poderá o credor, assim que vencida a dívida, requerer a sua habilitação, nos termos do art. 642 e parágrafos.

> **Art. 645.** O legatário é parte legítima para manifestar-se sobre as dívidas do espólio:
>
> **I** – quando toda a herança for dividida em legados;
>
> **II** – quando o reconhecimento das dívidas importar redução dos legados.

▶ *Referência: CPC/1973 – Art. 1.020*

1. Legitimidade do legatário para manifestar-se sobre as habilitações

Na qualidade de sucessor do autor da herança a título singular, ou seja, beneficiado por testamento com liberalidade que tem por objeto coisa certa e determinada, o legatário não entra na posse imediata do bem legado (CC, art. 1.923), que poderá, inclusive, ser reduzido (arts. 1.967 e 1.968). Justamente para prevenir tal possibilidade, a lei reconhece-lhe legitimidade para manifestar-se sobre as dívidas do espólio, permitindo-lhe, assim, preservar o seu legado

de reivindicações ilegítimas ou excessivas. Finalmente, quando o espólio estiver sendo executado, o CPC permite aos herdeiros que separem bens e autorizem o inventariante a nomeá-los à penhora (art. 646).

> **Art. 646.** Sem prejuízo do disposto no art. 860, é lícito aos herdeiros, ao separarem bens para o pagamento de dívidas, autorizar que o inventariante os indique à penhora no processo em que o espólio for executado.

▶ *Referência: CPC/1973 – Art. 1.021*

1. Indicação de bem à penhora

Tendo em vista que, mesmo ocorrendo a penhora no rosto dos autos (CPC, art. 858), serão objeto de constrição (penhora) em futura execução, preferencialmente, os bens já reservados para a garantia de crédito questionado, torna-se dispensável, em princípio, a previsão do art. 646.

Seção VIII
Da partilha

> **Art. 647.** Cumprido o disposto no art. 642, § 3º, o juiz facultará às partes que, no prazo comum de 15 (quinze) dias, formulem o pedido de quinhão e, em seguida, proferirá a decisão de deliberação da partilha, resolvendo os pedidos das partes e designando os bens que devam constituir quinhão de cada herdeiro e legatário.
>
> **Parágrafo único.** O juiz poderá, em decisão fundamentada, deferir antecipadamente a qualquer dos herdeiros o exercício dos direitos de usar e de fruir de determinado bem, com a condição de que, ao término do inventário, tal bem integre a cota desse herdeiro, cabendo a este, desde o deferimento, todos os ônus e bônus decorrentes do exercício daqueles direitos.

▶ *Referência: CPC/1973 – Art. 1.022*

1. Conceito de partilha

Aberta a sucessão hereditária, opera-se a transmissão da herança, desde logo, aos herdeiros, legítimos e testamentários (CC, art. 1.784). Consequentemente, entre eles surge relação de cotitularidade de direitos, ou seja, instaura-se, em relação à herança, a comunhão denominada hereditária. E, de duas, uma: ou o autor da herança já especificara em testamento os bens que integrarão os quinhões cabentes aos respectivos herdeiros, ou é impossível individualizar, desde logo, os bens que caberão a cada um deles; neste último caso, o acervo hereditário mostra-se indiviso, devendo, por consequência, ser realizada a partilha dos bens, visando à individualização do quinhão de cada um dos herdeiros.

O modo de partilhar a herança depende do modo de suceder. Assim, os herdeiros sucederão *por direito próprio*, *por direito de representação*, *por linhas* ou *por transmissão*.

1.1. Sucessão por direito próprio

Opera-se essa modalidade sucessória quando entre os herdeiros houver igualdade de grau de parentesco com o falecido, isto é, todos são descendentes ou colaterais, no mesmo grau de parentesco. Exemplificando: todos os herdeiros são filhos do falecido (parentesco em linha reta descendente, 1º grau) ou seus irmãos (parentesco na linha colateral, 2º grau), devendo a herança será dividida em tantos quinhões quantos sejam os herdeiros, que herdarão por cabeça (*partilha por cabeça* – CC, arts. 1.835 e 1.840).

1.2. Sucessão por direito de representação

Ocorre essa modalidade de sucessão quando houver desigualdade de graus de parentesco entre os herdeiros, descendentes ou colaterais (CC, arts. 1.851 a 1.856). O direito de representação opera-se quer na linha reta descendente (quando a herança é partilhada entre filhos e netos do autor da herança – CC, art. 1.852), quer na linha colateral (quando a herança é partilhada entre os irmãos e sobrinhos do falecido (CC, art. 1.853). Explicitando: caso um dos herdeiros diretos (filho ou irmão do autor da herança) tenha falecido antes, ou ao mesmo tempo, que o autor da herança (isto é, tenha ocorrido premoriência ou comoriência – CC, art. 8º), ou, então, seja excluído da herança por indignidade (CC, arts. 1.814 a 1.818, especialmente art. 1.816), seus filhos herdarão o quinhão que lhe caberia.

A título de exemplificação, imagine-se que o falecido tenha deixado como herdeiros apenas três filhos do mesmo casamento, com eles não concorrendo à herança o cônjuge sobrevivente (v. CC, art. 1.829, I). Dentro da normalidade sucessória, eles herdariam por cabeça, ou seja, por direito próprio, sendo a herança partilhada entre eles em três quinhões de idêntico valor. Imagine-se, porém, que um dos filhos tenha sido excluído da herança por indignidade, ou falecido antes que o autor da herança. Se esse filho indigno, ou premorto, também tiver filhos (portanto, netos do autor da herança), estes concorrerão à herança do avô, herdando aquilo que seu pai herdaria, se vivo fosse, ou se não houvesse sido alijado da sucessão por indignidade. Então, na situação retratada no exemplo sob exame, a herança será dividida em três quinhões: cada um dos filhos do autor da herança receberá um terço dela, e o terço restante, que caberia ao filho premorto ou indigno, será entregue aos seus filhos, que herdarão por estirpe (*partilha por estirpe*).

1.3. Sucessão por linhas

Se os únicos herdeiros são ascendentes do falecido, eles herdarão por linhas (sucessão *in lineas*), ou seja, metade da herança será deferida à linha paterna e, a outra, à materna. Sendo sobrevivente apenas um dos pais do falecido, ele herdará integralmente a herança, ainda que existam avós, pois na linha ascendente não se dá o direito de representação (CC, art. 1.852); caso os herdeiros sejam os avós do falecido, a herança será dividida igualmente entre as duas linhas, pouco importando a quantidade de ascendentes em cada uma delas (*v.g.*, havendo dois avós maternos e um paterno, aos dois primeiros caberá metade da herança, herdando, o outro, a metade remanescente). Em suma, não herdam por cabeça, mas por linhas (CC, art. 1.836, § 2º).

1.4. Sucessão por transmissão

Opera-se a transmissão da herança se, depois da abertura da sucessão hereditária, um dos herdeiros do autor da herança vier a falecer antes de aceitar o seu quinhão hereditário ou, então, depois de aceitá-lo, mas antes da partilha. Em qualquer dessas hipóteses, o quinhão destinado ao herdeiro falecido é transmitido aos seus respectivos herdeiros.

2. Modalidades de partilhas

A partilha pode ser realizada pelas formas amigável ou judicial, quando resultante de acordo dos herdeiros ou definida por sentença judicial.

Art. 648

CÓDIGO DE PROCESSO CIVIL INTERPRETADO

1182

2.1. Partilha amigável

Se todos os herdeiros forem capazes e manifestarem sua concordância com o modo de partilhar a herança líquida, a partilha será amigável e formalizada por escritura pública, por termo nos autos do inventário ou por escrito particular homologado pelo juiz (CPC, art. 657; CC, art. 2.015). Essa modalidade de partilha exige a plena capacidade de todos os herdeiros, mais a total concordância a respeito da composição e distribuição dos respectivos quinhões hereditários, observado, para sua concretização, o procedimento de *arrolamento sumário* (CPC, art. 660 e incisos), adiante examinado.

A partilha amigável também poderá ser efetivada extrajudicialmente, sendo do interesse dos herdeiros, desde que sejam todos capazes, concordes com o modo de partilhar, acompanhados por advogado(s) e inexista testamento a ser cumprido. A escritura pública de partilha independerá de homologação judicial, seja por força do previsto no art. 610, §§ 1º e 2º, seja, ainda, pela inexistência de base procedimental para a prática daquele ato judicial.

Anota-se, em complementação, que independentemente da adoção da via judicial ou extrajudicial, a herança líquida não será partilhada, mas adjudicada ao único herdeiro capaz; sendo ele incapaz, haverá a necessidade de instauração de inventário ou de arrolamento comum, dependendo do valor da herança.

2.2. Partilha judicial

Havendo herdeiro incapaz, ou, sendo todos capazes, qualquer deles discordar do modo de repartir a herança, a partilha será judicial (CPC, art. 647 e ss.; CC, art. 2.016), adotado agora, dependendo do valor do acervo hereditário, ou o procedimento de *arrolamento comum* (CPC, art. 664 e parágrafos), ou o de *inventário propriamente dito* (art. 610 e ss.).

Apresentadas as primeiras e últimas declarações, decididas eventuais impugnações, ou remetida a sua resolução às vias ordinárias, avaliados os bens e calculados os impostos, resolvidos, se houver, os incidentes das colações e do pagamento das dívidas do espólio, ou também remetida a sua resolução às vias ordinárias, separados os bens necessários para o pagamento dos credores habilitados, o acervo hereditário está em termos de ser partilhado.

No prazo comum de quinze dias, contados da data da concretização da última providência acima referida, poderão os herdeiros formular o pedido de quinhão. Em seguida, o juiz proferirá a decisão de deliberação da partilha, resolvendo os pedidos das partes, designando os bens que devam constituir o quinhão de cada herdeiro e legatário e a meação do cônjuge ou companheiro sobrevivente, levando em conta, para tanto, o regime de bens. Também indicará os bens que serão alienados ou adjudicados, por não comportarem divisão cômoda (v. CC, art. 2.019) e decidirá, igualmente, sobre a licitação de bem insuscetível de divisão cômoda, se dois ou mais herdeiros pretenderem sua adjudicação (CC, art. 2.019, § 2º), ou, ainda, na situação prevista no art. 640, § 2º, do CPC.

Antes mesmo de formalizada a partilha, poderá o juiz, com apoio no parágrafo único do art. 647, desde logo deferir a qualquer dos herdeiros o exercício imediato do direito de uso e de fruição de determinado bem integrante da herança líquida. A correspondente decisão, devidamente fundamentada (como, de resto, devem ser todas as decisões judiciais), apesar de antecipatória tem eficácia definitiva, pois o efetivo exercício do direito pelo herdeiro beneficiado acarretará, necessariamente, a inclusão do bem em seu quinhão hereditário, assumindo ele ainda, a partir de então, todos os ônus e bônus resultantes do exercício.

A decisão judicial antecipatória não colide com o art. 1.791 e parágrafo do CC, pois encontra respaldo no regime geral de amparo aos herdeiros estabelecido por esse diploma legal, tal como se extrai, por exemplo, de seu art. 2.017.

> **Art. 648.** Na partilha, serão observadas as seguintes regras:
>
> **I** – a máxima igualdade possível quanto ao valor, à natureza e à qualidade dos bens;
>
> **II** – a prevenção de litígios futuros;
>
> **III** – a máxima comodidade dos coerdeiros, do cônjuge ou do companheiro, se for o caso.

▶ *Sem correspondência.*

1. Regras para a definição da partilha

Uma louvável novidade introduzida pelo CPC consiste no estabelecimento de regras para a concretização da partilha da herança líquida entre os herdeiros e a acomodação dos interesses deles ou de outros interessados.

1.1. Equiparação dos quinhões hereditários

Reproduzindo a regra estampada no art. 2.017 do CC, em seu primeiro inciso o art. 648 estabelece que, dentro do possível, os bens que comporão cada quinhão deverão ter idênticos valores e qualidades e, havendo alguns da mesma natureza e com tais atributos, atribuídos aos aquinhoados.

1.2. Comodidade dos coerdeiros, cônjuge ou companheiro

Coerdeiros do de *cujus*, o cônjuge ou o companheiro supérstites poderão já estar usando, para si, determinado bem integrante do espólio, situação que, se for o caso, deverá ser mantida por ocasião da partilha da herança aos herdeiros e atribuição dos bens que integrarão a meação do cônjuge ou do companheiro. A observância dessa regra não pode interferir, todavia, no direito real de habitação conferido ao cônjuge sobrevivente, que resulta do casamento, não da sucessão hereditária (CC, art. 1.831 – v. art. 1.415).

1.3. Prevenção de futuros litígios

A previsão do segundo inciso não representa, em verdade, regra referente à partilha propriamente dita. Trata-se, isto sim, de norma programática em sentido amplo, pois atendidas as outras duas contidas no art. 648, já estarão sendo adotadas as medidas preventivas de futuros conflitos.

> **Art. 649.** Os bens insuscetíveis de divisão cômoda que não couberem na parte do cônjuge ou companheiro supérstite ou no quinhão de um só herdeiro serão licitados entre os interessados ou vendidos judicialmente, partilhando-se o valor apurado, salvo se houver acordo para que sejam adjudicados a todos.

▶ *Sem correspondente no CPC/1973*

1. Alienação de bens insuscetíveis de divisão cômoda

Reproduzindo o que dispõe o art. 2.019 do CC, em seu art. 649 o CPC estabelece que os bens natural ou legalmente indivisíveis ou que,

embora divisíveis, não admitam divisão cômoda e não caibam na parte do cônjuge ou companheiro ou no quinhão de um dos herdeiros, serão objeto de licitação entre os interessados, ou de venda judicial, com a correspondente partilha do resultado entre eles.

Essa regra tem por finalidade evitar condomínio forçado entre herdeiros ou, ainda, impedir que um deles seja melhor aquinhoado, em detrimento dos demais; e como o dinheiro é bem divisível por excelência, nele converte-se o valor do imóvel, por meio da alienação judicial, tornando possível a justa partilha da herança. A alienação será dispensada, contudo, se e quando o cônjuge ou companheiro sobrevivente, ou um dos herdeiros, com a prévia concordância dos demais, requerer para si a adjudicação do bem, repondo aos outros, em dinheiro, a diferença, ou seja, a *verba de reposição* para igualar os quinhões.

> **Art. 650.** Se um dos interessados for nascituro, o quinhão que lhe caberá será reservado em poder do inventariante até o seu nascimento.

▶ *Sem correspondente no CPC/1973*

1. Reserva de bens ao nascituro

Outra previsão sem correspondência no CC/1973 é encontrada no art. 650, determinando a reserva de bens ao nascituro. Isso porque, ainda não nascido, mas já concebido, o nascituro tem protegidos seus direitos, no aguardo de seu nascimento e aquisição de personalidade civil (CC, art. 2º, 2ª parte – v., ainda, arts. 542, 1.609, parágrafo único, e 1.779).

Vindo à luz, assumirá a titularidade dos direitos que lhe são assegurados, entre eles o direito à sucessão hereditária, daí a necessidade de reservar-se, em poder do inventariante, o quinhão que lhe caberá. Se, no entanto, tratar-se de natimorto, a reserva será desfeita e os bens a ela afetados redistribuídos entre os herdeiros ou, se já formalizada a partilha, sobrepartilhados.

> **Art. 651.** O partidor organizará o esboço da partilha de acordo com a decisão judicial, observando nos pagamentos a seguinte ordem:
>
> I – dívidas atendidas;
>
> II – meação do cônjuge;

III – meação disponível;

IV – quinhões hereditários, a começar pelo coerdeiro mais velho.

▶ *Referência: CPC/1973 – Art. 1.023*

1. Esboço de partilha judicial

O esboço da partilha representa o plano, o projeto da partilha definitiva. É organizado pelo órgão auxiliar do juízo denominado *partidor*, com base na *decisão de deliberação* do juiz, devendo conter todos os elementos ativos e passivos do acervo hereditário.

O partidor deve apurar, em primeiro lugar, o chamado *monte-mor* (ou *herança bruta*), que representa o conjunto de todos os bens existentes à época da abertura da sucessão hereditária, especificando os respectivos valores. Abatidas as dívidas vencidas do espólio, reservados os bens ou valores para o pagamento das vincendas (v. CPC, art. 644, parágrafo único) e deduzidas as despesas do funeral, ao resultado adiciona-se o valor dos bens trazidos à colação, daí surgindo o chamado *monte partível* (*herança líquida*), que será, então, objeto da partilha (v. CC, arts. 1.847, 1.997 e 1.998).

2. A metade disponível e a legítima

Excluída a meação que couber ao cônjuge sobrevivente, a parte remanescente poderá, sendo o caso, ser dividida em duas: a *metade disponível*, qual seja, a parte da herança da qual poderia o seu titular dispor livremente, em vida, sem prejudicar o direito dos herdeiros necessários (CC, arts. 1.846 e 1.789); a outra metade, já abatidas as dívidas do espólio e despesas do funeral e acrescida dos bens trazidos à colação (CC, art. 1.847), representa a *legítima*, parte da herança a ser repartida entre os herdeiros necessários (descendentes, ascendentes e cônjuge do falecido – CC, art. 1.845), obedecida a ordem da vocação hereditária (arts. 1.829, 1.836 e 1.838).

Inexistirá meação do sobrevivente e, por consequência, a totalidade da herança líquida será atribuída aos herdeiros descendentes: *(a)* se o autor da herança houver falecido no estado de solteiro, viúvo, separado judicialmente (ou estivesse separado de fato há mais de dois anos – v., porém, CC, art. 1.830, *in fine*) ou divorciado; *(b)* estivesse casado no regime de separação de bens, ou, *(c)* se não houver deixado companheiro sobrevivente com direito a aquestos (CF, art. 226, § 3º e Leis 8.971/1994 e 9.278/1996). Ademais, somente a existência de herdeiros necessários impõe a apuração da legítima; não existindo essa classe de herdeiros, ou sendo eles renunciantes (CC, arts. 1.804 a 1.813), excluídos da herança por indignidade (arts. 1.814 a 1.818) ou deserdados (arts. 1.961 a 1.965), a herança será partilhada entre os herdeiros facultativos, os colaterais (art. 1.829, IV), obedecida a ordem legal (arts. 1.839 a 1.843), salvo se houver testamento dispondo de forma diversa.

3. O quinhão do cônjuge sobrevivente

Diferentemente do CC/1916, que excluía da sucessão o cônjuge sobrevivente, se e quando o falecido houvesse deixado descendentes ou ascendentes sucessíveis (arts. 1.603 e 1.611, conjugados), o atual estabelece, em seu art. 1.829, que o cônjuge sobrevivente concorrerá à herança com aqueles herdeiros. Não concorrerá, porém, se à época da abertura da sucessão o casal já estivesse legalmente separado, ou separado de fato há mais de dois anos – salvo, nesta última hipótese, se o sobrevivente não deu causa à separação (art. 1.830).

Observe-se, porém, que:

i) ante o estabelecido no inc. I do art. 1.829 do Código Civil, o sobrevivente não concorrerá com os descendentes se o regime de bens até então vigente era o de comunhão universal, ou de separação obrigatória de bens (v. CC, art. 1.641 – *e não art. 1.640, parágrafo único, conforme equivocada remissão feita no inciso sob exame*); sendo de comunhão parcial, só haverá concorrência em relação aos bens particulares (ou seja, incomunicáveis) deixados pelo falecido (v. art. 1.659). Concorrendo com os descendentes do falecido, ao cônjuge sobrevivente caberá quinhão igual ao daqueles, sempre que estiverem herdando por cabeça; se o sobrevivente também for ascendente dos referidos herdeiros, sua quota hereditária não poderá ser inferior à quarta parte da herança (CC, art. 1.832);

Exemplificando: se o falecido deixou dois filhos e cônjuge, a herança líquida será repartida em três quinhões idênticos; se esses filhos forem comuns do casal, uma quarta parte da herança caberá ao sobrevivente, repartindo-se igualmente entre os dois descendentes o restante do monte partível.

ii) inexistindo descendentes sucessíveis, serão chamados à sucessão os ascendentes sucessíveis do falecido, sempre em concorrência com o cônjuge sobrevivente – e independentemente do regime de bens (CC, art. 1.829, II); concorrendo com os ascendentes em primeiro grau (pais do falecido), o cônjuge sobrevivente herdará uma terça parte da herança; caso concorra com apenas um dos genitores do cônjuge falecido, ou com avô (ou avós) do mesmo, tocar-lhe-á metade da herança (CC, art. 1.837);

iii) a herança caberá por inteiro ao cônjuge sobrevivente, qualquer que seja o regime de bens, se o falecido não houver deixado herdeiros na linha reta, descendente ou ascendente (CC, art. 1.829, III).

4. O quinhão do companheiro

Com a declaração de inconstitucionalidade do art. 1.790 do Código Civil (STF, RE 878.694/MG, Rel. Min. Luís Roberto Barroso, j. 10.05.2017), ao companheiro supérstite é assegurada a participação na sucessão hereditária no mesmo regime estabelecido ao cônjuge sobrevivente (CC, art. 1.829, inc. III).

5. A meação do cônjuge ou do companheiro sobrevivente

Herança e meação são inconfundíveis. A primeira, ligada ao direito sucessório, somente existirá com a abertura da sucessão hereditária, sendo deferida aos herdeiros do falecido (entre eles, como visto, o cônjuge ou companheiro sobrevivente); meação é direito oriundo do casamento, ou da união estável, respeitante aos bens comunicáveis pertencentes aos cônjuges, ou companheiros, podendo inclusive ser apurada em vida, como ocorre com a dissolução da sociedade conjugal, do vínculo conjugal pelo divórcio ou anulação judicial ou, ainda, pelo desfazimento da união estável (CC, arts. 1.723 a 1.727).

Várias são as situações envolvendo a meação: *(a)* nos regimes de comunhão parcial (CC, arts. 1.658 a 1.666) e de participação final nos aquestos (arts. 1.672 a 1.686), comunicam-se os bens adquiridos onerosamente na constância da sociedade conjugal e, vindo a falecer um dos cônjuges, o outro terá direito à meação, sem prejuízo de sua eventual participação na herança; *(b)* no regime da comunhão universal (CC, arts. 1.667 a 1.671), comunicam-se todos os bens, anteriores ou posteriores ao casamento, ainda que adquiridos a título gratuito; *(c)* no

regime da separação (CC, arts. 1.687 e 1.688), comunicam-se apenas os bens adquiridos com esforço comum dos cônjuges; *(d)* tratando-se de companheiros, observar-se-á o regime de comunhão parcial para as relações patrimoniais, salvo se houver convenção válida dispondo diferentemente (CC, art. 1.725).

> **Art. 652.** Feito o esboço, as partes manifestar-se-ão sobre esse no prazo comum de 15 (quinze) dias, e, resolvidas as reclamações, a partilha será lançada nos autos.

▶ *Referência: CPC/1973 – Art. 1.024*

1. Manifestação dos interessados sobre o esboço de partilha

Elaborado o esboço de partilha, as partes, o Ministério Público e a Fazenda Pública dele serão intimados para, no prazo comum de quinze dias, aceitá-lo ou impugná-lo. Resolvidas eventuais reclamações e realizada a licitação prevista no art. 640, § 2º, do CPC, a partilha será lançada nos autos, não sendo admissível recurso à decisão correspondente; da sentença de partilha definitiva é que caberá, sendo o caso, recurso de apelação (v. art. 654).

> **Art. 653.** A partilha constará:
>
> **I** – de auto de orçamento, que mencionará:
>
> **a)** os nomes do autor da herança, do inventariante, do cônjuge ou companheiro supérstite, dos herdeiros, dos legatários e dos credores admitidos;
>
> **b)** o ativo, o passivo e o líquido partível, com as necessárias especificações;
>
> **c)** o valor de cada quinhão;
>
> **II** – de folha de pagamento para cada parte, declarando a quota a pagar-lhe, a razão do pagamento e a relação dos bens que lhe compõem o quinhão, as características que os individualizam e os ônus que os gravam.
>
> **Parágrafo único.** O auto e cada uma das folhas serão assinados pelo juiz e pelo escrivão.

▶ *Referência: CPC/1973 – Art. 1.025*

1. Elementos componentes da partilha judicial

A partilha judicial é composta do auto de orçamento e da folha de pagamento dos quinhões,

Art. 654

CÓDIGO DE PROCESSO CIVIL INTERPRETADO

legados e dívidas aceitas. Do auto de orçamento constarão os nomes do falecido, do inventariante, do cônjuge ou companheiro sobrevivente, dos herdeiros e legatários e, se houver, dos credores que tiveram seus créditos habilitados e aceitos. Nas folhas de pagamento serão especificados a meação do cônjuge ou companheiro sobrevivente (ou, quando for o caso, o crédito deste em relação ao acervo), os quinhões de cada herdeiro (com a indicação dos bens que os integram e dos ônus que eventualmente os gravam e observada a ordem estabelecida pelo inc. IV do art. 651), os legados e os créditos admitidos.

> **Art. 654.** Pago o imposto de transmissão a título de morte e juntada aos autos certidão ou informação negativa de dívida para com a Fazenda Pública, o juiz julgará por sentença a partilha.
>
> **Parágrafo único.** A existência de dívida para com a Fazenda Pública não impedirá o julgamento da partilha, desde que o seu pagamento esteja devidamente garantido.

▶ *Referência: CPC/1973 – Art. 1.026*

2. Julgamento da partilha judicial

Comprovado nos autos o pagamento do imposto de transmissão *causa mortis* e apresentada pelo inventariante certidão ou informação negativa de dívidas para com a Fazenda Pública, o juiz julgará a partilha por sentença, que tem, segundo a doutrina predominante, natureza constitutiva, pois extingue a comunhão até então existente entre os herdeiros e define os quinhões cabentes a cada um deles. Também será julgada a partilha, mesmo existindo crédito fazendário a ser satisfeito, se o seu pagamento estiver devidamente garantido.

Após o julgamento da partilha, restará ao interessado preterido valer-se da ação direta em face dos herdeiros aquinhoados, reclamando o seu quinhão (no caso do herdeiro) ou legado (sendo o autor legatário). Tratando-se de partilha inválida, valer-se-á da ação anulatória ou da rescisória, dependendo do caso (v. notas aos arts. 657 e 658).

> **Art. 655.** Transitada em julgado a sentença mencionada no art. 654, receberá o herdeiro os

bens que lhe tocarem e um formal de partilha, do qual constarão as seguintes peças:

I – termo de inventariante e título de herdeiros;

II – avaliação dos bens que constituíram o quinhão do herdeiro;

III – pagamento do quinhão hereditário;

IV – quitação dos impostos;

V – sentença.

Parágrafo único. O formal de partilha poderá ser substituído por certidão de pagamento do quinhão hereditário quando esse não exceder a 5 (cinco) vezes o salário mínimo, caso em que se transcreverá nela a sentença de partilha transitada em julgado.

▶ *Referência: CPC/1973 – Art. 1.027*

1. Formal de partilha

Com o trânsito em julgado da sentença de partilha, cada herdeiro receberá os bens que couberem em seu quinhão, mais o *formal de partilha* (CPC, art. 655), ou a *carta de adjudicação*, sendo herdeiro único. O formal e a certidão de partilha têm força executiva, pois erigidos por lei à categoria de títulos executivos judiciais, se bem que restritos ao inventariante, aos herdeiros e aos sucessores a título universal ou singular (art. 515, IV). Deverão ainda ser levados a registro (LRP, art. 167, I, nºs 24 e 25).

> **Art. 656.** A partilha, mesmo depois de transitada em julgado a sentença, pode ser emendada nos mesmos autos do inventário, convindo todas as partes, quando tenha havido erro de fato na descrição dos bens, podendo o juiz, de ofício ou a requerimento da parte, a qualquer tempo, corrigir-lhe as inexatidões materiais.

▶ *Referência: CPC/1973 – Art. 1.028*

1. Emenda da partilha

Na clara dicção do art. 494 do CPC, publicada a sentença de mérito o juiz não mais poderá alterá-la, exceto para lhe corrigir, de ofício ou a requerimento da parte, inexatidões materiais, ou lhe retificar erros de cálculo, ou, ainda, por meio de embargos de declaração. Essa possibilidade de correção é também contemplada no art. 655, no que se refere à partilha, se e quando houver ocorrido erro de fato na descrição dos bens, ou qualquer outra inexatidão material. Constatado o erro de fato, poderão as partes requerer (e o juiz até mesmo ordenar de ofício) a emenda da partilha, nos próprios autos do inventário ou do arrolamento.

Não se pode confundir essa possibilidade, porém, com a *sobrepartilha*, examinada adiante (v. notas aos arts. 669 e 670).

> **Art. 657.** A partilha amigável, lavrada em instrumento público, reduzida a termo nos autos do inventário ou constante de escrito particular homologado pelo juiz, pode ser anulada por dolo, coação, erro essencial ou intervenção de incapaz, observado o disposto no § 4º do art. 966.
>
> **Parágrafo único.** O direito à anulação de partilha amigável extingue-se em 1 (um) ano, contado esse prazo:
>
> **I** – no caso de coação, do dia em que ela cessou;
>
> **II** – no caso de erro ou dolo, do dia em que se realizou o ato;
>
> **III** – quanto ao incapaz, do dia em que cessar a incapacidade.

▶ *Referência: CPC/1973 – Art. 1.029*

1. Anulação da partilha amigável

Admitida quando todos os herdeiros sejam capazes e estejam de acordo quanto ao modo de partilhar o acervo hereditário, a partilha amigável representa verdadeira transação entre eles. Será lavrada por escritura pública, reduzida a termo nos autos ou feita por instrumento particular, dependendo ainda, neste último caso, de homologação judicial – ressalvada, evidentemente, a possibilidade de vir a ser realizada administrativamente.

Negócio jurídico que é, a partilha amigável pode estar viciada por erro essencial, dolo ou coação na manifestação de vontade de qualquer dos herdeiros, tornando-se passível de anulação – de acordo, aliás, com o estabelecido pelo art. 966, § 4º, do CPC; o mesmo ocorrerá quando houver incapaz entre os herdeiros nela intervenientes.

Erro é a falsa percepção da realidade, influindo na manifestação da vontade, considerando-se essencial, ou substancial, aquele que interessa à natureza do ato, ao objeto principal da declaração, a algumas das qualidades essenciais do ato, ou, ainda, aquele que disser respeito a qualidades essenciais da pessoa a quem se refira a declaração de vontade (CC, art. 138 e ss.); dolo é a manobra intencional e maliciosa do terceiro, que visa obter declaração de vontade não querida pelo prejudicado (CC, art. 145 e ss.); coação é a violência moral (*vis compulsiva*) que impõe ao coagido manifestação de vontade por ele não querida (CC, art. 151 e ss.).

Presente qualquer desses vícios do consentimento no negócio jurídico que é a partilha amigável, ou desta participando herdeiro incapaz, faculta a lei civil ao interessado a sua anulação (v., ainda, CPC, art. 657). Sendo extrajudicial a partilha amigável – e inexistindo, portanto, sentença homologatória –, o herdeiro prejudicado deverá promover ação anulatória (v. CC, art. 171, I e II), com a observância, então, do prazo decadencial estabelecido pelo art. 178 do Código Civil, não daquele previsto no parágrafo do art. 657.

Tem legitimidade para propor a ação anulatória qualquer dos participantes do arrolamento sumário (v. CPC, art. 660), figurando no polo passivo, em litisconsórcio necessário, todos os beneficiados com a partilha.

A ação deverá ser proposta no primeiro grau de jurisdição, no prazo decadencial de um ano, contado: *(a)* no caso de coação, do dia em que ela cessou; *(b)* no de erro ou dolo, do dia em que se realizou o ato; *(c)* no caso de incapacidade, do dia em que a mesma cessar.

> **Art. 658.** É rescindível a partilha julgada por sentença:
>
> **I** – nos casos mencionados no art. 657;
>
> **II** – se feita com preterição de formalidades legais;
>
> **III** – se preteriu herdeiro ou incluiu quem não o seja

▶ *Referência: CPC/1973 – Art. 1.030*

1. Rescisão da partilha judicial

Essa modalidade de partilha é decidida por sentença de mérito, que, transitada em julgado, poderá ser objeto de ação rescisória, se e quando ocorrente qualquer das circunstâncias apontadas quer nos arts. 657 e 658, quer no art. 966, do CPC. Vale dizer, além das hipóteses enunciadas neste último dispositivo legal, a sentença de partilha judicial será rescindível nas seguintes situações específicas: *(a)* se presente qualquer das circunstâncias enseja-

Art. 659

doras da anulação da partilha amigável (v. art. 657), não se podendo confundir, porém, essa hipótese de rescisão com aquela de anulação da partilha: enquanto *a partilha amigável* viciada por erro, dolo, coação ou incapacidade é *anulável, a sentença da partilha judicial* que apresente os mesmos vícios é *rescindível; (b)* se na partilha judicial houver sido preterida formalidade legal, isto é, desatendida qualquer das exigências estabelecidas pelos arts. 647 a 653 do CPC, ou, ainda, quando todo o processo de inventário for nulo por preterição de formalidades legais; e *(c)* se preterido da partilha herdeiro sucessível ou nela incluído quem não o era. A primeira hipótese trata da exclusão de herdeiro regularmente habilitado no processo de inventário, e a segunda, da inclusão de herdeiro aparente.

Situação particular, diversa daquela prevista na primeira parte do inc. III do art. 658, diz respeito à não inclusão, na partilha, de herdeiro necessário também não habilitado no inventário.

Suponha-se, a título de ilustração, que findo o inventário e partilhados os bens entre os herdeiros, filho havido pelo autor da herança fora do matrimônio promova e vença ação investigatória de paternidade (v. Lei 8.560, de 29.12.1992). À época da realização do inventário e posterior partilha, seu parentesco com o pretendido pai – e o consequente direito sucessório à sua herança – ainda não havia sido judicialmente declarado; reconhecida por sentença a paternidade, e, por decorrência, tornado certo o seu direito sucessório, não poderá esse herdeiro estar sujeito ao prazo decadencial da ação rescisória, até porque não foi parte no inventário. Consequentemente, apesar de ser nula a sentença da partilha, adequada será a *ação de petição de herança*, sujeita a prazo prescricional de vinte anos, conforme enunciado da Súmula 149 do Supremo Tribunal Federal (v. CC, arts. 1.824 a 1.828).

Jurisprudência

Súmula 149 do STF: "É imprescritível a ação de investigação de paternidade, mas não o é a de petição de herança".

Seção IX
Do arrolamento

Art. 659. A partilha amigável, celebrada entre partes capazes, nos termos da lei, será homo-

logada de plano pelo juiz, com observância dos arts. 660 a 663.

§ 1º O disposto neste artigo aplica-se, também, ao pedido de adjudicação, quando houver herdeiro único.

§ 2º Transitada em julgado a sentença de homologação de partilha ou de adjudicação, será lavrado o formal de partilha ou elaborada a carta de adjudicação e, em seguida, serão expedidos os alvarás referentes aos bens e às rendas por ele abrangidos, intimando-se o fisco para lançamento administrativo do imposto de transmissão e de outros tributos porventura incidentes, conforme dispuser a legislação tributária, nos termos do § 2º do art. 662.

▶ *Referência: CPC/1973 – Art. 1.031*

1. Conceito de arrolamento

O procedimento de inventário e partilha propriamente dito deverá ser adotado *exclusivamente* quando o valor da herança ultrapassar 1.000 salários mínimos e existir incapaz entre os herdeiros, ou, ainda, quando qualquer deles discordar da realização de partilha amigável. Nos demais casos, o procedimento adequado é o do arrolamento, que dispensa termos, cálculos do contador e avaliações (exceto nos casos expressamente previstos), sendo, consequentemente, mais célere e econômico que o do inventário tradicional.

O arrolamento é, em suma, o procedimento específico para inventariar e partilhar herança quando *(a)* os herdeiros requerem em juízo a partilha amigável (v. CPC, art. 659), *(b)* for o caso de adjudicação da herança líquida a herdeiro único, ou *(c)* o valor dos bens do espólio for igual ou inferior 1.000 salários mínimos (art. 664). Mas não se pode perder de vista a possibilidade de a partilha amigável ser formalizada extrajudicialmente, por escritura pública – hipótese em que descabe falarse em inventário ou arrolamento judicial.

2. Modalidades de arrolamentos e seus requisitos

Duas são as modalidades de arrolamentos previstas no CPC, a saber: o *sumário* (arts. 659 a 663) e o *comum* (art. 664).

Procedimento de jurisdição voluntária, o arrolamento sumário será adotado, qualquer que seja o valor da herança, quando todos os herdeiros forem capazes e estiverem de acordo com a partilha amigável do acervo hereditário e, ainda, no caso de adjudicação da herança a herdeiro único. Adotar-se-á o arrolamento comum, procedimento de jurisdição contenciosa, se o valor da herança for igual ou inferior a 1.000 (mil) salários mínimos e existir herdeiro incapaz, ou sendo capazes todos os herdeiros, não concordarem com a partilha amigável da herança líquida.

Ressalvada a hipótese contemplada no art. 665, havendo herdeiro incapaz ou discordante com a partilha amigável e o valor da herança exceder a 1.000 salários mínimos, dever-se-á observar o procedimento judicial do inventário, inviáveis que são, nesses casos, tanto o arrolamento sumário, quanto o inventário e a partilha extrajudiciais.

3. A necessidade de comprovação de pagamento de tributos e a intervenção da Fazenda Pública

Conforme previsto no § 2º do art. 659, transitada em julgado a sentença homologatória da partilha amigável ou da adjudicação, lavrado ou elaborado o formal ou a carta respectivos, serão expedidos os alvarás referentes aos bens e às rendas por eles abrangidos; em seguida, o fisco será intimado para lançamento administrativo do imposto de transmissão ou de outros porventura exigíveis, conforme dispuser a legislação tributária.

Trata-se de benéfica modificação introduzida pelo CPC em relação ao CPC/1973, pois este, em seu art. 1.031, § 2º, condicionava a entrega do formal de partilha ou da carta de adjudicação dos bens à prévia demonstração, nos autos do arrolamento, do pagamento dos tributos devidos. Ora, esse condicionamento não apenas permitia a intromissão do fisco no procedimento do arrolamento, dando ensejo a eventuais incidentes e retardando seu curso, como praticamente tornava letra morta o *caput* do art. 1.034. Com a solução agora trazida pelo § 2º do art. 659 do novo diploma processual, os interesses do fisco ficarão igualmente resguardados, pois poderá, uma vez intimado, proceder ao lançamento administrativo dos tributos.

> **Art. 660.** Na petição de inventário, que se processará na forma de arrolamento sumário, independentemente da lavratura de termos de qualquer espécie, os herdeiros:

> **I –** requererão ao juiz a nomeação do inventariante que designarem;
>
> **II –** declararão os títulos dos herdeiros e os bens do espólio, observado o disposto no art. 630;
>
> **III –** atribuirão valor aos bens do espólio, para fins de partilha.

- ▶ *Referência: CPC/1973 – Art. 1.032*
- ▶ *Ver notas ao art. 662.*

> **Art. 661.** Ressalvada a hipótese prevista no parágrafo único do art. 663, não se procederá à avaliação dos bens do espólio para nenhuma finalidade.

- ▶ *Referência: CPC/1973 – Art. 1.033*

1. A dispensa de avaliação dos bens do espólio

Como já salientado, adotar-se-á o arrolamento sumário quando a partilha for amigável (caso em que, por óbvio, os valores atribuídos aos bens serão aqueles definidos consensualmente pelos herdeiros), ou em se tratando de adjudicação da herança ao herdeiro único – daí a desnecessidade de avaliação dos bens do espólio.

Ocorre, porém, que não teria sentido impedir-se a homologação judicial da partilha ou da adjudicação, em prejuízo dos interesses dos herdeiros ou legatários, apenas em virtude da existência de credor (ou credores) do espólio, pois o pagamento das dívidas deste último será garantido pela reserva de bens já realizada antes da homologação. Essa reserva levará em conta o valor dos bens estimados pelos próprios herdeiros, razão pela qual, discordando o credor da estimativa, sob o argumento de que não corresponde ao valor real dos bens, será necessária, só então, a sua avaliação.

> **Art. 662.** No arrolamento, não serão conhecidas ou apreciadas questões relativas ao lançamento, ao pagamento ou à quitação de taxas judiciárias e de tributos incidentes sobre a transmissão da propriedade dos bens do espólio.
>
> **§ 1º** A taxa judiciária, se devida, será calculada com base no valor atribuído pelos herdeiros, cabendo ao fisco, se apurar em processo

Art. 663

administrativo valor diverso do estimado, exigir a eventual diferença pelos meios adequados ao lançamento de créditos tributários em geral.

§ 2º O imposto de transmissão será objeto de lançamento administrativo, conforme dispuser a legislação tributária, não ficando as autoridades fazendárias adstritas aos valores dos bens do espólio atribuídos pelos herdeiros.

▶ *Referência: CPC/1973 – Art. 1.034*

1. Procedimento do arrolamento sumário

Trata-se de procedimento de jurisdição voluntária, que se inicia com a apresentação da petição inicial ao juízo competente, acompanhada da certidão de óbito e do comprovante de recolhimento de custas, se devidas, contendo histórico elaborado em consonância com o disposto no art. 620. Nomeado o inventariante indicado pelos próprios herdeiros – e independentemente de termo de compromisso –, será apresentado o *plano de partilha amigável*, ou requerida a adjudicação dos bens, no caso de herdeiro único. Provada a quitação dos tributos relativos aos bens do espólio (imposto predial ou territorial) e de suas rendas (imposto de renda), o juiz homologará a partilha, ou a adjudicação, determinando a expedição, respectivamente, do formal ou da carta, e, após, ordenará o arquivamento dos autos.

1.1. Peculiaridades do arrolamento sumário

Caracterizado pela celeridade e pouco formalismo, o arrolamento sumário dispensa a lavratura de termos (inclusive o de inventariança), a avaliação dos bens do espólio (exceto se, havendo credor habilitado, este impugnar a estimativa feita pelos herdeiros do valor dos bens reservados para o pagamento da dívida e a remessa dos autos ao contabilista (contador) e ao partidor, pois o plano de partilha é elaborado pelos próprios herdeiros. O imposto de transmissão *causa mortis* será lançado e recolhido administrativamente.

1.2. A utilização da via administrativa para a resolução de questões envolvendo taxas e tributos

O procedimento do arrolamento sumário não se presta à resolução de questões envolvendo quer a correção do valor estimado dos bens do espólio, quer o pagamento de tributos ou de taxas judiciárias. Sendo necessário resolver-se qualquer dessas questões, deverá a Fazenda Pública valer-se da via administrativa, ficando assim preservada a necessária celeridade procedimental, sem prejuízo de apuração, pelas vias próprias, de eventuais créditos tributários.

1.3. Conversibilidade do inventário em arrolamento sumário

Pode ocorrer de no curso do processo de inventário os herdeiros virem a compor-se amigavelmente ou, ainda, o incapaz adquirir capacidade plena. Havendo interesse da parte deles – e atendidos os demais requisitos legais –, nada obsta a conversão do inventário em arrolamento sumário.

> **Art. 663.** A existência de credores do espólio não impedirá a homologação da partilha ou da adjudicação, se forem reservados bens suficientes para o pagamento da dívida.
>
> **Parágrafo único.** A reserva de bens será realizada pelo valor estimado pelas partes, salvo se o credor, regularmente notificado, impugnar a estimativa, caso em que se promoverá a avaliação dos bens a serem reservados.

▶ *Referência: CPC/1973 – Art. 1.035*
▶ *Ver notas ao art. 661.*

> **Art. 664.** Quando o valor dos bens do espólio for igual ou inferior a 1.000 (mil) salários mínimos, o inventário processar-se-á na forma de arrolamento, cabendo ao inventariante nomeado, independentemente de assinatura de termo de compromisso, apresentar, com suas declarações, a atribuição de valor aos bens do espólio e o plano da partilha.
>
> **§ 1º** Se qualquer das partes ou o Ministério Público impugnar a estimativa, o juiz nomeará avaliador, que oferecerá laudo em 10 (dez) dias.
>
> **§ 2º** Apresentado o laudo, o juiz, em audiência que designar, deliberará sobre a partilha, decidindo de plano todas as reclamações e mandando pagar as dívidas não impugnadas.
>
> **§ 3º** Lavrar-se-á de tudo um só termo, assinado pelo juiz, pelo inventariante e pelas partes presentes ou por seus advogados.

> § 4º Aplicam-se a essa espécie de arrolamento, no que couber, as disposições do art. 672, relativamente ao lançamento, ao pagamento e à quitação da taxa judiciária e do imposto sobre a transmissão da propriedade dos bens do espólio.
>
> § 5º Provada a quitação dos tributos relativos aos bens do espólio e às suas rendas, o juiz julgará a partilha.

► *Referência: CPC/1973 – Art. 1.036*

1. Procedimento do arrolamento comum

Instaurado o procedimento perante o juízo competente e nomeado inventariante, ele prestará as suas declarações, atribuindo valor aos bens do espólio e apresentando, desde logo, o plano de partilha. Em seguida, serão citados os interessados e intimado o representante do Ministério Público, a fim de se manifeste sobre as declarações.

Impugnada a estimativa do valor dos bens por qualquer das partes ou pelo fisco, o juiz nomeará avaliador, para apresentação do laudo de avaliação em dez dias. Produzido o laudo – e sobre ele manifestando-se os interessados –, será designada audiência; nela o juiz deliberará sobre a partilha ou a adjudicação dos bens, decidirá de plano todas as reclamações e impugnações apresentadas a respeito do plano de partilha, da avaliação e do pagamento de dívidas, mandando pagar aquelas não impugnadas; também determinará a reserva de bens suficientes para o pagamento das dívidas impugnadas, a serem cobradas posteriormente pelos credores (v. art. 643, parágrafo único), remetendo os interessados às vias ordinárias para a resolução de questões envolvendo matéria de alta indagação (v., art. 612).

Julgada a partilha, proceder-se-á nos termos já examinados (v. notas aos arts. 647 e ss.).

2. Peculiaridades do arrolamento comum

Além das peculiaridades apresentadas pelo arrolamento sumário, o comum apresenta ainda as seguintes: *(a)* o Ministério Público intervirá no feito, acautelando os interesses de herdeiro incapaz; *(b)* os bens serão avaliados sempre que qualquer das partes ou o Ministério Público impugnar a estimativa de seu valor; *(c)* os herdeiros serão citados; *(d)* será realizada audiência, para os fins previstos no § 2º do art. 664 do CPC,

com a lavratura do termo respectivo; *(e)* o inventariante será nomeado pelo juiz, observada a ordem legal (art. 617).

3. Anulação e rescisão da sentença de partilha no arrolamento

A sentença homologatória da partilha ou adjudicação amigáveis realizadas no arrolamento sumário poderá ser *anulada* por vício de consentimento ou de incapacidade; aquela que julga a adjudicação ou a partilha realizadas no arrolamento comum poderá ser objeto de *ação rescisória* (v. notas aos arts. 657 e 658).

4. A equivocada remissão ao art. 672

Conforme o correto Enunciado 131 da II Jornada de Direito Processual do Conselho da Justiça Federal, "A remissão ao art. 672, feita no art. 664, § 4º, do CPC, consiste em erro material decorrente da renumeração de artigos durante a tramitação legislativa. A referência deve ser compreendida como sendo ao art. 662, norma que possui conteúdo integrativo adequado ao comando expresso e finalístico do art. 664, § 4º".

> **Art. 665.** O inventário processar-se-á também na forma do art. 664, ainda que haja interessado incapaz, desde que concordem todas as partes e o Ministério Público.

► *Sem correspondente no CPC/1973*

1. Adoção do arrolamento comum havendo herdeiro incapaz

Em princípio, a existência de incapaz entre os herdeiros é causa impeditiva tanto do inventário e partilha extrajudiciais, quanto da adoção do arrolamento, tanto o sumário (só admissível em se tratando de partilha amigável), quanto o comum. No entanto, o art. 664 do CPC autoriza a adoção desse último procedimento se e quando, mesmo existindo herdeiro incapaz, todos os demais estejam de acordo e também o Ministério Público – que, aliás, intervirá no feito justamente em razão da incapacidade do herdeiro (CPC, art. 178, inc. II).

> **Art. 666.** Independerá de inventário ou de arrolamento o pagamento dos valores previstos na Lei nº 6.858, de 24 de novembro de 1980.

► *Referência: CPC/1973 – Art. 1.037*

Art. 667

1. Dispensa de inventário ou de arrolamento

Em consonância com os arts. 1º e 2º da Lei 6.858, de 24.11.1980, regulamentada pelo Decreto 85.845, de 26.03.1981, o artigo sob exame dispensa de inventário ou de arrolamento o pagamento de valores devidos pelos empregadores e os montantes das contas individuais do Fundo de Garantia do Tempo de Serviço (FGTS) e do Fundo de Participação PIS-PASEP, não recebidos em vida pelo autor da herança. Esses valores serão pagos, em cotas iguais, preferencialmente aos dependentes do falecido que estejam habilitados perante a Previdência Social, ou na forma da legislação específica dos servidores civis e militares. Na falta de dependentes, daí, sim, os pagamentos serão destinados aos sucessores do *de cujus,* indicados em alvará judicial, independentemente de inventário ou arrolamento (*v.* CC, arts. 1.829 e nota 4 do art. 651). Igualmente independerá de inventário ou arrolamento o pagamento das restituições relativas ao imposto de renda e outros tributos; inexistindo outros bens sujeitos a inventário ou arrolamento, também não serão inventariados e partilhados os saldos bancários e as contas de cadernetas de poupança e fundos de investimento de valor igual ou inferior, nos termos da lei, a 500 Obrigações do Tesouro Nacional – OTNs. Como este indexador não mais existe, o valor a que alude o art. 2º da Lei nº 6.858/80 deverá corresponder a, no máximo, 1.000 salários mínimos, por aplicação analógica do art. 664 do CPC.

Jurisprudência

"Agravo interno no agravo em recurso especial. Direito das sucessões. Alvará judicial. Benefício previdenciário. Único dependente cadastrado junto ao INSS. Acórdão em sintonia com o entendimento firmado no STJ. Agravo interno não provido. 1. Segundo entendimento firmado pela Segunda Seção do STJ; 'O montante do crédito que o falecido tinha junto ao Fundo PIS/PASEP, não recebido em vida, deve ser liberado aos respectivos dependentes, assim considerados aqueles habilitados perante a Previdência Social, independentemente de inventário ou arrolamento' (CC 36.332/SP, Rel. Ministro Ari Pargendler, Segunda Seção, julgado em 09/11/2005, *DJ* 30/11/2005, p. 144). Incidência da Súmula 83 do STJ, no presente caso. 2. Agravo interno não provido" (AgInt no AgInt no AREsp 1.132.255/MG, Rel. Min.

Luis Felipe Salomão, 4ª Turma, j. 05.12.2017, *DJe* 13.12.2017).

> **Art. 667.** Aplicam-se subsidiariamente a esta Seção as disposições das Seções VII e VIII deste Capítulo.

▸ *Referência: CPC/1973 – Art. 1.038*

1. Aplicação subsidiária das normas do inventário ao arrolamento

Do cotejo entre os arts. 667 do CPC e 1.038 do CPC/1973 extrai-se que aquele autoriza a aplicação subsidiária das normas do inventário apenas ao pagamento das dívidas do espólio e à partilha, tendo, portanto, campo de incidência menor que o desse último dispositivo. Esse novo dispositivo é salutar, pois preserva dois dos atributos do procedimento do arrolamento, quais sejam sua celeridade e relativa informalidade.

Seção X
Disposições comuns a todas as seções

> **Art. 668.** Cessa a eficácia da tutela provisória prevista nas Seções deste Capítulo:
> **I** – se a ação não for proposta em 30 (trinta) dias contados da data em que da decisão foi intimado o impugnante, o herdeiro excluído ou o credor não admitido;
> **II** – se o juiz extinguir o processo de inventário com ou sem resolução de mérito.

▸ *Referência: CPC/1973 – Art. 1.039*

1. Introdução

Os procedimentos de inventário e de arrolamento apresentam pontos comuns, como a possibilidade de concessão de medidas provisórias, a realização de sobrepartilha, a nomeação de curador especial ao herdeiro ausente ou incapaz e a simultaneidade de inventário ou arrolamento, em caso de falecimento do cônjuge supérstite, antes da partilha dos bens do cônjuge premorto.

Adequada, portanto, a explicitação das medidas e providências a serem adotadas em situações similares a ambos os procedimentos aludidos.

2. Cessação da eficácia das medidas provisórias de urgência

No curso do inventário ou do arrolamento poderão surgir questões ligadas à condição de herdeiro (CPC, art. 627, III), à sua exclusão da herança (art. 628), ao pagamento de dívida do espólio (art. 643), entre outras, competindo ao juiz adotar, em tais casos, as medidas pertinentes. Ao beneficiado com a tutela provisória cautelar caberá, por sua vez, propor a ação principal no prazo de trinta dias, sob pena de cessar a eficácia da medida cautelar (v. art. 308).

Examinemos algumas hipóteses:

a) admitido no inventário herdeiro cuja qualidade foi impugnada por outro, o juiz, verificando tratar-se de matéria de alta indagação, a exigir dilação probatória diversa da documental, remeterá as partes às vias ordinárias, sobrestando, até o desfecho do respectivo processo, a entrega do quinhão que, na partilha, vier a caber ao herdeiro admitido. Se o herdeiro impugnante não promover, no prazo de trinta dias contado da data de intimação daquela decisão, a ação para a exclusão do herdeiro admitido, ficará sem efeito o sobrestamento na entrega do quinhão;

b) inadmitido o ingresso, no inventário, de terceiro que se intitule herdeiro, o juiz ordenará que se reserve em poder do inventariante o quinhão do excluído, até a decisão final da ação de petição de herança. Deixando o excluído de promover a referida ação no prazo de trinta dias, contado da data da intimação da decisão que negou a sua admissão no inventário, igualmente cessará a eficácia da medida (CPC, art. 628, § 2º);

c) havendo discordância sobre o pedido de pagamento feito pelo credor, este deverá cobrar o seu crédito pelas vias ordinárias. Contudo, quando a dívida constar de documento que comprove suficientemente a obrigação e a impugnação não se fundar em quitação daquela, o juiz mandará reservar em poder do inventariante bens suficientes para o pagamento do credor; caso este não promova a ação de cobrança no prazo de trinta dias, contados da data da decisão que o remeteu às vias ordinárias, ficará sem efeito a medida de reserva de bens (v. art. 643);

d) igualmente cessará a eficácia das medidas acautelatórias examinadas se o juiz declarar extinto o processo de inventário, com ou sem o julgamento do mérito (v. CPC, arts. 485 e 487).

Art. 669. São sujeitos à sobrepartilha os bens:

I – sonegados;

II – da herança descobertos após a partilha;

III – litigiosos, assim como os de liquidação difícil ou morosa;

IV – situados em lugar remoto da sede do juízo onde se processa o inventário.

Parágrafo único. Os bens mencionados nos incisos III e IV serão reservados à sobrepartilha sob a guarda e a administração do mesmo ou de diverso inventariante, a consentimento da maioria dos herdeiros.

▶ *Referência: CPC/1973 – Art. 1.040*

1. Conceito de sobrepartilha

Trata-se de *nova partilha*, realizada após a amigável ou a judicial, com a observância do processo de inventário e partilha (v. CC, arts. 2.021 e 2.022).

2. Bens sujeitos à sobrepartilha:

Estão sujeitos à sobrepartilha os bens:

a) sonegados: encerrada a partilha amigável ou judicial e sendo descobertos bens até então sonegados, serão eles sobrepartilhados, com a imposição ao sonegador das penas previstas em lei (v. CC, arts. 2.022 e 1.992 a 1.996);

b) pertencentes à herança e descobertos após a partilha, situação inconfundível com a anterior, pois enquanto a sonegação pressupõe ocultação maliciosa do bem, o inc. II do art. 669 prevê a sobrepartilha de bem cuja existência era desconhecida à época da partilha do acervo hereditário;

c) litigiosos e de liquidação difícil ou morosa (v. CC, art. 2.021). A título de ilustração, imagine-se que à época da partilha estivesse sendo processada ação por meio da qual o espólio reivindicasse determinado bem. É óbvio que este não poderia ser partilhado, pois ainda não comprovado o domínio do espólio sobre ele; sobrevindo sentença de procedência após a partilha, o referido bem deverá ser objeto de sobrepartilha, da mesma forma que os bens de liquidação difícil ou morosa que também não integraram aquela;

d) situados em local distante do foro do inventário, pois sua inclusão na partilha poderá retardá-la, em detrimento dos interesses dos herdeiros;

Art. 670

e) reservados, tanto para o pagamento de credores e que foram devolvidos à herança porque o autor foi derrotado na ação de cobrança, quanto para constituírem o quinhão do pretendido herdeiro, não tendo sido acolhido o seu pedido de reconhecimento dessa condição.

3. Guarda dos bens a serem sobrepartilhados

Diversamente das hipóteses contempladas nos incs. I e II do art. 669, que se referem a bens desconhecidos ou sonegados por ocasião da partilha, aqueles indicados nos incs. III e IV são conhecidos pelos herdeiros, somente não se procedendo à sua partilha imediata pelas razões já enunciadas – daí, a necessidade de ficarem sob a guarda e administração do mesmo inventariante, ou de outro, a critério da maioria dos herdeiros (parágrafo único – v. CC, art. 2.021).

> **Art. 670.** Na sobrepartilha dos bens, observar-se-á o processo de inventário e de partilha.
>
> **Parágrafo único.** A sobrepartilha correrá nos autos do inventário do autor da herança.

▶ *Referência: CPC/1973 – Art. 1.041*

1. Procedimento da sobrepartilha

É idêntico ao do inventário ou do arrolamento que a antecedeu, realizando-se nos mesmos autos.

> **Art. 671.** O juiz nomeará curador especial:
>
> **I** – ao ausente, se não o tiver;
>
> **II** – ao incapaz, se concorrer na partilha com o seu representante, desde que exista colisão de interesses.

▶ *Referência: CPC/1973 – Art. 1.042*

1. Curatela do herdeiro ausente ou incapaz

Na partilha judicial e no arrolamento comum os herdeiros serão citados pelo correio, ou por edital, sendo desconhecido seu domicílio; neste último caso, ausente do processo o herdeiro fictamente citado e não tendo quem o represente, o juiz nomear-lhe-á curador especial, função a ser exercida pela Defensoria Pública (CPC, art. 72, II, parágrafo único). Quanto ao herdeiro incapaz, será ordinariamente representado ou assistido por seus pais, tutor ou curador (art. 71); concorrendo na partilha com o seu representante legal – caracterizada, assim, a colidência de interesses entre eles –, ou não tendo representante legal, também será nomeado curador especial (art. 72, I, parágrafo único, independentemente da atuação do Ministério Público no feito (art. 178, II).

> **Art. 672.** É lícita a cumulação de inventários para a partilha de heranças de pessoas diversas quando houver:
>
> **I** – identidade de pessoas entre as quais devam ser repartidos os bens;
>
> **II** – heranças deixadas pelos dois cônjuges ou companheiros;
>
> **III** – dependência de uma das partilhas em relação à outra.
>
> **Parágrafo único.** No caso previsto no inciso III, se a dependência for parcial, por haver outros bens, o juiz pode ordenar a tramitação separada, se melhor convier ao interesse das partes ou à celeridade processual.

▶ *Referência: CPC/1973 – Arts. 1.043 e 1.044*

1. Cumulação de inventários

Tendo em vista o requisito da adequação procedimental estabelecido pelo art. 327, § 1º, III, do CPC e, ainda, que o procedimento do inventário é *irredutivelmente especial* (isto é, não conversível ao comum), é inadmissível a cumulação da ação de inventário com outra, salvo se da mesma natureza (*v.g.*, requerimento de abertura de inventários dos espólios de marido e mulher).

Falecendo o cônjuge (ou o companheiro) supérstite antes da partilha dos bens do premorto, as duas heranças serão cumulativamente inventariadas e partilhadas, se os herdeiros forem os mesmos e houver dependência de uma das partilhas em relação à outra.

Explicitando: indiferentemente de todos os bens integrantes de cada espólio serem ou não comuns (*v.g.*, existência de bens comuns e outros, reservados, por pacto antenupcial, para um dos cônjuges), será admissível a cumulação dos dois inventários ou arrolamentos (daí, aliás, a supressão do vocábulo *meeiro* contido no *caput* do art. 1.043 do CPC/1973). No entanto, em situações como a explicitada, poderá o juiz determinar a tramitação separada dos processos, se tal providência atender aos interesses das partes ou à celeridade processual (art. 672, parágrafo único).

Essa cumulação também será possível no arrolamento, sempre que presentes os mesmos pressupostos legais, bastando um só inventariante para os dois inventários ou arrolamentos.

2. Habilitação de herdeiro representante

No curso do inventário poderá vir a falecer herdeiro nele já admitido. Não possuindo o falecido outros bens além de seu quinhão hereditário, poderá este ser partilhado juntamente com os bens do monte.

Exemplificando: *X* era herdeiro habilitado no inventário de *Y*, seu pai. *X* falece antes da partilha, deixa filhos e não deixa outros bens, além daqueles que comporiam o seu quinhão na herança de *Y*. Seus filhos ingressarão no inventário dos bens de *Y* e herdarão, por direito de representação, aquilo que *X* herdaria, se vivo fosse (v. CC, arts. 1.851 a 1.856). No entanto, tendo *X* deixado outros bens, será obrigatória a realização de inventário ou arrolamento autônomo dos mesmos.

> **Art. 673.** No caso previsto no art. 672, inciso II, prevalecerão as primeiras declarações, assim como o laudo de avaliação, salvo se alterado o valor dos bens.

▸ *Referência: CPC/1973 – Art. 1.045*

1. Aproveitamento das primeiras declarações e do laudo de avaliação

Existindo inventário ainda em curso, com a apresentação das primeiras declarações e avaliação dos bens do cônjuge ou do companheiro premorto, vindo a falecer o outro cônjuge ou companheiro (cuja herança será partilhada no mesmo processo de inventário), serão mantidas as primeiras declarações e a avaliação já existentes no inventário original, salvo se o valor dos bens que compõem o acervo hereditário vier a sofrer alteração. Isto porque, os mesmos bens que antes integravam, no inventário original, respectivamente o espólio do *de cujus* e a meação do cônjuge ou companheiro supérstite, com o falecimento deste último agora são todos bens passíveis de partilha, nada justificando, portanto, o refazimento das primeiras declarações

e, principalmente, das avaliações a que foram submetidos no inventário original.

CAPÍTULO VII
DOS EMBARGOS DE TERCEIRO

> **Art. 674.** Quem, não sendo parte no processo, sofrer constrição ou ameaça de constrição sobre bens que possua ou sobre os quais tenha direito incompatível com o ato constritivo, poderá requerer seu desfazimento ou sua inibição por meio de embargos de terceiro.
>
> **§ 1º** Os embargos podem ser de terceiro proprietário, inclusive fiduciário, ou possuidor.
>
> **§ 2º** Considera-se terceiro, para ajuizamento dos embargos:
>
> **I** – o cônjuge ou companheiro, quando defende a posse de bens próprios ou de sua meação, ressalvado o disposto no art. 843;
>
> **II** – o adquirente de bens cuja constrição decorreu de decisão que declara a ineficácia da alienação realizada em fraude à execução;
>
> **III** – quem sofre constrição judicial de seus bens por força de desconsideração da personalidade jurídica, de cujo incidente não fez parte;
>
> **IV** – o credor com garantia real para obstar expropriação judicial do objeto de direito real de garantia, caso não tenha sido intimado, nos termos legais dos atos expropriatórios respectivos.

▸ *Referência: CPC/1973 – Arts. 1.046 e 1.047*

1. Responsabilidade patrimonial

Não corresponde à realidade jurídica a previsão do art. 391 do CC, no sentido de que *todos os bens* do devedor respondem pelo inadimplemento de suas obrigações. Primeiro, porque é vedado privar-se o devedor de determinados bens que, pela sua destinação, são indispensáveis à sua própria subsistência e de sua família; depois, porque o tema da responsabilidade patrimonial deve ser examinado à luz do processo judicial, seja em cumprimento de sentença, seja na execução fundada em título executivo extrajudicial. Por isso mesmo, na esteira do art. 591 do CPC/1973, ao cuidar dessa responsabilidade do executado o novo Código dispõe, em seu art. 789, que ele responde, para o cumprimento de suas obrigações, com todos os seus bens, presentes e futuros,

Art. 674

salvo as restrições estabelecidas em lei, pertinentes aos bens impenhoráveis, como são os indicados em seus arts. 832 e 833 e, ainda, o bem de família (Lei 8.009/1990).

Essa responsabilidade resulta da circunstância de o patrimônio do devedor representar, para o credor, a garantia única do cumprimento da obrigação, se e quando não dispuser de outra, fidejussória ou real; e, inadimplida a obrigação, pode o credor reclamar a atividade executiva do Estado (CPC, arts. 523, 824 e ss.) e assim obter a satisfação de seu crédito. Por outras palavras, a atividade executiva estatal tem por objetivo propiciar ao credor, sem a necessidade da colaboração direta do devedor, dentro do praticamente possível, o resultado concretamente almejado pelo ordenamento jurídico; para atingir tal resultado, o Estado-juiz submete o patrimônio do devedor a atos de constrição (penhora, arresto, sequestro etc.) e de expropriação (art. 825), objetivando a satisfação do credor, seja pela obtenção do próprio bem da vida a que tenha direito, seja pela adoção da técnica da conversão do bem constrito em equivalente pecuniário.

Evidente que essa atividade estatal impõe sacrifícios patrimoniais ao devedor, sendo desejável, portanto, que ela sofra limitações legais, em atenção quer à natureza do bem (bem público, bem impenhorável), quer à necessidade de preservar-se bens destinados à subsistência do devedor e sua família ou ao exercício de sua profissão.

Ocorre que outras limitações podem ser impostas pelo próprio devedor, ao opor resistência injustificada ao cumprimento da obrigação, ocultando ou alienando bens, descumprindo determinações judiciais, enfim, criando obstáculos ao sucesso da atividade executiva estatal. E, nessa hipótese, poderão vir a ser objeto de constrição judicial não apenas os bens pertencentes ao devedor, mas, igualmente, aqueles que pertençam ou se encontrem em poder de terceiros estranhos à execução, mas que a ela fiquem sujeitos, seja porque adquiridos com evidente intuito de frustrá-la (v.g., fraude à execução – CPC, art. 674, § 2º, II), seja porque referidos terceiros estejam obrigados, pela lei ou em virtude de contrato, a responder patrimonialmente pela satisfação da dívida (idem, inc. III), seja, ainda, porque o terceiro simplesmente os possua' na qualidade de comodatário, locatário, depositário etc. (art. 790).

Pode suceder, no entanto, de terceiro sem qualquer responsabilidade pelo cumprimento da obrigação e totalmente estranho ao processo, vir a ser afetado pela constrição judicial de bem ou direito seu (CPC, art. 674), caso em que a lei lhe confere o remédio jurídico dos embargos de terceiro. Busca o embargante, por meio dessa ação, a obtenção de tutela jurisdicional de natureza inibitória (no caso de ameaça de constrangimento patrimonial) ou desconstitutiva (já concretizado o ato constritivo), com o fito de excluir o bem ou direito seu da ilegítima constrição judicial, realizada em qualquer processo ou procedimento judicial do qual não participe, ou, dele participando, tenha reconhecida a sua condição de terceiro (art. 674, § 2º).

2. Legitimidades ativa e passiva para a ação de embargos de terceiro

Na ausência de adequada normatização legal, algumas controvérsias sobre o tema da legitimidade para a ação de embargos de terceiro vêm sendo solucionadas pela doutrina e jurisprudência, como se passa a demonstrar.

2.1. Legitimidade ativa

Nos termos do caput do art. 674, está ativamente legitimado a opor os embargos de terceiro todo aquele que, não sendo parte no processo, estiver sujeito à ameaça de vir a sofrer – ou já tenha sofrido – a turbação ou esbulho na posse de seus bens, por ato de apreensão judicial, em casos como o de penhora, depósito, arresto, sequestro, alienação judicial, arrecadação, arrolamento, inventário e partilha.

Nessa condição estão incluídos, por exemplo, o promitente-comprador do imóvel, ainda que o instrumento do compromisso esteja desprovido de registro (Súmula 84 do STJ), a sociedade de responsabilidade limitada, na defesa de quotas penhoradas em processo de execução em que sócio figura como executado, o credor de bem dado em garantia, com posse indireta, pela tradição ficta, os ocupantes de imóvel penhorado em execução envolvendo quotas condominiais devidas exclusivamente pelo anterior condômino, o donatário, beneficiado com doação verbal antes do ajuizamento da execução contra o doador, o ex-cônjuge, na defesa de bem objeto de partilha judicial anterior à penhora.

Equiparam-se ao terceiro, ainda, para o fim de apuração de legitimidade ativa para os embargos, tanto a parte que, mesmo figurando nessa condição no processo no qual se praticou o ato de constrição, defenda bens que, pelo título de sua aquisição ou pela qualidade em que os possui (*v.g.*, o inquilino executado, recaindo a penhora sobre o bem a ele locado), não são suscetíveis de apreensão judicial, quanto as pessoas indicadas nos incisos do § 2º do art. 674, merecendo destaque as seguintes situações:

a) tem legitimidade ativa o *cônjuge* ou *companheiro* que defenda a posse de bens próprios ou de sua meação, prevalecendo, em relação à exclusão de bens que integram a meação, as seguintes orientações jurisprudenciais: *(i)* se ele pretende impugnar a pretensão executiva, deverá valer-se dos embargos à execução; *(ii)* se almeja apenas a exclusão da penhora sobre sua meação, valer-se-á de embargos de terceiro (embora também se admita, nesse caso, a utilização de embargos à execução, sendo ela fundada em título executivo extrajudicial); *(iii)* se na execução os cônjuges figuram como litisconsortes passivos, porque ambos contraíram a obrigação, nenhum deles poderá opor embargos de terceiro, devendo valer-se, isto sim, dos embargos à execução; *(iv)* os embargos de terceiro opostos com o intuito de defender direito a meação de bem penhorado somente suspendem o curso da execução após a arrematação e apenas em relação à meação do cônjuge embargante.

Nos termos do art. 843 e parágrafos do CPC, se o bem penhorado e posteriormente alienado for indivisível, ao coproprietário ou ao cônjuge alheio à execução é assegurado o direito de preferência na arrematação do bem, em igualdade de condições com o terceiro licitante. Não exercido esse direito, do produto da alienação será então reservado, àquele coproprietário ou cônjuge, o valor equivalente à sua quota-parte do bem; todavia, não será concretizada a expropriação do bem por preço inferior ao da avaliação, se o valor auferido for incapaz de garantir, ao coproprietário ou ao cônjuge alheio à execução, o correspondente à sua quota-parte, calculado sobre o valor da avaliação;

b) são também ativamente legitimados *(i) as pessoas que mantenham união estável*, seja para a exclusão de bem próprio, seja na defesa de bem de família (Lei nº 8.009/90), *(ii)* o *terceiro* na defesa da sua posse, nas ações de divisão ou de demarcação, se o imóvel estiver sujeito a atos materiais, preparatórios ou definitivos da partilha ou fixação de rumos, *(iii)* o adquirente de bem objeto de alienação posteriormente declarada ineficaz, por ter sido considerada resultante de fraude à execução, *(iv)* aquele que, mesmo não tendo participado do incidente de desconsideração da personalidade, em razão dela teve seu bem sujeito à constrição judicial e, ainda, *(v)* o *credor* com garantia real (hipoteca, penhor ou anticrese) que queira obstar a alienação judicial do bem objeto daquela (CPC, art. 674, § 2º, II a IV). Em suma, a legitimidade ativa é reconhecida, em regra, à pessoa que não é parte no processo (quer porque nunca o foi, quer porque dele excluída) e não tenha, a qualquer título, responsabilidade pelo cumprimento da obrigação.

2.2. Legitimidade passiva

Solucionando controvérsia existente em sedes doutrinária e jurisprudencial, no § 4º do art. 677 do CPC vem explicitamente reconhecida a legitimidade passiva tanto à parte que figura como autora ou credora no processo *principal* (*rectius:* processo *original*) em que se deu a constrição de bem do terceiro, ou seja, aquela a quem aproveita o ato de constrição, quanto seu adversário no processo principal, quando for sua a indicação do bem objeto da constrição.

Exemplificando: *(i)* no cumprimento de sentença, o exequente indica o bem a ser penhorado (CPC, art. 524, VII) e, concretizada a constrição, ele figurará como réu (embargado) nos embargos opostos pelo terceiro que se intitule possuidor ou proprietário do bem constrito; *(ii)* executado o espólio, a penhora recai sobre bem de terceiro indicado pelo inventariante (v. art. 646), hipótese em que deverão figurar como embargados, em litisconsórcio necessário, o espólio executado e o exequente, pois, acolhidos os embargos, ambos serão prejudicados pela exclusão do bem que garantia a execução.

3. Finalidades dos embargos de terceiro

Terceiro não responsável pela obrigação ou por seu cumprimento poderá, não obstante, ter um bem ameaçado de constrição judicial em determinado processo, ou a ela já submetido, podendo valer-se dos embargos, nessas contingências, seja para impedir a concretização da ameaça, seja para liberar o bem já constrito. O mesmo se dá em relação ao terceiro que, mesmo não sendo possuidor ou proprietário do bem, tenha sobre ele direito incompatível com o ato constritivo, como é o caso do credor hipotecário que busca liberar da penhora imóvel objeto da garantia real.

Se a posse foi ofendida por ato de outro particular, os embargos de terceiro são inadequados para a solução do litígio, restando ao prejudicado pelo esbulho ou turbação valer-se da correspondente ação possessória.

Os embargos de terceiro têm, portanto, finalidade *preventiva* ou *liberatória*, prestando-se tanto a impedir que a ameaça de constrição judicial sobre determinado bem do terceiro se concretize, quanto, já concretizada, a liberá-los do ato constritivo. Por meio deles o embargante busca, em suma, obter tutela jurisdicional que proteja sua posse, domínio ou outro direito sobre o bem constrito ou ameaçado de constrição em determinado processo, impedindo a concretização da ameaça ou desconstituindo o ato constritivo já consumado. Não se limitam ao processo civil, sendo admissíveis também em relação a processo penal ou trabalhista em que ocorra – ou possa vir a ocorrer – ato de constrição judicial.

Variadas situações dão ensejo a debates sobre a admissibilidade dos embargos de terceiro.

Assim, recaindo a constrição judicial sobre bem compromissado à venda, sem que o respectivo compromisso tenha sido levado a registro, é possível a oposição de embargos pelo promitente-comprador, conforme enunciado da Súmula 84 do STJ, que afastou a incidência da precedente Súmula 621 do STF. Ainda há divergências sobre a admissibilidade de oposição dos embargos pelo terceiro que adquire bem penhorado, mas já se consolidou, em sede jurisprudencial, o entendimento de que eles não se prestam à anulação de ato jurídico por fraude contra credores (Súmula 195 do STJ).

Jurisprudência

Súmula 621 do STF: "Não enseja embargos de terceiro à penhora a promessa de compra e venda não inscrita no Registro de Imóveis" (afastada pela Súmula 84/STJ).

Súmula 84 do STJ: "É admissível a oposição de embargos de terceiro fundados em alegação de posse advinda do compromisso de compra e venda de imóvel, ainda que desprovido do registro".

Súmula 134 do STJ: "Embora intimado da penhora em imóvel do casal, o cônjuge do executado pode opor embargos de terceiro para defesa de sua meação".

Súmula 195 do STJ: "Em embargos de terceiro não se anula ato jurídico, por fraude contra credores".

Súmula 251 do STJ: "A meação só responde pelo ato ilícito quando o credor, na execução fiscal, provar que o enriquecimento dele resultante aproveitou ao casal".

Súmula 375 do STJ: "O reconhecimento da fraude à execução depende do registro da penhora do bem alienado ou da prova de má-fé do terceiro adquirente".

"Processual civil e tributário. Ofensa ao art. 489 do CPC/2015 não configurada. Execução fiscal. Embargos de terceiro. Fraude à execução. Ocorrência. Presunção de fraude absoluta. Eficácia vinculativa do acórdão proferido no REsp 1.141.990/PR. Dissídio jurisprudencial. Alínea 'c'. Exame prejudicado. 1. A solução integral da controvérsia, com fundamento suficiente, não caracteriza ofensa ao art. 489 do CPC/2015. 2. Controverte-se o recurso a respeito do instituto da Fraude à Execução, disciplinado no art. 185 do CTN, com a redação dada pela Lei Complementar 118/2005. 3. A Primeira Seção do STJ, no julgamento do REsp 1.141.990/PR, de Relatoria do Min. Luiz Fux, submetido ao rito dos recursos repetitivos, nos termos do art. 543-C do CPC e da Resolução 8/2008 do STJ, consolidou entendimento segundo o qual não se aplica à execução fiscal a Súmula 375/STJ: 'O reconhecimento da fraude à execução depende do registro da penhora do bem alienado ou da prova de má-fé do terceiro adquirente'. 4. No que se refere à fraude à Execução Fiscal, deve ser observado o disposto no art. 185 do CTN. Antes da alteração da Lei Complementar 118/2005, pressupõe fraude à Execução a alienação de bens do devedor já citado em Execução Fiscal. Com a vigência do normativo complementar, em 8.5.2005, a presunção de fraude ocorre apenas com a inscrição do débito em dívida ativa. 5. No caso dos autos, verifica-se que o acórdão impugnado considerou a exegese da legislação federal, motivo pelo qual a pretensão recursal não deve ser acolhida. 6. Fica prejudicada a análise da divergência jurisprudencial quando a tese sustentada já foi afastada no exame do Recurso Especial pela alínea 'a' do permissivo constitucional. 7. Recurso Especial não provido" (REsp 1.801.859/PR, Rel. Min. Herman Benjamin, 2ª Turma, j. 09.05.2019, *DJe* 23.05.2019).

"Tributário. Processual civil. Agravo interno nos embargos de divergência em recurso especial. Código de Processo Civil de 2015. Aplicabilidade. Execução fiscal. Embargos de terceiro. Fraude à execução. Alienação do bem após a citação do devedor. Art. 185 do CTN. Redação anterior à Lei Complementar n. 118/2005. Matéria decidida em recurso especial submetido à sistemática dos recursos repetitivos. Verbete sumular n. 168/STJ. Premissas fáticas alegadamente equivocadas. Pretensão de reexame. Inviabilidade. Multa do art. 1.021, § 4º, do Código de Processo Civil de 2015. Descabimento. I – Consoante o decidido pelo Plenário desta Corte na sessão realizada em 09.03.2016, o regime recursal será determinado pela data da publicação do provimento jurisdicional impugnado. Aplica-se, *in casu*, o Código de Processo Civil de 2015. II – A 1ª Seção deste Superior Tribunal assentou, em julgamento de recurso especial submetido ao rito do art. 543-C do CPC/1973, o entendimento segundo o qual a alienação efetivada antes da entrada em vigor da LC n. 118/05 (09.06.2005) presumia-se em fraude à execução se o negócio jurídico sucedesse a citação válida do devedor. Incidência do verbete sumular n. 168/STJ. III – Os Embargos de Divergência constituem modalidade recursal voltada à uniformização jurisprudencial, sendo inviável a sua oposição com o intuito de reexaminar premissas fáticas supostamente equivocadas. IV – Em regra, descabe a imposição da multa, prevista no art. 1.021, § 4º, do Código de Processo Civil de 2015, em razão do mero desprovimento do Agravo Interno em votação unânime, sendo necessária a configuração da manifesta inadmissibilidade ou improcedência do recurso a autorizar sua aplicação, o que não ocorreu no caso. V – Agravo Interno improvido" (AgInt nos EREsp 1.754.239/AM, Rel. Min. Regina Helena Costa, 1ª Seção, j. 28.05.2019, *DJe* 05.06.2019).

"Agravo interno. Agravo em recurso especial. Processual civil. Julgamento antecipado da lide. Cerceamento de defesa. Não ocorrência. Provas suficientes ao deslinde da controvérsia. Súmula 7/STJ. Incidência. Embargos de declaração protelatórios. Multa aplicada com fundamento no art. 1.022, § 2º do CPC/2015. Revisão. Impossibilidade. Reexame de provas. Súmula 7/STJ. Ilegitimidade da parte em processo de execução para propor embargos de terceiros. Súmula 83/STJ. 1. Não cabe, em recurso especial, reexaminar matéria fático-probatória (Súmula n. 7/STJ). 2. Aquele que é parte na execução principal não pode opor embargos de terceiro. Precedentes. 2. Agravo interno a que se nega provimento" (AgInt no AREsp 1.303.493/MS, Rel. Min. Maria Isabel Gallotti, 4ª Turma, j. 02.04.2019, *DJe* 08.04.2019).

> **Art. 675.** Os embargos podem ser opostos a qualquer tempo no processo de conhecimento enquanto não transitada em julgado a sentença e, no cumprimento de sentença ou no processo de execução, até 5 (cinco) dias depois da adjudicação, da alienação por iniciativa particular ou da arrematação, mas sempre antes da assinatura da respectiva carta.
>
> **Parágrafo único.** Caso identifique a existência de terceiro titular de interesse em embargar o ato, o juiz mandará intimá-lo pessoalmente.

▶ *Referência: CPC/1973 – Art. 1.048*

1. Momentos para a oposição dos embargos de terceiro

Dois são os momentos estabelecidos pelo art. 675 para a oposição dos embargos de terceiro: no caso de turbação ou esbulho resultante de ato de constrição em processo de conhecimento, é possível sua oposição a qualquer tempo, a partir da data em que se concretizou a ofensa à posse, mas antes do trânsito em julgado da sentença; no cumprimento de sentença ou no processo de execução, poderão ser opostos até cinco dias após a alienação do bem, sua adjudicação ou arrematação (v. arts. 825 e 876), mas sempre antes da assinatura da respectiva carta.

Enunciado 132 da II Jornada de Direito Processual Civil do Conselho da Justiça Federal: "O prazo para apresentação de embargos de terceiro tem natureza processual e deve ser contado em dias úteis".

Inovação interessante é contemplada no parágrafo único do art. 675: constatando a existência de terceiro titular de interesse em embargar (*v.g.*, o locador do executado, se a penhora recaiu sobre o imóvel locado), o juiz ordenará sua intimação pessoal, a fim de que possa, sendo o caso, opor os embargos.

> **Art. 676.** Os embargos serão distribuídos por dependência ao juízo que ordenou a constrição e autuados em apartado.

Parágrafo único. Nos casos de ato de constrição realizado por carta, os embargos serão oferecidos no juízo deprecado, salvo se indicado pelo juízo deprecante o bem constrito ou se já devolvida a carta.

▶ *Referência: CPC/1973 – Art. 1.049*

1. Juízo competente

Na dicção do art. 676, é competente para o processamento dos embargos o mesmo juízo que ordenou a apreensão do bem, ou seja, aquele em que se determinou a expedição do mandado de penhora ou de apreensão. Concretizado o ato de constrição em cumprimento a carta precatória, os embargos serão opostos no juízo deprecado, salvo se o bem constrito foi indicado pelo deprecante ou se a ele já se devolveu a carta.

Opostos os embargos pela União ou qualquer de suas autarquias ou fundações, desloca-se para a Justiça Federal a competência para seu processamento e julgamento, ainda que o processo no qual se deu o ato de constrição tenha sido instaurado perante a Justiça Estadual (CF, art. 109). Mas, se o ato de constrição é ordenado por juiz estadual no exercício de competência federal, os embargos deverão ser opostos perante o respectivo juízo, não no juízo federal.

Art. 677. Na petição inicial, o embargante fará a prova sumária de sua posse ou de seu domínio e da qualidade de terceiro, oferecendo documentos e rol de testemunhas.

§ 1º É facultada a prova da posse em audiência preliminar designada pelo juiz.

§ 2º O possuidor direto pode alegar, além da sua posse, o domínio alheio.

§ 3º A citação será pessoal, se o embargado não tiver procurador constituído nos autos da ação principal.

§ 4º Será legitimado passivo o sujeito a quem o ato de constrição aproveita, assim como o será seu adversário no processo principal quando for sua a indicação do bem para a constrição judicial.

▶ *Referência: CPC/1973 – Art. 1.050*

2. Ajuizamento dos embargos e citação do embargado

Conforme já registrado, os embargos de terceiro são ação autônoma, dando vida a pro-

cesso incidente àquele – o original – no qual se realizou (ou se pretende realizar) o ato de constrição judicial.

Processam-se em autos apartados e são opostos por petição que preencha todos os requisitos enumerados no art. 319 do CPC, nela devendo o embargante fazer prova sumária de sua posse ou domínio e de sua qualidade de terceiro, oferendo documentos e apresentando, sendo o caso, o rol de testemunhas (art. 677). Não podendo comprovar documentalmente sua qualidade de possuidor, o embargante deverá fazê-lo por meio de testemunhas, em audiência preliminar a ser designada pelo juiz (§ 1º); se não for o proprietário do bem, mas somente seu possuidor direto (CC, art. 1.197), alegará, com sua posse, o domínio alheio (§ 2º).

Examinada a inicial, o juiz irá rejeitá-la liminarmente, sendo o caso (v. art. 330); deferindo-a, ordenará a citação pessoal do embargado, na pessoa de seu procurador, ou, não o tendo, pessoalmente.

Art. 678. A decisão que reconhecer suficientemente provado o domínio ou a posse determinará a suspensão das medidas constritivas sobre os bens litigiosos objeto dos embargos, bem como a manutenção ou a reintegração provisória da posse, se o embargante a houver requerido.

Parágrafo único. O juiz poderá condicionar a ordem de manutenção ou de reintegração provisória de posse à prestação de caução pelo requerente, ressalvada a impossibilidade da parte economicamente hipossuficiente.

▶ *Referência: CPC/1973 – Arts. 1.051 e 1.052*

1. Suspensão das medidas constritivas e a manutenção ou reintegração do embargante na posse do bem

Distanciando-se do CPC/1973, que em seu art. 1.051 previa, uma vez julgada suficientemente provada a posse, o deferimento liminar dos embargos pelo juiz, com ordem de expedição de mandado de reintegração ou manutenção sujeita à prévia prestação de caução pelo embargante, o atual Código estabelece que, atendido o requisito da suficiente comprovação do domínio ou da posse do embargante sobre o bem constrito, o juiz determinará a suspensão das medidas constritivas (penhora, arrestou ou sequestro); e, se houver expresso requerimento, daí, sim, também determinará a manutenção ou reintegração provisória da posse do bem – condicionada a respectiva ordem, contudo, à prestação de caução pelo embargante, salvo se, reconhecida sua condição de hipossuficiente, não puder prestar a garantia.

Apesar de o CPC não conter previsões similares à do art. 1.052 do CPC/1973, tem-se que, determinada a suspensão da medida constritiva em relação ao bem constrito ou à totalidade dos que estiverem incluídos no ato de constrição e os embargos versarem sobre aquele ou sobre todos, o processo original terá seu curso suspenso; limitada a suspensão da medida constritiva a apenas um ou alguns dos bens, prosseguirá o processo original em relação aos liberados.

> **Art. 679.** Os embargos poderão ser contestados no prazo de 15 (quinze) dias, findo o qual se seguirá o procedimento comum.

▶ *Referência: CPC/1973 – Art. 1.053*

1. Contestação, adoção do procedimento comum e julgamento dos embargos de terceiro

Citado, o embargado poderá ofertar contestação no prazo de quinze dias, adotado, agora, o procedimento comum, com a designação de audiência de instrução e julgamento, havendo necessidade de produção de provas (CPC, art. 358 e ss.); ou, caso contrário, com o julgamento antecipado do mérito dos embargos (art. 355, I). Não ofertada contestação – e configurada, por consequência, a revelia do embargado –, igualmente caberá o julgamento antecipado (idem, inc. II – v. art. 344).

Enunciado 133 da II Jornada de Direito Processual Civil do Conselho da Justiça Federal: "É admissível a formulação de reconvenção em resposta aos embargos de terceiro, inclusive para o propósito de veicular pedido típico de ação pauliana, nas hipóteses de fraude contra credores".

Acolhidos os embargos e já concretizada a manutenção ou reintegração provisória da posse (art. 678, *caput*), o ato de constrição judicial será cancelado, com o reconhecimento, se requerido pelo embargante, de seu domínio, da manutenção da posse ou da reintegração definitiva do bem ou do direito sobre ele, (art. 681), liberando-se a caução prestada; se tais medidas provisórias protetivas da posse não tiverem sido requeridas pelo embargante, ou ordenadas liminarmente pelo juiz, este determinará a expedição do correspondente mandado.

Arcará com o pagamento da verba honorária a parte que deu causa à constrição indevida (Súmula 303 do STJ), inclusive o próprio embargante, se, por falta sua, houver ocorrido o ato constritivo (princípio da causalidade), como, por exemplo, se adquiriu o imóvel constrito, mas deixou de levar a registro a transferência da propriedade na matrícula imobiliária, omissão que permitiu a conclusão de que o bem ainda permanecia na propriedade do alienante, réu ou executado no processo original.

Jurisprudência

Súmula 303 do STJ: "Em embargos de terceiro, quem deu causa à constrição indevida deve arcar com os honorários advocatícios".

"Processual civil. Recurso representativo de controvérsia. Execução fiscal. Embargos de terceiro. Desconstituição de penhora. Ofensa ao art. 535 do CPC/1973 não configurada. Distribuição dos honorários advocatícios. Princípio da causalidade. 1. A solução integral da controvérsia, com fundamento suficiente, não caracteriza ofensa ao art. 535 do CPC/1973. 2. 'É admissível a oposição de Embargos de Terceiro fundados em alegação de posse advinda do compromisso de compra e venda de imóveis, ainda que desprovido do registro' (Súmula 84/STJ). 3. A sucumbência, para fins de arbitramento dos honorários advocatícios, tem por norte a aplicação do princípio da causalidade. Nesse sentido, a Súmula 303/STJ dispôs especificamente: 'Em embargos de terceiro, quem deu causa à constrição indevida deve arcar com os honorários advocatícios'. 4. O adquirente do imóvel, ao não providenciar a transcrição do título na repartição competente, expõe o bem à indevida constrição judicial em demandas ajuizadas contra o antigo proprietário. As diligências realizadas pelo oficial de Justiça ou pela parte credora, destinadas à localização de bens, no caso específico daqueles sujeitos a registro (imóveis, veículos), são feitas mediante consulta aos Cartórios de Imóveis (Detran, no caso de veículos), razão

Art. 679

pela qual a desatualização dos dados cadastrais fatalmente acarretará a efetivação da indevida penhora sobre o bem. 5. Nessas condições, não é lícito que a omissão no cumprimento de um dever legal implique, em favor da parte negligente, que esta deve ser considerada vencedora na demanda, para efeito de atribuição dos encargos de sucumbência. 6. Conforme expressamente concluiu a Corte Especial do STJ, por ocasião do julgamento dos Embargos de Divergência no REsp 490.605/SC: 'Não pode ser responsabilizado pelos honorários advocatícios o credor que indica à penhora imóvel transferido a terceiro mediante compromisso de compra e venda não registrado no Cartório de Imóveis. Com a inércia do comprador em proceder ao registro não havia como o exequente tomar conhecimento de uma possível transmissão de domínio'. 7. Para os fins do art. 1040 do CPC/2015 (antigo art. 543-C, § 7º, do CPC/1973), consolida-se a seguinte tese: 'Nos Embargos de Terceiro cujo pedido foi acolhido para desconstituir a constrição judicial, os honorários advocatícios serão arbitrados com base no princípio da causalidade, responsabilizando-se o atual proprietário (embargante), se este não atualizou os dados cadastrais. Os encargos de sucumbência serão suportados pela parte embargada, porém, na hipótese em que esta, depois de tomar ciência da transmissão do bem, apresentar ou insistir na impugnação ou recurso para manter a penhora sobre o bem cujo domínio foi transferido para terceiro'. 8. Precedentes: AgRg no REsp 1.282.370/PE, Rel. Ministro Benedito Gonçalves, Primeira Turma, *DJe* 06/03/2012; EDcl nos EDcl no REsp 375.026/PR, Rel. Ministro Carlos Fernando Mathias (Juiz Federal convocado do TRF 1ª Região), Segunda Turma, *DJe* 15/04/2008; REsp 724.341/MG, Rel. Ministra Denise Arruda, Primeira Turma, *DJ* 12/11/2007, p. 158; AgRg no REsp 462.647/SC, Rel. Ministro Castro Meira, Segunda Turma, *DJ* 30/08/2004, p. 244. 9. Na hipótese dos autos, o Tribunal de origem concluiu que 'a Fazenda Nacional, ao se opor à pretensão do terceiro embargante, mesmo quando cristalinas as provas de sua posse sobre o imóvel constrito, atraiu para si a aplicação do princípio da sucumbência'. 10. Recurso Especial desprovido. Acórdão submetido ao julgamento no rito do art. 1036 do CPC/2015 (antigo art. 543-C do CPC/1973)" (REsp 1.452.840/SP, Rel. Min. Herman Benjamin, 1ª Seção, j. 14.09.2016, *DJe* 05.10.2016).

"Processual civil. Agravo interno no recurso especial. Enunciado Administrativo nº 3/STJ. Embargos de terceiro. Honorários advocatícios. Apreciação equitativa. Revisão. Necessidade de reexame fático. Inviabilidade. Óbice da Súmula 7/STJ. Agravo não provido. 1. O Tribunal a quo, soberano na análise dos fatos e provas do processo, concluiu ser inestimável o proveito econômico decorrente dos embargos de terceiro, para fins de fixação dos honorários advocatícios. 2. Nesse contexto, aplica-se o entendimento desta Corte no sentido de que na apreciação equitativa, o magistrado não está adstrito aos limites percentuais estabelecidos no art. 85, § 2º, do Código de Processo Civil/2015 e que a sua revisão implica incursão ao suporte fático-probatório carreado aos autos, o que é vedado pela Súmula 7/STJ. Precedentes. 3. Agravo interno não provido" (AgInt no REsp 1.702.984/RS, Rel. Min. Mauro Campbell Marques, 2ª Turma, j. 14.05.2019, *DJe* 21.05.2019).

"Administrativo e processual civil. Ação civil pública executória (*actio ex delicto*). Dano ambiental e urbanístico. Loteamento irregular. Penhora no rosto dos autos de processo de desapropriação. Embargos de terceiro. Art. 1.050, § 3º, do CPC de 1973 (art. 677, § 3º, do Código de Processo Civil de 2015). Ausência de citação pessoal do Procurador-Geral de Justiça. Art. 10, I, da Lei 8.625/1993. Não apresentação de contestação. Prejuízo comprovado. Nulidade absoluta. 1. A Lei 7.347 de 1985 prevê, em seu art. 5º, § 1º, que o Ministério Público deverá, na Ação Civil Pública e nos processos dela decorrentes, se não intervier no processo como parte, atuará obrigatoriamente como fiscal da lei. 2. *In casu*, a tutela do interesse e do patrimônio públicos assume particular relevo por se tratar, na origem, de Ação Civil Pública resguardando o meio ambiente e a regularidade urbanística. Na hipótese dos autos, por falta de citação prévia e regular do Procurador-Geral de Justiça (art. 10, I, da Lei 8.625/1993), substituída por simples intimação eletrônica do Promotor de Justiça, deixou o Ministério Público de apresentar contestação e produzir provas no âmbito de Embargos de Terceiro. 3. O acórdão a quo destoa do atual entendimento do STJ de que a falta de citação ou intimação do Ministério Público no momento processual adequado gera nulidade, razão pela qual merece prosperar a irresignação. O art. 1.050, § 3º, do CPC/1973 (atual art. 677, § 3º, do CPC/2015), vigente à época, previa a citação pessoal do embargado, salvo em uma única hipótese, inaplicável em tudo e por tudo ao Parquet, pois constituído este, não por 'procuração' conferida pela parte, mas sim por autorização legal, em representação da sociedade e do interesse público. Ademais, as exceções legais devem ser interpretadas restritivamente. Ausente a necessária citação ou intimação, incide presunção de prejuízo, invertendo-se, em consequência, o ônus da prova do caráter inofensivo ou anódino da omissão. 4. Recurso Especial provido para anular o processo, a partir do momento em que deveria ter sido determinada a citação pessoal do Ministério Público" (REsp 1.793.015/SP, Rel. Min. Herman Benjamin, 2ª Turma, j. 28.03.2019, *DJe* 30.05.2019).

Art. 680. Contra os embargos do credor com garantia real, o embargado somente poderá alegar que:

I – o devedor comum é insolvente;

II – o título é nulo ou não obriga a terceiro;

III – outra é a coisa dada em garantia.

▶ *Referência: CPC/1973 – Art. 1.054*

1. Embargante com garantia real

Nas dívidas garantidas por penhor, anticrese ou hipoteca, o bem dado em garantia fica sujeito, por vínculo real, ao cumprimento da obrigação (CC, art. 1.419). A garantia real confere ao credor, portanto, o direito de obter o pagamento da dívida com o valor do bem a ela submetido, ou seja, garante-lhe o recebimento da dívida, por estar o bem vinculado ao seu pagamento. Consequentemente, o credor com garantia real tem direito de preferência à satisfação de seu crédito. Daí a razão de o art. 680 dispor que, nos embargos opostos por esse credor, o embargado somente poderá alegar, em sua defesa, ser insolvente o devedor comum, ser nulo o título gerador da garantia real ou não obrigar a terceiro ou, finalmente, ser outra a coisa dada em garantia, não aquela objeto dos embargos.

Sendo insolvente o devedor comum, isto é, aquele obrigado com o embargante e com o embargado, a este é possível contestar os embargos, demonstrando a situação patrimonial do primeiro ou a inexistência de outros bens a penhorar.

Pode o embargado ainda sustentar em sua contestação ser nulo o título constitutivo da garantia real, ou não obrigar a terceiro, ou seja, não gerar para o embargante qualquer direito de crédito preferencial. O título será *nulo* na ocorrência de qualquer das hipóteses previstas no art. 166 do CC e não obrigará terceiros quando ausente qualquer dos requisitos exigidos pelos arts. 221, 288, 1.424 e 1.492 do mesmo diploma legal.

Finalmente, poderá o embargado alegar que a coisa dada em garantia não é aquela objeto dos embargos.

Art. 681. Acolhido o pedido inicial, o ato de constrição judicial indevida será cancelado, com o reconhecimento do domínio, da manutenção da posse ou da reintegração definitiva do bem ou do direito ao embargante.

▶ *Sem correspondente no CPC/1973*

1. Efeitos da sentença desconstitutiva do ato constritivo

Como já registrado em nota ao art. 674, os embargos de terceiro têm finalidade *preventiva* ou *liberatória*, prestando-se tanto a impedir que a ameaça de constrição judicial sobre determinado bem do terceiro se concretize, quanto, já concretizada, a liberá-los do ato constritivo. É justamente essa última hipótese a contemplada no art. 681, ao prever que, vindo a ser acolhido o pedido formulado pelo embargante, com o consequente cancelamento do ato constritivo, será proclamado e reconhecido o seu domínio sobre o bem ou, então, conforme o caso, a manutenção ou reintegração definitiva na posse do bem ou do direito.

CAPÍTULO VIII
DA OPOSIÇÃO

Art. 682. Quem pretender, no todo ou em parte, a coisa ou o direito sobre que controvertem autor e réu poderá, até ser proferida a sentença, oferecer oposição contra ambos.

▶ *Referência: CPC/1973 – Art. 56*

1. Natureza jurídica da oposição

Regulada pelo CPC/1973 como modalidade interventiva de terceiros, no Código em

Art. 682

CÓDIGO DE PROCESSO CIVIL INTERPRETADO

vigor a oposição integra o rol dos procedimentos especiais contenciosos.

Trata-se de *ação* pela qual terceiro, estranho a um processo em curso, deduz pretensão em relação à coisa ou ao direito nele discutido entre autor e réu (os opostos), sustentando que lhe pertence, total ou parcialmente. Com o oferecimento da oposição ocorrerá não apenas a ampliação do objeto do processo – ao juiz agora também competindo julgar os pedidos do opoente –, como ainda a formação de litisconsórcio entre as partes originárias, agora denominados *opostos*.

2. Oposição como demanda bifronte

Por meio da oposição o opoente deduz dois pedidos, respectivamente em face do autor e do réu *opostos*; em relação ao autor-oposto, esse pedido terá natureza declaratória, positiva ou negativa e, em face do réu-oposto, natureza condenatória, declaratória negativa, ou eventualmente constitutiva, dependendo da natureza do pedido formulado pelo autor.

3. Oposição e embargos de terceiro

Mesmo apresentando pontos de contato, as ações de oposição e de embargos de terceiro são inconfundíveis, tanto no que concerne à estrutura das respectivas relações jurídico-processuais, quanto aos seus objetos e aos limites subjetivos e objetivos da coisa julgada material.

Estruturalmente, a relação processual dos embargos de terceiro é integrada ativamente pelo embargante e passivamente pelo autor ou credor exequente no processo original – ou, ainda, qualquer desses dois últimos, em litisconsórcio passivo com seu adversário, quando for deste a indicação do bem objeto da constrição (CPC, art. 677, § 4º); já na oposição o opoente assume a titularidade ativa, instaurando-se litisconsórcio passivo necessário entre o autor e o réu da ação original.

Também são distintos os *objetos* dessas ações: na oposição o opoente postula pronunciamento sobre o mérito da ação original, que é de natureza material, enquanto que os embargos de terceiro têm como mérito o próprio ato de constrição judicial que se pretende evitar ou desconstituir.

Finalmente, nos embargos opera-se a *coisa julgada material* exclusivamente em relação à decisão inibitória ou desconstitutiva do ato de constrição, sem refletir nos fundamentos de direito material objeto da ação original, ao passo que, na oposição ela tornará imune a futuras impugnações, por qualquer das partes (opoente ou opostos), o quanto decidido tanto em relação à ação, quanto à oposição.

4. Facultatividade da oposição

Tomando conhecimento da existência de processo judicial envolvendo coisa ou direito de que entenda ser titular, poderá o interessado simplesmente aguardar o término do processo e, posteriormente, ajuizar sua própria ação em face do vitorioso, reivindicando para si, total ou parcialmente, aquela coisa ou aquele direito, pois não fica submetido à autoridade da coisa julgada material (CPC, art. 506); ou, então, ingressar no processo deduzindo a oposição, iniciativa que, podendo prestar-se ao atendimento de necessidade imediata do opoente (*v.g.*, a concessão de uma tutela provisória), traz em si o risco de vir ele a sucumbir ao final, sujeitando-se, agora sim, àquela autoridade.

Jurisprudência

"Direito civil e processual civil. Recurso especial. Oposição apresentada em ação de resolução contratual. Irresignação submetida ao CPC/73. Requerimento formulado antes da audiência de instrução. Inobservância do rito previsto no art. 59 do CPC/73. Extinção do feito principal em razão de acordo sem apreciação da oposição. Possibilidade de seu prosseguimento como feito autônomo. 1. Não são aplicáveis ao caso as disposições do NCPC, ante os termos do Enunciado Administrativo n. 2 aprovado pelo Plenário do STJ na sessão de 9/3/2016. 2. Os regimentos internos dos Tribunais, segundo a classificação das normas jurídicas, possuem status de lei local apesar de não serem editados pelos órgãos legislativos estaduais. 3. Assim, a indicação de o acórdão recorrido teria aplicado determinada disposição regimental em detrimento de lei federal suscita, na realidade, conflito normativo, o que, nos termos do art.102, III, d da CF, deve ser apreciado pelo STF, em recurso extraordinário. 4. A oposição, é modalidade de intervenção de terceiros por meio da qual estes se apresentavam em juízo, deduzindo pretensão incompatível com os interesses conflitantes do autor e do réu em um processo cognitivo pendente. 5. Na sistemática do CPC/73, a oposição podia ser apresentada antes da audiência, hipótese em que deveria ser apensada aos autos principais para tramitação conjunta e julgamento simultâneo (art. 59) ou então depois da audiência (mas antes da sentença), hipótese em que deveria seguir o procedimento ordinário e ser julgada sem prejuízo da causa principal (art. 60). 6. Muito embora a oposição tenha sido apresentada antes da audiência, não foi observado o procedimento próprio, isto é, não houve julgamento simultâneo, sobrevindo sentença de extinção apenas do feito principal, em razão de acordo entabulado entre as partes naquele feito. 7. Oposição extinta sem julgamento de mérito, sob o entendimento de que não haveria mais oportunidade processual para examinar o direito dos opoentes, tendo em vista a extinção do processo principal propiciado por acordo. 8. A existência de lide pendente entre autor e réu só é requisito processual para a admissão da oposição no momento de sua propositura. Uma vez protocolada a petição de oposição, ela pode ser apreciada independentemente da superveniência de sentença na ação principal ou mesmo da sua existência. 9. Se a mesma pretensão pode ser veiculada tanto antes (oposição interventiva) quanto depois da audiência (oposição autônoma), não há motivo razoável para sustentar que, no primeiro caso, ela deva ser fulminada pelo advento da sentença na ação principal e, no segundo caso, deva ela prosseguir para julgamento independente. 10. Recurso especial provido" (REsp 1.367.718/MT, Rel. Min. Moura Ribeiro, 3ª Turma, j. 06.11.2018, *DJe* 09.11.2018).

"Oposição. Anterior modalidade de intervenção de terceiros que é classificada pelo Novo CPC como ação de procedimento especial, exercitada por aquele que pretende o reconhecimento de direito postulado por autor e réu. Oposição apresentada contra autor de ação de usucapião. Sentença de extinção, sem apreciação do mérito, com fulcro no artigo 387, XI do Código de Processo Civil. – O interesse de agir divide-se em interesse-necessidade e interesse-adequação. No primeiro caso, compete àquele que apresenta a demanda, demonstrar que não poderia obter o bem da vida pretendido, sem a intervenção do Judiciário. No segundo caso, deve demonstrar que o meio processual escolhido para salvaguarda de seus direitos é adequado. – Poderão os ora opoentes manifestarem-se na ação de usucapião, contestando a propriedade do imóvel. Contudo, ainda que consigam demonstrar que a ré não é a real proprietária do bem, a sentença não lhes declarará a propriedade. Sendo assim, a ação de oposição, em tese, parece ser o meio processual adequado à

defesa dos supostos direitos dos opoentes. – Caso concreto que apresenta peculiaridade a impedir o prosseguimento da oposição, eis que os opoentes pretendem apenas que o imóvel que construíram no terreno seja excluído do pedido de reconhecimento de aquisição por usucapião, não havendo pedido específico quanto ao reconhecimento da propriedade pelos opoentes. – Em que pese a necessidade de rever entendimento acerca da impossibilidade de ajuizar oposição quando em curso usucapião, na hipótese dos autos ela não se faz necessária, tampouco adequada, eis que os opoentes poderão se manifestar na própria ação de usucapião Recurso provido para acolher pedido subsidiário, para que a inicial da ação de oposição seja recebida como contestação na ação de usucapião (TJRJ, 0038486-03.2015.8.19.0203, 17ª Câmara Cível, Des(a). Flávia Romano de Rezende, j. 31.08.2016).

> **Art. 683.** O opoente deduzirá o pedido em observação aos requisitos exigidos para propositura da ação.
>
> **Parágrafo único.** Distribuída a oposição por dependência, serão os opostos citados, na pessoa de seus respectivos advogados, para contestar o pedido no prazo comum de 15 (quinze) dias.

▶ *Referência: CPC/1973 – Art. 57*

5. Propositura da oposição: petição inicial e citação dos opostos

O opoente deverá elaborar petição que atenda aos requisitos do art. 319 do CPC. Atribuída ao juízo perante o qual se processa a ação original, os opostos serão citados na pessoa de seus advogados, para a oferta de contestação no prazo comum de 15 dias.

Cinco observações:

a) apesar da dicção do parágrafo único do artigo sob exame, não haverá *distribuição* da oposição. A distribuição deve ser alternada e *aleatória* (CPC, art. 285, *caput*), mas a oposição necessariamente será *atribuída* a *juízo certo e determinado*, aquele perante o qual já se processa a ação originária. Trata-se, portanto, de *atribuição por dependência* ao órgão jurisdicional com competência já preventa (art. 59);

b) não atendidos os requisitos do art. 319 ou evidenciada de plano a ilegitimidade ou a

Art. 684

CÓDIGO DE PROCESSO CIVIL INTERPRETADO

1206

falta de interesse processual do opoente, o juiz deverá rejeitar de plano a oposição e, sendo ela autônoma, dúvida não há quanto à natureza sentencial do ato judicial de indeferimento (CPC, art. 485, inc. I), a comportar apelação (art. 1.009).

Já o indeferimento da petição de oposição interventiva (ou incidente) suscita fundadas dúvidas quanto à natureza do respectivo ato judicial e do recurso cabível. Apesar da tentativa em afastar o dissenso envolvendo atos que se enquadram nas categorias tanto de decisão interlocutória quanto de sentença, explicitando a natureza e conteúdo de uma e outra em seu art. 203, o CPC não escapa da armadilha – como, de resto, não escapou o CPC/1973 – resultante da peculiar natureza de determinados atos decisórios, com o consequente reflexo na esfera recursal. Assim, se de um lado o ato de indeferimento da oposição é decisão interlocutória encartável no § 2º do art. 203 – pois, diversamente da sentença, não "põe fim à fase cognitiva do procedimento comum", nem "extingue a execução" (§ 1º) –, de outro há a previsão do art. 485, inc. I, reconhecendo como sentença terminativa o ato de indeferimento da petição inicial – e apelável, portanto (art. 1.009). Mas a se aceitar que esse ato é decisão interlocutória, em princípio não comportará impugnação recursal, salvo se, por analogia, aplicar-se o disposto no art. 1.015, inc. IX, prevendo o cabimento de agravo de instrumento de decisão que admite ou rejeita intervenção de terceiros;

c) relativamente à citação dos opostos, prevalece a regra especial estampada no parágrafo do art. 683, afastada a incidência da geral contida em seu art. 105, ao exigir a outorga de poderes específicos para o procurador receber citação em nome da parte constituinte. São evidentes os motivos determinantes dessa dispensa: além de ser incomum, na prática forense, a outorga desse poder ao patrono da parte, principalmente quanto outorgante é o autor, a citação dos opostos poderá ser concretizada mediante a intimação direta de seu patrono, inclusive eletronicamente, sendo o caso – tal como ocorre, aliás, na citação do autor reconvindo (art. 343, § 1º);

d) se o réu-oposto já for revel no processo original e não tiver advogado constituído, sua citação será feita por edital (CPC, art. 256), exceto se sua defesa já estiver a cargo de Defensor Público (art. 72, inc. II e parágrafo único), na pessoa do qual será feita a citação;

e) por ser *comum* e *próprio*, o prazo para a oferta de contestação não será computado em dobro, apesar de os opostos serem litisconsortes e, certamente, terem advogados diferentes (CPC, art. 229);

> **Art. 684.** Se um dos opostos reconhecer a procedência do pedido, contra o outro prosseguirá o opoente.

▶ *Referência: CPC/1973 – Art. 58*

6. Comportamentos dos opostos

Apesar de o parágrafo único do art. 683 referir-se apenas à contestação, assim que citados qualquer dos opostos poderá, se for o caso, reconhecer a procedência do pedido do opoente, valer-se da reconvenção ou permanecer revel, esses comportamentos gerando as consequências que se passa a examinar.

6.1. Reconhecimento da procedência da oposição

Seja a interventiva, seja a autônoma, qualquer dos opostos poderá vir a reconhecer a procedência da oposição (art. 684), com as seguintes consequências:

a) reconhecimento pelo autor-oposto: ao reconhecer o direito afirmado pelo opoente, o autor também reconhece não ter esse mesmo direito em relação ao réu, o que implica, *ipso facto*, renúncia à pretensão deduzida na ação original. Encerra-se então o litígio existente entre os opostos, com a homologação, por decisão interlocutória de mérito, do reconhecimento feito pelo autor (CPC, art. 354, parágrafo único c/c art. 487, inc. III, *a*) O processo prosseguirá entre o opoente e o réu-oposto, sobrevindo ao final sentença com o julgamento da oposição.

b) reconhecimento pelo réu-oposto: ele reconhece que não tem, em relação ao opoente, direito ao bem por este disputado no processo. Isto não significa, porém, que também esteja reconhecendo o direito do autor sobre esse mesmo bem, tanto que, se for acolhida a oposição em relação a este último, o pedido formulado na ação original certamente será rejeitado em relação a ele, réu-oposto; rejeitada a oposição, ainda restará ao juiz decidir o pedido formulado pelo autor da ação original, acolhendo-o ou rejeitando-o. Mas independentemente da modalidade da oposição, o reconhecimento da oposição pelo réu-oposto não acarreta a extinção do processo, que agora prosseguirá entre o opoente e o autor-oposto até que sobrevenha, ao final, sentença com o julgamento das ações remanescentes;

c) reconhecimento por ambos os opostos: em sentença única o juiz homologará o reconhecimento (CPC, art. 487, inc. III, *a*) e, lógica e sucessivamente, rejeitará o pedido formulado pelo autor em face do réu (idem, inc. I).

Evidente que, diante do resultado final do processo, aquela autoridade deverá levar em conta a postura de cada um dos litigantes para a distribuição dos ônus sucumbenciais.

6.2. Contestação

Sendo a oposição interventiva, assim que ofertada contestação pelos opostos no processo original este prosseguirá com a fase instrutória, se necessária e, ao final, o juiz proferirá sentença, julgando simultaneamente aquela e o pedido formulado pelo autor na ação original; tendo em vista a relação de prejudicialidade existente entre a ação e a oposição, esta será julgada lógica e antecedentemente àquela, não obstante a sentença seja una (CPC, art. 686). Tratando-se de oposição autônoma, o juiz poderá suspender o curso do processo original ao fim de sua instrução, até que o processo da oposição esteja em termos de julgamento – quando, então, proferirá sentença única (julgamento *in simultaneus processus*), observada a ordem lógica e antecedente aludida (v. parágrafo único do art. 685).

6.3. Reconvenção

O art. 343 faculta ao réu (e, na oposição, autor e réu opostos assumem essa posição processual) a oferta de reconvenção, manifestando pretensão própria em face do autor reconvindo (no caso, o opoente), conexa com a ação principal ou com o fundamento da defesa. Os opostos serão intimados na pessoa de seus advogados para a apresentação de resposta (contestação) no prazo de 15 dias – o qual, por analogia ao art. 683, parágrafo único, também deverá ser considerado prazo comum e próprio, sob pena de instaurar-se conflito temporal entre os momentos de oferta da contestação à oposição e da reconvenção.

6.4. Revelia

Decretada a revelia de um dos opostos, ainda assim não caberá o julgamento antecipado de mérito, pois inocorrente o efeito previsto no art. 344 em razão da oferta da contestação pelo outro oposto (CPC, art. 345, inc. I). Sendo revéis ambos os opostos, em sentença única o juiz julgará antecipadamente todos os pedidos, acolhendo os do opoente e rejeitando o do autor (art. 355, inc. II), ressalvadas a intervenção da Defensoria Pública ofertando contestação em favor de qualquer dos revéis (arts. 72, inc. II, parágrafo único, e 345, inc. I) e a hipótese enunciada no art. 345, inc. IV, prevendo o afastamento do efeito da revelia.

> **Art. 685.** Admitido o processamento, a oposição será apensada aos autos e tramitará simultaneamente à ação originária, sendo ambas julgadas pela mesma sentença.
>
> **Parágrafo único.** Se a oposição for proposta após o início da audiência de instrução, o juiz suspenderá o curso do processo ao fim da produção das provas, salvo se concluir que a unidade da instrução atende melhor ao princípio da duração razoável do processo.

▶ *Referência: CPC/1973 – Arts. 59 e 60*

7. Modalidades de oposição

Incidente típico do processo de conhecimento, a oposição pode ser oferecida a qualquer momento antes do advento da sentença, tanto em processos reivindicatórios, sustentando o opoente ser titular do direito de propriedade sobre o bem reivindicando, como ainda naqueles versando direitos pessoais, buscando o reconhecimento de seu direito sobre o crédito disputado pelos opostos.

Mesmo diante da confusa redação de seu art. 685 e parágrafo, tudo indica que o CPC também prevê, tal qual o CPC/1973 em seus arts. 59 e 60, a *oposição interventiva* e a *oposição autônoma*.

7.1. Oposição interventiva

Ajuizada antes do início da audiência de instrução do processo em curso, a oposição será processada conjuntamente com a ação originária, nesse *mesmo processo*, embora em autos apensados (se se tratar de autos físicos), operando-se, nesse caso, o cúmulo objetivo dessas demandas.

Com a oposição interventiva amplia-se o objeto do processo em curso, que agora se

Art. 686

CÓDIGO DE PROCESSO CIVIL INTERPRETADO

1208

desenvolve para o julgamento de três ações: a original, proposta pelo autor em face do réu e tendo por objeto o bem da vida por ele reclamado; a do opoente em face do autor-oposto, pretendendo a rejeição do pedido por ele deduzido em face do réu, ou seja, a declaração de que ele, autor, não tem direito ao bem que reclama; e, finalmente, a do opoente em face do réu-oposto, tendo por objeto o mesmo bem da vida que este reclama.

O processo instaurado por iniciativa do autor também se prestará agora para o processamento da oposição, ao juiz competindo, assim que encerrada a instrução, o julgamento conjunto do pedido formulado na petição inicial e dos pedidos formulados pelo opoente em relação, respectivamente, ao autor e ao réu – daí falar-se que a oposição é uma *ação bifronte*.

Justifica-se, nesse caso, o aproveitamento da base processual já existente: como ainda não iniciada a fase de coleta de provas em audiência, esta servirá a seu tempo para a produção daquelas requeridas oportunamente tanto pelas partes originais (autor e réu opostos), quanto pelo opoente.

7.2. Oposição autônoma

Sendo proposta depois do início da audiência de instrução, a oposição dará vida a *novo processo*, com seus próprios autos. Encerrada a instrução probatória no processo original, este terá seu curso suspenso no aguardo do processamento completo da oposição, com o objetivo de propiciar o julgamento conjunto, em sentença única, da ação original e da oposição. Como essa suspensão não poderá exceder a um ano (CPC, art. 313, V, a *e* § 4º), esgotado o prazo o juiz julgará a ação original e, posteriormente, a seu tempo, a oposição – e, nesse caso, o opoente não ficará submetido aos efeitos da primeira sentença, pois terceiro em relação ao processo no qual foi proferida (CPC, art. 506). Ainda estando em curso a fase instrutória do processo original, o juiz poderá concluir que a unidade da instrução melhor atenderá ao princípio da duração razoável do processo, hipótese em que determinará não a suspensão do processo original, mas, sim, a coleta das provas relacionadas à oposição, igualmente proferindo, ao final, sentença única.

8. A relação litisconsorcial entre os opostos

Citados os opostos, entre eles instaura-se *litisconsórcio passivo (originário* ou *ulterior),*

necessário, anômalo e *unitário*. Passivo, pois os opostos assumirão em relação ao opoente a condição de réus; necessário, pois a validade da sentença dependerá da citação de ambas as partes da ação original (CPC, art. 115, inc. I); anômalo (ou anormal), pois sendo adversários na ação original, autor e réu posicionam-se como litisconsortes passivos em relação ao opoente; unitário porque, em relação à pretensão deduzida pelo opoente, deverá o juiz decidir de modo uniforme para os opostos (art. 116).

Relativamente à unitariedade litisconsorcial, vale o alerta de que ela não deve ser entendida no sentido de "julgar de modo *igual* as situações dos litisconsortes, ditando para ambos um destino só. O que está na base da unitariedade do litisconsórcio é a imperiosidade da *coerência* no trato destinado a eles." Portanto, essa "unitariedade do litisconsórcio entre opostos significa que não se pode chegar a soluções incoerentes, como p. ex. julgar procedente a oposição para afastar a pretensão do oposto-autor mas declarar inadmissível o julgamento do mérito no tocante à pretensão do opoente perante o oposto-réu. O julgamento da oposição, como um todo, é que há de ser uno para os opostos" (Dinamarco, *Intervenção de terceiros*, nº 49, p. 102-103).

Na oposição autônoma os opostos já figuram como réus no momento da instauração do processo e, consequentemente, o litisconsórcio passivo é *originário;* na interventiva, a relação litisconsorcial passiva surge no curso do processo, daí denominar-se *ulterior.*

> **Art. 686.** Cabendo ao juiz decidir simultaneamente a ação originária e a oposição, desta conhecerá em primeiro lugar.

▸ *Referência: CPC/1973 – Art. 61*

9. A relação de prejudicialidade entre a oposição e a ação original

No curso do processo o juiz poderá ver-se na contingência de enfrentar e solucionar pontos duvidosos (questões), seja para avaliar a admissibilidade da ação (*v.g.*, ilegitimidade da parte ou ausência de interesse processual do autor) ou a viabilidade do próprio processo, enquanto instrumento para o exercício do poder jurisdicional (*v.g.*, nulidades insanáveis), seja para julgar o mérito da causa.

Quando pertinentes ao *meritum causae*, essas *questões subordinantes* (ou *prejudiciais*) devem ser resolvidas internamente no processo, na motivação da sentença, incidentalmente (*incidenter tantum*), ou em seu dispositivo, definitivamente (resolução em sede *principaliter),* estando presentes os requisitos estabelecidos pelo CPC nos incisos do § 1º de seu art. 503.

Situação distinta respeita à relação de *prejudicialidade* existente entre *ações*, ou seja, quando o julgamento de uma delas, a *prejudicada*, depender do que venha a ser previamente decidido a respeito da outra (a *prejudicante*).

É justamente essa a relação existente entre a oposição e a ação, pois o julgamento daquela influirá no desta, tanto que, cabendo ao juiz decidir simultaneamente as duas, apreciará em primeiro lugar, logicamente, a oposição (art. 686). Ou, na correta lição de Dinamarco, essa relação de prejudicialidade entre a ação original e a oposição resulta da circunstância de que "no *plano lógico* o acolhimento da pretensão do opoente predetermina a rejeição da demanda inicial do autor (consequência da incompatibilidade; e no *plano jurídico* as operações mentais exigidas para julgar as duas são as mesmas, ambas se situando no *meritum causae* e incidindo sobre o alegado direito ao mesmo bem. Em caso de rejeição da oposição é que o juiz fica relativamente desvinculado, passando a julgar a causa inicial segundo os fatores relevantes para ela – mas obviamente sendo-lhe defeso rejeitar também a demanda do autor pelo fundamento de o direito afirmado por ele ter por titular o opoente" (ob. cit., nº 43, p. 95).

CAPÍTULO IX
DA HABILITAÇÃO

Art. 687. A habilitação ocorre quando, por falecimento de qualquer das partes, os interessados houverem de suceder-lhe no processo.

▶ *Referência: CPC/1973 – Art. 1.055.*

1. Conceito de habilitação

Instaurada a relação jurídica processual, as partes que a integram permanecerão nos respectivos polos (ativo e passivo) até o final do processo, com ou sem resolução do mérito (CPC, arts. 485 e 487), salvo as substituições permitidas por lei, que poderão resultar de causa voluntária (*v.g.*, a alienação da coisa ou do direito litigioso – *v.* CPC, art. 109) ou natural, representada, esta última, pelo falecimento de qualquer das partes no curso do processo – hipótese em que se dará, sendo o caso, a sucessão pelo seu espólio ou sucessores (art. 110).

A morte da parte acarreta a transmissão imediata da herança aos seus herdeiros (CC, art. 1.784), mas enquanto não encerrado o inventário ou o arrolamento e formalizada a partilha da herança líquida (ou sua adjudicação, no caso de herdeiro único), o espólio, representado pelo inventariante, irá suceder o *de cujus* no processo (v. CPC, art. 75, VI). Evidente que essa sucessão somente será admissível quando o *direito* ou a *obrigação* sobre a qual versar a ação for *transmissível* aos herdeiros do *de cujus;* se a ação tiver por objeto direito personalíssimo intransmissível (*v.g.*, ação de divórcio), a morte de qualquer das partes acarretará a extinção do processo, sem resolução do mérito (art. 485, inc. IX). Em outras palavras, o espólio somente sucederá a parte falecida quando a causa envolver relações patrimoniais ou contratuais (*v.g.*, ação indenizatória, ação de despejo etc.); tratando-se de relações de parentesco (*v.g.,* ações investigatória ou negatória de paternidade ou de maternidade), será habilitado, como sucessor processual, o herdeiro (ou herdeiros) da parte falecida (CC, art. 1.601, parágrafo único e 1.606, parágrafo único).

2. Habilitação voluntária

Falecendo a parte no curso do processo e não versando a ação sobre direito intransmissível, caberá ao espólio ou aos sucessores do falecido a iniciativa pela habilitação voluntária. Atendidos os requisitos legais (comprovação do óbito e qualidade de sucessor ou herdeiro do *de cujus*), o juiz homologará a habilitação, passando o habilitado a figurar no processo na qualidade de parte sucessora, ocupando o polo da relação jurídica processual anteriormente ocupado pelo falecido.

3. Habilitação compulsória

Não promovida a habilitação voluntária pelos interessados, à outra parte caberá requerer a habilitação compulsória dos mesmos, propondo a correspondente ação incidental e ficando suspenso o curso do processo original até que se ultime a sucessão processual (CPC, art. 313, inc. I, § 1º).

Art. 687

4. Inércia dos interessados na habilitação

Cientificado do óbito, o juiz determinará a imediata suspensão do processo, no aguardo da habilitação do interessado. Não sendo requerida a habilitação voluntária, nem ajuizada ação de habilitação compulsória, ele adotará, então, as seguintes providências: *(i)* falecido o réu, ordenará a intimação do autor, para que promova a citação dos interessados (espólio ou herdeiros, dependendo do caso), no prazo para tanto designado, em atenção às peculiaridades do caso concreto (no mínimo dois e no máximo seis meses – CPC, art. 313, § 2º, inc. I); *(ii)* falecido o autor, determinará a intimação, pelos meios de divulgação que reputar mais adequados, do espólio do *de cujus*, de quem for seu sucessor ou dos herdeiros, dependendo do caso, para que manifestem interesse na sucessão processual e promovam a respectiva habilitação no prazo designado, sob pena de extinção do processo, sem resolução do mérito.

O art. 313, § 2º, inc. II, alude à transmissibilidade do direito em litígio somente em relação à sucessão do falecido autor; todavia, essa mesma transmissibilidade também será requisito para a sucessão do falecido réu, como no caso das ações tendo por objeto relações de parentesco (investigatória ou negatória de paternidade ou de maternidade – v. CC, arts. 1.601, parágrafo único, e 1.606, parágrafo único).

Jurisprudência

"Recurso especial. Processual civil. Cumprimento de sentença proferida contra sociedade limitada. 1. Distrato da pessoa jurídica. Equiparação à morte da pessoa natural. Sucessão dos sócios. Inteligência do art. 43 do CPC/1973. Temperamentos conforme tipo societário. 2. Desconsideração da personalidade jurídica. Forma inadequada. Procedimento de habilitação. Inobservância. 3. Recurso especial provido. 1. Debate-se a sucessão material e processual de parte, viabilizada por meio da desconsideração da pessoa jurídica, para responsabilizar os sócios e seu patrimônio pessoal por débito remanescente de titularidade de sociedade extinta pelo distrato. 2. A extinção da pessoa jurídica se equipara à morte da pessoa natural, prevista no art. 43 do CPC/1973 (art. 110 do CPC/2015), atraindo a sucessão material e processual com os temperamentos próprios do tipo societário e da gradação da responsabilidade pessoal dos sócios. 3. Em sociedades de responsabilidade limitada, após integralizado o capital social, os sócios não respondem com seu patrimônio pessoal pelas dívidas titularizadas pela sociedade, de modo que o deferimento da sucessão dependerá intrinsecamente da demonstração de existência de patrimônio líquido positivo e de sua efetiva distribuição entre seus sócios. 4. A demonstração da existência de fundamento jurídico para a sucessão da empresa extinta pelos seus sócios poderá ser objeto de controvérsia a ser apurada no procedimento de habilitação (art.1.055 do CPC/1973 e 687 do CPC/2015), aplicável por analogia à extinção de empresas no curso de processo judicial. 5. A desconsideração da personalidade jurídica não é, portanto, via cabível para promover a inclusão dos sócios em demanda judicial, da qual a sociedade era parte legítima, sendo medida excepcional para os casos em que verificada a utilização abusiva da pessoa jurídica. 6. Recurso especial provido" (REsp 1.784.032/SP, Rel. Min. Marco Aurélio Bellizze, 3ª Turma, j. 02.04.2019, *DJe* 04.04.2019).

"Processual civil. Embargos à execução. Óbito da exequente. Extinção do mandato. Sucessores. Ausência de habilitação. Recurso de apelação interposto por advogado que não possui procuração nos autos, ausência de legitimidade e capacidade postulatória. 1. Não se pode conhecer da alegada vulneração do art. 1.022 do CPC/2015, pois, nas razões do especial, a parte recorrente deduz argumentação genérica de que as questões postas nos Aclaratórios interpostos na origem não foram respondidas, sem expor, de forma clara e específica, quais pontos seriam esses e qual a relevância para solução da controvérsia. Incidência da Súmula 284/STF. 2. Hipótese em que o Tribunal a quo não conheceu do recurso de Apelação, tendo em vista que o signatário da petição não possui procuração nos autos outorgada por eventuais herdeiros. 3. O Código de Processo Civil/1973 estabelece, em seus artigos 43, 265, I, e 1.055 (arts. 110, 313, I, e 687 do CPC/2015), que, em caso de morte de qualquer das partes, deve o feito ser suspenso até a efetiva substituição pelo respectivo espólio ou sucessores, através de procedimento de habilitação. 4. Por sua vez, o artigo 682, II, do Código Civil dispõe que, com a morte do mandante extingue-se o mandato, carecendo, assim, o requerente de legitimidade e de capacidade postulatória. 5. Com efeito, é inexistente o recurso de Apelação interposto por advogado sem procuração nos autos. Inteligência do parágrafo único, do artigo 37 do CPC/1973 (art. 104 do CPC/2015). 6. Como é cediço, a existência da pessoa natural, nos termos do artigo 6º do Código Civil, termina com a morte, fazendo cessar a aptidão para ser parte de relação processual. Assim, com o falecimento de Amenaide Carvalho dos Santos, seu advogado não poderia ter desafiado o recurso de Apelação, porque não mais detinha poderes, já que o mandato é contrato personalíssimo e tem como uma de suas causas extintivas, nos termos do inciso II, do artigo 682 do CC, o óbito do mandatário. 7. O entendimento adotado pelo acórdão recorrido está em conformidade com a orientação jurisprudencial do STJ, segundo a qual o falecimento da parte extingue, de imediato, o mandato outorgado ao advogado. Revela-se, assim, a nulidade da interposição do recurso de Apelação, porquanto promovida em nome de pessoa inexistente e por procurador sem mandato. 8. Recurso Especial não conhecido" (REsp 1.760.155/RJ, Rel. Min. Herman Benjamin, 2ª Turma, j. 19.02.2019, *DJe* 11.03.2019).

> Art. 688. A habilitação pode ser requerida:
>
> I – pela parte, em relação aos sucessores do falecido;
>
> II – pelos sucessores do falecido, em relação à parte.

▶ *Referência: CPC/1973 – Art. 1.056*

5. Legitimidade para requerer a habilitação compulsória

Não sendo voluntariamente requerida a habilitação do espólio ou dos herdeiros da parte falecida no processo em curso, caberá a habilitação compulsória, mediante a propositura da correspondente ação pelo interessado, ficando aquele processo suspenso até que se concretize, no processo de habilitação, a sucessão do *de cujus*.

Legitimados ativos para a ação de habilitação são a parte sobrevivente em relação aos sucessores da parte falecida, ou estes em relação àquela. Essa duplicidade de legitimados é explicável: da mesma forma que, eventualmente, a parte sobrevivente não esteja interessada em

providenciar a habilitação dos sucessores da falecida (*v.g.*, o réu sobrevive ao autor de ação indenizatória e não tem interesse no prosseguimento do processo), poderão estes não demonstrar qualquer intenção de se habilitarem voluntariamente no processo (ocorrendo a situação inversa), motivo pelo qual a lei confere a um e outros a legitimidade ativa, pois vedada a instauração do procedimento sob exame por iniciativa do próprio juiz (CPC, art. 2º).

> Art. 689. Proceder-se-á à habilitação nos autos do processo principal, na instância em que estiver, suspendendo-se, a partir de então, o processo.

▶ *Referência: CPC/1973 – Arts. 1.059 e 1.060*

6. Habilitação nos autos do processo principal

Sendo eletrônico o processo, a pertinência do art. 689 limita-se à definição da competência do órgão judicial perante o qual será formulado o requerimento de habilitação; havendo autos físicos, a habilitação será processada nos autos do processo principal.

As seguintes situações merecem consideração:

a) o cônjuge sobrevivente e os herdeiros necessários do falecido requerem a habilitação, provando documentalmente a sua qualidade e o óbito daquele: a habilitação incidente será desnecessária, porque os herdeiros e o cônjuge sobrevivente da parte sucedida já estarão voluntariamente assumindo a posição daquela na relação jurídica processual, inexistindo, da parte contrária, qualquer interesse em opor-se a essa sucessão processual;

b) existe sentença definitiva atribuindo ao habilitando a qualidade de herdeiro ou sucessor do falecido: já reconhecida em outro processo, com sentença transitada em julgado, a qualidade de herdeiro ou de sucessor do habilitando, este estará legitimado a suceder a parte falecida, valendo-se, para tanto, daquela decisão judicial;

c) o requerente da habilitação já foi incluído como herdeiro no inventário da parte falecida, sem qualquer oposição dos demais herdeiros: sendo inconteste sua qualidade de sucessor, estará legitimado a figurar na relação jurídica processual, na posição até então ocupada pela parte que veio a falecer;

Art. 690

d) foi declarada a ausência do herdeiro, ou determinada a arrecadação da herança jacente: nesses casos de ausência ou de herança jacente já declaradas judicialmente, a intervenção na causa principal caberá ao curador regularmente nomeado (*v.* CPC, art. 75, VI);

e) oferecidos os artigos de habilitação, a parte contrária reconhece a procedência do pedido e não há oposição de terceiros, ou seja, houve aceitação por parte destes últimos ao pedido de habilitação formulado pelo interessado.

Em qualquer dessas hipóteses, deferida a habilitação pelo juiz, caso o processo principal esteja suspenso, retomará o seu curso normal.

> **Art. 690.** Recebida a petição, o juiz ordenará a citação dos requeridos para se pronunciarem no prazo de 5 (cinco) dias.
> **Parágrafo único.** A citação será pessoal, se a parte não tiver procurador constituído nos autos.

▶ *Referência: CPC/1973 – Art. 1.057*

7. Processamento da ação de habilitação

O pedido de habilitação compulsória será formulado, por dependência, no juízo em que tramita o processo no qual se noticiou o óbito da parte, único funcionalmente competente para seu processamento.

Recebida a petição inicial, contendo os requisitos do art. 320 do CPC e instruída com a prova documental comprobatória do óbito da parte e da condição de sucessor do requerente da habilitação, o juiz ordenará a citação dos requeridos, para que se manifestem no prazo de cinco dias. Requerida a habilitação pela parte sobrevivente, é indispensável a citação pessoal dos sucessores da falecida, caso esta não tenha procurador constituído (art. 690). Requerida a habilitação pelos sucessores da parte falecida, a sobrevivente será citada na pessoa do procurador já constituído no processo principal.

> **Art. 691.** O juiz decidirá o pedido de habilitação imediatamente, salvo se este for impugnado e houver necessidade de dilação probatória diversa da documental, caso em que determinará que o pedido seja autuado em apartado e disporá sobre a instrução.

▶ *Referência: CPC/1973 – Art. 1.058*

8. Julgamento do pedido de habilitação

Três situações merecem consideração:

a) mesmo sendo voluntariamente requerida a habilitação, o pedido poderá vir a ser impugnado por outro interessado (*v.g.*, herdeiro do falecido impugna o pedido da viúva). Havendo prova documental demonstrativa do interesse e legitimidade do requerente em habilitar-se, o juiz decidirá de plano; sendo necessária a produção de outra modalidade de prova, o pedido será autuado e processado em apartado;

b) na habilitação compulsória, formalizadas as citações dos requeridos e não havendo impugnação ao pedido, este será imediatamente acolhido pelo juiz. Todavia, mesmo diante da inércia do requerido não será possível o acolhimento imediato do pedido, se e quando o requerente da habilitação não houver comprovado, por meio de prova documental idônea, quer a sua condição de sucessor da parte, quer o falecimento dela; havendo necessidade de outras provas, elas serão produzidas nos próprios autos do processo incidente de habilitação, sobrevindo, ao final, a sentença;

c) ainda na habilitação compulsória poderá haver impugnação, consistente em defesas exclusivamente processuais (*v.g.*, ilegitimidade *ad causam* do requerente, intransmissibilidade do direito etc.), pois as substanciais (defesas de mérito) dizem respeito apenas à demanda principal. Sendo documental a prova já produzida, o juiz decidirá de plano; havendo necessidade de produção de outras provas, determinará a instauração de fase instrutória e, encerrada a instrução, proferirá sentença

O pedido de habilitação será dirigido ao órgão jurisdicional junto ao qual tramita o processo original, ou seja, naquele em que se noticiou o óbito de uma das partes. Estando o processo no tribunal, por conta de sua competência originária (*v.g.*, ação rescisória) ou recursal, a habilitação será processada perante o relator e julgada conforme o que dispuser o respectivo regimento interno.

> **Art. 692.** Transitada em julgado a sentença de habilitação, o processo principal retomará o seu curso, e cópia da sentença será juntada aos autos respectivos.

▶ *Referência: CPC/1973 – Art. 1.062*

9. Sentença de habilitação

A sentença de habilitação tem natureza constitutiva, pois confere a condição de parte ao sucessor admitido no processo. Comporta impugnação por apelação e, operado o trânsito em julgado da sentença proferida em habilitação compulsória, o processo principal, até então suspenso, retomará o seu curso normal.

CAPÍTULO X
DAS AÇÕES DE FAMÍLIA

> **Art. 693.** As normas deste Capítulo aplicam-se aos processos contenciosos de divórcio, separação, reconhecimento e extinção de união estável, guarda, visitação e filiação.
>
> **Parágrafo único.** A ação de alimentos e a que versar sobre interesse de criança ou de adolescente observarão o procedimento previsto em legislação específica, aplicando-se, no que couber, as disposições deste Capítulo.

▶ *CPC/1973 – Sem correspondência*

1. As denominadas *ações de família*

Em seu Livro IV o CC estabelece as normas de direito pessoal e patrimonial que compõem o Direito de Família (arts. 1.511 a 1.783), consistentes nas relações e situações jurídicas envolvendo matrimônio, parentesco, filiação, alimentos, bem de família, união estável, tutela e curatela.

Em sentido amplo, catálogo das *ações de família* conterá as ações de anulação e declaratória de nulidade do casamento, divórcio e separação contenciosos ou consensuais, filiação (guarda, adoção, poder familiar e alimentos), investigatória e negatória de paternidade ou maternidade, extinção de união estável contenciosa ou consensual, reivindicação de aquestos, partilha de bens, ausência, tutela e curatela de incapazes e proteção dos idosos. No sentido estrito que lhes empresta o art. 693, a designação "ações de família" é reservada àquelas que ensejam a instauração de processos contenciosos de divórcio, separação, reconhecimento e extinção de união estável, guarda, visitação e filiação, observado o procedimento estabelecido pelos arts. 694 a 699.

2. Peculiaridades das ações de família

Para o processamento dessas ações, seja em sentido amplo ou estrito, há a necessidade de observância de normas processuais específicas, como a exigência de segredo de justiça (CPC, art. 189, inc. II) e o dever de depor sobre determinados fatos (art. 388, parágrafo único).

3. Competência para as ações de família

Compete às Justiças comuns estaduais o processamento dessas ações, em um dos foros indicados nos incs. I e II do art. 53 do CPC e no juízo especializado em matéria de família, onde houver, ou no cível.

4. Procedimentos judiciais das ações de família

Inovando, o CPC agora em vigor estabelece procedimentos especiais de jurisdição voluntária para as ações de divórcio e separação consensuais, extinção da união estável e alteração do regime de bens do matrimônio, mantidos, com algumas modificações, os procedimentos para as ações de ausência, interdição, tutela e curatela já previstos no CPC/1973.

Para esses *processos contenciosos* de "ações de família" a que alude em seu art. 693, o novo diploma processual valoriza a mediação e a conciliação (art. 694), inclusive prevendo a divisão da respectiva audiência "em tantas sessões quantas sejam necessárias para viabilizar a solução consensual" (art. 696).

5. O procedimento estatuído pelo novo Código de Processo Civil

As disposições do Capítulo sob exame destinam-se aos processos contenciosos relacionados às ações nele indicadas, reservados às consensuais os procedimentos específicos de jurisdição voluntária; mas o rol do art. 693 de modo algum pode ser interpretado como exaustivo, pois outras situações envolvendo relações familiares *lato sensu* poderão ensejar a adoção desse procedimento.

> **Art. 694.** Nas ações de família, todos os esforços serão empreendidos para a solução consensual da controvérsia, devendo o juiz dispor do auxílio de profissionais de outras áreas de conhecimento para a mediação e conciliação.
>
> **Parágrafo único.** A requerimento das partes, o juiz pode determinar a suspensão do processo enquanto os litigantes se submetem

Art. 695

a mediação extrajudicial ou a atendimento multidisciplinar.

▸ *Sem correspondente no CPC/1973*

6. A busca de solução consensual para a resolução do litígio

Em seu *caput* o art. 3º do CPC reproduz com pequenas variações o teor do inc. XXXV do art. 5º da CF, reiterando a garantia da inafastabilidade da jurisdição; mas em seus parágrafos abre espaço à arbitragem (jurisdição privada) e a dois outros instrumentos alternativos de resolução de conflitos, a conciliação e a mediação. Em verdade, mais que simplesmente albergar essas duas últimas formas, o novo estatuto processual as impõe, ao estabelecer, por exemplo, a obrigatoriedade de designação de audiência de mediação ou conciliação (art. 695).

Essa obrigatoriedade torna-se evidente com a previsão de imposição de multa à parte que injustificadamente deixa de comparecer à audiência de conciliação, conduta considerada ato atentatório à dignidade da justiça (art. 334, § 8º).

Reconhecido esse louvável intento de prestigiar a solução consensual de controvérsias, a realidade forense permite certa apreensão quando à efetividade de sua consecução. Afastado qualquer laivo de misoneísmo, o conhecimento empírico autoriza a conclusão de que fatores exógenos poderão influir negativamente, como eventuais dificuldades na criação e composição dos centros judiciários (v. art. 165) com conciliadores ou mediadores aptos à atenderem comarcas remotas ou com poucos profissionais qualificados; ou, ainda, a conhecida sobrecarga de trabalho imposta aos servidores forenses, que poderá ser agravada com a necessidade de instalação e realização dessas audiências – as quais, aliás, poderão ser fracionadas em várias sessões quando necessário, até que se obtenha (ou não) a almejada composição consensual (v. arts. 334, § 2º, e 696).

Anteriores tentativas de implementação de audiência preliminar visando a conciliação das partes não atingiram plenamente os escopos almejados, bastando lembrar, a título de exemplificação, aquela prevista na primeira lei processual civil, o vetusto Regulamento 737, de 1850, e, hodiernamente, nos Juizados Especiais Cíveis estaduais e federais.

A justa expectativa, no entanto, é a de que o CPC transforme em realidade a esperança nele depositada: os mediadores e conciliadores atuando como efetivos auxiliares do juízo, multiplicando a capacidade de trabalho do juiz, ficando a este reservada a tarefa final de homologação da composição consensual (v. art. 694).

7. Mediação e conciliação

Detalhadas nos arts. 165 a 175, a conciliação e a mediação passam a ter decisiva influência nos processos contenciosos envolvendo interesses disponíveis, com a obrigatoriedade de designação de audiência própria para essas atividades – ressalvadas as hipóteses de rejeição liminar do pedido (art. 332) e as contempladas nos dois incisos do art. 334.

8. A suspensão do processo

Louvável o teor do parágrafo do art. 694, prevendo a suspensão convencional do processo, a fim de que os litigantes se submetam à mediação extrajudicial e, principalmente, a atendimento multidisciplinar, permitindo-lhes a melhor compreensão do litígio pelas partes nele envolvidas.

Apesar do silêncio do parágrafo quanto ao período de suspensão, este não poderá exceder a seis meses (art. 313, inc. II, § 4º), prazo bastante razoável para o atendimento das partes e composição consensual do litígio – até porque, não realizado o acordo nesse período, o procedimento será convertido ao comum (art. 697).

> **Art. 695.** Recebida a petição inicial e, se for o caso, tomadas as providências referentes à tutela provisória, o juiz ordenará a citação do réu para comparecer à audiência de mediação e conciliação, observado o disposto no art. 694.
>
> **§ 1º** O mandado de citação conterá apenas os dados necessários à audiência e deverá estar desacompanhado de cópia da petição inicial, assegurado ao réu o direito de examinar seu conteúdo a qualquer tempo.
>
> **§ 2º** A citação ocorrerá com antecedência mínima de 15 (quinze) dias da data designada para a audiência.
>
> **§ 3º** A citação será feita na pessoa do réu.
>
> **§ 4º** Na audiência, as partes deverão estar acompanhadas de seus advogados ou de defensores públicos.

▸ *Sem correspondente no CPC/1973*

9. Citação e posturas do réu

Presentes os requisitos de admissibilidade da petição inicial (arts. 319 a 321), o juiz concederá, se requerida e for o caso, tutela provisória em favor do autor (art. 695), como, por exemplo, aquelas previstas no art. 4º da Lei de Alienação Parental.

Certamente com o objetivo de facilitar a conciliação ou a mediação das partes, o mandado de citação não seguirá o molde estabelecido pelo art. 250, devendo conter exclusivamente os dados relacionados à respectiva audiência, inclusive sem a apresentação ao réu, de imediato, da cópia da petição inicial – que a ela terá acesso, porém, a qualquer tempo, em atenção às garantias da ampla defesa e do contraditório (art. 695, § 1º).

Observada a antecedência prevista no § 2º do art. 695, o réu é citado: *(i)* pessoalmente e não comparece à audiência, nem constitui advogado que possa justificar sua ausência; *(ii)* por edital (art. 256) e não comparece, nem há advogado constituído que o represente; *(iii)* e ingressa no processo ofertando contestação, pois ele e a parte contrária já manifestaram formalmente, nos prazos a tanto destinados, seu desinteresse na realização da audiência (art. 334, §§ 4º, inc. I, e 5º); ou, *(iv)* e comparece à audiência.

Na primeira hipótese, o juiz deverá impor ao réu a multa prevista no art. 334, § 8º, e decretar sua revelia, observado, então, o procedimento comum (art. 318); diante da restrição estabelecida pelo art. 345, inc. II, não poderá proceder ao julgamento antecipado do pedido (art. 355, inc. II), mas, sim, designar audiência de instrução e julgamento, com a coleta do depoimento pessoal do autor e de testemunhas (v. arts. 357, V, e 358 e ss.) e, encerrada a instrução, proferir sentença (art. 366). Na segunda, determinará a intimação do Defensor Público (art. 72, inc. II e parágrafo único), adotado, então, o procedimento comum, com a oferta de contestação (arts. 335 e ss.) e prática subsequente dos demais atos processuais. Na terceira, o procedimento converte-se imediatamente em comum, com o trâmite estabelecido pelos arts. 347 e seguintes. Na derradeira, realiza-se a audiência – salvo se ausente o autor, justificadamente ou não (v. art. 334, § 8º) –, acompanhadas as partes de seus advogados ou de defensores públicos.

> **Art. 696.** A audiência de mediação e conciliação poderá dividir-se em tantas sessões quantas sejam necessárias para viabilizar a solução consensual, sem prejuízo de providências jurisdicionais para evitar o perecimento do direito.

▶ *Sem correspondente no CPC/1973*

10. Fracionamento da audiência

Como o objetivo a ser alcançado é a composição das partes, os esforços nesse sentido poderão demandar várias sessões, inclusive com mediadores ou conciliadores diferentes (art. 168, § 3º), dependendo da variedade e do grau de complexidade das questões a serem solucionadas. Decorrido o período máximo de dois meses da data da realização da primeira sessão (art. 334, § 2º) e sendo infrutífera a tentativa de conciliação ou mediação, dever-se-á adotar o procedimento comum para o trâmite do processo.

> **Art. 697.** Não realizado o acordo, passarão a incidir, a partir de então, as normas do procedimento comum, observado o art. 335.

▶ *Sem correspondente no CPC/1973*

11. Adoção do procedimento comum

Diversamente da interpretação que se possa extrair da literalidade do art. 697, o procedimento comum será adotado não apenas quando a tentativa de composição consensual resultar infrutífera, mas, também, naquelas já indicadas no exame do art. 695.

> **Art. 698.** Nas ações de família, o Ministério Público somente intervirá quando houver interesse de incapaz e deverá ser ouvido previamente à homologação de acordo.
>
> **Parágrafo único.** O Ministério Público intervirá, quando não for parte, nas ações de família em que figure como parte vítima de violência doméstica e familiar, nos termos da Lei nº 11.340, de 7 de agosto de 2006 (Lei Maria da Penha). (Incluído pela Lei nº 13.894, de 2019)

▶ *Sem correspondente no CPC/1973*

12. A intervenção do Ministério Público

Distanciando-se drasticamente do CPC/1973 (art. 82, inc. II), o novo Código afasta

Art. 699

CÓDIGO DE PROCESSO CIVIL INTERPRETADO

1216

a intervenção do Ministério Público nas ações arroladas em seu art. 693, exceto quando haja interesse de incapazes.

Essa exclusão da participação ministerial, com a devida ressalva, resulta, primeiro, de previsão constitucional, pois ao Ministério Público compete a defesa, entre outros, de interesses individuais *indisponíveis* (art. 127, *caput*, CF); depois, porque a separação, o divórcio e a partilha de bens podem ser realizados inclusive extrajudicialmente (CPC, art. 1.124-A – CPC, art. 733), nada justificando, portanto, a intervenção ministerial em processos judiciais tendo por objeto interesses disponíveis. Mas, indisponíveis como são os interesses dos incapazes, em virtude da condição pessoal de seus titulares, é indispensável a participação do representante do Ministério Público no processo, no exercício das funções de fiscal da ordem jurídica (CPC, art. 178, inc. II).

Jurisprudência

"Recurso especial. Processo civil. Direito de família. Ação negatória de paternidade combinada com anulatória de registro de nascimento. Interesse público. Ministério Público. Fiscal da ordem jurídica. Legitimidade. Incapaz. Arts. 178, II, 179 e 966 do CPC/2015. Súmula nº 99/STJ. Paternidade responsável. Arts. 127 e 226 da CF/1988. Filiação. Direito personalíssimo. Art. 2º, §§ 4º e 6º, da Lei nº 8.560/1992. Intervenção. Obrigatoriedade. Socioafetividade. Art. 1.593 do CC/2002. Instrução probatória. Imprescindibilidade. Registro. Reconhecimento espontâneo. Erro ou falsidade. Socioafetividade. Presença. Ônus do autor. Art. 373, I, CPC 2015. 1. Recurso especial interposto contra acórdão publicado na vigência do Código de Processo Civil de 2015 (Enunciados Administrativos nºs 2 e 3/STJ). 2. O Ministério Público, ao atuar como fiscal da ordem jurídica, possui legitimidade para requerer provas e recorrer em processos nos quais oficia, tais como os que discutem direitos de incapazes em ação de investigação de paternidade com manifesto interesse público primário e indisponível (art. 2º, §§ 4º e 6º, da Lei nº 8.560/1992). 3. A atuação do Parquet como custos legis está, sobretudo, amparada pela Constituição Federal (arts. 127, *caput*, 129, IX, e 226, § 7º), que elegeu o princípio da paternidade responsável como valor essencial e uma das facetas da dignidade humana. 4. O órgão ministerial presenta o Estado ao titularizar um interesse manifestamente

distinto daqueles naturalmente defendidos no processo por autor e réu, não se submetendo a critérios discricionários. 5. A posição processual do Parquet é dinâmica e deve ser compreendida como um poder-dever em função do plexo de competências determinadas pela legislação de regência e pela Carta Constitucional. 6. A averiguação da presença de socioafetividade entre as partes é imprescindível, pois o laudo de exame genético não é apto, de forma isolada, a afastar a paternidade. 7. A anulação de registro depende não apenas da ausência de vínculo biológico, mas também da ausência de vínculo familiar, cuja análise resta pendente no caso concreto, sendo ônus do autor atestar a inexistência dos laços de filiação ou eventual mácula no registro público. 8. Recurso especial provido" (REsp 1.664.554/SP, Rel. Min. Ricardo Villas Bôas Cueva, 3ª Turma, j. 05.02.2019, *DJe* 15.02.2019).

Art. 699. Quando o processo envolver discussão sobre fato relacionado a abuso ou a alienação parental, o juiz, ao tomar o depoimento do incapaz, deverá estar acompanhado por especialista.

▶ *Sem correspondente no CPC/1973*

13. Abuso ou alienação parental

Nos termos do art. 2º da Lei 12.318, de 2010, o ato de alienação parental caracteriza-se pela "interferência na formação psicológica da criança ou do adolescente promovida ou induzida por um dos genitores, pelos avós ou pelos que tenham a criança ou adolescente sob a sua autoridade, guarda ou vigilância para que repudie genitor ou que cause prejuízo ao estabelecimento ou à manutenção de vínculos com este".

A gravidade dessa interferência, ilustrada pelas situações indicadas no parágrafo do dispositivo, pode gerar a denominada *Síndrome da Alienação Parental*, com sérios danos na formação psicológica do filho, levando-o a repudiar um ou ambos os genitores, esgarçando, quando não rompendo definitivamente, os vínculos afetivos entre eles. Daí a necessidade de adoção de enérgicas e prontas medidas judiciais coibitivas da prática de atos de alienação parental, valendo-se o juiz do auxílio a ser obtido com perícia psicológica ou biopsicossocial (arts. 5º e 6º).

Justificável, portanto, a cautela prevista no art. 699 ao determinar a presença de especialista na audiência de coleta de depoimento do menor, que dela participará como auxiliar do juiz, inclusive aconselhando-o, sendo o caso, sobre as indagações a serem formuladas ao depoente. Afinal, detentor de conhecimento jurídico que é, não se pode esperar do juiz, menos ainda dele exigir, que esteja também capacitado a compreender, em sua inteireza, a complexidade das questões que deverá solucionar.

Reitera-se nesse particular, todavia, a preocupação já externada, no exame do art. 694, quanto à eventual dificuldade de o juiz poder contar com a presença de profissional qualificado (ou *especialista*, na dicção da lei) em todas as audiências de coleta de depoimento de incapazes vítimas de abuso ou de alienação parental. País de dimensão continental como o nosso, nem todas as comarcas terão quadros especializados para tal finalidade, carência que poderá dificultar ou inviabilizar a realização da audiência ou, mais grave, até mesmo acarretar a nulidade dos atos nela praticados.

CAPÍTULO XI
DA AÇÃO MONITÓRIA

Art. 700. A ação monitória pode ser proposta por aquele que afirmar, com base em prova escrita sem eficácia de título executivo, ter direito de exigir do devedor capaz:

I – o pagamento de quantia em dinheiro;

II – a entrega de coisa fungível ou infungível ou de bem móvel ou imóvel;

III – o adimplemento de obrigação de fazer ou de não fazer.

§ 1º A prova escrita pode consistir em prova oral documentada, produzida antecipadamente nos termos do art. 381.

§ 2º Na petição inicial, incumbe ao autor explicitar, conforme o caso:

I – a importância devida, instruindo-a com memória de cálculo

II – o valor atual da coisa reclamada;

III – o conteúdo patrimonial em discussão ou o proveito econômico perseguido.

§ 3º O valor da causa deverá corresponder à importância prevista no § 2º, incisos I a III.

§ 4º Além das hipóteses do art. 330, a petição inicial será indeferida quando não atendido o disposto no § 2º deste artigo.

§ 5º Havendo dúvida quanto à idoneidade de prova documental apresentada pelo autor, o juiz intimá-lo-á para, querendo, emendar a petição inicial, adaptando-a ao procedimento comum.

§ 6º É admissível ação monitória em face da Fazenda Pública.

§ 7º Na ação monitória admite-se citação por qualquer dos meios permitidos para o procedimento comum.

▶ *Referência: CPC/1973 – Art. 1.102-A*

1. A ação monitória no novo Código de Processo Civil

Apesar da resistência oposta por determinados setores à manutenção da ação monitória no novel diploma processual civil – motivada, ao que tudo indica, pela ignorância de sua importância e desconhecimento de sua efetividade nos países onde há décadas vem sendo adotado –, ele foi incluído no Projeto da Câmara e, na fase final do processo legislativo, aprovado pelo Senado Federal.

Na sua estrutura formal foram mantidos elementos do modelo documental e incluídos outros, típicos do modelo puro, como a previsão de imposição de multas à parte litigante de má-fé.

2. Competência para a ação monitória

Competirá à Justiça comum estadual o processamento da ação monitória, salvo quando ajuizada pela ou em face da Fazenda Federal (CF, art. 109, inc. I).

Identificada, com lastro nos critérios constitucionais, a "Justiça" comum competente (a estadual ou a federal), prevalecerá, para a determinação da competência territorial, o foro do local do cumprimento da obrigação (CPC, art. 53, inc. III, *d*), ou do domicílio do réu (art. 46), salvo, evidentemente, se a pretensão vier fundada em contrato que contemple o foro de eleição (art. 63). Determinado o foro competente, a ação será distribuída a um juízo comum (juízo cível); sendo parte a Fazenda Pública e havendo juízo especializado, prevalecerá o critério objetivo que leva em conta a qualidade da parte (a denominada competência objetiva *ratione personae*, absoluta).

3. Inadmissibilidade de ação monitória em face de incapaz

Já apontávamos, em outro trabalho, o risco de pessoa incapaz figurar como ré na ação mo-

Art. 700

nitória. Isto porque, se é certo que no processo de cognição plena e com contraditório inicial a inércia do réu pode gerar o mais importante efeito da revelia, qual seja a total incontrovérsia dos fatos constitutivos do direito afirmado pelo autor (art. 319 do CPC/1973 – art. 344 do CPC), autorizando o julgamento antecipado do pedido (art. 330, inc. II – art. 355, inc. II), certo também é que a lei afasta esse efeito nas situações previstas no art. 320 (art. 345), entre as quais a indisponibilidade do direito em jogo (inc. II). (Marcato, *O processo monitório brasileiro*, 2. ed., São Paulo: Malheiros Editores, 2001, § 1º, nº 13.2.4, p. 69 a 71).

Então, considerando, de um lado, que são indisponíveis os direitos dos incapazes e, de outro, que no processo monitório a inércia do réu acarreta a imediata convolação do mandado monitório em título executivo judicial, não pode o réu incapaz, imunizado que fica aos efeitos da revelia no processo de cognição plena e exauriente, vir a sofrer aqueles, mais graves, resultantes da aludida conversão e posterior cumprimento da obrigação. Daí o acerto do novo Código ao implicitamente vedar, no *caput* do artigo sob exame, a propositura de ação monitória em face de devedor incapaz, que poderá, não obstante, figurar como autor ou réu em ação processada com a observância do procedimento comum, pois a vedação legal não se funda em eventual ilegitimidade passiva do incapaz, mas, sim, na sua *incapacidade para ser parte passiva* no processo monitório. A vedação é relacionada, portanto, a um *pressuposto processual*, não à *condição* de legitimidade *ad causam*.

4. Legitimidade para a ação monitória e o seu objeto

Legitimado ativo é qualquer pessoa física ou jurídica que afirme, com base em prova escrita sem eficácia de título executivo, ter direito ao pagamento de determinada quantia em dinheiro, à entrega de coisa fungível ou infungível, de bem móvel ou imóvel ou, ainda, ao adimplemento de obrigação de fazer ou não fazer.

Tendo em vista a expressa previsão de admissibilidade de ação monitória em face da Fazenda Pública e a ampliação das hipóteses de seu cabimento, com a inclusão de obrigações tendo por objeto prestações (*i*) de entrega de coisa infungível e de bem imóvel e (*ii*) de fazer ou não fazer, é indispensável o exame das legitimidades ativa e passiva à luz do ordenamento civil.

4.1. A legitimidade da Fazenda Pública

No mesmo trabalho já referido, apontamos os prós e contras à admissibilidade da ação monitória em face da Fazenda Pública, controvérsia que, ao final, foi afastada pelo Superior Tribunal de Justiça ao editar a Súmula 339, agora recepcionada pelo CPC em seu art. 700, § 6º, com o complemento do § 4º do art. 701 (ob. cit., § 1º, nº 13.2.3, p. 66-69). É indiscutível, por outro lado, a legitimidade ativa da Fazenda Pública, exceto quando a ação monitória tiver por objeto obrigação de pagar quantia em dinheiro, pois estando ela autorizada, como está, a constituir seu próprio título executivo extrajudicial para aparelhar execução fiscal (LEF, art. 3º), carece de interesse de agir para a obtenção de título executivo judicial, inclusive pela via monitória.

Nem vale argumentar, a nosso ver, com a faculdade estabelecida pelo art. 785 do CPC. Gozando da prerrogativa que lhe é atribuída pelo art. 3º da LEF – e ainda tendo à sua disposição processo de execução pleno de outras tantas prerrogativas legais –, não há sentido, inclusive sob o ponto de vista prático, em a Fazenda Pública promover ação monitória, com os naturais percalços decorrentes, para a obtenção de título executivo judicial, podendo, como pode, criar unilateralmente seu próprio título e, desde logo, promover a execução.

4.2. A legitimidade para a ação tendo por objeto obrigação de pagar quantia em dinheiro

Existindo *solidariedade ativa*, qualquer dos credores estará legitimado a postular em juízo, isoladamente ou em litisconsórcio facultativo, valendo para todos, em qualquer caso, o título executivo judicial que venha a ser obtido. Cuidando-se, ao reverso, de *solidariedade passiva*, o autor poderá ajuizar o pedido em face de qualquer dos coobrigados capaz, instaurando-se, se eleger mais de um como réus, relação litisconsorcial também facultativa.

4.3. A legitimidade para a ação tendo por objeto obrigação de entrega de coisa ou de bem

Tendo em vista que em seu inc. II o art. 700 refere-se a coisas e bens de natureza e qualificação jurídica diferentes, convém distingui-los.

Na dicção do art. 79 do CC, são bens imóveis o solo e tudo quanto nele for incorporado, natural ou artificialmente, assim também considerados, para efeitos legais, os direitos reais sobre imóveis, as ações que os asseguram e o direito à sucessão aberta (art. 80 – v. art. 81). Por sua própria natureza, os bens imóveis são considerados *infungíveis*. Móveis, por seu turno, são os bens suscetíveis de movimento próprio (os semoventes) ou de remoção por força alheia (as coisas inanimadas), sem alteração de sua substância ou de sua destinação econômico--social (art. 82), mais aqueles assim legalmente considerados (arts. 83 e 84).

Sendo passíveis de substituição por outros da mesma espécie, qualidade e quantidade, são considerados *fungíveis* (art. 85).

Identificam-se como *divisíveis* os bens que podem ser fracionados sem alteração na sua substância, diminuição considerável de valor ou prejuízo do uso a que se destinam (art. 87); a *indivisibilidade* resulta da própria natureza do bem (*v.g.*, um animal), por disposição legal (*v.g.*, proibição de parcelamento de área rural em dimensão inferior ao módulo legal – art. 65 do *Estatuto da Terra*) ou pela vontade das partes (*v.g.*, indivisibilidade da coisa comum no condomínio voluntário – CC, art. 1.320 e parágrafos).

Sendo *indivisível* o objeto da prestação (*v.g.*, entrega de *determinado* animal) e existindo dois ou mais credores, qualquer deles estará legitimado a ajuizar a ação monitória (CC, art. 260), desde que instrua seu pedido com *caução de ratificação* dos demais credores, prendendo-se tal exigência ao fato de que o réu só estará liberado da obrigação, querendo cumprir o mandado monitório, se, entregando o bem ao autor, este lhe conferir a aludida caução (art. 260, inc. II). Apesar de essa exigência de caução de ratificação não se referir, por certo, à legitimidade ativa *ad causam*, ela representa, sob o ponto de vista do processo, verdadeiro pressuposto de constituição, impondo-se o indeferimento da petição inicial se e quando o credor, instado a instruí-la com a documentação comprobatória da caução, não o fizer no prazo para tanto assinalado (CPC, art. 485, inc. IV).

Como a indivisibilidade decorre, *in casu*, da *individualidade* do bem objeto da prestação, isto é, o bem móvel determinado é *naturalmente indivisível*, não poderá o devedor liberar-se da dívida entregando-o a apenas um dos credores; nem se cogite, aqui, das soluções aventadas para as situações de solidariedade ativa, pois o tratamento legal a ser dado à espécie é diferente

do dispensado àquela; apesar de solidariedade e indivisibilidade poderem ser equiparadas, distinguem-se, não obstante, pela *causa*: enquanto a primeira representa garantia, estabelecida em favor dos credores, de satisfação integral da dívida em relação a qualquer deles, a segunda deriva da impossibilidade de fracionamento do objeto da prestação.

Havendo dois ou mais os devedores da coisa, poderá o credor exigi-la de qualquer deles (CC, art. 259), não porque se trate de situação envolvendo solidariedade passiva (nunca presumida – CC, art. 265), mas, antes, em razão da já aludida impossibilidade de fracionamento do objeto da prestação insatisfeita. Cumprindo o devedor eleito como réu o mandado monitório, opera-se a sub-rogação a que alude o parágrafo único do artigo 259 da lei civil; mantendo-se inerte ou vindo a ser rejeitados os seus embargos, disporá o credor de título hábil à execução em face dele.

Finalmente, sendo divisível a obrigação e havendo mais de um devedor ou credor, presume-se dividida em tantas obrigações, iguais e distintas, quanto aos respectivos credores e devedores (CC, art. 257), de sorte que qualquer deles estará legitimado, ativa ou passivamente, para a ação envolvendo a distinta obrigação correspondente, nada obstando, ainda, a formação de litisconsórcio facultativo, ativo ou passivo (CPC, art. 113, inc. I).

4.4. A legitimidade para a ação tendo por objeto obrigação de fazer ou não fazer

Como na obrigação de fazer "a prestação consiste em uma atividade humana (um trabalho físico, intelectual ou mesmo a prática de um ato ou negócio jurídico", a legitimidade ativa é do credor do fato e, a passiva, daquele obrigado à atividade. Já a obrigação de não fazer "consiste em impor a alguém uma abstenção" (Hamid Charaf Bdine Jr., *Código Civil Comentado*, Coord. Min. Cezar Peluso, 3. ed., Barueri: Manole, 2009, p. 198 e 202), de sorte que legitimado ativo será o titular do direito à abstenção (vedação de comportamento comissivo pelo obrigado) e, passivo, aquele sujeito à mesma.

Inadimplida a obrigação de fazer ou de não fazer, o credor poderá valer-se da monitória para compelir o devedor a dela desincumbir-se voluntariamente, cumprindo o mandado monitório no prazo (CPC, art. 701, § 1º) ou, mantendo-se

Art. 700

inerte ou rejeitados os embargos por ele eventualmente opostos, por meio do cumprimento forçado, em sede executiva (arts. 701, § 2º, 702, § 8º, e 536 e ss., combinados).

5. Exigência de prova escrita

Entre as diversas técnicas pautadas na sumariedade da cognição destaca-se, para a compreensão do tema sob análise, a da antecipação na formação do título executivo judicial, com a supressão de toda a fase de conhecimento tendente à obtenção de sentença condenatória ou de um comando estatal com eficácia executiva equivalente.

É nessa categoria que se insere a técnica do procedimento monitório, no qual a iniciativa para a instauração de uma fase destinada à cognição plena (via embargos) é do réu, em cujo interesse é predisposto o contraditório; consiste na possibilidade de obtenção, pelo autor, de um provimento judicial emitido *inaudita altera parte*, que tem sua eficácia executiva sujeita à condição suspensiva de ausência de oposição por parte do devedor ou à condição resolutiva do acolhimento de eventual oposição de sua parte.

Repetindo a previsão do art. 1.102-A do CPC/1973, o novo Código condiciona a propositura da ação monitória à apresentação, pelo autor, de prova escrita despida de eficácia de título executivo, mas que evidencie, de plano, dois dos atributos do mesmo, quais sejam a *exigibilidade da obrigação* e a *liquidez da prestação* correspondente (art. 700, § 1º).

A lei não identifica qual documento deverá acompanhar a petição inicial; exige apenas que ele tenha sido produzido na forma escrita, ao autor sendo facultado instrui-la com os documentos que repute necessários, a fim de que a eventual insuficiência de um possa ser suprida por outro, isto é, para que o conjunto documental tenha aptidão para induzir a formação de juízo calcado em razoável grau de probabilidade acerca do direito afirmado na petição inicial. Também poderá valer-se de documento proveniente de terceiro, desde que dotado de aptidão para, isoladamente ou em conjunto com outro, demonstrar a existência de uma relação jurídica material que envolva autor e réu e, ainda, para atestar a exigibilidade e a liquidez da prestação.

Enfrentando a questão, o Superior Tribunal de Justiça reconhece como prova escrita hábil o contrato de abertura de crédito em conta-corrente acompanhado do demonstrativo de débito, o cheque prescrito, o cheque e a nota promissória destituídos de eficácia executiva, podendo ainda ser indicados, a título ilustrativo, o documento assinado pelo devedor, mas sem testemunhas, a confissão de dívida carente de testemunhas instrumentárias, acordo e transação não homologados, a carta ou bilhete de que se possa inferir confissão de dívida e, de modo geral, documentos desprovidos de duas testemunhas, título de crédito a que falte algum requisito exigido por lei, a duplicata sem aceite, sem protesto e sem o comprovante de entrega da mercadoria, a carta confirmando a aprovação do valor do orçamento e a execução dos serviços etc., entre eles o correio eletrônico (e-mail), "desde que o juízo se convença da verossimilhança das alegações e da idoneidade das declarações, possibilitando ao réu impugnar-lhe pela via processual adequada" (REsp 1.381.603/MS, Rel. Min. Luis Felipe Salomão, 4ª Turma, j. 06.10.2016, *DJe* 11.11.2016).

Inovando, o novo Código admite como prova escrita a oral documentada, produzida antecipadamente (art. 700, § 1º – v. arts. 381 a 383); além disso, confere ao portador de título executivo extrajudicial a opção de valer-se do processo de conhecimento para a obtenção de título executivo judicial – o que, em última análise, também o autoriza a, querendo, valer-se da via monitória para o mesmo fim, exceto quando se tratar da Fazenda Pública, pelos motivos já expostos.

Derradeira observação: mesmo dispondo de prova escrita hábil à utilização da via monitória, ainda assim a parte poderá optar, por razões de conveniência, pela submissão da demanda ao procedimento comum. Pode ocorrer que, optando o autor pelo ajuizamento da ação monitória, o juiz venha a ter dúvida quanto à idoneidade da prova documental apresentada com a petição inicial, a impedir a formação de juízo favorável à emissão do mandado monitório. Nesse caso, ao invés de simplesmente indeferir a peça inicial, a autoridade judiciária deverá determinar a intimação do autor para, querendo, emendá-la e adaptá-la ao procedimento comum (art. 700, § 5º); não atendida a intimação, a petição inicial deverá ser liminarmente indeferida (arts. 320 e 321).

6. Valor da causa

O autor deverá indicar na petição inicial *(i)* a importância *reclamada* (e não necessariamente *devida*, que poderá não sê-la), quando a ação versar obrigação pecuniária, instruindo-a com memória de cálculo (v. art. 702, § 2º), *(ii)* o valor da coisa, na hipótese do inc. II do art. 700, ou, finalmente, *(iii)* o conteúdo patrimonial em discussão ou o proveito econômico por ele almejado, nos demais casos (idem, § 2º), valores esses que corresponderão àquele a ser atribuído à causa (§ 3º).

7. Indeferimento da petição inicial

Nos termos do § 4º do art. 700, a petição inicial será indeferida se inexistente a atribuição de valor à causa, não vier instruída com a prova documental indispensável – e o autor, intimado a apresentá-la ou complementá-la, quedar inerte (arts. 320 e 321) – ou, ainda, quando intimado a emendar aquela peça processual, ante a existência de dúvida quanto à idoneidade da prova apresentada, igualmente permanecer inerte (art. 700, § 5º). Também será indeferida nas hipóteses do art. 330, da sentença terminativa cabendo apelação (arts. 485, inc. I, e 1.009).

8. Citação do réu

O CPC/1973 sequer alude à citação do réu no processo monitório, omissão que ocasionou controvérsia a respeito do cabimento da citação por edital, solucionada com a edição da Súmula 282 do Superior Tribunal de Justiça. Afastando qualquer dúvida a respeito da forma de concretização desse ato de integração processual, o novo diploma autoriza a citação do réu por qualquer dos meios permitidos para o procedimento comum, aqueles os indicados no art. 246 (art. 700, § 7º).

Tendo em vista o duplo objetivo do mandado monitório – citação e cientificação do réu sobre o comando nele contido –, não parece desarrazoado o entendimento de que do mandado deverão constar, além do prazo para o cumprimento voluntário da obrigação e as advertências de redução da verba honorária de isenção das custas processuais caso assim proceda, também as advertências, por aplicação analógica do art. 250, inc. II, final e III, de que o não cumprimento, ou a não oposição tempestiva dos embargos, acarretará a convolação da ordem judicial em título executivo judicial.

Jurisprudência

Súmula 247 do STJ: "O contrato de abertura de crédito em conta-corrente, acompanhado do demonstrativo de débito, constitui documento hábil para o ajuizamento da ação monitória".

Súmula 282 do STJ: "Cabe a citação por edital em ação monitória".

Súmula 299 do STJ: "*É admissível a ação monitória fundada em cheque prescrito*".

Súmula 339 do STJ: "*É cabível ação monitória contra a Fazenda Pública*".

Súmula 503 do STJ: "O prazo para ajuizamento de ação monitória em face do emitente de cheque sem força executiva é quinquenal, a contar do dia seguinte à data de emissão estampada na cártula".

Súmula 504 do STJ: "O prazo para ajuizamento de ação monitória em face do emitente de nota promissória sem força executiva é quinquenal, a contar do dia seguinte ao vencimento do título".

Súmula 531 do STJ: "Em ação monitória fundada em cheque prescrito ajuizada contra o emitente, é dispensável a menção ao negócio jurídico subjacente à emissão da cártula".

"Agravo interno no agravo em recurso especial. Ação monitória. Cédula de produto rural. Documento apto a instruir a monitória. Prequestionamento. Súmula 211 do STJ. Reexame do acervo fático-probatório. Súmula 7 do STJ. Dissídio jurisprudencial. Exame prejudicado. Agravo interno não provido. 1. Para que se configure o prequestionamento, é necessário que o Tribunal a quo se pronuncie especificamente sobre a matéria articulada pelo recorrente, emitindo juízo de valor em relação aos dispositivos legais indicados e examinando a sua aplicação ou não ao caso concreto. Desatendido o requisito do prequestionamento, incide, o óbice da Súmula 211/STJ. 2. A jurisprudência desta Casa possui entendimento no sentido de que para a admissibilidade da ação monitória, não é necessário que o autor instrua a ação com prova robusta, estreme de dúvida, podendo ser aparelhada por documento idôneo, ainda que emitido pelo próprio credor, contanto que, por meio do prudente exame do magistrado, exsurja juízo de probabilidade acerca do direito afirmado pelo autor. 3. 'Uma das características marcantes da ação monitória é o baixo formalismo predominante na aceitação dos mais pitorescos meios documentais, inclusive daqueles que seriam naturalmente descartados em outros procedi-

Art. 700

mentos. O que interessa, na monitória, é a possibilidade de formação da convicção do julgador a respeito de um crédito, e não a adequação formal da prova apresentada a um modelo predefinido, modelo este muitas vezes adotado mais pela tradição judiciária do que por exigência legal' (REsp 1025377/RJ, Rel. Ministra Nancy Andrighi, Terceira Turma, julgado em 03/03/2009, *DJe* 04/08/2009). 4. O Tribunal de origem, amparado nas premissas fáticas dos autos, consignou que a documentação que instruiu a demanda atendeu os requisitos eleitos para a propositura da monitória. De forma que o acolhimento da pretensão recursal exigiria a alteração das premissas fático-probatórias estabelecidas pelo acórdão recorrido, com o revolvimento das provas carreadas aos autos, atraindo o óbice da Súmula 7 do STJ. 5. A análise do dissídio jurisprudencial fica prejudicada em razão da aplicação do enunciado da Súmula 7/STJ, porquanto não é possível encontrar similitude fática entre o aresto recorrido e os arestos paradigmas, uma vez que as suas conclusões díspares ocorreram, não em razão de entendimentos diversos sobre uma mesma questão legal, mas, sim, em razão de fundamentações baseadas em fatos, provas e circunstâncias específicas de cada processo. 6. Agravo interno não provido" (AgInt no AREsp 1.313.801/MG, Rel. Min. Luis Felipe Salomão, 4ª Turma, j. 30.05.2019, *DJe* 04.06.2019).

"Processual civil. Ação monitória pela Fazenda Pública. Cobrança de crédito fiscal não tributário. Multa de trânsito. Possibilidade. Interesse de agir caracterizado. 1. Caso em que o Tribunal de origem entendeu inexistente o interesse de agir na pretensão do Município consubstanciada na cobrança das infrações de trânsito praticadas pelo particular, por meio da Ação Monitória. 2. O STJ entende que não se verifica prejuízo para o direito de defesa com a escolha do rito da Ação Monitória, que é mais demorado que o rito da Ação de Execução de Título Extrajudicial. precedentes: REsp 1281036/ RJ, Rel. Ministro Herman Benjamin, Segunda Turma, *DJe* 24/05/2016; AgRg no AREsp 148.484/SP, Rel. Ministro Sidnei Beneti, Terceira Turma, *DJe* 28/5/2012; AgRg no REsp 1.209.717/ SC, Rel. Ministro Paulo de Tarso Sanseverino, Terceira Turma, *DJe* 17/9/2012. 3. Nesse sentido, o enunciado 446 do Fórum Permanente de Processualistas Civis: 'Cabe ação monitória mesmo quando o autor for portador de título executivo extrajudicial'. Ainda, o enunciado

101 da I Jornada de Direito Processual Civil, do Conselho da Justiça Federal: 'É admissível ação monitória, ainda que o autor detenha título executivo extrajudicial'. 4. A Fazenda Pública pode valer-se da execução fiscal para os créditos fiscais (tributários ou não tributários) decorrentes de atividade essencialmente pública. Os referidos créditos devem ser inscritos em dívida ativa, a fim de possibilitar o ajuizamento da Execução Fiscal. Contudo, não há impedimento para que a Fazenda Pública, em vez de inscrever o crédito em dívida ativa, proponha Ação Monitória, desde que possua prova escrita do crédito, no intuito de obter título judicial e promover, em seguida, o cumprimento de sentença. Isso porque quem dispõe de título executivo extrajudicial pode, mesmo assim, propor ação monitória. 5. Recurso Especial provido" (REsp 1.748.849/SP, Rel. Min. Herman Benjamin, 2ª Turma, j. 04.12.2018, *DJe* 17.12.2018).

"Recurso especial. Ação monitória. Laudo pericial produzido em cautelar de produção antecipada de prova. Fixação do *quantum debeatur*. Começo de prova escrita. Art. 1.102-A do CPC/1973. Recurso provido. 1. 'A prova hábil a instruir a ação monitória, isto é, apta a ensejar a determinação da expedição do mandado monitório – a que aludem os artigos 1.102-A do CPC/1973 e 700 do CPC/2015 –, precisa demonstrar a existência da obrigação, devendo o documento ser escrito e suficiente para, efetivamente, influir na convicção do magistrado acerca do direito alegado, não sendo necessário prova robusta, estreme de dúvida, mas sim documento idôneo que permita juízo de probabilidade do direito afirmado pelo autor' (REsp 1.381.603/ MS, Rel. Ministro Luis Felipe Salomão, Quarta Turma, *DJe* de 11/11/2016). 2. No caso, a autora intentou a ação monitória com base em laudo pericial obtido em ação cautelar de produção antecipada de prova destinada à apuração dos danos ocorridos no imóvel de sua propriedade e que, segundo afirma, teriam sido causados durante a ocupação pela ré, já falecida. 3. O laudo pericial, por si só, não se mostra suficiente à demonstração do vínculo obrigacional, visto que apenas estabelece o *quantum debeatur*, ou seja, a extensão do dano, não o alegado direito à indenização (*an debeatur*), que, na hipótese, exige a produção de prova complementar. 4. 'Para viabilizar a ação monitória, a prova escrita deve ser suficiente em si mesma, não sendo hábil a tal fim o mero começo de prova escrita'

(REsp 180.515/SP, Rel. Ministro Barros Montei-ro, Quarta Turma, *DJ* de 12/4/1999). 5. Recurso especial provido" (REsp 1.633.391/MG, Rel. Min. Lázaro Guimarães (Desembargador convocado do TRF 5ª Região), 4ª Turma, j. 28.11.2017, *DJe* 04.12.2017).

"Recurso especial. Ação monitória. Prova escrita. Juízo de probabilidade. Correspondência eletrônica. E-mail. Documento hábil a compro-var a relação contratual e a existência de dívida. 1. A prova hábil a instruir a ação monitória, isto é, apta a ensejar a determinação da expedição do mandado monitório – a que alude os artigos 1.102-A do CPC/1.973 e 700 do CPC/2.015 –, precisa demonstrar a existência da obrigação, devendo o documento ser escrito e suficiente para, efetivamente, influir na convicção do ma-gistrado acerca do direito alegado, não sendo necessário prova robusta, estreme de dúvida, mas sim documento idôneo que permita juízo de probabilidade do direito afirmado pelo autor. 2. O correio eletrônico (e-mail) pode fundamen-tar a pretensão monitória, desde que o juízo se convença da verossimilhança das alegações e da idoneidade das declarações, possibilitando ao réu impugnar-lhe pela via processual ade-quada. 3. O exame sobre a validade, ou não, da correspondência eletrônica (e-mail) deverá ser aferida no caso concreto, juntamente com os demais elementos de prova trazidos pela parte autora. 4. Recurso especial não provido" (REsp 1.381.603/MS, Rel. Min. Luis Felipe Salomão, 4ª Turma, j. 06.10.2016, *DJe* 11.11.2016).

> **Art. 701.** Sendo evidente o direito do autor, o juiz deferirá a expedição de mandado de pagamento, de entrega de coisa ou para exe-cução de obrigação de fazer ou de não fazer, concedendo ao réu prazo de 15 (quinze) dias para o cumprimento e o pagamento de hono-rários advocatícios de cinco por cento do valor atribuído à causa.
>
> **§ 1º** O réu será isento do pagamento de custas processuais se cumprir o mandado no prazo.
>
> **§ 2º** Constituir-se-á de pleno direito o título executivo judicial, independentemente de qualquer formalidade, se não realizado o pa-gamento e não apresentados os embargos previstos no art. 702, observando-se, no que couber, o Título II do Livro I da Parte Especial.
>
> **§ 3º** É cabível ação rescisória da decisão previs-ta no *caput* quando ocorrer a hipótese do § 2º.

> **§ 4º** Sendo a ré Fazenda Pública, não apresen-tados os embargos previstos no art. 702, apli-car-se-á o disposto no art. 496, observando-se, a seguir, no que couber, o Título II do Livro I da Parte Especial.
>
> **§ 5º** Aplica-se à ação monitória, no que couber, o art. 916.

▶ *Referência: CPC/1973 – Art. 1.102-B*

9. Conceito e natureza jurídica do manda-do monitório

Sendo evidente o direito do autor e atendi-dos os requisitos da petição inicial, o juiz defe-rirá, por decisão devidamente fundamentada, a expedição do mandado monitório, concedendo ao réu o prazo de quinze dias para o cumpri-mento voluntário da obrigação e o pagamento de verba honorária devida ao autor.

Esse mandado representa a ordem judicial, dirigida ao réu, tendo por objeto qualquer das prestações enunciadas no art. 700, não podendo ser confundido, evidentemente, com o ato pelo qual se investe o oficial de justiça de autoridade para proceder ao cumprimento da própria or-dem. E, apesar de vir corporificado em decisão interlocutória, o mandado monitório não é impugnável pela via recursal, assegurado ao réu o direito de oposição por meio dos embargos adequados (art. 702, *caput*).

Há, ainda hoje, controvérsia envolvendo a natureza jurídica do mandado monitório, parte da doutrina sustentando a tese – que compar-tilhamos – de que, embora resulte de cognição sumária e seja emitido *inaudita altera parte*, com lastro exclusivo nas afirmações e documentos unilateralmente apresentados pelo autor, ele adquire eficácia *similar* àquela da sentença con-denatória obtida no processo de cognição plena e exauriente; mas essa eficácia só será liberada se e quando, compelido a cumprir o mandado monitório, o réu omitir-se ou, ainda, se rejeitados definitivamente os embargos por ele opostos. Isto porque, a lei confere-lhe a possibilidade de, por meio dos embargos, dar vida a processo que se desenvolva na plenitude do contraditório e per-mita, assim, a impugnação daquele comando ju-dicial. É, pois, provimento idêntico por natureza àquele contido em uma sentença condenatória, cujos efeitos ficam acobertados pela autoridade da coisa julgada material, como se dá, em relação a essa última, quando emanada de processo em que o réu se tornou revel – conclusão que, aliás, encontra respaldo no § 3º do art. 701.

Em suma, a tutela monitória vem consubstanciada no correspondente mandado dirigido ao réu e, sendo por este ignorado, ou rejeitados os embargos por ele opostos, converter-se-á, de pleno direito, em título executivo judicial, independentemente de qualquer outra decisão ou deliberação judicial.

10. Cumprimento voluntário do mandado monitório

Cumprindo voluntariamente o mandado e satisfeita a obrigação, o réu ficará isento do pagamento das custas processuais (mas não dos honorários advocatícios, pois já satisfeitos no montante de cinco por cento do valor atribuído à causa) e o juiz extinguirá o processo, com resolução do mérito (v. art. 487, inc. III, *a*).

Não podendo o réu, por motivos justificáveis, desincumbir-se da obrigação no prazo de quinze dias, bastará requerer sua prorrogação ao juiz, assegurando, assim, seu direito à redução da verba honorária. Contudo, concedida a prorrogação e esgotado o prazo correspondente sem o cumprimento do mandado, não mais serão admissíveis os embargos (preclusão lógica), operando-se a convolação daquele em título executivo judicial.

Novidade bem vinda é contemplada no § 5º do art. 701 ao permitir, com lastro no art. 916 e parágrafos, que o réu, reconhecendo o crédito do autor e previamente depositando em juízo trinta por cento do valor, acrescido de juros e de honorários advocatícios, proponha o pagamento do remanescente em até seis parcelas mensais, devidamente corrigidas; intimado o autor a manifestar-se sobre essa proposta de moratória, o juiz deverá decidir em 5 dias, nesse interim cabendo ao réu depositar prestação que vier a vencer.

Deferida a proposta de parcelamento, o processo monitório terá seu curso suspenso até o pagamento integral da dívida; indeferida, não mais serão admissíveis os embargos ao mandado monitório e, convertido em título executivo judicial, proceder-se-á ao seu cumprimento pelo crédito remanescente, com as devidas correções. No caso de, já deferida a proposta de moratória, o réu deixar de pagar qualquer das prestações, o processo retomará seu curso, convolado o

mandado monitório em título executivo judicial para a satisfação do crédito remanescente, devidamente corrigido e acrescido de multa de dez por cento.

11. Inércia do réu e a conversão do mandado monitório em título executivo judicial

No processo monitório a contumácia do réu acarreta consequências diferentes, em profundidade e intensidade, daquelas resultantes da revelia no processo de conhecimento com rito comum, pois neste a inércia do réu regularmente citado não acarreta, por si só, a automática emissão de provimento favorável ao autor (*v.g.*, art. 345 do CPC). Sendo revel o réu preso ou aquele citado fictamente (com hora certa ou por edital), o juiz nomear-lhe-á curador especial que o defenda (*rectius*: que oponha embargos – v. art. 186 do CPC), curatela a ser exercida pela Defensoria Pública (art. 72, inc. II e parágrafo único).

Realmente, tendo em vista a especialidade do procedimento da ação monitória, pautado pela exigência da prévia apresentação da prova escrita e caracterizado pela técnica do deslocamento da efetividade do contraditório para os embargos a serem opostos pelo réu, da inércia deste resulta a conversão, de pleno direito e sem necessidade de outras formalidades, do mandado monitório em título executivo judicial, vedado ao juiz qualquer pronunciamento sobre a pertinência da pretensão deduzida pelo autor. Afinal, como o mandado monitório vem fundado em prova escrita hábil à sua emissão e a inércia do réu "confirma a existência do direito que já era aceito (em virtude da prova escrita) como provável", a conjugação desses dois elementos já é suficiente para a formação do título executivo judicial. E, formado esse título, iniciar-se-á, a requerimento do credor, o seu cumprimento definitivo, observado, conforme a natureza da obrigação, o disposto nos arts. 513 e ss. do CPC.

12. Inércia da Fazenda Pública

Sendo ré a Fazenda Pública, cabe-lhe opor embargos no prazo que a lei lhe assegura (trinta dias úteis – CPC, art. 183). Quedando inerte, a decisão concessiva do mandado será submetida a reexame necessário pelo tribunal (v. art. 496, inc. I, com as ressalvas de seus §§ 3º e 4º) e, mantida, proceder-se-á, a requerimento do credor, nos termos dos arts. 534 e 535.

Jurisprudência

"Recurso especial. Processual civil. Ação revisional de contrato bancário cumulada com repetição de indébito. Processo extinto sem resolução de mérito. Coisa julgada. Ação monitória anteriormente ajuizada. Ausência de embargos. Decisão que defere o mandado inicial de pagamento convertido em título executivo (CPC/73, art. 1.102-C, *caput*). Natureza jurídica. Sentença. Coisa julgada material. Recurso improvido. 1. A decisão liminar que defere a expedição do mandado de pagamento, posteriormente convertido em mandado executivo em razão da não oposição de embargos à ação monitória (CPC/73, art. 1.102-C, *caput*), tem a natureza jurídica de sentença. 2. A não oposição de embargos, com a consequente conversão do mandado inicial em mandado definitivo e a constituição do título executivo judicial, enseja a produção de coisa julgada material, inviabilizando a posterior propositura de ação de conhecimento relativa ao mesmo contrato objeto da ação monitória anterior. 3. Recurso especial não provido" (REsp 1.038.133/PR, Rel. Min. Raul Araújo, 4ª Turma, j. 14.03.2017, *DJe* 27.03.2017).

> **Art. 702.** Independentemente de prévia segurança do juízo, o réu poderá opor, nos próprios autos, no prazo previsto no art. 701, embargos à ação monitória.
>
> **§ 1º** Os embargos podem se fundar em matéria passível de alegação como defesa no procedimento comum.
>
> **§ 2º** Quando o réu alegar que o autor pleiteia quantia superior à devida, cumprir-lhe-á declarar de imediato o valor que entende correto, apresentando demonstrativo discriminado e atualizado da dívida.
>
> **§ 3º** Não apontado o valor correto ou não apresentado o demonstrativo, os embargos serão liminarmente rejeitados, se esse for o seu único fundamento, e, se houver outro fundamento, os embargos serão processados, mas o juiz deixará de examinar a alegação de excesso.
>
> **§ 4º** A oposição dos embargos suspende a eficácia da decisão referida no *caput* do art. 701 até o julgamento em primeiro grau.
>
> **§ 5º** O autor será intimado para responder aos embargos no prazo de 15 (quinze) dias.
>
> **§ 6º** Na ação monitória admite-se a reconvenção, sendo vedado o oferecimento de reconvenção à reconvenção.

> **§ 7º** A critério do juiz, os embargos serão autuados em apartado, se parciais, constituindo-se de pleno direito o título executivo judicial em relação à parcela incontroversa.
>
> **§ 8º** Rejeitados os embargos, constituir-se-á de pleno direito o título executivo judicial, prosseguindo-se o processo em observância ao disposto no Título II do Livro I da Parte Especial, no que for cabível.
>
> **§ 9º** Cabe apelação contra a sentença que acolhe ou rejeita os embargos.
>
> **§ 10.** O juiz condenará o autor de ação monitória proposta indevidamente e de má-fé ao pagamento, em favor do réu, de multa de até dez por cento sobre o valor da causa.
>
> **§ 11.** O juiz condenará o réu que de má-fé opuser embargos à ação monitória ao pagamento de multa de até dez por cento sobre o valor atribuído à causa, em favor do autor.

> ▶ *Referência: CPC/1973 – Art. 1.102-C*

13. Embargos ao mandado monitório

Com a edição da Lei 9.079, de 2006, introduzindo a ação monitória no CPC/1973, imediatamente surgiram, em sedes doutrinária e jurisprudencial, inúmeras questões a respeito desse novo instituto, principalmente no que concerne à natureza jurídica dos embargos referidos em seu art. 1.102-C.

Afastando tais questionamentos (já superados, aliás, com a edição da Súmula 292 do STJ, dispondo que "A reconvenção é cabível na ação monitória, após a conversão do procedimento em ordinário"), no art. 702 e § 1º equipara-se esse instrumento de resistência à contestação, permitindo sua oposição nos próprios autos para a veiculação de qualquer matéria alegável como defesa no procedimento comum (v. arts. 336 e 337), ressalvada a arguição de suspeição ou de impedimento do juiz (arts. 146 e 313, inc. II). Em razão dessa equiparação, autoriza a apresentação de reconvenção pelo réu-embargante, desde que fundada em vínculo conectivo entre ela e a ação "principal" (a ação monitória) ou o fundamento da defesa (os fundamentos dos embargos), vedada ao autor-embargado, por outro lado, a *reconventio reconventionis* (art. 702, § 6º).

Não obstante os §§ 2º e 6º do art. 343 do CPC afastem qualquer dúvida quanto à autonomia da ação reconvencional, ao qualificar a ação originária (no caso, a monitória) como sendo a

Art. 702

principal ele se ressente da mesma atecnia do CPC/1973 (art. 315), podendo dar margem à equivocada interpretação de que a ação reconvencional seria acessória daquela

Daí a seguinte questão: se os embargos têm natureza de contestação, mas o juiz deverá julgá-los por sentença (CPC, art. 702, §§ 8º e 9º), como conciliar essa solução legal com o princípio da adstrição do julgamento ao pedido, contemplado nos arts. 128 e 460 do CPC/1973 e arts. 141 e 492 do CPC? Ou seja, o juiz não julgará o pedido formulado pelo autor da ação monitória, mas, sim, os embargos (a contestação) ofertados pelo réu-embargante.

Ao que tudo indica, resposta a essa indagação pode ser encontrada na dicção do art. 141 do novo diploma legal, ao dispor que o juiz julgará o *mérito da causa posta em juízo*, julgamento que talvez deva ser entendido, na lição de Dinamarco, como o das *demandas do autor* (veiculada na petição inicial) e *do réu* (veiculada na contestação), esta contraposta à demanda daquele e consistente "*na pretensão à rejeição da demanda do autor*" (Cândido Dinamarco, *Instituições de direito processual civil*, 6. ed., São Paulo: Malheiros, 2009, vol. III, nº 887, p. 197-199).

Volvendo a atenção ao art. 702, § 4º, este dispõe que, cientificado do mandado monitório, o réu disporá do prazo de 15 dias úteis para opor embargos, suspendendo-se, em consequência, a eficácia da decisão concessiva daquele até o julgamento no juízo de origem. Esse prazo será computado em dobro se o réu for assistido por Defensor Público, a Fazenda Pública figurar como ré ou, no caso de litisconsórcio passivo, os litisconsortes tiverem advogados distintos (v. art. 229).

Com a oferta dos embargos instaura-se o contraditório em sua plenitude, a permitir a cognição exauriente da matéria submetida à apreciação judicial. Vale dizer, esgotada a fase inicial do procedimento com a emissão de mandado fundado em cognição sumária e cientificação do réu, opostos os embargos inicia-se a final, destinada ao exercício do direito à ampla defesa pelo embargante e a produção das provas tendentes à desconstituição do mandado, culminando com a prolação de sentença.

Jurisprudência

Súmula 292 do STJ: "A reconvenção é cabível na ação monitória, após a conversão do procedimento em ordinário".

"Agravo de instrumento. Impugnação ao cumprimento de sentença prolatada em ação monitória. Alegação de nulidade da sentença por inobservância do prazo de embargos à monitória. Mandado citatório efetivamente juntado. Deflagração do prazo. Ausência de informação nas movimentações processuais. Irrelevância. Prazo decorrido *in albis*. Recurso desprovido. – À luz do artigo 231, II, do CPC/2015, é forçoso concluir que a juntada do mandado cumprido é condição necessária e suficiente para a deflagração do prazo processual respectivo. A falta de notícia do ato no sistema informativo processual não se equipara à justa causa que autoriza a reabertura de prazo, competindo ao advogado inteirar-se diretamente dos atos documentados nos autos, mormente se se trata de autos eletrônicos, cujo acompanhamento dispensa visita à Secretaria do Juízo" (TJMG, Agravo de Instrumento-Cv 1.0000.16.075393-5/001, Rel. Des.(a) Vasconcelos Lins, 18ª Câmara Cível, j. 21.03.2017, publicação da súmula em 21.03.2017).

14. Eficácia do mandado monitório

Emitido o mandado monitório, sua eficácia fica suspensa no aguardo ou do cumprimento voluntário pelo réu, ou da oposição de embargos. Omitindo-se, o mandado monitório convola-se de pleno direito (*ex vi legis*, portanto) em título executivo judicial, a autorizar o seu imediato e definitivo cumprimento; se opostos os embargos, remanescerá suspensa a eficácia do mandado monitório, mas, diferentemente do que ocorria no regime do CPC/1973, sendo eles rejeitados a interposição de apelação pelo réu-embargante não impedirá o cumprimento provisório, a requerimento do autor, do título executivo judicial.

15. Rejeição liminar dos embargos

Fundando seus embargos na alegação de que o autor pleiteia quantia superior à devida, a lei exige que o embargante já declare o valor que entenda correto, com a apresentação de demonstrativo discriminado e atualizado da dívida, sob pena de rejeição liminar desse ato defensivo, se for esse o seu único fundamento; havendo outro, os embargos serão processados, desconsiderada pelo juiz, contudo, a alegação de excesso (art. 702, §§ 2º e 3º).

É clara a razão da exigência de apresentação desse demonstrativo: ao impugnar a quantia reclamada pelo autor por reputá-la excessiva, o réu reconhece a existência da dívida, nos limites por ele aceitos, tornando-os incontroversos. Mas incontroversa também será a quantia reclamada pelo autor, com a imediata rejeição dos embargos, se o réu deixar de indicar o valor que entende correto ou de apresentar o aludido demonstrativo; fundados os embargos em outras defesas, não serão liminarmente rejeitados, mas aquelas omissões do réu implicarão a pura e simples desconsideração daquela defesa pelo juiz.

Suscita-se, a esta altura, uma indagação: a referência à *quantia superior à devida* remete, é evidente, à monitória que tenha por objeto prestação pecuniária. Mas os §§ 2º e 3º sob exame também têm incidência quando se tratar de obrigação para a entrega de coisas fungíveis?

Imagine-se que o réu oponha embargos alegando que o autor pleiteia *quantidade de coisas* superior à devida, instruindo-os com prova documental do alegado; ou, então, que deduza tal alegação, sem qualquer respaldo probatório ou não indicando a quantidade que entenda devida. Será o caso de rejeição liminar de seus embargos, ou a desconsideração pura e simples dessa defesa, se outras forem por meio deles veiculadas (p. ex., defesa processual de natureza prevista no art. 337 – *v.g.*, incompetência absoluta do juízo, ausência de interesse processual do autor ou ilegitimidade de qualquer das partes)? A nosso ver, também nessas hipóteses terão incidência, respeitadas as peculiaridades de uma e outra dessas prestações, as mesmas soluções indicadas naqueles dois parágrafos.

16. Embargos parciais

Sendo parciais os embargos opostos pelo réu (*v.g.*, alegação de que o autor pleiteia quantia superior à devida), poderá o juiz determinar a sua autuação e processamento em apartado e, constituindo-se de pleno direito o título executivo em relação à parte incontroversa, é facultado ao autor embargado requerer desde logo o seu cumprimento (arts. 702, § 7º, e 523 e ss.).

Não obstante o dispositivo sob exame refira-se à parcela não embargada, sugerindo a conclusão de que tenha incidência exclusivamente no processo monitório tendo por objeto prestação pecuniária, a mesma solução também poderá ser adotada na obrigação de dar coisas fungíveis, se parciais os embargos, mediante a expedição de mandado para a busca e apreensão

da quantidade incontroversa dos bens devidos (CPC, art. 538).

17. Respostas do embargado

Opostos os embargos e intimado o autor embargado, ele terá o prazo de 15 dias para ofertar resposta, consistente na impugnação daqueles (art. 702, § 5º) e, se for o caso, concomitantemente reconvindo (§ 6º). Já adotado, a esta altura, o procedimento comum em razão da oposição dos embargos, assegura-se às partes o direito à ampla produção de provas, inclusive a pericial, se necessária.

18. Ônus da prova

Instaurado o contraditório pleno por iniciativa do réu ao opor seus embargos – e assim abrir espaço para um procedimento direcionado à cognição exauriente –, surge a questão relacionada à distribuição do ônus da prova.

Em princípio, dele já se desincumbiu o autor ao provar, por meio dos documentos que instruíram sua petição inicial, os fatos constitutivos de seu afirmado direito – prova considerada suficiente pelo juiz, tanto que ordenou a expedição do mandado monitório. Mas não se pode descartar a hipótese de o réu vir a demonstrar a inexistência daqueles fatos, assim superando a convicção inicial do juiz acerca da probabilidade do direito afirmado pelo demandante.

Há quem sustente, em lições relacionadas ao procedimento monitório regulado pelo CPC/1973, que com a oposição dos embargos opera-se a inversão das posições das partes, assumindo o embargante a posição de sujeito ativo dos embargos, sendo seu, com exclusividade, o ônus probatório, pois dele já se desincumbiu o embargado com a prova documental apresentada, a dispensar complementação. No entanto, diante da existência de pontos de similitude e de convergência entre os embargos ao mandado monitório e os embargos à execução fundada em título executivo extrajudicial, a permitir ao réu no processo monitório a dedução, por meio dos primeiros, de toda e qualquer defesa útil, é razoável concluir-se que a distribuição do ônus da prova deverá respeitar os critérios estabelecidos pelo art. 373 do CPC, ao embargado cabendo provar (caso se tornem controvertidos) os fatos constitutivos de seu afirmado direito, tendo o embargante o ônus de provar os fatos

Art. 702

extintivos, impeditivos e modificativos daquele. Isto porque, somente à luz do caso concreto é que poderá o juiz, destinatário final da prova, valorar o conjunto probatório e proceder, na lição de Barbosa Moreira, à distribuição dos riscos derivados do ônus da prova (Julgamento e ônus da prova, *Temas de direito processual*, segunda série, 2ª série, 2ª edição, São Paulo: Saraiva, 1988, p. 73-82).

Justamente por assumir a posição formal de autor dos embargos, é que continua sendo do embargante o ônus da prova dos fatos nos quais se funda a sua resistência ao mandado monitório, que são os indicados no inc. II daquele artigo; restando controvertidos, no entanto, os fatos constitutivos afirmados pelo autor embargado, poderá ser dele, diante de lacunas ou inconsistências do conjunto probatório, o ônus da prova correspondente. Afinal, a dinâmica do procedimento monitório, pautado pela concessão de tutela de evidência em favor do autor – aquela consistente na emissão do mandado monitório –, coloca as partes em delicada posição de equilíbrio, com a tendência de inclinação em favor do primeiro, devendo o juiz, por isso mesmo, estar permanentemente atento às garantias que informam o devido processo legal, entre elas a de dispensa de tratamento paritário aos protagonistas da relação jurídica processual.

Ademais, ao distanciar-se do *princípio do livre convencimento* consagrado pelo art. 131 do CPC/1973 e adotar o do *convencimento judicial motivado* em seu art. 371, o CPC impõe ao juiz, em última análise, não apenas o dever de fundamentar sua decisão (dever que, de resto, já se encontra suficientemente imposto pelo art. 93, inc. IX, da CF), mas, ainda, de levar em consideração, para tanto, as provas submetidas à sua apreciação, independentemente de qual parte as tenha produzido, de sorte que, reanalisando a prova documental apresentada pelo autor na petição inicial em razão da impugnação apresentada pelo réu embargante, poderá vir a desconsiderá-la e, consequentemente, desconstituir o mandado monitório para o qual aquela serviu de substrato.

19. Julgamento dos embargos

Já examinada a hipótese de rejeição liminar dos embargos, cumpre agora analisar outras possibilidades:

a) rejeição total dos embargos: sendo os embargos integralmente rejeitados por sentença de mérito, com a proclamação do direito afirmado pelo embargado e da legitimidade do mandado, opera-se a convolação prometida pelo art. 702, § 8º, intimando-se o devedor e prosseguindo o feito na forma prevista em lei. Da sentença caberá apelação;

b) acolhimento parcial dos embargos: acolhidos parcialmente os embargos, a sentença correspondente declarará a inexistência do direito e a ilegitimidade do mandado nos limites da parte acolhida. Definido o *quantum debeatur*, prevalecerão, no mais, as soluções já apontadas no item anterior;

c) acolhimento integral dos embargos: três são as situações a serem consideradas em relação ao acolhimento integral dos embargos:

c.1 – se fundados exclusivamente na alegação de que o crédito ou a quantidade de bens indicados pelo embargado é superior ao efetivamente devido, a situação é idêntica à anterior, isto é, será reduzido o *quantum debeatur*;

c.2 – integralmente acolhidos os embargos, por reconhecer o juiz a ausência de requisito de admissibilidade da ação monitória, o mandado será declarado nulo e excluído do mundo jurídico mediante sentença meramente terminativa, podendo o autor postular no futuro, pelas vias próprias, uma tutela condenatória;

c3 – se o acolhimento integral dos embargos vier pautado no reconhecimento da procedência da defesa de mérito deduzida pelo embargante (*v.g.*, prescrição, pagamento, compensação etc.), a sentença de mérito declarará a inexistência do direito afirmado pelo embargado e a ilegitimidade do mandado, com sua exclusão do mundo jurídico. Excetuadas as situações de rejeição liminar dos embargos e de acolhimento integral fundado no reconhecimento da ausência de requisito de admissibilidade, em todas as demais a sentença é de mérito e, trancada a via recursal, transitará materialmente em julgado.

20. Recurso

Acolhidos ou rejeitados os embargos, o julgamento correspondente virá corporificado em sentença, impugnável por apelação (art. 702, § 9º). Rejeitados, fica liberada a eficácia executiva da decisão concessiva do mandado (art. 701), até então suspensa em razão da oposição dos mesmos; consequentemente, apelação que vier a ser interposta pelo embargante será destituída do denominado efeito suspensivo, a permitir a execução provisória pelo embargado (arts. 701 e 702, § 4º).

Nesse sentido, aliás, o **Enunciado 134** da II Jornada de Direito Processual Civil do Conselho da Justiça Federal: "A apelação contra a sentença que julga improcedentes os embargos ao mandado monitório não é dotada de efeito suspensivo automático (art. 702, § 4º, e 1.012, § 1º, V, CPC)".

21. Cabimento de ação rescisória

Como o mandado monitório tem conteúdo similar ao de sentença condenatória, uma vez convertido em título executivo judicial poderá o devedor, se for o caso, promover ação rescisória tendo por objeto a decisão judicial que o deferiu, fundando seu pedido, por exemplo, na hipótese contemplada no inc. VI do art. 966 do CPC em vigor (art. 701, § 3º). Essa possibilidade limita-se, no entanto, àquela situação em que o réu, cientificado do mandado monitório, deixou de cumpri-lo e não opôs embargos (art. 701, §§ 2º e 3º); tendo opostos os embargos e sendo eles rejeitados, não mais caberá a rescisão da aludida decisão, mas, sim, eventualmente, da sentença proferida no julgamento dos embargos, se e quando presente qualquer das hipóteses do art. 966.

Como quer que seja, a propositura da ação rescisória não tem o condão de impedir o cumprimento da decisão rescindenda, ressalvada a concessão de tutela provisória pelo relator ou pela turma julgadora (art. 969).

22. Sanções por litigância de má-fé

Acolhidos os embargos e constatada a má-fé do autor da ação monitória, o juiz o condenará ao pagamento, além das verbas de sucumbência, também de multa em favor do réu, fixada em dez por cento sobre o valor da causa; rejeitados os embargos, a mesma condenação será imposta ao réu, se constatada sua má-fé ao opô-los.

Essas sanções têm dupla finalidade: em relação ao réu, motiva-o a cumprir voluntariamente o mandado monitório e penaliza-o, caso contrário, pela injustificada recusa em satisfazer o direito do autor; este, por seu turno, será penalizado por deduzir em juízo pretensão infundada, acionando indevidamente o Poder Judiciário e impondo ao réu o ônus da impugnação.

23. A execução do título executivo judicial

Não opostos ou rejeitados os embargos, com a conversão do mandado monitório em título executivo judicial, fica automaticamente liberada a eficácia da decisão concessiva daquele comando judicial, iniciando-se então, a requerimento do credor, a fase de cumprimento da obrigação (CPC, art. 702, § 8º).

No cumprimento provisório da obrigação de pagar quantia em dinheiro observar-se-á o disposto nos arts. 520 a 522 e, no definitivo, o que dispõem os arts. 523 a 527; transcorrido o prazo de 15 dias sem o cumprimento voluntário – e acrescido o valor exequendo das despesas processuais, da multa de dez por cento e de honorários no mesmo percentual (arts. 520, § 2º, e 523, § 1º) –, o executado poderá apresentar impugnação (arts. 520, § 1º, e 525, § 1º). Sendo a obrigação de fazer ou não fazer, ou de entregar coisa, o cumprimento processar-se nos moldes estabelecidos pelos arts. 536 a 538, com a possibilidade de oferta de impugnação pelo executado (arts. 536, § 4º, e 538, § 3º).

Finalmente, sendo devedora a Fazenda Pública, têm incidência os arts. 534 e 535, também prevista a possibilidade de impugnação (art. 535).

Jurisprudência

Súmula 292 do STJ: "A reconvenção é cabível na ação monitória, após a conversão do procedimento em ordinário".

CAPÍTULO XII
DA HOMOLOGAÇÃO DO PENHOR LEGAL

Art. 703. Tomado o penhor legal nos casos previstos em lei, requererá o credor, ato contínuo, a homologação.

§ 1º Na petição inicial, instruída com o contrato de locação ou a conta pormenorizada das despesas, a tabela dos preços e a relação dos objetos retidos, o credor pedirá a citação do devedor para pagar ou contestar na audiência preliminar que for designada.

§ 2º A homologação do penhor legal poderá ser promovida pela via extrajudicial mediante requerimento, que conterá os requisitos previstos no § 1º deste artigo, do credor a notário de sua livre escolha.

§ 3º Recebido o requerimento, o notário promoverá a notificação extrajudicial do devedor para, no prazo de 5 (cinco) dias,

> pagar o débito ou impugnar sua cobrança, alegando por escrito uma das causas previstas no art. 704, hipótese em que o procedimento será encaminhado ao juízo competente para decisão.
>
> § 4º Transcorrido o prazo sem manifestação do devedor, o notário formalizará a homologação do penhor legal por escritura pública.

▶ *Referência: CPC/1973 – Art. 874*

1. Introdução

No CPC/1973 o procedimento da homologação do penhor legal estava incluído no rol dos procedimentos cautelares típicos, sendo destinado à especialização de garantia real, assegurando ao credor pignoratício, nos termos do art. 1.422 do CC, o direito tanto de excutir a coisa empenhada, quanto de preferência de pagamento sobre outros credores. Operada a homologação, necessariamente pela via judicial, os autos do processo seriam entregues ao credor, habilitando-o a dar início à execução da garantia.

No CPC o procedimento homologatório apresenta duas características distintas do modelo anterior: ingressa no rol dos procedimentos especiais (contenciosos) e a homologação do penhor legal poderá ser promovida também pela via extrajudicial.

2. Conceito de penhor legal

Categoria de direito real de garantia ao lado da hipoteca e da anticrese, o penhor legal resulta do exercício de autotutela e atua no sentido de proteger "certos credores ou titulares de direito em situação jurídica especialmente vulnerável com a faculdade de constituírem direitos reais sobre coisa alheia independentemente de convenção" (Loureiro, *Código Civil comentado*, 3. ed., Obra coletiva coordenada por Cezar Peluso, Barueri: Manole, 2009, p. 1520). É modalidade distinta do penhor convencional (CC, art. 1.431), pois neste a transferência efetiva da posse, ao credor (ou a quem o represente), de coisa móvel suscetível de alienação, dá-se por ato do devedor (ou alguém por ele), em garantia do débito.

3. Situações autorizadoras do penhor legal

O art. 1.467 do CC estabelece as situações excepcionais em que o credor estará autorizado a constituir o penhor, apoderando-se de deter-minados bens móveis do devedor em garantia ao pagamento do débito.

Nos termos do primeiro inciso do aludido artigo, têm direito ao penhor legal os hospedeiros ou fornecedores de pousada ou alimentos sobre determinados bens móveis de seus consumidores ou fregueses, pelas despesas ou consumo que tiverem feito, desde que os preços da hospedagem, da pensão ou dos gêneros fornecidos constem de tabela impressa, prévia e ostensivamente expostas no estabelecimento comercial (art. 1.468). Essa exigência tem por objetivo permitir ao credor a elaboração da conta pormenorizada das despesas realizadas pelo devedor, sem o que é nulo o penhor, a inviabilizar sua posterior homologação judicial ou extrajudicial.

É igualmente autorizado o penhor legal em favor do dono (*rectius*: locador) do prédio rústico ou urbano, como garantia pelas rendas ou pelos aluguéis, recaindo sobre bens móveis que guarnecem o mesmo prédio (inc. II). Observe-se a necessidade, nesse caso, de o contrato ter sido celebrado na forma escrita, ante a exigência de apresentação do correspondente instrumento para a homologação do penhor legal. Observe--se, mais, ser vedado o penhor de bens móveis considerados legalmente impenhoráveis (CPC, art. 833; Lei 8.009/1990), bem como aqueles que, mesmo sendo de propriedade do inquilino, estejam situados em outros locais.

4. O procedimento homologatório do penhor legal

Considerando o perigo da demora na constituição da garantia de dívida contraída pelo hóspede ou consumidor, o hospedeiro ou o fornecedor de pousada ou de alimentos poderá apoderar-se dos bens móveis indicados pela lei, tomando-os em penhor legal. Todavia, esse ato de autotutela de direito deverá ser objeto de homologação, daí a exigência de o credor requerê--la, ato contínuo, judicial ou extrajudicialmente (v. CC, arts. 1.469 a 1.471).

4.1. Homologação judicial

O credor formulará o pedido junto ao órgão competente (CPC, art. 46), instruindo a petição inicial com a relação dos objetos retidos, o instrumento do contrato de locação ou, em se tratando de débito de hospedagem ou consumo de alimentos, com a conta pormenorizada das despesas e a tabela dos preços; também requererá a citação do devedor para pagar ou ofertar contestação na audiência preliminar a ser designada.

Constatando o juiz, de plano, *(i)* a inépcia da petição inicial, *(ii)* a ausência de qualquer das condições da ação, *(iii)* a inexistência dos documentos exigidos para a homologação ou, ainda, *(iv)* a insuficiência da prova documental apresentada pelo autor, deverá, nos três primeiros casos, indeferir de plano a petição inicial (CPC, art. 330) e, no último, conceder prazo para a complementação da prova, também sob pena de indeferimento. Indeferida a petição inicial, da sentença caberá apelação (art. 331).

4.2. Homologação extrajudicial

Valorizando os modos alternativos, à jurisdição estatal, de resolução de conflitos, a lei agora autoriza a homologação extrajudicial do penhor legal por notário da livre escolha do credor. Para tanto, este formulará requerimento dirigido àquele, instruído com os documentos indicados no § 1º do art. 703 do CPC, procedendo-se em seguida à notificação do devedor para, no prazo de cinco dias, pagar ou impugnar a cobrança.

Três hipóteses deverão ser consideradas: perante o notário, o devedor *(i)* oferta o pagamento e o credor o aceita, *(ii)* impugna a cobrança ou *(iii)* permanece inerte, lavrando-se, em qualquer desses casos, a ata notarial correspondente (Lei 8.935/1994, arts. 6º e 7º). No primeiro, da ata constará o pagamento da dívida, valendo como recibo de quitação. No segundo, nela serão explicitados os fatos indicados pelo credor e devedor para a comprovação da dívida e justificativa de sua impugnação à cobrança, discriminando-se os documentos por eles apresentados; encaminhados, ao órgão judicial competente, a ata e os documentos nela indicados, será instaurado o correspondente procedimento, culminando com a prolação de sentença. Finalmente, na terceira hipótese o notário formalizará a homologação do penhor legal por escritura pública, consolidando-se a posse do credor sobre o bem ou bens empenhados.

Art. 704. A defesa só pode consistir em:

I – nulidade do processo;

II – extinção da obrigação;

III – não estar a dívida compreendida entre as previstas em lei ou não estarem os bens sujeitos a penhor legal;

IV – alegação de haver sido ofertada caução idônea, rejeitada pelo credor.

▶ *Referência: CPC/1973 – Art. 875*

5. Citação e posturas do réu

Recebida a petição inicial ou a ata notarial certificando a não homologação extrajudicial do penhor legal, o juiz ordenará a citação do réu, designando data PARA a audiência preliminar.

Citado e intimado para a audiência, o réu *(i)* não comparece, *(ii)* paga a dívida ou *(iii)* oferta defesa.

5.1. O réu é revel

Decretada a revelia, o juiz homologará por sentença o penhor legal, exceto se for o caso de intervenção da Defensoria Pública em favor do revel (CPC, art. 72, inc. II e parágrafo único), observado, então, o procedimento comum.

5.2. O réu reconhece a procedência do pedido

Comparecendo o réu à audiência e ofertando o pagamento da dívida, estando concorde o credor o juiz proferirá sentença homologatória do reconhecimento da procedência do pedido, extinguindo o processo com resolução do mérito (CPC, art. 487, inc. III, *a*). Discordando o credor da oferta de pagamento, observar-se-á o procedimento comum, inclusive com instrução probatória, se for necessária.

5.3. O réu oferta contestação

Além das defesas de mérito indicadas nos três últimos incisos do artigo sob exame, o primeiro deles também prevê a dedução da defesa processual consistente na nulidade do processo. Mas, por evidente, esse primeiro inciso deve ser interpretado em sentido mais abrangente do que resulta de sua literalidade, ou seja, o réu também poderá deduzir qualquer defesa relacionada ao processo:

a) defesas processuais: encartam-se, no rol dessas defesas processuais ou técnicas, tanto aquelas indicadas no art. 337 do CPC, quando pertinentes, como a incompetência absoluta ou relativa do órgão jurisdicional, a impugnação ao valor da causa, a inépcia da petição inicial, a carência de ação, além do impedimento ou da suspeição do juiz;

b) defesas substanciais ou de mérito: em razão dos limitados objetivos do procedimento

Art. 705

CÓDIGO DE PROCESSO CIVIL INTERPRETADO

de homologação de penhor legal, essa modalidade de defesa fica restrita, ela sim, às situações casuisticamente indicadas nos incs. II a IV do art. 704. Assim, aquela fundada na extinção da obrigação (*v.g.*, pagamento, prescrição, dação em pagamento), a que resulte da impugnação, pelo réu, da causa remota da pretensão deduzida pelo autor (dívida não passível de garantia por meio de penhor legal, ou bem insuscetível de penhor) e, finalmente, a alegação de recusa, pelo autor, de caução idônea ofertada pelo devedor (v. CC, art. 1.472). Relativamente a esta última defesa, vale o alerta de que também os devedores de serviço de hospedagem e consumo de alimentos poderão prestar caução em dinheiro enquanto se discute a exigibilidade do crédito.

> **Art. 705.** A partir da audiência preliminar, observar-se-á o procedimento comum.

▸ *Sem correspondente no CPC/1973*

6. Audiência preliminar e conversão do procedimento

Diferentemente dos procedimentos especiais inconversíveis ou irredutivelmente especiais (*v.g.*, os procedimentos da ação de consignação em pagamento, de inventário e partilha), o procedimento sob exame é conversível, redutível ao comum, assim que realizada a audiência preliminar.

> **Art. 706.** Homologado judicialmente o penhor legal, consolidar-se-á a posse do autor sobre o objeto.
>
> **§ 1º** Negada a homologação, o objeto será entregue ao réu, ressalvado ao autor o direito de cobrar a dívida pelo procedimento comum, salvo se acolhida a alegação de extinção da obrigação.
>
> **§ 2º** Contra a sentença caberá apelação, e, na pendência de recurso, poderá o relator ordenar que a coisa permaneça depositada ou em poder do autor.

▸ *Referência: CPC/1973 – Art. 876*

7. Homologação do penhor legal e a consolidação da posse sobre o bem empenhado

Decretada a revelia do réu ou, tendo ele ofertado defesa, vier a ser acolhido o pedido inicial, o juiz proferirá sentença homologatória do penhor, consolidando-se a posse do autor sobre o bem ou bens empenhados, habilitando-o a promover a execução (v. art. 515, inc. I).

8. Negativa de homologação do penhor legal

Negada a homologação, não se consolida a posse do autor sobre o objeto empenhado, que deverá ser devolvido ao réu; mas mesmo não dispondo dessa garantia real, poderá o autor buscar o reconhecimento de seu crédito pelas vias ordinárias, salvo se a negativa de homologação resultou do acolhimento da defesa fundada na extinção da obrigação ou, ainda, em que pese o silêncio da lei, se declarada judicialmente a inexistência do direito de crédito afirmado pelo autor.

9. Recurso

Da sentença que homologa, ou não, o penhor legal, caberá apelação; interposta pelo autor e não sendo ainda definitivo o resultado do processo, na pendência do recurso poderá o relator ordenar, a requerimento do apelante, que a coisa empenhada fique em poder deste ou permaneça depositada, preservando-se assim a garantia, se e quando vier a ser provido o apelo. Desprovido, o bem será restituído ao réu.

CAPÍTULO XIII

DA REGULAÇÃO DE AVARIA GROSSA

> **Art. 707.** Quando inexistir consenso acerca da nomeação de um regulador de avarias, o juiz de direito da comarca do primeiro porto onde o navio houver chegado, provocado por qualquer parte interessada, nomeará um de notório conhecimento.

▸ *Referência: CPC/1973 – Art. 1.128, inc. XIV*

1. Conceito de avaria grossa

Avarias grossas (ou *comuns*) são despesas extraordinárias (*avaria-despesa*) e/ou danos voluntariamente causados pelo comandante a bem do navio e da carga (*avaria-dano*), "desde o embarque e partida até a sua volta e desembarque" (CCom., art. 761); por outras palavras, querendo preservar o bem comum ameaçado por grave perigo ou desastre imprevisto, que coloque em risco o navio e/ou a mercadoria transportada, o comandante (ou quem faça suas vezes) deliberadamente pratica ato de que resulta o sacrifício de interesse particular do armador (v. Lei 9.537/1997, art. 2º, III), do proprietário da carga ou de terceiro (v. CCom., art. 764).

Como esse ato deliberado do comandante da embarcação gera despesas extraordinárias e/ou danos materiais – não obstante praticado em atenção ao interesse comum, em detrimento do particular –, o *custo* (prejuízo e/ou despesas relacionados ao navio, à carga e ao frete) dele decorrente será rateado entre todos os interessados na expedição do navio (o armador, os proprietários das cargas transportadas, avariadas ou não, os importadores, os exportadores, o consignatário, os embarcadores e os seguradores da carga), daí a necessidade da regulação judicial de avaria grossa se e quando, evidentemente, ela não for realizada consensualmente pelas partes interessadas – consenso que, aliás, geralmente se mostra presente na prática comercial.

Inconfundível com a avaria grossa, a *avaria simples* (ou *particular*) representa todas as despesas ou danos ao navio ou à carga resultantes de caso fortuito, força maior, imprudência ou negligência do comandante ou tripulante da embarcação, arcando com os respectivos prejuízos quem sofreu o dano ou arcou com as despesas, quais sejam o proprietário do navio ou da carga (CCom., art. 763, *in fine*). Além disso, enquanto a caracterização de avaria grossa exige, entre outros requisitos, que ela tenha ocorrido durante a viagem, a avaria simples pode ocorrer durante a viagem ou até mesmo estando o navio aportado.

2. Regulador de avarias e suas funções

Também denominado *ajustador,* o regulador é a pessoa indicada consensualmente pelos interessados, ou nomeada pelo juiz, para *(i)* liquidar (ajustar) as avarias constatadas no navio e mercadorias, *(ii)* definir se estão enquadradas na categoria de avarias grossas – e, portanto, se os danos e ou despesas são passíveis de rateio entre as partes envolvidas – e *(iii)* exigir a apresentação de garantias idôneas para que as cargas possam ser liberadas aos consignatários (CPC, art. 708, *caput*).

Sendo nomeado pelo juiz, o regulador deverá ter notório conhecimento sobre a matéria objeto da regulação e será considerado auxiliar da Justiça (CPC, art. 149).

3. Competência para o procedimento judicial de regulação de avaria grossa

A competência para a regulação é da Justiça estadual e será realizada perante juízo da comarca onde o navio tenha primeiramente aportado.

A circunstância de a regulação normalmente ser consensual e, ainda, o fato de a modalidade judicial ocorrer exclusivamente em comarcas onde existam instalações portuárias, foram determinantes para a manutenção e observância, até o advento do CPC, das normas procedimentais constantes do primeiro Código de Processo Civil unitário, de 1939.

> **Art. 708.** O regulador declarará justificadamente se os danos são passíveis de rateio na forma de avaria grossa e exigirá das partes envolvidas a apresentação de garantias idôneas para que possam ser liberadas as cargas aos consignatários.
>
> **§ 1º** A parte que não concordar com o regulador quanto à declaração de abertura da avaria grossa deverá justificar suas razões ao juiz, que decidirá no prazo de 10 (dez) dias.
>
> **§ 2º** Se o consignatário não apresentar garantia idônea a critério do regulador, este fixará o valor da contribuição provisória com base nos fatos narrados e nos documentos que instruírem a petição inicial, que deverá ser caucionado sob a forma de depósito judicial ou de garantia bancária.
>
> **§ 3º** Recusando-se o consignatário a prestar caução, o regulador requererá ao juiz a alienação judicial de sua carga na forma dos arts. 879 a 903.
>
> **§ 4º** É permitido o levantamento, por alvará, das quantias necessárias ao pagamento das despesas da alienação a serem arcadas pelo consignatário, mantendo-se o saldo remanescente em depósito judicial até o encerramento da regulação.

▶ *Referência: CPC/1939 – Art. 765 (v. CPC/1973, art. 1.218, inc. XIV)*

4. Procedimento de regulação judicial de avaria grossa

Revogando o procedimento previsto pelos arts. 765 a 768 do CPC/1939 para a regulação de avaria grossa, o CPC regulamenta-o em seus arts.

Art. 708

707 a 711, mantidas as linhas mestras já estabelecidas para essa atividade, em atenção às normas de Direito Marítimo, principalmente às Regras de York-Antuérpia, incorporadas aos contratos de comércio internacional marítimo e que "são padrões contratuais privados que as partes concordam em observar" (Carla Adriana Comitre Gibertoni, *Teoria e prática do direito marítimo*, 2. ed., Rio de Janeiro: Renovar, 2005, p. 213).

5. Fases da regulação judicial de avaria grossa

O procedimento de regulação judicial é integrado por três fases distintas – preparatória, regulação propriamente dita e liquidação –, daí o prazo de até 12 meses previsto para o seu encerramento (CPC, art. 710).

6. Fase preparatória

Fundeado o navio no primeiro porto de chegada, nas primeiras 24 horas o comandante deverá apresentar ao juiz da comarca o protesto formado a bordo e lançado no livro Diário de Navegação, para sua ratificação judicial (CPC, arts. 766 a 770). Isto porque, ocorrida a avaria grossa o comandante do navio deverá proceder ao respectivo protesto, ato indispensável para o início da regulação, pois pode ocorrer de, sendo *simples* a avaria, haver a maliciosa intenção de qualificá-la como *grossa* a fim de proceder-se ao rateio do custo a ela correspondente, ao invés de ser suportado pelo armador (danos no navio) ou pelo proprietário da carga.

Essa fase comporta as seguintes atividades:

a) citação dos interessados e nomeação do regulador de avarias: citados os interessados e havendo dissenso sobre a nomeação de um regulador, qualquer deles poderá requerer ao juiz seja nomeada para a função pessoa dotada de notório conhecimento sobre o assunto, assumindo o nomeado a condição de auxiliar da Justiça (CPC, art. 149). Ele procederá à vistoria do navio e da carga e deverá declarar, justificadamente, se os danos caracterizam avaria grossa – e, consequentemente, se o custo deverá ser rateado entre as partes envolvidas –, destas exigindo a apresentação de garantias idôneas para a liberação das cargas aos respectivos consignatários.

A lei não prevê, mas os interessados ausentes nessa fase preparatória, por si ou procuradores, deverão ser regularmente citados, pois têm interesse direto na regulação e seus efeitos;

b) a impugnação à declaração de abertura da avaria grossa: como o custo da avaria grossa deverá ser rateado entre os interessados (armador, proprietário da carga, consignatário, seguradora), qualquer deles terá legitimidade e interesse em impugnar a declaração de avaria feita pelo regulador, sustentando, por exemplo, que as despesas e ou os danos caracterizam avaria simples. Ao juiz caberá decidir a impugnação no decêndio legal, mas nada há, no § 1º do artigo sob exame, acerca da natureza desse ato decisório e do respectivo recurso, omissão que enseja os seguintes questionamentos e possíveis conclusões:

b.1) acolhida a impugnação e extinto o procedimento de regulação, dúvida não pode haver quanto ao cabimento de apelação à respectiva sentença (art. 1.009);

b.2) rejeitada a impugnação, descabe agravo de instrumento da correspondente decisão (art. 1.015);

b.3) a prestação de garantias idôneas para a liberação da carga: na pendência da regulação – e ainda não definido se as despesas ou os danos caracterizam avaria grossa – o regulador exigirá a prestação de garantias idôneas pelas partes obrigadas ao rateio dos custos, inclusive o consignatário, para a liberação da carga do navio aportado. Isto porque, constatando-se, ao final da regulação, a inocorrência de avaria grossa, descaberá o rateio dos custos, por eles respondendo apenas o proprietário do navio ou da carga, o qual, sendo o caso, poderá valer-se de ação regressiva contra o responsável pelo dano ou despesas extraordinárias características de avarias simples;

b.4) a caução do valor da contribuição provisória: como o custo da avaria grossa deverá ser rateado entre os interessados, o consignatário (destinatário da mercadoria) que, a critério do regulador, não apresentar garantia idônea para a liberação da carga embarcada, deverá prestar caução (depósito judicial ou garantia bancária) correspondente ao valor da contribuição provisória também fixada pelo regulador;

b.5) a alienação judicial da carga: havendo recusa à prestação de caução, o regulador requererá ao juiz a alienação judicial da carga destinada ao consignatário recusante. O saldo obtido será depositado em juízo, permitida a liberação, por alvará judicial, das quantias necessárias ao pagamento das despesas com a alienação judicial, que serão arcadas pelo consignatário, ante sua recusa em apresentar garantia idônea ou em prestar a caução exigida (art. 708, §§ 2º a 4º).

Nos termos do art. 730 do CPC, requerida a alienação judicial da carga pelo regulador, dever-se-á observar o procedimento estabelecido pelos arts. 719 a 725, com a citação de todos os interessados e a intimação do Ministério Público (arts. 178, inc. II, e 721), da Fazenda Pública, quando tiver interesse na alienação (art. 722) e, finalmente, do estabelecimento do prazo de 10 dias para o julgamento do pedido, que poderá ser fundado em juízo discricionário do juiz, da respectiva sentença cabendo apelação (arts. 723 e 724). Não havendo (ou não podendo haver) acordo entre os interessados sobre o modo de alienação do bem, ela será efetivada em leilão eletrônico ou presencial, com a observância, no que couberem, das disposições pertinentes ao leilão de bem penhorado (arts. 879 a 903).

> **Art. 709.** As partes deverão apresentar nos autos os documentos necessários à regulação da avaria grossa em prazo razoável a ser fixado pelo regulador.
>
> **Art. 710.** O regulador apresentará o regulamento da avaria grossa no prazo de até 12 (doze) meses, contado da data da entrega dos documentos nos autos pelas partes, podendo o prazo ser estendido a critério do juiz.
>
> **§ 1º** Oferecido o regulamento da avaria grossa, dele terão vista as partes pelo prazo comum de 15 (quinze) dias, e, não havendo impugnação, o regulamento será homologado por sentença.
>
> **§ 2º** Havendo impugnação ao regulamento, o juiz decidirá no prazo de 10 (dez) dias, após a oitiva do regulador.

▶ *Referência: CPC/1939 – Arts. 766 a 768*

7. Instauração da regulação judicial

Inexistindo impugnação à declaração de abertura da avaria grossa ou sendo ela rejeitada, no prazo fixado pelo regulador as partes deverão entregar-lhe a documentação necessária à regulação (*v.g.*, registro da embarcação, manifesto da carga, apólice de seguro), iniciando-se então o prazo de 12 meses para a apresentação do regulamento (CPC, arts. 709 e 710), que é o laudo técnico contendo o histórico das avarias, a fixação do montante do custo constatado pericialmente (danos e despesas), a distinção, sendo o caso, das avarias grossas das particulares e a

determinação da contribuição de cada interessado no rateio desse custo.

Apresentado o regulamento, dele as partes terão vista pelo prazo comum de 15 dias. Havendo impugnação de qualquer dos interessados, produzidas as provas eventualmente necessárias e ouvido o regulador, o juiz decidirá no prazo de 10 dias, da sentença cabendo apelação.

8. Liquidação

Não havendo impugnação ou sendo rejeitada, o regulamento será homologado por sentença, que valerá como título executivo (CPC, art. 515, inc. I).

> **Art. 711.** Aplicam-se ao regulador de avarias os arts. 156 a 158, no que couber.

▶ *Sem correspondência no CPC/1973.*

9. Remuneração do regulador judicial

Não havendo consenso entre os interessados, o regulador será nomeado pelo juiz e atuará como órgão auxiliar da Justiça, observado, no que couber, o disposto nos arts. 156 a 158 do CPC. Por seu trabalho ele deverá receber a correspondente remuneração, rateada entre os envolvidos na regulação (CPC, art. 95), no montante por ele proposto (art. 465, § 2º, inc. I) ou arbitrado pelo juiz (§ 3º). Aprovado o valor por decisão judicial, o regulador disporá de título executivo judicial para a satisfação de seu crédito (art. 515, V).

CAPÍTULO XIV

RESTAURAÇÃO DE AUTOS

> **Art. 712.** Verificado o desaparecimento dos autos, eletrônicos ou não, pode o juiz, de ofício, qualquer das partes ou o Ministério Público, se for o caso, promover-lhes a restauração.
>
> **Parágrafo único.** Havendo autos suplementares, nesses prosseguirá o processo.

▶ *Referência: CPC/1973 – Art. 1.063*

1. Introdução

A necessidade de comprovação da *existência material* e do *conteúdo* dos atos e termos

Art. 712

processuais exige que eles sejam documentados em *autos* físicos ou eletrônicos, sendo óbvios os problemas decorrentes da *destruição*, do *extravio* ou da *subtração* dos mesmos – situações que o artigo sob exame encarta na fórmula ampla de "desaparecimento dos autos".

Justamente para preservar essa documentação, em seu art. 159 e parágrafos o CPC/1973 previa expressamente a formação de *autos suplementares*, destinados tanto à substituição dos autos originais em caso de destruição ou extravio (*idem*, art. 1.063, parágrafo único), quanto a possibilitar a execução provisória; apesar de não conter expressa previsão de formação de autos suplementares, o CPC em vigor também contempla a sua existência, destinando-os à liquidação e ao cumprimento da decisão que julgar parcialmente o mérito da causa (art. 356, § 4º). Então, sendo destruídos, subtraídos ou extraviados os autos físicos originais e inexistindo os suplementares (ou, no processo eletrônico, a cópia de segurança dos dados armazenados – *backup*), torna-se necessária sua restauração, adotado o procedimento previsto em lei.

2. Legitimados a promover a restauração

Inexistindo determinação de ofício para a restauração dos autos, qualquer das partes ou o Ministério Público terá legitimidade para promovê-la, a outra figurando como a *parte contrária* a que se refere a lei. Sendo responsável pelo desaparecimento dos autos o representante do Ministério Público, o serventuário judicial ou o próprio juiz, este poderá, nos dois primeiros casos, determinar a restauração de ofício ou a requerimento da parte; óbvio que, no último caso, somente à parte ou ao Ministério Público caberá requer a restauração, outro juiz assumindo a presidência do feito.

3. Situações particulares

Como o CPC faz menção à *parte* requerente e à *parte contrária* – que são, em princípio, as que assumem tal posição no processo cujos autos desapareceram –, algumas situações particulares exigem atenção, levando-se em conta quem seja o *responsável* pelo desaparecimento. E, à míngua de previsão legal, algumas hipóteses e questionamentos podem ser suscitados:

a) instaurado o procedimento de restauração por determinação judicial, a parte responsável pelo desaparecimento figurará como *parte*

contrária, a outra assumindo a posição ativa; todavia, se o responsável pelo desaparecimento dos autos for o representante do Ministério Público ou serventuário judicial, um ou outro será a *parte contrária* a que alude a lei, figurando como requerente (parte ativa) qualquer das partes do processo original? Ou *parte contrária* sempre será uma daquelas que ostente tal posição no aludido processo?

b) requerida a restauração pelo Ministério Público, este assumirá a posição ativa no procedimento; neste caso, independentemente de qual das partes seja a responsável pelo desaparecimento dos autos, elas serão consideradas *partes contrárias*, em litisconsórcio passivo?

c) se o responsável pelo desaparecimento for o juiz ou serventuário, a parte requerente figurará no polo ativo e, a outra, como *parte contrária*; mas qual delas será a *parte contrária*, quando requerente for o Ministério Público? Ambas, em litisconsórcio passivo?

d) se o responsável for o Ministério Público, atuando no processo como fiscal da ordem jurídica, será ele a *parte contrária*?

Esses questionamentos, a serem solucionados à luz do caso concreto, de modo algum podem ser taxados como meras elucubrações, pois a exata posição a ser assumida no procedimento restauratório determinará quem terá interesse em ofertar contestação ou em recorrer, quem responderá pelas custas e honorários, entre outras consequências.

Jurisprudência

"Processo civil. Dispositivo constitucional e artigo de regimento interno. Violação. Impossibilidade de análise em sede de recurso especial. Ação de restauração de autos. Requisitos. Arts. 1.063 a 1.069 do CPC/1973 (correspondência nos arts. 712 a 718 do CPC/2015). Comunicação do fato à OAB. Prescindibilidade. 1. Recurso especial interposto contra acórdão publicado na vigência do CPC/1973. 2. Em sede de recurso especial, não cabe a esta Corte examinar suposta violação a dispositivos constitucionais, tendo em vista os precisos termos do art. 105, III, alíneas 'a', 'b' e 'c', da CF/88. 3. O recurso especial não constitui via adequada para análise de ofensa a resolução, portaria, regimento interno ou instrução normativa, por não estarem tais atos normativos compreendidos na expressão de lei federal, consoante a alínea 'a' do inciso III do art. 105 da CF.

4. A comunicação do advogado, supostamente responsável pelo desaparecimento dos autos, à OAB local não se mostra imprescindível para o deferimento de sua restauração, nos termos do disposto nos arts. 1.063 a 1.069 do CPC/1973, com correspondência nos arts. 712 a 718 do CPC/2015, que regem a matéria. 5. Em face do princípio da instrumentalidade das formas, não há que se aplicar rigor excessivo que obste o objetivo do procedimento, especialmente diante da falta de comprovação de prejuízo às partes. 6. No procedimento de restauração de autos, todos os interessados devem cooperar exibindo as cópias dos documentos que estiverem em seu poder e quaisquer outros documentos que possam facilitar a sua reconstituição, visando recolocar o processo no estado em que se encontrava antes de os autos terem sido extraviados. Precedentes. 7. Recurso especial parcialmente conhecido e, nessa extensão, provido, para devolver os autos à origem e determinar que o Tribunal local, afastado o óbice anteriormente colocado, prossiga na instrução e no julgamento da ação de restauração como entender de direito" (REsp 1.411.713/SE, Rel. Min. Og Fernandes, 2ª Turma, j. 21.03.2017, *DJe* 28.03.2017).

"Recurso especial. Ação de restauração de autos. Negativa de prestação jurisdicional. Ausência. Prazo para propositura da ação. Provimento da Corregedoria local. Norma de natureza processual. Usurpação de competência da União. Violação do devido processo legal. Julgamento: CPC/15. 1. Ação de restauração de autos proposta em 03/07/2014, de que foi extraído o presente recurso especial, interposto em 22/11/2016 e concluso ao gabinete em 12/01/2018. 2. O propósito recursal é dizer se o Tribunal de origem pode, por meio de provimento da respectiva Corregedoria, estabelecer prazo para o requerimento de restauração de autos. 3. Devidamente analisadas e discutidas as questões de mérito, e suficientemente fundamentado o acórdão recorrido, de modo a esgotar a prestação jurisdicional, não há falar em violação do art. 1.022, II, do CPC/15. 4. A opção do legislador, em caso de extravio ou destruição dos autos, é pela sua recomposição, a partir das peças e elementos apresentados, para que seja retomado o curso do processo até a solução do litígio, e não pelo ajuizamento de outra ação idêntica à principal, retrocedendo ao estágio inicial. 5. O CPC/73, assim como o CPC/15, não prevê prazo para a propositura

da ação de restauração de autos, daí por que a Corregedoria local fixou termo final para o seu ajuizamento, sob pena de a parte perder o direito à restauração dos autos e ser obrigada a propor novamente a ação principal. 6. Embora com o nobre intuito de evitar que os processos desaparecidos ficassem indefinidamente suspensos, o Tribunal de origem criou verdadeiro prazo decadencial para o exercício do direito de requerer a restauração dos respectivos autos. 7. A criação de prazo decadencial é norma que impõe limite ao exercício do direito pela parte e, consequentemente, à prestação da atividade jurisdicional pelo Estado, razão pela qual não pode ser considerada mera regra de procedimento. 8. Normas puramente procedimentais não podem adentrar aspectos típicos do processo, como competência, prazos, recursos ou provas; são normas que versam apenas sobre questões internas do órgão jurisdicional (*interna corporis*), de simples organização judiciária, a exemplo da autuação, distribuição e protocolo, custas processuais, lavratura de certidões, informações estatísticas, etc. 9. Tal previsão, ademais, viola a garantia do devido processo legal, na sua vertente substancial, porquanto não é razoável que o silêncio do legislador possa ser interpretado pelo Órgão jurisdicional em prejuízo da parte que não deu causa ao desaparecimento dos autos, sequer em favor daquela que se beneficia da suspensão do processo. 10. Ao estabelecer prazo para a propositura da ação de restauração de autos com a apresentação dos documentos necessários, a Corregedoria local editou norma processual – cuja competência legislativa foi atribuída, pela Constituição Federal, privativamente à União (art. 22, I, CF/88) – em ofensa ao devido processo legal, e violou os arts. 1.063 e seguintes do CPC/73 (arts. 712 e seguintes do CPC/15). 11. Recurso especial conhecido em parte e, nessa extensão, provido" (REsp 1.722.633/MA, Rel. Min. Nancy Andrighi, 3ª Turma, j. 07.08.2018, *DJe* 10.08.2018).

> **Art. 713.** Na petição inicial, declarará a parte o estado do processo ao tempo do desaparecimento dos autos, oferecendo:
>
> I – certidões dos atos constantes do protocolo de audiências do cartório por onde haja corrido o processo;
>
> II – cópia das peças que tenha em seu poder;

Art. 714

III – qualquer outro documento que facilite a restauração.

▶ *Referência: CPC/1973 – Art. 1.064*

4. Procedimento de restauração

O procedimento será instaurado perante o juízo ou o tribunal (*v.* CPC, art. 717 e parágrafos) no qual tramita o processo cujos autos desapareceram. Na petição inicial o requerente deve declarar o estado da causa à época do desaparecimento dos autos, instruindo-a com certidões dos atos constantes do protocolo de audiências do cartório perante o qual tenha corrido o processo, com as cópias das peças que se encontrem em seu poder e quaisquer outros documentos que facilitem a restauração.

A necessidade de apresentação desses documentos é evidente: por meio deles poderão ser comprovados a realização de audiência, o conteúdo de depoimentos colhidos em juízo, a expedição de ofícios, cartas precatórias etc.

Art. 714. A parte contrária será citada para contestar o pedido no prazo de 5 (cinco) dias, cabendo-lhe exibir as cópias, as contrafés e as reproduções dos atos e dos documentos que estiverem em seu poder.

§ 1º Se a parte concordar com a restauração, lavrar-se-á o auto que, assinado pelas partes e homologado pelo juiz, suprirá o processo desaparecido.

§ 2º Se a parte não contestar ou se a concordância for parcial, observar-se-á o procedimento comum.

▶ *Referência: CPC/1973 – Art. 1.065*

5. Citação e comportamento da parte contrária

Independentemente de quem seja o responsável pelo desaparecimento dos autos (parte, serventuário, representante do Ministério Público ou o próprio juiz) – e abstraídas as situações particulares anteriormente referidas –, ajuizada a ação por uma das partes a outra terá o prazo de cinco dias para ofertar contestação, igualmente cabendo-lhe exibir todas as cópias dos atos e documentos que se encontrem em seu poder.

Concordando com a restauração proposta, lavrar-se-á o respectivo auto, o qual, assinado pelas partes e homologado pelo juiz, suprirá o "processo desaparecido" (na dicção da lei), que, então, seguirá os seus termos nos autos restaurados. Não sendo ofertada contestação, ou sendo apenas parcial a concordância da parte contrária, nos pontos incontroversos o acordo suprirá os autos desaparecidos; relativamente aos controvertidos, o juiz determinará o prosseguimento do feito, objetivando a produção de provas, adotado, então, o procedimento comum (v. CPC, arts. 318 e ss.).

Art. 715. Se a perda dos autos tiver ocorrido depois da produção das provas em audiência, o juiz, se necessário, mandará repeti-las.

§ 1º Serão reinquiridas as mesmas testemunhas, que, em caso de impossibilidade, poderão ser substituídas de ofício ou a requerimento.

§ 2º Não havendo certidão ou cópia do laudo, far-se-á nova perícia, sempre que possível pelo mesmo perito.

§ 3º Não havendo certidão de documentos, esses serão reconstituídos mediante cópias ou, na falta dessas, pelos meios ordinários de prova.

§ 4º Os serventuários e os auxiliares da justiça não podem eximir-se de depor como testemunhas a respeito de atos que tenham praticado ou assistido.

§ 5º Se o juiz houver proferido sentença da qual ele próprio ou o escrivão possua cópia, esta será juntada aos autos e terá a mesma autoridade da original.

▶ *Referência: CPC/1973 – Art. 1.066*

6. Instrução probatória e julgamento

O desaparecimento dos autos pode ocorrer após a produção de provas em audiência. O juiz determinará a sua repetição, se necessário, com a reinquirição das mesmas testemunhas; sendo impossível a reinquirição, outras testemunhas serão ouvidas em audiência, em substituição às originais, por determinação judicial ou a requerimento da parte. Havendo necessidade, os serventuários e auxiliares da Justiça serão chamados a depor como testemunhas a respeito de atos processuais que tenham praticado ou assistido, assim colaborando na reconstituição.

Inexistindo certidão ou cópia do laudo pericial, será determinada a realização de nova perícia, preferencialmente pelo mesmo perito; inexistindo certidão de documentos, estes deverão ser reconstituídos por cópias ou, na falta delas, pelos meios ordinários de provas.

Finalmente, se a sentença foi proferida antes do desaparecimento dos autos, mas já está registrada, bastará extrair-se a certidão de interior teor do registro, que terá a mesma autoridade do original. Não havendo registro, a restauração poderá ser feita com a apresentação de cópia da sentença que se encontre em poder do juiz ou do escrivão, a qual, juntada aos autos, também terá a mesma autoridade do original. Inexistindo registro ou cópia da sentença em poder daquela autoridade ou de seu auxiliar, outra deverá ser proferida.

Em qualquer das situações aludidas a restauração será julgada por sentença (dotada de natureza declaratória), dela cabendo apelação com os efeitos devolutivo e suspensivo (v. art. 1.012).

> **Art. 716.** Julgada a restauração, seguirá o processo os seus termos.
>
> **Parágrafo único.** Aparecendo os autos originais, neles se prosseguirá, sendo-lhes apensados os autos da restauração.

▶ *Referência: CPC/1973 – Art. 1.067*

7. Prosseguimento do processo nos autos restaurados

Julgada a restauração, seguirá o processo os seus termos nos autos restaurados – que valerão como autos originais; se estes reaparecerem, neles se prosseguirá, com o apensamento daqueles.

> **Art. 717.** Se o desaparecimento dos autos tiver ocorrido no tribunal, o processo de restauração será distribuído, sempre que possível, ao relator do processo.
>
> **§ 1º** A restauração far-se-á no juízo de origem quanto aos atos nele realizados.
>
> **§ 2º** Remetidos os autos ao tribunal, nele completar-se-á a restauração e proceder-se-á ao julgamento.

▶ *Referência: CPC/1973 – Art. 1.068*

8. Restauração no tribunal

Dotados de competências originária e recursal, cabe aos tribunais processar e julgar as ações e os recursos que lhes são destinados.

Duas situações exigem atenção: se os autos desaparecidos ou destruídos se referiam a ação de competência originária do tribunal, neste será processada a restauração; lá se encontrando para julgamento de recurso, o relator expedirá carta de ordem determinando a restauração, no juízo de origem, dos atos que nele tenham sido praticados (CPC, art. 264). Cumprida a ordem e devolvida a carta ao tribunal, nele será completada e julgada a restauração, por acórdão, com o posterior julgamento do recurso pendente pela mesma turma julgadora.

Em qualquer desses casos a ação de restauração (ou, na equivocada redação do *caput*, o "processo de restauração") será distribuída, sempre que possível, ao relator que presidia o processamento da ação de competência originária do tribunal, ou àquele ao qual fora distribuído o recurso, obedecidos todos os requisitos já examinados no item anterior, citando-se a parte contrária para ofertar contestação, querendo (v. art. 714).

> **Art. 718.** Quem houver dado causa ao desaparecimento dos autos responderá pelas custas da restauração e pelos honorários de advogado, sem prejuízo da responsabilidade civil ou penal em que incorrer.

▶ *Referência: CPC/1973 – Art. 1.069*

9. Responsabilidade pela necessidade de restauração

O *desaparecimento dos autos*, no sentido amplo que lhe atribui o CPC em seu art. 712, pode resultar de *caso fortuito* (destruição dos autos físicos ou eletrônicos), de *conduta culposa* ou de *desvio doloso* (extravio ou subtração dos autos); dependendo da *causa determinante* da necessidade da restauração e havendo responsabilidade a ser apurada, esta será civil, criminal, processual e/ou funcional.

A título de *reparação civil* o culpado deverá ressarcir a parte prejudicada pelas perdas e danos que resultarem do desaparecimento dos autos e da necessidade de sua restauração (CC, arts. 186 e 927); a *responsabilidade criminal* será objeto

Art. 719

de apuração na esfera judicial competente (CP, art. 337); a *processual* consistirá no pagamento das custas e honorários advocatícios oriundos da restauração; a *funcional*, aplicável aos advogados, aos integrantes do Ministério Público, da Defensoria Pública e aos juízes, será aquela prevista na respectiva lei orgânica de cada uma dessas categorias profissionais.

CAPÍTULO XV
DOS PROCEDIMENTOS DE JURISDIÇÃO VOLUNTÁRIA

Seção I
Disposições gerais

> **Art. 719.** Quando este Código não estabelecer procedimento especial, regem os procedimentos de jurisdição voluntária as disposições constantes desta Seção.

▶ *Referência: CPC/1973 – Art. 1.103*

1. A denominada jurisdição voluntária

De acordo com a doutrina tradicional, entende-se por jurisdição voluntária a administração pública de interesses privados; como determinados atos jurídicos privados têm relevância não só para as pessoas neles diretamente interessadas, mas também para o Estado, este impõe, para sua validade e eficácia, a participação direta de um órgão judicial na sua realização. Por outras palavras, o Estado tutela, mediante a atividade administrativa desenvolvida pelo órgão judicial, direitos e interesses privados; não exerce função tipicamente jurisdicional, pois aquela exercida pelo juiz nos procedimentos de jurisdição voluntária não tem por escopo solucionar conflitos, mas permitir que determinados atos, resultantes da manifestação de vontade de particulares, tenham valor legal e possam produzir efeitos jurídicos.

Em suma, realiza-se a administração pública de interesses privados pela atuação do órgão judicial em relação a atos jurídicos que poderiam ser praticados, em princípio, pelos próprios interessados, sem necessidade da intervenção estatal. E, sempre de acordo com posição doutrinária já consolidada, há três espécies de órgãos executores dessa administração pública de interesses particulares: os *judiciais*, que a exercem mediante a denominada jurisdição voluntária (como se dá, por exemplo, com a separação consensual em juízo, a emancipação judicial etc.), os do *foro extrajudicial*, que exercem atividade igualmente similar à de jurisdição voluntária (*v.g.*, a separação consensual, por escritura pública, perante o notário) e os administrativos (arquivamento de contrato pela Junta Comercial, entre outros).

Como exemplo, enquanto a emancipação do incapaz autorizada por seu(s) genitor(es) resulta do exercício do poder familiar (CC, art. 1.630 e ss.) e não demanda atividade judicial (art. 5º, parágrafo único, I, 1ª parte), esta é indispensável quando o emancipando estiver sob tutela, pois ao tutor não é concedido o mesmo poder (idem, parte final, e CPC, art. 725, I).

Também no campo patrimonial há interesses a exigir a tutela estatal.

Assim, se é certo que as pessoas absolutamente capazes podem, em regra, alienar ou onerar livremente seus bens, o mesmo não sucede quando os titulares do direito de propriedade sejam incapazes, pois a alienação ou oneração de seus bens depende de autorização judicial (art. 725, inc. III).

Convém esclarecer, finalmente, que a existência dessas duas modalidades da jurisdição civil é questionada por segmento autorizado da doutrina, sob o argumento fundamental de que a denominada jurisdição voluntária também é atividade jurisdicional – e não meramente administrativa –, seja porque coincidentes os princípios que regem uma e outra dessas "jurisdições", seja porque idênticos os seus escopos sociais e políticos. (Por todos, Cândido Rangel Dinamarco, *Fundamentos do processo civil moderno*, 6. ed., São Paulo: Malheiros, 2010, nº 162, tomo I, p. 379-380).

Jurisprudência

"Recurso especial. Ação de cancelamento de gravames. Procedimento especial de jurisdição voluntária. Impenhorabilidade e incomunicabilidade. Doação. Morte do doador. Restrição do direito de propriedade. Interpretação do *caput* do artigo 1.911 do Código Civil de 2002. Insurgência da autora. Quaestio Iuris: Cinge-se a controvérsia em definir a interpretação jurídica a ser dada ao *caput* do art. 1.911 do Código Civil de 2002 diante da nítida limitação ao pleno direito de propriedade, para definir se a aposição da cláusula de impenhorabilidade e/

ou incomunicabilidade em ato de liberalidade importa automaticamente, ou não, na cláusula de inalienabilidade. 1. A exegese do *caput* do art. 1.911 do Código Civil de 2002 conduz ao entendimento de que: a) há possibilidade de imposição autônoma das cláusulas de inalienabilidade, impenhorabilidade e incomunicabilidade, a critério do doador/instituidor; b) uma vez aposto o gravame da inalienabilidade, pressupõe-se, ex vi lege, automaticamente, a impenhorabilidade e a incomunicabilidade; c) a inserção exclusiva da proibição de não penhorar e/ou não comunicar não gera a presunção do ônus da inalienabilidade; e d) a instituição autônoma da impenhorabilidade, por si só, não pressupõe a incomunicabilidade e vice-versa. 2. Caso concreto: deve ser acolhida a pretensão recursal veiculada no apelo extremo para, julgando procedente o pedido inicial, autorizar o cancelamento dos gravames, considerando que não há que se falar em inalienabilidade do imóvel gravado exclusivamente com as cláusulas de impenhorabilidade e incomunicabilidade. 3. Recurso especial provido" (REsp 1.155.547/MG, Rel. Min. Marco Buzzi, 4ª Turma, j. 06.11.2018, *DJe* 09.11.2018).

"Civil. Processual civil. Procedimento de jurisdição voluntária de confirmação de testamento. Flexibilização das formalidades exigidas em testamento particular. Possibilidade. Critérios. Vícios menos graves, puramente formais e que não atingem a substância do ato de disposição. Leitura do testamento na presença de testemunhas em número inferior ao mínimo legal. Inexistência de vício grave apto a invalidar o testamento. Ausência, ademais, de dúvidas acerca da capacidade civil do testador ou de sua vontade de dispor. Flexibilização admissível. Divergência jurisprudencial. Ausência de cotejo analítico. 1 – Ação distribuída em 22/04/2014. Recurso especial interposto em 08/07/2015 e atribuídos à Relatora em 15/09/2016. 2 – O propósito recursal é definir se o vício formal consubstanciado na leitura do testamento particular apenas a duas testemunhas é suficiente para invalidá-lo diante da regra legal que determina que a leitura ocorra, ao menos, na presença de três testemunhas. 3 – A jurisprudência desta Corte se consolidou no sentido de que, para preservar a vontade do testador, são admissíveis determinadas flexibilizações nas formalidades legais exigidas para a validade do testamento particular, a depender da gravidade do vício de que padece o ato de disposição. Precedentes. 4 – São suscetíveis de superação os vícios de menor gravidade, que podem ser denominados de puramente formais e que se relacionam essencialmente com aspectos externos do testamento particular, ao passo que vícios de maior gravidade, que podem ser chamados de formais-materiais porque transcendem a forma do ato e contaminam o seu próprio conteúdo, acarretam a invalidade do testamento lavrado sem a observância das formalidades que servem para conferir exatidão à vontade do testador. 5 – Na hipótese, o vício que impediu a confirmação do testamento consiste apenas no fato de que a declaração de vontade da testadora não foi realizada na presença de três, mas, sim, de somente duas testemunhas, espécie de vício puramente formal incapaz de, por si só, invalidar o testamento, especialmente quando inexistentes dúvidas ou questionamentos relacionados à capacidade civil do testador, nem tampouco sobre a sua real vontade de dispor dos seus bens na forma constante no documento. 6 – A ausência de cotejo analítico entre o acórdão recorrido e os julgados colacionados como paradigma impede o conhecimento do recurso especial interposto pela divergência jurisprudencial. 7 – Recurso especial parcialmente conhecido e, nessa extensão, provido" (REsp 1.583.314/MG, Rel. Min. Nancy Andrighi, 3ª Turma, j. 21.08.2018, *DJe* 23.08.2018).

"Agravo interno no agravo em recurso especial. Ação de retificação de registro. Jurisdição voluntária. Princípio da instrumentalidade das formas. Intimação dos herdeiros. Possibilidade de conversão em jurisdição contenciosa. Agravo provido. 1. A agravante ajuizou a presente ação de retificação de registro imobiliário, sustentando que adquiriu apenas parte do imóvel registrado integralmente em seu nome, de modo que o registro não reflete a real propriedade do bem. Não pretende a aquisição de propriedade, mas, ao contrário, que conste do respectivo registro apenas a parcela do imóvel efetivamente adquirida. 2. Diante do falecimento dos vendedores, não há óbice à intimação dos herdeiros para que se manifestem a respeito do pleito de retificação. Caso estes se oponham à retificação do registro, não há impedimento à conversão do procedimento de jurisdição voluntária em jurisdição contenciosa, em salvaguarda do princípio da instrumentalidade das formas. 3. Agravo interno provido para conhecer do agravo e dar provimento ao recurso especial" (AgInt no

AREsp 950.790/SP, Rel. Min. Lázaro Guimarães (Desembargador convocado do TRF 5ª Região), 4ª Turma, j. 14.08.2018, *DJe* 21.08.2018).

"Processual civil. Recurso especial. Recurso interposto sob a égide do CPC/73. Inventário. Habilitação de crédito. Procedimento de jurisdição voluntária. Discordância dos herdeiros. Remessa às vias ordinárias com reserva de bens. Discussão sobre os ônus sucumbenciais. Ocorrência de sucumbência recíproca. Recurso especial provido. 1. Inaplicabilidade das disposições do NCPC, no que se refere aos requisitos de admissibilidade do recurso especial ao caso concreto, ante os termos do Enunciado Administrativo nº 2 aprovado pelo Plenário do STJ na sessão de 9/3/2016: Aos recursos interpostos com fundamento no CPC/1973 (relativos a decisões publicadas até 17 de março de 2016) devem ser exigidos os requisitos de admissibilidade na forma nele prevista, com as interpretações dadas até então pela jurisprudência do Superior Tribunal de Justiça. 2. Esta Corte Superior já proclamou que em procedimento de jurisdição voluntária, a existência de litigiosidade excepciona a regra de não cabimento de condenação em honorários advocatícios. Precedentes. 3. Havendo resistência dos herdeiros, a rejeição do pedido de habilitação de crédito em inventário enseja a condenação do habilitante em honorários. Contudo, havendo também determinação de reserva de bens e de remessa do feito às vias ordinárias, em razão da existência de documentos suficientes para comprovar o crédito, deve-se concluir que houve sucumbência recíproca, donde decorre a compensação da verba honorária e divisão das custas processuais entre os litigantes. 4. Recurso especial provido" (REsp 1.431.036/SP, Rel. Min. Moura Ribeiro, 3ª Turma, j. 17.04.2018, *DJe* 24.04.2018).

"Recurso especial. Testamento particular. Confirmação. Requisitos essenciais. Assinatura de três testemunhas idôneas. Leitura e assinatura na presença das testemunhas. Inobservância. Abrandamento. Impossibilidade. Vontade do testador. Controvérsia. Reexame de provas. Inviabilidade. Súmula nº 7/STJ. 1. Recurso especial interposto contra acórdão publicado na vigência do Código de Processo Civil de 1973 (Enunciados Administrativos nºs 2 e 3/STJ). 2. Cuida-se de procedimento especial de jurisdição voluntária consubstanciado em pedido de confirmação de testamento particular. 3. Cinge-se a controvér-

sia a determinar se pode subsistir o testamento particular de próprio punho formalizado sem todos os requisitos exigidos pela legislação de regência, no caso, a assinatura de pelo menos três testemunhas idôneas, a leitura e a assinatura do documento pelo testador perante as testemunhas e o registro do ato em cartório conforme expressamente constante do ato. 4. A jurisprudência desta eg. Corte Superior entende que, na elaboração de testamento particular, é possível sejam flexibilizadas as formalidades prescritas em lei na hipótese em que o documento foi assinado por testador e por testemunhas idôneas. 5. Inexistência de circunstância emergencial que nos termos do art.1.879 do CC/2002 autorize seja confirmado pelo juiz o testamento particular realizado de próprio punho pelo testador sem a presença de testemunhas. 6. No caso em apreço, o Tribunal de origem, à luz da prova dos autos, concluiu que a verdadeira intenção do testador revela-se passível de questionamentos, não sendo possível, portanto, concluir, de modo seguro, que o testamento exprime a real vontade do testador. 7. Recurso especial não provido" (REsp 1.639.021/SP, Rel. Min. Ricardo Villas Bôas Cueva, 3ª Turma, j. 24.10.2017, *DJe* 30.10.2017).

"Agravo interno no recurso ordinário em mandado de segurança. Nulidade dos atos processuais. Ausência de intimação do recorrente para ingresso em feito de procedimento de jurisdição voluntária. Não configuração de real prejuízo. 1. O agravante requer seja reconhecida nulidade dos atos processuais praticados em ação de avaliação de rendas prevista no Código de Mineração, que segue rito de jurisdição voluntária, contudo não se desincumbiu do dever de demonstrar o modo pelo qual a ausência de intimação para integrar a lide teria causado real prejuízo à sua defesa, máxime quando já integrado à lide e já tendo apresentado contestação. 2. Com efeito, o Tribunal de origem consignou que: '(...) desnecessária a anulação dos atos processuais praticados antes da impetração do presente mandado de segurança, visto que não havia sido proferido qualquer ato de cunho decisório e, ademais, o ora Impetrante já compareceu àqueles autos apresentando suas impugnações, cujo mérito será apreciado pelo Juízo *a quo*' (fl. 396). 3. No caso concreto, a ausência de 'citação' (deveria ser intimação, pois se trata de processo de jurisdição voluntária), posteriormente deferida em sede de liminar nestes autos, não tem o condão de acarretar a decretação de nulidade de atos processuais, pois depende da efetiva demonstração de prejuízo à parte interessada, em face do princípio *pas de nullité sans grief*, sendo que, no caso, o recorrente limitou-se a alegar o erro de procedimento do Juízo, sem apontar nenhum dano concreto advindo desta conduta. 4. Agravo interno não provido" (AgInt no RMS 50.573/TO, Rel. Min. Luis Felipe Salomão, 4ª Turma, j. 12.09.2017, *DJe* 15.09.2017).

"Direito processual civil. Recurso especial. Ação de autorização judicial para alienação de imóvel. Procedimento de jurisdição voluntária. Reconvenção. Pretensão resistida configurada. Lide. Jurisdição contenciosa. 1. Ação ajuizada em 21/09/2007. Recurso especial concluso ao gabinete em 05/09/2016. Julgamento: CPC/73. 2. O propósito recursal é definir se é cabível a reconvenção na presente ação de autorização judicial para alienação de imóvel comum. 3. A presente ação, não obstante ajuizada com lastro em dispositivos legais que dispõem acerca de procedimento especial de jurisdição voluntária, converteu-se em processo de jurisdição contenciosa, constatada com o oferecimento de contestação e reconvenção, realização de audiência de conciliação, bem como de provas periciais para a avaliação do imóvel. 4. Inegável a transmutação do procedimento especial de jurisdição voluntária em verdadeiro processo de jurisdição contenciosa, motivo pelo qual a ele devem ser aplicados os seus princípios, admitindo-se a reconvenção apresentada. 5. Recurso especial conhecido e não provido" (REsp 1.453.193/DF, Rel. Min. Nancy Andrighi, 3ª Turma, j. 15.08.2017, *DJe* 22.08.2017).

"Recurso especial. Processual civil. Direito de família. Registro civil. Art. 2º da Lei nº 8.560/1992. Averiguação oficiosa de paternidade. Procedimento administrativo. Jurisdição voluntária. Anuência da genitora. Ausência. Extinção. Possibilidade. Via judicial. 1. O procedimento de averiguação oficiosa de paternidade previsto na Lei nº 8.560/1992 não constitui condição para a propositura de ação judicial de investigação de paternidade por versar procedimento administrativo de jurisdição voluntária. 2. A lei prevê categoricamente, em seu art. 2º, que o oficial deve remeter ao juízo de registros públicos a certidão de nascimento de menor na qual conste apenas informações acerca da sua maternidade. 3. A averiguação oficiosa não está condicionada a infor-

mações da genitora, podendo o juízo extinguir o rito previsto no art. 2º, § 1º, da Lei nº 8.560/1992 por ausência de provas, remanescendo incólume a via judicial da investigação de paternidade. 4. Recurso especial não provido" (REsp 1.376.753/SC, Rel. Min. Ricardo Villas Bôas Cueva, 3ª Turma, j. 01.12.2016, *DJe* 19.12.2016).

> **Art. 720.** O procedimento terá início por provocação do interessado, do Ministério Público ou da Defensoria Pública, cabendo-lhes formular o pedido devidamente instruído com os documentos necessários e com a indicação da providência judicial.

▶ *Referência: CPC/1973 – Art. 1.104*

1. O procedimento padrão de jurisdição voluntária

A doutrina reconhece três categorias de atos de jurisdição voluntária: os *meramente receptivos*, os *simplesmente certificantes* e os *pronunciamentos judiciais propriamente ditos*.

Diz-se que o ato é receptivo quando o juiz apenas recebe alguma coisa, como ocorre, por exemplo, ao receber e dar publicidade ao testamento particular, para que possa valer no inventário a ser posteriormente instaurado (CC, art. 1.877). Certificante é o ato pelo qual ele confere autenticidade a alguma coisa (*v.g.*, ao lançar seu "visto" em balanços mercantis); finalmente, são pronunciamentos propriamente ditos os atos judiciais praticados nos procedimentos de jurisdição voluntária.

No Título II de seu Livro IV o CPC regula esses procedimentos, dedicando os arts. 726 a 770 aos *nominados* ou *típicos* e disciplinando, nos arts. 719 a 725, o *procedimento-padrão*, *inominado*, que se passa a examinar.

2.1 Legitimidade ativa

Em seu art. 2º, o CPC também consagra os princípios da iniciativa da parte e da inércia da jurisdição, ao dispor que somente será prestada a tutela jurisdicional se e quando a parte, ou o interessado, a requerer, nos casos e formas legais, vedado ao juiz proceder de ofício (*ne procedat judex ex officio*), salvo as exceções previstas em lei.

Esses dois princípios também são atendidos nos procedimentos de jurisdição voluntária, ressalvadas as situações em que o próprio juiz

Art. 720

ordena a prática de atos necessários à preservação de direitos, como *(a)* a alienação de bens depositados judicialmente, quando sejam de fácil deterioração, estejam avariados ou exijam grandes despesas para a sua guarda (CPC, art. 730), *(b)* a arrecadação de bens da herança jacente (art. 738), de bens de ausentes (art. 744) ou de coisas vagas (art. 746) e *(c)* a suspensão de tutor ou curador (art. 762). Normalmente, porém, o procedimento-padrão de jurisdição voluntária terá início com a formulação de pedido pelo interessado, pelo órgão do Ministério Público ou da Defensoria Pública, devidamente instruído com os documentos necessários e com a indicação da providência judicial pretendida (art. 720).

Interessado, na terminologia adotada pelo Código, é a pessoa que ostenta legitimidade e interesse para requerer a providência judicial, condições que deverão estar evidenciadas já no momento de ingresso em juízo da ação (art. 17), sob pena de indeferimento liminar da petição inicial (art. 330, II e III).

2.2 Legitimidade passiva

São passivamente legitimadas as pessoas em face ou em favor das quais é pretendida a providência judicial, devendo ser citadas para, sendo o caso, impugnar a medida judicial pretendida pelo requerente (CPC, art. 721).

3. Atuação do Ministério Público

Com suas linhas mestras estabelecidas pelos arts. 127 a 130 da Constituição Federal, o Ministério Público é instituição permanente e essencial à função jurisdicional do Estado, incumbindo-lhe a defesa da ordem jurídica, do regime democrático e dos interesses sociais e individuais indisponíveis (art. 1º da LONMP). Além das importantes funções que exerce no processo criminal, o Ministério Público tem ainda relevantíssima participação no processo civil, quer como órgão agente, quer como órgão interveniente, ou fiscal da ordem jurídica (*custos legis*).

3.1 Órgão agente

A lei confere legitimidade ao Ministério Público para promover determinadas ações ou requerer determinadas medidas judiciais, como a de nulidade de casamento (CC, art. 1.549), de inventário (CPC, art. 616, VII), de interdição (art. 747, IV), rescisória (art. 967, III), de restauração

de autos (art. 712), remoção do tutor ou curador (art. 761), extinção de fundação (art. 765), entre outras (v. art. 720).

3.2 Órgão interveniente

Na qualidade de órgão interveniente, ou *fiscal da ordem jurídica*, o Ministério Público deve participar, sob pena de nulidade, *(a)* em todos os feitos em que haja interesse de incapaz, qualquer que seja a posição que este ocupe no processo ou no procedimento (CPC, art. 178, II c/c art. 279 – v. art. 698), *(b)* nos processos possessórios com litisconsórcio passivo multitudinário (art. 554, § 1º) ou nos litígios coletivos sobre a posse ou propriedade de imóvel (art. 565, §§ 2º e 5º), no inventário (art. 626, *caput*), no incidente de alteração do regime de bens do casamento (art. 734, § 1º), no cumprimento de disposições testamentárias (art. 735, § 2º), na arrecadação de herança jacente (art. 739, § 1º, I) ou de bens de ausentes (art. 745, § 4º) e na interdição, quando não for o requerente (art. 752, § 1º).

Também deve intervir nos feitos em que há interesse público ou social (CPC, art. 178, I), como são os que envolvam litígios coletivos pela posse da terra rural ou nos quais esses interesses estejam evidenciados pela natureza da causa (idem, inc. III), como ocorre na ação popular (LAP, art. 6º, § 4º) e no mandado de segurança (LMS, art. 12), entre outros.

3.3 Prerrogativas processuais do Ministério Público

Oficiando em qualquer das posições examinadas, o Ministério Público goza das seguintes prerrogativas legais: *(a)* isenção das despesas processuais (arts. 91 e 1.007, § 1º); *(b)* prazo em dobro para manifestar-se nos autos, com termo inicial a partir de sua intimação pessoal, exceto quando se tratar de prazo próprio (art. 180 e § 2º) e *(d)* legitimidade e interesse recursais (art. 996).

Intervindo como fiscal da ordem jurídica, terá vista dos autos depois das partes, sendo intimado para todos os atos do processo (art. 179, I), podendo produzir provas, requerer medidas processuais que sejam pertinentes com sua atuação e recorrer (inc. II).

3.4 Deveres processuais do Ministério Público

Atuando no processo ou no procedimento como órgão agente ou interveniente, ao representante do *Parquet* são previstos determinados deveres, como o da urbanidade processual (CPC, art. 78), inclusive com responsabilização pessoal em caso de descumprimento, como, por exemplo, o pagamento das despesas de atos adiados ou que devem ser repetidos, quando der causa ao adiamento ou à repetição (art. 93) e a imposição de multa, pela não observância de prazos processuais (art. 234).

4. Atuação da Defensoria Pública

Instituição essencial à função jurisdicional do Estado, incumbe à Defensoria Pública prestar assistência jurídica integral e gratuita, em todos os graus, aos que comprovarem insuficiência de recursos (CF, art. 134 – v., ainda, LC 80/1994).

4.1 Funções processuais da Defensoria Pública

Na esfera do processo civil compete ao Defensor Público *(i)* exercer a curatela especial tanto dos incapazes que não tenham representante legal ou, tendo, seus interesses forem colidentes, quanto do réu preso revel e do réu fictamente citado (art. 72, II e parágrafo único), *(ii)* prestar a orientação jurídica, promover os direitos humanos e defender os direitos individuais e coletivos dos necessitados, em todos os graus, de forma integral e gratuita (art. 185), *(iii)* intervir nos processos possessórios com litisconsórcio passivo multitudinário, se entre os litisconsortes houver pessoas em situação de hipossuficiência econômica (art. 554, § 1º) e nos litígios coletivos sobre posse e propriedade, se houver parte beneficiária da assistência judiciária gratuita (art. 565, § 2º), *(iv)* propor ações ou requerer medidas em favor de incapazes em procedimentos de jurisdição voluntária (art. 720).

4.2 Prerrogativas processuais da Defensoria Pública

No exercício de suas funções a Defensoria Pública goza de isenção de custas processuais (art. 91) e de prazo em dobro para suas manifestações no processo, computado a partir da intimação pessoal de seu membro oficiante (art. 186 e § 1º), salvo quando se tratar de prazo próprio expressamente estabelecido pela lei (§ 4º).

4.3 Deveres processuais da Defensoria Pública

Os Defensores Públicos estão sujeitos aos mesmos deveres e à mesma responsabilidade

pessoal previstos para os membros do Ministério Público.

> **Art. 721.** Serão citados todos os interessados, bem como intimado o Ministério Público, nos casos do art. 178, para que se manifestem, querendo, no prazo de 15 (quinze) dias.

▶ *Referência: CPC/1973 – Arts. 1.105 a 1.107*

1. Citação e manifestação dos interessados

Citados os interessados – e intimado o Ministério Público nos casos em que lhe caiba intervir como fiscal da ordem jurídica –, poderão manifestar-se sobre o pedido formulado, no prazo de quinze dias. Sendo o caso, poderá qualquer dos interessados, ou o representante do Ministério Público, arguir o impedimento ou a suspeição do juiz que preside o feito (art. 146).

Diversamente do disposto no art. 1.105 do CPC/1973, em seu art. 721 o CPC não contempla a nulidade decorrente da falta de intimação do Ministério Público, devendo observar-se a previsão de seu art. 279 e seus parágrafos, com a invalidação dos atos praticados a partir do momento em que deveria ter ocorrido a intimação, se e quando, instado a manifestar-se, o representante do *Parquet* indicar a existência de prejuízo decorrente de sua não atuação; caso contrário, serão preservados os atos já praticados.

2. Ônus da prova

Também em relação aos participantes dos procedimentos de jurisdição voluntária há a distribuição do ônus subjetivo da prova, incumbindo ao requerente provar os fatos alegados na petição inicial e que suportam o seu pedido e, ao requerido, provar a existência de fato impeditivo, modificativo ou extintivo (CPC, art. 373).

> **Art. 722.** A Fazenda Pública será sempre ouvida nos casos em que tiver interesse.

▶ *Referência: CPC/1973 – Art. 1.108*

1. A intervenção da Fazenda Pública

A Fazenda Pública será intimada a intervir em todos os procedimentos em que esteja evidenciado o seu interesse no resultado da causa.

Em alguns deles poderá ocorrer a transferência de bens – o que representa fato imponível

Art. 723

tributário –, a justificar a intervenção do fisco, com o fito de garantir a realização e integralidade da arrecadação de tributos, como ocorre, por exemplo, na separação consensual com partilha dos bens do casal. Em outros, a intervenção é motivada pela possibilidade de determinados bens virem a ser incorporados ao patrimônio público, como na arrecadação de bens da herança jacente, de bens de ausentes ou de coisas vagas.

> **Art. 723.** O juiz decidirá o pedido no prazo de 10 (dez) dias.
> **Parágrafo único.** O juiz não é obrigado a observar critério de legalidade estrita, podendo adotar em cada caso a solução que considerar mais conveniente ou oportuna.

▶ *Referência: CPC/1973 – Art. 1.109*

1. Decisão nos procedimentos de jurisdição voluntária

Formulado o pedido, impugnado ou não pelo interessado ou pelo Ministério Público e produzidas as provas cabíveis, o juiz decidirá no prazo de dez dias, proferindo sentença; como não está obrigado a observar rigorosamente o critério da legalidade estrita, ele poderá adotar, à luz das especificidades do caso concreto, a solução que repute mais adequada para a proteção do interesse em jogo. Mas, é evidente, essa liberdade de julgamento não autoriza o juiz a agir discricionariamente, pois o princípio da legalidade, inerente ao devido processo legal, impõe-lhe o irrestrito respeito aos princípios da igualdade, da legalidade e, principalmente, da supremacia da Constituição.

Portanto, também nos procedimentos de jurisdição voluntária cumpre à autoridade judicial, ao fundamentar sua decisão, observar a norma de direito aplicável ao caso concreto; contudo, levando em consideração as peculiaridades de cada caso, poderá agir, para o fiel cumprimento de seu mister, de acordo com critérios de conveniência e oportunidade, sem que com isso se queira dizer possa ser arbitrário, mas, sim, que poderá decidir por equidade (CPC, art. 140, parágrafo único). Em outras palavras, ao permitir-lhe investigar livremente os fatos, adotando a solução que reputar mais conveniente e oportuna, visa a lei tornar possível, à luz de cada caso concreto, a exata e justa administração dos interesses em jogo. Afinal, o parágrafo do art. 723

não contém regra atributiva de vantagem ao juiz: antes, representa instrumento de segurança colocado à disposição dos interessados, pois lhes assegura a obtenção de solução mais adequada e conveniente aos pedidos que venham a formular em juízo.

> **Art. 724.** Da sentença caberá apelação.

▶ *Referência: CPC/1973 – Art. 1.110*

1. Recurso

Reiterando o enunciado do art. 1.110 do CPC/1973, o novo diploma processual prevê o cabimento de apelação às sentenças proferidas em procedimentos de jurisdição voluntária (art. 724).

Considerando, de um lado, que na dicção do § 1º de seu art. 203 a "sentença é o pronunciamento por meio do qual o juiz, com fundamento nos arts. 485 e 487, põe fim à fase cognitiva do procedimento comum, bem como extingue a execução" e, de outro, que o procedimento padrão sob exame também se aplica a atos meramente receptivos e simplesmente certificantes, nem sempre haverá fase cognitiva no procedimento, a culminar com uma sentença, como ocorre nos casos de notificação e interpelação (art. 729) e na expedição de alvarás (art. 725, VII), entre outros.

Consequentemente, o art. 724 terá incidência apenas naqueles procedimentos de jurisdição voluntária propriamente ditos, como os destinados, por exemplo, ao divórcio ou separação consensuais, à interdição do incapaz, à tutela e curatela. Nos demais, o "ato final" do procedimento corresponderá a uma decisão (art. 203, § 2º), a ser impugnada pelas vias acessíveis ao interessado (*v.g.*, ação anulatória), pois incabível o agravo de instrumento.

> **Art. 725.** Processar-se-á na forma estabelecida nesta Seção o pedido de:
>
> I – emancipação;
>
> II – sub-rogação;
>
> III – alienação, arrendamento ou oneração de bens de crianças ou adolescentes, de órfãos e de interditos;
>
> IV – alienação, locação e administração da coisa comum;
>
> V – alienação de quinhão em coisa comum;

> **VI** – extinção de usufruto, quando não decorrer da morte do usufrutuário, do termo da sua duração ou da consolidação, e de fideicomisso, quando decorrer de renúncia ou quando ocorrer antes do evento que caracterizar a condição resolutória;
>
> **VII** – expedição de alvará judicial;
>
> **VIII** – homologação de autocomposição extrajudicial, de qualquer natureza ou valor.
>
> **Parágrafo único.** As normas desta Seção aplicam-se, no que couber, aos procedimentos regulados nas seções seguintes.

▶ *Referência: CPC/1973 – Art. 1.112*

1. Hipóteses de adoção do procedimento--padrão

Em seu art. 725 o novo diploma processual civil indica as hipóteses de adoção do procedimento padrão de jurisdição voluntária, com a inclusão de duas não previstas no art. 1.112 do CPC/1973: a expedição de alvará judicial e a homologação de autocomposição extrajudicial, de qualquer natureza ou valor.

1.1. Emancipação

As pessoas incapazes por menoridade (ou "defeito de idade") adquirem a plena capacidade ao completarem 18 anos de idade ou forem emancipadas (CC, art. 5º, parágrafo único). Essa emancipação, modo de aquisição da capacidade plena antes de o incapaz atingir a idade mínima, pode ser *voluntária*, *judicial* ou *por disposição legal*.

Dá-se a emancipação voluntária por concessão dos pais, mediante escritura a ser levada a registro no livro próprio (CC, art. 5º, parágrafo único, I, e LRP, arts. 89 a 91). A emancipação legal opera-se quando o incapaz contrai matrimônio, assume o exercício de emprego público efetivo, cola grau universitário ou se estabelece, civil ou comercialmente, ou mantém relação de emprego, com economia própria (art. 5º, parágrafo único, II a V). Finalmente, dá-se a emancipação judicial pela emancipação, pelo tutor, do tutelado que já tenha 16 anos completos (art. 5º, parágrafo único, I, parte final).

Os pais, por exercerem poder familiar sobre os filhos menores, podem emancipá-los livremente; já os tutores não exercem esse poder sobre seus pupilos e dependem de pronunciamento judicial, portanto, para sua emancipação. Pretendendo emancipar o pupilo, o tutor deverá formular pedido nesse sentido, provando que o menor conta com pelo menos 16 anos de idade e possui discernimento suficiente para reger sua pessoa e seus bens. Ouvido previamente o órgão do Ministério Público, o juiz proferirá sentença, devendo o interessado levá-la a registro, sem o qual a emancipação é ineficaz (LRP, art. 91, parágrafo único).

1.2. Sub-rogação

Os bens recebidos por herança podem ser gravados com o ônus da inalienabilidade, vitalícia ou temporária, ficando o herdeiro testamentário impedido de aliená-los (CC, art. 1.848).

Sucede que nos casos de desapropriação do bem gravado, de execução por dívidas fiscais a ele relativas, de sua destruição em caso de sinistro ou, ainda, de sub-rogação do vínculo pelo próprio interessado, a inalienabilidade transmite-se (sub-roga-se) ao bem posteriormente adquirido, ou ao próprio bem vinculado, isto se o juiz não entender, como melhor solução, no primeiro caso, a aplicação do dinheiro em conta de poupança ou na aquisição de títulos (CC, art. 1.911).

Então, se o bem clausulado de inalienabilidade não mais pertence ao proprietário em razão de desapropriação, de execução, de sinistro ou de alienação, ou, ainda pertencendo, ele pretender a transmissão do vínculo a outro bem, competirá ao juiz, ouvido previamente o órgão do Ministério Público, aprovar (ou não, dependendo do caso) a aquisição de novo bem com o produto da indenização, do prêmio do seguro ou da alienação, bem como a transferência do vínculo do bem clausulado ao outro. Consequentemente, sub-roga-se por sentença a inalienabilidade ao novo bem, no primeiro caso, da mesma forma que se transmite o vínculo, no segundo.

1.3. Alienação, arrendamento ou oneração de bens de crianças ou adolescentes, de órfãos e de interditos

No inc. III de seu art. 1.112 o CPC/1973 determinava a adoção do procedimento sob exame para a alienação, arrendamento ou oneração de bens dotais, de menores, de órfãos e de interditos, situações que não foram integralmente recepcionadas pelo CPC no mesmo inciso de seu art. 725.

Art. 725

A ausência de menção a bens dotais explica-se pela não adoção, pelo Código Civil, dessa modalidade de regime matrimonial de bens, prevista no diploma civil de 1916 e ainda existente à época da edição do CPC, em 1973. Por sua vez, a substituição do vocábulo *menores* pela expressão *crianças ou adolescentes* resulta da circunstância de o ECA, editado em 1990, ao qualificar como criança a pessoa até doze anos de idade incompletos e, adolescente, aquela entre doze e dezoito anos de idade (art. 2º) – pessoas já consideradas absoluta ou relativamente incapazes pela lei (CC, arts. 3º e 4º, I). Quanto ao órfão, referido em ambos os diplomas, entenda-se como sendo o *menor* ou o *adolescente* que, em razão do falecimento dos pais, esteja sujeito à tutela, pois inadmissível, por óbvio, a exigência de procedimento judicial para a alienação, arrendamento ou oneração de órfão dotado de plena capacidade civil.

Em suma, se os atos jurídicos indicados no inciso III do art. 725 têm por objeto bens de pessoas civilmente incapazes – e merecedoras, por isso mesmo, de especial atenção do Estado –, sua válida formalização dependerá de autorização judicial, com a prévia intimação do Ministério Público para opinar sobre a conveniência e oportunidade do ato de alienação, arrendamento ou oneração do bem e fiscalizar, sendo o caso, o seu posterior cumprimento.

Registra-se, finalmente, que essa alienação é a denominada *autônoma*, inconfundível com a *incidental*, regulada pelos arts. 730 do CPC, valendo o mesmo registro para as outras duas modalidades de alienações a seguir examinadas nos itens 1.4 e 1.5.

1.4. Alienação, locação e administração da coisa comum

Se o bem condominial é indivisível – ou se tornará, em virtude da divisão, impróprio à sua finalidade – e há desacordo entre os condôminos acerca de sua destinação, ou não é possível o uso e gozo em comum, eles resolverão se ele deverá ser alienado, locado ou administrado. Deliberando a maioria absoluta dos condôminos sobre a administração do bem comum, o administrador será escolhido pelos majoritários, podendo até mesmo ser pessoa estranha ao condomínio; não sendo possível alcançar a maioria absoluta, daí, sim, haverá a necessidade de decisão judicial, com a instauração do procedimento, a requerimento de qualquer dos condôminos, citados os demais. Serão essas, também, as providências a serem adotadas quando a maioria dos condôminos resolver alienar ou locar o bem, mas não se atingir a maioria absoluta na deliberação (CC, arts. 1.322 e 1.323 a 1.326).

Essa maioria absoluta será apurada não com base na quantidade de condôminos, mas pelo valor dos quinhões (CC, art. 1.325, *caput*), de modo que um dos coproprietários poderá, sozinho, representar a maioria absoluta, assim prevalecendo sua deliberação sobre os demais. Como a expressão *maioria absoluta* representa um número fixo, ela pode resultar das fórmulas *metade + um* (quando a quantidade de condôminos ou de quinhões representar um número par), ou *metade + um inteiro* (sendo ímpar). Assim, se um condomínio é integrado por dez quinhões e um condômino é titular de direito sobre seis deles, haverá maioria absoluta; mas se são onze os quinhões, não mais.

1.5. Alienação de quinhão em coisa comum

Em seu art. 504 o CC estabelece que o condômino em coisa indivisível não pode vender a sua parte a estranho, se outro condômino a quiser pelo mesmo preço e condições. Não sendo dado conhecimento dessa venda a qualquer dos condôminos, aquele que tenha interesse na aquisição poderá, formulando requerimento no prazo decadencial de 180 dias, depositar o preço e haver para si o quinhão vendido ao estranho.

Sendo muitos os condôminos pretendentes, a preferência é daquele que possuir benfeitorias mais valiosas no bem comum; na falta de benfeitorias, o titular do maior quinhão. Inexistindo benfeitorias e sendo os quinhões idênticos, haverão a parte vendida a terceiro os condôminos que a quiserem, depositando previamente o preço (art. 504, parágrafo único). Então, se um dos condôminos pretender alienar seu quinhão a terceiro, requererá ao juiz, por meio do procedimento em pauta, a necessária autorização. Citados os demais condôminos e não havendo oposição, o juiz deferirá a alienação ao terceiro; opondo-se qualquer dos condôminos, aquele que pretender para si o quinhão depositará o preço, decidindo em seguida o juiz.

1.6. Extinção de usufruto e de fideicomisso

Prevê o CPC, por derradeiro, a necessidade de procedimento especial para a extinção de usufruto e de fideicomisso (art. 1.112, VI).

1.6.1. Usufruto

Extingue-se o usufruto na ocorrência de qualquer das hipóteses previstas no art. 1.410 do Código Civil, quais sejam, *(a)* pela morte do usufrutuário, salvo se, constituído o usufruto em favor de duas ou mais pessoas, o quinhão do morto couber, por estipulação expressa, ao sobrevivente (art. 1.411); *(b)* pelo advento do termo de sua duração; *(c)* pela consolidação, ou seja, incorporação, na mesma pessoa, da qualidade de nu-proprietário e de usufrutuário; *(d)* pela cessação da causa de que se originou, como ocorre quando cessa o poder familiar e o genitor perde a qualidade de usufrutuário; *(e)* pela destruição da coisa dada em usufruto, quando infungível; *(f)* pela prescrição, isto é, pelo não exercício do usufruto durante o lapso de tempo previsto no art. 205 da lei civil; e *(g)* por culpa do usufrutuário, quando aliena, deteriora ou deixa arruinar o bem. No entanto, somente haverá necessidade de decisão judicial extinguindo esse direito real nas situações acima enunciadas nos itens *d* a *g*; nos demais casos, bastará ao nu-proprietário, comprovando a morte do usufrutuário com a apresentação do atestado específico, requerer o cancelamento diretamente no cartório de registro imobiliário, procedendo da mesma forma nas duas outras causas de extinção do usufruto, mediante a comprovação documental seja do advento do termo de duração do usufruto, seja da consolidação – caso em que a iniciativa caberá ao até então usufrutuário, se adquiriu a nua-propriedade.

Na ocorrência das situações apontadas (com as três ressalvas já feitas), compete ao nu-proprietário, provando sua qualidade e o fato extintivo, requerer ao juiz que declare por sentença a extinção do usufruto, registrando-a, quando for o caso, no cartório imobiliário onde está matriculado o bem imóvel.

1.6.2. Fideicomisso

Ato pelo qual o testador (*fideicomitente*) institui herdeiro ou legatário (*fiduciário*), que recebe a propriedade resolúvel da herança ou do legado (CC, art. 1.953, *caput* – v. arts. 1.359 e 1.360), estabelecendo que, com a morte do fiduciário, a certo tempo ou sob certa condição, a herança ou o bem legado será transmitido a outra pessoa, o *fideicomissário* (art. 1.951).

O fideicomisso será extinto *(a)* se o bem deixado por herança ou legado for destruído; *(b)* se o fideicomissário renunciar à herança ou ao legado (art. 1.955); *(c)* se o fideicomissário morrer antes de realizar-se a condição resolutiva (o advento do termo final ou o implemento dessa condição (art. 1.958); *(d)* se o fideicomissário morrer antes do fiduciário, consolidando-se em benefício deste, portanto, a propriedade dos bens hereditários ou daquele objeto do legado (idem).

Excetuada a última hipótese, nas demais o fiduciário deverá requerer em juízo a declaração judicial da extinção do fideicomisso, comprovando a sua causa, devendo ser citados, quando for o caso, os demais herdeiros e o fideicomissário – estes, nas hipóteses *(a)* e *(b)*.

1.7. Expedição de alvará judicial

Há casos em que a lei subordina a prática ou validade de determinado ato ou negócio jurídico, ou a realização de determinados eventos, à autorização concedida pelo juiz, consubstanciada no alvará judicial, como se dá, a título de exemplificação, quando ele autoriza: *(i)* o inventariante a praticar atos ou celebrar negócios jurídicos envolvendo bens do espólio (CPC, arts. 619), *(ii)* o curador a alienar bens da herança jacente (art. 742), *(iii)* a alteração do regime matrimonial de bens (CC, art. 1.639, § 2º), *(iv)* a venda de imóveis pertencentes a menores (CC, art. 1.750), *(v)* a obtenção de passaporte e a viagem da criança ou do adolescente adotado por estrangeiros (ECA, arts. 52, § 9º), *(vi)* a criança ou adolescente a viajar fora da comarca de sua residência, desacompanhada dos pais ou responsável (ECA, art. 83) e, ainda, *(vii)* a entrada e a permanência, em determinados locais ou ambientes, de criança ou adolescente desacompanhado dos pais ou do responsável (ECA, art. 149).

1.8. Homologação de autocomposição extrajudicial

Independentemente da natureza ou valor da autocomposição extrajudicial, os interessados poderão requerer em juízo a sua homologação, adotado o procedimento sob exame, com a consequente obtenção de título executivo judicial (CPC, art. 515, III). E, se a autocomposição a ser homologada já ostentava os atributos de título executivo extrajudicial (v. Lei dos Juizados Especiais Cíveis e Criminais, art. 57, parágrafo único e CPC, art. 784, IV), igualmente dotado de eficácia executiva, a vantagem do título executivo judicial sobre este último reside, primeiro, no afastamento (preclusão) de qualquer questão preexistente

Art. 726

CÓDIGO DE PROCESSO CIVIL INTERPRETADO

1250

à homologação judicial e na impossibilidade de oposição de embargos à execução pelo devedor inadimplente – sujeito que fica ao cumprimento da sentença –, já não bastasse, por si só, o maior grau de certeza e segurança do título judicial.

1.9. Outras hipóteses

O rol do art. 725 do CPC não é exaustivo.

Processam-se na forma já examinada, entre outros casos, as causas referentes à nacionalidade, inclusive a respectiva opção, e à naturalização (CF, art. 109, X), os pedidos de suprimento de consentimento para fins matrimoniais (CC, arts. 1.517, parágrafo único, e 1.519), de confirmação de casamento nuncupativo (art. 1.541 e parágrafos e LRP, art. 76 e parágrafos), de guarda dos filhos menores, unilateral ou compartilhada, formulada consensualmente pelos genitores (art. 1.584, I, 1ª parte), o pedido para solucionar o desacordo dos pais quanto ao exercício do poder familiar (art. 1.631, parágrafo único), o pedido de suprimento de outorga uxória ou autorização marital (CC, arts. 1.647 e 1.648), de colocação de criança ou adolescente em família substituta (ECA, arts. 28 e 165), de adoção (art. 148, III), os pedidos formulados, em favor da criança ou do adolescente, com base no rol do art. 149, de registro do termo de nascimento de filho de brasileiro ou brasileira nascido no exterior (LRP, art. 32, § 2º), o pedido de providências para resolução de dúvida envolvendo registro de nascimento fora do prazo legal (LRP, art. 52, § 2º), de alteração de nome (LRP, art. 57, *caput* e §§ 2º a 4º), de cancelamento do aditamento do nome (idem, § 5º), de justificação para o assento de óbito de pessoas desaparecidas em situações catastróficas ou em campanha (art. 88 e parágrafo único), de restauração, suprimento ou retificação de assentamentos no Registro Civil (art. 109 e parágrafos), de correção de erros registrais (art. 110), o pedido envolvendo dúvida relacionada a registros públicos (arts. 198 a 204) e o pedido de alvará judicial para levantamento de verbas do FGTS, PIS-PASEP, seguro-desemprego e benefícios previdenciários, entre outros casos.

Seção II
Da notificação e da interpelação

Art. 726. Quem tiver interesse em manifestar formalmente sua vontade a outrem sobre

assunto juridicamente relevante poderá notificar pessoas participantes da mesma relação jurídica para dar-lhes ciência de seu propósito

§ 1º Se a pretensão for a de dar conhecimento geral ao público, mediante edital, o juiz só a deferirá se a tiver por fundada e necessária ao resguardo de direito.

§ 2º Aplica-se o disposto nesta Seção, no que couber, ao protesto judicial.

▶ *Referência: CPC/1973 – Art. 867*

1. Introdução

Na lição de Garrido de Paula, formulada à luz do CPC/1973, apenas formalmente essas medidas "estão disciplinadas sob o título do processo cautelar, inserindo-se no âmbito da jurisdição voluntária. Não dão origem a um processo em sentido técnico, mormente quando se considera a inexistência de lide a ser composta e a ausência de partes enquanto sujeitos do contraditório" (*Código de Processo Civil interpretado*, Coord. Antonio Carlos Marcato, São Paulo: Atlas, 2004, p. 2.574). Correta, portanto, a inclusão desses institutos no rol dos procedimentos especiais.

2. Conceitos de interpelação e de notificação

Em sentido geral, a interpelação "quer exprimir o 'pedido de explicações' dirigido de modo categórico, por uma pessoa a outra"; na "terminologia de Direito Privado, sem contudo perder o sentido originário de 'pedido de explicações' a respeito de certos fatos, exprime mais propriamente a 'intimação' ou 'notificação' do 'credor' ao 'devedor' para que o constitua 'em mora'", como ocorre, por exemplo, com a interpelação do promitente-comprador em mora. Já a notificação é vocábulo que, empregado em sentido amplo, designa "o ato judicial escrito, emanado do juiz, pelo qual se 'dá conhecimento' a uma pessoa de alguma coisa, ou de algum fato, que também é de seu interesse, a fim de que possa usar das medidas legais ou das prerrogativas, que lhe sejam asseguradas por lei". É, pois, "o 'aviso judicial', instrumentado em forma legal, 'levando a notícia' a certa pessoa, para seu conhecimento, de um ato jurídico já praticado ou a ser praticado, no qual é interessado" (De Plácido e Silva, *Vocabulário jurídico*, 13. ed., atualização de Nagib Slaibi Filho e Geraldo Magela Alves, Rio de Janeiro: Forense, 1997, p. 444-445).

Portanto, apesar de ambas serem medidas preservativas ou conservativas de direitos, a interpelação e a notificação distinguem-se pelas fontes das quais emanam, por suas específicas finalidades e, principalmente, pela diversidade dos efeitos que delas irradiam.

A interpelação e a notificação também se distinguem da intimação, ato de comunicação que tem por objetivo cientificar alguém de atos e termos do processo, inclusive demarcando prazos preclusivos para o exercício de direitos e faculdades processuais (CPC, art. 269). Aliás, em seus §§ 1º e 2º o art. 269 acrescenta nova forma de intimação processual, facultando ao advogado de uma das partes a promoção de intimação, via postal, do advogado da outra.

3. Protesto judicial

O CPC não recepcionou as normas regentes do protesto contidas no CPC/1973 (arts. 867 a 873, esp. arts. 869 a 871), mas faz referência a esse ato no § 2º de seu art. 726, autorizando a conclusão de que o protesto judicial tem por finalidade facultar, àquele que deseja prevenir responsabilidade, prover a conservação e a ressalva de seus direitos, ou, ainda, que queira manifestar formalmente qualquer intenção, a formulação de requerimento escrito ao juiz, objetivando a intimação do requerido.

Caberá o registro de protesto contra alienação de bem como medida tutelar de urgência de natureza cautelar, visando a assegurar direito, observados os requisitos e forma para tanto estabelecidos (CPC, art. 301).

Inova o CPC ao prever o protesto de decisão judicial transitada em julgado como forma de compelir o devedor a satisfazer a obrigação, caso permaneça inadimplente após decorrido o prazo de 15 dias para seu cumprimento voluntário – sem prejuízo, evidentemente, dos acréscimos da multa e de honorários advocatícios (arts. 517 e 523 e § 1º).

Esse protesto será concretizado em atenção a requerimento do exequente ou, tendo em vista a relevância do direito a alimentos, por determinação do juiz, se o alimentante executado, intimado em juízo a pagar o débito, provar que já o pagou ou justificar a impossibilidade do pagamento, deixar de atender ao comando judicial (CPC, art. 528, § 1º).

Em qualquer dessas duas hipóteses, formalizado o protesto junto ao cartório competente, ele será cancelado por determinação judicial em atendimento a requerimento do executado,

quando comprovada a satisfação integral da dívida (art. 517, § 4º).

Jurisprudência

Súmula 76 do STJ: "A falta de registro do compromisso de compra e venda de imóvel não dispensa a prévia interpelação para constituir em mora o devedor".

> **Art. 727.** Também poderá o interessado interpelar o requerido, no caso do art. 726, para que faça ou deixe de fazer o que o requerente entenda ser de seu direito.

▶ *Sem correspondente no CPC/1973*

Este dispositivo apenas explicita o que já se encontra implícito no anterior: a interpelação – e também a notificação – pode servir de instrumento à cientificação de terceiro, no sentido de que deva fazer algo, ou se abster de fazê-lo, se a sua ação ou sua abstenção puder afetar direito do interpelante (ou notificante).

> **Art. 728.** O requerido será previamente ouvido antes do deferimento da notificação ou do respectivo edital:
> **I** – se houver suspeita de que o requerente, por meio da notificação ou do edital, pretende alcançar fim ilícito;
> **II** – se tiver sido requerida a averbação da notificação em registro público.

▶ *Referência: CPC/1973 – Arts. 868 e 870*

5. Procedimento da notificação e interpelação judiciais

É comum, na prática diária, a formalização de interpelação e notificação de terceiros pelas vias postal, eletrônica ou notarial; contudo, a utilização desses meios extrajudiciais nem sempre será desejável, eficaz ou mesmo realizável (*v.g.*, o protesto contra alienação de bens), casos em que o interpelante ou notificante irá valer-se da via judicial, requerendo a medida junto a juízo cível do foro do domicílio ou da sede da pessoa física ou jurídica interpelanda ou notificanda.

6. Notificação judicial

O interessado poderá requerer em juízo a notificação de pessoa a ele relacionada por

Art. 729

CÓDIGO DE PROCESSO CIVIL INTERPRETADO

1252

ato ou negócio jurídico, dando-lhe ciência de seu propósito que, evidentemente, deverá ser explicitado no ato de comunicação.

Tendo em vista as possíveis consequências prejudiciais (*v.g.*, restrição de crédito ou de atividades profissionais) na esfera jurídica do requerido, resultante de notificação que tenha por objeto dar conhecimento geral à coletividade do conteúdo do ato mediante publicação de edital, o juiz somente deferirá o requerimento se o requerente comprovar que sua pretensão é fundada e necessária ao resguardo de direito seu (CPC, art. 726 e § 1º).

Mais: em atenção ao contraditório, antes do deferimento o requerido (ou seu representante legal) deverá ser ouvido pelo juiz em audiência informal ou por escrito, sempre que houver suspeita de que a notificação tenha finalidade ilícita ou, ainda, se o requerente pretende sua averbação em registro público, a permitir seu conhecimento por qualquer pessoa (art. 728).

7. Interpelação judicial

Realizada nos moldes do art. 726, a interpelação judicial tem por objetivo alertar o interpelando a fazer ou deixar de fazer algo que o interpelante entenda ser de seu direito, sob pena de sofrer consequências legal ou contratualmente previstas (art. 727).

8. Inadmissão de defesa pelo requerido

Tendo em vista o novo tratamento conferido às medidas sob exame, o CPC não contempla norma similar à do art. 871 de seu antecessor, que inadmite defesa ou contraprotesto – embora, como já registrado, o requerido deva ser previamente ouvido nas hipóteses indicadas nos incs. I e II do art. 728.

O art. 871 do CPC/1973 excluía a possibilidade de o requerido formular defesa ou contraprotestos nos autos do procedimento, autorizando-o apenas a contraprotestar em "processo" distinto. Diante dessas restrições e da impossibilidade de recorrer-se da decisão judicial deferindo o protesto, firmou-se entendimento pretoriano no sentido de que o requerido poderia valer-se de mandado de segurança para obstar a sua concretização.

Diante do silêncio do CPC, remanesce a dúvida quanto à possibilidade de utilização do contraprotesto autônomo, observados os moldes

estabelecidos pelo art. 726, quando o requerente pretenda proteger direito seu, havendo risco de prejuízo resultante do protesto. Ou, por outras palavras, protesto ao protesto...

Considere-se, no entanto, o parágrafo único do art. 725, prevendo a aplicação aos procedimentos nominados de jurisdição voluntária, no que couber, do disposto nos arts. 719 a 724, o que remete ao art. 721, ao determinar a citação do interessado para que se manifeste, querendo, no prazo de quinze dias. Então, citado para os fins do art. 728 (v. art. 726, § 2º), poderá o requerido impugnar o pedido de protesto, demonstrando, por provas de que disponha ou venha a produzir, sua finalidade ilegal ou maliciosa, ao juiz competindo, na sequência, autorizar ou não aquela medida. Da sentença caberá apelação.

> **Art. 729.** Deferida e realizada a notificação ou interpelação, os autos serão entregues ao requerente.

▶ *Referência: CPC/1973 – Arts. 869, 871 e 873*

9. Entrega dos autos da notificação e interpelação

Deferido e realizado qualquer desses dois atos, os respectivos autos serão entregues ao requerente; se, apesar da realização da notificação ou interpelação ele ainda não houver obtido os efeitos por meio delas pretendidos, deverá adotar outras providências necessárias à proteção ou satisfação de seu direito, promovendo a adequada ação judicial.

O mesmo se aplica ao protesto judicial.

Seção III
Da alienação judicial

> **Art. 730.** Nos casos expressos em lei, não havendo acordo entre os interessados sobre o modo como se deve realizar a alienação do bem, o juiz, de ofício ou a requerimento dos interessados ou do depositário, mandará aliená-lo em leilão, observando-se o disposto na Seção I deste Capítulo e, no que couber, o disposto nos arts. 879 a 903.

▶ *Referência: CPC/1973 – Art. 1.113*

1. Introdução

Com o objetivo de preservá-los, permitir o seu aproveitamento econômico ou quando se encontrem em situações previstas em lei, determinados bens só podem ser alienados depois de atendidos certos requisitos, enquadrando-se nesta categoria os *bens imóveis do menor tutelado* e do *interdito* (CC, arts. 1.748, IV, 1.750 e 1.774), as *coisas vagas* (CC, art. 1.237), os *bens condominiais* (CC, art. 504), a *carga marítima* (CPC, art. 708, § 3º) e os *bens da herança jacente* (CPC, art. 742).

Outras situações particulares também ensejam a alienações de bens, a realizar-se de comum acordo pelos interessados ou judicialmente.

Assim, a alienação de bem imóvel que na partilha não couber no quinhão de um só herdeiro, ou não admitir divisão cômoda. Prevista no art. 2.019 do CC, tem por finalidade evitar condomínio forçado entre herdeiros, ou então impedir que um deles seja melhor aquinhoado em detrimento dos demais; e como o dinheiro é bem divisível por excelência, nele converte-se o valor do imóvel, por meio da alienação judicial, tornando possível a justa partilha da herança. A alienação será dispensada se e quando o cônjuge ou o companheiro sobrevivente, ou um dos herdeiros, com a prévia concordância dos demais, requerer para si a adjudicação do bem, repondo aos outros a diferença em dinheiro (a *verba de reposição*, necessária à equiparação dos quinhões).

Também será objeto de alienação a coisa comum indivisível, ou que se torne imprópria ao seu destino em caso de divisão, quando não haja concordância quanto à sua adjudicação a um dos condôminos. Imagine-se que várias pessoas sejam condôminas de um semovente, ou de qualquer outro bem que, por sua natureza, não admita divisão, ou ainda de bem imóvel cuja divisão o torne impróprio para sua finalidade (*v.g.*, a divisão de um terreno em pequenos lotes, sem possibilidade de edificação futura). Nesses casos, ou o bem é adjudicado a um dos condôminos que pagará aos demais, em dinheiro, o quinhão respectivo, ou então se procede à sua alienação judicial, partilhando-se entre os ex-condôminos o produto da venda (v. CC, art. 1.322).

Igualmente os bens públicos dominicais podem ser alienados, independentemente de prévia autorização legislativa, porque, "sendo pessoa jurídica de direito público a proprietária de fração ideal do bem imóvel indivisível, é legítima a sua alienação pela forma da extinção de condomínio, por provocação de outro condômino. Nesse caso, a autorização legislativa para a alienação da fração ideal pertencente ao domínio público é dispensável, porque inerente ao regime da propriedade condominial" (REsp 655.787/MG, Rel. Min. Teori Albino Zavascki, 1ª Turma, j. 09.08.2005, *DJ* 05.09.2005, p. 238).

Em suma, ressalvada a possibilidade de o bem ser alienado pelo modo acordado pelos interessados (*v.g.*, alienação de bem condominial), havendo dissenso entre eles ou, então, interesse de incapaz, a alienação processa-se judicialmente, atendido o trâmite estabelecido pelo art. 730 c/c arts. 719 a 724 do CPC.

2. Alienação judicial incidental e alienação judicial autônoma

A alienação judicial no curso do processo, ou *incidental*, objeto de exame neste tópico, difere da *alienação judicial com procedimento autônomo*, prevista nos incs. III a V do art. 725 do CPC.

A primeira será realizada incidentalmente no curso de processo pendente, visando à alienação de bens *(a)* sujeito à deterioração, *(b)* estejam avariados, *(c)* exijam grandes despesas para sua guarda, *(d)* sejam semoventes ou, ainda, *(e)* nos casos indicados no art. 2.019 do Código Civil; já as alienações previstas nos incs. III a V do art. 725 serão processadas autonomamente, sem qualquer vinculação com outro processo.

3. Procedimento da alienação judicial incidental

A referência feita pelo art. 730 à Seção I do Capítulo XV, integrada pelos arts. 719 a 725, implica a observância das seguintes regras no procedimento de alienação de bens: a atribuição de legitimidade, além do depositário do bem ou do interessado em sua alienação, também ao Ministério Público ou à Defensoria Pública para requerer a instauração do procedimento (art. 720); a exigência de citação de todos os interessados e, havendo interesse de incapazes, a intimação do Ministério Público (arts. 178, inc. II e 721); a intimação da Fazenda Pública, quando tiver interesse na alienação (art. 722); e, finalmente, o estabelecimento do prazo de 10 dias para o julgamento do pedido, que poderá

Art. 730

ser fundado em juízo discricionário do juiz, da respectiva sentença cabendo apelação (arts. 723 e 724).

Não havendo (ou não podendo haver) acordo entre os interessados sobre o modo de alienação do bem, este será alienado em leilão eletrônico ou presencial, com a observância, no que couberem, das disposições pertinentes ao leilão de bem penhorado (arts. 879 a 903).

4. A instauração do procedimento de alienação judicial

Presidindo processo em que exista bem pertencente a incapaz e verificando, por exemplo, o risco de deterioração, o juiz poderá, em atenção a requerimento formulado pela parte interessada, pelo depositário, Defensor Público, Ministério Público ou Fazenda Pública, determinar sua alienação em leilão; mas também está autorizado a determinar essa alienação mesmo de ofício, se constatar que o bem do incapaz encontra-se em situação de risco.

Citados os interessados e intimados, quando for o caso, os representantes do Ministério Público ou da Fazenda Pública, procede-se à prévia avaliação do bem, com o seu posterior leilão, salvo se as partes forem capazes e concordarem expressamente em dispensá-lo.

Essa avaliação será realizada por perito nomeado pelo juiz, exceto em se tratando de títulos ou mercadorias com cotação em Bolsa de Valores, pois o valor de alienação corresponderá ao da última cotação (art. 886, parágrafo único). A avaliação também deverá ser dispensada se o bem foi recentemente avaliado e não houver ocorrido alteração de seu valor.

5. O leilão judicial do bem

Realizado preferencialmente na forma eletrônica ou, alternativamente, na presencial (art. 879, II), o leilão será precedido de publicidade, mediante a publicação de editais (v. art. 886); havendo interesse de incapaz ou da Fazenda Pública, de rigor a intimação do órgão do Ministério Público ou do representante legal daquela (arts. 178, II, e 182).

Concretizar-se-á a alienação pelo maior lance oferecido em leilão, desde que não represente preço vil (art. 891 e parágrafo único); tendo por objeto bem de incapaz, o lance mínimo deverá corresponder a pelo menos 80% do valor

avaliado, observado, no mais, o disposto nos parágrafos do art. 896.

Arrematado o bem (v. art. 903) e deduzidas do valor apurado as despesas correspondentes, depositar-se-á o preço, nele ficando sub-rogados os ônus ou responsabilidades a que estivesse sujeito o bem alienado (v. CC, arts. 346 a 351); como os direitos sobre o bem alienado agora recaem sobre o valor depositado, deverá o juiz, no momento oportuno, decidir sobre sua destinação definitiva.

O procedimento será encerrado por sentença.

6. O direito de preferência na alienação de bem comum

Na venda de bem comum, os condôminos têm a preferência na aquisição, podendo inclusive adjudicar para si a coisa já vendida a terceiro, se a preferência lhes for negada ou sonegada (CC, arts. 1.322 e 504, comb.)

Três são as hipóteses distintas de preferência para o caso de alienação de coisa comum: (a) o condômino interessado na aquisição do bem terá, em condições iguais, preferência sobre o terceiro: se a oferta do condômino é idêntica em valor, prazo e forma de pagamento à do terceiro pretendente, ele terá a preferência, em detrimento desse último; (b) dois ou mais condôminos estão interessados na aquisição, sendo a preferência concedida àquele que possuir benfeitorias de maior valor no bem objeto da alienação; e (c) dois ou mais condôminos são pretendentes e o bem não possui benfeitorias, a preferência sendo daquele proprietário do maior quinhão condominial. Caso o bem não possua benfeitorias e forem idênticos os quinhões, haverão a parte vendida aqueles condôminos que a quiserem, depositando previamente o preço (CC, art. 504, parágrafo único, in fine).

O direito de preferência será exercido por ocasião do leilão, devendo o condômino interessado fazer o seu lanço e demonstrar que preenche qualquer dos requisitos acima indicados; deixando de comparecer ao leilão, não mais poderá exercer seu direito de preferência em relação ao valor ofertado por outro condômino, pois já findo aquele ato de alienação, seria injustificável a pretensão de somente agora aumentar a oferta.

Em seu art. 1.322 o CC prevê outra situação particular: se nenhum dos condôminos tem benfeitorias na coisa comum e todos participam do condomínio em parcelas ideais iguais, será realizada licitação entre estranhos; mas antes de adjudicar-se a coisa àquele que oferecer maior lanço, proceder-se-á à licitação entre os condôminos, a fim de que ela seja adjudicada àquele que ofereça melhor lanço; e, estando a oferta do condômino em igualdade de condições com o licitante estranho, aquele terá, sobre este, a preferência de aquisição do bem (parágrafo único).

Processando-se a alienação sem a observância das exigências legais (*v.g.*, quando o condômino não seja citado para o leilão), antes da assinatura da carta de arrematação ou de adjudicação o condômino prejudicado poderá requerer o depósito do preço e a adjudicação da coisa em seu favor. Formulado o requerimento, citados o terceiro arrematante ou o condômino adjudicante, bem como os demais condôminos, deverão eles, sendo o caso, impugnar a pretensão do requerente.

Inexistindo impugnação, presumir-se-ão aceitos pelos requeridos, como verdadeiros, os fatos alegados pelo condômino requerente, decidindo o juiz dentro de cinco dias; havendo impugnação no prazo de cinco dias, o juiz designará audiência de instrução e julgamento e, produzidas as provas cabíveis, decidirá em igual prazo (art. 307). Acolhido o requerimento, o bem será adjudicado ao condômino reclamante; rejeitado, confirmar-se-á a arrematação ou adjudicação anteriormente realizada.

Jurisprudência

"Civil e processual civil. Ação de alienação judicial de bem imóvel, extinção de condomínio e arbitramento de aluguéis entre ex-cônjuges. Do pedido de alienação judicial de bem objeto de compromisso de compra e venda. Viabilidade jurídica do pedido. Direito real do promitente comprador. Direito à aquisição subordinado ao adimplemento da obrigação, inocorrente na hipótese. Alienação condicionada a concordância da promitente vendedora. Inexistência. Arbitramento de aluguel ao ex-cônjuge por uso de imóvel que serve também a prole. Possibilidade, em tese. Arbitramento condicionado à partilha ou identificação da fração ideal de cada cônjuge. Condenação solidária dos cônjuges em ação de cobrança ajuizada pela promitente vendedora. Reflexos na partilha anteriormente realizada. Dissídio jurisprudencial. Ausência de cotejo analítico. 1 – Ação distribuída em 24/09/2010.

Recurso especial interposto em 01/10/2014 e atribuído à Relatora em 25/08/2016. 2 – O propósito recursal consiste em definir se é juridicamente possível a alienação judicial de bem imóvel sobre o qual apenas houve compromisso de compra e venda e se é admissível o arbitramento de alugueis em favor de ex-cônjuge, em decorrência da ocupação exclusiva de imóvel comum, seja em razão da necessidade de preservação do direito à moradia da prole menor, seja em virtude de as partes serem somente promitentes compradoras do bem. 3 – É juridicamente possível o pedido de alienação judicial de bem imóvel objeto de compromisso de compra e venda, especialmente diante da possibilidade, em tese, de aquiescência da promitente vendedora quanto aos termos da pretendida alienação. 4 – O direito real de propriedade não se confunde com o direito real do promitente comprador, que se consubstancia em um direito à aquisição do imóvel condicionado ao cumprimento da obrigação de pagar a quantia contratualmente estabelecida. 5 – Na hipótese, ausentes quaisquer elementos que demonstrem a aquiescência da promitente vendedora para com a pretendida alienação e tendo em vista a possibilidade, em tese, da retomada da coisa após o trânsito em julgado da ação em que se reconheceu a culpa dos promitentes compradores, é inviável a alienação judicial do bem em nome de terceiro. 6 – O simples fato de a prole residir com um dos ex-cônjuges não é suficiente, por si só, para impedir o arbitramento de aluguel devido ao outro que se vê privado da fruição do bem comum. 7 – É admissível o arbitramento de alugueis após a partilha de bens do casal ou, antes dessa, se houver meio de identificação da fração ideal a que fazem jus cada um dos cônjuges. Precedentes. 8 – Na hipótese, ausente direito real de propriedade das partes sobre o bem imóvel e tendo sido a partilha do direito decorrente do compromisso de compra e venda diretamente impactada pela condenação solidária dos promitentes compradores em ação de cobrança ajuizada pela promitente vendedora, não há que se falar em arbitramento de aluguéis. 9 – Não se conhece do recurso especial interposto ao fundamento de dissídio jurisprudencial se ausente o cotejo analítico dos julgados supostamente divergentes. 10 – Recurso especial conhecido em parte e, nessa extensão, desprovido" (REsp 1.501.549/RS, Rel. Min. Nancy Andrighi, 3ª Turma, j. 08.05.2018, *DJe* 11.05.2018).

Art. 731

Seção IV
Do divórcio e da separação consensuais, da extinção consensual de união estável e da alteração do regime de bens do matrimônio

Art. 731. A homologação do divórcio ou da separação consensuais, observados os requisitos legais, poderá ser requerida em petição assinada por ambos os cônjuges, da qual constarão:

I – as disposições relativas à descrição e à partilha dos bens comuns;

II – as disposições relativas à pensão alimentícia entre os cônjuges;

III – o acordo relativo à guarda dos filhos incapazes e ao regime de visitas; e

IV – o valor da contribuição para criar e educar os filhos.

Parágrafo único. Se os cônjuges não acordarem sobre a partilha dos bens, far-se-á esta depois de homologado o divórcio, na forma estabelecida nos arts. 647 a 658.

▶ *Referência: CPC/1973 – Arts. 1.120 e 1.121*

I – Introdução

1. Divórcio

Promulgada em 28 de junho de 1977, a EC nº 9 alterou a então Constituição Federal no que concerne à indissolubilidade do casamento, autorizando o divórcio nos casos previstos na legislação ordinária. Editada a Lei 6.515, de 26 de dezembro de 1977, conhecida como *Lei do Divórcio*, ela regulamentou tanto o divórcio quanto a separação, nas modalidades judicial (litigiosa) e consensual (amigável), com a consequente revogação dos arts. 315 a 324, entre outros, do CC/1916, então em vigor. Essa lei, por sua vez, foi derrogada pelo atual Código Civil, ao cuidar da extinção da sociedade conjugal, via separação legal, em seus arts. 1.571 a 1.582.

Quando de sua edição, no § 6º de seu art. 226 a atual Constituição Federal autorizava o divórcio após prévia separação judicial por mais de um ano (*divórcio por conversão, ou conversão da separação em divórcio*) ou, ainda, quando comprovada a separação de fato do casal por mais de dois anos (*divórcio direto*, pois prescindia, neste caso, da prévia separação judicial). A exigência de preenchimento desses lapsos

temporais perdurou até o advento da Emenda Constitucional 66, de 2010, conferindo nova redação ao aludido § 6º, não mais sendo exigida a prévia separação do casal, legal ou de fato, como requisito para o divórcio. Como consequência dessa alteração, conferindo nova feição ao divórcio, instaurou-se dissenso, principalmente em sede doutrinária, sobre a manutenção, em nosso direito, do instituto da separação legal.

Realmente, em sua redação original esse dispositivo constitucional dispunha que o casamento civil poderia ser dissolvido pelo divórcio, "após prévia separação judicial por mais de um ano nos casos expressos em lei, ou comprovada separação de fato por mais de dois anos". Já a sua atual redação estabelece, apenas, que casamento civil pode ser dissolvido pelo divórcio, dispensada, assim, a prévia separação, legal ou de fato, do casal.

Da necessidade de interpretação desse novo texto surgiu a questão da imediata aplicabilidade, ou não, dessa norma constitucional, a respeito, podendo ser apontadas três posições doutrinárias, assim sintetizadas:

a) corrente ampliativa: seus adeptos sustentam que o divórcio não mais está sujeito a qualquer requisito objetivo ou subjetivo, bastando a vontade dos cônjuges em extinguir o vínculo matrimonial; aboliu-se, portanto, a figura da separação e o prazo de reflexão, seja de um ano, a contar da separação legal, seja de dois anos, contados da separação de fato. Além disso, eliminou-se toda e qualquer discussão acerca da culpa pelo término do casamento, inclusive para efeito de fixação de alimentos e direito ao nome;

b) corrente restritiva: em oposição, a corrente restritiva entende que da exegese da emenda se extrai apenas a conclusão de que o casamento pode ser dissolvido pelo divórcio, previsão que, resto, já constava da redação anterior do aludido § 6º do art. 226; a Constituição Federal apenas autorizou a modificação do Código Civil no que se refere ao divórcio, sem excluir, contudo, a possibilidade de o casal vir a separar-se judicial ou administrativamente;

c) corrente intermediária: preconiza que a alteração constitucional limita-se a permitir o imediato requerimento de divórcio, sem prazo ou qualquer outro requisito objetivo ou subjetivo, mas a separação judicial continua à disposição das partes, com a questão da culpa em aberto.

Ilustrativas desse dissenso doutrinário são as posições assumidas, entre outros, por Dimas Messias de Carvalho. Divórcio judicial e administrativo de acordo com a EC 66/2010. Belo Horizonte: Del Rey, 2010; Maria Berenice Dias. Divórcio já! São Paulo: Revista dos Tribunais, 2010; Luiz Felipe Brasil Santos. Emenda do divórcio: cedo para comemorar; Paulo Luiz Netto Lôbo. Separação era instituto anacrônico; Zeno Veloso. O novo divórcio e o que restou do passado; Suzana Viegas. A nova Emenda Constitucional do divórcio – é o fim da família?. Trabalhos disponíveis em: <www.ibdfam.org.br>.

Em sua versão original o Projeto do Senado Federal previa, ao lado da ação de divórcio consensual, a de separação consensual. Suprimida no Relatório Geral apresentado pelo senador Valter Pereira e remetido o Projeto à Câmara dos Deputados, ela foi reincluída no texto e recepcionada, ao final, pelo novo Código de Processo Civil.

1.1. Efeitos do divórcio

Em razão das consequências que advêm do divórcio, o mais importante efeito é a extinção do vínculo matrimonial, ingressando os ex-cônjuges no estado civil de divorciados; e, caso pretendam, futuramente, retomar o estado de casados, deverão contrair novo matrimônio (v. art. 33 da Lei do Divórcio). Também são extintos (i) os direitos e deveres conjugais, (ii) o regime de bens (com a imediata ou posterior partilha dos bens comuns), (iii) o parentesco por afinidade na linha colateral e, (iv) sendo o caso, a renúncia ao patronímico do outro cônjuge.

O cônjuge que acresceu ao seu nome, por ocasião do casamento, o patronímico do outro (CC, art. 1.565, § 1º), pode optar pela manutenção, ou não, do nome adotado (art. 1.571, § 2º); optando pela manutenção, poderá a ele renunciar posteriormente.

Extinto o dever de mútua assistência, desaparece a obrigação alimentar entre os divorciados, ressalvadas duas situações: (a) por ocasião do divórcio consensual por mútuo consentimento ou administrativo, um dos divorciandos assumiu o encargo de pensionar o outro, ainda que por tempo determinado; (b) nos casos de separação-sanção e separação-remédio.

A condição de divorciados em nada modifica seus direitos e deveres em relação aos filhos, mesmo que voltem a contrair casamento com terceiros, nem afeta as obrigações assumidas por ocasião do divórcio.

Exemplificando: se um dos ex-cônjuges assumiu obrigação alimentar em relação ao outro, novo casamento não representará causa extintiva do direito a alimentos do credor; todavia, se é este quem contrai novo matrimônio, ou estabelece união estável com terceiro, o devedor poderá reclamar em juízo a sua exoneração.

1.2. Registro da sentença de divórcio

Tendo em vista os relevantes efeitos que advêm do divórcio, eles não ocorrerão antes da averbação, à margem do assento do casamento, no Cartório de Registro Civil onde foi celebrado, da respectiva sentença ou da escritura de divórcio extrajudicial, conforme dispõe a LRP em seu art. 167, inc. II, 14.

2. Separação dos cônjuges

Como já registrado, a separação legal acarreta apenas a extinção da *sociedade conjugal*, pondo fim aos deveres de coabitação e fidelidade recíproca e ao regime de bens entre os cônjuges, sem afetar o vínculo matrimonial. E como esse vínculo remanesce íntegro, querendo restaurar a sociedade conjugal, basta que os separados se reconciliem formalmente (CC, art. 1.577).

2.1. Separação legal

A separação legal pode dar-se litigiosamente (*separação litigiosa* – CC, art. 1.572), por *mútuo consentimento* dos cônjuges (*separação consensual* – art. 1.574) ou administrativamente (CPC, art. 733).

A *separação litigiosa*, a processar-se com a adoção do procedimento comum, virá fundada (a) na grave violação de dever conjugal, que torne insuportável a vida em comum (*separação-sanção* – CC, art. 1.572, caput), (b) na ruptura da vida em comum por mais de um ano, aliada à impossibilidade de sua reconstituição (*separação-falência* – art. 1.572, § 1º) e, finalmente, (c) no fato de um dos cônjuges ser portador de doença mental grave e de cura improvável, que se manifestou após o casamento e perdure há mais de dois anos (*separação-remédio* – art. 1.572, § 2º).

Sendo consensual, observar-se-á o especial ora sob exame, mais o disposto na LD, especialmente em seu art. 34.

Art. 731

2.2. Efeitos da separação

O primeiro efeito da separação é a dissolução da sociedade conjugal, com a consequente extinção dos deveres conjugais de coabitação e fidelidade recíproca, e do regime matrimonial de bens até então vigente (CC, arts. 1.575 e 1.576).

Relativamente à guarda dos filhos, valerão as regras estabelecidas no acordo, nada impedindo, contudo, sua alteração pelo juiz, havendo motivo grave que a justifique (LD, arts. 9º, 13 e 16, e CC, arts. 1.584 e 1.586). O mesmo se aplica aos alimentos devidos aos filhos menores e maiores inválidos (CC, art. 1.590; LD, art. 16), devendo a pensão corresponder às necessidades do alimentando e às possibilidades do alimentante (CC, art. 1.695), sujeita ainda à variação da fortuna de um e outro (art. 1.699). Quanto aos alimentos devidos ao cônjuge que deles necessite, prevalece o disposto nos arts. 1.694 e ss. e, ainda, no art. 1.707, que recepcionou antiga orientação do STF, consubstanciada na súmula 379.

2.3. Restauração da sociedade conjugal

Independentemente da modalidade de separação do casal, a lei faculta-lhes o restabelecimento da sociedade conjugal a qualquer tempo – e nos termos em que fora originalmente constituída –, sem a necessidade de contraírem novo casamento (CC, art. 1.577).

Esse restabelecimento, denominado *reconciliação*, depende tão só de formulação de requerimento dirigido ao juiz, nos próprios autos da separação (Lei do Divórcio, art. 46). Deferido, é expedido mandado restabelecendo a sociedade conjugal, com averbação no assento de casamento (Lei de Registros Públicos, art. 29, § 1º, *a*, c/c arts. 100 e 101). A reconciliação é possível porque a separação dissolve somente a *sociedade conjugal*, não o *vínculo matrimonial*, que permanece íntegro; já o divórcio gera tanto a dissolução da sociedade quanto do vínculo conjugal, daí por que os divorciados, querendo restabelecer a sociedade, deverão antes restabelecer o vínculo, mediante novo matrimônio (LD, art. 33).

Jurisprudência

Súmula 379 do STF: "No acordo de desquite não se admite renúncia aos alimentos, que poderão ser pleiteados ulteriormente, verificados os pressupostos legais".

Súmula 336 do STJ: "A mulher que renunciou aos alimentos na separação judicial tem direito à pensão previdenciária por morte do ex-marido, comprovada a necessidade econômica superveniente".

"Recurso especial. Direito civil. Direito de família. Emenda Constitucional nº 66/2010. Divórcio direto. Requisito temporal. Extinção. Separação judicial ou extrajudicial. Coexistência. Institutos distintos. Princípio da autonomia da vontade. Preservação. Legislação infraconstitucional. Observância. 1. A dissolução da sociedade conjugal pela separação não se confunde com a dissolução definitiva do casamento pelo divórcio, pois versam acerca de institutos autônomos e distintos. 2. A Emenda à Constituição nº 66/2010 apenas excluiu os requisitos temporais para facilitar o divórcio. 3. O constituinte derivado reformador não revogou, expressa ou tacitamente, a legislação ordinária que cuida da separação judicial, que remanesce incólume no ordenamento pátrio, conforme previsto pelo Código de Processo Civil de 2015 (arts. 693, 731, 732 e 733 da Lei nº 13.105/2015). 4. A opção pela separação faculta às partes uma futura reconciliação e permite discussões subjacentes e laterais ao rompimento da relação. 5. A possibilidade de eventual arrependimento durante o período de separação preserva, indubitavelmente, a autonomia da vontade das partes, princípio basilar do direito privado. 6. O atual sistema brasileiro se amolda ao sistema dualista opcional que não condiciona o divórcio à prévia separação judicial ou de fato. 7. Recurso especial não provido" (REsp 1.431.370/SP, Rel. Min. Ricardo Villas Bôas Cueva, 3ª Turma, j. 15.08.2017, *DJe* 22.08.2017).

"Civil. Processual civil. Ação de sobrepartilha. Prescrição. Término da sociedade conjugal e dissolução do casamento válido. Diferença restrita ao aspecto de reversibilidade do matrimônio. Consequências patrimoniais idênticas, inclusive no que diz respeito ao fim do regime de bens do casamento e possibilidade de partilha. Separação judicial e partilha parcial homologadas judicialmente, com decretação de divórcio posterior. Termo inicial da prescrição da ação de sobrepartilha. Data da homologação da separação e partilha. Vínculo matrimonial remanescente. Irrelevância para fins patrimoniais. Questões suscitadas, mas não examinadas na origem. Ausência de prequestionamento. Súmula 211/STJ. Dessemelhança fática entre o acórdão recorrido e o paradigma. Inexistência de dissenso jurisprudencial. 1 – Ação distribuída em 17/09/2013. Recurso especial interposto em 30/08/2017 e atribuído à Relatora em 29/01/2018. 2 – O propósito recursal é definir se o termo inicial do prazo prescricional da ação de sobrepartilha é deflagrado com a sentença que homologou a separação judicial e a partilha de bens ou se, ao revés, tem início apenas com a decretação do divórcio do casal. 3 – Não se deve confundir o término da sociedade conjugal com a dissolução do casamento válido, residindo a diferença substancial entre ambos no fato de que apenas a dissolução do casamento torna irreversível o matrimônio e, consequentemente, permite às partes contraírem um novo casamento. 4 – São as mesmas, todavia, as consequências patrimoniais do término da sociedade conjugal e do término do casamento válido, colocando-se fim ao regime de bens do matrimônio e permitindo-se a realização da partilha dos ativos e passivos de bens comunicáveis. 5 – Na hipótese, tendo havido a separação e a partilha consensuais, ambas homologadas por sentença no ano de 1987, também houve, naquele momento, a dissolução do regime de bens do casamento e consequentemente nasceu, para as partes, a pretensão de sobrepartilhar bens remotos, litigiosos, sonegados ou que propositalmente ficaram fora da partilha inicial, como é a hipótese de recebíveis de pessoa jurídica de que o varão é sócio majoritário, de modo que a ação de sobrepartilha está prescrita, quer seja sob a ótica do prazo vintenário do CC/1916, quer seja sob a perspectiva do prazo decenal do CC/2002, sendo irrelevante, o fato de o vínculo matrimonial ter remanescido até 2014, ano em que decretado o divórcio. 6 – As alegações de não fluência da prescrição entre cônjuges, de inexistência de doação do referido crédito e de enriquecimento ilícito da outra parte, a despeito de suscitadas em aclaratórios, não foram examinadas no acórdão recorrido, que carece do indispensável prequestionamento. Incidência da Súmula 211/STJ. 7 – A notória dessemelhança fática entre o acórdão recorrido e o paradigma impede o conhecimento do recurso especial pela divergência jurisprudencial. 8 – Recurso especial conhecido em parte e, nessa extensão, desprovido" (REsp 1.719.739/RS, Rel. Min. Nancy Andrighi, 3ª Turma, j. 05.06.2018, *DJe* 07.06.2018).

"Conflito de competência. Ação de partilha posterior ao divórcio. Incapacidade superveniente de uma das partes. Prevenção oriunda de conexão substancial com a ação do divórcio. Competência funcional de natureza absoluta. Foro de domicílio do incapaz. Competência territorial especial de natureza relativa. 1. Há entre as duas demandas (ação de divórcio e ação de partilha posterior) uma relação de conexão substancial, a qual, inevitavelmente, gera a prevenção do Juízo que julgou a ação de divórcio. 2. A prevenção decorrente da conexão substancial se reveste de natureza absoluta por constituir uma competência funcional. 3. A competência prevista no art. 50 do CPC/15 constitui regra especial de competência territorial, a qual protege o incapaz, por considerá-lo parte mais frágil na relação jurídica, e possui natureza relativa. 4. A ulterior incapacidade de uma das partes (regra especial de competência relativa) não altera o Juízo prevento, sobretudo quando o próprio incapaz opta por não utilizar a prerrogativa do art. 50 do CPC/15. 5. Conflito de competência conhecido para declarar como competente o Juízo de Direito da Vara Cível de Barbacena – MG" (CC 160.329/MG, Rel. Min. Nancy Andrighi, 2ª Seção, j. 27.02.2019, *DJe* 06.03.2019).

II – O artigo 731

1. Homologação do divórcio ou da separação consensuais

Assinada por ambos os cônjuges – e instruída com documento comprobatório do casamento ou do divórcio –, a petição de divórcio ou de separação será examinada pelo juiz, que irá verificar se ela atende aos requisitos indicados nos arts. 731 do CPC e 34 da LD. Comprovando que a convenção não preserva suficientemente os interesses de filho incapaz ou, no caso de separação, os de um dos cônjuges, o juiz poderá recusar a homologação, se e quando mantidos os mesmos termos da convenção (LD, art. 34, § 2º); atendidos os requisitos legais, será proferida sentença homologatória, ouvido previamente o Ministério Público, quando houver interesse de incapaz (CPC, art. 178, II).

2. Foro e juízo competentes

A ação deverá ser ajuizada em um dos foros indicados nas alíneas do inc. I do art. 53 do CPC, perante juízo de Família, onde houver, ou cível, não havendo,

3. Averbação da sentença homologatória

Homologado o divórcio ou a separação consensual, averbar-se-á a respectiva sentença no cartório de registro civil perante o qual foi celebrado o casamento (LRP, art. 100) e, havendo bens imóveis figurando na partilha, também no cartório imobiliário da circunscrição onde estejam registrados.

4. Partilha posterior dos bens do casal

Extinto o regime matrimonial de bens até então vigente, deverão ser partilhados aqueles comuns entre os ex-cônjuges. Discordando qualquer deles quanto ao modo de partilhá-los, a discordância não impedirá a homologação do divórcio ou da separação, pois a partilha será posteriormente feita nos mesmos moldes estabelecidos para a partilha judicial da herança, observado o procedimento estabelecido pelos arts. 647 a 658 do CPC.

Jurisprudência

Súmula 197 do STJ: "O divórcio direto pode ser concedido sem que haja prévia partilha dos bens".

"Civil. Processual civil. Divórcio consensual. Acordo sobre partilha dos bens. Homologação por sentença. Posterior ajuste consensual acerca da destinação dos bens. Violação à coisa julgada. Inocorrência. Partes maiores e capazes que podem convencionar sobre a partilha de seus bens privados e disponíveis. Existência, ademais, de dificuldade em cumprir a avença inicial. Aplicação do princípio da autonomia da vontade. Ação anulatória. Descabimento quando ausente litígio, erro ou vício de consentimento. Estímulo às soluções consensuais dos litígios. Necessidade. 1 – Ação distribuída em 14/09/2012. Recurso especial interposto em 20/10/2015 e atribuído à Relatora em 15/09/2016. 2 – Os propósitos recursais consistem em definir se houve negativa de prestação jurisdicional e se é possível a homologação de acordo celebrado pelas partes, maiores e capazes, que envolve uma forma de partilha de bens diversa daquela que havia sido inicialmente acordada e que fora objeto de sentença homologatória transitada em julgado. 3 – Ausentes os vícios do art. 535, II, do CPC/73, não há que se falar em negativa de prestação jurisdicional. 4 – A coisa julgada material formada em virtude de acordo celebrado por partes maiores e capazes, versando sobre a partilha de bens imóveis privados e disponíveis e que fora homologado judicialmente por ocasião de divórcio consensual, não impede que haja um novo ajuste consensual sobre o destino dos referidos bens, assentado no princípio da autonomia da vontade e na possibilidade de dissolução do casamento até mesmo na esfera extrajudicial, especialmente diante da demonstrada dificuldade do cumprimento do acordo na forma inicialmente pactuada. 5 – É desnecessária a remessa das partes à uma ação anulatória quando o requerimento de alteração do acordo não decorre de vício, de erro de consentimento ou quando não há litígio entre elas sobre o objeto da avença, sob pena de injustificável violação aos princípios da economia processual, da celeridade e da razoável duração do processo. 6 – A desjudicialização dos conflitos e a promoção do sistema multiportas de acesso à justiça deve ser francamente incentivada, estimulando-se a adoção da solução consensual, dos métodos autocompositivos e do uso dos mecanismos adequados de solução das controvérsias, tendo como base a capacidade que possuem as partes de livremente convencionar e dispor sobre os seus bens, direitos e destinos. 7 – Recurso especial conhecido e provido" (REsp 1.623.475/PR, Rel. Min. Nancy Andrighi, 3ª Turma, j. 17.04.2018, *DJe* 20.04.2018).

"Civil. Processual civil. Ação de divórcio. Ajuizamento pelo curador provisório. Ação de natureza personalíssima. Excepcionalidade da representação processual do cônjuge alegadamente incapaz pelo curador. Pretensão que não se reveste de urgência que justifique o ajuizamento prematuro da ação que pretende romper, em definitivo, o vínculo conjugal. Potencial irreversibilidade da medida. Impossibilidade de decretação do divórcio com base em representação provisória. 1 – Ação distribuída em 26/03/2012. Recurso especial interposto em 22/11/2013 e atribuído à Relatora em 25/08/2016. 2 – O propósito recursal consiste em definir se a ação de divórcio pode ser ajuizada pelo curador provisório, em representação ao cônjuge, antes mesmo da decretação de sua interdição por sentença. 3 – Em regra, a ação de dissolução de vínculo conjugal tem natureza personalíssima, de modo que o legitimado ativo para o seu ajuizamento é, por excelência, o próprio cônjuge, ressalvada a excepcional possibilidade de ajuizamento da referida ação por terceiros representando o cônjuge – curador, ascendente ou irmão – na hipótese de sua incapacidade civil. 4 – Justamente por ser excepcional o ajuizamento da ação de dissolução de vínculo conjugal por terceiro em representação do cônjuge, deve ser restritiva a interpretação da norma jurídica que indica os representantes processuais habilitados a fazê-lo, não se admitindo, em regra, o ajuizamento da referida ação por quem possui apenas a curatela provisória, cuja nomeação, que deve delimitar os atos que poderão ser praticados, melhor se amolda à hipótese de concessão de uma espécie de tutela provisória e que tem por finalidade específica permitir que alguém – o curador provisório – exerça atos de gestão e de administração patrimonial de bens e direitos do interditando e que deve possuir, em sua essência e como regra, a ampla e irrestrita possibilidade de reversão dos atos praticados. 5 – O ajuizamento de ação de dissolução de vínculo conjugal por curador provisório é admissível, em situações ainda mais excepcionais, quando houver prévia autorização judicial e oitiva do Ministério Público. 6 – É irrelevante o fato de ter havido a produção de prova pericial na ação de interdição que concluiu que a cônjuge possui doença de Alzheimer, uma vez que não se examinou a possibilidade de adoção do procedimento de tomada de decisão apoiada, preferível em relação à interdição e que depende da apuração do estágio e da evolução da doença e da capacidade de discernimento e de livre manifestação da vontade pelo cônjuge acerca do desejo de romper ou não o vínculo conjugal. 7 – Recurso especial conhecido e provido" (REsp 1.645.612/SP, Rel. Min. Nancy Andrighi, 3ª Turma, j. 16.10.2018, *DJe* 12.11.2018).

"Embargos de divergência no recurso especial. Direito de família. União estável. Casamento contraído sob causa suspensiva. Separação obrigatória de bens (CC/1916, art. 258, II; CC/2002, art. 1.641, II). Partilha. Bens adquiridos onerosamente. Necessidade de prova do esforço comum. Pressuposto da pretensão. Moderna compreensão da Súmula 377/STF. Embargos de divergência providos. 1. Nos moldes do art. 1.641, II, do Código Civil de 2002, ao casamento contraído sob causa suspensiva, impõe-se o regime da separação obrigatória de bens. 2. No regime de separação legal de bens, comunicam-se os adquiridos na constância do casamento, desde que comprovado o esforço comum para sua aquisição. 3. Releitura da antiga Súmula 377/STF (No regime de separação legal de bens, comunicam-se os adquiridos na constância do casamento), editada com o intuito de interpretar o art. 259 do CC/1916, ainda na época

em que cabia à Suprema Corte decidir em última instância acerca da interpretação da legislação federal, mister que hoje cabe ao Superior Tribunal de Justiça. 4. Embargos de divergência conhecidos e providos, para dar provimento ao recurso especial" (EREsp 1.623.858/MG, Rel. Min. Lázaro Guimarães (Desembargador convocado do TRF 5ª Região), 2ª Seção, j. 23.05.2018, *DJe* 30.05.2018).

"Agravo interno no recurso especial. Ação de divórcio. Partilha. Crédito trabalhista. Comunicabilidade da parte referente ao período do matrimônio. Reserva para garantir a meação. Possibilidade. Alegação de que as verbas de natureza indenizatória devem ser excluídas da partilha por terem caráter personalíssimo. Inovação recursal. Recurso não provido. 1. É pacífica a jurisprudência desta Corte no sentido de que a verba de natureza trabalhista adquirida e pleiteada, na constância da união, comunica-se entre os cônjuges, devendo, portanto, ser partilhada. Precedentes. 2. A tese de que as verbas de natureza indenizatória devem ser excluídas da partilha por terem caráter personalíssimo não foi suscitada anteriormente nos autos pelo agravante no agravo de instrumento, tampouco nas contrarrazões ao recurso especial, configurando verdadeira inovação recursal, o que obsta o conhecimento desta matéria. 3. Agravo interno não provido" (AgInt no REsp 1.696.458/RS, Rel. Min. Luis Felipe Salomão, 4ª Turma, j. 22.05.2018, *DJe* 29.05.2018).

"Processual civil. Agravo interno no agravo em recurso especial. Ação de divórcio litigioso. Violação do art. 489 do CPC. Inocorrência. Embargos de declaração. Omissão, contradição ou obscuridade. Não ocorrência. Consonância do acórdão recorrido com a jurisprudência do STJ. Regime de bens. Comunhão parcial. Bens obtidos com valores exclusivos de um dos cônjuges. Súmula 568. 1. Devidamente analisadas e discutidas as questões de mérito, e fundamentado corretamente o acórdão recorrido, de modo a esgotar a prestação jurisdicional, não há que se falar em violação do art. 489 do CPC. 2. Ausentes os vícios do art. 1.022 do CPC, rejeitam-se os embargos de declaração. 3. Apesar da presunção de que os bens adquiridos de forma onerosa pelo casal pertencem a ambos os cônjuges, pode ser reconhecida a incomunicabilidade no caso de bens obtidos com valores exclusivamente pertencentes a um dos cônjuges, em sub-rogação dos bens particulares. 4. Agravo interno no agravo

Art. 732

em recurso especial não provido" (AgInt no AREsp 1.380.822/DF, Rel. Min. Nancy Andrighi, 3ª Turma, j. 27.05.2019, *DJe* 29.05.2019).

> **Art. 732.** As disposições relativas ao processo de homologação judicial de divórcio ou de separação consensuais aplicam-se, no que couber, ao processo de homologação da extinção consensual de união estável.

▶ *Sem correspondência no CPC/1973*

1. Introdução

Na vigência do Código Civil anterior – e até o advento da atual Constituição Federal –, a união de fato entre um homem e uma mulher era considerada concubinato, não reconhecido pela lei como entidade familiar apta a produzir efeitos jurídicos na esfera do direito de família, mas, exclusivamente, na esfera obrigacional (ou seja, partilha de aquestos), como preconizava a Súmula 380 do Supremo Tribunal Federal.

Essa relação concubinária era tratada como *pura* (*concubinato puro*) quando inexistisse impedimento matrimonial para os concubinos, ou *impura* (*concubinato impuro*), existindo impedimento; aliás, bastava que um dos concubinos estivesse casado para que a união fosse classificada como *concubinato impuro adulterino*. Com o tempo, os tribunais passaram a reconhecer o concubinato puro como relação de fato, apta a produzir alguns efeitos jurídicos, inclusive dispensando para sua caracterização a convivência *more uxório* entre os concubinos (Súmula 382 do STF), passando a merecer ampla proteção legal (CF, art. 226, § 3º).

Diante dessa previsão constitucional, instaurou-se debate doutrinário sobre a possível equiparação, para todos os fins, da união estável com o casamento, alguns sustentando a necessidade de regulamentação da norma constitucional por lei ordinária, outros concluindo pela desnecessidade dessa regulamentação, pois a Constituição Federal teria equiparado ambas as entidades familiares. Como quer que seja, na esteira da nova ordem constitucional foram editadas várias leis regulando direitos dos companheiros (Leis 8.213/1991, 8.971/1994 e 9.278/1996), tacitamente revogadas com o advento do atual Código Civil, ao regular a união estável em seus arts. 1.723 a 1727.

2. Conceito de união estável

Extrai-se, do art. 1.723 e seus parágrafos, que a união estável é a entidade familiar resultante da coabitação pública, contínua e duradoura de um homem e uma mulher, com o objetivo de constituição de família, desde que inexista impedimento dirimente público ao seu matrimônio, ressalvada a situação em que um, ou ambos, já se encontre separado de fato ou judicialmente.

A lei civil mantém a distinção entre união estável e concubinato adulterino, deste não advindo, portanto, os mesmos efeitos daquela; os direitos e deveres atinentes aos companheiros não dizem respeito aos concubinos, a estes sendo apenas reconhecidos, por força de decisões judiciais, o direito à partilha de aquestos (entendidos, neste caso, como bens adquiridos pelo esforço comum de ambos os concubinos – v. Súmula 377/STJ) e o direito à indenização por serviços domésticos prestados. Na verdade, o CC estabelece restrição de direitos aos concubinos, como se extrai do disposto nos arts. 1.642, inc. V, 1.708 e 1.801, III.

3. Pressupostos para a caracterização da união estável

O art. 1.723 do CC indica os pressupostos para a caracterização da união estável.

3.1. Diversidade de sexos

Não obstante a lei faça referência à convivência de um *homem* e uma *mulher*, o Supremo Tribunal Federal reconheceu *status* familiar àquela formada por pessoas do mesmo sexo (a *família decorrente de relação homoafetiva*), posteriormente secundado pelo Superior Tribunal de Justiça, ao garantir, às pessoas unidas por relação homoafetiva, inclusive o acesso ao casamento, mediante habilitação junto ao Registro Civil.

3.2. Convivência pública, duradoura e contínua

Não se considera união estável seja a relação eventual entre duas pessoas, seja a permanente, mas não pública (ou seja, clandestina), pois essa entidade familiar exige, para sua caracterização, além da publicidade (o casal deve apresentar-se publicamente como se casados fossem), também a permanência (a eventualidade descaracterizaria a estabilidade exigida para a configuração da sociedade de fato) e a durabilidade da relação, assim entendida, em sede jurisprudencial (já que

3.3. Objetivo de constituição de família

Simples relacionamento entre duas pessoas, de natureza exclusivamente social ou profissional, ainda que permanente e duradouro, de modo algum significa, por si só, união estável, pois esta tem como objetivo o casamento, embora este não seja indispensável para a caracterização da relação *more uxorio*.

3.4. Inexistência de impedimento ao casamento

A lei não reconhece a condição de união estável à relação existente entre pessoas impedidas de contrair matrimônio, pois esse impedimento também inviabiliza o objetivo indicado no item anterior. No entanto, pessoas já separadas de fato legalmente (embora ainda não divorciadas), poderão constituir união estável, desde que atendam aos demais pressupostos de sua caracterização. Vale dizer, não se reconhece a existência de união estável apenas àquelas pessoas sujeitas aos impedimentos dos incisos I a V do art. 1.521, assim como as ainda casadas e convivendo maritalmente.

4. Direitos e deveres dos companheiros

Os companheiros têm determinados direitos assegurados por lei, como o direito a alimentos (CC, art. 1.694), o direito à sucessão (v. nota 4 ao art. 651), o direito sobre aquestos (Lei 9.278/1996, art. 5º) e o direito ao nome do companheiro (LRP, art. 57, §§ 2º a 6º).

A lei estabelece para os integrantes da união estável os mesmos deveres matrimoniais (o de *lealdade* correspondendo ao de *fidelidade recíproca*); no entanto, não impõe aos companheiros as mesmas sanções por violação de qualquer desses deveres.

Sob o ponto de vista das relações patrimoniais entre os companheiros, é de suma importância o disposto no art. 1.725 do Código Civil. Eles poderão, por meio de *convenção* (ou seja, o *contrato* a que alude o artigo sob exame, também conhecido como *contrato de convivência*), estabelecer livremente o regime de bens, com as mesmas ressalvas, contudo, estabelecidas para as pessoas casadas. Isto porque, não teria

sentido, à luz da garantia da isonomia, impor-se o regime de separação obrigatória de bens aos contraentes maiores de 70 anos e permitir-se, ao(s) companheiro(s) septuagenário(s), a livre convenção sobre bens na união estável – salvo, evidentemente, se a união estável se iniciou antes de completada a idade limite. Inexistindo contrato, prevalecerá o regime de comunhão parcial, também com as restrições pertinentes.

Salienta-se, por fim, que o regime de bens estabelecido pelos companheiros poderá ser alterado ou extinto, para tanto observadas as mesmas regras previstas para os cônjuges.

5. Conversão da união estável em casamento

Como o objetivo da união estável é a constituição da família, o § 3º do art. 226 da Constituição Federal determinou que a lei facilite sua conversão em casamento, no que foi atendida pelo art. 1.726 do Código Civil.

6. Homologação da extinção consensual da união estável

Tal como a sociedade conjugal, a união estável pode ser dissolvida consensual ou litigiosamente ou, ainda, administrativamente.

Havendo contrato de convivência, lavrado em instrumento particular ou público, bastará que os companheiros celebrem distrato, na mesma forma em que pactuaram a união estável (CC, art. 472), por meio dele dispondo sobre partilha de bens, prestação alimentar e guarda de filhos incapazes, sendo o caso.

A existência do contrato não exclui, por si só, a possibilidade de um dos companheiros ingressar em juízo com ação de dissolução da união estável, nem, ainda, que a inexistência daquele impeça a dissolução consensual, em juízo ou administrativamente.

Processando-se a extinção da união em juízo (consensual ou litigiosamente), o foro competente será um dos indicados nas alíneas do inc. I do art. 53 do CPC e o juízo o de Família, onde houver, ou o cível. O processo deve tramitar em segredo de justiça, conforme previsto no art. 9º da Lei 9.278/1996 e no art. 189, II, do CPC.

Jurisprudência

Súmula 377 do STF: "No regime de separação legal de bens, comunicam-se os adquiridos na constância do casamento".

Súmula 336 do STJ: "A mulher que renunciou aos alimentos na separação judicial tem direito à pensão previdenciária por morte do ex-marido, comprovada a necessidade econômica superveniente".

> **Art. 733.** O divórcio consensual, a separação consensual e a extinção consensual de união estável, não havendo nascituro ou filhos incapazes e observados os requisitos legais, poderão ser realizados por escritura pública, da qual constarão as disposições de que trata o art. 731.
>
> **§ 1º** A escritura não depende de homologação judicial e constitui título hábil para qualquer ato de registro, bem como para levantamento de importância depositada em instituições financeiras.
>
> **§ 2º** O tabelião somente lavrará a escritura se os interessados estiverem assistidos por advogado ou por defensor público, cuja qualificação e assinatura constarão do ato notarial.

▶ *Referência: CPC/1973 – Art. 1.124-A*

1. Separação, divórcio e extinção da união estável pela via administrativa

Introduzido pelo art. 3º da Lei 11.441, de 4 de janeiro de 2007, o art. 1.124-A do CPC/1973 autorizava a formalização extrajudicial (ou seja, pela via administrativa) da separação e divórcio consensuais.

Dessa faculdade, mantida pelo art. 733 do CPC e agora estendida à união estável, podem valer-se os cônjuges ou companheiros, observados os mesmos requisitos para o divórcio consensual, salvo se houver nascituro ou filho incapaz do casal – hipótese em que aos interessados resta apenas a via judicial.

Para a lavratura da escritura pública, a cargo exclusivo do tabelião, exige-se que os interessados estejam assistidos por advogado ou defensor público (v. CPC, art. 185); lavrada, não dependerá de homologação judicial e constituirá título hábil para qualquer ato de registro (*v.g.*, alteração de patronímico, averbação em registro imobiliário) e para levantamento de valores depositados em instituições financeiras.

Da escritura também poderá constar a partilha consensual dos bens comuns, valendo-se os interessados, em caso de discordância, da partilha judicial.

Como o artigo sob exame prevê a assistência a ser prestada pela Defensoria Pública ao interessado (§ 2º) – entendido, este, como aquele que dela necessite (CPC, art. 185) –, a escritura pública e demais atos notariais deverão ser gratuitos àqueles que se declararem pobres (CPC, art. 98 e parágrafos).

> **Art. 734.** A alteração do regime de bens do casamento, observados os requisitos legais, poderá ser requerida, motivadamente, em petição assinada por ambos os cônjuges, na qual serão expostas as razões que justificam a alteração, ressalvados os direitos de terceiros.
>
> **§ 1º** Ao receber a petição inicial, o juiz determinará a intimação do Ministério Público e a publicação de edital que divulgue a pretendida alteração de bens, somente podendo decidir depois de decorrido o prazo de 30 (trinta) dias da publicação do edital.
>
> **§ 2º** Os cônjuges, na petição inicial ou em petição avulsa, podem propor ao juiz meio alternativo de divulgação da alteração do regime de bens, a fim de resguardar direitos de terceiros.
>
> **§ 3º** Após o trânsito em julgado da sentença, serão expedidos mandados de averbação aos cartórios de registro civil e de imóveis e, caso qualquer dos cônjuges seja empresário, ao Registro Público de Empresas Mercantis e Atividades Afins.

▶ *Sem correspondência no CPC/1973*

1. Introdução

Regime de bens é o conjunto das normas encarregadas da disciplina patrimonial ou econômica do casal, na constância do matrimônio. Mesmo que exista pacto antenupcial, o regime de bens passa a vigorar a partir da data da celebração do casamento e perdura até sua dissolução por morte de qualquer dos cônjuges, pela separação ou pelo divórcio do casal.

Pela legislação brasileira, não há casamento sem a previsão de regime de bens. Inexistindo pacto antenupcial estabelecendo o regime de bens, ou sendo nulo ou ineficaz, nem sendo o caso de regime obrigatório, prevalecerá o *regime legal da comunhão parcial.*

Sintetizando: os nubentes poderão eleger, mediante *pacto antenupcial* (ou *pré-nupcial*), qualquer dos regimes de bens previstos pelo

CC; inexistindo pacto, ou sendo nulo ou ineficaz, prevalecerá o regime legal de comunhão parcial; finalmente, nas situações enunciadas no art. 1.641 do CC, será obrigatória a adoção do regime de separação de bens. Há, portanto, *regimes convencionais* – aqueles estipulados por pacto antenupcial (*comunhão parcial, comunhão universal, separação total e participação final dos aquestos*) –, *regime legal* (*comunhão parcial*) e *regime obrigatório* (*separação de bens*).

2. Princípios regentes do regime de bens

Tanto o estabelecimento do regime de bens a vigorar durante o casamento, quanto seus efeitos em relação aos cônjuges e a terceiros, são regidos pelos princípios legais a seguir explicitados.

2.1. Princípio da autonomia da vontade ou da livre escolha

Conforme previsto no *caput* do art. 1.639 do CC, poderão os nubentes, antes de celebrado o casamento, estipular o que lhes aprouver quanto aos seus bens, ou seja, pactuarão o regime de bens a vigorar na constância do casamento, podendo adotar qualquer daqueles regulados pelo Código Civil ou, até mesmo, estipular *regime especial de bens*, desde que respeitados a ordem pública e os fins do casamento.

2.2. Princípio da mutabilidade

O diploma civil autoriza a mudança do regime de bens, desde que atendidos os requisitos previstos no § 2º de seu art. 1.639: ela depende de autorização judicial (mediante o procedimento especial sob exame), pressupõe a existência de motivos razoáveis para a modificação e não poderá resultar em prejuízo a direitos de terceiros.

Tema que ainda suscita questionamento é a possibilidade de alteração de regime de bens aos que contraíram matrimônio antes da vigência do atual CC, pois seu art. 2.039 dispõe que o "regime de bens nos casamentos celebrados na vigência do Código Civil anterior é o por ele estabelecido".

A respeito, tem prevalecido o entendimento de que os que contraíram matrimônio antes da vigência do atual Código deverão permanecer no regime de bens já vigente (regime fundamental primário), mas poderão alterar, mediante decisão judicial – e sempre respeitados os direitos de terceiros –, aspectos incidentais do regime, naquilo que represente inovação trazida pela lei civil atual, como, por exemplo, a dispensa de outorga do cônjuge para disposição de bens prevista no inc. I do art. 1.647. Todavia, se o regime vigente entre os cônjuges é o de separação de bens obrigatória, nenhuma modificação será admissível.

3. Gestão patrimonial

Tendo em vista a garantia constitucional da isonomia entre os cônjuges, a gestão do patrimônio do casal caberá, em princípio, a ambos, em atenção aos interesses próprios e aos da família. Essa administração será realizada no sistema de colaboração (o que não implica, necessariamente, seja realizada em conjunto), alguns atos podendo ser praticados livremente, outros com autorização do cônjuge.

3.1. A livre prática de atos patrimoniais

Os atos de natureza patrimonial indicados no art. 1.642 do CC podem ser praticados livremente por qualquer dos cônjuges, independentemente do regime de bens, a saber:

a) o inc. I autoriza qualquer dos cônjuges a gerir e administrar determinados bens relacionados à sua profissão, como, por exemplo, adquirir e alienar produtos, celebrar contratos com terceiros, enfim, praticar todos os atos e negócios relacionados à sua profissão, sem que para tanto necessite de outorga uxória ou autorização marital. Mas essa autonomia sofre a limitação prevista no inc. I do art. 1.647, pois o cônjuge dependerá de autorização do outro, exceto no regime de separação absoluta de bens, para alienar ou gravar de ônus real (ex., dar em hipoteca) os bens imóveis próprios ou do casal. Mas poderá, livremente, alienar ou gravar bens imóveis integrantes do patrimônio da empresa;

b) o inc. II também dispensa autorização do cônjuge para a administração, pelo outro, dos bens próprios, ou seja, aqueles não sujeitos aos regimes de comunhão total, parcial ou de participação final nos aquestos. Essa liberdade de administração não implica, todavia, a de alienação ou gravame de bens, ante o que prevê o art. 1.647;

c) o inc. III autoriza e legitima o cônjuge a desobrigar ou reivindicar, junto a terceiros, os imóveis que tenham sido gravados ou alienados pelo outro sem o seu consentimento ou sem suprimento judicial. Esse dispositivo aplica-se exclusivamente a bens comuns, integrantes dos regimes de comunhão universal ou parcial, ou de participação final de aquestos, pois os casados no regime de separação total podem, livremente, dispor de seus bens, inclusive os imóveis, conforme previsto nos arts. 1.647, *caput* e inc. I e 1.687. Importante salientar que a ação a que alude o inciso poderá ser proposta pelo cônjuge prejudicado, ou, estando morto, por seus herdeiros, observada a ordem da vocação hereditária (art. 1.645). Já o terceiro prejudicado com a sentença judicial terá ação de regresso contra o cônjuge (ou, tendo este falecido, contra os seus herdeiros) que com ele praticou o ato de alienação ou oneração de bem imóvel (art. 1.646);

d) o inc. IV confere autonomia e legitimidade para o cônjuge prejudicado (ou seus herdeiros, tendo falecido – art. 1.645) postular em juízo a rescisão de contratos ou atos de garantia pessoal ou mercantil, prestados pelo outro, em infração do disposto art. 1.647, incs. III e IV. Isto porque, a prestação de fiança ou aval de um cônjuge para garantir dívida de terceiro, sem a anuência do outro, poderá colocar em risco o patrimônio comum, em detrimento dos interesses da família. O mesmo se diga de doação de bem comum, sem autorização do outro cônjuge. É evidente que essas restrições à prestação de garantias ou de doação dizem respeito somente àqueles casados nos regimes de comunhão universal, parcial ou de participação final nos aquestos. Finalmente, o terceiro que venha a ser prejudicado com a rescisão judicial do contrato ou do ato de prestação de garantia poderá reclamar em juízo, mediante ação própria, indenização (direito de regresso) a ser paga pelo cônjuge que praticou o ato ou negócio rescindido, ou, tendo ele falecido, pelos seus herdeiros (art. 1.646);

e) o inc. V tem por objetivo evidente impedir que um cônjuge possa transferir quaisquer bens do casal, móveis ou imóveis, a seu concubino, em prejuízo do cônjuge enganado – entendido, o concubinato, como a relação ilegítima entre pessoa ainda casada e terceiro (art. 1.727). Havendo transferência, o cônjuge enganado (ou, tendo falecido, seus herdeiros – art. 1.645) estará legitimado a reclamar em juízo a anulação do ato ou negócio de transferência e reivindicar o bem indevidamente alienado, figurando como réus, em litisconsórcio necessário, o cônjuge e seu concubino. Tenha-se em mente, no entanto, que nada impede, em princípio, a transferência de bens entre companheiros na união estável (relação protegida inclusive pela Constituição Federal – art. 226, § 3º), mormente se os mesmos foram adquiridos pelo esforço comum dos companheiros. Por outro lado, o inciso sob exame ainda faz referência à separação de fato do casal, por cinco anos, para a caracterização da união estável, apesar de esta não mais exigir esse requisito temporal para sua caracterização, conforme se extrai do art. 1.723;

f) finalmente, o inc. VI mostra-se conforme o preceito constitucional do inc. II do art. 5º, segundo o qual "ninguém será obrigado a fazer ou deixar de fazer alguma coisa senão em virtude da lei".

3.2. Atos praticados sem autorização

Atos e negócios rotineiros, necessários à economia doméstica (*v.g.*, aquisição de alimentos, pagamento de mensalidade escolar de filhos, aquisição de remédios), bem como a tomada de empréstimo das quantias necessárias para tais fins, não dependem de autorização de um cônjuge ao outro. No entanto, as dívidas assim contraídas por um deles obrigará o outro, solidariamente.

3.3. Atos que dependem de autorização

Os quatro incisos do art. 1.647 do CC exigem que pessoas casadas no regime de comunhão de bens (universal, parcial ou de participação final dos aquestos), devam, necessariamente, obter autorização do outro cônjuge (*autorização marital*, para a mulher, ou *outorga uxória*, para o marido) para a prática de atos ou negócios jurídicos que possam, direta ou indiretamente, causar prejuízo patrimonial ao outro cônjuge ou ao grupo familiar –, como, por exemplo, a alienação de imóvel que gera frutos (aluguéis) destinados à manutenção da família, ou a prestação de fiança ou aval, em favor de terceiro, que possa comprometer o patrimônio comum em futura ação de execução, com a penhora e excussão judicial do bem dado em garantia. Atos praticados sem autorização do outro cônjuge, ou sem suprimento judicial, poderão ser anulados pelo cônjuge prejudicado, figurando com réus o outro cônjuge e o terceiro que com ele praticou o ato ou o negócio:

a) o inc. I proíbe a qualquer dos cônjuges alienar (vender, doar, permutar) ou gravar (dar em hipoteca, em usufruto, em anticrese etc.) bem imóvel, seu ou comum, sem autorização do outro – ressalvado, apenas, o disposto no art. 978 do CC;

b) exceto quando regime de bens seja o de separação total, o inc. II exige autorização, de um cônjuge ao outro, para que possa promover em juízo ação versando direito real sobre imóvel próprio ou do casal (ex.: ação reivindicatória, ação de usucapião, ação de imissão na posse etc.), pois sempre haverá o risco de rejeição do pedido, com perda patrimonial e encargos resultantes do processo (custas e verba honorária). Figurando ambos os cônjuges como litisconsortes ativos é evidente a desnecessidade da autorização; figurando como réus e sendo o bem comum, é obrigatória, sob pena de nulidade do processo, a participação de ambos, em litisconsórcio necessário e unitário (CPC, arts. 114, 116 e 115, I, comb.);

c) o inc. III exige autorização marital ou outorga uxória de um cônjuge ao outro, para que este possa prestar fiança ou aval a terceiro;

d) o inc. IV exige autorização de um cônjuge ao outro para fazer doação não remuneratória a terceiro, tendo por objeto bens comuns ou bens próprios que possam integrar futura meação do cônjuge não doador. O objetivo da lei é também evidente: evitar que o patrimônio do casal possa ser reduzido por doação não consentida por um dos cônjuges, ou que este tenha prejudicada, antecipadamente, sua futura meação em caso de dissolução da sociedade conjugal por morte ou divórcio. Ficam excluídas da exigência de autorização, contudo, a doação remuneratória (ou seja, aquela feita em agradecimento a serviços prestados por terceiro ao cônjuge doador) e a feita em contemplação a casamento futuro de filhos do casal, ou para lhes permitir o estabelecimento de economia própria, separada da dos pais, eventualmente necessária para o início de atividades profissionais. Finalmente, convém lembrar a previsão do art. 24, inc. II, Lei Maria da Penha (Lei 11.340, de 2006), estabelecendo proibição temporária, sob supervisão judicial, de prática de atos ou negócios que possam prejudicar a mulher.

3.4. Suprimento judicial

Havendo necessidade de autorização marital ou outorga uxória para que o cônjuge pratique ato ou negócio indicado no art. 1.647 e o outro, injustificadamente, recuse-se a concedê-la ou, ainda, seja impossível a concessão (*v.g.*, cônjuge ausente, gravemente enfermo, incapaz), ela suprida judicialmente, em procedimento de justificação (v. CPC, arts. 719 e ss.). Considera-

-se anulável o ato praticado sem o suprimento judicial, podendo a ação ser proposta até dois anos (prazo decadencial) depois do término da sociedade conjugal; mas a aprovação posterior, pelo cônjuge, do ato praticado pelo outro sem sua autorização, torna-o válido, desde que feita por instrumento público ou, sendo particular, tenha autenticação cartorária. Saliente-se, por derradeiro, que se o ato for anulado, o terceiro prejudicado disporá de ação de regresso contra o cônjuge que o praticou sem autorização (art. 1.646).

3.5. Gestão exclusiva dos bens por um dos cônjuges

Essa gestão implica, evidentemente, responsabilidades ao cônjuge gestor, em relação ao outro e aos seus herdeiros, quando estiver gerindo bens particulares daquele, dos quais esteja na posse. O cônjuge gestor será considerado, em relação aos referidos bens:

a) como usufrutuário, se o rendimento dos bens for comum ao casal, devendo preservar a metade cabente ao outro cônjuge (v. CC, arts. 1.394 a 1.399);

b) como procurador, tendo mandato expresso ou tácito para administrar tais bens (v. CC, art. 656);

c) como depositário, quando não preencher qualquer das condições anteriores (v. CC, art. 647, inc. I).

4. Conceito e características do pacto antenupcial

É *contrato bilateral*, pois sua formalização depende da manifestação de vontade de ambos os pactuantes; é *solene* e *formal*, sua validade e eficácia dependendo da observância da forma prescrita em lei (escritura pública), nenhum efeito produzindo em relação a terceiros antes de seu registro, em livro especial, em cartório de Registro de Imóveis do domicílio dos cônjuges; é *condicional*, pois sua eficácia fica condicionada a evento futuro, a celebração do casamento; é *acessório*, na medida em que, na sua ausência, prevalecerá o regime legal de comunhão parcial (exceto nas situações em que seja obrigatório o de separação total). Finalmente, questiona-se em sede doutrinária se o pacto só pode comportar regras de natureza patrimonial, não pessoais. Isto porque, a lei não estabelece restrições à inserção, no pacto, de cláusulas de outra natureza,

Art. 734

como, por exemplo, aquelas envolvendo deveres conjugais, desde que não contrárias à lei, à dignidade de qualquer dos cônjuges e a igualdade de direitos e deveres entre eles.

4.1. Pacto antenupcial celebrado por menor

Embora a capacidade núbil seja reconhecida aos menores com 16 anos de idade completos, somente aos 18 anos de idade completos se adquire a maioridade civil. Consequentemente, o menor a que alude o art. 1.654 do CC é aquele que, já podendo casar, não atingiu ainda a maioridade civil, caso em que a eficácia do pacto antenupcial ficará condicionada à aprovação expressa de seus pais ou representante legal.

4.2. Pacto antenupcial e regime de participação final nos aquestos

Como no regime de participação final nos aquestos determinados bens são considerados particulares de cada um dos cônjuges, nada impede que estes estabeleçam cláusula de livre disposição de seus bens imóveis, sem a necessidade de autorização do outro.

4.3. Nulidade e ineficácia do pacto antenupcial

O pacto antenupcial será nulo, em primeiro lugar, se feito por forma diversa da prescrita em lei, ou seja, por escritura pública. Também será nulo, total ou parcialmente, sempre que contrarie disposição absoluta de lei – como, por exemplo, aquele celebrado por quem esteja sujeito ao regime obrigatório de separação de bens, a cláusula prevendo a possibilidade de descumprimento do dever de fidelidade etc. Será ineficaz quando, celebrado por menor, não obtiver a aprovação dos pais ou representante legal e, em relação a terceiros, enquanto não levado a registro.

5. Regime de comunhão parcial de bens

Inexistindo ou sendo nulo o pacto antenupcial, prevalecerá entre os cônjuges o regime legal de comunhão parcial, também conhecido como *regime supletivo de bens* – sempre ressalvada, convém lembrar, a situação daqueles nubentes que deverão submeter-se, necessariamente, ao regime de separação obrigatória de bens.

Nesse regime legal os bens móveis e imóveis dos cônjuges dividem-se em acervos distintos: aqueles que pertencem exclusivamente a cada um dos cônjuges (bens particulares) e os que pertencem ao casal (bens comuns).

5.1 Bens particulares de cada cônjuge

Determinados bens já integravam o patrimônio pessoal de cada um dos cônjuges, razão pela qual são incomunicáveis, compondo, assim, o acervo de bens particulares de cada um dos cônjuges. O mesmo se diga das obrigações assumidas antes do casamento, que, com a superveniência dele, ainda assim serão consideradas particulares. Eis o rol do art. 1.659:

a) o inc. I exclui da comunhão os bens, móveis e imóveis, que cada contraente já possuía antes do casamento, mais aqueles que, na constância dele, vierem a ser obtidos por doação, sucessão hereditária ou por sub-rogação. Assim, são incomunicáveis os bens adquiridos em razão de doação feitas a um só dos cônjuges, os bens recebidos por herança, mais aqueles resultantes de sub-rogação, ou seja, adquiridos no lugar de outro (*v.g.*, permuta) que já pertencia ao cônjuge antes do casamento;

b) o inc. II prevê a incomunicabilidade de bens adquiridos com valores pertencentes exclusivamente a um dos cônjuges, em sub-rogação de bens particulares. Por outras palavras, o produto da alienação de bem preexistente ao matrimônio (*v.g.*, antes do casamento um dos nubentes aliena imóvel de sua propriedade) é aplicado, já na constância do casamento, na aquisição de outro bem;

c) o inc. III exclui da comunhão as obrigações assumidas por qualquer dos cônjuges antes do casamento, visto que, não tendo sido contraídas em benefício do casal, de modo algum pode onerar o outro cônjuge;

d) o inc. IV exclui as obrigações resultantes de atos ilícitos, pois, em princípio, somente o culpado responde perante pelo pagamento de indenização. No entanto, se o ato ilícito praticado por um dos cônjuges a ambos aproveitou (*v.g.*, o produto do ato ilícito é aplicado na aquisição de um bem comum ao casal), eles responderão pela reparação do ilícito;

e) o inc. V exclui da comunhão, por razões óbvias, os bens de uso pessoal (roupas, calçados etc.), os livros (mais documentos pessoais, CDs, DVDs etc.) e os instrumentos de profissão;

f) o inc. VI qualifica como incomunicáveis os proventos percebidos pelo cônjuge em razão de seu trabalho pessoal, assim entendida qualquer receita oriunda de seu labor, como salário e *pro labore*. Essa incomunicabilidade deve ser entendida em seus devidos termos: na constância do casamento esses proventos serão utilizados para a manutenção do casal e sua prole; dissolvida a sociedade conjugal, não estarão sujeitos – daí, sim – à partilha de bens;

g) o inc. VII também exclui da comunhão as pensões (pagamentos recebidos por determinação legal ou judicial), os meios-soldos (salários de militares reformados), os montepios (pensões previdenciárias) ou outras rendas (pagamento de verbas de previdência privada etc.). A mesma ressalva feita quanto ao inciso anterior é cabível no que se refere ao ora sob exame;

h) finalmente, são incomunicáveis aqueles bens cuja aquisição tiver por título causa anterior ao casamento. Exemplificando: antes do casamento, um dos nubentes já havia preenchidos todos os requisitos para adquirir determinado bem, móvel ou imóvel, por meio de usucapião. Depois de casado, ingressa em juízo com a ação – ou, então, sobrevém sentença de procedência, se o processo correspondente já se encontrava em curso –, caso em que, tendo em vista a natureza declaratória da sentença de usucapião, dotada de eficácia *ex tunc* (retroativa), considera-se que o bem já pertencia ao usucapiente antes mesmo de se casar.

5.2 Bens comunicáveis

Após o matrimônio, determinados bens passam, automaticamente, a integrar o patrimônio comum do casal, conforme expressa previsão do art. 1.660 do CC:

a) todos os bens, móveis e imóveis, adquiridos a título oneroso (*v.g.*, compra e venda), por um ou ambos os cônjuges, com rendimentos próprios ou comuns (excluídos os sub-rogados);

b) os bens adquiridos por fato eventual, seja ele natural (*v.g.*, acessão natural – CC, art. 1.248) ou resultante de atividade humana (*v.g.*, prêmio de loteria ou ganhos de jogo);

c) se determinada doação tem como donatários ambos os cônjuges, ou se estes são contemplados, em testamento, com herança e legado, os bens assim adquiridos são considerados comuns. Mas não se perca de vista que essa situação é diferente daquela já examinada (**item 5.1 *a, supra***);

d) considerando que foram realizadas na constância do casamento e resultam, presumivelmente, do esforço comum do casal, também se comunicam as benfeitorias realizadas em bens particulares de cada cônjuge;

e) também são comunicáveis os frutos, tanto dos bens comuns, quanto dos particulares (*v.g.*, aluguéis), quer os já colhidos (*percebidos*), quer os pendentes (*percipiendos*) à época da cessação da comunhão, ou seja, aqueles que serão percebidos por ocasião de partilha de bens do casal;

f) por derradeiro, os bens móveis, cuja data de aquisição não se provar, são considerados, por presunção legal, como adquiridos na constância do casamento e, portanto, comuns.

5.3 Administração do patrimônio comum

Os bens comuns serão administrados por qualquer dos cônjuges, em absoluta igualdade de condições. Por isso mesmo, as dívidas contraídas por um deles, no exercício da administração, obrigam os bens comuns, de um lado, e os particulares do cônjuge administrador, de outro; mas também o cônjuge não administrador responderá com seus bens particulares, no limite do proveito que houver auferido com a administração (CC, art. 1.663, *caput* e § 1º). Atos ou negócios gratuitos, que acarretem a cessão do uso ou gozo, a terceiro, de bens comuns (v.g., comodato) – e que, portanto, não apresentam contrapartida em favor do casal –, só podem ser praticados com a anuência de ambos os cônjuges (§ 2º); em caso de malversação dos bens por um dos cônjuges, poderá o juiz, mediante provocação do outro, atribuir-lhe com exclusividade a administração do patrimônio comum (§ 3º). Finalmente, salvo disposição em contrário no pacto antenupcial, a administração e a disposição dos bens que integram o patrimônio particular de cada cônjuge apenas a ele compete (art. 1.665).

5.4. Responsabilidade por dívidas e obrigações

Em caso de execução, os bens comuns respondem pelas obrigações assumidas por qualquer dos cônjuges para atender encargos da família (ex.: pagamento de alugueis), por despesas com administração ou decorrentes de imposição legal (ex.: pagamento de tributos). Já

Art. 734

CÓDIGO DE PROCESSO CIVIL INTERPRETADO

1270

pelas dívidas contraídas por um dos cônjuges, visando à administração ou melhoramento (v.g., benfeitorias) de bem particular, não respondem os bens comuns.

6. Regime de comunhão universal de bens

Por esse regime, que deve ser necessariamente pactuado pelos nubentes, estabelece-se a comunicabilidade de todos os bens, direitos e obrigações, presentes e futuros, ressalvadas as exceções legais. Em síntese, os patrimônios dos contraentes fundem-se em um só, assumindo os cônjuges a condição de *meeiros*.

6.1. Bens excluídos da comunhão universal

De acordo com o previsto nos incisos do art. 1.668 do CC, são excluídos da comunhão os seguintes bens e dívidas:

a) os bens doados ou herdados com cláusula de incomunicabilidade são, por sua própria natureza, insuscetíveis de comunicação (v. CC, art. 1.911); e, se alienados, a incomunicabilidade sub-roga-se no bem (ou bens) que vier a ser adquirido em seu lugar. Não obstante, também são excluídos os bens doados com cláusula de reversão (CC, art. 547), pois com a morte do cônjuge donatário, o bem doado volta ao doador, não sendo partilhado, portanto, com o cônjuge sobrevivente;

b) os bens gravados de fideicomisso, mais o direito do herdeiro fideicomissário, antes de realizada a condição suspensiva. Como se sabe, fideicomisso é o ato pelo qual o testador institui herdeiros ou legatários e impõe a um deles, o *fiduciário*, a obrigação de, por sua morte, a certo tempo ou sob certa condição, transmitir ao outro, denominado *fideicomissário*, a herança ou o legado (CC, arts. 1.951 e 1.952). Assim – e exemplificando – *X* (testador) deixa uma casa, a título de legado, a *Y* (fiduciário), impondo-lhe a obrigação de, após certo tempo, transmitir o bem legado a *Z* (fideicomissário), adquirindo este, em consequência, a propriedade definitiva da coisa. Caso o fideicomissário morra antes do fiduciário, ou, no exemplo em pauta, antes de decorrido o prazo após o qual *Y* estaria obrigado a transmitir-lhe o bem, extingue-se o fideicomisso, consolidando-se em definitivo a propriedade do fiduciário (CC, art. 1.958). Também será extinto o fideicomisso se o bem deixado por herança ou legado for destruído ou, ainda, se o fideicomissário renunciar à herança ou ao legado (art. 1.955). Então, de acordo com o inc. II do art. 1.668,

enquanto o fideicomisso não se consuma, seja pela morte de fiduciário ou do fideicomissário, seja pelo advento do termo ou do implemento da condição, o bem gravado, bem como o direito a ele correspondente, estarão excluídos da comunhão;

c) também não se comunicam as dívidas pessoais de cada cônjuge, contraídas antes do casamento, salvo aquelas provenientes de despesas com aquisição do imóvel que servirá de residência do casal e dos bens que irão guarnecê-la; mas se comunicam as dívidas que, embora assumidas antes do casamento por um dos cônjuges, possam reverter em proveito de ambos – como, por exemplo, as despesas com a festa de casamento;

d) representaria verdadeira contradição, não bastasse a vedação legal, que bem doado antes do casamento por um dos nubentes ao outro, com cláusula de incomunicabilidade, pudesse, depois do matrimônio, integrar o patrimônio comum. Aliás, o inc. IV apenas explicita uma situação particular de incomunicabilidade, pois a regra geral vem expressa no inc. I.

6.2. Comunicação dos frutos

No regime de comunhão universal prevalece, por evidente, o princípio segundo o qual todos os bens adquiridos por um ou ambos os cônjuges, antes e durante o casamento, integram um só patrimônio, representando exceção justamente a incomunicabilidade estabelecida taxativamente pelo art. 1.668. Como este não inclui os frutos no rol dos bens incomunicáveis, conclui-se que o art. 1.669 apenas vem em reforço ao princípio geral da comunicabilidade.

6.3. Extinção da responsabilidade por dívidas

Com a dissolução da sociedade conjugal e, por consequência, da comunhão de bens com a partilha e quitação das dívidas comuns, cessará a responsabilidade de cada um dos ex-cônjuges pelas dívidas do outro perante terceiros, eis que extinta a solidariedade passiva até então existente entre marido e mulher.

7. Regime de participação final nos aquestos

Novidade introduzida pelo atual Código Civil, o regime da participação final dos aquestos (que deve ser estabelecido, necessariamente, por pacto antenupcial), consiste, na realidade, em um regime misto, resultante da fusão dos regimes de comunhão parcial e de separação.

Assim, na constância do casamento cada cônjuge possuirá patrimônio próprio – dois patrimônios distintos, portanto – e, sobrevindo a dissolução da sociedade conjugal (por morte, divórcio ou separação), terão incidência as regras específicas da comunhão parcial, com a partilha dos bens adquiridos pelo casal, a título oneroso, na constância do casamento, quais sejam, os aquestos.

7.1. Bens que compõem os patrimônios próprios

Os bens que cada um dos cônjuges já possuía antes de contrair matrimônio, mais os adquiridos, a qualquer título, na constância do casamento, integrarão o seu patrimônio próprio, ou seja, não se comunicarão. cada qual sendo administrado exclusivamente por seu titular. Vale dizer, nesse estágio da vida conjugal prevalecerão as regras do regime de separação total.

Também integram o patrimônio próprio os bens imóveis registrados em cartório de registro imobiliário em nome de apenas um dos cônjuges; impugnada, pelo outro, a titularidade do bem, a prova da aquisição regular competirá ao que figure como adquirente.

7.2. Partilha dos aquestos

Dissolvida a sociedade conjugal, os aquestos serão partilhados entre os ex-cônjuges. Para apurá-los e posteriormente partilhá-los, serão considerados incomunicáveis *(i)* os bens que cada um já possuísse antes do casamento, *(ii)* os adquiridos na constância dele, por sucessão hereditária ou por ato de liberalidade (*v.g.*, doação pura) e, finalmente, *(iii)* as dívidas relativas a esses bens. Os bens restantes serão aquestos e deverão ser partilhados, presumindo a lei, salvo prova em contrário, que os bens móveis foram adquiridos na constância do casamento.

Na apuração do montante dos aquestos será ainda computado o valor de eventuais doações feitas a terceiros por um dos cônjuges, sem a anuência do outro; o bem doado poderá ser reivindicado judicialmente pelo cônjuge prejudicado ou seus herdeiros, para integrar o monte a ser partilhado, ou, alternativamente, metade de seu valor, apurado à época da dissolução da sociedade conjugal, será descontada na parte dos aquestos que couber ao cônjuge doador.

Melhor esclarecendo – e exemplificando –, se o bem doado foi um imóvel que valia, à época da dissolução da sociedade conjugal, R$ 300.000,00, ele poderá ser reivindicado em ação própria, pelo cônjuge (ou seus herdeiros), a fim de integrar o monte a ser partilhado, ao donatário prejudicado restando a ação de regresso; ou, então, metade do valor do imóvel será descontada do quinhão cabente ao cônjuge doador e reverterá em favor do outro cônjuge.

Já os bens adquiridos pelo trabalho conjunto dos cônjuges serão considerados condominiais (presunção legal relativa – *iuris tantum*), cada um dos cônjuges tendo direito à respectiva meação, ou ao crédito correspondente à metade do valor do bem – salvo se ficar provado, judicialmente, que um deles contribuiu com maior valor, caso em que a partilha será realizada proporcionalmente à participação de cada um dos cônjuges.

Convém destacar, finalmente, duas situações relacionadas à apuração do montante dos aquestos:

a) sendo o regime de bens extinto por separação ou divórcio, os aquestos serão apurados à data em que cessou a convivência do casal, ou pelo valor correspondente àquela (CC, arts. 1.683 e 1.684); bens adquiridos ou dívidas contraídas a partir desse momento serão considerados particulares de cada um dos ex-cônjuges;

b) no caso de a dissolução da sociedade conjugal resultar da morte de um dos cônjuges, a apuração da meação do sobrevivente será realizada em conformidade com os arts. 1.672 e seguintes; a meação do falecido integrará seu espólio e a herança líquida apurada em inventário ou arrolamento será destinada aos seus herdeiros, observada a ordem da vocação hereditária. Pelas dívidas pessoais do *de cujus* responderão os herdeiros, nos limites dos respectivos quinhões hereditários.

7.3. Responsabilidade por dívidas

Dívidas anteriores ao casamento, mais as posteriores contraídas por um dos cônjuges, serão de responsabilidade exclusiva daquele que as contraiu, salvo se ficar provado que reverteram, total ou parcialmente, em benefício do outro – caso em que serão consideradas dívidas comuns, na proporção correspondente ao benefício (art. 1.677); se um dos cônjuges solveu dívida do outro, para tanto utilizando bens de seu patrimônio próprio, o valor do pagamento deverá ser atualizado à data da dissolução da

Art. 734

sociedade conjugal e imputado (descontado) à meação do outro (art. 1.678).

Constatada, à época da partilha dos bens, que as dívidas particulares de um dos cônjuges superam sua meação, por elas não responderão, junto aos credores, o outro cônjuge ou os seus herdeiros – salvo, evidentemente, aquelas dívidas que tenham revertido em proveito do casal ou do outro cônjuge (art. 1.686). Falecendo o devedor, seus herdeiros responderão pelas dívidas até a força da herança, exclusivamente (v. CC, art. 1.997, *caput*).

Por outro lado, os bens móveis que integram o patrimônio próprio de cada um dos cônjuges responderão por suas dívidas pessoais contraídas perante terceiros; todavia, se, no caso de execução do cônjuge devedor, vier a ser penhorado bem comum ou de uso pessoal do outro, este poderá valer-se de embargos de terceiro para liberar o bem da constrição judicial (v. CPC, art. 674, § 2º, I).

8. Regime de separação total de bens

Nesse regime cada cônjuge terá seu próprio patrimônio e o administrará com exclusividade, podendo livremente alienar ou gravar seus bens e respondendo, também com exclusividade, pelas dívidas que venha a contrair – exceto aquelas que revertam em proveito do casal. Além disso, ambos responderão, proporcionalmente aos respectivos bens e rendimentos de seu trabalho, pelas despesas do casal, salvo se de forma diversa foi estipulada em pacto antenupcial.

8.1. Modalidades do regime de separação total de bens

Esse regime poderá ser o *convencional* ou *obrigatório*. O primeiro, aquele estipulado por pacto antenupcial; o segundo, resultante de sanção pela inobservância de causa suspensiva do casamento, ou estabelecido com o intuito de proteger os consortes, em razão de sua idade ou incapacidade. Como a imposição desse regime resulta de norma de ordem pública, será considerado nulo qualquer outro que venha a ser adotado por meio de pacto antenupcial.

Ele prevalecerá nas hipóteses previstas no art. 1.641:

a) sanção por inobservância de causa suspensiva do casamento: as denominadas *causas suspensivas* (CC, 1.523 e 1.524) não representam obstáculos à celebração do casa-

mento, nem acarretam sua invalidade em razão da inobservância de qualquer delas. Todavia, celebrado o casamento sem o atendimento das exigências legais, os nubentes sofrerão penalidade, consistente na obrigatoriedade do regime de separação de bens;

b) contraente maior de 70 anos de idade: originalmente, o inc. II do art. 1.641 estabelecia a idade de 60 anos completos, ou mais, de um ou ambos os contraentes, como determinante para a adoção do regime de separação de bens; posteriormente essa idade limite foi ampliada para 70 anos (Lei 12.334/2010). Essa exacerbada proteção legal, estabelecida em detrimento da própria dignidade do idoso que esteja no gozo pleno de suas capacidades física e mental, vem merecendo críticas por parcela considerável e autorizada da doutrina, havendo os que sustentam, inclusive, que se o casamento foi precedido de união estável antes dessa idade, os bens assim adquiridos não se submeterão ao regime de separação total;

c) casamento com suprimento judicial: em determinadas situações a celebração do casamento dependerá de suprimento judicial (*v.g.*, CC, arts. 1.517 e 1.641, III), caso em que, objetivando proteger o contraente incapaz, a lei impõe o regime de separação de bens.

8.2. Regime de separação de bens e comunicação dos aquestos

O Código Civil anterior estabelecia, em seu art. 259, que, embora o regime não fosse o da comunhão de bens, prevaleceria, no silêncio do contrato (*i.e.*, do pacto antenupcial), os princípios dessa última, sendo assim comunicáveis os bens adquiridos na constância do casamento, o que levou o Supremo Tribunal Federal a editar sua Súmula 377, com o seguinte enunciado: "No regime de separação legal de bens, comunicam-se os adquiridos na constância do casamento", quais sejam, os aquestos, entendidos como tais, à época, apenas os bens adquiridos pelo *esforço comum* de ambos os cônjuges. Como o atual regime de participação final nos aquestos não mais exige, para a caracterização desses bens, o requisito do esforço comum, bastando que sua aquisição tenha ocorrido a título oneroso, há divergência, em sedes doutrinária e jurisprudencial, a respeito da manutenção da aludida orientação sumular, principalmente quando se tratar do regime obrigatório de separação. Tomando partido nessa controvérsia, entendemos que, no mínimo por uma questão de justiça, devam ser comunicados os aquestos (na sua conformação atual) em relação ao regime de separação obrigatória de bens; no entanto, se o regime de separação for o convencional, em relação a esses bens deverá prevalecer, em atenção ao princípio da autonomia da vontade, o que for pactuado pelos cônjuges.

8.3. Regime de separação de bens na sucessão hereditária

Sendo convencional o regime de separação de bens, os cônjuges poderão livremente pactuar a respeito de sua condição recíproca de herdeiros, ou seja, poderão estabelecer se e quando herdarão um do outro; no entanto, se o regime for o obrigatório, prevalecerá a exclusão estabelecida pelo art. 1.829, inc. I, do CC – ressalvada, sempre, a possibilidade de o cônjuge sobrevivente reivindicar em juízo sua quota-parte dos aquestos, ao Poder Judiciário competindo dirimir, no caso concreto, a questão relacionada à manutenção, nos dias atuais, da Súmula 377 do Supremo Tribunal Federal.

9. Procedimento judicial para a alteração do regime de bens do casamento

Expostas as normas de direito material que regem o estabelecimento do regime conjugal de bens, passa-se ao exame do novel procedimento previsto para sua alteração (CPC, art. 734).

9.1. Formulação do requerimento

O pedido de alteração do regime de bens deverá ser formulado no juízo de família, onde houver – ou no cível –, do foro do domicílio do casal, por meio de petição assinada por ambos os cônjuges e instruída com certidões atualizadas do casamento e do registro imobiliário ou de qualquer outro registro oficial de bens, mais o rol detalhado dos bens não registráveis, visando à perfeita identificação daqueles que integram o patrimônio do casal ou são próprios de cada um dos cônjuges. A critério do juiz, também poderá ser exigida a apresentação da última declaração de bens, com o fito de identificar eventuais créditos de terceiro.

9.2. Necessidade de motivação

Excetuado o regime de separação obrigatória de bens – inalterável por vontade dos cônjuges, sob pena de cuja alteração representaria burla à lei –, é admissível a alteração de qualquer dos demais, com a clara explicitação das razões que a justificam; vale dizer, a pretendida alteração será indeferida se resultar de simples capricho, puder prejudicar os direitos de um dos cônjuges ou de qualquer credor e, principalmente, quando evidenciado o seu intuito de fraudar terceiros.

9.3. Intervenção do Ministério Público

Justamente para evitar a fraude à lei ou a terceiro, é indispensável a participação do Ministério Público no procedimento, exercendo as funções de fiscal da ordem jurídica.

9.4. Exigência de publicidade

Não basta, para o deferimento do pedido de alteração, que ele venha devidamente motivado pelos requerentes. É indispensável, sobretudo, a preservação dos interesses de terceiros, daí a necessidade de publicação de editais, tornando pública a intenção dos cônjuges; no entanto, igualmente para preservar esses mesmos interesses, será possível dar-se publicidade por meio alternativo proposto pelos requerentes.

Difícil imaginar qual será o "meio alternativo" a ser proposto pelos requerentes da alteração para, ao mesmo tempo em que dela se dá publicidade aos terceiros, preservar-se, igualmente, os seus interesses. Afinal, se os terceiros interessados conhecidos poderão ser cientificados da pretensão dos cônjuges por meios convencionais (pelo correio, por mensagem eletrônica), como se dar publicidade àqueles que não o sejam? Resta, pois, confiar no prudente critério do juiz para autorizar a adoção de meio alternativo que seja idôneo e suficiente para tal finalidade.

9.5. Julgamento

Acolhido por sentença o pedido de alteração, após o trânsito em julgado o juiz determinará a expedição de mandados de averbação nos cartórios competentes e, sendo empresário qualquer dos cônjuges, também para o Registro Público de Empresas Mercantis e Atividades Afins (v. Lei 8.934, de 1994).

Seção V
Dos testamentos e dos codicilos

Art. 735. Recebendo testamento cerrado, o juiz, se não achar vício externo que o torne

Art. 735

CÓDIGO DE PROCESSO CIVIL INTERPRETADO

1274

> suspeito de nulidade ou falsidade, o abrirá e mandará que o escrivão o leia em presença do apresentante.
>
> **§ 1º** Do termo de abertura constarão o nome do apresentante e como ele obteve o testamento, a data e o lugar do falecimento do testador, com as respectivas provas, e qualquer circunstância digna de nota.
>
> **§ 2º** Depois de ouvido o Ministério Público, não havendo dúvidas a serem esclarecidas, o juiz mandará registrar, arquivar e cumprir o testamento.
>
> **§ 3º** Feito o registro, será intimado o testamenteiro para assinar o termo da testamentária.
>
> **§ 4º** Se não houver testamenteiro nomeado ou se ele estiver ausente ou não aceitar o encargo, o juiz nomeará testamenteiro dativo, observando-se a preferência legal.
>
> **§ 5º** O testamenteiro deverá cumprir as disposições testamentárias e prestar contas em juízo do que recebeu e despendeu, observando-se o disposto em lei.

▶ *Referência: CPC/1973 – Arts. 1.125 a 1.127*

1. Conceito de testamento

Aberta a sucessão hereditária com a morte da pessoa, opera a imediata transmissão da herança aos seus herdeiros legítimos e testamentários (CC, art. 1.784). Morrendo *ab intestato* (sem deixar testamento, ou, havendo, for nulo ou caduco, isto é, ineficaz), dá-se a *sucessão legítima*, com a transmissão da herança aos herdeiros legítimos do falecido, obedecida a *ordem da vocação hereditária* (arts. 1.788 e 1.829). Existindo testamento válido e eficaz, tem-se a *sucessão testamentária*, beneficiando as pessoas contempladas pelo testador, desde que obedecidas as exigências legais (arts. 1.786, 1.789 e 1.857 e ss.).

Na dicção da lei, o testamento é o ato jurídico personalíssimo, solene, gratuito, de última vontade e revogável, pelo qual o testador dispõe, no todo ou em parte, dos seus bens, para depois de sua morte (CC, arts. 1.857 e 1.858, comb.).

Ato personalíssimo, porque só pode ser produzido pelo próprio testador, aperfeiçoando--se apenas com a exclusiva manifestação de sua vontade. Solene, pois a manifestação de vontade nele contida deve ser exteriorizada com a observância dos requisitos formais prescritos em lei,

sob pena de invalidade e, por consequência, de ineficácia. Sua gratuidade resulta do fato de o testador praticar liberalidade em favor do herdeiro ou legatário, sem a exigência de contrapartida. É, essencialmente, ato de última vontade, por meio dele o testador dispondo sobre a destinação de seu patrimônio para depois de sua morte (disposições testamentárias patrimoniais) ou, ainda, regulando assuntos relevantes sem conteúdo patrimonial (disposições testamentárias extrapatrimoniais – CC, art. 1.857, § 2º – v., ainda, ECA, art. 26). Finalmente, é ato revogável: após a sua elaboração o testador pode alterar livremente a vontade nele manifestada (CC, art. 1.969 e ss.), com a ressalva prevista no inc. III do art. 1.609 do Código Civil, ao prever a irrevogabilidade do reconhecimento dos filhos havidos fora do casamento (v. art. 1.610).

2. Modalidades testamentárias

Há duas modalidades de testamentos: os ordinários e os especiais, estes últimos sendo admissíveis exclusivamente nas situações específicas previstas em lei (CC, art. 1.886 e ss.).

2.1. Testamentos ordinários

São o público, o cerrado e o particular (art. 1.862):

a) testamento público: é o lavrado pelo tabelião (ou seu substituto) no livro próprio, de acordo com as declarações do testador, com a leitura do respectivo instrumento perante duas testemunhas e posterior coleta das assinaturas destas, do tabelião e do testador, ou a rogo deste último, não sabendo ou podendo assinar (arts. 1.864 a 1.867);

b) testamento cerrado: também denominado *secreto* ou *místico*, é aquele escrito pelo próprio testador, ou por outra pessoa a seu rogo e posteriormente entregue, na presença de duas testemunhas, ao tabelião ou seu substituto, que o lacrará após a elaboração e leitura do auto de aprovação (arts. 1.868 a 1.875);

c) testamento particular: é o escrito de próprio punho pelo testador – motivo pelo qual é também denominado *hológrafo* – ou por outro meio de escrita, lido na presença de pelo menos três testemunhas e assinado por elas e pelo testador (arts. 1.876 a 1.880). Em circunstâncias excepcionais declaradas na cédula testamentária, também poderá ser confirmado, a critério do juiz, o testamento particular de próprio punho e assinado apenas pelo testador.

2.2. Testamentos especiais

São o marítimo, o aeronáutico e o militar (art. 1.886 e ss.):

a) testamento marítimo: produzido por pessoa em viagem a bordo de navio nacional de guerra ou mercante (v. art. 1.892), perante o comandante e na presença de duas testemunhas, na forma que corresponda ao testamento público ou ao cerrado (arts. 1.888 a 1.892);

b) testamento aeronáutico: não previsto, por razões óbvias, no CC/1916, o testamento aeronáutico é aquele feito por pessoa em viagem a bordo de aeronave militar ou comercial, perante pessoa designada pelo comandante, na presença de duas testemunhas e na forma correspondente ao público ou cerrado (arts. 1.889 a 1.891);

c) testamento militar: corresponde àquele feito, em campanha, por militar e/ou qualquer outra pessoa a serviço das Forças Armadas, observada a forma escrita (arts. 1.893 a 1.896). Estando o testador ferido ou empenhado em combate, poderá testar oralmente (testamento conhecido como nuncupativo, em iminente risco de vida, *in articulum mortis* ou, ainda, *in extremis* – art. 1.896).

2.3. Codicilo

Contemplado nos arts. 1.881 a 1.885 do CC, ele é destinado a disposições especiais relativas ao enterro do testador, pequenas esmolas e a legados de bens pessoais móveis e de pequeno valor, o codicilo também pode ser utilizado para a nomeação ou substituição de testamenteiro (art. 1.883); deve ser elaborado pelo próprio testador, em documento escrito particular assinado por ele e se submete, estando fechado, ao mesmo modo de abertura destinado ao testamento cerrado (art. 1.885).

3. Procedimentos para o cumprimento de testamentos

Morto o testador, procede-se ao cumprimento do seu testamento no foro de seu último domicílio (CPC, art. 49). Dever-se-á observar o procedimento específico para cada uma das modalidades testamentárias, pois há tanto o procedimento previsto para a abertura, registro e cumprimento dos testamentos cerrados e públicos, quanto o destinado à confirmação e posteriores registro e cumprimento dos testamentos particulares e dos especiais.

4. Procedimento de abertura, registro e cumprimento do testamento cerrado

Recebendo o testamento cerrado, o juiz procederá ao seu exame formal, verificando se está intacto, isto é, se não houve rompimento do lacre ou dilaceração da cédula e ordenará que o escrivão o leia na presença de quem o entregou (CC, art. 1.875). Considera-se revogado o testamento se houver sido aberto ou dilacerado pelo testador ou por outrem, com o consentimento dele (art. 1.972).

Estando em ordem e lido pelo juiz, lavrar-se-á o termo de abertura, rubricado por aquela autoridade judiciária e assinado pelo apresentante do testamento, este devendo conter os requisitos mencionados em lei.

5. Suspensão do cumprimento do testamento cerrado

Constatando o juiz a presença de vício externo no testamento que o torne suspeito de nulidade ou falsidade, não determinará o seu cumprimento (v., ainda, CC, art. 1.875, *in fine*); ao contrário, ordenará a suspensão do procedimento, cabendo ao interessado (herdeiro, testamenteiro, Ministério Público) promover ação declaratória objetivando o reconhecimento judicial da validade, ou não, do testamento.

6. A participação do Ministério Público

A atuação dos representantes do *Parquet* no procedimento sob exame tem por escopo tanto resguardar os interesses privados em jogo, principalmente havendo herdeiro incapaz, quanto fiscalizar a exata aplicação da lei pelo juiz (CPC, art. 179) – daí a necessidade de sua prévia oitiva antes do registro, arquivamento e cumprimento do testamento.

7. Registro, arquivamento e cumprimento do testamento cerrado

Ouvido o representante do Ministério Público, o juiz determinará o registro e o arquivamento do testamento no cartório competente. Encaminhada cópia do registro à repartição fiscal pelo escrivão, com a finalidade de verificação e apuração de impostos (CPC, art. 735, § 2º), em seguida serão cumpridas as disposições testamentárias.

Jurisprudência

"'Não há falar em nulidade do ato de disposição de última vontade (testamento parti-

Art. 736

cular), apontando-se preterição de formalidade essencial (leitura do testamento perante as três testemunhas), quando as provas dos autos confirmam, de forma inequívoca, que o documento foi firmado pelo próprio testador, por livre e espontânea vontade, e por três testemunhas idôneas, não pairando qualquer dúvida quanto à capacidade mental do *de cujus*, no momento do ato. O rigor formal deve ceder ante a necessidade de se atender à finalidade do ato, regularmente praticado pelo testador' (REsp 828.616/MG, Rel. Min. Castro Filho, 3ª Turma, julgado em 5.9.06, *DJ* 23.10.06, p. 313). Nesta mesma linha, a jurisprudência mais recente do STJ 'tem contemporizado o rigor formal do testamento, reputando-o válido sempre que encerrar a real vontade do testador, manifestada de modo livre e consciente'" (REsp 1.419.726/SC, Rel. Min. Marco Aurélio Bellizze, 3ª Turma, j. 09.12.2014, *DJe* 16.12.2014).

> **Art. 736**. Qualquer interessado, exibindo o traslado ou a certidão de testamento público, poderá requerer ao juiz que ordene o seu cumprimento, observando-se, no que couber, o disposto nos parágrafos do art. 735.

▶ *Referência: CPC/1973 – Art. 1.128*

8. Procedimento para o cumprimento de testamento público

Sendo público o testamento, poderá qualquer interessado, apresentando em juízo o seu traslado ou certidão, requerer ao juiz o seu cumprimento, observado o mesmo procedimento estabelecido para o cumprimento do testamento cerrado. É dispensada a prévia confirmação do testamento, pois sendo público a autenticidade das declarações dele constantes é atestada pelo tabelião; mas qualquer interessado poderá, pelas vias próprias, impugnar a sua validade.

> **Art. 737.** A publicação do testamento particular poderá ser requerida, depois da morte do testador, pelo herdeiro, pelo legatário ou pelo testamenteiro, bem como pelo terceiro detentor do testamento, se impossibilitado de entregá-lo a algum dos outros legitimados para requerê-la.
>
> **§ 1º** Serão intimados os herdeiros que não tiverem requerido a publicação do testamento.

> **§ 2º** Verificando a presença dos requisitos da lei, ouvido o Ministério Público, o juiz confirmará o testamento.
>
> **§ 3º** Aplica-se o disposto neste artigo ao codicilo e aos testamentos marítimo, aeronáutico, militar e nuncupativo.
>
> **§ 4º** Observar-se-á, no cumprimento do testamento, o disposto nos parágrafos do art. 735.

▶ *Referência: CPC/1973 – Arts. 1.130 a 1.133*

9. Procedimento de confirmação do testamento particular

Diferentemente dos demais testamentos ordinários, cuja idoneidade resulta ou da aprovação do tabelião (no caso do cerrado – CC, art. 1.868), ou de sua participação direta na elaboração (no público – art. 1.864), o testamento particular é elaborado pelo próprio testador e assinado por este e mais três testemunhas (v. art. 1.876, § 1º), daí a necessidade de verificação judicial de sua autenticidade e validade.

Aberta a sucessão hereditária, qualquer herdeiro ou legatário, o testamenteiro ou eventual terceiro detentor do testamento estará legitimado a requer em juízo, isolada ou conjuntamente, seja tornado público o testamento particular, instruindo a petição inicial com a cédula testamentária. Designada audiência para a inquirição das testemunhas testamentárias, dela serão intimados pessoalmente os herdeiros que não tiverem requerido a publicação do testamento, até para que possam, sendo o caso, vir a impugná-lo, alegando sua nulidade. E apesar de o CPC não haver contemplado integralmente o rol de interessados indicados no art. 1.131 de seu antecessor, também é aconselhável a intimação *(i)* dos herdeiros aos quais caberia a sucessão legítima do testador (e que têm manifesto interesse na causa, ante a hipótese de o testamento vir a ser declarado nulo ou caduco), *(ii)* do testamenteiro e do legatário (salvo se qualquer deles houver sido o requerente da publicação do testamento) e *(iii)* do representante do Ministério Público, na função de fiscal da ordem jurídica.

10. Finalidade da inquirição das testemunhas testamentárias

A validade de qualquer testamento depende da capacidade para testar (*testamenti factio activa* – CC, art. 1.860) e para herdar (*testamenti factio passiva* – arts. 1.798 a 1.802), da observância da forma prescrita em lei (*v.g.*, arts. 1.863 e 1.867) e do respeito às regras de sucessão hereditária (*v.g.*, art. 1.789).

Sendo particular o testamento, em cuja elaboração não é exigida a participação de agente estatal, a aferição desses requisitos deve ser extremamente rigorosa, visando impedir fraudes. Então, além da constatação direta, pelo juiz, da capacidade testamentária do testador e sucessória do herdeiro e da observância dos requisitos formais na feitura do testamento (*v.g.*, inexistência de rasuras ou espaços em branco – CC, art. 1.876, § 2º), é igualmente indispensável verificar-se, com a inquirição das testemunhas testamentárias, se no momento em que testou o testador tinha pleno discernimento do ato e manifestou livremente a sua vontade.

11. Manifestação dos interessados sobre o testamento particular

A inquirição das testemunhas tem por finalidade, como salientado, permitir ao juiz a aferição da condição mental do testador no ato de testar, assim como a liberdade com que manifestou sua vontade. À guisa de colaboração na busca da verdade, pode a autoridade judiciária facultar a qualquer dos interessados presentes – por intermédio do respectivo advogado – e ao representante do Ministério Público, a formulação de perguntas às testemunhas.

12. Impugnação do testamento particular

Antes de formalizado o registro do testamento, ele poderá ser impugnado por qualquer dos interessados indicados no art. 737, perante o mesmo juízo onde foi requerida a publicação (art. 61). Rejeitada a impugnação por sentença trânsita em julgado, proceder-se-á nos termos do art. 735, §§ 2º a 5º; acolhida, com a proclamação judicial da invalidade do testamento, opera-se a sucessão pela via legítima (CC, art. 1.829 e ss.).

13. Reconhecimento da autenticidade do testamento

Em seu art. 1.876, § 2º o CC estabelece que o juiz deverá atentar para as seguintes situações: (*a*) compareçam as três testemunhas subscritoras da cédula testamentária e reconheçam a autenticidade do testamento (art. 1.878, *caput*),

hipótese em que ele será confirmado, se a autoridade judiciária não lhe achar vício externo que o torne suspeito de nulidade ou falsidade; (*b*) se faltarem até duas testemunhas, por morte ou ausência, mas ao menos uma delas reconhecer o testamento, este poderá ser confirmado pelo juiz, havendo prova suficiente de sua veracidade e inexistindo vício externo que o torne suspeito (art. 1.878, parágrafo único); (*c*) tratando-se de testamento particular de próprio punho, assinado apenas pelo testador, sua confirmação ficará a critério do juiz, com base em outros elementos seguros de convicção sobre sua autenticidade (art. 1.879). Em qualquer dos casos, a confirmação será precedida de manifestação do órgão do Ministério Público.

14. Busca e apreensão do testamento

Pode ocorrer de a pessoa, em cujo poder se encontre a cédula testamentária, não a exibir em juízo após a morte do testador. Competirá então ao juiz, agindo de ofício ou a requerimento de qualquer interessado, inclusive do órgão do Ministério Público, ordenar ao detentor daquele documento que o apresente; descumprida a ordem judicial, proceder-se-á à busca e apreensão da cédula, com a imposição ao detentor desobediente, sendo o caso, da pena cominada no art. 330 do CP, por meio de processo regular.

15. Procedimento para o cumprimento dos testamentos especiais e do codicilo

Nos termos do § 3º do artigo sob exame, para o cumprimento dos testamentos especiais e do codicilo observar-se-á o mesmo procedimento destinado ao testamento particular, com as seguintes peculiaridades:

a) *testamento aeronáutico*: a confirmação deverá ser feita pela testemunha indicada pelo comandante da aeronave (CC, art. 1.889);

b) *demais testamentos especiais*: foram mantidas pelo atual CC, com pequenas alterações, as mesmas regras e exigências estabelecidas pelo revogado para a confirmação dos *testamentos marítimo* (arts. 1.888 a 1.892), *militar* (arts. 1.893 a 1.895) e *militar nuncupativo* (art. 1.896, *caput*);

c) *codicilo*: diante da remissão contida no § 4º do art. 737 do CPC (que regula a confirmação do testamento particular), concluiu-se que o codicilo em questão é o *aberto* (CC, art. 1.881);

Art. 738

CÓDIGO DE PROCESSO CIVIL INTERPRETADO

1278

sendo o *fechado* (art. 1.885), sua abertura e cumprimento obedecerão ao procedimento estabelecido para o testamento cerrado.

16. Execução do testamento ou do codicilo

Após a abertura e registro do testamento cerrado, do registro do testamento público, ou da confirmação do testamento particular, dos especiais ou do codicilo, segue-se a execução do ato de última vontade, encargo atribuído ao testamenteiro nomeado, ou ao dativo, na falta daquele.

17. O testamenteiro e suas atribuições

Testamenteiro é a pessoa incumbida de dar cumprimento às disposições de última vontade do autor da herança (CC, art. 1.976 e ss.). Não havendo cônjuge, companheiro ou herdeiro necessário, pode o testador conceder ao testamenteiro a posse e a administração da herança ou de parte dela (v. art. 1.977, à luz do art. 226 da CF e das Leis 8.971/1994 e 9.278/1996).

18. Prestação de contas pelo testamenteiro

No exercício de suas funções o testamenteiro realiza despesas, recebe créditos e quita dívidas, estando obrigado, em razão disso, a oportunamente prestar ou dar contas (CC, art. 1.980, *in fine*). A prestação e a tomada de contas não serão necessariamente processadas judicialmente, exceto naqueles casos em que a lei assim determinar (*v.g.*, CC, arts. 1.756, 1.757 e parágrafo único e 1.774), ou naqueles em que a obrigação deriva de negócio jurídico (*v.g.*, mandato). Ressalvadas essas duas situações, nas demais as contas serão prestadas extrajudicialmente, sendo admissível a propositura da ação adequada somente se e quando houver recusa ou mora por parte daquele com direito a receber as contas ou do obrigado a prestá-las, ou, ainda, quando a prestação amigável seja impossível, por divergência das partes quanto à existência da própria obrigação de dar contas, ou quanto à existência ou ao montante do saldo.

19. O direito à vintena

Por seu trabalho o testamenteiro tem direito à percepção de um prêmio denominado *vintena,* fixado pelo próprio testador ou arbitrado pelo juiz. Neste último caso, o prêmio não poderá ser superior a 5% da herança líquida, considerado o valor do acervo hereditário e o trabalho desenvolvido na execução do testamento ou, na dicção do art. 1.987 do CC, a "maior ou menor dificuldade na execução do testamento".

Ainda de acordo com o art. 1.987, *caput*, salvo disposição testamentária em contrário o testamenteiro herdeiro ou legatário não terá direito à vintena. Isto porque, o quinhão hereditário ou o legado que lhe couber corresponderá à remuneração a que teria direito pelo seu trabalho. Poderá, todavia, preferir o prêmio à herança ou ao legado (art. 1.988); exercendo esse direito de preferência, deverá renunciar expressamente à herança (v. art. 1.806) ou repudiar formalmente o legado.

Jurisprudência

"Se é lícito ao Juiz remover o testamenteiro ou determinar a perda do prêmio por não cumprir as disposições testamentárias (CPC, Art. 1.140), é-lhe possível arbitrar um valor compatível para remunerar o trabalho irregular e negligente na execução do testamento" (REsp 418.931/PR, Rel. Min. Humberto Gomes de Barros, 3ª Turma, j. 25.04.2006, *DJ* 1º.08.2006, p. 430).

Seção VI
Da herança jacente

> **Art. 738.** Nos casos em que a lei considere jacente a herança, o juiz em cuja comarca tiver domicílio o falecido procederá imediatamente à arrecadação dos respectivos bens.

▶ *Referência: CPC/1973 – Art. 1.142*

1. Conceito de herança jacente

Morta a pessoa, abre-se a sua sucessão hereditária, com a imediata transmissão da herança aos seus herdeiros legítimos e testamentários (CC, art. 1.784); aceitando-a o herdeiro posteriormente (art. 1.805), seus direitos sucessórios já estarão garantidos desde o evento morte; a ela renunciando (art. 1.806), nada herdou, sendo então assegurado ao credor prejudicado com a renúncia o direito de aceitar a herança em nome do renunciante, até o limite do respectivo crédito (art. 1.813).

Os herdeiros aceitantes assumem, portanto, a condição de legítimos titulares de direitos sobre o acervo em condições ideais, assegurado a cada um deles, no futuro, por meio da partilha da herança líquida, o correspondente quinhão (v. CPC, arts. 610 a 673).

Inexistindo ou sendo desconhecido qualquer herdeiro, ou existindo, renunciar à herança ou dela for excluído por deserdação (CC, arts. 1.961 a 1.965), ela será considerada *jacente* (arts. 1.819 a 1.823) e, por consequência, os bens que a compõem deverão ser arrecadados judicialmente, obedecido o respectivo procedimento legal (arts. 738 a 743); decorridos cinco anos da data da abertura da sucessão, a herança será declarada *vacante*, passando ao domínio público os respectivos bens, exceto se comparecer em juízo quem legitimamente os reclame (v. art. 743).

Herança *jacente* é, portanto, aquela ainda não reclamada por seus eventuais herdeiros; é *vacante* a judicialmente declarada como destituída de titular. A jacência representa um *estado de fato*; a vacância, uma *situação jurídica* de grande relevância, pois os bens que integram a respectiva herança serão, como já dito, oportunamente incorporados ao patrimônio público.

2. Arrecadação da herança jacente

A arrecadação dos bens da herança jacente, que culminará com a declaração de sua vacância e incorporação ao domínio do Poder Público, processa-se judicialmente, observado o rito especial dos arts. 738 a 743.

3. Legitimidade para requerer a arrecadação

Quando não instaurado por determinação do próprio juiz (art. 744), o procedimento de arrecadação terá início por provocação do órgão do Ministério Público, da Defensoria Pública, do representante da Fazenda Pública ou de qualquer outro interessado, entre eles o possuidor de bem integrante da herança e que não ostente a qualidade de herdeiro (depositário e usufrutuário, entre outros).

A legitimidade do Ministério Público e da Defensoria Pública, prevista no art. 720 do CPC, encontra seu fundamento no inegável interesse do Estado tanto na preservação e defesa dos bens integrantes da herança, até sua transmissão aos legítimos herdeiros – ou incorporação ao patrimônio público, sendo declarada vaga –, quanto

na defesa dos direitos individuais dos necessitados (art. 185); a Fazenda Pública tem legitimidade (e evidente interesse) na arrecadação, pois vindo a ser declarada a vacância da herança e não se habilitando tempestivamente os legítimos herdeiros, os bens serão incorporados ao patrimônio público. Já ao credor do espólio é assegurado apenas o direito de habilitar seu crédito ou, encontrando resistência nessa sua pretensão, o de promover ação pelas vias judiciais próprias.

O terceiro possuidor igualmente é legitimado a requerer a arrecadação, seja para se isentar do risco da perda ou deterioração da coisa possuída, entregando-a à guarda do curador nomeado pelo juiz, seja para dela manter a posse, utilizando-a ou fruindo de suas vantagens durante determinado período (*v.g.*, locação empresarial, usufruto de estabelecimento – CC, art. 1.144).

4. Foro e juízo competentes para a arrecadação

O procedimento de arrecadação terá lugar no foro estadual (*rectius*: na comarca) do último domicílio do falecido (CPC, arts. 48 e 738, conjugados); se o autor da herança não tinha domicílio certo, competente será, em ordem sucessiva e excludente, o foro da situação dos bens imóveis (art. 48, parágrafo único, inc. I) ou, havendo bens imóveis em mais de um foro, em qualquer deles (idem, inc. II); não havendo bem imóvel, a competência é a do foro onde esteja qualquer outro bem do espólio (inc. III).

Juízo competente será o de Família e Sucessões, onde houver, ou o Cível.

> **Art. 739.** A herança jacente ficará sob a guarda, a conservação e a administração de um curador até a respectiva entrega ao sucessor legalmente habilitado ou até a declaração de vacância.
>
> **§ 1º** Incumbe ao curador:
>
> **I –** representar a herança em juízo ou fora dele, com intervenção do Ministério Público;
>
> **II –** ter em boa guarda e conservação os bens arrecadados e promover a arrecadação de outros porventura existentes;
>
> **III –** executar as medidas conservatórias dos direitos da herança;
>
> **IV –** apresentar mensalmente ao juiz balancete da receita e da despesa;
>
> **V –** prestar contas ao final de sua gestão.

> **§ 2º** Aplica-se ao curador o disposto nos arts. 159 a 161.

▶ *Referência: CPC/1973 – Arts. 1.143 e 1.144*

5. Curatela dos bens arrecadados

Os bens arrecadados serão confiados à guarda, conservação e administração de curador nomeado pelo juiz (ou, não estando ele ainda nomeado, a um depositário), curatela que perdurará até o momento da entrega da herança ao sucessor legalmente habilitado do falecido ou, na ausência de habilitação, até que ocorra a declaração de vacância. Declarada, os bens vagos serão incorporados ao domínio do Município ou do Distrito Federal, se localizados nas respectivas circunscrições, ou ao da União, quando situados em território federal (CC, art. 1.822).

São atribuições do curador, sob a fiscalização do Ministério Público, *(i)* acompanhar a arrecadação dos bens, *(ii)* representar a herança judicial ou extrajudicialmente, *(iii)* guardar e conservar os bens arrecadados e proceder à arrecadação de outros porventura existentes, *(iv)* adotar providências necessárias para assegurar e conservar os direitos da herança, *(v)* apresentar ao juiz balancete mensal da receita e despesa e *(vi)* prestar contas no final de sua gestão. Existindo saldo e sendo o curador condenado a pagá-lo, não o fazendo no prazo legal o juiz poderá destituí-lo das funções, sequestrar os bens sob sua guarda e glosar o prêmio ou gratificação a que teria direito em virtude do exercício da curatela, determinando, ainda, as medidas executivas necessárias à recomposição dos prejuízos (CPC, art. 553 e parágrafo único).

No exercício da curatela o curador perceberá remuneração fixada pelo juiz e será reembolsado pelas despesas efetuadas legitimamente no exercício do encargo; porém, é responsável pelos prejuízos que causar por dolo ou culpa e perderá a remuneração que lhe fora arbitrada, além de responder civil e criminalmente e ser sancionado por ato atentatório à dignidade da justiça (CPC, arts. 160 e 161 e parágrafo único – v., ainda, art. 774).

> **Art. 740.** O juiz ordenará que o oficial de justiça, acompanhado do escrivão ou do chefe de secretaria e do curador, arrole os bens e descreva-os em auto circunstanciado.

> **§ 1º** Não podendo comparecer ao local, o juiz requisitará à autoridade policial que proceda à arrecadação e ao arrolamento dos bens, com 2 (duas) testemunhas, que assistirão às diligências.

> **§ 2º** Não estando ainda nomeado o curador, o juiz designará depositário e lhe entregará os bens, mediante simples termo nos autos, depois de compromissado.

> **§ 3º** Durante a arrecadação, o juiz ou a autoridade policial inquirirá os moradores da casa e da vizinhança sobre a qualificação do falecido, o paradeiro de seus sucessores e a existência de outros bens, lavrando-se de tudo auto de inquirição e informação.

> **§ 4º** O juiz examinará reservadamente os papéis, as cartas missivas e os livros domésticos e, verificando que não apresentam interesse, mandará empacotá-los e lacrá-los para serem assim entregues aos sucessores do falecido ou queimados quando os bens forem declarados vacantes.

> **§ 5º** Se constar ao juiz a existência de bens em outra comarca, mandará expedir carta precatória a fim de serem arrecadados.

> **§ 6º** Não se fará a arrecadação, ou essa será suspensa, quando, iniciada, apresentarem-se para reclamar os bens o cônjuge ou companheiro, o herdeiro ou o testamenteiro notoriamente reconhecido e não houver oposição motivada do curador, de qualquer interessado, do Ministério Público ou do representante da Fazenda Pública.

▶ *Referência: CPC/1973 – Arts. 1.145 a 1.151, 1.153, 1.154 e 1.156*

6. Procedimento da arrecadação

Acompanhado do escrivão e do curador já nomeado, o juiz comparecerá à residência do falecido e determinará o arrolamento e descrição dos bens em *auto de arrecadação*, apurando o conteúdo do acervo. Não havendo ainda curador, será designado e compromissado um depositário dos bens arrecadados (depositário judicial), por eles responsável até a nomeação posterior do curador.

Considerando, de um lado, que o Ministério Público deverá intervir no procedimento de arrecadação (arts. 721 e 739, § 1º, I) e, de outro, o evidente interesse da Fazenda Pública, destinatária final da herança vacante (art. 722 e CC, art. 1.844), seus respectivos representantes também deverão ser intimados a assistir à arrecadação; mas o comparecimento para o ato é facultativo e a eventual ausência não acarretará prejuízo processual.

Não podendo comparecer, o juiz requisitará a presença da autoridade policial local, a fim de que proceda à arrecadação e ao arrolamento dos bens na presença de duas testemunhas, entregando-os ao curador ou, ainda não tendo sido nomeado, ao depositário, para os mesmos fins já indicados.

Com o intuito de obter notícias e esclarecimentos sobre o falecido, seus herdeiros e bens, o juiz também deverá inquirir os moradores da casa e da vizinhança, com a lavratura do correspondente auto. Tendo acesso a informações que repute importantes para a realização da arrecadação, ordenará, de ofício ou a requerimento do interessado (curador, representantes do Ministério Público ou da Fazenda Pública), a realização das diligências necessárias. Além disso, buscando obter informações que possibilitem a localização de herdeiros e de outros bens do falecido, examinará reservadamente (ou seja, não dará publicidade) os papéis, cartas e livros que forem encontrados no local da arrecadação. Em seguida, esses documentos serão empacotados, lacrados e posteriormente entregues ao herdeiro que se habilite ao recebimento da herança; sendo ela declarada vacante, serão incinerados, salvo, evidentemente, se possuírem algum valor (*v.g.*, histórico), dando-lhes o juiz a devida destinação.

Constatada a existência de bens em outra comarca, será determinada a expedição de carta precatória, à autoridade deprecada competindo proceder à arrecadação e arrolamento, encaminhando ao juiz deprecante, os bens móveis arrecadados (v. CPC, arts. 236, § 1º, e 237, III).

7. Cancelamento ou suspensão da arrecadação

Antes de iniciada a arrecadação – ou no curso dela – o cônjuge, companheiro, herdeiro ou testamenteiro do falecido poderão comparecer em juízo para reclamar os bens; não havendo oposição justificada do curador, de qualquer interessado nos bens, do Ministério Público ou da Fazenda Pública, a arrecadação não será realizada ou, estando em curso, será suspensa.

A referência legal ao *testamenteiro notoriamente reconhecido* deve ser interpretada como sendo aquele que, apresentando a cédula testamentária contendo sua nomeação, assim que confirmado ou cumprido o testamento assuma a posse e a administração do acervo hereditário. Também as demais pessoas indicadas no § 6º do artigo sob exame deverão comprovar sua relação pessoal ou sucessória com o falecido; não o fazendo, terá início – ou prosseguirá – a arrecadação.

> **Art. 741.** Ultimada a arrecadação, o juiz mandará expedir edital, que será publicado na rede mundial de computadores, no sítio do tribunal a que estiver vinculado o juízo e na plataforma de editais do Conselho Nacional de Justiça, onde permanecerá por 3 (três) meses, ou, não havendo sítio, no órgão oficial e na imprensa da comarca, por 3 (três) vezes com intervalos de 1 (um) mês, para que os sucessores do falecido venham a habilitar-se no prazo de 6 (seis) meses contado da primeira publicação.
>
> **§ 1º** Verificada a existência de sucessor ou de testamenteiro em lugar certo, far-se-á a sua citação, sem prejuízo do edital.
>
> **§ 2º** Quando o falecido for estrangeiro, será também comunicado o fato à autoridade consular.
>
> **§ 3º** Julgada a habilitação do herdeiro, reconhecida a qualidade do testamenteiro ou provada a identidade do cônjuge ou companheiro, a arrecadação converter-se-á em inventário.
>
> **§ 4º** Os credores da herança poderão habilitar-se como nos inventários ou propor a ação de cobrança.

▸ *Referência: CPC/1973 – Art. 1.152*

8. Encerramento da arrecadação

Nada mais havendo a ser arrecadado – e já cumprida, se for o caso, a carta precatória para arrecadação de bens em outra comarca –, o juiz determinará a expedição de edital. Ele será publicado na rede mundial de computadores, no sítio do tribunal de justiça em cuja jurisdição tramita o procedimento e na plataforma de editais do CNJ, onde permanecerá acessível por três meses; inexistindo sítio para hospedar o edital, será publicado no órgão oficial e na imprensa local por três vezes, com intervalos de

Art. 742

CÓDIGO DE PROCESSO CIVIL INTERPRETADO

1282

um mês, convocando os sucessores do falecido a habilitarem-se nos próximos seis meses, a contar da primeira publicação. Herdeiros conhecidos e com endereço certo serão pessoalmente citados, sem prejuízo da publicação do edital, pois este é destinado a dar ciência da arrecadação também a eventuais herdeiros desconhecidos ou não localizados. Finalmente, sendo estrangeiro o falecido, a autoridade consular competente será informada da existência da herança jacente, para que possa tomar as providências necessárias à localização, em seu país de origem, de eventuais sucessores daquele.

9. Habilitação do interessado na herança jacente

Em atenção à boa técnica legislativa, as previsões art. 742 deveriam anteceder, lógica e topologicamente, as dos §§ 3º e 4º do art. 741, pois as contidas no artigo por primeiro aludido dizem respeito à alienação de bens objeto da arrecadação antes da conversão em inventário, se e quando for o caso. Daí a necessidade de exposição coerente do procedimento, adotado como ponto de partida a arrecadação já ultimada, com a alienação, se necessária e conveniente, dos bens arrecadados.

10. Procedimento de habilitação

Reclamados os bens pelo herdeiro, cônjuge, companheiro ou testamenteiro do falecido, a arrecadação não será realizada ou, já estando em curso, suspensa. Ouvidos previamente o curador, o órgão do Ministério Público e o representante da Fazenda Pública, qualquer deles poderá opor-se motivadamente à pretensão daquelas pessoas. Inexistindo oposição ou sendo rejeitada – e julgada a habilitação do herdeiro, reconhecida a qualidade do testamenteiro ou provada a identidade do cônjuge ou companheiro do falecido –, a arrecadação converter-se-á em inventário (ou arrolamento), podendo nele habilitar-se os credores da herança (CPC, arts. 642 a 646 e 741, § 3º).

11. Conversão da arrecadação em inventário

Reconhecida a existência de herdeiro, a qualidade do testamenteiro nomeado pelo testador ou provada a identidade do cônjuge ou companheiro do falecido, não mais se cogita a jacência da herança, daí a conversão do procedimento respectivo em inventário ou arrolamento, dependendo do caso concreto.

São evidentes as razões determinantes da conversão: havendo herdeiro(s), a ele(s) será destinado o acervo hereditário, procedendo-se ao respectivo inventário (ou arrolamento) e posterior partilha (ou adjudicação, se herdeiro único); reconhecida a qualidade do testamenteiro, ele deverá cumprir as disposições testamentárias (CPC, art. 735, § 5º), providenciando a abertura do inventário, salvo na inexistência de herdeiro, hipótese em que não ocorrerá a conversão sob exame; finalmente, demonstrada a identidade do cônjuge ou companheiro do autor de herança, ele terá direito à/ou sobre a herança (v. CC, arts. 1.829, I a III, 1.830 e 1.838; ainda, e Leis 8.971, de 29.12.1994, arts. 2º e 3º, e 9.278, de 10.05.1996, art. 7º, parágrafo único).

12. Habilitação de credores

Como previsto no art. 644 e parágrafo único do CPC, também na hipótese de arrecadação da herança será admitida a habilitação de credor do espólio, se a dívida for líquida e certa (v. CC, art. 1.821). Concordando com o pedido de habilitação o curador, o Defensor Público (se a arrecadação foi por ele requerida) e os representantes do Ministério Público e da Fazenda Pública, o juiz julgará habilitado o crédito e determinará a separação de bens para o futuro pagamento; havendo impugnação, o habilitante deverá valer-se das vias próprias, hipótese em que o juiz determinará, por analogia, a providência acautelatória prevista no art. 643, parágrafo único, do CPC, consistente na reserva de bens suficientes para o pagamento.

> **Art. 742.** O juiz poderá autorizar a alienação:
>
> **I** – de bens móveis, se forem de conservação difícil ou dispendiosa;
>
> **II** – de semoventes, quando não empregados na exploração de alguma indústria;
>
> **III** – de títulos e papéis de crédito, havendo fundado receio de depreciação;
>
> **IV** – de ações de sociedade quando, reclamada a integralização, não dispuser a herança de dinheiro para o pagamento;
>
> **V** – de bens imóveis:
>
> **a)** se ameaçarem ruína, não convindo a reparação;
>
> **b)** se estiverem hipotecados e vencer-se a dívida, não havendo dinheiro para o pagamento.

§ 1º Não se procederá, entretanto, à venda se a Fazenda Pública ou o habilitando adiantar a importância para as despesas.

§ 2º Os bens com valor de afeição, como retratos, objetos de uso pessoal, livros e obras de arte, só serão alienados depois de declarada a vacância da herança.

▶ *Referência: CPC/1973 – Art. 1.155*

13. Alienação de bens

Na ocorrência de qualquer das situações previstas no art. 742, o juiz poderá autorizar a alienação dos bens arrecadados, sub-rogando-se o valor correspondente. Essa alienação pressupõe a prévia avaliação dos bens e deverá realizar-se em leilão (art. 730). Também será alienado o imóvel ameaçado de ruína ou, estando hipotecado e vencida a dívida, não houver numerário disponível ou suficiente para o pagamento, salvo se a Fazenda Pública ou o habilitando adiantar a importância para os reparos ou para o pagamento da dívida.

Por seu valor afetivo (*v.g.*, retratos de família) determinados bens devem permanecer sob a administração do curador até a declaração da vacância da herança, na expectativa de virem a ser reclamados por eventuais sucessores.

Art. 743. Passado 1 (um) ano da primeira publicação do edital e não havendo herdeiro habilitado nem habilitação pendente, será a herança declarada vacante.

§ 1º Pendendo habilitação, a vacância será declarada pela mesma sentença que a julgar improcedente, aguardando-se, no caso de serem diversas as habilitações, o julgamento da última.

§ 2º Transitada em julgado a sentença que declarou a vacância, o cônjuge, o companheiro, os herdeiros e os credores só poderão reclamar o seu direito por ação direta.

▶ *Referência: CPC/1973 – Arts. 1.157 e 1.158*

14. Declaração de vacância

Decorrido um ano da primeira publicação prevista no artigo sob exame e não havendo herdeiro habilitado, nem habilitação pendente, ou, pendendo, vier a ser julgada improcedente,

na mesma sentença o juiz declarará a vacância da herança. Após o trânsito em julgado o cônjuge, o herdeiro, o companheiro ou o credor que reclamem posteriormente a herança, só poderão fazê-lo mediante a propositura de ação direta de petição de herança (idem, § 2º e CC, arts. 1.824 a 1.828).

Decorridos cinco anos da abertura da sucessão e não sendo reclamada a herança, agora vacante, os bens arrecadados passarão ao domínio do Poder Público (CC, art. 1.822); todavia, determinados valores reverterão em favor do Fundo de Previdência e Assistência Social, do Fundo de Garantia do Tempo de Serviço ou do Fundo de Participação PIS-Pasep, se não reclamados pelos dependentes ou sucessores do falecido (Lei 6.858/1980, art. 1º, § 2º).

15. Destinatário final da herança vacante

Em sua redação original, o art. 1.594 do CC/1916 previa a destinação da herança vacante ao domínio do Estado ou do Distrito Federal, dependendo do lugar onde o *de cujus* tivera o seu último domicílio, ou ao domínio da União, se domiciliado em território federal. Esse dispositivo legal foi alterado pela Lei 8.049, de 20.06.1990, passando os bens arrecadados ao domínio do Município ou do Distrito Federal, se localizados nas respectivas circunscrições, incorporando-se ao domínio da União, quando situados em território federal, mantida essa última previsão pelo art. 1.822 do atual Código Civil.

A incorporação dos bens vagos ao patrimônio público decorre, portanto, da conjugação de dois requisitos: a declaração judicial da vacância e o decurso do prazo de cinco anos da abertura da sucessão, não sendo suficiente, para esse fim, apenas o atendimento de um ou outro.

16. Declaração de vacância e usucapião

Resta, finalmente, analisar a influência da declaração de vacância em relação a bem imóvel usucapiendo ou já usucapido.

Diante da natureza declaratória tanto da sentença que proclama a vacância da herança, quanto daquela proferida em processo de usucapião e, ainda, a retroatividade de seus efeitos, duas conclusões merecem registro: *(a)* aberta a sucessão hereditária do titular do domínio sobre o bem usucapiendo quando ainda não implementado o período aquisitivo, mas vindo a

Art. 744

sê-lo antes da sentença declaratória da vacância, o bem caberá ao usucapiente; *b)* se já declarada a vacância antes da implementação do prazo legal, o bem passará para o domínio público, mercê da eficácia retroativa da sentença declaratória, fadada ao insucesso, destarte, a pretensão deduzida pelo terceiro usucapiente; e, *(c)* implementados os requisitos do usucapião antes da abertura da sucessão hereditária do proprietário do bem usucapiendo, a futura declaração de vacância não afetará o direito do usucapiente, ainda que a sentença proferida em favor deste seja posterior àquela declaração.

Jurisprudência

"Agravo interno no recurso especial. Civil. Reintegração de posse. Requisitos. Herança jacente. Transferência ao ente público. Momento. Declaração da vacância. Sucessão possessória. Ausência. Revisão. Súmula 07/STJ. 1. A pretensão de revisão das conclusões das instâncias ordinárias de que a agravante não comprovara a posse anterior do imóvel – ocupado pela agravada desde o falecimento da autora da herança e, tampouco, a sua perda através do alegado esbulho, faz atrair o óbice do enunciado da Súmula nº 07/STJ. 2. 'É entendimento consolidado neste Superior Tribunal de Justiça que os bens jacentes são transferidos ao ente público no momento da declaração da vacância, não se aplicando, desta forma, o princípio da saisine' (AgRg no Ag 851.228/RJ, Rel. Min. Sidnei Beneti, Terceira Turma, julgado em 23/09/2008, *DJe* 13/10/2008). 3. Razões do agravo interno que não alteram as conclusões da decisão agravada, no sentido do desprovimento do recurso especial. 4. Agravo interno desprovido" (AgInt no REsp 1.283.365/RJ, Rel. Min. Paulo de Tarso Sanseverino, 3ª Turma, j. 15.04.2019, *DJe* 25.04.2019).

"Ao ente público não se aplica o princípio da 'saisine'. Segundo entendimento firmado pela c. Segunda Seção, a declaração de vacância é o momento em que o domínio dos bens jacentes se transfere ao patrimônio público. Ocorrida a declaração de vacância após a vigência da Lei nº 8.049, de 20.6.90, legitimidade cabe ao Município para recolher os bens jacentes. Recurso especial conhecido e provido" (REsp 100.290/SP, Rel. Min. Barros Monteiro, 4ª Turma, j. 14.05.2002, *DJ* 26.08.2002, p. 220. No mesmo sentido, a jurisprudência mais recente do STJ: AgRg no REsp 594.956/RJ, Rel. Min. Paulo de Tarso San-

severino, 3ª Turma, j. 28.09.2010, *DJe* 06.10.2010; AgRg no REsp 1.099.256/RJ, Rel. Min. Massami Uyeda, 3ª Turma, j. 17.03.2009, *DJe* 27.03.2009; AgRg no Ag 851.228/RJ, Rel. Min. Sidnei Beneti, 3ª Turma, j. 23.09.2008, *DJe* 13.10.2008.

"(...) II – O bem integrante de herança jacente só é devolvido ao Estado com a sentença de declaração da vacância, podendo, até ali, ser possuído *ad usucapionem*" (STJ, AgRg no Ag 1.212.745/RJ, Rel. Min. Sidnei Beneti, 3ª Turma, j. 19.10.2010, *DJe* 03.11.2010). No mesmo sentido: REsp 170.666/SP, Rel. Min. Aldir Passarinho Junior, 4ª Turma, j. 14.02.2006, *DJ* 13.03.2006, p. 324.

TJSP, AC 83.404-4, Santo André, 6ª Câmara de Direito Privado, Rel. Des. Antonio Carlos Marcato, j. 23.09.1999 – in *Informa Jurídico* 24 – Confira-se, ainda, por todos, STJ, REsp 73.458/SP, 4ª Turma, Rel. Min. Ruy Rosado de Aguiar, j. 25.03.1996, *DJU* 20.05.1996, p. 16715, *LEXSTJ* 86, out./96, p. 177; *RT* 735/238; REsp 209.967/SP, 4ª Turma, Rel. Min. Ruy Rosado de Aguiar, j. 06.12.1999, *DJU* 21.02.2000, p. 132; REsp 36.959/SP, Rel. Min. Ari Pargendler, 3ª Turma, j. 24.04.2001, *DJ* 11.06.2001, p. 196; REsp 253.719/RJ, Rel. Min. Ruy Rosado de Aguiar, 4ª Turma, j. 26.09.2000, *DJ* 27.11.2000, p. 169.

Seção VII
Dos bens dos ausentes

Art. 744. Declarada a ausência nos casos previstos em lei, o juiz mandará arrecadar os bens do ausente e nomear-lhes-á curador na forma estabelecida na Seção VI, observando-se o disposto em lei.

▶ *Referência: CPC/1973 – Art. 1.159*

1. Conceito de ausência civil

Nos termos art. 22 do Código Civil, ausente é a pessoa que desapareceu de seu domicílio, sem dar notícias de seu paradeiro e sem deixar representante ou procurador que lhe administre os bens. Também será judicialmente declarada a ausência se o mandatário não quiser, ou não puder, exercer ou continuar exercendo o mandato ou, ainda, quando seus poderes não forem suficientes para tanto (CC, art. 23). Apesar de o atual Código Civil haver se distanciado do anterior e acertadamente não incluir o ausente no rol dos absolutamente incapazes, continua dispondo sobre a proteção de seus bens.

2. Justiça competente para a declaração de ausência

Caberá à Justiça estadual processar a declaração de ausência prevista no Código Civil, competindo-lhe, também, a teor da Súmula 161 do Superior Tribunal de Justiça, "É da competência da Justiça Estadual autorizar o levantamento dos valores relativos ao PIS/PASEP e FGTS, em decorrência do falecimento do titular da conta". Mas é da Justiça Federal a competência para o processamento de declaração de ausência para fins previdenciários, conforme Súmula 32 do mesmo Tribunal: "Compete à Justiça Federal processar justificações judiciais destinadas a instruir pedidos perante entidades que nela têm exclusividade de foro, ressalvada a aplicação do art. 15, II da Lei 5.010/66".

3. Foro competente para a declaração de ausência

Nos termos do art. 49 do CPC, é competente para a declaração de ausência o foro onde o ausente mantinha seu último domicílio conhecido. Não tendo domicílio certo, terão incidência, por analogia, os critérios de definição de competência previstos no parágrafo único do art. 48.

4. A arrecadação dos bens do ausente

Como já salientado, sempre que alguém desaparecer de seu domicílio, sem deixar representante com o encargo de administrar-lhe os bens ou, deixando mandatário, este não queira ou não possa continuar a exercer o mandato, o juiz, a requerimento do interessado, declarará a sua ausência, nomeará curador e mandará arrecadar seus bens.

> **Art. 745.** Feita a arrecadação, o juiz mandará publicar editais na rede mundial de computadores, no sítio do tribunal a que estiver vinculado e na plataforma de editais do Conselho Nacional de Justiça, onde permanecerá por 1 (um) ano, ou, não havendo sítio, no órgão oficial e na imprensa da comarca, durante 1 (um) ano, reproduzida de (2) dois em (2) dois meses, anunciando a arrecadação e chamando o ausente a entrar na posse de seus bens.

> **§ 1º** Findo o prazo previsto no edital, poderão os interessados requerer a abertura da sucessão provisória, observando-se o disposto em lei.

> **§ 2º** O interessado, ao requerer a abertura da sucessão provisória, pedirá a citação pessoal dos herdeiros presentes e do curador e, por editais, a dos ausentes para requererem habilitação, na forma dos arts. 689 a 692.

> **§ 3º** Presentes os requisitos legais, poderá ser requerida a conversão da sucessão provisória em definitiva.

> **§ 4º** Regressando o ausente ou algum de seus descendentes ou ascendentes para requerer ao juiz a entrega de bens, serão citados para contestar o pedido os sucessores provisórios ou definitivos, o Ministério Público e o representante da Fazenda Pública, seguindo-se o procedimento comum.

▶ *Referência: CPC/1973 – Arts. 1.160 a 1.169*

1. Fases da declaração de ausência

A declaração de ausência processa-se por meio de três fases distintas, mas diretamente relacionadas entre si, a saber:

1.1. Curadoria do ausente

Nessa primeira fase, regulada pelos arts. 22 a 25 do Código Civil e 744 e 745, *caput*, do CPC, o juiz, a requerimento de qualquer interessado ou do órgão do Ministério Público, nomeará curador ao ausente e ordenará a arrecadação de seus bens. Em seguida, determinará a publicação de edital, durante um ano e com intervalo de dois meses, dando-se ciência da arrecadação aos terceiros e chamando o ausente a entrar na posse dos bens arrecadados.

Importante registrar que a *curatela do ausente* é instituto de representação de direito material, inconfundível com a *curadoria de ausentes* prevista no art. 72, II e parágrafo único, do CPC: enquanto o *curador do ausente* administra o patrimônio desse último, impedindo o perecimento dos bens, o *curador de ausentes* (Defensor Público) atua processualmente em prol do réu revel fictamente citado ou preso.

1.2. Sucessão provisória do ausente

Inicia-se essa fase, a requerimento dos interessados, quando não comparece o ausente (ou quem o represente), nem há certeza de sua

Art. 745

morte, e já decorreu um ano da arrecadação dos bens, ou três anos a contar dela, caso tenha deixado representante ou mandatário (CC, arts. 26 a 36 – v. CPC, art. 745, § 1º). Essa fase, caracterizada pela abertura provisória da sucessão do ausente, com a transmissão da herança a seus herdeiros e legatários, como se aquele fosse falecido, encerra-se *(a)* com o comparecimento do ausente, tomando posse de seus bens, *(b)* se houver certeza de sua morte, *(c)* se ele não comparecer, por si ou por procurador, para entrar na posse dos bens até dez anos depois de passada em julgado a sentença de abertura da sucessão provisória ou, finalmente, *(d)* se ele já tiver 80 anos de idade e houver decorrido cinco anos das últimas notícias suas (v. CC, art. 38).

1.3. Sucessão definitiva do ausente

Instala-se essa derradeira fase (CC, arts. 37 a 39 – CPC, art. 745, § 3º) não comparecendo o ausente, pessoalmente ou por meio de representante, nem havendo certeza de sua morte, presumindo-se, então, a sua morte (CC, art. 6º), com a transmissão definitiva de seu patrimônio aos seus sucessores e legatários; ou, não havendo quem reclame a herança, com a declaração de sua vacância e consequente incorporação ao patrimônio do Poder Público.

2. Curadoria do ausente

Ordenada pelo juiz a arrecadação dos bens do ausente (adotadas, para tanto, as mesmas providências necessárias à arrecadação dos bens da herança jacente (CPC, arts. 738 a 743), será nomeado curador, recaindo a nomeação, sendo o ausente casado, na pessoa de seu cônjuge, desde que não separados judicialmente, ou de fato, por mais de dois anos antes da declaração da ausência (CC, art. 25). Não sendo casado, ou estando separado, a nomeação recairá na pessoa de seu pai, de sua mãe ou de seus descendentes, os mais próximos excluindo os mais remotos, salvo se houver impedimento para o exercício do cargo por esses parentes (CC, art. 25 e §§ 1º e 2º). Inexistindo qualquer desses parentes, ou estando impedidos de exercer o cargo, o juiz nomeará, como *curador dativo*, pessoa de sua confiança (art. 25, § 3º).

Diante da garantia estabelecida pela Constituição Federal no § 3º de seu art. 226, é inafastável a conclusão de que as prerrogativas estabelecidas em prol do cônjuge do ausente

estendem-se também ao seu companheiro ou companheira.

Declarada a ausência, a respectiva sentença será levada a registro (arts. 29, VI, e 94 da Lei de Registros Públicos – Lei 6.015/1973).

2.1. Cientificação da arrecadação

Nomeado curador e arrecadados os bens, o juiz dará ampla publicidade do processo, tendo por objetivo anunciar a arrecadação, chamar o ausente a entrar na posse de seus bens e cientificar todos os interessados, quais sejam, os herdeiros, sucessores e credores. Para tanto, determinará a publicação de editais na rede mundial de computadores, no sítio do tribunal a que estiver vinculado e na plataforma de editais do Conselho Nacional de Justiça ou, inexistindo sítio, no órgão oficial e na imprensa da comarca (art. 745, *caput*).

2.2. Cessação da curadoria do ausente

Cessa a curadoria do ausente se este comparecer, pessoalmente ou por procurador, para tomar posse de seus bens, com a consequente extinção do procedimento por sentença, a ser averbada no Registro Civil (LRP, art. 104, *caput*). Havendo a certeza de sua morte, proceder-se-á ao inventário e partilha dos bens, por iniciativa de herdeiros ou por determinação oficial. Também cessa essa primeira fase do procedimento (curadoria do ausente) quando se iniciar, nos termos do § 2º do art. 745 do CPC, a fase da sucessão provisória.

2.3. Declaração de ausência e morte presumida para fins previdenciários

Declarada a morte presumida de segurado da previdência social, será devida pensão por morte ao conjunto de seus dependentes (v. arts. 74, III, e 78 da Lei 8.213, de 24.07.1991).

3. Sucessão provisória pelo decurso do prazo

O art. 26 do Código Civil prevê que o requerimento para a abertura provisória da sucessão pode ser formulado após o decurso de um ano da arrecadação dos bens do ausente, ou três anos, se ele deixou representante ou mandatário; afastando-se dessa norma, o atual CPC autoriza a formulação desse requerimento assim que findo o prazo de um ano previsto no edital (art. 745,

§ 1º) – superado, portanto, o ânuo estabelecido pela lei civil e desconsiderado o triênio legal, caso o ausente tenha deixado representante ou mandatário.

Consequentemente, tendo notícia da existência desse representante ou mandatário do ausente, deverá o juiz intimá-lo a comprovar essa sua qualidade e, constatada a vigência da representação ou do mandato ainda no triênio legal, indeferirá o pedido de abertura de sucessão provisória prematuramente formulado.

Escoado o prazo anual ou trienal e não sendo extinto o procedimento em razão do comparecimento do ausente ou pela certeza de sua morte, será então aberta a sucessão provisória, em atenção ao requerimento de qualquer dos interessados a tanto legitimados.

3.1. Legitimidade para requerer a abertura provisória da sucessão

Estão ordinariamente legitimados a requerer a abertura provisória da sucessão, pela ordem, o cônjuge não separado judicialmente, os herdeiros indicados no art. 1.784 do Código Civil, aquele que tiver sobre os bens do ausente direito subordinado à condição de morte (*v.g.*, CC, arts. 547 e 1.951), ou o credor de obrigações vencidas e não pagas e, ainda, a(o) companheira(o) sobrevivente. Se nenhum desses interessados requerer a abertura provisória da sucessão no prazo adequado, para tanto estarão legitimados, subsidiariamente, o órgão do Ministério Público ou da Defensoria Pública, por aplicação analógica do art. 720 do CPC.

3.2. Citação dos interessados

No requerimento de abertura da sucessão provisória também será pedida a citação pessoal dos herdeiros presentes à arrecadação e a do curador, bem como a citação editalícia dos herdeiros ausentes, a fim de requererem sua habilitação (CPC, art. 745, § 2º). Processada nos moldes dos arts. 689 a 692 do CPC, a habilitação tem por finalidade possibilitar, àqueles herdeiros, presentes e ausentes, a demonstração de seu direito à herança.

3.3. Sentença de abertura provisória da sucessão e seus efeitos

Proferida sentença determinando a abertura da sucessão provisória, proceder-se-á ao cumprimento ou abertura do testamento do

ausente (v. CPC, arts. 735 a 737), se houver, ou ao inventário e partilha de seus bens, como se fosse falecido (CC, art. 28).

A respectiva sentença só será eficaz após decorridos 180 dias de sua publicação pela imprensa (CC, art. 28); escoado esse prazo, operam-se os seguintes efeitos: *(a)* excetuando os ascendentes, descendentes ou cônjuge do ausente, os demais herdeiros somente serão imitidos na posse dos bens se derem garantia de restituição dos mesmos, caso o ausente reapareça e os reclame (CC, art. 30 e parágrafos); *(b)* a representação do ausente, ativa e passiva, ficará a cargo das pessoas enunciadas na alínea anterior (CC, art. 32); e *(c)* os frutos e rendimentos dos bens passarão a integrar o patrimônio do sucessor provisório, sendo este ascendente, descendente ou cônjuge do ausente (CC, art. 33); quanto aos demais herdeiros, deverão capitalizar metade desses frutos e rendimentos, nos termos do art. 33 da lei civil.

Vale reiterar: apesar da omissão dos arts. 30 e 33 do Código Civil, é legítima a conclusão, pautada no § 3º do art. 226 da Constituição Federal, de que a(o) companheira(o) do ausente goza das mesmas prerrogativas conferidas ao cônjuge.

A sentença deverá ser averbada no Registro Civil, dela constando expressa referência ao testamento, se o ausente o deixou, com a indicação de todos os herdeiros habilitados (LRP, art. 104, parágrafo único).

3.4. Caução de restituição dos bens ao ausente

Excetuados os ascendentes, descendentes e cônjuge do ausente, os demais herdeiros somente serão imitidos na posse dos bens do ausente dando garantias de sua restituição, caso ele retorne. Essas garantias consistem em penhores ou hipotecas equivalentes aos quinhões que lhes caibam (CC, art. 30, *caput*); não podendo dá-las, o herdeiro será excluído, competindo a administração dos bens, que caberiam em seu quinhão, ao curador ou a outro herdeiro que possa prestá-las (idem, § 1º).

Em relação à(ao) companheira(o) do ausente reitera-se o que consta no item anterior.

3.5. Restituição dos bens

Como o ausente poderá retornar e reclamar os seus bens, com a consequente cessação

Art. 746

CÓDIGO DE PROCESSO CIVIL INTERPRETADO

de todas as vantagens conferidas aos sucessores provisórios (CC, art. 36), a estes é vedado dispor dos bens, salvo para evitar sua ruína – e sempre mediante prévia autorização judicial, ouvido o órgão do Ministério Público (CC, art. 33).

3.6. Jacência da herança

Requerida a abertura da sucessão provisória por terceiro, pelo representante do Ministério Público ou pelo Defensor Público, a herança será considerada jacente se não comparecer interessado ou herdeiro que requeira a abertura de inventário no prazo de 30 dias, contados após os 180 dias da prolação da sentença.

4. Conversão da sucessão provisória em definitiva

Não comparecendo o ausente para reclamar seus bens, a sucessão provisória será convertida em definitiva em qualquer das seguintes situações: *(a)* havendo certeza de sua morte; *(b)* passados dez anos, contados após o trânsito em julgado da sentença de abertura da sucessão provisória; ou *(c)* contando o ausente com 80 anos de idade e datarem de cinco anos as últimas notícias suas. Demonstrada a ocorrência de qualquer dessas situações, a requerimento do interessado o juiz declarará por sentença a ausência definitiva, com a consequente abertura, também definitiva, da sucessão (CPC, art. 745, § 3º).

5. Efeitos da declaração de ausência

A declaração de ausência definitiva do ausente acarreta os seguintes efeitos:

5.1. Morte presumida

O ausente é considerado morto (morte presumida – CC, art. 6º), transformando-se em definitiva a sua sucessão, com o consequente levantamento da caução prestada pelos herdeiros por ocasião do recebimento de seus quinhões (CC, art. 37).

5.2. Reivindicação dos bens

Regressando o ausente nos dez anos seguintes à abertura da sucessão definitiva, receberá os bens porventura ainda existentes, no estado em que se acharem, os sub-rogados em seu lugar, ou o preço que os herdeiros e demais interessados houverem recebido pelos alienados depois daquele tempo (CC, art. 39). O direito de haver os

bens ainda existentes resulta do fato de, mesmo já tendo havido sucessão definitiva, o sucessor do ausente ser titular de *propriedade resolúvel* (CC, art. 1.359). O mesmo ocorrerá se surgir descendente ou ascendente do ausente reclamando a herança, hipótese em que a receberá com as ressalvas já examinadas. Se, por outro lado, nos dez anos seguintes à abertura da sucessão definitiva a herança também não for reivindicada por herdeiros do ausente, ela será considerada vacante, passando os bens ao domínio do Município ou do Distrito Federal, se localizados nas respectivas circunscrições, ou se incorporando ao domínio da União, estando localizados em território federal (CC, arts. 39, parágrafo único, e 1.822).

5.3. Exercício do poder familiar

Os filhos menores do ausente ficarão submetidos exclusivamente ao pátrio poder do outro genitor (CC, art. 1.631, *caput*). Se este houver falecido ou não possa, por qualquer razão, exercitar o poder familiar, será nomeado tutor aos menores (CC, art. 1.728, I); na eventualidade de o cônjuge do ausente ser incapaz, o seu curador exercerá também a tutela dos menores (curatela prorrogada – CC, art. 1.778).

5.4. Declaração de ausência e morte presumida da "Lei de anistia"

Nos termos do art. 6º da Lei 6.683, de 28.08.1979 (conhecida como *Lei de anistia*), o cônjuge, qualquer parente, ou afim, na linha reta, ou na colateral, ou o Ministério Público, poderia requerer a declaração de ausência de pessoa que, envolvida em atividades políticas, estivesse, até a data de vigência da Lei, desaparecida do seu domicílio, sem que dela houvesse notícias por mais de 1 (um) ano. Declarada a ausência e averbada no registro civil a respectiva sentença, presumir-se-ia a morte do desaparecido para todos os fins, inclusive matrimoniais, sucessórios e previdenciários (art. 6º, § 4º c/c art. 74, III, da Lei 8.213/1991). Decorridas décadas da edição da "Lei de anistia", fica o registro histórico.

Seção VIII
Das coisas vagas

Art. 746. Recebendo do descobridor coisa alheia perdida, o juiz mandará lavrar o respectivo auto, do qual constará a descrição do bem e as declarações do descobridor.

§ 1º Recebida a coisa por autoridade policial, esta a remeterá em seguida ao juízo competente.

§ 2º Depositada a coisa, o juiz mandará publicar edital na rede mundial de computadores, no sítio do tribunal a que estiver vinculado e na plataforma de editais do Conselho Nacional de Justiça ou, não havendo sítio, no órgão oficial e na imprensa da comarca, para que o dono ou o legítimo possuidor a reclame, salvo se se tratar de coisa de pequeno valor e não for possível a publicação no sítio do tribunal, caso em que o edital será apenas afixado no átrio do edifício do fórum.

§ 3º Observar-se-á, quanto ao mais, o disposto em lei.

▶ *Referência: CPC/1973 – Arts. 1.170 a 1.176*

1. Conceito de descoberta

Modo de aquisição de propriedade de bem móvel, a *descoberta* (denominada *invenção* no CC/1916) é o achado, por terceiro, de *coisa perdida* (coisa vaga) pelo dono ou legítimo possuidor (CC, arts. 1.233 e 1.237). Não se confunde com a *ocupação*, igualmente modo de aquisição da propriedade de coisa móvel, mas que tem por objeto *coisa abandonada* (*res derelictae* – CC, art. 1.275, III) ou *sem dono* (*res nullius* – v. CC, arts. 1.204 e 1.263).

2. O descobridor

Achada a coisa, a lei impõe a quem a achou (*rectius*: ao *descobridor*, denominado *inventor* no CC/1916), a obrigação de restituí-la ao dono ou ao legítimo possuidor ou, desconhecendo quem o seja, à autoridade policial ou judicial, sob pena de restar caracterizado o crime de apropriação indébita (CP, art. 169, parágrafo único, II). Fica assegurado ao descobridor, em contrapartida, o direito a uma recompensa, não inferior a 5% do valor da coisa descoberta, mais o reembolso das despesas feitas com a conservação e transporte da mesma, salvo se o seu dono, ou o legítimo possuidor, diante da necessidade de satisfazer tais despesas, preferir abandoná-la (CC, art. 1.234). Neste caso, caracterizado inequivocamente o abandono, o bem pertencerá ao descobridor, por força da ocupação (CC, art. 1.263).

3. Destinação a ser dada à coisa achada e a responsabilidade civil do descobridor

Conhecendo o dono ou possuidor da coisa descoberta, o descobridor deverá entregá-la dire-

tamente, sob pena de incidir na prática do crime já aludido; e, independentemente de eventual responsabilidade criminal, persistirá a obrigação de devolver o bem, respondendo civilmente o descobridor, perante o dono ou legítimo possuidor, pelos prejuízos que causar, se e quando houver procedido com dolo (CC, art. 1.235).

4. Fixação da recompensa devida ao descobridor

Em seu art. 1.234 o CC estabelece que o valor da recompensa não pode ser inferior a 5% do valor da coisa achada, na sua apuração devendo levar-se em conta o esforço desenvolvido pelo descobridor para encontrar o dono ou o legítimo possuidor, as possibilidades que qualquer destes teria de encontrar a coisa e a situação econômica de ambos (parágrafo único). Divergindo descobridor e proprietário (ou legítimo possuidor) sobre o valor do bem descoberto ou da recompensa – e sendo inviável a resolução amigável desse conflito –, deverão valer-se da via judicial, adotado o procedimento comum (CPC, art. 318 e ss.).

5. Instauração do procedimento judicial

Não sendo conhecido ou localizado o dono ou possuidor a coisa por seu descobridor, este tem a obrigação de entregá-la à autoridade policial ou judiciária da comarca onde ocorreu a descoberta (CC, art. 1.233, parágrafo único); entregando-a à autoridade policial, ela deverá remetê-la ao juízo competente. Recebida a coisa diretamente do descobridor ou por intermédio da autoridade policial, o juiz atuante no juízo competente determinará a instauração do procedimento judicial, com a lavratura do auto de depósito contendo a descrição do bem e as declarações do descobridor, as quais servirão de base para o edital a ser publicado.

Também será instaurado o procedimento judicial se o proprietário ou o legítimo possuidor da coisa for conhecido, mas se recusar a pagar ao descobridor as despesas e a recompensa a que tem direito; nesse caso, o descobridor deverá entregar a coisa achada à autoridade policial ou judicial do local da descoberta, procedendo-se, em seguida, do modo já descrito.

6. Foro competente para o procedimento judicial de arrecadação

Conhecido o dono ou o possuidor da coisa achada, competente será o foro onde se situa o

Art. 746

seu domicílio, como previsto no art. 46, *caput*, do CPC; sendo desconhecido, ou não tendo domicílio certo, processar-se-á a arrecadação no foro onde for encontrado, ou no do domicílio do descobridor (art. 46, § 2º). Havendo suspeita de que se trata de objeto de crime, arrecadação ocorrerá perante o juízo criminal do foro da descoberta.

7. Divulgação da descoberta

Depositada a coisa perante a autoridade competente, esta dará publicidade à descoberta com a publicação de edital na *internet*, no sítio do tribunal a que estiver vinculado e na plataforma de editais do CNJ (*v.* CPC, arts. 257, II, e 259, III); inexistindo sítio do tribunal, o edital deverá ser publicado no órgão oficial e na imprensa da comarca. Como esse dispositivo não estabelece prazos para o edital, pode-se concluir sejam os mesmos previstos no art. 741. Qualquer que seja o veículo de publicação do edital, dele deverão constar a descrição do bem descoberto e as circunstâncias em que foi achado, a fim de facilitar sua identificação por aquele que tiver interesse em reavê-lo; se de pequeno valor o bem descoberto e não for possível a publicação do edital no sítio do tribunal, ele será afixado no átrio do edifício do fórum (v. CC, art. 1.236).

Apesar de o CPC estabelecer a publicação de edital como meio para dar conhecimento da descoberta ao interessado, essa providência também será dispensável quando conhecidos o dono ou possuidor da coisa e o respectivo endereço, pois a sua cientificação pessoal, por mandado ou carta, será muito mais eficiente e menos dispendiosa que aquela realizada pela via editalícia.

8. Reclamação da coisa achada

Divulgada a descoberta por qualquer dos meios mencionados, aquele que se intitule dono ou legítimo possuidor da coisa terá o prazo de 60 dias para reclamá-la em juízo (CC, art. 1.237). Demonstrado seu direito sobre ela, o juiz, ouvidos previamente os representantes do Ministério Público e da Fazenda Pública, determinará que lhe seja entregue, adotadas, se necessário, as medidas previstas no art. 498 e parágrafo único do CPC.

9. Participação do Ministério Público e da Fazenda Pública

Na condição de fiscal da ordem jurídica, o Ministério Público deverá ser intimado a intervir nos procedimentos de jurisdição voluntária, com o objetivo de resguardar os interesses privados em jogo, sempre que expressamente prevista em lei a sua participação (CPC, arts. 178 e 721). A intimação da Fazenda Pública é indispensável, em virtude de seu evidente interesse no procedimento em pauta: não reclamado o bem – e sendo, por conseguinte, alienado em hasta pública –, a ela caberá o saldo do produto da alienação, após deduzidas as despesas e a recompensa do descobridor (art. 722 – v. CC, art. 1.237, *caput*).

10. Alienação da coisa achada

Na hipótese de ninguém reclamar a coisa ou, reclamando-a, o reclamante não demonstrar o alegado direito sobre ela, proceder-se-á à sua avaliação e posterior alienação em hasta pública, obedecido o trâmite da alienação judicial sob exame.

Do valor apurado serão deduzidas as despesas relativas ao procedimento judicial, aquelas realizadas pelo descobridor, mais a sua recompensa, pertencendo o saldo ao Município em cuja circunscrição se deu a descoberta (CC, art. 1.237).

Importante observar que a previsão do art. 1.173 do CPC/1973, no sentido de que o saldo pertenceria à União, ao Estado ou ao Distrito Federal, já fora derrogado, nesse particular, pela Lei 8.049/1990, ao alterar os arts. 1.594, 1.603, V, e 1.619 do CC/1916. E, não obstante o art. 1.237 do atual diploma civil destine o saldo remanescente exclusivamente ao Município, cremos que ele caberá ao Distrito Federal, se e quando a descoberta da coisa ocorrer em sua circunscrição.

Finalmente, nos termos do parágrafo do aludido art. 1.237 poderá o Município (ou o Distrito Federal) "abandonar" a coisa (*rectius*: cedê-la) em favor de seu descobridor.

11. Adjudicação da coisa pelo descobridor

Comparecendo em juízo o dono (ou o legítimo possuidor) e provar o seu direito sobre a coisa, mas preferir abandoná-la a pagar as despesas e a recompensa do descobridor (CC, art. 1.234), ela será avaliada e alienada em hasta pública; deduzidas da importância apurada as despesas com a alienação e a recompensa do descobridor, o eventual saldo pertencerá ao erário em cuja circunscrição se deu a descoberta; tendo a coisa pequeno valor, poderá ser entregue ao descobridor, a título de recompensa e ressarcimentos de despesas (CC, art. 1.237).

12. Bem deixado em estabelecimento comercial

Observar-se-á o mesmo procedimento em relação a objetos deixados em hotéis, oficinas e outros estabelecimentos, se não reclamados dentro de um mês e houver forte evidência de que foi perdido ou abandonado pelo seu dono ou possuidor.

Solução diversa será adotada em relação à bagagem do hóspede inadimplente. Isto porque, a lei civil equipara, ao depósito necessário, a guarda das bagagens dos viajantes ou hóspedes nas hospedarias, onde estiverem, ficando os hospedeiros obrigados a conservá-las, sob as penas da lei (CC, art. 649 e parágrafo único). Recusando-se o hóspede a pagar a conta e, por conseguinte, sendo impedido de retirar a sua bagagem, o hospedeiro terá sobre ela garantia pignoratícia, podendo promover a execução de seu crédito, depois de preenchidas as formalidades legais (art. 1.467, I).

13. Coisa produto de crime

Suspeitando a autoridade que a coisa foi criminosamente subtraída, converterá a sua arrecadação em inquérito policial, competindo ao juiz criminal do local da descoberta determinar a entrega àquele que provar ser seu dono ou legítimo possuidor, observado o procedimento até aqui descrito.

Seção IX
Da interdição

> **Art. 747.** A interdição pode ser promovida:
>
> **I** – pelo cônjuge ou companheiro;
>
> **II** – pelos parentes ou tutores;
>
> **III** – pelo representante da entidade em que se encontra abrigado o interditando;
>
> **IV** – pelo Ministério Público.
>
> **Parágrafo único.** A legitimidade deverá ser comprovada por documentação que acompanhe a petição inicial.

▶ *Referência: CPC/1973 – Art. 1.177*

1. Incapacidade civil e *Estatuto da Pessoa com Deficiência*

As pessoas físicas, ou naturais, têm *capacidade de direito*, entendida como a aptidão genérica para adquirir direitos na órbita civil, desde o nascimento – assegurados, ainda, os direitos do nascituro (CC, arts. 1º, 2º e 6º). Nem todas, porém, têm *capacidade de fato* (ou *de exercício*), aptidão para a prática, pessoalmente, dos atos da vida civil, devendo, em razão disso, ser representadas ou assistidas pelas pessoas designadas pela lei.

Em sua versão atual o Código Civil contempla, ao lado das pessoas capazes (maiores de 18 anos ou emancipados, no pleno gozo das faculdades mentais – art. 5º), os *absolutamente incapazes* para o exercício pessoal dos atos da vida civil (art. 3º) e os *relativamente incapazes* para certos atos, ou à maneira de exercê-los (art. 4º), os quais devem ser, respectivamente, *representados* ou *assistidos* por quem de direito (CC, arts. 1.634, VII, 1.747, I, c/c arts. 1.774 e 1.781). Os psicopatas (Decreto 24.559/1934) e toxicômanos (Decreto-lei 891/1938) teriam sua incapacidade definida nos incs. II e III do art. 4º e, os indígenas, por legislação especial (parágrafo único – v. *Estatuto do Índio* – Lei 6.001/1973 e CF, arts. 231 e 232).

Com o advento da Lei 13.146, de 6 de julho de 2015 (*Estatuto da Pessoa com Deficiência* – EPD), a vigorar após decorridos 180 dias de sua publicação oficial (art. 127), altera-se profundamente o regime legal da incapacidade civil, pois derrogados, entre outros, os arts. 3º e 4º do Código Civil.

Na dicção do *caput* do art. 2º do EPD, "Considera-se pessoa com deficiência aquela que tem impedimento de longo prazo de natureza física, mental, intelectual ou sensorial, o qual, em interação com uma ou mais barreiras, pode obstruir sua participação plena e efetiva na sociedade em igualdade de condições com as demais pessoas". Essa deficiência "não afeta a plena capacidade civil da pessoa" (art. 6º, incs. I a VI) e, estando ela em situação de curatela, seu consentimento poderá ser suprido, na forma da lei (art. 11, parágrafo único).

Com a nova redação conferida pelo EPD aos arts. 3º e 4º do CC, serão considerados absolutamente incapazes exclusivamente os menores de dezesseis anos (art. 3º) e, relativamente, os maiores de dezesseis e menores de dezoito anos (art. 4º, inc. I), os ébrios habituais e os viciados em tóxico (inc. II), aqueles que, por causa transitória ou permanente, não puderem exprimir sua vontade (inc. III) e os pródigos (inc. IV), mantido, no que se refere aos indígenas, o regime estabelecido pela aludida legislação especial (parágrafo único).

Consequentemente, pessoas até então consideradas absolutamente incapazes para a prática de determinados atos da vida civil estarão a tanto habilitadas, podendo, entre outros, casar e constituir união estável (EPD, art. 6º, inc. I – v. CC, v. arts. 1.548 e 1.550, § 2º), exercer o direito à guarda, à tutela, à curatela e à adoção, como adotante ou adotando, em igualdade de oportunidades com as demais pessoas (inc. VI) e testemunhar (CC, art. 228), estando sujeitos à curatela, nos termos do derrogado art. 1.767 do CC, exclusivamente aqueles que, por causa transitória ou permanente, não puderem exprimir sua vontade, os ébrios habituais e os viciados em tóxico, mais os pródigos.

Resultando de *defeito de idade* (CC, arts. 3º e 4º, I), a incapacidade cessará, automaticamente, com a aquisição da capacidade plena pelo incapaz, quer pela *maioridade*, ao completar 18 anos de idade (CC, art. 5º, *caput*), quer pela *emancipação* (CC, art. 5º, parágrafo único, I). Nos demais casos indicados nos derrogados arts. 3º e 4º do Código Civil, ele deverá ser *interditado*, ou seja, deverá ser proclamada judicialmente a sua incapacidade, mediante a propositura da ação prevista nos arts. 747 a 758 do CPC.

2. O processo de Tomada de Decisão Apoiada

Inovando, o Estatuto da Pessoa com Deficiência acrescenta o Capítulo III ao Título IV do Livro IV da Parte Especial do CC, regulando o processo de *Tomada de Decisão Apoiada* (art. 1.783-A e parágrafos), pelo qual a pessoa com deficiência elegerá ao menos duas pessoas idôneas, de sua confiança e com as quais mantenha vínculos, para que lhe prestem apoio na tomada de decisão sobre atos da vida civil, mediante o fornecimento de elementos e informações necessários ao exercício de sua capacidade (v. EPD, art. 84, § 2º).

Para tanto, será lavrado termo elaborado pelo deficiente e seus apoiadores, com a indicação dos limites do apoio a ser oferecido, o compromisso dos apoiadores, com o prazo de vigência do acordo e a declaração expressa de respeito à vontade, direitos e interesses do apoiado (CC, art. 1.783-A, § 1º). O correspondente pedido de apoio será formulado pelo próprio deficiente, com a indicação expressa das pessoas

que irão prestá-lo (§ 2º) e, distribuído ao juízo competente (Juízo de Família, onde houver, ou Juízo cível), o juiz, assistido por equipe multidisciplinar, colherá o parecer do Ministério Público e inquirirá pessoalmente o requerente e as pessoas por ele indicadas como apoiadores (§ 3º). E, não obstante o silêncio da lei, para produzir os efeitos almejados esse termo de tomada de decisão apoiada deverá ser homologado pelo juiz.

Tendo em vista o que dispõem a CF em seu art. 133 e o CPC em seu art. 103, o deficiente deverá constituir patrono para postular em juízo. Nesse caso, a outorga de poderes independerá de representação, mesmo sendo ele considerado relativamente incapaz (v. CPC, art. 71, e CC, arts. 1.634, VII, 1.747, I, c/c arts. 1.774 e 1.781)? Entendemos que a resposta a essa indagação encontra-se no § 3º do art. 79 do EPD, ao prever que compete à Defensoria Pública e ao Ministério Público tomar as medidas, inclusive judiciais, necessárias à garantia dos direitos da pessoa deficiente.

Como a decisão tomada pelo deficiente apoiado terá irrestrita validade e eficácia em relação a terceiros, nos limites do apoio acordado e judicialmente homologado, estes poderão exigir, nos negócios jurídicos que venham a celebrar com o primeiro, que os apoiadores também subscrevam o instrumento do contrato ou acordo, especificando sua função em relação àquele (CC, art. 1.783-A, §§ 4º e 5º).

Havendo a possibilidade de risco ou de prejuízo relevante, resultante do negócio jurídico e existindo divergência de opiniões entre o apoiado e ao menos um dos apoiadores, a questão deverá ser submetida à resolução judicial, com a prévia oitiva do Ministério Público (art. 1.783-A, § 6º).

Fica a indagação: caberá agravo de instrumento da respectiva decisão, hipótese não contemplada no art. 1.015 do CPC?

Caso qualquer dos apoiadores venha a agir com negligência, deixe de adimplir as obrigações assumidas ou pretenda exercer pressão indevida sobre o apoiado, este – ou qualquer outra pessoa interessada (cônjuge, companheiro, parente próximo) poderá apresentar denúncia ao Ministério Público ou ao juiz; instaurado o procedimento adequado e colhidas as provas pertinentes, revelando-se procedente a denúncia o juiz destituíra o apoiador e, ouvido o apoiado, poderá nomear outro apoiador, se tal providência for de interesse do deficiente (art. 1.783-A, §§ 7º e 8º). Tendo em vista que os apoiadores são indicados por esse último e devem ser ao menos dois, é evidente, primeiro, que não caberá ao juiz nomear, à sua escolha, pessoa que não atenda às exigências do § 1º do art. 1.783-A e, segundo, que se sendo apenas dois os apoiadores originais, a destituição de qualquer deles imporá, necessariamente, a nomeação de outro, assim mantida, no mínimo, a dupla prevista em lei.

Vale observar, ainda, que não obstante o silêncio da lei – e tendo em vista os inegáveis pontos de contato entre o novel instituto sob exame e a curatela, também cessará a função do apoiador nas hipóteses previstas nos arts. 1.764 e 1.766, combinados com os arts. 1.774 e 1.781, todos do CC.

Visto que ao deficiente é facultado buscar o apoio de terceiros, nada o impede de, já tendo sido homologado o termo de tomada de decisão apoiada, vir futuramente a requerer, perante o juízo onde se deu a homologação, o término do respectivo acordo (art. 1.783-A, § 9º). Por sua vez, qualquer dos apoiadores poderá requerer, perante aquele mesmo juízo, sua exclusão do processo de tomada de decisão apoiada, mas seu desligamento ficará condicionado à decisão judicial positiva (art. 1.783-A, § 10); apesar do silêncio dessa nova lei, é razoável concluir-se que, diante dos já referidos pontos de contato entre esse instituto e a curatela, o juiz poderá negar a exclusão, se e quando a manutenção do apoiador for do interesse do apoiado.

Finalmente, na tomada de decisão apoiada terão aplicação, no que couberem, as disposições concernentes à prestação de contas na curatela (art. 1.783-A, § 11 – v. CC, arts. 1.755 a 1.762, c/c arts. 1.774 e 1.781), estando o curador obrigado a anualmente prestar contas de sua administração ao juiz, mediante a apresentação do balanço do respectivo ano (EPD, art. 84, § 4º).

3. A incapacidade dos idosos

Regra particular para os idosos é encontrada no art. 10, §§ 1º e 2º, da Lei 8.842, de 04.01.1994 (conhecida como *Lei do Idoso*), que prevê a interdição em caso de incapacidade judicialmente comprovada (v., ainda, art. 17 da Lei 10.741, de 1º.10.2003 – *Estatuto do Idoso*).

Outra situação, prevista no art. 1.780 do Código Civil, refere-se à curatela de pessoa acometida por enfermidade ou deficiência física que a impossibilite de reger plenamente seus negócios ou bens. O requerimento de nomeação de curador poderá ser formulado pelo próprio doente ou deficiente físico, ou, então, por qualquer dos legitimados indicados no art. 747 do CPC, revogado que foi, pelo art. 1.072 desse diploma legal, o art. 1.768 do Código Civil. Trata-se, portanto, de modalidade especial de curatela, necessária (e temporária) enquanto perdure a enfermidade (ou permanente, na impossibilidade de reabilitação do deficiente físico), envolvendo exclusivamente interesses patrimoniais de pessoa que não é, verdadeiramente, incapaz, na acepção do art. 3º da lei civil.

Observa-se, no entanto, que esse art. 1.780 foi expressamente revogado pelo art. 123, inc. VII, do EPD, devendo prevalecer, portanto, o novo regime legal por este estabelecido.

4. O procedimento para a interdição

Assentadas as principais alterações introduzidas pelo EPD no Código Civil, com profundos reflexos no Código de Processo Civil, passa-se ao exame do procedimento legal da interdição.

4.1. Competência

A interdição será requerida no foro do domicílio do interditando (por aplicação extensiva do art. 46, *caput*, do CPC), perante a Justiça comum estadual, ainda quando se trate de curatela para fins de aposentadoria.

Sendo necessária a interdição de relativamente incapaz por defeito de idade (*v.g.*, menor de 18 e maior de 16 anos que, por causa transitória ou permanente, não puder exprimir sua vontade – CC, art. 4º, III, com a redação dada pelo EPD), que se encontre sob tutela, ou na situação indicada no inc. II do art. 98 do ECA, a competência será do Juízo da Infância e da Juventude do foro do domicílio dos pais ou do responsável, ou, na falta de qualquer deles, do foro do local onde se encontre o menor (ECA, arts. 147 e 148, IV).

Regra particular de competência absoluta é estabelecida pelo *Estatuto do Idoso* (Lei nº 10.741/03), ao dispor, em seu art. 80, que as "ações previstas neste Capítulo serão propostas no foro do domicílio do idoso, cujo juízo terá competência absoluta para processar a causa, ressalvadas as competências da Justiça Federal e a competência originária dos Tribunais Superiores".

4.2. Legitimidade ordinária para requerer a interdição

Tendo em vista a necessidade de proteção dos interesses do incapaz e considerando os estreitos laços afetivos ou jurídicos que os une ao cônjuge, ao companheiro, aos parentes ou ao tutor, estes são legitimados ordinariamente a requerer a interdição, devendo comprovar documentalmente essa legitimidade.

4.2.1. O cônjuge ou companheiro

A legitimidade do cônjuge ou do companheiro do incapaz para requerer a interdição encontra fundamento seja no dever de mútua assistência, seja por experimentar, em razão da convivência diária, os reflexos da incapacidade (v. CF, art. 226, § 3º).

4.2.2. Os parentes

Na previsão do art. 1.177, incs. I e II, do CPC/1973, estavam legitimados a requerer a interdição, entre outros, o *pai*, a *mãe* e os *parentes próximos* do interditando. Já em seu art. 747, incs. I e II, do CPC, reconhece essa mesma legitimidade aos *parentes*, mas é evidente a inexistência de distinção, para o fim de apuração de legitimidade ativa, entre *pais*, *parente* e *qualquer parente*, pois com base nas relações parentais reconhecidas pelo diploma civil, são parentes do incapaz os seus genitores e todos os demais que o sejam em linha reta, ascendente ou descendente, ou na linha colateral (CC, arts. 1.591 e 1.592), o que significa, em última análise, que estará concorrentemente legitimado a requerer a interdição qualquer dos parentes incluídos no rol sucessório do interditando (CC, art. 1.829).

Mais: na dicção do art. 227, § 6º, da Constituição Federal, os filhos, havidos ou não da relação de casamento, ou por adoção, terão os mesmos direitos e qualificações, proibidas quaisquer designações discriminatórias relativas à filiação e, portanto, indiferentemente de a filiação ser oriunda do casamento, da adoção ou reconhecida (v. CC, art. 1.607 e ss. e Lei 8.560, de 29.12.1992), os pais têm legitimidade, conjunta ou individualmente, para requerer a interdição do filho incapaz (CF, art. 226, § 5º).

4.2.3. O tutor

Representante legal de menor não sujeito ao poder familiar de qualquer dos pais (v. CC, art. 1.728 e ss., e ECA, art. 36 e ss.), ao tutor é reconhecida legitimidade para requerer a interdição do tutelado, perante Juízo da Infância e Adolescência;

4.2.4. O representante da entidade que abriga o interditando

Novidade introduzida pelo CPC, o inc. III de seu art. 747 atribui a qualidade de substituto processual ao representante da entidade que abriga o incapaz, legitimando-o, em concorrência com os demais legitimados, a requerer a interdição. É o caso, por exemplo, do representante legal de instituição que abriga doentes mentais, ou na qual se encontre internado adolescente pela prática de ato infracional e que, ainda estando recolhido excepcionalmente após haver atingido a maioridade civil, seja portador de doença mental (v. ECA, art. 112, § 3º).

4.2.5. O Ministério Público

A legitimidade do *Parquet* será examinada em notas ao art. 748.

4.2.6. A própria pessoa

O EPD introduziu quarta hipótese de legitimidade no rol do art. 1.768 do CC, autorizando o próprio deficiente a requerer sua curatela. Essa novidade, incompatível com a razão de ser desse instituto protetivo de representação e os fins para os quais é judicialmente deferido, foi correta e oportunamente afastada pelo CPC, ao revogar o referido art. 1.768 (v. art. 1.072, inc. II).

Jurisprudência

"Civil. Processual civil. Recurso especial. Impossibilidade de exercício de curadoria especial pelo Ministério Público. *Munus* exercido pela Defensoria Pública. 1 – Ação distribuída em 18/12/2013. Recurso especial interposto em 05/10/2015 e atribuído à Relatora em 22/2/2017. 2 – Diante da incompatibilidade entre o exercício concomitante das funções de custos legis e de curador especial, cabe à Defensoria Pública o exercício de curadoria especial nas ações de interdição. Precedentes. 3 – Recurso especial conhecido e provido, para restabelecer a decisão que nomeou a Defensoria Pública Estadual como curadora especial" (REsp 1.651.165/SP, Rel. Min. Nancy Andrighi, 3ª Turma, j. 19.09.2017, *DJe* 26.09.2017).

> **Art. 748.** O Ministério Público só promoverá interdição em caso de doença mental grave:
>
> I – se as pessoas designadas nos incisos I, II e III do art. 747 não existirem ou não promoverem a interdição;
>
> II – se, existindo, forem incapazes as pessoas mencionadas nos incisos I e II do art. 747.

▶ *Referência: CPC/1973 – Arts. 1.178 e 1.179*

1. A legitimidade do Ministério Público para requerer a interdição

Instituição permanente e essencial à função jurisdicional do Estado, ao Ministério Público é constitucionalmente atribuída legitimidade para, entre outras relevantes funções, defender em juízo interesses individuais indisponíveis, como são os dos civilmente incapazes (CF, art. 127, *caput*).

Por isso mesmo, nas ações judiciais envolvendo interesses de incapazes é indispensável a intervenção de representante dessa Instituição no processo ou procedimento, atuando como *fiscal da ordem jurídica* (CPC, art. 178, II), sob pena de nulidade (art. 279 e parágrafos), exceto quando for o órgão agente, como ocorre na hipótese prevista no inc. IV do art. 747 do CPC, que, com a limitação e os complementos do artigo seguinte, atribui legitimidade ao Ministério Público para requerer a interdição, exclusivamente com fundamento em *doença mental grave* que acometa o interditando, se e quando forem inexistentes, omissas ou incapazes as pessoas indicadas nos incs. I e II do art. 747, ou, ainda, inexistente ou omissa aquela aludida no inc. III. *É igualmente* assegurada a legitimidade do Ministério Público para requerer a interdição de idosos (EI, arts. 17, IV, 74, II, e 75 a 77).

Aliás, independentemente da legislação apontada, sempre terá prevalência o art. 127 da Constituição Federal, ao atribuir ao *Parquet* a defesa dos *interesses individuais indisponíveis* (v., ainda, CPC, arts. 176 e 178, inc. II).

Jurisprudência

"Agravo interno no recurso especial. Interdição. Nomeação de curador especial. Desnecessidade. Inexistência de conflito de interesses. Representação. Ministério Público. Súmula nº 83/STJ. 1. Recurso especial interposto contra acórdão publicado na vigência do Código de Processo Civil de 1973 (Enunciados Administrativos nºs 2 e 3/STJ). 2. No procedimento de interdição não requerido pelo Ministério Público, quem age em defesa do suposto incapaz é o órgão ministerial. Assim, resguardados os interesses do interditando, não se justifica a nomeação de curador especial (arts. 1.182, § 1º, do CPC/1973 e 1.770 do CC/2002). Precedente. 3. Agravo interno não provido" (AgInt no REsp 1.652.854/SP, Rel. Min. Ricardo Villas Bôas Cueva, 3ª Turma, j. 18.03.2019, *DJe* 21.03.2019).

"Agravo de instrumento. Interdição ajuizada pelo MP. Pedido de nomeação de curador especial e de internação compulsória da interdita. Decisão que indeferiu os pedidos. Recurso do MP Alegação de que a ação não pode prosseguir sem curador provisório à interditanda e que ela necessita ser internada para sua própria segurança. Cabimento em parte. Curatela especial que será exercida pela Defensoria Pública, a teor do art. 72, parágrafo único, do CPC/2015. Internação compulsória, contudo, que somente pode se dar se atendidos os requisitos da Lei de Regência (Lei nº 10.216.2001). Necessidade de realização de perícia psiquiátrica para que se esclareça o fato à luz dessa norma. Agravo provido em parte" (TJSP, Agravo de Instrumento 2110684-02.2016.8.26.0000, 7ª Câmara de Direito Privado, Rel. Des. Miguel Brandi, j. 22.03.2017, publ. 22.03.2017).

> **Art. 749.** Incumbe ao autor, na petição inicial, especificar os fatos que demonstram a incapacidade do interditando para administrar seus bens e, se for o caso, para praticar atos da vida civil, bem como o momento em que a incapacidade se revelou.
>
> **Parágrafo único.** Justificada a urgência, o juiz pode nomear curador provisório ao interditando para a prática de determinados atos.

▶ *Referência: CPC/1973 – Art. 1.180*

> **Art. 750.** O requerente deverá juntar laudo médico para fazer prova de suas alegações ou informar a impossibilidade de fazê-lo.

▶ *Sem correspondente no CPC/1973*

1. Petição inicial e seus requisitos

A petição inicial será necessariamente instruída com documentação hábil à comprovação

Art. 750

CÓDIGO DE PROCESSO CIVIL INTERPRETADO

da legitimidade ativa do requerente da interdição (certidão de casamento, termo de tutela, documento comprobatório do vínculo de parentesco com o interditando etc.), dela devendo constar os fatos reveladores da incapacidade, o momento em que esta se manifestou e a explicitação dos motivos pelos quais o interditando está incapacitado para administrar seus bens e, se for o caso, para a prática dos atos da vida civil. Também deverá vir acompanhada de laudo médico, comprobatório das alegações do requerente, salvo se este informar a impossibilidade de apresentá-lo; a apresentação desse laudo não dispensa a produção de prova pericial prevista no art. 753, mas as conclusões nele expostas poderão servir de fundamento para a nomeação de curador provisório ao interditando.

Ausente qualquer desses requisitos, ou daqueles indicados no art. 319 do CPC, o juiz determinará ao requerente que emende ou complete a petição inicial, no prazo de 15 dias, sob pena de indeferimento (art. 321 e parágrafo único)

A redação do *caput* do art. 749 do CPC, distinguindo a incapacidade para a administração dos bens pelo interditando, daquela que o incapacita totalmente para a prática dos atos da vida civil, aliada à referência do parágrafo à "prática de determinados atos", delimita as hipóteses de incapacidade absoluta daquelas em que ela seja relativa para os fins de interdição. Todavia, essa distinção perde sentido diante da redação conferida pelo EPD ao art. 4º do CC e, principalmente, pelo que dispõem os arts. 6º e 84, *caput*, do referido Estatuto.

2. Curatela provisória

Havendo justificada urgência na prática de ato ou negócio jurídico de interesse do incapaz, ou, ainda, no ajuizamento de ação judicial para a tutela imediata de direito dele (*v.g.*, ação relacionada a seguro-saúde com pedido de tutela provisória), o juiz nomeará como curador provisório o requerente da interdição, salvo se este for o Ministério Público, hipótese em que a nomeação recairá em qualquer das pessoas indicadas no art. 747, I a III, ou, na inexistência ou incapacidade delas, em pessoa de sua confiança. Essa nomeação ocorrerá a requerimento do interessado ou mesmo *ex officio*, mediante a prévia oitiva do Ministério Público (EPD, art. 87).

Jurisprudência

"Civil. Processual civil. Ação de divórcio. Ajuizamento pelo curador provisório. Ação

de natureza personalíssima. Excepcionalidade da representação processual do cônjuge alegadamente incapaz pelo curador. Pretensão que não se reveste de urgência que justifique o ajuizamento prematuro da ação que pretende romper, em definitivo, o vínculo conjugal. Potencial irreversibilidade da medida. Impossibilidade de decretação do divórcio com base em representação provisória. 1 – Ação distribuída em 26/03/2012. Recurso especial interposto em 22/11/2013 e atribuído à Relatora em 25/08/2016. 2 – O propósito recursal consiste em definir se a ação de divórcio pode ser ajuizada pelo curador provisório, em representação ao cônjuge, antes mesmo da decretação de sua interdição por sentença. 3 – Em regra, a ação de dissolução de vínculo conjugal tem natureza personalíssima, de modo que o legitimado ativo para o seu ajuizamento é, por excelência, o próprio cônjuge, ressalvada a excepcional possibilidade de ajuizamento da referida ação por terceiros representando o cônjuge – curador, ascendente ou irmão – na hipótese de sua incapacidade civil. 4 – Justamente por ser excepcional o ajuizamento da ação de dissolução de vínculo conjugal por terceiro em representação do cônjuge, deve ser restritiva a interpretação da norma jurídica que indica os representantes processuais habilitados a fazê--lo, não se admitindo, em regra, o ajuizamento da referida ação por quem possui apenas a curatela provisória, cuja nomeação, que deve delimitar os atos que poderão ser praticados, melhor se amolda à hipótese de concessão de uma espécie de tutela provisória e que tem por finalidade específica permitir que alguém – o curador provisório – exerça atos de gestão e de administração patrimonial de bens e direitos do interditando e que deve possuir, em sua essência e como regra, a ampla e irrestrita possibilidade de reversão dos atos praticados. 5 – O ajuizamento de ação de dissolução de vínculo conjugal por curador provisório é admissível, em situações ainda mais excepcionais, quando houver prévia autorização judicial e oitiva do Ministério Público. 6 – É irrelevante o fato de ter havido a produção de prova pericial na ação de interdição que concluiu que a cônjuge possui doença de Alzheimer, uma vez que não se examinou a possibilidade de adoção do procedimento de tomada de decisão apoiada, preferível em relação à interdição e que depende da apuração do estágio e da evolução da doença e da capacidade de discernimento e de livre manifestação da vontade pelo cônjuge acerca do desejo de romper ou não o vínculo conjugal. 7 – Recurso especial conhecido e provido" (REsp 1.645.612/SP, Rel. Min. Nancy Andrighi, 3ª Turma, j. 16.10.2018, *DJe* 12.11.2018).

> **Art. 751.** O interditando será citado para, em dia designado, comparecer perante o juiz, que o entrevistará minuciosamente acerca de sua vida, negócios, bens, vontades, preferências e laços familiares e afetivos e sobre o que mais lhe parecer necessário para convencimento quanto à sua capacidade para praticar atos da vida civil, devendo ser reduzidas a termo as perguntas e respostas.
>
> **§ 1º** Não podendo o interditando deslocar-se, o juiz o ouvirá no local onde estiver.
>
> **§ 2º** A entrevista poderá ser acompanhada por especialista.
>
> **§ 3º** Durante a entrevista, é assegurado o emprego de recursos tecnológicos capazes de permitir ou de auxiliar o interditando a expressar suas vontades e preferências e a responder às perguntas formuladas.
>
> **§ 4º** A critério do juiz, poderá ser requisitada a oitiva de parentes e de pessoas próximas.

> ▶ *Referência: CPC/1973 – Art. 1.181*

1. Citação e entrevista do interditando

Recebida a petição inicial e designada audiência para a entrevista (interrogatório) do interditando, este será citado para comparecer àquele ato processual, acompanhado por advogado; não tendo patrono constituído, o juiz deverá nomear-lhe um – sem prejuízo, evidentemente, da indispensável participação do representante do Ministério Público no processo, como *fiscal da ordem jurídica* (CPC, art. 178, II), sob pena de nulidade (art. 279 e parágrafos).

Na data aprazada, o juiz entrevistará detidamente o interditando sobre fatos e circunstâncias relacionados à sua vida pessoal, familiar e profissional, providência que visa, fundamentalmente, à inspeção judicial do entrevistado, permitindo àquela autoridade obter importantes elementos de convicção sobre a alegada incapacidade e sua intensidade, em caso positivo. Não podendo o interditando, por qualquer razão, comparecer perante a autoridade judicial, esta, acompanhada pelo representante do Ministério

Público, pelo advogado do interditando ou seu curador especial (quando for o caso) e pelo escrivão, fará a inspeção judicial onde quer que o primeiro se encontre.

Três novidades vêm contidas nos §§ 2º a 4º do art. 741: *(i)* a presença de especialista na entrevista, *(ii)* a utilização de recursos tecnológicos que permitam ou auxiliem o interditando a expressar suas vontades e preferências e a responder às perguntas que lhe forem formuladas e *(iii)* a oitiva de parentes do interditando e de pessoas a ele próximas.

A primeira delas é extremamente salutar, pois o juiz, não sendo especialista na área objeto da perícia, poderá ser auxiliado na entrevista por profissional qualificado (*v.g.*, psiquiatra), assim formando juízo mais seguro e consistente sobre a condição do incapaz e o grau de sua incapacidade; a segunda, que pressupõe a presença de especialista na entrevista, consistirá em auxílio a ser prestado ao próprio entrevistado, habilitando-o a participar mais ativamente da inquirição; a terceira tem a evidente finalidade de ampliar o conhecimento do juiz sobre a condição pessoal do interditando, com a coleta de informações sobre sua interação com pessoas próximas, eventuais idiossincrasias, enfim, sobre a ocorrência de fatos ou de atos indicativos da alegada incapacidade.

É legítima a dúvida, contudo, quanto ao efetivo cumprimento dessas normas em comarcas que não disponham de tais profissionais qualificados.

Jurisprudência

"Processual civil e civil. Recurso especial. Ação de interdição. Ausência de interrogatório. Ausência de nomeação de curador à lide. Inviabilidade. Nulidade. A ação de interdição é o meio através do qual é declarada a incapacidade civil de uma pessoa e nomeado curador, desde que fique demonstrada a incapacidade para praticar os atos da vida civil do interditando. A questão que exsurge nesse recurso é julgar se a ausência de nomeação de curador à lide e de interrogatório do interditando dão ensejo à nulidade do processo de interdição. A participação do Ministério Público como custos legis em ação de interdição não supre a ausência de nomeação de curador à lide, devido à antinomia existente entre as funções de fiscal da lei e representante dos interesses do interditando. O interrogatório do interditando é medida que

Art. 752

CÓDIGO DE PROCESSO CIVIL INTERPRETADO

garante o contraditório e a ampla defesa de pessoa que se encontra em presumido estado de vulnerabilidade. São intangíveis as regras processuais que cuidam do direito de defesa do interditando, especialmente quando se trata de reconhecer a incapacidade e restringir direitos. Recurso especial provido para nulificar o processo" (REsp 1.686.161/SP, Rel. Min. Nancy Andrighi, 3ª Turma, j. 12.09.2017, *DJe* 15.09.2017).

> **Art. 752.** Dentro do prazo de 15 (quinze) dias contado da entrevista, o interditando poderá impugnar o pedido.
>
> **§ 1º** O Ministério Público intervirá como fiscal da ordem jurídica.
>
> **§ 2º** O interditando poderá constituir advogado, e, caso não o faça, deverá ser nomeado curador especial.
>
> **§ 3º** Caso o interditando não constitua advogado, o seu cônjuge, companheiro ou qualquer parente sucessível poderá intervir como assistente.

▶ *Referência: CPC/1973 – Art. 1.182*

1. Impugnação ao pedido de interdição

O interditando terá o prazo de quinze dias, a contar da audiência preliminar de entrevista, para impugnar (*rectius*: contestar) o pedido de interdição, seja por intermédio de seu advogado constituído, seja pelo curador especial (Defensor Público – CPC, art. 72, I e parágrafo único). O prazo não é preclusivo, pois além de a impugnação ser indispensável ao prosseguimento do feito, mercê da natureza e relevância do interesse em jogo, também não incide o disposto no art. 344 do CPC, diante do veto estabelecido no inc. II do artigo seguinte. E, justamente em razão da indisponibilidade do interesse em jogo, o Ministério Público intervirá obrigatoriamente no procedimento, como fiscal da ordem jurídica, salvo quando for o requerente da interdição.

Finalmente, se o interditando não estiver representado por advogado regularmente constituído, fica autorizada a intervenção assistencial, no procedimento, de seu cônjuge, companheiro ou parente sucessível, por intermédio de advogado regularmente constituído ou, no caso de hipossuficiência econômica do requerente, pela Defensoria Pública (CPC, art. 185).

Jurisprudência

"Recurso especial. Ações de anulação de doação de imóveis bem como de mandatos outorgados ao donatário. Interesse de incapaz que ingressou no feito na condição de assistente litisconsorcial. Omissão do acórdão recorrido. Não ocorrência. Nulidade do processo por ausência de intervenção obrigatória do Ministério Público não configurada. Recurso especial provido. 1. Cuida-se de ação de anulação de escritura pública de doação da nua propriedade, com reserva de usufruto vitalício, de 3 (três) imóveis, ajuizada pela doadora – pessoa idosa interditada –, representada por seu curador, contra o espólio do donatário, em relação ao qual também foi ajuizada ação objetivando a declaração de nulidade das procurações que lhe haviam sido outorgadas. 2. Consoante dispõe o art. 535, I e II, do CPC/1973, destinam-se os embargos de declaração a expungir do julgado eventuais omissão, obscuridade ou contradição, não se caracterizando via própria ao rejulgamento da causa. 3. A intervenção do Ministério Público, nos processos que envolvam interesse de incapaz, se justifica na possibilidade de desequilíbrio da relação jurídica e no eventual comprometimento do contraditório em função da existência de parte vulnerável (CPC/1973, art. 82, I c/c o art. 246). 4. No caso, a intervenção do Órgão ministerial se justificava pela participação de pessoa interditada no polo ativo das demandas. Entretanto, com o seu falecimento, desapareceu o interesse público evidenciado pela qualidade da parte, o que levou o Parquet a declinar de sua atuação no feito, no final da fase instrutória, anteriormente ao oferecimento de alegações finais. 5. Ocorre que, logo após a prolação da sentença, veio aos autos petição requerendo a habilitação de herdeiro por representação no feito – também maior incapaz – na condição de assistente litisconsorcial ativo, o qual, nos termos do art. 50, parágrafo único, do CPC/1973 (reproduzido no art. 119 do CPC/2015), recebe o processo no estado em que se encontra, não podendo, em regra, requerer a produção de provas, tampouco a reabertura da fase instrutória pela via recursal. 6. Logo, ao contrário do que decidiu o acórdão recorrido, a existência de conflito de interesses entre o herdeiro e o inventariante, evidenciado pelo ajuizamento de ação de prestação de contas e pedido de sua remoção, não é suficiente para autorizar a decretação de nulidade do processo desde o momento em que Ministério Público deixou de intervir no feito, visto que, na oportunidade, não havia mais interesse de incapaz a ser tutelado, o qual somente foi restabelecido após o julgamento do mérito das ações, mediante a formulação do pedido de assistência, seguido da interposição do recurso de apelação. 7. Recuso especial provido" (REsp 1.738.619/RS, Rel. Min. Marco Aurélio Bellizze, 3ª Turma, j. 21.08.2018, *DJe* 31.08.2018).

> **Art. 753.** Decorrido o prazo previsto no art. 752, o juiz determinará a produção de prova pericial para avaliação da capacidade do interditando para praticar atos da vida civil.
>
> **§ 1º** A perícia pode ser realizada por equipe composta por experts com formação multidisciplinar.
>
> **§ 2º** O laudo pericial indicará especificadamente, se for o caso, os atos para os quais haverá necessidade de curatela.

▶ *Referência: CPC/1973 – Art. 1.183*

1. Produção de prova pericial

Após a entrevista e a apresentação da impugnação a que aludem os arts. 751 e 752, o juiz determinará a produção de prova pericial para o exame do interditando, aferindo-se não só a incapacidade, como, ainda, sua intensidade.

Havendo na comarca equipe de especialistas com formação multidisciplinar, a ela poderá ser atribuída a produção da prova pericial. Inexistindo – como, de resto, inexistirá em grande parte das comarcas brasileiras –, essa prova ficará a cargo de especialista nomeado pelo juiz, que poderá, inclusive, ser o mesmo que o auxiliou na entrevista do interditando. Ao requerente da interdição e eventuais assistentes do interditando é facultada a indicação de um ou mais assistentes técnicos (CPC, arts. 465, II, e 475).

Em suma, até que se concretize – se e quando se concretizar – a previsão do § 2º do art. 2º do EPD, a perfeição e a completude da avaliação da incapacidade ficarão sujeitas à existência ou não, no foro judicial, de equipe de profissionais à disposição do juízo.

Apresentado o laudo pericial, o juiz apreciará livremente as conclusões nele expostas (CPC, art. 371) e poderá, sendo o caso, determinar a produção de nova perícia (art. 480). Ao sentenciar, deverá indicar os motivos que o levaram a adotar ou a repudiar as conclusões periciais (art. 479).

Tendo em vista a excepcionalidade da curatela e a necessidade de determinação de seus limites, inclusive o temporal (EPD, arts. 84, § 3º, e 85, §§ 1º e 2º), o laudo pericial explicitará os atos para os quais haverá necessidade de atuação do curador e, sendo o caso, estabelecerá o período de duração da curatela.

Considerando que, mesmo decretada a curatela, o curatelado conservará a condição de relativamente incapaz (CC, art. 4º), desaparece o instituto da *curatela total* (resultante da incapacidade absoluta do interditado, a ser representado em todos os atos da vida civil), remanescendo, apenas, a *curatela parcial*, mediante a assistência do curador apenas para determinados atos jurídicos, principalmente aqueles de natureza patrimonial, podendo o interdito praticar ou participar livremente de outros, como contrair matrimônio, reconhecer filho havido fora do casamento, adotar etc.

Jurisprudência

"Civil e processual civil. Recurso especial. Embargos de declaração. Omissões. Não ocorrência. Violação ao art. 437 do CPC/73. Não ocorrência. Interdição. Laudo do art. 1183 do CPC/73. Realização sem a forma e o conteúdo exigidos. Divergência sobre a existência de incapacidade do interditando, bem como sobre a sua extensão. Nulidade reconhecida. 1 – Ação distribuída em 18/3/1997. Recurso especial interposto em 18/8/2015 e atribuído à Relatora em 26/6/2017. 2 – O propósito recursal, além de determinar se houve negativa de prestação jurisdicional, é definir se deveria ter sido deferida a realização de segunda perícia e, ainda, se o exame realizado por médico psiquiatra nomeado como perito pelo Juízo, mas não reduzido a termo com forma e conteúdo de laudo pericial, atende à regra prevista no art. 1.183 do CPC/73, especialmente diante de divergência entre o relatório médico e o interrogatório do interditando. 3 – Devidamente analisada e discutida a questão relacionada ao art. 437 do CPC/73, e fundamentado suficientemente o acórdão recorrido, não há que se falar em violação do art. 535, II, do CPC/73. 4 – Inexistência de decisão acerca da aplicação do art. 9º, I, do CPC/73. Ausência de prequestionamento. Aplicação da Súmula 211/STJ. 5 – Não há que se falar em violação ao art. 437 do CPC/73 quando o acórdão local indica fundamentadamente os motivos que formaram a sua convicção e

Art. 754

declina os motivos pelos quais entendeu ser desnecessária a realização da segunda perícia. 6 – O laudo pericial não pode ser substituído por mero relatório médico, especialmente quando há divergência entre o conteúdo do relatório em confronto com os demais elementos de prova produzidos no processo. 7 – Nas hipóteses de interdição, é imprescindível que o exame médico resulte em laudo pericial fundamentado, no qual deverão ser examinadas todas as circunstâncias relacionadas à existência da patologia do interditando, bem como a sua extensão e limites. Inteligência do art. 1.183, '*caput*', do CPC/73. 8 – Recurso especial parcialmente conhecido e, nessa parte, provido, para anular a sentença e determinar a realização de novo laudo pericial" (REsp 1.685.826/BA, Rel. Min. Nancy Andrighi, 3ª Turma, j. 19.09.2017, *DJe* 26.09.2017).

> **Art. 754.** Apresentado o laudo, produzidas as demais provas e ouvidos os interessados, o juiz proferirá sentença.

> ▶ *Referência: CPC/1973 – Art. 1.183*

1. Sentença de interdição

A sentença decretando a interdição tem natureza constitutiva e produz efeitos a partir de sua publicação, mesmo estando sujeita a apelação – que, nesse caso, é destituída do denominado efeito suspensivo (CPC, art. 1.012, § 1º, VI).

> **Art. 755.** Na sentença que decretar a interdição, o juiz:
>
> I – nomeará curador, que poderá ser o requerente da interdição, e fixará os limites da curatela, segundo o estado e o desenvolvimento mental do interdito;
>
> II – considerará as características pessoais do interdito, observando suas potencialidades, habilidades, vontades e preferências.
>
> § 1º A curatela deve ser atribuída a quem melhor possa atender aos interesses do curatelado.
>
> § 2º Havendo, ao tempo da interdição, pessoa incapaz sob a guarda e a responsabilidade do interdito, o juiz atribuirá a curatela a quem melhor puder atender aos interesses do interdito e do incapaz.
>
> § 3º A sentença de interdição será inscrita no registro de pessoas naturais e imediatamente publicada na rede mundial de computadores, no sítio do tribunal a que estiver vinculado o juízo e na plataforma de editais do Conselho Nacional de Justiça, onde permanecerá por 6 (seis) meses, na imprensa local, 1 (uma) vez, e no órgão oficial, por 3 (três) vezes, com intervalo de 10 (dez) dias, constando do edital os nomes do interdito e do curador, a causa da interdição, os limites da curatela e, não sendo total a interdição, os atos que o interdito poderá praticar autonomamente.

> ▶ *Referência: CPC/1973 – Art. 1.184*

1. Requisitos da sentença de interdição

A sentença de interdição deverá ser inscrita no Registro de Pessoas Naturais (LRP, arts. 29, V, e 92) e imediatamente publicada na rede mundial de computadores, no sítio do tribunal a que estiver vinculado o juízo e na plataforma de editais do Conselho Nacional de Justiça, onde permanecerá por seis meses. Também será publicada uma vez na imprensa local e no órgão oficial, por três vezes, com intervalo de dez dias entre uma publicação e outra, com a indicação, no edital, dos nomes do interdito e de seu curador, das causas da interdição, dos limites da curatela e, sendo esta parcial, dos atos que o interdito poderá praticar autonomamente.

São evidentes os motivos determinantes dessa ampla publicidade da sentença: como são inválidos os atos e negócios jurídicos praticados por incapazes sem a devida assistência, quando exigida, a lei impõe a maior publicidade possível ao ato judicial de decretação da curatela, visando com isso a proteger os interesses do próprio incapaz e, ainda, de terceiros (CC, arts. 104, 166, I, e 171, I). Quanto aos atos e negócios jurídicos praticados *antes* da decretação judicial da curatela, só serão invalidados se na ação própria ficar provado que o interdito já era incapaz à época em que os praticou e, ainda, que tal circunstância era conhecida pelo terceiro que com ele celebrou o ato ou o negócio.

Na sentença o juiz nomeará curador, recaindo a nomeação na pessoa que melhor possa atender aos interesses do interdito, que poderá, inclusive, ser aquela que requereu a interdição. Também fixará os limites da curatela, levando em conta as características pessoais do interdito, apuradas por ocasião da entrevista e indicadas no laudo pericial.

2. Curatela compartilhada

Outra inovação introduzida pelo EPD, o art. 1.775-A do CC prevê a possibilidade de o juiz estabelecer curatela compartilhada, atribuindo o múnus a mais de uma pessoa.

Crê-se que, apesar da evidente intenção de ampliar-se a proteção ao curatelado, esse compartilhamento concomitante de funções poderá ocasionar efeito inverso, dificultando, por eventual dissenso entre os curadores, o exercício de direitos e faculdades por aquele. Melhor teria sido, então, adotar-se a curatela sucessiva, com a imediata nomeação de dois ou mais curadores, a exercerem o múnus, individual e sucessivamente, no caso de morte, incapacidade, remoção ou destituição do curador original, assim evitando-se a instauração de incidente destinado à sucessão ou substituição do curador morto, incapaz, removido ou destituído.

3. Efeitos da interdição

Decretada a interdição e judicialmente reconhecida a incapacidade civil do interdito, ele ficará sujeito à curatela, situação da qual advêm as seguintes consequências:

a) deverá ser assistido por seu curador na prática dos atos da vida civil que exijam a assistência, quais sejam os definidos na sentença, podendo pessoalmente praticar todos os demais (v. EPD, art. 85, *caput*; CC, arts. 1.634, VII, 1.747, I, c/c arts. 1.774 e 1.781; Lei do Idoso, art. 10, § 2º; Estatuto do Idoso, arts. 17, parágrafo único, I, 45, I, 74, II); e,

b) todos os atos de natureza patrimonial e negocial praticados pessoalmente pelo curatelado sem a devida assistência, quando necessária, serão reputados anuláveis (CC, art. 171, I).

Tendo em vista que, no regime estabelecido pelo EPD, a curatela não impede, por si só, o exercício do poder familiar sobre os filhos menores do curatelado, fica derrogado o *caput* do art. 1.631 do CC e extinto o instituto da *curatela prorrogada* – CC, art. 1.778, e CPC, art. 755, § 2º.

Jurisprudência

"A decretação da nulidade do ato jurídico praticado pelo incapaz não depende da sentença de interdição. Reconhecida pelas instâncias ordinárias a existência da incapacidade, impõe-se a decretação da nulidade, protegendo-se o adquirente de boa-fé com a retenção do imóvel até a devolução do preço pago, devidamente corrigido, e a indenização das benfeitorias, na forma de precedente da Corte" (REsp 296.895/PR, Rel. Min. Carlos Alberto Menezes Direito, 3ª Turma, j. 06.05.2004, *DJ* 21.06.2004, p. 214).

"Os atos praticados pelo interditado anteriores à interdição podem ser anulados, desde que provada a existência de anomalia psíquica – causa da incapacidade – já no momento em que se praticou o ato que se quer anular. Recurso não conhecido" (REsp 255.271/GO, Rel. Min. César Asfor Rocha, 4ª Turma, j. 28.11.2000, *DJU* 05.03.2000, p. 171).

"Recurso especial. Curatela. Cônjuge. Regime da comunhão absoluta de bens. Ausência do dever de prestar contas, salvo em havendo indícios de malversação ou em se tratando de bens incomunicáveis. 1. A curatela é o encargo imposto a alguém para reger e proteger a pessoa que, por causa transitória ou permanente, não possa exprimir a sua vontade, administrando os seus bens. O curador deverá ter sempre em conta a natureza assistencial e o viés de inclusão da pessoa curatelada, permitindo que ela tenha certa autonomia e liberdade, mantendo seu direito à convivência familiar e comunitária, sem jamais deixá-la às margens da sociedade. 2. Escolhido o curador ('a curatela deve ser atribuída a quem melhor possa atender aos interesses do curatelado' – CPC/15, art. 755, § 1º), assim como na tutela, deverá haver a prestação de contas de sua administração, haja vista estar ele na posse de bens do incapaz (CC, arts. 1.755, 1.774 e 1.781). 3. No entanto, o próprio Código Civil previu uma exceção ao estabelecer que o curador não será obrigado à prestação de contas quando for o cônjuge e o regime de bens do casamento for de comunhão universal, salvo se houver determinação judicial (art. 1.783). 4. O magistrado poderá (deverá) decretar a prestação de contas pelo cônjuge curador, resguardando o interesse prevalente do curatelado e a proteção especial do interdito quando: a) houver qualquer indício ou dúvida de malversação dos bens do incapaz, com a periclitação de prejuízo ou desvio de seu patrimônio, no caso de bens comuns; e b) se tratar de bens incomunicáveis, excluídos da comunhão, ressalvadas situações excepcionais. 5. Recurso especial não provido" (REsp 1.515.701/RS, Rel. Min. Luis Felipe Salomão, 4ª Turma, j. 02.10.2018, *DJe* 31.10.2018).

Art. 756

Art. 756. Levantar-se-á a curatela quando cessar a causa que a determinou.

§ 1º O pedido de levantamento da curatela poderá ser feito pelo interdito, pelo curador ou pelo Ministério Público e será apensado aos autos da interdição.

§ 2º O juiz nomeará perito ou equipe multidisciplinar para proceder ao exame do interdito e designará audiência de instrução e julgamento após a apresentação do laudo.

§ 3º Acolhido o pedido, o juiz decretará o levantamento da interdição e determinará a publicação da sentença, após o trânsito em julgado, na forma do art. 755, § 3º, ou, não sendo possível, na imprensa local e no órgão oficial, por 3 (três) vezes, com intervalo de 10 (dez) dias, seguindo-se a averbação no registro de pessoas naturais.

§ 4º A interdição poderá ser levantada parcialmente quando demonstrada a capacidade do interdito para praticar alguns atos da vida civil.

▶ *Referência: CPC/1973 – Art. 1.186*

1. Levantamento da curatela e levantamento parcial da interdição

Desaparecendo a causa determinante da interdição, proceder-se-á ao levantamento da curatela, mediante sentença (CPC, art. 756).

O requerimento de levantamento poderá ser formulado pelo próprio interdito, por seu curador ou pelo órgão do Ministério Público, processando-se em apenso aos autos da interdição.

Nomeado perito ou equipe multidisciplinar para o exame da sanidade do interdito, após a apresentação do laudo o juiz designará audiência de instrução e julgamento, objetivando a oitiva do interdito, de testemunhas e do perito, se for o caso.

As conclusões resultantes da prova técnica, aliadas às produzida em audiência, poderão autorizar o juiz a decidir tanto pelo levantamento da curatela, com o restabelecimento da plena capacidade civil do interdito, quanto pelo levantamento parcial de sua interdição, se e quando constatar que ele, embora ainda deva permanecer curatelado, está capacitado para a prática de determinados atos da vida civil (CPC, art. 756, § 4º).

Acolhido o pedido de levantamento da curatela ou levantada parcialmente a interdição, após o seu trânsito em julgado a respectiva sentença será publicada nos moldes do art. 755, § 3º, do CPC, ou, não sendo possível, na imprensa local e órgão oficial, por três vezes e com intervalo de dez dias, seguindo-se a averbação no Registro de Pessoas Naturais (v. LRP, art. 104).

A sentença é apelável e só produzirá efeitos, no caso de acolhimento do pedido de levantamento da curatela, após seu trânsito em julgado; rejeitado o pedido, da respectiva sentença igualmente caberá apelação.

O trânsito em julgado da sentença de rejeição do pedido de levantamento da curatela não obsta, evidentemente, a formulação de posterior requerimento no mesmo sentido, desde que fundado em causas supervenientes que o justifiquem.

Jurisprudência

"Civil. Processual civil. Ação de levantamento de curatela. Questões suscitadas no recurso especial que não foram objeto de enfrentamento pelo acórdão recorrido. Ausência de prequestionamento. Legitimados para ajuizamento da ação de levantamento da curatela. Ampliação do rol pelo CPC/15. Tendência doutrinária confirmada pelo legislador. Rol de natureza não exaustiva. Propositura da ação por terceiros juridicamente interessados. Possibilidade. Parte que foi condenada a pensão vitalícia em virtude de acidente automobilístico causador da interdição. Alegada fraude ou modificação das circunstâncias de fato. Legitimidade existente. 1 – Ação proposta em 26/10/2016. Recurso especial interposto em 19/07/2017 e atribuído à Relatora em 25/04/2018. 2 – O propósito recursal é definir se o rol de legitimados para o ajuizamento da ação de levantamento da curatela é taxativo ou se é admissível a propositura da referida ação por outras pessoas não elencadas no art. 756, § 1º, do CPC/15. 3 – As questões relacionadas às violações à cláusula geral de tutela que visa a proteção da autodeterminação do sujeito e às regras que disciplinam a convocação de segurados do INSS para a realização de perícia médica para manutenção de benefícios por incapacidade não foram objeto de exame pelo acórdão recorrido e, portanto, carecem de prequestionamento, atraindo a incidência da Súmula 211/STJ. 4 – O art. 756, § 1º, do CPC/15, ampliou o rol de legitimados para o ajuizamento da ação de levantamento da curatela previsto no art. 1.186, § 1º, do

CPC/73, a fim de expressamente permitir que, além do próprio interdito, também o curador e o Ministério Público sejam legitimados para o ajuizamento dessa ação, acompanhando a tendência doutrinária que se estabeleceu ao tempo do código revogado. 5 – Além daqueles expressamente legitimados em lei, é admissível a propositura da ação por pessoas qualificáveis como terceiros juridicamente interessados em levantar ou modificar a curatela, especialmente àqueles que possuam relação jurídica com o interdito, devendo o art. 756, § 1º, do CPC/15, ser interpretado como uma indicação do legislador, de natureza não exaustiva, acerca dos possíveis legitimados. 6 – Hipótese em que a parte foi condenada a reparar danos morais e pensionar vitaliciamente o interdito em virtude de acidente automobilístico do qual resultou a interdição e que informa que teria obtido provas supervenientes à condenação de que o interdito não possuiria a doença psíquica geradora da incapacidade – transtorno de estresse pós-traumático – ou, ao menos, que o seu quadro clínico teria evoluído significativamente de modo a não mais se justificar a interdição, legitimando-a a ajuizar a ação de levantamento da curatela. 7 – Recurso especial parcialmente conhecido e, nessa extensão, provido, a fim de que seja dado regular prosseguimento ao processo em 1º grau" (REsp 1.735.668/MT, Rel. Min. Nancy Andrighi, 3ª Turma, j. 11.12.2018, *DJe* 14.12.2018).

> **Art. 757.** A autoridade do curador estende-se à pessoa e aos bens do incapaz que se encontrar sob a guarda e a responsabilidade do curatelado ao tempo da interdição, salvo se o juiz considerar outra solução como mais conveniente aos interesses do incapaz.

▶ *Sem correspondente no CPC/1973*

1. A extensão da autoridade do curador

Em harmonia com as previsões do art. 1.778 do CC e do § 2º do art. 755 do CPC, o art. 757 dispõe, em termos mais explícitos, que a autoridade do curador do interdito também se estende à pessoa e aos bens de incapaz que, à época da interdição, estivesse sob a guarda e responsabilidade daquele (o interdito), exceto se o juiz considerar, à luz das peculiaridades do caso concreto, outra solução mais adequada à proteção dos interesses do incapaz.

Como exemplo, interdita que, à época da decretação da curatela, tinha sob sua guarda e responsabilidade filhos menores havidos fora do casamento e não reconhecidos pelo pai biológico. Nesse caso, seu curador também assumirá o múnus correspondente à tutela das crianças, exceto se o juiz entender (sempre como exemplo) que os avós maternos estejam mais habilitados a protegê-las pessoal e patrimonialmente.

Ocorre, porém, que da interpretação conjunta dos arts. 6º, inc. VI, 84, *caput*, e 85, *caput*, do EPD, extrai-se a conclusão de que a autoridade do curador não se estenderá à pessoa e aos bens do incapaz que se encontre sob a guarda e a responsabilidade do curatelado, ao tempo da interdição, pois este último não será destituído do poder familiar sobre os filhos menores (CC, arts. 1.630 a 1.633), que lhe assegura os poderes-deveres, entre outros, de "dirigir-lhes a criação e educação, tê-los em sua companhia e guarda, conceder-lhes ou negar-lhes consentimento para casarem, nomear-lhes tutor por testamento ou documento autêntico, se o outro dos pais não lhe sobreviver, ou o sobrevivo não puder exercer o poder familiar, representá-los, até aos dezesseis anos, nos atos da vida civil, e assisti-los, após essa idade, nos atos em que forem partes, suprindo-lhes o consentimento, reclamá-los de quem ilegalmente os detenha e exigir que lhes prestem obediência, respeito e os serviços próprios de sua idade e condição" (CC, art. 1.634).

Daí, ressalvada equivocada interpretação desses dispositivos de direito material, a incoerência do regime estabelecido pelo EPD: embora exclusivamente para a prática de atos de natureza patrimonial e negocial (art. 85, *caput*), o genitor sob curatela deverá ser assistido pelo curador, nos limites estabelecidos pela sentença de interdição; manterá, todavia, em sua plenitude, o poder-dever de assistir ou representar os filhos menores na prática desses e de outros atos da vida civil.

É evidente, por outro lado, que sendo de natureza física a incapacidade da pessoa, nada obsta – como, de resto, nunca obstou – o exercício do poder familiar sobre os filhos menores.

> **Art. 758.** O curador deverá buscar tratamento e apoio apropriados à conquista da autonomia pelo interdito.

▶ *Sem correspondente no CPC/1973*

Art. 759

1. A assistência a ser prestada ao interdito para a conquista de autonomia

Outra interessante novidade é prevista no art. 758 do CPC, consistente na adoção de medidas, pelo curador, tendentes ao tratamento e apoio apropriados ao interdito, a fim de que possa conquistar autonomia.

A título de ilustração, considere-se a condição do curatelado analfabeto acometido de surdo-mudez. Como não consegue expressar sua vontade na forma escrita ou oral, nem receber, nessas formas, a vontade alheia, é considerado totalmente incapaz, mesmo que seja mentalmente são. O curador o coloca em instituição especializada e o incapaz habilita-se a expressar vontade ou perceber a alheia por meio de linguagem gestual e ou escrita, assim habilitando-se a requerer, inclusive pessoalmente, o levantamento da curatela (CPC, art. 756).

2. A assistência a ser prestada ao interdito que não possa exprimir sua vontade

Referindo-se – expressa e exclusivamente – às pessoas que, por causa transitória ou permanente, não puderem exprimir sua vontade, o art. 1.777 do CC, com a redação conferida pelo EPD, assegura-lhes o apoio necessário à preservação de seu direito à convivência familiar e comunitária, evitando-se, sempre que possível, seu recolhimento em estabelecimento (nosocômio) que possa afastá-los dessa convivência.

Essa salutar medida, a ser implementada quando as condições mentais ou intelectuais do curatelado a permitirem (*v.g.*, surdo-mudo não alfabetizado), não é, todavia, prevista em relação aos ébrios e viciados em tóxicos (art. 1.767, inc. III), mesmo àqueles que não estejam recolhidos em estabelecimento de saúde.

Daí, a indagação: têm, eles, menos direito à convivência familiar e comunitária que os curatelados indicados no primeiro inciso do art. 1.767 da lei civil? A resposta, evidentemente, deve ser negativa, sob pena de discriminar-se os ébrios e os toxicômanos, para os quais é igualmente destinada, sem ressalvas, a proteção legal.

Seção X
Disposições comuns à tutela e à curatela

> **Art. 759.** O tutor ou o curador será intimado a prestar compromisso no prazo de 5 (cinco) dias contado da:

> I – nomeação feita em conformidade com a lei;
>
> II – intimação do despacho que mandar cumprir o testamento ou o instrumento público que o houver instituído.
>
> § 1º O tutor ou o curador prestará o compromisso por termo em livro rubricado pelo juiz.
>
> § 2º Prestado o compromisso, o tutor ou o curador assume a administração dos bens do tutelado ou do interditado.

▶ *Referência: CPC/1973 – Arts. 1.187 a 1.191*

1. Representação legal dos incapazes

As pessoas absolutamente incapazes serão representadas em todos os atos da vida civil, e as relativamente incapazes assistidas em alguns deles.

No novo regime legal estabelecido pelo Estatuto da Pessoa com Deficiência – EPD (Lei 13.146/2015), são absolutamente incapazes exclusivamente os menores de 16 anos (CC, art. 3º), atribuída, às demais pessoas indicadas no art. 4º, a condição de relativamente incapazes.

Resultando a incapacidade de *defeito de idade* (CC, arts. 3º e 4º, I), a representação ou a assistência jurídica do incapaz competirá a seus pais, titulares do poder familiar (CC, art. 1.634, VII). Como nem sempre o menor estará sujeito ao poder dos pais, quer por morte ou ausência destes, ou porque foram suspensos ou destituídos (Estatuto da Criança e do Adolescente – ECA, arts. 24 e 155, e CC, arts. 1.635, 1.637, 1.638, 1.728 e 1.779), a necessária proteção à pessoa e ao patrimônio do menor passará a ser incumbência (mais exatamente, múnus público) do tutor nomeado pelo juiz (CC, art. 1.747, I), que, a partir daí, será seu assistente ou representante nos atos da vida civil (V., a respeito, Maria Berenice Dias, *Manual de Direito das Famílias*, nº 29, p. 503 e ss.).

Tutor, portanto, é o representante legal do menor que não esteja sob o poder familiar dos pais, podendo a tutela ser *testamentária* (CC, art. 1.729), *legítima* (CC, art. 1.731) ou *dativa* (CC, art. 1.732).

Resultando a incapacidade de circunstância diversa da menoridade, a exigir a interdição do incapaz, a representação do interdito (ou curatelado) será deferida ao seu *curador* (CC, arts. 1.747, I, c/c arts. 1.774 e 1.775).

2. A figura do protutor

O CC inovou ao prever a nomeação, pelo juiz, de um protutor, pessoa de sua confiança encarregada de fiscalizar os atos do tutor (e também do curador) e corresponsável pelos prejuízos causados por esse último (art. 1.742). À míngua de previsão legal, é lícito concluir-se que a nomeação ocorra concomitante, ou posteriormente, à nomeação do tutor, com a prestação do correspondente compromisso. É evidente que a fiscalização a ser exercida pelo protutor não exclui a atuação do órgão do Ministério Público em qualquer processo ou procedimento do qual participe o tutelado ou o interdito, ante o que dispõem os arts. 178, I, e 279, conjugados, do CPC.

3. Compromisso para o exercício da tutela ou da curatela

Tutor e curador (e protutor) devem prestar o *compromisso* de exercerem, sob as penas da lei, correta e regularmente o múnus da tutela ou curatela (ou a fiscalização, por parte do protutor), no prazo de cinco dias, contados: *(a)* da nomeação feita pelo juiz, se a tutela ou curatela for legítima ou dativa; *(b)* da intimação da decisão que mandar cumprir o testamento ou instrumento público de instituição do tutor testamentário (CC, arts. 1.634, VI, e 1.729, parágrafo único).

Assim que prestado o compromisso – e, sendo o caso, a caução –, o compromissado assumirá imediatamente a administração dos bens do tutelado ou do interdito (CC, arts. 1.753 e 1.754), com a obrigatoriedade de prestação de contas nos prazos e nas situações previstas nos arts. 1.755 a 1.762 (v. art. 84, § 4º, do EPD).

4. Prestação de caução pelo tutor ou curador

Sendo de considerável valor o patrimônio do tutelado ou curatelado, o exercício do respectivo múnus poderá ficar condicionado à prestação de caução pelo tutor ou curador, salvo dispensa judicial, fundada na reconhecida idoneidade do compromissado.

É certo que ao prever a prestação de caução, o art. 1.745, parágrafo único, do CC, faz explícita referência ao *menor* e ao *tutor*, podendo levar à conclusão de que o curador a tanto estaria dispensado; não é essa, porém, a interpretação a ser conferida àquele dispositivo legal, diante

do previsto nos arts. 1.744 e 1.781 do mesmo Código, estendendo à curatela as mesmas regras respeitantes à tutela.

Exigida e não prestada a caução, a pessoa indicada para o exercício da tutela ou curatela deixará de ser compromissada, outra assumindo o encargo, observada a nomeação testamentária ou a ordem legal (CC, arts. 1.731 e 1.775); na falta, impedimento ou escusa de qualquer dessas pessoas, o juiz nomeará tutor ou curador dativo (CC, arts. 1.732 e 1.775).

5. Responsabilidade do juiz

Nomeados o tutor ou o curador, o exercício dos respectivos encargos fica submetido à fiscalização direta pelo juiz, que, além de examinar as contas por eles prestadas, aprovando-as ou não, tem ainda o poder-dever de destituí-los, ou suspendê-los de suas funções, sempre que o resguardo dos interesses do incapaz exigir tais medidas.

Por isso mesmo, o inc. I do art. 1.744 do CC responsabiliza o juiz, direta e pessoalmente, pela não nomeação – ou nomeação tardia – de tutor ou curador ao incapaz, se demonstrada, pela via judicial apropriada, que esse último sofreu prejuízos em razão da omissão ou demora. Responderá ainda, subsidiariamente, pelos prejuízos causados ao incapaz pelo tutor ou curador, se e quando, não sendo esse financeiramente idôneo, não lhe exigir a prestação da garantia (art. 1.744, II).

6. Curatela do nascituro

Será designado curador ao nascituro se o pai vier a falecer, estando a mulher grávida e esta, por sua vez, não puder exercitar o poder familiar sobre o filho que irá nascer (art. 1.779 do CC). O objetivo da curatela – que cessará com o nascimento da criança – é o de proteger desde logo os direitos e bens que irão integrar seu patrimônio. Conforme previsto nos arts. 1.779, parágrafo único, do CC e art. 755, § 2º, do CPC, caso a mãe esteja interditada seu curador assumirá a curatela da criança após seu nascimento (*curatela prorrogada*).

Sucede, porém, que esses dois dispositivos legais são afastados pelo novo regime legal estabelecido pelo EPD, pois a circunstância de o genitor estar sob curatela não o impede, por si só, de exercitar o poder familiar sobre os filhos menores, ressalvada, apenas, a hipótese em que

Art. 760

CÓDIGO DE PROCESSO CIVIL INTERPRETADO

a mãe, sendo absolutamente incapaz por *defeito de idade* (CC, art. 3º), já se encontre sob tutela.

> **Art. 760.** O tutor ou o curador poderá eximir-se do encargo apresentando escusa ao juiz no prazo de 5 (cinco) dias contado:
>
> **I** – antes de aceitar o encargo, da intimação para prestar compromisso;
>
> **II** – depois de entrar em exercício, do dia em que sobrevier o motivo da escusa.
>
> **§ 1º** Não sendo requerida a escusa no prazo estabelecido neste artigo, considerar-se-á renunciado o direito de alegá-la.
>
> **§ 2º** O juiz decidirá de plano o pedido de escusa, e, não o admitindo, exercerá o nomeado a tutela ou a curatela enquanto não for dispensado por sentença transitada em julgado.

▶ *Referência: CPC/1973 – Arts. 1.192 e 1.193*

1. Escusa do encargo

Determinadas pessoas poderão escusar-se do encargo da tutela, ou da curatela, fundando sua escusa nos permissivos indicados nos arts. 1.737 e 1.774 do Código Civil. Recaindo a nomeação em qualquer delas, poderá eximir-se, apresentando a escusa ao juiz no prazo de cinco dias, contados ou da intimação para prestar compromisso, ou da data em que sobrevier o motivo da escusa, se já estiver exercendo as funções. E como as causas de escusa são objetivas, não há espaço à discrição do juiz, que deverá deferir o requerimento de dispensa do encargo, quando fundado em qualquer delas – salvo, evidentemente, se impertinente ou formulado depois de decorrido o prazo legal.

Preexistindo à nomeação, ou sendo-lhe superveniente o motivo ensejador da escusa pelo nomeado, reputar-se-á que renunciou ao direito de alegá-la, se não o fizer no prazo legal.

2. Procedimento para a escusa do encargo

Apresentado o pedido de escusa do encargo, o juiz decidirá de plano, por decisão irrecorrível. Deferindo-o, dispensará o requerente e nomeará outro tutor ou curador em substituição. Não reconhecendo a pertinência do motivo em que se funda a escusa, o juiz deverá rejeitá-la, em atenção ao superior interesse do incapaz.

Questão interessante está a merecer consideração.

Recepcionando o disposto no art. 1.193 do CPC/1973, na parte final do § 2º de seu art. 760 o Código em vigor prevê que, rejeitado o pedido de escusa, o nomeado exercerá a tutela ou a curatela até que venha a ser dispensado por *sentença transitada em julgado*. E sendo a sentença, na dicção do § 1º do art. 203, "o pronunciamento por meio do qual o juiz, com fundamento nos arts. 485 e 487, põe fim à fase cognitiva do procedimento comum, bem como extingue a execução", a ressalva inicial do parágrafo reforça a natureza sentencial do ato indicado na parte final do § 2º do art. 760, a justificar a conclusão de que, irresignado com a rejeição de sua escusa, o tutor ou curador nomeado deverá valer-se das vias próprias para obter sentença desconstitutiva do ato de nomeação, liberando-se do múnus, se vitorioso, somente depois de a mesma transitar em julgado. E, se ao final a sentença lhe for desfavorável, poderá vir a ser responsabilizado pelas eventuais perdas e danos que o interdito tenha sofrido (v. CC, art. 1.739, c/c arts. 1.774 e 1.781).

> **Art. 761.** Incumbe ao Ministério Público ou a quem tenha legítimo interesse requerer, nos casos previstos em lei, a remoção do tutor ou do curador.
>
> **Parágrafo único.** O tutor ou o curador será citado para contestar a arguição no prazo de 5 (cinco) dias, findo o qual observar-se-á o procedimento comum.

▶ *Referência: CPC/1973 – Arts. 1.194 a 1.196*

1. Remoção do tutor ou do curador

Visando a proteger os interesses do incapaz, a lei civil proíbe a determinadas pessoas o exercício da tutela ou da curatela e, caso já exerçam esses encargos, deverão ser *removidas*, mercê de circunstância pessoal, moral ou profissional que impeça o exercício pleno e isento do encargo (CC, arts. 1.735, 1.764, III, 1.766 e 1.774, conjugados).

Preexistindo à nomeação a causa impeditiva prevista em lei, o impedido sequer será nomeado; sendo desconhecida a causa impeditiva por ocasião da nomeação, ou surgindo posteriormente, impõe-se a remoção do tutor ou curador, mediante requerimento do órgão do Ministério Público ou de qualquer outra pessoa legitimamente interessada (*v.*, no que se refere ao tutor, também os arts. 155 a 163 do ECA).

Igualmente será o caso de remoção se o tutor ou curador praticar determinados atos sem a prévia autorização judicial (CC, arts. 1.748 e 1.774, comb.), ou mesmo com ela (arts. 1.749 e 1.774), ou, ainda, deixar de praticar qualquer ato a que estava legalmente obrigado para o cumprimento do múnus (arts. 1.740, 1.751, 1.752, 1.753, 1.755 e 1.774).

2. Procedimento da remoção

Formulado o requerimento de remoção, o tutor ou curador será citado para contestá-lo, no prazo de cinco dias, ficando assim assegurado seu direito à ampla defesa. O prazo é próprio e sua não observância resulta na declaração da revelia, presumindo-se verdadeiros os fatos nos quais se fundou o pedido de remoção (CPC, arts. 344), devendo o juiz decidir em cinco dias. Ofertada contestação, observar-se-á o procedimento comum, com a incidência dos arts. 335 e ss.

> **Art. 762.** Em caso de extrema gravidade, o juiz poderá suspender o tutor ou o curador do exercício de suas funções, nomeando substituto interino.

▶ *Referência: CPC/1973 – Art. 1.197*

1. Suspensão do encargo

No curso do processo de remoção – ou mesmo antes de sua instauração, preventivamente – poderá o juiz suspender liminarmente o tutor ou curador de suas funções, se qualquer deles, por ação ou omissão, colocar em risco quer a integridade física ou moral do incapaz, quer o seu patrimônio (*v.g.*, deixando de cumprir as incumbências indicadas no art. 1.740 do CC). Como o desfecho do pedido de remoção poderá ser demorado, a autoridade judiciária deverá nomear substituto interino ao tutor ou curador, que exercerá as funções correspondentes durante o período da suspensão, com o fito de evitar maiores prejuízos ao incapaz.

Jurisprudência

"Admitida a existência de fatos sérios passíveis de causar dano ao patrimônio da curatelada, deve ser mantida a decisão que determinou a suspensão do exercício da função de curador regularmente nomeado nos autos de interdição, para, somente após a apuração dos fatos, mediante o devido processo legal e ampla defesa, decidir-se pela remoção definitiva ou retorno do curador à sua função" (REsp 1.137.787/MG, Rel. Min. Nancy Andrighi, 3ª Turma, j. 09.11.2010, *DJe* 24.11.2010).

> **Art. 763.** Cessando as funções do tutor ou do curador pelo decurso do prazo em que era obrigado a servir, ser-lhe-á lícito requerer a exoneração do encargo.
>
> **§ 1º** Caso o tutor ou o curador não requeira a exoneração do encargo dentro dos 10 (dez) dias seguintes à expiração do termo, entender-se-á reconduzido, salvo se o juiz o dispensar.
>
> **§ 2º** Cessada a tutela ou a curatela, é indispensável a prestação de contas pelo tutor ou pelo curador, na forma da lei civil.

▶ *Referência: CPC/1973 – Art. 1.198*

1. Exoneração do encargo e prestação de contas

As funções de tutor ou curador serão exercidas durante dois anos. Decorrido o prazo, poderá o tutor ou curador requerer sua exoneração do encargo (CC, arts. 1.765 e 1.774, comb.), no prazo de dez dias, contados da data em que expirou o prazo de exercício.

O parágrafo único do art. 444 do CC/1916 contemplava a extensão *voluntária* do encargo, após decorrido o biênio legal, se fosse do interesse do tutor ou curador e o juiz reconhecesse que também convinha ao incapaz. Essa norma foi derrogada pelo art. 1.198 do CPC/1973 – ao prever a *recondução automática* do tutor ou curador que não requeresse a exoneração –, posteriormente reativada pelo atual diploma civil no parágrafo único de seu art. 1.765 e novamente derrogada pelo § 1º do art. 763.

Ressalvado o disposto no art. 1.783 do CC, a prestação de contas pelo tutor é obrigatória: enquanto no exercício do encargo, bienalmente ou toda a vez que o juiz entender conveniente; ou ao término do exercício, por exoneração ou destituição da tutela ou curatela (CC, arts. 1.755 a 1.762, c/c arts. 1.774 e 1.781); quanto ao curador, prevalece o disposto no art. 84, § 4º, do EPD, a impor a prestação anual de contas, apresentando o balanço correspondente.

Seção XI
Da organização e da fiscalização das fundações

> **Art. 764**. O juiz decidirá sobre a aprovação do estatuto das fundações e de suas altera-

Art. 764

ções sempre que o requeira o interessado, quando:

I – ela for negada previamente pelo Ministério Público ou por este forem exigidas modificações com as quais o interessado não concorde;

II – o interessado discordar do estatuto elaborado pelo Ministério Público.

§ 1º O estatuto das fundações deve observar o disposto na Lei nº 10.406, de 10 de janeiro de 2002 (Código Civil).

§ 2º Antes de suprir a aprovação, o juiz poderá mandar fazer no estatuto modificações a fim de adaptá-lo ao objetivo do instituidor.

▶ *Referência: CPC/1973 – Arts. 1.199 a 1.203*

1. Conceito de fundação

Instituída por escritura pública ou testamento, a fundação é um patrimônio ao qual a lei atribui personalidade jurídica, ou, na consagrada definição de Clóvis Beviláqua, "uma universidade de bens personalizada, em atenção ao fim, que lhe dá unidade" (*Código Civil dos Estados Unidos do Brasil*, v. 1, p. 251). Seu instituidor deve destinar dotação especial de bens livres, com a especificação do fim a que se destina a fundação, declarando ainda, caso queira, a maneira de administrá-la.

Da própria lei são extraídos, portanto, os dois requisitos essenciais à existência da fundação: o *patrimônio* – o qual, constituída a pessoa jurídica, ficará afetado às suas finalidades – e a *finalidade específica*, vale dizer, a fundação deve ser dirigida para obras de interesse geral. É certo que o CC/1916 não explicitava os fins da fundação (art. 24), mas o atual Código esclarece, no parágrafo de seu art. 62 (com as inclusões determinadas pela Lei 13.151/2015), para quais finalidades o ente fundacional deverá ser constituído. Aliás, as fundações que foram constituídas segundo a legislação anterior já deverão estar adaptadas às disposições do CC, a ele também se subordinando quanto ao seu funcionamento (arts. 2.031 e 2.032).

2. Espécies de fundações

Apesar de o CC em vigor disciplinar, como o anterior, apenas as *fundações de direito privado* (art. 44, III – v. art. 16 do CC/1916), em seu art. 37, XIX, a Constituição Federal prevê a criação, por lei específica, de *fundação pública*,

entendida como "a entidade dotada de personalidade jurídica de direito privado, sem fins lucrativos, criada em virtude de autorização legislativa, para o desenvolvimento de atividades que não exijam execução por órgãos ou entidades de direito público, com autonomia administrativa, patrimônio próprio gerido pelos respectivos órgãos de direção, e funcionamento custeado por recursos da União e de outras fontes" e que adquire personalidade jurídica "com a inscrição da escritura pública de sua constituição no Registro Civil de Pessoas Jurídicas, não se lhes aplicando as demais disposições do Código Civil concernentes às fundações" (v. arts. 4º, II, *d*, e 5º do DL 200/1967, com a redação dada pela Lei 7.596/1987. V., ainda, arts. 45 e 75, IV, do CPC).

Fundação que se enquadre no conceito de *entidade fechada de previdência privada* ficará submetida exclusivamente ao controle do respectivo órgão regulador e fiscalizador, nos termos do art. 72 da LC 109, de 29 de maio de 2001, que dispõe sobre o Regime de Previdência Complementar, a ela não se aplicando o procedimento de organização e fiscalização estabelecido pelo CPC, pois reservado exclusivamente às fundações privadas regidas pela lei civil.

3. Instituição da fundação privada – Necessidade de aprovação pelo Ministério Público

Consubstanciada na elaboração dos estatutos da pessoa jurídica que se pretende constituir, a instituição será levada a cabo pelo próprio dotador ou por aquele a quem cometer o encargo – hipótese em que será denominada *instituição fiduciária* (v. CC, art. 65, *caput*).

Elaborados os estatutos, serão submetidos à aprovação do Ministério Público (Curadoria de Fundações), com recurso ao juiz em caso de rejeição ou de determinação de alteração; posteriormente levados a registro, só então a fundação passará a ter existência legal (v. CC, art. 45; LRP, arts. 114, I, 119 e 120).

Examinados os estatutos, uma entre três situações poderá ocorrer: *(a)* são aprovados; *(b)* o Curador de Fundações indicará as modificações que entenda necessárias, a fim de adaptá-los à finalidade da fundação; *(c)* é denegada a aprovação, expondo o representante do Ministério Público os motivos da denegação.

Na primeira hipótese será desnecessária a intervenção judicial, procedendo-se, então, ao registro dos estatutos (CC, art. 45 e LRP, art. 114, I). Na segunda, o interessado poderá *(a)* desistir da instituição da fundação, sendo ele próprio o instituidor, *(b)* realizar as modificações sugeridas, com o posterior registro dos estatutos, ou *(c)* requerer em juízo o suprimento da aprovação, motivando a sua pretensão (*v.* CC, art. 65).

Na última das três situações aventadas o interessado ou desistirá da instituição da fundação (desde que seja ele próprio o instituidor), ou reclamará o suprimento judicial da aprovação dos estatutos.

Requerido esse suprimento, o juiz *(a)* defere-o, se entender desnecessárias as modificações pretendidas pelo representante do Ministério Público ou infundados os motivos que o levaram a denegar a aprovação dos estatutos, ou *(b)* determina as modificações propostas. O ato de deferimento ou de indeferimento de suprimento judicial da aprovação dos estatutos tem natureza sentencial, pois põe fim ao respectivo procedimento. Pode, portanto, ser impugnada por apelação.

4. Administração da fundação

A forma de administração e representação da fundação, bem como a composição dos respectivos órgãos, serão definidas pelo próprio instituidor, pela pessoa por ele designada para promover a instituição, ou, quando for o caso, pelo representante do Ministério Público. Havendo dissenso a respeito, os interessados deverão valer-se da via judicial para dirimi-lo, da sentença cabendo apelação.

5. Fiscalização da fundação

É atribuição do Ministério Público, por intermédio do Curador de Fundações, velar pelas fundações de direito privado, aprovando – ou até mesmo elaborando, quando necessário – os seus estatutos, providenciando as devidas modificações e participando de qualquer processo ou procedimento judicial em que elas figurem como partes ou interessadas (*v.* CC, art. 66).

6. Elaboração dos estatutos pelo representante do Ministério Público

Também competirá ao Curador de Fundações a elaboração dos estatutos da fundação, submetendo-os, em seguida, à aprovação judicial, se o instituidor não os elaborou nem nomeou pessoa que devesse fazê-lo; igualmente

competir-lhe-á a elaboração se a pessoa nomeada deixar de cumprir o encargo no prazo assinado pelo instituidor ou, inexistindo prazo, dentro de seis meses (ou 180 dias, como previsto no parágrafo do art. 65 do CC).

É defeso à pessoa nomeada pelo instituidor para elaborar os estatutos simplesmente desistir da instituição da fundação: permanecendo omissa, quer por não os elaborar no devido tempo, quer por não realizar as modificações propostas pelo representante do Ministério Público, este assumirá a tarefa, posteriormente submetendo os estatutos à aprovação judicial.

7. Alterações estatutárias

Depois de regularmente instituída a fundação, poderá ocorrer a modificação de seus estatutos, desde que a reforma não contrarie ou desvirtue os fins da pessoa jurídica, seja deliberada por dois terços dos seus administradores e aprovada pelo órgão do Ministério Público ou, havendo resistência à modificação, pela autoridade judicial competente (CC, art. 67).

Submetida a alteração à prévia aprovação pelo representante do Ministério Público, este poderá concedê-la, procedendo-se em seguida ao necessário registro. Se a proposta de alteração não houver sido decidida por unanimidade, antes da aprovação será cientificada a minoria vencida, para que possa impugnar a proposta de reforma no decêndio legal. Com ou sem impugnação, mas denegada a aprovação da alteração pelo Curador de Fundações, o interessado deverá adotar as mesmas providências cabíveis para a hipótese de denegação de aprovação dos estatutos.

> **Art. 765.** Qualquer interessado ou o Ministério Público promoverá em juízo a extinção da fundação quando:
>
> **I** – se tornar ilícito o seu objeto;
>
> **II** – for impossível a sua manutenção;
>
> **III** – vencer o prazo de sua existência.

▶ *Referência: CPC/1973 – Art. 1.204*

8. Extinção da fundação

Dar-se-á a extinção da fundação por provocação de qualquer interessado (qualquer de seus administradores) ou do órgão do Ministério Público, se e quando sua finalidade se tornar inútil, ilícita ou de impossível consecução ou,

Art. 766

CÓDIGO DE PROCESSO CIVIL INTERPRETADO

ainda, se esgotado o prazo de sua existência (v. CC, art. 69).

Como a aprovação dos estatutos da fundação pressupõe a licitude das suas finalidades, procede a observação de que somente se concebe a ocorrência da primeira hipótese de extinção da fundação se e quando, em virtude de alteração legislativa, aquelas finalidades passarem a ser consideradas ilícitas, ou se houver agressão às finalidades fundacionais, com a subversão dos fins que motivaram a criação da fundação. Também será extinta a fundação que careça de meios que permitam a consecução de suas finalidades.

Requerida a extinção por qualquer interessado, o juiz colherá o parecer do Curador de Fundações, por lhe competir a fiscalização do ente fundacional; sendo dele o requerimento, a autoridade judicial determinará a intimação dos interessados para que se manifestem. Em seguida proferirá sentença, impugnável por apelação.

Sobrevindo sentença desconstituindo a fundação, seu patrimônio será incorporado ao de outras fundações que se proponham a fins iguais ou semelhantes aos da extinta, salvo se a respeito houver disposição expressa no ato constitutivo ou nos estatutos (CC, art. 69).

Seção XII
Da ratificação dos protestos marítimos e dos processos testemunháveis formados a bordo

> **Art. 766.** Todos os protestos e os processos testemunháveis formados a bordo e lançados no livro Diário da Navegação deverão ser apresentados pelo comandante ao juiz de direito do primeiro porto, nas primeiras 24 (vinte e quatro) horas de chegada da embarcação, para sua ratificação judicial.

▶ *Referência: CPC/1973 – Art. 1.218, VIII; CPC/1939 – Arts. 725 a 727*

1. Introdução

Nos termos do art. 505 do CCom, o *protesto formado a bordo* (ou *processo testemunhável*) é medida preventiva de constituição de prova, tendente "a comprovar sinistros, avarias, ou quaisquer perdas" ocorridas na embarcação, mas que dependem de ratificação judicial para produzir efeitos. Consiste no ato de registro, no livro Diário de Navegação, de qualquer acidente de navegação ocorrido na viagem e relacionado ao navio, a passageiros e ou a carga transportados, com o relatório circunstanciado do sinistro (CPC/1939, art. 725).

Distingue-se de outras medidas preventivas assecuratórias de provas, por depender, para ter eficácia probatória, da produção da prova propriamente dita e da ratificação, "pois, ao tempo da produção, não há juiz presente" (Pontes de Miranda. *Comentários ao Código de Processo Civil*. Tomo IV, p. 280). E como a responsabilidade pelo transporte de passageiros e da carga é do transportador, este deverá produzir prova, por meio do protesto e posterior ratificação judicial, a ser eventualmente utilizada em demandas envolvendo perdas ou avarias resultantes de acidente de navegação.

2. Procedimento de ratificação judicial do protesto formado a bordo

Esse procedimento de jurisdição voluntária é integrado por três fases distintas: o requerimento de ratificação judicial, a coleta de provas orais em audiência e a ratificação, por sentença homologatória, do protesto ou do processo testemunhável formado a bordo.

Pretendendo proceder à ratificação judicial, nas primeiras 24 horas da chegada do navio ao primeiro porto o comandante deverá apresentar ao juiz de direito todos os protestos e processos testemunháveis formados a bordo e que estejam registrados no livro Diário da Navegação.

A referência feita ao "juiz de direito" deixa clara a competência das Justiças estaduais para a ratificação judicial, mesmo que o porto de chegada da embarcação esteja situado em seção ou subseção da Justiça federal.

Jurisprudência

"A ação de ratificação de protesto marítimo, ainda que guarde certa correlação com as hipóteses previstas nos incisos III e IX do artigo 109 da Constituição da República, determinantes da competência da Justiça Federal, trata de feito de natureza não contenciosa, onde não se estabeleceu relação jurídica na qual figurassem os entes federais com prerrogativa de foro. Conflito conhecido para declarar a competência do juízo suscitado" (STJ, CC 59.018/PE 2006/0023690-6, 2ª Seção, Rel. Min. Castro Filho, j. 27.09.2006, *DJ* 19.10.2006, p. 237).

> **Art. 767.** A petição inicial conterá a transcrição dos termos lançados no livro Diário da

Navegação e deverá ser instruída com cópias das páginas que contenham os termos que serão ratificados, dos documentos de identificação do comandante e das testemunhas arroladas, do rol de tripulantes, do documento de registro da embarcação e, quando for o caso, do manifesto das cargas sinistradas e a qualificação de seus consignatários, traduzidos, quando for o caso, de forma livre para o português.

▶ *Referência: CPC/1973 – Art. 1.218, VIII; CPC/1939 – Arts. 725 a 727*

3. Requerimento de ratificação

O requerimento de ratificação, no qual figurará como autor o comandante da embarcação, será formalizado por petição inicial subscrita por advogado regularmente constituído. Deverá conter a transcrição dos termos lançados naquele livro e vir instruída com as cópias das páginas dos termos a serem ratificados, os documentos de identificação do comandante, das testemunhas a serem inquiridas e do registro da embarcação, o rol dos tripulantes e, sendo o caso de comprovação de sinistro das cargas transportadas, o correspondente manifesto e a qualificação dos consignatários. Quando lavrados em língua estrangeira, esses documentos deverão ser traduzidos livremente para o português.

Não instruída a petição inicial com qualquer desses documentos essenciais, principalmente o Diário da Navegação, o juiz determinará ao autor que o apresente, em prazo exíguo a ser fixado. Escoado o prazo sem cumprimento da determinação judicial, a petição inicial será indeferida, da sentença cabendo apelação.

Art. 768. A petição inicial deverá ser distribuída com urgência e encaminhada ao juiz, que ouvirá, sob compromisso a ser prestado no mesmo dia, o comandante e as testemunhas em número mínimo de 2 (duas) e máximo de 4 (quatro), que deverão comparecer ao ato independentemente de intimação.

§ 1º Tratando-se de estrangeiros que não dominem a língua portuguesa, o autor deverá fazer-se acompanhar por tradutor, que prestará compromisso em audiência.

§ 2º Caso o autor não se faça acompanhar por tradutor, o juiz deverá nomear outro que preste compromisso em audiência.

▶ *Sem correspondência no CPC/1973*

4. Instauração do procedimento

Distribuída a petição inicial com urgência e citados os consignatários das cargas e outros eventuais interessados indicados na petição inicial (*v.g.*, armador, proprietário ou seguradora da carga – CPC, art. 721), no dia designado para a audiência o juiz ouvirá, sob compromisso, o comandante e as testemunhas arroladas, que deverão comparecer independentemente de intimação e, sendo o caso, com a presença de tradutor, a ser compromissado no ato. Não apresentado tradutor pelo comandante, o juiz deverá nomeá-lo na própria audiência e nela já colher o compromisso.

Art. 769. Aberta a audiência, o juiz mandará apregoar os consignatários das cargas indicados na petição inicial e outros eventuais interessados, nomeando para os ausentes curador para o ato.

▶ *Referência: CPC/1939 – Art. 728 (v. CPC/1973, art. 1.218, XIII)*

5. Audiência de instrução

Aberta a audiência, serão apregoados os consignatários das cargas descritas na petição inicial e outros eventuais interessados nela indicados. Aos ausentes será nomeado curador para o ato, recaindo a nomeação em advogado, pois à Defensoria Pública cabe intervir, exclusivamente, nas situações indicadas no art. 185 do CPC – não se podendo reputar como revel, por outro lado, o consignatário ou interessado ausente à audiência, afastada, assim, a curatela especial prevista no art. 72, inc. I e parágrafo único, do mesmo diploma legal.

Art. 770. Inquiridos o comandante e as testemunhas, o juiz, convencido da veracidade dos termos lançados no Diário da Navegação, em audiência, ratificará por sentença o protesto ou o processo testemunhável lavrado a bordo, dispensado o relatório.

Parágrafo único. Independentemente do trânsito em julgado, o juiz determinará a en-

Art. 771

trega dos autos ao autor ou ao seu advogado, mediante a apresentação de traslado.

▸ *Referência: CPC/1939 – Art. 729*

6. Sentença de ratificação

Apesar de não explicitadas no dispositivo sob exame, duas situações merecem consideração: o não comparecimento injustificado do comandante ou, no mínimo, de duas testemunhas, implicará a não realização da audiência, com a extinção do procedimento; presentes à audiência, os consignatários ou outros interessados poderão participar da inquirição e, por intermédio de advogado, formular perguntas diretamente às testemunhas a respeito dos fatos objeto do protesto ou do processo testemunhável (art. 459).

Encerrada a inquirição do comandante e das testemunhas, o juiz adotará uma, entre as seguintes providências:

a) considerando correto o protesto ou o processo testemunhável e convencendo-se da veracidade dos fatos registrados no livro Diário da Navegação, corroborados pelos depoimentos do comandante e das testemunhas, o juiz proferirá sentença homologatória de ratificação daqueles atos e determinará a entrega dos respectivos autos ao autor ou ao seu advogado, mediante a apresentação de traslado, independentemente do trânsito em julgado. Dissentindo dessa decisão, qualquer dos interessados no procedimento poderá apelar da sentença (CPC, arts. 203, § 1º, 1ª parte, e 1.009);

b) constatando qualquer falha, defeito ou irregularidade na documentação apresentada pelo autor, a impedir a comprovação da materialidade do ato ratificando, ou, ainda, não se convencendo da veracidade dos fatos nele documentados, o juiz indeferirá o pedido de ratificação, da sentença igualmente cabendo apelação.

Jurisprudência

"Protesto marítimo. Pedido de ratificação. Indeferimento. Art. 505 do C. Comercial de 1850. Não comparecimento. Art. 727 do CPC de 1939. Ausência de provas. Art. 333 do CPC. Recurso não provido (TJSP, Apelação 991010312790, 24ª Câmara de Direito Privado, Rel. Des. Maria Lúcia Pizzotti, j. 18.10.2010, publ. 09.11.2010).

LIVRO II
DO PROCESSO DE EXECUÇÃO

TÍTULO I
DA EXECUÇÃO EM GERAL

CAPÍTULO I
DISPOSIÇÕES GERAIS

> **Art. 771.** Este Livro regula o procedimento da execução fundada em título extrajudicial, e suas disposições aplicam-se, também, no que couber, aos procedimentos especiais de execução, aos atos executivos realizados no procedimento de cumprimento de sentença, bem como aos efeitos de atos ou fatos processuais a que a lei atribuir força executiva.
>
> **Parágrafo único.** Aplicam-se subsidiariamente à execução as disposições do Livro I da Parte Especial.

▸ *Referência: CPC/1973 – Arts. 475-R e 598*

1. Separação das vias executivas

O Código de 1973 trouxe, como uma de suas grandes inovações, a unificação das vias executivas. Com efeito, num único livro o legislador regrou a execução de sentença, a execução de título extrajudicial e a execução fiscal. Imaginou-se, do ponto de vista do progresso científico de então, que agregar o processo de execução num único pacote seria ideal para a eficiência do processo. A técnica não passou no controle de qualidade dos jurisdicionados: já em 1980 foi editada a Lei de Execução Fiscal, que criava uma fórmula separada para a execução dos créditos fiscais e parafiscais. Foi a primeira ruptura, que já anunciava outras.

A execução das sentenças condenatórias foi o alvo seguinte do legislador, por meio das reformas a que o Código anterior foi submetido. Paulatinamente percebeu o legislador que a execução de sentenças era um peso que poderia ser dispensado. Em 1994 deu-se ao juiz a possibilidade de determinar medidas de apoio para sua sentença de condenação de obrigação de fazer, o que funcionou como verdadeiro embrião para a desativação da execução de sentenças condenatórias desta estirpe: se o juiz poderia desde logo fixar medidas que substituiriam a atividade do vencido resistente, para que serviria a *execução* do provimento? A próxima vítima seria a sentença condenatória das obrigações de entregar coisa certa e incerta, que dependeria apenas de uma fase de cumprimento. Por fim, a ruptura final veio com a Lei 11.232/2005, que decretou o fim da execução de sentença condenatória de quantia, substituída pelo cumprimento de sentença, que passou a ser a fórmula ordinária.

Em síntese, já sob a vigência do CPC/1973, não se podia mais detectar uma unidade das vias executivas, tendo sido desmanchado o trabalho do legislador de 1973 em prol de fórmulas mais eficazes (e mais adequadas) a espécies diferentes de execução.

O CPC atual aprofundou e sistematizou melhor tais fórmulas, de sorte que o Livro II do Código foi dedicado à *execução* verdadeira e própria, ou seja, àquela calcada em título executivo extrajudicial, ficando relegado o *cumprimento de sentença* ao seu lugar próprio (no Livro I), procurando o legislador apenas estabelecer a *interface* entre os dois mundos, do conhecimento e da execução. É desta *interface* que trata o artigo que ora comento.

2. Aplicação subsidiária

O Livro II descreve a fórmula adequada para a prática dos atos executivos, ou seja, dos atos de expropriação. Embora as normas sejam destinadas ao procedimento de execução fundado em títulos extrajudiciais, é natural que as técnicas sejam aplicáveis também a outros procedimentos executivos.

Com efeito, diversos procedimentos executivos externos ao CPC (apanho como exemplo a Lei de Execução Fiscal) não contemplam um sistema completo. Tais procedimentos tomam de empréstimo os conceitos e mecanismos do Código (penhora, expropriação, satisfação do credor), invocando de modo suplementar a disciplina detalhadamente descrita pelo legislador processual. Da mesma forma, seria inútil repetir e descrever atos de expropriação no cumprimento de sentença, bastando fazer a transposição do que for necessário para aquela sede de conhecimento.

Vice-versa, a execução também recebe os influxos das regras estabelecidas para o processo de conhecimento na Parte Especial (arts. 318 a 770) naquilo que couber: naturalmente não é necessário repetir no Livro II normas atinentes

às condições da ação, pressupostos processuais, provas etc.). O Código forma uma unidade, e o legislador quis apenas deixar claro (embora nem precisasse fazê-lo) que os operadores devem evitar uma compartimentalização não autorizada.

A arte do navegador do sistema processual, portanto, está na separação entre o joio e o trigo, selecionando os dispositivos do processo de conhecimento que sejam compatíveis com o processo de execução. Os escopos dos dois processos são distintos, e a posição das partes também. No primeiro a igualdade entre os contendentes é de rigor, já que o magistrado não sabe quem tem razão; no segundo, o julgador sabe que o exequente parece ter razão, de modo que o tratamento das partes não poderá ser o mesmo. Dito de outro modo, o processo de execução é idealizado para realizar o direito do credor.

> **Art. 772.** O juiz pode, em qualquer momento do processo:
>
> **I** – ordenar o comparecimento das partes;
>
> **II** – advertir o executado de que seu procedimento constitui ato atentatório à dignidade da justiça;
>
> **III** – determinar que sujeitos indicados pelo exequente forneçam informações em geral relacionadas ao objeto da execução, tais como documentos e dados que tenham em seu poder, assinando-lhes prazo razoável.

▶ *Referência: CPC/1973 – Art. 599*

1. Comparecimento das partes

Não há, na execução, momento especificado em lei para a tentativa de conciliação. Isso não significa que o juiz estaria impedido de tentar a harmonização dos interesses das partes, até porque a regra geral do art. 139, V, do CPC recomenda ao magistrado que tente, a qualquer tempo, conciliar as partes. Assim, entendendo haver espaço para a composição, nada impede o juiz de tentar a aproximação de exequente e executado, designando para tanto audiência de conciliação, com ou sem o apoio de um conciliador ou de um mediador. Tal prática, porém, não deve importar o retardamento (ou condicionamento) de qualquer ato executivo. Explico: não pode o juiz, ao despachar a inicial de uma execução de obrigação de fazer, determinar o comparecimento das partes a uma audiência de tentativa de conciliação para, somente após

Art. 773

sua realização, liberar a fluência do prazo para o cumprimento da obrigação.

O comparecimento de qualquer das partes pode também ser determinado para o esclarecimento do magistrado. Considerando que o juiz deve participar ativamente do processo, nada o impede de melhor informar-se sobre o modo menos gravoso de cumprir determinada obrigação ou de perquirir acerca do lugar em que se encontram os bens sujeitos à execução.

As partes poderão, portanto, ser ouvidas pelo magistrado, para os mais diversos efeitos, não havendo motivo algum para limitar as possibilidades *instrutórias* do juiz na execução, sendo certo que *instruir* significa *preparar*, não apenas produzir provas. Assim, o juiz *instrui* a execução, no sentido de que a *prepara*, de modo que possa determinar todos os provimentos satisfativos necessários à entrega da tutela jurisdicional ao exequente.

2. Advertência ao devedor

Percebendo o magistrado que o devedor incide em alguma das condutas descritas no art. 774, *deverá* (e não apenas *poderá*, como consta do *caput* do artigo comentado) advertir o executado para que cesse a conduta atentatória, sob pena de aplicação da multa prevista no parágrafo único do art. 774.

É bem verdade que, das condutas descritas no art. 774, pelo menos uma (inciso I) já configura desde logo ato atentatório à dignidade da justiça: é o caso da alienação de bens em fraude de execução, cuja prática exige do juiz atitude mais drástica (penhora do bem alienado, considerando-se o ato ineficaz em relação ao credor), e não mera advertência (totalmente irrelevante depois da prática do ato fraudatório). Exceção feita a essa hipótese, contudo, deve o magistrado, antes de punir o devedor, agravando-lhe a situação econômica, adverti-lo para que cesse a conduta ilícita; ignorada a advertência, incide plenamente a penalidade legal.

3. Atos a serem praticados por terceiros

Muitas vezes a resistência do executado renitente pode ser vencida (ou mitigada) por meio da obtenção de informações de terceiros. É o caso, por exemplo, da localização do bem que deva ser entregue pelo devedor (e que esteja na posse de terceiro, em depósito perante instituição financeira ou em armazém) ou de documentação que permita a efetivação de cálculo de valor devido (extratos de contas, demonstrativos de pagamentos, planilhas de juros que estejam em mãos de entidade pública ou privada estranha ao processo de execução). O inciso III do art. 772 do CPC está em linha direta com a obrigação de todos – partes ou não – de colaborarem com a administração da justiça. E na medida em que tal terceiro receber ordem judicial para prestar alguma informação, estará sujeito – mercê do art. 77 do CPC (que se reporta a "todos aqueles que de qualquer forma participem do processo") – à multa de que trata o § 2º do mesmo artigo em caso de recusa de colaboração.

> **Art. 773.** O juiz poderá, de ofício ou a requerimento, determinar as medidas necessárias ao cumprimento da ordem de entrega de documentos e dados.
>
> **Parágrafo único.** Quando, em decorrência do disposto neste artigo, o juízo receber dados sigilosos para os fins da execução, o juiz adotará as medidas necessárias para assegurar a confidencialidade.

▶ *Sem correspondência no CPC/1973*

1. Cumprimento de ordem judicial

Emitida ordem a terceiro para a entrega de documentos ou de dados (ou seja, para que se prestem informações relacionadas à execução), a determinação judicial deve ser cumprida no prazo (razoável) que tiver sido concedido pelo juiz. Escoado o prazo sem cumprimento da ordem (ou sem que o intimado tenha justificado adequadamente o motivo pelo qual não pode cumprir a determinação judicial), pode o juiz desencadear contra o terceiro renitente as medidas de força apropriadas para a implementação do comando.

Se é verdade que cabe ao exequente indicar o terceiro capaz de prestar informações úteis ao bom desenvolvimento do processo de execução, é também verdadeiro que, a partir de então, caberá ao juiz tomar as medidas que considerar idôneas para que tais informações sejam prestadas, independentemente de pedido do exequente, que deixará de ter o domínio da situação. Explico: reconhecendo o juiz que terceiro detém (ou pode deter) informações ou dados úteis ao desenvolvimento do processo, o interesse na obtenção de tais informações passa a ser público, do Estado, de modo que cabe ao magistrado tomar as medidas que julgar necessárias (ainda que o exequente não as queira ou não as aprove) para obtenção dos dados que necessita. Cabe, portanto, ao exequente apontar o terceiro que detenha informações; a partir daí, o juiz toma para si a tarefa de obter tais informações.

É o juiz quem ditará as medidas que julgar adequadas para implementar o comando de apresentar documentos ou fornecer dados. E tais medidas vão desde aquelas que já são bem conhecidas em nosso sistema judicial (busca e apreensão, por exemplo) a métodos mais criativos e sofisticados. Nesse sentido, se uma entidade pública ou privada recusa-se a prestar informação sobre o paradeiro da coisa ou sobre dados relevantes para elaboração de cálculo, nada impedirá o magistrado proativo de determinar verdadeira intervenção na entidade, designando administrador judicial para o efeito específico de cumprir a ordem judicial. Imagine-se, por exemplo, um banco que se recuse a prestar informação requisitada pelo juízo: não me parece fora de propósito que o magistrado afaste o representante da entidade que se furta à prática do ato, nomeando provisoriamente um interventor para o fim específico de cumprir a ordem.

Deixo claro que o dispositivo legal pretende de *eficácia do comando*, não apenas a punição do agente desidioso (que estará sujeito à aplicação de multa, entre outras sanções). O que se quer é a obtenção da informação, a entrega do documento, a apresentação dos dados. Para isso, o juiz deve dispor de poderes suficientes e adequados, de modo que suas decisões sejam cumpridas, seja pelas partes, seja por terceiros. Só assim poderá ser satisfeita adequadamente a norma fundamental inserida no art. 5º do CPC no sentido de que todos os que participam – de qualquer modo – no processo devem comportar-se de acordo com a boa-fé.

2. Dados sigilosos

Eventualmente as informações ou dados requisitados pelo juiz são confidenciais. Isso pode acontecer tanto com informações oriundas de entidades privadas como de entidades públicas. Para retratar a primeira situação, basta pensar na hipótese de o juiz, para obter informação sobre o paradeiro de bem objeto da execução de entrega de coisa certa, determinar a terceiro, que

participa de processo arbitral (com cláusula de confidencialidade), que forneça a informação; para imaginar algo ligado a entidade pública, vale lembrar a requisição de informação à Receita Federal sobre os bens do devedor constantes de declaração de bens.

Nas duas hipóteses, determina o legislador que sejam adotadas as medidas necessárias para resguardar o sigilo dos dados fornecidos, o que pode ser garantido decretando-se a publicidade restrita (segredo de justiça, art. 189 do CPC). Mas pode o juiz tomar outras medidas para preservar o sigilo, tais como o arquivamento da informação confidencial em pasta própria, segregada, garantindo-se o acesso apenas às partes (como acontece em algumas comarcas com as informações oriundas da Receita Federal).

> **Art. 774.** Considera-se atentatória à dignidade da justiça a conduta comissiva ou omissiva do executado que:
>
> **I** – frauda a execução;
>
> **II** – se opõe maliciosamente à execução, empregando ardis e meios artificiosos;
>
> **III** – dificulta ou embaraça a realização da penhora;
>
> **IV** – resiste injustificadamente às ordens judiciais;
>
> **V** – intimado, não indica ao juiz quais são e onde estão os bens sujeitos à penhora e os respectivos valores, nem exibe prova de sua propriedade e, se for o caso, certidão negativa de ônus.
>
> **Parágrafo único.** Nos casos previstos neste artigo, o juiz fixará multa em montante não superior a vinte por cento do valor atualizado do débito em execução, a qual será revertida em proveito do exequente, exigível nos próprios autos do processo, sem prejuízo de outras sanções de natureza processual ou material.

▶ *Referência: CPC/1973 – Arts. 600 e 601*

1. Conduta comissiva ou omissiva

Uma das críticas que se fazia ao antigo art. 600 do CPC/1973 era a de que o dispositivo tratava de *ato praticado* pelo executado, sem contemplar – pelo menos tecnicamente – as condutas omissivas, embora o legislador apontasse pelo menos uma delas, a saber, a ausência de indicação

Art. 774

de quais fossem (e onde estavam) os bens sujeitos à penhora e seus respectivos valores.

O CPC atual corrige agora a redação do *caput* do artigo, para declarar que tanto as condutas comissivas (atos praticados pelo executado) como as omissivas (atos que o executado deixa de praticar quando instado a fazê-lo) são igualmente puníveis.

2. Lealdade processual e atos atentatórios à dignidade da justiça

Querendo dar maior eficácia à atividade executiva, arrolou o legislador condutas maliciosas que violariam o princípio geral da lealdade processual que deve servir de norte para os litigantes.

No processo de execução (ou na fase de cumprimento de sentença), há apenas um desfecho esperável da atividade jurisdicional, qual seja, tutela do direito do credor, já que na execução a atuação do juiz é francamente favorável ao exequente, que presumivelmente tem razão, pois ostenta a seu favor título executivo. Por isso mesmo, aumenta a necessidade de repressão a condutas que objetivem frustrar o resultado natural do processo, razão pela qual foram relacionados alguns atos típicos desta atividade jurisdicional, que poderiam ser reduzidos à especificação genérica constante no art. 80 do CPC.

3. Fraudar a execução

A fraude à execução – tratada no art. 792 do CPC – caracteriza conduta desleal do executado já citado para os termos do processo de execução que atenta contra a dignidade da justiça. Antes de caracterizar lesão ao exequente, a fraude de execução demonstra ataque e descaso do devedor em relação ao próprio Estado, cujo escopo é tornar eficaz a tutela jurisdicional que oferece. A repressão à fraude de execução, portanto, vai além da ineficácia dos atos de alienação ou oneração eventualmente praticados, permitindo (*rectius*, determinando!) ao juiz aplicar desde logo – e independentemente de qualquer advertência – a multa de que trata o artigo ora comentado.

4. Ardis e meios artificiosos

Ardil é um estratagema, uma artimanha, engendrada pelo devedor para evitar que o processo de execução tenha curso normal; meios artificiosos são tramas e truques inventados pelo mesmo devedor para opor-se aos atos executivos. Assim, o executado que se recusa a figurar como depositário do bem penhorado de sua propriedade, com o objetivo claro de criar incidente processual e procrastinar a execução, ou o executado que ocupa imóvel onde não residia apenas para evitar a penhora (sob a capa da Lei 8.009/1990) pode estar incurso na multa do já citado parágrafo único do art. 774.

O Superior Tribunal de Justiça tem sido bastante rigoroso ao afastar a proteção dada pela Lei 8.009/1990 em caso de abuso de direito ou violação da boa-fé. Neste sentido, vale consultar a decisão proferida pela quarta turma daquele sodalício (REsp 1.559.348, Rel. Min. Luis Felipe Salomão), onde ficou assentado que "[O] abuso do direito de propriedade, a fraude e a má-fé do proprietário devem ser reprimidos, tornando ineficaz a norma protetiva, que não pode conviver, tolerar e premiar a atuação do agente em desconformidade com o ordenamento jurídico".

5. Obstáculos à realização da penhora

A penhora é mecanismo de apreensão de bens, instrumento de transformação de patrimônio do devedor em dinheiro. Trata-se de segregar e proteger (mediante depósito) bens do devedor que serão destinados, no momento oportuno, ao pagamento do credor. Tendo em vista o escopo expropriatório da atividade executiva (cuja atuação, repito, é de desfecho único, em favor do exequente), é natural que o legislador considere ofensivo à atuação do Estado qualquer ato praticado pelo executado que objetive impedir a apreensão de bens que serão destinados à satisfação do crédito exequendo. Daí a preocupação de penalizar atos do executado que dificultem ou embaracem a realização da penhora.

Assim, será punido o executado que impedir ou estorvar o oficial de justiça que venha apreender bens na residência do devedor; será igualmente castigado o executado que tentar ocultar bens móveis na expectativa de evitar a constrição judicial; o mesmo destino terá o executado que der falsa informação sobre a localização de bens ou sobre a propriedade deles.

6. Resistência injustificada às ordens judiciais

Durante o processo de execução, o juiz – no seu papel de dirigente da atividade jurisdicional – pratica atos de instrução processual (*instruir* significa preparar, não apenas produzir provas), de sorte que os litigantes estão sujeitos a obedecer às diretrizes estabelecidas pelo magistrado para que se realize o ato de apreensão, expropriação ou transformação previsto na lei. Em relação ao executado, sempre que esse resistir às ordens do juiz sem motivo (e continuar a fazê-lo mesmo depois de admoestado), haverá aplicação de multa: essa é a situação do executado, depositário dos bens penhorados, que não informa ao juiz onde estão tais bens, com o escopo de retardar sua remoção ou procrastinar a realização de hasta pública.

Cumpre assim ao executado, diante de ordem emanada do juiz, uma de duas escolhas: o imediato cumprimento, sem tergiversação, ou a justificação de sua resistência. Exposto o motivo pelo qual a ordem não é cumprida, caberá ao juiz averiguar se a explicação do executado é convincente; em caso negativo, será o devedor advertido de que sua conduta constitui ato atentatório à dignidade da justiça e, ato contínuo, persistindo a resistência (agora já tida como inaceitável), será aplicada a multa.

7. Bens sujeitos à penhora

O inciso V do artigo comentado resulta de uma paulatina construção legislativa que objetivou estimular o executado a colaborar com a atividade expropriatória.

Com efeito, a redação original do CPC/1973 (art. 600, IV) tinha alcance modesto, que afetava o devedor que, instado a entregar determinado bem, tentasse ocultá-lo, para dificultar a tarefa dos auxiliares do juízo. Dizia o dispositivo, antes da reforma aportada pela Lei 11.382/2006, que estaria sujeito à penalidade legal o devedor que, intimado, não revelasse ao juiz onde estavam os *bens sujeitos à execução*. Ora, bem sujeito à execução era aquele que deveria ser entregue ao credor (execução para entrega de coisa), não bem sujeito à penhora (bem a ser apreendido para alienação forçada e transformação em dinheiro). Por conta disso, o dispositivo não podia ser utilizado nas execuções de obrigação de pagar quantia, na medida em que não se poderia imputar ao devedor a obrigação legal de informar ao juízo ou ao credor o local em que se encontravam os bens penhoráveis do executado.

A reforma de 2006 alterou por completo o objetivo do dispositivo legal que constava do Código revogado. A partir da vigência da Lei 11.382/2006, o devedor passou a ter a obrigação legal de indicar ao juiz onde se encontravam os bens sujeitos à penhora, bem como seus respectivos valores. Note-se a mudança de rota: antes da alteração, o dispositivo legal dizia respeito às obrigações de entregar coisa (informar onde se encontrava o *bem sujeito à execução*); depois da Lei 11.382/2006, o inciso passou a afetar as obrigações de pagar quantia, criando para o executado o dever de informar onde se encontram os *bens sujeitos à penhora*.

O CPC ampliou a pressão sobre o executado, exigindo-lhe não só que indique os bens sujeitos à penhora, informando a sua localização, mas também apresente prova de sua propriedade (com a respectiva certidão negativa de ônus, se for o caso). A obrigação agora acrescida (prova de propriedade) destina-se naturalmente a evitar (ou pelo menos tentar mitigar) a formação de incidente (especialmente pela via dos embargos de terceiro) para discussão acerca da propriedade do bem sujeito a constrição.

Resta claro, portanto, que a *má vontade do executado de indicar quais são e onde estão os bens sujeitos à penhora (com a respectiva prova de propriedade) será punível processualmente, como acontece com a obrigação de apresentar os bens dados em garantia*, ou de preservar os que estão sob a guarda do executado. A omissão deixa de ser reconhecida como expediente de defesa (como já chegou a reconhecer o STJ, REsp 152.737/MG, 4ª Turma, Rel. Min. Ruy Rosado, j. 10.12.1997) para configurar um ato malicioso de resistência ao exercício da jurisdição

8. Multa e outras sanções

Caracterizado algum dos atos atentatórios definidos nos cinco incisos do art. 774 do CPC (e admoestado, sem resultado, o infrator, nos casos dos incisos II a V), o juiz fixará multa a favor do exequente, que pode chegar a 20% do valor atualizado do crédito exequendo. Cria-se, assim, espaço para alguma discricionariedade do magistrado na dosagem da multa, permitindo-se que seja levada em consideração a gravidade do ato praticado (ou da omissão na prática de ato), a reiteração de conduta maliciosa e o valor em execução (já que não se pretende que a multa seja irrisória nem ruinosa).

O parágrafo único do dispositivo analisado menciona também outras sanções, de caráter processual ou material, que não ficam excluídas

Art. 775

CÓDIGO DE PROCESSO CIVIL INTERPRETADO

pelo fato de ser aplicada a multa do art. 774. Isso significa que há possibilidade de aplicação das penas decorrentes da litigância de má-fé se for detectado algum dos comportamentos descritos no art. 80 do CPC, bastando pensar na hipótese de a parte alterar a verdade dos fatos ou de interpor recursos de forma desmedida com o fito de retardar a tutela jurisdicional (uso imoderado do agravo de instrumento). Anoto, porém, que a conduta desidiosa do executado só pode ser capitulada num dos dois dispositivos mencionados (art. 80 ou art. 774), não sendo admissível o *bis in idem*.

Advirto, por fim, que, embora os arts. 80 e 774 do CPC tenham procurado agregar as condutas representativas do dolo processual, isso não significa que a listagem constante dos dois dispositivos legais seja absolutamente taxativa na descrição de condutas maliciosas. O parágrafo único do art. 918, por exemplo, classifica como ato atentatório à dignidade da justiça a interposição de embargos à execução com fim protelatório; da mesma forma, o § 6º do art. 903 considera como ato atentatório à dignidade da justiça a alegação frívola de vício com o objetivo de estimular a desistência do arrematante em hasta pública.

> **Art. 775.** O exequente tem o direito de desistir de toda a execução ou de apenas alguma medida executiva.
>
> **Parágrafo único.** Na desistência da execução, observar-se-á o seguinte:
>
> I – serão extintos a impugnação e os embargos que versarem apenas sobre questões processuais, pagando o exequente as custas processuais e os honorários advocatícios;
>
> II – nos demais casos, a extinção dependerá da concordância do impugnante ou do embargante.

▶ *Referência: CPC/1973 – Art. 569*

1. Desistência da execução: via de mão única

Ao contrário do que ocorre com o processo de conhecimento, no processo de execução objetiva-se apenas a satisfação do interesse do exequente. Em outros termos, no processo de conhecimento o réu tem interesse em obter uma sentença de improcedência do pedido, que declarará a inexistência do direito do autor, enquanto na execução o devedor encontra-se em estado de submissão, e sofrerá os efeitos da atividade de invasão patrimonial, de expropriação, de força. Daí a diferença entre a desistência no âmbito da cognição (que depende do consentimento do adversário) e a desistência no âmbito da execução (que não depende do beneplácito do executado, que será sempre beneficiado com o pedido do exequente).

A redação dos incisos do dispositivo legal enfocado, porém, parece depor contra o que se disse antes. A linguagem empregada pelo legislador – que repete os termos equívocos do art. 569 do CPC/1973 – deixou a desejar; mas uma interpretação sistemática demonstra que é possível deduzir do artigo enfocado seu sentido técnico mais apurado, eis que os incisos confundem a *extinção da execução* (que em hipótese alguma está sujeita ao consentimento do devedor) e a *extinção dos embargos* (que eventualmente podem sobreviver autonomamente, apesar da extinção da execução).

Assim, se o devedor tiver embargado a execução (ou impugnado o cumprimento de sentença), e desde que tais embargos tratem apenas de questões de ordem processual (ilegitimidade do exequente, excesso de execução, utilização da via executiva equivocada, irregularidade da penhora, penhora de bem de família, incompetência absoluta, entre tantas outras questões que dizem respeito aos pressupostos processuais e às condições da ação), a desistência da execução implicará imediata e inexorável extinção dos embargos à execução, que perderão a razão de ser. Parte da doutrina reconheceria aí o fenômeno da carência de ação superveniente (falta de interesse de agir, eis que os embargos objetivariam, na espécie, a destruição do processo de execução, acerca do qual houve desistência, de modo que o ato do exequente torna desnecessário o julgamento dos embargos).

Diversa será a situação se os embargos disserem respeito à questão de fundo (embargos que ataquem diretamente o título executivo ou tragam fato novo superveniente à formação do título que caracterize situação de extinção, modificação ou impedimento relativamente ao crédito ostentado pelo exequente): nesse caso, apesar da extinção da execução (o exequente, ao apresentar sua desistência, dá causa, independentemente da manifestação do executado, à extinção do processo executivo), pode haver interesse no prosseguimento e julgamento da ação de embargos à execução. De fato, a desistência da ação de execução não importa renúncia ao crédito, sendo certo que o exequente poderá repropor a demanda. Exatamente para forrar-se contra a possibilidade de nova demanda executiva, pode o embargante pretender do Poder Judiciário o julgamento de sua demanda, que declarará a inexistência do título executivo ou o desconstituirá, impedindo nova demanda executiva.

Percebe-se, portanto, que nesta última hipótese – consultado, o executado manifesta sua vontade de prosseguir no julgamento dos embargos – os embargos à execução terão prosseguimento autônomo, independente da ação de execução, cujo processo será julgado extinto.

Fica claro, portanto, que o dispositivo legal trata em conjunto de duas situações distintas, a saber, de um lado a desistência da execução (que independe da vontade do executado) e, de outro, a eventual possibilidade de os embargos do devedor terem seguimento autônomo (o que só poderá ocorrer se os embargos forem de fundo e o embargante manifestar sua vontade no sentido do prosseguimento da demanda).

O dispositivo em questão aplica-se também à fase de cumprimento de sentença. O legislador de 2015 deixa claro – ao fazer menção à extinção tanto dos *embargos* quanto da *impugnação* (inc. I do artigo 775), que reconhece identidade de função entre os dois métodos de ataque à atividade executiva. Isso significa que o incidente de impugnação (que o legislador não trata, pelo menos de forma clara, como uma ação) assumirá o caráter de demanda verdadeira e própria se o executado quiser ver decidido seu pleito de ataque ao título em caso de desistência do cumprimento de sentença pelo vencedor. E não é difícil imaginar a existência de tal interesse, bastando pensar na hipótese de nulidade de citação ou de inexigibilidade do crédito, pois em tais hipóteses o vencido terá todo o interesse em ver decidida em seu favor a questão, na medida em que o exequente – mesmo tendo desistido de pleitear o cumprimento da sentença – pode voltar a requerer a providência enquanto não escoar o prazo prescricional.

Desistir da execução, de qualquer modo, não significa renunciar ao crédito em que se funda a demanda. Dito de outro modo, o exequente – mesmo desistindo da execução (com ou sem o manejo dos embargos ou da impugnação) – não fica proibido de repropor a demanda.

2. Os ônus da desistência

O fato de poder o exequente a qualquer momento desistir da execução – ou de algum dos atos executivos, como se verá a seguir – não significa que o desistente possa impunemente dar causa ao processo, provocando gastos e despesas, sem arcar com as consequências. Incide aqui o princípio da causalidade, segundo o qual o exequente deverá responder pelas custas, despesas e honorários advocatícios a que deu causa com o processo.

Quanto às despesas e custas processuais, pouco há que dizer. Se o executado juntou aos autos procuração, com o recolhimento das respectivas despesas, se recorreu (e o ato estiver sujeito a preparo), se teve de depositar diligências, tudo será reembolsado; quanto aos honorários advocatícios, o exequente deverá ser condenado ao pagamento da verba desde que o executado tenha constituído advogado nos autos. Note-se que é irrelevante – para o efeito de dever o exequente pagar verba advocatícia – que tenham sobrevindo embargos do devedor, pois o simples fato de nomear advogado para o acompanhamento da execução já é suficiente para que devam ser arbitrados honorários. Evidentemente, deve o juiz ter em conta o art. 85, § 2º: embargada a execução ou havendo incidentes a resolver (e que tenham sido provocados, adequadamente, pelo executado) é natural que a verba honorária seja proporcionalmente aumentada; se, ao contrário, o advogado do executado tiver se limitado a acompanhar o processo, sem maiores percalços, não será razoável sobrecarregar o desistente com verba advocatícia imoderada.

Quanto ao cumprimento da sentença, não há dúvida de que o exequente reembolsará o executado das despesas que tiver provocado. O problema surgirá eventualmente no que diz respeito às verbas advocatícias. Embora não haja a instauração de novo processo (diferentemente do que ocorre com a execução calcada em título executivo extrajudicial), o art. 80, § 13, determina que o juiz fixará honorários advocatícios na "fase de cumprimento de sentença", o que permite afirmar que, desistindo o credor, será fixada verba honorária a favor do advogado do devedor, verba essa que será proporcional ao trabalho que o profissional tiver eventualmente desempenhado na fase executiva.

3. Extensão da desistência

Pode o credor limitar-se a desistir de alguma – ou algumas – medidas executivas, sem

Art. 776

que isso altere o pleito executivo. A hipótese mais ocorrente é a de desistência da penhora de certo bem, sem prejuízo de ser apreendido outro item do patrimônio do devedor que possa ter maior liquidez.

Também aqui é preciso estar atento para as despesas e custas processuais, pois a desistência de ato executivo importa a imposição das eventuais custas acrescidas à parte desistente. Desse modo, se o exequente desistir da penhora de bem imóvel diante da improvável alienação em hasta pública, as despesas com eventual avaliação do bem ou com o registro da penhora deverão ser carreadas exclusivamente ao exequente, que poderá dar margem, com a desistência, à majoração do custo do processo.

Mas o exequente tem também a faculdade de desistir de parte da execução. Explico: na hipótese de cumulação objetiva (ou seja, de execução fundada em vários títulos) nada impediria o credor de abrir não de fundar a demanda em algum (ou alguns) dos títulos que ostenta; na hipótese de cumulação subjetiva (litisconsórcio passivo), poderia igualmente o exequente desistir da execução em relação a algum (ou alguns) dos devedores. Em qualquer caso, continua a valer a observação que fiz no parágrafo anterior: o exequente arcará com os custos acrescidos que tenha gerado.

> **Art. 776.** O exequente ressarcirá ao executado os danos que este sofreu, quando a sentença, transitada em julgado, declarar inexistente, no todo ou em parte, a obrigação que ensejou a execução.

▶ *Referência: CPC/1973 – Art. 574*

1. Execução ilegal

Estabeleceu o legislador preceito específico para a hipótese de acolhimento de defesa do devedor calcada na inexistência da obrigação que deu base à execução.

Sendo o título executivo extrajudicial, a defesa do devedor poderá ser ampla, de sorte que o dispositivo incidirá sempre que, em sede de embargos, afirmar o executado (com sucesso) que a dívida inexiste (dívida paga, falsificação do título executivo).

Procura o legislador desestimular a execução que não tenha base legal para ser ajuizada. A doutrina reconhece que a execução *ilegal* é

uma demanda substancialmente *injusta*, mas procura distinguir os dois conceitos, mostrando que a execução provisória, por exemplo, pode ser injusta (mas não ilegal), o que justifica a dicção do art. 520, I e II, do CPC, regulando a hipótese de a decisão de tribunal superior reformar integral ou parcialmente a sentença exequenda. Nesse caso, não se trata de ressarcir o devedor dos danos decorrentes da declaração de inexistência da obrigação que deu lugar à execução, mas sim de recompor o patrimônio do executado injustamente desfalcado pelo açodamento da parte. Enquanto na indenização de que trata o art. 776 deve a parte prejudicada promover demanda própria para a reparação do dano alegado, na recomposição patrimonial do executado com base no art. 520 pode o devedor promover, nos próprios autos, a liquidação de seus danos. É certo, porém, que tanto um como outro dispositivo dispensa a existência de culpa ou dolo, já que, ocorrendo alguma das situações previstas em cada um deles (situações, insisto, substancialmente diversas), terá o executado direito à indenização reparatória.

Vale assinalar que a desnecessidade de má-fé processual para a incidência do art. 776 não é pacífica. Há precedentes do STJ no sentido de que o dever de indenizar só surge se ficar comprovado comportamento temerário do exequente (REsp 1.229.528, Rel. Min. Luis Felipe Salomão, 4ª Turma, j. 02.02.2016). O texto legal, porém, não favorece este entendimento.

2. Sentença dos embargos à execução e os prejuízos do executado

Proferida no âmbito dos embargos à execução sentença que reconheça a inexistência da obrigação, poderá o executado – depois do trânsito em julgado do provimento judicial – promover demanda de ressarcimento. Note-se que não poderá o embargante vitorioso liquidar prejuízos em sede de embargos (até porque a sentença proferida na demanda de embargos não tem caráter condenatório, exceção feita às verbas decorrentes de sucumbência), sendo necessária a propositura de outra demanda.

Ainda que os embargos do devedor sejam recebidos no efeito suspensivo, pode haver prejuízo a indenizar. Basta pensar que a penhora pode vir acompanhada de ordem de remoção do bem, ficando o executado privado de seu uso pleno até o momento da desconstituição da constrição, hipótese em que os danos decorrentes do desapossamento do bem serão perfeitamente indenizáveis. Por outro lado, a simples existência de demanda pode causar abalo de crédito, pode gerar impossibilidade de alienação de bens (quem compraria, em sã consciência, um bem penhorado?) ou até mesmo a perda de oportunidade de negócios, situações que devem ser levadas em conta para efeito reparatório. Mas para além desses estragos, de caráter material e concreto, fica a dúvida a respeito do dano moral que a execução pode causar: movida pelo credor demanda de execução calcada em título já pago, teria o executado, em caso de procedência dos embargos à execução, direito à indenização pela angústia e humilhação que possa ter enfrentado por conta da propositura indevida da demanda executiva? A resposta deve ser afirmativa, pois se o dispositivo sob exame objetiva evitar a execução ilegal, coibindo abuso por parte do credor, é justo que o ressarcimento dos danos seja pleno e completo, abrangendo também os eventuais danos morais.

3. Exceção de pré-executividade

De que sentença trata exatamente o art. 776 do CPC?

Diante do sistema adotado por nossa legislação (e nisto o CPC/1973 e o CPC/2015 não divergem), parece que o legislador se refere antes de mais nada à sentença proferida em sede de embargos à execução. Não basta a procedência dos embargos (que pode reportar-se a um defeito processual). É necessário que tal sentença afirme a inexistência da obrigação, ou seja, trata-se de hipótese específica de procedência de pedido que ataca diretamente a existência da obrigação que dá ensejo à execução. Mas isso pode ser obtido em outras sedes, como seria o caso de demanda autônoma ajuizada pelo executado para o mesmo efeito (ver declarada a inexistência da obrigação que enseja uma execução). Em uma ou outra hipótese o devedor obterá uma sentença que atende os requisitos do dispositivo que comento.

Resta analisar o que acontece se por meio de simples exceção de pré-executividade o executado consegue a declaração de que inexiste a obrigação que originou a execução.

Já se sabe que a doutrina e a jurisprudência alargaram o âmbito da defesa do executado consubstanciada em manifestação nos próprios autos da execução, quando não há necessidade

de provas (matéria de direito) ou quando a base probatória é constituída de documentos que desde logo podem ser apresentados. Paulatinamente, o que era uma defesa calcada apenas em falta de condição da ação ou falta de pressuposto processual, passou a englobar matérias de fundo, tais como prescrição, decadência, pagamento e compensação, desde que a prova a ser produzida, se necessária, seja pré-constituída.

Partindo desta constatação, é de se perguntar se o disposto no artigo em foco será aplicável se o juiz, acolhendo exceção de pré-executividade, extinguir a execução por entender inexistente a obrigação (a hipótese mais comum será, por certo, a exceção calcada em pagamento da dívida exequenda).

Vale lembrar que o tema continua controvertido, pois a jurisprudência que se formou no STJ sob a égide do código revogado – que "restringe a exceção de pré-executividade às matérias de ordem pública e aos casos em que o reconhecimento da nulidade do título puder ser verificada de plano, sem necessidade de contraditório e dilação probatória" (ADREsp 363.419/SC, Rel. Min. Francisco Falcão, 1ª Turma, j. 07.11.2002, v.u.) – não parece ter sido afetada pelo atual CPC. Tenho como certo que aqui também caracterizar-se-á a execução ilegal, de modo que, transitada em julgado a sentença que extinguir a execução (e tal sentença será, não duvido, de mérito!) estará aberta ao executado a via indenizatória.

4. Impugnação ao cumprimento de sentença

Para implementar o comando das sentenças condenatórias de quantia abre-se ao vencedor a fase de cumprimento; o vencido pode defender-se com a apresentação de impugnação. Apesar de a impugnação ser tratada como incidente, o provimento que a decidir poderá importar na extinção da execução e terá natureza de sentença. Se assim é, a hipótese de acolhimento da impugnação para extinguir a execução também pode enquadrar-se literalmente na previsão do art. 776, se ficar assentada a inexistência da obrigação que o credor pretenderia fazer cumprir (imagine-se que o credor peça providências executivas contra o devedor que já cumpriu a sentença).

Pode ocorrer, ainda, que haja declaração apenas parcial da inexistência da obrigação que deu lugar à execução. Neste caso, o juiz proferirá *decisão interlocutória* no incidente de impugna-

Art. 777

ção ao cumprimento de sentença; ainda assim (e apesar de não existir uma *sentença transitada em julgado*, como quer o art. 776), o credor poderá estar sujeito ao ressarcimento dos danos sofridos pelo devedor se este quiser intentar a demanda indenizatória.

> **Art. 777.** A cobrança de multas ou de indenizações decorrentes de litigância de má-fé ou de prática de ato atentatório à dignidade da justiça será promovida nos próprios autos do processo.

▶ *Referência: CPC/1973 – Art. 739-B*

1. Cobrança de multas e indenizações

O legislador apertou o cerco contra o litigante desidioso, facilitando a cobrança das multas aplicadas aos contendentes (ou a terceiros) que se comportem dolosamente no processo. Já durante a reforma do CPC/1973, o legislador inseriu o art. 739-B (por meio da Lei 11.382/2006) para permitir que multas ou indenizações decorrentes de litigância de má-fé fossem cobradas nos próprios autos do processo de execução operando-se a compensação (quando fosse o caso) ou, se necessário, permitindo aparelhamento de execução.

A redação do dispositivo inserido no Código anterior levava a alguma perplexidade, já que o legislador referia-se expressamente aos arts. 17 e 18 daquele Estatuto, deixando de fazer menção às multas decorrentes dos atos atentatórios à dignidade da justiça (previstos no art. 601 do CPC/1973) ou aos embargos manifestamente procrastinatórios (art. 740, parágrafo único, do CPC/1973), por exemplo. A doutrina encarregou-se, de qualquer modo, de incluir tudo isso no escopo do art. 739-B, que ganhou nova roupagem no CPC (art. 777).

Para não deixar dúvida, o novo dispositivo menciona *multas* ou *indenizações*, sejam decorrentes de litigância de má-fé, sejam decorrentes da prática de atos atentatórios à dignidade da justiça. Mas o CPC atual não quis levar a técnica de simplificação às últimas consequências, pois como já se viu nos comentários que fiz ao art. 776, no caso de ser detectada execução ilegítima (hipótese de reconhecimento da inexistência da obrigação que deu causa à execução), o executado não poderá pleitear a liquidação dos prejuízos (nos mesmos autos), sendo obrigatória a propositura de demanda própria (ação indenizatória).

A multa de que trata o dispositivo reverte em proveito do exequente, será cobrada nos mesmos autos e enseja imediata execução; a indenização pode depender de liquidação, o que dará ensejo à bifurcação do procedimento de cobrança (art. 509, § 1º, do CPC).

2. Títulos executivos judiciais

As multas e indenizações fixadas para reprimir o desvio de conduta serão objeto de cumprimento (se os valores forem líquidos) ou de liquidação (e, posteriormente, cumprimento). Trata-se – tecnicamente – de *cumprimento de decisão judicial* (não de *execução*, reservada para os títulos executivos extrajudiciais). As verbas em questão, embora fixadas em sede de execução, constituirão títulos executivos judiciais, acarretando todo o peso (e os gravames) próprios do cumprimento de sentença.

A redação do art. 515 do CPC – que relaciona os títulos executivos judiciais – deixa claro, no inc. I, que assim são consideradas as decisões proferidas no processo civil que reconheçam a exigibilidade de uma obrigação de pagar. O legislador abandonou o modelo do CPC/1973 (que já havia sido mudado em 2005, mercê da Lei 11.232) que se reportava a *sentenças* para adotar fórmula mais ampla (*decisões*). O reconhecimento da conduta imprópria de qualquer das partes pode vir reconhecida em sentença ou em decisões interlocutórias; a de terceiros (que também pode resultar em multa) será objeto de decisão interlocutória. Num caso ou noutro, o credor cobrará a verba respectiva por meio do cumprimento de sentença (embora nem sempre se trate de *sentença*). Sendo líquidos os valores, o procedimento para exigir o pagamento da multa e da indenização será o descrito no art. 520 do CPC (se pendente recurso contra a decisão) ou no art. 523 (se a decisão for definitiva). O devedor será, assim, intimado para efetuar o pagamento em 15 dias, sob pena de ver acrescida a dívida de multa de 10% e honorários advocatícios no mesmo percentual.

3. Compensação

O art. 777 deixou de incluir a possibilidade de operar-se a compensação, como dispunha a parte final do art. 739-B do CPC/1973. Tal ausência inaugura a polêmica sobre o cabimento ou não do mecanismo de extinção de obrigações. Explico: se o exequente vê aplicada contra si uma multa por litigância de má-fé (proceder de modo temerário em algum incidente do processo, por exemplo), o valor pode ser compensado com o crédito exequendo, não havendo necessidade de autorização expressa no Código para que se opere a extinção parcial da obrigação (aplica-se, portanto, a regra básica do art. 368 do CC).

Naturalmente o problema não se coloca quando a execução disser respeito a obrigação de fazer ou de entregar coisa, pois, nestes casos, eventuais multas ou indenizações serão objeto de providências de invasão patrimonial nos moldes do Título II, Livro I da Parte Especial do CPC, embora não haja necessidade de instaurar nova demanda (o juiz prosseguirá em sua atividade, inaugurando nova fase do processo para a excussão de bens do devedor).

CAPÍTULO II
DAS PARTES

> **Art. 778.** Pode promover a execução forçada o credor a quem a lei confere título executivo.
>
> **§ 1º** Podem promover a execução forçada ou nela prosseguir, em sucessão ao exequente originário:
>
> **I** – o Ministério Público, nos casos previstos em lei;
>
> **II** – o espólio, os herdeiros ou os sucessores do credor, sempre que, por morte deste, lhes for transmitido o direito resultante do título executivo;
>
> **III** – o cessionário, quando o direito resultante do título executivo lhe for transferido por ato entre vivos;
>
> **IV** – o sub-rogado, nos casos de sub-rogação legal ou convencional.
>
> **§ 2º** A sucessão prevista no § 1º independe de consentimento do executado.

▶ *Referência: CPC/1973 – Arts. 566 e 567*

1. Legitimidade ordinária

É parte originária na execução aquele a quem a lei outorga título executivo. Alterando – corretamente – a dinâmica que era estabelecida no art. 566 do CPC/1973, o legislador enuncia a regra básica atinente à legitimidade

ativa, deixando claro que todos os demais legitimados são secundários, inclusive o Ministério Público.

Sob o regime anterior, apontava-se que o Ministério Público teria legitimação ordinária para promover a execução dos títulos judiciais, formados nas demandas para as quais o *parquet* tinha (e tem) legitimidade. Separadas as técnicas executivas desde 2005 (cumprimento de sentença e execução), impunha-se redimensionar o dispositivo que trata da legitimidade ativa na execução (destinada, repita-se, aos títulos executivos extrajudiciais), de modo que soa melhor afirmar – como agora faz o art. 778, § 1º, I, do CPC – que a legitimidade pertence ao credor (indicado como tal no título executivo), sendo todos os demais legitimados meros sucessores do exequente originário.

A redação do artigo comentado torna mais visível a tradicional classificação da legitimidade executiva ativa em três categorias: ordinária (art. 778 *caput*), derivada (art. 778, § 1º, II, III e IV) e extraordinária (art. 778, § 1º, I).

2. Ministério Público

O CPC separou as hipóteses de cumprimento de sentença (em que o Ministério Público teria legitimidade originária para pleitear as medidas satisfativas que obtiver do Poder Judiciário) daquelas decorrentes de execução (de título extrajudicial, portanto). Com o advento do regime do cumprimento de sentença, ficam superadas – em sede de execução – as discussões relativas à legitimidade (extraordinária) do Ministério Público, na medida em que tendo o *parquet* legitimidade para propor a demanda de conhecimento, terá também legitimidade (ainda que concorrente) para pleitear o cumprimento da decisão. Os exemplos são bem conhecidos: ação acidentária, ação civil pública, demandas coletivas previstas no Código de Defesa do Consumidor, tutela dos direitos difusos, entre tantas outras hipóteses.

O dispositivo sob análise, porém, está inserido no âmbito do processo de execução, o que diz respeito – diretamente – aos títulos executivos extrajudiciais (únicos que merecem execução propriamente dita). Deste modo, restarão poucas hipóteses que autorizarão o representante do *parquet* a começar uma demanda executiva. Seria o caso, por exemplo, da execução de título executivo extrajudicial resultante de decisão de um tribunal de contas estadual que determinasse o ressarcimento de valores desviados por administrador ou gestor público, de modo a fazer ressarcir os cofres públicos do valor desfalcado (o STJ teve oportunidade de confirmar a legitimidade do Ministério Público para promover a execução de título executivo extrajudicial emanado de tribunal de contas estadual no julgamento do REsp 1.333.716, Rel. Min. Eliana Calmon). Outro exemplo de título executivo extrajudicial que poderia ensejar demanda proposta pelo Ministério Público é o termo de ajustamento de conduta (a rigor, "termo de ajustamento de conduta do interessado às exigências legais"), previsto no art. 5º, § 6º, da Lei 7.347, de 24 de julho de 1985: vale consultar o bem fundamentado acórdão proferido pelo Tribunal de Justiça do Estado de Pernambuco a respeito do tema (AI 18267920088170730, TJPE, Rel. Des. Luiz Carlos Figueiredo, v.u., publ. em 05.04.2011), esclarecendo que o termo de ajuste de conduta não está sujeito a homologação pelo Poder Judiciário, reconhecendo a legitimidade do Ministério Público.

3. Sucessão *causa mortis*

Caberá aos sucessores do credor promover a execução (ou nela prosseguir) sempre que situações supervenientes à formação do título executivo extrajudicial tornarem necessário abrir a terceiro a legitimidade para a prática dos atos executivos.

Falecendo o credor, imediatamente estabelece-se a sucessão (ainda que *pro indiviso*), de modo que assumirá a legitimidade para executar o título extrajudicial o Espólio do credor, representado por seu inventariante. Se o inventariante for dativo, todos os herdeiros serão intimados para participar do processo. Findo o inventário, o herdeiro (ou os herdeiros) a quem tocar o crédito exequendo (ou o legatário, se for o caso) estará investido da legitimidade ativa do processo executivo.

Ocorrendo o falecimento do credor antes da propositura da demanda executiva, caberá ao exequente apresentar, já com a petição inicial, a prova de que há inventário em curso (com a exibição da certidão de nomeação de inventariante) ou prova de que o espólio está na posse de administrador provisório; se o falecimento ocorrer depois da propositura da demanda de execução, a sucessão processual será implementada por meio da habilitação, que ocorrerá nos autos do próprio processo de execução (art. 689 do CPC) que ficará suspenso até o trânsito em julgado da sentença respectiva (art. 692 do CPC).

4. Cessionário

O inc. III do § 1º do art. 778 do CPC praticamente reproduz a redação do inc. II do art. 567 do CPC/1973. Trata-se de fixar a regra de que o titular de crédito representado por título executivo pode cedê-lo, de modo que o novo titular está autorizado a promover a execução. Note-se que a novação subjetiva (modificação do credor) pode ocorrer antes do início da execução ou depois de seu ajuizamento. Se ocorrer cessão durante o curso da demanda, o legislador autoriza a substituição processual, independentemente do consentimento do executado.

Nem todos os créditos comportam cessão por ato *inter vivos*: créditos previdenciários e alimentares, por exemplo, não podem ser objeto de cessão, de sorte que nestes casos o juiz impedirá a propositura da demanda pelo cessionário (ou a modificação do polo ativo, se a cessão tiver ocorrido durante o processo).

5. Sub-rogação

A sub-rogação pode ser legal ou convencional. Será *legal* quando o credor pagar a dívida do devedor comum, quando o adquirente do imóvel hipotecado pagar o credor hipotecário, quando o terceiro efetuar pagamento para não ser privado de direito sobre imóvel ou quando terceiro pagar a dívida pela qual era ou poderia ser responsabilizado (CC, art. 346); será *convencional* a sub-rogação (CC, art. 347) quando o credor receber o pagamento de terceiro, transferindo-lhe expressamente todos os seus direitos, ou quando terceiro emprestar ao devedor a quantia exata necessária para solver a dívida (sob condição de sub-rogar-se nos direitos do credor satisfeito).

Nas duas hipóteses de sub-rogação (legal ou convencional) – bem como nos casos de cessão – caberá ao exequente provar sua qualidade de sub-rogado (ou de cessionário), sendo claro que o executado terá sempre o direito de impugnar a legitimidade do exequente. Não há impedimento algum de que se crie um hiato de conhecimento no processo de execução para a averiguação dos documentos apresentados pelo sub-rogado (ou pelo cessionário), sendo certo que o incidente não precisará ser introduzido necessariamente pela via dos embargos (já que o tema toca uma das condições da ação e pode haver pleito de substituição depois do ajuizamento da demanda executiva). Certamente o sub-rogado (ou o cessionário) produzirá prova pré-constituída (documental) para demonstrar a ocorrência de um dos fatos descritos nos artigos 346 ou 347 do Código Civil (ou para validar a higidez da cessão). Mas tal prova pré-constituída poderá ser desafiada (falsidade documental, sub-rogação ou cessão parcial, fraude ou simulação do ato, entre tantas outras possibilidades), de modo que será preciso produzir provas constituendas (perícias, oitiva de testemunhas) para aferição da legitimidade do exequente. Este lapso cognitivo, de qualquer forma, é perfeitamente tolerável em sede de execução e será objeto de decisão sujeita a recurso de agravo de instrumento (CPC, art. 1.015, parágrafo único).

6. Desnecessidade de consentimento do executado

O STJ já teve oportunidade, sob a égide do CPC/1973, de decidir que a substituição do credor por ocorrência de qualquer uma das hipóteses do art. 567 (atual art. 778, § 1º, incs. II a IV) não ficava sujeita à concordância do executado (CPC/1973, art. 42, § 1º; CPC/2015, art. 109, § 1º). Com efeito, à míngua de dispositivo claro a respeito, sustentavam alguns que se aplicava subsidiariamente a regra do processo de conhecimento, que exigia a concordância da parte contrária para que o cessionário (ou o sub-rogado) pudesse substituir o cedente (ou o sub-rogante). O STJ, porém, decidiu que a aplicação subsidiária das regras de processo de conhecimento só deve ocorrer quando não existir incompatibilidade com as normas específicas do processo de execução (o que ocorre no caso em tela).

O tema já está pacificado há mais de uma década: a Corte Especial do STJ, ao julgar o EREsp 354.569, rel. Min. Castro Meira, afirmou que "a norma inserta no referido dispositivo [art. 567, II, do CPC/73] deve ser aplicada independentemente do prescrito pelo art. 42, § 1º do mesmo CPC [de 1973], porquanto as regras do processo de conhecimento somente podem ser aplicadas ao processo de execução quando não há norma específica regulando o assunto". O CPC atual, portanto, apenas consolidou o entendimento jurisprudencial, deixando claro no § 2º do art. 778 que a substituição processual prevista no § 1º do artigo não depende do consentimento do executado.

> **Art. 779.** A execução pode ser promovida contra:
>
> **I –** o devedor, reconhecido como tal no título executivo;
>
> **II –** o espólio, os herdeiros ou os sucessores do devedor;
>
> **III –** o novo devedor que assumiu, com o consentimento do credor, a obrigação resultante do título executivo;
>
> **IV –** o fiador do débito constante em título extrajudicial;
>
> **V –** o responsável titular do bem vinculado por garantia real ao pagamento do débito;
>
> **VI –** o responsável tributário, assim definido em lei.

▶ *Referência: CPC/1973 – Art. 568*

1. Legitimidade passiva ordinária

De modo semelhante ao que sucede quanto à legitimidade ativa, o art. 779 também torna facilmente visível a categorização dos casos de legitimidade passiva em três grupos: legitimidade ordinária (inc. I), derivada (inc. II a V) e tributária (inc. VI).

O sujeito passivo da execução, em princípio, é o *devedor* apontado no título executivo. O vocábulo *devedor*, neste contexto, é utilizado em sentido amplo e ambíguo, já que nem sempre aquele cujo nome constar num título executivo extrajudicial será efetivamente o *obrigado*. Basta pensar no emitente de uma nota promissória que garanta determinada dívida. O signatário do título de crédito (emitente), embora possa ser *executado*, não será *devedor*, mas sim mero garantidor da operação de mútuo (*responsável*). Do mesmo modo, o avalista de uma nota promissória não será "reconhecido no título como devedor" (já que é mero *responsável* pela dívida) e mesmo assim será guindado ao polo passivo no processo de execução.

Anote-se que o CPC, tentando evitar a confusão entre o plano processual e o material, utilizou, sempre que possível, o vocábulo *executado*, substituindo a palavra *devedor* (utilizada no CPC/1973). De qualquer modo, diante da tradição que se solidificou nas décadas precedentes, não creio que haja inconveniente em continuar a utilizar indistintamente os dois termos para indicar a posição processual daquele que é demandado no processo de execução, desde que

Art. 779

se perceba a distinção apontada entre dívida e responsabilidade (importante para o plano civil).

2. Sucessores

Falecendo o devedor, a execução pode ser promovida em face do espólio, herdeiros ou sucessores.

Enquanto correr o inventário (e estiver indivisa a herança), pode a demanda ser dirigida ao espólio, que será representado pelo inventariante; encerrada a tramitação daquela demanda (ou processada extrajudicialmente a partilha), a legitimidade passiva é de todos os herdeiros (sempre limitada à força da herança) ou daquele que recebeu o bem objeto da execução (execução para entrega de coisa).

Se o falecimento do devedor ocorrer antes da propositura da demanda executiva, cabe ao exequente demonstrar – *ab initio* – o passamento do devedor e direcionar a execução ao espólio, ao herdeiro ou ao sucessor, conforme for o caso. Deverá apresentar, com a petição inicial, a documentação necessária para demonstrar a morte do devedor (certidão de óbito do devedor), bem como comprovar a regular representação do espólio (certidão de inventariante) ou a existência de partilha e atribuição da obrigação (ou do bem) a determinado herdeiro ou legatário (formal de partilha, certidão de partilha ou escritura pública). Ocorrendo o falecimento durante o processo, a substituição será efetivada por meio do procedimento de habilitação (CPC, art. 687 e seguintes).

Nem sempre o credor terá à sua disposição os dados que lhe permitam iniciar o procedimento de habilitação. O art. 690 do CPC prevê que serão citados os requeridos para se manifestarem sobre a substituição, sendo possível que o credor não saiba o paradeiro do inventariante, do herdeiro ou do legatário, conforme o caso. Nesta hipótese, nada impede que o credor solicite o concurso do Poder Judiciário para obtenção das informações necessárias à implementação da substituição (expedição de ofícios a cartórios ou repartições, à Delegacia da Receita Federal, a bancos ou a autarquias).

3. Assunção de dívida

Dá-se a novação subjetiva quando novo devedor sucede ao antigo, ficando este quite com o credor (art. 360, II, do Código Civil). É objetiva a novação quando as partes permanecem as mesmas, alterando-se apenas o objeto da obrigação (constitui-se nova dívida com a extinção da obrigação primitiva); a novação é subjetiva quando há alteração no sujeito passivo ou ativo da obrigação; finalmente, a novação é mista quando tanto os sujeitos como o objeto da obrigação são mudados. O inciso III do art. 779 do CPC trata da hipótese de novação subjetiva passiva.

A novação subjetiva passiva pode ocorrer de dois modos: por delegação (contrato entre o terceiro e o devedor) ou por expromissão (ato pelo qual quem não é devedor se apresenta ao credor como substituto do devedor, passando a ocupar o lugar deste). A novação subjetiva por expromissão (CC, art. 362), não depende do consentimento do devedor originário (novação subjetiva passiva por expromissão liberatória). Neste último caso há liberação do primitivo devedor, mas o credor deve manifestar sua concordância. Na expromissão cumulativa (sem concordância do credor) tanto o devedor primitivo como o expromissor permanecerão obrigados. A hipótese focada pelo legislador no art. 779, III, do CPC, portanto, é a de expromissão liberatória.

Cabe ao exequente, diante da existência de expromissão liberatória, apontar (demonstrando documentalmente a situação) o novo devedor. Assim, se o título executivo for uma confissão de dívida (instrumentalizada na forma do art. 784, III, do CPC), deverá o exequente apresentar – juntamente com o título executivo extrajudicial – o instrumento de novação como documento indispensável à propositura da ação de execução.

4. Fiador

Fiança é o contrato pelo qual uma pessoa garante satisfazer ao credor uma obrigação assumida pelo devedor caso este não a cumpra (CC, art. 818). Trata-se de uma garantia pessoal e escrita (a fiança não pode ser verbal) que pode também ser outorgada para fins judiciais (até mesmo por termo nos autos). O legislador de 1973 mantinha um inciso dedicado apenas ao fiador judicial, guindando-o ao polo passivo; o legislador de 2015 mudou a perspectiva e determinou que a execução pudesse ser direcionada a qualquer fiador.

A modificação aportada pelo art. 779 do CPC faz todo o sentido, na medida em que o legislador trata agora da execução de forma sistematicamente distinta do cumprimento de sentença, de modo que a fiança judicial, prestada no processo ou para fins do processo, comporta não a propositura de uma demanda executiva contra o fiador, mas sim o redirecionamento, na fase de cumprimento de sentença, das medidas de excussão contra tal garantidor, penhorando-lhe bens suficientes para o pagamento do débito garantido. Assim, se o fiador prestar garantia para a concessão de tutela de urgência (contracautela, art. 300, § 1º, do CPC), será ele formalmente intimado – se houver motivo para a excussão da garantia – para o respectivo pagamento, voltando-se contra ele os mecanismos de excussão patrimonial no caso de inadimplemento.

5. Titular do bem vinculado

O legislador, com o intuito de evitar dúvida, deixou assentado que o hipotecante do imóvel (terceiro hipotecante) ou o garantidor (terceiro que aporta garantia real) podem ser executados, independentemente da formação de litisconsórcio com os respectivos devedores. A dúvida a que me refiro foi criada pela redação dada ao art. 585, III, do CPC/1973 pela Lei 11.382/2006, que afirmou serem títulos executivos não os *contratos de hipoteca*, mas os contratos *garantidos por hipoteca*. Com tal redação, podia-se chegar à conclusão de que, para a execução de hipoteca outorgada por terceiro, haveria sempre a necessidade de um litisconsórcio passivo entre o hipotecante (responsável) e o devedor (obrigado), já que título executivo era o contrato (firmado entre o credor e o devedor), garantido pela hipoteca (outorgada por terceiro). De qualquer modo, creio que o desvio está corrigido com a determinação de que o responsável (titular do bem vinculado pela garantia real) é o legitimado passivo na execução em que se pretenda exatamente excutir o bem objeto da garantia real. Ninguém poderá sustentar, sob a égide do atual Código, que a demanda executiva não precisa envolver o terceiro hipotecante: o bem dado em garantia somente ficará sujeito aos efeitos da execução se o hipotecante for guindado ao polo passivo da demanda.

Não se trata, como é fácil perceber, de mera questão acadêmica. O exequente pode ter interesse em direcionar a execução apenas contra o hipotecante, sabendo desde logo que o devedor (obrigado) não tem bens suficientes para o pagamento do débito (ou que está em situação de recuperação judicial ou em estado falimentar). O litisconsórcio, em tais situações é (ou pode ser) inconveniente, de modo que resta

claro haver mera possibilidade (não necessidade) de içar o devedor ao polo passivo da execução.

Fica claro, de todo modo, que se a execução for direcionada apenas ao terceiro hipotecante, responderá ele pelo débito até o limite do bem excutido. Havendo saldo devedor depois de liquidado o bem dado em garantia, o valor será de responsabilidade exclusiva do devedor (obrigado). Daí o interesse em manter em litisconsórcio, na hipótese que analiso, tanto o terceiro hipotecante (responsável) como o obrigado (devedor): havendo saldo a pagar depois da expropriação do bem dado em garantia, a execução prosseguirá contra do devedor (mas não contra o terceiro hipotecante).

6. Responsável tributário

Estabelece o art. 134 do CTN a responsabilidade subsidiária daqueles que serão instados ao cumprimento das obrigações (tributárias ou não) na hipótese de o contribuinte não ter condições de quitá-las. O artigo seguinte (135) reforça o anterior, especificando os responsáveis por atos praticados com excesso de poderes ou com infração à lei. Note-se que embora a Lei Tributária diga que os responsáveis tributários respondem solidariamente com o devedor pelas obrigações fiscais, tem-se claramente configurada a situação de subsidiariedade, na medida em que os arrolados nos arts. 134 e 135 do CTN somente serão incomodados pelo Fisco na medida em que o devedor principal não seja capaz de saldar a dívida.

A situação do responsável tributário – tratada também na Lei de Execuções Fiscais (Lei 6.830/1980, art. 4º) – tem causado muita controvérsia na doutrina e na jurisprudência, sendo de grande ocorrência a situação de envolvimento nas execuções fiscais do patrimônio pessoal dos diretores e gerentes por conta de eventual excesso de poderes na prática de ato que tenha consequências tributárias. É comum ver o Fisco, sem qualquer explicação plausível, incluir no polo passivo da execução fiscal sócio-gerente ou diretor da companhia sob o manto do art. 135 do CTN. O procedimento é de todo condenável, eis que a verificação de eventual desvio de conduta (excesso de poderes ou infração à lei) necessariamente deve ser apurado em regular procedimento administrativo, de modo que a certidão de dívida ativa somente pode fazer constar o nome do responsável desde que apurado seu envolvimento nos termos exatos da lei. Em outros termos, o procedimento administrativo que leva à formação da certidão de dívida ativa (título executivo extrajudicial que permite o manejo da execução) deve permitir ao responsável tributário a possibilidade de – administrativamente – defender-se da imputação do Fisco. A jurisprudência, porém, relegou esta concepção garantística a um segundo plano, de modo que os tribunais têm admitido que as certidões de dívida ativa não contenham o nome do responsável tributário, permitindo-se à Fazenda Pública que, não encontrando bens do contribuinte devedor, simplesmente redirecione a execução a fim de abranger o suposto responsável, que acaba tendo que se defender por meio de exceção de pré-executividade (se puder provar, documentalmente, que não agiu com excesso de poderes, que não era diretor da pessoa jurídica devedora à época dos fatos etc.) ou utilizando os embargos à execução, tudo a revelar perigosa inversão de valores e descaso em relação à segurança jurídica que o título executivo (certidão de dívida ativa) deve oferecer para a atividade de invasão patrimonial.

O STF já se manifestou sobre o tema, determinando que a execução fiscal pode envolver o responsável tributário, ainda que o nome desse não conste da certidão de dívida ativa (ver precedentes in *RTJ* 103/1274). O STJ segue a mesma trilha, como se lê no acórdão proferido em 2008 no EREsp 716.412/PR, Rel. Min. Herman Benjamin: "[S]ob o aspecto processual, mesmo não constando o nome do responsável tributário na certidão de dívida ativa, é possível, mesmo assim, sua indicação como legitimado passivo na execução (CPC/1973, art. 568, V), cabendo à Fazenda exequente, ao promover a ação ou ao requerer o seu redirecionamento, indicar a causa do pedido, que há de ser uma das hipóteses de responsabilidade subsidiaria previstas no direito material". A prova dos fatos que configuram a responsabilidade, segundo tal corrente jurisprudencial, acaba sendo deslocada do procedimento administrativo para os embargos à execução, o que francamente caracteriza desvio do fio condutor estabelecido pela legislação tributária.

O STJ, de qualquer forma, aparou algumas arestas para evitar os excessos protagonizados pelo Fisco. Preconiza a Corte Superior que o responsável deve ser citado antes de se lhe penhorarem bens, integrando-o ao processo executivo: "antes de se imputar a responsabilidade tributária, é necessária a prévia citação do sócio-gerente, a fim de que seja possível o exercício do direito de defesa" (REsp 236.131/MG, Rel. Min. Humberto Gomes de Barros, j. 25.09.2000, *Revista Dialética de Direito Tributário* 64/222). Assegurou ainda o STJ que "o simples inadimplemento não caracteriza infração legal" (EDiv em REsp 174.532/PR, Rel. Min. José Delgado, j. 18.06.2001, ac. un. da 1ª Seção do STJ, *Repertório IOB de Jurisprudência*, 19/2001, p. 545), o que serve para impedir que o Fisco continue a cometer abusos quanto à inserção de diretores e gerentes no polo passivo pelo simples fato de não haver bens a penhorar do devedor principal. Ressalto que o abuso cometido pelo Fisco no sentido de redirecionar a execução fiscal para apanhar patrimônio de sócios que não participaram da gestão da sociedade (e estão fora das hipóteses referidas no CTN de responsabilidade subsidiária) podem servir de base para responsabilização do Estado por abuso do direito de demandar, já que submetem terceiro (no caso, o sócio) a uma execução injusta, por conta de leviandade e negligência na verificação das hipóteses legais de responsabilização de terceiro por dívida da sociedade.

Art. 780. O exequente pode cumular várias execuções, ainda que fundadas em títulos diferentes, quando o executado for o mesmo e desde que para todas elas seja competente o mesmo juízo e idêntico o procedimento.

▶ *Referência: CPC/1973 – Art. 573*

1. Cumulação de pedidos

Possuindo vários títulos executivos, nada impede o credor de cumular, contra o mesmo devedor, pleitos calcados em títulos diversos. Não é necessário, para a cumulação admitida pelo CPC (de resto semelhante àquela preconizada no Código anterior) que a origem dos créditos exequendos tenha alguma inter-relação; importa apenas que haja identidade de credor, de procedimento e que o juízo seja competente para o processamento de todas as demandas. Assim, pode o credor executar uma nota promissória e uma confissão de dívida contra o mesmo devedor (relativos a negócios jurídicos distintos), mas não pode cumular a execução de um título de crédito e um instrumento particular que trate de uma obrigação de fazer.

A Súmula 27 do STJ estabilizou a jurisprudência no sentido de permitir que a execução seja fundada em mais de um título extrajudicial, todos relativos a um mesmo negócio. Esta súmula, a meu ver, destrói a ideia das ações concorrentes, já que impede que o credor, tendo mais de um título para cobrança do mesmo crédito (uma confissão de dívida firmada pelo devedor e duas testemunhas, garantida por fiança, para dar um exemplo) ajuíze mais de uma execução para a cobrança da dívida (uma execução contra o devedor, outra contra o responsável). A acreditar na Súmula referida, na hipótese ventilada o credor pode, quando muito, cumular as duas execuções contra pessoas distintas, mesmo não havendo na lei tal autorização, como admitiu expressamente a decisão proferida no REsp 80.403, 4ª Turma, Rel. Min. Sálvio de Figueiredo Teixeira, j. 30.04.1998, v.u., que preconiza que "a propositura de uma única execução contra avalizada e avalistas, instrumentalizada com ambos os títulos – instrumento contratual e promissória – (...) o que se viabiliza mesmo quando não figurem os referidos avalistas como garantes solidários no contrato ou quando o valor exigido com base neste seja superior ao reclamado com base na cambial". Discordo da visão encampada pela Súmula 27 e reputo mais adequada a postura adotada pelo próprio STJ no REsp 32.627-1, 4ª Turma, Rel. Min. Barros Monteiro, julg. em 20.10.1993, v.u., que decidiu que a execução simultânea de títulos diversos representativos da mesma dívida (contra pessoas distintas, no caso devedor principal – signatário de contrato de câmbio – e avalistas de notas promissórias emitidas em garantia) é possível, desde que o exequente, recebendo o seu crédito em um dos processos, comunique o fato no outro, evitando o *bis in idem*.

2. Cumulação de execução e cumprimento de sentença

Não é possível cumular execução (de título extrajudicial) e cumprimento de sentença (sempre calcada em título judicial). Considerando que os procedimentos são diversos, ainda que haja identidade entre credor e devedor, a ação de execução e a fase de cumprimento seguirão caminhos separados.

3. Litisconsórcio

Nada impede o litisconsórcio, seja ativo, seja passivo. Assim, podem os diversos credores cumular execuções calcadas em títulos diversos em face do mesmo devedor, ou podem aqueles mover demandas cumuladas em face de plúrimos devedores. Entretanto, não será possível a cumulação se não estiverem envolvidos em todas as execuções cumuladas as mesmas partes.

4. Competência do mesmo juízo

Não se autoriza a cumulação de execuções se o juízo não tiver competência para processar as demandas cumuladas.

A que espécie de competência está se referindo o legislador? Parece intuitivo que para permitir a cumulação de execuções, o requisito da competência absoluta é imperioso, já que ninguém imaginaria executar num mesmo juízo, contra um mesmo devedor, uma nota promissória relativa a uma dívida civil e uma confissão de dívida que diga respeito a adiantamentos tomados pelo empregado por conta de relação de trabalho. Neste caso, cada um dos pleitos deverá ser levado a efeito perante a justiça competente (um perante a justiça comum, outro perante a justiça do trabalho). Semelhante impossibilidade ocorreria se o exequente pretendesse cumular contra o mesmo devedor um pleito calcado em dívida civil e outro de caráter alimentar ou empresarial (figure-se a hipótese de competência funcional distinta em determinada comarca).

Mas não fica tão claro o que ocorreria se a falta de idêntica competência fosse apenas relativa. Imagino a hipótese de o credor cumular execuções por quantia certa quando os títulos devam ser executados em lugares distintos (a nota promissória deverá ser executada no lugar do pagamento e a confissão de dívida firmada por duas testemunhas no local apontado na cláusula de eleição de foro, por exemplo). Em tal caso, o exequente poderá tentar a prorrogação de foro, sem que o juiz possa, de ofício, impedir a cumulação. Não havendo reação do executado quanto à escolha formulada pelo credor, as execuções cumuladas prosseguem na comarca escolhida pelo exequente e no juízo para o qual a execução foi distribuída (prorrogação de competência territorial, portanto); não concordando o executado com a tentativa de prorrogação, oporá exceção de incompetência (CPC, art. 917, V) que, se acolhida, resultará no desmembramento das execuções cumuladas.

Art. 781

CAPÍTULO III
DA COMPETÊNCIA

> **Art. 781.** A execução fundada em título extrajudicial será processada perante o juízo competente, observando-se o seguinte:
>
> I – a execução poderá ser proposta no foro de domicílio do executado, de eleição constante do título ou, ainda, de situação dos bens a ela sujeitos;
>
> II – tendo mais de um domicílio, o executado poderá ser demandado no foro de qualquer deles;
>
> III – sendo incerto ou desconhecido o domicílio do executado, a execução poderá ser proposta no lugar onde for encontrado ou no foro de domicílio do exequente;
>
> IV – havendo mais de um devedor, com diferentes domicílios, a execução será proposta no foro de qualquer deles, à escolha do exequente;
>
> V – a execução poderá ser proposta no foro do lugar em que se praticou o ato ou em que ocorreu o fato que deu origem ao título, mesmo que nele não mais resida o executado.

▶ *Referência: CPC/1973 – Art. 576*

1. Competência concorrente

Diferentemente do CPC/1973, o legislador de 2015, em vez de reportar-se aos critérios gerais de competência, que valiam tanto para o processo de conhecimento quanto para o processo de execução, preferiu estabelecer critérios mais adequados à atividade de invasão patrimonial. Pragmaticamente, enumerou foros concorrentes, favorecendo a escolha do credor que normalmente se pautará pela maior facilidade na implementação das medidas executivas. Em poucas palavras, o legislador buscou critérios que favorecem a eficiência do processo, procurando implementar a promessa constitucional de obtenção de tutela em prazo razoável (CF, art. 5º, inc. LXXVIII).

Dentro desta perspectiva pragmática, o legislador deixou de lado critérios de competência *exclusiva* (atribuída a um juiz, ou grupo de juízes, com exclusão de quaisquer outros) para investir em critérios variados de competência *concorrente* (atribuída a mais de um juiz ou grupo de juízes, à escolha do demandante). O art. 781 do CPC permitiu que o exequente escolhesse entre diversos foros igualmente competentes, sem que o executado possa impugnar a escolha do demandante.

A possibilidade ampla de escolha pelo credor do local onde deverá ser proposta a demanda executiva facilita, por um lado, o desenvolvimento da tarefa do Poder Judiciário, na medida em que o exequente tenderá a procurar o foro onde seja mais fácil desenvolver as medidas de apreensão do bem objeto da execução ou de excussão patrimonial. Este *forum shopping* admitido pelo legislador poderá, evidentemente, ter repercussão negativa no que diz respeito à previsibilidade do desenvolvimento do processo em detrimento do executado inadimplente, que estará sujeito às escolhas do exequente (mesmo que levadas a efeito com o objetivo de tornar mais difícil a defesa dos interesses do devedor), sem que o demandado possa opor resistência.

A perspectiva que informa o art. 781 está claramente voltada ao favorecimento do exequente. Este tratamento desigual das partes pelo legislador poderia levar à impressão de que o princípio constitucional da igualdade (CF, art. 5º), refletido no art. 7º do CPC – que garante paridade aos litigantes – teria sido arranhado. A verdade é que o princípio da igualdade deve ser aplicado de modo proporcional, o que leva aos mecanismos de compensação, que não poderiam permitir um tratamento idêntico entre desiguais (exequente e executado). Explico: tendo em vista que o exequente ostenta a seu favor um título executivo (ou seja, apresenta desde logo uma evidência da existência de seu crédito ou de seu direito) é natural que o processo tenda a atuar o direito que parece existir, colocando o executado em relativa posição de submissão. Daí afirmar-se que o processo de execução é de desfecho único, qual seja, a satisfação do credor. A plena igualdade de tratamento entre as partes, portanto, cai bem no processo de conhecimento, mas não é compatível com a própria concepção do processo de execução.

2. Desvalorização do foro de eleição

Causa certa perplexidade a determinação constante do inc. I do artigo sob foco, no sentido de que, mesmo havendo escolha (consensual) do local em que a demanda de execução deva ser movida, possa tal avença ser simplesmente desprezada potestativamente por um dos contratantes (o exequente), que estaria autorizado a optar pelo domicílio do executado ou pelo foro da situação dos bens a serem afetados pela medidas de invasão patrimonial.

A propositura de demanda no foro do domicílio do demandado (seja ação de conhecimento, seja de execução) não pode causar-lhe nenhuma desvantagem, de modo que não seria admissível reação adversa da parte favorecida pela escolha. É intuitivo que o demandado terá maior facilidade de tutelar seus interesses se for acionado no local onde concentra suas atividades, sendo menores suas despesas de locomoção e de acompanhamento do processo. Mas a opção pelo local em que se encontram os bens – em detrimento do foro de eleição – é coisa bem diferente, pois aqui o devedor pode ser amplamente desfavorecido, tendo que litigar em local distante, tudo em franca violação ao que as partes haviam anteriormente convencionado. Em suma, o legislador, opondo o interesse público ao privado, abandona o salutar princípio do *pacta sunt servanda*: a convenção entre as partes cede lugar à conveniência do Estado de que as medidas executivas se concretizem de forma mais ágil e mais rápida, tudo em prol da eficiente (e veloz) prestação jurisdicional prometida tanto pela CF como pelo art. 4º do CPC.

3. Domicílios múltiplos

O domicílio da pessoa natural é o lugar onde ela estabelece a sua residência com ânimo definitivo (CC, art. 70). E nada impede que alguém tenha várias residências, onde – alternativamente – viva e exerça suas atividades (profissionais ou não). Daí a determinação do legislador (que está alinhada com o direito material) de permitir ao exequente que promova a demanda executiva em qualquer dos diversos domicílios do devedor, não podendo o executado voltar-se contra a preferência manifestada pelo exequente. Mais uma vez, trata-se de escolha potestativa, que não requer justificação e que provoca simplesmente a submissão do executado.

4. Domicílio desconhecido

Se o domicílio do executado for incerto ou desconhecido, pode o exequente propor a demanda em seu próprio domicílio ou no local em que o devedor for encontrado. Não há, na regra do inciso III do artigo sob foco, qualquer prioridade entre as duas possibilidades, ficando

tudo a critério do exequente (que terá ainda ao seu alcance, é claro, as múltiplas opções que o legislador ofereceu nos demais incisos). A regra, percebe-se, é de fechamento, para que nenhuma hipótese fique sem previsão, especialmente considerando-se a execução das obrigações de fazer e não fazer, em que as opções são mais restritas (entram em cena também, neste ponto, as possibilidades oferecidas pelo inc. V do art. 781 do CPC).

5. Mais de um devedor

Em caso de litisconsórcio passivo, garante o legislador que o exequente poderá promover a demanda no domicílio de qualquer um dos executados. Mais uma vez, a regra expandida de competência favorece o exequente, que tem a seu dispor não só a opção do domicílio de qualquer dos devedores, mas também todo o leque de possibilidades oferecido nos demais incisos do dispositivo. Dito de outro modo, as hipóteses não se excluem, mas se somam, não havendo prioridades entre elas, de modo que – mais uma vez – tudo fica a critério do demandante.

6. Local do ato ou do fato

Para arrematar o rol de facilidades outorgadas ao credor para agilizar a atividade executiva, o legislador permite que a demanda seja promovida no lugar em que se praticou o ato (lugar da assinatura da confissão de dívida, lugar em que foi lavrada a escritura pública em que se consigna a obrigação de dar, fazer ou pagar) ou em que ocorreu o fato (lugar do falecimento do segurado, para a execução do contrato de seguro de vida).

7. Cumprimento de sentença

Não se aplica o dispositivo examinado ao cumprimento de sentença.

O art. 516 do CPC tem regramento próprio, determinando que as atividades de implementação do comando das sentenças condenatórias serão desempenhadas pelos tribunais (nas causas de competência originária), pelo juízo que decidiu a causa em primeiro grau de jurisdição ou pelo juízo cível competente (quando se tratar de sentença penal condenatória, sentença arbitral ou sentença estrangeira homologada pelo STJ). O mesmo dispositivo autoriza o exequente a optar pelo juízo do atual domicílio do executado, pelo juízo do local em

Art. 782

que se encontrem os bens sujeitos à execução ou pelo juízo do local onde deva ser executada a obrigação de fazer ou de não fazer. Nestes casos, os autos (se o procedimento for físico) serão remetidos ao foro escolhido.

> **Art. 782.** Não dispondo a lei de modo diverso, o juiz determinará os atos executivos, e o oficial de justiça os cumprirá.
>
> **§ 1º** O oficial de justiça poderá cumprir os atos executivos determinados pelo juiz também nas comarcas contíguas, de fácil comunicação, e nas que se situem na mesma região metropolitana.
>
> **§ 2º** Sempre que, para efetivar a execução, for necessário o emprego de força policial, o juiz a requisitará.
>
> **§ 3º** A requerimento da parte, o juiz pode determinar a inclusão do nome do executado em cadastros de inadimplentes.
>
> **§ 4º** A inscrição será cancelada imediatamente se for efetuado o pagamento, se for garantida a execução ou se a execução for extinta por qualquer outro motivo.
>
> **§ 5º** O disposto nos §§ 3º e 4º aplica-se à execução definitiva de título judicial.

▶ *Referência: CPC/1973 – Arts. 577 e 579*

1. Oficial de justiça

O oficial de justiça é o auxiliar permanente encarregado das diligências externas do juízo. Historicamente – e por conta da origem humilde dos *meirinhos* (cuja função era a de executar os atos judiciais sempre sob as ordens do magistrado), ficou tal servidor adstrito a cumprir os comandos do juiz, praticamente sem autonomia. O *caput* do art. 782 do CPC dá, numa primeira leitura, a impressão de que esta situação de total subordinação teria sido modificada, já que o legislador afirma que o juiz determina os atos a serem praticados e o oficial de justiça os cumpre, *salvo se houver disposição em contrário*.

O art. 154 do CPC, porém, afasta qualquer dúvida que a redação imprecisa do art. 782 do CPC poderia causar ao operador. O *meirinho* continua a ter função subordinada diretamente ao magistrado, de modo que o legislador não quis outorgar a tal auxiliar da justiça qualquer função autônoma. Trata-se, em verdade, apenas de apontar que algumas atividades executivas

não serão praticadas por este servidor, mas por outro auxiliar (como o escrivão ou o depositário), nada mais.

Mesmo a atividade de avaliação, atribuída ao oficial de justiça pelo art. 154, V, do CPC, não é nova, já que o art. 680 do CPC/1973 (com a redação que lhe foi dada pela Lei 11.382/2006) carreou ao auxiliar da justiça a tarefa de avaliar bens (quando isso fosse necessário e possível). O problema aqui envolvido não é propriamente legislativo, mas sim operacional, pois o que se observou em muitos estados (São Paulo foi um deles) é que os oficiais de justiça não foram preparados para a tarefa que lhes foi atribuída a partir da vigência da Lei 11.382/2006, de modo que, no mais das vezes, os julgadores acabam recorrendo aos préstimos de avaliadores.

2. Comarcas contíguas, de fácil comunicação e região metropolitana

Embora a atuação do oficial de justiça esteja limitada à sua área de atribuição, o auxiliar da justiça está autorizado a cumprir as ordens que receber do juiz nas comarcas circunstantes – lindeiras ou não – desde que seja fácil a comunicação entre elas.

O legislador valeu-se de três conceitos. O primeiro, geográfico, autoriza diligências em comarcas contíguas, ou seja, fronteiriças; o segundo, de caráter um tanto subjetivo, diz respeito à inexistência de barreiras e obstáculos ao livre acesso; o terceiro – região metropolitana – é conceito jurídico, criado por força de lei e ligado ao fenômeno da *conurbação*: trata-se de um conjunto de diferentes municípios próximos e interligados entre si, normalmente ao redor de uma metrópole (cidade central e mais desenvolvida).

A regra repete basicamente a redação do art. 230 do CPC/1973 (com a redação que lhe foi dada pela Lei 8.710/1993). O dispositivo original constante do CPC/1973 tratava apenas de comarcas contíguas, permitindo-se a diligência se o local estivesse próximo à divisa. Tal dicção, formalista (mas consentânea com as necessidades e possibilidades da época da edição do Código revogado), impedia que o oficial de justiça de uma comarca realizasse diligências em outra localidade, ainda que estivesse situada na mesma região metropolitana (embora não fosse contígua). O legislador remediou a restrição em 1993 (Lei 8.710), repetindo o preceito no § 1º do atual art. 782 do CPC.

O verbo utilizado no § 1º do art. 782 (*poderá*) não deve gerar a impressão de que o oficial de justiça tenha algum poder discricionário, no sentido de optar por não cumprir a determinação judicial quando o ato deva ser realizado em comarca que se enquadre na descrição legal. Dito de outro modo, estando presentes os requisitos do dispositivo analisado, o auxiliar da justiça *deverá* proceder à diligência.

3. Força policial

Não é incomum a resistência às ordens do magistrado em sede de execução, seja para a entrega de um bem, seja para a cessação de algum ato, seja para que se realize a constrição judicial. O executado, por vezes, na ânsia de obstar a realização do ato, reage com violência à atividade do oficial de justiça, trancando portas e armários, escondendo bens e documentos, impedindo a constatação da prática de atos de que deveria abster-se, o que obrigará o *meirinho* a solicitar ordem de arrombamento. Note-se que o art. 772 do CPC não se reporta exclusivamente (como faz o art. 846 do CPC) à execução por quantia, de sorte que também é aplicável às execuções de obrigação de entrega de coisa, de fazer e de não fazer. A propósito, nada impede – ao contrário do que faz crer o art. 846 mencionado – que a ordem de arrombamento seja emitida também em execuções específicas, quando for necessário o ato de força, pois o executado pode fechar as portas de sua casa para evitar a busca e apreensão de bem, para impedir a concretização de medida tendente a fazer cessar a prática de determinado ato de que deveria abster-se, ou ainda para obstar o desfazimento de obra, para citar algumas hipóteses.

Deparando-se o oficial de justiça com tal resistência – ou havendo ameaça à sua integridade física – deverá relatar o ocorrido, solicitando ao juiz que requisite força policial para ajudá-lo na prática do ato. O *meirinho* informará os obstáculos criados pelo devedor, e o juiz requisitará o concurso da polícia, valendo lembrar que tanto o art. 329 quanto o art. 330 do CP tipificam a conduta de resistência e de desobediência à ordem legal de funcionário público.

Nada obsta, de qualquer modo, que o exequente, diante dos fatos narrados pelo oficial de justiça, solicite ao juiz que requisite força policial, independentemente de pleito do *meirinho*; da mesma forma, poderá o juiz desde logo, diante da evidência de resistência, determinar que o oficial seja acompanhado de policiais para o cumprimento da ordem. E mais: temendo o juiz a mera *possibilidade* de violência por parte do devedor relativamente ao cumprimento de ato executivo que deva ser praticado (ou porque tal resistência já se tenha esboçado no passado, ou porque a situação fática leve o magistrado a temer pela incolumidade física do auxiliar do juízo), poderá ser desde logo requisitada força policial.

4. Cadastro de inadimplentes

Tanto o Estado como o credor têm interesse no rápido cumprimento da prestação exequenda. O legislador oferece ao credor – com o fito de estimular o devedor a cumprir sua obrigação – a possibilidade de requerer ao juiz a inclusão do nome do inadimplente em cadastro próprio. A providência serve não só como estímulo suplementar para que os devedores cumpram suas obrigações, mas também para alertar a sociedade sobre a conduta (ou sobre a situação econômica) do executado, ampliando a publicidade prevista na CF (art. 93, IX) e reverberada no art. 11 do CPC, tudo em favor da segurança jurídica dos negócios em geral.

A negativação junto aos órgãos de proteção ao crédito deve ser requerida pelo credor (não pode ser decretada de ofício pelo juiz) e, portanto, acarreta responsabilização do exequente caso a execução mostre-se infundada. A anotação desabonadora acarreta uma série de entraves à vida civil do mau pagador, com possível bloqueio de crédito e de acesso a serviços bancários diversos. Por isso mesmo, deve o juiz verificar, diante do pedido do credor, se é efetivamente caso de fazer a comunicação. Em outros termos, não basta o pedido do credor para que o juiz proceda à inclusão do nome do devedor no rol dos inadimplentes, sendo indispensável que o juiz pondere se existe dúvida razoável acerca da existência do direito do credor. Se existir algum receio do magistrado de que a execução possa ser abusiva, ilícita ou indevida, o pleito será indeferido. Este o sentido da utilização do verbo *poder* no parágrafo 3º do art. 782 do CPC (o legislador, corretamente, não empregou o verbo *dever*).

Deferida a inclusão do nome do devedor no cadastro de inadimplentes, informa o legislador que a anotação será cancelada tão logo seja efetuado o pagamento do débito ou garantida a execução. Da mesma forma, a inscrição será

Art. 783

cancelada se for extinta a execução (falta de alguma das condições da ação, procedência dos embargos do executado).

CAPÍTULO IV
DOS REQUISITOS NECESSÁRIOS PARA REALIZAR QUALQUER EXECUÇÃO

Seção I
Do título executivo

Art. 783. A execução para cobrança de crédito fundar-se-á sempre em título de obrigação certa, líquida e exigível.

▶ *Referência: CPC/1973 – Art. 586*

1. Liquidez, certeza e exigibilidade

O CPC/1973 (art. 586), de forma equivocada, atribuía ao *título executivo* qualidades inerentes ao *crédito* do exequente, erigindo tais qualidades a requisitos necessários para autorizar a propositura da demanda executiva. A rigor, espera-se que *o crédito* (não o título) seja certo, isto é, que sobre sua existência não paire dúvida; exige-se que *o crédito* seja líquido, isto é, que seu valor esteja desde logo determinado ou que o bem a ser entregue esteja individuado; e, por fim, pretende-se que *o crédito* seja exigível, o que significa estar vencida a dívida ou a obrigação. O título, evidentemente, deverá refletir tais qualidades do crédito. A dicção original do CPC/1973 (que endereçava os atributos do crédito ao título executivo) foi reformada pela Lei 11.382/2006, que incorporou a redação copiada, *ipsis literis*, no art. 783 do CPC.

A *certeza* é dado que não pode faltar, eis que o legislador estabeleceu, em relação aos títulos executivos extrajudiciais, uma presunção de equivalência em relação às sentenças judiciais que recomenda cuidadosa análise desse requisito. Isso mostra como é perigosa a posição adotada pelo STJ relativamente aos contratos *bilaterais*, permitindo a Corte que tais documentos (CPC, art. 784, III) possam encabeçar processos de execução. A bem aplicar o artigo sob enfoque, não se poderia permitir que um contrato que não projetasse a certeza da obrigação das partes pudesse dar azo a processo de execução.

No que tange à *liquidez*, é preciso abandonar posições extremadas e formalistas. Se o título não estampar o valor exato do crédito, mas permitir, por meros cálculos aritméticos, que se chegue ao valor devido, estará por certo implementada a condição legal para a propositura da demanda executiva. Assim, nada impede que seja considerado líquido o crédito locatício documentalmente comprovado onde esteja previsto que o principal será acrescido de juros de mora contratuais, multa percentual e correção monetária, pois todos esses dados poderão ser objeto de cálculo, ainda que os elementos necessários para a conta não se encontrem no próprio documento (índices de correção monetária, taxa referencial, entre outros), o que não descaracterizará a liquidez do crédito. Situação diversa é aquela em que os elementos para o cálculo dependam de investigação, de apuração, de informações em poder de terceiros, de interpretação de outros contratos ou ainda da demonstração (prova) de determinados atos ou fatos. Se assim for, não haverá liquidez a autorizar o manejo imediato do processo executivo, sendo necessário recorrer às vias cognitivas para apuração do montante devido ao credor.

A *exigibilidade*, por fim, ocorre sempre que o pagamento do crédito não depender de termo ou condição, nem se encontrar sujeito a qualquer outra limitação. Trata-se de aferir se a dívida está efetivamente vencida, seja porque o termo fixado foi alcançado, seja porque se verificou a condição estipulada pelas partes a cujo advento estava condicionada a exigência de prestação. Exigido pelo credor o cumprimento da obrigação e resistindo o devedor quanto ao cumprimento da prestação, abre-se o acesso à via jurisdicional, através do processo de execução.

2. Liquidação de título executivo extrajudicial?

O legislador reporta-se, no art. 509 do CPC, apenas à possibilidade de liquidação de títulos executivos judiciais, pressupondo sempre que os títulos executivos extrajudiciais, para serem assim caracterizados, reportar-se-ão a créditos líquidos, certos e exigíveis. Haverá, porém, circunstâncias que apontarão em direção contrária, e exigirão, por via transversa, verdadeiro procedimento de liquidação para permitir a execução do título.

É o que ocorrerá, por exemplo, com um contrato garantido por hipoteca (CPC, art. 784, V) e que retrate diversas operações de importação: ao término das operações, pode não restar claro se existe dívida do importador ou, existindo, qual seu montante (saldo devedor). Nessa hipótese, deverá o credor promover demanda – que terá cunho declaratório, não condenatório, já que se pretende apenas a apuração do crédito garantido pela hipoteca, título executivo extrajudicial já previamente constituído, sendo desnecessária a criação de outro título que a esse se some – para aferição da existência da obrigação e, em caso positivo, para averiguação do *quantum debeatur*, após o que poderá ser ajuizada a execução hipotecária. Note-se que, em boa técnica, o título executivo continua a ser o contrato garantido por hipoteca, somando-se a ele a sentença declaratória que se limita a aferir os atributos do crédito.

A hipótese ventilada, bem se vê, traz exceção que confirma a regra, pois espera-se que o título executivo extrajudicial exponha convenientemente os atributos do crédito (liquidez, certeza, exigibilidade), sem o que parece desconfigurar-se sua força executiva.

Mas os títulos executivos ligados a garantias contratuais (reais ou fidejussórias) muitas vezes apontarão problemas de liquidez, especialmente quando as obrigações garantidas forem de trato sucessivo. Para tais hipóteses, mostra-se adequada a necessidade de aferir-se previamente o valor exato da obrigação (por meio de demanda de conhecimento declaratória) para, somente depois disso, encetar-se execução.

Art. 784. São títulos executivos extrajudiciais:

I – a letra de câmbio, a nota promissória, a duplicata, a debênture e o cheque;

II – a escritura pública ou outro documento público assinado pelo devedor;

III – o documento particular assinado pelo devedor e por 2 (duas) testemunhas;

IV – o instrumento de transação referendado pelo Ministério Público, pela Defensoria Pública, pela Advocacia Pública, pelos advogados dos transatores ou por conciliador ou mediador credenciado por tribunal;

V – o contrato garantido por hipoteca, penhor, anticrese ou outro direito real de garantia e aquele garantido por caução;

VI – o contrato de seguro de vida em caso de morte;

VII – o crédito decorrente de foro e laudêmio;

VIII – o crédito, documentalmente comprovado, decorrente de aluguel de imóvel, bem como de encargos acessórios, tais como taxas e despesas de condomínio;

IX – a certidão de dívida ativa da Fazenda Pública da União, dos Estados, do Distrito Federal e dos Municípios, correspondente aos créditos inscritos na forma da lei;

X – o crédito referente às contribuições ordinárias ou extraordinárias de condomínio edilício, previstas na respectiva convenção ou aprovadas em assembleia geral, desde que documentalmente comprovadas;

XI – a certidão expedida por serventia notarial ou de registro relativa a valores de emolumentos e demais despesas devidas pelos atos por ela praticados, fixados nas tabelas estabelecidas em lei;

XII – todos os demais títulos aos quais, por disposição expressa, a lei atribuir força executiva.

§ 1º A propositura de qualquer ação relativa a débito constante de título executivo não inibe o credor de promover-lhe a execução.

§ 2º Os títulos executivos extrajudiciais oriundos de país estrangeiro não dependem de homologação para serem executados.

§ 3º O título estrangeiro só terá eficácia executiva quando satisfeitos os requisitos de formação exigidos pela lei do lugar de sua celebração e quando o Brasil for indicado como o lugar de cumprimento da obrigação.

▶ *Referência: CPC/1973 – Art. 585*

1. Título executivo extrajudicial

A técnica adotada pelo legislador de 1973 foi a de unificar a disciplina dos títulos executivos, estabelecendo a igualdade entre aqueles emanados do Poder Judiciário e os títulos formados sem a participação do magistrado (ou com intervenção apenas secundária do Poder Judiciário, como ocorria na situação descrita no inciso VI do art. 585 do Código revogado). Curvou-se a lei, nos idos de 1973, ao sistema então adotado pelos países mais desenvolvidos, concedendo eficácia executiva não apenas aos atos emanados do Poder Judiciário (sentenças condenatórias e provimentos assemelhados), mas também aos atos (comerciais ou civis) derivados da atividade dos particulares e aos atos decorrentes da atividade administrativa do Estado (certidões da dívida ativa, provimentos homologatórios de emolumentos de serventuários, honorários de perito, de intérprete e de tradutor). Em outras palavras, o legislador de 1973 unificou o regime da execução, abolindo a antiga ação executiva (do CPC de 1939) – de feição reconhecidamente medieval – de modo que tanto a *ação executória* (fundada em títulos judiciais) como a *ação executiva* (calcada em títulos extrajudiciais) passaram a ter a mesma sistematização.

O codificador de 1939, quando disciplinou a então denominada *ação executiva*, partiu da premissa de que em algumas hipóteses (precisamente as relacionadas no art. 298 daquele Código) o direito do credor estaria dotado de provas particularmente robustas, ou deveria ser satisfeito – sob pena de perecimento – com tamanha urgência, que permitiria, com riscos calculados, a antecipação de medidas executivas antes mesmo do desenvolvimento da atividade de cognição. Daí determinar a lei de então que o réu seria citado para, em 24 horas, efetuar o pagamento do débito, sob pena de penhora, após o que teria o demandado o prazo de dez dias para contestar o pedido, prosseguindo o processo segundo o rito ordinário (arts. 299 a 301 do velho diploma de 1939).

No CPC/1973 o legislador ousou mais, a ponto de fazer equivaler a eficácia de uma nota promissória à de uma sentença condenatória judicial.

O tempo encarregou-se, porém, de mostrar que o método escolhido nos anos 70 esgarçou-se e exigiu reparos. Sem remorsos, o legislador paulatinamente desmontou o sistema originário do Código, voltando a separar as técnicas destinadas à execução dos títulos extrajudiciais e aquelas voltadas ao cumprimento das sentenças. Terminada a reforma do processo de execução (em 2006), a metodologia adotada reservou, para os títulos executivos judiciais, a técnica do cumprimento de sentença (que, subsidiariamente, utilizava dispositivos do Livro II do CPC/1973), enquanto, para os títulos executivos extrajudiciais, o legislador criou disciplinas novas, encartadas nos arts. 461, 461-A e 475-I e seguintes do CPC/1973.

O CPC em vigor preservou e apurou esta técnica dividida e separada, deixando claro que os títulos executivos extrajudiciais são apenas aqueles formados sem a intervenção do Poder Judiciário. O apuro da técnica levou o legislador

a transferir para o art. 515, V, do CPC (títulos executivos judiciais) os créditos dos auxiliares da justiça (custas, emolumentos e honorários), que estavam arrolados entre os títulos extrajudiciais no Código revogado (art. 585, VI).

2. Títulos de crédito

O rol do art. 784 principia com a relação de alguns títulos de crédito, eleitos pelo legislador para permitir o processo executivo.

Título de crédito, como repete toda a doutrina, é o documento necessário para o exercício do direito literal e autônomo nele mencionado, sendo seus requisitos essenciais a cartularidade, a autonomia, a literalidade (requisitos ordinários), além da independência e abstração (requisitos extraordinários) e da tipicidade.

A *cartularidade* significa a necessidade de o credor apresentar o documento (título) para o exercício do direito nele mencionado; a *autonomia* revela a desvinculação do credor anterior em relação aos subsequentes possuidores do título, de sorte que as exceções decorrentes da relação jurídica subjacente não podem ser opostas pelo devedor ao cessionário de boa-fé, tudo para permitir a segura circulação dos títulos; a *literalidade*, por fim, mostra que o documento vale pelo que nele se contém (o que não está no título não existe).

A *independência*, como requisito extraordinário dos títulos de crédito, denota que alguns títulos bastam por si mesmos, sem necessidade de outro documento para completá-los (assim ocorre com o cheque, com a letra de câmbio e com a nota promissória); a *abstração* caracteriza alguns títulos cuja origem ou causa não precisa ser declinada (é o caso da nota promissória e da letra de câmbio, nas quais não é necessário declarar o negócio que lhes deu origem); os títulos causais, ao contrário, não se desligam de sua origem, de modo que ao credor podem ser opostas exceções com base na relação jurídica subjacente, como ocorre com a duplicata. A *tipicidade*, por fim, consiste na impossibilidade estabelecida em lei de emitirem-se títulos de crédito que não estejam definidos na legislação (só se caracteriza o título de crédito se o modelo legal for integralmente atendido, sendo negada a analogia).

3. Letra de câmbio e nota promissória

A letra de câmbio é uma ordem de pagamento que o sacador dirige ao sacado para que esse pague a importância consignada no título a um terceiro (designado tomador). A nota promissória é uma promessa de pagamento escrita e solene, pela qual alguém se obriga a pagar a outrem certa importância de dinheiro. Na nota promissória dois são os figurantes do título (*devedor*, emitente da nota, e *credor*, tomador ou portador do título); na letra de câmbio existem três figuras distintas (*sacador*, *sacado* e *aceitante*, sendo que esse último se equipara à pessoa do emitente da nota promissória). Em breve síntese, a distinção fundamental entre a nota promissória e a letra de câmbio reside no fato de caracterizar-se a primeira como uma promessa direta do devedor ao credor, enquanto na letra de câmbio existe uma terceira pessoa, a quem se delega o pagamento da ordem.

Além dos problemas relacionados a aspectos estritamente ligados ao direito comercial, as mencionadas cambiais geram no processo executivo discussões normalmente atinentes à origem do débito representado pelas cártulas, tudo a desafiar as características dos títulos de crédito, entre elas a autonomia, a cartularidade e a abstração.

Vai longe o tempo em que os juízes se atinham a tais características para cercear a atividade de investigação da origem do crédito exequendo subjacente à nota promissória ou à letra de câmbio. Apesar de não serem títulos causais, as cambiais acabam sendo objeto de ampla investigação sempre que, em embargos do devedor, alega o executado a inexigibilidade da obrigação (pense-se em nota promissória emitida por força de dívida de jogo) ou então assevera não corresponder o valor estampado na cártula ao valor efetivo do débito, o que pode ocorrer por conta do preenchimento abusivo pelo credor (imagine-se a emissão de nota promissória em branco ou de outorga, pelo devedor, de procuração a pessoa ligada ao credor para aceitar letras de câmbio) ou por força de emissão viciada do título (o devedor alega, em embargos do devedor, que o valor constante do título por ele emitido era superior ao da dívida). Com maior razão, nos títulos vinculados a contratos (normalmente contratos de mútuo, onde o título – avalizado – funciona como garantia adicional do credor), o devedor simplesmente esquece a abstração (a eficácia do título independe da *causa debendi*) e discute nos embargos a falta de causa para a obrigação.

O tema foi objeto das Súmulas 26 e 27 do STJ, que tentaram resolver a antiga polêmica acerca da autonomia e abstração dos títulos de crédito quando vinculados a contratos de mútuo (o que ocorre, com maior frequência, com as notas promissórias).

A redação da Súmula 26 ("o avalista do título de crédito vinculado a contrato de mútuo também responde pelas obrigações pactuadas, quando no contrato figurar como devedor solidário") pode causar certa perplexidade, na medida em que parece que o STJ quis ampliar as obrigações do avalista (puramente cambiais) para abranger aquelas previstas no contrato de mútuo. Pois bem: se entendidos os termos da súmula em questão levando em conta o enunciado da Súmula 27 do mesmo STJ ("pode a execução fundar-se em mais de um título extrajudicial relativos ao mesmo negócio"), nenhuma estranheza causaria a tendência manifestada pela Corte Superior; caso, porém, fique o operador atento apenas ao texto isolado da primeira súmula, a perplexidade é inevitável.

As decisões que serviram de referência para a Súmula 26 são esclarecedoras. A análise de uma delas, representada pelo acórdão proferido no REsp 3.839/MG, relatado pelo Min. Fontes de Alencar (*Revista de Jurisprudência do Superior Tribunal de Justiça*, v. 19, p. 470-475, mar. 1991), dá conta de que a Corte Superior estava diante da seguinte situação: o exequente amparava sua execução em nota promissória avalizada e também em contrato de financiamento firmado pelos avalistas na qualidade de devedores solidários; a corte local (Tribunal de Alçada de Minas Gerais) excluiu da execução as parcelas referentes à multa contratual e comissão de permanência, sob o argumento de que os avalistas responderiam somente pelas obrigações assumidas cambialmente, não sendo de se exigir deles verbas previstas no contrato de mútuo, que deveria ser desprezado como título exequendo dada a impossibilidade de cumulação de títulos num mesmo processo. O STJ, ao repelir a concepção defendida no acórdão objeto de ataque, firmou a tese de que não existe expansão das obrigações do avalista que firma o contrato de mútuo que originou a cambial, sendo possível, isso sim, a cumulação de títulos na execução, de modo que as obrigações contratuais debitadas ao avalista o são não por força do aval prestado, mas sim em vista da qualidade de *garantidor solidário* assumida no contrato exequendo.

Tudo estará a depender, portanto, da caracterização do contrato de mútuo como título executivo nos termos do art. 784, III, pois se o contrato, instrumento particular, não estiver firmado por duas testemunhas, não estará caracterizada a situação de que trata a Súmula 26 e o avalista não será responsabilizado por qualquer outra verba que não seja aquela decorrente da cambial.

Harmonizam-se assim entendimentos que, de modo isolado, poderiam parecer antagônicos, pois o STJ em momento algum negou a autonomia cambial ao editar a Súmula 26 sob comento.

4. Embargos do avalista – restrições

Até que ponto os tribunais pátrios dão efetivo valor à propalada autonomia das obrigações cambiais?

Deixando de lado a possibilidade de o avalista opor exceção calcada em vícios de forma (defeito do título), o que parece ser aceito pela doutrina de maneira geral, duas posições extremam-se relativamente às exceções substanciais: para alguns, é absolutamente inadmissível que o avalista use as defesas do avalizado, dada a autonomia e independência da obrigação assumida pelo avalista, sendo-lhe vedado invocar defesas pessoais próprias do avalizado, seja relativamente ao nascimento da obrigação, seja no tocante à sua extinção; no polo oposto, estão aqueles que dão prevalência à acessoriedade da obrigação assumida pelo avalista, podendo o coobrigado, *v.g.*, alegar pagamento parcial pelo avalizado, pleitear produção de prova pericial ou então afirmar que o valor apontado no título (preenchido, por hipótese, pelo credor) não corresponde ao efetivo débito.

A primeira corrente contou com o apoio do Superior Tribunal de Justiça, que tem entendido inviável opor o avalista ao portador do título exceções pessoais do avalizado, curvando-se assim à autonomia das coobrigações cambiárias. Vale nesse sentido citar, por todos, acórdão emblemático relatado pelo Min. Sálvio de Figueiredo Teixeira, com ampla citação doutrinária, refutando o acórdão a posição defendida por Pontes de Miranda que, com base na equiparação entre o obrigado e o avalista, preconizava serem oponíveis por este as exceções pessoais daquele, sob pena de ficar inferiorizado o avalista em relação ao avalizado (REsp 1.511-GO, j. 12.12.1989, *RSTJ* v. 10, p. 403-409).

5. Duplicata

A duplicata é um título de crédito circulável à ordem, alicerçado em compra e venda mercantil ou prestação de serviços, na forma predisposta pelos arts. 2º e 20 da Lei 5.474/1968. É exatamente a causalidade da duplicata que gerará ao executado uma ampla gama de defesas.

A lei citada, com a redação originária do art. 15, permitia o manejo da ação executiva (do Código de 1939, bem entendido) com base em duplicata aceita ou, caso não aceita, desde que protestado o título, acompanhado de documento comprobatório da entrega de mercadoria. Com o advento do CPC/1973 – que incluía a duplicata entre os títulos executivos extrajudiciais – entendeu-se revogado o artigo referido da Lei de Duplicatas (que se reportava à antiga ação executiva). Instalou-se, porém, a polêmica: como o CPC/1973 não fazia qualquer restrição sobre as duplicatas não aceitas, entenderam alguns que também estas permitiriam o processo de execução. Apenas em 1977, com o advento da Lei 6.458, findou o dissenso, adaptando-se a Lei de Duplicatas ao Código de então, com a nova redação do art. 15, cujo inciso II dispôs que as duplicatas ou triplicatas não aceitas ensejariam execução desde que, cumulativamente, fossem protestadas e estivessem acompanhadas da prova da entrega da mercadoria ou da prestação do serviço.

A partir da renovação da Lei de Duplicatas, contudo, outro problema surgiu: obtida liminar que suste o protesto de duplicata não aceita fica o credor inibido de promover a ação de execução do título de crédito? Para responder a questão é preciso esgotar algumas premissas. A primeira delas refere-se à possibilidade (excepcional) de promover ação executiva mesmo sem a apresentação do título. Não se trata apenas de discutir se, na pendência de demanda que ataque o título executivo, pode o credor ingressar com execução, o que está resolvido pelo § 1º do art. 784 do CPC. O problema aqui acenado diz respeito à concessão de liminar que suste o protesto, de modo que o título ficará retido no cartório de protesto de títulos, à espera de determinação judicial definitiva. É evidente que o obstáculo criado (operacionalmente) pelo Poder Judiciário deve ser superado sem maiores dificuldades, pois basta, para promover a execução em tal circunstância, obter uma certidão do cartório de protesto de títulos, certidão que deve ser acompanhada de cópia do título retido e do mandado judicial decretando a sustação do protesto. Com isso, arma-se o credor para a propositura da ação executiva.

Superado o problema da apresentação da cártula, há outro – agora específico para a duplicata sem aceite – que precisa ser transposto. Considerando que sem protesto não se caracteriza a duplicata não aceita como título executivo, a interpretação literal da lei levaria à impossibilidade de promover-se ação executiva quando o devedor – ainda que maliciosamente – obtivesse a medida de sustação de protesto. Tal ideia deve ser afastada, já que o óbice judicial ao protesto não pode impedir a execução. Justifica-se a mitigação dos rigores (em princípio recomendáveis) do regime de tipicidade a que são submetidos os títulos executivos, na medida em que a aplicação literal da lei, no caso estudado, conduziria a situação iníqua, aproveitando-se o devedor mal-intencionado da demora do processo em proveito próprio. Por isso mesmo, vem a jurisprudência endossando a tese da possibilidade de promover o credor a execução da duplicata não aceita e não protestada, quando o protesto é obstaculizado por decisão judicial (nesse sentido o acórdão proferido pelo STJ no REsp 27.020-4-PR, relatado pelo Min. Eduardo Ribeiro, j. 07.12.1993, *Revista de Direito Mercantil*, v. 94, p. 130-134).

Com o intuito de agilizar a circulação de créditos representados por vendas mercantis, foi editada a Lei 13.775/2018, que regula a emissão de duplicatas sob a forma escritural. Tais duplicatas – que para todos os efeitos são títulos executivos extrajudiciais (art. 7º) – serão lançadas em sistema eletrônico gerido por entidades autorizadas (pela administração federal) a exercer a atividade de escrituração, devendo ser observado, para efeito de cobrança judicial, o disposto no art. 15 da Lei de Duplicatas (Lei 5.474/1968). O protesto das duplicatas escriturais – requisito que pode ser indispensável para o manejo da ação de execução – será implementado por meio de extrato (at. 6º), expedido pelos gestores dos sistemas eletrônicos. Trata-se de consolidar a evolução natural da duplicata, adequando-se a forma do título às necessidades e exigências do mercado.

6. Debêntures

A Lei 8.953/1994 acresceu o rol do art. 585, I, do CPC/1973 para inserir a debênture como título executivo extrajudicial. Pôs o legislador, com tal alteração, fim a antiga polêmica, permitindo finalmente que a debênture permitisse o manejo do processo executivo.

Trata-se de título de crédito causal representativo de parcela de mútuo oferecido ao público por uma sociedade anônima, destinando-se, por via de regra, ao financiamento de investimento fixo e às necessidades de capital de giro; regula-o a Lei 6.404/1976 (Lei das Sociedades Anônimas), arts. 52 a 75, tendo a Lei 10.303/2001 inserido algumas alterações no texto legal originário.

Quis o legislador processual incentivar essa forma alternativa de captação de recursos colocada à disposição das sociedades anônimas, dotando o título de executividade como modo de atrair mais investidores.

Adotam as debêntures, de ordinário, a forma escritural, registradas em conta de movimentação. Na escritura de emissão são registrados os direitos dos debenturistas, forma de resgate e pagamento, rendimentos e garantias. No mesmo documento é escolhido o agente dos debenturistas (agente fiduciário), cuja função é zelar pela comunhão de interesses dos titulares, promovendo, em caso de inadimplemento, ação de execução em face da emissora. Os debenturistas, isoladamente, não podem promover ação de execução, cabendo tal função exclusivamente ao agente fiduciário, substituto processual necessário de todos os debenturistas. Explica-se essa restrição, pois os titulares de direitos de uma mesma série não podem ter privilégios ou preferências entre si (o que poderia gerar favorecimento de uns em detrimento de outros), devendo os credores ser tratados em conjunto em face da comunhão de direitos que os une. Imagine-se, para espancar dúvidas, que uma emissão seja garantida por hipoteca: se pudesse um único debenturista promover ação de execução individualmente, a garantia real acabaria por esvair-se em relação dos demais debenturistas, com favorecimento de um em prejuízo dos demais.

7. Cheques

Cheque é título autônomo e abstrato, não vinculado a qualquer obrigação precedente, por meio do qual se emite uma ordem contra um banco (ou ente assemelhado) para que pague ao beneficiário importância certa em dinheiro, previamente posta à disposição do emitente e que será levada a débito da conta deste último. Regula-o a Lei 7.357/1985.

Questão que interessa ao processo de execução diz respeito à eventual descaracterização do cheque quando emitido para garantia de dívida. Em outras palavras, cumpre verificar se o cheque, nessas condições (verdadeiro desvio de função econômica), veria afetada sua força executiva. E a resposta é negativa, pois o desvio de função econômica do cheque não deve levar à perda da cambiariedade, prevalecendo a determinação legal de que qualquer cláusula incluída pelas partes interessadas tendentes a transformar o título em ordem de pagamento futura deve ser considerada não escrita (art. 32 da Lei 7.357/1985).

Mas a vinculação do cheque a um determinado negócio jurídico acaba inevitavelmente comprometendo a abstração do título, permitindo investigação da *causa debendi*. Essa situação – amparada na alegação de enriquecimento ilícito do exequente – caracteriza-se, por exemplo, na exigência levada a cabo por algumas instituições hospitalares de cheque-caução de valor prefixado, que será devolvido ou depositado oportunamente, mesmo antes de o hospital prestar contas dos gastos referentes aos serviços prestados.

8. Escritura pública e outros documentos públicos

Documentos públicos são atos escritos e passados por serventuário público, em livro próprio, ou praticados em repartição pública, atendidos os requisitos e as formalidades legais que atestem sua autenticidade e legalidade. Assim, para a caracterização do título executivo, faz-se necessário que participe do ato um oficial público, investido de autoridade estatal, ainda que não seja membro do Poder Judiciário. Nesse sentido, seriam documentos públicos o termo de caução, o compromisso assumido perante o delegado de trânsito relativamente aos danos decorrentes de acidente de veículo, ou ainda o termo de confissão de dívida em repartição administrativa. A escritura pública, por sua vez, espécie do gênero documento público, pode ser definida como o documento lavrado por tabelião (ou, se for o caso, pela autoridade consular brasileira), de acordo com a legislação específica, sendo representada em traslado ou certidão expedida pelo notário que a tiver lavrado.

9. Obrigação unilateral?

Nem todo documento público constitui título executivo, pois além da tipicidade do ato como título previsto em lei, é indispensável a liquidez e certeza da obrigação referida no ato.

Da mesma forma, nem todo documento particular – ainda que assuma a forma prevista no CPC – é apto a fundamentar execução.

Para que a liquidez e certeza do direito estejam patenteados – e isso vale tanto para os documentos públicos quanto para os particulares – entendo que a obrigação (de qualquer espécie) relatada no título deve ser necessariamente *unilateral*, sob pena de ser indispensável o processo de conhecimento.

Com efeito, se for preciso apurar fatos (como o cumprimento da obrigação do exequente para habilitá-lo a receber o preço num contrato de compra e venda, ou a verificação da realização de condições) ou se houver necessidade de interpretar cláusula contratual, não se pode falar em certeza e liquidez da obrigação, já que esta será *certa* quando perfeitamente definidos seus sujeitos, seu objeto e a natureza da relação jurídica, ou, em outras palavras, quando o título consignar claramente um direito de crédito, ou um direito a coisa certa, ou um direito a uma ação ou abstenção da parte contrária; quanto à *liquidez*, basta conter o título a quantidade determinada (ou determinável) de bens. É por isso que, devendo o juiz apurar fatos (o cumprimento da obrigação pelo exequente para que possa exigir a prestação do outro contratante), não há título executivo, eis que não está claro se existe ou não o crédito pleiteado pelo exequente (se não tiver entregue a mercadoria vendida, não poderá exigir o preço; se não tiver construído o imóvel conforme prometido, não poderá exigir o preço; se não realizar o espetáculo, não poderá receber a remuneração convencionada). Nesses casos, sendo sinalagmático o contrato, a via adequada para a recuperação do crédito não pode ser outra senão a do processo de conhecimento, onde o suposto credor deverá demonstrar o cumprimento de sua obrigação e o direito à contraprestação, formando-se então, no processo condenatório, o título executivo (judicial, portanto).

O STJ, como se sabe, ameniza sobremaneira os requisitos assinalados, permitindo que o exequente apresente desde logo documento (prova, portanto) que demonstre o cumprimento de sua obrigação. É interessante notar que a posição – hoje tranquila – do STJ relativamente à possibilidade de executar títulos que reflitam obrigações bilaterais, remonta a discussão travada no STF, sendo certo que, mesmo às vésperas da instalação do STJ, a Suprema Corte não tinha ainda posição fechada sobre o tema (veja-se, a título de exemplo, o acórdão proferido por maioria de votos no RE 102.899-8/RS, relatado pelo Min. Sydney Sanches, 1ª Turma, j. 03.04.1989, *Repertório IOB de Jurisprudência*, 1ª Quinzena de abril de 1991, nº 7/91, p. 127).

10. Documento particular assinado por duas testemunhas

Perpetuando tradição (francamente inexplicável no terceiro milênio!), o legislador continua a exigir que o documento particular, para consubstanciar título executivo, tenha que vir subscrito por duas testemunhas.

As testemunhas, é bom ressaltar, nenhuma ligação têm com a validade do documento ou do contrato, pois o instrumento particular firmado pelos contratantes vale, embora não constitua título executivo se não estiver firmado pelas duas testemunhas. E mais: ainda que tenha sido o instrumento assinado por *uma* testemunha, a conclusão é a mesma, qual seja, não está atendido o modelo expressamente estampado na lei, razão pela qual fica inviabilizada a execução.

Em poucas palavras, se a existência de testemunhas instrumentárias não tem qualquer relevância quanto à *validade* do documento, o mesmo não se pode dizer no tocante à caracterização do título executivo, já que se estiverem ausentes as testemunhas, não existe título. Apegou-se aqui o legislador ao fetiche da forma: supondo que as testemunhas pudessem reforçar a certeza da obrigação retratada no título, determinou que a forma solene fosse necessariamente empregada. A premissa de que partiu o legislador (a solenidade do ato poderia conferir maior certeza ao direito espelhado no instrumento contratual) envelheceu e não encontra mais amparo na realidade social. Mas seja lá como for, a lei prescreve (ainda que adotando critério arcaico e bolorento) forma específica que não pode ser descartada. Em conclusão, se os requisitos constantes na lei processual não forem atendidos, o tipo do art. 784, III, não estará configurado e a execução não poderá ser manejada, podendo o credor valer-se, eventualmente, da ação monitória, mas nunca do processo executivo.

Acendeu-se recentemente uma luz no fim do túnel. Ao julgar o REsp. 1.495.920 (Rel. Min. Paulo Sanseverino, j. 15.05.2018, m.v.), a Corte dispensou as testemunhas em sede de contrato eletrônico, considerando que a assinatura digital tem o condão de garantir – por meio de autorida-

de certificadora – que o signatário efetivamente firmou o documento, dispensando-se a presencialidade (e consequentemente a assinatura de testemunhas). Em outros termos, o acórdão em questão estabeleceu que "quando a existência e a higidez do negócio jurídico puderem ser verificadas de outras formas, que não mediante testemunhas", reconhece-se executividade ao contrato eletrônico.

11. Contrato de abertura de crédito *versus* cédula de crédito bancário

O contrato de abertura de crédito constitui negócio por meio do qual uma instituição financeira coloca à disposição de seu cliente determinada soma em dinheiro. Popularizado como contrato de "cheque especial", o mecanismo é utilizado por quem deseje abrir crédito suplementar até determinado limite. Diversamente do mútuo, pelo contrato de abertura de crédito não há transferência de um bem, mas a abertura de um crédito, o qual pode ser utilizado até o limite estipulado. Assim, o montante eventualmente devido à instituição financeira não consta previamente determinado no instrumento contratual, sendo apurado posteriormente pela conferência do extrato bancário e pela realização de cálculos.

Devido a essas características, discutiu-se no STJ, durante anos, a caracterização do contrato de abertura de crédito como título executivo extrajudicial. Ao final da década de 1990, havia clara divergência no seio do Tribunal.

Capitaneado pelos Ministros Sálvio de Figueiredo Teixeira (REsp 133.139/SC e REsp 11.037/DF) e Barros Monteiro (REsp 100.171/MG, REsp 85.887/PR, REsp 74.441/MG, REsp 60.233/MG e REsp 55.354/RJ), o entendimento da Quarta Turma do STJ era de que o contrato de abertura de crédito – acompanhado de extrato circunstanciado de movimentação da conta corrente – constituía título executivo extrajudicial. A tese estava ancorada no fato de que o contrato, uma vez assinado por duas testemunhas, seria título executivo extrajudicial, havendo apenas a necessidade de comprovação de liquidez do crédito, para o que seria suficiente a apresentação de extrato de movimentação de conta corrente pelo qual fosse possível "aferir a evolução da dívida e a exata correspondência com o que teria sido ajustado" (REsp 133.139/SC). Assim, no antigo entendimento da Quarta Turma, "[o] contrato de abertura de crédito rotativo, quando acompanhado do respectivo extrato de movimentação

Art. 784

de conta-corrente, constitu[ía] título executivo extrajudicial" (REsp 85.887/PR).

A Terceira Turma do STJ, porém, sustentava tese diametralmente oposta, afirmando que seria título executivo extrajudicial apenas o documento no qual constasse obrigação de pagar quantia determinada, ao que "certamente (...) não corresponde[ria] o contrato de abertura de crédito", pois nele "apenas se enseja a utilização de uma certa importância, o que poder[ia] ocorrer ou não" (REsp 29.597/RS). Nessa linha, caso fosse admitida a superação da *certeza* da obrigação de pagar quantia determinada pela apresentação de extratos, "estar-se-[ia] criando outro título executivo, que de nenhum modo se compreende no citado dispositivo da lei processual" (REsp 29.597/RS). Ainda no entender da Terceira Turma, os extratos bancários e os cálculos elaborados caracterizavam documentos unilaterais, que não poderiam ser admitidos como prova apta a conferir liquidez ao contrato de abertura de crédito, não constituindo desse modo título executivo extrajudicial (REsp 29.597/RS).

Finalmente (nos idos de 1999) a Segunda Seção da Corte Superior pôs fim ao debate, prevalecendo o entendimento consolidado na Terceira Turma ao julgar recurso de embargos de divergência (EREsp 148.290/RS), editando o STJ em seguida a Súmula 233: "o contrato de abertura de crédito, ainda que acompanhado de extrato da conta-corrente, não é título executivo".

É interessante notar que, com a edição da súmula, não poucos devedores opuseram-se à execução em curso, utilizando a via larga da exceção de pré-executividade, para pleitear a extinção da demanda (a falta de título executivo caracteriza a falta de interesse de agir). Com isso, criou-se situação verdadeiramente iníqua em estados como São Paulo, onde havia jurisprudência pacífica até então, chegando o extinto 1º Tribunal de Alçada Civil a editar, em 1979, a Súmula 11 a esse respeito, atestando que o "Contrato de Abertura de Crédito, feito por estabelecimento bancário a correntista, assinado por duas testemunhas e acompanhado de extrato da conta corrente respectiva, é título executivo extrajudicial". A solução encontrada por alguns julgadores, heterodoxa, por certo, de "converter" a execução em ação monitória, embora tecnicamente teratológica, teve ao menos o condão de amenizar a armadilha em que caíram não poucos credores, induzidos inclusive pela jurisprudência dominante em determinados tribunais (jurisprudência, por vezes, sumulada, como ocorreu em São Paulo).

Sepultada a execução dos contratos de cheque especial, sobreveio, em 2001, a Medida Provisória 2.160 que, após diversas alterações, foi convertida na Lei 10.931/2004. Criou-se então a Cédula de Crédito Bancário, qualificada expressamente como título executivo extrajudicial e representativa de "dívida em dinheiro, certa, líquida e exigível, seja pela soma nela indicada, seja pelo saldo devedor demonstrado em planilha de cálculo, ou nos extratos da conta corrente" (art. 28, *caput*). Entre os requisitos para que o novo título pudesse capitanear um processo de execução estava exatamente a apresentação de cálculo (elaborado pelo próprio exequente) apontando o saldo devedor, com a respectiva demonstração (art. 28, § 2º, da Lei 10.931/2004). Tal cálculo (ou planilha), segundo a lei, deve ser claro, preciso e de fácil entendimento, e pode ser acompanhado de extrato emitido pela instituição financeira (tais documentos – planilha de cálculo e extrato – integram a Cédula). Surgiu naturalmente a impressão de que o título em questão seria reedição do contrato de cheque especial, verdadeira reação à Súmula 233 (e, depois, à Súmula 247, ambas do STJ), que objetivavam evitar a instabilidade a que ficava sujeita a execução calcada em títulos que não ostentavam as características do crédito que poderiam autorizar a dispensa do processo de conhecimento (certeza, liquidez e exigibilidade).

Submetida a questão ao crivo do STJ, o tema foi resolvido em favor do novo título. Em primeiro contato com a questão, o Ministro João Otávio de Noronha, em voto-vista que prevaleceu, afirmou não ser admissível a interpretação dada em segunda instância segundo a qual "a cédula de crédito bancário, apesar de criada por lei, não te[ria] eficácia executiva nas hipóteses em que o valor nela corporificado seja oriundo de saldo devedor em contrato de abertura de crédito em conta corrente", acabando os então desembargadores por concluir que – no confronto da legislação especial com o Código de Processo Civil – este último prevaleceria (AgRg no REsp 599.609/SP). Segundo o eminente Ministro, a criação da cédula de crédito bancário teria ocorrido como "resultado de uma opção de política monetária", de modo que "nem sequer haveria necessidade de se discutir no Judiciário a qualidade de título executivo extrajudicial, uma vez que a cédula é título criado por lei com essa natureza".

Ainda quanto à certeza e liquidez do crédito, referiu que pela novel legislação a cédula seria título "que se integra posteriormente, com as planilhas de cálculos, apurados pelo credor, que (...) só pode nelas incluir o saldo utilizado, abatido de eventuais depósitos, acrescidos dos encargos que na cédula houverem sido ajustados". O voto mencionado deixou claro que a "possibilidade de utilização do crédito ao alvedrio do mutuário (respeitado o limite) não torna o título ilíquido", pois "tendo o devedor feito uso do crédito, e não o restituindo no prazo avençado, os lançamentos a serem efetuados na conta gráfica apenas completam o título", de modo que a liquidez adviria "da emissão da cédula, com a promessa de pagamento nela constante, que é aperfeiçoado com a planilha de débitos". Por fim, rebateu o argumento de que tal constituiria ato unilateral do credor, visto que "os extratos ou planilhas nada mais são que a apuração do saldo utilizado, com os encargos previstos na cédula". Diante disso, ao final, afastou a incidência da Súmula 233 do STJ para a cédula de crédito bancário por ser "a lei a única fonte instituidora de títulos executivos".

O que aconteceu, na verdade, foi a superação, por obra do legislador, dos obstáculos que o STJ criou à execução dos contratos de cheque especial. A inserção na Lei 10.931/2004 de forma específica para apuração da liquidez do crédito (apresentação de extratos e planilhas de cálculo) gera presunção que integra o tipo do título executivo. Pode não ser a melhor forma de lidar com a questão, mas foi aquela eleita pelo legislador (e, por isso mesmo, precisa ser respeitada).

De qualquer modo, no plano infraconstitucional restou resolvido o imbróglio por meio da fixação do Tema de nº 576 em sede de recurso repetitivo: "a Cédula de Crédito Bancário é título executivo extrajudicial, representativo de operações de crédito de qualquer natureza, circunstância que autoriza sua emissão para documentar a abertura de crédito em conta-corrente, nas modalidades de crédito rotativo ou cheque especial" (fixado no julgamento do REsp 1.291.575/PR).

Houve ainda tentativa de questionar a constitucionalidade da Lei 10.931/2004 sobre o ponto em questão. O STF, contudo, já apontou tratar-se de controvérsia de índole infraconstitucional, não analisando a substância dos recursos interpostos (ARE 956.157/SP, RE 902.505 AgR/SP, ARE 898.147 AgR/SP e RE 835.518 AgR/SP, entre outros).

12. Instrumentos de transação referendados

Reconhecendo o valor do trabalho desenvolvido pelo Ministério Público, pelas Defensorias Públicas e pelos advogados na atividade conciliativa, o legislador de 1994 (Lei 8.953/1994) ampliou a parte final do segundo inciso do art. 585 do CPC/1973 que identificava como título executivo extrajudicial apenas o documento particular assinado pelo devedor e subscrito por testemunhas.

Quanto ao acordo celebrado pelas partes e referendado pelo Ministério Público, o legislador de 1994 nada mais fez senão reproduzir o disposto no art. 55, parágrafo único, da Lei 7.244/1984 (que determinava valer como título executivo extrajudicial o acordo celebrado pelas partes e referendado pelo Ministério Público), dispositivo esse que foi literalmente repetido no art. 57, parágrafo único, da Lei 9.099/1995. Tratava-se de dispositivo heterotopicamente inserido na lei reguladora dos Juizados Especiais, sendo certo porém que os acordos de que tratava o art. 55 da Lei dos Juizados de Pequenas Causas (revogado) e de que trata o art. 57 da atual Lei dos Juizados Especiais não estão limitados à competência (por matéria ou por valor) dos Juizados. A inserção no CPC/1973 do título executivo extrajudicial em questão serviu apenas para espancar qualquer dúvida que eventualmente pudesse ser levantada a tal respeito. O legislador de 2015, portanto, cingiu-se a repetir a disposição legal no inciso IV do art. 784 que comento.

Não há solenidade especial para referendar o acordo: o órgão do Ministério Público deverá simplesmente assinar o respectivo instrumento, nada impedindo seja o próprio promotor a redigir suas cláusulas no desempenho de sua função. E com relação ao conteúdo do acordo, não há limitação alguma, podendo a transação versar sobre obrigação de fazer, não fazer, entregar coisa certa, incerta, ou quantia.

Relativamente ao Defensor Público e à Advocacia Pública (órgãos estatais), nada de especial existe a relatar, sendo aplicáveis as mesmas regras concernentes ao Ministério Público.

Mais interessante será tratar da posição dos advogados dos transatores ao referendarem acordos de seus respectivos clientes, pois dois problemas surgem de imediato: (a) seria necessária a exibição da procuração? e (b) poderia o acordo ser referendado por um único advogado? O primeiro problema levantado deve ser resol-

Art. 784

vido, a meu aviso, tendo em mira o escopo de simplificação almejado pelo legislador, já que, se fosse mesmo necessária a exibição da procuração dos advogados dos transatores, o dispositivo legal teria tido a preocupação de tornar expressa a exigência, de sorte que o tipo identificado no inciso IV do art. 784 incluiria não apenas o *referendum* dos advogados, mas também as procurações a eles outorgadas. Não parece, porém, ter sido esse o intuito do legislador, porquanto presume-se que o advogado do transator tenha poderes para referendar o acordo (e tais poderes podem ser conferidos verbalmente, como ocorre no § 3º do art. 9º da Lei 9.099/1995), sendo certo que não pode ser invocado aqui o art. 105 do CPC, eis que o advogado não estará *representando* a parte numa transação judicial (para o que precisa de poderes expressos, "para o foro em geral"), mas estará apenas ratificando acordo extrajudicial feito diretamente por seu cliente. Eventual questão ligada a falha no *referendum* é de ser dirimida em ação de embargos do devedor, onde o executado poderá provar que o acordo teria sido ratificado por quem não estaria autorizado a fazê-lo, surgindo aí, eventualmente, a necessidade de provar-se a extensão dos poderes conferidos ao advogado. Quanto ao segundo problema suscitado, entendo que embora a lei refira-se a *advogados dos transatores*, dando a entender que cada um dos acordantes tenha seu próprio advogado, nada impede que ambos nomeiem o mesmo advogado para referendar a transação. É verdade que se uma parte estiver representada por advogado e a outra não, o *referendum* não será válido, eis que haverá chancela apenas do advogado de uma das partes, o que não quadra com o tipo fixado na lei; mas se ambas nomearem o mesmo advogado, nada de irregular haverá, sendo certo que muitas vezes um único advogado representa até mesmo no processo interesses de partes distintas, como ocorre na separação consensual, na conversão de separação em divórcio, no pedido direto de divórcio e no pleito de homologação de acordo extrajudicial (art. 57 da Lei 9.099/1995), entre tantas outras hipóteses.

Por fim, o dispositivo lembra que é título executivo extrajudicial o documento particular referenciado pelo conciliador ou pelo mediador, desde que estes sejam credenciados por tribunal (vide art. 167 CPC). A Lei de Mediação (Lei 13.140/2015) prevê, em seu art. 20, parágrafo único, que o "termo final de mediação", na hipótese de ser atingido acordo pelas partes em litígio, constitui título executivo extrajudicial, apontando então o legislador que é mera faculdade das partes requerer sua homologação pelo juiz da causa (se pleitearem a homologação, formar-se-á título executivo judicial). O CPC, porém, trata do tema de forma diversa, pois o art. 334, § 11, determina que obtida a composição (na audiência de conciliação ou de mediação), esta "será reduzida a termo e homologada por sentença". Há, portanto, claro confronto entre a disposição *facultativa* da Lei de Mediação (a composição *poderá*, se as partes quiserem, ser homologada por sentença) e a dicção peremptória do CPC (a autocomposição *será* homologada). Prevalece, a meu ver, a fórmula facultativa prevista na *lei especial* (Lei de Mediação).

13. Contrato garantido por hipoteca

A parte inicial do quinto inciso do art. 784 do CPC relaciona três formas de garantia real da dívida: hipoteca, penhor e anticrese.

A hipoteca sujeita certo imóvel ao pagamento de uma dívida, sem transferência da posse do bem gravado ao credor. Pode ser, quanto ao objeto sobre o qual recai o ônus, comum ou especial A hipoteca especial é aquela que incide sobre determinados bens, como navios, estradas de ferro e aeronaves, enquanto a comum recai sobre outros imóveis em geral. Quanto ao modo de sua constituição, pode a hipoteca ser convencional, legal ou judicial. A hipoteca convencional constitui-se por meio de um contrato bilateral, consensual e solene; a legal é imposta para garantia de determinadas obrigações que, pela sua natureza ou por força da condição das pessoas envolvidas, merecem proteção específica (CC, art. 1.489); a judicial, por fim, resulta de sentença condenatória, conferindo ao vencedor o direito de submeter à garantia real bens do devedor que servirão para futura satisfação do crédito em execução de sentença.

Para efeito do estudo dos títulos executivos extrajudiciais, interessa enfocar a hipoteca consensual – já que é apenas essa a tratada no inciso V do art. 784 mencionado.

Antes da reforma aportada ao CPC/1973 pela Lei 11.382/2006, eram arrolados como títulos executivos extrajudiciais os contratos de hipoteca, de penhor e de anticrese; após a reforma, o legislador relaciona como títulos executivos os contratos *garantidos* por hipoteca, penhor e anticrese. Aquela alteração, que num primeiro momento parecia apenas redacional, produz consequências importantes (replicadas pelo legislador de 2015), a começar pela legitimidade passiva para a execução: se a garantia real for prestada por terceiro, quem será o executado, o terceiro hipotecante e/ou o devedor? Antes da reforma do CPC/1973, a dúvida consistia em saber se a demanda executiva poderia ser promovida *apenas* em face do terceiro garantidor ou se deveria ser acionado somente o devedor principal, penhorando-se – num caso ou noutro – o imóvel do terceiro garantidor. Além disso, o texto original do Código revogado gerou muita confusão em relação ao litisconsórcio passivo (devedor e terceiro garantidor), que alguns entenderam necessário. A legitimidade passiva do dador da hipoteca (terceiro garantidor) era, a meu ver, notória e não poderia ser excluída, sob pena de distorção da própria garantia real prestada. Explico: o terceiro garantidor – responsável pela dívida (não há *obrigação*, há *responsabilidade*) – teria sua esfera de direitos afetada (perda do bem objeto da garantia por expropriação) se o pleito do credor, autor da execução, fosse atendido. Razoável, portanto, que o terceiro garantidor quisesse controlar os atos do processo expropriatório, bem como embargar a execução se fosse o caso. Assim, a escolha tática do autor no sentido de promover a execução hipotecária somente em face do terceiro hipotecante teria como consequência a fixação de balizas intransponíveis, pois sua responsabilidade estaria limitada ao que viesse a ser angariado com a expropriação do bem levado à hasta pública. Havendo saldo credor, somente em face do devedor (no sentido próprio da expressão) poderia ele ser pleiteado. E a via executiva estaria aberta em face desse devedor (o obrigado) desde que houvesse título executivo (e a própria escritura pública de hipoteca poderia servir de título executivo em face do devedor que lá confessasse a existência do débito). Por força dessa limitação, o credor possivelmente promoveria execução hipotecária em face do devedor (obrigado principal) e em face do terceiro garantidor hipotecante (responsável), em litisconsórcio passivo facultativo. Se o bem hipotecado fosse insuficiente para pagamento do débito, prosseguiria a execução apenas em face do devedor propriamente dito.

Teria havido alteração neste estado de coisas depois da edição da Lei 11.382/2006 (cuja redação, neste ponto, foi reproduzida pelo atual CPC)? Em certa medida, é preciso reconhecer que sim. O título executivo apontado no inciso V do art. 784 não é o *contrato de hipoteca*, mas sim o contrato principal (o *contrato garantido por hipoteca*); a literalidade do dispositivo levaria a concluir que, sendo título executivo o contrato (firmado por credor e devedor, no sentido material destes dois vocábulos) apenas entre eles dois (credor e devedor) se passaria a relação jurídica processual, de modo que o responsável (terceiro garantidor, outorgante da garantia hipotecária) não seria réu no processo de execução, sujeitando-se apenas aos atos executivos, acerca dos quais seria, quando muito, intimado. Esta é a interpretação que uma primeira leitura do art. 835, § 3º, do CPC poderia sugerir, já que tal dispositivo legal determina a intimação do terceiro (se a coisa dada em garantia pertencer a ele, terceiro) da penhora. Se esta interpretação conjunta do inc. V do art. 784 e do § 3º do art. 835 estivesse correta, o terceiro garantidor teria sido alijado do processo de execução, arranhando-se a garantia do devido processo legal. Considerando-se que o terceiro garantidor sofrerá o impacto direto das medidas expropriatórias, não tem sentido algum simplesmente intimá-lo da penhora, sendo *imprescindível* sua citação para integrar o polo passivo na execução, ocasião em que poderá controlar a atividade de expropriação, propondo no prazo legal ação de embargos do devedor.

Concluo, portanto, que sendo a garantia hipotecária prestada por terceiro, deverão integrar o polo passivo (se o exequente quiser excutir a garantia real) tanto o devedor (signatário do contrato executado) quanto o responsável (terceiro outorgante da garantia hipotecária), dando-se ao garantidor, inclusive, a possibilidade de evitar a constrição do imóvel hipotecado, com o pagamento, no prazo legal, do valor total do débito (CPC, art. 829).

Outro tema relativo à hipoteca consensual diz respeito à necessidade de registro imobiliário. Em outras palavras: pode ser promovida execução com amparo em garantia hipotecária não registrada no cartório do lugar do imóvel? A resposta só pode ser positiva, eis que a anotação registraria não é condição de validade da hipoteca, mas sim de sua eficácia *erga omnes*. Sem a inscrição, a hipoteca fica desprovida de sequela, mas o credor poderá promover demanda executiva, fazendo recair a penhora sobre o bem imóvel.

14. Penhor

Penhor é o direito real de garantia consistente na transferência efetiva da posse que o devedor (ou alguém por ele) faz ao credor de um objeto móvel suscetível de alienação.

A garantia pignoratícia pode resultar da lei ou do contrato. Para proteção de certos credores, outorga-lhes a lei garantia sobre determinados bens até o valor da dívida, como ocorre com os hospedeiros sobre bagagens dos hóspedes ou do dono do prédio rústico sobre os móveis do rendeiro pelas rendas devidas (CC, art. 1.467); essa espécie de penhor constitui-se mediante requerimento do credor ao juiz para que o homologue, sem possibilidade de promover o credor imediatamente demanda executiva. Em outros termos, homologado o penhor, deverá o credor promover demanda de conhecimento condenatória, apurar seu crédito e, após, requerer o cumprimento da *sentença condenatória*, penhorando os bens apenhados. *Executa-se*, bem se vê, a sentença condenatória, não o penhor. Já quanto ao penhor convencional, mais comum, existe estipulação entre credor e devedor (ou entre esses e o terceiro garantidor), por meio de instrumento particular ou público, para a outorga da garantia.

Interessa aqui, portanto, tratar apenas do penhor convencional. E uma questão que comumente assombra os credores exequentes diz respeito à entrega pelo devedor ao credor do bem dado em garantia: por definição, a tradição real do bem empenhado ao credor seria indispensável para sua constituição, de modo que não se poderia dar por constituída a garantia se o bem fosse depositado em mãos do próprio devedor (a exceção fica por conta do penhor rural, industrial, mercantil e de veículos, nos termos do parágrafo único do art. 1.431 do CC).

Para obviar a proibição legal de depositar o bem em mãos do próprio devedor, o credor pignoratício, tratando-se de devedor pessoa jurídica, faz usualmente nomear depositário o diretor, o gerente, ou o sócio do devedor, evitando assim a remoção dos bens dados em garantia do estabelecimento do devedor e os gastos com o depósito. Para melhor ornar a ficção, chega o credor a celebrar com o devedor contrato de comodato de certo espaço dentro do estabelecimento do devedor onde – sempre por ficção – ficariam guardados os bens apenhados, sob a suposta fiscalização diuturna do diretor depositário. Esse mecanismo, por óbvio, não convence ninguém. O fato é que, com ou sem a farsa descrita, não existe tradição alguma, e é preciso ver como os tribunais tratam tal simulação.

Sendo o penhor *mercantil*, a jurisprudência tendia a endossar a possibilidade da tradição ficta do bem empenhado, possibilidade que, com o advento do Código Civil, foi estendida para o penhor rural, industrial e de veículos. O STF repetiu exaustivamente que, "uma vez celebrado o penhor mercantil e nomeado depositário para os bens respectivos, a aceitação do encargo faz presumir a tradição dos objetos dados em garantia e a falta de sua entrega caracterizará a infidelidade do depositário, que assim fica sujeito às sanções previstas" (*RT* 476, p. 235).

Orientou-se o STF pela aceitação, portanto, da tradição ficta ou simbólica, por força do já revogado art. 274 do Código Comercial. Mas no STJ, mesmo sem desautorização da interpretação da Corte Constitucional, fez-se restrição importante, no sentido de que a tradição simbólica, admitida no penhor mercantil, apenas seria permitida entre o credor e o devedor pignoratício, não sendo autorizada em relação a terceiro, de sorte que, quanto a esse, sem efetiva tradição, não se há de falar em depósito e em depositário infiel, sob pena de premiar-se a simulação (REsp 11.507/PR, 4ª Turma, v.u., Rel. Min. Sálvio de Figueiredo Teixeira, *DJU* 22.06.1992, p. 9.763).

De uma forma ou de outra, ainda que com certa hesitação, os tribunais cristalizaram o entendimento de que a tradição ficta é válida e não desconfigura o penhor mercantil.

Outro ponto que pode comprometer a validade do penhor diz respeito ao seu objeto. Se forem empenhados bens consumíveis, estará afetada a validade do contrato e prejudicada sua exequibilidade?

Os bens entregues pelo devedor (ou por terceiro garantidor) ao credor (ou alguém por ele apontado) devem ser guardados para devolução ao seu legítimo proprietário após o pagamento da dívida ou para que sejam, no momento oportuno, apresentados para sobre eles recair a penhora no processo de execução. Significa isso que os bens não podem ser consumidos, pois o depositário não assume a função de controlar estoques para devolver, a tempo e hora, bens de igual qualidade e em igual quantidade, mas – isso sim – assume o encargo de guardar o bem e zelar pela sua incolumidade. Entregar como garantia bens consumíveis (bens componentes do estoque, matérias-primas) é, de certo modo, descaracterizar o depósito que completa o contrato de penhor. A questão é saber se essa eventual irregularidade, que pode impedir a ação de depósito, compromete a exequibilidade do penhor. E, nesse sentido estrito, a resposta é negativa: ainda que os bens dados em garantia não sejam encontrados, não se impedirá o exequente de, promovendo a demanda amparada no contrato em questão, penhorar outros bens que encontrar no patrimônio do devedor e que sejam suficientes para o pagamento do débito.

15. Anticrese

Anticrese é o direito real sobre imóvel alheio por meio do qual o credor obtém a posse do bem imóvel a fim de perceber-lhe frutos e imputá-los no pagamento da dívida, juros e capital. Institui-se a anticrese por contrato, celebrado necessariamente por escritura pública, que se concretiza com a entrega do imóvel ao credor, que fica autorizado a retê-lo, percebendo-lhe os frutos e rendimentos, até que o total recebido seja suficiente para o pagamento do débito. Do contrato deve constar o total da dívida, o prazo para seu pagamento, a taxa de juros e as especificações do imóvel dado em garantia. O direito real, oponível a terceiros, nasce com o registro imobiliário (art. 167, I, 11, da Lei de Registros Públicos).

Ao contrário da hipoteca, que permite ao devedor manter a posse do bem gravado, na anticrese o credor terá a posse do imóvel, para gozar e receber seus frutos e rendimentos, podendo usar o bem direta ou indiretamente, arrendando-o a terceiro (salvo pacto em contrário). Dos direitos do anticresista, certamente o mais importante é o de retenção, pois enquanto a dívida não for saldada, poderá ele reter a coisa. Note-se, porém, que a principal característica do instituto é causa também de sua ruína: ao contrário da hipoteca e do penhor, que permitem a excussão da coisa gravada, o credor anticrético, ao promover demanda executiva pelo não pagamento da dívida, perde a preferência sobre o preço apurado (CC, art. 1.509, § 1º).

Mesmo tendo o legislador mantido no Código Civil (arts. 1.506 a 1.510) a disciplina da anticrese, a execução anticrética continuou a ser de raríssima ocorrência, dada sua escassa praticidade, já que, se o credor não conseguir fazer frutificar a coisa (suponha-se imóvel improdutivo que não encontre arrendatário ou locatário) e o devedor não saldar a dívida, poderá o anticresista promover ação executiva, onde penhorará o próprio imóvel gravado para liquidação do débito. A partir de então, desaparece o direito real, passando o exequente a comportar-se como credor quirografário, participando em eventual concurso de credores (CPC, art. 908) para fazer prevalecer seu eventual direito de prelação (anterioridade na penhora) e não preferência.

16. Caução

A caução é usualmente definida como a segurança concedida a alguém para garantia contra eventuais danos futuros decorrentes de ato praticado ou que venha a se realizar, podendo ser real (com oferecimento de bens cujo valor garanta a reparação do dano) ou pessoal (indicação de pessoa economicamente idônea que assuma expressamente a responsabilidade de reparar eventual dano). A caução real é também denominada pignoratícia (e abrange, portanto, o penhor propriamente dito, a hipoteca e a anticrese), enquanto a caução pessoal é conhecida como fidejussória (por meio dela o garantidor empenha sua palavra, no sentido de reparar o eventual dano, cumprindo a obrigação na hipótese de o devedor não o fazer).

A caução pode ser voluntária, legal ou judicial. A voluntária é a única referida no art. 784, V (trata-se do contrato de caução); a legal deriva de uma obrigação principal imposta por lei; a judicial é determinada pelo juiz para garantir uma obrigação derivada do processo. Somente a caução contratual, voluntária, comporta execução; as demais servem apenas como medidas acautelatórias dos interesses do garantido.

No inciso V do art. 784 não estabelece o legislador qualquer formalidade especial para a caução em geral (e para a fiança em especial). Em consequência, preenchidos os requisitos de validade do contrato, permite-se o manejo do processo executivo. Isso revela uma distinção fundamental relativamente ao que está previsto no inciso III, já que nesse dispositivo, além dos requisitos de validade preconizados pela lei civil, exigiu o legislador processual, se o instrumento for particular, seja ele assinado por duas testemunhas, sob pena de não se caracterizar o título executivo. Já ficou clara a diferença fundamental entre a *validade* de um contrato e a *constituição de um título* (uma confissão de

Art. 784

dívida assinada apenas pelas partes é válida e obriga os signatários, mas não caracteriza título executivo extrajudicial); consequentemente, não existe necessidade de preconizar, para o contrato garantido por fiança (quando o contrato for celebrado por instrumento particular), a assinatura de testemunhas para que se caracterize título executivo extrajudicial.

Sublinho que o dispositivo sob exame declara ser título executivo o *contrato garantido por caução*, não o *contrato de caução*. A sequela prática da distinção é que um instrumento de contrato não firmado por duas testemunhas não constitui título executivo (CPC, art. 784, III); mas se este mesmo contrato for garantido por caução (fiança), o instrumento tem reconhecida sua eficácia executiva tanto contra o devedor principal quanto contra o garantidor (fiador). Note-se que tal conclusão se extrai do texto, que qualifica o documento (contrato garantido por caução) como título, não restringindo a lei processual o direcionamento da execução (contra o garantidor, apenas, ou contra este e/ou contra o devedor principal).

17. Contrato de seguro de vida em caso se morte

O CPC/1973 incluía, em sua versão original, como título executivo extrajudicial, o seguro em geral, permitindo com isso ao segurado, que encontrasse resistência da companhia seguradora para o pagamento das importâncias seguradas, o imediato manejo da demanda executiva. O mecanismo engendrado pelo legislador de então – que autorizava, por exemplo, o titular de um seguro de acidente de veículos a promover demanda executiva em face da seguradora se não fosse reembolsado de valores despendidos nas hipóteses descritas na apólice – não chegou a ser experimentado, pois antes mesmo de iniciar a vigência do CPC/1973, a Lei 5.925/1973 retificou o texto legal, para restringir a execução apenas se o seguro fosse de vida ou de acidentes pessoais de que resultasse morte ou incapacidade. O texto retificado, embora não fosse ideal do ponto de vista técnico, pelo menos mostrava uma harmonização de valores que se digladiavam: de um lado, posicionavam-se os segurados, cujos direitos haveriam de ser protegidos; de outro, as seguradoras, que não poderiam ficar à mercê de seus clientes. A solução encontrada tutelou de modo rápido os direitos mais urgentes, privilegiando o legislador aqueles que, por morte do segurado, contam com a verba contratada para seu sustento, bem como aqueles que, incapacitados, necessitavam do valor do seguro para prover sua subsistência. Para esses, portanto, abria o legislador as portas da execução; para os demais, negou a via executiva, submetendo-os às vicissitudes do processo de conhecimento. De qualquer forma, do ponto de vista técnico, arrolar o contrato de seguro, seja qual for sua modalidade, entre os títulos executivos, não era uma boa alternativa; justificava-se a escolha do legislador, portanto, apenas sob o ângulo social.

O seguro de acidentes pessoais, de que resultasse incapacidade, deixou de ser título executivo extrajudicial em 2006, mercê da alteração aportada ao CPC/1973 pela Lei 11.382/2006. Percebeu o legislador que a necessidade de provar o grau de incapacidade – fonte permanente de disputa entre segurado e seguradora – impedia que se formasse o grau de certeza, liquidez e exigibilidade da obrigação que autorizam a dispensa do processo de conhecimento.

O CPC manteve como título executivo extrajudicial apenas o seguro de vida, cuja obrigação (de pagamento ao beneficiário) está condicionada à morte do segurado. Assim, o título executivo – apólice – deverá ser acompanhado apenas da certidão de óbito. Com tais documentos, tem o autor acesso à execução.

Os problemas que surgirão no manejo da execução estão substancialmente voltados à legitimidade para o recebimento do seguro. Se na própria apólice constar o nome do beneficiário e esse promover a demanda, a questão estará solucionada; se não for assim, o magistrado estará diante de eventuais disputas, que impedirão o manejo adequado do processo executivo. Havendo dúvida sobre o beneficiário (ou instaurando-se disputa a respeito), nada impedirá o juiz de extinguir o processo executivo, remetendo as partes às vias ordinárias, onde será definido a quem toca o direito de receber a indenização securitária. A ação executiva, portanto, não se prestará para resolver questões sucessórias, muito menos para regular direitos decorrentes de convivência (*more uxoria* ou de outra espécie).

18. Foro e laudêmio

O Código Civil proibiu a constituição de novas enfiteuses (art. 2.038), subordinando-se as existentes (até sua extinção) às disposições do Código Civil anterior, que estabelecia dar-se a enfiteuse (art. 678 do antigo CC) quando, por ato entre vivos ou de última vontade, o proprietário atribui a outrem (em caráter perpétuo – art. 679 do mesmo Código) o domínio útil do imóvel, pagando a pessoa que o adquire (enfiteuta) ao senhorio direto (proprietário do bem imóvel) uma pensão anual (também denominada foro) certa e invariável.

Decorre assim do vetusto contrato de enfiteuse uma relação jurídica que liga o senhorio direto ao enfiteuta, segundo a qual aquele autoriza esse último a usar, gozar e dispor da coisa com algumas restrições, mediante o pagamento de uma pensão anual (o foro). A enfiteuse – dizia a doutrina – era o mais amplo direito real sobre coisa imóvel alheia que se poderia estabelecer, já que, por meio dela, tiravam-se da coisa todas as suas utilidades e vantagens.

O foro – retribuição anual que o enfiteuta deve pagar ao senhorio direto anualmente – é renda invariável, cuja liquidez, certeza e exigibilidade não causam maior preocupação, constando todos os elementos necessários à execução no próprio contrato instituidor da enfiteuse. O laudêmio – compensação devida ao senhorio direto que não usa o direito de opção para adquirir o domínio útil que o enfiteuta pretende alienar onerosamente – será calculado sobre o preço de alienação, devendo o exequente apresentar, juntamente com o contrato de enfiteuse (onde constará o percentual a ser aplicado sobre o valor da venda) a prova da alienação (escritura pública). O executado – tanto num caso, como no outro – será o enfiteuta; mas quanto ao laudêmio, poderá o adquirente ser executado se tiver assumido a obrigação pelo pagamento respectivo.

19. Crédito decorrente de aluguel de imóvel e encargos

Antes da reforma imposta pela Lei 11.382/2006, o legislador (CPC/1973, art. 585, V) referia-se apenas aos créditos relativos a aluguéis e encargo de condomínio, e não a créditos decorrentes do contrato de locação. Por conta da dicção legal, soava desautorizada a doutrina e a jurisprudência que, por extensão, entendia que também comportavam execução do locador em face do locatário créditos decorrentes de despesas com água, luz, gás etc. Depois da reforma de 2006, com a alteração redacional do dispositivo legal do Código anterior (que o CPC atual manteve integralmente no inc. VIII do art. 784),

os *encargos acessórios* da locação também são créditos que comportam execução, passando as taxas e despesas de condomínio a figurar mero exemplo (não limitativo) das opções do credor.

Os créditos decorrentes de locação, ainda que documentalmente comprovados, tendem de qualquer modo a criar uma ampla gama de problemas, seja relativamente à liquidez da verba locatícia (o Estado intervém com frequência nesses contratos, modificando índices e períodos de reajuste), seja relativamente ao valor atual dos aluguéis (eventuais reajustes estipulados pelos contratantes muitas vezes não constam de aditamentos contratuais ou de missivas trocadas entre locador e locatário).

Assim, o primeiro problema relativo à execução de verbas locatícias diz respeito exatamente ao *valor do aluguel*. Esperar que contratos antigos sejam atualizados por escrito, em especial quando as partes começam a entrar em atrito, é ignorar o que se passa na sociedade. Em geral, os reajustes acima dos índices legais acabam sendo convencionados verbalmente, passando o locatário a fazer os pagamentos segundo os novos valores acordados, fornecendo o locador os respectivos recibos (isso quando os pagamentos não são feitos por meio de simples depósito bancário). Sendo necessário promover a execução, caberá ao exequente demonstrar o valor dos aluguéis, ainda que esses não possam ser deduzidos diretamente do que consta do contrato celebrado entre as partes. Da mesma forma, se os valores do aluguel forem variáveis (percentuais sobre faturamento, como é comum nos *Shopping Centers*), deve-se admitir – sempre tendo em conta a distorção provocada pelo próprio legislador – a demonstração de valores com a juntada aos autos de recibos, cartas, extratos ou outros registros, o que está de acordo com os parâmetros do inciso VIII ("crédito documentalmente comprovado"). O limite que há de ser imposto ao exequente é o da prova pré-constituída: se houver necessidade de produzir prova constituenda para apuração do valor do aluguel, torna-se impossível a execução, devendo nesse caso socorrer-se o locador do processo de conhecimento condenatório.

Também não apresenta obstáculo ao exequente o fato de o contrato de locação estar vencido (e, portanto, prorrogado por prazo indeterminado). Mesmo o contrato vencido preenche o singelo requisito legal de que o crédito locatício esteja documentalmente comprovado, e isso é

Art. 784

o quanto basta para permitir o ajuizamento de demanda executiva.

Quanto aos sublocadores, preencherão eles, de igual modo, a exigência legal se demonstrarem documentalmente a existência de sublocação. Basta isso para abrir-lhes também as portas do processo executivo.

Por fim, permite o legislador que, pela via executiva, o locador promova demanda em face do locatário para dele haver os encargos acessórios da locação, entre eles as taxas e despesas de condomínio que porventura o inquilino deixe de quitar.

20. Certidão de dívida ativa

A dívida ativa fiscal engloba todas as receitas da Fazenda Pública, de natureza tributária ou não, incluindo correção monetária, juros, multa de mora e demais encargos previstos na lei ou no contrato. Assim expressa-se o art. 2º da Lei 6.830/1980 que regula de modo integral a cobrança da dívida ativa da Fazenda Pública (União, Estados, Distrito Federal, municípios e respectivas autarquias), aplicando-se apenas subsidiariamente o CPC.

Para ingressar com a ação executiva, deve a Fazenda apresentar a certidão da inscrição da dívida ativa, que conterá os requisitos do art. 2º, § 5º, da Lei 6.830/1980, sob pena de nulidade da inscrição (e consequentemente, do processo de cobrança dela decorrente).

Considerando-se que a execução fiscal é disciplinada por legislação extravagante, os temas relativos à certidão de dívida ativa não dizem mais respeito ao CPC, devendo o intérprete procurar na lei especial a solução dos problemas gerados pelo título em questão.

21. Créditos do condomínio em face do condômino

Com o objetivo de encerrar antiga polêmica sobre a possibilidade de executar-se o condômino por verba condominial (desde que regulada na convenção de condomínio ou aprovada na respectiva assembleia geral), o CPC idealizou o inciso X do art. 784.

Antes da reforma aportada ao CPC/1973 pela Lei 11.382/2006, o art. 585, V daquele diploma referia-se apenas a "encargo de condomínio", o que levou não poucos estudiosos do processo a emprestarem seu apoio à ideia de que o título executivo caracterizado pelo crédito de verbas condominiais não se referiria somente àquele decorrente de avença contratual (locatícia), mas também poderia ser caracterizado nas relações entre condômino e condomínio. O *contrato escrito* a que aludia o art. 585, V, do CPC/1973, seria, para os defensores desta corrente, o orçamento aprovado pela assembleia geral de condôminos, nos termos da convenção condominial, de modo que o encargo de condomínio exigível pelas vias executivas poderia também ser aquele decorrente das despesas comuns dos edifícios submetidos ao regime da propriedade horizontal, abrangendo as despesas realizadas no interesse de toda a comunhão. Em reforço desse raciocínio, invocavam o art. 12, § 2º, da Lei 4.591/1964, que atesta caber ao síndico "arrecadar as contribuições competindo-lhe promover, por via executiva, a cobrança judicial das quotas atrasadas".

O STJ produziu algumas decisões acompanhando a posição daqueles que pretendiam distender o título executivo ora tratado ao afirmar que "as atas de assembleias e as convenções condominiais" constituíam títulos executivos extrajudiciais, sendo cabível a via executiva (ver, por todos, acórdão relatado pelo Min. Carlos Alberto Menezes Direito no AGA 216816/DF – agravo regimental no agravo de instrumento 1998/0094388-9, *DJ* 31.5.1999, p. 149).

A inserção agora operada, de qualquer modo, encerra qualquer debate sobre o tema, na medida em que não será mais necessário forçar a interpretação do dispositivo legal para inserir as verbas condominiais no inciso que claramente se refere (hoje) e se referia (no regime anterior) a relação locatícia.

22. Certidão de serventia ou registro

Emolumentos são a contraprestação pecuniária devida a notários e registradores em virtude do serviço público que exercem.

Curvou-se o legislador de 2015 ao forte *lobby* cartorário ainda predominante no Brasil, para criar um título executivo que favorecesse tabeliães e registradores.

Com efeito, cria-se a favor dos tabeliães de notas e dos tabeliães de protesto de títulos e documentos, bem como dos registradores civis, de títulos e documentos e imobiliários, uma fórmula rápida de permitir-se a estes auxiliares do foro extrajudicial de cobrar suas despesas e emolumentos, desde que lançados de acordo com as tabelas aprovadas em lei.

Dificilmente estes serviços notariais são prestados antes do recolhimento dos emolumentos e despesas (normalmente a prática do ato está condicionada ao prévio pagamento), exceptuadas as hipóteses de gratuidade. Não parece, portanto, que o novo título executivo será muito utilizado (e, pior ainda, não parece que precisasse ser criado).

23. Demais títulos com força executiva

A extensa e eclética lista do art. 784 do CPC não é exaustiva: pode a lei criar outros títulos além daqueles predispostos pelo legislador.

Utilizando-se dessa prerrogativa, o legislador foi pródigo na criação de múltiplos títulos executivos, enfraquecendo ainda mais a já precária harmonia tentada no art. 784. Assim, são títulos executivos extrajudiciais, entre muitos outros, a cédula hipotecária, a cédula de crédito rural, a cédula e a nota de crédito à exportação, a cédula e a nota de crédito comercial, o certificado de recebíveis imobiliários, a cédula de crédito bancário, o contrato escrito de honorários advocatícios e os honorários dos árbitros (quando estipulados no compromisso arbitral).

24. Ações relativas ao débito constante do título executivo

Com o fito de espancar eventual dúvida, o legislador esclarece que a execução não ficará inibida se houver qualquer demanda relativa ao débito constante no título executivo. Em termos mais amplos, o eventual ataque encetado pelo devedor relativamente ao título executivo não impedirá a propositura da execução, não podendo alegar o executado que qualquer medida executiva dependeria da solução do processo de conhecimento em curso. Nada impede, porém, que o devedor obtenha, em sede cautelar ou antecipatória de tutela, medida que impeça o credor de promover desde logo execução. A hipótese, bem se vê, é de todo excepcional, confirmando, portanto, a regra estabelecida no primeiro parágrafo do artigo enfocado.

25. Títulos executivos estrangeiros

Reverberando o disposto no art. 9º da Lei de Introdução às Normas do Direito Brasileiro, determina o § 3º do artigo sob foco, em última análise, que deve ser aplicada – para qualificar e reger as obrigações – a lei do país em que se constituírem. Assim, o título criado fora do Brasil deve seguir a forma preconizada no local de sua emissão, não exigindo qualquer ato de oficialização (homologação) para que possa encabeçar uma demanda executiva. Mas para que possa o título ter força executiva, exige o legislador (além do respeito da forma do local em que foi emitido) que aponte o Brasil como lugar de cumprimento da obrigação e que o documento (ou o crédito documentado) tenha força executiva no país de origem. Esta mesma força executiva é preservada e transferida para o foro brasileiro.

> **Art. 785.** A existência de título executivo extrajudicial não impede a parte de optar pelo processo de conhecimento, a fim de obter título executivo judicial.

▶ *Sem correspondência no CPC/1973*

1. Autonomia da vontade

Quem tem título executivo tem acesso ao processo de execução. A afirmação, que apenas atesta que os títulos executivos de algum modo espelham as condições da ação (entre elas o interesse de agir, especialmente no que se refere à adequação), poderia criar uma armadilha a quem possui título executivo extrajudicial. Explico: lida em sentido reverso, a decantada *adequação* poderia significar que o portador de um título executivo extrajudicial estaria *obrigado* a acessar o Poder Judiciário pela via da execução. Mas nem sempre a via executiva será a mais cômoda para o demandante.

Imagine-se a situação de um credor que, embora portador de título executivo extrajudicial, saiba desde logo que o devedor irá contestá-lo. Se houver mesmo alguma debilidade no título (vício formal, vinculação a uma obrigação cujo cumprimento seja dúbio, incerteza sobre valores), é possível que o seu portador prefira submeter-se desde logo à via da cognição, evitando que a procedência dos embargos do devedor o submeta – depois de anos de batalha – a iniciar nova e longa peregrinação cognitiva (ação condenatória).

O CPC abandona, portanto, um dos cânones do processo, que está ligado à celeridade (ou, para ser mais exato, à pretensa celeridade) das vias de acesso à ordem jurídica justa imaginadas pelo legislador (em termos políticos) para favorecer, antes de mais nada, o próprio Estado e secundariamente o credor. Afinal de contas, a técnica da execução – que dispensa o prévio pro-

Art. 786

CÓDIGO DE PROCESSO CIVIL INTERPRETADO

cesso de conhecimento condenatório – é método aceleratório de tutela que beneficia o credor, não sendo de esperar que este possa optar pela via mais longa. Como já se viu, porém, o que parece uma via mais curta pode transformar-se na antevisão da eternidade, de modo que não há nada melhor que deixar a critério da parte interessada a forma pela qual deseja acessar o Poder Judiciário e obter tutela, escolhendo os riscos que quer correr.

2. Outros fatores que podem influenciar a escolha do credor

Há outros motivos que podem influir na escolha do credor pela via cognitiva em detrimento do processo de execução.

Com efeito, há mecanismos mais céleres de obtenção de tutela do que o processo de execução. Basta pensar na antecipação de tutela para entender a racionalidade da escolha colocada nas mãos de quem tem título executivo. Uma medida liminar, cujo cumprimento pode ser determinado de forma rápida e criativa por juízes engajados, certamente concede tutela muito mais rápida do que aquela obtida com mecanismos de apreensão e expropriação, típicos do processo de execução, cuja velocidade deixa muito a desejar. E não é necessário lembrar que penhoras e apreensões de bens (processo de execução) não equivalem a tutela de direitos: aqueles são atos meramente instrutórios, que preparam a expropriação ou a futura entrega do bem ao credor (transformação do bem penhorado em dinheiro, nas obrigações de pagar quantia, e entrega do bem ao credor, nas obrigações de entrega de coisa). A satisfação, portanto, tarda e pode ser emperrada com a utilização de defesas (mais ou menos ardilosas) pelo devedor que quiser encarniçar-se contra o exequente, tornando a execução uma verdadeira *via crucis*.

De outra parte, vale lembrar que no processo de conhecimento o demandante poderá valer-se eventualmente de mecanismos de aceleração, como o da tutela de evidência (imagine-se a hipótese de apresentação de defesa pífia pelo réu), obtendo o credor, mais cedo ou mais tarde, um título executivo judicial cuja possibilidade de impugnação é bastante restrita.

Por último, vale lembrar que o CPC privilegia o acordo das partes, o que o levou a criar método novo de introdução da demanda, determinando que as partes sejam submetidas ao procedimento de mediação ou conciliação, conforme seja o caso. Também isso é um fator que (somado a outras circunstâncias) pode levar o credor a escolher a via do processo de conhecimento condenatório, apostando numa composição logo no início do processo.

Seção II
Da exigibilidade da obrigação

> **Art. 786.** A execução pode ser instaurada caso o devedor não satisfaça a obrigação certa, líquida e exigível consubstanciada em título executivo.
> **Parágrafo único.** A necessidade de simples operações aritméticas para apurar o crédito exequendo não retira a liquidez da obrigação constante do título.

▶ *Referência: CPC/1973 – Art. 580*

1. Inadimplemento do devedor

O interesse de agir para a execução, no que tange à necessidade da tutela jurisdicional, está ligado à falta de cumprimento espontâneo da obrigação. Com efeito, deixando o devedor (no sentido material do vocábulo) de cumprir a prestação a que se obrigou, franqueia-se ao credor (em sentido material) a possibilidade de pleitear tutela jurisdicional para a obtenção do bem da vida que lhe cabe.

Antes da reforma imposta pela Lei 11.382/2006 ao CPC/1973, teve o legislador o cuidado – didático – de explicar que o inadimplemento da obrigação (falta do cumprimento espontâneo do direito reconhecido na sentença ou falta de satisfação da obrigação a que a lei atribui eficácia de título executivo) abriria as portas da tutela executiva. Depois do advento daquela lei, a antiga redação do art. 580 do CPC/1973 acabou fundida com a dicção de outros dispositivos (arts. 581 e 586 do antigo Código) para expressar, de modo conciso, três ideias que estavam dispersas: a necessidade do credor de promover medidas executivas depende do inadimplemento do devedor; toda execução deve estar amparada em título executivo; e a obrigação refletida no título executivo deve ser líquida, certa e exigível.

O CPC atual incorporou a redação do art. 580 do CPC/1973, agregando-lhe um pa-

2. Vencimento antecipado da dívida e inadimplemento

Sem o vencimento da dívida não ocorre sua exigibilidade, não se podendo falar em inadimplemento. Situação que merece, porém, rápida lembrança, é aquela provocada pelo vencimento antecipado da dívida, e o tema afeta em especial os títulos executivos de que trata o art. 784, III (contratos de mútuo, confissões de dívida). É usual, em tais contratos, que conste cláusula que determine o vencimento antecipado de todo o débito na hipótese de não pagamento de alguma parcela periódica ou na eventualidade de descumprir-se alguma específica condição contratual. Tais cláusulas, por vezes, chegam às raias do exagero, prevendo que a eventualidade de propositura de demanda executiva por outro credor em face do devedor comum também possa levar ao vencimento antecipado do débito. Seja como for, ocorrido o evento que provoca o vencimento antecipado, torna-se desde logo exigível todo o débito, podendo o credor propor desde logo a demanda, produzindo prova imediata (pré-constituída) do fato caracterizador do vencimento antecipado. Não estará o credor obrigado a demonstrar os fatos negativos que levam à propositura da demanda (ausência de pagamento de alguma parcela contratual, falta de cumprimento de determinada obrigação), cabendo ao devedor, em embargos, provar que o vencimento antecipado não ocorreu; estará o credor, entretanto, obrigado a mostrar desde logo a ocorrência do fato que provocou contratualmente o vencimento antecipado da dívida (ajuizamento da demanda executiva em face do devedor comum, requerimento da falência do devedor, penhora de determinado bem, protesto de título contra o devedor comum, entre tantos outros exemplos corriqueiros de eventos que, *contratualmente*, podem levar ao vencimento antecipado da dívida).

Também é bastante usual que as parcelas devidas sejam representadas por título de crédito (notas promissórias), avalizadas por terceiro. Nessa hipótese, a cláusula de vencimento antecipado somente afetará as cambiais se essas tiverem vencimento a vista, pois caso a data de vencimento dos títulos esteja preenchida (mantendo nas cambiais as mesmas datas constantes no contrato), é certo que a cláusula de vencimento antecipado não acelerará o vencimento das notas promissórias que, apesar de vinculadas ao contrato, manterão sua relativa independência, valendo para elas a regra da autonomia e cartularidade.

3. *Nulla executio sine titulo*

Não há execução sem título: o legislador estabelece que a possibilidade de acesso à execução depende da caracterização de alguma daquelas situações taxativamente previstas na lei que permitam medidas de satisfação. Isso ocorrerá se já tiverem as partes se submetido ao processo de conhecimento condenatório ou a atividade equivalente (arbitragem, por exemplo), a critério do legislador (e o resultado será a formação de um *título executivo judicial*) ou se o documento (ou ato documentado) que refletir a existência de alguma obrigação revestir-se de forma prevista em lei (e/ou tiver o conteúdo especificado pelo legislador) de modo a caracterizar um *título executivo extrajudicial*.

Assim, o *título* passa a ser condição abstrata – e necessária – para o pleito executivo *lato sensu* (cumprimento de sentença ou ação de execução, conforme o caso). O fato de o autor ostentar um título executivo, entretanto, não o torna *credor*, mas apenas indica que a via adequada para a obtenção da tutela pretendida é a via executiva, sendo certo que poderá ficar demonstrado (pela via regular dos embargos à execução ou pelo atalho da exceção de pré-executividade) que o exequente nunca foi credor ou que já não tinha mais crédito algum à época da execução (o devedor já havia pago, ocorreu a prescrição, o crédito foi cedido etc.).

Uma rápida mirada na relação notoriamente heterogênea dos títulos executivos constantes no CPC não torna fácil esboçar um conceito aceitável que os englobe todos. Ainda assim, não erraria quem dissesse que títulos executivos são atos ou fatos jurídicos, dotados (por força de lei) de eficácia que possibilite desde logo tutela executiva (medidas de força, de invasão patrimonial), tendente a satisfazer a pretensão do credor.

4. Certeza, liquidez e exigibilidade da obrigação

O legislador, de forma pleonástica (vide art. 783 do CPC), repete a advertência de que a cobrança de crédito deve fundar-se *sempre* em

Art. 787

CÓDIGO DE PROCESSO CIVIL INTERPRETADO

título de obrigação certa, líquida e exigível. Trata-se de reafirmação dos atributos da obrigação (não do título, como constava na redação original do art. 586 do CPC/1973), valendo remeter o leitor ao que está dito nos comentários que fiz acima ao art. 783 do CPC.

5. Operação aritmética e liquidez

A jurisprudência que se formou ao longo das quatro décadas de vigência do CPC/1973 mitigou a ideia de que a necessidade de cálculos – ainda que complexos – retire a liquidez da obrigação.

Com efeito, já na década de 1990 os tribunais – capitaneados pelo STJ –reconheciam pacificamente que "[N]ão perde a liquidez a dívida cuja definição depende de cálculos aritméticos, para excluir parcelas já pagas ou incluir verbas acessórias, previstas na lei ou no contrato" (REsp 29.661, Min. Ruy Rosado de Aguiar, j. 30.05.1994).

A questão, porém, pode não estar de todo resolvida, na medida em que o legislador, no parágrafo único do art. 786 do CPC, refere-se a "*simples* operações aritméticas", o que pode levar algum incauto a imaginar que a liquidez não fica afetada apenas se o cálculo a ser efetuado não for complexo ou se todos os elementos de cálculo estivem estampados no próprio título. Não é assim.

O texto legal parece-me claro ao referir-se à aritmética, ou seja, à parte da matemática que investiga as propriedades elementares dos números, mostrando que se for necessário fazer contas e cálculos não haverá qualquer arranhão ao conceito de liquidez do crédito. E as contas – que por vezes serão bastante complexas, bastando pensar no cálculo de juros compostos – podem demandar índices e dados que não estão no título, mas são divulgados ao público e permitem conferência e aferição. Não há portanto qualquer dificuldade em reconhecer a liquidez de uma obrigação cujo cálculo dependa da aplicação de taxas financeiras divulgadas por instituições públicas ou privadas, índices divulgados por fundações ou entidades representativas de instituições financeiras, ou tabelas publicadas por entidades setoriais.

> **Art. 787.** Se o devedor não for obrigado a satisfazer sua prestação senão mediante a contraprestação do credor, este deverá provar

que a adimpliu ao requerer a execução, sob pena de extinção do processo.

Parágrafo único. O executado poderá exmir-se da obrigação, depositando em juízo a prestação ou a coisa, caso em que o juiz não permitirá que o credor a receba sem cumprir a contraprestação que lhe tocar.

> ▸ *Referência: CPC/1973 – Art. 582*

1. *Exceptio non adimpleti contractus*

Nos contratos bilaterais (sinalagmáticos, portanto) à prestação de uma parte corresponde a contraprestação da outra, de sorte que o credor também é devedor. Se o credor (*que é devedor*) não quer cumprir sua prestação, o devedor (*que é credor*) também pode legitimamente resistir ao cumprimento de sua parte na avença. O dispositivo legal, que pretende resolver o impasse (em conjunto com o art. 798, I, *d*, do CPC), nada mais significa que uma transposição, para o processo, de questão típica de contrato bilateral, tratada no Código Civil no art. 476.

Assim, se as partes convencionam o pagamento de certa importância depois da entrega de um bem, antes da prática deste último ato não poderá o outro contratante exigir a soma estipulada. Dessa forma, o credor, que tem obrigação a cumprir, demonstrará que já praticou o ato que lhe competia ou praticará o ato ao propor a demanda executiva (não há necessidade de consignar a prestação por meio da propositura de demanda antecedente ou preparatória). Imagine-se a hipótese aventada de entrega de bem: se a contraparte o receber, provará o credor que cumpriu sua parte na avença; se não houver a aceitação do bem, o exequente o colocará à disposição do juízo, lavrando-se, no âmbito do próprio processo de execução, o termo necessário.

O parágrafo único do art. 787 do CPC (tal qual seu antecessor, art. 582 do CPC/1973), porém, tem um tanto de teratologia, já que estabelece hipótese de prosseguimento da execução mesmo quando o credor não cumpre a prestação que lhe caberia. Talvez o legislador tenha sido pragmático, baseando-se no que usualmente ocorre na praxe forense (ou seja, o juiz manda citar o devedor, sem verificar com cuidado se há ou não prova do prévio cumprimento de alguma prestação por parte do credor); talvez o legislador tenha se preocupado em cobrir as hipóteses em que o juiz não tenha meios de saber com precisão a extensão da prestação devida pelo credor. Seja como for, prosseguindo o processo de execução (que deveria – ou poderia, segundo doutrina mais benevolente – ter sido extinto), abre-se ao executado a alternativa de requerer a prestação do credor mediante a promessa de cumprir, por sua vez, sua própria prestação ou então desde logo depositar em juízo a prestação ou a coisa. No primeiro caso (promessa do devedor de cumprir sua própria prestação), ou o exequente realiza a prestação e o executado fica sujeito à execução se não satisfizer desde logo a sua parte na avença, ou o exequente não realiza a prestação, e a execução ficará suspensa até seu cumprimento (deve nesse caso o juiz fixar prazo para o cumprimento da prestação, findo o qual o processo deverá ser extinto). No segundo caso (depósito), ou o exequente satisfaz sua prestação e recebe a coisa, ou ficará impedido de levantá-la.

Como se percebe, uma interpretação utilitária do art. 787 do CPC leva à amenização dos termos do art. 798, I, *d*, estabelecendo uma faculdade para o juiz (poderes discricionários do magistrado?) de, mesmo diante da falta de elementos para conferir o cumprimento da prestação pelo credor, levar adiante a execução, citando o devedor, para que esse, por meio do mecanismo descrito, possa de um modo ou de outro liberar-se de sua obrigação.

2. Prova do cumprimento da obrigação pelo exequente

O legislador não estabelece o momento ou a forma de o exequente demonstrar que cumpriu a obrigação fixada na sentença. A omissão levanta dúvida importante: quanto ao momento, deve o credor oferecer prova na inicial, sob pena de vê-la indeferida? O que dizer se a prova não for pré-constituída, e depender de atividade judicial (inspeção, constatação)? Seria necessária demanda antecedente para constituir prova?

A ausência de previsão legal deixa largo espaço para a praxe e para a construção jurisprudencial. Embora seja certo que o processo de execução não comporta hiato probatório, é também fato que o princípio da instrumentalidade deve atuar para evitar que o excesso de formalismo e apego a tabus e preconceitos dogmáticos atravanquem a sofrida caminhada do credor rumo à consecução do bem da vida. Assim, é razoável afirmar que, sendo pré-constituída a prova do cumprimento da obrigação

do exequente (pagamento de certa importância, devolução de determinado bem), espera-se que o recibo ou documento comprobatório pertinente acompanhe a inicial. Mas a ausência de tal documento – e sabendo-se que o juiz pode indeferir a inicial quando faltar documento essencial à propositura da demanda – não pode levar à extinção imediata do processo, aplicável à espécie o art. 321 do CPC. *Se* for apontada a existência de prova pré-constituída, *se* o exequente for intimado a juntar tal documento, *se* tal documento não for juntado aos autos, aí sim, será caso de indeferir a inicial.

Mas pode dar-se o caso de a prova do cumprimento da obrigação do exequente depender de atividade do juízo (inspeção, perícia, expedição de ofício). Nesse caso, nada impede que o exequente decline, em sua exordial, o motivo pelo qual não pode desde logo provar o cumprimento de sua prestação, requerendo ao juiz que, antes de terminar a citação do devedor para o cumprimento da obrigação, sejam tomadas as providências tendentes a obter as evidências que o convençam da legalidade da execução, tudo sem prejuízo de o executado, citado para o cumprimento da obrigação, poder, em sede de embargos, colocar em discussão as provas produzidas pelo credor.

> **Art. 788.** O credor não poderá iniciar a execução ou nela prosseguir se o devedor cumprir a obrigação, mas poderá recusar o recebimento da prestação se ela não corresponder ao direito ou à obrigação estabelecidos no título executivo, caso em que poderá requerer a execução forçada, ressalvado ao devedor o direito de embargá-la.

▶ *Referência: CPC/1973 – Art. 581*

1. Cumprimento da obrigação

A atividade invasiva do Estado somente se justifica na medida em que o devedor não cumpra sua obrigação representada por título executivo (judicial ou extrajudicial). O interesse do credor, portanto, somente subsiste enquanto houver resistência do devedor.

O dispositivo sob exame garante ao devedor cumprir, ainda que tardiamente, a obrigação representada no título executivo. Nessa hipótese, iniciada a execução – mas cumprida em seguida a obrigação pelo executado – cessarão os atos

Art. 789

executivos e extinguir-se-á o processo, com a satisfação do credor, sendo certo que o devedor – que deu causa ao processo – arcará com as despesas e custas processuais, bem como com os honorários do advogado do credor. Tais honorários serão fixados pelo juiz – como dispõe o art. 85, § 1º – mesmo que não haja resistência na execução.

Ainda que o cumprimento tardio da obrigação ocorra antes da citação do executado (mas depois da propositura da demanda), a situação não muda, pois o devedor terá dado causa à execução, que efetivamente será extinta, nos termos do art. 788, sem prejuízo do pagamento pelo executado de todas as verbas a que terá dado causa.

2. Recusa do recebimento da prestação

A liberação do devedor (quitação) somente ocorre com o exato cumprimento da obrigação. Consequentemente, se a prestação oferecida pelo devedor não for aquela apontada no título executivo, poderá o exequente recusá-la, iniciando a execução, sem prejuízo de o executado demonstrar que se dispôs, a tempo e hora, a cumprir a obrigação, sendo arbitrária a recusa do credor (e, portanto, ilegal a execução). Providos os embargos, com o reconhecimento de que o devedor propôs-se ao exato cumprimento da obrigação nos termos estabelecidos no título executivo, a execução será extinta, pois não poderia ter sido iniciada; as custas, despesas e honorários serão carreados ao exequente, não sendo descartada a possibilidade de reconhecer o magistrado espírito emulativo por parte do credor, a caracterizar o abuso do direito de demandar, com a aplicação das penas previstas no art. 81 do CPC.

CAPÍTULO V
DA RESPONSABILIDADE PATRIMONIAL

Art. 789. O devedor responde com todos os seus bens presentes e futuros para o cumprimento de suas obrigações, salvo as restrições estabelecidas em lei.

▶ *Referência: CPC/1973 – Art. 591*

1. Bens presentes e futuros

Estabelece o dispositivo sob enfoque a responsabilidade patrimonial do executado,

especificando o legislador quais bens respondem pela execução.

A fórmula empregada – *bens presentes e futuros* – deixa desde logo uma dúvida: qual é o marco inicial estipulado pelo legislador para que um bem seja considerado *presente*? Dito de outro modo, estão sujeitos à execução os bens que o devedor possuía no momento em que contraiu a dívida, no momento em que a dívida se tornou exigível, no momento em que foi ajuizada a execução ou no momento em que o executado foi citado? Essa cogitação é fundamental, na medida em que a solução desse primeiro problema será a chave para interpretar corretamente o art. 789.

Levando-se em consideração a jurisprudência dominante no STJ, é razoável entender que – regra geral – responde pela execução o patrimônio do devedor existente à época da citação, bem como todos os bens que vierem a ser adquiridos a partir de então (bens futuros). Citado o devedor para os termos da execução, seu patrimônio responderá (genericamente) pelo pagamento de seu débito; alienado bem que reduza a garantia patrimonial genérica, a ponto de impossibilitar o pagamento do débito, caracteriza-se procedimento fraudulento contra o próprio Estado (fraude de execução), verdadeiro ato atentatório à dignidade da Justiça, na medida em que ato de alienação prejudica não apenas o credor, que vê desfalcada sua garantia patrimonial (genérica), mas também o Estado, que pretende garantir a eficácia de sua própria atuação no plano do processo.

Tratando-se de cumprimento de sentença, o marco inicial que estabelece a vinculação do patrimônio do devedor à execução é marcado pela citação para os termos do processo de conhecimento condenatório. Assim, os bens que o réu detinha à época de sua citação para se defender na fase cognitiva do processo compõem o patrimônio ("bens presentes") que deve responder pela eventual condenação.

2. Restrições estabelecidas em lei

Para que a execução não se transforme em verdadeiro ato de vingança do credor em face do devedor, instituiu o legislador regras de cunho humanitário, que evitem humilhação do executado. Daí a recomendação do art. 805, no sentido de que a execução se faça pelo modo menos gravoso para o executado. Este o ponto de partida para garantir alguma proteção para o executado, de sorte que a execução não se torne para ele insuportável. Em contrapartida, o credor, que vem procurar o amparo do Poder Judiciário, deve arcar com esse verdadeiro ônus social, que impede a apreensão de determinados bens.

A análise dos artigos 833 (que relaciona os bens impenhoráveis), 834 (que fixa as hipóteses em que determinados bens, relativamente protegidos, podem ser atingidos pelo credor) e 805 (princípio da menor gravosidade da execução) leva à sensação de que o legislador avançou demais na proteção do devedor, sem levar em consideração o preço excessivamente alto pago pelo exequente por conta do dano marginal representado pela demora do processo de execução. Perpetua-se – já que as regras do CPC a respeito estão praticamente emparelhadas com aquelas predispostas pelo legislador de 1973 – uma execução indesejavelmente desequilibrada, que pode favorecer o devedor de má-fé que pretenda furtar-se ao cumprimento de suas obrigações.

Com efeito, as restrições à penhora impostas pela lei vêm sendo objeto de interpretações extensivas que provocam a justa ira de credores insatisfeitos: ora impede-se a penhora de aparelhos de televisão, computadores, teclados eletrônicos, aparelhos de som que guarnecem a residência do executado, ora impede-se a penhora de imóveis residenciais suntuosos, garantindo-se a qualidade de vida do devedor inadimplente em detrimento do credor lesado. É verdade, por outro lado, que algumas soluções criativas para impasses provocados pela Lei 8.009/1990 amenizam as hipóteses de franco favorecimento do devedor malicioso (favorecimento que uma interpretação pobre e gramatical da lei poderia provocar). É perfeitamente razoável a determinação, por exemplo, de penhora e alienação de bem imóvel que sirva de residência à família do devedor nas condições da Lei 8.009/1990 quando o juiz perceber que o bem é de alto valor e, com o montante arrecadado com sua expropriação, será possível pagar a dívida e adquirir outro imóvel, mais modesto, para que o devedor lá resida com sua família, bastando assim, para que o escopo da lei seja atingido, que o juiz mande reservar parte do valor apurado com a alienação para a compra de imóvel residencial condizente com a situação do devedor.

Por outro lado, faz-se sentir reação ponderada do STJ contra a má-fé do devedor que abuse da salvaguarda legal oferecida ao executado: o Min. Luís Felipe Salomão teve a oportunidade de afirmar, em acórdão proferido pela 4ª Turma do STJ, que "[N]ão se admite a proteção irrestrita do bem de família se esse amparo significar o alijamento da garantia após o inadimplemento do débito, contrariando a ética e a boa-fé, indispensáveis em todas as relações negociais" (REsp 1.559.348, j. 18.06.2019).

Em resumo, se a execução não pode ser punitiva, também não deve servir para um inaceitável enriquecimento ilícito do devedor às custas do credor. Deve o operador encontrar a justa medida entre a responsabilidade patrimonial estabelecida no dispositivo comentado e as ressalvas estipuladas pelo legislador para que a execução não seja atravancada por privilégios hediondos e insustentáveis.

> **Art. 790.** São sujeitos à execução os bens:
>
> **I** – do sucessor a título singular, tratando-se de execução fundada em direito real ou obrigação reipersecutória;
>
> **II** – do sócio, nos termos da lei;
>
> **III** – do devedor, ainda que em poder de terceiros;
>
> **IV** – do cônjuge ou companheiro, nos casos em que seus bens próprios ou de sua meação respondem pela dívida;
>
> **V** – alienados ou gravados com ônus real em fraude à execução;
>
> **VI** – cuja alienação ou gravação com ônus real tenha sido anulada em razão do reconhecimento, em ação autônoma, de fraude contra credores;
>
> **VII** – do responsável, nos casos de desconsideração da personalidade jurídica.

▶ *Referência: CPC/1973 – Art. 592*

1. Responsáveis secundários

O legislador, em conexão com os arts. 779 e 792, aponta nos incisos do art. 790 situações em que, apesar de os bens não pertencerem ao devedor (ou não estarem mais em sua posse), haverá constrição desse patrimônio.

Durante a vigência do CPC/1973, o legislador contentou-se em arrolar bens que ficariam adstritos à execução (embora não pertencessem mais ao executado ou não estivessem mais em sua posse). A técnica foi alterada pelo legislador de 2015, que – ao agregar dois novos incisos ao rol do art. 592 do CPC/1973 – deixou de elabo-

Art. 790

CÓDIGO DE PROCESSO CIVIL INTERPRETADO

1358

rar uma *lista de bens* que passam a ser objeto de constrição judicial, para apontar *situações* em que o patrimônio que responde pela dívida do executado se expande. Com efeito, se no inciso VI do artigo comentado o legislador limitou-se a agregar mais uma hipótese de bem sujeito à execução (bem alienado ou direito real cuja constituição seja "destruída" pela via da ação pauliana), no último inciso inclui na execução o patrimônio de um terceiro, mercê da desconsideração da personalidade jurídica.

2. Situação processual dos responsáveis secundários

Parte de doutrina ainda entende que, sendo necessário fazer recair medida constritiva sobre bens de algum responsável secundário, não haverá necessidade de citá-lo para os termos da execução, bastando a intimação da penhora, de modo que o responsável poderá opor-se à execução por meio dos embargos de terceiro.

O método não é bom. Apanhe-se a hipótese do inciso II do artigo sob foco para teste: enquanto o sócio não for informado de que seus bens serão objeto de constrição judicial, esse não terá consciência de que estará sujeito aos termos do processo de execução; por isso mesmo, continuará a movimentar livremente seus bens, alienando-os sem qualquer preocupação. Por outro lado, quem adquirir bens desse mesmo sócio tomará as cautelas do bom comprador, solicitando todas as certidões forenses relativamente ao vendedor, certidões que não apontarão a existência de qualquer demanda em face do alienante. Tudo perfeito, venda realizada, surpresa: em execução promovida em face da pessoa jurídica de que o alienante era sócio-gerente, o juiz entendeu estar caracterizada a responsabilidade secundária do sócio, determinou a expedição de mandado de penhora e o bem – já de propriedade do terceiro – é penhorado. Pode-se afirmar que houve fraude de execução?

Evidentemente não parece razoável que o sócio – para ficar restrito somente ao exemplo assinalado – deva submeter-se à execução sem poder sustentar a impossibilidade da penhora por conta da inexistência de responsabilidade nos termos da lei. A citação, portanto, é de rigor, *antes* de determinar-se a penhora, até porque o suposto responsável secundário poderá, tão logo seja citado, manejar embargos à execução (que não dependem de garantia prévia do juízo). Como já havia decidido o STF, antes da

promulgação da Constituição de 1988, "a citação dos sócios, sobre cujos bens incidiu a penhora, é imprescindível para constituição da relação processual" (STF, 2ª Turma, RE 114.657-5/SP, Rel. Min. Carlos Madeira, j. 03.11.1987, v.u., *DJU* 20.11.1987, p. 26,015). O STJ posiciona-se historicamente no mesmo sentido, exigindo a citação do responsável secundário, valendo lembrar acórdão relatado pelo Min. Humberto Gomes de Barros que, embora trate apenas de dívida tributária, especifica princípio que deve ser aplicado em todas as hipóteses de incidência do art. 592 do CPC/1973 (e, pelas mesmas razões, às hipóteses do art. 790 do CPC): "Antes de se imputar a responsabilidade tributária, é necessária a prévia citação do sócio-gerente, a fim de que seja possível o exercício do direito de defesa" (REsp 236.131/MG, 1ª Turma, j. 25.09.2000, *DJU* 13.11.2000, p. 132).

Como conclusão, os responsáveis secundários devem ser tratados como partes no processo de execução. Verificando o juiz ser caso de constrição de bens que não pertencem ao executado, deve ser citado aquele cujo patrimônio ficará sujeito à execução, o que diz respeito, portanto, às hipóteses dos incisos I, II e IV do artigo comentado. Nos casos dos incisos III, V e VI, serão intimados os interessados, para que possam fazer valer seus eventuais direitos, seja em face do credor exequente, seja em face do devedor executado. Quanto ao responsável, que ingressa no processo de execução por força de decisão proferida em incidente de desconsideração de personalidade jurídica, já terá sido citado anteriormente (art. 135 do CPC), passando a ser intimado a partir de seu ingresso no processo de execução de todos os atos subsequentes.

3. Bens sujeitos à execução

Havendo execução de título judicial ou extrajudicial fundado em direito real ou em obrigação reipersecutória (obrigação em que o demandante pleiteia coisa que lhe pertence ou que lhe é devida, mas está em poder de terceiro), a morte do devedor e a transferência do bem para o patrimônio de terceiro (sucessor a título singular) não impedirá que tal bem seja objeto das medidas judiciais necessárias para o cumprimento da decisão exequenda ou da obrigação espelhada no título executivo extrajudicial (busca e apreensão, imissão de posse). Da mesma forma, os bens do sócio podem ser apreendidos para o cumprimento de obrigações da sociedade (lembre-se da situação do sócio-gerente, já tratada nas anotações ao art. 779). O mesmo pode ser dito sobre os bens do cônjuge, que podem ser apreendidos para pagamento da dívida contraída em benefício da família, os bens gravados com ônus real em fraude de execução (ver art. 792) e os bens do devedor que estejam na posse de terceiros. Por último, o legislador lembrou dos bens que devem voltar ao patrimônio do devedor em caso de procedência da ação pauliana, rematando sua lista com a inclusão de todo o patrimônio de terceiro, guindado ao polo passivo da execução por conta do acolhimento de incidente de desconsideração de personalidade jurídica.

Fica claro que o legislador reconhece nas hipóteses lembradas nos incisos que a alienação de bens, a transferência da posse ou a oneração não produzirão efeitos em relação ao exequente quando o ato de disposição tender a impedir o Estado de entregar a prestação jurisdicional buscada pela parte que tem razão. Não se trata de *invalidar* atos de transferência de propriedade, de posse ou de oneração, mas sim de evitar que tais atos *produzam efeito* em relação aos executados.

Por isso mesmo, na hipótese de penhora de bem do devedor que esteja na posse de terceiro, poderá este último, desapossado pelo ato de constrição, voltar-se (em sede própria) contra aquele que deveria ter-lhe, por hipótese, garantido a posse pacífica e não o fez. O fato de estar a coisa penhorada alugada, arrendada ou comodatada a terceiro, portanto, não impede a penhora, sem prejuízo do direito do terceiro prejudicado de voltar-se contra o locador, arrendante ou comodante (executado) para dele haver as perdas e os danos causados pela apreensão da coisa.

Quanto ao cônjuge, vale lembrar que a meação de um não responde pelas dívidas contraídas separadamente pelo outro. Por consequência, se um dos cônjuges outorga aval em título de crédito, somente os bens desse responderão pela execução, preservando-se a meação do outro. Haverá, porém, situações em que apenas um dos cônjuges contraia a dívida, mas claramente em benefício do casal ou da família. Nessa hipótese, não pode ser reservada a meação, que responderá também em sede de execução pela liquidação do débito. A questão será normalmente agitada em embargos, pois o cônjuge que não contraiu a dívida poderá, na hipótese de não ser preservada sua meação,

reagir à penhora, opondo embargos de terceiro. Em tal hipótese, estará o cônjuge negando que a dívida tenha beneficiado o casal, objetivando assim a *exclusão* de seus bens da constrição levada a efeito. Se o cônjuge, porém, tiver sido citado para os termos da execução – o credor desde logo afirma que a dívida foi contraída em benefício da família e pretende penhorar bens pertencentes ao casal, sem reserva de meação – resta-lhe defender-se por meio dos embargos de devedor (embargos do executado), onde poderá não só atacar o título e o valor pretendido pelo exequente, mas também alegar que a dívida não foi contraída em benefício do casal ou da família.

4. Fraude contra credores e fraude de execução

Ao acrescentar ao rol do art. 790 o inciso VI, que trata de bens alienados em fraude contra credores, o legislador rendeu-se à previsão (que reputo incorreta) do CC, art. 165, que trata do resultado da ação pauliana. Explico: a rigor, a ação pauliana não tem cunho desconstitutivo, mas sim declaratório, já que seu objetivo seria apenas declarar que o autor da demanda pauliana pode sujeitar em ação de execução (já ajuizada ou a ser ajuizada) os bens que o devedor (com o concurso do adquirente, réu daquela mesma demanda pauliana) alienou em prejuízo de seus credores. O resultado da ação pauliana, portanto, seria o de declarar ineficaz, apenas em relação ao autor da demanda, a alienação fraudulenta de bens, permitindo-se a penhora em processo de execução.

O art. 165 do CC, porém, dá a entender – e isso já acontecia no CC de 1916 – que a sentença de procedência da ação pauliana reconduziria ao patrimônio do devedor os bens alienados com lesão aos credores (o que, em boa lógica, permitiria que qualquer credor os penhorasse em processo de execução, não apenas o autor vencedor da ação pauliana). Dito de outro modo, segundo o CC, a sentença de procedência da ação pauliana seria desconstitutiva (anularia os negócios fraudulentos), não meramente declaratória, servindo para reabastecer o patrimônio do devedor. O inciso VI do art. 790 do CPC, portanto, embarca na interpretação preconizada pelos civilistas, referindo-se à *anulação* de alienação de bens ou à *anulação* de gravame real, reconhecendo que o resultado da ação pauliana, em caso de procedência, desconstitui o ato fraudulento.

Art. 791

Art. 791. Se a execução tiver por objeto obrigação de que seja sujeito passivo o proprietário de terreno submetido ao regime do direito de superfície, ou o superficiário, responderá pela dívida, exclusivamente, o direito real do qual é titular o executado, recaindo a penhora ou outros atos de constrição exclusivamente sobre o terreno, no primeiro caso, ou sobre a construção ou a plantação, no segundo caso.

§ 1º Os atos de constrição a que se refere o *caput* serão averbados separadamente na matrícula do imóvel, com a identificação do executado, do valor do crédito e do objeto sobre o qual recai o gravame, devendo o oficial destacar o bem que responde pela dívida, se o terreno, a construção ou a plantação, de modo a assegurar a publicidade da responsabilidade patrimonial de cada um deles pelas dívidas e pelas obrigações que a eles estão vinculadas.

§ 2º Aplica-se, no que couber, o disposto neste artigo à enfiteuse, à concessão de uso especial para fins de moradia e à concessão de direito real de uso.

▶ *Sem correspondência no CPC/1973*

1. Direitos reais de superfície, enfiteuse, concessão de uso especial para fins de moradia e concessão de direito real de uso

O *caput* do art. 791 do CPC começa por enunciar regra aplicável ao direito real de superfície, sendo essa regra posteriormente estendida, pelo parágrafo segundo, a outros direitos reais (enfiteuse, concessão de uso especial para fins de moradia e concessão de direito real de uso).

Pela **enfiteuse**, todas as prerrogativas do domínio seriam exercidas pelo enfiteuta, que poderia usar, gozar, reivindicar a coisa, bem como alienar seus direitos independentemente da concordância do senhorio. O exercício do domínio estava, assim, limitado apenas por depender do pagamento de prestações por parte do enfiteuta para o senhorio. A constituição de direito real de *enfiteuse* foi vedada pelo CC, sendo assim excluída do rol de direitos reais do art. 1.225 do CC, restando atualmente apenas as enfiteuses constituídas sob a égide do anterior diploma civil (CC, art. 2.038). Assim, o instituto tem hoje aplicação bastante reduzida.

Resgatado pelo legislador de 2002, o **direito real de superfície** é hoje o direito real mais próximo da propriedade. Para os limitados fins da presente exposição cabe apenas pontuar que pelo direito real de superfície tem o superficiário direito real de "construir ou plantar" no terreno alheio (CC, art. 1.369).

Já a **concessão de direito real de uso** e a **concessão de uso especial para fins de moradia** são institutos relativamente recentes e isentos de raízes históricas profundas. No art. 183, § 1º, da CF já se trazia a menção à concessão do direito real de uso, o que foi dito de modo um tanto torto, colocando-o conjuntamente com a usucapião e sem distinguir a concessão de direito real de uso da concessão de uso especial para fins de moradia.

Posteriormente, com os arts. 18 a 22 da Lei 9.636/1998, instituiu-se a cessão de direito real de uso, consistente na transferência ao particular ou outro ente estatal da faculdade de usar determinado bem público, respeitadas as limitações legais.

Passados alguns anos – com a Medida Provisória 2.220/01 e com as alterações promovidas no CC e na Lei 9.636/1998 por meio da Lei 11.481/2007 – criou-se o direito de concessão de uso especial para fins de moradia, que confere para o seu titular o direito de usar bem público para tal fim, sendo os requisitos para a sua aquisição semelhantes aos da usucapião. Caso preenchidos os requisitos elencados na Medida Provisória 2.220/2001, terá o particular o direito subjetivo de exigir da União a outorga do direito real, cabendo inclusive o ajuizamento de demanda declaratória no caso de recusa injustificada do poder público.

2. Segregação do direito real sobre o qual o gravame deve atuar

Nas hipóteses referidas no artigo enfocado (enfiteuse, superfície, concessão de uso, concessão de uso especial para fins de moradia), os direitos inerentes ao domínio da coisa são cindidos entre o proprietário e o detentor do direito real limitado, sendo relevante assimilar que – apesar do objeto comum – os direitos são distintos e dissociáveis.

Assim, pela regra geral do art. 789 do CPC, a cisão referida no art. 791 – inexistente no diploma processual anterior – já está prevista. Este último dispositivo apenas esclarece que responde pela dívida do executado somente o direito real de sua titularidade.

No âmbito doutrinário já havia, antes do atual CPC, o entendimento de que "os direitos e obrigações vinculados ao terreno e, bem assim, aqueles vinculados à construção ou à plantação, formam patrimônios distintos e autônomos, respondendo cada um de seus titulares exclusivamente por suas próprias dívidas e obrigações, ressalvadas as fiscais decorrentes do imóvel" (Enunciado 321 da IV Jornada de Direito Civil).

Tal entendimento era também acolhido no âmbito jurisprudencial. O Tribunal de Justiça de São Paulo inadmitia a penhora de imóvel objeto de concessão de direito real de uso no âmbito de execução contra o titular do direito real de uso sob esse argumento, além do fato de se tratar de bem público, impenhorável (TJSP, Apl. c/ Rev. 1076318, Registro 01922186, 32ª Câmara de Direito Privado, Rel. Des. Walter Cesar Exner, j. 04.09.2008; TJSP, AI 1241029, Registro 02251554, 32ª Câmara de Direito Privado, Rel. Des. Ruy Coppola, j. 19.03.2009).

Desse modo, caso o executado seja proprietário de terreno sobre o qual seja instituído direito real de superfície, o terreno poderá ser penhorado, mas tal fato não impedirá o exercício do direito de superfície, podendo o superficiário construir e fazer uso da superfície do imóvel, independentemente do gravame. Pode, contudo, ser objeto de penhora eventual contraprestação paga pelo superficiário ao proprietário do terreno. A mesma lógica é aplicável aos demais direitos reais descritos no art. 791 do Código de Processo Civil.

3. Penhora e direito real de superfície

Duas particularidades sobressaem no caso de penhora de terreno submetido ao regime do direito de superfície (sendo o proprietário o executado) ou de direito real de superfície (sendo o superficiário o executado). Primeiramente, havendo alienação do terreno ou do direito real de superfície objeto de penhora, não se pode deixar de respeitar o direito de preferência previsto no art. 1.373 do CC. A mesma lógica seria aplicável à enfiteuse, sobre a qual também haveria direito de preferência.

A segunda questão, mais complexa, diz com a regra disposta do art. 1.375 do CC, pela qual "[e]xtinta a concessão, o proprietário passará a ter a propriedade plena sobre o terreno, construção ou plantação, independentemente de indenização, se as partes não houverem estipulado o contrário".

Assim, ao final do prazo do direito de superfície, pode haver execução ajuizada quer contra o proprietário, quer contra o superficiário. No caso

de ser penhorado o terreno, é possível – com a posterior extinção da concessão – a ampliação da penhora para a construção ou plantação. Se tiver sido penhorado o direito de superfície e esse se extinguir antes da respectiva alienação, extingue-se a penhora, sem que haja possibilidade de se arguir, em princípio, fraude de execução, vez que a reversão não ocorre por declaração de vontade, mas por expressa disposição legal.

4. Penhorabilidade do direito real de uso especial para fins de moradia

A redação do parágrafo segundo do art. 791 pode ensejar dúvidas quanto à penhorabilidade do direito real de uso especial para fins de moradia. Ao estabelecer no *caput* que o direito real de superfície pode ser objeto de penhora e com a equiparação disposta do parágrafo segundo, o intérprete desavisado poderia concluir ser possível a penhora sobre o direito real de uso especial para fins de moradia concedido pelo poder público nas estritas hipóteses descritas na Medida Provisória 2.220/2001. Não é assim: alio-me ao entendimento de que a impenhorabilidade decorre da própria finalidade da concessão do direito real de uso especial para fins de moradia, que é transferido para a população de baixa renda que mora em assentamentos consolidados para lá residir. Dessa forma, parece-me impenhorável o direito real de uso especial para fins de moradia.

A partir dessa consideração, afigura-se inócua a menção a esse direito real no parágrafo segundo do art. 791 do Código de Processo Civil, haja vista a impenhorabilidade da propriedade do bem público objeto da concessão, bem como do direito real em questão.

Diversamente, o direito real de uso afigura-se perfeitamente penhorável (TJSP, AI 2083122-86.2014.8.26.0000, Registro 2014.0000465933, 32ª Câmara de Direito Privado, Rel. Des. Ruy Coppola, j. 07.08.2014; TJSP, AI 2198909-95.2016.8.26.0000, Registro 2016.0000821394, 1ª Câmara de Direito Público, Rel. Des. Rubens Rihl, j. 08.11.2016). Parece-me possível, inclusive, penhorar o faturamento advindo da concessão de direito real de uso, caso assim se afigure necessário, diante da hipótese prevista no art. 866 do CPC.

De todo modo, quando o executado deixar de ser titular de direito real de uso ou adquirir direito real de uso, sendo sucedido ou antecedido por outro particular, não se afigura correto

Art. 792

CÓDIGO DE PROCESSO CIVIL INTERPRETADO

sustentar haver a transmissão de direito real de uso *do* ou *para* o executado pelo particular (o que poderia ensejar alegação de fraude de execução), mas apenas o retorno do domínio pleno ao poder público seguido de posterior concessão de direito real de uso (TJSP, AI 990.10.015480-0, 11ª Câmara de Direito Privado, Rel. Des. Soares Levada, j. 15.04.2010).

5. Extensão da regra a outros direitos reais limitados

Os direitos reais referidos no art. 791 do CPC têm em comum o fato de configurarem direitos reais limitados, *i.e.*, são direitos nos quais o exercício do domínio é limitado. Há retração de parte do domínio pelo titular do direito real limitado. Deve-se à partilha do exercício do domínio pelo proprietário e pela pessoa dotada de direito real limitado a regra de servir à penhora apenas o direito real de titularidade do responsável pela satisfação do débito.

O CC elenca, no rol do art. 1.225, outros direitos reais limitados, diversos dos referidos no art. 791 do CPC, apesar de dotados dessa mesma feição. São eles: as servidões (art. 1.225, III), o usufruto (art. 1.225, IV), o uso (art. 1.225, V), a habitação (art. 1.225, VI) e a laje (art. 1.225, XIII). Sobre estes direitos reais, naturalmente, aplicar-se-ia a mesma lógica dos direitos de enfiteuse, superfície, concessão de uso e concessão de uso especial para fins de moradia, visto que o racional da regra (partilha do domínio do bem que pode ser objeto de penhora) incide sobre todos indistintamente.

Desse modo, apesar de não se encontrarem no texto do citado art. 791, não aparenta haver óbice para a aplicação da mesma regra aos direitos reais limitados acima descritos, sob a ótica mais abrangente da limitação da constrição na execução aos bens de titularidade do responsável pela dívida (CPC, art. 789).

Tal entendimento, aliás, estaria ancorado na jurisprudência, a qual já indeferiu penhora sobre imóvel objeto de direito real de uso em execução ajuizada contra o usuário (TJSP, Apl. 096045-1, 19ª Câmara de Direito Privado, Des. Rel. Ricardo Negrão, j. 23.05.2006), além de indicar a restrição da penhora perante usufrutuário quanto aos frutos percebidos, salvo se o imóvel consistir na única moradia do usufrutuário, afigurando-se impenhorável (TJSP, AI 1.231.202-2, Rel. Des. J. B. Franco de Godoi, j. 11.02.2004).

Art. 792. A alienação ou a oneração de bem é considerada fraude à execução:

I – quando sobre o bem pender ação fundada em direito real ou com pretensão reipersecutória, desde que a pendência do processo tenha sido averbada no respectivo registro público, se houver;

II – quando tiver sido averbada, no registro do bem, a pendência do processo de execução, na forma do art. 828;

III – quando tiver sido averbado, no registro do bem, hipoteca judiciária ou outro ato de constrição judicial originário do processo onde foi arguida a fraude;

IV – quando, ao tempo da alienação ou da oneração, tramitava contra o devedor ação capaz de reduzi-lo à insolvência;

V – nos demais casos expressos em lei.

§ 1º A alienação em fraude à execução é ineficaz em relação ao exequente.

§ 2º No caso de aquisição de bem não sujeito a registro, o terceiro adquirente tem o ônus de provar que adotou as cautelas necessárias para a aquisição, mediante a exibição das certidões pertinentes, obtidas no domicílio do vendedor e no local onde se encontra o bem.

§ 3º Nos casos de desconsideração da personalidade jurídica, a fraude à execução verifica-se a partir da citação da parte cuja personalidade se pretende desconsiderar.

§ 4º Antes de declarar a fraude à execução, o juiz deverá intimar o terceiro adquirente, que, se quiser, poderá opor embargos de terceiro, no prazo de 15 (quinze) dias.

▶ *Referência: CPC/1973 – Art. 593*

1. Fraude de execução e fraude contra credores

Fraudar significa burlar, enganar, lesar. Quem frauda, portanto, frustra ou inutiliza os projetos de alguém. O sentido literal do vocábulo serve para mostrar o que seja a fraude de execução, isto é, o ato de enganar o Estado em sua função de entregar a quem tem razão o bem da vida que lhe deva ser atribuído.

De fato, o legislador preocupou-se com a fraude perpetrada pelo devedor em dois níveis distintos: no grau mais alto, preserva-se a função estatal de distribuir justiça; num segundo patamar, protege-se o credor contra os embustes praticados pelo devedor para não cumprir suas obrigações. Naquele grau maior, o Estado, que está preservando a eficácia de sua própria atuação, penaliza com automática e imediata ineficácia os atos que atentem contra o interesse público de dotar o processo de máxima utilidade; no patamar inferior, o legislador determina que o credor possa agir para evitar que o devedor defraude a garantia patrimonial, furtando-se ao cumprimento da obrigação ("ação pauliana"). Este é o arcabouço, respectivamente, da fraude de execução e da fraude contra credores.

Nas duas espécies de fraude assinaladas – *fraude de execução* e *fraude contra credores* – o resultado será (ou deveria ser, como disse nos comentários que fiz ao art. 790 acima) o mesmo, qual seja, o ato praticado pelo defraudador será ineficaz em relação ao credor (credor no sentido material – *autor da ação pauliana* – e no sentido processual – *exequente*). Para a declaração da ineficácia, o exequente não precisa de grande esforço, bastando-lhe mostrar que o ato de alienação patrimonial, que tornou insolvente o devedor, foi praticado nas circunstâncias assinaladas no art. 792; já para obter-se a declaração de ineficácia (*rectius*, anulação, como quer o CC, arts. 158 e 165, e o CPC, art. 790, VI) da alienação praticada antes da citação para o processo executivo (ou para o processo de conhecimento condenatório) será necessária a propositura de demanda, cuja sentença – reconhecido o *eventus damni* e o *concilium fraudis* – declarará que a astuciosa alienação levada a cabo pelo devedor não produzirá efeitos em relação ao credor, autor da ação pauliana (ou, como quer o CC, art. 165, anulará o negócio jurídico fraudulento).

Não é preciso lembrar que a fraude *de execução* em verdade pode ocorrer bem antes do pleito de cumprimento da sentença condenatória (quando for o caso). Basta a citação para o processo de conhecimento condenatório para que desde logo possa ser cogitada a existência da fraude, sendo certo porém que somente no processo de execução (ou no momento do cumprimento da sentença condenatória) será reconhecida a ineficácia da alienação ou da oneração de bens.

2. Marco inicial para a ocorrência da fraude de execução

A partir de quando *pende* uma demanda? O legislador de 2015 utilizou no art. 792 dois verbos – *pender* e *tramitar* – e não pôs fim ao debate que já se travava sob a égide do art. 593 do CPC/1973 (que falava em "*correr* demanda" e "*pender* demanda"), já que não restou clara, mais uma vez, a escolha do legislador sobre o marco inicial caracterizador da prática de ato atentatório à eficácia do processo.

Não há como negar que o processo existe antes mesmo da citação do réu, completando-se a relação jurídica com a sua citação. Em termos lógicos, o réu só pode cometer ato que objetive fraudar o processo se estiver ciente da existência desse mesmo processo, o que ocorrerá com a citação. Em termos lógicos, portanto, correta a interpretação consolidada de nossos tribunais no sentido de que para a configuração da fraude de execução não basta o ajuizamento da demanda, mas é fundamental a citação válida: "para que se considere a alienação em fraude de execução não é suficiente o ajuizamento da ação. Há, para tanto, necessidade da citação válida do executado para demanda com possibilidade de convertê-lo à insolvência" (REsp 2.573/RS, 4ª Turma, j. 14.05.1990, Rel. Min. Fontes de Alencar, *RT* 659, p. 196-199; vide também acórdãos do STJ publicados na *RSTJ* 77/177 e 89/230, entre inúmeros outros).

Tal interpretação – de cunho genérico e sistematicamente adequada – não pode ter caráter absoluto, e comporta mitigação. Com efeito, se o credor puder provar que antes mesmo da citação o devedor teve conhecimento da existência da demanda, alienando seus bens para impedir a excussão patrimonial, não parece despropositado abrir exceção à regra para abarcar o ato na fraude de execução. Não resta dúvida alguma de que o réu pode saber da existência do processo antes da citação, seja porque a propositura da demanda foi notícia amplamente veiculada pela imprensa, seja porque o devedor, ao requerer certidão do cartório do distribuidor, tomou conhecimento da existência da causa, seja porque em notificação do credor ao devedor a existência do processo foi mencionada. Todos esses atos (e muitos outros que possam ser imaginados) podem servir para fazer retroagir o marco inicial da fraude de execução ao momento da propositura da demanda. Caberá sempre ao exequente, não resta dúvida, o ônus de provar que o executado já estava ciente, ao tempo da oneração ou da alienação de bens, da existência da demanda que seria capaz de reduzir o executado à insolvência, ou da demanda que tornara litigiosa a coisa ou o direito alienado.

3. Averbação no registro público

É verdade que o processo é, em princípio, público, o que faria supor que eventuais adquirentes de bens pudessem ter livre e amplo acesso – via cartório do distribuidor – a informação sobre a existência de demandas que pudessem afetar o patrimônio do vendedor. Este sistema de publicidade, porém, revelou-se insuficiente para garantir a estabilidade das relações jurídicas, seja pela dificuldade de uma pesquisa mais ampla de demandas que possam afetar o patrimônio do vendedor, seja pela imensidade do território brasileiro, que dificulta a obtenção de informação rápida e segura, seja ainda pela inexistência de um sistema de pesquisa nacional, que centralize todas as informações de processos judiciais num único cadastro.

O remédio que paulatinamente foi sendo implantado em nosso ordenamento jurídico – que funciona razoavelmente bem em relação aos bens de raiz – direcionou os credores diligentes aos registros imobiliários.

De fato, não há como negar que o sistema de averbação de demandas facilita a pesquisa de eventual oneração imobiliária (oneração que pode pôr a pique a transação), caracterizando mecanismo mais ágil voltado à segurança jurídica da sociedade de modo geral.

Em outros termos, tem agora o credor um ônus adicional se quiser forrar-se contra alegação de terceiro adquirente (que pretenda liberar bens da constrição judicial), qual seja, o de averbar no registro imobiliário (ou em outros registros públicos para bens móveis, como por exemplo o de veículos) a existência de demanda que recaia sobre determinado bem (ação fundada em direito real ou com pretensão reipersecutória) ou desde logo efetue a averbação no mesmo registro público da pendência do processo de execução, o que estabelece presunção de fraude de execução se houver alienação ou oneração de bens após a averbação, como preconiza o art. 828 do CPC. A averbação cria presunção absoluta de que o terceiro adquirente sabia da constrição do bem adquirido, passando a correr os riscos inerentes à sua escolha.

4. Demonstração de má-fé do adquirente

Registrada a constrição judicial, está o exequente dispensado de demonstrar o comportamento malicioso do devedor ou do terceiro adquirente do bem, já que se presume que aquele que onera bem destinado à entrega ao exequente ou destinado a transformar-se em dinheiro para o pagamento de quantia devida ao exequente, mesmo sabendo da existência de processo que pode tornar a oneração ou a alienação ineficaz, afronta o Estado e assume risco – calculado ou não – de desapossamento. A questão da prova da boa-fé ou da má-fé do adquirente coloca-se, portanto, apenas para a hipótese de não ter sido efetuada a averbação de que tratam os três primeiros incisos do art. 792.

O quarto inciso do dispositivo legal comentado trata exatamente de tal circunstância, prevendo regra geral de que haverá fraude à execução se ao tempo da alienação ou oneração tramitava (*corria*, *pendia*) demanda capaz de reduzir o devedor à insolvência.

Já tratei da questão temporal. Resta analisar o tema da má-fé, já que – como disse no início de minhas observações – qualquer fraude pressupões burla e vontade de enganar.

Sendo o processo público, o primeiro impulso é sempre o de considerar que o adquirente que se envolve em negócio jurídico sem pesquisar a situação patrimonial do vendedor age – no mínimo – de forma leviana, e passa a correr o risco de perder a coisa adquirida se o patrimônio do vendedor estiver comprometido. A parte final da Súmula 375 do STJ parecia ter resolvido de vez a questão, ao assentar que "o reconhecimento da fraude à execução depende do registro da penhora do bem alienado ou da prova de má-fé do terceiro adquirente". Tal entendimento, porém, ficou superado pelo § 2º do art. 792 do CPC, que obriga o terceiro adquirente do bem a provar que adotou as cautelas necessárias para sua aquisição.

A redação do parágrafo referido pode deixar alguma dúvida, na medida em que se refere à situação em que a aquisição de bem não está sujeita a registro, o que parece excluir a hipótese de bens imóveis (que estão sujeitos a registro). Não existe, porém, a obrigação de averbar demandas ou constrições, mas sim ônus. Trata-se de faculdade do credor, cujo exercício gera vantagem, qual seja, a de criar presunção de fraude se a alienação ou oneração ocorrer após o ato registrário. Consequentemente, se o credor não tomar a providência junto ao registro público, aplica-se-lhe a regra geral (que continua a privilegiar o interesse do Estado, tornando eficaz o processo), carreando ao terceiro adquirente a prova de que tomou as cautelas necessárias antes de adquirir o bem; se o terceiro apresentar as "certidões pertinentes" (certidões dos distribuidores forenses, certidão de cadastro de veículos), liberará o bem das teias da execução.

5. *Provocatio ad agendum*

Cumprindo sua proposta de estimular o contraditório para que seja obtida a melhor decisão (arts. 9º e 10 do CPC), o legislador, de forma acertada, manda intimar o terceiro adquirente antes de decretar eventual fraude de execução para que este, se quiser, oponha embargos de terceiro.

A intimação tem o escopo de provocar a propositura de ação de embargos de terceiro, dando àquele que poderá ser prejudicado a oportunidade de fazer valer suas razões para liberar o bem de sua propriedade da constrição judicial. Faço, porém, duas considerações: primeiro, não está descartada a manifestação do terceiro por mera petição; segundo, o juiz não mandará intimar o terceiro se for evidente a inexistência de fraude.

A manifestação de terceiro no processo de execução, sem maior formalidade, não foi prevista (nem desejada) pelo legislador. A intimação do terceiro, porém, pode desaguar nesta forma mais simples de fazer valer seu direito quando a prova que evidenciar a inexistência de fraude de execução for pré-constituída. A apresentação de certidões, a demonstração de aquisição antes da propositura da demanda executiva, a existência de prévio compromisso de compra e venda de imóvel, entre tantas outras situações, podem levar a uma decisão rápida e bem informada, sem a necessidade do manejo da custosa e formal demanda de embargos de terceiro. Naturalmente, se houver necessidade de produção de prova ou de melhor avaliação da situação, deverá o juiz remeter a parte interessada à via própria.

Por fim, verificando o juiz que existe clara e inequívoca evidência de que não está caracterizada a fraude de execução, não deverá intimar o terceiro adquirente. Trata-se de evitar o contraditório inútil, com incômodo desnecessário ao terceiro. Daí a dicção do § 4º do art. 792, que dá a entender que o juiz só determinará a intimação do terceiro adquirente se estiver diante de situação em que haja alguma probabilidade de decretar a fraude de execução.

> **Art. 793.** O exequente que estiver, por direito de retenção, na posse de coisa pertencente ao devedor não poderá promover a execução sobre outros bens senão depois de excutida a coisa que se achar em seu poder.

▶ *Referência: CPC/1973 – Art. 594*

1. Excussão das coisas em poder do credor

Ainda na esteira do art. 805 do CPC, que impede que a execução torne-se excessiva e desnecessariamente pesada para o devedor, estipula o legislador regra bastante razoável que preconiza benefício de excussão a favor do executado, oponível ao exequente não apenas em via de impugnação ou de embargos à execução, mas também em sede da denominada exceção de pré-executividade, eis que se trata de garantir antes de mais nada a regularidade da execução. Dito de outro modo, o executado pode, por mera petição, requerer seja respeitada a regra do art. 793.

Hipóteses como o penhor e a caução levam (normalmente) à transmissão física da posse do bem dado em garantia para o próprio credor, que o reterá até a final liquidação da obrigação. Ocorrendo o inadimplemento, exige-se do exequente que, ao propor a execução, penhore desde logo os bens que até então reteve. É evidente que a responsabilidade patrimonial do executado não fica limitada aos bens dados em garantia: excutidos tais bens e sendo eles insuficientes para o pagamento do débito, outros serão submetidos a constrição para o cumprimento da obrigação.

Pode ocorrer, porém, que os bens dados em garantia (ou que estejam, por outro motivo, na posse do exequente) sejam de valor notoriamente inferior ao débito. A sistemática do Código levaria a acreditar que, ainda assim, primeiro deveriam ser penhorados e alienados (*excutidos*) os bens em poder do exequente para, somente após, realizar-se nova penhora. Creio que tal interpretação afronta o princípio da economia processual: se a coisa dada em garantia (ou o bem retido pelo credor) não cobrir a dívida e tal fato ficar patente desde logo, poderá o juiz, independentemente de avaliação, determinar o imediato reforço de penhora, de modo a evitar custos acrescidos e perda de tempo para o exequente (e, em última análise, para o Estado, que pretende ver realizada a execução no menor espaço de tempo possível e com o menor custo).

Art. 794

Art. 794. O fiador, quando executado, tem o direito de exigir que primeiro sejam executados os bens do devedor situados na mesma comarca, livres e desembargados, indicando-os pormenorizadamente à penhora.

§ 1º Os bens do fiador ficarão sujeitos à execução se os do devedor, situados na mesma comarca que os seus, forem insuficientes à satisfação do direito do credor.

§ 2º O fiador que pagar a dívida poderá executar o afiançado nos autos do mesmo processo.

§ 3º O disposto no *caput* não se aplica se o fiador houver renunciado ao benefício de ordem.

▶ *Referência: CPC/1973 – Art. 595*

1. Benefício de ordem

Benefício de ordem (ou benefício de excussão) é a faculdade do executado de nomear à penhora bens desembargados do devedor (lembre-se que o fiador é *responsável* pela dívida, não é *devedor*) para que sejam excutidos antes dos seus. Bens desembargados são bens desonerados, bens livres de qualquer constrição.

O benefício de ordem de que trata o dispositivo legal protagoniza mecanismo de economia processual. Sabendo-se que o fiador que pagar a dívida poderá recuperar o que pagou, fazendo prosseguir a execução para apanhar bens do devedor, estabelece o legislador um verdadeiro atalho, permitindo ao fiador que indique bens do devedor (que não precisa sequer fazer parte do polo passivo da demanda executiva). Note-se, porém, que o dispositivo se refere apenas à hipótese em que o fiador não assume a obrigação de principal pagador da dívida (ou de garante solidário). Em outras palavras, se o fiador for também devedor solidário (e não garantidor subsidiário) não poderá manejar o benefício.

Exige-se do fiador que os bens do devedor sejam livres e desembargados, e que estejam situados na mesma comarca em que estão os seus bens. Em situação de igualdade (os bens do devedor estão localizados na mesma comarca em que se situam os bens do fiador), o legislador permite que o fiador seja poupado; mas se não for assim, o patrimônio do responsável (fiador) poderá ser atingido. Parece que o legislador, com o dispositivo renovado (que difere, como se percebe, do que estava previsto no art. 595 do CPC/1973), ajusta de modo adequado o alcance do benefício de ordem, para fazê-lo valer em situação de igualdade de condições. Nada disso valerá, porém, se os bens do devedor tiverem valor insuficiente para o pagamento da dívida. Neste caso, o patrimônio do fiador deverá responder pela execução.

2. Execução nos próprios autos

Efetuando o fiador o pagamento da dívida, poderá nos próprios autos dar seguimento à execução em face do afiançado.

Se o afiançado também figurou no polo passivo da demanda executiva (litisconsórcio passivo facultativo), será *intimado* para fazer o pagamento do valor devido, sob pena de penhora; se o fiador foi executado sem que o afiançado integre o polo passivo da demanda, será necessária sua citação para dar início ao processo executivo (regressivo).

Se o título executivo for uma sentença judicial, não poderá o fiador ser guindado ao polo passivo da execução se não figurar, no processo de conhecimento condenatório, como réu. Inútil a mera cientificação do fiador se a intenção for executar também contra ele a sentença condenatória, como ocorre com certa frequência nas demandas de despejo cumuladas com cobrança. É de rigor, portanto, em tais hipóteses, a inclusão do fiador no polo passivo daquelas demandas, sob pena de executar-se a sentença exclusivamente em face do locatário.

A questão da inclusão do fiador no polo passivo do processo de conhecimento foi alvo de conturbado debate jurisprudencial, especialmente depois do advento da Lei de Locações (Lei 8.245/1991), cujo art. 62, I, permitiu a cumulação do pedido de rescisão do contrato de locação com o de cobrança das verbas locatícias. Paulatinamente, contudo, os tribunais foram superando a ideia de que não poderia o fiador ser incluído no polo passivo nas ações de despejo cumuladas com cobrança, respondendo os fiadores não pelo pleito de despejo (já que não ocupam o imóvel e, nesse ponto, o capítulo da sentença não afeta os garantidores), mas sim pelo pedido de cobrança (o capítulo condenatório da sentença produzirá efeitos em relação aos garantidores). Colhe-se de voto proferido pelo Min. José Arnaldo da Fonseca o seguinte texto, que esclarece de vez a questão: "Pelo regime pretérito, como sabido, em mora o inquilino, o locador propunha ação de despejo, e depois procedia à cobrança dos aluguéis e encargos em atraso. Desse modo, o fiador não integrava a lide, que visava apenas o despejo. Pela lei vigente, a ação de despejo por falta de pagamento e a cobrança de aluguéis e acessórios podem constituir uma unidade, se utilizada a faculdade de cumulação, tornando-se incindível. E se o fiador não é citado para a ação, contra ele não se formou o título executivo judicial" (REsp 286.470/PR, 5ª Turma, do STJ, j. 21.06.2001, publ. em 03.09.2001). A Lei 12.112/2009 pôs fim ao debate, dando nova (e adequada) redação ao art. 62 da Lei de Locações.

> **Art. 795.** Os bens particulares dos sócios não respondem pelas dívidas da sociedade, senão nos casos previstos em lei.
>
> **§ 1º** O sócio réu, quando responsável pelo pagamento da dívida da sociedade, tem o direito de exigir que primeiro sejam excutidos os bens da sociedade.
>
> **§ 2º** Incumbe ao sócio que alegar o benefício do § 1º nomear quantos bens da sociedade situados na mesma comarca, livres e desembargados, bastem para pagar o débito.
>
> **§ 3º** O sócio que pagar a dívida poderá executar a sociedade nos autos do mesmo processo.
>
> **§ 4º** Para a desconsideração da personalidade jurídica é obrigatória a observância do incidente previsto neste Código.

▶ *Referência: CPC/1973 – Art. 596*

1. Bens particulares dos sócios

Sendo a responsabilidade dos sócios adstrita ao capital integralizado, estabelece-se, em princípio, muro divisório nítido entre a pessoa jurídica e as pessoas físicas que a constituíram. Mas em casos excepcionais, o próprio legislador rompe a muralha de separação entre a pessoa jurídica e seus sócios, para apanhar o patrimônio dos últimos por conta de dívidas contraídas pela primeira. Já se viu que em matéria tributária isso pode ocorrer, bastando que o sócio pratique atos com excesso de poderes (ou com infração à lei, ao contrato social ou ao estatuto da companhia), conforme dispõe o art. 135, III, do CTN.

O redirecionamento da execução, porém, deve ser feito com parcimônia e com cuidado, permitindo-se ao sócio responsabilizado pelas dívidas da sociedade defesa adequada.

Neste ponto, o CPC (art. 795, § 4º) traz novidade que põe fim a uma situação de abuso que por muitos anos assombrou todos aqueles que se atreviam a participar de empresas. Com efeito, durante a vigência do CPC/1973 tornou-se em certa medida corriqueira a determinação do juiz no sentido de que fossem penhorados bens dos sócios quando constatasse que a sociedade de que participavam dissolveu-se irregularmente (a sociedade não mais funcionava, tendo sido abandonada sua sede e presumivelmente distribuído seu patrimônio entre os sócios). Por simples decisão interlocutória – precedida de diligência que constatasse a dissolução irregular da sociedade – o magistrado estendia a responsabilidade executiva aos sócios, presumindo que esses teriam, informalmente, dividido o patrimônio da pessoa jurídica, carreando para eles a responsabilidade pelas dívidas pendentes.

Essa fórmula simplista – decretação da desconsideração da personalidade jurídica por simples decisão interlocutória – foi alvo de muitas manifestações de desapreço, diante da flagrante impossibilidade do sócio atacado de se defender previamente contra o provimento que determinava apreensão de bens de seu patrimônio pessoal atingido. A surpresa do ataque causava grave insegurança jurídica, mostrando que tal sistema não poderia persistir.

A partir da vigência do novo Código, tornou-se obrigatória – para a hipótese de desconsideração da personalidade jurídica – a observância do disposto nos arts. 133 a 137, sem o que não pode o juiz determinar a apreensão patrimonial do sócio. Vale o mesmo sistema, desnecessário dizer, para a chamada "desconsideração inversa", ou seja, para a hipótese de a pessoa física criar uma sociedade para proteger seu patrimônio (integralização de capital com bens, venda simulada), tentando fraudar seus credores.

O STJ, porém, tem se manifestado pela dispensa de instauração do incidente em caso de redirecionamento da execução fiscal: "[A] previsão constante no art. 134, *caput*, do CPC/2015, sobre o cabimento do incidente de desconsideração da personalidade jurídica, na execução fundada em título executivo extrajudicial, não implica a incidência do incidente na execução fiscal regida pela Lei n. 6.830/1980, verificando-se verdadeira incompatibilidade entre o regime geral do Código de Processo Civil e a Lei de Execuções, que diversamente da Lei geral, não comporta a apresentação de defesa sem prévia

Art. 796

CÓDIGO DE PROCESSO CIVIL INTERPRETADO

1368

garantia do juízo, nem a automática suspensão do processo, conforme a previsão do art. 134, § 3º, do CPC/2015" (REsp 1.786.311, Rel. Min. Francisco Falcão, j. 09.05.2019). Ouso discordar da orientação da Corte. Embora o redirecionamento da execução fiscal não seja exatamente uma hipótese de desconsideração da personalidade jurídica, os motivos que ensejaram a criação do incidente (proteção do contraditório e adequada defesa dos interesses do sócio afetado pela execução) são os mesmos, tanto para o Código quanto para a Lei de Execuções Fiscais. O Fisco já tem prerrogativas (*rectius*, privilégios!) excessivos ao executar as certidões de dívida ativa. Pode, na formação do título executivo, incluir o sócio. Se não utiliza tal prerrogativa, o mínimo que se pode exigir para a salvaguarda do devido processo legal é que o sócio afetado pela execução (redirecionamento) tenha direito de se defender. Em suma, ainda que se recuse a utilização do incidente de desconsideração em sede de execução fiscal, é necessário franquear ao sócio envolvido tardiamente no processo executivo ampla possibilidade de defender-se contra a eventual sanha fiscal.

2. Benefício de ordem limitado

O legislador permitiu ao sócio executado que nomeie bens da sociedade, que deverão ser excutidos antes dos seus. Esse benefício, porém, está condicionado à existência de bens desonerados da sociedade que se localizem na mesma comarca e que sejam suficientes para o pagamento da totalidade da dívida.

Caso o sócio efetue o pagamento da dívida, garante o dispositivo legal seu direito regressivo, que será exercido nos mesmos autos.

> **Art. 796.** O espólio responde pelas dívidas do falecido, mas, feita a partilha, cada herdeiro responde por elas dentro das forças da herança e na proporção da parte que lhe coube.

▶ *Referência: CPC/1973 – Art. 597*

1. Término do inventário

Espólio é estrutura efêmera, que agrega o conjunto de bens que constitui o patrimônio deixado pelo falecido, a ser partilhado entre os interessados. Findo o processamento do inventário e sobrevindo a partilha, deixa de existir a comunhão que liga os interessados (CPC,

art. 655) e cada um deverá, a partir de então, responder pelos bens que recebeu, na proporção da força da herança.

Transitada em julgado a sentença de partilha, cessam as funções do inventariante, sendo imprescindível substituir o espólio pelos herdeiros (se a demanda tratar de bem ou crédito que tenha sido repartido entre todos) ou pelo herdeiro a quem couber o direito ou a coisa objeto da execução. A rigor, a substituição de um (o espólio) por outros (herdeiros) faz-se por meio do processo de habilitação (arts. 687 a 692 do CPC). A formalidade pode ser mitigada se os herdeiros (ou o herdeiro) comparecerem espontaneamente para informar nos autos da execução o fim do inventário e não houver oposição da parte contrária. Bastará, então, a apresentação da sentença que julgou a partilha para demonstrar a titularidade do bem ou direito (e a respectiva responsabilidade), regularizando-se o feito para normal prosseguimento.

TÍTULO II
DAS DIVERSAS ESPÉCIES DE EXECUÇÃO

CAPÍTULO I
DISPOSIÇÕES GERAIS

▶ *Referência: CPC/1973 Título II, Capítulo I – Das diversas espécies de execução*

1. Organização do CPC

Uma das virtudes do CPC foi a preocupação que teve em deixar o Código de Processo Civil mais organizado e fácil de ser operado. A divisão e organização dos temas revela também este cuidado com a simplicidade e coerência. O CPC está dividido em duas partes: geral e especial. A primeira destinada aos pilares do direito processual civil vistos sob uma perspectiva estática, a saber: normas fundamentais de processo, jurisdição, ação, processo e tutela. Já a segunda parte trata do *processo em contraditório*, do processo sob uma perspectiva dinâmica, procedimental. Esta parte especial é dividida em livros, sendo que o primeiro livro trata do procedimento comum, nele incluído o cumprimento de sentença, e o segundo livro que trata do processo de execução. O Livro II da Parte Especial, dedicada ao Processo de Execução, está dividida em 4 títulos, sendo o Título I dedicado aos Dispositivos Gerais; o Título II dedicado às diversas espécies de execução; o Título III dedicado aos Embargos à Execução e o Título IV dedicado à Suspensão e Extinção da Execução.

2. Tutela satisfativa: processo de execução e cumprimento de sentença

A tutela satisfativa no CPC é formalmente prestada através de um *processo de execução* ou por via do *cumprimento de sentença*. O processo de execução é lastreado em título executivo extrajudicial e dá início a uma relação jurídica processual autônoma, fruto do exercício da demanda executiva. Já o cumprimento de sentença (título judicial) é apenas uma fase de um processo sincrético onde se condensam a fase cognitiva e a executiva, naqueles casos em que a tutela não se satisfaz com a mera declaração ou obtenção de uma nova situação jurídica e se torna necessário satisfazer o direito declarado no título judicial.

3. Intercâmbio entre o cumprimento de sentença e processo de execução

O CPC estabeleceu um intercâmbio de mão dupla entre o cumprimento de sentença e o processo de execução e nem poderia ser diferente, afinal de contas ambos tratam de *tutela satisfativa* do direito revelado em um título judicial e extrajudicial respectivamente. Este intercâmbio é expresso nos arts. 513 e 771, parágrafo único, respetivamente. Não será incomum a necessidade de valer-se das regras processuais contidas no cumprimento de sentença para o processo de execução e vice-versa. Apenas a título de exemplo, os dispositivos do cumprimento de sentença das obrigações de não fazer podem ser utilizados pelo magistrado quando da efetivação do processo de execução desta mesma modalidade obrigacional (não fazer). Já o cumprimento de sentença das obrigações de pagar quantia depende de dispositivos que estão inseridos apenas no processo de execução, como a penhora de ativos financeiros (art. 854) etc.

4. Intercâmbio com a parte geral

Por razões óbvias a *parte geral* do CPC projeta-se sobre toda a parte especial. Nela estão as normas fundamentais de direito processual civil, as regras básicas de institutos fundamentais do processo, etc. No que concerne à tutela executiva, merece realce, a lembrança da importância do art. 139 do CPC onde habita uma cláusula geral da tutela executiva (inciso IV) ao prever a possibilidade de o magistrado determinar todas as medidas indutivas, coercitivas, mandamentais ou sub-rogatórias necessárias para assegurar o cumprimento de ordem judicial, inclusive nas ações que tenham por objeto prestação pecuniária. Resta instituída a regra da atipicidade de meios executivos no CPC, permitindo que o magistrado escolha o meio executivo adequado à hipótese em concreto somando-se àquele já previsto pelo legislador.

5. As espécies de execução

O Código optou por manter a divisão dos procedimentos executivos segundo a *natureza da obrigação* revelada no título executivo, seja ele judicial ou extrajudicial. Daí por que usa a *terminologia de direito material* para designar as espécies de execução: pagar quantia, fazer e não fazer e entrega de coisa. Em relação à obrigação de pagar quantia é preciso lembrar que esta contém um procedimento comum e dois procedimentos especiais que se referem à obrigação de pagar alimentos e a execução por quantia contra a fazenda pública. A execução fiscal (promovida pela Fazenda Pública) está na Lei 6.830/1980 e a execução contra devedor insolvente está regulada pelo art. 748 e ss. do CPC revogado (art. 1.052 do CPC). Em nosso sentir, melhor seria se o legislador tivesse adotado a terminologia processual para designar a modalidade de execução. A execução por expropriação corresponde à execução para pagamento de quantia. A execução por desapossamento à execução para entrega de coisa. A execução por transformação às obrigações de fazer e não fazer.

6. Tipicidade e atipicidade do procedimento

Como se pode observar no texto dedicado ao cumprimento de sentença e ao processo de execução o legislador optou por estabelecer procedimentos típicos para cada modalidade de obrigação (fazer e não fazer, entrega de coisa e pagar quantia) com sequência procedimental fixada pelo legislador para cada uma delas, exceção feita ao cumprimento de sentença das obrigações específicas (fazer e não fazer e entrega de coisa) onde o próprio legislador expressamente opta pela atipicidade do procedimento e dos meios executivos (art. 536). É gritante a falta de sintonia entre o cumprimento de sentença das obrigações específicas e o processo de execução destas

Art. 797

mesmas obrigações, motivo pelo qual a doutrina determina que se aplique, sempre que possível, ao processo de execução das obrigações específicas as mesmas regras da atipicidade do cumprimento de sentença (art. 536). No tocante às obrigações de pagar quantia o procedimento do cumprimento de sentença só se difere do processo de execução na fase inicial, porque da penhora em diante segue-se as regras típicas do processo de execução para pagamento de quantia.

A *tipicidade* do procedimento e dos meios executivos que nele estão previstos da forma como foi previsto pelo legislador é que tem levado a interpretação de que a cláusula geral da *atipicidade dos meios executivos* do art. 139, IV, do CPC só seria de aplicação subsidiária, ou seja, quando infrutífero o procedimento e os meios típicos.

> **Art. 797.** Ressalvado o caso de insolvência do devedor, em que tem lugar o concurso universal, realiza-se a execução no interesse do exequente que adquire, pela penhora, o direito de preferência sobre os bens penhorados.
>
> **Parágrafo único.** Recaindo mais de uma penhora sobre o mesmo bem, cada exequente conservará o seu título de preferência.

▶ *Referência: CPC/1973 – Arts. 612 e 613*

1. Localização inadequada do dispositivo

O art. 797 do CPC tem a mesma redação dos arts. 612 e 613 do CPC revogado. Em nosso sentir, o legislador perdeu a oportunidade de abrigá-lo em local adequado do Código. Esta não é uma *disposição geral das diversas espécies de execução*, pois trata de um de enunciar de que a execução é realizada em prol do exequente e trata ainda dos efeitos da penhora que é ato executivo instrumental da execução por expropriação, ou seja, melhor seria que tivesse destinado esta parte do dispositivo na seção I do capítulo IV do CPC que trata das disposições gerais da execução para pagamento de quantia.

2. Insolvência do devedor e concurso universal

Também aqui não houve adequação do dispositivo à nova realidade do CPC. É que o transporte dos arts. 612 e 613 do CPC revogado para o 797 do CPC deveria ter sido feito com mais cuidado, afinal de contas no CPC atual não há mais o procedimento de execução por quantia contra devedor insolvente, por expressa dicção do art. 1.052 que manda aplicar o procedimento do CPC revogado enquanto não houver lei especial extravagante regulando o tema.

3. Execução no interesse do exequente

Praticamente "perdido" neste dispositivo está a expressão "realiza-se a execução no interesse do exequente" que consagra o direito fundamental do credor à obtenção da tutela satisfativa como expressamente consagram os arts. 4º e 6º (normas fundamentais) do CPC ao dizer que "as partes têm o direito de obter em prazo razoável a solução integral do mérito, incluída a atividade *satisfativa*" e "todos os sujeitos do processo devem cooperar entre si para que se obtenha, em tempo razoável, decisão de mérito justa e *efetiva*".

Este direito fundamental do credor à tutela satisfativa se realiza por intermédio de um conjunto de técnicas processuais (técnicas executivas) cujo fim é satisfazer o direito revelado no título executivo. É por isso que se diz que o cumprimento de sentença e o processo de execução, lados de uma mesma moeda, são de *desfecho único*, ou seja, a extinção normal da execução é por sentença que declara a satisfação do direito exequendo.

O procedimento executivo não é vocacionado à discussão e debate da pretensão executiva e de seus fundamentos, o que deve ser feito normalmente em impugnação ou embargos do executado. Enfim, é preciso que seja inculcado na forma de pensar e agir do operador do direito que o procedimento executivo existe em prol do direito fundamental do credor à execução civil, e que, ao final dela esperar-se que o desapossamento, a transformação e a expropriação sejam realizadas integralmente sem excesso sobre o patrimônio do devedor. A execução não deve ser vista como um esconderijo seguro para o devedor, posto que se presta para realizar a tutela jurisdicional em favor de um sujeito que tem um direito reconhecido num título executivo, judicial ou extrajudicial.

4. Penhora e direito de preferência sobre os bens penhorados

Embora o dispositivo seja o primeiro de uma lista de artigos que ocupam as "disposições gerais das diversas espécies de execução" a verdade é refere-se apenas à execução por quantia já que a penhora é ato constritivo que não pertence à execução por transformação ou por desapossamento.

Dentre os *efeitos da penhora* um deles é este destacado no dispositivo, ou seja, recaindo mais de uma penhora sobre o mesmo bem, o direito de preferência será daquele exequente que primeiro realizou a penhora. Deve-se entender como realizada a penhora mediante a apreensão e o depósito dos bens, lavrando-se um só auto se as diligências forem concluídas no mesmo dia (art. 839).

Este dispositivo deve ser lido com o art. 908 e ss. do CPC, ou seja, havendo pluralidade de credores ou exequentes, o dinheiro lhes será distribuído e entregue consoante a ordem das respectivas preferências. No caso de adjudicação ou alienação, os créditos que recaem sobre o bem, inclusive os de natureza *propter rem*, sub-rogam-se sobre o respectivo preço, observada a ordem de preferência. Não havendo título legal à preferência, o dinheiro será distribuído entre os concorrentes, observando-se a anterioridade de cada penhora. Os exequentes formularão as suas pretensões, que versarão unicamente sobre o direito de preferência e a anterioridade da penhora, e, apresentadas as razões, o juiz decidirá.

É também importante lembrar que este *efeito preferencial da penhora* se aplica também ao arresto cautelar (art. 301) ou não cautelar (art. 830), desde o momento em que se dá a medida constritiva do patrimônio; medida esta que será convertida em penhora. É remansosa a jurisprudência do Superior Tribunal de Justiça a respeito do tema.

Jurisprudência

"Processual civil. Agravo regimental no agravo em recurso especial. Penhora. Direito de preferência. Anterioridade. Crédito. Preferência. Decisão mantida. 2. 'No processo de execução, recaindo mais de uma penhora sobre o mesmo bem, terá preferência no recebimento do numerário apurado com a sua arrematação, o credor que em primeiro lugar houver realizado a penhora, salvo se incidente outro título legal de preferência. Aplicação do brocardo *prior tempore, potior iure*' (AgRg no REsp n. 1195540/RS, Relator Ministro Sidnei Beneti, Terceira Turma, julgado em 09/08/2011, *DJe* 22/08/2011)" (AgRg no AREsp 748.202/MT,

Rel. Min. Antonio Carlos Ferreira, 4ª Turma, j. 10.11.2015, *DJe* 16.11.2015).

"Agravo interno no recurso especial. Execução de título extrajudicial. Decisão monocrática negando provimento ao reclamo. Insurgência da exequente. 1. Não há falar em ofensa ao art. 535 do Código de Processo Civil/73, porquanto todas as questões fundamentais ao deslinde da controvérsia foram apreciadas pelo Tribunal *a quo*, sendo que não caracteriza omissão ou falta de fundamentação a mera decisão contrária ao interesse da parte, tal como na hipótese dos autos. 2. Nos termos da jurisprudência deste STJ, aplica-se ao arresto, qualquer que seja sua modalidade, as disposições relativas à penhora, a teor do que prevê o art. 821 do CPC/73. Precedentes. 2.1. No caso, a anterioridade do arresto realizado pelo agravado lhe confere preferência para recebimento do crédito perseguido, visto que diligentemente efetuou o ato de constrição do bem, em detrimento da penhora posteriormente realizada. 3. A indicação equivocada do dispositivo de lei federal sob o qual supostamente recai a violação suscitada atrai a incidência da Súmula 284/STF: 'Inadmissível o recurso extraordinário, quando a deficiência da fundamentação não permitir a exata compreensão da controvérsia'. 4. Agravo interno desprovido" (AgInt no REsp 1.267.262/MG, Rel. Min. Marco Buzzi, 4ª Turma, j. 10.11.2016, *DJe* 21.11.2016).

Art. 798. Ao propor a execução, incumbe ao exequente:

I – instruir a petição inicial com:

a) o título executivo extrajudicial;

b) o demonstrativo do débito atualizado até a data de propositura da ação, quando se tratar de execução por quantia certa;

c) a prova de que se verificou a condição ou ocorreu o termo, se for o caso;

d) a prova, se for o caso, de que adimpliu a contraprestação que lhe corresponde ou que lhe assegura o cumprimento, se o executado não for obrigado a satisfazer a sua prestação senão mediante a contraprestação do exequente;

II – indicar:

a) a espécie de execução de sua preferência, quando por mais de um modo puder ser realizada;

b) os nomes completos do exequente e do executado e seus números de inscrição no

Art. 798

Cadastro de Pessoas Físicas ou no Cadastro Nacional da Pessoa Jurídica;

c) os bens suscetíveis de penhora, sempre que possível.

Parágrafo único. O demonstrativo do débito deverá conter:

I – o índice de correção monetária adotado;

II – a taxa de juros aplicada;

III – os termos inicial e final de incidência do índice de correção monetária e da taxa de juros utilizados;

IV – a periodicidade da capitalização dos juros, se for o caso;

V – a especificação de desconto obrigatório realizado.

▶ *Referência: CPC/1973 – Arts. 614 e 615, I e IV*

1. A expressão propor a execução

A expressão contida no *caput* do dispositivo não esconde que aqui estamos diante da propositura de uma demanda executiva, fruto do exercício do direito constitucional de ação, ou seja, o credor a quem a lei atribui um título executivo extrajudicial (art. 784) terá que ajuizar uma demanda executiva se quiser obter a satisfação do direito inadimplido pelo devedor. Para tanto, deve proceder a "propositura da execução" usando a linguagem pouco técnica do legislador no *caput* do artigo. Enfim, pela propositura da demanda executiva, instaura um processo de execução, pelo ajuizamento da petição inicial executiva, com citação do devedor que passará a ser chamado de executado. Este *processo executivo* seguirá um *procedimento executivo* de acordo com a *espécie de execução* (obrigação de pagar quantia, fazer e não fazer ou entrega de coisa), tendo por finalidade a satisfação do direito revelado no título, e posteriormente terminará por sentença (art. 924, II).

2. Requisitos da petição inicial

O legislador organizou melhor os requisitos da petição inicial do processo de execução, separando os itens de acordo com três tarefas distintas da parte: o que deve *instruí-la*, o que nela deve ser *indicado* e o que nela deve ser *requerido*, como verifica-se nos arts. 798, I, II, e 799. Obviamente que nenhuma dessas atitudes é um *dever jurídico*, mas sim um ônus processual (ora perfeito, ora imperfeito) do exequente ao propor a demanda executiva. Nas situações em que o ônus é *perfeito* e o exequente não se desincumbe do referido encargo, a petição inicial não poderá ser indeferida sem antes oportunizar a chance de correção da referida peça processual, como se verifica no art. 801 que nada mais faz do que aplicar o princípio da primazia da tutela de mérito (tutela satisfativa) na atividade executiva (art. 4º do CPC).

3. O que deve instruir a petição inicial do processo de execução: o título executivo extrajudicial

Tendo uma origem *extrajudicial* – de fora do processo – o título executivo extrajudicial (art. 784) deve estar anexo à petição inicial no ato da propositura da demanda, afinal de contas é ele que torna adequada a atividade executiva e nele está revelada a obrigação líquida, certa e exigível.

Acerca da anexação do título executivo extrajudicial na petição inicial duas questões são importantes destacar: a *primeira* é saber se o título executivo deve ser original ou se admite que possa ser juntada uma cópia, e a *segunda* é saber se a sua falta implica em imediata extinção ou se é vício que admite correção a qualquer tempo.

Obviamente que a juntada do título original é o que espera o legislador, pois é a melhor forma de se ter segurança jurídica de que o verdadeiro título executivo está dentro do processo e de que não existe o risco de ele (título) ser utilizado novamente nem pelo mesmo credor ou até por outros que sejam portadores do título executivo, como no caso de alguns títulos executivos cambiais. Entretanto, muitas vezes pelo valor do título e o receio de que seja extraviado tem admitido a jurisprudência de que seja juntada a cópia autenticada do título executivo. Da mesma forma, não se tratando de execução de um título cambial, que se exige a cédula original (cartularidade), não há razão para que não se admita a cópia autenticada do título executivo, como por exemplo, um contrato contendo uma confissão de dívida. Enfim, além disso, é preciso que o Direito acompanhe a evolução social no sentido de passar a reconhecer os meios eletrônicos como possíveis de representarem, com eficácia executiva, uma obrigação liquida certa e exigível.

Nas situações em que o problema diz respeito à apresentação tardia do título executivo, a jurisprudência, corretamente, tem admitido a sua juntada posterior em respeito a instrumentalidade do processo e a possibilidade de que o vício possa ser corrido antes de decretar a extinção anormal do processo de execução.

4. O que deve instruir a petição inicial do processo de execução (1): demonstrativo do débito atualizado até a data de propositura da ação, quando se tratar de execução por quantia certa

É executivo o título extrajudicial que nele contém todos os elementos para aferição do *quantum debeatur*, sendo ônus daquele que inicia a execução (em geral o exequente) trazer a memória discriminada do cálculo do valor devido. Assim, por exemplo, os juros e correções do valor principal devem ser apresentados no ato da propositura da ação executiva, seja dentro da petição inicial ou em documento que lhe seja anexo.

O mesmo ônus possui o executado que pretende opor-se à execução por meio de embargos do executado e nele alegar "excesso de execução". Cabe ao executado apresentar o valor que reconhece como devido trazendo a memória discriminada dos cálculos correspondentes dentro ou em anexo à sua petição, sob pena de que se assim não o fizer os embargos serem liminarmente rejeitados sem resolução de mérito, na hipótese de o excesso de execução ser o único fundamento; de outra parte, caso existam outros fundamentos o juiz determinará o processamento da oposição, mas não examinará a alegação de excesso de execução (art. 917, §§ 3º e 4º).

5. O conteúdo do "demonstrativo do débito"

O CPC deve preocupação de definir o conteúdo do que seja "demonstrativo do débito" traçando uma espécie de roteiro para facilitar não apenas aquele que propõe a demanda executiva, mas também aquele que opõe-se com excesso de execução, permitindo que exista maior clareza e torne mais simples a resoluções de conflitos envolvendo o quantum devido, o que na verdade é algo bastante comum nas execuções para pagamento de quantia. Assim, o demonstrativo do débito deverá conter: I – o índice de correção monetária adotado; II – a taxa de juros aplicada; III – os termos inicial e final de incidência do índice de correção monetária e da taxa de juros utilizados; IV – a periodicidade da capitalização dos juros, se for o caso; V – a especificação de desconto obrigatório realizado. Com este roteiro apresentado pelo legislador

permite-se uma padronização mínima e organização das *memórias discriminadas de débito* que tendem a simplificar o trabalho do juiz e das partes em eventual discussão sobre o valor devido, evitando a produção desnecessária da prova pericial para este fim.

6. O que deve instruir a petição inicial do processo de execução (2): a prova de que se verificou a condição ou ocorreu o termo, se for o caso

Não é demais recordar que o art. 121 do CCB considera *condição* a cláusula que, derivando exclusivamente da vontade das partes, subordina o efeito do negócio jurídico a evento futuro e incerto. Já o *termo* (art. 131 do CCB) é o evento futuro e certo que condiciona o início dos efeitos do negócio jurídico.

Recorde-se que o art. 783 determina que a execução para cobrança de crédito fundar-se-á sempre em título de obrigação certa, líquida e exigível. Enquanto não superada a condição ou termo a obrigação não será *exigível* e o título ainda não será documento idôneo a dar início à execução. Nestas situações em que a obrigação submete-se à condição ou termo é preciso que o exequente instrua a petição inicial com a "prova" de que se verificou a condição ou o termo, o que, regra geral é feito por documento diverso do próprio título onde consta a obrigação. Sem essa prova a execução está fadada à extinção por falta de condição da ação executiva, na medida em que o título estará incompleto, ou seja, não conterá obrigação líquida, certa e *exigível*.

7. O que deve instruir a petição inicial do processo de execução (3): a prova, se for o caso, de que adimpliu a contraprestação que lhe corresponde ou que lhe assegura o cumprimento, se o executado não for obrigado a satisfazer a sua prestação senão mediante a contraprestação do exequente

Nos termos do art. 476 do CCB tem que nos contratos bilaterais, nenhum dos contratantes, antes de cumprida a sua obrigação, pode exigir o implemento da do outro. É daí que deriva a regra de que deve o exequente instruir a petição inicial com a prova de que adimpliu a contraprestação nos termos do art. 798, I, *d*. Nestas situações a prova também é elemento que confere exigibilidade tornando adequado o título executivo para prosseguimento da execução.

Art. 798

8. O que deve indicar na petição inicial (1): a) a espécie de execução de sua preferência, quando por mais de um modo puder ser realizada

É perfeitamente possível que a mesma obrigação possa ser cumprida por mais de um meio e até mesmo que num mesmo título constem obrigações alternativas à escolha do credor (art. 252 do CCB) que deve indicar na petição inicial – para sanação da incerteza – qual o meio ou a obrigação a ser cumprida, pois, bem se sabe que dependendo da modalidade da obrigação diferente será o rito procedimental da execução.

9. O que deve *indicar* na petição inicial (2): os nomes completos do exequente e do executado e seus números de inscrição no Cadastro de Pessoas Físicas ou no Cadastro Nacional da Pessoa Jurídica

O CPF e o CNPJ são documentos importantes no cotidiano das pessoas físicas e jurídicas, em especial para identificar domicílio, residência e outras informações perante os órgãos públicos, e o legislador processual exigiu em várias oportunidades do seu texto a necessidade de que o sujeito que participe do processo [até mesmo a testemunha, art. 450], seja identificada pelo CPF e no caso das pessoas jurídicas pelo CNPJ. A regra constante do art. 798 (petição inicial do processo de execução) encontra correspondência com o art. 319, II do CPC que trata da petição inicial do processo de cognição, com o requerimento inicial do cumprimento de sentença (arts. 524 e 534).

10. O que deve indicar na petição inicial (3): os bens suscetíveis de penhora, sempre que possível

Muito embora seja o devedor a pessoa que melhor conhece o seu patrimônio, o ônus de indicar o bem à penhora não lhe pertence. Pertence ao exequente o ônus de indicar o bem a penhora, e pode fazê-lo na própria petição inicial. Caso não o faça, então restará ao executado indicar, mas não com o ônus e sim como um *dever* (e não ônus) de indicar os bens à penhora quando lhe determinar o magistrado, sob pena de que sua desídia ou o ocultamento sejam tomados como atos atentatórios à dignidade da justiça, sujeitos à sanção processual (art. 774, V e parágrafo único). O Código estabelece uma ordem de preferência dos bens a serem penhorados (art. 835) sendo certo e lógico que o primeiro bem é o dinheiro. A lista de preferência foi confeccionada pelo legislador levando em consideração os bens suscetíveis de maior liquidez, e, por isso o dinheiro não se submete à flexibilidade da ordem estabelecida pelo legislador (art. 835, § 1º). Em nosso sentir, na própria petição inicial cabe ao exequente solicitar que seja feita preferencialmente a penhora de dinheiro (art. 854), o que não impede de indicar outros bens (seguindo a ordem do art. 835 ou justificando a flexibilização) que possam ser penhorado caso seja infrutífera a penhora eletrônica.

Jurisprudência

"Agravo interno nos embargos de declaração em embargos à execução em mandado de segurança. Legitimidade da União. Hipótese dos autos. Inépcia da petição de cumprimento da obrigação. Não ocorrência. Exigibilidade e liquidez do título. Agravo interno não provido. 1. A União detém legitimidade passiva no procedimento executivo quando figura, isoladamente, no polo da ação mandamental, cuja decisão que lhe impõe a obrigação de pagar quantia certa está revestida da coisa julgada. 2. A existência de mera irregularidade formal, que não compromete o pleno exercício do contraditório, ocorrido na instrução dos documentos que acompanham a inicial do exequente, ao promover a execução de título judicial, não impede que seja determinada a regularização do pedido, ainda que após a apresentação dos embargos à execução. 3. A liquidez do título judicial está associada à extensão e à determinação do objeto da prestação, circunstâncias essas verificáveis quando é necessária a simples realização de cálculos aritméticos, o que se distingue da exigibilidade, a qual se relaciona com a inexistência de termo ou condição para o cumprimento da obrigação. 4. Agravo interno não provido" (AgInt nos EDcl nos EmbExeMS 7.993/DF, Rel. Min. Rogerio Schietti Cruz, 3ª Seção, j. 12.09.2018, *DJe* 18.09.2018).

"Agravo interno no agravo em recurso especial. Ação monitória. Cópia de cheque. Documento idôneo. Controvérsia acerca da dívida. Inovação recursal. Preclusão consumativa. Agravo interno improvido. 1. A jurisprudência desta Corte tem se firmado no sentido de que a simples cópia do título executivo é documento hábil a ensejar a propositura de ação monitória. 2. Inviável o conhecimento da matéria que foi suscitada apenas em agravo interno, constituindo inovação recursal. Na hipótese, se a questão da controvérsia acerca do conteúdo dos valores expressos nas cópias das cártulas foi suscitada somente nas razões do presente agravo interno, constituindo indevida inovação recursal, torna-se inviável a análise do pleito ante a configuração da preclusão consumativa. 3. Agravo interno a que se nega provimento" (AgInt no AREsp 979.457/SP, Rel. Min. Marco Aurélio Bellizze, 3ª Turma, j. 16.05.2017, *DJe* 29.05.2017).

"Agravo regimental no agravo em recurso especial. Processual civil e empresarial. Violação à Lei 6.015/1973 e à MP 2.200-2/2002. Ofensa genérica. Súmula 284/STF. Arts. 154 e 365 do CPC. Falta de prequestionamento. Súmulas 282 e 356/STF. Peça obrigatória (art. 29, § 3º, da Lei 10.931/2004). Ausência. Não atendimento de emenda da inicial para juntada de original de título executivo extrajudicial. Extinção do processo. Provimento negado. 1. Na leitura do recurso especial, verifica-se que a parte agravante limitou-se a apontar ofensa genérica à Lei 6.015/1973, bem como à MP 2.200-2/2002, sem, contudo, particularizar quais dispositivos nelas insertos teriam sido violados pelo aresto atacado. No ponto, ressalta-se que a jurisprudência desta Corte é pacífica no sentido de que a violação genérica de lei federal não enseja a abertura da via especial, aplicando-se, por analogia, o disposto na Súmula 284 do STF: 'É inadmissível o recurso extraordinário, quando a deficiência na sua fundamentação não permitir a exata compreensão da controvérsia.' 2. Não ocorrendo o prequestionamento dos preceitos legais ditos violados, não se conhece do recurso especial, ainda que opostos embargos de declaração. Incidência das Súmulas 282 e 356 do STF. 3. A jurisprudência desta Corte Superior é firme no sentido de que cabe ao Juízo, quando a parte instrui a inicial com cópia autenticada do título executivo, abrir prazo para que emende a inicial juntando o título original. Tendo o demandante deixado transcorrer in albis o prazo para colacionar a via original da cédula de crédito, é cabível ao magistrado, então, julgar extinto o feito. 4. Agravo regimental a que se nega provimento" (AgRg no AREsp 605.423/SC, Rel. Min. Raul Araújo, 4ª Turma, j. 03.09.2015, *DJe* 01.10.2015).

"Agravo regimental em recurso especial. Execução de título extrajudicial. Notas promissórias vinculadas a contrato de compra e venda de cotas sociais. Instrução da execução mediante cópias autenticadas das cártulas. 1. Embargos do devedor opostos pelos recorrentes durante execução por título extrajudicial fundada em vinte e uma (21) notas promissórias emitidas em decorrência da compra e venda de cotas sociais de sociedade comercial. 2. Reconhecimento, pela origem, da higidez das cópias dos títulos e do risco em manter os originais em cartório, em face do vultoso valor. Inexistência de nulidade processual. Precedente específico do STJ. Possibilidade de apresentação das cártulas originais quando do pagamento efetivo no curso da execução. 3. Questões relativas à mora, à legitimidade passiva, e à violação à boa-fé em relação à cláusula a prever a responsabilidade do adquirente das cotas pelas dívidas sociais, que atraem os óbices das Súmulas 5 e 7/STJ. 4. Agravo regimental desprovido" (AgRg no REsp 1.323.739/RN, Rel. Min. Paulo de Tarso Sanseverino, 3ª Turma, j. 03.03.2015, *DJe* 09.03.2015).

"Agravo regimental. Recurso especial. Execução. Nota promissória. Cópia. Possibilidade. 1. A circunstância de a execução lastrear-se em cópia de título executivo constitui mera irregularidade, podendo-se oportunizar a apresentação pelo exequente do documento original para extirpar o vício do processo. 2. Decisão agravada mantida pelos seus próprios fundamentos. 3. Agravo regimental desprovido" (AgRg no REsp 1.218.604/MG, Rel. Min. Paulo de Tarso Sanseverino, 3ª Turma, j. 14.08.2012, *DJe* 21.08.2012).

"Processual civil. Recurso especial. Execução com lastro em cópia do título executivo extrajudicial. Intimação da exequente para que proceda à juntada do original. Possibilidade. 1. A tese acerca da vulneração do art. 618 do Código de Processo Civil não foi devidamente prequestionada no acórdão recorrido, tampouco foram opostos embargos de declaração, razão por que deve incidir, no ponto, o verbete n. 356 da Súmula do STF. 2. Os artigos 283 e 614, I, do Código de Processo Civil devem ser interpretados de forma sistemática, sem que haja descuido quanto à observância das demais regras e princípios processuais, de modo que o magistrado, antes de extinguir o processo de execução, deve possibilitar, nos moldes do disposto no artigo 616 do Código de Processo Civil, que a parte apresente o original do título executivo. 3. Não havendo má-fé do exequente, conforme apurado pelo Tribunal de origem, a alegação,

Art. 799

sem demonstração de prejuízo, de não haver oportunidade para manifestação sobre o original do título exequendo, por ocasião da oposição dos embargos à execução, não tem o condão de impedir a sua posterior juntada. 4. Recurso especial parcialmente conhecido e não provido" (REsp 924.989/RJ, Rel. Min. Luis Felipe Salomão, 4ª Turma, j. 05.05.2011, *DJe* 17.05.2011).

"Agravo interno no agravo em recurso especial. Agravo de instrumento. 1. Negativa de prestação jurisdicional. Não ocorrência. 2. Excesso de execução. Valor correto. Memória de cálculo. Necessidade. Precedentes. Incidência da Súmula 83/STJ. 3. Agravo interno improvido. (...) 2. Nos termos da jurisprudência desta Corte Superior, apontado excesso de execução nos embargos do devedor, incumbe ao embargante indicar o valor que entende correto, apresentando memória discriminada de cálculos, sob pena de rejeição liminar do pedido ou de não conhecimento desse fundamento, vedada a emenda à inicial. 3. Agravo interno improvido" (AgInt no AREsp 1.178.859/RS, Rel. Min. Marco Aurélio Bellizze, 3ª Turma, j. 23.09.2019, *DJe* 27.09.2019).

> **Art. 799.** Incumbe ainda ao exequente:
>
> **I** – requerer a intimação do credor pignoratício, hipotecário, anticrético ou fiduciário, quando a penhora recair sobre bens gravados por penhor, hipoteca, anticrese ou alienação fiduciária;
>
> **II** – requerer a intimação do titular de usufruto, uso ou habitação, quando a penhora recair sobre bem gravado por usufruto, uso ou habitação;
>
> **III** – requerer a intimação do promitente comprador, quando a penhora recair sobre bem em relação ao qual haja promessa de compra e venda registrada;
>
> **IV** – requerer a intimação do promitente vendedor, quando a penhora recair sobre direito aquisitivo derivado de promessa de compra e venda registrada;
>
> **V** – requerer a intimação do superficiário, enfiteuta ou concessionário, em caso de direito de superfície, enfiteuse, concessão de uso especial para fins de moradia ou concessão de direito real de uso, quando a penhora recair sobre imóvel submetido ao regime do direito de superfície, enfiteuse ou concessão;

> **VI** – requerer a intimação do proprietário de terreno com regime de direito de superfície, enfiteuse, concessão de uso especial para fins de moradia ou concessão de direito real de uso, quando a penhora recair sobre direitos do superficiário, do enfiteuta ou do concessionário;
>
> **VII** – requerer a intimação da sociedade, no caso de penhora de quota social ou de ação de sociedade anônima fechada, para o fim previsto no art. 876, § 7º;
>
> **VIII** – pleitear, se for o caso, medidas urgentes;
>
> **IX** – proceder à averbação em registro público do ato de propositura da execução e dos atos de constrição realizados, para conhecimento de terceiros;
>
> **X** – requerer a intimação do titular da construção-base, bem como, se for o caso, do titular de lajes anteriores, quando a penhora recair sobre o direito real de laje; (Incluído pela Lei nº 13.465, de 2017)
>
> **XI** – requerer a intimação do titular das lajes, quando a penhora recair sobre a construção-base. (Incluído pela Lei nº 13.465, de 2017)

▶ *Referência: CPC/1973 – Art. 615, II e III*

1. Requerer a intimação de terceiros com direito sobre a coisa objeto da expropriação

Desde que o exequente já identifique o bem objeto da penhora é mister que tome as providencias mencionadas nos incisos I a VII e X e XI do art. 799 do CPC. O ônus do requerimento para a intimação dos terceiros do rol constante dos incisos mencionados acima do art. 799 estão diretamente relacionados com o art. 889 que impõe o dever de cientificar da alienação judicial do bem penhorado, inclusive na hipótese de adjudicação (art. 876, V), para que exerçam as preferências legais decorrentes da relação que possuem com o bem objeto da expropriação, com pelo menos cinco dias de antecedência esses mesmos terceiros mencionados no art. 799, justamente para que possam exercer direitos de preferência não apenas na adjudicação (art. 876, § 5º), mas também em relação às preferencias legais no recebimento do dinheiro fruto da alienação a que alude o art. 908 e ss. do CPC. Os dois últimos (X e XI) em tese deveriam estar alocados no texto do inciso VI dada a familiaridade entre eles, mas como sugiram com a Lei 13.465/2017, posterior ao CPC, constam por isso nos dois últimos incisos. O direito real de laje está previsto no art. 1.510-A do Código Civil Brasileiro, e, como tal submete-se ao mesmo regime das hipóteses elencadas no inciso VI do art. 799, e, nada obstante o silencio do legislador também possui o mesmo regime jurídico do art. 889, bem como do art. 876, § 5º, do CPC.

Tais dispositivos fazem parte de um microssistema criado pelo legislador para prevenir a fraude à execução e que o processo de execução se transforme em palco interminável de embargos de terceiros que tenham adquirido de boa-fé o bem objeto da constrição executiva.

2. Medidas urgentes na execução

Embora seja extremamente festejada no processo de cognição, a técnica de tutela urgente do art. 300 e ss. do CPC não foi projetada para o processo de execução, em razão da simples e pueril afirmação de que não há, pelo menos em tese, o que se satisfazer ou acautelar na execução, já que esta (a execução) justamente realiza o direito contido no título.

Onde se lê no art. 799, VIII, que compete ao credor requerer na petição inicial da execução, se for o caso, "as medidas urgentes", não se deve fazer uma interpretação restritiva do dispositivo imaginando que aí estariam contempladas apenas as medidas cautelares genuínas de prevenção do processo, senão, antes, também as medidas urgentes satisfativas, pois, caso contrário, seria estimular, *v.g.*, que o titular de um título extrajudicial (eficácia executiva abstrata) busque a tutela jurisdicional cognitiva porque esta lhe ofertaria técnicas de obtenção de resultado mais eficazes que o próprio processo de execução.

3. Certidão premonitória – art. 799, IX, art. 828 e arts. 54 a 56 da Lei 13.097/2015

Existe um aparente choque de regras envolvendo o art. 828, que exige para a averbação que a execução tenha sido *admitida*, ao passo que o art. 799, IX, em comento refere-se ao momento da *propositura da ação* que para o exequente possa lançar mão da averbação premonitória. Por sua vez, o art. 56 da Lei 13.097/2015, que trata do ônus do registro em favor de quem foi concedida a medida judicial, fala em "ajuizamento" da ação de execução.

Parece-nos que a intenção do legislador é a preconizada no art. 799, IX, e reiterada no art. 54 da Lei 13.097/2015, ou seja, preservar o mais breve possível o exequente e os terceiros contra fraudes que possam ser cometidas pelo executado, de forma que o momento para obtenção da referida certidão deve ser da propositura da demanda e não da sua admissão pelo juiz como sugere o art. 828.

4. A alienação depois de realizada a averbação da certidão premonitória

O art. 799, IX deve ser interpretado em conjunto com o art. 828 e também com o art. 792, II. Assim, quando tiver sido averbada, no registro do bem, a existência de processo de execução pendente, na forma do art. 828 (art. 799, IX), então a eventual alienação ou a oneração de bem posterior a este registro é considerada fraude à execução. A alienação ou oneração mencionada no dispositivo refere-se a ato voluntário de disposição do patrimônio feito pelo executado, não se equiparando, por exemplo, à alienação judicial por meio de leilão ou por adjudicação forçada.

5. A averbação não gera direito de preferência

A averbação é destinada à prevenir não apenas o exequente, mas também os terceiros contra ato fraudulento de disposição voluntária do bem pelo executado. Não gera para o exequente nenhum tipo de *direito de preferência* e nem se equipara a penhora.

6. Princípio da concentração do registro dos bens imóveis e fraude à execução

A Lei 13.097/2015 contém três artigos de capital importância para a compreensão do sistema de presunção das fraudes à execução cometidas pelo executado em relação à alienação de bens imóveis de seu patrimônio. Pelos arts. 54 a 56 da referida Lei, resta claro que a matrícula do imóvel deve espelhar eventuais restrições existentes. Assim, os negócios jurídicos que tenham por fim constituir, transferir ou modificar direitos reais sobre imóveis são eficazes em relação a atos jurídicos precedentes, nas hipóteses em que "**não** tenham sido registradas ou averbadas na matrícula do imóvel as informações referentes ao registro de citação de ações reais ou pessoais reipersecutórias; averbação, por solicitação do interessado, de constrição judicial, do ajuizamento de ação de execução ou de fase de cumprimento de sentença, procedendo-se nos termos previstos do art. 799, IX do CPC; averbação, mediante decisão judicial,

Art. 800

da existência de outro tipo de ação cujos resultados ou responsabilidade patrimonial possam reduzir seu proprietário à insolvência, nos termos do inciso IV do art. 792 do CPC". Em outros termos, o parágrafo único deste dispositivo é ainda mais claro ao dizer que "não poderão ser opostas situações jurídicas não constantes da matrícula no Registro de Imóveis, inclusive para fins de evicção, ao terceiro de boa-fé que adquirir ou receber em garantia direitos reais sobre o imóvel, ressalvados o disposto nos arts. 129 e 130 da Lei nº 11.101, de 9 de fevereiro de 2005, e as hipóteses de aquisição e extinção da propriedade que independam de registro de título de imóvel".

Jurisprudência

"Processual civil. Recurso especial. Concurso de credores. Penhora. Preferência. Averbação premonitória anterior. Irrelevância. Recurso provido. 1. A averbação premonitória – introduzida no CPC/1973 pela Lei Federal n. 11.382/2006 – tem a inequívoca finalidade de proteger o credor contra a prática de fraude à execução, afastando a presunção de boa-fé de terceiros que porventura venham a adquirir bens do devedor. 2. Uma vez anotada à margem do registro do bem a existência do processo executivo, o credor que a providenciou obtém em seu favor a presunção absoluta de que eventual alienação futura dar-se-á em fraude à execução e, desse modo, será ineficaz em relação à execução por ele ajuizada. 3. O termo 'alienação' previsto no art. 615-A, § 3º, do CPC/1973 refere-se ao ato voluntário de disposição patrimonial do proprietário do bem (devedor). A hipótese de fraude à execução não se compatibiliza com a adjudicação forçada, levada a efeito em outro processo executivo, no qual se logrou efetivar primeiro a penhora do mesmo bem, embora depois da averbação. 4. O alcance do art. 615-A e seus parágrafos dá-se em relação às alienações voluntárias, mas não obsta a expropriação judicial, cuja preferência deve observar a ordem de penhoras, conforme orientam os arts. 612, 613 e 711 do CPC/1973. 5. A averbação premonitória não equivale à penhora, e não induz preferência do credor em prejuízo daquele em favor do qual foi realizada a constrição judicial.6. Recurso especial provido" (REsp 1.334.635/RS, Rel. Min. Antonio Carlos Ferreira, 4ª Turma, j. 19.09.2019, *DJe* 24.09.2019).

"Processo civil. Recurso repetitivo. Art. 543-C do CPC. Fraude de execução. Embargos de terceiro. Súmula n. 375/STJ. Citação válida.

Necessidade. Ciência de demanda capaz de levar o alienante à insolvência. Prova. Ônus do credor. Registro da penhora. Art. 659, § 4º, do CPC. Presunção de fraude. Art. 615-A, § 3º, do CPC. 1. Para fins do art. 543-c do CPC, firma-se a seguinte orientação: 1.1. É indispensável citação válida para configuração da fraude de execução, ressalvada a hipótese prevista no § 3º do art. 615-A do CPC. 1.2. O reconhecimento da fraude de execução depende do registro da penhora do bem alienado ou da prova de má-fé do terceiro adquirente (Súmula n. 375/STJ). 1.3. A presunção de boa-fé é princípio geral de direito universalmente aceito, sendo milenar a parêmia: a boa-fé se presume; a má-fé se prova. 1.4. Inexistindo registro da penhora na matrícula do imóvel, é do credor o ônus da prova de que o terceiro adquirente tinha conhecimento de demanda capaz de levar o alienante à insolvência, sob pena de tornar-se letra morta o disposto no art. 659, § 4º, do CPC. 1.5. Conforme previsto no § 3º do art. 615-A do CPC, presume-se em fraude de execução a alienação ou oneração de bens realizada após a averbação referida no dispositivo. 2. Para a solução do caso concreto: 2.1. Aplicação da tese firmada. 2.2. Recurso especial provido para se anular o acórdão recorrido e a sentença e, consequentemente, determinar o prosseguimento do processo para a realização da instrução processual na forma requerida pelos recorrentes" (REsp 956.943/PR, Rel. Min. Nancy Andrighi, Rel. p/ acórdão Min. João Otávio de Noronha, Corte Especial, j. 20.08.2014, *DJe* 01.12.2014).

> **Art. 800.** Nas obrigações alternativas, quando a escolha couber ao devedor, esse será citado para exercer a opção e realizar a prestação dentro de 10 (dez) dias, se outro prazo não lhe foi determinado em lei ou em contrato.
>
> **§ 1º** Devolver-se-á ao credor a opção, se o devedor não a exercer no prazo determinado.
>
> **§ 2º** A escolha será indicada na petição inicial da execução quando couber ao credor exercê-la.

▶ *Referência: CPC/1973 – Art. 571*

1. Obrigações alternativas e escolha pelo devedor

O CCB estabelece nos arts. 252 a 256 as regras de direito civil referentes às obrigações alternativas, sendo certo que, salvo estipulação em contrário, nas obrigações alternativas, a escolha cabe ao devedor. Enquanto não for definida qual das alternativas existentes não haverá absoluta individuação do objeto da execução. Obviamente que quando a escolha couber ao exequente, este a indicará na petição inicial da execução. Todavia, tratando-se da hipótese em que a escolha da obrigação a ser cumprida pelo devedor cabe a ele mesmo, é necessário que em seguida ao ajuizamento da petição inicial pelo exequente, seja o devedor citado e assim instaurado um pequeno incidente processual para que ele, executado, possa a um só tempo *exercer a opção que lhe cabe* e uma vez definida a sua escolha *realizar a prestação* no prazo de 10 dias se outro prazo não lhe foi determinado em lei ou em contrato. A rigor, basta *realizar a prestação* pois assim já estará definida a escolha.

2. Devolução da opção para o credor

O § 1º do dispositivo fala em "devolver-se-á ao credor a opção, se o devedor não a exercer no prazo determinado", mas a rigor, não se devolve aquilo que nunca foi do credor. Enfim, não exercida a opção e realizada a prestação pelo executado no prazo processual de 10 dias (ou outro previsto na lei ou no título), a opção é repassada ao credor que deverá fazê-lo por petição simples indicando a espécie de execução compatível com a obrigação escolhida.

Jurisprudência

"Processual civil. Recurso especial. Obrigação alternativa. Escolha do credor. Inexiquibilidade da prestação escolhida. Incidência das disposições do artigo 255 do Código de Processo Civil. 1. Nas obrigações alternativas a escolha é a concentração da obrigação na prestação indicada, momento no qual torna-se simples, pelo que, apenas a escolhida poderá ser reclamada. 2. Segundo dispõe o artigo 255 do Código Civil, se a escolha couber ao credor e uma das prestações houver perecido, pode escolher a outra ou optar pelo valor da perdida mais perdas e danos. 3. Devedor de obrigação alternativa que grava com ônus reais imóvel que era objeto de possível escolha pelo credor, sem adverti-lo de tal hipótese, torna viciosa escolha, mormente quando não honrar a obrigação com credor hipotecário que, posteriormente, vem a executar a garantia. Assim, concentrada a obrigação em prestação inexigível por culpa do devedor, terá o credor o direito de exigir a prestação subsistente ou o valor da outra. 4. Recurso especial conhecido e provido" (REsp

1.074.323/SP, Rel. Min. João Otávio de Noronha, 4ª Turma, j. 22.06.2010, *DJe* 28.10.2010).

> **Art. 801.** Verificando que a petição inicial está incompleta ou que não está acompanhada dos documentos indispensáveis à propositura da execução, o juiz determinará que o exequente a corrija, no prazo de 15 (quinze) dias, sob pena de indeferimento.

▶ *Referência: CPC/1973 – Art. 616*

1. Defeito na petição inicial e oportunidade de correção

Seguindo a diretriz estabelecida pelo artigo 4º do CPC que impõe a primazia da tutela jurisdicional em detrimento de extinções atípicas do processo por vícios e defeitos processuais estabelece este dispositivo – à semelhança de tantos outros – a regra – existente no CPC revogado – de que sempre que for viável e possível deve-se permitir a correção da petição inicial adequando-a para evitar desperdício de atividade jurisdicional. Apenas se for mantido o defeito é que se deve indeferir a petição inicial (sentença) extinguindo o processo sem alcançar a finalidade de satisfação do direito exequendo. A rigor, mesmo após o oferecimento de oposição do executado onde a inépcia tenha sido alegada (momento em que em tese teria passado a fase da admissibilidade da demanda) tem-se admitida a possibilidade de regularização da petição inicial, tudo em prol da instrumentalidade do processo e da primazia do mérito. O mesmo raciocínio serve inclusive para eventuais defeitos da petição inicial dos embargos do executado.

2. Documentos indispensáveis

Os documentos mencionados no dispositivo são aqueles sem os quais não é possível prosseguir a tutela satisfativa. Até mesmo a falta do título executivo extrajudicial anexado à petição inicial pode ser objeto de correção, de forma que a prova da superação da condição ou termo, o demonstrativo do débito etc., também são ausências que podem ser supridas com fulcro neste dispositivo.

Jurisprudência

"Processual civil. Cobrança de anuidades da OAB. Execução expressa em valores de

Art. 802

CÓDIGO DE PROCESSO CIVIL INTERPRETADO

1380

referência (URHs). Extinção sumária do feito. Impossibilidade. Regularização do documento. Instrumentalidade processual. 1. Afastada a nulidade do título executivo, eventuais irregularidades no demonstrativo atualizado do débito (valor expresso em URHs) não fulmina o processo de execução, configurando hipótese em que deve ser concedido prazo ao credor para emenda da inicial, a teor do artigo 616 do CPC. Precedentes. 2. Recurso especial provido" (STJ, REsp 125.7140/SC 2011/0102051-5, Rel. Min. Castro Meira, 2ª Turma, j. 13.09.2011, *DJe* 27.09.2011).

"Processual civil. Recurso especial. Execução extrajudicial. Cédula rural pignoratícia. Embargos à execução. Insuficiência do demonstrativo de débito. Infringência do art. 616 do CPC. Direito do credor de lhe ser oportunizado emendar a inicial. Prequestionamento. Ausência. Súmula 211/STJ. Fundamentação. Ausente. Deficiente. Súmula 284/STF. Violação de dispositivo constitucional. Descabimento. Dissídio jurisprudencial. Cotejo analítico e similitude fática. Ausência. (...) 5. A regra contida no art. 616 do CPC possui como destinatário o juiz, que, verificando a existência de vício ou irregularidade, deve determinar o seu suprimento, mesmo que a inépcia da inicial tenha sido arguida pela parte contrária, como na hipótese dos autos, em que suscitada nos embargos à execução. 6. Irrelevante o fato de os executados terem suscitado em sua defesa que a petição estaria inepta e banco embargado, apesar de ter apresentado impugnação aos embargos, não ter promovido a correção, pois não fora proferido despacho no sentido de se oportunizar ao credor-exequente, no prazo legal, a regularização da petição inicial. 7. Na medida em que se permita aos executados o aditamento das razões dos embargos ou mesmo novo prazo para apresentá-los, não há prejuízo ao contraditório e à ampla defesa. 8. Recurso especial não provido" (REsp 1.203.083/PE, Rel. Min. Nancy Andrighi, 3ª Turma, j. 15.12.2011, *DJe* 28.03.2012).

"Processo civil. Embargos à execução extrajudicial. Excesso de execução. Memória de cálculo. Ausência. Inépcia. Prazo para regularização. Concessão. Necessidade. 1. A falta de apresentação de memória de cálculo acompanhando a petição inicial de embargos à execução, conforme determina o art. 739-A, § 5º do CPC, conduz a uma hipótese de inépcia da petição inicial dos embargos (art. 739, II, do CPC), de modo

que é necessário que o juízo conceda, antes da extinção, prazo para a regularização do processo, nos termos do art. 284 do CPC. Precedente. 2. Recurso especial conhecido e não provido" (REsp 1.275.380/MS, Rel. Min. Nancy Andrighi, 3ª Turma, j. 12.04.2012, *DJe* 23.04.2012).

> **Art. 802.** Na execução, o despacho que ordena a citação, desde que realizada em observância ao disposto no § 2º do art. 240, interrompe a prescrição, ainda que proferido por juízo incompetente.
>
> **Parágrafo único.** A interrupção da prescrição retroagirá à data de propositura da ação.

▶ *Referência: CPC/1973 – Art. 617*

1. Citação, juízo incompetente e interrupção da prescrição

A regra existente no CPC revogado foi mantida no atual CPC e mantém a coerência com o art. 240 do CPC, de forma a deixar bem claro que a interrupção da prescrição retroagirá à data de *propositura da ação*, assim entendida nos exatos termos do art. 312 do CPC. A propositura de demanda que se debate o próprio crédito, como cautelar, revisional ou anulatória revela o interesse do credor, e, o conhecimento do devedor, de que aquele pretende o respectivo crédito, e, portanto, tem sido considerada como causa que interrompe a prescrição.

Jurisprudência

"Agravo regimental em recurso especial. Ação de embargos à execução. Decisão monocrática que negou seguimento ao reclamo. Irresignação dos embargantes. 1. Considera-se interrompida a prescrição na data em que a petição inicial é protocolada, desde que não seja imputada ao exequente culpa pelo atraso do despacho ou da citação. 2. Incide a Súmula n. 7/STJ se o Tribunal de origem afirma não estar configurada desídia do exequente na realização dos procedimentos necessários à realização do ato citatório. 3. Agravo regimental desprovido" (AgRg no REsp 1.373.799/MT, Rel. Min. Marco Buzzi, 4ª Turma, j. 04.02.2016, *DJe* 17.02.2016).

"Agravo regimental no recurso especial. Interrupção da prescrição. Ocorrência. Demanda anterior – extinta sem exame de mérito – fundada nos mesmos títulos extrajudiciais. Agravo regimental improvido. 1. O entendimento do Tribunal de origem merece prevalecer porquanto é causa de interrupção de prescrição o ajuizamento de processo executivo, com base nas mesmas promissórias ora executadas, ainda que tenha sido extinto por força do acolhimento da preliminar de carência de ação nos embargos à execução, na medida que tornou evidente o interesse da parte credora em receber os valores que lhe compete, bem como a ciência da parte devedora a respeito da cobrança. Incidência do enunciado sumular n. 83 do Superior Tribunal de Justiça. 2. Agravo regimental a que se nega provimento" (AgRg no REsp 1.378.220/RS, Rel. Min. Marco Aurélio Bellizze, 3ª Turma, j. 27.10.2015, *DJe* 13.11.2015).

"Processo civil. Recurso especial. Exceção de pré-executividade. 1. Cônjuge. Prescrição da dívida. Legitimidade reconhecida. Interpretação analógica do art. 1.046, § 3º, do Código de Processo Civil. 2. Demanda proposta pelo devedor. Defesa judicial do crédito. Inércia do credor. Afastada. Citação. Prazo prescricional. Interrupção. Recurso provido. 1. Na esteira dos precedentes do STJ, a intimação do cônjuge enseja-lhe a utilização tanto da via dos embargos à execução, por meio dos quais se admite a discussão da própria causa debendi e a defesa do patrimônio como um todo, como da via dos embargos de terceiro, para defesa de sua meação. 2. Entre os dois instrumentos processuais, desde que respeitado o prazo próprio para oposição, aplica-se a fungibilidade, garantindo a instrumentalização do procedimento na concretização do direito material resguardado. 3. A objeção de pré-executividade, por se tratar de criação jurisprudencial destinada a impedir a prática de atos tipicamente executivos, em face da existência de vícios ou matérias conhecíveis de ofício e identificáveis de plano pela autoridade judicial, é meio processual adequado para deduzir a prescrição do título em execução. 4. Assim, reconhecida a legitimidade ampla do cônjuge para defesa do patrimônio do casal pela via dos embargos à execução, deve-se ser estendida a ele, igualmente, a utilização da exceção ou objeção de pré-executividade. 5. A prescrição é instituto jurídico destinado a sancionar a inércia do detentor de um direito, reconhecendo o desinteresse no exercício de sua posição jurídica e tornando definitivo o estado das coisas. 6. Nos termos do art. 202 do CC, o decurso do prazo prescricional interrompe-se, uma única vez, quando presente qualquer das hipóteses definidas no art. 202 do

CC. 7. A propositura de demanda em que se debate o próprio crédito – seja ela anulatória, revisional ou cautelar de sustação de protesto – denota o conhecimento do devedor do interesse do credor em exigir seu crédito. Ademais, a atuação judicial do credor em defesa de seu crédito implica o inevitável afastamento da inércia. 8. Desse modo, aplica-se a interrupção do prazo prescricional, nos termos do art. 202, I, do CC, ainda que a judicialização da relação jurídica tenha sido provocada pelo devedor. 9. Recurso especial provido" (REsp 1.522.093/MS, Rel. Min. Marco Aurélio Bellizze, 3ª Turma, j. 17.11.2015, *DJe* 26.11.2015).

> **Art. 803.** É nula a execução se:
>
> **I** – o título executivo extrajudicial não corresponder a obrigação certa, líquida e exigível;
>
> **II** – o executado não for regularmente citado;
>
> **III** – for instaurada antes de se verificar a condição ou de ocorrer o termo.
>
> **Parágrafo único.** A nulidade de que cuida este artigo será pronunciada pelo juiz, de ofício ou a requerimento da parte, independentemente de embargos à execução.

▶ *Referência: CPC/1973 – Art. 618*

1. Defeitos da execução e sistema de nulidades do CPC

O art. 803 fala em "nulidade da execução", mas é preciso também aqui aplicar a regra da instrumentalidade das formas prevista em tantos dispositivos do CPC que apregoam a primazia da tutela jurisdicional reclamada em detrimento de uma decisão anormal do feito. Não se deve extinguir a relação processual executiva sem antes vislumbrar a possibilidade de salvar a relação processual, evitando desperdício de atividade jurisdicional e ao mesmo tempo respeitando a duração razoável do processo. Todo esse esforço, contudo, não pode prevalecer de forma a macular o contraditório e o prejuízo que tal nulidade pode ter causado a parte em desfavor da qual será sanado o vício.

2. Condição da ação e mérito da execução

Ao contrário do processo cognitivo, que é destinado à revelação da norma concreta e que admite como "desfecho normal" – extinção normal – uma sentença de mérito de procedência ou improcedência, o processo de execução ou o cumprimento da sentença caracteriza-se pelas atividades jurisdicionais voltadas à satisfação da norma concreta já revelada em título executivo, e, portanto, admite como "desfecho normal" o resultado que seja a satisfação do exequente.

Repita-se, então, que o processo ou módulo de execução é de desfecho único, porque construído com a finalidade de concentrar os atos executivos tendentes à atuação da norma concreta. Por isso mesmo, quando se fala em "sentença" no processo de execução ou que põe fim à fase executiva do cumprimento de sentença, não é de melhor técnica utilizar a nomenclatura do art. 485, I, do CPC (procedência e improcedência), porque, a rigor, ou o processo executivo satisfez (execução frutífera) ou não satisfez (execução infrutífera) o credor exequente.

Portanto, a sentença no processo de execução declara a extinção do processo de execução para reconhecer se o mesmo serviu ou não à satisfação do direito exequendo. O ato de satisfação do exequente se dá antes de ser extinto o processo ou a etapa executiva.[44] Uma questão interessante é saber se a sentença no processo de execução tem aptidão ou não para adquirir a estabilidade da coisa julgada material. Seja ela uma sentença típica (declara o fim da execução pela satisfação do direito exequendo), seja ela uma sentença atípica (declara o fim da execução pela transação ou renúncia ou remissão) nestes dois casos a *pretensão* à satisfação foi cumprida por razões atreladas à relação jurídica material subjacente, e, nos parece que deva ser reconhecida a aptidão para receber o selo da coisa julgada material. Não parece ser outro o motivo pelo qual o legislador diz no art. 906 que, "ao receber o mandado de levantamento, o exequente dará ao executado, por termo nos autos, quitação da quantia paga" em total simbiose com o art. 319 do CPC. A sentença

que declara a extinção do processo com base no art. 924, II, contempla não apenas a *satisfação do direito exequendo*, mas a libertação do executado quanto ao seu adimplemento. Já outras hipóteses de extinção por renúncia, ou acordo ou remissão, segue, sem maior dificuldade a disciplina do art. 487 do CPC.

Portanto, o *mérito* (pretensão) da execução é a satisfação do direito exequendo fundado no inadimplemento (causa de pedir) do devedor, e, tal como no processo cognitivo, é mister que se preencham as condições da ação na execução, embora o CPC simplesmente ignore o *mérito* e as *condições da ação* na execução. A eventual oposição do devedor à pretensão e aos fundamentos da execução deveriam estar reservadas às técnicas típicas dos embargos à execução (processo de execução) ou impugnação do executado (cumprimento de sentença), mas na realidade prática o que se verifica é a utilização de *objeções ou exceções de pré executividade*, bem como de *ações autônomas prejudiciais* (anulatória do título, declaratória de inexistência do débito etc.).

3. Falta de correspondência do título executivo com a obrigação exequenda

Sendo o título executivo um *fator de adequação* da execução, falta interesse de agir (adequação) àquele que pleiteia a tutela executiva sem o título correspondente. Não basta ter um título, ou seja, é preciso que determinado título seja um documento que revele a obrigação que se pretenda executar. Títulos que representam obrigações diversas da que se pretende executar é o mesmo que não ter um título executivo. Tal vício pode ser sanado, ajustando o título executivo adequado à obrigação que se pretende executar.

4. Falta ou nulidade de citação

O processo é um método estatal imperativo e democrático de resolução de conflito, que, no caso da execução caracteriza-se por uma pretensão insatisfeita que se pretende que seja efetivada. Para tanto é preciso que exista um executado cujo patrimônio sujeitar-se-á à execução. A condição de executado é adquirida no processo de execução com a citação válida do devedor ou responsável pela satisfação da obrigação exequenda. Recorde-se que a condição de executado pode se dar pela procedência do incidente de desconsideração da personalidade jurídica (art. 133 e ss. do CPC).

---

44 Isso implica dizer que a sentença no processo de execução é apenas declaratória, porque declara a extinção do processo executivo. Essa declaração serve para reconhecer se a execução forçada foi frutífera ou não. Não é a sentença em si mesma o ato executivo que realiza a execução em concreto, mas apenas dá o acertamento de que houve (no passado – declaração) ou não a satisfação do direito exequendo. Nesse sentido, ver *STJ-RTJE* 109/199.

5. Execução instaurada antes da verificação da condição ou do termo

A execução instaurada antes de verificada a condição ou termo é execução lastreada em obrigação ainda inexigível, e, portanto, falece o interesse de agir do exequente. O título executivo deve revelar uma obrigação líquida, certa e *exigível*. A exigibilidade pressupõe que o termo ou a condição devam estar superados para que esteja preenchida a *necessidade da tutela jurisdicional executiva*. A exigibilidade não se confunde com o inadimplemento. Este é causa de pedir, aquele é condição da ação. O inadimplemento implica verificar se o devedor cumpriu ou não a obrigação, portanto, algo extrínseco ao título ou obrigação nele contida. A exigibilidade é aspecto interno da obrigação, de forma que uma obrigação pode ser exigível e não ter sido adimplida.

6. Vício de ordem pública

Os defeitos apontados no dispositivo são de ordem pública e referem-se às condições da ação executiva, ou seja, sobre eles pode o magistrado conhecer de ofício e não se opera a preclusão, devendo ser alegado na primeira oportunidade sob pena de arcar com os custos do retardamento. Normalmente tais vícios de ordem pública são arguidos pelo executado por meio de objeção de pré-executividade (antes de atos de constrição) sempre que a sua demonstração (do vício) for de fácil constatação, ou seja, que não enseja dilação probatória.

Jurisprudência

"Processual civil. Execução de sentença. Extinção do processo. Inércia do exequente. Presunção de quitação da dívida. Artigo 794, I, do CPC. Alegação de erro no cálculo do valor executado. Coisa julgada. Ocorrência. Matéria já julgada em sede de recurso representativo da controvérsia. Recurso especial não provido. 1. Transitada em julgado a decisão de extinção do processo de execução, com fulcro no artigo 794, I, do CPC, é defeso reabri-lo sob o fundamento de ter havido erro de cálculo. Recurso especial repetitivo julgado pela Corte Especial do STJ, mediante o rito descrito no art. 543-C do CPC: Processo civil. Recurso especial representativo de controvérsia. Artigo 543-C, do CPC. Execução de sentença. Extinção do processo. Inércia do exequente. Presunção de quitação da dívida. Artigo 794, I, do CPC. Erro no cálculo do valor executado (exclusão de parcela constante da sentença exequenda). Coisa julgada. Ocorrência. Artigo 463, I, do CPC. Renúncia tácita ao saldo remanescente que não foi objeto da execução. Configuração. 1. A renúncia ao crédito exequendo remanescente, com a consequente extinção do processo satisfativo, reclama prévia intimação, vedada a presunção de renúncia tácita. 2. A extinção da execução, ainda que por vício *in judicando* e uma vez transitada em julgado a respectiva decisão, não legitima a sua abertura superveniente sob a alegação de erro de cálculo, porquanto a isso corresponderia transformar simples *petitio* em ação rescisória imune ao prazo decadencial. 3. Deveras, transitada em julgado a decisão de extinção do processo de execução, com fulcro no artigo 794, I, do CPC, é defeso reabri-lo sob o fundamento de ter havido erro de cálculo. 4. É que, *in casu*: 'Trata-se de agravo de instrumento, interposto contra decisão que, tendo em conta a extinção por pagamento de execução de título judicial relativo aos expurgos de poupança (com trânsito em julgado ainda em 02.02.2005), indeferiu requerimento de cumprimento de sentença (protocolado em 02.06.2008), relativo a juros de mora no período de jan./94 a mar/99. Argumenta o agravante que à época da propositura da Execução de Sentença nº 94.00.00710-8/PR, por mero erro material foram incluídos juros só a partir de abr./99, data da citação da CEF na ACP nº 98.0016021-3/PR, quando na verdade os juros deveriam ser cobrados desde jan./94, pois a Execução era relativa à sentença proferida na Ação de Cobrança nº 94.00.00710-8/PR, ajuizada na referida data. (...) A decisão recorrida não merece qualquer reforma pois, com efeito, a inexistência de manifestação acerca da satisfação dos créditos, dando ensejo à sentença extintiva da execução, fundada na satisfação da obrigação (art. 794, I, do CPC), impossibilita a inovação da pretensão executória, sob o argumento do erro material, sob pena de o devedor viver constantemente com a espada de Dâmocles sob sua cabeça. Não se trata, *in casu*, de erro de cálculo, como argumenta o recorrente, mas de renúncia, ainda que tácita, a eventual remanescente, pois embora os cálculos estejam corretos, houve uma restrição no período executado relativo aos juros (por culpa exclusiva do exequente), questão que poderia mesmo ter sido objeto de controvérsia em embargos. Sob este prisma, a aceitação desta inovação no objeto da execução poderia implicar, mesmo, num indevido cerceamento de defesa do executado, que a toda hora poderia estar sendo reacionado, mormente, face aos mais de 5 (cinco)

Art. 804

anos que passaram entre a inicial da execução e o requerimento ora indeferido (e 3 anos do trânsito em julgado da sentença extintiva da execução). 5. Recurso especial desprovido. Acórdão submetido ao regime do artigo 543-C, do CPC, e da Resolução STJ 08/2008. (REsp 1.143.471/PR, Rel. Min. Luiz Fux, Corte Especial, *DJe* de 22.2.2010) 2. Recurso especial não provido" (REsp 1.259.254/RJ, Rel. Min. Mauro Campbell Marques, 2ª Turma, j. 01.09.2011, *DJe* 08.09.2011).

"Agravo interno no recurso especial. Processual civil. Execução de título extrajudicial. Exceção de pré-executividade. Prévio pagamento do débito pouco depois do vencimento e anos antes da exceção. Reconhecimento da existência de prova pré-constituída. Súmula 7/STJ. Negativa de prestação jurisdicional. Inocorrência. 1. Não há violação ao art. 535 do CPC, tendo o acórdão examinado, pontualmente e sem a alegada contradição, a questão atinente à possibilidade de, mediante prova pré-constituída, em sede de exceção de pré-executividade, demonstrar-se o prévio pagamento da dívida, evidenciando a nulidade da execução (art. 618, inciso I, do CPC/73). 2. 'A exceção de pré-executividade só é aceita em caráter excepcional: havendo prova inequívoca de que a obrigação inexiste, foi paga, está prescrita ou outros casos de extinção absoluta' (REsp 502.823/RS, Rel. Ministro José Delgado, Primeira Turma, julgado em 04/09/2003, *DJ* 06/10/2003, p. 215) 3. Possibilidade de julgamento monocrático da apelação, tendo em conta orientação dominante acerca da questão de fundo, o que não representa nulidade a ser declarada ou afronta ao art. 557 do CPC/73. 4. Sequer o fato de não terem sido o agravo interno e os embargos de declaração, quando submetidos à sessão de julgamento, pautados, representa afronta ao devido processo legal, pois esse procedimento era assim autorizado pelo CPC/73. 5. Inviável, em sede de recurso especial, a análise acerca da caracterização da litigância de má-fé por alteração da verdade dos fatos, em razão do óbice veiculado pela Súmula 7/STJ. (REsp 1663193/SP, Rel. Ministra Nancy Andrighi, Terceira Turma, julgado em 20/02/2018, *DJe* 23/02/2018) 6. 'É desnecessária a comprovação do prejuízo para que haja condenação ao pagamento da indenização prevista no artigo 18, *caput* e § 2º, do Código de Processo Civil, decorrente da litigância de má-fé' (EREsp 1.133.262/ES, Rel. Ministro Luis Felipe Salomão, Corte Especial, julgado em 03/06/2015, *DJe* 04/08/2015). 7. Agravo interno desprovido"

(AgInt nos EDcl no REsp 1.671.306/PA, Rel. Min. Paulo de Tarso Sanseverino, 3ª Turma, j. 26.06.2018, *DJe* 03.08.2018).

Art. 804. A alienação de bem gravado por penhor, hipoteca ou anticrese será ineficaz em relação ao credor pignoratício, hipotecário ou anticrético não intimado.

§ 1º A alienação de bem objeto de promessa de compra e venda ou de cessão registrada será ineficaz em relação ao promitente comprador ou ao cessionário não intimado.

§ 2º A alienação de bem sobre o qual tenha sido instituído direito de superfície, seja do solo, da plantação ou da construção, será ineficaz em relação ao concedente ou ao concessionário não intimado.

§ 3º A alienação de direito aquisitivo de bem objeto de promessa de venda, de promessa de cessão ou de alienação fiduciária será ineficaz em relação ao promitente vendedor, ao promitente cedente ou ao proprietário fiduciário não intimado.

§ 4º A alienação de imóvel sobre o qual tenha sido instituída enfiteuse, concessão de uso especial para fins de moradia ou concessão de direito real de uso será ineficaz em relação ao enfiteuta ou ao concessionário não intimado.

§ 5º A alienação de direitos do enfiteuta, do concessionário de direito real de uso ou do concessionário de uso especial para fins de moradia será ineficaz em relação ao proprietário do respectivo imóvel não intimado.

§ 6º A alienação de bem sobre o qual tenha sido instituído usufruto, uso ou habitação será ineficaz em relação ao titular desses direitos reais não intimado.

▶ *Referência: CPC/1973 – Art. 619*

1. Intimação de terceiro titular de direito sobre o bem objeto da expropriação judicial

Todos os elogios merece o Código em relação à organização e sistematização que pretende dar aos atos processuais, e, aqui não foi diferente.

Bem se sabe que determinados bens que serão objeto da execução podem estar gravados ônus em favor de terceiro ou então não podem ser alienados sem que se dê ao terceiro o direito de preferência na sua aquisição. Assim, por exemplo, no caso de penhora de quota social ou de ação de sociedade anônima fechada, é a sociedade tem o direito de preferência na adjudicação da cota social nos termos do art. 876, § 7º.

Por outro lado, seguindo a mesma linha de raciocínio, todos sabemos que no caso de adjudicação ou alienação, os créditos que recaem sobre o bem, inclusive os de natureza *propter rem*, sub-rogam-se sobre o respectivo preço, observada a ordem de preferência, nos termos do art. 908, § 1º, do CPC. Desta forma, como poderiam os credores exercer suas preferencias se não tiverem conhecimento do processo de execução em curso contra o devedor?

Foi justamente para preservar tais situações que o legislador estabeleceu uma correspondência lógica entre o art. 799 e seus incisos, o art. 804, o art. 889, o art. 876, § 5º, e o art. 907 e ss.

Obviamente que se o rol de terceiros listados no art. 804, titulares de direito real sobre a coisa expropriada, não forem intimados da alienação do bem sobre o qual recai a garantia, resta óbvio que não se aplica a regra do art. 908, § 1º, simplesmente porque não tiveram conhecimento da demanda e não poderiam exercer o direito de crédito preferencial, daí por que é válida a alienação entre o arrematante, o exequente e o executado, mas ineficaz em relação ao terceiro titular do direito sobre a coisa, que mantém incólume o seu direito.

O texto é claro ao dizer que a alienação é *ineficaz* em relação àquele que deveria ser intimado, ao titular da garantia, mas eficaz em relação ao executado e o arrematante/adjudicante. Obviamente que falece ao executado legitimidade para postular eventual anulação do leilão judicial do bem ou da adjudicação sob o argumento de que não teria ocorrido a intimação dos sujeitos mencionados neste artigo.

Jurisprudência

"Processual civil. Processo de execução por quantia certa contra devedor solvente. Embargos de terceiros. Penhora de imóvel gravado com hipoteca pelo credor quirografário. Ausência de intimação do credor hipotecário. Prazo para oposição dos embargos de terceiro. Arts. 1.047 e 1.048 do CPC. Preclusão. Ineficácia da alienação judicial de imóvel hipotecado sem intimação do credor hipotecário. Direito de sequela. Persistência do gravame hipotecário que persegue a coisa dada em garantia com quem quer que esteja,

enquanto não cumprida a obrigação assegurada pela sujeição do imóvel ao vínculo real. – Mesmo não tendo o credor hipotecário sido intimado da penhora e da realização da praça, o prazo para oposição dos embargos de terceiro é de até cinco dias depois da arrematação, adjudicação ou remição, mas sempre antes da assinatura da respectiva carta. – Devem ser conjugados o art. 1047, II e o art. 1048, ambos do CPC, porque os embargos de terceiro, na qualidade de credor com garantia real, se destinam a ?obstar a alienação judicial do objeto da hipoteca, penhor ou anticrese?, e se essa alienação está perfeita e acabada com a assinatura do auto de arrematação, o credor com garantia real não pode mais se insurgir contra a imissão de posse do arrematante, porque tem o direito de sequela, permanecendo a coisa gravada com hipoteca. A arrematação que extingue a hipoteca é aquela promovida pelo credor hipotecário; bem como na hipótese de sua anuência, ou pela inércia no exercício de prelação, quando intimado da realização da praça ou leilão. – Pelo fato da coisa dada em garantia estar sujeita por vínculo real, para o cumprimento da obrigação (art. 755, CC), e do credor hipotecário não exercer parcela do direito de propriedade, com *animus domini*, nem detenção fática sobre ela, não se justifica que, precluso o prazo previsto no art. 1048 do CPC, seja-lhe autorizado o manejo da ação de embargos de terceiro para obstar a imissão de posse do arrematante. Recurso Especial conhecido e provido" (REsp 303.325/SP, Rel. Min. Nancy Andrighi, 3ª Turma, j. 26.10.2004, *DJ* 06.12.2004, p. 283).

"Recurso especial. Ação de execução de títulos extrajudiciais. Expropriação. Credores com garantia real ou com penhoras anteriores. Necessidade de cientificação. Art. 698 do CPC/73. Interesse do executado. Ausência. Subsunção dos fatos à norma. Ausência. (...) 3 – A não observância do requisito exigido pela norma do art. 698 do CPC/73 para que se proceda à adjudicação ou alienação de bem do executado – prévia cientificação dos credores com garantia real ou com penhora anteriormente averbada – enseja sua ineficácia em relação ao titular da garantia, não contaminando a validade da expropriação judicial. Precedentes. 4 – O executado não possui interesse em requerer a nulidade da arrematação com fundamento na ausência de intimação de credores com garantia real ou penhora anteriormente averbada, pois a consequência jurídica derivada dessa omissão do Juízo é a decretação de ineficácia do ato expropriatório em relação ao

Art. 805

credor preterido, não gerando repercussão negativa na esfera econômica do devedor. 5 – Hipótese concreta em que, ademais, o acórdão recorrido constatou que não havia registros de garantia real ou de penhora que pudessem inviabilizar a arrematação por ausência de cumprimento ao art. 698 do CPC. 6 – Recurso especial não provido" (REsp 1.677.418/MS, Rel. Min. Nancy Andrighi, 3ª Turma, j. 08.08.2017, *DJe* 14.08.2017).

"Processual civil. Agravo interno no agravo em recurso especial. Submissão à regra prevista no Enunciado Administrativo 03/STJ. Execução fiscal. Expropriação judicial. Ausência de intimação do credor hipotecário. Validade do ato. 1. A orientação desta Corte firmou-se no sentido de que a falta de intimação do credor hipotecário enseja a ineficácia da arrematação em relação ao titular da garantia (art. 698 do CPC/73). Contudo, não contamina a validade da expropriação judicial, ou seja, permanece válida a alienação do bem hipotecado. Nesse sentido: AgRg no AREsp 82.940/GO, Rel. Ministro João Otávio de Noronha, Terceira Turma, julgado em 28/04/2015, *DJe* 04/05/2015; AgRg no REsp 1461782/PR, Rel. Ministro Mauro Campbell Marques, Segunda Turma, julgado em 02/10/2014, *DJe* 08/10/2014; REsp 1269474/SP, Rel. Ministra Nancy Andrighi, Terceira Turma, julgado em 06/12/2011, *DJe* 13/12/2011; REsp 704.006/ES, Rel. Ministro Hélio Quaglia Barbosa, Quarta Turma, julgado em 13/02/2007, *DJ* 12/03/2007, p. 238. 2. Agravo interno não provido" (AgInt no AREsp 981.802/BA, Rel. Min. Mauro Campbell Marques, 2ª Turma, j. 28.03.2017, *DJe* 03.04.2017).

> **Art. 805.** Quando por vários meios o exequente puder promover a execução, o juiz mandará que se faça pelo modo menos gravoso para o executado.
>
> **Parágrafo único.** Ao executado que alegar ser a medida executiva mais gravosa incumbe indicar outros meios mais eficazes e menos onerosos, sob pena de manutenção dos atos executivos já determinados.

► *Referência: CPC/1973 – Art. 620*

1. Maior efetividade possível x menor sacrifício possível. Dever de colaboração do executado

O art. 797 determina que realiza-se a execução no interesse do exequente; por sua vez

prescreve o art. 805 que quando por vários meios o exequente puder promover a execução, o juiz mandará que se faça pelo modo menos gravoso para o executado, devendo este, quando alegar ser a medida executiva mais gravosa, indicar outros meios mais eficazes e menos onerosos, sob pena de manutenção dos atos executivos já determinados.

Considerando os interesses conflitantes que estão em jogo na execução civil – "o direito do exequente e a sujeição do executado nos limites do indispensável" – os dois postulados que dão colorido axiológico às regras processuais executivas do CPC são o direito constitucional à obtenção in concreto da tutela jurisdicional (ordem jurídica justa) e o direito de não ser privado dos seus bens sem o devido processo legal, o que importa, em última análise, no menor sacrifício possível imposto ao executado, evitando os excessos desnecessários e insuportáveis da execução. Ambos se veem representados nos referidos dispositivos.

Assim como o art. 139, IV, combinado com o art. 4º, e o art. 797, *caput*, densificam o conteúdo do direito fundamental do credor a satisfação do crédito exequendo, do outro lado da balança tem neste dispositivo (art. 805 c/c art. 776) que atua também como clausula geral em favor do executado que lhe garante o direito de ser executado nos limites do necessário – sem excessos – sempre com a menor gravosidade/onerosidade possível.

Contudo, é preciso deixar claro que toda execução trará uma situação de desvantagem para o executado e este postulado só pode ser utilizado de forma absolutamente coerente e sem excessos. Existindo outros meios igualmente satisfatórios, e, que se apresentem menos onerosos para o executado eles devem ser utilizados, como por exemplo a utilização do pagamento mediante apropriação de frutos e rendimentos ao invés de leilão judicial (art. 867). Mas não é apenas possível fungibilizar medidas típicas, como nesta hipótese citada. Embora invulgar nada impede que o próprio executado invoque o art. 139, IV, e sugira o cumprimento de medidas executivas atípicas que diante das peculiaridades do caso concreto se lhes apresentem como menos onerosas e igualmente satisfatórias ao exequente que deverá sempre ser ouvido previamente a respeito.

Por fim é importante repisar mais uma vez que esta diretiva em favor do executado (do menor sacrifício possível) não é amparo para evitar a expropriação, a transformação, ou o desapossamento. Serve para evitar o meio mais gravoso quando outro igualmente eficiente pode substitui-lo. Assim, nos termos do art. 805, parágrafo único, deve o executado, que eventualmente alegar a "maior gravosidade da medida executiva", indicar outros meios (típicos ou atípicos) mais eficazes e menos onerosos, sob pena de manutenção dos atos executivos já determinados. A intenção do dispositivo é terminar com a alegação vã e genérica do executado que se escorava indevidamente no revogado art. 622 do CPC/1973.

Jurisprudência

"Agravo interno no agravo em recurso especial. Ação condenatória. Decisão monocrática que negou provimento ao reclamo. Insurgência da autora. 1. A Corte de origem dirimiu a matéria submetida à sua apreciação, manifestando-se expressamente acerca dos temas necessários à integral solução da lide, de modo que, ausente qualquer omissão, contradição ou obscuridade no aresto recorrido, não se verifica a ofensa aos artigos 458 e 535 do CPC/73. 2. A análise do eventual exercício abusivo da faculdade concedida pelo art. 615-A do CPC/73, impõe ao julgador, ante o cenário que se lhe apresenta e na perspectiva da proporcionalidade, realizar a ponderação da necessidade de satisfação executiva do credor com a menor onerosidade para o devedor, de modo a verificar, a partir das circunstâncias e dos motivos que impulsionam o exequente, se ele invoca aquele direito apenas para legitimar um comportamento inadequado à sua função. Quando o contexto em que efetivada a averbação pelo exequente indicar que ele o fez sobretudo motivado pela intenção de prejudicar o executado, incorrerá na sanção imposta ao litigante de má-fé. (REsp 1694820/DF, Rel. Ministra Nancy Andrighi, Terceira Turma, julgado em 11/06/2019, *DJe* 13/06/2019). 1.1. No caso em tela, rever as conclusões a que chegou a Corte estadual quanto a não estar configurada a má-fé da exequente demandaria reexame das provas contidas nos autos. Incidência da Súmula 7/STJ. 3. Agravo interno desprovido" (AgInt no AREsp 1.503.645/SP, Rel. Min. Marco Buzzi, 4ª Turma, j. 21.11.2019, *DJe* 27.11.2019).

"Tributário e processual civil. Recurso especial. Execução fiscal. Nomeação à penhora. Inobservância da ordem legal prevista no art. 11 da Lei 6.830/1980. Penhora *on-line*. Desnecessidade de exaurimento. 1. A Primeira Seção, no julgamento do REsp 1.112.943/MA, processado nos termos do art. 543-C do Código de Processo Civil, firmou entendimento no sentido de que, 'após as modificações introduzidas no Código de Processo Civil pela Lei 11.382/2006, incluindo, na ordem de penhora, depósitos e aplicações financeiras como bens preferenciais, a saber, como se fossem dinheiro em espécie (art. 655, I, CPC) e que a constrição se realizasse preferencialmente por meio eletrônico (art. 655-A), não se pode mais exigir prova do exaurimento de vias extrajudiciais na busca de bens a serem penhorados, como na hipótese dos autos, para que o juiz possa decidir sobre a realização de penhora *on-line* (via sistema BACEN JUD)' (STJ, AgInt no AREsp 899.969/SP, Rel. Ministro Sérgio Kukina, primeira turma, *DJe* 4/10/2016). 2. O Superior Tribunal de Justiça possui o entendimento firmado de que é legítima a recusa pela Fazenda Pública da nomeação de bens do executado quando não observada a ordem legal de preferência prevista no art. 11 da LEF, sem que isso implique ofensa ao princípio da menor onerosidade. 3. Vale consignar que o precedente da egrégia Primeira Seção deste STJ que, no julgamento do Tema n. 578, vinculado ao Recurso Especial Repetitivo n. 1.337.790/PR, (Rel. Min. Herman Benjamin), fixou orientação de que cumpre ao devedor fazer a nomeação de bens à penhora, observando a ordem legal estabelecida no art. 11 da Lei de Execução Fiscal, incumbindo-lhe demonstrar, se for o caso, a necessidade de afastá-la. 4. Incide, portanto, o enunciado 83 da Súmula do STJ. Assim, deve ser provido o Recurso Especial do Estado para cassar o acórdão proferido no Tribunal *a quo*. 5. Recurso Especial provido" (REsp 1.839.753/RJ, Rel. Min. Herman Benjamin, 2ª Turma, j. 12.11.2019, *DJe* 19.12.2019).

"Recurso especial. Ação de execução. Realização de segunda penhora, a despeito da existência de anterior constrição judicial sobre bens, cujo valor, segundo avaliação judicial, mostra-se suficiente para fazer frente ao débito exequendo. Impossibilidade. Inobservância do princípio da menor onerosidade ao executado. Verificação. Recurso especial provido. 1. A controvérsia vertida no recurso especial consiste em saber se o Tribunal de origem, ao manter a realização de uma segunda penhora sobre os rendimentos mensais auferidos pelos executados, em virtude de contrato de parceria agrícola firmado com terceiros, no percentual de 30% (trinta por cento), a despeito da existência de anterior constrição judicial sobre imóveis rurais dos executados cujo valor da avaliação supera (em muito) o valor atualizado da execução observou, ou não, o princípio da menor onerosidade que deve nortear o processo executivo. 2. Sem descurar da finalidade precípua do processo executivo, que se destina, basicamente, à plena satisfação da obrigação inadimplida o que se dará, a partir da incursão no patrimônio do devedor, com detida observância aos mecanismos estabelecidos na lei adjetiva civil, desenvolvendo, por isso, segundo o interesse exclusivo do credor, a execução, ainda assim, há de ser promovida pelo modo menos gravoso ao devedor (quando houver, naturalmente, mais de um meio), mas igualmente eficaz, devidamente comprovado pelo executado. 3. Especificamente em relação à penhora de bens, a conferir efetividade ao princípio positivado da menor onerosidade ao executado, consigna-se que a constrição judicial deve recair sobre o patrimônio do devedor apenas naquilo que se mostrar estritamente suficiente e necessário a fazer frente ao débito exequendo, com todas as atualizações e repercussões advindas da mora até o efetivo pagamento. 3.1 Não se admite, assim, a pretexto da almejada efetividade do processo executivo, imiscuir-se em outros bens, que não aqueles suficientes e devidamente destacados à garantia do juízo, com o propósito de comprometer todo o patrimônio do devedor ou parcela excedente ao débito já garantido, conferindo-se à execução a natureza de 'ato de vingança' ao devedor ou 'espécie de sanção à inadimplência', em manifesto desvirtuamento de sua finalidade precípua. 4. O fundamento adotado pelas instâncias ordinárias para justificar a realização da segunda penhora restringiu-se ao tempo da tramitação do processo executivo, o que refoge, *in totum*, da previsão legal que autoriza o reforço, e muito menos, a realização de uma segunda penhora. 4.1 O suposto comprometimento da eficiência do processo executivo, desde que a sua causa não seja atribuível ao executado (notadamente pelo exercício legítimo do direito ao contraditório e ao devido processo legal acerca do valor da avaliação dos bens então constritos), não justifica o agravamento dos meios executivos a serem suportados pelo executado. 4.2 Das decisões proferidas na origem, não se antevê, inclusive, nenhuma ilação quanto a uma suposta inidoneidade dos bens penhorados a satisfazerem o débito exequendo, aventando-se, por

exemplo, eventual dificuldade de alienação dos bens constritos judicialmente, caso hipotético que ensejaria, quando muito, a substituição da penhora já realizada, e não a realização de uma segunda constrição, como se deu na espécie. Aliás, como sugere o nome, a substituição da penhora, que também possui expressa previsão legal, pressupõe o desfazimento da constrição judicial anterior, com a liberação do bem constrito, para, então, incidir sobre outro bem, indicado pelo credor ou devedor, nas hipóteses dos arts. 847 e 848 do CPC/2015. 5. Na espécie, procedeu-se a uma segunda penhora, que, em regra, não é admitida, sem que a anterior fosse anulada, considerada, por qualquer razão, inidônea ou mesmo reputada insuficiente, à revelia do que dispõe o art. 851 do CPC/2015. Ainda que se confira a esse rol o caráter meramente exemplificativo, outras situações que comportem a realização de uma segunda penhora, devidamente sopesadas no caso concreto pelo magistrado, deverão importar, necessariamente, na insubsistência da anterior, providência, como visto, não observada no particular. 6. Conclui-se, assim, que essa segunda constrição, mantida a anterior, que recaiu sobre créditos (prestações periódicas) que os executados auferem em contrato de arrendamento rural, especificamente em 30% do correlato rendimento, refoge, a toda evidência, do princípio da menor onerosidade que deve nortear a execução. 7. Recurso especial provido" (REsp 1.802.748/SP, Rel. Min. Marco Aurélio Bellizze, 3ª Turma, j. 20.08.2019, *DJe* 26.08.2019).

"Direito processual civil. Agravo regimental na medida cautelar. Execução. Penhora. Nomeação de bens. Gradação legal. Interpretação conjunta dos arts. 620 e 655 do CPC. Rejeição de bens indicados. Verificação dos motivos. Impossibilidade. Súmula 07/STJ. – Embora a execução deva ser realizada pelo modo menos gravoso ao devedor, isso não autoriza a inversão aleatória da ordem do artigo 655 do CPC, conforme a conveniência do executado. O sentido a ser dado à regra do art. 620 do CPC é que a opção pela via menos prejudicial ao devedor só se justifica quando os bens em cotejo se situem no mesmo nível hierárquico, ou seja, havendo outros bens em posição superior na ordem de preferência estabelecida no art. 655, nada impede que o credor recuse aqueles oferecidos pelo devedor. – Tendo a empresa nomeado bens à penhora sem observar a ordem estabelecida no art. 655 do CPC, é admissível a recusa do credor com a consequente indicação à penhora de numerário em conta-corrente, sem que isso implique em afronta ao princípio da menor onerosidade da execução previsto no art. 620 do CPC. – A controvérsia sobre a não aceitação pelo credor dos bens oferecidos à penhora e a observância de que o processo executivo se dê da maneira menos gravosa ao devedor requerem atividade de cognição ampla por parte do julgador, com a apreciação das provas carreadas aos autos, circunstância vedada pela Súmula nº 07 do STJ. Agravo a que se nega provimento" (STJ, AgRg na MC 14.798/RS 2008/0218636-0, Rel. Min. Nancy Andrighi, 3ª Turma, j. 18.11.2008, *DJe* 28.11.2008).

CAPÍTULO II
DA EXECUÇÃO PARA A ENTREGA DE COISA

Seção I
Da entrega de coisa certa

Art. 806. O devedor de obrigação de entrega de coisa certa, constante de título executivo extrajudicial, será citado para, em 15 (quinze) dias, satisfazer a obrigação.

§ 1º Ao despachar a inicial, o juiz poderá fixar multa por dia de atraso no cumprimento da obrigação, ficando o respectivo valor sujeito a alteração, caso se revele insuficiente ou excessivo.

§ 2º Do mandado de citação constará ordem para imissão na posse ou busca e apreensão, conforme se tratar de bem imóvel ou móvel, cujo cumprimento se dará de imediato, se o executado não satisfizer a obrigação no prazo que lhe foi designado.

▸ *Referência: CPC/1973 – Art. 621*

1. Entrega de coisa certa e incerta

Na obrigação de dar o devedor se compromete a entregar determinada coisa ao credor. A distinção entre *coisa certa e incerta* está relacionada com o fato de o objeto a ser entregue ser ou não específico. Quando o objeto é definido, específico e diferencia-se de outros objetos de mesma espécie, diz-se que se trata de *coisa certa*. Por sua vez quando o objeto da obrigação é definido apenas pelo gênero e pela quantidade da coisa a ser entregue, identificação da espécie, então se diz que a obrigação é para a entrega de coisa incerta. A incerteza obviamente não pode durar para sempre porque para cumprir a obrigação é mister que se individue a coisa que será entregue ao credor, variando conforme o caso se a escolha da coisa cabe ao credor ou ao devedor.

2. Prazo judicial para adimplemento diverso para as diversas espécies de execução.

O legislador pecou pela falta de sistematização em relação ao *prazo para adimplemento* da obrigação nas diversas modalidades de execução. Neste art. 806 que trata do processo de execução para entrega de coisa certa o legislador menciona que o devedor será citado para, em 15 dias, satisfazer a obrigação. Já no art. 815, que trata do processo de execução da obrigação de fazer o legislador, fala que "o executado será citado para satisfazê-la no prazo que o juiz lhe designar, se outro não estiver determinado no título executivo". Por sua vez, tratando-se de processo de execução para pagamento de quantia o legislador fala no art. 829 que executado será citado para pagar a dívida no prazo de três dias, contado da citação.

Em nosso sentir, respeitado eventual prazo contido na obrigação contida no título executivo, deveria o legislador unificado o prazo para o adimplemento, pois não há razão que um seja de três dias, outro seja de 15 e outro seja o que o juiz assinar se não estiver previsto no título.

A falta de sistematização torna-se ainda mais grave quando se compara prazos para adimplemento da mesma espécie obrigacional que seja objeto de cumprimento de sentença e de processo de execução, como, por exemplo, a hipótese dos arts. 523 e 829 (ambos pagamento de quantia), em que os prazos são, respectivamente, de 15 dias e de 3 dias.

3. O momento do inadimplemento

A rigor para que sejam iniciados os atos de execução propriamente ditos o devedor deve cometer um *duplo inadimplemento* da obrigação. Isso porque para iniciar o processo de execução é preciso que o exequente esteja fundamentado no *inadimplemento* do devedor, e, bem se observa que proposta a ação executiva o devedor é citado para *adimplir* em determinado prazo que, se não cumprido, prossegue-se com atos executivos propriamente ditos.

4. Prazo para embargos do devedor

Nos termos do art. 915, os embargos à execução serão oferecidos no prazo de 15 dias, con-

Art. 807

CÓDIGO DE PROCESSO CIVIL INTERPRETADO

1390

tado, conforme o caso, na forma do art. 231. Este prazo não se confunde com o prazo processual para o adimplemento da obrigação porque o *dies a quo* de ambos não se confundem. Para a oposição dos embargos – ato de postulação – segue-se a disciplina do art. 231, como mencionado no art. 915. Para o adimplemento, segue-se o art. 829, *caput*, combinado com o art. 231, § 3º, do CPC.

5. Astreinte e tutela pelo desapossamento

Segundo o § 1º do artigo ora em comento, ao despachar a inicial, o juiz poderá fixar multa por dia de atraso no cumprimento da obrigação, ficando o respectivo valor sujeito a alteração, caso se revele insuficiente ou excessivo. A cláusula geral da execução prevista no art. 139, IV, do CPC já autoriza que o juiz tome todas as medidas necessárias à satisfação da tutela de forma a subsidiar ou suplementar ou incrementar as medidas e procedimento previsto pelo legislador. Neste caso o legislador previu a possibilidade de o magistrado valer-se da imposição de medida coercitiva de multa para que o executado se sinta estimulado à adimplir a obrigação naquele interregno temporal.

Ultrapassado o prazo sem o cumprimento espontâneo do desapossamento, parece-nos que os atos sub-rogatórios se mostram mais adequados que os atos coercitivos para a satisfação da tutela específica de entrega de coisa.

É preciso ficar atento porque muitas vezes para evitar o risco de deterioração da coisa ou sua dilapidação pelo executado é mister que seja antecipada a medida de desapossamento, ou seja, que o juiz determine a expedição do mandado de busca e apreensão ou de imissão antes mesmo do *prazo para adimplemento espontâneo*, justamente para evitar que a destruição da coisa torne impossível a tutela específica.

6. Regime jurídico da astreinte fixada

A *astreinte* mencionada no § 1º do dispositivo submete-se ao regime jurídico do art. 537 que trata pormenorizadamente da referida medida coercitiva.

7. Fixação de honorários no despacho que ordena a citação

Inexplicavelmente o legislador silenciou sobre o dever de o magistrado fixar a verba honorária devida logo ao despachar a petição inicial, tal como esqueceu no art. 815 e ss. Que trata do processo de execução das obrigações de fazer e

não fazer. Aplica-se integralmente o art. 85, § 1º, e, por analogia, o art. 827, §§ 1º e 2º.

8. Ordem de desapossamento no mandado e "cumprimento imediato se o executado não satisfizer no prazo assinado"

O legislador dá a entender que se o executado não satisfizer a obrigação no prazo assinado a ordem de desapossamento será *cumprida de imediato*. Na realidade prática o cumprimento imediato não é tão lépido assim, afinal de contas, ainda que no mandado de citação conste a ordem para imissão na posse ou busca e apreensão é preciso que o juízo seja informado do não cumprimento da obrigação o que só irá acontecer por petição do exequente. Em nosso sentir, o legislador poderia ter invertido o ônus da informação, estabelecendo que ao despachar a inicial o juiz já poderia expedir o mandado a ser cumprido 15 dias após a citação, cabendo ao executado informar o cumprimento da obrigação no prazo estabelecido e requerendo o recolhimento do mandado já expedido junto com a citação.

9. Desapossamento por razões processuais (arts. 771 e 773)

O ato processual de desapossamento (busca e apreensão de coisa) não necessariamente precisa estar vinculado a uma execução para a entrega de coisa, afinal de contas, como bem diz o artigo 771, *caput*, do CPC. Este Livro regula o procedimento da execução fundada em título extrajudicial, e suas disposições aplicam-se, também, no que couber, aos procedimentos especiais de execução, aos atos executivos realizados no procedimento de cumprimento de sentença, bem como aos *efeitos de atos ou fatos processuais a que a lei atribuir força executiva*, sendo um bom exemplo as hipóteses dos arts. 380, parágrafo único, 773 etc.

> **Art. 807.** Se o executado entregar a coisa, será lavrado o termo respectivo e considerada satisfeita a obrigação, prosseguindo-se a execução para o pagamento de frutos ou o ressarcimento de prejuízos, se houver.

▶ *Referência: CPC/1973 – Art. 624*

1. Entrega da coisa e extinção da execução

Caso o executado entregue a coisa no prazo para adimplemento o processo será extinto nos termos do art. 924, II, devendo o juiz aplicar a

Art. 808

regra do art. 827, § 1º, analogicamente em relação a verba honorária.

2. Entrega da coisa x depósito da coisa

A entrega da coisa gera a extinção da execução (art. 924, II, do CPC) e não se confunde com o seu depósito. Ao simplesmente depositar a coisa o executado não satisfaz a obrigação mantendo-a controversa. Ademais, o depósito da coisa é uma das condições que deve o executado preencher para eventualmente obter o efeito suspensivo dos eventuais embargos à execução que venha a oferecer (art. 919, § 1º).

3. Prosseguimento da tutela executiva para pagamento de frutos ou o ressarcimento de prejuízos e conversão do procedimento executivo

Esta hipótese de convolação do procedimento por desapossamento em expropriação não se confunde com a hipótese do art. 809. Na hipótese do art. 807 há a entrega da coisa, mas a execução prossegue, por expropriação, para pagamento de frutos ou ressarcimento de prejuízos se houver. Claro que também há um incidente liquidatório entre o fim do desapossamento e o início da expropriação que ensejará uma decisão interlocutória de mérito (sobre o *quantum*), afinal de contas é preciso identificar o quantum dos frutos e /ou prejuízos a serem objeto da expropriação.

> **Art. 808.** Alienada a coisa quando já litigiosa, será expedido mandado contra o terceiro adquirente, que somente será ouvido após depositá-la.

▶ *Referência: CPC/1973 – Art. 626*

1. Alienação da coisa litigiosa e expedição de mandado contra o terceiro adquirente

O art. 808 do atual Código tem correlação imediata com o art. 626 do CPC/1973, cuja redação era idêntica ao atual. E o artigo 626, por sua vez, tem correlação direta com o art. 994, § 3º, do CPC/1939. É importante o registro histórico para entender o contexto em que foi idealizado pelo legislador. Em 1939, a regra dizia que, "se a entrega não se realizar, por ter sido a coisa alienada depois de haver-se tornado litigiosa, executar-se-á a sentença mediante apreensão da

coisa, ouvindo-se o terceiro depois de efetuado o depósito. Ao exequente, todavia, será lícito, ao envez de promover a entrega da coisa, executar o condenado pelo valor estimado na sentença ou liquidado na fôrma do Título II deste Livro".

Isso revela que o art. 808 não foi escrito de forma "solta" e desconectada do contexto no qual ele se insere. O legislador quer dizer que se no momento de realizar a medida executiva o bem não se encontrar em poder do executado porque este a alienou para um terceiro depois que a coisa tinha se tornado litigiosa, então será expedido mandado contra o terceiro adquirente, que somente será ouvido após depositá-la.

Assim, por exemplo, se A adquiriu de B uma bicicleta que não foi entregue e com base nisso A promoveu a execução B, o que diz o dispositivo é que se B, executado, tiver alienado este bem para um terceiro C depois que a coisa tenha se tornado litigiosa então permite o dispositivo que o mandado de entrega ou de imissão da coisa seja desferido contra C, que só poderá exercer o contraditório depois que depositá-la.

A coisa se torna "litigiosa" com a citação válida do executado, nos termos do art. 240 do CPC. Segundo este dispositivo "a citação válida, ainda quando ordenada por juízo incompetente, induz litispendência, torna litigiosa a coisa e constitui em mora o devedor, ressalvado o disposto nos arts. 397 e 398 da Lei nº 10.406, de 10 de janeiro de 2002 (Código Civil)".

Pelo que se depreende acima, basta a citação válida para que a *coisa* se torne *litigiosa*, de forma que, nos termos do art. 109, a eventual "alienação da coisa ou do direito litigioso por ato entre vivos, a título particular" não alterará a legitimidade das partes, daí por que o dispositivo fala em expedição de mandado contra *terceiro*, ou seja, quem não é parte no processo de execução.

2. Alienação da coisa e fraude à execução

O dispositivo trata da aquisição por terceiro de coisa litigiosa que assim se configura quando tenha ocorrido a citação válida do executado alienante. Isso não se confunde com a situação de alienação do bem em fraude à execução que pode-se dar antes disso, da coisa se tornar litigiosa). É perfeitamente possível que antes da citação válida o exequente já tenha feito a *averbação premonitória*, como por exemplo, na hipótese do art. 792, I, do CPC, que diz que "a alienação ou a oneração de bem é considerada

Art. 809

CÓDIGO DE PROCESSO CIVIL INTERPRETADO

1392

fraude à execução: I – quando sobre o bem pender ação fundada em direito real ou com pretensão reipersecutória, desde que a pendência do processo tenha sido averbada no respectivo registro público, se houver". Assim, tratando-se de coisa sujeita a qualquer tipo de registro público e tendo o exequente realizado a anotação da *pendencia da demanda* no referido registro, o terceiro que adquire o referido bem depois deste registro terá afastada a sua boa-fé e a venda do executado terá sido em fraude à execução, sendo pois, ineficaz em relação ao exequente.

3. Terceiro e contraditório

O terceiro adquirente de bem litigioso poderá exercer o seu contraditório no processo do qual ainda não é parte após o depósito do bem segundo o dispositivo. Inegavelmente não lhe pode ser tolhido o direito de opor-se ao esbulho judicial causado pela ordem judicial por meio de embargos de terceiro onde poderá discutir e provar que a aquisição seria legítima.

Jurisprudência

"Processo civil. Alienação de bem imóvel litigioso. Terceiro adquirente. Extensão dos efeitos da sentença. Limites. 1. A regra do art. 42, § 3º, do CPC, que estende ao terceiro adquirente os efeitos da coisa julgada, somente deve ser mitigada quando for evidenciado que a conduta daquele tendeu à efetiva apuração da eventual litigiosidade da coisa adquirida. Há uma presunção relativa de ciência do terceiro adquirente acerca da litispendência, cumprindo a ele demonstrar que adotou todos os cuidados que dele se esperavam para a concretização do negócio, notadamente a verificação de que, sobre a coisa, não pendiam ônus judiciais ou extrajudiciais capazes de invalidar a alienação. 2. Na alienação de imóveis litigiosos, ainda que não haja averbação dessa circunstância na matrícula, subsiste a presunção relativa de ciência do terceiro adquirente acerca da litispendência, pois é impossível ignorar a publicidade do processo, gerada pelo seu registro e pela distribuição da petição inicial, nos termos dos arts. 251 e 263 do CPC. Diante dessa publicidade, o adquirente de qualquer imóvel deve acautelar-se, obtendo certidões dos cartórios distribuidores judiciais que lhe permitam verificar a existência de processos envolvendo o comprador, dos quais possam decorrer ônus (ainda que potenciais) sobre o imóvel negociado. 3. Cabe ao adquirente provar que desconhece a existência de ação envolvendo

o imóvel, não apenas porque o art. 1º, da Lei nº 7.433/85, exige a apresentação das certidões dos feitos ajuizados em nome do vendedor para lavratura da escritura pública de alienação, mas, sobretudo, porque só se pode considerar, objetivamente, de boa-fé o comprador que toma mínimas cautelas para a segurança jurídica da sua aquisição. 4. Recurso ordinário em mandado de segurança a que se nega provimento" (RMS 27.358/RJ, Rel. Min. Nancy Andrighi, 3ª Turma, j. 05.10.2010, *DJe* 25.10.2010).

> **Art. 809.** O exequente tem direito a receber, além de perdas e danos, o valor da coisa, quando essa se deteriorar, não lhe for entregue, não for encontrada ou não for reclamada do poder de terceiro adquirente.
>
> **§ 1º** Não constando do título o valor da coisa e sendo impossível sua avaliação, o exequente apresentará estimativa, sujeitando-a ao arbitramento judicial.
>
> **§ 2º** Serão apurados em liquidação o valor da coisa e os prejuízos.

▶ *Referência: CPC/1973 – Art. 627*

1. Execução (infrutífera) para entrega de coisa e direito de crédito

É possível que a execução específica seja infrutífera, porque a coisa a ser entregue já não se encontra mais disponível para ser entregue. É que a coisa pode ter sido destruída, ou deteriorada, ou alienada, de forma a tornar-se impossível a tutela específica. Sem prejuízo das medidas coercitivas e sancionatórias decorrentes da dilapidação ou deterioração da coisa eventualmente imputáveis ao executado, o Código prescreve a possibilidade de o procedimento executivo para entrega de coisa se converter em procedimento executivo para pagamento de quantia.

2. Incidente de liquidação

Sempre que no título executivo não constar o valor da coisa deteriorada, será necessário que se proceda a liquidação incidental sujeitando-a ao arbitramento judicial onde serão apurados o valor da coisa e os prejuízos. O processo de execução iniciado para a entrega de coisa será transmudado em processo de execução para pagamento da quantia apurada na referida liquidação.

3. Título executivo misto

Curiosamente o título executivo extrajudicial para a entrega de coisa que lastreou o processo de execução respectivo em razão da deterioração da coisa ou sua dilapidação ou alienação será convolado em título executivo para pagamento de quantia. Nesta situação o dever obrigacional, a identificação do devedor e do credor constarão no título extrajudicial, mas o quantum devido será obtido por decisão judicial de mérito em incidente processual de liquidação da coisa, o que pode exigir inclusive a realização de prova pericial. Ter-se-á nesta hipótese um título executivo misto, com parte dele extrajudicial e parte dele judicial. Esta peculiaridade refletir-se-á nos limites da matéria que poderá ser impugnada pelos embargos do executado, ou seja, em relação ao quantum, aplicar-se-á o regime jurídico de uma impugnação do executado e não dos embargos à execução.

Jurisprudência

"Recurso especial. Processual civil. Conversão de execução para entrega de coisa incerta em execução por quantia certa na hipótese de entrega da coisa perseguida com atraso que causou prejuízos ao credor. Possibilidade de apuração dos danos na própria execução ou em ação própria. Inteligência do art. 624 do CPC/73 c/c o art. 389 do Código Civil. 1. Extinção pelo acórdão recorrido de execução para entrega de coisa incerta, declarando quitada a obrigação, após a entrega do produto, mesmo com atraso, entendendo que os eventuais prejuízos sofridos pelo credor devem ser apurados em ação própria, não sendo possível prosseguir na via executória. 2. Possibilidade de conversão do procedimento de execução para entrega de coisa incerta para execução por quantia certa na hipótese de ter sido entregue o produto perseguido com atraso, gerando danos ao credor da obrigação. 3. Inteligência dos artigos 624, segunda parte, do CPC/73 c/c 389 do Código Civil. 4. A certeza da obrigação deriva da própria lei processual ao garantir, em favor do credor do título extrajudicial, os frutos e o ressarcimento dos prejuízos decorrentes da mora do devedor. 5. A liquidação pode ser por estimativa do credor ou por simples cálculo (art. 627, §§ 1º e 2º, do CPC/73 ou art. 809, §§ 1º e 2º, do CPC/15). 6. Reforma do acórdão recorrido para restabelecimento da decisão do juízo de primeiro grau, que havia procedido à conversão da execução. 7. Recurso especial provido" (REsp 1.507.339/MT, Rel. Min. Paulo de Tarso Sanseverino, 3ª Turma, j. 24.10.2017, *DJe* 30.10.2017).

"Processual civil. Liquidação de sentença. Princípio da fidelidade. Viabilidade de, em artigos de liquidação, postular conversão de tutela específica em tutela alternativa de indenização em dinheiro. Aplicação do art. 627 do CPC. Recurso parcialmente conhecido e provido" (REsp 1.007.110/SC, Rel. Min. Teori Albino Zavascki, 1ª Turma, j. 18.12.2008, *DJe* 02.03.2009).

> **Art. 810.** Havendo benfeitorias indenizáveis feitas na coisa pelo executado ou por terceiros de cujo poder ela houver sido tirada, a liquidação prévia é obrigatória.
>
> **Parágrafo único.** Havendo saldo:
>
> I – em favor do executado ou de terceiros, o exequente o depositará ao requerer a entrega da coisa;
>
> II – em favor do exequente, esse poderá cobrá-lo nos autos do mesmo processo.

► *Referência: CPC/1973 – Art. 628*

1. Direito de retenção

O direito de retenção é um "direito negativo", ou seja tentando ser claro e didático, é uma espécie de permissão em favor do credor de reter em seu poder a coisa alheia (uma coisa que ele legitimamente tem em seu poder), até que lhe seja adimplido o crédito que possui e que seja conexo com a obrigação que possui de restituir a coisa conservada em seu poder. Se apresenta para o seu titular como um *fato impeditivo* aos efeitos do *fato constitutivo* do direito do credor. O exemplo clássico é o do executado que retém a coisa a ser restituída para o exequente, porque é ele, o devedor-executado um *credor do exequente* em relação às benfeitorias que realizou na coisa a ser restituída. Observe-se que o crédito das benfeitorias realizadas pelo devedor sobre a coisa que deve entregar ao credor da obrigação é que lhe confere o direito de retenção. O direito de retenção posta-se como um direito negativo, impeditivo da restituição, enquanto não for devidamente adimplido o crédito em favor do devedor. Por outro lado, caso o seja o exequente que esteja por direito de retenção, na posse de coisa pertencente ao devedor, ele não poderá promover a execução sobre outros bens senão depois de excutida a coisa que se achar

Art. 811

em seu poder nos termos do que determina o art. 793 do CPC.

2. Oportunidade de alegação, fato impeditivo e liquidação prévia

Nos termos do art. 917, IV, do CPC, tem o executado a oportunidade de nos embargos à execução alegar o direito de retenção por benfeitorias necessárias ou úteis, nos casos de execução para entrega de coisa certa. Nesta hipótese, observe-se, que o direito de retenção alegado é causa impeditiva para o prosseguimento da execução (restituição da coisa), quanto o referido direito (de retenção) não for adimplido. Não há propriamente um *efeito suspensivo* dos embargos, mas uma situação obstativa (impeditiva) haurida do próprio direito material. Não por acaso o dispositivo ora em comento menciona que a liquidação *prévia* é obrigatória e havendo saldo: I – em favor do executado ou de terceiros, o exequente o depositará ao requerer a entrega da coisa; II – em favor do exequente, esse poderá cobrá-lo nos autos do mesmo processo.

Seção II
Da entrega de coisa incerta

> **Art. 811.** Quando a execução recair sobre coisa determinada pelo gênero e pela quantidade, o executado será citado para entregá-la individualizada, se lhe couber a escolha.
> **Parágrafo único.** Se a escolha couber ao exequente, esse deverá indicá-la na petição inicial.

▶ *Referência: CPC/1973 – Art. 629*

1. Coisa certa e sua individuação

Como já explicado quando comentamos o art. 806, a obrigação para entrega de coisa incerta (art. 243 do CCB) é aquela que a coisa é determinada, ao menos, pelo gênero e pela quantidade (por exemplo, tantos carros zero de mil cilindradas, tantas sacas de café, tantas arrobas de gado etc.), dependendo de ser identificada a espécie da coisa para fins de realização da obrigação. É preciso identificar, por exemplo, qual a marca do carro, qual o tipo de café, qual a espécie do gado etc., para que possa ser efetivada a execução. Tanto que por razões óbvias resultantes da falta de individuação que o artigo art. 246 do CCB

determina que antes da escolha, não poderá o devedor alegar perda ou deterioração da coisa, ainda que por força maior ou caso fortuito.

Obviamente que, enquanto a coisa estiver incerta, não há a possibilidade de realizar o desapossamento e, por isso, o legislador estabelece a regra do art. 811, no qual preleciona que, quando a execução recair sobre coisa determinada pelo gênero e pela quantidade, o executado será citado para entregá-la individualizada, se lhe couber a escolha, e, se a escolha couber ao exequente, este deverá indicá-la na petição inicial.

Esse momento de individuação da coisa pode gerar um incidente processual que é tratado no artigo seguinte. Seria como um incidente "liquidatório" onde o que se pretende é a individuação da coisa a ser entregue.

> **Art. 812.** Qualquer das partes poderá, no prazo de 15 (quinze) dias, impugnar a escolha feita pela outra, e o juiz decidirá de plano ou, se necessário, ouvindo perito de sua nomeação.

▶ *Referência: CPC/1973 – Art. 630*

1. Contraditório e produção de provas

Se ao exequente couber a escolha era estará na petição inicial; se couber ao executado este será citado para entregá-la individualizada. Certamente que uma parte pode não concordar com a escolha feita pela outra, afinal de contas segundo o art. 244 do CCB o devedor não poderá dar a coisa pior, nem será obrigado a prestar a melhor. Assim, instaura-se um incidente cognitivo com objeto restrito à individuação da coisa sem que uma parte não concordar com a escolha feita pela outra. Por isso, no prazo de 15 dias, qualquer das partes poderá impugnar a escolha feita pela outra, e o juiz decidirá de plano ou, se necessário, ouvindo perito de sua nomeação.

A expressão "decisão de plano" é para aqueles casos em que a prova é meramente documental e decorre da interpretação jurídica do contrato, mas nas situações em que se fizer necessária a verificação, por exemplo, que a coisa identificada pelo devedor é, segundo o credor, a pior, então pode ser necessária a produção de provas como a testemunhal ou pericial sem a qual o juiz não terá elementos para resolver este incidente cognitivo de individuação da coisa. Superado o incidente prossegue-se a execução por desapossamento seguindo as regras já estudadas na seção precedente.

> **Art. 813.** Aplicar-se-ão à execução para entrega de coisa incerta, no que couber, as disposições da Seção I deste Capítulo.

▶ *Referência: CPC/1973 – Art. 631*

1. Seção I e aplicação subsidiária

Uma vez identificada a coisa, enfim, individuado o bem objeto do desapossamento, segue-se a execução para a entrega de coisa certa, cujas regras procedimentais estão na seção precedente.

CAPÍTULO III
DA EXECUÇÃO DAS OBRIGAÇÕES DE FAZER OU DE NÃO FAZER

Seção I
Disposições comuns

> **Art. 814.** Na execução de obrigação de fazer ou de não fazer fundada em título extrajudicial, ao despachar a inicial, o juiz fixará multa por período de atraso no cumprimento da obrigação e a data a partir da qual será devida.
>
> **Parágrafo único.** Se o valor da multa estiver previsto no título e for excessivo, o juiz poderá reduzi-lo.

▶ *Referência: CPC/1973 – Art. 645*

1. Necessário intercâmbio com o cumprimento de sentença das obrigações de fazer e não fazer

É inexplicável que o legislador não tenha estabelecido um modelo procedimental único tanto para o processo de execução, quanto para o cumprimento de sentença das obrigações de fazer e não fazer.

Um singelo confronto entre o procedimento dos arts. 536 e 537 (cumprimento e sentença) com o art. 814 e ss. (processo de execução) revelam um descompasso abissal do procedimento do primeiro – mais simples, direto, moderno e efetivo – em relação ao segundo. Isso sem contar, por exemplo, o fato de que o legislador insistiu em deixar a lacuna já existente da tutela executiva da obrigação de não fazer fundada em título extrajudicial, mantendo o engodo do art. 822 que nada obstante o título que o abraça, nada mais é do que uma obrigação de fazer (desfazer).

Ambos poderiam estar no mesmo tópico do Código, com pequenas diferenças entre um outro, ou quiçá, como fez o Código, estabelecendo um intercâmbio expresso do cumprimento de sentença e processo de execução das execuções especiais (contra a fazenda pública e de pagar alimentos). Obviamente que a falta de menção expressa dessa mão dupla não impede nem intimida a sua realização, seja com base na cláusula geral do art. 139, I, seja com base nos arts. 513 e 771 do CPC.

Não apenas a multa coercitiva pode ser fixada pelo juiz – que pode até dispensá-la – como técnica de execução indireta para compelir o devedor/executado a cumprir a obrigação, pois como dito, incide a cláusula geral da execução do art. 139, IV, do CPC.

2. Astreinte ou multa civil?

O regime jurídico das astreintes está delimitado pelos arts. 139, IV, e 537 do CPC, podendo ser aplicado também aqui no processo de execução das obrigações de fazer e não fazer.

O dispositivo ora em comento confunde – e por isso faz uma incorreta mistura – entre a multa processual (astreinte) com a multa civil (contratual), repetindo o equívoco do CPC revogado (art. 645). Segundo o art. 814, ao despachar a inicial, "o juiz fixará multa por período de atraso no cumprimento da obrigação e a data a partir da qual será devida". Tudo estaria muito bem se a regra terminasse no *caput* do art. 814, com a ressalva nele contida de que o magistrado "pode", e não "deve" como sugere o texto, fixar uma astreinte quando entender necessário. Contudo, a regra não termina aí, e, o parágrafo único faz a mistura indevida ao dizer que "se o valor da multa estiver previsto no título e for excessivo, o juiz poderá reduzi-lo". Ora, a astreinte é multa processual, técnica de execução, coercitiva que não nasce no título executivo, a não ser que tenha sido fruto de negócio jurídico processual expresso para tal fim (para aqueles que admitem a convenção nesta hipótese). A eventual multa cominatória contida no título executivo, regra geral, não é a multa processual (técnica executiva de execução indireta).

3. Multa por período de atraso no cumprimento da obrigação e a data a partir da qual será devida

É muito importante que o magistrado fixe não apenas a data de início da multa, mas também a sua data limite, estabelecendo um tempo

Art. 815

CÓDIGO DE PROCESSO CIVIL INTERPRETADO

razoável e adequado à função coercitiva que nela deve existir. Não se pode pensar numa medida coercitiva desalinha com o tipo da obrigação e o tempo que exerceria uma função de pressionar o executado a cumprir a obrigação.

Em nosso sentir, as multas processuais fixadas *ad infinitum* sem um termo final, acabam que, em algum momento, posteriormente ao descumprimento do prazo de adimplemento pelo devedor, simplesmente deixam de ser *coercitivas* e acabam tendo uma função diversa – uma punição inadequada – daquela a qual ela se propõe ser (pressionar o cumprimento pelo próprio devedor).

Não parece nem lógico e nem crível que uma multa processual continue incidindo por meses, ininterruptamente, pelo descumprimento de uma obrigação que deveria ter sido cumprida em alguns dias. Assim, por exemplo, uma instituição bancária que não cumpre a ordem judicial de estorno de pequenas quantias descontadas dos poupadores no prazo fixado pelo juiz. Ora, imaginar que tal astreinte continue a incidir meses e meses depois como se estivesse exercendo um papel coercitivo é um erro fácil de ser até mesmo intuído. É óbvio que em algum momento tal astreinte terá deixado de ter uma função coercitiva e por isso mesmo ela deveria ser revista, seja para ampliar o seu valor, seja para ser substituída por outra medida executiva mais adequada à tutela específica. Por isso, defendemos que além do prazo inicial deve o magistrado fixar um prazo final para que a multa incida, dentro de um critério razoável (valor, capacidade econômica, tipo da obrigação etc.) em que a astreinte conserve um papel coercitivo, submetendo-a a uma revisão após o referido prazo caso o executado permaneça inadimplente.

4. Honorários e despacho inicial

Inexplicavelmente, o legislador silenciou sobre o dever do magistrado fixar a verba honorária devida logo que despachar a petição inicial (art. 806, § 1º). Aliás, esse mesmo lapso ele cometeu para o processo de execução das obrigações de fazer e de não fazer. Essa falha não deve impedir que o magistrado aplique subsidiariamente a regra do art. 827, § 1º, para a execução das obrigações específicas (fazer e não fazer e entrega de coisa).

Seção II
Da obrigação de fazer

Art. 815. Quando o objeto da execução for obrigação de fazer, o executado será citado

para satisfazê-la no prazo que o juiz lhe designar, se outro não estiver determinado no título executivo.

▶ *Referência: CPC/1973 – Art. 632*

1. Prazo para cumprimento da obrigação de fazer

Parte-se da premissa de que aquele que instaura um processo de execução e porque o devedor não cumprido a obrigação no prazo fixado no título. O inadimplemento do devedor é causa de pedir da tutela executiva. Se assim for, resta claro que o prazo fixado no art. 815 é uma espécie de *segundo inadimplemento* do devedor, só que agora na condição de executado. O prazo que o "juiz lhe designar, se outro não estiver determinado no título executivo" deve ser adequado e razoável, afinal de contas a intenção é que ocorra a satisfação da obrigação exequenda. Nem muito exíguo, nem muito dilatado. Por outro lado, como diz o dispositivo, quando o título prevê o referido prazo, deve o juiz respeitar a autonomia da vontade das partes e reproduzir a ordem de cumprimento da obrigação seguindo o prazo previsto na obrigação definida pelas partes.

2. Ordem de citação e medidas executivas atípicas

Embora o dispositivo mencione o tempo todo a "multa", esta não é a única técnica executiva que pode lançar mão para fazer com que seja satisfeita a obrigação exequenda. Nos termos do art. 139, IV, toda e qualquer medida executiva pode ser determinada de ofício pelo magistrado para atingir a satisfação da tutela executiva. Os limites dessa escolha dos meios adequados e da intensidade com que são determinados é o devido processo legal, ou seja, não deve usar meios além dos necessários para a obtenção da tutela, respeitadas as garantias fundamentais do devedor como proteção da dignidade, segurança etc. O procedimento do art. 536 do CPC, destinado ao cumprimento de sentença das obrigações de fazer, pode ser utilizado também para os casos de processo de execução.

Jurisprudência

"Direito processual civil. Fase de cumprimento de sentença. Obrigação de fazer. Apelação provida. 1. O acórdão que decidiu o processo de conhecimento e que transitou em julgado é claro: a apelada deveria cumprir a obrigação de fazer no prazo de cinco dias a contar de sua publicação. 2. Não o fez. Deve pagar a multa, que não é excessiva, ante a gravidade da lesão sofrida pelo apelante. 3. Ademais, se possível fosse, por absurdo, rediscutir a questão ante a coisa julgada que se formou, com o advento da Lei nº 11.232/05, não mais é necessária a intimação pessoal do devedor para cumprir a obrigação de fazer. 4. O preceito do **art. 632 CPC** destina-se apenas às execuções por título extrajudicial, não englobando as decorrentes de título judicial. 5. Apelação a que se dá provimento" (TJRJ, APL 00208551120118190066/RJ 0020855-11.2011.8.19.0066, Data de publicação: 15.07.2014).

> **Art. 816.** Se o executado não satisfizer a obrigação no prazo designado, é lícito ao exequente, nos próprios autos do processo, requerer a satisfação da obrigação à custa do executado ou perdas e danos, hipótese em que se converterá em indenização.
>
> **Parágrafo único.** O valor das perdas e danos será apurado em liquidação, seguindo-se a execução para cobrança de quantia certa.

▶ *Referência: CPC/1973 – Art. 633*

1. Adimplemento no prazo e extinção da execução

O que se espera na execução das obrigações de fazer ou não fazer é a obtenção de um resultado que deriva de uma conduta humana, ou seja, algo que resulte da transformação fática de um ato de fazer ou não fazer. Se o devedor adimplir a obrigação o resultado é a extinção do processo de execução nos termos do art. 924, II, do CPC. Mas se o devedor não adimplir a obrigação no prazo assinalado pelo juiz se outro não estiver previsto no título, então nasce para o exequente as seguintes possibilidades: a) requerer a satisfação da obrigação à custa do executado; ou b) perdas e danos, hipótese em que se converterá em indenização.

Para aqueles que admitem que o resultado prático equivalente (arts. 497 e 536) é uma reparação específica (reparação in natura) e não simplesmente a mesma obrigação prestada por terceiro, então haveria aí mais uma possibilidade dentre as duas mencionadas acima, relembrando

a possibilidade de aplicação do art. 536 para os processos de execução de obrigações de fazer e não fazer.

2. Satisfação da obrigação à custa do executado

O Código estabelece um procedimento engessado quando comparado com o art. 536 para a *satisfação da obrigação à custa do executado*, de forma que pela simbiose entre o cumprimento de sentença e o processo de execução pode o magistrado valer-se das técnicas do art. 536 para a obtenção da tutela específica prestada por terceiro, inclusive por expressa dicção do art. 139, IV, do CPC.

A rigor, o que se observa no procedimento previsto no art. 817 e ss. é que a satisfação da obrigação à custa do executado só acontece *depois de o exequente adiantar as quantias previstas na proposta que, ouvidas as partes, o juiz houver aprovado*. Nada mais absurdo e esdrúxulo, pois primeiro o exequente deve pagar a execução por terceiro para depois tentar receber do executado o valor gasto. Tal procedimento não faz o menor sentido lógico, sendo logicamente mais simples para o exequente então optar pelas perdas e danos e exigir no processo os prejuízos que suportou para realizar a obrigação por intermédio de terceiro contratado fora do processo o que pode ser deferido pelo magistrado simplesmente deferindo uma das propostas apresentadas. Recorde-se que nas situações de urgência, nem mesmo de autorização judicial necessita o exequente para realizar a prestação por terceiro, tal como determina o art. 251, parágrafo único, do CCB.

3. Perdas e danos, hipótese em que se converterá em indenização

É o caminho natural sempre que as obrigações forem infungíveis, tornar impossível o seu cumprimento ou simplesmente assim optar o exequente (art. 497 e ss.). A indenização exige que a execução por transformação convole-se em execução por expropriação o que exige prévia liquidação dos prejuízos suportados que será decidida por decisão interlocutória de mérito referente ao quantum. O título executivo para pagamento da quantia será misto, com uma boa parte formada fora do processo e uma parte, o quantum, haurida dentro do processo o que ensejará atenção sobre o conteúdo (limitação) dos embargos do executado se eventualmente interpostos.

Art. 817

A execução da obrigação por terceiro, dentro ou fora do processo, é apenas um dos prejuízos que poderão ser exigidos pelo exequente na execução para pagamento de quantia contra o executado inadimplente.

4. Procedimento para a satisfação da obrigação à custa do executado prevista no art. 817 e ss.

Como já se disse não há razão lógica para que o exequente proceda a execução da obrigação de fazer às custas do executado seguindo o procedimento descrito no art. 817 e ss.

Isso porque a rigor, é ele, exequente, que deve adiantar às custas do terceiro que irá realizar a obrigação inadimplida pelo devedor/executado. É logicamente mais simples que o exequente realize, fora do processo, a efetivação com um terceiro, apresentando orçamentos prévios ao juízo para que defina um ou alguns dos apresentados, e apresente os custos e prejuízos que suportou para a efetivação na execução por expropriação.

O engessamento e inflexibilidade do procedimento mantido no art. 817 e ss. revelam o descompasso entre o art. 536 e o art. 817 do CPC, respectivamente, cumprimento de sentença e processo de execução de obrigação de fazer.

Jurisprudência

"Ação de obrigação de fazer. Cumprimento de sentença. Condenação da construtora a proceder a reforma do telhado do prédio, acima do apartamento dos autores da ação. Realização da obra, todavia, pelos próprios exequentes, tendo em vista a urgência da solução das infiltrações e o tempo de tramitação do processo (quase 3 anos). Pedido de conversão da obrigação de fazer em perdas e danos. Possibilidade, não obstante a inversão do procedimento, nos termos dos artigos 633 do CPC e 249 do Código Civil. Reembolso exigível da construtora. Decisão que determina o prosseguimento da execução, com a apresentação de documentos, mantida. Agravo não provido" (TJSP, AI 21391853420148260000/ SP 2139185-34.2014.8.26.0000, Data de publicação: 31.03.2015).

Art. 817. Se a obrigação puder ser satisfeita por terceiro, é lícito ao juiz autorizar, a requerimento do exequente, que aquele a satisfaça à custa do executado.

Parágrafo único. O exequente adiantará as quantias previstas na proposta que, ouvidas as partes, o juiz houver aprovado.

▶ *Referência: CPC/1973 – Art. 634*

1. Obrigação de fazer fungível (que pode ser satisfeita por terceiro)

As obrigações de fazer se bipartem em *fungíveis e infungíveis*. A infungível é aquela em que a obrigação, pela sua natureza ou vontade das partes, somente pode ser satisfeita, por ato do devedor. Isso porque nesta hipótese, tão importante quanto o resultado é que ele derive de ato daquela pessoa específica, que *intuitu personae*, em razão de suas qualidades, foi contratado para realizar aquela obrigação pactuada. Já a obrigação *fungível* é, ao inverso, aquela que permite que a prestação possa ser realizada pelo próprio devedor ou por terceira pessoa, sendo relevante apenas o resultado.

Exatamente por isso pode-se dizer que as prestações de fazer infungíveis (e as de não fazer que são sempre infungíveis) só podem ser cumpridas por ato do devedor, já que só ele e mais ninguém poderia prestar a obrigação. Nestas hipóteses, sempre de acordo com a opção do requerente, tem-se uma de duas soluções: ou o magistrado lança mão de medidas de coerção que pressionem, induzam, e estimulem o devedor a cumprir a prestação que só ele pode cumprir ou então resolve-se a prestação em perdas e danos.

Sendo a prestação naturalmente infungível as medidas executivas de sub-rogação são ineficazes para satisfação do devedor, pois não há meio de fisicamente constranger a sua liberdade e impor, como se ele fosse um escravo, a prestação que só ele poderia realizar. Daí a importância das técnicas de execução indireta (não apenas a multa), pois são as únicas capazes de promover a satisfação das prestações infungíveis que só podem ser realizadas por ato de devedor.

2. Procedimento (obsoleto) de execução por terceiro

Já foi dito mais de uma vez que não faz o menor sentido o legislador ter dado um tratamento distinto para a prestação das obrigações de fazer e não fazer execução apenas porque umas são fundadas em título judicial e outras em título extrajudicial. As regras do art. 497 e ss., somadas às do art. 536 e ss., são dotadas de uma flexibilização para a atuação judicial que não se observa no art. 814 e ss. do CPC. Ora, a própria redação dos dispositivos do cumprimento de sentença por transformação quando comparada com o do processo de execução por transformação mostram-se mais atuais, modernas e consentâneas com a preocupação de um processo de resultados. Não por acaso, pasme o leitor, o legislador simplesmente ignorou a possibilidade de processo de execução de obrigação de não fazer como será observado adiante, e, ao mesmo tempo que ignorou a possibilidade de tutela das obrigações de prestar declaração de vontade fulcrada em título executivo extrajudicial, o que se revela absolutamente inaceitável. Obviamente que estas lacunas não constituem um *impedimento* ao processo de execução dessas obrigações fundadas em títulos extrajudiciais, já que é inconteste o intercâmbio preconizado no art. 771, combinado com o art. 513 do CPC e também com o art. 139, IV.

3. Requerimento do exequente com apresentação de propostas e contraditório

Não se tratando de hipótese do art. 251, parágrafo único, do CCB (que dispensa a autorização judicial), é preciso que o exequente se manifeste judicialmente no sentido de que deseja a satisfação da obrigação por meio de um terceiro, sempre às custas do executado. Obviamente que tudo isso deve se dar da forma mais simples possível, com o exequente apresentando as propostas de orçamento de firmas idôneas ao magistrado, o que deverá ser decidido de plano pelo magistrado depois de ouvido o executado apenas em relação às propostas apresentadas. A oportunidade de o executado opor-se à tutela deve ser feita nos embargos à execução à execução por expropriação para recebimento dos prejuízos que o exequente teve.

4. Adiantamento das quantias previstas nas propostas

Ao optar pela realização da prestação por terceiro o exequente já sabe que do executado só poderá receber indenização pelos prejuízos que teve, nele incluindo, o custo pelo pagamento da prestação realizada pelo terceiro. Não é demais lembrar que o dinheiro para pagamento da prestação realizada pelo terceiro é proveniente do exequente, daí por que o parágrafo

único fala que este deverá adiantar "as quantias previstas na proposta que, ouvidas as partes, o juiz houver aprovado". Assim, como se disse, optando o exequente pelas perdas e danos ou optando pela execução à custa do executado, no final das contas, promoverá contra o exequente apenas a execução por expropriação. Isso revela que muitas vezes pode ser inútil seguir um procedimento judicial de execução por terceiro as expensas do executado, posto que seria mais lépido o exequente optar pelas perdas e danos e ele mesmo que teria que adiantar no processo a quantia para o terceiro.

> **Art. 818.** Realizada a prestação, o juiz ouvirá as partes no prazo de 10 (dez) dias e, não havendo impugnação, considerará satisfeita a obrigação.
>
> **Parágrafo único.** Caso haja impugnação, o juiz a decidirá.

▶ *Referência: CPC/1973 – Art. 635*

1. A prestação realizada por terceiro a custa do executado

Ao realizar a prestação pelo terceiro às expensas do executado, mas tendo que adiantar o valor dos mesmos, nasce no processo uma nova relação jurídica envolvendo de forma direta o exequente e o terceiro, responsável pela execução da obrigação que originariamente caberia ao devedor. A remuneração do terceiro contratado é feita pelo exequente e a prestação de fazer deve ser rigorosamente aquela constante no título executivo. Uma vez realizada a prestação, o juiz ouvirá as partes (exequente e executado) no prazo de 10 dias e, não havendo impugnação, considerará satisfeita a obrigação.

> **Art. 819.** Se o terceiro contratado não realizar a prestação no prazo ou se o fizer de modo incompleto ou defeituoso, poderá o exequente requerer ao juiz, no prazo de 15 (quinze) dias, que o autorize a concluí-la ou a repará-la à custa do contratante.
>
> **Parágrafo único.** Ouvido o contratante no prazo de 15 (quinze) dias, o juiz mandará avaliar o custo das despesas necessárias e o condenará a pagá-lo.

▶ *Referência: CPC/1973 – Art. 636*

Art. 820

1. Conflito de interesses envolvendo o exequente e o terceiro contratado

Pode acontecer uma indesejável situação para o processo de execução de obrigação de fazer onde, ante o inadimplemento do executado, o exequente tenha optado pela realização da obrigação às expensas do inadimplente. Como já foi dito, quem arca com o pagamento da obrigação a ser prestada pelo terceiro é o exequente, que posteriormente poderá receber do executado os prejuízos que suportou, aí incluído o custo da obrigação realizada pelo terceiro. Mas, e se houver um conflito entre o exequente e o terceiro que realiza a obrigação? Se por ventura o terceiro contratado não realizar a prestação no prazo estabelecido na proposta aceita pelo juízo ou se o fizer de modo incompleto ou defeituoso, poderá o exequente requerer ao juiz, no prazo de 15 dias, que o autorize a concluí-la ou a repará-la à custa do contratante (terceiro). Claro que será ouvido o contratante (terceiro) no prazo de 15 dias, o juiz mandará avaliar o custo das despesas necessárias e o condenará a pagá-lo.

Nesta surreal hipótese o exequente será credor do executado que inadimpliu a obrigação de fazer e também credor do terceiro que assumiu o compromisso de realizar a prestação, mas não o fez ou o fez de modo incompleto ou inadequado. Segundo o CPC neste pequeno incidente cognitivo do art. 819 ter-se-á a formação de um título executivo judicial (decisão interlocutória de mérito) para pagamento de quantia contra o terceiro contratante que poderá ser objeto de cumprimento de sentença para pagamento de quantia.

> **Art. 820.** Se o exequente quiser executar ou mandar executar, sob sua direção e vigilância, as obras e os trabalhos necessários à realização da prestação, terá preferência, em igualdade de condições de oferta, em relação ao terceiro.
>
> **Parágrafo único.** O direito de preferência deverá ser exercido no prazo de 5 (cinco) dias, após aprovada a proposta do terceiro.

▶ *Referência: CPC/1973 – Art. 637*

1. Direito de preferência do exequente

Para evitar ou diminuir o risco das situações descritas no art. 819 (um novo conflito a partir do primeiro) o legislador cria um direito de preferência para o exequente caso este queira executar ou mandar executar, sob sua direção e vigilância, as obras e os trabalhos necessários à realização da prestação. Enfim, terá preferência, em igualdade de condições de oferta, em relação ao terceiro. Este direito de preferência deverá ser exercido no prazo de 5 (cinco) dias, após aprovada a proposta do terceiro.

> **Art. 821.** Na obrigação de fazer, quando se convencionar que o executado a satisfaça pessoalmente, o exequente poderá requerer ao juiz que lhe assine prazo para cumpri-la.
>
> **Parágrafo único.** Havendo recusa ou mora do executado, sua obrigação pessoal será convertida em perdas e danos, caso em que se observará o procedimento de execução por quantia certa.

▶ *Referência: CPC/1973 – Art. 638*

1. Obrigação infungível

Como já foi visto anteriormente, a obrigação de fazer infungível é aquela em que a obrigação, pela sua natureza ou vontade das partes, somente pode ser satisfeita, por ato do devedor. É a obrigação em que não apenas o resultado importa para o credor, mas o resultado advindo da conduta (do fazer) do devedor.

2. Técnicas do cumprimento de sentença

O único meio de se obter a satisfação da obrigação infungível é por realização do próprio devedor, ou seja, não se pode prescindir da sua vontade. Daí por que para estas modalidades de obrigações ganham relevo e importância as técnicas processuais de execução indireta descritas nos arts. 139, IV, e 536, que devem ser determinadas pelo juízo até mesmo de ofício, inclusive, no processo de execução desta modalidade obrigacional. A solução descrita no parágrafo único do art. 821 é subsidiária e só deve ser adotada por opção do credor ou quando todas as medidas coercitivas ou indutivas se mostrarem ineficientes.

Não há tipicidade das medidas de execução indireta que podem ser determinadas pelo juiz, que fica adstrito ao devido processo legal, à razoabilidade e proporcionalidade na escolha das medidas adequadas para pressionar o devedor a cumprir a obrigação, sendo de bom alvitre a realização de contraditório prévio do executado (art. 805 do CPC).

3. Possibilidade de obter o resultado prático equivalente

O "resultado prático equivalente" está previsto apenas nos dispositivos referentes ao cumprimento de sentença, mas em nosso sentir, não há motivos para não aceitá-lo no processo de execução as prestações de fazer e não fazer. Em nosso sentir o resultado prático equivalente seria um *resultado diverso* do que se obtém com a tutela específica.

O sistema processual de tutela das obrigações específicas procura dar todos os meios possíveis para que o autor possa obter o mesmo resultado que teria caso a utilização do processo fosse desnecessária pelo cumprimento voluntário da obrigação. Assim, chega-se à tutela específica quando se obtém o mesmo "resultado que haveria se não fosse necessário processo".

Entretanto, esse resultado idêntico ao do voluntário adimplemento pode ser alcançado de duas formas: por conduta do próprio obrigado ou por mecanismos que possam substituir a sua conduta. Assim, quando o mesmo resultado é obtido, por ato do próprio devedor ou por medidas que alcancem o mesmo resultado, então teremos a tutela específica. A coincidência de resultados no plano do direito material é que determina tratar-se de tutela específica.

Mas, é quando não for possível alcançar a tutela específica, ou seja, o mesmo resultado caso tivesse sido espontaneamente cumprida a obrigação?

Bem, considerada a impossibilidade de obtenção da tutela específica, então exsurge a questão formulada no parágrafo anterior. Deve-se converter a obrigação de fazer ou não fazer em perdas e danos ou há ainda outra possibilidade de obter um resultado em in natura, embora diverso do originalmente previsto na obrigação inadimplida?

Em nosso sentir o resultado prático equivalente é forma de se obter uma reparação específica (*in natura*), portanto, um resultado que não coincide com aquele originariamente previsto no plano do direito material, mas que do ponto de vista prático atende, a um só tempo, às expectativas do credor sem agravar a situação do devedor.

Argumentar-se-ia que não seria lícito pensar que o resultado prático equivalente fosse distinto daquele obtido da tutela específica, porque senão estaríamos diante de uma tutela diversa da pretensão inicial do credor (exequente), na medida em que o resultado obtido seria diverso do pleiteado.

Em nosso sentir a própria previsibilidade legal do "resultado prático equivalente" no art. 536 do CPC já demonstra que não existe violação da congruência entre pedido e sentença. Ao propor a referida demanda já se sabe que na impossibilidade de se obter a tutela específica o legislador autoriza, alternativa e subsidiariamente, a obtenção do resultado prático equivalente. Aliás, é o mesmo o que ocorre com a *adjudicação do bem penhorado* ao invés de receber o produto da sua alienação.

O referido dispositivo, que se aplica ao processo de execução, não deixa dúvidas ao dizer que o juiz tomará as medidas necessárias e adequadas para alcançar um fim: a efetivação da tutela específica ou a obtenção de tutela pelo resultado prático equivalente.

O resultado que vale igual (equi = igual + valente=vale) ao da tutela específica não é, obviamente, o mesmo resultado. Trata-se de resultado que equipara-se àquele, porque na prática tem igual valor para o exequente, além é claro que possa ser suportado pelo executado de forma razoável e justa. Entendemos que existe a previsão da fungibilidade do pedido mediato no art. 536, algo que inclusive já existe em outras situações expressamente previstas em lei.

Assim, por exemplo, são casos de resultado prático equivalente o recolhimento de livros que não poderiam ser publicados, o desligamento do som de bares e restaurantes que violaram a proibição de música ao vivo estabelecida em lei municipal, o custeio pelo Estado de consultas e medicamentos que deveriam ser gratuitamente por ele fornecidos, o reflorestamento de área que não deveria ser desmatada, a entrega de um bem móvel (carro, televisor, geladeira etc.) de marca semelhante em qualidade àquela que deveria ser prestada etc.

Em nenhum, absolutamente nenhum destes casos, houve tutela específica da obrigação, pois o resultado no plano do direito material não é coincidente com aquele que se teria caso fosse espontaneamente cumprida a obrigação ou o dever legal. Todavia, em todos estes casos existe a obtenção de uma tutela reparatória in natura que se aproxima daquele que se teria com a tutela específica.

Art. 822

CÓDIGO DE PROCESSO CIVIL INTERPRETADO

É claro que há situações em que o resultado prático equivalente pode se distanciar muito da tutela específica da obrigação, e, nestes casos, recomenda-se que este conceito vago seja preenchido mediante cooperação e contraditório das partes, ou seja, se nos exemplos citados acima vislumbra-se com alguma tranquilidade a possibilidade de se obter o resultado prático equivalente, há outros em que essa definição do que seja "resultado prático equivalente" mostra-se arenoso e de difícil delimitação, como no caso, por exemplo, de determinado arquiteto escolhido à dedo (*intuitu personae*) pelo credor para realizar a planta de sua casa que se recuse a cumprir o contrato. Neste caso poderia o magistrado substituir o arquiteto por outro, com igual expertise e nome, para fazer a planta da casa sem consultar os credores? Parece-nos que não, porque neste caso específico a obrigação de fazer guarda um personalismo tal que o juiz não poderia arvorar-se em definir o resultado prático equivalente sem antes ouvir e ter a aquiescência do credor.

De qualquer forma, o art. 536 presta-se tanto à tutela específica da obrigação, quanto ao seu resultado prático equivalente, ou seja, o mesmo resultado no plano do direito material, quanto a tutela reparatória *in natura* resultante do eventual descumprimento da obrigação ou dever legal. E mais, tanto se aplica ao cumprimento de sentença, quanto ao processo de execução, por expressa dicção dos arts. 513 e 771 do CPC.

Seção III
Da obrigação de não fazer

> **Art. 822.** Se o executado praticou ato a cuja abstenção estava obrigado por lei ou por contrato, o exequente requererá ao juiz que assine prazo ao executado para desfazê-lo.

▶ *Referência: CPC/1973 – Art. 642*

1. Abstenção (não fazer) e desfazer (fazer)

Mantendo o equívoco do art. 642 do CPC revogado, o CPC atual não trata da execução das obrigações de não fazer, nada obstante o rótulo da seção III acima. Ora, se o executado já praticou ato a cuja abstenção estava obrigado por lei ou por contrato, então resta claro que a *abstenção* o *não fazer* foi descumprido, e, por isso o art. 822 menciona que o exequente requererá ao juiz que

assine prazo ao executado para desfazê-lo. O desfazer não se iguala ao *não fazer*.

Nada obstante o vacilo do legislador, nada impede, antes o contrário, que se importem as regras dos arts. 139, IV, e 536 para que seja efetivada a tutela das obrigações de não fazer prevista em um título executivo extrajudicial, caso em que deverá o executado ser citado para abster-se de determinado ato, devendo o magistrado, na esteira do art. 536 usar de todos os meios que entender adequados para compelir o executado a abster-se da prática de determinado ato.

A tutela do *desfazer* segue a disciplina comum das obrigações de fazer, devendo ensejar, se for o caso, a verificação dos prejuízos decorrentes da abstenção descumprida. O desfazimento do ilícito nem sempre satisfaz o exequente, sendo mister a aferição de danos decorrentes do ato a cuja abstenção estava obrigado por lei ou por contrato.

2. Título executivo e tutela da evidência

O título executivo extrajudicial é uma das manifestações de técnica processual voltada à tutela de direito evidente. Caso seja de interesse do titular do título executivo extrajudicial, poderá, com fulcro no art. 785 do CPC, promover ação cognitiva e requerer a concessão e obtenção da tutela evidente nos termos do art. 311, IV, combinado com o art. 297 do CPC.

Jurisprudência

"Processual civil e ambiental. Embargos à execução. Descumprimento de Termo de Ajustamento de Conduta. Obrigação de não fazer. Degradação ambiental constatada na origem. Não conhecimento do recurso especial. Súmulas 282/STF, 5 e 7/STJ. Execução da multa. Possibilidade. 1. Trata-se, na origem, de Embargos à Execução julgados improcedentes pelo Tribunal de origem contra Execução de Título Extrajudicial ajuizada pelo Ministério Público do Estado do Rio Grande do Sul em razão do descumprimento de Termo de Ajustamento de Conduta e de obrigação de não fazer nela prevista ('abster-se de realizar qualquer atividade que produza degradação ao meio ambiente, sem os licenciamentos ambientais necessários'). 2. Não se pode conhecer da irresignação recursal contra a ofensa aos arts. 618 do CPC/1973 e 803 do CPC/2015, pois os referidos dispositivos legais e os temas a ele relacionados (falta de certeza e liquidez do título executivo) não foram analisados pela instância de origem. Ausente, portanto, o requisito do prequestionamento, o que atrai, por analogia, o óbice da Súmula 282/STF: 'É inadmissível o recurso extraordinário, quando não ventilada, na decisão recorrida, a questão federal suscitada'. 3. Além disso, ainda que se considerasse a ocorrência de prequestionamento implícito, as razões do Recurso Especial invocam expressamente a revisão da prova dos autos e a interpretação do Termo de Ajustamento de Conduta para infirmar as premissas fáticas realizadas pelo Tribunal de origem, notadamente a constatação de descumprimento da obrigação de não fazer (abster-se de degradar o meio ambiente). Aplicam-se os óbices das Súmulas 5 e 7/STJ. 4. Por fim, o acórdão recorrido está de acordo com a jurisprudência do STJ no sentido de que o descumprimento de compromisso de ajustamento de conduta celebrado com o Ministério Público viabiliza a execução da multa nele prevista. A propósito: AgRg no AREsp 154.381/MG, Rel. Ministro Og Fernandes, Segunda Turma, DJe 13.11.2013; e REsp 443.407/SP, Rel. Ministro João Otávio de Noronha, DJ 25.4.2006. 5. Recurso Especial parcialmente conhecido e, nessa parte, não provido" (REsp 1.755.146/RS, Rel. Min. Herman Benjamin, 2ª Turma, j. 18.09.2018, DJe 17.12.2018).

"Processual civil e administrativo. Execução de título extrajudicial. Acordo. Greve de servidor público. Âmbito nacional. Descumprimento de obrigação de não fazer. Motivo do ato administrativo. Paralisação do serviço. Participação na greve. Limites cognitivos do processo de execução. Síntese da controvérsia 1. Trata-se de Agravo Regimental interposto contra decisão que, em Execução de título extrajudicial constituído por ocasião do desfecho de greve de âmbito nacional de servidor público, estabeleceu prazo de 60 (sessenta) dias para que a União extinga todos 'os processos administrativos disciplinares instaurados contra servidores públicos da Polícia Federal, em razão da participação no movimento grevista ocorrido entre os dias 7.8.2012 e 15.10.2012, sob pena de multa diária no valor de R$ 5.000,00 (cinco mil reais)' (fl. 355, destaquei). 2. A cláusula décima primeira do Termo de Acordo 029/2012 firmado no âmbito do Ministério do Planejamento, Orçamento e Gestão entre a Fenapef e a União contempla a seguinte previsão: 'O servidor, em decorrência de sua participação em greve, não sofrerá prejuízo funcional ou profissional' (destaquei).

3. Conforme definido pelo STF no Mandado de Injunção 708/DF – precedente no qual se reconheceu o direito de greve dos servidores públicos mediante a aplicação, por analogia, da Lei 7.783/1989 –, 'se a paralisação for de âmbito nacional, ou abranger mais de uma região da justiça federal, ou ainda, compreender mais de uma unidade da federação, a competência para o dissídio de greve será do Superior Tribunal de Justiça (por aplicação analógica do art. 2º, I, 'a', da Lei nº 7.701/1988)'. 4. É competente para a Execução de título extrajudicial o juízo que teria competência para o processo de conhecimento relativo à matéria (arts. 576 do CPC e 877-A da CLT), razão pela qual compete ao STJ o conhecimento do presente litígio. Preliminarmente: cabimento de Agravo Regimental 5. Contra decisões interlocutórias proferidas em Execução, é cabível, em tese, a interposição de Agravo de Instrumento, sem prejuízo do ajuizamento dos Embargos como meio de defesa do executado (REsp 1.175.554/ES, Rel. Ministro Castro Meira, Segunda Turma, DJe 21/6/2013; AgRg no AREsp 5.997/RS, Rel. Ministro Benedito Gonçalves, Primeira Turma, DJe 16.3.2012; REsp 1.208.865/BA, Rel. Ministro Humberto Martins, Segunda Turma, DJe 14.2.2011). 6. Com muito mais razão, há de se admitir a utilização de Agravo Regimental contra decisão gravosa de Relator do STJ – que exerce o ofício judicante por delegação do colegiado – em Execução processada originariamente neste Tribunal, sob pena de violação do art. 258 do RISTJ, in verbis: 'A parte que se considerar agravada por decisão do Presidente da Corte Especial, de Seção, de Turma ou de relator, poderá requerer, dentro de cinco dias, a apresentação do feito em mesa, para que a Corte Especial, a Seção ou a Turma sobre ela se pronuncie, confirmando-a ou reformando-a'. A certeza, a liquidez e a exigibilidade da obrigação descumprida e os limites cognitivos do processo de execução. 7. São requisitos da Execução forçada o inadimplemento do devedor e a existência de título que contemple obrigação certa líquida e exigível, conforme preceitua o art. 580 do CPC: 'A execução pode ser instaurada caso o devedor não satisfaça a obrigação certa, líquida e exigível, consubstanciada em título executivo' (...). O art. 645 do CPC é bastante claro ao consignar que, na Execução de obrigação de fazer ou não fazer, fundada em título extrajudicial, o juiz, ao despachar a inicial, fixará multa por dia de atraso no cumprimento da obrigação e a data a partir da qual será devida. (...) 22. O prazo estipulado

Art. 822

de 60 (sessenta) dias foi bastante razoável, de modo que não se coaduna com a efetividade da jurisdição admitir sua prorrogação. Conclusão. 23. Agravo regimental não provido" (AgRg na Pet 10.274/DF, Rel. Min. Herman Benjamin, 1ª Seção, j. 27.08.2014, *DJe* 23.09.2014).

"Recurso especial (art. 105, III, 'a' e 'c', da CF). Embargos à execução de sentença. *Astreintes* fixadas por descumprimento de liminar no curso do processo de conhecimento (ação revisional). Insurgência da instituição financeira devedora, postulando a redução do *quantum* resultante da aplicação da multa diária. 1. Discussão preambular ao mérito recursal voltada a definir a quem deve reverter o produto pecuniário alcançado em razão da incidência de multa diária oriunda do art. 461, §§ 4º e 5º, do CPC: se à parte demandante, se ao próprio Estado, desrespeitado ante a inobservância à ordem judicial, ou, ainda, se a ambos, partilhando-se, na última hipótese, o produto financeiro das astreintes. Embora o texto de lei não seja expresso sobre o tema, inexiste lacuna legal no ponto, pertencendo exclusivamente ao autor da ação o crédito decorrente da aplicação do instituto. A questão deve ser dirimida mediante investigação pertinente à real natureza jurídica da multa pecuniária, prevista no art. 461, §§ 4º e 5º, do CPC, à luz de exegese integrativa e sistemática do ordenamento jurídico. Assim, desponta prima facie a impossibilidade de estabelecer titularidade Estatal, de modo total ou parcial, sobre o valor alcançado pelas astreintes, porquanto interpretação em tal sentido choca-se inevitavelmente com os princípios da legalidade em sentido estrito e da reserva legal (art. 5º, *caput*, da CF), segundo os quais toda e qualquer penalidade, de caráter público sancionatório, deve conter um patamar máximo, a delimitar a discricionariedade da autoridade que a imporá em detrimento do particular infrator. Quando o ordenamento processual quer destinar ao Estado o produto de uma sanção, assim o faz expressamente, estabelecendo parâmetros para sua aplicação, como bem se depreende do disposto no art. 14 do CPC. Tais exigências não se satisfazem face ao teor do atual texto do art. 461, §§ 4 e 5º do CPC, justo que as normas hoje vigentes apenas conferem a possibilidade de fixação da multa pecuniária, sem dispor taxativamente sobre tetos máximo e mínimo de sua incidência, o que ocorre exatamente para permitir ao magistrado atuar de acordo com o vulto da obrigação subjacente em discussão na demanda, e sempre a benefício do autor.

Extrai-se do corpo normativo em vigor um caráter eminentemente privado da multa sob enfoque, instituto que, portanto, reclama estudo, definição e delimitação não somente a partir de sua função endoprocessual, na qual desponta um caráter assecuratório ao cumprimento das ordens judiciais, mas também, e sobretudo, sob o ângulo de sua finalidade instrumental atrelada ao próprio direito material vindicado na demanda jurisdicionalizada. 2. Considerações acerca da tutela material específica da mora: o ordenamento jurídico brasileiro, desde o regramento inaugurado no Código Civil de 1916, no que foi substancialmente seguido pelo texto do Diploma Civil de 2002, somente contempla disciplina genérica e eficaz quando se cuida da repreensão da mora verificada no cumprimento de obrigações ao pagamento de quantia certa. Para estas, além da natural faculdade de as partes, no âmbito da autonomia da vontade, estabelecerem penalidades convencionais (multa moratória), o ordenamento material civil fixou sanções legais predeterminadas, com a potencialidade de incidir até mesmo sem pedido do credor para a hipótese de retardamento injustificado (juros moratórios). Vislumbra-se, portanto, no sistema pertinente às obrigações de pagar, normas jurídicas perfeitas, com preceitos primário e secundário, haja vista restar estabelecido um mandamento claro direcionado ao devedor, no sentido de que deve efetuar o adimplemento no prazo, sob pena da incidência de uma sanção material em caso de persistência no estado de mora. Idêntica tutela mostrava-se inexistente no tocante às obrigações de fazer e não fazer, pois, para elas, o sistema legal apenas permitia a conversão da obrigação em perdas e danos, deixando de contemplar instrumentos específicos de tutela material voltados a sancionar o devedor em mora. Justamente para conferir eficácia aos preceitos de direito obrigacional, que determinam ao devedor o cumprimento da obrigação, o legislador contemplou nova redação ao art. 461 do CPC. No dispositivo mencionado, aglutinaram-se medidas suficientes a servir como tutela material da mora (multa pecuniária), além de outras, nitidamente de cunho processual, que buscam servir e garantir o pronto adimplemento da obrigação (busca e apreensão, remoção de pessoas e coisas, cessação de atividades etc.). Nesse contexto, a tutela material da mora pertinente às obrigações de fazer e não fazer, tímida e insipidamente tratada no Código Civil, ganha força e autoridade a partir da disciplina fixada no

Código de Processo Civil, dada a possibilidade de o magistrado agir, inclusive *ex officio*, cominando uma multa, uma sanção, para a hipótese de o devedor manter-se injustificadamente no estado de letargia. 3. Definição das funções atribuídas à multa pecuniária prevista no art. 461, §§ 4º e 5º do CPC: entendida a razão histórica e o motivo de ser das astreintes perante o ordenamento jurídico brasileiro, pode-se concluir que o instituto possui o objetivo de atuar em vários sentidos, os quais assim se decompõem: a) ressarcir o credor, autor da demanda, pelo tempo em que se encontra privado do bem da vida; b) coagir, indiretamente, o devedor a cumprir a prestação que a ele incumbe, punindo-o em caso de manter-se na inércia; c) servir como incremento às ordens judiciais que reconhecem a mora do réu e determinam o adimplemento da obrigação, seja ao final do processo (sentença), seja durante o seu transcuro (tutela antecipatória). Assim, vislumbrada uma função também de direito material a ser exercida pela multa pecuniária do art. 461, §§ 4º e 5º, do CPC, queda induvidosa a titularidade do credor prejudicado pela mora sobre o produto resultante da aplicação da penalidade. Ainda no ponto, cumpre firmar outras importantes premissas, principalmente a de que a multa pecuniária tem campo natural de incidência no estado de mora *debitoris*, ou seja, enquanto ainda há interesse do credor no cumprimento da obrigação, descartando-se sua aplicabilidade nas hipóteses de inadimplemento absoluto. Por não gerar efeitos com repercussão no mundo dos fatos, mas apenas ressarcitórios e intimidatórios, a multa deve guardar feição de ultima ratio, cabendo ao magistrado, no momento de aferir a medida mais adequada para garantir o adimplemento da obrigação de fazer ou não fazer, ter sempre em mira que o próprio sistema de tutela específica previsto no art. 461 do CPC confere a possibilidade da adoção de providências muito mais eficazes, que significam a pronta satisfação do direito do demandante. 4. Enfrentamento do caso concreto: multa diária, fixada no curso da fase de conhecimento de ação revisional, para o caso de descumprimento de ordem judicial, na esteira de determinar a exclusão do nome da autora perante os cadastros de proteção ao crédito. Resultado final da demanda que significou ínfima alteração nos parâmetros contratuais sob discussão, sendo induvidosa a inadimplência da autora, que, em rigor, autorizaria a própria negativação. Aparente inutilidade, ademais, das astreintes, nos moldes aplicados, à vista da possibilidade que assistia

ao magistrado de, determinando a expedição de ofício diretamente ao órgão protetivo responsável, obliterar desde logo o estado de mora, com a pronta satisfação do comando judicial. Circunstâncias que, examinadas sob os aspectos processual e sobretudo material da multa pecuniária, recomendam substancial diminuição do valor estipulado no Tribunal Estadual. Providência cabível, mesmo após o trânsito em julgado da sentença, à luz do disposto no art. 461, § 6º, do CPC. Precedentes da Corte. 5. Recurso especial conhecido e provido em parte" (REsp 949.509/RS, Rel. Min. Luis Felipe Salomão, Rel. p/ acórdão Min. Marco Buzzi, 4ª Turma, j. 08.05.2012, *DJe* 16.04.2013).

> **Art. 823.** Havendo recusa ou mora do executado, o exequente requererá ao juiz que mande desfazer o ato à custa daquele, que responderá por perdas e danos.
>
> **Parágrafo único.** Não sendo possível desfazer-se o ato, a obrigação resolve-se em perdas e danos, caso em que, após a liquidação, se observará o procedimento de execução por quantia certa.

▶ *Referência: CPC/1973 – Art. 643*

1. Conversão em perdas e danos deve ser opção do exequente

Da forma como está disposto o texto acima, dá a entender que a solução para o caso de recusa ou mora do executado depende justamente do devedor, que basta simplesmente recusar o desfazimento do ato para que o exequente requeira a execução por terceiro e perdas e danos. Mas não é assim que deve ser lido o dispositivo que carrega em si o gene do CPC revogado. Deve-se entender que a execução existe em prol do exequente que tem uma posição jurídica de vantagem em relação ao devedor, e, que uma de duas: ou as perdas e danos são opção do exequente, ou, só não será realizada pelo devedor a prestação (desfazer neste caso) se todas as técnicas executivas (art. 139, IV) mostrarem-se ineficientes ou a situação seja impossível de modificar. Enfim, não basta ser o devedor citado e recusar-se a fazer a prestação, sendo o exequente refém desta decisão do devedor. Pelo contrário, é preciso que o devedor realmente decida não cumprir o ato (fazendo ou desfazendo) depois de ter contra si uma série de medidas executivas coercitivas, que não seja necessariamente pecuniária, que sirvam de estímulo concreto e persuasivo para cumprimento da obrigação.

Não sendo possível desfazer-se o ato, a obrigação resolve-se em perdas e danos, caso em que, após um incidente de liquidação para aferição do quantum (decisão interlocutória de mérito), se observará o procedimento de execução por quantia certa.

CAPÍTULO IV
DA EXECUÇÃO POR QUANTIA CERTA

Seção I
Disposições gerais

Art. 824. A execução por quantia certa realiza-se pela expropriação de bens do executado, ressalvadas as execuções especiais.

▶ *Referência: CPC/1973 – Art. 646*

1. Execução por quantia certa e cumprimento de sentença para pagamento de quantia

O Código regula três tipos de atividade executiva, segundo uma terminologia processual. Trata-se da execução por desapossamento, por transformação e por expropriação.

A execução por quantia certa (técnica expropriatória) pode ser fundamentada em um título judicial ou extrajudicial. A primeira denomina-se de cumprimento de sentença e a segunda denomina-se de processo de execução. A distinção de nomes levou em consideração, o fato de que a primeira é uma fase ou etapa (executiva) de um mesmo e único processo que contempla a fase cognitiva e executiva. O segundo, por dar início a uma relação jurídica processual nova, denomina-se de processo de execução e fulcra-se em um título executivo extrajudicial.

Nada obstante o legislador ter separado o cumprimento de sentença para pagamento de quantia do processo de execução para pagamento de quantia, para ser fiel ao modelo de sincretismo processual – há um intercâmbio expresso entre o regime jurídico do cumprimento de sentença com o do processo de execução, tal como se observa no art. 513 combinado com o art. 771

do CPC. Deve ser ressaltado que as regras procedimentais e processuais atinentes aos atos executivos instrumentais e finais de execução para pagamento de quantia encontram-se no Livro II do CPC (processo de execução), de forma que as regras para efetivar ou cumprir o título judicial que reconhece a obrigação de pagar quantia necessitarão desse intercâmbio mencionado acima. Assim, por exemplo, penhora eletrônica de ativos financeiros, adjudicação de bem penhorado, arrematação, etc. estão todas no Livro II da Parte Especial enquanto que o cumprimento de sentença está no Livro I da parte especial do CPC.

2. Execução por expropriação

O procedimento executivo para pagamento de quantia certa contra devedor solvente, aplicável tanto à execução fundada em título extrajudicial como ao cumprimento de sentença, consiste na expropriação judicial de bens que compõem o patrimônio do executado e que respondem pelo inadimplemento da dívida.

A expropriação caracteriza-se pela finalidade de se transferir bens ou valores do patrimônio do executado para o patrimônio do exequente nos limites do crédito exequendo.

A última fase (expropriatória) do procedimento executivo para pagamento de quantia com a satisfação do crédito exequendo pode apresentar diversas variantes, dependendo da ocorrência de certas condições previstas na lei processual. Essas "variantes" correspondem, precisamente, às diferentes formas (técnicas e procedimentos) de se realizar a expropriação judicial para se alcançar a satisfação do exequente. O Código apresenta três atos processuais diferentes para realizar a expropriação do patrimônio do executado, embora deixe evidente no artigo 876 e ss. uma ordem de preferência entre os mesmos.

3. Expropriação, responsabilidade patrimonial e atuação estatal

Como toda e qualquer atividade executiva, a expropriação forçada é praticada pelo Estado-juiz, que manifesta o seu poder de império sobre o patrimônio do executado, o qual a ele se sujeita. Não poderia o exequente exercer de outra forma o direito potestativo que possui resultante da responsabilidade patrimonial que sujeita o devedor. Esse direito potestativo do credor – a qual sujeita o patrimônio do devedor – é exercido mediante a atuação estatal.

Enfim, é a responsabilidade patrimonial (todos os bens do devedor respondem pelo inadimplemento das obrigações – art. 390 do CCB e art. 789 do CPC) que põe de um lado o direito potestativo do credor à expropriação de bens do executado e de outro a sujeição patrimonial do devedor ou responsável.

A finalidade da execução por quantia certa, em qualquer caso, seja pelo cumprimento de sentença ou pelo processo de execução é expropriar bens do executado, a fim de satisfazer o direito do exequente. As denominadas "execuções especiais" são aquelas em que não há, propriamente uma simples *expropriação* como a execução por quantia contra devedor insolvente, onde primeiro há uma declaração de insolvência e concurso de credores, bem como a execução contra a fazenda pública em que não há, igualmente, uma *execução forçada para expropriação de bens do poder público*, mas sim um regime de pagamento por intermédio de precatórios. Há execuções *especiais* para pagamento de quantia (alimentos e execução fiscal em legislação extravagante) onde há a execução forçada, mas em razão da natureza do direito (alimentos) ou do titular do crédito (ente público) submete-se a um procedimento peculiar e diferenciado.

Jurisprudência

"Agravo de instrumento. Plano de saúde. Insurgência contra decisão que indeferiu bloqueio *on-line* de ativos e determinou a expedição de mandado de penhora e avaliação de bens da executada. Medida que visa dar efetividade à decisão que deu origem à execução. A execução deve-se dar em benefício do credor (artigo 646 do CPC). Penhora *on-line*. Na ordem de preferência para a penhora, o dinheiro ocupa o primeiro lugar (art. 655, I, do CPC). Decisão reformada. Recurso provido" (TJSP, AI 20709440820148260000/SP 2070944-08.2014.8.26.0000, Data de publicação: 31.07.2014).

> **Art. 825.** A expropriação consiste em:
>
> I – adjudicação;
>
> II – alienação;
>
> III – apropriação de frutos e rendimentos de empresa ou de estabelecimentos e de outros bens.

▶ *Referência: CPC/1973 – Art. 647*

1. Atos executivos finais e instrumentais

O CPC arrola três modalidades de expropriação forçada do patrimônio do executado: a) adjudicação; b) alienação; c) apropriação de frutos e rendimentos de empresa ou de estabelecimentos e de outros bens. É de se notar que quando o art. 825 do CPC elenca quais são os atos expropriatórios previstos no Código, não quer dizer que é por aí que uma execução por expropriação se inicia, antes o contrário, é por onde ela termina. A expropriação é a fase derradeira da execução para pagamento de quantia, salvo nas raras hipóteses em que há urgência, em que o legislador admite, excepcionalmente, a alienação antecipada do bem. Por isso, para que se chegue aos atos expropriatórios previstos no art. 825 do CPC, é mister que aconteça, necessariamente, a realização de alguns atos processuais que são fundamentais para a satisfação da norma concreta revelada em título executivo. Esses atos são os denominados atos executivos expropriatórios "instrumentais" e os "finais". Os atos finais tipificados pelo Código estão no art. 825.

2. Dupla alienação

Quando o bem penhorado não é dinheiro, mas nele precisa ser convertido, o que é feito mediante uma técnica de alienação judicial (a mais comum é o leilão virtual), o produto da alienação obtido fica depositado em juízo, e, ainda compõe o patrimônio do devedor, tanto que nos termos do art. 907 do CPC, uma vez pago ao exequente o principal, os juros, as custas e os honorários, a importância que sobrar será *restituída* ao executado. Assim, primeiro aliena-se o bem em leilão e deposita-se em juízo a quantia arrecadada e depois o juiz autorizará que o exequente levante, até a satisfação integral de seu crédito, o dinheiro depositado para segurar o juízo ou o produto dos bens alienados, bem como do faturamento de empresa ou de outros frutos e rendimentos de coisas ou empresas penhoradas, quando: I – a execução for movida só a benefício do exequente singular, a quem, por força da penhora, cabe o direito de preferência sobre os bens penhorados e alienados; II – não houver sobre os bens alienados outros privilégios ou preferências instituídos anteriormente à penhora.

3. A entrega do dinheiro e a adjudicação como atos finais da execução para pagamento de quantia

O que o exequente pretende com a execução por quantia certa não é expropriar os bens do

Art. 825

executado, mas sim obter o crédito em dinheiro revelado por um título executivo extrajudicial que lhe permite ajuizar uma ação executiva instaurando um processo de execução autônomo. A obtenção deste crédito em dinheiro que irá satisfazer o exequente se dá com o que o legislador denomina de satisfação do crédito contido no artigo 904 que assim diz: A satisfação do crédito exequendo far-se-á: I – pela entrega do dinheiro; II – pela adjudicação dos bens penhorados. Não é propriamente a expropriação de bens do executado que realiza a execução por quantia certa, senão porque o recebimento do dinheiro ou a adjudicação do bem penhorado que satisfaz o exequente.

4. Bens imunes à responsabilidade patrimonial e à expropriação judicial

O CPC dá a entender que todos os bens do executado se sujeitam à expropriação para pagamento da quantia devida, o que não é verdade. O próprio legislador impõe limites à responsabilidade patrimonial, livrando determinados bens da sujeitabilidade à expropriação. Essa imunização de determinados bens – tomados como inexpropriáveis – é prevista, em especial, no art. 831 e ss. do CPC onde o legislador prevê que a penhora deverá recair sobre tantos bens quantos bastem para o pagamento do principal atualizado, dos juros, das custas e dos honorários advocatícios, mas que não estão sujeitos à execução os bens que a lei considera impenhoráveis ou inalienáveis. Obviamente que não se levará a efeito a penhora quando ficar evidente que o produto da execução dos bens encontrados será totalmente absorvido pelo pagamento das custas da execução (art. 836). No art. 833 arrola uma série de bens tomados como impenhoráveis, estabelecendo um regime jurídico próprio.

5. Adjudicação do bem penhorado e resultado prático equivalente

A adjudicação do bem penhorado pelo exequente é ato executivo expropriatório final que leva a satisfação do crédito exequendo. No entanto, como a tutela executiva foi instaurada para a obtenção de dinheiro, a adjudicação do bem penhorado pelo exequente apresenta-se como técnica processual que oferta ao exequente um resultado prático equivalente, ou seja, depois de instaurar a execução para obter dinheiro o exequente satisfaz-se com o recebimento de um bem in natura do patrimônio do executado.

Entretanto, uma advertência precisa ser feita, pois nem sempre a adjudicação é realizada pelo

exequente, já que nos termos do § 5º do art. 876 idêntico direito de adjudicar pode ser exercido por aqueles indicados no art. 889, II a VIII, pelos credores concorrentes que hajam penhorado o mesmo bem, pelo cônjuge, pelo companheiro, pelos descendentes ou pelos ascendentes do executado.

Quando a adjudicação é feita pelos familiares do executado, resgatando o bem que seria posto em leilão público o que se tem aí é um exemplo de *adjudicação-remição*. Por outro lado, quando é feita pelos demais sujeitos o que se tem é *adjudicação-arrematação*. Esta foi a forma que o legislador encontrou para permitir que determinados sujeitos pudessem adquirir o bem pelo valor da avaliação *antes* de realizado o leilão público.

Fica claro que, quando a adjudicação não é realizada pelo exequente, este receberá o produto (dinheiro) fruto da adjudicação ocorrida, respeitado o eventual concurso de credores/exequentes. Neste particular a redação do art. 647, I, do CPC, que foi revogado, é mais precisa do que a redação do art. 825, I, do atual CPC.

6. Alienação

O art. 825, II, do CPC é o correspondente lógico do art. 647, II e III, do CPC revogado. Neste particular o dispositivo vigente é muito melhor porque o anterior aludia à duas espécies de alienação (por iniciativa particular e em hasta pública). O dispositivo, que fala apenas em "alienação" é, como dito, é melhor porque existem diversas formas de se classificar a alienação, que não se restringem às espécies denominadas no revogado art. 647, II e III (por iniciativa particular e em leilão público), nada obstante o legislador tenha dito no art. 879 que a alienação far-se-á: I – por iniciativa particular; II – em leilão judicial eletrônico ou presencial. O que é preciso compreender é que a alienação de um bem em uma execução civil não é um negócio jurídico privado, onde se persegue lucro ou se busca vantagens para quem quer que seja. O que se pretende é expropriar o bem do executado de uma forma justa, lícita, de acordo com o valor do bem e com a maior concorrência possível de licitantes para evitar favorecimentos de quem quer que seja (devedor, credor ou terceiros).

7. Apropriação de frutos e rendimentos de empresa ou de estabelecimentos e de outros bens

A *apropriação de frutos e rendimentos de empresa ou de estabelecimentos e de outros bens* é a versão moderna do primevo instituto do *usu-fruto de bem imóvel ou de empresa* que constava na redação original do art. 716 do CPC de 1973 e que já havia sido modificado em 2006 pela Lei 11.382/2006, que passou a denomina-lo de *usufruto de bem móvel ou imóvel.*

Conquanto as novas versões, de 2006 e do atual Código, tenham melhorado bastante a referida técnica, em essência ela continua a mesma da que foi originalmente prevista no texto do CPC de 1973, e padece de algumas dificuldades para ser implementada como mencionaremos adiante.

Inicialmente é preciso dizer que esta técnica não se coloca num mesmo patamar "competitivo" das demais (adjudicação e alienação) em relação à preferência de sua realização, ou seja, esta técnica é normalmente decidida antes mesmo da avaliação do bem e de iniciado os atos expropriatórios, no momento de realização da penhora, afinal de contas um dos seus requisitos é que o bem penhorado produza frutos e rendimentos o que nem sempre é tão simples. É por isso que o art. 867 do CPC menciona que o juiz pode ordenar a penhora de frutos e rendimentos de coisa móvel ou imóvel quando a considerar mais eficiente para o recebimento do crédito e menos gravosa ao executado. Inclusive, temos sustentado que por motivos de eficiência e menor onerosidade poderiam levar o magistrado a deferir a penhora de frutos e rendimentos em detrimentos de outros bens que não seja dinheiro.

Não por acaso, como dito alhures, parece-nos que foi absolutamente preciso o legislador em relação à localização topográfica no CPC desta técnica executiva. O leitor atento perceberá que embora seja uma técnica executiva final ela está prevista junto à penhora (técnica executiva final) de penhora de frutos e rendimentos de coisa móvel ou imóvel descrita no art. 867 do CPC. Ao cuidar da técnica instrumental (penhora) o legislador também tratou da técnica final (apropriação dos frutos e rendimentos).

Portanto, decide-se por esta forma de expropriação em momento antecedente à adjudicação ou alienação, justamente porque desde à penhora se deve identificar a possibilidade de realizar esta técnica de apropriação de frutos e rendimentos.

Além da dificuldade natural de que o bem penhorado tenha que produzir frutos e rendimentos para que seja utilizada esta técnica expropriatória, é preciso registrar que normal-

mente será necessária a nomeação de um administrador, auxiliar do juízo, o que tanto pode se dar por escolha do juízo ou das partes (negócio processual) e este administrador/depositário será investido de todos os poderes que concernem à administração do bem e à fruição de seus frutos e utilidades, perdendo o executado o direito de gozo do bem, até que o exequente seja pago do principal, dos juros, das custas e dos honorários advocatícios (arts. 868 e 869 do CPC).

Nesta modalidade de expropriação a quantia não é entregue à vista ao exequente, pois se trata de uma apropriação de frutos e rendimentos, e, portanto trata-se de uma satisfação paulatina do crédito exequendo. Não menciona o legislador em quantas parcelas será efetuado o pagamento do principal, dos juros, das custas e dos honorários advocatícios, e essa definição certamente deverá ser levada em conta na análise da máxima eficiência com a menor onerosidade quando o juiz determinar a escolha desta técnica executiva de expropriação.

O art. 867 permite que o magistrado, de ofício, defira esta medida típica, fungibilizando à alienação por meio de leilão, caso verifique a presença dos requisitos no *caput* do referido dispositivo.

Por expressa dicção do legislador, e, pela similaridade da forma de expropriação, a penhora de percentual de faturamento de empresa, observar-se-á, no que couber, o disposto quanto ao regime de penhora de frutos e rendimentos de coisa móvel e imóvel.

> **Art. 826.** Antes de adjudicados ou alienados os bens, o executado pode, a todo tempo, remir a execução, pagando ou consignando a importância atualizada da dívida, acrescida de juros, custas e honorários advocatícios.

▶ *Referência: CPC/1973 – Art. 651*

1. Remição e remissão

É rotineira a confusão que é feita em torno dos vocábulos remissão e remição e das expressões remição da execução e remição de bem objeto da expropriação, sendo o atual Código Civil Brasileiro um exemplo vivo dessa má utilização dos vocábulos. Remição com "c" cedilha é resgate, pagamento, libertação, livramento, enquanto que remissão com dois esses é perdão, renúncia. Logo, quando se fala em remir as dívidas significa

Art. 826

que deu-se o seu pagamento a sua quitação, ao passo que quando se diz que se remitiu a dívida é porque houve o seu perdão.

2. Remição da execução e remissão do bem sujeito à expropriação

O Código de Processo Civil, em consonância com o Código Civil Brasileiro, prevê duas hipóteses diversas de remição: (1) a remição da execução e a (2) remição do bem penhorado sujeito à expropriação. Frise-se, são hipóteses diversas, e não são espécies do mesmo gênero. Em comum é apenas o sentido do vocábulo remição.

Contudo, ainda que não sejam ontologicamente oriundas do mesmo tronco, senão apenas pelo nome, ambas as modalidades de remição dependem de um uma condição, que pode até parecer pleonástica, mas é importante que ela seja feita: só há que se falar em remição da execução ou do bem sujeito à expropriação, se existir execução ou fase executiva em curso, ou seja, se o cumprimento de sentença já tiver sido requerido pelo exequente ou se o processo de execução já tiver sido ajuizado contra o executado.

Para acontecer a remição da execução ou para ocorrer a remição do bem a ser expropriado, é condição *sine qua non* que o cumprimento de sentença para pagamento de quantia, ou o processo de execução para o mesmo fim já tenha sido instaurado.

No primeiro caso o vocábulo "remição" é a libertação ou livramento da própria execução, enquanto no segundo caso é a libertação ou livramento do bem submetido à expropriação. Assim, na primeira livra-se da execução, na segunda, livra-se o bem a ser expropriado. Exceção feita ao art. 902 do CPC, a remição do bem a ser expropriado pelos parentes do executado não pode ser mais feita por *arrematação* nas 24h posteriores ao leilão, mas sim por meio de *adjudicação* do bem, pelo valor da avaliação, e, antes de o leilão ter sido realizado, tal como determina o art. 876, § 5º, do CPC.

3. Remição da execução (regime comum e especial)

A remição da execução sujeita-se a uma regra geral do art. 826 do CPC citado acima. Este dispositivo decalcou o texto do art. 651 do CPC/1973: "antes de adjudicados ou alienados os bens, pode o executado, a todo tempo, remir a execução, pagando ou consignando a impor-

tância atualizada da dívida, mais juros, custas e honorários advocatícios".

Observa-se que a remição da execução está diretamente relacionada, no plano do direito material, com o direito do devedor de obter a extinção da obrigação pelo pagamento do que for devido (art. 304 e ss. do CCB).

Assim, quando executado exerce este direito de livrar-se da obrigação no momento em que a execução judicial para pagamento de quantia já foi contra si proposta, tem-se então a remição da execução, que nos termos do art. 826 do CPC (art. 334 e ss. do CCB) dá-se com o pagamento do valor da execução, aí compreendido o valor da dívida que deu origem a demanda executiva (ou ao cumprimento de sentença), acrescidos dos juros, das custas e dos honorários advocatícios.

A remição da execução neste particular confunde com a satisfação do direito exequendo tratado como hipótese extintiva da própria execução no art. 924, II, do CPC. O direito de livrar-se da execução é correspondente ao correlato dever de adimpli-la em favor do titular do crédito que o executa. Assim, a remição da execução constitui-se num livramento do executado por ter ele satisfeito o direito exequendo mediante o pagamento da dívida e os acréscimos mencionados no art. 826. O direito de o executado remir, nesta hipótese (remir a execução), é a face oposta da mesma moeda, qual seja, o seu dever de adimplir a obrigação, que em razão do seu inadimplemento, consubstanciou-se na sujeição do seu patrimônio à execução.

Existem formas especiais de o devedor remir a execução que, no entanto, ficam adstritas à certas circunstâncias especiais estabelecidas pelo legislador, onde o direito de livrar-se da execução não depende única e exclusivamente do ato do devedor, senão porque há o momento em que é feita, ou ainda a forma com que pretende remir. Assim, as hipóteses seguintes guardam peculiaridades que destoam do regime jurídico mencionado acima (pagamento integral e à vista).

O primeiro desses regimes especiais de remição da execução pelo executado é o que se dá na hipótese em que se o executado remir a execução livrar-se-á da metade verba honorária da execução, *in verbis*:

"Art. 827. (...)

§ 1º No caso de integral pagamento no prazo de 3 (três) dias, o valor dos honorários advocatícios será reduzido pela metade."

O segundo regime especial de remição da execução pelo executado é o que se dá na hipótese do art. 916 do CPC, *in verbis*:

"Art. 916. No prazo para embargos, reconhecendo o crédito do exequente e comprovando o depósito de trinta por cento do valor em execução, acrescido de custas e de honorários de advogado, o executado poderá requerer que lhe seja permitido pagar o restante em até 6 (seis) parcelas mensais, acrescidas de correção monetária e de juros de um por cento ao mês.

§ 1º O exequente será intimado para manifestar-se sobre o preenchimento dos pressupostos do *caput*, e o juiz decidirá o requerimento em 5 (cinco) dias.

§ 2º Enquanto não apreciado o requerimento, o executado terá de depositar as parcelas vincendas, facultado ao exequente seu levantamento.

§ 3º Deferida a proposta, o exequente levantará a quantia depositada, e serão suspensos os atos executivos.

§ 4º Indeferida a proposta, seguir-se-ão os atos executivos, mantido o depósito, que será convertido em penhora.

§ 5º O não pagamento de qualquer das prestações acarretará cumulativamente:

I – o vencimento das prestações subsequentes e o prosseguimento do processo, com o imediato reinício dos atos executivos;

II – a imposição ao executado de multa de dez por cento sobre o valor das prestações não pagas.

§ 6º A opção pelo parcelamento de que trata este artigo importa renúncia ao direito de opor embargos.

§ 7º O disposto neste artigo não se aplica ao cumprimento da sentença."

O terceiro regime especial de remição da execução pelo executado acontece no cumprimento de sentença e vem descrito no art. 523, § 1º, do CPC, e que não constava no CPC de 1973, *in verbis*:

"Art. 523. No caso de condenação em quantia certa, ou já fixada em liquidação, e no caso de decisão sobre parcela incontroversa, o cumprimento definitivo da sentença far-se-á a requerimento do exequente, sendo o executado intimado para pagar o débito, no prazo de 15 (quinze) dias, acrescido de custas, se houver.

§ 1º Não ocorrendo pagamento voluntário no prazo do *caput*, o débito será acrescido de multa de dez por cento e, também, de honorários de advogado de dez por cento.

§ 2º Efetuado o pagamento parcial no prazo previsto no *caput*, a multa e os honorários previstos no § 1º incidirão sobre o restante.

§ 3º Não efetuado tempestivamente o pagamento voluntário, será expedido, desde logo, mandado de penhora e avaliação, seguindo-se os atos de expropriação."

4. Termo inicial e final para o executado remir a execução

O art. 826 menciona que a todo tempo, porém antes de adjudicados ou alienados os bens o executado poderá remir a execução.

Isso significa que o termo inicial para proceder a remição da execução é que tenha sido o executado citado ou, tratando-se de cumprimento de sentença, intimado nos termos do art. 513 do CPC. Já o termo final, como o texto mesmo já diz é que a remição se dê antes da adjudicação ou da alienação.

A adjudicação torna-se perfeita e acabada, nos termos do art. 877, § 1º, do CPC, com a lavratura e a assinatura do auto pelo juiz, pelo adjudicatário, pelo escrivão ou chefe de secretaria, e, se estiver presente, pelo executado.

Como o legislador estabelece no art. 877, § 3º, o prazo fatal da remição do bem hipotecado, nada impede, antes o contrário e com muito maior razão, que se tome analogicamente este momento como o fatal também para a remição da execução. O referido § 3º ratifica o § 1º do art. 877 ao dizer que, no caso de penhora de bem hipotecado, o executado poderá remi-lo até a assinatura do auto de adjudicação.

Tratando-se da alienação do bem o prazo fatal para a remição da execução há que considerar a alienação em sentido lato e não apenas as duas situações descritas no art. 879 do CPC (I – por iniciativa particular; II – em leilão judicial eletrônico ou presencial), afinal de contas, por exemplo, na apropriação de frutos e rendimentos do bem penhorado a alienação não se dá num mesmo momento, mas de forma paulatina como determina o art. 868, *caput*, do CPC.

Formalmente, nos termos do art. 903, qualquer que seja a modalidade de leilão, assinado o auto pelo juiz, pelo arrematante e pelo leiloeiro, a arrematação será considerada perfeita, acabada e irretratável, mesmo que sejam julgados pro-

Art. 827

CÓDIGO DE PROCESSO CIVIL INTERPRETADO

cedentes os embargos do executado ou a ação autônoma de que trata o § 4º do art. 903. Por sua vez, tratando-se de alienação por intermédio de apropriação de frutos e rendimentos do bem penhorado (art. 867) pode-se dizer, a partir da interpretação do art. 868, § 1º, que, se este dispositivo diz que a medida terá eficácia em relação a terceiros a partir da publicação da decisão que a conceda ou de sua averbação no ofício imobiliário, em caso de imóveis, então é de se concluir que em relação às partes (exequente e executado) a lavratura da certidão de inteiro teor do ato judicial de apropriação de frutos e rendimentos de coisa móvel ou imóvel este será o limite final para a realização da remição da execução.

5. Pagamento ou consignação da importância atualizada da dívida, acrescida de juros, custas e honorários advocatícios

Por petição simples e no prazo legal mencionado acima o executado formulará ao juízo a sua pretensão à remição da execução, apresentando memória discriminada do cálculo devendo nele constar a importância atualizada da dívida, acrescida de juros, custas e honorários advocatícios.

O Código silencia neste dispositivo sobre as eventuais multas processuais, mas colmata-se o silêncio pela regra do art. 777 (que, frise-se, não inclui as astreintes), ao dizer que a cobrança de multas ou de indenizações decorrentes de litigância de má-fé ou de prática de ato atentatório à dignidade da justiça será promovida nos próprios autos do processo de execução, ou seja, devem ser incluídas no cálculo aludido no art. 826 do CPC.

Apresentado o pedido de remição da execução interrompe-se o itinerário executivo simplesmente porque a possibilidade de extinção da execução pela sua satisfação obstaculiza a alienação ou adjudicação do bem penhorado. Após o regular contraditório, pode ser necessário que o magistrado determine a remessa dos autos ao contador do juízo para que este verifique os cálculos apresentados, o que culminará com o pagamento do valor acordado pelas partes ou pela consignação em juízo da importância que o devedor apresentou como devida, prosseguindo a execução apenas em relação a parte controvertida, implicando em seu ajuste (processual e procedimental da execução) à nova realidade.

Jurisprudência

"Agravo de instrumento. Remição da dívida. Adjudicação consumada. Execução de título extrajudicial. Recurso interposto pelo devedor principal objetivando a reforma da decisão que indeferiu o pedido de remição da dívida pelo adimplemento. Adjudicação de bem imóvel de propriedade da fiadora coexecutada consumada. Remição da execução que somente pode se dar antes de adjudicado o bem penhorado. Inteligência do artigo 651 do CPC. As demais razões deste recurso são matérias debatidas em agravos de instrumento anteriores. Ocorrência da preclusão consumativa com relação à matéria. Recurso não provido, na parte conhecida" (TJSP, AI 22005176520158260000/SP, Data de publicação: 17.11.2015).

Seção II
Da citação do devedor e do arresto

> **Art. 827.** Ao despachar a inicial, o juiz fixará, de plano, os honorários advocatícios de dez por cento, a serem pagos pelo executado.
>
> **§ 1º** No caso de integral pagamento no prazo de 3 (três) dias, o valor dos honorários advocatícios será reduzido pela metade.
>
> **§ 2º** O valor dos honorários poderá ser elevado até vinte por cento, quando rejeitados os embargos à execução, podendo a majoração, caso não opostos os embargos, ocorrer ao final do procedimento executivo, levando-se em conta o trabalho realizado pelo advogado do exequente.

▶ *Referência: CPC/1973 – Art. 652-A*

1. A Seção II: da citação do devedor e do arresto

A Seção II foi renomeada, já que antes era tratada como subseção II denominada de "da Citação do Devedor e da Indicação de Bens". Como dissemos anteriormente ficou melhor organizada, lógica e sistematicamente, a nova estrutura e nome das seções e subseções da execução para pagamento de quantia, e, aqui não foi diferente.

No que concerne à eliminação da "indicação de bens" do título do tópico isso se deve ao fato de que a indicação dos bens a serem penhorados é ônus que cabe ao exequente no requerimento executivo ou na petição inicial da execução, e, assim já o é desde a reforma promovida pelo legislador em 2005 (Lei 11.232) e 2006 (Lei 11.382). Por isso não havia sentido algum a manutenção do título "da citação do devedor e da indicação de bens), simplesmente porque apenas subsidiariamente – quando o exequente não exercita o ônus de indicar – é que ela, a indicação de bens, é feita pelo executado.

O "arresto" que intitula a seção II é o arresto executivo que antes estava previsto no art. 653 do CPC/1973 e agora está no art. 830 do CPC e acontece sempre que o oficial de justiça não encontrar o executado para ser citado. A rigor, o arresto executivo antecede a citação, embora no título dê a impressão que seja um ato posterior à ela.

2. Os atos processuais anteriores à citação

Merece críticas a alcunha atribuída a Seção II do Capítulo IV ora em análise porque tanto o art. 827 quanto o art. 830 cuidam de atos que são anteriores à citação do devedor, portanto, entre a propositura da ação executiva e a realização da citação do executado.

A fixação dos honorários pelo magistrado prevista no art. 827, *caput*, é feita antes de ser procedida a citação do executado, até porque para que ele tenha conhecimento da regra do art. 827, § 1º, é preciso que a verba honorária já tenha sido fixada pelo juiz.

De outra parte o artigo 830 também trata de ato processual – arresto executivo – que é realizado antes mesmo da citação do executado, ou seja, justamente porque não foi encontrado pelo oficial de justiça é que nasce a situação jurídica prevista no art. 830.

3. Fixação dos honorários na execução

Ao despachar a inicial, o juiz fixará, de plano, os honorários advocatícios de dez por cento, a serem pagos pelo executado segundo reza o art. 827 do CPC. A regra ratifica o comando do art. 85, § 1º, contido na parte geral do Código que diz que são devidos honorários advocatícios na reconvenção, no cumprimento de sentença, provisório ou definitivo, na execução, resistida ou não, e nos recursos interpostos, cumulativamente.

A necessidade de fixar, no limiar do processo, os honorários advocatícios decorrem do fato de que se fossem fixados ao final do processo de execução haveria uma eternização de processos para cobrar os honorários fixados, daí por que o legislador intercedeu corretamente e fixou o patamar mínimo pela só instauração do processo de execução que poderá ser aumentado segundo prevê o § 2º do art. 827.

4. Extensão da regra dos honorários para outras espécies de execução

A regra da fixação dos honorários no processo de execução não se aplica apenas no processo de execução para pagamento de quantia, mas também nas demais espécies de execução embora o legislador tenha permanecido em silêncio no art. 814 quando tratou do processo de execução das obrigações de fazer e não fazer e também no art. 806 quando cuidou do processo de execução para entrega de coisa. Em ambos os casos deve-se aplicar subsidiariamente a regra do art. 827 do CPC.

5. Redução dos honorários no caso de adimplemento no prazo de três dias

O legislador estabeleceu uma sanção premial para o executado no art. 827, § 1º, ao dizer que o caso de integral pagamento no prazo de três dias, o valor dos honorários advocatícios será reduzido pela metade. Trata-se de hipótese especial de remição da execução que serve de estímulo para que o executado, afinal de contas, a satisfação do crédito exequendo pressupõe nos termos do art. 907 o pagamento ao exequente do principal, os juros, as custas e os honorários advocatícios.

Esta hipótese especial de remição da execução pelo executado (a regra geral está no art. 826) permite que ele se livre da sujeição patrimonial à expropriação, e, ainda por cima com redução de metade da verba honorária fixada no despacho inicial do processo de execução.

Curiosamente o legislador estimula o adimplemento pelo executado no referido prazo de três dias da citação por intermédio de um benefício econômico que na verdade é direito do advogado e não do exequente. Talvez porque o processo de execução tenha terminado ainda no seu início, e, sem que se tenha desenvolvido o itinerário executivo o legislador entendeu por bem abrir mais uma exceção ao art. 85, § 2º, do CPC, que determina que os honorários serão fixados entre o mínimo de dez e o máximo de vinte por cento sobre o valor da condenação, do proveito econômico obtido ou, não sendo

Art. 827

possível mensurá-lo, sobre o valor atualizado da causa. Incidindo a situação jurídica do art. 827, § 1º, os honorários serão devidos no percentual de metade do mínimo previsto pelo legislador na regra geral do art. 85 e ss. do CPC.

6. O prazo de três dias

O dispositivo em comento (§ 1º do art. 827) menciona que, no caso de integral pagamento no prazo de três dias, o valor dos honorários advocatícios será reduzido pela metade. Esse tríduo legal não pode ser manipulado pelo magistrado porque é prazo fixado pelo legislador e corresponde, exatamente, ao mesmo prazo descrito no art. 829 do CPC.

Uma questão interessante é saber se tal prazo começa a contar da ciência ou da juntada aos autos do mandado devidamente cumprido. Em nosso sentir, entendemos que o prazo para a realização do ato começa a contar da ciência do processo pelo executado, excluindo o dia do início e contado o dia do final, seguindo integralmente a regra do art. 218 e ss.

Assim, sendo citado numa segunda-feira, a quinta-feira seria o dia fatal para adimplemento no prazo mencionado no art. 827, § 1º, portanto, ainda que a juntada aos autos seja feita em momento posterior, é da ciência da execução que inicia a referida contagem; ou seja, por não se tratar de prazo processual para realização de ato postulatório que necessita de advogado, mas sim para que o próprio executado realize o adimplemento no limiar do processo, então aplica-se a regra do art. 231, § 3º, do CPC, que é expresso ao dizer que, quando o ato tiver de ser praticado diretamente pela parte ou por quem, de qualquer forma, participe do processo, sem a intermediação de representante judicial, o dia do começo do prazo para cumprimento da determinação judicial corresponderá à data em que se der a comunicação.

7. A possibilidade de elevação dos honorários

Extremamente sábia e justa a regra criada no art. 827, § 2º, que permite a majoração da verba honorária que foi (1) fixada no patamar mínimo e (2) no liminar do processo de execução, portanto, em momento que o magistrado não teria condições de avaliar com razoável segurança o trabalho que o advogado desenvolverá no curso do procedimento executivo.

Na verdade, o parágrafo segundo contempla duas hipóteses distintas e autônomas de majoração da verba honorária até o patamar máximo de 20%. São elas: a) quando rejeitados os embargos à execução ou ainda; b) caso não opostos os embargos, a majoração poderá ocorrer ao final do procedimento executivo, levando-se em conta o trabalho realizado pelo advogado do exequente.

A rejeição dos embargos deve ser compreendida em sentido amplo, ou seja, tanto nas hipóteses dos arts. 485 ou 487 do CPC.

Em relação à segunda hipótese, é importante dizer que a não interposição dos embargos não é sinônimo ou garantia de que o trabalho do advogado do exequente será facilitado, já que além de existirem outras impugnações no curso da execução (arts. 854, § 3º, 873, 903, § 2º etc.), ou incidentes processuais vários (como substituição do bem penhorado, reforço de penhora etc.) etc. Ambas as situações descritas no referido artigo não só podem como devem ser espraiadas para as demais espécies de execução, não apenas porque é perfeitamente possível que estas se iniciem como execuções específicas, mas porque também nestas pode ocorrer que o trabalho do advogado mostre-se merecedor de majoração do percentual mínimo determinado pelo legislador e fixado pelo juiz ao despachar a inicial.

Jurisprudência

"Recurso especial. Execução de título extrajudicial. Honorários sucumbenciais fixados no despacho inicial. Provisoriedade. Arrematação de imóvel pelo exequente. Utilização do crédito. Execução dos honorários sucumbenciais. Advogado contra ex-cliente. Impossibilidade. Conceito de parte sucumbente. 1. A legislação estabelece que os honorários sucumbenciais, assim como os incluídos na condenação por arbitramento, constituem direito do advogado, podendo ser executados autonomamente. 2. O comando judicial que fixa os honorários advocatícios estabelece uma obrigação entre o vencido e o advogado da parte vencedora. Essa obrigação impõe ao vencido o dever de arcar com os honorários sucumbenciais em favor do advogado do vencedor. 3. O artigo 652-A do CPC determina que o juiz, ao despachar a inicial, fixará, de plano, os honorários sucumbenciais a serem pagos pelo executado. Assim, não se pode olvidar da natureza provisória dos honorários sucumbenciais fixados na inicial da execução de título extrajudicial. Precedentes. 4. A jurisprudência do STJ consolidou-se no sentido de que não é aplicável a multa do artigo 557, § 2º, do CPC quando o agravo regimental interposto contra decisão monocrática do relator objetiva o exaurimento de instância, a fim de possibilitar a interposição de posterior recurso. 5. Recurso especial parcialmente provido" (STJ, REsp 1.120.753/RJ 2009/0017745-2, Data de publicação: 07.05.2015).

"Agravo de instrumento. Execução de título extrajudicial. Honorários advocatícios inicialmente fixados. Redução. Possibilidade. Artigo 652-A do CPC. Nos termos do artigo 652-A da CPC, ao despachar a inicial da ação de execução de título extrajudicial, o juiz fixará, de plano, os honorários advocatícios, mediante apreciação equitativa, segundo as diretrizes estabelecidas pelo § 4º do art. 20 do CPC. No caso, considerando que o valor, inicialmente fixado mostrou-se excessivo, cabível a redução. Agravo de instrumento provido" (TJRS, AI 70062201462, rel. Voltaire de Lima Moraes, 19ª Câmara Cível, j. 27.11.2014).

> **Art. 828.** O exequente poderá obter certidão de que a execução foi admitida pelo juiz, com identificação das partes e do valor da causa, para fins de averbação no registro de imóveis, de veículos ou de outros bens sujeitos a penhora, arresto ou indisponibilidade.
>
> **§ 1º** No prazo de 10 (dez) dias de sua concretização, o exequente deverá comunicar ao juízo as averbações efetivadas.
>
> **§ 2º** Formalizada penhora sobre bens suficientes para cobrir o valor da dívida, o exequente providenciará, no prazo de 10 (dez) dias, o cancelamento das averbações relativas àqueles não penhorados.
>
> **§ 3º** O juiz determinará o cancelamento das averbações, de ofício ou a requerimento, caso o exequente não o faça no prazo.
>
> **§ 4º** Presume-se em fraude à execução a alienação ou a oneração de bens efetuada após a averbação.
>
> **§ 5º** O exequente que promover averbação manifestamente indevida ou não cancelar as averbações nos termos do § 2º indenizará a parte contrária, processando-se o incidente em autos apartados.
>
> ▶ *Referência: CPC/1973 – Art. 615-A*

1. Localização do dispositivo

O art. 828 tem correspondência biunívoca com o art. 615-A do CPC revogado, embora nem o texto seja exatamente o mesmo, e nem a sua localização. Aliás, registre-se, tal como revela a letra "A" contida no art. 615, esta técnica não existia na versão original do CPC de 1973.

Parece-nos mais apropriada a acomodação que o atual CPC fez em relação a este dispositivo, na medida em que se é um mecanismo que pretende evitar a *fraude à execução* mediante averbação de certidão contendo dados do processo de execução no registro de imóveis, de veículos ou de outros bens sujeitos a penhora, arresto ou indisponibilidade, então parece-nos adequado que tenha sido despejado da moradia do CPC revogado (*disposições gerais das diversas espécies de execução*) e passado a habitar as disposições processuais atinentes ao capítulo dedicado ao processo de execução para pagamento de quantia (execução por expropriação).

De outro giro, nada impede que a referida certidão premonitória prevista para o *processo de execução* seja igualmente aplicada ao cumprimento de sentença.

2. Técnicas de proteção contra fraude e certidão premonitória

O sucesso de uma execução por expropriação depende da existência de patrimônio do executado apto à satisfazer o crédito exequendo. A responsabilidade patrimonial é a sujeitabilidade do patrimônio do executado à execução por expropriação, servindo como *garantia geral* do inadimplemento das obrigações. Logo, um executado sem patrimônio é execução fadada ao insucesso, infrutífera, tal como se percebe nos arts. 921, III, e 924, V.

Assim, tanto quanto possível é importante que o exequente lance mão de meios que lhe permitam evitar que o executado desfalque seu patrimônio além do suficiente para garantias as obrigações inadimplidas. Nesta toada, uma das formas é justamente trazer ao conhecimento de terceiros a existência da execução instaurada contra o executado, o que é feito, por exemplo, por intermédio da averbação no registro de imóveis, de veículos ou de outros bens sujeitos a penhora, arresto ou indisponibilidade. Com isso, realizada a averbação, então o eventual desfalque patrimonial e alienação do referido bem onde estava registrada a certidão, presume-se em

Art. 828

fraude à execução, e, nenhum terceiro poderá sustentar posteriormente que adquiriu o bem sem saber que estaria ele comprometido com a sujeitabilidade à expropriação.

3. Eficácia da técnica premonitória

Não se discute que esta certidão da execução averbada no local de registro dos bens do executado tem um papel fundamental de *advertir com antecipação*, atuando como se fosse uma espécie de aviso – *daí receber o apelido forense de certidão premonitória* – no sentido de não apenas *informar o terceiro* que pretenda adquirir o bem que sobre ele pesa a *aura* da responsabilidade patrimonial do executado, mas em especial de *presumir em fraude à execução a alienação ou a oneração de bens efetuada após a averbação* nos termos do art. 828, § 4º, do CPC.

Portanto, esta técnica de proteção da responsabilidade patrimonial tem em si uma inegável função *preventiva* – de evitar a oneração ou alienação – mas também *repressiva* no sentido de facilitar o reconhecimento da fraude do bem adquirido após a averbação. A premissa fixada pelo legislador, é a de que a presunção de boa-fé do terceiro resta afastada pela existência da certidão averbada no registro de onde se encontra o referido bem, ou seja, é do terceiro o risco de adquirir o bem onde já constava a averbação da certidão da execução, pois contra ele pesa a presunção de fraude. Aliás, é neste sentido a leitura *contrario sensu* do art. 792, § 3º, que trata da presunção do terceiro em relação à fraude à execução.

Sob o aspecto teórico a certidão premonitória é mais uma técnica de proteção da responsabilidade patrimonial e merece todos os aplausos, pois quem milita com a execução civil sabe, no dia a dia forense, que sempre que o devedor possui patrimônio e em tese pode ser frutífera a execução, entra em cena o "terceiro de boa-fé", que sem sombra de dúvidas tem sido um dos maiores vilões do sucesso da execução.

No entanto dois aspectos merecem ser refletidos em relação à eficácia prática da *certidão premonitória*. É que no modelo do art. 828 do CPC a certidão só pode ser obtida após a *admissão da execução pelo juízo*, e, portanto, pelo menos em tese, não é possível obtê-la apenas e tão somente pela propositura da ação executiva (veja o item 4 anterior que trata do conflito entre o art. 828, *caput*, e o art. 799, IX,

do CPC). Dessa forma, se assim for, como diz a literalidade do art. 828, *caput*, pode acontecer de o momento de realizar a averbação da certidão premonitória ser coincidente com o da própria penhora ou indisponibilidade do próprio bem sujeito a expropriação, afinal de contas, segundo determinado no art. 829, § 1º, do mandado de citação constarão, também, a ordem de penhora e a avaliação a serem cumpridas pelo oficial de justiça *tão logo verificado o não pagamento no prazo assinalado*. Ora, certamente que se a possibilidade de obtenção da certidão premonitória for após a expedição do mandado de citação, poderá coincidir justamente com o momento de averbação da própria penhora, o que tornará inútil a técnica deste dispositivo, daí por que, também por isso entendemos que o momento adequado seja justamente o previsto no art. 799, IX, do CPC.

Contudo, é preciso deixar bastante claro que o fato de exigir o dispositivo que seja após a admissão da execução pelo juiz não quer dizer, em hipótese alguma que a obtenção da certidão depende de decisão judicial, antes o contrário.

4. A responsabilidade processual do exequente pela realização ou o não cancelamento da averbação indevida

A averbação da certidão premonitória no registro de onde se encontram os bens do executado é medida que causa constrangimento ao seu direito de propriedade. Na verdade, um constrangimento lícito inerente ao direito potestativo do exequente e correlata sujeição do executado decorrente da *responsabilidade patrimonial* (o patrimônio do executado responde pelo inadimplemento das obrigações).

Entretanto, preocupado com os excessos e ilícitos que pode causar o legislador toma inúmeras cautelas em relação ao seu manuseio evitando que o patrimônio do devedor seja indevidamente constrangido pelo exequente.

Assim, o art. 828 é categórico e reserva quatro, dos cinco parágrafos do art. 828, para proteger o executado contra a averbação ilícita. Primeiro ao dizer que no prazo de 10 dias de sua concretização, o exequente deverá comunicar ao juízo as averbações efetivadas. Segundo, ao deixar claro que uma vez formalizada penhora sobre bens suficientes para cobrir o valor da dívida, o exequente providenciará, no prazo de 10 dias, o cancelamento das averbações relativas àqueles não penhorados. Terceiro, que o juiz determinará o cancelamento das averbações, de ofício ou a requerimento, caso o exequente não o faça no prazo. Quarto, que se presume em fraude à execução a alienação ou a oneração de bens efetuada após a averbação. Quinto, que o exequente que promover averbação manifestamente indevida ou não cancelar as averbações nos termos do § 2º indenizará a parte contrária, processando-se o incidente em autos apartados.

Por fim, é de se dizer que o art. 828, § 5º, deve ser compreendido *cum grano salis*, pois mesmo dizendo que o "exequente indenizará a parte contrária", o incidente ali mencionado tem apenas certo e indiscutível o *ilícito processual*. Contudo, é preciso demonstrar que esse ilícito causou algum dano ao executado, ou seja, não se trata de *dano in re ipsa*. Deve o executado demonstrar os danos que suportou resultantes da averbação indevida.

5. O momento para obter a certidão: distribuição ou após a admissão da petição inicial

Uma das questões mais importantes atinentes à certidão premonitória em relação ao regime jurídico do CPC revogado é que no art. 615-A o legislador dizia que "o exequente poderá, no ato da distribuição, obter certidão comprobatória do ajuizamento da execução" e o art. 828, *caput*, menciona que "o exequente poderá obter certidão de que a execução foi admitida pelo juiz". Como se vê claramente, o atual CPC teria eliminado a possibilidade de obter a certidão no ato da distribuição, postergando a sua obtenção para depois do despacho inicial, ou seja, depois que a petição inicial fosse admitida pelo juiz.

A alteração é clara e, somada à leitura de quatro dos cinco parágrafos que compõem o art. 828, percebe-se que a intenção do legislador coaduna-se com esse contexto de proteger o patrimônio do executado, evitando ou reprimindo o exequente que de forma temerária proceda a averbação premonitória. Ao trocar da *distribuição* para a *depois da admissão* da petição inicial, o legislador optou por proteger o executado, o que em nosso sentir é um retrocesso, afinal de contas já existia e foi incrementada a responsabilidade do exequente pela averbação indevida.

Como dissemos acima, esta "alteração do momento para a obtenção da certidão premoni-

tória" acabou por fazer com que a possibilidade de obter a certidão premonitória após a admissão da petição inicial da execução aproxime-se bastante do momento de realização da própria penhora, o que torna um desestímulo de tempo e dinheiro para o exequente.

Contudo, é preciso fazer uma observação interessante. Nada obstante a clareza do legislador no art. 828, *caput*, é possível que a discussão sobre o momento de obter a certidão não tenha cessado, afinal de contas, por falta de sistematização ou não, o art. 799 do CPC determina que "incumbe ainda ao exequente: (...) IX – proceder à averbação em registro público do ato de propositura da execução e dos atos de constrição realizados, para conhecimento de terceiros".

Por intermédio deste dispositivo resta claro que a averbação mencionada acima se refere à propositura da execução, e, portanto, nos termos do art. 312 do CPC considera-se proposta a ação quando a petição inicial for protocolada. Isso implica dizer que existe um choque de regras entre o art. 799, IX, e o art. 828, *caput*, no tocante ao momento para se obter a certidão premonitória. Em nosso sentir, houve um cochilo do legislador em relação à sistematização do art. 828, *caput*, com o art. 799, IX, que permite uma interpretação mais larga em prol do exequente, embora tudo leve a crer que a real intenção do legislador tenha sido regular de forma específica o tema no art. 828, *caput*.

Jurisprudência

"Agravo interno no agravo em recurso especial. Ação condenatória. Decisão monocrática que negou provimento ao reclamo. Insurgência da autora. 1. A Corte de origem dirimiu a matéria submetida à sua apreciação, manifestando-se expressamente acerca dos temas necessários à integral solução da lide, de modo que, ausente qualquer omissão, contradição ou obscuridade no aresto recorrido, não se verifica a ofensa aos artigos 458 e 535 do CPC/73. 2. A análise do eventual exercício abusivo da faculdade concedida pelo art. 615-A do CPC/73, impõe ao julgador, ante o cenário que se lhe apresenta e na perspectiva da proporcionalidade, realizar a ponderação da necessidade de satisfação executiva do credor com a menor onerosidade para o devedor, de modo a verificar, a partir das circunstâncias e dos motivos que impulsionam o exequente, se ele invoca aquele direito apenas para legitimar um comportamento inadequado à sua função. Quando o contexto em que efetivada a averbação pelo exequente indicar que ele o fez sobretudo motivado pela intenção de prejudicar o executado, incorrerá na sanção imposta ao litigante de má-fé (REsp 1694820/DF, Rel. Ministra Nancy Andrighi, Terceira Turma, julgado em 11/06/2019, *DJe* 13/06/2019). 1.1. No caso em tela, rever as conclusões a que chegou a Corte estadual quanto a não estar configurada a má-fé da exequente demandaria reexame das provas contidas nos autos. Incidência da Súmula 7/STJ. 3. Agravo interno desprovido" (AgInt no AREsp 1.503.645/SP, Rel. Min. Marco Buzzi, 4ª Turma, j. 21.11.2019, *DJe* 27.11.2019).

"Processual civil. Recurso especial. Concurso de credores. Penhora. Preferência. Averbação premonitória anterior. Irrelevância. Recurso provido. 1. A averbação premonitória – introduzida no CPC/1973 pela Lei Federal n. 11.382/2006 – tem a inequívoca finalidade de proteger o credor contra a prática de fraude à execução, afastando a presunção de boa-fé de terceiros que porventura venham a adquirir bens do devedor. 2. Uma vez anotada à margem do registro do bem a existência do processo executivo, o credor que a providenciou obtém em seu favor a presunção absoluta de que eventual alienação futura dar-se-á em fraude à execução e, desse modo, será ineficaz em relação à execução por ele ajuizada. 3. O termo 'alienação' previsto no art. 615-A, § 3º, do CPC/1973 refere-se ao ato voluntário de disposição patrimonial do proprietário do bem (devedor). A hipótese de fraude à execução não se compatibiliza com a adjudicação forçada, levada a efeito em outro processo executivo, no qual se logrou efetivar primeiro a penhora do mesmo bem, embora depois da averbação. 4. O alcance do art. 615-A e seus parágrafos dá-se em relação às alienações voluntárias, mas não obsta a expropriação judicial, cuja preferência deve observar a ordem de penhoras, conforme orientam os arts. 612, 613 e 711 do CPC/1973. 5. A averbação premonitória não equivale à penhora, e não induz preferência do credor em prejuízo daquele em favor do qual foi realizada a constrição judicial. 6. Recurso especial provido" (REsp 1.334.635/RS, Rel. Min. Antonio Carlos Ferreira, 4ª Turma, j. 19.09.2019, *DJe* 24.09.2019).

"Recurso especial. Negativa de prestação jurisdicional. Ausência. Ação de indenização por danos materiais e compensação de dano moral. Averbação indevida do ajuizamento da execução junto à matrícula de imóveis dos executados. Abuso do direito da exequente não configurado. Inversão da sucumbência. Procedência de um dos pedidos cumulados sucessivamente. Julgamento: CPC/15. 1. Ação de indenização por danos materiais e compensação de dano moral, ajuizada em 14/07/2008, da qual foi extraído o presente recurso especial, interposto em 08/06/2016 e concluso ao gabinete em 20/01/2017. 2. O propósito recursal é decidir, a par da ocorrência de negativa de prestação jurisdicional, se a averbação da execução junto à matrícula dos imóveis dos recorrentes caracteriza litigância de má-fé da recorrida e enseja o dever de indenizar, bem como se deve ser invertida a sucumbência. 3. Devidamente analisada e discutida a questão de mérito, e suficientemente fundamentado o acórdão recorrido, de modo a esgotar a prestação jurisdicional, não há falar em violação do art. 1.022, II, do CPC/73. 4. O art. 615-A do CPC/73 autoriza o exequente a promover a averbação do ajuizamento da execução junto à matrícula de imóvel do executado, mas o faz sob conta e risco daquele, estabelecendo o § 4º que ele indenizará a parte contrária se, ao exercer essa faculdade, agir de forma 'manifestamente indevida', prevendo, portanto, típica hipótese de indenização por abuso do direito no plano processual, tal e qual prevê o art. 187 do CC/02 no plano material. 5. A análise quanto ao eventual exercício abusivo da faculdade concedida pelo art. 615-A do CPC/73, impõe ao julgador, ante o cenário que se lhe apresenta e na perspectiva da proporcionalidade, realizar a ponderação da necessidade de satisfação executiva do credor com a menor onerosidade para o devedor, de modo a verificar, a partir das circunstâncias e dos motivos que impulsionam o exequente, se ele invoca aquele direito apenas para legitimar um comportamento inadequado à sua função. 6. Quando o contexto em que efetivada a averbação pelo exequente indicar que ele o fez sobretudo motivado pela intenção de prejudicar o executado, incorrerá na sanção imposta ao litigante de má-fé. 7. Hipótese em que o fato, por si, de a execução se encontrar garantida pela penhora de ações de sociedade empresária dos executados não é suficiente para configurar uma atuação manifestamente indevida da exequente, a caracterizar o abuso de direito à que alude o § 4º do art. 615-A do CPC/73, pois é medida que, na espécie, se traduz muito mais na realização de um interesse pessoal e fundado da credora, tendente a garantir a satisfação do seu crédito a partir de bens que lhe parecem ter maior liquidez, do que na negação do interesse dos devedores, considerando que a ação de execução foi distribuída em 25/03/1998 e, passados mais de 20 anos, ainda busca a exequente, por todos os meios, a satisfação do seu crédito. 8. A jurisprudência desta Corte orienta que, no caso de pedidos cumulados sucessivamente, a improcedência de um deles caracteriza a sucumbência recíproca. 9. Recurso especial conhecido e desprovido, com majoração de honorários" (REsp 1.694.820/DF, Rel. Min. Nancy Andrighi, 3ª Turma, j. 11.06.2019, *DJe* 13.06.2019).

> **Art. 829.** O executado será citado para pagar a dívida no prazo de 3 (três) dias, contado da citação.
>
> **§ 1º** Do mandado de citação constarão, também, a ordem de penhora e a avaliação a serem cumpridas pelo oficial de justiça tão logo verificado o não pagamento no prazo assinalado, de tudo lavrando-se auto, com intimação do executado.
>
> **§ 2º** A penhora recairá sobre os bens indicados pelo exequente, salvo se outros forem indicados pelo executado e aceitos pelo juiz, mediante demonstração de que a constrição proposta lhe será menos onerosa e não trará prejuízo ao exequente.

▶ *Referência: CPC/1973 – Art. 652*

1. O executado será citado para pagar a dívida

A execução de título executivo extrajudicial é realizada mediante um processo de execução instaurado pela propositura de uma demanda executiva mediante o ajuizamento de uma petição inicial com a citação do executado.

Embora o art. 247 do CPC tenha excluído do rol de casos em que a citação deve ser feita por oficial de justiça o "processo de execução", tal como constava no art. 222, "d", do CPC revogado, nos parece que esta continua a ser a forma padrão de citação no processo de execução, ilação que se retira do texto do art. 829, § 1º, que fala em "mandado de citação", o que, naturalmente, refere-se à modalidade de citação pelo oficial de justiça (art. 249 e ss.).

Também merece ser observado no *caput* do art. 829, *caput*, que esse adimplemento no prazo de três dias não é livre de ônus para o exe-

cutado, como se residisse aí o inadimplemento que motiva a propositura da ação executiva. Relembre-se o texto do art. 786 do CPC ao dizer que a execução pode ser instaurada caso o devedor não satisfaça a obrigação certa, líquida e exigível consubstanciada em título executivo. Isso significa dizer que o inadimplemento da obrigação é causa de pedir para a propositura da ação executiva e instauração do processo de execução. Esse inadimplemento no tríduo legal mencionado pressupõe processo de execução instaurado e deve o executado pagar não apenas a dívida, mas os juros, as custas e pela regra do art. 827, § 1º, metade da verba honorária fixada no despacho inicial.

2. Contagem do prazo de três dias

Nos termos do art. 231, § 3º, tratando-se de ato a ser praticado diretamente pela parte sem a intermediação de representante judicial, o dia do começo do prazo para cumprimento da determinação judicial corresponderá à data em que se der a comunicação, portanto, tão logo tenha ciência da execução contra si proposta, excluindo-se da contagem o dia do início e incluindo o dia final.

3. Incongruente regime jurídico do prazo para o "adimplemento voluntário" e dos honorários advocatícios no processo de execução comparado ao cumprimento de sentença

É inexplicável a falta de sistematização do Código de Processo Civil em relação ao prazo para "adimplemento voluntário" do executado no cumprimento de sentença (art. 523) e do processo de execução (art. 829). Não há razão lógica para que o prazo para cumprimento de sentença seja de quinze dias, mormente porque se trata de título judicial, e, no processo de execução (título que não passou pelo crivo do Judiciário) seja de três dias.

Igualmente, sem qualquer sentido lógico que o executado no cumprimento de sentença fique livre dos honorários se adimplir no prazo quinzenal e o executado no processo de execução que pague nos três dias tenha que pagar metade da verba honorária. O equívoco é da regra do art. 523, que alterou o conceito de inadimplemento no cumprimento de sentença e deveria ter, no mínimo, o mesmo regime jurídico dos arts. 827 e 829 do CPC.

4. Conteúdo do mandado

Segundo o § 1º do art. 829 do mandado de citação constarão, também, a ordem de penhora e a avaliação a serem cumpridas pelo oficial de justiça tão logo verificado o não pagamento no prazo assinalado, de tudo lavrando-se auto, com intimação do executado.

A frase "constarão, também, a ordem de penhora e avaliação" contida no dispositivo acima deve ser lida em complemento ao art. 250 do CPC, que estabelece qual deve ser o conteúdo do mandado de citação. Assim, além dos incisos do art. 250, também a ordem de penhora e avaliação a serem cumpridas pelo oficial de justiça. Mas a ordem de penhora e avaliação só constarão no mandado se na petição inicial o autor indicar os bens a serem penhorados, afinal de contas, nos termos do art. 798, II, "c", do CPC ao propor a execução, incumbe ao exequente, sempre que possível, indicar os bens suscetíveis de penhora.

Se o exequente não desincumbir-se desse ônus de indicar bens suscetíveis de penhora, certamente que no mandado não constará a ordem de penhora e avaliação (embora nele devesse constar a ordem judicial de que ele, o executado, deveria indicar os bens passíveis de penhora à semelhança do que previa a regra do CPC revogado no art. 652, § 3º), mas que, infelizmente, não foi mantido no atual Código. Por outro lado, poder-se-ia utilizar o art. 774, V, do CPC para fazer constar a advertência no referido mandado. Ademais, não deve ser olvidado que nem sempre a avaliação é feita juntamente com a penhora, e, em alguns casos nem sequer a avaliação é feita, como adverte o art. 870 e ss. do CPC.

Observe-se que o § 2º do art. 829 refere-se à possibilidade de que os bens indicados pelo executado sejam penhorados em substituição àqueles indicados pelo exequente, daí por que fala na confrontação da menor onerosidade ao executado sem prejuízo efetividade da execução em favor do exequente.

5. Momento do cumprimento do mandado de penhora e avaliação

O cumprimento da ordem de penhora e avaliação pelo oficial de justiça tem início "tão logo verificado o não pagamento no prazo assinalado". Fica claro que a regra geral, com exceções, é a de que a penhora/avaliação não é feita antes de esgotado o tríduo legal para o "adimplemento voluntário". Contudo, a expressão tão logo veri-

ficada não fixa um momento seguro para que o oficial de justiça proceda a realização dos atos executivos instrutórios (penhora e avaliação), e, a questão que incomoda neste dispositivo é saber como o oficial de justiça terá conhecimento de que o executado não adimpliu no prazo previsto no *caput* do art. 829?

Não há como o oficial de justiça ter conhecimento se o executado adimpliu ou não a obrigação no prazo de três dias, e, neste particular poderia o legislador ter dado um passo adiante em relação à efetividade da execução. Deveria ter estabelecido que caberia ao oficial de justiça proceder a penhora e avaliação do bem indicado na inicial e constante do mandado de citação cinco dias após a citação do executado, cabendo a este informar o juízo que já teria realizado o adimplemento no referido prazo e pedindo para recolher a ordem de penhora e avaliação. Da forma como está o dispositivo, via de regra verificar-se-á que o executado não adimpliu no prazo (o que é o normal nas execuções) por intermédio da vigilância do exequente que deve informar ao juízo do inadimplemento para que este determine o cumprimento do mandado de penhora e avaliação. Só aí se perde um precioso tempo de efetivação de um dos mais importantes comandos da tutela executiva que é a realização da penhora.

6. Penhora sobre os bens indicados pelo exequente e sua substituição

Nos termos do art. 829, § 2º, a penhora recairá sobre os bens indicados pelo exequente, salvo se outros forem indicados pelo executado e aceitos pelo juiz, mediante demonstração de que a constrição proposta lhe será menos onerosa e não trará prejuízo ao exequente.

Inicialmente, há de se recordar que o CPC estabelece no art. 835 uma ordem de prioridade dos bens sujeitos à penhora e o dinheiro, em espécie ou em depósito ou aplicação em instituição financeira é o primeiro desta lista, lembrando que apenas nas demais hipóteses (inciso II e ss. do art. 833) é que pode o juiz alterar a ordem prevista no *caput* de acordo com as circunstâncias do caso concreto.

O art. 829, § 2º, trata da possibilidade de substituição do bem penhorado que deve seguir a disciplina do art. 847 e ss. do CPC.

Jurisprudência

"Agravo de instrumento. Ação de execução por quantia certa contra devedor solvente. Intimação do executado acerca da penhora. Devedor em local incerto ou desconhecido. Dispensa da intimação. Possibilidade. Inteligência do disposto no § 5º do artigo 652 do CPC. Recurso provido. – Não tendo sido localizado os agravantes para que pudessem ser intimados acerca da penhora, tendo sido o oficial de justiça informado que os mesmos não residem mais no local indicado, entendo não haver óbice à aplicação da regra constante no § 5º, do artigo 652 do CPC, de dispensa do devedor acerca da penhora realizada" (TJMG, AI 10297060040906003/MG, Data de publicação: 03.05.2013).

"Agravo de instrumento. Ação de cobrança em fase de execução. Pedido de intimação da executada para indicação de bens à penhora, sob pena de aplicação da multa prevista no artigo 600, inciso IV do Código de Processo Civil. Indeferimento em primeiro grau. Correção da medida. Pesquisa RENAJUD que retornou positiva, indicando diversos bens passíveis de penhora em nome da executada. Ademais, intimação que poderá ocorrer a qualquer tempo nos exatos termos do § 3º do artigo 652 do CPC. Recurso improvido" (TJSP, AI 21701673120148260000/SP, Data de publicação: 11.12.2014).

Art. 830. Se o oficial de justiça não encontrar o executado, arrestar-lhe-á tantos bens quantos bastem para garantir a execução.

§ 1º Nos 10 (dez) dias seguintes à efetivação do arresto, o oficial de justiça procurará o executado 2 (duas) vezes em dias distintos e, havendo suspeita de ocultação, realizará a citação com hora certa, certificando pormenorizadamente o ocorrido.

§ 2º Incumbe ao exequente requerer a citação por edital, uma vez frustradas a pessoal e a com hora certa.

§ 3º Aperfeiçoada a citação e transcorrido o prazo de pagamento, o arresto converter-se-á em penhora, independentemente de termo.

▶ *Referência: CPC/1973 – Arts. 653 e 654*

1. Arresto executivo

Com uma redação mais ágil, o art. 830 do CPC substituiu o art. 653 do CPC revogado. A ideia em si é mantida, ou seja, entendeu o legislador que a dificuldade de encontrar o devedor para ser citado deve ser presumida como uma tentativa de embaraçar o processo de execução antes de mesmo de ser citado, e, por isso antecipa uma medida constritiva – arresto de seus bens – antes mesmo de ele ter ciência da execução contra si instaurada.

Como a penhora é formada por dois atos (apreensão jurídica do bem e depósito) o que faz o legislador é antecipar a constrição sobre tantos bens quanto bastem para garantir a execução como forma de garanti-la, evitando que neste período o executado possa dilapidar o seu patrimônio sujeito à responsabilidade patrimonial.

Havia uma correspondência lógica entre as hipóteses do art. 813 do CPC revogado e o art. 653 também nele existente, de forma que a dificuldade de encontrar o devedor para ser citado era mais do que indício de que ele poderia estar dilapidando o patrimônio garantidor da execução.

Particularmente entendemos que os atos de constrição judicial para a realização da penhora deveriam ser feitos sempre de ofício sem que houvesse a necessidade de requerimento do exequente, como, aliás, ainda exige o art. 854 para a penhora do dinheiro. A rigor, formulada a pretensão do exequente na sua petição inicial a tutela executiva já teria sido reclamada e caberia ao judiciário excogitar todos os meios de satisfazê-la. O peso do ônus temporal da execução deveria recair sobre o executado e toda e qualquer constrição ou indisponibilização de bens sujeitos penhora deveria ser imediata, tão logo fosse admitida a petição inicial do exequente, e, *mutatis mutantis*, o mesmo para o cumprimento de sentença para pagamento de quantia.

Enfim, a técnica do arresto executivo, que permite a constrição do patrimônio do executado de ofício pelo oficial de justiça (tantos bens quanto bastem para garantir a execução) apenas incide se o oficial de justiça não encontrar o executado para ser citado, mas é verdadeira ilusão imaginar que ela possa ser feita sem a colaboração do exequente, seja pelos custos dos registros eventualmente a serem feitos, seja pela indicação dos bens do executado, afinal de contas não apenas os bens indicados na petição inicial serão objeto deste arresto como a própria natureza da medida executiva antecipada indica. Na verdade, como dito, deveria ser a regra, e, caberia ao executado, citado, livrar-se da constrição comprovando o adimplemento ou demonstrando invalidade da mesma.

Art. 830

CÓDIGO DE PROCESSO CIVIL INTERPRETADO

2. Procedimento

Pelo dispositivo, realizado o arresto, nos 10 dias seguintes o oficial de procurará o executado duas vezes em dias distintos e, havendo suspeita de ocultação, realizará a citação com hora certa, certificando pormenorizadamente o ocorrido. Manteve-se no CPC atual o mesmo tempo de procura do executado pelo oficial de justiça (10 dias), mas não mais exigiu-se que o oficial de justiça o procurasse por três vezes em dias distintos. Bastam duas vezes e ainda assim, pensamos que é muito.

Se nesses 10 dias de procura do devedor (seguintes à efetivação do arresto), o oficial de justiça procurar o executado duas vezes em dias distintos e não o encontrar, então, se for o caso de suspeita de ocultação, realizará a citação com hora certa, certificando pormenorizadamente o ocorrido. Apenas se a citação pessoal e a por hora certa forem frustradas é que se incumbe ao exequente requerer a citação por edital, caso em que uma vez aperfeiçoada e transcorrido o prazo de pagamento, o arresto converter-se-á em penhora, independentemente de termo.

Jurisprudência

"Tributário. Recurso especial. Execução fiscal. Penhora. Bloqueio de ativos financeiros. BACENJUD. Possibilidade. Após ou concomitante à citação. 1. A jurisprudência deste Tribunal firmou-se no sentido de que o arresto executivo deve ser precedido de prévia tentativa de citação do executado ou, no mínimo, que a citação seja com ele concomitante. 2. Mesmo após a entrada em vigor do art. 854 do CPC/2015, a medida de bloqueio de dinheiro, via BacenJud, não perdeu a natureza acautelatória e, assim, para ser efetivada, antes da citação do executado, exige a demonstração dos requisitos que autorizam a sua concessão. 3. Recurso especial a que se nega provimento" (REsp 1.832.857/SP, Rel. Min. Og Fernandes, 2ª Turma, j. 17.09.2019, *DJe* 20.09.2019).

"Agravo interno no recurso especial. Processual civil e civil. Alegada violação ao art. 535 do CPC/73. Não ocorrência. Execução de título extrajudicial. Conversão automática de arresto em penhora. Fundamento autônomo não atacado. Súmula 283/STF. Apontada violação ao art. 1.487, § 1º, do CC/2002. Ausência de comando normativo capaz de infirmar os fundamentos do aresto recorrido. Deficiência de fundamentação. Súmula 284/STF. Contrato de confissão de dívida. Exequibilidade. Súmula 300/STJ. Constituição em mora. Desnecessidade de interpelação prévia. Alegada ofensa ao princípio da menor onerosidade na execução (art. 620 do CPC/1973). Reexame de matéria fático-probatória. Súmula 7/STJ. Negativa de provimento ao recurso. 1. Não se verifica a alegada violação ao art. 535 do CPC, na medida em que a eg. Corte de origem dirimiu, fundamentadamente, as questões que lhe foram submetidas. De fato, inexiste omissão no aresto recorrido, porquanto o Tribunal local, malgrado não ter acolhido os argumentos suscitados pela recorrente, manifestou-se expressamente acerca dos temas necessários à integral solução da lide. 2. No tocante à discussão acerca da necessidade de nova intimação do devedor em edital de arresto com conversão automática em penhora, nota-se que o acórdão recorrido apresentou fundamentação autônoma e suficiente para negar provimento ao recurso, no ponto, e não houve sua devida impugnação nas razões do recurso especial, convocando, analogicamente, a incidência da Súmula 283/STF. 3. A questão amparada no art. 1.487, § 1º, do Código Civil/2002 não tem comando normativo apto a infirmar os fundamentos do julgado recorrido, pois se refere a situação fático-jurídica diversa da dos autos, conforme foi discriminado no aresto proferido em sede de embargos de declaração. Dessa forma, sendo deficiente a fundamentação recursal, no ponto, incide a Súmula 284 do Supremo Tribunal Federal. 4. A orientação jurisprudencial desta Corte é a de que o contrato de confissão de dívida, ainda que oriundo de outros instrumentos contratuais, constitui, por si só, título hábil para autorizar a cobrança pela via executiva. Este entendimento, inclusive, propiciou a edição da Súmula 300/STJ ('O instrumento de confissão de dívida, ainda que originário de contrato de abertura de crédito, constitui título executivo'). 5. Tratando-se da execução de título extrajudicial, a interpelação do devedor/executado se dá com a própria citação, instando-o ao cumprimento da obrigação representada no título. 6. A inversão do que foi decidido pelo Tribunal de origem, no que respeita à apreciação da apontada ofensa ao princípio da menor onerosidade da execução (art. 620 do CPC/1973), tal como propugnada nas razões do apelo especial, demandaria, necessariamente, o exame do acervo fático-probatório dos autos, providência que encontra óbice na Súmula 7 do Superior Tribunal de Justiça. 7. Agravo interno a que se nega provimento" (AgInt no REsp 1.042.724/SP, Rel. Min. Raul Araújo, 4ª Turma, j. 12.09.2017, *DJe* 02.10.2017).

Seção III
Da penhora, do depósito e da avaliação

Subseção I
Do objeto da penhora

Art. 831. A penhora deverá recair sobre tantos bens quantos bastem para o pagamento do principal atualizado, dos juros, das custas e dos honorários advocatícios.

▶ *Referência: CPC/1973 – Art. 659*

1. Conceito de penhora

Ato executivo por intermédio do qual bens do patrimônio do executado e/ou do responsável pela dívida são vinculados à execução para eventual satisfação do exequente.

2. Efeitos da penhora

Por ser ato executivo, que tem por finalidade última a expropriação de bens para satisfação do exequente, a penhora gera os seguintes efeitos:

No que toca ao "processo executivo" em si, a realização da penhora permite o prosseguimento da execução, com a abertura de oportunidade para defesa do executado (vide, no CPC, art. 525, para o caso de impugnação ao cumprimento de sentença, e art. 914, quanto aos embargos à execução) e/ou prosseguimento dos atos executivos até futura e eventual expropriação, passando-se à avaliação dos bens penhorados (ver art. 870 do CPC).

No que se refere aos bens por ela atingidos, a realização da penhora vincula tais bens à sorte do processo executivo, gerando a ineficácia, em relação à execução, de eventuais atos de disposição e/ou oneração que vierem a ser praticados objetivando bens anteriormente penhorados (ver art. 792, IV, do CPC).

Ainda no que concerne aos bens penhorados, a realização da penhora gera a necessidade de que tais bens sejam conservados para que eles mantenham sua utilidade econômica. Essa conservação, em seus vários aspectos, será encargo do depositário (ver art. 840 do CPC).

No tocante a outras execuções singulares, a realização da penhora gera direito de preferência em relação às outras penhoras que, porventura, sejam realizadas posteriormente e recaiam sobre o mesmo bem (ver parte final do *caput* do art. 797 do CPC). Sobre tal preferência cabem duas observações:

Ela não prevalece em casos de insolvência ou falência do executado (ver parte inicial do "*caput*" do art. 797 do CPC).

Ela é de natureza processual, de maneira que sua incidência não modifica eventuais vínculos de direito material que tenham por objeto o bem penhorado.

3. Objeto da penhora

Todos os bens que possam responder pela dívida (ver arts. 789 a 792 do CPC) e que, portanto, não estejam classificados pela lei como impenhoráveis. A respeito de hipóteses de impenhorabilidade ver arts. 833 e 834 do CPC, Lei 8.009/1990 e arts. 1.711 a 1.722 do CC.

4. Alcance da penhora

Tantos bens quantos bastem para a satisfação do exequente, fórmula que limita a extensão máxima do ato, abrindo hipótese para tentativa de substituição do bem penhorado e/ou defesa do executado, nos casos em que a constrição incidir sobre bem (ou bens) de valor desarrazoadamente superior ao montante objeto da execução.

5. Realização por oficial de justiça

Caso o executado não faça o pagamento do valor da execução, deverá o oficial de justiça realizar a penhora, dos bens eventualmente indicados pelo credor (ver art. 798, II, "c"), de bens que tenham sido indicados pelo executado e aceitos pelo juiz (ver art. 829, § 2º) ou, não havendo indicação, de outros bens que forem localizados em diligência de busca.

6. Âmbito das diligências (para busca por bens a serem penhorados)

Os bens passíveis de penhora serão buscados no patrimônio do executado e/ou no de responsáveis pelo débito.

7. Autoridade para realização do ato

Para a busca e para a própria efetivação da penhora basta a presença de um oficial de justiça, sendo que a autorização para tais atividades já consta do próprio mandado por intermédio do

Art. 832

qual a citação do executado tiver sido efetuada (ver art. 829, § 1º).

8. Suspensão da execução por falta de bens penhoráveis.

Nos termos do art. 921, III, do CPC, a não localização do executado ou a ausência de bens penhoráveis acarretam a suspensão da execução.

> **Art. 832.** Não estão sujeitos à execução os bens que a lei considera impenhoráveis ou inalienáveis.

▶ *Referência: CPC/1973 – Art. 648*

1. Impenhorabilidade ou inalienabilidade.

A regra geral é a de que respondem por dívidas todos os bens do devedor (ver arts. 789 a 792 do CPC). Contudo, a lei pode restringir tal responsabilidade, notadamente quando for necessário resguardar um "mínimo indispensável", necessário ao resguardo da dignidade humana (ver art. 1º, III, da CF).

2. Necessidade de lei prevendo a exclusão da responsabilidade

A execução se dá no interesse do exequente (art. 797 do CPC) e, para que este possa ter satisfação, os bens do devedor apenas não responderão por dívidas no caso de haver expressa norma legal retirando o bem do âmbito da responsabilidade (ver arts. 833 e 834 do CPC, Lei 8.009/1990 e arts. 1.711 a 1.722 do CC).

> **Art. 833.** São impenhoráveis:
>
> **I** – os bens inalienáveis e os declarados, por ato voluntário, não sujeitos à execução;
>
> **II** – os móveis, os pertences e as utilidades domésticas que guarnecem a residência do executado, salvo os de elevado valor ou os que ultrapassem as necessidades comuns correspondentes a um médio padrão de vida;
>
> **III** – os vestuários, bem como os pertences de uso pessoal do executado, salvo se de elevado valor;
>
> **IV** – os vencimentos, os subsídios, os soldos, os salários, as remunerações, os proventos de aposentadoria, as pensões, os pecúlios e os montepios, bem como as quantias recebidas por liberalidade de terceiro e destinadas ao sustento do devedor e de sua família, os ganhos

de trabalhador autônomo e os honorários de profissional liberal, ressalvado o § 2º;

> **V** – os livros, as máquinas, as ferramentas, os utensílios, os instrumentos ou outros bens móveis necessários ou úteis ao exercício da profissão do executado;
>
> **VI** – o seguro de vida;
>
> **VII** – os materiais necessários para obras em andamento, salvo se essas forem penhoradas;
>
> **VIII** – a pequena propriedade rural, assim definida em lei, desde que trabalhada pela família;
>
> **IX** – os recursos públicos recebidos por instituições privadas para aplicação compulsória em educação, saúde ou assistência social;
>
> **X** – a quantia depositada em caderneta de poupança, até o limite de 40 (quarenta) salários mínimos;
>
> **XI** – os recursos públicos do fundo partidário recebidos por partido político, nos termos da lei;
>
> **XII** – os créditos oriundos de alienação de unidades imobiliárias, sob regime de incorporação imobiliária, vinculados à execução da obra.
>
> **§ 1º** A impenhorabilidade não é oponível à execução de dívida relativa ao próprio bem, inclusive àquela contraída para sua aquisição.
>
> **§ 2º** O disposto nos incisos IV e X do *caput* não se aplica à hipótese de penhora para pagamento de prestação alimentícia, independentemente de sua origem, bem como às importâncias excedentes a 50 (cinquenta) salários mínimos mensais, devendo a constrição observar o disposto no art. 528, § 8º, e no art. 529, § 3º.
>
> **§ 3º** Incluem-se na impenhorabilidade prevista no inciso V do *caput* os equipamentos, os implementos e as máquinas agrícolas pertencentes a pessoa física ou a empresa individual produtora rural, exceto quando tais bens tenham sido objeto de financiamento e estejam vinculados em garantia a negócio jurídico ou quando respondam por dívida de natureza alimentar, trabalhista ou previdenciária.

▶ *Referência: CPC/1973 – Art. 649*

1. Casos de impenhorabilidade absoluta

Diferentemente do que ocorre no art. 834, o legislador, no art. 833 ora analisado, cuidou de prever hipóteses de impenhorabilidade absoluta, de forma que de ofício, ou a requerimento do interessado, poderá o juiz recusar a penhora de bens que tenham sido arrolados na regra em comento.

2. Bens inalienáveis

A penhora busca realizar futura expropriação forçada, de forma que, para isto ser viável, o bem há de ser passível de alienação, daí ficar excluído da penhora bem que seja inalienável.

2.1. Bens inalienáveis por força de lei

A inalienabilidade pode defluir de escolhas feitas pelo próprio legislador. No âmbito da CF, por exemplo, são inalienáveis as terras devolutas ou arrecadadas para proteção de ecossistemas e as terras indígenas (ver arts. 225, § 5º, e 231, § 4º, ambos da CF). No CC, o art. 100 estabelece que "os bens públicos de uso comum do povo e os de uso especial são inalienáveis, enquanto conservarem a sua qualificação, na forma que a lei determinar".

2.2. Bens inalienáveis por força de ato de vontade

Como mencionado na segunda parte do inciso I da norma em referência, a inalienabilidade também pode decorrer de "ato voluntário". No mesmo sentido, o art. 1.911 do CC expressamente menciona que a presença de cláusula de inalienabilidade "imposta aos bens por ato de liberalidade, implica impenhorabilidade e incomunicabilidade".

3. Móveis, pertences e utilidades domésticas que guarnecem a residência do executado

Para garantir o "mínimo indispensável", necessário à vida digna do devedor, estipula o legislador serem impenhoráveis tais categorias de bens, desde que eles não sejam de "elevado valor", retirado o benefício, ainda, para os bens "que ultrapassem as necessidades comuns correspondentes a um médio padrão de vida". Trata-se de análise a ser feita no caso concreto, verificando-se os tipos de bens que guarnecem a residência do executado, e comparando-os com o que se faça necessário a garantir, no critério legalmente posto, um "médio padrão de vida".

4. Vestuários e pertences de uso pessoal do executado

Tal como na hipótese anterior, pretende a lei garantir que bens indispensáveis sejam mantidos com o devedor, em nome de não se lhe impedir a existência digna. Novamente ficam "de fora" do benefício itens de vestuário e/ou pertences de uso pessoal que tenham "elevado valor", tornando necessária análise e decisão a ser proferida no caso concreto.

5. Vencimentos, salários, proventos e demais "receitas" mencionadas no inciso IV

Os diferentes elementos que compõem tal regra procuram garantir ao devedor valores que sejam indispensáveis a prover sua existência digna. Os itens listados parecem ter em comum uma destinação "alimentar", como fonte de valores necessários a um sustento básico, com alimentação, vestuário, habitação, entre outras necessidades elementares. Justamente por isto, nos termos do estipulado na segunda parte do que consta no § 2º da norma em estudo, quantias "excedentes a 50 (cinquenta) salários mínimos mensais" ficam de fora do benefício. O mesmo § 2º, em sua parte inicial também retira o benefício em caso de a dívida decorrer do inadimplemento de prestação alimentícia.

6. Livros, máquinas, utensílios ou outros bens móveis necessários para função profissional

Ao devedor é garantido o exercício de atividade profissional que seja necessária a gerar recursos para sua subsistência. Por isto, a lei estipula mais esta garantia de impenhorabilidade. Mesmo não tendo sido feita, aqui, menção expressa, é evidente que estes bens, se revestidos de elevado valor também poderão ser objeto de penhora. Isto porque, na esteira do que consta do referido nos incisos anteriores e deflui de interpretação sistemática, o propósito da norma não é o de prescrever impenhorabilidade para casos de bens que teriam valores relevantes e, assim, poderiam ser destinados à satisfação do exequente.

6.1. "Micro" e/ou pequena empresa e casos do § 3º

No caso de pequena empresa, cuja "existência" se confunde com a da pessoa titular do "negócio" tem sido aceita, por razoável, a extensão da impenhorabilidade de que trata a norma ora interpretada. Em vista disto, o § 3º do artigo 833, estipula também serem impenhoráveis os "equipamentos, os implementos e as máquinas agrícolas pertencentes a pessoa física ou a empresa individual produtora rural, exceto quando tais bens tenham sido objeto de financiamento e estejam vinculados em garantia a negócio jurídico ou quando respondam por dívida de natureza alimentar, trabalhista ou previdenciária".

7. Seguro de vida

O seguro de vida, quando contratado, visa deixar para os beneficiários eleitos pelo segurado valores pecuniários que jamais integraram o patrimônio dele, segurado. De outro lado, o recebimento apenas ocorrerá em caso do falecimento do segurado, mantida a responsabilidade sobre os bens que vierem a compor o espólio, excluindo-se o valor decorrente do seguro, justamente porque este não chegou a integrar o patrimônio que o devedor possuía em vida. Inclusive, o art. 794 do CC estabelece que tais valores não se sujeitam às dívidas do segurado, de forma que esta hipótese de impenhorabilidade não acarreta prejuízo aos credores do falecido.

8. Materiais necessários para obras em andamento

Em consonância com outros incisos, acima já referidos, busca a lei manter uma dignidade mínima para o devedor. Destarte, materiais efetivamente necessários e já vinculados a obras destinadas à habitação são também postas a salvo da penhora, num benefício que não será mantido no caso de a própria obra ser penhorada.

9. Pequena propriedade rural, desde que trabalhada pela família

Cuida, aqui, o legislador de reiterar proteção já conferida pelo art. 5º, XXVI, da CF, posto que, por escolha política, entendeu o ordenamento de dar tal guarida, resguardando a unidade familiar que na pequena propriedade trabalhe, com vistas a obter o próprio sustento.

10. Recursos públicos destinados compulsoriamente em educação, saúde ou assistência social

Em virtude das finalidades socialmente relevantes listadas nesta regra, os valores aqui referidos devem ser efetivamente destinados a elas, de maneira que, estes montantes não serão passíveis de penhora, cumprindo, de todo modo, que o executado comprove tal destinação.

11. Quantia depositada em caderneta de poupança, até o limite de 40 salários mínimos

Já de há muito tempo a "caderneta de poupança" é considerada como uma aplicação financeira "básica", destinada a reservar valores necessários a dar alguma garantia "ao aplicador", em caso de necessidade. Este dado cultural foi acolhido pelo legislador que, até o limite de quarenta salários mínimos, protege esta reserva contra a penhora. No caso de o devedor possuir mais de uma caderneta de poupança o limite manter-se-á único, de forma que serão somados os saldos de todas as contas e o resguardo não suplantará o montante correspondente a 40 salários mínimos.

12. Créditos oriundos de alienação de unidades imobiliárias, sob regime de incorporação imobiliária

O negócio de incorporação imobiliária é regulado pela Lei 4.591/1964. Em resumo, o incorporador imobiliário realiza empreendimento que será composto por unidades imobiliárias autônomas (apartamentos, casas, conjuntos comerciais etc.), as quais podem ser comercializadas ao longo da construção, ou seja, mesmo antes da finalização da obra. Em vista disto, a lei busca conferir proteção a estes adquirentes, de forma que no âmbito do direito material poderá haver, inclusive, a constituição de patrimônio de afetação (ver arts. 31-A a 31-F acrescidos pela Lei 10.931/2004 à Lei 4.591/1964). Caso haja tal afetação, ter-se-á uma segregação dos bens "afetados" a um empreendimento imobiliário que ficam, assim, "separados" do patrimônio "geral" do incorporador. Com isto, busca-se garantir os adquirentes, com objetivo de permitir-se, assim, a finalização da obra, mesmo em caso de o incorporador passar por dificuldade financeira. Este o contexto no qual incidirá a impenhorabilidade em comento, de forma que, havendo a afetação, tem-se como garantir que os valores pagos pelos adquirentes sejam efetivamente destinados à obra e não para satisfazer outros débitos do incorporador.

13. A regra "excepcional" do § 1º (dívidas relativas ao próprio bem)

Em caso de um bem ser adquirido com pagamento parcelado, ou por intermédio de qualquer modalidade de crédito, é natural que o bem apenas seja "de pleno domínio" do adquirente depois de o pagamento do "financiamento" ser integralmente realizado. Deste modo, as impenhorabilidades anotadas pelo art. 833 não serão aplicáveis no caso de a execução ter sido ajuizada para obter satisfação de "dívida relativa ao próprio bem, inclusive àquela contraída para sua aquisição".

> **Art. 834.** Podem ser penhorados, à falta de outros bens, os frutos e os rendimentos dos bens inalienáveis.

▶ *Referência: CPC/1973 – Art. 650 (em parte)*

1. Casos de impenhorabilidade relativa.

No âmbito do art. 834, o legislador preconiza hipóteses de impenhorabilidade relativa, eis que, como menciona a regra, os "os frutos e os rendimentos dos bens inalienáveis" num primeiro momento estão "protegidos", mas "à falta de outros bens" poderão ser penhorados.

2. Frutos e os rendimentos dos bens inalienáveis (por ato voluntário)

O inciso I do art. 833 afirma a impenhorabilidade de bens inalienáveis. No comentário daquela regra já se mencionou que a inalienabilidade pode decorrer da própria lei ou de ato de vontade. Nesta segunda hipótese, o bem pode render benefícios, gerar frutos (alugueres, colheitas, etc.), sendo esta capacidade de geração de receita elemento que, na prática, é muitas vezes considerado quando da instituição da inalienabilidade. Tais benefícios ou receitas, contudo e diferentemente do que ocorre com o bem em si, recebem proteção menos intensa, sendo estes passíveis, reitere-se, de penhora "à falta de outros bens".

> **Art. 835.** A penhora observará, preferencialmente, a seguinte ordem:
>
> **I** – dinheiro, em espécie ou em depósito ou aplicação em instituição financeira;
>
> **II** – títulos da dívida pública da União, dos Estados e do Distrito Federal com cotação em mercado;
>
> **III** – títulos e valores mobiliários com cotação em mercado;
>
> **IV** – veículos de via terrestre;
>
> **V** – bens imóveis;
>
> **VI** – bens móveis em geral;

> **VII** – semoventes;
>
> **VIII** – navios e aeronaves;
>
> **IX** – ações e quotas de sociedades simples e empresárias;
>
> **X** – percentual do faturamento de empresa devedora;
>
> **XI** – pedras e metais preciosos;
>
> **XII** – direitos aquisitivos derivados de promessa de compra e venda e de alienação fiduciária em garantia;
>
> **XIII** – outros direitos.
>
> **§ 1º** É prioritária a penhora em dinheiro, podendo o juiz, nas demais hipóteses, alterar a ordem prevista no *caput* de acordo com as circunstâncias do caso concreto.
>
> **§ 2º** Para fins de substituição da penhora, equiparam-se a dinheiro a fiança bancária e o seguro garantia judicial, desde que em valor não inferior ao do débito constante da inicial, acrescido de trinta por cento.
>
> **§ 3º** Na execução de crédito com garantia real, a penhora recairá sobre a coisa dada em garantia, e, se a coisa pertencer a terceiro garantidor, este também será intimado da penhora.

▶ *Referência: CPC/1973 – Art. 655*

1. Ordem de bens "preferenciais" para realização da penhora

Nos diretos termos do art. 835, estipula o legislador ordem de preferência quanto a bens existentes no patrimônio do devedor. Deste modo quer a lei assegurar maior facilidade prática para realizar a satisfação do exequente, posto que os bens ali arrolados perdem "liquidez" na medida em que se afasta do item "inicial" do rol, posto que dinheiro representa o "bem líquido" por excelência.

2. Lista não exaustiva

A lista de bens contida no art. 835 não esgota todas as possibilidades de bens penhoráveis. Outros, ali não mencionados, podem ser objeto de constrição, desde que possuam aptidão para conversão em dinheiro e desde que não sejam, por lei, impenhoráveis.

3. Possibilidade de pedido de substituição da penhora

Nos termos do preconizado pelo art. 848, I, a não obediência à ordem de preferência

Art. 836

CÓDIGO DE PROCESSO CIVIL INTERPRETADO

pode dar ensejo a pedido de substituição da penhora.

4. Prioridade da penhora de dinheiro e possibilidade de alteração da ordem

O § 1º do artigo em comento reforça o que já decorre do *caput* e respectivos incisos do art. 835, reafirmando que a prioridade é a da penhora sobre dinheiro, posto que, como mencionado acima, tal bem é "líquido" por excelência e, assim, o com maior aptidão para dar satisfação a um credor com direito ao recebimento de quantia certa. Não obstante isto e o acima já mencionado (quanto à perda de liquidez na medida em que se seguem os incisos), permite o legislador que o juiz, atento a peculiaridades do caso concreto possa alterar, por decisão motivada, a ordem contida na lei.

5. Fiança bancária em substituição a penhora de dinheiro

Considerando que a fiança bancária representa, na prática, elevadíssima liquidez (representada pela "promessa" de uma instituição financeira pagar o valor "garantido", no caso de o afiançado não o fazer), o legislador equipara tal tipo de documento à própria penhora de dinheiro, de forma que, sendo contratada fiança bancária, poderá haver a livre substituição do dinheiro por fiança deste tipo, desde que atendida a condição expressamente preconizada pela norma, qual seja a suficiência para o valor afiançado satisfazer integralmente o crédito, acrescido de 30% de seu montante. Garante-se, assim, o exequente contra flutuações e custos que podem acontecer ao longo do curso do processo de execução.

6. Crédito com garantia real

Como não poderia deixar de ser, em caso de crédito "garantido" por coisa dada com esta finalidade, não se considera a prioridade do art. 835, posto já estar definido o bem a ser penhorado. De todo modo, sendo o titular de tal bem um terceiro em relação às partes da execução, este também deverá ser intimado quando da realização de penhora, assegurando que ele também possa, com tal informação, postular o que seja de seu interesse.

> **Art. 836.** Não se levará a efeito a penhora quando ficar evidente que o produto da execução

dos bens encontrados será totalmente absorvido pelo pagamento das custas da execução.

§ 1º Quando não encontrar bens penhoráveis, independentemente de determinação judicial expressa, o oficial de justiça descreverá na certidão os bens que guarnecem a residência ou o estabelecimento do executado, quando este for pessoa jurídica.

§ 2º Elaborada a lista, o executado ou seu representante legal será nomeado depositário provisório de tais bens até ulterior determinação do juiz.

▶ *Referência: CPC/1973 – Art. 659, §§ 2º e 3º*

1. Penhora de bens de pequeno valor pecuniário em relação ao valor executado

A execução se dá em busca da satisfação do exequente. Se, contudo, for evidente que o bem a ser penhorado não apresenta valor suficiente para cobrir, sequer, as despesas decorrentes do processo executivo evidenciada estará, também, a impossibilidade de trazer satisfação, ainda que mínima, a ele, exequente. Daí por que a lei, nesse caso, em vista da impossibilidade de produzir resultados úteis ao interessado, determina que a penhora não seja, nem mesmo, realizada.

2. Descrição dos bens localizados, ainda que de pequeno valor.

Deverá o oficial de justiça descrever, em certidão a ser por ele elaborada, as circunstâncias da diligência, eis que isso é exigência "geral", destinada a que seja possível o controle, pelo juiz (de ofício ou mediante provocação das partes), da legalidade dos atos praticados pelo oficial de justiça. Na hipótese do art. 836, o § 1º expressamente reforça tal exigência "genérica", determinando a descrição dos exatos bens localizados na residência e/ou no estabelecimento do executado, para que as partes, e o juiz, possam verificar se tais bens realmente não devem ser penhorados.

3. Dever de guarda e conservação

Conforme for a evolução do processo, pode restar demonstrada a utilidade da penhora sobre os bens listados pelo oficial de justiça. Em vista disto, para assegurar a possibilidade de, eventualmente, tais bens serem penhorados, o § 2º do art. 836 determina que "o executado ou seu representante legal" seja nomeado "depositário provi-

Subseção II
Da documentação da penhora, de seu registro e do depósito

> **Art. 837.** Obedecidas as normas de segurança instituídas sob critérios uniformes pelo Conselho Nacional de Justiça, a penhora de dinheiro e as averbações de penhoras de bens imóveis e móveis podem ser realizadas por meio eletrônico.

► *Referência: CPC/1973 – Art. 659, § 6º*

1. Penhora formalizada por meio eletrônico

Tendo em vista a crescente utilização, e mesmo o frequente aperfeiçoamento, da prática de atos processuais eletrônicos, o legislador expressamente autoriza que estes sejam utilizadas para "penhora de dinheiro e as averbações de penhoras de bens imóveis e móveis", estabelecendo, ainda, a necessidade de tais atos serem realizados por intermédio de "critérios uniformes pelo Conselho Nacional de Justiça".

> **Art. 838.** A penhora será realizada mediante auto ou termo, que conterá:
> **I** – a indicação do dia, do mês, do ano e do lugar em que foi feita;
> **II** – os nomes do exequente e do executado;
> **III** – a descrição dos bens penhorados, com as suas características;
> **IV** – a nomeação do depositário dos bens.

► *Referência: CPC/1973 – Art. 665*

1. Auto ou termo de penhora

A penhora deve ser documentada. Essa documentação pode se dar por termo redigido pelo escrivão nos próprios autos da execução, o que será feito em casos de ser aceita pelo juiz nomeação, pelo executado, de bens a penhora (ver art. 829, § 2º). Por sua vez, o auto de penhora deve ser elaborado pelo oficial de justiça para descrição das diligências e dos resultados obtidos por este auxiliar do juiz em sua busca material sório", de forma que até que se tenha deliberação do juiz, já exista o dever de guarda e conservação de tais bens, que podem vir a ser penhorados.

(realizada fora do ambiente formal do processo) de bens a serem vinculados à execução. Esta, portanto, a função do auto de penhora, qual seja a de noticiar e documentar, nos autos do processo, os fatos havidos durante a atividade do oficial de busca e vinculação de bens à execução.

2. Requisitos de validade do auto de penhora

Para reforço do dever de genericamente descrever as diligências e os resultados havidos em decorrência da atividade do oficial de justiça, o art. 838 do CPC expressamente arrola elementos que devem constar do auto de penhora. Nessa esteira, os incisos I e II do artigo em análise exigem correta indicação do momento (dia, mês e ano) do ato, do lugar em que ele foi realizado e das partes envolvidas (exequente e executado). Por sua vez, o inciso III exige seja feita correta, exata e completa descrição do bem e de suas características, o que se faz necessário para certificação da exata coisa que está sendo submetida à sorte do processo executivo. Essa descrição exata e pormenorizada se faz necessária, também, para que, a partir do depósito, possa-se cobrar do depositário seus melhores esforços no sentido de manter inalteradas as características do bem penhorado para resguardo da utilidade futura do ato. Por sua vez, o inciso IV prescreve a necessidade de que o auto traga, ainda, a nomeação do depositário do bem penhorado. Registre-se, contudo, que a falta do depósito não acarreta, necessariamente, a nulidade da penhora eis que, em conformidade com o princípio da instrumentalidade das formas não se decreta nulidade processual se o vício não tiver acarretado prejuízo (ver art. 282, § 1º, do CPC).

> **Art. 839.** Considerar-se-á feita a penhora mediante a apreensão e o depósito dos bens, lavrando-se um só auto se as diligências forem concluídas no mesmo dia.
> **Parágrafo único.** Havendo mais de uma penhora, serão lavrados autos individuais.

► *Referência: CPC/1973 – Art. 664*

1. Apreensão do bem penhorado

Por ter objetivo a vinculação do bem penhorado ao processo executivo, a penhora importa na apreensão do bem objeto da constrição. Esta apreensão pode dar-se de modo indireto, nos casos em que o próprio devedor e/ou res-

Art. 840

ponsável permanece na posse direta do bem, ou de modo direto, nas situações nas quais houver efetivo desapossamento passando a outrem a posse direta da coisa penhorada.

2. Depósito da coisa

Além de apreender, faz-se necessário o depósito do bem penhorado. Esse depósito tem natureza de ato executivo e tem por finalidade a delimitação do momento a partir do qual o depositário irá responder pela guarda e conservação da coisa. Tudo para que, na oportunidade da eventual expropriação, possa o bem apresentar as mesmas características de utilidade e valor que possibilitem sua venda pública e transformação em pecúnia para satisfação do exequente.

3. Atos integrantes da penhora

Em vista do acima exposto, tanto a apreensão quanto o depósito são atos de fundamental importância para a consecução das finalidades para as quais a penhora existe. Ainda que assim seja, e em que pese a dicção expressa da lei afirmar que tais atos (apreensão e depósito) são indispensáveis à penhora, tem prevalecido, na doutrinária e na jurisprudência, entendimento no sentido de que, em nome do princípio da instrumentalidade das formas, a só ausência do depósito formal não é motivo de nulidade da penhora, eis que este se faz em benefício do exequente de modo que, não havendo prejuízo à conservação da coisa e mantida íntegra sua utilidade econômica não haverá nulidade do ato de constrição.

> **Art. 840.** Serão preferencialmente depositados:
>
> I – as quantias em dinheiro, os papéis de crédito e as pedras e os metais preciosos, no Banco do Brasil, na Caixa Econômica Federal ou em banco do qual o Estado ou o Distrito Federal possua mais da metade do capital social integralizado, ou, na falta desses estabelecimentos, em qualquer instituição de crédito designada pelo juiz;
>
> II – os móveis, os semoventes, os imóveis urbanos e os direitos aquisitivos sobre imóveis urbanos, em poder do depositário judicial;
>
> III – os imóveis rurais, os direitos aquisitivos sobre imóveis rurais, as máquinas, os utensílios e os instrumentos necessários ou úteis à atividade agrícola, mediante caução idônea, em poder do executado.

> **§ 1º** No caso do inciso II do *caput*, se não houver depositário judicial, os bens ficarão em poder do exequente.
>
> **§ 2º** Os bens poderão ser depositados em poder do executado nos casos de difícil remoção ou quando anuir o exequente.
>
> **§ 3º** As joias, as pedras e os objetos preciosos deverão ser depositados com registro do valor estimado de resgate.

▶ *Referência: CPC/1973 – Art. 666*

1. Regras "preferenciais" para realização do depósito e condições para este ser feito em poder do executado

Antes da reforma legislativa operada pela Lei 11.382, de 06.12.2006, o CPC/1973 continha regra que, contrário senso, permitia concluir que em geral o depósito dos bens penhorados deveria ser feito em poder do próprio executado. Na reforma legislativa acima mencionada, o legislador, "descolado" da realidade da vida e daquilo que se impõe pela razoabilidade, tentou alterar este paradigma, de forma que, numa leitura rasa do § 1º do art. 666 (CPC/1973, com a redação da lei acima mencionada), apenas com a "expressa" concordância do credor ou na hipótese de difícil remoção é que os bens penhorados poderiam permanecer em poder do executado ou do responsável. No CPC atenua-se tal norma, não se falando mais da necessidade de "expressa" anuência do exequente para que os bens possam ser mantidos com o executado. A despeito disto mantém-se dispositivos que preconizam "preferências" as quais, em enorme quantidade de casos, não poderão ser atendidas. Com efeito, mesmo com a atenuação da redação do dispositivo, a interpretação literal continua não sendo adequada. É que ela conduz a problemas práticos relevantes e à possibilidade de que, por mero capricho do credor, os gastos com a execução sejam majorados para além do razoável.

Ademais, esta nova sistemática deve ser compatibilizada com o princípio da menor onerosidade para o devedor (art. 805 do CPC).

Em vista disto, parece certo que o desapossamento dos bens penhorados não deva ser realizado de ofício pelo oficial de justiça, nem tampouco determinado de antemão pelo juiz. Em verdade, tal desapossamento continua dependendo de requerimento do interessado, sendo tal requerimento dispensado, apenas, no caso do inciso I, eis que, nesta situação, é expressa e lógica a necessidade de remoção destes voláteis bens (dinheiro e pedras preciosas, principalmente) para as Instituições ali arroladas.

Também no caso de difícil remoção ficarão depositados com o próprio executado os bens penhorados. Enfim, releva anotar que, apesar do esforço do legislador em tornar draconiana a execução, é certo que a falta de manifestação do credor também deve ser interpretada como concordância eis que, no mais das vezes, seja para evitar o adiantamento dos custos do depositário, seja para evitar os riscos inerentes à função, é muito mais do que razoável acreditar que não interessa ao próprio credor a retirada dos bens da posse mantida pelo devedor ou responsável.

Por outro lado e no que concerne à necessidade de compatibilização entre o art. 840 e a regra do art. 805 do CPC, necessário anotar ainda que não poderá ser por mero capricho que o exequente poderá requerer e obter o desapossamento dos bens penhorados. É que os valores cobrados por depositários são relevantes e podem onerar, para além do razoável, os custos da execução. Em vista disto continua sendo necessário que haja uma justificativa plausível para a transferência do bem, hipótese na qual o juiz deverá, de modo fundamentado, decidir os incidentes suscitados.

2. Impugnação à permanência do executado/responsável como depositário

Caso haja motivos razoáveis e efetivos que, desde logo, permitam concluir que não deva o executado permanecer como depositário, poderá o exequente impugnar essa situação. Para que esse pedido seja acolhido, deverá ele estar fundamentado com as razões e fatos que levem a crer que o executado/responsável não irá, ou não tem condições, de cumprir as funções de depositário.

3. Depositário judicial público

Em que pese à lei trate da figura do depositário judicial público, fato é que tal figura apresenta pouca repercussão prática, em vista das próprias limitações que o Estado tem para gastos com as coisas judiciais, o que impede, em geral, existam os depositários públicos.

4. Depositário particular e depósito nas mãos do exequente

Em vista das limitações referidas na nota anterior, a questão do depósito acaba por se resolver, quando necessária a retirada dos bens da posse direta do executado/responsável, pelo uso de depositários particulares (o que onera, e muito, o custo da execução quando se opta por tal alternativa) e/ou pela assunção do encargo pelo próprio exequente, o que dificilmente é verificado na prática, em virtude do exequente, no mais das vezes, não querer correr os riscos inerentes à função. Daí por que, por mais esses motivos, geralmente o encargo acaba por efetivar-se na pessoa do próprio executado/responsável.

5. Hipóteses de alteração do depositário

O depositário é auxiliar do juízo e, assim, deve pautar-se de modo condizente com sua função, sob pena de ocorrer sua substituição e até mesmo sua responsabilização por perdas e danos que decorram de sua conduta. Sobre os direitos e deveres do depositário, ver os arts. 159 a 161 do CPC.

6. Da prisão do depositário infiel

Além de responder por perdas e danos, o depositário que não desempenhar sua função com denodo poderá vir a ser sancionado pela prisão civil prevista no art. 5º, LXVII, da CF. Trata-se de exceção constitucionalmente estabelecida para a regra geral de não cabimento de prisão civil.

7. Desnecessidade de ação de depósito

Além de velar e guardar o bem penhorado, deve o depositário apresentar o bem a ele confiado, sempre que tal apresentação lhe for determinada pelo juiz. Além disso, deve o depositário prestar contas a respeito de suas atividades. Caso o depositário nomeado em uma execução judicial negligencie no que tange a um de seus deveres, o juiz poderá diretamente aplicar as sanções cabíveis, sem necessidade de ajuizamento de ação de depósito autônoma. De todo modo, devem ser dadas ao depositário oportunidades de defesa para que, ouvido ele, o juiz decida sobre a aplicação da sanção cabível.

7.1. Recuperação do bem depositado

Além das sanções cabíveis, caso seja necessária a tomada de medidas materiais para

Art. 841

CÓDIGO DE PROCESSO CIVIL INTERPRETADO

1432

recuperação física do bem penhorado, cuja entrega esteja sendo recusada pelo depositário, o interessado (por exemplo: arrematante ou exequente que tiver adjudicado o bem) poderá requerer diretamente nos autos da execução a expedição de mandado de imissão na posse. Desnecessário, por isso, o ajuizamento de ação autônoma, eis que a própria autoridade do juiz da execução está em jogo, de maneira a dispensar maiores formalidades autorizando-se que ele, no próprio processo executivo, defira as medidas que se façam necessárias à recuperação e entrega do bem a quem de direito.

8. Correção monetária de depósitos judiciais

A Súmula 179 do STJ assevera que "O estabelecimento de crédito que recebe dinheiro, em depósito judicial, responde pelo pagamento da correção monetária relativa aos valores recolhidos". Por sua vez, a Súmula 271 do STJ afirma que "A correção monetária dos depósitos judiciais independe de ação específica contra o banco depositário".

> **Art. 841.** Formalizada a penhora por qualquer dos meios legais, dela será imediatamente intimado o executado.
>
> **§ 1º** A intimação da penhora será feita ao advogado do executado ou à sociedade de advogados a que aquele pertença.
>
> **§ 2º** Se não houver constituído advogado nos autos, o executado será intimado pessoalmente, de preferência por via postal.
>
> **§ 3º** O disposto no § 1º não se aplica aos casos de penhora realizada na presença do executado, que se reputa intimado.
>
> **§ 4º** Considera-se realizada a intimação a que se refere o § 2º quando o executado houver mudado de endereço sem prévia comunicação ao juízo, observado o disposto no parágrafo único do art. 274.

> ▶ *Referência: CPC/1973 – Arts. 652, §§ 4º e 5º, e 659, §§ 4º e 5º*

1. Necessidade de "intimação" do executado

Como deflui do que expressamente consta da norma realizada a penhora deve ser o executado intimado "imediatamente". Tal se faz necessário para que, atendida a condição necessária para

prosseguimento da execução (existência de bens penhorados) deva disto ser intimado o executado para que ele possa tomar as providências que sejam de seu interesse.

2. Intimação do executado: modalidades

Nos termos do que consta dos §§ 1º e 3º, havendo advogado constituídos nos autos a intimação será feita a ele (ver art. 272, *caput* e parágrafos), dispensada a própria intimação em caso de a constrição ser feita na presença do advogado.

> **Art. 842.** Recaindo a penhora sobre bem imóvel ou direito real sobre imóvel, será intimado também o cônjuge do executado, salvo se forem casados em regime de separação absoluta de bens.

> ▶ *Referência: CPC/1973 – Art. 655, § 2º*

1. Intimação do cônjuge

Com intuito de permitir que o cônjuge tenha a oportunidade de tomar medidas que sejam de seu interesse, o art. 842 do CPC determina que, no caso de penhora sobre bem imóvel ou direito real sobre imóvel, também ele seja intimado.

2. Impugnação, embargos à execução ou embargos de terceiros

Conforme o caso, o cônjuge intimado poderá opor: impugnação (ver art. 525, em caso de constrição gerada em fase de cumprimento de sentença), embargos à execução (ver art. 914, em caso de o cônjuge ser coexecutado) ou embargos de terceiros (ver art. 674, § 2º, I, quando tiver por objetivo proteger sua meação ou bens próprios que não respondam pelo débito).

3. Casos de união estável

Na regra em comento, diferentemente do havido em diversos outros artigos, não cuidou o legislador de mencionar casos de união estável. Entretanto, por conta de interpretação sistemática, deve-se entender necessária a intimação ao unido estavelmente, ao menos nos casos em que o exequente tiver conhecimento desta união. De todo modo, havendo dúvida sobre haver, ou não, ciência do exequente a respeito da união estável, será ônus do interessado o de provar que o exequente disto tinha conhecimento efetivo.

> **Art. 843.** Tratando-se de penhora de bem indivisível, o equivalente à quota-parte do coproprietário ou do cônjuge alheio à execução recairá sobre o produto da alienação do bem.
>
> **§ 1º** É reservada ao coproprietário ou ao cônjuge não executado a preferência na arrematação do bem em igualdade de condições.
>
> **§ 2º** Não será levada a efeito expropriação por preço inferior ao da avaliação na qual o valor auferido seja incapaz de garantir, ao coproprietário ou ao cônjuge alheio à execução, o correspondente à sua quota-parte calculado sobre o valor da avaliação.

▶ *Referência: CPC/1973 – Art. 655-B*

1. Penhora de bem indivisível e cota parte do cônjuge e/ou de terceiro

Em salutar medida manteve o legislador regra que já havia sido incorporada ao CPC/1973, no âmbito da reforma operada pela Lei 11.382/2006. Trata-se de viabilizar a prática de atos de expropriação mesmo em caso de o bem penhorado ser indivisível e haver copropriedade. Nesta situação, e na exata dicção da lei, o direito (à "cota parte") do cônjuge ou coproprietário recairá sobre o valor gerado com a alienação do bem, de forma a preservar a utilidade da execução para o credor e, ao mesmo, tempo também dar satisfatória proteção do direito do cônjuge ou coproprietário.

2. Direito de preferência

Em "novidade" que, s.m.j., anula parte da praticidade da norma em comento, o legislador prevê a garantia de direito de preferência para o cônjuge ou coproprietário. Tal preferência, para se viabilizar, exige que haja, depois da realização do ato de alienação, intimação para ciência a respeito das condições da alienação, outorgando-se ainda prazo para que o beneficiado pela regra possa exercer esta preferência. Isto atrasa o prosseguimento da execução e pode dar ensejo a incidentes variados. Contudo, tal norma passa a ser de observância necessária, cumprindo que haja, ao menos, informação a respeito disto no edital, ou outro modo de publicidade a respeito da alienação, de forma que o Estado Juiz dê aos eventuais interessados a noção prévia de que tal preferência terá de ser garantida.

3. Limite à fixação do valor de alienação

Também limita a praticidade da norma, o disposto no § 2º do art. 843. É que, no caso de cônjuge ou copropriedade, a norma impede a efetivação da alienação em caso do valor não ser suficiente para garantir a cota parte destes interessados. Isto torna necessário que tal informação, sobre este "valor mínimo", esteja devidamente dada a conhecimento no âmbito do edital (ou outro modo de publicidade a respeito da alienação), de forma que se dê conhecimento aos eventuais interessados desta verdadeira condição de validade da alienação.

> **Art. 844.** Para presunção absoluta de conhecimento por terceiros, cabe ao exequente providenciar a averbação do arresto ou da penhora no registro competente, mediante apresentação de cópia do auto ou do termo, independentemente de mandado judicial.

▶ *Referência: CPC/1973 – Art. 659, § 4º*

1. Eficácia "plena" da penhora perante terceiros

Caso o exequente queira eliminar a possibilidade de terceiros arguirem, em relação ao bem penhorado, eventual aquisição e/ou oneração por eles praticada de boa-fé (ou seja, em estado de ignorância da existência da execução e/ou do ato de penhora), deverá o interessado providenciar a inscrição da penhora no registro público competente, de modo que, assim, possa-se ter presunção de conhecimento geral do ato, impedindo que, a partir da efetivação do registro público, seja alegada posição de boa-fé. A respeito das averbações de interesse do exequente ver art. 799, IX.

Esta sistemática, no âmbito do CPC/1973 havia sido adotada na reforma operada pela inclusão do § 4º do art. 659, com redação dada pela Lei 10.444/2002. Tal inclusão teve por objetivo, o de eliminar dúvidas doutrinárias e jurisprudenciais antes existentes, evidenciando que, no caso de penhora de bem imóvel, a validade e a eficácia do ato não dependem, no que toca ao devedor e/ou ao responsável, de seu registro, averbação na exata dicção legal, no ofício imobiliário respectivo. Agora, o CPC amplia o mesmo

Art. 845

CÓDIGO DE PROCESSO CIVIL INTERPRETADO

1434

raciocínio para qualquer bem penhorado, seja imóvel ou não.

2. Registro não é condição de validade da penhora

Como mencionado acima o registro é providência de interesse do credor que quer evitar alegação de desconhecimento por terceiros. De outro lado, importante mencionar que o registro não é condição de validade do ato, de forma que a penhora é válida mesmo sem o registro.

Subseção III
Do lugar de realização da penhora

> **Art. 845.** Efetuar-se-á a penhora onde se encontrem os bens, ainda que sob a posse, a detenção ou a guarda de terceiros.
>
> **§ 1º** A penhora de imóveis, independentemente de onde se localizem, quando apresentada certidão da respectiva matrícula, e a penhora de veículos automotores, quando apresentada certidão que ateste a sua existência, serão realizadas por termo nos autos.
>
> **§ 2º** Se o executado não tiver bens no foro do processo, não sendo possível a realização da penhora nos termos do § 1º, a execução será feita por carta, penhorando-se, avaliando-se e alienando-se os bens no foro da situação.

> ▶ *Referência: CPC/1973 – Arts. 658 e 659, §§ 1º e 5º*

1. O lugar da penhora

O ato de vinculação de bens ao processo executivo pode ser realizado em qualquer lugar onde se encontrem bens suscetíveis de penhora, sendo que, em casos de bens situados em outras comarcas, o ato deverá ser realizado por intermédio de carta precatória (ver art. 845, § 2º), ressalvada a hipótese de bens imóveis e/ou veículos automotores cuja constrição, na forma do art. 845, § 1º, pode ser feita por termo nos autos da execução independentemente do lugar da situação do bem, desde que seja apresentada certidão da matrícula do imóvel, ou certidão que ateste a existência do veículo.

> **Art. 846.** Se o executado fechar as portas da casa a fim de obstar a penhora dos bens, o

oficial de justiça comunicará o fato ao juiz, solicitando-lhe ordem de arrombamento.

> **§ 1º** Deferido o pedido, 2 (dois) oficiais de justiça cumprirão o mandado, arrombando cômodos e móveis em que se presuma estarem os bens, e lavrarão de tudo auto circunstanciado, que será assinado por 2 (duas) testemunhas presentes à diligência.
>
> **§ 2º** Sempre que necessário, o juiz requisitará força policial, a fim de auxiliar os oficiais de justiça na penhora dos bens.
>
> **§ 3º** Os oficiais de justiça lavrarão em duplicata o auto da ocorrência, entregando uma via ao escrivão ou ao chefe de secretaria, para ser juntada aos autos, e a outra à autoridade policial a quem couber a apuração criminal dos eventuais delitos de desobediência ou de resistência.
>
> **§ 4º** Do auto da ocorrência constará o rol de testemunhas, com a respectiva qualificação.

> ▶ *Referência: CPC/1973 – Arts. 660 a 663*

1. Hipótese de legítima "violação" do domicílio do executado

Como regra, o art. 5º, XI, da CF tutela a inviolabilidade do domicílio, dispondo que, contra a vontade da pessoa, somente se possa ali ingressar com ordem judicial. Na esteira de tal proteção, o artigo ora anotado impõe que, nos casos de resistência do executado, deva o juiz ser comunicado do fato para que esta autoridade, sendo o caso, dê ordem de arrombamento.

2. Formalidades para o arrombamento

Deferida a ordem de arrombamento, e por estar em jogo interesse tutelado constitucionalmente, maiores rigores formais são exigidos para controle da legalidade do ato. Essa a razão para a exigência da presença de dois oficiais de justiça para, nessa hipótese, acompanharem a diligência em todos as suas ocorrências lavrando-se, de tudo, auto pormenorizado que deverá ser assinado, ainda, por duas testemunhas.

3. Força policial

Caso as circunstâncias evidenciem a necessidade da presença de força policial, o juiz poderá requisitar esta para auxílio aos oficiais de justiça. Eventualmente e em situações de maior urgência as partes e/ou os próprios oficiais poderão, mesmo sem ordem judicial, provocar a presença policial, cabendo observar que, numa ou noutra hipótese, o emprego de "força" deverá se dar na exata medida, e com estrita proporção, à resistência oferecida.

4. Auto de resistência

A resistência ao cumprimento do mandado pode, conforme as circunstâncias do caso, fazer incidir figura penal típica (ver arts. 329 e 330 do CP). Daí por que o auto de resistência deverá ser lavrado em duplicata, com indicação do rol de testemunhas (e respectiva qualificação), de maneira que uma das vias seja juntada aos autos da execução e a outra seja entregue à autoridade policial para início das providências cabíveis em sua esfera de competência.

Subseção IV
Das modificações da penhora

> **Art. 847.** O executado pode, no prazo de 10 (dez) dias contado da intimação da penhora, requerer a substituição do bem penhorado, desde que comprove que lhe será menos onerosa e não trará prejuízo ao exequente.
>
> **§ 1º** O juiz só autorizará a substituição se o executado:
>
> **I** – comprovar as respectivas matrículas e os registros por certidão do correspondente ofício, quanto aos bens imóveis;
>
> **II** – descrever os bens móveis, com todas as suas propriedades e características, bem como o estado deles e o lugar onde se encontram;
>
> **III** – descrever os semoventes, com indicação de espécie, de número, de marca ou sinal e do local onde se encontram;
>
> **IV** – identificar os créditos, indicando quem seja o devedor, qual a origem da dívida, o título que a representa e a data do vencimento; e
>
> **V** – atribuir, em qualquer caso, valor aos bens indicados à penhora, além de especificar os ônus e os encargos a que estejam sujeitos.
>
> **§ 2º** Requerida a substituição do bem penhorado, o executado deve indicar onde se encontram os bens sujeitos à execução, exibir a prova de sua propriedade e a certidão negativa ou positiva de ônus, bem como abster-se de qualquer atitude que dificulte ou embarace a realização da penhora.

> **§ 3º** O executado somente poderá oferecer bem imóvel em substituição caso o requeira com a expressa anuência do cônjuge, salvo se o regime for o de separação absoluta de bens.
>
> **§ 4º** O juiz intimará o exequente para manifestar-se sobre o requerimento de substituição do bem penhorado.

▶ *Referência: CPC/1973 – Arts. 668 e 656, § 3º*

1. Substituição dos bens penhorados por pedido do executado

Para um mais completo entendimento a respeito da possibilidade de substituição dos bens penhorados ver, também, os arts. 848 e 849 do CPC. Dito isto, cabe anotar inicialmente que a disciplina dos arts. 848/849 refere-se a pedidos que podem ser feitos tanto pelo credor quanto pelo devedor/responsável. A seu turno, a situação do art. 847 é restrita a pedidos feitos pelo executado/responsável, com algumas observações "ampliativas" que a seguir são feitas.

Quanto ao art. 847, especificamente, insta anotar que sua aplicação poderá gerar perplexidades na medida em que o legislador recorreu a conceitos abertos para pretender ponderar entre o que é uma nova demonstração prática do princípio geral da menor onerosidade para o devedor na execução (art. 805 do CPC) e aquilo que, em vista da nova redação do dispositivo em comento, apenas poderá ser deferido se houver prova de que a substituição não trará prejuízo ao exequente. De todo modo, importa ter claro que a redação do CPC atenua a regra até então vigente, eis que no CPC/1973 (na redação da Lei 11.382/2006) o art. 668 afirmava ser necessária "prova cabal" e inexistência de qualquer prejuízo para o exequente. Tal redação foi, pois, atenuada, de forma que se deve demonstrar, de preferência por documentos ou pareceres previamente elaborados, que há embasamento para que se tenha por preenchidos os dois cumulativos requisitos afirmados pelo art. 847.

Enfim não basta a menor onerosidade para o devedor, na medida em que, para o pedido de substituição ser deferido, esta conveniência deverá estar acompanhada da não prejudicialidade da "troca" para o exequente. Se for para se contentar com um destes requisitos isolados que seja o da não prejudicialidade ao exequente, cuja maior demonstração estará materializada pela concordância (difícil na prática) deste com

Art. 847

o pedido apresentado pelo executado. Por outro lado, num contexto social e jurídico onde é exigida conduta proba na vida em geral e, do mesmo modo, no ambiente processual, certo que o exequente, para se opor a pedido feito pelo executado, deverá indicar elementos de prejuízo minimamente concretos e objetivos, posto que o tão só capricho ou o desejo de causar injustificado embaraço ao devedor não deverão ser aceitos como causa para impedir a substituição. Aí é que os problemas mais sensíveis podem ser suscitados para análise e decisão deste tipo de incidente, posto que a maior amplitude da nova regra e o respectivo emprego de termos imprecisos faz com que haja grande dificuldade prática para definir quando caberá a substituição, com ampla possibilidade de irresignação contra as decisões a respeito deste tipo de pedido.

Feitas estas anotações insta prosseguir com a análise da lei, indicando que a interpretação do art. 847 exige análise conjunta com o art. 848 que, como visto acima, também passou a prever casos de pedido de substituição da penhora.

Independentemente disto é de salientar que a lei pede atenção para que tal incidente não seja suscitado por quem não disponha de oferta razoavelmente positiva de troca (como ocorre no exemplo ideal da troca por dinheiro) ou motivos sérios a embasar a solicitação. Não é por outro motivo que o legislador lista, em seguida, diversos requisitos, bastante restritivos, que deverão ser atendidos pelo requerimento.

2. Aplicabilidade aos casos de cumprimento de sentença

O disposto no art. 847 do CPC (e também as normas dos arts. 848/849) é aplicável ao regime do cumprimento da sentença. Ver art. 513 do CPC. Com efeito, por não haver no capítulo da "execução" de títulos judiciais a disciplina do incidente de substituição do bem penhorado, inequívoca a possibilidade de todo o acima afirmado encontrar aplicação, também, no campo do cumprimento de decisões judiciais que imponham pagamento de quantia certa.

3. A sub-rogação da penhora em dinheiro

No caso de ser dinheiro o "bem" indicado para substituir o bem penhorado, cabe observar que, nesta situação, a sub-rogação que daí decorrerá não se confunde com a remissão da execução preconizada pelo art. 826 do CPC.

4. Legitimidade o pedido

A lei, no artigo em tela, trata expressamente apenas do devedor. Apesar disto é evidente a possibilidade do responsável também apresentar o pedido. E, para além destas situações, necessário considerar que, se houver pedido para substituição do bem penhorado por dinheiro deverá haver, em vista da maior efetividade decorrente deste tipo de conversão, interpretação ampliativa, de forma que qualquer interessado que comprove seu interesse possa promover tal conversão específica.

5. Momento do pedido

A regra em comento prevê que a apresentação do pedido deve ocorrer em até dez dias, contados da intimação da penhora. Em que pese entendimentos em contrário, parece certo que, havendo anuência do credor, deve-se admitir a troca mesmo quando o pedido vier a ser efetivado depois deste prazo. É que, nesta situação, a conveniência do credor se sobrepõe ao rigor da lei. Esta interpretação liberal deve ser dada notadamente em casos de substituição por dinheiro quando, desde que o valor esteja correto, mesmo a concordância do credor deve ser dispensada. De todo modo, para evitar outros prejuízos ao sistema, certo que o limite máximo para apresentação do pedido será o da efetivação da adjudicação, da venda por iniciativa particular ou da arrematação do bem penhorado.

6. Valor a ser ofertado para a sub-rogação (em caso de pedido de substituição por dinheiro)

Há na jurisprudência duas correntes a esse respeito. A primeira afirma que o valor total da execução deveria ser ofertado. A segunda, por sua vez, afirma que a oferta deve se dar no valor da avaliação do bem penhorado, devidamente atualizado. Em vista da própria sequência lógica da execução, que leva à venda pública do bem penhora em "operação" que tem por referência o valor da avaliação, parece ser mais acertado o segundo entendimento, eis que mais condizente com as finalidades da avaliação e da própria execução como um todo. Ainda que seja assim, esta exigência não se aplica nos casos em que o valor do bem for superior ao da execução. Nesta situação basta o depósito do valor da execução que, neste caso, já estará com sua liquidez garantida plenamente num cenário em que, realizado o depósito do valor em dinheiro, passa a se impor a pronta liberação do bem.

7. Necessidade de oitiva do exequente

Em qualquer caso de pedido de substituição do bem penhorado deverá ser o credor ouvido antes da apreciação de tal solicitação. Entretanto, no caso de pedido de substituição por dinheiro, a eventual oposição do credor ao deferimento do pedido deverá estar adstrita à não correspondência entre o valor do bem penhorado (ou da execução, conforme o caso) e o valor ofertado pelo interessado na conversão.

> **Art. 848.** As partes poderão requerer a substituição da penhora se:
>
> **I** – ela não obedecer à ordem legal;
>
> **II** – ela não incidir sobre os bens designados em lei, contrato ou ato judicial para o pagamento;
>
> **III** – havendo bens no foro da execução, outros tiverem sido penhorados;
>
> **IV** – havendo bens livres, ela tiver recaído sobre bens já penhorados ou objeto de gravame;
>
> **V** – ela incidir sobre bens de baixa liquidez;
>
> **VI** – fracassar a tentativa de alienação judicial do bem; ou
>
> **VII** – o executado não indicar o valor dos bens ou omitir qualquer das indicações previstas em lei.
>
> **Parágrafo único.** A penhora pode ser substituída por fiança bancária ou por seguro garantia judicial, em valor não inferior ao do débito constante da inicial, acrescido de trinta por cento.

> ▶ *Referência: CPC/1973 – Art. 656*

1. Substituição dos bens penhorados por pedido de quaisquer das partes

Como mencionado no comentário ao artigo anterior, para uma adequada compreensão a respeito do disposto nesta regra ela deve ser lida em conjunto com o que consta dos arts. 847 e 849 do CPC. Ao contrário do previsto no art. 847, no âmbito do art. 848, vislumbram-se hipóteses que, em tese, poderiam ser alegadas por quaisquer as partes na demanda. Em resumo, parece ilustrativa a hipótese do inciso V que permite a substituição em caso da penhora ter incidido sobre bens de baixa liquidez. Ou

seja, busca-se elencar hipóteses que no "frigir dos ovos" poderiam levar a uma maior comodidade para o exequente, com a realização da substituição.

2. Substituição dos bens penhorados por fiança bancária ou seguro garantia judicial

Confirmando o acima afirmado, no parágrafo único do artigo em comento afirma o legislador a possibilidade de ser substituída a penhora por fiança bancária ou por seguro garantia judicial. Com isto expressa o legislador o entendimento no sentido de que tais instrumentos de garantia possuem liquidez similar a do dinheiro, bastando, para que seja assim aceito o pedido de substituição, que o valor da garantia seja 30% mais elevado que o valor do débito, de forma a garantir-se credor contra variações decorrentes da passagem do tempo, com incidência de juros, correção monetária, por exemplo.

> **Art. 849.** Sempre que ocorrer a substituição dos bens inicialmente penhorados, será lavrado novo termo.

> ▶ *Referência: CPC/1973 – Art. 657*

1. Lavratura de novo termo de penhora

Em continuidade ao que consta dos arts. 847 e 848, o art. 849 estipula a necessidade de ser lavrado novo termo para formalizar a substituição, deferida, do bem penhorado. Com tal formalização o bem anteriormente vinculado ao processo passa a estar livre de qualquer vínculo, eis que então a execução já estará garantida pelo "novo" bem penhorado.

> **Art. 850.** Será admitida a redução ou a ampliação da penhora, bem como sua transferência para outros bens, se, no curso do processo, o valor de mercado dos bens penhorados sofrer alteração significativa.

> ▶ *Sem correspondência no CPC/1973*

1. Alteração da penhora por significativa alteração do valor do bem penhorado

Na busca por uma execução equilibrada, o legislador estipula inovação na regra em comento, de maneira que, nas palavras da lei, havendo

Art. 851

"alteração significativa" do valor "de mercado dos bens penhorados" passa a ser possível postular ampliação ou redução da penhora.

2. Legitimidade variável para o pedido

Conforme o caso concreto, será o exequente a pedir reforço da penhora, em caso de depreciação do valor dos bens. De outro lado, natural que o executado, tendo havido importante valorização dos bens constritados, tente substituí-los por outros suficientes para satisfação do débito. Enfim, com tal regra o legislador explicita norma que poderia ser deduzida à vista dos princípios da utilidade da execução (em favor do exequente, art. 797) e/ou do princípio da menor onerosidade (art. 805).

> **Art. 851.** Não se procede à segunda penhora, salvo se:
>
> **I** – a primeira for anulada;
>
> **II** – executados os bens, o produto da alienação não bastar para o pagamento do exequente;
>
> **III** – o exequente desistir da primeira penhora, por serem litigiosos os bens ou por estarem submetidos a constrição judicial.

▸ *Referência: CPC/1973 – Art. 667*

1. Renovação da penhora por conta de anulação da primeira constrição

Como regra geral, a penhora regular e validamente feita não será alterada. Entretanto, caso a penhora seja anulada, por falta de uma das formalidades exigidas por lei (por exemplo: falta de intimação legalmente exigida), ou por irregularidade do ato em si (por exemplo: caso de penhora de bem impenhorável), o ato terá de ser realizado novamente, sob pena da execução não atingir seu escopo principal de vincular bens necessários à busca pela satisfação do exequente.

2. Nova penhora por existência de resíduo, não satisfeito, do crédito do exequente

O inciso II do art. 851 do CPC trata de prever a realização de uma segunda penhora em hipóteses nas quais o valor pecuniário obtido pela venda pública do bem objeto de constrição não é suficiente para satisfazer integralmente ao crédito do executado. Nessas hipóteses, de

crédito parcialmente não satisfeito, a execução poderá prosseguir com nova constrição judicial até ser liquidada integralmente a quantia objeto da execução.

3. Desistência do exequente

A seu turno, o inciso III do art. 851 prevê casos em que o próprio exequente venha a desistir da penhora feita. Como regra geral, o art. 775 do CPC, não havendo outros empecilhos, corrobora essa possibilidade de desistência, pelo exequente, da execução ou da penhora realizada.

3.1 Hipóteses de desistência da penhora

No caso de penhora, a desistência deve estar ligada a uma das hipóteses previstas no inciso III do art. 851, a saber: ser o bem penhorado coisa litigiosa (objeto discutido em outro processo); ou ser ele objeto de uma outra constrição judicial.

4. Hipóteses do art. 851 do CPC e nova oportunidade de defesa ao executado

Como regra geral, a existência de uma segunda penhora não reabre a oportunidade para oposição de nova defesa pelo executado. Essa regra só é excepcionada nos casos em que houver vício específico do próprio ato da segunda constrição. Com efeito, tem a jurisprudência entendido que novos embargos à execução somente poderão utilizados em casos de nulidades que, porventura, ocorram no novo ato constritivo.

> **Art. 852.** O juiz determinará a alienação antecipada dos bens penhorados quando:
>
> **I** – se tratar de veículos automotores, de pedras e metais preciosos e de outros bens móveis sujeitos à depreciação ou à deterioração;
>
> **II** – houver manifesta vantagem.

▸ *Referência: CPC/1973 – Art. 670*

1. A alienação antecipada dos bens penhorados

Como já referido, um dos efeitos da penhora é o de propiciar mecanismos que garantam que os bens vinculados à execução mantenham seu valor e utilidade econômica até o momento no qual serão eles expropriados para a conversão em pecúnia destinada a satisfazer o exequente. Nem sempre, contudo, será possível aguardar até o momento oportuno para realizar a expropriação. É que, por conta de elementos inerentes à própria natureza do bem penhorado, há situações de desgaste natural e incontornável que podem comprometer a utilidade da penhora no futuro momento da venda pública. Em outras situações, características do bem levam a que se possa obter maiores vantagens pela venda antecipada, de forma que tais oportunidades negociais sejam aproveitadas. Essas, as situações que permitem a alienação antecipada, seja por desgaste natural que não permita aguardar o momento oportuno de venda (inciso I), seja por se tratar de bens que, em dadas oportunidades, apresentem vantagens negociais que devam ser aproveitadas em benefício tanto do exequente, como do executado.

2. Legitimidade para o pedido

Qualquer das partes da execução e mesmo o depositário, se este encargo tiver sido assumido por terceiro.

3. Destino do resultado da venda antecipada

O resultado da venda antecipada será depositado para aguardar o desfecho da execução e, aí sim no momento oportuno, ser entregue ao exequente ou executado.

4. Procedimento

No que couber, deverá ser aplicada a disciplina prevista pelo art. 730 do CPC, sendo que em hipóteses de especial urgência a venda poderá ser feita por iniciativa particular. Ver, sobre alienação por iniciativa particular o art. 880.

> **Art. 853.** Quando uma das partes requerer alguma das medidas previstas nesta Subseção, o juiz ouvirá sempre a outra, no prazo de 3 (três) dias, antes de decidir.
> **Parágrafo único.** O juiz decidirá de plano qualquer questão suscitada.

▶ *Referência: CPC/1973 – Arts. 670, parágrafo único, e 657, parágrafo único*

1. Necessidade de oitiva da parte contrária

Em mais uma evidência de preocupação com o princípio do contraditório e da ampla defesa, o legislador determina que, antes do deferimento das providências previstas nesta subseção, ter-se-á de colher a manifestação da parte que pode ser atingida pelo pedido de substituição/alteração da penhora.

Subseção V
Da penhora de dinheiro em depósito ou em aplicação financeira

> **Art. 854.** Para possibilitar a penhora de dinheiro em depósito ou em aplicação financeira, o juiz, a requerimento do exequente, sem dar ciência prévia do ato ao executado, determinará às instituições financeiras, por meio de sistema eletrônico gerido pela autoridade supervisora do sistema financeiro nacional, que torne indisponíveis ativos financeiros existentes em nome do executado, limitando-se a indisponibilidade ao valor indicado na execução.
> **§ 1º** No prazo de 24 (vinte e quatro) horas a contar da resposta, de ofício, o juiz determinará o cancelamento de eventual indisponibilidade excessiva, o que deverá ser cumprido pela instituição financeira em igual prazo.
> **§ 2º** Tornados indisponíveis os ativos financeiros do executado, este será intimado na pessoa de seu advogado ou, não o tendo, pessoalmente.
> **§ 3º** Incumbe ao executado, no prazo de 5 (cinco) dias, comprovar que:
> **I** – as quantias tornadas indisponíveis são impenhoráveis;
> **II** – ainda remanesce indisponibilidade excessiva de ativos financeiros.
> **§ 4º** Acolhida qualquer das arguições dos incisos I e II do § 3º, o juiz determinará o cancelamento de eventual indisponibilidade irregular ou excessiva, a ser cumprido pela instituição financeira em 24 (vinte e quatro) horas.
> **§ 5º** Rejeitada ou não apresentada a manifestação do executado, converter-se-á a indisponibilidade em penhora, sem necessidade de lavratura de termo, devendo o juiz da execução determinar à instituição financeira depositária que, no prazo de 24 (vinte e quatro) horas, transfira o montante indisponível para conta vinculada ao juízo da execução.
> **§ 6º** Realizado o pagamento da dívida por outro meio, o juiz determinará, imediatamente, por sistema eletrônico gerido pela autoridade supervisora do sistema financeiro nacional, a notificação da instituição financeira para que,

Art. 855

em até 24 (vinte e quatro) horas, cancele a indisponibilidade.

§ 7º As transmissões das ordens de indisponibilidade, de seu cancelamento e de determinação de penhora previstas neste artigo far-se-ão por meio de sistema eletrônico gerido pela autoridade supervisora do sistema financeiro nacional.

§ 8º A instituição financeira será responsável pelos prejuízos causados ao executado em decorrência da indisponibilidade de ativos financeiros em valor superior ao indicado na execução ou pelo juiz, bem como na hipótese de não cancelamento da indisponibilidade no prazo de 24 (vinte e quatro) horas, quando assim determinar o juiz.

§ 9º Quando se tratar de execução contra partido político, o juiz, a requerimento do exequente, determinará às instituições financeiras, por meio de sistema eletrônico gerido por autoridade supervisora do sistema bancário, que tornem indisponíveis ativos financeiros somente em nome do órgão partidário que tenha contraído a dívida executada ou que tenha dado causa à violação de direito ou ao dano, ao qual cabe exclusivamente a responsabilidade pelos atos praticados, na forma da lei.

▶ *Referência: CPC/1973 – Art. 655-A*

1. Penhora *on-line* de ativos financeiros

Numa execução de quantia busca-se, é certo, a satisfação do credor por intermédio da entrega, a ele, de valores m dinheiro. Na vida moderna, tais valores transitam eletronicamente pelo sistema financeiro, daí ser realmente efetiva a ordem judicial que, primeiro, decrete a indisponibilidade de ativos financeiros que sejam localizados, possibilitando maior agilidade na penhora de dinheiro.

2. Agilidade e eficácia da medida e postecipação do contraditório

Por se tratar de ativos que poderiam ser facilmente transferidos e/ou levantados pelo executado, a regra prevê que a medida é tomada sem prévia ciência do executado que, assim, não tem condições de frustrar a providência, pois dela toma ciência apenas depois de sua efetivação. Não há, aqui, inconstitucionalidade eis que, nos termos da regra em comento, haverá, em seguida da ordem de indisponibilidade, intimação do interessado que poderá adotar as providências de seu interesse, antes mesmo da conversão da indisponibilidade em penhora efetiva. Trata-se de ponderação entre os princípios da efetividade da execução e do contraditório que não supera o razoável é plenamente constitucional e válida.

3. Procedimento e alegações do executado

Uma vez decretada a indisponibilidade dos ativos, o executado é intimado para, em cinco dias, demonstrar ocorrência de eventual impenhorabilidade ou excesso da medida. Acolhida a alegação haverá ordem judicial par liberação dos recursos.

4. Conversão em penhora

Nada alegando o executado, ou sendo rejeitada a alegação, haverá a conversão da indisponibilidade em penhora, com respectiva transferência dos recursos para conta vinculada ao juízo da execução.

Subseção VI
Da penhora de créditos

> **Art. 855.** Quando recair em crédito do executado, enquanto não ocorrer a hipótese prevista no art. 856, considerar-se-á feita a penhora pela intimação:
>
> I – ao terceiro devedor para que não pague ao executado, seu credor;
>
> II – ao executado, credor do terceiro, para que não pratique ato de disposição do crédito.

▶ *Referência: CPC/1973 – Art. 671*

1. Penhora sobre créditos do executado

Trata-se de situação na qual a penhora recairá sobre direito que o executado ostenta, ou afirma ostentar, perante um terceiro. Daí a lei tratar de modo especial dessa hipótese para regrar a relação entre este terceiro e o processo executivo.

2. Intimações e procedimento

Para efetivação desta penhora faz-se, inicialmente, a intimação do devedor do executado para que ele não pague diretamente sua dívida ao seu credor. Na sequência, para que se complemente a penhora, o próprio executado deverá ser intimado do ato, para que ele não venha a fazer a cessão de seu crédito.

Art. 856. A penhora de crédito representado por letra de câmbio, nota promissória, duplicata, cheque ou outros títulos far-se-á pela apreensão do documento, esteja ou não este em poder do executado.

§ 1º Se o título não for apreendido, mas o terceiro confessar a dívida, será este tido como depositário da importância.

§ 2º O terceiro só se exonerará da obrigação depositando em juízo a importância da dívida.

§ 3º Se o terceiro negar o débito em conluio com o executado, a quitação que este lhe der caracterizará fraude à execução.

§ 4º A requerimento do exequente, o juiz determinará o comparecimento, em audiência especialmente designada, do executado e do terceiro, a fim de lhes tomar os depoimentos.

▶ *Referência: CPC/1973 – Art. 672*

1. Penhora de crédito representado por títulos

No caso da dívida estar representada por título, ou cártula, a penhora de tal crédito se fará pela busca e apreensão do título. Isso impede que o terceiro negue a existência do crédito e ainda impede, em situações de título que poderia circular no mercado, que a mera tradição (do título) possa acarretar alienação fraudulenta do direito penhorado.

2. Terceiro como depositário do valor do crédito

A conjugação do art. 855 e dos §§ 1º, 2º e 3º do art. 856 torna lícita a conclusão de que o devedor do executado é, guardadas as devidas proporções, um depositário do valor do crédito penhorado, eis que ele apenas se exonerará de sua dívida em caso de depositar em juízo o valor e mesmo a quitação que lhe der, em conluio, o executado será havida como ato caracterizador de fraude à execução. De todo modo, não caberá aqui prisão civil do depositário de créditos, pois se trata, para este devedor, de dívida a qual não pode gerar prisão civil.

Art. 857. Feita a penhora em direito e ação do executado, e não tendo ele oferecido embargos ou sendo estes rejeitados, o exequente ficará sub-rogado nos direitos do executado até a concorrência de seu crédito.

§ 1º O exequente pode preferir, em vez da sub-rogação, a alienação judicial do direito penhorado, caso em que declarará sua vontade no prazo de 10 (dez) dias contado da realização da penhora.

§ 2º A sub-rogação não impede o sub-rogado, se não receber o crédito do executado, de prosseguir na execução, nos mesmos autos, penhorando outros bens.

▶ *Referência: CPC/1973 – Art. 673*

1. Sub-rogação do exequente no crédito detido pelo executado

Na forma do artigo em comento, não havendo embargos à execução, ou caso sejam estes rejeitados, o exequente se sub-roga no crédito do executado na medida do necessário para sua satisfação, podendo ainda optar pela alienação judicial deste crédito, sendo que, não satisfeita a integralidade de seu crédito, ele poderá prosseguir com a execução, pedindo a penhora de outros bens do executado.

Art. 858. Quando a penhora recair sobre dívidas de dinheiro a juros, de direito a rendas ou de prestações periódicas, o exequente poderá levantar os juros, os rendimentos ou as prestações à medida que forem sendo depositados, abatendo-se do crédito as importâncias recebidas, conforme as regras de imputação do pagamento.

▶ *Referência: CPC/1973 – Art. 675*

1. "Momento" do levantamento

A redação deste artigo, em sua literalidade, entra em choque com o modelo executivo do CPC que prevê regras e momentos oportunos para que se dê a satisfação, ainda que parcial, do credor. Para permitir a compatibilização deve-se entender que a imputação ao pagamento ocorrerá na medida em que ocorrerem os vencimentos, com efetivo direito de levantamento apenas no o momento da satisfação.

2. Imputação do pagamento

A respeito da imputação do pagamento (mencionada na parte final do texto da regra legal), remete-se ao que consta dos arts. 352 a 355 do CC.

Art. 859

Art. 859. Recaindo a penhora sobre direito a prestação ou a restituição de coisa determinada, o executado será intimado para, no vencimento, depositá-la, correndo sobre ela a execução.

▶ *Referência: CPC/1973 – Art. 676*

1. Penhora de direito à obtenção de coisa determinada

Esta regra corresponde ao mesmo tratamento que o art. 855 dá à penhora de créditos, diferenciando-se, apenas, no que toca ao objeto do direito do executado a ser atingido pela penhora. É que a hipótese do art. 859 apenas explicita que mesmo em caso de prestação ou restituição de coisa determinada, este direito do executado também poderá ser penhorado, situação na qual o devedor de coisa específica será intimado para, a tempo e modo, depositar judicialmente a coisa para que ela se vincule à execução.

Art. 860. Quando o direito estiver sendo pleiteado em juízo, a penhora que recair sobre ele será averbada, com destaque, nos autos pertinentes ao direito e na ação correspondente à penhora, a fim de que esta seja efetivada nos bens que forem adjudicados ou que vierem a caber ao executado.

▶ *Referência: CPC/1973 – Art. 674*

1. Penhora "no rosto" dos autos

Como deflui do disposto no art. 855 do CPC, nosso sistema processual admite a penhora de direito meramente alegado pelo executado, sendo que este direito pode, até mesmo, ser objeto de processo judicial onde esteja sendo discutida a existência do direito alegado pelo executado. Essa a hipótese de penhora "no rosto" dos autos, situação na qual a penhora atingirá os direitos postulados pelo executado em outra demanda judicial, sendo que, nos autos dessa outra demanda, deverá ser certificada a constrição para que, ao final dela, os bens ou direitos que couberem ao executado sejam destinados à satisfação do exequente.

2. Penhora no rosto dos autos de procedimento arbitral

Em conformidade com o que foi julgado pela Terceira Turma do Superior Tribunal de Justiça, em acórdão relatado pela Ministra Nancy Andrighi, é possível que o juiz oficie o árbitro "para que este faça constar em sua decisão final, acaso favorável ao executado, a existência da ordem judicial de expropriação, ordem essa, por sua vez, que só será efetivada ao tempo e modo do cumprimento da sentença arbitral...". A esse respeito, inclusive, sobre eventual necessidade de decretar "segredo de justiça", vide o que consta do REsp 1.678.224/SP (j. 07.05.2019, *DJe* 09.05.2019).

Subseção VII
Da penhora das quotas ou das ações de sociedades personificadas

Art. 861. Penhoradas as quotas ou as ações de sócio em sociedade simples ou empresária, o juiz assinará prazo razoável, não superior a 3 (três) meses, para que a sociedade:

I – apresente balanço especial, na forma da lei;

II – ofereça as quotas ou as ações aos demais sócios, observado o direito de preferência legal ou contratual;

III – não havendo interesse dos sócios na aquisição das ações, proceda à liquidação das quotas ou das ações, depositando em juízo o valor apurado, em dinheiro.

§ 1º Para evitar a liquidação das quotas ou das ações, a sociedade poderá adquiri-las sem redução do capital social e com utilização de reservas, para manutenção em tesouraria.

§ 2º O disposto no *caput* e no § 1º não se aplica à sociedade anônima de capital aberto, cujas ações serão adjudicadas ao exequente ou alienadas em bolsa de valores, conforme o caso.

§ 3º Para os fins da liquidação de que trata o inciso III do *caput*, o juiz poderá, a requerimento do exequente ou da sociedade, nomear administrador, que deverá submeter à aprovação judicial a forma de liquidação.

§ 4º O prazo previsto no *caput* poderá ser ampliado pelo juiz, se o pagamento das quotas ou das ações liquidadas:

I – superar o valor do saldo de lucros ou reservas, exceto a legal, e sem diminuição do capital social, ou por doação; ou

II – colocar em risco a estabilidade financeira da sociedade simples ou empresária.

§ 5º Caso não haja interesse dos demais sócios no exercício de direito de preferência, não ocorra a aquisição das quotas ou das ações pela sociedade e a liquidação do inciso III do *caput* seja excessivamente onerosa para a sociedade, o juiz poderá determinar o leilão judicial das quotas ou das ações.

▸ *Sem correspondência no CPC/1973*

1. Penhora de cotas sociais e procedimento prévio ã eventual liquidação das cotas

Em resumo, a regra em comento estabelece procedimento prévio à liquidação das cotas sociais que tenham sido penhoradas. Com tal procedimento procura-se conferir à sociedade e aos integrantes dela, condições para ser estabelecido o valor das cotas, de forma que este seja compatível com balanço especialmente elaborado para este fim, abrindo-se, ainda, oportunidade para: a) que os demais sócios possam adquirir tais cotas; ou b) que a própria sociedade as adquira (mantendo-as em tesouraria). Não sendo uma destas possibilidades realizada ter-se-á a liquidação das cotas com respectivo depósito nos autos do valor daí resultante.

2. Ainda a respeito penhora e/ou liquidação de cotas penhoradas

Ver o art. 1.026 do CC.

Subseção VIII
Da penhora de empresa, de outros estabelecimentos e de semoventes

Art. 862. Quando a penhora recair em estabelecimento comercial, industrial ou agrícola, bem como em semoventes, plantações ou edifícios em construção, o juiz nomeará administrador-depositário, determinando-lhe que apresente em 10 (dez) dias o plano de administração.

§ 1º Ouvidas as partes, o juiz decidirá.

§ 2º É lícito às partes ajustar a forma de administração e escolher o depositário, hipótese em que o juiz homologará por despacho a indicação.

§ 3º Em relação aos edifícios em construção sob regime de incorporação imobiliária, a penhora somente poderá recair sobre as unidades imobiliárias ainda não comercializadas pelo incorporador.

§ 4º Sendo necessário afastar o incorporador da administração da incorporação, será ela exercida pela comissão de representantes dos adquirentes ou, se se tratar de construção financiada, por empresa ou profissional indicado pela instituição fornecedora dos recursos para a obra, devendo ser ouvida, neste último caso, a comissão de representantes dos adquirentes.

▸ *Referência: CPC/1973 – Art. 677*

1. Penhora de estabelecimento e/ou de conjunto de bens que exijam administração

Como já mencionado, a execução não busca a ruína do executado e ainda deve ser feita do modo menos oneroso para ele (art. 805). Em vista disso, em casos de penhora sobre estabelecimentos comerciais, industriais, empreendimentos e/ou outros que demandem administração, deverá haver a nomeação de um administrador que cuidará para que aquele conjunto organizado de bens e direitos não se perca, enquanto perdurar a execução, pela falta de uma adequada administração. Trata-se de situação especial em que as funções normalmente desenvolvidas pelo depositário ganham maior amplitude, de modo que o administrador deverá gerir o negócio ou conjunto de bens, de forma a garantir sua existência e futura utilidade ao tempo da eventual expropriação.

2. Função de administrador/depositário

Neste caso, em vista da excepcionalidade e das particularidades da função do administrador/depositário, verifica-se que o profissional que vier a desempenhar o encargo fica passível de vir a ser destinatário de pedido de prestação de contas, e não de uma simples ação de depósito. Por ser atividade complexa, necessário que, ressalvada a possibilidade de expressa renúncia a tal direito, seja o profissional remunerado para realização de tão complexa tarefa, em valor a ser arbitrado pelo juiz.

Art. 863. A penhora de empresa que funcione mediante concessão ou autorização far-se-á, conforme o valor do crédito, sobre a renda, sobre determinados bens ou sobre todo o

Art. 864

patrimônio, e o juiz nomeará como depositário, de preferência, um de seus diretores.

§ 1º Quando a penhora recair sobre a renda ou sobre determinados bens, o administrador-depositário apresentará a forma de administração e o esquema de pagamento, observando-se, quanto ao mais, o disposto em relação ao regime de penhora de frutos e rendimentos de coisa móvel e imóvel.

§ 2º Recaindo a penhora sobre todo o patrimônio, prosseguirá a execução em seus ulteriores termos, ouvindo-se, antes da arrematação ou da adjudicação, o ente público que houver outorgado a concessão.

▶ *Referência: CPC/1973 – Art. 678*

1. Penhora de empresa concessionária

Nos casos tratados neste artigo, em nome da prevalência do interesse público na continuidade do serviço que, por concessão ou autorização, for desempenhado pela empresa penhorada, maiores cuidados deverão ser tomados para evitar danos à sequência do negócio e de sua atividade. Esse o motivo pelo qual a lei determina que, de preferência, será nomeado como depositário um dos diretores da própria empresa, eis que, em regra, terá ele melhores condições para bem gerir o negócio e manter a continuidade do serviço público realizado pela empresa penhorada. Ademais, em caso de a penhora recair sobre todo o patrimônio da empresa prosseguirá a execução, mas com necessidade de ouvir, antes de ser realizada a arrematação ou adjudicação, "o ente público que houver outorgado a concessão", condição esta que é posta, novamente, para poder verificar-se modo de o ato executivo não prejudicar o serviço público que estiver sendo realizado.

Art. 864. A penhora de navio ou de aeronave não obsta que continuem navegando ou operando até a alienação, mas o juiz, ao conceder a autorização para tanto, não permitirá que saiam do porto ou do aeroporto antes que o executado faça o seguro usual contra riscos.

▶ *Referência: CPC/1973 – Art. 679*

1. Penhora de navio e/ou aeronave

Aqui, em nome da utilidade pública que os serviços de transporte têm, a lei estipula que a penhora de navio ou aeronave não impede que tais bens continuem em atividade. A autorização para tal continuidade, contudo, somente será deferida pelo juiz depois que o executado e/ou responsável comprove nos autos a realização do seguro contra os riscos inerentes à atividade do bem.

Art. 865. A penhora de que trata esta Subseção somente será determinada se não houver outro meio eficaz para a efetivação do crédito.

▶ *Sem correspondência no CPC/1973*

1. Subsidiariedade destas modalidades de penhora

Considerando-se que as modalidades de penhora previstas nesta subseção são complexas e interferem com várias outras situações jurídicas o legislador estipula serem elas subsidiárias, de forma a assim potencializar aqui o disposto no art. 805 do CPC (princípio da menor onerosidade da execução).

Subseção IX
Da penhora de percentual de faturamento de empresa

Art. 866. Se o executado não tiver outros bens penhoráveis ou se, tendo-os, esses forem de difícil alienação ou insuficientes para saldar o crédito executado, o juiz poderá ordenar a penhora de percentual de faturamento de empresa.

§ 1º O juiz fixará percentual que propicie a satisfação do crédito exequendo em tempo razoável, mas que não torne inviável o exercício da atividade empresarial.

§ 2º O juiz nomeará administrador-depositário, o qual submeterá à aprovação judicial a forma de sua atuação e prestará contas mensalmente, entregando em juízo as quantias recebidas, com os respectivos balancetes mensais, a fim de serem imputadas no pagamento da dívida.

§ 3º Na penhora de percentual de faturamento de empresa, observar-se-á, no que couber, o disposto quanto ao regime de penhora de frutos e rendimentos de coisa móvel e imóvel.

▶ *Referência: CPC/1973 – Art. 655-A, caput e § 3º*

1. Penhora de percentual do faturamento

No ordenamento jurídico brasileiro, como não poderia deixar de ser, é reconhecida a relevância das atividades econômicas desempenhadas pelas empresas, de forma que, em caso delas serem devedoras busca-se cautela na tomada de medidas que possam eventualmente inviabilizar tais atividades. Neste sentido, a regra em comento estipula a possibilidade de, não havendo outros bens penhoráveis ou se, existindo estes, eles serem de difícil alienação ou insuficientes para saldar o crédito executado, fazer-se a penhora de um percentual do faturamento, o que evidencia que não se poderá penhorar o faturamento inteiro, eis que isto asfixiaria o negócio.

2. Fixação do percentual e prazo razoável de satisfação do crédito

Nos termos do § 1º da norma em referência, tem o juiz de buscar, no caso concreto, estipular um percentual de faturamento que, a um só tempo, permita haver um "destaque" de valores que seriam carreados ao caixa da empresa, mas sem que isto possa levar ao comprometimento das atividades dela, nem tampouco fazer com que o exequente tenha de esperar por tempo muito longo para ver realizada sua satisfação. Trata-se de equação delicada, cuja decisão deve ser devidamente motivada, abrindo-se chance para recurso para aquele que tiver se visto prejudicado ante ao não atendimento, no caso concreto, de um destes requisitos.

3. Nomeação de administrador/depositário

A exemplo do referido nos comentários ao art. 862, deverá haver também nos casos de penhora de percentual do faturamento, a nomeação de administrador que cuidará para que os valores fixados sejam "retidos" e postos à disposição do juízo, prestando contas mensalmente, inclusive com entrega de balancetes, os quais auxiliam não apenas na fiscalização da entrega dos valores, como também para verificação de eventual necessidade de ajustar, para mais ou para menos, o percentual de retenção, em caso deste se revelar danoso ao negócio, ou caso deste exibir possibilidade de assimilar a retenção de valores mais elevados.

3.1 Remuneração do administrador/depositário e possibilidade de o encargo ser desempenhado por profissional da própria empresa executada

Também cabem aqui as referências à necessidade de o profissional ser remunerado para realização da função de administrador/depositário. Isto eleva os custos da execução e, também, o próprio tempo necessário par saldar o crédito do exequente. Por isto, ainda que a lei não tenha mencionado não se deve descartar a possibilidade de o administrador/depositário ser profissional da própria executada, situação em que se evita o sobre custo de nova remuneração, salientando que este profissional, "aceito" na função terá as mesmas obrigações e responsabilidades de administrador/depositário estranho à executada. Corrobora o acima afirmado a remissão feita pelo § 3º do art. 866, ao regime de penhora de frutos e rendimentos, destacando-se que o art. 869 expressamente fala da possibilidade de ser nomeado, como administrador/depositário, o exequente ou mesmo o executado.

Subseção X
Da penhora de frutos e rendimentos de coisa móvel ou imóvel

> **Art. 867.** O juiz pode ordenar a penhora de frutos e rendimentos de coisa móvel ou imóvel quando a considerar mais eficiente para o recebimento do crédito e menos gravosa ao executado.

▶ *Referência: CPC/1973 – Art. 716*

1. Penhora de frutos ou rendimento

Esta modalidade, ainda que de forma não plena, guarda similitude com o que, no CPC/1973 era chamado de usufruto de móvel ou imóvel. Fica, todavia, condicionada esta possibilidade a que ela seja mais eficiente para recebimento do crédito e menos onerosa para o executado.

> **Art. 868.** Ordenada a penhora de frutos e rendimentos, o juiz nomeará administrador-depositário, que será investido de todos os poderes que concernem à administração do bem e à fruição de seus frutos e utilidades, perdendo o executado o direito de gozo do bem, até que o exequente seja pago do principal, dos juros, das custas e dos honorários advocatícios.
>
> **§ 1º** A medida terá eficácia em relação a terceiros a partir da publicação da decisão que a conceda ou de sua averbação no ofício imobiliário, em caso de imóveis.
>
> **§ 2º** O exequente providenciará a averbação no ofício imobiliário mediante a apresentação

Art. 869

CÓDIGO DE PROCESSO CIVIL INTERPRETADO

1446

de certidão de inteiro teor do ato, independentemente de mandado judicial.

▶ *Referência: CPC/1973 – Arts. 717, 718 e 722*

1. Perda "temporária" do direito de gozo sobre o bem e nomeação de administrador/depositário

Para extrair e administrar a coleta dos frutos e rendimentos a serem coletados, determina a lei a necessidade de nomeação de administrador-depositário que fará este controle e destinação dos bens necessários à satisfação do exequente. Visando garantir a operacionalidade desta atuação, a lei também preconiza a perda temporária do direito de gozo do bem (ou seja, da possibilidade de retirar os frutos naturais e/ou civis), o que perdurará até que se tenha o pagamento dos valores mencionados no artigo.

2. "Registro" do vínculo "temporário"

Para garantir efeito perante terceiros os §§ 1º e 2º preconizam a possibilidade de ser realizada a averbação (mediante certidão) deste vínculo, de forma que a destinação temporária dos frutos da coisa, não se veja prejudicada por alegação de terceiros que afirmem desconhecer tal constrição.

> **Art. 869.** O juiz poderá nomear administrador-depositário o exequente ou o executado, ouvida a parte contrária, e, não havendo acordo, nomeará profissional qualificado para o desempenho da função.
>
> **§ 1º** O administrador submeterá à aprovação judicial a forma de administração e a de prestar contas periodicamente.
>
> **§ 2º** Havendo discordância entre as partes ou entre essas e o administrador, o juiz decidirá a melhor forma de administração do bem.
>
> **§ 3º** Se o imóvel estiver arrendado, o inquilino pagará o aluguel diretamente ao exequente, salvo se houver administrador.
>
> **§ 4º** O exequente ou o administrador poderá celebrar locação do móvel ou do imóvel, ouvido o executado.
>
> **§ 5º** As quantias recebidas pelo administrador serão entregues ao exequente, a fim de serem imputadas ao pagamento da dívida.

> **§ 6º** O exequente dará ao executado, por termo nos autos, quitação das quantias recebidas.

▶ *Referência: CPC/1973 – Arts. 719, 723 e 724*

1. Nomeação de administrador/depositário

A exemplo do que ocorre no disposto nos arts. 862 e 866 também deverá haver aqui, a nomeação de administrador/depositário que cuidará das atividades necessárias para coleta/destinação dos frutos e/ou rendimentos penhorados. Nesta hipótese, a lei menciona expressamente a possibilidade de a função ser exercida pelo executado ou pelo exequente, ressalvada a possibilidade de desacordo entre as partes. Tal administrador/depositário deverá prestar de suas atividades, em especial quanto a valores recebidos e/ou entregues ao exequente (ver §§ 3º e 5º).

2. Possibilidade de locação do imóvel

Em conformidade com o que consta do § 4º, o bem imóvel poderá ser alugado, com a anuência do executado, destinando-se os alugueres ao exequente.

3. Quitação

Nos termos do § 6º, o exequente dará, nos autos, quitação dos valores recebidos, permitindo-se, assim que o juiz faça o acompanhamento e o controle da constrição temporária até que a mesma esgote sua utilidade e possa ser baixada.

Subseção XI
Da avaliação

> **Art. 870.** A avaliação será feita pelo oficial de justiça.
>
> **Parágrafo único.** Se forem necessários conhecimentos especializados e o valor da execução o comportar, o juiz nomeará avaliador, fixando-lhe prazo não superior a 10 (dez) dias para entrega do laudo.

▶ *Referência: CPC/1973 – Art. 680*

1. A atividade de avaliação por oficial de justiça

Avaliar um bem corresponde à verificação do valor pecuniário de tal bem. Trata-se de etapa fundamental para o bom desenrolar da execução por quantia eis que, uma vez vinculado ao processo determinado bem, se há de verificar, por exemplo, se tal bem possui valor suficiente para dar satisfação ao exequente e/ou se o valor extrapola o valor da dívida. Conforme o caso várias possibilidades de atos processuais se abrem à vista do resultado da avaliação. No dia a dia da vida, est tipo de atividade é entregue a profissionais de formação especializada (engenheiros, p. ex.), ou pessoas que, ao menos, tenham experiência prática efetiva no mercado em que "circule" o bem objeto da avaliação. Em vista disto, o CPC/1973 determinava que as avaliações fossem feitas por profissional habilitado (perito). Contudo, no bojo da reforma operada pela Lei 11.382/2006, o legislador alterou a norma, tendo desde então passado a permitir que avaliação seja feita pelo próprio oficial de justiça. O objetivo desta alteração, mantida agora no CPC, foi o de ganhar em tempo, informalidade e custo, o que se faz possível sem perda de qualidade na tomada da providência eis que, para diversos tipos de bens, é possível fazer deles a avaliação mesmo sem conhecimento específico, como ocorre, por exemplo, com veículos automotores.

2. Casos de nomeação de perito

No caso de ser necessária a utilização de conhecimentos especializados (por exemplo, para avaliação de uma obra de arte), ter-se-á de nomear profissional especializado, ao qual será outorgado prazo (impróprio) de 10 dias para entrega do laudo de avaliação.

2.1 Sendo nomeado perito, abre-se possibilidade de indicação de assistentes técnicos e/ou quesitos

Como em qualquer perícia, sendo determinado este tipo de avaliação deverá ser dada oportunidade às partes para indicação de assistentes técnicos e/ou quesitos. Ver arts. 464 e 465 do CPC.

3. Nomeação de perito avaliador em caso de o "valor da execução o comportar"

Em regra "enigmática" afirma o parágrafo único do art. 870 que, sendo necessário o conhecimento técnico, a nomeação será feita se o "valor da execução o comportar". Diz-se enigmática eis que, uma vez mais, o legislador não estipula de modo objetivo quando se deve

entender que existe a possibilidade, ou não, da nomeação. Em linha geral, parece certo que se o valor dos honorários do avaliador superem o da execução o serviço será descabido. Curioso, entretanto, que para ser possível chegar a esta conclusão alguma noção de valor se terá de ter para motivar a decisão a respeito. De outro lado, caso se decida a respeito de não realizar a avaliação técnica ter-se-á de abrir oportunidade, ao menos, para que as partes indiquem, de modo justificado, o valor que entendem ter o bem, de forma que a execução possa prosseguir com a necessária referência a esta relevante informação.

4. Exemplos de atos processuais cuja realização necessita verificar o valor do bem penhorado

Impugnação ao cumprimento de sentença (art. 525, IV), embargos à execução (art. 917, II), alegação de preço vil (art. 891, parágrafo único), ajustes da penhora (art. 874).

Art. 871. Não se procederá à avaliação quando:

I – uma das partes aceitar a estimativa feita pela outra;

II – se tratar de títulos ou de mercadorias que tenham cotação em bolsa, comprovada por certidão ou publicação no órgão oficial;

III – se tratar de títulos da dívida pública, de ações de sociedades e de títulos de crédito negociáveis em bolsa, cujo valor será o da cotação oficial do dia, comprovada por certidão ou publicação no órgão oficial;

IV – se tratar de veículos automotores ou de outros bens cujo preço médio de mercado possa ser conhecido por meio de pesquisas realizadas por órgãos oficiais ou de anúncios de venda divulgados em meios de comunicação, caso em que caberá a quem fizer a nomeação o encargo de comprovar a cotação de mercado.

Parágrafo único. Ocorrendo a hipótese do inciso I deste artigo, a avaliação poderá ser realizada quando houver fundada dúvida do juiz quanto ao real valor do bem.

▶ *Referência: CPC/1973 – Arts. 684 e 682*

1. Casos de dispensa da avaliação

No âmbito do art. 871 são enumeradas hipóteses em que a avaliação (por oficial de justiça ou perito) passa a ser desnecessária. As hipóteses

Art. 872

CÓDIGO DE PROCESSO CIVIL INTERPRETADO

listadas tratam de situações em que, ou pela concordância das partes a respeito da estimativa de valor (inciso I), ou pela existência de referenciais que, por reconhecimento legal, são portadores de informações a respeito do "razoável" valor dos bens penhorados (demais incisos) passa a ser dispensável, por desnecessária, a atividade específica de avaliação, eis que possível reconhecer como justo o valor obtido de uma das fontes mencionadas na regra em comento.

2. Presunção relativa a respeito do valor

Ao juiz, no caso do inciso I, bem como às partes (nos demais incisos), é dada a possibilidade de, motivadamente, opor-se ao valor apurado nas hipóteses contempladas nesta regra, devendo haver, para o juiz, motivação objetiva de decisão que nestes casos determine a realização de avaliação, sendo que a parte que vier a impugnar tal informação deverá provar o equívoco e a necessidade, no caso, da avaliação específica.

> **Art. 872.** A avaliação realizada pelo oficial de justiça constará de vistoria e de laudo anexados ao auto de penhora ou, em caso de perícia realizada por avaliador, de laudo apresentado no prazo fixado pelo juiz, devendo-se, em qualquer hipótese, especificar:
>
> **I** – os bens, com as suas características, e o estado em que se encontram;
>
> **II** – o valor dos bens.
>
> **§ 1º** Quando o imóvel for suscetível de cômoda divisão, a avaliação, tendo em conta o crédito reclamado, será realizada em partes, sugerindo-se, com a apresentação de memorial descritivo, os possíveis desmembramentos para alienação.
>
> **§ 2º** Realizada a avaliação e, sendo o caso, apresentada a proposta de desmembramento, as partes serão ouvidas no prazo de 5 (cinco) dias.

> ▶ *Referência: CPC/1973 – Art. 681*

1. Documentação e elementos da avaliação

Na regra em comento são descritos os modos de documentar a avaliação, tenha sido ela feita por oficial de justiça ou por perito. Também são indicados elementos e informações mínimas que devem constar do laudo. Apesar de ser assim, em especial no caso de avaliação feita por oficial de justiça deve haver menor rigor formal, de modo que, pelo princípio da instrumentalidade

das formas, apenas haja decretação de nulidade do laudo, em caso de restar efetivamente prejudicada a finalidade do ato.

2. Possibilidade de cômoda divisão do bem avaliando

No caso de o bem ser passível de cômoda divisão, esta poderá ser desde logo sugerida na avaliação, nos termos do previsto pelos §§ 1º e 2º, de modo que já se possa adequar a extensão da penhora ao limite do crédito reclamado. Para tanto, importante que as partes já façam estimativas e indicação desta possibilidade, eis que estes os maiores interessados na simplificação que pode ser resultante desta regra. De outro lado, a apreciação a respeito da cômoda divisibilidade do bem pode requerer conhecimento técnico, de forma que passa a ser "menos" viável que o preconizado por tais parágrafos seja aplicado em caso de avaliação feita por oficial de justiça.

> **Art. 873.** É admitida nova avaliação quando:
>
> **I** – qualquer das partes arguir, fundamentadamente, a ocorrência de erro na avaliação ou dolo do avaliador;
>
> **II** – se verificar, posteriormente à avaliação, que houve majoração ou diminuição no valor do bem;
>
> **III** – o juiz tiver fundada dúvida sobre o valor atribuído ao bem na primeira avaliação.
>
> **Parágrafo único.** Aplica-se o art. 480 à nova avaliação prevista no inciso III do *caput* deste artigo.

> ▶ *Referência: CPC/1973 – Art. 683*

1. Cabimento, eventual, de nova avaliação (hipóteses restritas)

Considerado o espírito prático da execução, em regra não serão repetidos atos executivos a menos que isto seja estritamente necessário. Em vista deste raciocínio geral, no que toca à avaliação, o art. 873 elenca casos em lista taxativa nos quais será admissível a realização de nova avaliação. Na ausência destas hipóteses não haverá renovação do ato.

2. Hipóteses de nova avaliação

Os três incisos do art. 873 indicam situações em que terá cabimento a renovação do ato. Em resumo, são situações em que há evidencia séria, justificada, de equívoco na indicação do valor do bem pelo laudo original (por erro ou dolo), variações efetivas e supervenientes (em relação ao laudo original) do valor de mercado do bem avaliado, ou fundada dúvida do juiz a respeito do valor do bem. Esta terceira hipótese é de evidentemente menor incidência prática, eis que o juiz é leigo e, por isto, "menos apto" para apontar dúvidas fundadas para questionar valores de bens que nem mesmo tenham sido questionados pelas partes interessadas. De todo modo, sendo o caso, remete o parágrafo único para a regra geral do art. 480, no que tange à possibilidade de o juiz determinar nova perícia sempre que a matéria não estiver "suficientemente esclarecida". De todo modo, nestes casos é exigida atenção redobrada com a fundamentação da decisão que determina reiteração do ato.

> **Art. 874.** Após a avaliação, o juiz poderá, a requerimento do interessado e ouvida a parte contrária, mandar:
>
> **I** – reduzir a penhora aos bens suficientes ou transferi-la para outros, se o valor dos bens penhorados for consideravelmente superior ao crédito do exequente e dos acessórios;
>
> **II** – ampliar a penhora ou transferi-la para outros bens mais valiosos, se o valor dos bens penhorados for inferior ao crédito do exequente.

▶ *Referência: CPC/1973 – Art. 685*

1. Ajustes na penhora conforme o resultado da avaliação

Nos termos do já mencionado nos comentários ao art. 870, a avaliação tem diversas repercussões no processo, podendo dar ensejo à uma série de atos processuais. Uma destas possibilidades é regrada pelo art. 874 que prevê a possibilidade de a penhora ser reduzida, transferida (para outros bens), ou ampliada, conforme seja verificado que a constrição é excessiva ou insuficiente. Em regra, este tipo de revisão depende de pedido do interessado mas, ao menos quanto à ampliação e redução, o juiz também poderá, observado o disposto nos arts. 9º e 10 do CPC, agir de ofício, desde que com decisão motivada, eis que esta atitude "ativa" pode trazer ganhos de eficiência ao processo, evitando eventualmente futuros incidentes ou questionamentos ao processo executivo por conta de excesso ou insuficiência da penhora.

> **Art. 875.** Realizadas a penhora e a avaliação, o juiz dará início aos atos de expropriação do bem.

▶ *Referência: CPC/1973 – Art. 685, parágrafo único*

1. Sequência da prática dos atos executivos

O procedimento executivo é essencialmente prático e realizado com o objetivo de, na execução por quantia, permitir haja a destinação de bens do executado/responsável para satisfação do exequente. Sendo assim, natural que, ultimada a avaliação (e eventuais incidentes por ela suscitados), haja, nos termos do referido pelo art. 875, a sequência de atos executivos, partindo-se para os atos de expropriação do, já avaliado, objeto da penhora.

2. Necessidade de intimação do exequente para que ele requeira o método de expropriação de sua preferência

Nos termos do art. 797, a execução se realiza no interesse do exequente. Por sua vez, o art. 825 indica três hipóteses de expropriação. Neste contexto, necessário que, feita a avaliação, seja instado o exequente para manifestar-se sobre qual modalidade de expropriação corresponde ao de seu interesse no caso concreto.

Seção IV
Da expropriação de bens

Subseção I
Da adjudicação

> **Art. 876.** É lícito ao exequente, oferecendo preço não inferior ao da avaliação, requerer que lhe sejam adjudicados os bens penhorados.
>
> **§ 1º** Requerida a adjudicação, o executado será intimado do pedido:
>
> **I** – pelo Diário da Justiça, na pessoa de seu advogado constituído nos autos;
>
> **II** – por carta com aviso de recebimento, quando representado pela Defensoria Pública ou

Art. 877

quando não tiver procurador constituído nos autos;

III – por meio eletrônico, quando, sendo o caso do § 1º do art. 246, não tiver procurador constituído nos autos.

§ 2º Considera-se realizada a intimação quando o executado houver mudado de endereço sem prévia comunicação ao juízo, observado o disposto no art. 274, parágrafo único.

§ 3º Se o executado, citado por edital, não tiver procurador constituído nos autos, é dispensável a intimação prevista no § 1º.

§ 4º Se o valor do crédito for:

I – inferior ao dos bens, o requerente da adjudicação depositará de imediato a diferença, que ficará à disposição do executado;

II – superior ao dos bens, a execução prosseguirá pelo saldo remanescente.

§ 5º Idêntico direito pode ser exercido por aqueles indicados no art. 889, incisos II a VIII, pelos credores concorrentes que hajam penhorado o mesmo bem, pelo cônjuge, pelo companheiro, pelos descendentes ou pelos ascendentes do executado.

§ 6º Se houver mais de um pretendente, proceder-se-á a licitação entre eles, tendo preferência, em caso de igualdade de oferta, o cônjuge, o companheiro, o descendente ou o ascendente, nessa ordem.

§ 7º No caso de penhora de quota social ou de ação de sociedade anônima fechada realizada em favor de exequente alheio à sociedade, esta será intimada, ficando responsável por informar aos sócios a ocorrência da penhora, assegurando-se a estes a preferência.

▶ *Referência: CPC/1973 – Art. 685-A, §§ 1º a 4º*

1. Adjudicação, pelo exequente, dos bens penhorados

Nos termos do art. 825, a adjudicação é uma das modalidades de expropriação previstas no CPC. Por intermédio da adjudicação o próprio exequente recebe a propriedade sobre os bens penhorados, retirando desta aquisição a satisfação de seu direito objeto da execução. Quando o exequente manifesta interesse em adjudicar os bens penhorados há ganhos para a execução (em vista de seu fim precoce), como também para o executado, eis que a adjudicação apenas pode ser realizada por "preço não inferior

ao da avaliação", o que elimina risco de perda de bens por valor menor que o da avaliação. Em vista disto, na lista do art. 825, a adjudicação aparece em primeiro lugar, em sugestiva indicação da preferência do legislador por esta via expropriatória, o que vai confirmado a teor do art. 881 do CPC.

2. Procedimento e intimações

Nos §§ 1º a 3º do art. 876 são indicadas providências de intimação necessárias e, assim, condicionantes da adjudicação. Trata-se da necessidade de intimar o executado para que ele possa tomar providência de seu interesse, como, p.ex., realizar a remição da execução nos termos do art. 826 do CPC. E para realizar tal intimação os §§ 2º e 3º estipulam presunção de realização, ou dispensa, para os casos de executado que não informa nos autos seu endereço atual ou, tendo ele sido citado por edital, não tiver procurador constituído dos autos. Para viabilizar o previsto nos §§ 5º e 7º também é necessário intimar os sujeitos indicados no art. 889 (eis que estes também possuem interesse em eventualmente evitar a adjudicação, p. ex. remindo a execução), bem como da sociedade, para que esta dê a informação aos sócios que possam ter interesse em evitar a adjudicação, exercendo direito de preferência na aquisição da quota ou ação penhorada.

3. Crédito inferior ao valor da avaliação

No caso do crédito do exequente ser inferior ao valor da avaliação, apenas será viável a adjudicação se o exequente, "de imediato" depositar a diferença entre seu crédito e o valor da avaliação, resguardando, assim, que a expropriação se dê de modo justo, com devolução da diferença, nos termos do inciso I do § 4º.

4. Crédito superior ao valor da avaliação

No caso do crédito do exequente ser superior ao valor da avaliação, a adjudicação ocorre e a execução prossegue pela diferença, nos termos do inciso II do § 4º.

Art. 877. Transcorrido o prazo de 5 (cinco) dias, contado da última intimação, e decididas eventuais questões, o juiz ordenará a lavratura do auto de adjudicação.

§ 1º Considera-se perfeita e acabada a adjudicação com a lavratura e a assinatura do auto pelo juiz, pelo adjudicatário, pelo escrivão ou chefe de secretaria, e, se estiver presente, pelo executado, expedindo-se:

I – a carta de adjudicação e o mandado de imissão na posse, quando se tratar de bem imóvel;

II – a ordem de entrega ao adjudicatário, quando se tratar de bem móvel.

§ 2º A carta de adjudicação conterá a descrição do imóvel, com remissão à sua matrícula e aos seus registros, a cópia do auto de adjudicação e a prova de quitação do imposto de transmissão.

§ 3º No caso de penhora de bem hipotecado, o executado poderá remi-lo até a assinatura do auto de adjudicação, oferecendo preço igual ao da avaliação, se não tiver havido licitantes, ou ao do maior lance oferecido.

§ 4º Na hipótese de falência ou de insolvência do devedor hipotecário, o direito de remição previsto no § 3º será deferido à massa ou aos credores em concurso, não podendo o exequente recusar o preço da avaliação do imóvel.

▶ *Referência: CPC/1973 – Arts. 685-A, § 5º, e 685-B*

1. Prazo e lavratura do auto de adjudicação

Complemento o disposto no artigo anterior, o art. 877 preconiza o prazo de cinco dias em que o processo estará aguardando, por exemplo, pela eventual concorrência a que alude o § 6º do art. 876. De todo modo, ultrapassado tal prazo, decididas as questões que tiverem surgido e desde que mantida a higidez da adjudicação, será lavrado o auto de adjudicação que é o documento por intermédio do qual fica formalizada a adjudicação, constituindo-se, assim, o documento processual necessário à transferência de propriedade do bem penhorado.

2. Carta de adjudicação

No caso de bem imóvel, com a assinatura do auto se terá condição para, nos termos do § 1º lavrar-se a carta de adjudicação e o mandado de imissão de posse, necessários ao registro da transferência da propriedade e efetiva obtenção da posse, respectivamente.

3. Remição do bem hipotecado

Os §§ 3º e 4º tratam da hipótese de remissão de bem hipotecado, resguardando tal direito ao próprio executado, até a assinatura do auto ou aos credores do executado (no caso de insolvência do

devedor hipotecário), com pagamento do valor da avaliação (ou do maior lance, no caso do § 3º).

> **Art. 878.** Frustradas as tentativas de alienação do bem, será reaberta oportunidade para requerimento de adjudicação, caso em que também se poderá pleitear a realização de nova avaliação.

▶ *Sem correspondência no CPC/1973*

1. "Nova" oportunidade para adjudicação

Como acima já foi mencionado, é de ser dada a possibilidade de escolha, pelo executado, de uma dentre as alternativas de expropriação tão logo se encerra a avaliação. No caso de o executado não manifestar interesse de realizar a adjudicação, passa-se à tentativa de alienação nos termos do art. 879 e ss. Caso estas se frustrem, o art. 878 permite nova oportunidade ao exequente para que ele, querendo, adjudique o bem penhorado. No caso de ser necessário, poderá ser solicitada nova avaliação para, por exemplo, "atualizar" o valor do bem penhorado (se o caso).

Subseção II
Da Alienação

> **Art. 879.** A alienação far-se-á:
> I – por iniciativa particular;
> II – em leilão judicial eletrônico ou presencial.

▶ *Referência: CPC/1973 – Arts. 685-C e 686*

1. Modos de alienação "judicial" do bem penhorado

Durante muito tempo, o CPC/1973 restringia a possibilidade de alienação judicial do bem penhorado, a que esta se desse por intermédio da estrutura judiciária, em leilão ou hasta pública. Tentando ampliar a viabilidade de sucesso da alienação, o legislador, no âmbito da Lei 11.382/2006 já havia "retomado" a possibilidade de também realizar-se a alienação por iniciativa particular (com uso de "meios" particulares para realizar a alienação, sem prescindir do controle desta pelo Judiciário). Tais alternativas se mantém no CPC, sendo de realçar que o leilão judicial pode ocorrer por meio eletrônico ou presencial.

Art. 880

CÓDIGO DE PROCESSO CIVIL INTERPRETADO

Art. 880. Não efetivada a adjudicação, o exequente poderá requerer a alienação por sua própria iniciativa ou por intermédio de corretor ou leiloeiro público credenciado perante o órgão judiciário.

§ 1º O juiz fixará o prazo em que a alienação deve ser efetivada, a forma de publicidade, o preço mínimo, as condições de pagamento, as garantias e, se for o caso, a comissão de corretagem.

§ 2º A alienação será formalizada por termo nos autos, com a assinatura do juiz, do exequente, do adquirente e, se estiver presente, do executado, expedindo-se:

I – a carta de alienação e o mandado de imissão na posse, quando se tratar de bem imóvel;

II – a ordem de entrega ao adquirente, quando se tratar de bem móvel.

§ 3º Os tribunais poderão editar disposições complementares sobre o procedimento da alienação prevista neste artigo, admitindo, quando for o caso, o concurso de meios eletrônicos, e dispor sobre o credenciamento dos corretores e leiloeiros públicos, os quais deverão estar em exercício profissional por não menos que 3 (três) anos.

§ 4º Nas localidades em que não houver corretor ou leiloeiro público credenciado nos termos do § 3º, a indicação será de livre escolha do exequente.

▶ *Referência: CPC/1973 – Art. 685-C*

1. A alienação por iniciativa particular

Voltando-se ao disposto no art. 825 (e também no art. 881), verifica-se que a segunda alternativa de expropriação indicada pela lei é a da alienação por iniciativa particular, em que a alienação deverá ser efetivada pelo próprio exequente, ou por intermédio de corretor, ou leiloeiro, credenciados (perante o órgão jurisdicional) para, assim, tentar-se maior agilidade na busca por interessados, realização da "venda" e geração do numerário necessário a dar satisfação ao exequente.

2. Controle jurisdicional

Nos termos do § 1º, o juiz terá o controle da condução do ato, de forma a corrigir abusos e/ou fixar parâmetros e condições para que a alienação possa se efetivar.

3. Modo de aquisição que conta com garantias jurisdicionais

A despeito de ser realizada com uso de corretor ou leiloeiro "particulares", a "venda" em si continua sendo feita no bojo de processo presidido pelo Judiciário, de forma que, assim como ocorre num leilão judicial, o adquirente de bem alienado em iniciativa particular conta com "garantias" similares daquele que "compra" em leilão judicial.

4. Legitimidade também do executado para a alienação particular

A despeito de, na literalidade da lei, falar-se apenas de pedido do exequente é também possível que o executado solicite a realização desta modalidade de expropriação. Negar esta possibilidade seria um contra senso, eis que a iniciativa particular, viabilizada, dá-se com ganhos ao exequente e controle do juiz, de forma a não haver razão para impedir que também o executado possa requerê-la.

Art. 881. A alienação far-se-á em leilão judicial se não efetivada a adjudicação ou a alienação por iniciativa particular.

§ 1º O leilão do bem penhorado será realizado por leiloeiro público.

§ 2º Ressalvados os casos de alienação a cargo de corretores de bolsa de valores, todos os demais bens serão alienados em leilão público.

▶ *Referência: CPC/1973 – Arts. 686 e 704*

1. A preferência da lei dentre os modos de expropriação

Como já mencionado, não apenas do disposto no art. 825, como à vista da expressa dicção do art. 881 ora em comento, verifica-se que o legislador se posiciona em termos de evidenciar haver uma ordem preferencial dentre os meios de expropriação, de maneira a reservar-se o tradicional leilão judicial apenas às hipóteses em que não realizadas nem a adjudicação, nem a "venda" por iniciativa particular.

2. Referência ao leilão (e não a praça) judicial

No âmbito do CPC há apenas a menção ao leilão judicial, de modo a não mais haver, na lei, a diferenciação entre leilão e praça pública.

Art. 882. Não sendo possível a sua realização por meio eletrônico, o leilão será presencial.

§ 1º A alienação judicial por meio eletrônico será realizada, observando-se as garantias processuais das partes, de acordo com regulamentação específica do Conselho Nacional de Justiça.

§ 2º A alienação judicial por meio eletrônico deverá atender aos requisitos de ampla publicidade, autenticidade e segurança, com observância das regras estabelecidas na legislação sobre certificação digital.

§ 3º O leilão presencial será realizado no local designado pelo juiz.

▶ *Referência: CPC/1973 – Art. 686*

1. Prioridade para o leilão eletrônico (em relação ao presencial)

Nos termos do *caput* do art. 882, evidencia-se a prioridade dada pelo legislador ao leilão eletrônico no qual, acredita-se, pode haver maior facilidade de divulgação e acesso tornando, assim e em tese, maiores as chances de êxito. Inobstante isto, no caso de ser desprezado o leilão eletrônico, a realização do presencial apenas poderá ser anulada em caso de demonstração inequívoca de prejuízo, eis que o que interessa para o sistema é o sucesso na alienação e não a sua forma.

Art. 883. Caberá ao juiz a designação do leiloeiro público, que poderá ser indicado pelo exequente.

▶ *Referência: CPC/1973 – Art. 706*

1. Designação do leiloeiro

Nos expressos termos da regra em tela, é o juiz quem designa o leiloeiro, como de resto também ocorre em relação a outros auxiliares do juízo.

Art. 884. Incumbe ao leiloeiro público:

I – publicar o edital, anunciando a alienação;

II – realizar o leilão onde se encontrem os bens ou no lugar designado pelo juiz;

III – expor aos pretendentes os bens ou as amostras das mercadorias;

IV – receber e depositar, dentro de 1 (um) dia, à ordem do juiz, o produto da alienação;

V – prestar contas nos 2 (dois) dias subsequentes ao depósito.

Parágrafo único. O leiloeiro tem o direito de receber do arrematante a comissão estabelecida em lei ou arbitrada pelo juiz.

▶ *Referência: CPC/1973 – Art. 705*

1. Atividades e remuneração do leiloeiro

O artigo em referência elenca as atividades que devem ser realizadas pelo leiloeiro que, pelo seu desempenho, será remunerado em conformidade com o previsto no parágrafo único, incluindo-se mais esta remuneração nas despesas decorrentes do processo.

Art. 885. O juiz da execução estabelecerá o preço mínimo, as condições de pagamento e as garantias que poderão ser prestadas pelo arrematante.

▶ *Referência: CPC/1973 – Art. 685-C, § 1º*

1. Definição pelo juiz dos parâmetros da alienação em leilão judicial

Esta regra, que no CPC/1973 encontra parcial correspondência no art. 685-C, § 1º, parece exigir que o juiz, previamente estabeleça critérios quanto a "preço mínimo, as condições de pagamento e as garantias que poderão ser prestadas pelo arrematante". Nem sempre isto ocorre, eis que o grande objetivo é o de, independentemente de mais esta burocracia, atender-se à avaliação e buscar maior número de interessados e êxito na alienação. Contudo, caso sejam fixados estes critérios, a decisão terá ser, por óbvio, motivada. De todo modo, fixados tais critérios, eles deverão constar do edital, nos termos do art. 886, inciso II.

Art. 886. O leilão será precedido de publicação de edital, que conterá:

I – a descrição do bem penhorado, com suas características, e, tratando-se de imóvel, sua situação e suas divisas, com remissão à matrícula e aos registros;

II – o valor pelo qual o bem foi avaliado, o preço mínimo pelo qual poderá ser alienado,

Art. 887

CÓDIGO DE PROCESSO CIVIL INTERPRETADO

1454

as condições de pagamento e, se for o caso, a comissão do leiloeiro designado;

III – o lugar onde estiverem os móveis, os veículos e os semoventes e, tratando-se de créditos ou direitos, a identificação dos autos do processo em que foram penhorados;

IV – o sítio, na rede mundial de computadores, e o período em que se realizará o leilão, salvo se este se der de modo presencial, hipótese em que serão indicados o local, o dia e a hora de sua realização;

V – a indicação de local, dia e hora de segundo leilão presencial, para a hipótese de não haver interessado no primeiro;

VI – menção da existência de ônus, recurso ou processo pendente sobre os bens a serem leiloados.

Parágrafo único. No caso de títulos da dívida pública e de títulos negociados em bolsa, constará do edital o valor da última cotação.

▶ *Referência: CPC/1973 – Art. 686*

1. Requisitos do edital

O edital deve conter as informações que constam do artigo ora comentado, de maneira que os interessados que venham a participar do certame já estejam devidamente informados a respeito dos importantes elementos indicados nesta norma. De todo modo, na falta de alguma destas informações o interessado em afirmar nulidade terá de demonstrar efetivo prejuízo para ter êxito em sua alegação.

Art. 887. O leiloeiro público designado adotará providências para a ampla divulgação da alienação.

§ 1º A publicação do edital deverá ocorrer pelo menos 5 (cinco) dias antes da data marcada para o leilão.

§ 2º O edital será publicado na rede mundial de computadores, em sítio designado pelo juízo da execução, e conterá descrição detalhada e, sempre que possível, ilustrada dos bens, informando expressamente se o leilão se realizará de forma eletrônica ou presencial.

§ 3º Não sendo possível a publicação na rede mundial de computadores ou considerando o juiz, em atenção às condições da sede do juízo, que esse modo de divulgação é insuficiente ou inadequado, o edital será afixado em local de costume e publicado, em resumo, pelo menos uma vez em jornal de ampla circulação local.

§ 4º Atendendo ao valor dos bens e às condições da sede do juízo, o juiz poderá alterar a forma e a frequência da publicidade na imprensa, mandar publicar o edital em local de ampla circulação de pessoas e divulgar avisos em emissora de rádio ou televisão local, bem como em sítios distintos do indicado no § 2º.

§ 5º Os editais de leilão de imóveis e de veículos automotores serão publicados pela imprensa ou por outros meios de divulgação, preferencialmente na seção ou no local reservados à publicidade dos respectivos negócios.

§ 6º O juiz poderá determinar a reunião de publicações em listas referentes a mais de uma execução.

▶ *Referência: CPC/1973 – Art. 687, §§ 2º a 4º*

1. Publicação dos editais

Em conformidade com o que consta deste artigo, e respectivos parágrafos, a intenção do legislador é a de tentar conferir ao leilão a maior publicidade quanto possível, de forma a assim tentar atrair a atenção de maior número de interessados, com o objetivo de alcançar êxito no leilão.

Art. 888. Não se realizando o leilão por qualquer motivo, o juiz mandará publicar a transferência, observando-se o disposto no art. 887.

Parágrafo único. O escrivão, o chefe de secretaria ou o leiloeiro que culposamente der causa à transferência responde pelas despesas da nova publicação, podendo o juiz aplicar-lhe a pena de suspensão por 5 (cinco) dias a 3 (três) meses, em procedimento administrativo regular.

▶ *Referência: CPC/1973 – Art. 688*

1. Publicação da transferência em caso de não realização do leilão

Para o caso de não ser realizado o leilão, designa-se nova data prevista para sua ocorrência e, disto, faz-se nova e ampla publicidade, nos termos do previsto no art. 887.

2. Responsabilidade em caso de transferência "culposa"

No âmbito do parágrafo único, a lei estipula a responsabilidade por custeio da nova "publicidade" no caso de ser a transferência decorrente de ato culposo dos agentes ali indicados.

> **Art. 889.** Serão cientificados da alienação judicial, com pelo menos 5 (cinco) dias de antecedência:
>
> I – o executado, por meio de seu advogado ou, se não tiver procurador constituído nos autos, por carta registrada, mandado, edital ou outro meio idôneo;
>
> II – o coproprietário de bem indivisível do qual tenha sido penhorada fração ideal;
>
> III – o titular de usufruto, uso, habitação, enfiteuse, direito de superfície, concessão de uso especial para fins de moradia ou concessão de direito real de uso, quando a penhora recair sobre bem gravado com tais direitos reais;
>
> IV – o proprietário do terreno submetido ao regime de direito de superfície, enfiteuse, concessão de uso especial para fins de moradia ou concessão de direito real de uso, quando a penhora recair sobre tais direitos reais;
>
> V – o credor pignoratício, hipotecário, anticrético, fiduciário ou com penhora anteriormente averbada, quando a penhora recair sobre bens com tais gravames, caso não seja o credor, de qualquer modo, parte na execução;
>
> VI – o promitente comprador, quando a penhora recair sobre bem em relação ao qual haja promessa de compra e venda registrada;
>
> VII – o promitente vendedor, quando a penhora recair sobre direito aquisitivo derivado de promessa de compra e venda registrada;
>
> VIII – a União, o Estado e o Município, no caso de alienação de bem tombado.
>
> **Parágrafo único.** Se o executado for revel e não tiver advogado constituído, não constando dos autos seu endereço atual ou, ainda, não sendo ele encontrado no endereço constante do processo, a intimação considerar-se-á feita por meio do próprio edital de leilão.

> ▶ *Referência: CPC/1973 – Arts. 687, § 5º, e 698*

1. Lista de intimações que condiciona a alienação

A lista de intimações referidas este artigo (e respectivos parágrafos) evidencia que o legislador, em homenagem ao devido processo legal e ao princípio do contraditório e da ampla defesa, impõe a prática destes atos de informa-

ção como condição de validade da alienação. Cientes, com a antecedência prevista na regra, poderão estes interessados tomar as providências que sejam necessárias para tutelar direito que aleguem ter e que possa ser atingido pela alienação.

2. Caso de executado revel

Na hipótese de executado ser revel e não ter constituído advogado nos autos, basta a publicação do edital do leilão.

3. Ineficácia da alienação

Ver art. 804.

> **Art. 890.** Pode oferecer lance quem estiver na livre administração de seus bens, com exceção:
>
> I – dos tutores, dos curadores, dos testamenteiros, dos administradores ou dos liquidantes, quanto aos bens confiados à sua guarda e à sua responsabilidade;
>
> II – dos mandatários, quanto aos bens de cuja administração ou alienação estejam encarregados;
>
> III – do juiz, do membro do Ministério Público e da Defensoria Pública, do escrivão, do chefe de secretaria e dos demais servidores e auxiliares da justiça, em relação aos bens e direitos objeto de alienação na localidade onde servirem ou a que se estender a sua autoridade;
>
> IV – dos servidores públicos em geral, quanto aos bens ou aos direitos da pessoa jurídica a que servirem ou que estejam sob sua administração direta ou indireta;
>
> V – dos leiloeiros e seus prepostos, quanto aos bens de cuja venda estejam encarregados;
>
> VI – dos advogados de qualquer das partes.

> ▶ *Referência: CPC/1973 – Art. 690-A*

1. Legitimidade para ofertar lance e exclusão deste direito

Nos exatos termos da lei, basta que o sujeito esteja na administração de seus bens para ter legitimidade para ofertar lance. Contudo, por visualizar risco de conflito de interesses, o legislador enumera, nos incisos do art. 890, hipóteses em que tal possibilidade fica excluída. No plano do direito material, o art. 497 do CC complementa a regra em análise, mencionando ser nula "compra" que ocorra nas hipóteses ali capituladas.

Art. 891

CÓDIGO DE PROCESSO CIVIL INTERPRETADO

> **Art. 891.** Não será aceito lance que ofereça preço vil.
>
> **Parágrafo único.** Considera-se vil o preço inferior ao mínimo estipulado pelo juiz e constante do edital, e, não tendo sido fixado preço mínimo, considera-se vil o preço inferior a cinquenta por cento do valor da avaliação.

▶ *Referência: CPC/1973 – Art. 692*

1. "Proteção" legal ao bem penhorado contra lance vil

A alienação judicial não tem o objetivo de realizar sacrifício desarrazoado para o patrimônio do executado ou responsável que tiver tido bem penhorado. Por isto tem-se, como mais uma condição para a realização de leilão frutuoso, a circunstância de o lance ofertado corresponder a um montante razoável para fazer frente ao "efetivo" valor do bem. Diz-se vil o lance que não é portador desta característica de mínima correspondência com o "real" valor do bem penhorado. Esta regra é, enfim, mais uma decorrência do princípio da menor onerosidade, estipulado no art. 805 do CPC.

2. O referencial é o valor indicado na avaliação, ou aquele fixado pelo juiz

A despeito da redação deste artigo, na prática extrai-se da avaliação o referencial para comparar com o lance e verificar se este é, ou não, vil. Permite, todavia, a regra do parágrafo único que o juiz fixe um valor mínimo. Havendo decisão deste jaez ela deverá, por óbvio, conter fundamentação que explicite o porquê do montante mínimo eleito pelo juiz.

3. Percentual objetivo para verificação de lance vil

Tentando reduzir a subjetividade desta situação, a regra do parágrafo único afirma que se considera "vil o preço inferior a cinquenta por cento do valor da avaliação". Tal estipulação, diga-se, reduz, mas não elimina as dificuldades práticas. Primeiro porque pode ter havido a fixação de um valor mínimo pelo juiz, alterando este parâmetro. Segundo, porque a verificação sobre ser realmente vil o lance exige análise de características do caso concreto, tais como liquidez do bem, existência concreta de interessados, necessidade de realizar-se a satisfação do exequente (art. 797), entre outros elementos

concretos a serem levados em consideração em juízo de razoabilidade que deve ser realizado pelo juiz para aceitar ou rejeitar o lance.

> **Art. 892.** Salvo pronunciamento judicial em sentido diverso, o pagamento deverá ser realizado de imediato pelo arrematante, por depósito judicial ou por meio eletrônico.
>
> **§ 1º** Se o exequente arrematar os bens e for o único credor, não estará obrigado a exibir o preço, mas, se o valor dos bens exceder ao seu crédito, depositará, dentro de 3 (três) dias, a diferença, sob pena de tornar-se sem efeito a arrematação, e, nesse caso, realizar-se-á novo leilão, à custa do exequente.
>
> **§ 2º** Se houver mais de um pretendente, proceder-se-á entre eles à licitação, e, no caso de igualdade de oferta, terá preferência o cônjuge, o companheiro, o descendente ou o ascendente do executado, nessa ordem.
>
> **§ 3º** No caso de leilão de bem tombado, a União, os Estados e os Municípios terão, nessa ordem, o direito de preferência na arrematação, em igualdade de oferta.

▶ *Referência: CPC/1973 – Arts. 690, 690-A, parágrafo único, e 685-A, § 3º*

1. Momento e modo de pagamento do lance. Regra geral e exceções

Nos termos do determinado no "*caput*" do art. 892, o pagamento do lance deve "ser realizado de imediato pelo arrematante, por depósito judicial ou por meio eletrônico". Esta a condição para que haja a arrematação em leilão judicial, pagar de imediato, demonstrando a efetiva condição de adquirir o bem, de forma que o leilão possa ser encerrado, com tal pagamento "de pronto". Tal regra geral é excepcionada pelo § 1º que prevê a possibilidade de o exequente, desde que ele seja o único credor, arrematar o bem com o valor (total o parcial) de seu crédito, sendo que em caso de o valor do bem ser superior ao de seu crédito ele terá três dias para depositar a diferença, sob pena da sanção estipulada na parte final da norma. Por decisão motivada o juiz também poderá permitir pagamento em condição diversa da regra geral, por exemplo, no caso previsto pelo art. 895.

2. Casos de licitação e/ou preferência

Os §§ 2º e 3º cuidam de regular a situação de vários pretendentes ofertarem lance, com respectiva indicação da necessidade de, neste caso, proceder entre eles com licitação, indicando-se, ainda, regra de preferência a ser eventualmente observada para apuração do vencedor. Estipula-se, também, regra de preferência para casos de bem tombado, outorgando-se esta para entes públicos que poderão ter interesse em realizar a aquisição de bem em tal situação peculiar.

> **Art. 893.** Se o leilão for de diversos bens e houver mais de um lançador, terá preferência aquele que se propuser a arrematá-los todos, em conjunto, oferecendo, para os bens que não tiverem lance, preço igual ao da avaliação e, para os demais, preço igual ao do maior lance que, na tentativa de arrematação individualizada, tenha sido oferecido para eles.

▶ *Referência: CPC/1973 – Art. 691*

1. Regra de preferência em caso de diversos bens em leilão

Com intuito de facilitar a realização do ato de alienação judicial, a regra em estudo cria hipótese de preferência a ser observada em caso de serem vários os bens e existir mais de um lance. Ao criar os critérios de preferência ali especificados, busca-se, enfim, facilitar a alienação e a possibilidade de se dar sequência para o processo executivo.

> **Art. 894.** Quando o imóvel admitir cômoda divisão, o juiz, a requerimento do executado, ordenará a alienação judicial de parte dele, desde que suficiente para o pagamento do exequente e para a satisfação das despesas da execução.
> **§ 1º** Não havendo lançador, far-se-á a alienação do imóvel em sua integridade.
> **§ 2º** A alienação por partes deverá ser requerida a tempo de permitir a avaliação das glebas destacadas e sua inclusão no edital, e, nesse caso, caberá ao executado instruir o requerimento com planta e memorial descritivo subscritos por profissional habilitado.

▶ *Referência: CPC/1973 – Art. 702*

1. Pedido do interessado e momento do pedido

Para aplicação da regra ora interpretada estipula a lei que haja pedido do interessado. Isto deve ser salientado, eis que o bem penhorado pode ser de outra pessoa que não o executado. Por vezes o próprio exequente pode também fazer tal sugestão. Enfim, não faz sentido uma interpretação literal deste requisito. De todo modo o pedido deve ser formalizado "a tempo de permitir a avaliação das glebas destacadas e sua inclusão no edital" e com as demais formalidades previstas no § 2º.

2. Bem imóvel passível de cômoda divisão

Como visto acima vários são os sujeitos que podem fazer o pedido de que trata o art. 894, desde que se tenha a possibilidade de, fracionando o bem imóvel, realizar a alienação com maior liquidez e menor sacrifício para o executado, ou responsável, que teve o bem penhorado. Por óbvio a divisão tem de ser viável, de forma que se tem de verificar se incidem regras de direito urbanístico, ou fundiário, que permitam a divisão do bem. Ver, ainda, o conceito de bem divisível contido no art. 87 do CC.

3. Valor suficiente para pagar o exequente, mais despesas da execução

Nos termos da parte final do *caput*, tal pedido só pode ser deferido se, com a divisão, resultar parte alienável com valor suficiente para pagar o exequente e as despesas da execução.

4. Necessidade de haver licitante interessado na fração

Nos termos do § 1º, não aparecendo interessado na compra da fração far-se-á a alienação do todo.

> **Art. 895.** O interessado em adquirir o bem penhorado em prestações poderá apresentar, por escrito:
> **I –** até o início do primeiro leilão, proposta de aquisição do bem por valor não inferior ao da avaliação;
> **II –** até o início do segundo leilão, proposta de aquisição do bem por valor que não seja considerado vil.
> **§ 1º** A proposta conterá, em qualquer hipótese, oferta de pagamento de pelo menos vinte e cinco por cento do valor do lance à vista e o restante parcelado em até 30 (trinta) meses, garantido por caução idônea, quando se tratar de móveis, e por hipoteca do próprio bem, quando se tratar de imóveis.

Art. 896

§ 2º As propostas para aquisição em prestações indicarão o prazo, a modalidade, o indexador de correção monetária e as condições de pagamento do saldo.

§ 3º (VETADO).

§ 4º No caso de atraso no pagamento de qualquer das prestações, incidirá multa de dez por cento sobre a soma da parcela inadimplida com as parcelas vincendas.

§ 5º O inadimplemento autoriza o exequente a pedir a resolução da arrematação ou promover, em face do arrematante, a execução do valor devido, devendo ambos os pedidos ser formulados nos autos da execução em que se deu a arrematação.

§ 6º A apresentação da proposta prevista neste artigo não suspende o leilão.

§ 7º A proposta de pagamento do lance à vista sempre prevalecerá sobre as propostas de pagamento parcelado.

§ 8º Havendo mais de uma proposta de pagamento parcelado:

I – em diferentes condições, o juiz decidirá pela mais vantajosa, assim compreendida, sempre, a de maior valor;

II – em iguais condições, o juiz decidirá pela formulada em primeiro lugar.

§ 9º No caso de arrematação a prazo, os pagamentos feitos pelo arrematante pertencerão ao exequente até o limite de seu crédito, e os subsequentes, ao executado.

▶ *Referência: CPC/1973 – Art. 690, §§ 1º, 2º e 4º*

1. Possibilidade de lance a ser pago em parcelas

O art. 895, reiterando em grande parte fórmula que tinha sido trazida no CPC/1973 no bojo da Lei 11.382/2006, afirma a possibilidade de, atendidos os requisitos descritos na norma, ser aceito lance para pagamento parcelado. Por exemplo, estão já por lei fixados, o sinal mínimo (25%), o período máximo do parcelamento (30 meses), multa por atraso (10% da parcela não paga) e o tipo de garantia.

2. Resolução, ou execução do saldo (contra o arrematante), em caso de inadimplemento

Nos termos do § 5º, em caso de inadimplemento o exequente poderá solicitar, ou a resolução da arrematação ou a execução do saldo contra o arrematante.

3. Preferências

Os §§ 7º e 8º preconizam que a proposta à vista sempre terá preferência sobre proposta parcelada. Estipula-se, também, critérios de preferência, caso existam mais, de uma proposta parcelada.

4. Rateio dos valores pagos parceladamente

A seu turno, o § 9º prevê o rateio dos valores pagos parceladamente, sendo que "os pagamentos feitos pelo arrematante pertencerão ao exequente até o limite de seu crédito, e os subsequentes, ao executado". Apesar de não mencionado pela regra, apenas serão entregue valores ao executado no caso de estarem também atendidas as despesas da execução.

> **Art. 896.** Quando o imóvel de incapaz não alcançar em leilão pelo menos oitenta por cento do valor da avaliação, o juiz o confiará à guarda e à administração de depositário idôneo, adiando a alienação por prazo não superior a 1 (um) ano.
>
> **§ 1º** Se, durante o adiamento, algum pretendente assegurar, mediante caução idônea, o preço da avaliação, o juiz ordenará a alienação em leilão.
>
> **§ 2º** Se o pretendente à arrematação se arrepender, o juiz impor-lhe-á multa de vinte por cento sobre o valor da avaliação, em benefício do incapaz, valendo a decisão como título executivo.
>
> **§ 3º** Sem prejuízo do disposto nos §§ 1º e 2º, o juiz poderá autorizar a locação do imóvel no prazo do adiamento.
>
> **§ 4º** Findo o prazo do adiamento, o imóvel será submetido a novo leilão.

▶ *Referência: CPC/1973 – Art. 701*

1. Condições para alienação judicial de imóvel de incapaz

A regra em comento cria condições protetivas para o caso de o imóvel a ser alienado pertencer a incapaz. Está, para tanto, previsto percentual mínimo para o lance, bem como se estipula que, no caso deste não ser atingido, haverá a suspensão do leilão por até um ano e entrega do bem a administrador idôneo. O leilão poderá ser retomado caso apareça interessado e, finalizado o prazo de suspensão, prevê-se a retomada do leilão, mas sem estabelecer, aqui, expressamente a condição de valor mínimo para esta situação. Em uma interpretação sistemática, e considerando-se que a execução deve ser feita no interesse do exequente (art. 797), depois de ultrapassado tal prazo o bem deve ser alienado por qualquer lance desde que não haja lance vil. Por conta do decurso de tempo, recomendável a renovação da avaliação.

> **Art. 897.** Se o arrematante ou seu fiador não pagar o preço no prazo estabelecido, o juiz impor-lhe-á, em favor do exequente, a perda da caução, voltando os bens a novo leilão, do qual não serão admitidos a participar o arrematante e o fiador remissos.

▶ *Referência: CPC/1973 – Art. 695*

1. Sanções para o caso de arrematante/fiador inadimplente

O art. 897 estabelece as sanções para o caso de arrematante/fiador inadimplente. Nesta situação eles perderão a caução e não poderão participar do novo leilão, no qual seja novamente praceado o bem penhorado. Por óbvio este dispositivo apenas tem aplicabilidade em caso de o valor da arrematação não ter sido pago à vista. Ver arts. 892 e 895.

> **Art. 898.** O fiador do arrematante que pagar o valor do lance e a multa poderá requerer que a arrematação lhe seja transferida.

▶ *Referência: CPC/1973 – Art. 696*

1. Possibilidade de transferência da arrematação para o fiador

Nos exatos termos da lei, em caso de inadimplência do arrematante, o fiador que tiver feito o pagamento poderá requerer a transferência, para ele, do bem arrematado. Afirma-se ser esta uma possibilidade, eis que isto depende de expresso pedido dele, fiador, que pode eventualmente não desejar o bem, caso prefira exercer seu direito de cobrança contra o arrematante.

> **Art. 899.** Será suspensa a arrematação logo que o produto da alienação dos bens for su-

ficiente para o pagamento do credor e para a satisfação das despesas da execução.

▶ *Referência: CPC/1973 – Art. 692, parágrafo único*

1. Suficiência do produto da alienação

O objetivo da execução é da satisfação ao exequente e, claro, custear as despesas processuais. Estando tudo isto já satisfeito, há suspensão da arrematação eis que não faria mais sentido continuar expropriando bens do executado/responsável.

> **Art. 900.** O leilão prosseguirá no dia útil imediato, à mesma hora em que teve início, independentemente de novo edital, se for ultrapassado o horário de expediente forense.

▶ *Referência: CPC/1973 – Art. 689*

1. Retomada de leilão presencial, em caso de encerramento de expediente forense

Esta regra perde um pouco o sentido na medida em que, os termos do art. 882 (*caput* e parágrafos), o leilão pode ser eletrônico ou presencial e, sendo presencial, ele pode ser feito em local designado pelo juiz, que não será, necessariamente, no fórum. De todo modo, caso seja leilão presencial em ambiente forense, havendo o encerramento do expediente aplica-se a norma em comento, de forma que não será preciso refazer atos de "publicidade" a respeito desta sequência, a qual ocorrerá no mesmo horário do dia útil imediato.

> **Art. 901.** A arrematação constará de auto que será lavrado de imediato e poderá abranger bens penhorados em mais de uma execução, nele mencionadas as condições nas quais foi alienado o bem.
>
> **§ 1º** A ordem de entrega do bem móvel ou a carta de arrematação do bem imóvel, com o respectivo mandado de imissão na posse, será expedida depois de efetuado o depósito ou prestadas as garantias pelo arrematante, bem como realizado o pagamento da comissão do leiloeiro e das demais despesas da execução.
>
> **§ 2º** A carta de arrematação conterá a descrição do imóvel, com remissão à sua matrícula ou individuação e aos seus registros, a cópia do auto

Art. 902

CÓDIGO DE PROCESSO CIVIL INTERPRETADO

de arrematação e a prova de pagamento do imposto de transmissão, além da indicação da existência de eventual ônus real ou gravame.

▶ *Referência: CPC/1973 – Arts. 693 e 797*

1. Auto de arrematação

Em conformidade com o art. 901, o auto de arrematação será lavrado imediatamente e nele serão descritas as condições da alienação realizada. A lei permite que um mesmo auto possa abranger bens penhorados em mais de uma execução. Formaliza-se, assim, a alienação havida que, nos termos certificados no auto, fica devidamente cristalizada, gerando direitos e obrigações nos termos do ali posto.

2. Ordem de entrega ou emissão de posse

Com o auto firmado o arrematante pode receber a posse do bem. Em caso desta posse não ser entregue amigavelmente não se faz necessário ajuizar demanda autônoma, eis que o Judiciário deve garantir efeitos à alienação feita sob seu controle. Nesta situação basta informar o fato ao juízo da execução e este deve tomar as providências cabíveis para entrega do bem ao arrematante.

> **Art. 902.** No caso de leilão de bem hipotecado, o executado poderá remi-lo até a assinatura do auto de arrematação, oferecendo preço igual ao do maior lance oferecido.
>
> **Parágrafo único.** No caso de falência ou insolvência do devedor hipotecário, o direito de remição previsto no *caput* defere-se à massa ou aos credores em concurso, não podendo o exequente recusar o preço da avaliação do imóvel.

▶ *Sem correspondência no CPC/1973*

1. Hipótese de remição de bem hipotecado, pelo executado, pela massa falida ou por credores em concurso

No caso de bem hipotecado, nos termos do *caput* do art. 902, o executado poderá remi-lo (resgatá-lo) até a assinatura do ato de arrematação. De seu lado, parágrafo único, prevê a possibilidade de tal direito ser exercitado pela massa falida, ou pelos credores em concurso,

em caso de falência ou insolvência do devedor hipotecário. Ver, no plano do direito material, os arts. 1.481 e 1.483 do CC.

> **Art. 903.** Qualquer que seja a modalidade de leilão, assinado o auto pelo juiz, pelo arrematante e pelo leiloeiro, a arrematação será considerada perfeita, acabada e irretratável, ainda que venham a ser julgados procedentes os embargos do executado ou a ação autônoma de que trata o § 4º deste artigo, assegurada a possibilidade de reparação pelos prejuízos sofridos.
>
> **§ 1º** Ressalvadas outras situações previstas neste Código, a arrematação poderá, no entanto, ser:
>
> I – invalidada, quando realizada por preço vil ou com outro vício;
>
> II – considerada ineficaz, se não observado o disposto no art. 804;
>
> III – resolvida, se não for pago o preço ou se não for prestada a caução.
>
> **§ 2º** O juiz decidirá acerca das situações referidas no § 1º, se for provocado em até 10 (dez) dias após o aperfeiçoamento da arrematação.
>
> **§ 3º** Passado o prazo previsto no § 2º sem que tenha havido alegação de qualquer das situações previstas no § 1º, será expedida a carta de arrematação e, conforme o caso, a ordem de entrega ou mandado de imissão na posse.
>
> **§ 4º** Após a expedição da carta de arrematação ou da ordem de entrega, a invalidação da arrematação poderá ser pleiteada por ação autônoma, em cujo processo o arrematante figurará como litisconsorte necessário.
>
> **§ 5º** O arrematante poderá desistir da arrematação, sendo-lhe imediatamente devolvido o depósito que tiver feito:
>
> I – se provar, nos 10 (dez) dias seguintes, a existência de ônus real ou gravame não mencionado no edital;
>
> II – se, antes de expedida a carta de arrematação ou a ordem de entrega, o executado alegar alguma das situações previstas no § 1º;
>
> III – uma vez citado para responder a ação autônoma de que trata o § 4º deste artigo, desde que apresente a desistência no prazo de que dispõe para responder a essa ação.
>
> **§ 6º** Considera-se ato atentatório à dignidade da justiça a suscitação infundada de vício com o objetivo de ensejar a desistência do arrema-

> tante, devendo o suscitante ser condenado, sem prejuízo da responsabilidade por perdas e danos, ao pagamento de multa, a ser fixada pelo juiz e devida ao exequente, em montante não superior a vinte por cento do valor atualizado do bem.

▶ *Referência: CPC/1973 – Arts. 694, caput e § 1º, e 746, §§ 1º, 2º e 3º*

1. "Segurança" da arrematação

No bojo da Lei 11.382/2006, o legislador, com o intuito de aumentar o interesse de participação em leilões judiciais, passou a conferir maior nível de segurança para as arrematações. Tal propósito mantém-se no CPC, mesmo com pequena mudança de redação, ao dizer a lei que "assinado o auto pelo juiz, pelo arrematante e pelo leiloeiro, a arrematação será considerada perfeita, acabada e irretratável". E prossegue o legislador deixando claro que "ainda que venham a ser julgados procedentes os embargos do executado ou a ação autônoma de que trata o § 4º deste artigo" não se terá disto repercussão para a arrematação, sendo certo que, nesta situação, o direito do executado/responsável terá de ser resolvido por intermédio de reparação pecuniária pelos prejuízos sofridos.

2. As exceções do § 1º

A regra geral do *caput* do art. 903 é excepcionada nos casos descritos pelo § 1º, que, em resumo, enumera casos em que a arrematação poderá ser desfeita por conta de o lance ter sido vil, em caso de não ter sido feita intimação exigida pelo art. 804, ou por resolução decorrente de não pagamento do preço (da arrematação) ou de não ser prestada caução.

3. Modo e momento para invocar as matérias do § 1º

No direito anterior, havia a previsão de embargos à arrematação em opção não renovada no CPC. No lugar desta via defensiva o CPC oferta, agora, a oportunidade descrita no § 2º, em que se abre prazo de até 10 dias, após o aperfeiçoamento do leilão, para que o interessado possa pedir o desfazimento da arrematação, alegando as matérias do § 1º.

4. Expedição da carta de arrematação

Nos termos do mencionado no do § 3º, passado o prazo previsto no § 2º será expedida a carta de arrematação, com ordem de entrega ou mandado de imissão, conforme o caso. Ou seja, complementando o disposto no art. 901, a regra do art. 903 deixa claro que primeiro há a espera do prazo para eventual questionamento à arrematação e, passado este tempo, sem que se verifique questionamento, tem-se o seguimento do processo, com a expedição da carta.

5. Ação autônoma de impugnação

O objetivo do legislador, como mencionado acima, é o de dar maior segurança para a arrematação, pelo que se vem eliminando, ou pelo menos mitigando, hipóteses de impugnação ao ato. Contudo, e considerando a dinâmica da vida, não se poderia deixar de prever o cabimento, ao menos em tese, de ação autônoma que possa ser exercida por quem alegar ter direito à anulação da arrematação. É o que consta do § 4º que, em vista dos efeitos que deste pedido podem decorrer para o arrematante, prevê que este será litisconsorte necessário. Ainda sobre ação autônoma de impugnação a atos praticados no processo ver art. 966, § 4º, do CPC.

6. Possibilidade de desistência pelo arrematante

Nos termos do "*caput*", uma vez assinado o auto a arrematação é irretratável. Contudo, o § 5º do art. 903 prevê casos em que o arrematante poderá desistir. Trata a regra de casos em que o legislador presume justificado o motivo de desistência, não se tratando a rigor de autorização para arrependimento, mas da noção de que, na presença destas situações, não seria razoável manter o arrematante atrelado a uma aquisição de "risco".

7. Sancionamento a quem causar, sem justo motivo, a desistência do arrematante

Nos termos do § 6º, o CPC procura ser bastante rigoroso com quem venha a provocar a desistência do arrematante. Trata-se de regra que se compatibiliza com o objetivo de dar segurança às arrematações e à válvula de escape preconizada pelo § 5º. Ou seja, considerando que a lei dá uma automática chance para o arrematante desistir da aquisição, viu a lei necessidade de, de modo expresso, lançar advertência "geral", deixando claro que aquele que provocar, sem justo motivo, este tipo de desistência incidirá nas sanções descritas no § 6º, sendo este tipo de conduta considerada como ato atentatório à dignidade da justiça.

Art. 904

CÓDIGO DE PROCESSO CIVIL INTERPRETADO

Seção V
Da satisfação do crédito

Art. 904. A satisfação do crédito exequendo far-se-á:

I – pela entrega do dinheiro;

II – pela adjudicação dos bens penhorados.

▶ *Referência: CPC/1973 – Art. 708*

1. A satisfação do crédito e levantamento de valores

Como já referido, o objetivo da execução por quantia é o de dar satisfação ao exequente. Tal satisfação, nos termos do artigo em comento, dá-se pela entrega do dinheiro (que tiver resultado de quaisquer das técnicas executivas antes mencionadas pelo Código) ou por intermédio da adjudicação do bem penhorado. Para tanto, o inciso I estipula a necessidade de não haver pluralidade de credores (sobre esta situação ver arts. 908 e 909). O levantamento também poderá ser adiado caso seja deferido efeito suspensivo para providências de defesa que sejam utilizadas pelo executado ou responsável (ver arts. 525, § 6º, e 919, § 1º).

2. Vedação de levantamento no plantão judiciário

O parágrafo único veda levantamento de valores por satisfação do credor. No geral, trata-se medida de cautela razoável e que se compatibiliza com a dinâmica do processo de execução e com o próprio propósito genérico de um plantão judiciário, que é previsto para atender casos realmente urgentes em períodos nos quais não há expediente forense. Muito excepcionalmente, pode-se imaginar que, para atender o art. 5º, XXXV, da CF, possa haver o deferimento deste tipo de autorização. De todo modo não é recomendável que tal se dê, em vista das cautelas que devem revestir qualquer levantamento de dinheiro.

Art. 905. O juiz autorizará que o exequente levante, até a satisfação integral de seu crédito, o dinheiro depositado para segurar o juízo ou o produto dos bens alienados, bem como do faturamento de empresa ou de outros frutos

e rendimentos de coisas ou empresas penhoradas, quando:

I – a execução for movida só a benefício do exequente singular, a quem, por força da penhora, cabe o direito de preferência sobre os bens penhorados e alienados;

II – não houver sobre os bens alienados outros privilégios ou preferências instituídos anteriormente à penhora.

Parágrafo único. Durante o plantão judiciário, veda-se a concessão de pedidos de levantamento de importância em dinheiro ou valores ou de liberação de bens apreendidos.

▶ *Referência: CPC/1973 – Art. 709*

1. Levantamento do dinheiro

Sendo o objetivo da execução por quantia a satisfação do exequente, e considerando que tal satisfação pode ser atingida com o recebimento do dinheiro resultante do emprego de uma das técnicas executivas previstas no CPC, estipula o art. 905 que o levantamento dos valores pode ser feito, "até a satisfação integral de seu crédito" e na medida em que tais valores forem sendo depositados.

Art. 906. Ao receber o mandado de levantamento, o exequente dará ao executado, por termo nos autos, quitação da quantia paga.

Parágrafo único. A expedição de mandado de levantamento poderá ser substituída pela transferência eletrônica do valor depositado em conta vinculada ao juízo para outra indicada pelo exequente.

▶ *Referência: CPC/1973 – Art. 709, parágrafo único*

1. Quitação e transferência eletrônica de valores

Conforme são recebidos os valores, estipula a lei seja lavrado termo nos autos, por intermédio do qual o exequente, na medida dos recebimentos, outorga a necessária quitação ao executado/responsável. No âmbito do parágrafo único há autorização que simplifica o procedimento, autorizando-se a substituição de mandado de levantamento por documento que comprove a realização de transferência eletrônica de valores, o que é plenamente razoável no atual estágio de desenvolvimento tecnológico para circulação de ativos.

Art. 907. Pago ao exequente o principal, os juros, as custas e os honorários, a importância que sobrar será restituída ao executado.

▶ *Referência: CPC/1973 – Art. 710*

1. Devolução de valores ao executado/responsável

A execução não é, em regra, procedimento para penalização do executado/responsável. Assim sendo, satisfeito o crédito do exequente, os honorários advocatícios e as despesas do processo, serão devolvidos ao executado/responsável valores que tiverem restado. Com a satisfação do exequente e restituição ao executado dos valores restantes, o processo estará em condições de extinção, por já ter cumprido sua finalidade (ver arts. 925 e 925).

Art. 908. Havendo pluralidade de credores ou exequentes, o dinheiro lhes será distribuído e entregue consoante a ordem das respectivas preferências.

§ 1º No caso de adjudicação ou alienação, os créditos que recaem sobre o bem, inclusive os de natureza *propter rem*, sub-rogam-se sobre o respectivo preço, observada a ordem de preferência.

§ 2º Não havendo título legal à preferência, o dinheiro será distribuído entre os concorrentes, observando-se a anterioridade de cada penhora.

▶ *Referência: CPC/1973 – Art. 711*

1. Pluralidade de credores e concurso singular

Nos termos do art. 908, em caso de concurso singular de credores (ou seja, vários credores buscando satisfação em um bem, ou bens, de um devedor solvente), ter-se-á de observar as preferências estabelecidas na lei.

2. Créditos que recaem sobre o bem e sub-rogação no preço

Como já mencionado, o CPC tem o objetivo de estimular a adjudicação de bens, ou a participação em eventos de alienação. Para tanto, o preço da alienação incorpora outras dívidas que poderiam incidir sobre o bem, de forma que, com a sub-rogação mencionada na regra, o bem reste "livre" e desembaraçado para o adjudicante/adquirente/arrematante.

3. Anterioridade da penhora

Em caso de credores com igual preferência legal, passa a ter preferência quem penhorou o bem com maior antecedência.

Art. 909. Os exequentes formularão as suas pretensões, que versarão unicamente sobre o direito de preferência e a anterioridade da penhora, e, apresentadas as razões, o juiz decidirá.

▶ *Referência: CPC/1973 – Arts. 712 e 713*

1. Apresentação de pedido pelos credores, em concurso singular

No concurso singular de credores (v. art. 908, acima), a lei não estipula grandes formalidades para que os credores exponham suas pretensões. Limita-se a lei, apenas, a indicar os temas que podem ser alegados. E para comprovação de tais alegações poderá haver uso dos meios regulares de prova e, se o caso, até será possível designar audiência. No mais, ao juiz caberá decidir as questões então postas.

CAPÍTULO V
DA EXECUÇÃO CONTRA A FAZENDA PÚBLICA

Art. 910. Na execução fundada em título extrajudicial, a Fazenda Pública será citada para opor embargos em 30 (trinta) dias.

§ 1º Não opostos embargos ou transitada em julgado a decisão que os rejeitar, expedir-se-á precatório ou requisição de pequeno valor em favor do exequente, observando-se o disposto no art. 100 da Constituição Federal.

§ 2º Nos embargos, a Fazenda Pública poderá alegar qualquer matéria que lhe seria lícito deduzir como defesa no processo de conhecimento.

§ 3º Aplica-se a este Capítulo, no que couber, o disposto nos artigos 534 e 535.

▶ *Referência: CPC/1973 – Arts. 730 e 741*

1. Execução contra a Fazenda Pública fundada em título executivo extrajudicial

Considerando que os bens públicos não são passíveis de penhora, para realizar-se exe-

Art. 911

CÓDIGO DE PROCESSO CIVIL INTERPRETADO

1464

cução fundada em título executivo extrajudicial contra a Fazenda Pública deve ser observado o procedimento deste art. 910 do CPC. Para caso de cumprimento de sentença contra a Fazenda Pública, ver arts. 534 e 535.

2. Prazo para oposição e matérias dos embargos

Sendo a Fazenda Pública citada, tem ela o prazo de 30 dias para oposição de embargos. Quanto às matérias a respeito das quais os embargos podem versar, o § 2º expressamente autoriza que neles possa ser alegada "qualquer matéria que lhe seria lícito deduzir como defesa no processo de conhecimento".

3. Expedição de precatório ou de "requisição de pequeno valor" em favor do exequente

Nos termos do § 1º do art. 910, "não opostos embargos ou transitada em julgado a decisão que os rejeitar, expedir-se-á precatório ou requisição de pequeno valor em favor do exequente, observando-se o disposto no art. 100 da Constituição Federal". Precatório é o documento por intermédio do qual o Judiciário requisita que o valor seja posto na programação orçamentária que a Fazenda Pública deve realizar para pagamento de seus débitos decorrentes de demanda judicial. A esse respeito, ver art. 100 e respectivos parágrafos da CF, inclusive no tocante ao pagamento preferencial em caso de verbas de natureza alimentar.

CAPÍTULO VI
DA EXECUÇÃO DE ALIMENTOS

Art. 911. Na execução fundada em título executivo extrajudicial que contenha obrigação alimentar, o juiz mandará citar o executado para, em 3 (três) dias, efetuar o pagamento das parcelas anteriores ao início da execução e das que se vencerem no seu curso, provar que o fez ou justificar a impossibilidade de fazê-lo.

Parágrafo único. Aplicam-se, no que couber, os §§ 2º a 7º do art. 528.

▶ *Referência: CPC/1973 – Art. 732*

1. Execução da prestação alimentícia

A prestação de alimentos é forma especial de obrigação para pagamento de quantia, que

mereceu tratamento destacado pelo legislador em razão da natureza essencial do referido direito. Quando fundada em título judicial a tutela executiva se faz mediante cumprimento de sentença, e, se fundada em título extrajudicial é por processo autônomo de execução.

2. Intercâmbio do cumprimento de sentença e do processo de execução

Nada obstante a regra expressa do art. 771 combinado com o art. 513 do CPC que promove o intercâmbio entre o cumprimento de sentença e o processo de execução, o parágrafo único do art. 911 é expresso ao dizer que aplicam-se, no que couber, os §§ 2º a 7º do art. 528 que tratam do cumprimento de sentença da prestação alimentícia.

Tratando-se de título executivo judicial que reconheça a dívida alimentar segue-se o cumprimento de sentença (arts. 528 a 533), ao passo que se fundada em título extrajudicial segue o processo de execução (arts. 911 a 913). Importante frisar que é prevista a possibilidade de aplicação da prisão civil, de 1 a 3 meses, tanto para o cumprimento de sentença, quanto para o processo de execução (arts. 528, § 3º, e 911, parágrafo único).

3. Prazo para adimplemento

Além da integralização da demanda executiva a citação conterá ordem para executado para, em 3 (três) dias, efetuar o pagamento das parcelas anteriores ao início da execução e das que se vencerem no seu curso, provar que o fez ou justificar a impossibilidade de fazê-lo. Esses três dias são contados segundo a regra do art. 231, § 3º.

4. Valor a ser adimplido

O valor a ser adimplido corresponde ao pagamento das parcelas anteriores ao início da execução e das que se vencerem no seu curso, ou seja, desde o momento em que foram devidos os alimentos segundo consta no título executivo, aí incluindo as parcelas vincendas posteriores à instauração da execução.

5. Impossibilidade de adimplir

Caso não realize o adimplemento total ou parcial dos alimentos o executado deve manifestar-se de forma simples e objetiva no prazo de 3 dias justificando o porquê de não ter realizado o pagamento dos valores devidos. A "impossibilidade" mencionada no dispositivo corresponde às situações em que não era possível ao executado adimplir, como por exemplo, nos casos em que não possui dinheiro para realizar o pagamento. Não basta simplesmente alegar a ausência de quantia para pagamento de alimentos, devendo provar o porquê, com prova documental, de não possuir condições financeiras para efetivar a obrigação assumida no título executivo extrajudicial. Somente a comprovação de fato que gere a impossibilidade absoluta de pagar justificará o inadimplemento (art. 528, § 2º). É possível valer-se de prova testemunhal para demonstração da impossibilidade desde que o seja no referido prazo mencionado no dispositivo.

Jurisprudência

"Processual civil. *Habeas corpus*. Execução de alimentos. Prisão civil. *Writ* utilizado como sucedâneo de recurso ordinário. Impossibilidade. Aferição da possibilidade de concessão da ordem de ofício. Alegado cerceamento de defesa. Inocorrência. Prova testemunhal em execução de alimentos deve ser feita no prazo de três dias. Precedente. Afirmada inobservância da redução dos alimentos em exoneratória, que a prisão civil causará danos ao alimentado e inocorrência de situação de risco. Temas não discutidos na origem. Impossibilidade de exame deles pelo STJ, sob pena de indevida supressão de instância. Precedentes. Constatação da capacidade financeira do alimentante. Impossibilidade na via estreita do *writ*. Precedentes. Nascimento de outro filho não justifica o inadimplemento da obrigação alimentar. Precedentes. Inexistência de demonstração de ilegalidade ou teratologia na decisão impugnada. *Habeas corpus* denegado. 1. Não é admissível a utilização de habeas corpus como sucedâneo ou substitutivo de recurso ordinário cabível. Precedentes. Possibilidade excepcional entretanto, de se conceder a ordem de ofício. 2. A Terceira Turma já decidiu a respeito da possibilidade de oitiva de testemunha em execução de alimentos, tendo concluído que em tese seria possível, desde que ela fosse apresentada no prazo de três dias previsto no art. 528, *caput*, do NCPC, haja vista que o tríduo é peremptório, porque o risco alimentar do executado é premente, devendo a justificativa ser produzida neste intervalo e, nessa linha, o mero protesto pela produção de prova testemunhal não pode ser aceito, porquanto fatalmente se estenderá além da janela temporal de justificativa permitida na

legislação (REsp nº 1.601.338/SP, Rel. p. acórdão Ministra Nancy Andrighi, *DJe* de 24/2/2016). 3. A ausência de debate pelo Tribunal de origem das alegações dos impetrantes de que não foi observada a redução dos alimentos na exoneratória, que a prisão civil será danosa para todos os litigantes, e que credora não está em situação de risco, impede o exame de tais temas pelo STJ, sob pena de indevida supressão de instância. Precedentes. 4. A teor da jurisprudência desta eg. Corte Superior, a real capacidade financeira do paciente não pode ser verificada em habeas corpus que, por possuir cognição sumária, não comporta dilação probatória e não admite a análise aprofundada de provas e fatos controvertidos. Precedentes. 5. O STJ já consolidou o entendimento de que a constituição de nova família e o nascimento de outros filhos não são suficientes para justificar o inadimplemento da obrigação alimentar, devendo tais circunstâncias ser examinadas em ação revisional ou exoneratória, justamente em razão da estreita via do habeas corpus. 6. O decreto de prisão proveniente da execução de alimentos na qual se visa o recebimento integral de até três parcelas anteriores ao ajuizamento da ação e das que se vencerem no seu curso não é ilegal. Inteligência da Súmula nº 309 do STJ e precedentes. 7. A inexistência de ilegalidade flagrante ou de coação no direito de locomoção do paciente não enseja a concessão da ordem de ofício. 8. *Habeas corpus* denegado" (HC 511.426/MG, Rel. Min. Moura Ribeiro, 3ª Turma, j. 25.06.2019, *DJe* 01.07.2019).

"Civil. Processual civil. Recurso especial. Direito de família. Execução de alimentos. Prisão civil. Escusa. Produção de prova testemunhal. Possibilidade. 1. O exíguo prazo de três dias concedido ao alimentante para pagar ou justificar o não pagamento de pensões alimentícias em atraso, tem como objetivo primário garantir a sobrevida do alimentado, pois o atraso nos alimentos pode leva-lo à carência crônica dos mais básicos meios de subsistência. 2. Nessa senda, não se verifica, *a priori*, nenhuma impossibilidade de a escusa ao pagamento ser realizada por meio de oitiva de testemunhas, prova perfeitamente aceitável, mesmo na excepcional execução do art. 733 do CPC/73. 3. No entanto, O tríduo é peremptório, porque o risco alimentar do executado é premente, devendo a justificativa ser produzida neste intervalo e, nessa linha, o mero protesto pela produção de prova testemunhal não pode ser aceito, porquanto fatalmente se estenderá além da janela temporal de justificativa permitida na legislação. 4. Recurso não provido" (REsp 1.601.338/SP, Rel. Min. Ricardo Villas Bôas Cueva, Rel. p/ acórdão Min. Nancy Andrighi, 3ª Turma, j. 13.12.2016, *DJe* 24.02.2017).

"Recurso especial. Ação de execução de alimentos. Débito alimentar referente às três prestações anteriores ao ajuizamento da execução, além das parcelas vincendas. Súmula 309/STJ. Conversão pelo juiz, de ofício, do procedimento de execução de alimentos com base no art. 528, § 3º, do CPC/2015, que permite a decretação de prisão civil do executado, para o rito do § 8º do mesmo dispositivo legal, em que se observará a execução por quantia certa, sem possibilidade de prisão. Impossibilidade. Pagamento parcial do débito que não afasta a possibilidade de prisão. Salvo em situações excepcionais, o transcuro de tempo razoável desde o ajuizamento da execução não afasta o caráter de urgência dos alimentos. Recurso provido. 1. A questão controvertida consiste em saber se o Juízo de primeiro grau poderia ter convertido, de ofício, o procedimento de execução de alimentos com base no art. 528, § 3º, do CPC/2015, que permite a decretação de prisão civil do executado, para o rito previsto no § 8º do mesmo dispositivo legal, em que se observará a execução por quantia certa, sem possibilidade de prisão. 2. Da leitura do art. 528, §§ 1º a 9º, do Código de Processo Civil de 2015, extrai-se que o credor possui duas formas de efetivar o cumprimento de sentença que fixa alimentos. A primeira, prevista no parágrafo 3º da norma legal em comento, dispõe que, caso o executado não pague ou se a justificativa apresentada não for aceita, o juiz, além de mandar protestar o pronunciamento judicial, decretar-lhe-á a prisão pelo prazo de 1 (um) a 3 (três) meses. Já a segunda, por sua vez, seguirá o rito processual do cumprimento de sentença que reconhece a exigibilidade de obrigação de pagar quantia certa (CPC/2015, arts. 523 a 527), hipótese em que será vedada a prisão civil do devedor, conforme estabelece o § 8º. 3. Feita a escolha do procedimento que permite a prisão civil do executado, desde que observado o disposto na Súmula 309/STJ, como na espécie, não se mostra possível a sua conversão, de ofício, para o rito correspondente à execução por quantia certa, cuja prisão é vedada, sob o fundamento de que o débito foi adimplido parcialmente, além do transcurso de tempo razoável desde o ajuizamento da ação, o que afastaria o caráter emergencial dos alimentos.

4. Nos termos da jurisprudência pacífica desta Corte Superior, o pagamento parcial do débito alimentar não impede a prisão civil do executado. Além disso, o tempo transcorrido desde o ajuizamento da ação de execução, salvo em situações excepcionais, não tem o condão de afastar o caráter de urgência dos alimentos, sobretudo no presente caso, em que a demora na solução do litígio foi causada pelo próprio devedor, sem contar que os alimentandos possuem, hoje, 10 (dez) e 15 (quinze) anos de idade, o que revela a premente necessidade no cumprimento da obrigação alimentar. 5. Recurso especial provido" (REsp 1.773.359/MG, Rel. Min. Marco Aurélio Bellizze, 3ª Turma, j. 13.08.2019, *DJe* 16.08.2019).

> **Art. 912.** Quando o executado for funcionário público, militar, diretor ou gerente de empresa, bem como empregado sujeito à legislação do trabalho, o exequente poderá requerer o desconto em folha de pagamento de pessoal da importância da prestação alimentícia.
>
> **§ 1º** Ao despachar a inicial, o juiz oficiará à autoridade, à empresa ou ao empregador, determinando, sob pena de crime de desobediência, o desconto a partir da primeira remuneração posterior do executado, a contar do protocolo do ofício.
>
> **§ 2º** O ofício conterá os nomes e o número de inscrição no Cadastro de Pessoas Físicas do exequente e do executado, a importância a ser descontada mensalmente, a conta na qual deve ser feito o depósito e, se for o caso, o tempo de sua duração.

▶ *Referência: CPC/1973 – Art. 734*

1. Prisão civil do devedor de alimentos

É cabível a prisão civil por inadimplemento de pensão alimentícia decorrente de acordo extrajudicial entre as partes como já decidido reiteradamente pelo Superior Tribunal de Justiça (REsp 1.219.522/MG), o que se justifica pela importância e singularidade da prestação alimentar, ou seja, o ordenamento jurídico constitucional brasileiro autoriza, numa exceção à prisão civil por dívida, a possibilidade de ato executivo de constrição da liberdade do devedor inadimplente. A Constituição Federal, em seu art. 5º, LXVII, prevê a possibilidade de prisão civil do devedor da alimentos, que está regulamentada no art. 528, §§ 3º e seguintes, do CPC.

Entretanto, é preciso lembrar que não é qualquer situação que justifica a medida extrema de constrição da liberdade do devedor de alimentos. Inicialmente é preciso que a medida coercitiva seja útil, ou seja, de nada adiante submeter o devedor à prisão civil se uma vez preso não poderá angariar recursos para a satisfação da dívida. Em segundo lugar é preciso que exista urgência, ou seja, que segundo o legislador configura-se na situação de que o débito alimentar que compreende até as três prestações anteriores ao ajuizamento da execução e as que se vencerem no curso do processo. Em terceiro lugar é preciso que exista requerimento do exequente neste sentido, pois, razões de ordem sentimental, moral, cultural e subjetivas podem levá-lo a não querer que seja procedida a prisão civil do devedor de alimentos. Em quarto lugar, entendemos que se na esteira do art. 805 do CPC, se por outros meios – como por exemplo o desconto em folha – for eficiente e menos gravoso obter os alimentos, não há razão que justifique a medida mais grave contra o devedor.

De qualquer forma, caso seja deferida a prisão do devedor ela será efetuada pelo prazo de um a três meses e cumprida em regime fechado, devendo o preso ficar separado dos presos comuns. Ressalte-se que por não ter caráter punitivo a pena não exime o executado do pagamento das prestações vencidas e vincendas. E, uma vez paga a prestação alimentícia, o juiz suspenderá o cumprimento da ordem de prisão.

2. Desconto em folha para prestações vincendas e vencidas

A técnica do desconto em folha é rápida e eficiente, e, por isso, sempre que possível, deve preceder a outras técnicas de expropriação. Assim, quando o executado for funcionário público, militar, diretor ou gerente de empresa, bem como empregado sujeito à legislação do trabalho, o exequente poderá requerer o desconto em folha de pagamento de pessoal da importância da prestação alimentícia.

Ao despachar a inicial, o juiz deverá oficiar à autoridade, à empresa ou ao empregador, determinando, sob pena de crime de desobediência, o desconto a partir da primeira remuneração posterior do executado, a contar do protocolo do ofício. O referido ofício deve conter os nomes e o número de inscrição no Cadastro de Pessoas Físicas do exequente e do executado, a importância a ser descontada mensalmente, a conta na qual

deve ser feito o depósito e, se for o caso, o tempo de sua duração. Não há motivo para que não seja aplicado o art. 529, § 3º, do CPC que expressamente permite que sem prejuízo do pagamento dos alimentos vincendos, o débito objeto de execução pode ser descontado dos rendimentos ou rendas do executado, de forma parcelada, nos termos do *caput* deste artigo, contanto que, somado à parcela devida, não ultrapasse cinquenta por cento de seus ganhos líquidos.

3. Apropriação de frutos e rendimentos

Não se descarta a possibilidade de que o pagamento da prestação alimentícia seja feito mediante a técnica da apropriação de frutos e rendimentos de bens do devedor de alimentos (art. 867 do CPC), o que deve ser precedido de penhora de frutos e rendimentos da coisa móvel ou imóvel que proporcione tais frutos e rendimentos, sempre que se mostrar mais eficiente para o recebimento do crédito e menos gravosa ao executado.

Nesta linha é o que prescrevia o art. 17 da Lei 5.478 (revogado pelo art. 1.072 do CPC) que asseverava que quando não for possível a efetivação executiva da sentença ou do acordo mediante desconto em folha, poderiam ser as prestações cobradas de alugueres de prédios ou de quaisquer outros rendimentos do devedor, que serão recebidos diretamente pelo alimentando ou por depositário nomeado pelo juiz. Observe-se que a revogação do dispositivo não impede que seja aplicada a regra do art. 867 do CPC.

Jurisprudência

"*Habeas corpus*. Prisão civil. Execução de alimentos. Dívida relativa às três últimas prestações anteriores à execução e prestações vincendas no curso do processo. Desemprego. Afastamento do Decreto Prisional (CPC, art. 528, § 2º). Ordem concedida. 1. A obrigação alimentar é regida pelo binômio necessidade-possibilidade, não se impondo maior valia a nenhuma dessas duas variáveis, mas não se deve desconsiderar que a variável da necessidade é elástica e quase ilimitada, enquanto a da possibilidade é rígida e limitada às posses e disponibilidade do alimentante para o trabalho e, portanto, para a ampliação de seus ganhos. 2. Na hipótese, a obrigação alimentar foi fixada, alternativamente, em 1,5 (um e meio) salário mínimo mensal ou, no caso de vínculo empregatício, em 25% (vinte e cinco por cento) do salário líquido do paciente. 3. Os autos comprovam que o paciente passou por longo período de desemprego, razão pela qual não teve como cumprir a obrigação nos termos em que avençada, realizando pagamentos apenas parciais, e que, atualmente, não obstante empregado como auxiliar administrativo, recebe apenas o equivalente a um salário mínimo mensal, não se encontrando em condições de quitar a dívida pretérita, acumulada em R$ 17.411,99. Ademais, os alimentos atuais vêm sendo regularmente pagos mediante desconto direto em folha de pagamento, no percentual de 25% do salário do devedor. 4. Diante de tais circunstâncias, verifica-se que o inadimplemento não se apresenta inescusável e voluntário, assim como previsto na Constituição Federal, em seu art. 5º, LXVII, para admitir, excepcionalmente, a prisão civil do devedor de alimentos. 5. Ordem concedida" (HC 472.730/SP, Rel. Min. Raul Araújo, 4ª Turma, j. 13.12.2018, *DJe* 19.12.2018).

"Civil. Processual civil. Execução de alimentos. Desconto em folha de pagamento após penhora de bens do devedor. Possibilidade. Obrigação de pagar quantia certa. Superação do princípio da tipicidade dos meios executivos existente no CPC/73. Satisfatividade do direito reconhecido judicialmente. Norma fundamental. Criação de um poder geral de efetivação da tutela executiva que rompe o dogma da tipicidade. Criação e adoção de medidas atípicas apenas existentes em outras modalidades executivas e combinação de medidas executivas. Possibilidade. Ponderação entre a máxima efetividade da execução e menor onerosidade do devedor. Critérios. Hipótese concreta. Débito alimentar antigo e de grande valor. Desconto em folha parcelado e expropriação de bens penhorados. Possibilidade. 1 – Ação proposta em 21/03/2005. Recurso especial interposto em 29/05/2017 e atribuído à Relatora em 14/03/2018. 2 – O propósito recursal consiste em definir se é admissível o uso da técnica executiva de desconto em folha da dívida de natureza alimentar quando há anterior penhora de bens do devedor. 3 – Diferentemente do CPC/73, em que vigorava o princípio da tipicidade dos meios executivos para a satisfação das obrigações de pagar quantia certa, o CPC/15, ao estabelecer que a satisfação do direito é uma norma fundamental do processo civil e permitir que o juiz adote todas as medidas indutivas, coercitivas, mandamentais ou sub-rogatórias para assegurar o cumprimento da ordem judicial, conferiu ao magistrado um poder geral de efetivação de amplo espectro e que rompe com o dogma da tipicidade. 4 – Respeitada a necessidade fundamentação adequada e que justifique a técnica adotada a partir de critérios objetivos de ponderação, razoabilidade e proporcionalidade, conformando os princípios da máxima efetividade da execução e da menor onerosidade do devedor, permite-se, a partir do CPC/15, a adoção de técnicas de executivas apenas existentes em outras modalidades de execução, a criação de técnicas executivas mais apropriadas para cada situação concreta e a combinação de técnicas típicas e atípicas, sempre com o objetivo de conferir ao credor o bem da vida que a decisão judicial lhe atribuiu. 5 – Na hipótese, pretende-se o adimplemento de obrigação de natureza alimentar devida pelo genitor há mais de 24 (vinte e quatro) anos, com valor nominal superior a um milhão e trezentos mil reais e que já foi objeto de sucessivas impugnações do devedor, sendo admissível o deferimento do desconto em folha de pagamento do débito, parceladamente e observado o limite de 10% sobre os subsídios líquidos do devedor, observando-se que, se adotada apenas essa modalidade executiva, a dívida somente seria inteiramente quitada em 60 (sessenta) anos, motivo pelo qual se deve admitir a combinação da referida técnica sub-rogatória com a possibilidade de expropriação dos bens penhorados. 6 – Recurso especial conhecido e desprovido" (REsp 1.733.697/RS, Rel. Min. Nancy Andrighi, 3ª Turma, j. 11.12.2018, *DJe* 13.12.2018).

"Agravo regimental. Agravo em recurso especial. Execução de alimentos. Servidor público municipal. Desconto em folha de pagamento. Prisão civil. Descabimento. 1. É possível o pagamento de débito alimentício pretérito mediante desconto em folha. 2. No caso de as prestações atuais estarem sendo adimplidas, não é aconselhável a decretação da prisão civil do alimentante. 3. Agravo regimental desprovido" (AgRg no AREsp 333.925/MS, Rel. Min. João Otávio de Noronha, 3ª Turma, j. 25.11.2014, *DJe* 12.12.2014).

> **Art. 913.** Não requerida a execução nos termos deste Capítulo, observar-se-á o disposto no art. 824 e seguintes, com a ressalva de que, recaindo a penhora em dinheiro, a concessão de efeito suspensivo aos embargos à execução não obsta a que o exequente levante mensalmente a importância da prestação.

▶ *Referência: CPC/1973 – Art. 732, parágrafo único*

1. Expropriação de bens do devedor

Se nenhuma técnica especial de execução da prestação de alimentos foi realizada ou preferencialmente requerida pelo exequente, então "resta" o procedimento comum do art. 824 e ss. do CPC. Contudo, nesta hipótese, seja para as prestações vencidas ou vincendas, recaindo a penhora em dinheiro, a eventual concessão de efeito suspensivo aos embargos à execução não obsta a que o exequente levante mensalmente a importância da prestação, e tampouco impede que o magistrado se valha de medidas atípicas descritas no art. 139, IV, do CPC.

TÍTULO III
DOS EMBARGOS À EXECUÇÃO

> **Art. 914.** O executado, independentemente de penhora, depósito ou caução, poderá se opor à execução por meio de embargos.
>
> **§ 1º** Os embargos à execução serão distribuídos por dependência, autuados em apartado e instruídos com cópias das peças processuais relevantes, que poderão ser declaradas autênticas pelo próprio advogado, sob sua responsabilidade pessoal.
>
> **§ 2º** Na execução por carta, os embargos serão oferecidos no juízo deprecante ou no juízo deprecado, mas a competência para julgá-los é do juízo deprecante, salvo se versarem unicamente sobre vícios ou defeitos da penhora, da avaliação ou da alienação dos bens efetuadas no juízo deprecado.

▶ *Referência: CPC/1973 – Art. 736*

1. Tutela cognitiva e embargos à execução

São três as espécies de tutela jurisdicional passíveis de concessão pela jurisdição estatal: i) tutela cognitiva, voltada a eliminar uma crise de certeza no plano do direito material; ii) tutela executiva, destinada à satisfação de um direito material reconhecido como devido em um título executivo e; iii) tutela provisória, fundada em urgência ou evidência, que objetiva resguardar uma determinada situação jurídica passível de ser comprometida pela natural duração do processo. À luz dessa classificação, pode-se afirmar que os embargos à execução consistem em instrumento voltado à obtenção de tutela cognitiva, porquanto o embargante

deduzirá por meio desse instrumento matérias que digam respeito à sua defesa apresentada no processo em que ele figura como executado – a respeito dessas matérias, ver comentários ao art. 917 do Código de Processo Civil (Paulo Henrique dos Santos Lucon, Embargos à execução, p. 84).

O ajuizamento desses embargos independe do oferecimento de qualquer medida destinada a assegurar o resultado da execução (apreensão cautelar, penhora, depósito ou caução) *ex vi* art. 914 do Código de Processo Civil. A exceção refere-se apenas aos embargos opostos em processo de execução fiscal ante o teor do art. 16 da Lei de Execuções Fiscais. A execução fiscal tem disciplina em lei especial e lá a penhora é feita antes da oposição dos embargos à execução, tal como acontecia no regime inicial do Código de Processo Civil de 1973. Em estreita síntese, portanto, pode-se afirmar que os embargos à execução designam processo por meio do qual o executado exerce sua defesa no processo de execução com o propósito de obter provimento jurisdicional de mérito que obste uma execução injusta (Paulo Henrique dos Santos Lucon, Embargos à execução, p. 131).

2. Pressupostos de admissibilidade ao julgamento do mérito nos embargos à execução

Não obstante incidente ao processo de execução por força do disposto no art. 914, § 1º, do Código ("os embargos à execução serão distribuídos por dependência"), por consistir em processo de cognição autônomo, os embargos à execução devem observar os requisitos de admissibilidade ao julgamento de mérito impostos a qualquer processo. Portanto, a pretensão formulada em sede de embargos à execução deverá se materializar em uma demanda que deverá observar os requisitos previstos no art. 319 do Código. Além disso, de acordo com o art. 914, § 1º, a petição de embargos à execução deve ser instruída com cópias das peças processuais relevantes, que poderão ser declaradas autênticas pelo próprio advogado, sob sua responsabilidade pessoal. Peças relevantes são aquelas determinantes para o deslinde da controvérsia, assim, por exemplo, cópia da petição inicial da execução, cópia do título executivo, cópia da procuração outorgada aos advogados etc. Para que o pedido formulado nos embargos à execução possa ser julgado, devem estar presentes os pressupostos de admissibilidade ao julgamen-

Art. 915

to de mérito, consistentes nos pressupostos de constituição e desenvolvimento do processo e nas condições da ação (legitimidade *ad causam* e interesse processual).

3. Competência dos embargos na execução por carta

A competência para processar e julgar os embargos à execução pertence ao juiz do processo de execução. Trata-se de competência de natureza funcional, portanto insuscetível de modificação. A maior justificativa para a determinação da competência nesses termos decorre do fato de que a sentença de mérito de procedência dos embargos afetará diretamente o processo de execução. Nos casos em que a execução se processe por carta, embora os embargos possam ser oferecidos tanto no juízo deprecante quanto no juízo deprecado, a competência para julgá-los é exclusiva do juízo deprecante, exceto se os embargos versarem unicamente sobre vícios ou defeitos da penhora, da avaliação ou da alienação dos bens efetuados no juízo deprecado. Nessas situações, a competência do juízo deprecado se justifica, pois tem ele melhores condições de instruir os embargos. Matérias que não repercutirão no mérito do processo de execução e que estão relacionados com vícios ou irregularidades de atos praticados no juízo deprecado, lá deverão ser apreciadas (Paulo Henrique dos Santos Lucon, Embargos à execução, p. 247 e ss.).

Jurisprudência

"Em atenção ao princípio da especialidade da LEF, mantido com a reforma do CPC/73, a nova redação do art. 736 do CPC dada pela Lei n. 11.382/2006 – artigo que dispensa a garantia como condicionante dos embargos – não se aplica às execuções fiscais diante da presença de dispositivo específico, qual seja o art. 16, § 1º da Lei n. 6.830/80, que exige expressamente a garantia para a apresentação dos embargos à execução fiscal" (STJ, REsp 1.272.827/PE, Rel. Min. Mauro Campbell Marques, 1ª Turma, j. 22.05.2013, *DJe* 31.05.2013).

"Quanto à prevalência do disposto no art. 736 do CPC – que permite ao devedor a oposição de Embargos, independentemente de penhora, sobre as disposições da Lei de Execução Fiscal, que determina a inadmissibilidade de Embargos do executado antes de garantida a execução –, tem-se que, em face do princípio da especialidade, no caso de conflito aparente de normas, as leis especiais

sobrepõem-se às gerais. Aplicação do brocardo *lex especialis derrogat generali*" (STJ, AgRg no AREsp 621.356/RJ, Rel. Min. Herman Benjamin, 2ª Turma, j. 10.03.2015, *DJe* 06.04.2015).

> **Art. 915.** Os embargos serão oferecidos no prazo de 15 (quinze) dias, contado, conforme o caso, na forma do art. 231.
>
> **§ 1º** Quando houver mais de um executado, o prazo para cada um deles embargar conta-se a partir da juntada do respectivo comprovante da citação, salvo no caso de cônjuges ou de companheiros, quando será contado a partir da juntada do último.
>
> **§ 2º** Nas execuções por carta, o prazo para embargos será contado:
>
> **I** – da juntada, na carta, da certificação da citação, quando versarem unicamente sobre vícios ou defeitos da penhora, da avaliação ou da alienação dos bens;
>
> **II** – da juntada, nos autos de origem, do comunicado de que trata o § 4º deste artigo ou, não havendo este, da juntada da carta devidamente cumprida, quando versarem sobre questões diversas da prevista no inciso I deste parágrafo.
>
> **§ 3º** Em relação ao prazo para oferecimento dos embargos à execução, não se aplica o disposto no art. 229.
>
> **§ 4º** Nos atos de comunicação por carta precatória, rogatória ou de ordem, a realização da citação será imediatamente informada, por meio eletrônico, pelo juiz deprecado ao juiz deprecante.

▶ *Referência: CPC/1973 – Art. 738*

1. Prazo

Conforme disposto no art. 915, o executado poderá oferecer embargos à execução no prazo de quinze dias. Para fins de identificação do termo *a quo* desse prazo, faz-se referência então ao art. 231 do Código que estabelece em cada um de seus incisos o dia em que o prazo começará a fluir a depender do modo como se dê ciência do ato processual à parte interessada. Não observado esse prazo o juiz rejeitará liminarmente os embargos nos termos do art. 918, I, do Código.

2. Litisconsórcio

O prazo para oferecimento dos embargos à execução, como regra, é individual. De acordo com o art. 915, § 3º, do Código, não se aplica aos embargos à execução o disposto no art. 229, segundo o qual os litisconsortes com procuradores diferentes disporão de prazo em dobro para todas as suas manifestações. Isso se dá porque referidos embargos constituem demanda autônoma e não mera resposta ao pedido formulado no processo de execução (Paulo Henrique dos Santos Lucon, Embargos à execução, p. 258). Como exceção a essa regra, contudo, tem-se os casos em que os executados são cônjuges ou companheiros. Dá-se, então, o início do prazo a partir da juntada do último comprovante de citação (CPC, art. 915, § 1º).

3. Prazo para o oferecimento de embargos nas execuções por carta

O art. 915, § 2º, do Código estabelece hipóteses específicas para o início da fluência do prazo para o oferecimento de embargos à execução nos casos em que o processo de execução é promovido por meio de carta. Nesses casos, o prazo será contado de maneira distinta, a depender da causa de pedir dos embargos. Caso os embargos à execução versem unicamente a respeito de vícios ou defeitos da penhora, da avaliação ou da alienação dos bens, o prazo começará a fluir da juntada, na carta, da certificação da citação. Essa a hipótese do inc. I. Se os embargos versarem sobre matéria distinta daquela mencionada no inc. I, o prazo começará a fluir da juntada, nos autos de origem, da carta devidamente cumprida ou do comunicado de citação que o juiz deprecado deverá realizar por meio eletrônico ao juiz deprecante, de acordo com o que estabelece o art. 915, § 4º.

> **Art. 916.** No prazo para embargos, reconhecendo o crédito do exequente e comprovando o depósito de trinta por cento do valor em execução, acrescido de custas e de honorários de advogado, o executado poderá requerer que lhe seja permitido pagar o restante em até 6 (seis) parcelas mensais, acrescidas de correção monetária e de juros de um por cento ao mês.
>
> **§ 1º** O exequente será intimado para manifestar-se sobre o preenchimento dos pressupostos do *caput*, e o juiz decidirá o requerimento em 5 (cinco) dias.
>
> **§ 2º** Enquanto não apreciado o requerimento, o executado terá de depositar as parcelas vincendas, facultado ao exequente seu levantamento.

> **§ 3º** Deferida a proposta, o exequente levantará a quantia depositada, e serão suspensos os atos executivos.
>
> **§ 4º** Indeferida a proposta, seguir-se-ão os atos executivos, mantido o depósito, que será convertido em penhora.
>
> **§ 5º** O não pagamento de qualquer das prestações acarretará cumulativamente:
>
> **I –** o vencimento das prestações subsequentes e o prosseguimento do processo, com o imediato reinício dos atos executivos;
>
> **II –** a imposição ao executado de multa de dez por cento sobre o valor das prestações não pagas.
>
> **§ 6º** A opção pelo parcelamento de que trata este artigo importa renúncia ao direito de opor embargos.
>
> **§ 7º** O disposto neste artigo não se aplica ao cumprimento da sentença.

▶ *Referência: CPC/1973 – Art. 745-A*

1. Parcelamento do débito

O art. 916 do Código de Processo Civil reproduz o teor do art. 745-A do CPC/73, com o propósito de oferecer ao executado a possibilidade de, no prazo para embargos, reconhecer o crédito do exequente e requerer seja admitido o pagamento em até seis parcelas mensais desde que comprovado o depósito de trinta por cento do valor devido. Uma vez adotada tal providência, ou seja, tendo o executado reconhecido o crédito e requerido o parcelamento do valor devido, não mais poderá ele se insurgir contra a pretensão do exequente. Dispõe o art. 915, § 6º, que "a opção pelo parcelamento de que trata este artigo importa renúncia ao direito de opor embargos". Por outro lado, é de se destacar que o art. 916 do Código de Processo Civil cria um direito do executado ao parcelamento naqueles moldes, ou seja, não se justificará recusa por parte do exequente se preenchidos os pressupostos legais.

2. Concordância do exequente

A execução realiza-se no interesse do exequente. Assim, tem ele o direito de se manifestar a respeito do pedido de pagamento parcelado do executado. Não tem este o direito potestativo, afinal, de realizar o pagamento conforme melhor lhe aprouver, fora dos estritos limites da lei, embora a execução deva ser promovida de acordo com o modo que lhe seja menos gravoso. Por outro lado, em relação ao parcelamento, o exequente pode apenas se manifestar sobre estarem ou não presentes os pressupostos do *caput* do art. 916. Quando da vigência do CPC/1973, ao aplicar referido art. 745-A, o Superior Tribunal de Justiça teve a oportunidade de analisar essa questão, ocasião em que fixou o seguinte entendimento, aplicável também à nova legislação: "de toda sorte, ainda que com a oposição do credor, pode o juiz, analisando o caso concreto, deferir o parcelamento se verificar atitude abusiva do credor, por pretender, injustificadamente, tornar a execução mais onerosa para o devedor, sendo certo que tal proposta é-lhe bastante proveitosa, a partir do momento em que poderá levantar imediatamente o depósito relativo aos 30% do valor exequendo e, ainda, em caso de inadimplemento, executar a diferença, uma vez que o vencimento das parcelas subsequentes são automaticamente antecipadas e inexiste a possibilidade de impugnação, nos termos dos §§ 2º e 3º do art. 745-A" (STJ, REsp 1.264.272/RJ, 4ª Turma, Rel. Min. Luis Felipe Salomão, j. 15.05.2012, *DJe* 22.06.2012).

Procurando conciliar os interesses e valores envolvidos em uma execução, nos casos de requerimento de parcelamento, o legislador tratou de tutelar de maneira adequada os interesses do exequente. De acordo com o art. 915, § 2º, enquanto não apreciado o requerimento de parcelamento, o executado depositará as parcelas vincendas, optando o exequente pelo seu levantamento ou não. Vale dizer: o requerimento de parcelamento não serve ao executado como uma forma de postergar o pagamento do que é devido. Se deferido o parcelamento, o exequente levantará o quanto depositado e, consequentemente, serão suspensos os atos executivos (art. 915, § 3º). Se, por outro lado, for indeferido o requerimento de parcelamento, os atos executivos terão prosseguimento e o depósito efetuado será convertido em penhora (art. 915, § 4º). Em caso de inadimplemento, dar-se-á o vencimento das prestações subsequentes com a imediata retomada dos atos executivos e ao executado, ademais, será imposta multa de dez por cento sobre o valor das prestações não pagas (art. 915, § 5º). É claro que o parcelamento deve ser corrigido, já que a correção monetária não é um *plus* que se agrega à obrigação, mas um instituto voltado a combater a perda do poder aquisitivo da moeda em razão de sua desvalorização.

3. Parcelamento na execução de título judicial (cumprimento de sentença)

Não se aplica a sistemática do parcelamento prevista neste artigo à fase de cumprimento de sentença, de acordo com o que estabelece o art. 916, § 7º, do Código de Processo Civil. Tal restrição não se justifica ante a ausência de diferença ontológica entre os atos executivos praticados na fase de cumprimento de sentença e no processo de execução de título extrajudicial. As diferenças quanto ao modo de formação do título executivo não justificam diferença de tratamento quanto ao modo de quitação do débito.

Art. 917. Nos embargos à execução, o executado poderá alegar:

I – inexequibilidade do título ou inexigibilidade da obrigação;

II – penhora incorreta ou avaliação errônea;

III – excesso de execução ou cumulação indevida de execuções;

IV – retenção por benfeitorias necessárias ou úteis, nos casos de execução para entrega de coisa certa;

V – incompetência absoluta ou relativa do juízo da execução;

VI – qualquer matéria que lhe seria lícito deduzir como defesa em processo de conhecimento.

§ 1º A incorreção da penhora ou da avaliação poderá ser impugnada por simples petição, no prazo de 15 (quinze) dias, contado da ciência do ato.

§ 2º Há excesso de execução quando:

I – o exequente pleiteia quantia superior à do título;

II – ela recai sobre coisa diversa daquela declarada no título;

III – ela se processa de modo diferente do que foi determinado no título;

IV – o exequente, sem cumprir a prestação que lhe corresponde, exige o adimplemento da prestação do executado;

V – o exequente não prova que a condição se realizou.

§ 3º Quando alegar que o exequente, em excesso de execução, pleiteia quantia superior à do título, o embargante declarará na petição inicial o valor que entende correto, apresentando demonstrativo discriminado e atualizado de seu cálculo.

§ 4º Não apontado o valor correto ou não apresentado o demonstrativo, os embargos à execução:

I – serão liminarmente rejeitados, sem resolução de mérito, se o excesso de execução for o seu único fundamento;

II – serão processados, se houver outro fundamento, mas o juiz não examinará a alegação de excesso de execução.

§ 5º Nos embargos de retenção por benfeitorias, o exequente poderá requerer a compensação de seu valor com o dos frutos ou dos danos considerados devidos pelo executado, cumprindo ao juiz, para a apuração dos respectivos valores, nomear perito, observando-se, então, o art. 464.

§ 6º O exequente poderá a qualquer tempo ser imitido na posse da coisa, prestando caução ou depositando o valor devido pelas benfeitorias ou resultante da compensação.

§ 7º A arguição de impedimento e suspeição observará o disposto nos arts. 146 e 148.

▶ *Referência: CPC/1973 – Arts. 743 e 745*

1. Inexequibilidade do título ou inexigibilidade da obrigação

O art. 917 do Código de Processo Civil enumera as possíveis causas de pedir dos embargos à execução. De acordo com o inciso I, o executado poderá alegar a inexequibilidade do título ou a inexigibilidade da obrigação. O título executivo pode ser inexigível por faltar à obrigação que executa os pressupostos da certeza, liquidez e exigibilidade da obrigação. O processo de execução que se inicia antes de ser exigível a obrigação constante do título deve ser extinto por falta de interesse processual do exequente (Paulo Henrique dos Santos Lucon, Embargos à execução, p. 170-172).

2. Penhora incorreta ou avaliação errônea

O exequente poderá alegar em sede de embargos à execução eventual incorreção no ato de realização da penhora ou de avaliação errônea do bem constrito. A sentença que julgar procedente o pedido formulado nos embargos com fundamento na invalidade da penhora terá como eficácia principal a desconstituição do ato constritivo, retirando-lhe a eficácia (Paulo Henrique dos Santos Lucon, Embargos à execução, p. 148-150). De acordo com o art. 917, § 1º, do Código a incorreção da penhora ou da avaliação do bem poderá ser impugnada por simples petição no prazo de quinze dias, contado da ciência do ato.

3. Excesso de execução ou cumulação indevida de execuções

São cabíveis embargos à execução quando há excesso de execução, ou seja, quando: i) o exequente pleiteia quantia superior à do título; ii) a execução recair sobre coisa diversa daquela declarada no título; iii) a execução se processar de modo diferente do que foi determinado no título; iv) o exequente exige o cumprimento da prestação, mas não cumpre a prestação que lhe atine; v) o exequente não prova que a condição se realizou.

Como causa de pedir dos embargos à execução, o executado pode aduzir que o exequente pleiteia quantia superior à fixada no título. Nesse caso, tem o embargante o ônus de indicar na petição inicial o valor que considera correto com a correspondente apresentação do demonstrativo discriminado e atualizado do débito (CPC, art. 917, § 3º). Caso não o faça, os embargos serão liminarmente rejeitados, sem resolução de mérito, se o excesso de execução for seu único fundamento, ou então, se presente outro fundamento, serão processados regularmente, mas o juiz não apreciará o suposto excesso de execução. Antes de rejeitar os embargos, contudo, deve o juiz conceder ao embargante prazo para correção do vício, tal como dispõe o art. 321 do Código.

Poderá também ser suscitada em sede de embargos eventual cumulação indevida de execuções. O art. 780 autoriza o exequente a cumular várias execuções, ainda que fundadas em títulos diferentes, quando o executado for o mesmo e desde que para todas as execuções seja competente o mesmo juízo e idêntico o procedimento. Não respeitados, portanto, algum desses requisitos, está-se diante de uma cumulação indevida apta a ensejar o oferecimento de embargos. Nesses casos, será o exequente considerado carecedor de ação no que se refere às demandas incompatíveis entre si por lhe faltar interesse processual (Paulo Henrique dos Santos Lucon, Embargos à execução, p. 173-178). Fenômeno distinto e que deve ser lembrado é a denominada cumulação imprópria de execuções, que se verifica quando há a cumulações de títulos executivos relacio-

Art. 918

nados com uma única obrigação. Cada título poderá dar ensejo a diferente execução. Temos aqui ações concorrentes voltadas para a satisfação do mesmo direito.

4. Retenção por benfeitorias necessárias ou úteis, nos casos de execução para entrega de coisa certa

Nos processos de execução para entrega de coisa certa, poderá o executado opor embargos a fim de que seja reconhecido seu direito à retenção por benfeitorias necessárias ou úteis, tal como dispõe o Código Civil. Nesses casos, poderá o exequente requerer a compensação do valor que lhe é devido com o valor dos frutos ou dos danos considerados devidos pelo executado (art. 917, § 5º). A par disso, poderá o exequente requerer a imissão na posse a qualquer tempo, se prestar caução ou depositar o valor devido pelas benfeitorias ou resultante da compensação (art. 917, § 6º).

5. Incompetência absoluta ou relativa do juízo da execução

O executado pode alegar em embargos à execução a incompetência absoluta ou relativa do juízo da execução. De acordo com o art. 781 do Código de Processo Civil, a execução poderá ser proposta: i) no foro de domicílio do executado, no foro de eleição constante do título ou, ainda, no foro de situação dos bens a ela sujeitos; ii) em cada foro em que o executado tiver domicílio; iii) sendo incerto ou desconhecido o domicílio do executado, no lugar onde ele for encontrado, ou no foro de domicílio do exequente; iv) no foro de qualquer um dos devedores possuindo eles diferentes domicílios.

6. Qualquer matéria que seria lícito deduzir como defesa em processo de conhecimento

O art. 917, inc. VI, constitui verdadeira norma de encerramento que permite ao executado deduzir nos embargos à execução qualquer matéria que lhe seria lícito deduzir em processo de conhecimento. A norma em questão abre a possibilidade de um processo de cognição ampla e exauriente.

> **Art. 918.** O juiz rejeitará liminarmente os embargos:
>
> **I** – quando intempestivos;

> **II** – nos casos de indeferimento da petição inicial e de improcedência liminar do pedido;
>
> **III** – manifestamente protelatórios.
>
> **Parágrafo único.** Considera-se conduta atentatória à dignidade da justiça o oferecimento de embargos manifestamente protelatórios.

▶ *Referência: CPC/1973 – Art. 739*

1. Rejeição liminar

O art. 918 do Código de Processo Civil estabelece as hipóteses em que os embargos à execução serão rejeitados liminarmente. Assim, os embargos deverão ser rejeitados: i) quando intempestivos, ou seja, quando não observarem o disposto no art. 914 que estabelece o prazo de quinze dias para o seu oferecimento; ii) se indeferida a petição inicial (v. art. 330) ou se constatada a improcedência liminar do pedido (v. art. 332); ou iii) se manifestamente protelatórios, hipótese que configura conduta atentatória à dignidade da justiça. Aplica-se à espécie o art. 321 do Código de Processo Civil, fundado no princípio da cooperação, que impõe ao juiz o dever de conceder ao autor – no caso o embargante – o prazo de quinze dias para correção do vício constatado na petição inicial.

Nesse sentido, já decidiu o Superior Tribunal de Justiça que: "Cumpre ressaltar, ainda, que, no tocante ao excesso de execução, o acórdão recorrido está em sintonia com a jurisprudência desta Corte no sentido de que a referida alegação deve vir acompanhada do valor que a parte insurgente entende ser devido. A propósito, vejam-se os seguintes precedentes: 'Agravo interno no agravo em recurso especial. Processual civil. Negativa de prestação jurisdicional. Não ocorrência. Embargos à execução. Excesso de execução. Apresentação. Inicial. Valor correto e memória de cálculo. Necessidade. (...) 3. Nos embargos em excesso de execução, a parte embargante deve indicar, na petição inicial, o valor que entende correto, apresentando memória discriminada de cálculo, sob pena de rejeição liminar dos embargos ou de não conhecimento desse fundamento, sendo-lhe vedada a emenda à inicial. 4. Agravo interno não provido' (AgInt no AREsp 1.022.195/SP, Rel. Min. Ricardo Villas Bôas Cueva, 3ª Turma, j. 17.12.2018, *DJe* 01.02.2019). 'Agravo interno nos embargos de declaração no recurso especial. Embargos à execução. Decisão monocrática que negou provimento ao reclamo.

Insurgência do embargante. (...) 4. Conforme entendimento assente na jurisprudência desta Corte Superior, quando o fundamento dos embargos for excesso de execução, cabe ao embargante, na petição inicial, a indicação do valor que entende correto e a apresentação da memória do cálculo, sob pena de indeferimento liminar, sendo inadmitida a emenda da petição inicial. Incidência da Súmula 83 do STJ. 5. Agravo interno desprovido'" (AgInt nos EDcl no REsp 1.333.388/PR, Rel. Min. Marco Buzzi, 4ª Turma, j. 11.12.2018, *DJe* 19.12.2018).

2. Recurso cabível

A apelação é o recurso cabível contra a decisão que rejeitar liminarmente os embargos à execução, dada a natureza dessa decisão (art. 273, § 1º). O recurso de apelação nesse caso não é recebido no efeito suspensivo. Conforme o disposto no art. 1.012, § 1º, inc. III, do Código, começa a produzir efeitos imediatamente após a sua publicação a sentença que extinguir sem resolução do mérito ou julgar improcedentes os embargos do executado.

> **Art. 919.** Os embargos à execução não terão efeito suspensivo.
>
> **§ 1º** O juiz poderá, a requerimento do embargante, atribuir efeito suspensivo aos embargos quando verificados os requisitos para a concessão da tutela provisória e desde que a execução já esteja garantida por penhora, depósito ou caução suficientes.
>
> **§ 2º** Cessando as circunstâncias que a motivaram, a decisão relativa aos efeitos dos embargos poderá, a requerimento da parte, ser modificada ou revogada a qualquer tempo, em decisão fundamentada.
>
> **§ 3º** Quando o efeito suspensivo atribuído aos embargos disser respeito apenas a parte do objeto da execução, esta prosseguirá quanto à parte restante.
>
> **§ 4º** A concessão de efeito suspensivo aos embargos oferecidos por um dos executados não suspenderá a execução contra os que não embargaram quando o respectivo fundamento disser respeito exclusivamente ao embargante.
>
> **§ 5º** A concessão de efeito suspensivo não impedirá a efetivação dos atos de substituição, de reforço ou de redução da penhora e de avaliação dos bens.

▶ *Referência: CPC/1973 – Art. 739-A*

1. Efeito suspensivo *ope iudicis*

Conforme o disposto no art. 919 do Código de Processo Civil, os embargos à execução não terão efeito suspensivo, ou seja, não terão, como regra, a aptidão de suspender a prática de atos executivos. De acordo, contudo, com o § 1º da referida norma o juiz a requerimento do embargante poderá atribuir efeito suspensivo aos embargos quando presentes os requisitos para concessão da tutela provisória e desde que a execução esteja garantida por penhora, depósito ou caução suficiente. A tutela provisória segundo o art. 294 pode ter por fundamento a urgência ou evidência. Assim, o juiz poderá atribuir efeito suspensivo aos embargos à execução se presentes os requisitos estabelecidos pelos arts. 300 e 311. De acordo com o art. 919, § 5º, a concessão de efeito suspensivo não impede a prática de atos de substituição, reforço, redução da penhora e de avaliação de bens.

2. Modificação da decisão

Dada a natureza provisória da decisão que atribui efeito suspensivo aos embargos à execução, poderá ela ser modificada ou revogada a qualquer tempo, em decisão fundamentada, se alguma das partes assim requerer. Para tal, no entanto, é necessária a modificação das circunstâncias que ensejaram a primeira decisão. Assim, por exemplo, não mais presentes os elementos que evidenciam a probabilidade do direito e o perigo de dano ou o risco ao resultado útil do processo, possível a revogação da decisão que anteriormente atribuíra efeitos suspensivos aos embargos.

3. Embargos objetivamente ou subjetivamente parciais

A concessão de efeito suspensivo pode se limitar à parcela do objeto da execução. Se isso ocorrer, o processo prosseguirá quanto à parte não suspensa (CPC, art. 919, § 3º). Além disso, havendo mais de um devedor e tendo apenas um deles requerido a atribuição de efeito suspensivo tal efeito não se propagará quando o fundamento dos embargos disser respeito apenas a ele (CPC, art. 919, § 4º). Na primeira hipótese, por se referirem à parcela do objeto da execução, os embargos são considerados objetivamente parciais. Na segunda hipótese, em razão de a *causa petendi* dos embargos se referir apenas ao embargante, os embargos serão considerados subjetivamente parciais.

Art. 920

Art. 920. Recebidos os embargos:

I – o exequente será ouvido no prazo de 15 (quinze) dias;

II – a seguir, o juiz julgará imediatamente o pedido ou designará audiência;

III – encerrada a instrução, o juiz proferirá sentença.

▶ *Referência: CPC/1973 – Art. 740*

1. Julgamento antecipado

Recebidos os embargos à execução, em respeito ao contraditório, dar-se-á oportunidade ao exequente para se manifestar no prazo de quinze dias. Ato contínuo, se verificada alguma das hipóteses que autorizam julgamento antecipado (CPC, art. 354 e ss.) o juiz julgará imediatamente o pedido.

2. Julgamento parcial

Lembre-se que o juiz poderá proferir julgamento parcial de mérito, se puder solucionar desde logo parte do litígio e houver a necessidade de produção de provas em relação ao que remanesce controvertido.

3. Fase instrutória e decisória

Se não for o caso de extinção imediata do processo, o inc. II do dispositivo em comento indica que deverá ser designada audiência. Na realidade, o legislador quis dizer que deverá se iniciar a fase instrutória, com produção de todos os meios de prova necessários à elucidação dos pontos controvertidos. Após o término da instrução, o juiz, então, proferirá sentença.

TÍTULO IV
DA SUSPENSÃO E DA EXTINÇÃO DO PROCESSO DE EXECUÇÃO

CAPÍTULO I
DA SUSPENSÃO DO PROCESSO DE EXECUÇÃO

Art. 921. Suspende-se a execução:

I – nas hipóteses dos arts. 313 e 315, no que couber;

II – no todo ou em parte, quando recebidos com efeito suspensivo os embargos à execução;

III – quando não for localizado o executado ou bens penhoráveis; (Redação dada pela Lei nº 14.195, de 2021)

IV – se a alienação dos bens penhorados não se realizar por falta de licitantes e o exequente, em 15 (quinze) dias, não requerer a adjudicação nem indicar outros bens penhoráveis;

V – quando concedido o parcelamento de que trata o art. 916.

§ 1º Na hipótese do inciso III, o juiz suspenderá a execução pelo prazo de 1 (um) ano, durante o qual se suspenderá a prescrição.

§ 2º Decorrido o prazo máximo de 1 (um) ano sem que seja localizado o executado ou que sejam encontrados bens penhoráveis, o juiz ordenará o arquivamento dos autos.

§ 3º Os autos serão desarquivados para prosseguimento da execução se a qualquer tempo forem encontrados bens penhoráveis.

§ 4º O termo inicial da prescrição no curso do processo será a ciência da primeira tentativa infrutífera de localização do devedor ou de bens penhoráveis, e será suspensa, por uma única vez, pelo prazo máximo previsto no § 1º deste artigo. (Redação dada pela Lei nº 14.195, de 2021)

§ 4º-A. A efetiva citação, intimação do devedor ou constrição de bens penhoráveis interrompe o prazo de prescrição, que não corre pelo tempo necessário à citação e à intimação do devedor, bem como para as formalidades da constrição patrimonial, se necessária, desde que o credor cumpra os prazos previstos na lei processual ou fixados pelo juiz. (Incluído pela Lei nº 14.195, de 2021)

§ 5º O juiz, depois de ouvidas as partes, no prazo de 15 (quinze) dias, poderá, de ofício, reconhecer a prescrição no curso do processo e extingui-lo, sem ônus para as partes. (Redação dada pela Lei nº 14.195, de 2021)

§ 6º A alegação de nulidade quanto ao procedimento previsto neste artigo somente será conhecida caso demonstrada a ocorrência de efetivo prejuízo, que será presumido apenas em caso de inexistência da intimação de que trata o § 4º deste artigo. (Incluído pela Lei nº 14.195, de 2021)

§ 7º Aplica-se o disposto neste artigo ao cumprimento de sentença de que trata o art. 523 deste Código. (Incluído pela Lei nº 14.195, de 2021)

▶ *Referência: CPC/1973 – Art. 791*

1. Suspensão do processo

O processo é formado, desenvolve-se e extingue-se com ou sem julgamento do mérito. Em seu desenvolvimento, contudo, podem ocorrer atos ou fatos que ensejem sua paralisação momentânea, ou seja, períodos em que não se realizam atos válidos (com exceção dos urgentes) e findos os quais o processo retoma seu curso normal, a partir de onde parou. Tal é a suspensão do processo, que não se confunde com uma mera ausência de manifestação ou com um decurso de prazo *in albis*. A suspensão caracteriza-se pela circunstância objetiva de o procedimento não prosseguir e por isso, constitui um momento de crise no processo.

Há causas gerais de suspensão, pertinentes a toda espécie de processos; mas há também casos específicos de suspensão para alguns tipos de processo. No caso do processo executivo, as hipóteses de suspensão vêm expressamente previstas nos incisos I a V do dispositivo ora comentado. Tal rol, entretanto, é meramente exemplificativo.

2. Arts. 313 e 315

As hipóteses de suspensão do processo arroladas nos arts. 313 e 315 do Código de Processo Civil, também são causas de suspensão da execução.

Assim, suspende-se a execução pela morte ou perda da capacidade processual de qualquer das partes, de seu representante legal ou de seu procurador; pela convenção das partes, bem como nos casos de suspeição ou impedimento do juiz. Essa é a denominada suspensão imprópria do procedimento principal, já que os referidos incidentes processuais fazem parte do processo.

3. Recebimento dos embargos à execução com efeito suspensivo

A regra geral é que os embargos à execução não têm efeito suspensivo. A suspensão da execução, pois, depende de pronunciamento do juiz (suspensividade *ope iudicis*), que deve ser concedida por decisão fundamentada. Para que os embargos à execução tenham efeito suspensivo, há necessidade da presença de um trinômio: (i) requerimento do embargante-executado; (ii) quando verificados os requisitos para a concessão da tutela provisória e (iii) garantia da execução pela penhora, depósito ou caução suficientes

(art. 919, § 1º). A suspensão ou não dos embargos decorre de decisão fundamentada do juiz; o ato não é discricionário do juiz, mas depende da verificação da presença ou não dos requisitos mencionados e a seguir pormenorizados. Cessando as circunstâncias que motivaram a suspensão, a decisão relativa aos efeitos dos embargos poderá, a requerimento da parte, ser modificada ou revogada a qualquer tempo, em decisão fundamentada (art. 919, § 2º).

Para que os fundamentos sejam relevantes para suspensão total da execução, é preciso que a matéria debatida verse sobre a totalidade do valor exequendo e envolva todas as partes litigantes. Ademais, é preciso que exista uma probabilidade de que o executado tenha razão em seus argumentos. O risco de prosseguimento da execução relaciona-se com os danos decorrentes da fase expropriatória. Ainda que deferido o efeito suspensivo, penhora e avaliação serão realizadas. Como a fase expropriatória pode ocorrer quando ainda pendentes de julgamento os embargos, configurados os demais requisitos (fundamentos relevantes consistentes na verificação dos requisitos para a concessão de tutela provisória e garantia da execução por meio de penhora, depósito ou caução suficientes), será o caso de se suspender a execução. Para que o efeito suspensivo dos embargos seja concedido pelo juiz, é preciso também que a execução esteja garantida pela penhora, depósito ou caução suficientes.

A requerimento da parte, exequente ou executado, a decisão a respeito dos efeitos dos embargos pode ser modificada ou revogada a qualquer tempo em decisão fundamentada, cessando as circunstâncias que a motivaram. Evidentemente, para que isso ocorra, é preciso que a parte apresente fundamentos novos que não foram considerados pelo julgador. A decisão a respeito dos efeitos dos embargos pode ser proferida até o julgamento dos embargos. O juiz pode de ofício conceder o efeito suspensivo aos embargos ou mesmo modificar decisão já proferida a esse respeito, se presentes os requisitos legais para tanto.

4. Crise na execução: não localização do executado ou bens penhoráveis e prescrição intercorrente

A mais comum hipótese de suspensão do processo de execução ou do cumprimento de sentença ocorre com a não localização de bens penhoráveis. A suspensão da execução e a prescrição da pretensão executiva são fenômenos que ocorrem tanto no processo de execução, fundado em título executivo extrajudicial, como no cumprimento de sentença, fundado em título executivo judicial. Eis o porquê de referidos institutos, suspensão da execução e prescrição na execução, serem aplicáveis ao processo executivo e ao cumprimento de sentença, consoante dispõe o § 7º da norma em comento.

A Lei n. 14.195/2021, que alterou substancialmente a norma do art. 921, estabelece que a não localização do executado é causa para a suspensão da execução.

Outra causa para a crise da execução ou do cumprimento de sentença ocorre quando não forem localizados bens do devedor penhoráveis ou suscetíveis de arresto.

O escopo último do processo de execução ou do cumprimento de sentença é a satisfação do credor, a qual se dá por meio da constrição e adjudicação, alienação ou arrematação dos bens do executado, ou ainda pela constituição de usufruto de bem ou de empresa.

Não sendo encontrados bens do devedor passíveis de penhora ou arresto, a execução será suspensa pelo prazo de um ano. Encerrado esse prazo, sem manifestação do exequente, começa a fluir o prazo da prescrição intercorrente, e, uma vez consumada a prescrição, o feito será extinto.

De acordo com o § 4º do dispositivo em comento, o termo inicial da prescrição no curso do processo se dará com a ciência da primeira tentativa infrutífera de localização do devedor ou de bens penhoráveis. No entanto, a "primeira tentativa infrutífera" referida no dispositivo deve ser lida com muito cuidado, pois certamente se refere ao esgotamento de todos os meios existentes e idôneos à localização de bens do devedor. Isso porque se sabe que a busca de bens na execução ou no cumprimento de sentença é feita de maneira gradativa, com pesquisa de bens feita pelo próprio exequente ou por meio de ofícios emitidos a órgãos que possam apreender bens ou mesmo trazer informações a respeito da existência deles, tudo para viabilizar a realização da execução.

Ou seja, somente com o esgotamento de todos os meios executivos sem a localização de bens é que haverá a suspensão da execução por um ano, quando, após o interregno de tal prazo, operar-se-á a prescrição. Entendimento contrário

contraria a própria lógica do sistema, de tornar efetiva a tutela executiva. Nesse sentido, o § 4º-A estabelece que "a efetiva citação, intimação do devedor ou constrição de bens penhoráveis interrompe o prazo de prescrição, que não corre pelo tempo necessário à citação e à intimação do devedor, bem como para as formalidades da constrição patrimonial, se necessária, desde que o credor cumpra os prazos previstos na lei processual ou fixados pelo juiz".

Destaque-se que a suspensão da execução ocorrerá uma única vez, semelhante ao que ocorre com a interrupção da execução, que se dá uma única vez.

Cumpre também destacar que, conquanto a jurisprudência do Superior Tribunal de Justiça seja pacífica no sentido de que, nesses casos, não é preciso intimar a parte exequente para dar prosseguimento ao feito, antes de proceder-se à referida extinção, é preciso respeitar o princípio do contraditório. Nesse sentido: "Agravo interno no recurso especial. Ação de execução. Prescrição intercorrente. Intimação da parte para dar andamento ao feito. Desnecessidade. Formalidade que apenas se impõe nos casos de extinção do feito por abandono da causa. Precedentes. Necessidade. Observância do contraditório respeitada. IAC no REsp n. 1.604.412/SC. Agravo desprovido. 1. Em conformidade com a orientação jurisprudencial firmada no Tema 1 do Incidente de Assunção de Competência (IAC) – REsp 1.604.412/SC –, precedente de observância obrigatória nos termos do art. 927, III, do CPC/2015, nas execuções paralisadas sem prazo determinado, inclusive no caso de suspensão por ausência de bens penhoráveis (art. 791, III, do CPC/1973), o prazo prescricional da pretensão de direito material anteriormente interrompido reinicia após o transcurso de 1 (um) ano a partir do último ato do processo. Além disso, é possível conhecer da prescrição, de ofício, desde que assegurado o prévio contraditório, a fim de possibilitar ao credor a oposição de fato obstativo, em vez do impulsionamento do processo – providência própria do abandono processual. 2. Prescrição intercorrente que se verifica na hipótese dos autos. 3. Agravo interno desprovido" (AgInt no REsp 1.635.114/PR, Rel. Min. Marco Aurélio Bellizze, 3ª Turma, j. 17.06.2019).

Seguindo tal entendimento, a Lei nº 14.195/2021, ao introduzir o § 5º no referido dispositivo legal, estabeleceu que o juiz deverá ouvir as partes no prazo de 15 dias, quando poderá, de ofício, reconhecer a prescrição no curso do processo e extingui-lo, sem ônus para as partes.

A alegação de nulidade quanto ao procedimento previsto neste artigo somente será conhecida caso demonstrada a ocorrência de efetivo prejuízo, que será presumido apenas em caso de inexistência da intimação de que trata o § 4º deste artigo (§ 6º). Nas demais hipóteses, o prejuízo no reconhecimento equivocado da prescrição deve ser objeto de alegação e prova por parte do exequente, a fim de que não ocorra tal causa extintiva do direito pelo qual se executa.

5. Outras hipóteses

O processo de execução também será suspenso ante a falta de licitantes para alienação dos bens penhorados. A suspensão nesses casos se justifica para que os fins do processo de execução sejam de fato atendidos: satisfação do exequente sem um prejuízo injustificado do executado. Além disso, a execução também será suspensa nos casos em que o executado reconhece o crédito do exequente e requer o parcelamento de sua dívida. Por ser medida de estímulo à satisfação da execução, justificada a suspensão do processo também nesse caso.

Jurisprudência

"'Prescreve a execução no mesmo prazo da prescrição da ação' (Súmula 150/STF). 'Suspende-se a execução: (...) quando o devedor não possuir bens penhoráveis' (art. 791, inciso III, do CPC). Ocorrência de prescrição intercorrente, se o exequente permanecer inerte por prazo superior ao de prescrição do direito material vindicado. Hipótese em que a execução permaneceu suspensa por treze anos sem que o exequente tenha adotado qualquer providência para a localização de bens penhoráveis. Desnecessidade de prévia intimação do exequente para dar andamento ao feito. Distinção entre abandono da causa, fenômeno processual, e prescrição, instituto de direito material. Ocorrência de prescrição intercorrente no caso concreto. Entendimento em sintonia com o novo Código de Processo Civil. Revisão da jurisprudência desta Turma" (STJ, REsp 1.522.092/MS, Rel. Min. Paulo de Tarso Sanseverino, 3ª Turma, j. 06.10.2015, *DJe* 13.10.2015).

"A decisão recorrida está em consonância com a jurisprudência do Superior Tribunal de Justiça no sentido de que, se o devedor não possui bens penhoráveis, aplica-se o disposto no art. 791, III, do Código de Processo Civil, o qual determina a suspensão da execução, e não a sua extinção. Tal norma visa a resguardar o direito do credor, conferindo-lhe prazo razoável para obtenção de elementos suficientes ao seguimento do processo, evitando-se, assim, que o devedor inadimplente se beneficie, locupletando-se em detrimento do credor" (STJ, AgRg no AREsp 481.724/DF, Rel. Min. Raul Araújo, 4ª Turma, j. 23.06.2015, *DJe* 03.08.2015).

"A falta de bem penhorável, não importa na extinção do processo de execução ou na baixa no Distribuidor, mas apenas enseja seu arquivamento provisório até que sejam localizados bens do devedor, nos termos do art. 791, III, do CPC" (STJ, REsp 1.231.544/RJ, Rel. Min. Sidnei Beneti, 3ª Turma, j. 27.03.2012, *DJe* 27.04.2012).

> **Art. 922.** Convindo as partes, o juiz declarará suspensa a execução durante o prazo concedido pelo exequente para que o executado cumpra voluntariamente a obrigação.
>
> **Parágrafo único.** Findo o prazo sem cumprimento da obrigação, o processo retomará o seu curso.

▶ *Referência: CPC/1973 – Art. 792*

1. Suspensão convencional da execução

A suspensão do processo pode ser legal ou convencional. Será legal quando prevista expressamente em lei e convencional sempre que as partes, de comum acordo e obedecendo aos limites e circunstâncias indicados na lei, assim estabelecerem. A hipótese de suspensão convencional prevista no art. 922 do Código de Processo Civil tem como fundamento a concessão, pelo exequente, de um prazo determinado para que o executado cumpra voluntariamente sua obrigação. Daí por que não existe, neste caso, qualquer restrição quanto ao tempo que o processo poderá ficar suspenso. O juiz, portanto, ficará adstrito ao ajuste das partes, não podendo a ele se opor. Lembre-se sempre que o cumprimento das obrigações pertence ao plano da disponibilidade das partes. Por meio desse acordo, é facultado às partes ainda alterar o objeto da execução, modificando o valor do débito (para um montante superior ou inferior ao inicialmente devido), estabelecendo seu pagamento parcelado, impondo a incidência de multa em caso de descumprimento etc. Findo o prazo concedido pelo exequente, duas são as hipóteses possíveis: o processo de execução será extinto, por força do adimplemento da obrigação ou retomará seu curso normal, no caso de o executado não ter cumprido espontaneamente o que restara pactuado entre as partes. A suspensão convencional da execução, registre-se, é, portanto, um típico exemplo de negócio jurídico processual diante do qual o juiz deverá se abster de praticar qualquer ato e respeitar a autonomia da vontade das partes.

Jurisprudência

"Agravo interno em recurso especial. Processual civil. Execução. Homologação de acordo. Suspensão do feito. Descumprimento da avença pelo devedor. Retomada da execução com base no título executivo originário. Agravo improvido. 1. Em se tratando de execução suspensa em razão de acordo celebrado entre as partes, nos termos do art. 792, *caput*, do CPC de 1973, sem que haja *animus novandi*, se houver descumprimento deste por parte do devedor, o feito deve ser retomado com base no título executivo originário (CPC/73, art. 792, parágrafo único), não podendo o julgador extinguir em definitivo a execução. 2. O acórdão proferido pelo Tribunal estadual encontra-se em consonância com o entendimento desta Corte, segundo o qual é necessária a intimação do credor para que seu silêncio possa dar ensejo à presunção de quitação da dívida, autorizando a extinção do processo executivo com base no art. 794, I, do CPC de 1973. 3. Agravo interno improvido" (AgInt no REsp 1.432.616/SP, 3ª Turma, Rel. Min. Marco Aurélio Bellizze, j. 27.06.2017, *DJe* 03.08.2017).

> **Art. 923.** Suspensa a execução, não serão praticados atos processuais, podendo o juiz, entretanto, salvo no caso de arguição de impedimento ou de suspeição, ordenar providências urgentes.

▶ *Referência: CPC/1973 – Art. 793*

1. Suspensão da execução e medidas de urgência

A suspensão do processo tem eficácia *ex nunc*, atingindo o feito na fase processual em que se encontra e impedindo a partir daí seu regular prosseguimento. Implica a parada momentânea do procedimento, ou seja, é representada por período em que não se realizam atos processuais válidos e findo o qual o processo retoma seu curso normal, a partir de onde parou (ficam integralmente preservados os atos praticados antes do advento do fato ou ato que ensejou a suspensão). A suspensão não se confunde com uma mera paralisação do processo. Caracteriza-se sim pela circunstância objetiva de o procedimento ficar impedido de prosseguir. Tanto é assim que durante a suspensão do processo, é vedada a prática de quaisquer atos processuais, sendo nulos de pleno direito aqueles que se realizarem em prejuízo a uma das partes. Na realidade, em muitos casos, os atos praticados neste período valerão como se tivessem sido praticados no primeiro dia útil após a suspensão.

A exceção diz respeito às providências urgentes, sem as quais poderá ocorrer o perecimento de um bem ou a perda de um direito, como é o caso da apreensão e remoção de bens, das arrematações de bens perecíveis etc. O reforço de penhora também estaria incluído entre as providências urgentes, já que com a segurança real da execução é que o processo executivo poderá prosseguir rumo à satisfação integral do direito que o exequente se diz titular. Em todos esses casos, verificando a iminência de um mal irreparável ou de difícil reparação, deve o juiz ordenar providências acautelatórias. Caso o processo esteja no Tribunal, caberá ao relator determinar a prática das providências de urgência.

Jurisprudência

"O art. 793 do CPC inibe o juiz de praticar quaisquer atos processuais quando suspensa a execução – excetuando-se apenas os de urgência –, mas não impede o processamento de embargos à execução, que se constituem como típica ação de conhecimento, de natureza autônoma" (STJ, REsp 1.234.480/SC, Rel. Min. Castro Meira, 2ª Turma, j. 09.08.2011, *DJe* 30.08.2011).

CAPÍTULO II
DA EXTINÇÃO DO PROCESSO DE EXECUÇÃO

> **Art. 924.** Extingue-se a execução quando:
> **I** – a petição inicial for indeferida;
> **II** – a obrigação for satisfeita;

> **III** – o executado obtiver, por qualquer outro meio, a extinção total da dívida;
>
> **IV** – o exequente renunciar ao crédito;
>
> **V** – ocorrer a prescrição intercorrente.

▸ *Referência: CPC/1973 – Art. 794*

1. Introdução

O objetivo do exequente é receber o que lhe é devido. Assim, todo o procedimento que se desenvolve é no sentido de satisfazer o credor. O art. 924 prevê expressamente que a execução se extingue quando o devedor cumpre a obrigação, quando a petição inicial for indeferida, quando o executado obtiver, por qualquer outro meio, a extinção total da dívida, quando o exequente renunciar ao crédito ou quando ocorrer a prescrição intercorrente. Qualquer que seja o motivo, porém, a extinção da execução somente produzirá efeitos quando declarada por sentença (CPC, art. 925).

2. Satisfação da obrigação

Se o devedor ou um terceiro cumpre a obrigação exigida na execução, seja espontaneamente, seja coercitivamente, perde o exequente o interesse no prosseguimento do feito, já que terá seu direito satisfeito. Obviamente que o credor deverá concordar com o valor pago. Caso contrário, a demanda prossegue e a quitação deverá ser objeto de discussão em sede de embargos à execução ou mesmo em demanda autônoma.

3. Extinção total da dívida

A extinção total da dívida pode se dar diante de novação, compensação, confusão, dação em pagamento, transação, enfim, por qualquer modo de extinção do direito material de crédito do exequente. A transação é a mais comum das formas de extinção (CC, art. 840). Havendo as partes chegado a um consenso e não tendo elas estabelecido que o processo ficará suspenso até o integral cumprimento do pactuado, impõe-se sua extinção. Extinguindo-se o direito ao crédito, extingue-se, consequentemente, a execução, já que tal processo visa justamente a satisfação do crédito exequendo.

4. Renúncia ao crédito

A renúncia, como visto, não deixa de ser uma hipótese de extinção da obrigação. É de-finida como o ato pelo qual o credor, espontaneamente, abre mão de seu direito material. Não se confunde assim com a desistência, já que enquanto esta é diretamente relacionada com a relação processual (é um ato meramente formal), aquela põe fim ao próprio direito à prestação obrigacional, não podendo o credor nunca mais reclamá-la, ainda que em outra demanda.

5. Prescrição

A Súmula 150 do Supremo Tribunal Federal estabelece que "prescreve a execução no mesmo prazo da prescrição da ação". Como é sabido, suspende-se a execução quando o executado não possuir bens penhoráveis (art. 921, inc. III) ou não for localizado. É, possível, no entanto, a ocorrência de prescrição intercorrente, se o exequente permanecer inerte por prazo superior ao de prescrição do direito material vindicado.

Jurisprudência

"'Prescreve a execução no mesmo prazo da prescrição da ação' (Súmula 150/STF). 'Suspende-se a execução: (...) quando o devedor não possuir bens penhoráveis' (art. 791, inciso III, do CPC). Ocorrência de prescrição intercorrente, se o exequente permanecer inerte por prazo superior ao de prescrição do direito material vindicado. Hipótese em que a execução permaneceu suspensa por treze anos sem que o exequente tenha adotado qualquer providência para a localização de bens penhoráveis. Desnecessidade de prévia intimação do exequente para dar andamento ao feito. Distinção entre abandono da causa, fenômeno processual, e prescrição, instituto de direito material. Ocorrência de prescrição intercorrente no caso concreto. Entendimento em sintonia com o novo Código de Processo Civil. Revisão da jurisprudência desta Turma" (STJ, REsp 1.522.092/MS, Rel. Min. Paulo de Tarso Sanseverino, 4ª Turma, j. 06.10.2015, *DJe* 13.10.2015).

> **Art. 925.** A extinção só produz efeito quando declarada por sentença.

▸ *Referência: CPC/1973 – Art. 795*

1. Sentença na execução e seus efeitos

Como visto, o art. 924 enumera algumas das causas de extinção da execução. Contudo,

Art. 926

não basta que se verifique na prática a ocorrência de tais causas para que a extinção do processo gere efeitos. Deve a extinção da execução necessariamente ser declarada judicialmente. O ato judicial que põe fim à execução é uma sentença declaratória, que produz efeitos *ex tunc*. Na realidade, não há o julgamento do mérito, mas apenas o reconhecimento de que a relação processual se exauriu e de que não há mais motivos para o prosseguimento da atividade executiva. A ideia central é de simples encerramento do processo de execução, com a prolação de uma sentença meramente formal. Exceção é verificada no caso de acolhimento dos embargos à execução. Embora nessa hipótese a execução também seja extinta, a declaração de extinção fica contida na própria sentença de procedência da demanda, que é de mérito e de natureza declaratória ou constitutiva (Paulo Henrique dos Santos Lucon, *Embargos à execução*, p. 130-210). De acordo com o art. 203, § 1º, sentença é o pronunciamento por meio do qual o juiz, com fundamento nos arts. 485 e 487, extingue a execução.

LIVRO III
DOS PROCESSOS NOS TRIBUNAIS E DOS MEIOS DE IMPUGNAÇÃO DAS DECISÕES JUDICIAIS

TÍTULO I
DA ORDEM DOS PROCESSOS E DOS PROCESSOS DE COMPETÊNCIA ORIGINÁRIA DOS TRIBUNAIS

CAPÍTULO I
DISPOSIÇÕES GERAIS

> **Art. 926.** Os tribunais devem uniformizar sua jurisprudência e mantê-la estável, íntegra e coerente.
>
> **§ 1º** Na forma estabelecida e segundo os pressupostos fixados no regimento interno, os tribunais editarão enunciados de súmula correspondentes a sua jurisprudência dominante.
>
> **§ 2º** Ao editar enunciados de súmula, os tribunais devem ater-se às circunstâncias fáticas dos precedentes que motivaram sua criação.

▶ *Referência: CPC/1973 – Arts. 476-479 (correspondência parcial)*

1. Integridade, faticidade e repetitividade

Tratando dos processos de competência originária dos tribunais, o Capítulo I, do Título I, do Livro III, inicia com o art. 926. O conteúdo deste dispositivo e alinha com o que considero ter sido uma opção recente do Ordenamento Jurídico brasileiro. Não se trata, pois, de uma novidade temática. Consiste na batalha, de há muito travada pela doutrina, pelo reforço da unidade do Direito, contra a fragmentação jurídica decorrente da amplíssima liberdade judicial singular dos magistrados. Anteriormente, assistimos ao fracasso prático do incidente de uniformização de jurisprudência como instituto capaz de primar pela padronização do Direito, especialmente do Direito igual para casos iguais[45]. Os instrumentos mais profícuos dessa batalha foram forjados a partir da Emenda Constitucional n. 42, de 2004 (Reforma do Poder Judiciário), com a súmula vinculante da jurisprudência do STF (art. 103-A da CB) e a repercussão geral do recurso extraordinário (§ 3º do art. 102 da CB), posteriormente concretizada e consolidada com a implantação do que considero um instrumento complementar à repercussão, o chamado sobrestamento geral, mecanismo cujos detalhes foram contemplados pela Lei 11.418, de 2006, que havia alterado o CPC/1973 para incluir os arts. 543-A e 543-B. Além disso, vale citar a Lei 11.672, de 2008, sobre multiplicidade de recursos especiais com questão idêntica, incluindo no CPC/1973 o art. 543-C, e os julgamentos por amostragem ou por lista.

Agora, o novel dispositivo processual institui um *dever*, direcionado aos tribunais, para manter uniforme sua jurisprudência. Uniformidade gera, automaticamente, maior celeridade, cortando meandros jurídicos, judiciais e até mesmo tentativas de desvio dos deveres centrais exigidos do cidadão em juízo. Aqui cabem duas observações: (i) o dever dos tribunais decorre de uma imposição legal quanto à gestão judiciária da autonomia judicial para decidir, que não pode ser considerada absoluta nem podem os tribunais, com base nela,

---

45 Nesse sentido inclusive com a Súmula 86 dos Juizados Especiais Federais, que prevê: "Não cabe incidente de uniformização que tenha como objeto principal questão controvertida de natureza constitucional que ainda não tenha sido definida pelo Supremo Tribunal Federal em sua jurisprudência dominante".

eximirem-se da responsabilidade pela insuportável fragmentação do Direito; (ii) ao se referir aos tribunais, o dispositivo encontra o STF, cuja fórmula uniformizadora-estável é rejeitada pela sua reiterada jurisprudência, seja de maneira indireta, seja diretamente, quando se proclama, por exemplo, que o efeito vinculante não alcança referida Corte nas decisões que profere em sede de ações diretas de controle chamado abstrato (quando o resultado seja pela constitucionalidade da norma impugnada). Ademais, como conciliar o dever de estabilidade com a possibilidade de mudança, ainda que excepcional? Em qual momento é possível admitir a mudança como legítima se o tribunal estiver jungido, em cada caso, a seguir *ipsis literis* seu próprio precedente. Como liberar tribunais para rediscutirem o precedente sem esfacelar de imediato sua carga normativa? É preciso, pois, que na primeira oportunidade de mudança de um precedente, imponha-se e cumpra-se toda a estrutura referida pelo CPC para fins de abertura das discussões e amadurecimento com a sociedade (audiência pública) e interessados, inclusive *amici curiae*.

Além de uniformizada, fala-se em mais três elementos da jurisprudência: estabilidade, integridade e coerência. Nestas hipóteses é necessário reafirmar que a lei pode resultar diversa daquilo que haviam imaginado ou pretendido seus autores ou redatores. Por isso mesmo não interessa a *mens legis*, a *mens legislatoris*, ou a intenção dos idealizadores, nem sempre parlamentares, alguns mais propensos à imposição pessoal e autoritária de suas teses pessoais ou de sua predileção, sem qualquer responsabilidade democrática real ou preocupação de coerência com o restante do Direito[46]. Estabilidade, aqui, é um ingrediente para a melhor aceitação do próprio Direito jurisprudencial. Integridade, aqui, é elemento normativo. Portanto, não é a incorporação desta ou daquela teoria estrangeira, tão a gosto de muitos incautos, geralmente formulada para contextos e realidades muito diversos do brasileiro e que, independentemente disto, representam apenas uma fração ínfima

das discussões e preocupações nacionais. O que é integridade da jurisprudência no CPC? Jurisprudência íntegra deve ser compreendida como o conjunto decisório não corrompido, quer dizer, que não se contamina e não se impressiona com circunstâncias históricas pontuais, com pressões sociais indevidas, com o poder econômico de alguma das partes. É íntegra a jurisprudência, pois, que se mantém firme com a passagem do tempo e das novas partes interessadas. A integridade está na permanência qualitativa, não na mera permanência (estabilidade). Não se trata de obedecer a alguma pauta supersticiosa ou de procurar uma espécie de "elo perdido das leis", mas de exigência racional. Já a coerência ocorre em duas dimensões: interna e externa. Na dimensão interna, deve haver coerência entre os fundamentos, teorias, teses e argumentos utilizados (a coerência entre fundamento de parte decisória já integra outro dever judicial-processual), seja na própria decisão, seja entre decisões em casos diversos. Não se trata, pois, de assunto menor ou secundário. A coerência intrajudiciário é requisito para que se propague a igualdade. Ter decisões diversas para casos concretos idênticos é um modelo que viola a coerência que deve haver dentro do Poder Judiciário. Está longe do parâmetro constitucional em vigor. A coerência exige consistência, firmeza consciente no agir judicial. Na dimensão externa, a decisão deve estar em sintonia com o Ordenamento Jurídico brasileiro, não no sentido de que haja uma base única e geral para esse ordenamento, mas sim em sintonia com a Constituição e seus princípios, bem como com as leis aplicáveis.

A jurisprudência dominante dos tribunais deve ser base para a construção de enunciados de súmulas. Trata-se da conhecida tentativa de simplificar o conhecimento do chamado *Direito aplicado*, por meio de enunciados sintéticos. Mas a simplificação pode desvirtuar contextos fáticos relevantes para compreender o real significado e o alcance de normas. Por isso é imprescindível conhecer as circunstâncias fáticas do chamado "precedente". E o § 2º do art. 926 do CPC pressupõe, implicitamente, que os fatos devem fazer parte da motivação para criar uma súmula. Aliás, em um sistema reconhecido, majoritariamente, como de *common law*, diz-se que a existência de "precedentes" judiciais depende de previsão legal expressa. Essa conclusão é adequada para o Direito brasileiro, independentemente de assumirmos, ainda nos dias de hoje, a velha dico-

---

46 A crítica à tentativa de influenciar o Direito positivo a partir de teoria estrangeira também está exposta e denunciada em seu equívoco por Luiz Guilherme Marinoni, Sérgio Arenhart e Daniel Mitidiero, *Código de Processo Civil comentado*, p. 988.

Art. 926

CÓDIGO DE PROCESSO CIVIL INTERPRETADO

tomia formal entre direito (judicial) costumeiro e direito legislado.

Realmente, para estabelecer-se um modelo de precedentes, no caso do Ordenamento jurídico brasileiro, é preciso previsão normativa expressa, considerando-se o tratamento do tema jurídico-judicial na Constituição de 1988.

Um modelo de precedentes nos termos adotados ainda demanda melhor compreensão de seu alcance e de suas bases. É preciso identificar o precedente dentro do universo de decisões judiciais diárias. No precedente é preciso selecionar as razões reais de decidir e eliminar os *obter dicta* do conjunto normativo futuro (Direito jurisprudencial por precedentes). É necessário que seja localizado o fundamento determinante do entendimento adotado. É imprescindível que as decisões formativas do precedente sejam resultantes de longa discussão que revele amadurecimento O caráter dialógico está na base do bom precedente, ou seja, não se pode aceitar precedente de urgência ou de ocasião. Nestes casos, em certa medida inevitáveis, há desvirtuamento do instituto e do modelo, aproximando a construção mais de um caráter legislativo do que judiciário. Aqui estaremos mais bem posicionados, portanto, desde que haja: (i) motivação *adequada* ao modelo de precedentes e, (ii) maturidade do precedente. Na primeira condição percebe-se, novamente, a profunda alteração do modelo e compreende-se os questionamentos mais incisivos, pois não basta mais seguir o mero dever de motivar, incorporado à Constituição a partir de 1988 (art. 93, inc. IX). É preciso que haja uma tese conectada com precisão a determinados fatos, para que o caso possa ser utilizado de maneira correta e útil como precedente. Daí, pois, a indagação: uma lei impõe que se passe a julgar não apenas para resolver casos postos em juízo, mas também para formar precedentes? A motivação *adequada* ao precedente extrapola o dever constitucional de motivar, direcionado ao Poder Judiciário. E em virtude do modelo não dialógico que se estabeleceu na prática rotineira de tribunais, na qual é mais frequente ou a aderência ao relator ou a elaboração de votos individuais que não se comunicam, passa a ser, neste último caso, necessário identificar se houve convergência da maioria para alcançar um fundamento determinante adequado ao modelo de precedentes[47].

Esta exigência exporá, uma vez mais, o problema da colegialidade precária existente no sistema judicial brasileiro, no qual as decisões, supostamente colegiais, expressam na maioria dos casos a aderência cega ou o isolacionismo do voto, em um contexto não dialógico, portanto, contrário à ideia de colegialidade mínima.

Com isso é nítida a mudança que o novo sistema provoca em termos de técnica de decisão judicial, e não apenas em termos de uma nova força para uma espécie de *Direito por enunciados e precedentes*. Uma das faces mais evidentes dessa mudança esperada será a tendência à redução ou eliminação de qualquer *obter dictum* da própria cultura nacional das decisões, a fim de ceder espaço e tempo para o incremento qualitativo e estrutural (para fins de precedentes) da *ratio decidendi* propriamente dita.

Os precedentes exigem uma nova forma de pensar, inclusive e especialmente pelos juízes, bem como uma nova forma de cuidar da jurisprudência, influenciam a técnica de decisão judicial e promovem o Direito proveniente da jurisprudência. Enunciados não devem ser aplicados simplesmente com o mesmo raciocínio e entendimento quanto à aplicação das leis. Precedentes, ao contrário destas, precisam ser contextualizados e demandam uma sensibilidade para bem colher as razões comuns de um colegiado. E certamente não se deve decidir utilizando-se da ultrapassada fórmula da subsunção de caso concreto a um enunciado abstrato.

Uma das consequências desse modelo, como já havia indicado[48], é uma vinculação mais forte do que a da Lei, por ocasião da necessária observância de precedentes, e o surgimento de um Direito muito mais complexo e menos "institucionalista". O modelo de precedentes representa a vitória de uma teoria concretista do Direito, no sentido do respeito e referência ao concreto, na *estruturação* da norma final (especialmente da norma de aplicação), como ocorre na proposta de F. Müller. Essa percepção, pois, ultrapassa os limites da visão simplificadora do embate em direito legislado e direito costumeiro.

Os enunciados de súmulas serão editados na forma e conforme os pressupostos constantes dos respectivos regimentos dos tribunais. Com

---

47 Nesse mesmo sentido: Marinoni, Luiz Guilherme. *Precedentes obrigatórios*, p. 338.

48 TAVARES, André Ramos. *Nova lei da súmula vinculante*, p. 23.

isso o CPC reconhece a inevitável capacidade normativa regimental dos tribunais, que tem assento constitucional e não poderia mais continuar a ser desconhecida e desprezada. Mas, com isso, retira-se essa capacidade do CNJ para parametrizar, em seu perfil mínimo, as normas sobre parametrização de jurisprudência dos tribunais. Há, no Direito brasileiro, um inequívoco atrito entre a capacidade normativa autônoma dos tribunais e a capacidade normativa central ou geral do CNJ. Diante da literalidade insuperável, pode-se dizer que o CPC ou a desconheceu ou optou pela exclusividade dos tribunais.

> **Art. 927.** Os juízes e os tribunais observarão:
>
> **I** – as decisões do Supremo Tribunal Federal em controle concentrado de constitucionalidade;
>
> **II** – os enunciados de súmula vinculante;
>
> **III** – os acórdãos em incidente de assunção de competência ou de resolução de demandas repetitivas e em julgamento de recursos extraordinário e especial repetitivos;
>
> **IV** – os enunciados das súmulas do Supremo Tribunal Federal em matéria constitucional e do Superior Tribunal de Justiça em matéria infraconstitucional;
>
> **V** – a orientação do plenário ou do órgão especial aos quais estiverem vinculados.
>
> **§ 1º** Os juízes e os tribunais observarão o disposto no art. 10 e no art. 489, § 1º, quando decidirem com fundamento neste artigo.
>
> **§ 2º** A alteração de tese jurídica adotada em enunciado de súmula ou em julgamento de casos repetitivos poderá ser precedida de audiências públicas e da participação de pessoas, órgãos ou entidades que possam contribuir para a rediscussão da tese.
>
> **§ 3º** Na hipótese de alteração de jurisprudência dominante do Supremo Tribunal Federal e dos tribunais superiores ou daquela oriunda de julgamento de casos repetitivos, pode haver modulação dos efeitos da alteração no interesse social e no da segurança jurídica.
>
> **§ 4º** A modificação de enunciado de súmula, de jurisprudência pacificada ou de tese adotada em julgamento de casos repetitivos observará a necessidade de fundamentação adequada e específica, considerando os princípios da segurança jurídica, da proteção da confiança e da isonomia.
>
> **§ 5º** Os tribunais darão publicidade a seus precedentes, organizando-os por questão jurídica decidida e divulgando-os, preferencialmente, na rede mundial de computadores.

▶ *Sem correspondência no CPC/1973*

A adoção de precedentes como modelo geral do Direito, a ser executado direta e inevitavelmente pelo magistrado, acaba por levantar questionamentos legítimos sobre a possível inconstitucionalidade desse comando legal, assim como sobre a interpretação única, nesse sentido. A mudança de rótulos, entre súmula vinculante, súmula obrigatória ou precedentes a serem observados, é irrelevante para alterar conclusões neste ponto. É que introduzir o Direito brasileiro, de uma só vez e na sua inteireza, sob um modelo totalmente diverso, deveria levantar questionamentos legítimos sobre sua coerência, ou, no mínimo, adaptabilidade com a Constituição, que até o advento do CPC tem albergado um modelo diverso, salvo nas exceções expressamente consignadas constitucionalmente (como a súmula vinculante do art. 103-A).

O que significa a fórmula verbal "observarão" em termos de regime e efeitos jurídicos? A falta de didática aqui leva ao obscurantismo da generalização legislativa. Se "observarão" significar uma perspectiva de meramente propor a *análise* obrigatória, sem, porém, obrigar efetivamente, quer dizer, sem vincular (tomada a palavra em termos rigorosos, como aplicada no processo constitucional), ou seja, caso para atender ao dispositivo baste verificar e referir antes de decidir, pouco esse dispositivo agrega. Se se pretendeu ir além, vinculando efetivamente, haverá inconstitucionalidade dos incisos III a IV e parte do inc. I (na ação concentrada mas interventiva), já que não constam da Constituição do Brasil. Se o dispositivo apenas promove o efeito impeditivo da admissibilidade de recursos (art. 932, IV e suas três alíneas com múltiplas hipóteses de impedimento recursal), não compareceu a didática legislativa esperada na atual quadra, pois permanece a dúvida sobre o alcance deste dispositivo e de seu imperativo "observarão".

Quando o *caput* do art. 927 do CPC anuncia que doravante os juízes e tribunais "observarão" a lista que se segue, e nesta lista inclui, com o mesmo peso (aparente), por exemplo, as súmulas vinculantes e as súmulas "persuasivas" posteriormente transformadas em "impeditivas", é preciso indagar acerca dessa possibilidade jurídica. Ou seja, como poderia o legislador tratar identicamente instrumentos absolutamente distintos, em sua fonte normativa, em alcance e em seus efeitos?

Há quem considere que o dispositivo, nessa parte, acaba por transformar o próprio perfil do STF, que deixaria de ser mais um tribunal recursal (como são os tribunais superiores) e assumiria definitivamente o papel de tribunal *supremo*, ou seja, um tribunal ocupado exclusivamente com o Direito objetivo, não com os interesses subjetivos das causas judicializadas. É certo que o CPC caminhou nesse sentido. Rigorosamente falando, alterações nas funções do STF demandam uma mudança via emenda constitucional.

Ademais, o Código, aqui, repete determinações constitucionais irresistíveis, como a necessidade de observar súmulas vinculantes, decisões proferidas pelo STF em sede de ações diretas com efeito vinculante, falando, neste caso, em controle concentrado (o que inclui o controle interventivo) e não em controle abstrato. Ainda nessa sistematização didática estão as decisões em recurso extraordinário.

Nos incidentes de assunção de competência, como se depreende do artigo 988, inc. IV, do CPC, há uma espécie de deslocamento da atribuição original para julgar, em benefício da uniformização jurisprudencial. A assunção pode ser acionada tanto em tema recursal como em casos de remessa necessária e na competência originária do tribunal para julgar.

Por fim, a assertiva genérica e sem maiores especificações, apesar de seu grande espectro, no sentido de que juízes e tribunais deverão observar "a orientação do plenário ou do órgão especial aos quais estiverem vinculados", ou seja, juízes de primeira instância, que integram administrativamente o respectivo Tribunal, devem observar as decisões de plenário e órgão especial, assim como os magistrados do Tribunal, como desembargadores dos tribunais de justiça e juízes dos tribunais militares, eleitorais e federais.

A fórmula do artigo em comento e de seus incisos peca pela aglutinação e síntese nas quais incorreram. Há uma exiguidade em termos de descrição de níveis de dever e do universo incluído no respectivo dever. Há, ainda, uma dúvida sobre o alcance desse novo dever.

O § 2º pode surpreender em uma primeira leitura, na medida em que inverte o tom da estabilidade e segurança até então enaltecidos. Nele o CPC conferiu tratamento mais detalhado justamente para a hipótese da *alteração* na tese já exposta, de enunciado de súmula ou de casos repetitivos. Essa tradição já havia sido contemplada pela Lei da Súmula Vinculante, ainda que esta visasse à pacificação e permanência do Direito. A surpresa que surge advém justamente quando se constata que, contemplada a possibilidade de alteração, o que é altamente necessário, há, imediatamente, a desatenção com maiores travas na mudança, a fim de coerentemente a própria Lei assegurar a desejada e festejada estabilidade. Mesmo assim, é necessário que na mudança o Poder Judiciário atente para a proteção da confiança legítima. A surpresa decorrente da mudança inesperada ou abrupta da jurisprudência é atentatória à Constituição. Esse efeito, aliás, é potencializado em um modelo de Direito jurisprudencial, como o que se pretende firmar doravante. Pela nova intensidade da jurisprudência como Direito é preciso rever raciocínios e formas de pensar de outrora, não mais afinadas à nova normativa. A mudança de entendimento da jurisprudência, se já era de tratamento delicado, é doravante tema que deve ser encarado com restritividade e preocupação máximas por parte dos tribunais. Não é possível ingressar no novo modelo com os mesmos vícios e tolerâncias anteriormente consolidados. A jurisprudência não pode sequestrar o Direito.

A incorporação, por exemplo, da audiência pública, no interesse social, é muito bem-vinda, como modelo dialógico exemplar, desde que essa abertura deixe de ser um protocolo simbólico para amealhar alguma legitimidade popular, de todo espúria ao Poder Judiciário e aos tribunais.

Mas surge a dificuldade sobre a incorporação ou não do instituto do *amicus curiae* por ocasião das mudanças. Entendo que a abertura contemplada expressamente na cláusula deve ser compreendida para admitir-se, igualmente, o *amicus curiae*, que também promove o referido embate de ideias, no melhor "interesse" da Corte e da sociedade, ao carrear novos argumentos e estabelecer uma espécie de contraditório, adequado ao modelo de precedentes.

A possibilidade de modulação dos efeitos (§ 3º do art. 927) atende ao mesmo chamado da admissibilidade da audiência pública. Contudo, a norma fala apenas em "tribunais superiores", para permitir a modulação (redução) dos efeitos, em nome da segurança e do interesse geral, acaba por excluir, em sua literalidade, os demais tribunais de justiça, tribunais regionais federais, regionais trabalhistas e tribunais militares dos estados. Justificando-se a modulação em virtude de apelo social ou de segurança, e uma vez que deixa de ser item do cardápio exclusivo da Corte Suprema, é injustificável e aleatória a exclusão destes tribunais. Fica o dilema, que se deve solucionar respondendo à pergunta: trata-se, atualmente, de poder ínsito à jurisdição? Creio que a resposta, aqui, seja positiva, e o CPC já tenha, neste tópico, caducado.

Já sublinhei anteriormente que o § 4º do art. 927 do novo CPC articula-se com o art. 489, § 1º, VI: "Novamente os princípios são invocados expressamente realizando a própria lei uma leitura e escolha de alguns dos princípios constitucionais, que são de incidência obrigatória e intuitiva na constitucionalização do direito"[49].

Em meu entendimento "o caso concreto, contudo, é que poderá oferecer uma direção mais segura à fundamentação a esse 'processo de escolha' operado pela decisão judicial"[50].

Os tribunais deverão organizar seus precedentes "por questões jurídicas". Apesar de se tratar da referência aos temas e casos concretos subjacentes, não deixa de ser fórmula antipática, obscura. Nela está implícita, novamente, a competência singular de cada tribunal para padronizar essa organização, ignorando-se a virtude de, nesses casos, ter-se um mínimo de padronização na fórmula de organização (via CNJ, por exemplo, que aliás, tem atuado nesse sentido em outras searas). Teremos, pois, certamente, dezenas de organizações distintas, dificultando o conhecimento e o próprio acesso a ele, que parecem ser a principal meta do CPC aqui.

A divulgação preferencial na rede mundial de computadores, nos termos do § 5º, significa o reconhecimento oficial desse instrumento tecnológico, que bem pode ser considerado um aliado do Direito, a favor do conhecimento e divulgação ampla, desde que respeitados seus limites. Assim, é preciso cuidado. A divulgação preferencial não pode se tornar única pela rede mundial de computadores. A exclusividade de contato com o Direito jurisprudencial por meio digital

significaria para boa parte da população, que é excluída economicamente, um agravamento ou reforço de sua condição marginal. Bem por isso é interessante rever recentes leis que trataram dessa questão, como a Lei de Acesso à Informação, Lei 12.527, de 2011. Nesta se prevê a obrigatoriedade dos órgãos e entidades públicas divulgarem em locais (físicos), de fácil acesso, as informações de interesse coletivo; contempla, ainda, o uso dessa tecnologia como sendo um meio alternativo. Outra Lei relevante é o Marco Civil (Lei 12.965, de 2014), que em seu art. 24 prevê a diretriz de disseminação da informação de maneira aberta e estruturada pelo Estado.

De outra parte, o uso da rede mundial de computadores introduz um elemento que facilmente pode ficar fora de um controle direto do Estado e em lapso temporal permanente. Em termos de divulgação de decisões relacionadas ao litígio judicial, a divulgação disseminada e irrestrita na rede mundial pode significar o fim da privacidade e, certamente, do chamado direito ao esquecimento ou mesmo à pacificação social. Também erros judiciários podem se perpetuar indevidamente na rede mundial de computadores, que não estará comprometida com complementações ou esclarecimentos posteriores, dada a sua fórmula descentralizada e múltipla de disseminação dos dados que nela ingressam. Conclui-se que o CPC foi bastante evasivo e aparentemente pueril ao tratar do tema.

> **Art. 928.** Para os fins deste Código, considera-se julgamento de casos repetitivos a decisão proferida em:
>
> **I** – incidente de resolução de demandas repetitivas;
>
> **II** – recursos especial e extraordinário repetitivos.
>
> **Parágrafo único.** O julgamento de casos repetitivos tem por objeto questão de direito material ou processual.

▶ *Sem correspondência no CPC/1973*

Teresa Arruda Alvim Wambier, Maria Lúcia Conceição, Leonardo Ribeiro e Rogério Torres de Mello consideram termos, aqui, um "dispositivo que presta esclarecimento terminológico"[51].

---

49 TAVARES, André Ramos, *Princípios constitucionais do processo eleitoral*, p. 28.

50 TAVARES, André Ramos. *Princípios constitucionais do processo eleitoral*, p. 28.

---

51 WAMBIER, Teresa Arruda Alvim; CONCEIÇÃO, Maria Lúcia; RIBEIRO, Leonardo; MELLO,

Art. 929

Certamente não deixa de ser dispositivo complementar a outras normas e institutos do CPC.

Há decisão em casos considerados repetitivos no incidente de resolução de demandas repetitivas e nos recursos extremos, excepcionais, desde que repetitivos nas instâncias imediatamente anteriores. Ambos abertos à questão processual. O regime jurídico desses instrumentos deve ser, o tanto quanto possível, comum.

O julgamento de casos repetitivos pode, declaradamente, referir-se à admissibilidade da questão ou ao seu mérito propriamente dito. Uma questão processual, de admissibilidade, pode, portanto, se tornar precedente, desde que tenha constituído o mérito da decisão. Não há novidade aqui. Também a súmula sempre pôde versar sobre matéria processual, inclusive de admissibilidade. Mas nem toda decisão judicial será apta, formalmente e materialmente, a formar um precedente, pois é necessário atentar para as razões da decisão, seu desenvolvimento adequado, sua origem e para a identidade fática.

LIVRO III
DOS PROCESSOS NOS TRIBUNAIS E DOS MEIOS DE IMPUGNAÇÃO DAS DECISÕES JUDICIAIS

TÍTULO I
DA ORDEM DOS PROCESSOS E DOS PROCESSOS DE COMPETÊNCIA ORIGINÁRIA DOS TRIBUNAIS

CAPÍTULO II
DA ORDEM DOS PROCESSOS NO TRIBUNAL

Art. 929. Os autos serão registrados no protocolo do tribunal no dia de sua entrada, cabendo à secretaria ordená-los, com imediata distribuição.

Parágrafo único. A critério do tribunal, os serviços de protocolo poderão ser descentralizados, mediante delegação a ofícios de justiça de primeiro grau.

▶ *Referência: CPC/1973 – Art. 547*

1. Remessa dos autos ao Tribunal e registro no protocolo

Os autos de todo recurso remetidos ao Tribunal deverão ser registrados, informando-se o dia da chegada ao órgão e o número de volumes de que são formados. Embora a redação do presente dispositivo pareça se referir apenas aos recursos, aplica-se, igualmente, às ações de competência originária dos Tribunais, cuja petição inicial também deverá ser registrada no protocolo, assim como o agravo de instrumento e recursos interpostos em face de acórdãos, como embargos de declaração e recurso especial. É importante que se proceda a esse registro, tanto para controle da tramitação processual como para aferição de tempestividade da manifestação, quando for o caso. Após o registro, os autos serão remetidos ao setor de distribuição, que verificará a numeração das folhas e, em seguida, procederá ao sorteio do relator, observados os casos de prevenção já definidos.

Nos termos do parágrafo único deste artigo, os serviços de protocolo poderão ser descentralizados a critério do Tribunal, mediante a delegação a ofícios de justiça de primeiro grau. Isso significa que essa descentralização também permite o protocolo de recursos direcionados aos Tribunais Superiores. Contudo, cumpre pontuar que a jurisprudência do STJ é pacífica no sentido de que o sistema de protocolo integrado não é aplicado aos recursos manejados contra decisão ou acórdão proferidos pela Corte Superior, tendo sido editada a Súmula n. 256 a esse respeito, esta revogada pela Corte Especial, pois impedia o uso do sistema no tribunal; com efeito, a introdução do processo eletrônico, no Brasil, permitiu que as comarcas dos Estados federados e as seções judiciárias das Regiões se habilitassem à metodologia do protocolo integrado (Ag. 792.846).

No tocante à tempestividade dos recursos, deve-se registrar, ademais, que Código de Processo Civil de 2015 revoga a Súmula 216 do Superior Tribunal de Justiça, segundo a qual "a tempestividade de recurso interposto no Superior Tribunal de Justiça é aferida pelo registro no protocolo da secretaria e não pela data da

---

Rogério Torres de, *Novo Código de Processo Civil*, p. 1.464.

entrega na agência do correio", pois, de acordo com seu art. 1.003, § 4º, "para aferição da tempestividade do recurso remetido pelo correio, será considerada como data de interposição a data de postagem".

Jurisprudência

"Na vigência do Código de Processo Civil de 1973, este Superior Tribunal admitia a interposição de recurso especial por meio de protocolo integrado postal, via Empresa Brasileira de Correios e Telégrafo, desde que autorizado por meio de convênio com o Tribunal de Justiça local (AgRg no AREsp n. 925.559/RO, Ministro Rogerio Schietti Cruz, Sexta Turma, *DJe* 16/10/2018). Com a entrada em vigor do Código de Processo Civil de 2015 e do seu art. 1.003, § 4º, este Tribunal Superior firmou que a tempestividade do recurso remetido pelo correio será aferida pela data da postagem (EDcl no AgInt no AREsp n. 1.159.127/PR, Ministra Maria Isabel Gallotti, Quarta Turma, *DJe* 24/9/2018; AgInt no AREsp n. 1.353.500/SP, Ministro Herman Benjamin, Segunda Turma, *DJe* 31/5/2019)" (STJ, AgRg no Ag em REsp 1.470.980/SP, Rel. Min. Sebastião Reis Júnior, j. 05.11.2019, *DJe* 20.11.2019).

> **Art. 930.** Far-se-á a distribuição de acordo com o regimento interno do tribunal, observando--se a alternatividade, o sorteio eletrônico e a publicidade.
>
> **Parágrafo único.** O primeiro recurso protocolado no tribunal tornará prevento o relator para eventual recurso subsequente interposto no mesmo processo ou em processo conexo.

▶ *Referência: CPC/1973 – Art. 548*

1. Distribuição

Os Tribunais por excelência são formados por mais de um órgão fracionário (câmara ou grupo de câmaras) cada qual com competência para julgamento de causa originária ou de recurso. Assim, necessário se faz determinar quem, dentre os vários magistrados, será o relator competente para o processamento e julgamento da causa. Daí, pois, o porquê da distribuição a partir de parâmetros como a alternatividade, o sorteio eletrônico e a publicidade; tudo para se assegurar o respeito ao juiz natural também nessas instâncias.

Estabelecido o relator, o julgamento do recurso ou da ação será atribuído ao órgão fracionário a que este pertencer. O Código de Processo Civil estabelece a obrigatoriedade de observância dos princípios da publicidade e da alternatividade do sorteio. Em outras palavras, o ato de distribuição é público e pode ser fiscalizado pelos interessados. Com relação à alternatividade, é importante que os diversos recursos sejam atribuídos a julgadores distintos.

2. Prevenção do relator

Prevenção é o fenômeno pelo qual um julgador, por força de processo ou recurso anterior, torna-se competente. Assim dispõe o parágrafo único do art. 930 de acordo com o qual "o primeiro recurso protocolado no tribunal tornará prevento o relator para eventual recurso subsequente interposto no mesmo processo ou em processo conexo".

O regimento interno dos tribunais, sempre em consonância com a lei processual, pode estabelecer critérios para distribuição a juízes certos, nos casos de recursos conexos ou interpostos nos autos do mesmo processo, dentre outras hipóteses. Tal é ponto central que informa o fenômeno da relação entre demandas, ou seja, a harmonia de decisões, a formação de uma convicção única do julgador e a economia processual. Possível, portanto, dado o disposto no art. 55, § 3º, do Código, a reunião de recursos para julgamento conjunto, ainda que não sejam eles propriamente conexos, desde que presente o risco de serem proferidas decisões conflitantes ou contraditórias se não receberem eles um tratamento holístico.

> **Art. 931.** Distribuídos, os autos serão imediatamente conclusos ao relator, que, em 30 (trinta) dias, depois de elaborar o voto, restitui-los-á, com relatório, à secretaria.

▶ *Referência: CPC/1973 – Art. 549*

1. Conclusão dos autos ao relator

Após a distribuição do recurso ou da ação de competência originária dos tribunais, os autos serão, então, conclusos ao relator designado. Uma vez recebida a ação ou o recurso atribuído à sua relatoria, o magistrado adotará as providências que sejam cabíveis naquele caso, como por exemplo, apreciar eventual requerimento de tutela provisória.

Art. 932

2. Relatório

Compete, em seguida, ao relator, elaborar relatório dos pontos controvertidos sobre os quais versar o recurso. Tem o relator, pois, de sumariar as principais alegações das partes, os fatos e fundamentos jurídicos aventados como sustentáculo da pretensão do autor e da defesa do réu, as provas que foram produzidas, o teor da decisão impugnada e as respectivas razões e contrarrazões recursais. Trata-se de um resumo histórico do processo ou do recurso.

O relatório, embora não tenha conteúdo decisório, é parte fundamental do voto a ser apresentado, sobretudo porque é a partir dele que se permite o conhecimento da causa pelos outros membros do colegiado. É, portanto, elemento de suma importância no processo na medida em que deve permitir a adequada formação do convencimento judicial pelo órgão colegiado e principalmente por aqueles julgadores que não tiveram acesso aos autos. Ao se elaborar o relatório, o relator prepara também a motivação e o dispositivo de sua decisão, os quais, contudo, apenas serão expostos na sessão de julgamento. Não havendo divergência, o voto do relator representará o entendimento de todo o colegiado. Findo o estudo dos autos pelo relator, eles serão devolvidos com o relatório ao cartório com o "visto" do julgador, procedendo-se, então, sua remessa para sessão de julgamento designada.

> **Art. 932.** Incumbe ao relator:
>
> **I** – dirigir e ordenar o processo no tribunal, inclusive em relação à produção de prova, bem como, quando for o caso, homologar autocomposição das partes;
>
> **II** – apreciar o pedido de tutela provisória nos recursos e nos processos de competência originária do tribunal;
>
> **III** – não conhecer de recurso inadmissível, prejudicado ou que não tenha impugnado especificamente os fundamentos da decisão recorrida;
>
> **IV** – negar provimento a recurso que for contrário a:
>
> **a)** súmula do Supremo Tribunal Federal, do Superior Tribunal de Justiça ou do próprio tribunal;
>
> **b)** acórdão proferido pelo Supremo Tribunal Federal ou pelo Superior Tribunal de Justiça em julgamento de recursos repetitivos;
>
> **c)** entendimento firmado em incidente de resolução de demandas repetitivas ou de assunção de competência;
>
> **V** – depois de facultada a apresentação de contrarrazões, dar provimento ao recurso se a decisão recorrida for contrária a:
>
> **a)** súmula do Supremo Tribunal Federal, do Superior Tribunal de Justiça ou do próprio tribunal;
>
> **b)** acórdão proferido pelo Supremo Tribunal Federal ou pelo Superior Tribunal de Justiça em julgamento de recursos repetitivos;
>
> **c)** entendimento firmado em incidente de resolução de demandas repetitivas ou de assunção de competência;
>
> **VI** – decidir o incidente de desconsideração da personalidade jurídica, quando este for instaurado originariamente perante o tribunal;
>
> **VII** – determinar a intimação do Ministério Público, quando for o caso;
>
> **VIII** – exercer outras atribuições estabelecidas no regimento interno do tribunal.
>
> **Parágrafo único.** Antes de considerar inadmissível o recurso, o relator concederá o prazo de 5 (cinco) dias ao recorrente para que seja sanado vício ou complementada a documentação exigível.

▶ *Referência: CPC/1973 – Art. 557*

1. Poderes do relator

O julgamento dos recursos compete, em regra, a um órgão colegiado do Tribunal. Porém, o Código de Processo Civil, em algumas hipóteses, a fim de tornar o processo um instrumento mais célere de resolução de controvérsias, a partir da valorização das manifestações jurisprudenciais, atribui poderes ao relator para realizar julgamentos monocráticos, tanto para negar seguimento a recurso como para decidir seu mérito. Incidem esses poderes também para as ações originárias e alcança também o reexame necessário (STJ, Súmula 253, Corte Especial, j. 20.06.2001, *DJ* 15.08.2001, p. 264).

2. Decisões monocráticas e colegialidade

Há quem questione a constitucionalidade desse dispositivo, sob o argumento de que ele afrontaria o princípio da colegialidade das decisões proferidas pelos Tribunais, o qual está previsto na Constituição Federal. A Constituição ao fixar as bases para a estrutura dos Tribunais, delineou-os de forma colegiada. Ademais, o juiz natural em grau recursal é o órgão colegiado, por força dos preceitos constitucionais que qualificam os tribunais como órgãos coletivos. Assim, a lei ordinária, ao prever a possibilidade de o relator julgar monocraticamente os recursos, estaria atenuando o princípio das decisões colegiadas nos órgãos recursais e, em última análise, afrontando a Constituição. Contudo, a interpretação que se tem conferido ao artigo em questão resguarda a sua constitucionalidade. Entende-se que as normas infraconstitucionais, ao atribuírem poderes ao relator de proferir decisões monocráticas sobre o mérito dos recursos, determinam que estes o façam por mera delegação, já que o Tribunal, enquanto ente colegiado por natureza, é o órgão constitucionalmente competente para julgar os recursos. Assim, os relatores agiriam monocraticamente por delegação do órgão colegiado, preservando, assim, o juiz natural em grau recursal. Por esse prisma, a tais decisões deve ser sempre garantido o direito ao exercício de um meio de impugnação apto a garantir o acesso ao órgão colegiado. A ideia é garantir a colegialidade de modo diferido ou postecipado por força da utilização de um recurso.

3. Ordem e direção do processo (produção de provas)

O relator tem a importante missão de dirigir e ordenar o processo no tribunal, inclusive em relação à produção de provas. Em processos de competência originária, o relator, usualmente, dirige a instrução. Pode, no entanto, determinar a expedição de carta de ordem e determinar que um juiz de primeiro grau realize a instrução (p. ex., a oitiva de testemunhas). Nos casos de competência recursal, não é usual que o relator dirija a instrução. Expediente comum é a anulação da decisão de grau inferior com a determinação expressa que a prova se realize. Não obstante, pode o relator converter o julgamento em diligência e ele mesmo presidir a realização da prova.

4. Deferimento de tutela provisória

O relator tem o poder deferir ou indeferir tutela provisória, que pode ser cautelar, antecipada ou da evidência, quer nos processos de competência originária, quer nos recursos interpostos.

5. Incidente de desconsideração da personalidade jurídica

Uma das novidades do CPC de 2015 foi a introdução do incidente de desconsideração da personalidade jurídica que pode ser instaurado diretamente perante os tribunais se for o caso. A ideia é permitir um contraditório pleno, com a citação do terceiro com alegada responsabilidade patrimonial para que venha se defender no aludido incidente e se torne parte do processo. A responsabilidade por força de desconsideração da personalidade jurídica depende de requisitos ditados pela lei material (*ex vi* art. 50 do Código Civil). Configurado o abuso de direito pelo desvio de finalidade ou confusão patrimonial, deverá ser julgado procedente o incidente de desconsideração da personalidade jurídica.

6. Intimação do Ministério Público

O relator deverá determinar a intimação do Ministério Público, quando exigida, sob pena de nulidade. Nesse sentido, a "falta de intimação do MP para atuar como fiscal da lei em ação de sua autoria pode gerar nulidade" (REsp 814.479).

7. Desprovimento do recurso

Em qualquer tipo de recurso, o relator está autorizado a negar provimento se: (i) o apelo for manifestamente inadmissível; (ii) manifestamente improcedente; (iii) prejudicado; ou (iv) estiver em confronto com súmula ou jurisprudência dominante do respectivo tribunal, do Supremo Tribunal Federal, ou de Tribunal Superior, acórdão proferido em julgamento de recursos repetitivos ou em incidente de resolução de demandas repetitivas ou de assunção de competência.

8. Provimento do recurso

O recurso pode ser provido após a apresentação de contrarrazões se a decisão recorrida estiver em manifesto confronto com súmula ou jurisprudência dominante do Supremo Tribunal Federal, ou de Tribunal Superior ou em julgamento de recursos repetitivos ou em incidente de resolução de demandas repetitivas ou de assunção de competência. A ideia do legislador processual foi clara: valorizar a força expansiva da jurisprudência, seja por força de súmula vinculante do Supremo Tribunal ou súmula persuasiva do Supremo Tribunal Federal e dos Tribunais Superiores, seja em julgamento de recursos extraordinários, especiais, de revista ou

Art. 932

especiais eleitorais repetitivos ou em incidente de resolução de demandas repetitivas ou de assunção de competência.

9. Recurso manifestamente inadmissível, improcedente, prejudicado ou em confronto com a jurisprudência

Por recurso manifestamente inadmissível entende-se o recurso que é descabido, por motivo de ordem processual. Contudo, não basta que lhe falte um dos pressupostos de admissibilidade. É necessário que tal ausência seja inconteste, inequívoca, perceptível *prima facie*. Tal julgamento não pode se realizar antes de ser oferecido à parte o prazo de cinco dias para que seja sanado o vício. O CPC de 2015 em diversas passagens como essa privilegia as decisões de mérito às terminativas.

Em segundo lugar, o dispositivo alude a recurso manifestamente improcedente. A expressão refere-se ao mérito e traduz um apelo desprovido de fundamentação razoável; quando se pleiteia algo que negue vigência à lei e à ordem jurídica. O pedido feito pela parte se afigura absurdo e resulta flagrante sua improcedência.

Outrossim, o dispositivo fala em recurso prejudicado, ou seja, aquele que perdeu objeto por perda superveniente do interesse recursal. Um exemplo clássico da perda de objeto ocorre com o agravo de instrumento, nos casos em que o juízo *a quo* profere juízo de retratação.

Por fim, tem-se a hipótese de recurso em confronto com manifestações jurisprudenciais. Dentre todas as causas autorizadoras de julgamento monocrático, esta é a que exige maior cautela. É necessário que o magistrado se assegure da total correspondência entre a tese jurídica adotada pela decisão recorrida e aquela encampada pela jurisprudência.

Em qualquer das situações aqui examinadas, a decisão deve ser fundamentada fartamente, explicitando-se as razões pelas quais o caso se enquadra em uma das quatro circunstâncias indicadas.

10. Recurso da decisão do relator

O meio adequado para impugnar a decisão do relator e provocar a análise da questão pelo órgão colegiado fracionário é o agravo interno. Contudo, se o agravo interno não for interposto no interregno a que alude o referido dispositivo legal, a questão ficará preclusa e a decisão do relator produzirá todos os efeitos atinentes ao julgamento colegiado, podendo, inclusive, adquirir a qualidade da coisa julgada material. Operada a preclusão, a decisão não poderá mais ser revista nem mesmo pelo próprio prolator.

Com o intuito de coibir o uso deste agravo com fins meramente protelatórios, há a possibilidade de condenação do agravante ao pagamento de multa, se não demonstrada a existência de distinção entre o paradigma e o caso a decidir, ficando a interposição de qualquer outro recurso condicionada ao depósito prévio da importância (art. 1.021).

O agravo interno exige, portanto, correta aplicação da técnica da distinção entre os casos, pois se o agravo for declarado manifestamente inadmissível ou improcedente em votação unânime, poderá o órgão colegiado condenar o agravante a pagar ao agravado multa fixada entre um e cinco por cento do valor atualizado da causa.

11. Combate à jurisprudência defensiva

A denominada jurisprudência defensiva constitui uma das principais máculas da administração da justiça em nosso país. Isso porque ela resulta no não conhecimento de um recurso – uma das formas de manifestação do direito de ação – em virtude de uma irregularidade formal sanável. Justamente com o fim de combater essa prática, o art. 932, parágrafo único do Código de Processo Civil prevê que antes de ser julgado inadmissível um recurso o relator deve conceder ao recorrente o prazo de cinco dias para que seja sanado o vício ou complementada a documentação exigível. Não basta, contudo, que apenas seja oportunizado ao recorrente esse prazo. Em decorrência do princípio da cooperação e seus deveres correlatos, como o dever de esclarecimento por exemplo, deve o juiz indicar precisamente o vício que deve ser corrigido, aplicando-se, portanto, a mesma lógica que informa o juízo a respeito da admissibilidade da petição inicial (art. 321).

12. Outras atribuições do relator

Ao relator, além das medidas já indicadas, também compete exercer outras atribuições a ele designadas pelo regimento interno de cada tribunal. Essas atribuições não podem, entretanto, violar normas expressas do CPC de 2015 e as atribuições claramente por ele ditadas.

Jurisprudência

Súmula 253 do STJ: "O art. 557 do CPC, que autoriza o relator a decidir o recurso, alcança o reexame necessário".

"Não cumpre ao Superior Tribunal de Justiça analisar a existência de 'jurisprudência dominante do respectivo tribunal' para fins da correta aplicação do art. 557, *caput*, do CPC, pela Corte de Origem, por se tratar de matéria de fato, obstada em sede especial pela Súmula n. 7/STJ: 'A pretensão de simples reexame de prova não enseja recurso especial'. É pacífica a jurisprudência deste Superior Tribunal de Justiça no sentido de que o julgamento pelo órgão colegiado via agravo regimental convalida eventual ofensa ao art. 557, *caput*, do CPC, perpetrada na decisão monocrática. Precedentes de todas as Turmas: AgRg no AREsp 176.890/PE, Primeira Turma, Rel. Min. Benedito Gonçalves, julgado em 18.09.2012; AgRg no REsp 1.348.093/RS, Segunda Turma, Rel. Min. Mauro Campbell Marques, julgado em 19.02.2013; AgRg no AREsp 266.768/RJ, Terceira Turma, Rel. Min. Sidnei Beneti, julgado em 26.02.2013; AgRg no AREsp 72.467/SP, Quarta Turma, Rel. Min. Marco Buzzi, julgado em 23.10.2012; AgRg no RMS 33.480/PR, Quinta Turma, Rel. Min. Adilson Vieira Macabu, Des. conv., julgado em 27.03.2012; AgRg no REsp 1.244.345/RJ, Sexta Turma, Rel. Min. Sebastião Reis Júnior, julgado em 13.11.2012" (STJ, REsp 1.355.947/SP, Rel. Min. Mauro Campbell Marques, 1ª Seção, j. 12.06.2013, *DJe* 21.06.2013).

"A controvérsia do presente recurso especial, submetido à sistemática do art. 543-C do CPC e da Res. STJ n. 8/2008, está limitada à possibilidade da imposição da multa prevista no art. 557, § 2º, do CPC em razão da interposição de agravo interno contra decisão monocrática proferida no Tribunal de origem, nos casos em que é necessário o esgotamento da instância para o fim de acesso aos Tribunais Superiores. É amplamente majoritário o entendimento desta Corte Superior no sentido de que o agravo interposto contra decisão monocrática do Tribunal de origem, com o objetivo de exaurir a instância recursal ordinária, a fim de permitir a interposição de recurso especial e do extraordinário, não é manifestamente inadmissível ou infundado, o que torna inaplicável a multa prevista no art. 557, § 2º, do Código de Processo Civil. Nesse sentido, os seguintes precedentes:

EREsp 1.078.701/SP, Corte Especial, Rel. Min. Hamilton Carvalhido, *DJe* de 23.4.2009; REsp 1.267.924/PR, 2ª Turma, Rel. Min. Castro Meira, *DJe* de 2.12.2011; AgRg no REsp 940.212/MS, 3ª Turma, Rel. Min. Paulo de Tarso Sanseverino, *DJe* de 10.5.2011; REsp 1.188.858/PA, 2ª Turma, Rel. Min. Eliana Calmon, *DJe* de 21.5.2010; REsp 784.370/RJ, 5ª Turma, Rel. Min. Laurita Vaz, *DJe* de 8.2.2010; REsp 1.098.554/SP, 1ª Turma, Rel. Min. Benedito Gonçalves, *DJe* de 2.3.2009; EDcl no Ag 1.052.926/SC, 4ª Turma, Rel. Min. João Otávio de Noronha, *DJe* de 6.10.2008; REsp 838.986/RJ, 1ª Turma, Rel. Min. Teori Albino Zavascki, *DJe* de 19.6.2008. No caso concreto, não há falar em recurso de agravo manifestamente infundado ou inadmissível, em razão da interposição visar o esgotamento da instância para acesso aos Tribunais Superiores, uma vez que a demanda somente foi julgada por meio de precedentes do próprio Tribunal de origem. Assim, é manifesto que a multa imposta com fundamento no art. 557, § 2º, do CPC deve ser afastada. Recurso especial provido. Acórdão submetido ao regime do artigo 543-C, do CPC, e da Resolução STJ 08/2008" (STJ, REsp 1.198.108/RJ, Rel. Min. Mauro Campbell Marques, Corte Especial, j. 17.10.2012, *DJe* 21.11.2012).

"O artigo 557 do CPC instituiu a possibilidade de, por decisão monocrática, o relator deixar de admitir recurso, dentre outras hipóteses, quando manifestamente improcedente, contrário à Súmula ou entendimento já pacificado pela jurisprudência do respectivo Tribunal, ou de Cortes Superiores, viabilizando a celeridade processual. Os embargos declaratórios são considerados recursos, máxime após a reforma processual, razão pela qual o art. 557 do CPC é-lhes aplicável, uma vez que, pela sua localização topográfica, o referido dispositivo legal dirige-se a todas as impugnações. Outrossim, não resistiria à lógica jurídica que pudesse o relator indeferir a própria apelação, recurso por excelência, pela sua notável devolutividade, e não pudesse fazê-lo quanto aos embargos, cuja prática judiciária informa serem, na grande maioria, rejeitáveis, quiçá protelatórios. Ademais, historicamente, sempre foi da tradição do nosso direito a possibilidade de enjeitá-los, como dispunha o artigo 862, § 1º, do CPC, de 1939. 'A sistemática introduzida pela Lei nº 9.756/98, atribuindo poderes ao relator para decidir monocraticamente, não fez restrição a que recurso se refere. Opostos embargos declaratórios de decisão colegiada, o

Art. 932

CÓDIGO DE PROCESSO CIVIL INTERPRETADO

1494

relator poderá negar seguimento monocraticamente, com base no *caput* do artigo 557 do CPC, pois não haverá mudança do *decisum*, mas não poderá dar provimento ao recurso para suprir omissão, aclarar obscuridade ou sanar contradição do julgado, com fundamento no § 1º-A do mesmo artigo, pois em tal hipótese haveria inexorável modificação monocrática da deliberação da Turma, Seção ou Câmara do qual faz parte' (REsp 630.757/RJ, Rel. Ministro José Arnaldo da Fonseca, Quinta Turma, julgado em 28/09/2005, *DJ* 07/11/2005). 4. Precedentes: REsp 943.965/SP, Rel. Ministro Castro Meira, Segunda Turma, julgado em 14/08/2007, *DJ* 27/08/2007; AgRg no REsp 859.768/AP, Rel. Ministro Francisco Falcão, Primeira Turma, julgado em 10/10/2006, *DJ* 26/10/2006; REsp 630.757/RJ, Rel. Ministro José Arnaldo da Fonseca, Quinta Turma, julgado em 28/09/2005, *DJ* 07/11/2005; EDcl no Ag 434.766/RJ, Rel. Ministro Barros Monteiro, Quarta Turma, julgado em 21/10/2004, *DJ* 17/12/2004; AgRg no Ag 509542/RJ, Rel. Ministro Jorge Scartezzini, Quarta Turma, julgado em 26/10/2004, *DJ* 06/12/2004. Deveras, ainda que prevalente a tese de que os embargos de declaração opostos contra decisão de órgão colegiado não podem ter seu seguimento obstado monocraticamente, *ex vi* do artigo 537 do CPC, segundo o qual: 'O juiz julgará os embargos em 5 (cinco) dias; nos tribunais, o relator apresentará os embargos em mesa na sessão subsequente, proferindo voto', é certo que eventual nulidade da decisão monocrática resta superada com a reapreciação do recurso pelo órgão colegiado, na via de agravo regimental (Precedentes: AgRg nos EDcl no REsp 1.073.184/SP, Segunda Turma, *DJe* 05/03/2009; AgRg no AgRg no REsp 800.578/MG, Primeira Turma, *DJe* 27/11/2008; REsp 832.793/RN, Quinta Turma, julgado em 27/03/2008, *DJe* 02/06/2008; REsp 822.742/ES, Primeira Turma, publicado no *DJ* de 03.08.2006; REsp 797.817/SP, publicado no *DJ* de 30.06.2006; REsp 791.856/SP, Segunda Turma, publicado no *DJ* de 14.06.2006; e REsp 770.150/SC, Quarta Turma, publicado no *DJ* de 28.11.2005). *In casu*, verifica-se que, contra a decisão que negou seguimento aos embargos declaratórios, a recorrente interpôs agravo interno para o órgão colegiado, que, apreciando a matéria, confirmou a decisão atacada. Assim, revelar-se-ia providência inútil a declaração de nulidade da decisão que negou seguimento aos declaratórios, porquanto já existente pronunciamento do órgão colegiado, moti-

vo pelo qual o descumprimento da formalidade prevista no Estatuto Processual não prejudicou a embargante, incidindo a regra *mater* derivada do Princípio da Instrumentalidade das Formas no sentido de que 'não há nulidade sem prejuízo' (artigo 244, do CPC)" (STJ, REsp 1.049.974/SP, Rel. Min. Luiz Fux, Corte Especial, j. 02.06.2010, *DJe* 03.08.2010).

"A intimação da parte agravada para resposta é procedimento natural de preservação do princípio do contraditório, nos termos do art. 527, V, do CPC, *in verbis*: 'Art. 527. Recebido o agravo de instrumento no tribunal, e distribuído 'incontinenti', o Relator: (...) V – mandará intimar o agravado, na mesma oportunidade, por ofício dirigido ao seu advogado, sob registro e com aviso de recebimento, para que responda no prazo de dez (10) dias (art. 525, § 2º), facultando-lhe juntar a documentação que entender conveniente, sendo que, nas comarcas sede de tribunal e naquelas em que o expediente forense for divulgado no diário oficial, a intimação far-se-á mediante publicação no órgão oficial.' A dispensa do referido ato processual ocorre tão somente quando o relator nega seguimento ao agravo (art. 527, I), uma vez que essa decisão beneficia o agravado, razão pela qual se conclui que a intimação para a apresentação de contrarrazões é condição de validade da decisão que causa prejuízo ao recorrente (Precedentes: REsp 1.187.639/MS, Rel. Ministra Eliana Calmon, Segunda Turma, julgado em 20/05/2010, *DJe* 31/05/2010; AgRg nos EDcl nos EDcl no REsp 1.101.336/RS, Rel. Ministro Herman Benjamin, Segunda Turma, julgado em 02/02/2010, *DJe* 02/03/2010; REsp 1.158.154/RS, Rel. Ministro Castro Meira, Segunda Turma, julgado em 19/11/2009, *DJe* 27/11/2009; EREsp 882.119/RS, Rel. Ministro Humberto Martins, Primeira Seção, julgado em 13/05/2009, *DJe* 25/05/2009; EREsp 1.038.844/PR, Rel. Ministro Teori Albino Zavascki, Primeira Seção, julgado em 08/10/2008, *DJe* 20/10/2008). 3. Doutrina abalizada perfilha o mesmo entendimento, *verbis*: 'Concluso o instrumento ao relator, nas 48 horas seguintes à distribuição (art. 549, *caput*), cabe-lhe, de ofício, se configurada qualquer das hipóteses do art. 557, *caput*, indeferir liminarmente o agravo (inciso I). Não sendo esse o caso, compete-lhe tomar as providências arroladas nos outros incisos do art. 527. (...) A subsequente providência – cuja omissão acarreta nulidade – consiste na intimação do agravado.' (José Carlos Barbosa Moreira, in Comentários ao Código de

Processo Civil, Vol. V, 15ª ed., Ed. Forense, p. 514) 4. *In casu*, o acórdão recorrido deu provimento ao agravo de instrumento do Município de São Paulo, causando evidente prejuízo aos agravados, ora recorrentes, por isso que merece ser reformado (...). Recurso especial provido, determinando-se o retorno dos autos à instância de origem, para que proceda à intimação do recorrente para apresentação de contrarrazões ao agravo de instrumento. Prejudicadas as demais questões suscitadas. Acórdão submetido ao regime do art. 543-C do CPC e da Resolução STJ 08/2008" (STJ, REsp 1.148.296/SP, Rel. Min. Luiz Fux, Corte Especial, j. 01.09.2010, *DJe* 28.09.2010).

Art. 933. Se o relator constatar a ocorrência de fato superveniente à decisão recorrida ou a existência de questão apreciável de ofício ainda não examinada que devam ser considerados no julgamento do recurso, intimará as partes para que se manifestem no prazo de 5 (cinco) dias.

§ 1º Se a constatação ocorrer durante a sessão de julgamento, esse será imediatamente suspenso a fim de que as partes se manifestem especificamente.

§ 2º Se a constatação se der em vista dos autos, deverá o juiz que a solicitou encaminhá-los ao relator, que tomará as providências previstas no *caput* e, em seguida, solicitará a inclusão do feito em pauta para prosseguimento do julgamento, com submissão integral da nova questão aos julgadores.

▶ *Sem correspondência no CPC/1973*

1. Fatos supervenientes e respeito ao contraditório

O relator, ao se deparar com fato superveniente à decisão recorrida, em atenção ao contraditório, intimará as partes para que elas se manifestem no prazo de cinco dias. Esse dispositivo, portanto, está em consonância com o art. 10 do CPC, segundo o qual "o juiz não pode decidir, em grau algum de jurisdição, com base em fundamento a respeito do qual não se tenha dado às partes oportunidade de se manifestar, ainda que se trate de matéria sobre a qual deva decidir de ofício".

O art. 10 do Código de Processo Civil, de maneira expressa, veda decisões-surpresa em todos os graus de jurisdição ("o juiz não pode decidir, em grau algum de jurisdição...") e assim, bem procedeu, pois em muitas ocasiões fundamentos relevantes de um caso apenas são detectados quando da revisão de uma decisão já proferida.

2. Questão apreciável de ofício ainda não examinada e respeito ao contraditório

O respeito ao contraditório e à vedação à decisões surpresas também se aplicam às questões apreciáveis de ofício ainda não examinadas. Como se sabe, algumas questões podem ser conhecidas em qualquer tempo e grau de jurisdição, assim, por exemplo, aquelas relativas aos pressupostos de admissibilidade ao julgamento de mérito (CPC, art. 485, § 3º); se o tribunal assim proceder, ou seja, caso ele se valha de algum fundamento não presente nas razões recursais, o órgão jurisdicional tem o dever de ouvir previamente as partes a respeito.

A essência do contraditório, segundo sua concepção mais consentânea com as atuais características do Estado Democrático de Direito, está justamente na possibilidade de influenciar a formação do convencimento daquele magistrado que está efetivamente em vias de decidir e não meramente debater um fundamento em uma determinada fase do processo.

3. Manifestação em cinco dias

As partes serão intimadas para que se manifestem em cinco dias, se o relator constatar a ocorrência de fato superveniente à decisão recorrida ou a existência de questão apreciável de ofício ainda não examinada que devam ser considerados no julgamento do recurso. Com isso, o contraditório se efetivará de forma plena e propiciará melhor qualidade das decisões.

4. Questões novas durante a sessão de julgamento

Se essas novas questões forem constatadas durante a sessão de julgamento, esta deverá ser imediatamente suspensa para que as partes possam se pronunciar no momento oportuno. Por outro lado, se a constatação das novas questões for realizada pelo magistrado que pediu vista dos autos, este deverá encaminhar os autos ao relator para que este proceda à intimação das partes e, em seguida, proceder-se-á ao julgamento com submissão dessa questão a todos os julgadores.

Art. 934

> **Art. 934.** Em seguida, os autos serão apresentados ao presidente, que designará dia para julgamento, ordenando, em todas as hipóteses previstas neste Livro, a publicação da pauta no órgão oficial.

▶ *Referência: CPC/1973 – Art. 552*

1. Designação do julgamento

Devolvidos os autos pelo relator, ou pelo revisor, se houver, eles serão apresentados ao presidente do órgão fracionário, que designará dia para julgamento.

2. Publicação da pauta

A pauta do julgamento deverá ser, então, publicada no órgão oficial e afixada na sala em que se realizará a sessão de julgamento. Na pauta, indicar-se-á o número do processo, o nome das partes, dos advogados, o dia e a hora da sessão. A inclusão prévia do processo em pauta é garantia para que as partes e seus advogados acompanhem o julgamento. Para os advogados, é essencial a publicação da pauta para que possam se preparar naqueles casos em que se admite a sustentação oral.

3. Nulidade da decisão por falta de intimação

Constatado o prejuízo pelo recorrente, a ausência de intimação da data do julgamento gera a possibilidade de anulação da decisão por vício ao exercício do contraditório. Nessa hipótese, nova sessão de julgamento deverá ocorrer com a intimação das partes e o correlato respeito ao *due process of law*. Impedir a parte, por seu advogado, de sustentar oralmente pela falta de intimação caracteriza grave violação à ampla defesa e ao devido processo legal.

Jurisprudência

"Evidenciado o prejuízo do recorrente, pela falta de intimação da nova data do julgamento, necessária a anulação do acórdão, para que outro seja proferido, com respeito ao devido processo legal. Tal fato caracteriza grave violação dos princípios da ampla defesa e do *due process of law*, com ofensa aos arts. 552, 554 e 565 do CPC. Decisão anulada para assegurar ao recorrente, com a intimação da nova sessão de julgamento, o direito de realizar sustentação oral. Recur-

so Especial parcialmente provido" (STJ, REsp 1.384.428/PE, Rel. Min. Herman Benjamin, 2ª Turma, j. 06.05.2014, *DJe* 18.06.2014).

> **Art. 935.** Entre a data de publicação da pauta e a da sessão de julgamento decorrerá, pelo menos, o prazo de 5 (cinco) dias, incluindo-se em nova pauta os processos que não tenham sido julgados, salvo aqueles cujo julgamento tiver sido expressamente adiado para a primeira sessão seguinte.
>
> **§ 1º** Às partes será permitida vista dos autos em cartório após a publicação da pauta de julgamento.
>
> **§ 2º** Afixar-se-á a pauta na entrada da sala em que se realizar a sessão de julgamento.

▶ *Referência: CPC/1973 – Art. 552*

1. Publicação da pauta e julgamento

Diferentemente do Código de Processo Civil de 1973 que previa um intervalo mínimo de quarenta e oito horas entre a publicação da pauta e a sessão de julgamento, o novo Código de Processo Civil estabelece que entre a data de publicação da pauta e o dia de julgamento deverá haver um interregno mínimo de cinco dias.

2. Nulidade do julgamento

Se desrespeitada essa orientação, o julgamento será declaro nulo, se demonstrado prejuízo à parte, já que violado estará o direito dos litigantes a participar do julgamento. Também não se há de cogitar de nulidade por ausência de publicação nos casos de comparecimento espontâneo das partes à sessão de julgamento. O que se deve ter em mente, logo, é que a publicação da pauta de julgamento não pode ocorrer em tempo não razoável que prejudique o direito de defesa dos litigantes.

Os processos que não forem julgados em uma sessão serão novamente incluídos em pauta com nova publicação, salvo os casos cujo julgamento tiver sido expressamente adiado para a primeira sessão seguinte. Assim, por exemplo, no julgamento dos embargos de declaração, dispõe o art. 1.024, § 1º, que o relator apresentará os embargos em mesa na sessão subsequente, o que enseja a conclusão de que nessa hipótese não haverá publicação do julgamento em pauta. Caso, no entanto, o julgamento não ocorra na sessão subsequente, proceder-se-á, então, a inclusão do recurso em pauta automaticamente (art. 1.024, § 1º, parte final).

Jurisprudência

"A ausência de publicação de pauta de julgamento, conquanto caracterize irregularidade processual (art. 552 do CPC), somente acarretará nulidade se demonstrado efetivo prejuízo à parte. O julgamento do agravo de instrumento na origem não comporta a possibilidade de sustentação oral, afastando-se, portanto, a existência de prejuízo em virtude da ausência de publicação da pauta de julgamento" (STJ, REsp 1.183.774/SP, Rel. Min. Nancy Andrighi, 3ª Turma, j. 18.06.2013, *DJe* 27.06.2013).

> **Art. 936.** Ressalvadas as preferências legais e regimentais, os recursos, a remessa necessária e os processos de competência originária serão julgados na seguinte ordem:
>
> **I** – aqueles nos quais houver sustentação oral, observada a ordem dos requerimentos;
>
> **II** – os requerimentos de preferência apresentados até o início da sessão de julgamento;
>
> **III** – aqueles cujo julgamento tenha iniciado em sessão anterior; e
>
> **IV** – os demais casos.

▸ *Sem correspondência no CPC/1973*

1. Ordem de julgamento

O art. 936 do Código de Processo Civil estabelece una ordem de julgamento a ser observada pelos tribunais. Ressalvadas as preferências legais e regimentais, serão julgados em primeiro lugar os casos em que se realizará sustentação oral, observada a ordem dos requerimentos. Em seguida, os requerimentos de preferência apresentados até o início da sessão de julgamento, após, os casos iniciados na sessão anterior, e por fim, os demais casos.

2. Norma sem sanção no CPC

Infelizmente não há consequência prevista no CPC para o descumprimento da ordem do dispositivo em tela. No entanto, poderá haver consequências administrativas no âmbito interno do tribunal.

É de se lembrar que o idoso, pessoa com idade igual ou superior a 60 anos (art. 1º do Estatuto do Idoso), deve ter prioridade na sustentação oral, nos requerimentos de preferência e naqueles casos cujo julgamento tenha iniciado em sessão anterior. De acordo com o art. 3º do Estatuto do Idoso, "é obrigação da família, da comunidade, da sociedade e do Poder Público assegurar ao idoso, com absoluta prioridade, a efetivação do direito à vida, à alimentação, à educação, à cultura, ao esporte, ao trabalho, à cidadania, à liberdade, à dignidade, ao respeito e à convivência familiar e comunitária". Portanto, essa *absoluta prioridade* é imperativo legal e deve ser observada pelos órgãos jurisdicionais, com a preferência às partes e aos advogados com idade igual ou superior a 60 anos nos atos a serem praticados no curso do processo e em particular, na sessão de julgamento.

> **Art. 937.** Na sessão de julgamento, depois da exposição da causa pelo relator, o presidente dará a palavra, sucessivamente, ao recorrente, ao recorrido e, nos casos de sua intervenção, ao membro do Ministério Público, pelo prazo improrrogável de 15 (quinze) minutos para cada um, a fim de sustentarem suas razões, nas seguintes hipóteses, nos termos da parte final do *caput* do art. 1.021:
>
> **I** – no recurso de apelação;
>
> **II** – no recurso ordinário;
>
> **III** – no recurso especial;
>
> **IV** – no recurso extraordinário;
>
> **V** – nos embargos de divergência;
>
> **VI** – na ação rescisória, no mandado de segurança e na reclamação;
>
> **VII** – (VETADO);
>
> **VIII** – no agravo de instrumento interposto contra decisões interlocutórias que versem sobre tutelas provisórias de urgência ou da evidência;
>
> **IX** – em outras hipóteses previstas em lei ou no regimento interno do tribunal.
>
> **§ 1º** A sustentação oral no incidente de resolução de demandas repetitivas observará o disposto no art. 984, no que couber.
>
> **§ 2º** O procurador que desejar proferir sustentação oral poderá requerer, até o início da sessão, que o processo seja julgado em primeiro lugar, sem prejuízo das preferências legais.
>
> **§ 3º** Nos processos de competência originária previstos no inciso VI, caberá sustentação oral no agravo interno interposto contra decisão de relator que o extinga.

Art. 938

§ 4º É permitido ao advogado com domicílio profissional em cidade diversa daquela onde está sediado o tribunal realizar sustentação oral por meio de videoconferência ou outro recurso tecnológico de transmissão de sons e imagens em tempo real, desde que o requeira até o dia anterior ao da sessão.

▶ *Referência: CPC/1973 – Arts. 554 e 565*

1. Sustentação oral

O julgamento perante os Tribunais acontece, salvo nos casos em que a decisão é tomada monocraticamente, em sessões públicas perante o órgão colegiado competente. O julgamento tem início, então, com a concessão da palavra ao relator que fará, oralmente, a exposição dos pontos controvertidos sobre os quais versar o recurso. Em seguida, será concedida a palavra aos procuradores do recorrente e do recorrido, nessa ordem, que disporão do prazo de 15 minutos cada para expor oralmente suas razões. Dar-se-á essa mesma oportunidade no julgamento de causa de competência originária do Tribunal e na respectiva apreciação de agravo interno interposto contra decisão de relator que a julgar.

O art. 937 do Código de Processo Civil apenas não autoriza a realização de sustentação oral no julgamento de embargos de declaração e de agravo de instrumento. O inc. VII desse artigo, ademais, que previa a realização de sustentação oral no julgamento de agravo interno originário de recurso de apelação, de recurso ordinário, de recurso especial ou de recurso extraordinário, foi vetado por se entender que nesses casos haveria comprometimento da celeridade processual.

O Código de Processo Civil preferiu, pois, listar, de forma detalhada, em quais hipóteses, obrigatoriamente, deve ser oportunizado aos procuradores das partes a realização de sustentação oral. Tal medida visa a evitar a supressão desse direito pelo regimento interno de algum tribunal ou mesmo que a definição dos recursos e causas em que se permite pronunciamento da tribuna durante a sessão de julgamento fique ao arbítrio da câmara ou grupo de câmaras.

Dentre as hipóteses em que se permite a realização de sustentação oral, deve-se destacar os casos de julgamento de agravo de instrumento interposto contra decisão interlocutória que versar sobre tutela provisória de urgência ou da

evidência. Essa é a única hipótese de sustentação oral em julgamento de agravo de instrumento, o que se justifica, principalmente diante da relevância da situação de direito material em discussão.

2. Preferência para sustentação oral

Os advogados das partes, querendo realizar sustentação oral no julgamento de determinado feito já incluído em pauta, podem pedir que se lhes oportunize a manifestação da tribuna na mesma sessão ou na sessão subsequente. Neste caso, o processo será julgado preferencialmente. O requerimento poderá ser feito por petição ou na forma que determinar o regimento interno. É importante, no entanto, que o pedido seja apresentado até o início da sessão.

3. Videoconferência

O Código de Processo Civil de 2015, atento à irreversível tendência de modernização e informatização do processo, prevê a possibilidade de realização de sustentação oral por meio de videoconferência, se o advogado com domicilio profissional em cidade diversa daquela onde está sediado o Tribunal assim o requerer até o dia anterior ao da sessão de julgamento. Indispensável para que isso se realize que o tribunal disponha de estrutura adequada para tanto. Se inviável a realização da videoconferência por algum obstáculo de natureza técnica, justificado se torna o adiamento da sessão.

Art. 938. A questão preliminar suscitada no julgamento será decidida antes do mérito, deste não se conhecendo caso seja incompatível com a decisão.

§ 1º Constatada a ocorrência de vício sanável, inclusive aquele que possa ser conhecido de ofício, o relator determinará a realização ou a renovação do ato processual, no próprio tribunal ou em primeiro grau de jurisdição, intimadas as partes.

§ 2º Cumprida a diligência de que trata o § 1º, o relator, sempre que possível, prosseguirá no julgamento do recurso.

§ 3º Reconhecida a necessidade de produção de prova, o relator converterá o julgamento em diligência, que se realizará no tribunal ou em primeiro grau de jurisdição, decidindo-se o recurso após a conclusão da instrução.

§ 4º Quando não determinadas pelo relator, as providências indicadas nos §§ 1º e 3º poderão ser determinadas pelo órgão competente para julgamento do recurso.

▶ *Referência: CPC/1973 – Art. 560*

1. Julgamento da preliminar antes do mérito

O art. 938 do Código de Processo Civil faz referência à ordem de julgamento das matérias deduzidas pelas partes perante os tribunais. As questões preliminares, nesse sentido, devem sempre ser apreciadas antes do mérito da causa, já que a decisão sobre determinada questão preliminar tem influência na própria existência da decisão de mérito. Do mesmo modo, as questões prejudiciais devem ser apreciadas previamente, pois o resultado de seu julgamento tem influência no conteúdo da decisão final, que é daquela dependente.

Trata-se, em suma, de uma previsão legal de ordem lógica, uma vez que, se a turma julgadora acolhe alguma questão preliminar apresentada no recurso, o mérito não deve então ser apreciado. A questão preliminar pode se referir tanto ao recurso (falta de um dos requisitos de admissibilidade, como tempestividade, preparo, adequação etc.) como à causa (carência de ação, ausência de pressupostos processuais, dentre outras).

Tanto em um, como no outro caso, o mérito restará prejudicado com o acolhimento da alegação processual. Se acolhida preliminar ligada ao recurso, ele não será conhecido. Por outro lado, se o Tribunal reconhecer a falta de algum pressuposto processual ou condição da ação, extinguirá o processo sem resolução de mérito e não emitirá qualquer juízo sobre o pedido principal. Desse modo, o mérito do recurso só deve ser apreciado se rejeitadas as questões preliminares arguidas pelas partes.

2. Nulidade sanável e conversão do julgamento em diligência

Constatado ser sanável o vício arguido em preliminar, o tribunal, para fins de aproveitamento dos atos processuais, tem o dever de determinar, independentemente do grau de jurisdição, a realização ou a renovação do ato processual, intimadas as partes para seu acompanhamento. Contraria a lógica do processo civil de resultados, o não julgamento do mérito em virtude de um vício processual passível de correção. Privilegiar-

-se-ia nesses casos o formalismo estéril em detrimento da concessão da tutela jurisdicional a quem de direito. Exemplo de nulidade capaz de ser sanada é a falta de assinatura das partes na ata de audiência. Nesse caso, ao invés de anular todo o processo para que a audiência se repita, o Tribunal apenas intima aqueles que deixaram de opor sua firma ao termo para que o façam antes do julgamento do recurso. Deve-se ter em mente, ademais, como justificativa para a aplicação desse dispositivo, o fato de constar entre as normas fundamentais do processo civil o direito das partes à obtenção em tempo razoável da solução integral do mérito, incluída a atividade satisfativa.

A conversão do julgamento em diligência também é medida que se justifica em prol da obtenção de uma decisão justa. Convém lembrar que o art. 6º do Código de Processo Civil, ao estabelecer a cooperação como princípio a orientar a relação entre todos os sujeitos processuais, dispõe que em tempo razoável seja proferida decisão de mérito justa e efetiva. Nesse sentido, tem-se que não será justa a decisão proferida em segunda instância, se os membros do tribunal não estiverem convencidos a respeito de alguma questão de natureza fática. O recurso às regras de distribuição do ônus da prova como técnica de julgamento apenas deve se dar em última medida. Dispondo o tribunal de poderes para determinar a produção de uma determinada prova para melhor formação de seu convencimento, deve fazê-lo, pois, assim, estará mais próximo da obtenção de uma decisão justa. Desse modo, ao se constatar que houve cerceamento de defesa na instância de origem ou se ficarem os julgadores em estado de perplexidade diante do material probatório dos autos, sem conseguir se convencer quanto às versões fáticas apresentadas pelas partes, pode-se ordenar a complementação das provas, convertendo-se o julgamento em diligência. Mais adequado para fins de promoção da celeridade processual, é a conversão do julgamento em diligência para que a prova venha aos autos do que a mera anulação da sentença para reinício da fase probatória.

> **Art. 939.** Se a preliminar for rejeitada ou se a apreciação do mérito for com ela compatível, seguir-se-ão a discussão e o julgamento da matéria principal, sobre a qual deverão se pronunciar os juízes vencidos na preliminar.

▶ *Referência: CPC/1973 – Art. 561*

1. Análise do mérito após julgamento da preliminar

Tendo sido suscitada alguma questão preliminar, seja referente à admissibilidade do processo ou ao seu próprio mérito, competirá ao Tribunal apreciá-la previamente. Acolhida a preliminar e não sendo possível sanar o vício de imediato, o julgamento será encerrado e os autos retornarão à primeira instância ou a decisão recorrida transitará em julgado, conforme o caso. Se a preliminar for rejeitada ou se o vício que a ensejou for sanável, após a diligência, passar-se-á à análise do mérito propriamente dito. Mesmo os juízes que tenham ficado vencidos quanto à questão preliminar, devem votar a respeito do mérito quando este for julgado.

> **Art. 940.** O relator ou outro juiz que não se considerar habilitado a proferir imediatamente seu voto poderá solicitar vista pelo prazo máximo de 10 (dez) dias, após o qual o recurso será reincluído em pauta para julgamento na sessão seguinte à data da devolução.
>
> **§ 1º** Se os autos não forem devolvidos tempestivamente ou se não for solicitada pelo juiz prorrogação de prazo de no máximo mais 10 (dez) dias, o presidente do órgão fracionário os requisitará para julgamento do recurso na sessão ordinária subsequente, com publicação da pauta em que for incluído.
>
> **§ 2º** Quando requisitar os autos na forma do § 1º, se aquele que fez o pedido de vista ainda não se sentir habilitado a votar, o presidente convocará substituto para proferir voto, na forma estabelecida no regimento interno do tribunal.

▶ *Referência: CPC/1973 – Art. 555*

1. Pedido de vista

Qualquer juiz que participe de determinado julgamento e não se considere habilitado a proferir seu voto de imediato, pode pedir vista do processo, interrompendo, assim, o julgamento já iniciado. A necessidade de um exame mais aprofundado da causa por parte de um dos membros do Tribunal pode surgir a partir da leitura do relatório ou mesmo após a sustentação oral realizada pelos advogados das partes ou ainda depois de alguns julgadores integrantes do colegiado terem emitido o seu voto.

2. Prazo para a vista

O pedido de vista para melhor formação do convencimento judicial não pode significar, contudo, uma prorrogação indefinida do processo. O magistrado que pede vista do processo, portanto, deve devolver os autos em tempo hábil para que não ocorra uma violação à garantia do devido processo legal e à duração razoável do processo.

Requerida a vista do processo, o magistrado disporá, então, do prazo de dez dias para analisar os autos, contados da data em que os receber. Esse período pode ser prorrogado, desde que o magistrado assim o requeira, apresentando justificativa, ainda que sucinta. Não cumprido o decênio e tampouco solicitada sua dilação, o presidente do órgão fracionário requisitará o processo e reabrirá o julgamento na sessão ordinária subsequente, com publicação em pauta inclusive.

3. Substituição do julgador

Com a solicitação de devolução dos autos e a retomada do julgamento, se o magistrado ainda não se considerar em condições de participar do julgamento, proceder-se-á, então, a sua substituição. Como visto, as partes, que tem direito à duração razoável do processo, não podem se tornar reféns da relutância de um magistrado em proferir sua decisão.

> **Art. 941.** Proferidos os votos, o presidente anunciará o resultado do julgamento, designando para redigir o acórdão o relator ou, se vencido este, o autor do primeiro voto vencedor.
>
> **§ 1º** O voto poderá ser alterado até o momento da proclamação do resultado pelo presidente, salvo aquele já proferido por juiz afastado ou substituído.
>
> **§ 2º** No julgamento de apelação ou de agravo de instrumento, a decisão será tomada, no órgão colegiado, pelo voto de 3 (três) juízes.
>
> **§ 3º** O voto vencido será necessariamente declarado e considerado parte integrante do acórdão para todos os fins legais, inclusive de prequestionamento.

▶ *Referência: CPC/1973 – Arts. 555 e 556*

1. Pronunciamento do órgão colegiado

Com o encerramento das sustentações orais, o relator retomará a palavra e proferirá seu voto. Em seguida, os demais membros do tribunal se manifestarão. Enquanto todos os magistrados não tiverem votado e enquanto o presidente não anunciar o resultado final, estará ainda pendente o julgamento, sendo facultado a qualquer magistrado que dele participar alterar seu entendimento, seja em razão de argumentos novos, suscitados por outros juízes, seja pela melhor ponderação daqueles já apresentados. Proferidos todos os votos, o presidente anunciará o resultado do julgamento, incluindo a existência de votos vencidos. A manifestação da divergência pode se dar, por exemplo, pela discordância de um dos magistrados quanto à aplicação de um determinado precedente judicial. Como visto em comentários aos arts. 926 e 927 do Código de Processo Civil, os magistrados são obrigados a observar o teor dos precedentes ao proferir suas decisões, mas podem ressalvar seu entendimento em sentido contrário e com isso contribuir com eventual modificação jurisprudencial. O presidente, então, após colher todos os votos, anunciará o resultado do julgamento designando para redigir o acórdão o relator ou, se vencido este, o magistrado que abriu a divergência.

2. Voto vencido e prequestionamento

De acordo com o art. 941, § 3º, do Código de Processo Civil, nos julgamentos colegiados, "o voto vencido será necessariamente declarado e considerado parte integrante do acórdão para todos os fins legais, inclusive de prequestionamento". Chegou-se a afirmar que tal previsão, capaz de facilitar a interposição de recursos aos Tribunais Superiores, justificaria a retirada da técnica da ampliação da colegialidade (art. 942). Trata-se, contudo, de uma visão equivocada, porque confunde fenômenos que estão inseridos em contextos distintos. Matéria unicamente de fato não pode ser apreciada pelos Tribunais Superiores. Entretanto, se houver divergência nos votos proferidos, outros julgadores, em número suficiente para alterar o resultado, poderão ser chamados a decidir.

A necessária declaração do voto vencido tem por objetivo viabilizar a ampliação da colegialidade (art. 942) e o acesso às instâncias especial e extraordinária, pois faz com que haja a exposição do debate e da divergência em relação a determinada matéria fática ou jurídica.

Por conta desse dispositivo, os tribunais não poderão mais deixar de conhecer recursos por suposta ausência de prequestionamento de matéria jurídica não constante do voto vencedor, mas efetivamente debatida e ventilada nos autos, uma vez que a discussão e a divergência tornar-se-ão evidentes com o voto vencido integrado aos autos. À parte interessada na interposição de recursos para as instâncias superiores não mais será atribuído o ônus de opor embargos de declaração para fins exclusivos de prequestionamento explícito. Retira-se, com isso, ademais substrato normativo para a aplicação da Súmula 320 do Superior Tribunal de Justiça, segundo a qual "a questão federal somente ventilada no voto vencido não atende ao requisito do prequestionamento". A declaração do voto vencido torna evidente a matéria jurídica objeto de debate e por isso, viabiliza o julgamento do mérito do recurso pelos Tribunais Superiores, combatendo assim a chamada jurisprudência defensiva, orientação pretoriana tendente a fazer de tudo para não conhecer os recursos àqueles tribunais.

Jurisprudência

"Nos termos do art. 556 do Código de Processo Civil, o julgamento nos órgãos colegiados se encerra após a proclamação do resultado final pelo seu Presidente, não podendo haver nenhuma retificação de ofício após o seu desiderato, sob pena de ofensa aos princípios do devido processo legal, da segurança jurídica e do contraditório" (STJ, REsp 1.147.274/RS, Rel. Min. Sebastião Reis Júnior, 6ª Turma, j. 03.11.2011, *DJe* 28.11.2011).

Art. 942. Quando o resultado da apelação for não unânime, o julgamento terá prosseguimento em sessão a ser designada com a presença de outros julgadores, que serão convocados nos termos previamente definidos no regimento interno, em número suficiente para garantir a possibilidade de inversão do resultado inicial, assegurado às partes e a eventuais terceiros o direito de sustentar oralmente suas razões perante os novos julgadores.

§ 1º Sendo possível, o prosseguimento do julgamento dar-se-á na mesma sessão, colhendo-se os votos de outros julgadores que porventura componham o órgão colegiado.

§ 2º Os julgadores que já tiverem votado poderão rever seus votos por ocasião do prosseguimento do julgamento.

§ 3º A técnica de julgamento prevista neste artigo aplica-se, igualmente, ao julgamento não unânime proferido em:

I – ação rescisória, quando o resultado for a rescisão da sentença, devendo, nesse caso, seu prosseguimento ocorrer em órgão de maior composição previsto no regimento interno;

II – agravo de instrumento, quando houver reforma da decisão que julgar parcialmente o mérito.

§ 4º Não se aplica o disposto neste artigo ao julgamento:

I – do incidente de assunção de competência e ao de resolução de demandas repetitivas;

II – da remessa necessária;

III – não unânime proferido, nos tribunais, pelo plenário ou pela corte especial.

▶ *Sem correspondência no CPC/1973*

1. Ampliação da colegialidade

Um dos notáveis pontos do Código de Processo Civil de 2015 foi sua diretiva no sentido de fortalecimento dos precedentes judiciais. Fortalecer os precedentes judiciais significa, em apertada síntese, pôr um fim a discussões repetitivas a partir de uma visão amadurecida em certos casos que encontram similitude fática ou jurídica. Nesse sentido, o CPC valoriza a experiência colegiada dos tribunais a partir da atribuição de efeitos extra-autos às suas decisões. Por isso, as decisões precisam ser qualitativamente melhoradas e não há como negar que tal aperfeiçoamento deve passar também pelas instâncias inferiores, principalmente pelos tribunais de segundo grau de jurisdição, que estão no ápice dos Estados ou Regiões judiciárias que compõem a Federação. O princípio federativo, um dos mais importantes de nossa República, e cerne do art. 1º da Constituição Federal exige um aprimoramento constante na qualidade das instituições. Tal aprimoramento no corpo do Poder Judiciário impõe para a segunda instância, como é natural, um constante e diuturno aperfeiçoamento na qualidade de suas decisões, garantindo a necessária segurança jurídica esperada por todos os cidadãos. O julgamento colegiado propicia uma melhor qualidade do julgamento e quanto maior e mais aprofundado o debate, melhor será a decisão (REsp 1.762.236).

2. Técnica de julgamento e não novo recurso

Uma das importantes técnicas introduzidas pelo Código de Processo Civil de 2015 está prevista no art. 942 do Código que amplia a colegialidade quando houver divergência de julgamento. Tal instituto garante uma maior discussão em torno do litígio, permitindo um debate maior para que se propicie a tão almejada segurança jurídica.

Eis sinteticamente a ideia do novo instituto: se a votação em Tribunal local (Tribunal de Justiça e Tribunal Regional Federal), com a participação de três julgadores, termina em dois a um (2 x 1), haverá um automático prosseguimento da votação com a participação de outros dois julgadores. Se os novos julgadores estiverem presentes à sessão de julgamento e eles se sentirem em condições de votar, proferirão imediatamente seus votos (caso contrário, o farão na sessão seguinte). Se não estiverem presentes, serão convocados para que na sessão subsequente se manifestem sobre o caso concreto. Será a data proclamação do resultado do julgamento não unânime que definirá a incidência da técnica de ampliação de colegialidade (REsp 1.762.236), com a possibilidade de nova sustentação oral se os novos julgadores não estavam presentes à sessão de julgamento que deu ensejo à decisão não unânime, sob pena de nulidade.

Importante destacar que não se trata de um "novo recurso" e tampouco "novos embargos infringentes" (a expressão é de Lênio Streck, O que é isto – Os novos embargos infringentes? Uma mão dá e a outra..., disponível em: <www.conjur.com.br>) ou muito menos "embargos infringentes automáticos", mas é técnica de julgamento, voltada para ampliar a colegialidade e garantir com isso a segurança social e jurídica e o fortalecimento dos precedentes. Há uma diferença ontológica entre a técnica de ampliação da colegialidade e os extintos embargos infringentes, o que demonstra a insuficiência na utilização dos critérios ordinários de interpretação da lei processual no tempo para adequadamente solucionar a controvérsia de direito intertemporal advinda do dispositivo legal em comento; a incidência da técnica é automática e decorre da divergência (REsp 1.72236; REsp 1.720.309).

3. Natureza jurídica

É bem verdade que essa nova técnica, que tem natureza jurídica de incidente processual, surgiu a partir dos embargos infringentes, mas com eles não se confunde e supera o recurso anterior, trazendo para o processo civil um novo e importante instituto, predestinado a conferir maior qualidade aos julgamentos.

Com a ampliação da colegialidade não há novas razões e novo relator, tal como ocorria nos embargos infringentes do sistema do Código de Processo Civil de 1973. Denominar esse novo e importante instituto de embargos infringentes automáticos não enxerga a relevante missão dessa nova técnica de julgamento. Com ela garante-se sim a segurança jurídica, evitando erros de julgamento em matéria fática que, como todos sabem, não podem ser revistos nos tribunais superiores.

Ernane Fidelis dos Santos há muito defendia, a propósito, a mudança dos embargos infringentes para a ampliação da colegialidade sem recurso (o que dispensa novas razões, redistribuição etc.), até para suprir hipossuficiência econômica na tutela dos direitos: "o critério mais lógico e mais seguro faria com que, inclusive, os embargos infringentes deixassem de ser elitistas, favorecendo também aqueles que, nos tribunais, não têm condição econômica e cultural de contratar advogados" (*Manual de direito processual*, 16. ed. São Paulo: Saraiva, p. 672). Por aí bem se vê a relevância do novo instituto e sua clara distinção dos embargos infringentes, mas que possibilita, claramente, um julgamento de mais qualidade.

4. Não há comprometimento da celeridade

Nem se diga que a nova técnica, que amplia a colegialidade, atrasará o andamento do processo. Todos que tem larga experiência no foro sabem que o atraso do processo decorre do chamado "tempo de prateleira" ou mais modernamente, "tempo de paralisia eletrônica", que consiste no interregno temporal em que nada, absolutamente nada, ocorre no processo. Essa verdadeira paralisia processual tem variadas origens, desde a falta de estrutura e gestão do Estado até a má remuneração de muitos de seus funcionários, mas, com certeza, o tempo consumido pela ampliação da colegialidade decorrente de divergência havida no seio do tribunal representa praticamente um nada diante do tempo total do processo. Não se sustenta o argumento de que certos tribunais não conseguiriam cumprir a norma com rapidez porque seus órgãos colegiados fracionados têm apenas

três ou quatro julgadores, o que determinaria a necessidade de integração de outro julgador ou outros dois julgadores adicionais. O art. 942 respeita a autonomia dos tribunais de modo que eles poderão bem dispor sobre como se dará a técnica da ampliação da colegialidade.

A colegialidade faz parte da essência de um tribunal. Infelizmente, a realidade vem mostrando que em muitos casos ocorre um monólogo em certas turmas julgadoras e impera o julgamento monocrático. É uma realidade brasileira, que tem origem variada, mas principalmente decorre da enorme quantidade de processos (mais de 100 milhões!). Julgamentos em massa, julgamentos automáticos vêm a colaborar com uma sensível perda da colegialidade. Com tal instituto, que é sim uma criação brasileira (e não há qualquer demérito nisso!) e justifica-se pelas particularidades que temos, a divergência passa a ser uma atitude mais consciente, muito mais responsável, e permite que o tribunal chegue a julgamentos dotados de infinita e superior qualidade. Mais importante de tudo, o tribunal passará a melhor mostrar que se trata de um verdadeiro colégio, acabando com a chamada jurisprudência lotérica, onde o sorteio dos julgadores sela o destino definitivo de pessoas, com decisões que seriam certamente outras se houvesse a participação de mais julgadores. Considerando que hoje em dia é bastante comum os julgadores de segundo grau de jurisdição circularem, via eletrônica, seus votos entre os colegas que compõem a turma julgadora antes da sessão de julgamento, a divergência tornou-se situação excepcional. Portanto, tudo leva a crer que a técnica da ampliação da colegialidade somente ocorrerá em situações excepcionais ou excepcionalíssimas. A divergência, quando vem à tona por ocasião da sessão colegiada, é aquela em que foi impossível o consenso. E por isso, a ampliação da turma julgadora, com outros integrantes, é medida importante para o aperfeiçoamento da jurisprudência. O art. 942 do Código de Processo Civil contribuirá para o aperfeiçoamento da qualidade das decisões que são proferidas em nossos Tribunais, já que a ampliação da colegialidade é medida excepcional a ocorrer apenas quando houver divergência no julgamento colegiado de segundo grau de jurisdição.

5. Aplicação

A ampliação da colegialidade ocorrerá nos casos em que o resultado do julgamento do recurso de apelação for não unânime e também

Art. 943

nos julgamentos não unânimes proferidos em ação rescisória, quando o resultado for a rescisão da sentença, e nos agravos de instrumento, quando houver reforma da decisão que julgar parcialmente o mérito. Nesse caso, por versar o agravo sobre o mérito do processo não se justificaria a não ampliação da colegialidade à luz dos objetivos perseguidos por essa técnica. Enquanto a técnica de continuação do julgamento com outros julgadores se aplica ao julgamento não unânime da apelação, no agravo somente se aplica se (i) o julgamento versar sobre o mérito e (ii) houver reforma da decisão de primeiro grau. Esse limitador cria uma distinção injustificável entre duas decisões que podem igualmente se referir ao mérito. O fortalecimento da jurisprudência propiciado pela ampliação da colegialidade tem de se referir a todas as decisões em que haja divergência, ou seja, não é necessária a reforma da sentença de mérito para a incidência de tal técnica (REsp 1.771.815; 1.733.820), bastando a existência de divergência. Essa limitação do legislador em relação ao agravo não é adequada e permite, sem justificativa, tratamento diferenciado a decisões de mérito. Fere, portanto, a diretiva do CPC de 2015 de tutelar a segurança jurídica e garantir um mecanismo em que haja a previsibilidade das decisões.

Havendo a divergência, o julgamento estendido se referirá sobre todo o objeto do recurso, em extensão e profundidade, pouco importando que a divergência tenha se dado em relação a apenas um único ponto. Isso porque há verdadeira ampliação da colegialidade e ela se aplica a todo o recurso. Caso contrário, certamente os tribunais se perderiam em um tecnicismo demasiado, que geraria enormes discussões na limitação do objeto da divergência. Já restou decidido no Superior Tribunal de Justiça, ademais, que a técnica de julgamento ampliado deve ser adotada em apelação originada de mandado de segurança (REsp 1.837.582).

Por outro lado, a ampliação da colegialidade não terá lugar no julgamento do incidente de assunção de competência e de resolução de demandas repetitivas, no julgamento da remessa necessária e nas decisões não unânimes proferida pelo plenário ou pela corte especial do Tribunal. Nesses casos, certamente haverá grande espaço para o debate, não se justificando a técnica da continuidade do julgamento com outros magistrados.

Com a ampliação da colegialidade, os julgadores que já se manifestaram poderão eventualmente rever seus votos, o que se justifica ante o disposto no art. 941, § 1º, do Código, segundo o qual, os votos poderão ser alterados até o momento da proclamação do resultado.

> **Art. 943.** Os votos, os acórdãos e os demais atos processuais podem ser registrados em documento eletrônico inviolável e assinados eletronicamente, na forma da lei, devendo ser impressos para juntada aos autos do processo quando este não for eletrônico.
>
> **§ 1º** Todo acórdão conterá ementa.
>
> **§ 2º** Lavrado o acórdão, sua ementa será publicada no órgão oficial no prazo de 10 (dez) dias.

▶ *Referência: CPC/1973 – Arts. 556, 563 e 564*

1. Forma dos acórdãos

O art. 943 do Código de Processo Civil estabelece os aspectos formais que os acórdãos deverão observar. O *caput* desse artigo, em princípio, estabelece que os acórdãos, como os demais atos processuais, podem ser registrados em vias eletrônicas, devendo ser impressos quando necessária sua juntada a autos físicos. O § 1º ademais, estabelece que todo acórdão deverá conter ementa, a qual deverá conter os principais aspectos fáticos e jurídicos do julgamento. O § 2º, por sua vez, estabelece que uma vez lavrado o acórdão, sua ementa será publicada no órgão oficial no prazo de dez dias.

> **Art. 944.** Não publicado o acórdão no prazo de 30 (trinta) dias, contado da data da sessão de julgamento, as notas taquigráficas o substituirão, para todos os fins legais, independentemente de revisão.
>
> **Parágrafo único.** No caso do *caput*, o presidente do tribunal lavrará, de imediato, as conclusões e a ementa e mandará publicar o acórdão.

▶ *Sem correspondência no CPC/1973*

1. Não publicação do acórdão

Caso o acórdão não seja publicado no prazo de trinta dias da data do julgamento, as notas taquigráficas o substituirão para todos os fins legais, independentemente de revisão. Se isso ocorrer, o presidente do tribunal lavrará de imediato as conclusões e a ementa, e mandará publicar o acórdão.

Art. 946

Art. 945. (Revogado pela Lei 13.256, de 2016).

▸ *Sem correspondência no CPC/1973*

1. Julgamento eletrônico

O art. 945 do Código de Processo Civil autorizava o julgamento de recursos e de processos de competência originária, quando não permitida sustentação oral, por meio eletrônico. Tratava-se, evidentemente de medida que visa a contribuir com a celeridade processual. Contudo, a Lei 13.256/2016 revogou o dispositivo em questão.

> **Art. 946.** O agravo de instrumento será julgado antes da apelação interposta no mesmo processo.
>
> **Parágrafo único.** Se ambos os recursos de que trata o *caput* houverem de ser julgados na mesma sessão, terá precedência o agravo de instrumento.

▸ *Referência: CPC/1973 – Art. 559*

1. Obrigatoriedade de julgamento do agravo antes da apelação

O art. 946 do Código estabelece a obrigatoriedade do julgamento do agravo antes da apelação. A apelação, assim, não deve ser incluída em pauta enquanto houver agravo de instrumento pendente de julgamento. Se ambos tiverem de ser julgados na mesma sessão, o agravo terá, então, precedência. A finalidade dessa norma é evidente: a ordem lógica é que todas as questões incidentais devem ser solucionadas antes do pedido principal, porquanto podem ser prejudiciais à prolação da sentença.

Como o agravo de instrumento não possui, em regra, efeito suspensivo, pode ser que, caso sua tramitação seja muito demorada, ao tempo do julgamento da apelação ainda não tenha sido apreciado. Imagine-se a seguinte situação: interposto agravo de instrumento contra decisão que não acolheu alegação de convenção de arbitragem no bojo do processo principal, tendo o feito sido sentenciado logo após a fase postulatória. O agravo deve, necessariamente, ser julgado precedentemente, porquanto o reconhecimento da instauração da arbitragem é prejudicial ao mérito da ação. Eventual provimento do agravo

provocará a remessa dos autos ao órgão arbitral competente, a nulidade da sentença e a perda de objeto da apelação. Por isso o julgamento do agravo deve ter prioridade em relação ao julgamento da apelação. O mesmo exemplo pode ser transposto para os casos de dinamização do ônus da prova. Contra decisão que aplica essa técnica é cabível o agravo de instrumento, o que se justifica a partir dos pressupostos de aplicação da dinamização. Em atenção ao contraditório, para se oportunizar à parte a possibilidade de ela se desincumbir de um ônus que a princípio não lhe incumbia a dinamização deve sempre ocorrer em um momento anterior à fase decisória. Por isso, o agravo de instrumento interposto contra decisão que aplicar a técnica da dinamização deve sempre ser apreciado em um momento anterior ao julgamento da apelação, pois a reforma daquela decisão interlocutória modificará toda a dinâmica da fase instrutória. Por isso, se julgada a apelação em momento anterior uma das partes poderá ter seu direito à prova violado, com a imposição de uma prova diabólica, por exemplo.

Jurisprudência

"Há dois critérios para solucionar o impasse relativo à ocorrência de esvaziamento do conteúdo do recurso de agravo de instrumento, em virtude da superveniência da sentença de mérito, quais sejam: a) o da cognição, segundo o qual o conhecimento exauriente da sentença absorve a cognição sumária da interlocutória, havendo perda de objeto do agravo; e b) o da hierarquia, que pressupõe a prevalência da decisão de segundo grau sobre a singular, quando então o julgamento do agravo se impõe. Contudo, o juízo acerca do destino conferido ao agravo após a prolatação da sentença não pode ser engendrado a partir da escolha isolada e simplista de um dos referidos critérios, fazendo-se mister o cotejo com a situação fática e processual dos autos, haja vista que a pluralidade de conteúdo que pode assumir a decisão impugnada, além de ensejar consequências processuais e materiais diversas, pode apresentar prejudicialidade em relação ao exame do mérito. A pedra angular que põe termo à questão é a averiguação da realidade fática e o momento processual em que se encontra o feito, de modo a sempre perquirir acerca de eventual e remanescente interesse e utilidade no julgamento do recurso. Ademais, na específica hipótese de deferimento ou indeferimento da antecipação de tutela, a prolatação de sentença

Art. 947

meritória implica a perda de objeto do agravo de instrumento por ausência superveniente de interesse recursal, uma vez que: a) a sentença de procedência do pedido – que substitui a decisão deferitória da tutela de urgência – torna-se plenamente eficaz ante o recebimento da apelação tão somente no efeito devolutivo, permitindo desde logo a execução provisória do julgado (art. 520, VII, do Código de Processo Civil); b) a sentença de improcedência do pedido tem o condão de revogar a decisão concessiva da antecipação, ante a existência de evidente antinomia entre elas" (STJ, EAREsp 488.188/SP, Rel. Min. Luis Felipe Salomão, Corte Especial, j. 07.10.2015, *DJe* 19.11.2015).

"Nos termos do art. 559, parágrafo único, do Código de Processo Civil, o julgamento do agravo precede o da apelação, se realizados na mesma sessão, donde se conclui que desnecessário aguardar-se o trânsito em julgado daquele para julgar esta" (STJ, AgRg no Ag 1.197.135/SP, Rel. Min. Maria Thereza de Assis Moura, 6ª Turma, j. 17.11.2011, *DJe* 28.11.2011).

CAPÍTULO III
DO INCIDENTE DE ASSUNÇÃO DE COMPETÊNCIA

Art. 947. É admissível a assunção de competência quando o julgamento de recurso, de remessa necessária ou de processo de competência originária envolver relevante questão de direito, com grande repercussão social, sem repetição em múltiplos processos.

§ 1º Ocorrendo a hipótese de assunção de competência, o relator proporá, de ofício ou a requerimento da parte, do Ministério Público ou da Defensoria Pública, que seja o recurso, a remessa necessária ou o processo de competência originária julgado pelo órgão colegiado que o regimento indicar.

§ 2º O órgão colegiado julgará o recurso, a remessa necessária ou o processo de competência originária se reconhecer interesse público na assunção de competência.

§ 3º O acórdão proferido em assunção de competência vinculará todos os juízes e órgãos fracionários, exceto se houver revisão de tese.

§ 4º Aplica-se o disposto neste artigo quando ocorrer relevante questão de direito a respeito da qual seja conveniente a prevenção ou a composição de divergência entre câmaras ou turmas do tribunal.

▶ *Sem correspondência no CPC/1973*

1. Objetivos

O incidente de assunção de competência, em conjunto com o incidente de resolução de demandas repetitivas e com a sistemática para julgamento de recursos especial e extraordinário repetitivos, forma um microssistema normativo voltado à uniformização de jurisprudência no âmbito dos tribunais, tal como preconiza o art. 926 do Código de Processo Civil. Uma jurisprudência coerente é mais facilmente obtida a partir de um tratamento molecular de demandas repetitivas (ou com potencial de repetição) por meio da fixação de uma tese no julgamento de um caso paradigma.

O incidente de assunção de competência, em particular, dentre as técnicas de julgamento para uniformização do entendimento dos tribunais, pode ser instaurado de maneira preventiva, sem que a questão de direito com grande repercussão social tenha ensejado a repetição de múltiplos processos (em sentido contrário, portanto, ao incidente de resolução de demandas repetitivas).

Ao se instaurar referido incidente, quer-se evitar, igualmente, a dispersão jurisprudencial antes mesmo da proliferação de diversos processos com distintas decisões para casos semelhantes. Esse incidente também pode ser instaurado, ademais, tal como dispõe o art. 947, § 4º, do Código quando constatada a necessidade de se prevenir ou resolver divergência entre câmaras ou turmas do tribunal.

2. Repercussão social

Para se definir o requisito da repercussão social, pode-se, recorrer, por exemplo, as mesmas noções empregadas para conceituação da repercussão geral. Possuem repercussão social, pois, aquelas questões que não digam respeito apenas às partes, podendo ter reflexos, também, em outras situações jurídicas.

Logo, ao julgar esse incidente, o Poder Judiciário assume sua responsabilidade como agente limitador de expectativas normativas. Diante de questão de direito com potencial de gerar uma multiplicidade de processos o Poder Judiciário pode se manifestar desde logo a respeito a fim de orientar a conduta de todos os agentes sociais.

Relevante questão de direito, com grande repercussão social, sem repetição em múltiplos processos, pode se referir não apenas a situações em que há violação a direitos ou interesses individuais homogêneos prestes a desencadear inúmeros processos, como pode se relacionar a casos em que há violação a direitos ou interesses difusos. Conflitos não facilmente jurisdicionalizados também podem ser objeto de tutela pelo novo instituto. Trata-se de um instituto que procura dar um tratamento molecular dos conflitos, propiciando uma tutela efetiva dos direitos por parte dos órgãos jurisdicionais.

3. Procedimento

O julgamento do incidente incumbe ao órgão do tribunal responsável pela uniformização de jurisprudência. O relator poderá propor de ofício a instauração do incidente ou após provocação da parte, do Ministério Público ou da Defensoria Pública. A decisão que julgar o incidente de assunção de competência vinculará todos os juízes e órgãos fracionários enquanto não houver modificação jurisprudencial. Assim, por exemplo, com fundamento em decisão proferida em incidente de assunção de competência é possível a concessão da tutela da evidência (art. 311, inc. II); o julgamento de improcedência liminar do pedido (art. 332, inc. III) e o não seguimento a recurso contrário ao incidente.

4. Reclamação

Para garantir a observância do acórdão proferido em assunção de competência, cabível, ademais, a reclamação (art. 988, inc. IV).

CAPÍTULO IV
DO INCIDENTE DE ARGUIÇÃO
DE INCONSTITUCIONALIDADE

Art. 948. Arguida, em controle difuso, a inconstitucionalidade de lei ou de ato normativo do poder público, o relator, após ouvir o Ministério Público e as partes, submeterá a questão à turma ou à câmara à qual competir o conhecimento do processo.

Art. 949. Se a arguição for:

I – rejeitada, prosseguirá o julgamento;

II – acolhida, a questão será submetida ao plenário do tribunal ou ao seu órgão especial, onde houver.

Parágrafo único. Os órgãos fracionários dos tribunais não submeterão ao plenário ou ao órgão especial a arguição de inconstitucionalidade quando já houver pronunciamento destes ou do plenário do Supremo Tribunal Federal sobre a questão.

Art. 950. Remetida cópia do acórdão a todos os juízes, o presidente do tribunal designará a sessão de julgamento.

§ 1º As pessoas jurídicas de direito público responsáveis pela edição do ato questionado poderão manifestar-se no incidente de inconstitucionalidade se assim o requererem, observados os prazos e as condições previstos no regimento interno do tribunal.

§ 2º A parte legitimada à propositura das ações previstas no art. 103 da Constituição Federal poderá manifestar-se, por escrito, sobre a questão constitucional objeto de apreciação, no prazo previsto pelo regimento interno, sendo-lhe assegurado o direito de apresentar memoriais ou de requerer a juntada de documentos.

§ 3º Considerando a relevância da matéria e a representatividade dos postulantes, o relator poderá admitir, por despacho irrecorrível, a manifestação de outros órgãos ou entidades

▶ *Referência: CPC/1973 – Arts. 480 a 482*

1. Generalidades

O ordenamento jurídico brasileiro acolheu tanto o sistema de controle concentrado de constitucionalidade – de raiz austríaca, pelo qual o STF analisa em abstrato a compatibilidade das normas em relação à Constituição Federal e profere julgamento com efeitos *erga omnes* (CF, art. 102, § 2º) – como o de controle difuso – de origem norte-americana, pelo qual qualquer juiz pode reconhecer incidentalmente a inconstitucionalidade de lei ou ato normativo, afastando do julgamento do caso concreto, com efeito apenas *inter partes*.

Enquanto o juiz de 1º grau de jurisdição não se sujeita a maiores formalidades para usar desse poder, o art. 97 da Constituição Federal impõe que a declaração incidental de inconstitucionalidade de lei ou ato normativo seja feita, nos tribunais, pelo pleno ou órgão especial (quando houver, a teor do art. 93, XI, da Carta da República). É o chamado "princípio da reserva de plenário", que tem a dimensão fixada pela Súmula Vinculante 10: "Viola a cláusula de reserva de plenário (CF, artigo 97) a decisão de órgão fracionário de Tribunal que, embora não declare expressamente a inconstitucionalidade de lei ou ato normativo do Poder Público, afasta sua incidência, no todo ou em parte". Esse verbete tem o propósito de exigir dos tribunais a observância do art. 97 da CF mesmo que não haja declaração expressa de inconstitucionalidade, mas apenas afastamento da incidência de norma infraconstitucional à luz de preceito constitucional.

2. Procedimento para instauração do incidente

O procedimento desse incidente está previsto nos arts. 948 a 950 e terá lugar no âmbito dos tribunais, no julgamento de causas de competência originária ou recursal, sempre que a inconstitucionalidade (tanto material quanto formal) de lei ou ato normativo for arguida por qualquer das partes, pelo Ministério Público, ou mesmo *ex officio* (o que é plenamente possível por força das máximas *iura novit curia* e *da mihi factum dabu tibi ius*).

Suscitada a tese de inconstitucionalidade de lei ou ato normativo que tenha relevância para julgamento pendente perante tribunal, o órgão fracionário dele incumbido deverá analisá-la; rejeitando-a (ou seja, reconhecendo a constitucionalidade da norma ou descartando sua pertinência com o caso concreto, com o prosseguimento normal do julgamento da causa) ou acolhendo-a (isto é, afirmando que segundo entendimento do órgão colegiado, a norma jurídica aplicável ao caso concreto é incompatível com a Constituição Federal).

Se a tese não for rejeitada, o julgamento haverá de ser interrompido para oitiva das partes, colheita de parecer do Ministério Público (cuja falta de intervenção enseja nulidade do processo desde o momento em que deveria ter ocorrido, salvo o disposto no art. 279, § 2º, do CPC) e apreciação colegiada da questão, resultando na lavratura de acórdão, no qual a questão não será resolvida em definitivo, mas apenas exposta para que o pleno ou órgão especial a decidam. O órgão fracionário se manifestará apenas sobre a questão constitucional controvertida, afirmando desde logo que, segundo seu entendimento, a norma jurídica aplicável ao caso concreto ofende pre-

ceito da Constituição Federal, embora tal decisão não tenha qualquer valor para o caso concreto. O acórdão será enviado a todos os membros do pleno ou órgão especial, julgando-se de acordo com o procedimento previsto no art. 950 e no regimento interno do respectivo tribunal.

A omissão do órgão fracionário em tomar as providências descritas nos arts. 948 a 950 enseja a nulidade do julgamento que declarar incidentalmente a inconstitucionalidade de lei ou ato normativo.

O incidente de constitucionalidade pode ser dispensado se já houver pronunciamento a respeito da questão controvertida pelo pleno ou órgão especial do respectivo tribunal (em outro incidente ou mesmo em causa diversa de sua competência), ou pelo plenário do STF (não distinguindo o art. 949, parágrafo único, se a decisão foi proferida em sede de controle concentrado ou difuso de constitucionalidade).

Parte da doutrina, *v.g.*, José Carlos Barbosa Moreira (*Comentários ao Código de Processo Civil*, v. 5, p. 40) e Cassio Scarpinella Bueno (*Código de Processo Civil interpretado*. Antonio Carlos Marcato (coord.), p. 1641) sustentava, à luz do CPC/1973 (que, nesse ponto, dispunha da mesma forma que o CPC/2015), que apenas a decisão do Pleno do STF em controle concentrado de constitucionalidade deveria afastar o princípio da reserva de plenário, já que tem eficácia *erga omnes* (CF, art. 102, § 2º). A decisão proferida em controle difuso não teria a mesma eficácia, de tal modo que norma infraconstitucional (constante do CPC) não teria legitimidade para excepcionar o comando constitucional do art. 97 da CF. Ademais, para acolher o entendimento de que a decisão proferida pelo STF em sede de controle difuso de constitucionalidade dispensaria o incidente objeto destes comentários, seria necessário atribuir eficácia vinculante a esse precedente, o que não parece ter lastro constitucional ou mesmo infraconstitucional.

3. Procedimento para julgamento do incidente

Suscitada a questão constitucional e acolhida a instauração do incidente, o julgamento do processo será sobrestado, lavrando-se acórdão que será enviado a todos os membros do pleno ou órgão especial do respectivo tribunal, que proferirão decisão respeitando-se o quórum estabelecido pelo art. 97 da CF (maioria absoluta dos membros do pleno ou órgão especial), e seguindo-se, no mais, o previsto no respectivo regimento interno.

O pleno ou órgão especial apreciará a questão constitucional em abstrato (não necessariamente sob o prisma indicado pelo órgão fracionário) e proferirá acórdão que pode ser atacado, apenas, por embargos de declaração, descabendo qualquer outro recurso. Essa decisão vincula o órgão fracionário que instaurou o incidente, que retomará, então, o julgamento da causa adotando a tese fixada pelo pleno ou órgão especial.

Os três parágrafos do art. 950 têm a finalidade de ampliar o contraditório no procedimento do incidente de constitucionalidade, ao prever a possibilidade de intervenção espontânea do Ministério Público (cujo parecer já havia sido acolhido quando da instauração do incidente, *ex vi* do art. 948), da pessoa jurídica de direito público de que emanou o ato normativo impugnado à luz da Constituição (se já não for parte do processo), dos entes legitimados para propositura das demandas de controle concentrado de constitucionalidade (CF, art. 103) e de quaisquer entidades representativas que demonstrem interesse institucional na solução da questão constitucional. Nesses dois últimos casos, o terceiro encarna o papel de *amicus curiae*, com função praticamente igual àquela desempenhada nos processos de controle concentrado de constitucionalidade (art. 7º, § 2º, da Lei 9.868/1999), no julgamento de recursos extraordinários e recursos especiais repetitivos (arts. 1.035, § 4º, e 1.038, I, do CPC), bem como nos procedimentos de edição, revisão ou cancelamento de súmulas vinculantes (art. 3º, § 2º, da Lei 11.417/2006). Reconheceu o legislador que a solução da questão constitucional afetará um número expressivo de jurisdicionados que não participam do processo em que o incidente foi instaurado, o que exige seja permitido o contraditório institucionalizado.

Jurisprudência

Súmula 513 do STF: "A decisão que enseja a interposição de recurso ordinário ou extraordinário não é a do plenário, que resolve o incidente de inconstitucionalidade, mas a do órgão (câmaras, grupos ou turmas) que completa o julgamento do feito".

Súmula Vinculante 10 do STF: "Viola a cláusula de reserva de plenário (CF, artigo 97)

a decisão de órgão fracionário de tribunal que, embora não declare expressamente a inconstitucionalidade de lei ou ato normativo do Poder Público, afasta sua incidência, no todo ou em parte".

Hipótese de descabimento do incidente:

"Não ofende os arts. 480 e 481 do CPC [de 1973] a mera aplicação, pelo órgão fracionário, de princípios da Constituição, já que tal procedimento não importa reconhecimento de inconstitucionalidade (REsp 629.473/RJ, 2ª Turma, Min. Francisco Peçanha Martins, *DJ* de 26/09/2005; REsp 749.984/RS, 1ª Turma, Min. Teori Albino Zavascki, *DJ* de 26/09/2005; REsp 511.189/RS, 2ª Turma, Min. Eliana Calmon, *DJ* de 20/09/2004)" (STJ, REsp 854.799/SP, Rel. Min. Teori Albino Zavascki, 1ª Turma, j. 22.08.2006, *DJ* 11.09.2006).

"O procedimento do incidente de inconstitucionalidade (arts. 480 e seguintes do CPC [de 1973]) contempla juízo prévio de procedibilidade a ser feito pelo órgão fracionário, que pode concluir não ser o caso de instauração quando, por exemplo, não antever nenhuma inadequação constitucional no ato normativo ou quando convier ser possível decidir a causa sem a necessidade desse tipo de análise. Precedentes do Supremo Tribunal Federal" (STJ, REsp 1.239.762/PE, Rel. Min. Mauro Campbell Marques, 2ª Turma, j. 18.06.2015, *DJe* 26.06.2015).

"5. A ausência de julgamento definitivo de ação direta de inconstitucionalidade de lei não é capaz de sobrestar os recursos que tramitam no STJ, salvo determinação expressa do STF. 6. Da mesma forma, a existência de acórdão proferido pelo Plenário do STF reconhecendo a inconstitucionalidade de determinado ato normativo dispensa a instauração de incidente previsto nos arts. 480 a 482 do CPC [de 1973], sendo desnecessário o trânsito em julgado da ação de controle concentrado. (...)" (STJ, AgRg no REsp 1.424.163/SP, Rel. Min. Og Fernandes, 2ª Turma, j. 23.10.2014, *DJe* 21.11.2014).

"Não haverá o descumprimento da *full bench* nos casos em que o Órgão Fracionário: (i) conceda interpretação conforme a Constituição ao dispositivo normativo; (ii) declare a constitucionalidade da norma; (iii) decida acerca de direito pré-constitucional" (STJ, AgRg no AREsp 417.092/RJ, Rel. Min. Napoleão Nunes Maia Filho, 1ª Turma, j. 16.06.2014, *DJe* 04.08.2014).

"Processual civil. Incidente de inconstitucionalidade. Descabimento para declarar vazio normativo. Prescindibilidade ao julgamento da causa. Não conhecimento" (STJ, AI nos EREsp 727.716/CE, Rel. Min. Celso Limongi (Desembargador convocado do TJ/SP), Corte Especial, Rel. p/ acórdão Min. Teori Albino Zavascki, j. 16.02.2011, *DJe* 23.05.2011).

"Para o presente caso é preciso observar que: 1º) Há diferença entre o uso de argumentação constitucional e a declaração de inconstitucionalidade: somente para a declaração de inconstitucionalidade é imprescindível o quórum previsto no art. 97, da CF/88, quanto ao uso de argumentação constitucional, ainda que não tenha havido declaração de inconstitucionalidade, se a matéria foi decidida pelo Pleno do STF, não subsiste a competência exclusiva da Corte Especial do STJ (art. 481, parágrafo único, CPC); 2º) Há diferença entre modulação de efeitos e a aplicação residual da lei em vigor: somente a modulação de efeitos exige o quórum previsto no art. 27, da Lei n. 9.868/99, já a aplicação residual da lei em vigor é consequência natural da declaração de inconstitucionalidade da norma especial, retirada a norma especial do mundo jurídico, subsiste a norma geral a disciplinar o caso concreto" (STJ, EDcl nos EDcl no REsp 1.269.570/MG, Rel. Min. Mauro Campbell Marques, 1ª Seção, j. 24.10.2012, *DJe* 12.11.2012).

"1. A ilegitimidade de preceito normativo por vício de inconstitucionalidade somente pode ser reconhecida, no âmbito dos Tribunais, pelo Órgão Especial ou pelo Plenário (CF, art. 97; CPC, arts. 480 a 482 [do CPC/1973]). Os órgãos fracionários somente estão dispensados de suscitar o referido incidente quando a respeito da questão constitucional já houver pronunciamento do órgão competente do Tribunal ou do Supremo Tribunal Federal. 2. O princípio da reserva de plenário, que 'atua como verdadeira condição de eficácia jurídica da própria declaração de inconstitucionalidade dos atos do Poder Público' (STF, RE 488.033, Min. Celso de Mello, *DJ* de 19.10.06), deve ser observado não apenas quando o órgão fracionário reconhece expressamente a inconstitucionalidade da norma. Segundo reiterado entendimento do STF, 'reputa-se declaratório de inconstitucionalidade o acórdão que – embora sem o explicitar – afasta a incidência da norma ordinária pertencente à lide para decidi-la sob critérios diversos extraí-

dos da Constituição' (STF, AgRg no Ag 467.270, Min. Sepúlveda Pertence, *DJ* de 12.11.04). 3. Reconhecida pelo órgão fracionário do Tribunal de origem a inconstitucionalidade do artigo 28, II, *b*, da Lei Estadual – RS 8.820/89 sem obediência à reserva de Plenário, deve ser anulado o julgado, por ofensa aos arts. 480 a 482 do CPC [de 1973]" (STJ, REsp 619.860/RS, Rel. Min. Teori Albino Zavascki, 1ª Turma, j. 03.05.2007, *DJ* 17.05.2007).

"A declaração de inconstitucionalidade, realizada nos moldes do art. 480 e ss. do CPC [de 1973] c/c art. 97 da CF, além de produzir efeitos *inter partes*, também apresenta efeito expansivo em relação aos órgãos fracionários do tribunal, tanto que o parágrafo único do artigo 481 do CPC [de 1973] dispensa que a questão seja novamente submetida ao plenário ou órgão especial quando já houver pronunciamento destes ou do Plenário do Supremo Tribunal sobre ela. Precedente do STF" (STJ, RMS 17.348/RS, Rel. Min. Jorge Mussi, 5ª Turma, j. 26.06.2008, *DJe* 25.08.2008).

Atuação do STJ no controle da observância do procedimento do incidente de inconstitucionalidade:

"3. Discute-se a declaração indireta da inconstitucionalidade de dispositivos legais, em desobediência à cláusula de reserva de plenário preceituada no art. 97 da Constituição Federal. Assim, a apontada ofensa aos arts. 480 a 482 perpassaria, necessariamente, pela apreciação do mandamento constitucional referido. Para o conhecimento do recurso especial, portanto, faz-se necessário que a apontada violação da legislação federal seja direta. Não se admite a atuação da Corte Superior de Justiça quando se vislumbra tão somente ofensa reflexa ou indireta ao dispositivo infraconstitucional indicado. 4. Tal não significa que os arts. 480 a 482 jamais possam ser apreciados pelo Superior Tribunal de Justiça no âmbito do recurso especial. O conhecimento do apelo nobre depende da abordagem que fora conferida pelo Tribunal recorrido. Se a fundamentação do aresto objurgado restringe-se aos dispositivos da lei federal, não haveria, em tese, óbices ao conhecimento do recurso. No entanto, se a matéria é apreciada com base fundamento no art. 97 da Constituição, como ocorreu na espécie, prevalece o teor constitucional da controvérsia, o que impossibilita a atuação desta Corte de Justiça. (...)" (STJ,

EDcl no AgRg nos EDcl no REsp 891.030/SP, Rel. Min. Castro Meira, 2ª Turma, j. 02.02.2012, DJe 17.02.2012).

"3. Não se justifica a suposta violação do princípio de reserva de plenário (artigo 97, CF/88), *verbis*: 'Somente pelo voto da maioria absoluta de seus membros ou dos membros do respectivo órgão especial poderão os tribunais declarar a inconstitucionalidade de lei ou ato normativo do Poder Público', porquanto inexistiu declaração de inconstitucionalidade de lei a ensejar a aplicação do referido dispositivo constitucional. 4. Não compete ao STJ analisar em sede especial, ainda que para fins prequestionamento, eventual violação de preceito constitucional, função da alçada do Supremo Tribunal Federal. Precedente: AgRg nos EAg 1069198/PR, Relator Ministro João Otávio de Noronha, Corte Especial, DJe 18/02/2010; EDcl no AgRg no Ag 1073337/SP, Relator Ministro Benedito Gonçalves, Primeira Turma, DJe 14/12/2009" (STJ, AgRg no REsp 1.104.269/RS, Rel. Min. Benedito Gonçalves, 1ª Turma, j. 09.03.2010, DJe 17.03.2010).

Intervenção do MP:

"Direito processual. Processo em que se configura interesse público relevante. Intervenção obrigatória do Ministério Público, em ambas as instâncias, sob pena de nulidade. Preliminar acolhida. Nulidade declarada. Constitui imperativo da lei processual (artigo 480 do Código de Processo Civil [de 1973]) que, uma vez arguida, no curso do processo, a inconstitucionalidade de preceito legal, como fundamento basilar do pedido, o julgamento, na segunda instancia, deve ser sobrestado, até o deslinde da questão constitucional, mediante a instauração do incidente específico, ouvido, obrigatoriamente, o Ministério Público. Em processo de interesse imediato da fazenda pública e em que se arguiu a inconstitucionalidade de diversas leis estaduais, é evidente a proeminência do interesse público, a exigir a indispensável intervenção do órgão ministerial, em todas as fases, sob pena de nulidade" (STJ, REsp 12.240/SP, Rel. Min. Demócrito Reinaldo, 1ª Turma, j. 06.04.1992, DJ 08.06.1992).

Desrespeito à cláusula de reserva de plenário:

"O desrespeito ao princípio da reserva de plenário implica nulidade absoluta, por ofensa aos arts. 480 e 481 do CPC [de 1973] e 97 da Constituição Federal. Precedentes do STJ" (STJ,

REsp 995.235/MS, Rel. Min. Herman Benjamin, 2ª Turma, j. 15.09.2009, DJe 24.09.2009).

CAPÍTULO V
DO CONFLITO DE COMPETÊNCIA

> **Art. 951.** O conflito de competência pode ser suscitado por qualquer das partes, pelo Ministério Público ou pelo juiz.
>
> **Parágrafo único.** O Ministério Público somente será ouvido nos conflitos de competência relativos aos processos previstos no art. 178, mas terá qualidade de parte nos conflitos que suscitar.

▶ *Referência: CPC/1973 – Art. 116*

1. Conceito

Conflito de competência deve ser compreendido, segundo Scarpinella Bueno (p. 562), como a discussão existente entre os próprios órgãos jurisdicionais acerca de qual deles deve ou não deve apreciar e julgar determinada questão. Assim sendo, temos no curso do processo um incidente processual que se verifica a partir do momento em que dois ou mais juízes se declaram competente (conflito positivo) ou quando dois ou mais juízes se consideram incompetentes (conflito negativo) ou, ainda, quando entre dois ou mais juízes surge controvérsia acerca da reunião ou separação de processos, conforme o estabelecido pelo art. 66, I a III.

Esse conflito pode ser (*deve ser* – para se evitar futura e eventual nulidade dos atos processuais ou, até mesmo, do próprio processo) suscitado de ofício pelo próprio magistrado, pode ser pelas partes e pelo Ministério Público, sendo que este será parte nos conflitos que suscitar e, fiscal da lei nos que forem suscitados pelos demais legitimados. Destacando-se, nesta última hipótese, que o tema "competência" é de interesse público (art. 178, I).

Dessa forma, sendo a competência matéria de interesse público, o conflito pode (deve) ser suscitado pelo juiz, por evidente, e também pelo autor, réu, litisconsorte, assistente e Ministério Público.

> **Art. 952.** Não pode suscitar conflito a parte que, no processo, arguiu incompetência relativa.

Art. 953

Parágrafo único. O conflito de competência não obsta, porém, a que a parte que não o arguiu suscite a incompetência.

▶ *Referência: CPC/1973 – Art. 117*

2. Incompetência relativa

Este artigo repete a regra do art. 117 do CPC/1973, observando, porém, que, no novo estatuto processual, a incompetência relativa é tema da contestação (art. 337, II) e não mais objeto de exceção, portanto, no novo modelo suficiente a "arguição de incompetência relativa". Ademais, a correta vedação decorre do fato do réu ter arguido a incompetência relativa e, nesse caso, uma de duas: sua pretensão foi satisfeita porque acolhida ou, se rejeitada caberá recurso. Por seu turno, o parágrafo único ressalta, com certa obviedade, que a parte não arguiu a incompetência relativa possa suscitar o conflito de competência. *In casu*, o autor seria o legitimado porque apenas o réu é que poderia arguir a incompetência relativa (art. 337, II).

> **Art. 953.** O conflito será suscitado ao tribunal:
> **I** – pelo juiz, por ofício;
> **II** – pela parte e pelo Ministério Público, por petição.
> **Parágrafo único.** O ofício e a petição serão instruídos com os documentos necessários à prova do conflito.

▶ *Referência: CPC/1973 – Art. 118*

3. Conflito suscitado ao tribunal

O conflito deve ser suscitado perante o Tribunal competente para que sua decisão seja apta para a vinculação de todos. Cumprindo ressaltar as hipóteses de competência constitucionalmente fixada (CF, arts. 102, I, *o*, e 105, I, *d*). O procedimento será instaurado mediante ofício sendo suscitante o juiz e por petição na hipótese da parte ou Ministério Público suscitar o conflito de competência. Em qualquer caso, por ofício ou por petição, indispensável que sejam instruídos com os documentos necessários à comprovação do conflito.

> **Art. 954.** Após a distribuição, o relator determinará a oitiva dos juízes em conflito ou, se um deles for suscitante, apenas do suscitado.

Parágrafo único. No prazo designado pelo relator, incumbirá ao juiz ou aos juízes prestar as informações.

▶ *Referência: CPC/1973 – Art. 119*

4. Procedimento do conflito

Procedida, como de praxe, a distribuição do incidente de conflito de competência, o relator determinará, designando prazo, que os juízes prestem informações, sendo um deles o suscitante, suficiente a manifestação apenas do suscitado. Embora não haja, de forma expressa, a possibilidade de intervenção das partes, convém salientar que em face do novo estatuto processual, em especial do estabelecido nos arts. 6º, 9º e 10, as partes devem ser intimadas para eventual manifestação, em face do dever de cooperação e da sempre obrigatória manifestação das partes que caracterizam, entre outras, as normas fundamentais do processo.

> **Art. 955.** O relator poderá, de ofício ou a requerimento de qualquer das partes, determinar, quando o conflito for positivo, o sobrestamento do processo e, nesse caso, bem como no de conflito negativo, designará um dos juízes para resolver, em caráter provisório, as medidas urgentes.
> **Parágrafo único.** O relator poderá julgar de plano o conflito de competência quando sua decisão se fundar em:
> **I** – súmula do Supremo Tribunal Federal, do Superior Tribunal de Justiça ou do próprio tribunal;
> **II** – tese firmada em julgamento de casos repetitivos ou em incidente de assunção de competência.

▶ *Referência: CPC/1973 – Art. 120*

5. Atividades do relator

Nos casos de conflito de competência, seja ele positivo, ou, seja ele negativo, o relator poderá designar um dos juízes para cuidar dos casos urgentes. Acrescentando, ainda, quando o conflito for positivo, o relator determinará – dever de ofício para evitar atos processuais que poderão ser inúteis – o sobrestamento do processo. Sendo o conflito negativo – dois ou mais juízes se consideram incompetentes – não se verificaria o andamento do processo, portanto, desnecessária a providência de sobrestamento.

De outra parte, na linha de ampliação da competência dos relatores, em se tratando de conflito de competência, o relator poderá julgá-lo de plano (julgamento monocrático) quando sua decisão se fundar em súmula do STF, do STJ ou do próprio Tribunal ou em tese firmada em julgamento de casos repetitivos ou em incidente de assunção de competência (tratamento idêntico previsto no art. 927 e nos incisos do art. 932). Da decisão monocrática do relator será admissível o agravo interno (art. 1.021).

> **Art. 956.** Decorrido o prazo designado pelo relator, será ouvido o Ministério Público, no prazo de 5 (cinco) dias, ainda que as informações não tenham sido prestadas, e, em seguida, o conflito irá a julgamento.

▶ *Referência: CPC/1973 – Art. 121*

6. Ministério Público

Decorrido o prazo estabelecido pelo relator, com ou sem as informações, será ouvido o Ministério Público, na qualidade de fiscal da ordem jurídica (interesse público, art. 178, I), no prazo de cinco dias (prazo impróprio, por evidente) e, em seguida, o conflito seguirá para julgamento.

> **Art. 957.** Ao decidir o conflito, o tribunal declarará qual o juízo competente, pronunciando-se também sobre a validade dos atos do juízo incompetente.
> **Parágrafo único.** Os autos do processo em que se manifestou o conflito serão remetidos ao juiz declarado competente.

▶ *Referência: CPC/1973 – Art. 122*

7. Julgamento

Ao decidir o conflito, o tribunal declarará qual o *juízo* (como corretamente consta do *caput* do art. 957 e não *juiz* como erroneamente constava do art. 122 do CPC/1973) competente, pronunciando-se a respeito da validade dos atos praticados pelo juízo incompetente, observando, para tanto, o disposto no § 4º do art. 64. O parágrafo único do art. 957, em complementa-

ção, determina a remessa dos autos em que se manifestou o conflito para o juiz (*rectius*, juízo) declarado competente.

> **Art. 958.** No conflito que envolva órgãos fracionários dos tribunais, desembargadores e juízes em exercício no tribunal, observar-se-á o que dispuser o regimento interno do tribunal.

▶ *Referência: CPC/1973 – Art. 123*

8. Conflito no âmbito do tribunal

Os conflitos de competência no âmbito dos tribunais, entre seus órgãos fracionários, desembargadores e juízes em exercício no tribunal, devem observar o que dispuser, nesse sentido, o seu respectivo regimento interno.

> **Art. 959.** O regimento interno do tribunal regulará o processo e o julgamento do conflito de atribuições entre autoridade judiciária e autoridade administrativa.

▶ *Referência: CPC/1973 – Art. 124*

9. Conflito de atribuições

O conflito de competência pressupõe atividade jurisdicional, portanto, o aludido conflito só existe entre órgãos jurisdicionais. Eventuais conflitos entre autoridade judiciária e autoridade administrativa denominam-se *conflitos de atribuições*, cujo processamento e julgamento se submetem ao que dispuser o regimento interno.

Jurisprudência

Súmula 3 do STJ: "Compete ao Tribunal Regional Federal dirimir conflito de competência verificada, na respectiva Região, entre Juiz Federal e Juiz Estadual investido de jurisdição federal".

CAPÍTULO VI
DA HOMOLOGAÇÃO DE DECISÃO ESTRANGEIRA E DA CONCESSÃO DO *EXEQUATUR* À CARTA ROGATÓRIA

> **Art. 960.** A homologação de decisão estrangeira será requerida por ação de homologação de decisão estrangeira, salvo disposição especial em sentido contrário prevista em tratado.

§ 1º A decisão interlocutória estrangeira poderá ser executada no Brasil por meio de carta rogatória.

§ 2º A homologação obedecerá ao que dispuserem os tratados em vigor no Brasil e o Regimento Interno do Superior Tribunal de Justiça.

§ 3º A homologação de decisão arbitral estrangeira obedecerá ao disposto em tratado e em lei, aplicando-se, subsidiariamente, as disposições deste Capítulo.

Art. 961. A decisão estrangeira somente terá eficácia no Brasil após a homologação de sentença estrangeira ou a concessão do *exequatur* às cartas rogatórias, salvo disposição em sentido contrário de lei ou tratado.

§ 1º É passível de homologação a decisão judicial definitiva, bem como a decisão não judicial que, pela lei brasileira, teria natureza jurisdicional.

§ 2º A decisão estrangeira poderá ser homologada parcialmente.

§ 3º A autoridade judiciária brasileira poderá deferir pedidos de urgência e realizar atos de execução provisória no processo de homologação de decisão estrangeira.

§ 4º Haverá homologação de decisão estrangeira para fins de execução fiscal quando prevista em tratado ou em promessa de reciprocidade apresentada à autoridade brasileira.

§ 5º A sentença estrangeira de divórcio consensual produz efeitos no Brasil, independentemente de homologação pelo Superior Tribunal de Justiça.

§ 6º Na hipótese do § 5º, competirá a qualquer juiz examinar a validade da decisão, em caráter principal ou incidental, quando essa questão for suscitada em processo de sua competência.

Art. 962. É passível de execução a decisão estrangeira concessiva de medida de urgência.

§ 1º A execução no Brasil de decisão interlocutória estrangeira concessiva de medida de urgência dar-se-á por carta rogatória.

§ 2º A medida de urgência concedida sem audiência do réu poderá ser executada, desde que garantido o contraditório em momento posterior.

§ 3º O juízo sobre a urgência da medida compete exclusivamente à autoridade jurisdicional prolatora da decisão estrangeira.

§ 4º Quando dispensada a homologação para que a sentença estrangeira produza efeitos

no Brasil, a decisão concessiva de medida de urgência dependerá, para produzir efeitos, de ter sua validade expressamente reconhecida pelo juiz competente para dar-lhe cumprimento, dispensada a homologação pelo Superior Tribunal de Justiça.

Art. 963. Constituem requisitos indispensáveis à homologação da decisão:

I – ser proferida por autoridade competente;

II – ser precedida de citação regular, ainda que verificada a revelia;

III – ser eficaz no país em que foi proferida;

IV – não ofender a coisa julgada brasileira;

V – estar acompanhada de tradução oficial, salvo disposição que a dispense prevista em tratado;

VI – não conter manifesta ofensa à ordem pública.

Parágrafo único. Para a concessão do exequatur às cartas rogatórias, observar-se-ão os pressupostos previstos no *caput* deste artigo e no art. 962, § 2º.

Art. 964. Não será homologada a decisão estrangeira na hipótese de competência exclusiva da autoridade judiciária brasileira.

Parágrafo único. O dispositivo também se aplica à concessão do exequatur à carta rogatória.

Art. 965. O cumprimento de decisão estrangeira far-se-á perante o juízo federal competente, a requerimento da parte, conforme as normas estabelecidas para o cumprimento de decisão nacional.

Parágrafo único. O pedido de execução deverá ser instruído com cópia autenticada da decisão homologatória ou do exequatur, conforme o caso.

▶ *Referência: CPC/1973 – Arts. 483 e 484*

1. Considerações iniciais

As sentenças e decisões interlocutórias proferidas por tribunal estrangeiro só terão eficácia no território brasileiro após homologação.

Por "eficácia", entenda-se a produção de efeitos concretos, seja para fins de execução forçada de obrigações de pagar, dar coisa, fazer ou não fazer, seja ainda para criar, modificar ou extinguir relações jurídicas, seja finalmente para afirmar a existência, inexistência, validade, invalidade e modo de ser de relações jurídicas.

Note-se, a propósito, que o art. 15, parágrafo único, da Lei de Introdução às Normas do Direito Brasileiro ressalvava "as sentenças meramente declaratórias do estado das pessoas", mas podia-se considerar esse dispositivo derrogado pelo art. 483 do CPC/1973, que não continha a mesma exceção. A Lei 12.036, de 2009, que reformou a LINDB, efetivamente revogou esse dispositivo.

Quando se tratar de decisão definitiva, transitada em julgado perante o tribunal estrangeiro em que proferida, a homologação implicará igualmente a produção de coisa julgada material a ser respeitada em território pátrio.

2. Atos estrangeiros passíveis de homologação

Sobre as sentenças, é de rigor registrar que podem ser elas judiciais, tanto na esfera civil quanto penal para efeitos civis (art. 790 do CPP) ou arbitrais (art. 35 da Lei 9.307/1996).

Sobre as decisões interlocutórias, podem ser elas de urgência ou não (arts. 960, § 1º, parte final, e 962, *caput*), e serão cumpridas sempre por carta rogatória, à qual a parte interessada deve obter o *exequatur*.

A esse rol de decisões homologáveis há que se acrescentar:

a) à luz do art. 961, § 1º, os atos não jurisdicionais oriundos de país estrangeiro que, segundo lei brasileira, seriam jurisdicionais (por exemplo, a anulação de casamento obtida administrativamente); e

b) à luz do art. 961, § 4º, as decisões para fim de execução fiscal estrangeira, apenas "quando prevista em tratado ou em promessa de reciprocidade apresentada à autoridade brasileira".

3. Atos estrangeiros não passíveis de homologação

Não podem se tornar eficazes no território nacional e, portanto, não podem ser submetidas à homologação, as sentenças e cartas rogatórias que concernem a litígios de competência exclusiva da justiça brasileira (art. 964), quais sejam:

a) as decisões judiciais estrangeiras e atos não judiciais a elas equivalentes que dizem respeito a imóveis situados no Brasil, diante da competência exclusiva das autoridades jurisdicionais brasileiras a respeito (art. 23, I);

b) as decisões judiciais estrangeiras e atos não judiciais a elas equivalentes sobre partilha de bens (móveis, imóveis e semoventes) situados no Brasil decretada judicialmente ou administrativamente por sucessão hereditária, separação ou divórcio, acerca das quais a competência da justiça brasileira é exclusiva (art. 23, II e III), conforme comentado anteriormente.

4. Atos estrangeiros eficazes independentemente de homologação

Independem de homologação para produzir efeitos no território brasileiro:

a) a decisão que decreta divórcio consensual (art. 961, § 5º), salvo no que concerne à partilha de bens situados no Brasil (art. 23, III);

b) os títulos executivos extrajudiciais oriundos de país estrangeiro, os quais podem ser executados no Brasil desde que satisfaçam "os requisitos de formação exigidos pela lei do lugar de sua celebração e quando o Brasil for indicado como o lugar de cumprimento da obrigação" (art. 784, § 3º);

c) as decisões proferidas por tribunal de país que tenha celebrado com o Brasil tratado internacional que dispense tal formalidade (art. 961, *caput*, parte final).

Em todos os casos, o controle da validade do ato estrangeiro competirá ao juiz perante o qual se fizer a sua execução direta, o que emerge da interceptação conjunta dos arts. 961, § 5º, e 962, § 4º, do CPC.

5. Decisão arbitral estrangeira

Questão interessante concerne à eficácia da decisão arbitral estrangeira (isto é, aquela que tenha sido proferida em processo arbitral que adotou sede fora do território nacional). O tema é regulado pela Lei 9.307/1996, cujo art. 34 manda sejam observados "os tratados internacionais com eficácia no ordenamento interno e, na sua ausência, estritamente de acordo com os termos desta Lei".

Por força do Decreto 4.311/2002, editado pelo Senado Federal, foi internalizado no ordenamento jurídico brasileiro a Convenção sobre Reconhecimento e Execução de Sentenças Arbitrais Estrangeiras de Nova York, de 1958, que resultou em Tratado cujo art. III, parte final, dispõe que

Art. 965

"não serão impostas condições substancialmente mais onerosas ou taxas ou cobranças mais altas do que as impostas para o reconhecimento ou a execução de sentenças arbitrais domésticas".

Pode-se argumentar que seria incompatível com o referido dispositivo que a sentença arbitral estrangeira fosse submetida ao demorado procedimento de homologação perante o STJ, de tal modo que seria possível executá-la diretamente, conforme o art. 515, VII e § 1º, do CPC e o art. 31 da Lei 9.306/1997 (ainda que perante a justiça federal, já que o art. 109, X, da CF refere-se genericamente à execução de sentença estrangeira, sem restringir-se à sentença judicial).

Todavia, ao tempo do CPC de 1973, prevaleceu a tese contrária, de que o Tratado decorrente da Convenção de Nova York não havia derrogado o art. 483 daquele *Codex* (que exigia a homologação das sentenças estrangeiras, judiciais ou não) e o art. 35 da Lei 9.306/1997 (esse, sim, ainda vigente e que continua a exigir expressamente a homologação de sentenças arbitrais estrangeiras), conforme defende, por exemplo, Carlos Alberto Carmona (*Arbitragem e processo* – um comentário à Lei nº 9.307/96, p. 355). O mesmo entendimento há de prevalecer à luz do CPC/2015. De todo modo, a teor do art. 960, § 3º, do CPC/2015, devem se observar quanto às sentenças arbitrais, os tratados internacionais, os arts. 37 a 40 da Lei 9.307/1996 e apenas subsidiariamente os ora comentados arts. 960 a 965 do CPC/2015.

6. Normas jurídicas que regem a homologação de decisão estrangeira

Historicamente, a competência para essa homologação fora atribuída ao STF, mas, por força da Emenda Constitucional 45/2004, foi transferida ao STJ (CF, art. 105, I, "i"), ficando, portanto, derrogados em parte o art. 483 do CPC/1973 e o art. 15, "e", da LINDB.

O CPC/1973 nada dispunha sobre os requisitos e procedimentos para a homologação, o que ensejava a aplicação das demais regras da LINDB e dos arts. 216-A e seguintes do Regimento Interno daquela Corte, por força das Emendas Regimentais 18/2014 e 24/2016, tendo a primeira revogado a Resolução 09/2015, a primeira editada pelo STJ tão logo recebeu a competência para a matéria.

O CPC/2015 mostra-se muito mais detalhado que o CPC/1973 e vem regulamentado pelo Regimento Interno do STJ e pela Instrução Normativa STJ/GP 11. de 11 de abril de 2019.

7. Natureza jurídica do processo de homologação de sentença estrangeira

O art. 960, *caput*, deixa claro que se trata de uma "ação", alinhando-se, assim, ao entendimento prevalecente na doutrina pátria de que se trata de processo de jurisdição contenciosa (*v.g.*, Frederico Marques, *Instituições de direito processual civil*, v. 5, p. 288-289; Paulo Cezar Aragão, *Comentários ao Código de Processo Civil*, v. 5, p. 151 e Leonardo Greco, *Processo de execução*, v. 2, p. 165), pois seu objetivo é a "emissão de pronunciamento através do qual (...) se confere à decisão alienígena idoneidade para produzir, no território nacional, efeitos *como sentença*; ou, em outras palavras, através do qual se lhe comunica a força de um ato de jurisdição praticado no Brasil" (Barbosa Moreira, *Comentários ao Código de Processo Civil*, v. 5, p. 83).

8. Partes

São legitimados para a homologação de decisões estrangeiras os sujeitos do processo em que foram proferidas (ou seus sucessores) que pretendam fazê-las valer a seu favor em território pátrio e aquelas em face das quais se pretendam fazê-las valer.

Considerando-se a natureza jurídica da relação jurídica decidida pela decisão estrangeira homologanda e/ou o fato de o pedido de homologação poder ser meramente parcial, não necessariamente todas as partes do processo original precisarão figurar no processo de homologação.

9. Requisitos

Sobre os requisitos do art. 963 do CPC/2015 cabem algumas ponderações quanto a aspectos polêmicos:

a) quanto à prova de competência do prolator da decisão homologanda (inc. I), entende-se que ela é ínsita à decisão diante do princípio geral de que o juiz é julgador de sua própria competência. No caso de sentença arbitral, convém demonstrar que o(s) árbitro(s) foi(ram) efetivamente investido(s) de poderes por meio da documentação hábil;

b) quanto à prova de que as partes do processo original foram citadas (inc. II), é de lembrar o entendimento acolhido pelo STJ (referido na pesquisa abaixo) no sentido de que as partes com domicílio ou sede no Brasil devem ser citadas por carta precatória cumprida após concessão de *exequatur* pela mesma Corte. Além disso, convém destacar que a caracterização de revelia é irrelevante para o processo de homologação, que exige apenas citação válida e não a efetiva apresentação de resposta pelo réu;

c) quanto à prova de eficácia da decisão homologanda no país de origem (inc. III), o dispositivo em realidade trata, de maneira atécnica, de dois fenômenos: o da homologação de decisão estrangeira coberta pela coisa julgada (hipótese em que a parte deve fazer prova do trânsito em julgado, a teor do art. 216-D, III, do RISTJ) ou da decisão ainda provisória, mas já eficaz (hipótese em que não se cogitaria de prova do trânsito em julgado). Seja como for, em alguns casos será exigível do autor comprovar o teor e a vigência de lei que a embasa (art. 376 do CPC/2015);

d) quanto à prova de não ofensa à coisa julgada em território pátrio (inc. IV), há que se considerar a dificuldade de provar fato negativo, competindo ao réu fazer a prova de eventual sentença transitada em julgado contrária à decisão. Ademais, há que se observar que o STJ tem diversos acórdãos afirmando que a pendência de processo judicial já encerrado por decisão atacada por recurso pendente de julgamento impede a homologação de decisão estrangeira em sentido contrário, não por ofensa à coisa julgada, mas sim à soberania brasileira;

e) quanto à tradução "oficial" (inc. V), entende-se aquela feita por tradutor juramentado (art. 192, parágrafo único, CPC/2015) com relação à "decisão homologanda" e "outros documentos indispensáveis" (art. 216-C, RISTJ);

f) quanto à inexistência de ofensa à ordem pública (inc. V), convém fazer análise mais detida adiante.

10. Competência para a homologação de sentença estrangeira

A competência para processamento da homologação varia em função da existência ou não de contestação por parte do réu. No primeiro caso, a decisão cabe ao Presidente do STJ; no segundo, à Corte Especial (arts. 216-A e 216-K do Regimento Interno do STJ); nela, haverá distribuição e o relator ainda poderá proferir decisão monocrática caso haja a respeito do

thema decidendum jurisprudência consolidada (art. 216-K, parágrafo único, do RISTJ). De todas as decisões monocráticas (do Presidente ou do relator na Corte Especial) caberá sempre agravo interno (art. 216-M do RISTJ e art. 1.021 do CPC/2015).

11. Procedimento de homologação de sentença estrangeira

O procedimento do processo de homologação não vem previsto nos arts. 960 a 965 do CPC/2015, devendo-se recorrer ao que dispõem os arts. 216-A a 216-N do RISTJ, por força do art. 960, § 2º, do *codex*.

Após apresentação da petição inicial nos termos do art. 963 do CPC/2015 e dos arts. 216-C e 216-D do RISTJ, haverá juízo de admissibilidade. Havendo vícios sanáveis, deve se dar oportunidade ao autor para emenda em prazo razoável (art. 321 do CPC/2015 e art. 216-E do RISTJ).

O(s) réu(s) será(ão) citado(s) para que, no prazo de 15 dias, se manifeste(m), podendo impugnar o pedido (art. 216-H, *caput*, do RISTJ), alegando tão somente questões "sobre a inteligência da decisão alienígena e a observância dos requisitos indicados nos arts. 216-C, 216-D e 216-F" (art. 216-H, parágrafo único, do RISTJ), bem como podendo aduzir a falsidade documental (arts. 430 a 433 do CPC/2015). Apresentada contestação, haverá réplica e tréplica, ambas no prazo de cinco dias (art. 216-J do RISTJ).

Ao réu revel ou incapaz será dado curador especial (art. 216-I do RISTJ). O MP também será ouvido, podendo igualmente, se for o caso, apresentar contestação (art. 216-L do RISTJ).

A decisão homologatória – que pode ser total ou parcial (art. 961, § 2º) – será executável perante a Justiça Federal de 1º grau (CF, art. 109, X), por meio de carta de sentença (conforme comentários a seguir).

12. Tutelas urgentes

O art. 962, §§ 2º e 3º, prevê a possibilidade de o STJ dar *exequatur* a cartas rogatórias que visam cumprimento de medidas urgentes determinadas por tribunal estrangeiro. Reforçou-se a regra segundo a qual o STJ não pode reavaliar o mérito da decisão homologanda, mas se acrescentou um requisito nos casos em que o réu não houver sido ainda ouvido, que é a demonstração

Art. 965

CÓDIGO DE PROCESSO CIVIL INTERPRETADO

de que será observado o contraditório em momento posterior. Derrogou-se, pois, para tais situações, o art. 963, II. Ademais, restou superado o art. 216-D, III, do RISTJ e o enunciado 420 da Súmula do STF: "Não se homologa sentença proferida no estrangeiro sem prova do trânsito em julgado".

Da mesma forma, o art. 961, § 3º, passou a prever expressamente a possibilidade de o STJ, seja em face da pendência de homologação de sentença estrangeira ou da concessão de *exequatur* à carta rogatória, admitir tutelas urgentes (antes mesmo de citado o réu) ou atos de execução provisória (como no caso em que a decisão concessiva da homologação ou *exequatur* houver sido desafiada por agravo interno).

13. Análise excepcional do mérito da decisão homologanda estrangeira

É defeso, em regra, ao STJ examinar o mérito da decisão homologanda estrangeira.

Contudo, historicamente há uma possibilidade reduzida de essa Corte assim proceder, em casos nitidamente excepcionais, mas não com a finalidade de nulificar a decisão estrangeira, mas sim com o propósito de lhe recusar homologação.

O rol de hipóteses variou ao longo do tempo.

O art. 17 da LINDB (ainda em vigor) veda a homologação se a decisão ofender a soberania nacional, a ordem pública ou os bons costumes.

O art. 6º da (hoje revogada) Resolução STJ 9/2005 havia excluído os "bons costumes", referindo-se apenas ao impedimento de homologação da sentença estrangeira que ofenda a soberania nacional ou a ordem pública.

Já o art. 216-F do RISTJ (com redação dada pela Emenda Regimental 24/2016) afirma que "não será homologada a decisão estrangeira que ofender a soberania nacional, a dignidade da pessoa humana e/ou a ordem pública".

Por fim, o art. 963, VI, do CPC/2015 refere-se exclusivamente a "ofensa à ordem pública". Entende-se que embora esse dispositivo revogue os demais, a fluidez do conceito de "ordem pública" poderia abranger igualmente a "soberania nacional" e a "dignidade da pessoa humana". Ao final destes comentários há farta referência jurisprudencial sobre hipóteses em que se negou a homologação a sentença estrangeira com base

em tais fundamentos alusivos à solução da controvérsia subjacente.

14. Execução da decisão estrangeira homologada

A sentença e a decisão interlocutória estrangeiras, após homologação do STJ, tornam-se títulos executivos judiciais (art. 515, VIII e IX),

Para tanto, o próprio interessado extrairá carta de sentença do processo de homologação (art. 216-N do RISTJ), por meio de cópia autenticada da decisão homologatória ou do *exequatur* (art. 965, parágrafo único, do CPC/2015). Além da correta compreensão da relação jurídica sobre a qual recairá a execução, convém igualmente que seja instruída a carta de sentença com outras cópias das peças principais dos autos, ou seja, petição inicial, acompanhada de todos os documentos (em especial a decisão estrangeira homologada, prova de citação do réu e do trânsito em julgado, tudo traduzido para o vernáculo e consularizado), eventual contestação (se houver), e certidão de trânsito em julgado da decisão homologatória.

Essas cópias podem ser declaradas autênticas pelo próprio advogado do exequente (arts. 425, IV, e 522, parágrafo único) e instruirão a petição inicial que preencha os requisitos do art. 319, a qual será distribuída perante a Justiça Federal de 1º grau (CF, art. 109, X), no foro determinado de acordo com as regras gerais de fixação de competência para ajuizamento de demanda civil (art. 516, III), observando-se em particular as regras do art. 781 (aplicáveis subsidiariamente por força do art. 513, *caput*). Segue-se citação pessoal do executado (art. 515, § 1º), aplicando-se a partir de então o procedimento de cumprimento de sentença pautado nos arts. 513 a 538, a depender da modalidade de obrigação.

Se a decisão homologada não impôs ao executado obrigação de pagar quantia, dar coisa, fazer ou não fazer, e a produção de seus efeitos depende apenas de comunicação a registro público, não haverá necessidade de homologação, bastando a apresentação da carta de sentença ao órgão registral competente para as providências cabíveis (o que se convenciona chamar de "execução imprópria").

15. Procedimento para concessão de *exequatur* à carta rogatória

Por força do art. 963, parágrafo único, do CPC/2015, as mesmas regras aplicáveis à homologação das sentenças estrangeiras serão aplicadas, em linhas gerais, em se tratando de carta rogatória expedida por tribunal estrangeiro, para ser cumprida em território nacional por juiz brasileiro integrante da Justiça federal (CF art. 109, X). Esse entendimento se confirma à luz dos arts. 216-P, 216-Q, *caput* e § 2º, 216-R, 216-S, 216-T e 216-U do RISTJ, os quais preveem regras que em nada diferem daquelas previstas para a homologação de sentenças transitadas em julgado, já acima referidas.

Do ponto de vista procedimental, as diferenças são as seguintes:

a) pode-se dispensar a oitiva da parte adversa, se a efetividade da medida depender do sigilo (art. 216-Q, § 1º, do RISTJ);

b) o art. 216-V, *caput*, do RISTJ dispõe que, "após a concessão do *exequatur*, a carta rogatória será remetida ao Juízo Federal competente para cumprimento". A partir de então, deve-se observar o procedimento de cumprimento dessa decisão de acordo com a lei brasileira aplicável (art. 12, § 2º, da LINDB). Entende-se que os arts. 216-V, § 1º, e 216-W do RISTJ, ao regrarem o procedimento da execução da carta rogatória estrangeira munida de *exequatur*, são claramente inconstitucionais, pois extrapolam (e muito) os limites do que poderia ser disposto regimentalmente, isto é, sobre o próprio procedimento de homologação nos termos do art. 960, § 2º.

Embora o art. 36, § 2º, do CPC/2015 vede "Em qualquer hipótese (...) a revisão do mérito do pronunciamento judicial estrangeiro pela autoridade judiciária brasileira", não há como negar a possibilidade de negação de *exequatur* quando houver ofensa à ordem pública, nos expressos termos dos arts. 963, VI e parágrafo único.

Por fim, há que se ressalvar as cartas rogatórias que, por força de tratado internacional de cooperação, independam de homologação, caso em que o Ministério da Justiça (ou outro órgão da Administração Federal) pode realizar diretamente a diligência pedida na carta (art. 216-O, § 2º, do RISTJ).

Jurisprudência

Dissolução do vínculo conjugal decretado por sentença estrangeira:

"Também entendo (...) que se impõe, no caso, a prévia homologação, pelo Presidente do Supremo Tribunal Federal, da sentença estrangeira de divórcio, para efeito de sua válida execução em território brasileiro. (...). É certo que a Lei de Introdução ao Código Civil brasileiro exclui, da necessidade de prévia homologação pelo Supremo Tribunal Federal, 'as sentenças meramente declaratórias do estado das pessoas' (art. 15, parágrafo único). Ocorre, no entanto, que essa norma legal, promulgada em 1942, veio a ser derrogada pelo Código de Processo Civil, cujo art. 483, sem qualquer cláusula de exclusão – e referindo-se, genericamente, a todos os atos sentenciais emanados de autoridades estrangeiras – dispõe que 'A sentença proferida por tribunal estrangeiro não terá eficácia no Brasil senão depois de homologada pelo Supremo Tribunal Federal' (grifei). Isso significa, portanto, considerado o sistema de direito positivo vigente no Brasil, que também as sentenças meramente declaratórias do estado das pessoas estão sujeitas ao juízo prévio de homologação do Presidente do Supremo Tribunal Federal, para que possam dispor de eficácia jurídica em território brasileiro" (STF, Pet 16, Rel. Min. Presidente Celso de Mello, j. 05.11.1997, *DJ* 14.11.1997).

"Não fere o art. 89, II, do Código de Processo Civil [de 1973], que prevê a competência absoluta da justiça brasileira para proceder a inventario e partilha de bens situados no Brasil, a decisão de Tribunal estrangeiro que dispõe sobre a partilha de bens móveis e imóveis em decorrência da dissolução da sociedade conjugal, aplicando a lei brasileira. 4. Sentença estrangeira homologada" (STF, SEC 4.512, Rel. Min. Paulo Brossard, Tribunal Pleno, j. 21.10.1994, *DJ* 02.12.1994).

"Havendo nos autos, confirmado pelo acórdão, partilha de bens realizada em decorrência da separação, impõe-se o processo de homologação no Brasil, aplicando-se o art. 89, II, do Código de Processo Civil apenas em casos de partilha por sucessão *causa mortis*" (STJ, REsp 535.646/RJ, Rel. Ministro Carlos Alberto Menezes Direito, 3ª Turma, j. 08.11.2005, *DJ* 03.04.2006).

"1. O fato de determinado imóvel estar localizado no Brasil não impede a homologação da sentença estrangeira de partilha quanto ao mesmo bem, não ofendido o art. 89, II, do Código de Processo Civil nos termos de reiterados precedentes do Supremo Tribunal Federal. 2. Hipótese em que, apesar da sentença estrangeira não fazer menção expressa à legislação brasileira, esta foi respeitada, tendo em vista que coube 50% dos bens para cada cônjuge. 3. Homologação deferida" (STJ, SEC 878/PT, Rel. Min. Carlos Alberto Menezes Direito, Corte Especial, j. 18.05.2005, *DJ* 27.06.2005).

"A jurisprudência do Supremo Tribunal Federal já decidiu no sentido de que compete exclusivamente à Justiça brasileira decidir sobre a partilha de bens imóveis situados no Brasil. V – Tanto a Corte Suprema quanto este Superior Tribunal de Justiça já se manifestaram pela ausência de ofensa à soberania nacional e à ordem pública na sentença estrangeira que dispõe acerca de bem localizado no território brasileiro, sobre o qual tenha havido acordo entre as partes, e que tão somente ratifica o que restou pactuado. Precedentes" (STJ, SEC 1.304/US, Rel. Min. Gilson Dipp, Corte Especial, j. 19.12.2007, *DJe* 03.03.2008).

Homologação de sentenças arbitrais estrangeiras:

"I – Não viola a ordem pública brasileira a utilização de arbitragem como meio de solução de conflitos, tanto que em plena vigência a Lei n. 9307/96 (Lei de Arbitragem), não se podendo afirmar, de outro turno, ter a ora requerida eleito esta via alternativa compulsoriamente, como sugere, até mesmo porque sequer levantou indício probatório de tal ocorrência. II – *Ex vi* do parágrafo único do art. 39 da Lei de Arbitragem brasileira, 'não será considerada ofensa à ordem pública nacional a efetivação da citação da parte residente ou domiciliada no Brasil, nos moldes da convenção de arbitragem ou da lei processual do país onde se realizou a arbitragem, admitindo-se, inclusive, a citação postal com prova inequívoca de recebimento, desde que assegure à parte brasileira tempo hábil para o exercício do direito de defesa.' III – Ademais, é farto o conjunto probatório, a demonstrar que a requerida recebeu, pela via postal, não somente a citação, como também intimações objetivando o seu comparecimento às audiências que foram realizadas, afinal, à sua revelia. IV – Observados os requisitos legais, inclusive os elencados na Resolução n. 9/STJ, de 4/5/2005, relativos à regularidade formal do procedimento em epígrafe impossibilitado o indeferimento do pedido de homologação da decisão arbitral estrangeira" (STJ, SEC 874/CH, Rel. Ministro Francisco Falcão, Corte Especial, j. 19.04.2006, *DJ* 15.05.2006).

"1. Nos termos dos artigos 15 e 17 da Lei de Introdução às Normas do Direito Brasileiro e artigos 216-C, 216-D e 216-F do Regimento Interno do Superior Tribunal de Justiça, que,

atualmente, disciplinam o procedimento de homologação de sentença estrangeira, constitui requisito indispensável haver sido a sentença proferida por autoridade competente. 2. Contrato de frete entre portos brasileiros, negociado e executado no Brasil, não assinado pela parte requerida. Não observância da forma escrita para a cláusula compromissória, exigida pela lei brasileira (art. 4º, § 1º, da Lei 9.307/96), aplicável em primeiro lugar para a verificação da validade da cláusula de lei e foro (art. 9º, § 1º, da LINDB). 3. Não há nos autos, ademais, elementos que comprovem a aceitação do juízo arbitral por parte da requerida. 4. Não demonstrada a competência do juízo arbitral que proferiu a sentença estrangeira, resta inviabilizada sua homologação, nos termos do art. 15, 'a', da LIDB. 5. Homologação indeferida" (STJ, SEC 11.593/EX, Rel. Min. Benedito Gonçalves, Corte Especial, j. 16.12.2015, *DJe* 18.12.2015).

Validade da citação feita pelo tribunal estrangeiro:

"Se residentes no Brasil, essa citação deve ser feita por meio de carta rogatória: 'É imprescindível que a citação das pessoas residentes no Brasil e demandadas perante a justiça estrangeira se processe por meio de carta rogatória, para garantir a efetividade das garantias constitucionais.' Homologação indeferida" (STJ, SEC 200/US, Rel. Min. Francisco Peçanha Martins, Corte Especial, j. 30.06.2006, *DJ* 14.08.2006).

"A citação das pessoas domiciliadas no Brasil deve se processar por meio de carta rogatória, sendo imprestável a comunicação realizada através do correio, em atendimento às garantias constitucionais" (STJ, AgRg na SEC 568/US, Rel. Min. Francisco Peçanha Martins, Corte Especial, j. 07.06.2006, *DJ* 01.08.2006).

"A jurisprudência desta Corte Superior de Justiça é no sentido de que, para homologação de sentença estrangeira proferida em processo que tramitou contra pessoa residente no Brasil, revela-se imprescindível que a citação tenha sido por meio de carta rogatória, o que não ocorreu no presente caso. Precedentes: SEC 8.396/EX, Rel. Ministro Mauro Campbell Marques, Corte Especial, julgado em 19/11/2014, *DJe* 11/12/2014; AgRg na SEC 8.800/EX, Rel. Ministro Napoleão Nunes Maia Filho, Corte Especial, julgado em 19/03/2014, *DJe* 08/04/2014; SEC 8.720/EX, Rel. Ministra Maria Thereza de Assis Moura, Corte Especial, julgado em 19/03/2014, *DJe* 26/03/2014;

SEC 8639/EX, Relator o Ministro Castro Meira, *DJe* de 2.5.2013; SEC 7193/EX, Relator o Ministro Felix Fischer, *DJe* de 10.5.2012" (STJ, SEC 10.885/EX, Rel. Min. Mauro Campbell Marques, Corte Especial, j. 17.06.2015, *DJe* 24.06.2015).

Concomitância de pedido de homologação de sentença estrangeira e processo perante a justiça pátria sobre o mesmo conflito:

"A existência de ação idêntica proposta perante a Justiça brasileira não obsta o procedimento de homologação, por se tratar de competência concorrente, conforme a inteligência dos arts. 88 e 90 do CPC" (STJ, SEC 10.093/EX, Rel. Min. Felix Fischer, Corte Especial, j. 17.12.2014, *DJe* 02.02.2015).

"O ajuizamento de ação perante a Justiça Brasileira, após o trânsito em julgado das rr. sentenças proferidas pela Justiça estrangeira, não constitui óbice à homologação pretendida. Precedentes desta e. Corte e do e. STF: SEC 646/US, Corte Especial, Rel. Min. Luiz Fux, *DJe* de 11/12/2008; e SEC 7209, Tribunal Pleno, Rel. Min. Ellen Gracie, Rel. para o acórdão Min. Marco Aurélio, *DJ* de 29/9/2006" (STJ, SEC 3.932/EX, Rel. Min. Felix Fischer, Corte Especial, j. 06.04.2011, *DJe* 11.04.2011).

Dispensa de comprovação da citação do réu se esse é o autor do pedido de homologação:

"Dispensa-se a comprovação da citação válida quando é o próprio réu no processo original que requer a homologação da sentença estrangeira. Ademais, ambas as partes se manifestaram no processo, por meio de advogado, e foram ouvidas em juízo. Nesse sentido: SEC 2259/CA, Corte Especial, Rel. Min. José Delgado, *DJe* de 30/06/2008, e SEC 3535/IT, Corte Especial, Rel. Min. Laurita Vaz, *DJe* de 16/2/2011" (STJ, SEC 3.932/EX, Rel. Min. Felix Fischer, Corte Especial, j. 06.04.2011, *DJe* 11.04.2011).

Consularização:

"1. A exigência de autenticação consular a que se refere o art. 5º, inciso IV, da Resolução STJ nº 9, de 05/05/2005, como requisito para homologação de sentença estrangeira, deve ser interpretada à luz das Normas de Serviço Consular e Jurídico (NSCJ), do Ministério das Relações Exteriores (expedidas nos termos da delegação outorgada Decreto 84.788, de 16/06/1980), que regem as atividades consulares e às quais estão submetidas também as autoridades brasileiras que atuam no exterior.

2. Segundo tais normas, consolidadas no Manual de Serviço Consular e Jurídico – MSCJ (Instrução de Serviço 2/2000, do MRE), o ato de fé pública, representativo da autenticação consular oficial de documentos produzidos no exterior, é denominado genericamente de 'legalização', e se opera (a) mediante reconhecimento da assinatura da autoridade expedidora (que desempenha funções no âmbito da jurisdição consular), quando o documento a ser legalizado estiver assinado (MSCJ – 4.7.5), ou (b) mediante autenticação em sentido estrito, relativamente a documentos não assinados ou em que conste assinatura impressa ou selos secos (MSCJ – 4.7.14). 3. No caso, a sentença estrangeira recebeu ato formal de 'legalização' do Consulado brasileiro mediante o reconhecimento da assinatura da autoridade estrangeira que expediu o documento, com o que fica atendido o requisito de autenticação" (STJ, SEC 587/CH, Rel. Min. Teori Albino Zavascki, Corte Especial, j. 11.02.2008, *DJe* 03.03.2008).

"3. Esta Corte Superior já se posicionou no sentido de que a exigência da tradução da sentença estrangeira por meio de tradutor oficial ou juramentado no Brasil deve ser mitigada quando o pedido de homologação tiver sido encaminhado pela via diplomática, como ocorrido no presente caso. 4. 'É dispensada a chancela consular na sentença alienígena no caso de prestação de alimentos, por força da atuação do Ministério Público Federal, como autoridade intermediária na transmissão oficial dos documentos, nos termos da Convenção sobre Prestação de Alimentos no Estrangeiro (Decreto n. 56.826, de 2.12.1965), conforme reconhecido pela jurisprudência do STF: SE 3016, Relator Min. Décio Miranda, Tribunal Pleno, publicado no *DJ* em 17.12.1982, p. 13,202 e no Ementário vol. 1280-01, p. 148' (SEC 7.173/EX, Rel. Ministro Humberto Martins, Corte Especial, *DJe* 19.8.2013)" (STJ, SEC 13.818/EX, Rel. Min. Mauro Campbell Marques, Corte Especial, j. 16.12.2015, *DJe* 18.12.2015).

Desnecessidade de caução para ajuizar pedido de homologação de sentença estrangeira por autor domiciliado ou sediado no estrangeiro:

"Não é exigível a prestação de caução para o requerimento de homologação de sentença estrangeira. Precedentes do Supremo Tribunal Federal" (STJ, SEC 507/GB, Rel. Min. Gilson Dipp, Corte Especial, j. 18.10.2006, *DJ* 13.11.2006).

Art. 965

Invalidade de citação editalícia em país estrangeiro dirigido a parte domiciliada no Brasil:

"1. Se a parte contra quem se deseja efetivar o ato de citação reside no Brasil, não pode o edital para a consumação do procedimento, publicado apenas na Espanha, produzir efeitos em nosso País, sob pena de configurar-se violação aos princípios do contraditório e da ampla defesa" (STF, SEC 6.729, Rel. Min. Maurício Corrêa, Tribunal Pleno, j. 15.04.2002, *DJ* 07.06.2002).

Honorários sucumbenciais:

"Direito processual civil. Sentença estrangeira: contestação, com alegações de irregularidade no instrumento de mandato; de incompetência da justiça estrangeira, e de falta de autenticação consular da sentença homologanda. (...) 3. Sentença estrangeira homologada. 4. Requerido sucumbente, responsável por honorários advocatícios e custas processuais" (SEC 5.802, Rel. Min. Sydney Sanches, Tribunal Pleno, j. 29.03.2001, *DJ* 25.05.2001).

"Tendo sido contestada a ação pelo requerido, o indeferimento do pedido implica sucumbência da requerente perante ele, razão pela qual aquela lhe pagará honorários advocatícios, mais as custas do processo" (STF, SEC 5.029, Rel. Min. Sydney Sanches, Tribunal Pleno, j. 12.03.1998, *DJ* 11.09.1998).

"Sentença estrangeira de divórcio (homologação). Visto que preenchidos os requisitos indispensáveis à homologação, assim o Superior Tribunal defere o pedido que lhe foi formulado. Sentença homologada. Honorários devidos pelo requerido ao curador e à requerente" (STJ, SEC 530/US, Rel. Min. Nilson Naves, Corte Especial, j. 06.12.2006, *DJ* 05.03.2007).

"Homologação de sentença estrangeira. Revelia. Curador especial. Honorários. 1. Pedido de homologação deferido, por terem sido atendidas as exigências formais constantes do art. 5º da Resolução 9/2005. 2. Nomeação de curador especial pela revelia da parte requerente, citada por edital. 3. Isenção de custas (art. 1º, parágrafo único, da Resolução 9/2005), mas imposto o pagamento de honorários ao curador especial. 4. Pedido de homologação deferido" (STJ, SEC 63/US, Rel. Min. Eliana Calmon, Corte Especial, j. 15.02.2006, *DJ* 27.03.2006).

"VIII – Em grande parte dos processos de homologação de sentença estrangeira – mais especificamente aos que se referem a sentença arbitral – o valor atribuído à causa corresponde ao conteúdo econômico da sentença arbitral, geralmente de grande monta. Assim, quando for contestada a homologação, a eventual fixação da verba honorária em percentual sobre o valor da causa pode mostrar-se exacerbada. IX – Na hipótese de sentença estrangeira contestada, por não haver condenação, a fixação da verba honorária deve ocorrer nos moldes do art. 20, § 4º do Código de Processo Civil, devendo ser observadas as alíneas do § 3º do referido artigo. Ainda, consoante o entendimento desta Corte, neste caso, não está o julgador adstrito ao percentual fixado no referido § 3º" (STJ, SEC 507/GB, Rel. Min. Gilson Dipp, Corte Especial, j. 18.10.2006, *DJ* 13.11.2006).

Ofensa à soberania nacional:

"Sentença estrangeira contestada. Pedido de homologação de decisões proferidas pela justiça norueguesa que concederam a guarda da filha menor das partes ao requerente. Existência de decisão prolatada por autoridade judiciária brasileira, com o mesmo teor, a favor da requerida. Impossibilidade de homologação, sob pena de ofensa aos princípios da soberania nacional" (STF, SEC 5.526, Rel. Min. Ellen Gracie, Tribunal Pleno, j. 22.04.2004, *DJ* 28.05.2004).

"Não há de prevalecer a sentença estrangeira, quando existente provimento da Justiça brasileira sobre o mesmo tema, sob pena de ofensa ao princípio da soberania nacional. Precedentes do STF" (STJ, SEC 832/US, Rel. Min. Barros Monteiro, Corte Especial, j. 15.06.2005, *DJ* 01.08.2005).

"Não se pode homologar sentença estrangeira envolvendo questão decidida pela Justiça brasileira. Nada importa a circunstância de essa decisão brasileira não haver feito coisa julgada" (STJ, SEC 819/FR, Rel. Min. Humberto Gomes de Barros, Corte Especial, j. 30.06.2006, *DJ* 14.08.2006).

Ofensa à ordem pública:

"Inequívoca renúncia à jurisdição brasileira para dirimir eventuais litígios relativos à guarda de menores. Flagrante ofensa à soberania nacional e à ordem pública" (STJ, AgRg nos EDcl na SE 1,554/CA, Rel. Min. Barros Monteiro, Corte Especial, j. 19.09.2007, *DJ* 22.10.2007).

"A bigamia constitui causa de nulidade do ato matrimonial, tanto pela legislação japonesa, como pela brasileira, mas, uma vez realizado o casamento no Brasil, não pode ele ser desfeito por Tribunal de outro país, consoante dispõe o § 1º do art. 7º da Lei de Introdução ao Código Civil" (STJ, SEC 1.303/JP, Rel. Min. Fernando Gonçalves, Corte Especial, j. 05.12.2007, *DJ* 11.02.2008).

"Sentença arbitral estrangeira. Controle judicial. Impossibilidade de apreciação do mérito. Inexistência de cláusula compromissória. Incompetência do juízo arbitral. Ofensa à ordem pública nacional. (...) II – Não há nos autos elementos seguros que comprovem a aceitação de cláusula compromissória por parte da requerida. III – A decisão homologanda ofende a ordem pública nacional, uma vez que o reconhecimento da competência do juízo arbitral depende da existência de convenção de arbitragem (art. 37, II, c/c art. 39, II, da Lei nº 9.307/96). Precedente do c. Supremo Tribunal Federal. IV – *In casu*, a requerida apresentou defesa no juízo arbitral alegando, preliminarmente, a incompetência daquela instituição, de modo que não se pode ter como aceita a convenção de arbitragem, ainda que tacitamente. Homologação indeferida" (STJ, SEC 866/GB, Rel. Min. Felix Fischer, Corte Especial, j. 17.05.2006, *DJ* 16.10.2006).

"Destarte, posto matéria de ordem pública, conhecível de ofício, vislumbra-se nítida nulidade, ante a ausência de motivação da decisão homologanda, em afronta ao art. 216, RISTF e 17 da LICC (...) Homologação indeferida" (STJ, SEC 879/US, Rel. Min. Luiz Fux, Corte Especial, j. 02.08.2006, *DJ* 25.09.2006).

CAPÍTULO VII
DA AÇÃO RESCISÓRIA

Art. 966. A decisão de mérito, transitada em julgado, pode ser rescindida quando:

I – se verificar que foi proferida por força de prevaricação, concussão ou corrupção do juiz;

II – for proferida por juiz impedido ou por juízo absolutamente incompetente;

III – resultar de dolo ou coação da parte vencedora em detrimento da parte vencida ou, ainda, de simulação ou colusão entre as partes, a fim de fraudar a lei;

IV – ofender a coisa julgada;

V – violar manifestamente norma jurídica;

VI – for fundada em prova cuja falsidade tenha sido apurada em processo criminal ou venha a ser demonstrada na própria ação rescisória;

VII – obtiver o autor, posteriormente ao trânsito em julgado, prova nova cuja existência ignorava ou de que não pôde fazer uso, capaz, por si só, de lhe assegurar pronunciamento favorável;

VIII – for fundada em erro de fato verificável do exame dos autos.

§ 1º Há erro de fato quando a decisão rescindenda admitir fato inexistente ou quando considerar inexistente fato efetivamente ocorrido, sendo indispensável, em ambos os casos, que o fato não represente ponto controvertido sobre o qual o juiz deveria ter se pronunciado.

§ 2º Nas hipóteses previstas nos incisos do *caput*, será rescindível a decisão transitada em julgado que, embora não seja de mérito, impeça:

I – nova propositura da demanda; ou

II – admissibilidade do recurso correspondente.

§ 3º A ação rescisória pode ter por objeto apenas 1 (um) capítulo da decisão.

§ 4º Os atos de disposição de direitos, praticados pelas partes ou por outros participantes do processo e homologados pelo juízo, bem como os atos homologatórios praticados no curso da execução, estão sujeitos à anulação, nos termos da lei.

§ 5º Cabe ação rescisória, com fundamento no inciso V do *caput* deste artigo, contra decisão baseada em enunciado de súmula ou acórdão proferido em julgamento de casos repetitivos que não tenha considerado a existência de distinção entre a questão discutida no processo e o padrão decisório que lhe deu fundamento. (Incluído pela Lei nº 13.256, de 2016)

§ 6º Quando a ação rescisória fundar-se na hipótese do § 5º deste artigo, caberá ao autor, sob pena de inépcia, demonstrar, fundamentadamente, tratar-se de situação particularizada por hipótese fática distinta ou de questão jurídica não examinada, a impor outra solução jurídica. (Incluído pela Lei nº 13.256, de 2016)

▶ *Referência: CPC/1973 – Arts. 485 e 486*

1. Ação rescisória

No geral, o processo judicial visa dar solução definitiva para os casos levados para apreciação jurisdicional. Em função disto, e de forma a

Art. 966

garantir que haja segurança jurídica (no tocante às soluções obtidas em juízo) a Constituição inclui a coisa julgada no rol de direitos e garantias fundamentais, no art. 5º, XXXVI, da CF. Há dois tipos de coisa julgada, a formal (que se verifica em casos de vícios processuais que impedem o exame do mérito e levam ao encerramento do processo) e a coisa julgada material que se forma quando mérito foi examinado e decidido, de forma que o tema não possa ser mais objeto de exame no próprio processo, nem tampouco em outra demanda judicial (sobre o conceito legal de coisa julgada material, ver art. 502 do CPC). A despeito disso, é da tradição de nosso direito processual o reconhecimento da existência de situações excepcionais, cuja ocorrência pode dar ensejo a demanda autônoma cujo objetivo é o de desconstituir, nestes casos específicos, a coisa julgada material. No CPC, tais casos encontram-se arrolados no artigo 966, no qual se encontra a lista de situações em que tem cabimento a ação rescisória. Este rol deve ser interpretado de modo estrito, eis que o sistema não permite a banalização do uso da rescisória, posto ser esta demanda portadora de pedido, repita-se, excepcional.

2. Decisão de mérito passível de ação rescisória

No âmbito do CPC/1973, o art. 485 estipulava que a "sentença de mérito" poderia ser rescindida. Tal expressão levava a entendimento equivocado, eis que o critério relevante não se prendia à classificação do ato judicial, mas sim à circunstância dele portar decisão de mérito transitada em julgado. No CPC de 2015 o legislador corrigiu este imprecisão, deixando claro e expresso que qualquer decisão de mérito pode ser rescindida nas hipóteses listadas no art. 966.

2.1 Exemplos, no CPC de 2015, de decisões de mérito passíveis de ação rescisória

Sentença de mérito transitada em julgado (arts. 203, § 1º, 204 e 487, todos do CPC); Improcedência liminar do pedido (art. 332); Julgamento antecipado parcial de mérito (art. 356).

3. Prevaricação, concussão ou corrupção

No Código Penal se encontram tipificadas as condutas de prevaricação (v. art. 319 do CP), concussão (v. art. 316 do CP) e corrupção passiva (v. art. 317 do CP). No caso do juiz praticar atos que se enquadram em um destes tipos penais e, assim, proferir decisão judicial de mérito, esta passa a ser passível de ser enfrentada no âmbito de ação rescisória (inciso I do art. 966). Para êxito da rescisória não é necessária a anterior condenação penal do juiz. É que a prevaricação, concussão ou corrupção poderão ser comprovadas no bojo da própria ação rescisória.

4. Juiz impedido ou juízo absolutamente incompetente

Os termos do inciso II do art. 966, também será cabível a ação rescisória em caso de decisão de mérito proferida por juiz impedido ou juízo absolutamente incompetente. A respeito do impedimento do juiz ver os arts. 144 e 147 do CPC. São hipóteses objetivas em que o sistema nega jurisdição a magistrado que se enquadre nestas situações, de molde a autorizar até o pedido rescisório. A respeito da incompetência absoluta, ver o art. 62 do CPC, em que se encontra genérica formulação de temas que, quando utilizados para fixar critérios de competência judicial também impedem que o juiz "não dotado de tal atribuição" possa julgar no caso concreto. Tamanha a relevância disto que, em tais situações, nem mesmo a conduta das partes (de eventualmente não questionar a competência), levará ao saneamento do vício, sendo cabível invocá-lo até mesmo no âmbito de ação rescisória.

5. Decisão que resultar de dolo, coação ou fraude a lei

Também será possível postular a rescisão de decisão de mérito que tiver resultado de dolo, coação ou fraude a lei. O dolo é a deliberada intenção de causar prejuízo a outrem (em contexto processual ver, por exemplo, as condutas descritas no art. 80 do CPC). A coação, a seu turno, e nos termos do art. 151 do CC, vicia a declaração de vontade se sua prática "incuta ao paciente fundado temor de dano iminente e considerável à sua pessoa, à sua família, ou a seus bens". De seu lado, colusão (ou conluio) ocorre quando as partes procuram fraudar a lei (ver art. 166, VI, do CC). Em sentido similar, tem-se simulação, quando os propósitos declarados não correspondem aos objetivos reais das partes (v. art. 167 do CC) que, assim, tentam fraudar dispositivos legais. No âmbito do processo, inclusive, caso o juiz perceba a existência de processo simulado a ele caberá proferir decisão "que impeça os objetivos das partes" (ver art. 142 do CPC). Enfim, quando condutas destes tipos tiverem ocorrido no processo e tiverem sido decisivas para ser proferida a decisão de mérito, terá cabimento a demanda rescisória.

6. Ofensa a coisa julgada

Como já referido, a Constituição inclui a coisa julgada no rol de direitos e garantias fundamentais (art. 5º, XXXVI, da CF). Por conta disto, caso seja ajuizada uma ação idêntica (art. 337, § 2º) a demanda anterior cujo mérito já foi decidido, com formação de coisa julgada material, será caso de nem mesmo julgar (ou resolver) o mérito da "segunda" ação (arts. 337, § 4º, e 485, V, ambos do CPC). Contudo, na hipótese de o mérito da "segunda" demanda ser julgado, esta decisão dá ensejo a ação rescisória, de maneira que, com a rescisão da "segunda" decisão, seja prestigiada a coisa julgada anteriormente formada.

7. Violação manifesta de norma jurídica

Para efeito de se ter por violada norma jurídica, esta tem de estar devidamente positivada e ser de conhecimento geral. Quanto mais objetiva for a hipótese de incidência da norma mais nítida será a violação que decorrerá na circunstância da norma ser desconsiderada ou aplicada incorretamente e, assim, violada, por decisão judicial de mérito. Para que tenha cabimento a rescisória, exige o inciso V em comento que a violação seja manifesta. Em outras palavras, deve haver absoluta nitidez de violação da norma, sob pena de não ser admitido invocar esta hipótese de cabimento. Neste contexto, normalmente mais simples a configuração de tal violação em caso de regras legais, eis que estas são, mais frequentemente, redigidas para situações específicas e/ ou mais bem descritas pelo legislador. A despeito disto, não se pode deixar de considerar a possibilidade de haver, também, violação manifesta a princípio jurídico que, mesmo com redação mais ampla e genérica, pode ser afrontado de forma tão evidente que, ao menos em tese, também pode haver ensejo para ajuizar rescisória com este tipo de fundamento. Enfim, para formular este tipo de pedido rescisório poder-se-á invocar normas decorrentes da Constituição Federal, da lei, de decretos, de regulamentos, ou seja de diferentes tipos de fonte de regulamentação "geral" da vida em sociedade, desde que se consiga demonstrar que a decisão judicial viola, de modo manifesto, a norma decorrente de uma destas fontes do Direito.

7.1 Normas de interpretação controvertida

O objetivo da ação rescisória não é resolver casos de injustiça da decisão rescindenda, mas sim permitir a desconstituição de decisões portadoras de vícios entendidos como relevantes pelo legislador. Nosso ordenamento jurídico, de outro lado, convive com a possibilidade de se ter decisões conflitantes, em especial em virtude de haver incontornável espaço para interpretação do Direito. O modelo processual pretendido pelo CPC de 2015 procura aperfeiçoar, em nome da segurança jurídica e da isonomia, meios de resolver esta situação, seja com o sistema de precedentes (ver arts. 926 e 927), seja por intermédio de meios de aceleração do modo de definição de uma tese jurídica vencedora em casos de tese jurídica reiterada e "polêmica" (por exemplo, com uso do incidente de resolução de demandas repetitivas, ver art. 976). Mesmo neste contexto, para efeito de verificação do cabimento de ação rescisória com fundamento no inciso V do art. 966, parece que ainda deve vigorar, mesmo que de forma mitigada, o disposto na Súmula 343 do STF, a qual afirma descaber a rescisória quando a decisão objeto do pedido de rescisão tiver fundamento em comando legal que, ao tempo da decisão, era de interpretação controvertida nos tribunais. O sentido de tal súmula é o de negar que, nesta situação de interpretação controvertida, haja violação realmente manifesta da norma. Tal entendimento, contudo, deve ser afastado em caso de a polêmica gerar, por um dos instrumentos previstos no CPC, a uniformização de entendimento que, hoje foi elevada a uma das grandes metas de nosso sistema processual. Nesta situação, uniformizado o entendimento a respeito da interpretação da norma, e desde que ainda em curso o prazo previsto no art. 975, deve ser relativizado o teor da Súmula 343 do STF, para efeito de, neste caso, acolher-se a rescisória para assim prestigiar a "interpretação uniformizada" da norma, pelo Judiciário.

8. Prova falsa

Quando a decisão objeto do pedido de rescisão tiver se fundado em prova, cuja falsidade tenha sido reconhecida, terá cabimento a rescisória. Para tanto é necessário que a motivação da decisão rescindenda não se ampare em outros elementos, ou seja, é necessário que a prova "falsa" tenha sido

Art. 966

fundamental para a motivação da decisão que se quer rescindir. Além disto, a falsidade não pode ser objeto de afirmação unilateral. Em outras palavras, aquele que pode ser atingido pelos efeitos "negativos" do reconhecimento da falsidade tem de ter tido oportunidade para defender a validade da prova. De todo modo, nos exatos termos do inciso VI, o reconhecimento da falsidade pode se dar em processo criminal ou no âmbito da própria ação rescisória.

9. Prova nova

No âmbito do CPC/1973, o inciso VII do art. 485 falava de documento novo. Agora, no CPC de 2015, a lei fala de prova nova, de forma que não apenas documentos, mas também outros tipos de prova, desde que novos, poderão dar ensejo a este tipo de pedido rescisório. Para se ter como "nova" a prova tem de, nos exatos termos da lei, ser elemento probatório "cuja existência" a parte "ignorava ou de que não pôde fazer uso". Ou seja, há de haver demonstração do motivo pelo qual a prova não foi utilizada antes. Ademais, prossegue a regra legal, a prova nova tem de ser "capaz, por si só" de "assegurar pronunciamento favorável". Ou seja, se a decisão rescindenda teve por fundamento outros elementos probatórios, ainda que se reconheça o caráter novo da prova invocada na rescisória, esta não terá êxito.

10. Erro de fato

Não será qualquer equívoco na verificação dos fatos que poderá dar ensejo a ação rescisória com base no inciso VIII, ora em estudo. É que, nos termos do § 1º do art. 966 "há erro de fato quando a decisão rescindenda admitir fato inexistente ou quando considerar inexistente fato efetivamente ocorrido, sendo indispensável, em ambos os casos, que o fato não represente ponto controvertido sobre o qual o juiz deveria ter se pronunciado". A expressa dicção da norma evidencia ser ela bastante restritiva. Isto porque a regra exige que não tenha havido "controvérsia" entre as partes, que não seja o tema questão a respeito da qual o juiz deveria ter-se pronunciado e que, para aferir do erro, não seja necessário produzir provas além daquelas já existentes na demanda na qual foi proferida a decisão rescindenda.

11. Rescisória de decisão "não de mérito"

Positivando tendência que já era verificada na jurisprudência, o § 2º do art. 966 afirma ser

cabível a rescisória contra "decisão transitada em julgado que, embora não seja de mérito, impeça: I – nova propositura da demanda; ou II – admissibilidade do recurso correspondente.". Excepciona, assim, o legislador a regra geral, para permitir que decisões portadoras dos mesmos tipos de vícios descritos nos incisos do "*caput*" do art. 966, possam ser excepcionalmente rescindidas, mesmo que não tenham examinado o mérito do causa. Para bem compreender esta possibilidade, insta lembrar que, em geral, decisões que não abordam mérito deixam "aberta" a possibilidade de proposição de nova demanda (ver art. 486). Contudo, nos casos do § 2º ora interpretado isto não é viável, daí o sistema conferir excepcionalmente, a chance para que tais decisões, que não julgaram "mérito" mas que podem impedir nova discussão judicial, sejam combatidas em ação rescisória, no caso da presença dos "graves" vícios mencionados no art. 966.

12. Rescisória de "capítulo" da decisão de mérito

A rescisória pode abranger "capítulo" da decisão de mérito, desde que o objeto litigioso seja decomponível, de maneira que cada capítulo exista de modo autônomo e que, claro, o capítulo contenha algum dos vícios referidos no art. 966.

13. Ação anulatória

Na esteira do que consta do § 4º do art. 966, "os atos de disposição de direitos, praticados pelas partes ou por outros participantes do processo e homologados pelo juízo, bem como os atos homologatórios praticados no curso da execução, estão sujeitos à anulação, nos termos da lei". Assim restou mantida diferenciação que já existia no CPC/1973, no sentido de que atos das partes no processo, que sejam, ou venham a gerar homologação judicial, possam ser anulados, caso tenha havido infringência à lei, e desde que observados os requisitos gerais que condicionam pedidos de nulidade de qualquer ato jurídico. Enfim, os motivos para ser solicitada a anulação estarão, em regra, fixados no plano do direito material. Todavia, considerando que os atos foram praticados no processo e geraram decisão, a lei explicita que, nesta situação (em que vier a ser decretada a anulação do ato da parte), também ocorrerá a anulação do ato judicial que tiver decorrido do ato da parte.

14. Ação rescisória por indevida aplicação de súmula ou "precedente" formado em julgamento repetitivo (§§ 5º e 6º)

Como deflui do que consta do art. 928 do CPC, considera-se julgamento de casos repetitivos, a decisão proferida em incidente de resolução de demandas repetitivas, em julgamento de recurso especial repetitivo ou em recurso extraordinário repetitivo. Trata-se de técnica em que, com o julgamento "por amostragem", tem-se a fixação de uma tese que corresponde à vontade da lei naquele tipo específico de situação fática. Tamanha a importância deste tipo de julgamento que a situação foi incluída no rol do art. 927 (inciso III) com um dos tipos de decisão a ser "observada" pelo juiz e/ou pelos tribunais. O mesmo se dá com súmulas que constem dos incisos II e IV do art. 927 do CPC, e que, em conformidade com o § 2º do art. 926 do CPC devem "ater-se às circunstâncias fáticas dos precedentes que motivaram sua criação". Em vista disto, quando do advento da Lei Federal 13.256/2016, o legislador criou as hipóteses dos §§ 5º e 6º para deixar claro que no caso de indevida aplicação de súmula, ou de precedente formado em julgamento repetitivo, a caso em que isto não deveria ter ocorrido, terá cabimento a ação rescisória com base no inciso V do art. 966. Assim é, em decorrência de o sistema do CPC apenas admitir a utilização do que consta de súmulas, ou de precedentes quando houver efetiva coincidência entre as hipóteses fáticas. Não existindo a coincidência é necessário realizar a distinção e, assim, fica impedido o julgador de aplicar, como critério de julgamento, o que consta da súmula e/ou do precedente firmado no julgamento repetitivo. Se, a despeito disto a "aplicação" tiver sido feita, caberá a rescisória nos termos do mencionado § 5º do art. 966. Sendo esta ajuizada, em vista do preceituado no § 6º, o autor da demanda deverá fazer na própria inicial a demonstração analítica necessária a comprovar que o preceito da súmula e/ou o precedente não poderia ter sido aplicado por haver distinção das hipóteses fáticas. Não sendo isto feito, será caso de inépcia da inicial, o que apenas poderá ser decretado em caso de persistir o vício depois de dada oportunidade para regularização da inicial.

> **Art. 967.** Têm legitimidade para propor a ação rescisória:
>
> I – quem foi parte no processo ou o seu sucessor a título universal ou singular;
>
> II – o terceiro juridicamente interessado;
>
> III – o Ministério Público:
>
> a) se não foi ouvido no processo em que lhe era obrigatória a intervenção;
>
> b) quando a decisão rescindenda é o efeito de simulação ou de colusão das partes, a fim de fraudar a lei;
>
> c) em outros casos em que se imponha sua atuação;
>
> IV – aquele que não foi ouvido no processo em que lhe era obrigatória a intervenção.
>
> **Parágrafo único.** Nas hipóteses do art. 178, o Ministério Público será intimado para intervir como fiscal da ordem jurídica quando não for parte.

▶ *Referência: CPC/1973 – Art. 487*

1. Legitimidade ativa para propor ação rescisória

De modo claro e objetivo o art. 967 arrola quem pode ajuizar ação rescisória. Tal regulação se inicia pelo óbvio, qual seja a referência a quem foi parte no processo. E prossegue o legislador mencionando sucessores (que a título universal ou singular possuam interesse no desfecho da causa em que foi proferida a decisão rescindenda), o terceiro juridicamente interessado, o Ministério Público (para casos em que a lei exige sua participação, com a particularidade de se também criar hipótese de atuação do "Parquet" para buscar a rescisão de decisão de mérito que seja efeito de simulação ou colusão das partes par fraudar a lei); além do caso de ausência de oitiva de sujeito que deveria ter sido ouvido no processo (em que proferida a decisão rescindenda), mas não o foi.

> **Art. 968.** A petição inicial será elaborada com observância dos requisitos essenciais do art. 319, devendo o autor:
>
> I – cumular ao pedido de rescisão, se for o caso, o de novo julgamento do processo;
>
> II – depositar a importância de cinco por cento sobre o valor da causa, que se converterá em multa caso a ação seja, por unanimidade de votos, declarada inadmissível ou improcedente.
>
> § 1º Não se aplica o disposto no inciso II à União, aos Estados, ao Distrito Federal, aos Municípios, às suas respectivas autarquias e fundações de

Art. 968

CÓDIGO DE PROCESSO CIVIL INTERPRETADO

direito público, ao Ministério Público, à Defensoria Pública e aos que tenham obtido o benefício de gratuidade da justiça.

§ 2º O depósito previsto no inciso II do *caput* deste artigo não será superior a 1.000 (mil) salários mínimos.

§ 3º Além dos casos previstos no art. 330, a petição inicial será indeferida quando não efetuado o depósito exigido pelo inciso II do *caput* deste artigo.

§ 4º Aplica-se à ação rescisória o disposto no art. 332.

§ 5º Reconhecida a incompetência do tribunal para julgar a ação rescisória, o autor será intimado para emendar a petição inicial, a fim de adequar o objeto da ação rescisória, quando a decisão apontada como rescindenda:

I – não tiver apreciado o mérito e não se enquadrar na situação prevista no § 2º do art. 966;

II – tiver sido substituída por decisão posterior.

§ 6º Na hipótese do § 5º, após a emenda da petição inicial, será permitido ao réu complementar os fundamentos de defesa, e, em seguida, os autos serão remetidos ao tribunal competente.

▶ *Referência: CPC/1973 – Arts. 488 e 490*

1. Petição inicial de ação rescisória

No art. 968, o legislador remete ao art. 319, no qual se encontra a lista geral com requisitos para toda e qualquer petição inicial. Além dos requisitos gerais, o art. 968 estipula requisitos especiais a seguir comentados.

2. Juízo rescindendo ("iudicium rescindens") e juízo rescisório ("iudicium rescissorium")

Como expressamente referido pelo inciso I do art. 968, a petição inicial, conforme o caso, poderá conter "apenas" o pedido de rescisão da decisão impugnada ("iudicium rescindens"), como também o pedido de novo e direto julgamento da causa ("iudicium rescissorium"). O primeiro destes pedidos é da essência da rescisória e deverá constar sempre, sob pena de inépcia da inicial. De seu lado, o juízo rescisório ("iudicium rescissorium") também deverá ser expressamente formulado na maioria dos casos, sendo, entretanto necessário verificar qual a causa de pedir alegada, eis que em algumas situações não haverá possibilidade de haver rejulgamento (p. ex., rescisória fundada em alegação de coisa julgada).

3. O depósito de 5% do valor da causa

Nos termos do inciso II do art. 968 o autor de ação rescisória deverá depositar a importância de cinco por cento sobre o valor da causa. Trata-se de requisito especial deste tipo de ação, sendo certo que, como mencionado o referido inciso II, tal depósito "se converterá em multa" em favor do réu da rescisória "caso a ação seja, por unanimidade de votos, declarada inadmissível ou improcedente".

3.1 Limite ao valor do depósito

Com o objetivo de a exigência do depósito não se tornar um empecilho ao acesso à justiça, o § 2º limita o valor a ser depositado ao montante correspondente a 1.000 salários mínimos.

3.2 Dispensa do depósito

A seu turno, o § 1º excepciona o inciso II do art. 968 deixando claro que não se aplica tal exigência no caso de demanda proposta pela União, Estados, Distrito Federal, Municípios, e respectivas autarquias e fundações de direito público. Também ficam isentos do depósito o Ministério Público, a Defensoria Pública e todos os que tenham obtido o benefício de gratuidade da justiça. A respeito da gratuidade da justiça ver arts. 98 a 102 do CPC.

4. Valor da causa em ação rescisória

Na ação rescisória o valor da causa corresponde ao valor econômico do bem da vida objeto da decisão que se pretende rescindir. Isto poderá, eventualmente, coincidir com o valor da causa da demanda onde proferida a decisão rescindenda. Tal coincidência, entretanto, não ocorrerá necessariamente. Lembre-se, por exemplo, que a rescisória pode referir-se a capítulos da decisão. Enfim, tem se de verificar, a cada caso, o exato valor do "objeto" em relação ao qual se pretende rescindir decisão judicial.

5. Indeferimento da petição inicial

Como menciona o § 3º do art. 698, caso não estejam presentes os requisitos gerais e específicos da rescisória, haverá indeferimento da inicial, com remissão ao disposto no art. 330 do CPC, além de específica menção ao indeferimento por não ser realizado o depósito referido pelo inciso II do art. 968.

5.1. Direito "geral" de correção da petição inicial

Também na ação rescisória é de ser aplicado o estipulado no art. 321 do CPC, no que toca à necessidade da abertura de prazo de 15 dias para que o autor possa corrigir equívocos, ou complementar petição inicial que não preenche os requisitos legais.

6. Improcedência liminar do pedido

A esteira do § 4º à rescisória aplicam-se os casos de improcedência liminar do pedido, tal como regulados pelo art. 332 do CPC.

7. Casos especiais de emenda e/ou complementação da inicial de ação rescisória

À luz do preconizado pelos §§ 5º e 6º em análise verifica-se que, em caso de equivocado endereçamento da inicial da rescisória, o Tribunal, ao reconhecer sua incompetência, deverá, nos casos enumerados nos incisos I e II, outorgar oportunidade para emenda da inicial e, ainda, complementação, conforme o caso, das razões de defesa, de forma que o feito possa ser endereçado ao Tribunal competente para análise.

> **Art. 969.** A propositura da ação rescisória não impede o cumprimento da decisão rescindenda, ressalvada a concessão de tutela provisória.

▶ *Referência: CPC/1973 – Art. 489*

1. Cumprimento da ação rescindenda e tutela provisória excepcionalíssima

Nos mesmos termos do que já era previsto no CPC de 1973, a propositura de ação rescisória não impede que se irradiem os efeitos da decisão rescindenda, de forma que os atos tendentes a exigir o cumprimento desta poderão ter normal seguimento. Esta regra geral poderá ser excepcionada caso seja requerida e deferida tutela provisória na ação rescisória. Como já se falou acima o cabimento da ação rescisória é excepcional e o sistema não deseja a banalização de tal tipo de demanda. Corolário disto é que, na análise do pedido de tutela provisória deverá haver especial rigor, ainda que não seja aqui expressa a lei, posto que tal desiderato decorre, reitere-se, de necessária interpretação sistemática que também leve em conta a circunstância de o próprio cabimento da rescisório ser de interpretação restritiva.

> **Art. 970.** O relator ordenará a citação do réu, designando-lhe prazo nunca inferior a 15 (quinze) dias nem superior a 30 (trinta) dias para, querendo, apresentar resposta, ao fim do qual, com ou sem contestação, observar-se-á, no que couber, o procedimento comum.

▶ *Referência: CPC/1973 – Art. 491*

1. Citação para defesa em prazo de resposta

Diferentemente do que ocorre na regra geral do CPC de 2015 (ver art. 334) no caso de ação rescisória a citação é feita para que o réu, no prazo fixado pelo relator ("dentro" do intervalo, mínimo e máximo referido na regra), venha, querendo, responder. Tal possibilidade de resposta é ampla e abrange contestação (ver art. 335) e reconvenção, mas esta desde que haja causa para também o réu (da rescisória) postular pedido de cunho rescisório (no mais, ver art. 343).

2. Aplicação subsidiária do rito comum

Em relação a tudo quanto não houver dispositivo específico a rescisória será processada com observância das normas do rito comum, naquilo que este for compatível com a especialidade de um pedido rescisório.

3. Revelia

Como mencionado na parte final da nota acima, a aplicabilidade do rito comum na ação rescisória deve se dar apenas na medida de que este seja compatível com um contexto no qual se tem, de um lado, decisão de mérito transitada em julgado e, de outro, pedido a ser analisado restritivamente, com objetivo de desconstituir a coisa julgada. Em vista disto, no âmbito de ação rescisória os efeitos da revelia, seja por ausência de defesa (quanto ao todo), seja no tocante a eventual ausência de impugnação específica não acarreta presunção de "verdade" quanto às alegações do autor (da rescisória), de forma que este continuará, mesmo na ausência de resposta, com o ônus de provar a presença dos requisitos de rescindibilidade preconizados pelo art. 966.

> **Art. 971.** Na ação rescisória, devolvidos os autos pelo relator, a secretaria do tribunal expedirá cópias do relatório e as distribuirá entre os juízes que compuserem o órgão competente para o julgamento.

Art. 972

CÓDIGO DE PROCESSO CIVIL INTERPRETADO

1530

> **Parágrafo único.** A escolha de relator recairá, sempre que possível, em juiz que não haja participado do julgamento rescindendo.

▶ *Referência: CPC/1973 – Art. 553*

1. Relatoria

Como já era no âmbito do CPC/1973, de preferência, a relatoria da rescisória deve ser exercida por magistrado que não tenha participado do julgamento rescindendo, garantindo-se, assim, maior grau de isenção para análise do pedido.

> **Art. 972.** Se os fatos alegados pelas partes dependerem de prova, o relator poderá delegar a competência ao órgão que proferiu a decisão rescindenda, fixando prazo de 1 (um) a 3 (três) meses para a devolução dos autos.

▶ *Referência: CPC/1973 – Art. 492*

1. Produção das provas

No que tange à prova documental, a ação rescisória segue as regras gerais, segundo as quais o autor da ação deve fazer a juntada de documentos com a petição inicial, enquanto que o réu deve apresenta-los com a defesa (ver art. 434). Contudo, havendo necessidade de produção de outras provas, o relator poderá, nos termos e condições do art. 972 "delegar a competência" para coleta destas "ao órgão que proferiu a decisão rescindenda, fixando prazo de 1 (um) a 3 (três) meses para a devolução dos autos".

> **Art. 973.** Concluída a instrução, será aberta vista ao autor e ao réu para razões finais, sucessivamente, pelo prazo de 10 (dez) dias.
>
> **Parágrafo único.** Em seguida, os autos serão conclusos ao relator, procedendo-se ao julgamento pelo órgão competente.

▶ *Referência: CPC/1973 – Art. 493*

1. Oportunidade para razões finais

Nos termos da regra em comento, finda a instrução é outorgada oportunidade para apresentação de memoriais, em que as partes farão resumo das ocorrências havidas na rescisória

e, uma vez mais, poderão tentar convencer o Judiciário a respeito de suas razões.

> **Art. 974.** Julgando procedente o pedido, o tribunal rescindirá a decisão, proferirá, se for o caso, novo julgamento e determinará a restituição do depósito a que se refere o inciso II do art. 968.
>
> **Parágrafo único.** Considerando, por unanimidade, inadmissível ou improcedente o pedido, o tribunal determinará a reversão, em favor do réu, da importância do depósito, sem prejuízo do disposto no § 2º do art. 82.

▶ *Referência: CPC/1973 – Art. 494*

1. Julgamento da rescisória

Nos termos do mencionado na nota 2 do art. 968, conforme o caso haverá cumulação de juízo rescindendo ("iudicium rescindens") e juízo rescisório ("iudicium rescissorium"). Na ocasião do julgamento haverá, pois, deliberação, inicialmente quanto ao primeiro pedido, passando-se à análise do segundo apenas nos casos em que este foi formulado e o primeiro pedido foi julgado procedente. Em outras palavras, o Tribunal competente para a rescisória julga a demanda por inteiro, em conformidade com a extensão do pedido formulado e da deliberação inicialmente tomada (quanto ao juízo "rescindens").

2. Perda do depósito

Como já referido na nota 3 do art. 968, ao demandar, o autor da rescisória deve depositar 5% do valor da causa. Também já foi ali visto que, nos termos do inciso II do art. 968, tal depósito "se converterá em multa" em favor do réu da rescisória "caso a ação seja, por unanimidade de votos, declarada inadmissível ou improcedente". Tal dispositivo segue "confirmado", agora, pelo parágrafo único do art. 974, que ainda preconiza a aplicabilidade do § 2º do art. 82, quanto à fixação de honorários advocatícios.

3. Recursos

Conforme a decisão proferida no âmbito da ação rescisória varia o recurso cabível. Contra decisões monocráticas terá cabimento o agravo interno do art. 1.021 do CPC. Em caso da decisão colegiada e final, poder-se-á ter cabimento de embargos de declaração (ver art. 1.022) ou, ainda, recursos especial e/ou extraordinário (ver art. 1.029). No caso de decisão final deve-se verificar, ainda, eventual aplicabilidade da técnica de complementação de julgamento prevista no art. 942, § 3º, I, do CPC.

> **Art. 975.** O direito à rescisão se extingue em 2 (dois) anos contados do trânsito em julgado da última decisão proferida no processo.
>
> **§ 1º** Prorroga-se até o primeiro dia útil imediatamente subsequente o prazo a que se refere o *caput*, quando expirar durante férias forenses, recesso, feriados ou em dia em que não houver expediente forense.
>
> **§ 2º** Se fundada a ação no inciso VII do art. 966, o termo inicial do prazo será a data de descoberta da prova nova, observado o prazo máximo de 5 (cinco) anos, contado do trânsito em julgado da última decisão proferida no processo.
>
> **§ 3º** Nas hipóteses de simulação ou de colusão das partes, o prazo começa a contar, para o terceiro prejudicado e para o Ministério Público, que não interveio no processo, a partir do momento em que têm ciência da simulação ou da colusão.

▶ *Referência: CPC/1973 – Art. 495*

1. Prazo para ação rescisória

Como deflui do *caput* do art. 975, o direito de ajuizar rescisória se extingue em dois anos contados do trânsito em julgado da última decisão proferida no processo. À vista do disposto na parte final da regra resta superada antiga polêmica a respeito do prazo em caso de recurso não conhecido, de forma que, para efeito da contagem do prazo, interessa a data do trânsito em julgado da última decisão proferida no processo.

2. Prazo decadencial, mas com prorrogação no caso do § 1º

O prazo para ajuizar ação rescisória é entendido como sendo decadencial, de forma que ao mesmo não se aplicam suspensões nem interrupções (ver art. 207 do CC). Contudo e em conformidade com o § 1º no caso do prazo expirar em férias, feriados recesso, ou em dia sem expediente forense, o prazo será prorrogado para o primeiro dia útil imediatamente subsequente.

3. Contagem do prazo, em caso de alegação de "prova nova" ou de ocorrência de simulação/colusão

Nos casos de pedido rescisório com alegação de "prova nova" ou de ocorrência de simulação/colusão, o prazo deve ser contado a partir da data em que se teve conhecimento (ou possibilidade de uso) da "prova nova", sendo que por raciocínio similar no caso de simulação/colusão, o prazo será contado da data em que se teve conhecimento da ocorrência de tais circunstâncias.

CAPÍTULO VIII
DO INCIDENTE DE RESOLUÇÃO DE DEMANDAS REPETITIVAS

> **Art. 976.** É cabível a instauração do incidente de resolução de demandas repetitivas quando houver, simultaneamente:
>
> **I** – efetiva repetição de processos que contenham controvérsia sobre a mesma questão unicamente de direito;
>
> **II** – risco de ofensa à isonomia e à segurança jurídica.
>
> **§ 1º** A desistência ou o abandono do processo não impede o exame de mérito do incidente.
>
> **§ 2º** Se não for o requerente, o Ministério Público intervirá obrigatoriamente no incidente e deverá assumir sua titularidade em caso de desistência ou de abandono.
>
> **§ 3º** A inadmissão do incidente de resolução de demandas repetitivas por ausência de qualquer de seus pressupostos de admissibilidade não impede que, uma vez satisfeito o requisito, seja o incidente novamente suscitado.
>
> **§ 4º** É incabível o incidente de resolução de demandas repetitivas quando um dos tribunais superiores, no âmbito de sua respectiva competência, já tiver afetado recurso para definição de tese sobre questão de direito material ou processual repetitiva.
>
> **§ 5º** Não serão exigidas custas processuais no incidente de resolução de demandas repetitivas.

▶ *Sem correspondência no CPC/1973*

1. Incidente de resolução de demandas repetitivas

Durante toda a tramitação do Código de Processo Civil de 2015, não obstante grandes divergências em diversas matérias, é possível afirmar ter havido relativo consenso a respeito da necessidade de valorização das manifestações dos tribunais e da previsão de uma disciplina adequada aos processos de natureza repetitiva, dado os benefícios daí advindos para o jurisdicionado e para o funcionamento do Poder Judiciário. Daí decorre, por exemplo, previsão contida no art. 926 do Código, segundo a qual "os tribunais devem uniformizar sua jurisprudência e mantê-la estável, íntegra e coerente". Para o tratamento das demandas repetitivas, o Código de Processo Civil criou um verdadeiro microssistema normativo composto pelo incidente de resolução de demandas repetitivas, pelo incidente de assunção de competência e pela sistemática dos recursos extraordinário e especial repetitivos. Para assegurar a eficácia desse microssistema, o art. 927 do Código de Processo Civil impõe aos juízes das instâncias inferiores, o dever de observar essas decisões, e se prevê, em algumas hipóteses, como cabível a reclamação como instrumento para garantir a correta aplicação das teses fixadas no julgamento desses casos paradigmas (art. 988).

Aos tribunais de segunda instância, nesse contexto, são atribuídas novas funções, a par de sua função revisora, que por natureza lhes pertence. Referidos tribunais, segundo o Código de Processo Civil de 2015, deverão também lidar com os processos de natureza repetitiva e zelar pela uniformidade de sua jurisprudência. Para tanto, a nova legislação prevê institutos como o incidente de resolução de demandas repetitivas, o incidente de assunção de competência e a técnica de ampliação da colegialidade (art. 942).

O incidente de resolução de demandas repetitivas na prática terá a aptidão de contribuir para desafogar o Poder Judiciário, tornando mais célere a prestação da tutela jurisdicional, e de promover a isonomia entre os jurisdicionados nos casos em que houver homogeneidade jurídica, pois tende tal instituto a assegurar a dispensa do mesmo tratamento jurídico àqueles que compartilham de mesmo substrato fático. Não existe nada mais frustrante para o jurisdicionado do que situações de inconstância e instabilidade na interpretação do direito, que contribuem sensivelmente para o desprestígio dos órgãos do Poder Judiciário. Ao lado do incidente de resolução de demandas repetitivas, formando um verdadeiro microssistema que objetiva dar concretude ao mencionado art. 926 do CPC de 2015, o Código

prevê o incidente de assunção de competência para os casos de grande repercussão social que ainda não tenham gerado uma multiplicidade de demandas judiciais. Assim, enquanto o incidente de resolução de demandas repetitivas atua *a posteriori*, o incidente de assunção de competência atua de maneira preventiva, com o propósito de evitar o ajuizamento de diversas demandas.

Exceção feita aos fatos constitutivos de direitos personalíssimos, pode-se constatar que, em função das características da nossa sociedade atual – massificada e regulada por uma hiperinflação legislativa –, diversos são os exemplos de fatos que podem dar ensejo a uma multiplicidade de demandas idênticas. Basta citar, dentre outros, os direitos oriundos das relações de consumo ou as demandas que contestam um determinado ato estatal, como, por exemplo, a instituição de um tributo, a majoração de uma determinada alíquota ou ainda a regularidade de um concurso público. Sobre esses fatos, que são verdadeiros multiplicadores de litigiosidade e por consequência, de insegurança jurídica, o Poder Judiciário, pela via do Incidente de Resolução de Demandas Repetitivas, poderá se manifestar a fim de evitar decisões contraditórias ou conflitantes (Paulo Henrique dos Santos Lucon, *Incidente de resolução de demandas repetitivas no Novo Código de Processo Civil*, p. 473-481). São fatos claramente ligados a direitos ou interesses individuais homogêneos, os quais por suas características exigem um tratamento molecular dos conflitos.

2. Requisitos para a instauração do incidente

De acordo com o art. 976, é admissível a instauração do Incidente de Resolução de Demandas Repetitivas quando houver "efetiva repetição de processos que contenham controvérsia sobre a mesma questão unicamente de direito" e "risco de ofensa à isonomia e à segurança jurídica". Depreende-se, portanto, que três são os requisitos estabelecidos pela lei que devem ser atendidos para a instauração do incidente: i) risco de ofensa à isonomia; ii) risco de ofensa à segurança jurídica e; iii) efetiva repetição de processos que versem sobre mesma questão jurídica. Sob o ponto de vista da lógica formal, pode-se afirmar que o requisito da repetição de processos com a mesma questão jurídica (iii) é causa necessária dos requisitos do tratamento isonômico e da proteção à segurança jurídica (i) e (ii).

Ao se perquirir, logo, sobre a necessidade de instauração do incidente é preciso aferir em primeiro lugar a existência de efetiva repetição de processos que versem sobre idêntica questão jurídica. Sem essa repetição de processos, não há risco ao binômio isonomia-segurança jurídica. Essa tarefa de lidar com questões jurídicas idênticas, em realidade, não é estranha ao direito brasileiro em especial a partir das reformas legislativas da década de 1990. Constatada a multiplicidade de demandas, tem-se de investigar as situações em que se configuraria o risco à isonomia de modo a justificar a instauração do incidente. Em sentido estrito, em realidade, não se há de falar em risco à isonomia após a efetiva repetição de demandas idênticas, mas sim em efetiva violação a esse princípio constitucional assim que pelo menos duas decisões antagônicas forem proferidas para demandas com o mesmo conteúdo e que mereçam igual tratamento. Poucas decisões contraditórias, contudo, podem não justificar a instauração do incidente, se essa patologia puder ser remediada por outras vias. Se isso não ocorrer, no entanto, a instauração do incidente passa a ser necessária e justificável. O incidente, assim, evita provimentos contraditórios ou conflitantes e prestigia a economia processual, pois assume como premissa a existência de uma infinidade de processos em que causas de pedir e pedidos se repetem e que necessitam, portanto, receber decisões uniformes. A finalidade do incidente é permitir uma decisão rápida, eficiente e segura, com estabilidade da interpretação jurídica e valorização dos órgãos do Poder Judiciário, já que um processo que veicula pretensão idêntica a outro receberá mesma solução (Paulo Henrique dos Santos Lucon, Relação entre demandas, § 62).

A não instauração do incidente pela ausência de um de seus requisitos não impede seja o incidente novamente suscitado após referido requisito ter sido atendido. Quando suscitado o incidente, por exemplo, o Tribunal, em um primeiro momento, pode considerar que não há risco à segurança jurídica e em momento ulterior pode se constatar a existência de decisões contraditórias e a ausência de previsibilidade jurídica, o que justifica, nesse caso, nova instauração do incidente sobre mesma questão. Os Tribunais locais, contudo, não têm competência para processar e julgar o incidente cuja matéria já esteja afetada para julgamento pelos Tribunais Superiores. Deve-se nesses casos, por óbvio, respeitar a posição hierárquica desses Tribunais e a sua função de orientar a interpretação praticada por todos os órgãos jurisdicionais a elas subordinados. A estrutura vertical do Poder Judiciário brasileiro foi organizada justamente a fim de destinar às Cortes Superiores uma função que lhes é própria: dar uniformidade à aplicação do direito federal independentemente da tutela do direito subjetivo das partes. Não consistem essas Cortes, portanto, em terceira instância de revisão e tampouco as partes têm o direito subjetivo de obter a reapreciação da sua causa por elas. É por isso que a afetação da matéria objeto do incidente para julgamento por um Tribunal Superior retira por completo a razão de ser do processamento do incidente nos Tribunais de segunda instância.

A causa de pedir próxima, consistente na qualificação jurídica, passa a ter especial importância para esse instituto, que se aplica às demandas com a mesma questão de direito e que não dependam da produção de provas em relação aos fatos aduzidos. Nesse sentido é o teor do art. 976 do CPC, segundo o qual "é cabível a instauração do incidente de resolução de demandas repetitivas quando houver, simultaneamente: I – efetiva repetição de processos que contenham controvérsia sobre a mesma questão unicamente de direito; II – risco de ofensa à isonomia e à segurança jurídica". Verificado conflito de interesses com potencial de expressiva multiplicação de processos com fundamento na mesmíssima questão de direito e de causar grave risco à igualdade e à segurança jurídica em decorrência da coexistência de provimentos conflitantes ou colidentes, tem lugar a instauração do incidente de resolução de demandas repetitivas.

Exatamente por haver intensa relação entre as demandas, que veiculam as mesmas pretensões fundadas em idênticas causas de pedir, é prudente que os órgãos jurisdicionais se pronunciem falando a mesma língua, ou seja, tomando decisão uniforme e não inúmeros provimentos conflitantes ou contraditórios entre si. O instituto do incidente de resolução de demandas repetitivas tem como objetivo principal o tratamento isonômico dos jurisdicionados diante de idêntica situação de direito material, o que tem estreita relação com a segurança jurídica, pois objetiva evitar provimentos contraditórios ou conflitantes, mola-mestra das relações entre demandas (Paulo Henrique dos Santos Lucon, Relação entre demandas, § 62).

3. Aspectos procedimentais

O incidente de resolução de demandas repetitivas pode ser instaurado pelo juiz ou relator, de ofício, ou ainda por petição apresentada pelas partes, pelo Ministério Público ou pela Defensoria Pública (art. 977). Dada a natureza do instituto e sua finalidade de atribuir um tratamento macroscópico aos conflitos, caso ocorra desistência por parte daquele que instaurou o incidente, o julgamento do incidente prosseguirá sob a condução do Ministério Público. O Ministério Público, portanto, em atenção à função constitucional que lhe foi atribuída desempenha uma função de relevo no processamento do incidente; é obrigatória sua intervenção nos casos em que ele não requerer a sua instauração, e caso haja um pedido de desistência do incidente, ou na hipótese de abandono, o Ministério Público assumirá a sua titularidade (legitimidade disjuntiva). O processamento do incidente ademais independe do pagamento de quaisquer custas processuais.

> **Art. 977.** O pedido de instauração do incidente será dirigido ao presidente de tribunal:
>
> **I** – pelo juiz ou relator, por ofício;
>
> **II** – pelas partes, por petição;
>
> **III** – pelo Ministério Público ou pela Defensoria Pública, por petição.
>
> **Parágrafo único.** O ofício ou a petição será instruído com os documentos necessários à demonstração do preenchimento dos pressupostos para a instauração do incidente.

> ► *Sem correspondência no CPC/1973*

1. Instauração do incidente

O pedido de instauração do incidente deve ser dirigido ao presidente do tribunal local. Possui legitimidade para formular tal pedido o juiz de primeiro grau ou o relator, as partes, o Ministério Público e a Defensoria Pública.

2. Documentos indispensáveis

Os documentos indispensáveis para a instauração do incidente são aqueles capazes de demonstrar a existência dos requisitos que justificam a instauração do incidente. Pode-se indicar, assim, o número de processos em trâmite sobre idêntica questão jurídica e a existência

de decisões contraditórias já proferidas que violam a isonomia e minam a previsibilidade jurídica. Ao realizar juízo de admissibilidade do incidente, o Tribunal antes de inadmiti-lo em virtude da ausência de um documento indispensável, em atenção ao princípio da cooperação, deve intimar a parte que o instaurou para que supra esse vício.

> **Art. 978.** O julgamento do incidente caberá ao órgão indicado pelo regimento interno dentre aqueles responsáveis pela uniformização de jurisprudência do tribunal.
>
> **Parágrafo único.** O órgão colegiado incumbido de julgar o incidente e de fixar a tese jurídica julgará igualmente o recurso, a remessa necessária ou o processo de competência originária de onde se originou o incidente.

> ► *Sem correspondência no CPC/1973*

1. Competência para conhecer e julgar o incidente

O julgamento do incidente de resolução de demandas repetitivas competirá ao órgão indicado pelo regimento interno de cada tribunal dentre aqueles responsáveis pela uniformização de sua jurisprudência. Como o objetivo do incidente é evitar que sejam proferidas decisões contraditórias para casos semelhantes que violem a isonomia e a segurança jurídica, não faz sentido atribuir o julgamento do incidente para outro órgão que não aquele que detém a última palavra no que se refere à aplicação do direito no âmbito em que instaurado o incidente. Este órgão que julgará o incidente e fixará a tese jurídica a ser aplicada aos casos que versarem sobre a questão de direito objeto de julgamento também será incumbido de julgar o recurso, a remessa necessária ou o processo de competência originária de onde teve origem o incidente, além de julgar eventual reclamação ajuizada em função da inobservância da tese fixada no julgamento do incidente.

Os órgãos jurisdicionais competentes para processar e julgar o incidente de resolução de demandas repetitivas são os Tribunais de Justiça e os Tribunais Regionais Federais. Nesses Tribunais locais, o processamento do incidente caberá ao órgão indicado no Regimento Interno de cada Tribunal para tanto.

2. Necessária uniformização da jurisprudência do Tribunal local

O órgão do Tribunal indicado como competente para o processamento do incidente deve, contudo, ter dentre suas atribuições a competência para editar enunciados de súmula e sempre que possível, em sua maioria, ser integrado por desembargadores que componham os órgãos colegiados com competência para o julgamento da matéria discutida no incidente.

Um incidente, assim, que verse sobre matéria ambiental, por exemplo, deve ser julgado pelo órgão do Tribunal que comumente aprecia essa matéria. Assegura-se, desse modo, não só um julgamento mais técnico e especializado, como também o respeito à jurisprudência da própria Corte, o que se justifica diante da natureza paradigmática da decisão que resolve o incidente (Paulo Henrique dos Santos Lucon, *Incidente de resolução de demandas repetitivas no Novo Código de Processo Civil*, p. 473-481).

> **Art. 979.** A instauração e o julgamento do incidente serão sucedidos da mais ampla e específica divulgação e publicidade, por meio de registro eletrônico no Conselho Nacional de Justiça.
>
> **§ 1º** Os tribunais manterão banco eletrônico de dados atualizados com informações específicas sobre questões de direito submetidas ao incidente, comunicando-o imediatamente ao Conselho Nacional de Justiça para inclusão no cadastro.
>
> **§ 2º** Para possibilitar a identificação dos processos abrangidos pela decisão do incidente, o registro eletrônico das teses jurídicas constantes do cadastro conterá, no mínimo, os fundamentos determinantes da decisão e os dispositivos normativos a ela relacionados.
>
> **§ 3º** Aplica-se o disposto neste artigo ao julgamento de recursos repetitivos e da repercussão geral em recurso extraordinário.

▶ *Sem correspondência no CPC/1973*

1. Divulgação do incidente

Dado o efeito expansivo da decisão proferida no julgamento do incidente de resolução de demandas repetitivas, todos os atos a ele relacionados devem ser precedidas de ampla divulgação e publicidade. Para tanto, ressai em importância o registro no Conselho Nacional de Justiça das teses jurídicas objeto de julgamento. Nesse registro constarão, em particular, os fundamentos de cada julgamento de modo que se possa controlar a aplicação das teses fixadas em casos futuros.

2. Evitar a "canibalização" do incidente por uma ação individual

Submeter ao tribunal um único processo piloto pode violar a igualdade substancial na medida em que a demanda individual pode não explorar todos os pontos que seriam favoráveis ao demandante ou à tese jurídica discutida; fala-se aqui de uma insuficiência ou hipossuficiência técnica própria de muitas demandas repetitivas em que se veicula a defesa de consumidores individuais.

Para evitar a violação da igualdade pelo prisma substancial, relevante é o conhecimento pelo tribunal de certo número de processos individuais que veiculem e propiciem o conhecimento da mesma questão jurídica e fática. Quanto mais amplo for o objeto do julgamento, ou seja, quanto maior o número de questões fáticas e jurídicas analisadas na tese paradigma, maior a estabilidade que será conferida a essa decisão, logo maior será o estado de previsibilidade jurídica criado pelo incidente. Não é à-toa, portanto, que "a instauração e o julgamento do incidente serão sucedidos da mais ampla e específica divulgação e publicidade, por meio de registro eletrônico no Conselho Nacional de Justiça" (CPC, art. 979, *caput*) (Paulo Henrique dos Santos Lucon, Relação entre demandas, § 62).

> **Art. 980.** O incidente será julgado no prazo de 1 (um) ano e terá preferência sobre os demais feitos, ressalvados os que envolvam réu preso e os pedidos de *habeas corpus*.
>
> **Parágrafo único.** Superado o prazo previsto no *caput*, cessa a suspensão dos processos prevista no art. 982, salvo decisão fundamentada do relator em sentido contrário.

▶ *Sem correspondência no CPC/1973*

1. Prazo para julgamento do incidente

O art. 980 do Código de Processo Civil estabelece o prazo de um ano para julgamento do incidente de resolução de demandas repetitivas e impõe, então, que ele tenha preferência ante os demais feitos, com exceção daqueles que

Art. 981

envolvam réus presos e os pedidos de *habeas corpus*. Encerrado o prazo de um ano, os processos suspensos para julgamento do incidente retomarão seu curso, exceto se o relator decidir em sentido contrário. Essa decisão, por certo, deve ser devidamente justificada. Com a admissão do incidente, serão suspensos pelo período de um ano os processos que versarem sobre idêntica questão de direito objeto de julgamento. A afetação de um caso paradigma para fixação de uma tese a ser aplicada às demandas repetitivas sempre envolve uma tensão entre o interesse no tratamento uniforme dos litígios e o direito de cada litigante ao julgamento de sua demanda.

2. Celeridade processual *versus* segurança jurídica

O legislador acertou, portanto, ao impor a suspensão de até um ano, pois se de um lado deseja prestigiar a segurança jurídica e a previsibilidade das decisões judiciais com tal incidente, de outro quer também proteger a garantia de um julgamento célere ao jurisdicionado (CF, art. 5º, inc. LXXVIII). Portanto, para o incidente de resolução de demandas repetitivas o Código prevê uma adequada solução de equilíbrio ao fixar em um ano o prazo de suspensão dos processos individuais. Se não julgado o incidente nesse período e, se não apresentada pelo relator uma devida justificativa para a prorrogação da suspensão, os processos suspensos deverão, então, retomar seus cursos. A motivação para a prorrogação da suspensão é absolutamente necessária, já que a demora na prestação jurisdicional contamina as próprias instituições judiciárias. As partes, por certo, não podem aguardar indefinidamente a posição do tribunal para só então ter seu caso resolvido, pois isso violaria o direito à razoável duração do processo, previsto na Constituição Federal e no próprio Código de Processo Civil.

> **Art. 981.** Após a distribuição, o órgão colegiado competente para julgar o incidente procederá ao seu juízo de admissibilidade, considerando a presença dos pressupostos do art. 976.

> ▶ *Sem correspondência no CPC/1973*

1. Julgamento colegiado de admissibilidade

Após a distribuição do incidente, proceder-se-á ao seu julgamento de admissibilidade à luz dos requisitos estabelecidos pelo art. 976 do Código de Processo Civil. Não é possível, portanto, decisão monocrática para se ter como atendidos os requisitos de instauração do incidente. Dispõe o art. 981 que o incidente apenas se instaurará se o órgão colegiado se manifestar no sentido de que os requisitos exigidos estão atendidos. O órgão jurisdicional competente, então, uma vez provocado, deve proceder a um juízo de admissibilidade, consistente na verificação da existência de demandas repetitivas veiculadas em inúmeros processos, aferindo assim a existência do denominado impacto múltiplo típico dos processos de índole coletiva para a tutela de direitos individuais homogêneos, ou seja, se há verdadeiramente demandas repetitivas em número suficiente para qualificar como demanda portadora de direito individual homogêneo a várias outras demandas (Paulo Henrique dos Santos Lucon, Relação entre demandas, § 62).

2. Cognição ampla e exauriente sobre o *thema* jurídico a ser decidido

Após o julgamento positivo de admissibilidade, proceder-se-á então as atividades para melhor formação do convencimento judicial a respeito da questão jurídica objeto do incidente e ulteriormente se procederá, então, ao efetivo julgamento do incidente a fim de que a controvérsia jurídica seja decidida da melhor forma possível com o seu conhecimento amplo e vertical.

> **Art. 982.** Admitido o incidente, o relator:
>
> I – suspenderá os processos pendentes, individuais ou coletivos, que tramitam no Estado ou na região, conforme o caso;
>
> II – poderá requisitar informações a órgãos em cujo juízo tramita processo no qual se discute o objeto do incidente, que as prestarão no prazo de 15 (quinze) dias;
>
> III – intimará o Ministério Público para, querendo, manifestar-se no prazo de 15 (quinze) dias.
>
> § 1º A suspensão será comunicada aos órgãos jurisdicionais competentes.
>
> § 2º Durante a suspensão, o pedido de tutela de urgência deverá ser dirigido ao juízo onde tramita o processo suspenso.
>
> § 3º Visando à garantia da segurança jurídica, qualquer legitimado mencionado no art. 977, incisos II e III, poderá requerer, ao tribunal competente para conhecer do recurso extraordinário ou especial, a suspensão de todos os

processos individuais ou coletivos em curso no território nacional que versem sobre a questão objeto do incidente já instaurado.

§ 4º Independentemente dos limites da competência territorial, a parte no processo em curso no qual se discuta a mesma questão objeto do incidente é legitimada para requerer a providência prevista no § 3º deste artigo.

§ 5º Cessa a suspensão a que se refere o inciso I do *caput* deste artigo se não for interposto recurso especial ou recurso extraordinário contra a decisão proferida no incidente.

▶ *Sem correspondência no CPC/1973*

1. Suspensão dos processos

Com o julgamento positivo de admissibilidade do incidente de resolução de demandas repetitivas pelo órgão colegiado competente, o relator passará a analisar, então, a questão de fundo do incidente. A primeira medida a ser tomada pelo relator é determinar a suspensão de todos os processos pendentes perante o tribunal que versarem sobre a questão objeto do incidente (Estado ou região). A suspensão dos processos é uma das técnicas criadas pelo legislador para disciplinar o fenômeno da relação entre demandas. Interrompe-se, assim, o processamento de demandas com um elemento comum para que o órgão do tribunal responsável pela uniformização do direito sobre ele se pronuncie, evitando-se com isso manifestações contraditórias ou conflitantes. Os processos serão suspensos, a princípio, pelo período de um ano, prazo em que deve ser julgado o incidente. Em prol do direito de cada litigante ao julgamento de sua demanda, com o fim desse período, se não houver uma devida justificativa do relator, os processos suspensos retomarão seus cursos.

2. Requisição de informações e intimação do Ministério Público

Para melhor formação de seu convencimento, o relator poderá requisitar informações a órgãos em cujo juízo tramita processo no qual se discute o objeto do incidente e intimará o Ministério Público para se manifestar no prazo de quinze dias.

3. Medidas de urgência

Essa suspensão das demandas repetitivas, entretanto, embora necessária para se assegurar

o tão almejado tratamento semelhante para os casos idênticos, não pode resultar em prejuízos para as partes, razão pela qual não se pode desconsiderar as possíveis particularidades de cada caso concreto. É possível, por exemplo, durante a suspensão dos processos, a formulação de pedidos de tutela de urgência, os quais deverão ser dirigidos ao juízo onde tramita o processo suspenso (art. 982, § 2º). Para os processos que estejam em primeira instância, portanto, será competente para apreciar requerimento de tutela de urgência os juízes de primeiro grau, já os requerimentos de tutela de urgência formulados nos processos em segundo grau serão apreciados pelos respectivos relatores.

Particularidades de cada caso, aliás, podem autorizar o pedido de não sobrestamento do feito. Se demonstrado que o caso paradigma e um processo suspenso não são análogos, justificada está a distinção, com o consequente processamento da demanda individual. Esse pedido de não sobrestamento do feito com base na distinção entre os casos deve ser formulado perante o juiz da causa onde tramita o processo suspenso ou ainda perante o relator do tribunal local se o processo lá estiver.

Se houver pontos sobre os quais a demanda individual possa prosseguir, a suspensão poderá ser apenas parcial. Não se justifica suspender todo o processo se a definição da matéria jurídica almejada atinge apenas parcela do conflito.

4. Recursos extraordinário ou especial contra a decisão que julgar o incidente

Se interposto recurso extraordinário ou especial contra decisão que julgar o incidente, os processos que versarem sobre a questão objeto de julgamento continuarão suspensos. Esse, portanto, é um caso excepcional de recurso extraordinário e especial com efeito suspensivo. Esses recursos transferem para os tribunais superiores o julgamento da tese do incidente. Mas essa suspensão poderá ser levantada se demonstrada a distinção do caso, o risco da demora ou ainda se demonstrada que parcela do conflito de interesses não está sujeito aos efeitos da ulterior decisão definitiva a respeito do incidente.

5. Suspensão de todos os processos no território nacional

Caso se constate que a questão jurídica objeto do incidente extrapole os limites da competência territorial do tribunal perante o qual ele

Art. 983

CÓDIGO DE PROCESSO CIVIL INTERPRETADO   **1538**

foi instaurado, as partes, o Ministério Público ou a Defensoria Pública poderão requerer ao tribunal superior competente a suspensão de todos os processos no território nacional que versarem sobre a questão objeto do incidente. Embora a decisão de um tribunal ordinário não vincule diretamente outro tribunal com essa mesma natureza, inegavelmente sua decisão possuirá relevante eficácia persuasiva. Nos casos em que se verificar decisões conflitantes entre tribunais a respeito de mesma questão jurídica, ao Supremo Tribunal Federal e ao Superior Tribunal de Justiça incumbirá dirimir a controvérsia especialmente pela via dos recursos repetitivos.

> **Art. 983.** O relator ouvirá as partes e os demais interessados, inclusive pessoas, órgãos e entidades com interesse na controvérsia, que, no prazo comum de 15 (quinze) dias, poderão requerer a juntada de documentos, bem como as diligências necessárias para a elucidação da questão de direito controvertida, e, em seguida, manifestar-se-á o Ministério Público, no mesmo prazo.
>
> **§ 1º** Para instruir o incidente, o relator poderá designar data para, em audiência pública, ouvir depoimentos de pessoas com experiência e conhecimento na matéria.
>
> **§ 2º** Concluídas as diligências, o relator solicitará dia para o julgamento do incidente.

▶ *Sem correspondência no CPC/1973*

1. Instrução do incidente

Para melhor formação de seu convencimento, o relator responsável pelo julgamento do incidente de resolução de demandas repetitivas ouvirá as partes e demais interessados na resolução da controvérsia que poderão em quinze dias requerer a juntada de documentos e a realização de diligências que considerarem úteis à solução do incidente.

2. Audiências públicas

É possível, ademais, a realização de audiências públicas para possibilitar a manifestação de pessoas com experiência e conhecimento da matéria controvertida.

3. *Amicus curiae*

Permite-se, de igual modo, a intervenção de *amicus curiae* sempre com o objetivo de que

a tese jurídica a ser fixada seja da melhor forma elaborada, franqueada a participação de todos os interessados. Ao *amicus curiae*, ademais, é conferida, inclusive, legitimidade para recorrer da decisão que julgar o incidente (art. 138, § 3º). Essa ampla participação durante a fase de instrução do incidente foi a fórmula encontrada para a promoção e tutela do contraditório nesses julgamentos, já que a decisão paradigma afetará uma miríade de casos, necessária a manifestação daqueles que adequadamente possam representar os interesses envolvidos nesses casos.

4. Solução integral do conflito de interesses

Se o processamento do incidente, portanto, for conduzido de maneira adequada pelo relator, oportunizando-se a todos esses sujeitos a possibilidade de cada um à sua maneira participar do processamento do incidente, garantir-se-á que o seu julgamento se dê com base em cognição exauriente dos elementos da controvérsia. Não obstante esse aspecto de natureza técnico processual, é preciso também ter em mente que essa atuação do Poder Judiciário pela via do incidente de resolução de demandas repetitivas se coaduna com a necessidade de o Poder Judiciário brasileiro assumir um novo perfil diante das exigências políticas e sociais dos dias atuais e do enorme número de processos relacionados com a mesma discussão jurídica de fundo. Assim, não basta ao Poder Judiciário resolver de maneira imperativa e com justiça um determinado litígio. Essa, por certo, é sua função essencial, mas incumbe a ele também ter consciência de que suas manifestações guiam e orientam a conduta de sujeitos que atuam nos mais diversos sistemas que compõem a nossa sociedade.

São inúmeros conflitos de interesses nos quais se verifica uma homogeneidade jurídica. Daí ser aferido o caráter transindividual a merecer um tratamento não atomizado ou particularizado do conflito, mas molecularizado, a partir de uma visão holística do conflito de interesses. A lide integral a ser dirimida extrapola os limites das partes litigantes no conflito isoladamente considerado.

> **Art. 984.** No julgamento do incidente, observar-se-á a seguinte ordem:
>
> **I** – o relator fará a exposição do objeto do incidente;

II – poderão sustentar suas razões, sucessivamente:

a) o autor e o réu do processo originário e o Ministério Público, pelo prazo de 30 (trinta) minutos;

b) os demais interessados, no prazo de 30 (trinta) minutos, divididos entre todos, sendo exigida inscrição com 2 (dois) dias de antecedência.

§ 1º Considerando o número de inscritos, o prazo poderá ser ampliado.

§ 2º O conteúdo do acórdão abrangerá a análise de todos os fundamentos suscitados concernentes à tese jurídica discutida, sejam favoráveis ou contrários.

▶ *Sem correspondência no CPC/1973*

1. Ordem e contraditório amplo no julgamento

O art. 984 do Código de Processo Civil estabelece a ordem como se dará o julgamento do incidente de resolução de demandas repetitivas. Após exposição da matéria objeto de julgamento pelo relator, seguir-se-ão as sustentações orais do autor e do réu do processo originário e do Ministério Público, dispondo cada qual do prazo de trinta minutos. Os demais interessados disporão igualmente do prazo de trinta minutos a ser divido entre eles. Havendo muitos interessados, contudo, o prazo poderá ser ampliado, a critério do órgão julgador. Constata-se, portanto, que em função da natureza paradigmática da decisão que resolve o incidente, o legislador confere certa margem de liberdade ao julgador para flexibilizar o procedimento a princípio fixado para o julgamento do incidente a fim de tutelar um contraditório amplo.

2. Ordem do julgamento e motivação

Também em função dessa natureza paradigmática desse instituto, exige-se da motivação que julgar o incidente um maior grau de profundidade. O art. 489, § 1º, do atual Código, estabelece que não será considerada fundamentada a decisão que: i) se limita a indicação, à reprodução ou à paráfrase de ato normativo; ii) empregue conceitos jurídicos indeterminados sem explicar o motivo concreto de sua incidência no caso; iii) invoque motivos que se prestariam a justificar qualquer outra decisão; iv) não enfrentar todos os argumentos deduzidos no processo capazes de, em tese, infirmar a conclusão adotada pelo julgador; v) se limita a invocar precedente ou enunciado de súmula, sem identificar seus fundamentos determinantes nem demonstrar que o caso sob julgamento se ajusta àqueles fundamentos; vi) deixar de seguir enunciado de súmula, jurisprudência ou precedente invocado pela parte, sem demonstrar a existência de distinção no caso em julgamento ou a superação do entendimento.

O art. 984, § 2º, contudo, vai mais além e determina que o conteúdo do acórdão que julgar o incidente de resolução de demandas repetitivas deverá abranger a análise de todos os fundamentos suscitados à tese jurídica em discussão, sejam eles favoráveis ou contrários à tese prevalecente. A motivação hoje tem contornos que extrapolam o campo meramente jurídico e tomam um espaço político e sociológico, pois constitui expressões do legítimo controle social e do princípio da participação popular na administração da justiça, uma vez os fundamentos da decisão permitem não apenas o controle pelas partes, como pelos integrantes de toda a comunidade jurídica e jurisdicionados em geral (v., em sentido semelhante, Michelle Taruffo, *La motivazione della sentenza civile*, p. 409). Com a análise de todos os fundamentos suscitados menor a possibilidade de a decisão do incidente ser objeto de distinção ou modificação o que contribui, assim, para a estabilidade da tese fixada e tutela da segurança jurídica com a previsibilidade no julgamento dos casos futuros.

Art. 985. Julgado o incidente, a tese jurídica será aplicada:

I – a todos os processos individuais ou coletivos que versem sobre idêntica questão de direito e que tramitem na área de jurisdição do respectivo tribunal, inclusive àqueles que tramitem nos juizados especiais do respectivo Estado ou região;

II – aos casos futuros que versem idêntica questão de direito e que venham a tramitar no território de competência do tribunal, salvo revisão na forma do art. 986.

§ 1º Não observada a tese adotada no incidente, caberá reclamação.

§ 2º Se o incidente tiver por objeto questão relativa a prestação de serviço concedido, permitido ou autorizado, o resultado do julgamento será comunicado ao órgão, ao ente

Art. 985

ou à agência reguladora competente para fiscalização da efetiva aplicação, por parte dos entes sujeitos a regulação, da tese adotada.

▶ *Sem correspondência no CPC/1973*

1. Efeitos da decisão que resolve o incidente

Com o julgamento do incidente a tese jurídica então fixada será aplicada a todos os processos pendentes e a todos aqueles casos futuros que versarem sobre idêntica questão jurídica. A parte que considerar que a sua pretensão não corresponde ao objeto do incidente poderá requerer a não aplicação da tese fixada demonstrando ao juízo competente a distinção. Trata-se de técnica inspirada no *distinguishing*, tradicional nos sistemas de *common law*. Não fosse essa previsão, poder-se-ia questionar inclusive a constitucionalidade de técnicas de julgamento como a instituída pelo incidente de resolução de demandas repetitivas.

Portanto, nos casos de decisão desfavorável ao demandante individual no incidente, é preciso ressaltar que essa circunstância, a toda evidência, não pode obstar o direito de acesso aos órgãos jurisdicionais de quem ainda não propôs a sua demanda individual; por outro lado, as razões de decidir do incidente poderão ser aplicadas às futuras demandas individuais, de modo a proporcionar uma sentença imediata de improcedência e valorizar a celeridade do processo. É claro que ao demandante individual haverá a possibilidade de distinguir o seu caso dos outros em que se deu um tratamento em bloco (Paulo Henrique dos Santos Lucon, Relação entre demandas, § 62).

A decisão que resolve o incidente de demandas repetitivas produz ainda um outro efeito de grande relevância prática. Como a resolução do incidente consiste em uma forma de manifestação de entendimento consolidado de um Tribunal a respeito de uma determinada questão, se esta matéria for versada em outro processo, poderá ela autorizar a concessão da tutela de evidência, pois de acordo com o art. 311, inc. II, do atual Código, "a tutela da evidência será concedida, independentemente da demonstração de perigo de dano ou de risco ao resultado útil do processo, quando: (...) as alegações de fato puderem ser comprovadas apenas documentalmente e houver *tese firmada em julgamento de casos repetitivos* ou em súmula vinculante"

(grifo nosso) (Paulo Henrique dos Santos Lucon, *Incidente de resolução de demandas repetitivas no Novo Código de Processo Civil*, p. 473-481).

A influência do julgamento proferido no incidente de resolução de demandas repetitivas em outros processos, ademais, é expressiva no Código de Processo Civil de 2015: i) o art. 927, inc. III, ao estabelecer a força dos precedentes, determina que os juízes e os tribunais observarão os acórdãos proferidos em incidentes de resolução de demandas repetitivas; ii) o relator de eventual recurso poderá lhe negar seguimento se esse afrontar entendimento firmado em incidente de resolução de demandas repetitivas (CPC, art. 932, inc. IV, alínea *c*); iii) na fase de execução provisória da sentença, admite-se que esta se faça independentemente de caução em raras situações, sendo uma delas quando a sentença estiver em consonância com o julgamento proferido em processos repetitivos (CPC, art. 521, inc. IV) (Paulo Henrique dos Santos Lucon, Relação entre demandas, § 62).

Existem três atividades muito importantes para o bom resultado no incidente de resolução de demandas repetitivas. Em primeiro lugar, há a *identificação* do *processo piloto*, que decorre da constatação de processos semelhantes e da identificação de pontos em comum entre eles e que demandam tratamento isonômico. Em segundo, há a *delimitação* do núcleo da decisão do incidente de demandas repetitivas a ser amoldado à situação concreta, que constitui a *ratio decidendi* ou a razão de direito aplicada ao litígio individual, que decorre de um fato ou um conjunto de fatos. Por fim, mas não menos importante, há a *aplicação* de tal núcleo aos casos concretos individualmente considerados. Essa tríade *identificação-delimitação-aplicação* constitui o aspecto mais relevante do novo instituto. No que diz respeito à *aplicação*, haverá, certamente, graus ou cargas de vinculação ao caso individual. É de se cogitar em grau máximo, médio, mínimo ou nenhum, no qual a decisão proferida no incidente não se aplica ao caso concreto individualmente analisado. Por carga mínima, a decisão proferida no incidente atinge apenas um ponto específico do processo individual. Por grau médio, entende-se a aplicação parcial do que foi decidido no *processo piloto*. E o máximo ocorre quando a decisão do incidente se aplica integralmente. Essa análise, de importância fundamental, já que diz respeito à concretude do incidente de resolução de demandas repetitivas, demandará atividade de interpretação por parte do magistrado, tal como ocorre em qualquer texto jurídico ou julgado (Paulo Henrique dos Santos Lucon, *Incidente de resolução de demandas repetitivas no Novo Código de Processo Civil*, p. 473-481).

2. Controle da tese fixada no julgamento do incidente

A afirmação de que a resolução macroscópica dos litígios deve ser estimulada porque isso traz benefícios para o sistema, embora adequada sob a ótica do escopo político do processo, o qual, enquanto instrumento da jurisdição visa a promover também a concretização de princípios constitucionais, como a isonomia e a segurança jurídica, não responde à seguinte questão prática da maior relevância para o operador do direito: qual a medida judicial a ser adotada na hipótese de desrespeito a uma orientação de Tribunal? Se não soubermos dar uma resposta adequada a essa indagação, ou se a conclusão a que chegarmos for no sentido de que o sistema não prevê instrumentos adequados e eficientes para esse tipo de situação, todo o discurso em torno desses novos institutos perde muito da sua relevância prática.

Atento a isso, o Código de Processo Civil, prevê como adequada a reclamação para preservar a autoridade da decisão que resolver o incidente. O desrespeito à resolução do incidente pode se dar tanto com a aplicação indevida da tese jurídica fixada quanto com a sua não aplicação aos casos que a ela correspondam. Embora ainda seja controversa a natureza jurídica da reclamação, certo é que a utilização desse instrumento tem grande importância dada a relevância atribuída pelo CPC de 2015 às decisões dos Tribunais (Paulo Henrique dos Santos Lucon, *Incidente de resolução de demandas repetitivas no Novo Código de Processo Civil*, p. 473-481).

3. Comunicação ao órgão, ao ente ou à agência reguladora competente

De acordo com o § 2º do dispositivo em tela, "se o incidente tiver por objeto questão relativa a prestação de serviço concedido, permitido ou autorizado, o resultado do julgamento será comunicado ao órgão, ao ente ou à agência reguladora competente para fiscalização da efetiva aplicação, por parte dos entes sujeitos a regulação, da tese adotada". Nos casos em que o incidente versar sobre matéria relativa à prestação de um serviço público, o resultado do julgamento será comunicado ao órgão responsável para que este apure a efetiva aplicação da tese fixada.

Na verdade, imperativo é ouvir no incidente o órgão, ente ou agência reguladora competente para que a decisão seja proferida com a maior participação possível. Em alguns casos, a decisão pode afetar não somente a prestação do serviço concedido, permitido ou autorizado, mas também a relação contratual estabelecida entre as partes (p. ex., o contrato de concessão). A incindibilidade da relação jurídica de direito material impõe seja ouvido previamente no incidente o órgão, ente ou agência reguladora competente para a fiscalização da efetiva aplicação da tese adotada.

> **Art. 986.** A revisão da tese jurídica firmada no incidente far-se-á pelo mesmo tribunal, de ofício ou mediante requerimento dos legitimados mencionados no art. 977, inciso III.

▶ *Sem correspondência no CPC/1973*

1. Modificação jurisprudencial

A segurança jurídica proporcionada pelo incidente de resolução de demandas repetitivas, por óbvio, não se confunde com uma indesejada imutabilidade do entendimento jurisprudencial então fixado. Por isso, o Tribunal de ofício ou mesmo os legitimados a instaurar o incidente poderão pleitear a revisão da tese jurídica fixada desde que o façam a partir de uma fundamentação adequada e específica e que observem os princípios da segurança jurídica e da proteção da confiança. Isso significa que, salvo modificação substantiva dos elementos que determinaram o resultado do julgamento do incidente, este não poderá ser alterado. Não fosse assim, aliás, pudesse o incidente ser revisto a todo tempo sem qualquer razão plausível, a tão almejada estabilidade jurisprudencial nunca seria alcançada.

2. Condições para a modificação

Tem-se como condições que autorizam a modificação jurisprudencial eventual incongruência social ou inconsistência sistêmica da norma pretoriana. Um precedente que produza consequências indesejadas para o ordenamento jurídico ou que seja objeto de críticas da doutrina é passível de modificação. Por outro lado, por exemplo, uma simples modificação na composição do tribunal não é razão suficiente para

Art. 987

CÓDIGO DE PROCESSO CIVIL INTERPRETADO

alteração de entendimento, pois isso resultaria em uma decisão de caráter particularista, fruto de sentimentos pessoais de justiça do magistrado ante o necessário caráter universalizante das razões jurídicas de uma decisão para que, então, seja respeitada a igualdade na aplicação do direito.

> **Art. 987.** Do julgamento do mérito do incidente caberá recurso extraordinário ou especial, conforme o caso.
>
> **§ 1º** O recurso tem efeito suspensivo, presumindo-se a repercussão geral de questão constitucional eventualmente discutida.
>
> **§ 2º** Apreciado o mérito do recurso, a tese jurídica adotada pelo Supremo Tribunal Federal ou pelo Superior Tribunal de Justiça será aplicada no território nacional a todos os processos individuais ou coletivos que versem sobre idêntica questão de direito.

▶ *Sem correspondência no CPC/1973*

1. Recursos

Contra a decisão que julgar o incidente de resolução de demandas repetitivas poderá ser interposto recurso especial ou recurso extraordinário, a depender dos dispositivos violados.

2. Efeito suspensivo *ope legis*

Esses recursos serão recebidos no efeito suspensivo e em função do natural alcance subjetivo da matéria discutida no incidente, presumir-se-á a repercussão geral da questão constitucional discutida.

No ato de interposição desse recurso, o CPC de 2015 estabelece que visando à garantia da segurança jurídica, qualquer dos legitimados poderá requerer ao tribunal competente para conhecer do recurso extraordinário ou do recurso especial a suspensão de todos os processos em curso no território nacional que versem sobre a questão objeto do incidente já instaurado. Para acolher esse pedido, contudo, o Supremo Tribunal Federal ou o Superior Tribunal de Justiça deverão agir com muita cautela. É recomendável, inclusive, que eles requeiram informações aos Tribunais locais a fim de apurar se realmente a multiplicação de demandas a justificar a suspensão dos processos ocorre de fato em mais de um Estado ou região. A suspensão de um processo

para aguardar o julgamento de um caso paradigma é uma medida justificável, dado o fim maior a que se destina, mas drástica, em função do que representa, uma interrupção do exercício de um direito fundamental, o direito de ação.

3. Eficácia da decisão

Dada a natureza do julgamento proferido pelos tribunais superiores, o resultado atribuído ao recurso especial ou extraordinário interposto contra o incidente será aplicado a todos os processos individuais ou coletivos que versem sobre idêntica questão de direito.

CAPÍTULO IX
DA RECLAMAÇÃO

> **Art. 988.** Caberá reclamação da parte interessada ou do Ministério Público para:
>
> **I** – preservar a competência do tribunal;
>
> **II** – garantir a autoridade das decisões do tribunal;
>
> **III** – garantir a observância de enunciado de súmula vinculante e de decisão do Supremo Tribunal Federal em controle concentrado de constitucionalidade; (Redação dada pela Lei 13.256, de 2016)
>
> **IV** – garantir a observância de acórdão proferido em julgamento de incidente de resolução de demandas repetitivas ou de incidente de assunção de competência; (Redação dada pela Lei 13.256, de 2016)
>
> **§ 1º** A reclamação pode ser proposta perante qualquer tribunal, e seu julgamento compete ao órgão jurisdicional cuja competência se busca preservar ou cuja autoridade se pretenda garantir.
>
> **§ 2º** A reclamação deverá ser instruída com prova documental e dirigida ao presidente do tribunal.
>
> **§ 3º** Assim que recebida, a reclamação será autuada e distribuída ao relator do processo principal, sempre que possível.
>
> **§ 4º** As hipóteses dos incisos III e IV compreendem a aplicação indevida da tese jurídica e sua não aplicação aos casos que a ela correspondam.
>
> **§ 5º** É inadmissível a reclamação:
>
> **I** – proposta após o trânsito em julgado da decisão reclamada; (Incluído pela Lei 13.256, de 2016)

> **II** – proposta para garantir a observância de acórdão de recurso extraordinário com repercussão geral reconhecida ou de acórdão proferido em julgamento de recursos extraordinário ou especial repetitivos, quando não esgotadas as instâncias ordinárias. (Incluído pela Lei 13.256, de 2016)
>
> **§ 6º** A inadmissibilidade ou o julgamento do recurso interposto contra a decisão proferida pelo órgão reclamado não prejudica a reclamação.

▶ *Sem correspondência no CPC/1973*

1. Reclamação

O art. 988 do Código de Processo disciplina a reclamação, instituto que assume maior relevância com a valorização dos precedentes judiciais pelo novo Código de Processo Civil. Segundo tal dispositivo, a parte interessada ou o Ministério Público poderão ajuizar referida medida para preservar a competência do tribunal (inc. I), garantir a autoridade das decisões do tribunal (inc. II), garantir a observância de enunciado de súmula vinculante e de decisão do STF em controle concentrado de constitucionalidade (inc. III); e garantir a observância de acórdão proferido em julgamento de incidente de resolução de demandas repetitivas ou de incidente de assunção de competência (inc. IV). Enquanto nas hipóteses dos incisos I e II o parâmetro para aferir a desobediência que autoriza a reclamação é o *preceito* contido na parte dispositiva do acórdão, ou seja, no seu conteúdo imperativo, no caso de não observância de uma norma jurisprudencial, a reclamação versará sobre a aplicação indevida da tese jurídica ou sobre a sua não aplicação a casos que a ela correspondam.

Um dos principais objetivos perseguidos pela Constituição de 1988 foi aproximar o Supremo Tribunal Federal do arquétipo de uma verdadeira "Corte Constitucional". Criou-se para tanto o Superior Tribunal de Justiça, que ficou então encarregado de julgar os recursos (especiais) fundados em questões de direito federal infraconstitucional (art. 105, III). Com isso, buscava-se debelar a chamada "crise do Supremo", reservando a atuação da Corte tão somente para os casos que envolvessem matéria de índole constitucional (art. 102). Buscou-se reforçar, ainda, a fiscalização abstrata da constitucionalidade das leis, significativamente ampliada em relação aos modelos adotados pelas Constituições

anteriores. Nesse quadro, a reclamação passou a ser utilizada para preservar a autoridade das decisões do Supremo Tribunal Federal em sede de controle abstrato de constitucionalidade (ação direta de inconstitucionalidade e ação declaratória de constitucionalidade). Diante de sua eficácia *erga omnes* (de acordo com o art. 102, § 2º, da CF, e inclusive nos casos de interpretação conforme a Constituição e de declaração parcial de inconstitucionalidade sem redução de texto – art. 28, parágrafo único, da Lei 9.868/1998), o conceito de "parte interessada" para a propositura da reclamação (art. 13 da Lei 8.038/1990) ampliou-se. Passou a abranger todos aqueles que possam comprovar prejuízo advindo da decisão judicial prolatada em desconformidade com o julgado (vinculante) do Supremo Tribunal Federal. Ou seja, ainda que se trate de pessoa não legitimada para as ações diretas de controle de constitucionalidade, terá legitimidade ativa para a reclamação. Com a Emenda 45/2004, o manejo da reclamação passou a ser previsto também em relação aos atos administrativos ou decisões judiciais que contrariem ou indevidamente apliquem verbetes da então criada *Súmula vinculante* do Supremo Tribunal Federal (art. 103-A, § 3º, da CF). Como estes possuem "efeito vinculante em relação aos demais órgãos do Poder Judiciário e à administração pública direta e indireta, nas esferas federal, estadual e municipal" (art. 103-A, § 3º, *caput*, da CF), toda e qualquer decisão que lhes afronte será passível de ataque (e, no caso de procedência, anulação ou cassação) por aquela via. É natural que, para garantir essa eficácia *erga omnes*, qualquer pessoa afetada possa impugnar o ato (administrativo ou judicial) praticado em desconformidade com aqueles *preceitos*, ou seja, contrariamente à declaração de constitucionalidade ou inconstitucionalidade de dado texto legal ou, ainda, à diretiva interpretativa (geral e abstrata) fixada na súmula ou em outra das normas jurisprudenciais. A reclamação – em si própria – remanesceu como meio de preservar o conteúdo imperativo de decisões ou de verbete normativo de feição geral e abstrata, sem apresentar natureza recursal (Paulo Henrique dos Santos Lucon, *Evolução da reclamação constitucional e seu emprego para assegurar a autoridade dos precedentes*, p. 291-308).

2. Natureza jurídica

Quanto à natureza jurídica da reclamação, numerosas posições foram sustentadas pelos

Art. 988

mais diversos autores: recurso, ação, incidente, remédio ou medida de direito processual constitucional, manifestação do direito de petição etc. Embora constitua tarefa difícil conceituar com precisão o que efetivamente seja a reclamação – tal como prevista no texto constitucional vigente (arts. 102, I, *l*; 105, I, *f*; 103-A, § 3º) –, é fácil recusar-lhe a natureza recursal, ponto em torno do qual parece haver hoje certo consenso doutrinário. Na medida em que não reforma ou cassa a decisão impugnada para que outra seja proferida em seu lugar, a reclamação voltada a preservar a autoridade da decisão de Tribunal de superposição ou a sua competência *não se acomoda ao conceito de recurso*.

Sua eficácia – inclusive nos casos de desobediência à Súmula vinculante (art. 103-A, CF) – consiste apenas em anular a decisão exorbitante (sem reenvio para que novo pronunciamento seja tomado) ou em determinar as medidas aptas a preservar a sua competência (como, por exemplo, ordenar a remessa dos autos). Ademais, faltam-lhe a sucumbência e a imposição da observância de um prazo próprio como pressupostos de admissibilidade, marcas típicas das figuras recursais. Assim, se, por um lado, pode se discutir ser ela, *ação* — posição majoritária na doutrina e que retrata com maior fidelidade a natureza da reclamação constitucional, tal como tradicionalmente consagrada —, *incidente* ou simples manifestação do *direito de petição*, por outro, fica definitivamente descartada a sua conceituação como recurso (Paulo Henrique dos Santos Lucon, *Evolução da reclamação constitucional e seu emprego para assegurar a autoridade dos precedentes*, p. 291-308).

Com a valorização dos precedentes judiciais pelo CPC é forçoso admitir uma *mudança de paradigma* no processo civil brasileiro. Resulta daí uma defesa da força obrigatória ou vinculante (e não meramente persuasiva) dos precedentes, sem excluir, no entanto, a possibilidade de sua revogação fundamentada diante da alteração de circunstâncias relevantes e de razões suficientemente fortes apresentadas nesse sentido. Há uma evidente aproximação com os sistemas jurídicos do *common law*, nos quais vigora a máxima *stare decisis et non quieta movere* (José Rogério Cruz e Tucci, *Precedente judicial como fonte do direito*, São Paulo: RT, 2004, p. 149-187). Não se está mais a efetivar, por meio da reclamação, o conteúdo imperativo de uma decisão de superior hierarquia (seja no mesmo processo, seja em ou-

tro), mas sim de promover a segurança jurídica em geral por meio dos precedentes. A atenção, assim, recai na *ratio decidendi* que está à base dos julgados ou nos seus *motivos determinantes*, atribuindo importância não mais ao preceito, mas à motivação dos acórdãos: "o significado de um precedente está, essencialmente, na sua fundamentação", e não na sua parte dispositiva (Luiz Guilherme Marinoni, *Precedentes obrigatórios*, São Paulo: RT, 2010, cap. III, n. 2.1, p. 221).

A reclamação, assim, ao lado de sua função tradicional e consagrada, que a acompanha desde a sua concepção pretoriana – *i.e.*, a de garantir a autoridade das decisões proferidas no processo e preservar a competência dos Tribunais de superposição (hoje, arts. 102, I, *l*; 105, I, *f*, da CF) –, assume de acordo com o atual Código de Processo Civil novos papéis, acompanhando o avanço do Supremo Tribunal Federal, do Superior Tribunal de Justiça e dos Tribunais locais, passando a ser utilizada para garantir a eficácia das decisões dotadas expressamente de efeitos *erga omnes* e dos enunciados da súmula vinculante, permitindo a cassação de pronunciamentos judiciais e atos administrativos deles exorbitantes. O que se busca é promover a segurança jurídica e a uniformização da jurisprudência por meio do respeito aos *precedentes judiciais*. O parâmetro pelo qual deve ser aferida a discordância da decisão reclamada é a *ratio decidendi* (parte integrante da motivação) do acórdão, e não mais a sua parte dispositiva (*i.e.*, o seu conteúdo imperativo em sentido estrito). Essa nova configuração da reclamação revela, acima de tudo, o advento de um novo paradigma no direito processual civil brasileiro, no qual se tende a reconhecer o desempenho, pelos Tribunais Superiores, de uma função predominantemente objetiva e prospectiva, muito assemelhada àquela desenvolvida pelas Cortes dos países de *common law* e à doutrina do *stare decisis* (Paulo Henrique dos Santos Lucon, *Evolução da reclamação constitucional e seu emprego para assegurar a autoridade dos precedentes*, p. 291-308).

3. Graus de vinculação

Dadas as hipóteses de cabimento da reclamação, pode-se afirmar que as súmulas vinculantes, as decisões do Supremo Tribunal Federal em controle concentrado de constitucionalidade e as decisões proferidas no julgamento do incidente de resolução de demandas repetitivas e no incidente de assunção de competência possuem um grau de vinculação maior, pois sua inobservância pode ser desde logo objeto da reclamação. Já a inobservância de julgamento de repercussão geral ou de recurso extraordinário ou especial repetitivo apenas poderá ser versada em sede de reclamação após esgotadas as vias ordinárias.

4. Competência e distribuição

O julgamento da reclamação, que será dirigida ao presidente do tribunal, compete ao órgão jurisdicional cuja competência se busca preservar ou cuja autoridade se pretenda garantir. Ao ser recebida, a reclamação será autuada e distribuída ao relator do processo principal cuja decisão se quer fazer respeitar.

> **Art. 989.** Ao despachar a reclamação, o relator:
>
> **I** – requisitará informações da autoridade a quem for imputada a prática do ato impugnado, que as prestará no prazo de 10 (dez) dias;
>
> **II** – se necessário, ordenará a suspensão do processo ou do ato impugnado para evitar dano irreparável;
>
> **III** – determinará a citação do beneficiário da decisão impugnada, que terá prazo de 15 (quinze) dias para apresentar a sua contestação.

▶ *Sem correspondência no CPC/1973*

1. Aspectos procedimentais

O art. 989 do Código de Processo Civil estabelece as providências a serem adotadas pelo relator para o processamento e julgamento da reclamação. Segundo tal dispositivo, o relator, para melhor formação de seu convencimento, requisitará informações no prazo de dez dias à autoridade a que for imputada a prática do ato impugnado; ordenará a suspensão do processo ou do ato impugnado para evitar dano irreparável; e determinará a citação do beneficiário da decisão impugnada para no prazo de quinze dias apresentar sua contestação.

> **Art. 990.** Qualquer interessado poderá impugnar o pedido do reclamante.

▶ *Sem correspondência no CPC/1973*

1. Interesse em impugnar o pedido do reclamante

O art. 990 do CPC autoriza qualquer interessado a impugnar o pedido do reclamante.

Todo aquele, portanto, que demonstrar possuir interesse jurídico no não acolhimento da reclamação, dada relação temática existente entre sua situação jurídica e o objeto do julgamento, poderá requerer sua intervenção no processo.

> **Art. 991.** Na reclamação que não houver formulado, o Ministério Público terá vista do processo por 5 (cinco) dias, após o decurso do prazo para informações e para o oferecimento da contestação pelo beneficiário do ato impugnado.

▶ *Sem correspondência no CPC/1973*

1. Ministério Público

O Ministério Público, na função de *custus legis*, disporá do prazo de cinco dias após o decurso do prazo para informações e para o oferecimento da contestação pelo beneficiário do ato impugnado.

> **Art. 992.** Julgando procedente a reclamação, o tribunal cassará a decisão exorbitante de seu julgado ou determinará medida adequada à solução da controvérsia.

▶ *Sem correspondência no CPC/1973*

1. Eficácia da decisão

A decisão que julgar procedente a reclamação produzirá como efeito a cassação da decisão que não observou o paradigma aplicável. Se for necessário, poderá ser determinada a adoção de outra medida que se reputar adequada para a solução da controvérsia a depender do vício que ensejou a reclamação.

> **Art. 993.** O presidente do tribunal determinará o imediato cumprimento da decisão, lavrando-se o acórdão posteriormente.

▶ *Sem correspondência no CPC/1973*

1. Eficácia imediata

A decisão que julgar a reclamação produzirá efeitos imediatamente. É dever do presidente do tribunal determinar o seu imediato cumprimento, sendo possível a lavratura do acórdão em momento ulterior.

TÍTULO II
DOS RECURSOS

CAPÍTULO I
DISPOSIÇÕES GERAIS

> **Art. 994.** São cabíveis os seguintes recursos:
>
> I – apelação;
>
> II – agravo de instrumento;
>
> III – agravo interno;
>
> IV – embargos de declaração;
>
> V – recurso ordinário;
>
> VI – recurso especial;
>
> VII – recurso extraordinário;
>
> VIII – agravo em recurso especial ou extraordinário;
>
> IX – embargos de divergência

▸ *Referência: CPC/1973 – Art. 496*

1. Os recursos e a impugnação das decisões judiciais

Em decorrência da possibilidade de erro na prolação das decisões, somada ao natural inconformismo da personalidade humana diante dos julgamentos que lhe são desfavoráveis, os ordenamentos jurídicos de um modo geral preveem instrumentos processuais para que se possa questionar as decisões judiciais. Fala-se, então, em meios de impugnação às decisões judiciais, que, no nosso sistema, podem ser divididos em recursos e em ações autônomas de impugnação. Neste quadro, distinguem-se os recursos pelo fato de não darem origem a uma nova relação processual, inserindo-se no mesmo processo em que prolatada a decisão recorrida, como um prolongamento do direito de ação já exercido. Já as ações autônomas de impugnação assim são classificadas pelo fato de que dão origem, sempre, a um novo processo, distinto daquele de onde emanou a decisão atacada, como ocorre com a ação rescisória, a ação declaratória de inexistência (*querela nullitatis*) e o mandado de segurança contra ato judicial.

2. O conceito de recurso no direito brasileiro

Conceito que varia conforme a configuração de cada ordenamento jurídico positivo, pode-se definir *recurso*, no sistema brasileiro, como o remédio voluntário apto a provocar, dentro da mesma relação jurídica processual, a reforma, a invalidação, o esclarecimento ou a integração de uma decisão judicial. Trata-se de conceito que se mostra útil na medida em que, em primeiro lugar, afasta o recurso da figura da remessa necessária (art. 496), não dotada de voluntariedade, e, em segundo lugar, diferencia-o das ações autônomas de impugnação, que dão origem a um novo processo, apesar de aproxima-los em seu objetivo de servir de meio de se insurgir contra as decisões judiciais.

3. A importância constitucional dos recursos

Longe de servir apenas aos anseios das partes, os recursos estão diretamente ligados ao interesse público em que a prestação da tutela jurisdicional se faça de forma justa e adequada. O controle feito pelos tribunais sobre as decisões proferidas pelos juízes de instâncias inferiores contribui para assegurar a supremacia da ordem jurídica, garantindo maior eficiência e, sobretudo, segurança na aplicação do direito objetivo. No plano constitucional, a CF, em seu art. 5º, LV, ao cuidar de um dos componentes essenciais do devido processo legal, erigiu os recursos ao posto de garantia fundamental, ao dispor que "aos litigantes, em processo judicial ou administrativo, e aos acusados em geral são assegurados o contraditório e ampla defesa, com os meios e *recursos* a ela inerentes". Logo se vê, assim, que os recursos são inerentes à ampla defesa, e, sendo assim, ao próprio sentido de justiça, ao possibilitar, às partes, buscar a correção de decisões judiciais que lhes sejam desfavoráveis.

4. Juízo de admissibilidade e juízo de mérito dos recursos

Como todo ato postulatório, os recursos estão sujeitos a um duplo exame: o primeiro destina-se a aferir se estão presentes as condições que a lei processual coloca para que se possa realizar a postulação, para admiti-la ou não; já no segundo, analisa-se o próprio conteúdo da postulação, para rejeita-la ou acolhê-la. Fala-se, assim, em *juízo de admissibilidade* e *juízo de mérito* dos recursos. Naquele, o órgão competente verifica se o recurso preenche todos os chamados requisitos de admissibilidade e, portanto, merece ser conhecido; ou, ao contrário, se não deve ser conhecido pela ausência de alguma daquelas condições. Ultrapassada esta etapa, é analisado se a pretensão recursal – reforma, anulação, integração ou esclarecimento – merece ser provida ou improvida, pela presença de algum *error in judicando* ou *error in procedendo*.

5. Requisitos de admissibilidade dos recursos.

Consoante conhecida classificação, os requisitos de admissibilidade dos recursos são sete, e podem ser divididos em duas categorias distintas: os requisitos (i) intrínsecos – concernentes à existência do poder de recorrer – são (i.1) o cabimento, (i.2) a legitimidade para recorrer, (i.3) o interesse em recorrer, e (i.4) a inexistência de fatos impeditivos ou extintivos do poder de recorrer; já os (ii) extrínsecos – relacionados ao modo e à forma de exercer esse poder – são (ii.1) a tempestividade, (ii.2) a regularidade formal e (ii.3) o preparo.

6. Efeitos dos recursos

A interposição de qualquer recurso provoca, sobre determinado processo, certas consequências naturais, decorrentes da existência de algo novo que se agrega àquilo que até então existia. Fala-se, então, em *efeitos dos recursos*. A nosso ver, todavia, em uma análise rigorosamente técnica, apenas merece tal alcunha o chamado *efeito devolutivo*, responsável por provocar novamente a manifestação do Poder Judiciário a respeito da decisão recorrida. De toda sorte, considerando que é a própria lei quem utiliza tal denominação, deve-se mencionar o chamado *efeito suspensivo*, consistente no fato de que certas decisões judiciais, por estarem sujeitas a determinado recurso, não são aptas a produzirem de imediato seus regulares efeitos, estado este que é prolongado pela interposição do recurso cabível.

7. Princípio da taxatividade dos recursos

Somente pode ser considerado um recurso aquele instituto especificamente previsto como tal em lei federal, vez que, se tratando de matéria afeita ao direito processual, compete exclusivamente à União legislar a seu respeito (Constituição Federal, art. 22, I). Traz, o art. 994, o rol dos recursos previstos no Código de Processo Civil, dispositivo que deve ser interpretado restritivamente. Isso não exclui, obviamente, que outras leis criem recursos cíveis, como ocorre com o recurso inominado previsto no art. 41 da Lei 9.099/1995 (Juizados Especiais) e com os embargos infringentes previstos no art. 34 da Lei 6.830/1980 (Execução fiscal).

8. Especificação dos recursos de agravo

No CPC/1973, o art. 496, II, arrolava como espécie recursal apenas o "agravo", que comportava diversas *formas de interposição*: retido nos autos (art. 523), por instrumento (art. 524), nos próprios autos em caso de inadmissão de recurso especial ou extraordinário (art. 544), interno (arts. 532, 545, 557, § 1º), sem excluir os agravos regimentais (previstos nos regimentos internos dos tribunais). Já no CPC atual, o art. 994 tratou como *espécies recursais diversas* o agravo de instrumento (cabível contra as decisões interlocutórias arroladas no art. 1.015), o agravo interno (cabível contra decisão proferida pelo relator, nos termos do art. 1.021) e o agravo em recurso especial ou extraordinário (cabível contra decisão do presidente ou vice-presidente do tribunal local que se enquadre numa das situações descritas no art. 1.042).

9. Supressão dos embargos infringentes

Atendendo aos anseios de parte da doutrina, o atual CPC aboliu a figura dos embargos infringentes. Em seu lugar, todavia, instituiu-se, no art. 942, técnica por meio da qual, sempre que o resultado da apelação for não unânime – seja para dar-lhe ou para negar-lhe provimento –, o julgamento há de prosseguir com a presença de outros julgadores, em número suficiente para garantir a possibilidade de inversão do resultado inicial.

> **Art. 995.** Os recursos não impedem a eficácia da decisão, salvo disposição legal ou decisão judicial em sentido diverso.
>
> **Parágrafo único.** A eficácia da decisão recorrida poderá ser suspensa por decisão do relator, se da imediata produção de seus efeitos houver risco de dano grave, de difícil ou impossível reparação, e ficar demonstrada a probabilidade de provimento do recurso.

▶ *Referência: CPC/1973 – Art. 497*

1. Efeito suspensivo dos recursos

Em certos casos, a previsão do cabimento de recurso contra determinada decisão impede que esta produza, de imediato, seus regulares efeitos. Fala-se, então, em *efeito suspensivo* do recurso, expressão que, todavia, não exprime

Art. 996

corretamente o fenômeno, por dar a entender que é a interposição do recurso quem faz cessar a eficácia da decisão, quando, de fato, a decisão, nestes casos, já não produz qualquer efeito desde que publicada. O que há, assim, são decisões que têm eficácia imediata, e decisões que não produzem efeitos imediatos, estado este que é simplesmente prolongado pela interposição do recurso. De todo modo, além de ser expressão consagrada na prática, é a própria lei que, em certas ocasiões, se refere ao "efeito suspensivo" dos recursos (arts. 495, § 1º, III; 520; 522, parágrafo único, II; 987, § 1º; 1.012, *caput* e § 3º; 1.019, II; 1.029, § 5º).

2. A eficácia imediata da decisão como regra

Nos termos do *caput* do art. 995, as decisões judiciais, como regra, produzem efeitos imediatos. Em outras palavras, os recursos, salvo disposição legal ou decisão judicial em sentido contrário, não são dotados de efeito suspensivo automático.

3. A manutenção do efeito suspensivo automático do recurso de apelação

De toda sorte, foi mantido, no atual CPC, o efeito suspensivo automático da apelação como regra (art. 1.012, *caput*), de modo que, salvo as exceções legais (art. 1.012, § 1º), a sentença não é dotada de eficácia imediata.

4. Concessão de efeito suspensivo pelo relator

Nos casos em que o recurso não tenha efeito suspensivo automático (*ope legis*), é possível que o relator profira decisão no sentido de sustar a eficácia da decisão (*ope judicis*). Para tanto, deve o recorrente demonstrar, nas razões recursais, que a imediata produção de efeitos pode causar dano grave, de difícil ou impossível reparação (*periculum in mora*), e a probabilidade de que o recurso venha a ser provido (*fumus boni iuris*).

5. Concessão de efeito suspensivo pelo relator nos recursos interpostos perante o órgão prolator da decisão recorrida

Também nos recursos interpostos perante o órgão *a quo*, cabe ao relator analisar o pedido de concessão de efeito suspensivo. No que tange à apelação, caso já tenha o recurso sido distribuído

a um relator, é a este que deve ser dirigido o requerimento (art. 1.012, § 3º, II). Caso contrário, no período compreendido entre a interposição do recurso, a subida dos autos ao tribunal, e a sua distribuição, o requerimento de atribuição do efeito suspensivo será dirigido diretamente ao tribunal, onde será distribuído a um relator, que ficará prevento para o julgamento da apelação (art. 1.012, § 3º, I). A mesma regra se aplica ao recurso ordinário, apesar de não haver previsão expressa nesse sentido.

Quanto aos recursos especial e extraordinário, a Lei 13.256/2016 impõe regra um tanto quando distinta. Assim, o requerimento de atribuição de efeito suspensivo deve ser dirigido ao relator, caso o recurso já tenha sido distribuído (art. 1.029, § 5º, II); ou, caso contrário, diretamente ao tribunal superior, onde será distribuído a um relator, que ficará prevento para o julgamento do recurso, no período compreendido entre a publicação da decisão de admissão do recurso e a sua distribuição (art. 1.029, § 5º, I). Já, no período entre a interposição do recurso e a publicação da decisão de admissão, assim como no caso de recurso sobrestado, a competência será do presidente ou do vice-presidente do tribunal local (art. 1.029, § 5º, III).

Vale dizer, por fim, que, com esta nova sistemática, torna-se desnecessário o ajuizamento de ação cautelar inominada para a atribuição de efeito suspensivo a recurso, razão pela qual o atual CPC não manteve a regra constante do art. 800, parágrafo único, do CPC/1973.

> **Art. 996.** O recurso pode ser interposto pela parte vencida, pelo terceiro prejudicado e pelo Ministério Público, como parte ou como fiscal da ordem jurídica.
>
> **Parágrafo único.** Cumpre ao terceiro demonstrar a possibilidade de a decisão sobre a relação jurídica submetida à apreciação judicial atingir direito de que se afirme titular ou que possa discutir em juízo como substituto processual.

▶ *Referência: CPC/1973 – Art. 499*

1. Legitimidade para recorrer

A legitimidade é um dos requisitos de admissibilidade de qualquer recurso, que exige que o recorrente esteja entre os sujeitos autorizados, pela lei, para a interposição de recurso numa dada relação jurídica processual. Como se pode ver, a lei, por razões de conveniência, restringiu o rol dos possíveis recorrentes às partes, ao terceiro juridicamente interessado e ao Ministério Público: caso se atribuísse a qualquer um o poder de recorrer de qualquer decisão, o sistema se tornaria praticamente inviável e inoperante. Ao elencar aquelas pessoas como legitimadas a recorrer, a lei leva em consideração a presumível relevância que a decisão possa ter para elas.

2. Interesse em recorrer

Requisito distinto da legitimidade é o do interesse em recorrer, ligado, de um modo geral, a um gravame que a prolação da decisão tenha causado ao recorrente. O interesse em recorrer resulta da combinação da *utilidade* do recurso para o recorrente, que de seu julgamento pode esperar o alcance de uma situação mais vantajosa do ponto de vista prático, com a *necessidade* de se utilizar daquela específica via para se obter referido benefício.

3. Interesse em recorrer: sucumbência formal e sucumbência material

Tradicionalmente, fala-se que o interesse em recorrer se caracterizaria, sempre, a partir da sucumbência do recorrente, que viu um pedido por ele formulado ser julgado improcedente, ou, ao contrário, um pedido formulado pela parte contrária ser julgado procedente. Ocorre que tal critério não é capaz de atender às múltiplas situações em que, mesmo não sendo derrotada, a parte tem interesse em recorrer. É o que ocorre, por exemplo, com o réu que, diante da extinção do processo sem resolução do mérito (art. 485), tem interesse em recorrer para obter decisão de improcedência do pedido autoral, apta, portanto, a se tornar imutável e indiscutível pela autoridade da coisa julgada material. Ou, ainda, da sentença de improcedência por falta de provas em ação popular (Lei 4.717/1965, art. 18) ou em ação civil pública (Lei 7.347/1985, art. 16), hipóteses em que o réu tem interesse em recorrer para buscar a improcedência por outro fundamento, capaz de impedir a repropositura da demanda. Por tal razão, o interesse não deve ser aferido com base numa ótica *retrospectiva*, a partir da simples derrota ou vitória da parte (sucumbência *formal*), mas, na verdade, de um ponto de vista *prospectivo*, deve-se analisar se o julgamento do recurso pode trazer alguma *vantagem prática*, ao recorrente (sucumbência *material*).

4. Legitimação da parte

Entre os legitimados para recorrer, a lei elenca, em primeiro lugar, as partes, por serem justamente aqueles sujeitos que, potencialmente, maior interesse têm numa dada decisão. A parte, para ter legitimidade recursal, não necessita ser dotada de legitimidade *ad causam*: assim, por exemplo, em caso de extinção do processo sem julgamento do mérito ante a ilegitimidade ativa, o autor pode recorrer da respectiva decisão na qualidade de parte. Também o réu revel tem a possibilidade de recorrer de qualquer decisão que lhe seja desfavorável. O mesmo se aplica, ainda, aos interessados, nos procedimentos de jurisdição voluntária, e aos sucessores que, no curso do processo, tenham assumido a qualidade de parte.

5. Legitimação da parte: os terceiros intervenientes

Merece especial atenção a legitimidade dos terceiros que tenham ingressado na relação processual por meio de alguma das modalidades interventivas previstas no CPC. O assistente, seja simples ou litisconsorcial, terá legitimidade para recorrer na qualidade de parte. No caso do assistente simples, é a lei quem lhe outorga os "mesmos poderes" do assistido (art. 121), o que não o autoriza, entretanto, a contrariar a vontade manifestada por este; assim, por exemplo, caso o assistido tenha renunciado a seu direito de recorrer (art. 999) ou aquiescido à decisão (art. 1.000), o assistido não poderá interpor recurso. Quanto ao assistente litisconsorcial, o CPC deixa claro que assume a qualidade de litisconsorte da parte principal (art. 124). No que tange à denunciação da lide (arts. 125 a 129) e ao chamamento ao processo (arts. 130 a 132), não se duvida de que o terceiro, ao ingressar no processo como parte, nesta qualidade estará legitimado a recorrer. O mesmo pode ser dito, ainda, em relação ao sócio ou à pessoa jurídica citados em incidente de desconsideração da personalidade jurídica (arts. 133 a 137), vez que, a partir da citação (art. 135), passam a integrar o feito como partes. No que concerne ao *amicus curiae*, é o próprio CPC quem veda a interposição de recursos, ressalvada a oposição de embargos de declaração ou de recurso contra a decisão que julga incidente de resolução de demandas repetitivas (art. 138, §§ 1º e 3º). Por fim, considerando que, no novo CPC, a oposição não é mais tratada como hipótese de intervenção de terceiros, mas como demanda autônoma (arts. 682 a 686), não se tem dúvidas

Art. 997

de que o opoente tem legitimidade para recorrer como parte.

6. Legitimação do terceiro juridicamente interessado

A lei confere legitimidade para recorrer àqueles terceiros que tenham *interesse jurídico* no julgamento da causa, o que nasce do fato de serem titulares de (ou de poderem discutir em juízo como substitutos processuais) uma relação jurídica ligada àquela discutida em juízo. Nesse sentido, o parágrafo único do art. 996, aperfeiçoando a redação do art. 499, § 1º, do CPC/1973, deixa claro que, para se legitimar a recorrer, o terceiro deve demonstrar a possibilidade de que decisão sobre o direito discutido atinja direito de que se afirma titular, ou que possa discutir em juízo como legitimado extraordinário. O terceiro, portanto, é atingido pelos efeitos reflexos ou indiretos da decisão, porque titular (ou legitimado) de relação jurídica ligada por nexo de interdependência àquela deduzida em juízo. Da legitimidade do terceiro para recorrer, deve-se distinguir o seu interesse recursal: enquanto aquela nasce de sua "posição" em relação ao direito discutido em juízo (isto é: do simples fato de ser titular de relação jurídica ligada àquela discutida em juízo), este depende de a decisão, de alguma forma, lhe ser desfavorável, e que, portanto, possa esperar, do julgamento do recurso, o alcance de alguma situação mais vantajosa do ponto de vista prático. Importante deixar claro, ainda, que o direito que o terceiro pode defender por meio de seu recurso é, apenas, aquele já discutido em juízo, lhe sendo vedado deduzir novos pedidos ou causas de pedir, ampliando, assim, o objeto do processo. Por fim, vale dizer que os requisitos de admissibilidade do recurso de terceiro são os mesmos a que estão submetidas as partes, inclusive quanto à tempestividade, não dispondo, o terceiro, de prazo distinto daquele destinado àquelas (STJ, AgRg no REsp 1.373.821/MA, Rel. Min. Arnaldo Esteves Lima, 1ª Turma, j. 25.06.2013, *DJe* 02.08.2013).

7. Legitimação do Ministério Público

Como deixa claro o *caput* do art. 996, o Ministério Público tem legitimidade para recorrer tanto nos feitos em que atua como parte, quanto naqueles em que exerce a função de *custos legis*. Quanto a esta última hipótese, ressalte-se que a legitimação do *parquet* não depende de ter ele, efetivamente, oficiado no processo, bastando a possibilidade de que houvesse atuado. Ou seja, é suficiente que a causa esteja entre aquelas descritas no art. 178 do CPC, sendo irrelevante que, até o momento do recurso, não tenha ele atuado no processo. É entendimento consagrado na jurisprudência, ainda, que o Ministério Público tem legitimidade para recorrer como fiscal da ordem jurídica mesmo que nenhuma das partes haja recorrido, como se pode ver da Súmula 99 do STJ. Vale lembrar, por fim, que, por aplicação do art. 180 do CPC, o Ministério Público goza de prazo em dobro para recorrer, que se inicia a partir de sua intimação pessoal da decisão.

> **Art. 997.** Cada parte interporá o recurso independentemente, no prazo e com observância das exigências legais.
>
> **§ 1º** Sendo vencidos autor e réu, ao recurso interposto por qualquer deles poderá aderir o outro.
>
> **§ 2º** O recurso adesivo fica subordinado ao recurso independente, sendo-lhe aplicáveis as mesmas regras deste quanto aos requisitos de admissibilidade e julgamento no tribunal, salvo disposição legal diversa, observado, ainda, o seguinte:
>
> **I** – será dirigido ao órgão perante o qual o recurso independente fora interposto, no prazo de que a parte dispõe para responder;
>
> **II** – será admissível na apelação, no recurso extraordinário e no recurso especial;
>
> **III** – não será conhecido, se houver desistência do recurso principal ou se for ele considerado inadmissível.

▶ *Referência: CPC/1973 – Art. 500*

1. Sucumbência recíproca a recurso adesivo

Conforme se extrai do art. 996 do CPC, um dos requisitos de admissibilidade de qualquer recurso é o interesse, que decorre do fato de a decisão atacada representar um gravame para a parte recorrente. Uma mesma decisão pode, contudo, causar prejuízo tanto ao autor quanto ao réu, caso em que ambos teriam interesse em interpor recurso. Neste tipo de situação, em que ocorre a chamada *sucumbência recíproca*, o *caput* do art. 997 deixa claro que ambas as partes podem, de maneira independente, apresentar seus recursos no prazo legal, isto é, quando intimados da decisão. Pode ocorrer, entretanto, que determinada parte, parcialmente vitoriosa, opte, num primeiro momento, por não interpor recurso, assim permanecendo caso a outra, também parcialmente vitoriosa, não ataque a decisão. Nestes casos, se a outra parte vier a interpor recurso, o § 1º do art. 997 permite que aquele sujeito que, inicialmente, mostrava-se satisfeito com a decisão, recorra no prazo de que dispõe para apresentar contrarrazões. Nessa medida, então, que surge o *recurso adesivo*, expressão que não representa uma nova espécie recursal mas, apenas, uma *forma de interposição* dos recursos.

2. A importância do recurso adesivo para o sistema

A previsão do recurso adesivo visa evitar que, em casos de sucumbência recíproca, a parte que inicialmente mostrava-se satisfeita com a decisão, disposta a aceitar sua derrota parcial, interponha recurso na suposição de que a outra parte, também parcialmente derrotada, interporá recurso. Não há necessidade, assim, de interposição do recurso pelo mero temor de que a outra parte venha a recorrer, vez que, caso isso ocorra, aquele que inicialmente havia se resignado, terá nova oportunidade para recorrer, no prazo de que dispõe para responder.

3. Subordinação ao recurso principal

Considerando que o interesse na utilização do recurso adesivo apenas surge no momento em que a outra parte recorreu da decisão, determina o § 2º do art. 997 que fica ele subordinado ao recurso independente. Significa isso que, em caso de não conhecimento do recurso principal, ainda que em decorrência de sua desistência, também será inadmitido o recurso adesivo (art. 997, § 2º, III). A razão da regra está em que, para o recorrente adesivo, a situação inicial, que decorria da prolação da decisão, era satisfatória, situação esta que permanecerá exatamente a mesma em caso de inadmissão do recurso de seu adversário.

4. Requisitos de admissibilidade do recurso adesivo

Como se viu, o recurso adesivo apenas será conhecido se o recurso independente também o for, de modo que sua admissibilidade fica condicionada ao preenchimento, por parte daquele, de todos os requisitos necessários. Além disso, o recurso adesivo deve preencher os mesmos requisitos que seriam exigidos em caso de recurso

independente (art. 997, § 2º), devidamente adaptados a suas peculiaridades. Em relação ao cabimento, o art. 997, § 2º, II, restringe a utilização da modalidade aos recursos de apelação, especial e extraordinário. Quanto à tempestividade, deve o recurso adesivo ser manejado no prazo de que a parte dispõe para apresentar contrarrazões (art. 997, § 2º, I). Por fim, no que concerne à regularidade formal, merece atenção a necessidade de que seja interposto mediante petição avulsa, distinta daquela utilizada para as contrarrazões, dirigida ao mesmo órgão em que interposto o recurso independente (art. 997, § 2º, I).

> **Art. 998.** O recorrente poderá, a qualquer tempo, sem a anuência do recorrido ou dos litisconsortes, desistir do recurso.
>
> **Parágrafo único.** A desistência do recurso não impede a análise de questão cuja repercussão geral já tenha sido reconhecida e daquela objeto de julgamento de recursos extraordinários ou especiais repetitivos.

▶ *Referência: CPC/1973 – Art. 501*

1. Desistência do recurso

A desistência é *fato extintivo* do poder de recorrer, por meio do qual a parte manifesta sua vontade de que o recurso por ela já interposto não seja julgado. Trata-se de ato unilateral, que independe de aceitação dos litisconsortes ou da parte contrária, ou mesmo de homologação judicial, produzindo seus efeitos desde o momento em que é exteriorizada, cabendo ao órgão julgador tão somente declarar (reconhecer) a inadmissão do recurso. A desistência pode ocorrer a qualquer tempo, desde a interposição do recurso até o início de seu julgamento. Pode-se, inclusive, desistir oralmente, na própria sessão, desde que antes de iniciado o julgamento.

2. Desistência e recursos repetitivos

O parágrafo único do art. 998 visa resolver problema que ocorre quando, após a afetação de um determinado recurso especial ou extraordinário representativo da controvérsia para fins de fixação de tese na sistemática dos recursos repetitivos (arts. 1.036 a 1.041), o recorrente decide desistir do recurso. Considerando que, como dito, a desistência do recurso é ato unilateral e abdicativo de direito – não depende de homologação judicial –, não se pode impedir

Art. 999

CÓDIGO DE PROCESSO CIVIL INTERPRETADO

que, nestes casos, o recorrente obtenha os efeitos da desistência de seu recurso. Tal ato, todavia, não impede que o tribunal superior respectivo analise a questão e defina o precedente que deva se aplicar aos demais casos idênticos. A questão, portanto, será julgada no plano abstrato.

> **Art. 999.** A renúncia ao direito de recorrer independe da aceitação da outra parte.

▶ *Referência: CPC/1973 – Art. 502*

1. Renúncia ao direito de recorrer

A renúncia é *fato impeditivo* do poder de recorrer, por meio do qual a parte, antes de interpor determinado recurso, se manifesta no sentido de dispor de seu direito de impugnar certa decisão. É ato unilateral, que independe da aceitação de qualquer outra parte e de homologação judicial, acarretando a inadmissão de recurso que porventura seja interposto posteriormente. É inadmissível a renúncia manifestada antes da prolação da decisão, momento em que ainda não surgiu, em concreto, o direito de recorrer.

> **Art. 1.000.** A parte que aceitar expressa ou tacitamente a decisão não poderá recorrer.
> **Parágrafo único.** Considera-se aceitação tácita a prática, sem nenhuma reserva, de ato incompatível com a vontade de recorrer.

▶ *Referência: CPC/1973 – Art. 503*

1. Aquiescência à decisão

A aquiescência é *fato impeditivo* do poder de recorrer, que se caracteriza por meio de manifestação de vontade da parte no sentido de concordar com o teor da decisão. Quem aquiesce a uma decisão simplesmente se curva diante do julgado, aceita-o sem que sua vontade se volte de modo direto para a abstenção de se utilizar dos recursos cabíveis. Assim como a renúncia, a aquiescência é fato praticado, necessariamente, antes da interposição do recurso, com a diferença de que, aqui, a vontade se dirige diretamente à aceitação da decisão, com a consequência de, indiretamente, tornar inadmissíveis os recursos posteriormente interpostos.

2. Aquiescência tácita

Como deixa claro o *caput* do art. 1.000, a aquiescência pode ser não somente expressa,

mas também tácita, que, nos termos do parágrafo único, ocorre quando, após a prolação da decisão, o sucumbente pratica, sem qualquer reserva, ato incompatível com posterior irresignação. É o que ocorre, por exemplo, quando a parte, após a sentença homologatória, efetua o depósito do valor ali previsto, ou, ainda, quando ocorre o cumprimento espontâneo de decisão ou sentença que ainda não produziria efeitos imediatos. É necessário pontuar que a aquiescência tácita apenas se configura se o ato de aceitação é praticado "sem qualquer ressalva", ou seja, sem que a parte se reserve, na ocasião, ao direito de interpor recurso.

> **Art. 1.001.** Dos despachos não cabe recurso.

▶ *Referência: CPC/1973 – Art. 504*

1. Conceito de despacho

Conforme se pode extrair do art. 203, § 3º, do CPC, caracterizam-se como despachos todos os *pronunciamentos* do juiz que não se enquadrem no conceito de *sentença* (art. 203, § 1º) ou de *decisão interlocutória* (art. 203, § 2º). Considerando, ainda, que, nos termos do § 1º do art. 203, sentença é o ato do juiz que, com fundamento nos arts. 485 ou 487, põe fim à fase cognitiva ou à execução, e que, de acordo com o § 2º do mesmo art. 203, todos os demais pronunciamentos decisórios do juiz são decisões interlocutórias, deve-se entender, por despacho, *todo pronunciamento judicial sem conteúdo decisório*. Sua finalidade não é resolver qualquer questão, mas, tão somente, possibilitar o andamento do processo.

2. Irrecorribilidade dos despachos

Nos termos do art. 1.001 do CPC, os despachos não comportam a interposição de qualquer recurso. Importante alertar, apenas, que o fato de uma determinada *decisão* ter sido impropriamente denominada de despacho não a torna irrecorrível, devendo-se avaliar o seu conteúdo, para fins de definição de sua natureza e, assim, do recurso cabível. De outra parte, são irrecorríveis porque não causam prejuízo às partes. Como a finalidade é apenas de impulsionar o processo, são incapazes de prejudicar as partes. Se um pronunciamento causar prejuízo, certamente de despacho não se trata, uma vez que possui conteúdo decisório relevante.

Art. 1.002. A decisão pode ser impugnada no todo ou em parte.

▶ *Referência: CPC/1973 – Art. 505*

1. Recurso total e recurso parcial

Como consequência da incidência do princípio dispositivo na instância recursal, o recorrente pode impugnar *todos* os capítulos da decisão que lhe causem gravame, ou apenas *parte* deles. Cabe a ele, assim, definir, em seu recurso, o âmbito de conhecimento da matéria pelo órgão julgador do recurso, que não poderá reformar ou anular aqueles capítulos não impugnados. A regra se aplica a todas as espécies recursais, razão pela qual acertou o legislador ao alterar a referência que o art. 505 do CPC/1973 fazia à *sentença* para a *decisão*.

2. Recurso parcial e efeito devolutivo

É o recorrente quem fixa em que medida atuará a *extensão* do efeito devolutivo do recurso, definindo qual ou quais dos capítulos da decisão poderão ser objeto de reforma ou anulação pelo órgão *ad quem*. É o que também se vê no *caput* do art. 1.013 em relação ao recurso de apelação, que *"devolverá ao tribunal o conhecimento da matéria impugnada"*. Isso está no âmbito de sua disposição de direitos. Não cabe ao recorrente, todavia, fixar os *fundamentos* por meio dos quais se poderá reformar ou anular a decisão, já que, ante a irrestrita *profundidade* do efeito devolutivo (art. 1.013, §§ 1º e 2º), o órgão *ad quem* pode conhecer de todo o material cognitivo de que o juízo *a quo* poderia ter se utilizado por ocasião da prolação da decisão.

3. Consequências do recurso parcial

Em caso de recurso parcial, os capítulos da decisão não impugnados por qualquer das partes não poderão ser reapreciados pelo órgão *ad quem* e, assim, estarão sujeitos à preclusão e, caso encerrem matéria de mérito, à coisa julgada material. Neste último caso, vale dizer que, ainda que, no julgamento dos capítulos efetivamente impugnados o tribunal se depare com matéria de ordem pública, que em tese poderia levar à invalidação de toda a decisão, não poderá alterar os capítulos irrecorridos, uma vez que, como dito, estarão acobertados pela coisa julgada. Por fim, importante ressalvar que os capítulos

acessórios (dependentes) ao capítulo impugnado ficam abrangidos pela irresignação, ainda que o recorrente nada fale a respeito deles. Assim, por exemplo, caso o recorrente seja condenado ao pagamento da quantia principal, acrescida de juros de mora, correção monetária, honorários advocatícios e custas processuais, a reforma do capítulo principal levará automaticamente à reforma dos demais, ainda que o recorrente não o tenha pedido.

Art. 1.003. O prazo para interposição de recurso conta-se da data em que os advogados, a sociedade de advogados, a Advocacia Pública, a Defensoria Pública ou o Ministério Público são intimados da decisão.

§ 1º Os sujeitos previstos no *caput* considerar-se-ão intimados em audiência quando nesta for proferida a decisão.

§ 2º Aplica-se o disposto no art. 231, incisos I a VI, ao prazo de interposição de recurso pelo réu contra decisão proferida anteriormente à citação.

§ 3º No prazo para interposição de recurso, a petição será protocolada em cartório ou conforme as normas de organização judiciária, ressalvado o disposto em regra especial.

§ 4º Para aferição da tempestividade do recurso remetido pelo correio, será considerada como data de interposição a data de postagem.

§ 5º Excetuados os embargos de declaração, o prazo para interpor os recursos e para responder-lhes é de 15 (quinze) dias.

§ 6º O recorrente comprovará a ocorrência de feriado local no ato de interposição do recurso.

▶ *Referência: CPC/1973 – Art. 506*

1. Tempestividade dos recursos

A previsão de determinado prazo para a interposição dos recursos decorre de razões ligadas à segurança jurídica, impedindo que uma decisão seja revista a qualquer tempo. Fixando-se um prazo para a impugnação, as partes e os interessados sabem que, uma vez não interposto o recurso, a decisão não poderá mais ser alterada.

2. O início do prazo para recorrer

Aperfeiçoando a redação de certo modo casuística que constava do art. 506 do CPC/1973,

Art. 1.003

CÓDIGO DE PROCESSO CIVIL INTERPRETADO

o art. 1.003 deixa claro que o prazo para a interposição do recurso conta-se da data em que a parte é intimada da decisão, lembrando-se que, nos termos do art. 269, intimação é o ato por meio do qual "se dá ciência a alguém dos atos e dos termos do processo".

3. Intimação dos advogados ou da sociedade de advogados

Os advogados são os representantes processuais das partes, de modo que agiu bem o CPC ao estabelecer que o prazo começa a fluir a partir da intimação dos advogados. Acrescentou-se também a possibilidade de intimação da sociedade de advogados. Nesse ponto, a alteração atende à segurança das relações processuais, porque é cada vez mais comum a união de advogados através da constituição de sociedades. A intimação da própria sociedade – como ficção jurídica – gera a confiança de que todos os advogados que a compõem são alcançados pela comunicação judicial.

4. Forma de realização das intimações

De acordo com o art. 270 do CPC, as intimações, sempre que possível, devem ser realizadas por "meio eletrônico", e não sendo isso viável, através de publicação do ato no órgão oficial (art. 272). Apenas, então, quando não for possível a adoção destes meios, a intimação será realizada pessoalmente, pelo correio, ou por oficial de justiça (arts. 273 a 275).

5. Forma de intimação da Advocacia Pública, da Defensoria Pública e do Ministério Público

Diferentemente do que se passa com os demais sujeitos, a Advocacia Pública (art. 183), a Defensoria Pública (art. 186, § 1º) e o Ministério Público (art. 180) devem ser intimados *pessoalmente* das decisões judiciais, o que se faz mediante carga ou remessa dos autos, ou por meio eletrônico (art. 183, § 1º).

6. Intimação das decisões proferidas em audiência

Nos termos do § 1º do art. 1.003, no caso de decisão proferida em audiência, o sujeito é considerado intimado no próprio ato, iniciando-se, naquela data, o prazo para interposição do recurso.

7. Intimação das decisões proferidas antes da citação do réu

No caso de decisões proferidas antes da citação do réu, como ocorre com as medidas liminares deferidas *inaudita altera parte*, não tendo este ainda advogado constituído nos autos, o § 2º do art. 1.003 determina que o prazo para recorrer seja contado na forma do art. 231, incisos I a VI, ou seja, a partir da data em que o recorrente for também devidamente *citado*, tudo a depender da modalidade de citação empregada. Assim, o prazo fluirá, nos termos do art. 231, a partir da juntada aos autos do aviso de recebimento (inc. I), do mandado cumprido (inc. II) ou da carta (inc. VI); ou, ainda, a partir do ato do escrivão ou chefe de secretaria (inc. III), do dia útil seguinte ao fim do prazo fixado no edital (inc. IV), ou, caso utilizados meios eletrônicos, do dia útil seguinte à consulta do teor do ato, ou ao término do prazo para que a consulta ocorra (inc. V).

8. Fluência do prazo para recorrer das decisões proferidas antes da citação do réu em caso de litisconsórcio passivo

Havendo litisconsórcio passivo, o prazo para contestar, em regra, é único para os corréus, iniciando-se a partir da última data em que ocorrer uma das hipóteses do art. 231. Diferente disso, todavia, é o prazo para *recorrer* de decisão proferida em desfavor dos litisconsortes passivos antes da citação, em que "o prazo para cada um é contado individualmente", nos termos do § 2º do art. 231.

9. A interposição dos recursos

Nos termos do § 3º do art. 1.003, o recurso deve ser interposto, em regra, mediante protocolo perante o órgão competente. Trata-se de regra ligada ao requisito da *regularidade formal*. Nestes casos, o atendimento à tempestividade será aferido, justamente, a partir da data constante do comprovante de protocolo. Como deixa claro o dispositivo, não estão excluídas outras formas de interposição, criadas por lei ou pelas normas de organização judiciária de cada Estado ou dos Tribunais Federais. É o que se passa, por exemplo, com o protocolo integrado, ou, ainda, com a interposição do recurso via fax ou por meio eletrônico.

10. O recurso interposto pelo correio

Outra forma de interposição do recurso é a possibilidade de ser ele remetido pelo correio, caso em que, segundo o § 4º do art. 1.003, será considerada como data de interposição o dia da postagem, e não aquele em que efetivamente for entregue no protocolo. Trata-se de regra que, no CPC/1973, estava prevista expressamente apenas para o recurso de agravo de instrumento (art. 525, § 2º), o que levava ao entendimento jurisprudencial de que, por exemplo, "a tempestividade de recurso interposto no Superior Tribunal de Justiça é aferida pelo registro no protocolo da secretaria e não pela data da entrega na agência do correio" (Súmula 216 do STJ). A partir da promulgação do novo CPC não há mais dúvidas de que a interposição através de remessa pelos correios aplica-se a todas as espécies recursais, devendo a tempestividade do recurso ser aferida, sempre, a partir da data da postagem.

11. Unificação do prazo dos recursos

O CPC unificou o prazo para a interposição dos recursos. Agora, excetuados os embargos de declaração, sujeitos ao prazo de cinco dias (art. 1.023), as demais espécies recursais, nos termos do art. 1.003, § 5º, submetem-se ao prazo de quinze dias.

12. Prazo em dobro para recorrer

No sistema do atual CPC, gozam de prazo em dobro para recorrer o Ministério Público (art. 180), a Fazenda Pública (art. 183) e a Defensoria Pública (art. 186), salvo quando a lei estabeleça prazo próprio para deles. Também dispõem do benefício os "litisconsortes que tiverem diferentes procuradores, de escritórios de advocacia distintos", regra que não se aplica aos processos em autos eletrônicos (art. 229, *caput* e § 2º, respectivamente).

13. Comprovação de feriado local

O § 6º do art. 1.003 deixa claro que a comprovação da existência de feriado local, que altere o termo final do prazo para recorrer, deve ocorrer "no ato de interposição do recurso". Coloca-se fim, com isso, a divergência encontrada na jurisprudência do próprio Superior Tribunal de Justiça, que ora admite a comprovação do feriado local em sede de agravo regimental, posteriormente à inadmissão do recurso especial (STJ, AgRg no REsp 1.462.683/SP, Rel. Min. Antonio Carlos Ferreira, 4ª Turma, j. 25.11.2014, *DJe* 02.12.2014), ora exige que a demonstração se dê

no ato de interposição do recurso (STJ, AgRg no AREsp 574.333/PE, Rel. Min. Herman Benjamin, 2ª Turma, j. 20.11.2014, *DJe* 28.11.2014).

Interpretando o atual CPC, o STJ decidiu que a mera afirmação nas razões recursais da existência do feriado local não é o suficiente para a tempestividade do recurso especial, ainda que conste de regimento interno, portarias ou atos normativos, devendo a parte fazer a comprovação de sua ocorrência por documento oficial ou certidão expedida pelo Tribunal de origem (AgInt nos EDcl no AREsp 1.433.042/SP, Rel. Min. Mauro Campbell Marques, 2ª Turma, j. 25.06.2019, *DJe* 28.06.2019).

Esse entendimento também é válido para comprovar a existência de feriado na segunda-feira de carnaval, ainda que ante a "circunstâncias excepcionais que modificariam a sua natureza jurídica de feriado local para feriado nacional notório" (STJ, QO no REsp 1.813.684/SP, Rel. Min. Nancy Andrighi, Corte Especial, 03.02.2020).

> **Art. 1.004.** Se, durante o prazo para a interposição do recurso, sobrevier o falecimento da parte ou de seu advogado ou ocorrer motivo de força maior que suspenda o curso do processo, será tal prazo restituído em proveito da parte, do herdeiro ou do sucessor, contra quem começará a correr novamente depois da intimação.

▶ *Referência: CPC/1973 – Art. 507*

1. Interrupção do prazo recursal

Na linha do que fazia o art. 507 do CPC/1973, o art. 1.004 do atual CPC trata de situações que, uma vez ocorridas, provocam a *interrupção* do prazo recursal, ou seja, hipóteses nas quais o prazo recomeça a fluir novamente, por inteiro. É o que se extrai da ideia de que o prazo será *restituído* em proveito do recorrente, contra quem "começará a correr novamente". Interessante notar que as situações descritas no dispositivo estão também arroladas entre aquelas que podem provocar a suspensão do processo (art. 313, I e VI). Assim, o art. 1.004 demonstra uma preocupação do legislador em isolar as causas de interrupção do prazo recursal, tendo sido buscadas, entre as hipóteses de suspensão do processo, duas circunstâncias por ele consideradas mais graves, e que, por isso, devem levar ao reinício do prazo para recorrer.

Art. 1.005

CÓDIGO DE PROCESSO CIVIL INTERPRETADO

2. Falecimento da parte ou de seu advogado

Entre as causas de interrupção do prazo recursal, o art. 1.004 elencou o "falecimento da parte ou de seu advogado". Note-se que, no dispositivo, não está arrolada a "perda da capacidade" da parte ou de seu advogado, circunstância que, portanto, apenas ocasiona a *suspensão do processo*, nos termos do art. 313, I. Para que possa levar à interrupção do prazo, o falecimento a que se refere o dispositivo deve ocorrer após o início do prazo, e antes de seu término: caso o fato tenha ocorrido antes do *dies a quo*, o processo ficará suspenso (art. 313, I), e o prazo não terá início; caso ocorra após o término do prazo, já terá se verificado a preclusão temporal. Além disso, no caso de falecimento do advogado, é necessário, para a incidência do dispositivo, que não haja outro procurador constituído nos autos pelo recorrente, já que, nestes casos, este outro poderá interpor o recurso. Por fim, vale dizer que o falecimento a que se refere o dispositivo é, apenas, o que atinge a parte *recorrente* ou o seu advogado, e não a parte *recorrida*.

3. Força maior

Nos termos do art. 1.004, também provoca a interrupção do prazo recursal a "força maior" que, nos termos do art. 313, VI, seria capaz de levar à suspensão do processo. Para tanto, é necessário que a força maior seja de natureza *transindividual*, isto é, capaz de atingir *todas as partes* do processo. Se atingir apenas uma das partes, não será capaz de suspender o processo e, muito menos, interromper o prazo recursal. Caso apenas a parte vencida seja atingida por fato que a impeça de interpor o recurso, o caso não é de interrupção do prazo, mas de *justa causa*, capaz de possibilitar a designação de novo prazo, nos termos do art. 223.

4. A interrupção do prazo recursal pela interposição de embargos de declaração

Apesar de não ter sido mencionada no art. 1.004, a oposição de embargos de declaração também é capaz de interromper o prazo recursal para ambas as partes, nos termos do art. 1.026.

> **Art. 1.005.** O recurso interposto por um dos litisconsortes a todos aproveita, salvo se distintos ou opostos os seus interesses.

> **Parágrafo único.** Havendo solidariedade passiva, o recurso interposto por um devedor aproveitará aos outros quando as defesas opostas ao credor lhes forem comuns.

▶ *Referência: CPC/1973 – Art. 509*

1. Recurso e litisconsórcio

Merecem especial atenção as hipóteses em que, havendo litisconsórcio, ativo ou passivo, apenas um dos litisconsortes apresenta recurso de decisão que também é contrária aos demais. Deve-se lembrar, neste ponto, do princípio da *autonomia dos litisconsortes*, previsto na primeira parte do art. 117, segundo o qual "os litisconsortes serão considerados, em suas relações com a parte adversa, como litigantes distintos". Dessa forma, em regra, o recurso interposto por um dos litisconsortes não atinge os demais.

2. Recurso e litisconsórcio unitário

Nos termos do art. 1.005, todavia, salvo se distintos ou opostos os interesses dos litisconsortes, o recurso interposto por um deles aproveita aos demais. Na verdade, o dispositivo, aplica-se tão somente aos casos de litisconsórcio *unitário*, vez que é justamente nestas hipóteses em que, por haver apenas um pedido e uma causa de pedir em relação a todos os litisconsortes, a decisão deve ser idêntica para todos. Aplica-se, assim, a segunda parte do art. 117, que, excepcionando o princípio da autonomia dos litisconsortes, deixa claro que, no litisconsórcio unitário, os atos de um litisconsorte, malgrado não possam prejudicar os outros, podem lhes ser benéficos. Conquanto alguns autores afirmem que, no caso, incide o *efeito expansivo* dos recursos, parece-nos que, na verdade, se trata apenas de regra atinente à *extensão subjetiva do efeito devolutivo*.

3. Recurso e litisconsórcio formado entre devedores solidários

O parágrafo único do art. 1.005 contempla a única hipótese em que há extensão subjetiva do efeito devolutivo quando não se está diante de litisconsórcio unitário, mas simples. É o que se passa quando há solidariedade passiva e as defesas opostas pelos devedores, em relação ao credor, são comuns. Note-se que, no caso, ainda que não se trate de litisconsórcio unitário, o legislador optou por estender os efeitos do recurso interposto por um dos réus aos demais, excepcionando o princípio da autonomia dos litisconsortes (art. 117, primeira parte).

> **Art. 1.006.** Certificado o trânsito em julgado, com menção expressa da data de sua ocorrência, o escrivão ou o chefe de secretaria, independentemente de despacho, providenciará a baixa dos autos ao juízo de origem, no prazo de 5 (cinco) dias.

▶ *Referência: CPC/1973 – Art. 510*

1. Certificação do trânsito em julgado

Aperfeiçoando a disciplina que constava no art. 510 do CPC/1973, o art. 1.006 do CPC atual deixa claro que, após a *certificação do trânsito em julgado* (e não mais após a simples *ocorrência* do trânsito em julgado), cabe ao escrivão ou ao chefe de secretaria, independentemente de ordem judicial, determinar a baixa dos autos ao juízo de origem. Exigiu-se ainda, oportunamente, que na certidão de trânsito em julgado conste a "menção expressa da data de sua ocorrência", o que é de suma importância, tendo em vista, por exemplo, que é a partir desta data que tem início a fluência do prazo bienal para ajuizamento da ação rescisória (art. 975).

> **Art. 1.007.** No ato de interposição do recurso, o recorrente comprovará, quando exigido pela legislação pertinente, o respectivo preparo, inclusive porte de remessa e de retorno, sob pena de deserção.
>
> **§ 1º** São dispensados de preparo, inclusive porte de remessa e de retorno, os recursos interpostos pelo Ministério Público, pela União, pelo Distrito Federal, pelos Estados, pelos Municípios, e respectivas autarquias, e pelos que gozam de isenção legal.
>
> **§ 2º** A insuficiência no valor do preparo, inclusive porte de remessa e de retorno, implicará deserção se o recorrente, intimado na pessoa de seu advogado, não vier a supri-lo no prazo de 5 (cinco) dias.
>
> **§ 3º** É dispensado o recolhimento do porte de remessa e de retorno no processo em autos eletrônicos.
>
> **§ 4º** O recorrente que não comprovar, no ato de interposição do recurso, o recolhimento do preparo, inclusive porte de remessa e de retorno, será intimado, na pessoa de seu advogado,

para realizar o recolhimento em dobro, sob pena de deserção.

> **§ 5º** É vedada a complementação se houver insuficiência parcial do preparo, inclusive porte de remessa e de retorno, no recolhimento realizado na forma do § 4º.
>
> **§ 6º** Provando o recorrente justo impedimento, o relator relevará a pena de deserção, por decisão irrecorrível, fixando-lhe prazo de 5 (cinco) dias para efetuar o preparo.
>
> **§ 7º** O equívoco no preenchimento da guia de custas não implicará a aplicação da pena de deserção, cabendo ao relator, na hipótese de dúvida quanto ao recolhimento, intimar o recorrente para sanar o vício no prazo de 5 (cinco) dias.

▶ *Referência: CPC/1973 – Art. 511*

1. Preparo

Entre os requisitos extrínsecos de admissibilidade recursal está o do preparo, relativo à necessidade de pagamento prévio das despesas de processamento do recurso. A sanção para a falta de realização do preparo é a deserção, que leva a um juízo negativo de admissibilidade.

2. Porte de remessa e retorno

Em certas situações, ainda, é necessário, sob pena de deserção, o pagamento das despesas postais do recurso, o chamado porte de remessa e retorno. Como parece óbvio, nos casos de autos eletrônicos, não se exige o pagamento de tal despesa (art. 1.007, § 3º).

3. Isenção do pagamento de preparo

Nos termos do § 1º do art. 1.007, são isentos do pagamento de preparo os recursos interpostos pelo Ministério Público, pela Fazenda Pública, e por todos aqueles que gozam de isenção legal, incluídos, aí, os beneficiários da justiça gratuita (art. 98, § 1º, I). Vale lembrar, ainda, que o recurso de embargos de declaração não está sujeito ao pagamento de preparo (art. 1.023).

4. Momento de recolhimento e a ausência do pagamento do preparo

Conforme se extrai do *caput* do art. 1.007, a comprovação do recolhimento do preparo deve ocorrer "no ato de interposição do recurso".

Art. 1.008

Durante a vigência do CPC/1973 prevaleceu o entendimento de que, quando não comprovado de imediato o pagamento do preparo, deveria o recurso ser automaticamente inadmitido. O novo CPC inovou neste particular. A ausência do pagamento do preparo não gera automaticamente a deserção. O recorrente passa a ter o direito de ser intimado para recolhê-lo posteriormente, desde que o faça no valor em dobro. Assim, o § 4º do art. 1.007 do CPC permite que, nos casos em que não comprovado de plano o recolhimento do preparo, o recorrente seja intimado para realizar o recolhimento *em dobro*, sob pena de deserção.

5. Insuficiência do pagamento do preparo e a sua complementação

Da total ausência de comprovação do pagamento do preparo distingue-se a hipótese de seu recolhimento em valor *insuficiente*. Nestes casos, por força do § 2º do art. 1.007, o recorrente deve ser intimado para, no prazo de cinco dias, complementar o pagamento, sob pena de deserção. Vale dizer que, conforme o § 5º do art. 1.007, não há possibilidade de complementação nos casos em que o recorrente houver sido intimado para realizar o pagamento em dobro na forma do § 4º do mesmo art. 1.007.

6. Justo impedimento e relevação da pena de deserção

Na forma do § 6º do art. 1.007, o relator, em decisão irrecorrível, poderá relevar a pena de deserção nos casos em que o recorrente provar a existência de *justo impedimento*, compreendido, como tal, aquele evento de tal porte que, qualquer advogado, na mesma situação, não seria capaz de efetuar o pagamento preparo. Aperfeiçoando a disciplina que constava do art. 519 do CPC/1973, o vigente CPC deixa claro que o prazo para o recolhimento do preparo nestes casos é de cinco dias. Além disso, o dispositivo foi deslocado do capítulo que tratava do recurso de apelação para as disposições gerais dos recursos, já que tem aplicação a toda e qualquer espécie recursal.

7. Equívoco no preenchimento da guia de preparo

Durante a vigência do CPC/1973, a jurisprudência do Superior Tribunal de Justiça se desenvolveu no sentido de que o erro no preenchimento na guia do preparo acarretaria,

irremediavelmente, na deserção do recurso (STJ, AgRg no REsp 1.466.288/MG, Rel. Min. Mauro Campbell Marques, 2ª Turma, j. 21.10.2014, *DJe* 28.10.2014). Visando afastar tal entendimento, o § 7º do art. 1.007 deixa claro que tal fato, por si só, não deve levar à inadmissão do recurso, desde que seja possível se ter certeza do pagamento do preparo. Nos casos em que o erro não permita que se tenha tal certeza, deve o relator, obrigatoriamente, antes de considerar inadmissível o recurso, intimar o recorrente para sanar o vício em cinco dias. E se o erro levar ao não recolhimento do preparo para aquele processo, deverá o recorrente recolhê-lo em dobro, nos termos do § 4º.

> **Art. 1.008.** O julgamento proferido pelo tribunal substituirá a decisão impugnada no que tiver sido objeto de recurso.

▶ *Referência: CPC/1973 – Art. 512*

1. Substituição da decisão recorrida pelo julgamento do recurso

Uma vez admitido o recurso, seu julgamento passará a prevalecer sobre a decisão recorrida, naquilo que tiver sido impugnada. A regra vale tanto para os casos em que a decisão recorrida é *confirmada*, quanto para aqueles em que é *reformada* ou *anulada*: o julgamento do mérito recursal substitui a decisão impugnada. Trata-se da principal consequência da distinção entre juízo de admissibilidade e juízo de mérito dos recursos, de modo que apenas em caso de conhecimento do recurso é que se pode falar em substituição da decisão recorrida pelo julgamento do tribunal. Se o tribunal não admite o recurso pela falta de um de seus requisitos, a decisão recorrida permanecerá intocada, tal qual inexistisse recurso contra ela interposto.

2. Substituição total e substituição parcial

Como deixa claro o dispositivo, caso a decisão não seja impugnada em sua totalidade – isto é: nos casos de recurso parcial, nos termos do art. 1.002 –, apenas a parte efetivamente recorrida é que será substituída pelo julgamento do tribunal. Fala-se, então, em substituição parcial. O mesmo ocorre quando o recurso é parcialmente inadmitido, caso em que apenas quanto à parcela conhecida é que haverá substituição da decisão recorrida.

CAPÍTULO II
DA APELAÇÃO

> **Art. 1.009.** Da sentença cabe apelação.
>
> **§ 1º** As questões resolvidas na fase de conhecimento, se a decisão a seu respeito não comportar agravo de instrumento, não são cobertas pela preclusão e devem ser suscitadas em preliminar de apelação, eventualmente interposta contra a decisão final, ou nas contrarrazões.
>
> **§ 2º** Se as questões referidas no § 1º forem suscitadas em contrarrazões, o recorrente será intimado para, em 15 (quinze) dias, manifestar-se a respeito delas.
>
> **§ 3º** O disposto no *caput* deste artigo aplica-se mesmo quando as questões mencionadas no art. 1.015 integrarem capítulo da sentença.

▶ *Referência: CPC/1973 – Art. 513*

1. Conceito

A apelação é considerada o recurso por excelência. Através dela, o recorrente se insurge contra a sentença, decisão final proferida em primeiro grau de jurisdição, pondo fim à fase cognitiva ou executiva (art. 203, § 1º, do CPC). Com sua interposição, pleiteia-se, perante um órgão hierarquicamente superior, a reforma ou a invalidação da sentença.

A atividade cognitiva exercida pelo órgão julgador (*ad quem*) é, mais do que em qualquer outro recurso, extremamente ampla, permitindo-se o reexame da causa, por intermédio da liberdade cognitiva sobre todas as matérias de fato e de direito examinadas e discutidas.

2. Classificações

A apelação é um recurso de fundamentação livre, pois o seu cabimento não se relaciona a qualquer tipo de vício ou defeito da decisão recorrida. Para seu cabimento, é imprescindível apenas a existência da sentença, independentemente do vício que possa ser alegado pelo recorrente.

De outro lado, é um recurso de natureza ordinária, cujo objeto imediato tutelado é o direito subjetivo das partes, estando em nosso sistema para permitir o amplo reexame da decisão, sem que haja necessidade de demonstrar a aplicação específica de determinada norma jurídica. É

natural e inerente a esse recuso a rediscussão da matéria fática e probatória, bem como o revolvimento de toda e qualquer questão.

3. Cabimento

A apelação sempre teve o cabimento relacionado à sentença (art. 203, § 1º, do CPC), e desde a vigência do CPC/1973, independentemente de se tratar de resolução com mérito ou sem mérito (art. 485 e art. 487, ambos do CPC).

Aliás, andou bem o CPC ao prever o cabimento de agravo de instrumento contra as decisões de extinção parcial do processo (arts. 354, parágrafo único, e 356, § 5º), pois de decisões interlocutórias se tratam, já que não possuem o condão de extinguir toda a relação jurídica e todo o procedimento. Com isso, afasta-se qualquer entendimento contrário, no sentido de que referidos pronunciamentos sejam sentenças e que contra elas caberiam apelação parcial.

O fato de algumas das decisões interlocutórias terem o conteúdo descrito no art. 487 do CPC (de mérito), e serem passíveis de coisa julgada (se submetendo à ação rescisória) não as tornam uma sentença. O critério distintivo entre sentença e decisão interlocutória não é o conteúdo, mas sim a aptidão de levar à extinção da fase cognitiva, executiva ou do processo de execução.

4. Cabimento da apelação contra determinadas decisões interlocutórias

O CPC atual pôs fim ao agravo na forma retida, como previa o art. 522 do CPC/1973, e restringiu o cabimento do agravo de instrumento para apenas algumas interlocutórias (art. 1.015 do CPC). Nesse sentido, adotou um sistema misto de irrecorribilidade em separado das decisões interlocutórias, através do qual determinadas interlocutórias são recorridas imediatamente (em separado) por agravo de instrumento e caso não impugnadas precluem; e outras, são irrecorríveis (em separado) e não são alcançadas pela preclusão, podendo nessa última hipótese, serem atacadas quando da interposição da apelação.

Esse sistema é misto ou híbrido porque não se assemelha ao que vigora, por exemplo, nos Juizados Especiais, no processo do trabalho ou no processo eleitoral, em que todas as interlocutórias são irrecorríveis (ao menos na fase de conhecimento), ao passo que também difere do

Art. 1.009

CÓDIGO DE PROCESSO CIVIL INTERPRETADO

sistema até então existente no CPC/1973, em que todas as interlocutórias proferidas no curso do processo eram recorríveis, seja pelo agravo de instrumento, seja pelo agravo retido.

Vê-se, portanto, que nesse ponto, o CPC em vigor apresenta grande diferença em relação ao CPC/1973, pois permite que a apelação também impugne determinadas decisões interlocutórias e não apenas a sentença. O cabimento da apelação, portanto, deixou de estar vinculado exclusivamente à apelação.

De acordo com o § 1º do art. 1.009, somente são impugnadas na apelação as interlocutórias proferidas na fase de conhecimento que não comportam agravo de instrumento (art. 1.015 e parágrafo único). Essas interlocutórias, não agraváveis, são justamente as que podem ser objeto da apelação.

Todavia, as decisões interlocutórias elencadas no rol do art. 1.015 do CPC, e no parágrafo único, caso não impugnadas imediatamente por agravo de instrumento, serão alcançadas pela preclusão e não poderão ser objeto da apelação.

5. Forma de impugnar a decisão interlocutória em preliminar de apelação

No CPC/1973, principalmente, após a Lei 11.187/2005, o legislador fez a opção pelo agravo retido, em detrimento ao agravo de instrumento. Restringia-se a utilização deste para hipóteses em que aquele não se tornava útil (decisão susceptível de causar à parte lesão de grave ou difícil reparação e inadmissão de apelação e seus efeitos – art. 522 do CPC/1973), como se via, por exemplo, em tutelas de urgência, decisões não alcançadas pela preclusão ou proferidas em processo de execução, dentre outras.

O CPC preferiu seguir essa mesma linha, só que com uma técnica diferente. Optou por extinguir o agravo retido e, em seu lugar, permitir que na apelação o recorrente se insurja contra a decisão que, no sistema anterior (CPC/1973), seria agravável na forma retida.

Lembre-se de que no CPC/1973 a parte deveria interpor o agravo retido, que ficaria sem processamento e somente seria apreciado quando, em preliminar ou em contrarrazões de apelação, a parte requeresse (reiterasse) o seu julgamento (art. 523 do CPC/1973).

A semelhança procedimental é evidente. A diferença fundamental decorre da desnecessidade de se insurgir *imediatamente* contra a decisão

e aguardar o recurso de apelação, para que essas decisões sejam "suscitadas em preliminar de apelação".

6. O significado de suscitar em preliminar de apelação ou em contrarrazões

De acordo com o CPC deve a parte, em preliminar ou em contrarrazões de apelação, requerer ou *suscitar* a apreciação da questão interlocutória proferida no curso do processo (§ 1º do art. 1.009). A referência à arguição "em preliminar" parece adequada, pois a apelação deve ser vista com duas partes que impugnam dois objetos distintos: uma preliminar contra a decisão interlocutória e outra subsequente, principal, contra a sentença.

Ambas as pretensões, contra a interlocutória e contra a sentença, passam a fazer parte do mérito do recurso de apelação. Haverá, dessa forma, uma cumulação de pedidos: a reforma da interlocutória e a reforma da sentença.

Essa impugnação da interlocutória deve ser devidamente fundamentada e motivada.

Recorde-se que no CPC/1973 as razões para a reforma da interlocutória já estavam declinadas no agravo retido, bastando que a parte, apenas requeresse, em preliminar, o seu julgamento. No diploma atual inexistem razões recursais anteriores, de modo que não é suficiente apenas "suscitar" a análise da decisão interlocutória, mas sim impugná-las especificamente, com as devidas razões de sua reforma ou anulação.

Ademais disso, há que exigir que seja feita a impugnação específica dos fundamentos da decisão recorrida, sob pena de não conhecimento parcial do recurso, em razão a incidência do inciso III do art. 932 do CPC. Assim, se a interlocutória é decidida com base em mais de um fundamento autônomo, não deve ser conhecida a impugnação em que não se insurja contra todos. Também, dada sua natureza recursal, deve ser inteiramente aplicada à impugnação da interlocutória, o parágrafo único do art. 932 do CPC, permitindo que eventuais defeitos de forma possam ser sanados.

7. O momento de se impugnar a interlocutória

Em consonância com o entendimento acima, há que se observar que o CPC estabeleceu um momento específico para a impugnação da decisão interlocutória não agravável, a saber, em preliminar de apelação.

Essa observação é pertinente porque a ausência de preclusão deve ser vista dentro desse contexto, em que a parte, em preliminar, suscita sua análise. Isto é, não há preclusão até o momento em que ela pode ser impugnada (suscitada). No entanto, após essa fase, há que se reconhecer esse fenômeno impeditivo. Por isso, a parte que não suscitou essa matéria em preliminar de apelação, e pretender fazê-la posteriormente mediante simples petição ou mesmo em sustentação oral, restará impedida.

Por outro lado, deve se observar que o exposto acima não se aplica às decisões interlocutórias que não são alcançadas pela preclusão. Em relação a elas, como são apreciadas de ofício, a inexistência de impugnação em contrarrazões de apelação, não impede que o tribunal as enfrente a qualquer tempo.

8. Impugnação apenas da decisão interlocutória em sede de apelação

De um modo geral, quando se cogita a impugnação da interlocutória em sede de apelação, se tem como parâmetro a perspectiva de que a parte tem proferida em seu desfavor uma decisão interlocutória e posteriormente é também derrota na sentença. Assim, essa parte interpõe apelação e se insurge contra a decisão interlocutória e contra a sentença.

Se a decisão interlocutória possui relação de prejudicialidade com a sentença, a sua reforma ou anulação ensejará a falta de interesse no pedido de modificação da sentença. Esta pretensão restará prejudicada.

No entanto, há questões no processo que não guardam relação de prejudicialidade com a sentença, de modo que ainda que reformada a decisão interlocutória, é perfeitamente possível que a sentença permaneça intacta, isto é, inalterada. É o que sucede, por exemplo, com a reforma da decisão que não acolhe da impugnação do valor da causa ou que rejeita a contradita de determinada testemunha, sendo a demanda resolvida posteriormente com base apenas na prova pericial.

Em que pese a existência de situações distintas (questões interlocutórias prejudiciais ou autônomas), há que se reconhecer que fugiria completamente à razoabilidade sugerir que o apelante, tendo sido sucumbente na sentença, direcione sua apelação exclusivamente à decisão interlocutória. O natural é que se insurja contra ambas: a interlocutória e a sentença.

Contudo, por mais que possa, num primeiro momento, soar estranho, não há que se afastar o cabimento de apelação para impugnar exclusivamente a decisão interlocutória.

Isso porque, é importante lembrar que a existência de sentença integralmente favorável não exclui automaticamente o interesse recursal. Este requisito de admissibilidade dos recursos deve ser visto não apenas em relação ao conteúdo da sentença, mas também quanto às interlocutórias proferidas no processo.

Em sintonia com essa observação, deve-se lembrar que o critério adequado para aferir o interesse recursal é o da *sucumbência material*, que faz com que seja analisada a possível situação de melhora da posição do recorrente com o provimento do seu recurso.

Assim, pode haver interesse recursal na apelação para impugnar apenas a decisão interlocutória. Isso irá ocorrer quando a interlocutória não tiver relação de prejudicialidade com a sentença e o seu provimento resultar em situação mais favorável ao recorrente do que aquela que possuía.

Por outras palavras, ainda que a sentença seja favorável ao recorrente, é possível que exista o interesse recursal em apelar e impugnar apenas a decisão interlocutória.

É o que se passa, por exemplo, com o interesse em recorrer do autor que não pode recorrer a interlocutória que acolheu a impugnação do valor da causa para reduzi-lo e vê-se diante de sentença favorável que fixou o valor dos honorários com base em percentual desse mesmo valor.

Ou ainda em situações em que a parte é condenada ao pagamento de multa por ato atentatório à dignidade da justiça, como nas hipóteses descritas nos arts. 202, 258 e 334, § 8º, do CPC, mas ao final tem a sentença proferida a seu favor.

Em todos esses casos, a parte é vitoriosa, mas há sucumbência material que justifica o interesse recursal em impugnar apenas a interlocutória e deixar intacta a sentença.

9. A impugnação da decisão interlocutória em contrarrazões e sua natureza recursal

Quando em vigor o CPC/1973, diante de uma interlocutória a parte interpunha o agravo retido e aguardava o final do processo. Sendo vitoriosa, poderia, em contrarrazões, requerer o julgamento de seu agravo, na eventualidade de o tribunal modificar a sentença que lhe foi favorável.

Com o CPC e a extinção do agravo retido, prescreveu-se, em sintonia ao que se dispunha, que as questões resolvidas na fase de conhecimento, não cobertas pela preclusão, podem ser suscitadas em contrarrazões.

Assim sendo, a previsão de requerimento para que seja a decisão interlocutória, não impugnável por agravo de instrumento, analisada em contrarrazões, tem exatamente esse escopo, qual seja: permitir que a parte, satisfeita com o resultado do processo, possa, diante da apelação da parte contrária, pretender que a decisão interlocutória que lhe causou prejuízo seja revista.

Num primeiro momento, a tendência natural seria sustentar que as contrarrazões não teriam natureza recursal, mas tão somente um ato de resistência à apelação interposta pelo apelante, como se concebeu no sistema recursal anterior.

A assertiva acima se fundaria basicamente em duas razões: a primeira, pela associação inevitável com a reiteração (ou ratificação) do agravo retido em contrarrazões, em que não havia de fato pretensão recursal; e a segunda, com a sugestão de que o efeito devolutivo da própria apelação seria capaz de permitir a análise da questão surgida em contrarrazões. Neste último caso, seria um passo dado no mesmo rumo do "benefício comum" da *appellatio* romana, em que a apelação interposta também devolvia ao conhecimento do tribunal matérias estranhas ao recurso e, por consequência, desfavoráveis ao apelante, permitindo inclusive a *reformatio in pejus*.

Contudo, parece-nos que essa não é a melhor interpretação.

Sob a ótica da similitude com o agravo retido, é preciso lembrar que este já era *interposto* no curso do procedimento e antes da apelação. Em tal hipótese, competia apenas a parte informar ou reiterar (ratificar), em contrarrazões, o interesse no seu julgamento.

De fato, tratava-se de simples manifestação do apelante ou do apelado de que ainda tinha interesse no julgamento do agravo retido. Tanto assim, que a ausência dessa manifestação impedia o julgamento do mérito do agravo retido, na medida em que se caracterizava como fato extintivo do poder de recorrer (desistência tácita).

No que diz respeito à posição de que o CPC teria ampliado os limites objetivos da apelação, ela é afastada pela percepção de que deve o recorrido não apenas "suscitar" a análise da decisão recorrida, mas sim efetivamente impugná-la.

Se, de fato, fosse suficiente apenas a manifestação do apelado para a apreciação da decisão interlocutória quando do julgamento da apelação, parece-nos que a tese da ampliação dos limites objetivos da apelação teria mais consistência. Em tal hipótese, a apelação é que seria o remédio processual destinado a levar ao tribunal o reexame da decisão interlocutória, funcionando as contrarrazões como mera manifestação de interesse em sua análise.

No entanto, em que pese a carência de melhor redação no § 1º do art. 1.009, não pode haver dúvida de que a decisão interlocutória deve ser efetivamente impugnada, seja nas razões, seja nas contrarrazões da apelação.

As exigências feitas ao apelante, quanto à necessidade de impugnação motivada, sob pena inclusive de não conhecimento, devem ser igualmente atribuídas ao apelado, que em contrarrazões pretende obter a reforma ou anulação da decisão interlocutória.

Há, assim, manifestação expressa e fundamentada contra uma dada decisão interlocutória em que se pretende a sua reforma ou anulação. Trata-se, pois, de inequívoco meio de impugnação às decisões judiciais, com nítida característica recursal.

As contrarrazões apresentam-se, assim, de duas formas: (i) como peça de resistência e resposta ao recurso de apelação e (ii) como peça impugnativa, com natureza recursal, à decisão interlocutória proferida no curso do processo.

Com efeito, revela-se inevitável sua comparação com a contestação, como meio de defesa, que pode também postular a reconvenção, como mecanismo que permite a formulação de pretensão própria (art. 343 do CPC). Observe-se, nesse particular que, ao contrário do sistema anterior, o CPC permitiu que na contestação fosse apresentada a reconvenção, que por sua vez, tem natureza de demanda.

Ademais, nem mesmo a existência de uma distinção mais nítida entre os juízos de admissibilidade e de mérito deve ser vista como um obstáculo ao reconhecimento da natureza recursal da impugnação (apelação) veiculada em contrarrazões.

Apesar da aparente falta de clareza, deve-se exigir o preenchimento dos requisitos de admissibilidade da apelação, tais como, cabimento, interesse recursal, legitimidade para recorrer, regularidade formal e tempestividade.

Note-se que é imprescindível que a impugnação seja feita em contrarrazões (meio cabível e adequado), por aquele que é parte na demanda (legitimidade para recorrer), que efetivamente possa obter uma situação de melhora com a reforma ou anulação da decisão interlocutória (interesse em recorrer), mediante impugnação específica e fundamentada (regularidade formal) e no prazo de 15 dias úteis, destinado a responder a apelação, sob pena de preclusão (tempestividade).

O único requisito não exigido pelo legislador é o preparo, circunstância, entretanto, que não serve para descaracterizar a natureza recursal de determinado remédio processual.

Lembre-se de que o preparo (pagamento de custas) é mera exigência legislativa, sendo perfeitamente natural que dada as características de determinados recursos o legislador estabeleça isenção legal, tal como se verifica com os embargos de declaração (art. 1.023) e se previa no CPC/1973 para o agravo retido.

Por tais razões, não há que se negar que no CPC/2015 as contrarrazões possam formular pretensão recursal.

10. O interesse (condicional ou não) da impugnação em contrarrazões

A apreciação da decisão interlocutória em contrarrazões de apelação se assemelha à técnica do agravo retido.

O exemplo sempre citado para abordar essa questão é aquele em que a parte tem no curso do procedimento a prolação de decisão interlocutória em seu desfavor, mas posteriormente a sentença acolhe a sua pretensão. Ela não tem interesse em recorrer por apelação, mas a possibilidade de inversão do julgamento, faz com que ressurja seu interesse na modificação da decisão interlocutória.

É o que se passa com o autor que tem o pedido de produção de prova pericial indeferido e posteriormente é proferida sentença de procedência. Com a interposição da apelação pelo réu, o autor impugna a interlocutória em contrarrazões sustentando o equívoco no indeferimento da prova pericial, pois esta prova seria relevante para a comprovação do fato constitutivo de seu direito.

Em tal hipótese, o interesse do autor é condicional, pois somente pretende a apreciação de sua impugnação com o provimento da apelação. Em caso de manutenção da sentença, não há necessidade de análise de sua pretensão, pois encontra-se inteiramente satisfeito com o desfecho da causa.

Note-se que a apreciação da impugnação em contrarrazões, em tal hipótese, é condicionada ao provimento da apelação. O ato processual é praticado sob a condição de haver a inversão do julgamento.

Na prática, deve o tribunal exercer a *análise virtual* do julgamento da apelação e, havendo possibilidade de seu provimento, apreciar a impugnação em contrarrazões.

Contudo, deve-se observar que a impugnação em contrarrazões nem sempre envolve a prática do ato processual sob condição.

Como já visto no item 8, existe a possibilidade de a parte ter interesse autônomo em se insurgir exclusivamente contra a decisão interlocutória, ainda que a sentença tenha sido integralmente favorável.

A sucumbência material deve ser vista como uma melhora na solução da causa, vista agora sob a ótica da reforma da sentença e da decisão interlocutória irrecorrível separadamente.

Diante dessas situações, nada obsta que a parte, que teve a sentença proferida a seu favor e deixou apelar exclusivamente da interlocutória, se insurja exclusivamente em contrarrazões contra esta decisão, após a interposição da apelação pela parte derrotada.

Em tal hipótese, o interesse no julgamento de sua impugnação não é condicional e não surge com o provimento da apelação e a inversão do resultado da causa.

Há, de fato, interesse autônomo na reforma da decisão interlocutória, pois persiste o prejuízo por esta causado e verifica-se a possibilidade de obtenção de uma situação mais vantajosa (sucumbência material), ainda que permaneça inalterada a sentença.

Veja-se o exemplo da parte que foi condenada ao pagamento da multa pela prática de ato contra a dignidade da justiça (art. 334, § 8º, do CPC) e que obteve sentença integralmente favorável. Com a apelação da parte contrária, ela

Art. 1.009

pode impugnar em contrarrazões a interlocutória que lhe impôs a multa.

Em tal hipótese, deve-se notar que o resultado do julgamento da apelação – com a reforma ou não da sentença – em nada interfere, modifica ou condiciona seu interesse em obter a reforma da decisão interlocutória, visto que sua pretensão é autônoma.

Por isso é que, ainda que na maioria das vezes se possa vislumbrar o interesse condicional ou mesmo a natureza condicional da impugnação em contrarrazões, esta não é uma regra absoluta e deve ceder diante de situações em que há interesse autônomo em se impugnar exclusivamente a decisão interlocutória.

11. A subordinação da impugnação em contrarrazões à admissibilidade da apelação

A impugnação da interlocutória apenas em contrarrazões faz com que o recorrido se submeta à admissibilidade da apelação.

Neste particular não há como deixar de reconhecer que essa impugnação se assemelha integralmente ao interesse peculiar que caracteriza o recurso adesivo.

O recurso adesivo é subordinado à admissibilidade do recurso principal, porque caso haja de fato interesse na modificação da sentença, deve a parte interpor sua apelação principal e não aguardar a impugnação da parte contrária. O que motiva a interposição do adesivo é exatamente a possibilidade (em abstrato) da modificação da sentença em razão da interposição do recurso principal. Por isso é que o adesivo é subordinado ao principal. Não conhecido este, aquele também não será igualmente conhecido.

Também não há que se negar a semelhança existente com o extinto agravo retido, que tinha o seu mérito igualmente subordinado à admissibilidade da apelação. O não conhecimento da apelação levava ao trânsito em julgado da sentença, impedindo a apreciação do agravo retido, fosse ele ratificado em preliminar de apelação ou em contrarrazões.

O CPC fez surgir uma nova espécie de recurso subordinado, desta feita destinado a impugnar, em contrarrazões de apelação, as decisões interlocutórias não agraváveis. Com esse novo diploma processual, dois são os recursos subordinados: recurso adesivo e impugnação da interlocutória em contrarrazões.

Ambos têm como elemento comum o interesse peculiar que os motiva, qual seja, a interposição do recurso pela parte contrária (apelante).

A diferença fundamental é que a apelação adesiva tem como pressuposto a sucumbência recíproca e se insurge contra a sentença, ao passo que a impugnação em contrarrazões se volta contra a decisão interlocutória proferida no curso da demanda e pode ser interposta pela parte totalmente vitoriosa na causa.

A apelação adesiva pressupõe a sucumbência material, ao passo que a impugnação em contrarrazões não depende necessariamente desse requisito de admissibilidade.

Com efeito, ainda que o apelado tenha interesse autônomo na impugnação da interlocutória, sua impugnação será subordinada ao conhecimento da apelação, visto que este fenômeno é que impede a formação da coisa julgada e permite a modificação da sentença. O não conhecimento da apelação faz com que seja formada imediatamente a coisa julgada, tornando prejudicada a impugnação.

De fato, por outro lado, não se pode esquecer que a própria concepção da impugnação em contrarrazões já é o suficiente para evidenciar sua subordinação à admissibilidade da apelação.

Se o apelado tem interesse próprio e autônomo deve interpor sua própria apelação e não ficar dependente da admissibilidade da apelação interposta pela parte contrária.

12. Contraditório quando impugnada a interlocutória em contrarrazões

O agravo retido, como previsto no CPC/1973, era um recurso desprovido de contrarrazões porque em sede de resposta à apelação a parte poderia se manifestar quanto a ele. A crítica existente residia na ausência de tal possibilidade quando reiterado em contrarrazões de apelação, já que não havia mais previsão de participação do apelante no processo, com exceção da sustentação oral.

Assim, em sintonia com os arts. 9º e 10 do CPC e visando afastar o nítido comprometimento do contraditório, prevê corretamente o § 2º do art. 1.009, que, havendo impugnação de interlocutórias em contrarrazões de apelação, "o recorrente será intimado para, em 15 (quinze) dias, manifestar-se a respeito delas".

13. Princípio da singularidade

Também chamado de princípio da unicidade ou unirrecorribilidade, consiste na impossibilidade de a decisão ser impugnada, ao mesmo tempo, por mais de um recurso. Ele advém da incindibilidade das decisões e da preclusão consumativa.

O § 3º do art. 1.009 contempla sua incidência, dispondo que a apelação será o único recurso cabível caso uma das decisões interlocutórias descritas no art. 1.015 sejam proferidas como integrante da própria sentença. Isto é, se aquelas decisões interlocutórias, previstas no art. 1.015, não forem proferidas no curso do procedimento, mas sim no bojo da própria sentença, o recurso de apelação será o meio adequado para impugná-las.

Procurou o atual legislador explicitar uma compreensão pacífica quando da vigência do CPC/1973, qual seja, a de que a resolução de uma questão incidente no âmbito da própria sentença faz com que ela perca a natureza de decisão interlocutória e constitua um elemento integrante da sentença.

O CPC procurou explicitar esse entendimento visando evitar conclusões equivocadas no sentido de que rol taxativo do art. 1.015 deveria impor apenas o cabimento do agravo contra as decisões interlocutória ali previstas. Isso porque, se as interlocutórias do art. 1.015 forem resolvidas e "integrarem capítulo da sentença", sua impugnação se dará na apelação.

Em síntese, significa dizer que, as questões com conteúdo previsto no art. 1.015 devem ser impugnadas por agravo de instrumento se resolvidas em decisão interlocutória, mas caso resolvidas na sentença, sua impugnação deve ser feita na apelação.

Art. 1.010. A apelação, interposta por petição dirigida ao juízo de primeiro grau, conterá:

I – os nomes e a qualificação das partes;

II – a exposição do fato e do direito;

III – as razões do pedido de reforma ou de decretação de nulidade;

IV – o pedido de nova decisão.

§ 1º O apelado será intimado para apresentar contrarrazões no prazo de 15 (quinze) dias.

§ 2º Se o apelado interpuser apelação adesiva, o juiz intimará o apelante para apresentar contrarrazões.

---

§ 3º Após as formalidades previstas nos §§ 1º e 2º, os autos serão remetidos ao tribunal pelo juiz, independentemente de juízo de admissibilidade.

▸ *Referência: CPC/1973 – Art. 514*

1. A forma na interposição da apelação

O art. 1.010 contempla os preceitos de forma que devem ser observados na interposição da apelação, em sintonia ao requisito de admissibilidade da regularidade formal.

Prevê o dispositivo que a apelação será interposta perante o "juízo de primeiro grau", em correção feita à expressão "ao juiz" do CPC/1973, que deverá processá-la, com a intimação da parte para oferecer contrarrazões, em 15 dias, e após remeter os autos para julgamento pelo tribunal de justiça competente.

Dispõe também sobre a estrutura do recurso de apelação e os elementos mínimos que deverá conter.

É praxe nos meios forenses que o recorrente interponha a apelação através de uma petição endereçada ao juízo de primeiro grau e anexe a essa petição as razões do recursais. Enquanto a petição é dirigida e encaminhada ao órgão prolator da sentença, as razões são direcionadas ao órgão do tribunal competente para o julgamento.

2. Nome e qualificação das partes

A seu turno, exige o Código que na apelação sejam indicados os nomes e a qualificação das partes. A indicação do apelante, bem como do apelado, são medidas necessárias para que possa haver a delimitação precisa da extensão subjetiva do recurso. Pode ocorrer também que exista litisconsórcio ativo ou passivo e nem todos os apelantes ou apelados estejam contemplados pelo recurso.

A necessidade de qualificação das partes é medida exagerada. Quando do ajuizamento da ação, ou no máximo até a contestação, todas as partes deverão estar legitimamente qualificadas nos autos. Assim, caso haja necessidade de alguma informação nesse sentido, os autos já conterão todos os elementos necessários. Na hipótese de apelação ser interposta por terceiro prejudicado, figura até então estranha à demanda, deverá esse recorrente qualificar-se adequadamente.

Art. 1.010

CÓDIGO DE PROCESSO CIVIL INTERPRETADO

3. A fundamentação ou motivação da apelação

O CPC/1973 limitava-se, sob o aspecto da fundamentação, a dispor que a apelação deveria conter "os fundamentos de fato e de direito" (art. 514, II), descrição essa que, como se sabe, era incompleta. Assim, andou bem o CPC ao exigir no artigo 1.010, que a apelação contenha "II – a exposição do fato e do direito" e "III – as razões do pedido de reforma ou de decretação de nulidade".

Com efeito, até mesmo por uma questão de princípio, resta evidente que, como a apelação se dirige e se insurge contra a sentença, em razão de ter sido proferida em desconformidade com a ordenamento jurídico, deve o recorrente indicar exatamente quais são os *errores in judicando* e/ou *errores in procedendo* que a maculam. E mais: deverá, ainda, demonstrar porque a decisão está errada e, consequentemente, a necessidade de sua reforma.

A motivação é parte integrante da apelação, que deve ser composta não só do elemento de vontade, mas, sobretudo do elemento de razão, correspondendo esse último exatamente nos motivos que levam à insatisfação existente com a sentença.

Ressalta-se também que a fundamentação ou motivação tem como objetivo demarcar a extensão do contraditório e definir para a parte adversa e para o órgão julgador o alcance e o sentido jurídico da impugnação da sentença, isto é, determinar o alcance da impugnação.

Relaciona-se, por último, no plano da teoria geral dos recursos, com o princípio da dialeticidade, que contempla a necessidade de todo o recurso ser discursivo, argumentativo e dialético. A mera insurgência contra a decisão não é suficiente, devendo também o recorrente demonstrar o porquê de estar recorrendo, alinhando as razões de fato e de direito pelas quais entende que a decisão está errada, bem como o pedido de nova decisão.

4. O pedido de reforma ou anulação da sentença

O silogismo contido na peça recursal encontra seu fecho com a formulação de pretensão (pedido) de reforma ou de anulação da sentença. É relevante a análise do pedido, porque nele é que são fixados os limites da insurgência e, por

via de consequência, da matéria que pode ser objeto de decisão.

Nesse ponto, assume especial importância essa matéria, porque, tal como se passa em primeiro grau, também no tribunal é vedado decidir fora dos limites fixados pelo recorrente. É o que se extrai dos arts. 1.008 e 1.013 do CPC, em nítida manifestação do princípio dispositivo e do efeito devolutivo.

Ressalte-se que, também no âmbito recursal, há que incidir a previsão contida no art. 322, § 2º, do CPC, que diz que "a interpretação do pedido considerará o conjunto da postulação e observará o princípio da boa-fé".

Significa dizer que, mesmo que não esteja expresso que o recorrente está pretendendo a reforma de um determinado capítulo, caso exista nas razões insurgência fundamentada quanto a ele, o pedido genérico de reforma o alcançará.

6. Consequências à violação ao princípio da dialeticidade e à motivação

A ausência ou total deficiência nas razões – obscuridade, contradição – acarretam a inépcia do pedido feito na instância superior. A ausência de fundamentação da apelação conduz a sua não admissão, pela falta desse requisito essencial ao exame do mérito. A inexistência desse requisito, ao contrário do que se poderia pensar, não acarreta a nulidade do recurso, mas, simplesmente, impede que seja julgado no mérito. Cuida-se de um juízo de admissibilidade. Somente após devidamente preenchidos os requisitos da fundamentação e do pedido de nova decisão é que o órgão julgador poderá adentrar no mérito do recurso.

Se o apelante simplesmente faz a demonstração de sua insatisfação com a decisão (elemento volitivo), mas não alinha as razões para tal conclusão (elemento descritivo), não está preenchido o requisito da regularidade formal.

Situação que se assemelha à ausência de fundamentação é aquela em que as razões são inteiramente dissociadas do caso concreto. As razões devem ser pertinentes e dizer respeito aos fundamentos da sentença ou a outro fato que justifique a modificação dela. Se as razões forem completamente diversas do objeto litigioso, não há como se admitir o recurso.

O CPC, em seu art. 932, III, traz regra específica no sentido de que não será conhecido o recurso que "não tenha impugnado especificamente os fundamentos da decisão recorrida".

7. A sanabilidade dos vícios de regularidade formal

Em que pese a incidência da preclusão consumativa, que sempre impediu a correção de vícios formais dos recursos, há que se observar que o CPC trouxe regra específica no parágrafo único do art. 932, que assim dispõe: "Antes de considerar inadmissível o recurso, o relator concederá o prazo de 5 (cinco) dias ao recorrente para que seja sanado vício ou complementada a documentação exigível".

O escopo dessa norma é evitar a chamada jurisprudência defensiva, que sempre criou obstáculos ilegais à admissibilidade dos recursos, bem como privilegiar, quando possível, a obtenção de uma decisão de mérito, em detrimento de decisões de caráter meramente formal (primazia do julgamento de mérito).

Esse dispositivo permite que vícios relativos a defeito de representação ou mesmo de assinatura do advogado possam ser corrigidos.

Quanto ao defeito de fundamentação, há que se reconhecer limites à correção, pois ela pode atingir variações muito grandes, o que impede um tratamento uniforme. Por isso, impõe-se distinguir a "ausência de fundamentação" da "deficiência de fundamentação".

A fundamentação é "deficiente" ou mesmo "inadequada", quando não permite compreender adequadamente aquilo que se pretende. Ela não consegue transmitir ao julgador a exata compreensão da insurgência do recorrente e porque não deve prevalecer a decisão recorrida.

Em tais situações, deve o relator intimar o recorrente para que sane o vício, isto é, que explicite adequadamente as razões de reforma. Se, contudo, após intimado o recorrente, ainda assim não for possível verificar a coerência entre as razões recursais e o conteúdo da decisão recorrida, deve o recurso não ser conhecimento por falta de regularidade formal.

A situação é diversa quando se está diante de "ausência de fundamentação". Ante a ausência de fundamentação quanto à capítulos ou motivos (fundamento) autônomos da sentença não se deve dar oportunidade ao recorrente para corrigir esse vício, pois isso implicará diretamente na "complementação do recurso" ou mesmo na "ampliação da sua impugnação" – tudo isso após escoado o prazo para recorrer, em nítida ofensa ao princípio da isonomia e da segurança jurídica.

Assim, o apelante (i) que deixa de motivar sua apelação quanto a um determinado ponto, questão ou capítulo da sentença; (ii) que diante de mais de um fundamento autônomo se insurge contra apenas um deles; e (iii) que protocola a petição de interposição do recurso sem declinar as razões para tanto (em semelhança à permissão existente no processo penal), não tem o direito de sanar o vício de falta de regularidade formal.

8. As contrarrazões em apelação adesiva

O § 2º, sob comento, determina ao juiz que intime o apelante, caso o apelado ofereça apelação adesiva. Essa disposição vem ocupar lacuna existente no art. 997, que apesar de disciplinar o cabimento do recurso adesivo, deixa de contemplar o procedimento recursal quanto à intimação para oferecimento de contrarrazões.

É que o § 2º, I, do art. 997 apenas prevê que a apelação adesiva será interposta "no prazo de que a parte dispõe para responder" à apelação, sem, contudo, ressaltar que, em respeito ao contraditório, o apelante principal terá 15 dias para oferecer contrarrazões à apelação adesiva.

9. Ausência de competência do juízo *a quo* para o exercício do juízo de admissibilidade

No CPC/1973, interposta a apelação em primeiro grau, deveria o juízo de primeiro grau exercer a sua admissibilidade (art. 518 do CPC/1973) e uma vez conhecida e processada, enviá-la ao julgamento do tribunal.

O CPC atual pôs fim ao juízo de admissibilidade em primeiro grau, conforme consta expressamente do § 3º do art. 1.010, ao mencionar que "os autos serão remetidos ao tribunal pelo juiz, *independentemente de juízo de admissibilidade*".

Pelo nosso sistema não há mais competência do juízo de primeiro grau para apreciar, seja a admissibilidade dos recursos, seja a questão inerente aos seus efeitos, em especial, o suspensivo (art. 1.012, § 3º).

Eventual decisão do juízo de primeiro grau sobre a apelação, poderá ensejar o ajuizamento da reclamação (art. 988, I, do CPC), para o fim de preservar a competência do tribunal.

10. Juízo de retratação da apelação

A atuação do juízo de primeiro grau na apelação somente terá importância naquelas situações em que a lei prevê o chamado juízo de

Art. 1.011

retratação, a saber, no indeferimento da petição inicial (art. 331), na improcedência liminar do pedido (art. 332, § 3º) e na sentença sem resolução de mérito (art. 485, § 7º).

Em todas essas hipóteses permite-se que o juízo exerça a retratação, isto é, que aprecie o mérito da apelação e reforme sua própria decisão. Em tais casos, como se nota, não deverá se limitar a determinar a remessa dos autos ao Tribunal.

> **Art. 1.011.** Recebido o recurso de apelação no tribunal e distribuído imediatamente, o relator:
>
> **I** – decidi-lo-á monocraticamente apenas nas hipóteses do art. 932, incisos III a V;
>
> **II** – se não for o caso de decisão monocrática, elaborará seu voto para julgamento do recurso pelo órgão colegiado.

▶ *Sem correspondência no CPC/1973*

1. Procedimento da apelação no Tribunal.

No tribunal, o recurso de apelação deverá ser distribuído, por sorteio, imediatamente ao relator (art. 93, XV, da CF, com redação dada pela EC 45/2004). O relator atua como delegado do órgão competente, de modo que seus despachos e suas decisões são como que emanadas em nome da divisão do respectivo tribunal competente para conhecer e julgar a apelação.

A apelação deve ser julgada de forma coletiva, através da formação da vontade colegiada, tomada por maioria de votos. O princípio que domina e rege o direito processual pátrio, em matéria de recurso, é o "princípio da colegialidade do juízo *ad quem*", sendo o órgão colegiado o juízo natural da apelação.

2. Julgamento monocrático da apelação

Em razão de economia processual, a legislação brasileira, com o passar do tempo, aumentou o poder dos relatores, permitindo que de forma isolada (monocrática ou unipessoal), passasse a julgar os recursos.

Prevê o inciso I do art. 1.011 que a apelação será decidida monocraticamente ("apenas") nas hipóteses do art. 932, III a V, do CPC.

De acordo com o art. 932, III, o relator monocraticamente não conhecerá "de recurso inadmissível, prejudicado ou que não tenha impugnado especificamente os fundamentos da decisão recorrida". Como se verifica, o CPC, de forma enfática, atribui competência ao relator para, em qualquer hipótese de inadmissibilidade, não conhecer do recurso de apelação, ao contrário do art. 557 do CPC/1973, que previa o não conhecimento apenas nas hipóteses de recurso manifestamente inadmissível ou prejudicado.

Além disso, atribui também o art. 932, competência ao relator, para julgar o mérito da apelação, ao dispor que também incumbe ao relator negar (inciso IV) ou dar provimento (inciso V) a recurso ou decisão recorrida que for contrário(a) a: a) súmula do Supremo Tribunal Federal, do Superior Tribunal de Justiça ou do próprio tribunal; b) acórdão proferido pelo Supremo Tribunal Federal ou pelo Superior Tribunal de Justiça em julgamento de recursos repetitivos; c) entendimento firmado em incidente de resolução de demandas repetitivas ou de assunção de competência.

Ressalte-se, como exposto acima, que no âmbito do julgamento monocrático deve o relator observar o parágrafo único do art. 932, que consagra a cláusula geral de sanabilidade dos vícios atinentes aos requisitos de admissibilidade, bem como do art. 933, que prevê o dever de intimar as partes caso surja algum fato superveniente ou questão apreciável de ofício ainda não examinada.

3. A elaboração do voto e o fim da revisão

Não sendo a hipótese de julgamento monocrático, diz o inciso II, do art. 1.011, que o relator elaborará seu voto para o julgamento da apelação e restituirá os autos, com relatório, à secretaria (art. 931), que os remeterá ao presidente para a publicação da pauta de julgamento (art. 935).

O CPC pôs fim à figura do desembargador revisor, que deveria, após a elaboração do relatório, ter vista dos autos em gabinete e pedir dia para o julgamento do recurso (art. 551, § 2º, do CPC/1973).

Com o fim da revisão, apenas o relator passará a ter acesso aos autos do processo, circunstância que pode comprometer a qualidade do julgamento da apelação.

> **Art. 1.012.** A apelação terá efeito suspensivo.
>
> **§ 1º** Além de outras hipóteses previstas em lei, começa a produzir efeitos imediatamente após a sua publicação a sentença que:

I – homologa divisão ou demarcação de terras;

II – condena a pagar alimentos;

III – extingue sem resolução do mérito ou julga improcedentes os embargos do executado;

IV – julga procedente o pedido de instituição de arbitragem;

V – confirma, concede ou revoga tutela provisória;

VI – decreta a interdição.

§ 2º Nos casos do § 1º, o apelado poderá promover o pedido de cumprimento provisório depois de publicada a sentença.

§ 3º O pedido de concessão de efeito suspensivo nas hipóteses do § 1º poderá ser formulado por requerimento dirigido ao:

I – tribunal, no período compreendido entre a interposição da apelação e sua distribuição, ficando o relator designado para seu exame prevento para julgá-la;

II – relator, se já distribuída a apelação.

§ 4º Nas hipóteses do § 1º, a eficácia da sentença poderá ser suspensa pelo relator se o apelante demonstrar a probabilidade de provimento do recurso ou se, sendo relevante a fundamentação, houver risco de dano grave ou de difícil reparação.

▶ *Referência: CPC/1973 – Art. 520*

1. A compreensão sobre o efeito suspensivo

É impróprio falar-se na existência de "efeito suspensivo", já que a ineficácia da decisão recorrida não decorrer propriamente do recurso. O que existem são decisões que admitem eficácia imediata e outras que não admitem eficácia imediata (são ineficazes).

De fato, não é o recurso que cria o estado de ineficácia da decisão. Este já advém da própria lei, mesmo antes da interposição do recurso. Prolonga-se, assim, uma situação já existente. Uma vez publicada a sentença ela não produzirá efeitos mantendo-se esse estado com a interposição do recurso. Não há, pois, produção de efeitos, que se vê obstada com o oferecimento do recurso.

O processo, como é cediço, pauta-se em técnicas de "segurança" e de "efetividade", razão pela qual o próprio legislador estipula quais as decisões que deverão ou não ter eficácia imediata.

Apesar da crítica quanto à questão terminológica, não se pode negar que praxe forense e até mesmo o legislador passaram a referir-se no sentido de que essa ineficácia da decisão advém do "efeito suspensivo" do recurso.

2. O efeito suspensivo ao recurso de apelação

Na versão do Anteprojeto do CPC de 2015, apresentado ao Senado Federal, propôs-se uma mudança radical no sistema recursal. A premissa seria a de que os recursos não seriam dotados de efeito suspensivo.

Contudo, quando do trâmite do projeto na Câmara dos Deputados, preferiu-se manter o efeito suspensivo ao recurso de apelação. Assim, apesar de o art. 995 dispor que "os recursos não impedem a eficácia da decisão, salvo disposição legal ou decisão judicial em sentido diverso", prevê o art. 1.012, que "a apelação terá efeito suspensivo".

Optou-se, assim, pelo valor 'segurança jurídica', que faz com que a decisão final que presta a tutela jurisdicional em primeiro grau seja desprovida de eficácia, ante a atribuição do 'efeito suspensivo' ao recurso de apelação.

O art. 1.012, portanto, não apresentou maiores diferenças em relação ao sistema existente no CPC/1973, em especial com a compreensão que se tinha sobre o art. 520, deste diploma.

3. Hipóteses em que a apelação não tem efeito suspensivo

O § 1º do art. 1.012 estipula as hipóteses em que a apelação não terá efeito suspensivo, isto é, quando a sentença proferida terá eficácia imediata.

Assim, terá eficácia imediata a sentença que: "I – homologa divisão ou demarcação de terras; II – condena a pagar alimentos; III – extingue sem resolução do mérito ou julga improcedentes os embargos do executado; IV – julga procedente o pedido de instituição de arbitragem; V – confirma, concede ou revoga tutela provisória; VI – decreta a interdição".

Na legislação extravagante também são encontradas hipóteses em que o recurso de apelação não possui efeito suspensivo, tal como nas ações de despejo (art. 58, V, da Lei 8.245/1991); na Ação Civil Pública (art. 14 da Lei 7.347/1985); no Mandado de Segurança (art. 14, § 3º, da Lei 12.016/2009); nos Juizados Especiais (art. 43 da Lei 9.099/1995).

Diante da inexistência do efeito suspensivo, "o apelado poderá promover o pedido de cumprimento provisório depois de publicada a sentença" (§ 2º do art. 1.012).

4. A eficácia da sentença que confirma, concede ou revoga a tutela provisória (inciso V)

O art. 520, VII, do CPC/1973 previa que a sentença teria eficácia imediata quando "confirmar a antecipação dos efeitos da tutela". Essa redação sempre foi alvo de muitas críticas e chegou a gerar interpretações divergentes, na medida em que previa apenas a hipótese em que a sentença confirmava os efeitos da tutela, isto é, quando houvesse o julgamento de procedência do pedido. Não fazia referência a outras situações, a saber, quando a tutela antecipada era concedida na própria sentença e quando a sentença revogava a decisão antecipatória e julgava improcedente o pedido. Em que pese a omissão, a boa doutrina entendia, corretamente, que deveriam estar contempladas nesse dispositivo todas essas hipóteses.

Por isso, em boa hora veio o legislador prescrever expressamente, no inciso V, a sentença terá eficácia imediata quando confirmar, conceder ou revogar a tutela provisória. Com isso, quer-se deixar claro que havendo a concessão de tutela provisória, seja de urgência, seja de evidência (art. 294), a apelação não terá efeito suspensivo e, por via isso, a sentença terá eficácia imediata.

Com efeito, não se pode negar que a concessão de tutela provisória (urgência ou evidência) na própria sentença consiste, em última análise, numa forma de se retirar o efeito suspensivo da apelação, já que ao contrário das outras duas hipóteses (confirmação ou revogação), inexistia até a prolação da sentença, decisão a respeito da tutela pretendida que estivesse produzindo efeitos.

Quanto à confirmação da tutela provisória, a sentença é proferida em sentido conforme a decisão anterior, e a substitui, passando a produzir eficácia imediata. Ao passo que a revogação da tutela provisória também encontra fundamento na necessidade de prevalecer os efeitos da decisão definitiva.

5. A técnica adequada para a concessão de efeito suspensivo

O CPC/1973 previa vários meios para a concessão de efeito suspensivo aos recursos: simples requerimento no próprio recurso, medida cautelar e agravo de instrumento – este último específico quanto à apelação.

O CPC atual procurou simplificar e uniformizar o meio processual para tanto, não só no que diz respeito à apelação, mas a todos os recursos.

Incialmente, há que se observar que, corretamente, o CPC consagra no efeito suspensivo a concessão de uma medida (tutela) provisória. De fato, essa medida tem natureza de tutela provisória e pode ser tanto cautelar, quanto antecipatória. Se a pretensão do recorrente for a de impedir que a decisão produza eficácia até o julgamento do recurso, por certo que se trata de provimento de natureza cautelar. Contudo, se pretender obter aquela pretensão que lhe foi negada, bem como retirar o efeito suspensivo do recurso, se estará diante de provimento de natureza antecipatória.

É o que se depreende do parágrafo único do art. 299, que "(...) nos recursos a tutela provisória será requerida ao órgão jurisdicional competente para apreciar o mérito", e do art. 932, II, que atribui competência ao Relator para "apreciar o pedido de tutela provisória nos recursos (...)".

O meio processual escolhido pelo CPC é a simples petição dirigida ao órgão competente para o julgamento do recurso.

Inexistem outros meios processuais, sendo incabível a medida cautelar, o agravo de instrumento e até mesmo o mandado de segurança, algumas vezes aceito – erradamente – pela jurisprudência para tal fim.

6. A competência para apreciar o pedido de efeito suspensivo

Da conjugação dos arts. 299, parágrafo único, 1.012, § 3º, e 932, III, todos do CPC, compreende-se claramente que a competência para a apreciação do pedido de efeito suspensivo é do órgão *ad quem*, responsável pelo julgamento do mérito recursal.

Segundo a expressa dicção do § 3º do art. 1.012, o pedido de concessão de efeito suspensivo será dirigido ao: "I – tribunal, no período compreendido entre a interposição da apelação e sua distribuição, ficando o relator designado para seu exame prevento para julgá-la; II – relator, se já distribuída a apelação".

Com essa disposição, o CPC/2015 resolveu o problema atinente ao limbo que existia entre a interposição da apelação e a sua distribuição ao respectivo relator. Não haverá mais necessidade de ajuizamento de ação cautelar. Como descrito no inciso I, o pedido formulado por simples petição será objeto de distribuição a um relator, que se tornará prevento para julgar a apelação. De outra parte, se já distribuída a apelação, a petição será endereçada diretamente ao relator.

Deveria também ter previsto o legislador, que havendo relator prevento para julgamento da apelação, ainda que antes da distribuição da apelação, o pedido deverá destinado a ele. A prevenção do relator, em tal hipótese, é muito comum, como se dá, por exemplo, por anterior agravo de instrumento interposto.

Registre-se, ainda, que chama atenção a competência atribuída *exclusivamente* ao órgão *ad quem* para a concessão do efeito suspensivo, que guarda sintonia com a modificação introduzida pelo CPC relativamente à admissibilidade da apelação.

Pelo diploma atual, apenas o órgão *ad quem* é que faz a admissibilidade da apelação, não exercendo o juízo *a quo* qualquer tipo de controle sobre esse recurso. Deverá se limitar a intimar a parte contrária para responder e após remeter os autos para julgamento.

Essa competência é funcional e de natureza absoluta, de modo que ainda que o juízo *a quo*, ante ao recebimento do recurso, entenda que deva ser concedido o efeito suspensivo, não poderá fazê-lo.

7. Os requisitos para a concessão do efeito suspensivo

A concessão do efeito suspensivo, como visto, compreende a obtenção de medida provisória de urgência, que demanda a presença de certos requisitos. Nesse sentido, especificamente, quanto ao recurso de apelação, dispõe o § 4º do art. 1.012, que o apelante deve "demonstrar a probabilidade de provimento do recurso ou se, sendo relevante a fundamentação, houver risco de dano grave ou de difícil reparação".

A leitura do dispositivo revela que os requisitos contemplam duas hipóteses distintas: (i) a probabilidade de provimento do recurso *ou* (ii) relevância da fundamentação e risco de dano grave ou de difícil reparação.

Na primeira, basta que o apelante demonstre que existe a probabilidade de reforma da sentença apelada, sendo esse elemento o suficiente para a concessão do efeito suspensivo. Em tal hipótese, não há necessidade de se cotejar qualquer aspecto relacionado ao perigo de dano (*periculum in mora*). Trata-se, portanto, da previsão da tutela da evidência (art. 311), em grau recursal.

Na segunda hipótese tem-se a tutela de urgência, devendo o apelante comprovar a relevância da fundamentação de seu recurso e o risco grave ou de difícil reparação (*periculum in mora*).

A previsão da tutela da evidência no âmbito do recurso de apelação merece certa reflexão, pois não se pode negar que o CPC, na parte geral dos recursos (art. 995, parágrafo único), indica que a concessão do efeito suspensivo aos recursos está diretamente relacionada apenas à tutela de urgência. Segundo esses dispositivos, os requisitos para tanto são a probabilidade de reforma da decisão e a existência de risco de dano grave ou de difícil reparação. Haveria, assim, uma aparente incongruência do legislador.

Contudo, o tratamento diferenciado encontra justificativa na circunstância de se ampliar as opções de tutela (urgência e evidencia) para permitir que a regra geral da apelação (existência de efeito suspensivo) prevaleça, visto que a ausência de efeito suspensivo é uma exceção. Essa particularidade somente ocorre com a apelação, pois em todos os demais recursos (salvo os recursos extraordinário e especial contra acórdão em IRDR) por dicção legal não possuem efeito suspensivo.

> **Art. 1.013.** A apelação devolverá ao tribunal o conhecimento da matéria impugnada.
>
> **§ 1º** Serão, porém, objeto de apreciação e julgamento pelo tribunal todas as questões suscitadas e discutidas no processo, ainda que não tenham sido solucionadas, desde que relativas ao capítulo impugnado.
>
> **§ 2º** Quando o pedido ou a defesa tiver mais de um fundamento e o juiz acolher apenas um deles, a apelação devolverá ao tribunal o conhecimento dos demais.
>
> **§ 3º** Se o processo estiver em condições de imediato julgamento, o tribunal deve decidir desde logo o mérito quando:
>
> **I** – reformar sentença fundada no art. 485;
>
> **II** – decretar a nulidade da sentença por não ser ela congruente com os limites do pedido ou da causa de pedir;

Art. 1.013

III – constatar a omissão no exame de um dos pedidos, hipótese em que poderá julgá-lo;

IV – decretar a nulidade de sentença por falta de fundamentação.

§ 4º Quando reformar sentença que reconheça a decadência ou a prescrição, o tribunal, se possível, julgará o mérito, examinando as demais questões, sem determinar o retorno do processo ao juízo de primeiro grau.

§ 5º O capítulo da sentença que confirma, concede ou revoga a tutela provisória é impugnável na apelação.

▶ *Referência: CPC/1973 – Art. 515*

1. Efeito devolutivo da apelação

O efeito devolutivo apresenta-se como uma decorrência natural da incidência do princípio dispositivo nos recursos. A aplicação desse princípio no nosso sistema recursal faz com que se atribua ao recorrente o direito de fixar o âmbito de devolução da matéria ao Judiciário. Somente será devolvida à apreciação do tribunal, e, portanto, objeto de novo exame e julgamento, aquela matéria expressamente impugnada pelo recurso.

Trata-se da outra máxima, também de origem romana, *tantum devolutum quanto appellatum*, através da qual se compreende que somente se devolve ao conhecimento do Judiciário a matéria contra a qual se insurgiu o recorrente.

Talvez com uma visão menos claro de sua influência, há que se reconhecer que inegavelmente também incide no efeito devolutivo o princípio inquisitivo. É por força dele que os fundamentos da demanda e da defesa, assim como todas as questões (processuais ou não) são submetidas ao órgão julgador.

2. Extensão e profundidade do efeito devolutivo

A exata compreensão do efeito devolutivo é um problema que se desdobra em dois: o primeiro concernente à extensão do efeito e o segundo quanto à sua profundidade.

A extensão é verificada em perspectiva horizontal, relacionada ao objeto da decisão recorrida, donde se examina se a decisão do tribunal poderá cobrir área igual, menor ou maior do que submetida à cognição do juiz *a quo*.

No que tange à profundidade, são vislumbrados os fundamentos e as questões analisadas, ou mesmo que poderiam ser analisadas pelo juiz a quo, para a apreciação da pretensão versada.

A extensão do efeito devolutivo é prevista no art. 1.013, *caput*, e nos §§ 3º e 4º, ao passo que a profundidade está contemplada nos §§ 1º e 2º.

3. Especificamente a extensão do efeito devolutivo

A extensão do efeito devolutivo correspondente ao objeto da decisão, isto é, a sua parte dispositiva. Esta, por sua vez, como se sabe, corresponde à pretensão formulada pelas partes.

Sob essa ótica, dois elementos são condicionadores do efeito devolutivo. No primeiro, busca-se saber se o órgão *a quo* já apreciou a matéria impugnada e, posteriormente, se existe pretensão do recorrente para que o tribunal julgue toda a matéria decidida.

Necessita-se, portanto, de decisão sobre a matéria e de requerimento expresso para que ela seja julgada. É o que pode ser traduzido das prescrições constantes dos arts. 1.002, 1.008 e 1.013, *caput*, do CPC/2015.

4. Impugnação parcial e formação gradual da coisa julgada

A impugnação formulada pelo recorrente limita o âmbito de cognição do órgão *ad quem*, permitindo que apenas aquela parte da decisão seja objeto de julgamento. Com efeito, tendo sido devolvido ao Judiciário somente parte da decisão – e constituindo o mérito do recurso a reforma apenas daquela parte impugnada –, a outra, não atacada, restará alcançada pela preclusão ou mesmo pela coisa julgada – dependendo de sua natureza, se processual ou de mérito.

O CPC dá indicativos claros dessa circunstância, quando no art. 1.002 diz que a decisão pode ser impugnada no todo ou em parte, e o art. 1.008, ao afirmar que o julgamento do tribunal substituirá a decisão impugnada no que tiver sido objeto de recurso. Aliado a esses dois preceitos, tem-se ainda o art. 1.013, *caput*, que dispõe que a sentença devolverá ao tribunal somente o conhecimento da matéria impugnada.

O CPC, em sintonia com esse entendimento, dispôs em seu art. 966, § 3º, que "a ação rescisória pode ter por objeto apenas 1 (um) capítulo da decisão" – exatamente porque outros capítulos podem ainda não ter sido objeto de imutabilidade.

Enfrentando a questão, o Superior Tribunal de Justiça fixou o entendimento de que a "sendo a sentença una e indivisível, não há que se falar em fracionamento da sentença/acórdão, o que afasta a possibilidade de seu trânsito em julgado parcial" (REsp 404.777/DF, Rel. p/ acórdão Min. Peçanha Martins, Corte Especial, *DJ* 11.04.2005), bem como que o "O prazo decadencial da ação rescisória só se inicia quando não for cabível qualquer recurso do último pronunciamento judicial" (Súmula 401).

Com efeito, de forma acertada, deve-se lembrar que o Supremo Tribunal Federal deu provimento ao RE 666.589 e reformou o acórdão originado do REsp 404.777, oriundo do Superior Tribunal de Justiça, que, como exposto é o precedente utilizado por este tribunal como *leading case* para justificar a impossibilidade de fracionamento da coisa julgada.

Como consta expressa e taxativamente desse RE, julgado pela Primeira Turma do STF, "Os capítulos autônomos do pronunciamento judicial precluem no que não atacados por meio de recurso, surgindo, ante o fenômeno, o termo inicial do biênio decadencial para a propositura da rescisória".

Agiu com inteiro acerto o Supremo Tribunal Federal, já que, como visto, não é condizente com o nosso sistema processual desconhecer e negar eficácia à formação gradual da coisa julgada. A existência de capítulos autônomos da sentença e a incidência do efeito devolutivo, sob a ótica da extensão, impõem a necessidade do reconhecimento de tratamento individual das demandas ajuizadas, ainda que integrantes formalmente de uma única sentença.

Jurisprudência

Súmula 401 do STJ: "O prazo decadencial da ação rescisória só se inicia quando não for cabível qualquer recurso do último pronunciamento judicial".

"Os capítulos autônomos do pronunciamento judicial precluem no que não atacados por meio de recurso, surgindo, ante o fenômeno, o termo inicial do biênio decadencial para a propositura da rescisória" (STF, RE 666.589, Rel. Min. Marco Aurélio, 1ª Turma, j. 25.03.2014).

"Processual civil. Embargos de divergência no recurso especial. Ação rescisória. Prazo para propositura. Termo inicial. Trânsito em julgado da última decisão proferida nos autos. CPC, arts. 162, 163, 267, 269 e 495. A coisa julgada material é a qualidade conferida por lei à sentença / acórdão que resolve todas as questões suscitadas pondo fim ao processo, extinguindo, pois, a lide; Sendo a ação una e indivisível, não há que se falar em fracionamento da sentença/acórdão, o que afasta a possibilidade do seu trânsito em julgado parcial; Consoante o disposto no art. 495 do CPC, o direito de propor a ação rescisória se extingue após o decurso de dois anos contados do trânsito em julgado da última decisão proferida na causa; Embargos de divergência improvidos" (STJ, EREsp 404.777/DF, Rel. p/ acórdão Min. Francisco Peçanha Martins, Corte Especial, *DJ* 11.04.2005).

5. Profundidade do efeito devolutivo

A profundidade do efeito devolutivo somente é verificada após a fixação da extensão. Isto é, delimitada a matéria a ser julgada, avalia-se em seguida o material que poderá ser utilizado pelo magistrado no julgamento do recurso. É exatamente esse material cognitivo, utilizado para a resolução do recurso, que está relacionado com a profundidade do efeito devolutivo, isto é, as questões arguidas enfrentadas e resolvidas, bem como os fundamentos respectivamente deduzidos. Como medida de reforço ao limite estabelecido pela extensão, o § 1º do art. 1.013, em sua parte final, diz textualmente que as questões serão objeto de análise "desde que relativas ao capítulo impugnado".

Nesse ponto, revela-se notar que o conhecimento do órgão julgador é o mais amplo possível, podendo utilizar-se de todo o material deduzido em juízo, mesmo que a decisão recorrida e o recurso não façam qualquer referência ao mesmo.

Consiste numa técnica processual em que se permite que o tribunal, quando do julgamento da apelação, fique em idêntica situação à que se encontrava ao juiz quando da prolação da sentença recorrida. Essa técnica processual é de suma importância, porque por intermédio dela é que se consegue obter o verdadeiro e integral reexame da causa, impedindo que o órgão *ad quem* fique limitado apenas à matéria apreciada e utilizado pelo órgão *a quo*.

O § 1º do art. 1.013 cuida especificamente das questões, pois, como se vê de sua redação, serão "objeto de apreciação e julgamento pelo

Art. 1.013

CÓDIGO DE PROCESSO CIVIL INTERPRETADO

tribunal todas as questões suscitadas e discutidas no processo, ainda que não tenham sido solucionadas, desde que relativas ao capítulo impugnado".

Depreende-se dele que a profundidade levará ao conhecimento do tribunal todas as questões, ainda que a decisão recorrida não tenha a respeito delas se pronunciado. É suficiente que, quando da prolação da decisão, o juiz pudesse examiná-las. Isto é, a mera possibilidade de exame das questões já faz com que o tribunal, quando do julgamento do recurso respectivo, possa enfrentá-las.

É exatamente essa característica da profundidade do efeito devolutivo que permite que o tribunal aprecie todas as "questões de ordem pública", mesmo que o juízo a quo não tenha a respeito delas feito qualquer análise. Todas essas questões de fundo, relacionadas à prestação da tutela jurisdicional, devem sofrer expressamente o controle do juízo a quo, de modo que idêntico conhecimento pode ser exercido pelo tribunal no julgamento do recurso.

Apesar de o conhecimento das questões de ordem pública, em grau recursal, derivarem da profundidade do efeito devolutivo, parcela ponderável da doutrina prefere intitular esse fenômeno de "efeito translativo".

Já o § 2º do art. 1.013 disciplina especificamente a possibilidade do exame por parte do tribunal, dos fundamentos do autor e do réu. Nesse diapasão, dispõe: "Quando o pedido ou a defesa tiver mais de um fundamento e o juiz acolher apenas um deles, a apelação devolverá ao tribunal o conhecimento dos demais".

A diferença, portanto, entre os §§ 1º e 2º do art. 1.013 reside no fato de aquele regulamentar a apreciação de "questões", ao passo que este cuida especificamente dos "fundamentos" do autor e do réu.

O fundamento do pedido corresponde à causa de pedir, enquanto o fundamento da defesa é representando pelas exceções substanciais ou defesa de mérito indireta, através da qual o réu opõe um fato (impeditivo, extintivo ou modificativo) que faz com que seja extraída da afirmação do direito do autor a consequência pretendida.

Pelo § 2º do art. 1.013, permite-se que o tribunal acolha os fundamentos rejeitados pelo juízo a quo, mesmo que não exista impugnação específica por parte do recorrente. Assim, por hipótese, julgado procedente um pedido de rescisão, com base em falta de pagamento, nada impede que o tribunal, quando do julgamento do recurso de apelação, negue provimento a esta por ter havido utilização indevida do imóvel, fundamento este expressamente afastado pelo juízo a quo e não referido no recurso.

Observa-se que a técnica do legislador é a mesma atribuída às questões. Objetiva-se colocar o tribunal em idêntica posição ao juízo a quo quando da prolação da sentença. Como este poderia apreciar os dois fundamentos, e acolheu apenas um deles, o tribunal também poderá examiná-los livremente, tal como juízo a quo.

6. § 3º do art. 1.013 e o julgamento imediato do pedido (a causa madura)

O julgamento da causa madura, no âmbito recursal, foi inserido pelo § 3º do art. 515 do CPC/1973, que pautado no princípio da efetividade, compreendia as situações em que estando a causa apta para julgamento – portanto com todas as provas produzidas e tendo cumprido integralmente seu itinerário procedimental – o processo vinha a ser extinto sem resolução de mérito. Em situações tais, o tribunal deveria anular a sentença e determinar o retorno dos autos ao primeiro grau de jurisdição, para que outra sentença, agora de mérito, fosse proferida. Somente após a interposição do recurso de apelação contra essa segunda sentença é que seria permitido ao tribunal apreciar o pedido formulado na petição inicial.

Essa previsão importou em sensível modificação no sistema recursal brasileiro, pois com ele permite que o tribunal, no julgamento da apelação, cubra área maior do que aquela abrangida pela sentença, em nítido desprestígio ao princípio do duplo grau de jurisdição.

O CPC atual manteve o julgamento da causa madura no nosso sistema recursal. A estrutura é basicamente a mesma, contudo optou por privilegiar demasiadamente a efetividade em nítido detrimento ao contraditório e à ampla defesa. É que o § 3º do art. 515 do CPC/1973 ensejava uma situação específica: mesmo tendo sido o processo extinto sem julgamento do mérito, poderia o tribunal desde logo julgar a lide. O CPC implementou uma modificação significativa, qual seja, a de que a técnica do julgamento direto do pedido também pode ocorrer quando há o julgamento de mérito em primeiro grau.

Se num primeiro momento, tal circunstância poderia ser vista com naturalidade, já que o julgamento do mérito pelo tribunal ocorre exatamente em situações como essa, o fato é que o legislador inovou, pois, salvo a hipótese de decadência ou prescrição, as novas situações criadas ensejavam a nulidade da sentença e o retorno dos autos ao juiz.

Sempre se entendeu, corretamente, que a sentença sem fundamentação deve ser declarada nula, por opção da regra concretizada pela Constituição Federal, no art. 93, IX. E uma vez reconhecida essa nulidade, os autos devem ser remetidos ao primeiro grau para que outra seja proferida sem o vício identificado pelo tribunal.

Com a nova disposição, ao invés de o tribunal determinar o retorno ao primeiro grau, ele próprio, após declarar a nulidade da sentença, em etapa seguinte do julgamento, passa ao exame diretamente do pedido.

Como se pode notar, sob essa ótica, não há violação à Constituição Federal. O Tribunal aplica o texto constitucional ao declarar a nulidade (art. 93, IX). Somente após o reconhecimento e a aplicação da sanção (de nulidade) é que passa ao julgamento da causa, sem incidir no mesmo erro cometido pelo juiz em primeiro grau.

Se esse método de julgamento não importa em violação ao art. 93, IX, da CF, há que se observar que quanto ao inciso LV do art. 5º do mesmo diploma, a conclusão não é exatamente a mesma.

É que, tendo sido declarada a nulidade da sentença nas hipóteses previstas nos incisos acima, o julgamento da causa será feito única e exclusivamente pelo tribunal. Isto é, o tribunal terá competência originária para o julgamento da causa, impedindo que a parte possa obter o controle e o reexame da decisão judicial que resolve o seu conflito de interesses deduzido em juízo.

7. § 3º do art. 1.013 e análise de questões de fato e de direito

O CPC fez a opção de não restringir a utilização dessa técnica apenas para as questões exclusivamente de direito. Referindo-se ao julgamento do recurso decorrente do "processo [que] estiver em condições de imediato julgamento", resta evidente que basta que a causa esteja madura para ser julgada diretamente pelo tribunal, isto é, que se tenha esgotado integralmente os atos procedimentais a serem praticados em primeiro grau e que não exista nenhuma prova a ser produzida.

Nesse ponto, não se pode deixar de reconhecer que a adoção de uma interpretação mais restritiva – a exigir que a questão fosse exclusivamente de direito – ensejava quase que a inutilidade dessa técnica de julgamento, já que era (e ainda é) praticamente impossível identificar uma situação em que não exista um suporte fático que dê ensejo à pretensão formulada pelo autor.

8. § 3º do art. 1.013 e a desnecessidade de requerimento expresso

Optou o CPC pela desnecessidade de pedido expresso para que o mérito seja julgado. Ao dispor que o "tribunal deve" e não simplesmente "pode julgar a lide", como constava no CPC/1973, não resta dúvida de que essa foi a escolha realizada. Não é incomum que o próprio legislador, em determinadas circunstâncias, abra mão do princípio dispositivo e permita que o pedido (lide) seja julgado.

9. § 3º, incisos II e III do art. 1.013 e a sua incidência nas sentenças omissas e não congruentes

Carece de melhor técnica o CPC ao estabelecer a divisão em dois tópicos (incisos II e III) para a (a) sentença não congruente com os limites do pedido ou da causa de pedir e a (b) sentença omissa em relação a um dos pedidos. Com efeito, a sentença que não é congruente pode perfeitamente ser *extra petita* (fora), *ultra petita* (além) ou também *infra petita* (não ser apreciado). Não há razão para o legislador estipular no inciso III que o tribunal poderá julgar o mérito se "constatar a omissão no exame de um dos pedidos", pois também haverá a dita omissão quando o juiz deixar, por exemplo, de apreciar uma causa de pedir.

10. § 3º, inciso VI, a sentença nula por falta de fundamentação

Contempla, ainda, o § 3º, o julgamento do pedido, quando a sentença for declarada nula por falta de fundamentação. Cuida-se de vício intrínseco do pronunciamento final (dele próprio) e não de vício extrínseco (oriundo do processo ou do procedimento). Observe-se, portanto, que esse dispositivo não se estende a todas e quaisquer hipóteses de nulidade da sentença, mas tão somente aquela advinda do reconhecimento do vício de falta ou carência de fundamentação (art. 93, IX, da CF).

Art. 1.014

O vício extrínseco da sentença, como, por exemplo, o cerceamento do direito de defesa ante o indeferimento de provas, deve ensejar a anulação da sentença e o retorno os autos ao primeiro grau para que seja realizado o ato processual.

11. Sentença que acolhe a decadência ou a prescrição

O CPC incluiu a previsão de julgamento do mérito pelo tribunal, nas hipóteses de sentenças que acolhem a prescrição ou a decadência. A inclusão se justifica na opção de se atribuir a essas sentenças a característica de extinguirem o processo com resolução do mérito. Apesar de não haver acolhimento ou rejeição propriamente do pedido, a prescrição e decadência levam à formação da coisa julgada.

Assim, por coerência, sendo viável ao tribunal julgar a lide quando se está diante de sentença processual, com muito mais razão poderá julgá-la quando a sentença, mesmo que por força legal, for considerada de mérito. O imprescindível para tanto é que a causa esteja madura.

12. O princípio da singularidade

De acordo com o § 5º, o capítulo da sentença que confirma, concede ou revogada a tutela provisória é impugnável na apelação. Visa esse dispositivo prestigiar o princípio da singularidade, também chamado de unicidade ou unirrecorribilidade e evidenciar que contra a sentença não importa qual a natureza das questões nela resolvidas, pois o único recurso cabível é a apelação.

A preocupação do legislador advém da produção de efeitos desse capítulo, que leva muitas vezes à necessidade de se pretender a atribuição de efeito suspensivo à apelação. Assim, se quis evidenciar que tal pleito deve ser buscado por simples petição (art. 1.012, § 4º, acima comentado) e não por outro recurso.

Contudo, não se pode deixar de reconhecer que a inclusão dessa previsão no art. 1.013 não encontram respaldo na melhor técnica, já que este diz respeito ao efeito devolutivo da apelação, e o dispositivo incluído refere-se ao cabimento.

> **Art. 1.014.** As questões de fato não propostas no juízo inferior poderão ser suscitadas na apelação, se a parte provar que deixou de fazê-lo por motivo de força maior.

▶ *Referência: CPC/1973 – Art. 517*

1. Fatos novos em sede recursal

A diferença fundamental entre os fatos novos e o efeito devolutivo é que em relação a este se procura avaliar se as questões existentes nos autos podem ser levadas ao conhecimento do órgão *ad quem*, ao passo que aqueles já entram imediatamente a integrar o objeto de sua atividade cognitiva.

Somente excepcionalmente – diante da existência de força maior – é que o apelante poderá lançar mão em seu recurso de questões de fato novas, não deduzidas em primeiro grau. O elemento fundamental para a caracterização da força maior é que a parte não tenha agido desidiosamente na busca da demonstração de todos os fatos no processo. Deve demonstrar e provar que não tinha conhecimento do fato, apesar de ter diligenciado satisfatoriamente na sua descoberta.

2. Fatos supervenientes e sua apreciação na apelação

O fato superveniente, ao contrário do fato novo, é de existência recente, somente surgindo após o momento oportuno para a sua alegação. A diferença em relação ao fato novo reside na circunstância de este último ser "velho", mas de conhecimento "novo".

Ao fato superveniente se aplica integralmente o disposto no art. 493, o qual não deve ter incidência unicamente em relação ao juiz de primeiro grau, mas enquanto existir estado de pendência (litispendência). Assim é que, se algum fato modificativo, extintivo ou constitutivo do direito influir no julgamento da lide, caberá ao tribunal – e não somente ao juiz – levá-lo em consideração, de ofício ou a requerimento da parte, no momento de proferir o acórdão.

O fato superveniente poderá ser levado ao conhecimento do julgador, seja no próprio recurso, seja posteriormente, desde que antes do julgamento.

CAPÍTULO III

DO AGRAVO DE INSTRUMENTO

> **Art. 1.015.** Cabe agravo de instrumento contra as decisões interlocutórias que versarem sobre:
>
> I – tutelas provisórias;
>
> II – mérito do processo;
>
> III – rejeição da alegação de convenção de arbitragem;

IV – incidente de desconsideração da personalidade jurídica;

V – rejeição do pedido de gratuidade da justiça ou acolhimento do pedido de sua revogação;

VI – exibição ou posse de documento ou coisa;

VII – exclusão de litisconsorte;

VIII – rejeição do pedido de limitação do litisconsórcio;

IX – admissão ou inadmissão de intervenção de terceiros;

X – concessão, modificação ou revogação do efeito suspensivo aos embargos à execução;

XI – redistribuição do ônus da prova nos termos do art. 373, § 1º;

XII – (VETADO);

XIII – outros casos expressamente referidos em lei.

Parágrafo único. Também caberá agravo de instrumento contra decisões interlocutórias proferidas na fase de liquidação de sentença ou de cumprimento de sentença, no processo de execução e no processo de inventário.

▶ *Referência: CPC/1973 – Art. 522*

1. As decisões interlocutórias de primeiro grau e sua recorribilidade no CPC/1973

O legislador processual civil não adotou o princípio, de origem romana, intitulado de "irrecorribilidade em separado das decisões interlocutórias". No CPC/1973, assim no anterior diploma, havendo a resolução de questão incidente, a parte prejudicada deveria utilizar-se do recurso adequado para obter a sua reforma, sob pena de ser alcançada pela preclusão, tornando-se imutável. Ao contrário do CPC/1973, existem outros diplomas em que as interlocutórias, salvo raras e excepcionais exceções, são irrecorríveis, tais como o processo penal, processo do trabalho, juizados especiais cíveis e processo eleitoral.

O agravo comportava duas formas de interposição quando impugnadas as decisões interlocutórias em primeiro grau: o agravo de instrumento e o agravo retido.

O agravo de instrumento sempre teve seu procedimento caracterizado pela formação, como o próprio nome sugere, de um 'instrumento' que tramita no tribunal, enquanto o processo tem seu curso perante o primeiro grau. De um modo geral, a interlocutória objurgada

produzia efeitos e o processo tinha curso normal enquanto pendia de julgamento o recurso no tribunal. Em última *ratio*, pretendia-se obter a resposta do órgão colegiado, com brevidade, impedindo a necessidade da nova prática de atos em primeiro grau, contaminados pela ilegalidade posteriormente reconhecida.

O agravo retido possuía características marcantes, que afloravam especialmente de seu procedimento. Interposto sem o pagamento de preparo e não processado em primeiro grau (salvo a excepcionalidade da retratação), ficava nos próprios autos e somente seria apreciado se fosse interposta apelação e, nas razões ou contrarrazões, houve a solicitação de sua apreciação pelo tribunal. Essas características faziam com que fosse um recurso com o objetivo imediato de evitar a preclusão, além de ser incompatível com a tutela de urgência, bem com procedimentos em que se revelava inviável sua posterior reiteração em apelação.

2. A opção do CPC/1973 pelo agravo retido, em detrimento do agravo de instrumento

O recurso de agravo, em especial, o de instrumento, foi aquele que sofreu maiores modificações após a vigência do CPC/1973. A primeira e mais significativa, por intermédio da Lei 9.139/1995, implementou duas alterações substanciais: a interposição do recurso diretamente no Tribunal de Justiça, fugindo à regra existente no direito brasileiro de que os recursos são propostos perante o órgão prolator da decisão recorrida, e a possibilidade de o relator do recurso suspender os efeitos da decisão agravada, quando preenchidos determinados requisitos. Essa modificação proporcionou o enorme transtorno do aumento significativo do número de agravos de instrumento, a ponto de os tribunais deixarem para um segundo plano o julgamento de recursos mais importantes, como o de apelação.

Com isso, o legislador passou a dar sinais de que haveria que se privilegiar o agravo retido. Assim, quando da Lei 9.139/1995 determinou que após a prolação da sentença todos os agravos deveriam ser interpostos na forma retida. Neste mesmo ano, alterando o procedimento sumário (Lei 9.245/1995) prescreveu no art. 280, III, do CPC/1973 – em redação modificada pela Lei 10.444/2002, que das decisões interlocutórias proferidas sobre matéria probatória

Art. 1.015

CÓDIGO DE PROCESSO CIVIL INTERPRETADO

ou em audiência o agravo deveria sempre ser retido. Posteriormente, com a Lei 10.352/2001 obrigou-se a interposição do agravo retido contra decisões proferidas nas audiências de instrução e julgamento, assim como implementou uma novidade: a possibilidade de o relator converter o agravo de instrumento em agravo retido, salvo quando tratasse de provisão jurisdicional de urgência ou houvesse perigo de lesão grave e de difícil ou incerta reparação. E, por fim, com a Lei 11.187/2005, decidiu-se por restringir, ainda mais, o chamado "regime de opção" (em que as partes poderiam optar por uma ou outra forma de interposição), fazendo com que o agravo de instrumento fosse apresentado como uma exceção, utilizada unicamente nos casos de não cabimento do agravo retido.

A opção pelo CPC/1973 pelo agravo retido advinha da circunstância dele não comprometer a rápida e célere prestação jurisdicional. Era interposto, permanecia nos mesmos autos sem a necessidade de intimação da parte contrária para oferecer contrarrazões e ainda era julgado juntamente com a apelação. Não dava início a um novo procedimento e em nada comprometia o processo que o originava. Daí que, tendo o recorrente a possibilidade de utilização do agravo retido, não podia escolher o agravo de instrumento.

Essa foi opção que restou evidenciada na última redação do art. 522 do CPC/1973, em que se dizia que das interlocutórias caberia o agravo "na forma retida", salvo as exceções ali descritas. Com efeito, sempre se entendeu que incorria em erro o legislador ao tentar estipular o cabimento do agravo instrumento apenas para aquelas hipóteses ali previstas, a saber, que envolviam a admissibilidade da apelação e a tutela de urgência. Essas hipóteses não eram taxativas e o adequado era compreender que havendo interesse no retido deveria a parte se utilizar dessa forma de interposição. Com isso, a parte não deveria utilizar do agravo retido (e, portanto, lançar mão do agravo de instrumento) também contra as interlocutórias que não eram alcançadas pela preclusão, assim como as que envolviam situações em que não havia possibilidade desse recurso ser julgado como preliminar de apelação. Em síntese, as partes poderiam interpor do agravo de instrumento naquelas situações em que o agravo retido não se revelava como remédio útil para tutelar o seu direito ao recurso e impedir a consumação de

algum prejuízo – mais precisamente, quando faltava interesse no agravo retido.

3. O CPC/2015, a extinção do retido e a utilização exclusiva do agravo de instrumento

O histórico referido nos itens acima é de extrema relevância porque é capaz de demonstrar que a profunda modificação introduzida pelo CPC no recurso de agravo encontra-se em sintonia com o escopo já delineado inicialmente pelo CPC/1973. A diferença significativa encontra-se basicamente na opção pela extinção da forma de interposição retida e na escolha casuística e taxativa do cabimento do agravo de instrumento.

Com efeito, o CPC preferiu extinguir o agravo retido e permitir que as decisões interlocutórias que – em tese – ficariam a ele sujeitas, possam posteriormente ser impugnadas quanto da apelação ou da resposta da apelação. Em termos procedimentais há que se reconhecer que a mudança não é tão significativa, já que, o agravo retido, como visto acima, não tinha procedimento em primeiro grau. Após a sua interposição, aguardava-se o desfecho da demanda em primeiro grau e a interposição da apelação para, finalmente, ser julgado. Dessa forma, a única diferença existente entre ambas as técnicas é que, no CPC/1973 a impugnação era imediatamente após a prolação da decisão interlocutória, ao passo que no CPC, a impugnação se dá quando da interposição do recurso.

De outro lado, não se pode negar que o CPC proporcionou drástica mudança ao estabelecer de forma casuística as decisões interlocutórias que são suscetíveis de ser impugnadas pelo agravo de instrumento. Pode-se fazer essa assertiva, porque no CPC/1973, em que pese a opção pelo agravo retido, não existiam hipóteses taxativas de cabimento, mas sim, de certa forma, uma "cláusula aberta", que deveria ser preenchida em concreto pelo intérprete mediante o critério definido pelo Código, qual seja, o interesse (utilidade) no agravo retido.

O CPC não só pôs fim ao agravo na forma retida, mas também restringiu o cabimento do agravo de instrumento para algumas hipóteses descritas no art. 1.015. Ao assim proceder, acabou por adotar um sistema misto de irrecorribilidade em separado das decisões interlocutórias, através do qual determinadas interlocutórias são recorridas imediatamente (sem separado) por agravo de instrumento, e caso não impugnadas são alcançadas pela preclusão; e outras são irrecorríveis imediatamente (em separado) e não são alcançadas pela preclusão, podendo nessa última hipótese, serem impugnadas pela apelação ou pelas contrarrazões de apelação.

4. As hipóteses taxativas de cabimento do agravo de instrumento

O art. 1.015 traz um rol de onze hipóteses cujo conteúdo decisão interlocutória foi o critério escolhido pelo legislador para o cabimento do agravo de instrumento. Assim, interlocutórias cujo conteúdo esteja ali descrito enseja o cabimento do agravo de instrumento.

A percepção de que o critério do legislador tem como pressuposto o conteúdo é importante, porque deverá servir como vetor interpretativo para conceber o cabimento do agravo de instrumento para decisões que tenham aquele conteúdo, ainda que não descrita de forma idêntica pelo art. 1.015.

Assim, por exemplo, observe-se no inciso I, cabe o recurso de decisões que versem sobre as tutelas provisórias. Ora, deve-se compreender que qualquer decisão que tenha como conteúdo as tutelas com esta natureza (provisórias) devem ser neste inciso compreendidas, tais como: deferir, indeferir, postergar a análise, indeferir a revogação quando já concedida, enfim, todo o pronunciamento que versar sobre a tutela provisória.

Idêntico raciocínio pode ser feito quanto ao inciso VI, ao se referir à decisão interlocutória que versa sobre "exibição ou posse de documento ou coisa". Nesse caso, tanto a decisão que concede quanto a que nega o direito à exibição ou posse de documento ou coisa ensejam o cabimento do agravo de instrumento. Da mesma forma o inciso IX, ao se conceber o agravo de decisão a respeito de intervenção de terceiros. Caberá agravo, contra a decisão de "admissão ou inadmissão". Ou ainda, quanto à decisão que resolve (num sentido ou no outro) o incidente de desconsideração de personalidade jurídica (inciso IV).

Note-se que o importante, como consta do *caput* do art. 1.015, é que a decisão *verse* sobre aquele conteúdo, isto é, que exista juízo de valor sobre a matéria constante de seus incisos. Assim, é que, nos incisos VII e VIII, a interlocutória deve abordar a "exclusão de litisconsorte" ou a "rejeição do pedido de limitação do litisconsórcio",

não tendo relevância, para efeito de cabimento de agravo, que a decisão seja excluindo ou não o litisconsorte, bem como, que seja para acolher ou negar a rejeição do pedido de limitação dos litisconsortes.

5. Interlocutórias proferidas na fase de liquidação de sentença ou de cumprimento de sentença, no processo de execução ou no processo de inventário

No parágrafo único do art. 1015, o legislador utiliza outro critério para eleger as interlocutórias suscetíveis ao agravo de instrumento, a saber, o procedimento em que elas são proferidas.

Neste particular, seguiu-se à risca a experiência vivida no CPC/1973 com o agravo retido e a sua real inutilização (falta de interesse) contra as decisões proferidas em procedimentos em que era inviável a sua reiteração na apelação. A associação entre o agravo retido do CPC/1973 e a técnica da impugnação da interlocutória em preliminar de apelação, tal como previsto, no art. 1.009, § 1º, do CPC, não só é inevitável, como é extremamente importante para fins de interpretação e aplicação do diploma atual.

Nesse critério, o conteúdo das decisões interlocutórias é irrelevante. Por isso, será sempre cabível o agravo de instrumento contra as decisões interlocutórias proferidas na fase de liquidação, porque inexiste apelação que permita a impugnação da decisão; no cumprimento de sentença e no processo de execução, porque apesar de existir sentença e possível apelação, o certo que é que aquela tem por finalidade apenas pôr fim ao processo, sem qualquer juízo de valor sobre a causa; e, no inventário, porque se revela inútil, dado o seu procedimento, pretender reexaminar interlocutória proferida durante o seu curso em sede de apelação contra a sentença.

Jurisprudência

"Para as decisões interlocutórias proferidas em fases subsequentes à cognitiva – liquidação e cumprimento de sentença –, no processo de execução e na ação de inventário, o legislador optou conscientemente por um regime recursal distinto, prevendo o art. 1.015, parágrafo único, do CPC/2015, que haverá ampla e irrestrita recorribilidade de todas as decisões interlocutórias, quer seja porque a maioria dessas fases ou processos não se findam por sentença e, consequentemente, não haverá a interposição de

Art. 1.015

futura apelação, quer seja em razão de as decisões interlocutórias proferidas nessas fases ou processos possuírem aptidão para atingir, imediata e severamente, a esfera jurídica das partes, sendo absolutamente irrelevante investigar, nessas hipóteses, se o conteúdo da decisão interlocutória se amolda ou não às hipóteses previstas no *caput* e incisos do art. 1.015 do CPC/2015" (STJ, REsp 1.803.925/SP, Rel. Min. Nancy Andrighi, Corte Especial, j. 06.08.2019).

6. Outros casos expressamente referidos em lei

O inciso XIII traz ainda o cabimento do agravo de instrumento para outros casos previstos em lei e que não estão relacionados nos incisos do art. 1.015. É que, seja em leis especiais, seja no próprio Código, existem referências ao cabimento do agravo de instrumento, por exemplo, da decisão que extingue parcialmente o processo (art. 354, parágrafo único) ou que julga antecipadamente parcela do pedido (art. 356, § 5º).

7. Outras interlocutórias que podem também ensejar o cabimento do agravo de instrumento. Teoria da taxatividade mitigada

A previsão de critério casuístico para o cabimento de recursos sempre ensejou enorme dificuldade para as partes e, sob certa forma, grande incerteza no sistema recursal. Ainda que possa soar estranho essa assertiva, pois hipóteses taxativas de cabimento dos recursos deveriam ensejar exatamente o contrário, isto é, dar previsibilidade e segurança, o certo é que na prática isso nunca se verificou.

É o que se colhe com a experiência do CPC/1939, cujo sistema recursal foi alvo de incontáveis dificuldades, a justificar inclusive a previsão expressa de cabimento do princípio da fungibilidade (art. 810) para impedir o prejuízo das partes, bem como do CPC/1973, quando a Lei 10.352/2001 procurou restringir o cabimento dos embargos infringentes ao concebê-los apenas contra acórdãos não unânimes que reformassem sentença de mérito (art. 530 do CPC/1973). Nesse último caso, várias foram as divergências sobre o cabimento contra acórdão que ao invés de reformar, anulavam a sentença de mérito; sobre a possibilidade de a sentença ser de mérito, mas o acórdão ser processual ou ainda quando

a sentença era processual, mas o acórdão de mérito; sobre o cabimento quando a divergência se dava apenas no juízo de admissibilidade da apelação etc.

De igual importante, vale a lembrança do art. 842 do CPC/1939, que previa hipóteses taxativas que autorizavam o agravo de instrumento e todos os problemas daí advindos, com o reconhecimento pela doutrina e pela jurisprudência de tais hipóteses não exauriam todas as situações de cabimento desse recurso.

A experiência colhida nos diplomas anteriores deve ser objeto de reflexão pelo intérprete a partir da vigência do CPC. Não se pode negar que outras interlocutórias deveriam estar também relacionadas no art. 1.015. E deveriam estar porque possuem conteúdo de igual importância àquelas arroladas, bem como porque também existem situações procedimentais em que a técnica da impugnação em sede de apelação se revela inútil.

Sobre a primeira ótica (do conteúdo), basta recordar que o projeto substitutivo da Câmara dos Deputados também previa o agravo de instrumento contra decisões interlocutórias que versassem sobre (i) competência, (ii) indeferisse a petição inicial da reconvenção ou julgasse liminarmente improcedente; (iii) alterasse o valor da causa antes da sentença; (iv) indeferisse prova pericial; (v) não homologasse ou recusasse aplicação a negócio processual celebrado entre as partes. Além delas, também se pode conceber com conteúdo de igual importância as interlocutórias que decidem sobre incidente de suspeição do perito ou de auxiliares da justiça; sobre arguição de falsidade de documentos, quando decidida incidentalmente.

Quanto à segunda (critério procedimental inútil), observe-se, por exemplo, a decisão de inadmissão por intempestividade de embargos de declaração interpostos contra sentença ou a decisão que suspende o processo por prejudicialidade externa além do limite legal. Em ambas as situações, o agravo de instrumento é o único remédio cabível que pode atender aos interesses das partes.

Ante tais situações, a questão a ser dirimida é se a parte pode utilizar-se do agravo de instrumento, interpretando assim extensivamente o art. 1.015, ou se pode impetrar mandado de segurança, caso não se admitido o agravo de instrumento; ou, ainda, se não pode utilizar de qualquer remédio processual.

Com efeito, há que se admitir que qualquer uma das alternativas acima não está imune de considerações críticas.

Em relação à admissão do agravo de instrumento para hipóteses não contempladas no art. 1.015, há que se reconhecer que ela agride a vontade do legislador que, inequivocamente, quer que apenas aquelas interlocutórias sejam agraváveis, pois, do contrário, a própria concepção da recorribilidade restrita restará comprometida. Além disso, essa opção será capaz de proporcionar insegurança no sistema e a utilização desmedida do agravo de instrumento. É que caberá apenas ao tribunal a decisão sobre aquilo que considera recorrível ou não, não tendo as partes qualquer certeza quanto a sua pretensão e, exatamente em razão da incerteza, sempre se utilizarão do agravo de instrumento, na esperança de que o tribunal entenda pelo seu cabimento. Além disso, se o tribunal entender que o agravo é cabível, a parte não poderá impugnar a decisão em sede de apelação, pois já teria havido a preclusão pela ausência de agravo no momento oportuno.

Quanto ao mandado de segurança contra ato judicial, não se pode negar que sua concepção sempre esteve relacionada ao conceito de sucedâneo recursal, isto é, a um remédio cabível diante da falha do sistema, que não confere às partes recurso capaz de evitar a consumação do prejuízo advindo de uma decisão ilegal. A resistência doutrinária e jurisprudencial na aceitação desse *writ* advém exatamente da necessidade do reconhecimento de que o sistema recursal é falho e inadequado à tutela dos direitos das partes – compreensão extremamente difícil de ser concebida principalmente diante de um novo código que traz em sua essência valores e normas fundamentais estabelecidos na CF, entre elas o contraditório e a ampla defesa.

Por fim, não aceitar a impugnação de decisão judicial, mesmo diante de manifesta ilegalidade e evidente prejuízo as partes, sem dúvida é o pior cenário, pois é cediço que a impugnação das decisões judiciais, em especial os recursos, está compreendida dentro do conteúdo mínimo do princípio constitucional da ampla defesa (art. 5º, LV, da CF).

Portanto, ante situações excepcionais, em que se evidencie que a restrição imposta pelo legislador proporciona no caso em concreto efetivo prejuízo às partes, há que se aceitar a impugnação da decisão interlocutória.

Com efeito, analisando essa questão, o STJ, em sede de julgamento de Recurso Especial Repetitivo, fixou a tese de que deve ser adotada a *teoria da taxatividade mitigada*, através da qual, se "admite a interposição de agravo de instrumento quando verificada a urgência decorrente da inutilidade do julgamento da questão no recurso de apelação" (Recurso Especial Repetitivo 1.704.520/MT, Rel. Min. Nancy Andrighi, Corte Especial, j. 05.12.2018).

Extrai-se desse acórdão do STJ, que o único meio de impugnação das interlocutórias é o agravo de instrumento, cujo cabimento deve ser aceito ante o critério da urgência, tal como visto acima. De outro lado, colhem-se dois enunciados relevantes, para a pacificação de dúvidas que gravitam ao redor desse entendimento, quais sejam, (i) o de que é incabível o mandado de segurança contra ato judicial e (ii) que a preclusão somente alcança a não interposição de agravos naquelas hipóteses expressamente previstas no art. 1.015.

O critério da urgência, utilizado pelo citado julgado, e que "justifica o manejo imediato de uma impugnação em face de questão incidente está fundamentalmente assentada na inutilidade do julgamento diferido se a impugnação for ofertada apenas conjuntamente ao recurso contra o mérito, ao final do processo". Significa dizer, ainda em referência ao voto condutor do acórdão, que "questões que, se porventura modificadas, *impliquem regresso para o refazimento de uma parcela significativa de atos processuais deverão ser igualmente examináveis desde logo*, porque, nessa perspectiva, o reexame apenas futuro, somente por ocasião do julgamento do recurso de apelação ou até mesmo do recurso especial, seria infrutífero".

De fato, não há dúvida de o critério de urgência, adotado como *ratio decidendi* pelo julgado do STJ, é aquele que tem como elemento primordial o *dano marginal em sentido estrito*, que, por sua vez, tem incidência quando ocorre a possibilidade de simples demora na duração do processo.

A partir dessa compreensão, percebe-se que a teoria da taxatividade mitigada amplia consideravelmente as hipóteses de cabimento do agravo de instrumento, pois passa a admitir sua utilização contra toda e qualquer decisão interlocutória que possa levar à nulidade da sentença.

E, assim sendo, insta lembrar que, em razão do princípio da concatenação dos atos

Art. 1.016

processuais, o reconhecimento de um defeito/vício no curso do procedimento poderá levar à nulidade da sentença, fazendo com que decisões interlocutórias que decidam vício/defeito com essa potencialidade sejam desde logo agraváveis, tais como ocorre, por exemplo, com aquelas que versarem sobre provas, condições da ação, pressupostos processuais, contraditório, ampla defesa entre outras.

Jurisprudência

"É cabível agravo de instrumento contra todas as decisões interlocutórias proferidas nos processos de recuperação judicial e nos processos de falência, por força do art. 1.015, parágrafo único, CPC" (Tema 1.022 do STJ, REsp 1.717.213/MT, Rel. Min. Nancy Andrighi, 2ª Seção, j. 03.12.2020).

"Cabe agravo de instrumento contra decisão que reconhece ou rejeita a ocorrência da decadência ou da prescrição, incidindo a hipótese do inciso II do art. 1.015 do CPC/2015" (STJ, REsp 1.772.839/SP, Rel. Min. Antonio Carlos Ferreira, 4ª Turma, j. 23.05.2019).

"O art. 1.015, VII, do CPC/2015 estabelece que cabe agravo de instrumento contra as decisões que versarem sobre exclusão de litisconsorte, não fazendo nenhuma restrição ou observação aos motivos jurídicos que possam ensejar tal exclusão" (STJ, REsp 1.772.839/SP, Rel. Min. Antonio Carlos Ferreira, 4ª Turma, j. 23.05.2019).

"Se julgada procedente a primeira fase da ação de exigir contas, o ato judicial será decisão interlocutória com conteúdo de decisão parcial de mérito, impugnável por agravo de instrumento; se julgada improcedente a primeira fase da ação de exigir contas ou se extinto o processo sem a resolução de seu mérito, o ato judicial será sentença, impugnável por apelação" (STJ, REsp 1.746.337/RS, Rel. Min. Nancy Andrighi, 3ª Turma, j. 09.04.2019).

"Assim, nos termos do art. 1.036 e seguintes do CPC/2015, fixa-se a seguinte tese jurídica: O rol do art. 1.015 do CPC é de taxatividade mitigada, por isso admite a interposição de agravo de instrumento quando verificada a urgência decorrente da inutilidade do julgamento da questão no recurso de apelação. Embora não haja risco de as partes que confiaram na absoluta taxatividade com interpretação restritiva serem surpreendidas pela tese jurídica firmada neste recurso especial repetitivo, eis que somente se cogitará de preclusão nas hipóteses em que o recurso eventualmente interposto pela parte tenha sido admitido pelo Tribunal, estabelece-se neste ato um regime de transição que modula os efeitos da presente decisão, a fim de que a tese jurídica somente seja aplicável às decisões interlocutórias proferidas após a publicação do presente acórdão" (Recurso Especial Repetitivo 1.704.520/MT, Rel. Min. Nancy Andrighi, Corte Especial, j. 05.12.2018).

> **Art. 1.016.** O agravo de instrumento será dirigido diretamente ao tribunal competente, por meio de petição com os seguintes requisitos:
>
> **I –** os nomes das partes;
>
> **II –** a exposição do fato e do direito;
>
> **III –** as razões do pedido de reforma ou de invalidação da decisão e o próprio pedido;
>
> **IV –** o nome e o endereço completo dos advogados constantes do processo.

▶ *Referência: CPC/1973 – Art. 524*

1. A forma na interposição do agravo de instrumento

O agravo de instrumento, ao contrário dos demais recursos, é interposto perante o órgão responsável pelo seu julgamento (*ad quem*), *in casu* o tribunal de justiça. A obrigatoriedade da formação de um instrumento faz com que seja recurso muitas particularidades quanto ao requisito da regularidade formal. O art. 1.016 cuida apenas da indicação do local em que é interposto o recurso e da forma da peça recursal, pois os demais requisitos são tratados nos arts. 1.017 e 1.018.

2. Nome das partes

O art. 524 do CPC/1973 não trazia a necessidade de constar o nome das partes na petição de interposição do agravo de instrumento. Tratava-se, por óbvio, de uma mera irregularidade que sempre foi desconsiderada na prática, vez que a identificação das partes (agravante e agravado) é imprescindível para o recurso.

O art. 1.016, em boa hora, corrigiu esse erro, fazendo constar no inciso I, que é requisito da petição do agravo a indicação dos "nomes das partes". Saliente-se que a exigência de constar os nomes das partes é imprescindível, não só para aferir a legitimidade recursal, mas também para delimitar a extensão subjetiva dos efeitos da decisão.

3. A fundamentação (motivação) e o pedido de reforma ou invalidação da decisão

Exigem corretamente os incisos II e III que o agravo de instrumento seja fundamentado ou motivado. Esses incisos correspondem aos incisos do art. 1.010, que cuidam da regularidade formal do recurso de apelação, e o seu descumprimento proporciona o não conhecimento do agravo em razão da violação ao princípio da dialeticidade.

Além disso, impõe-se também, para o cumprimento desse requisito, que o recorrente formule o pedido de reforma ou invalidação (anulação) da decisão agravada.

A importância da exigência de fundamentação dos recursos, as consequências do seu descumprimento e a possibilidade de sanar vícios que lhe são inerentes devem receber o mesmo tratamento e comentários feitos ao art. 1.010, o qual remetemos o leitor.

4. O nome e o endereço completo dos advogados constantes do processo

Essa exigência já constava do CPC/1973 e tem por razão a circunstância de o agravo de instrumento ter o seu procedimento no tribunal, enquanto a demanda tem o seu curso em primeiro grau de jurisdição. O tribunal precisa dessas informações para intimar as partes, por intermédio de seus advogados, dos atos do recurso.

O desrespeito a essa exigência não enseja o não conhecimento do recurso, pois o agravo deve ser interposto obrigatoriamente com as procurações outorgadas aos advogados do agravante e do agravado (art. 1.017, I).

> **Art. 1.017.** A petição de agravo de instrumento será instruída:
>
> I – obrigatoriamente, com cópias da petição inicial, da contestação, da petição que ensejou a decisão agravada, da própria decisão agravada, da certidão da respectiva intimação ou outro documento oficial que comprove a tempestividade e das procurações outorgadas aos advogados do agravante e do agravado;
>
> II – com declaração de inexistência de qualquer dos documentos referidos no inciso I, feita

> pelo advogado do agravante, sob pena de sua responsabilidade pessoal;
>
> III – facultativamente, com outras peças que o agravante reputar úteis.
>
> § 1º Acompanhará a petição o comprovante do pagamento das respectivas custas e do porte de retorno, quando devidos, conforme tabela publicada pelos tribunais.
>
> § 2º No prazo do recurso, o agravo será interposto por:
>
> I – protocolo realizado diretamente no tribunal competente para julgá-lo;
>
> II – protocolo realizado na própria comarca, seção ou subseção judiciárias;
>
> III – postagem, sob registro, com aviso de recebimento;
>
> IV – transmissão de dados tipo fac-símile, nos termos da lei;
>
> V – outra forma prevista em lei.
>
> § 3º Na falta da cópia de qualquer peça ou no caso de algum outro vício que comprometa a admissibilidade do agravo de instrumento, deve o relator aplicar o disposto no art. 932, parágrafo único.
>
> § 4º Se o recurso for interposto por sistema de transmissão de dados tipo fac-símile ou similar, as peças devem ser juntadas no momento de protocolo da petição original.
>
> § 5º Sendo eletrônicos os autos do processo, dispensam-se as peças referidas nos incisos I e II do *caput*, facultando-se ao agravante anexar outros documentos que entender úteis para a compreensão da controvérsia.

▶ *Referência: CPC/1973 – Art. 525*

1. Ônus da parte na formação do instrumento

Na primeira versão do art. 523, parágrafo único, do CPC/1973, até a sua modificação pela Lei 9.139/1995, que deu novo regime ao agravo de instrumento, a formação do instrumento era de responsabilidade do serventuário da justiça, não sofrendo o agravante qualquer consequência de eventual deficiência no traslado dos documentos.

Desde então (inclusive no CPC/2015), a formação do instrumento é ônus da parte, cujo descumprimento ensejará o não conhecimento do recurso por falta de regularidade formal.

2. Inexistência de formação do instrumento em processo eletrônico

A formação do instrumento se dá com o traslado das cópias principais dos autos em primeiro grau para a petição contendo as razões do recurso. Objetiva dar ao tribunal conhecimento de todas as informações para a compreensão adequada e segura da controvérsia e daquilo que envolve a demanda em curso em primeiro grau.

O traslado de cópias e a formação do instrumento somente tem fundamento diante de processo físico, pois no processo eletrônico os autos podem ser consultados e conferidos diretamente pelo julgador, sem qualquer auxílio das partes.

Por isso, prevê o § 5º, que sendo eletrônicos os autos do processo, a petição de interposição do recurso não precisa ser instruída com as peças reputadas como obrigatórias e tampouco justificar a ausência de documentos em primeiro grau. Há apenas a faculdade de juntar outros documentos que o agravante reputar como úteis para a compreensão da controvérsia.

3. Peças obrigatórias

O art. 525 do CPC/1973 previa como obrigatórias as cópias da decisão agravada, da certidão da respectiva intimação e das procurações outorgadas aos advogados do agravante e do agravado. O CPC, no inciso I do art. 1.017, exige, além delas, cópias da petição inicial, da contestação, da petição que ensejou a decisão agravada.

O acréscimo das peças obrigatórias é adequado porque apenas aquelas referidas no sistema passado não eram capazes de permitir a compreensão adequada da controvérsia. De outro lado, procurou evitar a divergência jurisprudencial e doutrinária quanto a não admissibilidade do agravo, quando o agravante se limitava a juntar as peças exigidas no art. 525 do CPC/1973 e o tribunal restava impedido de compreender inteiramente a pretensão recursal e o conflito submetido do Judiciário.

Não há dúvidas de que, diante de um caso em concreto, é perfeitamente possível que outras peças também sejam imprescindíveis para o deslinde do recurso. Contudo, ante a impossibilidade de o legislador antever tais situações, optou-se corretamente por incluir aquelas peças que de fato devem integrar o recurso.

4. Certidão de intimação da decisão agravada

O escopo do legislador ao exigir a juntada da certidão de intimação é permitir que seja aferida a tempestividade do recurso. A experiência forense revelou inúmeras dificuldades no cumprimento irrestrito e literal da obrigação de juntar a "certidão de intimação". As várias formas de intimação dos atos processuais, bem como, as dificuldades inerentes aos serviços cartorários nem sempre permitiam obter e instruir o instrumento com a "certidão de intimação". De outro lado, reconhecia-se que não apenas a certidão era capaz de comprovar a tempestividade do recurso, de modo que a parte poderia, por outros meios, demonstrar a presença desse requisito de admissibilidade. O exemplo mais singelo é aquele em que, entre a data da prolação da decisão e a interposição do agravo de instrumento não decorre o prazo previsto para a prática do ato recursal.

Sensível a essa situação, o inciso I do art. 1.017 diz que a peça obrigatória é a "certidão da respectiva intimação ou outro documento oficial que comprove a tempestividade". Trata-se, em síntese, do prestígio ao princípio da instrumentalidade das formas, em que o mais relevante é atingir finalidade do ato (comprovar a tempestividade), ainda que de forma diversa daquela indicada pelo legislador.

5. Inexistência das peças obrigatórias e declaração do advogado

Nem sempre todas as peças obrigatórias estão presentes nos autos quando da interposição do agravo de instrumento. É o que se passa, por exemplo, com o agravo interposto contra decisão que indeferiu a tutela provisória, em que se torna impossível juntar ao agravo a contestação e a procuração outorgada ao advogado da parte contrária. Tal situação proporcionava grande dose de incerteza ao agravante na conduta a ser adotada. Deveria se liminar a informar essa impossibilidade na peça ou deveria obter uma certidão do cartório de que tais documentos não existiam? E, se não fosse possível obter a certidão, nessa última hipótese?

O CPC veio conferir segurança ao recorrente permitindo que, ante tais situações, deve instruir seu recurso com "declaração de inexistência de qualquer dos documentos referidos no inciso I [peças obrigatórias], feita pelo advogado do agravante, sob pena de sua responsabilidade pessoal".

Em nosso sentir, a declaração poderá ser feita na própria peça de interposição do recurso, sendo exigência desmedida a obrigatoriedade que ela seja feita em instrumento próprio e juntada, como documento, para fins de instruir o agravo, como parece sugerir o inciso II do art. 1.017.

6. Peças facultativas

Além das peças consideradas obrigatórias, cuja juntada levam ao não conhecimento do agravo, permite o código que o agravante junte outras que repute como úteis ao deslinde da questão objeto do recurso. Pela sistemática do agravo, resta evidente que a ausência de peças facultativas não pode conduzir a inadmissibilidade do recurso, ainda que apenas as obrigatórias não permitam a compreensão adequada da controvérsia.

7. Sanabilidade do defeito na formação do instrumento

O defeito na formação do instrumento, inclusive com a falta de juntada de peça obrigatória, ao contrário do que se verificava no CPC/1973, não deve ensejar imediatamente o não conhecimento do recurso. O recorrente tem o direito de corrigir seu recurso e sanar o vício. É o que dispõe o § 3º do art. 1.017: "Na falta da cópia de qualquer peça ou no caso de algum outro vício que comprometa a admissibilidade do agravo de instrumento, deve o relator aplicar o disposto no art. 932, parágrafo único".

De acordo com o dispositivo referido, antes de considerar inadmissível o recurso, o relator deverá intimar a parte para, em cinco dias, sanar o vício ou complementar a documentação exigida. Esse dispositivo está em sintonia com o princípio da instrumentalidade das formas e objetiva permitir que os vícios de forma do recurso sejam sanados a fim de que o julgamento do mérito possa ser alcançado.

Caso o recorrente não corrija o defeito indicado pelo relator em cinco dias, o agravo de instrumento não será conhecido.

8. Comprovante do preparo

Como medida de reforço, prevê o § 1º do art. 1.017, que o pagamento do preparo e do porte de remessa e retorno devem acompanhar a petição de interposição do agravo de instrumento. Essa previsão é até mesmo desnecessária, porque a exigência do preparo e toda a disciplina a ele correlata consta expressamente do art. 1.007 do CPC, em disposição geral aplicável para todos os recursos, inclusive o agravo de instrumento.

Não nos parece que o § 1º do art. 1.017 queira sugerir um tratamento ao preparo diverso daquele constante na parte geral dos capítulos dos recursos, mas tão somente reforçar a obrigatoriedade de que a guia de comprovante do preparo e do porte também devem acompanhar a petição de interposição. Observe-se, inclusive, que diversas outras especificidades previstas no art. 1.007 também ser aplicadas ao agravo, tais como o recolhimento em dobro no caso de ausência e do direito à complementação quando houver insuficiência no valor pago.

9. Formas de interposição do agravo de instrumento

O agravo de instrumento tem a peculiaridade de ser interposto em órgão diverso daquele que prolatou a decisão agravada, pois, como já referido, deve ter dirigido diretamente ao Tribunal de Justiça ou Tribunal Regional Federal.

Tal característica sempre foi vista como um elemento de dificuldade para as partes, principalmente, para aquelas situações em que as causas não se localizam na mesma cidade do tribunal. Essa circunstância fez com que, desde a Lei 9.135/1995, fosse admitida a interposição do agravo de instrumento pelo correio.

Em harmonia com essa compreensão, prevê o § 2º do art. 1.017 que o agravante tem a faculdade de interpor o agravo das seguintes formas: (i) por protocolo realizado diretamente no tribunal; (ii) por protocolo realizado na própria comarca, seção ou subseção judiciárias (essas duas últimas hipóteses, em caso de processo em curso perante a justiça federal); (iii) pelo correio, sob registro, com aviso de recebimento; (iv) por fac-símile, nos termos da Lei 9.800/1999, ou outro meio similar.

O CPC acaba com a divergência jurisprudencial existente quanto ao dia que deve ser considerado como protocolado o recurso, se na postagem ou no recebimento do recurso no tribunal. O protocolo, por força do dispositivo acima, será considerado como o dia em que postado o recurso no correio, não tendo relevância, por óbvio, a data em que é entregue no tribunal.

Saliente-se que a possibilidade de interposição nas formas acima afastar a regra de que o

Art. 1.018

CÓDIGO DE PROCESSO CIVIL INTERPRETADO

1586

funcionamento do tribunal é que deve ser tido como referência para o término do prazo (*dies ad quem*).

> **Art. 1.018.** O agravante poderá requerer a juntada, aos autos do processo, de cópia da petição do agravo de instrumento, do comprovante de sua interposição e da relação dos documentos que instruíram o recurso.
>
> **§ 1º** Se o juiz comunicar que reformou inteiramente a decisão, o relator considerará prejudicado o agravo de instrumento.
>
> **§ 2º** Não sendo eletrônicos os autos, o agravante tomará a providência prevista no *caput*, no prazo de 3 (três) dias a contar da interposição do agravo de instrumento.
>
> **§ 3º** O descumprimento da exigência de que trata o § 2º, desde que arguido e provado pelo agravado, importa inadmissibilidade do agravo de instrumento.

▶ *Referência: CPC/1973 – Art. 526*

1. Ônus de juntar o agravo em primeiro grau apenas para o processo físico

A regra tem por objetivo dar conhecimento ao juiz em primeiro grau de que foi interposto recurso contra a sua decisão e permitir que exerça o juízo de retratação, isto é, que possa reformar a decisão agravada.

Esse ônus do agravante somente incide em se tratando de processo físico, porque se não cumprida a previsão de juntar o agravo em primeiro grau, desde que arguida e provada pelo agravado, essa omissão ensejará o não conhecimento do recurso.

Sendo processo eletrônico, trata-se de mera faculdade que dispõe o agravante para obter a retratação, cujo descumprimento não enseja o não conhecimento do recurso.

2. O juízo de retratação e a falta de interesse superveniente (recurso prejudicado)

É ínsito ao agravo, em qualquer de suas formas, o juízo de retratação, isto é, que o juiz prolator da decisão interlocutória possa, diante do conhecimento do mérito do agravo, reformar sua própria decisão, restabelecendo a situação anterior no processo. Caso isso aconteça, faltará interesse recursal superveniente ao agravo, que restará, na terminologia forense incorporada

pelo legislador, prejudicado. De acordo com o CPC, o juiz deverá comunicar ao relator que reformou a decisão e este considerará prejudicado o agravo, se a reforma for integral. Tendo sido apenas parcial, o agravo terá curso para julgamento da parte íntegra.

Com a reforma da decisão, o agravado poderá se tornar agravante e, por via de consequência, se utilizar do agravo de instrumento já interposto, comunicando ao tribunal essa sua vontade. Em tal hipótese, em homenagem ao princípio da economia processual, o recurso não restará prejudicado.

3. Juízo de Admissibilidade exclusivo do tribunal

O agravo tem efeito devolutivo diferido, isto é, transfere-se a matéria impugnada ao órgão *ad quem* sem deixar de submeter-se ao órgão *a quo*. Essa circunstância permite, como já visto, que o juízo de mérito seja apreciado pelo juiz em primeiro.

Esse efeito devolutivo diferido não alcança o juízo de admissibilidade, de modo que o juiz de primeiro grau não tem competência para exercer a admissibilidade do agravo de instrumento, ainda que note a ausência de um de seus requisitos.

É certo que pode se utilizar desse fundamento (ausência de requisito de admissibilidade) para não se retratar, mas jamais para não conhecer do recurso.

4. Ônus imposto ao agravado de arguir e provar a não juntada do agravo em primeiro grau

Os requisitos de admissibilidade dos recursos devem ser conhecidos de ofício pelo órgão julgador, isto é, independentemente de provocação do recorrido. Apesar de ser classificado como requisito de regularidade formal, a apreciação da ausência da juntada da petição do agravo em primeiro grau, no prazo de 3 dias, depende de arguição e comprovação do agravado.

Retirou-se do agravante o ônus de comprovar a presença do requisito de admissibilidade e o transferiu para o agravado, suportando este as consequências negativas da não arguição e comprovação do descumprimento em sede de contrarrazões. Significa dizer que, caso o agravado não argua e comprove (mediante certidão, por exemplo), o tribunal não poderá conhecer desse vício, ainda que seja em razão de informações prestadas pelo juiz *a quo*.

Não há que se entender aplicável, para esse requisito de admissibilidade, a previsão do art. 932, parágrafo único. A sanabilidade do vício depende de um ato processual que possa ser corrigido e não da própria ausência do ato exigido pelo Código.

In casu, o recorrente dispõe de três dias para juntar o agravo em primeiro grau e a sua omissão faz com que reste configurada a preclusão temporal, impedindo, por via de consequência, a prática a *posteriori* do ato.

Art. 1.019. Recebido o agravo de instrumento no tribunal e distribuído imediatamente, se não for o caso de aplicação do art. 932, incisos III e IV, o relator, no prazo de 5 (cinco) dias:

I – poderá atribuir efeito suspensivo ao recurso ou deferir, em antecipação de tutela, total ou parcialmente, a pretensão recursal, comunicando ao juiz sua decisão;

II – ordenará a intimação do agravado pessoalmente, por carta com aviso de recebimento, quando não tiver procurador constituído, ou pelo Diário da Justiça ou por carta com aviso de recebimento dirigida ao seu advogado, para que responda no prazo de 15 (quinze) dias, facultando-lhe juntar a documentação que entender necessária ao julgamento do recurso;

III – determinará a intimação do Ministério Público, preferencialmente por meio eletrônico, quando for o caso de sua intervenção, para que se manifeste no prazo de 15 (quinze) dias.

▶ *Referência: CPC/1973 – Art. 527*

1. Julgamento monocrático do agravo de instrumento

O art. 932 do CPC, que consagra os poderes do relator, tem natural incidência no recurso de agravo de instrumento. Em razão de economia processual, a legislação brasileira teve a tendência de, com o passar do tempo, aumentar os poderes dos relatores, permitindo que de forma isolada (monocrática ou unipessoal), passasse a julgar os recursos.

Dessa feita, caberá ao relator julgá-lo monocraticamente nas hipóteses dos incisos III a IV, do referido artigo. Deverá, assim, exercer isoladamente o juízo de admissibilidade negativo e não conhecer do agravo, caso esteja ausente um dos requisitos de admissibilidade (art. 932, III).

Além disso, atribui também o art. 932, competência ao relator, para julgar o mérito do recurso, ao dispor que também incumbe ao relator negar (inciso IV) provimento a recurso ou decisão recorrida que for contrário(a) a: a) súmula do Supremo Tribunal Federal, do Superior Tribunal de Justiça ou do próprio tribunal; b) acórdão proferido pelo Supremo Tribunal Federal ou pelo Superior Tribunal de Justiça em julgamento de recursos repetitivos; c) entendimento firmado em incidente de resolução de demandas repetitivas ou de assunção de competência.

O *caput* do art. 1.019 não faz referência ao inciso V do art. 932, que prevê a possibilidade de o relator monocraticamente *dar provimento* ao recurso, porque este dispositivo, em respeito ao princípio do contraditório, exige que antes disso, seja facultado ao recorrido o oferecimento de contrarrazões. Assim, ainda que seja perfeitamente possível monocraticamente dar provimento ao agravo de instrumento, antes disso deve ser cumprida a previsão do inciso II, do art. 1.019, e intimado o agravado para responder o recurso em 15 dias.

Ressalte-se, ainda, que deve ser observado pelo relator o parágrafo único do art. 932, que consagra a cláusula geral de sanabilidade dos vícios atinentes aos requisitos de admissibilidade (§ 3º do art. 1.017), bem como o art. 933, que contempla o dever de intimar as partes caso surja algum fato superveniente ou questão apreciável de ofício ainda não examinada.

Por fim, cumpre lembrar que esses incisos correspondem exceção ao *princípio da colegialidade do juízo ad* quem, que consagra o julgamento dos recursos de forma coletiva, através da formação da vontade colegiada, tomada por maioria de votos.

2. Concessão de efeito suspensivo ou da antecipação da tutela recursal

O agravo de instrumento não tem efeito suspensivo (art. 995 do CPC), permitindo-se assim a eficácia imediata da decisão interlocutória.

Em sintonia com o CPC/1973, prevê o art. 1.019, I, que o relator "poderá atribuir efeito suspensivo ao recurso ou deferir, em antecipação de tutela, total ou parcialmente, a pretensão recursal, comunicando ao juiz sua decisão".

A concessão do efeito suspensivo ou da tutela antecipada recursal não é ato praticável

Art. 1.020

de ofício pelo relator, dependendo sempre de requerimento expresso do agravante.

Os requisitos para tanto são aqueles contidos no parágrafo único do art. 995, que assim dispõe: "A eficácia da decisão recorrida poderá ser suspensa por decisão do relator, se da imediata produção de seus efeitos houver risco de dano grave, de difícil ou impossível reparação, e ficar demonstrada a probabilidade de provimento do recurso".

É adequada a distinção feita pelo dispositivo entre efeito suspensivo e antecipação da tutela recursal. Haverá atribuição de efeito suspensivo quando decisão recorrida produz eficácia e se pretende que ela seja suspensa (obstada) até o julgamento do mérito recursal. Ao passo que há antecipação de tutela recursal quando o recorrente pretende obter imediatamente a tutela jurisdicional que foi negada pela decisão recorrida. Nessa última hipótese, observe-se que não existe o que suspender, já que a decisão recorrida é negativa.

Em ambas as hipóteses, cumpre ao agravante demonstrar a probabilidade de provimento do recurso, advinda da relevância de sua fundamentação, bem como que não pode aguardar até o julgamento final do recurso, ante a ocorrência de risco de danos.

Saliente-se que, ao contrário do que dispunha o parágrafo único do art. 527 do CPC/1973, cabe agravo interno contra a decisão que concede ou nega o efeito suspensivo ou a tutela antecipada recursal (art. 1.021 do CPC).

3. Instrução do agravo de instrumento

Sendo o agravo de instrumento interposto diretamente no tribunal, deverá o relator proceder a sua instrução, nos termos dos incisos II e III do art. 1.019, com a intimação do agravado, através do seu advogado, pelo diário ou por carta, ou pessoalmente, por carta, quando não tiver procurador constituído.

Ao agravado será facultado o oferecimento de contrarrazões, no prazo de 15 dias, bem como da juntada de documentos que entender necessários.

Sendo hipótese de participação do Ministério Público, também deverá proceder a sua intimação, preferencialmente por meio eletrônico, para que se manifeste também no prazo de 15 dias.

4. Ausência de previsão de requisição de informações ao juiz da causa

O art. 527, IV, do CPC/1973 previa a possibilidade de o relator solicitar "informações ao juiz da causa", que as prestaria no prazo de 10 dias. O CPC não contemplou qualquer referência a esse pedido, reconhecendo que se tratava de providência desprovida de sentido, pois o agravo de instrumento deveria (e deve) conter todos os elementos indispensáveis ao julgamento da causa. O que se via, na prática, era verdadeira inutilidade nesse procedimento, uma vez que o juiz se limitava a expor as razões da concessão da medida e um resumo dos fatos da causa, sem qualquer elemento adicional que fosse útil ao relator.

Apesar de não contempladas no agravo de instrumento, as informações ainda continuam presentes em outros incidentes no CPC, tais como na reclamação e no julgamento dos recursos extraordinário e especial repetitivos.

> **Art. 1.020.** O relator solicitará dia para julgamento em prazo não superior a 1 (um) mês da intimação do agravado.

▶ *Referência: CPC/1973 – Art. 528*

1. Julgamento do agravo de instrumento

Prevê o art. 1.020, em sintonia com a disposição contida no art. 528 do CPC/1973, que o agravo de instrumento deve ser julgado no prazo de 30 dias. Trata-se, por óbvio, de prazo impróprio, cujo descumprimento não gera qualquer consequência para o relator ou para o processo.

De qualquer sorte, o que se sugere é que no prazo de 30 dias, o relator elabore relatório e voto e solicite a inclusão do processo em pauta para ser julgado pelo órgão colegiado. No julgamento do recurso, a decisão será tomada pelo voto de três juízes (art. 941, § 2º).

Julgado o recurso, será lavrado acórdão e imediatamente comunicado ao juízo de primeiro grau, para ciência da decisão e eventualmente seu cumprimento.

CAPÍTULO IV
DO AGRAVO INTERNO

> **Art. 1.021.** Contra decisão proferida pelo relator caberá agravo interno para o respectivo órgão

colegiado, observadas, quanto ao processamento, as regras do regimento interno do tribunal.

§ 1º Na petição de agravo interno, o recorrente impugnará especificadamente os fundamentos da decisão agravada.

§ 2º O agravo será dirigido ao relator, que intimará o agravado para manifestar-se sobre o recurso no prazo de 15 (quinze) dias, ao final do qual, não havendo retratação, o relator levá-lo-á a julgamento pelo órgão colegiado, com inclusão em pauta.

§ 3º É vedado ao relator limitar-se à reprodução dos fundamentos da decisão agravada para julgar improcedente o agravo interno.

§ 4º Quando o agravo interno for declarado manifestamente inadmissível ou improcedente em votação unânime, o órgão colegiado, em decisão fundamentada, condenará o agravante a pagar ao agravado multa fixada entre um e cinco por cento do valor atualizado da causa.

§ 5º A interposição de qualquer outro recurso está condicionada ao depósito prévio do valor da multa prevista no § 4º, à exceção da Fazenda Pública e do beneficiário de gratuidade da justiça, que farão o pagamento ao final.

▶ *Referência: CPC/1973 – Arts. 545 e 557*

1. Cabimento contra decisões monocráticas (unipessoais) do relator

O CPC/1973 previa o cabimento do agravo interno apenas contra determinadas decisões especificamente. Além disso, em outros casos, até mesmo vedava expressamente o seu cabimento, por exemplo, das decisões dos relatores convertiam o agravo de instrumento em agravo retido ou que lhe concediam efeito suspensivo (art. 527, parágrafo único, do CPC/1973).

O CPC ampliou as hipóteses de cabimento do agravo interno e passou aceitá-lo contra toda e qualquer decisão monocrática (unipessoal) proferida pelos relatores nos recursos e nas ações de competência originária dos tribunais.

Com isso, pôs-se fim ao chamado "agravo regimental", que era previsto unicamente pelos regimentos internos dos tribunais, cujo cabimento era residual, isto é, eram utilizados apenas naquelas hipóteses em que a lei federal não concebia o agravo interno.

Dessa forma, como dito, qualquer que seja a decisão proferida pelo Relator, de acordo com a ampla competência estatuída pelos arts. 932 e 933 do CPC, bem como aquelas atribuições estabelecidas no regimento interno dos tribunais, sempre será cabível o agravo interno.

Ressalte-se que constitui erro grosseiro a interposição de agravo interno contra acórdão, pois como exposto é recurso destinado a impugnar decisões monocráticas e não colegiadas (acórdãos).

2. Cabimento de decisão monocrática (unipessoal) proferida no julgamento de recursos repetitivos e com fundamento em repercussão geral

O CPC também estende o cabimento do agravo interno para decisões proferidas no âmbito do julgamento de recursos repetitivos e com fundamento em repercussão geral. Assim o faz três situações.

A primeira, prevista no art. 1.036, § 3º, com a redação dada pela Lei 13.256/2016, que prevê o cabimento do agravo interno contra a decisão do presidente ou vice-presidente que indefere o pedido de afastar o sobrestamento e inadmitir o recurso especial ou extraordinário que tenha sido interposto intempestivamente.

A segunda, contemplada no art. 1.037, § 13, II, que estipula o cabimento do agravo interno contra a decisão do relator, no tribunal, que resolve o requerimento de distinção formulado pela parte, a fim de que tenha prosseguimento o recurso sobrestado.

E a terceira, inserta no art. 1.030, § 2º, com redação dada pela Lei 13.256/2016, que consagra o cabimento do agravo interno contra decisão do presidente ou vice-presidente que (i) não conhece recurso especial ou extraordinário interposto contra acórdãos que tem orientação coincidente com os julgamentos proferidos em recursos repetitivos ou em análise de repercussão geral, bem como, (ii) aquela que sobresta o recurso que versar sobre controvérsia de caráter repetitivo ainda não decidida pelo Supremo Tribunal Federal ou pelo Superior Tribunal de Justiça, conforme se trate de matéria constitucional ou infraconstitucional.

3. Competência para julgamento

O agravo interno deverá ser julgado obrigatoriamente pelo órgão colegiado a que pertence o relator ou tratando-se de decisão proferida pelo presidente ou vice-presidente pelo órgão que assim estipular o regimento interno de cada tribunal.

O julgamento deverá sempre ser colegiado, ainda que seja para não conhecer do recurso (por falta de um dos requisitos de admissibilidade). De fato, não tem competência o prolator da decisão agravada (relator, presidente ou vice-presidente do Tribunal) para exercer isoladamente o juízo de admissibilidade.

4. Impugnação específica da decisão recorrida

O § 1º do art. 1.021 exige que o recorrente impugne "especificadamente os fundamentos da decisão agravada". Essa exigência decorre do dever de motivação que deve nortear todos os recursos, como manifestação direta do princípio da dialeticidade.

O agravo interno é um recurso de fundamentação livre, em que não há determinado tipo de vício ou defeito da decisão recorrida que caracteriza o seu cabimento. Significa dizer que a impugnação específica deverá guardar relação e sintonia com a fundamentação da decisão.

Assim, se agravo se volta contra a decisão monocrática do relator que não conheceu de um dado recurso, deverá se insurgir contra essa decisão e demonstrar o seu desacerto em considerar inadmissível seu recurso.

De outra banda, se o agravante se insurge contra a decisão do relator a respeito do sobrestamento do recurso, por não reconhecer a existência de distinção (art. 1.037, § 13), a fundamentação do agravo interno consistirá na demonstração do erro da decisão e a evidência de que o seu caso apresenta particularidades fático-jurídicas que configuram em situação distinta daquela afetada para o julgamento por amostragem.

O puro e mero inconformismo do agravante com a decisão monocrática, com a manifestação apenas de sua vontade de que seu caso seja julgado pelo órgão colegiado, não é suficiente para que seja vencida a barreira da admissibilidade.

5. Fundamentação adequada do acórdão

A outra face da exigência de impugnação específica é encontrada no § 3º do art. 1.021, ao vedar "ao relator limitar-se à reprodução dos fundamentos da decisão agravada para julgar improcedente o agravo interno".

Contempla-se a manifestação da incidência do art. 93, IX, da CF, e a perfeita sintonia com os art. 11 e 489, § 1º, do CPC, quanto à necessidade de fundamentação adequada das decisões judiciais e, no plano recursal, de que sejam enfrentados os motivos apontados pelo recorrente para a sua reforma ou anulação.

A advertência do legislador, quanto à vedação da reprodução de fundamentos, tem por objetivo evitar a indevida prática, de se submeter o agravo interno a julgamento colegiado sem qualquer manifestação quando às razões recursais – apenas e tão somente com a transcrição literal dos próprios termos da decisão agravada.

6. Prazo para a interposição

O CPC ampliou consideravelmente o prazo para a interposição do agravo interno. De acordo com o 1.003, § 5º, o agravante terá 15 dias úteis (art. 212 do CPC), enquanto o CPC/1973 previa o prazo de apenas cinco dias (art. 557, § 1º). Idêntico prazo terá o agravado para responder (art. 1.021, § 2º, do CPC).

7. Preparo

O capítulo do CPC que cuida do agravo interno não traz qualquer referência quanto ao preparo. Dessa forma, deve incidir o disposto no art. 1.007 do CPC: "no ato de interposição do recurso, o recorrente comprovará, quando exigido pela legislação pertinente, o respectivo preparo (...)".

Desta feita, as normas de organização judiciária de cada Estado devem dispor sobre o valor das custas a serem colhidas para a interposição do recurso, até mesmo por causa da natureza jurídica de taxa que elas possuem.

8. Juízo de retratação

É ínsita ao agravo interno a possibilidade de retratação. Esta decorre do efeito devolutivo diferido, que transfere a matéria impugnada para o órgão colegiado (*ad quem*) sem deixar de se submeter ao próprio julgador (*a quo*).

Assim, estipula o CPC que o relator, recebendo o recurso e intimando o agravado para contrarrazões, poderá se retratar ou, caso contrário, deverá levar o recurso para julgamento pelo órgão colegiado. A retratação é ato pessoal do relator, de modo que somente levará agravo para julgamento se mantiver sua decisão. Exercida a retratação, o agravo fica prejudicado, devendo ser seguir oportunamente ao julgamento do recurso inicialmente interposto.

É relevante observar que a retratação permitida pelo efeito devolutivo diferido não alcança o juízo de admissibilidade do agravo interno. O relator poderá exercer o juízo de mérito, mas, como já dito acima, não tem competência isolada para o juízo de admissibilidade.

A literalidade do § 2º do art. 1.021 dá a entender que o relator deverá intimar ao agravado para responder e, somente após, exercer o juízo de retratação. A questão que se coloca é saber se, de fato, não poderia o relator se retratar imediatamente ante a identificação de erro manifesto ou de equívoco evidente.

O argumento mais contundente no sentido positivo passaria pelo reconhecimento de que o agravado terá oportunidade de se manifestar sobre a decisão objeto da retratação quando do julgamento do recurso pelo colegiado. Não existiria assim prejuízo, pois a retratação proporcionaria apenas o retorno da situação verificada antes da decisão monocrática.

Contudo, não nos parece que essa solução se coadune com a exigência de contraditório prévio prestigiado pelo CPC, que deve incidir quando a decisão possa prejudicar a parte, no caso específico, o agravado. São as disposições constantes dos arts. 7º, 9º e 10 do CPC, que prestigiam o efetivo contraditório e a necessidade da parte ser ouvida, previamente, para que possa influenciar na decisão a ser proferida. Não foi por outra razão, que o CPC passou a exigir a intimação do embargado, quando os embargos de declaração puderem modificar a decisão embargada (art. 1.023, § 2º).

6. Inclusão em pauta

Diz literalmente a parte final do § 2º do art. 1.021 que haverá "inclusão em pauta" do agravo interno. Significa dizer que esse recurso deverá constar previamente da pauta de julgamento daquele órgão colegiado, a qual deverá ter a publicidade necessária, com a intimação das partes com antecedência mínima de cinco dias úteis (arts. 934 e 935 do CPC).

O procedimento acima foi importante, pois o art. 557, § 1º, do CPC/1973 dispunha que o relator apresentava o recurso "em mesa", isto é, o levava diretamente à sessão para o julgamento, sem qualquer comunicação às partes.

A disciplina do CPC prestigia a publicidade dos atos processuais e confere mais certeza e previsibilidade às partes.

7. Sustentação oral

O art. 937, VII, que sofreu veto presidencial, dizia que era cabível a sustentação oral "VII – no agravo interno originário de recurso de apelação, de recurso ordinário, de recurso especial ou de recurso extraordinário".

A previsão do projeto, aprovado no legislativo, baseava-se na percepção de que a sustentação oral no agravo interno era algo natural, porque, em síntese, o que estava em julgamento era a matéria do próprio recurso que restou analisada inicialmente apenas por um dos membros do colegiado.

O veto se baseou no seguinte motivo: "A previsão de sustentação oral para todos os casos de agravo interno resultaria em perda da celeridade processual, princípio norteador do novo Código, provocando ainda sobrecarga nos Tribunais".

Como se pode notar, é inconcebível, sob qualquer ótica, as razões de veto presidencial. A ausência de sustentação oral não interfere na celeridade e tampouco na sobrecarga. Atualmente, o agravo deve ser incluído em pauta e votado colegiadamente, de modo que não há acréscimo algum de serviço por parte dos julgadores, quanto mais interferência na "celeridade" processual.

Com efeito, há que se observar que o julgamento monocrático não comprometer o direito à sustentação oral, principalmente quando se nota que tal direito poderia ser exercido caso não houvesse a decisão monocrática e o recurso fosse julgado pelo órgão colegiado.

Apesar do veto presidencial, há que fazer ainda duas observações quanto à sustentação oral no agravo interno.

A primeira é ainda permanece o direito à sustentação oral no agravo interno contra decisão do relator que extingue mandado de segurança, ação rescisória e reclamação (art. 937, § 3º); e a segunda é que os arts. 937, IX, e 1.021, *caput*, do CPC permitem que os regimentos internos dos tribunais contemplem a possibilidade de sustentação oral em outras hipóteses.

8. Multa

O § 2º do art. 557 do CPC/1973 previa a condenação do agravante ao pagamento de

Art. 1.022

multa, em casos de recurso manifestamente inadmissível ou infundado, no percentual entre um e dez por cento do valor da causa, condicionando a interposição de qualquer outro recurso ao depósito do respectivo valor.

O CPC, nos §§ 4º e 5º do art. 1.021, manteve a possibilidade de condenação em multa, exigindo-se, contudo, que (i) o recurso seja manifestamente inadmissível ou improcedente; (ii) que a votação seja unânime; e (iii) que a multa seja fixada em decisão fundamentada. Além disso, reduziu o valor da multa, que poderá ser fixado entre um a cinco por cento do valor da causa.

Com efeito, ainda que se considere manifestamente infundado o recurso de agravo, o cuidado que se deve ter ao considerar o abuso do poder de recorrer advém da circunstância de que, em algumas situações, o agravante é obrigado a interpor o agravo para ter acesso à instância extraordinário – já que a CF impõe como requisito de admissibilidade dos recursos excepcionais o esgotamento da instância ordinária.

Vale ressaltar que a Fazenda Pública e o beneficiário de gratuidade da justiça, caso condenados à multa, poderão fazer o pagamento ao final, destacando ainda que o CPC não incluiu nessa disposição o Ministério Público.

CAPÍTULO V
DOS EMBARGOS DE DECLARAÇÃO

Art. 1.022. Cabem embargos de declaração contra qualquer decisão judicial para:

I – esclarecer obscuridade ou eliminar contradição;

II – suprir omissão de ponto ou questão sobre o qual devia se pronunciar o juiz de ofício ou a requerimento;

III – corrigir erro material.

Parágrafo único. Considera-se omissa a decisão que:

I – deixe de se manifestar sobre tese firmada em julgamento de casos repetitivos ou em incidente de assunção de competência aplicável ao caso sob julgamento;

II – incorra em qualquer das condutas descritas no art. 489, § 1º.

▶ *Referência: CPC/1973 – Art. 535*

1. As particularidades dos embargos de declaração em relação aos demais recursos

Encontra-se superada a discussão a respeito da natureza jurídica dos embargos de declaração. Estão definidos na lei como recursos (art. 994, IV), possuem a característica de propiciar o reexame da matéria, através de seu efeito devolutivo, e provocam o prolongamento da demanda, por intermédio do exercício do direito de ação e de defesa.

Contudo, a adequada compreensão desse recurso advém da necessidade de se reconhecer a existência de diversas particularidades, que o tornam um recurso *sui generis*. Note-se que os embargos de declaração (i) são de fundamentação vinculada, ou seja, seu cabimento fica adstrito à alegação específica de *errores in procedendo* (omissão, obscuridade, contradição e erro material); (ii) não possuem a função de anular ou reformar a decisão recorrida, visando, apenas, esclarecê-la ou integrá-la; (iii) são julgados pelo mesmo órgão que prolatou a decisão recorrida; (iv) não se submetem à correspondência com as decisões judiciais para o seu cabimento.

Quanto a essa última particularidade, insta lembrar que os recursos têm o cabimento relacionado à correspondência com as decisões judiciais. É o que deflui da leitura do CPC. Com efeito, em correlação com o art. 203, o CPC dispõe expressamente que dos despachos não cabe recurso (art. 1.001); da sentença cabe apelação (art. 1.009); e das decisões interlocutórias cabe recurso de agravo de instrumento nas hipóteses ali previstas (art. 1.015). Além disso, dos acórdãos (art. 204), dependendo de seu conteúdo, cabem recurso ordinário (art. 1.027), recurso especial (1.029), recurso extraordinário (art. 1.029) e embargos de divergência (art. 1.043).

Os embargos de declaração fogem à essa lógica e são cabíveis contra todas as decisões (interlocutória, sentença ou acórdão), desde que apresentem os vícios apontados no art. 1.022 do CPC.

Significa dizer que o nosso sistema recursal prescreve a recorribilidade das decisões judiciais por meios de recursos específicos para tanto (típicos); ao passo que os embargos de declaração correspondem verdadeira exceção a essa regra. Daí serem *sui generis*.

De fato, proferida uma decisão – com exceção daquela irrecorrível no âmbito dos tribunais superiores – os embargos sempre se apresentarão com um recurso "intermediário", porque após o seu julgamento será possível a utilização do recurso previsto pelo Código para atacar a decisão embargada.

Assim, proferida uma decisão interlocutória, a parte poderá agravar ou, havendo um dos vícios do art. 1.022 do CPC, opor embargos de declaração. Se for a hipótese dos embargos, após o seu julgamento – e integrada a decisão embargada por aquela que os julgou – essa mesma parte poderá manejar o seu recurso de agravo.

São essas particularidades que projetam consequências específicas aos embargos de declaração, tais como a interrupção do prazo para a interposição do recurso subsequente e um tratamento diferenciado quanto ao efeito suspensivo.

2. Juízo de admissibilidade e juízo de mérito dos embargos de declaração

Os embargos de declaração são recursos de fundamentação vinculada, o que significa que o seu cabimento está vinculado a determinados tipos de vício ou de defeito da decisão recorrida.

Essa característica faz com exista certa dificuldade na distinção entre os juízos de admissibilidade e de mérito. Isso porque, sabendo que o requisito imprescindível para a previsão desta espécie recursal é a existência do defeito ou vício na decisão impugnada, o problema encontra-se em saber se, inexistindo o vício apontado, teria havido o julgamento de mérito do recurso.

Essa questão é extremamente relevante, pois somente quando admissível é que a decisão que o julga poderá integrar a decisão embargada. O não conhecimento dos embargos torna intocável a decisão embargada.

Existem duas correntes interpretativas a respeito do tema. A primeira sustenta que a mera alegação da existência do vício já é o suficiente para que o requisito do cabimento esteja preenchido, de modo a análise judicial sobre a sua presença ou não corresponde ao juízo de mérito. A segunda entende que não basta a mera alegação, sendo necessário certo grau de cognição a respeito dessa alegação, que somente se dará com a verificação em concreto do vício. Se, *a prima facie*, ao se fazer análise da alegação, se perceber que a alegação é insustentável, não foi vencida a barreira da admissibilidade.

Por critério de segurança jurídica e previsibilidade, a jurisprudência se satisfaz com a simples alegação do vício, reconhecendo que qualquer análise posterior já representa juízo de mérito.

Em síntese, no âmbito jurisprudencial, sob a ótica do cabimento, é suficiente que o embargante alegue a presença dos vícios de omissão, obscuridade, contradição ou erro material. Se, por outro lado, os embargos forem opostos sem a indicação de tais vícios, devem ser inadmitidos por falta de cabimento.

Note-se que essa dificuldade somente ocorre quanto ao requisito do cabimento, pois, quanto aos demais, não há diferença.

Cumpre ressaltar, ainda, que é preciso ter certo cuidado quanto juízos de mérito e admissibilidade, pois o CPC carece de melhor técnica ao se referir a "acolhimento" ou a "rejeição" dos embargos. Tais expressões são usadas como sinônimos de provimento ou improvimento – terminologia mais adequada a representar o juízo de mérito dos recursos.

3. Cabimento contra toda e qualquer decisão

O CPC veio corrigir equívoco existente no CPC/1973 que restringia o cabimento dos embargos de declaração exclusivamente contra sentenças e acórdãos. A jurisprudência e a doutrina já apontavam a necessidade de se conceber *ampla embargabilidade*, para alcançar também as decisões interlocutórias.

O art. 1.022, em sintonia com essa tendência e sobretudo com a importância as interlocutórias passaram a ter após a concepção da antecipação de tutela, fez constar expressamente que "cabem embargos de declaração *contra qualquer decisão judicial*...".

Essa disposição faz com que os embargos sejam cabíveis inclusive contra decisões que são irrecorríveis, por exemplo, por agravo de instrumento (art. 1.015 do CPC). Ainda que não exista um recurso típico destinado a impugnar a decisão judicial ou mesmo que o código a qualifique como irrecorrível, a parte tem direito que essa decisão seja proferida em conformidade com o estabelecido pela ordem constitucional, conferindo clareza e exatidão quanto à sua fundamentação e extensão.

De outro lado, também não se pode negar, que até mesmo os despachos são suscetíveis os

Art. 1.022

CÓDIGO DE PROCESSO CIVIL INTERPRETADO

embargos de declaração. Ainda que desprovido de conteúdo decisório relevante e que não tenha a função de resolver uma determinada questão, caso, por exemplo, padeça de clareza, nada impede que a parte oponha os embargos – que podem até mesmo ser recebidos como simples petição.

4. A obscuridade

A obscuridade consiste, em síntese, na falta de clareza do pronunciamento judicial. É dever do estado prestar a tutela jurisdicional de forma segura e previsível para as ambas, sendo inconcebível decisões judiciais que ensejam interpretações diversas ou obscuras. Todas as decisões devem ser claras e precisas. A obscuridade pode residir tanto na fundamentação quanto na parte dispositiva da decisão, isto é, comprometer as razões de decidir ou o próprio comando judicial.

5. A contradição

Existe contradição quando a decisão judicial apresenta proposições inconciliáveis entre si. Isso pode se dar em cada parte da decisão, como por exemplo, em premissas que não se conciliam na própria fundamentação, ou entre proposições estabelecidas na fundamentação e no decisório.

A contradição que enseja os embargos de declaração é a contradição *interna*, verificada no âmbito da decisão recorrida. Não há contradição entre a decisão embargada e outra proferida no processo, ainda que em sentido contrário. Tampouco existe contradição entre a fundamentação da decisão e determinada prova produzida no processo. Eventuais vícios dessa ordem podem até proporcionar a caracterização de *erro in judicando* ou *erro in procedendo*, mas se sujeitam apenas a outros recursos.

6. A omissão quanto a questões apreciáveis de ofício

É omissa a decisão que deixa de apreciar pontos ou questões relevantes para o julgamento, que tenham sido objeto de arguição pelas partes ou que deveriam o juiz conhecê-las de ofício e sem provocação. O *caput* do art. 1.022 não contempla intepretação diversa.

O código consagrou expressamente o entendimento doutrinário e jurisprudencial de que incorre em omissão a decisão judicial que deixa de apreciar determinada questão de ofício, isto é, questão que deve obrigatoriamente ser apre-

ciada independentemente de manifestação ou requerimento das partes.

É o que se passa com determinadas questões de ordem pública (ex. condições da ação, pressupostos processuais, requisitos de admissibilidade dos recursos etc.), bem como com outras em que exige o CPC manifestação expressa (juros de mora, correção monetária, fixação de verba honorária etc.).

Em determinadas situações, a omissão pode surgir como decorrência da própria reforma da decisão. É o que se passa, por exemplo, quando há a inversão do resultado da causa na apelação e não foi apreciada e deferida a produção de provas formulado pela parte vencedora em primeiro grau. Nesse caso, o julgamento de procedência antecipado da lide, com o acolhimento de um determinado fundamento, torna inviável a produção da prova requerida pelo autor para eventualmente corroborar os demais. Desse modo, com a inversão do julgamento na apelação, não pode o tribunal deixar de oportunizar a produção dessa prova, sob pena de cerceamento do direito de defesa.

7. A omissão quando não se manifesta sobre tese firmada em casos repetitivos e em incidente de assunção de competência

Também padece de omissão a decisão quando, ainda que sem provocação, isto é, de ofício, "deixe de se manifestar sobre tese firmada em julgamento de casos repetitivos ou em incidente de assunção de competência aplicável ao caso sob julgamento" (parágrafo único, do art. 1.022).

Essa previsão guarda pertinência com outros dispositivos do CPC que consagram um sistema de eficácia vinculante às decisões proferidas nos julgamentos descritos nesse dispositivo. Isso pode ser visto com muita nitidez com o cabimento de reclamação para "garantir a observância de acórdão proferido em julgamento de incidente de resolução de demandas repetitivas ou de incidente de assunção de competência (art. 988, IV), bem como quando é estipulado o cabimento de ação rescisória por violação à norma jurídica (art. 966, V) quando a decisão fundada em "em enunciado de súmula ou acórdão proferido em julgamento de casos repetitivos que não tenha considerado a existência de distinção entre a questão discutida no processo e o padrão decisório que lhe deu fundamento" (art. 966, § 5º).

O CPC exige a incidência da tese firmada ou do enunciado da súmula vinculante nas decisões a serem proferidas e, caso isso não ocorra, resta caracterizada a omissão suprível via embargos de declaração.

No entanto, exige-se ainda mais. Pretende-se que o padrão decisório formulado seja aplicado correta e adequadamente ao caso sob julgamento, sendo certo que sua incidência à questão distinta daquela decidida contamina a decisão de vício de nulidade absoluta que não se convalida com a formação da coisa julgada. Nesse último caso também se contempla o cabimento dos embargos de declaração.

Com efeito, em tais hipótese, haverá omissão quando a decisão (i) deixa de se manifestar sobre a tese firmada; (ii) quando apesar de se manifestar e aplicar ao caso sob julgamento deixa de fazer a distinção; (iii) bem como quando apesar de se manifestar, aplica ao caso sob julgamento tese que supôs ter sido decidida, mas que não está contida no padrão decisório.

8. Omissão advinda da não observância das condutas descritas no art. 489, § 1º

Um dos pontos de destaque do CPC é a valorização da qualidade das decisões judiciais, com a exigência de fundamentação completa, adequada e exauriente. Essa exigência guarda pertinência com o dever de fundamentar as decisões judiciais (art. 93, IX, da CF), bem como com o respeito ao princípio de contraditório e da ampla defesa (art. 5º, LV, da CF e arts. 9º e 10 do CPC).

Para tanto, de forma didática, o legislador prescreveu as situações em que não deve incorrer o julgador, sob pena de não se considerar como fundamentada uma determinada decisão judicial.

Assim o fez ao dispor no art. 489, § 1º, que "Não se considera fundamentada qualquer decisão judicial, seja ela interlocutória, sentença ou acórdão, que: I – se limitar à indicação, à reprodução ou à paráfrase de ato normativo, sem explicar sua relação com a causa ou a questão decidida; II – empregar conceitos jurídicos indeterminados, sem explicar o motivo concreto de sua incidência no caso; III – invocar motivos que se prestariam a justificar qualquer outra decisão; IV – não enfrentar todos os argumentos deduzidos no processo capazes de, em tese, infirmar a conclusão adotada pelo julgador; V – se limitar a invocar precedente ou enunciado de súmula,

sem identificar seus fundamentos determinantes nem demonstrar que o caso sob julgamento se ajusta àqueles fundamentos; VI – deixar de seguir enunciado de súmula, jurisprudência ou precedente invocado pela parte, sem demonstrar a existência de distinção no caso em julgamento ou a superação do entendimento".

De acordo com o art. 1.022, parágrafo único, II, caso a decisão judicial incorra em qualquer uma dessas situações ela será considerada omissa e se sujeitará aos embargos de declaração.

9. Erro material

Erro material é aquele que advém da falta de correspondência entre o que foi idealizado pelo juiz e aquilo que restou expresso na decisão judicial. Deve ser perceptível *primo ictu oculi*, isto é, a primeira vista e sem maior aprofundamento. Essa falta de correspondência permite que o erro seja corrigido imediatamente, por simples petição, e que não inexista preclusão (endoprocessual ou extraprocessual) capaz de impedir a sua correção. A correção pode ser feita por provocação ou até mesmo de ofício pelo juiz (art. 494, I e II, do CPC).

O legislador incluiu o erro material como hipótese de cabimento de embargos de declaração, atendendo, assim, ao entendimento pacífico da doutrina e da jurisprudência. Isso não significa, contudo, que seja vedada a parte arguir o erro material por simples petição.

De fato, a previsão de cabimento dos embargos de declaração nessa hipótese serve para conferir segurança às partes, no sentido de que haverá a interrupção do prazo para a interposição de outros recursos – circunstância essa que não ocorre com o oferecimento de simples petição.

> **Art. 1.023.** Os embargos serão opostos, no prazo de 5 (cinco) dias, em petição dirigida ao juiz, com indicação do erro, obscuridade, contradição ou omissão, e não se sujeitam a preparo.
>
> **§ 1º** Aplica-se aos embargos de declaração o art. 229.
>
> **§ 2º** O juiz intimará o embargado para, querendo, manifestar-se, no prazo de 5 (cinco) dias, sobre os embargos opostos, caso seu eventual acolhimento implique a modificação da decisão embargada.

▶ *Referência: CPC/1973 – Art. 536*

Art. 1.023

CÓDIGO DE PROCESSO CIVIL INTERPRETADO

1. Forma de interposição e prazo

O recurso de embargos deve ser interposto por petição escrita dirigida ao juiz ou relator que prolatou a decisão embargada no prazo de cinco dias. Nesse ponto, os embargos de declaração apresentam duas particularidades.

A primeira, de serem opostos e julgados pelo mesmo juiz ou órgão colegiado que prolatou a decisão embargada, ao contrário dos demais recursos que são examinados por órgãos distintos daquele que proferiu a decisão recorrida.

A segunda, de terem o prazo de cinco dias para a sua oposição, consistindo assim exceção à regra geral de que todos os recursos são interpostos em 15 dias (art. 1.003, § 5º). Não importa qual o juízo que prolatou a decisão, seja monocrático ou colegiado, o prazo será sempre de cinco dias e deverá ser interposto e julgado pelo mesmo órgão.

Procurando evitar maiores discussões, o CPC traz a regra expressa de que havendo litisconsortes com procuradores diferentes o prazo a oposição dos embargos também será contado em dobro, isto é, em 10 dias (art. 1.022, § 1º c/c art. 229).

2. A indicação do vício como requisito de admissibilidade

O artigo sob comento é taxativo ao dispor o recurso será oposto "com indicação do erro, obscuridade, contradição ou omissão". A literalidade do dispositivo reforça a concepção de que os embargos de declaração são recurso de fundamentação vinculada, cujo cabimento está ligado à alegação de um dos vícios descritos no art. 1.022: omissão, obscuridade, contradição ou erro material.

A *ausência* de indicação de um desses vícios na peça recursal e a pretensão de sua correção fazem com que o recurso não seja conhecido por falta de regularidade formal.

Eventual *deficiência* na fundamentação dos embargos, contudo, não deve levar à sua inadmissibilidade, sendo, conforme o caso, necessária a aplicação do disposto no art. 932, parágrafo único, do CPC.

Saliente-se, contudo, que inexistindo a indicação do vício, o recurso deve ser sumariamente inadmitido por falta de cabimento (adequação), já que não se presta ao fim determinado pelo sistema processual – e nessa hipótese não

poderá haver a sua correção, pois não se cuida de vício sanável.

Saliente-se que nos tribunais, diante de decisões colegiadas, o relator não tem poderes para isoladamente inadmitir os embargos, em clara exceção ao art. 932, III, do CPC, devendo sempre levá-lo para julgamento pela câmara ou turma.

3. Isenção legal de preparo

Outra particularidade apresentada pelos embargos de declaração é a isenção legal quanto ao recolhimento do preparo, isto é, das custas para o processamento dos recursos.

A principal justificativa para tal dispensa é que esse recurso visa a correção de uma decisão deficiente, que deveria ter sido proferida de forma adequada pelo órgão jurisdicional. Dessa forma, a parte não pode sofrer um desfalque em seu patrimônio financeiro quando tem a sua disposição um remédio cuja finalidade é exatamente a correção da prestação da tutela jurisdicional incorreta ou incompleta.

Tampouco há que se cogitar de pagamento de porte de remessa e retorno, uma vez que os embargos de declaração são julgados pelo próprio órgão que prolatou a decisão embargada.

4. Efeitos infringentes ou modificativos dos embargos de declaração e o contraditório

A circunstância de não serem os embargos de declaração recurso destinado a reformar ou anular as decisões judiciais, mas tão somente saneá-las de eventuais e típicas imprecisões, fez que fosse instaurada discussão doutrinária e jurisprudencial a respeito da possibilidade desse recurso modificar a decisão embargada.

Essa divergência encontra-se superada com a compreensão de que os embargos podem ter efeitos modificativos ou infringentes, isto é, reformar ou anular a decisão embargada, desde que tal modificação seja decorrência natural e necessária da correção de um dos vícios que o legítima (erro material, obscuridade, contradição e omissão).

Ao lado dessas considerações surgia naturalmente a dúvida a respeito de se franquear o contraditório – oferecimento de resposta aos embargos – à parte embargada quando o recurso pudesse modificar a decisão embargada.

Prevaleceu, corretamente, a necessidade de se prestigiar o contraditório e intimar a parte para se manifestar sobre o recurso, todas as vezes em que seu eventual acolhimento (provimento) implique a modificação da decisão embargada (§ 2º do art. 1.023).

O CPC torna obrigatória, como regra, a intimação da parte contrária para o oferecimento de contrarrazões aos embargos quando estes puderem ter efeitos infringentes ou modificativos do julgado. A ausência de resposta faz com que a decisão que julga os embargos padeça de nulidade absoluta, já que o prejuízo advindo da violação à norma infraconstitucional e constitucional é manifesto e indiscutível.

> **Art. 1.024.** O juiz julgará os embargos em 5 (cinco) dias.
>
> **§ 1º** Nos tribunais, o relator apresentará os embargos em mesa na sessão subsequente, proferindo voto, e, não havendo julgamento nessa sessão, será o recurso incluído em pauta automaticamente.
>
> **§ 2º** Quando os embargos de declaração forem opostos contra decisão de relator ou outra decisão unipessoal proferida em tribunal, o órgão prolator da decisão embargada decidi-los-á monocraticamente.
>
> **§ 3º** O órgão julgador conhecerá dos embargos de declaração como agravo interno se entender ser este o recurso cabível, desde que determine previamente a intimação do recorrente para, no prazo de 5 (cinco) dias, complementar as razões recursais, de modo a ajustá-las às exigências do art. 1.021, § 1º.
>
> **§ 4º** Caso o acolhimento dos embargos de declaração implique modificação da decisão embargada, o embargado que já tiver interposto outro recurso contra a decisão originária tem o direito de complementar ou alterar suas razões, nos exatos limites da modificação, no prazo de 15 (quinze) dias, contado da intimação da decisão dos embargos de declaração.
>
> **§ 5º** Se os embargos de declaração forem rejeitados ou não alterarem a conclusão do julgamento anterior, o recurso interposto pela outra parte antes da publicação do julgamento dos embargos de declaração será processado e julgado independentemente de ratificação.

▶ *Referência: CPC/1973 – Art. 537*

1. Prazo impróprio para o julgamento dos embargos

Estipula o legislador prazo para que o juiz decida os embargos de declaração. Em primeiro grau, no prazo de cinco dias, e nos tribunais, na sessão subsequente àquela em que oposto o recurso. Tais prazos devem ser vistos com uma diretriz a ser seguida pelos juízes, pois, o seu descumprimento não gera qualquer consequência para os juízes, partes ou para o processo. Os prazos fixados para o juiz, como este, são considerados impróprios, exatamente porque não dão surgimento aos efeitos negativos da preclusão temporal.

2. A inclusão em pauta dos embargos de declaração

A diretriz indicada ao relator nos tribunais é a de que os embargos devem ser apresentados em mesa na sessão para julgamento na sessão subsequente a sua oposição. Isso significa que o próprio relator leva o recurso para ser julgado, sem a necessidade de constar em pauta.

O CPC fez incluir uma disposição importante, no sentido de que "não havendo julgamento nessa sessão, será o recurso incluído em pauta automaticamente". Foi relevante essa previsão, pois prestigia o princípio da publicidade dos atos processuais, já que não é incomum a demora de semanas ou meses para julgamento dos embargos e a ausência de inclusão em pauta e a intimação das partes geram enorme incerteza – impedindo-as de comparecer e acompanhar a sessão de julgamento de seu recurso.

Desta feita, com o CPC, não sendo os embargos julgados na próxima sessão após sua oposição, as partes passam a ter o direito de ver o seu recurso pautado e de ser intimadas, com a antecedência necessária, do dia do julgamento (arts. 934 e 935 do CPC).

3. Os embargos contra decisão monocrática (unipessoal) nos tribunais e o seu julgamento

O órgão com competência para julgamento dos embargos de declaração é sempre aquele que proferiu a decisão embargada. Lembre-se que o escopo dos embargos é permitir a sanação do vício próprio juízo que o prolatou.

Assim, nos tribunais, se a decisão for colegiada (acórdão), caberá exclusivamente ao órgão colegiado apreciar os embargos, seja quanto à

Art. 1.024

admissibilidade, seja quanto ao mérito. Ao contrário dos demais recursos (art. 932, III), não detém o relator competência para exercer o juízo de admissibilidade negativo dos embargos de declaração. Pode, a teor do parágrafo único do art. 932, determinar a correção de eventual vício formal, mas jamais não conhecer do recurso. Nesta última hipótese, após a manifestação do embargante, o relator deverá elaborar o voto – aceitando-a ou não – e apresentar o recurso em mesa.

De outro lado, sendo a decisão monocrática ou unipessoal, a competência para o seu julgamento não será do colegiado, mas sim do próprio Relator. É o que a parte final do § 2º do art. 1.024: "o órgão prolator da decisão embargada decidi-los-á monocraticamente". Com efeito, a decisão que julga os embargos tem natureza integrativa e também passa a fazer parte da decisão embargada. Após os embargos, a decisão será composta de duas partes: a decisão embargada e a decisão saneadora.

Exatamente por essa circunstância é o pronunciamento que julga os embargos necessita ser proferido pelo mesmo juízo. Se for decisão monocrática, a decisão saneadora deverá ser igualmente monocrática, sob pena de termos uma decisão em parte monocrática e em parte colegiada. Também da mesma forma, há que se entender que sendo a decisão embargada colegiada, a decisão saneadora deverá ser necessariamente colegiada.

Além do respaldo técnico na assertiva acima, permite-se também afastar o inconveniente que já se verificou na prática quanto ao recurso cabível contra a decisão saneadora. Se esta fosse colegiada e a decisão embargada monocrática, seria cabível o agravo interno ou a parte já poderia lançar mão dos recursos excepcionais? De outra parte, se a decisão saneadora fosse monocrática e a decisão embargada fosse colegiada, qual o recurso seria cabível: agravo interno ou recursos excepcionais?

Esses questionamentos, como se vê, eram decorrência de uma compreensão inadequada quanto aos embargos de declaração, que restou esclarecida no CPC.

4. O recebimento dos embargos como agravo interno (princípio da fungibilidade) e o direito à complementação das razões recursais

A experiência vivenciada com o CPC/1973 e a jurisprudência defensiva dos tribunais superiores foram suficientes para que se fizesse a opção de inserir no texto legal essa hipótese de incidência do princípio da fungibilidade.

Se verificava amiúde, na prática, a prolação de decisões no âmbito dos tribunais superiores recebendo os embargos de declaração opostos contra decisão monocráticas, como se agravo interno fosse, quando neles havia a pretensão de efeitos modificativos. A crítica a esse posicionamento é a de que, no fundo, escondia-se uma má vontade desses tribunais no julgamento dos embargos de declaração.

A rigor, é inequívoco o desacerto dessa posição, já que não há dúvida objetiva quanto ao cabimento dos embargos de declaração ou do agravo interno em tal hipótese. O que pretendia a jurisprudência era evitar que após os embargos de declaração, ainda pudesse a parte lançar mão do agravo interno. Enfim, evitar o julgamento de dois recursos.

Buscando acomodar esse "atropelo" da jurisprudência, o CPC trouxe a expressa possibilidade de fungibilidade no art. 1.024, § 3º: "O órgão julgador conhecerá dos embargos de declaração como agravo interno se entender ser este o recurso cabível, desde que determine previamente a intimação do recorrente para, no prazo de 5 (cinco) dias, complementar as razões recursais, de modo a ajustá-las às exigências do art. 1.021, § 1º".

Com efeito, não se pode negar que que a opção legislativa não é a mais técnica. Como se disse, não incidem *in casu* os requisitos da incidência da fungibilidade. De qualquer sorte, talvez essa tenha sido a opção "menor pior", pois ao menos não se permite que o recorrente (embargante) seja prejudicado com a adoção da jurisprudência defensiva.

A opção do legislador de proteger o recorrente resta nítida na norma, na medida em que acertadamente autoriza que sejam complementados os embargos.

Essa complementação, de fato, é necessária, pois os embargos possuem fundamentação vinculada e o agravo interno fundamentação livre. Significa dizer que nem todos os vícios que poderiam ser alegados no agravo foram deduzidos nos embargos – apenas obscuridade, contradição, omissão e erro material. Dessa feita, se não houvesse a possibilidade de complementação, com a conversão dos embargos em agravo, o recorrente não teria outra oportunidade para apresentar os fundamentos que apenas nessa última espécie recursal poderiam ser alegados.

5. A complementação das razões recursais quando providos os embargos de declaração opostos pela parte contrária

É tradicional a máxima no sistema recursal de que a única exceção à complementação dos recursos ocorre quando há recurso por uma das partes e os embargos opostos pela outra parte modificam a decisão embargada com a piora da decisão do recorrente. Nesse caso, nos limites da modificação, ele pode complementar o seu recurso. Essa é a máxima que veio a ser incorporada ao texto legal (§ 4º do art. 1.024).

Um exemplo demonstra bem o contexto do dispositivo. Imagine-se tenha sido ajuizada demanda com quatro pedidos, sendo a sentença procedente quanto a três deles e omissa quanto a um. Dessa decisão, o réu interpõe apelação contra a condenação imposta por dois pedidos e o autor opõe embargos de declaração sob o fundamento de omissão quanto ao pedido não apreciado. Se providos os embargos, o réu, que teve piora em sua situação com a modificação do julgado, poderá complementar o seu recurso de apelação nos exatos limites dessa modificação, isto é, se insurgir contra aquilo que foi acrescentado com o julgamento dos embargos. Não poderá, portanto, se insurgir contra aquele capítulo que já constava inicialmente da sentença e contra o qual oportunamente não apelou.

Trata-se, portanto, da incidência do instituto da preclusão, que estabiliza situações já verificadas no processo, mas não impede o questionamento daquelas situações novas que venham a surgir.

6. Inexistência da necessidade de ratificação dos embargos de declaração

A interposição do recurso contra uma decisão judicial não se revela inútil quando a parte contrária interpõe embargos contra esta mesma decisão. O recurso anterior será julgado naturalmente, a não ser é claro que os embargos modifiquem a decisão embargada, hipótese em que se permitirá a complementação do recurso, como visto no comentário acima. De outro lado, se o julgamento dos embargos de declaração não interfere no interesse manifestado quando

da interposição do recurso típico (previsto para aquela decisão judicial), não há que se exigir qualquer ratificação.

As razões para tal assertiva são muitas: (i) a regra da interrupção do prazo recursal existe para facilitar a atuação do recorrente, nunca para prejudicá-lo; (ii) a parte, como regra, interpõe o recurso típico antes de saber da existência ou não de embargos opostos pela parte contrária; (iii) o recurso típico interposto é ato processual existente, válido e eficaz; (iv) os embargos de declaração podem não ser conhecidos e nesse caso o prazo não será interrompido; (v) é estranha ao processo civil norma legal que preveja a reiteração dos embargos de declaração; (vi) a fluência do prazo recursal pode dar-se de forma diferente para as partes, de modo que o prazo para uma delas pode ter se esgotado e para a outra nem se iniciado (basta pensar em ciência inequívoca); (vii) inexiste preclusão lógica, perda de interesse ou renúncia tácita pela não modificação da decisão embargada.

Contudo, na última década de vigência do CPC/1973, a discussão a respeito desse assunto ganhou relevo, porque o Superior Tribunal de Justiça editou a Súmula 418, cujo enunciado é o seguinte: "É inadmissível o recurso especial interposto antes da publicação do acórdão dos embargos de declaração, sem posterior ratificação". Apesar desse enunciado ser concebido sob a justificativa da falta de esgotamento da instância ordinária, com a falta de interposição de recurso contra a decisão saneadora, o certo é que ele também passou a ser estendido aos demais recursos, tais como apelação e agravo.

O CPC colocou uma pá de cal nessa controvérsia e concebeu, corretamente, que a interrupção do prazo recursal advinda da oposição dos embargos de declaração não tem qualquer repercussão sobre a existência, validade e eficácia do ato processual (interposição do recurso). Aliás, tanto o recurso interposto é ato processual existente, válido e eficaz, que à parte recorrente não se permite, posteriormente, sua modificação, salvo a exceção prevista no § 4º, do art. 1.024, isto é, quando o julgamento dos embargos modifica a decisão recorrida.

Encontra-se, assim, superado o enunciado da Súmula 418 do STJ.

Art. 1.025. Consideram-se incluídos no acórdão os elementos que o embargante suscitou, para fins de prequestionamento, ainda que os embargos de declaração sejam inadmitidos ou rejeitados, caso o tribunal superior considere existentes erro, omissão, contradição ou obscuridade.

▶ *Sem referência no CPC/1973*

1. O prequestionamento

O prequestionamento consiste em requisito específico de admissibilidade dos recursos excepcionais (especial e extraordinário) e advém do texto constitucional, que restringe o cabimento desses recursos às "causas decididas"; por outras palavras, que a questão a respeito do qual tenha versado o recurso excepcional tenha sido objeto de decisão e apreciação pelo tribunal local. Sua origem advém da CF/1891 que dizia caber recurso extraordinário ao STF "quando se *questionar* sobre a validade ou aplicação de tratados e leis federais e a decisão do tribunal do Estado for contra ela".

Esse entendimento veio a ser sedimentado no enunciado da Súmula 282 do STF, que diz que: "É inadmissível o recurso extraordinário, quando não ventilada, na decisão recorrida, a questão federal suscitada". Dessa feita, por força dessa interpretação, se não ventilada – quer dizer abordada, enfrentada, decidida – não se encontra presente o prequestionamento e o recurso não pode ser conhecido.

Contudo, não se pode deixar de reconhecer que ainda são encontradas diversas acepções doutrinárias sobre o conceito de prequestionamento, sugerindo que ele exista (i) a partir da mera manifestação das partes, independentemente apreciação pela decisão recorrida; (ii) a manifestação da parte e o efetivo enfrentamento pela decisão recorrida ou (iii) que basta a manifestação expressa pela decisão recorrida, independentemente de qualquer provocação.

Com efeito, em que pese essas diversas interpretação, é inegável que o prequestionamento surge como decorrência natural da própria função monofilática dos recursos excepcionais, pois, como cediço, se esses recursos destinam-se a proteger a higidez e correta interpretação da norma, é imprescindível que o acórdão recorrido tenha decidido expressamente sobre a incidência, aplicação e intepretação dessa mesma norma.

Em outras palavras, é preciso que tenha havido uma questão federal ou constitucional

decidida, pois, do contrário, não há qualquer motivo que justifique o cabimento desses recursos. O prequestionamento corresponde exatamente a essa *decisão da questão* pelo tribunal local.

2. A relação dos embargos de declaração com o prequestionamento

O enunciado da Súmula 356 do STF, inteiramente aplicável ao STJ, diz que: "O ponto omisso da decisão, sobre o qual não foram opostos embargos declaratórios, não pode ser objeto de recurso extraordinário, por faltar o requisito do prequestionamento".

Desse enunciando são extraídas as seguintes lições: (i) a mera alegação das partes sobre a violação de determinado dispositivo não é suficiente para a existência do prequestionamento; (ii) há necessidade de que a questão objeto do recurso especial ou extraordinário tenha sido expressamente decidida; (iii) se a parte alegou a violação ao dispositivo e não houve o respectivo enfrentamento, deve opor embargos de declaração para que seja suprida essa omissão e enfrentada a questão.

Essa Súmula revelou a direta e estreita relação entre os embargos de declaração e o prequestionamento. Em que pese se referir apenas à omissão, não se pode negar a grande utilidade dos embargos quando o acórdão recorrido apresenta obscuridade, não se podendo dele extrair precisamente se houve o enfrentamento de determinada questão ou qual seria a verdadeira intepretação dada a ela.

A falta da adequada compreensão entre os embargos e o prequestionamento acabou por revelar várias interpretações, seja doutrinária, seja jurisprudencial, que além de não serem adequadas, acabaram por criar um ambiente de enorme insegurança para os jurisdicionados.

Sugeriu-se, por exemplo, que haveria uma nova espécie de embargos, os chamados embargos de declaração prequestionadores, que estariam à disponibilidade das partes com o precípuo fim de permitir o preenchimento do requisito de cabimento do prequestionamento.

De outra parte, se entendeu que para a existência do prequestionamento seria obrigatória a oposição dos embargos de declaração, pois, ainda que a questão federal ou constitucional tivesse sido enfrentada, deveria a parte opor os aclaratórios para fins de prequestionamento.

Saliente-se, que a insegurança gerada por tais orientações, acabou proporcionando uma equivocada cultura de sempre se utilizar dos embargos de declaração, como se fosse um pressuposto para o cabimento dos recursos excepcionais, ainda que não estivessem presentes os vícios da omissão, obscuridade e contradição.

Ante tal situação, de insegurança e utilização indevida dos embargos, o STJ teve que consolidar o entendimento, através da Súmula 98, de que: "Embargos de declaração manifestados com notório propósito de prequestionamento não tem caráter protelatório".

Data venia, não deve ser admitida a oposição de embargos de declaração fora das hipóteses previstas em lei (art. 1.022 do CPC). É inadequado sugerir a existência de "embargos de declaração prequestionadores". Os embargos são extremamente úteis para os recursos excepcionais quando existentes na decisão recorrida a omissão ou a obscuridade, permitindo-se com a sua oposição, que tais vícios sejam sanados e a questão impugnada passe a fazer parte do acórdão.

Também é inadequado exigir a oposição dos embargos como requisito para a presença do prequestionamento. Este existirá desde que a questão federal ou constitucional tenha sido decidida (enfrentada) pelo acórdão recorrido. Essa intepretação decorre do texto constitucional, ao relacionar o cabimento desses recursos às causas "decididas" (art. 102, III, e art. 105, III, da CF). Se houve decisão, os embargos de declaração são irrelevantes.

3. O prequestionamento ficto e o entendimento jurisprudencial do STF e do STJ

Na medida em que os embargos de declaração, opostos adequadamente, são providos e a questão federal ou constitucional resta enfrentada (ou mesmo explicitada a sua presença na decisão), não há dúvidas de que presente estará o prequestionamento, bem como que os embargos foram extremamente úteis. A situação revela-se, contudo, tormentosa quando, a despeito da presença da omissão ou da obscuridade, os embargos declaração são improvidos, com fundamento na inexistência de tais vícios.

A dúvida que surge é a seguinte: a mera oposição dos embargos, com a indicação da questão omissa ou obscura, já seria suficiente para a caracterização do prequestionamento,

ainda que o tribunal diga que tais vícios não estão presentes ou deixe de conhecer dos embargos?

Essa situação passou a ser tratada de forma diferente pelo STJ e pelo STF, ainda que neste último não seja tão uniforme.

No âmbito do STJ, o entendimento pela inexistência de prequestionamento restou sedimentado na Súmula 211, cujo enunciando é o seguinte: "Inadmissível recurso especial quanto à questão que, a despeito da oposição de embargos declaratórios, não foi apreciada pelo tribunal *a quo*".

Segundo pacífica jurisprudência deste tribunal, o prequestionamento ficto, isto é, aquele que advindo ficticiamente da mera oposição dos embargos de declaração com a indicação da omissão da questão federal, não é capaz de atender aos ditames da Constituição Federal, que exige que a questão tenha sido efetivamente decidida.

Em tais hipóteses, incidindo o acórdão em omissão e não sendo esta suprida pelos embargos de declaração, segundo se decidiu, "caberia a esta alegar afronta ao artigo 535 do CPC [art. 1.022, CPC/15], pois a simples oposição de embargos declaratórios não tem o condão de suprir o prequestionamento necessário ao acesso ao STJ, pois nessa instância não se admite o prequestionamento ficto" (STJ, AgRg no Ag em REsp 9.935/SP, Rel. Min. Luis Felipe Salomão, 16.08.2012).

Em síntese, a posição do STJ é que o recorrente deveria interpor o recurso especial pela violação do artigo que disciplina o cabimento de embargos de declaração, pois se o vício da omissão ou da obscuridade está presente, o acórdão incorreu em erro e deve ser reformado para o acolhimento dos embargos.

Assim, o recurso especial ensejaria a reforma do acórdão e o retorno ao tribunal local para o julgamento dos embargos de declaração e suprimento do vício nele apontado. Somente após este julgamento, com o enfrentamento da questão federal suscitada é que estaria preenchido o requisito do prequestionamento.

No âmbito do STF, se pode dizer que a jurisprudência nunca foi uniforme. Nela se encontram precedentes de ambas as turmas, em sentidos opostos. Assim, por exemplo, se decidiu que "somente considera prequestionada a questão constitucional quando *tenha sido enfrentada, de modo expresso, pelo Tribunal a quo. A mera oposição de embargos declaratórios não basta*

Art. 1.025

para tanto. Logo, as modalidades ditas implícita e ficta de prequestionamento não ensejam o conhecimento do apelo extremo" (STF, ARE 707.221 AgR, Rel. Min Rosa Weber, 1ª Turma, j. 20.08.2013). No entanto, de forma diferente, decidiu-se que "a interposição pertinente de embargos de declaração satisfaz a exigência do prequestionamento, *ainda que não se tenha sido devidamente suprida pelo Tribunal de origem a omissão apontada*" (STF, AgR no RE 612.458/RS, Rel. Min Dias Toffoli, 1ª Turma, j. 19.05.2015).

Em nosso sentir, coadunamos com o entendimento do STJ, que nos parece mais adequado ao texto constitucional e à finalidade dos recursos excepcionais. A questão deve ser expressamente decidida, pois do contrário não há que se utilizar de um recurso cuja função primordial é a proteção da higidez e da correta interpretação da norma. Se esta não foi aplicada, não se cogita de risco à sua inteligência.

Ainda que esse entendimento, sob a ótica da celeridade, seja passível de crítica, pois enseja apenas a impugnação do acórdão para o fim de que, com o provimento do recurso excepcional, os autos sejam remetidos ao tribunal de origem para o outro julgamento dos embargos de declaração, não há dúvida de que é aquele que se mais se ajusta ao disposto na Constituição Federal.

4. O prequestionamento ficto e o CPC

Em razão da tormentosa divergência jurisprudencial, o legislador infraconstitucional, em sintonia com o princípio da instrumentalidade das formas e da primazia do julgamento do mérito, optou pela corrente jurisprudencial que admite o prequestionamento ficto. E assim o fez de forma taxativa no art. 1.025, objeto deste comentário.

O art. 1.025 do CPC consagra a circunstância de (i) ser alegado um defeito, (ii) de tribunal local decidir que esse vício inexiste (embargos rejeitados ou inadmitidos), e (iii) caso o tribunal superior entenda que houve erro nessa decisão, (iv) que considere com incluído no acórdão recorrido tal vício.

De acordo com o texto legal, o pressuposto para que tenha o prequestionamento por ficção é que o "tribunal superior considere existentes erro, omissão, contradição ou obscuridade" e, por tal razão, acabe por incluir no acórdão recorrido a matéria suscitada e não apreciada pelo tribunal local.

Ao considerar o erro de julgamento do tribunal local, há que se reconhecer como infringido o art. 1.022 do CPC, na medida em que se deixou de conhecer e dar provimento aos embargos de declaração, suprindo ou corrigindo o vício apontado.

Os tribunais superiores, de acordo com essa técnica, devem cassar o acórdão que julgou os embargos de declaração, por violação ao art. 1.022, mas, em vez de determinar a remessa ao tribunal local para a prolação de outro sem o vício reconhecido, passam diretamente à análise do dispositivo legal que o acórdão deixou de se manifestar.

Por isso é que já se decidiu que o recurso especial deve ter duas pretensões: a violação ao disposto legal sobre o qual o acórdão se omitiu de decidir e a violação o art. 1.022 do CPC, sob pena de não ser admitido (STJ, REsp 1.639.314/MG, Rel. Min. Nancy Andrighi, 3ª Turma, j. 04.04.2017).

Com efeito, da análise do art. 1.025 do CPC se poderia concluir inequivocamente que a Súmula 211 do STJ restaria superada, porque não haveria a necessidade de constar do acórdão recorrido a *questão decidida*, como requisito de admissibilidade dos recursos excepcionais – afinal, a questão seria decidida pelo próprio tribunal superior com a correção do erro, omissão, contradição ou obscuridade, como sugere o referido dispositivo.

No entanto, pensamos que essa questão deve ser analisada de forma mais profunda, pois a opção do art. 1.025 pelo prequestionamento ficto não pode conduzir a conclusão, pura e simples, de que a mera oposição de embargos de declaração é o suficiente para que o vício nele alegado permita que esta matéria seja apreciada imediatamente pelos tribunais superiores.

Não há dúvida de que a iniciativa do legislador infraconstitucional, de dispor a respeito do prequestionamento, é extremamente importante e salutar para os operadores do direito, trazendo mais segurança e previsibilidade, contudo, é imprescindível ressaltar que *o cabimento dos recursos excepcionais tem previsão constitucional*, bem como que a sua redação é que deve prevalecer.

Esta é a principal premissa a ser utilizada para a adequada aplicação do art. 1.025, na exata medida em que dispõe sobre um requisito de admissibilidade previsto expressamente na CF. Assim sendo, é imperiosa a conclusão de que, sob pena de manifesta inconstitucionalidade, a sua interpretação seja feita em conformidade com os art. 102, III, e art. 105, III, ambos da CF e de maneira mais restrita.

Até mesmo porque, o art. 1.025 não pode alterar as hipóteses de cabimento dos recursos excepcionais. O fundamento, o objeto e o conteúdo desses recursos estão expressamente previstos na CF, de modo que não se pode admitir que o legislador infraconstitucional disponha em sentido diverso.

É importante realizar uma visão mais restrita do art. 1.025, pois, do contrário restará completamente esvaziada a função monofilática desses recursos, visto que para que esta exista é imprescindível que a norma tida por malferida tenha sido apreciada pelo tribunal local.

Se esta norma sequer foi analisada, a decisão apresenta risco para o ordenamento jurídico ao ponto ser analisada pelos tribunais superiores o acerto ou não de sua incidência no caso concreto. De fato, se a norma não foi analisada não há nada que justifique a utilização dos recursos de estrito direito e a desconstituição do acórdão. O que existe é um acórdão que padece de um vício e que deve ser corrigido por aquele órgão dotado de competência para tanto, qual seja, o que o preferiu.

5. O prequestionamento ficto e as questões de fato

Outro aspecto relevante quanto ao art. 1.025 do CPC, e a sua perspectiva de "inclusão" no acórdão de matérias que não foram por ele analisadas e abordadas, é a necessidade de se manter hígida a compreensão advinda da Súmula 7 do STJ ("a pretensão de simples reexame de prova não enseja recurso especial").

Esse assunto é de extrema relevância, na medida em que essa permissão de "inclusão no acordão [d]os elementos que o embargante suscitou" poderá fazer com que naturalmente surjam questões de fato que não foram levados em consideração no julgamento da causa ou na resolução da questão.

Ante tal situação, o STJ, ao analisar a incidência do art. 1.025, e advertir que "tal dispositivo merece interpretação conforme a Constituição Federal (art. 105, III)", decidiu que "Não há, portanto, como presumir, com base no art. 1.025 do CPC/2015, os fatos trazidos em Embargos de Declaração como ocorridos, sob pena de extrapolação da competência constitucional do STJ de

intérprete da legislação federal infraconstitucional, fundamento este que dá suporte ao previsto na Súmula 7/STJ (...) e afasta a possibilidade de o STJ infirmar as premissas fáticas estabelecidas na origem". Além disso, consignou que: "não há como abstrair, do acórdão embargado, os fatos alegados pela parte recorrente e que servem de premissa à tese de direito invocada" (REsp. 1.644.163/SC, Rel. Min. Herman Benjamim, 2ª Turma, j. 28.03.2017).

Com efeito, o que se evidencia, é que uma interpretação menos acurada do art. 1.025, do CPC, pode resultar na compreensão de que o requisito constitucional de *causa (ou questão) decidida* pelo acórdão recorrido pode ser dispensado para fins de cabimento dos recursos excepcionais – o que incorreria em manifestação inconstitucionalidade por violação aos arts. 102, III, e 105, III, da CF.

6. Caracterização do prequestionamento ainda que os embargos sejam inadmitidos ou rejeitados

A redação do art. 1.025 parece sugerir que o resultado do julgamento dos embargos de declaração não tem qualquer relevância para a caracterização do prequestionamento. Utiliza-se propositadamente de juízo negativo de admissibilidade (inadmitidos) e de mérito (rejeitados).

Contudo, é preciso ter certo cuidado quanto à admissibilidade, porque várias são as causas que a caracterizam, sendo certo que não se pode dar o mesmo tratamento a todos elas indiscriminadamente.

A inadmissão a que se refere o dispositivo deve ser aquela relacionada à falta de cabimento, quando existe dúvida a respeito da existência ou não do vício alegado, pois, em tais situações, há que se reconhecer a existência de uma zona cinzenta entre o juízo de admissibilidade e juízo de mérito dos embargos. Em tais hipóteses, ainda que se diga que os embargos foram inadmitidos, há que se considerar a existência do prequestionamento.

A dificuldade de se distinguir, com certa segurança, os planos de admissibilidade e mérito dos embargos é que faz com que conste a ressalva do legislador quanto a recursos "inadmitidos".

Em outras hipóteses de inadmissibilidade, não pode haver dúvida de que os embargos não se prestam a prequestionar as questões suscitadas pelo recorrente. É que se verifica, por exemplo,

Art. 1.026

CÓDIGO DE PROCESSO CIVIL INTERPRETADO

com embargos intempestivos ou não inadmitidos por falta de regularidade formal.

Nesses casos, a decisão dos embargos não integra a decisão originária (embargada) e por isso não atende ao espoco do art. 1.025.

> **Art. 1.026.** Os embargos de declaração não possuem efeito suspensivo e interrompem o prazo para a interposição de recurso.
>
> **§ 1º** A eficácia da decisão monocrática ou colegiada poderá ser suspensa pelo respectivo juiz ou relator se demonstrada a probabilidade de provimento do recurso ou, sendo relevante a fundamentação, se houver risco de dano grave ou de difícil reparação.
>
> **§ 2º** Quando manifestamente protelatórios os embargos de declaração, o juiz ou o tribunal, em decisão fundamentada, condenará o embargante a pagar ao embargado multa não excedente a dois por cento sobre o valor atualizado da causa.
>
> **§ 3º** Na reiteração de embargos de declaração manifestamente protelatórios, a multa será elevada a até dez por cento sobre o valor atualizado da causa, e a interposição de qualquer recurso ficará condicionada ao depósito prévio do valor da multa, à exceção da Fazenda Pública e do beneficiário de gratuidade da justiça, que a recolherão ao final.
>
> **§ 4º** Não serão admitidos novos embargos de declaração se os 2 (dois) anteriores houverem sido considerados protelatórios.

► *Referência: CPC/1973 – Art. 538*

1. Efeito suspensivo dos embargos de declaração

A aferição quanto ao efeito suspensivo deve ser feita não em relação aos embargos propriamente ditos, mas sim quanto ao recurso previsto pelo Código para atacar a decisão embargada. Os embargos, em si mesmos, seja a sua interposição, seja a mera potencialidade no seu manejo, não influenciam na eficácia da decisão judicial.

Se os embargos versarem, por exemplo, contra uma sentença proferida no processo de conhecimento, sem que estejamos diante de uma das hipóteses previstas nos incisos do art. 1.012, evidentemente que a sentença não produzirá efeitos. Mas, tal fato não decorre dos embargos, mas sim da recorribilidade da sentença por meio do recurso de apelação.

Por outro lado, se a sentença for proferida num processo em que houve homologação da divisão ou demarcação (art. 1.012, § 1º, I), desde a sua publicação terá ela aptidão para produzir efeitos, não tendo os embargos de declaração, mesmo que opostos, qualquer interferência quanto a eles.

Esse mesmo raciocínio pode e deve ser utilizado em relação a todas as decisões, analisando-se sempre o efeito suspensivo, não propriamente em relação aos embargos, mas sim quanto ao recurso contra elas cabíveis.

Daí ser fácil concluir que as interlocutórias e os acórdãos objeto dos recursos especial e extraordinário produzem efeitos. Os embargos, quando manejados contra esses pronunciamentos, não terão o condão de impedir a eficácia dos mesmos.

Exatamente por conta dessas premissas é que o CPC/15 houve por bem, dispor expressamente que "Os embargos de declaração não possuem efeito suspensivo..." (art. 1.026). Significa dizer, repita-se, que os embargos não influenciam na eficácia da decisão judicial, por isso, a mera recorribilidade ou não, bem como a interposição desse recurso ou não, não interfere nos efeitos da decisão embargada.

Eles, os embargos, sempre foram desprovidos do efeito suspensivo.

2. A possibilidade de concessão do efeito suspensivo

Inovou o legislador ao prever a possibilidade de ser concedido o efeito suspensivo aos embargos, por decisão proferida pelo prolator da decisão embargada. Para tanto, segundo dispõe o § 1º do art. 1.026, é imprescindível que seja "demonstrada a probabilidade de provimento do recurso ou, sendo relevante a fundamentação, se houver risco de dano grave ou de difícil reparação".

A leitura desse dispositivo leva à conclusão de que se pode atribuir efeito suspensivo aos embargos em duas situações distintas: (i) a probabilidade de provimento do recurso *ou* (ii) relevância da fundamentação e risco de grave ou difícil reparação.

Na primeira, a demonstração da probabilidade de correção do vício é o suficiente para a concessão do efeito suspensivo, sem necessidade de se cotejar qualquer aspecto relacionado ao perigo de dano (*periculum in mora*). Cuida-se, portanto, a previsão da tutela da evidência (art. 311), em grau recursal.

Na segunda, está contemplada a tutela de urgência (art. 300), devendo o embargante comprovar a relevância da fundamentação de seu recurso e o risco grave ou de difícil reparação (*periculum in mora*).

A possibilidade de concessão de efeito suspensivo por intermédio da tutela da evidência, aos embargos de declaração, configura exceção no âmbito recursal, pois, de acordo com o art. 995, que se encontra nas Disposições Gerais (Capítulo I) do Título dos Recursos, aplicável de forma indiscriminada para todas as espécies recursais, somente seria viável a tutela da urgência para tal fim.

Por isso, não se pode deixar de consignar um certo arremedo de crítica quando se percebe a nítida incongruência do legislador que, na parte geral dos recursos prevê o cabimento apenas da tutela de urgência, ao passo que especificamente para os embargos de declaração permite também a tutela de evidência.

Em nosso sentir, apesar da manifesta incongruência, parece-nos mais adequado perceber particularidades desse recurso que justificam a tutela de evidência recursal em relação a ele.

Isso porque, os embargos possuem uma nota específica, qual seja, a de que têm por característica corrigir uma decisão defeituosa (*erro in procedendo*) pelo próprio prolator da decisão recorrida. Assim, ao receber os embargos o próprio julgador que proferiu a decisão recorrida teria melhores condições de, percebendo seu manifesto equívoco, impedir a eficácia da decisão, ainda que seja irrelevante a presença do *periculum in mora*.

É extremamente relevante essa observação, pois após o seu julgamento, sempre será cabível outro recurso que, salvo a apelação, dependerá do requisito da urgência para a concessão de efeito suspensivo. É o que se passa, por exemplo, com a decisão interlocutória, em que pode ter sua eficácia suspensa sem o requisito do *periculum in mora* em sede de embargos de declaração, ao passo que em se tratando de agravo de instrumento será imprescindível a demonstração da urgência.

De fato, há que se prestigiar a tutela da evidência recursal, até mesmo porque a probabilidade de provimento do recurso, muitas vezes, pode estar atrelada, por exemplo, ao descumprimento de precedente vinculante por parte da decisão

recorrida, de modo que seria desnecessária a exigência da demonstração da ocorrência de dano grave ou de difícil reparação.

3. Efeito interruptivo dos embargos de declaração

Efeito peculiar dos embargos de declaração é o de interromper o prazo para a interposição de outros recursos. A interrupção beneficia ambas as partes, isto é, alcança também a parte contrária que, mesmo não tendo interposto recurso, poderá recorrer após o seu julgamento.

Os embargos, portanto, representam uma das hipóteses de interrupção do prazo recursal, ao lado das demais previstas no art. 1.004 do CPC. A interrupção faz com que o prazo comece a contar novamente após a intimação da decisão que julga os embargos, ao contrário do que aconteceria se estivéssemos diante de uma hipótese da suspensão de prazos, em que são computados os dias decorridos.

Após o seu julgamento nada obsta que as partes (a embargante e a não embargante) oponham novos embargos, desde que, é claro, o vício esteja presente exclusivamente na decisão saneadora e não naquela originariamente embargada.

A dificuldade advinda da distinção entre admissibilidade e mérito dos embargos de declaração fez com que a jurisprudência pacificasse o entendimento de que a oposição dos embargos sempre interrompe o prazo para os demais recursos, ainda que não sejam admitidos. A única exceção ocorre quando os embargos são intempestivos. Nesta hipótese, o prazo não sofre a interrupção e flui normalmente.

Saliente-se que a não interrupção do prazo, nesta última circunstância, somente alcança a própria parte embargante, não podendo prejudicar a parte contrária que tinha legítima expectativa nesse efeito advindo da oposição dos embargos. A segurança jurídica e a previsibilidade das relações processuais impedem que a parte não embargante seja prejudicada com o reconhecimento da intempestividade dos embargos da contrária. Se aguardava o julgamento deles para interpor seu recurso, poderá fazê-lo e contar o prazo a partir da decisão de não conhecimento.

4. Embargos de declaração protelatórios e a sanção de multa

A utilização abusiva do recurso, com o propósito de procrastinar o andamento processual ou obter pronunciamento sabidamente indevido, faz com que os embargos de declaração sejam considerados protelatórios. Com essa qualificação, diz o legislador que o embargante sofrerá sanção de natureza pecuniária consistente na aplicação da multa. Os embargos protelatórios, portanto, não ensejam a não interrupção do prazo recursal, mas tão somente a aplicação da multa.

A aplicação dessa sanção é considerada um dever do juiz destinado ao controle do abuso processual, de modo que não há necessidade pedido expresso da parte contrária nesse sentido. Considerados protelatórios os embargos, deve-se impor a sanção pecuniária.

De forma escorreita, o CPC exige que a aplicação da multa se de forma fundamentada, identificando-se, por consequência, os elementos que convicção que conduzem a pecha de protelatórios aos embargos.

5. O valor da multa por embargos protelatórios

O valor da multa será de até 2% (dois por cento) do valor atribuído a causa. O CPC pôs fim à controvérsia anteriormente existente quanto à atualização desse valor, impondo a sua necessidade. Essa atualização se dará pelos índices correção monetária praticados pelos tribunais.

Nada obsta, em nosso sentir, sendo irrisório ou inestimável o valor da causa, devem aplicados os dispositivos relativos à multa por litigância de má-fé, que dizem que em tais hipóteses a multa pode ser "fixada em até 10 (dez) vezes o valor do salário mínimo" (arts. 77, § 5º, e 81, § 2º).

6. Impossibilidade de fixação de multa quando os embargos têm o propósito de prequestionamento

O CPC, como já visto, deixou ainda mais nítida a importância e a relação existentes entre os embargos de declaração e o requisito do prequestionamento para a interposição dos recursos excepcionais.

Não é incomum a oposição dos embargos de declaração até mesmo para obter, com certa dose de segurança, o reconhecimento de que determinada questão foi abordada no acórdão e, portanto, está presente o requisito do prequestionamento. Muitas vezes, em tais situações, a utilização dos embargos pode ser vista como

protelatória, na medida em que, aos olhos do julgador, a dúvida quanto à existência do prequestionamento não existiria.

Buscando proteger as partes dessa zona cinzenta de interpretação, foi editada a Súmula 98 do STJ, que diz o que seguinte: "Embargos de declaração manifestados com notório propósito de prequestionamento não tem caráter protelatório".

Assim, se resta evidente que o embargante pretende afastar qualquer discussão quanto ao prequestionamento, com a oposição de seu recurso, não pode o tribunal condená-lo ao pagamento de multa.

7. Reiteração de embargos protelatórios: a elevação do valor da multa e o depósito como condição para a interposição de outros recursos

Se a parte opuser outros embargos de declaração, após os primeiros serem considerados protelatórios, e o órgão julgador considerar que esses segundos embargos também são protelatórios – portanto, houver reiteração de embargos protelatórios – a parte terá como sanção (prevista no § 3º do art. 1.026): a elevação da multa até o percentual de 10% do valor da causa e a impossibilidade de recorrer por outro recurso até que seja efetuado em juízo o depósito do valor da multa.

À proibição de recorrer, enquanto não depositado o valor, é excepcionada à Fazenda Pública e ao beneficiário da justiça gratuita, que a recolherão ao final.

Ressalte-se que as sanções acima somente podem ser aplicadas quando há dois embargos de declaração reconhecidos e declarados como procrastinatórios, sendo em ambos aplicada a sanção de multa. Um único embargo de declaração considerado protelatório não pode ser óbice à interposição de qualquer outro recurso, de modo que, em tal hipótese, a admissão do recurso ulterior independe do recolhimento do valor da multa.

8. Inadmissão de novos embargos quando houver reiteração de embargos protelatórios

O CPC trouxe outra sanção à reiteração dos embargos protelatórios, além das duas consequências acima referidas – a elevação da multa até o percentual de 10% do valor da causa e a impossibilidade de recorrer por outro recurso até que seja efetuado em juízo o depósito do valor da multa – a saber, a não admissão de novos embargos de declaração (§ 4º do art. 1.026).

Assim, se dois embargos de declaração são considerados protelatórios, não são admitidos os terceiros embargos de declaração. Trata-se, portanto, de uma vedação à recorribilidade por meio desta espécie recursal.

A vedação ao recurso em tal hipótese ensejará a prolação de decisão de não conhecimento, de natureza declaratória e com efeito *ex tunc*, isto é, os embargos serão incapazes de gerar o efeito interruptivo, ocorrendo o trânsito em julgado.

CAPÍTULO VI
DOS RECURSOS PARA O SUPREMO TRIBUNAL FEDERAL E PARA O SUPERIOR TRIBUNAL DE JUSTIÇA

Seção I
Do recurso ordinário

Art. 1.027. Serão julgados em recurso ordinário:

I – pelo Supremo Tribunal Federal, os mandados de segurança, os habeas data e os mandados de injunção decididos em única instância pelos tribunais superiores, quando denegatória a decisão;

II – pelo Superior Tribunal de Justiça:

a) os mandados de segurança decididos em única instância pelos tribunais regionais federais ou pelos tribunais de justiça dos Estados e do Distrito Federal e Territórios, quando denegatória a decisão;

b) os processos em que forem partes, de um lado, Estado estrangeiro ou organismo internacional e, de outro, Município ou pessoa residente ou domiciliada no País.

§ 1º Nos processos referidos no inciso II, alínea "b", contra as decisões interlocutórias caberá agravo de instrumento dirigido ao Superior Tribunal de Justiça, nas hipóteses do art. 1.015.

§ 2º Aplica-se ao recurso ordinário o disposto nos arts. 1.013, § 3º, e 1.029, § 5º.

▶ *Referência: CPC/1973 – Art. 539*

1. Recurso ordinário

O recurso ordinário encontra previsão na própria Constituição Federal (arts. 102, inc. II, e 105, inc. II). A peculiaridade desse recurso é que ele provoca a atuação dos tribunais superiores como se fossem eles cortes de revisão, tal como os tribunais de segunda instância. Isso significa que ao julgar esse recurso os tribunais superiores poderão apreciar questões de fato e de direito, dado o efeito devolutivo amplo desse recurso.

É cabível o recurso ordinário endereçado ao Supremo Tribunal Federal para impugnar as decisões denegatórias proferidas em *habeas corpus*, mandado de segurança, *habeas data* e mandado de injunção, decididos em única instância pelos Tribunais Superiores. Por outro lado, é de competência do Superior Tribunal de Justiça julgar recurso ordinário interposto em face de decisão denegatória proferida em *habeas corpus* ou mandado de segurança, decididos em única instância pelos Tribunais Regionais Federais ou pelos Tribunais dos Estados, Distrito Federal e territórios; ou ainda é cabível recurso ordinário interposto nas causas em que forem partes Estado estrangeiro ou organismo internacional, de um lado e, do outro, Município ou pessoa residente ou domiciliada no País.

Por meio do recurso ordinário, seja ele endereçado ao Supremo Tribunal Federal ou ao Superior Tribunal de Justiça, são impugnados acórdãos decorrentes de processos de competência originária dos tribunais, sendo excluídos os processos ajuizados em primeira instância. Ademais, referido recurso será cabível apenas nos casos de insurgência contra decisões denegatórias, aí incluídos os julgamentos de improcedência ou de extinção do processo sem resolução do mérito (Barbosa Moreira, *Comentários ao Código de Processo Civil*, vol. V, p. 569).

A única hipótese em que cabível recurso ordinário contra decisões proferidas em primeira instância se verifica com as causas em que forem parte, de um lado, Estado estrangeiro e organismo internacional e, de outro, Município ou pessoa residente ou domiciliada no País. Das decisões de primeiro grau proferidas nesses processos, pode-se interpor perante o Superior Tribunal de Justiça tanto o recurso ordinário quanto o agravo de instrumento, se verificada alguma das hipóteses do art. 1.015 do Código de Processo Civil.

Aplica-se ao recurso ordinário, ademais, o quanto disposto a respeito da teoria da causa madura e da atribuição de efeito suspensivo aos recursos. Possível, portanto, que o Supremo Tribunal Federal ou o Superior Tribunal de Justiça quando do julgamento do recurso ordinário decida desde logo o mérito quando reformar decisão fundada no art. 485 do CPC; quando decretar a nulidade da decisão impugnada por não ser ela congruente com os limites do pedido ou da causa de pedir; quando constatar a omissão no exame de um dos pedidos; ou, quando decretar a nulidade da decisão impugnada por falta de fundamentação.

Jurisprudência

"Contra sentença que julga ação promovida contra organismo internacional, o recurso próprio é o ordinário, de competência do Superior Tribunal de Justiça, a teor do disposto nos arts. 105, II, 'c', da CF c/c 539, II, 'b', do CPC. Constitui erro grosseiro a interposição de apelação cível, dirigida ao Tribunal Regional Federal, quando se trata de hipótese de cabimento de recurso ordinário. Precedentes. Agravo regimental a que se nega provimento" (STJ, AgRg no RO 130/RR, Rel. Min. Maria Isabel Gallotti, 4ª Turma, j. 16.10.2014, *DJe* 28.10.2014).

> **Art. 1.028.** Ao recurso mencionado no art. 1.027, inciso II, alínea "b", aplicam-se, quanto aos requisitos de admissibilidade e ao procedimento, as disposições relativas à apelação e o Regimento Interno do Superior Tribunal de Justiça.
>
> **§ 1º** Na hipótese do art. 1.027, § 1º, aplicam-se as disposições relativas ao agravo de instrumento e o Regimento Interno do Superior Tribunal de Justiça.
>
> **§ 2º** O recurso previsto no art. 1.027, incisos I e II, alínea "a", deve ser interposto perante o tribunal de origem, cabendo ao seu presidente ou vice-presidente determinar a intimação do recorrido para, em 15 (quinze) dias, apresentar as contrarrazões.
>
> **§ 3º** Findo o prazo referido no § 2º, os autos serão remetidos ao respectivo tribunal superior, independentemente de juízo de admissibilidade.

▶ *Referência: CPC/1973 – Art. 540*

1. Requisitos de admissibilidade e procedimento do recurso ordinário

Para o recurso ordinário interposto com fundamento no art. 1.027, inc. II, "b", do Código de Processo Civil, aplicam-se os requisitos de admissibilidade e o procedimento previsto para o processamento do recurso de apelação. No mesmo sentido, para o caso de impugnação das decisões interlocutórias proferidas nos processos

de que trata o art. 1.027, inc. II, "b", aplicar-se-á o procedimento previsto para o julgamento do agravo de instrumento. Para os casos de impugnação de acórdão pela via do recurso ordinário, este deverá ser interposto perante o tribunal de origem, cabendo ao presidente ou vice-presidente do tribunal determinar a intimação do recorrido para a apresentação de contrarrazões no prazo de quinze dias. Findo este prazo, os autos serão remetidos ao tribunal superior independentemente de juízo de admissibilidade.

Jurisprudência

"Os requisitos de admissibilidade do recurso ordinário em mandado de segurança são os mesmos da apelação (inteligência do artigo 540 do CPC), sendo aquele, portanto, recurso de fundamentação livre, no qual é possível apontar as razões pelas quais se entende que a decisão recorrida deve ser reformada, sem as limitações a que se sujeitam as demais espécies recursais destinadas às Cortes Superiores. Na mesma esteira, doutrina e jurisprudência preconizam que o efeito devolutivo do RMS interposto perante os Tribunais Superiores se produz na mesma extensão do efeito devolutivo da apelação que, nos termos do artigo 515 e parágrafos, do CPC, é amplo. Precedente da Primeira Turma: RMS 20.762/RJ, da relatoria do Ministro Luiz Fux, julgado em 5/8/2008, *DJe* 11/09/2008. Assim, a interposição do recurso ordinário em mandado de segurança implica devolução, ao Tribunal ad quem, de todas as questões já suscitadas nos autos, ainda que não apreciadas pela Corte de origem ou expressamente mencionadas no bojo do recurso, ressalvando a necessidade de respeito aos limites da lide e ao princípio *tantum devolutum quantum apellatum*. Em face da devolutividade ampla inerente ao recurso ordinário em mandado de segurança dirigido a esta Corte, não se aplica a Súmula 283/STF a essa espécie recursal" (STJ, RMS 21.925/SP, Rel. Min. Denise Arruda, Rel. p/ acórdão Min. Benedito Gonçalves, 1ª Turma, j. 16.12.2008, *DJe* 18.03.2009).

Seção II
Do recurso extraordinário e do recurso especial

Subseção I
Disposições gerais

> **Art. 1.029.** O recurso extraordinário e o recurso especial, nos casos previstos na Constituição

Federal, serão interpostos perante o presidente ou o vice-presidente do tribunal recorrido, em petições distintas que conterão:

I – a exposição do fato e do direito;

II – a demonstração do cabimento do recurso interposto;

III – as razões do pedido de reforma ou de invalidação da decisão recorrida.

§ 1º Quando o recurso fundar-se em dissídio jurisprudencial, o recorrente fará a prova da divergência com a certidão, cópia ou citação do repositório de jurisprudência, oficial ou credenciado, inclusive em mídia eletrônica, em que houver sido publicado o acórdão divergente, ou ainda com a reprodução de julgado disponível na rede mundial de computadores, com indicação da respectiva fonte, devendo-se, em qualquer caso, mencionar as circunstâncias que identifiquem ou assemelhem os casos confrontados.

§ 2º (Revogado).

§ 3º O Supremo Tribunal Federal ou o Superior Tribunal de Justiça poderá desconsiderar vício formal de recurso tempestivo ou determinar sua correção, desde que não o repute grave.

§ 4º Quando, por ocasião do processamento do incidente de resolução de demandas repetitivas, o presidente do Supremo Tribunal Federal ou do Superior Tribunal de Justiça receber requerimento de suspensão de processos em que se discuta questão federal constitucional ou infraconstitucional, poderá, considerando razões de segurança jurídica ou de excepcional interesse social, estender a suspensão a todo o território nacional, até ulterior decisão do recurso extraordinário ou do recurso especial a ser interposto.

§ 5º O pedido de concessão de efeito suspensivo a recurso extraordinário ou a recurso especial poderá ser formulado por requerimento dirigido:

I – ao tribunal superior respectivo, no período compreendido entre a publicação da decisão de admissão do recurso e sua distribuição, ficando o relator designado para seu exame prevento para julgá-lo; (Redação dada pela Lei 13.256, de 2016)

II – ao relator, se já distribuído o recurso;

III – ao presidente ou vice-presidente do tribunal recorrido, no período compreendido entre a interposição do recurso e a publicação da decisão de admissão do recurso, assim como no caso de o recurso ter sido sobrestado, nos termos do art. 1.037. (Redação dada pela Lei 13.256, de 2016)

▶ *Referência: CPC/1973 – Art. 541*

1. Recurso extraordinário e recurso especial

O recurso extraordinário e o recurso especial, de competência do Supremo Tribunal Federal e do Superior Tribunal de Justiça, respectivamente, possuem natureza constitucional. Esses recursos visam à uniformização da interpretação do texto constitucional e da legislação infraconstitucional e à formulação de decisões paradigmas a orientar a atuação das instâncias ordinárias.

A característica mais marcante desses remédios é a sua devolutividade restrita às questões de direito. A posição ocupada por esses tribunais na estrutura hierárquica do Poder Judiciário brasileiro os distancia do julgamento das questões de fato e possibilita o exercício das principais funções inerentes a esses recursos. O recurso extraordinário e o recurso especial, assim, não se prestam à revisão das provas, fatos ou da justiça/injustiça da decisão.

O cabimento do recurso extraordinário e do recurso especial está previsto na Constituição Federal, nos arts. 102, III, e 105, III. O recurso extraordinário pode ser interposto contra decisões proferidas em última ou única instância quando a decisão recorrida: a) contrariar dispositivo da Constituição; b) declarar a inconstitucionalidade de tratado ou lei federal; c) julgar válida lei ou ato de governo local contestado em face desta Constituição; d) julgar válida lei local contestada em face de lei federal. A Emenda Constitucional 45/2004 acrescentou o § 3º ao art. 102 da Constituição, instituindo mais um requisito de admissibilidade do recurso extraordinário. Trata-se da repercussão geral. Assim, desde então, em preliminar do recurso o recorrente para que seu recurso seja conhecido deverá demonstrar a existência de questões relevantes do ponto de vista econômico, político, social ou jurídico, que ultrapassem os interesses subjetivos da causa. O Tribunal só poderá recusar a presença desse pressuposto pela manifestação de dois terços de seus membros. O recurso especial, por seu turno, é o adequado para impugnar as decisões proferidas em única ou última instância, pelos Tribunais Regionais Federais ou pelos tribunais

Art. 1.029

dos Estados, do Distrito Federal e Territórios quando a decisão recorrida: a) contrariar tratado ou lei federal, ou negar-lhes vigência; b) julgar válido ato de governo local contestado em face de lei federal; c) dar a lei federal interpretação divergente da que lhe haja atribuído outro tribunal. No caso de cabimento de recurso especial fundado na divergência, não basta a divergência entre órgãos fracionários do mesmo tribunal, mas sim entre tribunais distintos.

Ainda no que se refere aos requisitos de admissibilidade desses recursos, só serão eles cabíveis se a decisão impugnada não for mais recorrível nas instâncias ordinárias. Vale dizer, o recorrente tem o ônus de esgotar todos os recursos cabíveis antes de ter acesso aos Tribunais Superiores. Além disso, a Constituição estabelece que o recurso extraordinário e o recurso especial são cabíveis para impugnação de causas já decididas. Daí se extrai o requisito do prequestionamento, segundo o qual a questão jurídica a ser devolvida aos tribunais superiores deve figurar na decisão recorrida, ou seja, é indispensável para o conhecimento do recurso que a matéria tenha sido enfrentada pelo tribunal a quo. Com relação ao prequestionamento, a fim de combater a jurisprudência defensiva, o art. 1.025 do Código de Processo Civil estabelece que "consideram-se incluídos no acórdão os elementos que o embargante suscitou, para fins de prequestionamento, ainda que os embargos de declaração sejam inadmitidos ou rejeitados, caso o tribunal superior considere existentes erro, omissão, contradição ou obscuridade". Assim, se o Tribunal Superior constatar a existência de algum dos vícios que ensejam a oposição de embargos de declaração, considerar-se-ão incluídos no acórdão os elementos que o embargante suscitou ainda que os embargos tenham sido inadmitidos ou rejeitados.

2. Interposição dos recursos extraordinário e especial e divergência jurisprudencial

O recurso extraordinário e o recurso especial devem ser interpostos no prazo de quinze dias, contados da intimação da decisão recorrida. Ambos os recursos devem ser interpostos em petição escrita, que conterá: a) a exposição de fato e de direito; b) a demonstração do cabimento; e c) as razões do pedido de reforma ou de invalidação da decisão recorrida. Incumbe, pois, ao recorrente, além de narrar a tramitação da causa e enfatizar os fatos que foram assentados nas instâncias ordinárias, indicar

em que medida a decisão impugnada violou a norma jurídica.

No que diz respeito ao recurso especial, o art. 105, III, "c", da Constituição Federal, estabelece ser ele cabível se o acórdão recorrido atribuir a lei federal interpretação divergente da que lhe tenha atribuído outro tribunal. Incumbe ao recorrente, então, provar essa divergência com a certidão, cópia ou citação do repositório de jurisprudência, oficial ou credenciado, inclusive em mídia eletrônica, em que houver sido publicado o acórdão divergente, ou ainda com a reprodução de julgado disponível na rede mundial de computadores, com indicação da respectiva fonte, devendo-se, em qualquer caso mencionar as circunstâncias que identifiquem ou assemelhem os casos confrontados (§ 1º). Deve o recorrente, logo, realizar um cotejo analítico entre as decisões a fim de demonstrar que os casos possuem semelhanças substanciais que justificam a dispensa do mesmo tratamento pelo Superior Tribunal de Justiça.

3. Combate à jurisprudência defensiva

O § 3º do art. 1.029 do Código de Processo Civil consiste em uma importante inovação no combate à jurisprudência defensiva. Com efeito, segundo tal dispositivo, o Supremo Tribunal Federal ou o Superior Tribunal de Justiça poderá (= deverá) desconsiderar vício formal de recurso tempestivo ou então determinar sua correção, desde que não o repute grave. Prestigia-se, assim, a instrumentalidade das formas e o princípio da colaboração em detrimento da reprovável prática de não conhecer dos recursos, em virtude de questiúnculas formais.

4. Incidente de resolução de demandas repetitivas

Instaurado incidente de resolução de demandas repetitivas em um tribunal local, o presidente do Supremo Tribunal Federal ou do Superior Tribunal de Justiça, diante de razões de segurança jurídica ou de relevante interesse social, poderá estender a suspensão antes restrita aos casos locais a todo o território nacional até ulterior decisão do recurso extraordinário ou especial a ser interposto.

5. Efeito suspensivo

O Código de Processo Civil simplifica o procedimento para a atribuição de efeito suspensivo ao recurso extraordinário e ao recurso especial. Com efeito, de acordo com a nova legislação, atendidos os requisitos para a atribuição desse efeito, o requerimento será dirigido; ao tribunal superior respectivo no período compreendido entre a publicação da decisão de admissão do recurso e sua distribuição, ficando o relator designado prevento para o julgamento; ao próprio relator, se o recurso já tiver sido distribuído; ao presidente ou vice-presidente do tribunal local, no período compreendido entre a interposição do recurso e a publicação da decisão de admissão do recurso, assim como no caso de o recurso ter sido sobrestado para julgamento de recurso extraordinário ou especial repetitivo.

Jurisprudência

"O recurso especial, por suposto dissídio jurisprudencial, deve observar os termos do art. 541, parágrafo único, do CPC e do art. 255, §§ 1º e 2º, do RISTJ, os quais determinam a transcrição de ementas dos julgados, com a realização do cotejo analítico demonstrando a similitude fática e as decisões divergentes na aplicação dos mesmos normativos federais, além de indicarem o repositório oficial dos arestos indicados. Não se conhece do recurso em desacordo com essas normas" (STJ, AgRg no REsp 1.463.284/SE, Rel. Min. Humberto Martins, 2ª Turma, j. 03.12.2015, *DJe* 14.12.2015).

> **Art. 1.030.** Recebida a petição do recurso pela secretaria do tribunal, o recorrido será intimado para apresentar contrarrazões no prazo de 15 (quinze) dias, findo o qual os autos serão conclusos ao presidente ou ao vice-presidente do tribunal recorrido, que deverá: (Redação dada pela Lei 13.256, de 2016)
>
> I – negar seguimento: (Incluído pela Lei 13.256, de 2016)
>
> **a)** a recurso extraordinário que discuta questão constitucional à qual o Supremo Tribunal Federal não tenha reconhecido a existência de repercussão geral ou a recurso extraordinário interposto contra acórdão que esteja em conformidade com entendimento do Supremo Tribunal Federal exarado no regime de repercussão geral; (Incluída pela Lei 13.256, de 2016)
>
> **b)** a recurso extraordinário ou a recurso especial interposto contra acórdão que esteja em conformidade com entendimento do Supremo

> Tribunal Federal ou do Superior Tribunal de Justiça, respectivamente, exarado no regime de julgamento de recursos repetitivos; (Incluída pela Lei 13.256, de 2016)
>
> **II** – encaminhar o processo ao órgão julgador para realização do juízo de retratação, se o acórdão recorrido divergir do entendimento do Supremo Tribunal Federal ou do Superior Tribunal de Justiça exarado, conforme o caso, nos regimes de repercussão geral ou de recursos repetitivos; (Incluído pela Lei 13.256, de 2016)
>
> **III** – sobrestar o recurso que versar sobre controvérsia de caráter repetitivo ainda não decidida pelo Supremo Tribunal Federal ou pelo Superior Tribunal de Justiça, conforme se trate de matéria constitucional ou infraconstitucional; (Incluído pela Lei 13.256, de 2016)
>
> **IV** – selecionar o recurso como representativo de controvérsia constitucional ou infraconstitucional, nos termos do § 6º do art. 1.036; (Incluído pela Lei 13.256, de 2016)
>
> **V** – realizar o juízo de admissibilidade e, se positivo, remeter o feito ao Supremo Tribunal Federal ou ao Superior Tribunal de Justiça, desde que: (Incluído pela Lei 13.256, de 2016)
>
> **a)** o recurso ainda não tenha sido submetido ao regime de repercussão geral ou de julgamento de recursos repetitivos; (Incluída pela Lei 13.256, de 2016)
>
> **b)** o recurso tenha sido selecionado como representativo da controvérsia; ou (Incluída pela Lei 13.256, de 2016)
>
> **c)** o tribunal recorrido tenha refutado o juízo de retratação. (Incluída pela Lei 13.256, de 2016)
>
> **§ 1º** Da decisão de inadmissibilidade proferida com fundamento no inciso V caberá agravo ao tribunal superior, nos termos do art. 1.042. (Incluído pela Lei 13.256, de 2016)
>
> **§ 2º** Da decisão proferida com fundamento nos incisos I e III caberá agravo interno, nos termos do art. 1.021. (Incluído pela Lei 13.256, de 2016)

▶ *Referência: CPC/1973 – Art. 542*

1. Processamento dos recursos especial e extraordinário

O art. 1.030 do Código de Processo Civil recebeu nova redação antes da entrada em vigor do novo Código (Lei 13.256/2016). O objetivo dessa reforma legislativa foi alterar a redação anterior que previa a remessa dos recursos aos

Art. 1.031

CÓDIGO DE PROCESSO CIVIL INTERPRETADO

tribunais superiores sem a realização do juízo de admissibilidade pelo tribunal local.

Assim, de acordo com a atual redação do art. 1.030, os recursos para os Tribunais Superiores devem ser protocolados no tribunal *a quo* e estão sujeitos a preparo.

Recebida a petição pela secretaria do tribunal, ela será juntada aos autos e, em seguida, intimar-se-á o recorrido para oferecer contrarrazões no prazo de quinze dias.

Exercido o contraditório, os autos serão conclusos ao presidente ou vice-presidente do tribunal recorrido, que deverá adotar as seguintes providências: (i) negar seguimento a recurso extraordinário cuja repercussão geral já tenha sido negada pelo STF; (ii) negar seguimento a recurso extraordinário ou a recurso especial interposto contra acórdão que esteja em conformidade com precedente fixado em repercussão geral ou em recurso especial ou extraordinário repetitivos; (iii) encaminhar o processo ao órgão julgador para juízo de retratação, se o acórdão recorrido divergir de precedente de repercussão geral ou de recurso especial em questão repetitiva; (iv) sobrestar recurso que versar sobre controvérsia de caráter repetitivo ainda não decidida pelo tribunal; (v) selecionar o recurso como representativo de controvérsia de caráter repetitivo; (vi) realizar juízo de admissibilidade e, se positivo, remeter o processo ao tribunal superior correspondente, desde que o recurso ainda não tenha sido submetido ao regime da repercussão geral ou do recurso especial repetitivo, desde que o recurso tenha sido selecionado como representativo da controvérsia, ou desde que o tribunal recorrido tenha refutado o juízo de retratação.

Art. 1.031. Na hipótese de interposição conjunta de recurso extraordinário e recurso especial, os autos serão remetidos ao Superior Tribunal de Justiça.

§ 1º Concluído o julgamento do recurso especial, os autos serão remetidos ao Supremo Tribunal Federal para apreciação do recurso extraordinário, se este não estiver prejudicado.

§ 2º Se o relator do recurso especial considerar prejudicial o recurso extraordinário, em decisão irrecorrível, sobrestará o julgamento e remeterá os autos ao Supremo Tribunal Federal.

§ 3º Na hipótese do § 2º, se o relator do recurso extraordinário, em decisão irrecorrível, rejeitar a prejudicialidade, devolverá os autos ao Supe-

---

rior Tribunal de Justiça para o julgamento do recurso especial.

▸ *Referência: CPC/1973 – Art. 543*

1. Ordem de processamento dos recursos especial e extraordinário

Se o acórdão recorrido contiver matéria de direito constitucional e infraconstitucional, estará sujeito à impugnação por recurso extraordinário e recurso especial. Se ambos os recursos forem admitidos, os autos serão remetidos primeiramente ao Superior Tribunal de Justiça. Essa é a ordem de julgamento estabelecida pelo art. 1.031 do Código de Processo Civil. Apenas com o término do julgamento do recurso especial, se o extraordinário não restar prejudicado, os autos serão encaminhados ao Supremo Tribunal Federal para julgamento. Caso o relator do recurso especial considere que o recurso extraordinário é prejudicial ao recurso especial, poderá inverter a ordem prevista no *caput*. Essa decisão, contudo, ficará sujeita a confirmação do relator do recurso extraordinário. Se ele considerar que a prejudicialidade não subsiste, devolverá os autos, em decisão irrecorrível, ao Superior Tribunal de Justiça para o julgamento do recurso especial.

Jurisprudência

"É assente o entendimento de que a previsão contida no artigo 543, § 2º, do Código de Processo Civil trata-se de faculdade do relator do recurso especial, que decidirá, conforme o seu livre convencimento, se é necessário ou não o seu sobrestamento até o julgamento do recurso extraordinário. A solução acerca da incompetência da Justiça Federal fundou-se à luz do artigo 109 da Constituição Federal, o qual disciplina o rol de competência atribuída ao Juízo Federal, não cabendo a este Sodalício se manifestar acerca de eventual ofensa à norma constitucional, que deve ser apreciada pelo Supremo Tribunal Federal em sede de recurso extraordinário" (STJ, AgRg no REsp 1.447.278/SP, Rel. Min. Leopoldo de Arruda Raposo (Desembargador convocado do TJ/PE), 5ª Turma, j. 18.08.2015, *DJe* 01.09.2015).

"O sobrestamento de que cuida o art. 543, § 2º, do Código de Processo Civil é mera faculdade do relator, quando considerar prejudicial o recurso extraordinário em relação ao especial, o que não se evidencia na espécie. A jurisprudência desta Corte Superior de Justiça é firme no sentido de que o órgão judicial, para expressar sua convicção, não está obrigado a aduzir comentários a respeito de todos os argumentos levantados pelas partes, quando decidir a causa com fundamentos capazes de sustentar sua conclusão" (STJ, AgRg no AREsp 520.378/SP, Rel. Min. Laurita Vaz, 5ª Turma, j. 26.08.2014, *DJe* 02.09.2014).

> **Art. 1.032.** Se o relator, no Superior Tribunal de Justiça, entender que o recurso especial versa sobre questão constitucional, deverá conceder prazo de 15 (quinze) dias para que o recorrente demonstre a existência de repercussão geral e se manifeste sobre a questão constitucional.
> **Parágrafo único.** Cumprida a diligência de que trata o *caput*, o relator remeterá o recurso ao Supremo Tribunal Federal, que, em juízo de admissibilidade, poderá devolvê-lo ao Superior Tribunal de Justiça.

▸ *Sem correspondência no CPC/1973*

1. Processamento do recurso especial e extraordinário

Caso o relator no Superior Tribunal de Justiça considere que o recurso especial versa, em realidade, sobre questão constitucional, deverá ele, então, determinar a intimação do recorrente para que se manifeste sobre a existência de repercussão geral a justificar o conhecimento do recurso extraordinário pelo Supremo Tribunal Federal. Esse dispositivo, contudo, diz menos o que devia, pois em respeito ao contraditório após a manifestação do recorrente deve o relator conceder igual prazo para que o recorrido se manifeste, então, sobre a questão da repercussão geral. Cumpridas essas diligências, o recurso especial, que segundo o relator tem natureza de recurso extraordinário, será remetido ao STF onde se realizará o devido juízo de admissibilidade. Se o recurso não for conhecido, será ele devolvido ao STJ que deverá, então, proceder ao seu julgamento.

> **Art. 1.033.** Se o Supremo Tribunal Federal considerar como reflexa a ofensa à Constituição afirmada no recurso extraordinário, por pressupor a revisão da interpretação de lei federal ou de tratado, remetê-lo-á ao Superior Tribunal de Justiça para julgamento como recurso especial.

▸ *Sem correspondência no CPC/1973*

1. Ofensa reflexa à Constituição

Segundo determinação constitucional, compete ao Supremo Tribunal Federal julgar em recurso extraordinário decisão que contrariar dispositivo da Constituição (art. 105, III, "a"). Essa contrariedade, contudo, deve ser direta, ou seja, não deve depender da interpretação da legislação federal ou de tratado, pois se isso acontecer competirá ao STJ o julgamento desse recurso. A natureza do recurso é, então, definida pelo Supremo Tribunal Federal; se o STF considerar que a matéria versada no recurso a ele endereçado não possui caráter constitucional, por exclusão, logo, o recurso versará sobre questões cuja competência para julgamento pertence ao Superior Tribunal de Justiça.

> **Art. 1.034.** Admitido o recurso extraordinário ou o recurso especial, o Supremo Tribunal Federal ou o Superior Tribunal de Justiça julgará o processo, aplicando o direito.
> **Parágrafo único.** Admitido o recurso extraordinário ou o recurso especial por um fundamento, devolve-se ao tribunal superior o conhecimento dos demais fundamentos para a solução do capítulo impugnado.

▸ *Sem correspondência no CPC/1973*

1. Julgamento do recurso extraordinário e especial

Superado o juízo de admissibilidade, cumpre ao Supremo Tribunal Federal e ao Superior Tribunal de Justiça julgar o recurso a eles endereçado, devendo para isso aplicar o direito à espécie, tal como dispõe o enunciado da Súmula 456 do STF ("O Supremo Tribunal Federal, conhecendo do recurso extraordinário, julgará a causa, aplicando o direito à espécie"), o art. 255, § 5º, do Regimento Interno do STJ ("No julgamento do recurso especial, verificar-se-á, preliminarmente, se o recurso é cabível. Decidida a preliminar pela negativa, a Turma não conhecerá do recurso; se pela afirmativa, julgará a causa, aplicando o direito à espécie, com observância da regra prevista no art. 10 do Código de Processo Civil") e o art. 1.034 do Código de Processo Civil.

A expressão "aplicar o direito à espécie" quer significar que o Tribunal pode se valer de todos os fundamentos aplicáveis ao capítulo impugnado para julgar o recurso. Nesse sentido

Art. 1.035

é o entendimento da *jurisprudência* ("Admite-se que, uma vez conhecido o recurso, a ele se possa negar provimento com base em fundamento não considerado no aresto recorrido. Acrescente-se que, segundo o princípio consagrado nos brocardos *iura novit curiae da mihi factum dabo tibi ius*, ao autor cumpre precisar os fatos que autorizam a concessão da providência jurídica reclamada, incumbindo ao juiz conferir-lhes adequado enquadramento legal. O RISTJ, em seu art. 257 assim dispõe, verbis: 'No julgamento do recurso especial, verificar-se-á, preliminarmente, se o recurso é cabível. Decidida a preliminar pela negativa, a Turma não conhecerá do recurso; se pela afirmativa, julgará a causa, aplicando o direito à espécie.' Assim conhecido o recurso especial, aplicar-se-á o direito à espécie e não há impedimento a que o aresto seja mantido por fundamento diverso – STJ, AgRg no REsp 174.568/RS, 3ª T, Rel. Ministra Nancy Andrighi, julgado em 15/09/2000, *DJ* 09/10/2000, p. 141") e da *doutrina* ("Assim, como os tribunais superiores não são Cortes de Cassação, admitidos os recursos de estrito direito, haverá, de acordo com o que consta da Súmula 456, *rejulgamento da causa*, respeitados os limites decorrentes da natureza dos recursos especial e extraordinário, que, como regra, impedem o reexame das provas constantes dos autos. Estes são efetivamente os limites a que se deveriam ater os tribunais superiores ao *rejulgar a causa*. O rejulgar a causa implica o exame, pelo tribunal, dos demais fundamentos da defesa, de que não se teria cuidado, por se considerar desnecessário, já que seria suficiente o que foi acolhido (...) Embora este seja efetivamente o âmbito de devolutividade dos recursos especial e extraordinário, isto não exime os tribunais de decidirem de forma completa, analisando todos os fundamentos quer do pedido, quer da defesa (...) Então, em princípio, este entendimento que se pode extrair da Súmula 456, leva a que se afirme também que, como os *fundamentos da defesa* seriam automaticamente devolvidos ao Tribunal, que deveria leva-las em conta para rejulgar a causa, o mesmo deveria ocorrer com as *causas de pedir*, que autonomamente poderiam levar a procedência da demanda – Teresa Arruda Alvim Wambier, *Embargos de declaração e omissão do juiz*, p. 203").

Por fim, importante ressaltar que demonstra-se, na atual redação do RISTJ, preocupação em coibir as decisões-surpresa – o que se evidencia pela menção expressa ao art. 10 do CPC. Isso porque as decisões-surpresa violam o contraditório, vez que fazem menoscabo da participação das partes no processo – admitir a aplicação de um fundamento não debatido revela que a participação das partes não é relevante para o magistrado – e criam um estado de incerteza jurídica, já que, em um sistema em que tais decisões proliferam, não se pode antever o resultado de qualquer decisão. Nesse sentido, é evidente que resta assim violado também o princípio da segurança jurídica, sendo, portanto, imprescindível a observância ao artigo em questão.

Art. 1.035. O Supremo Tribunal Federal, em decisão irrecorrível, não conhecerá do recurso extraordinário quando a questão constitucional nele versada não tiver repercussão geral, nos termos deste artigo.

§ 1º Para efeito de repercussão geral, será considerada a existência ou não de questões relevantes do ponto de vista econômico, político, social ou jurídico que ultrapassem os interesses subjetivos do processo.

§ 2º O recorrente deverá demonstrar a existência de repercussão geral para apreciação exclusiva pelo Supremo Tribunal Federal.

§ 3º Haverá repercussão geral sempre que o recurso impugnar acórdão que:

I – contrarie súmula ou jurisprudência dominante do Supremo Tribunal Federal;

II – (Revogado);

III – tenha reconhecido a inconstitucionalidade de tratado ou de lei federal, nos termos do art. 97 da Constituição Federal.

§ 4º O relator poderá admitir, na análise da repercussão geral, a manifestação de terceiros, subscrita por procurador habilitado, nos termos do Regimento Interno do Supremo Tribunal Federal.

§ 5º Reconhecida a repercussão geral, o relator no Supremo Tribunal Federal determinará a suspensão do processamento de todos os processos pendentes, individuais ou coletivos, que versem sobre a questão e tramitem no território nacional.

§ 6º O interessado pode requerer, ao presidente ou ao vice-presidente do tribunal de origem, que exclua da decisão de sobrestamento e inadmita o recurso extraordinário que tenha sido interposto intempestivamente, tendo o recorrente o prazo de 5 (cinco) dias para manifestar-se sobre esse requerimento.

§ 7º Da decisão que indeferir o requerimento referido no § 6º ou que aplicar entendimento firmado em regime de repercussão geral ou em julgamento de recursos repetitivos caberá agravo interno.

§ 8º Negada a repercussão geral, o presidente ou o vice-presidente do tribunal de origem negará seguimento aos recursos extraordinários sobrestados na origem que versem sobre matéria idêntica.

§ 9º O recurso que tiver a repercussão geral reconhecida deverá ser julgado no prazo de 1 (um) ano e terá preferência sobre os demais feitos, ressalvados os que envolvam réu preso e os pedidos de habeas corpus.

§ 10. (Revogado).

§ 11. A súmula da decisão sobre a repercussão geral constará de ata, que será publicada no diário oficial e valerá como acórdão.

▶ *Referência: CPC/1973 – Art. 543-A*

1. Repercussão geral das questões objeto do recurso extraordinário

A Emenda Constitucional 45/2004 inseriu mais um requisito de admissibilidade do recurso extraordinário, a repercussão geral da questão decidida. Em outras palavras, desde então, para ser admitido o recurso extraordinário a matéria nele versada deve transcender os interesses exclusivos das partes envolvidas no processo.

O recurso extraordinário, pois, apenas poderá ser conhecido, se a matéria nele discutida apresentar relevância jurídica, econômica, política ou social e, ainda, que não seja limitada apenas ao interesse subjetivo da parte. De acordo com o § 1º do art. 1.035, considera-se que o recurso extraordinário possui repercussão geral quando tiver por objeto questões relevantes do ponto de vista econômico, político, social ou jurídico, que ultrapassem os interesses subjetivos da causa. Ademais, nos termos do § 3º, haverá repercussão geral sempre que o recurso impugnar acórdão que contrarie súmula ou jurisprudência dominante do Supremo Tribunal Federal ou que tenha reconhecido a inconstitucionalidade de tratado ou lei federal nos termos do art. 97 da Constituição.

Segundo Barbosa Moreira, possuem repercussão geral os seguintes casos: é relevante do ponto de vista econômico, a dúvida sobre a constitucionalidade de determinado tributo; do ponto de vista político, a decisão que interfira na atuação dos partidos ou se refira às relações do Brasil com outros Estados ou organismos internacionais; do ponto de vista social, questão relativa à proteção de direitos de determinada camada da população; e, do ponto de vista jurídico, se o recurso versar sobre as bases de algum instituto fundamental do direito brasileiro (*Comentários ao Código de Processo Civil*, vol. V, p. 616).

A questão constitucional objeto do recurso extraordinário para que seja considerada de repercussão geral deve transcender o caso concreto e, por consequência, despertar o interesse de outros casos em que se verifica a discussão de idêntica matéria.

Não há dúvida de que a repercussão geral representa um filtro recursal, mas acima de tudo ela se presta a uniformizar a interpretação de matéria constitucional sem que o Supremo Tribunal Federal tenha de decidir uma infinidade de casos semelhantes. Para cumprir essa missão, com o reconhecimento da repercussão geral, deverá ser detectada sua relação com demandas que veiculem a mesma discussão jurídica constitucional, o que faz com que os órgãos jurisdicionais hierarquicamente inferiores (tribunais locais e órgãos de primeiro grau) devam suspender todos os processos individuais e coletivos que contenham a mesma questão constitucional até que haja o pronunciamento definitivo do Supremo Tribunal Federal, nos termos do § 5º do art. 1.035 do Código de Processo Civil (Paulo Henrique dos Santos Lucon, Relação entre demandas, § 64).

2. Verificação da transcendência

A repercussão geral é um requisito de admissibilidade próprio do recurso extraordinário. O § 2º do art. 1.035 do Código de Processo Civil impõe que a existência de repercussão geral da causa seja demonstrada em preliminar do recurso extraordinário. A existência de repercussão geral é presumida e só poderá ser afastada pela manifestação de dois terços dos membros do Supremo Tribunal Federal, em decisão fundamentada e irrecorrível. A repercussão geral, portanto, só poderá ser deliberada pelo plenário do STF. De acordo com o § 8º do dispositivo *sub examine*, negada a existência de repercussão geral, a decisão valerá para todos os recursos que versem sobre matéria idêntica, que serão indeferidos liminarmente. Ao contrário

Art. 1.036

dos demais requisitos de admissibilidade o julgamento a respeito da existência de repercussão geral é de competência exclusiva do Supremo Tribunal Federal. Nesse procedimento, pode-se admitir a manifestação de terceiros, que tenham interesse na causa, desde que representados por procurador (§ 4º).

Subseção II
Do julgamento dos recursos extraordinário e especial repetitivos

Art. 1.036. Sempre que houver multiplicidade de recursos extraordinários ou especiais com fundamento em idêntica questão de direito, haverá afetação para julgamento de acordo com as disposições desta Subseção, observado o disposto no Regimento Interno do Supremo Tribunal Federal e no do Superior Tribunal de Justiça.

§ 1º O presidente ou o vice-presidente de tribunal de justiça ou de tribunal regional federal selecionará 2 (dois) ou mais recursos representativos da controvérsia, que serão encaminhados ao Supremo Tribunal Federal ou ao Superior Tribunal de Justiça para fins de afetação, determinando a suspensão do trâmite de todos os processos pendentes, individuais ou coletivos, que tramitem no Estado ou na região, conforme o caso.

§ 2º O interessado pode requerer, ao presidente ou ao vice-presidente, que exclua da decisão de sobrestamento e inadmita o recurso especial ou o recurso extraordinário que tenha sido interposto intempestivamente, tendo o recorrente o prazo de 5 (cinco) dias para manifestar-se sobre esse requerimento.

§ 3º Da decisão que indeferir o requerimento referido no § 2º caberá apenas agravo interno. (Redação dada pela Lei 13.256, de 2016)

§ 4º A escolha feita pelo presidente ou vice-presidente do tribunal de justiça ou do tribunal regional federal não vinculará o relator no tribunal superior, que poderá selecionar outros recursos representativos da controvérsia.

§ 5º O relator em tribunal superior também poderá selecionar 2 (dois) ou mais recursos representativos da controvérsia para julgamento da questão de direito independentemente da iniciativa do presidente ou do vice-presidente do tribunal de origem.

§ 6º Somente podem ser selecionados recursos admissíveis que contenham abrangente argu-

mentação e discussão a respeito da questão a ser decidida.

▶ *Referência: CPC/1973 – Arts. 543-B e 543-C*

1. Recurso extraordinário e recurso especial repetitivos

Visando a reduzir o número de processos submetidos à apreciação do Supremo Tribunal Federal e do Superior Tribunal de Justiça, para que esses tribunais possam então exercer a função de verdadeiras cortes de precedentes, e considerando que muitos processos são marcados pela repetição de idênticas questões, o legislador criou uma sistemática que permite um julgamento por amostragem a partir da seleção de determinados casos. A tese então fixada nesse julgamento será aplicável a todos os casos em que a questão jurídica se fizer presente (Barbosa Moreira, *Comentários ao Código de Processo Civil*, 16. ed., vol. V, p. 618).

A sistemática de julgamento dos recursos repetitivos exige a seleção de dois ou mais recursos que veiculem a questão repetitiva para que sejam encaminhados ao Supremo Tribunal Federal e ao Superior Tribunal de Justiça, enquanto os demais recursos ficam sobrestados no Tribunal de origem, aguardando o pronunciamento definitivo da Corte a respeito da questão repetitiva. A solução dada ao caso paradigma, posteriormente, será reproduzida para os casos semelhantes que ficaram retidos nos Tribunais locais.

A aplicação da sistemática dos recursos repetitivos exige a absoluta identidade de questão de direito tratada nos recursos considerados repetitivos. Do contrário, a disciplina em comento não poderá incidir. Enquanto os recursos selecionados como representativos da controvérsia são julgados, os demais ficam sobrestados nos Tribunais locais. O julgamento de recursos repetitivos tem relação com o tema da relação entre demandas na medida em que evitam a variação de teses jurídicas a serem aplicadas para casos de fundo idêntico e tem justificativa no quadrinômio da igualdade, segurança, economia e respeitabilidade.

Caberá ao presidente ou ao vice-presidente de tribunal de justiça ou de tribunal regional federal selecionar dois ou mais recursos representativos da controvérsia, que serão encaminhados aos Tribunais Superiores, Supremo Tribunal Federal ou ao Superior Tribunal de Justiça, "determinando a suspensão do trâmite de todos os processos pendentes, individuais ou coletivos, que tramitem no Estado ou na região, conforme o caso" (art. 1.036, § 1º). Nos tribunais superiores, o relator "também poderá selecionar 2 (dois) ou mais recursos representativos da controvérsia para julgamento da questão de direito independentemente da iniciativa do presidente ou do vice-presidente do tribunal de origem" (CPC, art. 1.036, § 5º). É importante observar que "somente podem ser selecionados recursos admissíveis que contenham abrangente argumentação e discussão a respeito da questão a ser decidida" (CPC, art. 1.036, § 6º). Pela locução recursos admissíveis deve-se entender recursos idôneos ao julgamento e aptos a superar o exame da admissibilidade. (Paulo Henrique dos Santos Lucon, Relação entre demandas, § 63).

Art. 1.037. Selecionados os recursos, o relator, no tribunal superior, constatando a presença do pressuposto do *caput* do art. 1.036, proferirá decisão de afetação, na qual:

I – identificará com precisão a questão a ser submetida a julgamento;

II – determinará a suspensão do processamento de todos os processos pendentes, individuais ou coletivos, que versem sobre a questão e tramitem no território nacional;

III – poderá requisitar aos presidentes ou aos vice-presidentes dos tribunais de justiça ou dos tribunais regionais federais a remessa de um recurso representativo da controvérsia.

§ 1º Se, após receber os recursos selecionados pelo presidente ou pelo vice-presidente de tribunal de justiça ou de tribunal regional federal, não se proceder à afetação, o relator, no tribunal superior, comunicará o fato ao presidente ou ao vice-presidente que os houver enviado, para que seja revogada a decisão de suspensão referida no art. 1.036, § 1º.

§ 2º (Revogado).

§ 3º Havendo mais de uma afetação, será prevento o relator que primeiro tiver proferido a decisão a que se refere o inciso I do *caput*.

§ 4º Os recursos afetados deverão ser julgados no prazo de 1 (um) ano e terão preferência sobre os demais feitos, ressalvados os que envolvam réu preso e os pedidos de *habeas corpus*.

§ 5º (Revogado).

§ 6º Ocorrendo a hipótese do § 5º, é permitido a outro relator do respectivo tribunal superior afetar 2 (dois) ou mais recursos representativos da controvérsia na forma do art. 1.036.

§ 7º Quando os recursos requisitados na forma do inciso III do *caput* contiverem outras questões além daquela que é objeto da afetação, caberá ao tribunal decidir esta em primeiro lugar e depois as demais, em acórdão específico para cada processo.

§ 8º As partes deverão ser intimadas da decisão de suspensão de seu processo, a ser proferida pelo respectivo juiz ou relator quando informado da decisão a que se refere o inciso II do *caput*.

§ 9º Demonstrando distinção entre a questão a ser decidida no processo e aquela a ser julgada no recurso especial ou extraordinário afetado, a parte poderá requerer o prosseguimento do seu processo.

§ 10. O requerimento a que se refere o § 9º será dirigido:

I – ao juiz, se o processo sobrestado estiver em primeiro grau;

II – ao relator, se o processo sobrestado estiver no tribunal de origem;

III – ao relator do acórdão recorrido, se for sobrestado recurso especial ou recurso extraordinário no tribunal de origem;

IV – ao relator, no tribunal superior, de recurso especial ou de recurso extraordinário cujo processamento houver sido sobrestado.

§ 11. A outra parte deverá ser ouvida sobre o requerimento a que se refere o § 9º, no prazo de 5 (cinco) dias.

§ 12. Reconhecida a distinção no caso:

I – dos incisos I, II e IV do § 10, o próprio juiz ou relator dará prosseguimento ao processo;

II – do inciso III do § 10, o relator comunicará a decisão ao presidente ou ao vice-presidente que houver determinado o sobrestamento, para que o recurso especial ou o recurso extraordinário seja encaminhado ao respectivo tribunal superior, na forma do art. 1.030, parágrafo único.

§ 13. Da decisão que resolver o requerimento a que se refere o § 9º caberá:

I – agravo de instrumento, se o processo estiver em primeiro grau;

II – agravo interno, se a decisão for de relator.

▶ *Sem correspondência no CPC/1973*

Art. 1.038

1. Procedimento do julgamento das demandas repetitivas

A primeira providência a ser tomada pelo relator responsável pelo julgamento da causa paradigma, após constatar o preenchimento dos requisitos previstos no art. 1.036 do Código, é proferir decisão de afetação que deverá conter: (i) identificação precisa da questão a ser submetida a julgamento, (ii) determinação para que sejam suspensos os processos que versem sobre essa questão, (iii) requisição aos tribunais locais de remessa de recursos representativos da controvérsia. Caso não se proceda à afetação, deve ser revogada a decisão de suspensão dos processos pendentes.

Assim, verificada a multiplicidade de recursos com fundamento em idêntica questão de direito, o relator proferirá decisão de afetação na qual determinará a suspensão do processamento de todos os processos pendentes que versem sobre a questão; sendo que essas demandas têm clara relação entre si, o que recomenda o tratamento uniforme e uníssono para que se evite provimentos contraditórios e conflitantes e atividades desnecessárias e dispendiosas para o Estado. Apesar da recomendação para o caso paradigma ser julgado em até um ano, se isso não ocorrer os processos individuais continuarão suspensos após esse período. Verifica-se aqui a clara tensão existente entre a celeridade e a segurança jurídica e para a sistemática dos recursos extraordinário e especial repetitivos se procurou privilegiar o interesse no tratamento molecular dos litígios ao direito de cada litigante ao julgamento de sua demanda. Por isso, pode-se afirmar que se o julgamento do caso paradigma perdurar por um longo período, violado estará o direito à razoável duração do processo, assegurado pelo Constituição Federal e pelo próprio Código de Processo Civil (Paulo Henrique dos Santos Lucon, Relação entre demandas, § 63).

Em termos de respeito ao contraditório, tem-se de destacar que a redação original do CPC vedava, por meio do disposto no art. 1.037, § 2º, ao órgão colegiado decidir questão não delimitada no ato de afetação. Com efeito, dado o caráter paradigmático do julgamento, decisão que ultrapasse os limites do quanto fora delimitado significaria atribuir uma eficácia extra autos a uma determinada questão que não foi objeto de debate entre todos os sujeitos interessados. Contudo, a Lei 13.256, de 2016,

revogou o parágrafo em questão, sendo possível, portanto, que o que venha a ser decidido, nesses casos, extrapole a questão inicialmente submetida a julgamento.

Para assegurar o direito à distinção, a parte que entender que seu caso não é análogo à questão objeto do paradigma o art. 1.037, § 9º e ss., estabelece um procedimento específico com a indicação do órgão competente para processar o requerimento de distinção (§ 10), os efeitos de sua decisão (§ 12) e os recursos cabíveis (§ 13).

> **Art. 1.038.** O relator poderá:
>
> **I** – solicitar ou admitir manifestação de pessoas, órgãos ou entidades com interesse na controvérsia, considerando a relevância da matéria e consoante dispuser o regimento interno;
>
> **II** – fixar data para, em audiência pública, ouvir depoimentos de pessoas com experiência e conhecimento na matéria, com a finalidade de instruir o procedimento;
>
> **III** – requisitar informações aos tribunais inferiores a respeito da controvérsia e, cumprida a diligência, intimará o Ministério Público para manifestar-se.
>
> **§ 1º** No caso do inciso III, os prazos respectivos são de 15 (quinze) dias, e os atos serão praticados, sempre que possível, por meio eletrônico.
>
> **§ 2º** Transcorrido o prazo para o Ministério Público e remetida cópia do relatório aos demais ministros, haverá inclusão em pauta, devendo ocorrer o julgamento com preferência sobre os demais feitos, ressalvados os que envolvam réu preso e os pedidos de habeas corpus.
>
> **§ 3º** O conteúdo do acórdão abrangerá a análise dos fundamentos relevantes da tese jurídica discutida. (Redação dada pela Lei 13.256, de 2016)

▶ *Referência: CPC/1973 – Art. 543-C*

1. Atribuições do relator e dever de motivação

O relator do tribunal superior, de acordo com o art. 1.038 do Código de Processo Civil, para melhor formação de seu convencimento, poderá solicitar a manifestação de pessoas, órgãos ou entidades com interesse na causa dado a transcendência da matéria discutida, fixar data para a realização de audiências públicas para melhor formação de seu convencimento, e requisitar informações a respeito da controvérsia aos órgãos jurisdicionais hierarquicamente inferiores. Além disso, proceder-se-á a intimação do Ministério Público para que se manifeste a respeito da questão objeto de julgamento.

A par dessas atribuições o § 3º do artigo em comento impõe ao juiz, em complementação ao art. 489, § 1º, do Código um dever analítico de fundamentação. O acórdão que julgar o caso paradigma deverá conter análise de todos os fundamentos relevantes da tese jurídica objeto de discussão. Confere-se, com isso, estabilidade à jurisprudência ao se diminuir o inconformismo quanto à tese fixada. Com efeito, havendo manifestação sobre todos os fundamentos da questão discutida menor a probabilidade de surgir ulteriores questionamentos quanto ao seu teor. Menor será o espaço para a realização de distinções e maior o ônus argumentativo para justificar eventual necessidade de modificação jurisprudencial.

> **Art. 1.039.** Decididos os recursos afetados, os órgãos colegiados declararão prejudicados os demais recursos versando sobre idêntica controvérsia ou os decidirão aplicando a tese firmada.
>
> **Parágrafo único.** Negada a existência de repercussão geral no recurso extraordinário afetado, serão considerados automaticamente inadmitidos os recursos extraordinários cujo processamento tenha sido sobrestado.

▶ *Referência: CPC/1973 – Art. 543-B*

1. Efeitos da decisão

Uma das consequências do julgamento do recurso representativo da controvérsia é que os demais órgãos fracionários ou declararão prejudicados os recursos versando sobre idêntica controvérsia ou os decidirão aplicando a tese fixada (CPC, art. 1.039). Atinge-se, assim, a finalidade almejada de todo julgamento por amostragem. Nos casos de repercussão geral, se não for ela reconhecida, os recursos extraordinários cujo processamento foi sobrestado serão considerados automaticamente inadmitidos.

> **Art. 1.040.** Publicado o acórdão paradigma:
>
> **I –** o presidente ou o vice-presidente do tribunal de origem negará seguimento aos recursos especiais ou extraordinários sobrestados na origem, se o acórdão recorrido coincidir com a orientação do tribunal superior;
>
> **II –** o órgão que proferiu o acórdão recorrido, na origem, reexaminará o processo de competência originária, a remessa necessária ou o recurso anteriormente julgado, se o acórdão recorrido contrariar a orientação do tribunal superior;
>
> **III –** os processos suspensos em primeiro e segundo graus de jurisdição retomarão o curso para julgamento e aplicação da tese firmada pelo tribunal superior;
>
> **IV –** se os recursos versarem sobre questão relativa a prestação de serviço público objeto de concessão, permissão ou autorização, o resultado do julgamento será comunicado ao órgão, ao ente ou à agência reguladora competente para fiscalização da efetiva aplicação, por parte dos entes sujeitos a regulação, da tese adotada.
>
> **§ 1º** A parte poderá desistir da ação em curso no primeiro grau de jurisdição, antes de proferida a sentença, se a questão nela discutida for idêntica à resolvida pelo recurso representativo da controvérsia.
>
> **§ 2º** Se a desistência ocorrer antes de oferecida contestação, a parte ficará isenta do pagamento de custas e de honorários de sucumbência.
>
> **§ 3º** A desistência apresentada nos termos do § 1º independe de consentimento do réu, ainda que apresentada contestação.

▶ *Referência: CPC/1973 – Art. 543-C*

1. Eficácia de decisão

Com a publicação do acórdão paradigma, os recursos sobrestados não terão seguimento se o acórdão recorrido coincidir com a orientação da instância superior. Além disso, serão reexaminados, na origem, os processos de competência originária, a remessa necessária ou o recurso anteriormente julgado, se o acórdão recorrido contrariar a orientação do tribunal superior. E o que é mais importante: os processos suspensos em primeiro e segundo grau de jurisdição retomarão o curso para julgamento e aplicação da tese firmada pelo tribunal superior (CPC, art. 1.040, III). Há um aspecto positivo nessa nova disciplina ao estabelecer que se os recursos versarem sobre questão relativa à prestação de serviço público objeto de concessão, permissão

Art. 1.041

CÓDIGO DE PROCESSO CIVIL INTERPRETADO

ou autorização, o resultado do julgamento será comunicado ao órgão, ao ente ou à agência reguladora competente para fiscalização da efetiva aplicação, por parte dos entes sujeitos à regulação, da tese adotada (CPC, art. 1.040, IV). Na verdade, as prestadoras de serviço público objeto de concessão, permissão ou autorização devem ser necessariamente ouvidas antes do julgamento do recurso extraordinário ou especial repetitivo, uma vez que, como se verifica, a decisão poderá afetar a relação jurídica previamente disciplinada com o poder público.

Por conta do tratamento molecular que propicia, o julgamento dos recursos extraordinários e especial repetitivos exerce relação de forte influência em outros processos: i) o art. 927, III, ao estabelecer a força dos precedentes, determina que os juízes e os tribunais observarão os acórdãos proferidos em julgamento de recursos extraordinário e especial repetitivos; ii) o relator de eventual recurso poderá lhe negar seguimento se esse afrontar entendimento firmado em acórdão proferido pelo Supremo Tribunal Federal ou pelo Superior Tribunal de Justiça em julgamento de recursos repetitivos (CPC, art. 932, IV, "b"); iii) na fase de execução provisória da sentença, admite-se que está se faça independentemente de caução em raras situações, sendo uma delas quando a sentença estiver em consonância com o acórdão proferido no julgamento de casos repetitivos (CPC, art. 521, IV). A eficácia da decisão paradigma autoriza a desistência da ação antes de proferida sentença independentemente do consentimento do réu e com a isenção do pagamento de custas e de honorários de sucumbência.

> **Art. 1.041.** Mantido o acórdão divergente pelo tribunal de origem, o recurso especial ou extraordinário será remetido ao respectivo tribunal superior, na forma do art. 1.036, § 1º.
>
> **§ 1º** Realizado o juízo de retratação, com alteração do acórdão divergente, o tribunal de origem, se for o caso, decidirá as demais questões ainda não decididas cujo enfrentamento se tornou necessário em decorrência da alteração.
>
> **§ 2º** Quando ocorrer a hipótese do inciso II do *caput* do art. 1.040 e o recurso versar sobre outras questões, caberá ao presidente ou ao vice-presidente do tribunal recorrido, depois do reexame pelo órgão de origem e independentemente de ratificação do recurso, sendo positivo o juízo de admissibilidade, determinar a remessa do recurso ao tribunal superior para

> julgamento das demais questões. (Redação dada pela Lei 13.256, de 2016)

▶ *Referência: CPC/1973 – Art. 543-C*

1. Recursos sobrestados

Caso seja mantido o acórdão divergente pelo tribunal de origem, o recurso especial ou extraordinário sobrestado será remetido ao respectivo tribunal superior para julgamento. Tendo o tribunal de origem se retratado, proceder-se-á, após o juízo positivo de admissibilidade pelo tribunal *ao quo*, a remessa da causa para o julgamento das outras questões ainda não decididas.

Seção III
Do agravo em recurso especial e em recurso extraordinário

> **Art. 1.042.** Cabe agravo contra decisão do presidente ou do vice-presidente do tribunal recorrido que inadmitir recurso extraordinário ou recurso especial, salvo quando fundada na aplicação de entendimento firmado em regime de repercussão geral ou em julgamento de recursos repetitivos. (Redação dada pela Lei 13.256, de 2016)
>
> **I** – (Revogado);
>
> **II** – (Revogado);
>
> **III** – (Revogado).
>
> **§ 1º** (Revogado):
>
> **I** – (Revogado);
>
> **II** – (Revogado);
>
> **a)** (Revogada);
>
> **b)** (Revogada).
>
> **§ 2º** A petição de agravo será dirigida ao presidente ou ao vice-presidente do tribunal de origem e independe do pagamento de custas e despesas postais, aplicando-se a ela o regime de repercussão geral e de recursos repetitivos, inclusive quanto à possibilidade de sobrestamento e do juízo de retratação. (Redação dada pela Lei 13.256, de 2016)
>
> **§ 3º** O agravado será intimado, de imediato, para oferecer resposta no prazo de 15 (quinze) dias.
>
> **§ 4º** Após o prazo de resposta, não havendo retratação, o agravo será remetido ao tribunal superior competente.

§ 5º O agravo poderá ser julgado, conforme o caso, conjuntamente com o recurso especial ou extraordinário, assegurada, neste caso, sustentação oral, observando-se, ainda, o disposto no regimento interno do tribunal respectivo.

§ 6º Na hipótese de interposição conjunta de recursos extraordinário e especial, o agravante deverá interpor um agravo para cada recurso não admitido.

§ 7º Havendo apenas um agravo, o recurso será remetido ao tribunal competente, e, havendo interposição conjunta, os autos serão remetidos ao Superior Tribunal de Justiça.

§ 8º Concluído o julgamento do agravo pelo Superior Tribunal de Justiça e, se for o caso, do recurso especial, independentemente de pedido, os autos serão remetidos ao Supremo Tribunal Federal para apreciação do agravo a ele dirigido, salvo se estiver prejudicado.

▶ *Referência: CPC/1973 – Art. 544*

1. Agravo contra a inadmissão de recurso especial e extraordinário

O art. 1.042 do Código de Processo Civil estabelece as hipóteses de cabimento do agravo interposto contra decisão do presidente ou vice-presidente do tribunal local. Trata-se de agravo interposto nos próprios autos contra decisão que inadmitir recurso extraordinário ou recurso especial repetitivo, exceto se a decisão estiver fundada na aplicação de precedente formado em julgamento de repercussão geral ou de recurso especial repetitivo. A petição de agravo será dirigida ao presidente ou vice-presidente do tribunal local e independerá do pagamento de quaisquer custas. O agravado disporá do prazo de quinze dias para apresentação de contrarrazões e em seguida, não havendo retratação, os autos serão remetidos ao tribunal superior competente. Nesta instância, o agravo poderá ser julgado conjuntamente com o recurso especial, devendo-se respeitar, então, o direito do advogado à realização de sustentação oral. Tendo sido interposto recurso extraordinário e recurso especial, o agravante devera interpor um agravo para cada recurso não admitido. Nessa hipótese os autos serão remetidos primeiramente ao Superior Tribunal de Justiça. Encerrado o julgamento neste tribunal, os autos serão, então, remetidos ao Supremo Tribunal Federal, salvo se o julgamento

do recurso extraordinário estiver prejudicado pelo que foi decidido no STJ.

Seção IV
Dos embargos de divergência

Art. 1.043. É embargável o acórdão de órgão fracionário que:

I – em recurso extraordinário ou em recurso especial, divergir do julgamento de qualquer outro órgão do mesmo tribunal, sendo os acórdãos, embargado e paradigma, de mérito;

II – (Revogado);

III – em recurso extraordinário ou em recurso especial, divergir do julgamento de qualquer outro órgão do mesmo tribunal, sendo um acórdão de mérito e outro que não tenha conhecido do recurso, embora tenha apreciado a controvérsia;

IV – (Revogado).

§ 1º Poderão ser confrontadas teses jurídicas contidas em julgamentos de recursos e de ações de competência originária.

§ 2º A divergência que autoriza a interposição de embargos de divergência pode verificar-se na aplicação do direito material ou do direito processual.

§ 3º Cabem embargos de divergência quando o acórdão paradigma for da mesma turma que proferiu a decisão embargada, desde que sua composição tenha sofrido alteração em mais da metade de seus membros.

§ 4º O recorrente provará a divergência com certidão, cópia ou citação de repositório oficial ou credenciado de jurisprudência, inclusive em mídia eletrônica, onde foi publicado o acórdão divergente, ou com a reprodução de julgado disponível na rede mundial de computadores, indicando a respectiva fonte, e mencionará as circunstâncias que identificam ou assemelham os casos confrontados.

§ 5º (Revogado).

▶ *Referência: CPC/1973 – Art. 546*

1. Embargos de divergência

Os embargos de divergência podem ser opostos contra decisões proferidas no âmbito do Supremo Tribunal Federal e Superior Tribunal de Justiça. O objetivo deste recurso, conforme se constata das hipóteses que autorizam o seu

Art. 1.043

cabimento, é propiciar a uniformização da jurisprudência interna de cada um desses tribunais.

Os embargos de divergência são opostos contra acórdão proferido pelo STF ou pelo STJ no julgamento de recurso extraordinário ou especial, caso a decisão embargada tenha divergido de acórdão proferido por outro órgão do mesmo tribunal.

Para demonstrar a divergência existente no âmbito do tribunal, o embargante deverá demonstrar, de forma analítica o tratamento não igualitário dispensado por órgãos do tribunal para casos análogos. A divergência a ser dirimida por meio dos embargos pode ter como objeto tanto questões de mérito quanto questões relativas ao juízo de admissibilidade dos recursos. O Código de Processo Civil, ademais, admite os embargos de divergência para as ações de competência originária dos tribunais. Ademais, foi consignado, expressamente, que o dissídio pode ser tanto de mérito como acerca de questão processual e pode ter por objeto acórdão proferido em recurso e aresto oriundo de ação de competência originária, desde a questão jurídica seja a mesma.

Os embargos de divergência podem ser opostos, inclusive, contra acórdão paradigma do mesmo órgão que proferiu a decisão embargada, desde que a composição deste órgão tenha sido alterada em mais da metade de seus membros.

Como contraponto ao ônus imposto ao embargante de demonstrar de forma analítica a divergência existente, o § 5º do art. 1.043 do Código impunha aos tribunais o dever de motivar a decisão de maneira detalhada, sendo vedados argumentos genéricos de que os casos não são análogos sem se demonstrar a existência de referida distinção. Não obstante, referido parágrafo foi revogado pela Lei 13.256/2016.

Jurisprudência

Súmula 158 do STJ: "Não se presta a justificar embargos de divergência o dissídio com acórdão de turma ou seção que não mais tenha competência para a matéria neles versada".

"A incidência do § 3º do artigo 266 do Regimento Interno do Superior Tribunal de Justiça possibilitou, no caso dos autos, o indeferimento liminar dos embargos de divergência, em face da inexistência de similitude fática entre o acórdão embargado e os paradigmas colacionados –

conforme se pode verificar nos precedentes da Corte Especial colacionados na decisão agravada –, restando desatendidos os artigos 266, § 1º e 255, § 1º e § 2º do mencionado ato normativo e o parágrafo único do artigo 541 do CPC. A jurisprudência pacífica desta Corte Superior entende que, no âmbito do presente recurso, a regra geral é não alterar-se os valores de honorários advocatícios arbitrados ou mantidos no acórdão embargado, especialmente porque neste caso discutiria-se, geralmente, a similitude fática entre os arestos confrontados para comparação das verbas sucumbenciais, inexistindo pretensão de uniformização da interpretação da lei federal, objetivo específico dos embargos de divergência, conforme a dicção do artigo 546 do CPC e do 266 do Regimento Interno do Superior Tribunal de Justiça" (STJ, AgRg nos EREsp 1.515.745/SP, Rel. Min. Jorge Mussi, Corte Especial, j. 02.12.2015, *DJe* 14.12.2015).

"Os embargos de divergência têm como premissa basilar a ocorrência de divergência jurisprudencial entre decisões prolatadas pelos órgãos colegiados desta Corte Superior, nos termos do art. 266 do RISTJ, não se prestando ao confronto a indicação de decisão monocrática como paradigma. Precedentes" (STJ, AgRg no AgRg nos EAREsp 738.277/SP, Rel. Min. Luis Felipe Salomão, Corte Especial, j. 02.12.2015, *DJe* 14.12.2015).

"O fundamento dos Embargos de Divergência do art. 546 do CPC e do art. 266 do RISTJ é a oposição de entendimento jurídico manifestado pelas Turmas ou Seções deste Tribunal em face de uma mesma situação fático-jurídica, porque, por óbvio, se forem diversas as circunstâncias concretas da causa ou as questões jurídicas em discussão, não pode ser reconhecida a dissidência interpretativa anunciada no recurso. Na hipótese, verifica-se que os acórdãos paradigmas dizem respeito a questões tributárias, enquanto o decisum embargado discute a possibilidade, ou não, de extensão do auxílio-cesta-alimentação aos proventos de complementação de aposentadoria pagos por entidade privada de previdência complementar, não se podendo falar em similitude de tais casos" (STJ, AgRg nos EREsp 1.317.400/RS, Rel. Min. Napoleão Nunes Maia Filho, Corte Especial, j. 18.11.2015, *DJe* 25.11.2015).

"A divergência deve ser comprovada, cabendo a quem recorre demonstrar as circunstâncias que identificam ou assemelham os casos confrontados, com indicação da similitude fática e jurídica entre eles. É indispensável a transcrição de trechos do relatório e do voto dos acórdãos recorrido e paradigma, realizando-se o cotejo analítico entre ambos, com o intuito de caracterizar a interpretação legal divergente. No caso dos autos, as embargantes cingem-se a transcrever as ementas dos acórdãos paradigmas, deixando de demonstrar efetivamente a existência de dissenso interpretativo, em frontal desrespeito aos requisitos previstos nos arts. 546 do CPC e 266 do RISTJ" (STJ, AgRg nos EAREsp 580.906/RS, Rel. Min. Herman Benjamin, 1ª Seção, j. 14.10.2015, *DJe* 18.11.2015).

"Os embargos de divergência destinam-se exclusivamente a uniformização de teses enfrentadas em recurso especial, conforme se pode verificar na legislação de regência: artigo 546 do CPC; artigo 29 da Lei n. 8.038/90; e artigo 266, *caput*, do Regimento Interno deste Superior Tribunal de Justiça. Por isso, descabida a interposição de embargos de divergência contra acórdão proferido em recurso ordinário em mandado de segurança. Precedentes da Corte Especial" (STJ, AgRg na Pet 10.132/AM, Rel. Min. Jorge Mussi, Corte Especial, j. 19.08.2015, *DJe* 31.08.2015).

> **Art. 1.044.** No recurso de embargos de divergência, será observado o procedimento estabelecido no regimento interno do respectivo tribunal superior.
>
> **§ 1º** A interposição de embargos de divergência no Superior Tribunal de Justiça interrompe o prazo para interposição de recurso extraordinário por qualquer das partes.
>
> **§ 2º** Se os embargos de divergência forem desprovidos ou não alterarem a conclusão do julgamento anterior, o recurso extraordinário interposto pela outra parte antes da publicação do julgamento dos embargos de divergência será processado e julgado independentemente de ratificação.

▶ *Sem correspondência no CPC/1973*

1. Procedimento e efeitos

De acordo com o art. 1.044 do Código de Processo Civil cumpre ao regimento interno de cada tribunal superior disciplinar o procedi-

mento a ser observado para o julgamento dos embargos de divergência.

Com a interposição desse recurso no âmbito do Superior Tribunal de Justiça, dá-se a interrupção do prazo para a interposição de recurso extraordinário por qualquer das partes e nos casos em que o resultado de seu julgamento não alterar o acórdão embargado, o processamento do recurso extraordinário se dará independentemente de ratificação.

LIVRO COMPLEMENTAR
DISPOSIÇÕES FINAIS E TRANSITÓRIAS

> **Art. 1.045.** Este Código entra em vigor após decorrido 1 (um) ano da data de sua publicação oficial.

▶ *Referência: CPC/1973 – Art. 1.220*

1. Sanção

O CPC foi sancionado, com vetos, no dia 16.03.2015.

2. *Vacatio legis*: 1 ano

Durante o período da vacância, a lei não é eficaz, apesar de já fazer parte do ordenamento jurídico (existe) e ser válida.

Assim, a vigência vem apenas após o término da *vacatio legis*, período em que deveriam acontecer estudos e adequação do Poder Judiciário e das partes ao novo sistema.

Durante a *vacatio* houve alteração do CPC, com a edição da Lei 13.256/2016. Mas essa lei não trouxe qualquer alteração quanto à vigência do Código.

3. Data exata da vigência do Código: polêmica

Surgiu grande polêmica a respeito da data exata de entrada em vigor do CPC.

Como bem sintetizado em artigo doutrinário, formaram-se três correntes, cada qual sustentando data própria para o início da vigência do CPC, a saber, dia 16, 17 ou 18 de março de 2016 (CARVALHO, Fabiano. Divergência doutrinária sobre a entrada em vigor do novo Código de Processo Civil e proposta de solução, *Repro* 246, ago. 2015, p. 347-354).

Art. 1.045

CÓDIGO DE PROCESSO CIVIL INTERPRETADO

1624

Eram dois os principais problemas: (i) a contagem de prazo não em dias, como propõe a LC 95/1998 (lei que regula o processo legislativo) e (ii) a divergência quanto à contagem do prazo de 1 ano.

Para quem defendia o dia 16, o prazo da *vacatio* deveria ser contado em dias, independentemente de o CPC se referir ao período de ano, com base no art. 8º, § 2º, da LC 95/1998. Assim, considerando que a contagem envolvia ano bissexto, o Código entraria em vigor no dia 16.

Pelo outro lado, os defensores do dia 17 e do dia 18 sustentavam que a contagem deveria ser, de fato, em ano, já que previsto no CPC. Mas então havia a divergência quanto à contagem de um ano. Quando se tem 1 ano? No exato dia no ano seguinte ou no dia imediatamente anterior, no ano seguinte?

Para entender essa polêmica, necessário analisar a LC 95/1998, art. 8º, § 1º: "A contagem do prazo para entrada em vigor das leis que estabeleçam período de vacância far-se-á com a inclusão da data da publicação e do último dia do prazo, entrando em vigor no dia subsequente à sua consumação integral".

Assim, para a segunda corrente, tem-se o seguinte: publicação em 17.03.2015, 1 ano em *16.03.2016*, entrando em vigor "no dia subsequente à sua consumação integral", ou seja, *17.03.2016*;

De seu turno, para a terceira corrente, tem-se o seguinte: publicação em 17.03.2015, 1 ano em *17.03.2016* (conforme contagem prevista no CC, art. 132, § 3º), entrando em vigor "no dia subsequente à sua consumação integral", ou seja, *18.03.2016*. Considerando a previsão do Código Civil quanto à contagem de prazo em anos, esta me parece a posição mais correta.

As duas principais correntes foram estas últimas.

4. Decisão administrativa do STJ: vigência em 18.03.2016

Em sessão administrativa, o Pleno do STJ decidiu que a vigência do Código seria o dia 18/03/16 (vide https://www.stj.jus.br/sites/portalp/Paginas/Comunicacao/Noticias-antigas/2016/2016-03-02_20-07_Pleno-do-STJ-define-que-o-novo-CPC-entra-em-vigor-no-dia-18-de-marco.aspx, acesso em 23/3/2021).

É de se indagar se essa matéria poderia ou não ser objeto de decisão em sede administrativa.

De qualquer forma, considerando a insegurança jurídica, ao menos se tem um termo inicial de vigência do CPC. Ademais, não se tratando de uma decisão judicial, *não* se trata de um precedente vinculante.

Por sua vez, a corroborar a data do dia 18.03, também o CNJ apreciou o tema em reunião administrativa e chegou à mesma data (vide https://www.cnj.jus.br/cnj-responde-a-oab-e-decide-que-vigencia-do-novo-cpc-comeca-em-18-de-marco/, aesso em 23/03/2021).

De qualquer forma, toda essa polêmica anterior ao Código (e que causou muita preocupação naqueles que atuavam no contencioso) na verdade não se verificou após a efetiva vigência do Código: de forma geral, não ocorreram maiores problemas relativos à data da entrada em vigor do CPC/2015 que pudessem causar prejuízos aos jurisdicionados, e o STJ, quando apreciou o tema sob a perspectiva jurisdicional, concluiu pela vigência em 18.03.2016.

5. Relevância da data exata da vigência: direito intertemporal

Saber se o Código entrou em vigor dia 17 ou 18 não é algo sem relevância. Afinal, para saber qual lei aplicável (CPC/1973 ou CPC/2015 – ou seja, regras de direito intertemporal; a respeito, vide art. 1.046), fundamental saber a vigência exata do Código. Por exemplo, para se saber qual a regra de honorários aplicável – se o Código anterior ou o Código atual (vide jurisprudência).

Jurisprudência

"Processual civil. Agravo interno no recurso especial. Honorários advocatícios. Marco temporal para a incidência do CPC/2015. Prolação da sentença. 1. A jurisprudência do STJ se firmou no sentido de que a regra processual aplicável, no que tange à condenação em honorários advocatícios sucumbenciais, é aquela vigente na data da prolatação da sentença. Tal entendimento deve ser adotado até o trânsito em julgado, ainda que a sentença tenha sido reformada. 2. Na hipótese, a sentença de primeiro grau foi publicada quando ainda vigente o CPC/1973. Assim, correto o entendimento do Tribunal de origem que, ao reformar a sentença, aplicou o regramento disposto no art. 20, §§ 3º e 4º, do CPC/73 para fixar os honorários advocatícios em favor da ora agravante. 3. Agravo interno a que se nega provimento" (AgInt no REsp 1.789.749/CE, Rel. Min. Og Fernandes, 2ª Turma, j. 18.08.2020, *DJe* 27.08.2020).

"Agravo interno no agravo em recurso especial. Processual civil. Decisão impugnada publicada antes da vigência do Novo CPC. Aplicabilidade na espécie do CPC de 1973. Princípio do *tempus regit actum*. Recurso interposto após o prazo previsto no CPC de 1973. Intempestividade. Decisão mantida. 1. Observando o disposto na Lei n. 810/1.949 c/c Lei Complementar 95/1.998, a vigência do novo Código de Processo Civil, instituído pela Lei n. 13.105, de 16 de março de 2015, iniciou-se em 18 de março de 2016 (Enunciado Administrativo n. 1, aprovado pelo Plenário do Superior Tribunal de Justiça em 2/3/2016). 2. À luz do princípio *tempus regit actum*, esta Corte Superior há muito pacificou o entendimento de que as normas de caráter processual têm aplicação imediata aos processos em curso, regra essa que veio a ser positivada no ordenamento jurídico no art. 14 do novo CPC. 3. Em homenagem ao referido princípio, o Superior Tribunal de Justiça consolidou o entendimento de que a lei a reger o recurso cabível e a forma de sua interposição é aquela vigente à data da publicação da decisão impugnada, ocasião em que o sucumbente tem a ciência da exata compreensão dos fundamentos do provimento jurisdicional que pretende combater. Precedentes. 4. Esse entendimento foi cristalizado pelo Plenário do Superior Tribunal de Justiça, na sessão realizada dia 9/3/2016 (ata publicada em 11/3/2016), em que, por unanimidade, aprovou a edição de enunciado administrativo com a seguinte redação: 'Aos recursos interpostos com fundamento no CPC/1973 (relativos a decisões publicadas até 17 de março de 2016) devem ser exigidos os requisitos de admissibilidade na forma nele prevista, com as interpretações dadas, até então, pela jurisprudência do Superior Tribunal de Justiça' (Enunciado Administrativo n. 2, aprovado pelo Plenário do Superior Tribunal de Justiça em 9/3/2016). 5. A presente insurgência diz respeito à tempestividade do recurso especial, cujo acórdão recorrido foi publicado antes da vigência do novo Código de Processo Civil, ou seja, na vigência do Código de Processo Civil de 1973, sendo exigidos, pois, os requisitos de admissibilidade na forma prevista naquele código de ritos, com as interpretações dadas, até então, pela jurisprudência desta Corte. 6. Agravo

regimental não conhecido" (AgInt no AREsp 1.339.922/SC, Rel. Min. Luis Felipe Salomão, 4ª Turma, j. 19.03.2019, *DJe* 26.03.2019).

> **Art. 1.046.** Ao entrar em vigor este Código, suas disposições se aplicarão desde logo aos processos pendentes, ficando revogada a Lei nº 5.869, de 11 de janeiro de 1973.
>
> **§ 1º** As disposições da Lei nº 5.869, de 11 de janeiro de 1973, relativas ao procedimento sumário e aos procedimentos especiais que forem revogadas aplicar-se-ão às ações propostas e não sentenciadas até o início da vigência deste Código.
>
> **§ 2º** Permanecem em vigor as disposições especiais dos procedimentos regulados em outras leis, aos quais se aplicará supletivamente este Código.
>
> **§ 3º** Os processos mencionados no art. 1.218 da Lei nº 5.869, de 11 de janeiro de 1973, cujo procedimento ainda não tenha sido incorporado por lei submetem-se ao procedimento comum previsto neste Código.
>
> **§ 4º** As remissões a disposições do Código de Processo Civil revogado, existentes em outras leis, passam a referir-se às que lhes são correspondentes neste Código.
>
> **§ 5º** A primeira lista de processos para julgamento em ordem cronológica observará a antiguidade da distribuição entre os já conclusos na data da entrada em vigor deste Código.

▶ *Referência: CPC/1973 – Arts. 1.217 e 1.218*

1. Revogação do CPC/1973

Este dispositivo prevê a revogação do antigo Código.

2. Direito intertemporal

Na transição entre os Códigos, sempre surgem dificuldades a respeito de qual diploma deve ser aplicado. E o problema, cuja solução passa pelo direito intertemporal, é agudo no tocante às demandas que se iniciaram no CPC/1973, mas que seguem em trâmite quando vigente o CPC/2015.

Ainda que existam alguns artigos no CPC que tratem do tema (arts. 1.046, 1.047, 1.049, 1.050, 1.052, 1.054, 1.056 e 1.057) e algumas máximas que regulam a transição (*tempus regit actum*, teoria do isolamento dos atos processuais, ato jurídico processual perfeito), o assunto é sempre

Art. 1.046

polêmico e traz dificuldades àqueles que militam no contencioso (advogados, promotores e juízes).

Nesse sentido, a jurisprudência não é uníssona e, muitas vezes, até mesmo muda de opinião após algumas decisões.

3. Aplicação imediata da lei nova (*tempus regit actum*) e teoria do isolamento dos atos processuais

A regra, constante do *caput*, é a aplicação *imediata* aos processos pendentes.

Contudo, isso não significa que, a partir da vigência do atual CPC, não haverá mais qualquer aplicação do CPC/1973.

Ao contrário, considerando os atos iniciados no Código anterior, ainda haverá questões que deverão ser reguladas pela legislação pretérita – sob pena de insegurança jurídica e violação do ato jurídico perfeito (no caso, do ato jurídico *processual* perfeito).

O nosso sistema protege as situações jurídicas consolidadas (direitos adquiridos, atos jurídicos perfeitos e a coisa julgada – CF, art. 5º, XXXVI).

Há atos processuais que, por apresentarem forte ligação com o anterior, não podem ser submetidos a regimes jurídicos distintos, ainda que com a vigência de uma lei nova. Nesse caso, por exemplo em relação à contagem de prazo iniciada no Código antigo, não haverá aplicação do novo Código.

Assim, se existir uma relevante correlação entre atos processuais, deve ser afastada a regra geral de isolamento dos atos processuais, com a observância do Código antigo mesmo após sua revogação. Dois atos processuais somente podem ser regidos por leis distintas no tempo se possível a compatibilização (nesse sentido, ROQUE, André; GAJARDONI, Fernando. Breves questões sobre direito transitório no Novo CPC. In: YARSHELL, Flavio Luiz; PESSOA, Fabio Guidi Tabosa (org.). *Direito intertemporal*. Salvador: JusPodivm, 2016, p. 49-68).

Na teoria, fica clara a distinção; contudo, na prática, é complexa a análise daquilo que é isolado ou é dependente do ato anterior.

4. Procedimento sumário e procedimentos especiais revogados (§ 1º)

De forma pontual, o § 1º prevê que as disposições do CPC/1973 relativas ao rito sumário (extinto no CPC/2015) e a procedimentos especiais extintos no CPC/2015 seguirão sendo aplicadas as demandas propostas e não sentenciadas até enquanto esteve vigente o Código anterior.

Ou seja, em um caso hipotético de procedimento sumário ainda não sentenciado, a lei revogada será aplicada (caso de ultratividade da lei anterior). Isso para evitar transtornos e insegurança em relação às demandas ajuizadas em procedimentos que deixaram de existir.

Mas, uma vez sentenciado, o sistema recursal aplicável será o da lei nova.

5. Vigência de procedimentos especiais não influenciada pelo CPC (§§ 2º e 4º)

O § 2º deixa claro que leis extravagantes (como mandado de segurança, ação popular, ação de alimentos, lei locatícia etc.) não são revogadas com o atual CPC – ainda que tais leis apliquem de forma subsidiária o CPC.

Apenas deixa de ser aplicado o CPC/1973, para que seja aplicado o CPC/2015 – observado o exposto no item anterior. De seu turno, todas as remissões que eram feitas ao CPC/1973, passam a ser feitas ao CPC (§ 4º). Isso não significa que as menções serão alteradas da legislação, mas que as remissões devem ser interpretadas como fazendo menção ao novo artigo, do CPC/2015.

6. Procedimentos do art. 1.218 do CPC/1973 (§ 3º)

O art. 1.218 do CPC/1973 trazia a curiosa situação em que procedimento do CPC/1939 continuavam em vigor, até que viessem leis especiais tratar do tema. Em alguns casos, vieram as leis especiais; em outros, não.

Para, de uma vez por todas, afastar a vigência do CPC/1939, este § 3º determina que os procedimentos ainda não previstos em lei especial tramitarão pelo procedimento comum do CPC/2015.

7. Ordem cronológica (§ 5º)

O § 5º aponta que, para a primeira lista de prioridade cronológica de julgamento (art. 12), relativa aos processos já conclusos na data de entrada em vigor do CPC, será observada a ordem de antiguidade na distribuição. É um critério subsidiário, típico para um período de transição, que desaparecerá conforme os processos conclusos forem julgados.

Contudo, vale lembrar que o art. 12 foi alterado pela Lei 13.256/2016, de modo que a ordem cronológica passou a ser facultativa e não mais cogente. Assim, há o debate se a lista segue sendo necessária, sendo que do ponto de vista prático, na maior parte dos cartórios do País a referida lista não é realizada (é, portanto, um dispositivo que muitas vezes não se aplica).

8. Problemas quanto a prazos

Existem, como dito, diversas polêmicas quanto ao tema direito intertemporal.

Tratemos, brevemente, do problema relativo a prazos.

À luz da jurisprudência do STJ firmada antes do atual Código, o critério para aplicação da nova lei processual é a *publicação* da decisão. Porém – novamente, à luz da clássica jurisprudência do STJ – isso significa não a disponibilização ou publicação no diário oficial, mas sim *a publicação no próprio processo* (momento em que a decisão é proferida ou encartada nos autos), conforme jurisprudência anterior abaixo reproduzida.

Portanto, com base nesse entendimento, uma decisão disponibilizada no Diário Oficial em 18.03.2016, na verdade foi publicada nos autos (encartada aos autos) em data anterior, ainda enquanto vigente o CPC/1973. Sendo assim, aplica-se o antigo CPC, no tocante (a) ao recurso cabível e (b) contagem de prazo, em dias corridos.

Assim:

(i) uma decisão monocrática disponibilizada no diário oficial em 18.03.2016 seguramente tornou-se pública nos autos em data anterior – tanto que uma das partes poderia ter tomado ciência em cartório dessa decisão. Logo, cabível agravo interno no prazo de 5 dias corridos como previsto no Código anterior – e não no prazo de 15 dias úteis, como previsto no atual Código;

(ii) uma decisão interlocutória disponibilizada no diário oficial em 18.03.2016 seguramente tornou-se pública nos autos em data anterior – tanto que uma das partes poderia ter tomado ciência em cartório dessa decisão. Logo, para evitar a preclusão, teria sido necessário agravar retido, no prazo de 10 dias corridos (recurso que não mais existe no CPC/2015);

(iii) um acórdão proferido em sessão de julgamento realizada em 18.03.2016 tornou-se público no momento da sessão, ou seja, já com

o CPC/2015 em vigor – de modo que eventuais recursos já seriam interpostos com base na lei nova, sendo esse dado o marco relevante, e não o momento da disponibilização dessa decisão na imprensa oficial

Com base nesse entendimento, o critério para se saber qual a regime aplicável (CPC/1973 ou CPC/2015) é verificar, a partir da análise dos autos, quando a decisão *foi proferida* e se tornou *pública em cartório* (data da sessão de julgamento ou data da juntada aos autos da decisão, conforme certidão constante dos autos), e não a partir da data da disponibilização na imprensa oficial.

Pouco antes da vigência do CPC/2015, o STJ editou "enunciados administrativos" tratando da aplicação do Código, corroborando o exposto acima. Contudo, vejamos alguns dos enunciados:

Enunciado administrativo 2 – "Aos recursos interpostos com fundamento no CPC/1973 (relativos a decisões publicadas até 17 de março de 2016) devem ser exigidos os requisitos de admissibilidade na forma nele prevista, com as interpretações dadas, até então, pela jurisprudência do Superior Tribunal de Justiça".

Enunciado administrativo 3 – "Aos recursos interpostos com fundamento no CPC/2015 (relativos a decisões publicadas a partir de 18 de março de 2016) serão exigidos os requisitos de admissibilidade recursal na forma do novo CPC.

Como se percebe, da redação desses enunciados infelizmente não fica claro se o STJ (a) está se referindo a "publicação" no sentido de se "tornar pública nos autos, ter sido proferida" (conforme a histórica jurisprudência do STJ) ou (b) "publicação" no sentido de "disponibilização e publicação na imprensa oficial". Pelo exposto acima, especialmente a possibilidade de que uma das partes tenha ciência da decisão antes da sua efetiva publicação, é certo que o entendimento mais técnico é o exposto em (a).

Analisando os julgados do STJ acerca do tema, percebe-se que (i) os enunciados administrativos são bastante utilizados pelo tribunal e (ii) é possível encontrar – novamente infelizmente – entendimento nos dois sentidos da palavra "publicação".

Jurisprudência

"Agravo interno no agravo em recurso especial. Processual civil. Preparo. Guia de recolhimento. Número de referência. Erro na indicação.

Art. 1.046

CÓDIGO DE PROCESSO CIVIL INTERPRETADO

1628

Deserção. Marco temporal. 1. Recurso especial interposto contra acórdão publicado na vigência do Código de Processo Civil de 1973 (Enunciados Administrativos nºs 2 e 3/STJ). 2. Incumbe ao agravante comprovar o correto recolhimento do preparo no momento da interposição do recurso. 3. O preenchimento incorreto do número de referência do processo implica deserção do recurso de apelação. 4. O entendimento do Superior Tribunal de Justiça no tocante ao art. 1.046 do CPC/2015 é no sentido de que, tendo sido publicada a sentença na vigência do CPC/1973, as regras do Código de Processo Civil de 2015 não são aplicáveis ao caso concreto. 5. Agravo interno não provido" (AgInt no AREsp 1.198.151/BA, Rel. Min. Ricardo Villas Bôas Cueva, 3ª Turma, j. 22.10.2018, *DJe* 26.10.2018).

"Processual civil. Recurso especial. Enunciado Administrativo 3/STJ. Intervenção do Estado na propriedade. Desapropriação indireta. Rejeição da pretensão. Desprovimento da apelação. Ausência de fixação de honorários recursais. 'Tempus regit actum'. 1. Tanto o CPC/1973 (art. 1.211) quanto o CPC/2015 (art. 1.046, '*caput*') adotaram, com fundamento no princípio geral do 'tempus regit actum', o chamado 'sistema do isolamento dos atos processuais' como critério de orientação de direito intertemporal, de maneira que nada obstante a lei processual nova incida sobre os feitos ainda em curso, não poderá retroagir para alcançar os atos processuais praticados sob a égide do regime anterior, mas apenas sobre aqueles que daí em diante advierem. 2. Nesse sentido, a definição sobre qual regime jurídico será aplicado depende do momento em que o respectivo ato processual é praticado, de maneira que se a apelação foi interposta sob a égide do CPC/1973, não há invocar a incidência do regime previsto no art. 85, § 11, do CPC/2015. 3. Recurso especial não provido" (REsp 1.741.502/AM, Rel. Min. Mauro Campbell Marques, 2ª Turma, j. 19.06.2018, *DJe* 27.06.2018).

"Processual civil. Agravo interno no mandado de segurança. Enunciado Administrativo 3/STJ. Interposição de recurso ordinário durante a vigência do CPC/1973. Impossibilidade de aplicação da teoria da causa madura. Jurisprudência remansosa. Pretensão mandamental manifestamente incabível. Ausência de teratologia da decisão. 1. Não cabe ação de mandado de segurança contra ato judicial de que caiba recurso ao qual seja possível, nos termos dos arts. 995, parágrafo único, e 1.026, § 1º, do CPC/2015, agregar efeito suspensivo. Inteligência do art. 5º, inciso II, da Lei 12.016/2009. 2. Não há teratologia em decisão judicial que aplica a recurso ordinário interposto sob a vigência do CPC/1973 a jurisprudência então prevalecente, a respeito da impossibilidade de aplicação da teoria da causa madura. 3. Não há fundamento na pretensão de compelir a Sexta Turma deste Tribunal à aplicação das disposições do CPC/2015 a recurso ordinário interposto sob a égide do CPC/1973, com fundamento no princípio do 'tempus regit actum' e do isolamento dos atos processuais, que são expressos, na hipótese, no Enunciado Administrativo n. 2/STJ. 4. Agravo interno não provido" (AgInt no MS 23.248/CE, Rel. Min. Mauro Campbell Marques, Corte Especial, j. 07.03.2018, *DJe* 23.03.2018).

"Uniformização da jurisprudência. Divergência entre câmaras cíveis. Necessidade ou não de prévia liquidação da sentença proferida nos autos da Ação Coletiva nº 1998.01.1.016798-9, que tramitou perante o juízo da 12ª Vara Cível da Circunscrição Judiciária de Brasília/DF. 1. Por força da coisa julgada, os poupadores ou seus sucessores detêm legitimidade ativa, independentemente de fazerem parte ou não dos quadros associativos do IDEC, para ajuizarem o cumprimento individual da sentença coletiva proferida na Ação Civil Pública nº 1998.01. 1.016798-9, pelo Juízo da 12ª Vara Cível da Circunscrição Especial Judiciária de Brasília/DF, pois constou da sentença exequenda que é 'devida a incidência do índice expurgado dos cálculos quanto a todos os poupadores que mantinham conta poupança com a instituição ré no período em comento'. 2. O novo Estatuto Processual Civil substituiu o incidente de uniformização da jurisprudência pelo incidente de resolução de demandas repetitivas (IRDR). Todavia, em prestígio à situação jurídica processual já consolidada, inteligência do art. 14 do Novo CPC, deve-se aplicar na hipótese, por analogia, o que dispõe o § 1º do art. 1.046 do Código de Processo Civil de 2015, devendo o presente incidente ser processado e julgado nos termos do Código de Processo Civil de 1973. 3. A condenação oriunda de sentença coletiva proferida em ação civil pública é genérica, fixando apenas a responsabilidade do réu pelos danos causados, porque são desconhecidos o montante devido e a titularidade do crédito. 4. Assim, é na liquidação da sentença que se promoverá, além da apuração do valor devido, o juízo sobre a titularidade do exequente em relação ao crédito exigido. 5. Consequentemente, torna-

-se desnecessária a prévia liquidação do julgado pelos poupadores beneficiados com a sentença coletiva proferida na ação civil pública nº 1998.01. 1.016798-9, que tramitou perante o juízo da 12ª Vara Cível da Circunscrição Judiciária de Brasília/DF, se os interessados instruírem o pedido de cumprimento de sentença com: I) extrato bancário demonstrando a titularidade da conta e sua qualidade de poupador; II) o montante depositado na conta poupança à época do expurgo inflacionário; e III) planilha atualizada e discriminada do *quantum debeatur*, nos moldes do § 2º do art. 509 do Código de Processo Civil de 2015 (art. 475-B, do Código de Processo Civil de 1973. 6. Incidente de uniformização da jurisprudência conhecido e provido" (TJGO, UJ 0011474-83.2016.8.09.0000, Mineiros, Rel. Des. Elizabeth Maria da Silva, Corte Especial, *DJGO* 07.11.2017, p. 3).

Em relação ao termo "publicação":

– "Publicação" no sentido de "disponibilização e publicação na imprensa oficial" (b):

"Recurso especial. Processual civil. CPC/73 ou CPC/2015. Agravo de instrumento contra decisão proferida em autos eletrônicos na vigência do CPC/1973. Intimação eletrônica consumada na vigência do CPC/2015. Inexistência de publicação no Diário da Justiça. Aplicação da lei processual vigente na data em que publicada a decisão nos autos eletrônicos. Doutrina sobre direito intertemporal em matéria de recursos. 1. Controvérsia acerca da norma processual aplicável à admissibilidade de agravo de instrumento contra decisão proferida em autos eletrônicos na vigência do CPC/1973, com intimação eletrônica das partes na vigência do CPC/2015, não tendo havido publicação no Diário da Justiça. 2. Nos termos dos Enunciados Administrativos nº 2 e 3/STJ, a data de publicação da decisão recorrida é o marco temporal para aplicação do CPC/2015 em matéria de admissibilidade recursal. 3. Conforme jurisprudência pacífica desta Corte Superior, a 'publicação' a que se referem os Enunciados Administrativos nº 2 e 3/STJ é aquela realizada por meio do Diário da Justiça. 4. Nos termos do art. 5º, 'caput', da Lei 11.419/2006: 'As intimações serão feitas por meio eletrônico em portal próprio aos que se cadastrarem na forma do art. 2º desta Lei, dispensando-se a publicação no órgão oficial, inclusive eletrônico' (sem grifos no original). 5. Caso concreto em que a intimação se deu por meio eletrônico, não tendo havido publicação no Diário da Justiça. 6. Impossibilidade de se utilizar a publicação no Diário da Justiça como marco temporal, POIS não houve, no caso dos autos, essa forma de publicação. 7. Inviabilidade de se utilizar a data da intimação como marco temporal, uma vez que o prazo de 10 dias da intimação eletrônica conduz a situações contraditórias em termos de direito intertemporal, como um recurso ser regido pelo CPC/1973 e o outro pelo CPC/2015, embora interpostos contra uma mesma decisão. 8. Correta aplicação, pelo Tribunal de origem, da data publicação da decisão agravada nos autos eletrônicos como marco temporal, sujeitando assim o agravo de instrumento às normas de admissibilidade do CPC/1973. 9. Doutrina sobre direito intertemporal em matéria de recursos na linha do entendimento do Tribunal 'a quo'. 10. Recurso especial desprovido" (REsp 1.700.570/PR, Rel. Min. Paulo de Tarso Sanseverino, 3ª Turma, j. 13.08.2019, *DJe* 16.08.2019).

– "Publicação" no sentido de se "tornar pública nos autos, ter sido proferida" (a):

"Processual civil. Agravo interno no recurso especial. Honorários advocatícios. Vigência do CPC de 1973. Princípio do *tempus regit actum*. Momento da publicação da sentença quanto à verba honorária inicial. Sentença publicada ainda na vigência do CPC/1973. Compensação. Honorários. Possibilidade. Súmula 306/STJ. 1. Este Superior Tribunal de Justiça firmou a compreensão de que 'a regra processual aplicável, no que tange à condenação em honorários advocatícios sucumbenciais, *é aquela vigente na data da prolatação da sentença*. Em razão de sua natureza material, afasta-se a aplicação imediata da nova norma' (REsp 1.686.733/PE, Segunda Turma, de minha relatoria, *DJe* 9/4/2018). Logo, no caso, mostra-se inviável qualquer análise da fixação dos honorários com fundamento no CPC de 2015. 2. 'Fixada a compensação de honorários na vigência do CPC/1973, deve ser mantida uma vez que acolhida até então pelo ordenamento jurídico, conforme elucidado no enunciado da Súmula n. 306/STJ, tendo em vista que a sucumbência é regida pela lei vigente à data da deliberação que a impõe ou modifica' (AgInt no REsp 1.597.440/SE, Rel. Ministro Benedito Gonçalves, Primeira Turma, *DJe* 9/4/2018). 3. Agravo interno a que se nega provimento" (AgInt no REsp 1.741.941/PR, Rel. Min. Og Fernandes, 2ª Turma, j. 09.10.2018, *DJe* 15.10.2018).

"Processual civil. Direito intertemporal. Lei nº 11.232/05. Decisão proferida em liquidação

Art. 1.047

de sentença. Recurso cabível. Agravo de instrumento. Art. 475-H do CPC. 1. O momento em que foi proferido o julgamento confere à parte o direito de recorrer de acordo com as regras legais vigentes ao seu tempo. 2. Com o advento da Lei 11.232/05, que introduziu o art. 475-H ao Código de Processo Civil, o recurso cabível para impugnar decisão proferida em liquidação é o agravo de instrumento. Inaplicabilidade do princípio da fungibilidade recursal. 3. Recurso especial conhecido em parte e, nessa parte, não provido" (REsp 1.132.519/ES, Rel. Min. Eliana Calmon, 2ª Turma, j. 11.05.2010, *DJe* 21.05.2010).

"Embargos infringentes. Art. 530 do Código de Processo Civil. Alteração pela Lei nº 10.352/01. Direito intertemporal. Precedentes da Corte. 1. O recurso rege-se pela lei do tempo em que proferida a decisão, assim considerada nos órgãos colegiados a data da sessão de julgamento em que anunciado pelo Presidente o resultado, nos termos do art. 556 do Código de Processo Civil. É nesse momento que nasce o direito subjetivo à impugnação. 2. Embargos de divergência conhecidos e providos" (EREsp 649.526/MG, Rel. Min. Carlos Alberto Menezes Direito, Corte Especial, j. 15.06.2005, *DJ* 13.02.2006, p. 643).

> **Art. 1.047.** As disposições de direito probatório adotadas neste Código aplicam-se apenas às provas requeridas ou determinadas de ofício a partir da data de início de sua vigência.

▶ *Sem correspondência no CPC/1973*

1. Sistemas de direito intertemporal e regras transitórias

Como sabido, os ordenamentos jurídicos em geral apresentam soluções díspares para o tratamento do direito intertemporal, inclusive no que diz respeito ao *status* conferido à matéria. A maioria se dispõe a estabelecer alguns critérios gerais, mas nem todos o fazem em sede constitucional, relegando a matéria ao plano da legislação ordinária; outros se contentam em regular a incidência das leis novas por meio de disposições transitórias a elas incorporadas.

Mesmo nos ordenamentos dotados de disciplina genérica, contudo, exercem as disposições transitórias importante papel, na medida em que permitem o tratamento particularizado de determinadas questões, inclusive mediante critérios distintos das regras gerais previstas na própria legislação ordinária (respeitados apenas, quando o caso, eventuais parâmetros existentes na disciplina constitucional da matéria).

Pode-se dizer amplamente que a função daquelas no plano do direito intertemporal seja por um lado a de explicitar a sucessão de leis no tempo, apontando expressamente as normas derrogadas com o advento de um novo diploma. Por outro lado, atuam como facilitador na aplicação da lei nova aos casos pendentes, mediante interpretação autêntica, com a indicação expressa pelo legislador da solução a seu ver adequada para determinados conflitos previsíveis e a regulação, assim, da passagem de um sistema ao outro. E, finalmente, podem exercer papel modelador quanto a essa mesma etapa de transição, como já dito, adotando, por opção legislativa, modelos diferenciados, basicamente por meio do estabelecimento de restrições em maior ou menor grau para a afetação de situações pendentes.

É por meio desse mecanismo que se torna possível a visualização, em matéria estritamente processual, de determinados modelos referidos pela doutrina.

A regra é a eficácia imediata da lei nova e sua aplicação desde logo aos feitos pendentes, com disciplina dos atos posteriores, respeitados os atos e situações consolidados à vista da lei anterior (sistema do *isolamento* dos atos processuais); é o que decorre da aplicação do art. 6º da LINDB e, mais especificamente, do art. 14 do CPC, sempre observadas as diretrizes do art. 5º, XXXVI, da Constituição da República.

Entretanto, por meio de disposições transitórias, pode o legislador chegar ao extremo de simplesmente excluir a aplicação da nova lei aos processos pendentes, reservando-a apenas aos processos futuros (sistema da *unidade*, em que o processo é tratado de forma uniforme quanto a todos os seus atos quanto à lei aplicável), ou optar por soluções intermediárias, como o sistema das *fases processuais* (que considera as etapas em que, a rigor, dividido o procedimento relativo ao processo de conhecimento – postulatória, ordinatória, probatória e decisória –, projetando a incidência da lei nova para a fase subsequente àquela em que se ache o processo por ocasião da mudança legislativa).

O CPC efetivamente adotou solução intermediária, mas não propriamente correspondente ao chamado sistema das fases processuais, já que especificamente em matéria probatória não considerou apenas o momento da produção das provas, mas um espectro bem mais amplo, compreensivo de todas as disposições relativas a *direito probatório*, como diz o enunciado deste art. 1.047. Podia fazê-lo, certamente, já que a rigor limitado, em termos de iniciativa, apenas pelos cânones constitucionais do ato jurídico perfeito, direito adquirido e coisa julgada; mas o modelo adotado é de todo questionável em termos de oportunidade e técnica legislativa.

2. Normas sobre direito probatório e provas pendentes

Segundo o CPC, nesse sentido, todas as suas disposições sobre direito probatório não incidirão, no tocante aos processos em curso na data da vigência, quanto às provas já requeridas ou determinadas de ofício.

Pois bem, em primeiro lugar chama a atenção a circunstância de o legislador tomar como base para a segregação dos atos a serem regidos pela lei antiga ou pela nova aspectos relacionados aos chamados *momentos* da prova, que segundo a doutrina envolvem a proposição, a admissão e finalmente a produção da prova no processo. Mas, ao fazê-lo, trata como equivalentes duas coisas díspares, referindo-se, do ponto de vista das partes, ao *requerimento* da prova (portanto, à sua proposição), e, no tocante ao juiz, às provas por ele determinadas de ofício (o que remete a rigor a um ato de *admissão* da prova no processo).

Melhor andou, quanto a isso, o Substitutivo aprovado pela Câmara dos Deputados, que falava em provas *deferidas ou determinadas de ofício*; o texto foi alterado, contudo, pelo Relatório da Comissão Especial designada para a discussão do projeto no Senado Federal, quando do retorno àquela casa legislativa.

Mas, abstraída essa dissintonia, o critério em si mostra-se infeliz, na medida que alarga demasiada e desnecessariamente o campo de exclusão de atos processuais à incidência da lei nova, sem que em absoluto o recomendassem quer razões de segurança jurídica ou previsibilidade, quer mesmo fatores de ordem prática.

Compreender-se-ia que se condicionasse o exame da admissibilidade de provas postuladas à luz do CPC/1973 às regras vigentes quando do requerimento, ou que se determinasse o prosseguimento, à luz do sistema anterior, de provas já em fase de produção quando da entrada em vigor

do atual CPC. Mas não se justifica, em contrapartida, o tratamento uniforme de questões como a admissibilidade, relacionadas de modo geral ao direito à prova, de aspectos alusivos à produção em concreto daquela, de cunho meramente operacional e em nada influenciáveis pela disciplina normativa dos momentos de postulação e acolhimento da prova.

Nos termos em que posta a questão, a rigor uma prova pericial requerida logo antes da entrada em vigor do CPC atual não poderia, no tocante à sua produção, e mesmo se realizada longo tempo após, observar inovações como a escolha consensual do perito (art. 471), do mesmo modo que prova testemunhal requerida em momento anterior tampouco poderia ser produzida segundo regras que alteraram sua dinâmica, como a que prevê a formulação direta das perguntas pelas partes às testemunhas (art. 459).

Mas não é só. A confusa alusão do legislador ao momento de *requerimento* da prova abre espaço a uma dificuldade adicional, que é a de se saber qual exatamente o referencial a seguir nesse particular: se o pedido genérico, feito padronizadamente por todas as partes na petição inicial e na contestação, ou se requerimento específico, formulado em atenção a despacho de especificação de provas e em preparo ao saneamento do processo; parece-nos, claramente, deva prevalecer a segunda alternativa, inclusive sob pena de se chegar a um resultado prático equivalente ao da completa exclusão das disposições em matéria probatória do novo CPC quanto aos processos iniciados anteriormente. Na medida em que a praxe determina requerimentos os mais amplos possíveis, a título de mero protesto genérico, desde a primeira manifestação da parte, bastaria o fato do ajuizamento previamente ao CPC vigente para determinar a regência de toda a atividade probatória, com a amplitude que se pode inferir da expressão "disposições de direito probatório", pelas regras de legislação revogada.

Jurisprudência

"'As regras do ônus da prova não se confundem com as regras do seu custeio, cabendo a antecipação da remuneração do perito àquele que requereu a produção da prova pericial, na forma do artigo 19 do CPC' (REsp 908.728/SP, Relator o Ministro João Otávio de Noronha, *DJe* de 26/4/2010)" (STJ, AgRg no AREsp 426.062/SP, Rel. Min. Sidnei Beneti, j. 11.02.2014, *DJe* 13.03.2014).

Art. 1.047

"Levando-se em conta que o requerimento da prova pericial ocorreu na vigência do CPC de 1973, não há de se falar no rateio previsto no art. 95 do NCPC. Isso porque o momento em que é requerida a produção da prova não se confunde com o momento em que é realizado o pagamento dos honorários periciais. Pouco importa, assim, que o pagamento dos honorários ocorra na vigência do novo CPC" (TJSP, AI 2175099-57.2017.8.26.0000/São Paulo, 3ª Câm. Dir. Pub., Rel. Des. José Luiz Gavião de Almeida, j. 06.02.2018).

"A prova exclusivamente testemunhal somente era aceita nos negócios jurídicos de valor até 10 vezes o salário mínimo vigente à data da celebração. As disposições de direito probatório adotadas pelo NCPC aplicam-se apenas às provas requeridas ou determinadas de ofício a partir da data de início de sua vigência" (TJSP, Ap. 0007836-95.2012.8.26.0004/São Paulo, 10ª Câm. Dir. Pub., Rel. Des. Teresa Ramos Marques, j. 09.10.2017).

"Agravo de instrumento. Locação. Ação renovatória. Sentença anulada, determinada a realização da prova pericial requerida pelas partes para arbitramento dos aluguéis. Decisão agravada que determinou o rateio dos honorários periciais entre as partes, nos termos do art. 95 do NCPC. Alegação dos agravantes no sentido de que a produção da prova fora requerida por ambas as partes, de modo que deve ser custeada pela autora, ora agravada, nos termos do que dispunha o art. 33 do CPC/73, vigente à época da postulação. Insurgência acolhida. Aplicação do disposto no art. 1.047 do NCPC. Exegese do art. 33 do CPC/73" (TJSP, AI 2242985-10.2016.8.26.0000/São Paulo, 32ª Câm. Dir. Priv., Rel. Des. Francisco Occhiuto Júnior, j. 27.07.2017).

"Agravo de instrumento. Ação de indenização. Liquidação de sentença. Decisão que atribuiu o ônus de pagamento dos honorários periciais à parte liquidante. Prova pericial determinada de ofício, na vigência do CPC de 1973, nos termos do v. acórdão. Preclusão da matéria, nos termos do art. 507 do CPC/2015. Aplicação da lei processual vigente à época da determinação da produção da prova, sujeitando-se à regra de transição. Inteligência dos artigos 14 e 1.047 do CPC/2015. Necessidade de observação da regra prevista no art. 33 do CPC/1973, não se aplicando o rateio previsto no art. 95, *caput*, do CPC/2015" (TJSP, AI 2013970-43.2017.8.26.0000/SP, 8ª

Câm. Dir. Pub., Rel. Des. Antonio Celso Faria, j. 10.04.2017).

"Considerando que a prova pericial foi determinada de ofício pelo juiz ainda na vigência do CPC de 1973, caberá à autora o pagamento integral dos honorários periciais. Art. 95, CPC/2015, que deve ser interpretado em conjunto com a regra de transição prevista no art. 1.047, CPC/2015. Como a determinação da produção da prova pericial se deu em 29/04/2015, deve ser aplicada a lei processual vigente à época (art. 33 do CPC/1973), ficando afastada a incidência do art. 95, '*caput*', CPC/2015, que dispõe sobre o rateio. Verba honorária pericial remanescente que deve ser paga pela autora" (TJSP, AI 2153424-72.2016.8.26.0000/SP, 23ª Câm. Dir. Priv., Rel. Des. Sérgio Shimura, j. 26.10.2016).

"A regra de direito intertemporal prevista no art. 1.047 do CPC/15 esclarece que as disposições de direito probatório adotadas no novo diploma processual aplicam-se apenas às provas requeridas ou determinadas de ofício a partir da data de início de sua vigência (18.03.2016). (...) Prova pericial requerida pelo autor, na petição inicial, ajuizada na vigência do CPC/73. Inteligência do art. 1.047 do CPC/15. Incidência, portanto, dos artigos 19 e 33 do CPC/73, que definem a responsabilidade pelas despesas decorrentes da atuação processual" (TJSP, AI 2106061-89.2016.8.26.0000/São José do Rio Preto, 32ª Câm. Dir. Priv., Rel. Des. Luis Fernando Nishi, j. 11.08.2016).

"Agravo de instrumento. Alegação de que é cabível o agravo de instrumento, porque a instrução processual se iniciou com a vigência do CPC/73. Impossibilidade. Art. 1.047 do CPC/15. Iniciada a fase instrutória sob a égide do CPC/73 deve ser ela concluída pelas disposições do código revogado. Sistema recursal do Código novo que não se relaciona com as regras relativas à prova. Aplicabilidade das regras recursais novas às decisões publicadas a partir da vigência do CPC/15. A data da publicação da decisão judicial combatida é o momento em que a parte adquire o direito ao recurso e, portanto, deve observar a lei então vigente. Rol taxativo do art. 1.015 do CPC/15. Irrelevância de a decisão atacada trazer dano de difícil reparação. Inexistência de regramento para a hipótese no referido artigo. Decisão que não se conhece porque não se opera os efeitos da preclusão, podendo ser atacada em preliminar de apelação ou contrarrazões. Inexistência de prejuízo. Eventual cerceamento de defesa não ensejará nulidade da sentença. Possibilidade de reparação em Segunda Instância com a conversão do julgamento em diligência" (TJSP, AI 2101992-14.2016.8.26.0000/SP, 1ª Câm. Res. Dir. Empr., Rel. Des. Hamid Bdine, j. 15.06.2016).

> **Art. 1.048.** Terão prioridade de tramitação, em qualquer juízo ou tribunal, os procedimentos judiciais:
>
> **I** – em que figure como parte ou interessado pessoa com idade igual ou superior a 60 (sessenta) anos ou portadora de doença grave, assim compreendida qualquer das enumeradas no art. 6o, inciso XIV, da Lei nº 7.713, de 22 de dezembro de 1988;
>
> **II** – regulados pela Lei nº 8.069, de 13 de julho de 1990 (Estatuto da Criança e do Adolescente);
>
> **III** – em que figure como parte a vítima de violência doméstica e familiar, nos termos da Lei nº 11.340, de 7 de agosto de 2006 (Lei Maria da Penha); (Incluído pela Lei 13.894, de 2019)
>
> **IV** – em que se discuta a aplicação do disposto nas normas gerais de licitação e contratação a que se refere o inciso XXVII do *caput* do art. 22 da Constituição Federal. (Incluído pela Lei nº 14.133, de 2021)
>
> **§ 1º** A pessoa interessada na obtenção do benefício, juntando prova de sua condição, deverá requerê-lo à autoridade judiciária competente para decidir o feito, que determinará ao cartório do juízo as providências a serem cumpridas.
>
> **§ 2º** Deferida a prioridade, os autos receberão identificação própria que evidencie o regime de tramitação prioritária.
>
> **§ 3º** Concedida a prioridade, essa não cessará com a morte do beneficiado, estendendo-se em favor do cônjuge supérstite ou do companheiro em união estável.
>
> **§ 4º** A tramitação prioritária independe de deferimento pelo órgão jurisdicional e deverá ser imediatamente concedida diante da prova da condição de beneficiário.

▶ *Referência: CPC/1973 – Arts. 1.211-A, 1.211-B e 1.211-C*

1. Morosidade e prioridade

A preocupação, que não é de hoje, com a morosidade dos processos judiciais fez com que o nosso legislador acrescentasse à Constituição Federal, entre os direitos e garantias fundamentais (art. 5º), que, a todos, no âmbito judicial e administrativo, são assegurados a razoável duração do processo e os meios que garantam a celeridade de sua tramitação (inciso LXXVIII). E mais, o estatuto processual, em seu art. 4º, estabelece que as partes têm o direito de obter em prazo razoável a solução integral do mérito, incluída a atividade satisfativa. Não bastasse a preocupação com a celeridade, impõe-se também, em determinados casos expressos, *a prioridade* na tramitação, no que nos interessa, dos processos judiciais.

2. Casos para a concessão da prioridade

Em primeiro lugar e repetindo o CPC/1973 (art. 1.211-A) matem não só a preferência de tramitação e julgamento dos processos que envolvam pessoas com mais de 60 anos ou portadoras de doença grave descritas no inciso XIV do art. 6º da Lei 7.713/1988, como também estende a aludida preferência aos procedimentos judiciais regulados pela Lei 8.069/1990, isto é, o Estatuto da Criança e do Adolescente. Neste particular convém ressaltar que o § 1º da Lei 8.069/1990, incluído pela Lei 12.010/1990, assegura, sob pena de responsabilidade, a prioridade absoluta na tramitação dos processos e procedimentos previstos nesta Lei, assim, como na execução dos atos e diligências judiciais a eles referentes. Seja como for a previsão de prioridade também pelo estatuto processual afasta qualquer possível interpretação diversa. Cumpre ainda destacar que a prioridade pressupõe a existência de procedimentos previstos exclusivamente não Estatuto da Criança e do Adolescente, portanto, em qualquer outro processo que intervenha criança ou adolescente não haverá, por esse motivo, incidência da referida prioridade.

Por força da Lei 13.894, de 29 de outubro de 2019, a prioridade foi estendida para a parte que tenha sido vítima de violência doméstica e familiar, nos termos da Lei 11.340, de 7 de agosto de 2016 (Lei Maria da Penha).

3. Prova para a concessão da prioridade

Para a obtenção do benefício "prioridade" exige-se prova da condição da pessoa interessada o que não acarreta dificuldade alguma para comprovação da idade e no caso do Estatuto da Criança e Adolescente, todavia, no tocante a doença grave qual será prova necessária a sua comprovação? Seria suficiente atestado médico, ainda que par-

Art. 1.049

CÓDIGO DE PROCESSO CIVIL INTERPRETADO

ticular, ou perícia realizada por entidade pública (municipal ou estadual ou federal) ou perícia judicial? No caso de isenção do imposto de renda de pessoa física ao portador de moléstia grave, os Tribunais Regionais Federais têm admitido perícia realizada pela Administração Pública ou perícia judicial (Apelação Cível 2000618/SP). Neste particular, no caso de doença grave, a simples alegação ensejaria a concessão da prioridade até mesmo para a realização da respectiva prova que o juiz entendesse cabível, no caso concreto. Comprovada a moléstia grave manter-se-ia a prioridade, caso contrário o processo não mais desfrutaria, para seu andamento, da aludida prioridade.

No caso de vítima de violência doméstica e familiar, seria suficiente a apresentação do boletim de ocorrência.

4. Procedimento em caso de prioridade

Deferida a prioridade, o cartório ou a secretaria implementará, de ofício, identificação própria que evidencie o regime de tramitação prioritária.

5. Sucessão da prioridade

A prerrogativa da celeridade processual não cessa com a morte, mas continua relativamente ao cônjuge supérstite ou do companheiro sobrevivo, desde que, nesta última hipótese, haja união estável. Trata-se da sucessão do benefício de prioridade.

De outro lado, em face da expressa disposição do § 3º a prerrogativa da celeridade processual não seria estendida aos herdeiros, ainda que menores porque não incidente a aplicação do Estatuto da Criança e do Adolescente (ECA), todavia, tratando-se de herdeiro maior de sessenta anos ou acometido de moléstia grave, a prioridade, a prioridade seria mantida, no entanto, por direito próprio.

6. Requerimento para o benefício da prioridade

Os dizeres dos §§ 1º e 4º, no tocante a prioridade, causam certa dificuldade para uma melhor compreensão. Com efeito, consta de um lado que a *parte interessada na obtenção do benefício, deverá requerê-lo* e, de outro lado, consta que a *tramitação prioritária independe de deferimento*. Devo requerer ao juiz a prioridade que, por sua vez, independe de deferimento pelo órgão jurisdicional. O legislador estaria, por sua

vez, ressaltando que "presentes os requisitos o juiz obrigatoriamente deverá deferir", o que seria, inquestionavelmente, óbvio. Mas, não se pode, por outro lado, esquecer o "princípio do livre convencimento motivado do juiz" (art. 371).

7. Princípios

Ante os princípios que norteiam o novo estatuto processual, em especial na aplicação do ordenamento jurídico, que "o juiz atenderá aos fins sociais e às exigências do bem comum, resguardando e promovendo a dignidade da pessoa humana..." (art. 8º), acreditamos que a prioridade, nas hipóteses da idade e da doença grave, deverá ser concedida ainda que o pedido não esteja instruído com a prova da condição do requerente. Situações especiais – a impossibilidade momentânea para apresentação de documento comprobatória da idade (imagine furto de todos os documentos do interessado que tem seu registro civil em Município longínquo do seu domicílio) e no caso de doença grave não reconhecida pela autoridade pública ou a doença, ainda que grave, não está relacionada na aludida lei. Em situações especiais, como referidas, a exigência da imediata apresentação da respectiva prova para a eventual concessão da prioridade, poderá redundar na morosidade da prestação jurisdicional com prejuízo, evidente, do benefício da prioridade.

Jurisprudência

"Processual civil. Tributário. Isenção do imposto de renda. Pessoa física portadora de hepatopatia. Necessária a realização da prova pericial judicial para comprovar ou não a gravidade da doença. Sob pena de cerceamento de defesa. Preliminar acolhida para anular a sentença. Julgando prejudicada a apelação" (TRF 300520806XML, Apelação Cível 2000618/SP, Rel. Des. Mairan Maira, 6ª Turma, j. 28.05.2015).

> **Art. 1.049.** Sempre que a lei remeter a procedimento previsto na lei processual sem especificá-lo, será observado o procedimento comum previsto neste Código.
>
> **Parágrafo único.** Na hipótese de a lei remeter ao procedimento sumário, será observado o procedimento comum previsto neste Código, com as modificações previstas na própria lei especial, se houver.

▶ *Sem correspondência no CPC/1973*

1. Procedimento comum

O art. 1.049 "consagra as amplas subsidiariedade e supletividade do procedimento comum" (Scarpinella Bueno, p. 694), o que significa dizer: caso a lei especial não se refira expressamente a determinado procedimento, o estatuto processual, como lei geral do processo, aplicar-se-á subsidiariamente, portanto, será adotado, o procedimento comum, conforme dispõe o art. 318: aplica-se a todas as causas o procedimento comum, salvo disposição em contrário deste Código ou de lei.

2. Bipartição do procedimento

De outra parte, no direito anterior CPC/1973 havia a bipartição do procedimento comum em ordinário e sumário, na atualidade, no entanto, o procedimento comum é um só (art. 318), daí a razão do parágrafo único do art. 1.049 ao determinar a adoção do procedimento comum também nos casos em que a lei extravagante fizer alusão ao procedimento sumário, ressalvando as modificações previstas na lei especial, se houver. Diante dessa ressalva tomemos como exemplo a "ação revisional de aluguel" (art. 68 da Lei 8.245/1991) que, agora, ao invés do rito sumário, deverá observar o procedimento comum (art. 318), sem, contudo, não se afastar das "modificações previstas", ou seja, a possibilidade de fixação de aluguel provisório.

"Inversão do ônus da prova aplicada pelo juízo a quo, nos termos do 373, § 1º, do NCPC, diante da dificuldade da realização de perícia na Vara da Fazenda Pública de Rio Claro. Não cabimento. Autor que postula prova pericial antes da vigência do NCPC. Regra de transição expressa no art. 1.047 do NCPC que se aplica apenas às provas requeridas ou determinadas de ofício a partir da data de início de sua vigência. Ademais, a regra do art. 373, § 1º do NCPC estabelece que a dificuldade da produção de prova é em relação à parte e não à do Juízo. Decisão reformada. Recurso provido" (TJSP, AI 2083379-43.2016.8.26.0000/Rio Claro, 2ª Câm. Dir. Pub., Rel. Des. Claudio Augusto Pedrassi, j. 10.06.2016).

> **Art. 1.050.** A União, os Estados, o Distrito Federal, os Municípios, suas respectivas entidades da administração indireta, o Ministério Público, a Defensoria Pública e a Advocacia Pública, no prazo de 30 (trinta) dias a contar da data da entrada em vigor deste Código, deverão se cadastrar perante a administração do tribunal no qual atuem para cumprimento do disposto nos arts. 246, § 2º, e 270, parágrafo único.

▶ *Sem correspondência no CPC/1973*

1. Disposições transitórias – União, Estados, DF e Municípios

O art. 246 do CPC, a que se refere o dispositivo comentado, dispõe sobre os meios de citação, ressaltando em seu § 1º que "As empresas públicas e privadas são obrigadas a manter cadastro nos sistemas de processo em autos eletrônicos, para efeito de recebimento de citações e intimações, as quais serão efetuadas preferencialmente por esse meio". Em seguida, o § 2º acrescenta que "O disposto no § 1º aplica-se à União, aos Estados, ao Distrito Federal, aos Municípios e às entidades da administração indireta".

O art. 270 do CPC, também expressamente mencionado, dispõe que "As intimações realizam-se, sempre que possível, por meio eletrônico, na forma da lei", acrescentando em seu Parágrafo único que "Aplica-se ao Ministério Público, à Defensoria Pública e à Advocacia Pública o disposto no § 1º do art. 246".

O CPC inova em várias passagens, com adaptação ao processo eletrônico e essa disposição busca resguardar a forma de exercício dessas inovações, com a exigência de cadastro sob responsabilidade do informante, para a sua concretização.

A via eletrônica eleita como preferencial, pode também ser utilizada nos processos físicos, desde que hábil a dar a efetiva publicidade do ato e conhecimento integral pelo interessado.

> **Art. 1.051.** As empresas públicas e privadas devem cumprir o disposto no art. 246, § 1º, no prazo de 30 (trinta) dias, a contar da data de inscrição do ato constitutivo da pessoa jurídica, perante o juízo onde tenham sede ou filial.
>
> **Parágrafo único.** O disposto no caput não se aplica às microempresas e às empresas de pequeno porte.

▶ *Sem correspondência no CPC/1973*

A mesma providência diz respeito às empresas públicas e privadas, sendo o prazo con-

Art. 1.052

tado da data de inscrição do ato constitutivo da pessoa jurídica (art. 1.051 do CPC), excepcionando o parágrafo único as microempresas e as empresas de pequeno porte que, por opção legislativa, não se sujeitam às citações e intimações eletrônicas.

> **Art. 1.052.** Até a edição de lei específica, as execuções contra devedor insolvente, em curso ou que venham a ser propostas, permanecem reguladas pelo Livro II, Título IV, da Lei nº 5.869, de 11 de janeiro de 1973.

▶ *Sem correspondência no CPC/1973*

1. Execução por quantia certa contra devedor insolvente

Há a insolvência civil toda vez que as dívidas excederem à importância dos bens do devedor, ou seja, quando a pessoa física possui um passivo maior do que o ativo. Nestas situações, normalmente verificada no curso de uma execução civil fundada em título judicial ou extrajudicial, instaura-se um procedimento especial (com cognição e execução) onde se reconhece a insolvência civil, ocorre o vencimento antecipado de todas as dívidas do insolvente e se estabelece um concurso de credores.

No CPC revogado este procedimento se encontrava no Livro destinado à execução, e, precisamente no art. 748 e ss. do CPC. No CPC atual, o legislador optou por não cuidar desta modalidade especial de "execução", aguardando que lei extravagante regule o tema, que, realmente, precisa ser tratado com maior rigor e que seja adequado à atual realidade. Assim, até que seja editada a tal lei específica, as execuções contra devedor insolvente, em curso ou que venham a ser propostas, permanecem reguladas pelo Livro II, Título IV, da Lei 5.869, de 11 de janeiro de 1973.

> **Art. 1.053.** Os atos processuais praticados por meio eletrônico até a transição definitiva para certificação digital ficam convalidados, ainda que não tenham observado os requisitos mínimos estabelecidos por este Código, desde que tenham atingido sua finalidade e não tenha havido prejuízo à defesa de qualquer das partes.

▶ *Sem correspondência no CPC/1973*

1. Certificação digital e convalidação de atos processuais

Como se sabe, os atos processuais podem ser total ou parcialmente digitais, de forma a permitir que sejam produzidos, comunicados, armazenados e validados por meio eletrônico, na forma da lei (CPC, art. 193).

De outra parte, a lei estabelece que os sistemas de automação processual respeitarão a publicidade dos atos, o acesso e a participação das partes e de seus procuradores, inclusive nas audiências e sessões de julgamento, observadas as garantias da disponibilidade, independência da plataforma computacional, acessibilidade e interoperabilidade dos sistemas, serviços, dados e informações que o Poder Judiciário administre no exercício de suas funções (CPC, art. 194).

Quanto ao registro dos atos processuais eletrônicos, deverão eles ser feitos em padrões abertos, que atendam aos requisitos de autenticidade, integridade, temporalidade, não repúdio, conservação e, nos casos que tramitem em segredo de justiça, confidencialidade, *observada a infraestrutura de chaves públicas* unificada nacionalmente, nos termos da Medida Provisória 2.200/2001 (CPC, art. 195).

A infraestrutura de chaves públicas viabiliza a emissão de certificados digitais, principalmente para que se tenha segurança quanto à *autenticidade* do ato.

Ocorre que alguns tribunais adotam sistemas que ainda não observam os requisitos mínimos estabelecidos pelo CPC. Precisamente para tais casos, o art. 1.053 estabelece que, durante essa transição para a certificação digital, os atos processuais praticados por meio eletrônico sem a observância daqueles requisitos ficam *convalidados*, contanto que tenham atingido sua finalidade e não tenha havido prejuízo à defesa de qualquer das partes. Adotam-se, aqui, como se percebe, princípios gerais da teoria das nulidades, insculpidos nos arts. 277 e 282, § 1º, do CPC.

> **Art. 1.054.** O disposto no art. 503, § 1º, somente se aplica aos processos iniciados após a vigência deste Código, aplicando-se aos anteriores o disposto nos arts. 5º, 325 e 470 da Lei nº 5.869, de 11 de janeiro de 1973.

▶ *Sem correspondência no CPC/1973*

1. A ação declaratória incidental e o direito intertemporal

Inserida em nosso sistema processual pelo CPC/1973, a *ação declaratória incidental* nunca teve grande importância prática, mercê de sua escassa utilização. Mesmo assim, a figura sempre serviu ao meio acadêmico para reforçar o vínculo existente entre a demanda e a coisa julgada.

De fato, pelo sistema do CPC/1973, a *questão prejudicial* podia ser suscitada por meio de *ação declaratória incidental* ou *incidentemente* no processo. Arguida por meio de ação declaratória incidental, a resolução da questão prejudicial era objeto do dispositivo da sentença e, assim, restava alcançada pela coisa julgada. Suscitada, porém, a questão prejudicial de modo incidente, no processo, a solução dada pelo juiz circunscrevia-se no âmbito da fundamentação da sentença, não fazendo coisa julgada.

O CPC aboliu a ação declaratória incidental outrora prevista nos arts. 5º e 325 do CPC/1973 e passou a admitir que, satisfeitos os requisitos agora postos pelos §§ 1º e 2º do art. 503, faz coisa julgada a resolução da questão prejudicial alegada incidentemente no processo.

Nesse contexto, o artigo ora em comento traz uma regra transitória, estabelecendo que o novo regime da coisa julgada pertinente à questão prejudicial só se aplica aos processos iniciados na vigência do CPC; e que, para os processos iniciados anteriormente, sobrevive o sistema antigo, traçado pelos arts. 5º, 325 e 470 do CPC/1973.

Em outras palavras, para os processos iniciados na vigência do CPC/1973, a formação de coisa julgada relativa à questão prejudicial pressupõe o ajuizamento de ação declaratória incidental.

A disposição legal é importante, pois elimina dúvidas a respeito da formação da coisa julgada sobre a questão prejudicial, deixando claro, inclusive, que mesmo na vigência do atual CPC poderá ser ajuizada ação declaratória incidental, desde que, frise-se, o processo houver iniciado na vigência do CPC/1973.

> **Art. 1.055.** (VETADO).
>
> **Art. 1.056.** Considerar-se-á como termo inicial do prazo da prescrição prevista no art. 924, inciso V, inclusive para as execuções em curso, a data de vigência deste Código.

▶ *Sem correspondência no CPC/1973*

1. Prescrição intercorrente na execução civil

O art. 921, III, do CPC determina hipótese de suspensão da execução que na verdade correspondem a causa obstativa da execução, a saber: quando o executado não possuir bens ou quando não for localizado. Por sua vez determina o art. 924, V, que extingue-se a execução quando ocorrer a prescrição intercorrente. Nestas situação não faz o menor sentido que a execução permaneça "suspensa *ad eternum*" e exatamente por isso a jurisprudência caminhou no sentido de que não só pode como deve ser aplicada a regra da prescrição intercorrente, pois até quando dever-se-ia deixar aberta uma execução civil aguardando que o devedor tivesse patrimônio para responder pela dívida? Melhor seria se seguisse a execução o procedimento do art. 748 e ss. do CPC de 1973 com a declaração de insolvência do devedor.

Mas quando deve iniciar a prescrição intercorrente nesses casos de suspensão da execução pela falta de bens no patrimônio do executado? A resposta foi dada pelo art. 1.056, que estabelece que se considerará como termo inicial do prazo da prescrição prevista no art. 924, V, inclusive para as execuções em curso, a data de vigência deste Código.

É de se observar que não se encaixa na hipótese do art. 924, V, aquela prevista no art. 921, III, ou seja, de suspensão do processo de execução se a alienação dos bens penhorados não se realizar por falta de licitantes e o exequente, em 15 dias, não requerer a adjudicação nem indicar outros bens penhoráveis. Nesta hipótese o óbice ao prosseguimento da execução decorre de desídia do exequente de forma que a extinção do processo ou procedimento executivo deve se dar nos termos do que preceitua o art. 485, II e III, § 1º.

> **Art. 1.057.** O disposto no art. 525, §§ 14 e 15, e no art. 535, §§ 7º e 8º, aplica-se às decisões transitadas em julgado após a entrada em vigor deste Código, e, às decisões transitadas em julgado anteriormente, aplica-se o disposto no art. 475-L, § 1º, e no art. 741, parágrafo único, da Lei nº 5.869, de 11 de janeiro de 1973.

▶ *Sem correspondência no CPC/1973*

1. Regra de direito intertemporal

O CPC/1973 estabelecia, no § 1º do art. 475-L e no parágrafo único do art. 741, respectiva-

Art. 1.057

mente para a impugnação ao cumprimento de sentença e para os embargos à execução contra a Fazenda Pública, que se considerava inexigível "o título judicial fundado em lei ou ato normativo declarados inconstitucionais pelo Supremo Tribunal Federal, ou fundado em aplicação ou interpretação da lei ou ato normativo tidas pelo Supremo Tribunal Federal como incompatíveis com a Constituição Federal".

À época, coube à jurisprudência delimitar os contornos dessa regra, resolvendo uma série de questões jurídicas (ver jurisprudência *infra*). O CPC apresenta um sistema positivado mais completo, admitindo expressamente que a decisão do STF pode ter sido tomada em controle de constitucionalidade concentrado ou difuso, aludindo à possibilidade de modulação de efeitos, dispondo que tal decisão deve ser anterior ao trânsito em julgado da decisão exequenda e estabelecendo que, não o sendo, caberá ação rescisória, com prazo a ser contado do trânsito em julgado da decisão proferida pelo STF (ver §§ 12 e ss. do art. 525 e §§ 5º e ss. do art. 535 do CPC).

O art. 1.057 do CPC disciplina a aplicabilidade, no tempo, dos dispositivos que regulavam a matéria no CPC/1973 e dos que o fazem agora. Segundo o artigo em comento, os §§ 14 e 15 do art. 525 e os §§ 7º e 8º do art. 535 aplicam-se às decisões transitadas em julgado após a entrada em vigor do CPC; e o § 1º do art. 475-L e o parágrafo único do art. 741 do CPC/1973 aplicam-se às decisões transitadas em julgado até a entrada em vigor do CPC.

Desse modo, para as decisões que transitarem em julgado na vigência do CPC, resta claro que: a) a decisão do STF tida por contrariada deve ser anterior ao trânsito em julgado da decisão exequenda; e b) se a mencionada decisão for proferida após o trânsito em julgado da decisão exequenda, caberá ação rescisória, com prazo contado do trânsito em julgado da decisão proferida pelo STF.

Deveras, só se poderá considerar violadora da decisão do STF a decisão posterior. A "inexigibilidade" da obrigação resultará precisamente da contrariedade do título executivo em relação à anterior decisão do STF. Essa já era, por sinal, a orientação mais abalizada. A novidade está, sim, na admissão de ação rescisória com prazo contado a partir do trânsito em julgado da decisão do STF. Melhor explicando: se ao título executivo judicial sobrevier decisão do STF, nos moldes previstos no § 12 do art. 525 e no § 5º

do art. 535 do CPC, a via processual adequada à alegação de inexigibilidade da obrigação será a *ação rescisória*; e o respectivo prazo decadencial não será contado do trânsito em julgado da decisão rescindenda, mas do trânsito em julgado da decisão do STF.

Como se vê, mesmo depois de esgotado o prazo comum para a ação rescisória, contado a partir do trânsito em julgado da decisão rescindenda, a superveniência de decisão do STF, proferida nos termos do § 12 do art. 525 e do § 5º do art. 535 do CPC, ensejará nova oportunidade para a rescisão, embora com fundamentação restrita e vinculada. Isso poderá ocorrer muito tempo depois, quiçá quando a fase de cumprimento já estiver encerrada, o que não deixa de causar certa perplexidade e grande sensação de insegurança jurídica.

Sob outro aspecto, é importante observar que, no regime do CPC e tratando-se de cumprimento de sentença, desaparecem os embargos à execução opostos pela Fazenda Pública. Agora, também ela oferecerá *impugnação* ao cumprimento, nos termos do art. 535. Embargos caberão apenas quando a execução fundar-se em título *extrajudicial*, independentemente de figurar, como executado, um particular ou a Fazenda Pública (ver arts. 910 e 914 do CPC).

Pois bem. A essa altura, cabe a indagação: nas fases de cumprimento de sentença já iniciadas, como saber se à Fazenda Pública caberá opor embargos, nos termos do CPC/1973, ou oferecer impugnação, na forma do CPC?

Não havendo regra legal específica para a questão, a solução será a de aplicar-se a regra geral constante do art. 1.046 do CPC, segundo a qual as novas disposições aplicam-se desde já aos feitos pendentes (sistema de isolamento dos atos processuais). Assim, se o despacho inicial da fase de cumprimento houver sido proferido antes da entrada em vigor do CPC, a Fazenda Pública será chamada para opor *embargos* em trinta dias, nos termos do art. 730 do CPC/1973, ainda que este último fato venha a ocorrer já na vigência do CPC; e se referido despacho for proferido na vigência do CPC, a Fazenda Pública será intimada para oferecer *impugnação*, no prazo de trinta dias e nos próprios autos, *ex vi* do art. 535 do CPC.

Jurisprudência

Súmula 487 do STJ: "O parágrafo único do art. 741 do CPC não se aplica às sentenças transitadas em julgado em data anterior à da sua vigência".

"Processual civil e administrativo. Recurso especial representativo de controvérsia. Art. 543-C do CPC e Resolução STJ nº 08/2008. FGTS. Expurgos. Sentença supostamente inconstitucional. Embargos à execução. Art. 741, parágrafo único, do CPC. Exegese. Inaplicabilidade às sentenças sobre correção monetária do FGTS. Exclusão dos valores referentes a contas de não optantes. Aresto fundado em interpretação constitucional e matéria fática. Súmula 7/STJ. 1. O art. 741, parágrafo único, do CPC, atribuiu aos embargos à execução eficácia rescisória de sentenças inconstitucionais. Por tratar-se de norma que excepciona o princípio da imutabilidade da coisa julgada, deve ser interpretada restritivamente, abarcando, tão somente, as sentenças fundadas em norma inconstitucional, assim consideradas as que: (a) aplicaram norma declarada inconstitucional; (b) aplicaram norma em situação tida por inconstitucional; ou (c) aplicaram norma com um sentido tido por inconstitucional. 2. Em qualquer desses três casos, é necessário que a inconstitucionalidade tenha sido declarada em precedente do STF, em controle concentrado ou difuso e independentemente de resolução do Senado, mediante: (a) declaração de inconstitucionalidade com ou sem redução de texto; ou (b) interpretação conforme a Constituição. 3. Por consequência, não estão abrangidas pelo art. 741, parágrafo único, do CPC as demais hipóteses de sentenças inconstitucionais, ainda que tenham decidido em sentido diverso da orientação firmada no STF, tais como as que: (a) deixaram de aplicar norma declarada constitucional, ainda que em controle concentrado; (b) aplicaram dispositivo da Constituição que o STF considerou sem autoaplicabilidade; (c) deixaram de aplicar dispositivo da Constituição que o STF considerou autoaplicável; e (d) aplicaram preceito normativo que o STF considerou revogado ou não recepcionado. 4. Também estão fora do alcance do parágrafo único do art. 741 do CPC as sentenças cujo trânsito em julgado tenha ocorrido em data anterior à vigência do dispositivo. 5. À luz dessas premissas, não se comportam no âmbito normativo do art. 741, parágrafo único, do CPC, as sentenças que tenham reconhecido o direito a diferenças de correção monetária das contas do FGTS, contrariando o precedente do STF a respeito (RE 226.855-7, Min. Moreira Alves, *RTJ* 174:916-1006). É que, para reconhecer

legítima, nos meses que indicou, a incidência da correção monetária pelos índices aplicados pela gestora do Fundo (a Caixa Econômica Federal), o STF não declarou a inconstitucionalidade de qualquer norma, nem mesmo mediante as técnicas de interpretação conforme a Constituição ou sem redução de texto. Resolveu, isto sim, uma questão de direito intertemporal (a de saber qual das normas infraconstitucionais – a antiga ou a nova – deveria ser aplicada para calcular a correção monetária das contas do FGTS nos citados meses) e a deliberação tomada se fez com base na aplicação direta de normas constitucionais, nomeadamente a que trata da irretroatividade da lei, em garantia do direito adquirido (art. 5º, XXXVI)' (REsp 720.953/SC, Rel. Min. Teori Zavascki, Primeira Turma, *DJ* de 22.08.05). 6. A alegação de que algumas contas do FGTS possuem natureza não optante, de modo que os saldos ali existentes pertencem aos empregadores e não aos empregados e, também, de que a opção deu-se de forma obrigatória somente com o advento da nova Constituição, sendo necessária a separação do saldo referente à parte optante (após 05.10.88) do referente à parte não optante (antes de 05.10.88) para a elaboração de cálculos devidos, foi decidida pelo acórdão de origem com embasamento constitucional e também com fundamento em matéria fática, o que atrai a incidência da Súmula 7/STJ. 7. Recurso especial conhecido em parte e não provido. Acórdão sujeito ao regime do art. 543-C do CPC e da Resolução STJ n.º 08/2008" (STJ, REsp 1.189.619/PE, Rel. Min. Castro Meira, 1ª Seção, j. 25.08.2010, *DJe* 02.09.2010).

"Processual civil. Sentença supostamente inconstitucional. Embargos à execução. Art. 741, parágrafo único, do CPC. Exegese. Inaplicabilidade às sentenças fundadas em lei ou atos normativos declarados inconstitucionais por tribunal local em face da Constituição Estadual. 1. A *quaestio juris* trazida ao presente recurso recai sobre a possibilidade de tornar inexigível título judicial fundado em norma municipal, que, posteriormente, foi declarada inconstitucional pelo Tribunal de Justiça Local, em face da Constituição do Estado, em controle difuso de constitucionalidade. Empregando-se, desse modo, interpretação ampliativa ao disposto no art. 741, parágrafo único, do Código de Processo Civil. 2. A Primeira Seção desta Corte Superior, sob a égide dos recursos repetitivos, art. 543-C do CPC e da Resolução STJ 08/2008, no REsp

Art. 1.058

1.189.619/PE, de relatoria do Min. Castro Meira, *DJe* 2.9.2010, firmou o posicionamento de que a norma do art. 741, parágrafo único, do CPC deve ser interpretada restritivamente, porque excepciona o princípio da imutabilidade da coisa julgada, sendo necessário que a inconstitucionalidade tenha sido declarada em precedente do Supremo Tribunal Federal, em controle concentrado ou difuso. 3. É certo que compete ao Tribunal local o controle de constitucionalidade de leis municipais em face da Constituição dos Estados (art. 125, § 2º, da CF). E que, *in casu*, constatar-se-ia a coisa julgada com vício de inconstitucionalidade local, cuja interpretação, simétrica e analógica, poderia levar à conclusão de que o título judicial seria inexigível. 4. Acontece que, a despeito da perfeita simetria entre os controles constitucionais, da leitura do comando inserto no parágrafo único do art. 741 do Código de Processo Civil, observa-se que optou o legislador em resguardar a certeza e a segurança jurídica – que emanam da Lei Maior – ao título judicial fundado em lei ou ato normativo municipal que fere a Constituição Estadual. Do que se infere que o princípio da imutabilidade da coisa julgada, historicamente erigido como coisa absoluta, tão somente poderia ser contraposto à violação de ordem constitucional maior, pois também decorre da Constituição Federal. Resumindo, referido preceito normativo somente seria aplicável quando o Supremo Tribunal Federal houvesse proferido decisão em controle de constitucionalidade, o que *in casu*, não se operou. Agravo regimental provido para conhecer do recurso especial e dar-lhe provimento. Prejudicado o agravo regimental de Aluízio Soares Lessa e outros (fls. 640/642, e-STJ)" (STJ, AgRg no REsp 1.558.035/RJ, Rel. Min. Humberto Martins, 2ª Turma, j. 18.02.2016, *DJe* 25.02.2016).

> **Art. 1.058.** Em todos os casos em que houver recolhimento de importância em dinheiro, esta será depositada em nome da parte ou do interessado, em conta especial movimentada por ordem do juiz, nos termos do art. 840, inciso I.

> ▸ *Referência: CPC/1973 – Art. 1.219*

1. Depósito judicial (art. 1.058 do CPC)

Havendo recolhimento de importâncias em dinheiro para fins de cumprimento, pela parte, de obrigações em pecúnia – inclusive penhoras, multas e cauções –, este deverá ser efetuado mediante depósito judicial, com indicativo do nome da parte ou do interessado, em conta especial movimentada por ordem do juiz (alvará, ofício ou mandado de levantamento).

A preferência é que os valores sejam depositados em banco público conforme regra do art. 840, I, do CPC (Caixa Econômica Federal, Banco do Brasil ou que o Estado possua mais de metade do capital social integralizado). Mas na falta deste, o depósito judicial poderá ocorrer em qualquer instituição de crédito designada pelo juiz.

No âmbito federal, a disciplina dos procedimentos pertinentes aos depósitos judiciais e extrajudiciais, de valores de tributos e contribuições federais administrados pela Secretaria da Receita Federal, de que trata a Lei 9.703, de 17 de novembro de 1998, é dada pela pelo Decreto 2.850/1998.

Já a Resolução BACEN 2.814/2001 disciplina o aporte de depósitos judiciais nos casos de consignação em pagamento extrajudicial, na forma do art. 539, parágrafos, do CPC.

> **Art. 1.059.** À tutela provisória requerida contra a Fazenda Pública aplica-se o disposto nos arts. 1º a 4º da Lei nº 8.437, de 30 de junho de 1992, e no art. 7º, § 2º, da Lei nº 12.016, de 7 de agosto de 2009.

> ▸ *Sem correspondência no CPC/1973*

1. Manutenção do regramento vigente sobre tutela provisória contra o Poder Público (art. 1.059 do CPC)

Há disposições legais, estranhas ao CPC, que vedam a concessão de tutelas de urgência contra o Poder Público. Parece que estas restrições sobrevivem ao CPC, inclusive pelo que expressamente consta do art. 1.059 do CPC.

Os arts. 1º das Leis 8.437/1992 e 9.494/1997, referenciados pelo art. 7º, § 2º, da Lei 12.016/2009, vedam a concessão de liminares cautelares e antecipatórias de tutela que tenham por objeto a compensação de créditos tributários (Súmula 212 do STJ), a entrega de mercadorias provenientes do exterior, a reclassificação ou a equiparação de servidores públicos e a concessão de aumento ou extensão de vantagens ou pagamento de qualquer natureza.

O STF já decidiu, abstratamente, pela constitucionalidade de tais limitações (ADC 4, j. 01.10.2008).

Tem-se admitido, contudo, que o juiz, individualmente, caso a caso e fundamentadamente, afaste a aplicação da limitação. Assim o fará toda vez que, à luz dos valores em debate, for capaz de identificar a preponderância de um valor constitucional sobre a necessidade de se preservar o Poder Público das decisões fundadas em tutela provisória.

2. Inaplicabilidade das vedações legais à concessão de tutela de urgência contra o Poder Público para a tutela de evidência

Parece, contudo, que as vedações previstas nas leis referidas não se aplicam aos casos de tutela de evidência contra o Poder Público. Apesar da natureza provisória da tutela, o alto grau de probabilidade do direito justifica a admissão do cabimento indiscriminado da tutela da evidência dentro das hipóteses legais.

Considere-se, ademais, que as Lei 8.437/1992, 9.494/1997 e 12.016/2009 vedam as tutelas provisórias de natureza antecipada ou cautelar, baseadas unicamente na urgência. Não há vedação legal – que como tal deve ser interpretada restritivamente – para a concessão da tutela da evidência.

O fato de o art. 1.059 do CPC mandar aplicar às tutelas provisórias requeridas contra a Fazenda Pública, as limitações das leis citadas, não muda de nada o quadro ora posto, pois que nas referidas leis não há vedação para concessão de tutela baseada na evidência, mas apenas na urgência (cautelar ou antecipada).

Inclusive, conforme enunciado 35 do Fórum Permanente de Processualistas Civis, "as vedações à concessão de tutela provisória contra a Fazenda Pública limitam-se às tutelas de urgência".

Plenamente possível que se determine, por isso, a reclassificação de servidores, aumento ou implantação de vantagens mediante tutela da evidência (obrigação de fazer). Mas não é possível, por outro lado, a imediata satisfação do direito da parte no tocante ao pagamento dos valores em atraso, vez que o art. 100 da CF só autoriza a expedição de precatório após o trânsito em julgado da decisão.

> **Art. 1.060.** O inciso II do art. 14 da Lei n. 9.289, de 4 de julho de 1996, passa a vigorar com a seguinte redação:

> "Art. 14....
>
> ...
>
> II – aquele que recorrer da sentença adiantará a outra metade das custas, comprovando o adiantamento no ato de interposição do recurso, sob pena de deserção, observado o disposto nos §§ 1º a 7º do art. 1.007 do Código de Processo Civil;
>
> ..." (NR).

▶ *Sem correspondência no CPC/1973*

1. Nova redação. Custas devidas na Justiça Federal

O art. 1.060 do Código de Processo Civil atribui nova redação ao art. 14, II, da Lei 9.289/1996, que dispõe sobre as custas devidas à União, na Justiça Federal de primeiro e segundo graus. De acordo com o dispositivo revogado, aquele que recorrer da sentença deveria pagar a outra metade das custas, dentro do prazo de cinco dias, sob pena de deserção. Em contrapartida, segundo a redação atribuída pelo atual Código de Processo Civil, "aquele que recorrer da sentença adiantará a outra metade das custas, comprovando o adiantamento no ato de interposição do recurso, sob pena de deserção, observado o disposto nos §§ 1º a 7º do art. 1.007 do Código de Processo Civil".

> **Art. 1.061.** O § 3º do art. 33 da Lei nº 9.307, de 23 de setembro de 1996 (Lei de Arbitragem), passa a vigorar com a seguinte redação:
>
> "Art. 33....
>
> § 3º A decretação da nulidade da sentença arbitral também poderá ser requerida na impugnação ao cumprimento da sentença, nos termos dos arts. 525 e seguintes do Código de Processo Civil, se houver execução judicial" (NR).

▶ *Sem correspondência no CPC/1973*

1. Impugnação da sentença arbitral

Diferentemente da sentença proferida pelo juiz estatal, a sentença arbitral não está sujeita ao duplo grau de jurisdição para reanálise de mérito, portanto, proferida e passado o prazo de cinco dias para solicitação de correção de erro material ou esclarecimentos de obscuridade, dúvida, omissão ou contradição, dá-se por finda a arbitragem (arts. 29 e 30 da Lei de Arbitragem).

Art. 1.061

Assim, a sentença arbitral somente poderá ser guerreada em virtude de vício formal, por meio do ajuizamento de ação anulatória, nas estritas hipóteses previstas no art. 32 da Lei de Arbitragem. Os requisitos para o processamento dessa ação anulatória vêm previstos exatamente no art. 33 da Lei de Arbitragem, cujo § 3º é agora alterado por esse art. 1.061 das disposições transitórias do CPC.

2. Objetivo da alteração

Por ocasião da promulgação do CPC, em março de 2015, o § 3º do art. 33 da Lei de Arbitragem previa o seguinte: "a decretação da nulidade da sentença arbitral também poderá ser arguida mediante ação de embargos do devedor, conforme o art. 741 e seguintes do Código de Processo Civil, se houver execução judicial".

Padecia, portanto, de equívoco com relação à terminologia correta acerca da impugnação do devedor à execução judicial, uma vez que a essa altura o CPC/1973 já tinha sido alterado há muitos anos pela Lei 11.232/2005, que passou a prever o processo sincrético, eliminando a ação própria para execução de sentenças judiciais e criando apenas uma nova fase dentro do mesmo procedimento, a fase do cumprimento de sentença, a ser contestado por meio de impugnação ao cumprimento de sentença, e não mais por embargos do devedor.

Assim, o presente art. 1.061 do CPC/2015 objetivou corrigir equívoco terminológico da lei de arbitragem, a fim de que essa restasse atualizada de acordo com a nova previsão do cumprimento de sentença, agora regrada pelo art. 525 e seguintes do CPC.

Por fim, vale a nota acerca de uma curiosidade. A Lei de Arbitragem também sofreu alteração, por meio da Lei 13.129, de 26 de maio de 2015; por conta disso, a redação então oferecida ao § 3º do art. 33 era a seguinte: "a declaração de nulidade da sentença arbitral também poderá ser arguida mediante impugnação, conforme o art. 475-L e seguintes da Lei nº 5.869, de 11 de janeiro de 1973 (Código de Processo Civil), se houver execução judicial".

Percebe-se que mesmo com data de promulgação posterior à do CPC, o legislador da Lei de Arbitragem não se atentou para a necessidade de alteração desse § 3º, para já fazer constar o número correto dos novos dispositivos do diploma processual destinados ao regramento da impugnação ao cumprimento de sentença.

Os vícios nas duas redações diferentes dadas ao § 3º do art. 33 da Lei de Arbitragem estão agora sanados, uma vez que a redação que prevalece, por conta da data de entrada em vigor do CPC, em março de 2016, é a do art. 1.061 do CPC.

3. Necessidade de respeito ao prazo decadencial de 90 dias

Nos termos do § 1º do art. 33 da Lei de Arbitragem, o prazo para a propositura da ação anulatória da sentença arbitral é decadencial, de 90 dias. Significa dizer que todas as questões que possam causar a nulidade da sentença arbitral, dispostas no art. 32 da LA, precisam ser manejadas em ação anulatória a ser ajuizada no prazo decadencial de 90 dias, a contar do recebimento da notificação da sentença arbitral ou da decisão de pedido de esclarecimentos.

O § 3º do art. 33 da LA concede, no entanto, uma nova chance de utilização do argumento de alegação de nulidade, em sede de impugnação ao cumprimento de sentença. Em outras palavras, não ajuizada a ação anulatória, e proposta pela parte vencedora, no juízo estatal, a ação de execução da sentença arbitral, a parte vencida terá uma última chance de alegar eventuais razões de nulidade da sentença arbitral, o fazendo por ocasião da impugnação ao cumprimento de sentença. Acrescem-se, portanto, às hipóteses de impugnação ao cumprimento de sentença previstas no art. 525 do CPC (nulidade da citação, ilegitimidade de parte, excesso de execução etc.), as hipóteses de nulidade da sentença arbitral, previstas no art. 32 da LA (nulidade da convenção arbitral, ausência dos requisitos do art. 26 da LA, sentença proferida fora do prazo ou por prevaricação, concussão ou corrupção passiva etc.).

Contudo, tratando-se de prazo decadencial de 90 dias, o disposto nesse artigo não pode se consubstanciar em oportunidade de dilação de prazos decadenciais, pois esses não se dilatam.

Assim, a correta interpretação desse § 3º do art. 33 da LA é a seguinte: fica concedida a possibilidade, ainda dentro do prazo decadencial de 90 dias, de a parte vencida se valer dos argumentos de nulidade da sentença arbitral como forma de impugnar a fase de cumprimento de sentença da ação de execução da sentença arbitral; passados os 90 dias, a parte vencida continuará com o direito de impugnar a fase de cumprimento de sentença, mas tão somente com base nas causas do art. 525

do CPC (nunca com base nas causas de nulidade da sentença arbitral, previstas no art. 32 da LA).

> **Art. 1.062.** O incidente de desconsideração da personalidade jurídica aplica-se ao processo de competência dos juizados especiais.

▶ *Sem correspondência no CPC/1973*

1. Desconsideração da personalidade jurídica nos juizados especiais

Não houvesse norma expressa a respeito, seguramente seria intensa e acirrada a discussão sobre a aplicabilidade ou não, nos juizados especiais, do incidente de desconsideração da personalidade jurídica.

A desconsideração da personalidade jurídica não é instituto novo em nosso direito; mas o respectivo incidente, disciplinado no CPC (ver arts. 133-137 e respectivos comentários), constitui novidade.

Sem dúvida, a maior virtude do legislador, nesse particular, foi a de consagrar os princípios constitucionais da ampla defesa e do contraditório no âmbito da desconsideração da personalidade jurídica. Por meio desse incidente, o CPC instituiu, de forma expressa, um procedimento em tudo semelhante ao comum, com amplas oportunidades de debate, de produção de provas e de manejo de recursos, tudo com o propósito de decidir-se acerca da desconsideração ou não da personalidade jurídica.

A questão que se poderia colocar, portanto, diria respeito à compatibilidade ou adequação da inserção, no âmbito dos juizados especiais, de um incidente com tamanhas oportunidades processuais. Com efeito, os juizados especiais são regidos pelos princípios da oralidade, simplicidade, informalidade, economia processual e celeridade (Lei 9.099/1995, art. 2º); e seu rito é concentrado, verdadeiramente sumário. Haveria, então, um incidente com procedimento comum no bojo de um procedimento sumário? A questão incidente mereceria maiores cuidados procedimentais do que a questão principal?

O que se afigura razoável, nesse contexto, é admitir alguma adaptação do procedimento do incidente de desconsideração da personalidade jurídica quando suscitado em feito de competência dos juizados especiais. Sem prejuízo das garantias constitucionais do processo, talvez se

possa imprimir, ao incidente ali instaurado, uma sequência procedimental ajustada ao feito principal, flexibilidade que seguramente será possível se forem preservadas e alcançadas as finalidades desenhadas pelo legislador. Afinal, é da teoria geral das nulidades a regra segundo a qual o juiz considerará válido o ato se, realizado de outro modo, lhe alcançar a finalidade (CPC, art. 277).

Evidentemente não há, ainda, uma fórmula pronta que atenda a tudo isso. Serão a experiência cotidiana e a genialidade criativa dos profissionais do direito que revelarão o caminho a ser seguido.

> **Art. 1.063.** Até a edição de lei específica, os juizados especiais cíveis previstos na Lei nº 9.099, de 26 de setembro de 1995, continuam competentes para o processamento e julgamento das causas previstas no art. 275, inciso II, da Lei nº 5.869, de 11 de janeiro de 1973.

▶ *Sem correspondência no CPC/1973*

1. Os juizados especiais e as causas previstas no art. 275, II, do CPC/1973

O CPC/1973, em seu art. 272, estabelecia que o procedimento comum era *ordinário* ou *sumário*. O primeiro, disciplinado a partir do art. 282; e o segundo, entre os arts. 275 e 281.

No art. 275, o CPC/1973 enumerava diversas causas no âmbito das quais se haveria de observar o *procedimento sumário*: I – causas cujo valor não excedesse a 60 (sessenta) vezes o valor do salário mínimo; e II – causas, qualquer que seja o valor: a) de arrendamento rural e de parceria agrícola; b) de cobrança ao condômino de quaisquer quantias devidas ao condomínio; c) de ressarcimento por danos em prédio urbano ou rústico; d) de ressarcimento por danos causados em acidente de veículo de via terrestre; e) de cobrança de seguro, relativamente aos danos causados em acidente de veículo, ressalvados os casos de processo de execução; f) de cobrança de honorários dos profissionais liberais, ressalvado o disposto em legislação especial; g) que versem sobre revogação de doação; e h) nos demais casos previstos em lei.

O procedimento sumário não sobreviveu ao CPC. Hoje, não há mais a dualidade do procedimento comum em ordinário e sumário.

Ocorre que, paralelamente ao CPC/1973, o art. 3º da Lei 9.099/1995 estabelecia e continua

Art. 1.064

CÓDIGO DE PROCESSO CIVIL INTERPRETADO

estabelecendo que os juizados especiais cíveis têm competência para conciliação, processo e julgamento das causas cíveis de menor complexidade, assim consideradas, dentre outras, as enumeradas no art. 275, II, do CPC.

Nesse contexto, o art. 1.063 do CPC esclarece que, até a edição de lei específica, os juizados especiais cíveis previstos na Lei 9.099, de 26 de setembro de 1995, continuam competentes para o processamento e julgamento daquelas causas. Em outras palavras, enquanto não sobrevier a aludida lei, o autor poderá optar entre aforar sua causa no juízo comum, pelo procedimento comum, ou perante o juizado especial, pelo rito que lhe é próprio.

> **Art. 1.064.** O *caput* do art. 48 da Lei nº 9.099, de 26 de setembro de 1995, passa a vigorar com a seguinte redação:
>
> "Art. 48. Caberão embargos de declaração contra sentença ou acórdão nos casos previstos no Código de Processo Civil".

▶ *Sem correspondência no CPC/1973*

1. Hipóteses únicas de cabimento dos embargos de declaração no CPC e no Juizado Especial Cível

Havia falta de sintonia entre as hipóteses de cabimento dos embargos de declaração no Juizado Especial Civil e no Código de Processo Civil. Naquele diploma ainda havia referência à dúvida, hipótese essa já extirpada como causa autônoma desde o CPC/1973 (Lei 8.950/1994).

Além disso, o CPC acrescentou às hipóteses dos embargos outro vício, qual seja, o "erro material" (art. 1.022, III). Assim, houve a necessidade de atualizar a previsão constante do art. 48 da Lei 9.099/1995, para que a exclusão da "dúvida" e o acréscimo do "erro material" como fundamentos para o cabimento desse recurso. Com isso, restaura-se corretamente a harmonia nos sistemas quanto ao cabimento dos embargos de declaração.

> **Art. 1.065.** O art. 50 da Lei nº 9.099, de 26 de setembro de 1995, passa a vigorar com a seguinte redação:
>
> "Art. 50. Os embargos de declaração interrompem o prazo para a interposição de recurso".

▶ *Sem correspondência no CPC/1973*

1. A interrupção do prazo recursal quando opostos embargos de declaração no Juizado Especial Civil

Com a modificação introduzida ao CPC/1973 pela Lei 8.950/1994, a interposição dos embargos de declaração passou a interromper – e não mais suspender – o prazo para interposição de outros recursos.

Contudo, no Juizado Especial Cível, o art. 50 da Lei 9.099/1995 ainda dispunha que "os embargos de declaração suspenderão o prazo para recurso", criando uma distinção sem qualquer razoabilidade.

O CPC, corretamente, houve por bem dar nova redação do art. 50 e estipular que também nos Juizado Especial Civil os embargos interrompem o prazo para a interposição de outros recursos.

> **Art. 1.066.** O art. 83 da Lei nº 9.099, de 26 de setembro de 1995, passam a vigorar com a seguinte redação:
>
> "Art. 83. Cabem embargos de declaração quando, em sentença ou acórdão, houver obscuridade, contradição ou omissão.
>
> (...)
>
> § 2º Os embargos de declaração interrompem o prazo para a interposição de recurso".

▶ *Sem correspondência no CPC/1973*

1. Embargos de declaração no procedimento sumaríssimo do Juizado Especial Criminal

O art. 83 da Lei 9.099/1995 disciplina o cabimento e processamento dos embargos de declaração no procedimento sumaríssimo do Juizado Especial Criminal. Em sintonia com as modificações propostas nos arts. 1.064 e 1.065, procurou-se atualizar as hipóteses de cabimento dos embargos e estipular o efeito interruptivo como consequência de sua interposição.

Assim, também no Juizado Especial Criminal, a dúvida deixa de ser uma hipótese de cabimento dos embargos de declaração e a sua oposição enseja a interrupção do prazo para outros recursos.

> **Art. 1.067.** O art. 275 da Lei nº 4.737, de 15 de julho de 1965 (Código Eleitoral), passa a vigorar com a seguinte redação:

> "Art. 275. São admissíveis embargos de declaração nas hipóteses previstas no Código de Processo Civil.
>
> § 1º Os embargos de declaração serão opostos no prazo de 3 (três) dias, contado da data de publicação da decisão embargada, em petição dirigida ao juiz ou relator, com a indicação do ponto que lhes deu causa.
>
> § 2º Os embargos de declaração não estão sujeitos a preparo.
>
> § 3º O juiz julgará os embargos em 5 (cinco) dias.
>
> § 4º Nos tribunais:
>
> I – o relator apresentará os embargos em mesa na sessão subsequente, proferindo voto;
>
> II – não havendo julgamento na sessão referida no inciso I, será o recurso incluído em pauta;
>
> III – vencido o relator, outro será designado para lavrar o acórdão.
>
> § 5º Os embargos de declaração interrompem o prazo para a interposição de recurso.
>
> § 6º Quando manifestamente protelatórios os embargos de declaração, o juiz ou o tribunal, em decisão fundamentada, condenará o embargante a pagar ao embargado multa não excedente a 2 (dois) salários mínimos.
>
> § 7º Na reiteração de embargos de declaração manifestamente protelatórios, a multa será elevada a até 10 (dez) salários mínimos".

▶ *Sem correspondência no CPC/1973*

1. A necessária adequação dos embargos de declaração no Código Eleitoral

O CPC deu nova redação ao art. 275 do Código Eleitoral. Essa modificação era necessária porque o art. 275 do Código Eleitoral refletia as disposições atinentes aos embargos de declaração do CPC/1939.

Deve-se lembrar que após o CPC/1939, os embargos passaram por profundas modificações no CPC/1973, bem como com a Lei 8.950/1994, chamada primeira etapa da reforma do CPC/1973.

Por isso, veio em boa hora a modificação desse dispositivo, até mesmo para conferir segurança jurídica às partes quanto entendimentos e interpretações inadequadas, verificadas amiúde no direito processual eleitoral.

Inicialmente observa-se que os embargos de declaração têm cabimento nas hipóteses previstas no CPC (*caput* do art. 275), afastando, por consequência, o cabimento quanto à dúvida.

De outro lado, andou bem o legislador ao fazer referência ao juiz ou ao relator, pois em razão de o art. 275 se localizar no Capítulo II, que cuida "Dos Recursos nos Tribunais Regionais", existia certa divergência quanto ao cabimento dos embargos também contra decisões proferidas em primeiro grau de jurisdição. Na verdade, existiam 3 correntes quanto a essa questão: a que defendia o cabimento apenas nos tribunais, uma outra que aceitava o recurso em qualquer juízo, como no CPC, e a última que entendia que nas ações cíveis os embargos eram cabíveis em qualquer juízo, ao passo que nas ações penais seu cabimento era restrito aos tribunais.

De fato, não havia qualquer razoabilidade nessa distinção. Os embargos devem ter cabimento sempre e incondicionalmente contra toda e qualquer decisão, em qualquer juízo ou grau de jurisdição, como expressamente consagrou o CPC.

De outro lado, não se pode deixar de criticar a previsão desnecessária contida no § 2º do art. 275, que prevê que os embargos não estão sujeitos a preparo. Como cediço, não há custas, honorários sucumbenciais e tampouco preparo no sistema processual eleitoral, por isso o dispositivo é irrelevante.

Em relação ao prazo, a nova redação coincide com a anterior, dispondo que o recurso deve ser interposto em três dias. Neste particular, não parece ter agido corretamente o legislador processual. Decerto deveria ter deixado que essa matéria fosse regulada pelo art. 258 do Código Eleitoral, que assim dispõe: "Sempre que a lei não fixar prazo especial, o recurso deverá ser interposto em três dias da publicação do ato, resolução ou despacho".

A ressalva contida na primeira parte do art. 258 é importante, pois em determinadas situações o prazo para os embargos de declaração não será de três dias, mas sim de vinte e quatro horas, por exemplo, nas representações previstas no art. 96 da Lei 9.504/1997, em que todos os recursos devem ser interpostos neste prazo.

Um exame literal e afoito do art. 275 pode levar a crer que o prazo para os embargos de declaração será sempre de três dias, intepretação essa que ensejaria a disparidade de aceitar que parte tem vinte e quatro horas para interpor os

Art. 1.068

CÓDIGO DE PROCESSO CIVIL INTERPRETADO

recursos inominado e especial, e três dias para os embargos de declaração.

Contudo, há que se ressaltar o acerto da nova redação do art. 275 ao afastar as reminiscências ainda contidas no CPC/39.

Referimo-nos mais especificamente ao antigo § 4º do art. 275, que dizia que "os embargos de declaração suspendem o prazo para a interposição de outros recursos, salvo se manifestamente protelatórios e assim declarados na decisão que os rejeitar".

A questão da suspensão do prazo já havia sido superada pela jurisprudência do TSE, em sintonia com primeira etapa da reforma do CPC/1973. Apesar da disposição literal do Código Eleitoral, era pacífico o entendimento de que os embargos interrompiam o prazo para outros recursos.

De outro lado, extirpou-se do Código Eleitoral a sanção de não interrupção do prazo quando dos embargos fossem considerados protelatórios.

Essa sanção já não foi prevista no CPC/1973, pois a compreensão sobre as circunstâncias do que seriam os embargos "manifestamente protelatórios" sempre ensejou diversas opiniões em sentidos completamente diferentes. A previsão do Código Eleitoral configurava em verdadeira armadilha processual, pois se os embargos fossem considerados manifestamente protelatórios o prejuízo da parte era irreparável, já que os recursos subsequentes seriam considerados reflexamente intempestivos.

Por isso, houve adequada correção ao estipular que, sendo protelatórios os embargos, a sanção aplicada deve ser de natureza pecuniária, como expressamente dispõe o CPC.

> **Art. 1.068.** O art. 274 e o *caput* do art. 2.027 da Lei nº 10.406, de 10 de janeiro de 2002 (Código Civil), passam a vigorar com a seguinte redação:
>
> "Art. 274. O julgamento contrário a um dos credores solidários não atinge os demais, mas o julgamento favorável aproveita-lhes, sem prejuízo de exceção pessoal que o devedor tenha direito de invocar em relação a qualquer deles" (NR).
>
> "Art. 2.027. A partilha é anulável pelos vícios e defeitos que invalidam, em geral, os negócios jurídicos.
>
> ..." (NR).

▶ *Sem correspondência no CPC/1973*

1. Alterações no Código Civil

No artigo em comento, o CPC promoveu alterações em dois artigos do CC.

Em sua redação original, o art. 274 do CC dispunha que "o julgamento contrário a um dos credores solidários não atinge os demais; o julgamento favorável aproveita-lhes, a menos que se funde em exceção pessoal ao credor que o obteve".

A alteração deu-se na segunda parte do dispositivo. Agora, tem-se com clareza que o julgamento favorável a um dos credores solidários aproveita aos demais, ainda que não tenham participado do processo; mas ressalva-se, ao devedor, o direito de invocar exceção pessoal em relação a qualquer deles.

Também alterado pelo CPC, o art. 2.027 do CC estabelecia que "a partilha, uma vez feita e julgada, só é anulável pelos vícios e defeitos que invalidam, em geral, os negócios jurídicos".

Como se percebe, suprimiu-se a expressão "uma vez feita e julgada". Sem a restrição que tal expressão imprimia ao dispositivo, poder-se-ia pensar que as partilhas em geral – aí incluídas, portanto, as julgadas e as amigáveis – são passíveis de anulação pelos vícios e defeitos que invalidam, em geral, os negócios jurídicos. Dos arts. 657 e 658 do CPC, contudo, extrai-se que: a) a partilha *amigável*, lavrada em instrumento público, reduzida a termo nos autos do inventário ou constante de escrito particular homologado pelo juiz, pode ser *anulada* por dolo, coação, erro essencial ou intervenção de incapaz, observado o disposto no § 4º do art. 966; e que b) é *rescindível* a partilha *julgada por sentença*: I – nos casos mencionados no art. 657; II – se feita com preterição de formalidades legais; III – se preteriu herdeiro ou incluiu quem não o seja. Em outras palavras, pela nova redação, "a ação anulatória diz respeito apenas à partilha amigável" (Teresa Arruda Alvim Wambier et al., *Primeiros comentários ao novo Código de Processo Civil*, p. 1.549).

> **Art. 1.069.** O Conselho Nacional de Justiça promoverá, periodicamente, pesquisas estatísticas para avaliação da efetividade das normas previstas neste Código.

▶ *Sem correspondência no CPC/1973*

1. Disposições transitórias – estatísticas

O art. 1.069 dispõe sobre o dever do Conselho Nacional de Justiça, de realizar pesquisas

Art. 1.070

periódicas para avaliação da efetividade das normas previstas no novo diploma.

Salutar a regra, na medida que tal estudo pode favorecer a eficácia real das novas regras, no campo empírico.

Evidente que depende de regulamentação o dispositivo, de modo a gerar o detalhamento dessa atribuição.

> **Art. 1.070.** É de 15 (quinze) dias o prazo para a interposição de qualquer agravo, previsto em lei ou em regimento interno de tribunal, contra decisão de relator ou outra decisão unipessoal proferida em tribunal.

▶ *Sem correspondência no CPC/1973*

1. Padronização dos prazos recursais no CPC

O CPC procurou uniformizar os prazos recursais estabelecendo o prazo de 15 dias para a interposição dos recursos de um modo geral e o de 5 dias para a oposição de embargos de declaração (arts. 1.003, § 5º, e 1.023). Reconheceu-se, assim, a inexistência de qualquer aspecto positivo em prever prazos diferentes, dependendo da espécie recursal.

2. Tratamento uniforme para todos os agravos previstos em leis esparsas

A leitura do art. 1.070 não deixa dúvidas da intenção do legislador. O que se quer é que o prazo de 15 dias, previsto no art. 1.003, § 5º, seja aplicado não só para os recursos taxativamente previstos no CPC, mas também para todos os demais agravos internos ou regimentais constantes da legislação esparsa.

Existem várias leis esparsas que contemplam o cabimento de agravo interno, no âmbito dos tribunais, cujo prazo deve ser de 15 dias, por exemplo:

(i) a Lei 8.437/1992, que disciplina as medidas cautelares contra o Poder Público e prevê o recurso de agravo interno contra a decisão que concede ou nega a Suspensão de Segurança, contempla o agravo em seu artigo art. 4º, § 3º;

(ii) a Lei 9.868/1999, que dispõe sobre a ação direta de inconstitucionalidade e ação declaratória de constitucionalidade, que prevê o cabimento de agravo interno contra a decisão que

indefere a petição inicial dessas demandas, por inépcia (arts. 4º, parágrafo único, 12-C, parágrafo único, e 15, parágrafo único);

(iii) a Lei 9.882/1999, que regulamenta a arguição de descumprimento de preceito fundamental, prevê no art. 4º, § 2º, que "da decisão de indeferimento da petição inicial caberá agravo, no prazo de cinco dias";

(iv) a Lei 12.016/2009, que disciplina o mandado de segurança, consagrava o: (a) agravo interno da decisão do relator que indeferir a petição inicial do mandado de segurança, em caso de competência originária dos tribunais (art. 10, § 1º); (b) agravo interno contra decisão que defere o Pedido de Suspensão de Segurança (art. 15); (c) agravo interno contra decisão do relator que concede ou denega a medida liminar, em mandado de segurança de competência originária dos tribunais (art. 16, parágrafo único);

(v) a Lei 8.038/1990, que dispõe sobre procedimentos específicos no STJ e STF, que prevê (a) o agravo regimental em decisão sobre pedido de intervenção federal (art. 20, II); (b) o agravo regimental contra decisão que defere o pedido de Suspensão de Segurança (art. 25, § 2º); (c) o agravo interno da "decisão do Presidente do Tribunal, de Seção, de Turma ou de Relator que causar gravame à parte" (art. 39).

3. Agravos previstos nos Regimentos internos dos Tribunais

O art. 1.070 alcança não apenas os agravos internos, isto é, aqueles previstos na legislação processual, mas também aqueles constantes exclusivamente dos regimentos internos dos tribunais. Em todos eles, o prazo para recorrer será sempre de 15 dias.

4. A especificidade do direito eleitoral

A especificidade do direito eleitoral impede a incidência desse dispositivo, já que no Código Eleitoral (Lei 4.737/1965), por força do art. 258, os prazos para a interposição de recurso, salvo legislação eleitoral especial, são de três dias.

Saliente-se, por exemplo, que em determinados procedimentos especiais eleitorais, previstos na Lei 9.504/1997, o prazo recursal é de 24 horas.

Tudo isso evidencia a nítida incompatibilidade do art. 1.070 do CPC com os prazos do

Art. 1.071

direito processual eleitoral, já que se fosse aplicado esse diploma, haveria uma incontornável incongruência: os prazos para o recurso eleitoral inominado (equivalente à apelação) e para o recurso especial seriam de 3 dias ou 24 horas (a depender do procedimento), enquanto que o prazo para o agravo regimental seria de 15 dias.

> **Art. 1.071.** O Capítulo III do Título V da Lei nº 6.015, de 31 de dezembro de 1973 (Lei de Registros Públicos), passa a vigorar acrescida do seguinte art. 216-A:
>
> "Art. 216-A. Sem prejuízo da via jurisdicional, é admitido o pedido de reconhecimento extrajudicial de usucapião, que será processado diretamente perante o cartório do registro de imóveis da comarca em que estiver situado o imóvel usucapiendo, a requerimento do interessado, representado por advogado, instruído com:
>
> I – ata notarial lavrada pelo tabelião, atestando o tempo de posse do requerente e seus antecessores, conforme o caso e suas circunstâncias;
>
> II – planta e memorial descritivo assinado por profissional legalmente habilitado, com prova de anotação de responsabilidade técnica no respectivo conselho de fiscalização profissional, e pelos titulares de direitos reais e de outros direitos registrados ou averbados na matrícula do imóvel usucapiendo e na matrícula dos imóveis confinantes;
>
> III – certidões negativas dos distribuidores da comarca da situação do imóvel e do domicílio do requerente;
>
> IV – justo título ou quaisquer outros documentos que demonstrem a origem, a continuidade, a natureza e o tempo da posse, tais como o pagamento dos impostos e das taxas que incidirem sobre o imóvel.
>
> § 1º O pedido será autuado pelo registrador, prorrogando-se o prazo da prenotação até o acolhimento ou a rejeição do pedido.
>
> § 2º Se a planta não contiver a assinatura de qualquer um dos titulares de direitos reais e de outros direitos registrados ou averbados na matrícula do imóvel usucapiendo e na matrícula dos imóveis confinantes, esse será notificado pelo registrador competente, pessoalmente ou pelo correio com aviso de recebimento, para manifestar seu consentimento expresso em 15 (quinze) dias, interpretado o seu silêncio como discordância.
>
> § 3º O oficial de registro de imóveis dará ciência à União, ao Estado, ao Distrito Federal e ao Município, pessoalmente, por intermédio do oficial de registro de títulos e documentos, ou pelo correio com aviso de recebimento, para que se manifestem, em 15 (quinze) dias, sobre o pedido.
>
> § 4º O oficial de registro de imóveis promoverá a publicação de edital em jornal de grande circulação, onde houver, para a ciência de terceiros eventualmente interessados, que poderão se manifestar em 15 (quinze) dias.
>
> § 5º Para a elucidação de qualquer ponto de dúvida, poderão ser solicitadas ou realizadas diligências pelo oficial de registro de imóveis.
>
> § 6º Transcorrido o prazo de que trata o § 4º deste artigo, sem pendência de diligências na forma do § 5º deste artigo e achando-se em ordem a documentação, com inclusão da concordância expressa dos titulares de direitos reais e de outros direitos registrados ou averbados na matrícula do imóvel usucapiendo e na matrícula dos imóveis confinantes, o oficial de registro de imóveis registrará a aquisição do imóvel com as descrições apresentadas, sendo permitida a abertura de matrícula, se for o caso.
>
> § 7º Em qualquer caso, é lícito ao interessado suscitar o procedimento de dúvida, nos termos desta Lei.
>
> § 8º Ao final das diligências, se a documentação não estiver em ordem, o oficial de registro de imóveis rejeitará o pedido.
>
> § 9º A rejeição do pedido extrajudicial não impede o ajuizamento de ação de usucapião.
>
> § 10. Em caso de impugnação do pedido de reconhecimento extrajudicial de usucapião, apresentada por qualquer um dos titulares de direito reais e de outros direitos registrados ou averbados na matrícula do imóvel usucapiendo e na matrícula dos imóveis confinantes, por algum dos entes públicos ou por algum terceiro interessado, o oficial de registro de imóveis remeterá os autos ao juízo competente da comarca da situação do imóvel, cabendo ao requerente emendar a petição inicial para adequá-la ao procedimento comum".

▶ *Sem correspondência no CPC/1973*

1. O reconhecimento extrajudicial de usucapião

Modo originário de aquisição do direito de propriedade, a consumação da usucapião deve, em regra, ser declarada por sentença judicial, em processo de conhecimento para tanto instaurado, adotado, no CPC em vigor, o procedimento comum (arts. 33 e ss.).

Introduzido na Lei de Registros Públicos pelo art. 1.071 do CPC, o art. 216-A estabelece o procedimento extrajudicial para o reconhecimento de usucapião de imóvel, que se assemelha, em certa medida, ao previsto no art. 213 daquela lei especial, direcionado à retificação de registro imobiliário por ato do próprio oficial, salvo se houver impugnação por qualquer dos confrontantes do imóvel e não for formalizada transação amigável para sua solução, caso em que os autos do procedimento serão remetidos ao juiz competente, para decisão de plano ou após instrução sumária; ou, ainda, quando a impugnação vier fundada em questão relacionada ao direito de propriedade, hipótese em que o interessado na retificação deverá valer-se das vias judiciais ordinárias (§ 6º).

Então, embora da redação do *caput* do art. 216-A resulte inequívoca a facultatividade da utilização da via extrajudicial para o reconhecimento da usucapião, a judicial será a única disponível quando o pedido *(a)* for rejeitado pelo oficial, por deficiência da documentação apresentada pelo requerente (§§ 8º e 9º) ou *(b)* houver sido impugnado por qualquer das pessoas ou entes públicos referidos no § 10.

2. As diretrizes estabelecidas pelo Provimento 65, de 14 de dezembro de 2017, da Corregedoria Nacional de Justiça para o reconhecimento extrajudicial de usucapião

As providências e os documentos indicados no art. 216-A para o procedimento de reconhecimento extrajudicial de usucapião são minudentemente explicitados no Provimento nº 65, merecendo menção as diretrizes a seguir.

2.1 A exigência de requerimento expresso e observância da competência do órgão registral

Representado por advogado ou defensor público (art. 4º), o interessado (usucapiente) deverá formalizar o pedido de reconhecimento da usucapião perante o cartório de registro imobiliário da comarca onde esteja situado o imóvel usucapiendo ou a maior parte dele (art. 2º). E,

ao final do procedimento, estando em ordem a documentação comprobatória do atendimento dos requisitos da usucapião, o oficial daquele registro de imóveis emitirá nota fundamentada de deferimento ao pedido do usucapiente e procederá ao correspondente registro (art. 22).

2.2 A indispensabilidade de prova documental

O reconhecimento de usucapião pressupõe a apresentação, pelo requerente, de prova documental idônea e suficiente à comprovação dos requisitos desse modo de aquisição de direitos, quais sejam, *(i)* a *res habilis* (comprovação de que o bem pode ser objeto de aquisição por esse modo, excluídos, então, os bens públicos (art. 2º, § 4º) – daí a necessidade de cientificação das pessoas jurídicas de direito público indicadas no art. 15; v. CF, art. 183, § 3º), *(ii)* o *tempo* (período de exercício da posse do bem pelo requerente e seus antecessores – arts. 3º, III, 4º, I, *b*, e III, e 16, IV; v. CF, art. 183; CC, arts. 1.238, 1.239, 1.240, 1.240-A, 1.242 e par*ágrafo* único), *(iii)* o *justo título* (demonstração da existência de título que seria hábil para registro da propriedade no cartório competente, não fosse o fato de emanar de quem não é o proprietário do bem, ou, ainda, de padecer de vício ou defeito que lhe retire a idoneidade para tanto – art. 4º, III – v. art. 13) e *(iv)* a *posse mansa e de boa-fé* (assim entendida aquela que vem sendo exercida no tempo pelo possuidor, sem qualquer oposição por parte seja do proprietário do bem, seja de terceiro – art. 4º, IV; v. CC, arts. 1.200, 1.201 e 1.238). Tratando-se de usucapião extraordinário, é dispensada a comprovação da boa-fé e do justo título – CC, art. 1.238.

Havendo – e não sendo sanadas – omissões ou irregularidades na prova documental (art. 15, § 3º), o pedido de usucapião será rejeitado pelo oficial de registro, agora restando ao interessado a utilização da via judicial para o reconhecimento de seu afirmado direito de propriedade sobre o imóvel.

2.3 A anuência expressa ou presumida ao pedido de reconhecimento de usucapião

Entre os documentos necessários à formalização do pedido de usucapião, estão a planta e o memorial descritivo do imóvel, elaborados por profissional habilitado e assinados pelos titulares de direitos reais ou outros direitos registrados

Art. 1.072

CÓDIGO DE PROCESSO CIVIL INTERPRETADO

ou averbados tanto na matrícula do imóvel usucapiendo, quanto nas dos imóveis confinantes. Então, tendo plena ciência da dimensão, localização, confrontações e titulação do imóvel e ônus sobre ele incidente, ao subscreverem aqueles dois documentos os titulares de direitos sobre os imóveis confinantes estão manifestando, de forma inequívoca, sua anuência ao pedido de usucapião formulado pelo usucapiente; será presumida essa anuência se, notificados regularmente, não impugnarem o pedido do usucapiente (arts. 10, *caput* e §§ 5º, 7º a 9º e 13). Regra particular diz respeito ao reconhecimento extrajudicial de usucapião de unidade autônoma, integrante de condomínio edilício regularmente constituído e com construção averbada, pois bastará a anuência do síndico ao pedido formulado pelo usucapiente (art. 6º).

2.4 A impugnação ao pedido de reconhecimento da usucapião

Ofertada impugnação por qualquer dos titulares de direito sobre os imóveis confinantes, por terceiro ou pessoa jurídica indicada no art. 15 – e não sendo ela solucionada por mediação ou conciliação (art. 18) ou em procedimento de dúvida (art. 24; v. LRP, arts. 198 a 204) –, ao requerente restará valer-se da ação de usucapião para buscar o reconhecimento de seu afirmado direito de propriedade, para tanto emendando a petição inicial original, adequando-a ao procedimento comum regulado pelo CPC em seus arts. 334 e ss. (art. 18, § 3º).

Jurisprudência

"Processual civil. Administrativo. Terra pública. Usucapião. Pontal do Paranapanema. Fazenda Pirapó-Santo Anastácio. Embargos de declaração. Intempestividade. Prazo em dobro. Litisconsortes com procuradores de escritórios diversos. Autos eletrônicos. Inaplicabilidade. 1. Não se aplica o prazo em dobro para litisconsortes com procuradores de escritórios diversos no caso de processos com autos eletrônicos. 2. Pedido de reconsideração recebido como agravo interno, ao qual se nega provimento" (RCD nos EDcl no REsp 1.306.511/SP, Rel. Min. Og Fernandes, 2ª Turma, j. 09.04.2019, *DJe* 15.04.2019).

"Apelação cível. Ação de usucapião. Sentença de extinção fundamentada na suposta falta de interesse processual, na medida em que, pelo disposto no artigo 1.071, do CPC, que acrescentou

o artigo 216-A à Lei de Registros Públicos (Lei nº 6.015/73), a pretensão aquisitiva originária de propriedade deduzida em juízo poderia ser atendida através de procedimento extrajudicial. Aplicação pelo juízo *a quo* do Enunciado Doutrinário nº 108, aprovado por juízes com atuação em varas cíveis, em ciclo de debates sobre o CPC/2015, promovido pelo Centro de Estudos e Debates do TJERJ. Inconformismo da parte autora. – De acordo como o disposto no artigo 1.071, do CPC, a usucapião extraordinária pode vir a ser reconhecida através de procedimento extrajudicial. – Não se deve, contudo, entender que o fato de se colocar à disposição do interessado um instrumento extrajudicial para a busca do reconhecimento da usucapião extraordinária exclua seu direito de optar pela busca de igual reconhecimento através da via jurisdicional. – Cabe ao interessado, portanto, optar pela via a ser utilizada para atender sua pretensão de reconhecimento da aquisição da propriedade do bem, seja a jurisdicional, seja a extrajudicial. Não por outro motivo resta expressamente consignada na referida norma processual a expressão 'sem prejuízo da via jurisdicional' – Nesta perspectiva, negar o acesso à via judicial em razão da existência de procedimento administrativo próprio de reconhecimento da usucapião extraordinária configura vulneração ao princípio da inafastabilidade da tutela jurisdicional consagrado no artigo 5º, inciso XXXV, da Constituição da República, ainda que não haja qualquer óbice ao pedido na esfera extrajudicial. – O Enunciado doutrinário nº 108, aprovado no Ciclo de Debates 'Primeiras Impressões de Juízes Cíveis acerca do Novo Código de Processo Civil', promovido pelo CEDES/TJERJ, segundo o qual 'a ação de usucapião é cabível somente quando houver óbice ao pedido na esfera extrajudicial' não têm o condão de vincular as decisões judiciais ao entendimento nele firmado. – Caracterização de *error in procedendo* que legitima a anulação do julgado. Recurso provido" (TJRJ, 0016321-16.2016.8.19.0206, Des(a). Maria Helena Pinto Machado Martins, 4ª Câmara Cível, j. 01.02.2017).

Art. 1.072. Revogam-se:

I – o art. 22 do Decreto-Lei nº 25 de 30 de novembro de 1937;

(...)

► *Sem correspondência no CPC/1973*

MIRNA CIANCI

1. Legislação revogada

O art. 22 do Decreto-lei 25 dispunha acerca do direito de preferência dos entes públicos no caso de alienação onerosa dos bens tombados.

O CPC, sem modificações ao regramento revogado, disciplinou a matéria nos arts. 889, VIII, e 892, § 3º, aquele determinando a cientificação da União, Estados e Municípios acerca da alienação judicial e este assegurando o direito de preferência no caso de leilão dos bens tombados.

Assim, com a incorporação do tema ao novo texto, não mais se justificava a manutenção da lei especial.

> **Art. 1.072.** Revogam-se:
>
> (...)
>
> II – os arts. 227, *caput*, 229, 230, 456, 1.482, 1.483 e 1.768 a 1.773 da Lei nº 10.406, de 10 de janeiro de 2002 (Código Civil)
>
> (...)

▶ *Sem correspondência no CPC/1973*

ANTONIO CARLOS MARCATO

1. Os dispositivos do Código Civil revogados pelo art. 1.072, inc. II

1.1. Prova testemunhal

Os arts. 227, *caput*, 229 e 230 do CC dispunham sobre a prova testemunhal, sendo certo que a limitação prevista no primeiro deles fora recepcionada pelo CPC/1973 em seu art. 401.

1.2. Denunciação da lide *per saltum*

O art. 456 autorizava a denunciação da lide *per saltum*, prevista no art. 70, inc. I, do CPC/1973, mas não contemplada no mesmo inciso do art. 125 do CPC agora em vigor.

1.3. A excussão de bens por meio da praça

O atual CPC não mais prevê a praça como meio de excussão de bens penhorados, razão da revogação do art. 1.482 do CC.

1.4. Remição de bens constritos

Com redação técnica mais apurada, no § 4º de seu art. 877 o CPC em vigor recepcionou o direito à remição do bem objeto de penhora.

1.5. As alterações introduzidas pelo *Estatuto da Pessoa com Deficiência*

Relativamente aos arts. 1.768 a 1.773 da lei civil, confira-se as notas aos arts. 747 e ss. deste CPC.

> **Art. 1.072.** Revogam-se:
>
> (...)
>
> III – os arts. 2º, 3º, 4º, 6º, 7º, 11, 12 e 17 da Lei 1.060, de 5 de fevereiro de 1950;
>
> (...)

▶ *Sem correspondência no CPC/1973*

JOSÉ HORÁCIO CINTRA GONÇALVES PEREIRA

1. Da gratuidade da justiça

O antigo Código de Processo Civil de 1973 não tratava do tema da Justiça Gratuita. A matéria era regulada pela Lei 1.060, de 5 de fevereiro de 1950, que estabelecia normas para a concessão de assistência judiciária aos necessitados e que vinha sendo aplicada, em toda sua extensão, inclusive sob o manto Constitucional (art. 5º, LXXIV). Pois bem, agora o atual Código de Processo Civil passou a tratar, em vários dispositivos (arts. 98 a 102), da concessão de assistência judiciária sob o título "Da gratuidade da justiça".

2. Artigos revogados

Melhor seria, sem dúvida, a revogação da Lei 1.060/1950, porque em descompasso com a nossa atual realidade social. O novo estatuto processual emprega com mais técnica expressões pertinentes ao tema "gratuidade da justiça". Todavia, mesmo assim, foram revogados apenas os arts. 2º, 3º, 4º, 6º, 7º, 11, 12 e 17 da aludida Lei 1.060/1950, o que impõe, doravante, o exame da gratuidade da justiça com fulcro nos arts. 98 a 102 do Código de Processo Civil e, ainda, quando for o caso, com fundamento nos artigos não revogados da Lei 1.060/1950.

> **Art. 1.072.** Revogam-se:
>
> (...)
>
> IV – os arts. 13 a 18, 26 a 29 e 38 da Lei n. 8.038, de 28 de maio de 1990;
>
> (...)

▶ *Sem correspondência no CPC/1973*

Art. 1.072

CÓDIGO DE PROCESSO CIVIL INTERPRETADO

PAULO HENRIQUE DOS SANTOS LUCON

1. Dispositivos revogados. Lei 8.038/1990

O art. 1.072 do Código de Processo Civil revoga dispositivos de uma série de leis. Dentre elas, de acordo com o inciso IV, são revogados artigos da Lei que institui normas para os processos perante o STF e o STJ (Lei 8.038/1990). Os artigos revogados dessa lei diziam respeito à reclamação (arts. 13 a 18), ao recurso extraordinário e ao recurso especial (arts. 26 a 29) e aos poderes do relator nesses tribunais (art. 38). Tais matérias são agora disciplinadas pelos dispositivos correspondentes (arts. 988-993 e 1.029-1.035 do CPC/2015, respectivamente).

> **Art. 1.072.** Revogam-se:
>
> (...)
>
> V – os arts. 16 a 18 da Lei nº 5.478, de 25 de julho de 1968;
>
> (...)

▶ *Sem correspondência no CPC/1973*

MARCELO ABELHA RODRIGUES

1. Revogação dos dispositivos referentes à execução da prestação de alimentos prevista na Lei de Alimentos

Segundo o texto do dispositivo em comento o legislador revogou os arts. 16, 17 e 18 da Lei de Alimentos (Lei 5.478/1968). Tanto o art. 16 quanto o art. 18 de fato faziam referencias as técnicas executivas de execução de alimentos previstas no CPC de 1973, e, não havia motivos para mantê-las, tendo em vista a atual disciplina processual que foi muito bem delimitada nos arts. 528 e ss. (cumprimento de sentença) e 911 e ss. (processo de execução) e com devido intercâmbio processual entre as mesmas. Entretanto, o art. 17 da Lei de Alimentos não fazia referência a nenhum dispositivo do CPC revogado, e informava apenas que "quando não for possível a efetivação executiva da sentença ou do acordo mediante desconto em folha, poderão ser as prestações cobradas de alugueres de prédios ou de quaisquer outros rendimentos do devedor, que serão recebidos diretamente pelo alimentando ou por depositário nomeado pelo juiz". O referido comando não está equivocado e pode ser seguido usando a regra do art. 867 e ss. do CPC inclusive de forma subsidiária ao desconto em folha e antecedente à prisão civil quando a considerar mais eficiente para o recebimento do crédito e menos gravosa ao executado.

> **Art. 1.072.** Revogam-se:
>
> (...)
>
> VI – o art. 98, § 4º, da Lei nº 12.529, de 30 de novembro de 2011.

▶ *Sem correspondência no CPC/1973*

MIRNA CIANCI

O art. 98 da Lei 12.529/2011 dispõe que "O oferecimento de embargos ou o ajuizamento de qualquer outra ação que vise à desconstituição do título executivo não suspenderá a execução, se não for garantido o juízo no valor das multas aplicadas, para que se garanta o cumprimento da decisão final proferida nos autos, inclusive no que tange a multas diárias". E o mencionado § 4º acrescentava ainda que "Na ação que tenha por objeto decisão do Cade, o autor deverá deduzir todas as questões de fato e de direito, sob pena de preclusão consumativa, reputando-se deduzidas todas as alegações que poderia deduzir em favor do acolhimento do pedido, não podendo o mesmo pedido ser deduzido sob diferentes causas de pedir em ações distintas, salvo em relação a fatos supervenientes".

O dispositivo tratava das regras de prevenção e repressão no âmbito da ordem econômica, no que se referia ao aspecto processual, de oferecimento de embargos ou mesmo de ação equivalente, de desconstituição de título executivo, formado na esfera do CADE, decorrente de imposição de obrigação específica ou de multa.

Referida norma tinha como objeto a ampliação da coisa julgada, abarcando questões não debatidas, em evidente afronta aos ditames constitucionais que albergam a ampla defesa e o contraditório.

Com a revogação, vigoram as regras de preclusão do CPC, ressalvando o fato superveniente (art. 508 do CPC), que pode ser considerado na decisão a ser proferida.

> Brasília, 16 de março de 2015; 194º da Independência e 127º da República.
>
> DILMA ROUSSEFF
>
> *José Eduardo Cardozo*
>
> *Jaques Wagner*
>
> *Joaquim Vieira Ferreira Levy*
>
> *Luís Inácio Lucena Adams*

BIBLIOGRAFIA

ABDO, Helena. *Mídia e processo*. São Paulo: Saraiva, 2011.

ARAGÃO, Paulo Cezar; ROSAS, Roberto. *Comentários ao Código de Processo Civil*. São Paulo: RT, 1975. v. 5.

Arenhart, Sérgio Cruz et al. *Novo curso de processo civil*: tutela dos direitos mediante procedimentos diferenciados. São Paulo: RT, 2015. v. 3.

ARMELIN, Donaldo. *Legitimidade para agir no direito processual civil brasileiro*. São Paulo: RT, 1979.

ARRUDA, Alvim. *Manual de direito processual civil*: parte geral. 9. ed. São Paulo: RT, 2005. v. 1.

ASSIS, Araken de. *Processo civil brasileiro*: parte geral: institutos fundamentais. São Paulo: RT, 2015. v. II.

AYMONE, Rafael Farinatti. Advocacia Pública: advocacia de que interesse público? *Livro de Teses do XXX Congresso Nacional de Procuradores do Estado*, 2004

BARBI, Celso Agrícola. *Comentários ao Código de Processo Civil*. 14. ed. Rio de Janeiro: Forense, 2010. v. I.

BARBOSA MOREIRA, José Carlos. *Comentários ao Código de Processo Civil*. 11. ed. Rio de Janeiro: Forense, 2003. v. V.

BARBOSA MOREIRA, José Carlos. *Comentários ao Código de Processo Civil*. 12. ed. Rio de Janeiro: Forense, 2005. v. 5.

BARBOSA MOREIRA, José Carlos. *O novo processo civil brasileiro*. 27. ed. Rio de Janeiro: Forense, 2008.

BARROS, Hamilton de Moraes e. *Comentários ao Código de Processo Civil*. Rio de Janeiro: Forense, s.d. v. 9.

BAURMAN, Desirê. Estabilização da tutela antecipada. *Revista Eletrônica de Direito Processual*, Rio de Janeiro: UERJ, 2010.

BEDAQUE, José Roberto dos Santos. *Tutela cautelar e tutela antecipada*: tutelas sumárias e de urgência. 3. ed. São Paulo: Malheiros, 2003.

BEVILÁQUA, Clóvis. *Código Civil dos Estados Unidos do Brasil*. 9. ed. Rio de Janeiro: Paula de Azevedo, 1953.

BONDIOLI, Luis Guilherme Aidar. *Reconvenção no processo civil*. São Paulo: Saraiva, 2009.

BUENO, Cassio Scarpinella. *Comentários ao novo Código de Processo Civil*. Coords. Ronaldo Cramer e Antonio do Passos Cabral. Rio de Janeiro: Forense, 2015.

BUENO, Cassio Scarpinella. *Manual de direito processual civil*. São Paulo: Saraiva, 2015.

BUENO, Cassio Scarpinella. *Novo Código de Processo Civil anotado*. São Paulo: Saraiva, 2015.

BUENO, Cassio Scarpinella. *Tutela antecipada*. 2. ed. São Paulo: Saraiva, 2007.

BÜLOW, Oskar Von. *La teoría de las excepciones procesales y los presupuestos procesales*. Trad. Angel Rosas Lichtschein. Buenos Aires: EJEA, 1964.

BUZAID, Alfredo. *Do agravo de petição*. São Paulo: Saraiva, 1958.

CABRAL, Antonio do Passo. *Convenções processuais*. Salvador: JusPodivm, 2016.

CAHALI, Yussef Said. *Honorários advocatícios*. 3. ed. São Paulo: RT, 1997.

CALAMANDREI, Piero. *Direito processual civil*: estudos sobre processo civil. Trad. Luiz Abezia e Sandra Drina Fernandez Barbery. Campinas: Bookseller, 1999. v. 3.

CÂMARA, Alexandre Freitas. *O novo processo civil brasileiro*. São Paulo: Atlas, 2015.

CANTANHEDE, Luis Claudio Ferreira. O redirecionamento da execução fiscal em virtude do encerramento irregular da sociedade executada e o incidente de desconsideração da personalidade jurídica. *O novo CPC e seu impacto no direito tributário*. São Paulo: Fiscosoft, 2015.

CAPPELLETTI, Mauro; GARTH, Bryant. *Acesso à justiça*. Trad. Ellen Gracie Northfleet. Porto Alegre: Sergio Antonio Fabris, 2002.

CARMONA, Carlos Alberto. *Arbitragem e processo* – um comentário à Lei nº 9.307/96. 2. ed. rev., atual. e ampl. São Paulo: Atlas, 2004.

CARNEIRO, Athos Gusmão. *Intervenção de terceiros*. 15. ed. rev. e atual. São Paulo: Saraiva, 2003.

CARNEIRO, Athos Gusmão. *Revista de Processo*, São Paulo: RT, v. 124, jun. 2005.

Carneiro, Paulo César Pinheiro. *Comentários ao Código de Processo Civil*. Rio de Janeiro: Forense, 2006. t. II, v. IX.

CARNELUTTI, Francesco. Causalità e soccombenza in tema di condanna alle spese. *Rivista di Diritto Processuale Civile*, 1956.

CARRAZZA, Roque Antonio. A impossibilidade de depósito extrajudicial envolvendo crédito da Fazenda Pública. *Justitia*, v. 57, out.-dez. 1995, p. 55-57.

CHIOVENDA, Giuseppe. *Instituições de direito processual civil*. Campinas: Bookseller, 1998.

CHIOVENDA, Giuseppe. *Istituzioni di diritto processuale civile*. Napoli: Jovene, 1936.

CHIOVENDA, Giuseppe. *La condanna nelle spese giudiziali*. 2. ed. Roma: Foro Italiano, 1935.

CINTRA, Antonio Carlos de Araújo et al. *Teoria geral do processo*. 26. ed. São Paulo: Malheiros, 2010.

CINTRA, Antonio Carlos de Araújo. Estudo sobre a substituição processual no direito brasileiro. *Revista dos Tribunais*, v. 809, p. 743-756, mar. 2003.

CINTRA, Antonio Carlos de Araújo; GRINOVER, Ada Pellegrini; DINAMARCO, Cândido Rangel. *Teoria geral do processo*. 31. ed. São Paulo: Malheiros, 2015.

COELHO, Fábio Ulhoa. A ação de dissolução parcial de sociedade. *Revista de Informação Legislativa*, ano 48, n. 190, abr.-jun. 2011.

COSTA, Susana. *Condições da ação*. São Paulo: Quartier Latin, 2005.

DIAS, Maria Berenice. *Manual de direito das famílias*. Porto Alegre: Livraria do Advogado, 2005.

DIDIER JR., Fredie. *Curso de direito processual civil*. 17. ed. Salvador: JusPodivm, 2015. v. 1.

DINAMARCO, Cândido Rangel. *A instrumentalidade do processo*. São Paulo: Malheiros, 1999.

DINAMARCO, Cândido Rangel. *Instituições de direito processual civil*. 3. ed. São Paulo: Malheiros, 2003. v. II.

DINAMARCO, Cândido Rangel. *Instituições de direito processual civil*. 4. ed. São Paulo: Malheiros, 2004. v. II.

DINAMARCO, Cândido Rangel. *Instituições de direito processual civil*. 6. ed. São Paulo: Malheiros, 2009. v. II.

DINAMARCO, Cândido Rangel. O conceito de mérito em processo civil. *Fundamentos do processo civil moderno*. 4. ed. São Paulo: Malheiros, 2001. v. 1.

DINAMARCO, Cândido Rangel; CINTRA, Antonio Carlos de Araújo; GRINOVER, Ada Pellegrini. *Teoria geral do processo*. 31. ed. São Paulo: Malheiros, 2015.

FABRÍCIO, Adroaldo Furtado. Breves notas sobre procedimentos antecipatórios, cautelares e liminares. *Inovações do Código de Processo Civil*. Porto Alegre: Livraria do Advogado, 1996.

FERNANDES, Luis Eduardo Simardi. *Breves comentários ao novo CPC*. Coord. Teresa Arruda Alvim Wambier et al. São Paulo: RT, 2015.

FERRAGUT, Maria Rita. Incidente de desconsideração da personalidade jurídica e os grupos econômicos. *O novo CPC e seu impacto no direito tributário*. São Paulo: Fiscosoft, 2015.

FISHER, Roger; URY, William; PATTON, Bruce. *Como chegar ao sim*: como negociar acordos sem fazer concessões. 3. ed. Rio de Janeiro: Salomon Editores, 2014.

FUX, Luiz. A tutela dos direitos evidentes. *Revista de Jurisprudência do STJ*, Brasília, v. 2, p. 23-43, 2000.

GAJARDONI, Fernando da Fonseca. A ressureição da ação de depósito no novo CPC. *Jota*. Disponível em: <http://jota.info/novo-cpc-ressurreicao-da-acao-de-deposito>.

GAJARDONI, Fernando da Fonseca. Aspectos fundamentais de processo arbitral e pontos de contato com a jurisdição estatal. *Revista de Processo*, n. 106, abr.-jun. 2002.

GAJARDONI, Fernando da Fonseca. Efeito suspensivo automático da apelação deve acabar. *Conjur*. Disponível em: <http://www.conjur.com.br/2013-ago-09/fernando-gajardoni-efeito-suspensivo-automatico-apelacao-acabar>.

GAJARDONI, Fernando da Fonseca. *Flexibilização do procedimento*. São Paulo: Atlas, 2007.

GAJARDONI, Fernado da Fonseca. O modelo presidencial cooperativista e os poderes e deveres do juiz no novo CPC. *O novo Código de Processo Civil* – questões controvertidas. São Paulo: Atlas, 2015.

GAJARDONI, Fernando da Fonseca. *Processo de conhecimento e cumprimento de sentença*: comentários ao CPC/2015. São Paulo: Método, 2016.

GAJARDONI, Fernando da Fonseca. *Técnicas de aceleração do processo*. Franca: Lemos e Cruz, 2003.

GAJARDONI, Fernando da Fonseca. *Teoria geral do processo*: comentários ao CPC de 2015 – parte geral. Rio de Janeiro: Forense, 2015.

GAJARDONI, Fernando da Fonseca; DELLORE, Luiz; ROQUE, André Vasconcelos; OLIVEIRA JR., Zulmar Duarte. *Processo de conhecimento e cumprimento de sentença* – comentários ao CPC de 2015. São Paulo: Método, 2016. v. I e II.

GAJARDONI, Fernando da Fonseca; DELLORE, Luiz; ROQUE, André Vasconcelos; OLIVEIRA JR., Zulmar Duarte de. *Teoria geral do processo*: comentários ao CPC/2015. São Paulo: Método, 2015.

GARTH, Bryant; CAPPELLETTI, Mauro. *Acesso à Justiça*. Trad. Ellen Gracie Northfleet. Porto Alegre: Sergio Antonio Fabris, 2002.

GRECO FILHO, Vicente. *Direito processual civil brasileiro*. 18. ed. São Paulo: Saraiva, 2007. v. 2.

GRECO FILHO, Vicente. *Direito processual civil brasileiro*. 20. ed. São Paulo: Saraiva, 2008. v. 1.

GRECO, Leonardo. *O processo de execução*. Rio de Janeiro: Renovar, 2001. v. 2.

GRINOVER, Ada Pellegrini. *O processo* – estudos e pareceres. São Paulo: Ed. Perfil Ltda., 2006.

GRINOVER, Ada Pellegrini. *Os princípios constitucionais e o Código de Processo Civil*. São Paulo: José Bushatsky Editor, 1975.

GRINOVER, Ada Pellegrini. Tutela jurisdicional diferenciada: a antecipação e sua estabilização. *Revista de Processo*, n. 121, mar. 2005.

GRINOVER, Ada Pellegrini; DINAMARCO, Cândido Rangel; CINTRA, Antonio Carlos de Araújo. *Teoria geral do processo*. 31. ed. São Paulo: Malheiros, 2015.

HOFFMAN, Paulo. *Saneamento compartilhado*. São Paulo: Quartier Latin, 2011.

Intervenção de terceiros. 5. ed. São Paulo: Malheiros, 2009.

LACERDA, Galeno. *Despacho saneador*. 2. ed. Porto Alegre: Sergio Antonio Fabris Editor, 1985.

LEONEL, Ricardo de Barros. *Manual do processo coletivo*. 2. ed. São Paulo: RT, 2011.

LESSA NETO, João Luiz. A ação de dissolução parcial de sociedades no Novo Código de Processo Civil – algumas anotações. In: MACÊDO, Lucas Buril de; PEIXOTO, Ravi; FREIRE, Alexandre (org.). *Procedimentos especiais, tutela provisória e direito transitório*. Salvador: JusPodivm, 2015. v. 4.

LIEBMAN, Enrico Tullio. *Manual de direito processual civil*. 3. ed. Rio de Janeiro: Forense, 1985.

LIEBMAN, Enrico Tullio. *Manuale di diritto processuale civile*. Milano: Giuffre, 1992. v. I.

LOPES, Bruno Vasconcelos Carrilho. *Honorários advocatícios no processo civil*. São Paulo: Saraiva, 2008.

LOPES, João Batista. *Ação declaratória*. 6. ed. São Paulo: RT, 2009.

LUCON, Paulo Henrique dos Santos. Abuso do exercício do direito de recorrer. In: NERY JR., Nelson; WAMBIER, Teresa Arruda Alvim (org.). *Aspectos polêmicos e atuais dos recursos*. São Paulo: RT, 2001. v. 4.

LUCON, Paulo Henrique dos Santos. Constituição e processo civil. Garantia do tratamento paritário das partes. In: TUCCI, José Rogério Cruz e (coord.). *Garantias constitucionais no processo civil*. São Paulo: RT, 1999.

LUCON, Paulo Henrique dos Santos. *Embargos à execução*. 2. ed. São Paulo: Saraiva, 2001.

LUCON, Paulo Henrique dos Santos. Evolução da reclamação constitucional e seu emprego para assegurar a autoridade dos precedentes. In: TUCCI, José Rogério Cruz e; RODRIGUES, Walter Piva; AMADEO, Rodolfo da Costa Manso Real (org.). *Processo civil*: homenagem a José Ignácio Botelho de Mesquita. São Paulo: Quartier Latin, 2013.

LUCON, Paulo Henrique dos Santos. Honorários no novo Código de Processo Civil e as súmulas do Superior Tribunal de Justiça. In: COELHO, Marcus Vinícius Furtado; CAMARGO, Luiz Henrique Volpe (coord.). *Honorários advocatícios*. Salvador: JusPodivm, 2015.

LUCON, Paulo Henrique dos Santos. Incidente de resolução de demandas repetitivas no novo Código de Processo Civil. In: SILVEIRA, Renato de Mello; RASSI, João Daniel (org.). *Estudos em homenagem a Vicente Greco Filho*. São Paulo: LiberArs, 2014. v. 1.

LUCON, Paulo Henrique dos Santos. Novas tendências na estrutura fundamental do processo civil. *Revista do Advogado*, São Paulo, v. 46, p. 59, 2006.

LUCON, Paulo Henrique dos Santos. Relação entre demandas. Tese de Livre-Docência, Faculdade de Direito da Universidade de São Paulo, São Paulo, 2015, *no prelo*.

LUISO, Francesco P. *Diritto processuale civile*. 4. ed. Milano: Giuffrè, 2007. v. I.

MANCUSO, Rodolfo de Camargo. *Divergência jurisprudencial e súmula vinculante*. 4. ed. São Paulo: RT, 2010.

MANDRIOLI, Crisanto. *Diritto processuale civile*. 19. ed. Torino: G. Giappichelli, 2007. v. I.

MARINONI, Luiz Guilherme et al. *Novo curso de processo civil*: tutela dos direitos mediante procedimentos diferenciados. São Paulo: RT, 2015. v. 3.

MARINONI, Luiz Guilherme. *O STJ enquanto corte de precedentes*. São Paulo: RT, 2013.

MARINONI, Luiz Guilherme. *Precedentes obrigatórios*. São Paulo: RT, 2010.

MARINONI, Luiz Guilherme. *Precedentes obrigatórios*. 4. ed. São Paulo: RT, 2016.

MARINONI, Luiz Guilherme; ARENHART, Sérgio Cruz. *Curso de processo civil*: processo cautelar. 2. ed. São Paulo: RT, 2010.

MARINONI, Luiz Guilherme; ARENHART, Sérgio Cruz; MITIDIERO, Daniel. *Novo Código de Processo Civil comentado*. 2. ed. São Paulo: RT, 2016.

MARQUES, Cláudia Lima. *Contratos no Código de Defesa do Consumidor*: o novo regime das relações contratuais. 5. ed. São Paulo: RT, 2005.

MARQUES, José Frederico. *Instituições de direito processual civil*. 3. ed. rev. Rio de Janeiro: Forense, 1971. v. 5.

MEDINA, José Miguel Garcia; ARAÚJO, Fábio Caldas de; GAJARDONI, Fernando da Fonseca. *Procedimentos cautelares e especiais*. 5. ed. São Paulo: RT, 2014.

MENCHINI, Sergio. *I limiti oggettivi del giudicato civile*. Milano: Giuffre, 1987.

MENDES, Gilmar Ferreira. *Jurisdição constitucional*. São Paulo: Saraiva, 1999.

MENEGALE, J. Guimarães. *Direito administrativo e ciência da Administração*. Rio de Janeiro: Borsoi, 1950.

MESQUITA, José Ignácio Botelho de. *Teses, estudos e pareceres de processo civil*. São Paulo: RT, 2005. v. 2.

MITIDIERO, Daniel. *Cortes superiores e cortes supremas*. São Paulo: RT, 2013.

Mitidiero, Daniel et al. *Novo curso de processo civil*: tutela dos direitos mediante procedimentos diferenciados. São Paulo: RT, 2015. v. 3.

NERY JR., Nelson et al. *Comentários ao Código de Processo Civil*. São Paulo: RT, 2015.

NERY JR., Nelson; NERY, Rosa Maria de Andrade. *Código de Processo Civil comentado*. 7. ed. São Paulo: RT, 2003.

NERY JR., Nelson; NERY, Rosa Maria de Andrade. *Código de Processo Civil comentado e legislação extravagante*. 14. ed. São Paulo: RT, 2014.

NEVES, Celso. *Estrutura fundamental do processo civil*. Rio de Janeiro: Forense, 1995.

NEVES, Daniel Amorim Assumpção. Tutela antecipada e tutela cautelar. In: ARMELIN, Donaldo (coord.). *Tutelas de urgência e cautelares*. São Paulo: Saraiva, 2010.

NUNES, Dierle; SANTOS E SILVA, Natanael Lud; RODRIGUES JÚNIOR, Walsir Edson; OLIVEIRA, Moisés Mileib de. Novo CPC, Lei de Mediação e os meios integrados de solução dos conflitos familiares – por um modelo multiportas. In: ZANETI JR., Hermes; CABAL, Trícia Navarro Xavier (coord.). *Justiça multiportas – mediação, conciliação, arbitragem e outros meios de solução adequada de conflitos*. Salvador: JusPodivm, 2017.

OLIVEIRA JR., Zulmar Duarte de. Acautelar ou satisfazer? O "velho problema" no novo CPC. *Jota*. Disponível em: <http://jota.info/acautelar-ou-satisfazer-o-velho-problema-no-novo-cpc>.

OLIVEIRA NETO, Olavo de et al. *Curso de direito processual civil*: tutela de conhecimento. São Paulo: Verbatim, 2015. v. 2.

OLIVEIRA, Carlos Alberto Alvaro de. *Teoria e prática da tutela jurisdicional*. Rio de Janeiro: Forense, 2008.

OLIVEIRA, Guilherme Peres de. *Adaptabilidade judicial do procedimento pelo juiz no processo civil*. São Paulo: Saraiva, 2013.

PISANI, Andrea Proto. *Lezioni di diritto processuale civile*. 5. ed. Napoli: Jovene, 2006.

PONTES DE MIRANDA, Francisco Cavalcanti. *Comentários à Constituição de 1946*. Rio de Janeiro: Henrique Cahen Editor, 1947. v. III.

PONTES DE MIRANDA, Francisco Cavalcanti. *Comentários ao Código de Processo Civil*. Rio de Janeiro: Forense, 1949. t. IV.

Pontes de Miranda, Francisco Cavalcanti. *Comentários ao Código de Processo Civil*. Rio de Janeiro: Forense, 1978. t. XVII.

PONTES DE MIRANDA, Francisco Cavalcanti. *Comentários ao Código de Processo Civil*. Rio de Janeiro: Forense, 1999. t. 4.

REDENTI, Enrico. *Diritto processuale civile*. 4. ed. atual. Por Mario Vellani. Milão: Giuffrè, 1997.

RISKIN, Leonard L. Understanding Mediators' Orientations, Strategies and Techniques: a grid for the perplexed. *Harvard Law Review*, p. 7-50.

ROCHA, Felippe Borring. *Defensoria Pública*. Coleção Repercussões do Novo CPC. Salvador: JusPodivm, 2016.

ROQUE, André. Execução no novo CPC – mais do mesmo. *Jota*. Disponível em: <http://jota.info/execucao-novo-cpc-mais-mesmo>.

ROSENBLATT, Ana; MARTINS, André. Mediação e transdisciplinaridade. In: ALMEIDA, Tania; PELAJO, Samantha; JONATHAN, Eva (coord.). *Mediação de conflitos para iniciantes, praticantes e docentes*. Salvador: JusPodivm, 2016.

SANTOS, Moacyr Amaral. *Primeiras linhas de direito processual civil*. 17. ed. São Paulo: Saraiva, 1994. v. 1.

SANTOS, Moacyr Amaral. *Primeiras linhas de direito processual civil*. São Paulo: Saraiva, 1994. v. 2.

SASSANI, Bruno. *Lineamenti del processo civile italiano*. 2. ed. Milano: Giuffrè, 2010.

SCARPINELLA BUENO, Cassio et al. *Código de Processo Civil interpretado*. 3. ed. rev. e atual. São Paulo: Atlas, 2008.

SENDRA, Vicente Gimeno. *Constitución y proceso*. Madrid: Tecno, 1998.

SILVA, Ovídio Araújo Baptista da. *Comentários ao Código de Processo Civil*. São Paulo: RT, 2001. v. 1.

SPADONI, Joaquim Felipe. *Breves comentários ao novo CPC*. Coord. Teresa Arruda Alvim Wambier et al. São Paulo: RT, 2015.

STRENGER, Irineu. *Direito processual internacional*. São Paulo: LTr, 2003.

TARTUCE, Fernanda. *Mediação nos conflitos civis*. 4. ed. São Paulo: Método, 2017.

TARUFFO, Michelle. *Il vertice ambiguo*. Saggi sulla Cassazione Civile. Il Mulino, 1991.

TARUFFO, Michelle. *La motivazione della sentenza civile*. Padova: Cedam, 1975.

TAVARES, André Ramos. *Nova lei da súmula vinculante*. São Paulo: Saraiva, 2009.

TAVARES, André Ramos. *Princípios constitucionais do processo eleitoral*.

TAVARES, André Ramos et al. *O direito eleitoral e o novo Código de Processo Civil*.

TAVARES, André Ramos; AGRA, Walber de Moura; PEREIRA, Luiz Fernando (coord.). *O direito eleitoral e o novo Código de Processo Civil*. Belo Horizonte: Fórum, 2016.

TESSER, André Luiz Bäuml. *Tutela cautelar e antecipação de tutela*: perigo de dano e perigo da demora. São Paulo: RT, 2014.

THEODORO JR., Humberto. *Curso de direito processual civil*. 2. tir. Rio de Janeiro: Forense, 2010.

THEODORO JR., Humberto. *Curso de direito processual civil*. 22. ed. Rio de Janeiro: Forense, 1997. v. 1.

THEODORO JR., Humberto. *Curso de direito processual civil*. 49. ed. Rio de Janeiro: Forense, 2008. v. I.

Theodoro Jr., Humberto. *Terras particulares*: demarcação, divisão, tapumes. 5. ed. São Paulo: Saraiva, 2009.

TUCCI, José Rogério Cruz e. *Desistência da ação*. São Paulo: Saraiva, 1988.

TUCCI, José Rogério Cruz e. Garantia da prestação jurisdicional sem dilações indevidas como corolário do devido processo legal. *Devido processo legal e tutela jurisdicional*. São Paulo: Saraiva: 1993.

TUCCI, José Rogério Cruz e. *Tempo e processo*. São Paulo: RT, 1998.

VENTURI, Elton. *Processo civil coletivo*. São Paulo: Malheiros, 2007.

VIGORITI, Vincenzo. Costo e durata del processo civile. Spunti per una riflessione. *Rivista di Diritto Proccessuale*, Milano: Giufrè, v. I, p. 319, 1986.

WAMBIER, Teresa Arruda Alvim et al. *Primeiros comentários ao novo Código de Processo Civil*: artigo por artigo. São Paulo: RT, 2015.WAMBIER, Teresa Arruda Alvim. *Embargos de declaração e omissão do juiz*. 2. ed. São Paulo: RT, 2014.

WAMBIER, Teresa Arruda Alvim; CONCEIÇÃO, Maria Lúcia Lins; RIBEIRO, Leonardo Ferres da Silva; MELLO, Rogerio Licastro Torres de. *Primeiros comentários ao novo Código de Processo Civil*. 2. ed. São Paulo: RT, 2016.

WATANABE, Kazuo. Assistência Judiciária e o Juizado Especial de Pequenas Causas. *Juizado Especial de Pequenas Causas*. São Paulo: RT, 1987.

WATANABE, Kazuo. *Da cognição no processo civil*. 2. ed. São Paulo: Central de Publicações Jurídicas/ Centro Brasileiro de Estudos e Pesquisas Judiciais, 1999.

YARSHELL, Flávio Luiz. *Curso de direito processual civil*. São Paulo: Marcial Pons, 2014. v. I.

YARSHELL, Flávio Luiz. Por uma justiça célere. *Folha de São Paulo: Tendências e debates*, 17 nov. 2013.

ZAVASCKI, Teori Albino. Cooperação jurídica internacional e a concessão de *exequatur*. *Revista de Processo*, v. 183, p. 9-24, maio 2010.